JURISPRUDENCE GÉNÉRALE

RÉPERTOIRE

MÉTHODIQUE ET ALPHABÉTIQUE

DE LÉGISLATION,

DE DOCTRINE ET DE JURISPRUDENCE

EN MATIÈRE DE DROIT CIVIL, COMMERCIAL, CRIMINEL, ADMINISTRATIF
DE DROIT DES GENS ET DE DROIT PUBLIC

TOME XLIV. — IIᵉ PARTIE

Tout exemplaire de cet ouvrage, dont les tomes 1er et 2me ne porteraient pas la signature du Directeur de la Jurisprudence générale, sera réputé contrefait.

PARIS — IMPRIMERIE P. MOUILLOT, 13, QUAI VOLTAIRE

JURISPRUDENCE GÉNÉRALE

PARAISSANT PÉRIODIQUEMENT

RÉPERTOIRE

MÉTHODIQUE ET ALPHABÉTIQUE

DE LÉGISLATION

DE DOCTRINE ET DE JURISPRUDENCE

EN MATIÈRE DE DROIT CIVIL, COMMERCIAL, CRIMINEL, ADMINISTRATIF, DE DROIT DES GENS ET DE DROIT PUBLIC.

NOUVELLE ÉDITION,

CONSIDÉRABLEMENT AUGMENTÉE ET PRÉCÉDÉE D'UN ESSAI SUR L'HISTOIRE GÉNÉRALE DU DROIT FRANÇAIS;

Par M. D. DALLOZ Aîné,

Ancien Député,

Avocat à la Cour d'appel de Paris, ancien Président de l'Ordre des Avocats au Conseil d'État et à la Cour de Cassation, Officier de la Légion d'honneur, Membre de plusieurs Sociétés savantes,

ET PAR

M. Armand DALLOZ, son frère,

Avocat à la Cour d'appel de Paris, Auteur du Dictionnaire général et raisonné de Législation, de Doctrine et de Jurisprudence. Chevalier de la Légion d'honneur, membre des académies de Besançon, de Toulouse

avec la collaboration de plusieurs jurisconsultes.

TOME QUARANTE-QUATRIÈME. — IIᵉ PARTIE

A PARIS

AU BUREAU DE LA JURISPRUDENCE GÉNÉRALE

RUE DE LILLE, Nᵒ 19

1864

JURISPRUDENCE GÉNÉRALE.

RÉPERTOIRE

MÉTHODIQUE ET ALPHABÉTIQUE

DE LÉGISLATION, DE DOCTRINE

ET DE JURISPRUDENCE.

VOIRIE PAR EAU.— 1. Par cette expression, peu usitée, il est vrai, mais qui nous paraît rendre convenablement l'idée du sujet que nous nous proposons de traiter ici, nous entendons les voies de communication par eau, comme sous le mot Voirie par terre nous avons compris les voies de communication par terre. Les cours d'eau, en tant qu'ils font l'office de voies de communication, qu'ils servent au transport des choses et des personnes, font partie de la grande voirie et sont soumis en beaucoup de points aux règles exposées dans le traité qui précède ; c'est là la raison de notre rubrique qui nous permet ainsi de rapprocher des matières qui ont entre elles les liens les plus intimes. Nous ne nous occuperons pas ici des cours d'eau qui ne sont ni navigables ni flottables ; ces cours d'eau, en effet, ne sont pas compris parmi les choses de la grande voirie, et d'ailleurs les règles qui les régissent ont été suffisamment étudiées dans notre traité des Eaux. Il en est de même des cours d'eau servant au flottage des bois destinés à l'approvisionnement de Paris : ils ne font pas non plus partie de la grande voirie et sont soumis à une réglementation particulière que nous avons fait connaître avec détails v° Bois et charbons. —Les règlements qui régissent la *navigation intérieure*, c'est-à-dire sur les fleuves, rivières et canaux, forment le seul objet de la présente étude. Quant à la *navigation maritime*, elle est, à raison de son importance, examinée sous des rubriques particulières. — La navigation maritime comprend, le service de l'Etat, celui du commerce, la pêche et enfin la course sur les propriétés ennemies. — Tout ce qui concerne la navigation pour le service de l'Etat sera exposé v° Organisation maritime militaire. — Les règles relatives à la navigation commerciale sont étudiées v° Droit maritime, où se trouve commenté le livre 2 tout entier du code de commerce, et v° Organisation maritime commerciale, où l'on reprendra la matière sous différents points de vue qui n'entraient pas dans le cadre du précédent traité. — C'est au mot Pêche maritime qu'on trouvera l'exposé des règles qui gouvernent cette matière, enfin au mot Prises maritimes, celles relatives à la course sur les propriétés ennemies.

2. Les cours d'eau peuvent être envisagés d'autres aspects encore que celui du service de la navigation, et, par exemple, quant à la propriété, à la domanialité de leur lit et de leurs bords, aux servitudes que le fait de la navigation impose aux propriétés riveraines, aux produits que le gouvernement peut retirer des fleuves et rivières, comme ceux de la pêche, par exemple, au mode d'établissement des cours d'eau artificiels, aux travaux de navigation, aux chômages qui en sont la conséquence pour les usines, ainsi qu'aux indemnités que les propriétaires sont en droit de réclamer, etc., etc. — Tous ces différents aspects d'une même matière ont été l'objet d'un examen approfondi dans nos traités des Eaux et de la Pêche fluviale ; ils sont, à proprement parler, en dehors du point de vue sous lequel nous nous proposons d'envisager ici les cours d'eau, à savoir, le service et la police de la navigation ; cependant, comme il serait extrêmement difficile d'établir une ligne de démarcation absolue entre des matières qui ont une aussi grande affinité, nous croyons devoir, afin de rendre notre travail plus utile, reprendre aussi succinctement que nous le pourrons, quelques-uns des principes déjà exposés ailleurs, afin de faire connaître le mouvement de la jurisprudence depuis nos précédentes publications. Nous traiterons ensuite de la police de la navigation, ce qui comprend les mesures relatives à la conservation des cours d'eau et de leurs dépendances, et la police des bateaux, et enfin des péages perçus sur les fleuves, rivières et canaux, c'est-à-dire des droits de navigation, des droits de bacs et du péage sur ou sous les ponts.

Division.

CHAP. 1. — HISTORIQUE ET LÉGISLATION.

3. La navigation est naturelle ou artificielle. La navigation naturelle se fait sur les fleuves et rivières qui offrent une hauteur d'eau suffisante pendant une grande partie de l'année ; mais il en est peu qui n'aient exigé quelques barrages et pertuis pour diminuer les pentes et régler le cours des eaux. — La navigation artificielle a lieu sur des canaux en lit de rivière ou de dérivation parallèle à une partie de leur cours, ou de communication d'une rivière à une autre.

4. Les cours d'eau, *ces chemins qui marchent*, selon l'expression de Pascal, ont dû frapper dès l'origine l'imagination des hommes et les inviter à se servir de cette force naturelle du courant, comme moyen de transport et de communication d'une contrée à une autre. Le premier tronc d'arbre qu'on vit flotter à la surface de l'eau et en suivre le cours sans être submergé, dut inspirer l'idée de la navigation. Des essais grossiers de la pirogue, l'industrie humaine arriva successivement par des progrès lents et continus à la construction de ces diverses espèces de bateaux et navires qui sillonnent aujourd'hui les cours d'eau, différents de forme, de solidité, de grandeur et d'élégance suivant la force du courant et l'usage auquel ils sont destinés.

5. De tous les pays de l'Europe, la France est la mieux partagée par la nature sous le rapport des cours d'eau navigables. Le plus grand géographe de l'antiquité, Strabon, fait admirablement ressortir cette heureuse disposition des fleuves qui arrosent notre territoire, et l'importance des relations commerciales qui étaient déjà établies de son temps entre les différents bassins. « Toute la Gaule, dit-il, est arrosée par des fleuves qui descendent des Alpes, des Pyrénées et des Cévennes, et qui vont se jeter les uns dans l'Océan, les autres dans la Méditerranée. Les lieux qu'ils traversent sont, pour la plupart, des plaines et des collines qui donnent naissance à des ruisseaux assez forts pour porter bateau. Les lits de tous ces fleuves sont les uns à côté des autres, si heureusement disposés par la nature, qu'on peut aisément transporter des marchandises de l'Océan à la Méditerranée et réciproquement ; car la plus grande partie des transports se fait par eau en descendant ou en remontant les fleuves, et le peu de chemin qui reste à faire par terre est d'autant plus commode qu'on n'a que des plaines à traverser... Une si heureuse disposition des lieux, par cela même qu'elle semble être l'ouvrage d'un être intelligent plutôt que l'effet du hasard, suffirait pour prouver la Providence. »

6. La navigation sur les fleuves et rivières de la Gaule pendant la domination romaine était déjà très-considérable : les témoignages historiques le démontrent. « On voit alors dans les Gaules, dit un ancien historien, des corporations multipliées de bateliers pour transporter les marchandises et pour faciliter le passage des rivières. Une inscription trouvée sous le chœur de Notre-Dame de Paris, parle des *nautæ parisiaci*. La Notice des dignités de l'empire, le Recueil des historiens de France, par dom Bouquet, offrent la preuve qu'il existait des corporations pour la Seine, la Sambre, la Loire, la Saône, le Rhône, la Durance, etc., et que chacune avait un préfet ou patron » (Grégoire, Rec. hist. sur les congrég. hospital. des frères pontifes, chap. 2). — Bien qu'il soit difficile de croire que cette organisation ait pu survivre à l'état d'anarchie qui fut le résultat des grandes invasions barbares, on peut supposer cependant que, si elles ne se sont pas maintenues identiquement les mêmes, elles se sont perpétuées en se transformant et ont donné naissance aux associations de marchands faisant le commerce par eau qu'on voit exister dès les temps les plus reculés de la monarchie, sans pouvoir remonter à leur origine (V. Industrie, n° 6). Il est bien certain, en effet, que même pendant les époques les plus tourmentées, la navigation n'a jamais dû complètement cesser, elle fut même avec le temps presque le seul moyen d'opérer les transports de matériaux et objets de première nécessité, les routes abandonnées à elles-mêmes étant bientôt devenues impraticables. C'est ce que témoignent des actes très-anciens. Ainsi une foire fut instituée par Dagobert, en 635, à Saint-Denis, près Paris, et les chartes du temps attribuent à l'abbaye de Saint-Denis un droit appelé *droit de tonlieu*, sur les bateaux portant les marchandises destinées à cette foire, ce qui montre que, malgré les désordres du temps, la navigation s'était toujours continuée. Des capitulaires de Dagobert, Charlemagne, Louis le Gros s'occupent spécialement de la navigation fluviale (D. Félibien, Hist. de la ville de Paris, 1725), et des chartes de Louis le Gros et Louis le Jeune constatent l'existence antérieure de la *hanse parisienne* ou *des marchands de l'eau de Paris*.

7. Le régime féodal eut sur la navigation une influence déplorable, et malgré les efforts de la royauté à toutes les époques de notre histoire, les entraves dont la circulation des bateaux sur les rivières avaient été environnées par les seigneurs féodaux ne disparurent définitivement et complétement qu'à la révolution de 1789. Les péages, dont l'origine remonte très-probablement au temps des Romains (V. Delamarre, Traité de police, t. 4, p. 518 ; Lebas, Dict. encycl., v° Péage), avaient été créés sur les fleuves et rivières à l'effet de pourvoir aux dépenses de construction et d'entretien des ouvrages nécessaires à la navigation. Les seigneurs s'emparèrent de ces péages, les augmentèrent d'une manière abusive, en établirent là où il n'en existait pas, et les détournant de leur destination, s'en attribuèrent illégitimement le bénéfice. Un capitulaire de 755 commence la longue série des actes par lesquels les rois s'efforcèrent sans succès de réprimer ces abus. Charlemagne recommande que les péages ne soient pas exigés dans les lieux où ils ne sont pas dus (*De teloneiis, ut à perigrinis non exigantur neque in iis locis ubi esse non debent* : Baluze 1. 167). — Un autre capitulaire de Louis le Débonnaire, en 821, reproduit la même défense et détermine les personnes qui sont exemptées du péage (Baluze, 1. 621). — Quelquefois, les marchands eux-mêmes s'imposaient volontairement à une redevance envers les seigneurs, pour leur propre sécurité et afin d'acheter une protection contre les vols et les pillages (M. Dareste, Hist. de l'admin. en France, t. 1, ch. 2, sect. 7). Pendant trois siècles, l'autorité royale lutte vainement contre les exactions seigneuriales. Des édits et ordonnances, dont la fréquente répétition accuse l'inefficacité, prononcent les uns après les autres l'abolition des péages qui n'ont pas été régulièrement concédés, réglementent la perception de ceux qui sont maintenus et ordonnent que les deniers en provenant soient rigoureusement appliqués aux entretien et restauration auxquels ils sont destinés (arrêt de 1267 ; ord. 5 déc. 1363 ; lett. pat. 4 déc. 1367 ; 17 juin 1371 ; 7 déc. 1380 ; ord. 25 mai 1413, art. 244 ; lett. pat. 23 déc. 1499 ; ord. 20 août 1508 ; 24 août 1532 ; édit. de sept. 1535 ; ord. janvier 1560 ; mai 1579, art. 282, 443). — Mais

ces ordonnances restent sans effet, les péages se perçoivent toujours illicitement et les ouvrages qu'ils devaient servir à réparer sont abandonnés à eux-mêmes et finissent par tomber en ruines. — V. M. Vignon, Etudes hist. sur l'admin. des voies publ. en France, t. 1, p. 13 et suiv.

8. Un péage particulier, connu dans l'ancien droit, sous le nom de *Droit de boëte* avait été établi en 1402 sur la Loire et ses affluents. Les marchands qui fréquentaient cette rivière jouissaient, de toute ancienneté, de franchises et libertés auxquelles les seigneurs, comme partout ailleurs, cherchèrent à porter atteinte. Ces prétentions donnèrent lieu à des procès longs et dispendieux devant le parlement de Paris. Pour subvenir aux frais de ces instances, les marchands obtinrent de l'autorité royale le droit de lever des taxes sur leurs bateaux et les marchandises qu'ils contenaient. Ce droit, accordé d'abord pour quatre ans (lett. pat. 23 mai 1402), fut successivement prorogé. Et, tout en continuant à servir au soutien des procès interminables que les marchands défendaient devant le parlement de Paris, les deniers qui en provinrent furent en outre affectés aux travaux à faire dans la Loire et ses affluents « pour la sûreté et conduite des bateaux et aux dépenses pour l'entretenement du navigage » (lett. pat. 23 mai 1410; 19 oct. 1413; 21 mai 1502; V. M. Vignon, *loc. cit.*, p. 31 et suiv.). — Ces droits se recueillaient dans des *boëtes* placées en certains lieux déterminés sur les bords de la rivière; de là le nom de *droit de boëte.* — Ce système de bourse commune imaginé par les marchands de la Loire pour un objet de nécessité purement accidentelle devint permanent sur cette rivière et fut même étendu à toutes les autres rivières navigables du royaume (ord. de Blois, mars 1498, art. 341).

9. Les péages abusivement prélevés par les seigneurs sur les bateaux qui fréquentaient la Loire furent abolis spécialement par des édits et ordonnances si fréquemment répétés, qu'ils montrent combien l'autorité royale avait alors peu de puissance (lett. 15 mars 1430, 30 juin 1438; édits 27 mai 1448, an 1461, 26 mars 1483, 16 juill. 1498, 29 mars 1514, 29 mars 1547, 29 déc. 1559; déclar. avr. 1575, V. M. Vignon, t. 1, Pièces justif., p. 22).

10. L'établissement de péages illégitimes ne fut pas le seul obstacle à la navigation créée par le régime féodal : à ce fait vint s'adjoindre un autre tout aussi considérable et qui, apportant des entraves matérielles à la circulation des bateaux, pouvait en amener l'interruption complète. L'usage des moulins à eau introduit dans l'Occident vers le quatrième siècle de l'ère chrétienne, étant venu à se répandre, des barrages destinés à créer des chutes d'eau furent construits sur un très-grand nombre de points. Dans le barrage, il est vrai, on laissait des ouvertures ou pertuis fermés avec des poutrelles et que l'on pouvait ouvrir en enlevant ces poutrelles une à une; mais le passage des bateaux par ces ouvertures offrait les plus grands dangers et rendait même impossible à la remonte. Ces barrages que l'on établissait aussi pour faciliter la pêche, se multiplièrent d'autant plus que les seigneurs en profitaient pour assurer la perception des péages qu'ils s'étaient injustement attribués.—Cet état de choses fâcheux qui, à force d'entraver la navigation, semblait devoir finir par l'anéantir, est pourtant ce qui amena le perfectionnement notable au moyen duquel elle allait prendre un développement inconnu dans l'antiquité. On remarqua que lorsque deux barrages étaient suffisamment rapprochés l'un de l'autre, le niveau de l'eau pouvait facilement s'égaliser entre le bassin supérieur ou inférieur et le bassin compris entre les deux barrages, et qu'alors il devenait très-aisé de les franchir. C'est ce qui fit naître l'idée de l'*écluse à sas* qui se compose, comme on sait, de deux barrages rapprochés et fermés par des portes à deux ventaux formant angle et maintenus l'un contre l'autre et contre un rebord placé à leur base par la pression de l'eau qu'ils soutiennent. Le *sas* est l'intervalle compris entre les deux portes; les murs qui renferment le bassin de l'écluse et sur lesquels sont tenues les portes se nomment *bajoyers.* — Cette combinaison ingénieuse permettait non-seulement de profiter de la force motrice des fleuves et des rivières, sans y arrêter la navigation, comme le faisaient des barrages munis de simples pertuis; mais elle avait en outre l'inappréciable avantage de rendre propre à une navigation artificielle soit de petites rivières qui n'auraient pu porter des bateaux, soit des cours d'eau torrentiels dont le courant n'aurait pu être vaincu à la remonte. — Le système de l'écluse à sas découvert en Italie, par Philippe de Modène et Fioravanti selon les uns, par les frères Denis et Pierre Dominique de Viterbe, selon les autres, fut perfectionné par Léonard de Vinci qui l'importa en France et qui, à ce qu'il paraît, en fit sur la rivière d'Ourcq le premier essai. La navigation artificielle la plus anciennement établie en France, disent les historiens, fut ensuite celle de la Vilaine entre Rennes et Redon : les travaux commencés en 1538 furent achevés en 1575.

11. L'invention des écluses à sas reçut en France, pour la première fois, une application d'une bien autre importance que de simples améliorations à la navigation des rivières, et que les inventeurs n'avaient certainement pas prévue. Ce fut d'unir par une voie navigable deux rivières appartenant à des bassins différents et séparés par des hauteurs où il semblait que les routes seules pussent s'élever. L'antiquité avait connu certainement la navigation artificielle (V. Eaux, n° 18). Mais tous les canaux faits à cette époque étaient à pente continue, à l'imitation des cours d'eau réguliers et à écoulement tranquille, et ne pouvaient avoir lieu qu'autant que la différence de niveau entre les deux rivières réunies par le canal ne donnait pas une trop forte pente et une rapidité qui eût nui à la navigation. C'est dans ce système que les quelques canaux entrepris avant le seizième siècle furent exécutés. L'écluse à sas permettait d'établir une communication entre des cours d'eau de niveau très-différents, et bien plus, comme nous venons de le dire, entre des rivières séparées par des élévations considérables de terrains. Voici sur quels principes ce perfectionnement était fondé. C'est sensible que sur les hauteurs qui séparent deux bassins, on peut trouver une suite de points où l'écoulement des eaux peut s'opérer indifféremment vers l'un ou l'autre des cours d'eau appartenant à chacun de ces bassins. La ligne qui passe par tous ces points porte le nom *ligne de partage des eaux* ou *ligne de faîte.* Sur le point le plus bas de la ligne de partage, on dirige toutes les eaux ou partie des eaux qui coulent sur les deux versants de cette ligne de manière à former un approvisionnement suffisant pour fournir aux besoins de la navigation et de là, les eaux sont déversées dans un canal ouvert sur les deux flancs de la montagne et conduit jusqu'à chacun des cours d'eau qu'on se propose de réunir. Le bief le plus élevé du canal est appelé *bief de partage* et le canal lui-même porte le nom de *canal à point de partage.*

12. La première idée d'un canal à point de partage est due à Adam de Craponne, célèbre ingénieur qui vivait au seizième siècle. Il projetait d'appliquer cette idée à la jonction de la Méditerranée à l'Océan, au moyen d'un canal navigable, réunissant la Saône à la Loire par le Charolais. Sa mort prématurée et les guerres civiles de cette époque ne permirent pas de donner suite à ce grand projet. C'est le canal de Briare qui a été le premier canal à point de partage exécuté en France. Henri IV le fit commencer en 1605 aux frais de l'Etat et avec l'aide de l'armée, que la paix laissait au repos. Ce canal était destiné non-seulement à faciliter l'approvisionnement de la capitale, mais encore à former le premier anneau de la jonction de la Méditerranée à l'Océan par (M. Dutens, Hist. de la navig., t. 1, p. 85). Les travaux arrêtés par la mort de Henri IV et repris plus tard furent achevés en 1642 par Guillaume Bouterone et Jacques Guyon, officiers des finances des élections de Beaugency et Montargis, auxquels le canal, son fonds et tréfonds et ses dépendances, fut concédé en toute propriété, avec droit de percevoir également à perpétuité, un péage sur toutes les marchandises voiturées par ledit canal. En outre les concessionnaires furent anoblis eux et leur postérité, et gratifiés du droit de haute et basse justice sur toute l'étendue du canal érigé en fief seigneurial (lett. pat. 1638, V. M. Vignon, t. 1, p. 62). — D'autres travaux également utiles, de moindre importance, furent encore entrepris sous les règnes d'Henri IV et de Louis XIII; nous ne pouvons nous y arrêter : remarquons seulement que ces travaux se font toujours par voie de concession temporaire ou perpétuée. — V. M. Vignon, p. 62 et suiv.

13. Si la navigation artificielle avait fait des progrès considérables, il n'en était pas de même de celle qui s'opérait sur les cours d'eau naturels. Malgré l'abolition tant de fois prononcée des péages perçus sans titre par les seigneurs, ces péages n'a-

vaient toujours fait que s'accroître d'une manière démesurée, et apportaient par leur multiplicité et leur élévation, les plus grands obstacles à la navigation intérieure. D'un autre côté, les péages légitimement perçus, et dont le produit aurait dû être employé à l'entretien et aux réparations des ouvrages servant à la navigation, continuaient, comme par le passé, à être détournés de leur destination. Le gouvernement de Louis XIV sut apporter sur ce point une réforme efficace. Après une enquête sérieusement ordonnée et exécutée, un grand nombre de péages reconnus pour avoir été établis sans droit furent supprimés et les autres réduits aux termes de leurs concessions. Puis, pour que la réformation de ces abus pût avoir tout le fruit et la durée convenable, un règlement rigoureusement obligatoire et dont l'inexécution pouvait entraîner la déchéance du droit, vint protéger les contribuables contre les exactions seigneuriales (déclar. du roi 31 janv. 1663, V. M. Vignon, t. 1, p. 69, et Pièces justif., p. 111). — L'ordonn. de 1669 sur les eaux et forêts, rendue peu d'années après et renouvelant, avec une autorité qui ne pouvait plus être contestée, l'abolition des péages illégaux si inutilement répétée jusqu'alors, supprime d'une manière absolue tous les droits qui avaient été établis depuis cent ans sans titres sur les rivières. A l'égard des péages établis avant les cent années par titres légitimes et dont la possession n'aura pas été interrompue, les péagistes sont tenus de justifier de leurs droits et de leur possession par-devant le grand maître des eaux et forêts. Enfin, l'ordonnance supprime les droits même fondés sur titres et possession partout où il n'y a point de chaussées, bacs écluses et ponts à entretenir à la charge des seigneurs et propriétaires. — Mais si par ces réformes les abus excessifs des péages étaient réprimés, le système en lui-même n'en restait pas moins en vigueur et ne laissait pas que d'apporter encore de graves embarras à la navigation; il ne disparut complétement qu'à la révolution de 1789.

14. L'ord. de 1669, introduisant dans le régime de la navigation une autre réforme radicale, présenta pour la première fois un règlement général sur la police de la navigation et sur la conservation des rivières. Cette ordonnance, dont les dispositions sur ce point sont encore en vigueur, attribue les rivières navigables au domaine du roi, détermine les caractères auxquels on peut reconnaître la navigabilité des rivières (caractères signalés de nouveau par les arrêts du conseil des 10 août et 9 nov. 1694), assure la liberté de leur cours, en prohibant tout ce qui pourrait y mettre obstacle, défend de détourner les eaux, règle l'indemnité du chômage causé aux usines par suite des nécessités de la navigation (tit. 27, art. 40 et suiv.); et enfin contraint les riverains à laisser sur le bord des rivières un chemin destiné au halage des bateaux (tit. 28, art. 7), le tout sous peine d'amende et de réparation du dommage s'il y a lieu. — Il est à remarquer que la servitude de halage que l'ord. de 1669 impose aux propriétés riveraines des cours d'eau navigables, n'a pas été créée par elle : cette servitude existait de toute ancienneté en France, comme l'attestent une charte de Childebert de 558, une ordonnance de Charles VI de février 1415 et une ordonnance de François Ier de mars 1520 (V. n° 79).

15. La navigation sur la Seine, à raison de son importance pour l'approvisionnement de la capitale, avait de tout temps été réglementée d'une manière particulière. Des ordonnances de Charles VI de l'année 1415, renouvelées par un édit de François Ier de 1520, étaient encore, au temps de Louis XIV, la règle du commerce parisien. Mais ces ordonnances anciennes, n'ayant été ni revues ni réformées, étaient hors d'usage en plusieurs choses et conçues dans des termes de police et de navigation qui n'étaient plus usités (préambule de l'ord. de décembre 1672). Le gouvernement réformateur de Louis XIV apporta encore sur ce point une rénovation nécessaire. Tel fut l'objet de l'ordonnance de 1672, dite ordonnance de la ville, d'une étendue considérable et qui, divisée en trente chapitres, s'occupe des rivières et des bords d'icelles pour la commodité de la navigation, de la conduite des marchandises par eau, de l'arrivée des bateaux et marchandises aux ports de Paris, des fonctions des maîtres des ponts, chableurs, gardes de pertuis, etc., et d'une foule d'autres dispositions qui concernent le commerce de Paris et qui sont en dehors de notre sujet. Cette ordonnance qui est restée en vigueur dans un grand nombre de ses dispositions, a

servi de base à tous les règlements postérieurs concernant l'approvisionnement de Paris.

16. Le gouvernement de Louis XIV, étendant les réformes partout où elles étaient nécessaires, eut aussi à s'occuper du droit de boîte perçu, comme nous l'avons dit, par les marchands eux-mêmes sur les bateaux qui fréquentaient la Loire. Ce droit, purement temporaire dans le principe, avait fini, à force de prorogation, à devenir permanent; mais là, comme ailleurs, les abus s'étaient introduits, et les fonds n'étaient pas mieux employés que ceux des autres péages. Des mesures furent prises pour faire cesser le désordre (V. arrêt du cons. 9 juin 1682; M. Vignon, p. 97 et Pièces justific., p. 131). Ce droit de boîte avait toujours conservé la destination particulière de subvenir aux frais des procès que les marchands avaient continuellement à soutenir contre les riverains de la Loire : ces frais, très-considérables, absorbaient la plus grande partie des deniers provenant de l'impôt. Pour remédier à cet inconvénient, un arrêt du conseil du 22 déc. 1862 attribua la connaissance de toutes ces affaires contentieuses aux intendants des généralités de Lyon, Riom, Moulins, Orléans et Tours (V. M. Vignon, eod., p. 98 et 136).—Des mesures analogues furent prises par Colbert pour les péages qui, à l'instar de ce qui se pratiquait sur la Loire, étaient perçus par les marchands sur la Dordogne et ses affluents, l'Isle et la Vezère, et dont les fonds étaient mal employés et en partie détournés (M. Vignon, p. 108).

17. Le droit de boîte, outre sa destination primitive et spéciale de fournir aux frais des instances judiciaires entre les marchands et les riverains de la Loire, était consacré aux travaux nécessaires à la navigation et par exemple au balisage et au nettoiement du canal principal, puis à l'établissement à la réparation et à l'entretien des chaussées ou digues basses pour le halage à la remonte. Mais la confection et l'entretien des *turcies* et *levées* de la Loire n'étaient pas pris sur ces fonds. Ces levées, qui sont destinées à protéger la grande vallée de la Loire contre les débordements du fleuve, remontent à une époque très-ancienne. Le premier acte public qui en parle est un capitulaire de Louis le Débonnaire (*de aggeribus juxtâ Ligerim faciendis*) qui en suppose l'existence antérieure : les travaux qu'il ordonne sont regardés par les historiens comme des travaux de réparation et de prolongation de digues déjà en partie existantes. — Depuis ce capitulaire, les travaux exigés pour la défense de la Loire ont toujours été ordonnés par l'autorité royale et exécutés au moyen de contributions spéciales imposées aux habitants des localités intéressées. Des règlements furent rendus pour pourvoir à leur entretien et aux réparations nécessaires; en outre, une administration et une juridiction spéciales furent instituées pour maintenir la stricte observation des règlements, administration et juridiction qui éprouvèrent de très-nombreuses vicissitudes (V. Delamarre, t. 4, p. 336 et suiv.; M. Vignon, t. 1, p. 33 et suiv., 58 et suiv.).

18. Les levées de la Loire appelaient continuellement l'intervention de l'autorité. Les inondations se renouvelaient avec une fréquence et une intensité effrayantes : on relevait chaque fois les digues emportées par les eaux; on les fortifiait en augmentant la hauteur de la levée et en élargissant leurs bases; mais une crue nouvelle venait renverser de nouveau ces barrières et ouvrir une nouvelle brèche au flanc dévasté. Il faut le reconnaître, du reste, ces digues n'avaient réellement pas la force nécessaire pour résister à l'impétuosité du fleuve : formées dans la suite des temps par portions détachées, sans système d'ensemble, sans plan préconçu, elles ne servaient souvent qu'à rendre les crues plus puissantes par les obstacles qu'elles apportaient au cours des eaux. L'administration des levées était aussi fort mal dirigée. Soumise à des changements continuels, abandonnée aux intendants des turcies et levées, titulaires d'offices vénaux, qui manquaient de l'intelligence nécessaire dans les questions d'art, et soupçonnés de s'entendre avec les entrepreneurs afin de tirer parti de certains travaux d'entretien, entravée par d'autres abus encore, cette administration ne pouvait se signaler que par la malfaçon des ouvrages et sa négligence à les entretenir. Colbert vint encore interposer ici sa main puissante; il réprima les abus et, tout en laissant subsister les intendants des turcies et levées auxquels il ne laissa qu'une fonction secondaire et presque no-

minale, il chargea les ingénieurs de la direction et de la surveillance des travaux; leur donna directement ses ordres et ses instructions, se fit rendre par eux des comptes détaillés des travaux et des besoins du service; enfin, il fit publier un règlement général en dix-neuf articles pour la conservation, la réparation et l'entretien des turcies et levées de la Loire et de ses affluents (arrêt du cons. 4 juin 1688, V. M. Vignon, t. 1, p. 60, 99 et suiv.; t. 2, p. 17 et suiv.).

19. En même temps que la Loire, beaucoup d'autres rivières éveillent la sollicitude du gouvernement. La Seine et ses affluents, l'Oise, l'Aube, la Marne, etc., sont l'objet d'édits, d'arrêts et autres actes qui, sans préjudice des travaux d'entretien, accordent des concessions, allouent des crédits, ou prescrivent des études (V. M. Vignon, p. 106 et suiv., t. 2, p. 14 et suiv.). Parmi tous les ouvrages entrepris sous le règne de Louis XIV, et qui sont trop nombreux pour que nous puissions les rappeler, il en est un que nous ne devons pas passer sous silence. Nous voulons parler du *canal du Midi*, connu aussi sous le nom de *canal du Languedoc* ou *canal des Deux-Mers*. La jonction de l'Océan et de la Méditerranée était un problème qui, depuis Adam de Craponne (V. n° 12), préoccupait constamment l'esprit des ingénieurs. Plusieurs projets avaient été présentés, mais toujours sans succès. Paul Riquet, dont le génie fut soutenu par l'esprit ténace et persévérant de Colbert, eut l'honneur d'entreprendre et de mener à fin ce grand ouvrage qui fut achevé dans l'espace de quinze années; Paul Riquet mourut six mois avant la fin des travaux (V. Eaux, n° 20, et MM. Vignon, p. 112 et suiv.; Dutens, Hist. de la navigat.). — La construction de ce canal fut ordonnée et mise en adjudication par l'édit d'octobre 1666. Cet édit érige en plein fief avec toute justice, haute, moyenne, basse et mixte, ledit canal, ses rigoles, magasins & réserves, leurs bords de largeur de six toises de chaque côté, chaussées, écluses et digues, en attribue la propriété à perpétuité à l'adjudicataire, ses héritiers, successeurs ou ayants cause, avec droit exclusif d'établir sur le canal des bateaux pour le transport des personnes et des marchandises, et le percevoir, sur tous les transports qui y seront opérés, un péage destiné à pourvoir à l'entretien des ouvrages. Un arrêt du conseil du 7 oct. 1766 interprétant l'édit, déclare de nouveau que l'adjudicataire aura la propriété perpétuelle et incommutable du canal et des péages et *non sujette à rachat*. Ces actes servirent de base à une adjudication fictive, à la suite de laquelle Paul Riquet fut reconnu adjudicataire *comme faisant la concession meilleure et dernier moins disant*. Le canal fut terminé dans l'automne de l'année 1680, et l'ouverture de la navigation fut publiée en 1681. Indépendamment du péage concédé par l'édit d'établissement pour l'entretien du canal, un tarif du prix du transport des personnes et des marchandises à payer par les marchands sur le canal fut réglé par arrêt du conseil du 27 mars 1683. — Plus tard, un arrêt du conseil du 24 avr. 1759, dans le but de pourvoir à des difficultés qui s'étaient élevées entre les concessionnaires du canal et les riverains, détermina les obligations de chacun d'eux relativement à l'entretien du canal et de ses dépendances. — Le canal d'Orléans, entre la Loire et le Loing, fut aussi exécuté à la même époque; concédé en mars 1679 au duc d'Orléans, il fut terminé en 1692.

20. La législation réglementaire du dix-huitième siècle relativement à la navigation n'est que l'exécution et le développement des principes posés dans les ordonnances de 1669 et 1672 (V. n°s 14 et suiv.). C'était à grand'peine à cette époque que l'autorité pouvait faire exécuter ses commandements d'une manière continue et persévérante. Les lois n'avaient qu'une force relative : observons quelque temps avec rigueur, elles ne tardaient pas à tomber dans une sorte de désuétude : de là cette nécessité continuelle pour l'ancien gouvernement de reprendre et de porter de nouveau à la connaissance du public les dispositions des règlements précédents dont on a, pour ainsi dire, perdu la mémoire. L'ordonnance de 1669 avait réglé d'une manière générale la police de la navigation; l'ordonnance de 1672, procédant d'un même esprit, avait spécialement réglementé la navigation sur la Seine et ses affluents. En exécution de ce dernier règlement, le bureau de la ville de Paris avait publié une ordonnance sur la navigation de la Marne (ord. 11 fév. 1741),

de l'Yonne (ord. 25 fév. 1741), de la Seine (même date), de l'Aube (même date). — Mais toutes ces ordonnances étaient fort mal observées. Un arrêt du conseil, du 24 juin 1777, rendu spécialement pour la rivière de Marne, mais applicable à toutes les voies navigables, comme le témoignent son titre et la plupart de ses dispositions, constate que la plus grande partie des obstacles qui troublent la navigation sur la rivière de Marne et sur les autres rivières et canaux navigables du royaume provient des entreprises illégitimes formées par les riverains et les navigateurs et de l'inexécution des ordonnances rendues sur cette partie, et reconnaît la nécessité de réprimer les abus que la tolérance et l'impunité ne font qu'accroître et multiplier chaque jour (préambule de l'arrêt). En conséquence, cet arrêt rappelle à l'exécution des ordonnances antérieures, en complète les dispositions fixe certaines amendes que les ordonnances laissaient à l'arbitraire du juge, et introduit dans la législation quelques dispositions nouvelles sur la police des bateaux. Cet arrêt n'a pas cessé d'être en vigueur et est encore aujourd'hui journellement appliqué.

21. La navigation de la Loire était toujours l'une des plus graves préoccupations de gouvernements. Vers la fin du règne de Louis XIV il avait été publié un règlement en vingt-huit articles qui appropriait à la navigation sur ce fleuve les dispositions libérales de l'ordonnance de 1672 (déclar. 24 avr. 1703). Plus tard, le droit de boëte qui, depuis le quinzième siècle, ne subsistait qu'à l'aide de prorogations temporaires, fut définitivement aboli, et la navigation de la Loire dégrevée de cet impôt (arrêt du cons. 29 août 1764, V. M. Vignon, t. 2, pièces justif., p. 194;) enfin la compagnie des marchands de la Loire fut supprimée (édit de déc. 1772, eod., p. 221).

22. D'un autre côté, le service des turcies et levées fut l'objet de plusieurs mesures successives. Provoqué par l'imprudence égoïste des riverains qui pour préserver leurs propriétés contre l'inondation en reportant ailleurs, avaient opéré des brèches dans les levées, un arrêt du conseil, du 19 mai 1716, défendit de couper les levées, même en cas d'une urgente nécessité, sans une autorisation écrite, sous peine d'une amende de 3,000 liv., de réparation du dommage et même des galeres. Par le même arrêt, le roi ordonna « que lors des inondations et débordements de ladite rivière, tous les riverains et habitants des paroisses où les levées pourraient être en danger seront tenus de s'y rendre pour veiller nuit et jour à la conservation desdites levées et à la sûreté commune, couper et apporter des fascines, rompre les glaces, etc. » Plusieurs autres mesures prises ensuite par le gouvernement simplifièrent le service et furent couronnées par l'arrêt du conseil du 23 juill. 1783, portant règlement non-seulement sur les levées et turcies, mais aussi sur le service de la navigation tant sur la Loire que sur ses affluents (V. M. Vignon, p. 14 et suiv., 83 et suiv., 190 et suiv.). — Un an auparavant, un arrêt du conseil avait réglementé également la navigation de la Garonne (arrêt du cons. 17 juill. 1782): les dispositions de ces arrêts, qui sont à peu près les mêmes dans les deux règlements, sont encore aujourd'hui en pleine vigueur. — D'autres rivières, telles que l'Adour, le Tét et surtout le Rhône et ses affluents torrentiels du Dauphiné, dont les débordements donnèrent lieu aussi à de grands désastres pendant le dix-huitième siècle, furent l'objet de diverses mesures défensives (V. M. Vignon, t. 2, p. 88 et 193).

23. En outre des règlements spéciaux dont nous venons de parler et qui concernent la navigation sur la Seine, la Loire et la Garonne, il en existe encore quelques autres relatifs, par exemple, aux rivières navigables de la généralité d'Auch et du parlement de Pau (arrêt du cons. du 13 janv. 1733 qui réglemente la navigation de ces rivières), — aux torrents et rivières de la province du Dauphiné (lett. pat. 8 juill. 1768, sur arrêt du conseil, portant règlement pour les ouvrages à faire contre ces torrents et rivières), — à la Sarthe (arrêt du cons. du 3 fév. 1752 qui ordonne le balisage de la Sarthe, depuis la ville du Mans jusqu'au port de Malicorne; ord. du maître particulier des eaux et forêts du pays et comté du Maine du 3 mars 1770, concernant la navigation de la Sarthe). — La plupart des canaux concédés sont soumis également à une règlementation particulière émanée des juridictions locales auxquels l'acte de conces-

sion donnait droit de faire des règlements : nous indiquerons cette législation spéciale dans notre tableau de législation ci-après, p. 735 ; V. aussi *infrà*, n° 296.

24. Le dix-huitième siècle vit éclore beaucoup de projets, mais peu arrivèrent à leur réalisation complète. Alors sans doute on était autant pénétré que jamais de la nécessité de former un réseau non interrompu des voies navigables, en joignant les rivières par des canaux artificiels et surtout celles qui versent leurs eaux dans les mers opposées ; mais le temps n'était plus aux grandes entreprises. Le gouvernement, pressé par d'énormes besoins financiers, semble perdre toute initiative ; et l'esprit d'association n'est pas encore assez développé chez les particuliers pour se substituer à l'action gouvernementale. Pendant ce siècle, cependant, bien des travaux furent entrepris pour le service de la navigation ; mais on ne put mettre à fin que ceux d'une importance secondaire. Un certain nombre de rivières furent améliorées dans leur cours (V. M. Vignon, t. 2, p. 15, 89, 153, 194) ; quelques canaux ont aussi été ouverts à la navigation ; comme le canal du Loing, concédé au duc d'Orléans par lettres patentes de nov. 1719 et achevé en 1724 (V. *eod.*, p. 91) ; le canal de l'Oise à la Somme, entre Chauny et Saint-Quentin, appelé canal Crozat, du nom de l'un des principaux actionnaires, et livré à la navigation en 1738 (V. *eod.*, p. 93) ; le canal qui joint la Lys à l'Aa entre Aire et Saint-Omer, commencé en 1686 sur les plans de Vauban, interrompu, délaissé, puis repris et achevé en 1774 (V. *eod.*, p. 156, 195).—Mais quant aux canaux d'une importance majeure, les uns sont restés à l'état de projet ; les autres étaient à peine entrepris au moment de la révolution de 1789 ; tels sont : 1° Le canal de Bourgogne (arr. du cons. 16 mars 1772 ; 7 sept. 1775 ; 9 août 1774) ;—2°Le canal souterrain entre Saint-Quentin et l'Escaut (arr. du cons. 1er juill. 1770) ; — 3° Le canal de Champagne, aujourd'hui canal des Ardennes (lett. pat. 24 juin 1776) ;— 4° Le canal de la Saône au Rhin, autorisé sous le nom de canal de la Franche-Comté (arr. du cons. 25 sept. 1783) ; — 5° Les canaux de Bretagne (édit d'oct. 1783) ; — 6° Le canal de Paris, qui devait se former des canaux de l'Ourcq et de Saint-Martin (arr. du cons. 13 sept. 1788). — Tous ces canaux, à peine commencés en 1789, furent interrompus par la révolution, et les travaux n'en furent repris qu'en 1821 et 1822 (V. n° 31). — Le canal latéral à la Garonne et le canal du Berry restèrent à l'état de projet ; comme les précédents, ils n'ont été mis à exécution qu'au dix-neuvième siècle (V. M. Vignon, t. 2, p. 89 et suiv., 153 et suiv., 194 et suiv.). — Le canal du Charolais, aujourd'hui canal du Centre, destiné à opérer la jonction de la Saône à la Loire, forme exception au milieu de ces projets avortés ou forcément interrompus. Concédé aux états de Bourgogne par édit de janv. 1783, il fut achevé en 1793. Mais il faut dire que l'état de ce canal appelait de telles améliorations, que les dépenses qui y furent consacrées de nouveau peuvent être considérées comme dépenses de premier établissement (V. M. Grangez, préc. hist. des voies nav. de la France, p. 159 et suiv.).

25. Tel était l'état de la législation au moment de la révolution de 1789. Une grande réforme fut accomplie tout d'abord par l'assemblée constituante. L'ord. de 1669 en prononçant l'abolition des péages abusifs en avait laissé subsister un très-grand nombre qui apportaient encore de sérieuses entraves à la navigation. En 1738, en effet, le contrôleur général constatait que le nombre des péages dont les revenus appartenaient aux seigneurs des paroisses était extrêmement considérable. Pour satisfaire aux réclamations incessantes du commerce, le gouvernement de Louis XV avait ordonné une enquête sur la situation des péages établis sur les rivières navigables, afin de parvenir au rachat de tous ceux qui n'étaient pas « établis sur les canaux ou sur les rivières qui ne sont navigables que par le moyen d'écluses ou d'autres ouvrages d'art, et qui exigent un entretien et un service journalier » (V. M. Vignon, t. 2, pièces justificat., p. 231). — Mais il ne paraît pas que cette mesure ait été suivie d'effet. La situation des rivières, quant aux péages, était restée la même jusqu'en 1789. L'assemblée constituante, en prononçant l'abolition des droits féodaux, supprima sans indemnité les droits de *péage*, de *long et travers*, *passage*, *hallage*, *pontonage*, *barrage* et autres de ce genre, sous quelque dénomina-

tion qu'ils pussent être perçus, par terre ou par eau, soit en nature, soit en argent (art. 13), à l'exception 1° des droits de bacs et de voiture d'eau ; 2° des droits concédés pour dédommagement et condition de constructions de canaux, ponts et autres ouvrages d'art ; 3° des droits accordés à titre d'indemnité à des propriétaires évincés pour cause d'utilité publique (décr. 15 mars 1790, art. 15). Et encore, aux termes de l'art. 18 du même décret, ces derniers droits n'étaient-ils maintenus que *provisoirement*. Aussi, et comme exécution de cette disposition, le décret du 25 août 1792, émané de l'assemblée législative, et plus étendu dans sa rétroactivité contre les seigneurs, n'a maintenu que la dernière exception (art. 7), en déclarant même simplement rachetables les droits qui en sont l'objet (art. 8). Enfin, la convention plus radicale encore frappa d'abolition tous les droits de péage sans aucune exception (décr. 17 juill. 1793, V. Propriété féod., p. 349). — Mais il faut remarquer qu'il ne s'agit, dans les décrets de 1792 et 1793, que des péages appartenant aux *seigneurs*. Les péages non seigneuriaux continuèrent de subsister (Cass. 26 germ. an 7, aff. Lallier, v° Propr. féod., n° 75, et Merlin, Rép., v° Péage, § 2, n°s 1 à 4). Aussi voit-on même pendant cette période, les droits de navigation se percevoir comme par le passé sur les canaux concédés, et, par exemple, sur le canal du Midi et sur les canaux d'Orléans et du Loing ; seulement la perception se fait au profit de l'État, ces canaux ayant été confisqués sur leurs propriétaires émigrés. C'est ce qui résulte en effet d'un décret de la convention du 23 vend. an 4 qui ordonnant l'exécution de réparations urgentes au canal du Midi, décide que les droits à percevoir sur les voyageurs et les marchandises transportées par ledit canal seront provisoirement exigés à dix fois la valeur de ceux fixés par le tarif de 1684.

26. L'assemblée constituante n'osa pas porter la main sur cet ensemble si compliqué des lois et règlements rendus sous l'ancienne monarchie sur la police de la voirie ; elle se borna à maintenir cette législation *provisoirement* (décr. 19-22 juill. 1791, art. 29, V. Voirie par terre, n° 23), provisoire qui dure encore. Parmi ces règlements sont nécessairement compris les règlements sur la navigation, les fleuves et rivières navigables, ainsi que les canaux faisant partie de la grande voirie.

27. La période à laquelle nous sommes arrivé n'était pas favorable aux travaux de la navigation. Aussi non-seulement il ne peut être question d'en entreprendre de nouveaux, mais encore ceux qui sont commencés s'interrompent partout. Bien plus, pendant la licence révolutionnaire, les règlements sur la police de la navigation n'avaient plus été observés ; les chemins de halage avaient été interceptés, les rivières navigables encombrées d'obstacles de toute nature. Aussitôt que le calme fut un peu rétabli, le gouvernement s'occupa de remédier à ce désordre en rappelant à l'exécution rigoureuse des règlements antérieurs : tel fut l'objet des arrêtés du directoire exécutif des 13 niv. an 5 et 19 vent. an 6 (V. Eaux, p. 321 et 322).

28. Autre chose était encore à faire : c'était de relever les ouvrages de navigation établis à si grands frais par les précédents gouvernements et que la pénurie des finances avait forcé de laisser à l'abandon. Les péages que l'on avait supprimé en 1790, avaient donné lieu à de grands abus sans doute et leur suppression avait été un bienfait pour le commerce. Mais ces péages servaient à l'entretien des rivières ; or, en les supprimant, on n'avait pas créé le moyen d'y suppléer ; aussi le gouvernement, manquant de fonds, avait-il été forcé pour ainsi dire de les laisser dépérir. Ce fâcheux état de choses se perpétua jusque sous le consulat. Pour faire face aux dépenses qu'exigeaient l'amélioration et l'entretien des voies navigables, Napoléon rétablit, sous le nom d'*octroi de navigation* et dans une forme nouvelle, les péages que la révolution avait complétement abolis : dans l'état des finances de l'époque c'était, en effet, le seul moyen praticable de subvenir à des dépenses aussi considérables. Tel fut l'objet de la loi du 30 flor. an 10 et de l'arrêté du 8 prair. an 11 rendus pour l'exécution de cette loi, et d'après lesquels les droits de navigation étaient spécialement affectés aux travaux du cours d'eau sur lequel ils étaient perçus (V. n° 406).

29. Les droits établis par la loi du 30 flor. an 10, n'étaient pas applicables aux canaux de navigation, lesquels étaient toujours régis par les anciens tarifs, sauf quelques modifications

Interrenues pendant la période révolutionnaire. Du reste, la situation de ces canaux n'était plus la même. Propriétés particulières avant la révolution, ils étaient devenus la plupart propriétés
du gouvernement, par suite de l'application des lois sur les
émigrés ; c'est ce qui eut lieu notamment à l'égard du canal du
Midi pour 21/28° (les 7 autres 28° appartenant à des descendants d'Orléans et du Loing pour la totalité), et du
canaux d'Orléans fut placée dans les mains de l'agence des ...
de ces canaux ... 1781 à 1798 (décr. 19 août 1791), et ...
... onsul (V. lett. de Napoléon du 16 nov. 1807,
... précis hist. p. 771). Cette pensée fut réalisée par
les déc... ès 21 mars 1808, 7 fév., 4, 10 mars, 7 mai 1809,
et à la loi du 23 décembre même année, qui ordonne, en effet,
la vente de ces canaux, sous la condition que le produit des ventes
sera employé à terminer le canal Napoléon, joignant le Rhône
au Rhin, le canal de Bourgogne et le grand canal du Nord qui
devait joindre l'Escaut au Rhin, etc. — En exécution de ces lois,
la partie du canal du Midi qui était la propriété de l'Etat, en
outre, les canaux d'Orléans et du Loing furent cédés à titre onéreux au domaine extraordinaire (V. Dom. extraord., n° 15) ; les
actions entre lesquelles la propriété de ces canaux fut divisée
servirent à former des dotations attachées aux titres héréditaires
concédés par l'empereur. A la restauration, les actions qui se
trouvaient encore entre les mains de l'Etat furent restituées aux
anciens ayants droits (V. Dom. extraord., n°s 32, 44 et suiv.).
V. aussi M. Grangez, Précis hist., p. 301 et suiv.).

31. On ne voit pas, du reste, qu'il soit résulté de la cession
des canaux par Napoléon au domaine extraordinaire, une plus
grande activité dans les travaux de canalisation projetés. En
1820, la France ne possédait encore qu'un petit nombre de canaux. C'étaient les canaux de l'Aa, aboutissant à Calais, Dunkerque et Furnes ; ceux de Briare, d'Orléans, du Loing, du Midi,
du Centre, de Neuffossés, de Saint-Quentin, de Cette à Beaucaire,
le canal de Bourgogne, mais seulement dans une petite partie de
son cours, enfin le canal de la Sensée, concédé en 1818 et qui
était près de son achèvement. D'autres canaux très-importants,
tels que le canal du Rhône au Rhin ; ceux de Bretagne, c'est-à-
dire de Nantes à Brest, d'Ile et Rance, et du Blavet ; ceux de la
Somme, du Nivernais, du Berry, d'Arles à Bouc étaient à peine
commencés. — Le gouvernement de la restauration, voulant
imprimer une vive impulsion aux travaux publics et étendre
notre réseau navigable, entreprit l'achèvement et l'ouverture
d'un certain nombre de canaux dont l'utilité était depuis longtemps
constatée. Mais comme l'état de ses finances ne lui permettait
pas d'affecter les fonds du trésor à une pareille entreprise (les
dépenses à faire pour l'ensemble des lignes projetées étaient
évaluées à 126,000,000 fr.), il eut recours à des emprunts que,
dans l'état naissant du crédit, il ne put contracter que sous des
conditions très-onéreuses. — En vertu des conventions passées
entre l'Etat et des compagnies et approuvées par les lois des
5 août 1821 et 14 août 1822, les bailleurs de fonds devaient
toucher indépendamment d'un intérêt fixe, une prime pendant la
durée des travaux et un amortissement du capital. En outre, les
compagnies étaient admises, lorsque l'action de l'amortissement
aurait éteint le capital prêté, à toucher la moitié du produit net
des canaux, et, par suite de cette concession, elles étaient autorisées à intervenir dans le règlement du tarif, qui ne pouvait
recevoir de modifications qu'avec leur consentement. Cette dernière clause donna lieu, plus tard, aux plus graves difficultés (V.
n° 35). — En conséquence des conventions que nous venons

... or, trois sortes d'actions avaient été créées par les com-
... : les unes, dites *actions financières*, représentaient les
... ts de la portion du fonds annuel d'amortissement payé par
... at ; les autres, dites *coupons de prime*, puisaient leur origine
dans la prime qui était allouée ; enfin les *actions de jouissance*
représentaient la concession du droit de partage dans les bénéfices. — Les canaux exécutés au moyen de ces emprunts sont :
1° le canal du Rhône au Rhin (comp. Humann ; L. 5-11 août
1821) ; — 2° Les canaux de la Somme et de Manicamp, le canal
des Ardennes et le canal latéral à l'Oise (Sartoris-Urbain, comp.
dite des Trois-Canaux ; L. 5-11 août 1821) ; — 3° Le canal de
Bourgogne (Hagermann-Jonas ; L. 14-23 août 1822) ; — 4° Les
canaux de Bretagne, du Nivernais, du Berry, latéral à la Loire
(André Cottier et comp. ; comp. des Quatre-Canaux ; L. 14-23
août 1822). — En 1827, le même gouvernement ordonna l'exécution du canal de Roanne à Digoin, par voie de concession
perpétuelle (L. 29 mai 1827 ; ordonn. 11 oct. 1830).

32. Il devait en être du droit de navigation établi par la loi
du 30 flor. an 10 (V. n° 28), comme des péages de l'ancienne
monarchie ; leur destination ne fut pas mieux respectée. Dans le
système de cette loi, les droits devaient être spécialisés de manière à n'être employés que pour les besoins de la ligne navigable sur laquelle ils étaient perçus et, par conséquent, à être
proportionnés dans leur quotité aux besoins de cette ligne : l'i-
négalité des tarifs était la conséquence de l'inégalité des besoins.
Mais en présence des besoins financiers de l'Etat, cette spécialité de l'emploi des fonds ne tarda pas à disparaître, le produit
des droits de navigation, détourné de sa destination primitive, ne
servit plus qu'à accroître les ressources du trésor. Cette situation
qui s'était produite sous le gouvernement impérial fut régularisée
par la loi de finances du 23 sept. 1814. — Mais, malgré la suppression de la cause qui avait donné naissance à l'inégalité des
tarifs, cette inégalité n'en continua pas moins de subsister. Des
règlements d'administration publique, rendus en exécution de
la loi de l'an 10 et conformément à ses prescriptions, avaient fixé
pour chaque localité, d'après l'avis des conseils et commissions
formés, dans chaque département, des délégués des parties intéressées, les tarifs des droits à percevoir. Formés ainsi sous
des influences locales, les tarifs offraient les disparates les plus
choquantes. Ils variaient de bassin à bassin, de rivière à rivière
et même de bureau à bureau. Sur tel cours d'eau, le droit était
fixé par bateau, sans égard à la dimension ou à la capacité ; sur
tel autre, les bateaux étaient divisés en deux ou trois classes ou
quelquefois plus en raison de leur longueur, sans que la largeur
et le tirant d'eau fussent limités. Ailleurs, la largeur seule formait les classes. Ici le droit était imposé sur la charge possible ;
là sur la charge réelle ; là encore sur le poids, la mesure, le volume ou l'espèce de marchandises divisées en plusieurs classes.
Les bateaux vides supportaient tantôt le quart, tantôt le tiers,
tantôt la moitié du droit, et même quelquefois la totalité
(V. M. Grangez, Tr. de la percept. des droits de navig., 1840,
p. 2). — Les vices d'un pareil régime dans un pays d'unité de
législation et de centralisation administrative comme la France,
avaient frappé tous les yeux ; il y avait urgence d'y apporter remède. En 1820, une commission fut chargée d'étudier la matière
et de préparer les éléments d'une loi tout à la fois moins fiscale
que la précédente et posant des règles d'une application plus générale. Eclairé par les travaux de cette commission, le gouvernement présenta, le 6 avr. 1824, un projet de loi sur les droits
de navigation ayant pour base un mode de perception uniforme.
Mais ce projet avait le tort d'établir le droit sur la charge possible des bateaux, quelle que fût la quantité réelle des marchandises transportées. Les objections qui furent faites contre le système proposé, obligèrent le ministre à retirer le projet de loi.—
Après de nouvelles études, il fut reconnu que les droits de navigation ne pouvaient être équitablement établis que sur les bases suivantes : 1° Faire payer l'impôt en raison de la distance
parcourue ; — 2° Asseoir la taxe sur le poids des marchandises ;
— 3° Faire servir le tonnage du bateau comme moyen de vérification du chargement ; — 4° Ne point imposer les bateaux
vides ; — 5° Ne pas taxer uniformément toutes les marchandises
(V. dans le Traité de M. Grangez, p. 6 et 7, le développement de
ces diverses propositions).

33. La loi des 23-30 mai 1834, établissant sur c...
les droits de navigation à percevoir sur la basse Se...
comme une sorte d'essai du nouveau système. Les résulta...
furent si satisfaisants que le gouvernement ne crut pas de...
retarder plus longtemps une réforme si ardemment désirée p...
le commerce et d'étendre les règles consacrées par la loi du
23 mai 1834 à toutes les rivières et aux canaux navigables appartenant à l'Etat. Tel fut l'objet de la loi des 9-16 juill. 1836,
dont les dispositions générales sont la reproduction de la loi relative à la basse Seine. Cette loi a été suivie de l'ordonnance des
15-20 oct. 1836 qui en règle l'exécution.

34. Presque tous les tarifs anciens se trouvèrent considérablement abaissés par la loi de 1836, cependant, sur certains
cours d'eau, cette loi produisit un effet contraire; l'application
du nouveau tarif donna lieu à une augmentation de droits; c'est
ce qui arriva, par exemple, sur la haute Seine et sur l'Yonne.
Une ordonnance du 27 oct. 1837, rendue en vertu des pouvoirs
que l'art. 24 de la loi de 1836 attribuait au gouvernement, accorda un dégrèvement sur ces cours d'eau à la descente et à la
remonte. D'après cet art. 24, l'ordonnance devait être convertie
en loi à la plus prochaine session. Elle fut en effet présentée aux
chambres, mais les circonstances politiques en retardèrent la
discussion, et on ne voit pas qu'elle ait jamais reçu la sanction
législative. — Une autre ordonnance du 30 nov. 1839, rendue
en conformité de la loi du 4 juill. 1837, relative à l'application
du système décimal, prescrivit que la perception des droits aurait lieu dorénavant par distance de 1 myriam. et non de 5 kilom.
comme le voulait la loi de 1836, d'après des taxes doubles de
celles existantes.

35. Les tarifs uniformisés de la loi de 1836 et les réductions de droits dont ils faisaient jouir le commerce n'étaient pas
applicables aux canaux dont la propriété n'appartenait pas à
l'Etat, non plus qu'à ceux qui avaient été exécutés en vertu
des conventions de 1821 et 1822 sur lesquels les tarifs, ainsi
qu'on l'a dit n° 31, ne pouvaient être remaniés que d'un commun accord entre l'Etat et les compagnies. Les droits perçus sur
ces différents canaux présentaient des anomalies semblables à
celles que la loi de 1836 avait eu pour objet de faire disparaître
et en outre avaient l'inconvénient d'être beaucoup trop élevés.
Là aussi une réforme était nécessaire; mais il fallait le consentement des compagnies. D'abord, elles parurent disposées à
s'associer aux dispositions libérales du gouvernement et à consentir les diminutions que réclamait l'intérêt du commerce. Des
tarifs réduits remplacèrent provisoirement ceux annexés aux
lois de 1821 et 1822. Les ordonnances qui prononçaient ces réductions stipulaient, pour quelques lignes, qu'elles n'auraient
d'effet que pour un temps fort court, après lequel les droits devaient être de nouveau révisés et remplacés même s'il y avait
lieu par le tarif légal de 1836. — Mais les compagnies ne per-
sistèrent pas dans ces intentions favorables, et manifestèrent
bientôt le désir de revenir aux anciens tarifs. Le gouvernement
ne pouvait donner son adhésion à une pareille mesure; c'eût
été apporter au commerce le plus grave préjudice et neutraliser
désormais des voies navigables dont la création avait été si
coûteuse. C'est alors que naquit l'idée d'opérer le rachat des actions de jouissance qui, comme on l'a dit n° 31, donnaient
aux compagnies le droit de partage dans le produit du péage et
par suite le droit d'intervenir dans la fixation des tarifs. Un projet
de loi sur ce sujet fut proposé aux chambres dès 1841; il faisait
partie d'un ensemble de propositions législatives sur le rachat
des voies de communication et la modification des tarifs. En
1842 il fut proposé séparément; adopté par la chambre des
députés, il ne put être dans l'autre chambre que l'objet d'un
rapport. Pendant ce temps, les compagnies devenaient de plus
en plus impérieuses; elles avaient même fixé une époque, à partir de laquelle elles prétendaient exiger le retour aux tarifs de
1821 et 1822. Dans cette situation, le gouvernement ne craignit
pas de faire ce qu'il appelait lui-même un coup d'Etat. Deux
ordonnances royales, l'une du 14 avr. 1844, et l'autre du
23 mars 1845 rendues sur l'avis du conseil d'Etat et sur le rapport du ministre des finances, tout en réservant d'ailleurs le
droit que que les compagnies soumissionnaires pouvaient avoir
à une indemnité, décidèrent que les tarifs des droits de naviga-

---

tion alors perçus sur les **canaux** soumissionnés... étaient pr...
...ne, fut... jusqu'à ce qu'il en fût autrement ordonné... Les compa...
...ès en... rogès portèrent leurs réclamations en dommages-intérêts...
...voir... rèrent contre l'Etat une demande en dommage-intérê...
...ir... l'illégalité de ces ordonnances, mais la condition d'il...
...er le conseil d'état décida que cette question d'il...
...ire résolue que par l'autorité administrative et qu...
...7, M. Revendchon, rapp... sur l'... Comp...
...18... Les compagnies demandèrent alors...
Les c... ... onnances qui leur pr...
des ord... ...a été décidé... s...
instance, ...mple ac...
...raient un s... ...r...
...féré au conseil... ...
16 juin 1853, M. Goul...
et Comp. du canal du Rhône...

36. Du reste, le gouvernement a...
cette situation ne pouvait avoir qu'un cara...
que si l'intérêt public exigeait que les prétentio...
des compagnies fussent repoussées, il fallait nécessaire...
qu'il fût armé d'un moyen légal de les y contraindre. Aussi,
au moment même où il rendait ces ordonnances si vivement
attaquées, il avait saisi les chambres d'un nouveau projet de loi
qui, en présence d'un refus systématique des compagnies, pût
lui permettre de racheter par une sorte d'expropriation pour
cause d'utilité publique le droit qui leur avait été si impruden-
ment accordé par le gouvernement de la restauration. Ce projet adopté par les chambres est devenu la loi du 29 mai 1845
qui pose seulement le principe de l'expropriation et réserve au
gouvernement le droit d'y procéder suivant les circonstances et
en cas de nécessité, sous la condition que ce rachat ne pourra
avoir lieu qu'en vertu d'une loi spéciale. La loi fixe aussi le mode
suivant lequel aura lieu l'évaluation du droit racheté (V. cette
loi, et les discussions dont elle a été l'objet, D. P. 45. 3. 123).

37. En 1850, deux projets de loi relatifs au rachat pour
cause d'utilité publique des actions de jouissance de la compagnie des Quatre-Canaux, de celle du canal de Bourgogne et de
la compagnie du canal du Rhône au Rhin, furent présentés à
l'assemblée législative; mais cette assemblée n'y fit pas un accueil favorable; elle pensa que la situation financière du pays
ne lui permettait pas de se charger d'un si grand sacrifice; il
s'agissait de 50 millions. Elle proposait de substituer au projet
de loi, un projet de contrat d'affermage d'après lequel on aurait
imposé aux fermiers, entre autres conditions, l'obligation de
racheter de leurs deniers les actions de jouissance et de consacrer une somme de 40 millions à l'achèvement des canaux dans
un délai déterminé. Ce projet qui souleva les plus vives réclamations du commerce fut définitivement écarté, et en 1852,
trois décrets du 21 janv., ayant force de loi, décidèrent qu'il
serait procédé immédiatement dans les formes prescrites par la
loi du 29 mai 1845 au rachat des actions de jouissance des canaux du Rhône au Rhin, de Bourgogne et des Quatre-Canaux.
Et enfin, trois lois du 3 mai 1853, fixèrent les sommes à payer
pour ce rachat, sous la réserve de l'annulation des titres des
actions de jouissance. — Quant aux autres canaux, la question
fut pour le moment ajournée, à raison pour quelques-uns des
difficultés qui s'étaient élevées, pour l'application des nouveaux
tarifs, avec les concessionnaires propriétaires des canaux d'Orléans, du Loing et de Briare.

38. Il paraît que le gouvernement ne put satisfaire aux exigences des compagnies; d'ailleurs le nouveau traité de commerce
avec l'Angleterre exigeait impérieusement que les tarifs fussent
réduits autant que possible, afin que nos marchandises transportées à peu de frais pussent soutenir la concurrence avec les produits anglais. Il devenait de toute nécessité que le gouvernement eût à l'égard des canaux de navigation la liberté d'action
la plus complète. En conséquence, huit lois des 28 juill. et
1er août 1860 autorisèrent l'expropriation : 1° du canal de Briare
(L. 1er août 1860); — 2° Des canaux d'Orléans et du Loing
(même date); — 3° Des canaux de la Somme et de Manicamp,
du canal des Ardennes, de la navigation de l'Oise et du canal
latéral à l'Oise (comp. dite des trois canaux) (même date); —
4° Du canal d'Aire à la Bassée (même date); — 5° Du canal de
la Sensée (même date); — 6° Du canal d'Arles à Bouc (même

---

date) ; — 7° Du canal de Roanne à Digoin (L. 28 juill. 1860) ; — 8° De l'écluse d'Ywuy sur l'Escaut (L. 28 juill. 1860). — L'efficacité de cette mesure était appréciée par le rapporteur de la loi, dans les termes suivants : « De toutes les mesures qui nous ont été proposées, il n'en est peut-être pas une seule dont la portée soit plus vaste et embrasse à la fois plus d'intérêts divers. Sans doute, elle profitera surtout à l'industrie, en mettant plus facilement et moins chèrement à sa portée la houille qui l'alimente, mais elle profitera aussi à l'agriculture qui, déjà grevée de tant de charges, demande de pouvoir faire circuler ses produits à de meilleures conditions. Elle profitera au commerce qui ne vit que des échanges, du trafic et des transports. Elle profitera à la production qui s'élève avec la facilité des écoulements et pourra mieux lutter avec la concurrence étrangère. Enfin, elle profitera à la consommation, qui bénéficie, en définitive, de toutes les améliorations et de tous les progrès... » — « La modération des tarifs sur les canaux, disait d'un autre côté l'exposé des motifs, produira la modération des tarifs sur les chemins de fer. Cet effet naturel d'une concurrence tempérée par la sagesse de l'administration, sera l'inverse de celui qu'a amené, il y a quelques années, l'établissement des voies ferrées sur des lignes parallèles aux voies de navigation. »

39. Le rachat des canaux de Briare, d'Orléans et du Loing soulevait une question de droit assez grave. On se demandait si l'on pouvait appliquer à ces canaux, dont la propriété même avait été transmise aux concessionnaires par l'acte de concession, la loi de 1845, qui s'occupe uniquement du rachat des actions de jouissance créées en vertu des lois de 1821 et 1822, et non pas du rachat des canaux eux-mêmes, puisque ces canaux ont été exécutés par l'État et sont sa propriété. — L'affirmative fut admise sur cette considération que la propriété des canaux ne devait pas être assimilée aux propriétés du droit commun. Les canaux même construits avec les fonds appartenant à des particuliers sont des dépendances du domaine public : le concessionnaire n'en a pas la libre disposition. « Il n'a dans ses mains, comme le disait le rapporteur au corps législatif, qu'un intérêt représentant son droit à la chose commune, et dans la vente qu'il en peut faire, c'est le titre et le droit plutôt que la chose qui sont l'objet de l'aliénation. » Par suite, sont ces droits qu'il s'agit de racheter et non pas le canal lui-même ; rien ne s'oppose donc à ce que la loi de 1845 qui s'occupe du rachat des droits appartenant à certains particuliers sur les canaux, s'applique également aux concessionnaires à perpétuité (M. Duvergier, année 1860, p. 372).

40. Les lois prémentionnées des 28 juill. et 1er août 1860 donnaient au gouvernement le droit de réduire les tarifs par décret impérial immédiatement et sans attendre que l'expropriation fût consommée, ni même que le chiffre de l'indemnité fût fixé. On voulait satisfaire au plus vite aux intérêts généraux du commerce qui, depuis le 1er juill. 1860, se trouvait, par suite du traité de commerce avec l'Angleterre, obligé de soutenir la concurrence des produits anglais. La diminution de produits qui devait résulter de cette réduction anticipée des tarifs devait être comprise dans l'évaluation des droits à racheter (V. M. Duvergier, année 1860, p. 373). — En conséquence, un décret des 22 août-4 sept. 1860, statuant d'une manière générale pour tous les cours d'eau placés aujourd'hui sous la main de l'État, donne un nouveau tarif par lequel il fixe, en les abaissant considérablement, les droits à percevoir, non-seulement sur les rivières auxquelles s'appliquait le tarif déjà réduit de la loi du 9 juill. 1836, mais aussi tous les autres cours d'eau artificiels auxquels ce tarif n'avait pu jusqu'alors s'appliquer. — Ces droits ont même été réduits depuis par un arrêté du ministre des finances, du 15 nov. 1862. — Peut-être même y a-t-il lieu d'espérer que, dans un avenir peu éloigné, la circulation sur les voies navigables sera, comme celle des routes et chemins, affranchie de ces péages, sinon très-onéreux, au moins très-gênants pour le commerce et pour la batellerie, et cela sur les canaux artificiels aussi bien que sur les cours d'eau naturels. Dans la séance du 24 juin 1862, M. Edouard Dalloz, notre fils aîné, député du Jura, déclarait, à l'occasion d'une discussion relative à l'amélioration de la navigation intérieure et de l'achèvement du réseau des canaux, qu'il était complètement de l'avis de la suppression des tarifs, mais pensait qu'au jusqu'alors s'appliquer. — Ces mais que du moment qu'il devait résulter de cette me-

sure un déficit assez considérable dans les ressources du trésor, il y avait là une question d'opportunité qu'il fallait savoir ajourner (V. aussi le discours de M. Ed. Dalloz dans la discussion du budget de 1865, séance du 20 mai 1864, Monit. du 21). — Du reste, dans certaines circonstances graves, dans les années de mauvaises récoltes, par exemple, le gouvernement a toujours suspendu la perception de ces droits en faveur des bateaux chargés de grains, farines et autres denrées alimentaires, dans le but de combattre le renchérissement qui pèse alors sur ces denrées. C'est ce qui eut lieu notamment en 1847 et de 1853 à 1861.

41. On avait craint, dans le principe, que l'établissement des chemins de fer ne causât à la navigation une concurrence telle, que les voies navigables fussent à peu près abandonnées : en effet, il y eut quelques années où le produit des droits éprouva une diminution sensible. C'était par cette raison que les chambres avaient si longtemps hésité à accorder au gouvernement la loi d'expropriation qu'il demandait contre les compagnies soumissionnaires. Mais ces craintes n'étaient pas fondées. Chacune de ces voies de communication, chemins de fer et cours d'eau, avait leur spécialité distincte : aux premiers le transport des personnes et des marchandises de valeur, aux seconds les marchandises lourdes et encombrantes et les matières premières. « De cette manière, disait M. Guillaumin à la séance du corps législatif du 24 juin 1862, il résultera pour les deux voies de transport une alimentation réciproque et sans cesse progressive au lieu d'une concurrence périlleuse. Je recevrai, par les canaux et rivières navigables des marnes, des phosphates de chaux, des engrais de toute nature ; je vous les rendrai transformés en produits agricoles, blés et céréales de toute espèce, fruits, bestiaux, etc., qui deviendront à leur tour un objet de trafic considérable pour les chemins de fer, parce qu'alors ces produits, transformés par mon travail, ont acquis une valeur, un prix qui leur permettra de supporter les tarifs plus élevés des chemins de fer » (Monit 25 juin 1852). — Pendant les deux dernières années qui ont précédé le décret du 22 août 1860 portant réduction du tarif des droits de navigation, le nombre des tonnes de marchandises transportées sur les canaux et rivières navigables était : pour 1858, 1,085,000,000 de tonnes; pour 1859, 1,061,000,000. Après la réduction des droits, le transport s'est élevé en 1860 à 1,246,000,000 de tonnes, en 1861 à 1,393,000,000.

42. Les inondations produites par le débordement de nos grands fleuves n'ont été ni moins fréquentes ni moins désastreuses dans le dix-neuvième siècle que dans les siècles précédents. « La perturbation dans le régime des eaux, qui se manifeste en France plus profondément que jamais depuis une cinquantaine d'années, s'aggrave chaque jour de plus en plus, » a dit M. Louvet au corps législatif, dans son rapport sur la loi dont nous allons parler (D. P. 58. 4. 64). En présence de telles calamités, le système d'endiguement auquel jusqu'alors on s'était borné devenait réellement insuffisant. « Le système des digues, lit-on dans la lettre adressée par l'empereur en 1856 au ministre d'État au sujet des inondations de cette même année, n'est qu'un palliatif ruineux pour l'État, imparfait pour les intérêts à protéger ; car, en général, les sables charriés exhaussant sans cesse le lit des fleuves, il faudrait toujours élever le niveau des digues, les prolonger sans interruption sur les deux rives et les soumettre à une surveillance de tous les moments. Ce système, qui coûterait seulement pour le Rhône plus de 100 millions, serait insuffisant; car il serait impossible d'obtenir de tous les riverains cette surveillance de tous les moments, etc. » — Il fallait remonter aux causes du mal et chercher les remèdes qui pouvaient y être apportés. — Après les grandes inondations de 1856, et conformément à la lettre impériale, les études des ingénieurs furent dirigées en ce sens. Deux sortes de travaux étaient à étudier, la défense des villes et la défense des vallées. — « La défense des villes, a dit M. Louvet dans le rapport précité (D. P. 58. 4. 63), ne présente pas de difficultés bien sérieuses. Il s'agit dans la plupart des cas de consolider les digues actuelles et de les exhausser au-dessus du niveau des plus grandes crues connues jusqu'à ce jour. Mais il n'en est pas de même pour la défense des vallées : là, indépendamment de plusieurs autres questions délicates, on se trouve de suite en face d'un premier

problème fort difficile à résoudre : se bornera-t-on à exhausser les digues, ou bien cherchera-t-on le moyen d'abaisser le niveau des crues, soit en reboisant le sommet et les flancs des montagnes, soit en débarrassant le lit de nos fleuves et rivières des obstacles qui gênent le rapide écoulement des eaux, soit en créant même de nouveaux lits là où les débouchés actuels sont reconnus insuffisants, soit enfin en établissant dans la partie supérieure des fleuves et des principales rivières, des réservoirs artificiels destinés à retenir les eaux provenant des grandes pluies ou des fontes de neige, et à prévenir ainsi la subite irruption de ces eaux dans la plaine ? » — Les difficultés inhérentes à la défense des vallées n'ont pas permis de faire marcher de front les deux études. Les travaux relatifs à la défense des villes ont été d'abord entrepris. Une loi des 28 mai-6 juin 1858 (D. P. 58. 4. 63) ordonne l'exécution des travaux nécessaires pour mettre les villes à l'abri des inondations, aux frais communs de l'État, d'une part, des départements, des communes et des propriétaires dans la proportion de leur intérêt respectif, d'autre part, et détermine les formalités préliminaires à l'exécution des travaux. En outre et pour éviter qu'à l'avenir les travaux définitifs entrepris par les propriétaires des vallées dans le périmètre des terrains atteints par les inondations ne viennent contrarier les grandes vues d'ensemble qui sont nécessaires à l'exécution d'une œuvre aussi vaste et aussi délicate, la loi établit au préjudice de ces propriétaires une servitude assez grave. Elle donne au gouvernement le droit d'interdire la construction ou d'ordonner la destruction, moyennant indemnité, de toute digue sur les parties submersibles des vallées de la Seine, de la Loire, du Rhône et de la Garonne, ainsi que de certains affluents désignés; par vallées submersibles, la loi entend les surfaces qui seraient atteintes par les eaux si les levées venaient à être rompues ou supprimées. — Un décret des 15-30 août 1858, portant règlement d'administration publique, a été rendu pour l'exécution de cette loi (D. P. 58. 4. 150).

43. Le défrichement des montagnes est depuis bien longtemps considéré comme une des principales causes du débordement des grandes rivières. « Lorsque les montagnes sont dénudées, les eaux pluviales et celles qui proviennent de la fonte des neiges se précipitent avec une incroyable rapidité, creusent et remplissent les ravins, gonflent subitement les torrents, et ceux-ci déversent en quelques instants dans les fleuves et rivières des masses d'eau trop considérables pour que les voies d'écoulement les plus larges puissent les débiter dans un temps égal. Quand au contraire les pentes sont convenablement boisées, une partie des eaux est absorbée par la perméabilité du sol, l'autre est ralentie par l'obstacle mécanique que la végétation lui oppose; l'écoulement régularisé ne donne plus lieu aux crues subites qui se transforment en inondations. Aussi l'utilité du reboisement dans les montagnes a-t-elle été constamment reconnue par les savants, les ingénieurs, les forestiers, par la plupart des conseils généraux, par des commissions administratives et parlementaires » (Exposé des motifs, D. P. 60. 4. 127). Déjà en 1845 un projet de loi relatif à ce sujet avait été proposé par l'administration forestière ; mais ce projet présentait des difficultés telles que le gouvernement hésita à présenter ce projet aux chambres législatives. Il se borna à demander en 1846, à la chambre des députés, les moyens de procéder à un système général d'études comprenant à la fois les travaux hydrauliques et ceux de reboisement et de mise en culture. Mais les événements politiques de 1848 empêchèrent qu'il fût donné suite à ce projet. Le gouvernement de l'empereur tenait à honneur de résoudre la question. Un projet de loi sur le reboisement des montagnes, moins exclusif et plus pratique que le projet de 1845, présenté au corps législatif en 1860. Adopté par la chambre, il est devenu la loi des 28 juill.-7 août de la même année (D. P. 60. 4. 127). — Cette loi a été suivie d'un décret impérial des 27 avr.-27 mai 1861 portant règlement d'administration publique pour l'exécution des principes qu'elle pose (D. P. 61. 4. 58). — Elle a été complétée par une autre loi, votée le 24 mai 1864, mais non encore promulguée au moment où nous écrivons, et qui ajoute au reboisement le gazonnement comme moyen de consolidation des terrains situés en montagne (V. Monit. du 25 mai, p. 754, col. 2 et 3).

des matériaux pour l'entretien des levées de la Loire et des rivières y affluentes. — V. Trav. publ., p. 838.

24 juin 1777. — Arrêt du conseil portant règlement pour la navigation de la rivière de la Marne et autres rivières navigables. — V. Eaux, p. 319.

17 juill. 1782. — Arrêt du conseil d'État concernant la navigation de la Garonne. — *Nota*. Ce règlement, toujours en vigueur, est en grande partie conçu dans les mêmes termes que l'arrêt du conseil du 23 juill. 1783, dont nous donnons les principales dispositions plus loin ; nous nous bornerons donc à signaler en note de ce dernier arrêt les peines de l'arrêt de 1782 qui diffèrent de celles établies par l'arrêt de 1783.

23 juill. 1783. — Arrêt du conseil d'État portant règlement pour la navigation de la Loire et rivières y affluentes.

Tit. 1. (Ce titre, composé de deux articles, divise le cours de la Loire et de ses affluents en cinq arrondissements et ordonne la visite desdites rivières, ainsi que la confection des cartes de leurs cours et des plans des ouvrages nécessaires à la navigation et au flottage, ainsi qu'à la sûreté des possessions riveraines.)

Tit. 2. (Les art. 1 à 6 de ce titre établissent et déterminent la juridiction des intendants et commissaires départis dans les cinq arrondissements ; ordonne la visite annuelle de la Loire et de ses affluents, le balisage de ces rivières, l'enlèvement des pieux, arbres, débris de bateaux et autres empêchements à la navigation, lesquels seront vendus au profit de l'État, sauf le droit de réclamation par les particuliers, etc.).

Art. 7. Les maires, échevins, consuls, jurats et syndics des villes et paroisses voisines de la Loire et rivières y affluentes, seront tenus de donner main-forte, secours et assistance aux ingénieurs, entrepreneurs et commis des turcies et levées, de même qu'aux équipages du balisage des rivières, lorsqu'ils en seront par eux requis pour le bien du service, à peine contre chaque refusant de 100 liv. d'amende (1).

8. Enjoint Sa Majesté à tous riverains, meuniers, forgerons, pêcheurs, mariniers et autres, de faire enlever et transporter dans des lieux où les grandes eaux ne puissent atteindre, et dans le délai de trois mois, à compter de la publication du présent arrêt, les pieux, débris de bateaux, terres, pierres, bois et autres empêchements, étant de leur fait ou à leur charge, qui se trouveront dans le lit de la Loire et autres rivières y affluentes, à peine de 100 liv. d'amende (2), confiscation desdits matériaux et débris, et d'être en outre contraints au payement des ouvriers qui seront employés par les ingénieurs, entrepreneurs et commis auxdits enlèvements et nettoiements.

9. Défend Sa Majesté, sous les mêmes peines, à tous riverains et autres, de rien jeter dans le lit desdites rivières et ruisseaux qui puisse les encombrer ; d'en détourner ni affaiblir le cours par des tranchées ou autrement ; d'y mettre rouir du chanvre ni d'enlever aucunes pierres provenant des ouvrages des turcies et levées, en quelque endroit qu'elles se trouvent : défenses sont également faites de déposer des matériaux, déblais et immondices sur les bords et chantiers desdites rivières et ruisseaux, si ce n'est à 30 pieds (3) au delà desdits bords. Défend également Sa Majesté d'entreposer aucunes marchandises sur lesdits bords et chantiers.

10. Ordonne Sa Majesté que toutes les îles, îlots, chantiers, grèves, plages, accolins et autres places qui sont actuellement plantés sur les bords et dans le lit de la rivière de Loire et autres y affluentes seront incessamment visités par les ingénieurs des turcies et levées, à l'effet de dresser des procès-verbaux de celles desdites plantations qui pourront être conservées en tout ou en partie ; ensemble de celles qui se trouveront être nuisibles à la navigation, aux ouvrages des turcies et levées, ou aux territoires opposés, pour, lesdits procès-verbaux remis aux sieurs intendants, être par eux ordonné ce qu'il appartiendra.

11. Dans le cas où il deviendrait indispensable de détruire et arracher lesdites plantations, en tout ou en partie, les propriétaires y seront contraints, et ce dans le délai de deux mois, à compter du jour de l'ordre qui leur en aura été donné, à peine de 300 liv. d'amende, et d'être en outre condamnés au payement des ouvriers employés à détruire lesdites plantations, suivant l'état certifié véritable qui en sera remis au sieur intendant et commissaire départi, par les ingénieurs des turcies et levées.

12. Les propriétaires qui auront fait lesdites plantations sans y avoir été autorisés par ordonnances desdits sieurs intendants et commissaires départis ne pourront réclamer aucunes indemnités ; à l'égard de ceux qui justifieront suffisamment de permissions de planter par eux obtenues avant les circonstances qui en rendront la destruction nécessaire, ils remettront leurs titres et mémoires aux sieurs intendants, pour, sur les procès-verbaux d'estimation des ingénieurs, y être par eux pourvu.

13. Quant aux îles, îlots, chantiers, grèves, plages, accolins et autres places, qui ne se trouveraient point plantés au moment de la publication du présent règlement, il ne pourra y être fait aucune plantation qu'après y avoir été autorisés par les sieurs intendants et commissaires départis, sur l'avis des ingénieurs des turcies et levées ; et dans le cas où il en serait fait sans autorisation, seront lesdites plantations arrachées de l'ordre desdits sieurs intendants et commissaires départis, sur le rapport desdits ingénieurs, aux frais des propriétaires, lesquels seront en outre condamnés en 200 liv. d'amende (4).

14. Ne pourront aucuns des propriétaires d'îles, îlots, grèves, accolins et emplacements, s'opposer, même sous prétexte de la mise en possession par le commissaire départi, à ce qu'il soit pratiqué des chemins à travers lesdites possessions pour la commodité et service public des rivières et du commerce ; lesdits chemins auront au moins 18 pieds de largeur franche, et devront être tracés sur l'indication des ingénieurs et ordonnances des sieurs commissaires départis.

15. Fait défenses Sa Majesté à toutes personnes, de quelque qualité et condition qu'elles soient, de planter des arbres ou arbustes, labourer, creuser puits, caves, fosses, ou faire toutes autres excavations de terrain plus près de 10 toises du pied du glacis des levées, et ce seulement du côté de la campagne ; ordonne Sa Majesté, que ceux qui voudront élever des maisons, écuries, granges ou autres bâtiments, ne pourront le faire que sous la condition expresse que les fondations n'auront qu'un pied ou 18 pouces de profondeur ; que les façades seront éloignées d'une toise du pied desdits glacis, et que les espaces entre ces façades et le dessus ou aire desdites levées seront remplis de terre d'un parfait niveau : veut au surplus, Sa Majesté, qu'aucuns desdits ouvrages ne puissent être entrepris qu'en vertu d'ordonnances des sieurs intendants et commissaires départis, rendues sur l'avis des ingénieurs des turcies et levées, à peine de 500 liv. d'amende et de démolition desdites constructions.

16. Fait Sa Majesté défenses à toutes personnes, de quelque qualité et condition qu'elles soient, même aux propriétaires des terrains ci-dessus dénommés, de faire pâturer aucuns chevaux, bœufs, vaches, chèvres, moutons, porcs et autres bestiaux sur le couronnement et talus des banquettes et levées, non plus que dans les saussaies ou chantiers étant au pied d'icelles, et ce à peine de 20 liv. d'amende pour chaque bête, et de tous dépens, dommages-intérêts, pour le payement desquels lesdits bestiaux seront saisis et même vendus, s'il y échet ; permet à toutes personnes de tuer les porcs qui y seront trouvés paissants, et de prendre ou tuer les lapins, blaireaux, renards et loutres qui se logent auxdites levées, et que Sa Majesté veut au surplus être incessamment détruits à la diligence des ingénieurs, entrepreneurs et commis des turcies et levées.

17. Les propriétaires des moulins, forges, fourneaux, digues paissières et nasses construits sur la Loire et sur les rivières y affluentes, seront tenus de veiller à ce qu'il ne se forme, à la distance de 50 toises au-dessus et au-dessous de leurs établissements, aucuns bancs de sable ou gravier dans le courant desdites rivières qui puissent nuire à la liberté du passage des bateaux, à peine de 50 liv. d'amende, et de tous dépens, dommages et intérêts (5).

18. Fait Sa Majesté défenses de fermer et remplir de sable les routes, vulgairement appelées *chevalis*, qu'on est obligé de faire dans les rivières lorsqu'elles sont trop basses pour le passage des bateaux, comme aussi d'arracher ou changer les guides ou balises qui indiquent le meilleur cours d'eau pour la navigation, à peine de 50 liv. d'amende.

Tit. 3. Art. 1. Fait défenses, Sa Majesté, à toutes personnes, de quelque qualité et condition qu'elles soient, de faire, sans sa permission, aucuns moulins, forges, fourneaux, digues, bouchis, gords ou pêcheries, ni autres constructions ou établissements quelconques, sur et aux bords de la Loire et des rivières y affluentes, sous les peines portées par les ordonnances et règlements.

2. (Cet article enjoint à tous propriétaires ou possesseurs de moulins, forges, etc., de rapporter dans trois mois, à compter du jour de la publication du présent arrêt, leurs titres de propriété et de possession.)

3. Il ne sera accordé de permissions pour des établissements ou constructions désignés en l'article précédent que par des arrêts du conseil rendus sur l'avis du sieur intendant et commissaire départi, après qu'il aura fait constater, par les ingénieurs des turcies et levées, que les établissements proposés ne peuvent nuire au plan général qui aura été arrêté pour la navigation et le flottage, ni aux dispositions du présent arrêt.

4. Ceux desdits moulins, pertuis, vannes, écluses, arches, bouchis, gords ou pêcheries, digues et autres constructions et établissements quelconques qui seront jugés nuisibles à la navigation, flottage, et aux ouvrages des turcies et levées, seront détruits, et tous les débris enlevés par les propriétaires dans le délai de trois mois, à compter du jour de la signification de l'arrêt du conseil qui l'aura ainsi ordonné, sauf à être pourvu à l'indemnité desdits propriétaires, s'il y a lieu, sur les titres qu'ils auront produits.

5. Il ne pourra être établi de moulins, de quelque espèce qu'ils soient, qu'à 300 toises au-dessus ou au-dessous des ponts construits sur la rivière de Loire et les rivières y affluentes.

6. Défend Sa Majesté à tous propriétaires, meuniers, maîtres de forges, leurs serviteurs et tous autres, de barrer, en tout ou en partie, la rivière de Loire et les rivières affluentes, avec pieux, piquets, pierres, terres, sables, fascines, roulis ou autrement, sous peine d'être lesdits obstacles détruits et enlevés à la diligence des ingénieurs, commis des turcies et levées, et baliseurs desdites rivières, et de 300 liv. d'amende contre lesdits contrevenants, lesquels demeureront en outre responsables des avaries qui pourraient arriver aux bateaux et marchandises par l'effet des susdits empêchements.

7. Fait Sa Majesté très-expresses inhibitions et défenses à tous bateliers, radeliers, meuniers et autres, de placer des ancres ou piquets sur les levées, leurs talus ou glacis, ou de se servir des arbres qui sont sur les chantiers pour amarrer leurs bateaux ou radeaux avec des cordages ou chaînes de fer, sauf à eux à jeter l'ancre au fond de la rivière, en évitant toutefois d'empêcher en aucune manière le courant le plus fréquenté par la navigation, le tout à peine de 50 liv. d'amende et de confiscation des bateaux, moulins et radeaux.

8. Fait Sa Majesté également défenses aux propriétaires et meuniers de placer les moulins flottants ou à nefs au droit fil et plus profond de l'eau, à peine de 300 liv. d'amende (6), de confiscation desdits moulins, et de châtiment exemplaire contre les meuniers ayant la conduite desdits moulins. Veut Sa Majesté, qu'au cas qu'il y ait quelques moulins à nefs dont les propriétaires n'auraient pas l'ordonnance d'emplacements prescrite par les règlements, ils aient à en prendre une dans deux mois après la publication du présent règlement, qui les autorise à les établir dans l'emplacement qui leur aura été marqué ; sinon et faute par lesdits propriétaires de prendre ladite ordonnance du sieur intendant, et ledit délai passé, lesdits moulins seront détachés et déchirés, pour les débris en être portés sur le rivage où les grandes eaux ne pourront atteindre, et ce à la diligence des ingénieurs et commis des turcies et levées, après y avoir été autorisés par le sieur intendant et commissaire départi.

9. Lorsque les moulins à nefs auront été placés, les propriétaires et meuniers ne pourront les changer d'emplacement qu'en vertu d'ordonnances des sieurs intendants, rendues sur l'indication des ingénieurs des turcies et levées, et ce, sous les mêmes peines que ci-dessus, et de tous dépens, dommages et intérêts envers les marchands et bateliers en cas d'échouement ou d'autres avaries occasionnées par lesdits moulins.

---

(1) Dans l'arrêt de 1782 relatif à la Garonne, l'art. 7 ci-dessus rédigé à peu près dans les mêmes termes ne porte aucune sanction pénale.

(2) 300 liv. (arrêt 17 juill. 1782, art. 8).

(3) 10 toises (même arrêt, art. 9).

(4) L'art. 10 de l'arrêt de 1782 qui reproduit la défense portée dans l'art. 13 ci-dessus ne porte aucune peine.

(5) L'art. 15 de l'arrêt de 1782 dit seulement « à peine de tous dépens, dommages-intérêts. »

(6) 500 liv (arrêt de 1782, art. 6).

10. Les propriétaires des moulins à nefs seront tenus de remettre et de laisser ès mains des meuniers les ordonnances d'emplacement, dont une copie sera affichée à la porte du moulin, afin que les ingénieurs et commis des turcies et levées, faisant leurs visites, puissent reconnaître s'ils ont été changés. Défenses sont faites auxdits meuniers et leurs valets de servir auxdits moulins sans être saisis de ladite ordonnance, à peine contre les propriétaires de 500 liv. d'amende (1), dommages et intérêts pour perte ou retardement des bateaux et marchandises; et contre les fermiers, meuniers et leurs valets, de punition corporelle.

11. Ordonne Sa Majesté à tous propriétaires, de quelque qualité et condition qu'ils soient, et à toutes communautés laïques ou ecclésiastiques, qui auront titres suffisants pour avoir moulins, forges, fourneaux, autres usines et pêcheries, d'entretenir en bon état les digues, chaussées, épanchoirs, et les passelis ou pertuis qui servent ou doivent servir au passage des bateaux, radeaux et bois mis à flot.

12. Les passelis seront mis, si fait n'a été, dans les emplacements les plus convenables, relativement au cours de l'eau, et les plus à proximité des usines, afin que le service en soit plus prompt et plus sûr; leurs bajoyers, qui devront avoir chacun 36 pieds de longueur, laisseront entre eux un passage de 24 pieds de largeur franche; leurs seuils, tant supérieurs qu'inférieurs, seront fixés solidement à 6 pieds au-dessous des plus basses eaux. Les propriétaires feront faire et entretiendront, si le local l'exige, un canal, à partir de l'extrémité inférieure desdits bajoyers jusqu'à la rencontre du grand lit de la rivière, lequel canal aura 24 pieds de largeur, et au moins 5 pieds de profondeur, le tout mesuré de la ligne des basses eaux. Ordonne pareillement Sa Majesté auxdits propriétaires de moulins, forges, fourneaux et autres usines où il n'existera pas de passelis ou pertuis, d'en faire construire à travers les digues ou chaussées, et d'ouvrir des canaux au-dessous, comme il est dit ci-dessus.

13. Dès que les conducteurs de bateaux, radeaux et de bois mis à flot se présenteront pour passer, les personnes chargées de la conduite desdites usines, et leurs préposés ou serviteurs, déboucheront lesdits passelis ou pertuis.

14. Dans la visite générale ordonnée par l'art. 2 du titre 2, les ingénieurs des turcies et levées examineront les digues ou chaussées, les passelis ou pertuis, et les canaux étant en suite, et dresseront des procès-verbaux des réparations et nouvelles constructions à faire pour favoriser la navigation; lesquelles réparations et constructions seront faites par les propriétaires, ou à leurs frais, suivant les devis qui en auront été dressés par lesdits ingénieurs, et sur les ordonnances du sieur intendant et commissaire départi.

15. Les propriétaires des moulins, forges, fourneaux, autres usines et pêcheries seront tenus, conformément aux anciens règlements, de fournir, poser et entretenir des tours, trépoirs, cabestans ou galeries pour monter et descendre les bateaux et radeaux au moyen de câbles de 100 brasses de longueur, et de grosseur suffisante, partout où il en sera ainsi ordonné par le commissaire départi. — Chaque moulin, forge, fourneau, autre usine ou pêcherie, sera pourvu du nombre d'hommes convenable pour la remonte et descente desdits bateaux et radeaux aussitôt qu'ils seront arrivés aux passelis ou pertuis desdits établissements; faute de tout quoi, et en cas de retard, seront lesdits propriétaires tenus des dommages et intérêts envers les marchands et maîtres des bateaux ou radeaux, et même demeureront responsables de la perte des bateaux, radeaux et marchandises, naufrage arrivant faute de bon travail.

16. Tous propriétaires qui auront justifié par des titres en bonne forme du droit d'établir des pêcheries, seront tenus de laisser, à travers les digues ou chaussées, une ouverture de 36 pieds de largeur au droit fil et plus profond de l'eau, pour le libre passage des bateaux, radeaux et bois mis à flot. Défenses leur sont faites, ainsi qu'aux meuniers, pêcheurs et autres, de planter des piquets, jeter des pierres, poser des fascines, placer des bois en saillie, ni rien faire qui puisse gêner ladite ouverture; de même que d'y tendre des filets, nasses ou autres piéges quelconques qu'à nuit close, et à la charge de les retirer à la pointe du jour, à peine de 500 liv. d'amende (2) contre les propriétaires ou fermiers, et de peine corporelle contre les meuniers, pêcheurs et leurs valets. Pourront au surplus les mariniers, baliseurs et autres fréquentant lesdites rivières, lever et couper les filets et autres piéges qui se trouveront tendus lorsqu'ils se présenteront pour passer par ladite ouverture depuis le lever jusqu'au coucher du soleil.

17. Les meuniers, maîtres de forges, leurs valets et autres, seront tenus de laisser couler l'eau en telle quantité, que la navigation des bateaux, radeaux et bois mis à flot puisse être facilement faite d'un passelis ou pertuis à l'autre. Fait Sa Majesté très-expresses défenses aux meuniers, leurs valets et tous autres, d'exiger aucuns deniers, marchandises ou denrées des marchands, mariniers ou passagers pour ouvrir lesdits passelis ou pertuis, à peine de restitution du quadruple et de punition corporelle.

18. Excepte néanmoins Sa Majesté de la disposition du précédent article les seigneurs, communautés ou particuliers autorisés à percevoir des droits par titres valables et dûment vérifiés en la forme prescrite par l'art. 2 ci-dessus; auquel cas leurs meuniers ou fermiers pourront continuer à percevoir lesdits droits, sans pouvoir les augmenter, à peine de restitution du quadruple et de 300 liv. d'amende.

19. Les propriétaires des fossés et pêcheries situés le long de la Loire, rivières et ruisseaux y affluents, seront tenus d'y mettre des planches ou petits bateaux solidement et commodément établis, et de manière qu'il n'en résulte aucuns empêchements ni retards aux haleurs; et faute par lesdits propriétaires de faire ce qui leur est enjoint, veut Sa Majesté qu'il y soit pourvu à leurs frais et dépens, à la diligence des ingénieurs ou commis des turcies et levées.

20. Enjoint Sa Majesté à tous propriétaires riverains de la Loire et rivières affluentes, qui sont ou seront rendues navigables ou flottables, de fournir en tout temps l'emplacement pour le halage des bateaux et le passage des voitures, de 24 pieds de largeur, à compter du bord supérieur des berges. Seront lesdits chemins tracés, suivant qu'il conviendra, par les ingénieurs des turcies et levées, et ce à travers toutes sortes de terrains indistinctement.

21. Veut Sa Majesté que lesdits propriétaires et les communautés laïques ou ecclésiastiques aient trois mois, à compter du jour de la publication du présent arrêt, pour ouvrir à leurs frais et dépens, et rendre libres lesdits chemins sur la largeur ci-dessus fixée, en déracinant et enlevant les arbres, bois, buissons, haies et autres empêchements, et en comblant les trous; passé lequel temps Sa Majesté autorise les ingénieurs et commis des turcies et levées, les baliseurs et mariniers, à faire enlever tous les obstacles qui se trouveront sur ladite largeur de 24 pieds.

22. Les bois, pierres et autres matériaux qui en proviendront seront vendus au profit de Sa Majesté lorsque la dépense de main-d'œuvre et de transport en aura été faite à ses frais, et au profit des mariniers lorsque ce sera par eux ou à leurs frais que lesdits ouvrages auront été faits : défend Sa Majesté à tous propriétaires d'apporter aucuns troubles ou empêchements quelconques à l'exécution desdits travaux, à peine de 500 liv. d'amende, et même d'être poursuivis extraordinairement, s'il y échet.

23. Les chemins de halage, fixés à 24 pieds par l'article précédent, seront réduits à 14 le long des murs de clôture; mais si par la suite lesdits murs, ensemble les maisons des villes, bourgs et villages sur les bords desdites rivières venaient à être démolis et reconstruits, alors il sera donné 24 pieds au chemin de halage. Enjoint Sa Majesté aux propriétaires, et aux entrepreneurs et ouvriers, de se conformer, lors des reconstructions, à ce qui est prescrit par le présent article, à peine de 300 liv. d'amende et démolition des ouvrages contre chaque propriétaire, et de prison contre les entrepreneurs et ouvriers.

(Les art. 24 à 29 sont relatifs aux propriétaires de péages.)

30. Enjoint Sa Majesté à tous propriétaires et fermiers de bacs établis sur la Loire et rivières y affluentes, de rendre les abords et chaussées desdits bacs faciles et praticables; d'entretenir lesdits bacs et les nacelles en bon état; de les pourvoir de gens habiles à la manœuvre, et d'avoir toujours un petit bateau qui voguera en même temps et à côté des susdits bacs, pour y avoir recours en cas de besoin; et, où le service se ferait à corde tendue, veut Sa Majesté que ceux qui conduiront les bacs, livrent le passage aux bateaux et radeaux, sans leur faire éprouver le moindre retard, empêchements ou avaries, à peine de 500 liv. d'amende, et de demeurer garants et responsables du mal et perte qui pourraient autrement en arriver.

31. (Cet article ordonne aux ingénieurs, etc., de faire la visite des bacs et agrès.)

Tit. 4. (Les art. 1 à 4, s'occupent des entrepreneurs des turcies et levées auxquels ils accordent le droit de prendre les matériaux nécessaires dans les lieux non fermés indiqués par les devis et adjudications, sauf indemnité pour les propriétaires : V. arrêt du cons. du 7 sept. 1755, vo Trav. pub., p. 838. — (L'art. 5 reproduit textuellement l'art. 11 de l'arrêt du conseil du 24 juin 1777).

6. Entend Sa Majesté comprendre dans les dispositions du présent arrêt, non-seulement la Loire et les principales rivières affluentes, mais encore les rivières et ruisseaux affluents de ces derniers, dans toute l'étendue de leur cours, qui pourra intéresser le bien du flottage et de la navigation.

7. Seront au surplus les arrêts et déclarations des 12 janv. et 4 juin 1668, 24 avr. 1703, 25 juin 1715, 10 fév. 1722, 10 mars 1739, 7 sept. 1755, 11 fév. 1763, 29 août et 23 nov. 1764, et déc. 1772 (3), et autres arrêts et déclarations servant de règlement pour les turcies et levées, et la navigation de la Loire et des rivières affluentes, comme aussi tous autres règlements concernant la navigation des rivières du royaume, exécutés selon leur forme et teneur, en tout ce à quoi il n'est pas dérogé par le présent arrêt.

19 fév. 1784. — Ordonnance du prévôt des marchands et échevins de Paris, concernant la liberté de la navigation de la Seine, de l'Yonne, de la Marne, de l'Oise et du Loing.

Sur ce qui nous a été remontré par le procureur du roi et de la ville, que l'abondance des neiges tombées depuis le mois de décembre dernier doit faire craindre, lors de leur fonte, un débordement considérable des rivières... Nous, ayant égard aux remontrances et réquisitoire du procureur du roi et de la ville, et après l'avoir ouï en ses conclusions, enjoignons à tous les chableurs et maîtres de ponts, tant des rivières de Seine, Yonne, Loing, Marne et Oise, qu'autres y affluentes, de tenir les arches desdits ponts libres, et d'en faire, à cet effet, lever et retirer les bouchis, et à tous meuniers, aussitôt qu'ils s'apercevront de la fonte des neiges et de la crue de la rivière, de lever les roues et vannes de leurs moulins, ouvrir leurs pertuis, faire lever les bouchis et gauthiers, de prendre généralement toutes les précautions nécessaires pour faciliter l'écoulement des glaces, et prévenir tout reflux d'eaux, et tous engorgements et dommages auxdits ponts, et ce, sous peine de 300 liv. d'amende, tant contre lesdits maîtres de pont que contre lesdits meuniers. — Enjoignons pareillement sous les mêmes peines, aux marchands qui ont des bois de charpente sur lesdites rivières, de les garer et fermer de manière à ne pas craindre qu'ils soient entraînés, et aux marchands et gardes-ports, d'arranger et changer leur bois et autres marchandises, de façon qu'ils soient à l'abri de ces événements.

24 déc. 1785. — Ordonnance de l'intendant de la province de Hainaut, concernant la police du fleuve de l'Escaut, entre Valenciennes et Bouchain.

20 juin 1786. — Ordonnance de l'intendant de la province du Hainaut, sur la police de la rivière de Sambre.

24 fév. 1788. — Arrêt du conseil d'État portant injonction aux propriétaires riverains des levées de la Loire, de planter les bords de ces levées, du côté des terres, de haies vives, et comme dédommagement, leur abandonne à perpétuité la jouissance de l'herbe qui croîtra sur les talus des levées, au-dessous et vis-à-vis des haies par eux plantées et entretenues, laquelle herbe ils pourront couper, sans que, sous aucun prétexte, ils puissent la faire pacager.

22 déc. 1789-janv. 1790. — Décret qui charge les administrations de département, sous l'autorité du gouvernement, de la direction et confection des travaux des routes, canaux et autres ouvrages publics (sect. 3, art. 2). — V. Organis. admin.

15-28 mars 1790. — Décret qui supprime les droits de péage de quelque nature qu'ils soient, et sous quelque dénomination qu'ils puissent être perçus par terre ou par eau (tit. 2, art. 3), sauf certaines exceptions (art. 15, 16). — V. Propriété féodale, p. 333.

12-20 août 1790. — Instruction qui charge les assemblées administratives de rechercher et indiquer les moyens de procurer le libre cours des eaux, d'empêcher que les prairies ne soient submergées par la trop grande élévation des écluses, des moulins, et par les autres ouvrages d'art établis sur les rivières. — V. Organ. admin.

(1) Même amende dans le règlement de 1782, art. 8.
(2) 500 liv. (arrêt de 1782, art. 11).

(3) Tous ces règlements, à l'exception de quelques dispositions de la déclaration du 24 avr. 1703 et de l'arrêt du conseil du 7 sept. 1755, ne sont plus susceptibles d'exécution.

21-29 sept. 1791. — Décret relatif à la compétence du tribunal de police municipale de la ville de Paris, d'après lequel la municipalité de Paris est seule chargée du soin de faire exécuter les règlements et d'ordonner toutes les dispositions de police sur la rivière de Seine, ses ports, rivages, berges et abreuvoirs dans Paris (art. 1).

25-28 août 1792. — Décret qui abolit les péages et droits de bacs et voitures d'eau provisoirement conservés par le décret du 15 mars 1790 (art. 7, 8, 9). — V. Propriété féodale, p. 348.

1er-4 pluv. an 2 (20-23 janv. 1794). — Décret relatif aux sociétés particulières pour construction de canaux et autres établissements d'utilité publique.

La convention nationale, après avoir entendu son comité des finances, et sur la pétition des entrepreneurs du canal d'Essone, décrète que les sociétés particulières établies pour construction de canaux, exploitation de mines, défrichements de marais et autres établissements d'utilité publique, ne sont point comprises au nombre des sociétés financières supprimées ; néanmoins, toutes les actions des sociétaires seront sujettes au droit d'enregistrement, tant de leur première émission qu'à chaque mutation, sous les peines portées contre les agioteurs.

25 therm. an 3 (12 août 1795). — Décret portant que le service des passages en bateaux ou en bacs sur la rivière de Seine dans l'étendue de la commune de Paris, sera mis en location dans les formes prescrites relativement aux domaines nationaux.

6 frim. an 7 (26 nov. 1798). — Loi relative au régime, à la police et à l'administration des bacs et bateaux sur les fleuves, rivières et canaux navigables. — V. Eaux, p. 322.

14 flor. an 10 (4 mai 1802). — Loi relative aux contributions indirectes de l'an 10 (extrait).

Tit. 4. — *Enregistrement. — Droits sur les bacs et sur les ponts.*

9. Le gouvernement, pendant la durée de dix années, déterminera, pour chaque département, le nombre et la situation des bacs ou bateaux de passage établis ou à établir sur les fleuves, rivières ou canaux.

10. Le tarif de chaque bac sera fixé par le gouvernement, dans la forme arrêtée pour les règlements d'administration publique.

11. Le gouvernement autorisera, dans la même forme, et pendant la même durée de dix années, l'établissement des ponts dont la construction sera entreprise par des particuliers : il déterminera la durée de leur jouissance, à l'expiration de laquelle ces ponts seront réunis au domaine public, lorsqu'ils ne seront pas une propriété communale. Il fixera le tarif de la taxe à percevoir sur ces ponts.

29 flor. an 10 (19 mai 1802). — Loi portant que les contraventions en matière de grande voirie, telles que anticipation, dépôts et toutes espèces de détérioration sur les canaux, fleuves et rivières navigables, leurs chemins de halage, francs-bords, fossés et ouvrages d'art, seront réprimées et poursuivies par voie administrative. — V. Voirie par terre, p. 189.

30 flor. an 10 (20 mai 1802). — Loi relative à l'établissement d'un droit de navigation intérieure. — V. Eaux, p. 325.

9 fruct. an 10 (27 août 1802). — Arrêté relatif au péage établi sur la navigation de la Loire, entre Roanne et Saint-Rambert.

19 flor. an 11 (9 mai 1803). — Loi qui autorise le gouvernement à faire, moyennant la concession d'un droit de péage, des traités pour l'amélioration de la navigation du Tarn.

8 prair. an 11 (28 mai 1803). — Arrêté relatif à la navigation intérieure de la France.

Art. 1. La navigation intérieure de la France sera divisée en bassins, dont les limites seront déterminées par les montagnes ou coteaux qui versent les eaux dans le fleuve principal ; et chaque bassin sera subdivisé en arrondissements de navigation.

2. Les portions de fleuves et rivières faisant partie de départements autres que celui dans lequel sera placé le chef lieu-d'arrondissement de navigation intérieure seront mises dans les attributions administratives du préfet de ce chef-lieu ; et ce, seulement, en ce qui concerne les travaux à exécuter dans le lit et sur les bords de la rivière ou du fleuve ; le surplus de l'administration continuera à être exercé par le préfet du territoire.

3. L'ingénieur du département où sera fixé le chef-lieu d'arrondissement exercera ses fonctions relativement aux travaux à faire sur toute l'étendue des fleuves et rivières compris dans les attributions du préfet de son département.

4. L'octroi de navigation sera régi, sauf le cas où, sur l'avis des préfets et sur le rapport du ministre, la mise en ferme ou régie intéressée aura été ordonnée par le gouvernement.

5. Les tarifs en vertu desquels devra se faire la perception, et les points sur lesquels les bureaux devront être fixés, seront déterminés par des arrêtés spéciaux pour chaque arrondissement.

6. La perception se fera au moyen d'un receveur et d'un contrôleur dans chaque bureau.

7. Les recettes de chaque bureau seront versées dans la caisse du receveur général des contributions du département où est placé le chef-lieu de l'arrondissement de navigation. — Il sera souscrit par ledit receveur général, des bons à vue représentatifs de ces versements, et il en sera tenu, au trésor public à Paris, un compte distinct par arrondissement de navigation.

8. Les receveurs et contrôleurs des bureaux établis à la limite de plusieurs arrondissements, feront simultanément le service de ces arrondissements, sauf le versement du produit des recettes faites pour chaque arrondissement, qui sera effectué dans chacun des chefs-lieux.

9. Les traitements des préposés à l'octroi de navigation, et des receveurs généraux de département, consisteront en remises qui seront réglées par les arrêtés spéciaux dont il est parlé en l'art. 5, dans la proportion des recettes.

10. Les préposés à l'octroi de navigation seront à la nomination du ministre de l'intérieur.

11. Les receveurs particuliers fourniront un cautionnement en immeubles, égal au quart du montant de la recette annuelle présumée. — L'acte de cautionnement sera soumis à l'enregistrement, mais ne sera assujetti qu'au droit fixe de 1 fr., conformément à la loi du 7 germinal an 8.

12. Il sera délivré, par le ministre, des commissions aux préposés de l'octroi de navigation. Ces employés feront enregistrer leurs commissions au secrétariat de la préfecture du département de navigation, et de celle où leurs bureaux seront établis.

13. Le receveur de chaque bureau tiendra un registre à talon, conforme au modèle qui sera déterminé par le ministre de l'intérieur. — Il sera coté et parafé par le sous préfet dans l'arrondissement duquel se trouvera situé le bureau.

14. Il sera, dans chaque bureau de perception, délivré aux conducteurs de bateaux, trains, etc., une quittance du montant du droit d'octroi par eux acquitté, et un laissez-passer. — Les conducteurs seront tenus, lorsqu'ils en seront requis, de justifier de leurs quittances et laissez-passer aux receveurs des bureaux qui suivront celui où ils auront acquitté le droit, ainsi qu'à tous autres préposés à l'octroi de navigation ; et, si leur destination est pour Paris, au bureau de l'octroi municipal de cette ville.

15. Les contestations relatives au payement de l'octroi seront, conformément à la loi du 30 floréal, an 10, portées devant le sous-préfet dans l'arrondissement duquel le bureau de perception sera situé, sauf le recours au préfet, qui prononcera en conseil de préfecture.

16. Le receveur particulier adressera, tous les mois, au préfet de l'arrondissement de navigation, une feuille contenant l'état des recettes. — Le contrôleur arrêtera tous les jours le registre du receveur : il tiendra un registre particulier des recettes qu'il aura vérifiées, et adressera également tous les mois, au préfet, une feuille constatant la situation du contrôle.

17. Le receveur général, chargé de recevoir les versements des préposés d'un arrondissement de navigation, adressera, chaque mois, au conseiller d'État chargé des ponts et chaussées, ainsi qu'au préfet de l'arrondissement, un état de situation desdites recettes et des bons à vue adressés au trésor public pour leur montant. — Il rendra son compte annuel au préfet — Dans les arrondissements où il y aura une chambre de commerce, le compte lui sera soumis à la diligence du préfet, pour être par elle discuté et arrêté. — Dans les autres arrondissements, il sera présenté à la plus prochaine assemblée du conseil général du département du chef-lieu d'arrondissement de navigation, pour être également discuté et arrêté. — Le double de ce compte sera transmis au ministre de l'intérieur.

18. Chaque année, dans le courant de vendémiaire, l'ingénieur en chef de l'arrondissement rédigera les projets des dépenses à exécuter dans l'année, et les remettra au préfet. — Le préfet, dans les départements où il y aura des chambres de commerce, consultera sur ces projets trois de leurs membres, auxquels il adjoindra deux citoyens pris parmi les principaux maîtres mariniers fréquentant la rivière. — Dans les autres arrondissements, le préfet consultera seulement cinq citoyens pris à son choix parmi les principaux commerçants et mariniers. — Il les réunira, à cet effet, avec l'ingénieur en chef ; et après avoir recueilli leurs observations, il arrêtera lesdits projets, qui seront soumis au ministre de l'intérieur.

19. Les travaux de navigation seront adjugés dans les formes établies pour l'administration des ponts et chaussées.

20. Les dépenses seront acquittées par le préposé du payeur général des dépenses diverses, sur les certificats de l'ingénieur en chef, et sur les mandats du préfet de l'arrondissement de navigation.

21. A cet effet, il sera mis chaque mois à la disposition du ministre de l'intérieur, sous la dénomination de produit du droit de navigation, une somme égale au montant dudit produit versé en bons à vue à la caisse centrale du trésor public. Le ministre de l'intérieur délivrera ses ordonnances sur ledit fonds, pour le répartir conformément aux dispositions de l'art. 2 de la loi du 30 floréal an 10.

22. Les receveurs ne pourront, sous peine de destitution, traiter ou transiger sur la quotité du droit : il leur est défendu de recevoir d'autres droits que ceux portés aux tarifs, sous peine d'être poursuivis et destitués comme concussionnaires.

23. Il est défendu à tout conducteur de bateaux, trains, etc., de passer les bureaux sans payer, à peine de 50 fr. d'amende.

24. En cas d'insultes ou de violences, l'amende sera de 100 fr., indépendamment des dommages et intérêts, et de peines plus graves si le cas y échet ; et ce, conformément aux dispositions du tit. 2 de loi 3 nivôse an 6 sur la taxe d'entretien des routes.

25. Les autorités civiles et militaires seront tenues, sur la réquisition écrite des préposés au droit de navigation, de requérir et de prêter main-forte pour l'exécution des lois et règlements relatifs à leurs fonctions. Les commissaires du gouvernement feront poursuivre même d'office, devant les tribunaux, les auteurs des insultes ou violences qui pourraient être commises ; et ce, tant sur la clameur publique que sur les procès-verbaux dressés et affirmés par les préposés à l'octroi.

26. Tout procès-verbal devra être affirmé devant le juge de paix du canton ou son assesseur, dans les trois jours, sous peine de nullité, conformément à l'art. 26 de la loi sur la taxe des routes, du 14 brumaire an 7.

27. Il sera placé sur le port, en face de chaque bureau de perception, un poteau et une plaque sur laquelle sera inscrit le tarif.

28. Défenses sont faites à tout maître de pont ou de pertuis de monter ou descendre aucun bateau avant de s'être fait représenter la quittance des droits de navigation ; et ce, à peine d'être contraint personnellement au remboursement de ces droits, par les voies prescrites pour le payement des contributions.

29. Aucun particulier ne pourra percevoir aux pertuis, vannes et écluses, dans les rivières navigables des divers bassins, aucun droit, de quelque nature qu'il soit ; le tout conformément aux art. 13 et 14 du tit. 2 de la loi des 15-28 mars 1790, et des art. 7 et 8 de la loi du 25 août 1792.

30. Le service des pertuis, vannes ou écluses, s'exécutera par des individus à ce commis, et dont le salaire sera pris sur le produit de l'octroi de navigation. — Les préfets d'arrondissement de navigation feront préalablement constater la situation desdits pertuis, vannes ou écluses, par des ingénieurs en chef, lesquels en dresseront procès-verbal en présence des détenteurs actuels, ou eux dûment appelés.

13 prair. an 11 (2 juin 1803). — Arrêté qui déclare la liberté de la navigation sur l'Escaut, les rivières y affluentes et les canaux qui y communiquent, annule les règlements anciens et notamment ceux relatifs aux corporations de bateliers, réglemente le passage des bateaux aux écluses et fixe le prix du transport de charbon, etc.

1er mess. an 11 (20 juin 1803). — Arrêté qui divise le bassin de la Seine en neuf arrondissements.

Art. 1. Le fleuve de la Seine et les rivières affluentes à ce fleuve composeront le premier bassin de la navigation intérieure de la République.

2. Le bassin de la Seine sera divisé en neuf arrondissements, ainsi qu'il suit : — Premier arrondissement, comprenant : 1° la Seine, depuis le point navigable jusqu'à Montereau ; 2° l'Aube, dans toute son étendue : chef-lieu, Troyes ; — Second arrondissement : 1° l'Yonne, depuis le point navigable jusqu'à son confluent avec la Seine ; 2° les rivières de la Cure et de l'Armançon : chef-lieu, Auxerre ; — Troisième arrondissement : 1° la Marne, depuis le point navigable jusqu'à la Ferté ; 2° les rivières de la Saulx et de l'Ornain : chef-lieu, Châlons ; — Quatrième arrondissement : 1° la Marne, depuis la Ferté jusqu'à Alfort-Charenton ; 2° le canal de l'Ourcq et la rivière de Grand-Morain ; 3° la Seine, depuis Montereau jusqu'à Choisy : chef-lieu, Melun ; — Cinquième arrondissement, la Seine, depuis Choisy jusqu'au Pecq : chef-lieu, Paris ; — Sixième arrondissement, la Seine, depuis le Pecq jusqu'au Havre : chef-lieu, Rouen ; — Septième arrondissement, l'Oise, dans toute son étendue : chef-lieu, Beauvais ; — Huitième arrondissement, l'Aisne, dans toute son étendue : chef-lieu, Laon ; — Neuvième et dernier arrondissement, l'Eure, dans toute son étendue : chef-lieu, Evreux.

3. L'octroi de navigation sera régi, sauf les cas où, sur l'avis des préfets et le rapport du ministre de l'intérieur, la mise en ferme ou en régie intéressée aura été ordonnée et les conditions réglées par le gouvernement.

4. Les tarifs en vertu desquels devra se faire la perception, et les lieux où les bureaux devront être établis, seront déterminés par des arrêtés spéciaux pour chaque arrondissement de navigation.

5. L'inspecteur général, ou un des inspecteurs particuliers établis pour surveiller l'approvisionnement de Paris, assistera, dans les arrondissements de navigation où ils sont employés, aux conseils qui seront tenus d'après l'art. 18 de l'arrêt du 8 prair., pour régler les lieux, la nature et l'étendue des travaux.

6. Par les dispositions du présent arrêté et de celui du 8 prair., il n'est point interdit au préfet de police de prendre d'urgence, et sous l'autorité du ministre de l'intérieur, les mesures nécessaires pour assurer l'approvisionnement en combustibles de la ville de Paris.

19 mess. an 11 (8 juill. 1803). — Neuf arrêtés du même jour, portant règlements pour la perception de l'octroi de navigation dans les neuf arrondissements du bassin de la Seine.

27 vend. an 12 (20 oct. 1803). — Arrêté qui divise en trois arrondissements le bassin de navigation formé des fleuves de la Charente, de la Seudre et de la Sèvre-Niortaise.

Du même jour, trois arrêtés contenant règlement pour la perception des droits de navigation dans les trois arrondissements entre lesquels ce bassin se divise.

28 vent. an 12 (19 mars 1804). — Arrêté qui attribue au ministre des finances l'exécution des lois relatives aux droits de navigation.

8 flor. an 12 (28 avr. 1804). — Arrêté relatif aux baux des droits de bacs et passages d'eau.

Art. 1. La perception des droits de bacs et passages d'eau, dont les tarifs ont été arrêtés ou le seront, à l'avenir, par le gouvernement, sera affermée à l'enchère publique, d'après les ordres et instructions du ministre des finances, et à la diligence des préfets de département.

2. Les baux ordinaires seront de trois, six et neuf années, et l'adjudicataire se chargera, par estimation, des effets mobiliers affectés au service des bacs.

3. Lorsque, pour l'intérêt et l'avantage de la perception, il sera jugé convenable de passer des baux d'une plus longue durée, les préfets pourront les consentir pour douze, quinze et dix-huit années, à la charge de les soumettre à l'approbation du ministre des finances.

4. Les produits de ces baux seront versés au trésor public avec la même distinction, et seront administrés par les mêmes règles que ceux de la taxe d'entretien des routes et autres taxes spéciales.

5. Ces produits seront jusqu'à due concurrence spécialement employés : 1° au remboursement des anciens propriétaires des bacs dont le gouvernement a pris possession en exécution de la loi du 6 frim. an 7 ; 2° aux travaux, entretien et réparation des passages d'eau.

6. En conséquence, les anciens propriétaires, détenteurs ou autres, qui ont justifié de leurs titres de propriété des bacs, bateaux, agrès, bureaux, bâtiments, etc., seront remboursés du prix de ces objets, sur la proposition des préfets, approuvée par le ministre des finances, et en vertu d'ordonnances expédiées à cet effet par ce ministre sur le produit de l'affermage des bacs.

1er germ. an 13 (22 mars 1805). — Décret sur la manière de procéder à l'égard des contraventions en matière de droits réunis, lequel excepte de ses dispositions les contraventions aux lois sur les canaux, la navigation intérieure et les droits de bacs (art. 46). — V. Impôts indir., p. 404.

21 germ. an 13 (11 avr. 1805). — Décret relatif aux travaux nécessaires pour rendre la Seine navigable jusqu'à Châtillon (Mon., n° 204).

4e jour compl. an 13 (21 sept. 1805). — Décret concernant l'emploi et l'administration des produits des droits de navigation intérieure.

Art. 1. En exécution de l'art. 2 de la loi du 30 flor. an 10, portant établissement du droit de navigation intérieure, *les produits des droits perçus dans chaque bassin seront employés au profit des canaux, fleuves et rivières compris dans les arrondissements de ce bassin, d'après la répartition qui en sera faite par notre ministre de l'intérieur pour chaque département.*

2. Ces produits seront versés au trésor public, comme fonds spéciaux, *avec la même distinction, et seront administrés par les mêmes règles que ceux de la taxe d'entretien des routes, des droits de bac et autres taxes spéciales.*

3. Toutes dispositions contraires à cette interprétation et prescrites par le décret réglementaire du 8 prair. an 11, sont considérées comme non avenues.

8 vend. an 14 (30 sept. 1805). — Décret qui décide que la rivière d'Orne et celle de la Dive, et de la Rouques formeront un seul bassin sous le nom de *bassin de l'Orne*, attribuée au préfet du Calvados et qui fixe le droit de navigation sur les rivières dont ce bassin est composé.

8 vend. an 14 (30 sept. 1805). — Décret qui porte que la rivière de Somme et celle d'Avre qui y afflue formeront un seul bassin de navigation sous le nom de *bassin de la Somme*, et qui détermine les droits de navigation à percevoir.

10 brum. an 14 (1er nov. 1805). — Décret concernant le bassin de la Meuse, et le droit de navigation sur les rivières dont il est composé. — Ce décret divise le bassin de la Meuse en quatre arrondissements ; mais trois de ces arrondissements ne font plus partie de la France depuis 1815.

22 janv. 1808. — Décret qui déclare l'art. 7, tit. 28 de l'ordonn. de 1669, relatif aux chemins de halage, applicable à toutes les rivières navigables de l'empire. — V. Eaux, p. 326.

29 mai 1808. — Décret impérial concernant la police générale de la rivière de Sèvre. — V. Eaux, p. 326.

27 oct. 1808. — Décret portant établissement d'une commission pour les travaux du Rhin sous le nom de magistrat du Rhin.

22 août 1810. — Avis du conseil d'État relatif au service de la navigation au passage des ponts de Paris.

Le conseil d'État, qui a vu : — 1° Le projet de décret du ministre de l'intérieur, dont une disposition porte qu'il sera ajouté un article au règlement contenant organisation du service de la navigation au passage des ponts de Paris ; — 2° L'arrêté du ministre de l'intérieur, du 16 pluv. an 11, qui institue deux chefs de ponts, et porte un tarif pour leur service, c'est-à-dire pour le lâchage et remontage des bateaux ; — 3° L'arrêté du préfet de police, du 12 vent. an 11 ; — 4° L'arrêté du même préfet, du 6 juin 1807.

Est d'avis : — 1° Que ce qui est relatif au service des ponts, au lâchage et remontage des bateaux, a été toujours réglé par des ordonnances enregistrées au parlement ; — 2° Qu'en effet lesdits chefs de ponts sont institués par l'autorité publique pour le service des particuliers ; qu'ils ont un droit, un privilége exclusif, et perçoivent, selon un tarif, des droits fort considérables ; que leur institution et le tarif de leurs droits ne peuvent avoir lieu que par l'autorité souveraine ; — 3° Que le règlement du ministre de l'intérieur non-seulement a besoin de nouvelles dispositions, mais doit être en entier soumis à Sa Majesté, pour y être statué dans la forme prescrite pour les règlements d'administration publique ; — 4° Qu'enfin, à compter du 1er janv. prochain, les fonctions des chefs de ponts actuels et l'exécution du tarif doivent cesser, et qu'ils doivent seulement être autorisés provisoirement jusqu'à ladite époque, et le rapport du ministre de l'intérieur être fait sans délai, pour être pourvu aux besoins du service de la navigation au passage des ponts, avant ledit jour 1er janv. prochain.

28 janv. 1811. — Décret relatif au service de la navigation sous les ponts de Paris.

TIT. 1. — *Institution des chefs de pont pour la ville de Paris.*

Art. 1. Le service de la navigation sous les ponts de Paris sera fait par deux chefs de pont.

2. Il est défendu à tous autres de passer les bateaux sous les ponts. — Sont exceptés de cette disposition les margotats, bachots et doubles bachots.

3. Les chefs de pont fourniront un cautionnement de 24,000 fr. en numéraire, et de 50,000 fr. soit en immeubles, soit en 5 pour 100 consolidés ou en actions immobilisées de la Banque de France. — Le cautionnement en numéraire sera versé à la caisse d'amortissement.

TIT. 2. — *Droits et obligations des chefs de pont.*

4. Le salaire des chefs de pont demeure établi tant pour la descente que pour le remontage, conformément au tarif annexé au présent.

5. Les chefs de ponts tiendront un registre sur lequel ils inscriront, jour par jour, les déclarations qui leur seront faites à fin de lâchage.

6. Les chefs de pont seront tenus de descendre les bateaux selon l'ordre de date des déclarations. — Néanmoins, les bateaux chargés pour le compte du gouvernement seront descendus à la première réquisition.

7. Les bateaux seront pris à la pointe de l'île Louviers, ou à la Gare de la Femme-sans-Tête, au choix des propriétaires, qui en feront mention dans leur déclaration.

8. Lorsque la descente de bateaux chargés de bois ne pourra avoir lieu sans allége, l'allége sera descendue sans frais.

9. Les propriétaires qui entendront faire remonter leurs bateaux vides en feront la déclaration : 1° aux chefs de pont, 2° à l'inspecteur de la navigation sur le port, aussitôt après la vidange. — Cette déclaration sera inscrite sur un registre.

10. Les chefs de pont sont tenus de remonter les bateaux déclarés, dans les trois jours au plus tard de la déclaration.

11. Lorsqu'il y aura plus de trois bateaux vides dans les ports du bas, les chefs de pont seront tenus de les remonter sans délai, quand même il n'aurait pas été fait de déclaration à fin de remontage. — Deux toues ou barguettes compteront pour un bateau.

12. Les chefs de pont sont responsables envers le commerce : 1° de leurs manœuvres ; 2° des retards qu'ils apporteraient à la descente ou au remontage des bateaux.

TIT. 3. — *De la manière dont les chefs de pont seront désignés.*

13. Dans le mois qui suivra la publication du présent décret, le préfet du département de la Seine recevra toutes les soumissions qui lui seront faites pour le service du lâchage et du remontage des bateaux.

14. Ces soumissions contiendront : 1° l'obligation de se conformer aux dispositions du tit. 2 ci-dessus, et des autres règlements existants sur le même service ; 2° l'offre de payer, au profit de notre bonne ville de Paris, telle somme que les soumissionnaires jugeront pouvoir rendre, comme prix du droit exclusif qui est attribué aux chefs de pont par l'art. 2 du présent décret.

15. Ces soumissions seront ouvertes par le préfet de la Seine, en présence du préfet de police, du maître des requêtes chargé du service des ponts et chaussées, et du conseil de préfecture.

16. Il y sera statué comme sur les soumissions pour travaux publics, en prenant en considération, outre la somme offerte, la capacité des soumissionnaires.

17. Le tout sera soumis à l'approbation de notre ministre de l'intérieur.

TIT. 4. — *Dispositions générales.*

18. Le préfet de police est autorisé à faire rendre, pour l'exécution du présent règlement, des ordonnances de police particulière pour le service de la navigation au passage des ponts, à la charge de l'approbation préalable de notre ministre de l'intérieur.

(Suit le tarif des prix fixés pour le service des chefs de ponts de Paris.)

10 avr. 1812. — Décret qui déclare applicable aux canaux, rivières navigables, ports maritimes de commerce et travaux à la mer, le tit. 9 du décret du 16 déc. 1811, contenant règlement sur la construction, la réparation et l'entretien des routes.— V. Eaux, p. 527.

8 janv. 1813 — Décret qui transporte à Passy le bureau de perception de l'octroi de navigation établi à Sèvres.

23-25 sept. 1814.— Loi de finances qui, pour la première fois, inscrit parmi les recettes générales de l'Etat les produits de l'octroi de navigation (état A).

29 nov.-9 déc. 1815. — Ordonnance concernant la perception d'un droit de navigation sur la rivière de Seille.

28 avr.-4 mai 1816. — Loi sur les finances qui maintient les lois relatives à la perception des droits sur la navigation (art. 231). — V. Impôts ind., p. 417.

11-19 déc. 1823. — Ordonnance concernant le mode de mesurage et de perception pour les bateaux à vapeur qui sont ou seront établis sur les différents bassins de navigation et canaux appartenant à l'Etat.

Art. 1. Le mesurage des bateaux à vapeur qui sont ou seront établis sur les différents bassins de navigation et canaux appartenant à l'Etat sera calculé d'après l'espace uniquement destiné au placement des voyageurs et des marchandises, et déduction faite de l'espace nécessaire à l'emplacement de la machine à vapeur, au magasin des combustibles, à celui des agrès et à celui des employés des équipages.

2. La même distraction aura lieu pour les bateaux à vapeur naviguant sur les bassins et canaux où le droit est perçu d'après le chargement possible du bateau.

3. Les droits actuellement établis sur la nature du chargement seront perçus pour les bateaux à vapeur comme pour les bateaux ordinaires.

2-23 avr. 1823.— Ordonnance relative aux bateaux à vapeur.— Abrogée par l'ord. des 23 mai-24 août 1845, art. 85. — V. Machine à vapeur, n° 5.

28 juill.-4 août 1824. — Loi relative aux droits pour chômage et moulins. — V. Bois et charbons, n° 140.

24 mars-1er avr. 1825. — Loi relative à la suspension temporaire, dans certaines localités, de la perception du droit de navigation et du demi-droit de tonnage.

Article unique. Sur les rivières navigables et dans les ports de commerce où le gouvernement jugera nécessaire d'entreprendre des travaux extraordinaires, et où il établira des droits de péage pour subvenir aux frais de ces travaux, le droit de navigation et le demi-droit de tonnage, créés, l'un, par la loi du 20 mai 1802, l'autre par la loi du 4 mai de la même année, cesseront d'être perçus pendant tout le temps que devront durer les nouvelles perceptions.

8-21 juin 1825.— Loi relative à la navigation de la Seine supérieure et de l'Aube, et à la canalisation de la Voire.

Art. 1. Le gouvernement est autorisé à procéder, par la voie de la publicité et de la concurrence, à la concession de la navigation de la Seine supérieure, depuis Courcelles-les-Rangs, à 6 kilomètres au-dessous de Châtillon, jusqu'à Nogent. — La durée de la concession pourra être perpétuelle pour la partie de navigation qui sera située au-dessus de Troyes ; pour le reste de la ligne navigable, elle n'excédera pas quatre-vingt-dix-neuf années. — Le *maximum* des droits à percevoir sera déterminé par le tarif ci-annexé.

2. Pourront être concédés dans les mêmes formes, aux mêmes clauses et conditions et sur le même tarif, la navigation de l'Aube, depuis son confluent dans la Seine jusqu'à l'embouchure de la Voire, et la canalisation de la Voire depuis son embouchure dans l'Aube jusqu'à Somme-Voire.—La durée de la concession n'excédera pas quatre-vingt-dix-neuf années pour la portion de l'Aube comprise entre le confluent de cette rivière dans la Seine et la ville d'Arcis; elle pourra être perpétuelle pour la partie située au-dessus d'Arcis et pour le canal de la Voire.

Suit le tarif des droits de navigation à percevoir sur la Seine, depuis Courcelles-les-Rangs (à 6 kilomètres de Châtillon) jusqu'à Nogent.

26 août-14 sept. 1827. — Ordonnance qui autorise la commune à percevoir un droit de péage sur la rivière de la Salaison, à la charge de réparer et entretenir en bon état à ses frais la navigation de cette rivière.

25 mai 7-juin 1828. — Ordonnance relative aux chaudières des machines à basse pression employées sur les bateaux à vapeur.— Abrogée par l'art. 85 ord. 23 mai 1843.— V. Machine à vapeur, n° 3.

12 oct.-1er nov. 1828.— Ordonnance qui autorise, aux conditions y exprimées, les sieurs Vesin et Deranne à rendre la rivière de Dronne navigable depuis la Roche-Chalais (Dordogne), jusqu'à son embouchure dans celle de l'Isle à Coutras (Gironde), et lui concède la jouissance pendant quatre-vingt dix-neuf ans des droits de transport dont le tarif est annexé à la présente.

4-23 fév. 1829. — Ordonnance qui rapporte une disposition du décret du 29 mai 1808, concernant la navigation de la Sèvre.

Art. 1. La disposition de l'art. 1 du décret du 29 mai 1808, d'après laquelle le préfet des Deux-Sèvres est seul chargé de la direction des travaux relatifs à l'entretien et à l'amélioration de la navigation de la Sèvre, au flottage de cette rivière et affluents, et au curage de ladite rivière, est rapportée.

2. Notre directeur général des ponts et chaussées présentera à l'approbation de notre ministre de l'intérieur un règlement pour confier la direction du travail à un seul ingénieur, ou pour établir entre les ingénieurs des trois départements des Deux-Sèvres, de la Charente-Inférieure et de la Vendée, les rapports nécessaires pour conserver l'unité de cette direction.

9-29 sept. 1829.—Ordonnance portant que pendant vingt-cinq ans, à partir du 1er oct. 1829, les droits de navigation du bassin de la Garonne seront remplacés par des droits de péage d'une quotité égale, et dont les produits sont spécialement affectés à l'exécution des travaux d'amélioration du cours de la Garonne depuis Toulouse jusqu'à Bordeaux.

21-26 avr. 1832.— Loi relative à la navigation du Rhin.— V. Eaux, p. 336.

26 juill.-30 août 1833. — Ordonnance qui prescrit la publication de la convention conclue, le 31 mars 1831, entre la France et les autres gouvernements des Etats riverains du Rhin, ladite convention portant règlement relatif à la navigation de ce fleuve.

TIT. 1. — *De la navigation du Rhin en général, et des arrangements et concessions réciproques, convenus à ce sujet entre les hautes parties contractantes.*

Art. 1. La navigation dans tout le cours du Rhin, du point où il devient navigable jusqu'à la mer, soit en descendant, soit en remontant, sera entièrement libre, et ne pourra, sous le rapport du commerce, être interdite à personne, en se conformant toutefois aux règlements de police, exigés pour le maintien de la sûreté générale, et aux dispositions arrêtées par le présent règlement.

2. Sa Majesté le roi des Pays-Bas consent à ce que le Leck et l'embranchement dit *le waal* soient tous les deux considérés comme la continuation du Rhin dans le royaume des Pays-Bas. — En conséquence, les dispositions du présent règlement sur la navigation du Rhin s'appliqueront à ces deux fleuves, considérés comme sa prolongation.

3. Les navires appartenant aux sujets des Etats riverains et faisant partie de la navigation rhénane, ne seront point obligés à transborder ou à rompre charge, en passant des eaux du Rhin dans la pleine mer et *vice versâ*, par le royaume des Pays-Bas. — La communication avec la pleine mer, en cas de passage direct et sans rompre charge, à travers le royaume des Pays-Bas, aura lieu pour les navires dont il vient d'être parlé, aussi bien à leur sortie par le Leck et le Waal qu'à leur entrée de la mer dans ces embranchements, par les voies les plus fréquentées, en passant, savoir : les navires qui se serviront du Leck, devant Rotterdam et la Brielle, et ceux qui se serviront du Waal, devant Dortrecht et Hellevoetsluis par le Hollandsdiep et le Haringvliet; le tout sous les clauses et conditions contenues au présent règlement, pour autant qu'elles y soient applicables. — Lesdits navires auront aussi l'usage de telle jonction artificielle qui pourrait être établie avec Hellevoetsluis par le canal de Voorne, sauf à acquitter, dans ce dernier cas, les mêmes droits spéciaux auxquels les bâtiments nationaux des Pays-Bas seraient assujettis pour l'usage de ladite jonction. — Si des événements naturels ou des travaux d'art rendaient par la suite impraticable la communication directe avec la pleine mer par la Brielle ou par Hellevoetsluis, le gouvernement des Pays-Bas assignera, en remplacement au commerce et la navigation des Etats riverains du Rhin, telle autre voie aussi bonne que celle qui se trouvera être ouverte au commerce et à la navigation de ses propres sujets, en remplacement de ladite communication impraticable. — De même, si le canal de Voorne devenait impraticable et était remplacé en faveur du commerce et de la navigation des sujets des Pays-Bas sur le Rhin par une communication artificielle avec Hellevoetsluis, les navires appartenant aux sujets des autres Etats riverains du Rhin et faisant partie de la navigation rhénane, seront admis à jouir de cette communication, sous les mêmes charges que celles qui seront imposées à de pareils navires des Pays-Bas.—Seront considérés comme appartenant à la navigation rhénane, dans le sens du présent règlement, tous les navires dont les patrons ou conducteurs seront pourvus de la patente prescrite par l'art. 42 ci-après, indépendamment des pièces déterminées par l'art. 27.

4. Les marchandises entrant de la pleine mer pour être transportées sur les eaux du Waal ou du Leck, par Lobith, en Allemagne, en France, en Suisse ou plus loin, ou venant de l'Allemagne, de la France, de la Suisse ou de plus loin, pour passer par lesdites eaux à la pleine mer, en transit direct sans rompre charge, seront soumises aux formalités indiquées dans l'art. 39 ci-après, mais affranchies lors de leur passage par le territoire des Pays-Bas, en suivant les voies tracées par l'article précédent, de tous droits de transit, de péage ou autres de cette nature, lesquels seront remplacés par un droit fixe, montant par quintal à treize et un quart centièmes argent des Pays-Bas pour la remonte, et à neuf centièmes argent des Pays-Bas pour la descente, à l'exception des articles spécifiés dans le tableau joint sous la lettre A à la présente convention, et qui payeront un droit fixe, soit plus, soit moins élevé, ainsi que l'un et l'autre y sont déterminés. Il sera néanmoins libre à Sa Majesté le roi des Pays-Bas d'ajouter à ce droit fixe telle partie des droits de navigation qu'elle jugerait convenable de ne pas faire percevoir pour les distances de Lobith jusqu'à Krimpen ou Gorcum et *vice versâ*. Le droit fixe ayant été calculé sur la distance de Gorcum jusqu'à la pleine mer, en passant devant Dortrecht et Hellevoetsluis par le Hollandsdiep et le Haringvliet, proportion gardée de la distance présumée entre Strasbourg et les frontières des Pays-Bas, il est convenu en outre qu'il sera susceptible d'augmentation ou de diminution, suivant le résultat du mesurage, qui sera opéré jusqu'en pleine mer, et en conformité de l'art. 18 suivant, et que la disposition du deuxième alinéa de l'art. 19 suivant recevra également, le cas échéant, son application aux articles indiqués au tableau litt. A sous le n° 2, comme jouissant d'une diminution de droits, pour autant toutefois qu'elle n'aura pas pour objet ceux compris sous le n° 1 du même tableau.

5. Sa Majesté le roi des Pays-Bas consent en outre que les patrons ou conducteurs de navires, ayant à bord des marchandises destinées à être exportées par mer par les ports de Rotterdam, Dortrecht ou Amsterdam, mais étant dans le cas d'y rompre charge pour y déposer des marchandises en entrepôts ou les livrer à

la consommation, ou bien pour y compléter leur cargaison, après avoir acquitté aux bureaux établis à Lobith, à Vreeswyk, à Tiel, à Gorcum ou à Krimpen pour la perception du droit de navigation, le droit fixe mentionné dans l'article précédent, conformément aux manifestes vérifiés dont les patrons ou conducteurs doivent être porteurs, et en se conformant, pour les marchandises destinées à être déchargées dans les ports de mer susdits, aux dispositions de la loi générale sur la perception des droits d'entrée, de sortie et de transit en vigueur dans le royaume des Pays-Bas, puissent diriger leur course par telles eaux, rivières ou canaux qu'ils jugeront devoir suivre pour arriver à leur destination, et continuer ensuite, depuis lesdits ports de mer, leur voyage jusque dans la pleine mer, sans être tenu de payer quelque supplément de droit fixe à raison de la distance plus ou moins longue qu'ils se proposeront de parcourir, et quel que soit le bras de mer par lequel ils voudront passer. En quittant la voie directe indiquée par l'art. 3, lesdits patrons ou conducteurs seront également assujettis aux formalités de douanes prescrites par la législation générale des Pays-Bas pour empêcher la fraude, et au payement des mêmes droits de péage, d'écluses, de ponts, etc., etc., qui sont acquittés par les navires des Pays-Brs — Les mêmes dispositions sont applicables aux patrons ou conducteurs de navires appartenant aux sujets des Etats riverains et faisant partie de la navigation rhénane qui, venant de la mer, sont chargés de marchandises destinées pour le Rhin en transit par une des villes de Rotterdam à Dortrecht ou Amsterdam et qui y rompront charge, soit afin d'y déposer des marchandises en entrepôt ou en livrer à la consommation, soit pour y compléter leur cargaison, et qui voudront ensuite gagner le Rhin pour se rendre à leur destination; et ce, tant par rapport au droit fixe, que pour ce qui concerne la navigation des eaux, rivières et canaux des Pays-Bas.

6. Il est de même accordé franchise des droits ordinaires de transit pour toutes les marchandises qui, venant du Rhin pour sortir par mer, ou entrant de la mer pour être transportées par le Rhin vers l'Allemagne, la France, la Suisse, ou vers une destination plus lointaine, sont destinées pour les ports de Rotterdam, Dortrecht ou Amsterdam, afin d'y être déposées plus ou moins longtemps aux entrepôts des douanes établis dans lesdits ports. — Les droits de transit seront dans ce cas remplacés par le droit fixe, déterminé par l'art. 4 et par le tarif qui y est joint, quel que soit le lieu de l'entrepôt que l'on aurait choisi parmi ceux dénommés ci-dessus, sauf les formalités des douanes, prescrites par la législation générale des Pays-Bas comme garantie contre la fraude, ou par les règlements locaux sur la police des ports et le payement des droits ordinaires de péage, écluses, ponts, etc., sur les rivières, eaux et canaux qui ne font point partie des voies directes du Rhin indiquées par l'art 3. — Les marchandises entreposées, ainsi qu'il vient d'être dit, comme appartenant au commerce du Rhin des sujets des Etats riverains, ne payeront, pour tout droit de magasin, de quai, de grue et de balance, pour autant que l'on fasse usage de ces établissements, que les quotités indiquées comme maximum dans l'art. 69 suivant.

7. Pour profiter de l'affranchissement des droits ordinaires de transit aux entrepôts des Pays-Bas, mentionnés dans l'article précédent, les marchandises venant de l'Allemagne, de la France, de la Suisse ou de plus loin, doivent y être apportées par des navires appartenant à la navigation rhénane, et, dans ce cas, elles n'acquitteront, en remplacement de tout autre droit de douanes, le droit fixe déterminé à l'art. 4, qu'au moment où elles sont déclarées pour être exportées par mer, sans distinction du pavillon sous lequel elles seraient chargées. — Par contre, les marchandises venant de la pleine mer, apportées par des bâtiments n'importe de quelle nation, et déchargées aux ports des Pays-Bas, n'acquitteront le droit fixe, en remplacement de ceux d'entrée, de sortie ou de transit, auxquels une autre destination pourrait donner lieu, qu'au moment où elles sont déclarées pour l'exportation vers l'Allemagne, la France, la Suisse, ou vers une destination plus lointaine par le Rhin, et chargées, à cet effet, à bord d'un bâtiment faisant partie de la navigation rhénane et appartenant à un sujet des Etats riverains. — Dans l'un comme dans l'autre cas, lesdites marchandises ne seront assujetties au payement du droit de navigation ordinaire du Rhin, dont il sera question dans les titres suivants, que jusqu'au bureau le plus proche de l'endroit où elles quitteront ce fleuve, ou bien depuis le bureau le plus proche de l'endroit où elles y entreront.

8. Par les articles précédents, il n'est dérogé en rien au droit de tonnage maritime, ni aux frais de fanal, de pilotage et autres de cette nature, que tout bâtiment de mer est tenu d'acquitter à l'entrée ou à la sortie par mer dans les Pays-Bas, et dont la perception se règle d'après la législation ordinaire de ce pays, en observant toutefois la disposition de l'art. 12 suivant.

9. En réciprocité des stipulations favorables contenues aux articles précédents, les hauts gouvernements des Etats riverains s'engagent à étendre, en faveur des navires des Pays-Bas, l'exemption générale du droit de transit, déjà convenue par l'acte du congrès de Vienne pour tout le cours du Rhin, aux transports par eau des marchandises qui, en quittant le Rhin, entreront dans les rivières, canaux ou autres communications intérieures navigables, pour traverser ensuite lesdits Etats riverains, pour autant que cela pourra se faire, sans échanger le transport par eau contre un transport par terre. — Ce dernier cas arrivant, les marchandises seront soumises au régime de la législation ordinaire des gouvernements respectifs. — Les bateliers, quittant le Rhin pour se servir des communications intérieures navigables des Etats riverains, seront assujettis, dans tous les cas, aux formalités qui y sont en vigueur pour le transit, afin d'empêcher la fraude, ainsi qu'au payement des droits de péage, ponts, écluses, etc., qui sont établis, et ce, sur le même pied que le sont de pareils bâtiments des Etats riverains respectifs.

10 Les hauts gouvernements des autres Etats riverains s'engagent aussi de leur côté à déclarer ports libres pour le commerce du Rhin, chacun une ou plusieurs villes situées sur les bords du Rhin, savoir : — Le gouvernement de France, Strasbourg (V. art. 11); — Le gouvernement de Prusse, Cologne et Dusseldorf, en déclarant prêt à augmenter encore dans la suite le nombre des ports francs prussiens, si le besoin et les circonstances le requièrent; — Celui de Nassau, Bieberich et Oberlohnstein; Celui de Hesse, Mayence; — Celui de Bade, Mannheim; — Celui de Bavière, Spire; · Sauf la faculté pour tous les gouvernements d'augmenter le nombre des ports francs, selon leurs convenances respectives; de telle manière, que les marchandises apportées par les bâtiments des Pays-Bas, ou par tous autres appartenant aux sujets des États riverains, venant dudit royaume ou destinées à y être transportées, puissent y être entreposées pour un temps plus ou moins long, et ensuite être expédiées en transit plus loin sur le Rhin, ou sur les autres communications intérieures navigables indiquées par l'art. 9, traversant les Etats riverains à destination de l'intérieur de l'Allemagne ou de la Suisse, sans être assujettis, ni dans l'un ni dans l'autre cas, au payement d'aucun droit d'entrée et de sortie ou de transit, sauf à acquitter, lors de l' magasin, de quai, de grue ou de balance généralement établis dans dont il s'agit, mais qui ne pourront, dans aucun cas, excéder ceux fixés 69 du présent règlement. — Il est au surplus entendu que les marchandises dans les cas prévus ci-dessus, quitteront la voie du Rhin indiquée par l'art. 3, ou les rivières confluentes assujetties à un régime semblable à celui établi sur ledit fleuve, pour transiter, par d'autres voies navigables, à travers les Etats riverains pourront être soumises aux formalités prescrites par la législation en vigueur dans lesdits Etats pour le contrôle et la surveillance des droits de douanes, ainsi qu'au payement des droits de péage, barrière, pont, écluse et autres de ce genre, mais sans que les bâtiments des Pays-Bas, ou les marchandises qui en viennent ou qui y vont, puissent être traités d'une manière moins favorable que les bâtiments ou les marchandises des états riverains qu'ils traversent.

11. Les gouvernements des Etats riverains du Mein, du Neckar, et d'autres rivières qui se jettent dans le Rhin, seront admis à jouir, pour leurs marchandises, de la même immunité dans les ports francs des Pays-Bas et dans ceux à établir sur le Rhin, que celle accordée par les articles précédents, du moment qu'ils auront établi dans leurs territoires respectifs, et sur les bords desdites rivières, de pareils ports francs, sous les stipulations mentionnées dans l'article précédent. — Le gouvernement de France, ne pouvant adhérer purement et simplement aux trois articles qui précèdent, s'en réfère, quant à l'exécution qu'ils recevront sur son territoire, à la déclaration insérée à ce sujet dans le protocole joint au présent règlement, laquelle aura la même force et vigueur que si elle y était textuellement insérée.

12. En réciprocité de l'affranchissement de tout droit de transit (ou fixe) des marchandises appartenant au commerce du Rhin des Pays-Bas, et transportées par des voies navigables à travers les Etats riverains venant de l'Allemagne, de la France, de la Suisse ou de plus loin, ou y allant, Sa Majesté le roi des Pays-Bas accorde, en outre, aux bâtiments des Etats riverains du Rhin appartenant à la navigation de ce fleuve, l'assimilation de leur pavillon à celui des Pays-Bas, sous le rapport du droit de tonnage, de pilotage, de fanaux et d'autres de cette nature, lorsque lesdits bâtiments sont destinés en même temps à la navigation maritime. — Il suffira, pour en jouir, que les patrons ou conducteurs des navires représentent aux employés chargés dans les ports des Pays-Bas de la perception desdits droits, la patente qui leur a été délivrée en leur qualité de batelier du Rhin, conformément à l'art. 42 ci-après.

13. En cas d'entrée pour cause de relâche forcé, ou pour hiverner, et de déchargement partiel ou total pour cause de force majeure, dans un des ports des Pays-Bas, les bâtiments appartenant à la navigation du Rhin et aux sujets des Etats riverains, jouiront de toute la protection et de tous les avantages qui sont assurés par la législation sur les douanes en vigueur dans ledit royaume aux bâtiments de toutes les autres nations, en se soumettant aux mesures de précaution contre la fraude, prescrites par la même législation. — Il est expressément entendu que le séjour des bâtiments du Rhin dans les ports maritimes des Pays-Bas, pour les causes exprimées dans le présent article, ne donnera lieu de ce chef à la demande d'aucun droit d'entrée, de sortie ou de transit. — La même disposition est applicable, lorsqu'en cas de plombage ou d'apposition de scellés aux écoutilles ou endroits servant de dépôt de marchandises, conformément à l'art. 4 ci-dessus, les patrons ou conducteurs des bâtiments traversant le territoire des Pays-Bas, depuis Krimpen ou Gorcum jusqu'à la pleine mer, ou *vice versâ*, sont obligés par manque d'eau, ou par suite d'autres circonstances extraordinaires, d'alléger ou de transborder quelques marchandises sans entrer dans quelque port, pourvu qu'ils se soient adressés préalablement aux employés des douanes les plus voisins, sauf les cas d'absence ou de détresse prévus dans les art. 38 et 39 suivants, pour faire lever les plombs ou scellés, et qu'ils se soumettent aux mesures ultérieures que ceux-ci jugeront nécessaires, pour prévenir l'importation clandestine d'une partie de la cargaison, et pourvu que les marchandises, ainsi allégées, soient rechargées ensuite dans les mêmes bâtiments qui les auront apportées, avant d'avoir atteint le dernier bureau de perception du droit de navigation ou du droit fixe.

Tit. 2. — *Des droits de navigation et des moyens d'en assurer la perception.*

14. Tout individu exerçant la navigation sur le Rhin, depuis l'endroit où il devient navigable jusqu'à Krimpen ou Gorcum, y compris le Leck et le Waal, et réciproquement, sera tenu de payer, sous le titre de droit de navigation : 1° un droit de reconnaissance pour chaque embarcation du port de cinquante quintaux et au-dessus; — 2° Un droit sur le chargement, à raison du poids des marchandises.

15. La perception du droit de reconnaissance et de celui sur le chargement sera faite aux bureaux ci-après désignés, savoir : — *a*. Pour la descente : A Brissac, près de Strasbourg au grand pont du Rhin, Neubourg, Mannheim, Mayence, Caub, Coblence, Andernach, Linz, Cologne, Dusseldorf, Ruhrort, Wesel, Lobith, Vreeswyk et Tiel; — *b*. Pour la remonte : A Gorcum, Tiel, Krimpen, Vreeswyk, Emmerich, Wesel, Ruhrort, Düsseldorf, Cologne, Linz, Andernach, Coblence, Caub, Mayence, Mannheim, Neubourg, près de Strasbourg au grand pont du Rhin et Brissac.

16 Le droit de reconnaissance, dont la quotité est réglée par le tarif ci-joint sous la lettre B, et le droit de navigation, par quintal de chargement et à raison des distances, tel qu'il est réglé provisoirement par le tarif ci-joint sous la lettre C (V. 16e art. supplém. ord. 4 oct. 1845, D. P. 45. 3. 82), seront perçus, à chaque bureau de perception, pour toute embarcation qui y passera ou qui en partira, et ce, pour chaque bureau en particulier. — Toutefois, les hautes parties contractantes se réservent de faire examiner ultérieurement, lors de la réunion de leurs commissaires prévue par le présent règlement, s'il y a lieu de modifier encore, en tout ou partie, les taux des droits de navigation et de reconnaissance établis par les susdits tarifs.

17. Le droit de reconnaissance sera perçu d'après le certificat de jaugeage dont le patron ou conducteur sera porteur, et chaque État riverain prendra les mesures nécessaires pour que ce jaugeage soit opéré d'après une échelle graduée de décimètre en décimètre, d'après la méthode actuellement en vigueur sur le Rhin, entre Strasbourg et la frontière des Pays-Bas, sauf les changements que la commission centrale pourra trouver convenable d'y apporter (V. 10e art. supplém. ord. 15 oct. 1842 ci-après.

18. Le droit de navigation, tel qu'il est indiqué au tarif Litt. C (V. 16e article supplém. ord. 4 oct. 1845, D. P 45. 3. 82), n'ayant été déterminé que d'après les renseignements plus ou moins exacts puisés dans les cartes existantes, il sera procédé ultérieurement, dans l'année à dater de la ratification du présent règle-

ment, à un mesurage du fleuve dans toute sa longueur, jusqu'à Krimpen et Gorcum, et le tarif sera ensuite arrêté définitivement d'après le résultat dudit mesurage, de manière que la totalité des droits n'excède pas la quotité déterminée par le troisième des articles séparés joints à l'acte du congrès de Vienne, et relatifs à la navigation du Rhin, et que la distance depuis Lobith jusqu'à Gorcum servira également de base pour le montant du droit de navigation depuis Lobith jusqu'à Krimpen et *vice versâ*, et qu'il sera perçu le même droit pour les deux distances. — A cette fin, la commission centrale déléguera un expert, et lui fera prêter serment dans l'intérêt commun de tous les états riverains, et elle lui confiera la direction de tout le mesurage. — Il sera libre à chaque Etat riverain, en particulier, d'adjoindre à ses frais à ce délégué général un commissaire spécial, à l'effet de faire contrôler ses opérations. — S'il y avait divergence d'opinion entre le délégué général et un commissaire spécial, la commission centrale en décidera. — D'ailleurs, les rectifications de la ligne de direction du fleuve, par lesquelles l'étendue de son cours sera réduite, ne motiveront pas une diminution du tarif; pourvu toutefois que de pareilles rectifications, qui sont incontestablement d'un intérêt général, ne soient entreprises que d'un commun accord avec les autres Etats riverains.

19. La totalité du droit de navigation, tel qu'il est réglé provisoirement par le tarif litt. C (V. 16e art. supplém. ord. 4 oct. 1845, D. P. 45 3. 82), sera diminuée pour les articles indiqués dans les additions audit tarif. — Si l'expérience démontrait la nécessité d'étendre à d'autres objets cette diminution de droits, ou qu'il fût reconnu convenable de faire subir des changements aux droits sur les objets actuellement déjà moins imposés, la commission centrale, dans ses réunions annuelles, fera à cette fin des propositions qui seront soumises à l'examen des Etats riverains, pour, en cas d'approbation, être comprises au tarif comme articles additionnels.

20. Les tarifs seront affichés dans les bureaux de perception.

21. Par le quintal, l'on entendra le poids de 50 kilogrammes, poids de France, ou de 50 liv., poids des Pays-Bas. La perception des droits de navigation sera faite d'après ce poids et ses subdivisions. — A cette fin, tous les bureaux et ports de chargement et de déchargement, qui seront désignés par les gouvernements respectifs, seront pourvus de poids français ou des Pays-Bas bien ajustés. — Le tableau des poids dressé dans le temps par l'ancienne direction générale de l'octroi, en exécution des art. 104 et 105 de la convention de 1804, pour les objets non susceptibles d'être pesés, continuera d'être suivi pour la réduction au poids, sauf les changements que la commission centrale pourra trouver nécessaire d'y apporter par la suite.

22. Les payements se feront dans tous les bureaux, sans distinction des territoires où ils se trouvent établis, au choix du patron ou conducteur, soit en monnaie d'or et d'argent du pays où le payement doit avoir lieu, soit en pareille monnaie de France, à l'exclusion cependant de toutes pièces autres que celles de 40, 20, 5, 2, 1 et demi-franc, d'après la loi du 28 mars 1803. Les monnaies françaises inférieures au demi-franc seront toutefois admises par les bureaux allemands, mais seulement pour solde des fractions au-dessous de 50 c. — La proportion du cours et des espèces de monnaies de chaque Etat avec le franc, sera fixée d'une manière légale par chaque gouvernement, pour l'étendue de sa domination. — Les tableaux particuliers, ou bien un tableau général des réductions, seront affichés dans tous les bureaux, afin de mettre les patrons ou conducteurs à même d'en prendre connaissance. — Ils seront, en outre, communiqués par les différents gouvernements à la commission centrale de Mayence.

23. Les droits de navigation, tels qu'ils sont réglés par le tarif litt. C (V. 17e art. supplém., ord. 4 oct. 1845, D. P. 45. 3. 82), seront, à quelques exceptions près y indiquées, perçus d'avance à chaque bureau y désigné, pour la distance à parcourir d'un bureau à l'autre, soit que l'embarcation parcoure ou non cette distance, ou que la totalité ou une partie du chargement soit débarquée plus tôt. — Il est néanmoins fait exception à cette règle, par rapport aux bâtiments qui, après avoir passé un bureau de perception, quitteront le fleuve sur lequel il est situé, pour entrer dans une rivière confluente dont l'embouchure se trouve entre ce bureau et celui suivant. — Dans ce cas, le droit de navigation ne sera dû qu'à raison de la distance à parcourir depuis le bureau dont il s'agit, jusqu'à l'embouchure de la rivière confluente. — Les additions nécessaires à cet effet au tarif ci-joint sous la lettre C, seront proposées par la commission centrale aux Etats riverains. — Il sera libre à chaque gouvernement qui possède plusieurs bureaux de perception, de diminuer les droits de navigation à percevoir dans un ou plusieurs de ces bureaux, sur les navires destinés à traverser entièrement son territoire sans rompre charge, et d'augmenter, au besoin, les droits à payer à d'autres bureaux de ce même territoire sur les chargements desdits navires, pourvu que, dans ce cas, la totalité des droits à percevoir dans l'étendue dudit territoire ne surpasse pas ceux auxquels les navires ou leurs chargements auraient dû être soumis, si aucune exception à la règle générale n'eût eu lieu.

24. Si le chargement se fait dans un endroit où il n'y a point de bureau, il ne sera perçu jusqu'au prochain bureau, ni droit de reconnaissance, ni droit de navigation; le tarif détermine les exceptions de cette règle.

25 Là où un même bureau s'étend sur deux ou plusieurs Etats riverains, ceux-ci répartiront entre eux la recette, d'après l'étendue de leurs possessions respectives sur les rives.

26. Il sera libre aux Etats riverains sur le territoire desquels se trouvent plusieurs bureaux de perception, pour leur compte particulier, d'en supprimer du nombre de ceux qui sont établis pour des distances où ils exercent seuls la souveraineté sur le lit de la rivière, en faisant percevoir au bureau le plus proche de la frontière la totalité des droits de navigation qui leur étaient dus jusqu'alors aux bureaux supprimés, sans que, toutefois, il puisse y avoir lieu d'exiger des patrons ou conducteurs, qui déchargeront la totalité ou une partie de leurs cargaisons dans l'étendue des bureaux conservés, des droits plus forts sur les objets déchargés, que ceux qu'ils auraient eu à payer, si les bureaux supprimés avaient encore existé. Il sera donné connaissance des suppressions de bureaux dont il s'agit à la commission centrale, ou, en son absence, à l'inspecteur en chef.

27. Tout patron ou conducteur est tenu, avant de prendre charge, ou au moins avant de partir du lieu de son chargement, de se faire délivrer une lettre de voiture ou connaissement, constatant la nature et la quantité des marchandises, avec désignation de la personne à qui l'expédition en est faite. — Il sera tenu de donner à tous les bureaux sur la route connaissance de son chargement, par la représentation des lettres de voiture et d'un manifeste. — Ce manifeste sera en tous points conforme au modèle joint au présent règlement sous la lettre D, et il sera accompagné des pièces justificatives y mentionnées. — Il sera écrit par le patron ou conducteur lui-même, ou par toute autre personne pour lui, à l'exception toutefois des employés du port ou des droits de navigation; il sera signé par le patron ou conducteur. — Ledit patron ou conducteur est responsable du contenu du manifeste, soit qu'il l'ait fait lui-même, ou qu'il l'ait fait faire par un autre. — Les chargements ou déchargements partiels qui pourraient avoir lieu en route, seront également annotés sur le manifeste, et certifiés, s'il y a lieu, comme le manifeste principal. — Le manifeste dont il s'agit sera remis par le patron ou conducteur au lieu du déchargement du bâtiment, et, immédiatement après ce déchargement, aux employés des droits de navigation qui y sont placés ou envoyés par le receveur du bureau desdits droits le plus prochain. — A défaut par le patron ou conducteur de produire, y étant requis, son manifeste et les pièces justificatives exigées en due forme, il ne pourra profiter des avantages que lui assure le présent règlement.

28. Il sera libre aux employés que le souverain aurait institués à cet effet sur les lieux de chargement, de s'assurer par une vérification, lors de ce chargement, ou après qu'il a été opéré, de l'exactitude des manifestes, sous le rapport de la nature et de la quantité des marchandises. — Ils viseront le manifeste pour autant que la vérification en a été faite. — Si le chargement a lieu dans un endroit où il n'y a point d'établissement propre à une pareille vérification, le patron ou conducteur pourra être obligé de s'y soumettre au bureau le plus prochain. — Ce droit est indépendant de celui qu'ont les employés des droits de navigation de tout autre bureau, de visiter les embarcations pour en reconnaître le chargement, chaque fois qu'il y aura des soupçons sur l'exactitude des manifestes. — Les employés des droits de navigation, embarqués sur un bateau ou canot portant le pavillon des susdits droits, pourront également exiger la représentation du manifeste de tout patron ou conducteur d'embarcation, en quelque endroit du Rhin qu'il soit rencontré. Le principal employé embarqué au canot visera alors ledit manifeste, ainsi que les déclarations additionnelles qui pourront s'y trouver, et veillera à ce qu'il n'y soit laissé ni blanc, ni intervalle, ni lacune; il fera mention, dans ce visa, de l'endroit du fleuve, du jour et de l'heure où il aura apposé ledit visa. Les visa dont il vient d'être parlé ne donneront lieu à aucuns frais.

29. Les conducteurs de trains de bois représenteront un manifeste indiquant le nombre et le volume total des arbres, calculé en mètres cubes. Le contrôle en sera fait par les employés des droits de navigation, conformément aux instructions et à la table de réduction actuellement en vigueur à cet effet sur le Rhin, entre Strasbourg et la frontière des Pays-Bas.

30. Les droits de navigation légalement perçus, conformément au manifeste produit à cet effet au bureau de perception, ne seront pas restitués, lors même que le patron ou conducteur, en continuant son voyage, aurait souffert une avarie extraordinaire.

31. Il n'y aura pas lieu d'exiger de nouveaux droits sur les embarcations qui, après avoir acquitté lesdits droits, lors de leur passage à un bureau, seraient forcées par l'orage, les glaces, ou par tout autre accident, d'y retourner avec le même chargement, ou même de rebrousser chemin plus loin.

32 Aucune exemption des droits de navigation ne sera admise, quelles que soient la nature et la destination des chargements, et à quelques personnes qu'ils puissent appartenir. — Il sera néanmoins libre à tout Etat riverain individuellement, ou de concert avec tel Etat voisin qui participe au produit des droits, d'établir des diminutions ou exemptions des droits, soit par forme de mesure générale pour certains objets, sans distinction de personnes, soit même par forme d'exemption en faveur de certains bâtiments appartenant à ses propres sujets, ou d'une personne désignée et dans des cas particuliers, pourvu que ces diminutions ou exemptions ne soient accordées que pour le territoire qui appartient exclusivement, soit à cet Etat, soit aux Etats voisins intéressés, à moins que les autres Etats riverains n'y donnent leur adhésion.

33. Cependant les Etats riverains ne pourront rehausser ledit tarif en aucune manière, pas même indirectement, en prescrivant l'usage du papier timbré, ou en établissant d'autres droits de ce genre. — Ils ne pourront également, sans l'assentiment de tous les Etats riverains, augmenter le nombre des bureaux, ni en changer le lieu, sauf les exceptions portées aux art. 23 et 26 ci-dessus.

34. Les droits de navigation du Rhin ne pourront jamais être affermés, soit en masse, soit partiellement; la perception en sera faite, dans chaque Etat riverain, pour son compte et par ses employés. — Les gouvernements coriverains s'obligent réciproquement à placer dans leurs bureaux de perception un nombre d'employés suffisant pour que le service ne soit jamais en souffrance, et que les patrons ou conducteurs n'éprouvent point de retard dans leurs expéditions.

35. Dans les lieux où il existe un bureau des droits de navigation, le patron ou conducteur ne pourra ni charger ni décharger avant d'en avoir obtenu la permission des employés des droits de navigation, auxquels les gouvernements respectifs enjoindront expressément de n'occasionner aucun retard au patron ou conducteur. — En cas de contravention de la part du patron ou conducteur, il sera tenu de payer le double droit des marchandises qu'il aura chargées ou déchargées, en les mettant à terre, ou en les transférant à bord d'un autre bâtiment, le tout sans préjudice des autres peines portées par les lois du pays où la contravention aurait eu lieu, contre ceux qui se permettraient des débarquements prématurés ou clandestins (V. 9e art. supplém., ord. 15 oct. 1842, ci-après). — Les formalités à observer dans d'autres endroits, soit pour l'atterrage, soit pour les embarquements et débarquements, sont réglées par les lois de chaque pays.

TIT. 3. — *De l'application à la navigation du Rhin des lois sur les douanes des Etats riverains.*

36. Les patrons ou conducteurs d'embarcations, munis de manifestes en bonne et due forme, ne pourront être arrêtés en route sous prétexte d'impôts de l'Etat à percevoir, ou de recherches à faire à cette fin sur les chargements, si ce n'est à un des bureaux de perception établis par le présent règlement, ou dans les cas prévus par l'art. 41 suiv.

37. Le transit direct sur le Rhin, du point où il devient navigable jusqu'à la mer, et réciproquement, sera libre pour toutes les marchandises sans distinction, et sans avoir égard à ce que les lois sur les douanes des Etats riverains pourraient avoir ordonné relativement à l'importation ou à l'exportation, et sans qu'elles puissent être assujetties, pendant leur transport sur tout le cours du Rhin ci-dessus indiqué, à aucun autre droit qu'à ceux fixés par le présent règlement. — Il n'y aura donc lieu à l'application des lois sur les impôts de chaque pays, que dans le cas où il s'agirait, ou de marchandises dont la destination en arrivant dans ce pays serait d'y être déchargées, ou de marchandises qui y seraient embarquées pour l'exportation; ou enfin de celles qui seraient débarquées et mises sur le quai, ou rechargées

à bord d'autres bâtiments, sauf les dispositions relatives aux ports francs établis par le présent règlement, et sans préjudice aux allégements ordinaires pour cause d'avarie ou de gros temps, ou qui pourraient être temporairement nécessaires en quelques endroits du fleuve, eu égard à l'état moins favorable de son lit pour la navigation, lorsque ces allégements se font en pleine rivière sans toucher aux rivages, et sous la surveillance des employés des douanes, et, en leur absence ou à leur défaut, sous celle de l'autorité locale la plus voisine. — Cependant, les marchandises importées ou exportées sur le Rhin ne pourront, en aucun cas, être assujetties à des droits plus forts que celles de même nature importées ou exportées par terre.

38. Chaque État riverain aura le droit de déterminer à son gré les ports et les lieux d'atterrage où il sera exclusivement permis de prendre charge et de décharger. — Néanmoins, lorsqu'un patron ou conducteur, pour cause d'orage ou d'autres accidents, sera empêché de continuer sa route, il lui sera permis de mettre son embarcation et son chargement en tout autre lieu de sûreté, pourvu que cela se fasse sous la surveillance des employés des douanes, et, en leur absence ou à leur défaut, sous celle de l'autorité locale. — Le patron ou conducteur, en reprenant les marchandises pour continuer sa route, ne sera sujet à aucun droit d'entrée ni de sortie ou de transit. — Lorsqu'en pareille circonstance, le patron ou conducteur arrivera dans un endroit où il n'y a point d'employés des douanes, il devra de suite donner connaissance de son arrivée à l'autorité locale, faire ses diligences, afin de constater d'une manière légale la force majeure qui l'a obligé à relâcher, et en faire dresser procès-verbal. — Les employés des douanes au poste le plus voisin du même territoire en seront de suite avertis, et pourront prendre des mesures ultérieures pour surveiller eux-mêmes le chargement. — Si, pour ne pas exposer les marchandises à de nouveaux accidents, on juge à propos de décharger le bâtiment, le patron ou conducteur sera tenu de se soumettre à toutes les mesures légales tendant à prévenir l'importation clandestine d'une partie de sa cargaison. — Les mesures que le patron ou conducteur aurait prises de son chef, sans avoir préalablement averti les employés, ou, en leur absence ou à leur défaut, l'autorité locale, et sans attendre leur intervention, ne seront excusables qu'autant qu'il prouvera d'une manière incontestable, que le salut du bâtiment ou de la cargaison en a dépendu.

39. Pour profiter de la liberté du transit accordé par le premier alinéa de l'art. 37 ci-dessus, les patrons ou conducteurs d'embarcations destinées à parcourir, sans prendre un nouveau chargement ni en délivrer une partie, des distances où la souveraineté sur le fleuve appartient, avec ses deux rives, à un seul et même gouvernement, ne seront, au moment où ils entreront dans une telle partie du fleuve, tenus à d'autres formalités par rapport aux douanes qu'à faire apposer des plombs ou cachets aux écoutilles, ou aux endroits servant de dépôt de marchandises, ou à recevoir à bord des gardiens, toutes les fois que l'autorité locale jugera convenable d'en mettre, afin d'empêcher la fraude, ou enfin à se soumettre à ces deux formalités ensemble. — Lorsqu'en cas de plombage ou d'apposition de scellés aux écoutilles ou endroits servant de dépôt de marchandises, les patrons ou conducteurs des bâtiments sont obligés, par manque d'eau ou par suite d'autres circonstances extraordinaires, d'alléger ou de transborder quelques marchandises, pour être rechargées ensuite dans les mêmes bâtiments, ils devront s'adresser aux employés des douanes les plus voisins, pour faire lever les plombs ou scellés, et se soumettre aux mesures ultérieures que ceux-ci jugeront nécessaires pour prévenir l'importation clandestine d'une partie de la cargaison. — Le service desdits gardiens se bornera à la surveillance des bâtiments et des cargaisons ou des plombs et cachets, dans le but indiqué. — Les patrons ou conducteurs des bâtiments sont tenus de faire participer ces gardiens à la nourriture de l'équipage, et de leur fournir le feu et la lumière nécessaires; mais il est défendu aux gardiens d'exiger en outre à ce titre et sous aucun prétexte aucune rétribution quelconque du patron ou conducteur, et même d'en accepter l'offre. — Les dispositions qui précèdent pourront être rendues également applicables à des parties du fleuve dont les rives opposées appartiennent à différents gouvernements, lorsque ceux-ci se seront entendus sur un régime commun de douanes.

40. Les patrons ou conducteurs d'embarcations à bord desquelles se trouvent des marchandises destinées à être déchargées sur un des territoires qu'ils touchent dans leur route, seront, pour autant que la loi l'exige, tenus de faire la déclaration exacte de leurs chargements, aux employés des douanes présents au premier bureau des droits de navigation de cet État. — Ces employés pourront vérifier le chargement, et faire payer les droits auxquels les marchandises sont assujetties par la loi du pays, en cas de déchargement ou d'importation. — Il en sera de même si le patron ou conducteur a chargé, sur le territoire d'un État riverain, des marchandises destinées à être exportées; mais, en ce cas, la déclaration en sera faite aux employés des douanes présents au dernier bureau des droits de navigation, avant de sortir de ce territoire par le Rhin, ou, si les lois du pays le permettent, à ceux du bureau le plus proche du lieu de l'embarquement.

41. Lorsqu'un patron ou conducteur sera convaincu d'avoir tenté la contrebande, il ne pourra pas invoquer la liberté de la navigation du Rhin pour mettre, soit sa personne, soit les marchandises qu'il aurait voulu importer ou exporter frauduleusement, à l'abri des poursuites dirigées contre lui de la part des employés des douanes; sans cependant qu'il puisse y avoir lieu à saisir, pour cause d'une pareille tentative, le reste du chargement qui n'en aurait pas été l'objet, ni, en général, à sévir contre le patron ou conducteur d'une manière plus rigoureuse que ne l'ordonnent les lois générales en vigueur dans l'État où la contrebande a été constatée. — Si, dans un des bureaux frontières d'un territoire, soit en entrant, soit en sortant, ou pendant la traversée de ce territoire, il est reconnu qu'un patron ou conducteur est porteur d'un manifeste tellement infidèle, qu'il en résulte une fraude consommée ou tentée, il aura également pour ce fait encouru les peines portées par la loi du pays contre les déclarations infidèles. — Les hautes parties contractantes s'engagent à convenir ultérieurement de telles autres dispositions favorables, par rapport à l'application de leurs systèmes de douanes à la navigation du Rhin, que l'expérience pourrait démontrer nécessaires pour vivifier le commerce et la navigation du Rhin, et qui seraient conciliables avec leurs intérêts financiers.

TIT. 4. — *Du droit d'exercer la navigation du Rhin.*

42. La navigation du Rhin exigeant beaucoup d'expérience et de connaissances locales, on n'admettra à son exercice que des patrons ou conducteurs expérimentés, qui auront préalablement fait preuve de leurs connaissances, sans pouvoir cependant soumettre à de nouvelles justifications ceux qui auront déjà exercé le droit de navigation. — Chaque gouvernement riverain prendra les mesures nécessaires pour s'assurer de la capacité des personnes auxquelles il confie l'exercice de la navigation du Rhin. — La patente délivrée en conséquence au patron ou conducteur reconnu apte par les autorités de son pays lui donnera le droit d'exercer cette navigation, conformément aux dispositions du présent règlement, depuis l'endroit où le Rhin devient navigable jusqu'à la mer, et de la mer jusqu'à l'endroit susdit, le tout sans aucune distinction entre la grande et la petite navigation, et ce qu'on désigne sous le nom de navigation intermédiaire. Les patentes de navigation dont il s'agit ne seront délivrées qu'à des sujets reconnus des états riverains du Rhin, et les bâtiments seront signalés dans les patentes (V. 19ᵉ art. supplém., L. 21 mai 1849, D. P. 49. 4. 107. décr. 15 oct. 1849. D. P. 49. 4. 155.)

43. Le patron ou conducteur admis à la navigation du Rhin, et y naviguant, ne pourra nulle part être contraint à décharger malgré lui, ou à transférer son chargement sur d'autres embarcations. En conséquence, tous les droits, priviléges et usages qui sont en opposition directe ou indirecte avec la présente disposition, établis dans les ports ou dans tout autre endroit sur le Rhin jusqu'à la mer, soit en faveur d'une association de patrons ou conducteurs pour favoriser les chargements par un tour de rôle usité parmi eux, soit pour toute autre cause, sont et demeureront supprimés, sans qu'il en puisse être rétabli sous quelque dénomination que ce soit. — Il en sera de même quant aux rivières communiquant directement avec le Rhin, conformément à l'art. 110 du traité de Vienne, et aux articles y annexés sous le nᵒ 16.

44. Toutes les associations et corporations de patrons ou conducteurs qui ont subsisté jusqu'à ce jour, sont supprimées. — Il sera procédé, sous la direction des autorités du pays où elles sont établies, à la liquidation de leur avoir et de leurs dettes, qui seront acquittées par les membres actuels de ces associations. — Le résidu de l'avoir, s'il y en a, appartiendra aux membres actuels, pour en disposer à leur gré comme d'une propriété commune, à moins qu'il n'ait reçu une autre destination par une disposition antérieure et valable.

45. Le nombre des patrons ou conducteurs sur le Rhin est indéterminé. — Les patrons ou conducteurs, exploitant la navigation sur les rivières qui se jettent dans le Rhin, telles que le Neckar, le Mein, la Moselle et la Meuse, de même que les patrons ou conducteurs de l'Escaut, seront admis à la navigation du Rhin, pour autant que, par réciprocité, ceux du Rhin soient admis à la navigation desdites rivières. — Il suffira, dans ce cas, que ces patrons ou conducteurs constatent leur droit à la navigation d'un desdits fleuves.

46. Le transport de personnes, chevaux, voitures, effets et autres objets d'une rive à l'autre, et ce qui tient au commerce ordinaire des deux rives, n'a rien de commun avec le présent règlement, non plus que la navigation d'un patron ou conducteur restreint à l'exercer dans l'enceinte du territoire de son souverain, sans en dépasser les limites, un tel patron ou conducteur n'étant assujetti qu'aux autorités du pays où il exerce son métier.

47. Le gouvernement du pays où le patron ou conducteur est domicilié a seul le droit de lui retirer, pour des motifs graves, la patente qui lui a été délivrée. Cependant cette disposition n'exclut pas le droit qu'aura tout état riverain de faire poursuivre et juger tout patron ou conducteur prévenu d'un délit ou crime commis sur son territoire, et de demander même, selon les circonstances, aux autorités de son domicile, que sa patente lui soit retirée.

TIT. 5. — *Du fret et du tour de rôle.*

48. Le prix du fret, de même que toutes les autres conditions de transport, est entièrement abandonné à la libre convention entre le patron ou conducteur et l'expéditeur ou son commettant; et, de même que ceux-ci pourront faire leur choix parmi plusieurs patrons ou conducteurs, sans égard à leur domicile, de même le patron ou conducteur aura la faculté d'accepter ou de refuser les offres de chargement qui lui sont faites.

49. Deux ou plusieurs villes pourront néanmoins contracter, avec tel nombre de patrons ou conducteurs qu'elles croiront nécessaire au service de leur commerce mutuel, des engagements à terme, afin de stipuler le prix du fret, le temps du départ et de l'arrivée, et toutes autres conditions concernant leur intérêt privé, et qui ne dérogeront à aucune loi impérative ou prohibitive, et établir, par cette voie, un tour de rôle propre à assurer à la fois des prix équitables au commerce, et aux patrons ou conducteurs un prompt chargement de retour, toutes les fois qu'ils arrivent dans un port.

50. Dans les villes où un pareil tour de rôle sera établi, il sera libre à chaque négociant, ainsi qu'à chaque patron ou conducteur, de prendre part à cette association ou de s'y refuser. Les commerçants et patrons ou conducteurs, une fois associés, pourront toujours résilier la convention à la fin de chaque année, pourvu que l'avertissement en ait été donné trois mois d'avance. Chaque négociant, tant qu'il est membre de l'association, est tenu de se conformer au tour de rôle, sans pouvoir, sous son propre nom ni sous un prête-nom, charger des marchandises dans d'autres embarcations, sauf les dispositions particulières des commettants étrangers qui ne seraient pas membres de l'association. — De même, chaque patron ou conducteur, tant qu'il est membre de l'association, est tenu d'observer le tour de rôle. — Néanmoins, si les convenances commerciales de deux villes contractantes exigeaient de modifier les dispositions qui précèdent, il pourra y avoir lieu; mais, dans ce cas, leurs conventions auront besoin de l'approbation spéciale de leurs gouvernements respectifs.

51. Les conventions qui établissent un tour de rôle n'étant obligatoires qu'entre les parties contractantes, à l'instar de tout autre contrat de chargement passé entre particuliers, et étant d'ailleurs frappées de nullité dès qu'elles renferment des clauses contraires à une loi impérative ou prohibitive, ou qu'elles contiennent lésion des droits d'un tiers, il suffit qu'elles soient rédigées dans les formes usitées dans le lieu où elles auront été passées. Ni la commission centrale, ni l'inspecteur en chef de la navigation du Rhin, ne pourront exiger qu'on les fasse intervenir dans ces contrats, ou que le prix du fret soit réglé de leur consentement. — Néanmoins, les gouvernements respectifs prendront connaissance de ces conventions, et auront soin de les faire communiquer à la commission centrale, ou, en son absence, à l'inspecteur en chef de la navigation du Rhin.

52. Toutes les fois que deux gouvernements riverains conviendront d'établir une embarcation destinée au transport de voyageurs, de leurs effets ou voitures, ou même de marchandises, et qui partira à jour et heure fixes d'un endroit indiqué, cette embarcation jouira des mêmes droits dont jouissent toutes les autres qui exercent la navigation sur le Rhin. — Ni la commission centrale, ni l'inspecteur en chef de la navigation du Rhin, n'ont également aucune surveillance particulière à exercer sur ces sortes d'embarcations, et moins encore le droit de décider s'il sera convenable d'en établir, et dans quels lieux, ou quels seraient les moyens de les encourager ou les dispositions particulières à prendre à leur égard (V. 15ᵉ art. supplém., ord. 16 juin 1846, D. P. 46. 3. 94).

TIT. 6 — *Des règlements de police pour la sûreté de la navigation et du commerce.*

53. La première fois qu'un patron ou conducteur présentera une embarcation pour être admise à la navigation du Rhin et pour recevoir un chargement, il devra préalablement soumettre cette embarcation à la visite d'experts assermentés à cette fin, pour faire constater qu'elle a été trouvée propre à la partie de la navigation à laquelle elle est destinée, qu'elle est solide, bien calfatée et pourvue de tous les agrès et ustensiles nécessaires ; enfin qu'elle offre dans sa construction les moyens nécessaires pour la conservation des marchandises, et que son équipage se composé d'un nombre de matelots suffisant pour la conduire. — Cette visite devra être renouvelée chaque fois qu'un expéditeur la jugera nécessaire, et au moins une fois tous les ans. — Tout expéditeur de marchandises pour compte d'autrui aura le droit d'exiger du patron ou conducteur la production d'un certificat délivré en dernier lieu par les experts susdits. — S'il a négligé cette précaution, il sera personnellement responsable des pertes et avaries causées par le mauvais état de l'embarcation, sauf son recours contre le batelier. — Les gouvernements riverains prennent pour chaque port d'embarquement et de déchargement désigné d'après l'art. 58 ci-dessus, les mesures nécessaires afin de régulariser les opérations des experts et d'en garantir l'effet au commerce.

54. Les qualités requises pour rendre une embarcation propre à la navigation du Rhin seront déterminées d'après les besoins des localités, du consentement des gouvernements respectifs. Il ne pourra, sous aucun rapport, être établi des différences entre les embarcations destinées à la navigation rhénane.

55. Il appartiendra de même aux gouvernements riverains respectifs de faire entrer dans les règlements, pour les ports et lieux d'embarquement et de débarquement, toutes les dispositions qu'ils jugeront les plus propres à faciliter le commerce, favoriser la navigation, accélérer les expéditions, maintenir le bon ordre lors de l'embarquement et du débarquement, pour pourvoir à la sûreté des marchandises déposées sur les quais, assurer la conservation des objets pour lesquels il y aurait refus d'accepter ou autres contestations quelconques, et garantir le bien des négociants et des patrons ou conducteurs en général.

56. Le patron ou conducteur répond des marchandises dont il se charge, du moment qu'elles sont déposées sur le quai et lui ont été désignées comme devant faire partie de son chargement. — S'il est prouvé que le dommage arrivé à des marchandises a été causé par la faute des employés, la réparation en sera faite par l'autorité qui leur est immédiatement préposée, sans qu'il puisse y être apporté aucun retard pour cause du recours que celle-ci pourrait exercer contre les employés.

57. Le patron ou conducteur ne pourra, pendant le voyage, s'absenter de son embarcation. En cas de contravention, les employés des droits de navigation y placeront, à ses frais, risques et périls, un autre conducteur, quand même il n'y aurait eu jusqu'alors aucune avarie, dont, en tout cas, le patron ou conducteur absent restera responsable. — Il s'entend que cette disposition ne sera pas applicable en cas d'absence momentanée du patron ou conducteur, pour achat de vivres, pour acquitter les droits ou autres motifs semblables.

58. Partout où les localités de la rivière exigent, d'après l'usage ou les ordonnances, un changement de pilotes ou lamaneurs, le patron ou conducteur sera tenu d'en prendre de nouveaux à bord, sous peine d'y être contraint par les employés préposés à la surveillance du Rhin. — En cas de concurrence de plusieurs lamaneurs ou pilotes, le patron ou conducteur en aura le choix.

59. Sont exceptés de la disposition du précédent article les bateaux qui n'ont que peu de capacité, tels que les canots au-dessous de 500 quintaux de capacité, les coches d'eau, etc., etc. (V. 20e art. suppl., décr. 9 oct. 1852, D. P. 52. 4. 202).

60. Le service et le salaire des pilotes et lamaneurs continueront d'être réglés par les ordonnances de chaque Etat riverain et par les tarifs qui y sont ou seront établis, et sans que le batelier étranger puisse être traité à cet égard autrement que celui du pays.

61. Le patron ou conducteur qui conduit à la fois plusieurs bateaux chargés ne pourra, dans aucun cas, ni à la remonte, ni à la descente, les attacher l'un à l'autre. — Il ne pourra de même y avoir lieu à attacher à une embarcation chargée un autre bateau vide dont la capacité serait au-dessus de 500 quintaux. — S'il y a nécessité d'alléger, les allèges seront conduites et, en cas de remonte, attelées séparément (V. 1er art. suppl., ord. 15 oct 1842 ci-après).

62. Il est défendu de charger des marchandises sur le tillac des bateaux. Il est également défendu, pendant le trajet, de transborder des marchandises d'un bord à l'autre, excepté le cas où les eaux seraient trop basses, que l'embarcation fût endommagée, ou qu'il y eût quelque autre péril imminent qui mettrait le patron ou conducteur dans la nécessité d'alléger sans délai, sauf à se conformer dans ces cas à ce qui est prescrit par l'art. 39 ci-dessus (V. 2e, 6e et 11e art. suppl., ord. 15 oct. 1842 ci-après).

63 Les dispositions de l'art. 61, ainsi que la défense de charger sur le tillac des bateaux, ne sont pas applicables à la navigation du Rhin qui se fait par des bateaux à vapeur. — Néanmoins, les marchandises chargées sur le tillac des bateaux dont il s'agit seront réunies dans un ou deux endroits et recouvertes par une toile attachée au tillac, de manière à permettre le plombage, sans occasionner un surcroît de frais et de retard, lorsque le trajet d'un territoire en transit y donne lieu suivant l'art. 37 ci-dessus. — Les gouvernements respectifs prendront des mesures pour favoriser et protéger cette nouvelle branche d'industrie, et pour assurer au commerce tous les avantages qu'elle semble promettre.

64. Les contraventions aux dispositions des art. 61 et 62 seront punies d'une amende de 100 à 500 fr. par le juge des droits de navigation, dont il sera parlé ci-après, du lieu où la contravention aura été découverte, sans préjudice de la responsabilité du patron ou conducteur pour tout autre dommage causé par la non-exécution desdites dispositions (V. 13e art. suppl., ord. 15 oct. 1842 ci-après).

65. Les transports de poudre à canon se feront dans tous les cas sur des embarcations particulières, sans aucun mélange avec d'autres objets. Les bateaux chargés de poudre resteront, autant que faire se pourra, éloignés des rives : et en cas de relâche, soit pour le déchargement, soit pour toute autre cause qui empêcherait la continuation du voyage, la police de l'endroit le plus voisin en sera avertie pour prendre les mesures que la sûreté publique pourrait exiger. Le patron ou conducteur sera tenu de s'y conformer, le tout sous les peines portées par l'art. 64 et qui seront prononcées contre les contrevenants par le juge des droits de navigation (V. 12e et 13e art. suppl., ord. 15 oct. 1842 ci-après).

66. Les trains de bois devront être précédés d'une nacelle, afin de donner avis aux bateaux, moulins et ponts, qui se trouvent sur la rivière ou dans les ports, de se tenir en garde et de prendre à temps les mesures nécessaires pour leur sûreté. — Cette nacelle devra devancer les trains au moins d'une heure, et portera, comme marque de sa destination et pour être reconnue de loin, un pavillon formé de seize quartiers en rouge et noir alternativement. — L'observation de cette formalité ne suffira cependant pas pour mettre le conducteur du train à l'abri de toute responsabilité, si, d'ailleurs, il n'a pas employé tous les soins possibles afin d'éviter des accidents ; s'il n'a pas été pourvu des agrès nécessaires à raison de la grandeur de son train ; s'il y a des défauts dans sa construction, ou, enfin, s'il a commis ou omis quelque chose qui, d'après les principes généraux du droit, l'obligerait à réparer le dommage occasionné par le passage de son train (V. 4e art. suppl., ord. 15 oct. 1842 ci-après).

67. Les États riverains s'engagent à mettre leur attention particulière à ce que les chemins de halage existants, qui passent sur le territoire, soient mis et entretenus en bon état, et que toutes les réparations qui deviendraient nécessaires aient lieu chaque fois sans le moindre retard ; le tout aux frais de qui il appartiendra, pour ne jamais faire éprouver, sous ce rapport, aucun obstacle à la navigation. — Ils s'engagent de plus, chacun pour l'étendue de son territoire, à prendre les mesures nécessaires pour que les moulins ou autres usines établies sur la rivière, ainsi que les bâtardeaux et ouvrages d'art quelconques, ne puissent jamais entraver la navigation, et que les ponts volants ou bateaux donnent libre passage aux bâtiments ou radeaux qui veulent continuer leur route, aussi promptement que possible, sans que ceux-ci puissent, en raison de cela, être astreints à d'autres payements qu'à de modiques rétributions, à régler d'un commun accord et d'une manière invariable, et enfin à faire cesser sans retard et à leurs frais tous les autres obstacles de la navigation qui pourraient se rencontrer dans le lit de la rivière même, pour autant toutefois que les obstacles résulteront du défaut de surveillance et d'entretien convenable. Les dispositions du présent article, en ce qui concerne l'entretien en bon état des chemins de halage et du lit de la rivière même, ne sont obligatoires pour le gouvernement des Pays-Bas, qu'à raison de l'embranchement du Waal.

68. Afin de ménager les chemins de halage et les bâtiments, garde-fous et autres établissements adjacents, il ne pourra, à la remonte des bateaux, être attelé plus de trois chevaux au même câbleau. Les autorités judiciaires locales pourront infliger des peines de police aux contrevenants.

69. Les gouvernements respectifs indiqueront aux patrons ou conducteurs du Rhin des endroits convenables pour déposer leurs marchandises, et auront soin d'établir et de maintenir les arrangements nécessaires pour que les déchargements et chargements puissent s'opérer avec toute la facilité et la célérité désirables. — Les patrons ou conducteurs ne pourront, sans un consentement exprès des employés des droits de navigation, décharger ou charger des marchandises à quelques autres endroits. — A chaque lieu de chargement ou de déchargement, il sera désigné, par les soins des gouvernements respectifs, une commission de surveillance, chargée de la police du port, et il y sera prélevé pour faire face, tant aux frais d'entretien qu'à ceux de surveillance, une rétribution sous la dénomination de droit de quai, de grue et de balance, laquelle ne pourra jamais excéder le maximum suivant, savoir : — *a*. Pour droit de quai, 5 cent. par quintal ; — *b*. Pour droit de grue, 5 cent. pour le débarquement et 5 cent. pour l'embarquement, total 10 cent. par quintal ; — *c*. Pour droit de balance, 5 cent. — Quant aux marchandises qui, pour leur conservation, seraient entreposées dans les magasins établis à cet effet dans chaque lieu de déchargement ou chargement, elles y payeront un droit de magasin, qui ne pourra pas excéder par quintal un tiers de centime par jour pour le premier mois, et un sixième de centime par jour pour chaque mois suivant. — Il ne pourra y avoir, quant à la hauteur desdits droits de quai, de grue, de balance et de magasin, aucune distinction entre les étrangers et les regnicoles.

70. Dans les endroits de chargement ou de déchargement où il se trouve des chantiers, quais, grues, balances publiques, magasins ou ports de sûreté établis aux frais de l'Etat ou d'une ville, ainsi qu'il vient d'être dit dans l'article précédent, il n'y aura que ceux qui en feront usage qui puissent être tenus à payer les droits fixés par les gouvernements respectifs, conformément au même article, et destinés à l'entretien et à sa surveillance. — Tous les usages contraires à cette disposition sont abolis. — Les patrons ou conducteurs qui abordent à la rive et qui chargent ou déchargent des marchandises, sans faire usage de l'un ou de l'autre de ces établissements, et sans nuire au service ordinaire du quai, ne seront tenus qu'à payer la rétribution due pour ceux de ces établissements dont ils se seront réellement servis, et dont il aura dû être fait usage pour constater le poids de leur chargement au moment où il s'opère.

TIT. 7. — *De la fraude des droits de navigation.*

71. La fraude, en matière de droits de navigation, sera punie d'une amende du quadruple des droits fraudés, non compris le montant du droit, qui devra toujours être acquitté en sus. — Pour déterminer le montant de l'amende, on prendra pour base le total desdits droits que le patron ou conducteur aura tenté de frauder au bureau où la fraude est découverte, et de ceux fraudés à tous les autres bureaux du même territoire. — Si l'instruction fournissait la preuve d'une soustraction de droits commise par le même patron ou conducteur envers un ou plusieurs autres Etats riverains, il en sera donné connaissance aux bureaux respectifs par la communication des copies authentiques des procès-verbaux, et l'amende sera en même temps perçue pour leur compte. Le patron ou conducteur ne pourra cependant pour cette cause être empêché de continuer son voyage.

72. Chaque bureau de perception sera tenu de donner quittance au patron ou conducteur de la somme perçue, et en outre d'en faire mention au bas du manifeste. — Ces quittances seront détaillées, en énonçant distinctement le nombre de quintaux pour lequel aura été payé la totalité, le quart, le vingtième du droit, ou le double droit de reconnaissance (V. 3e art. supplém., *in fine*, ord. 15 oct. 1842, ci-après), et le montant des différents droits payés sur le chargement, ainsi que du droit de reconnaissance pour le bateau.

73. Le patron ou conducteur pourra être obligé, par chaque bureau de perception, de prouver, par la représentation de ses quittances, qu'il a acquitté les droits de navigation et de reconnaissance à tous les bureaux où il était tenu d'en payer. Faute de produire ces quittances, il sera, jusqu'à ce qu'il se soit justifié, regardé comme fraudeur, et tenu de payer provisoirement l'amende fixée par l'art. 71.

74. Le patron ou conducteur qui passera devant un bureau sans s'y présenter pour le payement des droits, avec exhibition de son manifeste, ou qui en partira avant d'avoir effectué le payement, encourra la peine portée par l'art. 71 ci-dessus, à moins qu'il n'y ait été contraint par une force majeure et apparente, afin de

sauver son bateau, le chargement ou l'équipage. En pareil cas, il suffira que le patron ou conducteur se présente au bureau de perception, aussitôt que l'embarcation, les marchandises ou l'équipage auront été mis en lieu de sûreté.

75. Si, lors du débarquement ou par la vérification du poids des marchandises déchargées, il est reconnu que le nombre des colis trouvés dans le bâtiment, leur désignation ou la nature des marchandises n'est point conforme au manifeste, il sera procédé avant toutes choses à la recherche des causes de cette différence.

76. Le patron ou conducteur dans le manifeste duquel il y aurait omission totale de quelques colis ou autres articles de son chargement, aura encouru l'amende portée par l'art. 71 ci-dessus, à raison des droits auxquels les objets soustraits auraient été soumis.

77. Si, dans le poids porté au manifeste, il y avait une différence telle qu'on ne saurait la regarder comme l'effet du hasard, l'amende sera payée pour l'excédant du poids. Si, au contraire, la différence est de si peu d'importance qu'elle ne puisse être regardée comme provenant d'une intention de fraude, il y aura seulement lieu de payement du droit simple sur l'excédant pour tous les bureaux ressortissant au même gouvernement.

78. Si, au lieu d'une marchandise soumise à un droit plus fort, le manifeste en désigne une moins imposée, dans ce cas l'amende sera réglée d'après le montant réel des droits dus sur les articles qui n'ont pas été dûment déclarés.

79. Le patron ou conducteur sera dans tous les cas responsable des amendes encourues, sauf son recours contre ceux qui, par des déclarations inexactes, l'auraient induit en erreur et lui auraient occasionné des pertes.

80. Quant aux peines que le patron ou conducteur encourt par suite de fausses déclarations et autres contraventions relatives aux droits d'entrée et de sortie territoriaux, on renvoie au tit. 3 ci-dessus, le présent règlement ne devant porter aucune atteinte aux lois particulières de chaque État riverain par rapport aux douanes.

TIT. 8. — *Du jugement des contestations en matière de navigation du Rhin* (V. L. 21 avr. 1832, v° Eaux, p. 336).

81. Avant la mise à exécution du présent règlement, il sera désigné dans chaque port d'embarquement et de débarquement, ainsi que dans chaque commune où il y aura un bureau de perception, un fonctionnaire de l'ordre judiciaire, résidant soit dans la même commune, soit le plus près possible, qui sera chargé d'instruire et de juger en première instance, comme causes sommaires : — *a*. Toutes les contraventions aux dispositions de ce règlement, en prononçant les peines encourues de ce chef, à moins que le patron ou conducteur ne s'y soumette volontairement; — *b*. Toutes les contestations au sujet du payement et de la quotité des droits de navigation, de grue, de balance, de port et de quai; — *c*. Toutes les entraves que des particuliers auraient mises à l'usage des chemins de halage; — *d*. Les plaintes portées contre les propriétaires de chevaux de trait, employés à la remonte des bateaux, pour dommages causés aux propriétés, et généralement toute autre plainte pour dommages causés par la négligence des conducteurs des bateaux et des trains pendant leur voyage, ou en abordant. — Les noms et demeure du juge des droits de navigation seront affichés dans le bureau.

82. Les juges des droits de navigation seront déclarés comme tels par le gouvernement qui les aura désignés ou institués. — Ils prêteront serment non-seulement de rendre justice avec célérité et impartialité à tous, sans acception de personnes, mais ils promettront particulièrement de se conformer exactement aux dispositions du présent règlement pour tous les cas qui y sont prévus. — Copie du procès-verbal de prestation du serment par les employés sera adressée par le juge à l'inspecteur en chef de la navigation du Rhin, qui la présentera à la commission centrale lors de sa prochaine réunion.

83. Les contestations qui s'élèveront dans les lieux mêmes où les bureaux sont établis à raison des objets ci-dessus mentionnés, seront de la compétence exclusive du juge des droits de navigation qui y réside ou dont ces bureaux ressortissent en conformité de l'art. 81 ci-dessus. — En cas de plainte portée par un bureau pour raison de fraude de droits, le juge instruira non-seulement sur les soustractions faites au bureau dont les employés ont rendu plainte, mais aussi sur celles que le patron ou conducteur pourrait avoir faites pendant le même voyage à tous les bureaux précédents du même territoire (V. 8e art. suppl., ord. 15 oct. 1842 ci-après), pour être mises en ligne de compte lors de la fixation de l'amende. — Les plaintes contre les patrons, conducteurs de chevaux ou autres particuliers, pour entraves aux chemins de halage ou dommages causés aux propriétés foncières, seront du ressort du juge des droits de navigation résidant dans l'endroit le plus voisin de l'événement.

84. Les causes portées devant le juge des droits de navigation seront instruites comme matières sommaires. Les plaintes, les exceptions et tous les autres moyens seront proposés verbalement; il en sera dressé procès-verbal, pour être de suite et d'après les circonstances procédé à la prononciation du jugement, ou ordonné telles preuves, expertises, etc., qu'il appartiendra. — Dans tous les cas, le jugement, soit définitif, soit interlocutoire ou préparatoire, énoncera les faits qui ont donné lieu à la contestation, les questions à décider d'après le dire des parties et les motifs du jugement. — Les procédures ne donneront lieu ni à l'usage de papier timbré ni à l'application de taxes au profit des juges ou de leurs greffiers; les parties ne supporteront dès lors d'autres frais que ceux des témoins ou experts et de leur citation, et ceux de signification, de ports de lettres, etc.; le tout d'après les tarifs ordinaires en matière de procédure. — Au surplus, le patron ou conducteur, ou le dotteur, ne pourra être empêché de continuer son voyage, à raison d'une procédure engagée, dès qu'il aura fourni le cautionnement fixé par le juge pour l'objet de la procédure.

85. Les jugements prononcés par les juges des droits de navigation seront rendus au nom du souverain qui les a nommés. Ils seront néanmoins exécutoires sans nouvelle instruction dans tous les Etats riverains indistinctement, dès qu'ils seront passés en force de chose jugée, en observant toutefois l'ordre de procédure en vigueur dans chaque Etat.

86. Dans les causes ayant pour objet une valeur au-dessus de 50 fr., la partie qui aura succombé pourra se pourvoir en appel. Conformément à l'art. 9 de la convention sur la navigation du Rhin, conclue à Vienne le 24 mars 1815, elle aura le choix de s'adresser pour cet effet à la commission centrale ou tribunal supérieur du pays où le jugement aura été rendu. Mais, comme la commission centrale ne se réunit qu'une seule fois par an, pour délibérer sur des objets d'une plus haute importance, en sorte qu'il lui serait impossible de terminer les causes d'appel avec autant de célérité qu'elles l'exigent, il est statué que, dans le cas où l'appel sera porté devant la commission, la partie qui aura obtenu gain de cause pourra demander l'exécution provisoire du jugement, et il sera laissé à la prudence des de l'accorder avec ou sans caution, en suivant à cet égard les règles du commun.

87. Chaque Etat riverain désignera, une fois pour toutes, le tribunal devant lequel seront portés les appels des jugements de première instance prononcés par les juges des droits de navigation de son territoire. — Ce tribunal ne pourra point siéger dans une ville trop éloignée de la rive du Rhin.

88. Les recours portés devant ce tribunal seront instruits selon les formes y établies. Lorsque, au contraire, la partie appelante se proposera de porter son appel devant la commission centrale, l'acte d'appel sera, dans les dix jours de la signification du jugement, notifié dans la forme de procédure en vigueur dans chaque Etat, au juge qui a prononcé le premier jugement, et ce, dans la personne de son greffier, et à la partie intimée, au domicile élu en première instance dans la même commune, ou, à défaut d'élection de domicile, au greffe. — Cet acte contiendra l'exposé sommaire des griefs et la déclaration que la cause sera continuée en appel devant la commission. — Dans les quatre semaines à dater du jour de la signification de l'acte d'appel, l'appelant remettra au juge qui a rendu le premier jugement un exposé par écrit de ses griefs; l'intimé sera tenu d'y répondre dans le délai qui lui sera fixé à cette fin, et sera le tout, ensemble les pièces de procédure de première instance, transmis à l'inspecteur en chef de la navigation du Rhin, qui les soumettra au jugement de la commission centrale, lors de sa première réunion. — Faute par l'appelant de se conformer aux formalités prescrites par le présent article, l'appel sera regardé comme non avenu, et l'appelant en sera déchu.

TIT. 9. — *Des attributions et devoirs de la commission centrale, de l'inspecteur en chef et des autres employés des droits de navigation, et de leur traitement.*

89. Concourront, chacun dans son ressort, à l'exécution du présent règlement, savoir : — 1° La commission centrale; — 2° L'inspecteur en chef de la navigation du Rhin; — 3° Quatre inspecteurs; — 4° Les receveurs et autres employés placés aux bureaux de perception ou ailleurs.

90. Chaque Etat riverain enverra annuellement un commissaire à la commission centrale. — Les commissaires se réuniront régulièrement le 1er juill. de chaque année à Mayence, et seront tenus de terminer les affaires qui leur seront soumises, dans le délai d'un mois. Si le nombre des affaires ne permet pas de les terminer dans un mois, une nouvelle réunion aura lieu l'automne de la même année pour le terme d'un mois (V. 14e art. suppl., ord. 15 oct. 1842 ci-après).

91. La commission centrale se forme par la réunion de ses commissaires. Elle désignera par le sort celui de ses membres qui, pendant la durée de chaque session, doit avoir la présidence dans les assemblées, l'expédition des objets des délibérations, la distribution des travaux préparatoires et la direction générale des travaux. — Un autre membre de la commission, sur le choix duquel on tombera d'accord, se chargera des affaires du bureau, tiendra la plume dans les séances et fera expédier par les employés à ce nommés toutes les résolutions que la commission centrale aura prises.

92. Les commissaires actuellement réunis à Mayence nommeront, avant de se séparer, l'inspecteur en chef, et lui remettront la garde des archives. — Ce fonctionnaire sera, de même que les autres inspecteurs subordonné dans ses fonctions à la commission centrale.

93. Les fonctions de la commission centrale consisteront principalement : à se faire rendre compte de la manière dont les dispositions du présent règlement ont été mises à exécution, à en proposer de nouvelles à ses hauts commettants pour autant qu'elle l'aura jugé utile et nécessaire, à recommander aux autorités respectives l'accélération des ouvrages, soit au lit de la rivière, soit aux rives ou aux chemins de halage, tant de ceux indispensables que de ceux jugés avantageux aux progrès de la navigation, et à rédiger le rapport détaillé prescrit par le seizième des articles spéciaux joints au traité de Vienne sur l'état de la navigation, son mouvement annuel, ses progrès et les changements qui pourraient y avoir lieu. — Enfin, elle aura à prononcer en dernier ressort sur les pourvois en appel portés devant elle (V. 15e art. suppl., ord. 15 oct. 1842 ci-après).

94. La commission centrale prendra ses décisions à la pluralité absolue des voix, qui seront émises dans une parfaite égalité. Mais, ses membres devant être regardés comme des agents des Etats riverains chargés de se concerter sur leurs intérêts communs, ses décisions ne seront obligatoires pour les Etats riverains que lorsqu'ils y auront consenti par leur commissaire. — Elle ne pourra non plus émettre en son nom des lois et de nouvelles ordonnances, ni imposer à un Etat riverain quelconque de nouvelles obligations qu'il prétendrait ne pas avoir contractées.

95. L'inspecteur en chef sera nommé à vie par la commission centrale. Cette nomination aura lieu en conformité du treizième des articles spéciaux joints au traité de Vienne — En conséquence, sur soixante-douze voix, le commissaire de France en aura douze, le commissaire de Prusse, vingt-quatre, le commissaire des Pays-Bas, douze, et les commissaires des autres États allemands, vingt-quatre. Ces dernières seront réparties à proportion de l'étendue des possessions respectives sur la rive, de manière qu'il y aura onze voix pour le commissaire de Bade, six pour le commissaire de la Hesse grand-ducale, quatre pour le commissaire de Bavière, et trois pour le commissaire de Nassau.

96. Le budget de la commission pour les dépenses à supporter en commun sera arrêté d'avance pour l'année suivante à l'assemblée du 1er juillet.— Les dépenses à supporter en commun se composent du traitement de l'inspecteur en chef, de sa pension, s'il y a lieu, et des frais de bureau. — Le traitement de l'inspecteur en chef et sa pension, s'il y a lieu, ainsi que ses autres dépenses de nature à être remboursées, seront supportés par les États riverains dans la même proportion qu'ils prennent part à sa nomination d'après l'article précédent.— Les États riverains contribueront par portions égales aux frais de chancellerie de la commission centrale, lors de ses réunions annuelles.—Les payements seront faits d'avance par trimestre et le plus tard aux 24 décembre, 24 mars, 24 juin et 24 septembre de chaque année. — Les membres de la commission centrale veilleront à ce que les quotes-parts de leurs hauts commettants soient délivrées à temps et versées sans frais dans la caisse commune à Mayence. L'inspecteur en chef, après en avoir retiré le montant de son traitement, emploiera le reste pour subvenir aux frais de chancellerie de la commission.

97. Le traitement de l'inspecteur en chef sera de 12,000 fr. an, y compris les frais de son propre bureau. Il jouira en outre, dans l'exercice de ses fonctions, de la franchise du port de lettres.

98. Il résidera à Mayence, et correspondra avec les inspecteurs et avec les autorités désignées à cet effet par chaque Etat riverain. Son premier devoir consis-

tera à faire cesser de suite les plaintes fondées en matière de navigation qui lui seront adressées par les inspecteurs, les commerçants ou patrons, ou conducteurs de navires.—Les parties qui se croiront lésées dans un port, ou par l'introduction de nouvelles taxes au détriment de la navigation, soit par l'augmentation de celles existantes, ou enfin à raison de toute autre nouvelle charge imposée à la navigation, en quelques parties du Rhin et sous quelque prétexte que ce puisse être, pourront s'adresser, soit à l'autorité compétente du lieu et du district, soit à l'inspecteur dans le ressort duquel l'évènement a eu lieu, et, en cas qu'il ne leur serait pas rendu justice sur leurs plaintes, à l'inspecteur en chef. — Ce dernier pourra déléguer les inspecteurs et employés, afin de vérifier les faits et abus dénoncés.—Lorsque les plaintes ou faits lui paraîtront fondés, il en donnera connaissance à la première autorité départementale ou provinciale et en demandera justice. — En cas de refus, il en fera son rapport à la commission centrale pour, par icelle, être statué ce qu'il appartiendra.—Pour ne faire souffrir aucun retard à cette résolution, l'inspecteur donnera en même temps avis de ce renvoi à l'autorité départementale ou provinciale, laquelle sera tenue de faire ses diligences pour transmettre le plus promptement possible au commissaire de son souverain les renseignements ou instructions qui lui seront nécessaires.—La même marche sera observée dans le cas où des obstacles survenus dans le lit du Rhin et qui embarrasseraient la navigation, ne seraient pas levés à la première occasion convenable qui se présente; que l'entretien des rives et des chemins de halage serait négligé; que les employés des droits de navigation, par leur conduite, donneraient lieu à des plaintes, ou qu'il serait mis, de la part des douanes, des entraves à la libre navigation du Rhin, en opposition avec le présent règlement. — Avant l'ouverture de chaque session, l'inspecteur en chef devra préparer tous les matériaux propres à faciliter les travaux de la commission, à l'instruire à fond sur l'état, les défauts et les besoins de la navigation, et à lui faire les propositions convenables sur les mesures qu'il serait utile de prendre.

99. L'inspecteur en chef prêtera serment devant la commission centrale, entre les mains du président, et s'obligera de remplir avec fidélité et exactitude tous les devoirs qui lui sont imposés par le présent règlement.

100. Si la commission croit devoir éloigner l'inspecteur en chef de son poste, elle pourra, suivant les circonstances, mettre en délibération s'il sera simplement congédié ou traduit en jugement.—Dans le premier cas, applicable également aux retraites pour cause d'infirmité, il jouira d'une pension qui sera de la moitié du traitement, s'il n'a pas eu dix années de service, et de deux tiers, s'il a servi dix années et au delà. — Cette pension sera payée de la même manière que le traitement même. – Dans le second cas, la commission centrale décidera, en délibérant de la manière prescrite par l'art. 17 du traité de Vienne, c'est-à-dire à la pluralité absolue des voix, quels seront les tribunaux qui le jugeront en première et seconde instance, et il sera traité ensuite conformément à la sentence qui aura été prononcée.— Lorsqu'il s'agira de mettre aux voix l'éloignement de l'inspecteur en chef, il y sera procédé par la commission centrale, de la manière prescrite par l'art. 95 pour la nomination de ce fonctionnaire, qui cependant ne pourra perdre sa place, à moins qu'il n'ait contre lui deux tiers du nombre des voix mentionnées dans l'art. 95.

101. Le Rhin sera divisé en quatre districts d'inspection. Le premier s'étendra depuis l'endroit où le Rhin devient navigable jusqu'à l'embouchure de la Lauter; le second de là jusqu'à l'embouchure de la Nahe; le troisième depuis la Nahe jusqu'à la frontière des Pays-Bas, et le quatrième sur le reste de la rivière dans les Pays-Bas jusqu'à la mer. — Il sera nommé un inspecteur à vie pour chacune de ces inspections. La France et Bade nommeront le premier; la Bavière, Hesse grand-ducale et Nassau le second; la Prusse le troisième, et les Pays-Bas le quatrième. — Le traitement des inspecteurs ainsi que leur pension, s'il y a lieu, sera à la charge des Etats qui les auront nommés. Ces Etats leur assigneront en même temps leur résidence dans une des villes de commerce de leur inspection. — Les inspecteurs jouiront, dans l'exercice de leurs fonctions, de la franchise du port de lettres pour l'étendue de tous les Etats riverains.

102. Les inspecteurs prêteront serment, à la diligence des Etats qui auront concouru à leur nomination, de se conformer en tout au présent règlement. Leurs fonctions consisteront à faire deux fois par année la tournée de leur inspection, à reconnaître l'état du lit du Rhin et les obstacles que la navigation peut rencontrer, visiter les chemins de halage et à adresser à leurs gouvernements des rapports détaillés et circonstanciés sur tous ces objets, de même que sur les contraventions au présent règlement qu'ils auront remarquées dans leur tournée, ou dont ils seraient instruits par d'autres voies, en les faisant cesser immédiatement, en tant qu'ils y seront autorisés. Ils instruiront l'inspecteur en chef du résultat de leurs opérations. — Ils ne pourront recevoir aucune rétribution pour raison des plaintes portées devant eux.

103. Chaque Etat riverain nommera le nombre des employés des droits de navigation du Rhin nécessaire au service régulier de ses bureaux et à la prompte expédition des patrons ou conducteurs, et leur fera prêter serment de se conformer au present règlement.— Le montant de leurs traitements et de leurs pensions, en cas de retraite, sera également réglé par le souverain au service duquel ils sont attachés. — Dans aucun cas, il ne pourra leur être alloué des droits casuels qui seraient en tout ou en partie à la charge des patrons ou conducteurs.—Lorsqu'un bureau appartiendra à plusieurs Etats, il leur sera libre de s'entendre sur le mode de concourir à la nomination des employés

104. Les employés des droits de navigation, quel que soit leur grade, ne pourront trafiquer eux-mêmes, ni s'associer à aucun commerce, même en commandite ou en participation. — Les concussions et la corruption, dénominations sous lesquelles sera egalement comprise toute acceptation de cadeaux quelconques offerts par les redevables des droits de navigation eux-mêmes ou par d'autres personnes pour leur compte, entraîneront dans tous les cas la destitution, sans préjudice des autres peines portées par la loi.

105. Tous les employés des droits de navigation sont tenus de faire leur service en personne. Lorsqu'il désireront obtenir un congé pour un temps limité, ils devront s'adresser à leur supérieur immédiat, qui prendra des mesures pour assurer la continuation régulière du service dont l'employé absent est chargé. — Les inspecteurs s'adresseront à cette fin aux autorités compétentes de leurs gouvernements respectifs, sauf à en donner connaissance à l'inspecteur en chef.

106. Toutes les depenses locales, y compris les traitements et pensions des employés des droits de navigation, sont à la charge exclusive des Etats auxquels appartient la perception des droits.

107. Il n'y aura pas d'uniforme déterminé pour les employés des droits de navigation, le soin en étant abandonné à chaque gouvernement riverain. — Les bateaux et nacelles des droits de navigation porteront le pavillon de celui des Etats riverains auquel ils appartiennent; mais pour les désigner comme destinés au service des droits de navigation, il y sera ajouté le mot : « *Rhenus*. »

108. S'il arrive (ce qu'à Dieu ne plaise) que la guerre vienne à avoir lieu entre quelques-uns des Etats situés sur le Rhin, la perception des droits de navigation continuera à se faire librement, sans qu'il y soit apporté d'obstacle de part ni d'autre. — Les embarcations et personnes employées au service des droits de navigation jouiront des tous les privilèges de la neutralité; il sera accordé des sauvegardes pour les bureaux et les caisses des droits de navigation.

TIT. 10. — *De la mise à exécution des dispositions précédentes.*

109. Le présent règlement aura force de convention, et ne pourra subir des changements que d'un commun accord. — Les expéditions authentiques ratifiées par les Etats riverains en seront échangées à Mayence, dans l'espace de deux mois à dater de la signature. — Il sera mis à exécution le trente et unième jour après l'échange des ratifications. Seront abolis, à partir du même jour, tous les droits actuellement existants sur la navigation du Rhin, qui ne sont pas expressément conservés par le présent règlement.

LITT. A. — *Tableau des articles de commerce qui payeront, lors de leur passage par le territoire des Pays-Bas.*

Depuis Krimpen ou Gorcum jusqu'à la pleine mer, un droit fixe plus ou moins élevé que celui établi par l'art. 4 de la convention relative à la navigation du Rhin, — A 13 1/4 cents par 50 livres des Pays-Bas pour la remonte, et à 9... descente.

1. Articles qui payeront un droit fixe plus élevé :

Taux du droit à payer par quintal de 50 livres des Pays-Bas, poids brut, tant pour la remonte que pour la descente.

Thé boë et congo gros, 1 fl. 48 cents ; toutes autres espèces de thé, 2 fl. 80 c. Sel brut, 90 cents; sucre raffiné, 7 fl. 20 cents.

2. Articles qui payeront un droit fixe moins élevé :

Taux du droit à payer par quintal de 50 livres des Pays-Bas, poids brut.

1. Cendres non lessivées. — 2. Fer en gueuses et fer non ouvré. — 3. Minerai de calamine. — 4. Blés de toute espèce. — 5. Légumes secs. — 6. Ecorces à tan. — 7. Farines et gruaux de toute espèce. — 8 Poix. — 9. Semences et graines de toute espèce. – 10. Pierres de taille, à carreler, meules, pierres à aiguiser. — 11. Goudron : 3 1/2 cents pour la remonte, et – 2 1/2 cents pour la descente.

12. Terre et roche alumineuse. — 13. Bois à brûler de toute espèce et charbons de bois. — 14. Tous les minerais, non spécialement nommés. — 15. Plâtre. — 16. Chaux. — 17. Tuiles et briques de toute espèce. — 18. Houille. — 19. Ardoises. — 20. Poterie commune. — 21. Tourbe et charbons de tourbe. — 22. Terres et pierres vitrioliques. — 1 cent. pour la remonte. — 3/4 cent. pour la descente.

23. Beurre frais en pièces isolées. — 24. Engrais et amendements, tels que cendres lessivées, vidanges de fabriques et marnes, fumiers, etc. — 25. Œufs. — 26. Terres ordinaires, telles que sable, terre grasse, etc. — 27. Fascines à épines. — 28. Poissons vivants. — 29. Herbe à pâture, foin et roseaux. — 30. Herbes potagères et produits de jardins, tels que des fleurs, des légumes, des racines comestibles. — 31. Volailles. — 32. Lait. — 33. Fruits frais. — 34. Pierres à bâtir et à paver. — 35. Paille et chaume. — 36. Animaux vivants, 6/10 cent pour la remonte et pour la descente.

3. Le droit fixe sur les bois de charpente et de construction se payera à l'aune cube des Pays-Bas, en suivant les proportions fixées par l'addition Litt. C au tarif du droit ordinaire de navigation sur le Rhin.

LITT. B. — *Tarif des droits de reconnaissance, payables à chaque bureau de perception, en proportion de la capacité des embarcations naviguant sur le Rhin.*

Pour une embarcation de 50 à 300 quintaux de 50 kilog., 10 cent.; 300 à 600 *idem*, 90 cent.; 600 à 1,000 *idem*, 1 fr. 83 cent.; 1,000 à 1,500 *idem*, 3 fr.; 1,500 à 2,000 *idem*, 4 fr. 50 c.; 2,000 à 2,500 *idem*, 6 fr ; 2,500 à 3,000 *idem*, 7 fr. 50 c.; 3,000 à 3,500 *idem*, 9 fr.; 3,500 à 4,000 *idem*, 12 fr. 50 c.; 4,000 à 4,500 *idem*, 12 fr.; 4,500 à 5,000 *idem*, 13 fr. 50 c.; 5,000 quintaux et au-dessus, 15 fr.

Dans le cas où un bureau de perception serait entièrement supprimé, les droits de reconnaissance qui s'y percevaient jusqu'alors seront perçus au bureau précédent pour les embarcations qui continueront leur voyage au delà du bureau supprimé.

LITT. C. — *Tarif des droits de navigation du Rhin.*

(Ce tarif est remplacé par celui qui accompagne le seizième article supplémentaire; V. ord. 4 oct. 1845, D. P. 45. 3. 182).

Exceptions. — (Ces exceptions, modifiées d'abord par le troisième article supplémentaire (ord. 15 oct. 1842), ont été abrogées et remplacées par celles énoncées au dix-septième article supplémentaire; V. ord. 4 oct. 1845, D. P. 45. 3. 182).

Protocole joint à la convention et au règlement sur la navigation du Rhin, en date du 31 mars 1831, relatif au deuxième alinéa de l'art. 11 dudit traité.

FRANCE. Le commissaire de France a l'honneur de présenter la déclaration à laquelle se réfère l'alinéa additionnel du l'art. 11 du projet du règlement.

« Le gouvernement français ne pouvant, sans compromettre les intérêts généraux du commerce national, adhérer purement et simplement aux art. 9, 10 et 11 du règlement ci-annexé, et désirant toutefois prouver au gouvernement des Pays-Bas, comme aux autres Etats riverains du Rhin, son désir sincère de contribuer avec eux à vivifier la navigation et le commerce de ce fleuve, consent à modifier le régime actuel de ses douanes par les dispositions suivantes, lesquelles auront la même force et vigueur que si elles étaient insérées au règlement.

1. « Les marchandises et denrées comprises en l'état ci-joint seront reçues à l'entrepôt réel de Strasbourg, aux conditions de l'art. 25 de la loi du 8 flor. an 11, de l'art. 14 de la loi du 17 mai 1826 et des règlements antérieurs qui ont fondé ledit entrepôt.

2. « Celles de ces marchandises ou denrées qui proviennent des pays d'outre-

mer, ou qui sont le produit des contrées riveraines du Rhin, situées au-dessus de Mayence, devront avoir été chargées dans ce dernier port ou en aval.

3. « Elles pourront être réexpédiées en transit par tous les points, à l'exception de celles que désigne l'art. 22 de la loi du 28 avr. 1816, lesquelles ne pourront l'être que par le Rhin ou par le canal pour ressortir par Huningue.

4. « Elles ne pourront être assujetties, soit pour l'entrepôt, soit pour le transit, qu'au simple droit de balance de 15 cent. par 100 fr. de valeur, ou 25 cent. par quintal, poids de marc, au choix du redevable.

5. « Celles desdites marchandises qui se trouvent désignées par l'art. 22 de la loi du 28 avr. 1816 ne pourront en aucun cas, quoique reçues à l'entrepôt de Strasbourg, être déclarées pour la consommation intérieure ; elles devront toujours ressortir ainsi qu'il a été dit plus haut.

6. « Si les bâtiments qui entreront dans l'Ill, pour arriver à l'entrepôt de Strasbourg, ont des magasins à pavois solides et entièrement séparés des chambres et autres endroits accessibles aux gens de l'équipage, ils ne seront assujettis à la Wantzenau, qu'au plombage des écoutilles, dont la douane assurera d'ailleurs la fermeture par des cadenas à clef ou à combinaison, des scellés et tous autres moyens qu'elle jugera à propos d'employer, ensemble ou séparément, ainsi que par l'escorte de ses préposés qu'il lui sera toujours loisible de placer à bord.

7. « Les marchandises qui ne seront pas expédiées en droiture de la Vantzenau à Huningue dans des bâtiments dont les écoutilles soient fermées, comme il est dit ci-dessus, seront assujetties au plombage, soit à la Wantzenau, soit à la sortie de l'entrepôt de Strasbourg. Dans le cas ci-dessus, le plombage sera double, s'il s'agit de marchandises fabriquées qui, à l'état ci-joint, sont marquées d'un astérisque (*). Celles des marchandises fabriquées qui, à l'état ci-joint, sont marquées de deux astérisques (**), devront être présentées dans des caisses en bon état.

8. « Tous les bâtiments appartenant aux États riverains du Rhin ou des confluents de ce fleuve seront assimilés aux bâtiments français, par rapport aux droits et à l'exercice de la navigation sur l'Ill jusqu'à Strasbourg. La même faveur est de plus étendue aux bâtiments néerlandais pour le transit des marchandises admises à l'entrepôt, depuis Strasbourg jusqu'à Huningue, par le canal du Rhône jusqu'au Rhin. »

Le commissaire des Pays-Bas se réfère au protocole des conférences particulières, en date du 13 mars, joint au 312e protocole du 30 du même mois.

Le commissaire de France se réfère à son tour à la déclaration commune et officielle présentée à cet égard à la commission centrale dans le même protocole susallégué.

Pièce jointe à la déclaration de M. le commissaire de France, concernant l'art. 11 du traité du 31 mars 1831.

ÉTAT.

Liége en planche, bois de teinture en bûches, bois d'ébénisterie, cire non ouvrée, colle de poisson, crins bruts et frisés, sucre brut et terré, café, cacao, cannelles cassia lignea et scavisson, girofle (clous, griffes et antofles de), muscades, macis, poivre et piment, thé, riz, sagou et tapioca, coton en laine, fromages, citrons, oranges et leurs variétés, fruits secs, houblon, laines en masse, dents d'éléphant, écailles de tortue, nacre de perle, cornes de bétail préparées et en feuillets, plomb brut, étain brut, smalt et azur, peaux brutes, fanons de baleine bruts, pelleteries non ouvrées, poils en masse, soufre, gommes d'acacia (arabique), caoutchouc, aloès, opium, camphre, cachou, et tous les sucs végétaux d'Europe autres que liquides; cochenille, indigo, rocou, orseille et toutes autres teintures et tannins autres que liquides; bitumes solides, bois odorants, bulbes et oignons, couleurs, celles liquides exceptées, graines d'amome, espèces médicinales, graisses non liquides, antimoine, arsenic métallique, mercure natif ou vif-argent, produits chimiques, ceux liquides exceptés, substances propres à la médecine et à la parfumerie, tabac en feuilles, soies grèges et moulinées, os de bétail, dents de loup, colle forte, oreillons, graines oléagineuses, fruits à distiller, semences forestales, chicorée en racine, chardons cardières, bois communs, coques de coco, calebasses vides, grains durs à tailler, écorces de tilleul pour cordages, plants d'arbres, jus de réglisse, glu, plantes alcalines, marc d'olives sec (grigon), plomb battu ou laminé, zinc autre qu'ouvré, manganèse, graphite, confitures sèches, gingembre, fer platiné ou laminé et fer-blanc, fer de tréfilerie, acier naturel et fondu, cuivre et laiton bruts, battus ou laminés, fil de cuivre, cuivre doré en lingots, battu et filé sur fil, cuivre argenté en masses, battu et filé sur fil, étain battu et laminé, bismuth, ** armes, autres que celles de calibre, ** bimbeloterie, *liége ouvré, *caractères d'imprimerie, **cire ouvrée, **cordages, ** feutres, * chanvre et lin, **fournitures d'horlogerie, ** horloges en bois, * instruments aratoires, d'optique, de calcul, d'observations, de chirurgie de chimie, de musique, ** joncs, * limes et râpes, machines et mécaniques, * mercerie, *meubles, **miroirs, * outils, ** ouvrages en bois, ** parapluie, **pierres ouvrées, *plumes, *scies, ** peignes et billes de billard, ** vannerie à dénommer, ** verres à lunettes, ** vitrifications, ** parfumerie, **épices préparés, ** amidon, **bougies de blanc de baleine et de cachalot, ** chandelles de suif, ** fanons de baleine apprêtés, * poterie de terre, grossière faïence, poterie de grès commun; ** porcelaine, ** verres et cristaux, grands miroits étamés; *idem*, verres à cadran, *ouvrages de poil, autres que les tissus, * carton, * papier, * livres, ** cartes géographiques, gravures et lithographies, **musique gravée, ** pelleteries ouvrées, * ouvrages en plomb, ** corail taillé non monté, * bâts non garnis de cuir, ** effets à usage, ** objets de collection hors de commerce, * sucres raffinés, ** acier ouvré, ** cuivre allié de zinc filé poli (sauf celui pour les cordes d'instruments et celui propre à la broderie), ** cuivre doré filé sur soie, ** cuivre doré filé ouvré, ** cuivre argenté filé sur soie, ** cuivre ouvré autre que pur, allié, doré ou argenté, ** étain ouvré, ** zinc ouvré, ** bismuth ouvré, ** savons, **poterie de grès fin, ** verrerie de toute sorte, ** glaces, ** schakos de feutre garnis de cuir, **peaux préparées et ouvrées, ** plaqués, ** coutellerie, ** ouvrages d'horlogerie montés, **de sellerie, ** tabletterie.

Nota. Les marchandises fabriquées non comprises dans cet état n'en jouiront pas moins du transit en passe-debout et sans entrepôt qui peut leur être accordée par les lois générales de France.

Signé Engelhardt, Buchler, de Nau, Verdier, de Rœssler, J. Bourourd, Delius.

20-30 mai 1834. — Loi relative au droit de navigation de la basse Seine. — Remplacée par la loi générale du 9 juill. 1836.

26 juill.-6 août 1834. — Ordonnance rendue en exécution de la loi du 23 mai 1834, relative au droit de navigation sur la basse Seine et sur ses affluents. — Remplacée par l'ord. du 15 oct. 1836.

11-25 avr. 1835. — Loi qui accepte l'offre faite par le sieur Bayard de la Vingtrie d'exécuter à ses risques et périls les travaux d'amélioration de la navigation de la Scarpe sous les conditions indiquées au cahier des charges annexé à la présente loi : concession de soixante-huit ans.

2-18 déc. 1835. — Ordonnance qui prescrit la publication de la convention conclue à Turin, le 2 août 1835, entre la France et la Sardaigne, pour régulariser l'établissement des bacs et bateaux de passage sur les fleuves et rivières servant de limites entre les deux pays.

9-16 juill. 1836. — Loi relative au droit de navigation intérieure.

Art. 1. A dater du 1er janv. 1837, le droit de navigation intérieure ou de péage spécialisé sur toute la partie navigable ou flottable des fleuves et rivières dénommés au tableau A annexé à la présente loi sera imposé par distances de 5 kilom., en raison de la charge réelle des bateaux en tonneaux de 1,000 kilog., ou du volume des trains en décastères. — Ce droit sera perçu, pour chaque cours de navigation, conformément au tarif fixé par ledit tableau, sans préjudice, quant à la rivière d'Oise, des dispositions établies par l'ord. du 13 juill. 1825, rendue en exécution de la loi du 5 août 1821. — Les droits de navigation sur le canal du Centre seront réduits conformément au tableau B ci-annexé. — Une ordonnance déterminera l'époque où cette réduction aura son effet.

2. Le nombre des tonneaux imposables sera déterminé, au moment du jaugeage des bateaux, et pour chaque degré d'enfoncement, par la différence entre le poids de l'eau que déplacera le bateau chargé et celui de l'eau que déplacera le bateau vide, y compris les agrès. — Le degré d'enfoncement sera indiqué au moyen d'échelles métriques incrustées dans le bordage extérieur du bateau. — Les espaces laissés vides entre les coupons des trains et dans lesquels seraient placés des tonneaux pour maintenir les trains à flot, ne seront point compris dans le cubage.

3. Les marchandises ci-après dénommés seront soumises au droit fixé pour la deuxième classe du tarif : — 1° Les bois de toute espèce autre que les bois étrangers d'ébénisterie ou de teinture, le charbon de bois ou de terre, le coke et la tourbe, les écorces et les tans ; — 2° Le fumier, les cendres et les engrais de toute sorte; — 3° Les marbres et granits bruts ou simplement dégrossis, les pierres et moellons, les laves, les grès, le tuf, la marne et les cailloux ; — 4° Le plâtre, le sable, la chaux, le ciment, les briques, tuiles, carreaux et ardoises; — 5° Enfin, le minerai, le verre cassé, les terres et ocres — Toutes les marchandises non désignées ci dessus seront imposées à la première classe du tarif.

4. Les bateaux chargés de marchandises donnant lieu à la perception de deux droits différents seront soumis au droit le plus élevé, tant à la remonte qu'à la descente, à moins que les marchandises imposées comme étant de première classe ne forment pas le dixième de celles qui seront transportées ; auquel cas, chaque droit sera appliqué séparément aux deux parties du chargement.

5. Tout bateau sur lequel il y aura des voyageurs payera le droit imposé à la première classe du tarif, quelle que soit la nature du chargement. — Il sera ajouté au poids reconnu un dixième de tonneau pour chaque voyageur qui serait descendu du bateau avant la vérification.

6. La régie des contributions indirectes pourra consentir des abonnements payables par mois, d'avance, ou par voyage : — 1° Pour les bateaux qui servent habituellement au transport des voyageurs ou des marchandises d'un port à un autre; — 2° Pour ceux de petite capacité, lorsqu'ils n'iront pas au delà de trois distances du port auquel ils appartiennent.

7. Les trains chargés de marchandises quelconques seront imposés à un droit double de celui qui sera perçu pour les trains non chargés. — Le droit sur les trains sera réduit de moitié pour toute la partie des rivières où la navigation ne peut avoir avoir lieu avec des bateaux.

8. Les bascules à poissons seront imposées en raison de leur volume extérieur en mètres cubes. Chaque mètre cube sera assimilé, pour la perception, à un tonneau de marchandises de deuxième classe. — Les bascules entièrement vides ne payeront aucun droit.

9. Seront exempts des droits : — 1° Les bateaux entièrement vides ; — 2° Les bâtiments et bateaux de la marine royale affectés au service militaire de ce département ou du département de la guerre, sans intervention de fournisseurs ou d'entrepreneurs ; — 3° Les bateaux employés exclusivement au service ou aux travaux de la navigation par les agents des ponts et chaussées ; — 4° Les bateaux-pêcheurs, lorsqu'ils porteront uniquement des objets relatifs à la pêche ; — 5° Les bacs, batelets et canots servant à traverser d'une rive à l'autre; — 6° Les bateaux appartenant aux propriétaires ou fermiers, et chargés d'engrais, de denrées, de récoltes et de grains en gerbes pour le compte desdits propriétaires ou fermiers, lorsqu'ils auront obtenu l'autorisation de se servir de bateaux particuliers dans l'étendue de leur exploitation.

10. Aucun bateau ne pourra naviguer sur les fleuves, rivières ou cours d'eau, qu'après avoir été préalablement jaugé à l'un des bureaux qui seront désignés, pour chaque cours de navigation, par une ordonnance royale — Dans les six mois qui précéderont la mise à exécution de la présente loi, tout propriétaire ou conducteur de bateaux sera tenu de les conduire, à vide, à l'un desdits bureaux, à l'effet de faire procéder au jaugeage par les employés des contributions indirectes. — Le procès-verbal de jaugeage déterminera le tirant d'eau vide, et la dernière ligne de flottaison à charge complète sera fixée de manière que le bateau, dans son plus fort chargement, présente toujours 1 décimèt. en dehors de l'eau. Toute charge qui produirait un renfoncement supérieur à la ligne de flottaison ainsi fixée est interdite.

11. Toute personne mettant à flot un nouveau bateau sera tenue de le présenter, avant son premier voyage ou après son premier déchargement, à l'un des bureaux de jaugeage. — Toutefois les bateaux qui ne font qu'un voyage, pourront être jaugés à l'un des bureaux de navigation ou au lieu de déchargement; mais il ne sera pas permis de les dépecer avant que les droits aient été acquittés.

12. La perception sera faite à chaque bureau de navigation : — 1° Pour les distances déjà parcourues, si le droit n'a pas été acquitté à un bureau précédent ; — 2° Pour les distances à parcourir jusqu'au prochain bureau, ou seulement jusqu'au lieu de destination, si le déchargement doit être effectué avant le prochain bureau ; 3° — Enfin, pour les distances parcourues ou à parcourir entre deux bureaux. — Néanmoins, quelque éloigné que soit le point de destination, le batelier aura la faculté de payer, au départ ou à l'arrivée, pour toutes les distances à

parcourir ou qui auront été parcourues sur la partie d'une rivière ou d'un canal imposée au même tarif, à la charge par lui de faire reconnaître, à chaque lieu de station, la conformité du tirant d'eau avec les laissez-passer dont il devra être muni.

13. Toutes fois qu'un batelier aura payé au départ, jusqu'au lieu de destination pour la totalité du chargement possible de son bateau en marchandises de première classe, il ne sera tenu aux bureaux intermédiaires de navigation que d'y représenter, sur réquisition, son laissez-passer.

14. Lorsque le conducteur voudra payer le droit à l'arrivée, il devra se munir, au premier bureau de navigation, d'un acquit-à-caution qui sera représenté aux employés du lieu de destination, et déchargé par eux, après justification de l'acquittement des droits. — A défaut de cette justification, le conducteur et sa caution seront tenus de payer les droits pour tout le trajet parcouru, comme si le bateau avait été entièrement chargé de marchandises de première classe.

15. Tout conducteur de bateaux, de trains ou de bascules à poisson devra, à défaut du bureau de navigation, se munir, à la recette buraliste des contributions indirectes du lieu de départ ou de chargement, d'un laissez-passer qui indiquera, d'après sa déclaration, le poids et la nature du chargement, ainsi que le point de départ. — Ce laissez-passer ne pourra être délivré, pour les bateaux chargés, qu'autant que le déclarant s'engagera, par écrit et sous caution, d'acquitter les droits au bureau de navigation le plus voisin du lieu de destination, ou à celui devant lequel il aurait à passer pour s'y rendre. — Tout chargement supplémentaire fait en cours de transport sera déclaré de la même manière.

16. Les laissez-passer, acquits-à-caution, connaissements et lettres de voiture seront représentés, à toutes réquisitions, aux employés des contributions indirectes des douanes, des octrois, de la navigation, ainsi qu'aux éclusiers, maîtres de ponts et de pertuis. Ils devront toujours être en rapport avec le chargement. — Cette exhibition devra être faite au moment même de la réquisition des employés.

17. Les dispositions qui précèdent sont toutes applicables aux bateaux à vapeur; mais, lors du jaugeage, la machine, le combustible pour un voyage, et les agrès seront compris dans le tirant d'eau à vide.

18. La perception des droits de navigation sur les trains continuera à être faite pour chaque rivière, suivant les usages établis.

19. Le mode de vérification de la charge réelle passible des droits et les obligations des bateliers à cet égard, l'application des droits nouveaux à la forme et à la dimension des trains, seront déterminés par ordonnance royale, rendue dans la forme des règlements d'administration publique. — Il sera apposé dans tous les bureaux de perception, dont le placement sera déterminé par le ministre des finances, un placard indiquant le nombre des distances d'un bureau à l'autre et entre les principaux points intermédiaires.

20. Toute contravention aux dispositions de la présente loi, et à celles des ordonnances qui en régleront l'application, sera punie d'une amende de 50 à 200 fr., sans préjudice des peines établies par les lois, en cas d'insultes, violences ou voies de fait — Les propriétaires de bâtiments, bateaux et trains seront responsables des amendes résultant des contraventions commises par les bateliers et les conducteurs.

21. Les contestations sur le fond du droit de navigation seront jugées, et les contraventions seront constatées et poursuivies, dans les formes propres à l'administration des contributions indirectes. — Le produit net des amendes sera réparti comme en matière de voitures publiques.

22. Les dispositions des art. 10, 11, 12, 13, 15, 16 et 21 de la présente loi sont applicables au droit de navigation intérieure perçu par la régie des contributions indirectes, tant sur les canaux concédés qu'à l'embouchure des fleuves.

23. La perception du droit de navigation sur les navires, bâtiments et bateaux allant des ports situés à l'embouchure des fleuves à la mer, ou venant de la mer à destination desdits ports, continuera d'être faite d'après les tarifs et le mode actuellement en vigueur. — Sont également maintenues les dispositions des art. 15 à 28 du décret du 4 mars 1808, concernant la perception d'une taxe proportionnelle et annuelle sur les bâtiments à quille, pontés ou non pontés, servant au cabotage et transport sur la Gironde, la Garonne et la Dordogne, jusqu'au point où s'étend l'action de l'inscription maritime, d'après l'ordonnance du 10 juill. 1835.

24. Le gouvernement pourra, dans l'intervalle de deux sessions législatives, opérer, par ordonnances royales, des réductions aux tarifs annexés à la présente loi. — Les changements résultant desdites ordonnances seront présentés aux chambres dans le premier mois de la plus prochaine session, pour être convertis en lois.

25. Les dispositions des lois, décrets, arrêtés et tarifs contraires à celles de la présente loi, sont abrogées.

(Suit le tarif des droits de navigation à percevoir sur les fleuves et rivières navigables. Ce tarif a été modifié; V. décr. 22 août 1860, D. P. 60. 4. 142.)

9-20 juill. 1836. — Loi portant modification du tarif annexé à la loi du 11 avr. 1835 relative à l'amélioration de la navigation de la Scarpe.

2 août-17 sept. 1836. — Ordonnance relative à la perception des droits de navigation sur l'Escaut et la Scarpe entre Condé et Saint-Amand.

15-20 oct. 1836. — Ordonnance pour l'exécution de la loi du 9 juill. 1836, relative aux droits de navigation intérieure.

Art. 1. Les bureaux désignés au tableau ci-annexé seront ouverts le 1er nov. 1836, pour le jaugeage des bateaux naviguant sur les fleuves, rivières et canaux.

2. Le jaugeage sera fait par les employés des contributions indirectes, en présence du propriétaire ou du conducteur du bateau, conformément aux instructions données par notre ministre des finances. Les employés dresseront, de cette opération, un procès-verbal dont copie sera remise au conducteur du bateau qui énoncera : — 1° Le nom ou la devise du bateau; — 2° Les noms et domicile du propriétaire et du conducteur; — 3° Les dimensions extérieures du bateau mesurées en centimètres; — 4° Le tirant d'eau à charge complète; — 5° Le tirant d'eau à vide, avec les agrès; — 6° Enfin le tonnage du bateau à charge complète, et le tonnage par centimètres d'enfoncement. — La progression croissante ou décroissante du tonnage sera réglée par tranches de 20 en 20 centimèt. de l'échelle mise en place. — Les millimètres ne seront pas comptés.

3. Toutes les fois que le conducteur d'un bateau en formera la demande, il sera procédé à un nouveau jaugeage; les résultats de cette opération seront également constatés par un procès-verbal dont il lui sera délivré une ampliation en remplacement de la précédente. — Les employés pourront aussi procéder d'office à la contre-vérification des jaugeages, et s'il n'y a point de différence, ils se borneront à viser l'ancien procès-verbal. — Ces vérifications n'auront lieu qu'en cas de stationnement et qu'après le déchargement des bateaux.

4. De chaque côté du bateau sera incrustée une échelle en cuivre, graduée en centimètres, dont notre ministre des finances déterminera la forme, la dimension et le placement. Le zéro de l'échelle répondra au tirant d'eau à vide, et une marque apposée dans la partie supérieure indiquera la ligne de flottaison à charge complète, à la limite déterminée par l'art. 10 de la loi du 9 juill. 1836. — Les propriétaires ou conducteurs de bateaux pourront fournir et placer les échelles en présence des employés et en se conformant aux indications de l'administration des contributions indirectes. A leur défaut, cette administration y pourvoira; dans ce cas, le prix des échelles lui sera remboursé au moment du jaugeage, à raison de 60 cent. par décimètre, y compris la mise en place.

5. Il est défendu aux bateliers d'enlever ou de déplacer les échelles.

6. Toutes les fois que, par un accident quelconque, les échelles auront été perdues ou qu'elles se trouveront détériorées, le batelier sera tenu de les faire immédiatement remplacer, conformément aux dispositions de l'art. 4 ci-dessus, qui détermine le mode d'après lequel les échelles seront placées.

7. Le nombre de stères imposable, pour les trains de bois, sera déterminé en cubant le volume de chaque train dans la rivière, déduction faite des espaces laissés vides entre les coupons et de ceux dans lesquels seraient placés des tonneaux pour maintenir les trains à flot. — Ne seront point considérés comme trains chargés ceux qui ne porteront que les perches et rouettes de rechange.

8. La perception du droit sur tout bateau chargé et non jaugé, qui naviguera pour la première fois, sera garantie par un acquit-à-caution, délivré conformément aux dispositions de l'art. 14 de la loi du 9 juill. 1836, et qui énoncera, indépendamment du tonnage par évaluation, la distance entre le plat-bord et la ligne de flottaison du chargement. — Le batelier sera tenu, aussitôt après le déchargement du bateau, de le faire jauger et d'acquitter le droit. — Il ne sera pas apposé d'échelle sur tout bateau qui sera dépecé après le premier voyage, et, dans ce cas, le jaugeage sera fait au lieu même du déchargement.

9. Toute fraction d'une demi-distance (2,500 mèt.) ou au-dessus sera comptée, pour la perception, comme une distance; toute fraction inférieure sera négligée. — Il sera opéré de la même manière à l'égard des fractions du tonneau, du stère et du mètre cube.

10. Aucun bateau, lors même qu'il serait exempt de droit en conformité de l'art. 9 de la loi, aucune bascule vide, aucun train, ne pourra être mis en route avant que le conducteur ait fait sa déclaration et obtenu un laissez-passer. — Les dimensions des trains seront indiquées dans la déclaration.

11. Tout conducteur de bateaux chargés, de bascules à poisson ou de train, passant devant un bureau de navigation, devra s'y arrêter pour acquitter le droit. — Néanmoins les conducteurs de trains ou de bascules pourront, comme les conducteurs de bateaux, et en se conformant aux dispositions des art. 13 et 14 de la loi, payer le droit au départ ou à l'arrivée. — Lorsqu'il n'y aura pas de bureau de navigation au lieu de destination, le droit sera acquitté au dernier bureau placé sur la route, lequel sera désigné en l'acquit-à-caution. — Les bateliers fourniront aux employés les moyens de se rendre à bord toutes les fois que, pour reconnaître les marchandises transportées ou pour vérifier l'échelle, ils seront obligés de s'en approcher.

12. Lorsque la navigation n'a lieu qu'à l'aide du flot naturel ou artificiel, qui ne permet pas la station devant le bureau de navigation, les acquits-à-caution devront être délivrés au lieu même du départ des trains et bateaux pour tout le trajet à parcourir, et lors même qu'il s'étendrait à deux rivières différentes.

13. Tout conducteur qui sera muni d'un acquit-à-caution aura la faculté, en passant devant un bureau de navigation, de changer la destination primitivement déclarée, à la charge par lui d'acquitter immédiatement le droit pour les distances déjà parcourues.

14. Indépendamment des formalités prescrites par l'art. 16 de la loi du 6 juill. 1836, les bateliers et conducteurs seront tenus de représenter, à toute réquisition des employés des contributions indirectes, des employés des octrois et des douanes, les procès-verbaux de jaugeage relatifs aux bateaux et bascules.

15. L'exemption de droit, portée au nombre 6 de l'art. 9 de la loi du 9 juill. 1836, sera appliquée à tous les bateaux dont les propriétaires auront été autorisés à se servir, suivant la forme établie par l'art. 8 de la loi du 6 frim. an 7.

16. Sont soumis à l'application de la loi du 9 juill. 1836, conformément aux dispositions de l'art. 22 de ladite loi, les rivières des bassins de l'Escaut et de l'Aa, les canaux de Bourgogne, du Rhône au Rhin, de la Somme, de Manicamp, d'Arles à Bouc, la rivière canalisée et le canal latéral de l'Oise, et tous les canaux sur lesquels la perception sera faite par les agents du gouvernement. — Le droit de navigation ne pourra être acquitté à l'arrivée sur ces canaux qu'à la charge par les déclarants de se munir d'un acquit-à-caution, conformément à l'art. 14 de ladite loi.

17. Seront placardés dans chaque bureau de navigation : — 1° La loi du 9 juill. 1836; — 2° La présente ordonnance; — 3° L'instruction ministérielle sur le jaugeage; — 4° Le tableau indiquant le nombre des distances d'un bureau à l'autre et entre les principaux points intermédiaires, ainsi que les lignes de navigation auxquelles s'appliquera la réduction à moitié du droit sur les trains.

18. Notre ordonnance du 26 juill. 1834 cessera d'avoir son effet à partir de la mise à exécution de la loi du 9 juill. 1836.

(Suit l'état, par bassin, des bureaux désignés pour le jaugeage des bateaux, en exécution de la loi du 9 juill. 1836.)

28 oct.-17 nov. 1836. — Ordonnance relative à la comptabilité des dépenses résultant de travaux de navigation ou de ports maritimes de commerce auxquels des droits spéciaux sont temporairement affectés en exécution de la loi du 24 mars 1825.

27 oct.-21 nov. 1837. — Ordonnance par laquelle le gouvernement, usant du droit que lui réserve l'art. 24 de la loi du 9 juill. 1836, prononce un dégrèvement des droits de navigation fixés par cette loi. — Le tarif qui accompagne cette ordonnance n'est plus en vigueur; il a été modifié par le décret du 22 août 1860, D. P. 60. 4. 142.

30 nov.-9 déc. 1839. — Ordonnance relative à la perception des droits de navigation intérieure.

LOUIS-PHILIPPE, etc.; — Vu la loi du 9 juill. 1836 et l'ord. du 15 oct. de la même année; — Vu la loi du 4 juill. 1837, relative à l'application du système métrique décimal, et le tableau des mesures légales y annexé; — Considérant

qu'il importe de mettre en harmonie avec les nouvelles dispositions les tarifs de navigation, qui sont basés sur la distance parcourue ou à parcourir; — Sur le rapport de notre ministre des finances; Nous avons, etc. :

Art 1. La perception des droits de navigation faite par l'Etat, tant sur les rivières que sur les canaux, par distance de 5 kilomètres, aura lieu, à partir du 1er janv. 1840, par distance d'un myriamètre, d'après des taxes doubles de celles portées aux tarifs actuels.

2. Le droit sera appliqué proportionnellement aux dixièmes de myriamètre. Toute fraction de 500 mètres et au-dessus sera comptée pour un kilomètre, et toute fraction inférieure sera négligée.

3. Sont abrogées toutes dispositions contraires à celles qui précèdent, et notamment le § 1 de l'art. 9 de notre ord. du 15 oct. 1836.

30 déc. 1839-20 janv. 1840. — Ordonnance qui désigne plusieurs bureaux pour le jaugeage des bateaux.

23-30 mars 1842. — Loi portant que les amendes établies par les règlements de grande voirie pourront être abaissées au vingtième, sans toutefois que ce minimum puisse descendre au-dessous de 16 fr., et que les amendes qui d'après ces règlements étaient laissées à l'arbitraire du juge, pourront varier entre 16 et 300 fr. — V. Voirie par terre p. 209.

15-20 oct. 1842. — Ordonnance qui prescrit la publication des articles supplémentaires à la convention du 31 mars 1831, relative à la navigation du Rhin.

1er ARTICLE SUPPLÉMENTAIRE. (Session de nov. 1834.)

Conclusion modifiée du protocole n° 27 de la session de juillet de 1832, *faisant alinéa additionnel à l'art.* 61 *du traité.*

Néanmoins sur le haut Rhin les bateliers pourront continuer à naviguer avec des alléges accouplées, comme par le passé. — Il sera examiné ultérieurement par la commission s'il y a lieu d'appliquer la même tolérance encore à d'autres parties du Rhin.

2e ARTICLE SUPPLÉMENTAIRE. (Session de 1834.)

Texte de la conclusion du protocole n° 6 de la session de juill. 1832, *faisant suite à l'art.* 62 *du traité.*

Il sera fait exception à la défense de charger sur le tillac, toutes les fois que le bateau aura chargé exclusivement les objets ci-après : — Paille, foin. — Ecorces à tan. — Charbon de bois. — Plume pour lit. — Chardons cardières. — Bois de liége et bouchons. — Poterie de grès. — Fascines. — Saules pour paniers — Paniers et ouvrages de saule. — Jones et roseaux. — Tonneaux vides. — Agrès de flottage. — Bouteilles vides et autre verrerie creuse. — Laines. — Bois de chauffage. — Douves. — Cercles en bois. — Pieux.

Indépendamment des articles ci-dessus, et pour le haut Rhin spécialement, pourront continuer à être chargés sur le tillac des bateaux naviguant entre Mayence et Bâle : — Les chanvres non ouvrés. — L'algue ou le varech. — Les racines d'épine-vinette. — Les garances non emballées. — Les bois de réglisse. — Les plants d'arbres et de vignes. — Les meubles et effets de ménage.

Néanmoins, toutes les fois que le chargement se trouvera dévier ainsi de la règle générale, les propriétaires des marchandises, ou leurs commettants, ou l'assureur, en cas d'assurances d'icelles, devront être d'accord avec le batelier. Cet accord résultera tacitement du fait même de la remise des marchandises, et de la déclaration que fera le batelier de la manière dont il entend organiser son chargement, d'après les règlements locaux. — Pourront en outre être chargés sur le tillac des bateaux naviguant sur tout le cours du Rhin : — Les cotons et laines en balles non cerclées et les chardons cardières. (V. 6e art. suppl. ci-après.)

3e ARTICLE SUPPLÉMENTAIRE. (Session de 1834.)

Cet article, qui modifiait les exceptions A, B, D du tarif C du traité, a été remplacé par le 17e art. suppl. (V. ord. 4 oct. 1845, D. P. 45. 3. 182.)

OBSERVATION. — En conséquence de cette nouvelle rédaction, les mots : « *ou le double droit de reconnaissance,* » dans le second alinéa de l'art. 72 du traité seront remplacés par ceux-ci : « *ou le droit fixé par l'exception D.* »

4e ARTICLE SUPPLÉMENTAIRE. — (Session de 1834.)

Texte de la conclusion du protocole n° 26 de la session de juillet 1834, *faisant suite à l'art.* 66 *du traité.*

Néanmoins, sont dispensés de se faire précéder d'une nacelle, les radeaux et petits trains de bois qui, d'après les observances locales, en avaient été dispensés précédemment ou jusqu'ici, et qui pour cela sont connus sur le Rhin sous la dénomination de *Einzelne Boden* et *Einzelne Stümmel.* — Mais les conducteurs de ces radeaux, tout en restant soumis aux dispositions générales du présent article, arboreront sur le radeau lui-même le pavillon prescrit, et se conformeront en outre aux mesures de police qui pourront être prises séparément dans chaque Etat pour la sûreté de la navigation.

5e ARTICLE SUPPLÉMENTAIRE. (Protocole n° 13, du 15 juill. 1835.)

La *graine de moutarde* est comprise parmi les exceptions A du tarif C.

6e ARTICLE SUPPLÉMENTAIRE. (Protocole n° 15, du 17 juill. 1835.)

Chaises et carrosses de voyage mousse, joncs et roseaux sont compris parmi les exceptions de la défense d'être chargés sur le tillac et rangés dans la catégorie mentionnée à la fin du 2e article supplémentaire.

7e ARTICLE SUPPLÉMENTAIRE. (Protocole n° 2, du 5 juill. 1836.)

Les articles compris dans la catégorie D des exceptions du tarif litt. C sont affranchis des *droits de navigation* dont ils étaient passibles d'après le troisième article supplémentaire (V. 17e art. suppl., ord. 4 oct. 1845, D. P. 45. 3. 182.)

8e ARTICLE SUPPLÉMENTAIRE. (Protocole n° 19, du 25 juill. 1836.)

Les mots « *du même territoire* » sont rayés de l'art. 85 du règlement.

9e ARTICLE SUPPLÉMENTAIRE. (Protocole n° 6, du 11 juill. 1836.)

A ajouter au deuxième alinéa de l'art. 35 du règlement l'addition suivante :

« Il est toutefois loisible aux gouvernements respectifs des Etats riverains de remplacer la disposition pénale, qui précède, par une amende de 3 à 30 fr., dont les juges des droits de navigation auront à faire l'application, eu égard aux circonstances atténuantes ou aggravantes de chaque contravention. »

10e ARTICLE SUPPLÉMENTAIRE. (Protocole n° 12, du 17 juill. 1838.)

A l'art. 17 de l'acte du 31 mars 1831 :

« Les sept articles contenus dans l'annexe n° 3 du protocole de la commission centrale du 25 juill. 1837, n° 13, feront uniformément règle sur tout le cours du Rhin, pour le jaugeage des bateaux, et seront publiés à cet effet dans tous les Etats riverains.

11e ARTICLE SUPPLÉMENTAIRE. (Protocole n° 11, du 16 juill. 1839.)

A l'art. 62 de l'acte du 31 mars 1831 :

Les mots du texte allemand (art. 62), *mit einer Oberlast of dem Rheine zu fahrem ist verboten*, n'expriment absolument que ce qui est exprimé par les termes du texte français, *il est défendu de charger des marchandises sur le tillac;* mais il y a lieu d'envisager également comme tillac le toit en pavois solides dont le bâtiment est recouvert. — En conséquence, il y a contravention à la défense de charger sur le tillac, lorqu'une partie du chargement (à l'exception toutefois d'un ou de plusieurs objets insignifiants) est déposée sur le tillac, ou perce extérieurement à travers les pavois du toit, ou lorsque le batelier a exhaussé le toit arbitrairement, c'est-à-dire sans l'autorisation préalable des experts institués conformément à l'art. 53. — Sur les bateaux non pontés, seront envisagés comme chargements sur le tillac, les chargements qui dépasseraient, à partir du franc-bordage, la hauteur autorisée soit par l'usage, soit par les experts de vérification à ce commis dans les divers ports d'embarquement. — Les marchandises qui, par exception, peuvent être chargées sur le tillac, pourront l'être dorénavant sans distinction entre les diverses sections du fleuve, et n'importe que le chargement soit composé en totalité ou en partie seulement de marchandises de cette espèce. — Eventuellement, pour le cas d'assentiment général prévu dans les protocoles nos 13 et 18 de la session actuelle.

12e ARTICLE SUPPLÉMENTAIRE. (Protocole n° 13, du 16 juill. 1839.)

A l'art. 65 de l'acte du 31 mars 1831 :

A l'égard d'autres matières inflammables ou corrosives, telles que *acides sulfuriques, muriatiques, nitriques, briquets phosphoriques, allumettes à friction*, etc., la police du port d'embarquement aura à décider si le transport doit en être fait sur des embarcations particulières, ou s'il peut l'être concurremment avec d'autres objets. Dans ce dernier cas, elle prescrira les mesures auxquelles le batelier aura à se soumettre, et en fera mention sur le manifeste du chargement. — Les contraventions aux dispositions du présent alinéa seront punies d'après les lois respectives des Etats riverains. — Cependant il est loisible à chaque Etat de faire application de l'art. 64 de la convention, mais avec la limite, toutefois, que l'amende ne dépasse pas le minimum de 100 fr. prescrit par ledit article, et que même elle pourra être réduite jusqu'à 10 fr., selon les circonstances de la contravention.

13e ARTICLE SUPPLÉMENTAIRE. (Protocole n° 18, du 26 juill. 1839.)

Tout batelier dont l'embarcation présentera plus d'enfoncement que le maximum de la charge indiqué par la ligne fixée par l'autorité compétente, sera puni d'après les lois du pays dans lequel la contravention aura été découverte — Cependant il est loisible à chaque Etat de faire application de l'art. 64 de la convention, mais avec cette modification toutefois, que l'amende y fixée pourra être réduite jusqu'à 20 fr., selon les circonstances de la contravention. — En outre, le contrevenant sera astreint, au port le plus voisin, de rompre charge jusqu'au degré d'enfoncement légal.

14e ARTICLE SUPPLÉMENTAIRE. (Session de 1840.)

L'art. 90 de la convention du 31 mars 1831 est supprimé et remplacé par les dispositions suivantes :

Chaque Etat enverra annuellement un commissaire à la commission centrale. — Les commissaires se réuniront régulièrement, le 1er septembre de chaque année à Mayence, et seront tenus de terminer les affaires qui leur seront soumises dans le délai d'un mois. Si le nombre des affaires ne permet pas de les terminer dans un mois, les commissaires se concerteront pour une réunion extraordinaire en se conformant aux dispositions de l'art. 94.

15e ARTICLE SUPPLÉMENTAIRE. (Session de 1840.)

La commission centrale est autorisée d'étendre ou de restreindre, d'après les besoins du commerce et de la navigation, les exceptions à la défense de charger sur le tillac, et d'en établir comme d'en modifier les conditions. — Les conclusions ainsi prises sur la base de l'art. 94 du traité, et sous l'approbation de tous les gouvernements, auront, après leur publication dans chacun des Etats respectifs, pour toutes les parties intéressées comme pour les juges du Rhin, la même force et vigueur que si elles avaient été l'objet d'un article supplémentaire.

22 mai-24 août 1843. — Ordonnance relative aux bateaux à vapeur qui naviguent sur les fleuves et rivières. — V. Machine à vapeur, n° 3.

15 juin-25 juill. 1844. — Ordonnance qui rectifie les art. 24 et 31 de l'ordonnance précédente du 23 mai 1843.

2-12 mars 1845. — Ordonnance portant qu'il sera provisoirement perçu, sur les canaux construits aux frais de l'Etat, latéralement aux rivières navigables, les mêmes droits de navigation que ceux établis sur lesdites rivières (D. P. 45. 3. 80).

20 mai-19 juin 1845. — Ordonnance concernant le halage dans la partie de la Seine comprise entre le pont de la Tournelle, à Paris, et le Port-à-l'Anglais, en amont du pont d'Ivry, portant que la remonte des bateaux vides et chargés ne pourra être effectuée dans cette partie du fleuve que par un mode quelconque de remorquage opérant en lit de rivière, et enfin acceptant la soumission par laquelle les sieurs Delagneau et comp. s'engagent à faire le service de la remonte des bateaux au moyen d'un touage à la vapeur avec longue chaîne noyée (D. P. 45. 3. 134).

29 mai-1er juin 1845. — Loi relative au rachat des actions de jouissance des canaux exécutés par voie d'emprunt, en vertu des lois de 1821 et 1822 (D. P. 45. 3. 123).

4-7 sept. 1849. — Décret qui fixe les droits de navigation à percevoir sur les rivières et canaux non concédés, compris dans les bassins de l'Escaut et de l'Aa (D. P. 49. 4. 148).

25 janv.-19 fév. 1850. — Décret relatif à la perception du droit de navigation pour les bateaux transportant des vins entre Rouen et l'embouchure de la Seine (D. P. 50. 4. 16).

25-30 mars 1852. — Décret sur la décentralisation administrative qui étend les attributions des préfets, en ce qui concerne les cours d'eau navigables et flottables (tabl. D., nos 1 et suiv., D. P. 52. 4. 90).

21 août-6 sept. 1852. — Décret concernant le service des ports sur les voies navigables ou flottables du bassin de la Seine (D. P. 52. 4. 194).

6-27 avr. 1854. Décret qui autorise l'établissement d'un service de touage sur chaîne noyée dans la Seine et dans l'Oise, pour le remorquage des bateaux qui naviguent entre les écluses de la Monnaie et de Pontoise (D. P. 54. 4. 77). — La concession est prorogée pendant cinquante ans (décr. 8 mai-1er juin 1860, D. P. 60. 4. 63). — Autorisation semblable sur la Saône entre Saint-Symphorien et le pont de la Mulatière à Lyon (décr. 21 juill.-12 sept. 1856, D. P. 56. 4. 135); — Sur la Seine entre l'écluse de la Monnaie et le pont de Montereau (décr. 13 août-12 sept. 1856, *eod.*). — Prorogation de la concession pendant cinquante ans (décr. 5 août-1er sept. 1861, D. P. 61. 4. 116). — Sur la Seine, entre Conflans et la mer (décr. 25 juill.-7 sept. 1860, D. P. 60. 4. 144).

21 juin 1855. — Circulaire du ministre de l'agriculture, du commerce et des travaux publics suivie d'un projet de règlement pour la police de la navigation sur les canaux.

Monsieur le préfet, la navigation sur les rivières et canaux est soumise à des règlements qui, à diverses époques, ont été sanctionnés soit par l'autorité locale, soit par l'administration supérieure. Ces règlements présentent, pour la plupart, des lacunes à remplir, des omissions à réparer, et renferment des dispositions inutiles ou des prescriptions surannées.

L'administration a pensé qu'il convenait d'établir l'uniformité dans cette partie du service, et elle a chargé une commission formée d'inspecteurs généraux des ponts et chaussées de préparer les bases d'un règlement qui pût servir de type pour les règlements à venir, et aux dispositions duquel seraient rendus conformes ceux qui sont actuellement en vigueur ou dont les projets ont été présentés. — Cette commission a proposé le règlement ci-joint, auquel j'ai donné mon approbation, conformément à l'avis du conseil général des ponts et chaussées. — Soumettre la navigation à un régime sagement libéral, et n'interdisant à chacun que ce qui peut nuire à la liberté de tous, assurer et, au besoin, imposer à la batellerie les conditions nécessaires pour obtenir la rapidité et la régularité des transports, en un mot encourager et rendre possible entre les voies navigables et les chemins de fer une concurrence profitable pour le commerce et pour les consommateurs : tels sont les principes généraux qui ont présidé à la rédaction de ce règlement; les dispositions qu'il renferme sont divisées en sept titres, où l'on s'est efforcé de classer méthodiquement celles des anciens règlements qu'il a paru utile de conserver et les dispositions nouvelles qu'on a jugé nécessaire d'introduire...

La plupart des anciens règlements interdisent la navigation de nuit, excepté dans des circonstances rares et spécifiées d'avance. C'est là une restriction qui a disparu sur les canaux les plus fréquentés, et qui ne se justifie par aucune considération sérieuse. Le règlement rend partout la navigation libre de jour et de nuit; seulement, les bateaux qui naviguent de nuit doivent remplir certaines obligations nécessaires pour prévenir les accidents, et l'on n'accorde le passage de nuit aux écluses qu'aux mariniers qui continuent leur route, pour empêcher qu'à la fin du jour un bateau ne puisse exercer sur les bateaux arrêtés devant lui un droit de trématage que sa classe ne comporte pas, et s'arrêter ensuite lui-même en avant et à peu de distance jusqu'au lendemain matin. Sur quelques canaux, l'emploi des chevaux est prescrit pour hâter les manœuvres à l'entrée et à la sortie des écluses; cet emploi, au contraire, est formellement interdit par d'autres règlements dans l'intérêt de la conservation des ouvrages d'art. L'application de cette mesure présente, en général, plus d'avantages que d'inconvénients. Le règlement reste muet à cet égard; mais on pourra prescrire ou autoriser l'emploi des chevaux sur les canaux où cette mesure aurait pour effet d'accélérer le mouvement de la navigation. — Le tit. 4 n'est indiqué que par son objet, *passage des souterrains* : chaque canal exige des dispositions spéciales qu'il appartient à MM. les ingénieurs de proposer pour les services dont ils sont chargés. — On doit néanmoins remarquer que, sur les longs souterrains, des heures fixées chaque jour doivent être réservées pour les bateaux qui marchent dans un sens, et d'autres heures pour les bateaux qui marchent dans l'autre sens. Cependant il peut arriver qu'à l'une des extrémités deux bateaux attendent l'heure fixée par le règlement, tandis qu'il n'y a aucun bateau engagé ni dans le souterrain, ni même à une certaine distance de l'extrémité opposée. La télégraphie électrique, en faisant connaître instantanément d'un bout à l'autre du souterrain si la voie est occupée ou libre, permettrait d'affranchir la navigation de retards inutiles. C'est une amélioration que l'administration se borne à indiquer, en appelant sur ce point l'attention de MM. les ingénieurs.

J'adresse directement à MM. les ingénieurs en chef chargés du service des canaux des exemplaires du règlement et de la présente circulaire. Ils devront ajouter, aux dispositions générales que je viens d'approuver, celles qui leur paraîtront devoir être spécialement prescrites pour les lignes ou parties de lignes navigables dont le service leur est confié. Ces dispositions additionnelles ou complémentaires devront être faites sur les exemplaires imprimés et non sur les copies du règlement, afin de faciliter l'examen qui en sera fait par l'administration.

Modèle de règlement général pour la police des canaux navigables et flottables.

TIT. 1. — *Conditions à remplir pour naviguer.*

Art. 1. *Dimensions des bateaux, trains ou radeaux.* — Aucun bateau, train ou radeau circulant sur le canal ne devra excéder les dimensions (1) suivantes, qui seront mesurées de dehors en dehors, y compris le chargement, et sans aucune tolérance.

	LONGUEUR.	LARGEUR.
Bateaux.		
Trains ou radeaux.		

L'enfoncement du bateau au dessous du plan de flottaison ne devra jamais dépasser (2) toute tolérance comprise. Néanmoins, dans des cas exceptionnels, et notamment pendant les sécheresses, cet enfoncement pourra être réduit par un arrêté du préfet. Avis sera donné de cette réduction par voie de publication et d'affiche, et les bateaux circulant sur le canal devront, dès lors, être allégés de telle sorte que leur tirant d'eau n'excède pas la profondeur ainsi fixée. La hauteur du bord au-dessus du plan de flottaison sera au moins de 0m,10. — La hauteur du bateau, chargement compris, au-dessus du plan de flottaison, n'excédera pas (3) :

De à — De à

Toutes les fois qu'un bateau, train ou radeau ne satisfera pas aux conditions prescrites par le présent article, le conducteur pourra être tenu de l'arrêter au point qui sera désigné par les agents de la navigation, et il ne pourra le remettre en marche qu'après s'être mis en règle.

2. *Devises.* — Les bateaux porteront à la poupe leur dénomination, le nom et le domicile du propriétaire. — Les trains ou radeaux porteront aussi sur une planche le nom et le domicile du propriétaire. — Les inscriptions seront apparentes, en toutes lettres et en caractères ayant au moins 8 centimètres de hauteur. Elles seront peintes ou sur le bordage du bateau ou sur une planche fixée à demeure de manière à ne pouvoir être déplacée.

3. *Personnel. — Agrès.* — Chaque bateau, train ou radeau aura un marinier au moins à bord. — Il devra, en outre, être muni de tous ses agrès en bon état, et notamment de plusieurs ancres ou de piquets d'amarre, et des cordages nécessaires.

4. *Vérification des bateaux.* — Les conducteurs des bateaux devront les soumettre tous les.... ans au moins, et plus souvent s'ils en sont requis, à une vérification ayant pour objet de constater qu'ils sont en état de naviguer; que les échelles prescrites par la loi du 9 juill. 1836 et l'ordonnance du 15 oct. suivant sont en cuivre; qu'elles n'ont subi aucune altération, et que leur point zéro correspond exactement au tirant d'eau à vide. Cette vérification sera faite par les agents et dans les ports désignés à cet effet. — En cas d'urgence, la vérification des bateaux en marche pourra être faite sur un point quelconque du canal par l'ingénieur ou par un agent qu'il déléguera spécialement. — Tout bateau reconnu en mauvais état sera retenu et ne pourra se remettre en marche qu'après avoir été convenablement réparé.

5. *Pièces dont tout batelier doit être muni.* — Tout conducteur de bateau, train ou radeau, doit être muni d'une lettre de voiture en bonne forme, et d'un laissez-passer délivré par le receveur des droits de navigation. — Tout conducteur de bateau doit être, en outre, porteur d'un certificat délivré par l'un des agents commis à la vérification dont il est parlé à l'article précédent, et constatant que son bateau est en état de naviguer. — Ces pièces seront représentées à toute réquisition des agents de l'administration.

6. *Conditions que doivent remplir les bateaux naviguant de nuit.* — Tout bateau naviguant de nuit aura deux mariniers au moins à bord. — Il sera éclairé par un fanal fixé à l'avant, dont la lumière s'étende au delà des chevaux de halage. — Les mariniers allumeront, en outre, lorsqu'ils en seront requis, un fanal portatif et même deux au passage des écluses. — Les bateaux arrêtés seront aussi éclairés pendant la nuit par un fanal, sur la réquisition des agents du canal, lorsque cette mesure sera jugée nécessaire pour prévenir des accidents.

7. *Conduite des chevaux de halage.* — Les chevaux de halage seront toujours conduits par un charretier, qui, s'il n'est pas à cheval, devra se tenir à la tête du premier cheval.

8. *Marche simultanée des bateaux.* — Les bateaux ne pourront marcher en convois; ils ne seront ni accouplés ni remorqués. — On pourra néanmoins en attacher deux l'un à la suite de l'autre, quand il sera possible de le faire sans augmenter le nombre de chevaux habituellement employés à la traction d'un seul bateau. — Ne seront pas considérés comme bateaux accouplés ou doublés les bateaux reliés ensemble de manière à former un système invariable, qui n'excède ni en longueur ni en largeur les dimensions fixées à l'art. 1.

TIT. 2. — *Classement des bateaux. — Bateaux à vapeur. — Service régulier et service ordinaire. — Trématage et priorité de passage aux écluses et ponts mobiles. — Halage.*

Art. 1. *Classement des bateaux.* — Les bateaux sont divisés en cinq classes, savoir : — 1re *classe.* — Bateaux mus par la vapeur. — 2e *classe.* — Bateaux halés par des chevaux marchant au trot avec relais. — 3e *classe.* — Bateaux halés par des chevaux marchant au pas avec relais. — 4e *classe.* — Bateaux halés par des chevaux sans relais. — 5e *classe.* — Bateaux halés par des hommes, et radeaux halés soit par des chevaux, soit par des hommes.

(1) La longueur des bateaux, trains ou radeaux, devra, en général, être fixée de telle sorte que, dans les écluses, lorsqu'ils touchent le mur de chute, il reste toujours 0m,30 de jeu du côté des portes d'aval, dans toutes les positions qu'elles occupent pendant leur mouvement. La largeur des bateaux doit être moindre de 0m,20 que celle des écluses; mais cette différence sera portée à 0m,40 pour les trains ou radeaux, qui sont plus difficiles à mesurer exactement à cause de leur irrégularité. — Toutefois, à titre de dispositions transitoires, on devra tenir compte du matériel existant.

(2) Cet enfoncement doit être inférieur de 0m,15 à la profondeur d'eau sur le fond normal du canal.

(3) Les hauteurs à indiquer dans cet article seront déterminées d'après la forme et les dimensions des ponts à traverser, et pourront, dès lors, varier sur un même canal suivant le parcours des bateaux.

2. *Bateaux à vapeur.* — Les bateaux à vapeur ne pourront être établis qu'en vertu d'une autorisation de M. le ministre de l'agriculture, du commerce et de travaux publics, et sous les conditions qu'elle aura déterminées. L'acte d'autorisation indiquera notamment le système des appareils propulseurs et la vitesse maximum. — Les ingénieurs et les agents qu'ils auront délégués à cet effet pourront monter à bord des bateaux à vapeur pour en constater la vitesse et pour apprécier l'effet que la marche de ces bateaux produit sur les berges du canal.

3. *Service régulier et service ordinaire.* — Dans les trois premières classes, la navigation est régulière ou ordinaire. — On entend par navigation régulière celle des bateaux qui partent et arrivent à jour fixe et ne s'arrêtent entre les points extrêmes qu'à des ports déterminés. — La navigation ordinaire comprend les autres bateaux et les trains ou radeaux.

4. *Service régulier.* — Les services réguliers ne pourront être établis qu'en vertu d'une autorisation, et conformément aux conditions qu'elle aura prescrites. — La demande d'autorisation devra indiquer le nombre de bateaux qu'on se propose d'employer, les lieux et jours de départ et d'arrivée, le mode de traction et les principaux points de stationnement — L'autorisation sera accordée par le préfet, quand les points de départ et d'arrivée seront compris dans un même département, et par le ministre, quand ces points extrêmes seront dans des départements différents.

5. Les bateaux du service régulier de première et de deuxième classe porteront à l'avant, en caractères apparents, les mots *service accéléré.* — Ils auront au moins deux mariniers à bord. — Ils arboreront une flamme rouge. — Ils seront, en outre, munis d'une cloche qu'ils devront faire sonner 500 mètres avant d'arriver aux écluses et aux ponts mobiles.

6. Les bateaux du service régulier de troisième classe porteront, à l'avant, en caractères apparents, les mots *service non accéléré.* — Ils arboreront une flamme bleue.

7. Lorsqu'un entrepreneur de service régulier aura été condamné deux fois dans le délai d'un an pour infraction aux conditions de l'autorisation qu'il aura obtenue, cette autorisation pourra lui être retirée.

8. *Service ordinaire.* — Il est défendu de placer sur des bateaux qui n'appartiennent pas à un service régulier tout ou partie des signes distinctifs de ce service.

9. *Trématage et priorité de passage aux écluses et ponts mobiles.* — Les numéros des classes des bateaux règlent l'ordre d'exercice du droit de trématage et du droit de priorité de passage aux écluses et ponts mobiles. — À égalité de classe, ce double droit est encore exercé dans l'ordre suivant : — Les bateaux affectés à un service de voyageurs; — Les bateaux chargés pour le service de l'État et des travaux de navigation; — Les bateaux du service régulier portant des marchandises. Dans des circonstances exceptionnelles, certains bateaux pourront encore exercer le trématage en dehors du droit de leur classe; mais les conducteurs de ces bateaux devront être munis d'autorisations spéciales et individuelles, délivrées par l'ingénieur en chef, et qu'ils seront tenus de représenter à toute réquisition. — S'il devait être dérogé à la règle pour un temps déterminé et par mesure générale en faveur des bateaux chargés de certains objets ou marchandises, et notamment de blés ou farines, il y sera pourvu par une décision ministérielle. — En cas de contestation sur l'application des dispositions du présent article, les conducteurs de bateaux seront tenus de se conformer aux ordres de l'éclusier ou de tout autre agent du canal pour la priorité du passage.

10. *Halage.* — Tout bateau chargé de cent tonneaux et au-dessus doit être halé par deux chevaux au moins. — Les bateaux d'un tonnage inférieur pourront ne prendre qu'un cheval.

11. Quant les bateaux marchant avec relais auront leurs relais à bord, le nombre des chevaux embarqués devra être au moins égal à celui des chevaux à terre.

TIT. 3. — *Bateaux, trains ou radeaux en marche. — Passage aux écluses et ponts mobiles.*

Art. 1. *Navigation de jour et de nuit.* — La navigation du canal et le passage aux écluses auront lieu librement le jour et la nuit — Les ingénieurs peuvent néanmoins interdire la navigation de nuit à l'époque des gelées et des débâcles, et dans le cas où des avaries survenues soit aux digues, soit aux ouvrages d'art, feraient craindre quelque danger. — Les ingénieurs peuvent aussi rendre la navigation de nuit obligatoire pour tous les bateaux sans distinction, lorsque ces bateaux encombrent les biefs, notamment aux approches et à la suite des chômages.

2 *Interruption de la navigation.* — Hors les cas de force majeure, la navigation ne pourra être suspendue que par un acte administratif, qui fixera l'époque et la durée des chômages. — Pendant les chômages, les bateaux pourront circuler à leurs risques et périls dans les parties du canal qui seront restées en eau.

3. *Rencontre des bateaux, trains ou radeaux.* — Tout bateau, train ou radeau allant dans un sens doit la moitié de la voie d'eau à tout bateau, train ou radeau allant dans un sens contraire. — Quand les bateaux qui se rencontrent sont, l'un chargé, l'autre vide, le bateau vide se range du côté opposé au halage. — Si les bateaux qui se rencontrent sont tous deux chargés ou vides, le bateau montant se tient du côté du halage.

4. Dans le trématage, le bateau qui cède le passage doit se ranger du côté opposé au halage et lâcher son trait.

5. Lorsqu'un bateau, train ou radeau se présentera dans une partie du canal qui n'a pas une largeur suffisante pour le croisement de deux bateaux, et dans laquelle un autre équipage se trouvera déjà engagé, il sera tenu de s'arrêter et de se ranger pour laisser passer ce dernier. Des poteaux indicateurs feront connaître les limites entre lesquelles le croisement des bateaux ne peut avoir lieu.

6. Tout bateau qui s'arrête doit laisser passer ceux qui le rejoignent jusqu'à ce qu'il se remette lui-même en marche.

7. *Passage aux écluses et ponts mobiles.* — Les éclusiers et pontonniers n'accorderont, sous aucun prétexte, le passage des écluses et ponts mobiles aux bateaux, trains et radeaux, pour lesquels il ne leur serait pas représenté de laissez-passer délivré ou visé par le receveur du bureau de navigation le plus voisin. Ils pourront, d'ailleurs, s'assurer d'une manière sommaire que ces laissez-passer sont en rapport avec les chargements. En cas de désaccord, ils le constateront par écrit sur le laissez-passer, afin que la fraude puisse être réprimée ou l'erreur corrigée au premier bureau de perception.

8. Avant d'accorder le passage de nuit aux écluses et ponts mobiles, les éclusiers et pontonniers devront s'assurer que les bateaux remplissent les conditions prescrites par l'art. 6 du tit. 1, et qu'ils doivent continuer leur route.

9. Sauf les exceptions détaillées à l'art. 9 du tit 2, les bateaux, trains ou radeaux marchant dans le même sens passeront les écluses et les ponts mobiles dans l'ordre de leur arrivée.

10 Tout bateau, train ou radeau qui, arrivé près d'une écluse, ne pourrait passer immédiatement, devra s'arrêter pour attendre son tour avant le poteau indicateur indiquant la limite du stationnement.

11 Tout bateau, train ou radeau qui, arrivé près d'une écluse, aurait refusé de se faire écluser, ne pourra s'opposer à ce qu'un autre bateau, train ou radeau passe devant lui.

12. On profitera, autant que possible, de la même écluse pour faire passer deux bateaux marchant en sens contraire. Les mariniers seront tenus d'exécuter les manœuvres prescrites dans ce but par les éclusiers.

13 Aux approches des écluses, ponts et ouvrages d'art, le mouvement des bateaux sera réglé de manière à prévenir tout choc. — Les bateaux seront solidement amarrés à chaque extrémité pendant qu'on les éclusera; on les fera ensuite sortir avec précaution; en aucun cas, on ne les attachera aux portes. — Chaque bateau sera muni de perches pour parer les chocs contre les bajoyers et les portes, et pour aider à la sortie des écluses. — Les patrons et mariniers devront d'ailleurs se conformer ponctuellement à tous les ordres qui leur seront donnés par l'éclusier pour les précautions à prendre lors des manœuvres relatives à l'éclusage.

14. Les bateaux, trains ou radeaux ne peuvent rester dans l'écluse que le temps strictement nécessaire pour la manœuvre.

15. L'éclusier a seul le droit de manœuvrer les ventelles et les portes d'écluse. Toutefois, il peut être aidé par les mariniers, qui doivent, dans ce cas, se conformer à ses ordres.

TIT. 4. — *Passage des souterrains.*

Art. 1. . . . .

TIT. 5. — *Stationnement des bateaux. — Embarquement, débarquement et entrepôt des marchandises. — Mesures d'ordre dans les ports publics et privés. — Réparation des bateaux. — Garage.*

Art. 1. *Stationnement des bateaux.* — Les bateaux ne peuvent stationner que dans les ports et dans les parties du canal désignés par les ingénieurs. — Le stationnement est dans tous les cas interdit : 1° sur tous les points où le croisement des bateaux ne peut s'opérer; — 2° A moins de   en amont et en aval des écluses.

2. Les bateaux qui stationnent dans les biefs se placent sur un seul rang, du côté opposé au halage

3. Tout bateau en stationnement sera amarré à ses deux extrémités. — Il devra être gardé de jour et de nuit.

4. *Embarquement, débarquement et entrepôt des marchandises.* — Il est défendu de charger, décharger et déposer des marchandises ailleurs que dans les ports, à moins d'une permission de l'ingénieur, s'il s'agit d'un seul bateau, ou d'une autorisation de l'ingénieur en chef, s'il s'agit de chargements ou déchargements qui doivent avoir une certaine durée ou une certaine continuité.

Mesures d'ordre dans les ports publics et privés. — Lorsque les ports publics ou privés sont du côté du halage, les bateaux ne peuvent y rester que pendant le temps strictement nécessaire pour leur chargement ou leur déchargement. — Aussitôt que ces opérations sont achevées, ou pendant les interruptions qu'elles peuvent subir, les bateaux doivent s'amarrer du côté opposé.

6. Les mariniers, dans les ports publics, se conformeront au règlement particulier de chaque port. — Il est, d'ailleurs, prescrit d'une manière générale : — 1° D'enlever les gouvernails et de les mettre dans les bateaux ou le long du bord; — 2° De ranger les marchandises à terre de manière qu'elles occupent le moins d'espace possible; — 3° De réserver sur le bord du canal un chemin de 4 mètres au moins du côté du halage, et un chemin de 2 mètres au moins du côté opposé; — 4° De laisser libres les chemins de service réservés sur chaque port, suivant les indications données par les ingénieurs ou par les inspecteurs et gardes-port.

7. Les bateaux en chargement ou en déchargement seront placés à quai, dans les ports publics, de préférence à tous autres.

8. Il ne peut être déposé dans les ports publics que des marchandises arrivées par eau ou destinées à être embarquées.

9. *Bateaux en réparations.* — Les bateaux à réparer devront être placés sur des cales de radoub. — Les propriétaires des bateaux pourront néanmoins, quand les circonstances l'exigeront, obtenir des ingénieurs la faculté de réparer leurs bateaux sur d'autres points qui leur seront désignés.

10. *Garage.* — Les bateaux sans emploi ou qui attendront leur chargement seront garés dans les lieux désignés par les ingénieurs. — Les propriétaires de ces bateaux seront tenus de faire connaître à l'éclusier ou au garde le nom et la demeure des personnes à qui la garde en sera confiée.

TIT. 6. — *Interdictions et prescriptions. — Autorisations. — Dispositions diverses.*

Art. 1. *Interdictions.* — Il est défendu : — 1° De *jeter* ou *déposer* dans le canal ou sur les dépendances des *immondices, pierres, gravier, bois, paille ou fumiers, ni rien qui puisse en embarrasser et atterrir le lit; d'y planter aucuns pieux, d'y mettre rouir du chanvre ou du lin; comme aussi d'extraire des pierres, terres, sables et autres matériaux plus près des bords* que 12 mètres (art. 4 de l'arrêt du 24 juin 1777; V. à sa date); — 2° De détériorer soit les *digues* ou *ouvrages d'art*, soit les plantations ou récoltes (art. 11 de l'arrêt du 24 juin 1777); — 3° De suivre avec des bestiaux ou des chevaux, autres que ceux employés au halage, les levées du canal ou des rigoles, et autres parties des francs-bords, qui ne sont pas grevées de servitude de passage; — 4° D'y laisser pâturer des chevaux ou toute autre espèce de bétail; — 5° D'y chasser; — 6° D'y pêcher autrement qu'à la ligne volante.

2. Il est défendu aux *mariniers* et autres : — 1° *D'embarrasser les ports et gares qui leur sont affectés, de laisser vaguer les soupentes de leurs traits de bateaux, de garer leurs bateaux ou radeaux du côté du halage* (art. 8 de l'arrêt du 24 juin 1777); 2° D'amarrer les bateaux, trains ou radeaux sur les banquettes plus près de l'arête du canal que 3 mètres; — 3° D'attacher aucun cordage aux arbres plantés sur les banquettes ou les francs-bords, et de tenir les cordages élevés au-dessus des banquettes de manière à gêner ou intercepter le passage;

— 4° De se servir de harpons, gaffes, bâtons ferrés et autres engins en usage sur les rivières, qui pourraient endommager les maçonneries, portes d'écluses et autres ouvrages d'art.

3. *Prescriptions*. *Les riverains, mariniers ou autres devront faire enlever*, dans le plus bref délai possible, *les pierres, terres, bois, pieux, débris de bateaux et autres empêchements étant de leur fait ou à leur charge* dans le lit du canal ou sur les bords. Faute de quoi, il y sera pourvu à leurs frais, sans préjudice de l'amende encourue pour la contravention (art. 3 de l'arrêt du 24 juin 1777).

4. *Autorisations*. — Dans les traversées des villes, bourgs et villages, et dans les ports publics, nul ne pourra réparer les constructions sises le long et joignant le canal, ou en élever de nouvelles, qu'après y avoir été autorisé, et en se conformant aux alignements qui lui seront donnés par l'administration.

5. Tout propriétaire qui, en dehors des villes bourgs et villages et des ports publics, voudra élever des constructions ou faire des plantations sur ces terrains le long du canal, ne pourra commencer lesdites constructions ou plantations avant que, sur sa demande, le préfet ait fait reconnaître et tracer contradictoirement la limite du domaine public.—Aucune plantation ne pourra, d'ailleurs, conformément à l'art. 671 c. nap., être faite qu'à une distance de 2 mètres de la ligne séparative du domaine public et des propriétés particulières pour les arbres à haute tige, et à la distance d'un demi-mètre pour les autres arbres et les haies vives.

6. Nul ne peut circuler, soit à cheval, soit en voiture, sur les digues du canal, qu'en vertu d'une autorisation de l'ingénieur en chef, qui ne pourra être accordée que dans l'intérêt d'un service public — Les employés à cheval des contributions indirectes et des douanes, dans l'exercice de leurs fonctions, sont seuls dispensés de cette autorisation.

7. Ne pourront être établis qu'en vertu d'une autorisation, toujours révocable, de l'administration, et sous les conditions qu'elle aura déterminées :— 1° Les ouvertures ou sorties sur les digues et francs-bords du canal ou des rigoles ;— 2° Les lavoirs ou abreuvoirs ; — 3° Les prises d'eau sur le canal;—4° Les egouts dirigees vers le canal ; — 5° Les ports prives ; — 6° Les grues, chèvres et autres appareils pour l'embarquement et le debarquement des marchandises; — 7° Et tous autres ouvrages qui s'etendraient sur le domaine du canal.

8. Les particuliers peuvent, sur le rapport des ingénieurs, et l'administration des contributions indirectes entendue, obtenir l'autorisation, sous des conditions déterminées, d'avoir des barques pour leur usage et pour l'exploitation de leurs propriétés ; mais il leur est interdit, sous les peines de droit, d'appliquer ces barques au transport des passagers d'une rive à l'autre, avec ou sans retribution.—Ces barques devront, d'ailleurs, être toujours garees de manière à ne gêner ni la navigation ni le halage.

9. Toutes avaries faites aux ouvrages d'art, toutes dégradations des digues et talus seront réparées aux frais de l'auteur desdites avaries ou degradations, sans préjudice des peines encourues.

10. Lorsqu'un bateau, train ou radeau vient à couler à fond, le propriétaire ou patron est tenu de faire, dans le délai qui lui est prescrit par l'agent du canal le plus voisin, les dispositions nécessaires pour le retirer ou remettre à flot.—Faute par lui d'avoir satisfait à cette obligation dans le delai fixé, il y sera pourvu à ses frais par l'agent du canal. Ce dernier fera, d'ailleurs, prévenir sur-le-champ l'ingénieur, et constatera dans un procès-verbal la cause du naufrage, le retard qui en sera résulté pour la navigation, et les dépenses qui auraient pu être faites d'office.

11. Tout bateau, train ou radeau abandonné, ou amarré du côté du halage, sans patron ni gardien, sera conduit, par les soins du premier agent de la navigation qui en constatera l'abandon, dans un lieu où il ne gêne pas la navigation. — Cet agent dressera procès-verbal et préposera un homme à la garde dudit bateau, train ou radeau. — Les dépenses faites par application du présent article seront à la charge du propriétaire.

Tit. 7. — *Procès-verbaux de contraventions et délits. — Juridictions. — Exécutions d'office et cautions.*

Art. 1. *Procès-verbaux de contraventions et delits*. — Toutes les infractions au présent règlement et tous autres delits ou contraventions prevus par les anciennes lois et ordonnances seront constatés par procès-verbaux des agents du canal et autres ayant qualite pour verbaliser.

2. *Juridictions*. — Les procès-verbaux constatant des contraventions de grande voirie seront déferes au conseil de prefecture.—Les procès-verbaux constatant des contraventions aux dispositions du présent règlement qui ne rentrent dans aucun des cas prévus par les anciennes lois et ordonnances seront déferés aux tribunaux de simple police. — Les procès-verbaux constatant des insultes et mauvais traitements envers les agents de l'administration dans l'exercice de leurs fonctions, et, en général, des delits qui peuvent entraîner une peine corporelle, seront deferés aux tribunaux de police correctionnelle. Les procès-verbaux constatant, à la fois, et des contraventions prévues aux §§ 1 et 2 du présent article, et des delits spécifiés au § 3, seront déferes en même temps à chacun des tribunaux compétents, et, à cet effet, dressés en autant d'expéditions qu'il y aura de juridictions appelees à en connaître.

3. *Exécution d'office et cautions*.—Lorsqu'une exécution d'office aura eu lieu, l'état des frais, verifie et arrête par les ingénieurs, sera transmis au prefet, qui délivrera executoires du remboursement contre les contrevenants.— Les marchandises et les bateaux seront, d'ailleurs, retenus jusqu'à presentation d'une caution solvable, qui sera chargée d'effectuer ledit remboursement.

21-26 juill. 1856.— Loi concernant les contraventions aux règlements sur les appareils et bateaux à vapeur (D. P. 56 4. 118).

28 mai-6 juin 1858.— Loi relative à l'exécution des travaux destinés à mettre les villes à l'abri des inondations (D. P. 58. 4. 63).

15-30 août 1858.— Décret portant règlement d'administration publique pour l'exécution de la loi du 28 mai 1858 sur les travaux de défense contre les inondations (D. P. 58. 4. 150).

15 sept.-9 oct. 1858.—Décret relatif à la perception des droits de navigation intérieure sur les bateaux chargés de marchandises diverses

Napoléon, etc.; — Vu l'art. 4 de la loi du 9 juill. 1836; — Considérant que cette disposition est un obstacle aux transports par lesdites voies navigables; — Sur le rapport, etc.

Art. 1. La disposition ci-dessus rappelée de l'art. 4 de la loi du 9 juill. 1836 est abrogée à partir du 1er oct. prochain. En conséquence, les bateaux chargés de marchandises diverses seront imposés proportionnellement au poids et suivant la nature de chaque partie du chargement.

22 mars-1er avr. 1860. — Décret portant suppression des droits dits de navigation maritime, qui sont actuellement perçus sur la Seine, la Charente, la Seudre, la Sèvre-Niortaise, la Loire, le Rhône, l'Orne, etc. (D. P. 60. 4 29).

22 août-4 sept. 1860. — Décret qui fixe les droits de navigation à percevoir sur les rivières et canaux y désignés (D. P. 60. 4. 142).

§ 2. — *Canaux de navigation.*

1°. Canal d'*Aigues-Mortes*. — V. Canal de Beaucaire.

2°. Canal d'*Aire à la Bassée*, formant jonction de la Deule à la Lys. — Concession par la ville de Lille en 1271 de la partie du canal comprise entre la Deule et la Bassée. — Continuation du canal jusqu'à la Lys : concession pendant quatre-vingt-sept ans et onze mois, qui comprenait également le canal de la Bassée; approbation du tarif (loi 14-23 août 1822). — Nouveau tarif : la concession est convertie en jouissance perpétuelle (loi 29 juill.-6 août 1829). — Rachat de la concession (loi 1er-6 août 1860; décr. 27-28 fév. 1861; loi 20 mai-2 juin 1863). — Nouveau tarif (décr. 22 août-4 sept. 1860, D. P. 60. 4. 142). — Concession à la compagnie houillère de Vicoigne d'un canal de navigation à ouvrir entre Nœux et le canal d'Aire à la Bassée, aux clauses et conditions du cahier des charges (décr. 17 avr.-29 mai 1861). — V. M. Grangez, Préc. hist. et stat. des voies navig de la France, p. 20.

3°. Canal latéral à l'*Aisne*. — Construction au moyen des fonds consacrés au perfectionnement de la navigation de l'Aisne par la loi du 19 juill. 1837. — Droits de navigation (ord. 2-12 mars 1845, D. P. 45. 3. 80). — V. M. Grangez, p. 29.

4°. Canal de l'*Aisne à la Marne* par Reims — Crédit ouvert pour la construction de ce canal (loi 8-20 juill. 1840, art. 4). — Ce canal n'est ouvert qu'en partie. — V. M. Grangez, p. 30.

5°. Canal d'*Arcachon*. — Concession de quatre-vingt-dix-neuf ans; fixation du tarif (loi 1er-16 juin 1834). — V. M. Grangez, p. 40.

6°. Canal des *Ardennes* (autrefois canal de Champagne). — Concession au prince de Conti (lett. pat. 24 juin 1776, juill 1782). — Crédit accordé pour l'exécution de ce canal (décr. 25 sept. 1791). — Emprunt pour son achèvement; approbation des conventions; fixation du tarif (L. 5-11 août 1821). — Émission des actions (ord. 20 fév.-9 avr. 1823). — Modification des statuts (ord. 25 fév.-8 avr. 1824). — Nouvelles conditions du remboursement des actions (ord. 6-31 janv. 1825). — Autorisation de la société anonyme du canal des Ardennes; approbation des statuts (ord. 27 avr.-11 juin 1825). — Réduction provisoire du tarif annexé à la loi du 5 août 1821 (ord. 21 mai-10 juin 1839). — Prorogation de ce nouveau tarif (ord. 5-19 mars 1841; 28 fev.-15 mars 1842; 8-24 déc. 1842; 27 nov.-19 déc. 1843; 17 nov.-1er déc. 1844; 4 juin 1845, D. P. 45. 3. 135; 6 nov. 1845, D. P. 46. 3. 4; 2 déc 1846, D. P. 47. 3. 36; arrêté 7 déc. 1848, D. P. 49. 4. 23; décr. 31 déc. 1850, D. P. 51. 4. 19; 13 août 1853, D. P. 53. 4. 169; 9 sept. 1855, D. P. 55. 4. 90; 15 sept. 1856, D. P. 56. 4. 138; 19 sept. 1857; 8 sept. 1858; 25 sept. 1859, D. P. 59. 4. 82). — Rachat des actions de jouissance (loi 1er-6 août 1860; décr. 27 28 fév. 1861; loi 20 mai-2 juin 1863). — Nouveau tarif (décr. 22 août 4 sept. 1860, D. P. 60. 4. 142). — Travaux d'amélioration autorisés (décr. 20 juin 1861).

7°. Canal d'*Arles à Bouc*. — Emprunt pour l'achèvement des travaux commencés en 1802 et suspendus depuis; approbation des conventions; fixation du tarif (L. 14-23 août 1822). — Autorisation de la société anonyme formée sous le nom de *compagnie de l'emprunt du canal d'Arles à Bouc* (ord. 13 nov. 1822-1er janv. 1823) — Autorisation de la société anonyme pour la reconstitution du capital des actions de ce canal; approbation des statuts (ord 31 oct. 1827 12 janv. 1828). — Statuts supplementaires (ord 24 juin-13 août 1828). — Réductions du tarif annexé à la loi de 1822 (ord. 31 juillet-28 août 1838; 8-15 avril 1841; 22-30 déc. 1841; 19 nov.-4 déc. 1845). — Prorogation du tarif réduit (décr. 31 déc. 1850-4 janv. 1851, D. P. 51. 4. 19; 5-15 janv. 1852, D. P. 52. 4. 29; 28-31 déc. 1853, D. P. 54. 4. 16; 26 déc. 1855-18 janv. 1856, D. P. 56. 4. 9; 24 déc. 1856-1er janv. 1857, D. P. 57. 4 41; 23 déc. 1857-20 janv. 1858, D. P. 58. 4. 9; 22 déc. 1858, D. P. 59. 4. 6; 24 déc. 1859). — Rachat des actions de jouissance (loi 1er-6 août 1860, décr. 27-28 fév. 1861; loi 20 mai-2 juin 1863). — Nouveau tarif (décr. 22 août-4 sept. 1860, D P. 60. 4. 142). — Autorisation de travaux d'amélioration (décr. 15 mai 1861). — V. M. Grangez, p. 53.

8°. Canal de *Beaucaire à Aigues-Mortes*. — Concession à Hunfroy-Bradlei par Henri IV (édit 8 avr. 1599). — Après de nombreuses tentatives infructueuses, les travaux sont commencés en 1780 et interrompus par la révolution. — L'achèvement de ce canal est ordonne et le gouvernement est autorisé à traiter avec les particuliers qui offriraient les fonds nécessaires (L. 25 vent. an 9 [16 mars 1801]). — Approbation du traité intervenu le 27 flor an 9, entre le directeur général des ponts et chaussées et une compagnie ; concession pour quatre-vingts ans; fixation du tarif (arr. 17 prair. an 9 [6 juin 1801]). — Cette compagnie est autorisée à continuer d exister comme société anonyme (décr. 27 oct. 1808). — Prorogation de la concession jusqu'au 22 sept. 1939; réduction d'un quart sur le tarif approuvé en l'an 9 (décr. 27 mars-20 avril 1852). Les

canaux compris dans la concession sont : 1° le canal de Beaucaire proprement dit, de Beaucaire à Aigues-Mortes ; 2° le canal de la Radelle, qui y fait suite jusqu'à sa jonction avec le canal des Etangs ; 3° le canal de Silvéréal ; 4° le canal de Bourgidou. — Ce tarif a été réduit encore par la compagnie. — Conservation de divers ouvrages construits (décr. 29 fév. 1860). — V. M. Grangez, p. 74.

9°. Canal de *Bergues à Dunkerque*. — Creusé vers l'année 1634. Les droits de navigation sont ceux perçus sur tous les cours d'eau non concédés des bassins de l'Aa et de l'Escaut (décr. 4 sept. 1849, D. P. 49. 4. 148; 22 août 1860, D. P. 60. 4. 142). — V. M Grangez, p. 80.

10°. Canal du *Berry* (de la Loire à la Loire entre les embouchures de l'Allier et du Cher). — Le premier projet d'un canal en Berry remonte à 1484. Le projet fut approuvé en 1545, 1554, 1587 et 1603 ; il est repris en 1765, sans résultat. — Décret qui ordonne que le Cher sera rendu navigable au moyen d'une ou plusieurs dérivations depuis Montluçon jusqu'à la Loire (décr. 16 nov. 1807). — Autre décret qui prescrit l'étude d'un canal qui, partant de la Loire à Nevers, devait aboutir au Cher à Vierzon (décr. 24 fév 1811). — Ordonnance qui change la direction du canal (ord. 22 déc. 1819). — Emprunt pour l'achèvement du canal (loi 14-25 août 1822). — Etablissement des droits de navigation sur la partie terminée du canal et réduction provisoire des droits établis par le tarif annexé à la loi de 1822 (ord. 17 mars-6 avril 1843). — Prorogation du nouveau tarif (décr. 25-28 mai 1843 ; 25 août-15 sept 1843 ; 8-22 mars 1844 ; 30 août-19 sept. 1844), jusqu'à ce qu'il en soit autrement ordonné (ord 25 mars-1er avril 1845). — Etablissement des droits réduits sur la seconde partie du canal (ord. 29 sept.-5 oct. 1845). — Prorogation du tarif réduit (décr 17 nov.-1er déc. 1849, D. P. 49. 4. 159 ; 26-28 juin 1850, D. P. 50. 4. 145 ; 25 sept.-5 oct. 1850, D. P. 50. 4. 198 ; 15-20 déc. 1850, D. P. 51. 4. 11 ; 29 juill.-8 août 1851, D. P. 51. 4. 148 ; 26 nov.-10 déc. 1851, D. P. 52. 4 7 ; 29 fév. 13 mars 1852, D. P. 52. 4. 70). — Rachat des actions de jouissance (décr. 21 janv.-1er fév. 1852, D. P. 52. 4. 42; loi 5 mai 1853, D. P. 53. 4. 74). — Prorogation des tarifs jusqu'à ce qu'il en soit autrement ordonné (décr. 11-21 mai 1853, D. P 53. 4. 78). — Modification du tarif (décr. 15 sept.-9 oct. 1858). — Nouveau tarif (22 août-4 sept. 1860, D. P. 60. 4. 142).

11°. Canal du *Blavet*. — Les projets de canalisation du Blavet dont les études avaient été prescrites en 1784 par les Etats de Bretagne, sont approuvés [50 fruct. an 10 (17 sept. 1802] ; 19 vent. an 12 (10 mars 1804)]. — Emprunt pour l'achèvement de ce canal ; approbation des conventions ; fixation du tarif (L. 14-25 août 1822). — Etablissement de la perception ; réduction du tarif (ord. 19 déc. 1858). — V. Canaux de Bretagne et M. Grangez, p. 95.

12°. Canal de *Bouc à Martigues*. — Crédit extraordinaire affecté à l'ouverture d'un canal maritime de 3 mètres de profondeur entre le port de Bouc et les Martigues (L. 3 juill. 1846, D. P. 46. 5. 117). — Les travaux suspendus pendant plusieurs années ont été repris en 1854, mais sans beaucoup d'activité. — V. M. Grangez, p. 99.

13°. Canal de *Bourbourg*. — Creusé en 1760 aux frais des habitants de Bourbourg et de Dunkerque. — Crédit alloué pour améliorations (L. 19 juill. 1857). — Soumis aux droits de navigation imposés sur les cours d'eau non concédés des bassins de l'Aa et de l'Escaut (décr. 4 sept. 1849, D. P. 49. 4. 148; 22 août 1860, D. P. 60. 4. 142).

14°. Canal de *Bourgidou*. — Ce canal, très-anciennement construit, fait partie de la concession du canal de Beaucaire (V. ce canal). — Le droit de navigation y est perçu conformément au tarif du canal du midi. — V. M. Grangez, p. 104.

15°. Canal de *Bourgogne*. — L'exécution de ce canal est ordonnée partie aux frais du gouvernement, partie aux frais des Etats de Bourgogne (édits 7 sept. 1775 ; 9 août 1774). — Police et conservation des travaux de construction du canal (ord. du bur. des fin. de la généralité de Paris, 25 mars 1777). — Il est enjoint aux concessionnaires de reconnaître l'autorité des nouveaux corps administratifs (décr. 8 août 1790, art. 4). — Loi ordonnant que la partie achevée de ce canal sera mise en vente (L. 25 déc. 1809). — Le projet n'eut pas de suite (V. *suprà*, n° 30). — La partie du canal ouverte à la navigation est imposée au droit de navigation (décr. 11 arv. 1811). — Modification des tarifs (décr. 17 mars 1812; ord. 24 fév. 1815 ; 18 janv. 1816). — Emprunt pour l'achèvement du canal; approbation des conventions ; fixation du tarif (L. 14-25 août 1822). — Autorisation de la société anonyme formée sous le nom de Compagnie de l'emprunt du canal de Bourgogne (ord. 13 nov.- 14 déc. 1822). — Police de la navigation (règlem. du 19 oct. 1825, approuvé par le ministre de l'intérieur le 5 arv. 1828). — Etablissement des droits de navigation sur la partie du canal de Bourgogne, à partir de son embouchure dans l'Yonne jusqu'à Tonnerre (ord. 18 janv.-1er fév. 1826). — Autorisation de la société anonyme pour la reconstitution du capital des actions du canal de Bourgogne; approbation des statuts (ord. 31 oct. 1827-12 janv. 1828).—Statuts supplémentaires (ord. 5 juin-16 sept. 1828). — Réduction à moitié des droits de navigation établis par l'ord. du 18 janv. 1826 (ord. 5-14 avr. 1829). — Modification du tarif annexé à la loi du 14 août 1822 (décr. arv.-11 fév. 1850). — Rachat des actions de jouissance (décr. 21 janv.-1er fév. 1852, D. P. 52. 4. 42; loi 5-7 mai 1853, D. P. 53. 4. 74). — Tarif des droits à percevoir (décr. 29 juin-18 juill. 1853, D. P. 53. 4. 154). — Modification du tarif (décr. 15 sept. 1858). — Nouvelle réduction du tarif (décr. 22 août-4 sept. 1860, D. P. 60. 4. 142). — V. M. Grangez, p. 105.

16°. Canaux de *Bretagne* (du Blavet, d'Ille-et-Rance et de Nantes à

Brest). — Le sieur Auboin et comp. est autorisé à ouvrir un canal de navigation pour joindre la Vilaine à la Rance par les rivières d'Ille et du Linon (décr. 18-20 déc. 1792). — Emprunt pour l'achèvement de ces canaux ; approbation de la convention ; fixation du tarif (L. 14-25 août 1822). — Réduction à moitié de ce tarif sur la partie de ces canaux livrée à la circulation (ord. 19-24 déc. 1858). — Nouvelle réduction (ord. 5 mai-1er juin 1859). — Prorogation du tarif réduit (ord. 5 19 mars 1841). — Application du tarif à toute l'étendue du canal de Nantes à Brest (ord. 21 août-15 sept. 1841). — Modification du tarif (ord 19-26 mars 1842). — Prorogation (ord. 18-31 déc. 1842 ; 25-28 mai 1843 ; 25 août-15 sept. 1843 ; 8-22 mars 1844 ; 30 août-19 sept. 1844), jusqu'à ce qu'il en soit autrement ordonné (ord. 25 mars-1er avril 1845). — Rachat des actions de jouissance (décr. 21 janv.-1er fév. 1852, D. P. 52. 4. 42; loi 5 mai 1853, D. P. 53. 4. 154). — Tarif des nouveaux droits à percevoir (décr. 29 juin-18 juill. 1853, D. P. 53. 4. 154). — Les bateaux vides ainsi que ceux affectés à certains usages sont exemptés du droit de navigation (décr. 15 sept.-9 oct. 1858). — Nouvelle réduction des droits (décr. 22 août-4 sept. 1860, D. P. 60 4. 142). — Autorisation de travaux d'amélioration sur le canal de Nantes à Brest (décr. 1er fév. 1861), et sur celui d'Ille-et-Rance (décr. 20 juin 1861). — Elargissement du quai du canal de Nantes à Brest (décr. 12 fév. 1862). — V. M. Grangez, p. 95, 276, 440, 792.

17°. Canal de *Briare*. — Concession à perpétuité (décl. du roi de sept. 1638). — Modification de cette déclaration et tarif des droits à percevoir sur le canal (lett. pat. déc. 1642). — Règlement pour la conservation du canal (arrêt du cons. 13 oct. 1735 ; 20 juin 1741). — Police de la navigation (arrêt du cons. 19 mars 1715 ; ordonn. de la juridiction des canaux de Loing, d'Orléans et de Briare, 11 sept. 1776). — Droits à percevoir sur les bateaux qui séjournent dans le canal au delà du temps nécessaire (ord. 5 11 mars 1825). — Rachat de la concession (loi 1er-6 août 1860 ; décr. 27-28 fév. 1861 ; loi 20 mai-2 juin 1863). — Nouveau tarif (décr 22 août-4 sept. 1860, D. P. 60. 4. 142). — V. M. Grangez, p. 116.

18°. Canal de *Buzai*. — Ordonnance qui autorise, sous le nom de société du canal de Buzai, l'association de propriétaires des marais situés autour du lac du Grand-Lieu et le long des rives affluentes (ord. 28 sept. 1850).

19°. Canal de *Caen à la mer*. — La construction de ce canal est autorisée (décr. 25 mai 1811). — Crédits extraordinaires pour l'exécution des travaux (L. 19 juill. 1857; 19 juill. 1845, 5 mai 1846). — Creusement autorisé (décret 8 fév. 1860). — V. M. Grangez, p. 131.

20°. Canal de *Calais*. — Construction de l'embranchement de Guines en 1680 ; — De l'embranchement d'Ardres (arrêts du cons. 6 oct. 1714 ; mai 1716 ; 16 nov. 1717). — Crédits ouverts pour améliorations (L. 16 juill. 1857 ; 3 juill. 1846. — Autorisation de travaux d'amélioration (décr. 22 sept. 1861). — Les droits de navigation se perçoivent conformément au tarif applicable aux cours d'eau non concédés des bassins de l'Aa et de l'Escaut (décr. 4 sept. 1849, D. P. 49. 4. 148; 22 août 1860, D. P. 60. 4. 142).

21°. Canal du *Centre* (ci-devant du *Charolais*). — Concession du canal de Charolais aux Etats de Bourgogne (lett. pat. janv. 1783 ; édit. fév. 1785 ; lett. pat. 30 déc. 1785). — Le trésor public est autorisé à avancer 600,000 liv. pour l'achèvement de ce canal (décr. 3-16 mai 1790). — L'administration ci-devant confiée aux élus généraux du duché de Bourgogne étant révoquée ; en conséquence, lesdits élus devront faire remise de tous les plans, titres et papiers concernant le canal (décr. 10 juill 8 août 1790). — Nouveau crédit de 600,000 liv. accordées pour l'achèvement du canal (décr. 5-6 janv. 1792).—Etablissement d'un droit de navigation sur le canal du Centre ci-devant Charolais (loi 28 fruct. an 5 [14 sept. 1797]). — Rectification d'une erreur dans le tarif (loi 27 vent. an 6 [17 mars 1798]). — Modification des dispositions du tarif (L. 2 flor. an 6 [21 avril 1798]). — Arrêté qui décide que le canal sera mis en ferme comme moyen d'achever les travaux qu'il nécessitait encore (arrêté 19 flor. an 6 [9 mai 1798]). — Fixation du droit à percevoir sur les farines (arrêté 16 mess. an 8 [5 juill. 1800]). — Modification du tarif (décr. 23 janv. 1806 ; 29 mai 1806). — Résiliation de la ferme régie consentie en vertu de l'arrêté du 19 flor. an 6 (1er oct. 1807). — Sous le nouvel état du canal du Centre est autorisée (décr. 21 août 1808 ; loi 23 déc. 1809) : ce projet n'a eu aucune suite. — Nouvelles modifications du tarif (décr. 5 août 1848 ; ord. 17 nov.-4 déc. 1844, D. P. 45. 5. 15). — Nouveau tarif (arrêté 18 déc. 1848 23 janv. 1849, D. P. 49. 4. 57 ; décr. 15 sept. 9 oct. 1858). — Construction de deux réservoirs (décrets 16 fév. et 24 août 1859). — Nouveau tarif (décr. 22 août 4 sept. 1860, D. P. 60. 4. 142. — Amélioration du canal ; travaux autorisés (décr. 22 mai 1861). — V. M. Grangez, p. 159.

22°. Canal du port de *Cette*. — L'exécution de ce canal est confiée à titre d'entreprise en régie au sieur Paul Riquet (arrêt du cons. 6 juill. 1669). — Etablissement d'une taxe de navigation, conformément à celle qui se perçoit sur le canal du Midi ; les produits de cette taxe devaient être employés aux dépenses de réparations et d'entretien ; la concession de cette taxe aux particuliers qui auraient offert de se charger de ces réparations et entretien était autorisée : en cas d'insuffisance, le gouvernement devait y pourvoir sur les produits du canal du Midi (loi 29 flor. an 10 [19 mai 1802]). — Arrêté relatif à la perception de la taxe établie par la loi précédente et à l'administration des dépenses (arr. 2e jour compl. an 11 [19 sept. 1803]).—Restauration du canal ; con-

cession temporaire (loi 5-11 août 1821). — Rentré dans les mains de l'Etat en 1851. — Modification au tarif établi par la loi du 29 flor. an 10 (décr. 16 août-1er sept. 1851, D. P. 51. 4. 174; 26 mai-11 juin 1852. D. P. 52. 4. 161). — Nouveau tarif (décr. 22 août-4 sept. 1860, D. P. 60. 4. 112). — V. M. Grangez, p. 149.

25°. Canal du *Coesnon*. — La construction d'un canal destiné à détourner le cours de cette rivière est ordonnée (arrêté 25 therm. an 8 [13 août 1800] ; 18 flor. an 10 [8 mai 1802]).

24°. Canal de *la Corrèze et de la Vezère* (sous la restauration, ce canal portait le nom de canal du *duc de Bordeaux*). — Etablissement par voie de concession perpétuelle, conventions, fixation des tarifs (loi 8-21 juin 1825). — Déchéance de la concession, laquelle est mise de nouveau en adjudication (ord. 4-25 mars 1850). — Cette nouvelle adjudication n'a produit aucun résultat. — V. M. Grangez, p. 699.

25°. Canal de *Coutances*. — Exécution par voie de concession temporaire, fixation du tarif (ord. 19 juill.-13 août 1835). — Approbation de l'adjudication (ord. 2 déc. 1836). — V. M. Grangez, p. 170.

26°. Canal *Crozat*. — V. Canal de *Saint-Quentin*.

27°. Canaux de la *Deule* qui comprennent les canaux de la haute, de la moyenne et de la basse Deule. — Cette dernière partie se compose du lit de la rivière de Deule qui fut canalisée au treizième siècle et donné, en 1267, aux Lillois en toute propriété.—En 1271, concession par la ville de Lille du canal de la haute Deule.— En 1755, exécution par la ville de Lille à ses frais du canal de la moyenne Deule. — Défense de rompre, dégrader ou endommager les digues et bords de ces canaux (arrêt du cons. 28 janv. 1752). — Concession de la ligne navigable entre Merville et le port de Scarpe pour vingt-neuf ans ; fixation du tarif (loi 24 mars 1825 ; ord. 16 sept. 1825). — La concession a expiré en 1854; modification du tarif (décr. 9 août 1854). — Concession d'un canal à ouvrir entre Seclin et la Deule (décr. 22 mars-4 avr. 1856, D. P. 56. 4. 45). — Creusement du canal de la haute Deule (décr. 28 avr. 1860). — Concession à la compagnie houillère de Courrières d'un canal à ouvrir entre le canal de la haute Deule et le chemin de Harnes à Hénin-Liétard (décr. 30 avr. 1862, D. P. 62. 4. 41).— Rectification du canal de la Deule (décr. 5 août 1862). — Les droits de navigation sont ceux perçus sur les rivières et canaux non concédés des bassins de l'Aa et de l'Escaut (décr. 22 août 1860, art. 1, § 2, D. P. 60. 4. 142). — V. M. Grangez, p. 174, 791.

28°. Canal de *Digoin à Roanne* (V. canal de *Roanne à Digoin*). — De *Digoin à Briare* (V. Canal *latéral à la Loire*).

29°. Canal de la *Dive*.— Concession, tarif des droits à percevoir (arrêt du cons. 5 nov. 1776 ; 12 juin 1781 ; 1er mai 1787). — La continuation des ouvrages de ce canal est ordonnée (décr. 16-19 nov. 1790). — Confirmation de la concession primitive portée à quatre-vingt-dix ans (ord. 9 oct. 1825-21 nov. 1835 — Prolongement autorisé (ord. 24 oct.-21 nov. 1835). — Déchéance prononcée contre la compagnie, relativement à ce prolongement (décis. min. 8 oct. 1840). — V. M. Grangez, p. 178.

30°. Canal du *Drot*. — Concession : substitution du sieur Guerre au sieur Deganne (juin 1860).

31°. Canal du *Duc d'Angoulême*. — V. Canal de la *Somme*.

32°. Canal du *Duc de Berry*. — V. Canal de *Berry*.

33°. Canal du *Duc de Bordeaux*. — V. Canal de la *Corrèze* et de la *Vézère*.

34°. Canal de *Dunkerque à Furnes*. — Ouvert au commencement du dix-septième siècle. — Travaux de construction d'une écluse : concession du canal pour soixante-huit ans ; fixation du tarif (ord. 13 mars-4 avr. 1828 ; 6 août 1828). — V. M. Grangez, p 202.

35°. *Escaut* ; écluses de *Fresnes*, d'*Iwuy* et de *Rodignies*. — Autorisation des travaux pour l'ouverture d'un canal le long de l'Escaut entre Cambrai et Manières (décr. 5-18 juill. 1790).— Autorisation d'un canal de grande navigation devant se joindre le Rhin, la Meuse et l'Escaut (arrêté 9 therm. an 11 [28 juill. 1803]).— L'ouverture d'un canal de navigation entre l'Escaut et le Rhin, sous le nom de *Grand canal du Nord*, est ordonnée (lois 10 mai 1806 ; 23 déc 1809).— Les travaux de ce canal, commencés sous Napoléon furent abandonnés en 1814.—Construction de l'écluse de *Fresnes* : concession du péage pour neuf ans (ord. 22 oct. 1817).— Construction de l'écluse d'*Iwuy* : concession du péage pour douze ans (loi 13 mai 1818).— Prorogation de ces concessions : écluse de *Fresnes*, vingt-neuf ans ; écluse d'*Iwuy*, vingt sept ans (ord 5 sept. 1825-19 nov. 1830). — Construction de l'écluse de *Rodignies* : concession du péage pour six ans même ord. du 5 sept. 1825.— Règlement de police pour l'écluse de Rodignies (ord. 13 oct.-1er nov. 1824, V. Eaux, p. 555).— Prorogation de cette concession (ord. 11 oct.-19 nov. 1830).—Cette concession a cessé le 26 juin 1858.—Réduction des droits de navigation aux écluses de Fresnes et d'Iwuy (décr. 4-7 sept. 1849, D. P. 49. 4. 149).—Prorogation du nouveau tarif (décr. 13 août-1er sept. 1853, D. P. 53. 4. 169 ; 24 août 1854 ; 9-29 sept. 1855 ; 13 sept.-1er oct. 1856, D. P. 56. 4. 138) — La concession de l'écluse de Fresnes a pris fin en 1856. — Prorogation du tarif quant à l'écluse d'Iwuy seulement (décr. 13 sept. 1857 ; 29 sept. 1859, D. P. 59. 4. 82). — Rachat de l'écluse d'Iwuy (loi 28 juill.-6 août 1860, D. P. 60. 4. 125 ; décr. 25-26 avr. 1861; loi 20 mai-2 juin 1865). — Suppression du péage à l'écluse d'Iwuy (décr. 22 août-4 sept. 1860, art. 3, D. P. 60. 4. 140).

36°. Canal d'*Essonne*.—Les sieurs Griguet et comp. sont autorisés à rétablir la navigation de la rivière de Juines, dite d'Etampes, de celle d'Essonne et du Remard, entre Orléans et Corbeil (décr. 18-22 août 1791). — Délai accordé pour les travaux du canal de Juines et d'Essonne (décr. 19 fév. 1792). — Subrogation du sieur Guyenot de Châteaubourg aux sieurs Griguet et comp dans la concession de ce canal, avec obligation de terminer les travaux dans le délai de deux ans (décr. 14 mess. an 12 [5 juill. 1804]). — Prorogation du délai (décr. 15 nov. 1807). — Révocation de la concession (ord. 30 mars 1820) — Les héritiers et ayants droit du sieur de Châteaubourg demandent à être relevés de la déchéance ; ils sont autorisés à faire les études nécessaires pour constater la possibilité d'alimenter le canal (ord. 19 mai 1825). — Autorisation nouvelle accordée aux ayants droit de sieur de Châteaubourg avec obligation d'achever le canal dans le délai de dix ans (ord. 11 fév.-1er mars 1829). — Les travaux n'ont pas été commencés. — V. M. Grangez, Tr. des dr. de nav., 1840, p. 425.

37°. Canal des *Etangs*. — Ce canal, construit aux frais des États du Languedoc, fut terminé en 1725. — Exécution de différents travaux ; concession pour une durée de vingt-neuf ans et neuf mois avec droit de péage sur les canaux de Cette, de la Peyrade, des Etangs, sur le canal latéral à l'étang de Mauguio et sur l'embranchement à ouvrir entre le canal de la Radelle rectifié et le canal de Lunel (loi 5-11 août 1821 ; ord. 30 juin 1822).— La concession est expirée le 1er oct. 1851.—Tarif des droits à percevoir sur ce canal (décr. 16 août-1er sept. 1851, D. P. 51. 4. 174; 26 mai 1853, D. P. 52. 4. 161 ; 24 août 1858). — Nouveau tarif (décr. 22 août-4 sept. 1860, D. P. 60. 4. 142). — Amélioration du canal; travaux autorisés (décr. 5 juin 1861). — V. M. Grangez, Précis, p. 225.

38°. Ecluses de *Fresnes*, d'*Iwuy* et *Rodignies*. — V. Escaut.

39°. Canal latéral à la *Garonne*. — Concession (loi 22 avr.-5 mai 1852).— Le concessionnaire est relevé de la déchéance qu'il avait encourue ; modifications au cahier des charges annexé à la loi précédente (L. 9-16 juill. 1855). — Nouvelle prorogation du délai (L. 9-20 juill. 1856). — Le concessionnaire n'ayant pas rempli ses engagements, le canal est exécuté aux frais de l'État (L. 5-9 juill. 1858). — Ce canal a été concédé au chemin de fer du Midi (L. 8-15 juill 1852, D. P. 52. 4. 184). — Fixation du tarif (art. 60 du cahier des charges annexé à la précédente loi).— V. M. Grangez, p. 245, 792.

40°. Canal du *Gave de Pau*. — L'établissement d'un canal dérivé du Gave de Pau est déclaré d'utilité publique (décr. 19 sept. 1859).

41°. Canal de *Givors*.—Concession de la partie comprise entre Rive-de-Gier et Givors (arrêt du cons. 28 oct. 1760 ; lett. pat. 6 sept. 1761 ; arrêt du parlem. 15 mai 1765). — Prolongation de la concession (lett. pat. 3 sept. 1770). — Nouvelle prolongation et augmentation du tarif (lett. pat 22 août 1779). — Service des portefaix du canal : régl. du roi 15 fév. 1782, 11 fév. 1785). — La concession est déclarée perpétuelle (lett. pat. de déc. 1788).—Exécution des travaux (décr. 4-12 juin 1791). — Contribution foncière (décr. 12-14 juill. 1792). — Règlement pour l'organisation des portefaix de Givors (ord. 19 oct.-15 nov. 1821, V. Eaux, p. 555). — Concession perpétuelle d'une gare sur le Gier à Givors (ord. 30 janv. 1831). — Prolongement du canal de Givors à Rive-de-Gier, concession perpétuelle; tarif (ordon. 5-25 déc. 1831). — V. M. Grangez, p. 256.

42°. Canal latéral au lac de *Grandlieu* (Loire-Inférieure). — Ordonnance qui déclare d'utilité publique l'établissement de ce canal (ord. 29 juill.-25 août 1841).

43°. Canal de la *Haisne* ou de *Mons* à *Condé*. — Approbation du projet du canal latéral à la Haisne (décr. 18 sept. 1807). — Décret concernant la navigation de la Haisne, et portant suppression de la corporation des bateliers de Condé (décr. 26 juin 1810).— Nouvelle disposition sur la navigation de la Haisne (décr. 27 fév. 1811).— Ordonnance relative à la perception des droits de navigation sur le canal de Mons à Condé et sur la partie de l'Escaut comprise entre Condé et la frontière (ord. 1er sept. 1847, D. P. 47. 3. 179). — Soumis au tarif des rivières et canaux non concédés des bassins de l'Aa et de l'Escaut (arr. 4 sept. 1849, D. P. 49. 4. 148 ; décr. 22 août 1860, D. P. 60. 4. 142). —V. M. Grangez, p. 425.

44°. Canaux d'*Hazebrouck*. — Ces canaux sont au nombre de quatre: 1° canal d'Hazebrouck proprement dit ; 2° canal de la Nieppe; 3° canal de Préaven ; 4° canal de la Bourre. — Ces canaux ont été exécutés aux frais des localités.—Ordonnance qui autorise l'adjudication des travaux de curage et de rétablissement de ces canaux, moyennant une concession de trente-cinq ans (ord. 14 sept.-1er nov. 1855). — Déchéance du concessionnaire (décis. min. 11 août 1846). — Les droits de navigation sont ceux perçus sur les rivières et canaux non concédés du bassin de l'Aa (décr. 22 août 1860, D. P. 60. 4. 142). — V. M. Grangez, p. 263.

45°. Canal des *houillères de la Sarre*. — Exécution de ce canal et embranchement sur l'établissement des salines à la ville de Dieuze (loi 20-23 mai 1860, D P. 60. 4. 49 ; décr 6-25 avr. 1861, D. P. 61 4. 49). — Convention conclue le 4 avr. 1861 entre la France et la Prusse pour l'établissement d'un canal international des houillères de la Sarre (décr. 14-22 juill. 1861, D. P. 61. 4. 110).

46°. Canal de l'*Ill au Rhin*. — Exécution par l'Etat (L. 50 juin-6 juill. 1855). — Ce canal n'est pas imposé au droit de navigation.—V. M. Grangez, p. 275.

47°. Canal d'Ille-et-Rance. — V. Canaux de Bretagne.

48°. Canal de dérivation de la rivière de l'Isac. — Tarif des droits à percevoir (ord. 18 déc. 1847, D. P. 48. 4. 29). — V. M. Grangez, p. 445, 450.

49°. Isle canalisé. — Emprunt pour l'exécution des travaux, approbation des conventions, fixation du tarif (L. 5-11 août 1821). — Autorisation de la société anonyme (ord 25 janv.-1er avr. 1829). — Nouveau tarif (ord. 7-24 mai 1828). — Modification de ce tarif (ord. 6-17 déc. 1829). — La perception s'opère aujourd'hui conformément à la loi du 9 juill. 1836 et au décret du 22 août 1860, art. 1, § 1 (D. P. 60. 4. 142). — V. M. Grangez, p. 285.

50°. Canaux de Lesparre. — La commission syndicale des marais de Lesparre est autorisée à rendre ces canaux navigables, concession des droits de péage (ord. 50 janv. 1858). — V. M. Grangez, p. 294.

51°. Canal du Loing. — V. Canaux d'Orléans et du Loing.

52° Canal latéral à la Loire, de Digoin à Briare. — Emprunt pour la construction de ce canal ; approbation des conventions, fixation du tarif (L. 14-25 août 1822). — Le canal est mis en perception suivant le tarif réduit à moitié de la loi de 1822 (ord. 10-15 fév. 1840). — Établissement des canaux d'embranchement destinés à mettre le canal latéral à la Loire en communication avec la Loire aux ports de Decize, de Nevers, de Fourchambault, de la Charité et de Saint Thibaut (ord. 7 sept.-51 oct. 1840 — Prorogation de la réduction du tarif (ord. 5-19 mars 1841). — Modification du droit perçu sur la houille (ord. 18-26 mai 1841). — Réduction de ce droit (ord. 19-50 oct. 1841). — Nouvelle prorogation des tarifs réduits (ord. 12-26 mars 1842, 16-51 déc. 1842; 25-28 mai 1843; 25 août-15 sept. 1843; 8-22 mars 1844; 50 août-19 sept. 1844), jusqu'à ce qu'il en soit autrement ordonné (25 mars-1er avr. 1845). — Application du tarif réduit aux embranchements de Decize et de Fourchambault (ord. 10 juill. 1845, D. P. 45. 3. 150). — Réduction sur la houille et le coke (arrêté 4 août 1848, D. P. 48. 4. 141) — Nouvelle modification (arrêt. 25 juin 1849). — Prorogation (décr. 17 nov. 1849, D. P. 49. 4. 159; 26-28 juin 1850, D. P. 50. 4. 145; 25 sept. 5 oct. 1850, D. P. 50. 4 196; 15-20 déc. 1850, D. P. 51. 4. 11; 29 juill.-8 août 1851, D P. 51. 4. 148; 26 nov.-10 déc. 1851, D. P. 52. 4. 7; 29 fév.-13 mars 1852, D. P. 52. 4. 70). — Rachat des actions de jouissance (décr. 21 janv.-1er fév. 1852, D. P. 52. 4. 42; L. 3 mai 1855, D. P. 55. 4. 74). — Prorogation du tarif jusqu'à ce qu'il en soit autrement ordonné (décr. 11-21 mai 1853, D. P. 53. 4. 78). — Application du tarif au canal de jonction ouvert à Saint Thibaut entre la Loire et le canal latéral (décr. 19-51 janv. 1856, D. P. 56. 4. 50). — Modification du tarif sur le canal principal et les canaux de jonctions (décr. 15 sept.-9 oct. 1858). — Nouveau tarif décr. 22 août 4 sept. 1860. D. P. 60. 4 142). — Travaux d'amélioration autorisés (décr. 20 juin 1861). — V. M. Grangez, p. 326.

53°. Canal de Luçon. — Exécution de travaux pour l'élargissement et l'approfondissement du canal : concession de quarante-quatre ans ; fixation du tarif (ord. 19 mai 1824-20 janv. 1841). — Modification du tarif (ord. 2 nov. 1840-20 janv. 1841). — V. M. Grangez, p. 545.

54°. Canal de Lunel. — Concession (arrêt du cons. 11 juin 1715, 5 mars 1718 — Police de la navigation (régl. de l'intendant de la prov. de Languedoc, 7 janv. 1747). — Conservation du canal (ord. de l'intendant du Languedoc, 5 mars 1765). — Fixation du tarif (ord. 15 août 1821). — Une partie du canal n'est pas concédée ; le droit s'y perçoit au profit du trésor, conformément au tarif en vigueur pour le canal des Étangs. — V. M. Grangez, p. 548.

55°. Canal de Manicamp. — Ordonnance qui prescrit l'ouverture de ce canal (29 sept. 1819). — Emprunt pour en achever l'exécution ; approbation des conventions; tarif (L. 5-11 août 1821). — Réduction des droits sur le charbon de terre (décr. 4-7 sept. 1849, D. P. 49. 4 149). — Prorogation (décr. 15 août-1er sept. 1855; 15 sept.-1er oct. 1856, D. P. 56 4. 158; 19 sept. 1857; 8 sept. 1858; 25 sept. 1859, D. P. 59. 4. 82). — Rachat des actions de jouissance (L. 1er-6 août 1860; décr. 27-28 fév. 1861; loi 30 mai-2 juin 1865). — Nouveau tarif :décr. 22 août-4 sept. 1860, D. P. 60. 4. 142). — V. M. Grangez, p. 548.

56°. Canal latéral à la Marne. — Exécution par l'État L. 19-26 juill. 1857). — Imposé au tarif général (ord. 2 mars 1845, D. P. 45. 5. 80). — V. M. Grangez, p 574.

57°. Canal de la Marne au Rhin. — Loi qui ordonne l'exécution de ce canal, et alloue un crédit extraordinaire (L. 5-9 juill. 1838). — Crédits supplémentaires (L. 5-8 août 1844, art. 4; 5 mai 1846). — V. M. Grangez, p. 575.

58°. Canal de Meaux à Chalifert, de la Marne à la Marne. — Exécution par l'État L. 19-26 juill. 1857). — Imposé au tarif général. — V. M. Grangez, p. 586.

59°. Canal du Midi (autrement dit du Languedoc ou des deux mers). — L'exécution de ce canal est mise en adjudication sous les clauses et conditions exprimées dans l'édit d'oct. 1666 et l'arrêt du conseil du 7 du même mois. Adjudication à Paul Riquet, seigneur de Bon-Repos (14 oct. 1666). — Fixation du tarif des droits de navigation (arrêt du cons. 27 mars 1685; 26 sept. 1684). — Règlement pour l'entretien du canal et de ses dépendances (arrêt du cons. 24 avr. 1759). — Police de la navigation (ord. du juge châtelain du canal 18 déc. 1749; 19 janv. 1764; 3 janv. 1765- 22 sept. et 2 oct. 1772; 51 juill. 1782). — Procla-

mation du roi pour la conservation du canal (1er oct. 1790). — Le canal ayant été confisqué pour 21:28e sur les descendants de Paul Riquet, émigrés, des réparations aux frais de l'État sont ordonnées; fixation du tarif des droits de navigation (décr. an 4, V. Eaux, p 520). — L'administration, placée d'abord dans les mains de l'agence des domaines nationaux, est confiée ensuite à une ferme régie dans laquelle le gouvernement était intéressé; fixation d'un nouveau tarif (L. 21 vend. an 5, V. Eaux, p. 520) — Rectification d'une erreur commise dans ce tarif (décr. 16 frim an 14 [7 déc 1805]). — Décret qui règlemente l'administration et la police du canal, et confie au directeur général des ponts et chaussées l'administration du matériel et celle de la perception à la régie des droits réunis décr. 12 août 1807 : ce décret, qui n'a pas été inséré au Bulletin des lois, est toujours en vigueur; il est rapporté dans le recueil de Ravinet, p. 550). — Décret portant que la part appartenant à l'État dans le canal du Midi sera vendue et réglant les conditions générales et les formes de la vente ainsi que le mode d'administration de ces biens après leur aliénation (décr. 21 mars 1808). — Le prix de vente est fixé à 40 millions (décr. 7 fév. 1809). — Décret qui dispose que le prix du canal du Midi sera versé dans la caisse extraordinaire et efface les états de la caisse d'amortissement (décr. 4 mars 1809). — Loi confirmative du décr. du 21 mars 1808 et qui autorise l'État à vendre ses parts dans la propriété du canal du Midi (L. 25 déc. 1809, V. Eaux, p. 597). — Décret qui dispose que le canal du Midi sera la propriété de la caisse de l'extraordinaire, et que les revenus seront versés dans ladite caisse par l'administration de l'enregistrement (décr. 25 janv. 1810). — Sénatus-consulte portant que la caisse de l'extraordinaire se confondra avec l'administration du domaine extraordinaire (sén.-cons. 30 janv. 1810). — Décret constitutif de la compagnie du canal du Midi, qui en régie la propriété et l'administration (décr. 10 mars 1810, V. Dom. extraord, n° 15). — Création de commissions spéciales de répartition des dépenses (décr. 21 juill. 1814). — L'administration du canal est soumise au ministre de l'intérieur (ord. 20 nov.-13 déc. 1814) — Nomination de l'administrateur (ord. 1er avr.-22 mai 1817). — Modification aux règlements sur l'administration du canal (ord. 25 avr.-1er mai 1825, V. Eaux, p. 354). — Nouvelle fixation du tarif des bateaux de poste (ord. 15 avr.-1er mai 1829). — Réduction d'un quart sur le tarif fixé par la loi du 21 vend. an 5 (ord. 50 juill.-28 août 1858) — Nouveau règlement sur la police du canal promulgué par le ministre des travaux publics le 10 juin 1851, et rendu exécutoire par des arrêtés des préfets de la Haute-Garonne, de l'Aude, de l'Hérault et du Tarn, des 50 juill., 26 et 28 août 1851 (M. Lalou, Manuel de la navig. int., p. 258, donne le texte de ce règlement. — Affermage du canal et du chemin de fer du Midi (décr. 21 juin 1858 25 juill. 1859). — V. M. Grangez, p. 400.

60°. Canal de Mons à Condé. — V. canal de la Haisne.

61°. Canal Monsieur. — V. Canal du Rhône au Rhin.

62°. Canal Napoléon. — V. Canal du Rhône au Rhin.

63°. Canal de Narbonne. — Concession à perpétuité à la compagnie du canal du Midi (décr. 10 mai 1810). — V. M. Grangez, p. 451.

64°. Canal de Niort à la Rochelle. — Ce canal, dont les projets avaient été dressés au dix-huitième siècle, n'a été commencé que le 7 juin 1806 en vertu d'un décret du 23 mess an 13 (17 juill. 1805). — Cette entreprise, dit M. Ernest Grangez, dont l'ouvrage a paru en 1854, est encore en cours d'exécution. — V. M. Grangez, p. 459.

65°. Canal du Nivernais. — L'exécution de ce canal est ordonnée (arrêt du cons. 10 avr. 1784). — Sommes payées pour les travaux (décr. 50 mars-6 avr. 1791). — Emprunt pour l'achèvement; approbation des conventions, fixation du tarif (loi 14-25 août 1822). — Mise en perception de la portion achevée du canal suivant le tarif de 1822, réduit à moitié à l'exception de- houilles et des cokes (ord. 17 mars-6 avr. 1845). — Prorogation des tarifs (25-28 mai 1845; 25 août-15 sept. 1845; 8-22 mars 1844; 50 août-19 sept. 1841), — jusqu'à ce qu'il en soit autrement ordonné (ord 25 mars 1845, D. P. 45. 5. 85). — Mise en perception du canal dans toute son étendue (ord. 10-19 avr. 1846, D. P. 46. 5. 52). — Rachat des actions de jouissance (décr 21 janv. 1er fév. 1852, D. P. 52. 4. 42; 5 mai 1855, D. P. 55. 4. 74) — Modification du tarif (décr. 15 sept.-9 oct. 1858). — Nouveau tarif (décr. 22 août 1860, D. P. 60. 4. 142). — V. M. Grangez, p. 464.

66°. Canal du Nord. — V. Escaut.

67°. Canal de l'Oise ou Oise canalisée et canal latéral à l'Oise. — Le sieur Bruslée est autorisé à construire un canal de navigation pour réunir la Seine à l'Oise :décr. 19 et 21 oct. 1790 50 janv. 1791). — Cette entreprise n'a pas été exécutée. — Emprunt par l'État pour l'exécution des travaux ; approbation des conventions ; fixation du tarif des droits à percevoir (L. 5-11 août 1821; ord. 15-25 juill. 1825, V. Eaux, p 555. — Autorisation de la société anonyme de la navigation de l'Oise (2-29 août 1826). — Modification du tarif (arrêté 15 août 1848, D. P. 48. 4. 165). — Prorogation (décr. 15 août-1er sept. 1855, D. P. 55. 4. 158; 9 sept. 1855, D. P. 55. 4. 90; 15 sept.-1er oct. 1856, D. P. 56. 4. 158; 19 sept. 1857; 8 sept. 1858; 25 sept. 1859, D. P. 59. 4. 82). — Rachat des actions de jouissance (L. 1er 6 août 1860; décr. 27-28 fév. 1861; loi 30 mai-2 juin 1865). — Nouveau tarif (décr. 22 août-4 sept. 1860, D. P. 60. 4. 142). — V. M. Grangez, p. 472, 482, 700.

68°. Canaux d'Orléans et du Loing. — Concession du canal d'Orléans (édit mars 1679) ... du canal du Loing (lett. pat. nov. 1719). — Le tarif du canal de Briare, établi par lettres patentes de décembre 1642,

est rendu commun aux canaux d'Orléans et du Loing (lett. pat mars 1679; nov. 1719 . — Règlements de police du canal ordonnances de la juridiction des canaux, 30 sept. 1701; 19 mars 1725; 1er oct. 1752; 10 déc. 1759; 11 sept. 1776; 15 fév. 1781).— Ces canaux ayant été confisqués sur le duc d'Orléans, l'administration en est confiée à l'agence des domaines nationaux (décr. 9 mars, 16 et 18 mai 1791 ; 19 août 1791). —Sursis à l'adjudication des moulins de Nemours (décr 30 juin 6 juill. 1792). — L'administration des canaux est confiée à une ferme régie dans laquelle le gouvernement est intéressé (L. 5 niv an 5 [25 déc. 1796]).— Fixation d'un nouveau tarif (loi 27 niv. an 5 16 janv. 1797], V. Eaux, p. 521). — Rectification du tarif loi 27 vent. an 6 [17 mars 1798]. — Droits de navigation sur les charbons de bois (loi 3 prair. an 7 [22 mai 1799]. — Décret qui règle l'administration du canal, laquelle est confiée pour le matériel au directeur des ponts et chaussées, pour la perception des droits à la régie des droits réunis (décr. 1er sept. 1807). — L'aliénation de ces canaux est ordonnée décr. 21 mars 1808) — Le prix de vente en est fixé à 11 millions (décr. 21 mars 1808) — Confirmation du décret du 21 mars 1808 : le produit de la vente est destiné à la construction d'autres canaux (L. 23 dec. 1809, V. Eaux, p. 527). — Décret qui dispose que les canaux d Orléans et du Loing seront la propriété de la caisse de l'extraordinaire et que les revenus seront versés dans ladite caisse par l'enregistrement (décr. 28 janv. 1810). — Vente des canaux d'Orléans et du Loing à l'intendant général du domaine extraordinaire (28 fév. 1810). — Décret constitutif de la compagnie des canaux d'Orléans et du Loing à l'administration de ces canaux (décr 16 mars 1810, V. Dom. extr., p. 15). — Règlement sur la police et la conservation de ces canaux (décr. 22 fév. 1813, V. Eaux, p. 527). — Droits à percevoir sur la chaux (décr. 30 juin 1813). — L'administration des canaux d'Orléans et du Loing est soumise au ministre de l'intérieur (ord. 20 nov. 15 déc. 1814). — Nomination de l'administrateur général (ord. 1er avr -22 mai 1817) — Modifications aux règlements sur l'administration des canaux d'Orléans et du Loing (ord. 25 avr.-1er mai 1825).— Fixation des droits sur les marchandises non tarifées ord. 27 nov.-8 déc. 1825). — Actions rendues aux anciens propriétaires (ord. 24 fév.-11 mars 1825). — Droits à percevoir sur les bateaux qui séjournent dans le canal au delà du temps nécessaire (ord. 5-11 mars 1825). — Dispositions relatives aux actions des canaux d'Orléans et du Loing qui ont fait ou qui feront retour par l'extinction des donations auxquelles elles étaient affectées (décr. 16-25 janv. 1858, D. P. 58. 4. 11). — Rachat des canaux d'Orléans et du Loing (loi 1er-6 août 1860; décr. 25 26 avr. 1861; loi 20 mai-2 juin 1863). — Nouveau tarif (décr. 22 août-4 sept. 1860. D. P. 60. 4. 142). — Dissolution de la société des canaux d'Orléans et du Loing ; nomination du grand chancelier de la Légion d'honneur comme liquidateur de ladite société (décr. 12-18 mars 1864, D. P. 64. 4. 26). — V. M. Grangez, p. 301, 483.

69°. Canal de l'Ourcq. — Le premier essai de dérivation de la rivière d'Ourcq remonte au dix-septième siècle. Les travaux furent autorisés par lettres patentes de juillet 1676 et mai 1677 émanées du duc d'Orléans, auquel cette rivière appartenait comme comprise dans son apanage. L'exécution du canal royal de Paris, formé des canaux de l'Ourcq et de Saint-Martin, est ordonnée (arrêt du cons. 15 sept 1788). — Autorisation de la construction de ce canal, projetée par le sieur Brulée (décr. 9 nov. (19, 21 et) 1790-50 janv. 1791). — L'ouverture du canal de dérivation de la rivière d'Ourcq est autorisée (L. 29 flor. an 10 [19 mai 1802]) — Exécution des travaux; fonds qui y sont affectés : le préfet de la Seine est chargé de l'administration des travaux, même pour les parties situées en dehors du département (arr. 25 therm. an 10 [13 août 1802].) — Il résultait de cet arrêté, ainsi que d'autres actes postérieurs, que la ville de Paris serait propriétaire du canal à perpétuité. Emprunt fait par la ville ; convention passée entre la ville et la compagnie Vassal pour l'achèvement du canal, moyennant une somme donnée à forfait et la concession d'un droit de péage pendant quatre-vingt-dix-neuf ans; fixation du tarif (loi 20 mai-11 juin 1818).— Approbation du traité conclu entre la ville et la compagnie concessionnaire (ord. 10-27 juin 181). — Le duc d'Orléans ayant réclamé la propriété du canal de l'Ourcq comme faisant partie de son ancien apanage, est autorisé à en faire la cession à la ville de Paris (ord 10-26 déc. 1825; 5 juin 15 juill. 1824; 18-26 juin 1824, V. Domaine apanager, n° 28). — Conventions additionnelles aux traités de concession; approbation (ord. 14 mai 1841). — V. M. Grangez, p. 493.

70°. Canal de dérivation de la rivière de l'Oust. — Tarif (décr. 25 nov. 1854, D. P. 55. 44. 3); — V. M. Grangez, p. 450.

71°. Canal de la Peyrade. — V. canal des Etangs.

72°. Canal de Picardie ou de Crozat, V. Canal de Saint-Quentin.

73°. Canal de Pont-de-Vaux — Concession (arrêt du cons. 22 juin 1779).— Révocation de la concession (décr. 16 mai 1810).— Concession de ce canal à la ville de Pont-de-Vaux (L. 30 juin-6 juill. 1855).— Renonciation de la ville à cette concession; offre de fournir à l'Etat une subvention de 70,000 fr. pour l'achèvement du canal, acceptation (ord. 14 oct 1858). — V. M. Grangez, p. 506.

74°. Canal des Pyrénées. — L'exécution de ce canal, dont le but est de réunir l'Océan à la Méditerranée en continuant le canal de Languedoc entre Toulouse et Bayonne, est ordonnée ; concession perpétuelle (L. 20-28 fév 1853). — Les travaux n'ont pas été commencés. — V. M. Grangez, Tr. des droits de navig., 1840, p. 457.

75°. Quatre-Canaux (comp. des). — Autorisation de la société anonyme des Quatre-Canaux (de Bretagne, du Nivernais, du Berri et latéral à la Loire) ord. 12 mars-9 mai 1825). — Modifications aux statuts (ord. 16 juin-5 juill. 1824) — Rachat des droits attribués à cette compagnie (décr. 21 janv. 1852, D. P. 52. 4. 42 ; L. 3 mai 1853, D. P. 53. 4. 74). — V. Canal du Berri, de Bretagne, Canal latéral à la Loire, Canal du Nivernais.

76°. Canal de la Radelle.— Le gouvernement est autorisé à traiter pour l'achèvement de ce canal (L. 25 vent. an 9 [16 mars 1801]). — Société anonyme autorisée pour l'achèvement des travaux (décr. 27 oct. 1808). — V. canal de Beaucaire, et M. Grangez, p. 509.

77°. Canal de Reims. — Projet d'un canal de Reims à la mer (arrêté 25 therm. an 11 [13 août 1803]).

78°. Canal du Rhône au Rhin. — L'exécution de la première partie de ce canal comprise entre la Saône et le Doubs est autorisée (arr. du cons. 25 sept. 1785). — La confection entière du canal est ordonnée (décr. 6-17 sept. 1792). — Approbation des projets définitifs (15 flor. an 12 [5 mai 1804]). — Des impositions spéciales sont établies pour la confection de ces canaux, auquel on donne le nom de canal Napoléon (L. 11-21 avr. 1806).—Les dépenses de construction doivent être couvertes par le produit de la vente des canaux du Midi, d'Orléans et du Loing (L. 23 déc. 1809). — Mise en perception de la partie achevée du canal formant jonction du Doubs à la Saône (décr. 11 avr. 1811). — Fixation des droits de navigation sur le fer et métaux non ouvrés (décr. 17 mars 1812) — Sous la restauration, le canal du Rhône au Rhin est appelé canal Monsieur; emprunt pour son achèvement; approbation des conventions ; fixation du tarif (L. 5-11 août 1821 . — Autorisation de la société anonyme formée sous le titre comp. du Canal Monsieur (ord. 19 oct.-15 nov. 1821, V. Eaux, p. 533) — Etablissement des droits sur la partie comprise entre Dôle et Besançon (ord. 18 janv.-1er fév. 1826). — Réduction de ces droits à moitié sur la partie navigable du canal entre Saint Jean-de-l'Osne et Besançon (ord. 19 avr.-1er mai 1826). — Depuis la révolution de 1850, le canal a repris son nom de canal du Rhône au Rhin, et la société reçoit le nom de comp. du canal du Rhône au Rhin (ord. 19 juill.-14 août 1852). — Modification du tarif annexé à la loi du 5 août 1821 (ord. 2-10 juin 1852). — Réduction des droits (ord. 8-25 juill. 1840 ; 21 août-4 sept 1841 ; 17 avr.-15 mai 1843; 25-28 mai 1843). — Rétablissement des droits qui étaient en vigueur au 31 mai 1843 (ord. 14-19 avr. 1844). — Nouvelle modification du tarif (décr. 25-50 mai 1852, D. P. 52. 4. 113). — Rachat des actions de jouissance (décr. 21 janv.-1 fév. 1852, D. P. 52. 4. 42; L. 5-7 mai 1855, D. P. 55. 4. 74). — Les tarifs sont prorogés jusqu'à ce qu'il en soit autrement ordonné (décr. 11-21 mai 1855, D. P. 55. 4. 78). — Décret relatif à la perception des droits de navigation (2 août 1858). — Exécution d'un embranchement sur la ville de Colmar (décr. 20-23 mai 1860.) — Nouveau tarif (décr. 22 août-4 sept. 1860, D. P. 4. 142).

79°. Canal de Roanne à Digoin. — Le gouvernement est autorisé à procéder par voie de publicité et concurrence à la concession perpétuelle de ce canal ; fixation des droits de navigation (loi 29 mai-5 juin 1827). — Approbation de l'adjudication (ord. 11 oct.-4 déc. 1850). — Entretien par l'Etat d'une partie du canal (décr. 3 nov. 1855). — Rachat de la concession (loi 28 juill.-6 août 1860; décr. 27 28 fév. 1861 ; loi 20 mai-2 juin 1863). — Nouveau tarif (décr. 22 août-4 sept. 1860, D. P. 60. 4. 142). — V. M. Grangez, p. 558.

80°. Canal de Roubaix. — Le gouvernement est autorisé à procéder à l'adjudication de la concession à perpétuité de ce canal : fixation du tarif (L. 8 21 juin 1825). — Approbation de l'adjudication (ord. 50 nov. 1825). — Le prolongement du canal jusqu'à la frontière est autorisé, moyennant une concession de quatre-vingt-dix-neuf ans (loi 9-20 juill. 1856). — Mise en adjudication de cette concession (ord. 21 mars-1er avr. 1856). — Approbation de l'adjudication (décis. min. juin 1857). — Convention du 27 août 1859 entre la France et la Belgique pour l'ouverture sur le territoire belge d'un canal dit de l'Espierre, destiné à servir de prolongement au canal français de Roubaix (ord. 17-19 oct. 1859). — Achèvement du canal de Roubaix (décr. 27 juill. 1861). — V. M. Grangez, p. 542.

81°. Canal Saint-Denis. — L'exécution de ce canal est ordonnée (L. 30 flor. an 10 [19 mai 1802]). — Ce canal a suivi le sort du canal de l'Ourcq : concédé à perpétuité à la ville de Paris en même temps que ce dernier canal, il fait aussi partie de la concession de quatre-vingt-dix-neuf ans faite par la ville à la compagnie Vassal (V. Canal de l'Ourcq, les mêmes lois étant applicables à l'un et à l'autre). — Modification des tarifs (décr 4-7 sept. 1819, D. P. 49. 4. 149). — Prorogation du nouveau tarif (décr 13 oct-1er sept. 1855, D. P. 53. 4. 169 ; 23 août 1854; 9 sept. 1855, D. P. 55. 4. 90 ; 15 sept-1er oct. 1856. D. P. 56. 4. 158 ; 5 sept. 1857; 8 sept. 1858; 25 sept. 1859, D. P. 59.4.82).—V. M. Grangez, p. 549.

82°. Canal Saint-Martin. — La direction de ce canal est déterminée (décr 27 juill. 1808). — Mesures pour l'achèvement de ce canal; emprunt par la ville de Paris; fixation du tarif (loi 5-11 août 1821). — Adjudication du canal avec concession de quatre-vingt-dix neuf ans; approbation de l'adjudication (ord. 11 déc. 1821). — Abaissement du niveau du canal (décr. 30 avr. 1859).—V. Canaux de l'Ourcq et de Saint-Denis, M. Grangez, p. 554.

83°. Canal de Saint-Maur. — Adjudication de la concession des

eaux surabondantes du canal; approbation (loi 17-25 avr. 1822; ord. 14 août-8 sept. 1822). — V. M. Grangez, p. 559.

84°. Canal de Saint-Quentin. — Cette ligne navigable se compose de deux canaux qui joignent ensemble les bassins de la Seine, de la Somme et de l'Escaut. — Autorisation d'établir un canal joignant la Seine à la Somme : concession (édit de sept. 1724). — Le privilège ayant été retiré, la concession du canal est faite au sieur Crozat (lett. pat. 4 juin 1832) — Ce canal, auquel on a donné le nom de canal Crozat ou canal de Picardie, est racheté par le roi (17 avr. 1767). — Exécution aux frais du trésor public du canal joignant la Somme à l'Escaut (arrêt du cons. 24 fév. 1769). — Travaux ordonnés sur le canal Crozat (décr. 29 juin-26 juill. 1790). — Reprise des travaux du canal de jonction entre la Somme et l'Escaut : il est décidé que les canaux de réunion de l'Oise à l'Escaut prendront le seul nom de canal de Saint-Quentin (arrêté 11 therm. an 10 [30 juill. 1802]). — Établissement d'une imposition spéciale pour la confection du canal de Saint-Quentin (L. 5 avr. 1806). — L'aliénation du canal est ordonnée (loi 25 oct. 1809) : cette aliénation n'a pas été effectuée. — Établissement d s droits de navigation sur la partie neuve du canal de Saint-Quentin (ord. 31 déc. 1817-5 janv. 1818 . — Approbation de la convention pour l'amélioration des canaux de Saint-Quentin et de Crozat : concession de vingt-deux ans (loi 29 mai-4 juin 1827). — Fixation des droits à percevoir sur les bois de charpente (ord. 15-21 juin 1830). — La concession a pris fin le 11 juill. 1849. — Réduction des droits (décr. 4 sept. 1849, D. P. 49. 4. 149) — Prorogation du tarif (décr 13 août 1855, D. P. 55. 4. 169; 21 août 1854; 9 sept. 1855, D. P. 55. 4. 90; 15 sept. 1856, D. P. 56. 4. 158; 19 sept. 1857; 8 sept. 1858; 25 sept. 1859, D. P. 59. 4. 82). — Les bateaux vides, ainsi que ceux affectés à certains usages, sont exempts du droit de navigation (décr. 15 sept.-9 oct. 1858). — Nouveau tarif (décr. 22 août-4 sept. 1860, D. P. 60. 4. 142).

85°. Canal des Salines de l'Est. — Décret qui décide qu'un canal artificiel sera créé entre la Sarre et Metz, par Dieuze et Château-Salins en empruntant la vallée de la Seine (décr. 15 avr. 1806).—V. canal des houillères de la Sarre, et M. Grangez, p. 572.

86°. Canal de la Sambre. — Exécution du canal de jonction de la Sambre à l'Oise (décr. 8 pluv. an 3 [27 janv. 1795]; 8 prair. an 3 [27 mai 1795]). — Le gouvernement est autorisé à procéder à l'adjudication de la concession pendant quatre-vingt-neuf ans de ce canal; fixation du tarif (L. 30 avr.-10 mai 1833) — Approbation de l'adjudication (ord. 30 oct.-12 nov. 1833). — Autorisation de la société anonyme pour l'exploitation de la concession (ord. 20 oct.-28 nov. 1834). — V. M. Grangez, p. 584.

87°. Canal latéral à la Seine. — L'exécution de ce canal est ordonnée (décr. 10 juin 1848). — Mais les travaux de ce canal ont été interrompus en 1849 et n'ont pas été repris. — V. M. Grangez, p. 614.

88°. Canal de la haute Seine. — Concession à Hector Bouteroue du droit de rendre la Seine navigable jusqu'à Troyes (lett. pat. de 1665). — Le privilège a été révoqué en 1720. — La reprise des travaux aux frais du gouvernement est ordonnée (décr. 21 germ. an 13 [11 avr. 1805]). —Loi qui autorise le gouvernement à concéder à perpétuité la partie de la Seine comprise entre Courcelles-les-Rangs, au dessous de Châtillon, et l'entrée de Troyes, et pour quatre-vingt dix neuf ans la partie comprise entre ce point et la dérivation de Nogent (L. 8-21 juin 1825). — Cette loi étant restée sans résultat, un crédit a été ouvert pour l'achèvement des travaux (L. 8 juill. 1840).—Nouveau crédit pour le prolongement du canal de la haute Seine en amont de Troyes (décr. 10 juin 1848). — Construction d'un canal entre Troyes et le pont Hubert (décr. 24 déc. 1853). — Prolongement du canal de la haute Seine (décr. 29 mars 1862).—V. M. Grangez, p. 649.

89°. Canal de la Sensée. — Conditions auxquelles le sieur Honnorez est chargé de la construction de ce canal, fixation du tarif (L. 13-20 mai 1818). — Autorisation d'une société anonyme pour l'exploitation (ord. 18 mai-25 juin 1820). — Rachat de la concession (L. 1er-6 août 1860; décr. 25-26 avr. 1861; L. 20 mai-2 juin 1865). — Nouveau tarif (décr. 22 août-4 sept. 1860, D. P. 60. 4. 142). — V. M. Grangez, p. 654.

90°. Canal de la Somme. — Edit du mois de sept. 1724 portant que la Somme serait canalisée. — Autorisation de la perception d'un droit de 20 sous par velte d'eau-de-vie importée par la Somme, dont le produit est affecté à l'amélioration de ce fleuve (lett. pat. 28 mars 1782; 11 juin 1784; arrêt du cons. 28 juin 1785). — Le canal de la Somme reçoit le nom de canal du Duc-d'Angoulême (ord. 29 oct. 1815-9 fév. 1817). — Emprunt pour l'achèvement de ce canal; approbation des conventions; fixation du tarif (L. 5 11 août 1821). — Modification des droits de péage (ord. 12-29 sept 1821). — Emission des actions de l'emprunt de 1821 (ord. 20 fév. 9 avr. 1823). — Modification des actes relatifs à l'émission de ces actions (ord. 25 fév.-8 avr. 1824). — Dispositions relatives au remboursement des actions (ord. 6-31 janv. 1825). — Autorisation de la société anonyme du canal d'Angoulême; approbation des statuts (ord. 27 avr.-11 juin 1825). — Le canal reçoit de nouveau le nom de canal de la Somme; la société prendra dorénavant le nom de société anonyme du canal de la Somme (ord. 19 juill.-14 août 1832). — Modification du tarif (ord. 5-19 mars 1841).—Prorogation (ord 12-21 juin 1849; 8-24 déc. 1849; 27 nov.-19 déc. 1843 ; 19 mai-13 juin 1844; 4 juin 1845; D P. 45. 3. 135; 6-14 nov. 1845, D. P. 46. 3. 4; 2 déc. 1846, D. P. 47. 3. 56; arrêté 7 déc. 1848, D. P. 49. 4. 25) — Nouvelle modification du tarif (décr. 31 mai-21 juin 1850, D. P. 50. 4. 156). — Prorogation (décr.

13 août-1er sept. 1855, D. P. 55. 4. 169; 9 sept. 1855, D. P. 55. 4. 90; 15 sept.-1er oct. 1856, D. P. 56. 4. 138; 19 sept. 1857; 8 sept. 1858; 25 sept. 1859, D. P. 59. 4. 82). — Rachat des actions de jouissance (L. 1er.-6 août 1860; décr. 27-28 fév. 1861; loi 20 mai-2 juin 1865). — Nouveau tarif (décr. 22 août-4 sept. 1860, D. P. 60. 4. 142) — Travaux d'amélioration autorisés (décr. 15 oct. 1861). — V. M. Grangez, p. 675.

91°. Canal de Sommevoire. — Formation du canal de Sommevoire jusqu'à la rivière d'Aube (décr. 20 avr. 6 mai 1792).

92°. Canal de la Teste à Mimizan.—V. canal d'Arcachon.

93°. Trois-Canaux (comp. des). — 1° Canaux de la Somme et de Manicamp; 2° canal des Ardennes; 3° canal latéral à l'Oise et Oise canalisée. — V. ces différents canaux.

94°. Canal de Vauban ou de Neufbrisach. — Règlement pour la conservation et la police de ce canal (ord. 2-14 avr. 1817, V. Eaux, p. 332).

95°. Vezère. — V. Canal de la Corrèze.

96°. Canal de la Vilaine. — V. Canaux de Bretagne.

97°. Canal de Vire-et-Taute. — Le gouvernement est autorisé à procéder à l'adjudication de la concession pendant quatre vingt-dix-neuf ans de ce canal; fixation du tarif (loi 30 avr.-9 mai 1833). — Approbation de l'adjudication (ord. 1er juill. 1833). V. M. Grangez, p. 715.

98°. Canal de Vitry à Saint-Dizier. — Etablissement de ce canal (décr. 27 juill. 1861).

99°. Canal de la Voire. — Concession (loi 8-21 juin 1825).

CHAP. 2. — DES FLEUVES ET RIVIÈRES NAVIGABLES ET FLOTTABLES.

Sect. 1. — Domanialité des cours d'eau navigables et flottables; déclaration de navigabilité; délimitation.

44. Les fleuves et rivières navigables et flottables, en trains ou en radeaux, font partie du domaine public, sans qu'il y ait à distinguer, comme le faisait autrefois l'ordonn. de 1669, tit. 27, art. 41, entre les rivières navigables de leur propre fonds et celles qui ont été rendues telles par l'ouvrage de l'homme (L. 22 nov.-1er déc. 1790, art. 2; 12-20 août 1790, ch. 6; 28 sept.-6 oct. 1791, sect. 1, tit. 1, art. 4; arrêté du gouv. 19 vent. an 6; c. nap. 538, 560; av. cons. d'Etat 30 pluv. an 13 et 21 fév. 1822; V. v° Domaine publ., n° 2; Eaux, n° 53 et s., 56, 59 et s.; Pêche fluv., n° 15, et MM. Husson, Tr. des trav. publ. et de la voirie, p. 395, 396; Dufour, Tr. de dr. adm., t. 3, n°s 235, 277 et s., 283 ; Cotelle, Cours de dr. adm., n°s 840 et 843). — En conséquence, on doit considérer comme des dépendances du domaine public, les rivières canalisées (Req. 29 juill. 1828, aff. d'Harville, V. Eaux, n° 56; trib. des conf., 3 avr. 1850, aff. Deherrypon, D. P. 50. 3. 49; 5 nov. 1850, aff. de Béthune, D. P. 51. 3. 6; M. Cotelle, n°s 818 et suiv.), ...les canaux de navigation, même ceux qui ont été concédés à perpétuité (V. Eaux, n°s 161 et suiv.; M. Dufour, t. 3, n° 291 ; rapport sur la loi du 28 juill. 1860 relative au rachat des canaux de Briare, d'Orléans et du Loing, V. M. Duvergier, 1860, p. 371.—Conf. cons. d'Et. 9 fév. 1847, aff. Chevalier; V. infra, n° 133).

45. Font également partie du domaine public : 1° les bras, même non navigables, des rivières navigables (V. arr. du cons. 10 août 1694; cons. d'Et. 27 avr. 1825, aff. Demolon, V. Eaux, n° 335-2° ; 16 mai 1827, aff. Varillat, eod., n° 520; 11 fév. 1836, aff. Petot, eod., n° 79-1°, et les arrêts cités v° Eaux, n° 52; M. Dufour, t. 3, n° 286),...alors même qu'ils seraient le fait de l'homme : tel serait par exemple un canal creusé pour détourner une portion de l'eau et la rendre plus bas à son cours (cons. d'Et. 28 janv. 1835, aff. Deschamps, V. Eaux, n° 534-1°; 8 mars 1844, aff. Hirt, D. P. 45. 3. 70); — 2° Les noues, boires et fossés qui tirent leurs eaux des fleuves et rivières navigables ou flottables, dans lesquels on peut en tout temps pénétrer en bateau et dont l'entretien est à la charge de l'Etat (L. 15 avr. 1829, art. 1, V. Eaux, n° 53; Pêche fluv., n° 17 et suiv.; MM. Husson, loc. cit.; Dufour, t. 3, n° 289); — 3° Les ports, les gares, les abreuvoirs, lesquels sont des dépendances des rivières navigables (V. Dom. publ., n°s 17, 24);—4° Les digues artificielles d'une rivière navigable ; en conséquence ces digues sont imprescriptibles et ne peuvent être l'objet d'une action possessoire (Civ. cass. 26 nov. 1849, aff. préf. de l'Aube, D. P. 50. 1. 59).

46. Le canal creusé pour amener dans un port de commerce les eaux d'une rivière et pour obvier par l'action de ces eaux

aux amoncellements de sable et autres matières qui se formaient dans ce port (dans l'espèce, le canal de Vauban, creusé pour amener dans le port du Havre les eaux de la Lezarde), est une dépendance du port, et à ce titre fait partie du domaine public (cons. d'Et. 2 août 1860, aff Mazeline, D. P. 61. 3. 58).

47. Mais on ne doit pas considérer comme des dépendances du domaine public : 1° les affluents qui alimentent les cours d'eau navigables, sans être navigables eux-mêmes (MM. Daviel, t. 1, n° 39; Dufour, t. 3, n° 289); — 2° Les courants non navigables qui se séparent de la rivière pour ne plus s'y réunir (Conf. MM. Proudon, Dom. publ., n° 760; Dufour, n° 288. —*Contrà* M. Nadault de Buffon, t. 1, p. 254); — 3° Les canaux et fossés aboutissant à une rivière navigable, mais creusés dans des propriétés particulières et entretenus aux frais des propriétaires (L. 15 avr. 1829, art. 1; M. Husson, p. 596, V. Pêche fluv., n° 17); — 4° Les canaux d'irrigation et de desséchement, alors même qu'ils seraient dérivés d'une rivière navigable (M. Dufour, n° 292); — 5° Les ruisseaux et rivières flottables à bûches perdues (V. Eaux, n°s 61 et suiv.; Crim. rej. 22 août 1823, aff Gombert, V. Pêche pluv., n° 15; M. Dufour, t. 3, n° 284). — Cependant un arrêté du directoire exécutif, en date du 13 niv. an 5, porte que « toutes les rivières navigables et flottables, et les *ruisseaux servant au flottage* des bois destinés à l'approvisionnement de Paris, *étant des propriétés nationales*, nul ne peut, etc. » (V. aussi édit de 1672, art. 1). Mais cette disposition ne doit pas être prise à la lettre (M. Dufour, n° 290).

48. La navigabilité d'un cours d'eau ayant pour effet de placer ce cours d'eau parmi les dépendances du domaine public et de le soumettre à un régime spécial, il importe que ce fait soit porté à la connaissance de tous par un acte de l'autorité publique. — C'est au gouvernement qu'appartient le droit exclusif de reconnaître et de déclarer la navigabilité des cours d'eau; cela n'a jamais été contesté (L. 14 flor. an 10, art. 1; décr. 22 janv. 1808, art. 1; L. 15 avr. 1829, art. 3). Seulement, il y a controverse sur le point de savoir de quelle autorité cette déclaration doit émaner. M. Cormenin pense qu'elle doit résulter d'une loi. M. Husson, p. 599, se fondant sur ce que la déclaration de navigabilité entraîne pour les riverains une véritable expropriation, en ce qui concerne notamment la pêche et le halage, veut, par argument de la loi du 3 mai 1841, une loi toutes les fois qu'il s'agit d'un cours d'eau de 20,000 mètres de longueur, et un décret dans les autres cas. M. Cotelle, n° 847, abonde dans ce sens, mais appliquant le sénatus-consulte du 25 déc. 1852, il croit que, dans le premier cas, un règlement d'administration publique est aujourd'hui suffisant. — Suivant M. Foucart, t. 3, n° 1409, c'est par décret impérial que la navigabilité doit être déclarée (arg. art. 1, L. 15 avr. 1829), et en l'absence d'un décret, le préfet peut prononcer provisoirement et sauf recours au ministre.—Il nous semble qu'une distinction est ici nécessaire. S'il s'agit d'une rivière qui soit devenue navigable naturellement, les formes prescrites par la loi du 3 mai 1841 et le sénatus-consulte de 1852 ne seront pas applicables; car elles n'ont pas de raison d'être; il n'y a pas en effet d'expropriation : la navigabilité est un fait que les riverains doivent subir la conséquence; il suffit donc qu'elle soit déclarée par un simple décret impérial. — Si, au contraire, il s'agissait de rendre navigable par les travaux de l'homme, une rivière, qui par sa nature n'est pas susceptible de navigation, il nous semble que les riverains, en admettant même que les petits cours d'eau ne soient pas susceptibles de propriété privée, ne peuvent être dépouillés des droits de jouissance qu'ils possédaient légitimement sur cette rivière que sous la garantie des formes exigées par les lois sur l'expropriation pour cause d'utilité publique.—V. Eaux, n° 54.

49. La déclaration de navigabilité, à l'égard d'une rivière qui n'était pas antérieurement navigable, entraîne immédiatement et d'une manière absolue l'affectation du cours d'eau à l'usage public : les droits de propriété des riverains qui peuvent être atteints la mesure sont convertis en un droit à une indemnité (V. Eaux, n° 45; M. Dufour, t. 4, n° 294). — L'indemnité est due, par exemple, pour l'établissement du chemin de halage (V. n° 103), pour la suppression des droits de pêche (V. Pêche fluv., n° 31), et même, suivant M. Dufour, t. 4, n° 297, pour la suppression du droit d'irrigation, dans le cas

où la navigabilité serait le résultat de travaux exécutés à cet effet. — Il a été décidé que l'autorité judiciaire est seule compétente pour décider si, antérieurement à la déclaration faite par l'administration qu'une dérivation navigable forme une dépendance du lit principal et par suite fait partie du domaine public, des particuliers avaient, en vertu de leur possession, des droits de pêche dans cette dérivation, sauf l'application, s'il y a lieu, des principes posés par le § 3 de l'art. 3 de la loi du 15 avr. 1829 (trib. des confl. 21 juin 1850, aff. Dihinx, V. n° 56).

50. La navigabilité étant un fait qui peut être matériellement constaté, n'est pas nécessairement subordonnée, quant à ses conséquences légales, à une constatation régulière, officielle (V. Eaux, n° 51; M. Dufour, n° 295). — Aussi existe-t-il un grand nombre de cours d'eau qui ont été livrés à la navigation sans déclaration de navigabilité. De là il résulte que le conseil de préfecture devant lequel s'élève une question de navigabilité incidente à une poursuite portée devant lui, pourra lui-même prononcer sur cette question — V. n° 372.

51. L'ordonnance du 10 juill. 1835, rendue en exécution de la loi du 15 avr. 1829 sur la pêche fluviale, présente le tableau par département des fleuves et rivières navigables ou flottables et du point où commence la navigabilité de ces cours d'eau, tableau qui été modifié par d'autres actes postérieurs (V. Pêche fluv., n° 22). — Ce tableau a pour objet spécial de déterminer les cours d'eau sur lesquels les produits de la pêche appartiennent à l'État, et il n'en résulte nullement que les rivières qui n'y sont pas comprises soient de plein droit réputées non navigables. La loi du 15 avr. 1829, en déterminant les cours d'eau dans lesquels la pêche appartient à l'État, n'a pas eu pour objet de limiter à ces seuls cours d'eau la qualité de dépendance du domaine public (M. Dufour, t. 4, n° 293). Par contre, il n'en résulte pas non plus que les rivières déclarées navigables par cette ordonnance n'étaient navigables antérieurement.—V. n° 105.

52. Il ne suffit pas pour qu'une rivière soit réputée navigable qu'elle soit en quelques points de son cours susceptible de porter bateaux; il faut qu'il puisse s'y établir une navigation régulière; que l'on puisse-y naviguer librement, y circuler en bateaux, trains et radeaux, au moins pendant une partie de l'année (V. Eaux, n°s 39 et suiv, 47; M. Dufour, t. 4, n° 283). — En conséquence, il a été décidé qu'une rivière ne doit pas être considérée comme navigable par cela seul que les riverains y font circuler quelques batelets utilisés par eux pour le transport des engrais et de leurs récoltes (cons. d'Et 1er déc. 1853, M. Gomel, rap. aff. Haine). — De là il suit que le propriétaire d'un fonds traversé par une rivière sur laquelle ne peut s'établir une navigation régulière, a le droit de placer des obstacles pour empêcher qu'on ne traverse son fonds en bateau : c'est l'exercice du droit de se clore (Paris, 2 août 1862, aff. Paulmier, D. P. 63. 2. 122). — En d'autres termes, la seule possibilité de naviguer sur un cours d'eau n'emporte pas pour le public le droit de naviguer; il faut possibilité et permanence dans une certaine mesure.

53. D'un autre côté, il n'est pas nécessaire, pour qu'une rivière soit considérée comme navigable, qu'il y ait sur cette rivière une navigation effective et continue; il suffit que la navigation y soit possible. — Il a été décidé en ce sens qu'une rivière anciennement navigable ne cesse pas d'être comprise parmi les dépendances du domaine par cela seul que la navigation ou le flottage y aurait été interrompu depuis un temps plus ou moins long (cons. d'Et. 22 fév. 1850, aff. Dartigue, V. n° 338; V. aussi cons. d'Et. 3 août 1829, aff. Mirandol, Eaux, n° 150).

54. La rivière de Loing ne doit pas être considérée comme une rivière navigable; en conséquence, est nul comme entaché d'excès de pouvoirs l'arrêté du préfet qui ordonne sur cette rivière des mesures qui ne sont applicables qu'aux rivières navigables, telles que la délimitation de la rivière au droit d'une propriété particulière, l'attribution d'un îlot au domaine public, la démolition d'un mur pour laisser le passage libre le long de la berge, la suppression de travaux défensifs (cons. d'Et. 10 juill. 1862, M. Faré, rap., aff. Molard). —Une ordonnance royale du 20 sept. 1830, insérée au Bulletin des lois, avait autorisé un particulier à rendre navigable à ses frais une portion de la rivière de Loing, mais sous cette condition que l'autorisation d'effectuer des tra-

vaux sur la rivière n'aura pas pour effet de la faire classer au rang des rivières navigables ou flottables. Et en effet, la rivière de Loing n'a pas été comprise dans le tableau des rivières navigables annexé à l'ordonnance du 10 juill. 1835 ni dans les tableaux complémentaires publiés postérieurement.

55. De ce que les cours d'eau non navigables ne sont pas au rang des choses du domaine public, il suit que les rivières navigables n'acquièrent la domanialité qu'à partir du point où commence la navigation (V. Eaux, nᵒˢ 47, 48; MM. Husson, p. 596; Dufour, t. 4, nᵒ 283).—Au-dessus, elles ne peuvent être considérées comme appartenant à l'Etat. Le parlement de Paris l'avait jugé ainsi le 9 déc. 1651, et c'est aussi ce qui résulte virtuellement d'un édit d'avr. 1683, de deux arrêts du conseil des 10 août et 9 nov. 1694 et d'une déclaration du 13 août 1709 (V. le réquisit. de Merlin, *infrà* sous le nᵒ 229). Enfin la cour de cassation et le conseil d'Etat ont consacré la même doctrine.—V. Req. 29 juin 1813, aff. M..., nᵒ 229; 23 août 1819, aff. Brousse, nᵒ 337; cons. d'Et. 11 janv. 1851, aff. Roux-Laborie, nᵒ 228-3ᵒ.

56. Lorsqu'une rivière n'a pas été classée parmi les cours d'eau navigables par un acte de l'autorité publique, la question de savoir si en fait cette rivière doit être considérée comme navigable, ne peut être résolue que par l'autorité administrative : il en est de même du point de savoir si une rivière déclarée navigable par ordonnance ne l'était antérieurement à cette déclaration. En conséquence, les tribunaux de l'ordre judiciaire devant lesquels se présente incidemment une question de cette nature, ne peuvent en connaître et doivent en renvoyer la solution à l'autorité administrative (V. Eaux, nᵒˢ 49 et suiv.; MM. Husson, p. 598; Dufour, t. 4, nᵒ 295; V. aussi sol. impl. cons. d'Et. 5 août 1829, aff. Mirandol, V. Eaux, nᵒ 150; 13 mai 1836, aff. Pierre, V. *eod.*, nᵒ 131; 26 janv. 1860, M. Robert, rap., aff. Moselman). — Il a été décidé spécialement que c'est à l'autorité administrative et non à l'autorité judiciaire qu'il appartient de déclarer si une dérivation naturelle du lit d'une rivière navigable ou flottable forme une dépendance du lit principal, et fait, comme telle, partie du domaine public (trib. des confl., 21 juin 1850) (1). — Mais le conseil de préfecture n'est pas soumis à cette règle. Suivant le conseil d'Etat, les questions de navigabilité, soit actuelle, soit dans le passé, lorsqu'elles s'élèvent à l'occasion d'un débat engagé sur des droits privés, rentrent dans le contentieux de la grande voirie, et par conséquent peuvent être résolues par le conseil de préfecture (V. les décisions précitées. Conf. cons. d'Et. 15 déc. 1842, aff. Neuville, V. P 151; 14 avr. 1853, M. de Pons-Rennepont, rap., aff. Cousin-Jolly; 15 juill. 1853, M. Marchand, rap., aff. Vivien-Michon; V. aussi M. Dufour, t. 3, p. 302 et suiv.).

57. Chez les Romains, bien que les fleuves et rivières navigables fussent classés parmi les choses publiques (Inst., *De rer. divis.*, § 2), le lit et les bords de ces cours d'eau étaient supposés faire partie des héritages riverains : le public en avait simplement l'usage (*eod.*, § 4); d'où la conséquence que les îles et îlots qui se formaient dans la rivière appartenaient aux riverains. — En droit français, au contraire, le lit et les bords de la rivière sont considérés comme des dépendances du domaine public : le fond en appartient à l'Etat (Conf. Toulouse, 6 juin 1832, aff. Ferrage, V. Eaux, nᵒ 377), lequel, par suite, a également la propriété des îles, îlots et atterrissements qui s'y forment (c. nap. 560, V. Propriété, nᵒˢ 532 et suiv.). — Ces îles et îlots font partie, non du domaine public, mais du domaine aliénable de l'Etat, à moins qu'ils ne soient nécessaires au service de la navigation. Sous l'ancienne monarchie, ils étaient soumis à la règle d'inaliénabilité du domaine posée par l'édit de fév. 1566 (décl. du roi, avr. 1683. V. Eaux, p. 518; arr. du cons., 6 juill. 1683; édit de déc. 1693; arr. du cons., 9 nov. 1694), règle qui s'étendait aux îles et îlots non encore formés (V. Dom. de l'Etat, nᵒ 174). — Mais aujourd'hui les îles, îlots et atterrissements formés dans le lit des rivières navigables, lorsqu'ils ne sont pas nécessaires au service de la navigation, peuvent être vendus suivant les formes voulues pour l'aliénation des biens de l'Etat (V. Dom. de l'Etat, nᵒˢ 103 et suiv.). — Aussi le code Napoléon ne consacre-t-il la propriété de l'Etat, quant aux îles, îlots et atterrissements, que s'il n'y a titre ou possession contraire (art. 560; V. Propriété, *loc. cit.*, et MM. Merlin, Rép.; vᵒ Ile, Rivière, § 6; Husson, p. 597; Cotelle, nᵒ 860).

58. Le principe qu'on vient de poser relativement à la propriété domaniale des îles et îlots formés dans le lit des fleuves et rivières navigables et flottables, ne s'applique pas au cas où une île nouvelle viendrait à se former par suite d'un changement survenu dans le cours de la rivière, qui s'ouvrant un nouveau bras, coupe et embrasse un champ riverain : ce champ restant le même, quoique transformé en île, continue d'appartenir au même propriétaire (c. nap., 562).—V. Propriété, nᵒ 537.

59. Les alluvions, c'est-à-dire les accroissements qui se forment successivement et imperceptiblement sur les bords des cours d'eau, même navigables et flottables, appartiennent, non à l'Etat, mais aux riverains, conformément au principe posé par les art. 556, 557 c. nap. (V. Propriété, nᵒˢ 462 et suiv.; V. aussi *eod.*, nᵒ 106; MM. Husson, p. 598, Cotelle, nᵒ 855).— Les alluvions, comme les terrains auxquels elles se rattachent, sont soumises à toutes les servitudes instituées dans l'intérêt de la navigation : ainsi, on ne peut y établir des plantations qu'à la distance voulue et avec autorisation (cons. d'Et. 2 fév. 1825; M. Tarbé, rap., aff. Chavagnac; 1ᵉʳ août 1834, M. Jouvencel, rap., aff. Sutaine; 2 janv. 1835, M. Jouvencel, rap., aff. Palierne de Chassenay).

60. Les questions de propriété sont du ressort exclusif de l'autorité judiciaire (V. Compét. admin., nᵒ 143 et suiv.; Propriété, nᵒˢ 682 et s.).—En conséquence, il a été décidé : 1ᵒ que c'est à cette autorité seule qu'il appartient de statuer sur la demande formée par un particulier contre l'Etat à l'effet de se faire déclarer propriétaire et envoyer en possession, avec in-

---

(1) *Espèce :* — (Dihinx.) — Dihinx, traduit devant le tribunal correctionnel de Bayonne pour avoir fait construire un appareil fixe pour la pêche du saumon dans un bras de la Nive, soulève l'exception de propriété. Il prétend que le bras de la Nive, sur lequel il a construit son appareil, n'est ni navigable ni dépendant d'une rivière navigable et qu'il est la propriété des riverains. — 13 avr. 1848, jugement du tribunal correctionnel de Bayonne qui sursoit à statuer et renvoie les parties à fins civiles. — Appel. — Arrêt confirmatif de la cour de Pau, du 18 mai suivant. — Dihinx assigne ensuite l'Etat devant le tribunal civil de Bayonne pour faire statuer sur la question de propriété. — Le 5 juill. 1849, le préfet des Basses-Pyrénées prend un arrêté par lequel il déclare que le bras litigieux de la Nive est une dépendance du lit de cette rivière et par conséquent fait partie du domaine public. — Il propose le déclinatoire, lequel est rejeté, et prend alors un arrêté de conflit.

Au nom du peuple français; — Le tribunal des conflits; — Vu les lois des 12-20 août 1790, 6 oct. 1791 et 15 avr. 1829; — Vu l'arrêté du gouvernement, du 19 vent. an 6; — Vu les ord. royales des 1ᵉʳ juin 1828 et 12 mars 1831; — Vu l'art. 89 de la constitution du 4 nov. 1848 et la loi sur le conseil d'Etat du 3 mars 1849; — Vu le règlement du 26 oct. 1849 et la loi du 4 fév. 1850; — Considérant que les conclusions prises par Dihinx devant le tribunal de Bayonne, tendent à la déclaration de propriété tant de la dérivation dont il s'agit que du droit de pêche dans ledit cours d'eau; — En ce qui concerne la propriété de la dérivation : —Considérant qu'aux termes des lois ci-dessus visées, des 12-20 août 1790, 6 oct. 1791 et 15 avr. 1829, et de l'arrêté du gouvernement du 19 vent. an 6, il n'appartient qu'à l'autorité administrative de déclarer si une dérivation naturelle du lit d'une rivière navigable et flottable forme une dépendance du lit principal, et fait comme telle partie du domaine public; —En ce qui concerne le droit de pêche dans ladite dérivation : —Considérant que Dihinx fonde sa prétention audit droit de pêche sur des faits de possession antérieurs à la déclaration portée sur l'arrêté du préfet des Basses-Pyrénées, du 5 juill. 1849; que l'autorité judiciaire est seule compétente pour apprécier ces faits de possession, et que ledit arrêté ne fait point obstacle à ce que le tribunal de Bayonne statue sur la prétention de Dihinx, sauf l'application, s'il y a lieu, des principes posés dans le § 3 de l'art. 5 de la loi du 15 avr. 1829;

Art. 1. L'arrêté de conflit ci-dessus visé, du 14 fév. 1850, est confirmé, en tant qu'il revendique pour l'autorité administrative le droit de déclarer si la dérivation dont il s'agit est une dépendance du lit principal de la Nive. Il est annulé quant au surplus.

Art. 2. L'exploit introductif d'instance, en date du 21 avr. 1849, et le jugement du tribunal de Bayonne, en date du 29 janv. 1850, sont considérés comme non avenus en ce qu'ils ont de contraire à la disposition qui précède.

Du 21 juin 1850.-Trib. des confl.-M. Macarel, rap.

demnité pour indue jouissance, d'une île située dans le lit d'une rivière navigable (cons. d'Et. 5 sept. 1846, M. Boulatignier, rap., aff. Dauzac de la Martinie); — 2° Que lorsqu'un arrêté préfectoral a déclaré un canal communiquant avec la mer, partie intégrante du domaine public et la pêche libre sur ce canal, si un particulier, sans s'opposer à l'exécution de l'arrêté, et en se fondant sur des titres privés et sur une longue possession, forme contre l'Etat une demande tendant à être reconnu propriétaire dudit canal, ainsi que des droits de pêche, c'est aux tribunaux civils qu'il appartient de statuer sur cette demande (cons. d'Et. 18 nov. 1852, M. Boulatignier, rap., aff. de Grave C. l'Etat). Mais si, indépendamment des titres privés et des moyens tirés de la longue possession, ce particulier invoque à l'appui de sa prétention des actes que le préfet, représentant l'Etat, soutient être des actes émanés de l'autorité souveraine dans l'exercice de son pouvoir administratif et dont il conteste le sens et la portée, il n'appartient qu'à l'autorité administrative de déterminer le caractère de ces actes ; et dans le cas où ils seraient reconnus qu'ils ont été rendus, en effet, dans l'exercice du pouvoir administratif, d'en donner l'interprétation (même arrêt ; V. aussi Cass. 24 août 1857, même partie, D. P. 57. 1. 321; Rej. 17 août 1857, même partie, D. P. 57. 1. 332).

61. Les terrains que les plus hautes eaux couvrent sans débordement sont considérés comme faisant partie du lit de la rivière ; en conséquence, la limite du domaine public s'arrête au point que les eaux atteignent lorsque la rivière est à plein bord ou prête à déborder (V. Eaux, n° 42 et suiv.; décis. dir. gén. des p. et ch., 4 févr. 1821; av. cons. gén. des p. et ch., 3 déc. 1860; MM. Husson, p. 596; Cotelle, n° 862). — Suivant l'administration, le lit d'un cours d'eau s'entend de la surface entière comprise entre les deux lignes accidentées qui, sur chaque rive, forment l'intersection plus ou moins inclinée de la berge avec le niveau général de la plaine (M. Cotelle, t. 4, n° 862). — La limite du domaine public, dans les fleuves où le flux et le reflux de la mer se font sentir, se détermine par une ligne moyenne entre les basses eaux et l'élévation des hautes marées (cons. d'Et. 24 déc. 1818, aff. Asselin, V. Eaux, n° 130).

62. C'est à l'autorité administrative seule qu'il appartient de fixer les limites des cours d'eau dépendants du domaine public ; en conséquence, si les contestations portées devant les tribunaux civils sont subordonnées à cette délimitation, la question de limites devra être préjudiciellement renvoyée devant l'autorité administrative (cons. d'Et. 4 mars (ou 4 mai) 1843, aff. Alibert, V. Eaux, n° 44; 15 mars 1844, M. Boulatignier, rap., même aff.; 4 avr. 1845, M. Gomel, rap., aff. Barsalou; trib. des confl., 3 avr. 1850, aff. Deherrypon, D. P. 50. 3. 49; 20 mai 1850, aff. Desmarquet; D. P. 50. 3. 51; 3 juin 1850, aff. Vignat, D. P. 50. 3. 68; 30 juill. 1850, M. Vincens Saint-Laurent, rap., aff. Magnin et Tronchon C. l'Etat, et les autres arrêts cités v° Eaux, n° 44.—Conf. MM. Husson, p. 596; Dufour, t. 4, n° 298 ; Cotelle, t. 4, n° 856 ; Jousselin, t. 1, p. 76 ; t. 2, p. 185 et suiv.).

63. Spécialement il a été décidé : 1° que lorsqu'un arrêté général a été pris par l'administration sur la hauteur moyenne des eaux d'une rivière navigable, l'autorité judiciaire ne peut, sans excéder ses pouvoirs, prescrire les mesures nécessaires pour l'application des dispositions de cet arrêté à une partie déterminée du fleuve, et ordonner notamment une expertise pour fixer la limite à laquelle ces eaux parviennent au point dont il s'agit (cons. d'Et. 5 sept. 1846, M. Boulatignier, rap., aff. Dauzac de la Martinie) ; — 2° Que, bien que les actions possessoires

soient essentiellement de la compétence des tribunaux, lorsque l'Etat prétend que le terrain dont la possession est réclamée est compris dans les limites d'un fleuve, et, par suite, fait partie du domaine public, le juge de paix doit au préalable renvoyer le jugement de cette question préjudicielle à l'autorité administrative (trib. des confl., 30 juill. 1850, M. Vincens Saint-Laurent, rap., aff. Magnin et Tronchon C. l'Etat).

64. C'est également à l'autorité administrative qu'il appartient d'apprécier ou d'interpréter les actes qui ont constitué le domaine public. — Il a été décidé, par application de cette règle : 1° que c'est à l'autorité administrative qu'il appartient d'interpréter un arrêt de l'ancien conseil portant concession à un particulier, sous certaines conditions relatives au service de la navigation, d'une île née dans un fleuve et des terrains qui pourraient y accroître (trib. des confl., 31 mai 1851, M. Boulatignier, rap., aff. Duhamel); — 2° Que lorsque, devant l'autorité judiciaire, s'élève la question de savoir si le riverain d'un canal faisant partie du domaine public est propriétaire du terrain qui s'étend jusqu'au bord de ce canal, ou si, au contraire, c'est à l'Etat qu'appartient à titre de dépendances du canal un terrain de 4 mètres de large à partir de l'arête supérieure de la berge, c'est à l'autorité administrative seule qu'il appartient soit d'apprécier les actes administratifs qui ont constitué le canal et en ont fixé les dimensions, soit de rechercher et de constater les limites du domaine public (cons. d'Et. 2 août 1860, aff. Mazeline, D. P. 61. 3. 58); — 3° Que lorsque, dans une contestation entre l'Etat et des particuliers sur la propriété de parcelles de terres que l'administration soutient être des dépendances d'un canal creusé, sous l'ancienne monarchie, pour servir de lit à une rivière, il est nécessaire soit de déterminer le sens, la portée et les effets d'un acte de vente nationale, soit de reconnaître quels étaient, en 1791, le caractère, les limites et les dépendances de ce canal, l'autorité administrative seule est compétente pour résoudre ces questions (cons. d'Et., 13 déc. 1861, M. du Martroy, rap , aff. Médard).

65. Suivant la doctrine du conseil d'Etat, l'autorité administrative est compétente, non-seulement pour délimiter le lit des fleuves dans leur état actuel, mais aussi pour reconnaître leur état ancien. — En conséquence de ce principe il a été décidé : 1° que lorsque, dans une instance pendante entre l'Etat et un particulier, au sujet de la propriété d'un terrain riverain d'un fleuve, l'Etat soutient que ce terrain fait partie du lit du fleuve et par conséquent du domaine public, la question de propriété privée, alors même que le particulier n'invoquerait que les dispositions du droit commun, est subordonnée à la reconnaissance et à la fixation des limites anciennes ou nouvelles du fleuve ; et cette reconnaissance, cette fixation, par suite la détermination des terrains qui se trouvent aujourd'hui, ou se trouvaient autrefois compris dans les limites du fleuve, appartiennent exclusivement à l'autorité administrative (trib. des confl., 31 mai 1851, M. Boulatignier, rap., aff. Duhamel). — 2° Que le tribunal devant lequel un particulier assigne l'Etat pour voir dire qu'il était propriétaire d'un terrain qu'un arrêté du préfet, dont il ne conteste pas, du reste, les effets pour l'avenir, a déclaré faire partie du lit d'un fleuve, doit renvoyer devant l'autorité administrative pour être statué sur la consistance du lit du fleuve antérieurement à l'arrêté de délimitation, sauf aux parties, après décision de cette question, à revenir devant le tribunal pour l'appréciation des titres et des moyens de droit communs qu'elles entendraient faire valoir à l'appui de leurs prétentions sur le terrain en litige (cons. d'Et. 3 juill. 1852 (1); V. aussi cons. d'Et. 14 déc. 1859, aff. Richet, infrà., n° 68-2°); — 3° Qu'à l'administration seule appartient le

---

(1) *Espèce :* — (Veye et Villedieu C. l'Etat.) — Veye et Villedieu avaient acquis un domaine situé sur les bords du Rhône et dans le périmètre duquel se trouve une zone de terrain, dite lône du Meyrol, qui formait autrefois le lit d'un bras du Rhône supprimé dans l'intérêt de la navigation. L'Etat ayant manifesté des prétentions à la propriété de cette lône, Veye et Villedieu, afin de se garantir contre les éventualités, retiennent une somme de 6,000 fr. sur le prix de la vente. — Un commandement leur est signifié par les vendeurs. Ils y forment opposition et assignent l'Etat devant le tribunal de Montélimart pour faire statuer sur la question de propriété. — 12 août 1851, arrêté par lequel le préfet prend un arrêté de délimitation duquel il résulte que la lône du Meyrol

fait partie du lit du fleuve, et le lendemain il adresse au tribunal un déclinatoire qui est rejeté par jugement du 5 déc. 1851, ainsi conçu : « Attendu que l'hoirie Puyméjean (les vendeurs) déclare, sauf réserve de recours devant l'autorité administrative supérieure, n'avoir point devant le tribunal à contredire l'acte de délimitation du préfet de la Drôme, sur lequel est fondé le déclinatoire; qu'elle se borne à soutenir devant l'autorité judiciaire que l'acte de délimitation ayant compris et embrassé une partie de sa propriété particulière, elle est fondée à faire reconnaître son droit de propriété pour ne pas en être expropriée sans indemnité ; — Attendu qu'il est de principe incontestable que les questions de propriété entre les particuliers et l'Etat sont exclusivement de la compétence

droit de déterminer les limites anciennes du domaine public, notamment des rivières navigables ou non navigables; qu'en conséquence, les décisions administratives qui interviennent sur ces limites ne peuvent être contrôlées ou modifiées par les tribunaux civils (Dijon, 15 mai 1863, aff. com. d'Eclarou, D. P. 63. 2. 167). — Nous hésitons à admettre cette doctrine. Reconnaître à l'administration le droit de déterminer les limites anciennes des cours d'eau navigables, c'est en définitive lui remettre le jugement de la question de propriété. En effet, s'il est déclaré par elle que le terrain litigieux a été dans le passé une dépendance du domaine public, il en résulte virtuellement et nécessairement que le réclamant n'a pu posséder le terrain à titre privatif puisque le domaine public est inaliénable et imprescriptible. Ce n'est donc pas là statuer sur une exception préjudicielle, mais résoudre la question au fond. Or il ne peut appartenir à l'autorité purement administrative de juger une question de propriété. —V. aussi nos observations, D. P. 61. 3. 49, en note, et *infrà*, n° 76.

66. Du principe admis par la jurisprudence que c'est à l'administration qu'il appartient de reconnaître le domaine public dans le présent et dans le passé et d'en déterminer les dépendances, le conseil d'Etat a conclu que c'est à l'administration seule qu'il appartient aussi de connaître des établissements, à quelque date qu'ils remontent, et aussi de vérifier, s'il y a lieu, le caractère des permissions accordées et les conditions imposées à ceux qui les ont obtenues; en conséquence, c'est à l'autorité administrative et non à l'autorité judiciaire qu'il appartient de décider si une maison bâtie sur un pont sous lequel coule une rivière navigable est légalement la propriété du possesseur actuel comme ayant été acquise par ses auteurs avant 1566 et si avant cette époque le domaine public était prescriptible (cons. d'Et. 27 fév. 1861, aff. Guérard, D. P. 61. 3. 34 ; V. toutefois nos observations *eod.*, en note).

67. Le conflit entre l'autorité judiciaire et l'autorité administrative s'est surtout présenté relativement aux terrains d'alluvion dont la propriété est réclamée par les riverains. Sans doute les tribunaux de l'ordre judiciaire sont exclusivement compétents pour décider si les riverains sont propriétaires ou non de ces alluvions; mais cette question est subordonnée à celle de savoir si les terrains réclamés font ou non partie du lit du fleuve, question que l'autorité administrative seule peut résoudre en vertu de la règle précédemment posée (V. n° 62). La difficulté a été parfaitement élucidée devant le tribunal des conflits (3 juin 1850, aff. Vignat, D. P. 50. 3. 68), par M. Vuitry, commissaire du gouvernement, qui dans ses conclusions publiées pour la première par M. Dufour, t. 4, p. 311, n° 399, s'est exprimé ainsi : « Le sieur Vignat dit : « La contestation porte sur une alluvion, et d'après les art. 556 et 563 c. nap., l'alluvion appartient aux propriétaires riverains; c'était donc une véritable question de propriété qui était soumise au tribunal de Trévoux. » — Oui, l'alluvion peut être l'objet de questions de propriété ; mais, préjudiciellement, il y a lieu de rechercher *quel est le lit du fleuve*, où commence et cesse le domaine public, et si l'alluvion est encore comprise dans le lit du fleuve, auquel cas elle ne saurait être

susceptible de propriété privée. Si, au contraire, après cette délimitation préalable, l'alluvion ne se trouve pas faire partie du domaine public, alors des questions de propriété peuvent s'élever soit entre des propriétaires riverains, soit entre la propriété de la rive et l'Etat. — L'alluvion se constitue lentement, successivement. Avant qu'elle ne soit complétement formée, elle peut être un obstacle à la navigation, et l'administration a, sans aucun doute, le droit de la faire disparaître. — Mais supposons que le lit du fleuve soit suffisamment large et que l'alluvion se forme, à quelle époque naît le droit de propriété des riverains sur cette alluvion? dans quelle limite l'ouverture au droit existe-t-elle? jusqu'où va l'extension du droit nouveau? Voilà ce qu'il est fort difficile de prévoir. Quelle est la limite des eaux, la hauteur de l'étiage? On rencontre ici toute une série de questions qu'il est nécessaire de trancher au point de vue de l'intérêt public et du service de la navigation. C'est à l'administration qu'il appartient de la résoudre, et elle n'a pas à se préoccuper du droit des riverains qui conservent la contenance que portent leurs titres. L'administration qui résout ces questions fait un acte d'administration, non pas en vertu de son pouvoir de juridiction; mais en vertu de son pouvoir administratif. Il y a donc là une question préjudicielle, après la décision de laquelle seulement naît le droit du propriétaire riverain à l'alluvion. — On convient que l'administration a le droit de fixer la largeur du fleuve. Mais on ajoute que cela n'empêche pas le propriétaire de faire reconnaître son droit par les tribunaux, et que ce droit peut se résoudre en une indemnité. Cela peut être vrai quand il s'agit d'élargir le lit du fleuve. Mais ici, il s'agit de le restreindre et de décider si des atterrissements qui étaient dans le lit du fleuve ont cessé d'en faire partie et sont susceptibles de propriété privée. C'est le domaine riverain qui veut s'étendre; par conséquent, il ne saurait y avoir lieu à indemnité. » — V. aussi les conclusions de M. Baroche, sous le n° 68-2°.

68. Le conseil d'Etat s'est invariablement prononcé en ce sens. — Ainsi, il a décidé : 1° que s'il est vrai que l'autorité judiciaire est seule compétente pour statuer sur la question de savoir si l'alluvion formée dans un fleuve appartient au riverain, c'est à l'autorité administrative seule qu'il appartient de décider si les terrains réclamés à titre d'alluvion font ou non partie du lit du fleuve (cons. d'Et. 23 août 1843, M. Mottet, rap. aff. Sourget et cons. ; 4 avr. 1845, M. de Lavenay, rap., aff. Balias de Soubran; 5 sept. 1846, M. Boulatignier, rap., aff. Danzac de la Martinie.—Conf. Orléans, 28 fév. 1850, aff. Poulain, D. P. 50. 2. 63) ; — 2° Que c'est à l'autorité judiciaire qu'il appartient de statuer sur la propriété des alluvions formées dans les rivières navigables, mais que cette question est subordonnée à la reconnaissance par l'administration des limites, soit anciennes, soit nouvelles de la rivière ; qu'en conséquence, si les arrêtés préfectoraux qui, dans l'espèce, ont délimité le lit du fleuve n'ont pour objet que d'en déterminer les limites actuelles, l'affaire doit être renvoyée devant l'autorité administrative, pour être préjudiciellement statué par elle sur la consistance du lit du fleuve antérieurement aux arrêtés pré-

---

de l'autorité judiciaire ; que sa décision devant laisser à l'acte de délimitation toute son autorité, comme acte administratif, le tribunal doit rester juge de la question de propriété (Cormenin, Droit admin., t. 1, p. 554, n° 19; trib. des confl. 20 mai 1850, V. n° 75-2°; Req. 25 mai 1849, aff. Combalot, V. n° 75-1°); Par ces motifs, le tribunal déboute le préfet de son déclinatoire, retient la cause sur la question de propriété pour y être statué suivant le droit des parties. » — Arrêté de conflit.

Louis-Napoléon, etc.; — Considérant que dans l'instance par eux engagée contre les héritiers Puyméjean, les sieurs Veye et Villedieu ont appelé l'Etat pour déclarer s'il entendait revendiquer des droits de propriété sur le terrain dit la lône du Meyrol, qui faisait partie de l'adjudication prononcée à leur profit, le 20 juin 1849, à la barre du tribunal de Montélimart ; que, sur cette mise en cause, le préfet de la Drôme, après avoir produit un arrêt de délimitation pris par lui, le 12 août 1851, et duquel il résulterait que le terrain dont il s'agit est compris dans le lit du Rhône, a demandé le renvoi de la cause devant l'autorité administrative; que les parties ont alors déclaré ne pas contredire devant l'autorité judiciaire l'arrêté de délimitation en tant qu'il comprend pour l'avenir le terrain en litige dans le lit du fleuve, pour se borner à

débattre la question de propriété, afin d'obtenir une indemnité, et que le tribunal, par son jugement en date du 5 décembre, a rejeté le déclinatoire et retenu la cause sur la question de propriété, pour y être statué sur le droit des parties ; — Considérant qu'il appartient à l'autorité administrative, non-seulement de délimiter le lit des fleuves dans leur état actuel, mais aussi de reconnaître leur état ancien ; que, dans l'espèce, les sieurs Veye et Villedieu et les héritiers Puyméjean n'ayant accepté l'arrêté du préfet de la Drôme qu'en tant qu'il déclare le terrain en litige compris à l'avenir dans le lit du fleuve, il y avait lieu par le tribunal de renvoyer devant l'autorité administrative seule pour être statué sur la consistance du lit du fleuve antérieurement audit arrêté, sauf aux parties, après décision de cette question, à revenir devant le tribunal pour l'appréciation des titres et des moyens de droit commun qu'elles entendraient faire valoir à l'appui de leurs prétentions à la propriété du terrain du lône du Meyrol ; — Art. 1. L'arrêté de conflit, pris le 27 déc. 1 51 par le préfet de la Drôme, est confirmé, en tant qu'il revendique pour l'autorité administrative le droit de reconnaître l'état actuel et ancien du lit du Rhône au lieu contesté par les sieurs Veye et Villedieu et par les héritiers Puyméjean.

Du 5 juill. 1852.—Decr. cons. d'Et.-M. Boulatignier, rap.

fectoraux de délimitation (cons. d'Et. 14 déc. 1859) (1). — Dans l'espèce, on disait contre l'arrêté de conflit : « Un terrain *ferme* existait dès longtemps acqu à l'exposant par la force des dispositions du code. Pour en faire un port, l'administration l'a compris dans une opération qu'elle a appelée délimitation, et qui, *ipso facto*, est prouvée n'en être point une : en quoi faisant, elle a détourné de son objet légitime la délégation qu'elle a reçue de la loi administrative. Elle a ainsi commis un abus de pouvoir qui doit entraîner l'annulation du conflit. » — On comprend, disent très-justement les annotateurs des arrêts du conseil d'Etat, que ces raisons avaient moins de force dans une discussion sur la validité d'un conflit, qu'elles n'en auraient eu si elles avaient été données à l'appui d'un pourvoi formé pour excès de pouvoir contre les arrêtés préfectoraux portant délimitation (V. aussi les observations présentées, dans l'espèce, par le

commissaire du gouvernement M. Baroche, ci-dessous en note).

69. Mais la question de savoir si des atterrissements reconnus par l'administration comme ayant cessé de faire partie d'une rivière navigable ont une cause naturelle ou artificielle et si par suite un particulier est fondé à réclamer l'application de l'art. 556 c. nap. est une question de droit civil dont la décision appartient essentiellement à l'autorité judiciaire ; et l'arrêté portant délimitation du terrain litigieux, par lequel le préfet déclare que ce terrain a été retranché du lit du fleuve par le seul fait de l'établissement d'un chemin de fer, et était devenu, par conséquent, propriété de l'Etat, ne peut faire obstacle à ce que les tribunaux civils prononcent sur les droits que le réclamant peut avoir à la propriété et à la possession des atterrissements dont il est détenteur (cons. d'Et. 11 août 1859) (2).

70. De même aussi, les tribunaux civils, seuls compétents

---

(1) *Espèce* : — (Richet.) — Richet forme contre l'Etat, en la personne du préfet de la Gironde, une action tendant à se faire déclarer propriétaire d'un terrain d'alluvion situé sur la rive gauche de la Garonne ; de demander en outre le délaissement de ces terrains par l'administration et 10,000 fr. de dommages-intérêts. — Le préfet propose le déclinatoire, « attendu que les terrains revendiqués par le sieur Richet comme des alluvions formées le long de sa propriété n'ont pas cessé de faire partie du lit de la Garonne ; qu'ils ont été pour partie compris dans les limites du fleuve telles qu'elles ont été reconnues et fixées par un arrêté préfectoral, que pour ce qui concerne le surplus desdits terrains, l'administration poursuit en ce moment la délimitation du lit de la rivière ; que la prétention du sieur Richet est subordonnée à la reconnaissance et à la fixation des limites de la Garonne, et que l'autorité administrative est seule compétente pour connaître de cette question préjudicielle. »—29 août 1859, jugement du tribunal de Bordeaux qui rejette l'exception en ces termes : « Attendu qu'il est hors de doute qu'il appartient à l'autorité administrative seule de procéder à la reconnaissance et à la fixation des limites anciennes et nouvelles du fleuve ; mais que, d'une autre part, la demande en revendication du terrain désigné dans l'exploit, dont le tribunal a été saisi par Richet, est essentiellement du ressort de l'autorité judiciaire ; — Attendu, dès lors, que la délimitation du fleuve devenait une opération préalable que l'autorité administrative était fondée à revendiquer ; mais qu'il y a été procédé par deux arrêtés du préfet, l'un à la date du 11 août 1856, et l'autre à la date du 2 mai 1859, approuvés l'un et l'autre par le ministre des travaux publics ; que ce préalable ainsi rempli, le renvoi devant l'autorité administrative réclamée par le préfet devient sans objet ; que le tribunal doit dès lors retenir la cause pour statuer sur la demande de Richet, selon le droit et par application des moyens que les parties feront respectivement valoir à l'appui de leurs prétentions à la propriété du terrain revendiqué. » — Le préfet élève le conflit.

M. Baroche, commissaire du gouvernement, présente devant le conseil d'Etat les observations suivantes :

« Le préfet a le droit de reconnaître les limites tant anciennes que nouvelles des fleuves. — Le pouvoir qui lui appartient à cet égard présente une certaine analogie avec celui que lui confère, en matière de chemins vicinaux, l'art. 15 de la loi du 21 mai 1856 ; mais il y a une importante différence. Les arrêtés contenant reconnaissance de la largeur d'un chemin vicinal emportent, au profit de la commune, attribution définitive de propriété. Quant aux fleuves, la nature des choses ne permet pas cette attribution définitive. Les fleuves qui, d'après la loi, créent eux-mêmes leurs limites, les modifient ou peuvent les modifier perpétuellement par des déplacements plus ou moins sensibles. Il n'y a donc point ici, comme pour les chemins, fixité de limites, et l'arrêté préfectoral n'entraîne pour l'Etat qu'une propriété momentanée du terrain compris dans les limites qu'il trace. Comment concilier le droit du préfet avec ceux qu'assure aux riverains l'art. 556 c. civ. ainsi conçu : — « Les atterrissements et accroissements qui se forment successivement et imperceptiblement aux fonds riverains d'un fleuve ou d'une rivière, s'appellent alluvion. — L'alluvion profite au propriétaire riverain, soit qu'il s'agisse d'un fleuve ou d'une rivière navigable, flottable ou non, à la charge, dans le premier cas, de laisser le marchepied ou chemin de halage, conformément aux règlements. » — Le but de l'arrêté préfectoral est de sauvegarder le domaine public, c'est d'empêcher le riverain de saisir prématurément la propriété qui se forme par alluvion. — Le préfet vient reconnaître à quel moment l'alluvion a émergé du fleuve et a cessé de faire partie du domaine public pour passer dans la propriété privée ; le préfet fixe comment, il déclare qu'à telle époque le fleuve a adopté telle limite : mais l'arrêté préfectoral ne fait pas obstacle à ce que si d'autres parties du sol viennent à émerger, le droit d'alluvion continue à s'exercer. Seulement, pour que l'alluvion soit acquise au river..in, il faut qu'un nouvel arrêté préfectoral int r.c.ne. Telle est l'opinion que l'administration a de son droit, et, quelle que soit la ri-

gueur de cette opinion, elle nous paraît fondée. — Dans l'espèce, l'arrêté préfectoral a déclaré que l'alluvion n'était pas assez compacte pour constituer une propriété. Or, il n'appartient qu'à l'administration de décider si l'alluvion s'étend à tel terrain. La difficulté n'est pas nouvelle. — Dans de précédentes affaires, le conseil a été ému de ce que de semblables décisions se trouvaient trancher des questions de propriété. Il a été admis (comme réponse à cette objection) que les arrêtés pris en cette matière par les préfets pourraient être attaqués pour excès de pouvoirs devant le conseil d'Etat statuant au contentieux. Cela sans doute ne donne pas une satisfaction complète au droit qui résulte, en faveur des riverains, de l'art. 556 c. civ. ; mais il n'est pas possible d'enlever au préfet le droit de délimiter. Le conseil a donc admis le seul tempérament possible, et nous ne pouvons que conclure conformément à cette jurisprudence qui, en définitive, donne à la difficulté la meilleure solution qu'elle puisse recevoir. »

Napoléon, etc.; — Vu la loi du 22 sept. 1789, art. 2, sect. 3 ; la loi des 16-24 août 1790, art. 13, tit. 2 ; la loi du 6 sept. 1790, art. 6; l'arrêté du 19 vent. an 6 ; la loi du 29 flor. an 10 ;—Vu les ord. des 1er juin 1828 et 12 mars 1831 ; — Considérant que la demande du sieur Richet a pour objet de se faire reconnaître propriétaire des alluvions qui auraient été formées sur la Garonne le long de sa propriété ; de faire condamner l'Etat à délaisser lesdits terrains et à les déblayer des matériaux et des ouvrages qui les occupent, et en outre à lui payer, à titre de dommages-intérêts, pour son indue possession, la somme de 10,000 fr.; que pour combattre cette demande, l'administration soutient que les terrains revendiqués comme alluvions n'ont jamais cessé de faire partie du lit de la Garonne ; que si la prétention du sieur Richet soulève une question de propriété qui appartient à l'autorité judiciaire de connaître, cette question est subordonnée à la reconnaissance des limites, soit anciennes, soit nouvelles, de la rivière ; Considérant que les arrêtés du préfet de la Gironde des 11 août 1856 et 2 mai 1859, qui ont été produits devant le tribunal, avaient seulement pour objet de déterminer les limites actuelles de la rivière ; qu'aux termes des lois ci-dessus visées, il appartient à l'autorité administrative, non-seulement de délimiter les fleuves dans leur état actuel, mais de reconnaître leur état ancien ; que, dès lors, c'est avec raison que le préfet a demandé le renvoi de l'affaire devant l'autorité administrative pour être préjudiciellement statué par elle sur la consistance du lit du fleuve, antérieurement aux arrêtés de délimitation des 11 août 1856 et 2 mai 1859 ;—Considérant, en ce qui touche le chef des conclusions tendant à faire condamner l'Etat à délaisser les terrains litigieux et à supprimer les ouvrages et les matériaux qui s'y trouvent, que ces terrains ont été compris dans les limites de la Garonne, telles qu'elles ont été fixées par les arrêtés du préfet ci-dessus énoncés; que ces arrêtés doivent avoir effet, quel que soit le jugement à intervenir sur la question de propriété ; que, dès lors, il ne pouvait, en aucun cas, appartenir à l'autorité judiciaire de connaître de ce chef de la demande : — Art. 1er. L'arrêté de conflit ci-dessus visé est confirmé : — 1° en tant qu'il revendique pour l'autorité administrative le droit de reconnaître les limites anciennes et nouvelles de la Garonne au point litigieux ; — 2° en tant qu'il a dessaisi l'autorité judiciaire du chef des conclusions tendant à faire ordonner le délaissement par l'Etat des terrains litigieux. Il est annulé dans le surplus de ses dispositions. — Art. 2. Seront considérés comme non-avenus, en ce qui serait contraire aux dispositions qui précèdent : 1° l'exploit introductif d'instance ; — 2° le jugement du tribunal de Bordeaux du 29 août 1859. Du 14 déc. 1859.—Décr. cons. d'ét.-M. du Martroy, rap.

(2) *Espèce* : — (Revol.) — Le préfet du Rhône revendique contre les héritiers Revol six parcelles de terrains faisant partie d'un bras du Rhône desséché, dit Lône de Grigny — 14 mars 1856, jugement par lequel le tribunal de Lyon ordonne que les lieux contentieux seront visités par trois experts, à l'effet de reconnaître si les travaux du chemin de fer de Lyon à Saint-Etienne ont occasionné un accroissement à la propriété Revol, au moyen d'atterrissements formés lentement et successivement, ou si, au contraire, l'ancienne Lône a été subitement et im-

pour statuer sur la prescription, peuvent seuls aussi connaître des faits de possession articulés par les parties et du caractère utile de cette possession, en ce qu'elle tendrait à l'acquisition de la propriété. En conséquence, lorsqu'un particulier soutient qu'il est devenu propriétaire par la prescription trentenaire d'une alluvion que l'administration reconnaît avoir cessé depuis plusieurs années de faire partie du lit de la rivière, le tribunal saisi n'est pas tenu, avant de statuer, de renvoyer devant l'autorité administrative pour qu'il soit procédé à une reconnaissance des anciennes limites du lit de la rivière (cons. d'Et. 2 juill. 1859) (1).

71. Il résulte de la jurisprudence du conseil d'État que le droit de l'administration de délimiter les cours d'eau du domaine public, peut s'exercer même en présence d'un litige commencé. — Ainsi, par exemple, il a été décidé que le déclinatoire proposé par le préfet dans une instance judiciaire engagée entre l'Etat et un particulier, au sujet de la propriété d'un terrain que l'État soutient faire partie du domaine public, et le jugement qui rejette ce déclinatoire ne font pas obstacle à ce que le préfet prenne avant le jugement définitif un arrêté par lequel il détermine la limite du domaine public au point litigieux (cons. d'Et. 14 juin 1851, M. Marchand, rap., aff. Vignat. V. aussi trib. des conflits, 21 juin 1850, aff. Dibinx, n° 56 ; cons. d'Et. 3 juill. 1852, aff. Veye, n° 65-2° ; 20 avr. 1854, aff. ville de Nogent, n° 72).

72. La délimitation des fleuves et rivières est un acte purement administratif qui ne saurait appartenir aux autorités contentieuses. Aussi le conseil d'État, dans une affaire portée devant lui, constatant l'incertitude qui existait sur les limites du fleuve

---

médiatement desséchée par le fait de ces travaux, et si Revol et ses enfants se sont emparés de la Lône, sans qu'il y ait eu atterrissement lent et incorporation par alluvion à leur propriété. — Second jugement en date du 28 mars 1857, par lequel le tribunal rejette la revendication de l'État en ce qui concerne quatre parcelles, et l'admet pour deux parcelles. — Le préfet interjette appel, puis, à la date du 6 fév. 1858, il prend un arrêté portant : « Art. 1er. Il est déclaré que la partie de la Lône de Grigny enclavée par le chemin de fer de Lyon à Saint-Étienne était délimitée en 1838, immédiatement avant la construction de ce chemin, par le périmètre A marqué sur le plan par un liséré orange ; qu'elle a été retranchée par le seul fait de l'établissement du chemin de fer, et qu'elle est devenue par conséquent propriété de l'État. Cette partie de la Lône sera remise à l'administration des domaines pour être aliénée au profit du trésor, etc. » — Il demande alors que la cour se déclare incompétente et prenne pour base de l'arrêt à intervenir les dispositions de l'arrêté qui précède.

Le 19 mars 1859, arrêt de la cour de Lyon qui rejette le déclinatoire en ces termes : « Attendu que, sur les questions qui naissent du déclinatoire proposé par l'État, la jurisprudence est aujourd'hui bien fixée; — Que si le droit de délimitation des fleuves et rivières appartient et doit appartenir, dans l'intérêt général, à l'administration seule, cette délimitation n'entraîne pas le droit de propriété sur les terrains qu'elle comprend ; qu'autrement, suivant l'expression d'un ministre des travaux publics, l'administration serait juge et partie ; — Attendu que c'est ce qui arriverait si des arrêtés de délimitation décidaient de la propriété à l'aide d'une rétroactivité facultative et arbitraire ; — Attendu qu'il n'y aurait plus d'alluvion possible si, quand elle est parfaitement formée, suivie de possession et de transactions diverses, l'État, en portant sa délimitation plus loin avec rétroactivité avant le commencement de l'atterrissement, pouvait l'enlever à son propriétaire, et que l'art. 556 c. nap. ne conférerait qu'un droit illusoire et dangereux ; — Attendu que les arrêtés de délimitation doivent être exécutés; mais que la question de propriété, qui reste toujours entière, ne peut en être atteinte, et qu'elle appartient toujours aux tribunaux ordinaires ; — Qu'autrement ce serait l'autorité administrative qui empiéterait sur l'autorité judiciaire, surtout si, au moyen d'arrêtés rétroactifs, un jugement de première instance pouvait être réformé sur des questions de propriété ; — Attendu que cette distinction entre le droit de délimitation administrative du domaine public et le droit de propriété repose sur un principe constitutionnel, qu'elle n'a pas été seulement établie par la cour de cassation dont l'arrêt Combalot (v. n° 75-1°) a fixé la jurisprudence. qu'elle résulte aussi clairement des arrêts du conseil d'État ou du tribunal des conflits, entendus comme ils doivent l'être, expliqués d'ailleurs par les ministres qui les ont soutenus ; — Attendu que le ministre des travaux publics, en soutenant le conflit lors de l'arrêt du 3 avril 1850 (D. P. 50. 3. 49), disait : « L'administration n'entend par là nullement s'attribuer la connaissance des questions de possession ou de propriété, encore moins les trancher, en se constituant en quelque sorte juge et partie ; elle les réserve pleinement, au contraire, à l'autorité judiciaire ; mais elle demande, dans l'intérêt général, à reconnaître les limites du domaine affecté à l'usage de tous, de telle sorte que les droits que les tiers pourraient faire valoir devant les tribunaux sur les terrains compris dans ces limites, se résument en des droits à indemnité et ne puissent aboutir à un envoi en possession qui porterait atteinte à l'intégrité du domaine public. » Attendu que les mêmes principes ont été posés et la distinction faite par M. le ministre des travaux publics lors de l'arrêt du 20 mai 1850, en termes tout aussi explicites. » — La cour statuant ensuite sur l'appel, confirme le jugement de première instance, et ordonne néanmoins que l'État pourra prendre possession des terrains litigieux moyennant indemnité, sauf à être ultérieurement statué sur les questions d'indemnité en cas de contestation. — Arrêté de conflit

Napoléon, etc.: — Vu les lois du 22 déc. 1789-8 janv. 1790, des 16-24 août 1790 et du 16 fruct. an 5 ; — Vu les art. 556 et 557 c. nap.; — Vu les ord. des 1er juin 1828 et 12 mars 1851, — Vu le décr. du 25 janv. 1852 ; — Considérant que l'action engagée entre l'État et les hé

ritiers Revol devant le tribunal de première instance de Lyon, et en appel devant notre cour impériale, a pour objet de faire reconnaître l'État propriétaire de six parcelles de terrain provenant d'atterrissements qui se sont formés sur l'ancienne Lône de Grigny; qu'il n'y a pas de contestation sur le point de savoir si l'ancienne Lône de Grigny a cessé de faire partie du Rhône; que l'État soutient seulement que les héritiers Revol ne peuvent réclamer, en vertu du droit d'alluvion, la propriété des terrains dont ils sont détenteurs, attendu qu'ils ne se trouvent pas dans les conditions exigées par l'art. 556 c. nap., la formation des atterrissements devant être attribuée, non pas au cours naturel des eaux du fleuve, mais à l'établissement de la chaussée du chemin de fer de Lyon à Saint-Étienne sur la Lône de Grigny; — Considérant que la question de savoir si les atterrissements formés sur la Lône de Grigny ont une cause naturelle ou artificielle, et si, par suite, les héritiers Revol sont fondés ou non à réclamer l'application de l'art. 556 c. nap., est une question de droit civil dont la décision appartient essentiellement à l'autorité judiciaire; que l'arrêté pris à la date du 6 fév. 1858, par le sénateur chargé de l'administration départementale du Rhône, ne pouvait faire obstacle à ce que notre cour de Lyon prononçât sur les droits que les héritiers Revol pourraient avoir à la propriété et à la possession des atterrissements dont ils sont détenteurs; —Art. 1er. L'arrêté de conflit, pris à la date du 11 avril 1859 par le sénateur chargé de l'administration du département du Rhône, est annulé.

Du 11 août 1859.-Cons. d'Et.-M. Boulatignier, rap.

(1) Espèce : — (Pindon.) — Pindon et Prevost ont acquis de la dame Martin et de son fils une pièce de terre sur les bords de la Loire dont les vendeurs ont déclaré être devenus propriétaires en vertu du droit d'alluvion. Il est à remarquer que le terrain d'alluvion était séparé de la propriété de la dame Martin par un chemin public; mais cette dame prétend que le chemin a été établi postérieurement à la formation de l'alluvion. — Des fouilles ayant été exécutées sur le terrain pour l'exécution de travaux publics, Pindon et Prevost demandent une indemnité au préfet. Celui-ci refuse par le motif que les terrains fouillés sont des alluvions de la Loire contiguës non à des propriétés, mais à un chemin public; que, par conséquent. elles n'appartiennent pas à Pindon et consorts. — Le tribunal de Sancerre, saisi du litige par jugement du 17 août 1858, déclare les demandeurs mal fondés en leur prétention à la propriété par droit d'alluvion de l'immeuble litigieux, mal fondés également dans leur prétention tirée de la prescription décennale. — Le débat se trouva concentré sur la prescription trentenaire, et le tribunal admit les demandeurs à la preuve des faits qui pouvaient l'établir. — Le préfet élève alors le déclinatoire, lequel est rejeté. — Conflit. — Il se fonde principalement ment sur ce motif que l'instant où la parcelle litigieuse était sortie du domaine public n'étant pas reconnue de l'administration remonter à plus de trente années avant les fouilles, il était nécessaire pour la jugement de la question de prescription de préciser cet instant, et qu'il y avait ainsi dans le débat une question préjudicielle placée par la jurisprudence dans la compétence de l'administration.

Napoléon, etc. ; — Vu les lois des 12-20, 16-24 août 1790, 28 sept. 6 oct. 1791 ; — Vu la loi du 16 sept. 1807 ; — Vu l'art. 538, les art. 2219, 2227, 2262 c. nap. ; — Considérant qu'il n'est pas contesté par l'administration qu'en 1856, et au moment où les fouilles ont été opérées, le terrain litigieux avait cessé depuis plusieurs années de faire partie du lit de la Loire; que les sieurs Pindon et consorts, auteur et dame Martin soutiennent que eux et leurs auteurs ils en sont devenus propriétaires à l'aide d'une possession de plus de trente ans; que le tribunal civil, seul compétent pour statuer sur la prescription, peut seul aussi connaître des faits de possession articulés par les parties et du caractère utile de cette possession en ce qu'elle tendrait à l'acquisition de la propriété; que, dès lors, il n'y avait lieu de renvoyer préalablement les parties devant l'autorité administrative;

Art. 1. L'arrêté de conflit susvisé pris par le préfet du département du Cher est annulé.

Du 2 juill. 1859.-Décr. cons. d'Et.-M. Marchand, rap.

n'a pas pensé qu'il pût procéder lui-même à cette délimitation; il l'a renvoyée à l'autorité compétente (cons. d'Et. 26 juill. 1851, M. Daverne, rap., aff. David). — Et, dans l'espèce, la délimitation a été faite par le préfet (V. cons. d'Et. 7 août 1856. même affaire). — Cette opération rentre, en effet, dans les attributions exclusives du préfet, en vertu des lois des 22 déc. 1789, sect. 3, art. 2, 12-20 août 1790, et de l'arrêté du gouvernement du 19 vent. an 6 (cons. d'Et. 20 avr. 1854) (1). — V. aussi MM. Dufour, n° 263, 264, 265; Cotelle, n° 846, 856 et suiv., et trib. des confl. 5 juin 1850, aff. Vignat, D. P. 50. 3. 68; 21 juin 1850, aff. Dihinx, V. n° 56; 31 mai 1851, M. Boulatignier, rap., aff. Dubamel; cons. d'Et. 14 juin 1851, M. Marchand, rap., aff. Vignat; cons. d'Et. 3 juill. 1852, aff. Veye, V. n° 63; 19 juill. 1860, aff. Reyneau, D. P. 61. 3. 49. — Cependant l'exception de propriété soulevée par un riverain n'oblige pas toujours le conseil de préfecture à renvoyer au préfet la question de la fixation des limites de la rivière. Il est des cas où, en se fondant sur un état de choses non contesté ou non contestable, le conseil de préfecture peut décider que tel terrain litigieux dépend ou ne dépend pas du lit de la rivière. — V. infrà, n° 373.

72. Les arrêts de délimitation constituant des actes administratifs, pris par les préfets dans les limites de leurs pouvoirs, il en résulte que les parties intéressées ne sont pas recevables à les attaquer devant le conseil d'Etat par la voie contentieuse (cons. d'Et., 4 avr. 1845, M. Gomel, rap., aff. Barsalou; 31 mars 1847, aff. Balias de Soubran, D. P. 48. 3. 4; 20 avr. 1854, aff. ville de Nogent-sur-Seine, V. n° 72). — On ne peut non plus porter directement devant le conseil d'Etat par la voie contentieuse, la question de savoir si un arrêté de délimitation pris par le préfet n'a statué que pour l'avenir (cons. d'Et. 20 avr. 1854, aff. Ville de Nogent-sur-Seine, V. n° 72).

73. Il ne résulte pas de là cependant que les préfets aient, quant à la délimitation des fleuves et rivières, un pouvoir purement discrétionnaire. La délimitation doit se faire dans l'intérêt de la navigation et en vue d'assurer le libre écoulement des eaux dans tous les états du fleuve, mais non pour attribuer au domaine des terrains à concéder ou à amodier (M. Cotelle, n° 863). Le préfet qui méconnaîtrait cette règle excéderait ses pouvoirs et son arrêté deviendrait alors susceptible de recours au conseil d'Etat par la voie contentieuse. — Ainsi, par exemple, il a été décidé : 1° qu'un préfet ne pourrait, sans excès de pouvoirs, déclarer que certains terrains ont toujours fait partie du domaine public, et, par conséquent, n'ont pu être valablement aliénés, alors qu'il est reconnu que ces terrains faisaient autrefois partie du domaine aliénable de l'Etat (trib. des confl. 22 mai 1850, M. Vincens Saint-Laurent, rap., aff. com. de Lattes); — 2° Que sont entachés d'excès de pouvoirs les arrêtés par lesquels l'administration déclare incorporer au domaine public, par voie de délimitation de ce domaine, des îlots ou terrains situés dans le lit ou sur les bords d'un cours d'eau navigable, et dont la propriété donne lieu à l'époque même de la publication de ces actes,

à un litige devant l'autorité judiciaire entre l'état et des particuliers qui se prétendent propriétaires ou possesseurs de ces terrains (cons. d'Et. 23 mai 1861, aff. Coquard, D. P. 62. 3. 11); — 3° Qu'il en est de même de l'arrêté par lequel le préfet déclare d'une part qu'un îlot boisé et susceptible de revenus, fait partie du domaine public et de l'autre ordonne qu'il sera remis à l'administration des domaines pour être affermé au profit de l'Etat comme lui appartenant en vertu de l'art. 560 c. nap. (cons. d'Et. 6 août 1861, aff. Revol, D. P. 62. 3. 11).

75. La délimitation administrative du lit des fleuves et rivières navigables ne saurait d'ailleurs avoir pour effet de dépouiller les riverains, sans indemnité, des droits qu'ils peuvent posséder sur les bords de ces cours d'eau; elle ne met donc pas d'obstacle à ce que les riverains fassent reconnaître leurs droits devant l'autorité judiciaire, à l'effet, non pas de se faire remettre en possession du terrain incorporé au domaine public, mais d'obtenir l'indemnité qui leur est due (V. Eaux, n° 45, et MM. Dufour, t. 4, n° 263; Cotelle, t. 4, n° 860). — C'est aussi ce qui est admis sans contestation par la jurisprudence administrative et judiciaire. — Il a été décidé en ce sens : 1° que s'il appartient exclusivement à l'autorité administrative de déterminer les limites administratives des eaux d'un fleuve, les tribunaux ordinaires sont seuls compétents pour en fixer les limites naturelles, dans le but, non d'ordonner la restitution de la partie des héritages riverains incorporés au domaine public par l'effet de la délimitation administrative, mais d'évaluer l'indemnité due à raison de cette incorporation (Lyon, 11 fév. 1848, et sur pourvoi, req. 23 mai 1849, aff. préfet du Rhône C. Combalot, D. P. 50. 1. 313; Lyon, 10 janv. 1849, même aff., D. P. 49. 2. 148; Lyon, 6 juin 1861, et sur pourvoi, Req. 20 mai 1862, aff. Parrachon, D. P. 63. 1. 230; V. aussi dans le même sens avis du conseil général des ponts et chaussées, 21 juin 1860, M. Cotelle, n° 864); — 2° Que si un particulier, au lieu de réclamer la possession du terrain que l'Etat prétend faire partie du domaine public, se borne à demander d'en être reconnu propriétaire, sans entendre porter d'ailleurs aucune atteinte aux actes administratifs qui pourraient avoir incorporé ce terrain audit domaine, le tribunal peut retenir la question de propriété ainsi posée et y statuer immédiatement : dans ce cas, le préfet est mal fondé à revendiquer préjudiciellement pour l'autorité administrative la question de délimitation du domaine public (trib. des confl. 20 mai 1850, aff. Fizes, D. P. 50. 3. 33);— 3° Que lorsqu'un particulier, sans réclamer la possession d'un terrain qu'un arrêté du préfet a déclaré faire partie du domaine public, demande, sous toutes réserves de l'exécution complète de l'arrêté préfectoral, à faire reconnaître seulement son droit antérieur de propriété sur ledit terrain, sauf à tirer ultérieurement de cette reconnaissance telles conséquences que de droit au point de vue de l'indemnité qui pourrait lui être due, les tribunaux civils sont compétents pour statuer sur cette demande et c'est à tort, dans ce cas, que le préfet élève le conflit (trib.

(1) Espèce : — (Ville de Nogent.) — Une contestation divisait depuis longtemps la ville de Nogent-sur-Seine et l'Etat, relativement à la propriété d'une zone de terrain plantée d'arbre et servant de promenade publique, attenant à la digue Perronnet. La ville a été maintenue en possession par le juge de paix. — Mais la sentence ayant été cassée, le tribunal de Troyes, saisi du litige, décida qu'il y avait lieu, avant de statuer au fond, de faire déterminer par l'autorité administrative compétente les limites de la digue Perronnet, considérée comme dépendance du domaine public.

8 avr. 1852, arrêté du préfet qui, délimitant la digue Perronnet sur le point litigieux, comprend dans les limites de ladite digue tout le terrain à la propriété duquel la ville de Nogent prétendait exclusivement : cet arrêté est approuvé par le ministre. — La ville de Nogent défère cet arrêté au conseil d'Etat comme entaché d'excès de pouvoir en ce qu'il tranche une question de propriété qui était du ressort exclusif de l'autorité judiciaire, et subsidiairement elle conclut à ce qu'il soit déclaré que cet arrêté n'a statué que pour l'avenir, et qu'ainsi, il ne fait pas obstacle à ce que la ville fasse reconnaître ses droits antérieurs de propriété sur le terrain en litige, à l'effet de se faire allouer une indemnité, s'il y a lieu.

Napoléon, etc; — Vu les lois du 22 déc. 1789, sect. 5, art. 2, des 12-20 août 1790, et l'arrêté du gouvernement du 19 vent. an 6; — Sur les conclusions de la ville de Nogent-sur-Seine tendant à l'annulation pour excès de pouvoirs de l'arrêté du préfet de l'Aube en date du

8 avr. 1852, approuvé par notre ministre des travaux publics le 17 du même mois ; — Considérant qu'aux termes des lois des 22 déc. 1789, 12-20 août 1790, et de l'arrêté du 19 vent. an 6, il appartient à l'autorité administrative de déterminer la limite du lit des fleuves, et que lesdites lois ont spécialement chargé les administrations de département de la conservation des propriétés publiques, telles que rivières et autres; que, dès lors, en fixant sur le point litigieux les limites de la Seine, et, par suite, les limites de la digue Perronnet qui forme une de ses dépendances, le préfet n'a point excédé ses pouvoirs; qu'ainsi la ville de Nogent-sur-Seine est non recevable à attaquer cet arrêté devant nous par la voie contentieuse; — Considérant que l'arrêté attaqué ne fait pas d'ailleurs obstacle à ce que la commune de Nogent-sur-Seine fasse valoir devant l'autorité compétente les droits qu'elle aurait légitimement acquis sur les terrains litigieux pendant le temps où ils auraient pu être susceptibles de propriété privée, et que, par cet arrêté, le préfet a lui-même déclaré que cette faculté demeurait réservée à la ville de Nogent-sur-Seine :

Sur les conclusions subsidiaires de la ville de Nogent-sur-Seine, tendant à ce qu'il soit déclaré que l'arrêté du 8 avr. 1852 n'a statué que pour l'avenir ; — Considérant que la question de savoir si l'arrêté du 8 avr. 1852 n'a statué que pour l'avenir, n'est pas de nature à nous être portée directement devant nous par la voie contentieuse; — Art. 1. La requête ... est rejetée.

Du 20 avr. 1854.-Décr. cons. d'Et.-M. Leviex, rap.

des confl. 22 nov. 1851, M. Pérignon, rap., aff. Roger C. l'Etat; V. aussi cons. d'Et. 26 juin 1852, aff. com. de Frontignan, v° Organis. marit.; 30 juin 1855, aff. de Blois, eod.; 1er déc. 1855, aff. Trouille, eod.) ; — 4° Que l'arrêté par lequel le préfet se borne à déterminer la limite actuelle du lit d'une rivière navigable, est pris dans la sphère des pouvoirs confiés au préfet par la loi du 22 déc. 1789, bien que les riverains prétendraient avoir sur cette berge des droits de propriété consacrés par l'autorité judiciaire; d'ailleurs, cet arrêté ne fait pas obstacle à ce que les réclamants se retirent devant l'autorité compétente, pour faire statuer, sur les droits qu'ils pouvaient avoir, antérieurement audit arrêté, à la jouissance et à la propriété des terrains compris aujourd'hui dans le domaine public, et sur l'indemnité qui peut leur être due à raison de leur dépossession (cons. d'Et. 19 juill. 1860, aff. Reyneau, D. P. 61. 3. 49; conf. cons. d'Et. 20 avr. 1854, aff. ville de Nogent-sur-Seine, V. n° 72).

76. Une opinion différente a été émise devant le conseil d'Etat par M. Baroche, commissaire du gouvernement (7 août 1856, aff. David). La délimitation administrative d'un fleuve, a-t-il dit, ne peut donner lieu à indemnité au profit du riverain, l'administration ne *fixant* pas les limites du fleuve, mais se bornant à les *reconnaître*. — Le ministre des finances s'est également prononcé dans ce sens lors de l'arrêt du 22 nov. 1851 (trib. des confl., aff. Roger). — Cette doctrine absolue ne pouvait être admise. — Dans une autre affaire. M. le commissaire du gouvernement L'hôpital a fait une distinction : « Ou bien l'autorité administrative détermine la consistance du domaine public dans le présent seulement et dans l'état actuel, et alors tous les droits sont conservés aux tiers pour réclamer devant qui ce droit une indemnité pour la privation qu'ils subiraient d'une propriété justifiée entre leurs mains tant que le terrain a été susceptible de propriété privée; ou bien, l'autorité administrative délimite, pour le passé comme pour le présent, en déclarant que le terrain litigieux a toujours fait partie du domaine public. Dans ce cas même, il ne serait pas impossible de prévoir des hypothèses dans lesquelles la délimitation du domaine public laisserait subsister les droits des tiers, comme par exemple si l'on justifiait d'un acte de vente nationale duquel il résultât que des particuliers auraient acquis partie des terrains compris dans les limites fixées par l'administration; alors le principe de l'inaliénabilité céderait devant le principe de l'inviolabilité des ventes nationales, et même ce ne serait plus une indemnité que les réclamants pourraient obtenir, ce serait le terrain lui-même; donc la propriété devrait lui être maintenue, sauf, bien entendu, à l'administration la faculté d'exproprier. — En dehors de ces hypothèses, la déclaration que le terrain litigieux a toujours fait partie des dépendances du domaine public équivaudrait à une dénégation du droit à une indemnité. — Mais ici se présente le remède pour excès de pouvoirs, et les parties sont assurées que le conseil d'Etat examinera toujours de très-près si, sous prétexte de délimitation du domaine public, on n'a pas été jusqu'à usurper sur la propriété privée » (V. cons. d'Et. 2 août 1860, aff. Mazeline, D. P. 61. 3. 58; V. aussi les observations du même magistrat, 19 juill. 1860, aff. Reyneau, D. P. 61. 3. 49). — Mais le conseil d'Etat ne paraît pas vouloir se ranger à cette doctrine; il a décidé que, lorsque l'autorité administrative a procédé à la délimitation du domaine public, tant pour le *passé* que pour le présent, sur les rives d'un fleuve navigable, et que les propriétaires riverains se bornent à demander la reconnaissance de leurs droits antérieurs de propriété pour obtenir, non la restitution effective du terrain désormais affecté au service public, mais l'indemnité de la dépossession qu'ils prétendent avoir éprouvée par l'effet de la délimitation précitée, il appartient à l'autorité judiciaire de connaître de cette demande, et c'est à tort que l'administration revendique, dans ce cas, le droit de déterminer préjudiciellement des limites qu'elle a déjà fixées (cons. d'Et. 21 nov. 1861, aff. Lahirigoyen, D. P. 63. 3. 7). — La doctrine de M. le commissaire du gouvernement est moins équitable, sans doute, mais elle est plus logique; c'est la conséquence forcée de la jurisprudence qui reconnaît à l'administration le droit de fixer les limites du domaine public dans le passé. Autrement, quelle serait l'utilité de cette délimitation rétroactive?

—Mais alors ne résulte-t-il pas de là avec évidence, ainsi que nous l'avons déjà dit, que la délimitation dans le passé est, sous l'apparence d'un acte administratif, un véritable jugement sur le fonds, puisqu'elle aurait pour effet, si le conseil d'Etat ne reculait pas devant les conséquences de son principe, d'attribuer ou de refuser au réclamant le droit à une indemnité?

77. Lorsque les contestations à l'égard desquelles s'élève la question de délimitation sont engagées entre simples particuliers, l'administration est désintéressée dans la question, puisque les jugements à intervenir n'auront pas contre elle la force de chose jugée; dès lors les tribunaux ordinaires sont compétents pour statuer sur le tout et le conflit serait mal à propos élevé (conf. M. Dufour, t. 4, n° 303, p. 321). — Il a été décidé en ce sens que lorsque deux particuliers, l'Etat n'étant pas en cause, se disputent devant les tribunaux la propriété d'une île située sur une rivière navigable, le préfet n'est pas fondé à élever le conflit dans le but de revendiquer pour l'autorité administrative la question prétendue préjudicielle de délimitation du lit du fleuve au droit des terrains litigieux, le jugement à intervenir sur la question de propriété privée ne pouvant faire obstacle ni à la reconnaissance par l'autorité administrative des limites du lit du fleuve, ni aux conséquences qui résulteraient de cette reconnaissance en ce qui touche les droits de la propriété privée;... et il en serait ainsi, alors même que l'autorité administrative aurait déjà procédé sur ce point à la reconnaissance des limites du lit du fleuve, et qu'il résulterait de ses décisions que les terrains litigieux sont compris dans lesdites limites (cons. d'Et. 2 déc. 1853, M Marchand, rap., aff. hér. Champel C. Laurent).

78. Comme conséquence de son droit de propriété sur les fleuves et rivières navigables et flottables, l'Etat a droit exclusif aux produits de la pêche (L. 15 avr. 1829, V. Pêche fluviale) et aux épaves, lesquelles sont vendues à son profit par l'administration des domaines (ord. d'août 1669, tit. 31, art. 16; c. nap. 713; V. Pêche fluv., p. 441; Propriété, n° 228). — Il a droit également à la récolte des herbes qui croissent sur les bords et les francs-bords des rivières, jusqu'au point où s'élèvent les plus grandes eaux sans débordement (V. n° 61), ainsi que sur les ouvrages exécutés par l'Etat pour le service de la navigation. Toutefois, d'après les anciens règlements, les riverains de la Loire ont la jouissance de l'herbe qui croît sur le talus des levées (arr. du cons. 24 fév. 1788; av. cons. gén. des p. et ch. 9 oct. 1854, M. Cotelle, n° 854).

Sect. 2. — Des chemins de halage.

79. La servitude du chemin de halage, qui existe en France de temps immémorial, a été consacrée par des actes de l'autorité royale, à toutes les époques de notre histoire. Le premier document qui en ait fait mention est une charte du roi Childebert Ier de l'an 558, dans laquelle on lit que cette servitude a été instituée par la coutume pour pouvoir faire monter et descendre les bateaux; elle était donc déjà bien antérieure. — Une ordonnance de Charles VI du mois de fév. 1415, prescrivant aux riverains de la Seine et des rivières qui y affluent de laisser sur leurs bords un chemin de 24 pieds pour le service du halage, rappelle également que c'est ainsi que cela s'est pratiqué de toute ancienneté. Une ordonnance de François Ier, du mois de mai 1520, reproduit textuellement ces prescriptions, qui plus tard sont consacrées comme règle générale, et déclarées applicables à toutes les rivières navigables du royaume, par l'ordonnance de 1669 sur les eaux et forêts, tit. 28, art. 7, sous la sanction d'une amende de 500 fr. contre ceux qui négligeraient ou refuseraient de se conformer à ses prescriptions. Les dispositions de cette ordonnance sont toujours en vigueur, les actes postérieurs n'ayant eu d'autre objet que de les renouveler et d'en exiger impérieusement l'exécution. — Tels sont : 1° l'ordonnance de déc. 1672, dite règlement de la ville portant règlement pour les rivières servant à l'approvisionnement de Paris, dont l'art. 2, chap. 1, n'est que la reproduction à peu près textuelle de l'ordonnance de 1669; — 2° arrêt du conseil, du 24 juin 1777, qui, répétant encore les mêmes prescriptions, exigea la suppression de toutes les constructions, plantations, etc., dans la largeur prescrite par l'ordonnance de 1669,

lapeine de 500 fr. d'amende; — 3° l'arrêté du 19 niv. an 3, qui, en présence du désordre qui s'était introduit, rappelle les citoyens à l'exécution des règlements antérieurs sur les chemins de halage; — 4° l'art. 650 c. nap., qui ne fait que poser le principe de la servitude en référant aux actes antérieurs qui en ont réglementé l'exercice; — 5° enfin le décret du 22 janv. 1808, qui déclare que les dispositions de l'art. 7 de l'ordonnance de 1669 sont applicables à toutes les rivières navigables de l'empire, soit que la navigation y fût déjà établie à l'époque de l'ordonnance, soit que le gouvernement se soit déterminé depuis, ou se détermine à l'avenir à les rendre navigables; seulement, dans ce dernier cas, les riverains auront droit à une indemnité. — Tel est l'état de la législation sur les chemins de halage.

80. L'ordonnance de 1669 établit deux sortes de chemins de halage : l'un, du côté où se tirent les bateaux et qui forme le chemin de halage proprement dit, doit avoir 24 pieds (7ᵐ,80) de largeur; l'autre sur le bord opposé et que l'on nomme plus particulièrement le *marchepied*, n'a que 10 pieds (3ᵐ,25) de largeur; il sert aux mariniers pour les manœuvres et les autres nécessités du service. Outre la largeur de 24 pieds prescrite pour le chemin de halage, les riverains doivent encore laisser libre un espace de 6 pieds (1ᵐ,95), dans lequel il leur est interdit de faire aucune plantation, clôture, etc., à peine de 500 fr. d'amende (V. Eaux, nᵒˢ 118, 123). Mais cet espace de 6 pieds ne fait pas partie du chemin de halage, et le propriétaire peut en user de toute autre manière, le labourer par exemple, y faire des dépôts, etc. (V. *eod.* nᵒˢ 123, 124). — Si le terrain aboutissant à une rivière navigable est un chemin vicinal ou une propriété moins large que 24 pieds, le propriétaire contigu doit fournir le surplus (V. Eaux, nᵒ 126).

81. Bien que l'ordonnance de 1669 appelle le chemin de halage un *chemin royal*, il est unanimement reconnu que ces chemins ne sont pas la propriété de l'État, que c'est seulement une servitude imposée aux riverains sur leur propriété (V. Eaux, nᵒ 119; Cotelle, t. 4, nᵒ 779).

82. Le chemin de halage est dû sur toutes les rivières navigables, sans distinction de celles qui portent naturellement bateaux, et de celles qui ne sont devenues navigables que par les travaux de l'homme (décr. 22 janv. 1808, art. 1; cons. d'Ét. 20 août 1847, M. Vuitry, rap., aff. Saint-Hilaire; conf. MM. Du-

four, t. 4, nᵒ 312; Cotelle, nᵒ 843). — Il est dû également sur les bras de ces rivières comme sur les rivières elles-mêmes, si ces bras sont livrés à la navigation; il ne l'est pas dans le cas contraire (V. Eaux, nᵒ 126; M. Dufour, nᵒ 309). — Il a été décidé à cet égard que l'établissement de haies et barrières formant anticipation sur un chemin de halage qui longe un bras d'une rivière navigable constitue une contravention punissable, s'il est constaté que ce bras n'a pas cessé d'être affecté à la navigation (cons. d'Ét. 14 avr. 1853, M. de Pons Rennepont, rap., aff. Cousin-Jolly).

83. Le chemin de halage est dû non-seulement sur les cours d'eau navigables, mais aussi sur les rivières flottables en trains ou en radeaux, seulement dans ce dernier cas, l'administration n'exige qu'une largeur de 10 pieds (V. Eaux, nᵒ 125; M. Dufour, nᵒ 332). — Le long des rivières flottables à bûches perdues, il n'est dû qu'un sentier de 4 pieds (1ᵐ,30), pour le passage des flotteurs. — V. Eaux, nᵒˢ 70, 127.

84. La servitude de halage subsiste même dans les rivières où les vents et les marées se font sentir. — En conséquence, le chemin et le contre-chemin de halage sur le bord de ces rivières doivent toujours rester praticables, art. 7 tit. 28 de 1669 (cons. d'Ét. 19 mai 1843 (1). — V. aussi cons. d'Ét. 24 déc. 1818, aff. Asselin, vᵒ Eaux, nᵒ 130). — Toutefois, il résulterait d'un avis du conseil d'État du 3 mess. an 13, approuvé le 16, que si l'art. 7 tit. 28 de l'ord. de 1669 est applicable à toutes les rivières navigables, même quand la navigation a lieu à l'aide du flux et du reflux, ou par l'impulsion du vent, l'espace de 24 ou 30 pieds ne peut être exigé que sur le bord du côté où le tirage a lieu, et que s'il n'y a pas de tirage de chevaux établi, il n'est dû sur les deux rives qu'un chemin de 10 pieds (V. MM. Husson, p. 603; Dufour, nᵒ 311). — Cette décision est en opposition avec l'arrêt du 19 mai 1843 qui précède.

85. La servitude de halage et de marchepied établie par l'art. 7, tit. 28 de l'ord. de 1669, grève les terrains aboutissant aux rivières navigables, alors même que l'État ou ses représentants n'ont fait sur ces terrains aucun travail pour faciliter l'usage public de l'espace destiné à servir de chemin de halage (cons. d'Ét. 22 juin 1843) (2);... ou que le terrain n'est pas disposé de manière à comporter l'exercice du halage (même

---

(1) *Espèce* : — (Laburthe.) — Le sieur Laburthe, brasseur de bière à Bordeaux, avait demandé et obtenu du préfet un alignement pour construire sur les rives de la Garonne. Il a satisfait à cet alignement et a laissé entre sa maison et le flot l'espace indiqué par l'arrêté; mais, postérieurement, considérant qu'un chemin de halage ne pouvait être utile et exigé sur un cours d'eau où le remontage des bâtiments se fait par le vent et la marée, et où par conséquent le tirage des bateaux n'a jamais lieu par les procédés ordinaires du halage, le sieur Laburthe fit élever au devant de sa maison une petite palissade et une barraque en planches pour servir aux dépôts provisoires des matières ou des objets servant à son industrie. — Arrêté du conseil de préfecture qui le condamne à la destruction de cette barraque et à une amende que toutefois le conseil avait réduite.

Recours du sieur Laburthe. — « D'après l'ord. de 1669, dit-il, les bords des rivières navigables ne sont pas assujettis, dans tous les cas, à un chemin de trente pieds, mais seulement dans le cas de trait de chevaux, et du côté où les bateaux se tirent. — Ce n'est pas tout : une fois l'utilité d'un chemin de halage reconnue, il faut encore 1° que l'assiette en soit indiquée et choisie de tel côté plutôt que sur l'autre, car il ne peut exister que d'un côté; 2° que sa largeur, qui ne peut dépasser trente pieds, mais qui peut être réduite à moins, selon le décret du 22 janv. 1808, lorsque le service n'en souffre pas, soit déterminée; 3° que le tracé et le parcours en soit fixé, ce qui exige, au préalable, l'opération difficile et importante de la reconnaissance et du jalonnement du bord de la rivière, en suivant toutes les sinuosités du rivage sur une ligne à partir de laquelle devra se prendre la largeur du chemin, opération qui, comme le dit M. Proudhon, t. 5, p 88, doit être faite par experts. Ces opérations ne peuvent se faire que par l'autorité du préfet et non par l'administration des ponts et chaussées qui est partie adverse. — Jusque-là de l'établissement des ponts et chaussées qui est partie adverse. — Jusque-là ce établissement pas, jusque-là les propriétaires riverains ne peuvent être réputés contrevenants en jouissant de leur propriété, non encore asservie, jusqu'au flot. L'administration des ponts et chaussées ne peut, sans violer toutes les règles et renverser toutes les hiérarchies, s'emparer immédiatement de cette propriété avec plus d'arbitraire et moins de garantie et de contrôle pour les riverains que n'en offrirait l'administration elle-même. » — Ordonnance.

LOUIS-PHILIPPE, etc.; — Vu l'ord. de 1669, tit. 28, art. 7, l'arrêt du conseil du 24 juin 1777, le décret du 22 janv. 1808, les art. 649 et 650 c. civ.; — Considérant qu'aux termes de l'art. 7, tit. 28, de l'ord. de 1669, les propriétaires des héritages aboutissant aux rivières navigables sont tenus de laisser libre le long des bords un espace déterminé pour chemin royal et trait de chevaux; – Que dans les rivières où les marées se font sentir, les chemins et contre-chemins de halage doivent être praticables à toutes les époques de marée où la navigation est possible; — Considérant que les marées se font sentir dans la partie de la Garonne au point dont il s'agit, et qu'il résulte de l'instruction, et notamment du procès-verbal du 26 juill. 1838, que le sieur Laburthe a élevé, sans autorisation, en dehors de l'alignement donné par l'arrêté du préfet, en date du 30 juin 1837, sur un terrain faisant partie de la rive droite de la Garonne, et couvert par les hautes eaux navigables, une barraque en planches et une palissade; que ce fait constitue une contravention à l'ordonnance précitée, et dès lors c'est avec raison que, par son arrêté attaqué, en date du 18 oct. 1838, le conseil de préfecture de la Gironde a ordonné la démolition desdites constructions;— En ce qui touche l'amende encourue; —Considérant que l'art. 7, tit. 28 de l'ord. de 1669, prononce contre les contrevenants une amende fixe de 500 fr.; qu'il n'appartient qu'à nous d'ordonner la réduction de ladite amende, et que, dans l'espèce, et en raison des circonstances, il y a lieu de la modérer;

Art. 1. La requête du sieur Laburthe est rejetée. — Art. 2. L'arrêté du conseil de préfecture de la Gironde, en date du 18 oct. 1838, est annulé, pour excès de pouvoir, en celle des dispositions relatives à l'amende. — Art. 3. Le sieur Laburthe est condamné à une amende de 50 fr.

Du 19 mai 1843 –Ord. cons. d'Ét.–M. Boulay de la Meurthe, rap. *Nota.* Du même jour, ordonnances identiques qui rejettent les recours : 1° de la dame Dufour-Dubessac; 2° du sieur Bujac.

(2) *Espèce* : — (Canaux d'Orléans et de Loing C. Besançon.) — Besançon, propriétaire à Montargis, d'un terrain riverain du canal de Loing, avait été poursuivi pour contravention aux lois de la grande voirie, en ce qu'il avait entouré d'une enceinte de palissades un terrain dépendant du canal, mais qui, en supposant qu'il appartint à ce proprié-

arrêt).— ... Ou qu'aucun règlement de l'autorité supérieure n'a déterminé d'une manière certaine l'existence et les limites du chemin (cons. d'Et. 6 fév. 1828, aff. min. de l'int., V. Eaux, n° 131). — ... Ou que la largeur de la zone grevée de la servitude n'a pas été tracée contradictoirement et n'a pas été signalée d'une manière visible sur le terrain (cons. d'Et. 15 avr. 1843, M. Richaud, rap., aff. Cœur de Roy). — V. MM. Cotelle, t. 4, n° 982 ; Dufour, t. 4, n° 313.

86. Le chemin de halage est-il dû sur les îles ?— La question est controversée (V. Eaux, n° 136).—MM. Husson, p. 603; Dufour, n° 320, se fondant sur l'arrêt du conseil du 24 juin 1777, art. 2 (V. Eaux, p. 319), pensent que le chemin de halage est dû de plein droit, lorsque le service de la navigation l'exige. Telle paraît être aussi la pensée de l'administration. Ainsi dans une espèce, par suite de la construction d'un pont suspendu, dont la culée se trouvait à l'extrémité inférieure d'une île, la navigation qui se faisait auparavant par le bras droit, a été transportée sur le chenal de gauche et le chemin de halage établi sur la rive gauche de l'île : le propriétaire de cette île, sans contester le droit de l'administration, a réclamé seulement une indemnité qui lui a été refusée (cons. d'Et. 27 août 1839, M. Saglio, rap., aff. Daujon).

87. L'administration peut exiger des riverains d'une rivière navigable le chemin de halage ou marche-pied, et en cas de refus, les traduire devant le conseil de préfecture, même lorsqu'ils ont été dispensés de cette servitude par lettres-patentes antérieures à l'ord. de 1669 (cons. d'Et. 23 mars 1854, aff. Cornudet, D. P. 54. 3. 41),... et sans que ceux-ci puissent se prévaloir de ce que le halage s'exerce sur la rive opposée, et de ce qu'ils ont fait pour cet objet des travaux que les lettres royales avaient imposés comme une sorte de prix de la dispense concédée (même décis.),... sauf à eux à réclamer, pour la dépossession qu'ils subissent, une indemnité devant l'autorité compétente (même décis.). — Quant à l'indemnité, V. infrà, n° 103 et suiv.

88. C'est au préfet à reconnaître l'utilité du chemin de halage, et à ordonner les mesures nécessaires pour son exécution, sauf recours au ministre de l'intérieur (cons. d'Et. 26 août 1818, aff. Lucron et autres C. Dufour).— La décision du préfet à cet égard est un acte administratif qui n'est pas susceptible d'être déféré au conseil d'Etat par la voie contentieuse. — Il a été décidé en ce sens 1° que l'arrêté par lequel un préfet enjoint aux riverains d'un cours d'eau qu'il considère comme navigable

de laisser libre le terrain nécessaire pour l'établissement du chemin de halage est un acte purement administratif, fait par ce fonctionnaire dans la limite de ses pouvoirs et qui, dès lors, ne peut être déféré au conseil d'Etat par la voie contentieuse (cons. d'Et. 25 août 1841, M. Jouvencel, rap., aff. Brigode C. Honnorez) ; — 2° Que la décision par laquelle le préfet ou le ministre des travaux publics ordonne l'établissement d'un chemin de halage sur le canal de dérivation des eaux d'une rivière navigable, constitue un acte administratif inattaquable par la voie contentieuse (cons. d'Et. 23 déc. 1844, aff. Lallemand, D. P. 45. 3. 73) ; — 3° Que la décision par laquelle le ministre des travaux publics annulant un arrêté préfectoral, enjoint aux propriétaires riverains d'un cours d'eau reconnu navigable de laisser le long des bords un espace libre pour l'établissement d'un marchepied de 3m,25 de largeur, et l'arrêté pris par le préfet pour l'exécution de cette décision, constituent des actes purement administratifs, qui ne sont pas de nature à être déférés au conseil d'Etat par la voie contentieuse (cons. d'Et. 13 août 1850, M. Daverne, rap., aff. Bouveret).

89. Décidé également que l'ordonnance royale rendue en exécution de la loi du 16 sept. 1807, et relative à l'établissement d'un chemin de halage est un règlement d'administration publique qui ne saurait être attaqué par la voie contentieuse (cons. d'Et. 25 avr. 1853, M. Méchin, rap., aff. Chaudon et cons.).

90. Sur le côté opposé au chemin de halage, il n'est dû comme nous l'avons déjà dit, qu'un chemin de 10 pieds (3m,25) de largeur, appelé marchepied. — Toutefois, si le service de la navigation l'exigeait, l'administration pourrait établir sur ce bord un second chemin de halage de 24 pieds (V. Eaux, n° 122, avis cons. gén. des ponts et ch. 22 mars 1849; MM. Cotelle, t. 4, n° 989 ; Dufour, t. 4,.n° 317).—C'est ainsi, par exemple, que le règlement du 29 mai 1808, relatif à la rivière de Sèvre, exige un chemin de 6 mètres de largeur, sur chaque bord, et fait défense de planter plus près de 10 mètres des rivages (art. 3, 16, V. Eaux, p. 326). — Il a été décidé à cet égard, 1° que lorsque, de temps immémorial, le halage s'opère sur la rive gauche d'une rivière, un propriétaire riverain ne peut réduire la largeur du chemin, sous prétexte qu'un chemin de halage existe sur la rive droite, et que par conséquent, un lui suffit un passage de 10 pieds de largeur (cons. d'Et. 25 janv. 1833, aff. Langlois, V. Eaux, n° 141-1°); — 2° Qu'en faisant établir sur une rive d'une rivière navigable un simple marchepied pour le

---

taire, serait néanmoins grevé de la servitude de halage et de marchepied, et devrait par ce motif rester libre de tout obstacle au passage. Deux arrêtés du conseil de préfecture du Loiret des 22 déc. 1855 et 12 janv. 1856, refusèrent cependant les dispositions de l'ord. de 1669, jusqu'à ce qu'il ait été statué sur la question préjudicielle de propriété. Ces arrêtés furent annulés par ordonnance en conseil d'Etat, du 25 janv. 1858 (V. Eaux, n° 187).

Le 18 décembre 1858, arrêté du conseil de préfecture du département du Loiret, qui renvoie Besançon des fins du procès-verbal dressé contre lui, par les motifs suivants : — « Considérant que si, dans l'intérêt de la navigation, les règlements généraux ou la matière défendent toute plantation sur un certain espace réservé le long des bords des canaux, c'était pour faciliter l'établissement des chemins de halage ; — Considérant que, du côté de la propriété du sieur Besançon, aucun chemin de halage n'a été établi ; — Considérant que, si les ordonnances, qui ont autorisé l'établissement des canaux d'Orléans et de Loing, ont voulu que les propriétaires desdits canaux pussent avoir de chaque côté un espace suffisant de terrain pour établir les chemins de halage et de contre-halage, elles n'ont point là entendu dépouiller les propriétaires riverains, mais les contraindre à céder le terrain nécessaire aux canaux ; — Considérant que rien ne justifie que la compagnie des canaux ait entendu établir un chemin de halage ou de contre-halage sur la rive gauche du canal ; que, loin de là, il est constant qu'il s'élève, dans toute la traversée de la ville de Montargis, sur la rive gauche du canal, des constructions de tout genre, que ces faits sont exclusifs de toute possession de la part de l'administration des canaux et de toute intention d'y établir un chemin de contre-halage ; — Que, dès lors, aucune usurpation n'ayant été commise ni aucun obstacle n'ayant été apporté à la navigation, il n'y a pas eu de contravention : » — Recours par la compagnie devant le conseil d'Etat.

LOUIS-PHILIPPE, etc. ; — Vu l'ordonnance d'août 1669, la loi du 19 flor. an 10, le décret du 22 janv. 1808, celui du 6 mars 1810,

celui du 16 déc. 1811 et celui du 22 fév. 1813. — En ce qui touche la contravention reprochée au sieur Besançon : — Considérant qu'aux termes de l'art. 7, tit. 28, de l'ordonnance de 1669, les propriétaires des héritages aboutissant aux rivières navigables doivent, à peine de 500 fr. d'amende, laisser libre le long des bords un espace de 7m,80 c., sans pouvoir faire de plantations et construire de clôture à moins de 9m,75 c. du bord où les bateaux se tirent, et 5m,25 c. du côté opposé ; — Qu'il résulte de la généralité des termes de cette disposition que la servitude légale qu'elle établit grève les terrains aboutissant aux rivières navigables, alors même qu'aucun travail n'aurait été effectué par l'Etat ou ses représentants pour faciliter le transport ou le passage public de l'espace destiné par la loi à servir de chemin de halage ou de marchepied ; — Considérant dès lors que les plantations d'arbres ou de pieux formant clôture, effectuées par le sieur Besançon à moins de 5m,25 c. du bord du Loing, du côté opposé à celui où se fait le halage des bateaux, constituent une contravention de grande voirie que le conseil de préfecture aurait dû réprimer, en ordonnant l'enlèvement des arbres et des pieux, et condamnant le sieur Besançon à l'amende par lui encourue ; — En ce qui touche ladite amende : — Considérant qu'en raison des circonstances de l'affaire, il y a lieu par nous de réduire l'amende encourue par le sieur Besançon ;

Art. 1. L'arrêté du conseil de préfecture du département du Loiret, en date du 18 déc. 1858, est annulé. — Art. 2. Les syndics de la faillite du sieur Besançon, au nom qu'ils agissent, seront tenus, dans la huitaine qui suivra la notification de la présente ordonnance, d'enlever les plantations d'arbres et de pieux effectuées par le sieur Besançon à une distance du bord du Loing de 5m,25 c., faute de quoi il y sera pourvu aux frais dudit sieur Besançon.—Art. 3. Le sieur Besançon est condamné à 10 fr. d'amende et aux dépens résultant de la présente instance, ainsi que de celle sur laquelle il a été statué par notre ordonnance du 25 janv. 1858.

Du 22 juin 1843.—Ord. cons. d'Et.-M. de Jouvencel, rap.

conformément aux dispositions de la loi du 16 sept. 1807, c'est-à-dire par le conseil de préfecture après exper'ise faite dans les formes tracées par cette loi. Cette attribution de compétence n'a pas reçu d'atteinte des lois postérieures sur l'expropriation pour cause d'utilité publique, l'asservissement des propriétés au chemin de halage et de contre-halage constituant non une expropriation, mais une simple servitude d'utilité publique (V. Eaux, n° 152; conf. cons. d'Et., 26 août 1818, aff. de Perier C. Leclerc; 6 mai 1836, M. Bouchené-Lefer, rap., aff. Pain; 2 janv. 1838, aff. Lerebours. V. Eaux, n° 151; 25 août 1841. M. Jouvencel, rap., aff de Brigode C. Honnorez; M. Dufour, t. 4, n° 325).— Suivant M. Husson, p. 605, cette doctrine serait entachée d'erreur. La fixation de l'indemnité dans l'hypothèse prévue par le décret de 1808, dit-il, devrait appartenir aux tribunaux par analogie de ce qu'a décidé la loi du 15 avr. 1829, à l'égard des propriétaires qui sont dépouillés du droit de pêche par suite d'une déclaration de navigabilité.

108. Le payement de l'indemnité ne doit pas nécessairement être préalable à la dépossession (conf. MM. Husson, p. 606; Dufour, n° 322). — En conséquence, il a été décidé que le propriétaire du fonds sur lequel un chemin de halage a été établi ne peut, sans se rendre passible de l'amende de 500 fr. portée par l'ordonn. de 1669, intercepter ce chemin sous prétexte qu'il n'aurait pas été préalablement indemnisé (cons. d'Et. 18 mai 1837, V. Eaux, n° 141-2°; 13 mai 1836, aff. Pierre, eod. n° 131).

109. Mais les intérêts de l'indemnité sont dus au propriétaire, à dater du jour où l'administration s'est mise en possession de son terrain (cons. d'Et. 20 janv. 1855, M. Chamblain, rap., aff. Gaudaire).

110. L'établissement du chemin de halage constituant une simple servitude et non une expropriation (V. n° 81), il en résulte que les riverains restent propriétaires du sol sur lequel il est établi. — De là, plusieurs conséquences : d'abord les constructions sur les bords des chemins de halage ne sont pas soumises aux règlements relatifs à l'alignement, et les riverains peuvent construire ou planter sans autorisation, sous la seule condition qu'ils n'empiètent pas sur la largeur légale du chemin (V. Voirie par terre, n° 1967; conf. M. Husson, p. 607). — Cependant, dit avec beaucoup de raison M. Husson, comme la ligne où commence le chemin est rarement déterminée par des signes certains, il est prudent de demander à l'administration de fixer les limites. — Dans le cas où l'alignement a été demandé, l'infraction à cet alignement, si elle a pour objet de réduire la largeur légale du chemin de halage, doit être considérée, non comme une contravention aux règlements sur l'alignement, mais comme une contravention aux règlements relatifs à la servitude de halage (cons. d'Et. 3 févr. 1838, M. Humann, rap., aff. Peccot).

111. En second lieu, c'est aux riverains qu'appartiennent les arbres plantés sur le chemin, et ils peuvent les abattre sans autorisation de l'administration (cons. d'Et. 14 juin 1851, aff. Dupont, D. P. 52. 3. 3, conf. M. Dufour, n° 390). — Si le chemin de halage est reconnu appartenir à l'Etat, c'est l'Etat qui a droit à ces arbres, à moins que les riverains ne prouvent les avoir plantés eux-mêmes à leurs frais (Req. 2 mai 1833, MM. Zangiacomi, pr., Tripier, rap., aff. Roty C. préf. du Pas-de-Calais).

112. Par suite encore, les riverains peuvent user du chemin de halage comme de leur propriété, pourvu qu'ils ne fassent rien qui tende à diminuer l'usage auquel il est destiné ou à le rendre plus incommode; ainsi, par exemple, ils profitent des herbes qui y croissent; ils peuvent s'en servir pour l'exploitation de leurs fonds, sauf la restriction indiquée infrà n° 119-1°, etc.— Enfin, si la navigation vient à être supprimée sur le cours d'eau, ils rentrent dans leur propriété pleine et entière (V. Eaux, n°s 140, 145).

113. Mais pour qu'un cours d'eau cesse d'être considéré comme navigable, et pour que les riverains soient affranchis par suite de la servitude du halage, il faut un acte de l'autorité prononçant le déclassement (V. n° 150); et en l'absence d'un acte de cette nature, il faut que la navigation sur ce cours d'eau soit devenue matériellement impossible dans une certaine partie de son cours (V. suprà, n° 52). — Il a été jugé à cet égard que lorsque l'administration a fait établir dans une rivière navigable un per-

tuis de navigation, et sur la rive droite un canal avec une écluse, les riverains de la rive gauche prétendraient à tort que le bras qui les sépare du canal a cessé d'être navigable, et que, dès lors, ils ne doivent plus le chemin de halage, alors que ce bras est toujours fréquenté par les bateaux employés à l'extraction du sable; en conséquence, le riverain qui a fermé de ce côté le chemin de halage par des haies et des barrières doit être condamné à les détruire, et en outre à l'amende portée par l'ordonn. de 1669 (cons. d'Et. 14 avr. 1853, M. Reneponet, rap., aff. Cousin-Jolly).

114. La décision par laquelle le ministre a supprimé le chemin de halage et le marchepied à partir d'un point déterminé n'est pas entachée d'excès de pouvoirs, s'il est établi que la navigation ne remonte pas au delà de ce point (cons. d'Et. 10 juill. 1862, M. Aucoc, rap., aff. de Graves).

115. De la règle posée suprà n° 110, il suit également, par application des art. 697 et 698 c. nap., d'après lesquels celui auquel est due une servitude doit faire à ses frais tous les ouvrages nécessaires pour en user ou la conserver, que les riverains, bien qu'obligés par l'arrêt du 24 juin 1777 d'enlever et de détruire à leurs frais les obstacles qui seraient de nature à entraver l'exercice de la servitude et à réparer les dégradations qui auraient été commises par leur fait, ne sont pas tenus des frais d'établissement, de réparation ou d'entretien du chemin (V. Eaux, n° 140; MM. Dufour, n° 331; Cotelle, n° 984). — Il a été décidé en ce sens que lorsque la servitude de halage n'a pas encore été exercée sur un terrain riverain d'une rivière, les frais d'établissement du chemin ne sont pas à la charge du propriétaire, qui peut seulement être tenu d'enlever les plantations et autres obstacles (cons. d'Et. 25 mars 1854, aff. Cornudet, D. P. 54. 3. 41). — L'octroi de navigation établi par la loi du 30 flor. an 10 était spécialement affecté à cet objet. — V. n° 406.

116. Toutefois, si une plus-value résultait pour les terres riveraines de l'établissement du chemin de halage, l'administration serait en droit de contraindre les propriétaires à contribuer aux dépenses d'établissement, conformément aux dispositions des art. 30 et suiv. de la loi du 16 sept. 1807 (Conf. cons. d'Et. 7 avr. 1819, aff. Gallien, V. Eau, n° 94; 25 avr. 1833, M. Méchin, rap., aff. Chaudon et cons.; MM. Jousselin, Serv. d'ut. pub., t. 2, tit. 5, chap. 2, n° 18; Dufour, n° 330). — De même aussi les riverains qui useraient du terrain dans leur intérêt personnel et qui y causeraient des dégradations devraient contribuer proportionnellement aux frais des réparations (V. Eaux, n°s 140-3°, 145).

117. Du principe que le chemin de halage n'est qu'une simple servitude, il résulte, dit M. Husson, p. 605, que l'administration ne peut consolider le chemin, le paver, y bâtir des murs de quai, modifier en un mot le sol de manière à restreindre ou à gêner la jouissance sans en avoir acquis la propriété soit à l'amiable, soit par voie d'expropriation. — Il a été jugé en ce sens que l'exhaussement d'un chemin de halage, au moyen de remblais empierrés à la surface et soutenus par un perré en maçonnerie du côté de la rivière, entraîne, non pas une simple aggravation de la servitude de halage, mais l'incorporation du chemin au domaine public; que, dès lors, c'est dans les formes de l'expropriation pour cause d'utilité publique qu'il doit être procédé au règlement de l'indemnité due au propriétaire du sol (cons. d'Et. 30 déc. 1858, aff. Novillars, D. P. 59. 3. 50) — Cependant, il peut arriver que les travaux de consolidation du chemin soit plus avantageux que nuisibles aux propriétaires riverains; dans ce cas, ces propriétaires ne sauraient être écoutés dans leur réclamation, en raison de ce principe, pas d'intérêt, pas d'action. — Il est possible même que l'empierrement du chemin, sans être avantageux, ne soit pas nuisible aux propriétés riveraines. Aussi cet empierrement a-t-il souvent lieu sans que les propriétaires réclament et même sur leur propre demande. Mais dans les cas où cet empierrement est préjudiciable au propriétaire du sol, l'administration n'a jamais méconnu le droit des propriétaires à une indemnité. V. M. Cotelle, n°s 985, 986.

118. Le propriétaire qui a été indemnisé à l'amiable pour l'établissement d'un chemin de halage sur sa propriété ne peut réclamer une augmentation d'indemnité pour réparation du pré-

l'autorité judiciaire est incompétente pour statuer sur une action intentée par des particuliers contre l'État, à l'effet non de reconnaître le droit qu'ils pourraient avoir en vertu de leurs titres ou en vertu du code Napoléon, à une servitude de passage sur la levée d'un canal, mais à l'effet de se faire maintenir dans la possession où ils seraient de passer depuis plus d'une année sur ladite levée, et d'obtenir des dommages-intérêts pour le préjudice qui leur aurait été causé par le trouble apporté à leur possession, attendu « qu'il n'appartient qu'à l'autorité administrative de statuer, soit sur les contestations auxquelles peut donner lieu la jouissance du domaine public, soit sur les indemnités qui peuvent être réclamées à l'occasion de ces contestations » (cons. d'Et. 9 fév. 1847, M. Reverchon, rap., aff. Chevalier; 1er juin 1861, M. du Martroy, rap., aff. canal lat. à la Garonne); — 2o Que l'autorité judiciaire ne serait compétente que dans le cas où l'action du demandeur aurait seulement pour objet de faire reconnaître les droits qu'il aurait eus à une servitude de passage sur le terrain dont il s'agit avant qu'il n'eût été affecté au service du canal ou qui lui auraient été réservés lorsque ce terrain avait été acquis en vue de cette affectation (même arrêt du 1er juin 1861).

155. Toutefois, il a été décidé que le conseil de préfecture n'est pas compétent pour statuer sur la question de savoir si une portion des levées d'un canal qui sert en même temps à l'entretien d'un dessèchement et à la navigation, appartient à la société propriétaire de ce canal ou à un riverain dont la prétention est que ces levées lui appartiennent en vertu de titres privés : « Considérant que la société du canal de Buzay soutient qu'elle est propriétaire du canal et des levées qui en forment une dépendance ; que la dame le Bourdais prétend, au contraire, que si ce canal qui sert à l'entretien du dessèchement des étangs et marais de Buzay et à la navigation, est placé sous la garde et sous la surveillance de l'administration, les levées dont il s'agit lui appartiennent en vertu de titres privés, et que, par conséquent, elle a droit à une indemnité à raison des dégradations que leur ont fait éprouver les eaux du canal; que, dans ces circonstances, il y avait lieu par le conseil de préfecture de surseoir à prononcer sur cette indemnité jusqu'à ce qu'il eût été statué ce qu'il appartiendrait, par l'autorité compétente, sur les droits de propriété qu'elle prétend avoir sur lesdites levées » (cons. d'Et. 19 juill. 1855, M. Gaslonde, rap., aff. Lebourdais C. comp. du canal de Buzay; Conf. cons. d'Et. 9 déc. 1843, M. Jouvencel, rap., aff. Bernard C. can. d'Orléans).

156. Les *digues* d'une rivière canalisée font partie intégrante de cette rivière, et, comme elle, sont une dépendance du domaine public (cons. d'Et. 14 nov. 1854, M. Jauffret, rap., aff. Liégeois; 20 janv. 1843, M. Marchand, rap., aff. Delbours). — Mais si ces digues sont naturelles, elles ont pu rester propriété privée (Req. 30 mars 1840, V. Eaux, no 200, et nos observations sur cet arrêt, *eod.*). — Il a été décidé cependant, 1o que l'autorité administrative, exclusivement investie du droit de fixer les limites des cours d'eau navigables et flottables, est également compétente pour décider si les rives de ce canal en forment ou non une dépendance, ou, en d'autres termes, si elles constituent des

rives artificielles faisant comme telles partie intégrante du canal, ou si, malgré la canalisation, elles ont conservé leur caractère primitif de rives naturelles appartenant aux riverains; en conséquence, les tribunaux ne peuvent déterminer eux-mêmes le caractère naturel ou artificiel de ces rives, et après avoir jugé qu'elles sont naturelles, se borner à renvoyer devant l'autorité administrative la délimitation du lit de la rivière (trib. des confl. 5 nov. 1850, aff. Béthune, D. P. 51. 3. 6). — 2o Que lorsque dans une instance ayant pour objet la propriété des terrains situés le long d'un canal de navigation, l'État oppose que ces terrains sont une dépendance du canal, le tribunal ne peut retenir la connaissance de la question de délimitation qui en résulte, soit sous prétexte qu'il s'agit de digues dont l'attribution à l'État ou aux riverains dépendrait simplement de la vérification du caractère artificiel ou naturel de ces digues (trib. des confl. 3 avr. 1850, aff. Deherrypon, D. P. 50. 1. 49); ...soit par le motif que le renvoi de la question de délimitation à l'autorité administrative équivaudrait au renvoi du litige lui-même, et aurait pour résultat de constituer l'administration juge du débat (trib. des confl. 20 mai 1850, aff. Desmarquet, D. P. 50. 3. 51).

157. Les *chemins de halage* sur le bord des canaux de navigation forment une dépendance de ces canaux et sont la propriété de l'État, comme faisant partie du domaine public. Les règles relatives à la servitude de halage ne sont pas applicables aux canaux de navigation. Cette servitude, en effet, est une conséquence de la situation naturelle des lieux et ne peut être imposée aux propriétés riveraines d'un cours d'eau qui n'existe que par le fait de l'homme. L'ord. de 1669, tit. 28. art. 7, et l'arrêt du cons. du 24 juin 1777, art. 3, en s'occupant des chemins de halage, ne parlent en effet que des fleuves et rivières navigables. Aussi lors de la confection d'un canal, l'État ou la compagnie qui lui a été substitué acquiert-il les terrains nécessaires à l'établissement du chemin de halage, du marchepied, etc. (V. Eaux, no 134, et M. Husson, p. 603, 818). — Le conseil d'État s'est prononcé en sens contraire : il a décidé que les riverains des canaux navigables sont tout aussi bien que ceux des rivières de même nature, assujettis aux servitudes de halage et de contre-halage (cons. d'Et. 6 mars 1856, aff. Canal du Lez, D. P. 56. 3. 54; Conf. cons. d'Et. 9 déc. 1843, M. Jouvencel, rap., aff. Bernard C. Can. d'Orléans; 19 déc. 1848, M. Maigne, rap., aff. Bataille et les arrêts cités vo Eaux, no 147).

158. En tout cas, il a été jugé que l'établissement d'un chemin de halage sur le bord d'un canal de dérivation, ne doit ne pas lieu à l'accomplissement des formalités prescrites pour l'expropriation pour cause d'utilité publique, alors que ce canal fait partie de la ligne navigable d'une rivière (cons. d'Et. 23 déc. 1844, aff. Lallemand, D. P. 45. 3. 73. V. nos observations *eod.* en note).

159. Lorsque le chemin qui sert au halage sur les bords d'un canal est d'une largeur beaucoup plus grande que celle qui a été déterminée par le titre de concession, les concessionnaires ne peuvent prétendre à cette extension de largeur, s'ils ne justifient pas qu'ils sont devenus propriétaires de cette adjonction de terrains (Douai, 5 mai 1840) (1).

160. Le terrain qui recouvre le *souterrain* d'un canal est-il

air; — Que, dès lors, en décidant que ladite augmentation de tarif n'avait point le caractère d'un impôt applicable aux besoins généraux de l'État, mais devait profiter aux propriétaires du canal, chargés de l'entretenir, la cour royale de Toulouse a fait de la loi précitée du 21 vend. an 5, une juste application; — Rejette le pourvoi formé contre l'arrêt de la cour royale de Toulouse, du 4 juill. 1843.
Du 22 avr. 1844.-C. C., ch. req.-MM. Zangiacomi, pr.-F. Faure, rap.-Delangle, av. gén., c. conf.-Fichet, av.
(1) (Com. de Billy-Berclaux C. la soc. anon. du canal de la Bassée.) — La Cour; — En ce qui touche l'appel dirigé contre la société anonyme du canal de la Bassée : — Attendu que la convention intervenue en 1271 entre Lechâtelain et la ville de Lille pour la confection du canal de la Bassée porte en termes exprès qu'il y aura le long de ce canal six pieds de voie d'un côté ou de l'autre ; que la société anonyme, substituée aux droits du gouvernement pour la jouissance de ce canal et de ses dépendances par les lois des 14 août 1822 et 29 juill. 1829, ne prouve pas qu'il ait été s'quis, à quelque époque que ce soit, une plus grande étendue de terrain pour le chemin de halage; — Que par conséquent elle est mal fondée à réclamer un franc-bord plus large que les

six pieds (de 11 pouces) déterminés par le titre précité de 1271; Attendu que, d'une autre part, il résulte des documents et des faits de la cause que le long de la limite extérieure de ce franc-bord, restreint à six pieds, il a existé de toute ancienneté et nécessairement un chemin vicinal servant de communication entre les communes de Billy-Berclaux et d'Anthay; que ce chemin vicinal, sans lequel il se trouverait une solution de continuité entre les voies de communication, qui rattachent les unes aux autres les diverses communes de cette contrée, n'a pu être et n'a point été prescrit de tout temps par les concessionnaires, auxquels de simples actes de tolérance n'ont pu conférer une possession servant de base à la prescription;
Attendu, quant à la servitude de passage avec chevaux et voitures revendiquée par la commune sur le susdit chemin, à six pieds dépendant du canal, que ses prétentions à cet égard sont dénuées de justification, et qu'il n'y a pas lieu de les admettre; que c'est donc le cas, dans ces circonstances, d'attribuer, d'une part, aux concessionnaires, les six pieds de franc-bord et de halage établant sur le titre de 1271, et, d'autre part, le surplus de la digue à la commune de Billy-Berclaux, à titre de chemin vicinal, sans que cette dernière soit admise à exer-

une dépendance de ce canal? Oui, a dit le ministre des travaux publics devant le conseil d'Etat : « le terrain qui enveloppe le souterrain d'un canal est incontestablement une dépendance du canal au même titre que les levées et francs-bords. Ce n'est pas là une propriété ordinaire régie par la loi civile. Il y aurait de graves inconvénients et même des dangers, au point de vue de la conservation des routes, à admettre la doctrine contraire. Il existe des souterrains sur la plupart des canaux; leur périmètre est indiqué sur les plans, et il n'a pas été établi jusqu'à présent que les règlements de grande voirie ne fussent applicables pour réprimer les contraventions qui seraient commises dans l'enceinte de ce périmètre. » — Le conseil d'Etat n'a pas résolu la question en principe. Il a seulement décidé que dans l'espèce, il résultait de l'instruction que les terrains qui recouvrent le souterrain en question, sont situés à l'intérieur des fossés de délimitation du canal et sont une dépendance dudit canal; que dès lors la coupe d'herbes accrues sur ces terrains, constitue une contravention de grande voirie de la compétence du conseil de préfecture (cons. d'Et. 21 nov. 1861, M. de Guigné, rap., aff. Boullerne). — Nous croyons aussi que la question ne peut être résolue d'une manière absolue; elle dépend des circonstances.

161. Les *pépinières* qui existent le long des canaux et qui sont destinées au renouvellement des plantations des francs-bords, doivent, lorsqu'elles sont comprises dans ces francs-bords, être considérées comme dépendances du canal, et en conséquence les contraventions qui y sont commises, consistant par exemple dans le fait d'y avoir coupé des herbages, sont des contraventions de grande voirie de la compétence du conseil de préfecture (cons. d'Et. 6 mai 1848, M. Vuitry, rap., aff. Mahu-Tavernier; Conf. décis. dir. des p. et ch. 30 nov. 1817, M. Husson, p. 622).

162. Les *chambres d'emprunt* situées au pied de la digue d'un canal font-elles partie des ouvrages dudit canal et par suite, sont-elles soumises au régime de la grande voirie? — Le ministre des travaux publics s'est prononcé pour l'affirmative (V. l'arrêt qui suit). — Mais le conseil d'Etat n'a pas accepté cette doctrine; il a décidé que l'instruction n'établissant pas que les chambres d'emprunt de l'espèce fissent partie des ouvrages du canal, le fait d'avoir coupé et détérioré des plantations dans lesdites chambres ne rentrait pas dans les contraventions de grande voirie dont la répression appartient au conseil de préfecture (cons. d'Et. 27 janv. 1859) (1).

163. Du principe qu'il appartient à l'administration seule de fixer les limites du domaine public (V. n° 62), il résulte que cette autorité est également seule compétente pour déterminer les limites des terrains qui doivent être considérés comme les dépendances d'un canal.—Et spécialement il a été décidé : 1° que lorsque dans une instance introduite par un particulier à l'effet de se faire maintenir en possession d'un terrain situé à proximité d'un canal de navigation, l'Etat soutient que le dit terrain est une dépendance du canal et fait à ce titre partie du domaine public, la

délimitation du canal est préjudicielle et doit être renvoyée à l'autorité administrative (trib. des confl. 20 mai 1850, M. Marchand, rap., aff. Desmarquet; Conf. trib. des confl. 3 avr. 1850, aff. Deherrypon, D. P. 50. 3. 49 ; 11 mai 1850, M. Daverne, rap., aff. Lauque C. Canal du Midi ; Conf. cons. d'Et. 27 mars 1856, M. de Belbeuf, rap., aff. Berlaërt); — 2° Qu'en cas de difficulté sur l'étendue des francs-bords d'un canal de navigation, c'est à l'autorité administrative qu'il appartient de la déterminer, sauf à ceux qui se prétendent propriétaires du terrain à réclamer devant les tribunaux civils l'indemnité à laquelle ils peuvent avoir droit (cons. d'Et. 11 mai 1850, M. Daverne, rap., aff. Lauque C. Canal du Midi).

164. Il en est de même à l'égard des rivières canalisées. — Ainsi, il a été décidé que lorsqu'une action possessoire porte sur les talus ou francs-bords d'une rivière canalisée, il y a lieu de faire déterminer préalablement par l'autorité administrative, comme question préjudicielle, si ces talus ou francs-bords sont des dépendances du canal et font, à ce titre, partie du domaine public (trib. des confl. 5 nov. 1850, aff. Béthune, D. P. 51. 3. 6).

165. Les produits accessoires des canaux et rivières canalisées ou rendues navigables au moyen d'ouvrages d'art, tels que les produits de la pêche des francs-bords, des plantations et des prises d'eau sont gérés, quant aux canaux qui n'ont pas été l'objet d'une concession, par le ministre des travaux publics avec le concours des administrations financières (décr. 23 déc. 1810, décis. min. fin. 13 sept. 1832, inst. min. des ponts et ch., 24 oct. 1832, 20 avr. 1836, 31 mars 1841, M. Husson, p. 619). — Du reste, les prises d'eau sur les canaux sont rarement accordées, à cause des inconvénients qu'elles peuvent entraîner pour la navigation (av. cons. gén. des ponts et ch. 5 avr. 1836, M. Husson, p. 619).

166. Sur les canaux et rivières canalisées qui ont été l'objet d'une concession, les concessionnaires sont substitués aux droits de l'Etat et c'est à leur profit qu'a lieu la perception des produits accessoires, pêche, coupes d'herbes, etc. (M. Cotelle, n° 848 et suiv.).—V. aussi Req. 29 juill. 1828, aff. d'Harville, v° Eaux, n° 56.

167. Bien que faisant partie du domaine public, les canaux de navigation, même ceux exécutés aux frais de l'Etat, sont imposés à la contribution foncière (L. 3 flor. an 11; 23 juill. 1820, art. 26, V. Impôts dir., n°s 29 et suiv.), excepté pour les parties souterraines (M. Husson, p. 623).

168. Les travaux dont les canaux de navigation peuvent être l'objet sont exécutés par l'administration des ponts et chaussées, sous la haute surveillance du ministre des travaux publics dans les conditions et suivant les règles tracées pour tous les travaux d'utilité générale (V. M. Husson, p. 619). — Il appartient à l'administration seule, et non au conseil d'Etat statuant dans la voie contentieuse, d'ordonner l'exécution, dans un canal navigable, de travaux qui seraient de nature à modifier le régime de ce canal (cons. d'Et. 19 juill. 1855, M. Gaslonde, rap., aff. Lebour-

---

cer aucune servitude de passage sur le franc-bord limitrophe, etc.;

Faisant droit sur l'appel du maire de la commune de Billy-Berclaux contre le jugement adonné du canal de la Bassée, met, en ce qui la concerne, le jugement dont est appel à néant; émendant, dit et ordonne que le franc-bord dépendant du canal sera restreint à 1 mèt. 78 cent., que le surplus de la digue dudit canal appartiendra à la susdite commune à titre de chemin vicinal, etc. ; — Déboute la commune du surplus de ses prétentions, etc.

Du 5 mai 1810.-C. de Douai.-M. Colin, pr.

(1) (Sauger.) — Le ministre des travaux publics a présenté son rapport en ces termes : « Le procès-verbal soumis au conseil de préfecture a été dressé, le 25 nov. 1857, contre le sieur Jacques Sauger, vigneron à Gièvres, pour avoir coupé et enlevé des saules plantés dans les chambres d'emprunt du canal de Berry, au pied de la rive gauche. Le conseil de préfecture, considérant que les faits incriminés ont été accomplis exclusivement dans les chambres d'emprunt et n'ont pas affecté la digue ni la chaussée du canal, n'a vu dans ces actes qu'un délit justiciable des tribunaux ordinaires et s'est déclaré incompétent. — Il résulte de cette décision que, dans la pensée du conseil de préfecture, les chambres d'emprunt ne sont pas une dépendance des canaux, et, à ce titre, protégées par les règlements sur la grande voirie. Il me paraît y avoir là une erreur. Les chambres d'emprunt, partout où il en existe, ne sont pas de simples propriétés utiles à l'Etat; ce sont très-certainement des dépendances des canaux. Elles se rattachent aux levées du chemin de ha-

lage de ces canaux, et elles restent dans l'ensemble des travaux exécutés par l'Etat. Ainsi les chambres d'emprunt dans lesquelles les coupes ont eu lieu par le contrevenant se trouvent au pied d'une digue fortement en remblai et contre laquelle viennent battre les eaux du Cher. Il est donc important, pour la conservation de cette digue, que la chambre d'emprunt soit tapissée de plantations touffues pour résister à l'action des eaux et en même temps pour faciliter l'atterrissement de l'excavation qu'elle forme et aussi faible distance du canal. — J'ajoute que la question s'est déjà produite devant le conseil d'Etat, et que ce conseil, par un arrêt du 6 mai 1848 (V. n° 161), a consacré l'opinion que j'exprime. »

Napoléon, etc. ; — Vu l'arrêt du conseil en date du 24 juin 1777, notamment l'art. 11 ; la loi des 19–22 juill. 1791, tit. 1, art. 29 ; — Vu la loi du 29 flor.al an 10 et celle du 23 mars 1842 ; — Considérant qu'il résulte du procès-verbal ci-dessus visé que le sieur Sauger a coupé et détérioré des saules plantés dans des chambres d'emprunt situées le long de la digue gauche du canal de Berry ; mais qu'il n'est pas établi que lesdites chambres d'emprunt fassent partie des ouvrages du canal ; que, dès lors, le fait imputé au sieur Sauger ne rentre pas dans les contraventions de grande voirie dont la répression appartient aux conseils de préfecture en vertu de la loi du 29 flor. an 10, et qu'ainsi c'est avec raison que le conseil de préfecture du département de Loir-et-Cher s'est déclaré incompétent pour en connaître ; — Art. 1. Le recours de notre ministre de l'agriculture, du commerce et des travaux publics est rejeté.

Du 27 janv. 1859.-Décr. cons. d'Et.-M. Aucoc, rap.

divisé en arrondissements de navigation, est placé sous la surveillance générale d'un inspecteur divisionnaire des ponts et chaussées. Le préfet et l'ingénieur en chef du département où est fixé le chef-lieu d'un arrondissement ont, respectivement dans leurs attributions, la surveillance et les travaux à faire dans toute l'étendue des fleuves et rivières que comprend cet arrondissement, pour le lit et sur les bords de la rivière ou du fleuve. Le surplus de l'administration continue à être exercé par le préfet du territoire (arrêté 8 prair. an 11, art. 3).

198. L'ingénieur en chef chargé de la direction d'un arrondissement porte le titre d'ingénieur en chef directeur de la navigation. A Paris, Lyon, Bordeaux, Nantes, Rouen, etc., l'ingénieur en chef du département n'est pas chargé du service de la navigation; il y a, à côté de lui, un ingénieur en chef spécialement chargé de ce service et qui prend le titre de directeur de la navigation; il remplit exclusivement dans son arrondissement, sur les rivières et ports, ainsi que pour tout ce qui concerne les travaux qui s'y rattachent, les mêmes fonctions, les mêmes attributions que l'ingénieur en chef du département (M. Lalou, Man. de la navig. intér., nos 14, 19). — Les directeurs de la navigation sont secondés par les conducteurs et piqueurs, et ont sous leurs ordres les officiers et maîtres de port de commerce, les chefs de port, les éclusiers et aides éclusiers, garde-digues et les agents des compagnies concessionnaires de canaux (MM. Lalou, no 19 et suiv.; Cotelle, no 935).

199. En outre, des inspecteurs de la navigation, les uns ressortissant au ministère des travaux publics et placés sous les ordres des préfets, les autres nommés par les préfets, ainsi que des sous-inspecteurs, ont pour mission spéciale de veiller à l'exécution des lois et règlements en vigueur, tant sur les rivières que sur les canaux. Les inspecteurs de la navigation sont aussi chargés de la surveillance de diverses branches du service et de la navigation proprement dite (V. loi. 29 flor. an 10; inst. 24 fluv. an 5; arrêté réglem. 20 juin 1832; ord. 4 juill. 1838; 23 mai 1843; ord. de pol. 25 oct. 1840, etc.; M. Lalou, nos 53, 58, 113 et suiv.). — Les attributions des inspecteurs de la navigation sont remplies, concurremment avec eux, par les conducteurs des ponts et chaussées, les chefs de ports et éclusiers (M. Lalou, no 59).

200. La perception des droits de navigation constitue un service spécial qui dépend de l'administration des contributions indirectes. Les receveurs des droits de navigation et autres employés qui leur sont subordonnés sont des agents du trésor, et n'ont à s'intéresser en aucune manière dans la surveillance des ports et rivières et dans la pratique du service de la navigation. Leurs attributions spéciales consistent à percevoir les droits dus par les bateaux en cours de navigation, à s'assurer que les chargements sont conformes aux déclarations, à se faire représenter les connaissements et manifestes, lors du passage des bateaux devant les bureaux de recette et surtout à opérer le jaugeage officiel des bateaux (L. 9 juill. 1836, art. 10 et 11; ord. 15 oct. 1836, V. infrà, nos 435 et suiv., 456 et suiv.).

CHAP. 5. — POLICE ET CONSERVATION DES COURS D'EAU NAVIGABLES ET FLOTTABLES.

201. La police des cours d'eau navigables et flottables a deux objets distincts : elle comprend, d'une part, les mesures spécialement relatives à la conservation des rivières et de leurs dépendances, c'est-à-dire celles destinées à prévenir et à réprimer les entreprises des riverains sur le lit ou sur les bords des cours d'eau; sur les chemins de halage, etc.; et, d'autre part, les mesures particulières au service proprement dit de la navigation, c'est-à-dire à la police des bateaux : ces deux différents points de la matière sont traités séparément dans les deux sections qui suivent.

SECT. 1. Mesures de police relatives à la conservation des cours d'eau et de leurs dépendances.

202. Les cours d'eau navigables et flottables, en ce qui touche les mesures relatives à leur conservation, sont encore soumis aux anciens édits, arrêts du conseil, etc., antérieurs à 1790, lesquels, faisant partie des règlements de grande voirie, ont été maintenus en vigueur par la loi des 19-22 juill. 1791, art. 29 (V. Voirie par terre, no 213). — Ces règlements sont, ou généraux et applicables à toutes les voies navigables de la France, ou spéciaux à certains cours d'eau seulement. — Les premiers se composent uniquement de l'ordonnance de 1669, tit. 27, art. 40 à 45 et tit. 28, art. 7; et de l'arrêt du conseil du 24 juin 1777, portant règlement pour la navigation de la Marne et autres rivières et canaux navigables. — Les seconds sont très-nombreux : nous citerons entre autres : 1o l'ordonnance de 1672, dite ordonnance de la ville, et spéciale aux cours d'eau servant à l'approvisionnement de Paris; — 2o L'arrêt du conseil du 17 juill. 1782, portant règlement sur la navigation de la Garonne; — 3o Celui du 23 juill. 1783, relatif à la navigation de la Loire et de ses affluents; — le décret impérial du 29 mai 1808, concernant la police générale de la rivière de Sèvres.— Les canaux anciennement concédés, comme le canal du Midi, ceux de Briare, d'Orléans et du Loing, sont aussi régis par des règlements particuliers émanés des juridictions locales, les concessionnaires ayant reçu sur ces canaux le droit de haute et basse justice. Quelques-uns de ces règlements ont été renouvelés; ainsi, par exemple, le canal du Midi est régi aujourd'hui par un décret du 12 août 1807 non inséré au Bulletin des lois, mais dont le texte a été rapporté dans le recueil de Ravinet, t. 1, p. 350, et par un règlement ministériel du 10 juin 1851 (V. p. 738, no 59); le canal d'Orléans et du Loing par le décret du 22 fév. 1813 (V. Eaux, p. 327), etc.

203. On a contesté souvent la force obligatoire des anciens règlements sur la police de la navigation; mais le conseil d'État a toujours repoussé ces prétentions lorsqu'elles se sont produites. Il a décidé, notamment, 1o que la loi des 19-22 juill. 1791, art. 29, a maintenu les anciens règlements relatifs à la grande voirie; qu'en conséquence, l'arrêt du conseil du 24 juill. 1777 qui a fixé à 1,000 fr. l'amende arbitraire prononcée par l'art. 42, tit. 27 de l'ordonnance de 1669 contre les auteurs de travaux faits sans autorisation sur et au long des rivières et canaux navigables, est toujours obligatoire (cons. d'Et. 20 juill. 1836, M. Brière, rap., aff. Raousset-Boulbon C. d'Aramon); — 2o Que les levées de la Loire sont régies par une législation spéciale qui est encore actuellement en vigueur (cons. d'Et. 11 fév. 1836, aff. Dutemple, V. no 286).

204. L'arrêt du conseil du 24 juin 1777, bien que rendu spécialement pour la rivière de Marne, ajoute : « est applicable à toutes les parties de la France aussi bien que sur les fleuves et rivières (V. les arrêts cités no 215). — Il a été décidé spécialement 1o que les dispositions de cet arrêt sont indistinctement applicables à tous les canaux, même ceux concédés à perpétuité (cons. d'Et. 22 fév. 1850, aff. Sabot, V. no 215-4o), même qu'ils seraient régis par des règlements particuliers; et notamment au canal de Briare, soumis spécialement à l'arrêt du conseil du 20 juin 1741 (cons. d'Et. 25 mars 1852, M. Bauchart, rap., aff. Olivier); — 2o Que la Garonne et la Loire, bien que régies par les règlements spéciaux des 17 juill. 1782 et 23 juill. 1783, n'en restent pas moins soumises aux règles générales de l'arrêt du conseil du 24 juin 1777, dans les cas non prévus par les règlements spéciaux (V. cons. d'État 31 mars 1847, aff. Ballas de Soubran, D. P. 48 3. 4).

205. Les anciens règlements concernant la grande voirie, et spécialement l'arrêt du conseil du 24 juin 1777 sont devenus, par la confirmation résultant de la loi des 19-22 juill. 1791, applicables à toutes les parties de la France où ces règlements n'avaient pas été reçus et enregistrés par les parlements (cons. d'Et. 11 avr. 1848, M. Passy, rap., aff. Polouet). — V. Voirie par terre, nos 214, 1958, et MM. Cotelle, Cours, t. 1, no 369, 379, 382, t. 4, nos 940, 948, Dissertat. insérée dans les Annales des ponts et chaussées, 1857, t. 1, p. 32; Dufour, no 412.

206. Ces règlements ont cependant éprouvé une modification en ce qui touche la peine encourue par les contrevenants. Les amendes qu'ils prononcent d'une manière fixe et invariable peuvent, depuis la loi du 23 mars 1842, être abaissées au 20e par le conseil de préfecture, pourvu toutefois que ce 20e ne soit pas inférieur à 16 fr. Et quant aux amendes arbitraires qui sont

assez fréquentes dans les anciens règlements, elles ont été transformées par la même loi de 1842 en une amende fixe de 16 à 300 fr. (V. Voirie par terre, n° 215). — Cette limite, du reste, n'est pas obligatoire pour le conseil d'État (V. *eod.*). — D'un autre côté, il existe dans ces règlements certaines prohibitions auxquelles aucune sanction pénale n'a été attachée, si ce n'est celle des dommages-intérêts, dans le cas où il y a dommage causé. Cette lacune n'a été comblée ni par la loi de 1842, ni par aucune autre loi; aussi les tribunaux administratifs auxquels un fait de cette nature est déféré ne pouvant, pas plus que les juges ordinaires, créer une peine que la loi ne prononce pas, sont-ils dans l'obligation de renvoyer le prévenu des fins du procès-verbal, sans amende, sauf, s'il y a lieu, condamnation à des dommages-intérêts (V. n° 304, 348). Cependant, si la prohibition a été reproduite dans un arrêté préfectoral, l'infraction à cet arrêté devient punissable de la peine portée par l'art. 471, n° 15 c. pén.; seulement c'est au juge de police seul qu'il appartient de prononcer cette condamnation, et non au conseil de préfecture, incompétent pour appliquer les peines du droit commun (V. Voirie par terre, n° 218, et *infrà*, n°s 305 et 350).

207. Aux termes de l'art. 42, tit. 27 de l'ord. de 1669, « nul ne peut faire moulins, batardeaux, écluses, gords, pertuis, murs, plants d'arbres, amas de pierres, de terres et de fascines, ni autres édifices ou empêchements nuisibles au cours de l'eau dans les fleuves et rivières navigables ou flottables, ni même jeter aucunes ordures, immondices ou les amasser sur les quais et rivages, sous peine d'amende arbitraire. » — L'arrêt du conseil du 24 juin 1777, reprenant les dispositions de cet article sépare, dans deux dispositions distinctes, les diverses contraventions qu'il énumère, et substitue à l'amende arbitraire des amendes fixes de 1,000 et de 500 fr. L'art. 1 de cet arrêt s'occupe des constructions ou autres empêchements nuisibles au cours de l'eau; il est ainsi conçu : « Sa Majesté fait défenses à toutes personnes, de quelque qualité qu'elles soient, de faire aucuns moulins, pertuis, vannes, écluses, gords ou pêcheries ni autres constructions ou autres empêchements quelconques, sur ou au long des rivières et canaux navigables, à peine de 1,000 liv. d'amende et de démolition desdits ouvrages. » — L'art. 4 punit d'une amende de 500 fr. seulement les dépôts d'immondices, pierres, etc. (V. n° 242). Ces amendes de 1,000 fr. et de 500 fr. sont aujourd'hui réductibles au 20e, c'est-à-dire à 50 fr. et à 25 fr. par application de la loi du 25 mars 1842, et non pas à 16 fr. comme on l'a quelquefois décidé (V. n° 223); car d'après le texte de la loi de 1842 l'amende n'est réduite à ce minimum de 16 fr. que dans le cas seulement où le 20e est inférieur à ce chiffre (V. Voirie par terre, n° 214).

208. Bien que l'ord. de 1669, ainsi que l'arrêt du 24 juin 1777 portent dans leurs termes une prohibition absolue, il est sensible cependant que la peine qu'ils prononcent ne doit recevoir d'application qu'autant que l'entreprise a eu lieu sans une autorisation préalable : c'est du reste ce que porte expressément l'arrêté du gouvernement du 19 vent. an 6 (V. Eaux, n° 71). L'administration a le droit incontestable d'autoriser les riverains des fleuves et rivières à exécuter les ouvrages prohibés par l'ordonnance, toutes les fois qu'elle pense qu'il n'en peut résulter aucun obstacle, aucune gêne pour la navigation : cette autorisation une fois donnée, nul ne peut s'en rendre juge. — Sur les conditions de cette autorisation, les cas où elle est nécessaire, V. Eaux, n°s 73 et suiv., et 92 et suiv.

209. L'autorisation est-elle exigée même dans le cas où il s'agirait de simples réparations à des ouvrages déjà autorisés? — Il a été décidé, dans le sens de la négative, que de simples travaux d'entretien et de réparation exécutés sans autorisation à un barrage régulièrement établi sur une rivière navigable, ne sauraient constituer une contravention de grande voirie (sol. implic. cons. d'Ét. 3 mai 1850, M. Reverchon, rap., aff. Sicard Duval, conf. cons. d'Ét. 26 juill. 1844, aff. Dauvet, D. P. 45. 3. 2). — Toutefois, dans une autre espèce, le ministre des travaux publics a soutenu que quand même il y aurait eu simplement réparation, l'autorisation préalable était indispensable. (cons. d'Ét. 26 nov. 1839, M. Jouvencel, rap., aff. Fort. — En tous cas, on ne saurait considérer comme des travaux d'entretien et de réparation des ouvrages entièrement nouveaux qui ont pour

effet de prolonger le barrage et de réduire le lit de la rivière (même arrêt, du 3 mai 1850).

210. L'autorisation ne peut être accordée qu'après l'accomplissement de certaines formalités préliminaires, et par exemple, après l'enquête administrative prescrite pour les demandes relatives aux usines (instr. 19 therm. an 6; circ. 16 nov. 1834, V. Eaux, n° 91). — Il a été décidé à cet égard que, aux termes des lois et règlements, tous les propriétaires intéressés doivent être mis à même de présenter leurs observations sur les demandes formées à l'effet d'établir des barrages ou des prises d'eau dans les rivières navigables ou dans les bras et dérivations de ces rivières; qu'en conséquence, lorsqu'il s'agit de construire un barrage sur un cours d'eau de cette nature, formant la limite de deux communes, et lorsque les propriétaires des deux rives se trouvent ainsi intéressés à l'établissement de cet ouvrage, il y a lieu, à peine de nullité, de procéder à une enquête dans chacune de ces communes, et non pas seulement dans la commune du côté de laquelle doit s'exercer la prise d'eau (cons. d'Ét. 28 nov. 1861, aff. Maréchal, D. P. 62. 3. 10).

211. Lorsqu'il s'agit d'établissements temporaires, l'autorisation est donnée par le préfet, alors même que ces établissements auraient pour effet de modifier le régime ou le niveau des eaux; le préfet fixe également la durée de la permission (décr. 25 mars 1852, tab. D. 2°). — Les établissements permanents ne peuvent être autorisés que par le gouvernement (arrêté du gouv. 19 vent. an 6, V. Eaux, n°s 71 et 91, 93; M. Husson, p. 635).

212. En aucun cas, il ne pourrait appartenir à l'autorité municipale de modifier une permission délivrée par le préfet en matière de grande voirie (cons. d'Ét. 23 fév. 1854, M. de Belbeuf, rap., aff. Perrin). — V. Eaux, n° 452 et suiv.

213. Les permissions données par l'administration pour faire des plantations, etc., sur les bords des rivières, ne sont soumises à aucun délai de déchéance. Le conseil d'État, notamment, a considéré comme légalement faites en 1834 et 1835, des plantations qui avaient été autorisées en 1811 (cons. d'Ét 23 fév. 1841, M. Saglio, rap., aff. hér. de la Roussière).

214. Il ne suffit pas de demander l'autorisation, il faut encore qu'elle soit accordée : tous travaux exécutés avant la réponse favorable de l'administration sont réputés faits sans autorisation et, par conséquent, entraînent l'application des peines prononcées par les règlements (V. Voirie par terre, n°s 2099 et suiv.). — Il a été décidé, en conséquence, 1° que le riverain d'un fleuve navigable qui, après avoir demandé l'autorisation, mais avant de l'avoir obtenu, fait exécuter des travaux défensifs qui ont réduit le chemin de halage au-dessous de sa largeur légale, doit être condamné à l'amende portée par l'art. 7; tit. 28 de l'ordonnance de 1669, et au rétablissement des lieux (cons. d'Ét. 1er août 1834, M. Jouvencel, rap., aff. Labbé); — 2° Que les travaux entrepris sans autorisation sur une rivière navigable sont punissables, alors même qu'ils auraient été postérieurement autorisés (cons. d'Ét. 6 avr. 1836, M. de Luçay, rap., aff. de Graveron). — Il en est de même aussi des travaux exécutés contrairement à l'autorisation (V. n° 219).

215. A défaut d'autorisation, toute construction, toute plantation, tout empêchement quelconque au cours de l'eau, dans le lit ou sur les bords des rivières navigables et flottables, même des canaux de navigation (V. n° 204), est passible de l'amende de 1000 fr. portée par l'arrêt de 1777. — En conséquence, application de cette amende a été faite : 1° à la construction sans autorisation d'une digue dans une rivière navigable (cons. d'Ét. 26 nov. 1839, aff. Fort, V. Eaux, n° 79-5°)...; — 2° A l'établissement d'une levée sur la rive d'un fleuve (le Rhône) (cons. d'Ét. 17 août 1841, M. Louyer-Villermay, rap., aff. Puimejean); — 3° A la construction d'une terrasse défensive sur les bords d'une rivière navigable (cons. d'Ét. 22 fév. 1834, M. Dartigue, V. n° 338); — 4° A la construction d'une maison au-dessus d'un canal concédé à perpétuité, bien que cette maison ait été autorisée par la compagnie concessionnaire. « Considérant, porte la décision, que l'ordonnance du 5 déc. 1831, qui a concédé à la compagnie du canal de Givors la jouissance perpétuelle du prolongement de ce canal jusqu'à Rive-de-Gier, détermine le mode et les conditions de cette jouis-

rée constituer une contravention punissable de l'amende de 1,000 fr. portée par l'arrêt du conseil du 24 juin 1777 (cons. d'Et. 21 nov. 1839, M. Jouvencel, rap., aff. Pincemaille). — Sur la Garonne, l'amende est de 500 fr. aux termes de l'arrêt du conseil du 47 juill. 1782, tit. 3, art. 6 (cons d'Et. 19 mai 1835, aff. Miramont, V. Eaux, n° 335-4°) et sur la Loire de 300 fr. seulement (arrêt du cons. 23 juill. 1783, tit. 3, art. 8).

238. Lorsqu'un moulin à nef a été construit sans autorisation dans le lit d'une rivière navigable, le conseil de préfecture fait une juste application du règlement en prescrivant l'enlèvement de ce moulin, lors même que le propriétaire invoquerait une possession immémoriale et d'anciens titres, sans préjudice toutefois des demandes en autorisation à former par les contrevenants ou des droits à faire valoir par eux, s'ils s'y croient fondés, devant et ainsi qu'il appartiendra (cons. d'Et. 19 mai 1835, aff. Miramont, V. Eaux, n° 335-4°).

239 L'arrêt du conseil du 17 juill. 1782, sur la navigation de la Garonne, qui défend l'établissement de moulins à nef, ailleurs qu'à l'emplacement indiqué par l'autorité, à peine de 500 liv. d'amende contre les propriétaires, ajoute : et de *châtiment exemplaire* contre les meuniers ayant la conduite desdits moulins (tit. 3, art. 7). Le conseil d'Etat a décidé que la nature de la peine dont cet article punit les fermiers et meuniers qui contreviennent à ces dispositions, fait obstacle à ce que le conseil d'Etat prononce contre un fermier une peine quelconque, même une simple amende (cons. d'Et. 8 juill. 1840, M. Saglio, rap., aff. Lasserre et autres).

240. Suivant un arrêté du conseil de préfecture de la Gironde, en date du 7 fév. 1839, pour qu'il y ait déplacement et contravention dans le sens de l'art. 7, tit. 3, de l'arrêt du conseil du 17 juill. 1782, il faut qu'on ait déplacé les ancres ou attaches comme les moulins eux-mêmes; il ne suffit pas qu'un moulin ait été conduit, sans aucun déplacement des ancres, dans le courant servant à la navigation. — Mais cette décision a été combattue fortement par le ministre des travaux publics devant le conseil d'Etat. « Si l'on consulte, a-t-il dit, l'arrêt du 17 juill. 1782, spécial au règlement de la navigation de la Garonne, mais qui développe les ordonnances antérieures sur la matière, on trouve, art. 6 et 7 du tit. 3, l'extrême défense de placer les moulins à nef, sous quelque prétexte que ce soit, dans le courant de la rivière servant à la navigation, l'injonction de prendre, conformément aux règlements, une ordonnance qui fixe l'emplacement de ces moulins, enfin l'interdiction de *changer ces moulins hors de l'emplacement qui aura été marqué*, sans une permission préalable. Comme on le voit, ces prescriptions, qui défendent tout déplacement non autorisé, s'appliquent textuellement *aux moulins eux-mêmes*, et nullement aux moyens d'attache ou aux ancres, dont le nom ne se trouve pas même écrit dans l'ordonnance. Comment donc le conseil de préfecture a-t-il pu chercher à faire prévaloir une jurisprudence contraire, qui consisterait à condamner tout déplacement des ancres des moulins et à proclamer, sous cette seule réserve, la liberté indéfinie qu'auraient les usiniers de déplacer à leur gré ces établissements? » (V. cons. d'Et. 8 juill. 1840, aff. Lasserre). — Le conseil d'Etat n'a pas eu à se prononcer sur la question; mais il ne nous paraît pas douteux que, s'il eût eu à la résoudre, il l'eût fait dans le sens de l'opinion du ministre.

241. Lorsque les propriétaires de moulins à nef déplacés en contravention à l'arrêt du conseil du 17 juill. 1782 (V. n° 257), n'ont pas été mis en cause devant le conseil de préfecture, juge

de première instance, le conseil d'Etat est dans l'impossibilité de statuer à leur égard sur la contravention (cons. d'Et. 8 juill. 1840, M. Saglio, rap., aff. Lasserre et autres).

242. Les dépôts de pierres, de terres, d'immondices, etc., que l'ordonnance de 1669 mettait sur la même ligne que les constructions, sont punis par l'arrêt du conseil de 1777, nous l'avons déjà dit, d'une amende de 500 fr., pouvant être réduite à 25 fr., conformément à la loi du 23 mars 1842. — L'art. 4 de cet arrêt, qui comprend aussi dans sa disposition les contraventions prévues par les art. 40 et 44 de l'ordonnance de 1669, est ainsi conçu : « Défend Sa Majesté, sous les mêmes peines (500 liv.), à tous riverains et autres, de jeter dans le lit desdites rivières et canaux ni sur leurs bords aucuns fumier, pierres, graviers, bois, pailles ou fumiers, ni rien qui puisse en embarrasser ou atterrir le lit, ni d'en affaiblir et changer le cours par aucunes tranchées ou autrement, ainsi que d'y planter aucuns pieux, mettre rouir les chanvres, comme aussi d'y tirer aucunes pierres, terres, sables et autres matériaux, plus près des bords que de 6 toises. » — Sur la Garonne, l'amende est de 300 liv. (arr. du cons. 17 juill. 1782, tit. 2, art. 9); sur la Loire et ses affluents, de 100 liv. (arr. du cons. 23 juill. 1783, tit. 2, art. 9).

243. Occupons-nous d'abord des dépôts de matériaux, immondices, etc. : ils peut se faire que le dépôt ait eu lieu ou dans le cours d'eau lui-même, ou sur ses bords. — Il a été décidé sur le premier point : 1° que le riverain qui, autorisé seulement à déposer des matériaux dans le lit d'une rivière flottable, pour y construire un mur de soutènement, encombre toute une partie de la rivière, commet un délit de grande voirie (cons. d'Et. 19 janv. 1832) (1) ; — 2° que le riverain d'un fleuve navigable qui, contrairement aux conditions de l'autorisation par lui obtenue du préfet, a appuyé sur les perrés du chemin de halage, et prolongé de plusieurs mètres dans le lit du fleuve un dépôt de pierres qu'il avait été autorisé à établir seulement au pied desdits perrés, doit être condamné à l'amende et à enlever les pierres par lui déposées en dehors des limites fixées par l'autorisation (cons. d'Et. 23 fév. 1854, M. de Belbeuf, rap., aff. Perrin); — 3° Que le fait de jeter dans une rivière navigable des résidus de charbon de terre, constitue une contravention prévue par l'arrêt du conseil du 24 juin 1777; mais si la contravention a été commise sur la Loire, elle ne peut donner lieu qu'à une amende de 100 fr., conformément à l'art 9, tit. 2, de l'arrêt du conseil du 23 juill. 1783 (cons. d'Et. 25 janv. 1838, M. Humann, rap., aff. comp. des riverains du haut de la Loire C. min. des trav. publ.; du même jour, trois arrêts semblables); — 4° Qu'une rigole construite pour l'alimentation d'un canal de navigation constituant un ouvrage d'art dépendant de ce canal, le riverain qui, considérant comme prohibe par une convention antérieure le déversement des eaux de cette rigole dans un étang pour lors desséché dont il est propriétaire, obstrue par un dépôt d'herbes et de terres la bonde ouverte pour opérer ce déversement, commet une contravention de grande voirie prévue par l'art. 42, tit. 27, de l'ordonnance de 1669, et les art. 1 et 4 de l'arrêt du conseil du 24 juin 1777 (cons. d Et. 25 mars 1852, M. Bauchart, rap., aff canal de Briare C. Olivier); — 5° Que le propriétaire qui, sans autorisation, jette les matériaux dans un emplacement affecté à la décharge d'un déversoir compris dans les dépendances d'un canal, commet une contravention à l'art. 4 de l'arrêt du conseil du 24 juin 1777 : peu importe que le contrevenant prétende avoir des droits de propriété sur

(1) (Cayla.) — Louis-Philippe, etc. ; — Vu l'art. 41, tit. 27, de l'ord. de 1669, sur les fleuves et rivières ; la loi du 6 oct. 1791 ; — Vu le décret impérial du 22 janv. 1808 et la loi du 29 flor. an 10, sur les contraventions en matière de grande voirie ;—Vu l'art. 538 c. civ.; — Sur la compétence : — Considérant que le conseil de préfecture du département de la Dordogne, par l'arrête du 8 nov. 1828, n'a pas statué sur la question de propriété, mais s'est borné à prononcer sur tthe contravention en matière de grande voirie ; — Considérant qu'il existe des passalis au-dessus et au-dessous de Périgueux, et qu'en conséquence, la rivière de l'Isle est navigable et flottable au point litigieux ;

Au fond : — Considérant qu'en autorisant le sieur Cayla à déposer ses matériaux dans la partie adjacente, au lieu où devait être construit le mur

de soutènement, le préfet de la Dordogne ne l'avait pas autorisé à encombrer toute la partie droite de la rivière ; que cet encombrement se prolonge bien au-dessous du diluge du moulin, ce qui constitue un délit de grande voirie, et que le conseil de préfecture a fait une juste application des lois et règlements en ordonnant, par son arrêté du 8 nov. 1828, l'enlèvement des matériaux et le rétablissement des lieux dans leur état premitif ; — Considérant, néanmoins, qu'il y a lieu, d'après les circonstances de l'affaire, de décharger le sieur Cayla de l'amende prononcée contre lui ;

Art. 1 La requête du sieur Cayla est rejetée ; néanmoins, il lui est fait remise de l'amende de 500 fr. prononcée contre lui par le conseil de préfecture du département de la Dordogne.

Du 19 janv. 1832.—Ord. cons. d'Et.-M. Montaud, rap.

un bœuf sur la banquette de halage d'un canal navigable (cons. d'Ét. 2 août 1851, M. Tripier, rap., aff. Lafon); — Et, bien plus encore, que le fait d'avoir *attaché des chevaux* aux roues d'une voiture sur le bord du chemin de halage, dans une partie où le stationnement des chevaux n'était pas autorisé, constitue une contravention à ces mêmes art. 3 et 11, alors même qu'il n'en est résulté ni dégradation au chemin de halage ni obstacle à la navigation (même arrêt du 2 fév. 1859). — Dans d'autres espèces, le conseil d'État, appliquant encore l'art. 11 de l'arrêt de 1777 au fait de pacage, relève cette circonstance que l'introduction des bestiaux sur les dépendances du canal avait été la cause de dégradations (cons. d'Ét. 4 janv. 1851, M. Tripier, rap., aff. Latreille; 14 déc. 1853, M. Lemarié, rap., aff. Lemanach); ainsi justifiée, cette décision devient inattaquable. Mais quant aux décisions précédentes, qui punissent le fait, non parce qu'il a occasionné des dégradations, mais parce qu'il est de nature à en causer, on ne saurait trop s'élever contre le mode d'interprétation sur lequel elles sont fondées. — Il a été décidé avec plus de raison que le fait d'avoir coupé de l'herbe sur les dépendances d'un canal ne constitue pas une contravention de grande voirie, lorsque aucune dégradation n'a été causée par le contrevenant : le conseil de préfecture, en cas pareil, doit, tout en se déclarant compétent pour statuer sur le procès-verbal, renvoyer le prévenu des poursuites (cons. d'Ét. 21 nov. 1861, M. de Guigné, rap., aff. Boullerne; V. aussi comme anal. cons. d'Ét. 18 août 1862, aff. Dubourdonné, D. P. 63. 3. 75). — A l'égard de cette dernière décision, nous ferons observer que la coupe des herbes sur les dépendances d'un canal pourrait être considérée, sinon comme une contravention de grande voirie, au moins comme une contravention ou un délit de droit commun. C'est l'enlèvement d'un produit utile du sol (V. n° 293), et par conséquent un fait de maraudage ou de vol de récoltes, suivant les proportions données à cet enlèvement. Cependant lorsque le terrain sur lequel est pratiqué l'enlèvement de gazon est un terrain communal, la cour de cassation admet que le fait peut ne pas constituer une infraction punissable, mais elle réserve l'action civile au cas de dommage (Crim. rej. 25 juill. 1856, aff. Thouvel, D. P. 61. 5. 144).

286. Aux termes de l'art. 15, tit. 2, de l'arrêt du conseil du 25 juill. 1783, portant règlement sur la navigation de la Loire, il est défendu de planter, labourer, creuser des puits, caves, fossés ou faire toute autre excavation de terrain plus près de 10 toises du pied des glacis des levées, à peine de 500 fr. d'amende. — Cette disposition, toujours en vigueur, a été appliquée à un propriétaire qui avait fait des plantations sur le talus de la levée, et qui y avait creusé des fossés de 1 mètre de profondeur; en vain a-t-il prétendu que le talus à cet endroit faisait partie d'une route royale et que les plantations sur ces routes sont obligatoires pour les riverains (cons. d'Ét. 11 fév. 1836) (1).

287. L'art. 19, tit. 2, du même règlement, défend expressément à toutes personnes de faire pâturer aucuns chevaux, bœufs, vaches, chèvres, etc., sur le couronnement et talus des banquettes et levées, etc., à peine de 20 liv. d'amende. — Il a été décidé qu'il n'y a pas lieu d'appliquer les dispositions de l'art. 16, lorsqu'il est établi que le troupeau d'une ferme située sur le talus extérieur de la levée d'un affluent de la Loire n'a pas stationné sur cette levée pour y pacager, mais n'a fait qu'y passer sans y occasionner aucun dommage (cons. d'Ét. 20 juill. 1856, M. Saglio, rap., aff. Foignet).

288. D'après les art. 158 et 166 du décret du 12 août 1807, toute *usurpation* ou *anticipation* sur le domaine du canal du Midi constitue une contravention de grande voirie et doit être punie des peines portées dans les règlements relatifs audit canal (cons. d'Ét. 27 fév. 1862, M. de Guigné, rap., aff. canal du Midi *C.* Delon). — Dans l'espèce, un propriétaire avait coupé une four-

rage en luzerne sur le franc-bord d'une rigole alimentaire; il a été condamné à 50 fr. d'amende et 10 fr. de dommages-intérêts : le conseil d'État ne cite pas le règlement appliqué.

289. Sur les autres cours d'eau quelle sera la peine applicable au fait d'usurpation sur le domaine public? — Les règlements sur la police de la navigation ne paraissent avoir aucunement prévu ce fait. L'ordonnance de 1669 punit, il est vrai, l'anticipation sur le chemin de halage; mais elle ne pourrait s'appliquer à une usurpation du domaine public. — Le conseil d'État semble vouloir appliquer à cette contravention les règlements relatifs aux grandes routes. Ainsi, dans une espèce où il s'agissait de l'établissement d'une barrière par un propriétaire riverain, sur un terrain réservé pour le service d'un port, après avoir visé l'ordonnance du bureau des finances de la généralité de Paris du 17 juill. 1781 (V. Voirie par terre, p. 185), et l'arrêt du conseil du 27 fév. 1765 relatif aux alignements sur les grandes routes, il a confirmé l'arrêté du conseil de préfecture qui avait condamné le prévenu à 50 fr. d'amende et à l'enlèvement de la barrière (cons. d'Ét. 30 nov. 1854, M. de Belbeuf, rap., aff. Iza).

290. La petite rivière de Bièvre, qui se jette dans la Seine à Paris, est aussi régie par des règlements spéciaux (déclar. du roi 28 sept. 1728, arrêt du cons. 26 fév. 1732) qui, bien que cette rivière ne soit pas navigable, sont considérés comme des règlements de grande voirie. — Entre autres dispositions, l'arrêt du conseil du 26 fév. 1732 défend, par son art. 26, aux propriétaires riverains d'élever ou réparer aucun mur ou bâtiment le long de ce cours d'eau, sans avoir pris l'alignement de la berge, sous peine de démolition des ouvrages et de 100 liv. d'amende; en outre, l'art. 42 fixe à 6 pieds (2 mètres environ) la largeur des berges de la rivière. Une ordonnance du 20 juill. 1840 a déclaré d'utilité publique des travaux à exécuter pour l'assainissement de la Bièvre dans l'intérieur de Paris, suivant les plans qui avaient servi de base à l'enquête préparatoire. D'après ces plans, une largeur de 4 mètres était assignée aux berges de la rivière. — Il s'agissait de savoir si le propriétaire qui avait construit un perron faisant saillie sur cette largeur de 4 mètres avait commis une contravention punissable. — Le conseil d'État a décidé, dans le sens de la négative, que l'ordonnance du 20 juill. 1840 ne contient aucune disposition qui ait pour objet de modifier ou d'étendre les obligations imposées aux riverains de la Bièvre, en ce qui concerne les constructions le long de cette rivière, par les art. 26 et 42 de l'arrêt du conseil du 26 fév. 1732; qu'en conséquence, les constructions le long de cette rivière ne sont soumises, quant à leur alignement et à leur distance des berges, qu'aux dispositions des art. 26 et 42 de ce règlement (cons. d'Ét. 22 déc. 1853, M. de Belbeuf, rap., aff. Cartier; 5 juill. 1855, M. de Belbeuf, rap., aff. Lemarinier).

291. Il a été jugé spécialement que les madriers à tréteaux, faisant partie d'une machine à laver la laine et destinés à suspendre des paniers métalliques plongés dans la Bièvre, n'avaient pas le caractère d'une construction fixe; que, dès lors, bien qu'ils aient été établis sans autorisation, c'est à tort que le conseil de préfecture en a ordonné la suppression (cons. d'Ét. 5 juill. 1855, M. de Belbeuf, rap., aff. Lemarinier); qu'au contraire, une tringle en fer destinée à transmettre le mouvement d'une machine à vapeur en traversant la berge de la Bièvre ne peut être établie sans autorisation; que cependant, cette tringle étant mobile, reposant sur un hangar dont l'établissement sur la berge avait été autorisé, et dont l'administration ne demandait pas la suppression, pouvait être considérée comme faisant partie du hangar et n'apportant à la circulation aucun obstacle indépendant du hangar, il n'y avait pas lieu d'en ordonner la suppression, tant que le hangar serait maintenu (même arrêt).

292. Un décret du 10 avr. 1812 déclare applicable aux ca-

---

(1) (Dutemple.) — Louis-Philippe, etc.;— Vu l'arrêt du conseil du 25 juill. 1785, la loi du 29 flor. an 10 le décret du 16 déc. 1811; — Considérant que les levées de la Loire sont régies par une législation spéciale qui est encore actuellement en vigueur, et que le passage d'une route sur ces levées ne change pas leur nature; — Qu'il est constaté par le procès-verbal susvisé et reconnu par le requérant qu'il a fait sans autorisation des plantations sur le talus de la levée et qu'il y a creusé des fossés d'un mètre de profondeur; qu'il a ainsi contrevenu

aux dispositions dudit arrêt, et que, dès lors, c'est avec raison que le conseil de préfecture lui en a fait l'application; — Mais en réduisant...;

Art. 1. Les requêtes du sieur Dutemple sont rejetées.—Art. 2. L'arrêté ci-dessus visé est réformé pour excès de pouvoirs en celle de ses dispositions qui réduit à 20 fr. l'amende encourue par le sieur Dutemple. — Art. 3. Le sieur Dutemple est condamné à payer une amende de 100 fr.

Du 11 fév. 1856.—Ord. cons. d'Ét., M. Caffarelli, rap.

naux et rivières navigables le tit. 9 du décret du 16 déc. 1811, contenant règlement sur la construction, la réparation et l'entretien des routes. Ce tit. 9 est relatif à la répression des délits de grande voirie, c'est-à-dire à leur constatation, à leur poursuite au jugement et à la répartition des amendes. — Mais suivant le conseil d'État, ce n'est pas seulement le tit. 9 du décret de 1811 qui est applicable aux rivières et canaux, mais le décret tout entier. — Ainsi, il a décidé que le concessionnaire d'un canal qui, sans autorisation de l'administration, fait couper des arbres plantés sur les bords de ce canal, commet une contravention punissable des peines portées par l'art. 101 de ce décret (V. Voirie par terre, nᵒˢ 178 et suiv.) : « Considérant, dit-il, qu'aux termes de la loi du 29 flor. an 10 et du décret du 10 avr. 1812, les règlements et les mesures répressives des contraventions de grande voirie pour les grandes routes sont applicables aux canaux » (cons. d'Et. 28 fév. 1831, rap., aff. Honnorez, V. Voirie par terre, nᵒ 181).

293. Mais il a été jugé que l'infraction commise par l'adjudicataire de la coupe des herbes, joncs et roseaux d'un canal et de ses bords, en ce qu'il n'a point fait sa coupe dans les délais fixés au cahier d'enchères, infraction d'où est résultée une gêne pour la navigation, ne le rend pas pour cela coupable de contravention aux lois de la grande voirie (cons. d'Et. 9 juin 1842, M. Jouvencel, rap., aff. Mourier).

294. Le fait par un huissier de poursuivre l'exécution d'une ordonnance de référé, qui enjoint incomplètemment à un entrepreneur de travaux publics de discontinuer les travaux commencés à la digue d'une rivière navigable, ordonnance non attaquée dans les délais, ne constitue point une contravention de grande voirie (cons. d'Et. 15 juin 1842, M. Dumez, rap., aff. Tauriac). — Sur la question de savoir si les tribunaux civils sont compétents pour ordonner la suspension des travaux publics irrégulièrement entrepris, V. Voirie par terre, nᵒˢ 308 et suiv., 521.

Sect. 2. — *Des mesures de police relatives à la circulation des bateaux sur les fleuves, rivières et canaux navigables.*

295. Parmi les règlements anciens, tant généraux que particuliers, émanés de l'autorité royale, l'arrêt du 24 juin 1777 est le seul qui contienne quelques mesures de police concernant les bateaux qui circulent sur les voies navigables. L'art. 8 de cet arrêt est ainsi conçu : « Fait, Sa Majesté, très-expresses inhibitions et défenses à tous voituriers par eau, mariniers, meuniers et compagnons de rivière, de troubler et retarder le service des coches et diligences, d'embarrasser les abords des ports et gares qui leur sont affectés, de laisser vaguer les soupentes de leurs traits de bateaux, de garer leurs dits bateaux du côté du halage, et avec les mâts, fourchettes ou gouvernaux dressés, de monter ou descendre lesdits bateaux et trains couplés au double dans les ponts, pertuis, gouttelets et autres passages étroits, ni de les y emboucher avant que d'avoir été reconnaître s'il n'y a point de coches ou autres bateaux présentés pour y passer, ainsi que de fermer leurs dits bateaux à l'entrée ou dans lesdits passages étroits, de manière à intercepter ou à gêner la navigation, à peine de demeurer responsables de toutes pertes, dépens, dommages et retards, même de punition corporelle, si le cas y échoit. » — Cet article, tout incomplet qu'il soit, sert de fondement à la plupart des décisions qui se réfèrent à la police de la navigation. Seulement il est à remarquer, et c'est ainsi que la jurisprudence l'applique, qu'il ne prononce pas d'amende contre les contraventions qu'il prévoit, lacune qui n'a été comblée par aucune loi postérieure.

296. Les mesures de police relatives à la circulation des bateaux sur les canaux et rivières, dépendant en grande partie de circonstances spéciales, de difficultés inhérentes au cours d'eau à parcourir, il était naturel de remettre aux autorités locales le soin de les déterminer elles-mêmes, suivant les besoins du service. Sous l'ancienne monarchie, une autre raison encore avait déterminé cette délégation d'attributions. Les cours d'eau artificiels, et ce sont ceux-là surtout qui appellent une réglementation particulière, avaient été pour la plupart concédés en toute propriété avec droit de haute et basse justice ; le droit

de réglementer la police de la navigation sur ces cours d'eau se trouvait dès lors virtuellement compris dans la concession. C'est ainsi, par exemple, que la navigation sur les canaux du Midi, d'Orléans et du Loing a été réglée par des ordonnances émanées des juridictions spéciales à ces canaux, ordonnances toujours en vigueur dans les dispositions qui n'ont pas été modifiées par des règlements postérieurs. Sous le nouveau régime, le droit de réglementer la police de la navigation a été reconnu appartenir aux préfets, ainsi qu'on l'a expliqué plus haut, nᵒ 184. — De là d'innombrables règlements parmi lesquels nous nous bornerons à citer les suivants : — Canal des *Ardennes* (arr. du préf. des Ardennes, 10 juill. 1838, V. M. Lalou, Man. de la navig. int., p. 403) ; — Canal de *Bourgogne* (règlem. 19 oct. 1825, approuvé par le min. de l'int. le 5 avr 1826 ; arr du préf. de la Côte-d'Or, 22 août 1837 ; du préf. de l'Yonne, 22 sept. 1837, *eod.*, p. 244, 344) ; — Service des éclusiers et gardes-conservateurs du canal (règlem. approuvé par le direct. gén. des ponts et chauss. le 7 août 1837 ; *eod.*, p. 358) ; —Canal de *Briare* (arr. du cons. 19 mars 1715 ; décr. 22 juin 1813, qui rend applicable au canal de Briare le décr. du 22 fév. 1813, relatif aux canaux d'Orléans et du Loing, V. Eaux, p. 327) ;—Canal du *Centre* (arr. de l'admin. centr. de Saône-et-Loire, 3 pluv. an 7 [22 janv. 1799] ; arr. du préf. de Saône-et-Loire, 27 déc. 1826, M. Lalou, p. 248). —Canal *latéral à la Loire* (arr. du préf. du Cher, 14 déc. 1839, M. Lalou, p. 359). — Service des gardes-éclusiers et cantonniers (arr. préf. du Cher, 14 déc. 1839 ; de la Nièvre, 23 déc. 1839 ; de l'Allier, 24 déc. 1839 ; du Loiret, 23 janv. 1840, V. M. Lalou, p. 351) ;—Canal de *Lunel* (règlem. de la prov. de Languedoc, 7 janv. 1747) ; — Canal du *Midi* (ord. du juge châtelain, 19 janv. 1764 ; 2 janv. 1765 ; 22 sept. et 2 oct. 1772 ; 31 juill. 1782 ; décr. 12 août 1807 ; règlem. promulgué par le ministre des travaux publics le 10 juin 1851, et rendu exécutoire par arrêtés des préfets de la Haute-Garonne, de l'Aude, de l'Hérault et du Tarn, des 30 juill., 26 et 28 août 1851, V. M. Lalou, p. 258) ; — Canal du *Nivernais* (règlem. approuvé par le direct. gén. des ponts et chauss. le 25 janv. 1839, M. Lalou, p. 370) ; —Canaux d'*Orléans* et du *Loing* (ord. de la juridiction des canaux, 20 sept. 1704 ; 19 mars 1723 ; 1ᵉʳ oct. 1732 ; 10 déc. 1739 ; 11 sept. 1776 ; 15 fév. 1781 ; décr. 22 fév. 1813, V. Eaux, p. 327) ; — Canal de *Roanne à Digoin* (règlem. arr. provis. le 30 mars 1836 par le cons. d'admin. et approuvé le 7 sept. suiv. par le direct. gén. des ponts et chauss., pour la police du bassin de Roanne, M. Lalou, p. 371) ; — Canaux de *Saint-Denis*, de *Saint-Martin* et canal de l'*Ourcq* pour la partie située dans le ressort de la préfecture de police de la Seine (ord. préf. de pol., 25 oct. 1840, V. M. Lalou, p. 267) ; — *Seine* et ses affluents (ord. de déc. 1672 ; ord. du préf. de pol., 25 oct. 1840, V. M. Lalou, p. 286) ; — Navigation entre Paris et Rouen (arr. du préf. de la Seine inf., 17 oct. 1826, approuvé le 24 mars 1827 ; 4 juill. 1828, approuvé le 10 juin 1829 ; 17 janv. 1836, V. M. Lalou, p. 277 et suiv.).

297. La multiplicité de ces règlements, si divers par leur nature, par l'époque à laquelle ils sont intervenus, par l'autorité qui les a sanctionnés, offrait des inconvénients graves ; insuffisants, incomplets pour la plupart, ils présentaient en outre des dispositions inutiles ou des prescriptions surannées. L'administration a pensé qu'il convenait de réformer cette réglementation et d'introduire l'uniformité dans cette partie du service ; en conséquence, elle a chargé une commission formée d'inspecteurs généraux des ponts et chaussées de préparer les bases d'un règlement qui pût servir de type pour les règlements à venir et aux dispositions duquel seraient rendus conformes ceux actuellement en vigueur. Ce projet de règlement préparé par la commission a été approuvé par le ministre des travaux publics et transmis aux préfets par la circulaire du 21 juin 1855 avec invitation de s'y conformer et de transmettre les propositions au ministre dans le plus bref délai possible. — V. cette circulaire et le règlement qui l'accompagne, *suprà*, p. 733.

298. Ce projet de règlement contient deux ordres de dispositions, les unes générales et qui doivent rester les mêmes dans tous les départements ; les autres spéciales, dépendant des circonstances locales et dont l'appréciation est abandonnée aux préfets, sauf toutefois le droit de révision qui appartient toujours

à l'autorité supérieure (circul. 21 juin 1855, *suprà*, p. 733). — Les dispositions qu'il renferme sont divisées en sept titres : 1° Conditions à remplir pour naviguer : dimension des bateaux, trains ou radeaux; devises, personnel, vérification des bateaux, etc; — 2° Classement des bateaux; bateaux à vapeur, service régulier et service ordinaire; trémalage et priorité de passage aux écluses et ponts mobiles; halage; — 3° Bateaux, trains ou radeaux en marche; passage aux écluses et ponts mobiles; — 4° Passage des souterrains : ce titre n'est indiqué que par son objet; chaque canal exige, en effet, des dispositions spéciales qu'il appartient aux ingénieurs de proposer pour les services dont ils sont chargés; — 5° Stationnement des bateaux; embarquement, débarquement et entrepôts des marchandises; mesures d'ordre dans les ports publics et privés; réparation des bateaux; garage; — 6° Interdictions et prescriptions; autorisations; dispositions diverses; — 7° Procès-verbaux de contraventions et délits; juridiction, exécution d'office et cautions.

299. La principale question que fait naître l'application des arrêtés préfectoraux sur la police de la navigation est celle de savoir de quelle peine sont punissables les infractions aux dispositions qu'ils contiennent. Le conseil d'Etat fait une distinction entre les dispositions de ces arrêtés qui ont pour objet d'assurer la conservation du cours d'eau et de ses dépendances ou l'enlèvement des obstacles qui peuvent gêner la navigation, et qui sont prises dans un simple intérêt de police. — Les premières doivent être considérées comme rendues pour l'exécution des anciens règlements, et par suite les infractions auxquelles elles donnent lieu sont des contraventions de grande voirie auxquelles il doit être fait application de ces règlements. — Les secondes, au contraire, sont des contraventions de simple police passibles des peines portées par l'art. 471, n° 15, c. pén. La difficulté consiste à discerner l'objet que s'est proposé l'arrêté préfectoral, difficulté très-sérieuse et qui donne lieu aux appréciations les plus subtiles.

300. On a considéré comme ayant pour objet non-seulement la liberté et la sûreté de la navigation, mais aussi la conservation du cours d'eau et de ses bords, les dispositions des arrêtés préfectoraux portant : 1° que les convois et équipages composés d'un moindre nombre de bateaux auront le droit de passer avant ceux composés d'un plus grand nombre (cons. d'Et. 23 août 1845, M. Aubernon, rap., aff. Cellard; même jour, aff. Geidet; — 2° Que les bateaux marchant isolément auront le droit de passer les premiers dans les écluses (cons. d'Et. 23 août 1845, M. Aubernon, rap., aff. Bernaud et autres); — 3° Que les bateaux arrivant à une écluse devront s'arrêter pour attendre leur tour à une distance de 60 mètres au moins de ladite écluse (cons. d'Et. 23 août 1845, M. Aubernon, rap., aff. Gauthier); — 4° Qu'ils devront être amarrés solidement et à une certaine distance des écluses, de manière qu'ils ne puissent embarrasser la passe ni gêner la circulation (cons. d'Et. 23 août 1845, M. Aubernon, rap., aff. Pidencet; 3 avril 1850, M. Lucas, rap., aff. Cornal-Lamy; même jour, M. François, rap., aff. Chamecin; 6 avr. 1850, M. Lucas, rap., aff. Brendlin); — 5° Qu'ils ne pourront rester dans le fût ni dans les avenues des écluses (cons. d'Et. 23 août 1845, M. Aubernon, rap., aff. Demolombe; 6 avr. 1850, M. Lucas, rap., aff. Carisey); — 6° Que les bateaux ne pourront stationner dans la partie rétrécie du canal (cons. d'Et. 23 août

1845, M. Aubernon, rap., aff. Revon; 6 avr. 1850, M. François, rap., aff. Gauthier et autres); — 7° Que l'éclusier pourra seul manœuvrer les ventelles et les portes desdites écluses, à moins que certaines circonstances ne le forcent à se faire aider par le patron ou les mariniers du bateau qui passe (cons. d'Et. 23 août 1845, M. Aubernon, rap., aff. Colladon; 6 avr. 1850, M. Lucas, rap., aff. Fontaine); — 8° Ou qui interdisent la circulation sur le canal de radeaux amarrés à la file les uns des autres (cons. d'Et. 23 août 1845, M. Aubernon, rap., aff. Loye; 17 janv. 1849, M. du Martroy, rap., aff. Bourgeois), et le stationnement des radeaux à une certaine distance des ponts et écluses (même arrêt du 17 janv. 1849); — 9° Ou qui fixent le nombre maximum des chevaux, des bœufs qui pourront être attelés à un même train de bateaux (cons. d'Et. 1er juin 1850, M. Reverchon, rap., aff. Salze); — 10° Ou qui règlent la composition et la conduite des trains de flottage sur un canal (cons. d'Et. 6 janv. 1858, aff. Béna et aff. Bourgeois, D. P. 58. 3. 52); — 11° Ou qui prescrivent certaines précautions aux conducteurs de bateaux pour la traversée des souterrains d'un canal (cons. d'Et. 6 janv. 1858, aff. Bigauret, D. P. 58. 3. 52); — 12° Ou qui fixent le maximum du tirant d'eau des bateaux (cons. d'Et. 28 déc. 1858, M. Lemarié, rap., aff. soc. du Levant); — 13° Ou qui défendent de garer les bateaux du côté du halage (cons. d'Et. 6 janv. 1858, aff. Legros, D. P. 58. 3. 51); — 14° Ou qui défendent d'amarrer sur un canal deux bateaux de front du côté du halage (cons. d'Et. 28 déc. 1858, aff. Cardon, D. P. 61. 3. 82); — 15° Ou qui ordonnent que tout bateau naviguant de nuit ait, au moins, deux mariniers à bord, et que tout bateau chargé de 100 tonneaux soit halé par deux chevaux au moins (cons. d'Et. 14 avr. 1859, aff. Baudrin Douchy, D. P. 60. 3. 4); — 16° Ou qui porte que tout bateau en stationnement doit être amarré à ses extrémités et gardé de jour et de nuit (cons. d'Et. 4 mai 1859, aff. Leleu, D. P. 60. 3. 4).

301. Toutes ces dispositions ayant pour objet, suivant le conseil d'Etat, la conservation du cours d'eau et des ouvrages qui en dépendent, en même temps que la sûreté et la liberté de la navigation, les infractions aux prescriptions qu'elles contiennent constituent des contraventions de grande voirie, alors même qu'il n'en serait pas résulté d'obstacle à la navigation; c'est en effet ce que décident tous les arrêts qui viennent d'être cités; mais reste encore à savoir quelle sera la peine applicable à ces infractions. — Dans un premier système, le conseil d'Etat usant d'un mode d'interprétation qui ne saurait être admis dans l'application des lois pénales, avait décidé : 1° que l'infraction à un arrêté préfectoral qui, pour le cas où la rivière viendrait à charrier, défend tout embarquement de marchandises dans le port et ordonne le garage des bateaux aux lieux indiqués par les agents de la navigation, doit être punie de l'amende de 500 fr. portée par l'art. 3 de l'arrêt du conseil du 24 juin 1777 qui, sous cette peine, enjoint aux riverains, mariniers ou autres d'enlever les pierres, terres, bois, pieux, débris de bateaux et autres empêchements étant de leur fait ou à leur charge, dans le lit des rivières ou sur leurs bords (cons. d'Et. 27 fév. 1836)(1). — 2° que les infractions aux arrêtés préfectoraux qui ont pour objet d'assurer la liberté et la sûreté de la navigation ainsi que la conservation des cours d'eau et de leurs dépendances, sont punissables de cette même amende (V. les arrêts des 23 août

---

(1) *Espèce.* — (Maillet-Duboullay.) — Le 21 janv. 1829, un arrêté du préfet de la Seine-Inférieure ordonne qu'aussitôt que la Seine commencera à charrier, tout embarquement de marchandises dans les ports sera suspendu, et que les bateaux devront être garés sur les points indiqués par les agents de la navigation. — Le sieur Maillet-Duboullay, ayant contrevenu à cet arrêté, est condamné par le conseil de préfecture à 250 fr. d'amende. — Recours au conseil d'Etat du sieur Maillet-Duboullay, qui soutient : 1° que le conseil de préfecture a commis un excès de pouvoir en lui appliquant une peine qui n'était prononcée par aucune loi ; 2° que l'arrêté préfectoral du 21 janv. 1829 n'était point obligatoire, attendu qu'il n'a pas été revêtu de l'approbation du ministre de l'intérieur.

Louis-Philippe, etc.; — Vu les décrets des 22 déc. 1789 et 7 sept. 1790, la loi du 27 pluv. an 8, la loi du 29 flor. an 10, l'ordonnance de la ville de 1672, l'arrêt du conseil d'Etat du roi, du 24 juin 1777, et l'ordonnance du 4 avr. 1751; — Considérant que l'arrêté du 21 janv. 1829 a été pris par le préfet de la Seine-Inférieure dans la limite des pouvoirs qui lui sont attribués par les lois en matière de navigation et

de grande voirie ci-dessus visées; — Qu'il résulte du procès-verbal du 10 janv. 1853, que le sieur Maillet-Duboullay a contrevenu aux dispositions de cet arrêté : 1° en opérant le transbordement de marchandises d'un bateau dans un autre, après que l'inspecteur de la navigation avait ordonné la cessation de tout embarquement; 2° en refusant de faire descendre et garer en aval les bateaux que lui avait indiqué par le même inspecteur, deux bateaux placés alors en amont; — Considérant que cette double contravention devait, aux termes de l'art. 3 de l'arrêt du conseil du 24 juin 1777, faire prononcer, contre le sieur Maillet-Duboullay, l'amende de 500 fr., que c'est à tort que ladite amende a été réduite à 250 fr. par l'arrêt attaqué;

Art. 1. La requête ci-dessus visée du sieur Maillet-Duboullay est rejetée. — Art. 2. L'arrêté du conseil de préfecture du département de la Seine-Inférieure du 22 avr. 1853, est annulé dans la disposition qui a réduit à 250 fr. l'amende prononcée contre le sieur Maillet-Duboullay. — La dite amende est portée à 500 fr.

Du 27 fév. 1836.—Cons d'Et.-M. Vivien, rap.

215. À l'égard des règlements qui ont pour objet la police des cours d'eau non déclarés navigables, ils doivent être considérés comme des règlements de police ordinaires, dont l'inobservation entraîne l'application des peines portées par l'art. 471, n° 15 c. pén. — Il a été jugé sur ce point : 1° Que l'infraction à un règlement ou à une ordonnance relative à la police d'un cours d'eau non navigable doit être punie des peines de simple police (Crim. rej). 10 mars 1827) (1) ; — 2° Que les règlements de l'autorité administrative concernant la police des cours d'eau des rivières non navigables ni flottables, sont obligatoires ; et qu'en

tit. 11, art. 5 ; — L'ordonnance royale du 2 avril 1823, art. 4 et celle du 25 mai 1828 ; — La loi en forme d'instruction du 22 janv. 1790, sect. 3, art. 2, et les art. 31 de la loi du 6 frim. an 7, et 1 de la loi du 29 floréal an 10, sur la grande voirie ; — Attendu qu'aucune loi ne donne à l'autorité administrative le droit de faire des règlements pour prescrire impérativement aux bateaux à vapeur la nécessité de s'arrêter, contre leur gré, sur tel ou tel point et à la ligne qu'ils doivent parcourir ; qu'une telle disposition serait destructive de la liberté du commerce et de l'industrie, proclamée par la loi des 2-17 mars 1791, puisque cette loi a pour premier effet la libre appréciation par les entrepreneurs des transports, de la longueur de leur parcours et des stations qui conviennent à leurs intérêts ; — Attendu que le droit qu'a l'autorité administrative de déterminer, dans des vues de sûreté, le point précis du rivage où les bateaux à vapeur doivent toucher terre, lorsqu'il leur convient de s'arrêter, à tel ou tel endroit, n'implique pas le droit de les forcer à s'arrêter lorsqu'il leur conviendrait au contraire de continuer leur voyage ; — Attendu que, dès lors, l'arrêté du préfet du département de l'Ardèche, du 27 mai 1840, qui prescrit, par son art. 1, aux bateaux à vapeur, servant au transport des voyageurs sur le Rhône, d'aborder, pour embarquer ou débarquer des voyageurs à Tournon, au village du Pouzin et au bourg Saint-Andéol, a été pris en dehors des attributions de l'autorité administrative, et ne pouvait, par conséquent, recevoir du tribunal de simple police la sanction pénale de l'art. 475 précité, quelle que soit, d'ailleurs, la légalité des autres dispositions que renferme ledit arrêté ; — Attendu qu'en appliquant ledit art. 475 au seul refus de s'arrêter à Tournon, le jugement attaqué a faussement appliqué et par suite violé l'art. 471 précité ; — Et attendu que le 475 n'étant, en ce qui touche le refus de s'arrêter à Tournon ne constitue ni crime, ni délit, ni contravention, et qu'il n'y a pas de partie civile ; d'où il suit qu'il n'y a pas lieu à renvoi, d'après l'art. 329 c. inst. crim. — Casse sans renvoi.
Du 30 juin 1842.-C. C., ch. crim.-MM. de Crouseilhes, pr.-Mérilhou, rap.
(1) (Melgat C. Min pub.) — LA COUR : — Vu le chap. 6 de la loi en forme d'instruction du 20 août 1790 ; les art. 1 et 2 de la loi du 14 flor. an 11 ; l'art. 27 de la loi du 16 sept. 1807 ; —Vu l'ordonnance du roi, du 29 sept. 1824 (qui approuve le règlement proposé par le sous-préfet de Mayennes pour l'administration des marais et salines de cet arrondissement, sous la réserve que les dispositions du livre 4 dudit règlement ne seront appliquées que par les cours et tribunaux qu'autant qu'elles seront conformes à ce que prescrivent le code pénal et les décrets, ordonnances et règlements locaux qui sont maintenus par l'art. 484 c. pén.) ; — Vu l'art. 293 dudit règlement, portant qu'aucun propriétaire ou gardien de bestiaux à pied fourchu ne pourra les mener paître ou laisser vaguer et passer dans les marais salants, ni sur les taillées et autres dépendances, cette défense subsiste, alors même que les marais sont abandonnés, et les bosses consacrées aux pacage et à foin ; — Vu l'art. 161 c. inst. crim. ; — Vu l'art 411 du même code ;
Attendu que, suivant le droit public du royaume, et d'après les dispositions expresses des lois précitées, la police des cours d'eau, de quelque nature qu'ils soient, la conservation et l'entretien des chemins, digues et ouvrages qui y correspondent, sont exclusivement confiés au gouvernement ; qu'à lui seul appartient le droit de faire des règlements de police nécessaires pour tenir en bon état, conserver ou améliorer des propriétés qui, par leur nature même, doivent être soumises à des règles particulières, et dont le sort ne pourrait qu'être compromis si on livrait leur gestion aux caprices, aux erreurs ou aux défauts d'harmonie, d'ensemble et d'unité dans les opérations des divers propriétaires entre lesquels elles se divisent ; que les lois ont en conséquence admis ces propriétaires à se réunir, à se former en syndicat, pour proposer au gouvernement, suprême régulateur dans cette partie de l'administration publique, les vues les plus propres à utiliser ce genre de propriété, soit dans l'intérêt privé, soit dans l'intérêt général de l'Etat ; que ce double intérêt se trouve satisfait par la sanction que donne le gouvernement aux mesures proposées ; — Attendu qu'il résulte de l'ordonnance royale de 29 sept. 1824, que le règlement dont il s'agit a été adopté par une délibération des propriétaires intéressés formés en syndical, en exécution d'un décret du 16 sept. 1808 ; que ce règlement a été présenté à l'approbation royale, sur la proposition du sous-préfet de l'arrondissement, et avec l'avis du préfet et du conseil général du département ; d'où il résulte

conséquence, celui qui, au mépris de l'arrêté du préfet, a gêné et embarrassé le cours d'eau de l'une de ces rivières, en rétablissant des constructions de barrage à l'effet de donner le mouvement à une scierie établie sur ses bords, a pu être condamné à 5 fr. d'amende et à la démolition des travaux qu'il avait élevés (Crim. rej. 7 mars 1834) (2).

216. L'arrêté du préfet sur une matière qui est de sa compétence doit être exécuté, par le tribunal de police, tel qu'il est conçu. Spécialement, si un arrêté de préfet défendant d'entasser des décombres au bord des canaux et rivières, et qu'un particulier

que tous les intérêts ont été consultés, toutes les lumières recueillies, toutes les dispositions législatives observées dans ce qui a précédé la sanction royale qui a accueilli le vœu unanime qui lui était soumis ;
Attendu que l'art 293 du règlement rendu exécutoire, ainsi que ses autres dispositions, par l'ordonnance du roi, en défendant de mener paître ou laisser vaguer et passer dans les marais salants ou sur les taillées, des bestiaux à pied fourchu, se rattache d'une manière particulière à la nécessité de tenir, dans un état constant de bon entretien et de conservation, les communications pratiquées dans l'intérieur des marais ; que ces chemins ou taillées, suivant le langage du pays, bordent les canaux appelés chéneaux et ruissons qui portent l'eau de la mer au marais, et en exportent quelquefois les produits ; que ces chemins ou taillées servent à la circulation pour le chargement et le transport, des sels ainsi qu'au passage des sauniers pour se rendre à leurs marais et en extraire les récoltes ; d'où il suit que toutes les mesures prises pour prévenir la dégradation de ces chemins, et pour en écarter l'approche des animaux qui pourraient leur nuire, intéressent essentiellement la prospérité et la conservation des marais, ainsi qu'a été sans doute la pensée des auteurs du règlement et de l'autorité suprême qui l'a sanctionné ; qu'au surplus, cette disposition rentre évidemment dans l'attribution confiée au gouvernement de procurer le libre cours des eaux, de pourvoir au curage des canaux, en les préservant des éboulements des terres ou chemins environnants ; de conserver enfin les travaux, digues et ouvrages d'art qui s'y rattachent ;
Attendu, en fait, qu'il est constaté par un procès-verbal régulier, par le jugement attaqué et par l'aveu même du demandeur, qu'il a introduit une bête à pied fourchu sur l'une des taillées des marais salants ; d'où il suit qu'il a contrevenu à l'ordonnance approbative du règlement, rendu dans l'exercice des hautes attributions inhérentes à la puissance royale, et que le tribunal, en réprimant cette contravention par des peines de police, s'est exactement conformé à la disposition de l'art. 161 c. inst. crim. ; — Attendu, d'ailleurs, que, quoiqu'il y ait erreur de la part du tribunal, dans la citation de la loi applicable à ce genre de contravention, cette erreur, aux termes de l'art 411 du même code, ne peut vicier le jugement, quand d'ailleurs, comme dans l'espèce, le tribunal n'a point excédé la quotité de l'amende qu'il était autorisé à prononcer ; — Rejette.
Du 10 mars 1827.-C. C., ch. crim.-MM. Bailly, pr.-Gary, rap.
(2) Espèce : —(Courant C. le préfet de l'Ariège). — Courant fut traduit devant le tribunal de simple police de Lavelanet pour se voir condamner aux peines et amendes portées par l'art. 471, n° 15, c. pen., pour s'être permis de gêner et embarrasser le lit de la rivière de l'Hers, vis-à-vis la possession de l'Horto, en reconstruisant un barrage pour donner le mouvement à une usine qu'il a établie sur cette propriété, et dont la démolition a été ordonnée par arrêté du préfet de l'Ariège. — Il fut en effet condamné à 5 fr. d'amende et à la destruction des ouvrages élevés sur le cours d'eau. — Sur l'appel, jugement du tribunal correctionnel de Foix, du 16 août 1833, qui confirme. — Pourvoi pour fausse application de l'art. 471, n° 15, c. pen., en ce qu'on a appliqué un arrêté qui n'avait rien de réglementaire, et qui, d'ailleurs, ne pouvait rien régler, puisqu'il s'agissait d'un cours d'eau non navigable ni flottable, sur lequel le gouvernement n'a rien à voir. — Arrêt.
LA COUR : — Sur la prétendue fausse application de l'art. 471, n° 15, c. pen., en ce que l'arrêté précité ne serait pas un règlement légalement émané de l'autorité administrative, puisque aucune loi n'accorde au gouvernement la police des cours d'eau, qui ne sont ni navigables ni flottables ; — Attendu, en droit, que le chapitre 6 de l'instruction législative des 12-20 août 1790 charge d'une manière absolue les administrations départementales, dont les préfets exercent aujourd'hui les fonctions, d'assurer le libre cours des eaux de leur territoire et de le diriger, autant que possible, vers un but d'utilité générale ; — Que cette attribution et la légalité des règlements qui peuvent en être la suite sont reconnues, d'ailleurs, par l'art. 645 c. civ. ; — Qu'ainsi l'arrêté en question était légal et obligatoire pour le demandeur, d'autant que les actes de l'administration, en cette matière, sont toujours, de leur nature, d'un intérêt général et public, comme tous les règlements de petite voirie, et emportent la sanction pénale qui assure leur exécution ; — Rejette.
Du 7 mars 1834.-C. C., ch. crim.-MM. Bastard, pr.-Rives, rap.

lier ait déposé des décombres sur sa propriété et sur le bord d'un bras de rivière non navigable, le tribunal de police ne peut, à raison de cette double circonstance, se refuser à appliquer l'arrêté, la prohibition étant conçue en termes généraux, et n'établissant pas d'exception (Crim. cass. 22 juill. 1808) (1).

317. Dans quelques localités, le passage des bateaux sous les ponts, soit en remontant, soit en descendant, ne peut être effectué que par des hommes spéciaux, nommés chefs de pont, auxquels les mariniers sont tenus, sous peine d'une amende de simple police, d'abandonner la direction de leur équipe, du moment qu'ils sont parvenus à une certaine limite en avant des ponts déterminés par les règlements. Nous avons indiqué v° Bois et charbons, n°s 85 et suiv., les motifs de l'établissement de ce service spécial; nous y reviendrons plus loin, n°s 660 et suiv.

318. Les bateaux qui naviguent dans l'étendue de la circonscription maritime sont soumis à certaines règles spéciales relatives, par exemple, au rôle d'équipage, au permis de naviguer, à l'obligation d'avoir un mousse à bord, etc. Ces règles, qui ont soulevé quelques difficultés dans leur application, seront examinées vº Organisat. marit. — Quoi qu'il en soit, en dehors de la circonscription maritime, elles ne sont plus obligatoires. — Ainsi, il a été décidé que les maîtres de bateaux employés à la navigation intérieure, et spécialement ceux destinés à parcourir la ligne de Toulouse à Lunel, ne sont point tenus de se munir d'un permis de navigation ni d'avoir un mousse à bord (Montpellier, 10 mai 1847, aff. Borraud, D. P. 47. 2. 121). — Quant aux obligations imposées aux navires spécialement destinés à la navigation maritime, V. Droit marit., n°s 405 et suiv.

319. Les voituriers par eau et bateliers sont soumis, quant aux marchandises et objets qui leur sont confiés, à la responsabilité spéciale établie par les art. 1782 et suiv. c. nap., 103 et suiv. c. com. (V. Commission., n°s 331 et suiv.; Louage, n°s 72 et suiv.; Responsab., n°s 541 et suiv.), et en outre pour les dommages dont ils sont la cause à la règle de responsabilité générale des art. 1382 et suiv. c. nap. (V. Organisat. marit.). — Ceux qui auraient altéré ou tenté d'altérer les vins ou toute autre espèce de liquide ou marchandises dont le transport leur a été confié, sont punis par la nouvel art. 387 c. pén. d'un emprisonnement de deux à cinq ans et d'une amende de 25 à 500 fr. (V. Vol; V. aussi vº Vente de subst. falsif., n° 33).

320. En cas d'abordage de bateaux sur les fleuves, rivières et canaux, l'action en réparation d'avaries est-elle soumise aux règles spéciales établies par les art. 407, 435, 436 c. com. relativement aux mêmes événements arrivés sur mer. — La question est controversée.—M. Sibille, de l'Abordage, p. 3 et suiv., se prononce pour la négative: il pense que la réparation des avaries causées par un abordage en rivière doit être réglée conformément à la disposition générale de l'art. 1382 c. nap., et non d'après l'art. 407 spécial aux événements de mer. Cependant, suivant cet auteur, on devrait admettre les fins de non-recevoir résultant des art. 435 et 436 c. com., dans le cas où l'un des bâtiments entre lesquels l'abordage a eu lieu serait un bâtiment de mer, quel que soit le lieu du sinistre, en deçà ou au delà des limites de la navigation maritime. — MM. Pardessus, t. 1, p. 351; Pouget, t. 1, p. 443 et suiv., sont d'avis, au contraire,

que les articles du code de commerce sur l'abordage doivent s'appliquer d'une manière absolue à la navigation intérieure. — L'explication des art. 407, 435 et 436 c. com. a été donnée vº Droit marit., n°s 1136 et suiv.

321. Suivant l'art. 419 c. pr., toutes assignations données à bord à la personne assignée seront valables (V. Exploit, n° 243). — Cette règle est-elle applicable en cas d'abordage non maritime? — L'affirmative, enseignée par MM. Locré, t. 2, p. 119; Sibille, p. 13; Pouget, t. 1, p. 477, nous paraît certaine.

322. Ici se présente une double question de compétence. Lequel, du tribunal civil ou du tribunal de commerce, doit connaître de l'action en réparation du sinistre causé par un abordage? Ensuite, sera-ce devant le tribunal du lieu dans le rayon duquel le sinistre est arrivé, ou bien devant celui du port où le navire est venu aborder après le sinistre, que l'action devra être portée? — V. sur ce point Droit marit., n°s 2303, 2304, 2305. — Sur la première question, un arrêt de la chambre des requêtes, du 14 juill. 1852, cité par M. Pouget, p. 478, a décidé que si l'action est intentée par un non-négociant contre un négociant, et lorsque les bateaux naviguent dans l'intérêt commercial des deux propriétaires, les tribunaux de commerce sont compétents pour connaître de l'abordage.

323. Un batelier peut-il exiger le prix du transport d'une marchandise perdue par force majeure, et spécialement par suite d'un abordage? — Au cas d'affirmative, le prix de voiture ne doit-il être payé que proportionnellement et jusqu'à l'endroit où le sinistre a eu lieu, ou bien doit-il être payé en entier et jusqu'au lieu de la destination? Le Recueil de M. Lehir, après avoir posé ces questions, les résout de la manière suivante en distinguant trois cas: « Ou le transport est empêché par le fait de celui dans l'intérêt duquel il était effectué, et alors celui-ci doit payer le prix entier du transport: par exemple, si un navire était saisi en sortant du port, parce qu'il n'avait pas été rempli les formalités requises s'en serait abstenu;— Ou la force majeure tombe sur le voiturier: alors le prix ne doit être payé qu'en raison de l'utilité que l'expéditeur retire du voyage, de telle sorte que si la voiture ou le navire venait à se perdre, l'expéditeur ne tirant aucune utilité du voyage, il ne serait dû aucun prix, et le nautonier, qui en aurait reçu une partie, serait tenu à la restitution de l'à-compte reçu. — Enfin, la troisième cas se réalise quand la force majeure ne frappe ni sur l'une ni sur l'autre des parties. Dans cette hypothèse, et s'il n'y a pas eu de voyage commencé, les parties supportent leurs frais respectifs. — Si le départ a eu lieu et que la voiture arrive à destination, et qu'on l'empêche de se décharger, le prix du voyage sera dû. Il sera encore dû si la force majeure force le voiturier à retourner ou à décharger sa marchandise dans un lieu d'entrepôt. — Dans l'hypothèse posée, la force majeure est tombée sur le batelier ou voiturier, puisqu'il s'agit d'abordage qui a tout détruit; celui-ci n'a donc droit à aucun prix, par application de l'art. 302 c. com. » — Au surplus, V. Droit marit., n° 994 et suiv., 1828, et suiv.

324. Le propriétaire d'un bateau affecté à la navigation intérieure a-t-il le droit, au moyen de l'abandon du bâtiment, de s'affranchir des obligations de responsabilité qui pèsent sur lui

---

(1) (Maire d'Audenaerde C. veuve Liedts.) — La comp. — Vu le n° 6 de l'art. 456 de la loi du 3 brum. an 4; — Et attendu que le tribunal de police du canton d'Audenaerde a évidemment excédé ses pouvoirs en renvoyant, comme il l'a fait, Catherine Penicæ, veuve Liedts, par son jugement du 1er juin dernier, des inculpations dirigées contre elle, sous prétexte que l'arrêté du maire de la ville d'Audenaerde, du 50 vend., an 14, ni celui du préfet du département de l'Escaut, du 19 niv., an 12, n'étaient applicables à l'espèce, le lieu contentieux n'étant ni chemin de halage ni bord de rivière navigable, et les décombres qui faisaient l'objet de l'action intentée contre la veuve Liedts ayant été placés sur la propriété de cette veuve; — Attendu qu'il n'appartenait pas au tribunal de police d'Audenaerde de modifier les arrêtés émanés de l'autorité administrative; que son devoir était de les appliquer comme ils étaient faits, sauf à renvoyer les parties à les faire interpréter s'il y trouvait quelque obscurité; — Attendu que, dans l'espèce, l'arrêté du préfet du département de l'Escaut, sur lequel a été dressé postérieurement celui du maire d'Audenaerde, avait été fait pour la police et conservation des digues, chemins de halage, ca-

naux et rivières du département; qu'il était conçu en termes généraux, et s'appliquait conséquemment aux bras des rivières comme aux rivières elles-mêmes; qu'il défendait spécialement, par l'art. 7, d'amasser des matériaux et de décombres auprès des bords des canaux et rivières et dans les rues adjacentes, afin que ces décombres ne fussent pas entraînés dans lesdits canaux et rivières par le cours des eaux;

— Attendu qu'une semblable prohibition rendait toute interprétation impossible, puisqu'elle était générale et sans distinction des rivières navigables ou non navigables, et qu'elle s'appliquait évidemment aux propriétaires comme aux terrains qui ne l'étaient pas, des terrains sur lesquels des décombres se trouvaient déposés; d'où il suit qu'en excusant la veuve Liedts, soit parce qu'elle était propriétaire du terrain sur lequel elle avait déposé des décombres, soit parce que ces décombres étaient placés sur le bord d'un bras de rivière non navigable, le tribunal de police du canton d'Audenaerde a commis une usurpation de pouvoir; — Casse.

Du 22 juillet 1808 -C. C., sect. crim. M. Minier, rap.

355. C'est par le même motif également que le conseil de préfecture, compétent pour connaître des contraventions aux arrêtés préfectoraux qui constituent des infractions de grande voirie, ne peut cependant, lorsque aucune peine des anciens règlements ne s'applique à la contravention, prononcer la peine portée par l'art. 471, n° 15, c. pén., dont sont toujours passibles les infractions aux règlements légalement faits par l'autorité administrative. — V. n° 305.

356. Les délits de pêche sur les canaux d'Orléans et du Loing ou leurs dépendances avaient été assimilés à des contraventions de grande voirie par le décret du 22 fév. 1813, relatif à la police de ces canaux, et se trouvaient ainsi de la compétence des conseils de préfecture; mais cette disposition spéciale a été abrogée virtuellement par la loi du 15 avr. 1829 sur la pêche fluviale qui défère les délits de pêche aux tribunaux correctionnels. Un conseil de préfecture excède donc sa compétence en statuant sur un délit de pêche commis dans une gare dépendant du canal du Loing (cons. d'Et. 16 juill. 1857, M. de Belbeuf, rap., aff. Bernandin). — V. Pêche fluviale, n° 191.

357. Si le fait poursuivi devant le conseil de préfecture est complexe et présente deux contraventions distinctes, l'une de grande voirie, l'autre de droit commun, le conseil de préfecture doit juger la première et renvoyer la seconde devant les tribunaux ordinaires. — Il a été décidé spécialement : 1° que lorsqu'un procès-verbal a été dressé contre un particulier, tout à la fois pour une contravention de grande voirie consistant dans la construction sans autorisation d'un barrage en lattis sur un canal dérivé d'une rivière navigable et pour contravention aux lois et règlements sur la pêche fluviale, à raison du peu d'ouverture des mailles du lattis, le conseil de préfecture est compétent pour prononcer sur le premier fait et les tribunaux correctionnels sur le second (cons. d'Et. 4 avr. 1837, aff. Dutilleul-Parent, V. Eaux, n° 534-3°); — 2° Que lorsqu'un particulier a commis des dégradations contre les plantations et ouvrages exécutés par ordre de l'administration dans le lit d'un fleuve, et s'est porté à des voies de fait contre les ouvriers de l'Etat, la répression correctionnelle de ce dernier délit n'empêche pas les poursuites administratives relatives à la contravention de grande voirie (cons. d'Et. 31 mars 1847, aff. Balias de Soubran, D. P. 48. 3. 4).

358. Lorsque le conseil de préfecture est saisi d'un fait qui constitue tout à la fois une contravention de grande voirie et un délit de pêche, son arrêté portant condamnation du contrevenant doit être maintenu, alors même que, d'après les considérants, sa décision paraît prise en vue des intérêts de la pêche fluviale (cons. d'Et. 4 avr. 1837, M. Jouvencel, rap., aff. Dutilleul-Parent).

359. Le fait par un usinier d'avoir, contrairement à la condition insérée dans l'arrêté réglementaire du régime des eaux de son usine, construit une voûte sur le canal de décharge (dérivant d'une rivière navigable), sans avoir obtenu préalablement le consentement régulier de la commune, ne saurait constituer l'une des contraventions dont il appartient au conseil de préfecture de connaître, aux termes de la loi du 29 flor. an 10 et des décrets des 16 déc. 1811 et 10 avr. 1812, la disposition du règlement à laquelle l'usinier n'a pas eu égard n'ayant d'autre but que de réserver les droits de propriété ou de police municipale qui pourraient appartenir à la commune (cons. d'Et. 15 mars 1855, M. Leviez, rap., aff. Belguise).

360. La question de savoir devant quel juge doit être portée l'action en dommages-intérêts formée contre l'Etat, comme responsable des faits de ses agents, a donné lieu à une très-longue controverse dont les éléments ont été retracés v° Trésor publ., n° 568 et s. — Suivant la jurisprudence aujourd'hui consacrée, cette action est de la compétence exclusive de l'autorité administrative. — Il a été jugé en ce sens que les tribunaux civils sont incompétents pour statuer sur une demande en dommages-intérêts formée contre l'administration pour omission de la part de l'un de ses agents d'avoir fait enlever un bateau échoué dans une rivière navigable et faisant obstacle à la navigation (Paris, 18 mai 1838, et sur pourvoi, rej. 3 juin 1840, aff. Rotrou, V. Compét. admin., n° 103-10°).

361. Ce n'est pas non plus devant le conseil de préfecture que l'action doit être portée, mais devant le ministre compétent

(V. Trésor publ. n° 590 et s.).—Il a été décidé en ce sens le conseil de préfecture n'est pas compétent pour statuer sur action en responsabilité dirigée contre l'état à raison de la négligence d'un agent préposé au service de la navigation sur canal navigable (dans l'espèce perte d'un bateau occasionnée pa une prétendue fausse manœuvre de l'éclusier); cette demande ne pouvait être appréciée que par le ministre des travaux public sauf recours au conseil d'Etat : « Considérant que cette demand n'avait pas pour objet de faire apprécier par le conseil de préfecture les dommages résultant de l'exécution de travaux publics par application de la loi du 28 pluv. an 8; qu'aucune loi n'aut risait le conseil de préfecture à connaître de ladite demand qu'ainsi, il n'appartenait qu'à notre ministre des travaux publics d'y statuer, sauf recours devant nous en notre conseil d'Etat que dès lors l'arrêté attaqué doit être annulé pour incompétence (cons. d'Et. 19 juill. 1860, M. de Belbeuf, rap., aff. Lesage Goetz).

362. La demande en indemnité formée par un particulier contre une compagnie concessionnaire d'un canal, à raison du dommage qui serait résulté pour lui du défaut d'élagage, conformément à l'art. 672 c. nap., d'arbres plantés sur un terrain compris entre le canal et sa propriété, et qui seraient une dépendance des francs-bords dudit canal, est de la compétence des tribunaux ordinaires et non de celle du conseil de préfecture, attendu que l'intérêt du service public de la navigation n'est point engagé dans le débat, et qu'il s'agit d'une contestation qui doit être résolue par les principes du droit civil (cons. d'Et. 30 nov. 185 M. Aucoc, rap., aff. Canal du Midi C. Duc).

363. *Constatation des contraventions.* — Les infraction aux règlements sur la police de la navigation peuvent être constatées par tous les agents ayant qualité pour dresser les procès verbaux en matière de grande voirie, maires et adjoints, ingénieurs et conducteurs des ponts et chaussées, etc. (V. Voir par terre, n° 313), et notamment par les agents de la navigatic (L. 29 flor. an 10, art. 2), c'est-à-dire par tous les préposés commissionnés par l'autorité administrative pour la police de navigation, par exemple les éclusiers préposés à la manœuvre des écluses et les gardes chargés de la surveillance (V. Procès verb., n° 736 et suiv., M. Husson, p. 620). — Il a été décidé que l'ordonnance royale du 31 juill. 1833, qui a réglé les con de la rivière d'Iton, en instituant par ses art. 10 et 11 des gardes rivières pour assurer l'exécution des dispositions qu'elle prescri n'a point enlevé aux maires et aux agents de l'autorité publiqu les pouvoirs qui leur sont conférés par la loi du 29 flor. an 10 de constater les contraventions de grande voirie (cons. d'E 12 mars 1846, M. Gomel, rap., aff. Champigny).

364. Les agents nommés par les concessionnaires de ca naux ou par des particuliers sont aptes à dresser des procès verbaux, mais dans le cas seulement où ils ont été commissionné par l'administration (instr. 16 mai 1839; M. Husson, p. 623 — Il a été décidé spécialement que les gardes particuliers d commerce de bois sur les affluents de l'Yonne étant commissionnés par l'autorité administrative et assermentés en justice pour la recherche des entreprises illicites commises sur les rivières navigables ou flottables confiées à leur surveillance, so agents de la navigation, et ont, en cette qualité, aux termes de lois de la matière, le droit de dresser des procès-verbaux pour constatation desdites entreprises (cons. d'Et. 26 déc. 183 M. Jouvencel, rap., aff. C° du commerce de bois de la Nièvre Mouillot).

365. Les procès-verbaux dressés par les agents désignés l'art. 2 de la loi du 29 flor. an 10, doivent être affirmés devan le juge de paix dans les trois jours de leur date (décr. 18 ven 1810, art. 2, V. Proc. verb., n° 745 et suiv.). — Cette form lité est obligatoire pour les procès-verbaux dressés par les ingénieurs des ponts et chaussées comme pour ceux des autres agents (cons. d'Et. 6 mars 1856, M. Bordet, rap., aff. Grand). Mais si le procès-verbal est irrégulier, il peut y être suppléé par tous les autres moyens de preuve que la loi autorise (V. Procès verb. n° 9 et suiv.), et notamment par l'aveu du contrevenant (V. eod., n° 14 et suiv., 192, 512).—Il a été décidé spécialemen que, lors même que la légalité du procès-verbal serait contesté une contravention en matière de cours d'eau navigable est suff

samment constatée par le rapport fait au bas du procès-verbal par l'ingénieur des ponts et chaussées qui a vérifié le fait sur les lieux et par le propre aveu du réclamant (cons. d'Et. 10 juin 1829, M. Brière, rap., aff. Winter).

366. La répression d'une contravention de grande voirie n'étant pas subordonnée à la constatation *de visu* par l'agent ayant qualité, la circonstance que celui-ci aurait rédigé son procès-verbal sur des renseignements fournis par des tiers, ne dispense pas le conseil de préfecture d'examiner la prévention (cons. d'Et. 27 déc. 1854, aff. Pinchenat, D. P. 55. 3. 64). — Un tel procès-verbal suffit pour motiver la condamnation dans le cas où l'auteur de la contravention s'en est reconnu coupable, comme aussi dans le cas où la contravention à sa charge serait ultérieurement établie par l'instruction (cons. d'Et. 13 avr. 1853, M. Lemarié, rap., aff. Lacaze; même date, aff. Rousselet; 18 fév. 1854, M. Aucoc, rap., aff. Labougerie).

367. *Mesures provisoires.* — D'après la loi du 29 flor. an 10, le sous-préfet auquel est adressé le procès-verbal peut ordonner par provision, et sauf recours au préfet, ce que de droit pour faire cesser le dommage (art. 5). Nous avons fait connaître v° Voirie par terre, n°° 314 et suiv., 2334, la raison de cette disposition et l'étendue du pouvoir qu'elle confère au sous-préfet, pouvoir qui appartient également au préfet (V. aussi *eod.*, n°° 1163 et suiv., et Voirie par chemin de fer).—C'est seulement dans les cas d'urgence, avons-nous dit, que ce droit peut s'exercer (V. Voirie par terre, n° 315). — Telle paraît être aussi la manière de voir du conseil général des ponts et chaussées. En *cas d'urgence*, lit-on dans un de ses avis, l'administration agit de manière à faire cesser tous les obstacles à la navigation, d'office et par mesure de simple police. Ainsi, elle fera enlever tout ce qui peut lui nuire, aux frais des auteurs de l'entreprise, sauf à eux à introduire leur demande en indemnité, s'ils s'y croient fondés (av. cons. gén. 21 sept. 1854, M. Cotelle, n° 1039).

368. Il a été décidé que l'acte par lequel un préfet met un particulier en demeure de détruire des plantations par lui faites sans autorisation, contrairement aux dispositions de l'arrêt du conseil du 23 juill. 1783, dans le lit de l'un des bras de la Loire, n'est pas susceptible d'être déféré au conseil d'Etat par la voie contentieuse (cons. d'Et. 4 avr. 1845, M. Guilhem, rap., aff. Houdet.

369. *Poursuites.* — Le procès-verbal est ensuite transmis au conseil de préfecture par les soins de l'administration (V. Voirie par terre, n°° 322 et suiv.); c'est à elle seule, en effet, qu'appartient l'action publique (V. *eod.*, n° 2336). — Un particulier serait donc sans qualité pour déférer au conseil de préfecture une contravention aux règlements sur la police de la navigation.
— Les concessionnaires de canaux doivent-ils être assimilés à de simples particuliers, et, déclarés comme tels, sans qualité pour poursuivre les contraventions commises sur les canaux concédés? — Il résulte des dispositions de l'arrêt du conseil de 1777, de la loi du 29 flor. an 10 et du décret du 10 avr. 1812, qui assimilent les canaux de navigation aux rivières navigables, que les contraventions commises sur le lit, sur les eaux et sur les francs bords et autres dépendances des canaux, sont poursuivies et réprimées comme des contraventions de grande voirie. Or, ce n'est qu'à l'administration que les lois confient la poursuite de ces dernières contraventions, et, par conséquent, le concessionnaire d'un canal navigable ne pourrait prendre lui-même l'initiative de la poursuite qu'autant que l'administration lui aurait expressément délégué le droit, comme elle l'a fait, du reste, en faveur de certains concessionnaires (V. décr. du 22 fév. 1813, art. 67, relatif aux canaux d'Orléans et du Loing). — Le conseil d'Etat a décidé dans le sens de ces observations : 1° que le concessionnaire d'un canal n'est pas recevable, en l'absence de toute disposition particulière de son cahier des charges, de l'ordonnance approbative ou de loi spéciale, à poursuivre directement et en son nom, devant le conseil de préfecture, la répression des contraventions de grande voirie commises sur le canal ou sur ses dépendances (cons. d'Et. 24 janv. 1851, M. Tarbé, rap., aff. Dupont et aff. Michaux. — V. aussi dans le même sens, en matière de chemin de fer, cons. d'Et. 12 janv. 1850, chem. de fer de Rouen au Havre, D. P. 50. 3. 17);—2° Que la compagnie concessionnaire d'un canal, même

à titre perpétuel, n'est pas recevable à se pourvoir par voie de tierce opposition contre un arrêt intervenu sur une contravention de grande voirie commise par un particulier sur ledit canal (cons. d'Et. 22 fév. 1850, M. Tripier, rap., aff. Sabot *C.* comp. du canal de Givors). — La compagnie du canal de Briare, au contraire, a, en vertu des règlements particuliers qui la régissent, qualité pour poursuivre les contraventions de grande voirie commises sur le canal ou sur ses dépendances (cons. d'Et. 25 mars 1852, M. Bauchart, rap., aff. canal de Briare *C.* Olivier).

370. Du reste, lorsque les poursuites du concessionnaire d'un canal navigable, en répression des contraventions commises sur ce canal ont été annulées par le conseil de préfecture, il suffit que le ministre des travaux publics ait déclaré s'associer au pourvoi formé par ce concessionnaire contre l'arrêté du conseil de préfecture, pour que le conseil d'Etat puisse statuer au fond, sans examiner la fin de non-recevoir opposée au concessionnaire par la partie poursuivie et tirée de son défaut de qualité (cons. d'Et. 6 mars 1856, aff. canal du Lez, D. P. 56. 3. 54).

371. La notification du procès-verbal au contrevenant n'est pas obligatoire (V. Voirie par terre, n° 323). — Il a été jugé par suite qu'un conseil de préfecture ne peut se fonder sur l'irrégularité de la notification d'un procès-verbal de grande voirie, pour renvoyer le délinquant des fins d'un procès-verbal : ce défaut l'oblige simplement à ordonner les mesures nécessaires pour régulariser la procédure (cons. d'Et. 27 déc. 1854, aff. Pinchenat, D. P. 55. 3. 64).

372. *Questions préjudicielles.* — Certaines questions préjudicielles, de la solution desquelles dépend la compétence du juge administratif, peuvent s'élever devant le conseil de préfecture. Ainsi d'abord, ce conseil ne pouvant exercer sa juridiction qu'autant que la contravention a été commise sur un cours d'eau faisant partie de la grande voirie, c'est-à-dire navigable ou flottable, si la navigabilité de ce cours d'eau est contestée, il faut nécessairement que cette question soit préalablement résolue. Mais par quelle autorité devra-t-elle l'être? — Le conseil de préfecture sera-t-il tenu de surseoir jusqu'à ce que le gouvernement, auquel appartient, comme nous l'avons dit n° 48, le droit de déclarer la navigabilité des cours d'eau, ait résolu lui-même la question? —Non : la navigabilité est un fait et ne dépend pas de la déclaration administrative (V. n° 50); par conséquent le conseil de préfecture est compétent pour l'apprécier. — Il a été décidé en ce sens que le conseil de préfecture, saisi d'un procès-verbal de contravention dressé contre un particulier pour avoir intercepté un chemin de halage, est compétent pour constater la navigabilité de la rivière au lieu où la contravention a été commise (cons. d'Et. 14 avr. 1853, M. de Pons-Rennepont, rap., aff. Cousin-Jolly).

373. De même encore, il n'y a contravention de grande voirie, et, par conséquent, il n'y a lieu à la compétence du conseil de préfecture que si l'infraction aux règlements a été commise dans les limites du domaine public : la question de limites est donc préjudicielle au jugement de la contravention.—Lorsque ces limites ont été fixées par le préfet, conformément à ce qui a été dit ci-dessus n°° 62 et suiv., il n'y a pas de difficulté, le conseil de préfecture est lié par la décision préfectorale. Mais si les limites n'ont pas été administrativement fixées, appartient-il au conseil de préfecture, en cas de contestation, de les déterminer lui-même? — Il a été décidé dans le sens de l'affirmative : 1° que le conseil de préfecture saisi d'une poursuite pour usurpation des francs-bords d'un canal peut fixer lui-même les limites de ces francs-bords : « Considérant qu'aux termes des lois susvisées (L. 29 flor. an 10, décr. 16 déc. 1811 et 10 avr. 1812), les usurpations commises sur les francs-bords des canaux navigables et des rigoles qui les alimentent constituent des contraventions de grande voirie dont la répression est réservée aux conseils de préfecture, et qu'en cas de difficulté sur l'étendue desdits francs-bords, c'est à l'autorité administrative qu'il appartient de la déterminer, sauf à ceux qui se prétendent propriétaires des terrains à réclamer devant les tribunaux civils l'indemnité à laquelle ils peuvent avoir droit » (cons. d'Et. 11 mai 1850, M. Daverne, rap., aff. Lauque *C.* canal du Midi). — 2° Que lorsqu'un particulier est cité devant le conseil de préfecture à la suite d'un procès-verbal constatant

un empiétement qui aurait été commis par lui sur les dépendances d'un canal, si les limites et les dépendances du canal sont contestées, il appartient au conseil de préfecture de reconnaître, au moyen de l'appréciation des titres et plans émanés de l'autorité administrative, l'étendue du domaine public sur le point litigieux (cons. d'Et. 7 déc. 1854, M. Leviez, rap., aff. canal du Midi C. Monchal); — 5° Que le conseil de préfecture appelé à statuer sur un procès-verbal qui reproche à un riverain d'une rivière navigable d'avoir coupé des arbres sur un banc de gravier dépendant du lit de cette rivière, est compétent, alors même qu'il n'existe pas d'acte de délimitation, pour constater si le banc de gravier litigieux fait effectivement partie du lit de la rivière : on soutiendrait à tort que l'exception de propriété élevée par le prévenu rend nécessaire la fixation préalable, par l'autorité compétente, des limites de la rivière à l'endroit où est situé le banc de gravier litigieux (cons. d'Et. 27 fév. 1862, aff. Miquel, D. P. 63. 3. 41).

374. Cependant, il résulte d'une autre décision que, lorsqu'il y a incertitude sur les limites de la rivière et si aucun acte administratif n'a fixé ces limites, il doit être sursis au jugement. C'est ainsi que le conseil d'Etat, avant faire droit sur une contravention commise sur un terrain que l'administration soutenait faire partie d'une rivière navigable, a ordonné qu'il serait procédé par l'administration à la constatation de l'assiette et des limites tant de ladite rivière que du chemin de halage au point litigieux et à la date de la prétendue contravention (cons. d'Et. 26 juill. 1851, M. Daverne, rap., aff. David). — V., du reste, ce qui est dit sur une question analogue v° Voirie par terre, n°° 55 et suiv.

375. Très-souvent aussi le contrevenant invoque comme moyen de défense à la poursuite que le terrain sur lequel la contravention a été commise est sa propriété, et, par conséquent, n'est pas soumis aux règlements de la grande voirie. Si cette question de propriété était de nature à faire disparaître la contravention, le conseil de préfecture incompétent pour connaître d'une telle question, serait obligé de surseoir jusqu'à ce qu'elle fût résolue par le juge civil. Mais il n'en est pas ainsi : tous les terrains compris dans les limites naturelles ou administratives du cours d'eau sont rangés parmi les dépendances du domaine public et soumis de plein droit aux règlements de voirie; sauf, s'il y a lieu, indemnité pour les riverains qui auraient des droits à prétendre sur ces terrains. La question de propriété est donc indifférente, puisque cette propriété fût-elle reconnue, la contravention n'en aurait pas moins été commise sur une dépendance du domaine public. — Aussi, a-t-il été admis par une jurisprudence invariable que le conseil de préfecture ne doit s'arrêter devant l'exception de propriété soulevée par le contrevenant (V. aussi v°° Quest. préjud., n°° 95 et suiv., 102 et suiv., Voirie par terre, n°° 198 et suiv., 247, 325, 2360 et suiv.). — Par exemple, il a été jugé : 1° que les plantations faites par un propriétaire entre la ligne navigable et le chemin de halage qui emprunte à cet endroit un chemin vicinal sont de nature à porter entrave à la navigation, et, par conséquent, constituent une contravention punissable, alors même que le propriétaire prétendrait que ces plantations ont eu lieu sur une alluvion dont il serait propriétaire en vertu de l'art. 556 c. nap.; c'est donc avec raison que le conseil de préfecture a ordonné la destruction, sans s'arrêter à l'exception de propriété (cons. d'Et. 1er août 1834, aff. Sutaine, V. Eaux, n° 530°); — 2° Que le riverain de la Loire qui, sans autorisation, fait des plantations sur des bancs de sable existant dans le fleuve commet une contravention à l'arrêt du conseil du 23 juill. 1783, alors même qu'il exciperait de ce que le banc de sable lui appartient à titre d'alluvion (cons. d'Et. 2 janv. 1835, M. Jouvencel, rap., aff. Palierne de Chassenay; Conf. cons. d'Et. 4 avr. 1845, M. Guilhem, rap., aff. Houdel). — Cette condamnation ne fait pas obstacle d'ailleurs à ce que le contrevenant fasse valoir devant les tribunaux les droits de propriété dont il excipe (même arrêt); — 3° Que le conseil de préfecture saisi d'une contravention de grande voirie, résultant d'un dépôt de matériaux effectué à moins de 24 pieds du bord d'une rivière navigable ne doit pas s'arrêter devant la prétention formée par les contrevenants qu'ils sont propriétaires du terrain sur lequel le dépôt a eu lieu, cette exception ne faisant pas disparal-

tre la contravention (cons. d'Et. 17 janv. 1838, M. Jouvencel, rap., aff. Bruno-Lemarchand et autres); — 4° Que lorsqu'un propriétaire riverain, poursuivi pour plantations et travaux exécutés dans le lit d'une rivière, oppose que ces plantations et travaux ont été faits sur une alluvion qui lui appartient, le conseil de préfecture est compétent pour décider si le prévenu, en admettant qu'il fût propriétaire de ces terrains, avait contrevenu aux dispositions des lois et règlements; que, dès lors, c'est à tort qu'il a renvoyé, avant faire droit, les parties devant les tribunaux ordinaires pour y être prononcé sur une question de propriété non débattue entre les parties (cons. d'Et. 1er juill. 1839, aff. Jacquet, V. Eaux, n° 485); — 5° Que la prétention à la propriété du sol élevée par un particulier poursuivi pour avoir élevé sans autorisation un terre-plein sur le bord d'une rivière navigable, ne peut faire obstacle à la répression de ladite contravention par le conseil de préfecture de ladite contravention (cons. d'Et. 12 janv. 1850, M. Maigne, rap., aff. Vauchel et aff. Gueuvain et autres); — 6° Qu'il en est de même à l'égard du fait par un particulier, d'avoir coupé et replanté des échalas de saule dans un terrain faisant partie d'une rivière flottable (cons. d'Et. 22 août 1855, M. de Belbeuf, rap., aff. Dussau); — 7° Que le conseil de préfecture, saisi d'une poursuite pour construction sans autorisation d'un moulin sur une dérivation d'une rivière navigable, doit réprimer immédiatement la contravention, sans qu'au préalable il ait été statué sur l'exception de propriété invoquée par le propriétaire du moulin, lequel prétend avoir agi sur un terrain à lui appartenant comme faisant partie des francs-bords de son canal de dérivation (cons. d'Et. 6 mars 1856, M. Bordet, rap., aff. Grand).

376. Décidé pareillement : 1° que l'exception de propriété opposée par le particulier prévenu d'avoir élevé, sans autorisation préalable, des constructions sur le rivage de la mer et sur des terrains destinés à former les quais d'un port et du chenal d'un canal, ne fait point obstacle à ce que le conseil de préfecture statue sur la contravention et ordonne la destruction des travaux exécutés, sauf au prévenu à porter devant les tribunaux civils toutes les questions de propriété et d'indemnité relatives au terrain en litige (cons. d'Et. 6 avr. 1834, M. Jouvencel, rap., aff. Jullien); — 2° Que lorsqu'un particulier a fait exécuter sans autorisation des déblais sur les francs-bords d'un canal pour rétablir un abreuvoir qui avait été supprimé par l'administration, le conseil de préfecture saisi de la contravention ne peut surseoir à prononcer sur la contravention jusqu'à ce qu'il ait été statué par l'autorité judiciaire sur la question de savoir si le particulier a droit ou non au rétablissement de l'abreuvoir, sauf, s'il y a lieu, à réserver toutes les questions de propriété, de servitude ou d'indemnité (cons. d'Et. 14 déc. 1837, M. Jouvencel, rap., aff. can. d'Orléans et du Loing C. Geffrier de Neuvy); — 3° Que la compagnie des canaux d'Orléans et du Loing ayant le droit de faire sur les terres riveraines desdits canaux, sauf indemnité s'il y a lieu, les dépôts de vase qu'elle juge nécessaire, le conseil de préfecture, saisi d'une contravention résultant d'une opposition formée à un pareil dépôt, sous prétexte que le terrain n'est pas la propriété de la compagnie, doit immédiatement statuer sur la contravention; c'est donc à tort qu'il sursoit à prononcer jusqu'à ce que cette question ait été résolue par les tribunaux (cons. d'Et. 25 janv. 1838, M. Jouvencel, rap., Canaux d'Orléans et de Loing C. dép. du Loiret); — 4° Que le fait par un particulier d'avoir contrevenu au règlement de police d'un canal, en faisant circuler sur la digue dudit canal des voitures chargées de matériaux, constitue une contravention de grande voirie à la répression de laquelle il doit être immédiatement procédé, nonobstant toute exception de propriété soulevée par le contrevenant (cons. d'Et. 16 fév. 1850, aff. Grass, D. P. 50. 3. 69); — 5° Que s'il est établi, par la vérification faite par le conseil de préfecture (V. n° 373), que le point sur lequel une anticipation a été commise est compris dans les dépendances d'un canal, le conseil de préfecture doit statuer immédiatement sur la contravention, sans s'arrêter à l'exception de propriété soulevée par le délinquant, et c'est à tort qu'il sursoit à statuer jusqu'après le jugement de cette exception par l'autorité compétente (cons. d'Et. 7 déc. 1854, M. Leviez, rap., aff. Canal du Midi C. Monchal); — 6° Que quand des ouvrages d'art ont été

affectés tont à la fois au desséchement d'un étang et aux besoins de la navigation dans un canal, les propriétaires de l'étang, alors qu'ils seraient seuls propriétaires de ces ouvrages, ne peuvent en disposer exclusivement et les détériorer, sans commettre une contravention de grande voirie. En conséquence, l'exception préjudicielle de propriété ne peut arrêter le jugement de la contravention (cons. d'Et. 6 mars 1857, M. Aucoc, rap., aff. étang de Capestang); — 7° Que lorsque la largeur du franc-bord de la rigole alimentaire d'un canal de navigation a été fixée par les actes de l'ancienne royauté, le conseil de préfecture ne peut surseoir à statuer sur une contravention commise sur ce franc-bord dans les limites résultant de ces actes, jusqu'à ce que la question de propriété soulevée par le contrevenant ait été jugée par les tribunaux compétents (cons. d'Et. 27 fév. 1862, M. de Luigné, rap., aff. canal du Midi).

377. Toutefois, il a été jugé : 1° que lorsqu'un propriétaire, riverain des canaux d'Orléans et du Loing, prévenu d'avoir usurpé sur le domaine de ces canaux, nie l'usurpation et se prétend propriétaire du terrain prétendu usurpé, le conseil de préfecture doit surseoir à statuer sur la répression de l'usurpation jusqu'à ce que les tribunaux civils aient prononcé sur la question de propriété ; mais si le terrain est situé dans les limites de la servitude du chemin de halage établi par l'ordonnance de 1669, le conseil de préfecture doit ordonner immédiatement la suppression de tout ce qui a été fait contrairement à cette servitude (cons. d'Et. 9 déc. 1843, M. Jouvencel, rap., aff. Bernard C. canaux d'Orléans et du Loing); — 2° Que si le terrain litigieux se trouve en dehors, soit du chemin de halage, soit du marchepied, la question de propriété soulevée par le défendeur est préjudicielle à la question d'usurpation et doit, dès lors, être renvoyée devant les tribunaux civils (cons. d'Et. 28 août 1844, M. Jouvencel, rap., aff. Brazille); — 3° Que lorsqu'un particulier, poursuivi devant le conseil de préfecture pour avoir planté un terrain en gravier situé dans le lit d'un fleuve et que l'administration soutient faire partie de ce fleuve, prétend que ce terrain n'est que le démembrement d'un îlot en possession duquel il a été maintenu par décision du juge de paix et qui est actuellement l'objet d'une action au pétitoire entre lui et l'Etat, c'est avec raison que le conseil de préfecture, reconnaissant ces terrains litigieux, quoique situés dans le lit du fleuve, ne font pas nécessairement partie du domaine public, a sursis à statuer jusqu'à ce que les questions de propriété relatives à l'îlot eussent été résolues par l'autorité compétente (cons. d'Et. 6 août 1861, M. Faré, rap., aff. Revol).

378. *Jugement de la contravention; peines; réparations civiles.* — Le conseil de préfecture, dès qu'il reconnaît l'existence de la contravention, doit condamner le prévenu à l'amende et à la réparation du dommage. Jusqu'à la loi du 23 mars 1842, les conseils de préfecture étaient obligés d'appliquer l'amende fixée par les anciens règlements, sans pouvoir la réduire, quel que fût le peu d'importance de la contravention. — La loi du 23 mars 1842 a fait cesser les difficultés que cette irréductibilité des peines avait fait naître, en permettant d'abaisser l'amende au vingtième, sans toutefois pouvoir la faire descendre au-dessous de 16 fr. (V. Voirie par terre, n° 214). — Cette limite, obligatoire pour le conseil de préfecture, ne lie cependant pas le conseil d'Etat (V. *eod.*), qui peut abaisser l'amende au-dessous de 16 fr. (cons. d'Et. 23 mars 1854, aff. Lebel, D. P. 54. 3. 43), et même faire remise au contrevenant de l'amende tout entière (cons. d'Et. 19 janv. 1832, aff. Cayla, V. n° 243-1°).

379. La loi du 23 mars 1842 a tranché aussi une autre difficulté qu'avait fait naître l'application de la législation sur la grande voirie. Certaines dispositions des anciens règlements prononcent une amende arbitraire. Une peine de cette nature était incompatible avec les principes du nouveau droit pénal; aussi le conseil d'Etat jugeait-il, avant la loi de 1842, qu'aucune loi n'autorisait les conseils de préfecture à arbitrer les amendes pour les contraventions de grande voirie, dans les cas où les règlements ne prononçaient que des amendes arbitraires (cons. d'Et. 20 avr. 1840, M. du Martroy, rap., aff. Kerriou; 12 avr. 1844, M. Dumez, rap., aff. Lepelletier). — La loi de 1842 permet en ce cas de prononcer une amende pouvant varier entre 16 et 300 fr.—V. Voirie par terre, n° 214.

380. Il arrive quelquefois que les règlements anciens, tout en prohibant certains faits, n'attachent à cette prohibition aucune sanction pénale. Cette lacune n'a été comblée ni par la loi du 23 mars 1842 ni par aucune autre loi. Dans ce cas, le prévenu n'est passible d'aucune peine; il peut seulement être condamné à la réparation du dommage, s'il en a été causé : sinon, il ne peut être condamné qu'aux frais du procès-verbal et de la poursuite.—V. n° 304.

381. L'amende constitue une peine (V. Voirie par terre, n° 259), d'où la conséquence qu'elle atteint le contrevenant personnellement, et qu'en cas de décès elle ne peut être prononcée contre ses héritiers (V. *eod.*, n° 266). — Toutefois, le conseil d'Etat met l'amende à la charge des maîtres et commettants, bien que la contravention soit, non pas de leur fait, mais de celui de leurs préposés (V. *eod.*, n° 262). — Il a décidé en ce sens que lorsqu'un matelot faisant partie de l'équipage d'un bateau a commis une contravention aux règlements de la grande voirie, la compagnie à laquelle appartient ce bateau peut être condamnée personnellement à l'amende, à raison de la contravention dont il s'agit (cons. d'Et. 25 janv. 1838, M. Humann, rap., aff. comp. des riverains du haut de la Loire C. min. des trav. publ.; du même jour, trois arrêts semblables).

382. Mais le propriétaire d'un bateau ne pourrait être déclaré responsable du dommage causé par le bateau à l'écluse d'un canal, lorsque la personne qui le conduisait au moment de l'événement n'était ni son domestique ni son préposé, mais le locataire du bateau; dès lors, c'est avec raison que le conseil de préfecture ordonne qu'il lui soit fait remise, tant des sommes qui lui consignées pour la réparation du dommage que du bateau (cons. d'Et. 2 juin 1837) (1).

383. L'amende peut être prononcée même contre les administrations publiques, à la charge desquelles une contravention de grande voirie a été relevée (V. Voirie par terre, n°* 261, 2343).

---

(1) *Espèce :* —(Min. de l'int. C. Dambresville.)—21 nov. 1832, arrêté du conseil de préfecture qui déclare que Dambresville, propriétaire d'un bateau qui avait causé quelques dommages à l'écluse d'un canal, n'était pas responsable du dommage, parce qu'à l'époque de l'événement le bateau était loué au sieur Beauchamp. — Pourvoi par le ministre de l'intérieur. — Cet arrêté, a-t-il dit, m'a paru contraire aux principes sur la matière, tels qu'ils résultent des art. 1382 et suiv. c. civ. — Il est de jurisprudence constante que le dommage doit surtout être payé par la chose même qui l'a causé, et ce n'est que par voie récursoire que la loi accorde une action contre la personne. C'est ainsi que l'art. 59 du décret du 25 juin 1806 sur la police du roulage, veut que la voiture saisie en contravention soit retenue jusqu'à consignation de l'amende encourue. L'analogie est ici trop frappante pour être méconnue. — Le conseil de préfecture avait d'abord fait application des mêmes principes par son arrêté du 2 mai 1832 ; mais par la décision du 21 nov., il a cru pouvoir y déroger par le motif que le sieur Dambresville ne devait pas être rendu responsable du fait de son locataire. — Ce système pourrait peut-être prévaloir, si l'administration voulait rendre le sieur Dambresville responsable d'une indemnité supérieure à la valeur du bateau ; mais tel n'a pas été l'état de la question : on ne demande rien au sieur Dambresville ; la réparation du dommage contre le sieur

Beauchamp est déclarée payable sur le prix du bateau l'*Eléonore* ; alors est intervenu le sieur Dambresville, qui, se disant propriétaire dudit bateau, en a réclamé la remise sans payer les dommages ; il me paraît évident que le conseil de préfecture a eu tort d'accueillir cette prétention. — Pour la repousser, il suffirait d'opposer au sieur Dambresville le principe écrit dans l'art. 2279 c. civ., qu'en fait de meubles possession vaut titre. Le bateau était en la possession du sieur Beauchamp ; donc à l'égard de l'administration et des tiers, il en était présumé propriétaire ; c'est en vain que le sieur Dambresville invoque un bail notarié de ce bateau; cet acte peut être décisif entre lui et le sieur Beauchamp ; mais, à l'égard des tiers, la règle générale que je viens d'invoquer est plus forte que tous les actes; elle établit une présomption de droit qui n'admet aucune preuve contraire. — J'ajouterai au surplus que, quant à la location même alléguée par le sieur Dambresville, elle n'avait été faite que pour un an, du mois de mai 1830 au mois de mai 1831; les dommages ayant eu lieu en 1832, le bail était donc sans application à cette époque, et il est impossible de savoir à quel titre ce bateau se trouvait entre les mains du sieur Beauchamp.

Louis-Philippe, etc. ; — Vu la loi du 29 flor. an 10; — Considérant qu'il est établi par l'instruction que le bateau l'Eléonore était la propriété du sieur Dambresville, et que le sieur Beauchamp, qui con-

— Il a été décidé à cet égard que si la contravention a été commise sur un terrain appartenant au département, et sur l'ordre du préfet agissant comme administrateur des biens départementaux, le département peut être condamné à l'amende (cons. d'Et. 23 juill. 1841, M. Gomel, rap., aff. comp. des canaux d'Orléans et du Loing *C.* dép. du Loiret).

384. Lorsque plusieurs contraventions sont réunies dans la même poursuite, les amendes encourues pour chacune de ces contraventions peuvent être cumulées, la règle prohibitive du cumul des peines n'étant pas applicable aux contraventions de grande voirie (V. Voirie par terre, n°° 265, 2280). — Deux contraventions distinctes peuvent aussi se rencontrer dans le même fait; dans ce cas encore, il y a lieu à une double amende, ou à une double poursuite, si les deux contraventions appartiennent à des juridictions différentes (cons. d'Et. 31 mars 1847, aff. Ballias, D. P. 48. 3. 4).—V. n° 357.

385. Mais lorsque deux procès-verbaux successifs constatent un fait qui, quoique ayant eu lieu sur deux points différents, constitue une seule contravention, il ne peut être prononcé qu'une seule amende. Ainsi et spécialement lorsque des plantations faites sans autorisation, à la même époque, au même lieu, mais sur deux points différents, ont été constatées par deux procès-verbaux distincts, le conseil de préfecture saisi du second procès-verbal, après avoir condamné le contrevenant à l'amende sur la première poursuite ne peut prononcer contre lui une nouvelle amende; seulement il doit ordonner la destruction des plantations dont il est question dans le second procès-verbal (cons. d'Et. 10 juin 1835, M. Bouchené-Lefer, rap., aff. Miailhe et Depiot).—V. Voirie par terre, n° 2281.

386. En matière de grande voirie, les excuses ne sont pas admissibles (V. Voirie par terre, n°° 221, 251, 2369 et suiv.). — Il a été jugé, en conséquence : 1° que par cela seul qu'un cours d'eau particulier (un canal de desséchement) sert à l'alimentation d'un canal de navigation, les propriétaires de ce cours d'eau qui effectuent, sans le consentement de l'administration, des travaux dont l'effet est d'interrompre la navigation, commettent une contravention de grande voirie, alors même que ces travaux seraient l'exécution d'un arrêt de cour d'appel (cons. d'Et. 1er juill. 1839, M. Jouvencel rap., aff. vidanges de Tarascon); — 2° Que c'est à tort que le conseil de préfecture renvoie les contrevenants de la poursuite sous prétexte qu'ils ont agi, soit par les ordres du maire et dans un intérêt communal, soit dans une ignorance complète des lois de la matière, et qu'ils s'étaient empressés de réparer le dommage (cons. d'Et. 26 août 1842, M. Lepelletier d'Aulnay, rap., aff. Cormier et autres; trois arrêts semblables du même jour); — 3° Que le propriétaire qui a construit sans autorisation, dans le lit d'une rivière navigable, deux épis à pierres perdues destinés à protéger sa propriété, doit être condamné à l'amende portée par l'art. 1 de l'arrêt du conseil du 24 juin 1777 et à la démolition, bien qu'en fait ces deux épis fussent peu nuisibles à la navigation, et qu'ils dussent avoir pour résultat de préserver un chemin public de l'action corrosive des eaux (cons. d'Et. 11 avr. 1848, M. Passy, rap., aff. Polouet).

387. Le prévenu, en outre de l'amende prononcée contre lui, doit être condamné à réparer le dommage qu'il a causé ou à démolir les ouvrages exécutés en contravention, ou enfin à faire disparaître les obstacles à la navigation dont il est la cause. Cette condition est obligatoire pour le conseil de préfecture qui ne peut s'en affranchir sous aucun prétexte (V. Eaux, n° 79). — Il a été jugé à cet égard : 1° que le conseil de préfecture ne peut se dispenser d'ordonner la destruction des ouvrages faits en contravention, et se borner à condamner le prévenu à l'amende, sous prétexte que les travaux exécutés par le contrevenant l'ont été dans le but de défendre sa propriété contre l'envahissement des eaux (cons. d'Et. 7 fév. 1837, M. Caffarelli, rap., aff. Allard);—2° Que lorsque le conseil de préfecture reconnaît l'exis-

tence de la contravention et condamne le prévenu à l'amende, il ne peut se dispenser d'ordonner la démolition des ouvrages exécutés sans autorisation (cons. d'Et. 15 juill. 1853, M. Marchand, rap., aff. Vivien-Michon).

388. Par suite, on n'est pas fondé à attaquer devant le conseil d'Etat la décision par laquelle le conseil de préfecture ordonne, par des considérations d'intérêt public, la démolition d'épis établis sans autorisation en saillie sur le bras d'un fleuve, alors d'ailleurs qu'il s'est abstenu de statuer sur la question de dommage que ces épis ont pu causer aux propriétaires de la rive opposée (cons. d'Et. 20 juill. 1836, M. Brière, rap., aff. Rousset-Boulbon *C.* d'Aramon).

389. Toutefois le conseil d'Etat, lorsqu'il juge que les ouvrages non autorisés ne sont pas nuisibles à la navigation, en permet la conservation (V. Eaux, n° 82). Ainsi, il a été décidé que lorsque des épis ont été construits, sans autorisation, par un établissement public sur le bord d'une rivière navigable, c'est avec raison que le conseil de préfecture en ordonne la démolition; cependant, s'il résulte des renseignements transmis par le directeur général des ponts et chaussées que, d'après les changements survenus dans le cours des eaux postérieurement à la construction déjà ancienne des épis, quelques-uns seulement sont demeurés offensifs pour les propriétés riveraines et nuisibles au flottage et à la navigation, la démolition de ces derniers seulement doit être ordonnée (cons. d'Et. 16 janv. 1828, M. Tarbé, rap., aff. hosp. de Troyes).

390. Du reste, la condamnation à la démolition des ouvrages indûment exécutés, prononcée par les tribunaux administratifs, ou la suppression des plantations non autorisées, ne fait pas obstacle à ce que l'administration autorise la conservation de ces ouvrages, si elle reconnaît qu'ils peuvent être tolérés sans inconvénient (cons. d'Et. 2 janv. 1835, M. Jouvencel, rap., aff. Palierne de Chassenay; 5 mai 1850, M. Reverchon, rap., aff. Sicard-Duval). Cette proposition est une des conséquences du principe énoncé n° 391. C'est parce que la démolition est comprise dans les réparations civiles que l'administration peut transiger sur le chef de condamnation qui la prescrit.

391. La réparation du dommage et la démolition des constructions non autorisées doivent être considérées, non comme une peine, mais comme de simples réparations civiles; de là plusieurs conséquences qui ont été indiquées v° Voirie, n°° 2383 et suiv. — Mais, de même que la peine, les réparations civiles ne peuvent être prononcées que contre celui qui est prouvé avoir commis le dommage; il ne suffirait pas d'une simple présomption. — Ainsi, il a été décidé que l'administration a le droit de requérir, soit dans l'intérêt de la circulation, soit dans l'intérêt d'un pont dépendant d'une grande route, l'enlèvement d'un amas de terres existant contre l'une des culées de ce pont et placé en dedans des limites de la grande voirie; mais elle ne peut faire condamner un riverain du cours d'eau à faire disparaître cet encombrement qu'en prouvant que c'est lui qui est l'auteur du dépôt (cons. d'Et. 11 mai 1854, M. Leviez, rap., aff. Leguillier).

392. La réparation du dommage causé n'étant pas une peine, peut être poursuivie contre les héritiers, ayants cause ou représentants du contrevenant (V. Voirie par terre, n° 2339).—Il a été décidé en ce sens : 1° que la démolition prononcée contre le fermier seul peut être poursuivie contre le propriétaire (cons. d'Et. 16 mai 1837, aff. Dunoguès, V. Eaux, n° 81); — 2° Que le propriétaire d'un terrain sur lequel des fouilles ont eu lieu en contravention à l'art 4 de l'arrêt du conseil du 24 juin 1777, est tenu de réparer les dégradations qui résultent de cette contravention, alors même que les fouilles ont été exécutées, antérieurement au moment où il en est devenu propriétaire, par son vendeur (cons. d'Et. 18 août 1857, M. Bordet, rap., aff. Maillet).

393. Les conseils de préfecture, statuant sur les contraventions de grande voirie, ne sont pas compétents pour condamner les contrevenants à des dommages-intérêts autres que

duisait ledit bateau lors de l'événement qui donne lieu au litige, n'était ni le domestique ni le préposé dudit Dambresville, mais seulement le locataire du bateau de ce dernier; que dès lors, aucune responsabilité ne pesait sur ledit sieur Dambresville, et qu'ainsi c'est avec raison que le conseil de préfecture a ordonné que remise lui serait définitive-

ment faite, tant des sommes par lui consignées que du bateau dont il s'agit;

Art. 1. Les conclusions du rapport de notre ministre de l'intérieur sont rejetées.

Du 2 juin 1837.-Ord. cons. d'Et.-M. de Jouvencel, rap.

ceux qui pourraient être réclamés pour réparer le préjudice résultant des dégradations causées par la contravention elle-même (cons. d'Et. 11 mars 1862, aff. Pouzot, D. P. 63. 3. 77). — Et spécialement, un conseil de préfecture, saisi d'une poursuite exercée contre un exploitant de moulin pour avoir, par un abaissement des eaux au-dessous du niveau réglementaire, interrompu le service de la navigation sur un canal, ne peut, alors qu'il n'est point allégué que la contravention ait causé des dégradations au canal, à ses francs-bords ou aux ouvrages d'art formant ses dépendances, condamner le contrevenant à des dommages-intérêts envers la compagnie concessionnaire du canal pour réparation du préjudice pécuniaire qui serait résulté de l'obstacle apporté au service de la navivation (même arrêt). — V. Voirie par terre, n° 292.

394. Le conseil de préfecture doit ordonner purement et simplement que les lieux soient remis dans leur état primitif; il ne pourrait, sans empiéter sur le domaine de l'administration pure, imposer aux contrevenants des travaux qui changent l'état des lieux ou les autoriser à faire des travaux de cette nature (V. Voirie par terre, n° 294).—Il a été jugé par exemple : 1° que le conseil de préfecture excède sa compétence lorsqu'il enjoint à un particulier traduit devant lui pour une contravention de grande voirie, résultant de l'inexécution des conditions qui lui avaient été imposées par une ordonnance qui l'autorisait à ouvrir un nouveau lit à une rivière navigable, d'avoir à exécuter, dans un délai non déterminé par cette ordonnance, les travaux qu'elle prévoyait (cons. d'Et. 22 fév.1850, aff. Sicard-Duval, V. n° 219-1°); — 2° Que le conseil de préfecture, saisi d'une demande en indemnité pour dommages résultant de travaux d'un canal, ne peut autoriser un riverain à établir une terrasse au-dessus de ce canal (cons. d'Et. 23 juill. 1838) (1).

395. L'art. 194 du décret du 18 août 1807 porte que tout arrêté du conseil de préfecture en matière de délits commis sur le canal du Midi doit être imprimé et affiché aux frais du délinquant : cette disposition est toujours obligatoire, l'on prétendrait en vain que ce décret, n'ayant pas le caractère législatif, n'a pu prononcer une peine (cons. d'Et. 6 mai 1838, M. Aubernon, rap., aff. Giral).

396. L'exécution de l'arrêté du conseil de préfecture appartient à l'administration ; mais si des difficultés s'élèvent sur le sens dans lequel cet arrêté doit être entendu, l'interprétation n'en peut être donnée que par le conseil de préfecture.—Il a été décidé que l'arrêté par lequel un préfet enjoint d'exécuter les travaux à lui imposés par le conseil de préfecture conformément aux indications d'un plan qu'il lui notifie, et, par exemple, indique la profondeur à laquelle ce propriétaire condamné à faire disparaître des enrochements indûment exécutés par lui dans une rivière devra draguer cette rivière, a le caractère de simple mise en demeure et par conséquent ne peut être attaqué au contentieux ; il ne fait pas obstacle à ce que le propriétaire fasse juger par le conseil de préfecture quelle était l'étendue des condamnations prononcées contre lui (cons. d'Et. 22 avr. 1858) (2).

397. Quant à la procédure à suivre devant le conseil de préfecture, à la forme du jugement, aux voies de recours dont

l'arrêté du conseil de préfecture est susceptible, il n'y a rien de particulier à en dire ; nous n'avons qu'à nous en référer à ce qui est dit v° Organisat. admin., où l'on parlera d'une manière générale de la juridiction du conseil de préfecture, et v° Conseil d'Etat. — V. aussi Voirie par terre, n°° 329 et suiv.

398. *Prescription.* — Les règles indiquées v° Voirie par terre n°° 267 et suiv., 2397 et suiv., relativement au délai de la prescription, soit de l'action publique, soit des condamnations pénales, sont applicables aux contraventions commises sur les cours d'eau navigables. — Il a été décidé spécialement : 1° que la prescription établie par l'art. 640 c. inst. crim. est applicable aux contraventions de grande voirie commises sur les cours d'eau navigables (cons. d'Et. 19 mai 1845, M. Gomel, rap., aff. Hébert) ; — 2° Que les plantations illicites qui remontent à une époque antérieure de plus d'une année à la constatation de la contravention ne peuvent donner lieu à l'application de l'amende, l'action publique étant prescrite aux termes de l'art. 640 c. inst. crim. (cons. d'Et. 4 avr. 1845, M. Guilhem, rap., aff. Houdet);— 3° Que la prescription est acquise lorsque la contravention est antérieure de plus d'une année à l'arrêté de condamnation du contrevenant, encore bien qu'il ne se fût pas écoulé plus d'une année depuis le procès-verbal qui l'a constatée (cons. d'Et. 22 fév. 1850, aff. Sicard-Duval, V. n° 219-1°). — Toutefois, il a été décidé que la prescription de l'art. 640 c. inst. crim. n'est pas acquise, lorsqu'il a été statué sur la contravention dans l'année même de sa constatation (cons. d'Et. 12 janv. 1850, M. Maigne, rap., aff. Vauchel).

399. Mais la prescription de l'art. 640 c. inst. crim. n'est pas applicable aux réparations civiles, qui peuvent toujours être ordonnées dans l'intérêt de la navigation, quel que soit le laps de temps écoulé depuis la contravention (V. Voirie par terre, n°° 271 et s., 2397). — C'est ce qui a été décidé spécialement à l'égard, 1° de plantations illicites (cons. d'Et. 4 avr.1845, M. Guilhem, rap., aff. Houdet) ;... 2° de constructions non autorisées (cons. d'Et. 22 fév. 1850, aff. Sicard-Duval,V. n° 219-1°).

CHAP. 6. — DES DROITS DE PÉAGE SUR LES FLEUVES, RIVIÈRES, CANAUX ET SUR OU SOUS LES PONTS.

400. On entend par *péage* le droit pécuniaire perçu pour le passage d'un chemin ou d'une rivière. — Le péage des chemins s'appelle aussi *droit de barrage, droit de passe*; nous avons parlé v° Voirie par terre, n° 72, de ce droit qui n'existe plus aujourd'hui, si ce n'est par exception et pour subvenir aux frais des corrections des rampes sur les routes impériales et départementales (V. *eod.*, n°° 73 et 74). — Le péage sur les rivières prend trois sortes de dénominations : si l'on monte ou l'on descend la rivière sans la traverser, c'est un droit de *navigation*; si l'on passe sur un bac, c'est un droit de *bac*; sur un pont, c'est un droit de *pontage* ou de *pontonnage*; mais cette dernière expression est bien peu usitée aujourd'hui.

401. Les droits de péage qui, sous l'ancienne monarchie, avaient donné lieu à tant d'abus, furent supprimés, comme nous l'avons dit *suprà* n° 25, par les lois des 15 mars 1790, 25 août 1792 et 17 juill. 1793. Mais cette suppression ne devait être

---

(1) *Espèce* : — (Canal de Givors C. Chambeyron.) — Chambeyron, fabricant de chapeaux, avait l'habitude, durant l'été, d'étendre ses chapeaux sur le lit desséché du Gier : la construction du canal de Givors, qui occupe le lit du Gier, mettant obstacle à ce qu'il regardait comme l'exercice d'un droit, Chambeyron forma contre la compagnie du canal une demande en indemnité ; le conseil de préfecture, sur l'avis d'un tiers expert, l'autorise à construire à ses frais une terrasse au-dessus du canal pour l'exercice de son industrie. — Pourvoi par la compagnie du canal de Givors.

Louis-Philippe, etc. ; — Considérant que l'usage que le sieur Chambeyron avait d'une portion du lit de la rivière de Gier, pour l'exercice de son industrie, ne constituait pas un droit dont la compagnie du canal de Givors fût tenue de le maintenir en jouissance, et qu'ainsi c'est à tort que le conseil de préfecture de la Loire a décidé que le sieur Chambeyron devait être autorisé à construire une terrasse au-dessus du canal de Givors, pour l'étendage de ses chapeaux ; — Art. 1. L'arrêté du conseil de préfecture de la Loire, en date du 20 fév. 1857, est annulé dans celle de ses dispositions, etc.

Du 23 juill. 1858.-Ord. cons. d'Et.-M. Humann, rap.

(2) (Caffin.) — Napoléon, etc., — Vu la loi des 7-14 oct. 1790 ; — Vu l'arrêt du conseil d'Etat du 24 juin 1777, la loi des 19-22 juill. 1791, la loi du 29 flor. an 10 ; — Considérant que, par l'arrêté ci-dessus visé du conseil de préfecture de Seine-et-Oise, du 30 août 1853, le sieur Caffin a été condamné à détruire des atterrissements, plantations et enrochements existant à l'entrée du bras de la Seine dit *Bras-Pavé*, au moyen desquels il avait réuni un îlot à une partie de l'île du Devant dont il est propriétaire; qu'à la date du 3 août 1857, il a demandé au préfet de Seine-et-Oise le plan des travaux qu'il devait exécuter pour se conformer à cet arrêté ; que, par sa lettre du 10 oct. 1857, le préfet a notifié au sieur Caffin le plan qu'il demandait et l'a mis en demeure d'exécuter les travaux prescrits par l'arrêté du conseil de préfecture ; que, par cette mise en demeure, le préfet s'est borné à prendre les mesures nécessaires pour l'exécution de l'arrêté du conseil de préfecture, et que cette décision ne fait pas obstacle à ce qu'en cas de contestation, le sieur Caffin fasse juger par le conseil de préfecture quelle est l'étendue de la condamnation prononcée contre lui ; — Art. 1. La requête du sieur Caffin est rejetée.

Du 22 avr. 1858.-Décr. cons. d'Et.-M. Aucoc, rap.

que momentanée. En effet, les droits de péage sur les rivières furent rétablis, sous le nom d'*octroi de navigation*, par la loi du 30 flor. an 10, et conservés depuis cette époque ; seulement, les lois ultérieures ont régularisé l'assiette ainsi que le mode de perception des droits, et ont successivement abaissé les tarifs. — De même, les *droits de bacs* ont été rétablis par la loi du 6 frim. an 7, et les *droits sur les ponts* par la loi du 14 flor. an 10, art. 11. — On va s'occuper de ces différentes espèces de péages dans les trois sections qui vont suivre.

SECT. 1. — *Des droits de navigation sur les cours d'eau naturels ou artificiels.*

402. Quelle est la nature du droit de navigation? Est-ce un impôt ou une simple taxe représentant le prix d'un service rendu? — La question a une certaine importance pratique ; en effet, si ce droit doit être considéré comme un impôt, le concours du pouvoir législatif sera nécessaire pour l'établir ; si, au contraire, ce n'est qu'une simple taxe, un règlement d'administration publique sera suffisant pour le déterminer. — La loi du 30 flor. an 10 semblait lui attribuer ce second caractère ; car l'art. 3 portait en termes exprès que les tarifs seraient déterminés par le gouvernement dans la forme des règlements d'administration publique. C'est en ce sens aussi que s'était prononcée, en 1834, la commission de la chambre des députés chargée de l'examen du projet de loi sur la navigation de la basse Seine. « Les péages sur les rivières, disait-elle, ne sont pas des impôts, mais des taxes destinées à l'entretien des travaux, taxes que doivent payer ceux qui en profitent, et en raison des avantages qu'ils en retirent. » — Cette opinion n'est pas admissible, surtout depuis que le système de spécialité établi par la loi de l'an 10 (V. n° 406) a cessé d'être en vigueur. Ces droits figurent dans la loi annuelle du budget au nombre des impôts indirects ; il est dès lors impossible de leur refuser ce caractère. Par conséquent, c'est au corps législatif seul qu'il appartient de les consentir ou de les modifier (Conf. M. Dubreuil, Lég. sur les eaux, n° 157). C'est de cette manière d'ailleurs que la loi du 9 juill. 1836 les envisage ; car si l'art. 24 de cette loi permet au gouvernement, dans l'intervalle des sessions, d'opérer des réductions aux tarifs, c'est à la condition de faire convertir celles-ci en lois dans le premier mois de la session suivante. — Il a été jugé en ce sens, avant et depuis la loi de 1836 : 1° qu'une ordonnance royale ne peut proroger la durée d'un péage, ni augmenter les prix portés aux tarifs, ni stipuler des droits qui n'y seraient pas indiqués (trib. corr. de la Seine, 1er fév. 1828, V. Gaz. des trib., n° 777) ; 2° Que les droits de péage établis par le gouvernement sur les canaux pour subvenir à leurs dépenses et entretien, doivent être considérés comme de véritables impôts (Crim. rej. 23 fév. 1855, aff. Hérail ; D. P. 54. 1. 86). — V. aussi les arrêts cités v° Impôts, n° 49-2° et 4°.

403. Cette doctrine, qui ne saurait être contestée, a été consacrée également par une circulaire du directeur des ponts et chaussées, en date du 1er avr. 1820. « Les droits de navigation, lit-on dans cette circulaire, constituent un impôt assis sur une branche particulière d'industrie, et fondé sur les avantages que retire cette industrie des dépenses qui ont été faites pour la rendre plus facile, par l'entretien des fleuves et des canaux. D'où il faut conclure que ce n'est pas la marchandise transportée qui doit contribuer, mais bien celui qui effectue le transport, et que la base du droit ne saurait être dès lors la valeur de l'objet transporté, mais le profit retiré du transport, comparativement à ce qu'il coûterait s'il était opéré par terre. Or ce bénéfice étant le même pour les objets de prix fort différent, il s'ensuit nécessairement que la taxe doit être égale. » — D'un autre côté, suivant la même circulaire, l'octroi de navigation ne peut être considéré comme un droit de consommation proprement dit : 1° parce qu'il n'atteint les objets de consommation que dans un seul cas donné, celui du transport par eau, tandis qu'il devrait peser sur tous indistinctement ; — 2° Parce qu'il porte indifféremment sur les marchandises qui vont à l'étranger comme sur celles qui restent à l'intérieur, tandis qu'il est de l'essence des taxes de consommation d'affranchir complètement les premières.

404. On s'est souvent élevé contre le maintien des droits de

navigation. Le droit de passe ou taxe d'entretien des routes, qui devait son origine à des besoins analogues, est supprimé depuis 1806 (V. Voirie par terre, n° 72) ; comment se fait-il que les cours d'eau soient restés soumis à ces entraves fiscales? Si l'on a pu se passer de l'un, pourquoi ne pourrait-on pas se passer de l'autre? — Depuis bien longtemps, la suppression des droits de navigation a été réclamée (V. MM. Chaptal, ch. des pairs, séance du 12 mars 1825 ; Daviel, t. 1, p. 193) ; les commissions des finances de 1838, 1839, 1840 renouvelaient chaque année, en présentant le budget, le vœu de cette suppression. Mais ce qui a empêché et empêchera peut-être de longtemps encore le gouvernement de l'accorder, c'est la crainte, malheureusement trop fondée, de détruire l'équilibre des budgets (V supra, n° 40). — Du reste, il faut le reconnaître, on avance peu à peu dans cette voie. Les droits perçus sur les fleuves, rivières et canaux ont été considérablement réduits (décr. 22 août 1860, D. P. 60. 4. 142). — D'un autre côté, le décret du 22 mars-1er avr. 1860 porte suppression des droits dits de navigation maritime perçus sur certaines rivières (V. n° 480). Enfin, pendant les années de disette ou de mauvaises récoltes, le gouvernement a exempté temporairement des droits de navigation le transport des denrées alimentaires (V. infra, n° 486). — Ces abaissements successifs dénotent une tendance à la suppression définitive des droits de navigation, au moins sur les cours d'eau naturels (V. le rapport de M. Stourm au sénat sur une pétition du sieur Thomé de Gamond, demandant l'unification des droits de navigation sur tous les cours d'eau naturels ou artificiels, et l'abaissement de ces droits à un millime par tonne kilométrique actuellement perçu sur les rivières pour les marchandises de deuxième classe, séance du 26 déc. 1863, Mon. du 27, p. 1567, col. 3, et M. Ed. Dalloz, de la Propriété des mines, t. 1, p. 385 ; V. aussi eod., p. CXXXIX et suiv.).

405. Nous distinguerons les droits établis et perçus sur les fleuves et rivières de ceux établis sur les canaux. Bien que la plupart des règles qui régissent les péages sur les cours d'eau naturels soient applicables aux cours d'eau artificiels, il en est quelques-unes qui sont spéciales à chacun de ces cours d'eau et que pour cette raison nous devons exposer séparément : d'ailleurs les tarifs ne sont pas les mêmes.

ART. 1. — *Des droits de navigation sur les fleuves et rivières.*

406. Dans le système de la loi du 30 flor. an 10, les produits de l'octroi de navigation étaient affectés au balisage, à l'entretien des chemins et ponts de halage, des pertuis, écluses, barrages et autres ouvrages d'art établis pour l'avantage de la navigation (art. 1). Ils devaient former des masses distinctes dont l'emploi était spécialement et limitativement affecté à chaque canal, fleuve ou rivière sur lequel la perception avait été faite (art. 2). La diversité des tarifs était une conséquence de l'affectation des produits. Aussi, chaque cours d'eau avait-il son tarif particulier (arrêté 8 prair. an 5, art. 5 ; 1er mess. an 11 ; 29 vend. et 1er flor. an 12 ; 28 mess. an 13 ; 8 vend. et 10 brum. an 14, etc.). Il fallait régler en effet, à raison des frais à faire sur chaque cours d'eau la quotité de droits qui devait y être appliquée. De là cette conséquence fâcheuse mais nécessaire, que là où se trouvaient les dangers et les obstacles, là aussi le droit était le plus onéreux (V. M. Grangez, Tr. des dr. de navigat., p. 1). — Cette spécialité ne tarda pas à disparaître (V. supra, n° 32) ; cependant, comme elle avait son utilité, une loi du 24 mars 1825 permit de la rétablir d'une manière exceptionnelle sur les cours d'eau où le gouvernement jugeait nécessaire d'entreprendre des travaux extraordinaires et d'établir des droits de péage pour subvenir aux frais de ces travaux. Pendant tout le temps que devaient durer les nouvelles perceptions, les droits de navigation créés par la loi du 30 flor. an 10 étaient suspendus. — Cette disposition a reçu son application sur quelques rivières : la Garonne, le Tarn, la Bayse, le Lot, la Sèvre-Niortaise, l'Allier et la Seine où les droits de navigation ont été convertis en péage avec affectation spéciale au payement de quelques travaux extraordinaires et pour un temps limité (V. par exemple, l'ord. du 9 sept. 1829 spéciale au bassin de la Garonne, supra, p. 729).

407. La diversité des tarifs qui était le résultat de la loi du 30 flor. an 10 avait les inconvénients les plus graves (V. *suprà*, n° 32), et cependant, malgré les réclamations incessantes du commerce, elle survécut encore longtemps au système sur lequel elle était fondée. Après diverses tentatives que nous avons signalées *loc. cit.* intervint enfin la loi du 9 juill. 1836 qui, abrogeant et remplaçant la loi précédente, soumit la navigation sur tous les fleuves et rivières de France à un régime fiscal uniforme basé sur les principes suivants : 1° faire payer l'impôt en raison de la distance parcourue ; — 2° Asseoir la taxe sur le poids des marchandises ; — 3° Faire servir le tonnage du bateau comme moyen de vérification du chargement ; — 4° Ne point imposer les bateaux vides ; — 5° Ne pas taxer uniformément toutes les marchandises. — La loi du 9 juill. 1836 a été suivie d'une ordonnance en date du 15 oct. de la même année rendue pour son exécution ; d'une ordonnance du 27 oct. 1837 portant modification du tarif annexé à la loi de 1836 ; d'une ordonnance du 30 nov. 1839 qui, sans modifier la quotité du droit, change la base de la taxe pour la mettre en concordance avec le système décimal ; du décret du 15 sept. 1858 qui abroge la disposition de l'art. 4 de la loi du 9 juill. 1836, et enfin du décret du 22 août 1860 qui apporte une réduction notable aux tarifs de 1836 et 1837. — Tels sont les textes que nous allons étudier dans les paragraphes qui vont suivre.

408. L'arrêté du 8 prair. an 11 qui contenait les règles relatives à l'exécution de la loi du 30 flor. an 10 divise la navigation intérieure de la France en bassins dont les limites sont déterminées par les montagnes ou coteaux qui versent les eaux dans le fleuve principal, et chaque bassin subdivisé en arrondissements de navigation. — Cette division a été conservée par la loi du 9 juill. 1836 (V. n° 411).

§ 1. — *Cours d'eau soumis aux droits de navigation établis par la loi du 9 juill. 1836. — Assiette du droit : distance, tonnage, classification des marchandises.*

409. L'art. 1 de la loi du 9 juill. 1836 porte : « A dater du 1er janv. 1837, le droit de navigation intérieure ou de péage spécialisé sur toute la partie navigable ou flottable des fleuves et rivières dénommés au tableau A annexé à la présente loi sera imposé par distance de 5 kilomètres, en raison de la charge réelle des bateaux en tonneaux de 1,000 kilogrammes, ou du volume des trains en décastères. — Ce droit sera perçu, pour chaque cours de navigation, conformément au tarif fixé par ledit tableau, sans préjudice, quant à la rivière d'Oise, des dispositions établies par l'ord. du 13 juill. 1825, rendue en exécution de la loi du 5 août 1821.—Les droits de navigation sur le canal du Centre seront réduits conformément au tableau B ci-annexé. — Une ordonnance royale déterminera l'époque où cette réduction aura son effet. »

410. Le droit de *péage spécialisé* dont parle cet article doit s'entendre des taxes établies temporairement en vertu de la loi du 24 mars 1825, sur certains cours d'eau, pour subvenir aux frais de travaux extraordinaires (V. n° 406). Ces taxes, tout en conservant leur affectation spéciale, se trouvaient ainsi soumises au régime uniforme de la loi de 1836.

411. Le tableau A auquel renvoie l'art. 1 de la loi de 1836 consacre la division par bassins établie par l'arrêté du 8 prair. an 11, mais il ne comprend pas les vingt et un bassins de navigation qui existent en France. Dans le projet présenté par le gouvernement, il était fait mention de douze bassins seulement. « Sept ne sont pas imposés, lit-on dans l'exposé des motifs, parce qu'ils sont à peine navigables, et les deux autres, ceux de la Somme et de l'Hérault, n'ont pas dû être compris au tarif. La canalisation de la Somme étant achevée, la perception sur la partie au-dessous d'Abbeville jusqu'à Saint-Valery sera incessamment établie de la même manière que dans la partie supérieure de ce canal concédé. Quant à l'Hérault, il est assujetti à un tarif semblable au canal du Midi, dont il peut être considéré comme une dépendance. » — La commission de la chambre des députés a pensé que deux autres bassins, ceux de l'Aa et de l'Escaut, ne devaient pas rester compris dans la loi, par la raison, d'une part, que l'Escaut était alors en partie concédé, et

d'autre part, que ces deux rivières et leurs affluents, ainsi que les nombreux canaux qui y aboutissent, forment un ensemble tellement lié, qu'on ne peut en quelque sorte en toucher une partie sans apporter dans tout le reste des perturbations dont il est difficile de prévoir exactement tous les effets. Ces considérations ont paru décisives à la chambre des députés, et en conséquence elle n'a compris dans la loi que dix bassins, savoir : ceux de la Seine, de la Meuse, de la Moselle, du Rhône, de l'Adour, de la Gironde, de la Charente, de la Loire, de la Vilaine et de l'Orne (V. M. Duvergier, Recueil de lois, année 1836, p. 265 et 266). — Le décret du 22 août 1860 a également soumis les rivières et canaux non concédés des bassins de l'Escaut au tarif différent de celui qui régit les rivières désignées au tableau A de la loi de 1836.

412. Dans le tableau A ne figure pas le Rhin, dont la navigation, libre pour tous les riverains depuis Bâle jusqu'à son embouchure, est régie par la convention internationale du 31 mars 1831 (V. *infrà*, n° 485). — Avant l'annexion de la Savoie, on ne devait pas y comprendre non plus la partie du Rhône qui servait de limite entre la France et la Sardaigne, c'est-à-dire de Cardon à Charnaz. D'après les conventions résultant du traité de 1760, cette partie devait être entièrement libre aux sujets des deux États, sans qu'il pût être exigé de part et d'autre aucun droit ou impôt pour la navigation ou pour le passage de ce fleuve, de même que des autres rivières qui se trouvaient mi-parties. On ne devait percevoir le droit de navigation que de Lyon à Cardon, où finissait le territoire exclusivement français (V. MM. Saillet et Olibo, p. 800). Cette franchise de droit n'existe plus aujourd'hui, toute cette partie du Rhône étant devenue française ; le trajet de Cardon à Chanaz, 40 kilomètres, est soumis au droit de navigation comme les autres parties du fleuve.

413. Le § 2 de l'article dont nous nous occupons exceptait encore de l'application du tarif la rivière de l'Oise ; cette exception résultait de ce que la perception du droit fixé par l'ordon. du 13 juill. 1825, et qui avait lieu par kilolitre, par quintal métrique ou par mètre cube, ne pouvait être modifiée, conformément aux conventions approuvées par la loi du 5 août 1821, que du consentement de la compagnie qui avait fourni les fonds pour l'achèvement des travaux de canalisation.— Mais les droits de cette compagnie ayant été rachetés en vertu de la loi du 1er août 1860 (V. n° 38), le tarif et le mode de perception sur la rivière de l'Oise ont été réglés comme sur les autres fleuves et rivières par le décret du 22 août de la même année.

414. L'art. 1, § 3, de la loi de 1836 ne fait mention, parmi les canaux, que du canal du Centre ; c'est que ce canal en effet était, à cette époque, le seul sur lequel la fixation des tarifs était à la libre disposition du gouvernement ; les autres étaient ou concédés soit temporairement, soit à perpétuité, et c'était alors aux compagnies concessionnaires qu'appartenait le droit de modifier les droits existants, ou avaient été exécutés en vertu des lois de 1821 et 1822, et bien que ces canaux fussent la propriété de l'État, les tarifs, suivant les conventions approuvées par ces lois, ne pouvaient être modifiés que d'un commun accord entre l'État et les compagnies soumissionnaires des emprunts au moyen desquels ils avaient été exécutés (V. *suprà*, n° 38).— Le canal du Centre ne rentrant ni dans l'une ni dans l'autre de ces catégories, la loi de 1836 fixe le tarif des droits qui devront y être dorénavant perçus. Toutefois, l'application de ce tarif fut suspendue ; la loi laissait au gouvernement le soin de déterminer l'époque où la réduction aurait lieu. Cette réduction, en effet, était sans résultat utile si les droits perçus sur les canaux concédés de Briare, d'Orléans et du Loing ne subissaient pas une réduction semblable. Mais l'entente ne put parvenir à s'établir avec les compagnies concessionnaires, et le tarif de la loi de 1836 ne fut jamais appliqué. Cependant dit M. Grandvaux, p. 311, note, c'eût été un moyen déterminant pour amener les compagnies à abaisser les tarifs élevés perçus sur ces canaux. Les anciens droits sur le canal du Centre, établis par la loi du 28 fruct. an 5, et modifiés par l'arrêté du 16 mess. an 8 et par les décrets des 25 janv. 1806, 29 mai 1808 et 5 août 1813, sont restés en vigueur jusqu'au 1er fév. 1849, époque à laquelle un nouveau tarif a été substitué à l'ancien en exécution du décret

du 18 déc. 1848 (D. P. 49. 4. 37). Ce tarif, modifié par le décret du 15 sept. 1858, a été définitivement remplacé par celui du 22 août 1860, § 5, qui a abaissé les droits au-dessous de ceux fixés par le tableau B de la loi du 9 juill. 1836, après rachat des canaux de Briare, d'Orléans et du Loing.

415. Depuis la loi de 1836, certains canaux ayant été ouverts aux frais de l'État parallèlement aux cours d'eau naturels, et livrés partiellement à la navigation au fur et à mesure de l'achèvement des travaux, il fut reconnu que cette navigation artificielle, qui se substituait ainsi à la navigation fluviale, ne pouvait qu'être assujettie aux droits dus pour les transports par rivière en vertu de la loi de 1836. En conséquence une ordonn. du 2 mars 1845 dispose qu'il sera provisoirement perçu sur les canaux construits aux frais de l'État, latéralement aux rivières navigables, les mêmes droits de navigation que ceux établis sur lesdites rivières (art. 1). Cette disposition fut déclarée immédiatement applicable au canal d'embranchement de Toulouse à Montauban, au canal latéral à la Marne, entre Vitry et Dizy, au canal de dérivation de la Dordogne, dit canal de Lalinde, et au canal latéral à l'Aisne (art. 2).

416. La loi de 1836 a eu surtout pour but d'introduire l'uniformité dans la quotité de la taxe, dans l'assiette du tarif et dans le mode de perception. La distance parcourue, la charge réelle des bateaux en tonneaux de 1,000 kilogr. ou le volume des trains en décastères et des bascules à poisson en mètres cubes, la nature des marchandises, telles sont les bases sur lesquels est assis aujourd'hui sur les fleuves et rivières de l'empire le droit de navigation intérieure. — V. suprà, n° 407.

417. L'art. 1 de la loi de 1836 avait fixé l'unité de distance à 5 kilomètres ; telle était aussi la distance d'après laquelle était faite la perception sur divers canaux dont les lois de 1821 et de 1822 avaient autorisé l'achèvement. Pour l'exécution de cette disposition, l'art. 9 de l'ordonnance du 15 oct. 1836 porte que toute fraction d'une demi-distance (2,500 mètres) ou au-dessus doit être comptée, pour la perception, comme une distance ; toute fraction inférieure doit être négligée. — Mais cette unité de mesure (5 kil. ou 1/2 myriam.) et cette fraction (1/4 de myriam.) n'étaient pas en rapport décimal avec l'une des unités de mesures légales désignées par la loi du 6 juill. 1837. Une ordon. du 30 nov. 1839 porte que la perception aura lieu, à partir du 1er janv. 1840, par distance de 1 myriamètre, d'après des taxes doubles, par conséquent, de celles portées aux tarifs actuels, et que le droit sera appliqué proportionnellement aux dixièmes de myriamètre, c'est-à-dire que toute fraction de 500 mètres et au-dessus sera comptée pour 1 kilomètre, et que toute fraction inférieure sera négligée.—Le décret du 22 août 1860, qui a fixé les nouveaux tarifs du droit de navigation sur les cours d'eau naturels et artificiels, a simplifié encore le mode de perception en prenant le kilomètre pour unité de distance.

418. Nous verrons plus loin, en parlant du jaugeage, comment on détermine le tonnage des bateaux, le volume des trains et des bascules à poisson (V. n°s 435 et suiv.). Disons seulement ici qu'à l'égard des fractions il est opéré comme pour les distances, c'est-à-dire qu'une fraction d'un demi-tonneau de 1,000 kilog., un demi-stère et un demi-mètre cube et au-dessus, doit être comptée comme une unité, et que toute fraction

inférieure doit être négligée lors de la perception de la taxe (ord. 15 oct. 1836, art. 9).

419. La loi de 1836 a tenu compte, dans la fixation des tarifs, de la nature des marchandises ; elle les a divisées en deux classes : la première classe est imposée au tarif le plus élevé, et la deuxième classe au tarif inférieur (tabl. A annexé à cette loi). L'art. 3 donne une énumération des marchandises de la seconde classe, et ajoute que toutes les marchandises qui n'y sont pas désignées sont imposées à la première classe du tarif (V. suprà, p. 730). — Le nombre des marchandises imposées à la deuxième classe du tarif a été récemment augmenté par le décret du 22 août 1860, art. 1. C'est l'énumération de ce décret que nous reproduisons ci-dessous (1).

420. Les métaux non ouvrés, par lesquels commence l'énumération du décret de 1860, n'étaient pas compris dans la nomenclature de la loi de 1836. La distinction entre les métaux ouvrés et ceux non ouvrés a donné naissance à quelques réclamations auxquelles le ministre des finances, d'accord avec le ministre de l'agriculture et du commerce, a fait droit par une circulaire du 11 fév. 1861 (2).

421. Le décret de 1860 range encore dans la deuxième classe un certain nombre de marchandises qui, ne se trouvant pas énoncées par l'art. 3 de la loi du 9 juill. 1836, étaient par conséquent soumises au tarif de la première classe. Tels sont les mélasses, drogueries, potasses, soudes, produits chimiques, faïences, verres à vitre, etc., etc.

422. A l'égard des bois, le décret de 1860 modifie la loi de 1836, en ce qu'il comprend dans la deuxième classe les bois exotiques d'ébénisterie et de teinture qui en étaient excepté par cette loi. — Les instructions de l'administration rendues pour l'application de la loi de 1836 rangent dans la deuxième classe les lattes, les cercles, les merrains, bois de charronnage, planches et autres produits du bois qui, sans être bruts, ne sont encore à proprement parler qu'à l'état de matière première, destinée à être ultérieurement mise en œuvre (circ. 27 juin 1838. V. aussi, dans le même sens, la réponse du ministre des finances à M. de Cordoue, rapporteur à la chambre des pairs ; Duvergier, 1836, p. 267, note 1). — Cette décision doit toujours être suivie. — D'après les mêmes instructions, les ouvrages achevés composés de bois ou dérivés du bois, tels que les meubles, les caisses, les futailles vides, doivent être compris dans la première classe du tarif ; mais les douves provenant des futailles démontées sont de la deuxième classe (même circul.). Le décret de 1860 range, au contraire, les futailles vides dans cette dernière classe

423. Le bitume minéral provenant de la distillation de la houille a été assimilé à la houille pour la perception du droit sur le canal du Centre (décis. du 31 juill. 1845). Cette décision s'étend naturellement à la perception du droit de navigation sur les fleuves et rivières. Telle est l'induction que MM. Sallet et Olibo, p. 792, tirent de la correspondance administrative.

424. La circulaire du 27 juin 1838 avait décidé que, dans l'expression minerais, il fallait comprendre le manganèse lorsqu'il n'est employé qu'à l'état d'oxyde et qu'il n'est pas ramené à l'état de métal ; mais qu'il y aurait lieu de le ranger dans la première classe s'il avait été séparé des matières hétérogènes avec

---

(1) « Marchandises de deuxième classe. — Métaux non ouvrés ; bois de toute espèce, y compris les bois exotiques d'ébénisterie et de teinture, substances tinctoriales ; charbons de bois, écorce, tan ; mélasses ; droguerie, potasse, soude, produits chimiques ; faïence, verres à vitres, verrerie, bouteilles ; poterie commune, formes à sucre ; soufres raffinés et bruts ; houille, coke ; minerais, terre à porcelaine ; asphaltes en blocs et en mastic ; fagots, charbonnettes, tourbe ; marbres et granits bruts ou simplement dégrossis, laves, grès, tuf, pierres de toute espèce, meulons, carreaux, briques, tuiles, ardoises, chaux, plâtre, ciment et autres matériaux de construction ; marne, argile, sable, cailloux, graviers ; fourrages, tourteaux de graines oléagineuses, pulpes de betteraves ; cendres, fumier, engrais de toute sorte, noir animal, guano ; tuyaux de drainage ; futailles vides, chiffons et drilles ; verres cassés, scories ; pavés, craies, terres et ocres, blanc d'Espagne et autres. »
(2) Métaux considérés comme étant non ouvrés. — Les fers en barres carrées, plates, rondes ou polygonales ; les rails de toutes formes et de toutes dimensions ; les fers d'angles et à T, et en général les fers laminés à sections irrégulières, de même que les fers en barres coupés

à la scie, à la cisailles et à la tranche ; les fontes brutes coulées en lingots ou en gueuses de forme quelconque ; les fontes mazées, les massiaux, les limailles ou pailles, les débris de vieux ouvrages en fer ou en fonte ; le plomb, le cuivre, le zinc, l'étain. etc., lorsqu'ils sont à l'état de brut, c'est-à-dire en saumons ou en lingots.
Métaux considérés comme étant ouvrés. — Les fers pour bandages de roues de wagon, de locomotive ou de voiture, sans soudure, soudés ou seulement cintrés ; les fers ayant subi un travail de forge ou d'ajustage qui altère la forme obtenue au laminoir ; les fers qui auront été percés de trous ou qui auront été soumis à une main-d'œuvre quelconque autre que l'affranchissement de l'extrémité des barres, les fontes moulées, telles que coussinets, plaques de cheminées, barreaux de grille, etc., et en général tous les objets coulés, même en première fusion, dans des moules préparés au moyen de modèles, et en vue d'une application immédiate dans les constructions de bâtiments, de machines ou autres ; les tôles et les aciers de toute nature ; le plomb, le cuivre, le zinc, l'étain, etc., lorsque ces métaux auront subi un travail de laminage, de martelage, d'étirage et d'ajustage (circ. 11 fév. 1861).

lesquelles il est naturellement combiné et ramené à l'état de métal. Il ne peut plus y avoir de difficulté sur ce point ; que l'on considère le manganèse comme minerai ou comme métal (non ouvré, bien entendu) il fait dans tous les cas partie des marchandises de seconde classe, d'après l'énumération du décret de 1860.

425. Les asphaltes en bloc et en mastic énoncés par le décret du 22 août 1860 étaient omis dans la loi de 1836. A cet égard, une décision du ministre des finances porte : 1° les produits asphaltiques ou bitumineux seront divisés en trois classes sur tous les canaux où la perception est faite par l'Etat, savoir : la *pierre brute*, le *mastic* et l'*asphalte pur* ; — 2° Sur chaque canal, la *pierre d'asphalte* sera assimilée, pour la quotité du droit et le mode de perception, aux moellons, plâtres non cuits et pierres à chaux ; le *mastic* en bloc ou en plaques aux mines et minerais ; l'*asphalte pur* ou goudron minéral continuera d'être classé parmi les marchandises non encombrantes ; — 3° Enfin, sur les rivières, les deux derniers produits seront rangés au nombre des marchandises imposées à la première classe, et le droit le moins élevé sera appliqué à la pierre d'asphalte et aux produits de même nature qui n'auront subi aucune préparation (décis. min. 29 sept. 1838 ; circ. 18 oct. 1838). Cette troisième décision se trouve modifiée par le décret de 1860 qui comprend nommément dans la seconde classe les asphaltes en bloc et en mastic. Sur les rivières, comme sur les canaux, il n'y a donc que l'asphalte pur ou goudron minéral qui soit imposé au tarif de la première classe.

426. Aux termes de l'art. 4 de la loi du 9 juill. 1836, « les bateaux chargés de marchandises donnant lieu à la perception de deux droits différents seront soumis au droit le plus élevé, tant à la remonte qu'à la descente, à moins que les marchandises imposées comme étant de première classe ne forment pas le dixième de celles qui seront transportées ; auquel cas, chaque droit sera appliqué séparément aux deux parties du chargement.» — Cette disposition a été abrogée par un décret du 15 sept. 1858, qui décide que les bateaux chargés de marchandises de diverses classes sont imposés proportionnellement au poids, et suivant la nature de chaque partie du chargement (V. aussi décr. 22 août 1860, art. 5).

427. Tout bateau sur lequel il y a des voyageurs paye le droit imposé à la première classe du tarif, quelle que soit la nature du chargement. Il doit être ajouté au poids reconnu un dixième de tonneau (100 kilog.) pour chaque voyageur qui serait descendu du bateau avant la vérification (L. 9 juill. 1836, art. 5). — Le rapporteur de la commission à la chambre des pairs a demandé si un batelier qui recevrait par charité un individu sur son bateau serait soumis au droit le plus élevé. Le ministre des finances a répondu que la loi ne pouvait prévoir tous les cas ; que l'article s'applique aux bateaux dont la destination est de transporter des voyageurs et point du tout à des bateaux qui accidentellement pourraient transporter quelques voyageurs. « Dans l'application de cette loi, dit-il, on mettra toute l'indulgence et la douceur compatibles avec la sûreté de la perception » (V. M. Duvergier, Collect. année 1836, p. 267, note). — La disposition de cet art. 5 a été déclarée applicable aux bateaux transportant des voyageurs sur les canaux (décis. min. 12 oct. 1844 et circ. 23 oct. 1844).

428. Les trains chargés de marchandises quelconques seront imposés à un droit double de celui qui sera perçu pour les trains non chargés (loi de 1836, art. 7 ; décr. 22 août 1860, art. 4). — On doit considérer comme chargés : 1° les trains sur lesquels sont transportés des bois de construction, des planches ou solives, quand ces bois ne sont pas de *même nature* que le radeau et n'en font pas partie intégrante (circ. 27 juin 1838) ; — 2° Les trains composés de futailles pleines mises à flot, liées entre elles par des perches et des bois d'assemblage et soutenues à la surface de l'eau par des barriques vides placées de distance en distance (V. MM. Saillet et Olibo, p. 795).—Les trains qui ne

transporteront que les perches et rouettes de rechange ne seront point considérés comme chargés (ord. 15 oct. 1836, art. 7).

429. Il y a lieu de percevoir le double droit sur les trains chargés, quelque minime que soit, par rapport au volume des trains, la quantité ou le poids des marchandises transportées. Cette perception ne peut être onéreuse aux bateliers, puisqu'ils sont libres de donner à leurs trains telle dimension qu'ils jugent convenable, et de les réduire autant que bon leur semble (circ. 133 du 5 nov. 1836, et 194 du 18 oct. 1838).

§ 2. — *Tarifs.* — *Droits additionnels.*

430. Nous arrivons au chiffre du tarif indiqué dans le tableau A annexé à la loi de 1836, et qui a été successivement abaissé. D'après ce tableau, le droit est fixé suivant la nature des marchandises, et il est plus élevé à la remonte qu'à la descente. Ainsi, il est de 2 cent. pour la première classe et de 1 cent. pour la deuxième classe sur tous les bassins à la descente, par tonneau et par distance de 5 kilom. Mais à la remonte, il est augmenté sur les bassins autres que celui de la Seine, et s'élève à 25 millimes pour les marchandises de première classe et à 125 dix-millimes pour les marchandises de deuxième classe. — Le droit sur les trains est de 2 cent. par distance de 5 kilom. et par décastère sur les bassins de la Seine et de 5 cent. pour les autres bassins. Quant aux bascules à poisson, chaque mètre cube est assimilé pour la perception à un tonneau de marchandises de deuxième classe (L. 9 juill. 1836, art. 8).

431. Ces chiffres adoptés par la chambre des députés, bien qu'inférieurs à ceux proposés par le gouvernement, furent bientôt jugés trop élevés. S'il y avait en général réduction de l'impôt, il y avait eu en même temps surtaxe sur quelques rivières, notamment sur la haute Seine et l'Yonne (V. n° 34). D'un autre côté, on réclamait contre l'élévation de la taxe à la remonte qui, introduite par la double réduction admise dans la loi de 1834 spéciale à la basse Seine, avait été maintenue dans celle de 1836. La chambre s'était fondée sur ce principe, que les péages sur les rivières ne sont pas des impôts, mais des taxes destinées à l'entretien des travaux que doivent payer ceux qui en profitent et en raison des avantages qu'ils en retirent, et que le fret étant plus fort à la remonte, les droits devaient aussi être plus forts. — C'était tirer une conséquence erronée d'un principe déjà peu certain en lui-même. En effet, selon la remarque de M. Grangez (p. 9, note), les difficultés de la remonte et la faible importance des expéditions dans ce sens sur la plupart des rivières, réclamaient au contraire une modération de taxe en faveur de cette navigation qui, en raison du peu de bénéfice qu'elle présente, a besoin d'être protégée par les tarifs.

432. Ces réclamations furent écoutées, et dès l'année suivante le gouvernement, usant du pouvoir que lui donnait l'art. 24 de la loi de 1836, abaissa les tarifs et les prix d'une manière uniforme, sans distinction entre la remonte et la descente (ord. 27 oct. 1837). D'après le nouveau tableau A substitué par cette ordonnance à celui de la loi de 1836, les droits étaient de 1 millime·75 dix-millimes pour les marchandises de première classe, de 0,75 dix-millimes pour celle de deuxième classe, par tonneau et par distance de 5 kilom. et de 2 cent. pour les trains de bois par décastère et par distance de 5 kilom. ou bien, suivant l'ordonnance du 30 nov. 1839, qui a pris le myriamètre pour unité de distance, 3,50 dix-millimes pour la première classe, 1,50 dix-millimes pour la seconde et 4 cent. pour les trains. Ces taxes ont été réduites de nouveau par le décret du 22 août 1860, et c'est le tarif fixé par ce décret qui est actuellement en vigueur. Aux termes de l'art. 1, à partir du 1er sept. 1860, les droits de navigation établis sur les rivières et canaux désignés ci-après seront perçus conformément au tarif suivant (1). — L'art. 6 du décret du 22 août 1860 ajoute que « les marchandises pourront être transportées d'une classe su-

---

(1) § 1. — *Fleuves et rivières dénommés au tableau A annexé à la loi du* 9 *juill.* 1836. — Marchandises de première classe, par tonne et par kilomètre, deux millimes (soit 2 cent. par myriam.) ; marchandises de deuxième classe, par tonne et par kilomètre, un millime (soit 1 cent. par myriam.) ; trains et radeaux, par mètre cube d'assemblage et par

kilomètre sans déduction de vide, bois de toute espèce, deux dix-millimes (ou 2 millimes par myriam.) ; le droit sur les trains sera réduit de moitié pour toute la partie des rivières où la navigation ne peut avoir lieu avec des bateaux ; bascules à poisson, par mètre cube et par kilomètre, un millime.

périeure dans une classe moins élevée du tarif, par décision ministérielle, et que les taxes ainsi réduites ne pourront être relevées avant un intervalle de six mois » (V. n° 513).

432. Les droits que nous venons d'indiquer doivent être augmentés du *décime par franc*, dit *décime de guerre*, dont la loi de finances du 25 avr. 1817 (art. 125) les a rendus passibles, et du *second* décime de guerre établi par la loi des 14-15 juill. 1855, art. 5 (D. P. 55. 4. 75), successivement maintenu par toutes les lois annuelles de finances : telle est aussi la disposition de l'art. 2 du décret du 22 août 1860. Mais ce droit ne s'ajoute qu'aux perceptions opérées par l'État et non aux péages sur les canaux concédés.

434. Lorsque les bateaux font un service régulier pour le transport des personnes, ils sont assujettis, indépendamment des droits de navigation, au payement de l'impôt du dixième du prix des places, établi sur toutes les *voitures publiques* (réponse de M. le min. des fin. aux questions de M. Jars, séance de la ch. des députés du 28 mai 1836; circ. min. 23 oct. 1844). — V. Voitures publ.

§ 3. — *Jaugeage des bateaux et trains.*

435. Les bateaux, ainsi que nous l'avons vu *suprà*, n° 409, sont imposés d'après leur charge réelle en tonneaux de 1000 kilogr. Il existe un moyen de connaître le poids de tout le chargement d'un bateau et de déterminer ainsi la taxe à percevoir sans procéder au pesage direct de tous les objets transportés, ce qui entraînerait des longueurs et des inconvénients de toutes sortes. Ce moyen est fondé sur ce principe de physique que le poids d'un corps plongé dans l'eau est égal au poids du volume d'eau qu'il déplace. Pour connaître le poids d'un bateau et de sa charge, il suffit donc de rechercher le volume de l'eau déplacée; le nombre des tonneaux imposables se trouve ainsi déterminé par la différence entre le poids de l'eau que déplace le bateau chargé et celui que déplace le bateau vide, y compris les agrès (L. 9 juill. 1836, art. 2). — Le jaugeage est l'opération qui a pour objet de faire connaître le volume du bateau et son tirant d'eau à vide et à charge complète. Tout bateau, avant de naviguer, est soumis à cette opération. — « Aucun bateau, dit l'art. 10 de la loi de 1836, ne pourra naviguer sur les fleuves, rivières ou cours d'eau, qu'après avoir été préalablement jaugé à l'un des bureaux qui seront désignés, pour chaque cours de navigation, par une ordonnance royale. » Ces bureaux ont été ouverts à partir du 1er nov. 1836, en vertu de l'art. 1 de l'ord. du 15 oct. 1836, aux points désignés dans le tableau annexé à cette ordonnance. D'autres, en assez grand nombre, ont été ajoutés à ce tableau par des ordonnances et décrets postérieurs.

436. Tous les bateaux existant à l'époque de la promulgation de la loi de 1836 ont dû être présentés au jaugeage dans les six mois qui ont précédé sa mise à exécution (art. 10, § 2). —Toute personne mettant à flot un nouveau bateau est tenue de le présenter, avant son premier voyage ou après son premier déchargement, à l'un des bureaux de jaugeage (art. 11, § 1). —Toutefois les bateaux qui ne font qu'un voyage peuvent être jaugés à l'un des bureaux de navigation ou au lieu de déchargement : mais il n'est pas permis de les dépecer avant que les droits aient été acquittés (même art., § 2).

437. Les bateaux qui naviguent sur les canaux auxquels les tarifs de la loi de 1836 ne sont pas applicables, doivent-ils être jaugés comme les autres? Oui, sans doute, car ces bateaux peuvent aussi naviguer sur les rivières et canaux soumis à la perception; et en tous cas, le jaugeage peut servir de contrôle quant aux droits perçus sur les canaux, lors même que la loi de 1836 n'y serait pas suivie (M. Grangez, p. 43).

438. Si les navires qui vont de l'embouchure des fleuves à la mer et *vice versâ* font aussi le service de la navigation in-

térieure, ils sont alors soumis à toutes les prescriptions de la loi de 1836. En conséquence, ils peuvent avoir deux tonnages différents, l'un pour aller en mer, celui de la douane, l'autre pour naviguer à l'intérieur, celui des contributions indirectes. — V. sur ce point MM. Grangez, *eod.*; Saillet et Olibo, p. 811, note A et *infrà*, n°° 480 et suiv., l'art. 25 de la loi de 1836.

439. Quant au mode à suivre pour opérer le jaugeage, il est réglé par l'ord. du 15 oct. 1836, rendue pour l'exécution de la loi du 9 juillet. « Le jaugeage sera fait, dit l'art. 2 de cette ordonnance, par les employés des contributions indirectes, en présence du propriétaire ou du conducteur du bateau, conformément aux instructions données par le ministre des finances. » Des instructions ont été en effet adressées aux employés des contributions indirectes les 24 oct., 3 nov. 1836, 27 juin 1838. Elles expliquent avec détail les opérations de mesurage et de calcul à faire pour cuber les bateaux et les trains. On peut se les faire représenter au bureau de jaugeage (V. M. Grangez, Tr. de la perception des droits de navigation, p. 73, et MM. Saillet et Olibo, Code des contrib. indir., p. 784, 787 et suiv.). Nous n'indiquerons ici que les principales dispositions de l'ordonnance, soit de ces instructions.

440. Les bateaux doivent être présentés à vide aux bureaux de jaugeage (loi de 1836, art. 10). On considère comme vide, d'après l'art. 2 de l'ordonnance, celui qui ne contient que les agrès nécessaires à la navigation. Il ne doit se trouver à bord, au moment de la vérification, que le nombre des personnes, mariniers ou autres, appartenant à l'équipage. La circulaire du 30 nov. 1836, 2e partie, recommande aux employés de se tenir en garde contre les manœuvres auxquelles les bateliers pourraient recourir pour donner un tirant d'eau à vide apparent plus fort que celui qu'il a en réalité (V. MM. Grangez, p. 61; Saillet et Olibo, p. 784).

441. Sur quelques rivières, les transports de sels et autres marchandises sujettes à s'avarier par l'humidité sont opérés à l'aide de bateaux à doubles fonds qu'on retire à volonté de la cale. Ces doubles fonds, lorsqu'ils ne sont destinés qu'à cet usage, devant être considérés comme agrès, les procès-verbaux de jaugeage énoncent le tirant d'eau à vide *avec et sans* les doubles fonds (circ. 27 juin 1838). — Si, au retour, les doubles fonds appartenant à plusieurs bateaux sont transportés sur un seul, ils doivent être soumis à la taxe, comme marchandises. Il en est de même si les doubles fonds qui ne se composent souvent que de madriers ou solives sont vendus à destination, car alors ce sont de véritables marchandises dont le transport doit être imposé, bien qu'elles aient pu servir de doubles fonds pendant le trajet (même circ.).

442. Les bateaux à vapeur sont, comme les autres, soumis à l'opération du jaugeage. Dans ce cas, la machine, le combustible pour un voyage et les agrès sont compris dans le tirant d'eau à vide (loi de 1836, art. 17). A l'occasion de cet article, on a demandé à la chambre des députés que l'on comprît l'*équipage* dans l'évaluation matérielle du bateau, ainsi que cela existait dans l'ordonnance de 1822. Mais le ministre a répondu que dans l'ordonnance d'exécution on tiendrait compte pour le jaugeage des bâtiments à vapeur, de l'espace nécessaire aux employés qui tiennent la comptabilité du bureau et au mécanicien. « C'est, a-t-il dit, ce qui a été fait jusqu'à présent, c'est ce qu'on continuera de faire. Mais quant au reste de l'équipage, on ne peut pas évaluer l'emplacement qu'il occupe. De deux choses l'une, ou le bateau transporte des voyageurs, et alors il paye d'après les conditions spéciales de cette espèce de navigation, ou il transporte des marchandises, et il paye d'après le degré d'enfoncement, comme dans les autres bateaux. La chambre comprend qu'on se jetterait dans des difficultés inextricables si l'on voulait établir de pareilles distinctions dans la loi. »

443. Le nombre de stères imposables, pour les trains de

---

§ 2. — *Rivières et canaux non concédés des bassins de l'Escaut et de l'Aa.* Marchandises de première classe, par tonne et par kilomètre, cinq millièmes; marchandises de deuxième classe, par tonne et par kilomètre, deux millièmes; trains et radeaux par mètre cube d'assemblage et par kilomètre sans déduction de vide, bois de toute espèce, vingt-cinq dix-millièmes.

§ 5. — *Canal du Centre.* — V. *infrà*, n° 519.

§ 7. — *Rivière de l'Oise canalisée.* — Marchandises de toute espèce, par tonne et par kilomètre, vingt-cinq dix-millièmes; trains et radeaux par mètre cube d'assemblage et par kilomètre sans déduction de vide, bois de toute espèce, vingt-cinq dix-millièmes.

bois, est déterminé en cubant le volume de chaque train dans la
rivière (ord. 15 oct. 1836. art. 7). — Le cube des trains s'obtient en multipliant sa longueur par sa largeur et par sa profondeur, c'est-à-dire l'enfoncement (circ. 24 oct. 1836, § 15). Le
produit doit être exprimé en mètres cubes dont dix égalent un
décastère (circ. 5 nov. 1836; V. MM. Saillet et Olibo, p. 788).
— Ce n'est point la quantité de bois de flottage, de charpente
ou de charronnage qui compose un train que l'on doit chercher
à mesurer, mais bien, suivant l'art. 7 de l'ordonnance, le volume entier des trains, soit que la totalité plonge dans l'eau, soit
qu'une partie flotte à sa surface (circ. 27 juin 1838).

444. La loi de 1836, art. 2, § 3, dispose : « Les espaces laissés
vides, entre les coupons des trains et ceux dans lesquels seraient
placés des tonneaux pour maintenir les trains à flot, ne seront
point compris dans le cubage. » L'ord. du 15 oct., art. 7, répète la même disposition. Il ne faut pas considérer cette règle
comme un principe absolu applicable à tous les vides. — Il a été
décidé en effet : 1° qu'il ne doit être fait aucune déduction pour
les vides que les buches, les pièces de charpente ou les arbres
peuvent laisser entre eux dans chaque coupon (circ. 5 nov.
1836); — 2° Que le droit de navigation imposé sur le canal du
Rhône au Rhin, se calcule par le cubage du chargement, sans
distinction des jours ou vides laissés entre les assises des bois,
l'objet de l'impôt étant l'espace occupé dans le canal par la matière imposable, et non la matière elle-même; on se prévaudrait
en vain de la disposition de la loi du 9 juill. 1836, sur la navigation des rivières, déclarée applicable au canal du Rhin, d'a-
près laquelle il est fait déduction des espaces laissés libres entre
les coupons de chaque train, cette dérogation aux règles du cubage, à raison du volume, ne devant pas être étendue aux espaces laissés vides entre les assises superposées des trains transportés sur canaux (Req. 21 déc. 1842) (1).

445. Pour déterminer le volume extérieur des bascules à
poisson, on ne cube que l'espace occupé par le réservoir, en
multipliant sa longueur par sa largeur et par sa profondeur (instr.
24 oct. 1836, § 16). — Si, au lieu d'être quadrilatère, la forme
d'une bascule à poisson se trouvait cylindrique, on obtiendrait
le cubage en multipliant sa circonférence moyenne par le quart
du diamètre et ce produit par la profondeur. — Si des bascules
à poisson servaient en même temps au transport d'autres marchandises, elles seraient jaugées comme les bateaux (circ. 5 nov.
1836).

446. Toute fraction d'un demi-tonneau, d'un demi-stère et
d'un demi-mètre cube ne sera pas comptée; toute fraction supérieure comptera pour une unité entière (ord. de 1836, art. 9,
§ 2).

447. Le jaugeage terminé, les employés dressent, de cette
opération, un procès-verbal dont copie est remise au conducteur
du bateau, et qui énonce : 1° le nom ou la devise du bateau ;—
2° Les noms et domicile du propriétaire et du conducteur ;—
3°Les dimensions extérieures du bateau mesurées en centimètres ;
— 4° Le tirant d'eau à charge complète ; — 5° Le tirant d'eau
à vide, avec les agrès ;—6° Enfin le tonnage du bateau à charge
complète, et le tonnage par centimètres d'enfoncement (ord. de
1836, art. 2). —« Toutes les fois que le conducteur d'un bateau
en formera la demande, il sera procédé à un nouveau jaugeage ;
les résultats de cette opération seront également constatés par
un procès-verbal dont il lui sera délivré une ampliation en remplacement de la précédente. — Les employés pourront aussi
procéder d'office à la contre-vérification des jaugeages, et s'il
n'y a point de différence, ils se borneront à viser l'ancien procès-verbal. — Ces vérifications n'auront lieu qu'en cas de stationnement et qu'après le déchargement des bateaux » (ord.,
art. 3).

448. Aux termes de l'art. 2, § 2, de la loi du 9 juill. 1836,
le degré d'enfoncement est indiqué au moyen d'échelles métriques incrustées dans le bordage extérieur du bateau. — Et,
d'après l'ord. du 15 oct. 1836, art. 4, complétant cette disposition, les échelles sont graduées en centimètres. Le zéro répond
au tirant d'eau à vide, et une marque apposée dans la partie
supérieure indique la ligne de flottaison à charge complète, à la
limite déterminée par l'art. 10 de la loi du 9 juill. 1836 (V.
n° 452). — La progression croissante ou décroissante du tonnage
est réglée par tranches de 20 en 20 centimètres mise en place.
— Les millimètres ne sont pas comptés (même ordon., art. 2).
— Ces échelles doivent être en cuivre et incrustées de chaque
côté du bateau. Le ministre des finances en détermine la forme,
la dimension et le placement (même ordon., art. 4) ; — C'est ce
qui a été fait par les instructions des 24 oct. et 5 nov. 1836.
—V. MM. Grangez, p. 65, 75 ; Saillet et Olibo, p. 789.

449. Les propriétaires ou conducteurs de bateaux peuvent
fournir et placer les échelles en présence des employés et en se
conformant aux indications de l'administration des contributions
indirectes. A leur défaut, cette administration y pourvoit : dans

(2) *Espèce* : — (Bourgeois et comp. C. contrib. indir.) — L'ordonnance du 19 avr. 1836 établissait les droits de navigation pour les bois
de constructions transportés par trains ou radeaux sur le canal du Rhône
au Rhin, à 2 fr. 57 c. par train de 29 mèt. de longueur sur 5 de largeur,
et par distance de 5 kilom. Le droit de navigation sur la rivière est fixé
différemment par la loi du 9 juill. 1836, et se perçoit à raison de tant
par mètres cubes contenus dans le radeau, sous déduction toutefois des
intervalles qui séparent les coupons et de ceux dans lesquels seraient
placés des tonneaux pour maintenir les trains à flots. La perception établie par cette loi fut étendue au canal du Rhône, par ordonnance du
15 oct. 1836. Plus tard, sur les demandes faites au gouvernement dans
le but d'imposer d'une manière uniforme les bois transportés par bateaux
ou trains, une ordonnance du 2 juin 1839 fixa les droits sur le canal
du Rhône au Rhin à 2 cent. par mètre cube, par distance de 5 kilomèt.
La régie appliqua la perception en cubant les radeaux sans aucune
déduction des intervalles causés par les différentes assises des bois composant les trains. Les sieurs Bourgeois et comp. prétendirent que le cubage ne devait être fait que sous déduction des intervalles de ces assises.
Ils se fondaient sur ce que, d'après la loi du 9 juill. 1836, le métrage a
lieu sous déduction des intervalles qui séparent les coupons de chaque
train ; qu'à l'égard des trains flottant sur les canaux, le rapprochement
des rives, l'eu de largeur des écluses, ne permettant pas que les coupons soient mis en longueur ou en largeur, on est obligé de les superpo-
ser l'un à l'autre en séparant chaque assise par des pièces de bois mises
en travers ; qu'il en résulte que, pour appliquer la loi de 1836 aux trains
de cette nature, les intervalles à chaque assise doivent précisément ceux qui existent entre chaque assise. A l'appui de cette démonstration, les sieurs
Bourgeois faisaient remarquer que les vides produits par intervalle donnaient 193 mèt. cubes bruts pour 85 mèt. cube réels ; ils en concluaient
qu'il y aurait exagération à percevoir le droit sur 193 mèt. cubes, tandis
que 85 mèt. cubes seulement sont transportés. — Jugement du tribunal
de Belfort qui valide la perception faite par la régie.
Pourvoi des sieurs Bourgeois et comp. pour fausse application ou violation des art. 2, 19 et 22 de la loi du 9 juill. 1836, ainsi que des art. 7

et 16 de l'ordonnance du 15 oct. même année, et fausse interprétation
de l'art. 1 de la loi du 10 juin 1839, en ce que le jugement attaqué a
décidé que les droits de navigation seraient perçus sur le canal du Rhône
au Rhin, d'après le cubage brut des trains ou radeaux, sans déduction
des espacements dus trains pour le chargement. — Arrêt.
La cour ; — Attendu qu'aux termes de l'ordonnance du 2 juin 1839,
les bois de toute espèce, autres que les bois exotiques, d'ébénisterie ou
de teinture transportés en train ou en bateaux doivent être imposés sur
le canal du Rhône au Rhin à 2 cent. par mètre cube et par distance de
5 kilomèt. ; — Que, pour savoir comment doit être fait pour la perception du droit de navigation le cubage des bois transportés en trains, et
s'il y a lieu de faire déduction de tous les vides qui peuvent se trouver
dans les trains, il est nécessaire de recourir à la loi du 9 juill. 1836 déclarée applicable audit canal par l'art. 16 de l'ordonnance du 15 oct.
1836 ; — Attendu que, d'après la distinction établie par la loi précitée,
le droit de navigation était imposé sur les trains, à raison du volume
qu'ils présentent, à la différence des bateaux qui étaient frappés du
droit qu'en égard à leurs poids ; — Attendu que l'art. 7 de l'ordonnance
d'exécution du 15 oct. 1836 porte également que le nombre de stères
imposables pour les trains de bois sera déterminé, en cubant le volume
de chaque train dans la rivière, d'où il suit que l'objet de l'impôt est
l'espace même occupé par la chose imposable ; — Que, s'il est ajouté,
dans ledit article, comme dans l'art. 2 de la loi du 9 juillet, qu'il sera
fait déduction des espaces laissés vides entre les coupons et de ceux dans
lesquels seraient placés des tonneaux pour maintenir les trains à flots
cette dérogation aux règles du cubage à raison du volume doit être renfermée dans les limites tracées par les dispositions qui précèdent ; qu'en
décidant qu'elle ne doit pas s'étendre aux espaces vides qui peuvent se
trouver entre les pièces qui composent les trains ou entre les assises de
chaque coupon, le tribunal de Beaune a fait une saine interprétation desdites loi et ordonnance ; — Rejette, etc.
Du 21 déc. 1842.—C.G., ch. eq.-MM. Zangiacomi, pr.-Hardoin, rap.
Nota. — Même jour, autre arrêt conçu dans les mêmes termes (Mar-
saudet C. contr. ind.), mêmes pr. et rap.

ce cas, le prix des échelles lui est remboursé au moment du jaugeage, à raison de 50 c. par décimètre, y compris la mise en place (même ordon., art. 4).

450. Il est défendu aux bateliers d'enlever ou de déplacer les échelles (même ordon., art. 5). — Toutes les fois que, par un accident quelconque, les échelles auront été perdues ou qu'elles se trouveront détériorées, le batelier sera tenu de les faire immédiatement remplacer, conformément aux dispositions de l'art. 4 ci-dessus, qui détermine le mode d'après lequel les échelles seront placées (art. 6).

451. Il n'est pas apposé d'échelle sur tout bateau qui doit être dépecé après le premier voyage, et, dans ce cas, le jaugeage est fait au lieu même du déchargement (même ordon., art. 8).

452. L'art. 10 de la loi du 9 juill. 1836 détermine, pour la sûreté de la navigation, la dernière ligne de flottaison à charge complète. Cette ligne doit être fixée de manière que le bateau, dans son plus fort chargement, présente toujours un décimètre en dehors de l'eau. Toute charge qui produirait un renfoncement supérieur à la ligne de flottaison ainsi fixée est interdite. — C'était déjà la règle généralement suivie sur la plupart des fleuves et rivières, avant la loi. On a demandé, lors de la discussion, si cette limite, indiquée par la loi, d'un décimètre en minimum de flottaison en dehors de l'eau, doit être rigoureusement observée et si l'administration n'aurait pas le droit, dans certains cas et dans certaines localités, d'exiger, dans l'intérêt de la sûreté publique, une hauteur *plus considérable* de flottaison. Par exemple, le rapporteur de la loi disait : « Sur les lignes de navigation où l'on est obligé de profiter des *éclusées* et des crues subites dont les eaux sur les rivières, il y a deux cents et quelquefois trois cents bateaux chargés d'avance sur la grève qui partent ensemble. Il y aurait alors des inconvénients à laisser aux bateliers, qui sont souvent peu prudents, la faculté de charger partout à 1 décimètre, environ 3 pouces de flottaison. » — Le ministre des finances a répondu qu'il était facile de remédier à l'inconvénient d'une fixation *absolue* de la ligne de flottaison, en vertu de l'art. 19, et même en vertu de règlements de police locale qui donnent à l'autorité municipale le droit d'empêcher tout ce qui pourrait amener quelques accidents ou dommages. — M. Duvergier, année 1836, p. 268, note 1, met en doute la légalité des mesures indiquées par le ministre. « L'art. 19, dit-il, donne au gouvernement le droit de faire des règlements sur le mode de vérification de la charge réelle des bateaux et sur les obligations des bateliers à cet égard ; mais ce droit ne s'étend pas au pouvoir de changer la ligne de flottaison. » Cet auteur ajoute que les règlements de police municipale n'ont aucune puissance lorsqu'ils ordonnent, comme au cas particulier, quelque chose de contraire à la loi. — Cette opinion ne nous semble pas devoir être suivie. Dans toutes les lois il y a des dispositions qui ont un caractère purement *réglementaire* (et qui peuvent), selon les temps et les circonstances, être modifiées par le pouvoir exécutif (V. Défense, n°s 206 et s.; Lois, n°s 74 et s.). Sans doute la distinction est souvent fort délicate et très-difficile à établir; mais ici et en présence des accidents, des désastres qui pourraient résulter dans certains cas d'une ligne de flottaison si peu élevée que celle d'un décimètre, comment soutenir que l'administration doive être dépouillée du droit général de surveillance, de protection et de sûreté publique qui lui est accordé par les lois ? — MM. Saillet et Olibo, p. 798, s'expriment dans le même sens : « La faculté, disent-ils, accordée aux mariniers par le dernier paragraphe de l'art. 10, d'effectuer leur chargement jusqu'à un décimètre du plat-bord, ne peut prévaloir contre les dispositions prises par l'administration des chaussées pour la police de la navigation, et les chargements doivent être en rapport avec le maximum d'enfoncement fixé pour chaque canal ou pour quelques rivières, par des arrêtés préfectoraux et règlements particuliers. » — V. aussi Conf. M. Grangez, p. 44.

453. Cette interprétation soulève une difficulté d'une autre nature. Supposons qu'un règlement local (un arrêté du préfet) ait fixé sur un cours d'eau une ligne de flottaison plus élevée que celle de la loi. S'il y a infraction à cet arrêté, quelle peine devra être applicable ? Sera-ce celle établie par l'art. 20 de la loi de 1836 (V. n° 491), ou bien la peine édictée contre les infrac-

tions aux règlements de police ordinaires par l'art. 471, n° 15, c. pén. L'art. 20 déclare, à la vérité, que la peine qu'il prononce s'applique tant aux infractions à la loi qu'à celles des *ordonnances* qui en régleront l'application. D'où l'on pourrait conclure que cette peine serait applicable dans l'hypothèse. Mais il n'en peut être ainsi, le règlement local dont il s'agit ne pouvant être considéré comme une ordonnance rendue pour l'*exécution de la loi*, puisque l'art. 10, ainsi qu'on l'a dit, ne place pas la détermination de la ligne de flottaison au nombre des mesures abandonnées au pouvoir réglementaire. C'est donc l'art. 471, n° 15, c. pén., qui, selon nous, serait applicable à ce cas.

454. Le jaugeage, ainsi que nous venons de le voir, est l'opération préliminaire à la mise en navigation de tout bateau, train ou bascule à poisson, et qui doit servir de garantie pour la perception du droit de navigation.—Dans le cas où un bateau chargé navigue pour la première fois sans avoir été jaugé, la perception du droit est garantie par un acquit-à-caution, délivré conformément aux dispositions de l'art. 14 de la loi du 9 juill. 1836 (V. n° 465), et qui énonce, indépendamment du tonnage par évaluation, la distance entre le plat-bord et la ligne de flottaison du chargement. — Le batelier est tenu, aussitôt après le déchargement du bateau, de le faire jauger et d'acquitter le droit (ord., art. 8).

455. Quant aux bateaux préalablement jaugés, aux bascules à poisson ou aux trains dont le volume a été déterminé par le cubage, lors même qu'ils seraient exempts de droit en conformité de l'art. 9 de la loi, ils ne peuvent être mis en route avant que le conducteur ait fait sa déclaration et obtenu un laissez-passer. Les dimensions des trains sont indiquées dans la déclaration (ord., art. 10). — Ces acquits-à-caution et ces laissez-passer doivent être délivrés par les bureaux de navigation; ils peuvent l'être aussi par les recettes buralistes (V. Impôts indirects, n° 11), mais seulement dans les cas prévus par les art. 15 de la loi du 9 juillet et 12 de l'ordonnance du 15 oct. 1836. Aux termes du premier de ces articles : « Tout conducteur de bateaux, de trains ou de bascules à poisson devra, à défaut du bureau de navigation, se munir à la recette buraliste des contributions indirectes du lieu de départ ou de chargement, d'un laissez-passer qui indiquera, d'après sa déclaration, le poids et la nature du chargement, ainsi que le point de départ. Ce laissez-passer ne pourra être délivré, pour les bateaux chargés, qu'autant que le déclarant s'engagera, par écrit et sous caution, d'acquitter les droits au bureau de navigation le plus voisin du lieu de destination, ou, à défaut, devant lequel il aurait à passer pour s'y rendre. Tout chargement supplémentaire fait en cours de transport sera déclaré de la même manière. » — L'art. 12 de l'ordonnance dispose que « lorsque la navigation n'a lieu qu'à l'aide du flot naturel ou artificiel, qui ne permet pas la station devant le bureau de navigation, les acquits-à-caution devront être délivrés au lieu même du départ des trains et bateaux pour tout le trajet à parcourir, et lors même qu'il s'étendrait à deux rivières différentes. » Ils peuvent donc être délivrés, à défaut de bureau de navigation, par les recettes buralistes d'où ressortent les lieux de départ des bateaux et des trains (circ. 5 nov. 1836). Toutefois cette exception, ajoute la même circulaire, n'est autorisée que lorsque le flot ne permet pas la station devant le bureau de navigation, ou lorsqu'il y a nécessité de ne perdre aucun instant pour profiter de la crue et passer sur les bas-fonds.

§ 4. — *Perception du droit.* — *Abonnement.*

456. Il est établi le long des rivières navigables et flottables, de distance en distance, aux endroits déterminés par le ministre des finances, des bureaux de navigation où doit avoir lieu la perception des droits. Aux termes de l'art. 19, § 2, de la loi du 9 juill. 1836, et de l'art. 17 de l'ord. du 15 oct. 1836, sont placardés dans chaque bureau de navigation : 1° la loi du 9 juill. 1836 ; — 2° L'ordonnance du 15 oct. 1836 ; — 3° L'instruction ministérielle sur le jaugeage ; c'est celle du 24 oct. 1836 dont nous avons parlé *suprà*, n° 459 ; — 4° Le tableau indiquant le nombre des distances d'un bureau à l'autre et entre les principaux points intermédiaires, ainsi que les lignes de navigation auxquelles s'appliquera la réduction à moitié du droit

sur les trains (V. ce tableau dans M. Grangez, Tr. des droits de navigation, p. 215 et suiv.). Cette disposition a été empruntée à l'arrêté du 8 prair. an 11. — L'art. 27 de cet arrêté exigeait que, sur chaque port, en face du bureau de perception, il fût planté un poteau portant sur une plaque l'inscription du tarif : cette prescription n'est plus obligatoire. — Il a été jugé, sous l'empire de cet article, qu'il n'appartient qu'aux préfets, sauf recours au ministre et non au conseil de préfecture, de déterminer le placement des poteaux pour la perception des droits d'octroi de la navigation; qu'ainsi un conseil de préfecture ne peut pas, sur la demande des habitants d'une commune, ordonner le déplacement d'un poteau relatif au droit de navigation, bien qu'il se trouverait placé sur le territoire d'une commune voisine (cons. d'Et. 23 juill. 1823, M. Cormenin, rap., aff. contr. ind. C. hab. du Petit-Quevilly).

457. En principe, la perception du droit doit être faite à chaque bureau de navigation (L. 9 juill. 1836, art. 12); en conséquence, ainsi que le dit l'art. 11 de l'ordonnance du 15 oct. 1836, tout conducteur de bateaux chargés, de bascules à poisson ou de train, passant devant un bureau de navigation, doit s'y arrêter pour acquitter le droit. — Le droit se paye : 1° pour les distances déjà parcourues, si le droit n'a pas été acquitté à un bureau précédent; — 2° Pour les distances à parcourir jusqu'au prochain bureau, ou seulement jusqu'au lieu de destination, si le déchargement doit être effectué avant le prochain bureau; — 3° Enfin, pour les distances parcourues ou à parcourir entre deux bureaux (L. 9 juill. 1836, art. 12). — Dans le cas où des bateaux chargés et *non jaugés*, destinés à être dépecés après le premier voyage, naviguent sur plusieurs cours d'eau, la perception est faite par évaluation au passage devant chaque bureau (circ. 27 juin 1838).

458. L'obligation de s'arrêter ainsi à chaque bureau constitue pour la navigation une gêne qui peut entraîner des lenteurs préjudiciables au commerce. Le législateur a donc cherché à concilier les divers intérêts, tout en assurant l'exacte perception du droit et en épargnant aux bateliers ces temps d'arrêt qui interrompent trop souvent le voyage. Tel est l'objet du dernier paragraphe de l'art. 12 de la loi de 1836. — « Néanmoins, dit cet article, quelque éloigné que soit le point de destination, le batelier aura la faculté de payer, au départ ou à l'arrivée, pour toutes les distances à parcourir ou qui auront été parcourues sur la partie d'une rivière ou d'un canal imposée au même tarif, à la charge par lui de faire reconnaître, à chaque lieu de station, la conformité du tirant d'eau avec les laissez-passer dont il devra être muni. » — Il est recommandé à l'administration aux employés de laisser les conducteurs entièrement libres de choisir le mode de payement qui leur convient le mieux, soit au départ soit à l'arrivée (circ. 27 juin 1838).

459. A l'égard des trains, il existait des usages en vertu desquels les droits ne se percevaient qu'à l'arrivée au lieu de se percevoir au départ, et cela pour que les trains ne fussent pas arrêtés dans leur marche. C'est ce qui avait lieu particulièrement sur l'Yonne. Le législateur de 1836 n'a pas voulu contrarier les usages, ni forcer les conducteurs à s'arrêter sur des points où ils n'avaient pas l'habitude de le faire, ou à changer la forme et la dimension des trains. Telle est la disposition de l'art. 18 de la loi. Aux termes de cet article, la perception des droits de navigation sur les trains continuera à être faite, pour chaque rivière, suivant les usages établis.

460. Il semblerait résulter de cette disposition que là où l'usage de payer à l'arrivée n'existe pas, les conducteurs de trains ne pourraient pas jouir de la faculté accordée aux bateliers par l'art. 12 de la loi de 1836. La difficulté qui pourrait s'élever à cet égard est tranchée par l'art. 11 de l'ordonnance du 15 oct. qui accorde formellement aux conducteurs de trains la faculté de payer le droit au départ ou à l'arrivée, en se conformant aux dispositions des art. 13 et 14 de la loi.

461. Toutes les fois qu'un batelier aura payé au départ, jusqu'au lieu de destination, pour la totalité du chargement possible de son bateau en marchandises de première classe, il est tenu aux bureaux intermédiaires de navigation que d'y représenter, sur réquisition, son laissez-passer (L. 9 juill. 1836, art. 13).

462. Si, après le payement des droits, soit au départ pour tout le voyage, soit de bureau à bureau, un batelier, sans y être contraint par un événement de force majeure, dépose une partie de son chargement avant d'être arrivé à destination, il n'a droit à aucun remboursement pour les distances restant à parcourir et pour lesquelles le droit a été acquitté d'avance; si les quantités déposées étaient l'objet d'un nouveau transport, il ne pourrait prétendre aucune compensation des droits payés antérieurement (circ. 27 juin 1838).

463. S'il y a eu sinistre ou perte dûment constatée de tout ou partie du chargement, on doit, après que les formalités ordinaires ont été remplies, restituer les droits applicables au reste du trajet à parcourir. Lorsqu'ils ont été garantis par un acquit-à-caution (V. n° 465), la taxe ne doit être exigée sur le chargement entier que pour les distances parcourues jusqu'au lieu du sinistre; celle qui concerne la suite du voyage sera réglée seulement sur les marchandises sauvées (circ. 27 juin 1838).

464. La demande en restitution est faite sur papier timbré; elle est transmise à l'administration avec : 1° un état explicatif de proposition en double expédition; 2° les quittances en original du droit acquitté; 3° enfin les procès-verbaux, certificats ou autres pièces constatant d'une manière précise l'exactitude des faits énoncés et la justice des réclamations. Ces pièces doivent être préalablement communiquées au directeur de la localité où l'accident a eu lieu (V. MM. Sallet et Olibo, p. 802, observations sur l'art. 13 de la loi de 1836). — Il a été jugé que la décision du ministre des finances qui refuse de faire restituer à un particulier les droits perçus à raison de la circulation de ses bateaux sur un canal est un acte administratif qui ne peut être déféré au conseil d'Etat par la voie contentieuse : cet acte d'ailleurs ne fait point obstacle à ce que la partie intéressée se pourvoie devant qui de droit, si elle s'y croit fondée, pour faire statuer sur l'objet de la contestation qu'elle élève (cons. d'Et. 24 fév. 1842, M. Cornudet, rap., aff. Latu; Conf. cons. d'Et. 14 déc. 1836, aff. canal de Luçon).

465. Dans le cas où le conducteur ne veut payer le droit qu'à l'arrivée, il doit se munir, au premier bureau de navigation, d'un acquit-à-caution qui doit être représenté aux employés du lieu de destination, et déchargé par eux après justification de l'acquittement des droits. A défaut de cette justification (exprimée par la décharge de l'acquit-à-caution), le conducteur et sa caution sont tenus de payer les droits pour tout le trajet parcouru (c'est-à-dire celui indiqué sur l'acquit-à-caution), comme si le bateau avait été entièrement chargé de marchandises de première classe (L. 9 juill. 1836, art. 14). Lorsqu'il n'y a pas de bureau de navigation au lieu de destination, le droit est acquitté au dernier bureau placé sur la route, lequel est désigné par l'acquit-à-caution (ord. 15 oct. 1836 art. 11). — Tout conducteur muni d'un acquit-à-caution a la faculté, en passant devant un bureau de navigation, de changer la destination primitivement déclarée, à la charge par lui d'acquitter immédiatement le droit pour les distances déjà parcourues (même ord., art. 13). — Sur les acquits-à-caution, V. Impôts indirects, n°° 404 et suiv.

466. La faculté de ne payer qu'au départ ou à l'arrivée n'est accordée que lorsque le point de débarquement et le bureau de navigation où l'expédition doit être délivrée sont situés sur le même cours d'eau. Il ne doit donc pas être délivré de laissez-passer ou d'acquit-à-caution pour un trajet comprenant plusieurs cours d'eau; les expéditions doivent toujours être renouvelées au dernier bureau placé sur chaque rivière avant que le bateau ne la quitte pour continuer le voyage (circ. 27 juin 1838). — Il n'y a d'exception que dans le cas prévu par l'art. 12 de l'ordonnance, c'est-à-dire lorsque la navigation n'a lieu qu'à l'aide du flot naturel ou artificiel qui ne permet pas la station devant le bureau de navigation (V. n° 455). Dans ce cas, la perception a lieu pour l'ensemble des distances comme si le parcours avait lieu sur une seule rivière, et il ne doit être fait application des règles tracées pour les fractions de distance (V. n° 417) qu'à la somme des nombres composant la totalité du trajet. Lorsque cette fraction doit être comptée pour un entier, l'unité provenant du forcement est attribuée à la rivière sur laquelle est situé le bureau (circ. 27 juin 1838).

467. La faculté de ne payer qu'au départ ou à l'arrivée n'est avantageuse qu'aux bateaux qui ont de longs trajets à par-

courir. Quant à ceux qui ne font que de petits voyages d'un port à un autre, ils n'ont aucun intérêt à user de cette faculté. Mais ils trouvent dans la loi d'autres commodités pour le payement du droit, c'est l'abonnement. L'art. 6 de la loi porte : « La régie des contributions indirectes pourra consentir des abonnements payables par mois d'avance, ou par voyage : — 1° pour les bateaux qui servent habituellement au transport des voyageurs ou des marchandises d'un port à un autre ; — 2° Pour ceux de petite capacité, lorsqu'ils n'iront pas au delà de trois distances du port auquel ils appartiennent. » — *Trois distances*, c'est-à-dire 15 kilomètres, soit en amont, soit en aval du port auquel les bateaux appartiennent (circ. 5 nov. 1836).

468. La circulaire ministérielle du 27 juin 1838 a étendu la faculté d'abonnement à un troisième cas : c'est lorsque la navigation a lieu entre deux bureaux ou au-dessous du dernier bureau inférieur, ou quand elle se termine au-dessus du premier bureau placé dans la partie supérieure de la rivière ; les points de départ et d'arrivée sont alors souvent éloignés du bureau de perception, et les conducteurs éprouvent quelques difficultés à aller y acquitter les droits.

469. Les abonnements doivent représenter le droit de navigation basé sur les distances à parcourir et le terme moyen des voyageurs et des marchandises (circ. 5 nov. 1836). — Les bateaux transportant des voyageurs qui font le service des voitures publiques doivent en outre du prix d'abonnement le dixième du prix des places (circ. 5 nov. 1836, V. n° 434). — V. Voitures publiques.

470. Les instructions ministérielles rendues pour l'application de l'art. 6 de la loi de 1836 présentent des instructions utiles sur les conditions de l'abonnement autorisé par cet article, sur les bases qui doivent servir à la fixation du droit à payer, sur la forme de l'abonnement, sur les devoirs des directeurs chargés de les consentir, etc., etc. — V. circ. 5 nov., 24 déc. 1836, et MM. Saillet et Olibo, p. 793.

471. La loi et l'ordonnance contiennent quelques dispositions relatives à des mesures de précaution pour assurer l'exacte perception du droit. Ainsi les bateliers doivent fournir aux employés les moyens de se rendre à bord toutes les fois que, pour reconnaître les marchandises transportées ou pour vérifier l'échelle, ils seront obligés de s'en approcher (ord. 15 oct. 1836, art. 11). — Ils doivent, en outre, à toutes réquisitions, représenter les laissez-passer, acquits-à-caution, connaissements et lettres de voiture, aux employés des contributions indirectes, des douanes, des octrois, de la navigation, ainsi qu'aux éclusiers, maîtres de ponts et de pertuis. Ces pièces doivent toujours être en rapport avec le chargement. — Cette exhibition doit être faite au moment même de la réquisition des employés (L. 9 juill. 1836, art. 16). — Indépendamment des formalités prescrites par cet art. 16, les bateliers et conducteurs sont tenus de représenter, à toute réquisition des employés des contributions indirectes, des octrois et des douanes, les procès-verbaux de jaugeage relatifs aux bateaux et bascules (ord., art. 14).

472. Défenses sont faites à tout maître de ponts ou de pertuis de monter ou descendre aucun bateau avant de s'être fait représenter la quittance des droits de navigation ; et ce, à peine d'être contraint personnellement au remboursement de ces droits par les voies prescrites pour le payement des contributions (arr. 8 prair. an 11, art. 28).

473. Dans le cas où le droit de navigation ne dépasse pas la somme de 50 cent. en principal et décime, le timbre de la quittance reste annexé à la souche, et le coût n'en est point perçu (circ. du 20 juill. 1843).

§ 5. — *Exemptions ; — Navigation sur les canaux et à l'embouchure des fleuves ; — Navigation du Rhin.*

474. L'art. 9 de la loi des 9-16 juill. 1836 énumère six cas particuliers, dans lesquels les bateaux et navires ne sont pas assujettis aux droits de navigation. — Ces exemptions reproduites par l'art. 7 du décret du 22 août 1860, concernent : 1° les bateaux et bascules à poisson entièrement vides ; — 2° Les bâtiments et bateaux de la marine impériale affectés au service militaire de ce département ou du département de la guerre, sans intervention de fournisseurs ou d'entrepreneurs ; — 3° Les bateaux employés exclusivement au service ou aux travaux de la navigation par les agents des ponts et chaussées ; — 4° Les bateaux pêcheurs, lorsqu'ils porteront uniquement des objets relatifs à la pêche ; — 5° Les bacs, batelets et canots servant à traverser d'une rive à l'autre ; — 6° Les bateaux appartenant aux propriétaires ou fermiers, et chargés d'engrais, de denrées, de récoltes et de grains en gerbes pour le compte desdits propriétaires ou fermiers, lorsqu'ils auront obtenu l'autorisation de se servir de bateaux particuliers dans l'étendue de leur exploitation.

475. La première exemption, concernant les bateaux et les bascules entièrement vides, se justifie d'elle-même. Sur les rivières, en effet, le batelier, retournant à vide, descend avec le courant ou remonte sans causer d'embarras. — « On n'a pas cru, d'ailleurs, ajoute M. Grangez, p. 7, devoir demander un batelier un prélèvement sur ses bénéfices, puisque tout est pour lui obligation de dépenses et généralement pure perte. »

476. À l'égard des bâtiments et bateaux dont il est question dans le § 5, c'est-à-dire ceux qui sont employés pour le service de la navigation par les agents des ponts et chaussées, ils cessent de jouir de l'exemption lorsque le transport n'est pas fait directement par les agents du gouvernement (circ. 5 nov. 1836). — Mais on s'est demandé s'il faut, pour être affranchis du droit, que ces bateaux appartiennent à l'administration des ponts et chaussées elle-même. — Il a été jugé à cet égard que les bateaux employés au service des ponts et chaussées sont exempts de droits, alors même que ces bateaux appartiennent à un *tiers* (Bordeaux, 16 juin 1847) (1).

477. Le cinquième cas d'exemption de l'art. 9 s'applique « aux bacs, batelets et canot servant à *traverser* d'une rive à l'autre. » — Il a été jugé, par application de cette disposition, que l'allége qui transporte d'une rive à l'autre d'un fleuve des pierres provenant du *lest* d'un bâtiment est exempt des droits, en ce que ce ne sont les marchandises seules qui sont imposées et qu'on ne peut donner ce nom à de petites pierres que l'on dépose sur la berge (Bordeaux, 16 juin 1847) (2).

478. D'après l'art. 15 de l'ord. 15 oct. 1836, l'exemp-

---

(1) (Contr. ind. *C.* Bonnet.) — La cour ; — Attendu que le bateau dont il est question dans le procès-verbal des employés de l'administration des contributions indirectes, sous la date du 7 fév. 1846, déchargeait sur la berge de Bouillac, au moment où les employés l'abordèrent, des vases dont l'encombrement dégradait les quais de notre ville ; — Attendu que le bateau de Bonnet et consorts est exclusivement attaché au service de l'administration des ponts et chaussées ; — Attendu qu'il importe peu que ce bateau ne soit pas la propriété des ponts et chaussées, puisque le § 5 de l'art. 9 de la loi du 9 juill. 1836 se sert de ces expressions : « Les bateaux employés exclusivement aux travaux de la navigation *par les agents des ponts et chaussées* ; » — Que non moins vainement l'administration argumente du § 2 du même art. 9 qui n'excepte du droit les bateaux de la marine royale affectés au service militaire que tout autant qu'il n'y a pas intervention de fournisseurs et d'entrepreneurs ; — Attendu que les prévenus invoquent le § 5 de l'art. 9, le seul véritablement applicable, et que là ne se rencontre pas l'exception portée au § 2 ; que l'argumentation d'un cas à un autre n'étant pas admise, l'objection de l'administration manque de portée ; — Met l'appel au néant, etc.

Du 16 juin 1847.—C. de Bordeaux, ch. corr.-M. Dégranges, pr.

(2) (Contr. ind. *C.* Labarthe.) — La cour ; — Attendu, à l'égard de la contravention reprochée aux inculpés, pour avoir fait circuler un bateau sur la Garonne, sans payement préalable de la taxe annuelle et proportionnelle, que cette contravention n'a rien de réel ; — Attendu, en effet, qu'il est établi par le procès-verbal des employés de l'administration que les pierres transportées par la Béarnaise sur la berge de Bouillac provenaient d'un lest pris à bord d'un bâtiment américain en rade de Bordeaux ; qu'évidemment un pareil transport n'était pas imposé par la loi du 9 juill. 1836, et ne pouvait donner lieu à la perception d'aucun droit de navigation ; — Attendu que la loi exempte de droits les bateaux entièrement vides ; d'où la conséquence que ce ne sont pas les bateaux, mais seulement les marchandises qui sont imposées par le législateur a voulu imposer ; — Attendu qu'on ne peut raisonnablement donner le nom de marchandises à de petites pierres provenant d'un lest pris à bord d'un bâtiment mouillé en rivière et destinées à être transportées sur l'autre rive du fleuve ; — Attendu que l'administration interprèta longtemps de cette manière la loi de 1836, et qu'en reconnaissant sans difficulté qu'elle ne peut rien retrancher ni ajouter à la loi, il est cependant permis de se prévaloir contre

tion de droit, portée au nombre 6 de l'art. 9 de la loi du 9 juill. 1846, sera appliquée à tous les bateaux dont les propriétaires auront été autorisés à se servir, suivant la forme établie par l'art. 8 de la loi du 6 frim. an 7. — V. cette dernière loi v° Eau, p. 322; V. aussi *infrà*, n° 540 et suiv.

479. L'administration déclare, en outre, exempts de droits : 1° les batelets de pêche et d'agrément qu'un particulier emploie pour son service personnel et pour son plaisir dans un rayon très-circonscrit (circ. 27 juin 1838); — 2° Les bateaux dits *coursiers, passe-chevaux, pillavoines*, etc., lorsqu'ils ne servent à transporter, outre les chevaux et bœufs employés à la remonte, que l'avoine et le fourrage pour la consommation de ces animaux, et les cordages nécessaires pour tirer le bateau (même circ.).

480. Ne sont pas assujettis au droit de navigation établi par la loi de 1836 les navires, bâtiments et bateaux allant des ports situés à l'embouchure des fleuves à la mer, ou venant de la mer à destination des ports (L. 9 juill. 1836, art. 23, § 1); ni les bâtiments à quille pontés ou non pontés servant au cabotage et transport sur la Gironde, la Garonne et la Dordogne jusqu'au point où s'étend l'action de l'inscription maritime d'après l'ordonnance du 10 juill. 1835 (même art., § 2). — Les premiers de ces bâtiments restent soumis aux droits de navigation maritime perçus dans les ports. Ces droits sont : 1° Droits de tonnage; — 2° Droit spécial sur les navires américains; — 3° Droit d'expédition des navires; — 4° Congés et passe-ports à la sortie des navires; — 5° Droit d'acquit, permis et certificats; — 6° Droit de francisation (V. v° Douane, n° 634 et s.; Droit marit., n° 62 et s., 76 et s., et Organis. maritime). Ces droits ont été supprimés sur un certain nombre de rivières par le décret du 22 mars 1860 (D. P. 60. 4. 29). Comme cette suppression n'est pas générale, il n'est pas inutile d'indiquer ici dans quel sens l'art. 23 a été interprété par l'administration.

481. Et d'abord, le § 1 de cet article s'applique exclusivement aux bâtiments et bateaux qui, destinés au cabotage ou à la navigation au long cours, partent avec des expéditions de la douane d'un port de l'intérieur pour prendre la mer, ou qui reviennent de la mer à destination de l'un de ces ports. « La ligne de flottaison à charge complète ne pouvant, dans ce cas-là, être fixée à un décimètre du plat-bord, puisqu'un navire ainsi chargé ne pourrait tenir la mer, il y a eu nécessité de maintenir pour la navigation exclusivement maritime, l'ancien système établi sur la charge possible, d'après le jaugeage de la douane. — Mais lorsque ces mêmes bâtiments ou bateaux pratiquent la navigation fluviale, c'est-à-dire transportent d'un port à un autre sur le même fleuve ou canal, des marchandises chargées dans l'intérieur, il y a lieu de percevoir le droit d'après le mode consacré par la loi du 9 juill. 1836, et, par conséquent, de les soumettre au jaugeage ordinaire, jusqu'à un décimètre du plat-bord, sauf à n'établir la taxe que sur le chargement réel, qui sera connu par l'immersion des échelles. — Quant aux bâtiments qui n'ont point la mer pour destination et qui néanmoins naviguent jusqu'à l'embouchure des fleuves, ils doivent toujours être imposés en raison de la charge réelle et des distances parcourues ou à parcourir, quel que soit leur point de départ ou de destination » (Sens de la correspondance administrative, donné par MM. Saillet et Olibo, dans les codes des contributions indirectes, p. 811, note).

482. Il a été jugé, dans le sens de cette dernière proposition, que le décret du 22 mars 1860, en supprimant les droits de navigation maritime perçus sur les fleuves, n'a entendu parler que des droits auxquels étaient antérieurement soumis les bâtiments qui font le voyage des ports situés sur les fleuves à la mer, ou de la mer à ces fleuves; qu'ainsi ceux qui s'arrête à l'embouchure d'un fleuve et n'entre pas dans la mer ne peut invoquer le bénéfice de ce décret et doit continuer d'acquitter les droits de navigation fluviale (Aix, 6 déc. 1860, aff. contrib. ind. C. Serres, D. P. 61. 2. 108).

483. Quant aux bâtiments à quilles pontés ou non pontés dont il est question dans l'art. 23, ce même article, § 2, main-

tenait à leur égard les dispositions des art. 15 et 28 du décret du 4 mars 1808 concernant la perception d'une taxe proportionnelle et annuelle de 1 fr. par tonneau. — Il a été jugé sous l'empire de cet article que les bateaux à quille, pontés ou non pontés, chargés ou non de marchandises, qui naviguent sur la Gironde, venant de la mer ou y allant, sont sujets aux droits proportionnel et annuel imposés par le décret spécial du 4 mars 1808 et par l'art. 23 de la loi du 9 juill. 1836 (Crim. cass. 13 juill. 1848, aff. Bonnet, D. P. 48. 1. 169). — Mais cette taxe a été également supprimée par le décret du 22 mars 1860.

484. Les droits de navigation intérieure perçus par la régie des contributions indirectes à l'embouchure des fleuves sont soumis par l'art. 22 de la loi de 1836 à l'application des art. 10, 11, 12, 13, 15, 16 et 21 de cette même loi.— V. *infrà*, n° 508 et s.

485. Le Rhin, ainsi que nous l'avons dit, n° 452, ne tombe pas non plus sous l'application de la loi du 9 juill. 1836. La navigation de ce fleuve, libre pour tous les Etats riverains depuis Bâle jusqu'à son embouchure est régie par une législation exceptionnelle. Par des conventions diplomatiques en date des 3 vent. an 10; 27 therm. an 12; 9 vend. an 13, il fut arrêté que le Rhin deviendrait un fleuve commun entre la France et l'empire germanique; qu'un seul octroi de navigation y serait perçu; qu'une police uniforme y serait exercée par une juridiction mixte, appelée à connaître de toutes les questions relatives à la protection des rives du fleuve. Pour l'exécution de ces conventions, du côté de la France, il est successivement intervenu : 1° le décret du 27 oct. 1808, qui, par son tit. 2, institue une commission sous le nom de *magistrat du Rhin*, dont la compétence embrassait la rive du fleuve, depuis Huningue jusqu'à la frontière de Hollande; — 2° Les conventions diplomatiques des 24 mars 1815 et 31 mars 1831 qui posèrent en principe la *liberté* de la navigation du Rhin, et pour l'exécution desquelles a été rendue la loi des 21-26 avr. 1832 (V. Eau, p. 336). La convention de 1831 a été publiée par l'ord. du 26 juill. 1833 (V. *suprà*, p. 723); — 3° Les ord. des 15 oct. 1842, 4 oct. 1845, 16-27 juin 1846, la loi des 21-25 mai 1849, le décret du 9 oct. 1852 qui prescrivent la publication de vingt articles supplémentaires à la convention du 31 mars 1831 (V. ces articles indiqués en note de cette convention *suprà*, p. 723 et s.);— 4° Le décret des 18-22 avr. 1857 (D. P. 57. 4. 62) qui promulgue la convention diplomatique du 25 févr. de la même année, relative aux *digues* du Rhin; — 5° Le décret des 19-25 juin 1858 (D. P. 58. 4. 138) promulguant la convention diplomatique du 16 novembre précédent, pour l'établissement d'un *pont fixe* sur le Rhin et d'un *chemin de fer* de Strasbourg à Kehl; — 6° Le décret des 7-12 nov. 1860 (D. P. 60. 4. 156) portant promulgation d'un nouvel article *additionnel* à la convention du 31 mars 1831; — 7° le décret des 6-13 fév. 1861 (D. P. 61. 4. 36) qui prescrit la promulgation d'une déclaration relative à la *limite de souveraineté* sur les ponts du Rhin entre la France et le grand-duché de Bade; — 8° Le décret des 16-22 fév. 1861 (D. P. 61. 4. 53) portant promulgation de la convention relative à la construction d'un *pont fixe* près de *Mayence*. — On a parlé *suprà*, n° 452, de la navigation du Rhône qui, dans une partie de son cours, à été, jusqu'à la réunion de la Savoie à la France, affranchi des droits de navigation.

486. Les exemptions dont il vient d'être parlé sont des exemptions permanentes. Il existe aussi des exemptions *temporaires* établies en faveur de certaines marchandises par des ordonnances et décrets rendus à la suite de circonstances extraordinaires. Ainsi, à partir de 1847, par suite de la pénurie de la récolte, on a *suspendu*, à titre d'exemptions *temporaires*, la perception des droits de navigation en faveur des bateaux chargés de grains et farines, riz, pommes de terre, légumes secs (L. 28 janv. 1847, D. P. 47. 3. 41). Une circulaire ministérielle du 15 fév. 1847 avait étendu la même faveur au transport de l'*avoine* et du *son*. Et l'exemption s'appliquait non-seulement aux bateaux qui étaient chargés en *entier* de l'une ou de l'autre des denrées alimentaires ci-dessus, mais aussi aux chargements *partiels* (V. D. P. 47. 3.

---

elle de l'opinion qu'elle a longtemps exprimée et qui contrarie diamétralement le système qu'elle soutient aujourd'hui dans son intérêt ; — Attendu que l'allègé la Béarnaise, celle dont il s'agit au procès, servant à

transporter d'une rive à l'autre le lest d'un bâtiment étranger, doit être assimilée à un batelet ; — Par ces motifs, met l'appel au néant.
Du 16 juin 1847.-C. de Bordeaux, ch. corr.-M. Dégranges, pr.

47).—En 1853, par le décret du 5 sept. (D.P. 53. 4. 220); en 1855 et 1856, et années suivantes, la même mesure exceptionnelle et de faveur a été renouvelée dans l'intérêt du commerce et de la population laborieuse (V. D. P. 54. 4. 129; 55. 4. 74, 90; 56. 4. 144; 57. 4. 191).—En 1861 et par décret du 9 octobre de la même année, cette faveur a été maintenu jusqu'en sept. 1862, en raison du renchérissement de toutes les denrées alimentaires, renchérissement qui se maintint malgré les lois de la même période (18 juin 1861, D. P. 61. 4. 75) qui ont établi, pour le commerce des grains, le régime de la *liberté* en affranchissant les céréales *étrangères* des droits *d'importation* et en supprimant l'*échelle mobile*. — V. Douanes, nos 386 et s.; Grains, nos 29 et s.

487. Il s'est élevé, à l'occasion de cette mesure de faveur, la question de savoir à qui doit profiter le bénéfice de la suspension des droits de navigation, au *voiturier* ou au *destinataire* de la marchandise, alors que le prix du transport avait été convenu avant la publication de l'acte réglementaire autorisant la mesure?—Jugé que c'est le voiturier ou commissionnaire de transport qui doit en profiter, par ce que le but du gouvernement, en affranchissant de toutes les transports par eau des grains et céréales, ayant été de favoriser les chargements de blés étrangers et de provoquer une concurrence salutaire, afin que le blé ne manquât point, a voulu, par conséquent, encourager les transporteurs (Colmar, 27 fév. 1854, aff. N..., Rec. Lebir, 1854, p. 200; V. aussi M. Pouget, t. 1, p. 484, qui reproduit le texte de cet arrêt).

488. La perception du droit de navigation peut aussi être suspendue temporairement sur les cours d'eau où des travaux extraordinaires sont jugés nécessaires. Mais ce n'est pas là une véritable exemption, car dans cette circonstance ces droits sont remplacés par des droits de péage avec affectation spéciale pour subvenir aux frais de ces travaux (L. 24 mars 1825, article unique). — Il ne paraît pas que le gouvernement ait usé de cette faculté depuis la loi de 1836.

489. Les bateaux exemptés des droits ne peuvent, non plus que les autres, être mis en route avant que le conducteur ait fait sa déclaration et obtenu un laissez-passer (ord. 15 oct. 1836, art. 10, V. n° 455). Cette règle ne s'applique pas aux bateaux affranchis de la taxe par les §§ 5 et 6, art. 9 de la loi du 9 juill. 1836, puisqu'ils doivent être munis de l'autorisation prescrite par l'art. 8, § 2, de la loi du 6 frim. an 7 (circ. 22 janv. 1840.

490. Sur la représentation d'un certificat délivré par l'ingénieur des ponts et chaussées ou par le conducteur des travaux et visé par l'ingénieur, les laissez-passer délivrés en franchise du droit, pour les bateaux chargés ou non chargés, employés aux travaux d'entretien ou de réparation, sous la direction immédiate des agents des ponts et chaussées et sans intervention de fournisseurs ou d'entrepreneurs, sont exempts du droit de timbre, et le timbre demeure annexé à la souche du registre (décis. 6 fév. 1845, approuvée le 6 mars; circ. 24 mars 1845).

§ 6. — *Pénalité.* — *Compétence.* — *Procédure.*

491. L'arrêté du 8 prair. an 11 punissait le non-payement des droits de navigation d'une amende de 50 fr. En cas d'insulte ou de violences, l'amende était de 100 fr., indépendamment des dommages-intérêts et des peines plus graves, selon les circonstances (art. 23 et 24).—L'art. 25 chargeait les autorités civiles et militaires, sur la réquisition écrite des préposés au droit de navigation, de requérir et de prêter main-forte pour l'exécution des lois et règlements relatifs à leurs fonctions. — Les dispositions pénales ont été remplacées par l'art. 20 de la loi du 9 juill. 1836, qui porte : « Toute contravention aux dispositions de la présente loi et à celles des ordonnances qui en régleront l'application, sera punie d'une amende de 50 à 200 fr., sans préjudice des peines établies par les lois, en cas d'insultes, violences ou voies de fait.—Les propriétaires de bâtiments, bateaux et trains,

seront responsables des amendes résultant des contraventions commises par les bateliers et les conducteurs. »

492. Aux termes de l'art. 21 de la loi de 1836, le produit net des amendes est réparti comme en matière de voitures publiques (V. Voitures publiques).

493. Il est à remarquer que la loi de 1836 ne prévoit que les infractions relatives aux *droits de navigation*; les autres contraventions commises sur les cours d'eaux restent soumises aux lois spéciales de la matière, c'est-à-dire aux anciens édits et règlements antérieurs à 1790 maintenus en vigueur par la loi des 19-22 juill. 1791, art. 29, et dont nous avons présenté le commentaire ci-dessus nos 295 et s.—Jugé en conséquence de la règle ci-dessus, que la contravention qui résulte du refus d'acquitter le droit dû pour navigation sur un canal, ne rentre point dans la catégorie des infractions commises en matière de grande voirie, et, par suite, ne bénéficie pas des dispositions de la loi du 30 mars 1842, qui permettent aux juges de modifier la peine applicable à cette sorte d'infraction (Crim. rej. 25 fév. 1853, aff. Hérail, D. P. 54. 1. 86)

494. L'application de l'art. 20 de la loi de 1836 a donné lieu à quelques difficultés qui ont été résolues par une circulaire du ministre des finances, en date du 27 juin 1838, et par divers arrêts. Et d'abord l'amende est de 50 à 200 fr., quel que soit le nombre des bateaux en contravention. Tel est le sens de la correspondance administrative d'après MM. Saillet et Olibo, p. 810, note A.

495. Y a-t-il contravention, lorsque par suite de la baisse des eaux ou par tout autre motif de force majeure, le chargement d'un bateau est réparti, en cours de transport, sur des allèges? Il a été décidé qu'il n'y a pas contravention, pourvu que ces allèges ne soient pas séparées du bateau et qu'elles marchent de concert avec lui. La surveillance se bornera à constater l'identité des marchandises ainsi transbordées, avec celles qui sont énoncées aux expéditions et à vérifier s'il n'y a point d'excédant de poids (circ. 27 juin 1838).

496. Il a paru convenable de déterminer, en matière de navigation, la limite des différences en plus qui, par analogie avec la règle suivie pour les boissons, ne doit pas donner lieu à la rédaction d'un procès-verbal. L'expérience a prouvé que ces excédants, lorsqu'ils ne résultaient pas de manœuvres frauduleuses, ne pouvaient varier que de 2 à 3 p. 100 du tonnage effectif. L'administration a en conséquence décidé que l'on ferait simplement le rappel des droits sur les excédants de chargement qui ne s'élèveraient pas à plus de 3 p. 100, et qu'on ne rapporterait procès-verbal que pour ceux qui dépasseraient cette limite (même circulaire).

497. Lorsqu'une différence en plus entre le chargement d'un bateau et les indications de l'expédition dont il est accompagné est reconnue en cours de transport, et qu'elle provient d'une addition de charge non déclarée, ou qu'elle excède la tolérance dont il vient d'être parlé, il y a lieu, aux termes des art. 15 et 16 de la loi du 9 juill. 1836, à constater la contravention. Le droit sur la différence établie par le procès-verbal et pour les distances parcourues doit être perçu au moment de la transaction ou lors du recouvrement de l'amende prononcée par jugement si l'affaire a été portée devant les tribunaux (même circ.). — Provisoirement, le bateau peut continuer le voyage, accompagné de la copie du procès-verbal qui doit être remis au batelier, ainsi que cela se pratique pour les voitures publiques; mais au premier bureau, le conducteur est tenu de prendre une nouvelle expédition et d'acquitter les droits à partir du point où la contravention a été constatée (même circ.).

498. Le fait imputé à un batelier d'avoir payé des droits inférieurs à ceux réellement dus à raison du chargement de son bateau, ne peut entraîner l'application des peines portées par la loi, alors qu'il est reconnu que ce batelier avait fait une déclaration et acquitté le montant des droits réclamés par les employés de l'administration (Req. 2 déc. 1835) (1). — Cette décision, rendue par application de la loi du 29 flor. an 10 et de l'arrêté

---

(1) (Contr. ind. C. Audelin.) — LA COUR; — Considérant que les dispositions pénales des lois doivent être entendues dans un sens restrictif, et qu'on ne peut pas, sous prétexte d'analogie, les étendre d'un cas

à un autre; — Et attendu que le fait imputé à Audelin d'avoir payé des droits inférieurs à ceux réellement dus à raison du chargement de son bateau, n'est pas le résultat nécessaire d'une fausse déclaration ou du

du 8 prair. an 11, devrait être également suivie sous l'empire de la loi de 1836. Ce que ces lois déclaraient punissables, c'était le refus d'acquitter les droits, les fausses déclarations, etc.; or, dans l'espèce, il n'y avait eu ni refus ni fausse déclaration, mais erreur de la part des employés. Le contribuable n'était évidemment pas responsable de cette erreur.

499. Mais, d'un autre côté, le refus d'acquitter un droit de péage, fait *même sans fraude* et avec l'offre non acceptée de consigner un droit moindre qu'on estime à tort être celui exigible, constitue une contravention, et, par suite, tombe sous les coups de l'action publique... Ce refus ne donne lieu à une simple contestation civile que lorsqu'il est accompagné d'une consignation de la totalité du droit réclamé (Crim. rej. 25 fév. 1853, aff. Hérail, D. P. 54. 1. 86). La même solution a été consacrée en matière d'octroi (V. Crim. rej. 15 mai 1862, aff. ville de Morlaix, D. P. 64. 1. 55, et v° Octroi).

500. L'amende encourue pour refus d'acquitter les droits de navigation doit, comme ayant un caractère de fiscalité qui exclut l'application de la règle prohibitive du cumul des peines, être prononcée autant de fois qu'il y a d'infractions (Crim. rej. 25 fév. 1853, aff. Hérail, D. P. 54. 1. 86).

501. *Compétence.* L'art. 4 de la loi du 30 flor. an 10, qui a établi les droits de navigation, déclarait que les contestations qui pourraient s'élever pour la perception de ces droits seraient décidées administrativement par les conseils de préfecture. » L'arrêté du 8 prair. an 11, art. 15, indiquait également la compétence administrative.— Il avait été jugé, par application de cette disposition, que les contestations relatives au point de savoir si un citoyen doit ou non un droit de navigation pour un chargement qu'il débarque au-dessus d'un bureau sont de la compétence de l'autorité administrative, qu'en conséquence, le juge de paix est incompétent pour en connaître, et que cette incompétence peut être proposée pour la première fois devant la cour de cassation (Cass. 3 août 1835, M. Bonnet, rap., aff. Dussault).

502. D'un autre côté, il avait été décidé que les droits qu'un particulier a été autorisé à percevoir au pertuis d'une rivière canalisée, pour la remonte des bâtiments, exécutée à l'aide des machines qu'il a établies, ne doivent pas être assimilés à un droit de navigation; que, par suite, les contestations auxquelles leur perception peut donner lieu sont de la compétence des tribunaux ordinaires et non de celle des tribunaux administratifs. — « Considérant qu'il ne s'agissait pas, dans l'espèce, d'une contestation relative à la perception du droit de navigation intérieur créé par la loi du 30 flor. an 10, et que la demande formée par le sieur Royné consiste le sieur Miet ne présentait à juger qu'un débat d'intérêt privé dont la connaissance appartenait à l'autorité judiciaire; que, dès lors, le conseil de préfecture de Maine-et-Loire, en statuant sur la contestation, a excédé les limites de sa compétence » (cons. d'Et. 5 août 1841, MM. Gomel, rap., aff. Miet C. Royné).

503. La disposition de la loi du 30 flor. an 10 qui remettait au conseil de préfecture la connaissance des contestations sur la perception des droits de navigation était en opposition avec les principes. Il est de règle, en effet, que l'application des tarifs en matière d'impôts indirects appartient essentiellement à l'autorité judiciaire (V. Impôts ind. n° 459 et suiv.; Matière d'or et d'argent, n° 162 et suiv; Octroi).—Aussi la loi du 9 juill. 1836, art. 21, porte-t-elle : « Les contestations sur le fond du droit de navigation seront jugées, et les contraventions seront constatées et poursuivies dans les formes propres à l'administration des contributions indirectes... » Ces formes ont été exposées v° Impôts indir., n° 471 et s., 483 et s.

504. Dans aucun cas cependant, il n'est permis aux employés de saisir les bateaux ou marchandises pour garantie des amendes résultant d'infractions à cette nature d'impôts, bien que la saisie des boissons soit autorisée par la loi du 1er germ. an 13 en cas d'infraction du droit de circulation et d'entrée. Cette saisie n'est permise, en effet, que parce qu'il y a, dans ce cas, nécessité de

s'opposer au moyen de transport, raison qui n'existe pas en matière de navigation (M. Grangez, p. 53).

Art. 2. *Des droits de navigation sur les canaux.*

505. Les canaux de navigation ont été construits, soit aux frais des particuliers, soit aux frais de l'Etat : l'administration de ces divers canaux est soumise à des règles différentes. Les premiers sont administrés par les compagnies concessionnaires, sans l'intervention du gouvernement; les droits de péage établis par l'acte de concession sont perçus par ces compagnies elles-mêmes à leur profit, et c'est à elles seules qu'il appartient d'apporter des modifications aux tarifs, sauf cependant l'approbation de l'autorité supérieure.—Une difficulté s'était élevée à l'égard du canal du Midi. Le tarif établi par arrêt du conseil de 1684 a été augmenté par une loi du 21 vend. an 5, alors que l'Etat était en possession de ce canal par suite de confiscation révolutionnaire; l'administration prétendait que cette augmentation de droits constituait un impôt destiné non pas seulement à l'entretien du canal du Midi, mais encore à des travaux extraordinaires, et qu'en conséquence elle devait entrer dans les caisses publiques. — Cette prétention a été repoussée, et il a été décidé que les produits résultant de l'augmentation du tarif doivent profiter exclusivement au propriétaire du canal chargé de l'entretenir, et n'ont point le caractère d'un impôt applicable aux besoins généraux de l'Etat (Req. 22 avr. 1844, aff. préf. de la Haute-Garonne, V. n° 153).

506. Les canaux de la seconde classe, c'est-à-dire ceux exécutés aux frais de l'Etat, sont administrés par l'Etat au profit duquel a lieu la perception des droits de navigation. Mais sur la plupart de ces canaux, le gouvernement, à l'époque où a été rendue la loi du 9 juill. 1836, n'était pas maître des tarifs. A l'égard de ceux qui avaient été exécutés en vertu des lois de 1821 et 1822, et que l'on appelait canaux *soumissionnés*, il était lié par les conventions qu'il avait consenties avec les compagnies concessionnaires des emprunts affectés à l'achèvement de ces canaux, lesquelles, comme on l'a vu n° 31, donnaient aux compagnies le droit d'intervenir dans la fixation des tarifs. Nous avons signalé *suprà*, n° 33, les difficultés qui furent le résultat de cette clause, difficultés qui ne purent être tranchées que par le rachat des droits imprudemment concédés par le gouvernement de la restauration.

507. Les canaux appartenant à l'Etat qui, lors de la loi de 1836 ne figuraient pas parmi les canaux soumissionnés, et dont les tarifs par conséquent étaient à la disposition du gouvernement, étaient en très-petit nombre : c'étaient quelques canaux des bassins de l'Aa et de l'Escaut et le canal du Centre. Nous avons indiqué, *suprà*, n° 411, pour quelle raison le tarif de la loi de 1836 ne fut pas déclaré applicable à ces canaux.— D'autres ont été ouverts depuis la loi de 1836, latéralement à certains fleuves et rivières. Une ordonnance du 2 mars 1845 a décidé que les droits à percevoir sur ces canaux seront les mêmes que ceux établis sur le fleuve ou la rivière parallèle (V. n° 415).

508. Il y a cette différence essentielle entre les canaux concédés et les canaux appartenant à l'Etat, soumissionnés ou autres, que sur les premiers la perception des droits s'opère par les propres agents des compagnies concessionnaires, sur lesquels l'Etat n'a aucun droit d'action, tandis que sur les seconds, bien que, avant le rachat dont nous venons de parler, les canaux soumissionnés pussent donner lieu à un partage de produits, la perception était faite par les agents de l'Etat, c'est-à-dire par les employés de l'administration des contributions indirectes. De là, cette seconde différence que si les canaux concédés sont uniquement régis par les dispositions des règlements spéciaux, les canaux de l'Etat, quels qu'ils soient sont soumis, en tout ce qui ne touche pas la quotité du droit, à l'application des règles suivies par l'administration sur les autres cours d'eau : c'est ce que décide, en effet, l'art. 22 de la loi du 9 juill. 1836, qui déclare les

---

défaut de déclaration; — Attendu, d'ailleurs, qu'il est reconnu, par le jugement attaqué, qu'Audelin avait fait une déclaration, et par suite, acquitté les droits dont le montant avait été réclamé par les préposés de l'administration; que, dès lors, il ne se trouvait pas dans le cas prévu

par l'art. 25 de la loi du 8 prair. an 11, et que c'est avec raison que le juge de paix a refusé de lui appliquer la peine d'amende prononcée par cet article; — Rejette.

Du 2 déc. 1835.-C. C., ch. req.-MM. Borel, pr.-Brière, rap.

dispositions des art. 10, 11, 12, 13, 15, 16 et 21 de cette même loi, applicables au droit de navigation intérieure perçu par la régie des contributions indirectes sur les canaux *concédés*. C'est par erreur, sans doute, que la loi se sert de cette expression, *canaux concédés; c'est soumissionnés* qu'elle veut dire; car sur les canaux concédés, la perception des droits n'est pas faite par les agents des contributions indirectes. C'est en ce sens, du reste, que la disposition précitée est expliquée dans l'art. 16 de l'ordonnance du 15 oct. 1836, portant : « Sont soumis à l'application de la loi du 9 juill. 1836, conformément aux dispositions de l'art. 22 de ladite loi , les rivières des bassins de l'Escaut et de l'Aa, les canaux de Bourgogne, du Rhône au Rhin, de la Somme, de Manicamp, d'Arles à Bouc, la rivière canalisée et le canal latéral de l'Oise (canaux exécutés en vertu des lois de 1821 et 1822), *et tous les canaux sur lesquels la perception sera faite par les agents du gouvernement.* »

509. Les dispositions rendues applicables aux canaux et aux fleuves et rivières mentionnés dans cet article, et quel que soit d'ailleurs le tarif, sont celles relatives au jaugeage des bateaux, à la perception du droit, soit au départ, soit à l'arrivée, à l'obligation de prendre les laissez-passer dans les recettes buralistes riveraines, à celle de représenter à toute réquisition des employés les expéditions dont les conducteurs doivent être pourvus ; enfin aux contestations sur le fond du droit, à la constatation des contraventions, au mode de poursuite et à la répartition des amendes (circ. 5 nov. 1836). Il faut y ajouter les art. 2, 4, 5, 6 et 7 du décret du 22 août 1860, ainsi que cela résulte de l'intitulé de ce décret et de la généralité de ses termes. — Toutes ces dispositions ont été analysées dans les paragraphes qui précèdent. — Il a même été décidé que le cubage des bois transportés en trains sur le canal de Bourgogne doit être fait conformément aux dispositions de la loi du 9 juill. 1836 (Req. 21 déc. 1842, aff. Bourgeois, V. n° 444).

510. Si les bateliers, usant du droit que confère l'art. 12, veulent payer les droits à l'arrivée seulement, ils sont tenus de se munir d'un acquit-à-caution, conformément à l'art. 14 de la loi de 1836 (ord. 15 oct. 1836, art. 16).

511. Les canaux concédés sont encore en assez grand nombre, quoique quelques-uns aient été rachetés par l'État. Les uns

ont été concédés à perpétuité, les autres temporairement.— Les canaux de Briare, d'Orléans et du Loing, d'Aire à la Bassée, de Roanne à Digoin, concédés à perpétuité, ayant été rachetés, il ne reste plus dans la première classe que les canaux de Grave, du Midi, de Lunel, de la Corrèze et de la Vezère (V. p. 735 et s., et M. Grangez, Tr. des droits de nav., p. 306, qui donne la date de l'acte de concession et le nom des concessionnaires). Il est à remarquer que le canal du Midi a été affermé pour quarante ans à la compagnie du chemin de fer du Midi, qui a trouvé dans ce bail le moyen le plus sûr d'éteindre sa concurrence (décr. 21 juin 1858). —Parmi les canaux concédés temporairement, quelques-uns sont déjà rentrés dans les mains de l'État, soit parce que le terme de la concession est expiré, soit parce qu'ils ont été l'objet d'un rachat, comme, par exemple, l'écluse d'Iway sur l'Escant (L. 28 juill. 1860), le canal de la Sensée (L. 1er août 1860). — Voici la liste des concessions temporaires qui existent encore aujourd'hui, avec l'indication du terme de la concession : — 1° Canal de Luçon, 19 mai 1868; — 2° Canaux d'Hazebrouck, 1875; — 3° Canaux de Beaucaire et de Peccais, 23 sept. 1881; — 4° Canal de Coutances, 2 déc. 1887; — 5° Canal de Dunkerque à Furnes, 1er janv. 1899; — 6° Scarpe inférieure, 30 avr. 1903; — 7° Canaux de l'Ourcq, de Saint-Denis et de Saint-Martin, 1er janv. 1922; — 8° Canal de la Dive, 1er janv. 1925; — 9° Sambre canalisée, 6 déc. 1936; — 10° Canal de la Sambre à l'Oise, 29 oct. 1937; — 11° Canal de Vire-et-Taute, 1er juill. 1938; — 12° Canal de la Teste à Mimizan , de Roubaix, Droane, Dropt, Salaison, 1er juin. 1938; — 13° Canal latéral à la Basse-Loire et canal de Pont-de-Vaux, 17 juin 1949; — 14° Canal latéral à la Garonne, concédé à la compagnie du chemin de fer du Midi, 1957 (V. sur ce point M. Grangez, p. 304, qui fait connaître la longueur de la ligne concédée, la date de l'acte de concession, le nom des concessionnaires, etc., etc.).

512. A la suite des rachats dont nous venons de parler, rachats motivés par les nécessités impérieuses du commerce qui, dans l'état actuel des choses, ne pouvait plus supporter les droits élevés que les compagnies ne voulaient pas consentir à réduire, le gouvernement a fixé, par décret du 22 août 1860, les nouveaux droits à percevoir sur les canaux rachetés : nous donnons ci-dessous le tarif annexé à ce décret(1). Les nouveaux droits, bien

(1) Tarif des droits de navigation annexé au décret du 22 août 1860.

§ **2.**—*Canaux non concédés des bassins de l'Aa et de l'Escaut* (V. n° 432).

§ **3.** — *Canaux du Blavet, d'Ille-et-Rance, de Nantes à Brest et ses dérivations.*

Marchandises de première classe, par tonne et par kilomètre, deux millimes; marchandises de deuxième classe, par tonne et par kilomètre, un millime; traius et radeaux, par mètre cube d'assemblage et par kilomètre sans déduction de vide, bois de toute espèce, deux dix-millièmes; bascules à poisson, par mètre cube et par kilomètre, un millime; les marchandises non dénommées ci-après seront imposées à la première classe des cours d'eaux désignés aux §§ 1, 2 et 3.
Marchandises de deuxième classe. — V. n° 419.

§ **4.** — *Canal de Saint-Quentin.*

Marchandises de première classe, par tonne et par kilomètre, un centime; marchandises de deuxième classe, par tonne et par kilomètre, cinq millimes; marchandises de troisième classe, par tonne et par kilomètre, vingt-cinq dix-millièmes; trains et radeaux, par mètre cube d'assemblage et par kilomètre, sans déduction de vide, bois de toute espèce, vingt-cinq dix-millièmes; bascules à poisson, par mètre cube et par kilomètre, un centime. Les marchandises non dénommées ci-après seront imposées à la première classe du tarif du canal de Saint-Quentin.
Marchandises de deuxième classe. — Métaux non ouvrés; bois exotiques d'ébénisterie et de teinture; substances tinctoriales; charbon de bois, écorces; tan; mélasses; drogueries, potasse, soude, produits chimiques; faïence, verres à vitre, verrerie, bouteilles; soufre raffiné; houille et coke.
Marchandises de troisième classe. — Minerais, terre à porcelaine, asphaltes en blocs et en mastic, soufre brut; bois de toute espèce autres que les bois exotiques d'ébénisterie et de teinture; fagots, charbonnettes, tourbe; marbres et granits bruts ou simplement dégrossis, laves, grès, tuf, pierres de toute espèce, moellons, carreaux, briques, tuiles, ardoises, chaux, plâtre, ciment et autres matériaux de construction; marne, argile, sable, cailloux, graviers; fourrages, tourteaux de graines oléagineuses, pulpes de betteraves; cendre, fumier, engrais de toute sorte, noir animal, guano; tuyaux de drainage; futailles vides; chiffons et drilles

verres cassés, scories; pavés, craies, terres et ocres, blancs d'Espagne et autres.

§ **5.** — *Canaux du Rhône au Rhin, de Bourgogne, du Centre, du Berri, du Nivernais, latéral à la Loire et ses canaux de jonction, de Décize, de Fourchambault, de Saint-Thibault et de Nevers, d'Arles à Bouc, de la Somme, de Manicamp, des Ardennes, latéral à l'Oise, d'Orléans, du Loing, de Briare, de Roanne à Digoin, de la Sensée, et d'Aire à la Bassée.*

Marchandises de première classe, par tonne et par kilomètre, deux centimes (V. n° 513); marchandises de deuxième classe par tonne et par kilomètre, un centime; marchandises de troisième classe, par tonne et par kilomètre, cinq millimes; marchandises de quatrième classe , par tonne et par kilomètre, vingt-cinq dix-millièmes; trains et radeaux, par mètre cube d'assemblage et par kilomètre sans déduction de vide, bois de toute espèce, vingt-cinq dix-millièmes; bascules à poisson, par mètre cube et par kilomètre, un centime.

§ **6.** — *Canal des Étangs.*

Marchandises de première classe, par tonne et par kilomètre, deux centimes (V. n° 513); marchandises de deuxième classe, par tonne et par kilomètre, un centime; marchandises de troisième classe, par tonne et par kilomètre, cinq millimes; marchandises de quatrième classe, par tonne et par kilomètre, vingt-cinq dix-millièmes; les marchandises de première et de deuxième classe transportées par la voie d'eau à destination de Montpellier, et vice versâ, ne payeront, par tonne et par kilomètre, que cinq millimes; trains et radeaux, par mètre cube d'assemblage et par kilomètre sans déduction de vide, bois de toute espèce, vingt-cinq dix-millièmes; bascules à poisson, par mètre cube et par kilomètre, un centime. Les marchandises non dénommées ci-après seront imposées à la première classe du tarif des canaux désignés aux §§ 5 et 6. Sur les canaux de la Sensée et d'Aire à la Bassée, la houille et le coke seront rangés dans la troisième classe.
Marchandises de deuxième classe. — Vins, eaux-de-vie, esprits, liqueurs, vinaigre, cidre, bières et autres boissons; céréales, soit en grains, soit en farine, légumes secs, pommes de terre, riz, betteraves; menus grains et graines diverses; métaux ouvrés; sel, savons; laines et cotons bruts.
Marchandises de troisième classe. — Métaux non ouvrés; bois exoti-

que considérablement réduits, comparativement aux anciens, sont encore supérieurs à ceux qui sont établis par ce même décret sur les fleuves et rivières. Il est à regretter peut-être que les droits ne soient pas les mêmes sur tous les cours d'eau. Du moment que la législation a proscrit le principe de spécialité posé par la loi du 30 flor. an 10 (V. n°° 32 et 406), on ne peut plus raisonnablement justifier l'élévation du droit sur les canaux, par cette considération que les frais d'entretien sont plus considérables sur les cours d'eau naturels, que sur les cours d'eau artificiels. Quel est alors le motif de cette augmentation de droit? — On se demande aussi pourquoi les droits ne sont pas les mêmes sur tous les canaux (V. le rapport de M. Stourm, mentionné *suprà*, n° 404).

513. L'art. 6 du décret du 22 août 1860 permet du reste une nouvelle réduction de droits, en donnant au ministre des finances la faculté de transporter les marchandises d'une classe supérieure dans une classe moins élevée du tarif, sous la condition que les taxes ainsi réduites ne pourront être relevées avant un intervalle de six mois. — Par application de cette disposition, et dans le but d'alléger les charges qui pèsent sur la batellerie, M. le ministre des finances a, sur la proposition du directeur général des contributions indirectes et l'avis conforme de son collègue au département de l'agriculture, du commerce et des travaux publics, décidé, le 15 nov. 1862, qu'en ce qui concerne les canaux mentionnés aux §§ 5 et 6 du tarif annexé au décret précité, la première classe, fixée à 2 centimes, sera supprimée, et que les marchandises qui la composent seront transportées dans la classe immédiatement inférieure imposée à 1 c. Cette décision a dû être exécutée à partir du 15 déc. suivant (circ. du direct. gén. des contrib. ind., du 26 nov. 1862).

514. Il peut arriver que la réduction des droits sur un canal appartenant à l'Etat, porte préjudice à des compagnies concessionnaires, soit d'un autre canal, soit d'un chemin de fer. Cette réduction donne-t-elle aux compagnies le droit de réclamer des dommages-intérêts contre l'Etat ? — Il a été décidé dans le sens de la négative, que le décret qui règle le tarif des droits de navigation à percevoir sur un canal est un acte d'administration que la compagnie concessionnaire d'un chemin de fer ne peut attaquer devant le conseil d'Etat par la voie contentieuse, sous prétexte que la réduction de droits établie par ce tarif lui ferait subir une concurrence ruineuse, alors, d'ailleurs, que l'Etat n'a pris avec cette compagnie aucun engagement relativement à ce tarif, ... sauf à la compagnie à porter devant le conseil de préfecture, si elle s'y croit fondée, une demande en résiliation de la concession, avec dommages-intérêts (cons. d'Et. 17 févr. 1855, aff. comp. du ch. de fer de Montpellier à Cette, D. P. 53. 3. 36). — V. dans le même sens v° Eau, n° 493.

515. Lorsqu'un canal est nouvellement imposé, les bateaux employés par les adjudicataires des travaux exécutés par l'administration sont affranchis du droit jusqu'à l'expiration des marchés, à moins que dans l'adjudication, le payement des droits à établir n'ait été éventuellement prévu.—V. MM. Saillet et Olibo, p. 797.

516. Quant aux canaux concédés soit temporairement, soit à perpétuité, et qui n'ont pas été l'objet d'un rachat, ils restent soumis aux règles spéciales qui les régissent.— Nous nous bornerons sur ce point à rappeler quelques décisions de la jurisprudence rendues par application de ces règlements. — Ainsi, il a été décidé 1° qu'au cas où le cahier des charges de la concession d'un canal contient exemption de péage pour les bateaux qui se rendent à un port, le déplacement de ce port exécuté par le concessionnaire de manière à augmenter le parcours de ces bateaux sur le canal laisse subsister l'exemption (cons. d'Et. 2 juill. 1836) (1) ; — 2° Que la loi du 30 flor. an 10, qui impose en termes absolus une taxe de navigation aux bâtiments qui fréquentent les canaux administrés par l'Etat, ne permet pas au propriétaire d'un canal correspondant à l'une de ces lignes de réclamer en vertu d'actes anciens antérieurs à la loi une exemption de péage pour les navires qui passent de son canal dans celui de l'Etat ou réciproquement (cons. d'Et. 2 août 1838, M. Vivien, rap., aff. canal des étangs *C.* de Grave) ; — 3° Que le transport de voyageurs sur un canal de navigation n'est sujet à aucun droit, lorsque le tarif spécial à ce canal n'impose que le transport des marchandises (Rej. 3 avr. 1848, aff. Union de l'Indre, D. P. 48. 1. 95).

517. Il a été décidé par application de la loi du 21 vend. an 5, qui régit le canal du Midi, 1° que les sables extraits d'un canal maritime pour être transportés et déposés dans un étang, dans le but d'en atterrir les bords, et de préparer ainsi des terrains propres à bâtir, ont le caractère de matériaux dont le transport est soumis au droit de navigation établi sur le canal du Midi, par l'art. 5 de la loi du 21 vend. an 5 (Req. 22 juin 1853, aff. Thial, D. P. 53. 1. 302) ; — 2° Que l'art. 9 de cette loi du 21 vend. an 5 qui excepte de la perception du droit de navigation établi par l'art. 5, les barques servant aux riverains pour le transport de leurs denrées d'un bord à l'autre, est inapplicable aux transports de terre faits d'une rive à l'autre par des entrepreneurs de travaux publics (même arrêt).

518. A l'égard du canal de Cette, il a été jugé 1° que bien que ce canal n'ait qu'une longueur totale de 1,527 mètres, les distances parcourues sur ce canal donnent lieu au même droit de péage qu'un parcours de 5 kilomètres sur le canal du Midi, et cela par suite de l'application à la navigation sur le canal de Cette des tarifs auxquels est soumise la navigation sur le canal du Midi (Crim. rej. 25 fév. 1853, aff. Hérail, D. P. 54. 1. 86);— 2° Que la portion du canal de Cette qui longe les quais de la ville jusqu'au port, ne peut être considérée comme une dépendance de ce port ; par suite, c'est à tort que les gabares et allèges qui pénètrent du port dans le canal pour transporter sur les quais les marchandises des navires, se prétendraient affranchies de la taxe à laquelle est soumise la navigation sur le canal (même arrêt) ; — 3° Que ledit canal de Cette n'étant qu'une dépendance du canal des étangs (concédé le 22 janv.

---

ques d'ébénisterie et de teinture, substances tinctoriales; charbon de bois, écorces, tan ; mélasses; droguerie, potasse, soude, produits chimiques ; faïence, verres à vitres, verrerie, bouteilles; poterie commune, formes à sucre ; soufre raffiné.

Marchandises de quatrième classe. — Houille, coke ; minerais, terre à porcelaine, asphalte en blocs et en mastic, soufre brut; bois de toute espèce autres que les bois exotiques d'ébénisterie et de teinture ; fagots, charbonnettes, tourbe; marbres et granits bruts ou simplement dégrossis, laves, grès, tuf, pierres de toute espèce, moellons, carreaux, briques, tuiles, ardoises, chaux, plâtre, ciment et autres matériaux de construction ; marnes, argiles, sable, cailloux, graviers ; fourrages, tourteaux de graines oléagineuses, pulpes de betteraves ; cendres, fumiers, engrais de toute sorte, noir animal, guano ; tuyaux de drainage; futailles vides, chiffons et drilles, verres cassés, scories; pavés, craie, terre et ocres, blancs d'Espagne et autres.

§ 7. — *Rivière de l'Oise canalisée* (V. n° 452).

(1) (Concess. du canal d'Aire *C.* la ville de Béthune.) — Louis-Philippe, etc., — Vu les lois des 14 août 1822 et 29 juill. 1829, et le cahier des charges annexé à la première de ces lois ; — Sur la compétence : — Considérant qu'aux termes de l'art. 17 du cahier des charges du canal d'Aire à la Bassée, ledit cahier des charges annexé à la loi du 14 août 1822, toutes les contestations qui peuvent s'élever sur l'inter-

prétation des clauses et conditions de l'adjudication doivent être jugées administrativement par le conseil de préfecture du département du Pas-de-Calais, sauf recours au conseil d'Etat ; — Au fond : — Considérant qu'en exécution de l'art. 2 du cahier des charges annexé à la loi du 14 août 1822, les concessionnaires du nouveau canal d'Aire à la Bassée devaient, ainsi qu'ils le reconnaissaient eux-mêmes, maintenir libre et affranchi de tous droits le passage à travers leur canal des bateaux qui naviguaient sur la rivière canalisée de la Lawe, pour se rendre de cette rivière dans l'ancien port de Béthune, et de ce port dans ladite rivière ; — Que, si l'ancien port de Béthune a été remplacé par une gare qui forme, pour cette ville, un nouveau port, dont la situation contraint les bateaux de la rivière de la Lawe à parcourir, pour y avoir accès, une portion d'environ 200 mèt. du canal d'Aire à la Bassée, cette substitution d'un port à l'autre a eu lieu en vertu d'une convention particulière passée entre la ville de Béthune et lesdits concessionnaires ; — Que cette convention, étrangère au commerce, et dans laquelle l'administration n'a point été partie, n'a établi ni pu établir aucun droit de péage à la charge des bateaux naviguant sur la rivière de Lawe pour le trajet du canal entre ladite rivière et le nouveau port ; trajet qui, dans cet intervalle et pour ces bateaux, ne peut être considéré que comme une continuation de la navigation de la Lawe jusqu'au port de cette rivière ; — Art. 1. La requête... est rejetée.

Du 2 juill. 1856.—Ord. cons. d'Et.-M. Marchand, rap.

1822), cette concession a compris tous les droits appartenant alors à l'Etat, et notamment la taxe à percevoir sur les embarcations circulant sur le canal de Cette (cons. d'Et. 15 juill. 1853, M. Gomel, rap., aff. Usquin).

519. Relativement au canal de Bretagne, un des canaux régis par les lois de 1821 et 1822, il a été décidé que les fractions de distance parcourues sur ce canal ne sont sujettes à aucun droit, en vertu de la loi spéciale qui régit la navigation de ce canal (Rej. 3 avr. 1848, aff. l'Union de l'Indre, D. P. 48. 1. 95.) — Mais cette décision ne serait plus applicable aujourd'hui, le canal de Bretagne étant, depuis son rachat, soumis aux règles qui régissent les cours d'eau sur lesquels la perception se fait par les agents du gouvernement (V. n° 508).

520. Le canal du Midi est régi par des règlements spéciaux, non-seulement quant à la perception des droits de navigation, mais aussi quant aux peines applicables à ceux qui refusent de payer les droits ou qui font de fausses déclarations. — Il a été décidé par exemple : 1° que l'amende de 500 liv., prononcée par l'édit d'oct. 1666 contre les contrevenants aux règlements relatifs au péage du canal du Midi, est toujours en vigueur (Crim. rej. 23 mai 1851, aff. Galibert, D. P. 53. 5. 317); — 2° Que le magistrat (juge châtelain) institué par une ordonnance antérieure à 1789 pour faire exécuter les règlements relatifs à la navigation sur le canal du Midi et trancher les différends qui pourraient s'élever sur la quotité des droits à percevoir, a bien pu, par mesure de police, fixer un délai pour l'acquittement de ces droits, mais non réduire les pénalités édictées par l'autorité royale contre le refus de les payer (Crim. rej. 25 fév. 1853, aff. Hérail, D. P. 54. 1. 87).

521. Les contestations entre le concessionnaire d'un canal et le propriétaire d'un navire, relatives au droit de péage pour navigation, sont de la compétence de l'autorité judiciaire (cons. d'Et. 14 déc. 1836, M. Humann, rap., aff. Beaussire).— V. suprà, n°s 501 et s.

522. Les tribunaux correctionnels sont compétents pour connaître des contraventions aux règlements sur la taxe d'entretien du canal du Midi, du canal des Etangs et des dépendances de ce canal, notamment du canal de Cette (Crim. rej. 23 mai 1851, aff. Galibert, D. P. 53. 5. 316).

523. S'il s'agit, non pas de l'application, mais de l'interprétation des actes administratifs, la compétence des tribunaux cesse pour faire place à celle de l'autorité administrative (V. Compét. admin., n°s 226 et s.).—Il a été jugé en ce sens que lorsqu'il s'agit de décider entre les concessionnaires de canaux qui communiquent ensemble, et par interprétation d'arrêts du conseil, lettres patentes et ordonnances royales d'où émanent les concessions, si les barques qui viennent de l'un de ces canaux ou s'y rendent sont exemptes de tout droit de péage sur l'autre canal, le conseil de préfecture est incompétent, et c'est directement devant le conseil d'Etat que la question doit être portée (cons. d'Et. 2 août 1838, M. Vivien, rap., Canaux des Etangs et de Beaucaire C. de Grave).

Art. 3. *Des droits de stationnement, de gare, etc.*

524. Indépendamment des droits de navigation, il a été établi sur quelques canaux un droit particulier désigné sous le nom de droit de stationnement, et qui a pour objet d'indemniser les compagnies propriétaires de ces canaux du dommage que leur occasione le séjour trop prolongé des bateaux dans les biefs, en les privant, par exemple, de la jouissance de pêcher ou d'en affermer la pêche; c'est ainsi qu'une ordonnance des 5-11 mars 1825 a autorisé les compagnies propriétaires des canaux de Briare, d'Orléans et du Loing à continuer de percevoir un droit fixé par jour à 25 cent. pour chaque bateau chargé et à 15 cent. pour chaque bateau en vidange séjournant dans lesdits canaux au delà du temps nécessaire pour en faire la traversée ou pour y prendre leur chargement (V. aussi Req. 5 mars 1829, aff. Fildier, v° Eaux, n° 164-1°). Ce droit de stationnement existait déjà sur le canal de Saint-Denis et le bassin de la Villette, depuis le port de la Briche à Saint-Denis jusques et compris le bassin, en vertu de la loi des 20 mai-11 juin 1818 sur l'achèvement du canal de l'Ourcq (art. 2). — Il a été jugé, par application de cet article, que le droit de stationnement que la compagnie concessionnaire des canaux de l'Ourcq et de Saint-Denis est autorisée à percevoir sur ce dernier canal, depuis le port de la Briche, Saint-Denis, jusques et y compris le bassin de la Villette, indépendamment du droit de navigation établi pour les deux canaux, s'applique aux parties communes aux deux canaux qui sont désignées sous les noms de gare circulaire et de tuyau élargi: on objecterait vainement que ces parties ne doivent être assujetties qu'au droit de navigation, comme dépendances du canal de l'Ourcq (Req. 14 mai 1855, aff. Guillot, D. P. 55. 1. 241).

525. Les droits de navigation et de stationnement dont nous avons parlé jusqu'ici sont perçus au profit de l'Etat et des compagnies propriétaires de canaux. — Mais les communes ont la faculté d'établir sur les fleuves et rivières et sur les ports, avec l'autorisation du gouvernement, certains droits de stationnement et de location (L. 11 frim. an 7, art. 7; L. 18 juill. 1837, art. 31; décr. 17 prair. an 13, pour la perception de ces droits sur la Seine dans Paris). — Les tarifs sont approuvés par le ministre de l'intérieur sur la proposition des sous-préfets et sur l'avis des ingénieurs, des inspecteurs de la navigation, là où il y en a d'établis, et quelquefois aussi des chambres de commerce (instr. min. int. 17 déc. 1807, 10 nov. 1821;—V. M. Davenne, Rég. adm. et fin. des com.; Husson, p. 601, et v° Communes, n°s 505 et 506).

526. Dans un procès porté devant l'autorité judiciaire, s'est élevée la question de savoir quelle est la nature de ce droit de location, et spécialement si le droit de stationnement, dont la perception est autorisée sur le canal de Saint-Denis, a le caractère d'un impôt recouvrable comme en matière d'impôts indirects, ou s'il constitue un simple prix de location susceptible de servir de base à une saisie-gagerie. — Cette question, soulevée en première instance, mais non reproduite en appel, et sur laquelle la cour de cassation n'a pas eu à statuer pour ce motif, a été résolue affirmativement par un jugement du tribunal de la Seine, rendu le 21 janv. 1853, dans les termes suivants : — « Attendu que le droit litigieux est une indemnité pour l'occupation temporaire d'une portion du canal dont la compagnie a la jouissance exclusive; qu'à ce titre il constitue un droit de location, et n'a aucunement le caractère d'un impôt, et que l'on est fondé conséquemment à en poursuivre le recouvrement par voie de saisie-gagerie. » (V. Req. 14 mai 1855, aff. Guillot, D. P. 55. 1. 241). — Ce droit est de même nature que les droits de place exigés des marchands qui exposent leurs denrées en vente sur les marchés. C'est en conséquence à l'autorité judiciaire que doivent être soumises les contestations relatives à la légalité de ces perceptions.—Il a été décidé que le conseil de préfecture est incompétent pour connaître des contestations relatives aux droits de stationnement perçus par les communes sur les ports et rivières, en vertu des lois des 11 frim. an 7 et 18 juill. 1837, et par exemple, de la réclamation élevée par une compagnie de bateaux à vapeur contre la taxe qui lui est imposée par une commune pour l'établissement d'un ponton d'embarquement dans une gare dépendant de son territoire (cons. d'Et. 2 août 1854, aff. Breitmayer, D. P. 55. 3. 36).

527. Les particuliers peuvent aussi établir sur les rivières et canaux des gares pour recevoir les bateaux en stationnement, de manière à ce qu'ils soient en sûreté et ne gênent pas la navigation. L'usage de ces gares et le péage à y percevoir ne peuvent s'établir qu'en vertu d'une concession délivrée après enquête (av. cons. gén. des p. et ch. 16 juill. 1857, Saône, comp. Parret, M. Cotelle, n° 1039). — Il a été jugé qu'une ordonnance royale portant prolongation des droits de péage concédé à l'entrepreneur d'une écluse, dans l'intérêt de la navigation, n'est pas susceptible d'être attaquée par des tiers au conseil d'Etat, par la voie contentieuse (cons. d'Et. 14 nov. 1855, M. Ferri-Pisani, rap., aff. Miroir).

528. Lorsqu'un particulier a été autorisé par ordonnance royale ou décret impérial à établir aux pertuis d'une rivière canalisée des treuils pour la remonte des bateaux et à percevoir un droit de remonte préalablement déterminé, ce droit a le caractère non d'un droit de navigation, mais d'un simple louage d'ouvrage; en conséquence, la demande en payement de ce droit est de la compétence des tribunaux ordinaires (cons. d'Et. 5 août 1841, M. Gomel, rap., aff. Miet C. Royné).

529. Lorsque le cahier des charges annexé à l'ordonnance de concession des travaux de construction d'une gare sur la rive d'un fleuve a fixé, au profit du concessionnaire, un espace dans lequel il serait interdit au public d'amarrer ou laisser stationner aucun bateau, le préfet ne peut, sans excès de pouvoirs, réduire ledit espace (cons. d'Et. 2 août 1854, M. Tourangin, rap., aff. comp. de la gare de Vaize C. Burnet).

530. Le péage de 15 cent. par *voyageur*, y compris les bagages, concédé au constructeur d'un débarcadère sur un fleuve pour l'indemniser de l'entretien de ce débarcadère, ne peut être exigé du domestique qui vient de terre pour prendre sur le bateau les bagages de son maître (Crim. rej. 28 août 1847, aff. débarcadère de Paulhac, D. P. 47. 4. 365).

531. Le particulier qui ouvre une gare au public s'oblige par cela même à défendre les bateaux qui viennent s'y abriter, sinon contre tous les dangers possibles, au moins contre tous ceux qu'on peut raisonnablement prévoir et qu'il est dans la nature d'une gare de prévenir et de repousser; mais il n'est pas responsable des dommages causés par des événements naturels qui ont dépassé toutes les prévisions humaines (Lyon, 19 janv. 1857) (1).

Sect. 2. — *Droits de bacs ou passage d'eau.*

532. Dans les localités où il n'existe pas de ponts pour traverser les cours d'eau, un service de bateaux y supplée pour passer d'une rive à l'autre les personnes, les animaux et les voitures. Ce service, qui porte le nom de *bac*, s'effectue moyennant la perception d'une taxe fixée par un tarif spécial à chaque localité. — Sous la féodalité, les établissements de bacs et passages d'eau formaient, comme les péages de navigation, un droit seigneurial attaché au fief. L'ordonnance de 1669, tit. 27, art. 41, les plaça dans le domaine de la couronne, et ne maintint dans leur possession que les seigneurs dont la jouissance était antérieure à l'ordonnance de 1566 sur l'inaliénabilité du domaine de l'Etat, ainsi que cela fut expliqué par les lettres patentes d'avr. 1683 (MM. Macarel et Boulatignier, t. 1, p. 338; Foucart, t. 3, nᵒ 1482). Ces droits furent du petit nombre de ceux que la loi du 15 mars 1790 abolitive des droits seigneuriaux avait exceptés de la suppression (tit. 2, art. 15), en en laissant l'exercice, à titre de propriété, aux anciens seigneurs. Mais le décret des 25-28 août 1792, art. 9, les supprima, ajoutant par suite « qu'il serait libre désormais, à tout citoyen, de tenir sur les rivières et canaux des bacs, coches ou voitures d'eau, sous des loyers tarifés... »

533. A la faveur des désordres qui affligeaient alors le pays, il paraît que la dernière partie de l'art. 9 de la loi du 25 août 1792, qui, en permettant à chacun de tenir des bacs et passage d'eau, *sous la rétribution tarifée* par le gouvernement, ne fut pas exécutée. — C'est pour mettre un terme aux abus qui en étaient résultés, que la loi du 6 frim. an 7 a été rendue (MM. Macarel et Boulatignier, Fort. publ., t. 1, p. 338). Cette loi, qui est le code des droits de bac ou passage d'eau, considérant que les bacs et bateaux de passage ne sont que des continuations des chemins publics, qui doivent, comme ces derniers, être une propriété commune à tous, que la sûreté personnelle des citoyens, le maintien du bon ordre et de la police, l'intérêt du trésor public exigent que l'administration ait la fixation

(1) *Espèce :* — (Comp. de la gare de Givors C. Revol, etc.) — Le 24 déc. 1855, jugement du tribunal de Lyon ainsi conçu : — « Considérant que la crue du Gier et de ses affluents, qui a eu lieu dans la nuit du 26 au 27 août 1854, est une crue extraordinaire, telle qu'on ne se souvient pas dans le pays d'en avoir vu une semblable ; — Considérant qu'il n'est pas possible de placer la gare dans un autre endroit que celui où elle était placée ; mais que, suivant les explications qui ont été fournies, il est vrai de dire que certaines parties de ses constructions, comme, par exemple, les chaussées, auraient pu être faites avec plus de solidité ; — Considérant néanmoins qu'il s'en faut de beaucoup qu'il soit démontré que l'événement n'eût pas eu lieu lors même que ces constructions auraient eu toute la solidité exigée par les règles de l'art ; — Considérant qu'il ne suffit pas qu'on puisse reprocher quelques fautes aux constructeurs de la gare ; qu'il faut encore, pour que l'action en dommages—intérêts soit fondée, qu'il soit établi que le désastre a été causé par ces fautes, c'est-à-dire que, sans ces fautes, il ne fût pas arrivé : ce qui n'est

des droits à percevoir... soient promptement réglés, afin de détruire l'arbitraire et les vexations auxquels donne lieu le défaut de surveillance active et permanente, les fit entrer dans le domaine national, et chargea les préposés de la régie de l'enregistrement d'en prendre possession au nom de l'Etat (M. Macarel, *eod.*). — C'est ce qu'avait déjà fait la loi du 16 brum. an 5, à l'égard des bacs du département de la Seine. Cette dernière loi a été maintenue en vigueur par celle du 6 frim. an 7, art. 71, sauf en ce qui concerne les dispositions pénales. Il est à remarquer, du reste, qu'il n'y a guère de différence entre les dispositions principales de ces lois; le seul effet de cet art. 71 est de maintenir le tarif des droits de passage spéciaux au département de la Seine. Mais la plupart des bacs énumérés dans la loi de l'an 5 ayant été remplacés par des ponts, on peut considérer cette loi comme à peu près devenue sans objet.

534. La loi du 14 flor. an 10, tit. 4, art. 9 et 10, s'occupe aussi des bacs. Par le premier de ces articles, elle donne au gouvernement, pendant la durée de dix années, le droit de déterminer pour chaque département le nombre et la situation des bacs ou bateaux de passage établis ou à établir, et par le second, elle leur donne le droit de fixer le tarif de chaque bac dans la forme arrêtée pour les règlements d'administration publique. — Un arrêté du 5 germ. an 12 met dans les attributions du directeur général des contributions indirectes la perception des droits de bac, qui, d'après la loi du 6 frim. an 7, appartenait à la régie de l'enregistrement.

535. La loi du 6 frim. an 7 contient deux ordres de dispositions bien distinctes. Les premières, relatives à la prise de possession par l'Etat des bacs existants et à la régie provisoire de ces passages, ont un caractère transitoire et ne peuvent plus guère recevoir d'application aujourd'hui, si ce n'est dans le cas où un bac serait illicitement établi et où il y aurait lieu pour l'Etat de s'en mettre en possession. Les autres sont relatives à la mise en ferme des bacs, à la police pour l'exploitation et la surveillance, à l'acquittement des droits, aux spécialités, enfin à la comptabilité et à la destination des produits. — On parlera, en suivant les dispositions mêmes de la loi de l'an 7 : 1ᵒ de la domanialité du droit de bacs et passage d'eau; —2ᵒ De la mise en ferme de ce service par voie d'adjudication; —3ᵒ De la police des bacs; — 4ᵒ De l'acquit des droits de péage et des exemptions y relatives; —5ᵒ De la compétence. — Quant à la comptabilité et à la destination des produits, les articles qui les concernent ont été abrogés par la loi de finances du 25 sept. 1814, art. 4 et 5, qui a supprimé toute spécialité (V. nᵒ 32); nous n'aurons donc pas à nous en occuper.

Art. 1. — *Domanialité du droit de bac. — Exceptions. Cours d'eau non navigables ni flottables.*

536. La loi du 6 frim. an 7, ainsi que nous venons de dire, s'occupe, dans son § 1, des bacs existants au moment de sa promulgation et qui étaient dans les mains des particuliers. Abrogeant la loi du 25 août 1792, elle charge les préposés de la régie de l'enregistrement de prendre possession, au nom de l'Etat, des bacs, bateaux, agrès, logements, bureaux, magasins et autres objets. Elle supprime ainsi toute propriété particulière des bacs autres que celles dont il est question dans les art. 8 et 9 et dont nous parlerons *infrà*, nᵒˢ 540 et s.—Mais cette mesure

rien moins que constant aux yeux du tribunal ; — Renvoie, etc.» — Appel. — Arrêt.

La cour; — Attendu, en principe, que celui qui ouvre une gare au public s'oblige, par cela même, à en défendre les bateaux qui viennent s'y abriter, sinon contre tous les dangers possibles, au moins contre tous ceux qu'on peut raisonnablement prévoir, et qu'il est dans la nature d'une gare de prévenir ou repousser; — Attendu que les documents de la cause il résulte, d'une part, que, si les endiguements qui protégeaient la gare n'offraient pas toute la solidité désirable, néanmoins ils ne présentaient point ce degré de faute ou d'imprudence où commence la responsabilité légale ; et, d'autre part, que c'est de notoriété publique que l'orage de la nuit du 26 au 27 août a été tel qu'il a dépassé toutes les prévisions humaines ; — Qu'en présence des documents acquis au procès, et quand l'état des lieux a entièrement changé, toute expertise ultérieure est inutile et même impossible ; — Dit qu'il a été bien jugé.

Du 19 janv. 1857.-C. de Lyon, 4ᵉ ch.-M. Acher, pr.

ne pouvait aller jusqu'à dépouiller purement et simplement les anciens possesseurs de bacs. En conséquence, la loi leur reconnaît le droit à une indemnité, sous certaines conditions. Ainsi, les propriétaires, détenteurs, conducteurs de bacs, bateaux, etc., qui, obéissant aux prescriptions de l'art. 2, se présentèrent au préposé de la régie de l'enregistrement et justifièrent de leur propriété, dans le mois de la publication de la loi, furent indemnisés, après estimation par experts, des objets dont l'État se mettait en possession. Mais ceux qui négligèrent les déclarations et justifications exigées furent considérés comme rétentionnaires d'objets appartenant à l'État et dépossédés sans indemnité (L. 6 frim. an 6, art. 2 à 5).

537. Aux termes des art. 6 et 7 de la loi, il n'était dû d'autre indemnité que celle *représentative* de la *valeur* des objets dont l'État se mettait en possession. Ce mode de dédommagement pouvait paraître suffisant dans le cas où le détenteur n'avait à invoquer que le fait seul d'une possession ancienne et continue, ou lorsqu'il possédait en vertu d'un titre entaché de féodalité. Mais en était-il de même lorsque sa possession reposait sur un *titre légitime?* — Quelques auteurs, se fondant sur le principe d'équité qui veut que nul ne soit dépouillé de sa propriété sans indemnité préalable, reconnaissent au propriétaire d'un droit de bac dépossédé le droit de se faire indemniser, soit lorsque la concession a été faite par un ancien seigneur, sur une rivière non navigable, attendu que les seigneurs exerçaient alors tous les droits de maître (M. Proudhon, Dom. pub., t. 3, n°s 916 et suiv.; Contrà M. Garnier, n° 362); soit lorsque le bac a été acquis à titre onéreux, à titre d'échange avec le gouvernement ou en vertu d'une aliénation nationalement faite (M. Proudhon, *loc. cit.*); soit lorsque la concession remonte à une époque antérieure à l'ordonnance de 1566 (M. Garnier, t. 1, n° 355); soit enfin lorsqu'ils sont le prix de travaux d'utilité publique ou la cession de propriété dont l'État profiterait (*eod.*, n° 356). — Cette opinion, tout équitable qu'elle puisse paraître, est formellement contredite par la loi de l'an 7 qui, d'une manière générale et sans faire aucune distinction, abroge tous *usages, concordats, engagements, droits communs, franchises,* relatifs aux passages des rivières (art. 1), et n'accorde d'indemnité que pour les objets matériels. — Il a été jugé en ce sens que qu'un hospice ait acquis, à *titre onéreux* d'une commune, un bac qu'elle tenait des seigneurs concessionnaires primitifs, l'arrêté ministériel qui, en autorisant la régie à se mettre en possession du bac et des objets servant à son exploitation, réserve, conformément à l'art. 6 de la loi de l'an 7, les droits de l'hospice à l'estimation de la valeur desdits objets, a statué compétemment et fait une juste application de la loi (cons. d'Ét. 4 déc. 1822, M. Villemain, rap., aff. hosp. de Bourg-Saint-Andéol G. contr. ind.).

538. M. Garnier, n° 359, ajoute avec raison que, comme l'État a pris possession depuis longtemps de presque tous les droits de cette nature, l'action que d'anciens propriétaires dépossédés pourraient intenter en indemnité serait repoussée généralement, soit par la prescription, soit par l'application des lois relatives à la déchéance de l'arriéré des créances sur l'État. — Sur cette déchéance, V. Trésor publ., n°s 424 et suiv.

539. Le propriétaire dépossédé, avons-nous dit, doit être *indemnisé* des objets matériels servant à l'exploitation du passage, bateaux, agrès, etc. — Il a été jugé 1° que lorsqu'un particulier a été dépossédé du domaine, et que dans le bail adjugé par l'administration à un tiers, le bac et les agrès ont été évalués à une somme déterminée, l'ancien propriétaire a droit à cette somme, laquelle ne peut être réduite sous aucun prétexte (cons. d'Ét. 11 janv. 1808, aff. Cordon); — 2° Qu'il doit être également remboursé de la valeur réelle du terrain fourni par le port et le chemin de halage, et des digues construites par ses ancêtres, si elles sont d'une nécessité absolue pour l'existence du port et ne protègent que fort peu sa propriété (même décision); — Mais qu'il n'en est pas ainsi des bâtiments qui auraient existé autrefois sur les terrains servant à l'exploitation du bac (même décision).

540. La prise de possession ordonnée par la loi du 6 frim. an 7 s'applique uniquement aux bacs et bateaux servant à l'usage public. La loi n'a pas compris, en effet, dans l'expropriation, 1° les bacs et bateaux non employés à un passage commun, mais

établis pour le seul usage d'un particulier ou pour l'exploitation d'une propriété circonscrite par les eaux; 2° les barques, batelets et bachots servant à l'usage de la pêche et de la marine marchande montante et descendante, mais avec la prohibition d'établir des passages à heures et lieux fixes (art. 8 et 9).

541. La première de ces exceptions existait déjà sous le régime féodal, alors que les droits de passage sur les fleuves et rivières étaient encore dans le domaine des seigneurs ou dans le domaine de la couronne. C'est ce qui résulte de plusieurs décisions judiciaires rendues à cette époque, et notamment d'un arrêt du grand conseil du 9 janv. 1758, qui avait reconnu aux particuliers le droit facultatif d'avoir des bateaux pour leur usage personnel et celui de leurs familles. — La loi du 6 frim. an 7, se conformant à cette jurisprudence, a donc respecté les droits des particuliers qui se trouvaient à cette époque en possession de bacs et bateaux servant à leur usage personnel, à celui de leurs familles et de leurs domestiques pour l'exploitation de leurs terres circonscrites par les eaux. Quant à l'établissement de nouveaux bacs de la même espèce, il a été également autorisé par le même art. 8 de la loi du 6 frim. an 7. — Par ces mots : *propriété circonscrite par les eaux,* il ne faut pas entendre une propriété entourée d'eau de tous les côtés; il suffit qu'elle soit séparée du domaine du propriétaire par un cours d'eau qu'on ne puisse traverser qu'en allant plus ou moins loin chercher un passage public (V. Dict. d'admin. de M. Maurice Block, v° Bacs, n° 30).

542. Toutefois, aux termes du § 2 de l'art. 8 précité, les bacs anciens à l'usage des particuliers n'ont pu être maintenus, et les bacs nouveaux servant au même usage n'ont été établis qu'avec l'autorisation du préfet sur l'avis de l'administration municipale, et cette autorisation doit être confirmée par le gouvernement. Mais ce paragraphe n'a pas toujours été appliqué bien rigoureusement, et, dans certains cas, l'administration a regardé comme suffisante l'autorisation donnée par le préfet seul. — Il a été décidé, en effet, par le ministre des finances, que le préfet peut statuer définitivement, toutes les fois qu'il n'est formé aucune réclamation, soit de la part des tiers, soit de la part des pétitionnaires eux-mêmes, en cas de rejet de leurs demandes, soit enfin de la part de l'administration. En cas d'opposition ou de réclamation, l'arrêté doit être soumis à l'approbation ministérielle (lett. min. fin. 28 déc. 1839, circ. 22 janv. 1840). — Cette pratique, introduite par les décisions ministérielles, a été consacrée législativement par le décret du 25 mars 1852, tableau D, n° 9, qui décide d'une manière générale que l'autorisation du préfet n'a pas besoin d'être revêtue de l'approbation de l'autorité supérieure, sans faire d'exception pour le cas où il y aurait opposition ou réclamation. — Seulement la décision du préfet est susceptible de recours devant le ministre; c'est là une règle de droit commun.

543. Diverses précautions sont prescrites par la loi et recommandées par l'administration pour empêcher que les bateaux particuliers ne deviennent de véritables passages publics. Ainsi les propriétaires et détenteurs de bacs doivent en faire vérifier la destination et faire constater qu'ils ne peuvent nuire à la navigation (art. 8, § 2). Ces autorisations doivent être restreintes aux bateaux non employés à un passage commun, mais seulement affectés au passage des permissionnaires, de leur famille ou de leurs domestiques, ou à celui des ouvriers et manœuvres reconnus nécessaires à l'exploitation de l'usine, de la manufacture ou des terres auxquelles la permission se rapporte. Elles doivent indiquer l'état numérique de ces individus, et s'il y a changement de noms, les mutations sont visées par le maire (décis. min. fin. 28 déc. 1839, circ. 22 janv. 1840, V. MM. Saillet et Olibo, p. 823).

544. L'exception écrite dans l'art. 8 n'est pas limitée à la seule personne du propriétaire et de sa famille; en effet, une propriété peut être exploitée soit par le propriétaire, soit par le fermier qui le représente dans la jouissance des exemptions accordées à la propriété. En conséquence, on ne peut priver le fermier de la faculté d'user d'un bac particulier que si l'autorisation donnée par le préfet est exclusivement personnelle au propriétaire (Cass. 26 déc. 1826, aff. Massias, V. Compét. admin., n° 184-4°).

545. Doivent être assimilés aux bateaux particuliers et bé-

néficier de l'exception consacrée par l'art. 8 les bateaux que les entrepreneurs des travaux publics sur les rivières ont été autorisés par l'administration à établir pour le transport des matériaux nécessaires à l'exécution de leurs travaux (cons. d'Et. 25 sept. 1834, aff. Gauthier, V. n° 582-1°).

546. Il a été jugé encore par application de l'art. 8 : 1° que l'arrêté du préfet qui ordonne la suppression d'un bac ne fait point obstacle à ce que le réclamant demande l'autorisation d'un bac destiné à l'exploitation de sa propriété (cons. d'Et. 29 sept. 1810, aff. Ogier); — 2° Que dans le cas où le propriétaire d'une île a établi un bac pour transporter dans cette île, moyennant rétribution, les habitants des villages voisins, le préfet a pu valablement prescrire la prise de possession de ce bac et approuver sa mise en ferme, sauf au propriétaire à faire valoir devant les tribunaux ses droits relativement à l'occupation ou l'usage de quelque partie du terrain de l'île, et à obtenir de l'administration un bac particulier destiné à l'exploitation de sa propriété. — « Considérant que les décisions attaquées ne font point obstacle, soit à ce que les parties intéressées fassent valoir par-devant les tribunaux leurs droits relativement à l'occupation ou l'usage de quelque partie des terrains à elles appartenant, soit à ce qu'elles obtiennent de l'administration un bac particulier destiné à communiquer avec l'île d'Ecouanne, pour son exploitation, en remplissant les conditions prescrites par l'art. 8 de la loi du 6 frim. an 7 (cons. d'Et. 11 fév. 1836, M. Janet, rap., aff. de Chevreuse). — On verra plus loin si les fermiers des bacs ou passages publics ont le droit de réclamer des indemnités pour le préjudice que leur fait éprouver l'établissement de bateaux particuliers dans leur voisinage (V. n°s 580 et suiv.).

547. La seconde exception à la prise de possession des bacs par l'Etat est relative aux barques, batelets et bachots servant à l'usage de la pêche et de la marine marchande (L. 6 frim. an 7, art. 9). Les bateaux montant et descendant les rivières ne sont pas soumis à l'autorisation prescrite par l'art. 8. Ils ne sont assujettis qu'à la formalité du laissez-passer délivré par l'administration des contributions indirectes, conformément à l'art. 9 de la loi du 9 juill. 1836 et à l'art. 10 de l'ord. du 15 oct. 1836 (V. n° 455).—Il est bien entendu cependant que, s'ils servaient en même temps à un passage particulier, le propriétaire serait tenu de justifier de l'autorisation du préfet (circ. 22 janv. 1840).

548. Il a été jugé, en ce qui concerne ces bateaux, que le droit de navigation pour le petit cabotage et la pêche sur la côte ne donne pas à un individu le droit d'établir un passage par bateau, à heure fixe, ne fût-ce que d'une rive d'un fleuve aux bateaux de passage qui le montent ou le descendent, et cela au détriment de l'adjudicataire du bac établi sur ce point (Req. 10 mai 1831) (1). — Mais il a été décidé, en sens contraire, que les mariniers qui transportent, avec des barques, batelets ou bachots, des personnes et des marchandises de l'une des rives d'un fleuve ou rivière navigable, au bateau à vapeur qui passe journellement sur cette rivière, et cela à côté d'un bac régulièrement affermé, ne se rendent pas coupables du délit de concurrence de ce bac prévu et puni par la loi du 6 frim. an 7, parce qu'ils doivent être réputés au service de la marine marchande montante et descendante, cas pour lequel ladite loi fait exception aux règles qu'elle établit pour la protection des bacs (Crim. rej. 20 août 1841) (2).

549. Les exceptions à la mainmise domaniale, dont nous

(1) *Espèce* : — (Baton C. Lanne.) — Baton, marin classé, a obtenu un congé ou permission du ministre des finances, laquelle lui a été délivrée par le commissaire de la marine, et qui l'autorise, pendant un an, à sortir du Havre et de la Bouille et à naviguer sous pavillon de France, pour le petit cabotage, la pêche sur la côte, ou la navigation des rivières. — En vertu de cette permission, il s'est occupé, avec son bateau, quand l'occasion s'en présentait, de passer des individus ainsi que des marchandises, d'une rive de la Seine aux bateaux de Bouille, qui montent et descendent la rivière, d'une rive à l'autre : son occupation se bornait à déposer les personnes et les marchandises sur les bateaux de la Bouille, montants ou descendants. — Lanne s'étant rendu adjudicataire, en 1828, du passage du bac, établi au val de la Haye, à la traverse de la Seine, c'est-à-dire d'une rive à l'autre de la Seine, a prétendu que le sieur Baton, quoiqu'il exerçât son industrie à une certaine distance du passage de son bac, lui causait un préjudice; il a demandé qu'il lui fût défendu de passer des voyageurs et de les porter aux bateaux de Bouille, avec leurs marchandises ; et qu'il fût condamné à 75 fr. de dommages-intérêts. — Baton a répondu qu'il ne passait point d'une rive de la Seine à l'autre; que son bateau n'était pas établi dans les limites assignées à celui dont Lanne est fermier; qu'enfin, étant marin classé, et ayant une permission du ministre des finances, il tenait, de cette qualité et de cette permission, le droit d'user de son bateau comme bon lui semble; que, d'ailleurs, Lanne n'avait pas le droit exclusif de transporter les voyageurs au bateau de Bouille, et que ce droit ne faisait pas partie de son passage. — Le juge de paix accueille la demande et condamne Baton à 50 fr. de dommages-intérêts, attendu, entre autres, que l'autorisation de naviguer, dont Baton est muni, n'émane point d'une autorité administrative. — Appel; et, le 22 juin 1829, jugement du tribunal de Rouen, qui confirme, en ces termes : — « Attendu qu'il est constant, en fait, que Baton s'est établi au val de la Haye, à poste fixe, et qu'il passe dans son bateau, d'une rive de la Seine aux bateaux de Bouille, des voyageurs et des marchandises; — Que Lanne justifie d'un titre authentique qui lui confère le droit exclusif d'exécuter les transports dans cette partie de rivière. »

Pourvoi : 1° Incompétence, en ce que, au mépris de la permission du ministre, c'est-à-dire d'un acte administratif, quoi qu'en ait dit le juge de paix, on n'a pu le défendre au demandeur de passer les voyageurs; qu'il fallait, au préalable, renvoyer les parties devant l'administration, pour faire interpréter la permission du ministre. — 2° Violation de l'art. 1582 c. civ. et de l'art. 9 de la loi du 6 frim. an 7, en ce qu'on n'avait pu dire que le demandeur avait causé au défendeur un préjudice dans le sens de l'art. 1382, puisque celui-ci, d'après son adjudication, avait le droit de passer d'une rive de la Seine à l'autre, tandis que le demandeur se bornait à n'en traverser qu'une faible partie, c'est-à-dire l'espace nécessaire pour arriver aux bateaux; qu'en cela, au reste, il ne faisait qu'user d'un droit réservé à tout le monde, par l'art. 9 de la loi de frimaire, qui excepte de la prohibition du passage, les barques et batelets servant à l'usage de la pêche et de la marine

marchande, montante et descendante. Or, c'est précisément à cet usage que le demandeur faisait servir son bateau. — Arrêt.
La Cour ; — Attendu, sur le moyen d'incompétence, qu'il ne s'agissait pas d'interpréter des actes administratifs, mais seulement de maintenir le défendeur éventuel dans la jouissance du droit de bac et passage d'une rive à l'autre de la rivière de la Seine, à l'endroit déterminé par l'adjudication qui lui en a été faite à la préfecture de Rouen ; — Sur le moyen du fond, attendu que ce droit, ainsi défini, n'a rien de commun avec le congé de navigation pour le petit cabotage et la pêche sur la côte, délivré par le commissaire de la marine au demandeur en cassation, en vertu de la loi du 27 vend. an 2; que c'est précisément pour empêcher l'empiétement d'un service sur l'autre, que l'art. 9 de la loi du 6 frim. an 7 défend aux propriétaires des barques et batelets destinés à la navigation d'établir un passage à heure ou lieu fixes; que, s'il en était autrement, les adjudicataires du droit de bac et passage se trouveraient privés de partie des produits de leurs baux dont ils payent le fermage à l'Etat; — Et attendu, en fait, qu'il a été reconnu par les premiers juges que le demandeur stationnait à poste fixe, sur la rive de la Seine, près de l'endroit où le bac était établi; qu'il y embarquait des voyageurs et des marchandises pour les transporter, sinon à l'autre rive, au moins jusqu'au coche d'eau, qui les recevait à son bord; et qu'en réprimant cette entreprise, le jugement attaqué a fait une juste application de la loi; — Rejette, etc.
Du 10 mai 1831.-C. C., ch. req.-MM. Favard, pr.-Hua, rap.-Lebeau, av. gén., o. conf.-Chauveau-Lagarde, av.

(2) (Min. pub. C. Chaigneau.) — La Cour; — Sur le moyen pris de la violation des art. 56 et 58 de la loi du 6 frim. an 7 ; — Attendu que Chaigneau a été prévenu de faire concurrence au fermier du bac établi à Saint-Savinien, en transportant, à l'aide d'un bateau, les personnes et les marchandises de la rive droite de la Charente au bateau à vapeur allant de Saintes à Rochefort et de Rochefort à Saintes; — Qu'il a été reconnu coupable de ce fait par le premier juge, lequel a déclaré qu'il transportait aussi soit d'une rive à l'autre les personnes nécessaires pour hâler le bateau à vapeur, soit de ce bateau à l'une ou l'autre des rives les personnes et les marchandises qu'il y prenait; — Mais attendu que d'après l'art. 9 de la loi du 6 frim. an 7, les barques, batelets et bachots qui servent à l'usage de la marine marchande montante et descendante ne sont pas soumis à ses dispositions; — Que les faits reconnus à la charge de Chaigneau rentrent dans les termes de cette exception; — Qu'à la vérité, cet article défend aux propriétaires et conducteurs desdites barques, batelets et bachots d'établir aucun passage à heure ni lieu fixes; — Mais que cette prohibition a seulement pour objet de restreindre le bénéfice de l'exception dont ils jouissent au service de la marine marchande, et non de faire cesser cette exception lorsque ce service se fait à jour et heure fixes, comme cela a lieu ordinairement de la part des bateaux à vapeur; — Qu'ainsi c'est avec raison que le tribunal correctionnel saisi de l'appel de Chaigneau, a refusé d'appliquer à Chaigneau les art. 56 et 58 de ladite loi du 6 frim. an 7; — Rejette.
Du 20 août 1841.-C. C., ch. crim.-MM. de Bastard, pr.-Vincens, r

venons de parler, n'ont été l'objet d'aucune controverse, puisqu'elles sont formellement écrites dans la loi. Il n'en est pas de
même d'une autre exception qu'on a cherché à induire de l'intitulé même et des expressions des art. 1 et 2 de la loi du 6 frim.
an 7. Nous voulons parler des bacs et bateaux établis sur les
cours d'eau non navigables ni flottables. — Les détenteurs de
ces bacs et bateaux, au moment de la promulgation de la loi de
l'an 7, ont-ils été maintenus dans leur propriété, et des particuliers pourraient-ils aujourd'hui établir librement sur les cours
d'eau dont il s'agit des passages publics qu'ils exploiteraient
pour leur propre compte? On s'est appuyé, avons-nous dit, pour
soutenir l'affirmative, sur le texte même de cette loi qui ne parle
en effet que des fleuves, rivières et canaux *navigables*, et sur
l'acception légale et généralement admise de ce mot *navigables*.
Le fait de pouvoir traverser un cours d'eau avec un bateau
quelconque, a-t-on dit, ne le rend pas navigable; il faut une *déclaration expresse* de l'autorité, ou, à défaut de cette déclara-
ration, qu'il soit reconnu que tel cours d'eau peut porter,
dans tout ou partie de son parcours, des bateaux, bâtiments et
trains de bois (V. n°s 48 et suiv.). Si la loi de l'an 7 ne l'eût pas
entendu dans ce sens, elle aurait évité d'employer une expression qui porte avec elle sa signification sacramentelle.
Cette prétention, soutenue par M. Garnier, t. 1, p. 131 à
136, n° 361, a été repoussée constamment par l'administration. Les motifs qu'elle donne sont que « la loi a voulu simplement désigner par le mot *navigable* tous les fleuves, rivières et
canaux qu'on ne peut traverser qu'à l'aide de moyens de navigation, qu'ils soient ou non navigables dans la longueur de leur
cours; que l'art. 8 n'a excepté que les bacs non employés à un
usage commun. » C'est ainsi que s'exprimait le ministre des
finances dans deux instructions des 17 prair. an 7 et 19 prair.
an 12. Il faut ajouter que la loi de finances, du 14 flor. an 10,
art. 9 et 10, qui confirme le droit du gouvernement de déterminer le nombre et la situation de tous les bacs, ainsi que les tarifs qui doivent y être établis, ne fait aucune distinction entre
les cours d'eau, se bornant à dire : *fleuves, rivières* ou *canaux*.
— Cette solution a été consacrée par deux avis du comité des
finances, des 3 oct. 1817 et 3 août 1819, et par la jurispru-

dence contentieuse du conseil d'État.— Il a été jugé, en effet :
1° que les établissements de passages publics sur les rivières ne
peuvent appartenir à des particuliers, alors même que ces rivières ne sont pas navigables :—« Considérant que les dispositions de la loi du 6 frim. an 7 ont dû être appliquées à l'établissement des bacs du sieur Augros, cette loi ayant déclaré d'une
manière absolue et générale que les passages publics sur les rivières et canaux ne peuvent appartenir à des particuliers, et
doivent être régis par les agents du domaine public » (cons.
d'Et. 29 sept. 1810, aff. Augros); — 2° Qu'ils doivent, par
suite, être régis par les agents du domaine (cons. d'Et. 29 sept.
1810, aff. Ledoux); — 3° Que lorsqu'un passage d'eau sur une
rivière non navigable a été supprimé pour cause de féodalité
dans la main de l'ancien seigneur, par la loi du 21 août 1792,
une commune qui s'en est mise en possession est sans droit ni
qualité pour réclamer le maintien de son droit exclusif contre la
régie qui s'est emparée du bac en vertu de la loi de l'an 7
(cons. d'Et. 11 août 1824, M. Tarbé, rap., aff. com. de Lan-
geac).

550. On a invoqué, comme rendue en sens contraire à la
jurisprudence qui précède, une décision de laquelle il résulte
que le bac établi pour le service d'un moulin sur une rivière ni
navigable ni flottable, alors qu'aucun chemin public n'aboutit
sur ce point, que l'une des deux rives dépend du moulin et
que l'autre lui est assujettie par voie de servitude, ne peut être
considéré comme un passage public réservé au domaine par la
loi de l'an 7, bien que le propriétaire de ce bac passe quelquefois ceux qui se présentent ou en reçoit une rétribution (cons.
d'Et. 15 nov. 1826) (1). — Mais les circonstances de fait dans
lesquels cette décision est intervenue s'opposent à ce qu'on
puisse y voir de la part du conseil d'État un abandon de sa jurisprudence antérieure. — Néanmoins, comme on pourrait à la
rigueur tirer une pareille induction, le ministre soumit la
question au comité des finances du conseil d'État qui, par un
avis fortement et longuement développé, du 2 avr. 1829, consa-
cra de nouveau la solution que l'administration n'avait cessé de
faire prévaloir (2).

551. Il a été jugé depuis et dans le même sens que le droit

---

(1) (Got.) — Charles, etc. ; — Considérant que la contestation élevée entre les agents des contributions indirectes et les héritiers Got a
pour objet la saisie d'une barque de passage appartenant au sieur Got
sur la rivière Dadou; que cette rivière n'est ni navigable ni flottable;
qu'aucun chemin public n'aboutit sur ce point; que l'une des rives dépend du moulin de la Bressolle et que la rive opposée lui est assujettie
par droit de servitude ; que ladite barque n'a été établie par les héritiers
du sieur Got que pour l'achalandage et le service habituel de son moulin; que, s'ils passent quelquefois ceux qui se présentent et que s'ils en
reçoivent quelque rétribution, ce passage et cette rétribution sont libres
de part et d'autre et ne constituent ni un service ni un salaire obligés ;
qu'il suit de là que ledit bac ne forme pas, dans le sens de la loi du 26
nov. 1798 (6 frim. an 7)¹ un passage public soumis à un tarif et exclusif
de tout autre passage qu'il plairait à l'administration d'établir; que, par
conséquent, la loi du 26 nov. 1798 (6 frim. an 7) est inapplicable dans
l'espèce, et que les tribunaux étaient seuls compétents pour prononcer la
mainlevée dont il s'agit. — Art. 1. L'arrêté de conflit pris par le préfet
du département du Tarn le 27 juill. 1826 est annulé, etc.
Du 15 nov. 1826.-Ord. cons. d'Et.-M. de Cormenin, rap.
(2) Voici cet avis : « Le comité des finances, sur le renvoi qui
lui a été fait par le ministre secrétaire d'État au même département, de
la question de savoir si l'administration des contributions indirectes
peut, dans l'état actuel de la législation et de la jurisprudence relatives
aux bacs, s'emparer de ceux qui sont établis sur des cours d'eau non
navigables; — Vu les lois des 28 mars 1790, 25 août 1792, 6 frim.
an 7, 14 flor. an 10 et 28 avr. 1816 ; — Vu la circulaire du ministre
de l'intérieur du 17 prair. an 7, pour l'exécution de la loi du 6 frim.
précédent ; — Vu l'art. 558 c. civ. ; — Vu deux avis du comité des
finances des 3-8 oct. 1817 et 3 août 1819, approuvés par le ministre
le 2 sept. 1819, et portant que tout passage par bacs ou bateaux établis
sur des cours d'eau quelconques appartient à l'État, du moment qu'ils
servent à l'usage commun ; — Vu l'avis du comité de législation du
conseil d'État, du 30 juill. 1818, portant que, « sur les cours d'eau qui
ne sont ni navigables ni flottables, le droit d'établir des bacs de passage
appartient aux propriétaires des deux rives, sauf à l'administration à
intervenir dans la fixation du tarif ; — Vu l'ordonnance royale rendue
le 15 nov. 1826 en faveur des héritiers Got, et statuant que la loi du
6 frim. an 7 leur est inapplicable, attendu que la rivière Dadou n'est

ni navigable ni flottable, et qu'aucun chemin n'aboutit sur le point où
leur barque est établie ; — Vu l'avis du conseil d'administration des
contributions indirectes du 20 août dernier et le rapport des bureaux en
vertu duquel cette question a été de nouveau renvoyée au comité ; —
Considérant que le droit d'établir des passages d'eau par bacs ou bateaux se rattache au grand intérêt des communications publiques, et qu'à
ce titre, il a été mis de tous temps en dehors du droit commun ; —
Qu'avant la révolution, le droit de bac était ou de nature féodale ou de
souveraineté ; que comme droit féodal, il a été aboli par les lois des
28 mars 1790 et 25 août 1792, et, comme droit souverain, rendu à l'État
par la loi du 6 frim. an 7 ; — Que, sur les cours d'eau qui sont les dépendances du domaine public, c'est-à-dire navigables ou flottables, le
droit exclusif de l'État résulte des termes exprès de la loi du 6 frim.
an 7 et de l'art. 558 c. civ. ; qu'au surplus, ce droit n'est pas
contesté; que relativement aux cours d'eau qui ne sont ni navigables ni
flottables, le même droit exclusif appartient à l'État, mais découle moins
des textes de la législation existante que des principes généraux qui lui
servent de base, ainsi qu'on va le développer ; — Qu'en effet, un bac établi sur un cours d'eau qui n'est pas navigable, mais qui traverse une
route royale ou départementale, se lie trop étroitement aux besoins de la
voie publique pour être la propriété d'un particulier ; — Qu'ainsi un tel
bac rentre dans la dépendance du domaine de l'État, non plus à raison
du cours d'eau, mais à raison de la route sur laquelle il est établi ; —
Qu'à l'égard des bacs situés sur des rivières qui traversent des chemins
vicinaux, ils ne peuvent pas non plus être la propriété d'un riverain ou
d'une seule commune ; qu'autrement les habitants des communes voisines
qui fréquentent lesdits chemins se trouveraient à la discrétion de ces propriétaires privés, soit pour le droit de péage, soit pour la régularité des
communications ; — Que, d'après ces principes, tout bac aboutissant à
un chemin public (royal, départemental ou vicinal) doit appartenir à l'É-
tat, quelle que soit la nature du cours d'eau qu'elle traverse ; — Que la
conséquence du droit exclusif est d'interdire aux particuliers la faculté
de placer, sur les mêmes cours d'eau et à une certaine distance du bac
public, d'autres bacs ou bateaux de passage, toutes les fois que ceux-ci
pourraient nuire au produit de son péage, ce produit étant la compensation nécessaire des frais d'entretien dont l'État est chargé ; — Que réciproquement l'État doit pourvoir à l'entretien de tous les bacs, sans excepter ceux dont les produits seraient insuffisants pour couvrir cette

de propriété et d'exploitation des bacs servant à un usage public, moyennant rétribution, appartient exclusivement à l'Etat, lors même que le cours d'eau sur lequel ils sont établis ne serait pas navigable (cons. d'Et. 11 fév. 1836, M. Janet, rap., aff. de Chevreuse).

552. Toutefois on a admis cette restriction que le droit d'établir un bac sur une rivière non navigable appartient au propriétaire lorsqu'il est maître des deux rives (av. com. int. 30 juill. 1818) (1). — La même solution résulterait, implicitement au moins, d'une décision contentieuse du conseil d'Etat portant qu'un particulier ne peut réclamer la restitution d'un ancien bac sur un cours d'eau non navigable ni flottable s'il n'est propriétaire des deux rives aux abords du bac (cons. d'Et. 28 déc. 1825, M. Tarbé, rap., aff. Larochejacquelein).

553. Une question analogue s'est élevée à l'égard des bacs et bateaux particuliers. On s'est demandé si l'autorisation préfectorale exigée par l'art. 8, § 2, de la loi du 6 frim. an 7, était nécessaire pour l'établissement de ces bateaux sur des fleuves et rivières non navigables ni flottables. — La négative a été admise par cette raison que l'art. 8 précité ne s'applique qu'aux fleuves et rivières navigables, et que si la loi du 14 flor. an 10 exige cette autorisation pour tous les cours d'eau sans distinction, ce n'est qu'au point de vue du péage, car cette loi est purement relative aux contributions indirectes. — Il a été jugé en ce sens que la loi du 14 flor. qui exige l'autorisation pour l'établissement de bacs et bateaux de passage n'entend par cette expression que les bateaux qui servent à un service public et non ceux qui sont exclusivement destinés au service d'une propriété particulière; qu'en conséquence, n'est nullement passible de dommages-intérêts envers le concessionnaire d'un pont à péage, le cultivateur qui a été trouvé traversant une rivière, non navigable à l'endroit traversé, dans un bateau ou il était seul, lequel ne sert qu'à son usage particulier, et d'ailleurs sur un point où n'aboutit aucun chemin public, bien qu'il ne fût pas muni d'autorisation (Civ. rej. 9 juill. 1851, aff. Coste. D. P. 51. 1. 222 et notre observ.—V. aussi cons. d'Et. 15 nov. 1826, aff. Got, n° 550).

Art. 2. — *Mise en ferme des bacs par adjudication.* — *Obligations des fermiers.* — *Indemnités éventuelles.*

554. Les § 2 et 3 de la loi du 6 frim. an 7 traitent de la régie provisoire des bacs existants et des opérations préliminaires à la mise en ferme. Ce sont là des dispositions transitoires exécutées depuis longtemps et pour la connaissance desquelles il suffit de se reporter au texte de la loi (V. Eaux, p. 322). — Mais nous devons exposer, d'après le § 4 de cette loi, les formalités relatives aux adjudications définitives des bacs et bateaux, ces formalités étant applicables à tous les bacs établis ou à établir.

555. A l'égard des passages d'eau qui se trouvent sur des rivières servant de *limites entre la France et d'autres Etats,* il a été établi des dispositions spéciales. — Les mesures relatives à ces bacs, pour être bien combinées, ont dû nécessairement être concertées avec les Etats limitrophes. — Telle est la convention conclue à Turin le 2 août 1835 entre la France et la Sardaigne, pour régulariser l'établissement de bacs et bateaux de passage sur les fleuves et rivières servant de limites aux deux pays, et publiée par ordonnance du 2 déc. 1835. — Telle est aussi la convention conclue le 30 sept. 1860 entre la France et le grand-duché de Bade pour l'établissement du service des bacs sur le Rhin et publiée par décret du 21 nov. de la même année (D. P. 60. 4. 159).

556. C'est au gouvernement qu'il appartient de déterminer pour chaque département le nombre et la situation des bacs établis ou à établir sur les fleuves, rivières et canaux (L. 14 flor. an 10, tit. 4, art. 9). A s'en tenir aux termes mêmes de cet article, le gouvernement n'aurait eu ce droit que pendant un intervalle de 10 ans. — Mais il a été jugé que l'Etat peut encore, après dix ans à partir de la loi du 14 flor. an 10, fixer le nombre et la situation des bacs ou bateaux de passage sur les fleuves, rivières et canaux, sans qu'on puisse lui opposer aucune déchéance, en ce qu'il n'a pas utilisé ce délai (Crim. rej. 24 fév. 1837, aff. Bardou, V. Quest. préj., n° 107).

557. La proposition d'établir un nouveau passage d'eau est présentée au préfet par les ingénieurs des ponts et chaussées. Cette proposition doit indiquer l'emplacement du nouveau bac et les voies de communication qu'il a pour objet de relier. Elle doit contenir le projet de tarif et le projet de cahier des charges. Elle est accompagnée, en outre, de l'avis des conseils municipaux des communes intéressées, du sous-préfet de l'arrondissement et du directeur des contributions indirectes. Ces pièces sont transmises par le préfet avec son avis au ministre des travaux publics. Ce ministre donne son autorisation et approuve le cahier des charges. Le tarif est sanctionné par décret en conseil d'Etat, c'est-à-dire le conseil d'Etat entendu, et il ne peut être changé que dans la même forme (L. 14 flor. an 10, tit. 4, art. 9 et 10, circ. min. trav. publ. 31 août 1852). — Il y a lieu ensuite de procéder à l'adjudication du passage d'eau dans les formes prescrites par la loi du 6 frim. an 7, § 4, et par l'arrêté du 8 flor. an 12, c'est-à-dire dans les formes prescrites pour la location des domaines nationaux (V. Louage administratif). — L'adjudication a lieu aux enchères publiques d'après les ordres et instructions du ministre des finances et à la diligence des préfets (arr. 8 flor. an 12, art. 1). — Il est apposé au moins un mois à l'avance des affiches indiquant la mise à prix, le jour et le lieu de l'adjudication qui se fait ordinairement au chef-lieu du département. Lorsque les bacs sont d'un produit trop modique, le préfet peut déléguer au sous-préfet et celui-ci au maire la fa-

---

dépense; que ces principes ne font point obstacle à ce que des particuliers puissent établir, sans autorisation administrative, des bateaux de passage pour le service de leurs propriétés situées sur des cours d'eau non navigables, pourvu qu'ils n'y reçoivent pas de passagers moyennant rétribution, et en concurrence avec un bac public qui serait situé dans ce voisinage ; — Qu'une tolérance analogue pourrait être même accordée à une commune traversée par un cours d'eau de cette dernière espèce, et qui, pour le passage de ses seuls habitants, aurait un bac rétribué aboutissant à un sentier ou à un chemin purement communal ; mais que, dans ce cas, ce tarif du péage devrait être soumis à l'approbation du préfet ;

Considérant que la discussion qui a eu lieu à la chambre des pairs, au mois de juin 1828, sur la propriété de certains cours d'eau, non plus que la loi qui se discute en ce moment sur la pêche fluviale, ne peuvent modifier en rien la manière dont on a entendu et appliqué jusqu'ici la législation spéciale concernant les bacs ; — Que cette législation consacre un droit exceptionnel qui ne se rattache point au droit de propriété et qui n'a pas d'analogie avec le droit de pêche ; — Que, néanmoins, la dénomination restrictive de *rivières navigables,* employée par la loi du 6 frim. an 7, ayant fait naître depuis 1815 des contestations de fait et des dissidences d'opinion fréquemment renouvelées, il serait désirable qu'une nouvelle loi fût proposée aux chambres sur cette matière pour mettre un terme à toutes les incertitudes, particulièrement sur ce qui concerne les bacs desservant des communications vicinales ou communales, et sur quelques autres points où la démarcation résultant des droits de la propriété privée et ceux dérivant de

l'intérêt général n'est pas assez clairement établie par la législation.

Est d'avis : 1° qu'il convient de persévérer dans le mode d'application de la loi qui a été adopté jusqu'ici, tel qu'il est développé dans les deux précédents avis du comité et dans le présent avis ; — 2° Que néanmoins l'administration doit user de son droit avec réserve, surtout lorsqu'il s'agit de cours d'eau non navigables ni flottables et de passetants dont les communes seraient en possession ; — 3° Qu'il serait utile qu'un projet de loi fût préparé pour fixer les droits de l'Etat, des communes et des particuliers en matière de bacs, comme on vient de le faire en matière de pêche fluviale. »

Du 2 avr. 1829.-Avis du comité des finances du conseil d'Etat.

(1) Cet avis porte : « 1° que le droit de propriété de tout passage d'eau établi pour le service public, à l'aide des bacs et bateaux sur les fleuves, rivières ou canaux navigables, appartient exclusivement à l'Etat ; — 2° Qu'à l'égard des passages d'eau sur des rivières qui ne sont ni navigables ni flottables, ou à des points reconnus tels, le droit de les établir appartient à ceux qui sont maîtres des deux rives, à la charge par eux de s'adresser à l'administration pour la fixation du tarif, et sauf, en outre, la surveillance administrative ; — 3° Que si le passage d'eau établi sur rivière non navigable ni flottable fait continuation d'un chemin public, le droit appartient à l'Etat, au département ou à la commune, suivant la classe où se trouve ledit chemin ; — Que si une rivière, à laquelle la loi du 6 frim. an 7 n'est pas actuellement susceptible d'être appliquée, devenait navigable ou flottable, l'Etat serait fondé à réclamer l'application de cette loi. »

Du 30 juill. 1818.-Avis du comité de l'intérieur.

culté de procéder à l'adjudication au lieu de leur résidence; mais ces fonctionnaires sont les seuls auxquels cette délégation puisse être faite (circ. min. trav. pub. 31 août 1852). — Ces avis contiennent aussi la réserve pour le gouvernement de procéder à des adjudications collectives de tous les bacs du département. — Les concurrents doivent déposer trois jours à l'avance au lieu de l'adjudication des certificats délivrés par les maires de leurs communes constatant leur solvabilité, leur capacité et leur moralité (V. MM. Saillet et Olibo, p. 828; Dictionn. gén. d'admin. de M. Blanche, vo Bacs, p. 109, et Dict. de l'admin. franç. de M. Block, vo Bacs, nos 20 et 21).—Les enchères se font en présence du préfet ou de ses délégués, sous-préfet ou maire, et du directeur des contributions indirectes (instr. 18 prair. an 12).

557. Il avait été décidé par cette instruction du 18 prair. an 12, que s'il ne se présentait pas d'enchérisseurs, les bacs seraient concédés temporairement aux communes, à charge de les entretenir, et que si les communes ne s'en chargeaient pas, les bacs seraient supprimés. Cet abandon ne devait avoir lieu que quand les produits étaient insuffisants à l'entretien. Une circulaire de l'administration des ponts et chaussées, du 17 avr. 1811, avait même recommandé spécialement de faire aux communes l'offre de leur abandonner l'exploitation des bacs toutes les fois que cette circonstance de l'insuffisance se présentait. Toutefois cette concession était toujours révocable de la part de l'administration, pour laquelle c'est un principe inviolable, que le droit de bacs et de bateaux ne peut être ni aliéné ni concédé (V. M. Macarel, eod., p. 344, 345). Mais d'après la pratique actuelle de l'administration, il n'en est plus ainsi. Tous les abandons de ce genre qui avaient été consentis par des décisions particulières ont été révoquées (av. com. fin. 3 oct. 1817, 2 sept. 1819, circ. 5 fév. 1820). Lors donc qu'il n'é se présente pas d'enchérisseur, une nouvelle adjudication est ordonnée en diminuant successivement la mise à prix, et à défaut d'offres plus avantageuses, le passage d'eau peut encore être adjugé à la simple chargé de l'entretenir en bon état, outre les autres obligations imposées au fermier par le cahier des charges (mêmes avis et circ. V. MM. Saillet et Olibo, p. 829). — Les communes du res peuvent, lorsqu'elles ont été dûment autorisées, se présenter comme enchérisseurs et devenir adjudicataires concurremment avec les particuliers (mêmes avis et circ. 31 août 1852).

558. Quant à l'adjudication collective de tous les bacs d'un département que le gouvernement se réserve la faculté d'autoriser, elle ne peut avoir lieu qu'après les adjudications partielles et qu'après le délai d'une quinzaine à compter du jour de l'apposition d'avis et d'affiches spéciales (décis. min. 19 mai 1841). La mise à prix de toute adjudication collective doit toujours être d'un dixième au moins en sus du montant des adjudications partielles (décis. min. 20 mars 1841; circ. min. trav. pub. 28 mai 1841, 31 août 1852).

559. L'amodiation des droits à percevoir sur les bacs doit toujours faire l'objet d'une adjudication publique; mais le ministre des travaux publics a décidé qu'après une tentative d'adjudication demeurée sans effet, on peut recourir au mode d'abonnement par voie de soumission directe. Ces abonnements doivent être reçus par le préfet, ou par les sous-préfets ou les maires. Mais ici, comme pour les adjudications, ces fonctionnaires sont les seuls auxquels les préfets puissent donner cette délégation. — Les actes d'abonnement, à moins de circonstances particulières, énoncent simplement les bases du traité, c'est-à-dire la durée du bail, le prix annuel de la redevance, enfin l'engagement pris par l'abonnataire de se soumettre aux clauses et conditions du cahier des charges. Cette dernière condition est nécessaire, car il n'y a pas de motif pour que les fermiers par abonnement ne soient pas astreints aux mêmes conditions que les adjudicataires. — L'affermage par abonnement direct n'est, du reste, qu'un mode d'exploitation transitoire, qui doit cesser à l'époque fixée pour la réadjudication aux enchères publiques des autres bacs du département (circ. min. trav. pub. 31 août 1852).

560. Les baux ordinaires sont consentis pour trois, six ou neuf ans (L. 6 frim. an 7, art. 25; arr. 8 flor. an 12, art. 2). Mais lorsque, pour l'intérêt et l'avantage de la perception, il est jugé convenable de passer des baux d'une plus longue durée, les

préfets peuvent les consentir pour douze, quinze ou dix-huit ans, à la charge de les soumettre à l'approbation du ministre des finances (même arrêté, art. 3). Il doit aussi en être référé au ministre des travaux publics (circ. min. trav. pub. 31 août 1852). — On a même des exemples de baux d'une plus longue durée. Ainsi le conseil d'État a maintenu un bail de bac où passage d'eau conselli pour quarante années et dont on demandait la nullité soit comme entaché de lésion d'outre moitié, soit comme ayant eu lieu pour un terme excédant dix-huit années sans enchères publiques (cons. d'Et. 24 mars 1819, M. Tarbé, rap., aff. Brilland-Lanjardière). — MM. Macarel et Boulatignier citent aussi un bail de quatre-vingt-dix-neuf ans consenti par une commune en vertu d'un décret impérial en 1812 et maintenu par une ordonnance royale du 18 juin 1826, sous la restriction que la redevance annuelle serait versée dans les caisses de l'État.

561. Les décisions prises par les diverses autorités mentionnées ci-dessus et relatives soit à l'établissement des bacs ou passages et à leur mise en ferme, soit à la fixation des tarifs, sont des actes de pure administration qui ne peuvent être déférés au conseil d'État par la voie contentieuse. — Il a été jugé en ce sens : 1° que des particuliers ne peuvent pas se pourvoir par opposition contre des lettres-patentes qui ont fixé que droit d'un droit de bac; ce tarif, étant un acte administratif, ne doit être modifié que par l'administration (cons. d'Et. 28 juill. 1824, M. Maillard, rap., aff. Fleurdelix et cons.); — 2° Que c'est à bon droit que le préfet ordonne le rétablissement d'un bac qui sert de continuation à un chemin vicinal et dont il met la dépense à la charge des communes intéressées; son arrêté, étant pris dans les limites de sa compétence, ne peut être déféré directement au conseil d'État. « Considérant que le bac de Lumençon sur le Tarn, se trouvant sur la ligne d'un chemin vicinal, n'est que la continuation de ce chemin; que le préfet, quels que soient les motifs de son arrêté, n'a pas excédé, dans son dispositif, les limites de sa compétence; que, dès lors, son arrêté ne pouvait être directement déféré en notre conseil d'État » (cons. d'Et. 7 mars 1854, M. Hochet, rap., aff. com. de Compeyre C. com. de Paulhe); — 3° Que, de même, la décision ministérielle qui prescrit aux entrepreneurs d'un pont de rétablir, pour le maintien des communications d'une commune, un ancien bac en remplacement d'un chemin détruit, est un acte d'administration inattaquable devant le conseil d'État par la voie contentieuse... Toutefois les entrepreneurs peuvent porter leurs réclamations devant le conseil de préfecture (cons. d'Et. 18 mai 1838, M. Humann, rap., aff. comp. du pont suspendu de Parentignat).

562. Aux termes de l'art. 26 de la loi du 6 frim. an 7 : « le procès-verbal d'adjudication contiendra les clauses, charges et conditions qui, conformément à la présente loi, auront par le gouvernement été jugées les plus convenables à l'intérêt public, les plus utiles à la nation et aux localités; il fixera également le nombre des mariniers nécessaires à chaque bateau, celui des bateaux utiles au service de chaque passage, leur forme, leur dimension, leur construction ainsi que la nature et la quantité des agrès dont ils devront être pourvus. » — Les clauses, charges et conditions qui doivent accompagner toute proposition d'établissement de passage d'eau pour servir de base à l'adjudication, ont été stipulées dans un cahier des charges dont le gouvernement a fourni le modèle en l'an 12, puis le 7 août 1835. Celui sur lequel on se guide aujourd'hui a été approuvé par le ministre des finances, sur la proposition du directeur général des ponts et chaussées, le 28 août 1852. — Il est bien entendu que ce cahier des charges ne fait pas la règle invariable de toutes les adjudications et qu'il peut y être apporté des modifications dans chaque cas particulier. Nous ne parlerons donc ici que des obligations les plus générales et les moins sujettes à changer dans diverses adjudications.

564. La première obligation que le cahier des charges impose à l'adjudicataire est celle de fournir, dans les vingt-quatre heures de l'adjudication, un cautionnement, qui a pour but de garantir non-seulement le payement du prix de ferme, mais encore celui de la moins-value du mobilier qui pourrait être dû à la fin du bail, ainsi que l'accomplissement de toutes les clauses du bail (cah. des ch., art. 1). Ce cautionnement, dont le montant est déterminé proportionnellement à l'importance du bac,

doit être fourni soit en immeubles situés dans le département ou dans les départements limitrophes, soit en numéraire, soit en rentes sur l'État (art. 2). — Il est reçu par le préfet, après avoir été préalablement débattu par lui, l'ingénieur des ponts et chaussées et le directeur des contributions indirectes. Une inscription hypothécaire est prise sur les biens affectés au cautionnement soit par les fermiers eux-mêmes, soit par les cautions (art. 3). — Cette inscription n'a de force contre les tiers que du jour de sa date. Aussi une décision ministérielle du 28 août 1810, citée dans la circulaire du 20 septembre de la même année et rappelée par celles des 23 déc. 1845 et 2 nov. 1849, a-t-elle recommandé expressément aux préfets et aux directeurs de prendre immédiatement les inscriptions. L'administration rappelle à ces derniers que, en vertu de la même décision, ils ont qualité pour suppléer les préfets dans ces actes conservatoires, lesquels doivent être faits aussitôt après l'adjudication ou tout au moins avant l'entrée en jouissance, quand bien même le ministre des finances n'aurait pas encore statué sur l'amodiation. Toute négligence à cet égard engagerait fortement la responsabilité des directeurs (circ. dir. gén. des contrib. indir. 13 oct. 1852).

565. Ce cautionnement n'est pas la seule garantie de l'exécution des obligations consenties par les adjudicataires. Leur personne elle-même est soumise à la contrainte par corps en vertu des art. 8 et 10 de la loi du 17 avr. 1832, sauf l'exception contenue en l'art. 13 de ladite loi (art. 4 du cahier des charges; V. Contrainte par corps, n°s 368 et suiv.).

566. L'adjudicataire est tenu de verser le prix du bail par trimestre et d'avance à la caisse du receveur des contributions indirectes, dans le ressort duquel le passeur a son domicile de droit, conformément à l'art. 32 de la loi du 6 frim. an 7 (cah. des ch., art 7). — Le défaut de payement peut entraîner la déchéance. — Il a été jugé que le fermier d'un bac de l'intérieur et extérieur de Paris, qui n'effectue pas les payements aux époques fixées par le contrat de son adjudication, et néglige de remplir plusieurs autres conditions qui lui sont imposées, est valablement déchu de son adjudication par un arrêté du préfet de la Seine, qui prononce cette déchéance (cons. d'Ét. 23 avr. 1807, aff. Gerbier).

567. Le même art. 7 du cahier des charges impose au fermier l'obligation de payer, en sus du prix du bail, la contribution foncière et les autres charges publiques auxquelles le bac ou ses dépendances sont ou pourraient être assujettis. Mais cette obligation n'est pas répétée dans tous les baux, et elle n'est pas de droit. — Il a été jugé, en effet, que la contribution foncière à laquelle les bacs ont été assujettis par la loi des finances du 18 juill. 1836 (art. 2), doit demeurer à la charge du fermier que son bail assujettit à acquitter les contributions foncières ou autres qui seraient assises sur le bac (cons. d'Ét. 27 juill. 1842, M. Richaud, rap., aff. Allard Jacquin); mais que dans le silence du bail à cet égard, c'est l'État, propriétaire du bac, qui doit la contribution foncière (cons. d'Ét. 5 avr. 1851, aff. Dumontet, D. P. 51. 3. 34). — De ce que c'est l'État qui est porté au rôle de la contribution foncière, il résulte que le fermier, bien qu'obligé par son bail d'acquitter l'imposition, n'a pas qualité pour former une demande en réduction de cette imposition (cons. d'Ét. 22 déc. 1863, aff. Billiot, D. P. 64. 3. 19).

568. Le fermier à la charge duquel le cahier des charges met la contribution foncière et les autres charges publiques, doit non-seulement les contributions portées par les lois existantes au moment de l'adjudication, mais encore toutes celles qui pourraient être établies ultérieurement (cons. d'Ét. 27 juill. 1842, M. Richaud, rap., aff. Allard Jacquin).

569. Lorsque le bac est situé sur une rivière limitrophe de deux départements, la contribution doit être acquittée dans le département dont le préfet a le bac dans ses attributions, conformément à l'art. 32 de la loi du 6 frim. an 7 (cons. d'Ét. 11 mai 1825, M. de Villebois, rap., aff. contrib. indirectes).—V. n° 586.

570. Quant aux frais d'adjudication et d'enregistrement, ils sont à la charge de l'adjudicataire qui doit les payer dans les vingt-quatre heures de l'adjudication (art. 8 du cahier des charges). — Bien que celle-ci ne soit définitive qu'après l'approbation du ministre des finances, l'adjudicataire est mis provisoirement en jouissance. La non-approbation ne peut avoir pour effet de priver immédiatement l'adjudicataire du bénéfice du bail. La jouissance ne peut être moindre d'une année, mais le fermier évincé a droit à la restitution des droits d'enregistrement applicables aux autres années du bail. Il doit faire sa demande à la régie dans le délai fixé par l'art. 61 de la loi du 22 frim. an 7 (art. 8 et 20 du cahier des charges).

571. L'adjudicataire ne peut être mis en possession définitive qu'après avoir justifié de l'accomplissement des obligations qui précèdent. A défaut de cette justification, un mois au moins avant l'époque fixée pour l'entrée en jouissance, et après un simple commandement resté sans effet pendant trois jours, il est procédé, à sa folle enchère, à une nouvelle adjudication (art. 21 du cahier des charges).

572. D'après l'art. 22 du cahier des charges, la mise en jouissance est constatée par un procès-verbal particulier, auquel est joint un inventaire exact, descriptif et estimatif des objets mobiliers qui sont mis à la disposition du fermier entrant. Ce procès-verbal, ainsi que l'inventaire descriptif et estimatif dont il vient d'être parlé, sont dressés par l'ingénieur ordinaire des ponts et chaussées ou par la personne que le préfet aura désignée, en présence du maire, d'un employé des contributions indirectes désigné par le directeur et de l'ancien et du nouveau fermier ou ceux dûment appelés.—Pareil procès-verbal est dressé à l'expiration du bail (art. 23).

573. Le cahier des charges s'occupe aussi des obligations de l'adjudicataire relativement au mobilier des bacs. La loi du 6 frim. an 7 contient également quelques dispositions sur ce point. « L'adjudicataire doit acquitter dans le mois de l'adjudication les remboursements et indemnités dus pour les bacs, bateaux, agrès, logements, bureaux, magasins et autres objets relatifs au service du passage d'eau dont il est mis en possession, soit entre les mains des détenteurs qui ont justifié de leurs droits, soit au trésor public en cas de non-justification » (L. 6 frim. an 7, art. 28).—« Au moyen de cet acquit, les nouveaux adjudicataires seront propriétaires desdits objets, tenus de les entretenir et transmettre en bon état, à l'expiration du bail, au nouveau fermier, qui leur en payera le prix suivant l'estimation qui en sera faite lors de ladite expiration » (art. 29). — Et d'après les art. 12 et 23 du cahier des charges, le fermier est tenu de payer, en fin de bail, la différence qui existe à cette époque entre la valeur des bacs et bateaux et des effets mobiliers et celle qu'ils avaient, au moment de son entrée en jouissance, augmentée, tant du prix des objets fournis depuis par le gouvernement, que de celui des réparations qui auront été faites des deniers de l'État, quelle que soit la cause de cette différence, et lors même qu'elle proviendrait uniquement de l'usage. Le recouvrement de cette moins-value est opéré par le receveur des contributions indirectes, et peut être poursuivi par la voie de contrainte par corps aux termes des art. 8 et 10 de la loi du 17 avr. 1832 » (V. n° 565). — Réciproquement, dans le cas où la valeur du mobilier se trouve supérieure à celle reconnue lors de l'entrée en jouissance, augmentée du prix des constructions et réparations faites par le gouvernement, il est tenu compte au fermier de la différence ou plus-value (art. 23 du cahier des charges). — Ces dispositions sont conformes à celles de l'art. 15 de la loi du 6 frim. an 7, relatif à la régie provisoire (V. Eaux, p. 525. V. aussi les art. 13 et 14 du cahier des charges dans MM. Saillet et Olibo, p. 839 et 840). — On voit qu'il n'y a pas lieu d'appliquer en cette matière l'art. 1730 c. nap., aux termes duquel « s'il a été fait un état des lieux entre le bailleur et le preneur, celui-ci doit rendre la chose telle qu'il l'a reçue, suivant cet état, excepté ce qui a péri ou a été dégradé par vétusté ou force majeure. »

574. Il a été jugé, conformément aux art. 12 et 23 du cahier des charges, que lorsque, pendant la durée d'un bail, un bac ou bateau devient hors d'état de faire le service, le fermier doit le remplacer à ses frais, sauf à exiger en fin de bail la plus-value qui peut en résulter, ou requérir l'administration de le remplacer, avant qu'il soit entièrement détérioré; à défaut d'avoir mis en temps utile l'administration en demeure de faire ce remplacement, le fermier ne peut être admis à réclamer une indemnité pour le temps pendant lequel il a été privé du bac devenu hors de service cons. d'Ét. 17 déc. 1823, M. Tarbé, rap.,

aff. Lefébure, 6 juill. 1825, M. Tarbé, rap., aff. Dubaut). — V. n° 579.

575. Il s'est élevé la question de savoir si un cahier des charges ou bail pouvait déroger à cette règle de la loi qui rend le fermier *propriétaire* du bac et de ses ustensiles, à la charge de les transmettre à son successeur, à ses risques et périls, suivant la plus ou moins grande value qu'ils pourront avoir à l'expiration du bail. — Il a été jugé, dans le sens de l'affirmative et par application du droit commun : 1° que lorsque, par dérogation à la loi du 6 frim. an 7, il a été dit dans un cahier des charges que l'adjudicataire remettrait les agrès dans l'état où il les aurait pris, ou qu'il en payerait la dépréciation, cette clause ne doit s'entendre, d'après les principes du droit commun, que des dégradations survenues par son fait, et non de celles arrivées par vétusté (c. nap. 1730, Civ. rej. 11 nov. 1834, aff. Lejeas, v° Louage admin., n° 16-9°); — 2° Qu'une pareille clause contient dérogation à la loi de l'an 7, d'après laquelle le fermier devenait propriétaire du matériel de passage, et rentre sous l'application des règles du droit commun (c. nap. 1730), d'après lesquelles le preneur n'est tenu que des détériorations provenant de son fait et non de celles survenues par force majeure (Limoges, 8 juin 1842) (1)

576. S'il existe dans un département des passages d'eau desservis au moyen d'un matériel fourni par les fermiers en exercice, et qu'il convienne d'imposer à leurs successeurs l'obligation de fournir aussi le matériel, il y a lieu de retrancher de l'art. 11 du cahier des charges la disposition relative au payement de la moins-value et de supprimer les art. 12, 13 et 14. A ces articles, on substitue une clause stipulant que l'adjudicataire sera tenu de fournir, entretenir en bon état et remplacer au besoin le matériel, ainsi que les agrès et ustensiles nécessaires à l'exploitation du passage; qu'il demeurera chargé des travaux de réparation et d'entretien des cales d'abordage pour tout ce qui sera étranger aux routes ou chemins vicinaux servant d'accès au bac, et que s'il négligeait l'entretien du passage d'eau de manière à compromettre la sûreté publique, l'administration se réserve de prendre d'office, aux frais, risques et périls de l'adjudicataire, telles mesures qu'il appartiendra pour que le service des communications ne soit pas interrompu. Enfin, dans le cas où le matériel de l'exploitation serait la propriété du fermier, il y a lieu également de retrancher des art. 22 et 23 tout ce qui concerne l'inventaire descriptif et estimatif dudit matériel. Il peut arriver cependant, pour quelques-uns des passages placés dans cette catégorie, que l'administration ait avantage à faire l'acqui-

---

(1) *Espèce :* — (Contrib. indir. C. Laumond.) — Jugement du tribunal de Brives, ainsi motivé : — « Attendu que le bail à ferme des ports de Beaulieu et passage d'Estresse, consenti par la régie des impôts indirects au sieur Laumond, le 26 déc. 1851, n'a pas été fait conformément aux règles tracées par l'art. 29 de la loi du 6 frim. an 7; qu'aux termes de cette loi, le fermier devenait propriétaire du matériel de passage qui lui était remis; qu'il était tenu de l'entretenir et transmettre en bon état, à l'expiration de son bail, au nouveau fermier qui lui en payait le prix suivant l'estimation qui devait en être faite lors de ladite expiration; que l'on conçoit fort bien que dans une telle hypothèse le fermier sortant devait, conformément à l'art. 28 de la même loi, acquitter dans le mois de son adjudication le montant estimatif de ce même matériel; — Mais attendu que l'administration des impôts indirects prenant que la même clause aurait pour effet fâcheux d'écarter le nombre des enchérisseurs, a senti le besoin d'adopter un autre mode; que c'est pour cela que, dans les art. 12, 13 et 14 du cahier des charges qui a précédé le bail consenti à Laumond, il fut dit seulement que ce dernier serait tenu de remettre le matériel des passages affermés, dans l'état décrit par l'estimation qui devait en être faite au moment de son entrée en jouissance, ou d'en payer la moins-value à la caisse du receveur; — Attendu que cette clause a donné au bail dont il s'agit le caractère de simple bail ordinaire dont les effets doivent être réglés par le droit commun établi dans l'art. 1730 c. civ., qui porte que « s'il a été fait un état des lieux entre le bailleur et le preneur, celui-ci doit rendre la chose telle qu'il l'a reçue, suivant cet état, excepté ce qui a péri ou a été dégradé par vétusté ou force majeure »; que c'est-ainsi que la question a été examinée et jugée par arrêt de la cour de cassation, du 11 nov. 1834, rendu en faveur du sieur Legeas; que, dans l'espèce de cet arrêt, le cahier des charges qui avait réglé les conditions du bail consenti en faveur de ce dernier par la régie, contenait presque identiquement la même clause que celle énoncée dans le cahier des charges du bail du sieur Laumond; — Attendu que depuis cet arrêt l'administration de la régie s'est aperçue que cette clause ne lui garantissait pas suffisamment la perte qu'elle pouvait éprouver de la détérioration du matériel occasionnée par l'usage; que c'est pour cela que, dans les autres adjudications qu'elle a consenties, elle a eu soin d'insérer dans le cahier des charges une condition expresse et irritante qui la mît à l'abri du préjudice qu'elle avait précédemment éprouvé; c'est ainsi on lit dans le cahier des charges du bail qu'elle a consenti, le 1er oct. 1839, du bac de Grange-Chapelle, une clause par laquelle il est dit que le fermier sera tenu de payer en fin de bail la différence qui existera à cette époque entre la valeur des bacs et bateaux et des effets mobiliers, et celle qu'ils avaient au moment de l'entrée en jouissance, quelle que soit la cause de cette différence, et lors même qu'elle proviendrait uniquement de l'usage; que cette dernière disposition ne se trouve point dans le cahier des charges du bail consenti en faveur de Laumond, et que les conséquences qui doivent en résulter ne sauraient lui être appliquées; — Et attendu, en fait, qu'il est établi par le rapport dressé, le 7 avr. 1858, par les experts nommés, l'un par M. le préfet et l'autre par Laumond, que la somme de 5,571 fr. 77 c. formant la différence de valeur du matériel et mobilier entre l'estimation faite au commencement du bail et celle qui a eu lieu à son expiration, n'est que le résultat de l'usage, de la vétusté, et que les détériorations constatées par les experts sur ledit matériel ne peuvent être attribuées au fait personnel du fermier; que, dès lors, celui-ci ne saurait en être tenu. »

Appel par l'administration. — Le sieur Laumond soutient que la cause devait être instruite et jugée sur mémoires, au rapport d'un des conseillers et sans plaidoiries, par application de l'art. 88 loi du 5 vent. an 12. — Arrêt.

La cour; — Sur la question préjudicielle : — Attendu qu'il est de droit commun que toutes les affaires civiles soumises aux tribunaux soient jugées sur plaidoiries; qu'il n'y a d'exception à ce principe que dans certains cas prévus par des lois spéciales, notamment en matière d'impôts indirects et d'enregistrement, ainsi que cela résulte des lois des 22 frim. an 7 sur l'enregistrement et 5 vent. an 12 sur les contributions indirectes, lesquelles ont dérogé au droit commun en traçant un mode particulier de procéder et de vider les discussions judiciaires; que, entre autres dispositions dérogatoires, elles ont accordé aux administrations chargées de la perception de ces contributions le droit exceptionnel de poursuivre par voie de la contrainte, et celui de faire juger en dernier ressort, sans le pourvoi à la cour de cassation, les contestations par elles ou contre elles suscitées, après un simple rapport fait en la chambre du conseil par l'un des juges, et après avoir entendu le ministère public, sans plaidoiries préalables; — Mais attendu que toutes dérogations ou exceptions à la loi commune ne peuvent être étendues et doivent au contraire être restreintes aux cas qui sont spécialement prévus; que du contexte de l'art. 88 de la loi du 5 vent. an 12 invoqué, il résulte évidemment que cet article ne peut s'appliquer aux contestations qui surgissent sur le fond ou perception des droits établis ou maintenus par la susdite loi; — En fait, attendu que, dans la cause actuelle, il s'agit d'une contestation civile ordinaire, puisqu'elle a pour objet l'application sur l'interprétation d'un contrat de bail à louage qui, quoique consenti par l'administration des contributions indirectes, ne se trouve pas moins compris dans la catégorie des contrats généraux ou ordinaires sur les baux; — Attendu que l'administration des impôts indirects a reconnu dès l'origine de l'instance qu'elle ne se trouvait pas dans l'application de la loi du 5 vent. an 12 sur les poursuites à exercer, puisque, après avoir lancé une contrainte contre les intimés, elle s'est désistée de ce mode de poursuite pour prendre la voie ordinaire en assignant directement devant le tribunal d'où vient le jugement dont est appel; — Attendu que les intimés ont reconnu eux-mêmes que l'affaire rentrait dans le droit commun, puisqu'ils ont instruit devant la cour en fournissant des moyens écrits contre les griefs d'appel, tandis que l'affaire avait été du nombre de celles prévues par ledit art. 88 de la loi du 5 vent. an 12, ils auraient dû décliner la compétence de la cour qui, en effet, audit cas, n'aurait pu connaître de cette affaire, puisqu'elle aurait été jugée en dernier ressort par le tribunal de Brives; — Par ces motifs, déclare que l'affaire sera instruite dans la forme ordinaire sur plaidoirie;

Sur les griefs d'appel : — Attendu que dans ce contrat de bail, du 27 déc. 1851, par les art. 12, 15 et 14, l'on n'a cédé aux intimés que la jouissance du matériel ou des objets nécessaires pour l'exploitation de leur bail, et que tout annonce qu'on n'a pas voulu leur transmettre la propriété exclusive de ces objets; que, dès lors, et sous ce rapport, on a formellement dérogé à la loi du 6 frim. an 7, et notamment à son art. 29 qui ne peut, par conséquent, être appliqué à l'espèce; —Attendu que s'il y avait des doutes sur la véritable entente des clauses ou conditions dudit bail, du 27 déc. 1851, ils devraient être interprétés contre le bailleur, contre celui qui a dicté ou imposé les conditions, et en faveur de celui par qui l'obligation pécuniaire était contractée; — Adoptant, au surplus, les motifs des premiers juges, met l'appel au néant.

Du 8 juin 1842.-C. de Limoges, 3e ch.-M. Rogues de Fursac, f. f. pr.

sition du matériel; le préfet doit alors adresser au ministre des travaux publics la proposition des ingénieurs. Mais, dans aucun cas, le mode d'exploitation en vigueur ne doit être changé sans qu'il ait été préalablement statué par l'administration supérieure (circ. min. trav. pub. 31 août 1852).

577. Aux termes de l'art. 10 du cahier des charges modèle : « le fermier ne pourra demander ni la résiliation de son bail, ni indemnité, ni diminution de prix, sous prétexte d'événements imprévus, tels que grosses eaux, sécheresse, inondations, glaces et autres accidents quelconques, causés par l'intempérie des saisons, ni même pour réparations faites au bac, aux routes ou chemins qui y conduisent. Le fermier ne pourra non plus réclamer aucune indemnité dans le cas où le gouvernement autoriserait dans l'étendue du port du bac, l'établissement de bateaux particuliers, conformément à l'art. 8 de la loi du 6 frim. an 7. » Et l'art. 11 ajoute : « Si, avant l'expiration du bail, le passage est supprimé pour une cause quelconque, le fermier n'aura droit à aucune indemnité à raison de cette circonstance, qui n'aura d'autre effet que de faire résilier le bail à compter du jour où l'exploitation aura cessé. L'adjudicataire sera, en conséquence, tenu d'exécuter jusqu'à ladite époque toutes les clauses et conditions de son adjudication, et notamment de payer, conformément à l'article suivant, la moins-value du mobilier, s'il existe une moins-value. » — Comme les clauses de ces articles ne sont pas toujours répétées dans toutes les adjudications, les difficultés qui pourraient s'élever au sujet des indemnités réclamées par les adjudicataires doivent être résolues d'après les clauses particulières du bail ou d'après le droit commun (V. Louage, nᵒˢ 775 et suiv.). Aussi, dans les mêmes circonstances, les fermiers ont vu leurs demandes d'indemnité, tantôt accueillies, tantôt rejetées par le conseil d'État. D'après l'art. 10 précité, les circonstances qui peuvent donner lieu de réclamer des indemnités ou diminutions du prix de bail sont les suivantes : événements imprévus, tels que grosses eaux, sécheresse, inondations, etc.; réparations faites aux bacs ou routes et chemins qui y conduisent; autorisation accordée à des particuliers, dans l'étendue du port du bac, d'établir des bateaux pour l'usage d'une propriété circonscrite ou séparée par les eaux. Voyons quelles règles ont été posées sur ces divers points par la jurisprudence.

578. *Événements imprévus.* — Il a été jugé d'une part : 1° que le fermier d'un bac qui souffre une diminution dans sa perception, par suite d'événements militaires, et notamment par l'envahissement du sol français par les troupes étrangères, a droit à une indemnité (cons. d'Et. 17 juill. 1816) (1); — 2° Que si, le jour même de l'entrée en jouissance du bac, la ligne de poste de service par le bac a été changée en vertu d'un décret antérieur, lequel n'a été ni promulgué ni notifié au fermier, ni inséré ou relaté dans le cahier des charges, il est juste de lui allouer une diminution sur le prix annuel de son bail, alors surtout que l'administration a l'alternative ou d'accorder cette indemnité, ou d'admettre le fermier, selon ses offres, à compter de clerc à maître (même décis.); — 3° Et d'autre part, que l'administration ne peut être contrainte d'accorder une indemnité pour les cas de force majeure, lorsque le cahier des charges les prévoit et met expressément les événements imprévus tels que les *grosses eaux* à la charge du fermier (cons. d'Et. 10 août 1825, M. de Cormenin, rap., aff. Jacquet).

579. *Entretien et réparation du bac.* — A défaut de clauses spéciales dans le cahier des charges, les fermiers ne peuvent demander aucune indemnité pour les travaux et réparations qu'ils font en cours de bail au matériel de leur bac, puisqu'il leur est tenu compte, à la fin du bail, de la plus-value de ce matériel (V. nᵒˢ 573 et suiv.). — Il a été jugé à cet égard que la faculté accordée dans un cahier des charges au fermier d'un passage d'eau sur une rivière navigable, de convertir à ses frais, risques et périls, un bac à rames qui lui est adjugé en un bac à traille, n'emporte point, de la part de l'administration, l'engagement de lui assurer de l'établir, ni, par suite, de contraindre un propriétaire riverain de lui livrer passage (cons. d'Et. 22 mars 1827, M. Feutrier, rap., aff. Offaret C. Faur; 25 janv. 1831, M. Ferri-Pisani, rap., mêmes parties).

580. *Établissement de bateaux particuliers dans l'étendue du port du bac.* — Il est évident que des bateaux particuliers peuvent s'établir en dehors de l'étendue du port du bac, sans que les fermiers puissent se plaindre d'aucun préjudice (art. 19 du cahier des charges ; V. MM. Saillet et Olibo, p. 822). Mais quelle est l'étendue dans laquelle ils ont un droit exclusif? Est-elle restreinte aux limites du quai d'embarquement ou de débarquement, ou bien n'a-t-elle d'autres limites que le droit de locataire du bac voisin? L'exploitation d'un bac n'est pas renfermée dans des limites invariables. D'après l'art. 17 du cahier des charges, l'étendue en est déterminée dans chaque adjudication par l'ingénieur des ponts et chaussées et indiquée par des bornes (V. MM. Saillet et Olibo, p. 842, note B). — Il a été jugé que le droit exclusif du locataire d'un bac a pour limites, non le droit du locataire du bac voisin, de telle sorte qu'il y ait lieu de diviser par moitié entre eux l'espace compris entre les deux bacs, mais les limites mêmes du port du bac dont l'étendue doit être déterminée par l'ingénieur en chef, et indiquée par des bornes placées aux frais de l'adjudicataire du bac; que, par suite, l'individu qui a transporté sur son bateau plusieurs personnes, moyennant rétribution, dans le voisinage d'un bac, ne peut être déclaré en contravention et condamné à des dommages-intérêts, comme ayant empiété sur les droits de l'adjudicataire de ce bac, qu'autant qu'il est constaté que le transport de personnes par lui effectué a eu lieu dans l'étendue du port du bac, administrativement fixé,... ou que, tout au moins, il y a eu, de sa part, fait de concurrence frauduleuse (Civ. cass. 18 fév. 1856, aff. Ozanne, D. P. 56. 1. 57).

581. « Quand l'étendue du port d'un bac n'aura pas été déterminée, elle sera considérée comme étant d'un kilomètre au plus, moitié au-dessus et moitié au-dessous du lieu du passage. » Ce paragraphe, ajouté à l'art. 17 du cahier des charges par lettre ministérielle du 6 janv. 1859, est emprunté à une décision ministérielle en date du 30 germ. an 13, prise au sujet d'une contestation élevée entre l'adjudicataire des bacs sur la Saône et le commerce de Lyon, et qui dispose : 1° que le port de chacun des bacs établis sur la Saône ne peut avoir en longueur plus d'un kilomètre d'étendue « savoir, un demi-kilomètre au-dessus du bac et un demi-kilomètre au-dessous; 2° que tout bateau remontant ou descendant la rivière, et dépassant les limites indiquées, est censé parcourir la rivière dans sa longueur et peut débarquer sur les deux rives, sans que le fermier des bacs puisse l'assujettir à aucun droit » (V. MM. Saillet et Olibo, p. 842, note B).

---

(1) (Testou C. ponts et chaussées.) — Louis, etc. ; — Considérant, sur le premier chef de demande du sieur Testou, tendant à obtenir une indemnité pour l'interruption du service de son bac causée par les événements militaires de 1814, que le fermier a éprouvé dans sa perception les effets de la force majeure longtemps avant et après l'interruption totale du service de son bac ; — Qu'il paraît donc juste de porter l'indemnité de 299 fr. qui lui a été allouée par le conseil de préfecture à la somme de 1,075 fr. 50 c., qui est celle que le directeur des impositions indirectes arbitre lui être due pour raison desdits événements ; — Considérant, sur le second chef de demande du sieur Testou, tendant à obtenir une diminution dans le prix annuel de son bail pour raison de pertes qu'il prétend avoir éprouvées par suite du changement de la ligne de poste, que ce changement, effectué le jour même de son entrée en jouissance, a dû faire subir au fermier des pertes considérables ; — Que le décret du 27 juill. 1808, qui ordonne ledit changement, n'a été ni promulgué dans les formes obligatoires des lois, ni notifié au requérant, ni inséré ou relaté dans le cahier des charges ; qu'il est d'ailleurs

resté pendant cinq ans sans exécution ; — Que par conséquent il est juste d'allouer au sieur Testou une diminution à raison de ce dans le prix annuel de son bail ; — Qu'à cet égard, les intérêts de l'administration ne peuvent être lésés, puisqu'il lui reste la faculté alternative ou d'allouer au fermier l'indemnité qu'il réclame d'après les bases par lui posées, ou de résilier ledit bail, si elle le préfère, en admettant le fermier, selon ses offres, à compter de clerc à maître ; Art. 1. L'arrêté du conseil de préfecture du département de Tarn-et-Garonne, du 4 fév. 1815, sera réformé.—Art. 2. En conséquence, il est alloué au sieur Testou une indemnité de 1,075 fr. 50 c. pour raison des pertes qu'il a éprouvées par suite des événements militaires de 1814. — Art 3. Il sera alloué au sieur Testou une diminution de 4,000 fr. dans le prix annuel de son bail pour raison du changement de la ligne de poste, si mieux n'aime l'administration des ponts et chaussées résilier ledit bail, en admettant le requérant, selon ses offres à compter de clerc à maître ; Du 17 juill. 1816.—Ord. cons d'Et.

582. Il a été décidé : 1° que le gouvernement peut, sans être tenu à une indemnité envers le fermier d'un bac, accorder à l'adjudicataire de la construction d'un pont ou d'une digue l'autorisation d'établir des bateaux pour le transport des ouvriers et des matériaux destinés à la construction de ce pont ou de cette digue (cons. d'Et. 25 sept. 1854 (1) ; 18 fév. 1829, M. Rozier, rap., aff. Dufour) ; — 2° Que le fermier du passage d'un bac, avec clause de résiliation du bail dans le cas où un pont viendrait à être construit, ne peut réclamer, ce cas arrivant, une indemnité pour le dommage que lui aurait occasionné l'entrepreneur du pont en passant ses ouvriers dans ses propres bateaux, les ouvriers employés à la construction d'un pont ne pouvant être assimilés aux personnes qui passent d'une rive à l'autre, et pour lesquelles il a été fixé un droit de péage lors de l'établissement (cons. d'Et. 7 fév. 1834) (2). — A l'égard d'autres dommages que l'entrepreneur aurait causés au fermier du bac en passant, par exemple, des étrangers parmi ses ouvriers, et en déplaçant le câble de son bac; ce sont des griefs résultant du fait de l'entrepreneur, qui ne peuvent donner lieu à aucun recours contre l'administration (même arrêt). — 3° Que l'adjudicataire d'un passage d'eau n'est pas fondé à se plaindre de l'établissement de bateaux par l'Etat, lorsqu'il ne justifie pas que, par le fait de l'administration, il ait été effectué sur ces bateaux, et au préjudice de son fermage, aucun passage qui pût lui donner droit à une indemnité (cons. d'Et. 5 déc. 1837, M. Gomel, rap., aff. Robin); — 4° Que lorsque l'administration, en établissant un bac, s'est réservé le droit d'établir d'autres bacs sans indemnité, et à la distance d'au moins un kilomètre, l'établissement d'un de ces nouveaux bacs ne peut autoriser le concessionnaire du premier à réclamer une indemnité, alors qu'il n'allègue même point que la limite d'un kilomètre n'a pas été respectée (cons. d'Et. 27 juill. 1842, M. Bouchené-Lefer, rap., aff. Pujol).

583. L'établissement d'un nouveau bac public ou d'un pont dans une étendue de........ à partir de la limite du port du bac affermé, ne pourra aussi avoir ouverture qu'à la demande en résiliation du bail, sans indemnité ; les changements apportés dans l'exploitation des bacs existant au moment de l'adjudication ne donneront lieu, en aucun cas, à résiliation ou indemnité (cah. des charges, art. 11-2°). — Il a été jugé, avant cette disposition, 1° que le concessionnaire du droit de péage ou passage d'une rivière n'est pas recevable à demander une indemnité pour diminution ou cessation de ce droit par la construction d'un pont à proximité de son bac, alors que le gouvernement n'a jamais renoncé au droit qu'il s'était réservé sur ce point (cons.

d'Et. 22 janv. 1813, aff. Luzerne); — 2° Et d'autre part, que la décision d'un conseil de préfecture qui, en considération de la construction d'un pont remplaçant le bac et avant l'expiration du bail du fermier, alloue à celui-ci, par exemple, le tiers du prix du bail pour le temps restant à courir, contient une évaluation légitimement fondée sur l'art. 1746 c. nap. (cons. d'Et. 18 fév. 1829, M. Rozière, rap., aff. Dufour).

584. Enfin il a été décidé qu'un conseil de préfecture ne peut condamner un fermier de bac à la restitution d'une partie de fermages qui lui a été légalement allouée à titre d'indemnité par arrêté du préfet (cons. d'Et. 13 mai 1829, M. Huiteau, rap., aff. Désert).

Art. 3. — Administration et police des bacs; — Attributions des autorités administratives.

585. Les bacs ont un caractère mixte qui les rattache au ministère des travaux publics par l'administration des ponts et chaussées, et au ministère des finances par l'administration des contributions indirectes. En effet, si on les considère au point de vue des voies de communication dont ils font partie en les continuant et les réunissant, ils dépendent de l'administration des ponts et chaussées; mais si on les considère au point de vue des ressources qu'ils procurent à l'Etat, ils dépendent de la direction générale des contributions indirectes (Circ. min. trav. pub. 31 août 1852) (3). D'après la loi du 6 frim. an 7, ils faisaient partie, à ce point de vue, de la régie de l'enregistrement; mais d'après l'arrêté du 5 germ. an 12, art. 4, c'est au directeur général des contributions indirectes qu'il appartient de faire faire la recette des droits et revenus des bacs et bateaux, de diriger et surveiller tous les agents préposés à ces recettes.

586. Aux termes de l'art. 31 de la loi du 6 frim. an 7, les opérations relatives à l'administration, la police et la perception des droits de passage sur les fleuves, rivières et canaux navigables, appartiennent au préfet du département dans l'étendue duquel se trouve situé ce bac, sans préjudice de la surveillance de l'administration municipale de chaque lieu. L'art. 32 prévoit le cas où les passages sont communs à deux départements limitrophes. L'administration et la police appartiennent alors au préfet dans le département duquel est situé la commune la plus prochaine du passage. En cas d'égalité de distance, la population la plus forte détermine ; en conséquence, la gare, le logement et le domicile de droit du passager sont toujours établis de ce côté.

587. Pour la police des bacs et passage d'eau, le préfet statuant du fait de l'entrepreneur, ne peuvent donner aucun recours contre l'administration.— Art. 1. La requête... est rejetée.

Du 7 fév. 1854.—Ord. cons. d'Et.-M. Montaud, rap.

(3) Le département des travaux publics statue directement sur les questions qui ont trait à l'établissement des passages d'eau, à leur déplacement, à leur suppression, à la fourniture, la réparation et le renouvellement du matériel d'exploitation. Il approuve les projets de travaux à exécuter aux abords des bacs pour en faciliter l'accès, et prononce sur les réclamations auxquelles l'établissement d'un passage d'eau peut donner lieu. L'approbation de la liquidation des plus-values ou des moins-values en fin de bail, du matériel des bacs, laquelle ressortit également au département des travaux publics, a été déléguée aux préfets par le décret du 25 mars 1852. Mais cette délégation ne s'étend pas à la remise ou à la réduction du montant des moins-values. Vous devez donc continuer à me soumettre, avec votre avis, et celui de MM. les ingénieurs, les demandes qui vous seront adressées à ce sujet par les fermiers intéressés.

Le ministre des finances statue sur les adjudications et abonnements consentis pour l'amodiation des passages d'eau, les cahiers des charges qui servent de base à cette amodiation, la fixation ou la révision des tarifs des droits à percevoir par les fermiers, les demandes de réduction du prix de fermage, les demandes d'indemnité et de résiliation présentées par les fermiers, enfin sur toutes les questions qui concernent l'exploitation et la perception.

Toutefois mon département ayant mission de proposer au ministre des finances les décisions qui rentrent dans ses attributions, c'est à l'administration des travaux publics que vous devez adresser directement toutes les propositions relatives au service des bacs, soit qu'elles concernent exclusivement mon département, soit que la solution en appartienne au département des finances.

Du 31 août 1852.—Circul. du minist. des trav. publ. aux préfets. (Extrait.)

---

(1) (Gauthier C. Pommerat et autres.) — Louis-Philippe, etc. ; — Vu la loi du 6 frim. an 7 et l'arrêté du 5 vent. an 12, qui a établi les droits de passage à percevoir aux bacs établis sur le Rhône, dans l'étendue du département de l'Ardèche ; — Considérant qu'en vertu de l'art. 8 de la loi du 6 frim. an 7, l'administration a pu, malgré l'existence du bac à traille du Pouzin, accorder à l'entrepreneur des travaux de la digue de Livron, sur la Drôme, l'autorisation d'établir des bateaux pour le transport des matériaux nécessaires à la construction de ladite digue ; — Considérant que cette autorisation résulte, pour le sieur Gauthier, de la clause de son bail qui lui a imposé l'obligation d'opérer le transport de ses matériaux par bateaux ; — Que, d'ailleurs, il n'est allégué par personne que l'entrepreneur ait employé ses bateaux pour un objet étranger au service de son entreprise; — Art. 1. L'arrêté du conseil de préfecture de la Drôme, du 11 fév. 1852, est annulé.

Du 25 sept. 1854.—Ord. cons. d'Et.-M. Humann, rap.

(2) (Bijon-Toncin C. min. fin.) — Louis-Philippe, etc. ; — Vu le cahier des charges imposées à l'entrepreneur du pont ; — En ce qui touche l'indemnité relative à la formation du banc de sable : — Considérant qu'il est établi que c'était seulement lors des basses eaux de la Loire que le banc de sable formait obstacle à la traversée du bac ; que cette circonstance ne se présentait que pendant vingt jours au plus chaque année, et qu'en fixant à une somme annuelle de 400 fr. la remise accordée au fermier du bac sur le prix de son bail, notre ministre des finances, lui a accordé une juste indemnité ; — En ce qui touche l'autorisation accordée à l'entrepreneur de faire avec ses bateaux le transport de ses ouvriers : — Considérant que les ouvriers employés à la construction du pont ne peuvent être assimilés aux personnes qui passent d'une rive à l'autre, et pour lesquelles le droit de péage a été établi ; que dès lors, l'autorisation accordée à l'entrepreneur ne constitue aucune violation de contrat ; — En ce qui touche l'enlèvement du câble et le passage dans les bateaux de l'entrepreneur de personnes étrangères aux travaux du pont : — Considérant que ces griefs, résul-

sous ses ordres les ingénieurs des ponts et chaussées. — Il peut les requérir toutes les fois qu'il juge leurs services nécessaires (M. Macarel, *eod.* p. 347).

588. Aux termes de l'art. 34 de la loi du 6 frim. an 7, les ingénieurs doivent faire, chaque année, aux mois de septembre et d'avril, la visite des bacs et bateaux, et autres objets dépendant de leurs services, afin de juger s'ils sont régulièrement entretenus. — S'il se trouve des réparations ou des reconstructions à faire, auxquelles les adjudicataires soient tenus, ils y sont contraints par les préfets, par les mêmes voies que pour les autres entreprises publiques (art. 35). — L'art. 37 du cahier des charges prescrit au fermier d'accompagner les ingénieurs des ponts et chaussées dans les visites semi-annuelles, et de leur donner tous les renseignements qu'ils pourraient requérir, et de signer avec eux le procès-verbal de ces visites dans lequel il lui sera loisible de faire insérer ses observations.

589. Parmi les mesures de police prescrites dans le § 5 de la loi du 6 frim. an 7, nous mentionnerons encore les suivantes, nous bornant à renvoyer pour les autres au texte même de la loi (V. Eaux, p. 322).—Le gouvernement désigne les passages dont la communication doit être suspendue depuis le coucher du soleil jusqu'à son lever; pendant cette suspension, les bacs, bateaux et agrès doivent être fermés avec chaînes et cadenas solides (art. 42). — D'après l'art. 43, aux passages où le service public, les intérêts du commerce et les usages particuliers résultant de la nature du climat et de la hauteur des marées, exigent une communication non interrompue, le gouvernement fait régler, eu égard aux temps et aux lieux, un service de *veilleurs* ou *quarts*. — Dans les lieux où ces veilleurs sont établis, ils doivent exiger des voyageurs, autres que les domiciliés, la représentation de leurs passeports, qui doivent être visés par le maire ou l'officier de police des lieux. — Toutefois les conducteurs de voitures publiques, courriers de malle et porteurs d'ordre du gouvernement, sont dispensés de cette formalité (art. 46).

590. Le gouvernement doit déterminer les mesures de police et de sûreté relatives à chaque passage. Ainsi c'est à lui de désigner les lieux, les circonstances dans lesquelles le bac ou bateau devra avoir attaché à sa suite un batelet ou canot, et celles dans lesquelles les batelets ou canots devront être disposés à la rive, à l'effet de porter secours à ceux des passagers auxquels un accident imprévu ferait courir quelques risques. Il prescrit le mode le plus convenable d'amarrer les bacs et bateaux lors de l'embarquement et du débarquement, afin d'éviter les dangers que le recul du bateau pourrait occasionner. Il fixe aussi le nombre des passagers et la quantité du chargement que chaque bac ou bateau devra contenir en raison de sa grandeur (art. 44). —Le cahier des charges (art. 16, 29 et suiv.), contient les prescriptions les plus minutieuses relatives à l'exécution des mesures de précaution dont il s'agit dans cet article. Elles sont, en général, reproduites dans le cahier des charges particulier qui accompagne chaque adjudication. L'exacte observation de ces prescriptions est sous la surveillance des préfets et des maires. — V. MM. Saillet et Olibo, p. 842 et suiv.

591. Les adjudicataires et nautonniers doivent maintenir le bon ordre dans leurs bacs et bateaux pendant le passage et sont tenus de désigner aux officiers de police ceux qui s'y comporteraient mal ou qui, par leur imprudence, compromettraient la sûreté des passagers (L. 6 frim. an 7, art. 45). — Dans l'intérêt et la sûreté des voyageurs, il leur est enjoint de ne se servir que des gens de rivières ou mariniers reconnus capables de conduire sur les fleuves, rivières ou canaux. Les employés doivent donc, avant d'entrer en exercice, être munis de certificats des commissaires civils de la marine, dans les lieux où ces emplois sont établis, ou de l'attestation de quatre anciens mariniers conducteurs donnée devant le maire de leur résidence, dans les autres lieux (art. 47). — Aux termes de l'art. 31 du cahier des charges, « le fermier ne pourra employer au service de son exploitation que des gens âgés au moins de vingt et un ans, de bonne vie et mœurs et bien au fait de la navigation. Tout individu, soit fermier, soit marinier, faisant le service du passage devra être constamment muni : 1° du certificat d'aptitude exigé par l'art. 47 de la loi du 6 frim. an 7 ; — 2° D'un certificat de moralité délivré par le maire de la commune qu'il habite. Il sera

tenu de représenter ces pièces à toute réquisition des autorités locales, des ingénieurs et agents des ponts et chaussées, ainsi que des employés de l'administration des contributions indirectes et de la gendarmerie. L'inexécution de ces prescriptions entraînera la résiliation du bail et la réadjudication du passage d'eau à la folle enchère du fermier évincé. » — Une modification grave a été apportée à cet article par une lettre du ministre des travaux publics en date du 6 janv. 1859. Le ministre décide que cet art. 31 doit stipuler que tous les hommes employés à la conduite du bac seront choisis parmi les inscrits maritimes ; que les dispositions des décrets-lois des 20 et 25 mars 1852 seront observées, et qu'enfin le bac sera muni d'un rôle d'équipage, conformément au décret-loi du 19 mars 1852, dont toutes les dispositions sont applicables dans les eaux maritimes. Il deviendra donc inutile, dit encore le ministre, de rappeler les conditions imposées par l'art. 47 de la loi de frimaire an 7, la qualité d'inscrit maritime impliquant l'aptitude nécessaire à la conduite d'un bac.

592. Les cahiers des charges contiennent encore d'autres prohibitions édictées également dans l'intérêt de la sûreté des passagers. Ainsi le passage est interdit quand les eaux surmonteront le passage peint en rouge du poteau de hauteur établi près de l'escalier d'abordage et qui sert à désigner les hautes eaux, quand la rivière charriera de forts glaçons, ainsi que pendant les temps de débâcle (art. 34 du cahier des charges). — Les bateaux ne pourront jamais être chargés au delà du poids qui les ferait enfoncer jusqu'aux lignes de flottaison tracées en rouge sur leurs flancs (*eod.*, art. 16).

ART. 4. — *Acquittement des droits de bacs. — Exemptions. — Dispositions pénales.*

593. Tous individus, voyageurs, conducteurs de voitures, chevaux, bœufs et autres animaux et marchandises passant dans les bacs, bateaux, passe-cheval, sont tenus d'acquitter les sommes portées aux tarifs (L. 6 frim. an 7, art. 48). — Ces tarifs, dûment approuvés (V. n° 557), doivent être *affichés* de l'un et de l'autre côté du cours d'eau, « sur un poteau placé en lieu apparent » (même loi, art. 13). — Sur ce poteau, placé aux frais de l'adjudicataire, est tracé le niveau d'eau au-dessus duquel le supplément de taxe est exigible (V. n° 594), ainsi que celui des hautes eaux au-dessus duquel tout passage est interdit (V. n° 592). Il en est de même chaque fois que les poteaux doivent être renouvelés (cah. des charges, art. 15).

594. Il est souvent stipulé dans les cahiers des charges qu'aux temps des hautes eaux, le droit sera doublé. — Les eaux sont réputées hautes lorsqu'elles atteignent la partie peinte en rouge du poteau de hauteur établi près de l'escalier d'abordage. —Une autre clause qui se retrouve aussi ordinairement dans les cahiers est celle qui ne permet de contraindre le batelier à passer immédiatement que lorsque les passagers réunis lui assureront une recette au moins égale à ce qui est dû, d'après le tarif, pour un nombre de personne déterminé ; mais il est ajouté que le fermier sera tenu de passer une personne seule, sans exiger d'autre droit que le droit simple, lorsqu'elle aura attendu sur le port un certain laps de temps. De même il doit passer sans aucun délai les fonctionnaires, agents et autres personnes exemptées de la taxe (V. n° 595). — Toute autre personne qui voudra passer isolément et sans attendre ce laps de temps, payera le droit fixé dans ce cas par le tarif.

595. *Exemptions.* — L'art. 50 de la loi du 6 frim. an 7 porte, sur ce point : « Ne seront point toutefois assujettis au payement des droits compris auxdits tarifs, les juges, les juges de paix, administrateurs, commissaires du directoire, ingénieurs des ponts et chaussées, lorsqu'ils se transporteront pour raison de leurs fonctions respectives ; les cavaliers et officiers de gendarmerie, les militaires en marche, les officiers lors de la durée et dans l'étendue de leur commandement. » — Mais les ordonnances royales ou les décrets impériaux qui arrêtent les tarifs, contiennent d'ordinaire un plus grand nombre d'exceptions ; c'est donc à ces ordonnances et décrets qu'il faut recourir dans chaque cas particulier, ainsi qu'au cahier des charges. — Nous indiquons ci-dessous, en note, les exceptions qui se trouvent

reproduites, d'après l'art. 5 du cahier des charges, dans presque toutes les clauses et conditions qui accompagnent les décrets portant approbation des tarifs des droits de péage aux bacs et passages d'eau (1). — Les jurés-compteurs et gardes-ports, agents de la navigation et du service de la navigation de Paris, doivent aussi être dispensés du payement des droits de bac. Commissionnés par le gouvernement, ces agents sont d'ailleurs des fonctionnaires publics (V. ce mot). Une lettre du directeur général des ponts et chaussées, en date du 3 mars 1825, émet la même opinion.

596. Quelque fréquents et nombreux que soient les passages des corps et des individus qui, aux termes des dispositions ci-dessus, doivent jouir du droit de franchise, le fermier ne peut prétendre à aucune indemnité. — Il est tenu de passer, soit avant le lever, soit après le coucher du soleil, sans exiger aucun droit, mais seulement pour l'exercice de leurs fonctions, les préfets et sous-préfets, les maires, les juges d'instruction et procureurs impériaux, les juges de paix et leurs greffiers, les commissaires de police et autres agents de police judiciaire, les employés des contributions indirectes et des douanes, la gendarmerie, les ministres des différents cultes reconnus par l'Etat et leurs assistants; les gardes champêtres, les pompiers et les personnes qui, en cas d'incendie, iraient porter secours d'une rive à l'autre, ainsi que le matériel nécessaire (cahier des charges, art. 35).

597. Il faut remarquer que l'art. 49 de la loi du 6 frim. an 7 déclare « ne point dispenser du payement des droits les entrepreneurs d'ouvrages et fournitures faits pour le compte de l'Etat ni ceux des charrois à la suite des troupes. » — Et il a été décidé que dans tous les cas même où un ministre aurait consenti dans un cahier des charges l'exemption des droits de passage à des entrepreneurs de charrois militaires, ces derniers ne pourraient invoquer cette clause dans une autre localité (avis cons. d'Et. 1er mai 1823 (ou 1er mars 1825), cité par M. Favard de Langlade, v° Péage).

598. Le § 7 de la loi du 6 frim. an 7, art. 51 à 61, a pour objet d'assurer le payement des droits de péage, et de protéger les particuliers contre les exactions des fermiers. — Le refus de payer le droit de bac expose le contrevenant à une amende qui ne peut être moindre de la valeur d'une journée de travail, ni excéder trois jours. En cas de récidive, il y a lieu, outre l'amende, à un emprisonnement d'un jour au moins et de trois au plus; l'affiche du jugement est aux frais du condamné. Le juge de paix

prononce la condamnation (art. 56). Il peut aussi adjuger les dommages-intérêts réclamés. — Il a été jugé en effet que le jugement d'un tribunal de paix qui condamne à une réparation civile (50 fr.) celui qui s'est soustrait au payement des droits de péage sur un bac, a fait une juste application de la loi (Req. 19 juill. 1851) (2).

599. Si le refus de payer est accompagné d'injures, menaces, violences ou voies de fait, les coupables sont traduits devant le tribunal de police correctionnelle, et condamnés, outre les réparations civiles et dommages-intérêts, en une amende qui peut être de 100 fr. et un emprisonnement qui ne peut excéder trois mois (art. 57).

Les mêmes peines sont encourues par ceux qui aident ou favorisent la fraude (art. 58). — Il a été jugé que l'art. 58 de la loi du 6 frim. an 7 qui punit toute personne qui aura aidé ou favorisé la fraude, ou concouru à des contraventions aux lois sur la police des bacs, s'applique au batelier qui, organisant une concurrence illicite, a transporté des personnes que le fermier du bac avait seul le droit de passer;... encore bien que ce dernier ait négligé de faire poser des poteaux pour délimiter l'étendue de son monopole; et que ce batelier ne saurait échapper aux peines de la contravention par lui commise, ni sur le motif que les personnes qu'il a transportées n'ont pas été mises en cause; —... Ni sous le prétexte que le fermier n'a pas exactement rempli les charges de son bail, alors d'ailleurs qu'il n'est pas établi qu'il y ait eu cas de force majeure (Crim. cass. 26 déc. 1857, aff. Pacaud, D. P. 58. 1. 137).

601. Le cahier des charges, art 26, permet aux fermiers de requérir la force armée contre les contrevenants. Mais ce n'est pas l'administration qui poursuit les fraudes commises au préjudice des droits des fermiers des bacs et passages; ce sont ceux-ci qui poursuivent à leurs risques et périls (eod., art. 22).—Il a été jugé que l'administration n'est as responsable des contraventions commises par les particuliers au préjudice des fermiers des bacs et passages (cons. d'Et. 18 fév. 1829, M. Rozière, rap., aff. Dufour; 7 fév. 1834, aff. Bijon-Toncin, V. n° 582-2°; 5 déc. 1837, M. Gomel, rap., aff. Robin), et que les fermiers peuvent poursuivre eux-mêmes les contrevenants devant les tribunaux (même arrêt du 5 déc. 1857, aff. Robin).

602. L'exécution des condamnations encourues est garantie par l'obligation d'en consigner le montant au greffe du juge de paix du canton ou de donner caution solvable devant le juge de paix ou son suppléant. Sinon les voitures et chevaux du condamn

---

(1) Sont exempts des droits de péage : les préfets et sous-préfets en tournée dans leurs départements et arrondissements, les maires, les juges d'instruction et procureurs impériaux, les juges de paix et leurs greffiers, les commissaires de police et autres agents de police judiciaire, les ingénieurs et agents des ponts et chaussées, les directeurs et employés des administrations de l'enregistrement et des domaines, des contributions directes (les percepteurs compris), les contributions indirectes et des douanes; les agents de l'administration forestière, des lignes télégraphiques, les agents voyers, piqueurs et cantonniers des chemins vicinaux, les receveurs des communes, les vérificateurs des poids et mesures, les préposés d'octroi, les facteurs ruraux, les gardes champêtres, les officiers et agents des divers corps de la marine se rendant d'une rive à l'autre pour cause de service, les officiers et agents ayant le siège de leurs fonctions dans la circonscription maritime qui comprend l'une ou l'autre rive, les inspecteurs des pêches, les syndics des gens de mer, les gardes maritimes, les prud'hommes pêcheurs, les gardes jurés et autres fonctionnaires ou agents préposés à la police de la navigation et des pêches, mais pour le cas seulement où ces divers fonctionnaires et employés seront obligés de passer d'une rive à l'autre pour cause de service, et sous la condition que les employés seront revêtus des marques distinctives de leurs fonctions ou porteurs de leurs commissions; — Les ministres des différents cultes reconnus par l'Etat, et leurs assistants; — Les préfets, sous-préfets et autres fonctionnaires désignés au présent paragraphe auront le droit, dans leurs tournées, de réclamer le passage en franchise de leurs secrétaires, des domestiques attachés à leur personne et de leurs voitures et conducteurs; — Les malles-postes, les courriers et les estafettes du gouvernement; — Les trains d'artillerie, c'est-à-dire les bouches à feu et caissons militaires chargés de munitions de guerre, ainsi que les militaires ou conducteurs qui les accompagnent; les bouviers, bœufs, chevaux et voitures requis pour le transport des vivres de l'armée, des équipages des troupes et des militaires malades; les voitures cellulaires et leurs chevaux et conducteurs;—Les militaires de tous grades voyageant avec leurs corps, les sous-

officiers et les soldats voyageant isolément; la gendarmerie dans l'exercice de ses fonctions, ainsi que les individus conduits par la gendarmerie et les voitures et chevaux servant à les transporter, à la charge de représenter, soit une feuille de route, soit un ordre de service; — Les gardes nationaux marchant en détachement ou isolément pour le service public, mais à la même condition; — Les pompiers et les personnes qui, en cas d'incendie, iraient porter secours d'une rive à l'autre, ainsi que le matériel nécessaire (cahier des charges du 28 août 1852, art. 5).

(2) (Cachet C. Goyon.) — La cour; — Attendu en droit qu'il n'y a pas d'ouverture à cassation contre les jugements en dernier ressort des juges de paix, si ce n'est pour incompétence ou excès de pouvoir (art. 77 de la loi du 27 vent. an 8), que le juge de paix connaît de toutes les causes purement personnelles et mobilières sans appel jusqu'à la valeur de 50 fr. (loi du 24 août 1790); qu'enfin c'est aussi par-devant le juge de paix que doit être poursuivie toute personne qui se soustrait au payement des sommes portées au tarif pour les bacs et bateaux sur les fleuves, rivières et canaux navigables (loi du 6 frim. an 7);—Et attendu en fait que c'est pour s'être soustrait au payement des sommes portées au tarif pour le bac de Vendre, que Goyon a traduit Cachet demandeur en cassation par-devant le juge de paix du canton, en réclamant contre lui une somme de 50 fr. à titre de dommages-intérêts, et que le juge de paix lui a adjugé cette somme par son jugement en dernier ressort, du 4 mai 1850, attaqué par-devant la cour; — Qu'en jugeant ainsi, le juge de paix, loin de franchir les limites de sa compétence ou excédé ses pouvoirs, n'a fait qu'exercer une juridiction qui lui est textuellement attribuée, et par la loi du 24 août 1790, et par celle du 6 frim. an 7, loi spéciale pour la matière : d'où il suit, que le jugement étant en dernier ressort, et ne renfermant ni incompétence, ni excès de pouvoir, n'admet pas de recours en cassation;— Déclare le pourvoi non recevable.

Du 19 juill. 1851.-C. C., ch. req.-MM. Dunoyer, pr.-Lasagni, rap.
Du même jour, arrêt semblable (Lescanne C. Goyon).

sont mis en fourrière et les marchandises déposées jusqu'à la consignation ou la réception de la caution (art. 59). La restitution de la consignation ou du dépôt doit avoir lieu immédiatement après l'exécution du jugement (art. 60).

603. *Exactions de la part des fermiers.* — En garantissant, comme on vient de le voir, les intérêts des adjudicataires, la loi devait, réciproquement, dans l'intérêt du public, réprimer les exactions que ceux-ci pourraient commettre. C'est ce qu'elle fait dans les art. 52, 53, 54, 55. — L'art. 52 de la loi du 6 frim. an 7 défend expressément aux adjudicataires et autres personnes employées au service des bacs, d'exiger, dans aucun temps, autres et plus fortes sommes que celles portées au tarif, à peine d'être condamnés par le juge de paix du canton, soit sur la réquisition des parties plaignantes, soit sur celle des maires, à la restitution des sommes indûment perçues, et, en outre, par forme de simple police, à une amende qui ne peut être moindre de la valeur d'une journée de travail et d'un jour d'emprisonnement, ni excéder la valeur de trois journées de travail et de trois jours d'emprisonnement. — En cas de récidive, la condamnation doit être prononcée par le tribunal correctionnel. — « Si l'exaction est accompagnée de menaces, porte l'art. 53, injures, violences ou voies de fait, les prévenus doivent être traduits devant le tribunal de police correctionnelle, et, en cas de conviction, être condamnés, outre les réparations et dommages-intérêts, à une amende qui peut être de 100 fr., et à un emprisonnement qui ne peut excéder trois mois. » — Il a été jugé, par application de cet article, que l'exaction commise par le préposé à la perception d'un droit de péage, qui exige plus que ne porte le tarif, ne peut être excusée sous le prétexte que le prévenu était de bonne foi (Crim. cass. 23 août 1859) (1).

604. Les fermiers des bacs peuvent-ils assujettir au payement des droits fixés par les tarifs ceux qui, sans faire usage de leurs bacs, *traversent la rivière à gué, soit à pied, soit à cheval,* soit en charrette, etc., dans la circonscription des ports assignés à leurs bacs ? La négative a été décidée dans l'ancien droit par un arrêt du parlement de Grenoble, du 23 déc. 1510, aux termes duquel le bétail qui passe à gué un cours d'eau ne doit aucun péage (V. M. Merlin, v° Bac). La même solution nous semble devoir être admise aujourd'hui. — Cependant, dans une espèce soumise à l'autorité administrative, les fermiers soutenaient l'opinion contraire, en prétendant que l'affermage leur avait donné, pour ainsi dire, le monopole du passage. Ils invoquaient d'ailleurs, à l'appui de leur intérêt personnel, l'intérêt financier de l'État et celui de la sûreté publique. Et le préfet du Lot, par un arrêté en date du 5 juin 1826, avait cru devoir approuver cette prétention pour son département. Mais le ministre a annulé cet arrêté par décision du 27 déc. 1831. — Cette décision est basée sur ce que, s'il appartenait à l'autorité administrative de faire des règlements pour la sûreté publique, elle ne saurait avoir le droit d'imposer des conditions qui ne sont pas formellement autorisées par les lois. — Or, il n'existe dans la loi du 6 frim. an 7, ni dans aucune autre, des dispositions qui astreignent à un péage quelconque ceux qui passent à gué les rivières. A cette considération, a dit le ministre, on pourrait ajouter que le passage des rivières à gué est de droit naturel et imprescriptible et ne saurait en conséquence être interdit. C'est ainsi que l'a reconnu la cour de cassation par un arrêt rendu le 25 oct. 1822 dans une affaire analogue (V. n° 642-1°).

605. De même un propriétaire peut se servir d'un bateau pour passer la rivière qui borde sa propriété, sans être obligé de payer les droits. C'est ce qui a été décidé par arrêt du 9 janv. 1758 (V. Merlin, Rép., v° Bac) et qui l'est également

par la loi du 6 frim. an 7, art. 8 (V. *suprà,* n°° 541 et suiv.).

606. On a exposé plus haut, n°° 588 et s., en parlant de la police, les diverses mesures de précaution prescrites, dans l'intérêt de la sûreté publique, aux fermiers, bateliers, mariniers et autres personnes employées au service des bacs. L'exacte observation de ces mesures est garantie par l'art. 51 de la loi du 6 frim. an 7, qui déclare les adjudicataires, mariniers et autres responsables, en leur propre et privé nom, des suites de leur négligence, et en outre passibles, pour chaque contravention, d'une amende de trois journées de travail. La poursuite a lieu à la diligence des maires devant le tribunal de police.

607. Les fermiers sont, dans tous les cas, civilement responsables des restitutions, dommages-intérêts, amendes et condamnations pécuniaires prononcés contre leurs préposés et mariniers (L. 6 frim. an 7, art. 54). — Ils peuvent même, dans le cas de récidive légalement prononcée par un jugement, être destitués par les préfets sur l'avis des sous-préfets et maires, et alors leurs baux demeurent résiliés sans indemnité (art. 55).

608. Enfin, d'après l'art. 61, les délits plus graves et non prévus par la présente loi, ou qui se compliqueraient avec ceux qui y sont énoncés, continueront d'être jugés suivant les dispositions des lois pénales existantes, auxquelles il n'est point dérogé.

Art. 5. — *Compétence.* — *Contestations sur les baux des droits de passage d'eau.*

609. Quelle est l'autorité compétente pour statuer sur les contestations relatives aux baux des droits de bacs ou passages d'eaux ? Les dispositions de la loi spéciale du 6 frim. an 7 sur ce point important ne sont pas très-explicites : l'art. 31 confie la police et la perception de ces droits aux administrations centrales (préfets), ne laissant aux tribunaux ordinaires que la poursuite des délits. — L'art. 35 donne également à l'autorité administrative le droit de contraindre les adjudicataires aux réparations et reconstructions auxquelles ils sont assujettis. — L'art. 40 place aussi dans les attributions de la même autorité le règlement des indemnités qui peuvent être dues aux adjudicataires par suite d'un chômage momentané. — L'art. 70 porte que toutes les instructions convenables pour le maintien du bon ordre et de la police entre les adjudicataires et tout ce qui est relatif à l'exécution de la présente loi seront envoyées aux administrations centrales.

610. Ces dispositions semblent préjuger la compétence de l'autorité administrative quant aux contestations relatives aux baux, et la jurisprudence, après bien des hésitations, se prononce assez généralement pour cette compétence. Il est vrai que les baux des immeubles de l'État sont aussi des actes passés dans la forme administrative, et cependant il est reconnu aujourd'hui que les questions qu'ils soulèvent sont du ressort de l'autorité judiciaire (V. Compét. admin., n° 458; Louage admin., n° 16). Pourquoi en serait-il autrement des questions soulevées par les baux des bacs et passages d'eau ? La compétence administrative, dans ce cas, se justifie par cette raison qu'il existe une différence entre les baux ordinaires des immeubles appartenant à l'État et les baux des droits incorporels, tels que les droits de bacs et passages d'eau. Dans les premiers il n'y a d'engagés, le plus ordinairement, que les intérêts d'un propriétaire foncier, ce qui ramène l'affaire à un contrat privé. Dans les baux de passage d'eau, un service public d'un intérêt souvent considérable se trouve engagé, ce qui semblerait, par suite, appeler plus particulièrement l'intervention de l'autorité administrative.—Nous ne

---

(1) (Min. pub. C. Deguillem.) — La cour; — En ce qui concerne le domestique de Goulard, et Melic, marchand colporteur; — Attendu qu'ils ne se sont point constitués parties civiles dans la cause, afin d'obtenir contre les prévenus la restitution de ce que l'arrêté du préfet, en date du 15 sept. 1858, déclare qu'ils n'étaient pas tenus de payer; que, dès lors, le jugement dénoncé n'a pas dû le prononcer;— Rejette le pourvoi sur ce point;

Mais en ce qui concerne Cazeneuve; — Vu les art. 17 de la loi des finances, du 20 juill. 1837, 11 de la loi du 4 mai 1802 (14 flor. an 10), 52 de celle du 26 nov. 1798 (6 frim. an 7), et 65 c. pén.;— Attendu que le jugement reconnaît que Jean Deguillem et Jean Nicolas,

préposés à la perception du droit de péage établi sur le pont d'Agou, ont exigé dudit Cazeneuve 70 cent. en sus de la somme fixée par le tarif; — Qu'ils n'ont pas pu les percevoir sans enfreindre ce tarif et encourir les peines portées par l'art. 52 ci-dessus cité; — Qu'en refusant donc de leur en faire l'application, sous le prétexte que, lorsque l'administration des contributions indirectes recouvrait le droit de péage, les voitures pareilles à celle dont il s'agit payaient ce qu'ils ont perçu, et que les témoins produits aux débats ont attesté leur bonne foi, le susdit jugement a créé une excuse qui n'est point établie par la loi, et commis une violation expresse des dispositions précitées;— Casse.

Du 23 août 1859.-C. C. ch. crim.-MM. Crousselhes, pr.-Rives, rap.

croyons pas. toutefois que les tribunaux administratifs soient, dans tous les cas, compétents à l'exclusion de l'autorité judiciaire, et il y a lieu, ce nous semble, de tenir compte de la distinction indiquée, v° Compét. admin., n° 459, et qui résulte de la nature des difficultés soulevées et la qualité dans laquelle procèdent les parties en cause.

611. MM. Macarel et Boulatignier, fort. pub., t. 1, p. 362, distinguent cinq espèces de contestations qui peuvent s'élever en cette matière, et sur lesquelles le conseil d'État a eu à se prononcer : 1° contestations relatives à l'établissement des bacs, à la prise de possession par l'État des bacs et bateaux établis par des particuliers pour un service commun; — 2° Contestations entre l'administration et les fermiers pour fermages échus et moins-values en fin de bail; — 3° Contestations sur les indemnités réclamées par le fermier contre l'administration, soit pour améliorations apportées par lui au matériel, soit pour dommages dans sa jouissance; — 4° Contestations entre les fermiers et des tiers sur l'interprétation des baux; — 5° Contestations entre fermiers et sous-fermiers. — Les trois premières espèces de contestations s'élèvent entre les fermiers et l'administration, et sont de nature à compromettre le service public pour lequel les bacs sont organisés. Elles doivent donc être, d'après la règle posée ci-dessus, jugées par les tribunaux administratifs. Le conseil d'État a cependant admis, dans plusieurs arrêts, la compétence judiciaire. — Ainsi, d'une part, il a été décidé que c'est à l'autorité administrative qu'il appartient de statuer : 1° sur la question de savoir si la perception d'un péage établi à l'aide d'un bac sur une rivière non navigable appartient exclusivement à l'État (cons. d'Et. 10 juill. 1822, M. de Cormenin, rap., aff. Cagnery); — 2° Sur l'examen des titres des particuliers dépossédés de leurs anciens bacs et sur le règlement de l'indemnité qui pourrait leur être due (cons. d'Et. 28 août 1827, M. de Cormenin, rap., aff. de la Boissière);—3° Sur l'action en résiliation ou en diminution de prix du bail d'un bac, par suite de l'établissement ultérieur d'un autre bac : le conseil de préfecture excédé ses pouvoirs s'il reconnaît que le nouveau bac est étranger à l'autre, et si néanmoins il déclare que, par extension, il fait partie du bail du réclamant, à la charge par lui de payer une augmentation de redevance (cons. d'Et. 2 août 1826, M. Tarbé, rap., aff. Gilibert); — 4° Sur les indemnités réclamées contre l'État par le fermier (cons. d'Et. 6 sept. 1826, M. Peyronnet, rap., aff. Dufour); — Et spécialement par le fermier d'un bac mis en interdiction par l'autorité municipale comme présentant des dangers à cause de sa vétusté (cons. d'Et. 6 juill. 1825, M. Tarbé, rap., aff. Dubaut); — 5° Sur le préjudice que la construction d'un pont fait éprouver au fermier d'un bac dans sa jouissance : c'est là un des torts et dommages causés par des travaux publics, et dont l'appréciation appartient à l'autorité administrative (cons. d'Et. 14 juill. 1830, M. Gourgues, rap., aff. Dubourdier et aff. Matignon); — 6° Sur l'évaluation de l'indemnité réclamée par le fermier dans le cas où la formation d'un banc de sable dans le lit de la rivière empêche le service du bac (cons. d'Et. 7 fév. 1834, M. Bijon-Toncin, V. n° 582-2°);—7° Sur les contestations auxquelles donnent lieu les mesures ordonnées par un préfet pour l'établissement et la sûreté d'un passage... En conséquence, les tribunaux sont incompétents pour prononcer sur la demande du fermier d'un bac ayant pour but de le dispenser d'ajouter à son matériel, et de tenir à la disposition du public un bac dont l'addition lui a été ordonnée par le préfet (cons. d'Et. 9 août 1836, M. Macarel, rap., aff. Salers); — 8° Sur les contestations entre l'État et les fermiers relatives à la plus ou moins-value, en fin de bail, du matériel de l'exploitation du bac (cons. d'Et. 26 janv. 1850, aff. Cartier, D. P. 50. 3. 57; 7 mai 1852, aff. Paturot, D. P. 52. 3. 29); — Des lors, l'arrêté d'un préfet décidant que l'administration des contributions directes poursuivra, contre le fermier des bacs sur une rivière, le recouvrement d'une somme pour moins-value du matériel, à lieu de bail, ne con-

stitue qu'un simple acte d'instruction administrative qui ne fait point obstacle à ce que le fermier réclame devant le conseil de préfecture contre la fixation de cette somme (même décision, aff. Paturot).

612. D'une autre part, et dans le sens de la compétence de l'autorité judiciaire, il a été jugé : 1° que c'est aux tribunaux qu'il appartient de statuer sur la question de propriété des cales d'abordage et chaussées dont un fermier prétend que l'administration s'est emparée à son préjudice (cons. d'Et. 29 sept. 1810, aff. Ogier);—2° Qu'il n'appartient qu'aux tribunaux de statuer sur l'exécution des baux, lors même qu'ils sont passés par l'autorité administrative (cons. d'Et. 25 fév. 1818, aff. Cellarier; 25 avr. 1834, M. Macarel, rap., aff. Ancel; Cass. 27 nov. 1833; Rej. 11 nov. 1834, aff. Lejas, V. Louage admin., n° 16-9°; cons. d'Et. 27 août 1839, M. du Martroy, rap., aff. Robert, ;— Que l'arrêté préfectoral qui porte règlement de compte entre l'administration des contributions indirectes et le fermier, touchant des dégradations, ne fait pas obstacle à ce qu'en cas de contestations les tribunaux statuent sur les dégradations (cons. d'Et. 25 avr. 1834, M. Macarel, rap., aff. Ancel); — 4° Que toutes les demandes reconventionnelles du fermier doivent être portées pareillement devant les tribunaux (même arrêt); — 5° Qu'il n'appartient pas à l'autorité administrative de statuer sur les indemnités qui peuvent être dues par l'administration aux fermiers des droits de passage d'eau, en cas de résiliation de leurs baux, lorsque les parties ne s'entendent pas à l'amiable (cons. d'Et. 22 oct. 1830, M. Macarel, rap., aff. Matignon); — 6° Que les tribunaux sont compétents pour prononcer sur la demande formée, par le fermier d'un bac, en nullité d'un commandement de payer les termes échus du fermage, et sur la demande en diminution du prix et en dommages-intérêts résultant de ce que le mauvais état du chemin aboutissant au passage rendrait inutile l'emploi d'un grand bac pour passer les voitures (cons. d'Et. 9 août 1836, M. Macarel, rap., aff. Saters).

613. A l'égard des contestations entre les fermiers et les tiers, la compétence, avons-nous dit, doit appartenir aux tribunaux. Nous sommes, en effet, en matière de contributions indirectes. Il ne s'agit que de faire l'application de tarifs arrêtés par la loi, ou par le gouvernement, en vertu de la délégation de la loi. On ne s'attaque pas, dit M. Serrigny (de la Compét., t. 1, p. 549), à des actes de l'administration. L'art. 28 du cahier des charges porte : « Les contestations qui pourraient s'élever sur la quotité du droit exigé par le fermier sont portées devant le maire le plus voisin ou son adjoint. » Cependant la jurisprudence présente sur ces questions les mêmes incertitudes que dans les questions précédentes. — En effet, il a été décidé, d'une part, que c'est à l'autorité administrative et non aux tribunaux qu'il appartient de statuer 1° sur l'étendue des droits de passage d'un bac et sur l'indemnité à fixer en faveur de l'adjudicataire contre un particulier qui a, sans autorisation, établi un passage public, à peu de distance du bac affermé (cons. d'Et. 13 nov. 1807, aff. Davost C. Gallon et Guyard); — 2° Sur les limites dans lesquelles doit être renfermée la perception d'un droit autorisé par le gouvernement (Cons. d'Et. 28 fév. 1816, M. Vandeuvre, rap., aff. Chrétien; 20 mars 1828, M. de Bonière, rap., aff. Dabin);—3° Sur l'étendue d'un droit de bac prétendu par un propriétaire pour l'exploitation de ses usines (Crim. rej. 3 janv. 1828) (1);—4° Sur les contestations qui peuvent s'élever entre l'ancien fermier et le nouvel adjudicataire relativement à la remise du matériel d'un bac (cons. d'Et., 28 juill. 1819, M. Cormenin, rap., aff. Poncet).

614. D'autre part, il a été décidé : 1° que le juge de paix est compétent pour connaître d'une demande de dommages-intérêts formée par un riverain contre le fermier d'un bac, à raison de l'occupation d'un terrain servant à l'abordage des bateaux, pourvu qu'il ne statue ni sur le recours que le fermier croirait

---

(1) (Min. pub. C. Jouban.) — La cour : — Attendu qu'il a été reconnu par le ministère public, que le propriétaire des moulins de Busson avait le droit de faire usage de bacs et bateaux pour l'exploitation desdits moulins circonscrit par les eaux ; — Que seulement le ministère public a soutenu que ce droit n'avait pas toute l'étendue que le prévenu prétendait ; mais qu'aux termes des lois du 6 frim. an 7 et

14 flor. an 10, la détermination du droit de bacs et bateaux, appartient exclusivement à l'autorité administrative ; d'où il suit qu'en déclarant son incompétence, le tribunal de police d'Agde s'est conformé à la loi et aux règles de ses attributions; — Rejette.

Du 5 janv. 1828.—C. C., ch. crim.—MM. Portalis, pr.-Busschop, rap.

devoir exercer contre l'Etat, ni sur les droits de l'Etat contre le demandeur, à raison du terrain usurpé sur le fleuve et d'une cale construite sans autorisation : dans un tel cas, il ne fait que prononcer sur une action possessoire de sa compétence (cons. d'Et. 19 déc. 1827) (1); — 2° Que c'est aux tribunaux ordinaires qu'il appartient de connaître des contestations qui s'élèvent entre les fermiers et sous fermiers, les fermiers et les tiers, au sujet de leurs droits respectifs (cons. d'Et. 21 déc. 1808, aff. Guy); — 3° Que c'est à ces tribunaux à statuer sur les questions de dommages-intérêts réclamées contre les fermiers par des passagers pour défense de prévoyance de ceux-là (Req. 11 avr. 1820) (2).

615. D'après un arrêt les tribunaux de commerce ne sont pas compétents pour connaître des contestations entre le fermier d'un bac et les entrepreneurs de diligence pour le passage de leurs voitures ; l'établissement d'un bac est un acte essentiellement civil (Montpellier, 20 déc. 1834, aff. Rousset, V. Actes de comm., n° 181).

Sect. 3. — *Péage sur les ponts; — Péage sous les ponts au passage des bateaux.*

Art. 1. — *Péage sur les ponts.*

616. Les lois du 15 mars 1790, du 25 août 1792, du 17 juill. 1793 dans la suppression générale qu'elles prononçaient des péages anciennement établis, comprenaient nominativement les droits de péage sur les ponts (V. n°s 25, 401). Cette mesure ne devait pas être maintenue dans sa généralité.—La construction de ponts à péage fut autorisée par la loi du 14 flor. an 10. L'art. 11, tit. 4, de cette loi porte : « Le gouvernement autorisera dans la même forme (c'est-à-dire dans la forme arrêtée pour les règlements d'administration publique, V. n°s 534, 537), et pendant la même durée de dix années, l'établissement des ponts dont la construction sera entreprise par des particuliers ; il déterminera la durée de leur jouissance, à l'expiration de laquelle ces ponts seront réunis au domaine public, lorsqu'ils ne seront pas une propriété communale ; et il fixera le tarif de la taxe à percevoir sur ces ponts. » — On a vu n° 556 que le délai de 10 années fixé également par la loi de l'an 10 pour l'établissement des bacs n'était pas limitatif. La même décision s'applique à l'établissement des ponts.

617. Il a été jugé, par application de l'art. 11 de la loi du 14 flor. an 10, 1° que l'ordonnance qui autorise l'établissement d'un nouveau pont est un acte d'administration motivé sur des considérations d'ordre public et d'utilité générale qui ne peut donner lieu qu'à une demande d'indemnité de la part des tiers qui se croient lésés, mais qui ne peut être attaqué devant le conseil d'Etat par la voie contentieuse (cons. d'Et. 18 août 1831, M. Tarbé, rap., aff. comp. des ponts); — 2° Que lorsque l'Etat fait concession d'un pont à péage, les arrêtés, décrets et ordonnances qui règlent les conditions de cette concession, constituent des actes d'un intérêt local dispensés, par suite, d'*insertion au Bulletin des lois* (just. de paix de Versailles, 29 nov. 1847, aff.

Dingray, D. P. 48. 3. 12. — V. Lois, n°s 150 et suiv.) ; — 3° Que lorsque le pouvoir législatif a délégué au pouvoir exécutif le droit de concéder des ponts, bacs ou bateaux, et de fixer le tarif du péage par des règlements rendus dans la forme des règlements d'administration publique, les seuls règlements obligatoires sont ceux qui ont été rendus en conseil d'Etat, et non dans toute autre forme, par exemple, sur le seul rapport d'un ministre à département; qu'en conséquence, le refus de se conformer au tarif de péage d'un pont, arrêté par un règlement non revêtu des formes prescrites pour les règlements d'administration publique, ne constitue pas une contravention punissable (Crim. cass. 14 juin 1844, aff. Marcellin, V. v° Réglem. admin., n° 37, et *infrà*, n° 654).

618. L'art. 11 de la loi du 14 flor. an 10 ne parle pas des ponts établis par l'Etat : de là quelques personnes avaient conclu que des droits de péage ne peuvent être établis sur ces ponts. — Toute discussion sur ce point serait aujourd'hui superflue, en présence des lois annuelles de finances qui, depuis celle du 24 mai 1834, autorisent nommément l'établissement des droits de péage sur les ponts construits à la charge de l'Etat (M. Macarel, *eod.*, p. 388).

619. Les droits de passage sur les ponts, de même que les droits de navigation ont une grande analogie avec les droits de passe qui ont été établis sur les routes par la loi du 24 fruct. an 5 et supprimés par celle du 24 avr. 1806 (V. Voirie par terre, n° 72). Si, nonobstant cette suppression, les droits de navigation et les péages sur les ponts ont été maintenus jusqu'à nos jours, il faut reconnaître dans la législation nouvelle une tendance des pouvoirs publics à donner satisfaction au vœu de ceux qui demandent la suppression de tous droits de navigation et de péage (V. n°s 404, 511). Nous avons vu *suprà*, n° 432, 512, combien les tarifs ont été abaissé sur les rivières et les canaux. — A l'égard des ponts, ceux dont la durée de concession est expirée sont rentrés dans le domaine de l'Etat, conformément à l'art. 11 de la loi du 14 flor. an 10, et sont aujourd'hui affranchis de tout droit. Il en est d'autres qui sont également rentrés dans le domaine de l'Etat, mais avant l'expiration de cette durée et par voie de *rachat*. Tels sont, notamment, les ponts de Paris qui ont été affranchis en 1848. — Des lois spéciales, du 6 juill. 1862, ont également autorisé le rachat des ponts de Vichy, sur l'Allier; de Bordeaux, sur la Garonne; de Triiport, sur la Marne (Voy. D. P. 62. 4. 79).

620. Dans quelles formes le rachat des ponts à péage doit-il être effectué? — Ce ne peut être celles de la loi du 3 mai 1841 sur les expropriations pour cause d'utilité publique, puisque les concessionnaires ne sont pas propriétaires du pont, qu'ils n'ont que la jouissance des droits de péage, droits essentiellement mobiliers et auxquels, par conséquent, cette loi de 1841 ne saurait s'appliquer. — Comme il y a une grande analogie entre le péage sur les ponts et les droits de navigation sur les canaux, on a cru devoir suivre les formes tracées par la loi du 29 mai 1845, relative au rachat des actions de jouissance sur les canaux (V. les lois précités de 1862), de même qu'on l'avait appliqué au rachat des canaux concédés à perpétuité (V. n°s 35 et s.) : ce mode de

---

(1) *Espèce* : — (Fruneau C. Delaporte.) — La dame Fruneau poursuivait en payement de huit années de jouissance et en dommages-intérêts pour dégradations, le sieur Delaporte, fermier de l'Etat, comme ayant fait arriver les bateaux de passage devant sa maison, et occupé et embarrassé son terrain. Malgré l'exception d'incompétence, le juge de paix condamne le fermier à payer 50 fr. pour tous loyers et dommages-intérêts. — Conflit.

Charles, etc. ; — Considérant que le juge de paix du sixième arrondissement de Nantes n'a statué ni sur le recours que le sieur Delaporte croirait devoir exercer contre l'Etat, ni sur les droits de l'Etat contre la dame veuve Fruneau, à raison du terrain usurpé sur ce fleuve et de la cale construite sans autorisation ; mais qu'il s'est borné à prononcer, sur une question possessoire, entre ladite dame Fruneau et ledit sieur Delaporte laquelle question était exclusivement de sa compétence ;

Art. 1. L'arrêté de conflit du préfet de la Loire-Inférieure, du 26 sept. 1827, est annulé.

Fu 19 déc. 1827.-Ord. cons. d'Et.-M. Tarbé, rap.

(2) (Mouriez C. Chabras.) — La cour; — Attendu, sur le prétendu excès de pouvoir, que l'autorité administrative était compétente pour affirmer les bacs de passages de rivière et en régler les conditions, ce

qui n'a pas été contesté, mais que cette autorité aurait été incompétente pour juger une question de dommages réclamés par des passagers pour défaut de prévoyance ou négligence des fermiers ; – Et attendu que, dans l'espèce, la demande du général Chabran, tant en première instance qu'en appel, n'a eu pour objet que d'obtenir l'indemnité d'un dommage considérable qu'il soutenait avoir éprouvé dans sa fortune par des fautes graves qu'il imputait à Daniel Mouriez ; — Attendu que Daniel Mouriez en défendant à cette demande, tant en première instance qu'en appel, a soutenu qu'il n'était coupable d'aucune négligence, d'aucune faute, et que l'accident désastreux, dans lequel la voiture et les chevaux du général Chabran ont été précipités dans le fleuve, n'avait eu lieu que par l'impéritie du cocher du général qui n'a pas su contenir des chevaux effrayés; — Attendu que toutes les questions soumises aux tribunaux et à la cour royale de Nîmes, se sont réduites à des allégations contradictoires, à des examens et appréciations de faits, et de circonstances d'après lesquels il n'appartenait qu'à la conscience et aux lumières des juges, de décider si dans l'espèce, l'accident arrivé était l'effet d'une force majeure ou d'une faute grave;— Rejette.

Du 11 avr. 1820.-C. C., sect. req.-MM. Lafaudade, pr.-Lefebure, rap.-Joubert, av. gén.-Odilon Barrot, av.

procéder n'a soulevé aucune réclamation.—Toutefois, une difficulté peut s'élever. La loi de 1845 pourra-t-elle être suivie pour tous les ponts, pour ceux appartenant aux *départements* et aux *communes*, comme pour ceux appartenant à l'État? La question a paru douteuse; aussi, dans la séance du corps législatif du 25 juin 1862, où le rachat des ponts ci-dessus a été voté, le commissaire du gouvernement (M. Vuillefroy), a déclaré qu'une loi spéciale serait présentée pour effectuer le rachat des ponts départementaux et communaux (Moniteur du 26).

621. On va parler dans le présent article des travaux de construction des ponts, de la concession des péages, de la perception des droits et des exemptions, et enfin de l'autorité compétente pour juger les contestations en cette matière.

§ 1. — *Travaux de construction des ponts. — Droits et obligations de l'administration et des entrepreneurs.*

622. Les travaux de construction des ponts destinés à relier les voies de communications séparées par des cours d'eau, sont des travaux d'un intérêt général, rangés par la loi du 3 mai 1841 dans la classe des travaux publics. Les règles relatives aux formalités qui doivent précéder ces travaux, aux divers modes d'exécution, aux droits et obligations des entrepreneurs et à la répartition des dépenses ont été exposées, v° Travaux publics, n° 330 et suiv. Nous ne mentionnons ici que quelques applications spéciales de ces principes à l'établissement des ponts. Ainsi la concession a lieu, en général, par adjudication publique. — Mais si un inventeur propose un nouveau système de construction qu'il est seul apte à exécuter, la concession des travaux lui est faite sans adjudication (ord. 28 août 1827, pont de Gournay sur la Marne; V. M. Husson, p. 530).

623. L'administration cherche autant que possible à substituer, aux fleuves et rivières, les ponts au bacs et bateaux qui n'offrent aux voyageurs qu'un passage incommode, difficile et souvent dangereux. Les ponts faisant le prolongement des routes et chemins interrompus par des cours d'eau sur lesquels ils sont établis, sont soumis, quant aux frais de construction et d'entretien, aux mêmes règles que ces routes et chemins. Ainsi les dépenses sont supportées par l'État, par les départements ou les communes, suivant que le pont est établi sur une route impériale ou départementale ou sur un chemin vicinal (V. Voirie par terre, n° 72 et suiv., 681 et suiv.). — Il a été jugé, 1° que lorsqu'un pont est assis sur les deux rives d'un canal qui fait la délimitation de deux communes, et que l'une de ces communes a un intérêt spécial et particulier à l'existence de ce pont, les frais d'entretien doivent demeurer à la charge de cette dernière commune (Douai, 2 mars 1856) (1); — 2° Que les frais d'entretien d'un pont ne peuvent être mis à la charge d'une commune qui n'a pris l'engagement d'y pourvoir qu'à la condition qu'elle deviendrait propriétaire du pont et serait ainsi affranchie du péage, alors que cette condition ne s'est pas réalisée (cons. d'Ét. 26 juin 1845, M. Gomel, rap., aff. Boisdon et Simon); — 3° Que les travaux adjugés au nom de l'État, spécialement les travaux de construction d'un pont du domaine de la grande voirie, ne perdent pas leur caractère de travaux au compte de l'État par cela seul qu'une commune s'est engagée à contribuer dans de certaines proportions; qu'en conséquence, à défaut par la commune de remplir ses obligations, c'est contre l'État seul, et non contre la commune, que doit être dirigée l'action de l'entrepreneur qui réclame des dommages-intérêts, sauf le recours de l'État, s'il y a lieu, contre la commune (cons. d'État, 26 mai 1845, M. de Jouvencel, rap., aff. Escarraguel).

624. A l'égard des ponts à établir pour le service des chemins vicinaux, la construction en a souvent été encouragée par un crédit ouvert au budget du ministre de l'intérieur, de secours à des compagnies, pour l'exécution, par voie de concession de péages, des travaux de ponts non compris au budget des ponts et chaussées. Une instruction du ministre de l'intérieur, en date du 13 août 1839, spéciale à la distribution d'un crédit inscrit au budget de 1840, pose, comme une règle qui doit toujours être suivie, que les subventions de l'État ne peuvent être accordées qu'en faveur des ponts qui présentent une utilité générale pour les habitants d'une contrée, et lorsque, d'ailleurs, les communes qui sont intéressées à leur établissement ont voté, de leur côté, pour contribuer à la dépense des travaux, toutes les ressources ordinaires et extraordinaires dont elles peuvent disposer. — Il a été jugé que l'adjudicataire du péage à percevoir sur un pont de bateaux pour une concession de jouissance de sept années et une subvention annuelle par l'État, à partir d'une année déterminée et pendant la durée de la concession, ne peut, s'il ne s'est mis en jouissance que postérieurement à cette époque, réclamer la subvention pour l'année antérieure à son entrée en jouissance et pour les sept années suivantes : — « Considérant que le sieur Maurin s'est rendu adjudicataire du péage à percevoir sur le pont de bateaux de Bayonne, moyennant une concession de jouissance de sept années et une subvention annuelle de 12,000 fr. pendant la durée de ladite concession; qu'il résulte de l'art. 7 du cahier des charges que la subvention à laquelle le sieur Maurin a droit pour sept années doit commencer à courir de l'année 1833 inclusivement» (cons. d'Ét. 11 janv. 1857, M. du Martroy, rap., aff. Maurin).

625. Indépendamment des fonds fournis par l'État, des particuliers intéressés à l'établissement d'un pont peuvent s'engager à payer à l'adjudicataire à titre de subvention, une certaine somme qui, ajoutée aux avantages qui résultent de la concession, a pour but de faciliter l'adjudication et cela, soit qu'il s'agisse d'un pont communal ou départemental. — Il a été jugé 1° que l'offre, par un particulier, d'une subvention pour la construction d'un pont destiné à relier les deux parties d'une route départementale est nulle et non avenue si, ayant été faite sous la condition que l'adjudication aurait lieu avant une époque fixée, cette adjudication est postérieure à cette époque (cons. d'Et. 19 mars 1849 (2),V. décis. conf.,v° Voirie par terre, n° 1265); — 2° Que, lorsqu'en vertu d'une ordonnance royale déclarant d'utilité publique les travaux de construction d'un pont communal, le préfet a mis ces travaux en adjudication, et qu'aux termes du cahier des charges annexé à ladite ordonnance, l'adjudicataire devait recevoir une subvention dont une partie serait fournie par le trésor public, et l'autre payée au moyen de souscriptions particulières, l'adjudicataire ne peut réclamer de l'État, outre la quote-part de ce dernier dans la subvention promise, le payement de tout ou partie des sommes à provenir desdites souscriptions; dans ce cas, l'ad-

<hr>

(1) (Com. de Bourbourg-Ville C. com. de Bourbourg-Campagne.) — La cour; — Attendu que le pont, aux réparations duquel la commune de Bourbourg-Ville prétend faire contribuer pour moitié la commune de Bourbourg-Campagne, a été bâti par la Châtellenie, et pour l'essentielle utilité de la ville; que celle-ci, depuis la division du territoire, a exclusivement fait face aux dépenses d'entretien de ce pont, à l'existence duquel elle a un intérêt spécial et particulier, encore bien qu'il soit assis sur les deux rives du canal qui fait la délimitation des deux communes; que cette dernière circonstance, pas plus que l'usage du pont comme voie de communication sur un pont entre les habitants de Bourbourg-Campagne qui se rendent à la ville, n'attribue à la commune rurale aucun droit de propriété au pont; que, dès lors, cette commune ne peut être obligée de contribuer au payement des réparations d'entretien qu'il exige, — Met l'appellation au néant; — Ordonne que le jugement dont est appel sortira son plein et entier effet.
Du 2 mars 1856.-C. de Douai.

(2) (Taillefer et autres.) — Au nom du peuple français; — Le président de la République, etc.; — Vu la loi du 10 mai 1838; — Con-

sidérant qu'en l'absence des titres de souscription, il y a lieu de recourir aux actes qui rappellent les conditions auxquelles lesdites souscriptions auraient été consenties, et qui devaient en assurer l'exécution; qu'il résulte de ces actes, et notamment des lettres écrites les 2 août 1838, 18 fév. et 9 mars 1840, par le préfet de la Dordogne, que les offres faites par les sieurs Taillefer, Compris, Pontou, Mercier et Molène, au nom des souscripteurs intéressés à la construction du pont de Domme, ne l'ont été que sous la condition formelle que les titres de souscription seraient restitués et les engagements considérés comme nuls et non avenus dans le cas où l'adjudication dudit pont n'aurait pas eu lieu avant le 1er oct. 1839; — Considérant qu'il résulte de l'instruction que l'adjudication dudit pont n'a été effectuée que le 17 août 1841;
Art. 1. L'arrêté du conseil de préfecture de la Dordogne est annulé. En conséquence, sont et demeurent annulées les contraintes décernées contre les souscripteurs du pont de Domme. — Art. 2. Le département de la Dordogne est condamné aux dépens.
Du 19 mars 1849.-Décr. cons. d'Ét.-M. de Saint-Aignan, rap.

judicataire peut seulement s'adresser au préfet pour obtenir le payement de ces dernières sommes par les voies administratives (cons. d'Et. 21 juill. 1853) (1).

626. L'adjudication des ponts n'est définitive et ne confère de droit aux concessionnaires qu'après approbation par le gouvernement. L'administration supérieure est maîtresse de refuser son approbation, d'adopter un mode d'exécution différent de celui proposé par l'adjudicataire, d'accepter enfin la soumission d'un concurrent de celui-ci reposant sur un autre mode de travail. L'adjudicataire ne peut prétendre à aucune indemnité dans le cas où l'adjudication ne serait pas approuvée (V. Trav. publ., nᵒˢ 384 et suiv.).

627. Parmi les obligations auxquelles sont soumis les adjudicataires, il faut distinguer les clauses ordinaires et communes des variantes et clauses locales. Les premières, quand il s'agit de la construction de ponts en pierre ou en bois, sont stipulées dans le cahier des clauses et conditions générales, adopté par l'administration pour base de ses traités de concession ou des marchés passés par adjudication (V. Trav. pub., nᵒˢ 341, 380 et suiv.). — Quant aux ponts suspendus qui sont devenus très-nombreux depuis quelques années, les cahiers des charges se référaient, pour les clauses et conditions ordinaires et communes, à celui joint à l'ordonnance du 26 oct. 1834, portant concession du pont suspendu sur la Durance à Cavaillon. Par la circulaire aux préfets du 23 août 1852, il leur a été fait envoi d'un autre modèle de cahier des charges, dont les dispositions ont principalement pour objet les moyens ménagés pour la visite du système de suspension dans toutes ses parties, le maximum de pression des supports, la liaison des fléaux, la vérification préalable de la résistance des fers (V. M. Cotelle, t. 3, nᵒˢ 905 et suiv.).

628. En ce qui concerne les obligations de l'adjudicataire relativement à la confection des travaux, il a été jugé 1ᵒ que, lorsqu'il résulte du procès-verbal de réception d'un pont que divers ouvrages accessoires prescrits par le cahier des charges ne sont pas terminés, l'administration, qui est en droit de se refuser à la réception définitive, peut, à plus forte raison, ne prononcer cette réception que sous la condition de la retenue provisoire, sur le cautionnement du concessionnaire, de la somme nécessaire pour garantir l'entier achèvement des travaux (cons. d'Et., 28 déc. 1839, M. de Jouvencel, rap., aff. Maurel); — 2ᵒ Que le concessionnaire d'un pont qui n'a point achevé les travaux dans le délai déterminé par le cahier des charges peut, à raison de ce fait, encourir la déchéance de sa concession (cons. d'Et. 8 avr. 1842, M. Cornudet, rap., aff. concess. du pont de Roquemaure); — 3ᵒ Que l'obligation imposée aux concessionnaires d'un pont, par le cahier des charges, d'entretenir, de réparer et même de reconstruire, s'applique aussi bien aux levées qui forment les abords du pont qu'au pont lui-même (cons. d'Et. 28 juill. 1849, M. Hély d'Oissel, rap., aff. concess. du pont de Meung); — 4ᵒ Que les concessionnaires d'un pont à qui le cahier des charges de la concession impose l'obligation de maintenir en bon état le pont dans toutes ses parties, les piliers, et en général toutes les maçonneries, sont, par cela même, tenus d'entretenir les arcades des abords et la chaussée établie sur les arcades (cons. d'Et. 20 juin 1844, M. Portal, rap., aff. concess. du pont de Cubzac); — 5ᵒ Que, lorsque le cahier des charges de

l'entreprise d'un pont a mis au compte du concessionnaire toutes les mesures à prendre et tous les frais à faire pour que le service de la navigation ne soit pas interrompu et soit entravé le moins possible, il est dans le droit et le devoir du préfet de prescrire au concessionnaire toutes les mesures qui peuvent être nécessaires pour assurer le service de la navigation ; qu'en conséquence, il a pu lui enjoindre d'entretenir à ses frais deux hommes de travaux à l'effet d'assurer le passage des bateaux à travers les échafaudages et les cintres, de manière à ce que la navigation ne soit pas interrompue (cons. d'Et. 30 déc. 1842, M. Gomel, rap., aff. Targe); — 6ᵒ Que lorsque le cahier des charges de la concession d'un pont à péage impose à l'adjudicataire l'obligation de construire le pont, de l'entretenir pendant la durée de la concession et même de le reconstruire le cas échéant, enfin de le remettre en bon état à l'administration à la fin de la concession, l'adjudicataire est tenu de reconstruire le pont s'il vient à être détruit par un événement de force majeure (cons. d'Et. 3 juin 1858, M. Aubernon, rap., aff. Ruiz); — 7ᵒ Que le concessionnaire d'un pont à péage, bien qu'il ait été déclaré responsable des conséquences de la destruction de ce pont par un événement de force majeure, ne peut cependant être condamné à des dommages-intérêts envers le département, à raison de ce que la circulation aurait été interrompue jusqu'à la reconstruction, si la nouvelle adjudication n'a pas eu d'ailleurs pour résultat d'aggraver les charges primitivement consenties par l'administration départementale, soit pour la durée de la concession, soit pour le chiffre des subventions (cons. d'Et. 3 août 1858, M. Gomel, rap., aff. Gabaud); — 8ᵒ Que le concessionnaire d'un pont ne peut former contre l'État une demande en indemnité à raison de la chute de la pile en rivière de ce pont, alors que cet événement doit être attribué non au défaut d'accomplissement par l'État des obligations qui le concernaient, mais uniquement au peu de profondeur des fondations et à la mauvaise exécution des travaux entrepris par le concessionnaire à ses risques et périls, sur un projet qu'il a présenté (cons. d'Et. 18 août 1849, M. Gomel, rap., aff. Midy de la Greneray-Surville).

629. Quand les travaux sont terminés, le pont ne peut être livré à la circulation qu'après sa réception par l'ingénieur en chef des ponts et chaussées; et cette réception, à l'égard des ponts suspendus et des ponts d'un nouveau système, est subordonnée à une série d'épreuves qui ont pour objet de constater la solidité du pont (V. MM. Husson, p. 555; Cotelle, t. 3, nᵒ 908).

630. Les ingénieurs des ponts et chaussées doivent veiller avec soin sur l'état des ponts et prendre toutes les mesures de précaution pour les protéger contre les accidents résultant de la rupture des glaces et des inondations (instr. min. int. 23 vent. an 7; instr. du dir. gén. des p. et ch. 13 août 1810). Ils doivent visiter annuellement les ponts suspendus pour constater l'état des ouvrages. Le procès-verbal du résultat de ces visites est adressé à l'administration supérieure (instr. du sous-secrét. d'Et. des trav. pub. 30 sept. 1846; circ. 14 mai 1850. — V. MM. Husson, p. 550, 551; Cotelle, t. 3, nᵒ 925).

631. Les dégradations commises aux ouvrages des ponts, l'abatage des bornes qui protègent les parapets, les dégradations des parapets eux-mêmes et des anneaux de fer qui y sont attachés, sont punis d'une amende de 500 fr., indépendamment des réparations civiles (V. ord. 4 août 1731, vᵒ Voirie par terre,

---

(1) (Min. de l'int. C. Escarraguel.) — Louis-Napoléon, etc.; — Vu le pourvoi formé par le ministre de l'intérieur, ledit pourvoi enregistré au secrétariat du contentieux le 12 août 1851, et tendant à ce qu'il nous plaise annuler un arrêté du conseil de préfecture du département de la Gironde, en date du 5 juin 1851, qui a déclaré l'État, sauf recours contre qui de droit, débiteur envers les sieurs Jacques et Grégoire Escarraguel, concessionnaires d'un pont à Saint-Médard, de la somme de 2,462 fr. 66 c., non encore recouvrée sur le montant des souscriptions particulières consentie en faveur de l'entreprise, et s'élevant à 5,000 fr. ; — Vu l'arrêt attaqué ; Vu la loi du 28 pluv. an 8 ;
Considérant que, d'après l'art. 10 du cahier des charges de l'adjudication susvisée, intervenue entre le préfet et les sieurs Escarraguel pour la construction d'un pont en maçonnerie sur la rivière d'Isle, à Saint-Médard de Guizières, la somme de 55,000 fr. que devaient recevoir les adjudicataires à titre de subvention se composait de 50,000 fr. à four-

nir par le trésor public et de 5,000 fr. provenant de souscriptions particulières; que l'État ne pouvait être engagé que jusqu'à concurrence de la subvention allouée par le ministre de l'intérieur sur les fonds du trésor public ; que, dès lors, les sieurs Escarraguel étaient sans droit pour réclamer de l'État le payement de la somme de 2,462 fr. 66 c. qui leur restait due sur le montant des souscriptions particulières ; qu'ils étaient seulement recevables à s'adresser au préfet, envers lequel l'adjudication a été passée, pour obtenir le recouvrement de ladite somme par les voies administratives ;
Art. 1. L'arrêté ci-dessus visé du conseil de préfecture du département de la Gironde, en date du 5 juin 1851, est annulé. — Art. 2. Les sieurs Escarraguel sont renvoyés devant le préfet de la Gironde pour obtenir, par les voies administratives, le payement de la somme de 2,462 fr. 66 c. qui leur reste due sur le montant des souscriptions particulières.
Du 21 juill. 1855.-Décr. cons. d'Et.-M. Richaud, rap.

p. 182). — D'après l'ordonnance du bureau des finances du 17 juill. 1781, art. 13, l'amende est de 300 fr. dans les localités dépendant de l'ancienne généralité de Paris (V. *eod.*, p. 185).

§ 2. — *Concession des droits de péage.* — *Indemnités éventuelles aux concessionnaires.*

632. Le cahier des charges dont nous venons de parler (V. n° 627) est accompagné du tarif des droits à percevoir : ce tarif est approuvé par le décret qui autorise l'établissement du pont et la concession du péage, conformément à l'art. 11 de la loi du 14 flor. an 10 (ord. 27 déc. 1846, et lois annuelles des finances).

633. Les lois du 14 flor. an 10, art. 10 et 11, et du 25 mars 1817, art. 124, exigent que ce décret soit rendu dans la forme usitée pour les règlements d'administration publique, c'est-à-dire le conseil d'État entendu. C'est donc avec raison qu'un péage établi sans l'accomplissement de cette formalité a été déclaré illégal (V. *supra*, n°° 616 et 617, et *infrà*, n° 654).

634. Les droits de péage sur les ponts sont généralement mis en ferme ; sur quelques ponts seulement ils sont perçus directement par les préposés des contributions indirectes pour le compte de l'État (décis. min. fin. 25 fruct. an 12, V. MM. Macarel, et Boulatignier, t. 1, p. 389). Lorsque le péage est mis en ferme, le prix du bail versé au trésor public ne peut être considéré comme le produit d'une contribution indirecte.—Il a été jugé en effet que la loi du 22 frim. an 7, qui institue les tribunaux de première instance juges en dernier ressort des contestations relatives à la perception des droits d'enregistrement, peut, par analogie, être appliquée aux contestations élevées pour la perception des contributions indirectes ; mais cette loi est sans application au cas où il s'agit du payement du prix de fermage d'un passage de rivière consenti par cette administration ; les parties rentrent alors sous la loi du droit commun, et les règles ordinaires de l'appel doivent être observées (Bordeaux, 6 janv. 1840) (1).

635. *Indemnités éventuelles aux concessionnaires.* — Par le fait même de la concession, l'État contracte envers les adjudicataires de construction de ponts l'obligation de les maintenir dans la jouissance du droit de péage, et de n'apporter dans la situation des choses aucun changement qui serait de nature à porter préjudice aux intérêts des concessionnaires. Toutefois, l'application de cette règle ne pourrait aller jusqu'à priver le gouvernement du droit qui lui appartient d'établir de *nouvelles voies* de communication sur les points du territoire où il les jugerait utiles aux besoins de la circulation ; une pareille restriction au profit d'un intérêt privé ne pourrait exister qu'en vertu de stipulations expresses formellement consenties par l'administration. Vainement le concessionnaire dira-t-il que la concurrence fera diminuer les produits du péage ; c'est une chance de son contrat qu'il doit supporter, comme il profiterait de celle qui lui serait favorable, sans être assujetti à une obligation nouvelle (Conf. M. Garnier, t. 1, p. 366. — V. Concession admin., n° 105).

636. Nous avons déjà parlé, n°° 577 s., des réclamations qui ont été élevées contre l'administration par les fermiers des bacs et bateaux pour diminution du produit des péages qui leur avaient été affermés. Des réclamations semblables ont été faites par les concessionnaires de ponts dans des circonstances analogues. Les décisions rendues pour ou contre eux sont fondées sur les mêmes principes que celles rendues pour ou contre les fermiers des bacs et passages d'eau. Il faut distinguer deux cas : celui où le préjudice souffert par le concessionnaire du pont provient du fait de l'administration ou de force majeure. Dans le premier cas, c'est par l'interprétation des charges et par l'application du droit commun que la question doit être résolue.

— Il a été décidé, d'une part : 1° que les concessionnaires d'un pont à péage n'ont droit à défaut de clause restrictive dans l'acte de concession, à aucune indemnité contre l'État à raison de la concession d'autres ponts de péage faite sur des points plus ou moins éloignés (cons. d'Et. 17 janv. 1846, aff. comp. des Trois Ponts, D. P. 46. 3. 66 ; 20 fév. 1846, aff. Bonhomme, *eod.*; — V. Conf. v° Concession adm., n° 105); — 2° Que lorsque le cahier des charges porte que le concessionnaire du péage d'un pont ne pourra prétendre à une prorogation à son profit des droits de péage que dans le cas où, pour des faits de force majeure, ce pont ne serait pas achevé au moment fixé pour le point de départ de la concession, le concessionnaire qui ne justifie point de ce non-achèvement n'est pas recevable à réclamer une semblable prorogation (cons. d'Et. 31 mars 1843, M. Janvier, rap., aff. Foucard) ; — 3° Que les concessionnaires d'un pont à péage ne peuvent réclamer ni une indemnité, ni une prorogation de péage de l'administration, sur le motif que des routes stratégiques qui devaient aboutir à ce pont n'auraient point été terminées au moment de son ouverture, alors qu'ils ne justifient d'aucun engagement pris par l'administration de faire terminer ces routes dans un délai fixé (cons. d'Et. 31 juill. 1843, M. Dumez, rap., aff. Séguin); — 4° Que le concessionnaire d'un pont à péage ne peut réclamer de l'État aucune indemnité à raison de ce que l'administration s'est servie, soit par elle-même, soit par les entrepreneurs qui la représentent, de bateaux particuliers pour le transport des ouvriers et des matériaux nécessaires aux travaux entrepris dans l'intérêt du service de la navigation, sauf le cas où le droit de l'administration à cet égard aurait été limité par une clause de l'acte de concession (cons. d'Et. 30 mars 1854, M. Pascalis, rap., aff. Giraudel).

637. Mais il a été jugé, d'autre part : 1° Que lorsque l'adjudication du pont a été concédée sous la condition d'un droit de péage pendant un temps déterminé, et de la prorogation de ce droit si le passage sur un autre pont par lequel on arrive à celui concédé venait à être intercepté, les entrepreneurs ont droit à une prorogation, bien que le passage ne soit pas intercepté, si l'administration le défend aux voitures attelées de plus d'un cheval, qui y passaient précédemment (cons. d'Et. 3 mars 1837, M. Humann, rap., aff. Liébault) ; — 2° Que lorsque le concessionnaire d'un pont avec péage a dû compter, d'après les déclarations formelles de l'administration, que ce pont desservirait une route départementale, il lui est dû une indemnité si un nouveau tracé de la route la tient éloignée dudit pont (cons. d'Et. 27 avr. 1850, M. Reverchon, rap., aff. concession. du pont de Dormans *O.* dép. de la Marne et l'État ; 26 juill. 1854, M. Lacaze, rap.,

---

(1) *Espèce :* — (Péreyra *C.* contrib. indir.) — L'administration des contributions indirectes avait formé des sais es-arrêts entre les mains du receveur de la *Compagnie des bateaux devant Cubzac* pour avoir payement de 16,500 fr. environ, dont elle était créancière envers la compagnie, pour le prix du fermage des droits de passage du pont de Cubzac, sur la Dordogne. — Le titre en vertu duquel les saisies-arrêts ont été faites consistait en des décisions et arrêtés de liquidation pris par le ministre des finances. — Deux jugements par défaut, l'un du 6 fév. 1839, l'autre du 5 mars de la même année, prononcent la validité des saisies-arrêts. — Péreyra forme opposition à ces deux jugements. Il soutient que les décis ou mini-térielles qui servent de fondement aux saisies-arrêts ne pouvaient être considérées comme des titres définitifs et exécutoires ; qu'elles avaient été attaquées et déférées au conseil d'État, qu'ainsi elles ne pouvaient servir de fondement à des saisies-arrêts ; que tout au moins, à raison du pourvoi porté devant le conseil d'État, il y avait lieu de surseoir jusqu'à ce qu'il y eût été fait droit. — 15 mai 1839, jugement qui rejette la demande de sursis et valide les saisies-arrêts.

Appel par Péreyra. — L'administration lui oppose une fin de non-recevoir tirée de ce qu'aux termes de l'art. 65 de la loi du 22 frim. an 7, les jugements rendus en matière de perception de droit d'enregistrement sont sans appel, et ne peuvent être attaqués que par la voie de cassation ; que cette disposition doit être étendue par analogie aux contestations relatives aux droits de contributions indirectes. — Arrêt.

LA COUR ; — Attendu, quant à la fin de non-recevoir prise de l'art. 65 de la loi du 22 frim. an 7, qu'en reconnaissant que, par analogie, cet article peut s'appliquer, quant au dernier ressort, aux décisions relatives à la perception des contributions indirectes, il ne peut néanmoins s'appliquer qu'à la perception des droits, et que, dans la cause, il s'agit non pas des droits proprement dits, mais d'un fermage et d'un bénéfice éventuel stipulés par une convention ; — Qu'une contestation de cette nature doit être régie par le droit commun, et que la décision qui intervient est susceptible d'appel suivant les règles de ce droit ; — Attendu que le recours au conseil d'État n'est pas suspensif, et que, dès lors, la sursis demandé par Péreyra n'est pas admissible ; — Sans s'arrêter à la fin de non-recevoir proposée contre l'appel, — Rejette la demande en sursis formée par Péreyra, et ordonne qu'il plaidera au fond.

Du 6 janv. 1840.-C. de Bordeaux, 1re ch.-M. Roullet, 1er pr.

même aff.); — 3° Que l'engagement pris par l'administration, dans l'acte de concession d'un pont suspendu, de ne laisser établir aucun bac ou pont dans le voisinage jusqu'à une distance déterminée, est réputé s'appliquer même à un pont-viaduc de chemin de fer, en ce sens que la construction d'un tel pont dans la limite stipulée ne peut avoir lieu sans indemnité (cons. d'Et. 26 mai 1853, aff. comp. du pont de Rognonas. D. P. 54. 3. 55; 16 juill. 1857, M. Pascalis, rap., même aff.); — Mais qu'il ne s'applique pas au pont de service construit pour faciliter les travaux de construction de ce viaduc, si le passage n'en a pas été permis au public (même arrêt du 26 mai 1853); — 4° Que l'indemnité, en pareil cas, doit être supportée par l'Etat, si le pont viaduc a été construit dans la zone réservée en vertu de plans approuvés par l'administration, à moins que le cahier des charges n'ait mis à la charge de la compagnie du chemin de fer les conséquences de l'inexécution de l'engagement pris par l'Etat envers le concessionnaire du pont; qu'il en serait ainsi alors même que le cahier des charges porterait que les indemnités pour tous dommages quelconques résultant des travaux seront payées par la compagnie du chemin de fer, une pareille clause ne pouvant s'appliquer qu'aux dommages directs et matériels provenant de l'exécution des travaux (même arrêt du 16 juill. 1857); — 5° Que lorsqu'il a été stipulé dans un cahier de charges que les concessionnaires d'un pont seront tenus d'établir à leurs frais un passage provisoire à l'aide d'un bac dans tous les cas où la circulation sur le pont serait interdite pour cause de travaux de réparation ou d'entretien, cette clause ne comprend pas le cas d'interruption des communications par suite de la destruction du chemin : en conséquence, si ces concessionnaires ont établi un bac pour le rétablissement des communications, il leur est dû une indemnité (cons. d'Et. 18 janv. 1844, M. Janvier, rap., aff. concession. du pont de Parentignac).

638. En second lieu, si le préjudice résulte d'un cas de force majeure, l'Etat pourrait-il être déclaré responsable? Par exemple, si la rivière changeait de cours fortuitement, l'Etat devrait-il une indemnité pour privation du droit de péage? Non ; mais il serait équitable de rembourser aux entrepreneurs du pont la valeur totale ou partielle des matériaux employés à sa construction (V. v° Force maj., Louage, n° 217-5°). — Il a été jugé que le fermier du péage d'un pont n'a droit à aucune indemnité pour une diminution de recette résultant de ce que pendant l'hiver les gens à pied et à cheval ont pu passer la rivière sur la glace : « Considérant que la demande en indemnité, formée par les adjudicataires de péage, n'est appuyée que sur l'interruption du passage direct, par la gelée, événement qui ne peut donner lieu à aucune indemnité » (cons. d'Et. 15 mars 1826, M. de Rozières, rap., aff. Désert). ... Ou parce que ces mêmes recettes ont baissé par suite des gués nombreux formés de tous points dans la rivière réduite à un état de dessiccation presque complet causé par la rareté des pluies (Nîmes, 1er juin 1839, aff. Bronzet, v° Louage, n° 217-5°); — 2° Que l'établissement d'un bac en remplacement d'un pont à péage, qui a été enlevé, ne donne pas au concessionnaire du pont le droit de réclamer une indemnité (av. cons. gén. 22 juill. 1852, V. M. Cotelle, t. 4, n° 1056).

639. L'indemnité, ainsi que cela résulte des espèces précitées, consiste tantôt dans une prorogation de péage, tantôt en une somme d'argent. — Il a été jugé : 1° Que l'ordonnance royale qui accorde au concessionnaire d'un pont une prolongation de péage, est un acte d'administration publique, inattaquable par la voie contentieuse (cons. d'Et. 15 juill. 1835, M. de Luçay, rap , aff. ville de Dax C. Campani); — 2° Que la décision par laquelle le ministre refuse d'allouer au concessionnaire d'un pont l'indemnité réclamée par celui-ci à raison du préjudice que lui cause l'établissement d'un chemin de fer ne fait point obstacle à ce que la demande d'indemnité soit portée devant le conseil de préfecture : dès lors, cette décision n'est pas susceptible d'être attaquée par la voie contentieuse (cons. d'Et. 30 juill. 1857, M. Pascalis, rap., aff. suc. du pont de Cubzac); — 3° Que lorsque des obstacles ont été apportés au passage d'un pont, et qu'il y a lieu d'accorder une indemnité au concessionnaire du péage, cette indemnité peut être équitablement fixée, en comparant les recettes opérées pendant les travaux qui ont empêché le passage,

avec celles de la période correspondante de l'année précédente, et évaluant ainsi les produits dont ce concessionnaire a pu être privé (cons. d'Et. 10 fév. 1842, M. Frémy, rap., aff. Guyart); — 4° Que quand une indemnité due au concessionnaire d'un pont n'a été liquidée qu'après la cessation de la concession, il y a lieu d'allouer à ce concessionnaire les intérêts de ladite indemnité pendant l'espace de temps compris entre la cessation et la liquidation (même arrêt).

§ 3. — Perception des droits, exemptions, refus de payer, exactions des fermiers, peines.

640. La perception du péage sur les ponts est soumise aux mêmes règles que celles des droits de bacs et bateaux (V. n°* 595 et s.). Ainsi toute personne passant sur le pont est tenue d'acquitter le droit fixé par le tarif. Le tarif est affiché à chaque entrée du pont (L. 6 frim. an 7, art. 13). Cette obligation d'afficher existait déjà sous l'ancienne législation. — Il a été jugé, en effet, que la disposition de l'ordonnance de 1663, qui enjoignait d'afficher à l'entrée des ponts de péage une pancarte mentionnant les conditions et la durée de la concession, était purement comminatoire: que les concessionnaires sont seulement tenus, d'après la nouvelle législation, d'afficher le tarif du péage et d'y faire mention de la loi qui a établi ce péage... sans que l'omission de cette affiche puisse emporter déchéance (just. de paix de Versailles, 29 nov. 1847, aff Hingray, D. P. 48. 3. 12). — Le droit ne peut être exigé qu'aux bureaux de péage établis aux endroits désignés par le cahier des charges à chaque extrémité du pont. — Il a été jugé que le fermier n'a pas la faculté d'établir d'autres bureaux que ceux indiqués dans son bail et par le règlement (cons. d'Et. 17 juin 1820, M. de Villefosse, rap., aff. Bastide).

Quant à l'application du tarif, il a été jugé 1° que lorsque le tarif qui règle un droit de péage décide, relativement aux diligences publiques, que celles à quatre roues et deux chevaux payeront 50 cent., et que toute voiture suspendue attelée d'un seul cheval payera 30 cent.; le propriétaire d'une pareille voiture qui l'attelle tantôt de deux chevaux, tantôt d'un seul, est fondé à prétendre qu'elle ne doit être considérée comme diligence, que lorsqu'elle est attelée de deux chevaux, et qu'elle rentre, dans le cas contraire, dans la classe des voitures suspendues dont la taxe, d'après le tarif précité, est de 30 cent. : le concessionnaire du droit de péage prétendrait en vain que la taxe, dans le cas dont il s'agit, doit être de 40 cent., terme moyen entre les droits auxquels sont respectivement taxées les voitures suspendues attelées d'un seul cheval et les diligences publiques à deux chevaux (cons. d'Et. 23 juin 1830, M. Gourgues, rap , aff. Rosier-Desbordes); — 2° Que les charrettes employées à transporter la récolte du fonds qui l'a produite, au marché pour y être vendue, ou au domicile de l'acheteur pour y être livrée, sont assujetties, comme rentrant dans le service de l'exploitation agricole, au droit de péage établi pour les charrettes de campagne, et non à celui, plus élevé, concernant les voitures de roulage et de marchand (Crim. rej. 20 août 1853, aff. Bonneval. D. P. 53. 1. 338); — 3° Qu'il n'est pas permis d'ajouter aux dispositions littérales des tarifs légalement établis (Cass. 28 août 1847, aff. soc. du débarcadère de Pouillas C. Favre de Ricunègre, D. P. 47. 4. 365).

641. La loi de floréal an 10 n'a pas, comme celle de frimaire an 7, introduit d'exception à l'obligation du péage sur les ponts, en faveur de certaines personnes et particulièrement des fonctionnaires publics (V. suprà, n° 595). — Malgré ce silence, les mêmes exceptions doivent être admises, par analogie. — Au surplus, les ordonnances ou décrets impériaux ont approuvé les tarifs ainsi que les clauses du cahier des charges, ont toujours désigné les personnes qui doivent être exemptées du droit de péage, en étendant les exemptions au delà même des limites du principe posé dans la loi de l'an 7. Ces exemptions sont généralement les mêmes que celles énoncées dans les décrets qui autorisent l'établissement des bacs et bateaux (V. suprà, n° 595).— Il a été jugé, par application de ces dispositions spéciales, que l'exemption du droit de péage sur un pont, établie par l'ordonnance de concession en faveur des malles-postes faisant le service des postes de l'Etat et des courriers du gouvernement, doit s'é-

tendre aux porteurs chargés, pour le service de l'administration des postes, de transporter les dépêches de l'entrepôt qui se trouvent en deçà du pont grevé de péage, au bureau des postes qui est au delà. — ... Et que le jugement qui le décide ainsi, loin de contenir une interprétation de l'ordonnance de concession et d'empiéter ainsi sur les attributions de l'autorité administrative, ne fait qu'appliquer le texte précis de cette ordonnance (Civ. rej. 6 mars 1838)(1); — Décidé, au contraire, par le conseil d'État, que les facteurs ruraux sont soumis au droit de péage des ponts qu'ils traversent, bien que l'ordonnance qui a autorisé leur établissement moyennant péage, ait exempté de ce droit les courriers porteurs des dépêches du gouvernement (cons. d'Et. 22 fév. 1838)(2); — 2° Que les employés des contributions indirectes sont compris dans les fonctionnaires qu'une ordonnance exempte du droit de péage d'un pont (cons. d'Et. 30 juill. 1840, M. du Martroy, rap., aff. min. des fin. C. comp. concessionn. du pont d'Ebreuil); — 3° Qu'une ordonnance qui a exempté du droit de péage les préposés des douanes doit être interprétée en ce sens qu'elle a compris sous cette dénomination les employés tant du service sédentaire que ceux du service actif de cette administration (cons. d'Et. 3 mai 1844, M. Guilhem, rap., aff. concessionn. d'une passerelle à Bayonne); — 4° Que l'exemption du droit de péage sur un pont, accordée aux enfants allant à l'école communale ou en revenant, doit profiter aux élèves appartenant à des communes voisines qui n'ont pas d'école communale; mais que cette exemption ne s'appliquerait pas aux enfants des communes voisines qui auraient une école communale entretenue à leurs frais (Req. 16 janv. 1854, aff. Giraudel, D. P. 54. 1. 118); — 5° Que l'exemption de péage pour le passage d'un pont, stipulée dans l'ordonnance ou décret de concession au profit des gendarmes dans l'exercice de leurs fonctions, ne s'applique pas aux voituriers qui transportent des prisonniers et condamnés, sous l'escorte de la gendarmerie, en vertu d'un traité fait avec l'administration; qu'il en est ainsi, alors même qu'on pourrait, ce qui serait contraire au texte, comprendre ces voituriers dans la disposition de l'art. 636 du décret du 1er mars 1854 sur

la gendarmerie, portant que « les officiers, sous-officiers et gendarmes sont exempts de droits de péage et de passage des bacs ainsi que les voitures, chevaux et personnes qui marchent sous leur escorte, » une telle disposition ne pouvant lier le concessionnaire qu'autant qu'elle aurait été insérée dans l'ordonnance ou décret de concession (Crim. cass. 16 mai 1861, aff. Bayard de la Vingtrie, D. P. 61. 1. 237).

642. On a vu, n° 604, que les fermiers des bacs avaient prétendu interdire les passages à gué ou assujettir au payement des droits ceux qui usaient de tels passages dans l'étendue de la circonscription de leurs bacs. Les concessionnaires des ponts ont élevé les mêmes prétentions, mais ils ont échoué dans leurs efforts, et il a été reconnu contre eux, aussi bien que contre les fermiers des bacs et bateaux, que les passages à gué sont de droit naturel, qu'ils ne peuvent être supprimés que dans l'intérêt de la navigation et après des enquêtes préalables sur l'utilité et la convenance de cette suppression (Av. cons. d'Et. 9 nov. 1836. approuvé le 16).—Il a été décidé, en conséquence : 1° que le droit de péage établi pour passage sur les ponts n'est dû que par ceux qui passent réellement sur les ponts; qu'il n'est pas dû par ceux qui passent la rivière à gué (Crim. cass. 25 oct. 1822)(3); — 2° Que la note insérée à titre de renseignement dans les affiches dressées pour arriver à l'adjudication de la concession d'un pont, et portant que le bureau de perception pourra être établi sur un certain point tel que les particuliers qui voudraient passer la rivière à gué n'en seraient pas moins assujettis à un droit de péage, ne suffit pas, dans le silence du cahier des charges à cet égard, pour autoriser le concessionnaire à placer le bureau de perception du pont au point dont il s'agit (cons. d'Et. 12 fév. 1847, M. Lepelletier d'Aulnay, rap., aff. com. de Quincy C. Barbier Saint-Ange).

643. Il a été jugé cependant que le fait d'avoir transporté plusieurs personnes en charrette sur un passage à gué, pour éviter le payement du droit de péage, est justiciable du tribunal de simple police, et que ce fait est punissable même de la part de celui qui aurait ainsi transporté ou fait transporter les ou-

---

(1) (Albert C. veuve Parent.) — La cour (apr. dél. en ch. du cons.); — Attendu que, si, dans le cas où il y a ambiguïté et par suite obscurité dans un acte émané de l'administration, les tribunaux doivent surseoir et renvoyer à l'autorité administrative pour l'interpréter, ils peuvent et doivent retenir et juger la cause, lorsque les termes de cet acte clairs et précis ne laissent aucun doute sur son véritable sens, alors même que l'une des parties prétendrait qu'il y a lieu à interprétation; — Attendu que l'ordonnance portant concession du péage dont il s'agit déclare en termes exprès, clairs et précis, que les malles faisant le service des postes de l'État et les courriers du gouvernement sont exempts dudit péage; — Attendu, en fait, que l'entrepôt établi en deçà du pont d'Auterive a eu pour objet d'éviter à la malle-poste de l'État le trajet du pont, et que le porteur chargé, pour le service de l'administration, du transport des dépêches de cet entrepôt au bureau des postes de la ville d'Auterive, en réalité le courrier du gouvernement, puisqu'il en remplit l'office; — Qu'il suit de là qu'en décidant que ledit porteur ou l'entreposeuse elle-même, quand ils transportent les dépêches dudit entrepôt au bureau des postes d'Auterive, sont compris dans l'exception formellement et clairement exprimée dans l'ordonnance sus-énoncée, le jugement attaqué n'a fait qu'appliquer le reste des dispositions de l'art. — Rejette.
Du 6 mars 1858.-C., ch. civ.-MM. Portalis, 1er pr.-Rupérou, rap -Tarbé, av. gén., c. contr.-Galisset et Piet, av.

(2) Espèce : — (Maurette C. Min. des tr. publ.) — Le 30 août 1851, une ordonnance royale a autorisé la compagnie Maurette à construire le pont d'Auterive, sous la condition que les courriers porteurs des dépêches du gouvernement seraient exempts du péage. — Plus tard, les concessionnaires ont soumis les facteurs ruraux au droit de péage, par le motif que la condition était nominative, et devait être restreinte aux personnes littéralement désignées; que l'administration était dans l'usage de faire désigner expressément les facteurs ruraux, lorsqu'elle voulait les faire jouir de l'exemption. — M. le ministre, appelé à donner son avis sur le mérite de ce refus, a décidé que la condition imposée était dans l'intérêt du trésor, et devait s'appliquer à tous les agents de l'administration. — Recours. — Excès de pouvoirs, parce que M. le ministre avait statué sur une question qui n'était pas de sa compétence; — Que l'interprétation appartenait au roi en son conseil.
Louis-Philippe, etc.; — Vu notre ordonnance du 30 août 1851; — Sur la compétence; — Considérant que l'acte qualifié décision, de notre ministre du commerce et des travaux publics, n'est qu'une instruction donnée pour assurer l'exécution de notre ordonnance du 30 août 1851;

— Au fond : — Considérant que les facteurs ruraux ne sont pas désignés au chapitre des exemptions réservées par l'acte de concession du péage du pont d'Auterive, et qu'aucune des énonciations dudit tarif ne saurait leur être appliquée; — Art. 1er. Ne sont pas compris dans les exemptions réservées par le tarif du péage du pont d'Auterive les facteurs ruraux.
Du 22 fév. 1858.-Ord. cons. d'Et.-M. Louyer-Villermay, rap

(3) Espèce : — (Albat.) — Le procureur général dénonce à la cour un jugement du tribunal de simple police du canton de Milhau, département de l'Aveyron, et en demande l'annulation dans l'intérêt de la loi. — Par ordonnance du roi du 25 mars 1818, une société d'actionnaires a été autorisée à construire un pont sur la rivière du Tarn, à Milhau, et à y percevoir un droit de péage. Le 7 août 1822, l'employé à la recette constata que plusieurs habitants de la commune de Cressels, pour se soustraire au payement de ce droit, avaient passé à gué la rivière au-dessous du pont. — Cités par les fermiers du péage devant le tribunal de simple police de Milhau, ils répondirent qu'en traversant la rivière à gué, ils n'avaient usé que du droit naturel qu'aucune loi, ordonnance ni arrêt ne leur interdisait. — De son côté, le ministère public conclut à la condamnation à la valeur des deux journées de travail contre les défendeurs. — Le tribunal, le 15 août 1822, les condamna à payer aux fermiers du droit de péage, chacun d'eux, la somme de 10 cent. pour le droit par eux, ou les leurs, soustrait; et sur le surplus des demandes, fins et conclusions des parties, les mit hors d'instance; en outre les condamna aux dépens. — Tel est le jugement que l'exposant a cru devoir soumettre à la censure de la cour. — Rien n'était plus rigoureux, sans doute, que les droits exercés par les seigneurs pour leurs péages; cette rigueur trouvait rarement des douceurs ou des modifications devant les parlements. L'inflexibilité ordinaire pour les droits féodaux semblait justifiée, quant au péage, par deux circonstances particulières : 1° l'obligation de réparer et d'entretenir; 2° l'obligation de veiller à la sûreté des passants, et d'être responsable, en cas de délit, faute de surveillance et de protection. — Cependant on ne jugeait pas moins que le droit de bac n'empêchait pas un particulier de passer à gué, ou de se servir d'un bateau pour son usage personnel. — Ici M. le procureur général cite l'opinion de Denizart, v° Bac, § 2, n° 7, qui rapporte un arrêt conforme rendu en la grand'chambre le 9 janv. 1758. Dans l'espèce, un particulier a été autorisé à se servir d'un bateau à lui appartenant pour aller et revenir sur la rivière vis-à-vis de sa maison de campagne, sans payer aucun péage au seigneur qui tenait bac à quatre cents pas de la maison.
Or, continue M. le procureur général, comment ces principes anciens,

vriers employés à l'exploitation de ses propriétés situées sur l'une et l'autre rive, s'il n'en a pas formellement obtenu l'autorisation de l'autorité administrative, ou s'il a excédé les limites de l'autorisation accordée (Crim. rej. 4 déc. 1852, aff. Gauthier, D. P. 53. 5. 344).

644. Les propriétaires voisins d'un pont qui se servent de bateaux particuliers pour l'exploitation de leurs propriétés ne peuvent non plus être assujettis au payement d'aucun droit envers les concessionnaires de ponts. Ils doivent profiter de la même immunité que celle qui leur est accordée par l'art. 8 de la loi du 6 frim. an 7, vis-à-vis des fermiers des bacs (V. n° 605). — Il a été décidé en ce sens que les propriétaires voisins d'un pont traversant une rivière navigable peuvent, pour les besoins de l'exploitation d'un domaine situé sur la rive opposée à celle où se trouvent leurs habitations, laisser une barque à demeure en face de celle-ci et s'en servir pour leur usage personnel, nonobstant un arrêté préfectoral à ce contraire (Poitiers, 31 janv. 1849, aff. Turquand, D. P. 50. 2. 85).

645. Mais cette exemption n'existe que sous les conditions prescrites par le même art. 8, c'est-à-dire qu'autant que ce particulier a fait vérifier la destination de son bateau et a reçu de l'administration l'autorisation d'en conserver l'usage (Crim. cass. 18 juill. 1857, aff. Bourgeois, D. P. 57. 1. 383).

646. L'administration, lorsqu'elle concède l'établissement d'un pont, conserve intact, et sans qu'il soit besoin pour cela d'une réserve dans l'acte de concession, le droit qui lui appartient de se servir, soit par elle-même, soit par les entrepreneurs qui la représentent, de bateaux particuliers pour le transport des ouvriers et matériaux nécessaires aux travaux entrepris dans l'intérêt de la navigation; et pour qu'un entrepreneur soit admis à user d'un tel droit au nom de l'administration, il suffit qu'il y soit autorisé par l'ingénieur chargé de la direction des travaux (cons. d'Et. 30 mars 1854, aff. Giraudel, D. P. 54. 3. 81. — Conf. cons. d'Et. 19 mars 1847, M. Guilbem, rap., aff. Ruiz).

647. Quant aux contraventions en matière de péage, c'est-à-dire, le refus de payer et les exactions des fermiers, il est reconnu qu'elles tombent sous l'application des dispositions pénales de la loi du 6 frim. an 7, art. 51 et suiv. — Il a été jugé en ce sens : 1° que le droit de péage établi par ce n'est régi par la loi du 6 frim. an 7, relative au passage sur les bacs et bateaux, quant aux contestations dont ce droit est l'objet; que, par suite, la contravention pour refus du droit de péage sur un pont est

admis sous le régime le plus austère, ne seraient-ils pas adoptés aujourd'hui que le péage n'est pas un droit politique, c'est-à-dire un droit de puissance et d'autorité, mais une simple indemnité pour les frais occasionnés par l'établissement d'un pont ou d'un bac? — Ce droit est purement utile, et doit être supporté par ceux qui profitent de l'avantage de l'établissement; c'est une rétribution que doivent les usagers. — Nous disons que les péages sont aujourd'hui des droits purement utiles; car le roi doit à ses sujets la protection sur toutes les routes; il a doit sur les endroits sujets au péage, non à cause du droit qui s'y perçoit, mais par une obligation qui s'applique à tous les lieux et à toutes les personnes. — Le droit est réel; il dans le langage des docteurs, il est du moins *personalis in rem.* C'est le passage même qui motive la perception. — Il faudrait une loi expresse pour soumettre les individus qui passent à gué au payement du droit, comme s'ils passaient sur le pont, et encore il faudrait déterminer quelle serait la distance qui produirait cette équipollence; car enfin, avec le jugement du tribunal de police de Milhau, tout devient arbitraire. On ne peut plus traverser la rivière à gué à deux pas du pont qu'à 2 myriamètres. — Les lois nouvelles, comme la jurisprudence ancienne, repoussent la théorie du jugement que nous examinons. La loi du 6 frim. an 7, sur les bacs et bateaux, a nationalisé le droit de péage; mais elle a dit, art. 8 : « Ne sont point compris, dans les dispositions des articles précédents, les bacs et bateaux non employés à un passage commun, mais établis pour le seul usage d'un particulier, ou pour l'exploitation d'une propriété circonscrite par les eaux. — Ils ne pourront toutefois être maintenus, il ne pourra même en être établi de nouveaux qu'après avoir fait vérifier leur destination, et fait constater qu'ils ne peuvent nuire à la navigation. » — Ainsi, pour conserver un bac particulier, il suffit, d'après la loi, de constater sa destination, qu'il ne peut être dangereux pour la navigation. — Quelle est cette destination qu'il faut constater? Il n'y a pas de doute, d'après les termes mêmes de la loi; il suffit qu'il soit bien établi que le bac n'est que pour l'usage d'un particulier, et qu'il ne rivalise point avec le bac public. — Or comment serait-il possible de concilier la prohibition de passer à

passible des mêmes peines que la contravention pour refus du droit de passage sur un bac ou bateau (Crim. rej. 26 août 1841, aff. Loizeau, V. n° 657-2°; 8 mai 1857, aff. Faucompré, D. P. 57. 1. 272); — 2° Que l'infraction à un arrêté municipal qui a réglé, en vertu de la loi, le tarif de la perception du droit de péage sur un pont, constitue de la part des contrevenants (passagers ou préposés au recouvrement) une contravention prévue et punie par l'art. 471 c. pén.; et le tribunal de police ne peut renvoyer le prévenu de la poursuite du ministère public, sous le prétexte que la contestation aurait dû être portée directement devant le maire qui aurait le droit de la terminer sommairement (Crim. cass. 22 mars 1839) (1).

§ 4. — Compétence.

648. Les contestations en matière de concession de pont à péage sont de plusieurs espèces, et la compétence des tribunaux qui doivent les juger varie suivant la nature de ces contestations. Les difficultés peuvent résulter soit de l'exécution même des travaux de construction, soit de l'interprétation du cahier des charges et de l'application du tarif de péage. A l'égard des premières, les concessionnaires étant considérés comme de véritables entrepreneurs de travaux publics, sont justiciables des conseils de préfecture, conformément à l'art. 4 de la loi du 28 pluv. an 8 (V. Trav. publ., n°s 1103 et s.).—Il a été jugé : 1° que lorsque les concessionnaires d'un pont ont encouru, faute d'avoir achevé les travaux dans le délai déterminé par le cahier des charges, la déchéance de leur concession, c'est au conseil de préfecture qu'il appartient de prononcer cette déchéance; mais que l'administration seule a le droit d'apprécier s'il y a lieu de surseoir à l'exécution de la déchéance encourue et régulièrement prononcée; qu'en conséquence, est nul l'arrêté du conseil de préfecture qui, en prononçant une semblable déchéance, ordonne qu'il sera sursis à son exécution pendant un délai déterminé (cons. d'Et. 8 avr. 1842, M. Cornudet, rap., aff. concess. du pont de Roquemaure); — 2° Que, les travaux de construction d'un pont ayant le caractère de travaux publics, c'est aux conseils de préfecture seuls qu'il appartient de statuer sur les réclamations en dommages-intérêts résultant de l'exécution de travaux de cette nature, et que cette règle s'applique même au cas où une commune s'est obligée à réparer elle-même les dommages (cons. d'Et. 5 sept. 1842, M. Germain, rap., aff. Deflixe).

649. A l'égard des difficultés sur l'interprétation du cahier

gué, avec cette faculté de traverser la rivière sur un bac particulier, huit à neuf mois de l'année? — Cela n'est pas possible. — Quel est donc le vice du jugement que nous examinons? c'est d'avoir ajouté à l'ordonnance du 25 mars 1818, qui crée un droit de passage, aux lois des 6 frim. an 7 et 27 frim. an 8; c'est d'avoir commis un excès de pouvoir. — Ce considéré, il plaise à la cour casser, etc. » — Signé Mourre. — Arrêt.

La cour ; — Statuant sur le pourvoi du procureur général en la cour, formé dans l'intérêt de la loi, et adoptant les motifs développés dans son réquisitoire ; — Casse, etc.

Du 25 oct. 1822.-C. C., sect. crim.-M. Olivier, rap.

(1) (Min. pub. *C.* Dauzon.) — La cour ; — Vu les art. 4 de la loi du 4 mai 1802, 14 flor. an 10 et 17 de celle du 20 juill. 1837, et l'art. 471 c. pén. ;— Attendu que le préfet du département de Lot-et-Garonne a légalement réglé, par son arrêté du 5 nov. 1825, en vertu des lois précitées, et spécialement de l'art. 4 de celle du 4 mai 1802, la perception du droit de péage sur le pont d'Agen, conformément au tarif annexé à la loi du 5 août 1821 ; d'où il suit que toute infraction à ce tarif constitue, tant de la part des passagers que de celle des préposés au recouvrement du tarif, la contravention que l'art. 471 c. pén. prévoit et punit, et donne au ministère public la faculté d'en poursuivre d'office la répression ; — Et attendu, en fait, qu'il est reconnu par le jugement dénoncé que les prévenus n'ont exigé des personnes dont il s'agit, dans l'espèce, un droit plus fort que celui qu'ils devaient recevoir d'elles, en vertu dudit tarif ;—Qu'ils ont donc été légalement poursuivis pour ce fait et se trouvaient passibles de l'application des peines de simple police ; — D'où il suit qu'en décidant le contraire, sur le motif que la contestation aurait dû être portée devant le maire qui a le droit de la terminer sommairement à sans frais, ce jugement a évité au cahier des charges du 19 prair. an 12 une autorité qu'il ne peut avoir dans la cause, et commis une violation expresse des dispositions ci-dessus visées ; — Casse.

Du 22 mars 1839.-C. C., ch. crim.-MM. de Bastard, pr.-Rives, rap.

des charges et sur l'application du tarif, il faut distinguer, comme nous l'avons fait en parlant des bacs (V. n°⁵ 610 et s.), si les contestations s'agitent entre les concessionnaires et l'administration, ou entre les concessionnaires et des tiers. Au premier cas, c'est l'autorité administrative qui doit en connaître; au second cas, c'est l'autorité judiciaire (V. Compét. admin., n° 460). Cette règle n'a pas toujours été observée exactement quand il s'est agi d'en faire l'application, du moins en ce qui touche les contestations de la seconde espèce. Quant à celles qui ont pu s'élever entre l'administration et les concessionnaires, la jurisprudence a généralement reconnu la compétence de l'autorité administrative. — Il a été jugé en effet: 1° que lorsqu'un pont a été construit sous la réserve d'un droit de péage et de sa prorogation dans les cas déterminés par le cahier des charges, les conseils de préfecture sont compétents pour prononcer et fixer la durée de cette prorogation, s'ils reconnaissent l'existence des cas prévus (cons. d'Et. 3 mars 1837, M. Humann, rap., aff. Liébaut et cons.); — 2° Que l'action intentée contre l'Etat par les concessionnaires d'un pont à l'effet d'obtenir réparation du dommage qui leur est causé par la construction d'un pont nouveau est de la compétence administrative (cons. d'Et. 8 nov. 1833, aff. comp. des Trois-Ponts, V. Trav. publ., n° 1139-3°; 12 avr. 1838, aff. comp. du Pont-Milhau, V. Concess. admin., n° 30); — 3° Que l'action intentée par les concessionnaires d'un pont contre un entrepreneur de travaux publics, à raison de transports qu'il aurait, dans leur voisinage, effectués, par bateaux d'une rive à l'autre, est régulièrement portée devant le conseil de préfecture, si c'est en vertu d'une approbation de l'autorité et dans l'intérêt des travaux publics entrepris pour l'utilité de la navigation que ce mode de passage a été employé (cons. d'Et. 30 mars 1834, aff. Giraudel. D. P. 54. 3. 81. — Conf. cons. d'Et. 28 août 1844, M. Boulatignier, rap., aff. Ruiz C. Magny).

650. Mais la jurisprudence a montré quelque hésitation lorsqu'elle s'est trouvée en présence de litiges entre les concessionnaires et des tiers sur l'interprétation du tarif. La question peut se présenter dans deux situations différentes: ou bien la demande en interprétation est formée directement devant l'autorité administrative avant que les tribunaux aient été saisis d'aucun litige, ou bien la question d'interprétation s'élève devant le tribunal à l'occasion d'une contestation portée devant lui.

651. Et d'abord pourrait-on, en dehors de tout litige, soit judiciaire, soit administratif, demander directement l'interpré-

tation d'un tarif de droits de péage? Non: aucune des autorités administratives ne serait compétente pour donner une telle interprétation. Les adjudicataires ont souvent essayé de ce mode de procéder; ils se sont adressés au préfet, au conseil de préfecture, au ministre et enfin au conseil d'Etat; mais, sauf de très-rares exceptions, le conseil d'Etat a déclaré illégales les interprétations données par ces diverses autorités, et s'est refusé à lui-même le droit de la donner à leur place. — Ainsi il a été jugé: 1° que le conseil de préfecture excède ses pouvoirs en statuant sur une demande en interprétation du tarif et notamment sur la question de savoir si telles voitures déterminées rentraient dans l'exemption portée par une clause du tarif; qu'une pareille demande ne devait être portée non plus devant le conseil d'Etat (cons. d'Et. 4 juin 1834 (1); 18 août 1833, aff. Gérard, V. n° 653-1°; 5 fév. 1841, aff. Pont de Rabastens, V. eod.); — 2° Que le conseil de préfecture est incompétent pour réformer un arrêté du préfet qui étend à certains fonctionnaires et employés les exemptions de péage indiquées au tarif pour le passage d'un pont; que, d'un autre côté, il excède ses pouvoirs en statuant par voie d'interprétation générale de ce tarif (cons. d'Et. 8 août 1834, M. Delucay, rap., aff. Maurette); — 3° Que la lettre par laquelle le ministre des travaux publics interprète le tarif annexé à l'ordonnance royale portant concession d'un pont ne constitue pas une décision susceptible d'être attaquée par la voie contentieuse, et ne fait pas obstacle à ce que les intéressés portent leurs réclamations devant qui de droit (cons. d'Et. 29 juin 1844 (2); 22 fév. 1838, aff. Maurette, V. n° 641); — 4° Qu'on ne peut demander directement devant le conseil d'Etat l'interprétation d'une ordonnance royale portant concession d'un pont, lorsqu'il n'est pourtant aucune décision, soit judiciaire, soit administrative, qui établisse la nécessité de cette interprétation (même arrêt du 29 juin 1844, aff. com. de Villers-le-Lac). — Cependant, dans une autre espèce, le conseil d'Etat a donné lui-même l'interprétation qui lui était directement demandée (cons. d'Et. 22 fév. 1838, aff. Maurette, V. n° 641).

652. L'interprétation ne peut donc être donnée qu'à l'occasion d'un litige pendant devant les tribunaux; mais alors s'élève la question de savoir si le tribunal est compétent pour interpréter lui-même la clause du tarif dont le sens est contesté, ou s'il doit surseoir et renvoyer cette interprétation devant l'autorité administrative. — Il a été jugé sur ce dernier sens que la

---

(1) (Privault, etc. C. Aubineau-Caron.)—Louis-Philippe;—Vu la loi du 28 pluv. an 8; — En ce qui touche les conclusions principales des réclamants : — Considérant que la demande sur laquelle le conseil de préfecture a prononcé par l'arrêté attaqué était adressée au préfet de Seine-et-Marne, par le maire et un certain nombre d'habitants de la commune de Trilport, et tendait à la suspension provisoire de toute perception au pont de Trilport, sur les habitants de ladite commune, et à leur affranchissement du péage dudit pont ; — Qu'en statuant sur cette demande qui ne lui était pas soumise, et qui avait pour objet d'obtenir par voie de règlement la suspension et la suppression d'un péage établi par une ordonnance royale, à la suite d'une adjudication, le conseil de préfecture a excédé ses pouvoirs ; — En ce qui touche les conclusions subsidiaires des réclamants : — Considérant qu'elles tendent à reproduire, par-devant nous, les mêmes conclusions que celles qui étaient contenues dans leur première pétition, et qu'ainsi elles doivent être écartées par les mêmes motifs : — Art. 1. Les arrêtés du conseil de préfecture de Seine-et-Marne, des 20 mai et 8 juill. 1851, sont annulés pour excès de pouvoir. — Art. 2. Les conclusions subsidiaires des réclamants sont rejetées.

Du 4 (ou 11) juin 1854.—Ord. cons. d'Et.-M. Montaud, rap.

(2) Espèce. — (Com. de Villers-le-Lac.). — Le ministre des travaux publics avait interprété le tarif du péage établi sur le pont suspendu de Villers-le-Lac, en vertu d'un ord. du 26 juill. 1858.—Pourvoi par la commune de Villers-le-Lac contre cette décision.

M. le ministre des travaux publics a exprimé sur la question de compétence l'opinion suivante : «Il est un moyen préjudiciel invoqué par la commune et qui mérite un examen particulier. Suivant elle, le ministre était incompétent pour statuer sur la difficulté ratione materia. Ce reproche n'est pas fondé, et je crois facile de l'établir. — Sans doute, s'il s'agit d'une difficulté née à l'occasion de la perception du péage entre les concessionnaires et un tel particulier, la contestation trouvait dans le juge de paix du lieu son juge naturel. Il appartenait pas au ministre d'intervenir ni de soustraire le débat au tribunal appelé à en connaître. — Mais il s'agissait ici, non pas d'une contestation parti-

culière, mais de difficultés générales, de tous les instants, sans cesse renaissantes. Les parties intéressées demandaient au ministre chargé de l'exécution de l'ordonnance une interprétation du tarif qui mît un terme à ces contestations. Dans un tel état de choses, c'était le droit comme le devoir du ministre de déclarer dans quel sens la clause contestée du tarif devait être entendue.

» A quelle autre autorité auraient pu, en effet, s'adresser les parties ? — Au juge de paix ? Mais ce magistrat devenait incompétent du moment qu'il ne s'agissait plus d'un débat entre les concessionnaires et tel ou tel habitant de la commune se refusant à payer la taxe. Il est interdit aux tribunaux de prononcer par voie générale et réglementaire. — Au conseil de préfecture ? Mais le conseil de préfecture était incompétent dans tous les cas ratione materia. — C'était donc au ministre à donner, dans un intérêt d'ordre public et comme chargé de l'exécution de l'ordonnance royale, l'interprétation réclamée par la commune et les concessionnaires.

» Cette juridiction du ministre est nécessaire; elle existe; elle a été reconnue, dans plusieurs cas, par le conseil d'Etat, et notamment par l'arrêt du 22 fév. 1838, que le mémoire des concessionnaires cite avec une légère erreur de date. Que l'on refuse au ministre ce droit de prononcer dans des circonstances pareilles par voie doctrinale et générale, et il se forme à l'instant une lacune dans les pouvoirs, il naît un péril pour certains intérêts publics et privés. Aussi je ne puis partager l'espèce d'hésitation que paraît éprouver M. le ministre de l'Intérieur, en ce qui touche l'exercice de cette juridiction ministérielle, et je suis disposé à penser que l'acte qui en émane et qui interprète généralement un tarif est, non pas seulement un avis, une instruction, mais une véritable décision, décision susceptible, d'ailleurs, d'être déférée au conseil d'Etat et d'être réformée par cette juridiction souveraine. »

Louis-Philippe, etc. ; — Vu l'ord. du 26 juill. 1858 ; — En ce qui touche le pourvoi de la commune de Villers-le-Lac contre la décision susvisée de notre ministre des travaux publics : — Considérant que la lettre de notre ministre des travaux publics, en date du 14 juin 1841, ne constitue pas une décision qui soit de nature à nous être déférée par

question de savoir si un particulier a eu ou non le droit d'établir, pour son usage particulier, des bateaux de passage sur une rivière au préjudice du concessionnaire d'un droit de péage établi sur un pont affermé par l'Etat, et de s'affranchir ainsi du payement de ce droit, doit être décidée par l'autorité administrative, et non par l'autorité judiciaire (Bordeaux, 23 mars 1832) (1). — C'est en ce sens que se prononcent les annotateurs du Recueil des arrêts du conseil d'Etat, 1841, p. 53, et M. Husson, p. 550.

652. Mais cette solution ne saurait pas être admise. Le péage sur les ponts a le caractère d'un impôt indirect : c'est en effet dans cette classe que la loi du 14 flor. an 10 a rangé, sous le titre de péage, les droits à percevoir sur les ponts, comme ceux établis sur le passage des bacs. Or il est de règle que les contestations relatives à la perception des impôts indirects appartiennent aux juges ordinaires (V. Impôts indirects, nᵒˢ 459 et suiv.). — D'un autre côté, c'est par délégation du pouvoir législatif que l'autorité administrative a été investie du droit d'approuver les tarifs des droits de péage. Or il est bien certain que le législateur, s'il eût fait lui-même ces tarifs (et beaucoup de tarifs de même nature ont été faits par des lois), n'aurait pas eu le droit de les interpréter. Ce qui n'appartient pas au légis-

lateur lui-même ne saurait à plus forte raison appartenir à l'autorité qu'il s'est substituée par délégation. — Enfin, la loi spéciale du 5 août 1821 relative à la construction d'un pont sur la Garonne, a décidé que l'application du tarif contesté entre l'entrepreneur et un particulier devait être jugée comme en matière d'octroi, et dans cette matière, ce sont les tribunaux ordinaires qui sont aussi compétents pour appliquer et interpréter les tarifs. — C'est en ce sens généralement que la jurisprudence, soit administrative, soit judiciaire, s'est prononcée; on rencontre, il est vrai, quelques décisions du conseil d'Etat qui sont en opposition avec cette doctrine (V. par exemple les arrêts des 23 juin 1830, nᵒ 640-1ᵒ, et 22 fév. 1838, nᵒ 641). Mais ce ne sont là que des déviations accidentelles qui ne doivent pas tirer à conséquence. — Il a été jugé dans le sens des observations qui précèdent : 1ᵒ Que les contestations qui s'élèvent entre les concessionnaires d'un pont de péage et les passants, sur l'application du tarif, sont de la compétence de la juridiction civile, et non de celle des conseils de préfecture (cons. d'Et. 18 août 1833; 5 fév. 1841) (2); — 2ᵒ Que les tribunaux civils sont seuls compétents pour connaître de la demande d'un concessionnaire d'un pont contre un propriétaire riverain, à l'effet de lui faire interdire l'usage de bacs ou batelets (cons. d'Et. 16 juill. 1840) (3);

---

(1) (Chaumel C. Quénot.) — La cour; — Attendu que l'action intentée par Quénot, comme concessionnaire du passage établi sur le pont suspendu sur la rivière navigable de l'Isle, au lieu de Laubardemont, tend à lui faire adjuger un droit d'indemnité pour la taxe non perçue dont Chaumel l'aurait privé, en se servant de ses bateaux dans les limites du pont, pour traverser, soit ses ouvriers, soit ses marchandises, et à empêcher qu'ils ne soient un moyen d'éviter à l'avenir le payement de la taxe que Quénot prétend lui être due; — Attendu qu'en défendant à cette action, Chaumel soutient qu'il est fondé à donner à ses bateaux la destination qu'ils ont déjà reçue, et à continuer de les affecter au même service; — Attendu qu'en résultat il s'agit d'une demande de droits; que la défense de Chaumel fait naître sur l'application du péage une contestation purement civile, celle consistant à savoir si le droit est dû ou non; qu'une contestation de cette espèce doit être jugée par voie administrative, aux termes de l'art. 31 de la loi du 6 frim. an 7; qu'elle rentre dans la question relative à l'appréciation de l'étendue des droits qui ont pu être valablement conférés, et qui, en effet, ont été transmis par le titre de la concession faite à Quénot; qu'il y a lieu d'examiner si l'usage que Chaumel fait de ses bateaux blesse illégalement ces mêmes droits; que l'examen et la solution de ce point sont hors des attributions de l'autorité judiciaire; déclare que les tribunaux civils sont incompétents; renvoie devant qui de droit.

Du 25 mars 1832.—C. de Bordeaux, 4ᵉ ch.—M. Poumayrol, pr.

(2) 1ʳᵉ Espèce : — (Gérard.) — Gérard s'est rendu adjudicataire de la construction du pont de la Cité à Périgueux, moyennant un péage pendant quinze ans. Un article du tarif porte « que les jours de marchés et de foires à Périgueux, le passage sera gratuit pour les personnes à pied ou à cheval, pour les animaux chargés ou non, pour les charrettes ou tombereaux attelés de chevaux ou de bœufs et employés au transport des denrées et marchandises. » — Au mois de mars 1832, le pont a été ouvert au public, et le premier jour du marché, toutes les voitures bourgeoises et de roulage, etc., ont passé le pont sans payer, par le motif qu'il y avait franchise. Gérard s'est adressé au conseil de préfecture de la Dordogne, qui a déclaré que le tarif était tellement précis qu'il n'y avait pas lieu à interprétation; qu'il était évident que toutes charrettes ou tombereaux, quelle que fût leur forme, chargées de denrées et marchandises quelconques, ne pouvaient être soumises au péage le jour du marché; que les autres voitures particulières ou publiques, suspendues ou non suspendues, et les voitures de poste, étaient les seules qui devaient acquitter les droits de passage les jours de foires et de marchés. — Le sieur Gérard s'est pourvu au conseil d'Etat, par le motif que le conseil de préfecture n'avait pas donné une interprétation claire et précise du tarif.

Louis-Philippe, etc.; — Considérant que le requérant, à l'occasion des contraventions au tarif, avait mal à propos saisi le conseil de préfecture d'une demande en interprétation dudit tarif; qu'il s'agissait seu-

le voie contentieuse et ne fait pas obstacle à ce que les parties portent leurs réclamations devant qui de droit;— En ce qui touche la demande de la commune de Villers-le-Lao, tendant à faire interpréter le tarif annexé à notre ord. du 26 juill. 1838 :— Considérant qu'il n'est produit aucune décision, soit judiciaire, soit administrative, par suite de laquelle il y ait lieu d'interpréter l'ord. du 26 juill. 1838, et que l'interprétation de ladite ordonnance ne peut nous être demandée directement par les parties intéressées;

Art. 1. La requête de la commune de Villers-le-Lac est rejetée.

Du 29 juin 1844.—Ord. cons. d'Et.—M. du Berthier, rap.

lement de statuer sur les contraventions alléguées par le réclamant, et que le conseil de préfecture, tout en déclarant qu'il n'y avait lieu à interpréter, a cependant, ainsi qu'il résulte du rapprochement de ses motifs et de son dispositif, donné cette interprétation; que les tribunaux seuls étaient compétents à cet effet, et qu'ainsi il a commis un excès de pouvoir.

Art. 1. L'arrêté du conseil de préfecture de la Dordogne, du 9 mars 1832, est annulé pour excès de pouvoirs. — Art. 2. La requête du sieur Gérard est rejetée, sauf à lui à faire statuer par les tribunaux sur les contraventions au tarif, s'il s'y croit fondé.

Du 18 août 1833.-Ord. cons. d'Et.—M. de Lacay, rap.

2ᵉ Espèce : — (Concession. du pont de Rabastens, C. Rouquès etc.) — Louis-Philippe, etc.; — Vu les requêtes .... tendant à ce qu'il nous plaise annuler, comme ayant faussement interprété, et, en conséquence, violé les dispositions du tarif du péage établi sur ledit pont de Rabastens et annexé à l'ordonnance royale du 18 mars 1836, un arrêté du conseil de préfecture du Tarn du 8 janv. 1839, lequel a maintenu diverses décisions provisoires du maire de Rabastens, et faisant déclarer que la disposition exceptionnelle du tarif qui réduit en faveur de la rentrée des récoltes le prix du passage sur ledit pont à 15 cent. par charrette attelée d'un cheval ou mulet, ou de deux bœufs, s'applique qu'au fait réel de la rentrée des récoltes, c'est-à-dire au fait de les prendre sur le sol qui les a produites, pour les porter soit dans les fermes, granges, celliers, magasins, etc., soit dans la demeure des propriétaires; que cette faveur accordée à l'agriculture ne peut avoir lieu qu'à l'époque de la récolte seulement, et exclusivement dans le cas où les fruits du sol n'ont encore subi aucune transformation par suite de travaux autres que ceux des récoltes proprement dits; déclarer aussi que les coupes de bois ne sont pas comprises dans l'exception au tarif général, et n'ont pas droit au dégrèvement accordé à la rentrée des récoltes, et condamner tous les défendeurs solidairement aux dépens; — Vu la loi des 6–11 sept. 1790 portant : — « Les actions civiles relatives à la perception des impôts indirects seront jugées en premier et dernier ressort, sur simples mémoires et sans frais de procédure, par les *juges de district...*; » — Considérant que dans les difficultés qui se sont élevées entre les sieurs Rouquès, Gouzy et Proudho d'une part, et de la part de la compagnie concessionnaire du péage établi sur le pont de Rabastens, il s'agissait d'une question d'application du tarif annexé à notre ordonnance du 18 mars 1836, et qu'aux termes de l'art. 2 de la loi susvisée, le maire de Rabastens et le conseil de préfecture du Tarn étaient incompétents pour connaître desdites difficultés; »

Art. 1. L'arrêté du conseil de préfecture du Tarn, du 8 janv. 1839, est annulé pour cause d'incompétence. Les décisions susvisées du maire de Rabastens sont considérées comme non avenues.

Du 5 fév. 1841.-Ord. cons. d'Et.—M. Cornudet, rap.

(3) (Debans C. de Cruzy.) — Louis-Philippe, etc.; — Vu l'édit du mois d'août 1669, les lois des 25 août 1792 et 6 frim. an 7, l'art. 4 de celle du 28 pluv. an 8; les art. 9, 10, et 11 de celle du 14 flor. an 10; — Vu l'art. 558 c. civ.; — Considérant que la demande dont le sieur Debans avait saisi le conseil de préfecture était exclusivement dirigée contre le sieur de Cruzy, et avait pour objet de faire déclarer que ce propriétaire n'avait pas le droit de se servir de bacs, bateaux ou batelets particuliers, soit pour son usage personnel, soit pour l'exploitation de ses propriétés, soit pour faire interdire de les employer à l'avenir, et pour s'en être servi, le faire condamner à 1,500 fr. de dommages-intérêts; — Considérant que le conseil de préfecture, en statuant, par son arrêté en

— 3° Qu'une ordonnance royale qui, par délégation du pouvoir législatif, fixe le tarif du péage d'un pont ne constitue pas un acte administratif, mais participe essentiellement de la nature des lois et est soumise à ce titre à l'interprétation des tribunaux; qu'en conséquence, c'est à tort qu'un tribunal appelé à interpréter un article du tarif d'un pont de péage sursoit à statuer jusqu'à ce que cette interprétation ait été donnée par l'administration (Crim. cass. 8 fév. 1845, aff. Vidal, D. P. 45. 1. 156). — 4° Que c'est à l'autorité judiciaire qu'il appartient de connaître de la demande en dommages-intérêts et en restitution des droits de péage qu'on prétend avoir été illégalement perçus par le concessionnaire d'un pont, alors surtout que l'acte de concession porte que les difficultés élevées sur le payement des droits de péage seront jugées comme en matière d'octroi (cons. d'Et. 23 déc. 1845, aff. Hingray et Moreau, D. P. 46. 3. 82); — 5° Que les tribunaux ordinaires sont seuls compétents pour déterminer la portée d'une exemption de droits établie dans l'une des clauses du tarif (trib. des confl. 9 mai 1851, aff. Astugue, D. P. 51. 3. 57); — 6° Qu'il en est de même à l'égard des réclamations élevées par un particulier qui se prétend compris, lui ou son enfant, dans une exemption de péage établie au profit d'une catégorie spéciale de passants (cons. d'Et. 17 mai 1855, aff. Mabé, D. P. 55. 3. 323).

654. Les tribunaux sont également compétents pour vérifier si les titres invoqués à l'appui de la perception sont revêtus des formes extérieures exigées et si les concessionnaires se sont conformés aux conditions imposées pour la régularité de la perception du péage (cons. d'Et. 23 déc. 1845, aff. Hingray, D. P. 46. 3. 82). — En conséquence, les tribunaux ne peuvent être réputés excéder les limites de leur compétence, lorsqu'ils refusent d'appliquer à l'inobservation de règlements administratifs rendus sans l'accomplissement des formalités exigées par la loi, les dispositions pénales de l'art. 471, § 15 (Crim. cass. 14 juin 1844, aff. Marcellin, V. Règlem. admin., n° 57. V. aussi eod., n°s 24 et suiv.). — Il en est ainsi, et alors même que, pour examiner la légalité de la perception, il y aurait lieu à apprécier les actes du pouvoir exécutif, sauf à surseoir pour en renvoyer l'examen à cette autorité (Civ. cass. 2 déc. 1846, aff. Hingray, D. P. 47. 1. 29). — C'est, en effet, à l'autorité administrative exclusivement qu'il appartient de connaître de la légalité des actes administratifs, qui ont imposé aux concessionnaires des sacrifices plus considérables que ceux de la concession primitive, en changeant les conditions et la durée de la jouissance (même arrêt).

655. De cette jurisprudence, il résulte que c'est devant l'au-

torité judiciaire que doivent être portées toutes les questions relatives à l'application des tarifs, qu'il s'agisse de la quotité des droits, des exemptions réclamées par les passagers, des passages à gué, de l'usage des bateaux particuliers à la proximité des ponts, etc. (V. M. Chauveau, Princ. de compét., t. 3, p. 574).— En conformité de cette règle, il a été jugé que c'est à l'autorité judiciaire qu'il appartient de connaître de l'action en dommages-intérêts intentée par le concessionnaire d'un pont à péage contre le propriétaire d'un bateau qui traverse la rivière sans acquitter le droit (Civ. rej. 9 juill. 1851, aff. Coste, D. P. 51. 1. 222).

656. Le refus d'acquitter les droits de péage constitue une contravention punissable de peines de simple police (V. n° 598); par conséquent, c'est devant le juge de simple police que cette contravention doit être poursuivie.—Il a été décidé : 1° que les droits de péage pour les ponts doivent être assimilés aux droits pour les bacs et bateaux; qu'en conséquence, le refus d'y satisfaire est une contravention de la compétence des tribunaux de police (Crim. cass. 26 août 1826 (1); Crim. rej. 8 mai 1857, aff. Faucompré, D. P. 57. 1. 272); — 2° Mais que si devant le tribunal de police, le prévenu prétend qu'à raison de sa qualité, il n'est pas soumis au droit, le tribunal est compétent pour connaître de cette question; que c'est là une question civile qui doit être décidée par les tribunaux civils (même arrêt du 26 août 1826, aff. Duluc);—3° Que le tribunal de police est compétent pour juger les contraventions au péage des ponts, ainsi que les exceptions du prévenu qui a refusé le droit de péage, à moins qu'il n'invoque une exception fondée sur un droit réel ou sur sa qualité, cas auquel l'exception doit être renvoyée devant les tribunaux ordinaires (Crim. rej. 26 août 1841 (2); — 4° Que le fait d'avoir traversé une rivière sur un bateau, dans le but d'échapper au payement du droit de péage établi sur un pont, constitue une contravention de la compétence du tribunal de simple police, et que le juge de police est également compétent pour connaître de l'exception prise par le prévenu de ce qu'il se serait servi de la nacelle de son maître, et n'aurait ainsi commis aucune contravention (Crim. cass. 8 juill. 1852, aff. Despierres, D. P. 53. 3. 344);— 5° Que le passage à gué en fraude des droits du concessionnaire est justiciable du tribunal de police (Crim. rej. 4 déc. 1852, aff. Gauthier, D. P. 53. 3. 344; V. n° 643);— 6° Que la connaissance des contraventions commises, par un militaire en activité de service, aux lois portant établissement d'un droit de péage sur les ponts et les routes, contraventions entraînant la condamnation à la restitution des droits et à l'amende, appartient aux tribunaux ordinaires, et non aux conseils de guerre, toujours incompétents

---

date du 23 déc. 1856, sur cette demande dont l'appréciation appartenait à l'autorité judiciaire, a excédé les limites de sa compétence; — Art. 1. L'arrêté susvisé du conseil de préfecture de Tarn-et-Garonne, en date du 25 déc. 1856, est annulé pour cause d'incompétence. — Du 16 juill. 1840.-Ord. cons. d'Et.-M. Baudon de Mony, rap.

(1) (Int. de la loi. – Duluc.)— LA COUR;—Vu les art. 441, 408 et 413 c. inst. crim., la lettre du garde des sceaux du 19 juillet dernier et le jugement attaqué; — Attendu qu'il s'agit, dans l'espèce, de la perception d'un droit de péage établi par ordonnance du roi du 8 juin 1820, pour subvenir aux frais de construction d'un pont en pierre sur le canal de Cornillon, à l'entrée de la ville de Meaux; — Qu'un tel droit n'est de sa nature que le prix de l'usage que font les passants d'un moyen de communication qui conduit d'un bord à l'autre d'une rivière ou canal, et qu'un pont est un moyen de communication et de transport de même genre que les bacs et les bateaux; — Que, dès lors, les contraventions aux règlements de l'autorité compétente qui assurent la perception des droits de péage sur les ponts, doivent être portées devant les tribunaux de simple police, comme le prescrit l'art. 56 de la loi du 6 frim. an 7, pour les bacs et bateaux; — Qu'il en est autrement lorsqu'il s'agit de décider si le droit de péage est ou n'est pas dû, à raison des causes d'exemption qui peuvent se trouver en la personne et dans les qualités des passants; — Qu'une telle question est purement civile et ne peut être jugée par les tribunaux de simple police; — Que, dans l'espèce, il s'agissait de juger si on un Duluc était ou n'était pas habitant de la ville de Meaux; — Qu'il suit de là que, lorsqu'une telle exception était proposée et contestée par le demandeur, le tribunal de simple police devait se déclarer incompétent, et, vu la qualité de la demande et qu'elle était pure et personnelle, renvoyer les parties devant le juge de paix du canton en son audience civile; — Que, néanmoins, dans l'espèce, le juge de paix tenant le tribunal de simple

police, a statué sur l'exception présentée par Duluc, tirée de ce qu'il était habitant de la ville de Meaux, et, comme tel, exempt du droit de péage, malgré l'assertion contraire du concessionnaire desdits droits de péage, demandeur, et contre les conclusions du ministère public; en quoi faisant, il a commis, par le jugement attaqué, un excès de pouvoir et violé les règles de la compétence; — Casse dans l'intérêt de la loi.

Du 26 août 1826.-C. C., ch. crim.-MM. Portalis, pr.-Brière, rap.

(2) (Loiseau C. min. pub.)— LA COUR; —...Attendu, sur le deuxième moyen, que le passage sur un pont est assimilé au passage qui s'opère par le moyen d'un bac ou d'un bateau; — Que, dès lors, les règles tracées par l'art. 56 de la loi du 6 frim. an 7 doivent être appliquées aux contestations qui viennent s'élever relativement au droit de péage sur les ponts soumis à ce droit; — Qu'il suit de là que le tribunal de simple police était compétent pour statuer sur la difficulté dont il s'agissait dans l'espèce; — Que c'est seulement dans le cas où le prévenu aurait excipé d'un droit réel, ou d'une qualité entraînant en sa faveur l'exemption du péage, que le tribunal de simple police aurait dû se déclarer incompétent et renvoyer à la juridiction ordinaire pour faire statuer sur cet incident; — Mais qu'il est compétent comme juge de l'action pour statuer sur une exception qui ne rentrait dans aucun de ces deux cas; — Attendu, sur le troisième moyen, que l'identité existant entre la communication d'une rive à l'autre d'une rivière, par le moyen d'un pont ou par celui d'un bac ou d'un bateau, entraîne l'application de la même peine à la contravention dans l'une ou l'autre circonstance; — Qu'ainsi, en appliquant au fait de la contravention au péage pour le passage d'un pont les dispositions de l'art. 32, relatives à la contravention pour le passage par un bac ou par un bateau, le jugement attaqué n'a pas violé l'art. 4 c. pén.; — Rejette.

Du 26 août 1841.-C. C., ch. crim.-MM. de Bastard, pr.-Fréteau, rap.

pour statuer sur des réparations pécuniaires (Crim. rej. 8 mai 1857, aff. Faucompré, D. P. 57. 1. 272).

657. Les exactions des concessionnaires étant punies de peines correctionnelles (V. n° 603), c'est devant les tribunaux de police correctionnelle que la poursuite devrait être dirigée : cela ne saurait faire difficulté.

658. Si la rivière *sépare deux départements*, ou deux arrondissements ou deux cantons, quel est le juge qui sera compétent? La loi du 6 frim. an 7 a résolu une question semblable pour la police des bacs, qu'elle accorde au préfet. L'art. 32 déclare compétente l'administration dans l'arrondissement de laquelle se trouve située la commune la plus prochaine du passage; à distance égale, c'est la population la plus forte qui en décide. La même règle doit servir, ce semble, pour déterminer la compétence respective des tribunaux dont il s'agit. — Jugé, à cette occasion, que les art. 32 et 33 de la loi du 6 frim. an 7, qui, en matière de contravention à la police des droits de péage, attribuent compétence à l'administration départementale, par suite, à l'autorité judiciaire de la commune la plus rapprochée du bac ou du pont, supposant que ce bac ou ce pont aboutissent à deux *département* différents, la compétence reste déterminée d'après les règles du droit commun, lorsque le bac ou le pont aboutissent à des communes dépendant du *même département* (Crim. rej. 7 fév. 1851, aff. Lapayiolerie, D. P. 51. 5. 193); — Que, par suite, dans cette dernière hypothèse, la contravention (celle, par exemple, d'une perception supérieure au tarif) commençant au moment où le préposé réclame le droit de passage et non pas au moment où celui qui y est soumis entre sur le pont par la rive opposée, le bureau de perception constitue le *lieu de la contravention* et détermine, dès lors, le juge compétent pour en connaître (même arrêt).

659. Il ne faut pas confondre les contraventions en matière de péage commises au préjudice des droits des concessionnaires avec les contraventions commises sur les ponts et qui ont pour effet, par exemple, de les dégrader (V. *suprà*, n° 631). C'est aux concessionnaires à poursuivre les premières à leurs risques et périls (V. n° 601); mais ils n'ont aucun droit de poursuivre les secondes. — Il a été jugé que l'administration ayant seule qualité pour poursuivre la répression des contraventions de grande voirie, le conseil de préfecture ne peut statuer sur la demande, formée par le concessionnaire d'un pont contre un voiturier, en réparation du dommage qu'il aurait causé au pont par une contravention de grande voirie (cons. d'Et. 25 juin 1857) (1). — V. v° Voirie par chemin de fer.

Art. 2. — *Navigation sous les ponts; chefs de pont.*

660. On a exposé v° Bois et charbons, n°s 85 et suiv., les motifs qui ont forcé de confier, pour le passage sous les ponts et dans le parcours des rivières au milieu des villes, la manœuvre des bateaux montants ou avalants à des hommes de la localité

spécialement nommés à cet effet et qui, connaissant la direction variable du chenal, les arches marinières également variables selon les saisons, les embarras et les écueils des cours d'eau, peuvent seuls accomplir cette mission avec une certaine garantie. Les mariniers et conducteurs de bateaux sont tenus, du moment qu'ils sont parvenus à une certaine limite, d'abandonner à ces hommes spéciaux auxquels on donne le nom de *chefs de pont*, la direction de leur équipe. C'est l'ordonnance de décembre 1672, chap. 4, spéciale pour les cours d'eau servant à l'approvisionnement de Paris qui a posé le principe du service obligatoire des chefs de ponts, principe répété plus tard dans le décret du 28 janv. 1811 et l'ordonnance du 16 janv. 1822, art. 1, 2, 3. — Il a été jugé : 1° que le fait de passer sous les ponts de Paris, et particulièrement sous le pont du Jardin-du-Roi pour entrer dans le canal Saint-Martin, des bateaux, sans la présence des chefs de ponts, institués à cet effet, constitue une contravention passible des peines de police (Crim. cass. 5 avr. 1828) (2); — 2° Que le marinier qui passe sous les ponts sans l'assistance du maître au chef de pont, encourt l'amende prononcée par l'ordonnance du mois de décembre 1672; il ne peut s'excuser par le motif que le chef de pont réclamait le concours de l'équipage :— « Considérant, porte l'ordonnance, que le sieur Moynat a passé ses bateaux sous le pont de Bray-sur-Seine sans l'assistance du maître ou chef de pont » (cons. d'Et. 4 mars 1830, M. de Rozière, rap., aff. Moynat).

661. Le décret du 28 janv. 1811 et l'ord. du 16 janv. 1822, qui défendent à tous autres que les chefs de pont de passer les bateaux sous les ponts, exceptent de cette interdiction les bateaux appelés margotats, bachots et doubles bachots. Comme ni le décret ni l'ordonnance ne fixaient la dimension de ces bateaux, les mariniers firent construire, dans la forme des margotats, des bateaux beaucoup plus grands et plus solides que ceux que l'on connaissait auparavant sous ce nom. Sur les réclamations des chefs de ponts, le ministre de l'intérieur fixa, par un arrêté du 19 juill. 1824, les dimensions des margotats à 16 mèt. 50 de long. sur 2 mèt. 75 de large. Un particulier poursuivi pour avoir lâché lui-même sous les ponts des bateaux en forme de margotats excédant la dimension fixée par la décision ministérielle, prétendait que cette décision n'était pas obligatoire, par le motif que le décret de 1811 et l'ordonnance de 1822 avaient excepté tous les margotats sans distinction, qu'il ne pouvait, dès lors, appartenir à un ministre de modifier les actes du pouvoir exécutif, et qu'en assujettissant certains margotats aux droits de pilotage, ce ministre établissait un véritable impôt, ce qui excédait ses pouvoirs.—Mais ce système n'a pas été admis, et il a été décidé que les mesures relatives à la conservation des ponts et à la sûreté des transports par eau, notamment celles qui ont pour objet la fixation de la grandeur des bateaux servant à la navigation, rentrent, comme mesures de police, dans les attributions du ministre de l'intérieur, et que la décision ministérielle qui, en exécution d'une ordonnance, détermine la

(1) (Coste C. Challon.) — Napoléon, etc. ; — Vu la loi du 29 pluv. an 8 ; — Vu la loi du 29 flor. an 10 ; — Considérant que la demande formée devant le conseil de préfecture par le sieur Coste, ès noms, avait pour objet de faire condamner le sieur Challon à réparer les dommages qu'il aurait causés au pont suspendu de Chauvigny en le traversant, dans la journée du 2 sept. 1854, avec une voiture à quatre roues attelée de huit chevaux et chargée d'un arbre en fer pesant 8,860 kilogr. ; — Considérant que les conseils de préfecture sont compétents pour prononcer sur les contraventions de grande voirie, pour appliquer aux auteurs de ces contraventions les amendes établies par les lois et les règlements, et pour prescrire la réparation des dommages occasionnés au domaine public, mais qu'ils ne peuvent ordonner la réparation du préjudice causé qu'en prononçant sur la contravention ; — Considérant qu'il appartient qu'à l'administration de poursuivre la répression des contraventions de grande voirie, et que le sieur Coste n'avait pas qualité pour déférer au conseil de préfecture la contravention qu'il prétend avoir été commise par le sieur Challon ; que, dès lors, c'est à tort que le conseil de préfecture a statué sur la demande du sieur Coste ; — Art. 1. L'arrêté du conseil de préfecture de la Vienne, du 25 janv. 1856, est annulé pour incompétence.
Du 25 juin 1857.-Décr. cons. d'Et.-M. Lemarié, rap.
(2) (Min. pub. C. Ducoudray, etc.) — La cour ; — Vu la loi du 50 flor. an 10, art. 1 et 5 ; — Vu également le décret du 28 janv. 1811 et

l'ordonnance du roi, du 16 janv. 1822, relatifs au service de la navigation des ponts de Paris ; — Attendu que cette ordonnance, comme le décret antérieur, avait pour objet l'exécution des dispositions générales de la loi du 50 flor. an 10 sur la navigation intérieure ; — Que, dès lors, elle formait un règlement d'administration publique dont on ne pouvait enfreindre les dispositions sans encourir des peines de police ; — Et attendu que l'art. 2 de cette ordonnance défendait à tous autres que les chefs de pont de passer sous les ponts les bateaux autres que ceux qu'il exceptait de cette prohibition ; — Et que l'art. 5 portait que les chefs de pont prendraient les bateaux au bassin de la Râpée, d'où il résultait qu'eux seuls pouvaient les conduire dans le passage du pont du Jardin-du-Roi ; — Que, dans l'espèce, il est reconnu et déclaré, en fait, que les prévenus avaient conduit eux-mêmes, et refusé de laisser conduire, par les chefs de pont, sous le pont du Jardin-du-Roi, des bateaux qui n'étaient pas compris dans les exceptions portées par l'art. 2 de l'ordonn. du 16 janv. 1822 ; — Que cette contravention à l'ordonnance était passible des peines de police ; — Que, néanmoins, le tribunal correctionnel de la Seine, réformant la condamnation prononcée contre les prévenus par le tribunal de police, les a renvoyés de l'action exercée contre eux ; en quoi ce tribunal a violé les dispositions de la loi du 50 flor. an 10 et celles tant du décret du 28 janv. 1811 que de l'ordonn. du 16 janv. 1822, rendus pour son exécution ; — Casse.
Du 5 avr. 1828.-C. C., ch. crim.-MM. Bailly, pr.-Ollivier, rap.

grandeur de certains bateaux que l'ordonnance admet à la navigation, mais dont elle n'avait pas fixé la dimension, est obligatoire (Crim. rej. 1er juill. 1831) (1).

662. Le service des chefs de ponts est rétribué moyennant un salaire à payer par les mariniers et réglé par les tarifs suivant la nature et la dimension des bateaux et du chargement.—Il a été jugé à cet égard : 1° que les chefs de ponts ont le droit exclusif de conduire, en exigeant un droit de péage, tous les bateaux, même dans le passage du Jardin du roi, quel que soit le point d'où ils arrivent, ou sur lequel on les dirige ensuite (Crim. rej. 22 mai 1830, aff. About, V. n° 663); — 2° Que les bateaux qui, pour arriver au canal Saint-Martin, passent sous le pont d'Austerlitz, sont assujettis, envers les chefs de ponts de Paris, aux mêmes salaires que ceux qui se dirigent dans le port de la Tournelle (Crim. cass. 13 août 1836) (2); — 3° Que le droit de pilotage dû pour le passage des bateaux sous les ponts de Paris se détermine d'après la longueur des bateaux, mesurée de la proue à la poupe, et non sur leur bordage en suivant la courbe de la construction : « Considérant que les sieurs Ducoudray et Foret ne sont pas fon-

(1) *Espèce :* —(Savry C. Ducoudray.) —Un décret du 28 janv. 1811 déclare que le service de la navigation sous les ponts de Paris doit être fait par deux chefs de ponts, et qu'il est défendu à tous autres de passer les bateaux sous les ponts, à l'exception des bateaux appelés *margotats, bachots* et *doubles bachots.* Une ordonnance du 16 janv. 1822 réitère l'exception faite par le décret à l'égard des margotats. Le décret ni l'ordonnance ne fixant la dimension de ces bateaux, les mariniers firent construire, dans la ferme des margotats, des bateaux beaucoup plus grands et plus solides que ceux que l'on connaissait auparavant sous ce nom. Les chefs de ponts réclamèrent contre cet abus auprès du ministre de l'intérieur. — 11 sept. 1824, première décision du ministre qui limite la dimension des margotats à 18 mèt. en longueur, et 2 mèt. 3/4 en largeur. — Les chefs de ponts trouvant que cette décision leur était désavantageuse, se pourvurent au conseil d'État pour la faire réformer La chambre de commerce de Paris ayant été consultée, émit un avis d'après lequel les margotats ne devaient pas excéder 16 mèt. 1/2 de long sur 2 mèt. 3/4 de large. Le ministre de l'intérieur, instruit de cet avis, déclara qu'il acceptait la fixation faite par la chambre de commerce. Les chefs de ponts ayant à leur tour contesté cette fixation, intervint, le 4 mai 1826, une ordonnance qui rejeta leur requête, demeurela les modifications que le ministre devait faire à sa première décision. Le 19 juill. 1826, ce ministre prit en effet un arrêté qui borna la dimension des margotats à 16 mèt. 1/2 de long et 2 mèt. 3/4 de large. — Maucourant-Savry continua à lâcher lui-même sous les ponts des bateaux, en forme de margotats, excédant la dimension fixée par la dernière décision ministérielle.

30 juin 1830, jugement du tribunal de simple police qui condamne Savry à 100 fr. de dommages et 11 fr. d'amende. Sur l'appel, jugement conforme du 12 fév. 1831.

Pourvoi de Savry contre ce dernier jugement. Il a prétendu que la décision du ministre n'était pas obligatoire ; que le décret de 1811 et l'ordonnance de 1822 avaient excepté tous les margotats sans distinction ; qu'il n'appartenait pas à un ministre de modifier des décrets ou des ordonnances ; que ces modifications ne pouvaient avoir lieu que par une ordonnance royale, et non par une simple décision ministérielle ; qu'en assujettissant certains margotats aux droits de pilotage, le ministre établissait un véritable impôt, ce qui évidemment excédait ses pouvoirs. — On répondait que toutes les mesures relatives à la conservation des ponts rentraient dans les attributions de police ; que le ministre de l'intérieur pouvait, par conséquent, prendre, à cet égard et de son propre mouvement, les arrêtés qu'il jugeait convenables ; que, d'ailleurs, dans l'espèce, le ministre n'avait fait que se conformer à l'ordonnance royale du 4 mai 1826 ; que la décision par lui prise devait donc être observée. — Arrêt.

LA COUR ; — Vu l'art. 5, § 5, tit. 11, de la loi des 16-24 août 1790 et l'arrêté du gouvernement, en date du 16 mess. an 3 ; l'ordonnance du roi, en date du 4 mai 1826, et la décision ministérielle du 19 juill. 1826 ; — Attendu que cette décision ministérielle rentre dans la disposition de l'art. 5, § 5, tit. 11 de ladite loi des 16-24 août 1790 ; qu'elle n'a d'ailleurs été prise que par suite et en exécution de l'ordonnance du roi susdatée, du 4 mai 1826 ; — Qu'elle a, dès lors, légalement excepté de la disposition de l'art. 1 du décret du 28 janv. 1811 et des art. 2 et 5 de l'ordonnance du roi, du 16 janv. 1822, les margotats excédant les dimensions qui s'y trouvent fixées ; — Que cette décision est donc obligatoire, et que le jugement attaqué, en infligeant au demandeur les peines dont il s'était rendu passible par sa contravention, n'a nullement violé les dispositions desdits décret du 28 janv. 1811 et ordonnance du 16 janv. 1822 ; — Rejette.

Du 1er juill. 1831.-C. C., ch. crim.-MM. de Bastard, pr.-Rives, rap.

(2) (Chefs des ponts de Paris C. Lepaire.)—LA COUR (apr. dél. en ch. du

dés à demander que les tarifs qui ont été faits d'après la longueur des bateaux soient appliqués d'après les mesures prises sur leur demi-périmètre ; considérant que la manière de déterminer la longueur des bateaux a été fixée, par notre ministre de l'intérieur, d'après les usages existants à l'époque où les sieurs Ducoudray et Foret se sont rendus adjudicataires de l'entreprise des chefs de ponts » (cons. d'Et. 15 mars 1836, M. Rozières, rap., aff. Ducoudray).

663. Sur la question de savoir quelle est l'autorité compétente pour prononcer, en cas de contravention, il a été décidé : 1° que le fait d'avoir passé avec des bateaux sous un pont, et spécialement sous le pont du Jardin du roi, sans employer, à cet effet, le ministère des chefs des ponts, et par suite, sans payer le droit de péage, constitue une contravention de la compétence des tribunaux de simple police, et non de celle des conseils de préfecture; qu'ici s'applique l'art. 36 de la loi du 6 frim. an 7, relatif au droit de péage pour le passage sur les ponts, et non l'art. 1 de la loi du 29 flor. an 10, qui fixe la compétence pour les contraventions en matière de grande voirie

cons.);—Vu les art. 405 et 413-c. inst. crim.; le décret du 28 janv. 1811; l'arrêté rendu par le ministre de l'intérieur, le 25 novembre de la même année ; l'ord. du 16 janv. 1822, et notamment les art. 1, 2 et 5, ensemble les art. 1, 5 et 61 du code précité ; — Attendu, en droit, 1° que l'ord. royale, du 16 janv. 1822, charge les chefs de ponts de Paris de prendre dans le bassin de la Râpée les bateaux qui ne sont pas exceptés de cette disposition générale et absolue ; qu'elle a donc virtuellement et nécessairement abrogé l'art. 7 du décret du 28 janv. 1811, qui ne rendait leur entremise indispensable qu'à partir de la pointe de l'île Louviers, en aval du pont d'Austerlitz, et l'art. 5 de l'arrêté ministériel susdaté, qui, en plaçant ce pont dans leur service, ne leur avait néanmoins alloué un salaire qu'à partir du même point ; d'où il résulte que ces deux articles ne font nullement partie des règlements auxquels cette ordonnance et le cahier des charges les obligent à se conformer, et qu'ils ne peuvent avoir aucune autorité dans la cause;

Attendu, 2° que l'institution des chefs de ponts a toujours eu pour objet de prévenir la dégradation de ces ponts, et d'en assurer la conservation ; que le salaire alloué à ces préposés leur est dû pour le passage des bateaux sous les ponts, ainsi que le déclare, en termes formels, l'ord. royale du 13 août 1825 ; qu'il est tout à la fois pour eux le prix de leur travail et l'indemnité des charges qui leur sont imposées, puisque le décret et l'ordonnance qui les ont établis les assujettissent à un cantonnement, et leur attribuent en même temps une rétribution au profit de la ville de Paris, en même temps qu'ils les rendent responsables envers le commerce de leurs manœuvres, et des retards qu'ils apporteraient à s'acquitter de leurs obligations ; — Que, dès lors, ils ont droit à ce salaire toutes les fois qu'on ne peut pas, sans contrevenir auxdits décrets et ordonnances, faire passer un bateau sous les ponts, autrement que par leur entremise ;

Attendu, 3° que toute contravention aux règlements d'intérêt et d'ordre publics ouvre aux demandeurs une action légitime en dédommagement du préjudice qu'elle leur cause, et que le tribunal qui doit réprimer l'une est également tenu de faire droit à l'autre ; — Qu'à la vérité, le tarif joint à l'ord. royale du 16 janv. 1822, ne comprend point les bateaux qui se rendent dans le canal Saint-Martin ; mais que son silence à leur égard provient de ce qu'il n'existait alors sur la rive droite de la Seine jusqu'à la pointe de l'île Louviers, ni bergé ni port de débarquement ; que l'ouverture et la confection de ce canal venaient seulement d'être ordonnées ; qu'elles restaient subordonnées au succès de l'entreprise ; que, par conséquent, le tarif en question n'eut pas à s'occuper de ce nouveau point éventuel de destination, et qu'on ne saurait conclure de cette circonstance que le passage des bateaux dirigés dans ledit canal doive être effectué gratuitement ;

Attendu, 4° qu'il s'ensuit de tout ce qui précède que dès l'instant où le canal Saint-Martin a été ouvert au public, les bateaux qui, pour y arriver, passent sous le pont d'Austerlitz, se sont naturellement et légalement trouvés assujettis au même salaire que ceux qui se dirigent dans le port de la rive gauche le plus rapproché de ce pont, c'est-à-dire dans le port de la Tournelle, selon la règle *eadem ratio, ibidem jus*; — Et attendu, en fait, que le jugement dénoncé a réprimé la contravention dont Mathias Lepaire s'est rendu coupable ; que, néanmoins, il a refusé aux demandeurs le dédommagement de cette contravention, sur le motif qu'ils n'y auront droit qu'après avoir obtenu de l'administration une extension du tarif en question ; d'où il suit qu'en statuant ainsi, le tribunal de simple police de Paris a faussement interprété, et par suite, violé non-seulement l'ordonnance royale et le tarif dont il s'agit, mais encore les règles de la compétence et les autres dispositions ci-dessus visées ;— Casse.

Du 15 août 1836.-C. C., ch. crim.-MM. Choppin, f. f. pr.-Rives, rap.

Nota. Le même jour, arrêt identique.

(Crim. rej. 22 mai 1830) (1); — 2° Qu'il n'appartient qu'aux tribunaux de décider la question de savoir si les chefs de ponts, à Paris, chargés du pilotage, ont droit à un salaire pour le passage des bateaux sous le pont d'Austerlitz, attendu qu'il s'agit de l'application des règlements et tarifs en vigueur (cons. d'Et. 16 mai 1834, M. Boivin, rap., aff. chefs des ponts de Paris).

664. L'usage forcé du service des chefs des ponts, cela est à remarquer, n'est plus aussi général. Les nombreux travaux qui ont été exécutés à Paris, dans la Seine, en ont beaucoup amélioré la navigation, notamment la canalisation du petit bras du fleuve et l'établissement de l'écluse de la Monnaie. Aussi une ordonnance du préfet de police a-t-elle supprimé, sur ce point, le chef des ponts, à partir du 1er oct. 1854, puis elle ajoute : « A partir de la même date, les conducteurs de bateaux pourront passer eux-mêmes leurs embarcations dans le petit bras de la Seine canalisé. — Avant de s'engager dans ce petit bras, soit à la remonte, soit à la descente, les conducteurs ou patrons de bateaux seront tenus de faire constater, par l'inspecteur de navigation de l'arrondissement, qu'ils ont à bord un matériel et un personnel suffisants pour faire cette traversée sans danger. — La charge des bateaux devra toujours être proportionnée à la hauteur des eaux dans le petit bras, qui sera affichée, chaque jour, au droit de

(1) *Espèce* : — (About, etc. C. chefs des ponts.) — Pourvoi contre un jugement du tribunal correctionnel de la Seine, du 2 mars 1850, fondé sur les moyens suivants : — ...2° Violation de la loi du 29 flor. an 10, dont l'art. 1, démontrait et non limitatif, attribue, selon les demandeurs, compétence pour le jugement des contraventions dont il s'agit, aux conseils de préfecture, et non aux tribunaux ordinaires en matière de police ; — 5° Excès de pouvoir, en ce que le tribunal a fondé la légalité de l'ord. du 16 janv. 1822 sur l'art. 3, tit. 11, de la loi du 24 août 1790, au lieu de l'avoir fondée sur la loi du 50 flor. an 10 ; — 4° Violation de l'ord. du 16 janv. 1822. — Cette ordonnance contient un tarif ; ce tarif, comme la cour l'a décidé, dérive du droit conféré au gouvernement par ledit article de la loi du 50 flor. an 10. — Or, le roi n'accorde aux chefs de ponts aucun droit pour lâchage sous le pont du Jardin-du-Roi. — Qu'a fait le tribunal ? Il a attribué un salaire spécial, sous le titre de dommages-intérêts ; c'est-à-dire qu'il s'est substitué au gouvernement ; qu'il a, réellement, créé un droit additionnel de navigation. — Art. délib. en ch. du cons.).

La cour.—Vu l'art. 3, n° 5, tit. 11, de la loi des 16—24 août 1790; la loi du 26 nov. 1796 (16 brum. an 5); les art. 31 et 56 de celle du 26 nov. 1798 (6 frim. an 7); ensemble le décret du 28 janv. 1811,

l'écluse d'une part, et au pont de la Tournelle de l'autre. — Les mariniers et les pilotes devront, d'ailleurs, se conformer à toutes les autres mesures de sûreté qui pourront ultérieurement être reconnues nécessaires et qui leur seront prescrites par les agents de la navigation (ordonn. du préfet de police de Paris, 26 sept. 1854).— D'ailleurs, un service de touage sur chaîne noyée a été établi dans la Seine au-dessus et au-dessous de Paris, par des décrets du 6 avr. 1854 (D. P. 54. 4. 77) et du 8 mai 1860 (D. P. 60. 4. 63) pour le remorquage des bateaux, ce qui rend de plus en plus le service des chefs de ponts inutile.—M. Henri Lalou, Man. régl. de la navlg, int., n°s 291 et 292, indique les ponts sous lesquels les droits de passage existent encore, et les tarifs des droits à percevoir.

Lorsque des travaux sur une rivière ont tellement facilité la navigation qu'un emploi de chef de pont est devenu inutile, on s'est demandé s'il y a lieu d'allouer une indemnité au chef de pont privé des avantages que son emploi lui procurait. — Il a été jugé que cet emploi est subordonné aux besoins de la navigation, et que, lorsque aucune indemnité n'a été stipulée pour le cas où il serait supprimé, le chef de pont n'est pas fondé à réclamer d'indemnité à raison des pertes qu'il aurait éprouvées par suite de la suppression de son emploi (cons. d'Et. 25 avr. 1842, M. du Berthier, rap, aff. Héritte).

l'ordonnance du roi en date du 16 janv. 1822, et l'art. 161 c. inst. crim. ; — Attendu, sur le deuxième moyen, que la compétence de la juridiction ordinaire résulte expressément, dans la cause, des art. 31 et 56 de la loi du 26 nov. 1798, et qu'il ne s'agit point d'une des contraventions en matière de grande voirie, prévue par l'art. 1 de la loi du 9 mai 1802 (29 flor. an 10); — Attendu, sur le troisième moyen, que le décret du 28 janv. 1811 et l'ordonnance royale du 16 janv. 1822 rentrent dans la disposition de l'art. 3, n° 5, tit. 11, de la loi des 16—24 août 1790 ; et, qu'en confirmant le jugement qui l'avait décidé, le tribunal d'appel a fait une juste application de cette loi ; — Attendu, sur le quatrième moyen, qu'aux termes des art. 2 et 3 de l'ordonnance précitée, les chefs de ponts ont seuls le droit de conduire tous les bateaux qu'elle n'excepte pas de sa prohibition ; le passage du pont du Jardin-du-Roi, quel que soit le point d'où ils arrivent, ou sur lequel on les dirige ensuite, et qu'en enfreignant, à cet égard, la défense de ladite ordonnance, les demandeurs ont causé à ces chefs de ponts un préjudice dont le tribunal a pu fixer et leur accorder l'indemnité, par forme de dommages-intérêts, en vertu de l'art. 161 c. inst. crim. ; — Rejette.

Du 22 mai 1850.-C. C., ch. crim.-MM. Bastard, pr.-Rives, rap.

Table sommaire des matières.

(Bacs)555; (Rhin) 485.	s., 172 s.; (dommage permanent) 141; (suspension) 294. V. Ponts.	95°. Turcies. V. Levées. Usine (chômage, indemnité) 266; (chômage, suppression) 158 s.;	(existence légale) 138 s., 142. Usurpation, V. Anticipation. Vallées submersibles (digues, in-	terdiction) 42, 232 s. Vezère, p. 757-24°. Voie contentieuse (bacs) 562; (chemin de balage) 88;	(chemin de halage limites) 96; (délimitation des cours d'eau) 72 s.; (établissements et ponts à péage) 639.	617; (police de la navigation, règlement préfectoral) 191 s.; (ponts à péage, indemnité) 639.	Voie de fait 554. V. Bac. Voituriers par eau (responsabilité) 319.
avaux de navigation 134 s., 168. avaux publics (dommages) 157	Trois Canaux (compagnie des) p. 740.						

Table des articles des codes Napoléon, de procédure, de commerce, d'instruction criminelle et pénal, et des lois, ordonnances, décrets, etc., commentés ou cités dans le traité de la Voirie par eau.

DON. D'AOUT 1669.	CODE NAPOLÉON	CODE D'INSTR. CRIMINELLE.	LOI DU 9 JUILL. 1836.	ORDON. 15 OCT. 1836.	
TIT. 27.	Art. 558. 44, 194.	Art. 640.135,398 s.	Art. 1. 409 s.	Art. 1. 435.	—4. 565.
4. 40.202 s.,259. 41. 44. 42. 207 s. 44. 252 s.	—556. 67 s. —560. 44. —562. 58. 565. 67 s. —650. 79-4°.	CODE PÉNAL.	—2. 435 s., 444 s., 448. —3. 419. —4. 426.	—2. 459 s., 447 s. —5. 447. —4. 448 s. —5. 450.	—5. 595 s. —7. 566 s. —8. 570. —10. 577 s. —11. 576 s., 585 s.
TIT. 28.	—697-698. 115. —715. 78.	Art. 387. 519. —471-n° 4. 350, —471-n° 15, 299,	—5. 427. —6. 467 s. —7. 428.	—6. 430. —7. 445s. —8. 451, 454.	—12. 573 s. —15. 573. —14. 573.
7. 7.79 s.,124 s., 187, 214.	1382. 319 s. —1730 573 s. —1782. 519 s.	505 s., 309, 315. —479-n° 11. 123, 128 s., 350.	—8. 430. —10. 435, 440, 452 s.	—9. 417 s., 446. —10. 435, 489. —11. 457 s., 465,	—15. 595. —16. 590, 592. —17. 580 s.
TIT. 31. 16. 78.	CODE DE PROC. CIVILE.	—479-n° 12. 330.	—11. 436. —12. 457 s.	471 s. —12. 455.	—19. 580. —20. 570. —21. 571.
RÊT DU CONS. J 24 JUIN 1777.	Art. 69. 194. —419. 521.	LOI 6 FRIM. AN 7. Art. 1 à 5. 556 s.	—13. 461. —14. 465. —15. 455.	—13. 465. —14. 471. —15. 478.	—22. 572. —23. 572 s. —26. 601.
1. 207 s. 86.	CODE DE COM.	—6. 557. —7. 557.	—16. 471. —17. 442.	—16. 510. —17. 456.	—28. 615. —29 s. 590.
124 s.,157 s., 601 s.	Art. 105. 519 s. —242. 527.	—8. 540 s., 555, 605, 644 s. —9 540, 547 s.	—18. 459 s. —19. 436.	CAHIER DES CHARGES,	—51. 591. —54. 592. —55. 596.
8. 218, 242 s., 452 s., 259 s., 474.	—245. 527. —502. 525. —589. 526.	—10. 554. —15 595, 640. —18 s., 554.	—20. 455, 491 s. —21. 492, 505 s. —22. 484, 508 s.	approuvé le 28 août 1852.	—57. 588.
293,504. 96 s., 271 505.	—407 52°. —455 520. —456. 520.	—25. 561. —26. 565. —28. 573. —29. 573.	—25. 480 s. —24. 452. Tabl. A. 430.	Art. 1. 564. —2. 564. —3. 564.	DÉCRET 22 AOUT 1860. Art. 1, § 1. 417, 419 s., 432 s.,

—31. 586, 609. —32. 569, 586, 658. —33. 658. —35 588, 609. —40. 609. —42. 589. —43. 589. —44. 590. —45. 591. —46. 589. —47. 591. —48. 593. —49. 597. —50. 595 s. —52. 605 s. —55. 605 s. —54 607. —55. 607. —56. 598. —57. 599. —58. 600. —59. 602. —60. 602. —61. 608. —62 s. 555-5°. —70. 609. —71. 553.	p. 758-49°. Art 1, § 2.411,417, 419s., 452,p 756-9°,15°, 20°,757-27°,43°, 44°. —1, § 5. 417, 19 s., 512, p. 756-16°. —1, § 4. 417, 512, p. 740-84°. —1, § 5. 414, 417, 512, p.755-2°,6°, 7°, 756-10°, 15°, 17°,21°,758-52°, 55°,63°,759-68°, 78°,79°,740-89°, 90°. —1, § 6. 417, 512, p. 757-22°, 57°. —1, § 7. 415, 417, 452, p. 756-67°. Art. 2. 455. —5. p. 757-35°. —4. 428. —5. 426. —6. 452, 513. —7. 474 s.

Table chronologique des lois, arrêts, etc.

15. ...fév.79. 40. ... mai 79, s. 718. 49. 8 avr.p.755- 58. ... sept. p. 736-17°. 2. ... déc. p. 740- 41. 9 déc. 35. 40. 14 oct.p.758- 49°. 49. 6 juill.p.756- 42°. ... août p. 718. 7. Table des articles. 1. 27 nov. 282. 2. ... déc. 79-°,202-4°,p.718. 6. ... juill. p. 759-69 7. ...mai p.759- 49°. 9. ... mars p. 758-68°. 3. ... avr. 55, 7, p. 718 c. 6 juill. 57. 5. ... déc. 57. 4. 10 août 55, 718. 8 nov. 55, 57, 718. 15. 24 avr.p.718. 4. 20 sept. 296, 759-68°. 49. 15 août 55. 4. 6 oct.p. 756- 5. 19 mars 296, 756-17°. 1 juin p 758- 49°. 19 mai p. 718. 7. 16 nov. p. 756-20°.	1718. 3 mars p.758- 54°. 1719. ... nov. p. 758-68°. 1725. 19 mars 296, p. 759-68°. —27 juill p. 718. 1724. ...sept.p.740- 84°, 90°. 1728. 1er août p. 718. —25 sept. 290, p. 718. 1751. 4 août 247s., 651. 1752. 26 fév.p.718, 290. —4 juin p.740-84°. —1er oct. 296, p. 759-68°. 1755. 15 janv. p. 718. —15 oct. p. 756- 17°. 1757. 5 nov.p.718. 1759. 24 avr.p.758. 59°. —10 déc. 296, p. 759-68°. 1741. 11 fév.p.718. 25 fév. p. 718. —20 juin p. 756- 718. 1747. 7 janv. 296, p. 758-54°. 1749. 18 déc. p. 758-58°. 1752. 28 janv. p. 757-27°. 1755. 7 sept.p.718. 1758. 9 janv. 541. 1760. 28 oct.p.757- 41°. 1761. 27 juill. p. 740-98°. —6 sept. p. 757- 41°. 1765. 5 mars p. 758-59°.	—15 mai p. 757- 41°. 1764. 19 janv. 296, p 758-59°. 1765. 2 janv. 296, p. 758-59°. 1769. 24 fév.p.740- 84°. 1770. 3 sept.p.757- 41°. 1772. 22 sept. 296, p. 785-59°. —2 oct. 296, p. 758- 59°. 1775. 7 sept.p.756- 15°. 1774. 9 août p. 756- 15°. 1776. 24 juinp.755. —11 sept. 296, p. 736-17°, 759- 68°. —5 nov.p.757-29°. 1777. 25 mars p. 756-15°. —24 juin79-2°,202 s., 569 s.,p.719. V. Table des articles. 1779. 22 juin p. 759-75°. 1781. 15 fév. 296, p. 759-68°. —12 juin p. 757- 29°. —17 juill.268,651. 1782. 15 fév. p. 757-41°. —28 mars p. 740- 90°. —...juill. p. 755- 6°. —17 juill.124,202 2°, 204, 250 s., 257 s., 259, p. 719. —51 juill. 296, p. 758-59°. 1785. ... janv. p.	756-21. —... fév. p. 756- 21°. —11 fév. p. 757- 41°. —27 mars p. 758- 59°. —25 juill. 97, 124 s., 202-5°, 204, 250 s., 257 s., 259,286, 287,p. 719. —25 sept. p. 759- 78°. —50 déc. p. 758- 21°. 1784. 19 fév.p.720. —10 avr. p. 758- 65°. —11 juin p. 740- 90°. —26 sept. p. 758- 59°. 1785. 28 juin p. 740-90°. —24 avr. 256, p. 720. 1786. 20 juin p. 720. 1787. 1er mai p. 759- 78°. 1788. 24 fév. 78, p. 758-59°. —15 sept. p. 759- 68°. —... déc. p. 757- 41°. 1789. 22 déc. 184- 1°, p. 790. 1790. 15 mars 552, 616, p. 720. —8 mai p.756-21°. —29 juin p. 740- 84°. —5 juill. p. 757- 35°. —10 juill. p. 756- 15°, 21°. —12 août p. 720.	—1er oct. p. 758- 59°. —9 nov. p. 758- 67°, 759-69°. —16 nov. p. 757- 29°. 1791.9 mars p.759- 68°. —50 mars p. 758- 65°. —4 juin p.757-41°. —16 août p. 757- 56°. —19 août p. 759- 78°. —21 sept. p. 721. —25 sept. p. 755- 6°. —28 sept. 129. 1792.5 janv.p.756- 21°. —19 fév. p. 757- 56°. —20 avr. p. 740- 91°. —30 juin p. 759- 68°. —12 juill. p. 757- 41°. —25 août 552 s., 616, p. 721. —6 sept. p. 759- 78°. —18 déc. p. 758- 59°. 1795. 17 juill. 616. An 2. 1er pluv. p. 721. An 5. 8 pluv. p. 740-86°. —8 prair. . 740- 86°. —25 therm. p. 721. An 4. 25 vend. p. 756-59°. An 5. 21 vend. 505, 517, p. 759-68°. —5 niv. p. 759-68°. —15 niv. 47.	—19 niv. 79-5°, 181. —27 niv. p. 759- 68°. —24 pluv. 199. —28 fruct. p. 756- 21°. An 6. 19 vent. 208. —27 vent. p. 756- 21°, p. 759-68°. —8 flor. p. 756-21°. —19 flor. p. 756- 21°. —19 therm. 210. An 7. 6 frim. p.721. V. Table des articles. —11 frim. 525. —5 pluv. 296. —25 vent. 650. —5 prair. p. 759- 68°. —17 prair. 549. An 8. 16 mess. p. 756-21°. —25 therm. p. 757- 25°. An 9. 25 vent. p. 758-8°, p. 759- 76°. —17 prair. p. 756- 8°. An 10. 14 flor. 48, 554, 549, 556, 557, 616 s, 652 s, p. 721. —18 flor. p. 757- 25°. —29 flor. 125, 152, 199, 529,546 s., 567, 569 s., p. 721, 756-22°, 759-69°,759-81°. —50 flor. 115, 406 501 s., p. 721. —11 therm. p. 740, 84°. —25 therm. p. 759- 69°.	—9 fruct. p. 721. An 11. 19 flor. p. 721. —8 prair. 197, 406, 456, 475, 491, 501 s., p. 721. —13 prair. p. 721. —1er mess. p. 722. —19 mess. p. 722. —9 therm. p. 757- 55°. —25 therm. p.759- 77°. —2° j. compl. p. 722. An 12. 27 vend. p. 722. —28 vent. p. 722. —5 germ. 585. —8 flor. 557, 561, p. 722. —15flor.p.759-78°. —18 prair. 557, 558. —19 prair. 549. —14 mess. p. 757- 56°. —25 fruct. 654. An 15. 1er germ. p. 722. —21 germ. p. 722, 740-88°. —50 germ. 581. —17 prair. 525. —5 mess. 84, 119. —16 mess. V. 5 mess. —28 mess. p. 758- 54°. —4° j. compl. p. 722. An 14. 8 vend. p. 722. —10 brum. p. 722. —16 frim. p. 758- 9°. 1806. 25 janv. p. 756-21°. —5 avr. p. 740-84°.	—11 avr.p.759-78°. —15 avr. p. 740- 55°. —10 mai p. 757- 35°. 1807. 25 avr. 566. —12 août 202-4°, 288, 296, 542, 545, p. 758-59°. —18 août 395. —1er sept. p. 759- 68°. —16 sept.116, 147 s., 540. —18 sept. p. 757- 45°. —15 nov. 615-1°, p. 757-56°. —10 nov. p. 756- 10°. —17 déc. 525. 1808. 11 janv. 559. —22 janv. 48, 79- 5°, 82, 97 s., 105 s., p. 722. —21 mars p. 758- 59°, p. 759-84°. —29 mai 202-4°, 555, p. 722,756- 21°. —22 juill. 516. —27 juill. p. 759- 68°. —51 août p. 756- 14°. —27 oct. p. 722, 755-8°, 759-76°. —21 déc. 614-2°. 1809. 5 janv. 229. —7 fév. p. 738- 59°. —4 mars p. 759- 59°. —10 mars p. 758- 15°, 21°, 757- 55°,758-59°,759- 68°,78°,740-84°.

VOIRIE PAR CHEMINS DE FER. — 1. Aujourd'hui, les voies ferrées sont entre tous les peuples civilisés l'objet de la plus grande émulation. Elles prennent sur tous les points du globe un développement rapide; partout on en apprécie les avantages; chaque nation tend à se les procurer, suivant la nature de ses ressources et son génie industriel, ses lois et ses usages. Les chemins de fer et la télégraphie électrique opèrent en ce moment, on ne peut en douter, une grande révolution dans le commerce, l'industrie et les relations internationales. — Partout où des compagnies se sont formées pour entreprendre des chemins de fer, la législation a su mettre à leur disposition les terrains nécessaires, en assurant aux propriétaires des garan-

ties de justice autant qu'il était besoin. C'est ainsi que nous avons emprunté l'institution du jury aux lois anglaises et américaines. Là où l'industrie libre et les capitaux demeuraient en arrière, les gouvernements ont eu se créer des ressources financières pour répondre aux nécessités de l'époque. Partout on s'est appliqué à offrir aux voyageurs un matériel commode, satisfaisant pour les diverses classes de public. Mais, nulle part, ne sont portées aussi loin qu'en France la perfection du matériel, les mesures intéressant la sécurité des personnes, l'ordre et la fidélité dans le transport et la remise des marchandises à leur destination. Sous le rapport de la vitesse, nous pouvons avoir des exemples à étudier dans plu-

sieurs pays et qui seront bons à suivre; mais rien n'échappe à l'attention de nos compagnies de ce qui se fait à l'étranger de neuf et d'utile dans l'exploitation. Les relations internationales, les échanges nombreux de voyageurs entre les différents pays, es journaux, les correspondances télégraphiques font promptement connaître au monde entier tout ce qui se passe sur les chemins de fer, les accidents, les imperfections signalées dans l'exploitation, les améliorations qu'on y peut apporter. Or les demandes des voyageurs et du commerce révèlent presque toujours un intérêt qui sera celui des compagnies et des gouvernements.—C'est cette matière si neuve que nous allons développer au point de vue spécial des lois et règlements concernant les chemins de fer de France.

Division.

CHAP. 1er. — Historique et législation; — Droit comparé

2. Nous embrasserons d'un coup d'œil rapide, dans les deux sections qui vont suivre, la situation des chemins de fer soit en France, soit dans le monde entier (1); nous ajouterons ainsi de faits intéressants et curieux à l'étude des législations comparées qui forment également la matière de notre premier chapitre du *Traité des travaux publics.*

Sect. 1re. — *Aperçu historique sur les chemins de fer français. — Etat de nos voies ferrées.*

3. Nous suivrons le développement de nos chemins de fer de puis leurs premiers germes chez nous, dans les six périodes suivantes : 1° L'enfance de nos chemins de fer entrepris d'abord avec hésitation et tâtonnements par l'industrie privée; 2° les premiers encouragements accordés par l'Etat à des compagnies exécutantes; 3° les vues d'ensemble conçues par l'Etat pour l'exécution de grandes lignes; 4° période de désastres et de stagnation pour nos compagnies, sans que les travaux de l'Etat se soient arrêtés; 5° formation définitive de nos grandes lignes, sous l'impulsion du gouvernement impérial et par la fusion des compagnies; 6° distinction de l'ancien et du nouveau réseau; engagements de l'Etat; situation actuelle de nos chemins de fer.

4. *Première période.* — Comme la plupart des inventions humaines, les chemins de fer ont passé par des phases successives d'amélioration et de progrès, soit sous le rapport de la construction des *ornières* ou *rails* sur lesquels glissent les roues du convoi, soit sous le rapport de la *force motrice* et enfin sous celui de la construction des *machines* destinées à produire cette force, ainsi que des voitures affectées au transport. — En 1650, aux mines de Newcastle, on imagina, pour faciliter la traction des voitures destinées à l'exploitation de ces mines, de fixer solidement au sol deux lignes de madriers parallèles pour le passage des roues. Au moyen de ce système, qui diminuait beaucoup la résistance du frottement, un seul cheval pouvait traîner un wagon chargé de 6 à 7,000 kil. de houille. — Plus tard et afin d'éviter l'usure rapide des madriers, on revêtit ceux-ci de bandes de fer plat. On substitua ensuite aux madriers des barres de fonte saillantes sur lesquelles les roues venaient s'engrener. De là l'origine des routes à ornières en fer. La fonte fut remplacée par des rails en fer forgé, employé encore aujourd'hui, et qui présentent le double avantage d'une légèreté et d'une solidité plus grandes. — Le moteur était le cheval ou d'autres animaux de trait. Lorsque les chemins étaient établis en plaine et de niveau, ce mode de traction sauf le bénéfice de la vitesse de la marche, donnait d'assez bon résultats, la charge que peut tirer un cheval sur une route de fer en plaine étant sept fois et demie plus considérable que celle qu'il peut transporter sur une route ordinaire. Mais, comme le fait remarquer M. Hilpert (Manuel du voy., p. 105), la diminution du frottement, si favorable à la force motrice dans les chemins de niveau tourne, au contraire, à son détriment dans les parties inclinées et lorsqu'il s'agit de remonter celles-ci; la loi de la pesanteur et de la force accélératrice venant en sens contraire paralyser l'action du tirage. Ces premiers progrès dans la viabilité

---

(1) Nous prendrons nos chiffres dans un document officiel, mais inédit, du plus haut intérêt; c'est la Situation générale des chemins de fer du globe, établie de 1859 à 1862 par le bureau de la statistique au ministère des travaux publics (in-4° lithographié de 200 pages).

et la locomotion devaient recevoir et ont reçu une transformation complète. En appliquant à la traction des voitures l'énorme puissance de la force d'expansion de la vapeur d'eau, on est arrivé à cet immense et magnifique résultat, de pouvoir transporter, dans un même convoi, un nombre considérable de personnes et de marchandises avec une rapidité qui est de 5 à 6 myriamètres à l'heure (10 à 12 lieues) et qui peut aller et qui va souvent bien au delà sur certaines lignes et avec l'emploi de certaines machines à vapeur perfectionnées.

5. En Angleterre et en Amérique, dès les années 1820 à 1822, on usait des voies ferrées principalement pour le transport de la houille et des autres matières premières de l'industrie ; les chevaux, les bœufs et les machines fixes seuls fournissaient les moyens de traction ; les chemins de fer établis ainsi sur le sol étaient l'objet de concessions faites à des compagnies, en vertu de bills du parlement en Angleterre et des diverses législatures des Etats-Unis.—C'est dans cet état primitif des chemins de fer qu'une première compagnie s'est formée à Paris, pour obtenir la concession du chemin de fer de Saint-Etienne à la Loire (Andrezieux), d'une étendue de 18 kil. Le chemin projeté était à une seule voie ; la concession en fut faite à perpétuité, par ordonnance royale du 26 fév. 1823. Ce chemin a été ouvert le 1er oct. 1828. — Cet exemple fut bientôt suivi par d'autres compagnies formées pour l'exploitation, d'une part, du chemin de fer de Saint-Etienne à Lyon, concédé par ordonnance royale du 7 juin 1826; ce chemin fut ouvert par parties en 1830, 1832 et 1833, sur la longueur totale de 57 kil. ; et, d'autre part, du chemin d'Andrezieux à Roanne, concédé par ordonnance du 27 août 1828, et mis en exploitation en 1834, sur la longueur totale de 67 kil. — Le premier essai des locomotives fut fait en 1833 sur le chemin de fer de Saint-Etienne à Lyon. — Bien faible a été la part du gouvernement de la Restauration à cette œuvre naissante, dont on était loin de prévoir l'avenir ; ce gouvernement ne lui a donné aucun autre encouragement que de lui accorder des concessions, faites à perpétuité, pour une longueur de 142 kil.

6. Le gouvernement de juillet, dans les premiers temps de son existence, avait plus de bonne volonté que de ressources pour ranimer l'industrie. Cependant, sur une soumission faite pour l'établissement d'un chemin de fer, de Toulouse au Tarn, à Montauban, l'administration fut autorisée à le concéder à perpétuité par adjudication, la concession devant être approuvée par une ordonnance royale (50 kil.). — En 1833, le chemin de fer d'Alais à Beaucaire, faisant l'objet de la soumission d'une compagnie, lui fut adjugé ; l'adjudication a été approuvée par la loi du 29 juin 1833 (74 kil.), système peu favorable aux spéculations financières et aux entreprises, dont les intérêts demeuraient en suspens jusqu'à la promulgation d'une loi confirmative de la concession (V. n° 96). — Ces deux concessions ont été abandonnées après les constructions des chemins. — Dans la même année 1833, un crédit de 500,000 fr. fut ouvert au gouvernement pour faire faire des études de chemins de fer.

7. En 1835, le chemin de fer de Paris à Saint-Germain au Pecq (18 kil.) fut concédé, aussi par une loi, à la date du 9 juill., à la compagnie Péreire. — En la même année, des lignes de peu d'étendue furent concédées par ordonnances à l'usage de grandes exploitations industrielles, telles que les chemins de Saint-Waast-le-Haut à Denain, d'Abecon à Denain, mines d'Anzin (15 kil.; ord. 24 oct. 1835). En 1836, celle d'Alais aux mines de la Grand'Combe (17 kil.; ord. 12 mai 1836); puis une ligne de Montpellier à Cette (27 kil.; L. 9 juill. 1836). — L'année 1837 a vu des compagnies obtenir également les deux chemins de Paris à Versailles (rive droite, 17 kil., et rive gauche, 17 kil.; ord. 24 mai 1837); le chemin de Mulhouse à Thann (20 kil.; L. 17 juill. 1837), et enfin le chemin de fer de Bordeaux à la Teste (52 kil.; loi 17 juill. 1837).

8. Dès 1834, le gouvernement de la Belgique s'était fait autoriser, par une loi du 1er mai, à exécuter de grandes lignes sillonnant tout le territoire de cet Etat. — En 1837, notre gouvernement avait fait étudier des projets de chemins de fer de Paris à la frontière de Belgique, d'une part, et d'autre part, à la mer par Rouen et de Lyon à Marseille. Il aurait désiré les faire exécuter lui-même. Cependant la situation financière et le peu de confiance que la chambre des députés accordait à ces études, re-

lativement au chiffre de la dépense présumée, ne permettaient pas jusqu'alors au gouvernement d'aborder cette immense entreprise. Il dut se borner à en préparer l'exécution, méditant de la confier à des compagnies, au moyen, soit de conventions provisoires, soit de concessions qui seraient faites par adjudication, et en fortifiant le crédit des concessionnaires, avec l'aide d'une garantie d'intérêt sur les capitaux à dépenser (V. Concession admin., n° 96).

9. *Deuxième période. — Premiers secours accordés par l'Etat aux compagnies exécutantes.* — En l'année 1837, une loi autorisa le gouvernement à prêter la somme de 6 millions à la société des mines de la Grand'Combe et des chemins de fer du Gard (*d'Alais à Beaucaire* et *d'Alais aux mines de la Grand'-Combe* [L. 17 juill. 1837]). — En l'année 1838, des concessions sont délivrées aux compagnies des chemins de fer de Strasbourg à Bâle (159 kil.; L. 6 mars 1838); — de Paris à Rouen, au Havre et à Dieppe, avec embranchement sur Elbeuf et Louviers (240 kil.; L. 6 juill. 1838) ; — de Paris à Juvisy, de Juvisy à Orléans, de Juvisy à Corbeil, et les embranchements de Pithiviers et d'Arpajon (160 kil.; L. 7 juill. 1838); — de Lille à Dunkerque (85 kil.; L. 9 juill. 1838). — En cette même année est rendue la loi du 2 juillet, qui déclare que l'impôt du dixième sur le prix des places sera perçu, pour les chemins de fer, sur la partie du tarif correspondant au prix du transport, distinction qui a été abrogée par la loi du 14 juill. 1855.

10. Les affaires des compagnies concessionnaires de chemins de fer eurent un moment de faveur : leurs actions devenaient d'un placement de plus en plus facile. Mais tout à coup une panique se répand ; les actionnaires, se fondant sur de grosses erreurs qui auraient été commises dans les devis primitifs, refusent de faire leurs versements. Dès lors, une loi abandonne les compagnies, la concession de Lille à Dunkerque est rapportée ; il en est de même de celle du chemin de fer de Paris à la mer et embranchements, qui est résiliée. La compagnie du chemin de fer de Paris à Orléans est autorisée à restreindre sa concession à la partie comprise entre Paris et Juvisy et à l'embranchement sur Corbeil. La compagnie est en outre autorisée à proposer, même en cours d'exécution, toutes les modifications qu'elle jugera utiles, au tracé du chemin, pour les pentes, courbes, gares d'évitement, etc. (loi 1er août 1839). — Cette disposition, insérée dans deux autres lois du même jour, 1er août 1839, relatives aux chemins de fer de Paris à Versailles, rive gauche, et de Bordeaux à la Teste, fut généralisée par la loi du 9 du même mois, et déclarée applicable à toutes les entreprises de chemins de fer autorisées jusqu'alors. — En outre, une des lois du 1er août 1839 qu'on vient de citer autorise sur les fonds publics un prêt de 5 millions pour l'achèvement des travaux du chemin de fer de Paris à Versailles.

11. En 1840, la compagnie d'Orléans, qui n'avait pas usé de la faculté de renoncer à la partie la plus importante de la concession, demande à l'exécuter, mais sous la condition que certaines modifications seront apportées à son cahier des charges. — Cette ligne était signalée à la chambre des députés comme une grande et utile entreprise qui méritait la confiance et ne demandait que son appui moral. La durée de la concession fut prorogée de soixante-dix à quatre-vingt-dix-neuf ans, et la chambre accorda à cette compagnie une garantie d'intérêt, étant assurée qu'en fait elle ne serait jamais invoquée (L. 15 juill.-5 août 1840). C'est le premier engagement de cette nature qui ait eu lieu entre l'Etat et les chemins de fer. La même loi autorisa des prêts sur les fonds publics aux compagnies de Strasbourg à Bâle et d'Andrezieux à Roanne (L. 15 juill.-5 août 1840); cette loi contenait en outre quelques dispositions générales relativement à l'exploitation des chemins de fer. — Dans cette année, le chemin de Paris à Rouen fut de nouveau concédé (L. 15 juill.-12 août 1840).

12. A la même époque, le gouvernement faisait poursuivre aux frais du trésor, l'exécution de la voie des chemins de fer de Montpellier à Nîmes, de Lille et de Valenciennes à la frontière de Belgique, pour lesquels la loi des 15 juill.-5 août 1840, affectait diverses sommes. Mais ces travaux étaient entrepris par fragments et sans vues d'ensemble. — En 1841, il n'est fait aucune concession. — A la fin de cette année, les concessions qui avaient atteint une étendue de 1,167 kil., ne

comptent plus que pour 797 kil., dont 564 seulement sont en exploitation : à cette époque, l'Angleterre avait déjà 4,000 kil. et la Belgique 384 kil. de chemins de fer en exploitation.

13. *Troisième période.* — « D'une année à l'autre, dit M. Cotelle, Cours de dr. admin. t. 4, p. 9, on voyait le réseau des chemins de fer allemands se développer, en suivant les règles d'une stratégie à la fois militaire et commerciale; sous le rapport de la sûreté, le corps Germanique se procurait les moyens de concentrer toutes ses forces sur les points de défense de nos frontières; sous le rapport de l'existence de nos relations commerciales, il espérait déplacer les habitudes du monde, aller au devant de l'étranger dans les ports où le transit lui offrait le plus d'avantage et le plus de désavantage pour nous. — Doublement stimulé par les exemples du dehors et les organes de l'opinion publique exprimant les inquiétudes du pays, le gouvernement de la France avait un ardent désir de sortir de son inaction pour les chemins de fer. » — Dans la session de 1842, le gouvernement a reconnu et signalé qu'il était temps de renouveler pour les chemins de fer ce qu'avait fait pour les relations de fer, sous le premier empire, le magnifique décret du 16 déc. 1811, auquel elles ont dû tout leur développement et leur dernière perfection (M. Cotelle, p. 14). — Par la loi du 11 juin 1842, l'Etat a été autorisé à faire exécuter les lignes de chemins de fer : 1° De Paris sur la frontière de Belgique, par Lille et Valenciennes. — Sur la frontière d'Allemagne, par Nancy et Strasbourg. — Sur la frontière d'Espagne, par Tours, Poitiers, Angoulême, Bordeaux et Bayonne. — Sur l'Océan, par Tours et Nantes. — Sur le centre de la France, par Bourges. — 2° De la Méditerranée sur le Rhin, par Lyon, Dijon et Mulhouse. — De l'Océan sur la Méditerranée par Bordeaux, Tours et Marseille. — L'Etat était chargé des travaux qui devaient entraîner les plus grandes dépenses; il payait les terrains, les ouvrages d'art et les stations; toutefois pour les indemnités de terrains nécessaires à l'établissement des voies, les deux tiers de la dépense devaient lui être restitués par les départements et les communes. — Les chemins, après leur construction, devaient être livrés à des compagnies fermières chargées de les exploiter pendant un temps limité, à l'expiration duquel les valeurs du matériel devaient être seules remboursées aux compagnies.

14. Mais, sur les réclamations formées par les départements et les communes, qui généralement n'étaient pas dans le cas de supporter la charge du remboursement du prix des terrains, la loi du 19 juill. 1845 les en exonéra et toute la dépense de l'établissement de la voie fut laissée à la charge de l'Etat. — Mais cette loi ne mit pas obstacle à ce que les départements, les communes s'engageassent volontairement à payer une subvention pour déterminer le gouvernement à faire établir un chemin de fer sur leur territoire. C'est ainsi que, dans un état officiel des sommes à recouvrer par l'Etat, ou par les compagnies mises en son lieu et place, dans l'année 1859, on voit que pour le chemin de fer du Nord, la ville de Lille devait la somme de 500,000 fr.; la ville de Douai, celle de 300,000; divers particuliers, la somme de 4,968. Vis-à-vis de la compagnie de l'Ouest, le département du Calvados se trouvait engagé pour 1 million de fr.; le département de l'Eure pour 1,500,000 fr.; sur la ligne de Mézidon et sur la ligne de Caen à Cherbourg, le département du Calvados s'était engagé pour 500,000, et celui de la Manche pour 1 million; les villes de Caen, de Bernay, de Mantes ont aussi contracté des engagements à ces lignes, et dont elles ne sont pas libérées.

15. Aux termes de la loi du 11 juin 1842, les lignes dont elle a ordonné la création pouvaient être concédées, en tout ou partie, à l'industrie privée, en vertu de *lois spéciales et aux conditions qui seraient déterminées*; c'est-à-dire en donnant aux compagnies l'espérance d'obtenir tel secours de l'Etat qui serait jugé nécessaire. — C'est ainsi qu'une loi du même jour (11 juin 1862) a accordé la concession du prolongement du chemin de fer de Paris à Rouen jusqu'au Havre (94 kil.); la durée de la concession était fixée à quatre-vingt-dix-neuf ans, et la compagnie obtenait une subvention de 8 millions et un prêt de 10 millions, à l'intérêt de 3 pour 100.—Une loi spéciale du 24 juill. 1843, une concession a été faite du chemin de fer de Marseille à Avignon à la compagnie Talabot; la durée n'en était que de trente-

trois années à partir de l'achèvement des travaux; mais cordait à cette compagnie une subvention de 32 millions.

16. Durant les années 1844, 1845, 1846, l'Etat p avec vigueur à l'exécution de la voie des lignes d'Orléans deaux, d'Orléans à Vierzon, de Paris à la frontière be Tours à Nantes et de Paris à Lyon. Des compagnies so nèrent aussi un grand nombre de lignes, formant une de plus de 4,000 kil. : nous en signalerons quelques-unes diquant la durée des concessions, savoir : Paris à Sceaux quante ans; L. 5 août 1844); Orléans à Vierzon (trente-ne onze mois; L. 26 juill. 1844); Amiens à Boulogne (quatre-v dix-huit ans, onze mois; L. 26 juill. 1844); Montereau à Tro (soixante-quinze ans; L. 26 juill. 1844); Paris à la frontière Belgique, avec embranchement sur Calais et Dunkerque (tre huit ans; L. 15 juill. 1845; ord. 10 sept. 1845); Paris à S bourg (quarante-trois ans; L. 19 juill. 1845; ord. 27 nov. 184 à Lyon (quarante et un ans; L. 16 juill. 1845; ord. 21 d 1845); de Creil à Saint-Quentin (vingt-quatre ans; L. 15 jui 1845; ord. 29 déc. 1845).

17. Durant cette période, après l'approbation de l'adjudi tion par une loi spéciale, les compagnies se constituaient en s ciétés anonymes. Les secours ayant encouragé les souscripteu on vit affluer les fonds. Le chemin d'Orléans fut inauguré, po la ligne principale, à la date du 5 mars 1843; deux ans apr en 1845, les actions de 500 fr. avaient doublé de valeur. — cette même année 1845, les sommes versées dans les caiss des compagnies s'élevaient à 559 millions, et en 1846, les no velles souscriptions étaient de 520 millions; total pour les de années, 1,079,000,000.

18. La spéculation, attirée alors par la hausse rapide d actions de chemins de fer et par les bénéfices que certains sou cripteurs en avaient retirés, se porta bientôt aux plus gran excès. Non-seulement les actions des compagnies régulièreme constituées et approuvées, mais de simples *promesses* d'actio émises par des sociétés encore en instance pour obtenir l'au risation, devinrent, sur le marché de la bourse, l'objet d' agiotage effréné. Des fortunes scandaleuses, des ruines dép rables, conséquence d'un pareil état de choses, appelaient u prompte intervention du gouvernement. Dans une loi du 15 ju 1845, spéciale à des concessions de chemins de fer, et entre aut de Paris à la frontière de Belgique, on inséra, sous le titre *dispositions générales* quelques articles pour objet d'interdire d'une manière absolue tout trafic sur les promes d'actions de chemin de fer (V. le commentaire de cette dispo -tion et la jurisprudence à laquelle elle a donné lieu, v Trés public, n° 1278 et suiv.). — Cette même loi contient aussi d dispositions sur les conditions à exiger de ceux qui pourro être admis à concourir à l'adjudication d'un chemin de fer, s les droits des fondateurs des compagnies, sur la défense de vo par procuration dans les conseils d'administration, enfin s l'interdiction aux compagnies de faire avec des entrepreneurs transports des arrangements qui ne seraient pas consentis même temps pour d'autres entreprises.

19. Une autre loi rendue le même jour, 15 juill. 1845, m rite aussi une mention particulière : nous voulons parler de loi sur la police des chemins de fer. Les voies ordinaires communication, soit par terre, soit par eau, sont régies par ensemble de lois et de règlements qui constituent en quelq sorte le code de la voirie. Ces lois étaient-elles applicables a chemins de fer? Sans doute, si l'on considère un chemin de indépendamment du moyen de circulation qui lui est propre, n'est autre chose qu'une route à pente faible, à courbes très-d veloppées, et sous ce point de vue, on pourrait appliquer a chemins de fer les lois et règlements qui régissent les routes terre. Mais il est évident que les moyens de transport usités s les chemins de fer constituent une différence essentielle qui exi des dispositions toutes spéciales. Il était donc nécessaire de d terminer les faits qui concernent la conservation matérielle chemin de fer et qui pouvaient être laissées sous l'empire d règlements de la voirie, de ceux qui touchent aux entraves a la circulation, et qui, souvent dans l'ordre des délits et des peines, appelaient une réglementation nouvelle. Tel l'objet de la loi du 15 juill. 1845.—Cette loi est divisée en tro

titres : le premier est relatif à la conservation du chemin de fer ; le deuxième à la répression des contraventions commises aux règlements de la voirie par les concessionnaires ou fermiers ; le troisième à la répression des crimes et délits qui peuvent compromettre la sûreté de la circulation sur les chemins de fer. — Cette loi a été suivie d'une ordonnance en date du 15 nov. 1846, rendue pour son exécution.

20. *Quatrième période.* — En 1847, la crise commerciale qui éclata en Amérique et se fit rudement sentir sur toutes les places de l'Europe, mettait nos compagnies de chemins de fer dans un état de grande perplexité. En outre, les désastres produits par les inondations de la Loire, et les mauvaises récoltes augmentèrent les embarras. Les compagnies qui avaient à construire les chemins de Bordeaux à Cette et de Lyon à Avignon déclarèrent renoncer à leurs concessions. « Le gouvernement, au lieu de retenir leur cautionnement comme il pouvait le faire, fit rendre une loi conçue dans un esprit de transaction, et leur en restitua la moitié, l'autre moitié restant à l'Etat » (M. Cotelle, t. 4, p. 17). — En vertu d'une convention passée entre la compagnie du chemin de fer de Creil à Saint-Quentin et la compagnie du Nord, ces chemins ont offert le premier exemple d'une fusion qui fut autorisée par l'ord. royale du 1er avr. 1847.

21. La révolution du 24 fév. 1848 porta le même coup au crédit public et à celui de toutes les compagnies de chemins de fer. Elles n'avaient plus les moyens de faire face aux dépenses mises à leur charge et ne pouvaient pas même répondre à celles de l'exploitation. Une proclamation du gouvernement provisoire du 27 fév. mit les chemins de fer sous sa sauvegarde. Durant de funestes journées de guerre civile, l'incendie des gares et des ponts de chemins de fer et l'interception des lignes à l'entrée de Paris attestèrent l'impuissance des compagnies pour y maintenir l'ordre ; aussi, à leur demande, les lignes de Paris à Sceaux et à Orsay, de Paris à Orléans, du Centre, de Lyon à Avignon, de Marseille à Avignon, de Bordeaux à la Teste furent mises sous le séquestre. Là où cette mesure était motivée par les difficultés du service, elle ne fut que de courte durée ; ailleurs, le séquestre fut maintenu pendant plusieurs années.

22. Au commencement du gouvernement de la République, on proposa le rachat par l'Etat de tous les chemins de fer ; question irritante et pleine d'inquiétude et qui troubla le monde industriel. — Par décret de l'assemblée constituante du 17 août 1848, le chemin de fer de Lyon rentra dans les mains de l'Etat et les actions furent remboursées en titres de rentes.

23. Cependant le trésor suppléait à la défaillance des compagnies par des allocations pour le chemin de fer de Sceaux à Orsay, de Tours à Nantes, de Vierzon au bec d'Allier. Généralement, tous les travaux entrepris aux frais de l'Etat étaient poursuivis avec vigueur ; et, sur quelques points, l'administration faisait dans ses chantiers un essai des ateliers nationaux qui partout fut également malheureux. — La loi du 21 avr. 1849 autorisa l'administration à faire exploiter au compte de l'Etat la ligne de Versailles à Chartres, et à racheter le chemin de fer de Versailles ; la loi 19 nov. 1849 accorda une garantie d'intérêt à la compagnie du chemin de fer de Marseille à Avignon. — Les années 1849 et 1850 se passent sans qu'il soit fait aucune concession. — Le législateur s'occupe seulement à régulariser la position des commissaires et sous-commissaires préposés à la surveillance des chemins de fer (L. 22 fév.-2 mars 1850). — En 1851, la société, si fortement ébranlée, commence à reprendre son équilibre. Le gouvernement concède les chemins de fer de Versailles à Rennes (359 kil.; L. 13 mai 1851; décr. 16 juill. 1851), le raccordement des gares de la Chapelle et de la Villette (décr. 10 déc. 1851) et le chemin de ceinture (décr. 10 déc. 1851).

24. 5e *Période.* — En 1852, le gouvernement impérial reçut de la loi les pouvoirs les plus étendus pour donner une nouvelle impulsion aux travaux publics ; tous travaux d'utilité publique, toutes entreprises d'utilité générale seront désormais ordonnés par des décrets, rendus en forme de règlements d'administration publique ; sauf qu'ils ne recevront aucune exécution avant que les conventions sur les charges au trésor, et les engagements pris par des subsides à la charge du trésor, soient approuvés par le corps législatif (sén.-cons. 25 déc. 1852). — Dès lors, s'ouvre une nouvelle ère : le gouvernement, animé

de l'esprit de concentration veut réunir le plus grand nombre possible de concessions dans les mains de quelques compagnies. Désormais aussi les concessions seront faites, soit par adjudication, soit directement, en vertu de conventions passées de gré à gré. Pour celles faites précédemment à titre perpétuel, la durée en sera de quatre-vingt-dix-neuf ans. Tout le territoire de la France allait enfin se trouver desservi par un ensemble de voies reliées entre elles et se reliant avec celles des peuples voisins, de manière à constituer un réseau français et européen tout à la fois (M. Demeur, Ch. de fer français en 1860, p. xxviii). — Les avantages de cet esprit de fusion et d'ensemble étaient sensibles. Quant aux compagnies, elles n'avaient pas à craindre la concurrence, ni des autres lignes actuelles, ni de nouvelles compagnies, et de plus elles obtenaient par la réunion des services, du matériel, du personnel de plusieurs compagnies fusionnées en une seule, une économie considérable dans les frais d'exploitation (*eod.*, p. xxiv). — Le public y trouvait aussi son avantage ; car le nouveau système amenait l'uniformité des tarifs, des cahiers de charges, et sur tous les points des lignes les mesures de sécurité et bonne exploitation recommandées par l'expérience. — C'est sous l'empire de ces hautes pensées que se sont enfin constituées nos six grandes sociétés de chemin de fer de Paris à Lyon et à la Méditerranée, de Paris à Orléans, du Midi, de l'Ouest, de l'Est et du Nord.—V. *infrà*, p. 835 et suiv.

25. Pendant cette période, la législation réglementaire des chemins de fer s'augmente de plusieurs lois et décrets. Ainsi un décret du 27 mars-19 avr. 1852 soumet à la surveillance de l'administration le personnel actif employé par les compagnies ; un autre décret des 26 juill.-1er déc. 1852 concerne les inspecteurs de l'exploitation commerciale des chemins de fer. — Une loi du 10 juin 1853, complétant la disposition de la loi du 13 juill. 1845 prohibitive de la négociation des promesses d'action, punit des peines portées par la loi de 1845, la négociation d'actions interdite par le décret de concession d'un chemin de fer (V. Trésor publ., nos 1278 et s.).—Une autre loi du 14 juill. 1855, abrogeant la loi du 2 juill. 1838, décide que l'impôt du dixième sera perçu sur le prix total des places.—Un décret du 15 nov. 1846 institue des inspecteurs généraux pour la surveillance de l'exploitation commerciale. — Enfin, le tit. 6 de l'ord. du 15 nov. 1846, relatif à la surveillance de l'exploitation, est remplacé par le décret du 22 fév. 1855 qui crée un service spécial de surveillance des chemins de fer.

26. 6e *Période.* — En approuvant les traités de fusion, l'Etat avait concédé, sinon imposé, aux compagnies, la construction d'un grand nombre de lignes, les unes définitivement, les autres éventuellement. Les dépenses à faire pour les concessions définitives étaient évaluées à 1,979,000,000 de francs. Les concessions dites *éventuelles* n'étaient que projetées. Le gouvernement s'engageait à les concéder, et les compagnies s'obligeaient à les exécuter à certaines conditions, si l'Etat le requérait, et à des délais déterminés. La dépense nécessitée par ces lignes était évaluée à 615,500,000 francs. — En l'année 1857, une nouvelle crise financière, qui a éclaté sur toutes les places de commerce, en Europe aussi bien qu'en Amérique, mettait les compagnies hors d'état de remplir de si lourds engagements. Elles se voyaient forcées de demander à l'Etat de les en affranchir. Mais, de son côté, le gouvernement ne pouvait pas retirer sa parole aux localités pour lesquelles les lignes promises étaient de nécessité pressante. Cela eût été aussi injuste qu'impolitique.

27. Dans cette situation compliquée, quoique le gouvernement eût le droit de contraindre les compagnies à exécuter les traités existants, il ne songea qu'à leur venir en aide par de nouvelles combinaisons. — « En vertu de conventions passées en l'année 1858, entre Son Excellence le ministre des travaux publics et les compagnies du chemin de fer d'Orléans, du Nord, de Paris à Lyon et à la Méditerranée, du Dauphiné, de l'Ouest, des Ardennes et du Midi, conventions approuvées par la loi du 11 juin 1859, toutes les concessions faites jusqu'à ce jour ont été divisées en deux sections, sous les noms d'*ancien* et de *nouveau* réseau. — Les revenus de l'ancien réseau ne sont nullement garantis. — Le nouveau réseau seul jouit, pendant cinquante ans, d'une garantie d'intérêt, calculée à 4 p. 100 avec amortissement. — A mesure que le nouveau réseau s'exécutera, comme il doit apporter-

ter un accroissement de trafic aux concessions primitives, toute la portion du revenu de l'ancien réseau qui excédera un certain chiffre déterminé kilométrique, pour chaque compagnie, sera attribuée, comme supplément de recette, au nouveau réseau, et viendra couvrir, jusqu'à concurrence, l'intérêt garanti par l'Etat.

— Enfin, en compensation des avantages qui leur sont accordés, les compagnies ont consenti à partager avec l'Etat, à partir de l'année 1852, la portion du revenu qui excédera un chiffre déterminé » (M. Cotelle, p. 20 et 21). — Le montant de la garantie d'intérêt est de 4 p. 100 et celui d'amortissement de 65 c. soit au total 4 fr. 65 c. pour 100 du capital employé à l'établissement des lignes du nouveau réseau. Le montant de capital auquel la garantie est applicable a été fixé, pour chaque compagnie, par les conventions de 1858, 1859 : il s'élève au total à la somme de 3,101,500,000 fr. — L'intérêt à 4 fr. 65 c. pour 100 de ce capital représente une annuité de 144,219,750 fr. — Cette dernière somme ne suffit pas à payer l'intérêt et l'amortissement des capitaux nécessaires à la construction des lignes du nouveau réseau. Au taux auquel les compagnies ont émis leurs emprunts, l'annuité à servir serait de 5 fr. 75 c. en moyenne; différence en moins de 1 fr. 10 c. entre l'annuité et les sommes à payer par les compagnies; l'excédant a été laissé à la charge de l'ancien réseau, dont les produits sont présumés devoir être augmentés à mesure que de nouvelles lignes viendront s'y embrancher.

28. En 1863, nos lignes décrétées se distribuaient de la manière suivante : 1° une longueur de 16,172 kil. était comprise dans les concessions de nos six grandes compagnies; 2° 816 kil. appartenaient à des compagnies diverses, 3° 1,337 kil. restaient à la charge de l'Etat; 4° quarante-deux lignes nouvelles, d'une longueur de 1,976 kil., étaient à entreprendre pour remplir les engagements que l'Etat avait pris vis-à-vis des localités; 5° le chemin de ceinture, à Paris, appartient sur la rive droite à un syndicat des grandes compagnies, et, sur la rive gauche, il est le seul chemin de fer qui reste à la charge de l'Etat pour l'exécution des travaux.

29. L'ensemble de ces lignes avait obtenu l'assentiment du corps législatif; le gouvernement était investi de la faculté d'entreprendre la plupart des derniers chemins sur les fonds de l'Etat; mais c'était une situation onéreuse pour le trésor, et les embarras financiers des compagnies décourageaient celles qui auraient voulu se former pour entreprendre d'autres lignes. Ainsi, sur les trente-sept lignes qui avaient été mises en adjudication, huit seulement avaient trouvé des soumissionnaires et avaient été adjugées; l'une d'elles était concédée en vertu d'une loi à la compagnie des Salines de l'Est. — Pour obtenir des six grandes compagnies qu'elles exécutassent le second réseau, il leur avait été accordé une garantie d'intérêt sur le capital fixé comme maximum de la dépense. Mais la dépense effective en avait dépassé de beaucoup le chiffre, et les compagnies ne pouvaient plus exécuter ces lignes sans courir à leur ruine. L'intention du gouvernement n'avait pas été de les placer dans une position fâcheuse; voulant tout à la fois relever le crédit des compagnies et obtenir d'elles qu'elles entreprissent encore les lignes restées à la charge de l'Etat, chacune de ces lignes étant comprise dans les réseaux auxquels elles se rattachaient naturellement, l'Etat renouvela l'engagement de la garantie, en la promettant sur le capital qui serait reconnu répondre à toute la dépense effective (V. les conventions approuvées par les lois et décrets du 11 juin et 6 juill. 1863). — Par suite de ces nouvelles conventions, le capital garanti par l'Etat a été porté à 3,794,500,000 fr., dont l'intérêt à 4 fr. 65 p. 100 est de 176,444,250 fr.

30. Au point de vue de l'étendue des lignes, notre réseau concédé est aujourd'hui de 20,392 kil. Son exécution aura exigé un capital de 8,160,000,000 fr. Sur cette somme, l'Etat aura fourni 1,460 millions, et les compagnies auront dépensé 7,300,000,000 de fr. Le capital garanti par l'Etat à toutes les compagnies s'élève à 4,038,500,000 fr. Le montant des subventions accordées par l'Etat et restant à payer étant de 368 millions, le gouvernement s'est réservé le droit de se libérer en quatre-vingt-douze annuités, au taux pour l'intérêt et l'amortissement de 16,854,000 fr. par an (Exposé de la situation générale de l'empire, Monit. 13 nov. 1863).

SECT. 2. — Situation des chemins de fer étrangers. Législation et exploitation comparées.

31. EUROPE. — Angleterre. — Voici les conditions auxquelles existent les chemins de fer dans ce pays : Pas d'engagements réciproques entre l'Etat et les compagnies, et qui pèsent en rien sur le trésor : concessions faites à perpétuité, sans subventions ni garanties d'intérêt. Au commencement, dans les Indes orientales, les compagnies furent encouragées par une garantie d'intérêt; mais cela n'est plus nécessaire, et l'on est sorti de cette voie. — Les chemins de fer, comme tous les autres grands travaux publics, en Angleterre, ne peuvent être exécutés qu'en vertu d'un bill d'*incorporation*, autorisant la formation de la compagnie. A cet effet, le parlement stipule pour le public et non pour le domaine; car, en aucun cas, le chemin de fer ne doit lui revenir; la concession est perpétuelle et la déchéance même ne profite pas à l'Etat. Objectera-t-on que, cependant, en Angleterre comme en France, la faculté de rachat existe pour les chemins de fer au profit de l'Etat? Nous n'ignorons ni l'existence ni les dispositions de la loi qui attribue, au bureau du commerce, la faculté de rachat (*an act to attach certain conditions to the construction of future railways authorised*, etc., 10 août 1844); mais l'esprit et l'effet en sont bien différents d'un pays à l'autre.—Si, après vingt et un ans d'exploitation d'un chemin autorisé, le produit net s'élève au taux de 10 pour 100 du capital, le gouvernement peut offrir à la compagnie d'opter entre une révision complète du tarif ou le rachat, moyennant un prix fixé sur la moyenne des produits des vingt et une dernières années (art. 1 et 2).—Mais si l'administration opère le rachat, ce ne sera pas dans la vue de faire concurrence à aucune autre compagnie (art. 4)—Le chemin sera remis à d'autres exploitants qui, sans doute, ne manqueront pas de s'en charger, en remboursant au trésor toutes les sommes qu'il aura déboursées. Cette opération n'a, comme on le voit, d'autre objet que d'apporter une réduction dans les tarifs, au profit des voyageurs et du commerce, sans que le domaine de la couronne puisse avoir jamais à profiter de la dépossession de la compagnie ou de l'abandon du chemin de fer, pour quelque cause que ce soit. — Une autre loi, à la date du 14 août 1850, a pour objet de faciliter le délaissement des lignes ferrées, en cas de déconfiture de la compagnie. Cette mesure désastreuse doit être autorisée par un bill du parlement, et ensuite la voie et tout ce qui en dépend, ainsi que le matériel, sont ou cédés en bloc, ou vendus en détail au profit des créanciers et des actionnaires de la compagnie (*creditors or shareholders*); le trésor ni le domaine de la couronne n'ont rien à y prétendre (M. Cotelle, Législat. franç. des ch. de fer, in-8°, 1864, introd., p. LXXVIII).

32. Le bill d'autorisation et d'incorporation protège, en effet, l'intérêt public seul et aux points de vue suivants : La *propriété du sol* : stricte obligation pour les compagnies de se conformer aux plans, dans l'exécution des travaux, pour le tracé, la largeur de la voie, les déblais et remblais. L'*intérêt de la circulation* : conformité rigoureuse des travaux avec les projets, pour les pentes, les souterrains, les ponts à la rencontre des chemins publics, rivières, places et rues, etc. *Intérêt des voyageurs et du commerce* : maximum des tarifs par classe de voitures et catégories de marchandises. — Tout cela est stipulé en faveur du public dans des clauses analogues à celles de notre cahier des charges et en moins d'articles; mais clauses longues et diffuses, d'une élasticité d'interprétation qui laisse beaucoup de latitude aux compagnies. La sanction de la loi, pour l'Etat comme pour les particuliers, n'existe que par l'exercice de leurs droits devant les juges ordinaires, et au cas d'un dommage matériel que le juge apprécie en équité. Or on sait à quel taux exagéré s'élèvent les frais de procédure en Angleterre. — L'obtention d'un bill parlementaire occasionne surtout des frais considérables. Pour toute modification qui peut être apportée à la consistance d'un chemin de fer, une fusion, un nouvel embranchement, des modifications dans ses rapports avec les voies publiques de terre et d'eau, il faut un nouveau bill. Cependant, en la seule année 1863, le nombre des bills sollicités ainsi du parlement pour les causes les plus variées par des compagnies de chemins de fer, s'est élevé à 262, sur une étendue de

,794 milles anglais (1,786 kil.) *Bradshaw's book*, 1864.

33. Y a-t-il dans la législation anglaise, comme en France, les dispositions générales qui régissent toutes les concessions? On cite des décisions de la chambre des communes, déterminant les conditions qui doivent être insérées dans les bills du parlement; mais chaque bill forme la véritable loi des compagnies. Ainsi, dans un bill de 1856, il a été donné un effet rétroactif aux bills de date postérieure, en disant qu'ils modifieront celui-ci, pour toutes améliorations qu'ils pourront contenir concernant le mode de reddition des comptes et le mode de voter dans leurs assemblées. Cette disposition se retrouve dans les bills octroyés depuis à d'autres compagnies (*Bradshaw's book*. Introduction, 862). — On cite encore le *general act* de 1845, contenant des dispositions sur l'égalité des taxes, les traités particuliers, les tarifs différentiels, qui, en effet, a le caractère d'une loi générale.

34. Il est curieux de voir comment sont appliquées les lois dans ce pays, en ce qui concerne les compagnies industrielles. —Nous emprunterons l'exemple suivant au rapport de M. Moussette, ingénieur français envoyé en Angleterre par le gouvernement pour étudier l'exploitation des chemins de fer de ce pays, rapport annexé au travail de la commission d'enquête de 1861-1863, p. 193. — « Les premiers bills de chemins de fer, dit M. Moussette, assimilant ces nouvelles voies aux *tram-roads*, sur lesquels chacun pouvait remorquer sa marchandise, ne payant seulement un droit de passage à la compagnie propriétaire, ne déterminaient qu'un droit de péage. Si la compagnie voulait se charger elle-même du transport, elle avait la faculté, disait le bill de concession, d'ajouter au droit de péage une *raisonnable somme* pour se rémunérer des dépenses de matériel et des frais de traction. Cette législation dura jusqu'en 1836; mais après cette époque, les bills limitèrent la taxe totale que les compagnies des chemins de fer pourraient percevoir lorsqu'elles opéreraient elles-mêmes le transport de la marchandise. Toutefois, l'esprit de la législation antérieure ne fut pas changé, c'est-à-dire que le droit pour chacun de circuler avec ses propres engins sur le *railway* fut maintenu, et, comme conséquence de ce principe, les compagnies de chemins de fer ne furent pas considérées comme des entreprises de transports publics, obligées de rendre le service réclamé; elles ne furent tenues, comme par le passé, qu'à livrer passage sur leurs lignes, moyennant le péage fixé. Le transport par elles-mêmes resta toujours facultatif. Il est résulté de ce système et de la faculté de percevoir des frais accessoires illimités, que les compagnies de chemins de fer augmentent souvent de beaucoup les taxes maxima fixées par les bills pour le transport complet de la marchandise. Si des expéditeurs réclament contre cette surtaxe, les compagnies répondent qu'elles ne sont pas tenues de transporter les marchandises, et elles se refusent en effet à ce service, offrant seulement l'usage de la voie aux réclamants; et comme ces derniers sont dans l'impossibilité de réaliser la fiction admise par le parlement, ils ne peuvent que se résigner et payer le tarif imposé. Alors intervient tacitement une nouvelle condition, qui du consentement de l'expéditeur au payement d'une taxe supérieure à celle de la loi. Il y a en effet, dans tous les bills de concession des chemins de fer une disposition ainsi conçue : « Aucune disposition des présentes ne pourra être interprétée à l'effet d'empêcher la compagnie de prendre un prix de transport supérieur à ceux fixés ci-dessus pour le transport des marchandises de toute nature, lorsqu'elle se sera entendue à cet effet avec le propriétaire de la marchandise. » Ainsi, la résignation forcée de l'expéditeur est transformée en un acquiescement dans les termes prévus par la loi. Il faut dire, à la décharge de ce système, que les surtaxes dont il donne l'idée aux compagnies n'ont lieu généralement qu'à l'égard de marchandises de grande valeur, de marchandises légères et encombrantes, de marchandises exigeant des soins particuliers, de marchandises qui ne s'expédient que par petites quantités ou par petits colis. Le tarif des marchandises de grande consommation, des marchandises de lourde charge, est toujours renfermé dans les limites maxima de la loi, et bien souvent même, il est fort au-dessous de ces limites. S'il en était autrement, l'opinion publique, qui est aussi forte que juste en Angleterre, interviendrait, à défaut d'autorités administratives compétentes, et l'abus protégé serait bientôt rendu impossible. Le public to-

lère les surtaxes sur certaines marchandises, parce qu'il pense, comme les compagnies, que les taxes stipulées par le parlement ne sont réellement pas en rapport avec le service rendu. »

35. Les voies ferrées d'Angleterre ont la supériorité sur les nôtres pour la rapidité du transport des voyageurs et des marchandises. La grande vitesse, qui, sur nos lignes, est de 46 à 51 kil. au plus, est en Angleterre de 60 à 71 kil. à l'heure. Cela tient à la concurrence illimitée, qui amène, non pas la diminution des prix, mais l'augmentation de la vitesse. On payera 12 à 16 c. par kil., et chez nous de 7 à 9 au plus pour la grande vitesse. Là aussi, aucune protection n'est à espérer de l'administration; c'est le cas de dire : chacun pour soi. Le bureau du commerce (board of trade) agit pour la délivrance des bills du parlement; trois inspecteurs généraux effectuent la réception des travaux de chaque année, dans les modifications qui auront été autorisées; le reste dépendra de toutes actions exercées par les tiers, et même par l'État, s'il y a lieu, devant le juge de droit commun; c'est le caractère essentiel de l'exploitation anglaise. Il nous est permis de préférer notre organisation, nos inspecteurs, nos commissaires de toute classe, et surtout le service des ingénieurs du contrôle (M. Cotelle, Législ. franç. des ch. de fer, introd., p. LXXXI).

36. L'étendue des lignes concédées dans la Grande-Bretagne était en 1861, de 22,680 kil.; on n'en compte cette année (1863) que 22,148 kil. Cela varie par des abandons et des concessions nouvelles qui se compensent à peu près; en 1861, celles exécutées étaient de 17,420, pour l'Angleterre, le pays de Galles, l'Ecosse et l'Irlande. La dépense totale sera de 10,746,000,000 : la recette de 1862 s'est élevée à 714,133,875 fr.; il a été transporté 173,773,218 voyageur par 3,881,990 wagons (M. Charles de Franqueville, les Institut. d'Angleterre, p. 326; Ann. télégr. de 1863; Bradshaw's book, 1865).

37. *Allemagne.* — Il s'est formé il y a trente ans, entre la plupart des États allemands, une vaste association douanière, qui a les effets économiques les plus heureux, par la réciprocité des avantages commerciaux : nous voulons parler du *Zollverein*. De cette institution est née *l'union des chemins de fer allemands*, par le besoin senti d'asseoir l'institution des chemins de fer sur des bases communes. En effet, l'union a publié successivement un arrêté sur le transport des marchandises, un autre sur le service des voyageurs, et des prescriptions générales pour la construction et l'exploitation des voies ferrées. — Dans quelques États, ces règlements ont été adoptés dans leur ensemble; dans d'autres ils ont servi de base à des règlements spéciaux. Mais si on compare les uns avec les autres, l'identité en est évidente et ils ont le plus grand rapport avec les lois et règlements de la France. Les concessions faites à des compagnies sont temporaires, et la durée n'en doit pas excéder cinquante années ; à leur expiration, les compagnies doivent laisser les chemins de fer dans le meilleur état d'entretien, et l'État en prendra possession, sans avoir rien à payer que le matériel et les approvisionnements nécessaires au service courant.

38. Au point de vue géographique, le réseau allemand se divise en dix lignes de plusieurs ordres : 1° les lignes autrichiennes qui desservent la vallée du Danube, celles qui relient Trieste à Vienne, Prague et Dresde, et celles qui rattachent Vienne à la Gallicie, à la Pologne, à la Silésie prussienne et à Berlin, c'est-à-dire les lignes les plus au nord;— 2° Les lignes intermédiaires, de Berlin à Kœnisberg, Stettin, Hambourg, Magdebourg et Leipsig; les lignes de Leipsig à Hanovre, Cologne et Verviers; — 3° Les lignes plus au sud, c'est-à-dire les réseaux du grand-duché de Bade, du royaume de Wurtemberg et de l'État de Bavière. — Ces lignes, qui embrassent les principales artères commerciales de l'Allemagne, desservent le mouvement d'affaires de ce pays avec l'est de la France par Strasbourg ; avec la Suisse le bas Danube, la Pologne et la Russie ; avec les ports de la mer du Nord aux embouchures de la Vistule, de l'Oder, de l'Elbe, du Weser et de l'Ems, ainsi que le commerce avec la Hollande et une partie de la Belgique. Nous allons signaler les lignes de chacune des parties de la grande Union, et leur longueur dans chaque pays.

39. *Autriche.* — Les chemins, d'abord entrepris aux frais de l'État, ont été concédés et se sont multipliés dans les mains

des compagnies. Ils sont au nombre de quatorze : le *Gallicien*, et ses embranchements, la société impériale *austro-française*, le *Sud-Nord allemand*, l'*Est-Bohême*, le *Hongrois*, et plusieurs petits chemins, la *Société des chemins de fer du Sud* et des lignes Lombardes-Vénitiennes, longueur totale au 31 déc. 1861, de 7,780 kil.

Prusse.—Le réseau, qui s'approche de sa fin, se partage entre l'État et les compagnies. Ceux que l'État exploite lui-même sont au nombre de quatre : l'*Est-Prussien*, la *Basse-Silésie* et embranchements, le chemin royal de *Westphalie*, le *Royal-Saarbruck*. Longueur totale de 1,625 kil.— Les lignes concédées, mais exploitées cependant par l'État, sont au nombre de neuf ; les principaux sont : le *Guillaume-Silésien*, la *Haute-Silésie*, *Berg de la Marche*, le *Prince-Guillaume*. — Enfin, les chemins concédés et exploités par les compagnies sont au nombre de quatorze ; les principaux sont : le *Berlin-Stetin*, le *Berlin-Hambourg*, le *Cologne-Minden*. — La longueur totale est, pour la Prusse, de 5,857 kil.

Bavière. — Il y a également dans ce pays des chemins que l'État exploite lui-même, et d'autres qui sont exploités par les compagnies. Dans la première classe, sont : le *Louis-Est*, le *Maximilien* de l'État, le *Louis-Sud-Nord.*—D'autres chemins de l'État sont affermés. Il en existe quatre autres dits *privés*, ou privilégiés ; ce sont : le *Saint-Louis*, l'*Est-Bavarois*, le *Palatinat-Louis*, le *Palatinat-Bavarois* et les embranchements. Aujourd'hui, par l'achèvement des chemins bavarois, un parcours continu est établi entre Paris et la capitale de l'Autriche. Leur longueur totale est de 1,899 kil.

Hanovre. — Il existe dans ce pays huit chemins royaux ou de l'État ; longueur de 825 kil.

Wurtemberg. — L'État est propriétaire de six chemins ; longueur de 583 kil.

Grands-duchés et électorats.—Ils ont des chemins, les uns exploités par l'État, les autres concédés, portant les noms de chaque pays, le Mecklembourg, l'Oldembourg, l'Hesse-Cassel, chemin Badois, Hesse-Darmstadt, Anhalt, Brunswick, Nassau et les villes libres, Francfort, Lubeck, Hambourg, ont aussi de petits chemins. — Total, 3,596 kil.

A la fin de l'année 1861, la situation générale des chemins de l'Allemagne était de 20,297 kil. de longueur, dont il ne restait plus à construire que 1,827 kil.

40. *Belgique.* — Dans ce pays, qui a pris l'initiative sur toute l'Allemagne, par la création du réseau de l'État, les chemins de fer ont joué bientôt un rôle important. Des compagnies ont obtenu des concessions ; certaines de leurs lignes sont néanmoins exploitées par l'administration et se rattachent au réseau de l'État. Les chemins belges se partagent en trois catégories : les chemins de l'État et que l'État exploite lui-même, savoir : 1° le Nord (55 kil.) ; 2° l'Ouest (205 kil.) ; 3° l'Est (135 kil.) ; 4° le Midi (165 kil.) ; en tout, 558 kil. Les chemins concédés, mais également exploités par l'État, sont au nombre de trois : 1° Tournay-Jurbise (48 kil.) ; 2° Dendre-Waes et Bruxelles vers Gand (108 kil.) ; 3° Mons-Manage (33 kil.) Enfin, les chemins concédés et exploités par les compagnies au nombre de plus de trente (1,494 kil.) Longueur totale des lignes exécutées au 31 oct. 1861, sur le territoire belge, 2,158 kil.

41. *Hollande.*—Dans ce pays, l'augmentation à signaler se porte sur la classe des lignes décrétées par la législature ; elle a récemment classé un réseau de 900 kil. Les lignes du grand-duché de Luxembourg (confédération germanique) offrent un intérêt particulier pour notre réseau, par la mise en service des lignes de la frontière belge à Luxembourg, et de cette ville à la frontière française, vers Thionville. Il y a : 1° les chemins de l'État, au nombre de dix (885 kil.) ; 2° les chemins concédés, au nombre de sept (479 kil.) ; 3° le Guillaume-Luxembourg, société royale, Grand-Ducal (167 kil.). — La longueur des lignes décrétées est de 1,524 kil., dont 433 livrées à l'exploitation, fin de 1861, et 1,091 en cours d'exécution.

42. *Suisse.* — A l'exception de l'État de Berne, qui s'est réservé l'exécution de son chemin, les autres États ont traité avec des compagnies ; leur œuvre, beaucoup trop fractionnée, s'avance ; ainsi, depuis 1862, le chemin de Fribourg à Lausanne a complété la ligne de Lausanne à Berne. Aujourd'hui, on va de

Bruxelles à Bâle, puis par la ligne de Berne à Zurich et sanne. Il est à souhaiter que ces lignes se fusionnent et qu'un seul règlement pour l'exploitation, car le commerce nève élève des plaintes sur l'absence de garanties ; on n'y tro dit-on, ni la sécurité pour les personnes, ni l'exactitude et la tesse qu'on devrait attendre du monopole. Le wagon am tout ouvert, et où les voyageurs sont mêlés sur de longues quettes, convient à l'humeur des touristes qui viennent dans lieux pour y admirer les sites variés et la majesté des som dans le lointain des vallées. — On jouira bientôt de la ligne Genève à Milan par la Savoie. Mais le percement du Simplon la communication la plus prompte et la plus sûre de la Suisse l'Italie, et c'est un travail de longue durée. — Les chemins co cédés dans les divers États sont au nombre de quatorze, indé damment de celui de Berne, savoir : le *Central Suisse*, l'*O Suisse*, l'*Union des chemins de fer suisses*, le *Lyon-Genève*, l'*E Français*, la *ligne d'Italie*, etc. Leur longueur totale est de 1,531 ki Il y a lieu de penser que les différentes républiques finiront pa s'entendre pour adopter la réglementation des pays voisins.

43. *Italie.* — La situation des chemins de fer est différent selon qu'on envisage le nord et le sud de la Péninsule. — A nord, dans les plaines du Pô, s'est développé un réseau comple tement exploité, comme il suit : 1° *Piémont et Ligurie*, ancie nes provinces, chemins au nombre de six (2,429 kil.), concé dés, mais exploités par l'État et chemins exploités par les com pagnies (2,142 kil.) ; — 2° *Lombardie et Émilie* (398 kil.) ; — 3° *Toscane* : chemins de l'État (218 kil.) ; chemins concédé (218 kil.). — Au sud, les chemins de fer, sous des influence diverses, ont fait peu de progrès. Cependant, en 1861, un sys tème complet de chemins de fer a été classé ; il en est de mêm pour la Sicile : l'exécution doit en être confiée à des compagnies Durant la session de 1862, la législature s'est occupée des che mins de fer napolitains. — Les chemins déjà concédés dans l midi, sont : l'*Ombrie*, les *Marches* et l'*État pontifical* (304 kil et *Naples* ; chemins de l'État (107 kil.), et chemins concédé (57 kil.). — Longueur totale des chemins concédés de l'Italie 3,931 kil., dont 1,830 kil. livrés à l'exploitation en 1861 ; o n comprend pas dans ce chiffre les chemins industriels, offran une longueur de 160 kil. — En 1861, quelques compagnies noi velles ont pris naissance : *Milan à Vigenano*, *Savone à Turin* embranchement sur Arqui. — Une concession nouvelle a été fait à la compagnie des chemins de fer livournais, et le comité de chemins romains a reçu des mains de l'État l'ancienne ligne d Naples à la frontière Romaine (M. Cotelle, *loc. cit.*, p. xci).

44. *Espagne.* — Dans ce pays, tous les chemins sont con cédés ; il y a un grand nombre de compagnies, dont nous c terons les principales, d'après l'Annuaire officiel des chemin de fer français, année 1863, p. 886 : 1° *Nord de l'Espagne*, de *Madrid* à la frontière française et embranchements (755 kil. — 2° *Isabelle II d'Alar à Santander* (137 kil.) ; — 3° *Palenc à Ponferrada* (225 kil.) ; — 4° *Tudela à Bilbao* (249 kil.) ; — 5° *Madrid à Saragosse-Alicante* (1,428 kil.) ; — 6° *Sara gosse à Alsasua* (216 kil.) ; — 7° *Barcelone à Saragosse* (366 kil. — 8° *Lerida à Reuss et Tarragone* (101 kil.) ; — 9° *Tarragon à Martorell et Barcelone* (112 kil.) ; — 10° *Barcelone à Giron (215 kil.) ; — 11° *Granollers à San-Juan de las Abadesas* (10 kil.) ; — 12° *Almansa à Valence-Tarragone* (397 kil.) ; — 13° *Cit dad-Réal à Badajoz* (541 kil.) ; — 14° *Séville à Jerez et Cadi (188 kil.) ; — 15° *Cordoue à Malaga et Grenade* (332 kil.) ; — 16° *Cordoue à Séville* (130 kil.) ; — 17° *Don Jose de Salamanc de Campillos à Granada* (134 kil.) ; — 18° *Langreo à Gijo (39 kil.), etc. — Au 31 déc. 1863, la longueur totale des che mins concédés était de 5,968 kil., dont 3,570 exécutés et e exploitation. — Le réseau espagnol doit se raccorder aux deu lignes de jonction avec la France, qui sont tracées de ce côté de Pyrénées, l'une à l'ouest par Irun, concédée en 1859 ; l'autre, l' est, récemment classée, celle de Port-Vendres à la frontière. L première qui vient d'être inaugurée tout récemment est en plei exploitation.

45. *Portugal.* — Ce pays offre aussi quelque progrès. Tro chemins de fer y sont concédés : la *Compagnie royale*, le chemi *Sud-Est* et *Lisbonne-Cintra* ; en tout 825 kil., dont 144 étaie exécutés en 1861 et 554 étaient en construction.

46. Danemark, duché de Holstein; longueur des lignes, 695 kil., dont 483 étaient exécutés en 1861.

47. Suède et Norwége. — Suivant la situation de 1861, il y avait 1,274 kil. décrétés, dont 543 exécutés et le reste en cours d'exécution.

48. Russie et Pologne. — Les routes de la Russie sont une œuvre de ce siècle; elles sont dues au corps d'ingénieurs des voies de communication qui fut créé en 1809, à l'imitation de notre corps des ingénieurs des ponts et chaussées. Les ponts sont de l'école française de Péronnet. — Les chemins de fer russes se sont développés dans l'ordre suivant : 1° en 1837, petit chemin de Saint-Pétersbourg à la résidence impériale de Tzarkoë-Cœlo, prolongé plus tard jusqu'à Pawlouski (longueur : 41 verstes, ou kilomètres, c'est approximativement la même mesure); — 2° En 1852, mise en exploitation du grand chemin de fer Nicolas, de Saint-Pétersbourg à Moscou, œuvre de l'administration (longueur de 600 verstes). — A cette époque, des études se faisaient pour des chemins de fer de Moscou à la Mer-Noire, et de la frontière russe, de Saint-Pétersbourg à Varsovie. Sur ce dernier chemin, les travaux de l'État ont été interrompus par la guerre d'Orient; — 3° Un chemin de fer de Saint-Pétersbourg à la résidence impériale de Péterhoff, et son embranchement sur le camp de Krasnoë, ont été confiés à des particuliers, et livrés à la circulation en 1857 et 1861 (longueur : 41 verstes); — 4° En 1861, le chemin du Don au Volga a été concédé à une compagnie de navigation, chemin aujourd'hui achevé (65 verstes); le chemin de Riga à Dunabourg, concédé à une compagnie de cette ville, a été livré au public en septembre 1861 (204 verstes); — 5° Enfin, une entreprise colossale a été concédée à la grande compagnie; elle se divise en trois lignes : 1° celle de Saint-Pétersbourg à Varsovie (1,045 verstes); 2° celle qui se dirige sur la frontière de Prusse (161 verstes); 3° la ligne de Moscou à Nijni-Novgorod (408 verstes; longueur totale, 1,514 verstes). La grande compagnie était, en outre, concessionnaire des lignes éventuelles de Moscou au port de Théodosia, port militaire de nouvelle création, sur la mer Noire, remplaçant celui de Sébastopol, qui est devenu port de commerce; la ligne de Rousck ou Oral à Libau. Mais le gouvernement absolu, toujours plein d'ombrages, s'est effrayé de l'importance de la grande compagnie. Elle avait achevé les études de ces lignes en 1860, et il lui était donné jusqu'en 1868 pour les terminer. Elle a été interrompue dans ses travaux, qui étaient placés sous la direction de notre inspecteur général des ponts et chaussées, M. Colignon père, qui a eu l'honneur d'étudier, d'exécuter et de livrer à l'exploitation la grande ligne de Saint-Pétersbourg à Moscou.

49. La Russie possède encore les lignes ferrées suivantes : 1° le chemin de Varsovie à la frontière autrichienne, qui prolonge jusqu'à la Vistule le chemin Européen; 2° un chemin parallèle à la Vistule, qui va rejoindre les lignes de Prusse à Bromberg; 3° le chemin qui relie Helsingfors, sur le golfe, à Tawasthus. — Les lignes dont l'exécution est ajournée par la Russie sont celles : 1° de Moscou à la mer Noire; 2° de Kours-ou Oral à Libau; 3° de Moscou à Saratoff, de Colonna à Saratoff; 4° de Moscou à Joroslaff. Longueur totale : 3,300 verstes; ce qui doublera le réseau. D'autres lignes projetées pour atteindre Kief et Odessa, ne sauraient manquer d'être bientôt entreprises. La Russie a lieu de se repentir d'avoir dissous la grande compagnie; elle l'a remplacée par une autre, mais dont la formation est conjecturale et difficile, même à Londres, s'agissant d'un capital de 21 millions et demi sterling (550 millions de francs), et qui sera exposé dans un pays si lointain à toutes les vicissitudes politiques, et surtout aux caprices d'un gouvernement absolu. — Quoi qu'il en soit, le réseau, sinon exécuté, du moins étudié en Russie, est déjà de 6,628 verstes, 8,000 kil. à peu près, et il est arrivé à la moitié de son développement (les Chemins de la Russie, par M. Collignon fils, ingénieur des ponts et chaussées, in-8°, 1864).

50. Turquie d'Europe. — Chemin de fer entre la mer Noire et le Danube (62 kil.), jusqu'ici, la seule œuvre de ce genre de l'empire turc. Nous parlerons plus loin de la Turquie d'Asie.

51. Amérique. — Au Nord, un immense développement de voies ferrées résulte de l'ensemble de celles appartenant aux États-Unis, à l'Angleterre, au Mexique, à Costaricca, à Cuba et

autres Antilles : nous parlerons d'abord de ces lignes et ensuite de celle de l'Amérique du Sud qui sont beaucoup moins nombreuses.

52. États-Unis. — Les trente-deux États qui ont fondé l'Union américaine ont chacun leur législation, et c'est par des ressources bien différentes que chacun d'eux s'est procuré un vaste développement des travaux publics, avant d'entreprendre des voies ferrées. Lorsqu'on a songé à les ouvrir sur une grande échelle, plusieurs États, comme New-York, Virginie et autres, ont appelé les compagnies en leur faisant de grands avantages. Généralement l'État prenait à son compte une partie importante des actions à émettre; souvent même il a accordé des subventions, prêts, garanties d'intérêt. Aussi y a-t-il en général beaucoup moins de différence entre la législation de tel des États de l'Union et celle de la France, qu'entre cette dernière et la législation anglaise. — Mais, quant au mode de construction et à l'exploitation, c'est autre chose. En Amérique, les Virginiens ont, à raison de la longueur immense des lignes, visé à la plus grande économie dans les travaux, terrassements, ouvrages d'art, dans la construction des gares même les plus grandes et surtout des stations intermédiaires, enfin dans le matériel roulant.

53. On a souvent parlé du wagon américain et on a proposé de l'introduire sur nos voies ferrées, comme il l'a été en Russie sur le chemin de Moscou et sur les chemins de fer suisses. Disons d'abord ce que c'est. Le wagon américain est une poutre tubullaire métallique, longue comme deux ou trois de nos omnibus, où un grand nombre de voyageurs sont confusément assis sur des banquettes. Ce long boyau a l'avantage d'être chauffé par un poêle; mais sur tous les points les carreaux s'ouvrent selon le caprice des voyageurs : on y est exposé à la vue de tous; on a le bruit, le contact de tout le monde. Tout cela convient aux mœurs américaines; mais nous aimons beaucoup trop le bien-être, la commodité, le silence, pour nous accommoder de cette méthode de faire de longs voyages. Ce wagon est extrêmement lourd; si, à un train déjà formé il faut en ajouter un de plus pour quelques voyageurs seulement, il en résulte des lenteurs et une surcharge de poids qui retardent beaucoup les voyages.

54. Sans entrer dans le détail des lignes appartenant aux différents États de l'Union, nous nous bornerons à rappeler qu'avant la guerre civile qui les divise aujourd'hui d'une manière si grave, les lignes concédées avaient une étendue de 77,441 kil., dont 50,000 kil. étaient en exploitation.

55. Californie, sur l'océan Pacifique. — L'organisation d'un réseau y a été commencé, mais il est suspendu, depuis la guerre, par l'opposition des intérêts du Nord et du Sud.

56. Canada. — Dans les possessions anglaises, les chemins de fer exécutés offrent un développement de 3,748 kil.; il n'en reste à faire que 713 kil. sur l'étendue de ceux concédés. Le pont de Victoria jeté sur le fleuve de Saint-Laurent et le pont suspendu de Niagara relient les parties les plus septentrionales du Canada au réseau entier du continent Nord-Américain.

57. Mexique. — Le président Santa-Anna avait fait exécuter 16 kil. d'un chemin de fer de la Vera-Cruz à Téjéria. En 1855, il concéda à une compagnie la ligne de la Vera-Cruz à Mexico, qui devait suivre la route de Fernand-Cortès sur Jalapa. En 1857, les premiers concessionnaires étant indemnisés, le président Comonfort a transmis la concession à M. Escandon, spéculateur. Le président Juarès, en 1861, a modifié le traité, en accordant à M. Escandon le titre de concessionnaire unique de l'État du Mexique. La première partie des chemins de la Vera-Cruz à Mexico et à Puebla aura 480 kil. : ultérieurement, cette ligne sera prolongée par des embranchements sur Guadalaxara, Quéritaro, Léon et autres villes vers le Pacifique. Cette partie doit avoir une étendue de 1,200 kil. — Les avantages faits au concessionnaire, pour l'aider dans la construction, sont une annuité de 560,000 fr. qui lui est garantie pendant vingt-cinq ans sur les produits de la douane, et une subvention du gouvernement à prélever pendant cinq années sur les mêmes produits.

58. Les travaux étaient arrêtés par la guerre civile qui désolait le pays; mais la France a pu, par le succès de ses armes, mettre la main sur le produit des douanes et faire marcher l'entreprise. Le gouvernement français a envoyé quelques-uns de

nos ingénieurs au Mexique (1). Ils ont ouvert le chemin sur 27 kil., en 1863, jusqu'à la Soledad, et sur 40 autres en 1864; les terres chaudes seront bientôt franchies; la partie exploitée est déjà de 94 kil. — Les avantages considérables assurés à la concession amèneront la formation d'une compagnie générale, et l'exécution de la ligne entière aura lieu en peu d'années. L'impulsion que la France aura donnée aux travaux ne sera pas au-dessous des autres services qu'elle a été appelée à rendre aux Mexicains.

59. *République de Guatémala* (Amérique centrale). — Dans l'État de Costa-Ricca il existe seize chemins de fer concédés.

60. *Antilles.* — Il y existe des concessions d'une étendue ensemble de 1,390 kil.; à l'île de Cuba, pays aussi vaste que la France, il y avait 708 kil. exécutés à la fin de 1861.

61. Dans *l'Amérique du Sud*, les États ont des chemins de fer soit en exploitation, soit en construction seulement, sur les longueurs suivantes: la Nouvelle-Grenade, 80 kil., exploités; Venezuela, 100 kil., à construire; la Guyane Française, 34 kil., exploités; le Brésil, 195 construits sur 1,000 kil. décrétés; le Pérou, 41 sur 297; le Paraguay, 17 sur 160; le Chili, 300 sur 723; la Plata, 41 sur 297. — Au total, il avait été décrété, dans ces pays, à la fin de 1861, 2,819 kil., dont 882 kil. étaient en pleine exploitation. Les capitaux étrangers, ceux de l'Angleterre principalement, ont donné la vie aux entreprises, qui jouissent d'une double garantie, gouvernementale et provinciale.

62. AFRIQUE. — Dans ces contrées, dès 1857, des chemins de fer étaient construits ou projetés sur trois points: l'Algérie, l'Egypte, le cap de Bonne-Espérance.
Algérie. — La compagnie des chemins de fer algériens a obtenu des concessions définitives et des concessions éventuelles. Les premières se partageaient entre quatre chemins: *de la mer à Constantine, d'Alger à Blidah, de Saint-Denis du Sig à Oran, raccordement avec le port d'Oran.* — Travaux de construction (186 kil.).—Le corps législatif a récemment ratifié la convention passée entre le ministre de la guerre et la compagnie de Paris à Lyon et à la Méditerranée, remplaçant l'ancienne compagnie des chemins de fer algériens. En ce moment, l'étendue des chemins qui lui sont concédés est de 543 kil., savoir: de Philippeville à Constantine, 85 kil.; d'Alger à Blidah, 51 kil.; de Saint-Denis du Sig à Oran, 59 kil.; de Blidah à Saint-Denis, 348 kil. — La dépense est évaluée à 160 millions environ (Constitut., 9 juin 1863). — Les concessions éventuelles consistent en onze chemins, tous à construire (1,211 kil.). —V. le tableau de la législation, ci-après, § 2.
Egypte. — L'ouverture de la ligne du Caire à Suez est venue compléter le chemin de transit de la Méditerranée à la mer Rouge. — Longueur exploitée, 418 kil.; — en construction, 193. — Longueur totale, 671 kil. — Un service de vapeurs français s'organise sur la mer Rouge, en attendant le moment où, par l'ouverture du canal maritime, un même navire pourra porter son pavillon d'une mer à l'autre.
Le Cap. — Il n'y a encore en construction que 96 kil.

63. ASIE. — *Indes orientales.* — Plusieurs grandes compagnies s'y sont formées. L'intérêt qui s'attache à ces entreprises a déterminé le gouvernement anglais à leur donner l'appui d'une garantie d'intérêt. Les compagnies sont tenues à verser le capital réalisé dans les caisses du trésor; c'est le trésor qui effectue les payements. — Les chemins concédés sont d'une longueur de 7,766 kil. Déjà 2,620 kil. sont en exploitation; 5,146 kil. sont en construction.
Turquie d'Asie. — Il y a été concédé 1,537 kil., dont 66 kil. seulement sont en exploitation.

64. OCÉANIE. — Les efforts de plusieurs législatures des colonies anglaises de cette partie du monde ont provoqué l'établissement de quelques tronçons sur les points les plus favorisés; les chemins concédés ont une longueur de 300 kil., dont 214 étaient en exploitation à la fin de l'année 1861. Quant à présent, les besoins du pays ne réclament pas des entreprises plus vastes et de plus longue haleine.

(1) Ces renseignements pleins d'intérêt sont dus à l'obligeance de M. de l'Epinay, ingénieur des ponts et chaussées, de retour du Mexique, qui a pris une grande part aux travaux (V. M. Cotelle, *ibid.*, p. CVII).

65. Les lignes concédées des chemins de... en exploitation, soit en construction, offrent... suivants pour les cinq parties du monde.

	En exploitation.	En construc...
Europe	55,651. . .	30,101
Amérique . . .	55,589. . .	30,575
Afrique	481. . .	472
Asie.	2,686. . .	6,617
Océanie	214. . .	86
	114,621	67,849

Suivant le système métrique, 10,000 kil. de la circonférence terrestre; or la circonfé... ligne équatoriale étant de 40,000 kil., on vo... déjà exploités, soit en Europe, soit en Amér... beaucoup les 40,000 kil. qui mesurent la circ... l'ensemble des lignes concédées est plus que d... de l'équateur.

Dans l'ordre des chiffres les plus élevés... les États-Unis d'Amérique comptent 50,205 22,630 kil.; l'Allemagne, 20,397 kil.; la Fr... l'Italie, 6,355 kil.; la Russie, 8,000 kil.; l'Esp... Belgique, 2,158 kil.; la Suisse, 1,531 kil.; le Portugal, 723 kil.; le Danemark, 695 kil.;

66. Devant la situation générale des che... cera la grande œuvre des voies romaines dor... bruit jusqu'à nos jours. Un jurisconsulte de... torité vient encore de la célébrer en ces terme... entreprise aussi colossale n'a été tentée de... notre globe. Nos travaux actuels de chemir... bien considérables, ne peuvent être compar... structions de voies publiques des Romains... voies nous est révélée par deux curieux monu... d'Antonin, qui est un livret de chemin, la C... qui est la carte routière de l'empire entier... partie de l'Asie jusqu'au delà des conquêtes... l'île de Tabrobane ou Ceylan. » (Droit publ... romain, de M. Serrigny, 2 vol. in-8°, 1862.)... miration inaltérable pour les Romains, nous... empêcher d'apprécier aussi les grandes œuvr... et d'y applaudir. Nous serions tenté de... des voies romaines, dans le monde entier... celle des chemins de fer du globe, dans ses c... la situation officielle de l'année 1861, dont... été de beaucoup dépassés partout en 1864.

TABLEAU DE LA LÉGISLATION RELATIVE AUX C...

§ 1. — *Législation générale.*

2-9 juill. 1838. — Loi portant que l'impô... prix des places sera perçu, pour les chemins de tarif correspondant au prix du transport (2).

Art. 1. L'impôt dû au trésor public sur le prix des pl... chemins de fer, sur la partie du tarif correspondant au pr...
2. Cette disposition est applicable, à partir de la prem... loi, aux chemins de fer actuellement concédés.
5. Pour ceux de ces chemins dont les cahiers des charg... ou dont le tarif n'est pas divisé en deux parties correspon... l'avenir au péage, l'impôt du dixième sera perçu au tiers...

22 juill.-29 août 1839. — Ordonna... épreuves à faire subir aux chaudières des machin... laires.— Abrogée par l'ordonnance du 22 mai 1843... peur, n° 2.

9-13 août 1839. — Loi sur les modificatio... cahiers de charges annexés aux concessions de ch...

Article unique. Les compagnies concessionnaires des... jusqu'à ce jour sont autorisées à proposer des modificatio... chemins et à leur largeur, au maximum des pentes, au... courbes, au nombre des gares d'évitement, à la hauteur ou... sur les chemins vicinaux et d'exploitation, au mode de con... rencontre des routes royales et départementales, des rivie... tion et de flottage, enfin à la pente des routes royales et dé... mais ces modifications ne pourront être exécutées que moye... lable et le consentement formel de l'autorité compétente... également autorisée à statuer provisoirement sur les inspe... gnies pourraient demander aux tarifs réglés par les cahier...

(2) Cette loi a été abrogée par celle du 14 juillet 1855.

15 juill.-5 août 1840. — Loi relative aux chemins de fer de Paris à Orléans, de Strasbourg à Bâle, etc. (extrait.)

TIT. 6. — *Dispositions générales.*

Art. 25. Des ordonnances royales régleront les mesures à prendre pour concilier l'exploitation des chemins de fer avec l'application des lois et règlements sur les douanes.

26. Des ordonnances royales régleront également le mode d'exploitation et les tarifs qui seront provisoirement appliqués aux chemins exécutés sur les fonds de l'Etat.

27. Des règlements d'administration publique détermineront les mesures et les dispositions nécessaires pour assurer la police, la sûreté, l'usage et la conservation des chemins de fer et des ouvrages qui en dépendent.

11-17 juin 1842. — Loi relative à l'établissement de grandes lignes de chemins de fer.

TIT. 1 — *Dispositions générales.*

Art. 1. Il sera établi un système de chemins de fer se dirigeant, — 1° De Paris — Sur la frontière de Belgique, par Lille et Valenciennes; — Sur l'Angleterre, par un ou plusieurs points du littoral de la Manche, qui seront ultérieurement déterminés; — Sur la frontière d'Allemagne, par Nancy et Strasbourg; — Sur la Méditerranée, par Lyon, Marseille et Cette; — Sur la frontière d'Espagne, par Tours, Poitiers, Angoulême, Bordeaux et Bayonne; — Sur l'Océan, par Tours et Nantes; — Sur le centre de la France, par Bourges; — 2° De la Méditerranée sur le Rhin, par Lyon, Dijon et Mulhouse; — De l'Océan sur la Méditerranée, par Bordeaux, Toulouse et Marseille.

2. L'exécution des grandes lignes de chemins de fer définies par l'article précédent aura lieu par le concours, — De l'Etat, — Des départements traversés et des communes intéressées, — De l'industrie privée, — Dans les proportions et suivant les formes établies par les articles ci-après. — Néanmoins, ces lignes pourront être concédées en totalité ou en partie à l'industrie privée, en vertu des lois spéciales et aux conditions qui seront alors déterminées.

3. Les indemnités dues pour les terrains et bâtiments dont l'occupation sera nécessaire à l'établissement des chemins de fer et de leurs dépendances seront avancées par l'Etat, et remboursées à l'Etat, jusqu'à concurrence des deux tiers, par les départements et les communes. — Il n'y aura pas lieu à indemnité pour l'occupation des terrains ou bâtiments appartenant à l'Etat. — Le gouvernement pourra accepter les subventions qui lui seraient offertes par les localités ou les particuliers, soit en terrains, soit en argent.

4. Dans chaque département traversé, le conseil général délibérera, — 1° Sur la part qui sera mise à la charge du département dans les deux tiers des indemnités, et sur les ressources extraordinaires au moyen desquelles elle sera remboursée en cas d'insuffisance des centimes facultatifs; — 2° Sur la désignation des communes intéressées et sur la part à supporter par chacun d'elles, en raison de son intérêt et de ses ressources financieres. — Cette délibération sera soumise à l'approbation du roi.

5. Le tiers restant des indemnités de terrains et bâtiments, — Les terrassements, — Les ouvrages d'art et stations, — Seront payés sur les fonds de l'Etat.

6. La voie de fer, y compris la fourniture du sable, — Le matériel et les frais d'exploitation, — Les frais d'entretien et de réparation du chemin, de ses dépendances et de son matériel, — Resteront à la charge des compagnies auxquelles l'exploitation du chemin sera donnée à bail. — Ce bail réglera la durée et les conditions de l'exploitation, ainsi que le tarif des droits à percevoir sur le parcours; il sera passé provisoirement par le ministre des travaux publics, et définitivement par une loi.

7. A l'expiration du bail, la valeur de la voie de fer et du matériel sera remboursée, à dire d'experts, à la compagnie par celle qui lui succèdera, ou par l'Etat.

8. Des ordonnances royales régleront les mesures à prendre pour concilier l'exploitation des chemins de fer avec l'exécution des lois et règlements sur les douanes.

9. Des règlements d'administration publique détermineront les mesures et les dispositions nécessaires pour garantir la police, la sûreté, l'usage et la conservation des chemins de fer et de leurs dépendances (1).

TIT. 4. — *Disposition finale.*

19. Chaque année, il sera rendu aux chambres, par le ministre des travaux publics, un compte spécial des travaux exécutés en vertu de la présente loi.

22 juin-13 août 1842. — Ordonnance portant que le territoire du royaume, en ce qui concerne le service des chemins de fer, sera divisé en cinq inspections.

Art. 1. Le territoire du royaume, en ce qui concerne le service des chemins de fer, sera divisé en cinq inspections. Le ministre des travaux publics en arrêtera la circonscription.

2. Le service de chaque inspection sera confié à un inspecteur divisionnaire adjoint des ponts et chaussées. En conséquence, le nombre des inspecteurs divisionnaires adjoints des ponts et chaussées est porté de deux à cinq.

3. Chaque inspecteur divisionnaire adjoint sera chargé de la direction des études de chemins de fer dans le territoire de son inspection. Il sera chargé, en outre, dans l'étendue du même territoire, de la surveillance générale des travaux de chemins de fer exécutées, soit par l'Etat, soit par des compagnies particulières, indépendamment de la surveillance directe exercée, soit par les ingénieurs en chef et ordinaires, soit par les agents locaux préposés à cet effet.

4. Les cinq inspecteurs divisionnaires adjoints chargés de la direction des études et de la surveillance des travaux des chemins de fer composeront, avec trois inspecteurs généraux ou divisionnaires des ponts et chaussées, désignés par le ministre des travaux publics, et l'ingénieur secrétaire, la section des chemins de fer instituée par l'art. 3 de notre ordonnance du 23 déc. 1838.

5. Le ministre des travaux publics désignera pour chaque session du conseil général des ponts et chaussées deux des cinq inspecteurs divisionnaires adjoints, pour faire partie de ce conseil. Les inspecteurs divisionnaires adjoints non désignés en vertu du paragraphe précédent auront droit de séance au conseil général des ponts et chaussées toutes les fois qu'ils seront membres de commissions spéciales formées pour l'examen préparatoire des projets.

22 juin-13 août 1842. — Ordonnance portant que le choix a faire entre les différents tracés à suivre pour l'établissement des grandes lignes de chemins de fer classés par la loi du 11 juin 1842, sera, après l'examen préalable du conseil général des ponts et chaussées, soumis à l'avis d'une commission supérieure présidée par M. le ministre des travaux publics, et, à son défaut, par le sous-secrétaire d'Etat au même département.

22 juin-13 août 1842. — Ordonnance qui prescrit la formation d'une commission administrative pour la révision et le contrôle des documents statistiques sur les chemins de fer.

Art. 1. Il sera formé auprès du ministère des travaux publics une commission administrative, pour la révision et le contrôle des documents statistiques propres à établir l'utilité et l'importance relative des différentes directions des grandes lignes de chemins de fer classées par la loi du 11 juin 1842.

2. Cette commission sera en outre consultée, 1° sur les questions concernant les acquisitions des terrains et bâtiments; les rapports de l'administration des travaux publics avec les départements et les communes pour la prestation des terrains et bâtiments; les projets des cahiers des charges pour les concessions de lignes de fer; les baux d'exploitation à passer avec les compagnies; 2° sur les projets de règlement relatifs à la police, à l'usage ou à la conservation des chemins de fer; 3° et en général sur les questions réglementaires relatives à l'établissement ou à l'exploitation des chemins de fer, et qui n'appartiendraient pas, soit au conseil général des ponts et chaussées, soit à la section des chemins de fer.

3. Seront appelés à faire partie de cette commission cinq maîtres des requêtes en service extraordinaire ou auditeurs au conseil d'Etat, qui seront spécialement chargés de réunir et coordonner les documents statistiques sur les chemins de fer. Les auditeurs au conseil d'Etat auront voix délibérative dans la commission toutes les fois qu'ils y rempliront les fonctions de rapporteur.

15-21 juill. 1845. — Loi sur la police des chemins de fer (2).

TIT. 1. — *Mesures relatives à la conservation des chemins de fer.*

Art. 1. Les chemins de fer construits ou concédés par l'Etat font partie de la grande voirie.

2. Sont applicables aux chemins de fer les lois et règlements sur la grande voirie, qui ont pour objet d'assurer la conservation des fossés, talus, levées et ouvrages d'art dépendant des routes, et d'interdire, sur toute leur étendue, le paccage des bestiaux et les dépôts de terre et autres objets quelconques.

3. Sont applicables aux propriétés riveraines des chemins de fer les servitudes imposées par les lois et règlements sur la grande voirie, et qui concernent : — L'alignement, — L'écoulement des eaux, — L'occupation temporaire des terrains en cas de réparation, — La distance à observer pour les plantations et l'élagage des arbres plantés, — Le mode d'exploitation des mines, minières, tourbières, carrières et sablières, dans la zone déterminée à cet effet. — Sont également applicables à la confection et à l'entretien des chemins de fer, les lois et règlements sur l'extraction des matériaux nécessaires aux travaux publics.

4. Tout chemin de fer sera clos des deux côtés et sur toute l'étendue de la voie. — L'administration déterminera, pour chaque ligne, le mode de cette clôture, et pour ceux des chemins qui n'y ont pas été assujettis, l'époque à laquelle elle devra être effectuée. — Partout où les chemins de fer croiseront de niveau les routes de terre, des barrières seront établies et tenues fermées, conformément aux règlements.

5. A l'avenir, aucune construction autre qu'un mur de clôture ne pourra être établie dans une distance de 2 mèt. d'un chemin de fer. — Cette distance sera mesurée soit de l'arête supérieure du déblai, soit de l'arête inférieure du talus du remblai, soit du bord extérieur des fossés du chemin, et, à défaut d'une ligne tracée, à 1 mèt. 50 cent. à partir des rails extérieurs de la voie de fer. — Les constructions existantes au moment de la promulgation de la présente loi, ou lors de l'établissement d'un nouveau chemin de fer, pourront être entretenues dans l'état où elles se trouveront à cette époque. — Un règlement d'administration publique déterminera les formalités à remplir par les propriétaires pour constater l'état desdites constructions, et fixera le délai dans lequel ces formalités devront être remplies

6. Dans les localités où le chemin de fer se trouvera en remblai de plus de 3 mèt. au-dessus du terrain naturel, il est interdit aux riverains de pratiquer, sans autorisation préalable, des excavations dans une zone de largeur égale à la hauteur verticale du remblai, mesurée à partir du pied du talus. — Cette autorisation ne pourra être accordée sans que les concessionnaires ou fermiers de l'exploitation du chemin de fer aient été entendus ou dûment appelés.

7. Il est défendu d'établir, à une distance de moins de 20 mèt. d'un chemin de fer desservi par des machines à feu des couvertures en chaume, des meules de paille, de foin, et aucun autre dépôt de matières inflammables. — Cette prohibition ne s'étend pas aux dépôts de récoltes faits seulement pour le temps de la moisson.

8. Dans une distance de moins de 5 mèt. d'un chemin de fer, aucun dépôt de pierres, ou objets non inflammables, ne peut être établi sans l'autorisation du préfet. — Cette autorisation sera toujours révocable. — L'autorisation n'est pas nécessaire — 1° Pour former, dans les localités où le chemin de fer est en remblai, des dépôts de matières non inflammables, dont la hauteur n'excède pas celle du remblai du chemin; — 2° Pour former des dépôts temporaires d'engrais et autres objets necessaires à la culture des terres.

9. Lorsque la sûreté publique, la conservation du chemin et la disposition des lieux le permettront, les distances déterminées par les articles précédents pourront être diminuées en vertu d'ordonnances royales rendues après enquêtes.

10. Si, hors des cas d'urgence prévus par la loi des 16-24 août 1790, la sûreté publique ou la conservation du chemin de fer l'exige, l'administration pourra faire supprimer, moyennant une juste indemnité, les constructions, plantations, excavations, couvertures en chaume, amas de matériaux combustibles ou autres, existant, dans les zones ci-dessus spécifiées, au moment de la promulgation de la présente loi,

(1) Les art. 10 à 18 ne font qu'affecter différentes sommes à l'exécution des chemins de fer classés par l'art. 1 de la présente loi, et de déterminer les voies et moyens par lesquels il sera pourvu à la dépense.

(2) V. l'analyse des discussions auxquelles cette loi a donné lieu dans les chambres législatives, D. P. 45. 3 163.

et, pour l'avenir, lors de l'établissement du chemin de fer. — L'indemnité sera réglée, pour la suppression des constructions, conformément aux tit. 4 et suiv. de la loi du 3 mai 1841, et, pour tous les autres cas, conformément à la loi du 16 sept. 1807.

11. Les contraventions aux dispositions du présent titre seront constatées, poursuivies et réprimées comme en matière de grande voirie. — Elles seront punies d'une amende de 16 à 300 fr., sans préjudice, s'il y a lieu, des peines portées au code pénal et au tit. 3 de la présente loi. Les contrevenants seront, en outre, condamnés à supprimer, dans le délai déterminé par l'arrêté du conseil de préfecture, les excavations, couvertures, meules ou dépôts faits contrairement aux dispositions précédentes. — A défaut, par eux, de satisfaire à cette condamnation dans le délai fixé, la suppression aura lieu d'office, et le montant de la dépense sera recouvré contre eux par voie de contrainte, comme en matière de contributions publiques.

TIT. 2. — *Des contraventions de voirie commises par les concessionnaires ou fermiers de chemins de fer.*

12. Lorsque le concessionnaire ou le fermier de l'exploitation d'un chemin de fer contreviendra aux clauses du cahier des charges, ou aux décisions rendues en exécution de ces clauses, en ce qui concerne le service de la navigation, la viabilité des routes royales, départementales et vicinales, ou le libre écoulement des eaux, procès-verbal sera dressé de la contravention, soit par les ingénieurs des ponts et chaussées ou des mines, soit par les conducteurs, gardes-mines et piqueurs, dûment assermentés.

13. Les procès-verbaux, dans les quinze jours de leur date, seront notifiés administrativement au domicile élu par le concessionnaire ou le fermier, à la diligence du préfet, et transmis dans le même délai au conseil de préfecture du lieu de la contravention.

14. Les contraventions prévues à l'art. 12 seront punies d'une amende de 300 fr. à 3,000 fr.

15. L'administration pourra, d'ailleurs, prendre immédiatement toutes mesures provisoires pour faire cesser le dommage, ainsi qu'il est procédé en matière de grande voirie. — Les frais qu'entraînera l'exécution de ces mesures seront recouvrés, contre le concessionnaire ou fermier, par voie de contrainte, comme en matières de contributions publiques.

TIT. 3. — *Des mesures relatives à la sûreté de la circulation sur les chemins de fer.*

16. Quiconque aura volontairement détruit ou dérangé la voie de fer, placé sur la voie un objet faisant obstacle à la circulation, ou employé un moyen quelconque pour entraver la marche des convois ou les faire sortir des rails, sera puni de la reclusion. — S'il y a eu homicide ou blessures, le coupable sera, dans le premier cas, puni de mort, et, dans le second, de la peine des travaux forcés à temps.

17. Si le crime prévu par l'art. 16 a été commis en réunion séditieuse, avec rébellion ou pillage, il sera imputable aux chefs, auteurs, instigateurs et provocateurs de ces réunions, qui seront punis comme coupables du crime et condamnés aux mêmes peines que ceux qui l'auront personnellement commis, lors même que la réunion séditieuse n'aurait pas eu pour but direct et principal la destruction de la voie de fer. — Toutefois, dans ce dernier cas, lorsque la peine de mort sera applicable aux auteurs du crime, elle sera remplacée, à l'égard des chefs, auteurs, investigateurs et provocateurs de ces réunions, par la peine des travaux forcés à perpétuité.

18. Quiconque aura menacé, par écrit anonyme ou signé, de commettre un des crimes prévus en l'art. 16, sera puni d'un emprisonnement de trois à cinq ans, dans le cas où la menace aurait été faite avec ordre de déposer une somme d'argent dans un lieu indiqué, ou de remplir toute autre condition. — Si la menace n'a été accompagnée d'aucun ordre ou condition, la peine sera d'un emprisonnement de trois mois à deux ans, et d'une amende de 100 à 500 fr. — Si la menace avec ordre ou condition a été verbale, le coupable sera puni d'un emprisonnement de quinze jours à six mois, et d'une amende de 25 à 300 fr. — Dans tous les cas, le coupable pourra être mis par le jugement sous la surveillance de la haute police, pour un temps qui ne pourra être moindre de deux ans ni excéder cinq ans.

19. Quiconque par maladresse, imprudence, inattention, négligence ou inobservation des lois ou règlements, aura involontairement causé sur un chemin de fer, ou dans les gares ou stations, un accident qui aura occasionné des blessures, sera puni de huit jours à six mois d'emprisonnement, et d'une amende de 50 à 1,000 fr. — Si l'accident a occasionné la mort d'une ou plusieurs personnes, l'emprisonnement sera de six mois à cinq ans, et l'amende de 300 à 3,000 fr.

20. Sera puni d'un emprisonnement de six mois à deux ans tout mécanicien ou conducteur garde-frein qui aura abandonné son poste pendant la marche du convoi.

21. Toute contravention aux ordonnances royales portant règlement d'administration publique sur la police, la sûreté et l'exploitation du chemin de fer, et aux arrêtés pris par les préfets, sous l'approbation du ministre des travaux publics, pour l'exécution desdites ordonnances, sera punie d'une amende de 16 à 3,000 fr. — En cas de récidive dans l'année, l'amende sera portée au double, et le tribunal pourra selon les circonstances, prononcer, en outre, un emprisonnement de trois jours à un mois.

22. Les concessionnaires ou fermiers d'un chemin de fer seront responsables, soit envers l'État, soit envers les particuliers, du dommage causé par les administrateurs, directeurs ou employés à un titre quelconque au service de l'exploitation du chemin de fer. — L'État sera soumis à la même responsabilité envers les particuliers, si le chemin de fer est exploité à ses frais et pour son compte.

23. Les crimes, délits ou contraventions prévus dans les tit. 1 et 3 de la présente loi, pourront être constatés par des procès-verbaux dressés concurremment par les officiers de police judiciaire, les ingénieurs des ponts et chaussées et des mines, les conducteurs, gardes-mines, agents de surveillance et gardes nommés ou agréés par l'administration et dûment assermentés. — Les procès-verbaux des délits et contraventions feront foi jusqu'à preuve contraire. — Au moyen du serment prêté devant le tribunal de première instance de leur domicile, les agents de surveillance de l'administration et des concessionnaires ou fermiers pourront verbaliser sur toute la ligne du chemin de fer auquel ils seront attachés.

24. Les procès-verbaux dressés en vertu de l'article précédent seront visés pour timbre et enregistrés en débet. — Ceux qui auront été dressés par des agents de surveillance et gardes assermentés devront être affirmés dans les trois jours, à peine de nullité, devant le juge de paix ou le maire, soit du lieu du délit ou de la contravention, soit de la résidence de l'agent.

25. Toute attaque, toute résistance avec violence et voies de faits envers les agents des chemins de fer, dans l'exercice de leurs fonctions, sera punie des peines appliquées à la rébellion, suivant les distinctions faites par le code pénal.

26. L'art. 463 c. pén. est applicable aux condamnations qui seront prononcées en exécution de la présente loi.

27. En cas de conviction de plusieurs crimes ou délits prévus par la présente loi ou par le code pénal, la peine la plus forte sera seule prononcée. — Les peines encourues pour des faits postérieurs à la poursuite pourront être cumulées, sans préjudice des peines de la récidive.

15-21 juill. 1845. — **Loi relative au chemin de fer de Paris à la frontière de Belgique (extrait).**

TIT. 7. — *Dispositions générales.*

Art. 7. Nul ne sera admis à concourir à l'adjudication d'un chemin de fer, si préalablement il n'a été agréé par le ministre des travaux publics; — Et s'il n'a déposé, — A la caisse des dépôts et consignations, la somme indiquée au cahier des charges; — Au secrétariat général du ministère du commerce, en double exemplaire, le projet des statuts de la compagnie; — Au secrétariat général du ministère des travaux publics, le registre à souche d'où auront été détachés les titres délivrés aux souscripteurs, ou, pour les compagnies dont les souscriptions auraient été ouvertes antérieurement à la présente loi, l'état appuyé de pièces justificatives constatant les engagements réciproques des fondateurs et des souscripteurs, les versements reçus et la répartition définitive du montant du capital social. — A dater de la remise des registres ou états ci-dessus entre les mains du ministre des travaux publics, toute stipulation par laquelle les fondateurs se seraient réservé la faculté de réduire le nombre des actions souscrites sera nulle et sans effet.

8. Les récépissés de souscription ne sont point négociables. — Les souscripteurs seront responsables, jusqu'à concurrence des cinq dixièmes, du versement du montant des actions qu'ils auront souscrites. — Chaque souscripteur aura le droit d'exiger de la compagnie adjudicataire la remise de toutes les actions pour lesquelles il aura été porté sur l'état définitif de répartition déposé au secrétariat général du ministère des travaux publics. — Ces conditions seront mentionnées sur les registres ouverts et sur les récépissés émis postérieurement à la promulgation de la présente loi.

9. Les adjudications ne seront valables et définitives qu'après avoir été homologuées par une ordonnance royale.

10. La compagnie adjudicataire ne pourra émettre d'actions ou promesses d'actions négociables avant de s'être constituée en société anonyme dûment autorisée, conformément à l'art. 37 c. com.

11. Les fondateurs de la compagnie n'auront droit qu'au remboursement de leurs avances, dont le compte, appuyé des pièces justificatives, aura été accepté par l'assemblée générale des actionnaires. — L'indemnité qui pourra être attribuée aux administrateurs, à raison de leurs fonctions, sera réglée par l'assemblée générale des actionnaires.

12. Nul ne pourra voter par procuration dans le conseil d'administration de la compagnie. — Dans le cas où deux membres dissidents sur une question demanderaient qu'elle fût ajournée jusqu'à ce que l'opinion d'un ou plusieurs administrateurs absents fût connue, il pourra être envoyé à tous les absents une copie ou extrait du procès-verbal, avec invitation de venir voter dans une prochaine réunion à jour fixe, ou d'adresser par écrit leur opinion au président. Celui-ci en donnera lecture au conseil, après quoi la décision sera prise à la majorité des membres présents.

13. Toute publication quelconque de la valeur des actions, avant l'homologation de l'adjudication, sera punie d'une amende de 500 fr. à 3,000 fr. — Sera puni de la même peine tout agent de change qui, avant la constitution de la société anonyme, se serait prêté à la négociation de récépissés ou promesses d'actions.

14. A moins d'une autorisation spéciale de l'administration supérieure, il est interdit à la compagnie, sous les peines portées par l'art. 419 c. pén., de faire directement ou indirectement, avec des entreprises de transport de voyageurs ou de marchandises, par terre ou par eau, sous quelque dénomination ou forme que ce puisse être, des arrangements qui ne seraient pas également consentis en faveur de toutes les autres entreprises desservant les mêmes routes. — Des ordonnances royales, portant règlement d'administration publique, prescriront toutes les mesures nécessaires pour assurer la plus complète égalité entre les diverses entreprises de transports, dans leurs rapports avec le service des chemins de fer et de leurs embranchements.

19-25 juill. 1845. — **Loi qui abroge une disposition de l'art. 5 de la loi du 11 juin 1842, sur les chemins de fer.**

Article unique. Est et demeure abrogée la disposition de la l'art. 5 de loi du 11 juin 1842, aux termes de laquelle les départements et les communes devaient rembourser à l'État les deux tiers du prix des indemnités dues pour les terrains et bâtiments dont l'occupation sera nécessaire à l'établissement des chemins de fer et de leurs dépendances.

15-21 nov. 1846. — **Ordonnance portant règlement sur la police, la sûreté et l'exploitation des chemins de fer.**

TIT. 1. — DES STATIONS ET DE LA VOIE DES CHEMINS DE FER.

SECT. 1. — *Des stations.*

Art. 1. L'entrée, le stationnement et la circulation des voitures publiques ou particulières destinées, soit au transport des personnes, soit au transport des marchandises, dans les cours dépendant des stations des chemins de fer, seront réglés par des arrêtés du préfet du département. Ces arrêtés ne seront exécutoires qu'en vertu de l'approbation du ministre des travaux publics.

SECT. 2. — *De la voie.*

2. Le chemin de fer et les ouvrages qui en dépendent seront constamment entretenus en bon état. — La compagnie devra faire connaître au ministre des travaux publics les mesures qu'elle aura prises pour cet entretien. — Dans le cas où ces mesures seraient insuffisantes, le ministre des travaux publics, après avoir entendu la compagnie, prescrira celles qu'il jugera nécessaires.

3. Il sera placé, partout où besoin sera, des gardiens, en nombre suffisant pour assurer la surveillance et la manœuvre des aiguilles des croisements et changements de voie; en cas d'insuffisance, le nombre de ces gardiens sera fixé par le ministre des travaux publics, la compagnie entendue.

4. Partout où un chemin de fer est traversé à niveau, soit par une route à voitures, soit par un chemin destiné au passage des piétons, il sera établi des barrières. — Le mode, la garde et les conditions de service des barrière sont réglés par le ministre des travaux publics, sur la proposition de la compagnie.

5. Si l'établissement de contre-rails est jugé nécessaire dans l'intérêt de la sûreté publique, la compagnie sera tenue d'en placer sur les points qui seront désignés par le ministre des travaux publics.

6. Aussitôt après le coucher du soleil et jusqu'après le passage du dernier train, les stations et leurs abords doivent en être éclairés. — Il en sera de même des passages à niveau pour lesquels l'administration jugera cette mesure nécessaire.

TIT. 2. — DU MATÉRIEL EMPLOYÉ A L'EXPLOITATION.

7. Les machines locomotives ne pourront être mises en service qu'en vertu de l'autorisation de l'administration et après avoir été soumises à toutes les épreuves prescrites par les règlements en vigueur. — Lorsque par suite de détérioration ou pour toute autre cause, l'interdiction d'une machine aura été prononcée, cette machine ne pourra être remise en service qu'en vertu d'une nouvelle autorisation.

8. Les essieux des locomotives, des tenders et des voitures de toute espèce entrant dans la composition des convois de voyageurs ou dans celle des trains mixtes de voyageurs et de marchandises, allant à grande vitesse, devront être en fer martelé de premier choix.

9. Il sera tenu des états de service pour toutes les locomotives. Ces états seront inscrits sur des registres qui devront être constamment à jour, et indiquer, à l'article de chaque machine, la date de sa mise en service, le travail qu'elle a accompli, les réparations ou modifications qu'elle a reçues, et le renouvellement de ses diverses pièces. — Il sera tenu en outre, pour les essieux de locomotives, tenders et voitures de toute espèce, des registres spéciaux sur lesquels, à côté du numéro d'ordre de chaque essieu, seront inscrits sa provenance, la date de sa mise en service, l'épreuve qu'il peut avoir subie, son travail, ses accidents et ses réparations; à cet effet, le numéro d'ordre sera poinçonné sur chaque essieu. — Les registres mentionnés aux deux paragraphes ci-dessus seront représentés, à toute réquisition, aux ingénieurs et agents chargés de la surveillance du matériel et de l'exploitation.

10. Il est interdit de placer, dans un convoi comprenant des voitures de voyageurs, aucune locomotive, tender ou autre voiture d'une nature quelconque, montés sur des roues en fonte. — Toutefois, le ministre des travaux publics pourra, par exception, autoriser l'emploi des roues en fonte, cerclées en fer, dans les trains mixtes de voyageurs et de marchandises et marchant à la vitesse d'au plus 25 kilom. à l'heure.

11. Les locomotives devront être pourvues d'appareils ayant pour objet d'arrêter les fragments de coke tombant de la grille et d'empêcher la sortie des flammèches par la cheminée.

12. Les voitures destinées au transport des voyageurs seront d'une construction solide; elles devront être commodes et pourvues de ce qui est nécessaire à la sûreté des voyageurs. — Les dimensions de la place affectée à chaque voyageur devront être d'au moins 45 cent. en largeur, 65 cent. en profondeur et 1 m. 45 cent. en hauteur; cette disposition sera appliquée aux chemins de fer existants, dans un délai qui sera fixé pour chaque chemin par le ministre des travaux publics.

13. Aucune voiture pour les voyageurs ne sera mise en service sans une autorisation du préfet, donnée sur le rapport d'une commission constatant que la voiture satisfait aux conditions de l'article précédent. — L'autorisation de mise en service n'aura d'effet qu'après que l'estampille prescrite pour les voitures publiques par l'art. 117 de la loi du 25 mars 1817 aura été délivrée par le directeur des contributions indirectes.

14. Toute voiture de voyageurs portera, dans l'intérieur, l'indication apparente du nombre des places.

15. Les locomotives, tenders et voitures de toute espèce devront porter : 1° le nom ou les initiales du nom du chemin de fer auquel ils appartiennent; 2° un numéro d'ordre. Les voitures de voyageurs porteront, en outre, l'estampille délivrée par l'administration des contributions indirectes. Ces diverses indications seront placées d'une manière apparente sur la caisse ou sur les côtés des châssis.

16. Les machines, locomotives, tenders et voitures de toute espèce, et tout le matériel d'exploitation, seront constamment maintenus dans un bon état d'entretien. — La compagnie devra faire connaître au ministre des travaux publics les mesures adoptées par elle à cet égard, et, en cas d'insuffisance, le ministre, après avoir entendu les observations de la compagnie, prescrira les dispositions qu'il jugera nécessaires à la sûreté de la circulation,

TIT. 3. — DE LA COMPOSITION DES CONVOIS.

17. Tout convoi ordinaire de voyageurs devra contenir, en nombre suffisant, des voitures de chaque classe, à moins d'une autorisation spéciale du ministre des travaux publics.

18. Chaque train de voyageurs devra être accompagné : — 1° D'un mécanicien et d'un chauffeur par machine : le chauffeur devra être capable d'arrêter la machine en cas de besoin; — 2° Du nombre de conducteurs gardes-freins qui sera déterminé pour chaque chemin, suivant les pentes et suivant le nombre de voitures, par le ministre des travaux publics, sur la proposition de la compagnie. — Sur la dernière voiture de chaque convoi ou sur l'une des voitures placées à l'arrière, il y aura toujours un frein, et un conducteur chargé de le manœuvrer. — Lorsqu'il y aura plusieurs conducteurs dans un convoi, l'un d'entre eux devra toujours avoir autorité sur les autres. — Un train de voyageurs ne pourra se composer de plus de vingt-quatre voitures à quatre roues. S'il entre des voitures à six roues dans la composition du convoi, le maximum du nombre de voitures sera déterminé par le ministre. — Les dispositions des paragraphes précédents seront applicables aux trains mixtes de voyageurs et de marchandises marchant à la vitesse des voyageurs. — Quant aux convois de marchandises qui transportent en même temps des voyageurs et des marchandises, et qui ne marchent pas à la vitesse ordinaire des voyageurs, les mesures spéciales et les conditions de sûreté auxquelles ils devront être assujettis seront déterminées par le ministre, sur la proposition de la compagnie.

19. Les locomotives devront être en tête des trains. — Il ne pourra être dérogé à cette disposition que pour les manœuvres à exécuter dans le voisinage des stations ou pour le cas de secours. Dans ces cas spéciaux, la vitesse ne devra pas dépasser 25 kilom. par heure.

20. Les convois de voyageurs ne devront être remorqués que par une seule locomotive, sauf les cas où l'emploi d'une machine de renfort deviendrait nécessaire, soit pour la montée d'une rampe de forte inclinaison, soit par suite d'une affluence extraordinaire de voyageurs, de l'état de l'atmosphère, d'un accident ou d'un retard exigeant l'emploi de secours, ou de tout autre cas analogue ou spécial préalablement déterminé par le ministre des travaux publics. — Il est, dans tous les cas, interdit d'atteler simultanément plus de deux locomotives à un convoi de voyageurs. — La machine placée en tête devra régler la marche du train. — Il devra toujours y avoir en tête de chaque train, entre le tender et la première voiture de voyageurs, autant de voitures ne portant pas de voyageurs qu'il y aura de locomotives attelées. — Dans tous les cas où il sera attelé plus d'une locomotive à un train, mention en sera faite sur un registre à ce destiné, avec indication du motif de la mesure, de la station où elle aura été jugée nécessaire, et de l'heure à laquelle le train aura quitté cette station. — Ce registre sera représenté à toute réquisition aux fonctionnaires et agents de l'administration publique chargés de la surveillance de l'exploitation.

21. Il est défendu d'admettre, dans les convois qui portent des voyageurs, aucune matière pouvant donner lieu soit à des explosions, soit à des incendies.

22. Les voitures entrant dans la composition des trains de voyageurs seront liées entre elles par des moyens d'attache tels, que les tampons à ressort de ces voitures soient toujours en contact. — Les voitures des entrepreneurs de messagerie ne pourront être admises dans la composition des trains qu'avec l'autorisation du ministre des travaux publics, et que moyennant les conditions indiquées dans l'acte d'autorisation.

23. Les conducteurs gardes-freins seront mis en communication avec le mécanicien, pour donner, en cas d'accident, le signal d'alarme, par tel moyen qui sera autorisé par le ministre des travaux publics, sur la proposition de la compagnie.

24. Les trains devront être éclairés extérieurement pendant la nuit. En cas d'insuffisance du système d'éclairage, le ministre des travaux publics prescrira, la compagnie entendue, les dispositions qu'il jugera nécessaires. — Les voitures fermées, destinées aux voyageurs, devront être éclairées intérieurement pendant la nuit et au passage des souterrains qui seront désignés par le ministre.

TIT. 4. — DU DÉPART, DE LA CIRCULATION ET DE L'ARRIVÉE DES CONVOIS.

25. Pour chaque chemin de fer, le ministre des travaux publics déterminera, sur la proposition de la compagnie, le sens du mouvement des trains et de machines isolées sur chaque voie, quand il y a plusieurs voies, ou les points de croisements quand il n'y en a qu'une. — Il ne pourra être dérogé, sous aucun prétexte, aux dispositions qui auront été prescrites par le ministre, si ce n'est dans le cas où la voie serait interceptée; et, dans ce cas, le changement devra être fait avec les précautions indiquées en l'art. 34 ci-après.

26. Avant le départ du train, le mécanicien s'assurera si toutes les parties de la locomotive et du tender sont en bon état, si le frein de ce tender fonctionne convenablement. — La même vérification sera faite par les conducuteurs gardes-freins en ce qui concerne les voitures et les freins de ces voitures. — Le signal du départ ne sera donné que lorsque les portières seront fermées. — Le train ne devra être mis en marche qu'après le signal du départ.

27. Aucun convoi ne pourra partir d'une station avant l'heure déterminée par le règlement de service. — Aucun convoi ne pourra également partir d'une station avant qu'il se soit écoulé, depuis le départ ou le passage du convoi précédent, le laps de temps qui aura été fixé par le ministre des travaux publics, sur la proposition de la compagnie. — Des signaux seront placés à l'entrée de la station pour indiquer aux mécaniciens des trains qui pourraient survenir, si le délai déterminé en vertu du paragraphe précédent est écoulé. — Dans l'intervalle des stations, des signaux seront établis, afin de donner le même avertissement au mécanicien sur les points où il ne peut pas voir devant lui à une distance suffisante. Dès que l'avertissement lui sera donné, le mécanicien devra ralentir la marche du train. En cas d'insuffisance des signaux établis par la compagnie, le ministre prescrira, la compagnie entendue, l'établissement de ceux qu'il jugera nécessaires.

28. Sauf le cas de force majeure ou de réparation de la voie, les trains ne pourront s'arrêter qu'aux gares ou lieux de stationnement autorisés pour le service des voyageurs ou des marchandises. — Les locomotives ou les voitures ne pourront stationner sur les voies du chemin de fer affectées à la circulation des trains.

29. Le ministre des travaux publics déterminera, sur la proposition de la compagnie, les mesures spéciales de précautions relatives à la circulation des trains sur les plans inclinés et dans les souterrains à une ou à deux voies, à raison de leur longueur et de leur tracé. — Il déterminera également, sur la proposition de la compagnie, la vitesse maximum que les trains de voyageurs pourront prendre sur les diverses parties de chaque ligne et la durée du trajet.

30. Le ministre des travaux publics prescrira, sur la proposition de la compagnie, les mesures spéciales de précaution à prendre pour l'expédition et la marche des convois extraordinaires. — Dès que l'expédition d'un convoi extraordinaire aura été décidée, déclaration devra en être faite immédiatement au commissaire spécial de police, avec indication du motif de l'expédition du convoi et de l'heure du départ.

31. Il sera placé le long du chemin, pendant le jour et pendant la nuit, soit pour l'entretien, soit pour la surveillance de la voie, des agents en nombre assez grand pour assurer la libre circulation des trains et la transmission des signaux; en cas d'insuffisance, le ministre des travaux publics en réglera le nombre, la compagnie entendue. — Ces agents seront pourvus de signaux de jour et de nuit à l'aide desquels ils annonceront si la voie est libre et en bon état, si le mécanicien doit ralentir sa marche ou s'il doit arrêter immédiatement le train. — Ils devront, en outre, signaler de proche en proche l'arrivée des convois.

32. Dans le cas où, soit un train, soit une machine isolée s'arrêterait sur la voie pour cause d'accident, le signal d'arrêt indiqué en l'article précédent devra être fait à 500 mètres au moins à l'arrière. — Les conducteurs principaux des convois et les mécaniciens conducteurs des machines isolées devront être munis d'un signal d'arrêt.

33. Lorsque des ateliers de réparations seront établis sur une voie, des signaux devront indiquer si l'état de la voie ne permet pas le passage des trains, ou s'il suffit de ralentir la marche de la machine.

34. Lorsque, par suite d'un accident, de réparation ou de toute autre cause, la circulation devra s'effectuer momentanément sur une voie, il devra être placé un garde auprès des aiguilles de chaque changement de voie. — Les gardes ne laisseront les trains s'engager dans la voie unique réservée à la circulation qu'après s'être

assurés qu'ils ne seront pas rencontrés par un train venant dans un sens opposé. — Il sera donné connaissance au commissaire spécial de police du signal ou de l'ordre de service adopté pour assurer la circulation sur la voie unique.

35. La compagnie sera tenue de faire connaître au ministre des travaux publics le système de signaux qu'elle a adopté ou qu'elle se propose d'adopter pour les cas prévus par le présent titre. Le ministre prescrira les modifications qu'il jugera nécessaires.

36. Le mécanicien devra porter constamment son attention sur l'état de la voie, arrêter ou ralentir la marche en cas d'obstacles, suivant les circonstances, et se conformer aux signaux qui lui seront transmis; il surveillera toutes les parties de la machine, la tension de la vapeur et le niveau d'eau de la chaudière. Il veillera à ce que rien n'embarrasse la manœuvre du frein du tender.

37. A 500 mètres au moins avant d'arriver au point où une ligne d'embranchement vient croiser la ligne principale, le mécanicien devra modérer la vitesse de telle manière que le train puisse être complétement arrêté avant d'atteindre ce croisement, si les circonstances l'exigent. — Au point d'embranchement ci-dessus désigné, des signaux devront indiquer le sens dans lequel les aiguilles sont placées. — A l'approche des stations d'arrivée, le mécanicien devra faire les dispositions convenables pour que la vitesse acquise du train soit complétement amortie avant le point ou les voyageurs doivent descendre, et de telle sorte qu'il soit nécessaire de remettre la machine en action pour atteindre ce point.

38. A l'approche des stations, des passages à niveau, des courbes, des tranchées, et des souterrains, le mécanicien devra faire jouer le sifflet à vapeur, pour avertir de l'approche du train. — Il se servira également du sifflet comme moyen d'avertissement, toutes les fois que la voie ne lui paraîtra pas complétement libre.

39. Aucune personne autre que le mécanicien et le chauffeur ne pourra monter sur la locomotive ou sur le tender, à moins d'une permission spéciale et écrite du directeur de l'exploitation du chemin de fer. — Sont exceptés de cette interdiction les ingénieurs des ponts et chaussées, les ingénieurs des mines chargés de la surveillance, et les commissaires spéciaux de police. Toutefois, ces derniers devront remettre au chef de la station ou au conducteur principal du convoi une réquisition écrite et motivée.

40. Des machines dites *de secours* ou *de réserve* devront être entretenues constamment en feu et prêtes à partir, sur les points de chaque ligne qui seront désignés par le ministre des travaux publics, sur la proposition de la compagnie. — Les règles relatives au service de ces machines seront également déterminées par le ministre, sur la proposition de la compagnie.

41. Il y aura constamment, au lieu de dépôt des machines, un wagon chargé de tous les agrès et outils nécessaires en cas d'accident. — Chaque train devra d'ailleurs être muni des outils les plus indispensables.

42. Aux stations qui seront désignées par le ministre des travaux publics, il sera tenu des registres sur lesquels on mentionnera les retards excédant dix minutes, pour les parcours dont la longueur est inférieure à 50 kilom., et quinze minutes pour les parcours de 50 kilom. et au delà. Ces registres indiqueront la nature et la composition des trains, le nom des locomotives qui les ont remorqués, les heures de départ et d'arrivée, la cause et la durée du retard. — Ces registres seront représentés à toutes réquisition aux ingénieurs, fonctionnaires et agents de l'administration publique chargés de la surveillance du matériel et de l'exploitation.

43. Des affiches placées dans les stations feront connaître au public les heures de départ des convois ordinaires de toute sorte, les stations qu'ils doivent desservir, les heures auxquelles ils doivent arriver à chacune des stations et en partir. — Quinze jours, au moins, avant d'être mis à exécution, ces ordres de service seront communiqués en même temps aux commissaires royaux, au préfet du département et au ministre des travaux publics, qui pourra prescrire les modifications nécessaires pour la sûreté de la circulation ou pour les besoins du public.

TIT. 5. — De la perception des taxes et des frais accessoires.

44. Aucune taxe, de quelque nature qu'elle soit, ne pourra être perçue par la compagnie qu'en vertu d'une homologation du ministre des travaux publics. — Les taxes perçues actuellement sur les chemins dont les concessions sont antérieures à 1835, et qui ne sont pas encore régularisées, devront l'être avant le 1er avr. 1847 (1).

45. Pour l'exécution du § 1 de l'article qui précède, la compagnie devra dresser un tableau des prix qu'elle a l'intention de percevoir, dans la limite du maximum autorisé par le cahier des charges, pour le transport des voyageurs, des bestiaux, marchandises et objets divers, et en transmettre en même temps des expéditions au ministre des travaux publics, aux préfets des départements traversés par le chemin de fer et aux commissaires royaux.

46. La compagnie devra, en outre, dans le plus court délai, et dans les formes énoncées en l'article précédent, soumettre ses propositions au ministre des travaux publics pour les prix de transport non déterminés par le cahier des charges, et à l'égard desquels le ministre est appelé à statuer.

47. Quant aux frais accessoires, tels que ceux de chargement, de déchargement et d'entrepôt dans les gares et magasins du chemin de fer, et quant à toutes les taxes qui doivent être réglées annuellement, la compagnie devra en soumettre le règlement à l'approbation du ministre des travaux publics, dans le dixième mois de chaque année. Jusqu'à décision, les anciens tarifs continueront à être perçus.

48. Les tableaux des taxes et des frais accessoires approuvés seront constamment affichés dans les lieux les plus apparents des gares et stations des chemins de fer.

49. Lorsque la compagnie voudra apporter quelques changements aux prix autorisés, elle en donnera avis au ministre des travaux publics, aux préfets des départements traversés et aux commissaires royaux. — Le public sera en même temps informé par des affiches des changements soumis à l'approbation du ministre. — A l'expiration du mois à partir de la date de l'affiche, lesdites taxes pourront être perçues, si, dans cet intervalle, le ministre des travaux publics les a homologuées. — Si des modifications à quelques-uns des prix affichés étaient prescrites par le ministre, les prix modifiés devront être affichés de nouveau et ne pourront être mis en perception qu'un mois après la date de ces affiches.

50. La compagnie sera tenue d'effectuer avec soin, exactitude et célérité, et sans tour de faveur, les transports des marchandises, bestiaux et objets de toute qui lui seront confiés. — Au fur et à mesure que des colis, des bes objets quelconques arriveront au chemin de fer, enregistrement en sera diatement, avec mention du prix total dû pour le transport. Le transport s'e dans l'ordre des inscriptions, à moins de délais demandés ou consent par péditeur, et qui seront mentionnés dans l'enregistrement. — Un récépissé être délivré à l'expéditeur, s'il le demande, sans préjudice, s'il y a lieu, de la de voiture. Le récépissé énoncera la nature et le poids des colis, le prix total transport et le délai dans lequel ce transport devra être effectué. — Les mentionnés au présent article seront représentés à toute réquisition des f naires et agents chargés de veiller à l'exécution du présent règlement.

TIT. 6. — De la surveillance de l'exploitation.

51. La surveillance de l'exploitation des chemins de fer s'exercera concurrem ment : — Par les commissaires royaux; — Par les ingénieurs des ponts et chaus sées, les ingénieurs des mines et par les conducteurs, les gardes-mines et autre agents sous leurs ordres; — Par les commissaires spéciaux de police et les agent sous leurs ordres.

52. Les commissaires royaux seront chargés : — De surveiller le mode d'appli cation des tarifs approuvés et l'exécution des mesures prescrites pour la réceptio et l'enregistrement des colis, leur transport et leur remise aux destinataires; — D veiller à l'exécution des mesures approuvées ou prescrites pour que le service de transports ne soit pas interrompu aux points extrêmes de lignes en communicatio l'une avec l'autre; — De vérifier les conditions des traités qui seraient passés p les compagnies avec les entreprises de transport par terre ou par eau, en correspon dance avec les chemins de fer, et de signaler toutes les infractions au principe d l'égalité des taxes; — De constater le mouvement de la circulation des voyageu et des marchandises sur les chemins de fer, les dépenses d'entretien et d'exploita tion, et les recettes.

53. Pour l'exécution de l'article ci-dessus, les compagnies seront tenues de re présenter à toute réquisition aux commissaires royaux leurs registres de dépenses de recettes, et les registres mentionnés à l'art. 50 ci-dessus.

54. A l'égard des chemins de fer pour lesquels les compagnies auraient obtenu d l'Etat soit un prêt avec intérêt privilégié, soit la garantie d'un minimum d'inté rêt, ou pour lesquels l'Etat devrait entrer en partage des produits nets, les com missaires royaux exerceront toutes les autres attributions qui seront déterminé par les règlements spéciaux à intervenir dans chaque cas particulier.

55. Les ingénieurs, les conducteurs et autres agents du service des ponts chaussées seront spécialement chargés de surveiller l'état de la voie de fer, de terrassements et des ouvrages d'art et des clôtures.

56. Les ingénieurs des mines, les gardes-mines et autres agents du service de mines seront spécialement chargés de surveiller l'état des machines fixes et locomo tives employées à la traction des convois, et, en général, de tout le matériel roula servant à l'exploitation. — Ils pourront être suppléés par les ingénieurs, condu teurs et autres agents du service des ponts et chaussées, et réciproquement.

57. Les commissaires spéciaux de police et les agents sous leurs ordres so chargés particulièrement de surveiller la composition, le départ, l'arrivée, la marc et les stationnements des trains, l'entrée, le stationnement et la circulation des vo tures dans les cours et stations, l'admission du public dans les gares et sur les qua des chemins de fer.

58. Les compagnies sont tenues de fournir des locaux convenables pour les com missaires spéciaux de police et les agents de surveillance.

59. Toutes les fois qu'il arrivera un accident sur le chemin de fer, il en sera f immédiatement déclaration à l'autorité locale et au commissaire spécial de polic à la diligence du chef du convoi. Le préfet du département, l'ingénieur des ponts chaussées et l'ingénieur des mines chargés de la surveillance, et le commissai royal, en seront immédiatement informés par les soins de la compagnie.

60. Les compagnies devront soumettre à l'approbation du ministre des trava publics leurs règlements relatifs au service et à l'exploitation des chemins de fer.

TIT. 7. — Des mesures concernant les voyageurs et les personn étrangères au service du chemin de fer.

61. Il est défendu à toute personne étrangère au service du chemin de fer : — 1° De s'introduire dans l'enceinte du chemin de fer, d'y circuler ou stationner; — 2° D'y jeter ou déposer aucuns matériaux ni objets quelconques; — 3° D'y intr duire des chevaux, bestiaux ou animaux d'aucune espèce; — 4° D'y faire circul ou stationner aucunes voitures, wagons ou machines étrangères au service.

62. Sont exceptés de la défense portée au premier paragraphe de l'article p cédent, les maires et adjoints, les commissaires de police, les officiers de ge darmerie, les gendarmes et autres agents de la force publique, les préposés a douanes, aux contributions indirectes et aux octrois, les gardes champêtres et f restiers dans l'exercice de leurs fonctions et revêtus de leurs uniformes et de le insignes. — Dans tous les cas, les fonctionnaires désignés au paragraphe préc dent seront tenus de se conformer aux mesures spéciales de précaution qui auro été déterminées par le ministre, la compagnie entendue.

63. Il est défendu : — 1° D'entrer dans les voitures sans avoir pris un bille et de se placer dans une voiture d'une autre classe que celle qui est indiquée par billet; — 2° D'entrer dans les voitures ou d'en sortir autrement que par la p tière qui fait face au côté extérieur de la ligne du chemin de fer; — 3° De pas d'une voiture dans une autre, de se pencher au dehors. — Les voyageurs ne d vent sortir des voitures qu'aux stations, et lorsque le train est complétement arrê — Il est défendu de fumer dans les locomotives ou sur les voitures et dans les g res; toutefois, à la demande de la compagnie et moyennant des mesures spécia de précaution, des dérogations à cette disposition pourront être autorisées. — L voyageurs sont tenus d'obtempérer aux injonctions des agents de la compagnie p l'observation des dispositions mentionnées aux paragraphes ci-dessus.

64. Il est interdit d'admettre dans les voitures plus de voyageurs que ne le co portent le nombre de places indiqué conformément à l'art. 14 ci-dessus.

65. L'entrée des voitures est interdite : — 1° A toute personne en état d vresse; — 2° A tous individus porteurs d'armes à feu chargées ou de paquets q par leur nature, leur volume ou leur odeur, pourraient gêner ou incommoder voyageurs. — Tout individu porteur d'une arme à feu devra, avant son admiss sur les quais d'embarquement, faire constater que son arme n'est point chargée.

66. Les personnes qui voudront expédier des marchandises de la nature de cel qui sont mentionnées à l'art. 21 devront les déclarer au moment où elles les

(1) Ce délai a été prorogé une première fois au 31 juill. 1847, par une ordonnance du 19-24 mars 1847, puis une seconde fois au 31 déc. 1847 par une ordonnance du 26 juill.-10 août 1847.

porteront dans les stations du chemin de fer. — Des mesures spéciales de précaution seront prescrites, s'il y a lieu, pour le transport desdites marchandises, la compagnie entendue.

67. Aucun chien ne sera admis dans les voitures servant au transport des voyageurs; toutefois, la compagnie pourra placer dans des caisses de voitures spéciales les voyageurs qui ne voudraient pas se séparer de leurs chiens, pourvu que ces animaux soit muselés en quelque saison que ce soit.

68. Les cantonniers, gardes-barrières et autres agents du chemin de fer devront faire sortir immédiatement toute personne qui se serait introduite dans l'enceinte du chemin, ou dans quelque portion que ce soit de ses dépendances où elle n'aurait pas le droit d'entrer. — En cas de résistance de la part des contrevenants, tout employé du chemin de fer pourra requérir l'assistance des agents de l'administration et de la force publique. — Les chevaux ou bestiaux abandonnés qui seront trouvés dans l'enceinte du chemin de fer seront saisis et mis en fourrière.

TIT. 8. — DISPOSITIONS DIVERSES.

69. Dans tous les cas où, conformément aux dispositions du présent règlement, le ministre des travaux publics devra statuer sur la proposition d'une compagnie, la compagnie sera tenue de lui soumettre cette proposition dans le délai qu'il aura déterminé, faute de quoi le ministre pourra statuer directement. — Si le ministre pense qu'il y a lieu de modifier la proposition de la compagnie, il devra, sauf le cas d'urgence, entendre la compagnie avant de prescrire les modifications.

70. Aucun crieur, vendeur ou distributeur d'objets quelconques ne pourra être admis par les compagnies à exercer sa profession dans les cours ou bâtiments des stations et dans les salles d'attente destinées aux voyageurs, qu'en vertu d'une autorisation spéciale du préfet du département.

71. Lorsqu'un chemin de fer traverse plusieurs départements, les attributions conférées aux préfets par le présent règlement pourront être centralisées en tout ou en partie dans les mains de l'un des préfets des départements traversés.

72. Les attributions données aux préfets des départements par la présente ordonnance seront, conformément à l'arrêté du 3 brum. an 9, exercées par le préfet de police dans toute l'étendue du département de la Seine, et dans les communes de Saint-Cloud, Meudon et Sèvres, département de Seine-et-Oise.

73. Tout agent employé sur les chemins de fer sera revêtu d'un uniforme ou porteur d'un signe distinctif; les cantonniers, gardes-barrières et surveillants pourront être armés d'un sabre.

74. Nul ne pourra être employé en qualité de mécanicien conducteur de train, s'il ne produit des certificats de capacité délivrés dans les formes qui seront déterminées par le ministre des travaux publics.

75. Aux stations désignées par le ministre, les compagnies entretiendront les médicaments et moyens de secours nécessaires en cas d'accident.

76. Il sera tenu dans chaque station un registre coté et parafé, à Paris, par le préfet de police, ailleurs, par le maire du lieu, lequel sera destiné à recevoir les réclamations des voyageurs qui auraient des plaintes à former, soit contre la compagnie, soit contre ses agents. Ce registre sera présenté à toute réquisition des voyageurs.

77. Les registres mentionnés aux art. 9, 20 et 45 ci-dessus seront cotés et parafés par le commissaire de police.

78. Des exemplaires du présent règlement seront constamment affichés, à la diligence des compagnies, aux abords des bureaux des chemins de fer et dans les salles d'attente. — Le conducteur principal d'un train en marche devra également être muni d'un exemplaire du règlement. — Des extraits devront être délivrés, chacun pour ce qui le concerne, aux mécaniciens, chauffeurs, gardes-freins, cantonniers, gardes-barrières et autres agents employés sur le chemin de fer. — Des extraits, en ce qui concerne les règles à observer par les voyageurs pendant le trajet, devront être placés dans chaque caisse de voiture.

79. Seront constatées, poursuivies et réprimées, conformément au tit. 3 de la loi du 15 juill. 1845, sur la police des chemins de fer, les contraventions au présent règlement, aux décisions rendues par le ministre des travaux publics, et aux arrêtés pris, sous son approbation, par les préfets, pour l'exécution dudit règlement.

6-9 juin 1847. — Loi relative à la restitution des cautionnements des compagnies de chemins de fer.

Art. 1. Les cautionnements déposés par les compagnies des chemins de fer, soit que ces compagnies exécutent la totalité des travaux à leurs risques et périls, soit qu'elles ne restent chargées que de la dépense réservée à l'industrie privée par l'art. 6 de la loi du 11 juin 1842, pourront leur être rendus par dixième et à mesure qu'elles auront exécuté des travaux, ou justifié, par des actes authentiques, avoir acquis et payé des terrains pour des sommes doubles au moins de celles dont elles réclameront la restitution. — Néanmoins, le dernier dixième ne sera remis qu'après la mise en exploitation de la ligne entière. — Ne seront considérés comme travaux faits que ceux qui seront incorporés au sol du chemin de fer et de ses dépendances. — Dans les cas de déchéance prévus par les cahiers des charges, et suivant les conditions qu'ils imposent aux compagnies, les terrains dont la valeur aura été comptée dans le calcul de la restitution du cautionnement resteront dévolus à l'État, lors même que les travaux n'auraient pas été commencés.

21 déc. 1848-23 janv. 1849. — Arrêté pour l'exécution du règlement du service international par chemin de fer entre la France, la Belgique, la Prusse, dans ses rapports avec la douane (D. P. 49, 4. 38).

27 fév.-6 mars 1850. — Loi relative aux commissaires et sous-commissaires préposés à la surveillance des chemins de fer (1).

Art. 1. Les commissaires et sous-commissaires spécialement préposés à la surveillance des chemins de fer sont nommés par le ministre des travaux publics.

2. Un règlement d'administration publique déterminera les conditions et le mode de leur nomination et de leur avancement.

3. Ils ont, pour la constatation des crimes, délits et contraventions commis dans l'enceinte des chemins de fer et de leurs dépendances, les pouvoirs d'officiers de police judiciaire.

4. Ils sont, en cette qualité, sous la surveillance du procureur de la République, et lui adressent directement leurs procès-verbaux.—Néanmoins, ils adressent aux ingénieurs, sous les ordres desquels ils continuent à exercer leurs fonctions, les procès-verbaux qui constatent les contraventions à la grande voirie, et en double original aux procureurs de la République et aux ingénieurs, ceux qui constatent des infractions aux règlements de l'exploitation.—Dans la huitaine du jour où ils auront reçu les procès-verbaux constatant des infractions aux règlements de l'exploitation, les ingénieurs transmettront au procureur de la République leurs observations sur ces procès-verbaux. — Dans le même délai, ils transmettront au préfet les procès-verbaux qui auront été dressés pour contravention à la grande voirie.

27 mars-1er sept. 1851.—Décret concernant les commissaires et sous-commissaires de surveillance administrative des chemins de fer (D. P. 51. 4. 174). — Abrogé par le décret du 22 mars 1852 qui suit.

18 fév.-13 mars 1852. — Décret relatif à la garantie des opérations du sous-comptoir des chemins de fer (D. P. 52. 4. 70).

22 mars-6 mai 1852. — Décret qui abroge le règlement d'administration publique, du 27 mars 1851, relatif aux commissaires et sous-commissaires de surveillance administrative des chemins de fer.

Louis-Napoléon, président, etc.; — Sur le rapport du ministre des travaux publics; — Vu le règlement d'administration publique rendu sur l'avis du conseil d'État, le 27 mars 1851; — Considérant que ce règlement, en attribuant à des commissions d'examen le droit de déclarer l'admissibilité des candidats sans contrôle préalable du ministre, restreint l'initiative qui lui appartient pour la désignation des agents dont il s'agit; — Considérant que l'aptitude et le savoir ne sauraient être les seuls éléments du choix des fonctionnaires publics; que des garanties d'un autre ordre doivent être offertes par les candidats, et que leur appréciation est du domaine exclusif de l'autorité qui nomme et révoque les agents ;—Attendu que le décret précité crée, à cet égard, des entraves à l'exercice du pouvoir ministériel, et constitue aussi une atteinte à ses prérogatives; décrète :

Art. 1. Le règlement d'administration publique du 27 mars 1851, relatif aux commissaires et sous-commissaires de surveillance administrative des chemins de fer, est et demeure abrogé.

27 mars-19 avr. 1852. — Décret qui soumet à la surveillance de l'administration publique le personnel actif employé par les compagnies de chemins de fer.

Art. 1. Le personnel actif, employé aujourd'hui par les diverses compagnies de chemins de fer, et celui qui sera ultérieurement employé par les compagnies qui viendront à se former, est soumis à la surveillance de l'administration publique.— L'administration aura le droit, les compagnies entendues, de requérir la révocation d'un agent de ces compagnies.

26 juill.-1er déc. 1852. — Décret concernant les inspecteurs de l'exploitation commerciale des chemins de fer.

Art. 1. Les inspecteurs de l'exploitation commerciale des chemins de fer exercent, sous la direction des ingénieurs en chef chargé du service de contrôle des chemins de fer, la surveillance de l'exploitation commerciale et des opérations financières des compagnies concessionnaires. — Ils sont spécialement chargés : de vérifier les propositions des compagnies touchant l'application ou la modification des tarifs, la perception des taxes et des frais accessoires, les conventions et traités passés par les compagnies avec les expéditeurs ou entrepreneurs de transports; de constater le mouvement de la circulation, les dépenses et recettes de l'exploitation, etc. — Ils sont consultés sur la fixation des heures de départ et d'arrivée des convois, sur l'organisation du service des trains et sur les règlements de service et d'exploitation des compagnies toutes les fois que les dispositions de ces règlements se rapportent à des objets placés dans leurs attributions.

2. Les inspecteurs de l'exploitation commerciale sont divisés en deux grades: — Inspecteurs principaux, — Inspecteurs particuliers. — Les inspecteurs principaux centralisent les affaires et coordonnent les documents statistiques pour l'ensemble des lignes de chemins de fer auxquelles ils sont attachés. — Les inspecteurs particuliers correspondent avec les inspecteurs principaux et sont placés sous leur direction immédiate. — Les inspecteurs principaux et particuliers ont sous leurs ordres, pour tout ce qui concerne les détails de leur service, les commissaires et les sous-commissaires de surveillance administrative des chemins de fer.

3. Le traitement des inspecteurs principaux et particuliers est fixé ainsi qu'il suit : — Inspecteurs principaux, 5,000 fr. par an; — Inspecteurs particuliers, 4,000 fr. par an. — Il leur est accordé, en outre, pour frais de tournées et de bureau, une indemnité qui est fixée par un règlement particulier.

4. Les inspecteurs principaux sont pris parmi les inspecteurs particuliers ayant deux années, au moins, de service en cette qualité ou parmi les fonctionnaires de l'ordre civil et militaire comptant la même durée de service.

5. Les inspecteurs principaux et particuliers sont nommés et révoqués par le ministre des travaux publics. — Leur nombre est réglé d'après les besoins du service et les allocations du budget.

10-18 juin 1853. — Loi qui approuve les art. 4 et 6 du cahier des charges de la concession du chemin de Lyon à la frontière de Genève, avec embranchement sur Bourg et Mâcon, et contient des dispositions applicables à tous les chemins de fer (extrait).

TIT. 2. — *Dispositions générales applicables à tous les chemins de fer.*

Art. 2. Tout agent de change qui se prête à une négociation d'actions interdite par le décret de concession d'un chemin de fer, est passible des peines prononcées par l'art. 13 de la loi du 15 juillet 1845.

3. Toute publication quelconque de la valeur d'actions dont la négociation est interdite par le décret de concession d'un chemin de fer rend le contrevenant passible des mêmes peines.

1er mars 11 avr. 1854. — Décret qui investit le corps de la gendarmerie de certaines attributions relativement à la police des chemins de fer (art. 77, 654, 655).—Voy. D. P. 54. 4. 40.

17 juin-8 juill. 1854. — Décret impérial qui institue des inspecteurs généraux pour la surveillance de l'exploitation commerciale et le contrôle de la gestion financière des compagnies de chemins de fer.

Art. 1. Des inspecteurs généraux sont établis auprès de notre ministre de l'a-

(1) V. l'analyse de la discussion dont cette loi a été précédée, D. P. 50. 4. 19.

griculture, du commerce et des travaux publics, pour la surveillance de l'exploitation commerciale et le contrôle de la gestion financière des compagnies de chemins de fer.

2. Ces inspecteurs sont membres du comité consultatif des chemins de fer; ils forment une section permanente de ce comité, pour toutes les questions concernant l'exploitation commerciale ou la gestion financière des compagnies. Cette section est présidée par le ministre, et, à son défaut, par le directeur général des chemins de fer, ou par le plus âgé des inspecteurs généraux. Deux auditeurs au conseil d'Etat, attachés au ministère de l'agriculture, du commerce et des travaux publics, sont membres de cette section, avec voix consultative. — L'un d'eux remplit les fonctions de secrétaire.

3. La section permanente donne son avis, sur le rapport écrit de l'un de ses membres, dans toutes les affaires qui lui sont renvoyées par notre ministre, notamment en ce qui concerne : — 1° L'établissement des tarifs et leur application; — 2° Les traités particuliers et les conventions internationales relatifs à l'exploitation; — 3° Les émissions d'obligations; — 4° Les questions de prêts ou subventions, de garanties d'intérêts aux compagnies, ou de partage de bénéfices avec l'Etat;

4. La section permanente adresse chaque mois, à notre ministre, un rapport sur la situation commerciale et financière des compagnies, accompagné de tous les documents statistiques sur la circulation des voyageurs et des marchandises. — Les rapports mensuels sont résumés, chaque année, dans un rapport général adressé à notre ministre.

5. Les inspecteurs généraux font l'inspection des lignes de fer qui leur sont désignées par notre ministre, et recueillent tous les renseignements propres à éclairer l'administration supérieure sur les matières énoncées en l'art. 1 de notre présent décret.

6. Ils sont délégués par notre ministre pour procéder à toutes les informations ou enquêtes sur des questions ou des faits spéciaux d'exploitation. — Ils peuvent être chargés de toutes missions concernant le service des chemins de fer.

7. Les inspecteurs généraux exercent les fonctions attribuées aux commissaires du gouvernement par les décrets et ordonnances, en ce qui concerne la gestion financière des compagnies qui ont obtenu de l'Etat, soit un prêt ou une subvention, soit une garantie d'intérêt, ou avec lesquelles l'État est appelé à un partage de bénéfice.

8. Les inspecteurs généraux sont au nombre de cinq. — Ils résident à Paris. — Leur traitement annuel est de 10,000 fr., non compris leurs frais de tournée, qui sont fixés par arrêté ministériel.

18 nov.-31 déc. 1854. — Décret qui accorde aux compagnies de chemins de fer du Midi et du Nord, des facilités pour l'introduction de rails et tôles étrangers (D. P. 55. 4. 9).

22 fév.-15 déc. 1855. — **Décret qui crée un service spécial de surveillance des chemins de fer.**

Art. 1. La surveillance des chemins de fer et de leurs dépendances est exercée par des commissaires de police dont la résidence, le nombre et les traitements et frais de bureau seront établis conformément au tableau suivant (Voy. D. P. 55. 4. 118).

2. Il est créé soixante et dix inspecteurs de police spécialement attachés au service de la surveillance des chemins de fer. Ces inspecteurs seront nommés par un arrêté de notre ministre de l'intérieur, qui fixera leur traitement et leur résidence. — Ils seront divisés en trois classes : le traitement des inspecteurs de première classe sera de 2,400 fr.; le traitement des inspecteurs de deuxième classe sera de 1,800 fr.; le traitement des inspecteurs de troisième classe sera de 1,500 fr.

3. Les pouvoirs des commissaires de police et des inspecteurs de police s'étendront à toute la ligne à laquelle ils seront attachés. — Les décrets de nomination des commissaires de police détermineront leur résidence et, s'il y a lieu, les sections de la ligne sur lesquelles s'étendra plus particulièrement leur juridiction.

4. Les inspecteurs de police sont placés sous l'autorité immédiate et la direction des commissaires de police; les uns et les autres prêteront serment entre les mains du préfet de police à Paris, et du préfet dans les départements.

5. Les commissaires de police rendront compte aux préfets de tous les faits intéressant leur service; ils adresseront en même temps copie de leurs rapports à notre ministre de l'intérieur.

6. Les commissaires de police établis dans des localités traversées par des chemins de fer continueront à exercer leur autorité sur la partie de ces lignes comprise dans leur circonscription, concurremment avec les commissaires de police créés par le présent décret.

28 mars-15 déc. 1855. — **Décret qui crée, à Paris, un commissariat central de police des chemins de fer.**

Art. 1. Il est créé à Paris un commissariat central de police des chemins de fer. — Un traitement de 7,000 fr. est attaché à cet emploi, dont le titulaire recevra, en outre, 1,500 fr. de frais de bureau.

5-24 mai 1855. — Décret qui autorise la compagnie du chemin de fer du Nord à importer, à droit réduit, des rails étrangers pour le renouvellement de la voie principale de ce chemin.

14-15 juill. 1855. — Loi qui autorise l'établissement de divers impôts (extrait).

Art. 3. A dater du 1er août 1855, le dixième dû au trésor public sur le prix des places des voyageurs transportés par les chemins de fer sera calculé sur le prix total des places. — Il sera, en outre, perçu au profit du trésor public un dixième du prix payé aux compagnies de chemins de fer pour le transport à grande vitesse des marchandises et objets de toute nature. — Les tarifs des compagnies seront accrus du montant des taxes nouvelles résultant du présent article.

4. A partir de la même époque, la loi du 2 juill. 1838 sera et demeurera abrogée.

25-29 déc. 1855. — Décret portant règlement sur le service des appareils télégraphiques destinés à transmettre les signaux nécessaires pour la sûreté et la régularité de l'exploitation des chemins de fer de l'Ouest et d'Orléans (D. P. 56. 4. 5).

27 fév.-3 mars 1856. — Décret relatif à l'importation des rails étrangers et de leurs accessoires. (D. P. 56. 4. 28.)

7-17 sept. 1857. — Décret portant promulgation de la convention conclue le 3 juill. 1857, entre la France et la Bavière, relativement aux chemins de fer internationaux dans leur rapport avec le service des douanes (D. P. 57. 4. 183).

8-17 janv. 1859. — Décret portant promulgation de la convention relative aux chemins de fer internationaux, conclue le 25 nov. 1858 entre la France et la Sardaigne, dans leurs rapports avec le service des douanes (D. P. 59. 4. 6),

8-17 janv. 1859. — Décret portant ratification et promulgation du règlement relatif au transit international par chemin de fer entre la France et la Sardaigne (D. P. 59. 4. 7).

26 avr.-10 mai 1862. — **Décret relatif au transport par chemin de fer, des marchandises de transit et d'exportation.**

Art. 1. Par dérogation aux art. 44, 48 et 49 de l'ordonnance royale du 15 nov. 1846, et aux §§ 1, 2 et 3 de l'art. 48 des cahiers des charges des compagnies de l'Est, de l'Ouest, d'Orléans, du Nord, de Paris à Lyon et à la Méditerranée, du Midi, des Ardennes et du Dauphiné, le transport, par chemin de fer, des marchandises de transit (c'est-à-dire traversant la France d'une frontière à une autre, sous plomb de douane), ainsi que des marchandises d'exportation (c'est-à-dire expédiées d'un point sur le territoire français en destination de l'étranger), sera réglé par les dispositions suivantes :

Tarifs de transit.

2. En ce qui concerne le transport des marchandises en transit, notre ministre de l'agriculture, du commerce et des travaux publics pourra autoriser les compagnies qui en feront la demande à percevoir les prix et appliquer les conditions qu'elles jugeront les plus propres à combattre la concurrence qui leur est faite par les voies étrangères. — Elles ne seront astreintes, dans ce cas, à aucune formalité d'affichage préalable et à aucun délai, soit pour appliquer les taxes réduites, soit pour opérer, dans les limites fixées par leurs cahiers des charges, le relèvement des prix abaissés.

3. Les compagnies auxquelles cette autorisation aura été accordée communiqueront à notre ministre de l'agriculture, du commerce et des travaux publics les prix et conditions applicables aux transports de transit, la veille de leur mise en vigueur. — Chaque tarif de cette catégorie devra être produit sous forme de prix faits, c'est-à-dire présenter, pour chaque espèce de marchandises, un chiffre total unique, par tonne, comprenant le péage, le transport et les frais accessoires de toute nature, de la frontière d'entrée à la frontière de sortie. — Ce prix total devra être le même pour tous les ports de mer appartenant au même réseau et situés sur le même littoral.

4. Chaque tarif de transit sera porté à la connaissance du public, avant sa mise en vigueur, par des affiches apposées dans toutes les gares dénommées dans le tarif.

5. A toute époque, notre ministre de l'agriculture, du commerce et des travaux publics pourra interdire l'application des tarifs de transit.

Tarifs d'exportation.

6. Les compagnies seront dispensées, pour les tarifs d'exportation à prix réduits, des formalités d'affichage préalable prescrites par l'art. 49 de l'ordonnance royale du 15 nov. 1846. — Elles seront, en outre, exonérées de l'obligation imposée par les cahiers des charges, de ne pas relever les taxes avant le délai d'un an. — Elles devront, pour les tarifs de cette nature, se conformer aux dispositions suivantes :

7. Les compagnies soumettront à notre ministre de de l'agriculture, du commerce et des travaux publics toutes les propositions tendant, soit à abaisser les taxes des marchandises destinées à l'exportation, soit à modifier les conditions générales d'application relatives à ces transports.

8. Les propositions dont il s'agit devront indiquer les parties du réseau sur lesquelles les tarifs seront appliqués au départ, et la durée fixée pour l'application. — Cette durée ne pourra, dans aucun cas, être inférieure à trois mois.

9. Si, dans un délai de cinq jours, à dater de l'enregistrement de ces propositions au ministère de l'agriculture, du commerce et des travaux publics, le ministre n'a pas notifié aux compagnies son opposition, les tarifs proposés pourront être appliqués à titre provisoire. — Ces tarifs seront portés immédiatement à la connaissance du public par des affiches apposées dans toutes les gares dénommées au tarif.

10. Toutes les fois qu'après le délai minimum de trois mois, fixé par l'art. 8 du présent décret, ces compagnies voudront relever les tarifs d'exportation par elles abaissés, elles seront tenues de se conformer à toutes les dispositions de leurs cahiers des charges et de l'ordonnance royale du 15 nov. 1846.

11. A la fin de chaque exercice, chaque compagnie adressera à notre ministre un tableau général indiquant le tonnage, la nature, la provenance et la destination des marchandises transportées sur son réseau, aux termes des tarifs de transit et d'exportation, ainsi que les prix et conditions auxquels ces transports auront été effectués.

1er-17 sept. 1862. — **Décret relatif au service de surveillance des chemins de fer.**

Art. 1. Le service de surveillance des chemins de fer et de leurs dépendances, institué par notre décret du 22 fév. 1855, sera placé sous la direction de cinq commissaires divisionnaires de police dont la circonscription et la résidence seront déterminées par notre ministre de l'intérieur.

2. Les commissaires divisionnaires de police des chemins de fer seront chargés, sous l'autorité des préfets, de la surveillance du personnel des commissaires spéciaux de police et des inspecteurs spéciaux de police établis sur les chemins de fer. Ils seront nommés par nous et prêteront serment, avant d'entrer en fonctions, devant le préfet de police.

15-30 avr. 1863. — **Décret concernant le service de la police des chemins de fer, dans les localités où il n'existe pas de commissaire spécial.**

Art. 1. Dans les localités traversées ou desservies par un chemin de fer où il n'existera pas un commissaire spécial de police, le commissaire de police de la résidence ou, s'il y a plusieurs commissaires de police, le commissaire central de police exercera la surveillance du chemin de fer et de ses dépendances, conformément à notre décret du 22 fév. 1855, et sous la direction des commissaires divisionnaires de police des chemins de fer, institués par notre décret du 1ᵉʳ sept. 2862.

22 juin-19 août 1863. — Décret concernant : 1° les inspecteurs généraux des chemins de fer; 2° les inspecteurs principaux de l'exploitation commerciale des chemins de fer, les inspecteurs particuliers et les commissaires de surveillance administrative.

Art. 1. Le nombre des inspecteurs généraux de chemins de fer, fixé à cinq par notre décret précité du 17 juin 1854, est porté à six.

2. Les inspecteurs généraux des chemins de fer sont nécessairement admis à faire valoir leurs droits à la retraite à l'âge de soixante-cinq ans. — Pourront être maintenus jusqu'à soixante-dix ans les inspecteurs généraux actuellement en exercice.

3. Sont nécessairement admis à faire valoir leurs droits à la retraite : — Les inspecteurs principaux de l'exploitation commerciale des chemins de fer âgés de soixante-deux ans; — Les inspecteurs particuliers âgés de soixante ans; — Et les commissaires de surveillance administrative âgés de soixante ans. — Toutefois, lorsque ces derniers n'auront pas accompli dix années de services effectifs dans le cadre des commissaires, ils seront maintenus en activité jusqu'à l'expiration de cette période de dix années.

23 janv.-5 fév. 1864. — Décret qui ajourne l'application des dispositions du décret précédent du 22 juin 1863.

Art. 1. Les dispositions de notre décret du 22 juin 1863, qui établissent une limite d'âge pour l'admission à la retraite des inspecteurs généraux, inspecteurs principaux, inspecteurs particuliers et commissaires de surveillance administrative des chemins de fer, ne seront appliquées qu'à partir du 1ᵉʳ janv. 1867.

§ 2. Tableau par ordre alphabétique des concessions de chemins de fer.

1°. *Abscon* à Denain. — La compagnie des mines d'Anzin est autorisée à établir un chemin de fer d'Abscon à Denain, conformément aux clauses du cahier des charges approuvé le 20 sept. 1835, par le ministre de l'intérieur (ord. 24 oct.-14 nov. 1855, à laquelle sont annexées les dispositions du cahier des charges relatives aux taxes à percevoir). — Fixation du prix de péage et de transport pour les différentes classes de bestiaux (ord. 17 août-9 sept. 1856, qui complète le tarif fixé par le cahier des charges). — La compagnie des mines d'Anzin est autorisée à prolonger le chemin jusqu'à Somain ; le tarif de 1835 est déclaré applicable à ce prolongement, sauf modification quant au transport des personnes, laquelle modification s'appliquera également à la ligne primitive (ord. 8 oct.-17 déc. 1846, D. P. 47. 3. 156).

2°. *Achette.* — V. Saint-Quentin à Erquelines, Valenciennes.

3°. *Agde* à Pezenas, Clermont et Lodève. — Concession à la compagnie des chemins de fer du Midi : cette concession ne fera qu'une seule et même entreprise avec la concession des chemins de fer de Bordeaux à Cette, de Bordeaux à Bayonne, de Narbonne à Perpignan, et du canal latéral à la Garonne, et prendra fin en même temps que cette dernière, et sera régie par le même cahier des charges (convent. appr. par décr. des 19 août-4 sept. 1854 ; convent. appr. par décr. des 1ᵉʳ août-1ᵉʳ oct. 1857, art. 2 ; convent. appr. par décr. des 11 juin-14 juill. 1859, art. 2). — Ce chemin de fer est compris dans le nouveau réseau de la compagnie, pour lequel une garantie d'intérêts a été accordée par l'État (même décret des 11 juin-14 juill. 1859, convent. art. 7 et 9 ; Loi des mêmes jours, art. 8, D. P. 59. 4. 75). — V. Milhau, Montpellier.

4°. *Agen.* — V. Limoges.

5°. *Agen* à Tarbes, par Auch et Rabastens. — Le ministre des finances est autorisé à s'engager, au nom de l'État, au payement d'une subvention pour l'exécution de ce chemin de fer (Loi 21-28 juill. 1856, D. P. 56. 4. 119). — Le chemin d'Agen à Tarbes est déclaré d'utilité publique (décr. 25 oct.-1ᵉʳ nov. 1856, D. P. 56. 4. 145). — Concession de ce chemin, moyennant subvention et garantie d'intérêts à la compagnie des chemins de fer du Midi (conv. appr. par décr. des 1ᵉʳ août-1ᵉʳ oct. 1857, art. 1, 4, 5; cah. des ch. annexé au même décr., art. 1, 2). — Modification du tracé (décr. 31 août-11 sept. 1858, D. P. 58. 4. 154). — Ce chemin est compris dans le nouveau réseau de la compagnie (art. 7 et 9 de la convent. appr. par décr. des 11 juin-14 juill. 1859 et par la loi des mêmes jours, art. 8, D. P. 59. 4. 75).

6°. *L'Aigle* à ou près Conches. — Concession de cet embranchement à la compagnie de l'Ouest, moyennant une subvention de 500,000 fr., fournie par le département de l'Eure, et une garantie d'intérêts de la part de l'État (conv. appr. par décr. des 11 juin-14 juill. 1859, art. 4, 6, 7, et par la loi des mêmes dates, art. 7, D. P. 59. 4. 75).

7°. *Aigues-Mortes.* — V. Lunel.

8°. *Aix.* — V. Avignon / Marseille ; Rognac ; Salon.

9°. *Aix* au chemin de fer d'Avignon à Marseille. — Le ministre est autorisé à concéder cet embranchement conformément aux clauses du cahier des charges annexé à la présente loi : la concession n'excédera pas quarante-cinq ans (L. 19-28 juill. 1845, art. 2, D. P. 45. 3. 145). — V. Rognac.

10°. *Aix-les-Bains.* — V. Annecy.

11°. *Alais.* — V. Bessèges, Brioude.

12°. *Alais* à Beaucaire (chemins de fer du Gard). — L'adjudication passée au profit des sieurs Talabot, Veaute, Abric et Mourier, à la charge

par eux d'exécuter à leurs frais, risques et périls, un chemin de fer d'Alais à Beaucaire, est approuvée (Loi 29 juin-16 juill. 1853). — Le tracé général du chemin de fer d'Alais à Beaucaire par Nîmes est approuvé (ord. 19 oct.-14 nov. 1855). — Approbation de la convention par laquelle l'État consent à prêter à la compagnie des chemins de fer du Gard et à la société des mines de la Grand'Combe une somme de 6 millions, avec intérêts à 4 p. 100, laquelle somme est spécialement et uniquement affectée à l'exécution des chemins de fer d'Alais à Beaucaire par Nîmes et d'Alais aux mines de la Grand'Combe (Loi 17-28 juill. 1857). — Cession de la concession à la compagnie du chemin de fer de Lyon à Avignon (L. 8-15 juill. 1852, D. P. 52. 4. 185). — V. Lyon à la Méditerranée). — Ce chemin est compris dans l'ancien réseau de la compagnie de Paris à Lyon et à la Méditerranée (conv. appr. par décr. des 11 juin-14 juill. 1859).

13°. *Alais* à la Grand'Combe. — Les sieurs Veaute, Abric et Mourier sont autorisés à établir, à leurs frais, un chemin de fer d'Alais aux mines de houille de la Grand'Combe (Gard), conformément aux clauses et conditions du cahier des charges approuvé, le 30 avr. 1856, par le ministre du commerce et des travaux publics (ord. 12 mai-14 juin 1856, à laquelle est annexé le cahier des charges). — Prêt de 6 millions à ladite société et à celle d'Alais à Beaucaire (V. Alais à Beaucaire). — Cession de la concession à la compagnie du chemin de fer de Lyon à Avignon (Loi 8-15 juill. 1852, D. P. 52. 4. 185. — V. Lyon à la Méditerranée). — Ce chemin est compris dans l'ancien réseau de la compagnie de Paris à Lyon et à la Méditerranée (conv. appr. par décr. des 11 juin-14 juill. 1859).

14°. *Alais* à la ligne de Privas à Livron. — Concession éventuelle à la compagnie de Paris à Lyon et à la Méditerranée, pour le cas où l'utilité publique en serait déclarée, d'un chemin de fer partant de la ligne de Nîmes à Alais, près d'Alais, et se dirigeant sur la ligne de Privas à Livron, près du Pouzin, avec embranchement sur Aubenas : ce chemin est compris dans l'ancien réseau de la compagnie (art. 4, conv. appr. par la loi et le décr. des 11 juin-25 août 1865).

15°. *Albi.* — V. Carmaux, Toulouse.

16°. *Algérie.* — Détermination du réseau des chemins de fer à créer en Algérie (décr. 8 avr. 1857, V. M. de Ménerville, Dict. de la législat. algér., v° Ch. de fer). — Le ministre de l'Algérie et des colonies est autorisé : 1° à s'engager, au nom de l'État, au payement d'une subvention de 6 millions de francs pour l'exécution des chemins de fer : de la mer à Constantine; d'Alger à Blidah; de Saint-Denis du Sig à Oran, avec prolongement jusqu'au port; 2° à garantir pendant soixante-quinze ans un intérêt de 5 p. 100, amortissement compris, sur le capital à employer pour l'établissement des chemins de fer susdésignés (Loi 20-26 juin 1860, D. P. 60. 4. 76). — Approbation conformément à la loi précédente, d'une convention pour l'établissement de ces chemins de fer, avec réserve de concéder aux mêmes concessionnaires, moyennant l'allocation d'une garantie d'intérêts semblable, d'autres chemins de fer désignés (décr. 11 juill.-25 août 1860, D. P. 60. 4. 138, auquel est annexé le cahier des charges de la concession). — Autorisation, de la société anonyme, formée à Paris, sous la dénomination de *Compagnie des chemins de fer algériens* (décr. 18 sept. 1860-7 mars 1861), suivi des statuts de ladite société). — Dans la prévision d'une rupture de la convention passée avec cette compagnie, qui ne paraissait pas pouvoir accomplir son œuvre, il a été ouvert, sur l'exercice 1861, un crédit de 2,500,000 fr. pour continuer les travaux du chemin de fer d'Alger à Blidah, lequel crédit devait être réalisé au moyen d'une émission d'obligations du trésor, faite dans les formes et suivant les conditions prescrites par l'art. 21 de la loi du 23 juin 1857 (L. 2-5 juill. 1861, D. P. 61. 4. 95). — Cession, par la compagnie des chemins de fer algériens à celle des chemins de fer de Paris à Lyon et à la Méditerranée, des chemins de fer précédemment concédés; approbation de cette cession et concession à cette dernière compagnie du chemin de fer de Blidah à Saint-Denis du Sig, sous condition d'une subvention et d'une garantie d'intérêts (L. 11 juin-25 août 1863; décr. 11 juin-25 août 1863, auquel sont annexés : 1° la convention passée par le ministre des travaux publics et la compagnie des chemins de fer de Paris à Lyon et à la Méditerranée; 2° le cahier des charges). — En ce qui concerne la garantie d'intérêts accordée par l'État, des formes suivant lesquelles la compagnie du chemin de fer de Paris à Lyon et à la Méditerranée sera tenue de faire diverses justifications (décr. 20 sept.-9 nov. 1865, D. P. 65. 4. 156). — La loi du 15 juill. 1845 sur la police des chemins de fer est déclarée exécutoire en Algérie (décr. 14-31 juill. 1862, D. P. 62. 4. 82).

17°. *Amiens.* — V. Rouen.

18°. *Amiens* à Boulogne. — Le ministre des travaux publics est autorisé à concéder par adjudication publique, sans subvention, et pour un espace de temps qui n'excédera pas quatre-vingt-dix-neuf ans, le chemin de fer d'Amiens à Boulogne par Abbeville et Etaple (L. 26 juill.-1ᵉʳ août 1844). — Mise en adjudication, aux clauses et conditions du cahier des charges annexé à la présente ordonnance, de la concession de ce chemin qui devra s'embrancher à Amiens sur la ligne de Paris à la frontière de Belgique (ord. 9-16 sept. 1844). — Approbation de la concession dont la durée, conformément à la soumission, a été fixée à quatre-vingt-dix-huit ans et onze mois (ord. 24 oct.-4 nov. 1844). — Autorisation de la société anonyme, formée à Paris, sous la dénomination de *Compagnie du chemin de fer d'Amiens à Boulogne* (ord. 29 mai-15 juin 1845, à laquelle sont annexés les statuts de la société). — Réunion de la concession du chemin de fer d'Amiens à Boulogne à celle des chemins de fer du Nord (conv. appr. par décr. des 15 août-11 sept. 1855). — Ce che-

min est compris dans l'ancien réseau de la compagnie du Nord (conv. appr. par décr. des 11 juin-14 juill. 1859.)

19°. *Amiens* à la ligne de Creil à Saint-Quentin en un point à déterminer de Tergnier à Saint-Quentin. — Concession à la compagnie des chemins de fer du Nord (conv. appr. par décr. des 10 juin-1er août 1857, art. 1, cah. des ch. annexé au même décr., art. 1 et 2).—Détermination du tracé entre Amiens et Ham (décr. 22 sept.-12 oct. 1861, D. P. 61. 4. 122). — Le délai d'exécution est prorogé (décr. 22 juin-11 juill. 1863, D. P. 63. 4. 128). — Ce chemin est compris dans le nouveau réseau de la compagnie, pour lequel une garantie d'intérêts a été accordée par l'État (art. 2 et 5 de la conv. appr. par décr. des 11 juin-14 juill. 1859, et par la loi des mêmes jours, art. 4, D. P. 59. 4. 75).

20°. *Andrest.* — V. Mont-de-Marsan.

21°. *Andrezieux* à Roanne. — L'adjudication de ce chemin de fer, moyennant la concession à perpétuité d'un droit de péage, est approuvée (ord. 27 août-12 sept. 1828, à laquelle le cahier des charges est annexé). —Autorisation de la société anonyme formée à Paris, sous la dénomination de *Compagnie du chemin de fer de la Loire* (ord. 26 avr.-16 juill. 1829).—Approbation de la direction du tracé (ord. 21 mars-1er avr. 1850; 21 juill.-5 août 1853). — Le ministre des travaux publics est autorisé à consentir un prêt de 4 millions de fr. à la compagnie du chemin de fer d'Andrezieux à Roanne, dès qu'elle sera légalement constituée (L. 15 juill.-5 août 1840, art. 16 à 22). — Reconstitution de cette compagnie, sous la dénomination de *Compagnie reconstituée du chemin de fer de la Loire, d'Andrezieux à Roanne* (ord. 19 mai-22 juin 1841; autorisation de cette compagnie, ord. 19 mai-22 juin 1841). — Approbation de la convention passée les 6 et 18 sept. 1841 entre le ministre des travaux publics et cette compagnie (ord. 28 sept.-1er nov. 1841). — Cession de ce chemin de fer à la société formée pour la réunion et la rectification des chemins de Lyon à Saint-Étienne et à Roanne, laquelle s'engage à exécuter tous les travaux nécessaires pour en rectifier et en améliorer le tracé: la concession perpétuelle est transformée en une concession temporaire de 99 ans; nouveau cahier des charges (décr. 17 mai 11-août 1855; L. 10-18 juin 1853, D. P. 55. 4. 126; V. Rhône à la Loire). — Réunion de ce chemin de fer à la compagnie du Grand-central (convent. appr. par décr. des 26 déc. 1853-4 fév. 1854). — Détermination du nouveau tracé (art. 1, convent. appr. par décr. des 26 déc. 1855-24 janv. 1856, D. P. 56. 4. 14). — V. Grand-Central, Montbrison, Paris à Lyon par le Bourbonnais, Rhône à la Loire.

22°. *Angers.* — V. le Mans.

23°. *Angers* à Niort. — Concession éventuelle, sans subvention ni garantie d'intérêts, dans le cas où l'utilité publique de ce chemin serait déclarée, à la compagnie d'Orléans (convent. appr. par décr. des 28 juin-28 juill. 1857, art. 9). — L'établissement de ce chemin est déclaré d'utilité publique, en conséquence, la concession éventuelle est déclarée définitive (décr. 5-22 juin 1861, D. P. 61. 4. 79). — Ce chemin est compris dans le nouveau réseau de la compagnie d'Orléans donnant lieu à une garantie d'intérêts; abrogation de la disposition contraire de la convention de 1857 (art. 2 et 5 de la convent. appr. par la loi des 11 juin-14 juill. 1859, art. 1er, D. P. 59. 4. 75 et par le décret des mêmes dates). — V. Vendée (chemins de fer de la).

24°. *Angoulême* à Saintes. — V. Charente (chemin de fer de la).

25°. *Annecy* à Aix-les-Bains par Rumilly. — L'établissement de ce chemin de fer est déclaré d'utilité publique (décr. 1er août-7 sept. 1860, D. P. 60. 4. 144). — Concession à la compagnie de Paris à Lyon et à la Méditerranée, avec subvention. Ce chemin est compris dans le nouveau réseau de la compagnie; garantie d'intérêts (convent. appr. par la loi et le décr. des 11 juin-25 août 1863).

26°. *Annonay* à Saint-Rambert. — L'établissement d'un chemin de fer d'*Annonay* à la ligne de Lyon à Marseille, aboutissant à Saint-Rambert, est déclaré d'utilité publique; il sera pourvu ultérieurement aux voies et moyens d'exécution (décr. 14 juin-26 juillet 1861, D. P. 61. 4. 111). — Le ministre est autorisé à entreprendre les travaux de ce chemin: ouverture de crédits (L. 2-5 juillet 1861, D. P. 61. 4. 94). — Concession à la compagnie de Paris à Lyon et à la Méditerranée; ce chemin fait partie de l'ancien réseau de la compagnie (convent. appr. par la loi et le décr. des 11 juin-25 août 1863).

27°. *Apt* à la ligne d'Avignon à Gap. — Concession éventuelle avec subvention à la compagnie de Paris à Lyon et à la Méditerranée, dans le cas où l'utilité publique en serait déclarée: ce chemin est compris dans le nouveau réseau de la compagnie: garantie d'intérêts (convent. appr. par la loi et le décr. des 11 juin-25 août 1863).

28°. *Arcachon.* — V. La Teste.

29°. *Ardennes* (chemins de fer des).—Concession, sans subvention ni garantie d'intérêts, des chemins 1° de Reims à Mézières et à Charleville avec embranchement sur Sedan; 2° de Beauvais à Creil; 3° le prolongement du chemin de fer de Reims à Charleville, jusqu'à la frontière de Belgique; ce dernier, suivant les conditions déterminées par la loi du 11 juin 1842, sauf confirmation par décret spécial (convent. appr. par décr. des 20 juill.-10 sept. 1853. — V. Charleville, Creil et Reims.)—Autorisation de la société anonyme formée pour l'exécution de ces concessions, sous la dénomination de *Compagnie des chemins des Ardennes et de l'Oise*; approbation de ses statuts (décr. 11 juill.-27 août 1855). — Concession à cette compagnie, sans subvention ni garantie d'intérêts, des lignes: 1° de Charleville à la frontière belge; de Sedan à la ligne de Metz à Thionville; de Reims à la ligne projetée de Paris à Soissons (V. ces différentes lignes à leur ordre alphabétique); rétrocession par la compagnie des Ardennes et de l'Oise à la compagnie du Nord de l'embranchement de Creil à Beauvais, en échange de la section de Tergnier à Reims comprise entre Laon et Reims (convent. appr. par décr. des 10 juin-29 juillet 1857).—La compagnie du chemin des Ardennes et de l'Oise est autorisée à prendre la dénomination de *Compagnie des chemins de fer des Ardennes*; approbation des statuts de ladite société (décr. 3-51 juillet 1857, D. P. 57. 4. 110).—Modifications à ces statuts (décr. 24 mai-18 juin 1859). — Fusion de la compagnie des Ardennes, avec la comp. du chemin de fer de l'Est: l'État s'engage à payer à la compagnie des Ardennes pour l'exécution des lignes qui lui sont concédées, une subvention de 4,500,000 fr. et à garantir l'intérêt du capital affecté à la construction de ces lignes: abrogation de la disposition contraire des conventions de 1855 et 1857 (convent. approuvée par la loi des 11 juin-14 juill. 1859, art. 5 et 6, D. P. 59. 4. 75 et par le décr. des 11 juin-14 juill. 1859; convent. appr. par la loi et le décr. des 11 juin-25 août 1863). — V. Est (chemin de fer de l').

50°. *Argentan* à Grandville. — Concession de ce chemin de fer à la compagnie fusionnée des chemins de fer normands et bretons, dite Compagnie des chemins de fer des Ardennes; approbation d'une subvention à fournir par les localités intéressées (L. 2-11 mai 1855 suivie de la convention et du cahier des charges). — Ce chemin est compris dans le nouveau réseau de la compagnie de l'Ouest pour lequel une garantie d'intérêts a été accordée par l'État (art. 7 de la convent. appr. par décr. des 11 juin-14 juill. 1859 et par la loi des mêmes jours, art. 7, D. P. 59. 4. 75).

51°. *Argenteuil.* — V. Asnières, Ermont.

52°. *Arles.* — V. Lunel.

53°. *Arlon.* — V. Longwy.

54°. *Arras* à Étaples, par Hesdin et Montreuil. — Il sera procédé par le ministre des travaux publics à l'adjudication par voie de publicité et concurrence de la concession de ce chemin de fer, aux clauses et conditions du cahier des charges annexé au présent décret, moyennant une subvention de 1 million de francs à fournir par le département du Pas-de-Calais, et dont la réalisation sera l'objet d'un projet de loi: le rabais de l'adjudication portera sur le montant de ladite subvention (décr. 25 juin 1864, V. Monit. du 1er juillet).

55°. *Arvant*, près Lembdes, à la rivière du Lot. — Ce chemin, cédé à la compagnie de Paris à Orléans par la compagnie du Grand-Central (V. Grand-Central), est compris dans le nouveau réseau de la compagnie d'Orléans, pour lequel une garantie d'intérêts a été accordée par l'État (art. 2 et 5 de la convent. appr. par décr. des 11 juin-14 juill. 1859, et par la loi des mêmes jours, 2, D. P. 59. 4. 75).

56°. *Arvant* à Saint-Étienne par le Puy. — Ce chemin cédé par la compagnie du Grand-Central à la compagnie de Paris à Lyon et à la Méditerranée (art. 2, conv. appr. par décr. des 19 juin-28 juill. 1857, V. Grand-Central), est compris dans le nouveau réseau de cette dernière compagnie, pour lequel une garantie d'intérêts a été accordée par l'État (art. 5 et suiv. de la convent. appr. par décr. des 11 juin-14 juill. 1859, et par la loi des mêmes jours, 2, D. P. 59. 4. 75).

57°. *Asnières* à Argenteuil. — Concession pour cinquante années. Tous les travaux doivent être exécutés par le concessionnaire à ses frais, risques et périls. Le chemin s'embranchera à Asnières sur le chemin de fer de Paris à Saint-Germain (ord. 10 janv.-1er fév. 1846, suivie du cahier des charges). — Ce chemin, qui fait aujourd'hui partie de la compagnie des chemins de fer de l'Ouest, est compris dans le nouveau réseau de cette compagnie (conv. appr. par décr. des 11 juin-14 juill. 1859).

58°. *Aubagne* à Fuveau. — Concession à la compagnie de Paris à Lyon et à la Méditerranée. Ce chemin fait partie de l'ancien réseau de la compagnie (conv. appr. par la loi et le décr. des 11 juin-25 août 1863).

59°. *Aubenas.* — V. Alais.

40°. *Aubusson* à la ligne de Montluçon à Limoges. — Concession à la compagnie de Paris à Orléans. Ce chemin fait partie du nouveau réseau; garantie d'intérêts (conv. appr. par la loi des 11 juin-25 août 1863 et le décr. des 6 juill.-25 août 1863).

41°. *Audincourt.* — V. Montbéliard.

42°. *Auteuil.* — V. Ceinture (chemin de fer de).

43°. *Auxerre.* — V. Laroche.

44°. *Auxerre* à la ligne de Nevers à Chagny, en un point à déterminer entre Nevers et Cercy-la-Tour, et passant par ou près Clamecy. — L'établissement de ce chemin est déclaré d'utilité publique; il sera pourvu ultérieurement aux voies et moyens d'exécution (décr. 14 juin-26 juill. 1861, D. P. 61. 4. 111). — Le ministre des travaux publics est autorisé à entreprendre les travaux de ce chemin dans les limites fixées par les lois des 11 juin 1842 et 19 juill. 1845; crédits ouverts (L. 2-5 juill. 1861). — Concession à la compagnie de Paris à Lyon et à la Méditerranée, avec subvention. Ce chemin est compris dans le nouveau réseau de la compagnie; garantie d'intérêts (conv. appr. par la loi et le décr. des 11 juin-25 août 1863). — V. Avallon.

45°. *Auxonne* à Gray. Embranchement sur le chemin de fer de Dijon à Besançon. — V. Dijon à Besançon.

46°. *Avallon* à ses lignes d'Auxerre à Nevers et de Paris à Dijon. — Concession éventuelle avec subvention à la compagnie de Paris à Lyon et à la Méditerranée, dans le cas où l'utilité publique en serait déclarée. Ce chemin fait partie du nouveau réseau de la compagnie; garantie d'intérêts (conv. appr. par la loi et le décr. des 11 juin-25 août 1863). — L'établissement de ce chemin est déclaré d'utilité publique. En conséquence, la concession éventuelle est rendue définitive. Détermination du tracé (décr. 2 sept.-26 oct. 1863, D. P. 63. 4. 155).

47°. *Avignon.* — V. Aix, Lyon, Marseille.

48°. *Avignon* à Gap, avec embranchement, d'une part, sur Aix, et, d'autre part, sur Miramas, par Salon. — Concession éventuelle, dans le cas où l'utilité publique de ce chemin serait déclarée, à la compagnie des chemins de fer de Paris à Lyon et à la Méditerranée (conv. appr. par décr. des 19 juin-28 juill. 1857, art. 8). — Ce chemin fait partie du nouveau réseau de la compagnie de Paris à Lyon et à la Méditerranée. Garantie d'intérêts de la conv. appr. par décr. des 11 juin-14 juill. 1859 et par la loi des mêmes jours, art. 2, D. P. 59. 4. 75). — La section de Salon à Miramas est remplacée par le chemin de Salon à la ligne d'Aix à Arles (conv. appr. par la loi et le décr. des 11 juin-25 août 1865). — La section d'Avignon à Salon fait partie de l'ancien réseau (même conv.). — V. Apt, Digne, Grenoble, Sorgues.

49°. *Bagnères de Bigorre.* — V. Toulouse.

50°. *Bagnères de Luchon.* — V. Montrejeau.

51°. *Bâle.* — V. Strasbourg.

52°. *Bar-sur-Seine* à Châtillon.— Concession éventuelle, moyennant subvention et garantie d'intérêts, à la compagnie de l'Est (art. 4, conv. appr. par la loi et le décret des 11 juin-25 août 1865).

53°. *Bar-sur-Seine* à la ligne de Paris à Mulhouse. — Concession de ce chemin, sans subvention ni garantie d'intérêts, à la compagnie des chemins de fer de l'Est (décr. 21 janv.-6 fév. 1857, art convention y annexée, D. P. 57. 4. 50). — Cet embranchement est compris dans le nouveau réseau de la compagnie de l'Est : garantie d'intérêts (conv. appr. par le décr. des 11 juin-14 juill. 1859, et la loi du même jour, art. 5, D. P. 59. 4. 75).

54°. *Barr.* — V. Strasbourg.

55°. *La Bassée* à Lille, prolongement du chemin de fer de Bully-Grenay au canal d'Aire à La Bassée. — Concession à la compagnie houillère de Béthune, pour une durée égale au temps restant à courir sur la concession du chemin de fer du Nord, et devant prendre fin par conséquent le 31 déc. 1950 (décr. 29 août-14 sept. 1863, suivi de la convention et du cahier des charges).

56°. *Batignolles* à Passy et à Auteuil. — V. Ceinture (chemin de fer de).

57°. *Bayonne.* — V. Bordeaux, Toulouse.

58°. *Bayonne* à la frontière d'Espagne, près Irun. — Concession, avec garantie d'intérêts, à la compagnie du Midi (conv. appr. par décr. des 11 juin-14 juill. 1859, art. 2, 7, 9, et par la loi des mêmes jours, art. 8, D. P. 59. 4. 75). — Ce chemin fait partie du nouveau réseau de la compagnie : garantie d'intérêts (même conv., art. 7).

59°. *Beaucaire.* — V. Alais.

60°. *Beauvais* à Ardennes (chemin de fer des), Creil.

61°. *Beauvais* à la ligne de Paris à Dieppe, par Pontoise. — Concession éventuelle, sans subvention ni garantie d'intérêts, à la compagnie du Nord, dans le cas où l'utilité publique en serait déclarée, d'un chemin de fer formant prolongement de la ligne de Creil à Beauvais et se dirigeant vers un point à déterminer de la ligne de Paris à Dieppe par Pontoise (conv. appr. par décr. des 26 juin-1er août 1857, art. 6). — Ce prolongement fait partie du nouveau réseau de la compagnie du Nord, pour lequel une garantie d'intérêts est accordée par l'État : abrogation de la disposition contraire de la convention de 1857 (conv. appr. par le décr. des 11 juin-14 juill. 1859, et par la loi des mêmes jours, art. 4, D. P. 59. 4. 75). — L'utilité publique de ce chemin est déclarée, et en conséquence, la convention précitée est rendue définitive : détermination du tracé (décr. 5-22 juin 1861, D. P. 61. 4. 79).

62°. *Bec-d'Allier.* — V. Centre (chemin de fer du).

63°. *Belfort* à Guebwiller. — Le ministre des travaux publics est autorisé à allouer une subvention en vue de l'exécution de ce chemin (l. 6-12 juill. 1862, D. P. 62. 4. 79). — Concession à la compagnie des chemins de fer de l'Est moyennant subvention : ce chemin fait partie du nouveau réseau de la compagnie, donnant lieu à la garantie d'intérêts conv. appr. par la loi et le décr. des 11 juin-25 août 1865, D. P. 65. 4. 155). — V. Houillères de Thann.

64°. *Bergerac :* embranchement sur le chemin Grand-central : concession, sauf confirmation dans le délai de deux ans, à la compagnie du Grand-central (conv. appr. par décr. des 7 avril-26 juill. 1855). — Cession de ses droits par la compagnie du Grand-central à la compagnie d'Orléans (conv. appr. par décr. des 19 juin-28 juill. 1857, et traités de cession). — Cet embranchement fait partie du nouveau réseau de la compagnie d'Orléans : garantie d'intérêts (art. 2 et 3 de la conv. appr. par décr. des 11 juin-14 juill. 1859, et par la loi des mêmes jours, art. 1, D. P. 59. 4. 75).

65°. *Bergerac* à Libourne, par la vallée de la Dordogne. — L'établissement de ce chemin est déclaré d'utilité publique : il sera pourvu ultérieurement aux voies et moyens d'exécution (décr. 14 juin-26 juill. 1861, D. P. 61. 4. 111). — Le ministre des travaux publics est autorisé à entreprendre les travaux : crédits ouverts (l. 2-5 juill. 1861, D. P. 61. 4. 94). — La mise en adjudication de la concession aux clauses et conditions du cahier des charges annexé au présent décret est ordonnée (décr. 19 avril-23 juill. 1862, D. P. 62. 4. 80). — Approbation de la concession : cette concession, d'une durée de 99 ans, est faite sans subvention de l'État (décr. 6-25 juill. 1862, D. P. 62. 4. 80).

66°. *Besançon.* — V. Dijon, Gray, Lons-le-Saulnier, Vesoul.

67°. *Besançon* à Belfort, par la vallée du Doubs. — Concession à la compagnie du chemin de fer de Dijon à Besançon, sans subvention ni garantie d'intérêts (décr. 17 août-15 sept. 1855, D. P. 55. 4. 214). — Réunion de ce chemin à la compagnie du chemin de fer de Paris à Lyon

(décr. 20 avril-1er juin 1854). — Ce chemin est compris dans l'ancien réseau de cette compagnie (conv. appr. par décr. des 11 juin-14 juill. 1859). — V. Paris à Lyon.

68°. *Bessèges* à Alais, par Saint-Ambroix (Gard). — Concession de ce chemin de fer pour 99 ans (décr. 7 juin-14 juill. 1854, D. P. 54. 4. 129). — Autorisation de la société anonyme formée à Paris sous la dénomination de *Compagnie du chemin de fer de Bessèges à Alais* et approbation des statuts (décr. 16 août-24 sept. 1855). — Modification des statuts de la compagnie (décr. 1er-14 oct. 1857, D. P. 57. 4. 191). — V. Houillères de Trélys.

69°. *Bezenets.* — V. Montluçon.

70°. *Béziers.* — V. Graissessac.

71°. *Blesmes* et Saint-Dizier à Gray. — La compagnie du chemin de fer de Paris à Strasbourg s'engage à payer à la compagnie qui sera déclarée concessionnaire de ce chemin, une subvention de 10 millions (convent. appr. par le décr. des 25 mars-20 avr. 1852). — Traité entre la compagnie de Paris à Strasbourg et les demandeurs en concession du chemin de fer de Blesmes à Gray, relatif à l'exploitation de ce dernier chemin (traité annexé au décret précédent). — Le ministre des travaux publics est autorisé à concéder directement, moyennant subvention et garantie d'intérêts, le chemin de fer de Blesmes et Saint-Dizier à Gray, aux clauses et conditions du cahier des charges annexé au présent décret, la durée de la concession est de 99 ans (décr. 26 mars-6 mai 1852, D. P. 52. 4. 157).—Approbation de la convention passée le 26 mars 1852, pour la concession de ce chemin de fer (décr. 26 mars-6 mai 1852, D. P. 52. 4. 157). — Autorisation de la société anonyme formée à Paris sous la dénomination de *Compagnie du chemin de fer de Blesmes et Saint-Dizier à Gray* (décr. 4-13 juin 1852). — Formes suivant lesquelles la compagnie du chemin de fer de Blesmes et Saint-Dizier à Gray, sera tenue de faire vis-à-vis de l'État, diverses justifications qui lui sont imposées par son cahier des charges (décr. 28 juill.-6 sept. 1852, D. P. 52. 5. 192). — Approbation d'une convention passée entre le ministre des travaux publics et ladite compagnie, pour la réalisation de la garantie d'intérêts, prévue par le cahier des charges annexé au décret du 26 mars 1852 (décr. 27 juill.-2 sept. 1855, D. P. 55. 4. 170). — Réunion de la concession du chemin de fer de Blesmes à Gray, à celle du chemin de fer de Paris à Strasbourg ; la compagnie renonce à la garantie d'intérêts stipulée à la charge de l'État par l'acte de concession (convent. appr. par décr. des 17 août-1er oct. 1855). — Ce chemin est placé dans le nouveau réseau de la compagnie de l'Est, donnant lieu à une garantie d'intérêts (art. 5 et suiv., convent. appr. par décr. des 11 juin-14 juill. 1859, et par la loi des mêmes jours, art. 5, D. P. 59. 4. 75).

72°. *Bordeaux.* — V. Orléans.

73°. *Bordeaux* à Bayonne. — Concession pour 99 ans à la compagnie du chemin de fer de Bordeaux à Cette et du canal latéral à la Garonne, avec subvention. Ce chemin emprunte entre Bordeaux et Lamothe le chemin de fer de Bordeaux à la Teste (V. Bordeaux à la Teste), le chemin de Lamothe à Bayonne faisant seul l'objet de la concession (décr. 24 août-6 sept. 1852, D. P. 52. 4. 197 ; convention et cahier des charges y annexées). — Approbation d'une convention relative à l'exécution de ce chemin et portant garantie d'intérêts (décr. 24 mars-10 juin 1855). — Approbation des articles de cette convention relatifs aux engagements à la charge du trésor (L. 28 mai-1er juin 1855, D. P. 55. 4. 95, suivie de la convention et du cahier des charges). — Nouveau cahier des charges annexé au décr. des 1er août-1er oct. 1857, D. P. 57. 4. 188). — Ce chemin est compris dans l'ancien réseau de la compagnie du Midi (convent. appr. par décr. des 11 juin-14 juill. 1859). — V. Midi (chemin de fer du).

74°. *Bordeaux* à Cette. — Concession pour 60 ans, moyennant une subvention (L. 21 juin-7 juill. 1846, D. P. 46. 5. 113). — La durée de la concession est portée de soixante ans à soixante-six ans et six mois (conv. appr. par ord. des 1er-7 juill. 1846, art. 2, D. P. 46. 5. 113). — Autorisation de la société anonyme formée à Paris, sous la dénomination de *Compagnie du chemin de fer de Bordeaux à Cette* ; approbation des statuts (ord. 24 sept.-15 oct. 1846). — La compagnie renonce à la concession. — Le ministre des travaux publics est autorisé à concéder directement le chemin de fer de Bordeaux à Cette et le canal latéral à la Garonne, aux clauses et conditions du cahier des charges annexé à la présente loi : la concession aura une durée de 99 ans, et il sera accordé une subvention (L. 8-15 juill. 1852, D. P. 52. 4. 184). — Concession de ce chemin de fer et du canal, ainsi que des chemins de Bordeaux à Bayonne et de Narbonne à Perpignan, à une seule compagnie, qui a pris le nom de *Compagnie du chemin de fer du Midi* (décr. 24 août-6 sept. 1852, D. P. 52. 4. 197, suivi de la convention et du cahier des charges ; décr. 24 mars-10 juin 1855 ; L. 28 mai-1er juin 1855, D. P. 55. 4. 95). — Le ministre des finances est autorisé à restituer à l'ancienne compagnie, à titre de transaction, la moitié du son cautionnement (décr. 6-25 mars 1855, D. P. 55. 4. 65). — Modification du cahier des charges annexé à la loi du 8 juill. 1852, relativement à la direction du chemin de fer de Bordeaux à Cette (convent. appr. par décr. des 19 août-4 sept. 1856). — Approbation d'une convention relative au payement de la subvention (décr. 15 fév.-6 mars 1855, D. P. 55. 4. 22). — Le chemin de fer de Bordeaux à Cette est compris dans l'ancien réseau de la compagnie du Midi (convent. appr. par décr. des 11 juin-14 juill. 1859). — V. Midi (chemin de fer du) et en outre, Castres, Bordeaux à Bayonne, Narbonne à Perpignan.

75°. *Bordeaux* à Lyon. — Concession de deux sections comprises, l'une entre Saint-Etienne et le chemin de fer de Clermont à Montauban,

l'autre entre ce dernier chemin et Périgueux, pour 99 ans à la compagnie dite du Grand-central, sauf confirmation par décret dans un délai de cinq ans (décr. 21 avr.-31 mai 1855, D. P. 55. 4. 79, suivi de la convention et du cahier des ch.). — Concession définitive moyennant subvention et garantie d'intérêts; détermination du tracé (convent appr. par décr. des 7 avr.-26 juill. 1855, D. P. 55. 4. 77 ; et la loi des 2-11 mai 1855, D. P. 55. 4. 67). — Cession par la compagnie du Grand-central de la première section à la compagnie de Paris à Lyon et à la Méditerranée, de la seconde section à la compagnie d'Orléans (convent avec les comp. d'Orléans, et de Paris à Lyon et à la Méditerranée, appr. par décr. des 19 juin-28 juill. 1857).

76°. *Bordeaux* à la Teste. — Le ministre des travaux publics est autorisé à procéder par la voie de la publicité et de la concurrence, à la concession d'un chemin de fer de Bordeaux à la Teste, conformément aux clauses et conditions du cahier des charges annexé à la présente loi; la durée de la concession n'excédera pas quatre-vingt-dix-neuf ans (L. 17-28 juill. 1857). — Approbation de l'adjudication passée le 26 oct. 1857 : la durée de la concession est réduite à trente-quatre ans, huit mois et vingt-sept jours (ord. 15 déc. 1857-27 janv. 1858). — Autorisation de la société anonyme formée sous la dénomination de *Compagnie du chemin de fer de Bordeaux à la Teste* ; approbation des statuts (ord. 25 févr.-18 mai 1838). — La compagnie est autorisée à proposer des modifications au tracé général du chemin, etc. (L. 1er-5 août 1839). — La durée de la concession est portée à soixante-dix ans (L. 15-17 juin 1841). — Le chemin de fer de Bordeaux à la Teste est placé sous le séquestre (arr. 30 oct.-24 nov. 1848, D. P. 48. 4. 191). — Le ministre des travaux publics est autorisé à avancer pour le compte de la compagnie, les sommes nécessaires pour assurer le service de l'exploitation du chemin de fer, sauf remboursement par privilège (L. 17-24 nov. 1848, D. P. 48. 4. 191 ; 1er-8 juin 1850). — La ligne de Bordeaux à la Teste est donnée à bail à la compagnie du chemin de fer du Midi pour toute la durée de la concession (traité du 27 sept. 1852, mentionné à l'art. 1 des statuts de la comp. du Midi, appr. par décr. du 6 nov. 1852).—Approbation des nouveaux statuts de la compagnie du chemin de fer de Bordeaux à la Teste (décr. 10-29 mars 1855). — Le séquestre est levé (décr. 1er-16 sept. 1855, D. P. 55. 4. 216). — Cession de la ligne de Bordeaux à la Teste, par la compagnie concessionnaire à la compagnie des chemins de fer du Midi ; ce chemin est compris dans l'ancien réseau de la compagnie (conv. appr. par décr. des 11 juin-14 juill. 1859, art. 1).—V. La Teste, Midi (chemins de fer du).

77°. *Bordeaux* au Verdon. — Concession pour quatre-vingt-dix-neuf ans (décr. 17 oct.-30 nov. 1857, suivi de la conv. et du cahier des ch., D. P. 58. 4. 1). — La convention approuvée par le décret précédent est annulée, sauf les droits du tiers ; le cautionnement versé est restitué sauf une somme de 50,000 fr. qui reste définitivement acquise au trésor (décr. 15 juin-9 juill. 1861, D. P. 61. 4. 107). — L'établissement de ce chemin de fer est déclaré d'utilité publique ; la mise en adjudication de la concession est ordonnée aux clauses et conditions du cahier des charges annexé au présent décret ; le rabais de l'adjudication portera sur la durée de la concession qui est fixée par le cahier des charges à quatre-vingt-dix-neuf ans (décr. 4 mars-3 juill. 1863, D. P. 63. 4. 125). — Approbation de l'adjudication ; la durée de la concession est réduite d'une année (98 ans) (décr. 2 juin-5 juill. 1863, D. P. 63. 4. 125).

78°. *Bordeaux*, raccordement de la ligne de Paris à Bordeaux avec le chemin de fer du Midi. — Concession sans subvention ni garantie d'intérêts de ce raccordement, pour moitié, à la compagnie du chemin de fer de Paris à Orléans et pour l'autre moitié, à la compagnie des chemins de fer du Midi et du canal latéral à la Garonne (conv. avec la comp. du ch. de fer du Midi, art. 9, appr. par décr. des 1er août-1er oct. 1857; conv. avec la comp. d'Orléans, appr. par décr. des mêmes jours, D. P. 57. 4. 188).— Ce raccordement fait partie de l'ancien réseau de l'une et de l'autre compagnie (conv. appr. par décr. des 11 juin-14 juill. 1859).

79°. *Boulogne* à Calais, avec embranchement de Marquise. — Concession à la compagnie des chemins de fer du Nord (conv. appr. par décr. des 29 juin-1er août 1857, art. 1 ; cahier des ch. annexé au même décr., art. 1 et 2). — Modification du cahier des charges en ce qui concerne la direction et le délai d'exécution de ce chemin (décr. 14 juin-26 juill. 1861, D. P. 61. 4. 111). — Allocation à la compagnie du Nord d'une subvention destinée à couvrir l'augmentation de dépense qu'entraîne une nouvelle modification du tracé de ce chemin, ayant pour effet de le faire passer par Boulogne (L. 2-9 juill. 1861, art. 8, D. P. 61. 4. 94). — Le délai pour l'exécution de ce chemin de fer est prorogé d'une année (décr. 29 août-12 oct. 1862, D. P. 63. 4. 148). — Stipulation d'une garantie d'intérêts (art. 2 et s. de la conv. appr. par décr. des 11 juin-14 juill. 1859, et par la loi des mêmes jours, art. 4, D. P. 59. 4. 75).

80°. *Bourbonnais* (chemin de fer du).—V. Paris à Lyon par le Bourbonnais.

81°. *Bourg* à Lons-le-Saulnier. — Concession de ce chemin à la compagnie de Paris à Lyon qui s'engage à l'exécuter entièrement à ses frais, risques et périls (conv. appr. par décr. des 20 avr.-1er juin 1854, art. 2 ; cahier des ch. annexé au même décr., art. 1 et 2; conv. appr. par décr. des 19 juin-28 juillet 1857, art. 7 ; cahier des ch. annexé au même décr., art. 1 et 2). — Ce chemin est compris dans l'ancien réseau de la compagnie de Paris à Lyon et à la Méditerranée (conv. appr. par décr. des 11 juin-14 juill. 1859).

82°. *Bourg-la-Reine* à Orsay. — Concession à la compagnie du

chemin de fer de Paris à Sceaux, moyennant subvention et garantie d'intérêts (décr. 30 avr.-11 août 1855 ; L. 10 juin-1er juillet 1855, D. P. 55. 4. 145, suivie du cahier des ch.). — Cession de ce chemin par la compagnie concessionnaire à la compagnie de Paris à Orléans (décr. 19 juin-28 juill. 1857). — V. Orsay, Paris à Tours par Vendôme.

83°. *Bourges*. — V. Centre (chemin de fer du).

84°. *Bourges* à Montluçon. — Concession, sans subvention ni garantie d'intérêts, à la compagnie d'Orléans (conv. approuvée par décret des 19 juin-28 juill. 1857, art. 8). — Ce chemin fait partie du nouveau réseau de la compagnie d'Orléans, donnant lieu à une garantie d'intérêts ; abrogation de la disposition contraire à la convention de 1857 (art. 2, 3, 9 de la conv. app. par décr. des 11 juin-14 juill 1859, et par la loi des mêmes jours, art. 1, D. P. 59. 4. 75).

85°. *Bressuire*. V. Vendée (chemin de fer de la).

86°. *Brest*. V. Rennes.

87°. *Brétigny* à Tours.—V. Paris à Tours par Chateaudun et Vendôme.

88°. *Brioude* vers Alais. — Concession éventuelle, sans subvention ni garantie d'intérêts, dans le cas où l'utilité publique de ce chemin de fer serait reconnue, à la compagnie des chemins de fer de Paris à Lyon et à la Méditerranée (conv. app. par décret des 19 juin-28 juill. 1857, art. 8). Ce chemin fait partie du nouveau réseau de la compagnie, donnant lieu à une garantie d'intérêts; abrogation de la disposition contraire de la convention de 1857 (art. 3 et suiv. de la convent. app. par décr. des 11 juin-14 juill. 1859, et par la loi des mêmes jours, art. 3, D. P. 59. 4. 75).—L'exécution de ce chemin est déclarée d'utilité publique; en conséquence, la concession est déclarée définitive (décr. 9 avr.-7 mai 1862, D. P. 62. 4. 40).

89°. *Brives*. — V. Limoges, Tulle.

90°. *Bully-Grenay* (Pas-de-Calais), au canal d'Aire à la Bassée. — Concession à la compagnie houillère dite de Béthune (décr. 29 déc. 1859-25 janv. 1860, D. P. 60. 4. 2, suivi du cah. des ch.).

91°. *Busigny* à Somain, par Cambray. — Concession à la compagnie du chemin de fer du Nord d'un chemin de fer de Busigny à Somain qui, se séparant du chemin de fer de Saint-Quentin à Maubeuge, en un point voisin du Cateau, ira se relier à la ligne principale du chemin de fer du Nord, vers Somain. Le gouvernement conservera pendant un an le droit d'exiger de la compagnie la construction d'un chemin de fer se dirigeant de la ligne de Maubeuge sur la ligne principale en passant près de Cambray, et remplacement de l'embranchement du Cateau sur Somain, mais à condition que la dépense de construction soit ramenée, par des contributions locales ou autrement, à celle qu'exigerait ce dernier embranchement (art. 1 et 3, conv. app. par le décr. des 19 fév.-5 mars 1852). — La construction du chemin de fer des Ardennes s'engage à payer à la compagnie du Nord une somme de 2,500,000 fr. comme subside pour l'exécution du chemin passant par Cambray en remplacement de l'embranchement du Cateau à Somain (art. 5, convent. app. par décr. des 20 juill.-10 sept. 1853). — La compagnie du Nord s'engage à exécuter en remplacement de la ligne de Cateau à Somain un chemin de fer se dirigeant de la ligne de Maubeuge sur la ligne principale du Nord, en passant à ou près Cambray, moyennant des subventions locales et la subvention fournie par la compagnie des Ardennes (art. 6, conv. app. par décr. des 13 août-11 sept. 1853). — La compagnie des Ardennes est affranchie de cette obligation (art. 2, convent. avec la comp. des Ardennes, app. par décr. des 10 juin-29 juill. 1857; art. 8, conv. avec la comp. du Nord, app. par décr. des 26 juin-1er août 1857). — Ce chemin est compris dans l'ancien réseau de la compagnie du Nord (conv. app. par décr. des 11 juin-14 juill. 1859). — V. Forges de Denain.

92°. *Caen*. — V. Ouest (chemin de fer de), Paris.

93°. *Caen* à Flers. — Le ministre des travaux publics est autorisé : 1° à s'engager, au nom de l'Etat, à allouer en vue de la concession de ce chemin une subvention de 7,500,000 fr., sauf réduction du montant des subventions consenties par les départements, les communes et les particuliers intéressés, et, en outre, une garantie d'intérêts ; — 2° Dans le cas où le chemin ne serait pas immédiatement concédé, à entreprendre les travaux aussitôt que l'utilité publique en sera déclarée (L. 1-4 août 1860, D. P. 60. 4. 124). — L'établissement de ce chemin est déclaré d'utilité publique (décr. 3-11 oct. 1860, D. P. 60. 4. 152). — Concession à la compagnie du chemin de fer de l'Ouest, moyennant subvention : ce chemin fait partie du nouveau réseau de la compagnie, donnant lieu à la garantie d'intérêts (conv. app. par la loi et le déc. des 11 juin-25 août 1863). — V. Flers.

94°. *Cahors* : embranchement sur le chemin Grand-central.—Concession, sauf confirmation dans le délai de deux ans, à la compagnie du Grand-central (conv. appr. par décr. des 7 avr.-26 juill. 1855). — Cession de ses droits par la compagnie du Grand-central à la compagnie d'Orléans (conv. appr. par décr. des 19 juin-28 juill. 1857 et traités de cession). — Cet embranchement fait partie du nouveau réseau de la compagnie : garantie d'intérêts (art. 2 et 3 de la conv. appr. par décr. des 11 juin-14 juill. 1859 et par la loi des mêmes jours, art. 3, D. P. 59. 4. 75).

95°. *Cahors* à la ligne de Périgueux à Agen.—Concession, moyennant subvention, à la compagnie du Grand-central et à la compagnie d'Orléans : ce chemin fait partie du nouveau réseau de la compagnie ; garantie d'intérêts (convent. appr. par la loi des 11 juin-25 août 1863 et le décret des 6 juill.-25 août 1863).

96°. *Calais*. — V. Boulogne.

97°. *Camp de Châlons*. — Concession à la compagnie de l'Est d'un chemin de fer se détachant d'un point de la ligne de Paris à Strasbourg, à déterminer entre Saint-Gibrien et Châlons-sur-Marne, et aboutissant au camp dit de Châlons, en un point à déterminer vers Livry-sur-Vesles

(conv. appr. par décr. des 5-31 juill. 1857, D. P. 57. 4. 114). — Ce chemin est compris dans l'ancien réseau de la compagnie de l'Est (conv. appr. par décr. des 11 juin-14 juill. 1859).

98°. *Canal d'Aire à La Bassée.* — V. Bully-Grenay, fosses de Fléchinelles.

99°. *Canal du Berry.* — V. mines de Commentry.

100°. *Canal de Bourgogne.* — V. Épinac.

101°. *Canal du Centre.* — V. Creuzot, Épinac, mines de Cromey.

102°. *Canal de la Haute-Deule.* — V. mines de Lens.

103°. *Canal du Rhône au Rhin.* — V. mines d'Ougney.

104°. *Canal de Roanne à Digoin* au chemin de fer du Bourbonnais. —L'établissement de ce chemin est déclaré d'utilité publique; imputation de la dépense sur les crédits ouverts par la loi du 2 juillet 1861, ch. 38 (établissem. de canaux) (décr. 25 août-26 sept. 1861, D. P. 61. 4. 119).

105°. *Carcassonne* à Quillan. — Concession éventuelle, avec subvention, à la compagnie du Midi, dans le cas où l'utilité publique en serait déclarée : ce chemin fait partie du nouveau réseau de la compagnie, garantie d'intérêts (conv. appr. par la loi et le décr. des 11 juin-25 août 1863). — L'établissement de ce chemin est déclaré d'utilité publique; en conséquence, la concession éventuelle est rendue définitive (décr. 9 mars-8 avril 1864, D. P. 64. 4. 54).

106°. *Carmaux* à Albi. — Concession aux propriétaires des mines de houille de Carmaux (décr. 4 mars-27 avril 1854). — La compagnie du Midi a la faculté de racheter cette ligne, dans le cas où la concession de Castres à Albi serait rendue définitive (conv. appr. par la loi et le décr. des 11 juin-25 août 1863).

107°. *Carpentras* à la ligne de Lyon à Avignon, vers un point à déterminer. — Concession éventuelle de ce chemin de fer, sans subvention ni garantie d'intérêts, dans le cas où l'utilité publique en serait déclarée, à la compagnie des chemins de fer de Paris à Lyon et à la Méditerranée (conv. appr. par décr. des 19 juin-28 juill. 1857, art. 8). — Ce chemin est compris dans le nouveau réseau de la compagnie, lequel donne lieu à une garantie d'intérêts : abrogation de la disposition contraire de la convention de 1857 (art. 5 et suiv. de la conv. appr. par décr. des 11 juin-14 juill. 1859 et par la loi des mêmes jours, art. 2, D. P. 59. 4. 75). — L'exécution de ce chemin est déclarée d'utilité publique; en conséquence, la concession est déclarée définitive; détermination du tracé (décr. 51 août-22 sept. 1860, D. P. 60. 4. 149). — Il est placé dans l'ancien réseau de la compagnie de Paris à Lyon et à la Méditerranée (conv. appr. par la loi et le décr. des 11 juin-25 août 1863).

108°. *Castres* à Albi. — Concession éventuelle à la compagnie du Midi, avec subvention, dans le cas où l'utilité publique en serait déclarée : ce chemin fait partie du nouveau réseau de la compagnie; garantie d'intérêts dans le cas où cette concession serait rendue définitive; la compagnie aura la faculté de racheter la ligne de Carmaux à Albi (conv. appr. par décr. des 11 juin-25 août 1863). — L'établissement de ce chemin est déclaré d'utilité publique; en conséquence, la concession éventuelle est rendue définitive (décr. 9 mars-8 avril 1864, D. P. 64. 4. 54).

109°. *Castres* à Mazamet.—Concession éventuelle, avec subvention, à la compagnie du Midi, dans le cas où l'utilité publique de ce chemin serait déclarée : il fait partie du nouveau réseau de la compagnie; garantie d'intérêts (conv. appr. par la loi et le décr. des 11 juin-25 août 1863). — L'établissement de ce chemin est déclaré d'utilité publique; en conséquence, la concession éventuelle est rendue définitive (décr. 9 mars-8 avril 1864, D. P. 64. 4. 54).

110°. *Castres* à la ligne de Bordeaux à Cette, passant par ou près Revel. — Le ministre est autorisé à concéder cet embranchement, sans subvention, pour une durée qui ne peut être moindre de quatre-vingt-dix-neuf ans (l. 21 juin-7 juill. 1846, D. P. 46. 5. 115). — Concession de cet embranchement à la compagnie du chemin de fer de Bordeaux à Cette, pour une durée de 66 ans et 6 mois (ord. 1er-7 juill. 1846, D. P. 46. 5. 115). — La compagnie a renoncé à la concession (V. Bordeaux à Cette). —Concession éventuelle à la compagnie du Midi, sans subvention ni garantie d'intérêts, d'un embranchement dirigé de Castres sur un point de la ligne de Bordeaux à Cette à déterminer de Villefranche à Castelnaudary (conv. appr. par décr. des 1er août-1er oct. 1857, art. 2). — L'établissement de ce chemin de fer est déclaré d'utilité publique. 20 juin-20 juill. 1861, D. P. 61. 4. 110). — Stipulation d'une garantie d'intérêt et abrogation de la disposition contraire de la convention de 1857; en conséquence, la concession est déclarée définitive (art. 7 et 9 de la conv. appr. par décr. des 11 juin-14 juill. 1859, et par la loi des mêmes jours, art. 8, D. P. 59. 4. 75).

111°. *Le Cateau.* — V. Busigny.

112°. *Ceinture* (chemin de fer de) à Paris. — Le ministre est autorisé à concéder le chemin de fer de ceinture entre les gares de l'Ouest et Rouen, du Nord, de Strasbourg, de Lyon et d'Orléans, aux compagnies réunies des chemins de fer de Paris à Rouen, de Paris à Orléans, de Paris à Strasbourg et du Nord, aux clauses et conditions du cahier des charges annexé au présent décret. Les compagnies, constituées en société anonyme, seront représentées par un syndicat. Le chemin de fer de Lyon étant à cette époque entre les mains de l'État, il est dit dans le cahier des charges que lorsque ce chemin sera concédé, la compagnie concessionnaire sera soumise aux mêmes obligations que les autres compagnies et participera aux mêmes avantages (décr. 10-25 déc. 1851, D. P. 52. 4. 12). — Approbation de la convention par laquelle il est fait concession du chemin de ceinture aux compagnies ci-dessus dénommées : la durée de la concession est fixée à quatre-vingt-dix-neuf ans

(décr. 11-23 déc. 1851, D. P. 52. 4. 13).—L'exécution d'un chemin de fer formant prolongement du chemin de fer de ceinture et se dirigeant de la commune de Batignolles sur Passy et Auteuil est déclarée d'utilité publique : concession à la compagnie de Paris à Saint-Germain (décr. 18 août-6 sept. 1852, D. P. 52. 4. 194). — Organisation du syndicat par lequel sera administrée la société à laquelle le chemin de fer de ceinture a été concédé (décr. 22 janv.-21 mars 1855, D. P. 55. 4. 65). — Concession d'un chemin de fer destiné à relier la gare d'eau de Saint-Ouen au chemin de fer de ceinture, aux clauses et conditions du cahier des charges annexé au présent décret (décr. 24 mars-4 mai 1855, D. P. 55. 4. 52). — Les délais fixés par les art. 1 et 29 de ce cahier des charges sont prorogés d'une année (décr. 12-25 mars 1856, D. P. 56. 4. 42). — Le prolongement du chemin de fer de ceinture de Paris, sur la rive gauche de la Seine, entre Auteuil et la gare d'Orléans, est déclaré d'utilité publique : il sera pourvu ultérieurement aux voies et moyens d'exécution (décr. 14 juin-26 juill. 1861, D. P. 61. 4. 111). — Le chemin de ceinture est compris dans l'ancien réseau de chacune des compagnies auxquelles il a été concédé en commun (conv. appr. par les décr. des 11 juin-14 juill. 1859). — V. la Chapelle.

113°. *Centre* (chemin de fer du). — Il sera établi un chemin de fer se dirigeant de Paris sur le centre de la France, par Bourges (L. 11-17 juin 1842, art. 1, supra, p. 850). — Ce chemin sera prolongé, d'une part, de Vierzon sur Châteauroux et Limoges, et d'autre part de Bourges sur Clermont. Le ministre des travaux publics est autorisé à donner à bail pendant quarante années au plus : 1° la partie du chemin de fer du Centre comprise entre Vierzon et Châteauroux ; 2° celle comprise entre Vierzon et la rive droite de l'Allier ; 3° le chemin de fer d'Orléans à Vierzon. — Dans le cas où les conditions du bail ne seraient pas acceptées, le ministre est autorisé à faire poser la voie de fer d'Orléans à Vierzon aux frais du trésor public (L. 26-51 juill. 1844, suivie du cahier des ch.). — Approbation de l'adjudication passée le 9 oct. 1844, pour la pose de la voie de fer et l'exploitation du chemin de fer d'Orléans à Vierzon, avec ses prolongements, d'une part sur Châteauroux, et d'autre part sur Bourges et sur la rive droite de l'Allier, moyennant le rabais d'un mois sur la durée du bail qui se trouve ainsi réduite à trente-neuf ans et onze mois (ord. 26 oct.-4 nov. 1844)· — Autorisation de la société anonyme formée à Paris sous la dénomination de *Compagnie du chemin de fer du Centre*; approbation des statuts (ord. 15-26 nov. 1845). — Ouverture d'un crédit extraordinaire pour les travaux de la partie du chemin de fer de Paris sur le centre de la France, comprise entre Orléans et Vierzon (ord. 27 nov.-12 déc. 1845). — Affectation de divers crédits à l'exécution du chemin de fer sur le centre de la France, comprise entre Châteauroux et Limoges, et de la partie comprise entre le Bec-d'Allier et Clermont, en passant par la vallée de l'Allier, Moulin, Gannat et Riom, avec embranchement sur Nevers (L. 21-juin-10 juill. 1846, D. P. 46. 5, 116). — Crédits ouverts pour l'achèvement des travaux à la charge de l'État, sur le chemin de fer d'Orléans à Vierzon (L. 5-11 juill. 1846, D. P. 5. 43. 117).—Nomination de commissaires extraordinaires auxquels, près les chemins de fer d'Orléans et du Centre, lesquels sont autorisés à prendre toutes les mesures qu'ils jugeront convenables pour assurer l'exploitation et la libre circulation du chemin (arr. 30 mars-2 avr. 1848, D. P. 48. 4. 64). — Les chemins de fer d'Orléans et du Centre sont placés sous séquestre (décr. 4-6 avr. 1848, D. P. 48. 4. 65).—Le ministre des travaux publics est autorisé à donner à bail à la compagnie du chemin de fer du Centre, et aux conditions du cahier des charges, annexé à la loi du 26 juillet, l'embranchement du Guétin à Nevers, autorisé par la loi du 21 juin 1846 (L. 4-6 déc. 1848. D. P. 49. 4. 4). — Crédits ouverts pour l'achèvement des travaux à la charge de l'État, sur le chemin de fer de Vierzon au Bec-d'Allier (L. 17-24 nov. 1848, D. P. 48. 4. 191 ; 7-11 mai 1849, D. P. 49. 4. 100). — Cession par la compagnie concessionnaire à la compagnie de Paris à Orléans, du bail d'exploitation du chemin de fer du Centre (décr. 26 mars-19 avr. 1852. D. P. 52. 4. 124, suivi de la conv.; V. Paris à Orléans). — Augmentation de l'allocation générale affectée par la loi du 21 juin 1846, aux travaux de la ligne du Bec-d'Allier à Clermont, avec embranchement sur Nevers, et diminution de l'allocation affectée par ladite loi aux travaux de la ligne de Châteauroux à Limoges (décr. 18 août-8 sept. 1855, D. P. 55. 4. 208). — Nouvelle augmentation de ces allocations (Décr. 1-15 mars 1856, D. P. 56. 4. 42). — La section de la ligne du Bec-d'Allier à Clermont, comprise entre Saint-Germain-des-Fossés et Clermont, est cédée à la compagnie d'Orléans à la compagnie du Grand-Central (conv. appr. par décr. des 7 avr.-26 juill. 1855, D. P. 55. 4. 77). — Cette section est rétrocédée par la compagnie du Grand-Central à la compagnie de Paris à Lyon et à la Méditerranée (art. 2, conv. appr. par décr. des 19 juin-28 juill. 1857, et traité de cession y annexé). — Les chemins de fer d'Orléans à Vierzon, de Vierzon au Bec-d'Allier, de Vierzon à Limoges, sont compris dans l'ancien réseau de la compagnie de Paris à Orléans (conv. appr. par décr. des 11 juin-14 juill. 1859).

114°. *Cercy-la-Tour.* — V. Auxerre.

115°. *Cette.* — V. Bordeaux, Montpellier.

116°. *Chalindrey.* — V. Dijon.

117°. *Châlons-sur-Marne.* — V. Orléans.

118°. *Châlons-sur-Saône* à Dôle. — Concession à la compagnie de Paris à Lyon, qui s'engage à l'exécuter entièrement à ses frais, risques et périls (conv. appr. par décr. des 1er juin 1854, art. 2 ; cahier des ch. annexé au même décr., art. 1 et 2 ; convent. appr. par décr. des 19 juin-28 juill. 1857, art. 7 ; cahier des ch. annexé

au même décr., art. 1 et 2). — Ce chemin est compris dans l'ancien réseau de la compagnie de Paris à Lyon et à la Méditerranée (conv. appr. par décr. des 11 juin-14 juill. 1859).

119°. *Chambéry*, par Montmélian et Aiguebelle à Saint-Jean-de-Maurienne. —V. Victor-Emmanuel (chemin de fer).

120°. *Champagnolles* à la ligne de Dôle en Suisse. — Concession éventuelle à la compagnie de Paris à Lyon et à la Méditerranée, dans le cas où l'utilité publique en serait déclarée : ce chemin fait partie du nouveau réseau de la compagnie ; garantie d'intérêts (conv. appr. par la loi et le décr. des 11 juin-25 août 1865). — L'établissement de ce chemin est déclaré d'utilité publique ; en conséquence, la concession éventuelle est rendue définitive (décr. 20 févr.-24 mars 1864, D. P. 64. 4. 52).—V. Dôle à Salins.

121°. *Chantilly* à Senlis. — Concession à la compagnie du chemin de fer du Nord (conv. appr. par décr. des 26 juin-1er août 1857, art. 1 ; cah. des ch. annexé au même décr., art. 1 et 2). — Ce chemin fait partie du nouveau réseau de la compagnie du Nord ; garantie d'intérêts (art 2 et s. de la conv. appr. par décr. des 11 juin-14 juill. 1859, et par la loi des mêmes jours, art. 4, D. P. 59. 4. 75).

122°. *La Chapelle* à la Villette, chemin de fer de raccordement entre ces deux gares : concession aux compagnies concessionnaires des chemins de fer du Nord et de Strasbourg : le chemin de ceinture se reliera aux gares des chemins du Nord et de Strasbourg, au moyen de ce raccordement (décr. 10-20 déc. 1851). — V. Ceinture (chemin de).

123°. *Charentes* (chemin de fer des).—Cette concession comprend les chemins de fer : 1° de Napoléon-Vendée à la Rochelle ; 2° de Rochefort à Saintes : 3° de Saintes à Coutras ; 4° de Saintes à Angoulême.—L'établissement de ces chemins est déclaré d'utilité publique : il sera pourvu ultérieurement aux voies et moyens d'exécution (deux décr. du même jour 14 juin-25 juill. 1861, D. P. 61. 4. 111). — Le ministre est autorisé à entreprendre les travaux : crédits ouverts (L. 2-5 juill. 1861, D. P. 61. 4. 94). — La mise en adjudication de ces quatre chemins de fer en une seule concession est ordonnée ; la durée de la concession sera de quatre-vingt-dix-neuf ans ; une subvention sera accordée au concessionnaire, le rabais portera sur la subvention (décr. 19 avr.-25 juill. 1862, D. P. 62. 4. 80).— Approbation de l'adjudication (décr. 6-25 juill. 1862, D. P. 62. 4. 80). — Approbation législative des clauses financières applicables à l'exécution de ce chemin (L. 6-25 juill. 1862, D. P. 62. 4. 80).— Autorisation de la société anonyme formée à Paris sous la dénomination de *Compagnie du chemin de fer de la Charente* ; approbation des statuts (décr. 30 mai-15 juill. 1863).

124°. *Charleville*. — V. Reims.

125°. *Charleville* à la frontière belge, par Givet.— Concession, sans subvention ni garantie d'intérêts à la compagnie des Ardennes et de l'Oise (conv. appr. par décr. des 10 juin-29 juill. 1857, art. 1). — Convention entre la France et la Belgique pour le raccordement de ce chemin avec le chemin de fer de Namur (décr. 24-29 nov. 1860, D. P. 61. 4. 1). — L'établissement d'une voie de raccordement de la gare de Givet à la frontière belge dans la direction de Morialmé est déclaré d'utilité publique: la compagnie des Ardennes est substituée aux droits et aux obligation de l'Etat, les terrains seront incorporés à la concession du chemin de fer des Ardennes et feront retour à l'Etat à l'expiration de la concession (décr. 12 déc. 1860-18 janv. 1861, D. P. 61. 4. 20). — Convention entre la France et la Belgique pour le raccordement du chemin de fer de Charleville au chemin de fer belge de Morialmé (décr. 5-9 avr. 1862, D. P. 62. 4. 56).

126°. *Chartres*. — V. Chemins de fer de l'Ouest.

127°. *Châteaudun*. — V. Paris à Tours.

128°. *Châteaulin*. — V. Nantes.

129°. *Châteaulin* à Landerneau. — L'établissement d'un chemin de fer reliant la ligne de Nantes à Châteaulin et celle de Rennes à Brest, au moyen d'un tracé qui, se détachant de la première de ces lignes en un point à déterminer, aboutira à ou près Landerneau, est déclaré d'utilité publique; il sera pourvu ultérieurement aux voies et moyens d'exécution (décr. 14 juin-26 juill. 1861, D. P. 61. 4. 111). — Le ministre des travaux publics est autorisé à entreprendre les travaux de ce chemin ; crédits ouverts (L. 2-5-juill. 1861. D. P. 61. 4. 94).—Concession moyennant subvention à la compagnie de Paris à Orléans ; ce chemin fait partie de l'ancien réseau (conv. appr. par la loi des 11 juin-25 août 1865 et le décr. des 6 juill.-25 août 1865).

130°. *Châteauroux* à Limoges. — Concession à la compagnie de Paris à Orléans (conv. appr. par décr. des 27 mars-19 avr. 1852). — V. Poitiers.

131°. *Châtillon*. — V. Bar-sur-Seine.

132°. *Châtillon* à la ligne de Paris à Lyon en un point à déterminer d'Ancy-le-Franc à Montbard. — Concession sans subvention ni garantie d'intérêts à la compagnie des chemins de fer de Paris à Lyon et à la Méditerranée (conv. appr. par décr. des 19 juin-28 juill. 1857, art. 7). — Ce chemin fait partie du nouveau réseau donnant lieu à une garantie d'intérêts : abrogation de la disposition contraire de la convention de 1857 (art. 3 et suiv. de la conv. appr. par les décr. des 11 juin-14 juill. 1859 et par la loi des mêmes jours, art. 2, D. P. 59. 4. 75).

133°. *Châtillon-sur-Seine* à Chaumont. — L'établissement de ce chemin est déclaré d'utilité publique : il sera pourvu ultérieurement aux voies et moyens d'exécution (décr. 14 juin-26 juill. 1861, D. P. 61. 4. 111).— Le ministre des travaux publics est autorisé à entreprendre les travaux : crédits ouverts (L. 2-5 juill. 1861, D. P. 61. 4. 94). — Concession à la compagnie des chemins de fer de l'Est moyennant subven-

tion : ce chemin fait partie du nouveau réseau de la compagnie de l'Est pour lequel une garantie d'intérêts a été accordée par l'Etat (conv. appr. par la loi et le décr. des 11 juin-25 août 1865, D. P. 65. 4. 155).

134°. *Chaumont* à Toul. — L'établissement d'un chemin de fer de Chaumont à la ligne de Paris à Strasbourg en un point à déterminer ultérieurement de Toul à Commercy est déclaré d'utilité publique : il sera pourvu ultérieurement aux voies et moyens d'exécution (décr. 14 juin-26 juill. 1861, D. P. 61. 4. 111). — Le ministre des travaux publics est autorisé à entreprendre les travaux : crédits ouverts (L. 2-5 juill. 1861, D. P. 61. 4. 94). — Concession à la compagnie de l'Est, moyennant subvention ; ce chemin fait partie du nouveau réseau de la compagnie de l'Est pour lequel l'Etat a accordé une garantie d'intérêt (conv. appr. par la loi et le décr. des 11 juin-25 août 1865, D. P. 65. 4. 155). — V. Châtillon-sur-Seine.

135°. *Chauny*. — V. Saint-Gobain.

136°. *Cherbourg*. — V. Paris.

137°. *Clamecy*. — V. Auxerre.

138°. *Clermont* (Hérault). — V. Agde.

139°. *Clermont-Ferrand*. — V. Centre (chemin de fer du).

140°. *Clermont-Ferrand* à Lembdes. — Concession pour quatre-vingt-dix-neuf ans à la compagnie dite du Grand-Central (décr. 21 avr.-31 mai 1853, D. P. 53. 4. 79, suivi de la convention et du cahier des charges). — Cession de ses droits par la compagnie du Grand-Central à la compagnie de Paris à Lyon et à la Méditerranée (convent. appr. par les décr. des 19 juin-28 juill. 1857). — V. Grand-Central, Usines de Bourdon.

141°. *Clermond-Ferrand* à Montauban, section comprise entre Lembdes et la rivière du Lot. — Concession pour quatre-vingt-dix-neuf ans à la compagnie dite du Grand-Central, sauf confirmation par l'Etat dans un délai de cinq ans (décr. 21 avr.-31 mai 1853, D. P. 53. 4. 79, suivi de la convention et du cahier des charges). — Concession définitive, moyennant subvention et garantie d'intérêts ; détermination du tracé (convent. appr. par décr. des 7 avr.-26 juill. 1855, D. P. 55. 4. 77, et par la loi des 2-11 mai 1855, D. P. 55. 4. 67).— Cession de ses droits par la compagnie du Grand-Central à la compagnie de Paris à Orléans (conv. appr. par décr. des 19 juin-28 juill. 1857, et traités de cession). — V. Grand-Central, Périgueux.

142°. *Clermont-Ferrand* à Montbrison, passant par ou près Thiers. —L'établissement de ce chemin est déclaré d'utilité publique : il sera pourvu ultérieurement aux voies et moyens d'exécution (décr. 14 juin-26 juill. 1861, D. P. 61. 4. 111). — Le ministre des travaux publics est autorisé à entreprendre les travaux, crédits ouverts (L. 2-5 juill. 1861, D. P. 61. 4. 94). — Concession à la compagnie de Paris à Lyon et à la Méditerranée, avec subvention ; ce chemin est compris dans le nouveau réseau de la compagnie, garantie d'intérêts (convent. appr. par la loi et le décr. des 11 juin-25 août 1865).

143°. *Cocherau* à Sarrebourg. — Concession éventuelle de cet embranchement à la compagnie de Paris à Strasbourg (convent. appr. par le décr. des 21 juin-1er oct. 1855, D. P. 55. 4. 226).

144°. *Collonges*. — V. Thonon.

145°. *Commentry* à Gannat. — L'établissement d'un embranchement sur le chemin de Montluçon et aboutissant au chemin de Saint-Germain-des-Fossés, à un point à déterminer de Gannat à Monteignet, est déclaré d'utilité publique (décr. 14 juin-26 juill. 1861, D. P. 61. 4. 111). — Le ministre est autorisé à entreprendre les travaux ; crédits ouverts (L. 2-5 juill. 1861, D. P. 61. 4. 94). — Concession, moyennant subvention à la compagnie de Paris à Orléans ; ce chemin de fer fait partie du nouveau réseau ; garantie d'intérêts (conv. appr. par la loi des 11 juin-25 août 1865 et le décr. des 6 juill.-25 août 1865).

146°. *Compiègne* à Reims par Soissons. — La compagnie des Ardennes aura la préférence à conditions égales pour la concession de ce chemin de fer (convent. appr. par décr. des 20 juill.-10 sept. 1855, art. 6). — La compagnie renonce à ce droit de préférence pour la partie comprise entre Soissons et Compiègne (convent. appr. par décr. des 10 juin-29 juill. 1857, art. 2 ; convent. appr. par décr. des 26 juin-1er août 1857, art. 8).

147°. *Conches*. — V. Laigle.

148°. *Corbeil* à Montargis. — V. Paris à Lyon par le Bourbonnais, Pithiviers.

149°. *Coulommiers*. — V. Paris à Mulhouse.

150°. *Coutras*. — V. Saintes.

151°. *Coutras* à Périgueux. — Concession pour quatre-vingt-dix-neuf ans à la compagnie dite du Grand-Central (décr. 21 avril-31 mai 1855, D. P. 55. 4. 79, suivi de la convention et du cahier des charges). — Cession de ses droits par la compagnie du Grand-Central à la compagnie d'Orléans (convent. appr. par les décr. des 19 juin-28 juill. 1857, et traités de cession). Cet embranchement est compris dans le nouveau réseau de la compagnie d'Orléans donnant lieu à une garantie d'intérêts (art. 2 et 3 de la convent. appr. par les décr. des 11 juin-14 juill. 1859 et par la loi des mêmes jours, art. 8, D. P. 59. 4. 75).

152°. *Creil* à Beauvais. — Concession à la compagnie des Ardennes et de l'Oise (décr. 20 juill.-10 sept. 1855 et convent. y annexée). — Cette concession est rétrocédée par la compagnie des Ardennes et de l'Oise à celle du Nord (convent. avec la compagnie des Ardennes et de l'Oise, appr. par décr. des 10 juin-29 juill. 1857, art. 2 ; convent. avec la compagnie du Nord, appr. par décr. des 26 juin-1er août 1857, art. 8). —Ce chemin est compris dans l'ancien réseau de la compagnie du Nord

(convent. appr. par décr. des 11 juin-14 juill. 1859). — V. Beauvais.

155°. *Creil* à Saint-Quentin. — Le ministre des travaux publics est autorisé à procéder par la voie de la publicité et de la concurrence à la concession de ce chemin de fer, conformément aux clauses et conditions du cahier des charges annexé à la présente loi : la durée de la concession ne pourra excéder soixante quinze ans (L. 15-21 juill. 1845, art. 2, D. P. 45. 5. 162). — Approbation de l'adjudication : la durée de la concession est réduite à vingt quatre ans et trois cent trente-cinq jours (ord. 29 déc. 1845-10 janv. 1846). — Autorisation de la société anonyme formée à Paris sous la dénomination de *Compagnie du chemin de fer de Creil à Saint-Quentin*; approbation des statuts (ord. 24 avr.-9 mai 1846. D. P. 46. 5. 71). — Fusion de la compagnie du chemin de fer de Creil à Saint-Quentin avec la compagnie du chemin de fer du Nord (ord. 1er avr. 31 mai 1847). — Ce chemin est compris dans l'ancien réseau de la compagnie du Nord (conv. appr. par décr. des 11 juin-14 juill. 1859).

154°. *Crest*. — V. Privas.

155°. *Creuzot* au canal du Centre. — L'établissement de ce chemin de fer est autorisé conformément aux clauses et conditions du cahier des charges (ord. 26 déc. 1857-29 janv. 1858). — Les concessionnaires sont autorisés à établir sur ce chemin un transport public de voyageurs (ord. 12 sept.-24 nov. 1842). — Ils sont autorisés à l'exploiter au moyen de machines locomotives (décr. 7-26 mars 1860). — Modification au cahier des charges (décr. 28 juill.-1er sept. 1860, art. 4, D. P. 60. 4. 142). — V. Mines de Cromey.

156° *La Croix-Rousse*. — V. Lyon.

157° *La Croix-Rousse* au camp de Sathonay. — Concession de ce chemin pour une période de quatre-vingt-dix-neuf ans (décr. 12 janv.-20 fév. 1861 D. P. 61. 4. 55, suivi du cahier des charges).

158°. *Culoz*, sur la frontière sarde. — Concession à la compagnie du chemin de fer de Lyon à Genève sans subvention ni garantie d'intérêts, d'un embranchement se détachant dudit chemin à ou près Culoz et aboutissant à la frontière sarde (décr. 24 juill.-24 sept. 1857, D. P. 57. 4. 185). — Convention du 25 novembre 1858 entre la France et la Sardaigne, relativement à l'exploitation de ce chemin dans ses rapports avec la douane (décr. 8-17 janv. 1859, D. P. 59. 4. 6).

159°. *Culoz*, par Aix à Chambéry. — V. Victor-Emmanuel (chemin de fer).

160°. *Dauphiné* (chemins de fer du). — Concession moyennant subvention et garantie d'intérêts pour un laps de quatre-vingt-dix-neuf ans du chemin de fer de Saint-Rambert à Grenoble (décr. 7 mai-2 juill. 1855, D. P. 55. 4. 144 ; L. 10-18 juin 1853, D. P. 53. 4. 151, suivie du cahier des charges). — Autorisation de la société anonyme formée à Paris sous la dénomination de *Compagnie du chemin de fer de Saint-Rambert à Grenoble*, approbation des statuts (décr. 18 fév.-27 avr. 1854). — Convention relative à la réalisation de la garantie d'intérêts (décr. 15 janv.-7 fév. 1855. D P. 55. 4. 14). — Formes suivant lesquelles la compagnie du chemin de fer de Saint-Rambert à Grenoble sera tenue de faire vis-à-vis de l'Etat diverses justifications qui lui sont imposées par son cahier des charges (décr. 8 mars-1er avr. 1855, D. P. 56 . 4. 56). — Dans le cas où la concession de chemin de fer destiné à lier directement la ligne de Grenoble à celle de Lyon et de Valence serait faite à la compagnie concessionnaire du chemin de fer de Saint-Rambert à Grenoble, le ministre des travaux publics est autorisé à appliquer à l'ensemble des trois lignes la subvention de 7 millions de fr. et la garantie d'intérêts accordés par la loi du 10 juin 1855, pour l'exécution de la ligne de Saint-Rambert à Grenoble et des conditions approuvées par ladite loi (L. 21-28 juill. 1856, D. P. 56. 4. 119). — Concession à ladite compagnie moyennant subvention et garantie d'intérêts, conformément à la loi qui précède, et aux clauses et conditions du cahier des charges annexé à la loi du 10 juin 1855, des chemins de fer de Lyon à Grenoble et de Valence à Grenoble, se rattachant l'un et l'autre à la ligne de Saint-Rambert à Grenoble (décr. 18-27 mars 1857, D. P. 57. 4. 56). — La compagnie du chemin de fer de Saint-Rambert à Grenoble est autorisée à prendre la dénomination de *Compagnie des chemins de fer du Dauphiné* : modifications aux statuts de ladite compagnie décr. 5 déc. 1857-13 janv. 1858).—Nouvelles modifications aux statuts (décr. 25 juill -10 août 1859). — Fusion de la campagnie des chemins de fer du Dauphiné avec la compagnie des chemins de fer de Paris à Lyon et à la Méditerranée (convent. appr. par décr. des 11 juin-14 juill. 1859 ; convent. appr. par le décr. des 16 juill.-25 sept. 1865).— Détermination du tracé du chemin de fer de Lyon à Grenoble entre Bourgoin et la ligne de Saint-Rambert (décr. 11 juill.-6 août 1860, D. P. 60. 4. 125).— Ces trois chemins de fer de Saint-Rambert à Grenoble, de cette ligne à Valence et à Lyon, font partie du nouveau réseau de la compagnie de Paris à Lyon et à la Méditerranée, par lequel une garantie d'intérêts a été accordée par l'Etat (convent. appr. par le décr. des 11 juin-14 juill. 1859 et par la loi des mêmes jours, art. 2, D. P. 59. 4. 75).

161°. *Dax*. — V. Toulouse.

162°. *Delle*. — V. Montbéliard.

163° *Denain*. — V. Abscon, Saint-Waast.

164°. *Dieppe* et *Fécamp*, embranchements sur le chemin de fer de Rouen au Havre. — Le ministre des travaux publics est autorisé à concéder ces embranchements conformément aux clauses et conditions du cahier des charges annexé à la présente loi : les deux embranchements seront compris dans une seule et même concession : la durée de la concession n'excédera pas le terme assigné à celle du chemin de fer de Rouen

au Havre par la loi du 11 juin 1842 (L. 19-28 juill. 1845, D. P. 45. 5. 144). — Concession (ord. 18 sept.-7 oct. 1845). — Autorisation de la société anonyme formée à Paris sous la dénomination de *Compagnie des chemins de fer de Dieppe et de Fécamp* : approbation des statuts (ord. 14 oct.-11 nov. 1845). — Prorogation des délais fixés pour l'achèvement des travaux (L. 9-21 août 1847, D. P. 47 5. 164). — Modification aux statuts (décr. 22 mai 15 juin 1850).—Fusion de la compagnie avec celle des chemins de fer normands et bretons (L. 2-11 mai 1855, D. P. 55. 4. 67). — Ce chemin est compris dans l'ancien réseau de la compagnie de l'Ouest (conv. appr. par décr. des 11 juin-14 juill. 1859). — V. Ouest (chemins de fer de l').

165°. *Dieuze* à la ligne de Paris à Strasbourg, entre Avricourt et Réchicourt. — L'établissement de ce chemin est déclaré d'utilité publique : il sera pourvu ultérieurement aux voies et moyens d'exécution (décr. 14 juin-26 juill. 1861, D. P. 61. 4. 111). — Le ministre des travaux publics est autorisé à allouer une subvention en vue de l'exécution de ce chemin (L. 2-5 juill. 1861, art. 7, D. P. 61. 4. 94). — Concession de ce chemin à la société des anciennes salines domaniales de l'Est, moyennant la subvention sus-indiquée (décr. 16 août-9 sept. 1862, suivi de la convention et du cahier des charges). — Cession de la concession par la société des salines de l'Est à la compagnie des chemins de fer de l'Est (conv. appr. par décr. des 11 juin-25 août 1865, D. P. 65. 4. 155).

166°. *Digne* à la ligne d'Avignon à Gap. — Concession éventuelle avec subvention à la compagnie de Paris à Lyon et à la Méditerranée dans le cas où l'utilité publique en serait déclarée : ce chemin fait partie du nouveau réseau de la compagnie : garantie d'intérêts (conv. appr. par la loi et le décr. des 11 juin-25 août 1865)

167°. *Dijon* à Besançon. — Le ministre est autorisé à concéder directement, avec garantie d'intérêts, le chemin de fer de Dijon à Besançon avec embranchement sur Gray, aux clauses et conditions du cahier des charges annexé au présent décret (décr. 12 fév.-5 mars 1852, D. P. 52. 4. 61). — Concession (décr. 12 fév.-5 mars 1852, D P. 52. 6. 61). — Formes suivant lesquelles la compagnie du chemin de fer de Dijon à Besançon sera tenue de faire vis-à-vis de l'Etat diverses justifications qui lui sont imposées par son cahier des charges (décr. 31 août-6 sept. 1852, D. P. 52. 4. 197). — Autorisation de la société anonyme formée à Paris sous la dénomination de *Compagnie du chemin de fer de Dijon à Besançon* (décr. 11 sept.-2 oct. 1852). — Approbation d'une nouvelle convention relative à la garantie d'intérêts (décr. 8-30 déc. 1852). — Formes suivant lesquelles la compagnie du chemin de Dijon à Besançon avec embranchement sur Gray justifiera, vis-à-vis de l'Etat, des frais de construction du chemin de fer, de ses frais annuels d'entretien et de ses recettes (décr. 9 mai-1er juin 1855). — Réunion de ce chemin à la compagnie du chemin de fer de Paris à Lyon (décr. 20 avr.-1er juin 1854). — Ce chemin est compris dans l'ancien réseau de la compagnie de Paris à Lyon et à la Méditerranée (conv. appr. par décr. des 11 juin-14 juill. 1859). — V. Besançon, mines d'Ouguey, Paris à Lyon.

168°. *Dijon* à Langres. — L'établissement d'un chemin de fer de Dijon à la ligne de Gray à Langres, près Chalindrey, est déclaré d'utilité publique : il sera pourvu ultérieurement aux voies et moyens d'exécution (décr. 14 juin-26 juill. 1861, D. P. 61. 4. 111). — Le ministre des travaux publics est autorisé à entreprendre les travaux : crédits ouverts (L. 2-5 juill. 1861, D. P. 61. 4. 94). — Concession à la compagnie de Paris à Lyon et à la Méditerranée, avec subvention : ce chemin est compris dans le nouveau réseau de la compagnie : garantie d'intérêts (conv. appr. par la loi et le décr. des 11 juin-25 août 1865 .

169°. *Dijon* à Mulhouse, avec embranchement d'Auxonne sur Gray — Le ministre est autorisé à concéder ce chemin de fer et cet embranchement aux clauses et conditions du cahier des charges annexé à la présente loi : la durée de la concession ne pourra excéder quatre-vingt-dix-neuf ans (L. 21 juin-11 juill. 1846, D. P. 46. 5. 117). — V. Dijon à Besançon.

170°. *Dôle*. — V. Châlons-sur-Saône, Lons-le-Saulnier.

171°. *Dôle* à Salins. — Le ministre des travaux publics est autorisé à concéder cet embranchement aux clauses et conditions du cahier des charges annexé à la présente loi : la durée de la concession ne peut excéder quatre-vingt-dix neuf ans (L. 21 juin-11 juill. 1846, D. P. 46. 5. 117). — Le même ministre est de nouveau autorisé à concéder ce chemin de fer directement avec garantie d'intérêts aux clauses et conditions du cahier des charges annexé au présent décret : la durée de la concession est de quatre-vingt-dix-neuf ans (décr. 1er fév.-5 mars 1852, D. P. 52. 4. 62). — Approbation d'une convention relative à la garantie d'intérêts (décr. 18 oct.-1er déc.1852).—Prolongation du délai pour l'achèvement de ce chemin (décr. 25 mars 1855, D. P. 55. 4. 26 . — Cession par la compagnie concessionnaire à la compagnie du chemin de fer de Paris à Lyon (décr. 5 avr.-1er mai 1856, D. P. 54. 4. 51 ; V. Paris à Lyon). — Ce chemin est compris dans l'ancien réseau de la compagnie de Paris à Lyon et à la Méditerranée (conv. appr. par décr. des 11 juin-14 juill. 1859). — Embranchement de la ligne de Dôle à Salins vers la frontière suisse, d'un point à déterminer, passant par ou près Pontarlier et aboutissant à ou près de Verrières, avec embranchement sur Jougne. — Concession sans subvention ni garantie d'intérêts à la compagnie de Paris à Lyon et à la Méditerranée (conv. appr. par décr. des 19 juin-23 juill. 1857, art. 7). — Cet embranchement est compris dans le nouveau réseau de la compagnie : garantie d'intérêts : abrogation de la disposition contraire de la convention de 1857 (art. 5 et suiv. de la conv.

appr. par décr. des 11 juin-14 juill. 1859, et par la loi des mêmes jours, art. 2, D. P. 59. 4. 75]. — V. Champagnolles.

172°. *Draguignan*. — V. Toulon à Nice.

173°. *Dunkerque*. — V. Lille.

174°. *Dunkerque* à la frontière belge dans la direction de Furnes. — La mise en adjudication de ce chemin de fer, par voie de publicité et de concurrence aux clauses et conditions du cahier des charges annexé au présent décret est ordonnée ; la concession prendra fin en même temps que celle de la compagnie du Nord, c'est-à-dire le 31 déc. 1950 (décr. 26 avr.-25 juin 1865). — Approbation de l'adjudication : la concession est réduite de onze ans (décr. 25 mai-25 juin 1865, D. P. 65. 4. 125).

175°. *Epinac* au canal de Bourgogne. — Les concessionnaires des mines de houille d'Epinac sont autorisés à construire un chemin de fer d'Epinac au canal de Bourgogne : concession perpétuelle (ord. 7-24 avr. 1850).

176°. *Epinac* au canal du Centre. — Concession pour quatre-vingt-dix-neuf ans (L. 17-28 juill. 1837).

177°. *Epinal*. — V. Nancy.

178°. *Epinal* à Remiremont. — Le ministre des travaux publics est autorisé : 1° à s'engager, au nom de l'État, à allouer, en vue de la concession de ce chemin, une subvention de 5 millions, sauf réduction du montant des subventions consenties par les départements, les communes et les particuliers intéressés, et, en outre, une garantie d'intérêts ; — 2° Dans le cas où le chemin ne serait pas immédiatement concédé, à entreprendre les travaux, aussitôt que l'utilité publique en sera déclarée (L. 1er-4 août 1860, D. P. 60. 4. 124). — L'établissement de ce chemin est déclaré d'utilité publique (décr. 31 août-22 sept. 1860, D. P. 60. 4. 149). — Concession à la compagnie des chemins de fer de l'Est, moyennant subvention : ce chemin est compris dans le nouveau réseau de la compagnie de l'Est pour lequel une garantie d'intérêts est accordée par l'État (conv. appr. par la loi et le décr. des 11-25 juin 1865).

179°. *Ermont* à Argenteuil : embranchement se détachant par une double branche de la ligne de Paris en Belgique, à ou près Ermont, et aboutissant à Argenteuil en un point à déterminer sur la rive droite de la Seine. — Concession à la compagnie du Nord (conv. appr. par décr. des 26 juin-1er août 1857, art. 5 et 4 ; cah. des ch. annexé au même décret, art. 1 et 2). — Convention entre la compagnie du Nord et celle de l'Ouest pour l'exécution de ce chemin (conv. appr. par décr. des 11 juin-14 juill. 1859, art. 5). — Ce chemin fait partie du nouveau réseau de la compagnie du Nord ; garantie d'intérêts (art. 2 et suiv. de la conv. appr. par décr. des 11 juin-14 juill. 1859, et par la loi des mêmes jours, art. 4 D. P. 59. 4. 75].

180°. *Est* (chemins de fer de l'). — Il sera établi un chemin de fer se dirigeant vers la frontière d'Allemagne par Nancy et Strasbourg (L. 11-17 juin 1842, art. 1; V. *supra*, p. 850). — Une somme de 88,700,000 fr. est affectée à l'établissement, 1° de la partie de ce chemin comprise entre Paris et Hommarting et passant par ou près Epernay, Châlons, Bar-le-Duc, Toul et Nancy ; 2° des embranchements dirigés de Reims et de Metz sur ce chemin (L. 2-7 août 1844). — Le ministre des travaux publics est autorisé à procéder, par la voie de la publicité et de la concurrence, conformément aux clauses et conditions du cahier des charges annexé à la présente loi, à l'adjudication du chemin de fer de Paris à Strasbourg avec embranchement sur Reims d'une part, et sur Metz et la frontière de Prusse vers Saarbruck d'autre part ; la durée de la concession ne pourra excéder quarante-cinq ans (L. 19-28 juill. 1845, suivie du cahier des charges, D. P. 45. 5. 156). — Approbation de l'adjudication passée le 25 novembre 1845, pour la concession du chemin de fer de Paris à Strasbourg : la durée de la concession est fixée à quarante-trois ans deux cent quatre-vingt six jours (ord. 27 nov.-9 déc. 1845). — Autorisation de la société anonyme formée à Paris sous la dénomination de *Compagnie du chemin de fer de Paris à Strasbourg* ; approbation des statuts (ord. 17 déc. 1845-14 janv. 1846). — Crédits ouverts ou affectation de sommes pour la continuation des travaux entre Hommarting et Strasbourg (décr. 24-26 avr. 1848 ; L. 7-15 mai 1850 ; décr. 25 fév.-16 mars 1852). — Sommes affectées à l'achèvement des travaux à la charge de l'État, sur la section comprise entre Paris et Hommarting (L. 30 juin-9 juill. 1851). — La compagnie du chemin de fer de Paris à Strasbourg s'engage : 1° à payer à la compagnie qui sera déclarée concessionnaire du chemin de Blesmes à Gray une subvention de 10 millions ; 2° à construire un embranchement de Metz à Thionville avec prolongement vers la frontière française dans la direction de Luxembourg. — La durée de la concession du chemin de Paris à Strasbourg est portée à quatre-vingt-dix-neuf ans à partir du 27 nov. 1855 ; la concession finira par conséquent le 27 nov. 1954 (convent. appr. par décr. des 25 mars-20 avr. 1852, D. P. 52. 4. 126). — Concession à la compagnie de Paris à Strasbourg des chemins de fer suivants : Paris à Mulhouse avec embranchement sur Coulommiers ; Nancy à Gray ; Paris à Vincennes, Saint-Maur et Saint-Mandé. — Réunion à la concession du chemin de fer de Paris à Strasbourg des chemins de fer de Montereau à Troyes, et de Blesmes et Saint-Dizier à Gray. — La compagnie du chemin de fer de Paris à Strasbourg s'engage à rembourser à l'État le montant d'un prêt fait par celui-ci à la compagnie de Strasbourg à Bâle et à couvrir l'État des engagements qu'il a pris pour une garantie d'intérêts sur le capital employé à l'exécution du chemin de Strasbourg à Wissembourg. — Concession éventuelle d'un embranchement de Cochereu à Sarrebourg. — Des concessions des lignes concédées ou incorporées à la compagnie du chemin de fer de Paris à Strasbourg en vertu de la présente convention ne feront qu'une seule et même entre-

prise avec les concessions actuelles et prendront fin comme celles-ci le 27 nov. 1954 (convent. appr. par le décr. des 17 août-1er oct. 1853, D. P. 55. 4. 226, et suivie du cahier des charges de la concession des chemins de fer de Paris à Mulhouse, de Nancy à Gray et de Paris à Vincennes). — Approbation des modifications aux statuts de la compagnie. La société prend le nom de *Compagnie des chemins de fer de l'Est* (décr. 21 janv.-16 fév. 1854). — Réunion des concessions des chemins de fer de Strasbourg à Bâle et à Wissembourg aux concessions de la compagnie des chemins de fer de l'Est. — Concession à la même compagnie d'un chemin destiné à relier, sans solution de continuité, la ligne de Paris à Strasbourg avec le chemin Grand-Ducal à Kehl au moyen d'un pont sur le Rhin ; ces concessions prendront fin comme les précédentes le 27 nov. 1954 (décr. 20 avr.-1er juin 1854, suivi de la convention et du cahier des charges supplémentaires). — Modification des allocations affectées aux travaux de la section du chemin de fer de Paris à Strasbourg comprise entre Paris et Hommarting (décr. *°-15 mars 1856, D. P. 56. 4. 42). — Modification à l'art. 7 de la convention approuvé par le décr. du 17 août 1853 (convent. appr. par le décr. des 19 nov.-19 déc. 1856, D. P. 56. 4. 156). — Concession à la compagnie de l'Est d'un chemin de fer reliant le camp de Châlons à la ligne de Paris à Strasbourg (décr. 5-31 juill. 1857, D. P. 57. 4. 114, et les convent. y annexées). — Fusion entre la compagnie des chemins de fer de l'Est et la compagnie des Ardennes. — Concession à la compagnie de l'Est du chemin de fer de Thann à Wesserling formant prolongement du chemin de Mulhouse à Thann. — Concession éventuelle à la même compagnie d'un chemin de fer dirigé de Mézières à la ligne de Soissons, à la frontière de Belgique. La concession de la compagnie de l'Est sera considérée comme partagée en deux réseaux distincts, savoir : 1° L'ancien réseau comprenant les lignes de Paris à Strasbourg avec embranchement sur Reims et sur Mourmelon, et prolongement sur Kehl ; de Paris à Vincennes et Saint-Maur avec raccordement sur la ligne de Mulhouse ; de Frouard à Metz et à la frontière prussienne ; de Metz à Thionville et à la frontière du grand-duché de Luxembourg ; de Strasbourg à Wissembourg ; de Strasbourg à Bâle ; de Mulhouse à Thann ; de Thann à Wesserling ; le chemin de fer de Ceinture de Paris pour la part afférente à la compagnie de l'Est ; — 2° Le nouveau réseau comprenant : *lignes concédées à titre définitif* : de Paris à Mulhouse avec embranchement de Coulommiers, Provins, Montereau et Bar-sur-Seine, de Blesmes à Saint-Dizier et à Gray, de Nancy à Gray par Épinal ; de Reims à la frontière belge, par Mézières, Charleville et Givet, avec embranchement sur Sedan ; de Sedan à la ligne de Metz à Thionville, avec embranchement sur la ligne belge par Longwy ; de Reims à la ligne de Paris à Soissons ; de Reims à Laon. — *Ligne concédée à titre éventuel* : de Mézières à la ligne de Soissons à la frontière de Belgique. — L'intérêt du capital affecté à la construction des lignes formant le second réseau est garantie par l'État. — Toutes les lignes formant le réseau de la compagnie de l'Est sont régies par le cahier des charges annexé à la présente loi (convent. appr. par le décr. des 11 juin-14 juill. 1859 et par la loi des mêmes jours, art. 5, D. P. 59. 4. 75, et suivie du cahier des charges). — Détermination des formes suivant lesquelles la compagnie des chemins de fer de l'Est sera tenue de faire vis à vis de l'État, diverses justifications dont elle est tenue par son cahier des charges (décr. 2 mai-3 juin 1865). — Réalisation de la fusion entre la compagnie de l'Est et celle des Ardennes. — Cession à la compagnie de l'Est par la société des salines de l'Est de la concession du chemin de fer de Dieuze à Avricourt. — Concession à la compagnie de l'Est des chemins de fer, 1° d'Épinal à Remiremont ; de Lunéville à Saint-Dié ; de Strasbourg à Barr, à Mutzig et à Wasselone ; d'Haguenau à Niederbronn ; de Niederbronn à Thionville ; de Châtillon-sur-Seine à Chaumont ; de Chaumont à la ligne de Paris à Strasbourg ; de Sainte-Marie-aux-Mines à Schlestadt ; de Belfort à Guebviller ; de Reims à Metz moyennant subvention. — Concession éventuelle à la même compagnie des chemins de fer, 1° de Bar-sur-Seine à Châtillon, moyennant subvention ; 2° de la ligne de Mézières à Hirson à la frontière belge ; 3° de Givet à la frontière belge. — Toutes ces concessions définitives, ou éventuelles, font partie du nouveau réseau et donneront lieu par conséquent à la garantie d'intérêt ; elles sont régies par le cahier des charges annexé à la convention de 1859. — Modification de ce cahier des charges, relativement à l'introduction dans le tarif d'une quatrième classe de marchandises (convent. appr. par la loi et le décr. des 11 juin-25 août 1865). D. P. 65. 4. 135). — V. à leur ordre alphabétique les différentes lignes citées dans la présente notice ; V. aussi Ceinture (chemin de) et la Chapelle.

181°. *Étang*. — V. Santhenay.

182°. *Étaples*. — V. Arras.

183°. *Falaise*. — V. Méridon au Mans.

184°. *Fampoux* à Hazebrouck. — Le ministre des travaux publics est autorisé à procéder, par la voie de la publicité et de la concurrence, conformément au cahier des charges annexé à la présente loi, à la concession de ce chemin de fer ; la durée de la concession ne pourra excéder soixante-quinze ans (L. 15-21 juill. 1845, art. 3 et 4, D. P. 45. 3. 162). — Approbation de l'adjudication : la durée est réduite à trente-sept ans trois cent seize jours (ord. 10-19 sept. 1845). — Autorisation de la société anonyme formée à Paris sous la dénomination de *Compagnie du chemin de fer de Fampoux à Hazebrouck* (ord. 22 sept.-5 oct. 1845). — Déchéance prononcée contre ladite compagnie (décis. min. trav. pub. 28 déc. 1847). — Le ministre des finances est autorisé à restituer, par voie de transaction, la moitié du cautionne-

ment versé par la compagnie (décr. 6-25 mars 1853, D. P. 53, 4. 65).

185°. *Fécamp.* — V. Dieppe.

186°. *La Fère* à Reims. — Concession à la compagnie du Nord d'un chemin de fer se détachant de la ligne de Creil à Saint-Quentin à Tergnier et se portant par Laon sur Reims, où il se reliera au chemin de fer de Reims à Epernay (décr. 19 fév.-5 mars 1852, et convent. y annexée). — Réduction du délai fixé pour l'achèvement des travaux (art. 5, conv. appr. par décr. des 15 août-11 sept. 1855, D. P. 55. 4. 214).

187°. *La Flèche* à la ligne de Tours au Mans. — Concession éventuelle à la compagnie de Paris à Orléans dans le cas où l'utilité publique en serait déclarée ; ce chemin est compris dans le nouveau réseau ; garantie d'intérêts (conv. appr. par la loi des 11 juin-25 août 1863, et par le décr. des 6 juill.-25 août 1865).

188°. *Flers* à Mayenne. — Concession éventuelle à la compagnie de l'Ouest, moyennant subvention : ce chemin est compris dans le nouveau réseau de la compagnie ; garantie d'intérêts (conv. appr. par la loi et le décr. des 11 juin-25 août 1865). — V. Caen.

189°. *Foix.* — V. Toulouse.

190°. *Forges de Denain* à la ligne de Busigny à Somain, près la station de Lourches. — Concession de cet embranchement à la société des forges et hauts fourneaux de Denain et d'Anzin, pour une durée égale au temps restant à courir sur la concession du chemin de fer du Nord ; en conséquence, elle prendra fin le 31 déc. 1950 (décr. 18 juin-31 juill. 1865, D. P. 65. 4. 129, suivi du cahier des charges).

191°. *Fosses de Fléchinelles* au canal d'Aire à la Bassée et à la ligne des houillères du Pas-de-Calais. — Concession à la société houillère de la Lys supérieure, dite de Fléchinelles, pour une durée égale au temps restant à courir sur la concession du chemin de fer du Nord ; en conséquence elle prendra fin le 31 déc. 1950 (décr. 8 fév.-1er mars 1862, D. P. 62. 4. 26, suivi du cahier des charges). — Prorogation du délai fixé pour l'exécution des travaux (décr. 15-28 nov. 1863, D. P. 63. 4. 158).

192°. *Fraisans.* — V. Gray.

193°. *Frontière de Belgique.* — V. Charleville, Dunkerque, Givet, Hautmont, Lille, Longwy, Mézières, Soissons, Vireux-sur-Meuse.

194°. *Frontière d'Espagne.* — V. Bayonne, Port-Vendre.

195°. *Frontière d'Italie.* — V. Modane, Toulon à Nice.

196°. *Frontière sarde.* — V. Culoz, Gap.

197°. *Frontière suisse.* — V. Lyon à Genève, Dôle à Salins.

198°. *Furnes.* — V. Dunkerque.

199°. *Fuveau.* — V. Aubagne.

200°. *Gannat.* — V. Commentry.

201°. *Gap.* — V. Avignon.

202°. *Gap*, vers la frontière sarde. — Concession éventuelle de ce chemin de fer sans subvention ni garantie d'intérêts, dans le cas où l'utilité publique en serait déclarée, à la compagnie de Paris à Lyon et à la Méditerranée (conv. appr. par décr. des 19 juin-28 juill. 1857, art. 8). — Ce chemin est placé dans le nouveau réseau de la compagnie : garantie d'intérêts (art. 3 et suiv. de la conv. appr. du déc. des 11 juin-14 juill. 1859, et par la loi des mêmes jours, art. 2, D. P. 59. 4. 75). — V. Modane à Suze.

203°. *Genève.* — V. Lyon.

204°. *Givet.* — V. Charleville, Mézières.

205°. *Givet* à un point de la frontière belge, à déterminer dans la direction de Marche. — Concession éventuelle à la compagnie de l'Est moyennant garantie d'intérêts : ce chemin fait partie du nouveau réseau de la compagnie de l'Est (conv. appr. par la loi et le décr. des 11 juin-25 août 1865).

206°. *Givors.* — V. Paris à Lyon par le Bourbonnais.

207°. *Graissessac* à Béziers. — Le ministre des travaux publics est autorisé à concéder directement ce chemin de fer aux clauses et conditions du cahier des charges annexé au présent décret ; la durée de la concession sera de quatre-vingt-dix-neuf ans (décr. 27 mars-1er déc. 1852). — Approbation de la concession (décr. 27 mars-1er déc. 1852). — Autorisation de la société anonyme formée à Paris sous la dénomination de *Compagnie du chemin de fer de Graissessac à Béziers* ; approbation des statuts (décr. 26 fév.-31 mars 1852). — Le chemin de fer est placé sous le séquestre (décr. 12-26 mai 1858, D. P. 58. 4. 56). La compagnie du Midi est tenue de racheter dans un délai de deux ans le chemin de Graissessac à Béziers, lequel fera alors partie du nouveau réseau de la compagnie ; ce rachat sera réglé par un arbitrage (art. 1, conv. appr. par la loi et le décr. des 11 juin-25 août 1865). — V. Milhau.

208°. *Grand-Central.* — Concession à la compagnie dite du chemin de fer Grand-Central de France des chemins de fer : 1° de Clermont-Ferrand à Lembdes ; 2° de Montauban à la rivière du Lot, avec embranchement sur Marcillac ; 3° de Coutras à Périgueux. — Concession, sauf confirmation dans le délai de cinq ans, des chemins de fer suivants : 1° section du chemin de fer de Clermont-Ferrand à Montauban, comprise entre Lembdes et la rivière du Lot ; 2° les deux sections du chemin de fer de Bordeaux à Lyon, comprise l'une entre Saint-Étienne et le chemin de fer de Clermont à Montauban, l'autre entre ce dernier chemin et Périgueux ; 3° le chemin de fer de Limoges à Agen (V. ces différents chemins à leur ordre alphabétique). — Toutes ces concessions sont faites pour quatre-vingt-dix-neuf ans. — Pour les chemins de la deuxième catégorie, l'État s'engage à livrer les terrassements, ouvrages d'art, etc., ou à payer une subvention (décr. 21 avr.-31 mai 1855, D. P. 55. 4. 79, suivi de la conv. et du cah. des ch.) — Autori-

sation de la société anonyme formée à Paris, sous la dénomination de *Compagnie du chemin de fer Grand-Central de France;* approbation des statuts (décr. 30 juill.-29 août 1853). — Réunion des chemins de fer du Rhône à la Loire à la compagnie du Grand-Central (conv. appr. par décr. des 26 déc. 1853-4 fév. 1854, suivi du cah. des ch. suppl.) — Modification des statuts de la compagnie du Grand-Central (décr. 15 mai 17 juin 1854). — Concession définitive, moyennant subventions et garantie d'intérêts, des chemins de fer compris dans la deuxième catégorie ci-dessus, et en outre d'un prolongement de l'embranchement du Lot à Marcillac sur Rodez. — Cession à la compagnie du Grand-Central par la compagnie de Paris à Orléans, de la section de la ligne du Bec-d'Allier à Clermont, comprise entre Saint-Germain-des-Fossés et Clermont. — Concession, sauf confirmation dans le délai de deux ans, d'embranchements : 1° sur Cahors ; — 2° sur Villeneuve-d'Agen ; — 3° sur Bergerac ; — 4° sur Tulle (conv. appr. par le décr. des 7 avr.-26 juill. 1855, D. P. 55. 4. 77, et la loi des 2-11 mai 1855, D. P. 55. 4. 67) (V. ces différents chemins à leur ordre alphabétique). — Cession du chemin de fer de Montluçon à Moulins, par la compagnie concessionnaire à la compagnie du Grand-Central (décr. 19 déc. 1855-24 janv. 1856, D. P. 56. 4. 25 ; V. Montluçon et Moulins). — Nouvelles modifications aux statuts ; approbation (décr. 26 janv.-13 fév. 1856). — Cession par la compagnie du Grand-Central aux compagnies de Paris à Lyon et de Lyon à la Méditerranée, d'une part, et à la compagnie de Paris à Orléans, d'autre part, suivant des proportions déterminées, des lignes formant le réseau actuel du Grand-Central (art. 2, conv. appr. par décr. des 19 juin-28 juill. 1857). — V. Paris à Lyon et à la Méditerranée, Paris à Lyon par le Bourbonnais, Paris à Orléans, et les lignes cédées à leur ordre alphabétique. — V. aussi mines de Montieux, de Roche la Molière et de Firminy.

209°. *Le Grand-Parc* à Rouen. — L'établissement de ce chemin est déclaré d'utilité publique ; il sera pourvu ultérieurement aux voies et moyens d'exécution (décr. 11 août-9 sept. 1863).

210°. *Grandville.* — V. Argentan.

211°. *Grasse* à la ligne de Toulon à Nice. — L'établissement de ce chemin est déclaré d'utilité publique ; la ville de Grasse et les localités intéressées seront tenues de fournir les terrains nécessaires jusqu'à concurrence de la moitié de leur valeur ; il sera pourvu ultérieurement aux voies et moyens d'exécution (décr. 14 juin-26 juill. 1861, D. P. 61. 4. 111). — Le ministre des travaux publics est autorisé à entreprendre les travaux ; crédits ouverts (L. 2-5 juill. 1861, D. P. 61. 4. 94). — Concession à la compagnie de Paris à Lyon et à la Méditerranée, avec subvention ; ce chemin fait partie du nouveau réseau de la compagnie (conv. appr. par la loi et le décr. des 11 juin-25 août 1865).

212°. *Gray.* — V. Blesme, Dijon, Nancy, Saint-Dizier.

213°. *Gray* à Besançon, avec embranchement sur Ougney et prolongement de Rans à Fraisans. — Concession à la compagnie de Paris à Lyon et à la Méditerranée moyennant une garantie d'intérêts (convent. appr. par les décr. des 1er-6 août 1861, D. P. 60. 4. 125 ; décr. 1er-27 fév. 1862, D. P. 62. 4. 26). — L'établissement de ce chemin est déclaré d'utilité publique (même décr. du 1er fév. 1862).

214°. *Grenoble.* — V. Dauphiné (chemins de fer du).

215°. *Grenoble* à la ligne d'Avignon à Gap. — Concession éventuelle avec subvention, à la compagnie de Paris à Lyon et à la Méditerranée, dans le cas où l'utilité publique en serait déclarée ; ce chemin est compris dans le nouveau réseau de la compagnie (conv. appr. par la loi et le décr. des 11 juin-25 août 1865).

216°. *Grenoble* à Montmélian. — L'établissement d'un chemin de fer partant de Grenoble et aboutissant à la limite des départements de l'Isère et de la Savoie, dans la direction de Montmélian, est déclaré d'utilité publique (décr. 31 août-22 sept. 1860, D. P. 60. 4. 149). — Concession à la compagnie de Paris à Lyon et à la Méditerranée, avec subvention ; ce chemin est compris dans le nouveau réseau de la compagnie ; garantie d'intérêts (conv. appr. par la loi et le décr. des 11 juin-25 août 1865). — V. Montmélian.

217°. *Guebwiller.* — V. Belfort.

218°. *Le Guétin* à Clermont-Ferrand avec embranchement de Saint-Germain-des-Fossés sur Roanne. — Concession à la compagnie du chemin de fer d'Orléans (conv. appr. par décr. des 27 mars-19 avr. 1852). — V. Centre (chemin de fer du), Grand-Central.

219°. *Haguenau* à Niederbronn, avec embranchement sur l'usine de Reischoffen. — Le ministre des travaux publics est autorisé à traiter, au nom de l'État, à allouer une subvention de 240,000 fr. pour l'exécution de ce chemin (L. 1er-4 août 1860, D. P. 60. 4. 124). — Concession à la compagnie de l'Est ; ce chemin est compris dans le nouveau réseau de la compagnie de l'Est pour lequel une garantie d'intérêts a été accordée par l'État (conv. appr. par la loi et le décr. des 11 juin-25 août 1865).

220°. *Hautmont* à la frontière de Belgique par la vallée du F..amenne. — Concession à M. James Rotschild et à la société générale pour favoriser l'industrie nationale de Belgique ; la concession prend fin le 15 sept. 1946 (décr. 19 août-28 oct. 1854, D. P. 54. 4. 181, suivi du cahier des charges). — Prorogation du délai pour l'achèvement des travaux (décr. 6-22 déc. 1856). — Le chemin d'Hautmont à la frontière de Belgique est placé sous l'ancien réseau de la compagnie du Nord, sauf régularisation ultérieure de la rétrocession de cette ligne (art. 2, conv. appr. par la loi du 11 juin-14 juill. 1859). — Cession de cette ligne à la compagnie du Nord (décr. 26 sept.-24 oct. 1859, D. P. 59 4. 82, suivi de la convention approuvée).

221°. *Le Havre.* — V. Rouen.

222°. *Hazebrouck.* — V. Fampoux.

223°. *Honfleur.* — V. Lisieux.

224°. *Houillères du Pas-de-Calais* (ligne des), embranchement partant d'un point à déterminer de la ligne de Lille à Calais et à Dunkerque près Hazebrouck, aboutissant à la ligne de Paris à Lille en deux points à déterminer d'une part d'Arras à Douai, de l'autre de Douai à Lille.— Concession à la compagnie du Nord (conv. appr. par décr. des 26 juin-1er août 1857, art. 1; cah. des ch. annexé au même décr., art. 1 et 2). — Ce chemin fait partie du nouveau réseau de la compagnie du Nord : garantie d'intérêts (conv. appr. par le décr. des 11 juin-14 juill. 1859 et par la loi des mêmes jours, art. 4, D. P. 59. 4. 75). — V. Fosses de Fléchinelles, mines d'Auchy, de Bruay, etc.

225°. *Houillères du Sorbier* aux chemins de fer de Saint-Etienne à Lyon et de Saint-Etienne à la Loire. — Concession de cet embranchement à la société formée entre la compagnie du chemin de fer de Lyon à Saint-Etienne et les concessionnaires des mines de houille de la Chazotte, du Moncel et de Sorbier; la durée de la concession est de quatre vingt-neuf ans (décr. 27 juill. 10 sept. 1853, D. P. 53. 4. 213).

226°. *Houillères de Trélys.*— Embranchement du chemin de fer de Bessèges à Alais sur ces houillères au lieu dit la Valette. — Concession à la compagnie du chemin de fer de Bessèges à Alais, pour une durée de jouissance égale à celle de la concession dudit chemin (décr. 24 juin-20 juill. 1857, D. P. 57. 4. 108).

227°. *Hyères* à la ligne de Toulon à Nice. — Concession à la compagnie de Paris à Lyon et à la Méditerranée, avec subvention; ce chemin fait partie de l'ancien réseau de la compagnie (conv. appr. par la loi et le décr. des 11 juin-25 août 1865).

228°. *Internationaux* (chemins de fer). — V. Charleville, Culoz, Longwy, Metz à Thionville, Modane, Strasbourg à Kehl, Strasbourg à Spire, Victor-Emmanuel (chemin de fer).

229°. *Jonzac.* — V. Saintes.

230°. *Kehl.* — V. Strasbourg.

231°. *Lamothe* à Bayonne. — V. Bordeaux à Bayonne.

232°. *Landerneau.* — V. Châteaulin.

233°. *Langon* à Bazas. — Concession éventuelle, avec subvention, à la compagnie du Midi, dans le cas où l'utilité publique en serait déclarée; ce chemin fait partie du nouveau réseau de la compagnie; garantie d'intérêts (conv. appr. par la loi et le décr. des 11 juin-25 août 1865).

234°. *Langres.* — V. Dijon.

235°. *Laval.* — V. Mayenne.

236°. *Lestaque.* — V. Marseille (gare maritime de).

237°. *Libourne.* — V. Bergerac.

238°. *Lille.* — V. la Bassée.

239°. *Lille* à Dunkerque. — Concession pour soixante-dix années (loi 9-17 juill. 1858, suivie du cahier des charges).— Cette loi est rapportée, et les clauses et conditions du cahier des charges sont considérées comme nulles et non avenues (L. 26 juill.-1er août 1859).

240°. *Lille et Valenciennes* à la frontière belge. — Affectation de sommes et ouverture de crédits pour l'établissement de ces chemins de fer (L. 15 juill.-5 août 1840). — Provisoirement, les chemins de fer de Lille et de Valenciennes à la frontière belge seront exploités au compte de l'Etat; fixation du tarif pour le transport des voyageurs (ord. 15 sept.-24 oct. 1842, suivie des résolutions adoptées par la commission mixte nommée par les gouvernements français et belge, relativement à la question des douanes, à la police générale, au service définitif et au service provisoire). — Règlement provisoire des tarifs pour le transport des voyageurs (modification du tarif précédent), bagages, marchandises, bestiaux et objets quelconques sur les sections de fer de Lille et de Valenciennes à la frontière de Belgique, entre les stations françaises et belges, pour les sections de Courtray à Roubaix, et de Saint-Saulve à Quiévrain (ord. 5-22 nov. 1842). — Ouverture d'un crédit pour les frais d'exploitation de ces chemins (ord. 6-21 janv. 1843). — Modification des quelques dispositions du tarif des droits à percevoir pour le transport des voyageurs et des bagages sur la partie française du chemin de fer de Lille à Courtray (ord. 25 juin-25 juill 1843). — Nouveau règlement du tarif pour le transport des voyageurs, bagages, marchandises, bestiaux et objets quelconques (ord. 9 déc. 1843-9 janv. 1844). — Modification de l'art. 4 de l'ordonnance qui précède (ord. 22 mai-5 juin 1844). — V. Nord (chemin de fer du).

241°. *Lille* à la frontière belge dans la direction de Tournai. — L'établissement de ce chemin est déclaré d'utilité publique; concession à la compagnie du chemin de fer du Nord (L. et décr. des 6-23 juill. 1862, D. P. 62. 4. 81, et conv. y annexée).

242°. *Lille* à Valenciennes, par Saint-Amand, Orchies et Cysoing. — Ce chemin de fer, formant la première section du chemin de fer de Lille à Strasbourg, est déclaré d'utilité publique : concession à une compagnie particulière (décr. 11 juill. 1864, suivi de la convention et du cahier des charges, V. Mont. 20 juill. 1864).

243°. *Limoges.* — V. Centre (chemin de fer du), Montluçon, Poitiers.

244°. *Limoges* à Agen. — Concession pour quatre-vingt-dix-neuf ans à la compagnie dite du Grand-Central, sauf confirmation par décret dans un délai de cinq ans (décr. 21 avril-31 mai 1853, D. P. 55. 4. 79, suivi de la conv. et du cahier des charges). — Concession définitive moyennant subvention et garantie d'intérêts; détermination du tracé (conv. appr. par décr. 7 avr.-26 juill. 1855, D. P. 55. 4. 77, et la loi du 2-11 mai 1855, D. P. 55. 4. 67). — Cession de ses droits par la compagnie du Grand-Central à la compagnie d'Orléans (conv. appr. par décr.

19 juin-28 juill. 1857, et traité de cession y annexé). — Ce chemin fait partie du nouveau réseau de la compagnie d'Orléans : garantie d'intérêts (décr. 11 juin-14 juill. 1859; les mêmes jours, art. 1, D.P. 59. 4. 75).

245°. *Limoges* à Brives : le tracé de cette ligne devant être coordonné avec celui de la ligne de Limoges à Périgueux. — Concession éventuelle de cette ligne, sans subvention ni garantie d'intérêts, dans le cas où l'utilité publique en serait déclarée, à la compagnie d'Orléans (conv. appr. par décr. des 19 juin-28 juill. 1857, art. 9; autre conv. art. 9 et 3, appr. par décr. des 11 juin-16 juill. 1859, et par la loi des mêmes jours, art. 1er, D. P. 59. 4. 73).

246°. *Limours.* — V. Orsay.

247°. *Lisieux* à Honfleur. — Concession de cet embranchement à la compagnie fusionnée des chemins de fer normands et bretons, dite Compagnie des chemins de fer de l'Ouest (L. 2-11 mai 1855, suivie de la conv. et du cahier des charges, D. P. 55. 4. 67). — Ce chemin fait partie du nouveau réseau de la compagnie : garantie d'intérêts (art. 6 et suiv., conv. appr. par décr. des 11 juin-14 juill. 1859, et par la loi des mêmes jours, art. 7).

248°. *Lodève.* — V. Agde.

249°. *Loire* (chemin de fer de la). — V. Andrézieux à Roanne.

250°. *Longwy.* — V. Sedan.

251°. *Longwy* à Arlon (Belgique). — Embranchement partant de la ligne de Metz à Thionville pour se raccorder avec le chemin de fer du Luxembourg. — Convention entre la France et la Belgique, promulguée par décr. des 25-29 nov. 1860.

252°. *Lons-le-Saulnier* à Dôle ou à Besançon, ou à un point intermédiaire entre Châlons et Besançon. — Concession de ce chemin à la compagnie de Paris à Lyon, qui s'engage à l'exécuter entièrement à ses frais, risques et périls (conv. appr. par décr. des 20 avr.-1er juin 1854, art. 2; cahier des charges annexé au même décr., art. 1 et 2; conv. et appr. par décr. des 19 juin-28 juill. 1857, art. 7; cahier des charges annexé au même décr., art. 1 et 2). — Ce chemin fait partie de l'ancien réseau de la compagnie de Paris à Lyon et à la Méditerranée (conv. appr. par décr. des 11 juin-14 juill. 1859). — V. Bourg.

253°. *Lot* (rivière du). — V. Montauban.

254°. *Lourdes* à Pierrefitte. — Concession éventuelle à la compagnie du Midi, dans le cas où l'utilité publique en serait déclarée; ce chemin fait partie du nouveau réseau; garantie d'intérêts (conv. appr. par la loi et le décr. des 11 juin-25 août 1865).

255°. *Louviers*, sur la ligne de Paris à Rouen. — L'établissement de ce chemin de fer est déclaré d'utilité publique; il sera pourvu ultérieurement aux voies et moyens d'exécution (décr. 14 juin-26 juill. 1861, D. P. 61. 4. 110). — Le ministre des travaux publics est autorisé à entreprendre les travaux : crédits ouverts (L. 2-5 juill. 1861, D. P. 61. 4. 94). — Concession à la compagnie des chemins de fer de l'Ouest moyennant subvention : ce chemin fait partie du nouveau réseau, pour lequel il est accordé une garantie d'intérêts (conv. appr. par la loi et le décr. des 11 juin-25 août 1865).

256°. *Lunel* à Aigues-Mortes. — Le ministre du commerce, de l'agriculture et des travaux publics est autorisé à s'engager au nom de l'Etat en vue de la concession du chemin de fer d'Aigues-Mortes à un point à déterminer de la ligne de Nîmes à Montpellier, soit à allouer une subvention, soit à garantir l'intérêt et l'amortissement du capital affecté à l'exécution dudit chemin. Les localités intéressées seront tenues d'acquérir à leurs frais et de livrer les terrains nécessaires (L. 5-11 juin 1861, D. P. 61. 4. 71). — Concession à la compagnie de Paris à Lyon et à la Méditerranée du chemin de fer de Lunel à Aigues-Mortes : ce chemin de fer fait partie de l'ancien réseau de la compagnie (conv. appr. par la loi et le décr. des 11 juin-25 août 1865).

257°. *Lunel* à Arles. — Concession à la compagnie du chemin de fer du Midi : cette ligne fait partie du nouveau réseau de la compagnie (conv. appr. par la loi et le décr. des 11 juin-25 août 1865).

258°. *Lunel* au Vigan. — Concession à la compagnie de Paris à Lyon et à la Méditerranée : ce chemin est compris dans le nouveau réseau de la compagnie; garantie d'intérêts (conv. appr. par la loi et le décr. des 11 juin-25 août 1865).

259°. *Lunéville* à Saint-Dié. — Le ministre des travaux publics est autorisé : 1° à s'engager, au nom de l'Etat, à allouer en vue de la concession de ce chemin une subvention de 5,000,000 de fr., sauf réduction du montant des subventions consenties par les départements, les communes et les particuliers intéressés, et en outre une garantie d'intérêts; 2° dans le cas où le chemin ne serait pas immédiatement concédé, à entreprendre les travaux, aussitôt que l'utilité publique en sera déclarée (L. 1er-4 août 1860, D. P. 60. 4. 124). — L'établissement de ce chemin est déclaré d'utilité publique (décr. 31 août-22 sept. 1860, D. P. 60. 4. 149). — Concession à la compagnie du chemin de fer de l'Est, moyennant subvention : ce chemin est compris dans le nouveau réseau de la compagnie de l'Est, pour lequel une garantie d'intérêts a été accordée par l'Etat (conv. appr. par la loi et le décr. des 11 juin-25 août 1865, D. P. 65. 4. 133).

260°. *Lyon.* — V. Paris, Saint-Etienne.

261°. *Lyon* à Avignon, avec embranchement sur Grenoble. — Le ministre est autorisé à procéder, par la voie de la publicité et de la concurrence, conformément aux clauses et conditions du cahier des charges annexé à la présente loi, à la concession de ce chemin, pour une durée qui ne pourra excéder 50 ans (L. 16-24 juill. 1845, D. P. 45. 3. 140). — Approbation de l'adjudication; la durée de la concession reste fixée à 44 ans 298 jours (ord. 11-19 juin 1846). — Autorisation de

la société anonyme formée à Lyon sous la dénomination de : *Compagnie du chemin de fer de Lyon à Avignon;* approbation des statuts (ord. 2 janv.-19 fév. 1847). — La compagnie ayant renoncé à la concession, le ministre des travaux publics est autorisé de nouveau à procéder à l'adjudication de la concession ; le rabais portera sur la part proportionnelle de la dépense que l'État devra fournir à titre de subvention : la durée de la concession est de 99 ans (L. 1er-10 déc. 1851, suivie du cah. des ch., D. P. 52. 4. 5). — Modification de l'art. 6 du cahier des charges annexé à la loi du 1er décembre 1851 (décr. 9-10 déc. 1851, D. P. 52. 4. 7). — Modification de l'art. 1er de la loi du 1er décembre 1851 ; le rabais portera sur le chiffre de la subvention fixe à la charge de l'État : le maximum de cette subvention ne pourra excéder 60 millions : modification du cahier des charges (décr. 16-25 déc. 1851, D. P. 52. 4. 13). — Approbation de la concession ; la subvention est réduite à 49 millions (décr. 5-22 janv. 1852, D. P. 52. 4. 32). — L'interdiction résultant de la loi du 1er décembre 1851 à la réunion des compagnies des chemins de fer de Paris à Lyon et de Lyon à Avignon est levée (décr. 26 mars-19 avril 1852, art. 2, D. P. 52. 4. 124). — Autorisation de la société anonyme formée à Paris sous la dénomination de *Chemin de fer de Lyon à Avignon;* approbation des statuts (décr. 27 mars-10 avril 1852). — Formes suivant lesquelles la compagnie du chemin de fer de Lyon à Avignon sera tenue de faire vis-à-vis de l'Etat diverses justifications imposées par son cahier des charges (décr. 28 juill.-6 sept. 1852, D. P. 52. 4. 191). — Le ministre des finances est autorisé à restituer, à titre de transaction, à l'ancienne compagnie du chemin de fer de Lyon à Avignon, la moitié de son cautionnement (décr. 6-25 mars 1855, D. P. 55. 4. 65). — V. Lyon à la Méditerranée, Privas.

262°. *Lyon* à la Croix-Rousse. — Concession pour 90 ans (décr. 26 mars-28 mai 1859, D. P. 59. 4. 52). — Autorisation de la société anonyme formée à Paris sous la dénomination de *Compagnie du chemin de fer de Lyon à la Croix-Rousse;* approbation des statuts (décr. 4-31 août 1860).

263°. *Lyon* à Genève, avec embranchement sur Bourg et Mâcon. — Concession de ce chemin, avec subvention et garantie d'intérêts (décr. 30 avril-2 juill. 1855 ; L. 10-18 juin 1855, suiv. de la conv. et du cah. des ch., D. P. 55. 4. 121. 144) — Autorisation de la société anonyme formée à Paris sous la dénomination de *Compagnie du chemin de fer de Lyon à Genève;* approbation des statuts (décr. 6 août-15 sept. 1855, D. P. 55. 4. 214). — Convention relative aux termes de payement de la subvention (décr. 27 fév.-30 mars 1855, D. P. 55. 4. 54). — Modification du cahier des charges relativement au point d'arrivée du chemin de fer dans l'intérieur de Lyon et à l'émission des actions : travaux mis à la charge de la compagnie (conv. appr. par décr. des 7-20 mars 1857, D. P. 57. 4. 54). — Fusion de la compagnie du chemin de fer de Lyon à Genève avec la compagnie du chemin de fer de Lyon à la Méditerranée, et adhésion de cette même compagnie de Lyon à Genève au traité de fusion passé entre la compagnie du chemin de fer de Lyon à la Méditerranée avec celle de Paris à Lyon (art. 5, conv. appr. par décr. des 19 juin-28 juill. 1857; conv. appr. par décr. des 16 juill.-25 sept. 1863). — Ce chemin est compris dans l'ancien réseau de la compagnie de Paris à Lyon et à la Méditerranée (conv. appr. par décr. des 11 juin-14 juill. 1859). — V. Collonges, Culoz, Paris à Lyon et à la Méditerranée.

264°. *Lyon* à Grenoble. — V. Dauphiné (chemin de fer du).

265°. *Lyon* à la Méditerranée. — Cession à la compagnie du chemin de fer de Lyon à Avignon (V. ci-dessus) : 1° du chemin de fer de Marseille à Avignon ; 2° du chemin de fer d'Alais à Beaucaire ; 3° du chemin de fer d'Alais aux mines de la Grand'Combe ; 4° du chemin de fer de Montpellier à Cette ; 5° du bail de fermage du chemin de fer de Montpellier à Nîmes, construit par l'Etat (V. ces différentes lignes à leur ordre alphabétique). — Ces cinq lignes sont réunies au chemin de fer de Lyon à Avignon en une seule concession, sous le titre de *Chemin de fer de Lyon à la Méditerranée.* — Il est fait, en outre, concession à la même compagnie : 1° du chemin de fer de Montpellier à Nîmes ; 2° de l'embranchement de Rognac à Aix ; 3° de l'embranchement de Marseille à Toulon : ces deux dernières moyennant subvention. — La durée de toutes ces concessions réunies sera celle de la concession du chemin de fer de Lyon à Avignon (L. 8-15 juill. 1852, D. P. 52. 4. 185, suiv. du cah. des ch.; conv. appr. par décr. des 5 fév.-6 mars 1855, relative au chem. de fer de Marseille à Toulon, D. P. 55. 4. 22). — Convention relative à la réalisation de la garantie d'intérêts prévue par l'art. 20 du cahier des charges annexé à la loi du 8 juillet 1852 (décr. 24 fév.-19 mars 1855, D. P. 55. 4. 25). — Formes suivant lesquelles la compagnie du chemin de fer de Lyon à la Méditerranée sera tenue de faire vis-à-vis de l'Etat, diverses justifications qui lui sont imposées par son cahier des charges (décr. 10 mars-9 avril 1855, D. P. 55. 4. 38). — Fusion de la compagnie du chemin de fer de Lyon à la Méditerranée avec celle de Paris à Lyon (art. 2, conv. appr. par les loi et décr. des 19 juin-28 juill. 1857). — Le chemin de Lyon à Avignon, avec embranchement sur Aix, est compris dans l'ancien réseau de la compagnie de Paris à Lyon et à la Méditerranée (convent. appr. par décr. des 11 juin-14 juill. 1859).—V. Paris à Lyon et à la Méditerranée. — V. aussi Annonay.

266°. *Luçon.* — V. Charente (chemin de fer de la).

267°. *Le Mans.* —V. Ouest (chemin de fer de l'), Mézidon, Tours.

268°. *Le Mans* à Angers. — Concession à la compagnie fusionnée des chemins de fer normands et bretons, qui a pris le nom de *Compa-*

gnie des Chemins de fer de l'Ouest : toutefois, ce chemin ne pourra être exploité dans aucune de ses parties qu'à l'expiration du délai fixé par l'art. 7 de la convention du 17 août 1855, approuvée par le décret du même jour et relative à la concession du chemin de fer de Tours au Mans (L. 2-11 mai 1855, suiv. de la conv. et du cah. des ch., D. P. 55. 4. 67). — Ce chemin fait partie du nouveau réseau de la compagnie de l'Ouest : garantie d'intérêts (art. 6 et suiv., conv. appr. par décr. des 11 juin-14 juill. 1859 et par la loi des mêmes jours, art. 7, D. P. 59. 4. 75). — L'interdiction temporaire d'exploiter, portée par la convention précédente, est levée (art. 14 de la conv. précitée, et art. 8 de la conv. passée avec la comp. d'Orléans, appr. par décr. du même jour).

269°. *Marans.* — V. Charente (chemins de fer des).

270°. *Marcillac.* — V. Montauban.

271°. *Marseille* à Aix. — Concession à la compagnie de Paris à Lyon et à la Méditerranée ; ce chemin fait partie de l'ancien réseau de la compagnie (conv. appr. par la loi et le décr. des 11 juin-25 août 1863).

272°. *Marseille* à Avignon, par Tarascon et Arles, se reliant avec le chemin de fer de Beaucaire à Nîmes. — Concession avec subvention : la durée en est de 55 ans (L. des 24-28 juill. 1843, suiv. du cah. des ch.). — Autorisation de la société anonyme formée à Marseille sous la dénomination de *Compagnie du chemin de fer de Marseille à Avignon;* approbation des statuts (ord. 29 août-20 sept. 1843). — Ouverture de crédits extraordinaires pour frais de surveillance sur ce chemin de fer (ord. 22 sept.-11 oct. 1844, 5-27 déc. 1844). — La compagnie du chemin de fer de Marseille à Avignon est autorisée à emprunter jusqu'à concurrence d'une somme de 20 millions (ord. 13 nov.-28 déc. 1847). — Le chemin de fer est placé sous le séquestre (arr. 21-30 nov. 1848, D. P. 49. 4. 2). — Crédit ouvert pour la continuation des travaux (L. 2-6 fév. 1849. D. P. 49. 4. 44). — Garantie d'intérêts sur le capital que la compagnie est autorisée à emprunter (L.19-24 nov. 1849, D. P. 49. 4. 158). — La compagnie du chemin de fer de Marseille à Avignon est autorisée à emprunter jusqu'à concurrence de la somme de 30 millions de francs (décr. 10-25 mai 1850). — Convention relative à la garantie d'intérêts et au remboursement des sommes avancées par l'Etat pendant le séquestre (décr. 10-25 mai 1850). — Formes suivant lesquelles la compagnie du chemin de fer de Marseille à Avignon sera tenue de faire vis-à-vis de l'Etat les notifications prescrites par l'art. 5 de la loi du 19 novembre 1849 (décr. 2-12 sept. 1850, D. P. 50. 4. 196). — Le ministre des finances est autorisé à avancer à la compagnie une somme destinée à couvrir l'insuffisance de ses ressources pour assurer le service du semestre échu le 1er janvier 1852, de l'emprunt de 30 millions garanti par l'Etat (décr. 9-22 janv. 1852, D. P. 52. 4. 53). — Cession du chemin de fer de Marseille à Avignon à la compagnie du chemin de fer de Lyon à Avignon, qui prend le nom de *Compagnie du chemin de fer de Lyon à la Méditerranée* (L. 8-15 juill. 1852, D. P. 52. 4. 185, V. Lyon à la Méditerranée). — Levée du séquestre (décr. 5 août-6 sept. 1852). — Le chemin de fer de Marseille à Avignon, avec embranchement sur Aix, est compris dans l'ancien réseau de la compagnie de Paris à Lyon et à la Méditerranée (conv. appr. par décr. des 11 juin-14 juill. 1859). — V. Aix.

273°. *Marseille* à Toulon. — Concession à la compagnie du chemin de fer de Lyon à la Méditerranée, sous la condition que l'Etat livrera à la compagnie les terrains, ouvrages d'art, etc., ou payera une subvention qui sera réglée à l'avance de gré à gré ou à forfait (conv. appr. par la loi des 8-15 juill. 1852, D. P. 52. 4. 185). — En exécution de cette convention, le ministre des travaux publics s'engage à payer à la compagnie de Lyon à la Méditerranée une subvention de 30 millions à titre de forfait (conv. appr. par décr. des 5 fév.-6 mars 1855, D. P. 55 4. 22). — Cette dernière convention est maintenue vis-à-vis des deux compagnies réunies de Lyon à la Méditerranée et de Paris à Lyon (art. 17, conv. appr. par décr. des 19 juin-28 juill. 1857). — Ce chemin est compris dans l'ancien réseau de la compagnie de Paris à Lyon et à la Méditerranée (conv. appr. par décr. des 11 juin-14 juill. 1859).

274°. *Marseille* (gare maritime de) à Lestaque. — Concession à la compagnie de Paris à Lyon et à la Méditerranée : ce chemin fait partie de l'ancien réseau de la compagnie (conv. appr. par la loi et le décr. des 11 juin-25 août 1863).

275°. *Mayenne* à Laval. — Le ministre des travaux publics est autorisé : 1° à s'engager au nom de l'Etat à allouer, en vue de la concession de ce chemin, une subvention de 2,250,000 fr., sauf réduction du montant des subventions consenties par les départements, les communes et les particuliers intéressés, et en outre une garantie d'intérêts ; 2° dans le cas où le chemin ne serait pas immédiatement concédé, à entreprendre les travaux aussitôt que l'utilité publique en sera déclarée (L. 1-4 août 1860, D. P. 60. 4. 124). — L'établissement de ce chemin est déclaré d'utilité publique (décr. 31 août-22 sept. 1860, D. P. 60 4. 149). — Concession à la compagnie des chemins de fer de l'Ouest : ce chemin fait partie du nouveau réseau de la compagnie pour lequel il est accordé une garantie d'intérêts (conv. appr. par la loi et le décr. des 11 juin-25 août 1863).

276°. *Metz.* — V. Est (chemins de fer de l').

277°. *Metz* à Thionville. — Concession à la compagnie du chemin de fer de Paris à Strasbourg d'un chemin de fer d'embranchement de Metz à Thionville, à prolonger ultérieurement jusqu'à la frontière française dans la direction de Luxembourg : le cahier des charges annexé à la loi du 19 juillet 1845 (V. Paris à Strasbourg), est applicable à cette concession (conv. appr. par décr. des 25 mars-20 avril 1852). — Convention du 10 juin 1857 entre la France et le Grand-Duché de Luxem-

bourg, pour l'établissement de ce chemin (décr. 12-20 juill. 1857, D. P. 57. 4. 106). — Ce chemin de fer est compris dans l'ancien réseau de la compagnie de l'Est (conv. appr. par décr. des 11 juin-14 juill. 1859). — V. Niederbronn, Sedan.

278°. *Mézidon à Caen.* — V. Paris à Caen et à Cherbourg.

279°. *Mézidon au Mans.* — Embranchement sur la ligne de Paris à Cherbourg. — Concession de cet embranchement à la compagnie du chemin de fer de l'Ouest, avec subvention et garantie d'intérêts, et en outre des subventions fournies par les localités intéressées (L. 6-15 juill. 1852, suivie du cahier des charges et des convent. appr. D. P. 52. 4. 164). — Formés suivant lesquelles la compagnie concessionnaire du chemin de fer de Mézidon au Mans sera tenue de faire vis-à-vis de l'État diverses justifications qui lui sont imposées par son cahier des charges (décr. 25 sept.-9 nov. 1855, D. P. 54. 4. 1). — Ce chemin avec embranchement sur Falaise est placé dans l'ancien réseau de la compagnie de l'Ouest (conv. appr. par le décr. des 11 juin-14 juillet 1859). — Il est transporté dans le nouveau réseau, lequel donne lieu à une garantie d'intérêts (conv. appr. par la loi et le décr. des 11 juin-25 août 1863). — V. Ouest (chemins de fer de l'), Saint-Cyr.

280°. *Mézières.* — V. Reims.

281°. *Mézières,* vers un point à déterminer de la ligne de Soissons à la frontière de Belgique par Laon, Vervins et Hirson. — Concession éventuelle avec garantie d'intérêts à la compagnie des chemins de fer de l'Est : ce chemin fait partie du nouveau réseau de la compagnie (convent. appr. par décr. des 11 juin-14 juill. 1859, art. 4). — L'établissement de ce chemin de fer est déclaré d'utilité publique ; en conséquence, la concession est rendue définitive (décr. 6-25 juill.1862, D. P. 62. 4. 81). — Embranchement d'un point de cette ligne à déterminer près de Signy le Petit à un point de la frontière belge, à déterminer dans la direction de Chimay ; concession éventuelle moyennant garantie d'intérêts à la compagnie de l'Est : cet embranchement est compris dans le nouveau réseau de la compagnie (convent. appr. par le décr. des 11 juin-25 août 1863).

282°. *Midi* (chemins de fer du). — La compagnie concessionnaire des chemins de Bordeaux à Cette et du canal latéral à la Garonne, de Bordeaux à Bayonne, et de Narbonne à Perpignan (V. ces différentes lignes à leur ordre alphabétique), prend le nom de *Compagnie des chemins de fer du Midi et du canal latéral à la Garonne;* autorisation de la compagnie formée à Paris sous cette dénomination ; approbation de ses statuts (décr. 6-19 nov. 1852). — Approbation d'une convention relative à la subvention allouée pour l'exécution des trois lignes ci-dessus désignées (décr. 15 février-6 mars 1855, D. P. 55. 4. 22). — Modification des statuts de la compagnie (décr. 11 août-5 sept. 1856). — Concession à la compagnie du Midi d'un embranchement se détachant à Agde de la ligne de Bordeaux à Cette et se dirigeant par Pézenas sur Clermont et Lodève (convent. appr. par décr. des 19 août-4 sept. 1854). — Nouvelle concession à la même compagnie des chemins de fer 1° de Toulouse à Bayonne ; 2° d'Agen à Tarbes ; 3° de Mont-de-Marsan à ou près Rabastens, moyennant subvention et garantie d'intérêts. — Concession éventuelle à cette même compagnie sans subvention ni garantie d'intérêts d'un embranchement dirigé de Castres sur la ligne de Bordeaux à Cette. — Autre concession sans subvention ni garantie d'intérêts, pour moitié, d'un raccordement à Bordeaux du chemin de fer de Paris à Bordeaux avec le chemin de fer du Midi, l'autre moitié étant concédée à la compagnie d'Orléans (V. ces différentes lignes à leur ordre alphabétique). — La durée de la concession pour les lignes anciennement ou présentement concédées à la compagnie du Midi est de quatre-vingt-dix-neuf ans à partir du 1er janvier 1862, en conséquence, ladite concession prendra fin le 31 déc. 1960 ; toutes ces lignes seront régies par le cahier des charges annexé à la présente convention (convent. appr. par décr. des 1er août-1er oct.1857 et suivie du nouveau cahier des charges). — Affermage du canal du Midi à la compagnie du chemin de fer du Midi et du canal latéral à la Garonne (décr. 21 juin 1858-25 juill. 1859, D. P. 59. 4. 74). — Cession du chemin de fer de Bordeaux à la Teste par la compagnie concessionnaire à la compagnie du Midi. — Concession 1° du chemin de fer de Bayonne à la frontière d'Espagne près Irun ; 2° du prolongement jusqu'à Rodez du chemin d'Agde à Pézenas et à Clermont. — Concession éventuelle du chemin de fer de Perpignan à Port-Vendres. — La compagnie renonce à la subvention concédée par la convention de 1857 pour l'exécution des chemins de fer Pyrénéens. — La concession de la compagnie du Midi sera considérée comme partagée en deux réseaux distincts : savoir : 1° l'ancien réseau comprenant les lignes de Bordeaux à Cette, y compris le raccordement de Bordeaux avec les chemins de fer d'Orléans à Bordeaux et de Bordeaux à la Teste ; de Narbonne à Perpignan ; de Bordeaux à la Teste, avec prolongement sur Arcachon ; de Lamothe à Bayonne, avec embranchement sur Mont-de-Marsan ; 2° Le nouveau réseau comprenant : *lignes concédées à titre définitif :* de Toulouse à Bayonne avec embranchement sur Foix, sur Dax et sur Bagnères-de-Bigorre ; d'Agen à Tarbes ; de Mont-de-Marsan à Andrest ; d'Agde à Pézenas, Clermont et Lodève ; de Bayonne à Irun. — Lignes concédées à titre éventuel : embranchement sur la ligne de Bordeaux à Cette sur Castres ; de Perpignan à Port-Vendres. — L'ancien et le nouveau réseau donnent lieu à une garantie d'intérêt (convent. appr. par la loi et le décr. des 11 juin-14 juill. 1859, et par la loi des mêmes jours, art. 8, D. P. 59. 4. 75).—Concession à la compagnie du Midi des chemins de fer de Saint-Girons à la ligne de Toulouse à Tarbes ; de Port-Vendres à la frontière d'Espagne ; de Montpellier à la ligne d'Agde à Lodève ; de la même ligne à Milhau

avec embranchement sur la ligne de Graissessac ; de Milhau à Rodez moyennant subvention. La compagnie est tenue de racheter dans un délai de deux ans le chemin de Graissessac à Béziers. — Concession éventuelle des chemins de fer de Castres à Albi, de Castres à Mazamet ; de Carcassonne à Quillan ; de Langon à Bazas, moyennant subvention ; de Toulouse à Auch ; de Montrejeau à Bagnères de Luchon ; de Lourdes à Pierrefitte. — Si la concession de Castres à Albi est rendue définitive, la compagnie aura la faculté de racheter le chemin de Carmaux à Albi : ces lignes concédées par la présente convention font partie du nouveau réseau, et par conséquent donnent lieu à une garantie d'intérêts. — La compagnie du Midi aura la faculté d'établir à Marseille une gare spéciale avec raccordement sur une ou plusieurs des gares de Marseille appartenant à la compagnie de la Méditerranée ; cette gare et ses raccordements sont compris dans l'ancien réseau de la compagnie. — Modification du cahier des charges relative à l'introduction dans le tarif d'une quatrième classe de marchandises (convent. appr. par la loi et le décr. des 11 juin-25 août 1865, D. P. 65. 4. 155). — V. à leur ordre alphabétique les lignes dont il est question dans la présente notice.

283°. *Milhau* à la ligne d'Agde à Lodève avec embranchement sur la ligne de Graissessac. — Concession à la compagnie du Midi avec subvention : ce chemin fait partie du nouveau réseau de la compagnie ; garantie d'intérêts (convent. appr. par la loi et le décr. des 11 juin-25 août 1865).

284°. *Milhau à Rodez.* — Concession à la compagnie du Midi, avec subvention : ce chemin fait partie du nouveau réseau de la compagnie ; garantie d'intérêts : dans le cas où le chemin du Vigan à Milhau serait ultérieurement concédé à la compagnie de Paris à Lyon et à la Méditerranée, la concession de la ligne de Milhau à Rodez sera attribuée par moitié aux compagnies du Midi et de Paris à Lyon et à la Méditerranée, moyennant remboursement par celle-ci de la moitié des dépenses (convent. appr. par la loi et le décr. des 11 juin-25 août 1865).

285°. *Mines d'Aniche* au chemin de fer du Nord près de la station de Somain. — Concession à la Société des mines d'Aniche pour quatre-vingt-dix-neuf ans (décr. 18 fév.-9 avr. 1850, D. P. 50. 4. 75, suivi du cahier des charges).

286°. *Mines d'Anzin.* — V. Abscon.

287°. *Mines d'Auchy-aux-Bois* à la ligne des houillères du Pas-de-Calais. — Concession à la société des mines d'Auchy-aux-Bois, pour une durée égale au temps restant à courir sur la concession du chemin de fer du Nord, et qui prendra fin par conséquent le 31 déc. 1950 (décr. 23 avr.-1er juin 1860, D. P. 60. 4. 63, suivi du cahier des charges).

288°. *Mines de Bruay* à la ligne des houillères du Pas-de-Calais. — Concession à la Société des mines de Bruay dont la durée sera égale au temps restant à courir sur la concession du chemin de fer du Nord et qui prendra fin par conséquent le 31 déc. 1950 (décr. 6 juill.-21 août 1860, D. P. 60. 4. 157, suivi du cahier des charges).

289°. *Mines de Carvin* à la ligne de Paris à la frontière de Belgique. — Concession à la compagnie des mines de houille de Carvin (décr. 7 oct.-2 nov. 1865, D. P. 65. 4. 156).

290°. *Mines de Chamblet* (puits dit du Marais) à la ligne de Montluçon à Moulins. — Concession dont la durée sera égale au temps restant à courir sur la concession du chemin de fer d'Orléans, et qui prendra fin le 31 déc. 1956 (décr. 11 juill.-21 août 1860, D. P. 60. 4. 157, suivi du cahier des charges).

291°. *Mines de Commentry* au canal du Berry, près Montluçon.— Concession pour quatre-vingt-dix-neuf ans (ord. 16 févr.-1er avr. 1844, suivie du cahier des charges). — Embranchement sur ledit chemin aboutissant par deux branches distinctes, d'une part aux puits Saint-Louis et Saint-Charles, et d'autre part au puits Forêt; concession aux mêmes concessionnaires sous les clauses et conditions du cahier des charges annexé à l'ordonnance de 1844 (décr. 14 mars-9 avr. 1855).

292°. *Mines de Cromey, Mazenay et Change* à la ligne de Moulins à Chagny d'une part et au canal du Centre d'autre part. — Concession à la Société des mines et usines du Creuzot, dont la durée sera égale au temps restant à courir sur la concession du chemin de fer de Paris à Lyon et à la Méditerranée et qui prendra fin le 31 déc. 1958 (décr. 22 juill.-1er sept. 1860, D. P. 60. 4. 142, suivi du cahier des charges).

293°. *Mines de Dourges* à la ligne des houillères du Pas-de-Calais : deux embranchements. — Concession à la société des mines de Dourges, pour une durée égale au temps restant à courir sur la concession du chemin de fer du Nord, qu prend fin le 31 déc. 1950 (décr. 8 mai-13 juin 1860, D. P. 60. 4. 68, suivi du cah. des ch.).

294°. *Mines de Ferfay* à la ligne des houillères du Pas-de-Calais.— Concession à la société des mines de Ferfay, pour une durée égale au temps restant à courir sur la concession du chemin de fer du Nord, finissant le 31 déc. 1950 (décr. 8 mai-13 juin 1860, D. P. 60. 4. 68, suivi du cah. des ch.).

295°. *Mines de Fins* à la rivière d'Allier. — Concession à la société des mines de Fins et Noyant, pour un laps de temps égal à la durée de l'exploitation des mines de Fins, sans que ce temps puisse excéder le terme de quatre-vingt-dix-neuf ans (L. 25 juill.-1er août 1858, suivie du cah. des ch.).

296°. *Mines de la Grand'Combe.* — V. Alais.

297°. *Mines de Lens* au chemin de fer des houillères du Pas-de-Calais, d'une part et, au canal de la Haute-Deule, d'autre part. — Concession à la société des mines de Lens, pour une durée égale au temps restant à courir sur la concession du chemin de fer du Nord, laquelle

prend fin le 31 déc. 1950 (décr. 9 mai-15 juin 1860, D. P. 60. 4. 68, suivi du cah. des ch.). — Autre embranchement destiné à relier ces mines au réseau de voies ferrées concédé par le décret précédent (décr. 10-31 juill. 1862, D. P. 62. 4. 82).

298°. *Mines de Marles* à la ligne des houillères du Pas-de-Calais. — Concession à la société des mines de Marles, pour une durée égale au temps restant à courir sur la concession du chemin de fer du Nord, laquelle prend fin le 31 déc. 1950 (décr. 28 avr.-7 juin 1860, D. P. 60.4. 66, suivi du cah. des ch.).

299°. *Mines du Montet aux Moines* à la rivière d'Allier. — Concession aux concessionnaires des mines du Montet aux Moines, pour un laps de temps égal à la durée de l'exploitation de la mine du Montet, et sans que ce temps puisse excéder le terme de quatre-vingt-dix-neuf ans (L. 25 juill.-1er août 1858).

300°. *Mines de Montieux* (Loire) au chemin de fer Grand-Central (section du Rhône à la Loire). — Concession à la société de la houillère de Montieux, dont la durée sera la même que celle du chemin de fer Grand-Central (décr. 24 nov.-21 déc. 1854, suivi du cah. des ch.).

301°. *Mines de Mont-Rambert et du quartier Gaillard* au chemin de fer de Saint-Etienne à la Loire. — Concession à la compagnie des mines de Mont-Rambert et du quartier Gaillard, pour le laps de quatre-vingt-dix-neuf ans (ord. 2 avr.-21 juill. 1843, suivie du cah. des ch.).— Ladite compagnie est autorisée à mettre le chemin précédent en communication avec le chemin de fer de Saint-Etienne à Lyon (ord. 4-25 juill. 1844). — Cession de ce chemin de fer à la société des chemins de fer de jonction du Rhône à la Loire (conv. appr. par décr. des 17 mai-11 août 1855; L. 10-18 juin 1855, D. P. 55. 4. 126). — V. Rhône à la Loire (chemins de fer du).

302°. *Mines de Nœux* à la ligne des houillères du Pas-de-Calais. — Concession à la société des mines de Nœux, pour une durée égale au temps restant à courir sur la concession du chemin de fer du Nord, et prenant fin le 31 déc. 1950 (décr. 26 mai-21 août 1860, D. P. 60. 4. 157, suivi du cah. des ch.).

303°. *Mines de Nœux* et d'Hersin au canal de Beuvry à Gorre. — Concession à la compagnie des mines de Vicoigne et de Nœux, conformément aux clauses et conditions du cahier des charges annexé au décret du 26 mai 1860 (V. l'article qui précède; décr. 18 juin-12 juill. 1862).

304°. *Mines d'Ougney* au chemin de fer de Dijon à Besançon et au canal du Rhône au Rhin. — Concession à la société des hauts-fourneaux, fonderies et forges de la Franche-Comté, pour un laps de quatre-vingt-dix-neuf ans (décr. 14 juill. 1855-1er janv. 1856, suivi de la conv. et du cah. des ch., D. P. 56. 4. 4).—Cession de ce chemin de fer par la compagnie concessionnaire à la compagnie de Paris à Lyon et à la Méditerranée (conv. appr. par la loi du 1er-6 août 1860, D. P. 60. 4. 125). — V. Gray.

305°. *Mines de Roche la Molière et de Firminy* au chemin de fer Grand-Central. — Concession à la compagnie des mines de houille de Roche la Molière et de Firminy, pour quatre vingt-dix-neuf ans (décr. 15 déc. 1855-24 janv. 1856, suivi de la conv. appr. et du c. des ch., D. P. 56. 4. 21).

306°. *Mines de la Roche et de la Vernade*, situées à Saint-Éloi (Puy-de-Dôme), et aboutissant dans la station de Commentry, à la ligne de Montluçon à Moulins. — Concession à la compagnie propriétaire des mines de houille de la Roche et de la Vernade, pour une durée de quatre-vingt-dix-neuf ans (décr. 22 oct.-24 nov. 1862, suivi de la conv. appr. et du cah. des ch.).

307°. *Mines de Vendin-lez-Béthune* à la ligne des houillères du Pas-de-Calais. — Concession à la société des mines de Vendin-lez-Béthune, pour une durée égale au temps restant à courir sur la concession du chemin de fer du Nord, et prenant fin, comme celle-ci, au 31 déc. 1950 (décr. 28 avr.-7 juin 1860, D. P. 60. 4. 65, suivi du cah. des ch.).

308°. *Miramas*. — V. Avignon.

309°. *Modane* à Suse. — Chemin de fer entre la France et le royaume d'Italie. — Convention internationale du 7 mai 1862, promulguée par décr. des 9-14 juin 1862, D. P. 62. 4. 52. — V. Gap.

310°. *Modane* à la frontière française dans l'intérieur du tunnel des Alpes. — V. Victor-Emmanuel (chemin de fer).

311°. *Montauban* à la rivière du Lot, avec embranchement sur Marcillac. — Concession pour quatre-vingt-dix-neuf ans à la compagnie dite du Grand-Central (décr. 21 avr.-31 mai 1855, suivi de la conv. et du cah. des ch.). — Prolongement de l'embranchement de Marcillac sur Rodez; concession à la même compagnie moyennant subvention et garantie d'intérêts (conv. appr. par le décr. des 7 avr.-31 juill. 1855, D. P. 55. 4. 77, et par la loi des 9-11 mai 1855, D. P. 55. 4. 67).—Cession de cette ligne à la compagnie d'Orléans (art. 2, 3, conv. appr. par décr. des 19 juin-28 juill. 1857; art. 2, traité passé entre les compagnies d'Orléans et du Grand-Central, annexé au présent décr.). —Ce chemin fait partie du nouveau réseau de la compagnie d'Orléans : garantie d'intérêts (art. 2 et 5, conv. appr. par le décr. des 11 juin-14 juill. 1859, et par la loi des mêmes jours, art. 1, D. P. 59.4. 75). — V. Toulouse.

312°. *Montbéliard* à Delle et Audincourt. — Concession sans subvention ni garantie à la compagnie des chemins de fer de Lyon et à la Méditerranée (conv. appr. par décret du 19 juin-28 juill. 1857, art. 7). — Ce chemin est compris dans le nouveau réseau de la compagnie : garantie d'intérêts (art. 3 et 5, conv. appr. par la loi des 11 juin-14 juill. 1859, art. 2, D. P. 59. 4. 75, et le décr. des mêmes jours).

313°. *Montbrison*. — V. Clermont.

314°. *Montbrison* à Andrézieux. — Concession éventuelle de ce chemin de fer, sans subvention ni garantie d'intérêts, dans le cas où l'utilité publique en serait reconnue, à la compagnie des chemins de fer de Paris à Lyon et à la Méditerranée, en remplacement de l'embranchement de Montbrison à Montrond, dont la concession résultant du décr. du 26 déc. 1855, est annulée (conv. appr. par décr. des 19 juin-28 juill. 1857, art. 8-2°). — Ce chemin est déclaré d'utilité publique; en conséquence, la concession éventuelle précédemment consentie est déclarée définitive ; le tracé du chemin sera ultérieurement déterminé (décr. 20 juin-20 juill. 1861).

315°. *Montbrison* à Montrond : embranchement sur le chemin de fer d'Andrézieux à Roanne. — Le gouvernement est autorisé à procéder avec publicité et concurrence à la concession de cet embranchement : la durée de la concession n'excédera pas quatre-vingt-dix-neuf années (L. 26 avr.-1er mai 1855). — Mise en adjudication des travaux (ord. 16 nov.-16 déc. 1854). — Approbation de l'adjudication (ord. 14 sept.-15 oct. 1855). — Autorisation de la société anonyme formée pour l'établissement de ce chemin (approbation des statuts (ord. 51 janv.-7 mars 1857). — Il paraît que cette concession n'a pas été suivie d'exécution. — Nouvelle concession d'un embranchement reliant la ville de Montbrison avec le chemin de fer d'Andrézieux à Roanne, à la station de Montrond, avec la concession du chemin de fer de Paris à Lyon par le Bourbonnais (conv appr. par décr. des 26 déc. 1855-24 janv. 1856, D. P. 56. 4. 29). — Cette concession est annulée (art, 8-2°, conv. appr. par décr. des 19 juin-28 juill. 1857). — V. Montbrison à Andrézieux.

316°. *Montereau* à Troyes. — Le ministre des travaux publics est autorisé à concéder sans subvention, pour un espace de temps qui ne pourra excéder quatre-vingt-dix-neuf ans, un embranchement de Montereau à Troyes, par la vallée de la Seine (L. 26 juill.-1er août 1844). — L'adjudication de cette concession aura lieu sous les clauses et conditions du cahier des charges annexé à la présente ordonnance (ord. 14-20 déc. 1844). — Approbation de l'adjudication; la concession est réduite à soixante-quinze ans (ord. 25 janv.-12 fév. 1845) — Autorisation de la société anonyme formée à Paris sous la dénomination de *Compagnie du chemin de fer de Montereau à Troyes*; approbation des statuts (ord. 29 mai-10 juin 1845). — Le ministre des travaux publics est autorisé à concéder au nom de l'État, à cette compagnie, un prêt de trois millions aux intérêts à 5 p. 100 (L. 9-21 août 1847, D. P. 47. 5. 167). — Approbation d'une convention passée entre le ministre des travaux publics et la compagnie pour la réalisation de ce prêt (ord. 11-29 sept. 1847). — La durée de la concession est portée à quatre-vingt-neuf ans ; autorisation d'un emprunt à faire par la compagnie (décr. 27 mars-19 avr. 1852). — Réunion de la concession du chemin de fer de Montereau à Troyes à celle du chemin de fer de Paris à Strasbourg (conv. appr. par décr. des 27 août-1er oct. 1855). — V. Est (chemins de fer de l'), Provins.

317°. *Montlhéry*. — V. Bourges.

318°. *Montluçon* à Limoges, passant par ou près Guéret, et se raccordant avec la ligne de Châteauroux à Limoges en un point à déterminer au sud de la Souterraine. — Concession éventuelle de ce chemin, sans subvention ni garantie d'intérêts, dans le cas où l'utilité publique en serait déclarée, à la compagnie d'Orléans (conv. appr. par décr. des 19 juin-28 juill. 1857, art. 9). — Ce chemin est compris dans le nouveau réseau de la compagnie : garantie d'intérêts (art. 2, 5, conv. appr. par le décr. des 11 juin-14 juill. 1859, et par la loi des mêmes jours, art. 1, D. P. 59. 4. 75). — L'établissement de ce chemin, avec embranchement sur le centre du bassin houiller d'Ahun, est déclaré d'utilité publique; en conséquence, la concession est déclarée définitive (décr. 22 juin-26 juill. 1861, D. P. 61. 4. 111). — V. Aubusson.

319°. *Montluçon* à Moulins, avec embranchement sur Bezenet. — Concession pour quatre-vingt-neuf ans; dans le cas où le prolongement de ce chemin serait exécuté, le gouvernement devra mettre les concessionnaires en demeure de l'exécuter ou opérer le rachat de leur concession (décr. 17 oct.-22 nov. 1854, D. P. 55. 4. 1, suivi de la conv. et du cahier des charges). — Autorisation de la société anonyme formée à Paris sous la dénomination de *Compagnie des chemins de fer de Montluçon à Moulins*; approbation des statuts (décr. 25 juin-26 juill. 1855). — Cession de ce chemin de fer par la compagnie concessionnaire à la compagnie du Grand-Central : cette entreprise continue à être régie par son acte de concession et son cahier des charges, sauf certaines modifications; la clause de préférence réservée à la compagnie par la concession de 1854 n'est pas applicable à la compagnie du Grand-Central (décr. 19 déc. 1855-24 janv. 1856, suivi de la convent. approuvée et du traité de fusion, D. P. 56. 4. 25). — Cession par la compagnie du Grand-Central à la compagnie d'Orléans (conv. appr. par les décr. des 19 juin-28 juill. 1857; traité de cession, art. 2). — Ce chemin fait partie du nouveau réseau de la compagnie d'Orléans : garantie d'intérêts (art. 2 et 5, conv. appr. par décr. des 11 juin-14 juill. 1859, et la loi des mêmes jours, art. 1, D. P. 59. 4. 75). — V. mines de Chamblit, de la Roche et de la Vernade.

320°. *Mont-de-Marsan* à Andrest. — Le ministre des travaux publics est autorisé à s'engager au nom de l'État à payer une subvention et à garantir l'intérêt à 4 p. 100 d'un capital déterminé, en vue de l'exécution d'un chemin de fer de Mont-de-Marsan à ou près Rabastens (L. 21-28 juill. 1856, D. P. 56. 4. 114). — L'établissement de ce chemin est déclaré d'utilité publique (décr. 25 oct.-1er nov. 1856, D. P. 56. 4. 145). — Concession de ce chemin, moyennant subvention et garantie d'intérêts à la compagnie des chemins de fer du Midi (conv. appr. par

décr. des 1ᵉʳ août-1ᵉʳ oct. 1857, art. 1, 4, 5; cahier des charges annexé au même décr , art. 1 et 2). — Modification du tracé : la ligne se détachera de l'embranchement de Morcens à Mont-de-Marsan, en un point qui sera déterminé ultérieurement et aboutira à la ligne d'Agen à Tarbes, en un point à déterminer à ou près Andrest (décr. 51 août-11 sept. 1858, D. P. 58. 4. 154). — Ce chemin est placé dans le nouveau réseau de la compagnie du Midi (art. 7 de la conv. appr. par décr. des 11 juin-14 juill. 1859, et par la loi des mêmes jours, art. 8, D. P. 59. 4. 75).

521°. *Montmélian* dans la direction de Grenoble. — L'établissement d'un chemin de fer partant d'un point de la ligne de Chambéry à Modane, à déterminer à ou près Montmélian, à la limite des départements de la Savoie et de l'Isère, dans la direction de Grenoble, est déclaré d'utilité publique (décr. 1ᵉʳ août-7 sept. 1860, D. P. 60. 4. 144). — V. Grenoble.

522°. *Montpellier* à Cette. — Concession pour quatre-vingt-dix-neuf ans (Loi 9-20 juill. 1856). — Autorisation de la société anonyme formée à Paris sous la dénomination de *Société du chemin de fer de Montpellier à Cette;* approbation des statuts (ord. 4 juill.-20 août 1858). — Cession de cette ligne par la société concessionnaire à la compagnie du chemin de fer de Lyon à Avignon, qui prend le titre de chemin de fer de Lyon à la Méditerranée (L. 8-15 juill. 1852; V. Lyon à la Méditerranée). — Ce chemin est compris dans l'ancien réseau de la compagnie de Paris à Lyon et à la Méditerranée (conv. appr. par décr. des 11 juin-14 juill. 1859). — V. Paris à Lyon et à la Méditerranée.

523°. *Montpellier* à Nîmes. — Une somme de 14 millions est affectée à l'établissement de ce chemin, lequel sera mis en communication, d'une part, avec le chemin de Montpellier à Cette, et d'autre part avec le chemin d'Alais à Nîmes et à Beaucaire (L. 15 juill.-5 août 1840, art 25). — Le ministre des travaux publics est autorisé à donner à bail, moyennant une durée de jouissance qui n'excédera pas douze ans, l'exploitation de ce chemin de fer, aux clauses et conditions du cahier des charges annexé à la présente loi (L. 7-12 juill. 1844). — Approbation de l'adjudication (ord. 1ᵉʳ-14 nov. 1844). — Autorisation de la société anonyme formée à Nîmes sous la dénomination de *Compagnie d'exploitation du chemin de fer de Montpellier à Nîmes* (ord. 22 avr.-15 mai 1845). — Sommes affectées à la liquidation des entreprises de ce chemin de fer (L. 5-11 juill. 1846, D. P. 46. 5. 117; 7-11 mai 1849, D. P. 49. 4. 101). — Cession du bail de fermage par la compagnie fermière à la compagnie du chemin de fer de Lyon à Avignon: concession par l'Etat à cette même compagnie du chemin de Montpellier à Nîmes, et résiliation du bail d'affermage (L. 8-15 juill. 1852, suivie de la conv. appr.; V. Lyon à la Méditerranée) — Ce chemin est compris dans l'ancien réseau de la compagnie de Paris à Lyon et à la Méditerranée (conv. appr. par décr. des 11 juin-14 juill. 1859).

524°. *Montpellier* à la ligne d'Agde à Lodève. — Concession à la compagnie des chemins de fer du Midi, avec subvention; garantie d'intérêts (conv. appr. par décr. des 11 juin-25 août 1865).

525°. *Montrejeau.* — V. Toulouse.

526°. *Montrejeau* à Bagnères de Luchon. — Concession éventuelle à la compagnie du Midi, dans le cas où l'utilité publique en serait déclarée; garantie d'intérêts (conv. appr. par la loi et le décr. des 11 juin-25 août 1865).

527°. *Montrond.* — V. Montbrison.

528°. *Morialmé.* — V. Charleville.

529°. *Moulins.* — V. Montluçon, Nevers, Paris à Lyon par le Bourbonnais.

530°. *Mourmelon.* — V. Camp de Châlons, Reims.

531°. *Mulhouse.* — V. Paris.

532°. *Mulhouse* à Thann. — Concession pour quatre-vingt-dix-neuf ans (L. 17-28 juill. 1857). — Autorisation de la société anonyme formée à Paris sous la dénomination de *Société anonyme du chemin de fer de Mulhouse à Thann;* approbation des statuts (décr. 50 juill.-50 août 1852). — Modification des statuts (décr. 5-29 août 1854). — Cession de cette ligne par la société concessionnaire à la compagnie des chemins de fer de l'Est (décr. 29 mai-29 juin 1858, D. P. 58. 4. 140). — Elle est comprise dans l'ancien réseau de la compagnie de l'Est (conv. appr. par décr. des 11 juin-14 juill. 1859).

533°. *Mutzig.* — V. Strasbourg.

534°. *Nancy* à Gray par Epinal et Vesoul. — Concession à la compagnie du chemin de fer de Paris à Strasbourg (décr. 17 août-1ᵉʳ oct. 1855, suivi de la convent et du cahier des charges). — Stipulation d'une garantie d'intérêts (art. 5, convent. appr. par décr. des 11 juin-14 juill. 1859, et par la loi des mêmes jours, art. 5, D. P. 59. 4. 75).

535°. *Nanterre.* — V Paris à Saint-Germain.

536°. *Nantes.* — V. Tours.

537°. *Nantes* à Chateaulin avec embranchement sur Napoléonville. — Le ministre des travaux publics est autorisé à s'engager au nom de l'Etat au payement d'une subvention pour l'exécution de ce chemin (L. 2-5 mai 1855, D. P. 55. 4. 54). — Concession à la compagnie du chemin de fer d'Orléans (décr. 20 juin-14 juill. 1855, et convention y annexée, D. P. 55. 4. 54). — Ce chemin est compris dans l'ancien réseau de la compagnie de Paris à Orléans (conv. appr. par décr. des 11 juin-14 juill. 1859) — V. Chateaulin.

538°. *Nantes* à Napoléon-Vendée. — Concession sans subvention ni garantie d'intérêts à la compagnie d'Orléans (convent. appr. par décr. des 19 juin-28 juill. 1857, art. 8). — Ce chemin est compris dans le nouveau réseau de la compagnie : garantie d'intérêts (art. 2, 5, con-

vent. appr. par le décr. des 11 juin-14 juill 1859, et la loi du même jour, art. 1, D. P. 59. 4. 75). — V. Charentes (chemins de fer des)

539°. *Nantes* à Saint-Nazaire. — Concession à la compagnie du chemin de fer de Paris à Orléans (décr. 17 août-15 sept 1855, D. P. 55. 4. 214, et convent. y annexée). — Cet embranchement est compris dans l'ancien réseau de cette compagnie (conv. appr. par décr. des 11 juin 14 juill. 1859).

540°. *Napoléon-Vendée.* — V. Nantes.

541°. *Napoléon-Vendée* à Bressuire et aux Sables d'Olonne. — V Vendée (chemins de fer de la).

542°. *Napoléon-Vendée* à la Rochelle : prolongement de la ligne de Nantes, par ou près Luçon et Marans.—V. Charentes (chemins de fer des)

543°. *Napoléonville* à Saint-Brieuc. — L'établissement de ce chemin est déclaré d'utilité publique. Il sera pourvu ultérieurement aux voies et moyens d'exécution (décr. 14 juin 26 juill. 1861, D. P. 61. 4. 111).— Le ministre des travaux publics est autorisé à commencer les travaux; crédits ouverts (L. 2-5 juill. 1861, D. P. 61. 4. 94). — Concession à la compagnie des chemins de fer de l'Ouest, moyennant subvention ; ce chemin fait partie du nouveau réseau de la compagnie; garantie d'intérêts (convent. appr. par la loi et le décr. des 11 juin-25 août 1865).

544°. *Napoléonville.* — V. Nantes.

545°. *Narbonne* à Perpignan. — Concession pour quatre-vingt-dix-neuf ans, avec subvention, de ce chemin à la compagnie du chemin de fer de Bordeaux à Cette et du canal latéral à la Garonne, dite des chemins de fer du Midi (décr. 24 août-6 sept. 1852, D. P. 52. 4. 197, suivi de la convention et du cahier des charges). — Approbation d'une convention relative à l'exécution de ce chemin et portant garantie d'intérêts de la part de l'Etat (décr. 24 mars-10 juin 1855). — Approbation des articles de cette convention relatifs aux engagements à la charge du trésor (L. 28 mai-1ᵉʳ juin 1855, D. P. 55. 4. 95, suivi de la convention et du cahier des charges). — Nouvelle convention relative aux époques de payement de la subvention (décr. 15 fév.-6 mars 1855, D. P. 55. 4. 22). — Modification du cahier des charges relativement à la direction du chemin de fer de Narbonne à Perpignan (décr. 5-51 juill. 1857, D. P. 57. 4. 115). — Ce chemin est compris dans l'ancien réseau de la compagnie du Midi (conv. appr. par décr. des 11 juin-14 juill. 1859).

546°. *Nevers.* — V. Centre (chemins de fer du), Paris à Lyon par le Bourbonnais.

547°. *Nevers et Moulins* à la ligne de Dijon à Châlons en un point à déterminer de Châlons à Chagny. — Concession sans subvention ni garantie d'intérêts à la compagnie de Paris à Lyon et à la Méditerranée (conv. appr. par décr. des 19 juin 28 juill. 1857, art. 7). — Stipulations relatives à une garantie d'intérêts (art. 5 et 3., convent. appr. par le décr. des 11 juin-14 juill. 1859, et par la loi des mêmes jours, art. 2, D. P. 59. 4. 75). — V. Auxerre.

548°. *Nice.* — V. Toulon.

549°. *Niederbronn.* — V. Haguenau.

550°. *Niederbronn* à la ligne de Metz à Thionville. — L'établissement de ce chemin de fer est déclaré d'utilité publique ; il sera pourvu ultérieurement aux voies et moyens d'exécution (décr. 14-26 juill. 1861, D. P. 61. 4. 111). — Le ministre des travaux publics est autorisé à entreprendre les travaux de ce chemin ; crédits ouverts (L. 2-5 juill. 1861, D. P. 61. 4. 94). — Concession à la compagnie de l'Est moyennant subvention : ce chemin fait partie du nouveau réseau de la compagnie pour lequel une garantie d'intérêts a été accordée par l'Etat (convent. appr. par la loi et le décret des 11 juin-25 août 1865, D. F. 65. 4. 155).

551°. *Nîmes.* — V. Montpellier.

552°. *Niort.* — V. Angers.

553°. *Nord* (chemin de fer du). — Il sera établi un chemin de fer se dirigeant de Paris sur la frontière de Belgique par Lille et Valenciennes, et sur l'Angleterre par un ou plusieurs points du littoral de la Manche qui seront ultérieurement déterminés (L. 11-17 juin 1842, art. 1, V. *supra,* p. 850). — Le chemin de fer de Paris sur l'Angleterre sera dirigé sur Calais, Dunkerque et Boulogne; les lignes sur Calais et Dunkerque se détacheront de la ligne de Paris à la frontière de Belgique, et se dirigeront savoir : la ligne sur Calais par Hazebrouck et Saint-Omer, la ligne sur Dunkerque par Hazebrouck et l'ouest de Cassel (L. 26 juill. 1ᵉʳ août 1844, art. 1, suivie du cah. des ch.). La ligne d'Amiens à Boulogne a été concédée séparément par cette même loi (V. Amiens à Boulogne). — Le ministre des travaux publics est autorisé à procéder par la voie de la publicité et de la concurrence à la concession du chemin de fer de Paris à la frontière de Belgique et des embranchements dirigés de Lille sur Calais et Dunkerque; la durée de la concession ne pourra excéder quarante-et-un ans (L. 15-21 juill. 1845, D. P. 45. 5. 162; V. aussi Creil à Saint-Quentin; Fampoux à Hazebrouck). — Approbation de l'adjudication; la durée de la concession est réduite à trente-huit ans (ord. 10-19 sept. 1845, D. P. 45. 5. 176). — Autorisation de la société anonyme formée à Paris sous la dénomination de *Compagnie du chemin de fer du Nord* (ord. 20 sept.-8 oct. 1845). — Le chemin de Creil à Saint-Quentin est réuni à la concession du chemin de fer de Paris à la Belgique ; fusion des deux compagnies (ord. 1ᵉʳ avr.-51 mai 1847). — Réunion de la concession du chemin de fer d'Amiens à Boulogne à celle du chemin de fer du Nord ; concession à la compagnie du Nord des chemins fer suivants : 1° Saint-Quentin à la frontière belge au delà de Maubeuge; 2° Le Cateau à Somain; 3° La Fère à Reims; 4° Noyelles à Saint-Valery, mais ce dernier éventuellement et si le gou-

vernement l'exige. — Toutes les concessions anciennes et nouvelles dont la compagnie du Nord se trouve investie auront une durée égale de quatre-vingt dix-neuf ans, à partir du 10 sept. 1848; elles finiront par conséquent le 10 sept. 1947 (décr. 19 fév.-5 mars 1852, et conv. y annexée, mais V. ci-après). — Concession à la compagnie du Nord, d'un chemin de fer de Paris à Creil (décr. 13 août-11 sept. 1855, et conv. y annexée, D. P. 55. 4. 214), et des chemins de fer suivants : 1° Paris à Soissons; 2° Boulogne à Calais; 3° Amiens sur la ligne de Creil à Saint-Quentin; 4° de la ligne de Paris à Calais et à Dunkerque vers la ligne de Paris à Lille; 5° Chantilly à Senlis; 6° Pontoise vers la ligne de Paris en Belgique; 7° Rouen à Amiens pour les deux tiers, l'autre tiers étant concédé à la compagnie de l'Ouest; 9° Ermont à Argenteuil. — Concession éventuelle sans subvention ni garantie d'intérêts, des chemins de fer : 1° de Soissons à la frontière de Belgique; 2° de cette ligne à celle de Saint-Quentin à Erquelines; 3° de Senlis à la ligne de Paris à Soissons; 4° prolongement du chemin de Creil à Beauvais, sur la ligne de Paris à Dieppe par Pontoise. — Cession par la compagnie du Nord à celle des Ardennes, de la section du chemin de fer de Reims à Tergnier, comprise entre Laon et Reims, en échange de l'embranchement de Creil à Beauvais. — Le chemin de fer de Villers-Cotterets au Port aux Perches est réuni au chemin de fer du Nord. Toutes les lignes formant le réseau actuel de la compagnie du Nord sont régies par le cahier des charges annexé à la présente convention. — La durée de la concession pour l'ensemble de toutes les lignes concédées à titre définitif, soit éventuel à la compagnie du Nord, est de quatre vingt-dix-neuf ans, à partir du 1er janv. 1852 ; en conséquence elle prendra fin le 31 déc. 1950 (conv. appr. par le décr. des 26 juin-1er août 1857, D. P. 57. 4. 114, suivie du cah. des ch.). — Modification aux statuts de la compagnie du chemin de fer du Nord (décr. 30 juin-18 août 1857, D. P. 57. 4. 168). — La concession de la compagnie du Nord sera considérée comme divisée en deux réseaux distincts, savoir : 1° l'ancien réseau comprenant Paris à la frontière de Belgique, par Lille et par Valenciennes, avec embranchement sur Beauvais; — Lille à Calais et Dunkerque; — Amiens à Boulogne avec embranchement de Noyelle à Saint-Valery; — Creil à Saint-Quentin et à Erquelines, avec raccordement de Busigny à Somain, par Cambrai; — Tergnier à Laon; — Paris à Creil; — Haumont à la frontière de Belgique, sauf regularisation ultérieure de la rétrocession de cette ligne ; — Le chemin de ceinture de Paris, pour la part afférente à la compagnie du Nord; — 2° le nouveau réseau comprenant : lignes concédées à titre définitif : Paris à Soissons; — Boulogne à Calais, avec embranchement sur Marquise; — Rouen à Amiens pour deux tiers; — Amiens à la ligne de Creil à Saint Quentin; — ligne des houillères du Pas-de-Calais; — Chantilly à Senlis; — Pontoise vers la ligne de Belgique; — Ermont à Argenteuil; — Villers-Cotterets au Port aux Perches; — lignes concédées à titre éventuel : Soissons à la frontière de Belgique; — de la ligne de Saint-Quentin à Erquelines à un point à déterminer de la ligne précédente; — Senlis à un point à déterminer de la ligne de Paris à Soissons; — Beauvais à un point à déterminer de la ligne de Paris à Dieppe par Pontoise. — L'intérêt du capital affecté à l'exécution du nouveau réseau est garanti par l'État (conv. appr. par le décr. des 11 juin-14 juill. 1859 et par la loi des mêmes jours, art. 4, D. P. 59. 4. 75). — Approbation d'un traité passé entre la ville de Paris et la compagnie du chemin de fer du Nord, en vue de l'amélioration des voies publiques aux abords de la gare de ce chemin (décr. 27 août-26 sept. 1859). — Concession à la compagnie du Nord d'un chemin de fer de Valenciennes à Achette et d'un chemin de fer de Lille à la frontière belge, dans la direction de Tournay; ces chemins de fer feront partie de l'ancien réseau ; le chemin des houillères du Pas-de-Calais, qui était compris par la convention de 1859 dans le nouveau réseau, fera désormais partie de l'ancien (convention appr. par décr. des 6-23 juill. 1862, D. P. 62. 4. 81). — V. à leur ordre alphabétique les différents chemins de fer cités dans la présente notice. — V. aussi la Chapelle à la Villette ; Ceinture (chemin de fer de), mines d'Aniche, d'Auchy et autres.

354°. Normands et bretons (chemins de fer). — V. Ouest (chemins de fer de l').

355°. Noyelles à Saint-Valery. — Concession éventuelle à la compagnie du Nord, sous condition qu'il sera fait abandon à la compagnie des terrains de l'ancien lit de la Somme, appartenant à l'État, qui seraient nécessaires pour les travaux du chemin de fer à l'invasion des eaux, et qu'elle sera substituée aux droits de l'État sur partie de la plus-value des terrains appartenant à des tiers qui pourra résulter de ces travaux (décr. 19 fév.-5 mars 1852 et conv. y annexée). — Concession définitive aux conditions énoncées dans le décret précédent, à l'exception de la clause relative à la plus-value des terrains appartenant à des tiers, à laquelle la compagnie déclare renoncer (décr. 17 oct.-11 nov. 1854, D. P. 54. 4. 185) — Est maintenu dans toutes ses dispositions le décret du 17 oct. 1854, sauf l'application au chemin de Noyelles à Saint-Valery du cahier des charges annexé à la convention approuvée par le décret des 26 juin-1er août 1857 (art. 12 de cette conv.).—Ce chemin fait partie de l'ancien réseau de la compagnie du Nord (conv. appr. par décr. des 11 juin-14 juill. 1859). — V. Nord (chemin de fer du).

356°. Orléans. — V. Paris.

357°. Orléans à Châlons-sur-Marne. — Concession directe de ce chemin de fer à une compagnie particulière (décr. 14 juin-12 juill. 1864, suivi de la convention approuvée et du cahier des charges).

358°. Orléans à Tours et à Bordeaux. — Le ministre des travaux

publics est autorisé à donner à bail, par voie de publicité et concurrence, moyennant une durée de jouissance qui n'excédera pas quarante et un ans et seize jours, le chemin de fer d'Orléans à Tours et à Bordeaux, conformément aux clauses et conditions du cahier des charges annexé à la présente loi (L. 26 51 juill. 1844). — Approbation de l'adjudication : la durée de la concession est réduite à vingt-sept ans deux cent soixante-dix-huit jours (ord 24 oct.- 4 nov. 1844, D. P. 45. 5. 8). — Autorisation de la société anonyme formée à Paris sous la dénomination de Compagnie du chemin de fer d'Orléans à Bordeaux, approbation des statuts (ord. 16 mai-14 juill. 1845). — Modification des clauses et conditions de la concession : la durée de la concession est portée à cinquante années (L. 6-15 août 1850, D. P. 50. 4. 185).— Cession par la compagnie concessionnaire à la compagnie de Paris à Orléans du bail d'exploitation du chemin de fer de Paris à Bordeaux (décr. 26 mars-19 avril 1852, D. P. 52. 4. 124). — Ce chemin est compris dans l'ancien réseau de cette compagnie (conv. appr. par décr. des 11 juin-14 juill. 1859).

359°. Orléans au chemin de fer du Bourbonnais, en un point à déterminer de Montargis à Briare. — Concession éventuelle de ce chemin, sans subvention ni garantie d'intérêts, dans le cas où l'utilité publique en serait déclarée, à la compagnie d'Orléans (conv. appr. par décr. des 19 juin-28 juill. 1857, art. 9). — Ce chemin est compris dans le nouveau réseau de la compagnie (conv. appr. par décr. des 11-14 juill. 1859, et par la loi des mêmes jours, art. 1, D. P. 59. 4. 75). — L'établissement de ce chemin est déclaré d'utilité publique, en conséquence, la concession est rendue définitive (décr. 6-29 janv. 1864, D. P. 64. 4. 21).

360°. Orléans à Vierzon. — V. Centre (chemin de fer du).

361°. Les Ormes. — V. Provins.

362°. Orsay à Limours. — Prolongement du chemin d'Orsay par le vallon de Saint-Paul : concession à la compagnie de Paris à Orléans (décr. 28 août-17 sept. 1862, D. P. 62. 4. 115). — Ce chemin fait partie du nouveau réseau de la compagnie : garantie d'intérêts (conv. appr. par la loi des 6 juill.-25 août 1863, et le décr. des 6 juill.-25 août 1865). — V. Bourg-la-Reine.

365°. Ouest (chemins de fer de l').—Le ministre des travaux publics est autorisé à concéder le chemin de fer de Versailles à Rennes, par Chartres, le Mans, Sillé le-Guillaume et Laval, avec embranchement du Mans sur Caen, et de Chartres sur Alençon, aux deux compagnies réunies des chemins de fer de Versailles, rive droite et rive gauche, aux clauses et conditions du cahier des charges annexé à la présente loi, et pour un laps de temps qui ne pourra excéder soixante ans pour le chemin principal et soixante quinze ans pour les embranchements; la concession ne pourra être accordée qu'après dissolution et liquidation des deux compagnies, et détermination de leur actif et de leur passif, ainsi que de la valeur de leurs actions dans la formation du nouveau fonds social : si ces formalités ne sont pas remplies dans le délai de six mois, le ministre est autorisé à procéder à l'adjudication de la concession (L. 21 juin-8 juill. 1846, D. P. 46. 5. 113, suivi du cahier des charges et des traites de fusion passés entre les deux compagnies).—Le gouvernement est autorisé à procéder à l'acquisition et à la pose de la voie de fer sur le chemin de fer de Versailles à Chartres : ouverture d'un crédit (L. 9–21 août 1847, D. P. 47. 3. 167). — Le ministre des travaux publics est autorisé à employer une somme de 2 millions pour la commande de machines locomotives qui seront prises dans les ateliers français, et l'acquisition de voitures destinées à l'exploitation du chemin de fer de Versailles à Chartres (décr. 16-22 juin 1848, D. P. 48. 4. 111).—Le même ministre est autorisé à exploiter, pour le compte de l'État, le chemin de fer de Versailles à Chartres et à la Louppe, jusqu'à ce qu'il ait été statué définitivement sur la concession ou l'exploitation du chemin de fer de Paris à Rennes, et en outre à racheter le chemin de fer de Versailles, rive gauche (L. 21-25 avril 1849, D. P. 49. 4. 95). — Le ministre des travaux publics est autorisé à concéder directement aux sieurs.... le chemin de fer de l'Ouest de Versailles à Chartres, et l'embranchement pour raccarder les deux chemins de Versailles, rive gauche et rive droite, aux clauses et conditions du cahier des charges annexé ; les concessionnaires seront chargés de l'exploitation du chemin du fer de Paris à Versailles (rive gauche), en exécution du traité intervenu entre eux et la compagnie concessionnaire de ce chemin (L. 13-25 mai 1851, D. P. 51. 4. 69, suivie du cahier des charges et du traité passé entre les deux compagnies). — Approbation de la convention passée entre le ministre et la compagnie, portant concession du chemin de Versailles à Rennes et du raccordement des deux chemins de Paris à Versailles, ainsi que du traité par lequel la compagnie du chemin de Versailles (rive droite), cède à la compagnie de l'Ouest la jouissance et l'exploitation de son chemin de fer (décr. 16-28 juill. 1851). — Autorisation de la société anonyme formée à Paris sous la dénomination de Compagnie du chemin de fer de l'Ouest (décr. 27 janv.-17 mars 1852) — Réunion en une seule concession dont la durée est fixée à quatre-vingt-dix-neuf ans, à partir du 1er janvier 1858, des chemins de fer suivants : 1° Paris à Saint-Germain ; 2° Paris à Rouen et de Dieppe à Fecamp ; 3° Rouen au Havre ; 4° Paris à Caen et à Cherbourg ; 5° chemin de fer de l'Ouest, et fusion des compagnies. — Concession à la compagnie ainsi constituée des chemins de fer et embranchements : 1° de Serquigny à Rouen ; 2° de Lisieux à Honfleur ; 3° de la ligne de Caen ou de la ligne de Paris, sur la ligne de Mézidon au Mans; 4° d'Argentan à Granville ; 5° de Rennes à Brest ; 6° de Rennes à Redon ; 7° de Rennes à Saint-Malo ; 8° du Mans à Angers

(V. ces différentes lignes à leur ordre alphabétique), moyennant subvention et garantie d'intérêts (L. 2-11 mai 1855, D. P. 55. 4. 67; suivie du cah. des ch., décr. 7 avril-26 juill. 1855, D. P. 55. 4. 77). — Autorisation de la société anonyme formée à Paris sous la dénomination de *Compagnie des chemins de fer de l'Ouest*; approbation des statuts (décr. 16 juin-5 juill. 1855). — Règlement sur le service des appareils télégraphiques destinés à transmettre les signaux nécessaires pour la sûreté et la régularité de l'exploitation des chemins de fer de l'Ouest (décr 25-29 déc. 1855, D. P. 56. 4. 5). — Concession à la compagnie de l'Ouest des chemins de fer : 1° de Rouen à Amiens, pour un tiers, les deux autres tiers étant concédés à la compagnie du Nord; 2° de Paris à Dieppe, passant par Argenteuil, Pontoise, Gisors, Gournay et Neufchâtel ; 3° de Pont-l'Évêque à Trouville; 4° de l'Aigle à ou près Conches. — Traité entre la compagnie de l'Ouest et la compagnie du Nord, relativement au chemin de fer d'Ermont à Argenteuil. — La concession de la compagnie de l'Ouest est considérée comme partagée en deux réseaux distincts, savoir : 1° l'ancien réseau comprenant les lignes de Paris à Saint-Germain, avec embranchement sur Argenteuil et sur Auteuil ; de Paris à Versailles, rive droite et rive gauche; de Paris à Rouen; de Rouen au Havre; de Rouen à Dieppe et à Fécamp; de Versailles à Rennes; de Mantes à Caen et à Cherbourg et Saint-Lô; de Mézidon au Mans; le chemin de fer de ceinture de Paris, pour la part afférente à la compagnie de l'Ouest;—2° le nouveau réseau comprenant les lignes de Serquigny à Rouen; de Lisieux à Honfleur; de Saint-Cyr à Surdon; d'Argentan à Grandville; de Rennes à Brest, à Redon et à Saint-Malo; du Mans à Angers; de Rouen à Amiens, pour un tiers; de Paris à Dieppe, par Pontoise et Gisors; de Pont-l'Évêque à Trouville; de l'Aigle à ou près Conches. — L'État s'engage à garantir l'intérêt d'un capital déterminé pour l'exécution des lignes formant le second réseau (conv. appr. par le décr. des 11 juin-14 juill 1859, et par la loi des mêmes jours, art. 7, D. P. 59. 4. 75, et suivie du cah. des ch.).— Concession à la compagnie de l'Ouest des chemins de fer : 1° de Caen à Flers; 2° de Mayenne à Laval; 3° de Louviers à la ligne de Paris à Rouen; de Napoléonville à Saint-Brieuc, moyennant subvention. — Concession éventuelle à la même compagnie du chemin de fer de Flers à Mayenne, moyennant subvention — Ces diverses lignes sont comprises dans le nouveau réseau de la compagnie de l'Ouest, et par conséquent donnent lieu à une garantie d'intérêts : elles sont régies par le cahier des charges annexé aux conventions de 1859 : les chemins de Caen à Cherbourg, avec embranchement par Saint-Lô et Mézidon au Mans qui, en vertu de la convention de 1859, sont compris dans l'ancien réseau, font désormais partie du nouveau. — Modification du cahier des charges relative à l'introduction dans le tarif d'une 4° classe de marchandises (conv. appr. par la loi et le décr. des 11 juin-25 août 1865, D. P. 65. 4. 155).

554°. *Paris à Caen et à Cherbourg.* — Il sera établi un chemin de fer de Paris à Cherbourg par Evreux et Caen, avec embranchement sur Rouen : le ministre des travaux publics est autorisé à concéder directement le chemin de fer de Caen sur Paris et sur Rouen, pour un laps de temps qui ne pourra excéder soixante-douze ans (L. 21 juin-8 juillet 1846, D. P. 46. 3. 113 suivie du cahier des charges). — Cette loi n'a pas été suivie d'effet. Nouvelle loi portant qu'il sera établi un chemin de fer de Paris à Cherbourg par Evreux et Caen, avec deux embranchements dirigés l'un de Mézidon sur le Mans, l'autre de Serquigny sur Rouen : concession du chemin de fer de Paris à Cherbourg, moyennant subvention et garantie d'intérêts, pour un laps de quatre-vingt dix-neuf années : l'embranchement de Mézidon à Caen est concédé à la compagnie du chemin de fer de l'Ouest ou, à défaut de celle-ci, et si les actionnaires de la compagnie de l'Ouest ne ratifient pas cette concession, à la compagnie concessionnaire du chemin de Cherbourg; l'embranchement de Serquigny sur Rouen sera l'objet d'une concession ultérieure (L. 8-15 juill. 1859, D. P. 52. 4. 184). — Autorisation de la société anonyme formée à Paris sous la dénomination de *compagnie du chemin de fer de Paris à Caen et à Cherbourg* (décr. 11-25 sept. 1852). — Formes suivant lesquelles la compagnie sera tenue de faire vis à vis de l'État diverses justifications qui lui sont imposées par son cahier des charges (décr. 25 sept.-9 nov. 1853, D. P. 54. 4. 1). — Réunion du chemin de Paris à Cherbourg et des chemins de fer normands et bretons en une seule compagnie, qui a pris le nom de *compagnie des chemins de fer de l'Ouest* (décr. 7 avril-26 juill. 1855, D. P. 55. 4. 77; loi 2-11 mai 1855, D. P. 55. 4. 67). — Ce chemin fait partie de l'ancien réseau de la compagnie de l'Ouest (convent. appr. par les décr. 11 juin-14 juill. 1859 et la loi des mêmes jour, art. 7, D. P. 59. 4. 75).— Le chemin de Caen à Cherbourg avec embranchement sur Saint-Lô est placé dans le nouveau réseau (convent. appr. par la loi et le décr. des 11 juin 25 août 1865) — V. Ouest (chemins de fer de l'); Mézidon au Mans; Serquigny à Rouen.

555°. *Paris à Creil.* — Concession à la compagnie du chemin de fer du Nord d'un chemin de fer de Paris à Creil se détachant de la ligne actuelle près Saint-Denis et la rejoignant près de Saint-Leu d'Esserent, sur la rive droite de l'Oise (convent. appr. par décr. des 15 août-11 sept. 1853, D. P. 55. 4. 214). — Ce chemin est compris dans l'ancien réseau de la compagnie du Nord (convent. appr. par décr. des 11 juin-14 juill. 1859) — V. Nord (chemin de fer du).

556°. *Paris à Dieppe*, par ou près Argenteuil, Pontoise, Gisors, Gournay et Neufchâtel, ledit chemin de fer devant emprunter la ligne du Nord depuis la nouvelle station à établir sur la rive droite de la Seine, à Argenteuil, jusqu'à la station à établir à Pontoise, sur la rive

droite de l'Oise. — Concession, avec garantie d'intérêts, à la compagnie de l'Ouest (convent. appr. par décr. des 11 juin-14 juill. 1859, art. 2, 6, 7, et par la loi des mêmes dates, art. 7, D. P. 59. 4. 75). — V. Creil.

567°. *Paris à Dijon.* — V. Avallon.

568°. *Paris à la frontière de Belgique.* — V. Nord (chemin de fer du).

569°. *Paris à Lyon.* — Il sera établi un chemin de fer se dirigeant de Paris sur la Méditerranée par Lyon, Marseille et Cette (L. 11-17 juin 1842, art. 1. V. suprà, p. 850). — Une somme de 71,000,000 de francs est affectée à l'établissement de la partie du chemin de fer de Paris à la Méditerranée comprise entre Paris et Dijon, et de la partie comprise entre Châlons sur Saône et Lyon (L. 26 juill.-1er août 1844). — Le ministre des travaux publics est autorisé à procéder par la voie de la publicité et de la concurrence, conformément aux clauses et conditions du cahier des charges annexé à la présente loi, à la concession du chemin de Paris à Lyon, et en outre d'un chemin de fer partant de Corbeil et s'embranchant sur le chemin de Paris à Lyon en un point qui ne pourra être plus éloigné que la station de Melun : la concession du chemin de Paris à Lyon ne pourra excéder quarante-cinq ans (L. 16-21 juill. 1845, D P. 45. 5. 140).—Approbation de l'adjudication de ce chemin de fer de Paris à Lyon : la durée de la concession est fixée à quarante et un ans quatre-vingt-dix-neuf jours ord. 21 déc. 1846).—Autorisation de la société anonyme formée à Paris sous la dénomination de *compagnie du chemin de fer de Paris à Lyon* (ord. 1er-27 mars 1846).—Modification de la loi du 16 juill. 1845 et du contrat de concession : la durée de la concession sera augmentée d'une année pour chaque somme de un million dépensée par la compagnie pour l'établissement du chemin de fer au delà du capital de 216.000,000, sans que cette durée puisse excéder quatre-vingt dix-neuf ans L. 9-21 août 1847, D. P. 47. 5. 107).— Approbation de la convention par laquelle la compagnie déclare souscrire à toutes les clauses et conditions contenues dans la loi du 9 août 1847 (ord. 11-29 sept. 1847.) — Reprise de possession par l'État du chemin de fer de Paris à Lyon (décr. de l'Ass. const. 17 20 août 1848, D. P. 48. 4. 149). — Le ministre des finances est autorisé à accorder un nouveau délai aux actionnaires du chemin de fer de Paris à Lyon pour leurs versements complémentaires (décr. 4-7 sept. 1848, D. P. 48. 4. 177). — Le ministre des travaux publics est autorisé à permettre à la compagnie du chemin de fer de Montereau à Troyes d'exploiter provisoirement la section du chemin de fer de Paris à Lyon comprise entre Montereau et Melun (L. 17-24 nov. 1848, D. P. 48. 4. 191). — Le ministre des travaux publics est autorisé à exploiter, pour le compte de l'État, les parties terminées du chemin de fer de Paris à Lyon, jusqu'à ce qu'il ait été statué définitivement sur la concession ou l'exploitation entière dudit chemin (L. 10-14 mai 1849, D. P. 49. 4. 102). — Crédit ouvert pour la continuation des travaux du chemin de fer de Paris à Lyon (L. 26-29 nov. 1851). — Le ministre des travaux publics est autorisé à concéder directement ledit chemin de fer aux clauses et conditions du cahier des charges annexé au présent décret : la concession est de quatre-vingt-dix-neuf ans (décr. 5-31 janv. 1852, D. P. 52. 4. 41). — Approbation de la concession (décr. 5-31 janv. 1852, D. P. 52. 4. 41). — Autorisation de la société anonyme formée à Paris sous la dénomination de *compagnie du chemin de fer de Paris à Lyon*, et approbation des statuts (décr. 20 mars-19 avril 1852, D. P. 52. 4. 119) — L'État s'engage à garantir à la compagnie, pendant les cinquante premières années de la concession, l'intérêt à 4 p. 100 sur le capital employé à l'exécution des travaux, sans que ce capital puisse excéder 200 millions (décr. 9 mai-1er juin 1853, D. P. 55. 4. 89). — Concession à la compagnie du chemin de fer de Paris à Lyon du chemin de fer de La Roche à Auxerre (décr. 17 août-13 sept. 1855. — V. La Roche). — Formes suivant lesquelles la compagnie justifiera, vis-à-vis de l'État, des frais de construction de ce chemin de fer, de ses frais annuels d'entretien et d'exploitation, et de ses recettes (décr. 18 août-8 sept. 1855, D. P. 55. 4. 207). — Réunion des chemins de fer de Dijon à Besançon et de Besançon à Belfort à la compagnie du chemin de fer de Paris à Lyon. — Concession à cette dernière compagnie des chemins de fer 1° de Châlons-sur-Saône à Dôle; 2° de Bourg à Lons-le-Saulnier; 3° de Lons-le-Saulnier à Dôle ou à Besançon ou à un point intermédiaire entre Châlons et Besançon : les concessions des lignes concédées ou incorporées à la compagnie du chemin de fer de Paris à Lyon ne feront qu'une seule et même entreprise avec les concessions actuelles, et prendront fin comme celle-ci le 5 janv. 1955 (décr. 20 avril-1er juin 1854, et convent. y annexée, D. P. 54. 4. 85). — Modification des statuts de la compagnie du chemin de fer de Paris à Lyon (décr. 18 juin-6 juill. 1854). — Concession pour un tiers à la compagnie de Paris à Lyon du chemin de fer de Paris à Lyon par le Bourbonnais (décr. 7 avr. 1855-24 janv. 1856. — V. Paris à Lyon par le Bourbonnais, et Paris à Lyon et à la Méditerranée). — Cession du chemin de fer de Dôle à Salins par la compagnie concessionnaire à celle du chemin de fer de Paris à Lyon. — Modification de l'art. 1 de la convention annexée au décret du 20 avril 1854. — Stipulations relatives à la continuation des travaux du chemin de fer de Dôle à Salins (décr. 5 avril 1er mai 1856, D. P. 56. 4. 51 et convention y annexée). — V. la notice suivante.

570°. *Paris à Lyon et à la Méditerranée.* — Réunion des deux compagnies de Paris à Lyon et de Lyon à la Méditerranée; les concessions respectives de ces deux compagnies ont réunies en une seule concession. — Cession par la compagnie du Grand-Central aux deux compagnies réunies de Paris à Lyon et de Lyon à la Méditerranée des lignes

suivantes : 1° Saint-Germain des Fossés à Clermont-Ferrand ; 2° Clermont Ferrand à Arvant ; 3° Arvant à Saint-Etienne par le Puy ; 4° le tiers appartenant à la compagnie du Grand-Central dans la concession du chemin de fer de Paris à Lyon, par le Bourbonnais. — Cession aux mêmes compagnies par la compagnie d'Orléans du tiers qui appartient à celle-ci dans la concession de ce dernier chemin.—Adhésion à la fusion par la compagnie du chemin de fer de Lyon à Genève, précédemment fusionnée avec la compagnie du chemin de fer de Lyon à la Méditerranée. — Concession à la compagnie de Paris à Lyon et à la Méditerranée des chemins de fer suivants : 1° de Nevers et de Moulins à la ligne de Dijon à Châlons ; 2° de Châtillon à la ligne de Paris à Lyon ; 3° de la ligne de Dôle à Salins à la frontière suisse ; 4° de Montbéliard à Delle et à Audincourt. — Concession éventuelle, sans subvention ni garantie d'intérêts, à la même compagnie des chemins de fer ci-après désignés : 1° de Brioude vers Alais ; 2° de Montbrison à Andrezieux, en remplacement de l'embranchement de Montbrison à Montrond ; 3° de Privas à la ligne de Lyon à Avignon, avec prolongement jusqu'à Crest ; 4° de Carpentras vers un point de la même ligne ; 5° de Toulon à Nice, desservant Draguignan ; 6° d'Avignon à Gap, avec embranchement sur Aix et sur Miramon par Salon ; 7° de Gap vers la frontière sarde. — Toutes les lignes concédées ou retrocédées à la compagnie de Paris à Lyon et à la Méditerranée sont régies par le cahier des charges annexé à la présente convention. — Sont maintenues les garanties de minimum d'intérêts conférées précédemment aux compagnies réunies (L. 19 juin-28 juill. 1857, D. P. 57. 4. 110 ; décr. 19 juin 28 juill. 1857, conv. et cahier des charges y annexés). — Autorisation de la société anonyme formée à Paris sous la dénomination de *Compagnie des chemins de fer de Paris à Lyon et à la Méditerranée* (décr. 3-31 juill. 1857, D. P. 57. 4. 110) — Fusion entre la compagnie des chemins de fer de Paris à Lyon et à la Méditerranée et la compagnie des chemins de fer du Dauphiné. — La concession de la compagnie de Paris à Lyon et à la Méditerranée sera considérée comme partagée en deux réseaux distincts : 1° l'ancien réseau comprenant les lignes concédées ou rétrocédées antérieurement à la convention du 11 avr. 1857, savoir : — Paris à Lyon, avec embranchement sur Auxerre ; Dijon à Belfort par Besançon, avec embranchement sur Gray et Salins ; de Bourg, par Lons-le-Saulnier, à un point de la ligne de Dijon à Belfort ; de Châlons-sur-Saône à Dôle ; de Lyon à Marseille par Avignon, avec embranchement sur Aix ; de Tarascon à Cette, par Nîmes et Montpellier, avec embranchement sur Alais et la Grand'Combe ; de Marseille à Toulon ; de Lyon à Genève, avec embranchement sur Bourg et Mâcon, et sur la frontière sarde, par Culoz ; le chemin de fer de ceinture à Paris pour la part afférente à la compagnie de Paris à Lyon et à la Méditerranée ; — 2° Le nouveau réseau comprenant les lignes rétrocédées ou concédées à titre, soit définitif, soit éventuel par la convention du 11 avr. 1857 et par la présente convention, savoir : — *Lignes rétrocédées ou concédées à titre définitif* : — Paris à Lyon, par Nevers, Roanne, et par Saint-Etienne d'une part et par Tarare de l'autre, avec embranchement sur Vichy ; de Saint-Germain des Fossés à Arvant, par Clermont-Ferrand ; d'Arvant à Saint-Etienne, par le Puy ; de Nevers et de Moulins à la ligne de Paris à Lyon ; de Châtillon à la ligne de Paris à Lyon ; de la ligne de Dôle à Salins, à la frontière suisse par les Verrières et par Jougue ; de Montbéliard à Delle et à Audincourt ; de Saint-Rambert à Grenoble ; de la ligne précédente à Lyon ; de la même ligne à Valence. — *Lignes rétrocédées ou concédées à titre éventuel.* — De Brioude vers Alais, de Montbrison à Andrezieux ; de Privas à la ligne de Lyon à Avignon, avec prolongement jusqu'à Crest ; de Carpentras à la même ligne ; de Toulon à Nice, desservant Draguignan ; d'Avignon à Gap, avec embranchement sur Aix et sur Miramas, par Salon ; de Gap vers la frontière sarde. — L'intérêt du capital affecté au rachat ou à la construction des lignes formant le nouveau réseau est garanti par l'Etat (L. 11 juin-14 juill. 1859, art. 2 ; décr. des mêmes dates et conv. y annexés). — Concession à la même compagnie des chemins de fer : 1° de Vesoul à Besançon ; 2° de Gray à Besançon, avec embranchement sur Ougney et prolongement de Rans à Fraisans ; ces chemins font partie du nouveau réseau (décr. 1er août 1860). — Abrogation de l'art. 5 de la convention approuvée par le décret du 19 juin 1857 (décr. 11 août-9 sept. 1862, D. P. 62. 4. 114). — Formes suivant lesquelles la compagnie des chemins de fer de Paris à Lyon et a la Méditerranée sera tenue de faire diverses justifications qui lui sont imposées relativement à la garantie d'intérêts accordée par l'Etat (décr. 6 juin-3 juill. 1863, D. P. 63. 4. 125). — Concession à la compagnie de Paris à Lyon et à la Méditerranée des chemins de fer de Lunel à Arles : Lunel a Aigues-Mortes ; Marseille à Aix ; de la gare maritime de Marseille à Lestaque, Aubagne à Fuveau ; Lunel à Vigan ; Annonay à Saint-Rambert ; Grenoble à Montmélian ; Annecy à Aix ; Thonon à Collonges ; Dijon à Langres ; Grasse à la ligne de Toulon à Nice ; Auxerre à Nevers et à Cercy-la-Tour ; Clermont à Montbrison ; Var à la frontière d'Italie ; Hyères à la ligne de Toulon à Nice moyennant subvention. — Concession éventuelle des chemins de fer suivants : d'un point à déterminer de Sorgues à Avignon, à la ligne d'Avignon à Gap, près de Saint-Saturnin ; de Salon à la ligne d'Aix à Arles, près de Rognac, ledit chemin devant remplacer la section de Salon à Miramas précédemment concédée ; de Santenay à Etang, par Autun ; de Grenoble à la ligne d'Avignon à Gap ; d'Apt à la même ligne ; de Digne à la même ligne ; d'Avallon aux lignes d'Auxerre à Nevers et de Paris à Dijon ; de Champagnolles à la ligne de Dôle en Suisse ; de la ligne de Nîmes à Alais près Alais, à celle de Privas à Livron près du Pouzin, avec embranchement sur Aubenas ; de cette dernière ligne à celle de Saint-Etienne à Givors près Givors, avec subvention. — Font partie de l'ancien réseau de la compagnie les chemins de fer de Lunel à Arles, de Lunel à Aigues-Mortes, de Marseille à Aix, de la gare maritime de Marseille à Lestaque, d'Aubagne à Fuveau ; d'Annonay à Saint-Rambert ; de Grasse à la ligne de Toulon à Nice ; de Sorgues à la ligne d'Avignon à Gap ; de Salon à la ligne d'Aix à Arles, de la ligne de Nîmes à Alais à celle de Privas à Livron, près le Pouzin, avec embranchement sur Aubenas ; de cette dernière ligne près la Voutte à celle de Saint-Etienne à Givors près Givors. — Les lignes suivantes qui, d'après les conventions de 1859, étaient comprises dans le nouveau réseau, feront désormais partie de l'ancien, savoir : Toulon avec ses embranchements sur Draguignan, Privas à Livron et Crest ; Carpentras à la ligne de Lyon à Avignon ; d'Avignon à Salon. — Les autres chemins concédés par la présente convention, soit à titre définitif, soit à titre éventuel, font partie du nouveau réseau et sont régies par les dispositions de la convention de 1859 relativement à la garantie d'intérêts. — Modifications au cahier des charges relatives notamment à l'introduction dans le tarif d'une quatrième classe de marchandises (convent. appr. par la loi et le décr. des 11 juin—25 août 1863, D. P. 63. 4. 135). — Approbation d'une convention relative à la fusion des compagnies de Lyon à Genève et des chemins de fer du Dauphiné, avec la compagnie de Paris à Lyon et à la Méditerranée (décr. 16 juill.-23 sept. 1863, D. P. 63. 4. 146). — V. à leur ordre alphabétique les différentes lignes citées dans la présente notice. V. aussi Algérie.

371°. *Paris* à Lyon par le Bourbonnais, passant par Nevers, Moulins, Roanne, Saint-Etienne et Givors. — Concession pour quatre-vingt dix-neuf ans, sans subvention ni garantie d'intérêts, aux trois compagnies réunies de Paris à Orléans, de Paris à Lyon et du Grand-Central, 1° d'un chemin partant de Nevers, et allant se raccorder, d'une part à Corbeil, sur la ligne d'Orléans, et d'autre part à la ligne de Paris à Lyon à ou près Moret ; 2° un chemin de fer de Roanne à Lyon, dans la direction de Tarare ; 3° un embranchement de Saint-Germain-des-Fossés à Vichy. — En conséquence, l'entreprise qui fait l'objet de la société formée entre ces compagnies comprendra les chemins de fer ou sections de chemins de fer, 1° de Juvisy à Corbeil ; 2° de Corbeil et Moret à Nevers ; 3° de Roanne à Lyon par Saint-Etienne ; 4° de Roanne à Lyon par Tarare (décr. 7 avril 1855-24 janv. 1856, suivi de la convention et du cahier des charges et du traité passé entre les compagnies). — Convention avec la société concessionnaire du chemin de fer de Paris à Lyon par le Bourbonnais, relativement au chemin de fer d'Andrezieux à Roanne et à l'embranchement de Montbrison à la station de Montrond (décr. 26 déc. 1855-24 janv. 1856, D. P. 56. 4. 29). — Rétrocession aux compagnies réunies de Paris à Lyon et de Lyon à la Méditerranée par les compagnies d'Orléans et du Grand-Central du tiers appartenant à chacune de ces deux dernières compagnies dans la concession du chemin de fer de Paris à Lyon par le Bourbonnais (art. 1, convent. avec la comp. d'Orléans ; art 2, convent. avec les comp. de Paris à Lyon et de Lyon à la Méditerranée, approuvées par décrets des 19 juin-28 juill. 1857, et traité de cession y annexé. V. Paris à Lyon et à la Méditerranée).— Ce chemin de fer est placé dans le nouveau réseau de la compagnie des chemins de fer de Paris à Lyon et à la Méditerranée, pour lequel une garantie d'intérêts est accordée par l'Etat (art. 3 et suiv., convent. appr. par le décret des 11 juin-14 juill. 1859 et la loi des mêmes jours, art. 2, D. P. 59. 4. 73). — V. Canal de Roanne à Digoin, Paris à Orléans.

372°. *Paris* à Mulhouse, avec embranchement sur Coulommiers.—Concession à la compagnie du chemin de fer de Paris à Strasbourg jusqu'au 27 nov. 1954 (décr. 17 août-1er oct. 1853, suivi de la convent. appr. et du cahier des charges). — Raccordement de cette ligne avec le chemin de fer de Paris à Vincennes et à Saint-Maur ; concession, sans subvention ni garantie d'intérêts, à la compagnie des chemins de fer de l'Est. Cette concession prendra fin le 27 nov. 1954 (décr. 21 janv.-6 fév, 1857, et convention y annexée, D. P. 57. 4. 50). — Ce raccordement est compris dans l'ancien réseau de la compagnie de l'Est (conv. appr. par décr. des 11 juin-14 juill. 1859). — Prorogation du délai fixé pour l'achèvement de l'embranchement de Coulommiers (décr. 8 juill.-1er août 1858, D. P. 58. 4. 147). — Le chemin de fer de Paris à Mulhouse et ses embranchements sur Coulommiers, Provins, Montereau et Bar-sur-Seine, sont compris dans le nouveau réseau de la compagnie de l'Est (art. 5, convent. appr. par le décr. des 11 juin-14 juill. 1859, et par la loi des mêmes jours, art. 5, D. P. 59. 4. 73). — V. Bar-sur-Seine, Montereau, Provins.

373°. *Paris* à Orléans. — Concession d'un chemin de fer de Paris à Orléans par Etampes, avec embranchements conduisant à Corbeil, Pithiviers et Arpajon, pour un laps de soixante-dix ans (L. 7-17 juill. 1838). — Autorisation de la société anonyme formée pour l'établissement et l'exploitation du chemin de fer de Paris à Orléans ; approbation des statuts (ord. 13 août-11 sept. 1838, suivie du cahier des charges). — La compagnie est tenue de terminer les travaux jusqu'à Juvisy et l'embranchement de Corbeil ; mais elle peut renoncer à la concession pour toute la partie du chemin de fer au delà de Juvisy (L. 1er-3 août 1839). — Le ministre des travaux publics est autorisé à garantir à la compagnie un minimum d'intérêt de 4 p. 100 sur le capital affecté à l'établissement du chemin : le cahier des charges approuvé par la loi précédente est remplacé par celui qui est annexé à la présente loi ; la concession est portée à quatre-vingt dix-neuf ans (L. 15 juill.-5 août 1840, art. 1 à 7). — Approbation des nouveaux statuts de la compagnie (ord. 31 janv.-3 mars 1841). — La compagnie du chemin de fer de Paris à Orléans

est autorisée à emprunter une somme de 10 millions (ord. 22-25 oct. 1842). — Formes suivant lesquelles la compagnie du chemin de fer de Paris à Orléans justifiera vis-à-vis de l'Etat de ses frais de premier établissement, de ses frais annuels d'entretien et de ses recettes (ord. 20 oct.-1er déc. 1843). — Approbation des modifications aux statuts de la compagnie (ord. 18 nov.-18 déc. 1845). — La compagnie du chemin de fer de Paris à Orléans est autorisée à remplacer les voitures de 3e classe découvertes, au prix de 5 cent. par personne et par kilomètre, par des voitures couvertes au prix de 5 cent. et demi (décr. 20 22 mars 1848, D. P. 48. 4. 53). — Nomination de commissaires extraordinaires près du chemin de fer d'Orléans (arrêté 30 mars-2 avril 1848). — Le chemin de fer de Paris à Orléans est placé sous le séquestre (décr. 4-6 avril 1848, D. P. 48. 4. 65). — La compagnie du chemin de fer de Paris à Orléans est autorisée à répartir l'amortissement de la portion de son capital social non encore amortie sur toutes les années restant à courir de sa concession à compter du 1er janvier 1852 (décr. 26 mars 19 avril 1852, D. P. 52. 4. 124). — Cession à la compagnie du chemin de fer de Paris à Orléans, par les compagnies concessionnaires, des baux d'exploitation, 1° du chemin de fer du Centre; 2° d'Orléans à Bordeaux; 3° de Tours à Nantes. La compagnie ne pourra contracter aucun traité de fusion ou d'alliance avec les compagnies des deux chemins de fer de Lyon à Avignon et d'Avignon à Marseille. — Concession à la même compagnie, 1° du prolongement de Châteauroux à Limoges; 2° du prolongement de Guétin ou du bec d'Allier à Clermont, avec embranchement de Saint-Germain-des-Fossés sur Roanne; 3° de l'embranchement de Poitiers sur la Rochelle et Rochefort, moyennant une garantie d'intérêts: la durée de la concession pour toutes les lignes concédées ou rétrocédées à la compagnie de Paris à Orléans sera de quatre-vingt dix-neuf ans à partir du 1er janv. 1852, et finira par conséquent le 31 déc. 1950 (convent. appr. par décr. des 27 mars-19 avr. 1852). — Concession à la même compagnie des chemins de fer de Tours au Mans et de Nantes à Saint-Nazaire (décr. 17 août-15 sept. 1853, D. P. 53. 4. 214). — Concession pour un tiers à la compagnie d'Orléans du chemin de fer de Paris à Lyon, par le Bourbonnais (décr. 7 avril 1855-24 janv. 1856, D. P. 56. 4. 14. — V. Paris à Lyon par le Bourbonnais). — Approbation des modifications aux statuts de la compagnie de Paris à Orléans (décr. 9-29 mars 1855). — Règlement sur le service des appareils télégraphiques destinés à transmettre les signaux nécessaires pour la sûreté et la régularité de l'exploitation du chemin de fer d'Orléans (décr. 25-29 déc. 1855, D. P. 56. 4. 3). — Cession à la compagnie d'Orléans par la compagnie du Grand-Central des lignes suivantes: 1° de Montluçon à Moulins; 2° de Limoges à Agen; 3° de Coutras à Périgueux; 4° de Montauban à la rivière du Lot, avec embranchement sur Marcillac et Rodez; 5° d'Arvant, près Lembdes, à la rivière du lot; 6° de Périgueux à la ligne de Clermont-Ferrand à Montauban, près la Capelle. — La compagnie d'Orléans est en outre subrogée aux droits et obligations de la compagnie du Grand-Central, en ce qui concerne les embranchements sur Cahors, sur Villeneuve-d'Agen, sur Bergerac et sur Tulle. — Cession par la compagnie d'Orléans aux compagnies réunies de Paris à Lyon et de Lyon à la Méditerranée, du tiers qui lui appartient dans la concession du chemin de fer de Paris à Lyon par le Bourbonnais. — Cession par la compagnie concessionnaire à la compagnie d'Orléans des chemins de fer de Paris à Sceaux et de Bourg-la-Reine à Orsay. — Concession à la compagnie d'Orléans, sans subvention ni garantie d'intérêts, des chemins de fer: 1° de Paris à Tours, par ou près Châteaudun et Vendôme, cette ligne devant se détacher de celle de Paris à Orsay; 2° de Nantes à Napoléon-Vendée; 3° de Bourges à Montluçon; 4° de Toulouse à la ligne de Montauban à la rivière du Lot, desservant la ville d'Albi. — Concession éventuelle, sans subvention ni garantie d'intérêts, du chemin de fer, 1° de Tours à Vierzon; 2° d'Orléans au chemin de fer du Bourbonnais; 3° de Montluçon à Limoges, passant par ou près Guéret; 4° de Poitiers à Limoges; 5° d'Angers à Niort; 6° de Limoges à Brives. — Toutes les lignes concédées ou rétrocédées à la ligne d'Orléans sont régies par le cahier des charges annexé à la présente convention: la durée de la concession pour l'ensemble du réseau sera de quatre-vingt-dix-neuf ans à dater du 1er janv. 1858; la concession prendra fin par conséquent le 31 décembre 1956. Sont maintenues les garanties d'intérêts stipulées par les conventions précédentes (conv. appr. par la loi des 19 juin-28 juill. 1857 et le décr. du même jour, auquel sont annexés ladite convent. et le cahier des charges). — Concession pour moitié à la compagnie d'Orléans d'un raccordement à Bordeaux de la ligne de Paris à Bordeaux avec le chemin de fer du Midi (décr. 1a août-1er oct. 1857, D. P. 57. 4. 188). — La concession de la compagnie d'Orléans sera considérée comme partagée en deux réseaux distincts: 1° l'ancien réseau comprenant les lignes de Paris à Orléans, d'Orléans à Tours et Bordeaux, avec embranchement sur la Rochelle et Rochefort, et raccordement avec le chemin de fer du Midi à Bordeaux; de Tours à Nantes et Saint-Nazaire; d'Orléans à Vierzon; de Vierzon au Bec-d'Allier; de Vierzon à Limoges, par Châteauroux; de Tours au Mans; de Nantes à Châteaulin avec embranchement sur Napoléonville; le chemin de fer de Ceinture pour la part afférente à la compagnie d'Orléans; — 2° le nouveau réseau comprenant les lignes suivantes: — *Lignes rétrocédées ou concédées à titre définitif:* de Montluçon à Moulins; de Limoges à Agen; de Coutras à Périgueux; de Montauban à la rivière du Lot, avec embranchement sur Marcillac et Rodez; d'Arvant, près Lembdes, à la rivière du Lot; de Périgueux à la ligne de Clermont-Ferrand à Montauban, près la Capelle; de Paris à Sceaux et Orsay; de Paris à Tours par ou près Châteaudun et Vendôme; de Nantes à Napoléon-Vendée; de Bourges à Montluçon; de Toulouse à la ligne de Montauban au Lot. — Lignes rétrocédées ou concédées à titre éventuel: de Tours à Vierzon; d'Orléans au chemin de fer du Bourbonnais; de Montluçon à Limoges; de Poitiers à Limoges; d'Angers à Niort; de Limoges à Brives; embranchements sur Cahors, Villeneuve-d'Agen, Bergerac et Tulle. — L'intérêt du capital affecté au rachat ou à la construction des lignes formant le nouveau réseau est garanti par l'Etat (convent. appr. par la loi des 11 juin-14 juill. 1859, art. 1, et par le décr. des mêmes jours, D. P. 59. 4. 73). — Abrogation de l'art. 4 de la convent. de 1857 (décr. 11 août-9 sept. 1862, D. P. 62. 4. 114). — Concession moyennant subvention à la compagnie d'Orléans des chemins de fer de Cahors à la ligne de Périgueux à Agen; de Villeneuve-d'Agen à la même ligne; de Tulle à Brives; d'Orsay à Limours; d'Aubusson à la ligne de Monluçon à Limoges; de Châteaulin à Landerneau; de Commentry à Gannat. — Concession éventuelle du chemin de fer de Pithiviers à la ligne de Corbeil à Montargis; de Pithiviers à la ligne de Paris à Orléans; de la Flèche à la ligne de Tours au Mans. — Le chemin de Châteaulin à Landerneau est compris dans l'ancien réseau, les autres chemins font partie du nouveau réseau: le chemin de Brétigny à Tours, qui était placé par la convention de 1859 dans le nouveau réseau, fera désormais partie de l'ancien. — Les chemins concédés en vertu de la présente convention sont régis par le cahier des charges annexé à la convention approuvée par le décret du 19 juin 1857. — Une modification est apportée à ce cahier des charges en ce qui concerne le tarif pour le transport des marchandises: une 4e classe est ajoutée à ce tarif (convent. appr. par la loi des 11 juin-25 août 1863 et le décr. des 6 juill.-25 août 1863, D. P. 63. 4. 136). — Approbation des modifications aux statuts de la compagnie du chemin de fer de Paris à Orléans (décr. 29 août-16 sept. 1863). — V. à leur ordre alphabétique les différentes lignes signalées dans cette notice.

374°. *Paris* à Rouen. — Concession d'un chemin de fer de Paris à Rouen, au Havre et à Dieppe, avec embranchements sur Elbeuf et Louviers pour le laps de quatre-vingts ans (L. 6-17 juill. 1838, suivie du cahier des charges). — Autorisation de la société anonyme formée pour l'établissement et l'exploitation de ce chemin; approbation des statuts (ord. 13 août-11 sept. 1838). — Le ministre est autorisé à résilier la concession (L. 1er-3 août 1839). — Concession du chemin de fer de Paris à Rouen: le ministre des travaux publics est autorisé à consentir au nom de l'Etat à la compagnie du chemin de fer de Paris à Rouen, un prêt de 14 millions et un prêt supplémentaire de 4 millions dans le cas où le chemin de fer de Rouen au Havre serait concédé à une autre compagnie (L. 15 juill.-12 août 1840. suivie du cahier des charges). — Autorisation de la société anonyme formée à Paris sous la dénomination de *Compagnie du chemin de fer de Paris à Rouen* (ord. 28 juin-20 août 1840). — Modification de ces statuts (ord. 17 mars-13 avril 1841). — Approbation d'une convention relative à la réalisation du prêt de 14 millions autorisé par la loi du 15 juill. 1840 (ord. 13-21 janv. 1843). — Ouverture de crédits supplémentaires pour le service de ce prêt (ord. 15 déc. 1842-1er janv. 1843; 2-21 janv. 1843; 12-20 fév. 1843; L. 2-8 juill. 1843). — Le chemin de Rouen au Havre ayant été concédé à une autre compagnie (V. Rouen au Havre), celle de Paris à Rouen réclame la réalisation du prêt supplémentaire de 4 millions autorisé par la loi du 15 juill. 1840: approbation d'une convention y relative (ord. 28 juill.-30 août 1844). — Ouverture d'un crédit extraordinaire pour frais de surveillance sur le chemin de fer de Paris à Rouen (ord. 22 sept.-11 oct. 1644). — Modifications aux statuts de la compagnie (ord. 25 juill.-26 août 1845). — Approbation de la nouvelle rédaction de trois articles de ces statuts (décr. 28 avr.-20 mai 1851). — Réunion du chemin de fer de Paris à Rouen et des chemins de fer normands et bretons en une seule compagnie qui a pris le nom de Compagnie des chemins de fer de l'Ouest (décr. 7 avr.-26 juill. 1855, D. P. 55. 4. 77; loi 2-11 mai 1855, D. P. 55. 4. 67). — Le chemin de fer de Paris à Rouen est compris dans l'ancien réseau de la compagnie de l'Ouest (conv. appr. par décr. des 11 juin-14 juill. 1859). — V. Ouest (chemins de fer de l'), Louviers.

375°. *Paris* à Saint-Germain. — Concession de ce chemin de fer pour une durée de quatre-vingt-dix-neuf ans (L. 9-18 juill. 1835, suivie du cahier des charges). — Autorisation de la société anonyme formée pour l'établissement et l'exploitation des chemins de fer de Paris à Saint-Germain (ord. 4 nov.-16 déc. 1835). — La compagnie est autorisée à établir la gare d'arrivée dans Paris entre la place de l'Europe et la rue Neuve-des-Mathurins (ord. 16 oct.-21 nov. 1837). — Approbation du projet présenté par la compagnie pour l'établissement de la gare d'arrivée dans Paris (ord. 5-18 juill. 1838) — Fixation du périmètre de cette gare (ord. 27 mars-15 avr. 1839). — Approbation des modifications aux statuts de la compagnie (ord. 16 sept. 16 oct. 1839). — Etablissement d'un chemin de fer atmosphérique entre Nanterre et le plateau de Saint-Germain (ord. 2-14 nov. 1844, D. P. 45 3. 10). — La société du chemin de fer de Paris à Saint-Germain est autorisée à augmenter son fonds social au moyen de la création de nouvelles actions: approbation d'une modification aux statuts de la société (ord. 20 sept.-13 oct. 1845). — Convention avec la compagnie du chemin de fer de l'Ouest pour l'usage commun de la gare de la rue Saint-Lazare (traités annexés à la loi des 21 juin-8 juill. 1846, D. P. 46. 3. 113, et au décr. des 16-28 juill. 1851). — Nouvelles modifications aux statuts (décr. 17 sept.-21 oct. 1853). — Réunion du chemin de fer de Paris à Saint-Germain et des chemins de fer normands et bretons en une seule compagnie qui a pris le nom de compagnie du chemin de fer de l'Ouest (décr. 7 avr.-26 juill. 1855, D. P. 55. 4. 77; L. 2-11 mai 1855, D. P. 55. 4. 67). — Ce chemin est

compris dans l'ancien réseau de la compagnie de l'Ouest (conv. appr. par décr. des 11 juin-14 juill. 1859).—V. Ouest (chemins de fer de l').—V. aussi Asnières.

376° *Paris* à *Sceaux.* — Le ministre des travaux publics est autorisé à concéder ce chemin de fer aux clauses et conditions du cahier des charges annexé à la présente loi; la durée de la concession sera de cinquante ans (L. 5-8 août 1844) — Approbation de la convention pour la concession des chemins de fer de Paris à Sceaux (ord. 6 sept.-' oct. 1844).—Autorisation de la société anonyme formée à Paris sous la dénomination de *Compagnie du chemin de fer de Paris à Sceaux*; approbation des statuts (ord. 23 fév.-5 mars 1845).— Le ministre des travaux publics est autorisé à avancer les sommes nécessaires pour assurer jusqu'au 1er avril 1849 le service de l'exploitation de ce chemin de fer (L. 28 31 déc. 1848, D. P. 49. 4. 25).— Le chemin de fer de Paris à Sceaux est placé sous le séquestre (arr. 29 déc. 1848-22 fév. 1849, D. P. 49. 4. 47). — Le séquestre est levé (décr. 14-29 nov. 1850). — Concession du chemin de fer de Bourg-la-Reine à Orsay à la compagnie du chemin de fer de Paris à Sceaux; prolongation de la concession de ce dernier chemin de fer (décr. 30 avr.-11 août 1855, V. Bourg-la-Reine). — Approbation des modifications aux statuts : la compagnie prend désormais la dénomination de *Compagnie du chemin de fer de Paris à Orsay* (décr. 12 oct.-18 nov. 1855). — Cession à la compagnie de Paris à Orléans, des chemins de fer de Paris à Sceaux et de Bourg-la-Reine à Orsay (convent. appr. par le décr. des 19 juin-28 juill. 1857, et la loi des mêmes jours, D. P. 57. 4. 110). — Ces chemins sont compris dans le nouveau réseau de la compagnie de Paris à Orléans donnant lieu à une garantie d'intérêts (art. 2 et suiv., conv. approuvée par le décr. des 11 juin-14 juill. 1859. et par la loi des mêmes jours, art 1, D. P. 59. 4. 73).— V. Paris à Orléans.

377° *Paris* à Soissons. — Concession à la compagnie des chemins de fer du Nord (conv. appr. par décr. des 26 juin-1er août 1857, art. 1 ; cah. des ch. annexé au même décr., art. 1 et 2).— Détermination du tracé (décr. 15 juill.-1er août 1858, D. P. 58. 4. 147). — Ce chemin de fer est placé dans le nouveau réseau de la compagnie du Nord, pour lequel il est accordé par l'Etat une garantie d'intérêts (convent. appr. par le décr. des 11 juin-14 juill. 1859, et par la loi des mêmes jours, art. 4, D. P. 59. 4. 73). — V. Reims, Senlis.

378° *Paris* à Strasbourg. — V. Est (chemin de fer de l').

379° *Paris* à Tours, par ou près Chateaudun et Vendôme. — Concession, sans subvention ni garantie d'intérêts, à la compagnie d'Orléans : cette ligne se détachera de celle de Paris à Orsay en un point qui sera déterminé par l'administration supérieure (convent. approuvée per décr. des 19 juin-28 juill. 1857, art. 8, et cah. des ch. y annexé). — Ce chemin fait partie du nouv' au réseau de la compagnie d'Orléans. garantie d'intérêts (art. 2, 5, conv. appr. par le décr. des 11 juin 14 juill. 1859 et par la loi des mêmes jours, art. 1, D. P. 59. 4. 73). — Modification du tracé : la ligne de Paris à Tours par Vendôme se détachera de celle de Paris à Orléans, en un point à déterminer par l'administration aux abords de Brétigny ou de Saint-Michel (décr. 28 août 17 sept. 1862, D. P. 62. 4. 115). — Le chemin de Brétigny à Tours sera compris dans l'ancien réseau (conv. approuv. par la loi des 11 juin-25 août 1865 et le décr. des 6 juill.-25 août 1865).

380° *Paris* à Versailles (rive droite et rive gauche). — Le gouvernement est autorisé à procéder par la voie de la publicité et de la concurrence, le même jour et séparément, à la concession de deux chemins de fer de Paris à Versailles, l'un partant de la rive droite et l'autre de la rive gauche de la Seine ; la durée de la concession n'excédera pas quatre-vingt-dix neuf ans; le rabais de l'adjudication portera sur un prix maximum de 1 fr. 80 par tête, non compris l'impôt sur le prix des places, pour le transport des voyageurs sur la distance entière de Paris à Versailles (L. 9-20 juill. 1856, suivie du cah. des ch.). — L'adjudication de ces deux chemins de fer est approuvée (ord. 24 mai-1er juill. 1837. suivie du cah. des ch.).— Autorisation de la société anonyme formée à Paris pour l'établissement et l'exploitation du chemin de fer de Paris à Versailles (rive gauche), sous la dénomination de *Compagnie du chemin de fer de Paris, Meudon, Sèvres et Versailles* (ord. 25 août 12 oct. 1837). — Autorisation de la société anonyme formée pour l'établissement et l'exploitation du chemin de fer de Paris à Versailles (rive droite), sous la dénomination de *Société du chemin de fer de Paris à Saint-Cloud et à Versailles* (ord. 21 nov. 1837-8 janv 1838).—Le ministre des travaux publics est autorisé à consentir un prêt de 5 millions pour l'achèvement des travaux du chemin de fer de Paris à Versailles (rive gauche) (L. 1er-5 août 1859) — Réunion des deux chemins de fer de Versailles aux chemins de fer normands et bretons en une seule compagnie qui a pris le nom de chemins de fer de l'Ouest (conv. 7 avril-26 juill. 1855; L. 2-11 août 1855, D. P. 55. 4. 67. 77). — Ces deux chemins sont compris dans l'ancien réseau de la compagnie de l'Ouest (conv. approb. par décr. des 11 juin-14 juill. 1859). — V. Ouest (chemins de fer de l').

381° *Paris* à Vincen es, Saint-Mandé et Saint-Maur. — Concession à la compagnie du chemin de fer de Paris à Strasbourg (décr. 17 août-1er oct. 1855, D. P. 55. 4. 226, suivie de la conv. et du cah. des ch.). — Prorogation des délais fixés pour l'achèvement de ce chemin (décr. 8 juill 1er août 1858, D. P. 58 4. 147). — Ce chemin est compris dans l'ancien réseau de la compagnie de l'Est (conv. appr. par décr. des 11 juin 14 juill. 1859).

382°. *Passy.* — V Ceinture (chemin de fer de).

383°. *Pau.* — V. Toulouse.

384°. *Périgueux.* — V. Coutras.

Périgueux à Agen. — V. Limoges à Agen. — V. aussi Villeneuve-d'Agen.

385°. *Périgueux* à la ligne de Clermont-Ferrand à Montauban, près la Capelle. — Concession à la compagnie du Grand-Central (décr. 21 avr.-31 mai 1855, D. P. 55. 4. 79 ; 7 avr -26 juill. 1855, D. P. 55. 4. 67, V. Grand-Central). — Cession de cette ligne par la compagnie du Grand-Central à la compagnie du chemin de fer de Paris à Orléans (conv. appr. par décr. des 19 juin-28 juill. 1857). — Ce chemin de fer est compris dans le nouveau réseau de la compagnie de Paris à Orléans, pour lequel il est accordé par l'Etat une garantie d'intérêts (conv. appr. par le décr. des 11 juin-14 juill. 1859 et par la loi des mêmes jours, art 1, D. P. 59. 4. 73).

386°. *Périgueux.* — V. Narbonne.

387°. *Perpignan* à Port-Vendres. — Concession éventuelle de ce chemin avec garantie d'intérêts, à la compagnie du Midi, dans le cas où l'utilité publique en serait déclarée : ce chemin fait partie du nouveau réseau de la compagnie (art. 3, 4, 7 et 9 de la conv. appr. par décr. des 11 juin-14 juill. 1859 et par la loi des mêmes jours, art. 8, D. P. 59. 4. 73). — L'établissement de ce chemin est déclaré d'utilité publique; en conséquence, la concession est rendue définitive (décr. 16 janv. 4 fév. 1861, D. P. 61. 4. 30). — Fixation du tracé pour l'achèvement des travaux (art. 1, conv. appr. par le décr. des 11 juin-25 août 1865)

388°. *Perpignan* à Prades. — Le ministre des travaux publics est autorisé à allouer une subvention en vue de l'exécution de ce chemin (L. 6-9 mai 1863, D. P. 63. 4. 54). — L'établissement de ce chemin de fer est déclaré d'utilité publique, et la mise en adjudication de la concession est ordonnée; la durée de la concession sera de quatre vingt-dix-neuf ans (décr. 18 juin.-14 oct. 1863, D. P. 63. 4. 155, suivi du cah. des ch.). — Approbation de l'adjudication pour la concession de ce chemin de fer (décr. 29 août-14 oct. 1863, D. P. 63. 4. 155).

389°. *Pezenas.* — V. Agde.

390°. *Pierrefitte.* — V. Lourdes.

391°. *Pithiviers* à la ligne de Corbeil à Montargis. — Concession éventuelle, moyennant subvention, à la compagnie de Paris à Orléans, dans le cas où l'utilité publique en serait déclarée ; ce chemin est compris dans le nouveau réseau; garantie d'intérêts (conv. appr par la loi des 21 juin 25 août 1865; et le décr. des 6 juill.-25 août 1865).

392°. *Pithiviers* à la ligne de Paris à Orléans, près de cette dernière ville. — Concession éventuelle, à la compagnie de Paris à Orléans, dans le cas où l'utilité publique en serait déclarée ; ce chemin est compris dans le nouveau réseau; garantie d'intérêts (conv. appr. par la loi des 11 juin-25 août 1865, et par le décr. des 6 juill.-25 août 1865).

393°. *Poitiers* à Limoges, se reliant à la ligne de Châteauroux à Limoges. — Concession éventuelle de ce chemin sans subvention ni garantie d'intérêts, dans le cas où l'utilité publique en serait déclarée, à la compagnie d'Orléans (conv. appr. par décr. des 19 juin-28 juill. 1857, art. 9).—Ce chemin est placé dans le nouveau réseau de la compagnie d'Orléans, pour lequel une garantie d'intérêts est accordée par l'Etat (conv. appr. par le décr. des 11 juin-14 juill. 1859 et la loi des mêmes jours, art. 1, D. P. 59. 4. 73). — L'établissement de ce chemin est déclaré d'utilité publique; en conséquence, la concession est rendue définitive : détermination du tracé (décr. 5-22 juin 1861, D. P. 61. 4. 79).

394°. *Poitiers* à la Rochelle et à Rochefort : embranchements sur la ligne d'Orléans à Tours et à Bordeaux. — Concession à la compagnie du chemin de fer d'Orléans (conv. appr. par décr. des 27 mars-19 avril 1852). — Ces embranchements sont compris dans l'ancien réseau de la compagnie d'Orléans (conv. appr. par décr. des 11 juin-14 juill. 1859).

395°. *Pont-l'Évêque* à Trouville. — Concession de cet embranchement, moyennant une garantie d'intérêts, à la compagnie du chemin de fer de l'Ouest : ce chemin fait partie du nouveau réseau de la compagnie (conv. appr. par décr. des 11 juin-14 juill. 1859, art. 46 et 7, et par la loi des mêmes jours, art. 7, D. P. 59. 4. 73).

396°. *Pontoise*, vers un point à déterminer de la ligne de Paris en Belgique, près de Saint-Ouen-l'Aumône. — Concession à la compagnie des chemins de fer du Nord (conv. appr. par décr. des 26 juin-1er août 1857; cah. des ch. annexé au même décr., art. 1 et 2). — Ce chemin est compris dans le nouveau réseau de la compagnie du Nord, pour lequel une garantie d'intérêts a été accordé par l'Etat (conv. appr. par le décr. des 11 juin-14 juill. 1859 et par la loi des mêmes jours, art. 4, D. P. 59. 4. 73).—Prorogation du délai fixé pour l'achèvement de ce chemin de fer (décr. 27 juill.-14 août 1861, D. P. 61. 4. 114).

397°. *Port-aux-Perches.* — V. Villers-Cotterets.

398°. *Port-Vendres* à la frontière d'Espagne. — L'établissement de ce chemin est déclaré d'utilité publique : il sera pourvu ultérieurement aux voies et moyens d'exécution (décr. 14 juin 26 juill. 1861, D. P. 61. 4. 111). — Le ministre des travaux publics est autorisé à entreprendre les travaux : crédits ouverts (L. 2-5 juill. 1861, D. P. 61 4. 94) — Concession à la compagnie du Midi, avec subvention : ce chemin est compris dans le nouveau réseau de la compagnie; garantie d'intérêts (conv. appr. par la loi et le décr. des 11 juin-25 août 1865). — V. Perpignan.

399°. *Prades.* — V. Perpignan.

400°. *Privas* à Livron et à Crest. — Concession éventuelle d'un chemin de fer de Privas à la ligne de Lyon à Avignon, vers un point à déterminer, avec prolongement jusqu'à Crest, sans subvention ni ga-

rantie d'intérêts, dans le cas où l'utilité publique en serait déclarée, à la compagnie des chemins de fer de Paris à Lyon et à la Méditerranée (conv. appr. par décr. des 19 juin-28 juill. 1857, art. 8) — Ce chemin est compris dans le nouveau réseau pour lequel une garantie d'intérêts est accordée par le gouvernement : abrogation de la disposition contraire de la convention précédente (art. 3 et suiv. conv. appr. par le décr. des 11 juin-14 juill. 1859 et par la loi des mêmes jours, art. 2, D P. 59, 4. 75). — L'établissement de ce chemin est déclaré d'utilité publique ; en conséquence, la concession est déclarée définitive : détermination du tracé (décr. 5 août-5 sept. 1859, D. P. 59. 4. 76). — Cette ligne est placée dans l'ancien réseau (conv. appr. par la loi et le décr. des 11 juin-25 août 1863). — Concession éventuelle à la compagnie de Paris à Lyon et à la Méditerranée d'un embranchement sur la ligne de Privas à Livron, près la Voulte, et se dirigeant vers celle de Saint-Étienne à Givors, près Givors, dans le cas où l'utilité publique en serait déclarée : ce chemin est compris dans l'ancien réseau de la compagnie (conv. appr. par la loi et le décr. des11 juin-25 août 1863).— V. Nîmes à Alais.

401° *Provins aux Ormes* : embranchement sur le chemin de fer de Montereau à Troyes. — Concession pour un laps de quatre-vingt dix-neuf ans (decr 28 juill.-12 août 1852, D. P. 52. 4. 188). — Autorisation de la société anonyme formée à Provins sous la dénomination de *compagnie du chemin de fer de Provins aux Ormes*; approbation des statuts (décr. 19 oct.-18 nov. 1855, D.P. 54. 5. 107). — Cet embranchement fait aujourd'hui partie des concessions de la compagnie des chemins de fer de l'Est. — V. Est (chemins de fer de l').

402° *Pyrénées* (chemins de fer des) — V. Agen à Tarbes ; Mont-de-Marsan à ou près Rabastens ; Toulouse à Bayonne.

403° *Rabastens.* — V Mont-de-Marsan.

404° *Rams.* — V. Gray.

405° *Redon.* — V. Nantes.

406° *Reims.* — V. Compiègne, Est (chemin de fer de l').

407° *Reims à Metz*, par Sainte Ménehould et Verdun. — Concession à la compagnie des chemins de fer de l'Est : ce chemin est compris dans le nouveau réseau de la compagnie, donnant lieu à la garantie d'intérêts (convent. appr. par la loi et le décr. des 11 juin-25 août 1865).

408° *Reims à Mézières* et Charleville, avec embranchement sur Sedan et pr longement jusqu'à la frontière belge. — Concession à la compagnie des Ardennes et de l'Oise (décr. 20 juill.-10 sept. 1853 ; convention et cahier des charges y annexés, D. P. 53. 4. 208). — Prorogation du délai fixé pour l'exécution de ce chemin (décr. 3-23 janv. 1857, D.P. 57. 4. 45). — Réunion de ce chemin de fer aux concessions de la compagnie de l'Est (décr. 11 juin-14 juill. 1859). — Il est compris dans le nouveau réseau de cette dernière compagnie, pour lequel une garantie d'intérêts a été accordée par l'État (convent. appr. par la loi et le décr. des 11 juin-14 juill. 1859).

409° *Reims à Mourmelon.* L'établissement de ce chemin de fer est déclaré d'utilité publique ; la dépense d'exécution de ce chemin sera imputée sur les fonds du budget affectés à l'établissement des grandes lignes de chemin de fer (décr. 29 mars-9 avr. 1862, D. P. 62. 4. 58).

410° *Reims* à un point de la ligne projetée de Paris à Soissons, à déterminer de Soissons à Villers-Cotterets. — Concession, sans subvention ni garantie d'intérêts, à la compagnie des Ardennes et de l'Oise (convent. appr. par décr. des 10 juin-29 juill. 1857, art. 1). —Réunion de ce chemin aux concessions de la compagnie des chemins de fer de l'Est (décr. 11 juin-14 juill. 1859). — Il est compris dans le nouveau réseau de cette compagnie, pour lequel une garantie d'intérêts a été accordée par l'État (convent. appr. par la loi et le décr. des 11 juin-14 juill. 1859).

411° *Reims à Tergnier.* — Cession de la section comprise entre Laon et Reims par la compagnie du Nord à la compagnie des Ardennes (art. 2, conv. appr. par décr. des 10 juin-29 juill. 1857 ; art. 7, convent appr. par décr. des 26 juin-1er juill 1857, art. 7).—Cette ligne, qui fait maintenant partie des concessions de la compagnie des chemins de fer de l'Est (V. chemin de fer des Ardennes et de l'Est), est comprise dans l'ancien réseau de cette compagnie (conv. appr. par décr. des 11 juin-14 juill. 1859).

412° *Remiremont.* — V. Epinal.

413° *Rennes à Brest.* — *Rennes à Redon.* — *Rennes à Saint-Malo.* — Concession de ces trois lignes à la compagnie fusionnée des chemins de fer normands et bretons, dite compagnie de l'Ouest, avec subvention de l'État (L. 2-11 mai 1855, suivie de la convention et du cahier des charges, D. P. 55. 4. 67). — Ces trois chemins font partie du nouveau réseau de la compagnie, pour lequel une garantie d'intérêts a été accordée par l'État (convent. appr. par le décr. des 11 juin-14 juill. 1859 et par la loi des mêmes jours, art. 7, D. P. 59. 4. 75). — V. Châteaulin.

414° *Rhône* à la Loire (chemin de fer du). — Cession par les compagnies concessionnaires à la société formée pour la réunion et la rectification des chemins de Lyon à Saint-Étienne et à Roanne, 1° du chemin de fer de Saint-Étienne à Lyon et de Saint-Étienne à Montrambert; 2° du chemin de fer de Saint-Étienne à la Loire ; 3° du chemin de fer d'Andrezieux à Roanne (V. ces chemins à leur ordre alphabétique) ; en conséquence, ces quatre lignes sont réunies en une seule concession : les concessions de Saint-Étienne à Lyon et à la Loire, d'Andrezieux à Roanne, qui étaient perpétuelles, sont transformées en une concession temporaire de quatre-vingt dix-neuf ans. Stipulation d'une garantie d'intérêts (décr. 17 mai-11 août 1853 ; loi 10-18 juin 1853, suivie de la convention et du cahier des charges, D P. 55. 4. 126). — Autorisation de la société anonyme formée à Paris sous la dénomination de *Compagnie*

du chemin de fer de jonction du Rhône à la Loire; approbation des statuts (décr. 30 sept.-10 nov. 1855, D. P. 54. 5. 107). — La concession des chemins de fer de jonction du Rhône à la Loire est réunie à celle du chemin de fer du Grand-Central (décr. 26 déc. 1853-4 fév. 1854). — V. Grand Central.

415° *Roanne.* — V. Andrezieux, Paris à Lyon par le Bourbonnais, Rhône à la Loire.

416° *La Ruche* à Auxerre. — Concession à la compagnie du chemin de fer de Paris à Lyon (convent. appr. par décr. des 17 août-13 sept. 1853). — Cet embranchement réuni, par suite de la fusion, à la concession des chemins de fer de Paris à Lyon et à la Méditerranée (V. cette dernière ligne), est compris dans l'ancien réseau de cette compagnie (convent. appr. par décr. des 11 juin-14 juill. 1859).

417° *Rochefort.* — V. Poitiers.

418° *Rochefort* à Saintes. — V. Charentes (chemins de fer des).

419° *La Rochelle.* — V. Charentes (chemins de fer des), Poitiers.

420° *Rodez.* — V. Milhau, Montauban.

421° *Rognac* à Aix. — Concession d'un embranchement de la ligne de Lyon à Marseille par Avignon, sur Aix, à la compagnie du chemin de fer de Lyon à la Méditerranée (convent appr. par la loi des 8-15 juill. 1852). — Cet embranchement réuni, depuis la fusion, comprie dans les concessions de la compagnie de Paris à Lyon et à la Méditerranée; il fait partie de l'ancien réseau (convent. appr. par le décr. des 11 juin-14 juill. 1859).

422° *Rouen.* — V. le Grand-Parc, Paris, Serquigny.

423° *Rouen à Amiens.* — Concession avec garantie d'intérêts, pour un tiers, à la compagnie de l'Ouest, et pour les deux autres tiers, à la compagnie du Nord (conv. avec la comp. de l'Ouest, appr. par décret des 11 juin-14 juill. 1859, art. 1, 6 et 7 ; convent. avec la comp. du Nord. appr. par les loi et décr. des mêmes dates ; cahiers des charges annexés aux mêmes conventions). — Cette ligne fait partie du nouveau réseau de la compagnie du Nord et de celle de l'Ouest, pour lequel l'État a accordé une garantie d'intérêts (convent. appr. par la loi et le décr. des 11 juin-14 juill. 1859 et par la loi des mêmes jours, art. 4 et 7, D P. 59. 4. 75). — Détermination du tracé (décr. 16 août-9 sept. 1862, D. P. 62. 4. 114; 27 déc. 1862-3 juin 1863, D. P. 63. 4. 118). — Prorogation du délai fixé pour l'exécution de ce chemin (décr. 22 juin-11 juill. 1863).

424° *Rouen au Havre.* — Concession du chemin de fer formant prolongement du chemin de Paris à Rouen : le ministre des travaux publics est autorisé à consentir à la compagnie un prêt de 10 millions (L. 11 juin-5 juill. 1842, suivie du cahier des charges). — Autorisation de la société anonyme formée sous la dénomination de *Compagnie du chemin de fer de Paris au Havre*: approbation des statuts (ord. 29 janv.-25 fév 1843). — Approbation d'une convention relative à la réalisation du prêt de 10 millions (ord. 28 juill.-30 août 1844). — Modifications aux statuts (ord. 2 janv.-19 fév 1847 ; décr. 17 juill.-18 août 1854, D. P. 54. 4. 137). — Réunion du chemin de fer de Rouen au Havre et des chemins de fer normands et bretons en une seule compagnie, qui a pris le nom de *compagnie des chemins de fer de l'Ouest* (décr. 7 avr.-26 juill. 1855, D. P. 55. 4. 77 ; L. 2-11 mai 1855, D. P. 55. 4. 67). — Ce chemin est compris dans l'ancien réseau de la compagnie de l'Ouest (convent. appr. par décr. des 11 juin-14 juill. 1859). — V. Ouest (chemins de fer de l'), Dieppe.

425° *Sables-d'Olonne.* — V Vendée (chemins de fer de la).

426° *Saint-Brieuc.* — V. Napoléonville.

427° *Saint-Cyr* à Surdon. — Concession à la compagnie fusionnée des chemins de fer norma le et bretons, dits de l'Ouest, d'un embranchement sur la ligne de Mézidon au Mans, à partir d'un point soit de la ligne de Paris à Caen, soit de la ligne de l'Ouest, moyennant une subvention par l'État et une autre subvention à fournir par les localités intéressées (L. 2-11 mai 1855, suivie de la convent. appr. et du cahier des charges, D P. 55. 4. 67 ; décr. 7 avr.-26 juill. 1855, D. P. 55. 4. 77). — Cet embranchement se détachera à ou près Saint-Cyr de la ligne de Paris à Rennes et aboutira à ou près Surdon, sur la ligne de Mézidon au Mans (décr. 15 avr.-6 mai 1859, D. P. 59. 4. 28 ; art. 1, cahier des charges annexé au décr. des 11 juin-14 juill. 1859). — Ce chemin fait partie du nouveau réseau de la compagnie de l'Ouest, pour lequel une garantie d'intérêts a été accordée par l'État (convent. appr. par le décr. des 11 juin-14 juill. 1859 et par la loi des mêmes jours, art. 7, D. P. 59. 4. 75).

428° *Saint-Dié.* — V. Lunéville.

429° *Saint-Dizier* à Gray. — Le ministre des travaux publics est autorisé à procéder par la voie de la publicité et de la concurrence à la concession de ce chemin de fer (L. 21 juin-40 juill. 1846, D. P. 46. 3. 116. — V. Blesmes.

430° *Saint-Étienne* à la Loire. — Les sieurs... sont autorisés à établir un chemin de fer de la Loire au pont de l'Ane, sur la Loire de Furens, par le territoire houiller de Saint-Étienne (ord. 26 fév.-10 mars 1823). — Autorisation de la société formée à Paris sous la dénomination de *compagnie du chemin de fer de Saint-Étienne à la Loire* (ord. 21 juill.-30 août 1824). — La compagnie est autorisée à augmenter son capital (ord. 19 avr.-9 juin 1826). — Modification aux statuts de la société arr. 6-26 mai 1849 ; décr. 10 août-40 sept. 1853). — Cession de ce chemin de fer à la société des chemins de fer de jonction du Rhône à la Loire (décr. 17 mai-11 août 1853 ; L. 10-18 juin 1853, D. P. 53. 4. 126). — V. Rhône à la Loire (chemins de fer du) ; V. aussi houillères du Sorbier ; mines de Montrambert ; Paris à Lyon par le Bourbonnais.

431° *Saint-Étienne* à Lyon. — Approbation de l'adjudication du

chemin de fer de Saint-Etienne à Lyon par Saint-Chamond, Rive-de-Gier et Givors (ord. 7 juin 1826-1er oct 1831). — Autorisation de la société anonyme dite du chemin de fer de Saint-Etienne à Lyon ; approbation des statuts (ord. 7 mars 28 avr. 1827). — La compagnie du chemin de fer de Saint-Etienne à Lyon est autorisée à construire un pont fixe sur la Saône, à l'extrémité de la presqu'île Perrache, propre au double service du chemin de fer et de la route royale de Lyon à Toulouse, avec droit de percevoir un droit de péage sur la partie du pont réservée au public (ord. 13 déc. 1829-1er fév. 1830). — Prolongement du chemin de fer, dans la presqu'île Perrache jusqu'à la Saône (ord. 5 déc. 1830-1er janv. 1831). — Fixation de la direction de ce prolongement (ord. 27 avr.-28 mai 1831). — Augmentation des droits de transport (ord. 16 sept. 1er oct. 1831). — Modification aux status de la société du chemin de fer de Saint-Etienne à Lyon (décr. 16 juin-6 juill. 1853). — Cession de ce chemin de fer à la compagnie du chemin de fer de jonction du Rhône à la Loire (décr. 17 mai 11 août 1853; L. 10-18 juin 1853. D. P. 53. 4. 126) — V. Rhône à la Loire (chemin de fer du); V. aussi houillères du Sorbier; Paris à Lyon par le Bourbonnais; Privas à Livron.

452°. *Saint-Germain.* — V. Paris.

453°. *Saint-Germain-des-Fossés.* — V. Centre (chemin de fer du); Paris à Lyon.

454°. *Saint-Germain-des-Fossés* à Roanne. — Concession à la compagnie du chemin de fer d'Orléans (convent. appr. par décr. des 27 mars-19 avril 1852. — V. aussi art. 2 de la convent. appr. par le décr. des 24 déc. 1855-24 janv. 1856).

455°. *Saint-Girons* à la ligne de Toulouse à Tarbes. — L'établissement de ce chemin est déclaré d'utilité publique : les localités intéressées seront tenues de concourir, jusqu'à concurrence de la moitié de la valeur, à l'acquisition du terrain : il sera pourvu ultérieurement aux voies et moyens d'exécution (décr. 14 juin-26 juill. 1861, D. P. 61. 4. 111). — Le ministre est autorisé à entreprendre les travaux ; crédits ouverts (L. 2-5 juill. 1861, D. P. 61. 4. 94). — Concession à la compagnie du chemin de fer du Midi : ce chemin est compris dans l'nouveau réseau de la compagnie; garantie d'intérêts (convent. appr. par la loi et le décr. des 11 juin 25 août 1863).

456°. *Saint-Gobain* à Chauny, sur la ligne de Creil à Saint-Quentin. — Concession à la compagnie propriétaire de la manufacture de glaces de Saint-Gobain, jusqu'au 10 sept. 1947, époque de l'expiration de la concession du chemin de fer du Nord (décr. 23 avr. 1856 29 juill. 1857, D. P. 57. 4. 112).

457°. *Saint-Jean* à Saint-Michel (Savoie). — V. Victor-Emmanuel.

458°. *Saint-Malo.* — V. Rennes.

459° *Sainte-Marie-aux-Mines* à la gare de Schelestadt (ligne de Strasbourg à Bâle). — L'établissement de ce chemin est déclaré d'utilité publique : il sera pourvu ultérieurement aux voies et moyens d'exécution (décr. 14 juin-26 juill. 1861, D. P. 61. 4. 111). — Le ministre des travaux publics est autorisé à s'engager au nom de l'Etat à allouer une subvention en vue de l'exécution de ce chemin (L. 2-5 juill. 1861, art. 6, D. P. 61. 4. 94). — Concession à la compagnie de l'Est, avec subvention : ce chemin fait partie du nouveau réseau, pour lequel l'Etat a accordé une garantie d'intérêts (convent. appr. par la loi et le décr. des 11 juin-25 août 1863).

460°. *Saint-Michel* à Modane. — V. Victor-Emmanuel.

461°. *Saint-Quentin.* — V. Creil.

462°. *Saint-Quentin* à Erquelines. — Concession à la compagnie du Nord d'un chemin de fer partant de Saint-Quentin et dirigé vers la frontière belge, au delà de Maubeuge, où il doit se relier avec le chemin de fer de Charleroy à Erquelines (décr. 19 fév.-5 mars 1852, et convent. y annexée). — Concession éventuelle, sans subvention ni garantie d'intérêts, à la compagnie du Nord, dans le cas où l'utilité publique en serait reconnue, d'un embranchement sur la ligne de Saint-Quentin à Erquelines, d'un point à déterminer de Busigny à Landrecies, et aboutissant en un point à déterminer de la ligne projetée de Soissons à la frontière de Belgique (convent. appr. par décr. des 26 juin-1er août 1857, art. 6). — Cet embranchement fait partie du nouveau réseau de la compagnie du Nord, pour lequel une garantie d'intérêts a été accordée par l'Etat (convent. appr. par décr. des 11 juin-14 juill. 1859, et par la loi des mêmes jours, art. 4, D. P. 59. 4. 73). — L'établissement de ce chemin est déclaré d'utilité publique, en conséquence, la concession est déclarée définitive. Ce chemin se détachera de la ligne de Saint-Quentin à Erquelines près Achette, au-dessus de Landrecies, passera à ou près Avesnes, Fourmies, et conduira à la ligne de Soissons à la frontière de Belgique, à ou près Anor (décr. 6-25 juill. 1861, D. P. 62. 4. 81). — Cette ligne est comprise dans l'ancien réseau de la compagnie du Nord (convent. appr. par décr. des 11 juin-14 juill. 1859).—V. Usine du Ferrière-la-Grande.

443°. *Saint-Rambert.* — V. Annonay.

444° *Saint-Rambert* à Grenoble. — V. Dauphiné (chemin de fer du).

445°. *Saint-Valery.* — V. Noyelles.

446° *Saint-Waast* à Denain.—La compagnie des mines d'Anzin est autorisée à établir ce chemin de fer : concession de quatre-vingt dix-neuf ans (ord. 24 oct.-14 nov. 1835, suivie du cahier des charges) — Fixation du tarif du prix de péage pour le transport des bestiaux (ord. 17 août-9 sept. 1836 . — La compagnie concessionnaire est autorisée à prolonger ce chemin de fer jusqu'à Anzin (ord. 31 janv.-4 mars 1841). — Modification du tarif pour le transport des personnes (ord. 8 oct. 17 déc. 1846, art. 4, D. P. 47. 5. 156).

447°. *Saintes* à Angoulême et à Rochefort. —V. Charentes (chemin de fer des).

448°. *Saintes* à Coutras par Jonzac.— L'établissement de ce chemin est déclaré d'utilité publique, il sera pourvu ultérieurement aux voies et moyens d'exécution (décr. 14 juin-26 juill. 1861, D. P. 61. 4. 111).— Le ministre des travaux publics est autorisé à entreprendre les travaux de ce chemin : crédits ouverts (L. 2 5 juill. 1861, D. P. 61. 4. 94).

449°. *Salins.*—V. Dôle.

450°. *Salon* à la ligne d'Aix à Arles, près de Rognac.— Concession éventuelle à la compagnie de Paris à Lyon et à la Méditerranée, dans le cas où l'utilité publique en serait déclarée, ce chemin devant remplacer la section de Salon à Miramas précédemment concédée : il est compris dans l'ancien réseau de la compagnie (conv. appr. par décr. des 11 juin-25 août 1863).— V Avignon.

451°. *Santenay* à Etang par Autun — Concession éventuelle avec subvention à la compagnie de Lyon à la Méditerranée, dans le cas où l'utilité publique en serait déclarée : ce chemin est compris dans le nouveau réseau de la compagnie : garantie d'intérêts (conv appr par la loi et le décr. des 11 juin 25 août 1863).— L'établissement de ce chemin est déclaré d'utilité publique; en conséquence, la concession éventuelle est déclarée définitive (décr. janv.-13 fév. 1864, D. P. 64. 4. 25).

452°. *Sarrebourg* — V. Cocheren.

453°. *Sathonay* à Bourg par Villars. — Concession avec subvention aux sieurs Arlès-Dufour, Germain et Sellier (loi 18 avr 1863 19 août 1864; décr 25 juill.-18 août 1864, suivi de la convention et du cahier des charges.

454°. *Sathonay* (camp de). — V. la Croix-Rousse.

455°. *Savoie.*— V. Annecy, Montmélian, Victor-Emmanuel.

456°. *Sceaux* — V. Paris.

457°. *Schelestadt.*— V. Sainte-Marie aux Mines.

458°. *Sedan.*— V. Reims.

459°. *Sedan* vers un point à déterminer de la ligne de Metz à Thionville, avec embranchement sur la frontière belge, dans la direction d'Arlon, ledit embranchement passant par ou près Longwy. — Concession sans subvention ni garantie d'intérêts, à la compagnie des Ardennes et de l'Oise conv. appr. par décr. des 10 juin-9 juill. 1857, art. 1).— Réunion de ce chemin aux concessions de la compagnie du chemin de fer de l'Est (L. et décr. 11 juill. 185), V. chemins de fer des Ardennes et de l'Est). — Ce chemin fait partie du nouveau réseau de la compagnie de l'Est, pour lequel une garantie d'intérêts a été accordée par l'État (conv. appr. par le décr. des 11 juin-14 juill. 1859 et la loi du même jour, art. 5, D. P. 59. 4. 73).

460°. *Senlis.*— V. Chantilly.

461°. *Senlis* vers un point à déterminer de la ligne de Paris à Soissons. — Concession éventuelle, sans subvention ni garantie d'intérêts, à la compagnie du Nord, dans le cas où l'utilité publique de ce chemin serait déclarée (conv. appr. par décr des 26 juin-1er août 1857, art. 6). — L'établissement de ce chemin est déclaré d'utilité publique; en conséquence, la concession est déclarée définitive ; détermination de la direction du chemin (décr. 14 juin-5 juill 1861, D. P. 61. 4. 97).—Ce chemin fait partie du nouveau réseau de la compagnie du Nord, pour lequel une garantie d'intérêts a été accordé par l'Etat (conv. appr. par le décr. des 11 juin-14 juill. 1859 et par la loi des mêmes jours, art. 4).

462° *Serquigny* à Rouen — Il sera établi un chemin de fer de Paris à Cherbourg, par Evreux et Caen, avec embranchement de Serquigny sur Rouen : cet embranchement sera l'objet d'une concession ultérieure (L. 8-15 juill. 1852, art. 1 et 6, D. P. 52. 4. 184) — Concession de cet embranchement à la compagnie fusionnée des chemins de fer normands et bretons, dite *Compagnie des chemins de fer de l'Ouest*, moyennant des subventions fournies par les localités intéressées et par l'État (L. 2 11 mai 1855, suivie de la convention et du cahier des charges, D. P. 55. 4. 67). — Détermination du tracé (décr. 13 avr.-6 mai 1859, D. P. 59. 4. 28). — Ce chemin fait partie du nouveau réseau de la compagnie de l'Ouest pour lequel une garantie d'intérêts a été accordée par l'Etat (convent. appr. par le décr. des 11 juin-14 juill. 1859 et par la loi des mêmes jours, art. 7, D. P. 59. 4. 73).

463°. *Soissons.*— V. Compiègne, Paris.

464°. *Soissons* à la frontière de Belgique, passant par ou près Laon, Vervins et Hirson. — Concession éventuelle dans le cas où l'utilité publique en serait reconnue, sans subvention ni garantie d'intérêts, à la compagnie du Nord (conv. appr. par décr. des 26 juin-1er août 1857, art. 6). — L'établissement de ce chemin de fer est déclaré d'utilité publique; en conséquence, la concession est déclarée définitive (décr. 22 sept.-12 oct. 1861, D. P. 61. 4. 122). — Ce chemin de fer est compris dans le nouveau réseau de la compagnie du Nord, pour lequel une garantie d'intérêts a été accordé par l'Etat (conv. appr par le décr. des 11 juin-14 juill. 1859 et par la loi des mêmes jours, art. 4, D. P. 59. 4. 73).

465°. *Somain.*— V. Abscon, Busigny.

466°. *Sorgues* (d un point à déterminer des Sorgues à Avignon) à la ligne d'Avignon à Gap, près Saint-Saturnin. — Concession éventuelle à la compagnie de Paris à Lyon et à la Méditerranée, dans le cas où l'utilité publique en serait déclarée : ce chemin est compris dans l'ancien réseau de la compagnie (conv. appr. par la loi et le décr. des 11 juin-25 août 1863).

467°. *Strasbourg* à Bâle. — Concession pour le laps de soixante-dix ans (L. 6 13 mars 1838, suivie du cah. des ch.). - Autorisation de la société anonyme formée à Paris sous la dénomination de *compagnie du chemin de fer de Strasbourg à Bâle*; approbation des statuts (ord.

14 mai-14 juill. 1858). — Le ministre des travaux publics est autorisé à prêter au nom de l'État à cette compagnie la somme de 12,600,000 fr. — Modifications au cahier des charges : la durée de la concession est portée à quatre-vingt-dix-neuf ans (L. 15 juill.-5 août 1840, art. 8 à 15). — Ouverture de crédits extraordinaires pour la réalisation de ce prêt (ord. 20 juill.-25 août 1841; 29 oct.-20 nov. 1841 ; 25 déc. 1841-22 janv. 1842). — Approbation d'une convention relative à la réalisation du prêt autorisé par la loi précédente (ord. 16 oct.-7 nov. 1840). — Approbation d'un nouveau cahier des charges (ord. 29 oct.-13 nov. 1840). — Insertion du cahier des charges au Bulletin des lois (29 oct.-22 déc. 1840) — Formes suivant lesquelles la compagnie du chemin de fer de Strasbourg à Bâle justifiera, vis-à-vis de l'État, de ses frais annuels d'entretien et de recettes (ord. 20 oct.-1er déc. 1843). — Modifications du cahier des charges (décr. 25 fév.-16 mars 1852, D. P. 52. 4. 70).— Réunion de la concession du chemin de fer de Strasbourg à Bâle aux concessions de la compagnie des chemins de fer de l'Est (décr. 1er-15 mars 1856, D. P. 56. 4. 42). — Ce chemin est compris dans le nouveau réseau de la compagnie de l'Est (conv. appr. par décr. des 11 juin-14 juill. 1859). — V. Sainte-Marie aux-Mines.

468°. *Strasbourg* à Barr, à Mutzig et à Wasselonne, par Molsheim. — Le ministre des travaux publics est autorisé à s'engager, au nom de l'État, à allouer une subvention de 600,000 fr. pour l'exécution de ce chemin (L. 1er-4 août 1860, D. P. 60. 4. 124). — Concession à la compagnie des chemins de fer de l'Est, moyennant subvention et garantie d'intérêts : ce chemin fait partie du nouveau réseau de la compagnie de l'Est, pour lequel une garantie d'intérêts a été accordée par l'État (conv. appr. par la loi et le décr. des 11 juin-25 août 1865, D. P. 65. 4 153).

469°. *Strasbourg* à Kehl : chemin de fer entre la France et le grand-duché de Bade. — Concession à la compagnie des chemins de fer de l'Est (décr. 20 avr.-1er juin 1854 et conv. y annexée). — Convention internationale pour l'exécution de ce chemin et l'établissement d'un pont sur le Rhin (décr. 19-25 juin 1858). — Ce chemin est compris dans l'ancien réseau de la compagnie de l'Est (conv. appr. par décr. des 11 juin-14 juill 1859).

470°. *Strasbourg* à Spire. — Convention du 4 fév. 1848, avec la Bavière pour l'établissement d'un chemin de fer aboutissant à la frontière bavaroise près Wissembourg (décr. 25 mai-2 juin 1852, D. P. 52. 4. 158). — Autre convention du 5 juill. 1857 (décr. 7-17 sept. 1857, D. P. 57. 4. 185). — V. Strasbourg à Wissembourg.

471° *Strasbourg* à Wissembourg. — Le ministre est autorisé à concéder directement au compagnie du chemin de fer destiné à relier Strasbourg et la frontière bavaroise près Wissembourg, pour un laps de quatre-vingt-dix-neuf ans à dater du 6 mars 1858 (décr. 25 fév.-16 mars 1852, D. P. 52. 4. 70, suivi du cab. des charges). — Concession de ce chemin de fer à la compagnie de Strasbourg à Bâle (décr. 25 fév.-16 mars 1852, D. P. 52. 4. 70). — Ce chemin est réuni aux concessions de la compagnie des chemins de fer de l'Est (décr. 1er-15 mars 1856. D. P. 56. 4. 42). — Il est compris dans l'ancien réseau de la compagnie de l'Est (conv. appr. par décr. des 11 juin-14 juill. 1859).— V. Strasbourg à Spire.

472°. *Surdon.* — V. Saint-Cyr.

473°. *Suze.* — V. Modane.

474°. *Tarascon.* — V. Beaucaire.

475° *Tarbes.* — V. Agen, Toulouse.

476°. *Tergnier.* — V. Reims.

477°. *La Teste* à Arcachon : prolongement du chemin de fer de Bordeaux à la Teste. — Concession à la compagnie du chemin de fer du Midi pour une durée de jouissance égale au temps restant à courir sur la durée de la concession du chemin principal (décr. 14 avr.-4 mai 1857, D. P. 57. 4. 64) — Ce chemin est compris dans l'ancien réseau de la compagnie du Midi (conv. appr. par décr. des 11 juin-14 juill. 1859). — V. Bordeaux à la Teste, Midi (chemin de fer du).

478°. *Thann.* — V. Mulhouse.

479°. *Thann* à Wesserling, formant le prolongement du chemin de fer de Mulhouse à Thann. — Concession à la compagnie du chemin de fer de l'Est: la compagnie s'engage à exécuter ce chemin à ses frais, risques et périls (conv. appr. par décr. des 11 juin-14 juill. 1859, art. 5; cah. des ch. annexé au même décr. , art. 1). — Ce chemin est compris dans l'ancien réseau de la compagnie de l'Est (conv. appr. par décr. des 11 juin-14 juill. 1859).

480°. *Thiers.* — V. Clermont à Montbrison.

481°. *Thionville.* — V. Metz.

482°. *Thonon* à Collonges : chemin de fer partant d'un point de la ligne de Lyon à Genève, à déterminer près Collonges, et joignant en un point également à déterminer de Thonon à la frontière du canton de Genève, la ligne du Chablais concédée à la compagnie du chemin de fer d'Italie sur le lac sarde du 12 juin 1857. — L'établissement de ce chemin de fer est déclaré d'utilité publique (décr. 29 déc. 1860-15 janv. 1861, D. P. 61. 4. 19).— Concession à la compagnie de Paris à Lyon et à la Méditerranée, avec subvention : ce chemin est compris dans le nouveau réseau de la compagnie de Paris à Lyon et à la Méditerranée (conv. appr. par la loi et le décr. des 11 juin-25 août 1865).— Annulation de la concession faite par la loi sarde du 12 juin 1857 à la compagnie du chemin de fer des lignes d'Italie (décr. 30 mars 13 avr. 1864, D. P. 64. 4. 53).

483°. *Toul.* — V. Chaumont.

484°. *Toulon.* — V. Marseille.

485°. *Toulon* à Nice, ligne desservant, soit directement, soit par un embranchement, la ville de Draguignan. — Concession éventuelle de ce chemin de fer, sans subvention ni garantie d'intérêts, dans le cas où l'utilité publique en serait déclarée, à la compagnie des chemins de fer de Paris à Lyon et à la Méditerranée (conv. appr. par décr. des 19 juin-28 juill. 1857, art. 8).—Cette ligne fait partie du nouveau réseau de la compagnie de Paris à Lyon et à la Méditerranée, pour lequel une garantie d'intérêts a été accordée par l'État (conv. appr. par le décr. des 11 juin-14 juill. 1859 et la loi du même jour). — L'établissement de ce chemin de fer est déclaré d'utilité publique ; en conséquence, la concession en est déclarée définitive : détermination du tracé (décr. 3 août-5 sept. 1859, D. P. 59. 4. 76). — L'établissement de la section du chemin de fer de Toulouse à Nice comprise entre le Var et Nice est déclaré d'utilité publique, ladite section fera partie du nouveau réseau de la compagnie de Paris à Lyon et à la Méditerranée, pour lequel une garantie d'intérêts a été accordée par l'État (décr. 22 août-7 sept. 1860, D. P. 60. 4. 145). — L'embranchement de Draguignan se détachera de la ligne de Toulon à Nice près la station des Arcs (décr. 10-31 juill. 1862, D. P. 62. 4. 82).—La ligne de Toulon au Var, avec embranchement sur Draguignan, est placée dans l'ancien réseau (conv. appr. par la loi et le décr. des 11 juin 25 août 1865). — Concession à la compagnie de Paris à Lyon et à la Méditerranée, avec subvention, de la ligne du Var à la frontière d'Italie : ce chemin est placé dans l'ancien réseau de la compagnie (conv. appr. par la loi et le décr. des 11 juin-25 août 1865).— V. Grasse, Hyères.

486°. *Toulouse* à Auch.— Concession éventuelle à la compagnie du Midi, dans le cas où l'utilité publique en serait déclarée : ce chemin fait partie du nouveau réseau de la compagnie ; garantie d'intérêts (conv. appr. par la loi et le décr. des 11 juin 25 août 1865).

487°. *Toulouse* à Bayonne, par Montrejeau, le plateau de Lannemezan, Tarbes et Pau, avec embranchement sur Foix, Dax et Bagnères-de-Bigorre. — Le ministre des travaux publics est autorisé à s'engager au nom de l'État au payement d'une subvention pour l'exécution de ce chemin, et à garantir l'intérêt d'un capital déterminé (L. 21-28 juill. 1856, D. P. 56. 4. 119). — L'établissement de ce chemin est déclaré d'utilité publique (décr. 25 oct.-1er nov. 1856, D. P. 56. 4. 145).—Concession de ce chemin, avec subvention et garantie d'intérêts, à la compagnie des chemins de fer du Midi (conv. appr. par décr. des 1er sept. 1er oct. 1857, art. 1, 4, 5; cah. des ch. annexé au même décret, art. 1 et 2). — Ce chemin avec ses embranchements fait partie du nouveau réseau de la compagnie du Midi (conv. appr. par le décr. des 11 juin-14 juill. 1859 et par la loi des mêmes jours, art. 8, D. P. 56. 4. 73). — V. Saint-Girons.

488°. *Toulouse* au chemin de fer de Montauban à la rivière du Lot, vers un point à déterminer, ladite ligne desservant soit directement, soit par embranchement, la ville d'Albi. — Concession, sans subvention ni garantie, à la compagnie de Paris à Orléans (conv. appr. par décr. des 19 juin-28 juill. 1857, art. 8). — Cette ligne fait partie du nouveau réseau de la compagnie de Paris à Orléans pour lequel une garantie d'intérêts a été accordée par l'État (conv. appr. par le décr. des 11 juill. 1859 et par la loi des mêmes jours, art. 1, D. P. 59. 4. 73).

489°. *Tours.* — V. Orléans, Paris.

490°. *Tours* au Mans. — Concession à la compagnie du chemin de fer de Paris à Orléans, aux clauses et conditions du cahier des charges du 26 juill. 1844, modifié par le décret du 27 mars 1852 (décr. 2-15 sept. 1853, D. P. 53. 4. 214). — Ce chemin est compris dans l'ancien réseau de la compagnie de Paris à Orléans (conv. appr. par décr. des 11 juin-14 juill. 1859) — V. la Flèche.

491°. *Tours* à Nantes. — Affectation d'une somme de 28 millions de fr. à l'exécution de la partie du chemin de fer de Paris sur l'Océan, comprise entre Tours et Nantes (L. 26 juill.-1er août 1844). — Le ministre des travaux publics est autorisé à procéder à l'adjudication du chemin de fer de Tours à Nantes; la durée de la concession ne pourra excéder trente-cinq ans (L. 19-28 juill. 1845, suivie du cah. des ch.). — Approbation de l'adjudication : la durée de la concession est réduite à trente-quatre ans et quinze jours (ord. 27 nov.-9 déc. 1845). — Autorisation de la société anonyme formée à Paris sous la dénomination de *Compagnie du chemin de fer de Tours à Nantes*; approbation des statuts (ord. 17 déc. 1845-14 janv. 1846). — Crédit ouvert pour la continuation des travaux du chemin de fer de Tours à Nantes (décr. 10-17 juin 1848; L. 7-11 mai 1849, D. P. 49. 4. 100). — Modification des clauses et conditions de la concession : la durée de la concession est portée à cinquante ans (L. 6-13 août 1850, D. P. 50. 4. 183).— Approbation d'une convention passée entre le ministre et la compagnie pour l'exécution de cette loi (décr. 18-29 oct. 1850, D. P. 50. 4. 201). — Cession de la concession à la compagnie de Paris à Orléans (conv. appr. par décr. des 27 mars-19 avr. 1852). — Ce chemin est compris dans l'ancien réseau de cette compagnie (conv. appr. par décr. des 11 juin-14 juill. 1859). — V. Nantes

492°. *Tours* à Vierzon. — Concession éventuelle de ce chemin, sans subvention ni garantie d'intérêts, dans le cas où l'utilité publique en serait reconnue, à la compagnie de Paris à Orléans (conv. appr. par décr. des 19 juin-28 juill. 1857, art. 9). — Ce chemin fait partie du nouveau réseau de la compagnie de Paris à Orléans, pour lequel une garantie d'intérêts a été accordée par l'État (conv. appr. par décr. des 11 juin-14 juill. 1859 et par la loi des mêmes jours, art. , D. P. 59. 4. 73). — L'établissement de ce chemin de fer est déclaré d'utilité publique; en conséquence, la concession est déclarée définitive : détermination du tracé (décr. 5-22 juin 1861, D. P. 61. 4. 79).

493°. *Trouville.* — V. Pont-l'Evêque.

494°. *Troyes.* — V. Montereau.

495°. *Tulle* : embranchement sur le chemin Grand-Central.—Concession, sauf confirmation dans le délai de deux ans, à la compagnie du Grand-Central (conv. appr. par décr. des 7 avr.-26 juill 1855). — La compagnie de Paris à Orléans est subrogée dans les droits et obligations de la compagnie du Grand-Central (conv. appr. par le décr. des 19 juin-28 juill. 1857, D. P. 57. 4. 110). — Cet embranchement fait partie du nouveau réseau de la compagnie de Paris à Orléans, pour lequel une garantie d'intérêts est accordée par l'Etat (conv. appr. par le décr. des 11 juin-14 juill. 1859 et la loi du même jour, art. 1, D. P. 59. 4. 73).

496°. *Tulle à Brives.*—Concession, moyennant subvention, à la compagnie de Paris à Orléans. Ce chemin fait partie du nouveau réseau de la compagnie; garantie d'intérêts (conv. appr. par la loi des 11 juin-25 août 1865 et le décr. des 6 juill.-25 août 1865).

497°. *Usine de Bourdon à Crouel,* sur la ligne de Clermont à Lembdes (Grand-Central). — Concession de cet embranchement à la société Herbet et comp., pour une durée de quatre-vingt-dix-neuf ans (décr. 28 oct.-9 déc. 1854, D. P. 55. 4. 5, suivi du cah. des ch.).

498°. *Usine de Ferrière-la-Grande* à la ligne de Saint-Quentin à Erquelines. — L'établissement de ce chemin de fer est déclaré d'utilité publique; concession pour un laps de quatre-vingt-neuf ans, au propriétaire de ladite usine (décr. 23 avr.-3 juin 1859, D. P. 59. 4. 52, suivi du cah. des ch.).

499°. *Usine de Reischoffen.* — V. Haguenau.

500°. *Valence* à Grenoble. — V. Dauphiné (chemin de fer du).

501°. *Valenciennes.* — V. Lille.

502°. *Valenciennes* à la ligne de Saint-Quentin à Erquelines, à ou près Achette.— L'établissement de ce chemin de fer est déclaré d'utilité publique (décr. 6-25 juill. 1862, D. P. 62. 4. 81). — Concession à la compagnie du chemin de fer du Nord (conv. appr. par la loi et le décr. des 6-25 juill. 1862, D. P. 62. 4. 81). — V. Nord (chemin de fer du).

503°. *Vendée* (chemins de fer de la). — Sont déclarés d'utilité publique, 1° un chemin de fer de Napoléon-Vendée aux Sables-d'Olonne; 2° un chemin de fer de Napoléon-Vendée à la ligne d'Angers à Niort, en un point à déterminer : il aura pour la vérituerement aux voies et moyens d'exécution (décrets 14 juin-26 juill. 1861, D. P. 61. 4. 111). — Le ministre est autorisé à entreprendre les travaux de ces deux chemins de fer : crédits ouverts (L. 2-5 juill. 1861, D. P. 61. 4. 94). — Détermination du tracé du chemin de Napoléon-Vendée à la ligne d'Angers à Niort. Ce chemin se réunira à cette dernière ligne à ou près Bressuire (décrets 10-21 juill. 1862, D. P. 62. 4. 82).—La mise en adjudication de ces deux chemins de fer est ordonnée. La concession aura une durée de quatre-vingt-neuf ans; la compagnie concessionnaire aura la préférence pendant dix ans pour la prolongation du chemin de fer de Napoléon-Vendée à Bressuire, dans la direction de Tours (décr. 15 sept. 1862-16 mars 1863, suivi du cah. des ch.). — Approbation de l'adjudication (décr. 28 fév.-16 mars 1863, D. P. 63. 4. 11). — Approbation des clauses financières applicables à l'exécution de ces chemins (L. 4-7 mars 1863, D. P. 63. 4.10).—Autorisation de la société anonyme formée à Paris pour l'exploitation des chemins de fer 1° de Napoléon-Vendée aux Sables-d'Olonne ; 2° de Napoléon-Vendée à Bressuire ; 3° de Bressuire vers Tours s'il y a lieu, sous la dénomination de *Compagnie des chemins de fer de la Vendée* (décr. 31 oct.-17 nov. 1863).

504°. *Vendôme.* — V. Paris.

505°. *Le Verdon.* — V. Bordeaux.

506°. *Versailles.* — V. Paris.

507°. *Versailles* à Chartres et à Rennes. — V. Ouest (chemins de fer de l').

508°. *Vesoul.* — V. Nancy.

509°. *Vesoul à Besançon.* — Concession à la compagnie de Paris à Lyon et à la Méditerranée, moyennant une garantie d'intérêts ; ce chemin de fer fera partie du nouveau réseau de la compagnie (conv. appr. par la loi des 1er-6 août 1860, D. P. 60. 4. 125 ; décr. 1er-27 fév. 1862, D. P. 62. 4. 26). — L'établissement de ce chemin est déclaré d'utilité publique (même décr. du 1er fév. 1862).

510°. *Victor-Emmanuel* — Le réseau du chemin de fer Victor-Emmanuel, concédé conformément au cahier des charges approuvé par la loi sarde du 15 août 1857, comprend, sur le territoire français, les sections ci-après : 1° du Rhône, près Culoz, par Aix, à Chambéry ; 2° de Chambéry, par Montmélian et Aiguebelle, à Saint-Jean-de-Maurienne ; 3° de Saint-Jean à Saint-Michel ; 4° de Saint-Michel à Modane ; 5° de Modane à la frontière française, dans l'intérieur du tunnel des Alpes ; ces chemins donnent lieu à une garantie d'intérêts (L. et décr. 27 mai-25 août 1865, suivis du cah. des ch.). — Formes suivant lesquelles la compagnie du chemin de fer Victor-Emmanuel sera tenue de faire diverses justifications, relativement à la garantie d'intérêts (décr. 6-31 août 1865, D. P. 65. 4. 142).

511°. *Vierzon.* — V. Centre (chemins de fer du), Tours.

512°. *Villeneuve-d'Agen* : embranchement sur le chemin Grand-Central. — Concession.—Concession, sauf confirmation dans le délai de deux ans, à la compagnie du Grand-Central (conv. appr. par décr. des 7 avr.-26 juill. 1855). — La compagnie du chemin de Paris à Orléans est subrogée dans les droits et obligations de la compagnie du Grand-Central, relativement à cet embranchement (conv. approuvée par le décr. des 19 juin-28 juill. 1857). Il fait partie du nouveau réseau de la compagnie de Paris à Orléans, pour lequel une garantie d'intérêts est accordée par

l'Etat (conv. appr. par le décr. des 11 juin-14 juill. 1859 et par la loi des mêmes jours, art. 1. D. P. 59, 4. 73).

515°. *Villeneuve-d'Agen* à la ligne de Perpignan à Agen. — Concession, moyennant subvention, à la compagnie de Paris à Orléans ; ce chemin fait partie du nouveau réseau de la compagnie : garantie d'intérêts (convention appr. par la loi des 11 juin-25 août 1865, et le décr. des 6 juill.-25 août 1865).

514°. *Villers-Cotterets* au Port-aux-Perches. — Concession pour un laps de quatre-vingt-dix-neuf ans (ord. 6 juin-8 juill. 1856, suivie du cah. des ch.).—Réunion de ce chemin au réseau du chemin de fer du Nord ; le prix de la rétrocession sera réglé d'un commun accord entre le concessionnaire primitif et la compagnie du Nord, ou par arbitre (conv. appr. par décr. des 26 juin-1er juill. 1857, art. 9). — Cette ligne fait partie du nouveau réseau du Nord, pour lequel une garantie d'intérêts a été accordée par l'Etat (conv. appr. par le décr. des 11 juin-14 juill. 1859, et la loi des mêmes jours, art. 4, D. P. 59. 4. 73).

515°. *Vincennes.* — V. Paris.

516°. *Vireux-sur-Meuse* à la frontière de Belgique. — Concession pour un laps de quatre-vingt-quatorze ans (ord. 8-26 mars 1845, suivie du cah. des ch.). — Prorogation du délai fixé pour l'achèvement des travaux (décr. 25 fév.-12 mars 1852, D. P. 52. 4. 68).

517°. *Wasselonne.* — V. Strasbourg.

518°. *Wesserling.* — V. Thann.

519°. *Wissembourg.* — V. Strasbourg.

520°. *Chemin de fer atmosphérique.* — V. Paris à Saint-Germain.

521°. *Chemins de fer traînés par des chevaux.* — De Vincennes au pont de Sèvres et au rond-point de Boulogne : autorisation(décr. 18 fév.-25 avr. 1854, suivi du cah. des ch., D. P. 54. 4. 74).

De la station de Reuil (chemin de fer de Paris à Saint-Germain) à Port-Marly : autorisation (décr. 15 juill.-22 août 1854, D. P. 54. 4. 138). — Le concessionnaire ayant renoncé à la concession, un autre concessionnaire lui est substitué (décr. 1er-7 fév. 1860).

De Sèvres à Versailles (décr. 28 avr.-29 juin 1855, D. P. 55. 4. 73). — M. Gibiac est substitué à M. Tardieu dans tous les droits et charges qui résultent du précédent décret (décr. 19 mars-9 avr. 1862, D. P. 62. 4. 57).

De Rennes à Moidrey, baie de Saint-Michel (décr. 14-24 mai 1855, D. P. 55. 4. 71). — Le décret qui accorde cette autorisation est rapporté, et le cautionnement restitué (décr. 24 mars-14 avr. 1858).

De Riom à Clermont (décr. 26 août-30 nov. 1857). — La compagnie anglo-française des Trames-Railroads perfectionnés est substituée au concessionnaire autorisé par le décret du 26 août 1857 (décr. 5 déc. 1859-17 avr. 1860).

La société des forges de Montataire est autorisée à placer sur les chemins vicinaux et ruraux de la commune d'Outreau, Pas-de-Calais, une voie ferrée desservie par des chevaux, pour le transport des minerais d'Equibem à ses hauts fourneaux (décr. 15 oct.-13 nov. 1861).

CHAP. 2. — ETABLISSEMENT DES CHEMINS DE FER.

SECT. 1. — *Formation des sociétés concessionnaires; acte social ou statuts; caractères de ces sociétés.*

67. En France, aucun chemin de fer n'a été jusqu'à ce jour exploité par l'administration ; elle n'a pas suivi à cet égard les exemples qui lui étaient donnés par la Belgique, l'Autriche, les autres Etats de l'Allemagne et la Russie. — Tous nos chemins de fer ont été concédés à des compagnies, soit par la voie des adjudications faites sur des cahiers de charges, soit d'après les conventions passées entre le ministre et les compagnies concessionnaires, et approuvées par des règlements d'administration publique.

68. Relativement à leur formation et à leur constitution, les sociétés de chemins de fer sont soumises aux dispositions de lois spéciales et à celles du code de commerce, sous un double point de vue : d'une part, dans les rapports de la société avec les actionnaires, lesquels sont fixés par les statuts, et, d'autre part, dans les rapports de la société avec la sûreté publique et l'intérêt de tous, qui sont réglés par la loi. Sous le premier point de vue, aux termes de la loi du 15 juill. 1845, adoptée à l'occasion du chemin de fer de Paris à la frontière de Belgique et à ses embranchements, mais dont les dispositions générales sont applicables à toutes les compagnies auxquelles sont concédés des chemins de fer, ces compagnies ne peuvent être que des *sociétés anonymes* (art. 10). Leurs statuts sont discutés en conseil d'Etat et approuvés par un décret impérial, conformément aux art. 37 et 42 c. com. Nous avons expliqué ailleurs les conditions auxquelles est soumis l'établissement des sociétés anonymes, la forme de l'acte de société l'autorisation du gouvernement, la

111

publication de l'acte social, l'administration de ces sociétés, les droits et obligations des associés, la dissolution de la société; nous ne rentrerons pas dans une étude générale à laquelle nous avons donné tout le soin qu'elle méritait (V. Société, nos 1441 et suiv.). — Sous le second point de vue, la loi du la même date, 15 juill. 1845, renferme une série de dispositions que nous aurons occasion de développer dans le cours du présent travail.

Les statuts de toutes les sociétés ont été jetés dans un même moule; le plan en est le même pour toutes : ils se divisent généralement en sept à huit titres. Il nous paraît essentiel d'en donner ici l'analyse dans ce qu'ils ont de commun et de général, afin de n'omettre aucun élément des discussions qui peuvent naître sur la nature de ces sociétés et sur les rapports qui existent entre elles, leurs actionnaires, leurs administrateurs, l'État et le public en général. Nous prendrons pour modèles les statuts des compagnies d'Orléans et du Nord.

69. 1° *Constitution de la société.* — *Objet.* — *Dénomination.* — *Domicile.* — *Durée* (tit. 1 des statuts des compagnies de Paris à Orléans et du Nord). — La société anonyme (dont il s'agit) est formée pour l'exploitation de tels chemins de fer déterminés, dont l'énumération est indiquée dans l'acte social. Ceux concédés à *titre éventuel* sont également désignés avec les dates des décrets et des conventions y annexées. Cette société est formée sous la dénomination de..., par exemple, *Compagnie du chemin de fer du Nord* ou de *Paris à Orléans*, etc. — Le siège et le *domicile* de chaque société sont à Paris. — La société commence à partir de la date de l'acte de concession et finit avec cette concession.

70. 2° *Mise en société de la concession* (tit. 2 des statuts). — Les concessionnaires déclarent apporter et mettre en société la concession qui leur a été adjugée ou qui leur a été faite en vertu de telle loi ou de tel décret. Cet apport est fait sans aucune réserve ni restriction; en conséquence la compagnie est mise entièrement au lieu et place des concessionnaires, à la charge par elle de satisfaire à toutes les clauses qui résultent pour lesdits concessionnaires, tant de la loi ou du décret du.... que du cahier des charges y annexé.

71. 3° *Fonds social.* — *Actions.* — *Versements* (tit. 3 des statuts). — Le fonds social se compose : 1° des souscriptions, apports et valeurs de toute nature apportées à la société ; — 2° Des avantages qui peuvent résulter pour elle des conventions passées avec l'État et notamment des garanties d'intérêt qu'il peut lui avoir assurées; — 3° Du capital à former au moyen de nouvelles actions qui doivent être émises ; — 4° Du capital nécessaire au complément des sommes à dépenser pour l'exécution des lignes concédées et pour faire face aux charges de toute nature résultant des concessions et des décrets ci-dessus relatés, capital qui sera formé au moyen d'obligations à émettre. — Le fonds social ainsi composé sera divisé en tant d'actions.

72. Chaque *action* donne droit à telle fraction dans la propriété de l'actif social et dans les bénéfices de l'entreprise. — Les souscripteurs sont garants de leurs cessionnaires jusqu'à concurrence du versement des cinq premiers dixièmes du montant de l'action (V. L. 15 juill. 1845, art. 8, et v° Société, nos 1508 et suiv.). Après le versement des cinq premiers dixièmes, les titres provisoires, qui sont *nominatifs*, sont échangés contre des titres définitifs, qui sont au porteur. Mais le conseil d'administration peut autoriser le dépôt et la conservation de ces titres dans la caisse sociale. — Les actions sont indivisibles; la société ne reconnaît qu'un seul propriétaire pour chaque action. — La possession d'une action emporte l'adhésion aux statuts de la société. — Les héritiers ou créanciers d'un actionnaire ne peuvent, sous quelque prétexte que ce soit, provoquer l'apposition des scellés sur les biens et valeurs de la société, ni s'immiscer en aucune manière dans son administration. Ils doivent, pour l'exercice de leurs droits, s'en rapporter aux inventaires sociaux et aux délibérations de l'assemblée générale.

73. Le montant de chaque action est payable à la caisse de la société aux époques qui sont déterminées par le conseil d'administration. — Tout appel de fonds doit être annoncé, au moins un mois avant l'époque fixée pour le versement, dans deux journaux des annonces légales du département de la Seine. — L'ap-

pel de fonds, réglé par le conseil, doit être soumis, au delà d'une certaine somme à verser par action, à l'approbation expresse de l'assemblée générale (chem. de fer du Nord, stat., art. 14); ou bien le conseil peut appeler les versements de sa seule autorité (comp. d'Orléans, stat., art. 13). — Le conseil d'administration peut autoriser la libération anticipée des actions jusqu'à concurrence de telle somme, mais seulement par mesure générale applicable à toutes les actions et moyennant un intérêt dont le taux ne pourra excéder 5 p. 100 (Nord, même article). — A défaut de versements aux époques déterminées, l'intérêt des actions non versées court de plein droit, à raison de 5 p. 100 par an. — Les numéros des actions en retard sont publiés dans les journaux comme il est dit ci-dessus. Quinze jours après cet avis, et sans autre acte de mise en demeure, les actions sont vendues, sur duplicata, à la bourse de Paris, par le ministère d'un agent de change, pour compte et au risque des actionnaires en retard, sans préjudice de l'action personnelle que la société pourra exercer contre les retardataires (V. Société, nos 338, 1325, 1310). — Les titres des actions ainsi vendues sont nuls de plein droit. Il en sera délivré de nouveaux aux acquéreurs ayant le même numéro que les titres annulés. — Toute action ne portant pas la mention régulière des versements qui auront dû être effectués cesse d'être admise à la négociation. — Enfin, les actionnaires ne sont engagés que jusqu'à concurrence du capital de leurs actions; au delà, tout appel de fonds est interdit (V. Société, n° 1571).

74. A ces dispositions des statuts se rattachent certaines prohibitions légales dont nous devons aussi dire quelques mots. — Ainsi, la compagnie ne peut émettre d'actions ou de promesses d'actions avant de s'être constituée en société anonyme dûment autorisée (L. 15 juill. 1845, art. 10). — La négociation des récépissés de souscription ou promesses d'actions est formellement interdite (même loi, art. 8) sous peine d'une amende de 500 fr. à 3,000 fr. contre l'agent de change qui se serait prêté à cette négociation (même loi, art. 11). La même peine est applicable à toute publication quelconque de la valeur de ces promesses d'actions avant l'homologation de l'adjudication (même article). — Les concessions interdisent généralement la négociation des actions avant le versement des deux premiers cinquièmes; l'infraction à cette prohibition est également punie des peines portées par l'art. 13 de la loi du 15 juill. 1845 (L. 10 juin 1853). — Ces différentes dispositions ont été l'objet d'un examen approfondi v° Trésor publ., nos 1278 et suiv. — V. aussi v° Société, nos 1147, 1164 et s., 1197, 1369 et suiv., le commentaire des art. 3 et 12 de la loi du 17 juill. 1856 relative aux sociétés en commandite.

75. 4° *Conseil d'administration.* — *Assemblée générale des actionnaires* (tit. 4 des statuts). — La compagnie est administrée par un conseil formé de tant de membres, qui sont nommés par l'assemblée générale. Ils sont propriétaires de tant d'actions qui sont inaliénables pendant la durée de leurs fonctions. Leurs fonctions dureront tant d'années ; par chacune de ces années, un nombre égal des membres est tiré au sort et est remplacé jusqu'au renouvellement intégral du premier conseil. Tout membre sortant peut être indéfiniment réélu. — Le conseil d'administration nomme chaque année un président et un vice-président.

76. La présence d'un nombre déterminé de membres est nécessaire pour valider les délibérations. Nul ne vote dans ce conseil par procuration (L. 15 juill. 1845, art. 12). Dans le cas où deux membres dissidents sur une question demanderont qu'elle soit ajournée jusqu'à ce que l'opinion d'un ou de plusieurs membres absents soit connue, il pourra être envoyé à tous les administrateurs absents une copie ou extrait du procès-verbal, avec invitation de venir dans une prochaine réunion à jour fixe, ou d'adresser par écrit leur opinion au président. Lecture en sera donnée au conseil et la décision sera prise à la majorité des membres présents (même article).

77. Le conseil d'administration est investi des pouvoirs les plus étendus pour l'administration de la société. Il fixe les dépenses générales de l'administration; passe les traités et les marchés de toute nature; autorise et ratifie les achats de terrains et immeubles nécessaires pour l'exécution et l'exploitation du

chemin de fer; règle les approvisionnements, autorise l'achat de matériaux, machines et autres objets, et toute vente d'objets mobiliers; autorise toutes mainlevées d'opposition ou d'inscriptions hypothécaires et toutes actions judiciaires, tous compromis et transactions. Il détermine le placement des fonds disponibles et autorise tous retraits de fonds et tous transferts de rentes et aliénations des valeurs appartenant à la société; il donne toutes quittances; il règle l'emploi des fonds de la réserve. Il fixe et modifie soit les tarifs, soit le mode de perception; fait les transactions y relatives, le tout dans les limites déterminées par le cahier des charges. *Il fait les règlements relatifs à l'organisation et à l'exploitation du chemin*, sous les conditions déterminées par le cahier des charges. Il peut, *avec l'approbation expresse de l'assemblée générale*, autoriser tous emprunts, avec ou sans affectation hypothécaire, et toutes conventions avec d'autres entreprises de chemins de fer.—Mais, suivant la cour de cassation, le conseil d'administration, ni même la majorité des actionnaires réunis en assemblée générale, ne pourraient changer l'objet de la société, et par exemple réduire à un seul chemin, une entreprise dont l'objet indivisible était l'établissement et l'exploitation de deux chemins (Cass. 14 fév. 1853, aff. Fréret, D. P. 53. 1. 45; 17 av. 1855, aff. Gérente, D. P. 55. 1. 213). — V. du reste sur les pouvoirs du conseil d'administration des sociétés anonymes, v° Société, n°° 1513 et suiv.

78. *L'assemblée générale des actionnaires* se compose de tous les titulaires et porteurs d'un certain nombre déterminé d'actions. L'assemblée est régulièrement constituée lorsque les actionnaires présents sont au nombre de ... au moins, et représentent telle quotité au moins du fonds social. Ces proportions du nombre des membres présents et de la fraction du fonds social sont autrement fixées pour les délibérations relatives à des emprunts et à des modifications éventuelles des statuts.—L'assemblée générale se réunit de droit, chiffre fixé, au siège de la société. Elle est présidée par le président ou le vice-président du conseil d'administration; les deux plus forts actionnaires remplissent le rôle de scrutateurs. Le bureau désigne le secrétaire. Les délibérations de l'assemblée sont prises à la majorité des membres présents.

79. L'assemblée générale entend et approuve les comptes; sur la proposition du conseil d'administration, elle délibère sur les emprunts et acquisitions ou aliénations d'immeubles; sur les questions de prolongement et d'embranchement, de fusion ou de traités avec d'autres compagnies, de prolongation ou de renouvellement de concession, de modifications ou additions aux statuts, et notamment d'augmentation du fonds social et de prolongation de la société. Elle donne les pouvoirs à cet effet; elle nomme les administrateurs en remplacement de ceux dont les pouvoirs sont expirés, ou qu'il y a lieu de remplacer par suite de décès, de démission ou autre cause; elle prononce, sur la proposition du conseil d'administration, et en se renfermant dans la limite des statuts, sur tous les intérêts de la société. — Les délibérations de l'assemblée générale, prises conformément aux statuts, obligent tous les actionnaires; elles sont constatées par des procès-verbaux signés par tous les membres du bureau. — V. Société, n°° 1547 et suiv. — Mais V. n° 77 *in fine.*

80. 5° *Comptes annuels.* — *Intérêts.* — *Fonds de réserve.* — *Amortissement.* — *Dividende* (tit. 5 des statuts). — Il doit être dressé chaque année un inventaire général du passif et de l'actif de la société; cet inventaire est soumis à l'assemblée générale des actionnaires dans la réunion du mois d'avril.—Les produits de l'entreprise doivent servir à acquitter d'abord les dépenses d'entretien et d'exploitation du chemin, les frais d'administration, l'intérêt et l'amortissement des emprunts, et généralement toutes les charges sociales. Ils sont en outre employés: 1° à servir les intérêts des actions anciennes ou nouvelles; — 2° A restituer au fonds social la portion du capital qui aurait pu être antérieurement employée au service des intérêts (Nord, art. 44, alin. 4-2°); — 3° A rembourser à l'Etat l'annuité qu'il aura payée, tout en partie, comme garant (Orléans, art. 55);— 4° A former le fonds de réserve; — 5° A constituer le fonds d'amortissement; — 6° Et enfin à répartir le surplus, à titre de

dividende, entre toutes les actions amorties ou non amorties, qui y donnent droit.

81. *Intérêts.* — Après l'acquittement des charges sociales, il est d'abord pourvu au payement des *intérêts*, tant pour les actions anciennes que pour les nouvelles qui ne donnent pas encore droit de toucher un dividende. Il sera pourvu à ce payement par les intérêts des placements de fonds, par les produits des diverses parties de la ligne qui auraient été successivement mises en exploitation et par tous autres produits accessoires de l'entreprise; enfin, en cas d'insuffisance, au moyen de la garantie souscrite par l'Etat (Orléans, stat., art. 53; cah. des ch., art. 67), et au besoin par un prélèvement sur le fonds social. — Si les produits bruts d'une année venaient à être insuffisants pour couvrir les charges sociales, les sommes versées par l'Etat serviraient à couvrir le déficit, et l'excédant seul serait affecté: 1° à servir l'amortissement du capital social; 2° à servir au centime le franc d'intérêt dû aux actions (Orléans, stat., art. 54).

82. Lorsque l'Etat aura été remboursé des sommes qu'il aura pu payer ainsi en vertu de sa garantie, s'il arrivait que, pendant plusieurs années, les actions n'eussent pas reçu l'intérêt à 5 p. 100 qui leur est dû, ou que le service de l'amortissement eût éprouvé quelque altération, les produits libres destinés à être répartis à titre de dividende seraient employés, jusqu'à due concurrence: 1° à l'amortissement par annuité; 2° à toutes les actions, l'intérêt de 5 p. 100, pour les années où ces annuités et les intérêts n'auraient été servis qu'incomplètement (art. 56). — Le payement des intérêts a lieu par semestre. Il se fait au siège de la société.

83. *Fonds de réserve.* — Après l'achèvement des travaux mis à la charge de la compagnie, il sera opéré une retenue destinée à compléter et à constituer un *fonds de réserve* pour les dépenses imprévues. La quotité de cette somme ne pourra être inférieure à .... pour cent du produit net. Quand la réserve aura atteint le chiffre fixé, le prélèvement à tant pour cent pourra être suspendu; il reprendra son cours aussitôt que le fonds de réserve sera descendu au-dessous de ce chiffre (Nord, art. 47-1°; Orléans, art. 51).

84. *Amortissement.*— Sur l'excédant des produits annuels, après le payement des charges précédentes, il sera fait: 1° une retenue destinée à constituer un fonds d'*amortissement* et calculée de telle sorte que le capital social soit complétement amorti pendant la durée de la concession, en raison du capital primitif de chaque action; — 2° Tant pour cent du prix d'amortissement des actions, pour le montant en être employé à servir aux actions amorties et non amorties un intérêt de tant par actions, car l'intérêt afférent aux actions amorties doit être versé au fonds d'amortissement, afin de compléter la somme nécessaire pour amortir la totalité des actions dans le délai prescrit (Nord, art. 47 et 48). — Le fonds d'amortissement se compose: 1° du prélèvement stipulé ci-dessus; 2° de l'intérêt des sommes non encore employées en rachat d'actions (Orléans, art. 59). — La désignation des actions à amortir aura lieu au moyen d'un tirage au sort qui se fera publiquement chaque année, à Paris, aux époques fixées par le tableau d'amortissement annexé aux statuts et suivant la forme arrêtée par le conseil d'administration. Les numéros des actions désignées par le sort sont publiés dans deux journaux d'annonces légales (Orléans, art. 60 et 61).

85. *Dividendes.*— Toutes les dépenses et charges ci-dessus énoncées étant déduites sur le produit brut, l'excédant sera distribué aux actions ayant droit à un *dividende.* — Les produits nets de l'entreprise seront, chaque année, jusqu'à l'expiration de la concession, intégralement distribués entre les porteurs d'actions, à raison de tant par action, sauf, pour certaines compagnies, un prélèvement en faveur des employés (Orléans, art. 57).—Le payement des dividendes se fait au siège de la société. — Tous intérêts et dividendes qui n'auront pas été touchés à l'expiration de cinq années après l'époque de leur payement, dûment annoncée dans deux journaux du département de la Seine, sont acquis à la société, conformément à l'art. 2277 c. nap. (Nord, art. 55; Orléans, art. 58).

86. 6° *Dispositions générales.* — *Modifications.* — *Liquidations* (tit. 6 des statuts). — Si l'expérience faisait reconnaître la convenance d'apporter quelques *modifications* ou

additions aux statuts, l'assemblée générale est autorisée à y pourvoir, dans les formes prescrites ci-dessus, pour les délibérations de cette assemblée (Nord, art. 62, Orléans, art. 52).

87. Lors de la *dissolution* de la société, l'assemblée générale sur la proposition du conseil d'administration, déterminera le mode de *liquidation* à suivre. A l'expiration de la concession, les sommes existantes dans la caisse de la société, et les valeurs provenant de la liquidation serviront, avant toute répartition aux actionnaires, à mettre le chemin en état d'être livré au gouvernement dans les conditions déterminées par le cahier des charges de la concession.

88. 7° *Contestations* (tit. 7 des statuts). — 1° Toutes les contestations qui peuvent s'élever, pendant la durée de la société, ou lors de la liquidation, soit entre les actionnaires et la société, soit entre les actionnaires eux-mêmes, seront jugées par des arbitres, conformément aux art. 51 et suiv. c. com. : on sait que ces articles ont été abrogés par la loi du 17 juill. 1856 (D. P. 56. 4. 106) ; — 2° Dans le cas de contestation, tout actionnaire doit faire élection de domicile à Paris, et toutes notifications et assignations seront valablement faites au domicile par lui élu, sans avoir égard à la distance de la demeure réelle, et à défaut d'élection de domicile, les notifications judiciaires seront faites au parquet du procureur impérial de première instance de la Seine ; — 3° Le domicile élu formellement ou implicitement, comme il vient d'être dit, entraînera attribution de juridiction aux tribunaux compétents du département de la Seine.

89. 8° *Mandat spécial* (tit. 8 des statuts). — Indépendamment des attributions déterminées ci-dessus, le conseil d'administration est chargé particulièrement de pourvoir à l'exécution du chemin de fer et de ses dépendances ; à cet effet il peut choisir le mode qui lui paraît le plus favorable, tant pour l'acquisition des terrains que pour l'achat des matières, la conduite des travaux et la fourniture du matériel nécessaire à l'exploitation de l'entreprise. Il autorise les acquisitions et ventes de tous biens meubles et immeubles, la mise en adjudication de tout ou partie des travaux, et des traités à forfait pour tout ou partie de l'entreprise. Il est investi des mêmes pouvoirs pour l'exécution des prolongements ou embranchements qui pourront être ultérieurement concédés à la compagnie (Nord, art. 65 et suiv.; Orléans, art. 63, 64).

90. *Caractère de la société.*— L'entreprise des chemins de fer a un caractère *commercial* et comporte, par suite, l'application des règles de l'art. 632 c. com. relatif aux opérations que la loi répute actes de commerce, et de celles qui concernent les obligations des commerçants (V. les solutions retracées vᶦᵃ Actes de com., nᵒˢ 185, 186; Commerçant; Société, nᵒˢ 217 et suiv.). — Il a été jugé en ce sens que la compagnie d'un chemin de fer est réputée adjudicataire d'une entreprise de transport, et que, dès lors, les contestations qui s'élèvent entre elle et des particuliers doivent être soumises aux tribunaux de commerce (Lyon, 1ᵉʳ juill. 1856, aff. Berthon, V. Acte de comm., n° 185; Conf. Paris, 19 mai 1848, aff. Pepin Lehalleur, D. P. 49. 2. 27, et les arrêts cités, vᵒ Société, nᵒˢ 217, 218). — Mais il n'en est ainsi qu'en ce qui concerne les contestations relatives au mode de l'exploitation commerciale du chemin. S'il s'agissait de réclamations touchant l'acte de concession; de discussions entre les compagnies et l'Etat; de débats entre la société et les tiers relativement aux terrains expropriés pour servir à la confection du chemin, aux occupations temporaires, aux dommages causés à la propriété, etc., ce serait aux tribunaux administratifs ou civils, suivant les cas, qu'il appartiendrait d'en connaître (V. nᵒˢ 145 et s.).

91. En Belgique, il a été jugé : 1° que les entreprises de *construction* de chemins de fer ne sont pas en elles-mêmes des actes de commerce; que les concessionnaires ne relèveraient des tribunaux de commerce que dans le cas où il s'agirait d'achat de matériaux destinés à l'établissement de ces voies (art. 632 c. com.), et que la société ne serait pas justiciable de ces tribunaux, par exemple du chef d'une sous-entreprise consentie partiellement pour la pose des rails, sans qu'il y eût aucune fourniture à effectuer (Liége, 22 déc. 1849, Pasicr., 1850, p. 338); — 2° Qu'une entreprise de chemin de fer ne peut être considérée comme commerciale, alors que l'achat des matériaux nécessaires

n'en forme pas l'opération principale (Bruxelles, 4 juill. 1846, Pasicr., 1847, p. 23); — 3° Mais qu'elle est commerciale si elle exploite de grands établissements métallurgiques qui font des opérations importantes soit en argent, soit en marchandises (Bruxelles, 11 déc. 1850, Pasicr., 1852, p. 254); — 4° Que de même une compagnie fait acte de commerce, même en ce qui la concerne, en achetant des briques destinées à la construction des bâtiments nécessaires à son exploitation (Gand, 2 juin 1856, Belg. jud. t. 14, p. 1052).

92. De ce que les entreprises de chemins de fer constituent des actes de commerce, il s'ensuit, d'une part, que les compagnies concessionnaires sont soumises à la patente (V. ce mot, nᵒˢ 155-5°, 211 et *infrà*, n° 516), ... et d'autre part, qu'elles peuvent être déclarées en faillite (V. Faillite, n° 666; Société, n° 1486). — Il a été jugé en ce sens qu'une société anonyme, formée pour la création d'un chemin de fer, peut être déclarée en faillite... Et cela, malgré le séquestre dont le chemin de fer a été frappé par un décret impérial, cette mise en séquestre laissant entier le droit résultant pour la compagnie de la concession à elle faite, et dès lors le gage de ses créanciers; — Et que la faillite peut être provoquée par les porteurs d'obligations de la société, lesquels sont de véritables créanciers, et non pas des actionnaires privilégiés (Req. 14 juill. 1862, aff. ch. de fer de Graissessac à Béziers, D. P. 62. 1. 518); — Que l'autorité judiciaire devant laquelle une compagnie de chemin de fer invoque, pour échapper à une déclaration de faillite, le décret impérial qui a mis le chemin sous séquestre, peut, sans empiéter sur les attributions de l'autorité administrative, considérer ce décret comme une mesure provisoire n'emportant ni confiscation ni déchéance, et laissant subsister le droit de propriété de la compagnie au profit de ses créanciers, si elle se borne dans à en appliquer les termes exempts de toute ambiguïté, et à en tirer les conséquences légales sans en faire aucune interprétation (même arrêt).

SECT. 2. *Concession des chemins de fer; — Conditions de la concession; cahier des charges; durée, rachat et déchéance de la concession; interprétation du cahier des charges.*

93. La concession d'un chemin de fer se fait soit directement, en vertu d'une loi, d'une ordonnance ou d'un décret spécial, en faveur d'un individu ou d'une compagnie déterminée, qui offre les garanties reconnues suffisantes, soit par voie d'adjudication publique, au moyen de soumissions cachetées, à l'association ou compagnie qui consent à la réduction la plus considérable dans la durée de la concession. — Lorsque la concession se fait par voie d'adjudication, les soumissionnaires sont tenus de se conformer à certaines règles de garantie tracées par la loi du 15 juill. 1845, art. 7. Ainsi, d'après cet article, « nul ne sera admis à concourir à l'adjudication d'un chemin de fer, si, préalablement, il n'a été agréé par le ministre des travaux publics, et s'il n'a déposé, à la caisse des dépôts et consignations, la *somme indiquée au cahier des charges*; au secrétariat général du ministère du commerce, en double exemplaire, le projet des statuts de la compagnie; au secrétariat général du ministère des travaux publics, le registre à souche d'où auront été détachés les titres délivrés aux souscripteurs... A dater de la remise des registres ou états ci-dessus entre les mains du ministre des travaux publics, toute stipulation par laquelle les fondateurs se seraient réservé la faculté de réduire le nombre des actions souscrites, sera nulle et sans effet. »—Nous n'avons pas à nous occuper ici des formes de l'adjudication, ce sont celles en usage pour la confection des travaux publics (V. Trav. publ., nᵒˢ 342 et s.).

94. La somme que les soumissionnaires sont obligés, d'après l'article précité, de déposer à la caisse des consignations à titre de cautionnement, et dont le chiffre varie selon l'importance de la concession, sert de garantie pour la confection de la ligne dans le délai prescrit, et avec toutes les mesures de précaution, de sûreté et de solidité commandées par l'état des lieux et les circonstances. — La loi des 6-9 juin 1847 indique l'époque et le mode de *restitution* des cautionnements (V. p. 853).— La disposition en est reproduite dans chaque cahier des charges, qui prescrit, en outre, les cas où, faute d'accomplissement

des engagements contractés, les cautionnements des compagnies sont acquis au trésor public (V. l'art. 67 du cahier modèle, ci-après sous le n° 97).

95. La concession donne naissance entre l'Etat, représentant l'intérêt général, et les compagnies concessionnaires, à des droits et obligations réciproques qui sont réglés et déterminés dans l'acte qui porte le nom de *cahier des charges.* — « En se liant librement avec l'Etat, dit M. Cotelle (t. 4, n° 57), les compagnies des chemins de fer s'obligent à créer, conformément à des projets préparés par le gouvernement ou qui ont été soumis à son approbation, une œuvre d'utilité publique qui formera une partie du domaine public. Mais les compagnies y acquièrent des droits immobiliers, des droits propres; elles ont la jouissance, l'usufruit, le domaine utile des chemins de fer pendant la durée de leur concession; elles y établissent un matériel incorporé au sol : les rails, les aiguilles, les plaques tournantes et un mobilier d'exploitation qui leur appartient en toute propriété. En organisant le service et le mouvement du chemin de fer, une compagnie agit au lieu et place de l'Etat à titre d'usufruitière, de *procurator in rem suam.* — Ces rapports si compliqués par lesquels s'unissent d'une manière indivisible les droits de l'Etat, le droit de la compagnie et l'intérêt de la société, sont réglés par les cahiers des charges, dans lesquels une expérience de plus de trente années a introduit successivement les dispositions les plus propres à concilier toutes ces choses. Il en résulte aujourd'hui un *cahier modèle de charges* des concessions de chemin de fer, un type officiel » (V. le texte du cahier modèle sous le n° 97).

96. Le cahier des charges, aux termes de l'art. 6, § 2 de la loi du 11 juin 1842, règle la durée du *bail* ou de la concession, les conditions de l'exploitation et le tarif des droits à percevoir sur le parcours des compagnies pour le transport des voyageurs et celui des marchandises. — D'après le même article, il devait être définitivement approuvé par une *loi*, après avoir été provisoirement passé par le ministre des travaux publics.— Cette disposition était en rapport avec les lois d'expropriation publique des 7 juill. 1833 et 3 mai 1841, suivant lesquelles tous les grands travaux d'utilité publique, routes royales, canaux, chemins de fer, ne pouvaient être exécutés qu'en vertu d'une loi. Une ordonnance royale ne pouvait suffire que dans le cas seulement où il s'agissait de routes, de chemins de fer d'em-

branchement de moins de 20,000 mètres de longueur. De là on avait conclu qu'il appartenait aux chambres non-seulement de connaître de l'importance et des conditions· financières de l'existence des chemins de fer de plus de 20,000 mètres de longueur, mais que les cahiers des charges étaient eux-mêmes une matière de discussions législatives. Les conventions passées, sous l'empire de ces lois, étaient soumises à l'approbation des chambres sous deux modes : ou bien les chemins de fer étaient concédés par voie d'adjudication ou de gré à gré sur un cahier des charges adopté précédemment sous forme de loi; ou bien le gouvernement traitait avec une compagnie, sous la condition que les clauses de la concession seraient approuvées ou modifiées rétroactivement par une loi. Ce dernier mode d'opérer était le moins propre à encourager l'esprit d'entreprise à raison des modifications auxquelles les conventions faites demeuraient soumises et qui pouvaient être de nature à les rendre moins avantageuses; aussi paraît-il avoir été bientôt abandonné. — Aujourd'hui, les cahiers des charges, pour les concessions de chemins de fer, sont approuvés par le chef du gouvernement, par application du sénatus-consulte du 25 déc. 1852, qui, modifiant la disposition précitée de la loi du 3 mai 1841, déclare que tous les travaux d'utilité publique, toutes les entreprises d'intérêt général sont ordonnés ou autorisés par décrets de l'empereur rendus dans la forme prescrite pour les règlements d'administration publique, à l'exception des dispositions qui engagent les finances de l'Etat; ces dispositions doivent être soumises à la sanction du corps législatif.—V. Trav. pub., n° 165; Voirie par terre, n° 64.

97. La rédaction de chaque cahier des charges varie nécessairement selon les lieux, la difficulté de l'exécution des travaux, la longueur du parcours de la ligne, etc., etc.; elle peut en outre être l'objet de modifications successives nécessitées par les besoins nouveaux que révèlent la confection et l'exploitation des chemins de fer. Depuis 1852, on l'a vu, des modifications nombreuses, considérables, ont été apportées aux conventions primitivement formées (V. n° 24). — Mais, au milieu de cette mobilité, il existe un certain nombre de dispositions générales qui sont les mêmes pour tous les chemins de fer et qui forment le fond du cahier modèle des charges dont nous avons parlé *suprà*, n° 95 : nous en donnons le texte ci-dessous (1).

Le cahier modèle des charges se divise en six titres. —

---

(1) *Modèle de cahier des charges pour les concessions de chemins de fer.*

TIT. 1. — **Tracé et construction.**

Art. 1.

2. Les travaux devront être achevés dans les délais ci-après fixés, savoir : . . .

3. Aucun travail ne pourra être entrepris, pour l'établissement d chemin de fer et de dépendances, qu'avec l'autorisation de l'administration supérieure; à cet effet, les projets de tous les travaux à exécuter seront dressés en double expédition et soumis à l'approbation du ministre, qui prescrira, s'il y a lieu, d'y introduire telles modifications que de droit : l'une de ces expéditions sera remise à la compagnie avec le visa du ministre, l'autre demeurera entre les mains de l'administration. — Avant comme pendant l'exécution, la compagnie aura la faculté de proposer aux projets approuvés les modifications qu'elles jugeraient utiles; mais ces modifications ne pourront être exécutées que moyennant l'approbation de l'administration supérieure.

4. La compagnie pourra prendre copie de tous les plans, nivellement et devis qui pourraient avoir été antérieurement dressés aux frais de l'Etat.

5. Le tracé et le profil du chemin de fer seront arrêtés sur la production de projets d'ensemble comprenant, pour la ligne entière ou pour chaque section de la ligne :

1° Un plan général à l'échelle de 1/10,000;

2° Un profil en long à l'échelle de 1/5,000 pour les longueurs et de 1/1,000 pour les hauteurs, dont les cotes seront rapportées au niveau moyen de la mer, pris pour plan de comparaison; au-dessous de ce profil, on indiquera, au moyen de trois lignes horizontales disposées à cet effet, savoir :

— Les distances kilométriques du chemin de fer, comptées à partir de son origine;

— La longueur et l'inclinaison de chaque pente ou rampe;

— La longueur des parties droites et le développement des parties courbes du tracé, en faisant connaître le rayon correspondant à chacune de ces dernières;

3° Un certain nombre de profils en travers, y compris le profil type de la voie;

4° Un mémoire dans lequel seront justifiées toutes les dispositions essentielles du projet et un devis descriptif dans lequel seront reproduites, sous forme de tableaux, les indications relatives aux déclivités et aux courbes déjà données sur le profil en long.

La position des gares et stations projetées, celle des cours d'eau et des voies de communication traversées par le chemin de fer, des passages soit à niveau, soit en dessus, soit en dessous de la voie ferrée, devront être indiquées tant sur le plan que sur le profil en long : le tout sans préjudice des projets à fournir pour chacun de ces ouvrages.

6. Les terrains seront acquis et les ouvrages d'art seront exécutées immédiatement pour deux voies; les terrassements pourront être exécutés et les rails pourront être posés pour une voie seulement, sauf l'établissement d'un certain nombre de gares d'évitement. — Lorsqu'une compagnie sera tenue d'ailleurs d'établir la deuxième voie, soit sur la totalité du chemin, soit sur les parties qui lui seront désignées, lorsque l'insuffisance d'une seule voie, par suite du développement de la circulation, aura été constatée par l'administration. — Les terrains acquis par la compagnie pour l'établissement de la seconde voie ne pourront recevoir une autre destination.

7. La largeur de la voie entre les bords intérieurs des rails devra être de 1 mèt. 44 cent. à 1 mèt. 45 cent. Dans les parties à deux voies, la largeur de l'entrevoie mesurée entre les bords extérieurs des rails, sera de 2 mèt. — La largeur des accotements, c'est-à-dire des parties comprises de chaque côté entre le bord extérieur du rail et l'arête supérieure du ballast, sera de 1 mèt. au moins. — On ménagera au pied de chaque talus du ballast une banquette de 50 cent. de largeur. — La compagnie établira le long du chemin de fer les fossés ou rigoles qui seront jugés nécessaires pour l'assèchement de la voie et pour l'écoulement des eaux. — Les dimensions de ces fossés et rigoles seront déterminées par l'administration, suivant les circonstances locales, sur les propositions de la compagnie.

8. Les alignements seront raccordés entre eux par des courbes dont le rayon ne pourra être inférieur à   mètres. Une partie droite de 100 mèt. au moins de longueur devra être ménagée entre deux courbes consécutives, lorsqu'elles seront dirigées en sens contraire. — Le maximum de l'inclinaison des pentes et rampes est fixé à   millim. par mètre. — Une partie horizontale de 100 mèt. au moins devra être ménagée entre deux fortes déclivités consécutives, lorsque ces déclivités se succéderont en sens contraire, et de manière à verser leur eaux au même point. — Les déclivités correspondront aux courbes de faible rayon devront être réduites autant que faire se pourra. — La compagnie aura la faculté de proposer aux dispositions de cet article et à celles de l'article précédent les modifications qui lui paraîtraient utiles; mais ces modifications ne pourront être exécutées que moyennant l'approbation préalable de l'administration supérieure.

9. Le nombre, l'étendue et l'emplacement des gares d'évitement seront déterminés par l'administration, la compagnie entendue. — Le nombre des voies sera augmenté, s'il y a lieu, dans les gares et aux abords de ces gares, conformément aux décisions qui seront prises par l'administration, la compagnie entendue. — Le nombre et l'emplacement des stations de voyageurs et des gares de marchandises seront également déterminés par l'administration, sur les propositions de la compagnie, après une enquête spéciale. — La compagnie sera tenue, préalablement à tout commencement d'exécution, de soumettre à l'administration le projet desdites gares, lequel se composera : 1° D'un plan à l'échelle de 1/500, indiquant les voies, les quais, les bâtiments et leur distribution intérieure, ainsi que la dispo-

Les cinq premiers titres traitent : 1° du tracé et de la construction du chemin; — 2° De l'entretien et de l'exploitation; —

sition de leurs abords ; — 2° D'une élévation des bâtiments à l'échelle de 1 centim. par mètre; — 3° D'un mémoire descriptif dans lequel les dispositions essentielles du projet seront justifiées.

10. A moins d'obstacles locaux, dont l'appréciation appartiendra à l'administration, le chemin de fer, à la rencontre des routes impériales ou départementales, devra passer soit au-dessus, soit au-dessous de ces routes. — Les croisements à niveau seront tolérés pour les chemins vicinaux, ruraux ou particuliers.

11. Lorsque le chemin de fer devra passer au-dessus d'une route impériale ou départementale ou d'un chemin vicinal, l'ouverture du viaduc sera fixée par l'administration, en tenant compte des circonstances locales; mais cette ouverture ne pourra, dans aucun cas, être inférieure à 8 mèt. pour la route impériale, à 7 mèt. pour la route départementale, à 5 mèt. pour un chemin vicinal de grande communication, et à 4 mèt. pour un simple chemin vicinal. — Pour les viaducs de forme cintrée, la hauteur sous clef, à partir du sol de la route, sera de 5 mèt. au moins. Pour ceux qui seront formés de poutres horizontales en bois ou en fer, la hauteur sous poutre sera de 4 mèt. 30 centim. au moins. — La largeur entre les parapets sera au moins de 8 mèt. La hauteur de ces parapets sera fixée par l'administration, et ne pourra, dans aucun cas, être inférieure à 80 centim.

12. Lorsque le chemin de fer devra passer au-dessous d'une route impériale ou départementale ou d'un chemin vicinal, la largeur entre les parapets du pont qui supportera la route ou le chemin sera fixée par l'administration, en tenant compte des circonstances locales; mais cette largeur ne pourra, dans aucun cas, être inférieure à 8 mèt. pour la route impériale, à 7 mèt. pour la route départementale, à 5 mèt. pour un chemin vicinal de grande communication, et à 4 mèt. pour un simple chemin vicinal. — L'ouverture du pont entre les culées sera au moins de 8 mèt., et la distance verticale ménagée au-dessus des rails extérieurs de chaque voie pour le passage des trains ne sera pas inférieure à 4 mèt. 80 centim. au moins.

13. Dans le cas où des routes impériales ou départementales, ou des chemins vicinaux, ruraux ou particuliers seraient traversés à leur niveau par le chemin de fer, les rails devront être posés sans aucune saillie ni dépression sur la surface de ces routes, et de telle sorte qu'il n'en résulte aucune gêne pour la circulation des voitures. — Le croisement à niveau du chemin de fer et des routes ne pourra s'effectuer sous un angle de moins de 45°. — Chaque passage à niveau sera muni de barrières; il y sera, en outre, établi une maison de garde toutes les fois que l'utilité en sera reconnue par l'administration. — La compagnie devra soumettre à l'approbation de l'administration les projets types de ces barrières.

14. Lorsqu'il y aura lieu de modifier l'emplacement ou le profil des routes existantes, l'inclinaison des pentes et rampes sur les routes modifiées ne pourra excéder 3 centim. par mètre pour les routes impériales ou départementales et 5 centim. pour les chemins vicinaux. L'administration restera libre, toutefois, d'apprécier les circonstances qui pourraient motiver une dérogation à cette clause, comme à celle qui est relative à l'angle de croisement des passages à niveau.

15. La compagnie sera tenue de rétablir et d'assurer à ses frais l'écoulement de toutes les eaux dont le cours serait arrêté, suspendu ou modifié par ses travaux. — Les viaducs à construire à la rencontre des rivières, des canaux et des cours d'eau quelconques auront au moins 8 mèt. de largeur entre les parapets, sur les chemins à deux voies, et 4 mèt. 50 centim. sur les chemins à une voie. La hauteur de ces parapets sera fixée par l'administration et ne pourra être inférieure à 80 centim. — La hauteur et le débouché du viaduc seront déterminés, dans chaque cas particulier, par l'administration, suivant les circonstances locales.

16. Les souterrains à établir pour le passage du chemin de fer auront au moins 8 mèt. de largeur entre les pieds-droits au niveau des rails, et 6 mèt. de hauteur sous clef au-dessus de la surface des rails. La distance verticale entre l'intrados et le dessus des rails extérieurs de chaque voie ne sera pas inférieure à 4 mèt. 80 centim. L'ouverture des puits d'aérage et de construction des souterrains sera entourée d'une margelle en maçonnerie de 2 mèt. de hauteur. Cette ouverture ne pourra être établie sur aucune voie publique.

16 *bis*. Les art. 7, 8, 11, 12, 13, 14, 15 et 16 ci-dessus, relatifs aux conditions d'établissement du chemin de fer, ne s'appliquent pas aux voies, travaux et ouvrages d'art des lignes qui sont actuellement en exploitation ou en construction, et pour lesquelles les dispositions des projets approuvés sont maintenues. — Les parties de seconde voie et autres ouvrages qu'il pourra être nécessaire d'établir ultérieurement sur ces lignes seront exécutés conformément aux dispositions des projets précédemment approuvés pour les mêmes lignes.

17. A la rencontre des cours d'eau flottables ou navigables, la compagnie sera tenue de prendre toutes les mesures et de payer tous les frais nécessaires pour que le service de la navigation ou du flottage n'éprouve ni interruption ni entrave pendant l'exécution des travaux. — A la rencontre des routes impériales ou départementales et des autres chemins publics, il sera construit des chemins et ponts provisoires, par les soins et aux frais de la compagnie, partout ou cela sera jugé nécessaire pour que la circulation n'éprouve ni interruption ni gêne. — Avant que les communications existantes puissent être interceptées, une reconnaissance sera faite par les ingénieurs de la localité à l'effet de constater si les ouvrages provisoires présentent une solidité suffisante et s'ils peuvent assurer le service de la circulation. — Un délai sera fixé par l'administration pour l'exécution des travaux définitifs destinés à rétablir les communications interceptées.

18. La compagnie n'emploiera, dans l'exécution des ouvrages, que des matériaux de bonne qualité; elle sera tenue de se conformer à toutes les règles de l'art, de manière à obtenir une construction parfaitement solide. — Tous les aqueducs, ponceaux, ponts et viaducs à construire à la rencontre des divers cours d'eau et des chemins publics ou particuliers, seront en maçonnerie ou en fer, sauf les cas d'exception qui pourront être admis par l'administration.

19. Les voies seront établies d'une maniere solide et avec des matériaux de bonne qualité. — Le poids des rails sera au moins de 35 kilog. par mètre courant sur les voies de circulation, si ces rails sont posés sur traverses, et de 30 kilog. dans le cas où ils seraient posés sur longuerines.

20. Le chemin de fer sera séparé des propriétés riveraines par des murs, haies ou toute autre clôture dont le mode et la disposition seront autorisés par l'administration sur la proposition de la compagnie.

21. Tous les terrains nécessaires pour l'établissement du chemin de fer et de ses dépendances, pour la déviation des voies de communication et des cours d'eau déplacés, et, en général, pour l'exécution des travaux, quels qu'ils soient, auxquels cet établissement pourra donner lieu, seront achetés et payés par la compagnie concessionnaire. — Les indemnités pour occupation temporaire ou pour détérioration de terrains, pour chômage, modification ou destruction d'usines, et pour tous dommages quelconques résultant des travaux, seront supportées et payées par la compagnie.

22. L'entreprise étant d'utilité publique, la compagnie est investie, pour l'exécution des travaux dépendants de sa concession, de tous les droits que les lois et règlements confèrent à l'administration en matière de travaux publics, soit pour l'acquisition des terrains par voie d'expropriation, soit pour l'extraction, le transport et le dépôt des terres, matériaux, etc.; et elle demeure en même temps soumise à toutes les obligations qui dérivent, pour l'administration, de ces lois et règlements.

23. Dans les limites de la zone frontière et dans le rayon de servitude des enceintes fortifiées, la compagnie sera tenue, pour l'étude et l'exécution de ses projets, de se soumettre à l'accomplissement de toutes les formalités et de toutes les conditions exigées par les lois, décrets et règlements concernant les travaux mixtes.

24. Si la ligne du chemin de fer traverse un sol déjà concédé pour l'exploitation d'une mine, l'administration déterminera les mesures à prendre pour que l'établissement du chemin de fer ne nuise pas à l'exploitation de la mine, et réciproquement pour que, le cas échéant, l'exploitation de la mine ne compromette pas l'existence du chemin de fer. — Les travaux de consolidation à faire dans l'intérieur de la mine à raison de la traversée du chemin de fer, et tous les dommages résultant de cette traversée pour les concessionnaires de la mine, seront à la charge de la compagnie.

25. Si le chemin de fer doit s'étendre sur des terrains renfermant des carrieres ou les traverser souterrainement, il ne pourra être livré à la circulation avant que les excavations qui pourraient en compromettre la solidité n'aient été remblayées ou consolidées. L'administration déterminera la nature et l'étendue des travaux qu'il conviendra d'entreprendre à cet effet, et qui seront d'ailleurs exécutés par les soins et aux frais de la compagnie.

26. Pour l'exécution des travaux, la compagnie se soumettra aux décisions ministérielles concernant l'interdiction du travail les dimanches et jours fériés.

27. Les travaux seront exécutés sous le contrôle et la surveillance de l'administration. — Les travaux devront être adjugés par lots et sur série de prix, soit avec publicité et concurrence, soit sur soumissions cachetées entre entrepreneurs agréés à l'avance, à moins que le conseil d'administration n'ait été spécialement autorisé par l'assemblée générale des actionnaires à les faire exécuter en régie, ou à traiter directement de leur exécution. — Tout marché général pour l'ensemble du chemin de fer, soit à forfait, soit sur série de prix est dans tous les cas formellement interdit. — Le contrôle et la surveillance de l'administration auront pour objet d'empêcher la compagnie de s'écarter des dispositions prescrites par le présent cahier des charges et spécialement par le présent article et de celles qui résulteront des projets approuvés.

28. A mesure que les travaux seront terminés sur des parties de chemin de fer susceptibles d'être livrées utilement à la circulation, il sera procédé, sur la demande de la compagnie, à la reconnaissance et, s'il y a lieu, à la réception provisoire de ces travaux par un ou plusieurs commissaires que l'administration désignera. — Sur le vue du procès-verbal de cette reconnaissance, l'administration autorisera, s'il y a lieu, la mise en exploitation des parties dont il s'agit; après cette autorisation, la compagnie pourra mettre lesdites parties en service et y percevoir les taxes ci-après déterminées. Toutefois, ces réceptions partielles ne deviendront définitives que par la réception générale et définitive du chemin de fer.

29. Après l'achèvement total des travaux, et dans le délai qui sera fixé par l'administration, la compagnie fera faire à ses frais un bornage contradictoire et un plan cadastral du chemin de fer et de ses dépendances. Elle fera dresser également à ses frais, et contradictoirement avec l'administration, un état descriptif de tous les ouvrages d'art qui auront été exécutés; ledit état accompagné d'un atlas contenant les dessins cotés de tous lesdits ouvrages. — Une expédition dûment certifiée des procès-verbaux de bornage, du plan cadastral, de l'état descriptif et de l'atlas sera dressée aux frais de la compagnie et déposée dans les archives du ministère. — Les terrains acquis par la compagnie postérieurement au bornage général, en vue de satisfaire aux besoins de l'exploitation, et qui par cela même deviendront partie intégrante du chemin de fer, donneront lieu, au fur et à mesure de leur acquisition, à des bornages supplémentaires, et seront ajoutés sur le plan cadastral; addition sera également faite sur l'atlas de tous les ouvrages d'art exécutés postérieurement à sa redaction.

TIT. 2. — ENTRETIEN ET EXPLOITATION.

30. Le chemin de fer et toutes ses dépendances seront constamment entretenus en bon état, de manière que la circulation y soit toujours facile et sûre. — Les frais d'entretien et ceux auxquels donneront lieu les réparations ordinaires et extraordinaires seront entièrement à la charge de la compagnie. — Si le chemin de fer, une fois achevé, n'est pas constamment entretenu en bon état, il y sera pourvu d'office à la diligence de l'administration et aux frais de la compagnie, sans préjudice, s'il y a lieu, de l'application des dispositions indiquées ci-après dans l'art. 40. — Le montant des avances faites sera recouvré au moyen de rôles que le préfet rendra exécutoires.

31. La compagnie sera tenue d'établir à ses frais, partout où besoin sera, des gardiens en nombre suffisant pour assurer la sécurité du passage des trains sur la voie et celle de la circulation ordinaire sur les points où le chemin de fer sera traversé à niveau par des routes ou chemins.

32. Les machines locomotives seront construites sur les meilleurs modèles; elles devront consumer leur fumée et satisfaire d'ailleurs à toutes les conditions prescrites ou à prescrire par l'administration pour la mise en service de ce genre de machines. — Les voitures de voyageurs devront être également faites sur les meilleurs modèles, et satisfaire à toutes les conditions réglées ou à régler pour les voitures servant au transport des voyageurs sur les chemins de fer. Elles seront suspendues sur ressorts et garnies de banquettes. — Il y en aura de trois classes au moins : — Les voitures de première classe seront couvertes, garnies et fermées à glaces; — Celles de deuxième classe seront couvertes, fermées à glaces, et auront

3° De la durée du rachat et de la déchéance de la concession ; —

4° Des taxes ou tarifs et conditions relatives au transport des

des banquettes rembourrées ; — Celles de troisième classe seront couvertes, fermées à vitres et munies de banquettes à dossier. — L'intérieur de chacun des compartiments de toute classe contiendra l'indication du nombre des places de ce compartiment. — L'administration pourra exiger qu'un compartiment de chaque classe soit réservé dans les trains de voyageurs aux femmes voyageant seules. — Les voitures de voyageurs, les wagons destinés au transport des marchandises, des chaises de poste, des chevaux ou des bestiaux, les plates-formes, et, en général, toutes les parties du matériel roulant seront de bonne et solide construction. — La compagnie sera tenue, pour la mise en service de ce matériel, de se soumettre à tous les règlements sur la matière. — Toutes les machines locomotives, tenders, voitures, wagons de toute espèce, plates-formes composant le matériel roulant, seront constamment entretenus en bon état.

33. Des règlements d'administration publique, rendus après que la compagnie aura été entendue, détermineront les mesures et les dispositions nécessaires pour assurer la police et l'exploitation du chemin de fer, ainsi que la conservation des ouvrages qui en dépendent. — Toutes les dépenses qu'entraînera l'exécution des mesures prescrites en vertu de ces règlements seront à la charge de la compagnie. — La compagnie sera tenue de soumettre à l'approbation de l'administration les règlements relatifs au service et à l'exploitation du chemin de fer. — Les règlements dont il s'agit dans les deux paragraphes précédents seront obligatoires non-seulement pour la compagnie concessionnaire, mais encore pour toutes celles qui obtiendraient ultérieurement l'autorisation d'établir des lignes de chemins de fer d'embranchement ou de prolongement, et, en général, pour toutes les personnes qui emprunteraient l'usage du chemin de fer. — Le ministre déterminera, sur la proposition de la compagnie, le minimum et le maximum de vitesse des convois de voyageurs et de marchandises et des convois spéciaux des postes, ainsi que la durée du trajet.

34. Pour tout ce qui concerne l'entretien et les réparations du chemin de fer et de ses dépendances, l'entretien du matériel et le service de l'exploitation, la compagnie sera soumise au contrôle et à la surveillance de l'administration. — Outre la surveillance ordinaire, l'administration déléguera, aussi souvent qu'elle le jugera utile, un ou plusieurs commissaires pour reconnaître et constater l'état du chemin de fer, de ses dépendances et du matériel.

TIT. 3. — DURÉE, RACHAT ET DÉCHÉANCE DE LA CONCESSION.

35. La durée de la concession, pour la ligne mentionnée à l'art. 1 du présent cahier des charges, sera de quatre-vingt-dix-neuf ans. Elle commencera à courir le 1er janv. 18 . , et finira le 31 déc. 19 .

36. À l'époque fixée pour l'expiration de la concession, et par le seul fait de cette expiration, le gouvernement sera subrogé à tous les droits de la compagnie sur le chemin de fer et ses dépendances, et il entrera immédiatement en jouissance de tous ses produits. — La compagnie sera tenue de lui remettre en bon état d'entretien le chemin de fer et tous les immeubles qui en dépendent, quelle qu'en soit l'origine, tels que les bâtiments des gares et stations, les remises, ateliers et dépôts, les maisons de garde, etc. Il en sera de même de tous les objets immobiliers dépendant également dudit chemin, tels que les barrières et clôtures, les voies, changements de voie, plaques tournantes, réservoirs d'eau, grues hydrauliques, machines fixes, etc. — Dans les cinq dernières années qui précéderont le terme de la concession, le gouvernement aura le droit de saisir les revenus du chemin de fer et de les employer à rétablir en bon état le chemin de fer et ses dépendances, si la compagnie ne se mettait pas en mesure de satisfaire pleinement à cette obligation. — En ce qui concerne les objets mobiliers, tels que le matériel roulant, les matériaux, combustibles et approvisionnements de tout genre, le mobilier des stations, l'outillage des ateliers et des gares, l'État sera tenu, si la compagnie le requiert, de reprendre tous ces objets sur l'estimation qui en sera faite à dire d'experts, et réciproquement, si l'État le requiert, la compagnie sera tenue de les céder de la même manière. — Toutefois, l'État ne pourra être tenu de reprendre que les approvisionnements nécessaires à l'exploitation du chemin pendant six mois.

37. À toute époque après l'expiration des quinze premières années de la concession, le gouvernement aura la faculté de racheter la concession entière du chemin de fer. — Pour régler le prix du rachat, on relèvera les produits nets annuels obtenus par la compagnie pendant les sept années qui auront précédé celle où le rachat sera effectué : on en déduira les produits nets des deux plus faibles années, et l'on établira le produit net moyen des cinq autres années. — Ce produit net moyen formera le montant d'une annuité qui sera due et payée à la compagnie pendant chacune des années restant à courir sur la durée de la concession. — Dans aucun cas, le montant de l'annuité ne sera inférieur au produit net de la dernière des sept années prises pour terme de comparaison. — En outre, dans les trois mois qui suivront le rachat, les remboursements auxquels elle aurait droit à l'expiration de la concession, selon l'art. 36 ci-dessus.

38. Si la compagnie n'a pas commencé les travaux dans le délai fixé par l'art. 5, elle sera déchue de plein droit, sans qu'il y ait lieu à aucune notification ou mise en demeure préalable. — Dans ce cas, la somme de qui aura été déposée, ainsi qu'il est dit à l'art. 63, à titre de cautionnement, deviendra la propriété de l'État et restera acquise au trésor public.

39. Faute par la compagnie d'avoir terminé les travaux dans le délai fixé par l'art. 2, faute aussi par elle d'avoir rempli les diverses obligations qui lui sont imposées par le présent cahier des charges, elle encourra la déchéance, et il sera pourvu tant à la continuation et à l'achèvement des travaux qu'à l'exécution des autres engagements contractés par la compagnie au moyen d'une adjudication que l'on ouvrira sur une mise à prix des ouvrages exécutés, des matériaux approvisionnés et des parties du chemin de fer déjà livrées à l'exploitation. — Les soumissions pourront être inférieures à la mise à prix. — La nouvelle compagnie sera soumise aux clauses du présent cahier des charges, et la compagnie évincée recevra d'elle le prix que la nouvelle adjudication aura fixé. — La partie du cautionnement qui n'aura pas encore été restituée deviendra la propriété de l'État. — Si l'adjudication ouverte n'amène aucun résultat, une seconde adjudication sera tentée sur les mêmes bases, après un délai de trois mois ; si cette seconde tentative reste également sans résultat, la compagnie sera définitivement déchue de tous droits, et alors les ouvrages exécutés, les matériaux approvisionnés et les parties de chemin de fer déjà livrées à l'exploitation appartiendront à l'État.

40. Si l'exploitation du chemin de fer vient à être interrompue en totalité ou en

partie, l'administration prendra immédiatement, aux frais et risques de la compagnie, les mesures nécessaires pour assurer provisoirement le service. — Si, dans les trois mois de l'organisation du service provisoire, la compagnie n'a pas valablement justifié qu'elle est en état de reprendre et de continuer l'exploitation, et si elle ne l'a pas effectivement reprise, la déchéance pourra être prononcée par le ministre. Cette déchéance prononcée, le chemin de fer et toutes ses dépendances seront mis en adjudication, et il sera procédé ainsi qu'il est dit à l'article précédent.

41. Les dispositions des trois articles précédents cesseraient d'être applicables, et la déchéance ne serait pas encourue dans le cas où le concessionnaire n'aurait pu remplir ses obligations, par suite de circonstances de force majeure dûment constatées.

TIT. 4. — TAXES ET CONDITIONS RELATIVES AU TRANSPORT DES VOYAGEURS ET DES MARCHANDISES.

42. Pour indemniser la compagnie des travaux et dépenses qu'elle s'engage à faire par le présent cahier des charges, et sous la condition expresse qu'elle en remplira exactement toutes les obligations, le gouvernement lui accorde l'autorisation de percevoir, pendant toute la durée de la concession, les droits de péage et les prix de transport ci-après déterminés :

	PRIX.		
TARIF. 1° PAR TÊTE ET PAR KILOMÈTRE. *Grande vitesse.*	de péage.	de trans- port.	TOTAL.
	f. c.	f. c.	f. c.
Voyageurs.			
Voitures couvertes, garnies et fermées à glaces (1re cl.).	0 067	0 033	0 10
Voitures couvertes, fermées à glaces, et à banquettes rembourrées (2e classe)	0 050	0 025	0 075
Voitures couvertes et fermées à vitres (3e classe).	0 037	0 018	0 055
Enfants.			
Au-dessous de 3 ans, les enfants ne payent rien, à la condition d'être portés sur les genoux des personnes qui les accompagnent.			
De 3 à 7 ans, ils payent demi-place, et ont droit à une place distincte; toutefois, dans un même compartiment, deux enfants ne pourront occuper que la place d'un voyageur.			
Au-dessus de 7 ans, ils payent place entière.			
Chiens transportés dans les trains de voyageurs.	0 010	0 005	0 015
Sans que la perception puisse être inférieure à 0 fr. 30.			
Petite vitesse.			
Bœufs, vaches, taureaux, chevaux, mulets, bêtes de trait.	0 07	0 03	0 10
Veaux et porcs.	0 025	0 015	0 04
Moutons, brebis, agneaux, chèvres.	0 01	0 01	0 02
Lorsque les animaux ci-dessus dénommés seront, sur la demande des expéditeurs, transportés à la vitesse des trains de voyageurs, les prix seront doublés.			
2° PAR TONNE ET PAR KILOMÈTRE.			
Marchandises transportées à grande vitesse.			
Huîtres. — Poissons frais. — Denrées. — Excédants de bagage et marchandises de toute classe transportées à la vitesse des trains de voyageurs.	0 20	0 10	0 30
Marchandises transportées à petite vitesse.			
1re classe.			
Spiritueux. — Huiles. — Bois de menuiserie, de teinture et autres bois exotiques. — Produits chimiques non dénommés. — Œufs. — Viande fraîche. — Gibier. — Sucre. — Café. — Drogues. — Épiceries. — Tissus. — Denrées coloniales. — Objets manufacturés. — Armes.	0 09	0 07	0 16
2° classe.			
Blés. — Grains. — Farines. — Légumes farineux. — Riz, maïs, châtaignes et autres denrées alimentaires non dénommées. — Chaux et plâtre. — Charbon de bois. — Bois à brûler dit *de corde*. — Perches. — Chevrons. — Planches. — Madriers. — Bois de charpente. — Marbre en bloc. — Albâtre. — Bitume. — Cotons. — Laines. — Vins. — Vinaigres. — Boissons. — Bières. — Levure sèche. — Coke. — Fers. — Cuivres. — Plomb et autres métaux ouvrés ou non. — Fontes moulées.	0 08	0 06	0 14
3° classe.			
Pierres de taille et produits de carrières. — Minerais autres que les minerais de fer. — Fonte brute. — Sel. — Moellons. — Meulières. — Argiles. — Briques. — Ardoises.	0 06	0 04	0 10
4° classe.			
Houille, marne, cendres, fumiers, engrais, pierres à chaux et à plâtre. — Pavés et matériaux pour la construction et la réparation des routes. — Minerais de fer. — Cailloux et sables.			
Pour le parcours de 0 à 100 kilom., sans que la taxe puisse être supérieure à 5 fr.	0 045	0 055	0 08
Pour le parcours de 101 à 300 kilom., sans que la taxe puisse être supérieure à 12 fr.	0 05	0 02	0 05
Pour le parcours de plus de 300 kilom.	0 025	0 015	0 04

voyageurs et des marchandises; — 5° Des stipulations relatives aux services publics. — Le titre 6 et dernier, sous la rubrique

3° VOITURES ET MATÉRIEL ROULANT TRANSPORTÉS À PETITE VITESSE.

Par pièce et par kilomètre.

	fr. c.	fr. c.	fr. c.
Wagon ou chariot pouvant porter de 3 à 6 tonnes. . . .	0 09	0 06	0 15
— pouvant porter plus de 6 tonnes. . .	0 12	0 08	0 20
Locomotive pesant de 12 à 18 tonnes (ne traînant pas de convoi).	1 80	1 20	3 00
Locomotive pesant plus de 18 tonnes (ne traînant pas de convoi).	2 25	1 50	3 75
Tender de 7 à 10 tonnes.	0 90	0 60	1 50
Tender de plus de 10 tonnes.	1 35	0 90	2 25
Les machines locomotives seront considérées comme ne traînant pas de convoi, lorsque le convoi remorqué soit de voyageurs, soit de marchandises, ne comportera pas un péage au moins égal à celui qui serait perçu sur la locomotive avec son tender marchant sans rien traîner.			
Le prix à payer pour un wagon chargé ne pourra jamais être inférieur à celui qui serait dû pour un wagon marchant à vide.			
Voitures à 2 ou 4 roues, à fond et à une seule banquette dans l'intérieur.	0 15	0 10	0 25
Voitures à 4 roues, à deux fonds et à deux banquettes dans l'intérieur, omnibus, diligences, etc.	0 18	0 14	0 32
Lorsque, sur la demande des expéditeurs, les transports auront lieu à la vitesse des trains de voyageurs, les prix ci-dessus seront doublés.			
Dans ce cas, deux personnes pourront, sans supplément de prix, voyager dans les voitures à une banquette, et trois dans les voitures à deux banquettes, omnibus, diligences, etc.; les voyageurs excédant ce nombre payeront le prix des places de 2e classe.			
Voitures de déménagement à 2 ou 4 roues, à vide. . . .	0 12	0 08	0 20
Ces voitures, lorsqu'elles seront chargées, payeront en sus des prix ci-dessus, par tonne de chargement et par kilomètre.	0 08	0 06	0 14
4° SERVICE DES POMPES FUNÈBRES ET TRANSPORT DES CERCUEILS.			
Grande vitesse.			
Une voiture des pompes funèbres, renfermant un ou plusieurs cercueils, sera transportée aux mêmes prix et conditions qu'une voiture à 4 roues, à deux fonds et à deux banquettes.	0 36	0 28	0 64
Chaque cercueil confié à l'administration du chemin de fer sera transporté, dans un compartiment isolé, au prix de	0 18	0 12	0 30

Les prix déterminés ci-dessus pour les transports à grande vitesse ne comprennent pas l'impôt dû à l'Etat. — Il est expressément entendu que les prix de transport ne seront dus à la compagnie qu'autant qu'elle effectuerait elle-même ces transports à ses frais et par ses propres moyens; dans le cas contraire, elle n'aura droit qu'aux prix fixés pour le péage. — La perception aura lieu d'après le nombre de kilomètres parcourus. Tout kilomètre entamé sera payé comme s'il avait été parcouru en entier. — Si la distance parcourue est inférieure à 6 kilom., elle sera comptée pour 6 kilom. — Le poids de la tonne est de 1,000 kilog. — Les fractions de poids ne seront comptées, tant pour la grande que pour la petite vitesse, que par centième de tonne ou par 10 kilog. — Ainsi, tout poids compris entre 0 et 10 kilog. payera comme 10 kilog.; entre 10 et 20 kilog., comme 20 kilog., etc. — Toutefois, pour les excédants de bagages et marchandises à grande vitesse, les coupures seront établies : 1° de 0 à 5 kilog.; 2° au-dessus de 5 jusqu'à 10 kilog.; 3° au dessus de 10 kilog. par fraction indivisible de 10 kilog. — Quelle que soit la distance parcourue, le prix d'une expédition quelconque, soit en grande, soit en petite vitesse, ne pourra être moindre de 40 c. — Dans le cas où le prix de l'hectolitre de blé s'élèverait sur le marché régulateur à 20 fr. ou au-dessus, le gouvernement pourra exiger de la compagnie que le transport des blés, grains, riz, maïs, farines et légumes farineux, péage compris, ne puisse s'élever au maximum qu'à 7 cent. par tonne et par kilomètre.

43. A moins d'une autorisation spéciale et révocable de l'administration, tout train régulier de voyageurs devra contenir des voitures de toute classe en nombre suffisant pour toutes les personnes qui se présenteraient dans les bureaux du chemin de fer. — Dans chaque train de voyageurs, la compagnie aura la faculté de placer des voitures à compartiments spéciaux pour lesquels il sera établi des prix particuliers, que l'administration fixera sur la proposition de la compagnie; mais le nombre des places à donner dans ces compartiments ne pourra dépasser le cinquième du nombre total des places du train.

44. Tout voyageur dont le bagage ne pèsera pas plus de 30 kilog. n'aura à payer pour le port de ce bagage, aucun supplément du prix de sa place. — Cette franchise ne s'appliquera pas aux enfants transportés gratuitement, et elle sera réduite à 20 kilog. pour les enfants transportés à moitié prix.

45. Les animaux, denrées, marchandises, effets et autres objets non désignés dans le tarif seront rangés, pour les droits à percevoir, dans les classes avec lesquelles ils auront le plus d'analogie, sans que jamais, sauf les exceptions formulées aux art. 46 et 47 ci-après, aucune marchandise non dénommée puisse être soumise à une taxe supérieure à celle de la première classe du tarif ci-dessus. — Les assimilations de classes pourront être provisoirement réglées par la compagnie; mais elles seront soumises immédiatement à l'administration, qui prononcera définitivement.

46. Les droits de péage et les prix de transport déterminés au tarif ne sont point applicables à toute masse indivisible pesant plus de 3,000 kilog. — Néanmoins, la compagnie ne pourra se refuser à transporter les masses indivisibles pesant de 3,000 à 5,000 kilog.; mais les droits de péage et les prix de transport seront augmentés de moitié. — La compagnie ne pourra être contrainte à transporter les masses pesant plus de 5,000 kilog. — Si, nonobstant la disposition qui précède, la compagnie transporte des masses indivisibles pesant plus de 5,000 kilog., elle devra, pendant trois mois au moins, accorder les mêmes facilités à tous ceux qui en feraient la demande. — Dans ce cas, les prix de transport seront fixés par l'administration, sur la proposition de la compagnie.

47. Les prix de transport déterminés au tarif ne sont point applicables : 1° aux denrées et objets qui ne sont pas nommément énoncés dans le tarif, et qui ne pèseraient pas 200 kilogrammes sous le volume de 1 mètre cube; — 2° Aux matières inflammables ou explosibles, aux animaux et objets dangereux, pour lesquels des règlements de police prescriraient des précautions spéciales; — 3° Aux animaux dont la valeur déclarée excéderait 5,000 fr.; — 4° A l'or et à l'argent, soit en lingots, soit monnayés ou travaillés, au plaqué d'or ou d'argent, au mercure et au platine, ainsi qu'aux bijoux, dentelles, pierres précieuses, objets d'art et autres valeurs; — 5° Et, en général, à tous paquets, colis ou excédants de bagages, pesant isolément 40 kilog. et au-dessous. — Toutefois, les prix de transport déterminés au tarif sont applicables à tous paquets ou colis, quoique emballés à part, s'ils font partie d'envois pesant ensemble plus de 40 kilog. d'objets envoyés par une même personne à une même personne. Il en sera de même pour les excédants de bagages qui pèseraient ensemble ou isolément plus de 40 kilog. — Le bénéfice de la disposition énoncée dans le paragraphe précédent, en ce qui concerne les paquets et colis, ne peut être invoqué par les entrepreneurs de messageries et de roulage et autres intermédiaires de transport, à moins que les articles par eux envoyés ne soient réunis en un seul colis. — Dans les cinq cas ci-dessus spécifiés, les prix de transport seront arrêtés annuellement par l'administration, tant pour la grande que pour la petite vitesse, sur la proposition de la compagnie. — En ce qui concerne les paquets ou colis mentionnés au § 5 ci-dessus, les prix de transport devront être calculés de telle manière qu'en aucun cas un de ces paquets ou colis ne puisse payer un prix plus élevé qu'un article de même nature pesant plus de 40 kilog.

48. Dans le cas où la compagnie jugerait convenable, soit pour le parcours total, soit pour les parcours partiels de la voie de fer, d'abaisser, avec ou sans conditions, au-dessous des limites déterminées par le tarif les taxes qu'elle est autorisée à percevoir, les taxes abaissées ne pourront être relevées qu'après un délai de trois mois au moins pour les voyageurs et d'un an pour les marchandises. — Toute modification de tarif proposée par la compagnie sera annoncée un mois d'avance par des affiches. — La perception des tarifs modifiés ne pourra avoir lieu qu'avec l'homologation de l'administration supérieure, conformément aux dispositions de l'ordonnance du 15 nov. 1846. — La perception des taxes devra se faire indistinctement et sans aucune faveur. — Tout traité particulier qui aurait pour effet d'accorder à un ou plusieurs expéditeurs une réduction sur les tarifs approuvés demeure formellement interdit. — Toutefois, cette disposition n'est pas applicable aux traités qui pourraient intervenir entre le gouvernement et la compagnie dans l'intérêt des services publics, ni aux réductions ou remises qui seraient accordées par la compagnie aux indigents. — En cas d'abaissement des tarifs, la réduction portera proportionnellement sur le péage et sur le transport.

49. La compagnie sera tenue d'effectuer constamment avec soin, exactitude et célérité, et sans tour de faveur, le transport des voyageurs, bestiaux, denrées, marchandises et objets quelconques qui lui seront confiés. — Les colis, bestiaux et objets quelconques seront inscrits, à la gare d'où ils partent et à la gare où ils arrivent, sur des registres spéciaux, au fur et à mesure de leur réception; mention sera faite, sur les registres de la gare de départ, du prix total dû pour leur transport. — Pour les marchandises ayant une même destination, les expéditions auront lieu suivant l'ordre de leur inscription à la gare de départ. — Toute expédition de marchandises sera constatée, si l'expéditeur le demande, par une lettre de voiture dont un exemplaire restera aux mains de la compagnie et l'autre aux mains de l'expéditeur. Dans le cas où l'expéditeur ne demanderait pas de lettre de voiture, la compagnie sera tenue de lui délivrer un récépissé qui énoncera la nature et le poids du colis, le prix total du transport et le délai dans lequel ce transport devra être effectué.

50. Les animaux, denrées, marchandises et objets quelconques seront expédiés et livrés de gare en gare, dans les délais résultant des conditions ci-après exprimées : — 1° Les animaux, denrées, marchandises et objets quelconques, à grande vitesse, seront expédiés par le premier train des voyageurs comprenant des voitures de toutes classes, et correspondant avec leur destination, pourvu qu'ils aient été présentés à l'enregistrement trois heures avant le départ de ce train. — Ils seront mis à la disposition des destinataires, à la gare, dans le délai de deux heures après l'arrivée du même train. — 2° Les animaux, denrées, marchandises et objets quelconques, à petite vitesse, seront expédiés dans le jour qui suivra celui de la remise; toutefois, l'administration supérieure pourra étendre ce délai à deux jours. — Le maximum de durée du trajet sera fixé par l'administration, sur la proposition de la compagnie, sans que ce maximum puisse excéder vingt-quatre heures par fraction indivisible de 125 kilom. — Les colis seront mis à la disposition des destinataires dans le jour qui suivra celui de leur arrivée effective en gare. — Le délai total résultant des trois paragraphes ci-dessus sera seul obligatoire pour la compagnie. — Il pourra être établi un tarif réduit, approuvé par le ministre, pour tout expéditeur qui acceptera des délais plus longs que ceux déterminés ci-dessus pour la petite vitesse. — Pour le transport des marchandises, il pourra être établi, sur la proposition de la compagnie, un délai moyen entre ceux de la grande et de la petite vitesse. Le prix correspondant à ce délai sera un prix intermédiaire entre ceux de la grande et de la petite vitesse. — L'administration supérieure déterminera, par des règlements spéciaux, les heures d'ouverture et de fermeture des gares et stations, tant en hiver qu'en été, ainsi que les dispositions relatives aux denrées apportées par les trains de nuit et destinées à l'approvisionnement des marchés des villes. — Lorsque la marchandise devra passer d'une ligne sur une autre sans solution de continuité, les délais de livraison et d'expédition au point de jonction seront fixés par l'administration, sur la proposition de la compagnie.

51. Les frais accessoires non mentionnés dans les tarifs, tels que ceux d'enregistrement, de chargement, de déchargement et de magasinage dans les gares et magasins du chemin de fer, seront fixés annuellement par l'administration, sur la proposition de la compagnie.

52. La compagnie sera tenue de faire soit par elle-même, soit par un interme-

Clauses spéciales, contient un grand nombre de mesures de police et de sûreté — Les dispositions comprises dans ces diffé-

diaire dont elle répondra, le factage et le camionnage, pour la remise au domicile des destinataires de toutes les marchandises qui lui sont confiées. — Le factage et le camionnage ne seront point obligatoires en dehors du rayon de l'octroi, non plus que pour les gares qui desserviraient une population agglomérée de moins de cinq mille habitants, soit un centre de population de cinq mille habitants situé à plus de 5 kilom. de la gare du chemin de fer. — Les tarifs à percevoir seront fixés par l'administration, sur la proposition de la compagnie Ils seront applicables à tout le monde sans distinction. — Toutefois, les expéditeurs et destinataires resteront libres de faire eux-mêmes et à leurs frais le factage et le camionnage des marchandises.

53. A moins d'une autorisation spéciale de l'administration, il est interdit à la compagnie, conformément à l'art. 14 de la loi du 15 juillet 1845, de faire directement ou indirectement avec des entreprises de transport de voyageurs ou de marchandises par terre ou par eau, sous quelque dénomination ou forme que ce puisse être, des arrangements qui ne seraient pas consentis en faveur de toutes les entreprises desservant les mêmes voies de communication. — L'administration, agissant en vertu de l'art. 33 ci-dessus, prescrira les mesures à prendre pour assurer la plus complète égalité entre les diverses entreprises de transport dans leurs rapports avec le chemin de fer.

TIT. 5. STIPULATIONS RELATIVES A DIVERS SERVICES PUBLICS.

54. Les militaires ou marins voyageant en corps, aussi bien que les militaires ou marins voyageant isolément pour cause de service, envoyés en congé illimité ou en permission, ou rentrant dans leurs foyers après libération, ne seront assujettis, eux, leurs chevaux et leurs bagages, qu'au quart de la taxe du tarif fixé par le présent cahier des charges. — Si le gouvernement avait besoin de diriger des troupes et un matériel militaire ou naval sur l'un des points desservis par le chemin de fer, la compagnie serait tenue de mettre immédiatement à sa disposition, pour la moitié de la taxe du même tarif, tous ses moyens de transport.

55. Les fonctionnaires ou agents chargés de l'inspection, du contrôle et de la surveillance du chemin de fer seront transportés gratuitement dans les voitures de la compagnie. — La même faculté est accordée aux agents des contributions indirectes et des douanes chargés de la surveillance des chemins de fer dans l'intérêt de la perception de l'impôt.

56. Le service des lettres et dépêches sera fait comme il suit : — 1° A chacun des trains de voyageurs et de marchandises circulant aux heures ordinaires de l'exploitation, la compagnie sera tenue de réserver gratuitement deux compartiments spéciaux d'une voiture de deuxième classe, ou un espace équivalent, pour recevoir les lettres, les dépêches et les agents nécessaires au service des postes, le surplus de la voiture restant à la disposition de la compagnie. — 2° Si le volume des dépêches ou la nature du service rend insuffisante la capacité de deux compartiments à deux banquettes, de sorte qu'il y ait lieu de substituer une voiture spéciale aux wagons ordinaires, le transport de cette voiture sera également gratuit. — Lorsque la compagnie voudra changer les heures de départ de ses convois ordinaires, elle sera tenue d'en avertir l'administration des postes quinze jours à l'avance. — 3° Un train spécial régulier, dit *train journalier de la poste*, sera mis gratuitement chaque jour, à l'aller et au retour, à la disposition du ministre des finances, pour le transport des dépêches sur toute l'étendue de la ligne. — 4° L'étendue du parcours, les heures de départ et d'arrivée soit de jour, soit de nuit, la marche et les stationnements de ce convoi, sont réglés par le ministre de l'agriculture, du commerce et des travaux publics et le ministre des finances, la compagnie entendue. — 5° Indépendamment de ce train, il pourra y avoir tous les jours, à l'aller et au retour, un ou plusieurs convois spéciaux, dont la marche sera réglée comme il est dit ci-dessus. La rétribution payée à la compagnie pour chaque convoi ne pourra excéder 75 cent. par kilomètre parcouru pour la première voiture, et 25 cent. pour chaque voiture en sus de la première. — 6° La compagnie pourra placer dans les convois spéciaux de la poste des voitures de toutes classes, pour le transport, à son profit, des voyageurs et des marchandises. — 7° La compagnie ne pourra être tenue d'établir des convois spéciaux ou de changer les heures de départ, la marche ou le stationnement de ces convois, qu'autant que l'administration l'aura prévenue, par écrit, quinze jours à l'avance. — 8° Néanmoins, toutes les fois qu'en dehors des services réguliers l'administration requerra l'expédition d'un convoi extraordinaire soit de jour, soit de nuit, cette expédition devra être faite immédiatement, sauf l'observation des règlements de police. Le prix sera ultérieurement réglé, de gré à gré ou à dire d'experts, entre l'administration et la compagnie. — 9° L'administration des postes fera construire à ses frais les voitures qu'il pourra être nécessaire d'affecter spécialement au transport et à la manutention des dépêches. Elle réglera la forme et les dimensions de ces voitures, sauf l'approbation, par le ministre de l'agriculture, du commerce et des travaux publics, des dispositions qui intéressent la régularité et la sécurité de la circulation. Elles seront montées sur châssis et sur roues. Leur poids ne dépassera pas 8,000 kilogr., chargement compris. L'administration des postes fera entretenir à ses frais ses voitures spéciales; toutefois, l'entretien des châssis et des roues sera à la charge de la compagnie. — 10° La compagnie ne pourra réclamer aucune augmentation des prix ci-dessus indiqués, lorsqu'il sera nécessaire d'employer des plates-formes au transport des malles-postes ou des voitures spéciales en réparation. — 11° La vitesse moyenne des convois spéciaux mis à la disposition de l'administration des postes ne pourra être moindre de 40 kilomètres à l'heure, temps d'arrêt compris; l'administration pourra consentir une vitesse moindre, soit à raison des pentes, soit à raison des courbes à parcourir, ou bien exiger une plus grande vitesse, dans le cas où la compagnie obtiendrait plus tard dans la marche de son service une vitesse supérieure. — 12° La compagnie sera tenue de transporter gratuitement, par tous les convois de voyageurs, tout agent des postes chargé d'une mission ou d'un service accidentel et porteur d'un ordre de service régulier, délivré à Paris par le directeur général des postes. Il sera accordé à l'agent des postes en mission une place de voiture de deuxième classe, ou de première classe, si le convoi ne comporte pas de voitures de deuxième classe. — 13° La compagnie sera tenue de fournir à chacun des points extrêmes de la ligne, ainsi qu'aux principales stations intermédiaires qui seront désignées par l'administration des postes, un emplacement sur lequel l'administration pourra faire construire des bureaux de poste ou d'entrepôt des dépêches et des hangars pour le chargement et le déchargement des malles-postes. Les dimensions de cet emplacement seront au maximum de 64 mètres carrés dans les gares des départements, et du double à Paris. — 14° La valeur locative du terrain ainsi fourni par la compagnie lui sera payée de gré à gré ou à dire d'experts. — 15° La position sera choisie de manière que les bâtiments qui y seront construits aux frais de l'administration des postes ne puissent entraver en rien le service de la compagnie. — 16° L'administration se réserve le droit d'établir à ses frais, sans indemnité, mais aussi sans responsabilité pour la compagnie, tous poteaux ou appareils nécessaires à l'échange des dépêches sans arrêt de train, à la condition que ces appareils, par leur nature ou leur position, n'apportent pas d'entraves aux différents services de la ligne ou des stations. — 17° Les employés chargés de la surveillance du service, les agents préposés à l'échange ou à l'entrepôt des dépêches, auront accès dans les gares ou stations pour l'exécution de leur service, en se conformant aux règlements de police intérieure de la compagnie.

57. La compagnie sera tenue, à toute réquisition, de faire partir, par convoi ordinaire, les wagons ou voitures cellulaires employés au transport des prévenus, accusés ou condamnés. — Les wagons et les voitures employés au service dont il s'agit seront construits aux frais de l'Etat ou des départements; leurs formes et dimensions seront déterminées de concert par le ministre de l'intérieur et par le ministre de l'agriculture, du commerce et des travaux publics, la compagnie entendue. — Les employés de l'administration, les gardiens et les prisonniers placés dans les wagons ou voitures cellulaires ne seront assujettis qu'à la moitié de la taxe applicable aux places de troisième classe, telle qu'elle est fixée par le présent cahier des charges. — Les gendarmes placés dans les mêmes voitures ne payeront que le quart de la même taxe. — Le transport des wagons et des voitures sera gratuit. — Dans le cas où l'administration voudrait, pour le transport des prisonniers, faire usage des voitures de la compagnie, celle-ci serait tenue de mettre à sa disposition une ou plusieurs compartiments spéciaux de voitures de deuxième classe à deux banquettes. Le prix de location en sera fixé à raison de 0 fr. 20 par compartiment et par kilomètre. — Les dispositions qui précèdent seront applicables au transport des jeunes délinquants recueillis par l'administration pour être transférés dans les établissements d'éducation.

58. Le gouvernement se réserve la faculté de faire, le long des voies, toutes les constructions, de poser tous les appareils nécessaires à l'établissement d'une ligne télégraphique, sans nuire au service du chemin de fer. — Sur la demande de l'administration des lignes télégraphiques, il sera réservé, dans les gares des villes et des localités qui seront désignées ultérieurement, le terrain nécessaire à l'établissement des maisonnettes destinées à recevoir le bureau télégraphique et son matériel. — La compagnie concessionnaire sera tenue de faire garder par ses agents les fils et appareils des lignes électriques, de donner aux employés télégraphiques connaissance de tous les accidents qui pourraient survenir, et de leur en faire connaître les causes. En cas de rupture du fil télégraphique, les employés de la compagnie auront à raccrocher provisoirement les bouts séparés, d'après les instructions qui leur seront données à cet effet. — Les agents de la télégraphie voyageant pour le service de la ligne électrique auront le droit de circuler gratuitement dans les voitures du chemin de fer. — En cas de rupture du fil télégraphique ou d'accidents graves, une locomotive sera mise immédiatement à la disposition de l'inspecteur télégraphique de la ligne pour le transporter sur le lieu de l'accident avec les hommes et les matériaux nécessaires à la réparation. Ce transport sera gratuit, et il devra être effectué dans des conditions telles qu'il ne puisse entraver en rien la circulation publique. — Dans le cas où des déplacements de fils, appareils ou poteaux deviendraient nécessaires par suite de travaux exécutés sur le chemin, ces déplacements auraient lieu, aux frais de la compagnie, par les soins de l'administration des lignes télégraphiques. La compagnie pourra être autorisée et au besoin requise par le ministre de l'agriculture, du commerce et des travaux publics, agissant de concert avec le ministre de l'intérieur, d'établir à ses frais les fils et appareils télégraphiques destinés à transmettre les signaux nécessaires pour la sûreté et la régularité de son exploitation. — Elle pourra, avec l'autorisation du ministre de l'intérieur, se servir des poteaux de la ligne télégraphique de l'Etat, lorsqu'une semblable ligne existera le long de la voie. — La compagnie sera tenue de se soumettre à tous les règlements d'administration publique concernant l'établissement et l'emploi de ces appareils, ainsi que l'organisation, aux frais de la compagnie, du contrôle de ce service par les agents de l'Etat.

TIT. VI. — CLAUSES DIVERSES.

59. Dans le cas où le gouvernement ordonnerait ou autoriserait la construction de routes impériales, départementales ou vicinales, de chemins de fer ou de canaux qui traverseraient la ligne, objet de la présente concession, la compagnie ne pourra s'opposer à ces travaux; mais toutes les dispositions nécessaires seront prises pour qu'il n'en résulte aucun obstacle à la construction ou au service du chemin de fer, ni aucuns frais pour la compagnie.

60. Toute exécution ou autorisation ultérieure de route, de canal, de chemin de fer, de travaux de navigation dans la contrée où est situé le chemin de fer, objet de la présente concession, ou dans toute autre contrée voisine ou éloignée, ne pourra donner ouverture à aucune demande d'indemnité de la part de la compagnie.

61. Le gouvernement se réserve expressément le droit d'accorder de nouvelles concessions de chemins de fer s'embranchant sur le chemin qui fait l'objet du présent cahier des charges, ou qui seraient établis en prolongement du même chemin. — La compagnie ne pourra mettre aucun obstacle à ces embranchements, ni réclamer, à l'occasion de leur établissement, aucune indemnité quelconque, pourvu qu'il n'en résulte aucun obstacle à la circulation ni aucuns frais particuliers pour la compagnie. — Les compagnies concessionnaires de chemins de fer d'embranchement ou de prolongement auront la faculté, moyennant les tarifs ci-dessus déterminés et l'observation des règlements de police et de service établis ou à établir, de faire circuler leurs voitures, wagons et machines, sur le chemin de fer, objet de la présente concession, pour lequel cette faculté sera réciproque à l'égard desdits embranchements et prolongements. — Dans le cas où les diverses compagnies ne pourraient s'entendre entre elles sur l'exercice de cette faculté, le gouvernement statuerait sur les difficultés qui s'élèveraient entre elles à cet égard. — Dans le cas où une compagnie d'embranchement ou de prolongement joignant la ligne qui fait l'objet de la présente concession n'userait pas de la faculté de circuler sur cette ligne, comme aussi dans le cas où la compagnie concessionnaire de cette dernière ligne ne voudrait pas circuler sur les prolongements et embranche-

rents titres formeront l'un des éléments principaux de la présente étude. Nous les ferons connaître dans les chapitres qui vont suivre en les rattachant, selon l'ordre des matières, aux lois et règlements dont nous avons à présenter le commentaire : nous nous bornerons, dans la présente section. à envisager le cahier des charges d'une manière générale et dans son ensemble, et à rappeler les dispositions qui se rattachent à la concession en elle-même, à sa durée, etc.

98. Par la concession, la compagnie s'engage, aux termes du cahier des charges, à faire toutes les dépenses nécessaires à l'établissement du chemin. Ces dépenses sont de diverses natures; elles comprennent : 1° l'achat des *terrains* et *bâtiments* qui se trouvent dans toute la longueur de son parcours et sont reconnus nécessaires à la construction de la voie ferrée, ainsi que de tous ses accessoires; — 2° La construction de la voie, des gares, bâtiments, et de toutes les dépendances qu'exige l'exploitation d'une aussi vaste industrie; — 3° Le matériel et son entretien, ainsi que tous les frais d'exploitation. — D'après la loi du 11 juin 1842, ces dépenses doivent être réparties entre l'Etat, les départements traversés, les communes intéressées et l'industrie privée, dans les proportions que nous allons faire connaître (L. 11 juin 1852, art. 2). — Toutefois ce système n'est pas exclusif; la loi admet que les lignes de chemin de fer pourront être concédées en totalité ou en partie à l'industrie privée, en vertu de lois spéciales et aux conditions qui seront alors déterminées (même art.).

99. Aux termes de l'art. 3, § 1, de la loi du 11 juin 1842, les indemnités dues pour les terrains et bâtiments dont l'occupation est nécessaire à l'établissement des chemins de fer et de leurs dépendances doivent être *avancées par l'Etat*. — Cette disposition, qui a été introduite pour faciliter l'établissement de grandes lignes de chemin de fer en France, n'a reçu et ne reçoit encore qu'une application assez restreinte. Les grands avantages qu'offrirent les concessions de chemins de fer engagèrent bientôt les compagnies à se charger de tous les frais d'établissement du chemin, y compris même le prix d'acquisition des terrains à exproprier. Bien plus, dans quelques circonstances, l'Etat, après avoir fait la dépense que la loi de 1842 mettait à sa charge, en a exigé le remboursement par la compagnie concessionnaire (V. M. Cotelle, t. 4, n° 34). Aujourd'hui, la substitution des concessionnaires à l'Etat dans toutes les dépenses d'expropriation est devenue la règle générale : c'est ce qui résulte en effet des art. 21 et 22 du cahier modèle des charges (V. p. 882). — Cependant, quelquefois et pour certaines lignes d'une importance secondaire, le gouvernement, en faisant la concession, s'engage à livrer la voie dans les conditions de la loi de 1842. — Mais le plus souvent les compagnies prennent toute la dépense à leur charge, et c'est par des subventions, des garanties d'intérêts, comme nous le dirons plus loin, n° 105, que le gouvernement vient à leur aide.

100. L'art. 3 précité de la loi de 1842 ajoutait que les dépenses avancées par l'Etat lui seraient remboursées jusqu'à concurrence des deux tiers par les départements et les communes. La

ments, les compagnies seraient tenues de s'arranger entre elles, de manière que le service de transport ne soit jamais interrompu aux points de jonction des diverses lignes. — Celle des compagnies qui se servira d'un matériel qui ne serait pas sa propriété payera une indemnité en rapport avec l'usage et la détérioration de ce matériel. Dans le cas où les compagnies ne se mettraient pas d'accord sur la quotité de l'indemnité ou sur les moyens d'assurer la continuation du service sur toute la ligne, le gouvernement y pourvoirait d'office et prescrirait toutes les mesures nécessaires. — La compagnie pourra être assujettie, par les décrets qui seront ultérieurement rendus pour l'exploitation des chemins de fer, de prolongement ou d'embranchement joignant celui qui lui est concédé, à accorder aux compagnies de ces chemins une réduction de péage ainsi calculée : — 1° Si le prolongement ou l'embranchement n'a pas plus de 100 kilom., 10 p. 100 du prix perçu par la compagnie; — 2° Si le prolongement ou l'embranchement excède 100 kilom., 15 p. 100; — 3° Si le prolongement ou l'embranchement excède 200 kilom., 20 p. 100; — 4° Si le prolongement ou l'embranchement excède 300 kilom., 25 p. 100.

62. La compagnie sera tenue de s'entendre avec tout propriétaire de mines ou d'usines qui, offrant de se soumettre aux conditions prescrites ci-après, demanderait un nouvel embranchement; à défaut d'accord, le gouvernement statuera sur la demande, la compagnie entendue. — Les embranchements seront construits aux frais des propriétaires de mines et d'usines, et de manière à ce qu'il ne résulte de leur établissement aucune entrave à la circulation générale, aucune cause d'avarie pour le matériel, ni aucuns frais particuliers pour la compagnie. — Leur entretien devra être fait avec soin aux frais de leurs propriétaires et sous le contrôle de l'administration. La compagnie aura le droit de faire surveiller par ses agents cet entretien, ainsi que l'emploi de son matériel sur les embranchements. — L'administration pourra, à toutes époques, prescrire les modifications qui seraient jugées utiles dans la soudure, le tracé ou l'établissement de la voie desdits embranchements, et les changements seront opérés aux frais des propriétaires. — L'administration pourra même, après avoir entendu les propriétaires, ordonner l'enlèvement temporaire des aiguilles de soudure, dans le cas où les établissements embranchés viendraient à suspendre en tout ou en partie leurs transports. — La compagnie sera tenue d'envoyer ses wagons sur tous les embranchements autorisés destinés à faire communiquer des établissements de mines ou d'usines avec la ligne principale du chemin de fer. La compagnie amènera ses wagons à l'entrée des embranchements. — Les expéditeurs ou destinataires feront conduire les wagons dans leurs établissements pour les charger ou décharger et les ramèneront au point de jonction avec la ligne principale, le tout à leurs frais. — Les wagons ne pourront, d'ailleurs, être employés qu'au transport d'objets et marchandises destinés à la ligne principale du chemin de fer. — Le temps pendant lequel les wagons séjourneront sur les embranchements particuliers ne pourra excéder six heures lorsque l'embranchement n'aura pas plus d'un kilomètre. Le temps sera augmenté d'une demi-heure par kilomètre en sus du premier, non compris les heures de la nuit, depuis le coucher jusqu'au lever du soleil — Dans le cas où les limites de temps seraient dépassées, nonobstant l'avertissement spécial donné par la compagnie, elle pourra exiger une indemnité égale à la valeur du droit de loyer des wagons, pour chaque période de retard après l'avertissement. — Les traitements des gardiens d'aiguille et des barrières des embranchements autorisés par l'administration seront à la charge des propriétaires des embranchements. Ces gardiens seront nommés et payés par la compagnie, et les frais qui en résulteront lui seront remboursés par lesdits propriétaires. — En cas de difficulté, il sera statué par l'administration, la compagnie entendue. — Les propriétaires d'embranchements seront responsables des avaries que le matériel pourrait éprouver pendant son parcours ou son séjour sur ces lignes. — Dans le cas d'inexécution d'une ou de plusieurs des conditions énoncées ci-dessus, le préfet pourra, sur la plainte de la compagnie et après avoir entendu le propriétaire de l'embranchement, ordonner par un arrêté la suspension du service et faire supprimer la soudure, sauf recours à l'administration supérieure et sans préjudice de tous dommages-intérêts que la compagnie serait en droit de répéter pour la non-exécution de ces conditions. — Pour indemniser la compagnie de la fourniture et de l'envoi de son matériel sur les embranchements, elle est autorisée à percevoir un prix fixe de 12 cent. par tonne pour le premier kilomètre, et, en outre, 4 cent. par tonne et par kilomètre en sus du premier, lorsque la longueur de l'embranchement excédera 1 kilom. — Tout kilomètre entamé sera payé comme s'il avait été parcouru en entier. — Le chargement et le déchargement sur les embranchements s'opéreront aux frais des expéditeurs ou destinataires, soit qu'ils les fassent eux-mêmes, soit que la compagnie du chemin de fer consente à les opérer. — Dans ce dernier cas, ces frais seront l'objet d'un règlement arrêté par l'administration supérieure, sur la proposition de la compagnie. — Tout wagon envoyé par la compagnie sur un embranchement devra être payé comme wagon complet, lors même qu'il ne serait pas complètement chargé. — La surcharge, s'il y en a, sera payée, au prix du tarif légal et au prorata du poids réel. La compagnie sera en droit de refuser les chargements qui dépasseraient le maximum de 3,500 kilog. déterminé en raison des dimensions actuelles des wagons. — Le maximum sera révisé par l'administration de manière à être toujours en rapport avec la capacité des wagons — Les wagons seront pesés à la station d'arrivée par les soins et aux frais de la compagnie.

63. La contribution foncière sera établie en raison de la surface des terrains occupés par le chemin de fer et ses dépendances; la cote en sera calculée, comme pour les canaux, conformément à la loi du 25 avr. 1803. — Les bâtiments et magasins dépendants de l'exploitation du chemin de fer seront assimilés aux propriétés bâties de la localité. Toutes les contributions auxquelles ces édifices pourront être soumis seront, aussi bien que la contribution foncière, à la charge de la compagnie.

64. Les agents et gardes que la compagnie établira, soit pour la perception des droits, soit pour la surveillance et la police du chemin de fer et de ses dépendances, pourront être assermentés et seront, dans ce cas, assimilés aux gardes champêtres.

65. Un règlement d'administration publique désignera, la compagnie entendue, les emplois dont la moitié devra être réservée aux anciens militaires de l'armée de terre et de mer libérés du service.

66. Il sera institué près de la compagnie un ou plusieurs inspecteurs ou commissaires, spécialement chargés de surveiller les opérations de la compagnie, pour tout ce qui ne rentre pas dans les attributions des ingénieurs de l'Etat.

67. Les frais de visite, de surveillance et de réception des travaux, et les frais de contrôle de l'exploitation seront supportés par la compagnie. Ces frais comprendront le traitement des inspecteurs ou commissaires dont il a été question dans l'article précédent. — Afin de pourvoir à ces frais, la compagnie sera tenue de verser chaque année à la caisse centrale du trésor public une somme de 120 fr. par chaque kilomètre de chemin de fer concédé. Toutefois, cette somme sera réduite à 50 fr. par kilomètre pour les sections non encore livrées à l'exploitation. — Dans lesdites sommes n'est pas comprise celle qui sera déterminée, en exécution de l'art. 58 ci-dessus, pour frais de contrôle du service télégraphique de la compagnie par les agents de l'État. — Si la compagnie ne verse pas les sommes ci-dessus réglées aux époques qui auront été fixées, le préfet rendra un rôle exécutoire, et le montant en sera recouvré comme en matière de contributions publiques.

68. Avant la signature du décret qui ratifiera l'acte de concession, la compagnie déposera au trésor public une somme de fr., en numéraire ou en rentes sur l'État, calculées conformément à l'ordonnance du 19 janvier 1825, ou en bons du trésor ou autres effets publics, avec transfert, au profit de la caisse des dépôts et consignations, de celles de ces valeurs qui seraient nominatives ou à ordre. — Cette somme formera le cautionnement de l'entreprise. — Elle sera rendue à la compagnie par cinquième et proportionnellement à l'avancement des travaux. Le dernier cinquième ne sera remboursé qu'après leur entier achèvement.

69 La compagnie devra faire élection de domicile à Paris. — Dans le cas où elle ne l'aurait pas fait, toute notification ou signification à elle adressée sera valable lorsqu'elle sera faite au secrétariat général de la préfecture de la Seine.

70. Les contestations qui s'élèveraient entre la compagnie et l'administration au sujet de l'exécution et de l'interprétation des clauses du présent cahier des charges seront jugées administrativement par le conseil de préfecture du département de la Seine, sauf recours au conseil d'État.

71. Le présent cahier des charges... ne ser... passible... que du droit fixe de 1 fr.

participation des départements et des communes aux frais d'acquisition des terrains nécessaires à l'établissement des chemins de fer avait paru être une juste conséquence des avantages spéciaux que devaient recueillir les localités placées sur le parcours du chemin de fer. Mais cette mesure, même avant qu'elle fût mise à exécution, fit naître de nombreuses réclamations et souleva des difficultés assez graves. On représenta que la contribution imposée aux localités traversées par les chemins de fer serait souvent un sacrifice en pure perte et sans compensation, à raison des circonstances qui influent sur le mouvement des denrées et marchandises, sur la direction des lignes de fer et l'emplacement des stations. D'ailleurs le fait nouveau dont nous avons parlé au numéro précédent, à savoir les concessions à des compagnies qui supportaient toute la dépense tant en construction qu'en achat de terrains et de bâtiments, apportaient un changement considérable à la situation de 1842. Dans cet état de choses, il devenait peu équitable de continuer à exiger une contribution ayant un caractère exceptionnel et pesant précisément sur des localités placées dans les conditions les moins favorables (exposé des motifs, présenté par le min. des fin. à la ch. des pairs, le 4 juill. 1845). — En conséquence, la disposition précitée de la loi de 1842 fut abrogée par la loi des 19-25 juill. 1845. Par suite se trouve aussi implicitement abrogé l'art. 4 de la même loi qui chargeait le conseil général de délibérer sur la part qui devait être mise à la charge du département, ainsi que sur les ressources au moyen desquelles le remboursement à l'État devait avoir lieu.

101. Une loi spéciale postérieure, celle du 1er-4 août 1860, portant création de certains chemins de fer d'embranchement et qui exige le concours des départements et des communes dans les frais d'établissement de ces chemins, avait fait craindre qu'on ne revînt au principe de la loi de 1842, au mépris de la loi abolitive de 1845. L'exposé des motifs, du 11 juin 1860, s'appuyant sur les précédents établis tant par la loi du 16 sept. 1807 sur le dessèchement des marais que sur le décret du 16 déc. 1811, relatif à la construction des routes, réclamait positivement l'application de la règle contre les départements et les communes. — Mais les membres de la commission, préoccupés de ce retour à un principe aboli, reçurent de MM. les commissaires du gouvernement l'assurance formelle que les subventions dont parle le § 2 de l'art. 1 de cette loi de 1860, en ce qui concerne les départements et les communes, n'ont rien d'obligatoire ni de forcé; qu'il s'agit seulement des subventions spontanées qui pourraient être offertes soit en terrains, soit en argent, par les départements, les communes et les particuliers intéressés. La même déclaration fut reproduite devant le corps législatif (Moniteur des 19 et 20 juill. 1860). — Au surplus, cette disposition de la loi spéciale dont il s'agit sur les subventions volontaires n'est que la reproduction d'une règle générale inscrite dans toutes les lois de cette nature et qui était énoncée déjà dans celle du 11 juin 1842, dont le paragraphe final de l'art. 3 porte en effet : « Le gouvernement pourra subvenir aux subventions qui lui seraient offertes par les localités ou les particuliers, soit en terrains, soit en argent. »

102. Indépendamment des lignes de grande circulation qui, comme on l'a vu plus haut, ont occasionné aux compagnies de si grandes dépenses, et pour lesquelles l'État lui-même a pris de lourds engagements, il se trouvait encore lié envers beaucoup de localités par la promesse de leur procurer des lignes dont on ne peut attendre cependant, qu'un produit fort restreint. — L'étude des moyens de construction et d'exploitation à bon marché des chemins de fer, est l'un des objets qui ont été confiés à la commission d'enquête qui a fonctionné de 1861 à 1863, sous la présidence du ministre de l'agriculture, du commerce et des travaux publics, M. Rouher.—Il a encore été proposé dans cette commission de revenir au système de la loi du 11 juin 1842, et de faire supporter en partie aux départements et aux communes la charge du prix d'acquisition des terrains. On a considéré qu'une semblable mesure atteignant les contribuables, par la voie des centimes additionnels, les jurys locaux finiraient par se modérer dans leur zèle pour l'intérêt des propriétaires expropriés; qu'on ne verrait bientôt plus de ces indemnités si exorbitantes, telles que le prix de 80,000 fr. par kilomètre, qui a été imposé sur plusieurs points à la com-

pagnie de l'Ouest. — Sur cette proposition, la commission a été surtout d'avis que le prix du terrain fût laissé, en partie au moins, à la charge des localités; que, par exemple, elles fussent tenues de livrer les terrains à la compagnie concessionnaire, moyennant un prix d'estimation qui serait fixé à l'avance par le directeur et les contrôleurs des contributions directes; l'excédant de ce prix, d'après les évaluations du jury, resterait à la charge des localités. Mais ce n'est là qu'un système à soumettre à la sagesse de l'autorité législative (Enquête sur l'exploitation et la construction des chemins de fer, impr. impér., 1863, p. CXXVIII).

Dans les départements du Haut et du Bas-Rhin, sur l'initiative prise par M. Migneret, préfet de ce dernier département, on est entré dans un système nouveau, celui d'entreprendre des voies ferrées, à titre de chemins vicinaux de grande communication, et en y appliquant les ressources créées à leur égard par la loi du 21 mai 1836, ainsi que les formes simples qu'elle trace, quant à l'expropriation des terrains. Déjà une longueur de 35 kil. y est classée, et le réseau destiné à recevoir des rails aura 200 kil. ; 69 kil. sont en cours d'exécution. Le ministre des travaux publics a alloué une subvention de 60,000 fr. pour le chemin vicinal de grande communication de Strasbourg à Barr, et de 24,000 fr. pour le chemin de Haguenau à Niederbronn. — Cet exemple est suivi par le conseil général de la Sarthe : des projets votés pour trois chemins, de 104 kil. de longueur doivent entraîner une dépense de 3 millions pour l'acquisition des terrains, les travaux de terrassement et les ouvrages durs. Dans la session législative de 1864, le département a demandé une loi qui l'autorise à s'imposer extraordinairement 8 cent. pendant cinq ans, pour en affecter le produit aux travaux du chemin de fer projeté (corps législ., séance du 18 fév. 1864).

103. Nonobstant la disposition précitée de la loi de 1842 qui mettait à la charge de l'État l'acquisition des terrains nécessaires à l'établissement de la voie, les compagnies, comme nous l'avons dit, avaient consenti à supporter toutes les dépenses : il en résulta pour elles de grandes difficultés. La nécessité d'achever le plus promptement possible le réseau des grandes lignes, et d'aborder ensuite les lignes d'embranchement, les crises financières où se trouvèrent entraînées un grand nombre de compagnies et la dépréciation de leurs actions, obligèrent l'État à intervenir et à chercher à alléger les charges que les compagnies n'avaient pas craint d'assumer. De là des subventions accordées à telle ou telle compagnie ; de là une garantie d'un maximum d'intérêts, donnée par l'État, pour le capital employé par les compagnies à l'exécution des travaux. — On a vu plus haut, n° 29, et d'après l'exposé de la situation générale de l'empire (session de 1863-1864), qu'en 1863 le gouvernement était dans la nécessité d'agrandir encore le nouveau réseau que ces compagnies n'avaient pris à leur charge que sous la condition d'une garantie d'intérêt ; mais que ces compagnies se montraient déjà fort alarmées par l'insuffisance de cette garantie basée sur un maximum présumé de la dépense qui se trouvait fortement dépassé. Cependant, en vertu de nouvelles conventions, les grandes compagnies se sont encore chargées de l'exécution des nouvelles lignes ressortant à chacune d'elles, au nombre de trente-sept en totalité, à la condition de la garantie de l'État pour la dépense réelle qu'aura entraînée le nouveau réseau dans sa totalité.

104. La deuxième et la troisième catégorie des dépenses dont nous avons parlé au n° 99 sont mises en entier à la charge des compagnies concessionnaires par le § 1 de l'art. 6 de la loi du 11 juin 1842, ainsi conçu : « La voie de fer, y compris la fourniture du sable, le matériel et les frais d'exploitation, les frais d'entretien et de réparation du chemin, de ses dépendances et de son matériel, resteront à la charge des compagnies auxquelles l'exploitation du chemin de fer sera donnée à bail. » — Les obligations de la compagnie en ce qui concerne la confection des chemins, la fourniture du matériel de la voie, etc., etc., sont réglées par le cahier des charges tit. 1 et tit. 2.

105. Dans toute concession, le gouvernement se réserve expressément le droit d'accorder de nouvelles concessions de chemins de fer s'embranchant sur le chemin concédé, ou qui seraient établis en prolongement du même chemin. La compagnie ne pourra mettre aucun obstacle à ces embranchements, ni réclamer à l'occasion

de leur établissement, aucune indemnité quelconque, pourvu qu'il n'en résulte aucun obstacle à la circulation ni aucuns frais particuliers pour la compagnie (cah. des ch., art. 61). — Ce même art. 61 du cahier des charges règle les conditions auxquelles les deux compagnies seront réciproquement soumises pour l'usage du chemin d'embranchement ou du prolongement et du chemin principal.

106. La compagnie, en outre, est tenue de s'entendre avec tout propriétaire de mines ou d'usines qui, offrant de se soumettre aux conditions prescrites ci-après, demanderaient un nouvel embranchement; à défaut d'accord, le gouvernement statue sur la demande, la compagnie entendue (cah. des ch., art. 62). — Ces embranchements doivent être construits aux frais des propriétaires de mines ou d'usines, et de manière à ce qu'il ne résulte de leur établissement aucune entrave à la circulation générale, aucune cause d'avarie pour le matériel, ni aucuns frais particuliers pour la compagnie; leur entretien doit être fait avec soin aux frais de leurs propriétaires et sous le contrôle de l'administration. L'administration peut, d'ailleurs, à toutes les époques, prescrire les modifications qui seraient jugées utiles dans la soudure, le tracé ou l'établissement de la voie desdits embranchements, et les changements sont opérés aux frais des propriétaires. L'administration peut même, après avoir entendu les propriétaires, ordonner l'enlèvement temporaire des aiguilles de soudure, dans le cas où les établissements embranchées viendraient à suspendre en tout ou en partie leurs transports (même art. 62).

107. Il a été décidé spécialement que le traité passé entre la compagnie du chemin de fer de Saint-Étienne à Lyon et un particulier, par lequel un embranchement accédant à la voie de fer a été exclusivement affecté au transport des charbons, dont ce dernier fait le commerce, a pu être interprété en ce sens que l'usage de cet embranchement devait, en vertu de la volonté des contractants, s'étendre au transport de toutes les marchandises qui feraient ultérieurement l'objet du commerce du même marchand, sans qu'une telle décision, qui repose sur une appréciation souveraine d'intention, soit soumise au contrôle de la cour de cassation (Req. 14 nov. 1860, aff. chemin de fer de Paris à Lyon, D. P. 61. 1. 150); — Qu'il n'y a dans un pareil traité ni cession du monopole exclusivement accordé à la compagnie, si les transports à opérer sur l'embranchement doivent être effectués à l'aide du matériel de celle-ci, par ses agents, et aux mêmes conditions que sur la voie principale; ... ni atteinte au droit de surveillance et de police de la compagnie et de l'administration supérieure, ce droit pouvant s'exercer sur l'embranchement dont il s'agit aussi bien que sur les autres accès de la voie ferrée; ... ni traité de faveur consenti à un entrepreneur au détriment des autres entrepreneurs de transport, ce traité n'emportant aucune réduction de tarif, et le fait d'un accès spécial à la voie ferrée, ne pouvant avoir le caractère d'un avantage préjudiciable à ce dernier, dès que la gare à laquelle conduit l'embranchement leur est ouverte à tous (même arrêt); — Et que le même traité, maintenu sous la seule condition d'une autorisation à obtenir de l'administration supérieure, par l'art. 57 du cahier des charges annexé à la loi du 10 juin 1853, qui a substitué la compagnie du chemin de fer du Grand-Central à celle du chemin de fer de Saint-Étienne à Lyon, n'a pas été davantage abrogé par l'art. 62 du cahier des charges annexé à la loi du 19 juin 1857 qui, en substituant à son tour la compagnie du chemin de fer de Paris à Lyon à celle du Grand-Central, a limité aux seuls propriétaires de mines et usines, les concessions d'embranchement à faire à l'avenir : cette dernière disposition n'a point eu pour effet de restreindre l'application de l'art. 57 du précédent cahier des charges aux embranchements accordés pour le transport des produits des mines et usines, et a conservé, au contraire, tous les embranchements régulièrement concédés et autorisés, quelle qu'en fût la destination (même arrêt).

108. La concession peut prendre fin de trois manières différentes : par l'expiration du délai de la concession, par le rachat de cette concession, et enfin par la déchéance prononcée contre la compagnie, en cas d'inaccomplissement des conditions du contrat. — Dans l'origine, la durée des concessions était très-variable; quelques-unes avaient même été faites à perpétuité. En

1852, par suite de la fusion qui s'est opérée entre diverses compagnies de chemin de fer (V. suprà, nos 24 et s.), les cahiers des charges furent remaniés et toutes les concessions furent ramenées à une durée uniforme de quatre-vingt-dix-neuf ans. — La concession cesse de plein droit, sans formalités ni mise en demeure, au terme fixé par le cahier des charges. — « A l'époque fixée pour l'expiration de la concession, *et par le seul fait de cette expiration*, dit l'art. 36 du cahier modèle, le gouvernement sera subrogé à tous les droits de la compagnie sur le chemin de fer et ses dépendances, et il entrera immédiatement en jouissance de tous ses produits. — La compagnie sera tenue de lui remettre en bon état d'entretien le chemin de fer et tous les immeubles qui en dépendent, quelle qu'en soit l'origine, tels que les bâtiments des gares et stations, les remises, ateliers et dépôts, les maisons de garde, etc. Il en sera de même de tous les objets immobiliers dépendant également dudit chemin, tels que les barrières et clôtures, les voies, changements de voies, plaques tournantes, réservoirs d'eau, grues hydrauliques, machines fixes, etc. — Dans les cinq dernières années qui précéderont le terme de la concession, le gouvernement aura le droit de saisir les revenus du chemin de fer, et de les employer à rétablir en bon état le chemin de fer et ses dépendances, si la compagnie ne se mettait pas en mesure de satisfaire pleinement et entièrement à cette obligation. — En ce qui concerne les objets mobiliers, tels que le matériel roulant, les matériaux, combustibles et approvisionnements de tout genre, le mobilier des stations, l'outillage des ateliers et des gares, l'État sera tenu, si la compagnie le requiert, de reprendre tous ces objets sur l'estimation qui en sera faite à dire d'experts, et réciproquement, si l'État le requiert, la compagnie sera tenue de les céder de la même manière.—Toutefois, l'État ne pourra être tenu de reprendre que les approvisionnements nécessaires à l'exploitation du chemin pendant six mois. »

109. L'art. 7 de la loi du 11 juin 1842 portait qu'à l'expiration du bail, la valeur de la voie de fer et du matériel serait remboursée à dire d'experts à la compagnie par celle qui lui succéderait ou par l'État. — Cette disposition n'a pas été maintenue : on a pensé, sans doute, que la prolongation des concessions était un avantage assez considérable pour compenser la perte que la remise de la voie de fer et du matériel, sans indemnité, pouvait faire éprouver à la compagnie.

110. La concession peut prendre fin encore par le *rachat* de la concession.—Le gouvernement s'est en effet réservé, dans le cahier des charges, la faculté de racheter la concession entière du chemin de fer; mais il ne peut exercer cette faculté qu'après l'expiration des quinze premières années de la concession (cah. mod., art. 37). — Les conditions du rachat sont indiquées dans le cahier modèle en ces termes : — « Pour régler le prix du rachat, on relèvera les produits nets annuels obtenus par la compagnie pendant les sept années qui auront précédé celle où le rachat sera effectué; on en déduira les produits nets des deux plus faibles années, et l'on établira le produit net moyen des cinq autres années.—Ce produit net moyen formera le montant d'une annuité qui sera due et payée à la compagnie pendant chacune des années restant à courir sur la durée de la concession.—Dans aucun cas, le montant de l'annuité ne sera inférieur au produit net de la dernière des sept années prises pour terme de l'estimation. — La compagnie recevra, en outre, dans les trois mois qui suivront le rachat, les remboursements auxquels elle aurait droit à l'expiration de la concession, selon l'art. 36 ci-dessus » (même art. 37).

111. L'inobservation de certaines clauses du cahier des charges pourrait aussi entraîner la *déchéance administrative* de la concession, mesure extrême établie dans une disposition spéciale dont l'application rigoureuse est extrêmement rare. — « Faute par la compagnie, dit l'art. 39 du cahier des charges, d'avoir terminé les travaux dans le délai fixé par l'art. 2 (délais variables selon les concessions), faute aussi par elle d'avoir rempli les diverses obligations qui lui sont imposées par le présent cahier des charges, elle encourra la déchéance, et il sera pourvu tant à la continuation et à l'achèvement des travaux qu'à l'exécution des autres engagements contractés par la compagnie, au moyen d'une adjudication que l'on ouvrira sur

une mise à prix des ouvrages exécutés, des matériaux approvisionnés et des parties du chemin de fer déjà livrées à l'exploitation. — Les soumissions pourront être inférieures à la mise à prix. — La nouvelle compagnie sera soumise aux clauses du présent cahier des charges, et la compagnie évincée recevra d'elle le prix que la nouvelle adjudication aura fixé. — Si l'adjudication ouverte n'amène aucun résultat, une seconde adjudication sera tentée sur les mêmes bases, après un délai de trois mois ; si cette seconde tentative reste également sans résultat, la compagnie sera définitivement déchue de tous droits, et alors les ouvrages exécutés, les matériaux approvisionnés et les parties de chemin de fer déjà livrées à l'exploitation appartiendront à l'État. »

112. L'interruption de l'exploitation peut également entraîner la déchéance ; elle est prévue dans le cahier des charges de la manière suivante : — « Si l'exploitation du chemin de fer vient à être interrompue en totalité ou en partie, l'administration prendra immédiatement, aux frais et risques de la compagnie, les mesures nécessaires pour assurer provisoirement le service. — Si, dans les trois mois de l'organisation du service provisoire, la compagnie n'a pas valablement justifié qu'elle est en état de reprendre et de continuer l'exploitation, et si elle ne l'a pas effectivement reprise, la déchéance pourra être prononcée par le ministre. Cette déchéance prononcée, le chemin de fer et toutes ses dépendances seront mis en adjudication, et il sera procédé ainsi qu'il est dit à l'article précédent. »

113. La *force majeure*, s'il en est justifié, relèverait les compagnies de la déchéance : cela est de toute justice. — « Les dispositions des trois articles qui précèdent, dit l'art. 41 du cahier modèle, cesseraient d'être applicables, et la déchéance ne serait pas encourue dans le cas où le concessionnaire n'aurait pu remplir ses obligations, par suite de circonstances de force majeure dûment constatées. » — C'est ce qui s'est présenté en 1848 : plusieurs compagnies de chemin de fer (Bordeaux à la Teste, Paris à Orléans, chemin de fer du Centre, Paris à Sceaux, Lyon à Avignon, Marseille à Avignon), mises dans l'impossibilité, par suite des événements politiques, de remplir leurs engagements, n'ont pas été déclarées déchues de leur concession ; les chemins de fer ont seulement été mis sous le séquestre (V. n° 21).

114. Le cahier des charges est la loi des parties ; il lie non-seulement la compagnie qui l'a accepté, mais le gouvernement lui-même, lequel ne peut y apporter de modifications sans le consentement des concessionnaires. Mais en dehors des conditions imposées par le cahier des charges, les compagnies sont soumises à certaines dispositions législatives ou réglementaires sous la surveillance de l'autorité du gouvernement. Ces dispositions sont de nature différente. Dans l'intérêt de l'ordre public et de la sécurité des personnes, interviennent les lois criminelles et pénales, prises en vertu du droit de souveraineté et de police que l'État n'aliène jamais, et ne peut être aucunement entravé par les conventions qu'il aura prescrites. Les règlements administratifs sont d'une autre nature. Ceux que l'autorité supérieure a le droit de prendre, en vertu du cahier des charges, sont déclaratives du droit de l'État vis-à-vis des compagnies sur les points que ce cahier lui-même détermine. Leurs dispositions peuvent être impératives aussi bien que prohibitives, et l'infraction qui y sera signalée est punissable en police correctionnelle, conformément à l'art. 21 de la loi du 15 juill. 1845 ; ces règlements, prenant leur source dans les dispositions du cahier des charges, ont, par le fait, autorité de loi dans leur application ou leur interprétation (art. 1134 c. nap.). Mais en tout ce qui concerne l'exploitation et touche à l'intérêt pécuniaire des compagnies, l'administration ne peut pas par ses règlements aggraver les charges, diminuer les bénéfices résultant des dispositions de ce cahier. Ainsi, sur toute application qui en sera faite devant l'autorité compétente, le cahier des charges aura une prédominance légitime sur le règlement. C'est ainsi que le conseil de préfecture de la Seine a jugé récemment que les arrêtés ministériels des 31 déc. 1859 et 25 avr. 1863, concernant le transport à prix réduit sur les chemins de fer des militaires et marins, de leurs chevaux et de leurs effets, conformément à leur feuille de route pour l'aller et le retour, avec ou sans changement de direction, avaient enfreint les termes du cahier des charges, dans lesquels tout arrêté ministériel réglant les tarifs doit se renfermer

strictement (M. Cotelle, Législ. franç. des ch. de fer, p. 505; V. *infrà*, n°s 355 et suiv.).

115. Dans la circulaire adressée aux compagnies à la date du 1er fév. 1864, au sujet du rapport de la commission d'enquête *concernant l'exploitation et la construction des chemins de fer*, récemment publié (Impr. impér., 1863), le ministre des travaux publics distingue très-pertinemment dans les questions que la commission a résolues celles pour lesquelles le cahier des charges est applicable et celles qui tendraient à le faire modifier. Quant aux mesures obligatoires pour les compagnies et qui peuvent leur être prescrites en vertu des cahiers des charges ou du règlement, « je n'ai pas besoin de vous rappeler, dit-il, que l'administration n'a jamais renoncé à la rigoureuse application des mesures directement imposées aux compagnies. Elle a pu sans doute, pour favoriser l'étude des meilleurs systèmes à appliquer, ne pas exiger la mise en pratique complète et immédiate des prescriptions réglementaires ; mais aucun motif ne justifierait aujourd'hui un plus long ajournement, etc.—Quant aux questions sur lesquelles je crois devoir réserver ma décision, ou *dont la solution est subordonnée à une modification du cahier des charges*, du règlement ou de la loi, je vous prie d'en faire l'objet d'un examen attentif et de me faire parvenir vos observations dans le plus court délai possible. » Or les modifications du cahier des charges ne peuvent résulter que de nouvelles conventions passées entre l'administration et les compagnies, c'est-à-dire consenties par elles ; et le plus souvent elles ne le seraient que sous la condition qu'il leur sera fait des avantages, en compensation des sacrifices qu'elles auront faits de leur côté.

116. Dans le rapport du commerce et des voyageurs avec les compagnies, en Angleterre et en Amérique, l'intérêt des tiers, placé sous la sauvegarde du droit commun, produit la seule sanction des obligations des compagnies. En France, indépendamment de l'autorité réglementaire et de la surveillance de l'administration, chacun est également armé de son droit contre elles devant les tribunaux ; car on doit admettre qu'en France, aussi bien qu'en Angleterre et en Amérique et dans tous les pays du monde, le gouvernement en régissant les conditions de la concession stipule au nom des tiers, pour tout ce qui concerne la sécurité des personnes, la marche régulière des trains, les délais de transport et de la remise des marchandises, enfin toutes les règles de l'exploitation tracées par le cahier des charges, la loi ou des usages du commerce. — Il a été jugé que les clauses du cahier des charges et conditions générales d'une entreprise de travaux publics étaient des stipulations pouvant aux tiers, comme faites dans leur intérêt aussi bien que dans celui de l'État (Civ. rej. 17 juin 1846 aff. Foriel, D. P. 46. 1. 334). — Cette jurisprudence est évidemment applicable aux cahiers de charges des chemins de fer, et ne saurait avoir un effet plus opportun et plus utile à la société.

117. Dans le cas où le cahier des charges donne lieu à des contestations, quelle est l'autorité compétente pour en interpréter les dispositions? — Il faut distinguer d'abord les contestations qui s'élèvent entre l'administration et la compagnie, de celles qui s'agitent entre celle-ci et les tiers.—Les premières sont de la compétence du conseil de préfecture, d'après la disposition formelle de tous les cahiers des charges, même de ceux qui pendant une certaine période ont été approuvés par l'autorité législative (V. art. 69 du cahier modèle). — Il a été jugé, conformément à cette règle, 1° que la contestation élevée entre la ville de Paris et la compagnie concessionnaire d'un chemin de fer par suite de l'établissement d'un service spécial d'octroi au débarcadère du chemin, sur la question de savoir si les concessionnaires doivent supporter les frais de ce service, appartient au conseil de préfecture, cette question intéressant l'administration (cons. d'Et. 16 juill. 1840 aff. chemin de fer de Saint-Germain, V. Concess. administr., n° 116 ; V. aussi cons. d'Et. 17 juill. 1843, même aff., v° Octroi);—2° Que les conseils de préfectures sont compétents pour statuer sur la question de savoir si une compagnie concessionnaire d'un chemin de fer est ou non obligée par son cahier des charges à exécuter certains travaux, tels que ceux d'assainissement, lors même que ces travaux auraient été prescrits à la compagnie par un arrêté du préfet : on objecterait vainement que c'est là modifier un **arrêté**

préfectora., ce qui sort de la compétence du conseil de préfecture, l'arrêté n'étant pas mis en question devant ce conseil (cons. d'Et. 13 juillet 1850, aff. ch. de fer de Strasbourg à Bâle, D. P. 50. 3. 27); — 3° Que la décision ministérielle portant refus d'accorder à une compagnie de chemin de fer certaines indemnités réclamées par elle à raison de ce que le chemin ne lui aurait pas été livré dans les conditions déterminés par le cahier des charges, ne met pas obstacle à ce que les mêmes griefs soient portés devant le conseil de préfecture investi par le cahier des charges de la connaissance des difficultés susceptibles de s'élever entre les compagnies et l'Etat, au sujet de la concession (cons. d'Et. 5 juin 1848, aff. ch. de fer de Montpellier à Nîmes, D. P. 48. 3. 103).

118. L'application des clauses du cahier des charges, lorsque le débat s'agite entre la compagnie et les tiers, appartient en principe aux tribunaux ordinaires. Mais on se demande si ces tribunaux sont également compétents pour interpréter les dispositions du cahier des charges dont le sens est douteux. — A l'époque où les cahiers des charges étaient approuvés par l'autorité législative, cette question ne faisait pas de difficulté, le cahier des charges ainsi approuvé était considéré comme ayant force de loi, et il a été reconnu par suite que les tribunaux avaient le droit de l'interpréter. — C'est ainsi qu'il a été jugé : 1° que le cahier des charges déclaré annexé à une loi de travaux publics par cette loi elle-même, doit être réputé en faire partie intégrante, et avoir la même force (Civ. rej. 9 janv. 1839, aff. Riant, V. n° 141); — 2° Que lorsqu'une compagnie de chemin de fer invoque les dispositions du cahier des charges d'une autre compagnie annexé à une loi et qui, suivant elle, auraient consacré des droits à son profit, et imposé envers elle à cette seconde compagnie des droits que celle-ci aurait méconnus pour le passé, et qu'elle doit à l'avenir être tenue d'exécuter, l'interprétation et l'application de cette disposition législative appartient au pouvoir judiciaire; par conséquent, cette autorité est seule compétente pour statuer sur la demande en dommages-intérêts à raison de l'atteinte prétendue portée pour le passé, et qui serait portée à l'avenir à ces droits particuliers par l'inexécution d'obligations légales (trib. des confl. 3 janv. 1851, M. Miller, rap., aff. ch. de fer d'Amiens à Boulogne C. ch. de fer du Nord, V. M. Cotelle, p. 298); — 3° Que le cahier des charges annexé à une loi de concession de chemin de fer constitue, comme cette loi, une disposition législative dont l'interprétation et l'application appartiennent aux tribunaux civils, et non un acte administratif soumis à l'interprétation de l'autorité administrative (Req. 5 fév. 1851, aff. Contet Muiron, D. P. 53. 1. 364).

Bien plus, quoique le cahier des charges soit, à proprement parler, l'acte qui constate les conventions intervenues entre l'Etat et les compagnies, et que, en matière civile, l'interprétation des conventions appartienne souverainement au juge du fond, cependant il a été admis que le cahier des charges approuvé par les chambres, ayant force de loi, la violation ou la fausse interprétation de sa disposition tombe sous la censure de la cour suprême (V. notamment Civ. cass. 6 janv. 1836, aff. Gaultieur l'Hardy, v° Expropr. publ., n° 282; Civ. rej. 9 janv. 1839, aff. Riant, n° 141; Crim. cass. 6 janv. 1848, aff. chem. de fer d'Orléans, D. P. 48. 1. 42).

Cependant il a été jugé par le conseil d'Etat que l'autorité administrative est exclusivement compétente pour interpréter les clauses du cahier des charges annexé à la loi de concession d'un chemin de fer (cons. d'Et. 10 mars 1848, aff. Brunet, D. P. 48. 3. 104).

119. Aujourd'hui que les chemins de fer se trouvent placés sous l'empire des règlements d'administration publique, et ne sont plus concédés par l'autorité législative, les cahiers des charges approuvés par décrets impériaux ont-ils perdu l'autorité de la loi, et doit-on les considérer comme de simples actes administratifs dont l'interprétation, lorsque le sens en est contesté, ne saurait, suivant la règle générale, appartenir aux tribunaux ordinaires ? La question serait la même pour les cahiers des charges qui, sous la précédente législation, avaient été approuvés par ordonnance royale ? — Il a été jugé d'une part et dans le sens de l'affirmative, que lorsqu'une clause de la concession

d'un chemin de fer approuvée par ordonnance royale, présente de l'obscurité, le tribunal saisi du différend doit, avant de statuer au fond, renvoyer à l'autorité administrative, l'interprétation de la disposition contestée (Lyon, 1er juill. 1836, aff. Berthon, V. Acte de com., n° 185 ; V. dans le même sens et comme à fortiori, l'arrêt du cons. d'Et. du 10 mars 1848, cité supra, n° 118 in fine). — Tel est aussi l'avis de M. Ponget, t. 2, p. 448. — « On doit incliner, dit cet auteur, pour la compétence administrative, lorsque la décision à rendre, a pour interprétation l'esprit, pour ainsi parler des statuts. On peut dire que l'existence des chemins de fer est liée à l'économie sociale et politique. C'est après un examen approfondi que l'autorité supérieure les a admis. Dès lors, celle-ci nous paraît très-apte à les interpréter. » —V. aussi M. Cotelle, p. 220, n° 493.

120. Mais il a été décidé en sens contraire que l'approbation donnée par le gouvernement impérial aux statuts relatifs à des entreprises d'utilité publique et, par exemple, à une entreprise de concession de chemin de fer, n'enlève pas aux tribunaux le droit d'interpréter ces statuts ou conventions dans tout ce qui se rattache aux intérêts privés des parties ; qu'ainsi le décret portant concession du chemin de fer de Paris à Mulhouse, à une compagnie concessionnaire de la ligne originaire de Paris à Strasbourg, peut être considéré par les tribunaux et par interprétation des termes de la concession, comme ayant pour objet une ligne distincte et non un embranchement de cette ligne originaire, à l'effet de ne point faire tomber les travaux de construction relatifs à cette concession nouvelle, sous l'empire des conventions privées exclusivement applicables aux travaux à faire par suite de la concession de la ligne primitive et de ses embranchements (Req. 31 janv. 1859, aff. Savalète, D. P. 59. 1. 218). — Nous reviendrons, du reste, sur cette question, à propos de l'application des tarifs (V. nos 492 et suiv.).

SECT. 3.—*Adoption des plans et tracés. Déclaration d'utilité publique. Conventions amiables. Prise de possession des terrains.*

121. Nous n'avons pas à rentrer ici, au sujet des chemins de fer, dans la matière de l'*expropriation pour cause d'utilité publique* en elle-même. Elle est traitée en son lieu, où l'on examine les formalités administratives préalables, enquête d'utilité publique, déclaration d'utilité publique, enquête ouverte au profit des propriétaires intéressés sur les plans arrêtés par le préfet ; décision de la commission relative à cette enquête, s'il s'élève des réclamations, et enfin décision définitive sur les plans. Pour les chemins de fer, les propriétaires se trouvent avoir ordinairement pour adversaires, non pas l'état, mais une compagnie qui n'a pas toujours autant de ménagement et de bons procédés à leur égard.

A l'occasion des plans dont l'exécution est autorisée par les décrets portant déclaration d'utilité publique, nous nous bornerons à signaler ici quelques résultats de l'expérience acquise dans les entreprises de chemins de fer, sur les études préalables des ingénieurs, l'enquête d'utilité publique, l'enquête ouverte pour entendre les propriétaires dans leur propre intérêt et sur les conventions amiables qu'ils auront souscrites antérieurement ou postérieurement aux enquêtes.

122. 1° *Etudes.* — Les ingénieurs de l'Etat ou d'une compagnie sont souvent dans la nécessité de s'établir sur les propriétés qui doivent approximativement être traversées par un chemin de fer, pour y dresser les plans de l'avant projet. La première condition pour qu'ils aient le droit de pénétrer dans les propriétés et de s'y établir avec leurs instruments et leurs employés, c'est qu'ils y soient autorisés par un arrêté du préfet qui désigne les territoires. Rarement, leurs opérations peuvent se faire sans qu'ils causent quelques dommages, pour lesquels les propriétaires peuvent introduire une demande d'indemnité devant le conseil de préfecture. Tout d'abord, par la nature des choses, il y a une limite à cette immunité de l'administration ou de ses agents ; on conçoit qu'il puisse leur arriver de fouler les récoltes, d'abattre des haies, d'émonder des arbres, de pratiquer un percement temporaire dans un mur de clôture ; mais ces dégâts inévitables ne peuvent dégénérer en des attentats irréparables à la propriété ; comme, par exemple, une destruction

de bâtiments qui serait par le fait une expropriation anticipée. — Ainsi, un propriétaire aurait le droit de se plaindre des voies de fait qui auraient lieu et de demander protection aux tribunaux contre les agents qui passeraient les limites de leur pouvoir (M. Cotelle, t. 1, p. 349 et t. 3, p. 515; d'Ingrémard, Les concessionnaires et la propriété, p. 16 et suiv.).

Il a été jugé sur ce point, par la cour de cassation de Belgique, que les agents et ingénieurs peuvent, lors de la levée des plans, nivellements et tracés, faire abattre les arbres et arbustes, déplacer des meules, fouler des terrains, etc., s'ils jugent ces mesures nécessaires à la préparation de la construction de la voie; que le concessionnaire est le seul juge de la nécessité de ces mesures et n'a pas besoin, avant de mettre la main à l'œuvre, d'obtenir l'assentiment du propriétaire ou, à son défaut, l'autorisation de la justice, sauf l'obligation d'indemniser qui de droit du préjudice causé (C. C. de Belgique, 2 juill. 1838, Pasicr. belge, même année, p. 336).— Cette solution exacte dans sa première proposition nous paraît très-contestable dans la seconde, du moins au point de vue de la législation française. Les agents des compagnies concessionnaires, non plus que les ingénieurs des ponts et chaussées ne peuvent pénétrer sur une propriété privée, contre la volonté du propriétaire, qu'avec l'autorisation du préfet. — V. Exprop. pub., nos 65 et suiv.

Pour la fixation des indemnités à régler à raison des dommages occasionnés par ces travaux préparatoires, le conseil de préfecture, auquel appartient d'après la loi du 28 pluv. an 8 le droit de régler les indemnités dues pour dommages causés à la propriété par l'exécution des travaux publics, ne peut les fixer que d'après des pièces justificatives; les propriétaires intéressés ne sauraient donc apporter trop de soin pour le faire constater immédiatement par le maire ou le garde champêtre, dans un procès-verbal que les ingénieurs ou leurs agents seront invités à signer, et à la suite duquel ils pourront présenter des observations.—V. Exprop. pub., nos 69 et s., Trav. pub., nos 877 et s.

122. 2o *Enquêtes d'intérêt public.*— Aux termes de l'art. 2 de l'ordonnance du 18 fév. 1834 (V. Trav. pub., p. 851), l'enquête qui doit précéder toute autorisation d'exécuter des travaux de chemins de fer, « s'exerce sur un avant-projet où l'on fait connaître le tracé général de la ligne des travaux, *les dispositions principales des ouvrages les plus importants* et l'appréciation sommaire des dépenses. » C'est dans cette enquête que se produisent les réclamations à faire dans l'intérêt des communes et des habitants du territoire, indépendamment de toute indication des terrains appartenant aux communes et aux particuliers, V. Exprop. publ., nos 62 et suiv.; Trav. publ., nos 331 et suiv.

Lorsque le public n'a pas été mis à même d'examiner, de discuter l'avant-projet et de faire des observations sur la disposition générale des ouvrages, il peut en naître plus tard des réclamations, les unes d'intérêt privé, les autres d'intérêt commun pour les habitants du territoire. — M. Cotelle, t. 2, p. 288 et 322, pense que les propriétaires qui seraient atteints ultérieurement par la procédure d'expropriation, sans que les formalités de l'enquête d'utilité publique eussent été accomplies, seraient admis à former opposition au conseil d'État contre le décret portant déclaration d'utilité publique, en l'attaquant pour vice de formes, et qu'en outre le jugement d'expropriation déféré pour cette omission à la cour de cassation serait cassé pour excès de pouvoir. — D'après les arrêts cités vo Exprop. publ., nos 63 à 260, il semblerait au contraire que ni le conseil d'État statuant au contentieux, ni la cour de cassation ne se reconnaissent le droit de rechercher si la formalité de l'enquête administrative qui doit précéder toute déclaration d'utilité publique, a été remplie.—V. ce qui est dit vo Voirie par terre, no 66.

124. 3o *Déclaration d'utilité publique faites par loi, ordonnance ou décret.* — A l'époque où les premiers chemins de fer de France ont été entrepris, la propriété était déjà soustraite, dans le cas d'expropriation pour cause d'utilité publique, à l'arbitraire dans les bornes que laissaient à l'autorité les lois des 28 pluv. an 8 et 16 sept. 1807, en confiant aux conseils de préfecture la liquidation des indemnités pour terrains *pris ou jouilles*. — La loi du 8 mars 1810 lui avait donné plus de garantie : en vertu de cette loi, l'expropriation ne pouvait être prononcée que par autorité de justice, et, déjà, les tribunaux ne

pouvaient le faire qu'après avoir vérifié l'accomplissement de formalités préalables, dont la première était l'adoption d'un décret ordonnant l'exécution des travaux pour cause d'utilité publique. — Sous l'empire des lois des 7 juill. 1833 et 3 mai 1841, par un empiètement sensible de l'autorité législative sur la puissance exécutive, la déclaration d'utilité publique devait être faite par une loi lorsqu'il s'agissait d'une route, d'un canal, d'un chemin de fer d'une longueur de plus de 20,000 mètres; mais, en 1852, le sénatus-consulte du 25 déc. a fait rentrer le chef de l'État dans la plénitude d'une attribution qui était plus naturellement de son domaine, en décidant que désormais tous les travaux publics seraient ordonnés ou autorisés par un règlement d'administration publique. — « Néanmoins, porte l'art. 4, si ces travaux ou entreprises ont pour condition des engagements ou des subsides du trésor, *le crédit devra être accordé*, ou *l'engagement ratifié par une loi*, avant la mise à exécution. — Lorsqu'il s'agit de travaux exécutés pour le compte de l'État, et qui ne sont pas de nature à devenir l'objet de concessions, les crédits peuvent être ouverts, en cas d'urgence, suivant les formes prescrites pour les travaux extraordinaires. *Ces crédits seront soumis au corps législatif dans la prochaine session* » (V. Trav. pub., nos 165, 332; Voirie par terre, nos 64 et suiv., 1487 et suiv.).—La dernière disposition de ce sénatus-consulte, spéciale aux engagements relatifs aux travaux publics, se trouve étendue à toute cause quelconque de crédits extrabudgétaires, par l'art. 3 du sénatus-consulte du 31 déc. 1861, adopté conformément au mémoire adressé à l'empereur par M. Fould, et qui a signalé sa rentrée au ministère des finances (D. P. 62. 4. 1).

125. 1o *Conventions amiables concernant les terrains compris dans les travaux de chemins de fer.* — A peine les plans nécessaires à l'exécution du chemin de fer sont-ils approuvés, souvent même avant qu'ils aient été soumis aux enquêtes, la compagnie met en campagne des agents préposés à l'acquisition des terrains. Ils dressent la liste des propriétaires et fermiers dont les fonds doivent être traversés, afin de les aborder et de leur faire des propositions. Souvent ceux-ci consentent à la prise de possession de leurs terrains, avant tout règlement des indemnités, moyennant une prime; ou bien le prix de ces terrains se règle à l'amiable par des traités définitifs ou seulement provisoires. — Ainsi, sous l'empire de la loi du 7 juill. 1833, qui n'autorisait pas la dépossession des propriétaires par mesure d'urgence, comme le fait la loi du 3 mai 1841, ainsi dés art. 63 et suiv. (V. Exprop. pub., nos 736 et suiv.), la compagnie concessionnaire du chemin de fer de Paris à Saint-Germain a promis une prime de 5 pour 100 sur les prix à fixer ultérieurement aux propriétaires qui consentiraient à tenir pour remplies les formalités des art. 5, 6, 7 et 8 de la loi. Tous y ont souscrit et les travaux ont pu commencer bien plus tôt (M. Cotelle, t. 2, p. 300).—Si ce mode de procéder peut offrir de grands avantages à l'administration et aux compagnies, il est cependant susceptible de produire de graves injustices pour un grand nombre de petits cultivateurs qui seront intimidés par les compagnies et sacrifiés à l'intérêt de celles-ci par l'effet de la précipitation calculée et de la chaleur irrésistible de leurs agents. Un auteur s'est donné la mission de prémunir les propriétaires contre les conventions amiables et surtout contre les traités provisoires que les compagnies leur font signer par tournées, sur des formules imprimées (M. Émile Ingrémard, *Les concessionnaires et la propriété*, in-18, 1860). Certaines règles formulées par cet auteur, bien qu'elles ne consistent qu'en de simples conseils adressés aux propriétaires, auront de tout temps assez d'utilité pour que nous ne puissions les laisser passer inaperçues.

126. *Première règle.* — « Ne traiter sous aucun prétexte avant que le tracé général de la ligne et les plans parcellaires ne soient, après les enquêtes, définitivement approuvés par le ministre des travaux publics. » Nombre de propriétaires ont souvent cédé leurs terrains sans savoir quelle situation serait définitivement faite aux terrains qui leur resteraient, ce que les décisions définitives, approuvant les plans après les enquêtes, pouvaient seules leur faire connaître. Il en est résulté des regrets, des plaintes, quelquefois aussi de l'embarras pour les compagnies, lorsque les terrains leur devenaient inutiles. M. Ingrémard établit

une grande différence entre les procédés et les intérêts qui dirigent l'ingénieur de l'Etat ou l'agent des acquisitions d'une compagnie. « Tout le monde comprend, dit-il, que les agents de l'Etat chargés de construire une ligne de fer, n'ayant à s'occuper que de l'intérêt général, ne se déterminent jamais que par des considérations impartiales dans l'adoption des mesures qu'ils croient devoir prendre à l'égard des propriétaires et des fermiers, dont les terrains ou les baux doivent être sacrifiés; tandis que les agents des compagnies, ayant à satisfaire les intérêts particuliers des actionnaires, lesquels sont inévitablement opposés à ceux des indemnitaires, sont souvent entraînés à des mesures empreintes de partialité. »—Pour les travaux exécutés par la direction de l'administration des ponts et chaussées, la circulaire du 1er janvier 1834 contient les observations suivantes : « Plus d'une fois il est arrivé que l'homologation des actes de vente a été sollicitée et obtenue de l'autorité supérieure avant que le projet des travaux qui les motivent n'eût reçu son approbation. Cet empressement inopportun crée une complications fâcheuses, et subordonne ainsi la question d'art à une mesure administrative qui n'en doit être que la conséquence. Il est essentiel de prévenir le retour d'un pareil inconvénient. Toutes les fois donc que vous aurez à provoquer l'homologation d'actes de vente, vous voudrez bien me faire connaître en même temps la date de l'approbation du projet des travaux qui nécessitent ces transactions. Je vous invite aussi à faire soigneusement vérifier si les terrains compris aux actes de vente le sont également dans les limites du projet approuvé, et si les procès-verbaux des experts n'ont pas étendu les acquisitions au delà des surfaces dont l'administration aura besoin. »—L'esprit de cette instruction n'est aucunement de ralentir l'activité que les agents de l'administration doivent apporter, aussi bien que ceux des compagnies, pour les acquisitions de terrains et le règlement des indemnités, mais de leur rappeler et de bien faire sentir qu'*aucun engagement définitif ne doit être contracté avant que la ligne et l'emplacement des travaux ne soient parfaitement déterminés* (même auteur). En effet, tant que l'arrêté de cessibilité du préfet désignant les parcelles du terrain qui doit être occupé n'a pas été rendu, les propriétaires ignoreront en quelle situation doivent se trouver les terrains qui leur resteront ; ils ne seront pas en mesure de stipuler qu'en lui le point il leur soit accordé une rampe d'accès, un port, un aqueduc. Ils auront abandonné ainsi des indemnités accessoires auxquelles ils n'auront plus le droit de prétendre, en vertu des conventions faites prématurément.

Deuxième règle. — « Ne jamais traiter avec les mandataires de la compagnie dans une première entrevue, cette entrevue ne devant être consacrée qu'à l'obtention des renseignements nécessaires à l'appréciation des faits de l'affaire (extrait du plan, de l'arrêté de cessibilité, etc.), que le mandataire de la compagnie ne peut ni ne doit jamais refuser.»—*Troisième règle.* « Ne signer sous l'empire d'aucune séduction, entraînement ou frayeur et, dans aucunes circonstances, un traité provisoire, quel qu'il soit, sous seing privé, qu'il n'ait trait qu'à l'autorisation préalable de commencer les travaux, ou qu'il soit relatif à la fixation même de l'indemnité due, etc , etc. » — V. pour le développement de ces règles l'ouvrage cité.

Nous ne suivrons pas plus loin M. Ingremard dans les conseils qu'il donne aux propriétaires en présence des compagnies qui ont besoin de leurs terrains, conseils fort judicieux, qui seraient aussi utiles que bien reçus dans tous les pays du monde. Cependant nous trouvons que ses vues auraient aussi un danger.—Elles peuvent être justes et utiles pour le propriétaire d'une habitation ou d'une petite parcelle de terrain forcé de défendre son mince patrimoine. Mais ces vues pourraient aussi exciter, encourager les calculs étroits et la cupidité d'habitants aisés, industrieux, qui cependant seraient intéressés eux-mêmes à favoriser le développement des chemins de fer. Aujourd'hui que, de toutes parts, on réclame des lignes ferrées, et qu'il sera dressé un grand nombre de projets pour de petits chemins de fer d'intérêt local, non susceptibles d'offrir un revenu assuré et qui appellent des compagnies, les personnes aisées, gens de cœur, devront donner l'exemple du sacrifice gratuit de leur terrain pour l'ouverture des voies ferrées, au lieu d'en discuter le prix, sous spiration d'une passion égoïste et intéressée. C'est ainsi

qu'en Ecosse et en Irlande beaucoup de chemins se sont construits par des associations locales qui n'avaient d'autre but que de les réaliser, si peu élevé qu'en serait le profit; mais bientôt ces chemins ont donné 5 p. 100 de bénéfice aux sociétaires, de manière à accréditer partout l'entreprise des chemins de fer à bon marché.—Nous avons déjà indiqué plus haut n° 102 les modifications qui ont été proposées par la commission d'enquête de 1863, dans la formation du jury et la participation des localités elles-mêmes à la dépense d'acquisition des terrains pour la construction des chemins de fer à bon marché.

177. 5° *Prise de possession des terrains.* — La prise de possession des terrains s'opère, soit en vertu de conventions amiables, soit en vertu de la disposition de jugements d'expropriation qui envoient une compagnie en possession, à la charge de faire régler préalablement l'indemnité par le jury, et de la payer ou consigner (Loi 3 mai 1841, art. 1 et 4, 14 et 41). Elle peut aussi avoir lieu d'urgence, conformément aux dispositions exceptionnelles de la même loi (art. 65 et suiv., V. Expropr., n° 756 et suiv.). Le législateur, en étendant aux travaux civils la déclaration d'urgence admise par la loi du 30 mars 1831 pour les travaux de fortification, avait surtout en vue de lever tous obstacles à l'entreprise des travaux de chemins de fer, afin qu'ils fussent conduits avec toute la célérité possible. Aussi en a-t-il été fait un usage fréquent pour les travaux de cette nature ; par exemple, ceux des chemins de fer de Sceaux. La rapidité avec laquelle ces travaux ont été entamés a fait naître une difficulté. Un propriétaire avait fait régler la somme à consigner pour prise de possession d'urgence d'un terrain lui appartenant ; mais avant que l'indemnité à laquelle il avait droit eût été réglée par le jury, la compagnie du chemin de fer de Sceaux avait été déclarée en faillite. Après cet événement, l'indemnité restée jusqu'alors en suspens est fixée par le jury à 40,000 fr. en sus de la somme consignée. Question de savoir si la faillite était tenue du payement intégral de cette somme, ou si, au contraire, le propriétaire devait être tenu de subir les conditions imposées à tous les créanciers. — Le tribunal de la Seine s'était prononcé dans ce dernier sens; mais, sur l'appel, la cour de Paris décida, en sens opposé, que l'indemnité due au propriétaire exproprié pour cause d'utilité publique devant être payée ou consignée préalablement à la prise de possession, aucune circonstance ne pouvait faire subir une réduction à cette indemnité; qu'ainsi le concessionnaire qui n'a pas consigné est tenu, nonobstant sa faillite et le concordat par lui obtenu de ses créanciers, de payer intégralement l'indemnité dont il s'agit (Paris, 17 janv. 1853, aff. ch. de fer de Sceaux C. Quillot, D. P. 54. 5. 346). Les raisons, en vue de cette solution, nous semblent décisives. — « S'il est un principe sacré dans notre législation, a dit M. l'avocat général Berville, c'est l'inviolabilité de la propriété. Le code Napoléon, la charte de 1814, puis enfin celle de 1830, l'ont consacré en établissant qu'aucune expropriation ne pourrait avoir lieu sans une juste et préalable indemnité. Avant la dépossession, le prix a été consigné ou a dû l'être ; mais, dans l'une et l'autre hypothèse, les droits du propriétaire doivent être assurés. Si l'expropriation a eu lieu avant cette consignation, elle aura été le résultat d'une voie de fait, d'une illégalité qui ne peut préjudicier aux droits du propriétaire. Le propriétaire exproprié a donc toujours droit à l'intégralité de l'indemnité. » — V. aussi M. Cotelle, t. 2, p. 439 et suiv.

178. Le projet de loi présenté aux chambres en 1842 pour la création des grandes lignes de chemin de fer, et qui est devenu la loi du 11 juin de cette même année, contenait une disposition ainsi conçue : « Pour le règlement des indemnités de terrains et bâtiments, l'administration sera dispensée de remplir les formalités prescrites par les art. 23, 24, 25, 26, 27 et 28 de la loi du 3 mai 1841. — L'appréciation des terrains et bâtiments compris dans le jugement d'expropriation sera immédiatement déférée au jury. — Immédiatement après la décision du jury, l'administration entrera en possession des terrains et bâtiments expropriés, en consignant le tiers, mis à la charge de l'Etat, du montant de l'indemnité. » — Cette disposition, qui avait pour objet de rendre les expropriations plus rapides, n'a pas été admise. Les art. 23 et suiv. de la loi de 1841 obligent l'administration à faire connaître la somme qu'elle offre pour

indemnité au propriétaire exproprié ou autres intéressés, lesquels sont tenus de déclarer s'ils acceptent ou non cette offre. Ces formalités prennent quinze jours ou un mois. On a pensé que l'avantage de gagner ce délai n'était pas une compensation suffisante des garanties que présentent les formalités dont il s'agit; qu'il ne convenait pas d'interdire le règlement amiable de l'indemnité ; et que ce serait obliger le jury d'expropriation à prononcer d'innombrables décisions, et en faire un tribunal permanent.

129. La propriété du sol comportant la propriété du dessous, aux termes de l'art. 552 c. nap., l'indemnité qui doit être payée au propriétaire, préalablement à la prise de possession des terrains nécessaires à l'établissement d'un chemin de fer, doit comprendre non-seulement la valeur de la superficie, mais encore celle des richesses minérales qu'il renferme, et dont le propriétaire est dépossédé par suite de l'expropriation; et il en est ainsi, alors même que le jugement d'expropriation n'en ferait pas une mention spéciale (Civ. cass. 21 déc. 1858, aff. Clerget, D. P. 59. 1. 25). — Peu importe que la mine n'ait pas encore été exploitée (V. Expropr. publ., n° 583). — Il a été jugé, en Belgique, que la compagnie qui a rempli les formalités de l'expropriation vis-à-vis du propriétaire de la *surface*, n'est autorisée ni par la loi, ni par l'usage à disposer de la *mine de houille* qu'elle découvre dans les déblais, alors même que le concessionnaire de la mine ne se présente pas pour la recueillir (Bruxelles, 21 déc. 1857; Belg. jud. 1858, p. 162). — Si la mine a été concédée, cette concession formant une propriété distincte de la surface, l'indemnité doit être divisée entre les propriétaires du sol et les propriétaires de la mine dans la proportion de leurs droits respectifs (V. Mines, n° 63 et suiv.). — Il a été jugé que les mines concédées par l'Etat ne peuvent, comme toute autre propriété, être expropriées pour cause d'utilité publique, soit en partie, soit en totalité, sans indemnité (Civ. cass. 18 juill. 1857, aff. Allimand, V. Mines, n° 64).

130. Lorsqu'une mine est traversée par un chemin de fer, il arrive souvent que l'autorité, par mesure de sûreté, interdit l'exploitation de la mine à une certaine distance du parcours du chemin de fer. Une indemnité, dans ce cas, est-elle due aux concessionnaires de la mine ? — Il a été décidé, dans le sens de l'affirmative, que lorsque, par un arrêté administratif, pris sur la provocation des concessionnaires d'un chemin de fer contre les propriétaires d'une mine auxquels la concession en avait été faite sans condition et avant celle du chemin de fer, il a été interdit à ceux-ci d'exploiter souterrainement cette mine dans une certaine étendue de son périmètre traversé par le chemin de fer, il est dû une indemnité pour la privation des produits de la mine; que l'arrêté d'interdiction n'est pas une simple mesure de police relatif à l'exploitation de la mine, mais une mesure d'administration prise dans l'intérêt du chemin de fer et uniquement relative à sa consolidation : c'est là exactement le cas de propriétaires qui sont privés, dans l'intérêt public, des produits de leurs immeubles, ce qui équivaut à l'éviction entière et absolue de leur propriété (Civ. cass. 18 juill. 1857, aff. Allimand, v° Mines, n° 64; Ch. réun. cass. 3 mars 1841, même aff., *eod.*).

131. Il a été décidé dans le même sens à l'égard des carrières : 1° que le propriétaire d'une carrière ouverte avant l'établissement d'un chemin de fer a droit à une indemnité à raison de l'interdiction qui lui est faite par l'autorité administrative d'exploiter cette carrière au moyen de la mine (Grenoble, 7 fév. 1861, aff. comp. du Midi *C.* Fabry, D. P. 61. 2. 86) ; — 2° Que lorsqu'une *carrière* est établie sur un terrain compris en partie pour la construction d'un chemin de fer, l'exploitant, qui se trouve forcé, dans la partie restante, d'arrêter ses travaux à une certaine distance de la voie ferrée, est fondé à réclamer une indemnité ; il importerait peu que cette mesure fût prise à titre de surveillance de police sur l'exploitation des carrières, conformément à l'art. 81 de la loi du 21 avr. 1810 (Bruxelles, 25 juill. 1857, Pasicr., 1857, p. 300).

132. Toutefois, il est à remarquer qu'aux termes de l'art. 3, alin. 3, de la loi du 15 juill. 1845, sur la police des chemins de fer, les arrêts du conseil des 5 avr. 1772, 17 mars 1780, qui ont défendu d'exploiter des carrières à moins de 30 toises du bord des routes, s'appliquent aux chemins de fer; et cela doit s'entendre *sans indemnité*, l'application de ces rè-

glements n'étant que l'usage d'un droit, et le dommage indirect qui en résulte ne pouvant fonder une action en indemnité (V. Trav. pub., n°° 816 et suiv.).—Une carrière en exploitation située à moins de 30 toises du chemin de fer de Chateauroux à Limoges avait fourni des matériaux pour la construction de ce chemin ; le prix des matériaux extraits devait être réglé par le conseil de préfecture, non d'après un marché passé entre le propriétaire de la carrière et un entrepreneur, mais d'après les prix courants du marché, conformément à l'art. 55 de la loi du 16 sept. 1807. — Les déblais provenant du souterrain exploité par la compagnie ayant été versés sur un terrain appartenant au propriétaire de la carrière, celui-ci était fondé à réclamer une indemnité pour le préjudice que les dépôts de déblais avaient pu pu lui causer ; mais il réclamait en outre une indemnité à raison de l'obstacle apporté par ces dépôts de déblais à l'exploitation de la carrière. Le conseil d'Etat a décidé que comme l'exploitation d'une partie de cette carrière était interdite par l'arrêt du conseil du 5 avr. 1772, l'indemnité due ne devait représenter pour cette partie que la dépréciation que souffrait le terrain considéré comme terrain de culture (cons. d'Et. 2 avr. 1857, aff. de Poix, D. P. 58. 3. 5).

133. Les travaux faits en tunnels par les chemins de fer ont été exécutés, en plaçant les propriétaires des terrains fouillés dans des conditions diverses. Quelquefois les tunnels ont été creusés à ciel ouvert ; puis la voûte étant construite, elle a été recouverte de remblais et de terre végétale, en telle sorte que le sol affouillé pouvait être rendu à la culture. Le plus souvent, les tunnels ont été creusés au-dessous du sol, de manière à ne porter aucune atteinte au mode de culture; s'il existait sur le sol à fouiller des habitations et bâtiments, tantôt il pouvait se faire que le sous-sol fût ébranlé ou modifié par les travaux du tunnel, tantôt il s'agissait de les ouvrir à une profondeur telle que les maisons d'habitation elles-mêmes ne pussent en être modifiées en aucune sorte et que les habitants n'en pussent concevoir la moindre alarme. De ces faits différents sont nées les questions suivantes : Dans tous les cas d'ouverture d'un tunnel, est-il nécessaire, pour pratiquer les travaux, de faire rendre une déclaration d'utilité publique, et de procéder par voie d'expropriation du terrain; la déclaration d'utilité publique pourra-t-elle être prononcée pour la prise de possession du souterrain seulement, si les travaux de creusement ne doivent porter aucune atteinte à la surface? S'il y a expropriation du sous-sol et que des maisons se trouvent situées au-dessus, le propriétaire sera-t-il fondé à réclamer l'expropriation totale quant à l'emplacement qu'occupent les édifices ?— Nous allons examiner ces questions dans les différentes hypothèses signalées ci-dessus.

134. 1re *hypothèse.*— Percement d'un souterrain fait à ciel ouvert. Pour un travail de cette nature, ni l'Etat, ni aucune compagnie n'a songé à dire qu'après l'ouverture du tunnel, la voûte devant être recouverte par des remblais et par de la terre végétale et pouvant ainsi être rendue à la culture, il en résultait qu'un dommage temporaire, qui, par sa nature, ne nécessitait ni déclaration d'utilité publique, ni jugement d'expropriation.— L'art. 552 du code Napoléon porte que le propriétaire du sol est propriétaire du dessus et du dessous. Ouvrir dans le sol un passage souterrain qui fera partie du chemin de fer et sera une dépendance du domaine public ; c'est bien s'emparer d'une partie de la propriété, s'y établir à perpétuelle demeure, se substituer enfin au propriétaire dans une partie de son immeuble. Le sol, dans son intégrité naturelle, appartient à tous ceux qui ont sur lui des droits de propriété, d'usufruit, de substitution, de retour, enfin des droits réels et immobiliers de toute nature; il est le gage des créanciers privilégiés ou hypothécaires qui ont des inscriptions sur l'immeuble. Le sacrifice dans une partie ne peut être imposé pour cause d'intérêt général qu'en vertu d'une déclaration d'utilité publique. On ne saurait considérer comme simple servitude l'établissement d'une voie publique permanente à peu de distance au-dessous du sol, lorsqu'il en résultera nécessairement la privation du droit de bâtir, de la jouissance de puits, d'autres eaux souterraines, enfin l'inconvénient de l'éboulement du sol, du bruit, de troubles inévitables dans toutes les dépendances du droit de propriété. — Surtout lorsque des tunnels ont été ouverts sous des habitations et bâtiments quelcon-

ques, les compagnies ont toujours fait rendre une déclaration d'utilité publique pour exproprier les terrains, en se soumettant au jury pour le règlement des indemnités.

135. *Deuxième hypothèse.*—Creusement d'un souterrain dans les profondeurs de la terre, de telle sorte que, même les bâtiments, là où il en existe, ne soient pas entamés dans leur partie inférieure. — Dans ce cas, le plus souvent les compagnies ont poursuivi et obtenu l'autorisation d'exproprier le tréfonds seulement. C'est ce qui a eu lieu sur le chemin de fer de Soissons pour le sou terrain de Vierzy, ouvert à une distance de 30 à 40 mètres au dessous du sol, sous des terres en culture.— Il en a été de même pour le chemin de fer de ceinture, relativement aux souterrains de Belleville et de Charonne. — La déclaration d'utilité publique préalable à l'expropriation ayant été prononcée pour le tréfonds seulement, et des enquêtes s'en étant suivies, il n'y a été fait aucune opposition par les propriétaires. — En effet, il n'y avait pas là d'atteinte portée à l'art. 552 du code Napoléon; on ne voit pas pourquoi une partie seulement de propriété ne serait pas prise, conformément aux exigences de l'utilité publique, dans les profondeurs du sol aussi bien qu'à la surface, dans les cas où la jouissance de l'un est indépendante de celle de l'autre, lorsque les travaux apportent d'entraves ni à la culture, ni à aucun des modes de jouissance du sol. Dans ce cas, ce semble, rien ne mettra obstacle à ce que l'expropriation soit prononcée par autorité de justice, les propriétaires et autres ayants droit ne s'y opposant pas, et leurs droits s'élèveront sur l'indemnité qui sera fixée par le jury.

Cependant la compagnie d'Orléans, après s'être soumise spontanément pendant nombre d'années à cette forme de procéder, la plus conforme aux intérêts de la propriété, a fait percer, sans avoir rempli préalablement les formalités prescrites par la loi du 3 mai 1841, pour l'exécution du chemin de fer de Périgueux au Lot, un tunnel qui traverse, à une profondeur moyenne de 72 mètres, le sous-sol de trois parcelles de vignes appartenant aux héritiers Bouyssen. Ceux-ci, après l'exécution des travaux, ont actionné la compagnie et ont demandé, 1° que le tribunal ordonnât la destruction des travaux et l'évacuation par la compagnie du sous-sol dans lequel ils avaient été faits; 2° qu'il leur fût payé une somme de 1,000 fr. à titre de dommages-intérêts. — Le tribunal a fait droit à ces demandes; mais, sur l'appel, la cour d'Agen a infirmé le jugement dans les deux chefs. — Sur le premier, elle a été évidemment fondée à dire qu'encore que les travaux eussent été entrepris sans avoir rempli les formalités préalables, s'agissant de travaux exécutés à une telle profondeur qu'ils n'ont affecté ni modifié en rien la jouissance de la superficie, ces mêmes travaux ayant été ordonnés par une loi, autorisés par l'administration, entrepris et exécutés *sans opposition* de la part des propriétaires, l'autorité judiciaire ne pouvait, sans excès de pouvoir, ordonner la destruction de ces travaux ou l'évacuation par la compagnie du sous-sol dans lequel ils avaient été faits; qu'à cet égard le tribunal de Figeac était incompétent pour statuer sur la première partie de la demande (V. n° 138). — Quant aux dommages-intérêts, la cour ayant examiné si la compagnie d'Orléans était tenue de remplir vis-à-vis des intéressés les formalités de l'expropriation pour cause d'utilité publique, s'est décidée pour la négative en ces termes : « Attendu qu'il ressort évidemment du titre même de la loi du 3 mai 1841 et des expressions qu'elle emploie dans la plupart de ses dispositions, que cette loi ne s'applique qu'au cas où des travaux d'un intérêt général exigent l'acquisition totale ou partielle d'un ou de plusieurs immeubles dont la propriété doit être transférée par autorité de justice du domaine privé au domaine public, ou aux compagnies chargées d'exécuter ces travaux; qu'elle exige, pour ce cas seulement, les formalités rigoureuses de l'expropriation, qu'il n'y a pas lieu de recourir à ces formalités, lorsqu'il ne s'opère aucune mutation de propriété; que si les travaux autorisés par l'administration, sans dépouiller le propriétaire d'une partie de ses immeubles, lui causent un préjudice quelconque, temporaire ou permanent, soit en restreignant ou gênant la jouissance, soit en diminuant la valeur de ses fonds, soit en le dégradant, il sans doute le droit d'obtenir une indemnité; mais son action doit être portée devant les tribunaux administratifs, qui sont seuls compétents pour y statuer, conformément

aux dispositions de la loi du 28 pluv. an 8 : — Attendu qu'en çant le tunnel de Capdenac au-dessous des parcelles de exploités par les héritiers Bouyssen, la compagnie n'a dépossédé ceux-ci d'aucune partie de leurs immeubles; a seulement pratiqué au-dessous un passage souterrain que ministration l'avait autorisée à établir, et qu'elle ne rev d'autre droit que celui d'user de ce passage, sans prétendre propriété de la superficie, ni même du sous-sol que traverse tunnel; par ces motifs, infirme » (Agen, 22 nov. 1861, aff. co d'Orléans, D. P. 62. 2. 16).

Ainsi, d'après cet arrêt, le tunnel ne serait qu'un pas établi à titre de servitude; il ne formerait pas distraction translation de propriété; en un mot, il ne serait pas une pendance du domaine public, comme les autres parties de voie du chemin de fer, ses gares d'évitement, ses stations gares de départ et d'arrivée. Mais cela est formellement contrai à l'art. 1 de la loi du 15 juill. 1845, qui déclare les chemins d fer de grande voirie et toutes leurs dépendances des parties d domaine public. — La décision concernant la compétence es d'ailleurs en opposition avec la jurisprudence du conseil d'État. ne suffit pas que l'administration, en disposant de quelque partie que ce soit d'une propriété dise, aux propriétaires et ayant droits : Je ne veux exproprie pas, pour que la juridiction administrative ait à régler l'indemnité. Il y aura en effet à juger si le fait particulier n'est pas un cas véritable de dépossession et d'expropriation.— Ainsi, le principe de l'art. 552 c. nap., portant que la propriété du sol emporte la propriété du dessus et du dessous, a été appliqué par le conseil d'État dans une espèce remarquable que nous avons signalée *v° Trav. publ.*, n° 1183-9°. L'administration avait fait démolir deux étages seulement d'une maison pour l'établissement d'un pont tournant à grandes volées, et le conseil d'État a décidé que cette démolition avait pour effet de déposséder le propriétaire d'une partie importante de sa propriété, et par conséquent constituait une expropriation partielle de la compétence des tribunaux ordinaires (cons. d'Et. 27 déc. 1860, aff. comp. Brestoise du pont de la Penfeld, D. P. 61. 3. 9). — Dans cette affaire, cependant, il n'y avait pas translation de propriété.—Bien plus, le conseil d'État a décidé, dans une espèce analogue à celle sur laquelle la cour d'Agen avait à statuer, que la demande en indemnité à raison du percement d'un tunnel au travers d'une carrière est de la compétence de l'autorité judiciaire, à l'exclusion de celle de l'autorité administrative, l'établissement de ce tunnel constituant pour le propriétaire de la carrière, non un simple dommage, mais une *dépossession définitive* et donnant lieu dès lors à l'application des règles relatives à l'expropriation pour cause d'utilité publique (cons. d'État 15 avr. 1857, aff. ch. de fer de Lyon à Genève, D. P. 58. 2. 5).

Maintenant, revenons à la question du fond. Peut-on dire que, pour son établissement, le propriétaire du sol ne soit pas dépossédé de son tréfonds dans l'étendue du tunnel ? N'est-il pas privé de l'exercice de son droit de propriété pour les puits qu'il voudrait percer, de la faculté de creuser des puits artésiens, de faire la fouille et l'extraction des matériaux de construction et autres qui pourraient s'y rencontrer, d'y faire pratiquer la recherche des mines, de devenir concessionnaire de celles qui s'y trouveraient, ou de profiter des redevances dont le concessionnaire serait tenu envers le propriétaire de la surface? Le tréfonds est essentiellement une dépendance du sol et ne peut pas être affecté perpétuellement à l'établissement d'une voie publique, sans qu'il y ait expropriation. Ainsi donc, sous ce rapport, nous ne saurions adhérer à la doctrine de l'arrêt d'Agen cité plus haut.

136. Nous admettons que le tréfonds peut faire l'objet d'une déclaration d'utilité publique, à l'effet de l'exproprier séparé ment de la surface. Mais si des maisons habitées, des édifices e murs étant à la surface, il résultait de l'établissement du tunne une altération dans la jouissance du sous-sol, quant aux puits ou aux caves; si, au passage des wagons, le sol éprouvait de l'ébranlement, et que le repos nocturne des habitants fût troublé par le bruit du roulement ou de la vapeur des machines, ce se rait une question d'espèce que de savoir si la partie du sous-sol occupée par le souterrain ne devrait pas être considérée comme faisant partie des habitations et autres bâtiments. Si cela était

gé favorablement pour le propriétaire, il serait fondé à en réamer l'expropriation totale, conformément à l'art. 50 de la loi a 5 mai 1841.

137. Lorsque dans le tracé du chemin de fer sont compris s terrains appartenant à l'État, ces terrains sont fournis gratuitement à la compagnie par l'administration des domaines. 'est ce qui résulte de l'art. 3 de la loi du 11 juin 1842, qui rte : « Il n'y a pas lieu à indemnité pour l'occupation des terrins ou bâtiments appartenant à l'État. »—Cela est juste, puise l'État reste en définitive propriétaire du chemin, et qu'ainsi n'y a pas expropriation, mais affectation d'un terrain public à a emploi d'utilité publique.

138. Les compagnies qui se seraient emparées d'un terrain ns remplir les formalités de l'expropriation publique, ou sans yer préalablement l'indemnité due au propriétaire, sont tees envers celui-ci à des dommages-intérêts qui ne peuvent re demandés que devant les tribunaux ordinaires (V. Trav. bl., n° 1182 et s.). — Ces tribunaux sont compétents également pour ordonner la discontinuation des travaux illégalement trepris; mais il ne leur serait pas permis de condamner la mpagnie à détruire ceux qui ont déjà été exécutés : ce serait piéter sur les attributions de l'autorité administrative; telle e du moins la jurisprudence du conseil d'État (V. Voirie par re, n° 508 et s., 521, 1235). — Mais il en serait autrement s'agissait de constructions élevées par la compagnie en ders du périmètre du chemin de fer.—Il a été jugé, par exemple, e les tribunaux civils sont compétents pour ordonner la suppssion ou la modification de travaux élevés par la compagnie aessionnaire d'un chemin de fer, en dehors du périmètre de chemin, sur un terrain acheté à titre purement privé, et sans torisation de l'administration qui ne s'est engagée à en remurser les dépenses, à l'expiration de la concession, qu'autant ils seraient jugés utiles à l'exploitation du chemin, de tels vaux n'ayant pas le caractère de travaux publics (Civ. rej. août 1860, aff. ch. de fer de l'Est, D. P. 60. 1. 529).

Sect. 4. — *Exécution des travaux; extraction des matériaux; occupation temporaire; dommages à la propriété; bornage et clôture des chemins de fer.*

139. Le titre 1 du cahier modèle des charges des chemins fer traite de l'*exécution des travaux*, sujet d'un grand déveopement de la jurisprudence sur les rapports que cette exécun établit entre les compagnies et les propriétaires, et sur la mpétence des diverses juridictions; tel est l'objet de la préte section.

140. Les travaux doivent être achevés dans les délais fixés par cahier des charges (cah. modèle, art. 2).—Aucun travail ne peut e entrepris qu'avec l'autorisation de l'administration supérieure. s projets doivent être dressés en double et approuvés par le mitre; une expédition en est remise à la compagnie (art. 5; V. aussi L. 9 août 1839, *suprà*, n° 10 et p. 848). — Avant me pendant l'exécution, la compagnie a la faculté de propoaux projets approuvés les modifications qu'elle jugera utiles t. 5; V. aussi L. 9 août 1839, *suprà*, n° 10 et p. 848). Elle t prendre copie de tous les plans, nivellements et devis qui rraient avoir été antérieurement dressés aux frais de l'État t. 4). — Projet d'ensemble, plan général, tracé, profils en g, en travers, mémoire justificatif des dispositions essentielles projet, indication tant sur le plan que sur le profil en long de nosition des gares: telles sont les bases nécessaires de l'exéion (art. 5). — Les terrains doivent être acquis et les ouvrages

d'art exécutés immédiatement pour deux voies; mais provisoirement la compagnie peut être autorisée à n'établir qu'une seule voie pour les terrassements et pour les rails. Les terrains destinés à la seconde voie ne peuvent recevoir une autre destination. La compagnie est tenue d'établir la seconde voie, lorsque l'insuffisance d'une seule est constatée, d'après le développement de la circulation (art. 6). — Quelquefois cependant le gouvernement autorise la compagnie à n'acquérir les terrains et à construire les ouvrages d'art que pour une seule voie, sauf l'établissement d'un certain nombre de gares d'évitement (V. par exemple le cahier des charges de la concession du chemin de fer d'embranchement des mines de Wendin-lez-Béthune à la ligne des houillières du Pas-de-Calais, décr. 28 avr.-7 juin 1860). — Le cahier des charges détermine la largeur de la voie entre les bords intérieurs des rails, celle de l'entrevoie dans les parties à deux voies, celle des accotements, la dimension des fossés, des rigoles; le rayon minimum des courbes, le maximum de l'inclinaison des pentes et rampes, le nombre et l'emplacement des gares d'évitement, dont la compagnie soumettra le projet à l'administration, préalablement à tout commencement d'exécution (art. 7, 8 et 9).—Ainsi que l'a rappelé la circulaire du 18 janv. 1854, les chemins concédés par l'État et construits par les compagnies faisant partie de la grande voirie, aucun travail de construction ne peut se faire sans l'autorisation de l'administration. Les ouvrages une fois exécutés et reçus ne peuvent subir de changements qu'en vertu d'une autorisation formelle.

141. Il appartient exclusivement à l'administration de déterminer, après enquête, le nombre et l'emplacement des gares de chemins de fer; dès lors, la décision par laquelle le ministre des travaux publics refuse d'ordonner le rétablissement d'une gare régulièrement supprimée, ne peut être attaquée devant le conseil d'État par la voie contentieuse (cons. d'État 28 janv. 1864, aff. Hachard, D. P. 64. 3. 18, V. *eod.* nos observations en note).

Lorsque le cahier des charges d'une concession réserve expressément à l'administration le soin de déterminer, de concert avec la compagnie, l'emplacement des gares, l'effet de cette clause est d'attribuer à l'autorité administrative le pouvoir d'affecter à l'établissement des gares tels terrains que bon lui semble, pourvu qu'ils fassent partie de ceux compris dans le domaine du chemin de fer et alors même qu'il s'agirait de propriétés qui ne devaient, d'après les prévisions de la loi de concession, être parcourues qu'en souterrains, tandis que, par suite de leur affectation à des gares, elles doivent être à tranchées ouvertes (Civ. rej. 9 janv. 1839) (1).

L'ordonnance royale qui déclare d'utilité publique l'établissement de nouveaux ports secs sur un chemin de fer, détermine leur emplacement et fixe l'origine des distances sur lesquelles devra être calculée, après leur établissement, conformément au cahier des charges, la perception du tarif dû à la compagnie concessionnaire, constitue une mesure de pure administration, prise par l'autorité compétente, dans la limite des pouvoirs qui lui sont conférés par les lois de la matière, et ne fait pas obstacle à ce que la compagnie concessionnaire du chemin porte devant le conseil de préfecture toutes les réclamations fondées sur les droits qu'elle prétendrait résulter pour elle de l'acte de concession (cons. d'État 31 mai 1848, M. Saint-Aignan, rap., aff. ch. de fer de Saint-Étienne à Lyon).

Les arrêtés par lesquels le préfet et le ministre des travaux publics autorisent une compagnie de chemin de fer l'autorisation d'établir des voies de fer nouvelles sur un terrain compris

---

(1) (Riant, etc, C. chem. de fer de Saint-Germain.) — LA COUR; — endu que les terrains qui sont la propriété des époux Riant et des tiers Mignon, étant situés entre la rue Saint-Lazare et le mur d'enceinte de la ville de Paris, et faisant, conséquemment, partie de ceux gnés dans la loi de concession du 9 juill, 1835, sous la dénominaigénérale de terrains de Tivoli, se trouvaient, par cela seul, comdans la circonscription assignée au chemin de fer par l'art. 2 du er des charges annexé à cette loi, dont il est devenu partie intéte; — Que les art. 5 et 7 du même cahier des charges ayant stipulé « l'emplacement et la surface des gares (qui forment le complét indispensable de tout chemin de fer) seraient ultérieurement déinés de concert entre la compagnie et l'administration, » il s'ensuit

que les ordonnances des 16 oct. 1837 et 3 juill. 1838, qui ont placé l'une de ces gares sur la propriété des époux Riant et des héritiers Mignon, ne sont pas contraires à la loi et ne font même aucun grief aux demandeurs, par la raison évidente que tous les terrains de Tivoli ayant été placés, par la loi, dans le domaine du chemin de fer, toutes les parties de ces terrains (et conséquemment celles qui sont possédées par les époux Riant et les héritiers Mignon) ont pu y être affectées par les ordonnances, pour être parcourues, soit en souterrain, soit à tranchées ouvertes, suivant les nécessités du chemin (appréciées par l'administration), relativement aux gares qui en font partie; — Rejette.

Du 9 janv. 1839.-C. C., ch. civ.-MM. Boyer, pr.-Quéquet, rap.,-Laplagne-Barris, 1er av. gén., c. conf.-Chevalier, Scribe et Verdière, av.

dans ceux originairement expropriés pour l'établissement dudit chemin et de ses dépendances, lors même que ce terrain, détaché d'une rue communale, serait encore grevé d'une servitude de passage à niveau au profit de la commune, constituent des actes de pure administration non susceptibles d'être attaqués par la voie contentieuse (cons. d'Etat 12 déc. 1851, M. Daverne, rap., aff. Godde et cons. C. ch. de fer d'Orléans).

142. A moins d'obstacles locaux, dont l'appréciation appartient à l'administration, les chemins de fer, à la rencontre des routes impériales et départementales, doivent passer au-dessus ou au-dessous de ces routes. Des croisements à niveau sont tolérés pour les chemins vicinaux, ruraux et particuliers (cah. des ch., art. 10). — Le cahier des charges, dans ses art. 11, 12, 13 et 14, détermine les dimensions et le mode de confection des ponts sur ou sous lesquels les routes impériales et départementales, les chemins vicinaux devront passer, les conditions de l'établissement des routes et chemins à niveau, et les modifications qui pourraient être apportées à l'emplacement ou au profil des routes existantes. — Il a été jugé : 1° que lorsque le cahier des charges d'une concession de chemin de fer impose seulement à l'administration l'obligation d'acheter et de payer les terrains destinés à l'emplacement du chemin de fer, de ses dépendances et aux rétablissement des communications déplacées ou interrompues, le ministre ne peut mettre à la charge de cette compagnie, comme condition de l'approbation qu'il donne au tracé, l'acquisition de terrains nécessaires à l'élargissement d'une voie publique, aux abords d'une gare (cons. d'Et. 20 déc. (et non sept.) 1855, M. Aubernon, rap., aff. chem. de fer de Dieppe et Fécamp); — 2° Que la partie de chemins vicinaux au-dessus desquels des viaducs ont été établis et même celles qui ont été converties en passage à niveau conservent néanmoins le caractère et la destination de voies vicinales, et par conséquent ne subissant aucune dépossession, n'a droit à aucune indemnité (cons. d'Et. 20 mars 1862, M. de Sandrans, rap., aff. ch. de fer de Carmaux; V. aussi 1er mai 1858, aff. ch. de fer du Midi, D. P. 59. 3. 36).

143. Les changements apportés par l'établissement des chemins de fer dans la direction des chemins peuvent-ils donner lieu à des indemnités au profit des communes ou des particuliers auxquels ce changement porte préjudice? Non, si les travaux ont été régulièrement autorisés par l'administration. — Il a été jugé en ce sens : 1° que l'allongement de parcours, résultant d'un déplacement de la voie publique rendu nécessaire par l'exécution d'une ligne de chemin de fer, ne constitue pas un préjudice direct et matériel, et ne peut, dès lors, donner lieu devant l'autorité administrative à une demande en dommages-intérêts, soit de la part des particuliers (cons. d'Et. 26 août 1858, aff. Crispon, D. P. 59. 3. 35), soit de la part des communes (cons. d'Et. 1er sept. 1858, aff. ch. de fer du Nord, D. P. 59. 3. 36); — ... Sauf à celles-ci à faire valoir devant l'autorité judiciaire les droits qu'elles prétendraient avoir à la propriété du sol du chemin supprimé (même arrêt du 1er sept. 1858); — 2° Que lorsque les travaux exécutés pour un chemin de fer et dont se plaint une commune ont été autorisés régulièrement par l'administration, la commune ne peut réclamer une indemnité pour la gêne dans la circulation qui résulterait de l'existence des viaducs et de celle des passages à niveau et barrières établis pour le service du chemin de fer sur les chemins vicinaux, cette gêne ne pouvant être considérée comme un dommage direct et matériel pou-

vant donner lieu à une indemnité (cons. d'Et. 20 M. de Sandrans, rap., aff. ch. de fer de Carmaux). que d'après la jurisprudence constante du conseil d seuls dommages causés par l'exécution des travaux publics puissent donner lieu à une indemnité sont les dommages riels qui sont la conséquence directe des travaux.—V. Trav. nos 813 et suiv.

144. La compagnie est tenue en outre de rétablir et d rer à ses frais l'écoulement de toutes les eaux dont le cours rait arrêté, suspendu ou modifié par ses travaux (cah. des art. 15). — Les viaducs à construire à la rencontre des rivi des canaux et des cours d'eau quelconques, les souterrains établir pour le passage des chemins de fer, doivent être élev dans les dimensions fixées par ce même art. 15. — A la ren contre des cours d'eau flottables ou navigables, la compagnie est tenue de prendre toutes les mesures et de payer tous les fra nécessaires pour que le service de la navigation et du flotta n'éprouve ni interruption ni entrave pendant l'exécution de travaux (art. 17). La même obligation est imposée à la compa gnie à la rencontre des routes et autres chemins publics (mêm article).—Il a été décidé sur ce point : 1° que, bien que le servic de la navigation soit devenu plus onéreux par suite de la con struction d'un pont de chemin de fer, les relayeurs des bateau n'ont pas droit à réclamer de la compagnie du conseil pour l'excédant de frais occasionnés par l'existence de ce pont, en c que le travail ayant été autorisé par l'administration et exécu avec son concours et reçu par elle, la compagnie n'aurait p devoir d'indemnité, dans un cas pareil, qu'autant que l'Etat lui même en aurait dû (cons. d'Et. 11 avr. 1848) (1); — 2° Que l prétendue insuffisance de l'arche marinière d'un pont de chem de fer, par suite extraordinaire de crues d'eau, ne peut donner lie à une réclamation de dommages-intérêts d'une part d'une entrepri de bateaux à vapeur, sous le prétexte qu'elle aurait été forc d'interrompre son service pendant le temps de crue des eaux, e ce que le dommage dont on demandait la réparation n'était pa direct ni matériel, et que, sous ce rapport, les compagnies d chemins de fer ne peuvent être assujetties à une responsabili plus étendue que celle qui incomberait à l'Etat lui-même (con d'Et. 2 août 1851, M. de Saint-Aignan, rap., aff. Bocquié), qu'il en est ainsi, alors même que le pont dont il s'agit n'a p été exécuté par la compagnie d'une manière exactement con forme aux plans et projets approuvés, si l'administration néanmoins reçu les travaux (même décision).

145. Quelle est l'autorité compétente pour statuer sur l contestations qui s'élèvent entre les compagnies et les commun ou les particuliers, à l'occasion des voies de communication p placées ou modifiées par l'établissement des chemins de fer? — Il a été jugé à cet égard : 1° que l'autorité admini trative seule est compétente pour statuer sur la demande d'i demnité pour dommage souffert par un propriétaire, par su de l'établissement d'un chemin de fer et du changement qu'il nécessité dans la direction de la voie publique qui desservait pr cédemment son exploitation (Nîmes, 10 juin 1840, aff. D..., Trav. publ., n° 1146-1°); — 2° Que lorsque, par l'effet de construction d'un chemin de fer, des propriétés ont été privé de leur communication avec la voie publique, et que pour fai cesser l'enclave, l'autorité administrative a déterminé l'empla ment et la largeur des chemins de défruitement à établir par l concessionnaires, les tribunaux sont incompétents pour connaî

<hr>

(1) (Chem. de fer de Paris à Rouen C. Maillet-Duboullay.) — Au nom du peuple français, etc.; — Nous, membres du gouvernement provisoire, etc.;—Vu la loi du 15 juill. 1840 et le cahier des charges annexé à cette loi;— Considérant que le sieur Maillet-Duboullay fonde la demande en indemnité qu'il a formée contre la compagnie des chemins de fer, sur le dommage qui résulterait pour l'entreprise des bateaux accélérés normands, de l'augmentation des frais de halage, par suite des difficultés que la construction du pont du Manoir occasionnerait tant à la remonte qu'à la descente des bateaux ; — Considérant qu'il appartient à l'administration de déterminer dans l'intérêt général la nature et les dispositions des ouvrages à établir dans le lit et sur les bords des rivières navigables et flottables, et que les modifications qui peuvent survenir dans l'état de ces rivières, par suite de l'exécution d'ouvrages publics, ne peuvent donner lieu contre l'Etat à une demande

en indemnité;— Considérant que la construction du chemin de fer Paris à Rouen est un travail d'utilité publique, et dont la concess a été faite à la compagnie requérante par la loi du 15 juill. 1840; Considérant que l'effet de cette concession et par l'art. 23 du cah des charges, annexé à la loi susdite, la compagnie a été, pour l'exéc tion des travaux du chemin de fer, substituée vis-à-vis des tiers au l et place de l'Etat, et subrogée dans les droits que les lois et règleme lui confèrent ; que, dès lors, c'est à tort que le conseil de préfectu l'Eure a admis la demande du sieur Maillet-Duboullay, et a condam la compagnie du chemin de fer à payer au sieur Maillet-Duboullay u indemnité à raison des difficultés qui auraient été apportées à la n gation par la construction du pont dont il s'agit;—Art. 1. L'arrêté conseil de préfecture de l'Eure, en date du 29 avr. 1844, est annu Du 11 avr. 1848.-Décr. conc. d'Et.-M. Gomet, rap.

de la réclamation des enclavistes qui aurait pour effet de changer l'emplacement, ou modifier les dimensions des chemins de défruitement réglés par l'administration (cons. d'Et. 11 mars 1843) (1); — 3° Que le conseil de préfecture est compétent pour condamner, sur la demande des communes intéressées, les compagnies de chemin de fer à établir des moyens de communication sûrs et faciles aux points où les voies communales traversent le chemin de fer; mais que le conseil excède ses pouvoirs et empiète sur ceux de l'administration, s'il détermine la nature des travaux à effectuer (cons. d'Et. 31 janv. 1848, aff. ch. de fer du Gard, D. P. 48. 3. 55; V. sur ce dernier point v° Travaux publ., nos 1106 et suiv.); — 4° Que dans le cas de déplacement d'un chemin vicinal pour la construction d'une ligne de chemin de fer, la réclamation des communes intéressées ayant pour objet, soit de contester la régularité de l'opération, soit d'obtenir des dommages-intérêts pour le préjudice en résultant, est de la compétence exclusive de l'autorité administrative (cons. d'Et. 1er mai 1858, aff. ch. de fer du Midi, D. P. 59. 3. 36); — 5° Mais que, si le chemin déplacé est un chemin non classé comme vicinal, la commune dépossédée forme complètement sa demande devant l'autorité judiciaire (même arrêt); — 6° Que, de même, si, au lieu d'être simplement déplacé, un chemin vicinal se trouve coupé de telle sorte qu'il y ait interruption complète des communications, c'est encore à l'autorité judiciaire à connaître de la demande d'indemnité (cons. d'Et. 15 mai 1858, aff. ch. de fer du Midi, D. P. 59. 3. 37)... — A la charge toutefois de respecter la prise de possession consommée par les travaux de la compagnie, dans le cas où elle a été autorisée par des décisions administratives (même arrêt du 15 mai 1858).—Cependant, dans une autre espèce, où il s'agissait aussi d'un chemin vicinal coupé et au remplacement duquel il n'avait pas été pourvu, le conseil d'Etat a décidé qu'il ne pouvait être statué sur la demande d'indemnité de la commune qu'après une expertise contradictoire ayant pour objet de constater la réalité et l'importance du dommage, et a renvoyé devant le conseil de préfecture, pour être statué après cette expertise (cons. d'Et. 20 mars 1862, M. de Sandrans, rap., aff. ch. de fer de Carmaux); — 7° Que la compétence de l'autorité judiciaire cesse lorsque les communications ont été conservées à la rencontre de la voie ferrée et du chemin vicinal, au moyen d'un passage à niveau dont l'établissement exclut toute dépossession; et c'est, dès lors, devant l'autorité administrative que la commune intéressée doit réclamer l'indemnité à laquelle elle prétendrait avoir droit, à raison des inconvénients résultant pour elle de la construction de la voie ferrée (arrêt précité du 1er mai 1858); — 8° Qu'une commune ne peut former devant le conseil d'Etat statuant au contentieux une réclamation fondée sur les dangers que présenterait pour la circulation le nouveau tracé d'un chemin vicinal renfermé en partie à l'intérieur des clôtures du chemin de fer, et sur les mauvaises dispositions de celui-ci, alors que les travaux exécutés par la compagnie ont été régulièrement

autorisés par l'administration; il n'appartient qu'à l'administration de prendre les mesures nécessaires dans l'intérêt de la circulation et de la sûreté publique (arrêt précité du 20 mars 1862).

146. Les décisions par lesquelles le ministre des travaux publics et le préfet mettent une ville et une compagnie de chemin de fer, comme y étant seules intéressées, en demeure de se concerter afin de pourvoir à frais communs à l'entretien d'un chemin d'accès construit partie par la ville, partie par l'Etat, en vertu d'une convention intervenue entre eux, constituent de simples actes administratifs faits par le ministre et le préfet dans la limite de leurs pouvoirs, et non susceptibles d'être attaqués par la voie contentieuse (cons. d'Etat 9 déc. 1852, M. Gomel, rap., aff. ville de Valenciennes). — Il en est de même de la décision par laquelle le ministre des travaux publics fixe la largeur qu'une compagnie de chemin de fer sera tenue de donner à une voie publique au devant de son embarcadère (cons. d'Etat 29 déc. 1853, M. Aubernon, rap., aff. ch. de fer de Dieppe et Fécamp). — La décision interprétative de la précédente par laquelle le ministre explique qu'il a entendu imposer à la compagnie de chemin de fer, comme une charge de sa concession, l'abandon gratuit du terrain nécessaire à l'élargissement de la voie publique, ne constitue pas une décision contentieuse et ne fait pas obstacle à ce qu'il soit statué par le conseil de préfecture sur l'étendue des obligations qui peuvent résulter pour la compagnie des clauses de son cahier des charges, et notamment sur la question de savoir si elle est tenue de livrer gratuitement le terrain affecté à l'élargissement prescrit; dès lors cette décision est également inattaquable au contentieux (même arrêt; V. la suite de cette affaire n° 142-1°).

147. La compagnie du chemin de fer de Strasbourg à Bâle avait été mise en demeure par le préfet du Haut-Rhin d'exécuter divers travaux de nivellement et d'assainissement aux fossés d'emprunt qu'elle avait pratiqués sur le territoire de deux communes, et comme elle n'en avait pas tenu compte, ces travaux ont été exécutés d'office. La dépense en a été poursuivie par voie de contrainte contre la compagnie. Celle-ci s'est alors adressée au conseil de préfecture, aux fins de faire déclarer qu'elle n'était pas tenue au payement des travaux ordonnés par le préfet, et de faire annuler la contrainte décernée contre elle. Le conseil de préfecture s'est déclaré incompétent sous le prétexte qu'il ne lui appartenait pas de réformer ni de modifier, soit directement, soit indirectement, les arrêtés du préfet. Mais c'était une erreur, la question soulevée par la compagnie présentant la question de savoir si, aux termes du cahier des charges, elle était tenue d'exécuter les travaux d'assainissement prescrits par le préfet. Son arrêté a été annulé (cons. d'Et. 15 juill. 1850, M. Daverne, rap., aff. comp. du ch. de fer de Strasbourg à Bâle, D. P. 50. 3. 27).

148. Les infractions aux clauses du cahier des charges relatives au service de la navigation, à la viabilité des routes impériales, départementales et vicinales, ainsi qu'au libre écou-

---

(1) *Espèce :* — (Ch. de fer de Strasbourg C. Lorentz et cons.) — Des propriétaires enclavés par la construction du chemin de fer de Strasbourg, avaient porté devant le tribunal d'Altkirch leur réclamation tendant à obtenir les chemins de défruitement rendus nécessaires, par la privation éprouvée par leur propriété de toute communication avec la voie publique. Le tribunal rendit un jugement préparatoire par lequel il commit des experts à l'effet de déterminer l'emplacement et la largeur des chemins que les concessionnaires seraient tenus de fournir aux enclavés. Mais cet emplacement et cette largeur avaient été déjà déterminés par un arrêté du préfet du Haut-Rhin, du 22 mai 1839, approuvé le 4 juillet suivant, par le ministre des travaux publics. Le jugement du tribunal ayant paru au préfet une usurpation sur les droits de l'administration, ce magistrat proposa un déclinatoire, qui fut rejeté par jugement du 2 déc. 1842, contenant le considérant qui suit : «... Considérant, dans l'espèce, que l'enclave est évidemment une modification de la propriété elle-même ; qu'elle forme un état de dommage permanent qui ne trouve son remède que dans une action réelle aux fins de la faire cesser, et, par suite, dans une véritable espèce d'expropriation pour cause d'utilité prévue dont les conditions sont déterminées par le code civil ; — Considérant que les concessionnaires sont, en conséquence en vertu de la responsabilité de leur fait, substitués aux droits et aux nécessités du propriétaire enclavée par l'exécution de leur entreprise, c'est-à-dire qu'ils sont tenus de poursuivre en son nom la cessation de l'enclave et le règlement de l'indemnité de la manière la plus avantageuse pour toutes les parties intéressées ; — Considérant, enfin, qu'il

est impossible de confondre l'espèce avec celles qui peuvent résulter des clauses du cahier des charges relatives au rétablissement des diverses voies de communication. » — Arrêté de conflit pris par le préfet.

Louis-Philippe, etc.; — Vu la loi des 17 juill. 1857 et 6 mars 1858 et les cahiers des charges y annexés ; — Vu les lois des 16-24 août 1790, 16 fruct. an 5, 28 pluv. an 8, 8 mars 1810 et 8 juill. 1835, les ord. des 1er juin 1828 et 12 mars 1831; — Considérant qu'aux termes des lois des 17 juill. 1857 et 6 mars 1858, les sieurs Koechlin sont investis de tous les droits que les lois et règlements confèrent à l'Etat pour l'exécution des travaux publics ; — Considérant que les actions dirigées contre les sieurs Koechlin devant le tribunal civil d'Altkirch tendaient non-seulement à mettre les propriétaires des terrains enclavés, par suite de la construction des chemins de fer, en communication avec la voie publique, mais encore à faire déterminer la largeur et l'emplacement des chemins de défruitement nécessaires pour établir cette communication ; — Que, tant par son déclinatoire que par l'arrêté de conflit, le préfet du Haut-Rhin revendique pour l'autorité administrative le droit de fixer la largeur et l'emplacement desdits chemins; — Qu'un arrêté dudit préfet approuvé par notre ministre des travaux publics avait antérieurement fixé à 5 mètres la largeur desdits chemins ; — Que c'était du devoir du tribunal civil d'Altkirch de s'arrêter devant ladite décision ;

Art. 1. Est maintenu l'arrêté de conflit pris par le préfet du Haut-Rhin, le 22 déc. 1842.—Art. 2. Sont considérés comme non avenus, etc. Du 11 mars 1843.—Ord. cons d'Et.-M. d'Haubersart, rap.

lement des eaux, constituent, de la part des compagnies concessionnaires, des contraventions qui doivent être poursuivies et
réprimées conformément aux dispositions des art. 12, 13, 14
et 15, formant le titre 2 de la loi du 15 juill. 1845, relative à
la police des chemins de fer, sous la rubrique *des contraventions de voirie commises par les concessionnaires ou fermiers
de chemins de fer* (V. la discussion à laquelle ce titre a donné
lieu, D. P. 45, 3. 170). — Aux termes de l'art. 12, « lorsque
le concessionnaire ou le fermier de l'exploitation d'un chemin
de fer contreviendra aux clauses du cahier des charges, ou aux
décisions rendues en exécution de ces clauses, en ce qui concerne le service de la navigation, des routes royales,
départementales et vicinales, ou le libre écoulement des eaux,
procès-verbal sera dressé de la contravention, soit par les ingénieurs des ponts et chaussées ou des mines, soit par les conducteurs, gardes-mines et piqueurs, dûment assermentés. » —
On a demandé, dans la discussion de la loi, ce que signifient
ces mots de l'art. 12 : « contravention aux *décisions rendues en
exécution des clauses du cahier des charges.* » Est-ce qu'on
peut admettre, disait M. Laplagne-Barris, des contraventions
créées par des décisions quelles qu'elles soient ? — Le ministre
a répondu : « Nous ne voulons pas créer des contraventions par
voie de décisions ministérielles et surtout par voie de circulaires
administratives. Dieu nous en garde ! Mais les clauses des cahiers
des charges qui font la loi des parties ont souvent besoin, pour
être mises à exécution, de décisions ministérielles qui n'ont de
valeur qu'autant qu'elles sont rendues dans les limites du cahier
des charges, et qu'elles viennent en exécution du cahier des
charges lui-même... Le cahier des charges est, je ne dis pas
toujours, mais quelquefois, une lettre muette ; il faut une décision ministérielle pour la faire parler. Quand il y a des autorisations à donner, ce sont des décisions ministérielles qui les
donnent. Or si l'on prend la partie qui ne dispose pas, et si l'on
rejette celle qui dispose, on arrive à l'annulation. Il serait alors
bien facile d'annuler toutes les garanties introduites dans le cahier
des charges. Je termine par une comparaison bien simple : le
cahier des charges, c'est la loi, dans une sphère bien humble,
sans doute ; la décision ministérielle, toujours dans les mêmes
proportions, c'est le règlement d'administration publique. Quand
vous faites une loi, vous prévoyez quelquefois que ses dispositions toutes seules ne suffisent pas à son exécution ; alors vous
armez le gouvernement du droit de faire un règlement d'administration publique qui, en lui-même et sans la sanction législative que vous lui donnez, ne pourrait pas établir de pénalités,
mais qui, en vertu de cette sanction, acquiert la même autorité
que la loi dans laquelle il prend sa source et impose des conditions d'exécution de la même autorité que la loi. »

149. Le conseil général des ponts et chaussées donne souvent des avis sur la proposition des ingénieurs du contrôle, relativement aux mesures à prendre dans l'intérêt de la sûreté et
de la salubrité publique ou de la navigation. M. Cotelle, p. 209
et suiv., en cite un certain nombre d'exemples. Mais comme le
dit fort bien cet auteur, ces avis, généralement marqués au coin
de l'esprit le plus judicieux et du véritable sentiment d'équité,
dans les rapports de la propriété et de l'industrie avec l'intérêt
public, n'ont d'autre but que d'éclairer la religion du ministre,
et n'ont certainement pas d'autorité réglementaire ou jurispru-
dentielle. En conséquence, l'inexécution des dispositions qu'ils
pourraient contenir ne saurait jamais donner lieu à l'application des art. 12 et suiv. de la loi de 1845.

150. Les seuls agents qui, aux termes de l'art. 12 de la loi
de 1845, aient qualité pour constater les contraventions prévues par cet article sont les ingénieurs des ponts et chaussées
ou des mines, les conducteurs, gardes-mines et piqueurs, dûment assermentés. — Cette dernière disposition n'existait pas
dans le projet. Elle a été insérée sur cette observation, que les
capitaux des peuples voisins étant venus se joindre aux nôtres
pour aider à la confection des chemins de fer, des employés
étrangers les ont accompagnés, et qu'il n'est pas rare d'en compter un certain nombre parmi les conducteurs, gardes mines et
piqueurs, auxquels l'art. 12 donne le droit de dresser des procès-verbaux des contraventions. Il n'était pas possible de
donner à ces étrangers le droit de constater les délits sur le sol

français, par délégation d'une partie de la puissance publi...
Or les tribunaux, en refusant d'admettre au serment les...
tionnaires étrangers, réservent exclusivement aux Français...
droit de constater les contraventions.

151. « Les *procès-verbaux*, dans les quinze jours de...
date, ajoute l'art. 13, seront notifiés administrativement au...
micile élu par le concessionnaire ou le fermier, à la diligence...
préfet, et transmis dans le même délai au conseil de préfect...
du lieu de la contravention. » — Il résulte de cette disposit...
que la contravention, eût-elle été commise sur un chemin,
rivière dépendant de la petite voirie, n'en serait pas moins...
la compétence du conseil de préfecture : Il y a ici dérogation...
l'ordre naturel des juridictions, en ce qui concerne cette espè...
particulière de contravention.

152. C'est à l'administration seule qu'il appartient de...
suivre la réparation des contraventions commises par les com...
pagnies concessionnaires ou les fermiers de l'exploitation, do...
s'occupe le tit. 2 de la loi de 1845. En effet, s'agissant ici d'...
contrat intervenu entre l'État et une compagnie, c'est à l'Éta...
seul qu'il appartient d'apprécier si l'exécution de la convent...
est ou non exactement accomplie. Des tiers, des particulier...
riverains ou autres, n'auraient pas le droit d'agir dans une pa...
reille circonstance. M. Féraud-Giraud cite, à l'appui de cet...
opinion, une décision du conseil de préfecture de la Seine, e...
date du 18 sept. 1843, qu'on ne trouve pas dans les recueil...
et qui aurait jugé qu'une commune, par exemple, est sans qu...
lité pour requérir, contre le concessionnaire d'un chemin de fe...
l'exécution de l'obligation imposée par le cahier des charg...
d'établir une station dans cette commune. — Toutefois, il e...
hors de doute que si, au lieu de réclamer l'exécution du cahie...
des charges, les tiers se plaignaient d'un *préjudice* direct...
matériel, causé à leurs propriétés ou à leurs intérêts, résulta...
du défaut d'exécution de certains ouvrages imposés aux compa...
gnies par le cahier des charges, ils seraient fondés à réclame...
une *indemnité* (Conf. impl. cons. d'Ét. 31 janv. 1848, aff. ch...
de fer du Gard, D. P. 48. 3. 55). — M. Féraud-Giraud, p. 23...
cite dans le même sens une autre décision du 28 nov. 1848, a...
ch. de Saint-Étienne), que l'on ne trouve pas dans les recueil...

153. Les contraventions prévues par l'art. 12 de la loi d...
1845, sont punies d'une amende de 300 fr. à 3,000 fr. — Il...
été jugé : 1° qu'en cas de contravention à l'art. 12 de la loi d...
15 juill. 1845, l'amende doit être appliquée, alors même qu...
l'autorisation de conserver provisoirement les ouvrages aura...
été donnée postérieurement par le préfet, cette autorisati...
n'ayant pas pour résultat de faire disparaître la contraventi...
(cons. d'Ét. 4 mars 1858, M. Lemarié, rap., aff. ch. de fer d...
l'Est) ; — 2° Que le concessionnaire d'un chemin de fer qui...
construit un certain nombre d'ouvrages d'art dans plusieu...
communes, à la rencontre de chemins et de cours d'eau distinct...
sans leur donner les dimensions prescrites par les arrêtés pr...
fectoraux, a commis autant de contraventions et est passibl...
d'autant d'amendes qu'il y a d'ouvrages d'art (même arrêt). —
V. Voirie par terre, nos 2099 et suiv., 265, 2280 et suiv.

154. L'administration peut d'ailleurs prendre immédiat...
ment toutes mesures provisoires pour faire cesser le dommag...
ainsi qu'il est procédé en matière de grande voirie (V. Voir...
par terre, nos 314 et suiv., 2334 et suiv.). Les frais qu'entraîne...
l'exécution de ces mesures seront recouvrés, contre le conce...
sionnaire ou fermier, par voie de contrainte, comme en mati...
de contributions directes (L. 15 juill. 1845, art. 15).

Revenons à l'exécution des travaux.

155. La compagnie substituée à l'État pour toutes les obl...
gations qui sont imposées à ce dernier relativement à l'acquis...
tion des terrains compris dans le tracé du chemin de fer con...
cédé, est investie réciproquement de tous les droits que les lo...
et règlements confèrent à l'administration en matière de trava...
publics, par exemple, pour l'extraction de matériaux sur les pr...
priétés privées, l'occupation temporaire des terrains, les dép...
de terre et de matériaux, etc. (L. 15 juill. 1845, art. 5; cah. d...
charges, art. 22; V. Travaux publ., nos 770 et suiv., l'explic...
tion des règlements auxquelles l'exercice de ce droit est ass...
jetti). — Par suite, c'est à la charge de la compagnie que devro...
être mises toutes les indemnités dues à raison de cette occup...

n, et, en général, pour tous dommages quelconques résultant de l'exécution des travaux (cah. des ch., art. 21). — L'indemnité se pour extraction de matériaux ou pour occupation temporaire t réglée d'après la loi du 16 sept. 1807, art. 55, dont la disposition a été examinée v° Trav. publ., n°s 794 et suiv. (V. aussi Cotelle, n°s 483 et suiv.).—Quant aux dommages causés à la propriété privée par suite de la construction du chemin de fer, ils peuvent donner lieu à indemnité, comme nous l'avons déjà t, qu'autant qu'il s'agit de dommages directs et matériels (V. 143 et s.; Trav. publ., n°s 813 et s.). — Il a été décidé, conformément à cette règle, que lorsqu'une compagnie de chemin fer, en faisant ouvrir une tranchée pour l'exécution de la voie rrée, a intercepté l'écoulement des eaux qui alimentait une urce, le propriétaire sur le terrain duquel cette source est siée, mais qui ne prétend pas avoir acquis par titre ou par prescription des droits à l'usage des eaux, ne peut réclamer une indemnité, attendu que le dommage n'est ni direct ni matériel ons. d'Et. 16 août 1860, M. David, rap., aff. ch. de fer d'Orans). — Mais si, au contraire, le propriétaire a droit à l'usage es eaux courantes et pluviales interceptées, il y a lieu à indemnité; toutefois, le droit à indemnité étant subordonné à l'exisnce de ces droits, l'autorité administrative doit surseoir à stater jusqu'à ce que la question ait été résolue par l'autorité diciaire, seule compétente à cet égard (cons. d'Et. 19 mai 1858, Aubernon, rap., aff. ch. de fer du Midi; décis. conf. cons. t. 28 juill. 1859, M. Aubernon, rap., aff. Emery; 18 avr. 61, M. Perrot, rap., aff. Bourquin).

156. La compagnie qui a confié à un entrepreneur l'exéion des travaux dans l'acte de concession met à sa charge, n reste pas moins responsable, vis-à-vis des propriétaires rirains, des dommages qui sont la suite des travaux effectués r cet entrepreneur, lequel en effet ne peut être considéré que mme le mandataire de la compagnie (V. en ce sens cons. d'Et. juill. 1849, aff. ch. de fer de Rouen au Havre, D. P. 49. 5. et v° Voirie par terre, n° 950). — Il en serait autrement, atefois s'il s'agissait de faits personnels à l'entrepreneur acmplis en dehors des ordres et du service de la compagnie nf. Crim. cass. 20 août 1847, aff. ch. de fer du Nord, D. P. . 4. 421, et v° Responsab., n° 611-1°). — V. n° 632.

157. Le règlement de l'indemnité due par la compagnie ncessionnaire pour extraction de matériaux, occupation temraire ou dommages causés à la propriété, appartient au conl de préfecture, conformément aux dispositions de la loi du pluv. an 8, art. 4, et de la loi du 16 sept. 1807, art. 56 Travaux publ., n°s 1138 et suiv., 1146, 1210 et suiv.). — a été jugé par application de cette règle : 1° que le dommage ultant pour une propriété particulière de l'ébranlement causé ne maison par le passage des trains, doit être considéré ame étant la conséquence, non d'un fait particulier d'exploiion, mais de l'établissement même du chemin de fer et du vice public auquel il est affecté ; que, dès lors, c'est au conde préfecture qu'il appartient d'apprécier ce dommage ns. d'Et. 8 déc. 1859, aff. ch. de fer du Midi, V. n° 164-6°; 14 . 1861, M. Pascalis, rap., aff. ch. de fer du Midi C. Desclaux ons.); — 2° Que la demande en indemnité formée par les cessionnaires d'une mine traversée par un chemin de fer, 'ondée sur ce que l'administration leur a interdit d'exploiter e mine dans un certain rayon, est de la compétence du conde préfecture, et non de celle des tribunaux ordinaires, alors l'administration déclare que cette interdiction n'est pas abrante, et définitive, et que la compagnie offre, dès que l'admiration lèvera l'interdiction, de prendre à sa charge les trax de consolidation à faire dans l'intérieur de la mine et tous dommages résultant de la traversée du chemin de fer (cons. . 11 mars 1861, M. Boulatignier, rap., aff. ch. de fer de is à Lyon).

158. Mais il en serait autrement dans le cas où la comnie aurait agi sans autorisation ou aurait excédé l'autorisaaccordée : dans ce cas, c'est l'autorité judiciaire qui serait pétente (V. Trav. publ., eod., n°s 1224 et suiv.). — Ainsi, été décidé que la compagnie de chemin de fer qui, sans l ait été procédé à un déclassement préalable par l'adminision, supprime un pont faisant partie d'une voie publique

régulièrement classée, agit comme simple particulier et non en qualité d'entrepreneur de travaux publics, et par suite les demandes d'indemnité formées contre elle à l'occasion de la suppression irrégulière de ce pont, ne rentrent pas dans les contestations qui doivent être portées devant les conseils de préfecture en vertu de l'art. 4 de la loi du 28 pluv. an 8 (cons. d'Et. 17 mars 1859, M. Ancoc, rap., aff. ch. de fer de l'Ouest C. Martell). — Il en serait de même si l'occupation des terrains, au lieu d'être temporaire, devenait permanente (V. n° 138, et v° Trav. publ., n° 1182 et suiv.; V. aussi M. de la Monnaye, les Lois de l'expr. publ., p. 428, n° 4 et suiv.).

159. L'autorité judiciaire est également compétente : 1° pour apprécier les dommages-intérêts réclamés par des particuliers, à raison du préjudice résultant, non de l'établissement du chemin de fer ou du service public auquel il est affecté, mais d'un fait d'exploitation industrielle et, par exemple, d'un mode de déchargement des marchandises préjudiciable aux propriétés riveraines (Civ. rej. 1er août 1860; aff. ch. de fer de l'Est, D. P. 60. 1. 329); — 2° Pour fixer l'indemnité due au propriétaire d'une carrière ouverte avant l'établissement d'un chemin de fer, et dont l'autorité a interdit l'exploitation dans un certain périmètre, dans le cas où, la compagnie ayant offert devant le jury d'expropriation de laisser exploiter cette carrière et cette offre ayant été acceptée par le propriétaire, il y avait eu à cet égard un contrat judiciaire par l'effet duquel le jury n'avait plus eu à statuer sur ce chef d'indemnité (Grenoble, 1 fév. 1861, aff. comp. de la Méditerranée, D. P. 61. 2. 87). — Il a été décidé aussi que lorsqu'une compagnie de chemin de fer a fait creuser, dans un terrain dépendant d'une de ses gares, un puits destiné à l'alimentation du réservoir de cette gare, elle doit être considérée comme ayant fait un acte de propriétaire dans les termes du droit commun et non comme ayant agi en qualité d'entrepreneur ou de concessionnaire de travaux publics; que par suite, si des usiniers voisins prétendent que le creusement de ce puits a eu pour résultat d'abaisser le niveau de la rivière sur laquelle sont situées leurs usines et d'en diminuer la force motrice, il n'appartient pas à la juridiction administrative de connaître de l'action qu'ils intentent de ce chef contre la compagnie (cons. d'Et. 28 janv. 1864, aff. Meslin, D. P. 64. 3. 25; mais V. eod., nos observations sur cet arrêt).

160. Il a encore été jugé que les tribunaux ordinaires sont compétents pour statuer sur les dommages-intérêts demandés à raison d'un préjudice causé par l'exécution de travaux publics, lorsqu'il ne s'agit pas de dommages-intérêts réclamés par des particuliers pour un fait personnel des entrepreneurs ; spécialement, ils ont compétence, à l'exclusion de la juridiction administrative, pour connaître d'une action en dommages-intérêts formée contre les entrepreneurs et contre une compagnie de chemin de fer, par un ouvrier blessé dans l'exécution des travaux (Besançon, 10 mars 1862, aff. Marcilly, D. P. 62. 2. 52; V. ce qui est dit sur cette question v° Trav. publ., n°s 1152 et suiv., 1157). — Est également de la compétence des tribunaux ordinaires l'action récursoire formée dans ce cas par l'entrepreneur, civilement responsable, contre la compagnie de chemin de fer, en vertu du cahier des charges, qui stipule, en faveur du premier, une garantie jusqu'à concurrence de moitié, en cas d'insuffisance des fonds de la caisse de secours, lorsque les règlements administratifs relatifs à l'organisation de cette caisse et à la garantie éventuelle ne soulèvent aucune difficulté d'interprétation (même arrêt). — Sur cette caisse de secours, V. Trav. publ, n° 690.

161. Le conseil de préfecture serait encore incompétent pour connaître des dommages causés à la propriété privée, lorsque ces dommages sont la conséquence directe de l'expropriation : c'est au jury d'expropriation qu'il appartient en pareil cas de régler l'indemnité due à raison de ce dommage, en même temps qu'il fixe l'indemnité principale (V. Exprop. publ., n°s 585 et s.; M. Daffry de la Monnoye, Lois de l'expropr., p. 281, n°s 26 et s.). — Toutefois, le jury d'expropriation n'est compétent pour régler les indemnités accessoires à l'indemnité principale qu'autant qu'il s'agit d'un dommage actuel et certain. Le dommage qui dépend d'un fait éventuel et incertain ne peut être connu au moment de l'expropriation, et dès lors le jury ne peut arbitrer

l'indemnité à laquelle il pourrait donner lieu (M. Daffry de la Monnoye, Lois de l'expropr., p. 289, n° 37). — C'est en ce sens que la cour de cassation s'est toujours prononcée (V., par exemple, Civ. cass. 16 juill. 1844, aff. préf. du Lot, v° Expropr. publ., n° 634; Rej. 7 avr. 1845, aff. André et aff. Riéder-Monborne, eod., n° 508, et D. P. 45. 1. 207; Cass. 17 déc. 1845, aff. Godefroy et autres, eod., n° 648, et D. P. 46. 1. 30; 6 fév. 1854, aff. préf. de la Mayenne, D. P. 54. 1. 58; 29 avr. 1856, aff. chem. de fer de Bessége à Alais, D. P. 56. 1. 211; 5 janv. 1855, aff. chem. de fer de Caen, D. P. 55. 1. 33; 20 août 1856, aff. chem. de fer de Lyon, D. P. 56. 1. 332).

162. Si le dommage n'est pas la conséquence directe de l'expropriation, s'il n'est que le résultat de l'exécution proprement dite des travaux, la compétence du jury cesse pour faire place à celle du conseil de préfecture. On rentre sous l'empire de la loi du 28 pluv. an 8 qui attribue essentiellement à l'autorité administrative la connaissance des dommages causés par l'exécution des travaux publics. Les règles de compétence sont d'ordre public, et la circonstance que le jury aurait été saisi d'un dommage de cette nature, accessoirement au règlement de l'indemnité d'expropriation, ne peut lui donner une compétence que la loi lui refuse : telle est du moins la doctrine de la cour de cassation (V. Civ. rej. 18 janv. 1854, aff. canal de Pierrelatte, D. P. 54. 1. 315). — Il a été jugé, spécialement, que lorsque le propriétaire d'une usine a été exproprié d'une parcelle de terrain pour l'établissement d'un chemin vicinal dont la déviation a été nécessitée par la construction d'un chemin de fer, on ne doit pas considérer comme une suite de l'expropriation et comme justifiant l'allocation d'une indemnité par le jury, le dommage que le parcours plus long du chemin vicinal fait subir à ce propriétaire pour l'approvisionnement de son usine; dans ces circonstances, le grief allégué prend son fondement dans le fait seul du changement de direction de la route, et nullement dans l'expropriation subie, et alors même que les parcelles, objet de l'expropriation, auraient appartenu à un autre propriétaire, l'usinier n'aurait pas moins eu sujet de se plaindre du tort qui, suivant lui, résulterait pour son usine de la déviation du chemin vicinal : l'indemnité, s'il en est dû de ce chef, ne peut être accordée que par le conseil de préfecture, pour dommages causés par l'exécution de travaux publics (Civ. cass. 20 janv. 1858, M. Pascalis, rap., aff. chem. de fer de l'Est C. Viry). — V. dans le même sens Paris, 24 juill. 1857, aff. ch. de fer de Lyon à Genève, D. P. 58. 2. 214, et M. de la Monnoye, p. 291, n° 41.

163. En conséquence, et par les raisons qu'on vient d'exprimer, si, un domaine ayant été en partie exproprié, les terrains qui n'ont pas été compris dans l'expropriation ont subi, par suite de l'exécution des travaux, une occupation temporaire ou des dommages donnant lieu à indemnité, c'est au conseil de préfecture qu'il appartient de connaître de cette indemnité (Conf. Civ. rej. 22 août 1853, aff. préf. de la Somme, D. P. 53. 1. 284; M. de la Monnoye, p. 292, n° 42). — On ne doit pas supposer que le jury a compris ce dommage dans l'évaluation de l'indemnité qu'il a allouée; car, d'une part, il ne lui serait pas possible

d'apprécier un dommage éventuel et incertain, et, d'autre il est incompétent *ratione materiæ* pour en connaître. en ce sens les observations présentées par le ministre faire de Niort, insérée sous le numéro qui suit.

164. La jurisprudence du conseil d'Etat, il faut le d en opposition formelle avec cette doctrine. Suivant cett prudence, tous les dommages, quels qu'ils soient, rés l'expropriation ou de l'exécution des travaux, peu impo vent être appréciés par le jury, en même temps qu démnité d'expropriation; par conséquent l'on doit co comme implicitement comprises dans cette indemnit celles qui pourraient être réclamées à raison de dommages même postérieurement à la décision du jury, aux terrains aux propriétaires expropriés, si ces dommages pouvai prévus au moment où le jury a rendu sa décision.—Ainsi décidé : 1° que l'indemnité que la compagnie chargée d cution d'une voie ferrée peut devoir au propriétaire d'un particulier coupé par cette voie, à raison des incommod présenteraient les communications établies en rempl doit être réclamée devant le jury d'expropriation, en ce a pour objet la réparation d'un dommage accessoire à ce résulte de la dépossession d'une partie du sol (cons. d'Et. 26 août 1858, aff. Crispon, D. P. 59. 3. 35); — 2 conséquent, que la décision par laquelle le jury a fixé l'in due à un propriétaire des terrains employés à l'établiss ment d'un chemin de fer terminé au moment où le jury cette décision, s'oppose à ce que le propriétaire réclam le conseil de préfecture une nouvelle indemnité à raiso dépréciation causée à la partie restante de la propriété, de dégradations provenant de l'infiltration des eaux d'u dont le cours avait été modifié par les travaux de ladit prise (cons. d'Et. 7 mai 1857 (1); — 3° Que la d indemnité formée devant le conseil de préfecture par priétaire exproprié, à raison soit du préjudice qui a suité pour lui de l'écoulement des eaux sur sa propri par la surélévation de la voie publique, soit du tro porté à sa jouissance par un arrêté du préfet qui lui ava dit dans le principe et avant toute expropriation de co sur la portion de son terrain que la ville avait le projet rir, projet qui ne s'est réalisé que plusieurs années a non recevable et mal fondée, attendu que l'indemnité fix jury « a nécessairement compris les dommages qui po résulter des faits antérieurs de l'administration et du apporté par elle à la jouissance des requérants » (cor 22 juill. 1848, M. du Martroy, rap., aff. Lemaire C. Paris); — 4° Que si, après la décision du jury, le co préfecture est saisi d'une demande en indemnité à raison mages causés à la partie non expropriée d'une propriét terrassements faits pour l'exécution d'un chemin vicin demande n'est pas recevable, l'indemnité par suite de co devant être réputée avoir été comprise dans celle allou jury (cons. d'Et. 12 mai 1853 (2); — 5° Que l'ancien taire d'un terrain exproprié ne peut, après la décision

(1) *Espèce :* — (Valette.) — Le ministre des travaux publics a dit dans ses observations sur le pourvoi : « Il appartient à l'autorité judiciaire de résoudre les difficultés qui peuvent s'élever sur le sens des décisions du jury d'expropriation ou sur la manière plus ou moins complète dont elles ont vidé le litige. C'est à elle que le sieur Valette doit déférer la question de savoir si les 27,000 fr. qui lui ont été allouées comprennent ou non les dommages causés au restant de sa propriété, par suite de l'établissement du chemin de fer. » En ce qui touche les pouvoirs du jury d'expropriation, le ministre a ajouté : « Il ne me paraît pas douteux que l'intention du législateur n'ait été de déférer à l'appréciation souveraine du jury les questions relatives au règlement de toutes les indemnités de dommage qui peuvent être dues aux propriétaires expropriés, sans qu'il y ait lieu de distinguer, ainsi que le prétend le sieur Valette, entre celles de ces indemnités qui sont la conséquence de l'expropriation et celles qui résultent de l'exécution proprement dite des travaux... Il faut que le jury statue par une seule et même décision et sur les indemnités principales, et sur les indemnités accessoires. » Napoléon, etc. — Vu la loi du 28 pluv. an 8 et celle du 3 mai 1841 ;— Considérant que, par décision du 6 avr. 1854, le jury d'expropriation pour cause d'utilité publique a fixé à la somme de 27,000 fr. l'indemnité due au sieur Valette pour des terrains d'une contenance de

7,468 mètres, nécessaires à l'établissement du chemin de fer à la Méditerranée ; — Considérant que le sieur Valette, po ment à cette décision, a réclamé devant le conseil de préfect Drôme, et qu'il réclame aujourd'hui devant nous une indemni préciation causée par les travaux du chemin de fer à priété ;— Considérant qu'il résulte de l'instruction qu'à l'époque jury a statué les travaux ayant pour objet d'établir le chem sur les terrains expropriés étaient déjà terminés ; que le sieu ne justifie pas que toutes les causes de dépréciation résulta exécution n'aient point été prises en considération, dans la l'indemnité qui lui a été allouée par le jury, et qu'il n'allègu postérieurement à la décision du jury, il ait éprouvé aucu nouveau ;— Art. 1. La requête du sieur Valette est rejetée. Du 7 mai 1857.-Décr. cons. d'Et.-M. Pascalis, rap.

(2) *Espèce :*—(De Niort.)—29 juill. 1850, arrêt du conseil d ture de l'Aude, ainsi conçu : « Considérant qu'aux termes la requête susvisée, les dommages dont le réclamant sollicit tion proviendraient des terrassements faits pour la construction dont s'agit ; qu'il résulte des documents produits que ces terr étaient la conséquence forcée, et d'ailleurs prévue par toutes le de l'établissement du chemin pour lequel le réclamant a été

qui fixe l'indemnité d'expropriation, s'adresser à l'autorité administrative pour réclamer une indemnité à raison du dommage que lui auraient fait éprouver des fouilles et sondages pratiqués à une époque antérieure à l'expropriation, et lorsque son fonds était l'objet d'une occupation temporaire, ce dernier dommage étant nécessairement compris dans l'indemnité allouée par le juge d'expropriation (cons. d'Et. 29 juill. 1858, M. Pascalis, rap., aff. Palous); — 6° Que lorsqu'une compagnie a acquis une portion du sol d'une rue par expropriation pour cause d'utilité publique et que l'indemnité due à la ville a été fixée par décision du jury d'expropriation, la compagnie ne peut être condamnée par le conseil de préfecture à payer des indemnités aux propriétaires riverains, à raison du dommage qui serait résulté pour eux du rétrécissement de la rue (cons. d'Et. 8 déc. 1859) (1).

— Le ministre des travaux publics disait, lors de l'arrêt du 29 juill. 1858 qui précède : « D'après la jurisprudence, lorsqu'un jury a fixé le montant des indemnités à payer à des propriétaires expropriés, il est *toujours présumé* avoir fait entrer en ligne de compte les circonstances de toute nature qui *auront pu ou pourront* occasionner à ces derniers un préjudice direct ou indirect » (V. aussi l'opinion exprimée par le ministre lors de l'arrêt du 7 mai 1857). — Nous ne saurions nous ranger à cette opinion. — « Comment admettre, dit avec raison M. de la Monnoye, p. 293, que le jury ait *nécessairement compris* dans l'indemnité un dommage qu'il n'avait pas compétence pour arbitrer. » — Cette jurisprudence a cela de singulier que la solution que le conseil d'Etat trouve implicitement et nécessairement comprise dans la décision du jury serait, aux yeux de la cour de cassation, si elle y était formellement exprimée, une cause d'annulation de cette décision (V. n° 162). — Il est à remarquer cependant que, dans une autre matière, le conseil d'Etat a fait la distinction qu'il repousse ici. — Il s'agissait d'une usine dont la suppression était ordonnée : le conseil d'Etat a décidé que c'était au jury qu'il appartenait de régler l'indemnité afférente aux bâtiments et au matériel de l'usine ; mais que, quant à la suppression de la force

motrice, l'autorité administrative seule était compétente pour .a régler (cons. d'Et. 27 août 1857, trois arrêts du même jour, aff. Marchand, aff. Bodinier et aff. Journeil, D. P. 58. 3. 65).

165. En tous cas, le conseil d'Etat reconnaît que si le dommage n'a pu être prévu au moment où le jury a rendu sa décision, la demande en indemnité formée postérieurement devant le conseil de préfecture est recevable.—Il a décidé en effet que le dommage causé à une maison par l'ébranlement du passage des trains étant postérieur à la construction du chemin, n'a pu être pris en considération dans le règlement de l'indemnité allouée au propriétaire de la maison par le jury d'expropriation, et, par conséquent, peut donner lieu à une indemnité distincte dont l'appréciation appartient au conseil de préfecture (cons. d'Et. 21 mars 1861, M. Pascalis rap., aff. ch. de fer du Midi).

De même encore, lorsqu'une compagnie de chemin de fer, ayant acquis d'une ville par expropriation pour cause d'utilité publique une portion du sol d'une rue, a opposé aux propriétaires riverains qui réclamaient une indemnité pour la dépréciation que subiraient leurs maisons par suite des travaux d'exhaussement de la voie publique que la compagnie devait exécuter, l'incompétence du jury pour statuer sur cette demande et que, du consentement de cette compagnie, il a été donné acte aux propriétaires de leurs réserves, ceux-ci peuvent réclamer devant le conseil de préfecture une indemnité à raison d'exhaussements exécutés postérieurement à l'expropriation (cons. d'Et. 14 fév. 1861, M. Pascalis, rap., aff. ch. de fer du Midi).

166. Suivant un arrêt du conseil d'Etat, rendu contrairement aux observations présentées par le ministre des travaux publics, dans le cas où un propriétaire a cédé à l'amiable des terrains destinés à l'établissement d'un chemin de fer sous toutes réserves de ses droits à une indemnité pour les dommages qui pourraient résulter de l'exécution des travaux quant aux parcelles voisines des terrains cédés, c'est le jury qui est compétent, à l'exclusion du conseil de préfecture, pour connaître de la demande en indemnité ultérieurement formée par le pro-

exproprié, et qu'en fixant à 7,000 fr. l'indemnité à payer à ce dernier, alors que son terrain valait à peine 3,000 fr., il est évident que le jury l'expropriation a compris dans ce premier chiffre tous les éléments d'indemnité afférents aux diverses espèces de dommages appréciables ou possibles en vue des travaux dont il s'agit; que, dès lors, il n'y a pas lieu d'accueillir la demande du réclamant quant à ce, etc. » — Pourvoi au conseil d'Etat. — Le ministre de l'intérieur pense que le pourvoi est fondé. Il n'est pas possible, en effet, d'admettre avec le conseil de préfecture, a-t-il dit, que le jury ait apprécié par avance des dommages qui auraient pu ne pas exister, et dont l'étendue d'ailleurs était complétement inconnue; sa décision n'a pu porter et n'a porté en réalité que sur la valeur du terrain exproprié.

NAPOLÉON, etc.; — Vu la loi du 28 pluv. an 8 et celle du 3 mai 1841; — En ce qui touche le chef relatif au dommage qui aurait été causé à la propriété du sieur de Niort par les remblais du chemin : — Considérant, en droit, que d'après la loi du 3 mai 1841, le jury est chargé de fixer l'indemnité des propriétaires dépossédés, en raison des préjudices de toute nature qui sont la conséquence de l'expropriation; — Considérant que lesdits propriétaires ne sont en droit de réclamer postérieurement une indemnité supplémentaire que s'il leur est causé, dans l'exécution des travaux, un dommage nouveau et non prévu lors de la décision du jury; — Considérant, en fait, que le sieur de Niort ne se plaint pas d'avoir éprouvé un préjudice de cette nature; que, partant, le premier chef de sa réclamation est mal fondé;... — Art. 1. La requête du sieur Niort est rejetée.

Du 12 mai 1853.—Décr. cons. d'Et.-M. Daverne, rap.

(1) (Chem. de fer du Midi C. Tournon et cons.) — NAPOLÉON, etc.; — Vu les lois du 28 pluv. an 8, 16 sept. 1807 et 3 mai 1841; — En ce qui touche le dommage qui serait résulté pour les sieurs Tournon et consorts du rétrécissement de la rue des Fossés-de-l'Abbaye (a);

(a) Le ministre des travaux publics a dit sur ce moyen : « Aux termes de l'art. 21 de la loi du 3 mai 1841, dans la notification du jugement d'expropriation, le propriétaire est tenu d'appeler et de faire connaître à l'administration les fermiers, locataires, etc., etc., et ceux qui peuvent réclamer des servitudes résultant des titres mêmes du propriétaire ou d'autres actes dans lesquels ils pourront intervenir; sinon il reste seul chargé envers eux des indemnités qu'ils pourront réclamer. Le même article ajoute que les autres intéressés seront en demeure de faire valoir leurs droits par l'avertissement énoncé en l'art. 6, et tenus de se faire connaître de l'administration dans le même délai de huitaine; défaut de quoi ils seront déchus de tous droits à l'indemnité... D'un autre côté, c'est en principe que tous les dommages résultant de l'expropriation qui pouvaient

— Considérant que la compagnie des chemins de fer du Midi a acquis une portion du sol de ladite rue par expropriation pour cause d'utilité publique, et que l'indemnité due à la ville de Moissac a été fixée par une décision du jury, en vertu de la loi du 3 mai 1841; que dans ces circonstances, c'est par le conseil de préfecture a condamné la compagnie à payer des indemnités aux propriétaires riverains, à raison du dommage qui serait résulté pour eux du rétrécissement de la rue;

En ce qui touche le dommage qui aurait été causé aux maisons des sieurs Tournon et consorts par l'ébranlement provenant du passage des trains sur le chemin de fer : — Sur la compétence (b) : — Considérant que ce dommage serait la conséquence non d'un fait particulier d'exploitation, mais de l'établissement du sol du chemin de fer et du service public auquel il est affecté; qu'ainsi c'est au conseil de préfecture qu'il appartenait, aux termes de l'art. 4 de la loi du 28 pluv. an 8, d'apprécier ce dommage; — Au fond : — Considérant qu'il ne résulte pas de l'instruction que des fissures et les dégradations qui se sont produites dans les maisons des sieurs Tournon et consorts aient été occasionnées par l'ébranlement que cause le passage des trains;

Art. 1. L'arrêté du conseil de préfecture de Tarn-et-Garonne, du 22 oct. 1857, est annulé. — Art. 2. Les frais d'expertise sont mis à la charge des sieurs Tournon et cons., etc.

Du 8 déc. 1859.—Décr. cons. d'Et.-M. Pascal s, rap.

être appréciés au moment de la convocation du jury, sont compris dans l'indemnité réglée au profit des propriétaires expropriés, en ce sens qu'il y a présomption de droit que les dommages en question ont été appréciés et réglés par le jury... Prétendrait-on que les propriétaires riverains n'étaient pas du nombre des intéressés que la ville de Moissac était tenue de faire connaître à la compagnie, aux termes du § 1 de l'art. 21 de la loi du 3 mai 1841? Dans cette hypothèse, il y aurait lieu d'opposer à la demande la déchéance résultant de ce qu'ils ne s'étaient pas fait connaître dans le délai déterminé par le dernier paragraphe du même art. 21. — Dans tous les cas, le conseil de préfecture était incompétent, s'agissant de dommages provenant de l'expropriation et non de l'exécution des travaux.

(b) Sur ce point, le ministre disait : Il est certain que l'envoi de trains de voyageurs et de marchandises circulant sur un chemin de fer en exploitation ne saurait être considéré comme constituant un acte d'exécution d'un travail d'utilité publique. Les compagnies de chemins de fer ne peuvent être actionnées en qualité d'entrepreneur de travaux publics que pour les actes se rapportant spécialement à la construction, à la réparation ou à l'entretien du corps du chemin de fer et des ouvrages qui en dépendent. Elles sont soumises au droit commun en ce qui concerne leurs rapports avec les tiers pour tous les faits de leur gestion autres que ceux qui ont trait à l'exécution proprement dite des travaux du chemin de fer, et notamment pour tout ce qui est relatif à l'exploitation.

priétaire à raison de dommages allégués par lui et dont l'administration conteste l'existence, cette contestation et cette demande en indemnité devant se résoudre par l'interprétation et l'appréciation des clauses de l'acte de cession amiable (cons. d'Et. 22 août 1853) (1). — Mais depuis il a été jugé, avec plus de raison, que lorsque des particuliers ayant traité *à l'amiable* avec une compagnie de chemin de fer pour la cession de leurs immeubles, réclament de ladite compagnie, devant le conseil de préfecture, une indemnité pour les dommages que les travaux auraient causés aux portions de leurs propriétés restées entre leurs mains, et que la compagnie soutient que cette indemnité a été comprise dans celle réglée par la convention, le conseil de préfecture doit, avant de statuer, renvoyer à l'autorité judiciaire l'interprétation des actes contestés (cons. d'Et. 13 janv. 1859, M. Aubernon, rap., aff. ch. de fer de l'Est).

167. La concession d'un chemin de fer constitue une entreprise de travaux publics ; par conséquent, les contestations qui s'élèvent à l'occasion des traités passés par la compagnie pour l'exécution des travaux du chemin doivent être portées devant le conseil de préfecture, conformément à la loi du 28 pluv. an 8, art. 4 (V. Trav. pub. n° 1124 et s., 1146).—Il a été décidé conformément à cette règle : 1° que les travaux de construction d'une gare de chemin de fer ont le caractère de travaux publics, lorsqu'ils ont été approuvés, au nom de l'État, par l'administration supérieure, et, par suite, la convention passée entre la compagnie du chemin de fer et une ville, pour l'établissement de cette gare sur un emplacement déterminé, et son achèvement dans un délai fixé constitue un marché de travaux publics soumis, en cas de difficultés sur l'exécution de ce marché, à la compétence de l'autorité administrative (Civ. cass. 2 déc. 1861, aff. ch. de fer d'Orléans, D. P. 62. 1. 33), ... et que l'incompétence des tribunaux civils pour statuer sur les contestations auxquelles l'exécution de cette convention a donnée lieu, peut être proposée pour la première fois devant la cour de cassation (même arrêt) ; — 2° Que l'autorité administrative est compétente, à l'exclusion de l'autorité judiciaire, pour statuer sur une contestation entre une ville et une compagnie concessionnaire de chemin de fer relativement à l'exécution d'une convention intervenue entre elles pour la construction d'un viaduc substitué sur la demande de la ville, avec l'approbation de l'autorité supérieure, à un pont que la compagnie était tenue d'établir aux termes de son cahier des charges, attendu que cet ouvrage est un travail public (cons. d'Et. 26 mai 1859, M. Boulatignier, rap., aff. ch. de fer de l'Ouest *C.* ville d'Evreux ; V. des décisions analogues v° Voirie par terre, n° 80).

168. Quant aux contestations entre les compagnies *employés* ou *ouvriers*, pour payement des *salaires* de, par exemple, c'est aux juges ordinaires qu'il appartient connaître, c'est-à-dire au juge de paix (Paris, 6 janv. ... ch. de fer de Saint-Germain, V. Comp. civ. des juges de n° 168), ou suivant M. Cotelle, p. 279, au conseil de hommes, s'il en existe dans la localité.

169. Le chemin de fer, dit l'art. 20 du cahier des char sera séparé des propriétés riveraines par des murs, toute autre clôture dont le mode et la disposition seront sés par l'administration, sur la proposition de la compagnie Cette disposition n'est que la mise à exécution de l'art. 4 d loi du 15 juill. 1845, sur la police des chemins de fer qui po « Tout chemin de fer sera clos des deux côtés et sur toute tendue de la voie. — L'administration déterminera pour cha ligne le mode de cette clôture, et pour ceux des chemins qui n ont pas été assujettis, l'époque à laquelle ils devra être ef tuée. — Partout où les chemins de fer croiseront de niveau le routes de terre, des barrières seront établies et tenues ferme conformément aux règlements. » — V. sur ce dernier point le art. 4 et 6 de l'ord. du 15 nov. 1846, et *infrà*, n° 570.

170. La clôture des deux côtés de la voie et l'établissement de barrières sur les points où les chemins de fer croisent à ni veau les routes de terre, est une mesure de la plus haute importance. En effet, à la différence des routes et chemins ordinaires dont l'accès doit être facile, constamment ouvert à tous le jour comme la nuit, les voies ferrées doivent, au contraire, être in terdites au public et à toute fréquentation par les hommes et le animaux, si ce n'est au moment même de monter en voiture Autrement, en raison de la rapidité des convois et de l'extrêm danger de déraillement, que le moindre obstacle posé sur la vo pourrait occasionner, les plus graves accidents seraient à déplo rer tous les jours. Aussi cette obligation, qu'on trouve égale ment dans les législations étrangères, est-elle reproduite, e France, dans tous les cahiers des charges. Elle est impérative en ce sens que l'administration n'aurait pas le droit, directe ment ou indirectement, d'en exonérer une compagnie (Conf MM. Rebel et Juge, n° 580 ; Gand, n° 82 ; Féraud-Giraud p. 76). — Elle est générale et absolue, c'est-à-dire que la clo ture doit s'effectuer, quel que soit le mode de construction d chemin de fer, qu'il soit de *niveau* avec les propriétés rivera nes, qu'il soit en *déblai* ou *remblai* (Conf. MM. Rebel et Juge n° 586 ; Gand, n° 84 ; Féraud-Giraud, p. 86).

171. La clôture imposée aux compagnies concessionnaire par l'art. 4 de la loi de 1845 doit être de toute nécessité ét

---

(1) *Espèce :* — (Duhoux). « Il faut remarquer, a dit le ministre des travaux publics, que le conseil de préfecture n'a pas été saisi par le sieur Duhoux d'une demande à fin de règlement d'une indemnité complémentaire de terrain, mais bien d'une réclamation ayant pour objet la réparation d'un dommage industriel qui résulterait de la construction du chemin de fer. Ceci posé, quelles sont les limites de la compétence du jury d'expropriation ? Ce jury a été institué pour apprécier la valeur des propriétés immobilières dont la cession est requise dans un intérêt public. Pour qu'un jury soit convoqué, il faut de toute nécessité qu'il y ait un immeuble à acquérir, un immeuble à estimer ; car, aux termes de l'art. 37 de la loi du 5 mai 1841, le magistrat-directeur doit mettre sous ses yeux : 1° le tableau des offres et des demandes notifiées en exécution des art. 23 et 24 ; 2° les plans parcellaires. Le jury a bien, il est vrai, qualité pour statuer sur les dommages qui peuvent résulter de la dépréciation que devra subir l'immeuble après l'expropriation, soit par suite du morcellement, soit par toute autre cause, ce que l'on appelle indemnités accessoires ; mais c'est à une condition : c'est qu'il statue en même temps sur l'indemnité due pour le sol et sur l'indemnité accessoire. Dans l'espèce, le jury est dessaisi du règlement de l'indemnité principale, puisqu'elle a été arrêtée par un acte amiable qui est assimilé, quant à ses conséquences, au règlement judiciaire ; il ne reste plus qu'une simple question de dommages qui ne peut plus lui être déférée, et dont l'appréciation, aux termes de la loi du 28 pluv. an 8, appartient au conseil de préfecture. C'est donc avec raison que le sieur Duhoux, dans l'espèce, s'était adressé au conseil de préfecture de la Loire-Inférieure, et s'il en décline aujourd'hui la compétence, c'est uniquement parce qu'il y a trouvé des juges peu favorables à ses prétentions. »

NAPOLÉON, etc. ; — Vu la loi du 5 mai 1841 ; — Vu le décret organique du 25 janv. 1852 ; — Considérant qu'il résulte des deux actes de vente amiable susvisés, en date du 20 mars 1844, que le sieur Duhoux a cédé à l'État la propriété de diverses parcelles de terrains nécessaires à l'établissement du chemin de fer de Tours à Nantes ; qu'en sus de prix stipulé par lui, le sieur Duhoux, aux termes desdits actes de vente a réservé tous ses droits à une indemnité pour le cas où, par suite de l'exécution du chemin de fer, l'exploitation de ses fours à chaux de Bernardeau et de Saint-Méen, situées sur une des parcelles voisines deviendrait plus difficile ou plus onéreuse, ou même impossible ; — Considérant que le sieur Duhoux, se fondant sur lesdites réserves, réclame, à raison de l'impossibilité d'exploiter qui résulterait pour lui de l'exécution des travaux dont il s'agit, une indemnité de 100,000 fr. représentation de la valeur de ses fours à chaux ; que le ministre de travaux publics, sans contester que ces réserves, acceptées par l'administration, aient pour effet de conférer au sieur Duhoux un dro éventuel à une indemnité pour le cas qu'elles ont prévu, a refusé d'a louer ladite indemnité par le motif que les travaux du chemin de fe auraient été exécutés par l'administration de manière à permettre au sieur Duhoux la libre exploitation de ses fours à chaux ; que, dès lor il s'agissait, dans l'espèce, d'interpréter et d'apprécier les condition d'une cession amiable d'immeubles faites à l'administration, par un propriétaire, pour l'exécution de travaux publics, conformément à loi du 5 mai 1841, et qu'aux termes de ladite loi, c'est aux autorité instituées par elle qu'il appartient de connaître des questions de cett nature ; qu'ainsi, l'arrêté du conseil de préfecture de la Loire-Inférieur a été incomplètement rendu ;— Art. 1. L'arrêté susvisé du conseil de préfecture de la Loire-Inférieure, en date du 10 mai 1850, est annulé — Art. 2. Le sieur Duhoux est renvoyé devant l'autorité judiciaire et le jury spécial institué par la loi du 5 mai 1841 pour être statué, ce qu de droit sur sa demande tendant à l'allocation d'une indemnité représentative de la valeur de ses fours à chaux.

Du 22 août 1855.-Décr. cons. d'Et.-M. Robert, rap.

mise en entier sur le sol même dépendant de la voie ferrée; chaque riverain aurait le droit de s'opposer à tout empiétement sur sa propriété. — D'un autre côté, la clôture une fois établie forme une dépendance de la voie de fer, et par suite du domaine public avec les conséquences légales qui en dérivent (V. nos 179 et s.). Il en résulte que, dans le cas où la clôture serait formée par un mur, les règles de la mitoyenneté établies dans les art. 653 et suiv. c. nap. ne pourraient être invoquées par les propriétaires riverains (Conf. M. Féraud-Giraud, p. 77).

172. Le mode de clôture est laissé à la détermination de l'autorité par l'art. 4 précité. Le projet avait cru devoir, au contraire, fixer ce mode (murs, haies ou poteaux non lissés, barrières, fossés). Mais cette disposition trop précise a été repoussée. On a fait observer avec raison que les modes de clôture pouvant varier selon la nature des terrains traversés et les situations diverses dans lesquelles se trouvent les chemins de fer, il serait peu sage de se renfermer dans un système de clôture déterminé. Ainsi, un règlement doit intervenir pour chaque ligne à l'effet d'indiquer le mode de clôtures qui devra être adopté. — On a vu, sous le n° 169, que le cahier des charges lui-même ne fixe pas le mode de clôture. La compagnie propose celui qui lui paraît le plus convenable, et l'administration approuve s'il y a lieu. — Il a été jugé que lorsque la clôture a été acceptée par l'administration, il n'est pas permis aux particuliers d'en demander la modification par la voie contentieuse, et par exemple que le propriétaire riverain qui a cédé pour l'établissement du chemin de fer une partie de sa propriété et qui, dans l'acte de cession, n'a fait aucune réserve relativement au mode de clôture à employer pour séparer la portion cédée de la portion conservée, ne peut, lorsque le mode de clôture a été accepté par l'administration, réclamer de la compagnie concessionnaire devant le conseil de préfecture, soit des modifications à la clôture, soit des dommages-intérêts, sous prétexte que cette clôture n'empêcherait pas le passage des animaux de basse-cour : « Attendu qu'aux termes de l'art. 46 du cahier des charges et de l'art. 4 de la loi du 15 juill. 1845, l'administration a seule le droit de déterminer le mode de clôture que la compagnie est tenue d'établir le long de la voie (cons. d'Et. 24 mai 1859, M. de Sandrans, rap., aff. chem. de fer de l'Ouest C. Vattier). — De même le conseil général des ponts et chaussées a, dans un avis sur la réclamation d'éleveurs de gros bétail qui demandaient que la clôture séparant leurs prairies du chemin de fer fût construite en forts poteaux reliés entre eux avec deux lignes de fil de fer d'un gros calibre, déclaré que les échalas ou haies sèches de la clôture étaient suffisants; que, d'ailleurs, ils n'étaient que provisoires, servant de soutien à des plantations de haies vives et d'arbres qui, en quelques années, offriraient une défense convenable (avis du 9 sept. 1850; M. Gotelle, t. 4, p. 199).

173. C'est à l'administration supérieure et non au préfet qu'il appartient de déterminer le mode de clôture des chemins de fer. C'est ainsi que doit être entendu le mot *administration* dont se sert le § 2 de l'art. 4 de la loi du 15 juill. 1845. En effet, le mode de clôture doit être déterminé pour *chaque ligne*; or le préfet n'a de pouvoir que dans le département qu'il est chargé d'administrer, et les lignes de chemin de fer parcourent le plus souvent plusieurs départements. — La mesure ne peut donc être prise que par l'autorité qui réunit sous sa main tous les départements du territoire, c'est-à-dire par le ministre. La loi n'exige pas, en effet, un acte en forme de règlement d'administration publique, ni un acte simple et direct du chef du gouvernement. — On pourrait objecter, il est vrai, qu'il existe, dans l'ordonnance réglementaire des 15-21 nov. 1846, une disposition (art. 71) qui, dans l'hypothèse d'un chemin de fer traversant plusieurs départements, déclare centraliser dans les mains d'un seul préfet les attributions de ceux des autres départements traversés par la ligne. Mais l'étendue de cette centralisation de pouvoirs est expliquée et déterminée par une instruction ministérielle du 31 déc. 1846, qui la restreint avec raison aux mesures de *surveillance* et de *police* proprement dite, et qui, d'ailleurs, exige que les mesures prises par le préfet centralisateur soient soumises au ministre (Voy. D. P. 47. 5. 192). Et d'un autre côté, dans l'intérêt de l'unité du service, les pouvoirs du préfet centralisateur ont été transférés

au ministre par un arrêté du 15 avr. 1850 (V. *infrà*, n° 265).

174. L'art. 4 de la loi de 1845 s'applique au passé aussi bien qu'à l'avenir, c'est-à-dire que les chemins exécutés antérieurement à la loi doivent, comme ceux qui ont été construits postérieurement, être fermés, dans toute leur étendue, d'une clôture élevée aux frais de la compagnie, alors même que ses statuts, agréés par l'administration, ne lui auraient pas imposé cette obligation. On avait prétendu, dans la discussion, que la disposition de l'art. 4 entendue ainsi était entachée de rétroactivité; que l'on ne pouvait, sans les indemniser, imposer aux compagnies anciennes une obligation à laquelle elles n'étaient pas soumises par leur cahier des charges. — Mais il a été répondu que les lois de police et de sûreté frappent les citoyens dans l'état où ils se trouvent au moment où elles sont promulguées; que la loi qui introduit la nécessité de se clore dans l'intérêt de la sûreté de la circulation est évidemment dans cette catégorie, et que, dès lors, aucune indemnité n'est due. Le rapporteur, le ministre des travaux publics et la plupart des orateurs ont pris la parole sur cette question, ont été unanimes sur ce point (V. Monit. 3 avr. 1844, 18 mars 1845 et D. P. 45. 3. 166). — Seulement le gouvernement a pensé qu'il y avait des tempéraments à apporter dans l'exécution de la loi; que s'il fallait immédiatement et quelles que fussent les difficultés imposer la clôture à tous les chemins de fer existants, ce serait agir avec trop de rigueur. En conséquence, il a été dit dans l'article que l'administration apprécierait et fixerait elle-même l'époque à laquelle la clôture de ces chemins serait effectuée.—V. MM. Duvergier, p. 290; Jousselin, t. 2, p. 381.

175. Faut-il distinguer le cas où les clôtures auraient été faites en *maçonnerie* aux gares, aux stations et passages à niveau, du cas où elles seraient composées de toute autre matière? Dans le premier cas, on les mettrait à la charge de l'État, comme *ouvrage d'art*; dans le second, les frais seraient supportés par les compagnies concessionnaires (V. MM. Rebel et Juge, nos 261, 266, 283, 293; cah. des ch. d'Orléans à Bordeaux, art. 7, § 4; Féraud-Giraud, p. 79). — Cette discussion n'a pu exister qu'au sujet des conventions passées entre l'État et les compagnies, sous l'empire de la loi du 11 juin 1842 (V. MM. Rebel et Juge, n° 267). Depuis que les travaux à la charge de l'État ont été livrés aux compagnies, l'entretien en est tombé à leur charge, pour toutes les parties ou dépendances du chemin de fer, sans aucune distinction possible à raison de la nature des ouvrages et matériaux qui y sont employés.

176. En tant qu'une difficulté a pu s'élever sur le point de savoir qui, de l'État ou du concessionnaire, devait construire la clôture, c'était là une question *contentieuse* dont la solution appartenait au conseil de préfecture et non pas à l'administration; l'art. 4 de la loi du 15 juill. 1845 ne pouvait s'appliquer à l'hypothèse dont il s'agit (Conf. MM. Rebel, n° 581; Gand, nos 82 et 83; Féraud-Giraud, p. 80).

177. Les travaux exécutés par la compagnie doivent être reçus par l'administration avant que le chemin de fer puisse être mis en exploitation. Cette règle est générale et s'applique à tous les travaux publics exécutés par entreprise ou par concession (V. Trav. publ., nos 363, 554 et suiv.). — La réception n'est définitive qu'après l'achèvement de toute la ligne; cependant elle peut être partielle lorsque, par exemple, une partie achevée de la ligne peut être utilement mise en exploitation; mais, dans ce cas, elle n'est que provisoire (V. art. 28 du cahier des charges). — Il a été décidé que l'obligation de faire recevoir par l'administration, avant de les livrer à la circulation, les voies de fer nouvelles, incombe aux compagnies formées pour l'exploitation de ces voies et non aux ingénieurs qui les ont construites; et que cette obligation doit être remplie, même en ce qui concerne les fractions de chemin de fer susceptibles d'être exploitées séparément avant l'achèvement de la ligne entière (rès. par la cour imp. de Paris dans l'affaire qui suit); — Que par suite, en cas d'exploitation d'une voie de fer avant sa réception par l'administration, c'est contre le directeur et l'inspecteur de la compagnie, et non contre l'ingénieur, que doivent être exercées les poursuites à raison d'accidents provenant de causes que les vérifications de l'administration auraient pu signaler, si d'ailleurs ces causes ne proviennent pas d'un vice de construction impu-

table à l'ingénieur (rés. impl. Crim. rej. 1er fév. 1855, aff. Flachat, D. P. 55. 1. 189).

178. Après l'achèvement total des travaux, et dans le délai fixé par l'administration, la compagnie doit faire à ses frais un bornage contradictoire et un plan cadastral du chemin de fer et de ses dépendances. Elle doit également faire dresser à ses frais un état descriptif de tous les ouvrages d'art exécutés dans tout le parcours de la voie (cahier des charges, art. 29). Les terrains acquis par la compagnie postérieurement au bornage général, et qui par cela même deviendront partie intégrante du chemin de fer, donneront lieu, au fur et à mesure de leur acquisition, à des bornages supplémentaires et seront ajoutés sur le plan cadastral (même article).—Dans le cas où le bornage prescrit par le cahier des charges n'aurait pas été effectué (ce qui arrivera bien rarement sans doute, puisque le chemin doit nécessairement, ainsi qu'on vient de le dire, être séparé des propriétés riveraines par une clôture), les propriétaires riverains auraient toujours le droit, conformément à l'art. 646 c. nap. de le réclamer, même après l'expiration de la concession et alors que le chemin de fer aura passé dans les mains de l'Etat, le droit de demander le bornage ne pouvant jamais se prescrire (Conf. M. Cotelle, p. 205). — V. v° Bornage, n° 13.

CHAP. 3. — Des chemins de fer envisagés comme des dépendances de la grande voirie et des conséquences qui en résultent.

Sect. 1. — *Des chemins de fer envisagés comme des dépendances de la grande voirie.*

179. L'art. 1 de la loi du 15 juill. 1845 sur la police des chemins de fer porte : « Les chemins de fer construits ou concédés par l'Etat font partie de la grande voirie. » — Cette disposition, qui n'existait pas dans le projet, a été proposée par voie d'amendement, à la chambre des pairs, par M. le marquis Barthélemy, et n'a été adoptée qu'après une très-vive et très-longue discussion (D. P. 45. 3. 164, note 2). On ne s'explique guère l'opposition si persistante qu'elle a rencontrée; car il n'était douteux pour personne, dès avant la loi de 1845, que les chemins de fer dussent être considérés comme des dépendances de la grande voirie. — « Les chemins de fer construits ou concédés par l'Etat, dit fort bien M. Jousselin, Servit. d'ut. publ., t. 2, p. 374, appartenaient de leur nature à la grande voirie, avant même qu'une loi l'eût déclaré par une disposition expresse. En effet, non-seulement par l'étendue du territoire qu'ils traversent, ils remplissent l'office de grandes routes, mais, en outre, par les services éminents qu'ils rendent au gouvernement, au commerce, à l'industrie, ils tiennent le premier rang parmi les grandes routes. Aussi M. de Gerando (t. 2, p. 550) n'a-t-il pas attendu la loi du 15 juill. 1845 pour ranger, dès 1842, les chemins de fer dans la grande voirie. » — V. aussi M. Serrigny, Comp. admin., t. 2, n° 631.

180. L'art. 1 de la loi du 15 juill. 1845, ne parlant que des *chemins de fer construits ou concédés par l'Etat*, il en résulte que s'il arrivait qu'un chemin de cette nature fût entrepris et exécuté par un particulier sur ses propriétés, et pour son usage personnel, ce chemin échapperait à l'application de la loi actuelle et des règlements sur la voirie. — Seulement, si le public était admis à se servir de ce chemin, il irait de soi, ainsi que le dit fort bien M. Duvergier, t. 45, p. 288, que l'autorité administrative aurait, en vertu des pouvoirs généraux de police et de surveillance que la loi des 16-24 août 1790 lui accorde sur toutes les voies publiques, le droit d'intervenir et de prescrire toutes les mesures de police et de sûreté qu'elle croirait nécessaires dans l'intérêt général.

181. Mais les chemins d'embranchement construits par des propriétaires des mines et usines conformément à l'art. 62 du cahier des charges, bien que destinés particulièrement à l'usage de la mine ou de l'usine, font comme les chemins concédés, partie de la grande voirie. Ils ne peuvent en effet être exécutés qu'après une concession de l'administration, à l'expiration de laquelle ils rentreront dans les mains de l'Etat. D'un autre côté, le gouvernement, s'il n'impose pas immédiatement au conces-

sionnaire l'obligation de livrer le chemin au public, se toujours le droit de l'imposer plus tard.

182. Bien qu'assimilés aux routes ordinaires à cause de leur destination semblable, les chemins de fer se distinguent de celles-ci par une différence essentielle provenant surtout de la manière dont le public est admis à jouir et à profiter des unes et des autres. Les routes ordinaires accessibles à tous de jour comme de nuit sont ouvertes à tous les modes de circulation possibles. Les voies ferrées, au contraire, sont destinées à un mode unique de locomotion; elles ne peuvent être parcourues par les voitures et machines spécialement affectées au service de l'exploitation; elles sont rigoureusement fermées au public, si ce n'est en certains endroits déterminés, et nul, à l'exception des agents de la compagnie, n'a le droit d'y circuler ou de les traverser.—De là il résulte que bien que les voies ferrées, comme les routes ordinaires, fassent partie de la grande voirie, cependant ces différentes voies de communication ne peuvent pas être soumises à des règles entièrement uniformes. Aussi les chemins de fer ne sont pas assujettis à tous les règlements de la grande voirie, mais à ceux seulement qui leur ont été spécialement déclarés applicables (V. n°s 194 et suiv.), et, en outre, ils sont soumis à des règles de police spéciales que ne comportent pas les voies ordinaires de communication.

183. Le classement des chemins de fer parmi les dépendances de la grande voirie produit des effets légaux bien déterminés. Il en résulte virtuellement et sans qu'il soit besoin d'indications spéciales que les chemins de fer sont régis quant aux règles d'administration, de servitude, de poursuites et de procédure en cas de contravention, de mesures provisoires, de compétence juridictionnelle, de peines, de prescription, etc., aux lois spéciales de la grande voirie (MM. Jousselin, t. 2, p. 375, n° 4; Férand Giraud, p. 18). — Ainsi, de ce que les chemins de fer font parti de la grande voirie, il suit : 1° que l'administration en appartient aux préfets par application de la règle générale de la loi des 6-11 sept. 1790, art. 6; — 2° que les contraventions de voirie qui y seront commises seront poursuivies et jugées devant le conseil de préfecture, conformément à la loi du 29 flor. an 10; — 3° que c'est à la même juridiction qu'il appartient de prononcer sur les difficultés qui pourront s'élever à l'occasion de la confection des chemins de fer, soit entre les entrepreneurs et l'administration, soit entre les entrepreneurs et les particuliers, suivant les lois des 28 pluv. an 8, art. 4, et 29 flor. an 10, art. 4; — 4° que les sous-préfets ont le droit d'ordonner toutes les mesures provisoires et de droit pour faire cesser les dommages (art. 3 de la même loi de floréal an 10); — 5° que l'autorité a le droit d'exiger la démolition des bâtiments menaçant ruine existant le long des chemins de fer par application de la loi du 16 août 1790, art. 3; — 6° que les peines portées pour les contraventions de voirie proprement dites seront celles édictées par les anciens règlements, sauf le correctif apporté par la loi du 23 mars 1842 sur l'élévation du taux des amendes portées par l'ancien droit, toutes les fois qu'il n'y a pas été dérogé par la loi du 15 juill. 1845 (V. n° 250); — 7° que la prescription, pour les contraventions dont il s'agit, est celle de art. 2 et 640 c. inst. crim. (V. Voirie par terre, n° 270).

184. La grande voirie fait partie du domaine public; les chemins de fer, par conséquent, sont aussi une dépendance du domaine public, et à ce titre sont imprescriptibles, par application de la loi des 22 nov-1er déc. 1790, art. 1, et de l'art. 53 c. nap. (V. D. P. 45. 3. 164). — Et il en est ainsi, soit que les travaux aient été exécutés par l'Etat seul, soit qu'il aient été payés par des compagnies. La concession serait-elle même perpétuelle que le chemin de fer ne serait pas moins une dépendance du domaine public; car, dans ce cas, les concessionnaires ne peuvent prétendre avoir sur le chemin une propriété de droit commun; ils n'ont que la jouissance d'une chose affectée à l'usage du public, et dont ils ne peuvent changer la destination; jouissance qui n'est pas de nature à changer le caractère de l'objet auquel elle s'applique (V. Voirie par eau, n°s 39,153).—M. Jousselin, t. 2, p. 377, pense que l'imprescriptibilité de la voie ferrée n'est pas la conséquence de la qualification de grande voirie, car l'imprescriptibilité s'applique également à des chemins de petite voirie, aux chemins vicinaux, par exemple (V. I

21 mai 1836, art. 10, v° Voirie par terre, n°s 368 et s.). C'est, dit cet auteur, en vertu d'un autre principe, celui de la destination publique, que ce privilége s'attache aux chemins de fer.—Cette opinion ne nous paraît pas fondée. La destination publique n'est pas toujours une cause d'imprescriptibilité, puisque les chemins ruraux, bien que destinés à l'usage du public, ont été déclarés ne pas jouir de ce privilége; pour les dépendances de la grande voirie, au contraire, aucun doute ne peut s'élever : l'imprescriptibilité est la conséquence forcée du classement (Conf. M. Féraud-Giraud, p. 19). — Du reste, quelle que soit la cause de l'imprescriptibilité des chemins de fer construits par l'État ou concédés à des compagnies, la règle n'a jamais été mise en doute. — Il a été jugé, en effet, en Belgique comme en France : 1° que les chemins de fer construits moyennant concession de péage pendant une époque déterminée ne cessent pas d'appartenir à l'État ou domaine public (Bruxelles, 2 mars 1850, Pasicr., p. 124)...alors même que le cahier des charges porterait cette clause, « qu'à l'expiration de la concession, l'État serait subrogé aux droits de la société sur la propriété du terrain » (Gand, 8 août 1836, Belg. jud., t. 14, p. 1370); — 2° Que les chemins de fer construits ou concédés par l'État sont une dépendance du domaine public, et ne sauraient, dès lors, appartenir aux compagnies concessionnaires qui n'en ont que l'exploitation; qu'en conséquence, et au point de vue de l'enregistrement, le droit de la compagnie, limité aux produits du chemin, constitue un droit purement mobilier, dont la cession est soumise au droit de mutation mobilière :—«Attendu, dit la cour, qu'aux termes de l'art. 1 de la loi du 15 juill. 1845, les chemins de fer construits ou concédés par l'État font partie de la grande voirie; qu'ils sont, à ce titre, une dépendance du domaine public, et ne sauraient, dès lors, appartenir aux compagnies qui n'en ont que l'exploitation; que le droit de propriété de l'État sur les chemins de fer construits par lui et à ses frais n'a jamais pu être mis en doute; que la loi place, et avec raison, sur la même ligne, les chemins de fer construits par les compagnies concessionnaires; que les compagnies, en se chargeant de les créer, ne font que se charger d'une entreprise de travaux publics exécutés par les ordres, sur les plans, sous la direction et pour le compte de l'État qui les reçoit après achèvement, et indemnise les compagnies en leur concédant, pendant une période de temps déterminée, la perception privilégiée sur le chemin de fer de tous les péages ou prix de transport des voyageurs et marchandises d'après des tarifs arrêtés à l'avance entre les parties contractantes; qu'ainsi, dans les deux cas assimilés l'un à l'autre par la loi, le droit des compagnies, limité aux produits les chemins de fer, distinct de la propriété de ce chemin immédiatement acquise à l'État, ne participe en rien de la nature immobilière de cette propriété; que de l'attribution des chemins de fer au domaine public, il résulte encore que la jouissance les compagnies, quelles qu'en soient l'importance et la durée, n'a jamais les caractères d'un usufruit, d'un emphythéose, ou de tout autre droit analogue emportant un démembrement de la propriété publique contraire aux principes qui en assurent la conservation et l'intégrité; qu'ainsi, et à quelque point de vue qu'on se place, les droits des compagnies sur les chemins de fer sont purement mobiliers » (Civ. cass. 15 mai 1861, aff. Mancel, D. P. 61 1. 225).

185. Le principe est encore consacré d'une manière explicite par les solutions qui ont déclaré que la taxe représentative les droits de transmission entre-vifs ou par décès, créée par la loi du 20 fév. 1849 (taxe des biens de mainmorte), n'est pas due par les compagnies de chemins de fer.—V. v° Taxe, n° 17.

186. Du principe si bien mis en lumière par l'arrêt qui précède du 15 mai 1861, que les chemins de fer font partie du domaine public, et que les compagnies n'ont sur le chemin qu'un droit de jouissance, droit purement mobilier, il suit que les voies ferrées ne peuvent être saisies immobilièrement, puisque cette saisie supposerait que la compagnie a la propriété du sol, ce qui n'est pas. — Il a été décidé en ce sens que les chemins de fer n'étant pas susceptibles d'une propriété privée ne peuvent être l'objet d'une expropriation forcée de la part des créanciers de la compagnie concessionnaire, ni même des anciens propriétaires du sol (trib. civ. de la Seine 27 juill. 1850, aff. chem. de

Sceaux, D. P. 51. 5. 78).—V. MM. Cotelle, n° 276; A. Blanche, contentieux des ch. de fer, p. 46.

187. Toutefois, un arrêt, admettant en principe la possibilité de la saisie réelle d'un chemin de fer, a décidé que la vente d'un chemin de fer n'étant pas susceptible de s'opérer par portions séparées, pour pouvoir offrir au gouvernement et au public la garantie d'une exploitation intégrale, il en résultait qu'il ne pouvait non plus être sais. efficacement que dans son entier et non par parties séparées (Lyon 20 fév. 1840, aff. chem. de Roanne, V. v° Vente pub. d'imm., n° 79). — Cette solution, déjà ancienne, ne serait évidemment plus suivie aujourd'hui.

188. Mais si la propriété des chemins de fer échappe à l'action des créanciers de la compagnie, il semble qu'il doit en être autrement du droit de jouissance appartenant aux concessionnaires, droit mobilier, comme nous l'avons dit, et qui, ne pouvant être considéré comme faisant partie du domaine public, ne peut jouir du bénéfice de l'indisponibilité. Par la même raison, la compagnie peut transmettre ses droits à un tiers par cession amiable. — Seulement, comme l'exploitation des chemins de fer touche essentiellement à l'intérêt public, la transmission de la concession, soit par suite d'une convention amiable, soit par suite d'une poursuite judiciaire, ne peut avoir lieu qu'avec l'approbation du gouvernement. — Il a été décidé en ce sens, à l'égard de la cession volontaire : 1° que le concessionnaire d'une ligne a le droit d'en céder l'exploitation à une autre compagnie, sous la réserve de l'autorisation du gouvernement (décis. implic., Civ. cass. 15 mai 1861, aff. Mancel, D. P. 61. 1. 225); — 2° Que celui qui a obtenu la concession d'un chemin de fer ne peut, sans l'assentiment ni contre le gré du gouvernement, céder à un tiers cette concession, et par suite les droits, avantages et obligations résultant du cahier des charges accepté par lui;—Et que l'annulation d'une telle cession prononcée pour cause de refus d'approbation de la part du gouvernement, ne saurait donner lieu à des dommages-intérêts au profit de l'une ni de l'autre des parties, chacune d'elles ayant dû, lors du contrat, prévoir ce refus (Paris, 12 fév. 1856, D. P, 56. 2. 181, et le pourvoi, Civ. rej. 14 fév. 1859, aff. Mancel, D. P. 59. 1. 113). — Dans cette dernière espèce, le tribunal de première instance de la Seine avait validé le traité litigieux en se fondant sur ce qu'il avait pour objet la construction et l'exploitation, mais non la concession même du chemin de fer. Or, dit le tribunal, si la concession d'un chemin de fer ne peut faire l'objet, entre particuliers, d'un traité intéressé, il en est autrement des travaux de construction et de l'exploitation du chemin de fer. » — La cour de Paris a, au contraire, annulé ce traité; mais c'est après avoir constaté qu'il avait pour objet la transmission de la concession elle-même; et par conséquent sans désapprouver la thèse de droit consacrée par le jugement, sur la possibilité de céder la construction et l'exploitation du chemin de fer. — La cour de cassation relève avec soin cette constatation pour maintenir l'arrêt qui lui était déféré. — Résulte-t-il de là que, dans le système de l'arrêt de la chambre civile et des décisions rendues par les juges du fait, le concessionnaire d'un chemin de fer soit libre de transmettre à un tiers, sans l'assentiment du gouvernement, les travaux de construction et les droits d'exploitation du chemin de fer, par cela seul qu'il a pris soin de conserver la qualité de concessionnaire et la responsabilité qui en dérive vis-à-vis de l'État? Il nous semble difficile de l'admettre. La concession du chemin n'est-elle pas, en réalité, transmise dans tous ses effets, lorsque le concessionnaire en cède la construction et l'exploitation? Et ne serait-ce pas faire dépendre la validité du contrat d'une distinction bien subtile, que de soumettre ce contrat à l'autorisation du gouvernement, lorsqu'il portera sur la concession, et de l'en dispenser quand il aura pour objet des travaux et un droit d'exploitation qui, avec les obligations dont ils sont inséparables forment, ce nous semble, tout ce qui constitue la concession elle-même. — Devant la cour de cassation, on a produit à l'appui du pourvoi une consultation de M. Bouchené-Lefer, avocat à la cour impériale de Paris, dont le texte a été rapporté D. P. loc. cit. On lira avec un grand intérêt cette consultation où la nature d'une concession de chemin de fer et celle du droit d'intervention du gouvernement sont l'objet d'une étude qui atteste l'expérience de son auteur en ces difficiles matières.

189. De ce que les concessionnaires n'ont pas la propriété, mais seulement la possession, à titre précaire, des terrains sur lesquels la voie est établie, il en résulte, suivant un arrêt, qu'ils sont sans qualité pour exercer l'action réelle tendant à obtenir la suppression des servitudes dont seraient grevés ces mêmes terrains (Douai, 9 mars 1857, aff. Call, D. P. 57. 2. 145).

Du même principe, il suit encore que la traverse des villes, les compagnies concessionnaires ne peuvent être assujetties aux frais et taxes de pavage qui, suivant l'usage local, pèse sur les propriétaires riverains des rues et voies publiques (cons. d'Etat 24 mai 1860, aff. ch. de fer d'Orléans, D. P. 60. 3. 45; 12 déc. 1861. M. David, rap., même ch. de fer).—V. Voirie par terre n° 1590.

190. Les conséquences légales qui dérivent du classement des chemins de fer parmi les dépendances de la grande voirie s'appliquent non-seulement à la voie ferrée proprement dite, mais à ses dépendances telles que stations, gares et autres emplacements nécessaires à l'exploitation du service.—Il a été décidé en ce sens que la disposition de l'art. 1 de la loi du 15 juill. 1845, qui déclare que les chemins de fer font partie de la grande voirie, s'étend aux stations, gares et autres emplacements qui en dépendent; qu'en conséquence, les contraventions commises sur ces emplacements doivent être poursuivies et réprimées comme contraventions de grande voirie (cons. d'Et. 22 juill. 1848, aff. Tournois, D. P. 49. 3. 3.)

191. Mais les terrains que les compagnies auraient laissés en dehors de la voie et de ses dépendances, ou qu'elles auraient abandonnés comme devenus inutiles par suite de changement de niveau, de direction ou d'exploitation, doivent rentrer dans le domaine privé de l'Etat ou des compagnies. Telle est aussi l'opinion de MM. Gand, n° 7; Féraud, p. 21. — Il arrive souvent que les compagnies achètent amiablement, outre les terrains expropriés en vertu de la déclaration d'utilité publique et nécessaires au service du chemin de fer, d'autres terres dans un but purement financier et de spéculation. Appliquer à ces terrains et aux constructions que les concessionnaires y élèvent le privilège de l'imprescriptibilité, ce serait donner au principe une extension arbitraire dangereuse. Aussi, pour éviter un pareil inconvénient, il est fait un bornage contradictoire et un plan cadastral de chaque chemin de fer et de ses dépendances nécessaires aussitôt l'achèvement des travaux (V. n° 178), opération qui fixe d'une manière invariable les terrains destinés à faire partie de la voie de fer, et qui, comme tels, sont imprescriptibles. — Toutefois, il est certain que si les besoins du service venaient à exiger des rectifications, ou des modifications, ou des agrandissements, les concessionnaires pourraient les accomplir avec la permission de l'autorité et en suivant, s'il y avait lieu, les formes de l'expropriation pour cause d'utilité publique. (Conf. M. Féraud-Giraud, p. 30.)

192. Le classement des chemins de fer dans la grande voirie a pour effet de les soustraire d'une manière absolu à l'action de l'autorité municipale. — Il en est de ces chemins comme des grandes routes sur lesquelles les maires n'ont aucun droit de réglementation ou de surveillance à exercer, si ce n'est dans la traverse des villes ou villages, en ce qui touche certains objets de police municipale. Mais cette exception ne peut exister à l'égard des chemins de fer qui sont fermés au public dans toute l'étendue de leur parcours. — On a prétendu cependant qu'un pareil droit était accordé à l'autorité municipale par l'art. 10 de la loi du 15 juill. 1845, qui se réfère à la règle générale posée dans celle des 16-24 août 1790 (M Gand, n° 17 et suiv ; Villeneuve et Carette, Recueil des lois). — Les diverses dispositions et l'économie tout entière de la loi de 1845 et de l'ordonnance réglementaire du 15 nov. 1846 qui a prévu tous les détails (supra, p. 830), repoussent une pareille opinion. Partout la loi place les chemins de fer sous la surveillance de l'autorité supérieure (du ministre et des préfets). D'un autre côté, elle en confie la police à des agents particuliers : commissaires, ingénieurs, conducteurs des ponts et chaussées, commissaires spéciaux. Nulle part, elle n'appelle l'intervention du pouvoir municipal en sa qualité d'agent de la petite voirie. En dehors de la voie ferrée et de ses dépendances, sur les maisons qui bordent la zone de servitude des chemins de fer, aux abords des gares

et dans l'intérêt de la circulation, les maires conservent sans doute, leurs attributions de police. Mais leur action de la petite voirie ne peut s'étendre sur le chemin de fer même. Tel est aussi l'avis de M. Féraud-Girand, p. 32 et qui ajoute avec raison que néanmoins la loi de 1845 n'a entendu dépouiller, pour les voies ferrées, les maires de la qualité d'*officiers de police judiciaire* (art. 9 c. inst. crim.); sorte qu'ils pourront, en cette qualité, être appelés à défaut agents particuliers, pour constater les crimes, délits ou contraventions commis sur la voie.

Sect. 2.—*Mesures relatives à la conservation des chemins de fer; servitudes imposées aux propriétés riveraines.*

193. L'art. 2 de la loi du 15 juill. 1845 déclare applicable aux chemins de fer les lois et règlements qui ont pour objet d'assurer la conservation des talus, levées et ouvrages d'art, d'interdire sur toute leur étendue le pacage des bestiaux et les dépôts de terres ou autres objets quelconques. — L'art. 3 de cette loi applique aux propriétés riveraines les servitudes imposées par les lois et règlements de la grande voirie, et qui concernent l'alignement, l'écoulement des eaux, l'occupation temporaire des terrains, etc. — Enfin des servitudes nouvelles sont imposées par cette loi aux mêmes propriétés quant à la distance à observer pour les constructions, les excavations, les couvertures en chaume et les dépôts d'objets inflammables ou non inflammables (art. 5, 6, 7 et 8). — Nous avons à éclairer ces objets encore si neufs d'un nouveau droit, des lumières de la doctrine et des premiers fruits de la jurisprudence administrative ou civile.

194. *Fossés, talus et ouvrages d'art; pacage des bestiaux.*— Aux termes de l'art. 2 de la loi du 15 juill. 1845, « sont applicables aux chemins de fer les lois et règlements sur la grande voirie qui ont pour objet d'assurer la conservation des fossés, talus, levées et ouvrages d'art dépendant des routes, et d'interdire sur toute leur étendue le pacage des bestiaux et les dépôts de terre et autres objets quelconques.» —Les règlements auxquels se réfère cet article sont l'ordonnance du roi, du 4 août 1731; l'arrêt du conseil, du 16 déc. 1759; la loi du 29 flor. an 10 (V. le texte de ces règlem., v° Voirie par terre, p. 182, 183, 189).— Ces différents règlements ont été l'objet d'explications détaillées v° Voirie par terre, n°s 134 et suiv., 218 et suiv.; nous n'avons donc pas à y revenir ici. Nous nous bornerons à signaler quelques décisions spéciales aux chemins de fer et rendues par application de l'art. 2 ci-dessus. — Ainsi, il a été décidé : 1° que l'écoulement des eaux pluviales ou ménagères des maisons établies à plus de 2 mètres de la limite des chemins de fer, constitue, lorsque ces eaux dégradent les talus de la voie ferrée, une contravention de grande voirie prévue par la loi du 15 juill. 1845 (cons. d'Et. 13 déc. 1860, aff. Ricard. D. P. 61. 3. 20) — 2° Que le particulier qui a enlevé des marnes sur un terrain formant dépendance d'un chemin de fer et dégradé la haie qui bordait ce terrain, commet une contravention à l'art. 2 de la loi du 15 juill. 1845 : on dirait en vain qu'une haie ne peut être assimilée aux ouvrages d'art dont parle cet article (cons. d'Et. 9 août 1851, aff. Ajasson de Grandsagne, V. n° 247) — 3° Que le fait par un particulier d'avoir, à l'aide de ponceaux en bois, établi un passage sur les fossés de limite d'un chemin de fer, constitue une contravention à l'ord. du 4 août 1731 et à la loi du 15 juill. 1845, et le conseil de préfecture doit statuer sur cette contravention, nonobstant le droit de servitude qu pourrait être invoqué par ce particulier comme lui ayant été concédé par la compagnie concessionnaire du chemin (cons. d'Et. 29 mars 1851, M. Tripier, rap., aff. Chabanne et Drévet). — Le ministre des travaux publics a dit, dans l'espèce, à l'appui du pourvoi qu'il avait formé contre l'arrêté du conseil de préfecture qui avait sursis à statuer sur la contravention : « Chabanne ont établi sur les fossés du chemin de fer des ouvrages non autorisés, les sieurs Chabanne et Drévet ont fait ce que défend l'arrêt du conseil du 4 août 1731 et comme, d'après la loi du 15 juill. 1845, les règlements sur la grande voirie sont applicables aux chemins de fer concédés ou non, il y a eu contravention, et, par suite, une condamnation devait être prononcée. Le droit de servitude

invoqué par le sieur Chabanne, en le supposant même prouvé, n'y pouvait point faire obstacle : d'une part, en effet, il n'appartenait point à la compagnie de concéder un passage sur le chemin de fer; d'autre part, l'administration supérieure, seule compétente à cet effet, n'avait jamais autorisé le passage dont il s'agit. Il n'y avait donc pas lieu de surseoir au jugement de l'affaire, et le conseil de préfecture aurait dû condamner immédiatement les contrevenants à la peine portée dans le § 2 de l'art. 11 de la loi du 15 juill. 1845. » — Quant à la peine dont les infractions à l'art. 2 de la loi de 1845 sont passibles, V. infrà, n° 250.

195. L'art. 3 de la loi du 15 juill. 1845 est ainsi conçu : — « Sont applicables aux propriétés riveraines des chemins de fer les servitudes imposées par les lois et règlements sur la grande voirie, et qui concernent : l'alignement, l'écoulement des eaux, l'occupation temporaire des terrains en cas de réparation, la distance à observer pour les plantations et l'élagage des arbres plantés, le mode d'exploitation des mines, minières, tourbières, carrières et sablières, dans la zone déterminée à cet effet. — Sont également applicables à la confection et à l'entretien des chemins de fer les lois et règlements sur l'extraction des matériaux nécessaires aux travaux publics. » — On va donner quelques explications sur chacune des différentes dispositions de cet article.

196. *Alignements.* — La servitude ou l'obligation de demander l'alignement, imposée aux riverains des chemins de fer, avait soulevé des objections devant la chambre des pairs. A la différence des voies publiques ordinaires, disait-on, les chemins de fer doivent être clos dans toute l'étendue de leur parcours, de sorte que l'*accès* en est complètement interdit au public : pourquoi, alors, les assimiler aux routes sous le point de vue de l'alignement? N'est-ce pas imposer aux riverains des ennuis, des démarches inutiles? — Le ministre a facilement démontré le peu de fondement de cette objection : l'obligation de demander l'alignement a pour raison d'être la nécessité de déterminer la ligne divisoire des propriétés, et de ne pas en laisser la fixation à l'arbitraire de chaque riverain. Cette ligne divisoire, quand le chemin de fer soit fermé par des clôtures, peut ne pas être fixée de manière à enlever toute cause d'incertitudes. D'ailleurs, les routes aussi sont closes par des fossés ; la servitude de l'alignement n'en existe-t-elle pas moins sur les propriétés riveraines de ces routes? Pourquoi en serait-il autrement sur les chemins de fer? — V. D. P. 45. 3. 165, note 7. — Nous n'avons pas à nous occuper ici des règles relatives à la servitude de l'alignement en matière de grande voirie, elles ont été exposées v° Voirie par terre, n° 1934 et suiv.

197. De même que sur les routes impériales et départementales (V. *eod.* n° 2078 et s.), c'est aux préfets qu'il appartient de donner alignement pour construire le long des chemins de fer ; — ... Et les arrêtés qu'ils prennent à cet égard ne sont pas subordonnés à l'approbation du ministre. — En conséquence, la construction faite conformément à l'autorisation obtenue du préfet est régulière, encore que l'arrêté d'autorisation ait été postérieurement annulé par le ministre des travaux publics, et la démolition ne peut, dès lors, en être ordonnée, sous prétexte qu'elle constituerait une contravention de grande voirie (cons. d'Et. 16 avr. 1851, aff. Delier, D. P. 51. 3. 35). — Mais le préfet ne peut, sans excéder les limites de son pouvoir et de sa compétence, subordonner l'alignement à des conditions qui auraient pour effet de prononcer sur des questions de servitude et d'application des lois et règlements en matière de grande voirie, et par exemple de ne donner l'alignement que sous condition d'arrêter le mur de chaque coté à l'angle d'une maison de garde du chemin de fer, de ne former aucun dépôt à moins de 2 mètres de la façade de cette maison, de manière à ne pas en gêner les vues que la compagnie restait libre d'augmenter si elle le jugeait nécessaire, de donner accès par sa propriété pour l'exécution de travaux d'entretien et de réparation dans cette maison, de souffrir, sur la largeur de 2 mètres, les dépôts de matériaux nécessaires aux travaux, enfin de donner au mur une hauteur de 3 mèt. 25 cent. au dessus du sol (cons. d'Et. 15 déc. 1859, M. Perret, rap., aff. Klein). — Sur les conditions ainsi mises à l'alignement, V. Voirie par terre, n° 2147 et suiv.

198. *Écoulement des eaux.* — La servitude de l'écoulement des eaux que l'art. 3 impose aux propriétés riveraines des voies ferrées, conformément à ce qui existe à l'égard des routes ordinaires (V. Voirie par terre, n° 139), était plus indispensable pour les chemins de fer, en remblais surtout, que pour celles-ci. En effet, la stagnation des eaux sur la voie ferrée. et même la seule humidité, pourrait occasionner des affaissements de terrain et la détérioration rapide des pièces ou traverses de bois qui portent les rails, de manière à être la cause de terribles catastrophes.— M. Husson (p. 571, note), pense que la législation ancienne relative à la servitude de l'écoulement des eaux provenant des routes ne se rapportant qu'à un état de choses où les routes étaient créées à la surface du sol, ne pourrait pas s'appliquer aux propriétés riveraines qui se trouvent en contre-bas des chemins de fer par suite des remblais exécutés, pour l'établissement de ceux-ci, par les concessionnaires ou par l'administration. Cette opinion se fonde sur l'art. 640 c. nap., portant que les fonds inférieurs ne sont assujettis à recevoir les eaux des fonds supérieurs qu'autant que ces eaux en découlent « naturellement et sans que la main de l'homme y ait contribué. » — C'est là la règle du droit commun, sans doute; mais elle n'est pas applicable en matière de voirie où, dans l'intérêt public de la viabilité, la législation spéciale ne fait pas de distinction entre l'écoulement naturel des eaux et celui provenant des travaux exécutés pour l'établissement des chemins (Conf. M. Féraud-Giraud, p. 50, 51. — V. Voirie par terre, n° 139, 241 et suiv.). — La distinction entre les servitudes du droit commun et celles d'utilité publique, méconnue par M. Isambert (Code de la voirie), est défendue et mise dans tout son jour par M. Cotelle, t. 3, p. 438.

199. *Occupation temporaire des propriétés; extraction des matériaux.* — Une mention expresse de ces servitudes dans la loi n'était pas absolument nécessaire ; car elles s'appliquent, non pas seulement à la construction et réparation des routes, mais à tous les travaux publics, et il n'a jamais été contesté que la construction des chemins de fer ne constituât une entreprise de cette nature (M. Jousselin, t. 2, p. 377). — Nous avons déjà dit *suprà*, n° 155 et suiv., quelques mots du privilège accordé sur ce point aux concessionnaires de chemins de fer. Quant aux règlements anciens qui ont consacré la servitude, ils ont été expliqués v° Travaux publics, n° 770 et suiv.

200. *Plantations et élagages.* — Les règlements de la grande voirie imposent aux riverains des grandes routes l'obligation de planter à leurs frais et sur leur propre terrain les arbres dont ces routes doivent être bordées (déc. 16 déc. 1811, art. 88, v° Voirie, n° 143 et suiv.). Les riverains des chemins de fer sont affranchis de cette servitude ; la loi les assujettit seulement à l'obligation d'observer, pour les plantations qu'ils feraient, la distance fixée par les lois et règlements et d'élaguer les arbres plantés. — Le projet de loi adopté par la chambre des pairs exigeait davantage; il assujettissait les plantations sur les rives des chemins de fer à toutes les servitudes imposées aux plantations des routes ordinaires, d'où résultait pour l'administration le droit non-seulement d'obliger les riverains à faire les plantations, mais encore de déterminer les essences, de faire remplacer les arbres morts, de s'opposer à l'abatage de ceux qui dépérissent, etc. (Voy. D. P. 45. 3. 166, note 8).—Nonobstant cette suppression, MM. Féraud-Giraud. p. 57, et Gand, n° 59, 60, pensent que les riverains des chemins de fer sont assujettis, sauf l'obligation de planter, à l'observation de toutes les autres règles prescrites pour les routes ordinaires. — Cette opinion est inadmissible en présence de la déclaration expresse du rapporteur, lors de la discussion de la loi, que les dispositions des art. 2 et 3 de la loi de 1845 sont essentiellement limitatives (D. P. 45. 3. 165, note 5; V. aussi M. Jousselin, p. 380). — En ce qui concerne les règles relatives à la distance des plantations et à l'élagage, les seules qui, d'après l'art. 3, sont applicables aux riverains des chemins de fer, V. Voirie par terre n° 154 et suiv., 191 et suiv.; V. aussi M. Cotelle, p. 241 et suiv.

201. *Mines, minières, carrières.* — Enfin l'art. 3 rend aussi applicables aux propriétés riveraines des chemins de fer les règles relatives à l'exploitation des *mines, minières, tourbières, carrières et sablières*, dans la zone déterminée à cet effet. — V. ce qui est dit sur ce point *suprà*, n° 151, 152, et

v° Mines, n°° 789 et suiv.; Voirie par terre, n°° 243, 1575.

202. Les différentes dispositions de l'art. 3 qu'on vient d'analyser sont applicables aux chemins de fer établis antérieurement à la loi aussi bien qu'à ceux qui ont été postérieurement construits. Cela ne saurait faire difficulté. Les lois de police, comme on l'a déjà dit, et la loi du 15 juill. 1845 est évidemment de cette nature, son titre même l'indique, sont immédiatement applicables (V. v° Lois, n° 192); « Ce n'est qu'à cette condition, dit fort bien M. Duvergier, p. 289, qu'elles peuvent atteindre leur but : c'est souvent en vue d'un état de choses existant et qui ne doit pas continuer à subsister qu'elles sont rendues. Il faut donc étendre leur effet sur le passé comme sur l'avenir » (Conf. MM. Jousselin, t. 2, p. 381; Féraud-Giraud, p. 71). — Cette question a été soulevée devant la chambre des pairs à l'occasion de l'art. 4, dont on a parlé ci-dessus, n° 174, et elle a été résolue dans le sens qu'on vient d'indiquer. — MM. Gand, n° 78; de Villeneuve et Carette, art. 3, note, adoptent aussi cette opinion, mais sous la restriction que les riverains des chemins de fer construits antérieurement à la loi soient indemnisés. — Mais cela n'est pas admissible (V. n° 205).

203. *Distance de 2 mètres pour bâtir.* — La loi de 1845 après avoir, dans son art. 3, déterminé les servitudes de voirie qui sont applicables aux propriétés riveraines des chemins de fer, introduit ensuite, dans un but de sécurité publique, une série de servitudes nouvelles commandées par la nature particulière des voies ferrées et de leur mode d'exploitation. — L'art. 5 de cette loi porte : « A l'avenir, aucune construction autre qu'un mur de clôture ne pourra être établie dans une distance de 2 mètres d'un chemin de fer. Cette distance sera mesurée soit de l'arête supérieure du déblai, soit de l'arête inférieure du talus du remblai, soit du bord extérieur des fossés du chemin, et à défaut d'une ligne tracée, à 1 mèt. 50 cent. à partir des rails extérieurs de la voie de fer. »

204. Sur les voies publiques ordinaires, chacun a le droit, après avoir obtenu l'alignement, d'élever toutes sortes de constructions sur la limite même qui sépare le domaine public du domaine privé. Une pareille liberté ne pouvait être laissée aux riverains des chemins de fer; des habitations trop rapprochées de la voie présenteraient en effet les dangers les plus graves pour la sûreté publique. Il y a là, comme le disait le rapporteur à la chambre des pairs, des ouvertures par lesquelles il est possible de laisser tomber ou jeter des meubles, des pièces de bois ou tous autres objets de nature à obstruer ou encombrer la voie de fer. Il y a des murailles élevées, des couvertures, des cheminées dont la destruction imprévue ou fortuite pourrait faire verser les convois et occasionner des malheurs irréparables. » — La distance de 2 mèt. a paru suffisante pour obvier à cet inconvénient. Toutefois ce n'est pas sans difficulté qu'on s'est mis d'accord sur cette distance et sur le point d'où l'on devait la faire partir (V. D. 45. 3. 167, notes 13 et 14).

205. Cette défense de construire dans la zone de 2 mèt. constitue une simple servitude *non œdificandi* et non pas une expropriation; en conséquence le riverain n'a aucune indemnité à réclamer. — C'est ce qui a été fort bien établi par le rapporteur à la chambre des députés, M. Chasseloup-Laubat, et par M. Vivien (V. M. Duvergier, p. 292 et suiv). — En général, les servitudes d'utilité publique sont imposées sans indemnité (V. Place de guerre, n°° 59 et suiv., 135 et suiv. — Conf. MM. Gand, n° 87; de Villeneuve et Carette, sur l'art. 5 de la loi de 1845; Jousselin, t. 2, p. 382; Féraud-Giraud, p. 90, 91; V. aussi D. P. 45, 3. 165, note 6). — Il a été jugé, en Belgique, que la défense de bâtir le long d'un chemin de fer constitue une servitude légale établie dans l'intérêt de la sécurité publique, qui modifie le droit de propriété sans pouvoir donner ouverture à aucune indemnité (Liège, 27 avr. 1854; 7 déc 1854; Pasicr., 1855, p. 283; 1856, p. 216).

206. La servitude établie par l'art. 5 précité s'étend-elle aux terrains qui avoisinent les dépendances du chemin de fer, tels que gares, stations, etc. La jurisprudence se prononce dans le sens de la négative. — Ainsi il a été décidé que la disposition de l'art. 5 de la loi de 1845, prescrite dans un intérêt de police et pour la sécurité de la voie de fer, n'est pas applicable aux constructions contiguës à un embarcadère, mais placées à plus

de 2 mèt. de la voie de fer elle-même (........ 1855, aff. Chauvin, D. P. 54. 3. 36).—Un .... préfecture de la Seine-Inférieure s'était pronon .... sens; mais le conseil d'Etat auquel cet arrêté a été ...... eu à s'occuper de la question (cons. d'Et. 12 janv. 18 ...... de fer de Rouen au Havre, D. P. 50. 3. 17).—M. Féra ...... p. 98, pense que le texte de la loi se prête peu à une ...... distinction, et que les 2 mèt. de servitude doivent se ...... ter de la *limite extrême* des terrains affectés au servic ...... chemins de fer, sans se préoccuper de la destination part ...... lière que ces terrains ont reçue. — Nous ne sommes pas de c........ avis; les termes de la loi démontrent bien que c'est la proxi ...... mité de la voie ferrée elle-même qui est la cause de la servitude ...... et non pas la proximité d'une clôture du chemin de fer quelcon ...... que. Or là où la proximité de la voie de fer n'existe pas, la ...... servitude ne doit pas exister davantage. Les servitudes, même ...... d'utilité publique, sont de droit étroit et ne peuvent être éten ...... dues par voie d'interprétation.

207. Le propriétaire qui veut construire à la limite fixée par l'art. 5 de la loi de 1845 est tenu de demander l'alignement, conformément à la disposition de l'art. 3 (V. n° 193); mais, en dehors de cette limite, il est affranchi de la servitude. C'est ainsi qu'en matière de grande voirie, la jurisprudence reconnaît que l'obligation de se munir d'une autorisation de construire n'est pas imposée au propriétaire qui élève des constructions en retraite de l'alignement (V. Voirie par terre n° 2039 et suiv). Cette solution est expressément consacrée par une circulaire ministérielle qui décide que l'arrêt du conseil du 27 fév. 1765, qui oblige les propriétaires riverains des routes à demander alignement pour les constructions qu'ils veulent établir le long de ces routes, est applicable aux propriétaires riverains des chemins de fer qui élèvent les constructions touchant *immédiatement* le chemin de fer ou la zone de 2 mèt., mesurée de la manière prescrite par l'art. 5 de la loi du 15 juill. 1845; mais que les propriétaires riverains des chemins de fer n'ont pas besoin d'autorisation pour construire en dehors de ces lignes (circ. minist. 27 sept. 1855, D. P. 56. 3. 40). — Et, ajoute la circulaire, en pareil cas, les propriétaires ne sont pas tenus de se *clore* sur la limite de l'alignement, comme les propriétaires riverains des routes qui construisent en arrière de cette limite (même circ.).

208. Le conseil d'Etat a décidé également qu'à plus de 2 mèt. de distance du chemin de fer, on peut construire sans demander alignement, et que les vues droites ouvertes dans une pareille construction ne constituent pas le propriétaire en contravention aux règlements de la grande voirie (cons. d'Et. 13 déc. 1860, aff. Ricard, D. P. 61. 3. 20).

209. La prohibition de bâtir dans la zone de 2 mèt. ne s'applique pas aux murs de clôture. C'est la loi elle-même qui introduit cette exception à la règle qu'elle pose. « Pourquoi, en effet, disait M. Persil, rapporteur à la chambre des pairs, le riverain ne pourrait-il pas user comme droit de ce que l'art. 4 impose comme devoir aux concessionnaires de chemin de fer? Il n'y a là aucun danger, aucun inconvénient; le droit de propriété doit rester entier. » — Toutefois, il ne serait pas permis d'établir dans ce mur des jours et issues; car alors ce ne serait plus un simple mur de clôture. — En effet, décidé en ce sens que l'art. 5 de la loi du 5 juill. 1845, qui défend d'établir dans une distance de 2 mèt. d'un chemin de fer, aucune construction autre qu'un mur de clôture, interdit également de pratiquer des jours et issues dans un simple mur de clôture (cons. d'Et. 16 avr. 1851, aff. Deller, D. P. 51. 3. 35).

210. Le mur de clôture que la loi excepte de la prohibition ne pourrait être construit sur la limite divisoire de la propriété riveraine et du chemin de fer sans que le propriétaire ait obtenu l'alignement préalable : la disposition de l'art. 3 de la loi de 1845 s'applique sans distinction à toute construction quelle qu'elle soit. — Mais, par analogie de ce qui a été décidé à l'égard des constructions autres que des murs de clôture, on doit admettre que le propriétaire qui voudrait construire son mur en retraite de la limite du chemin de fer ne serait plus soumis à la formalité de l'alignement (Conf. M. Féraud-Giraud, p. 102).

211. Le *mur de clôture* des riverains pourrait-il *s'appuyer*

sur les ouvrages des chemins de fer, par exemple sur les ponceaux, les viaducs, etc., etc., de manière à fermer tout passage ou accès sur les héritages voisins? — On ne peut s'appuyer sur l'ouvrage d'autrui qu'avec sa permission; cette règle s'applique à l'État et aux compagnies. D'un autre côté, la construction d'un mur par un particulier peut sans contredit avoir pour effet d'intercepter le passage si le propriétaire construit sur son propre terrain. — S'il y avait des réclamations pour qu'un passage demeurât libre, l'administration prendrait ses mesures en conséquence, par voie de conventions amiables, ou par expropriation du terrain nécessaire.

212. *Constructions antérieures à la loi ou à l'établissement d'un chemin de fer.* — La loi ne pouvant avoir d'effet rétroactif, la disposition de l'art. 5 de la loi de 1845 que nous venons de faire connaître ne peut s'appliquer qu'aux constructions qui seraient élevées à l'avenir au bord des chemins de fer : c'est en effet ce que décide expressément la loi de 1845, art. 5 . « *A l'avenir,* dit-elle, aucune construction, etc. » — Quant aux constructions existantes au moment de la promulgation de la loi ou lors de l'établissement d'un nouveau chemin de fer, elles « pourront, ajoute le même article, être entretenues dans l'état où elles se trouveront à cette époque. Un règlement d'administration publique déterminera les formalités à remplir par les propriétaires pour faire constater l'état desdites constructions et fixera le délai dans lequel ces formalités devront être remplies. » — Ce règlement n'a pas encore été publié.

213. Les expressions de cet article « pourront être *entretenues* dans l'état où elles se trouveront, etc. » font naître une assez grande difficulté. Que faut-il entendre par ce mot *entretenues?* Comprend-il non-seulement les réparations d'entretien, mais aussi les réparations confortatives et la reconstruction? — Cette question a donné lieu à un dissentiment très-prononcé entre la chambre des pairs et la chambre des députés. — La chambre des pairs, après une discussion prolongée, adopta la disposition suivante : « Les constructions existantes au moment de la présente loi ou lors de l'établissement d'un nouveau chemin de fer seront soumises aux dispositions des lois et règlements relatifs à l'alignement. » Par suite de cette disposition, toute réparation confortative, et à plus forte raison toute reconstruction, était interdite : cela n'était pas douteux. — La chambre des députés, devant laquelle le projet fut reporté, remplaça cette rédaction par celle qu'on lit aujourd'hui dans la loi et qu'elle a puisée dans l'art. 4 de la loi du 17 juill. 1819 sur les servitudes militaires. Dans sa pensée, cette dernière disposition, combinée avec les art. 25, 27 et 29 de l'ord. du 1ᵉʳ août 1821 sur le même sujet, donnait aux propriétaires le droit, non-seulement d'entretenir, mais de réparer et de reconstruire, et c'était dans ce sens qu'elle entendait sa nouvelle rédaction.—M.Chasseloup-Laubat, rapporteur, répondant à M. Taillandier qui demandait que le mot *réparées* fût ajouté au mot *entretenues,* disait : « Quelle est la portée du mot entretenues? nous demande l'honorable préopinant. La réponse est facile : c'est l'ord. du 1ᵉʳ août 1821 qui s'est chargée de la faire, et la jurisprudence qui applique et la loi de 1819 et l'ord. de 1821 a rencontré aucun obstacle. C'est que les constructions existantes peuvent être *entretenues, réparées; que les travaux confortatifs sont autorisés; que les reconstructions partielles même sont permises,* à la charge toutefois de ne point augmenter l'importance de ces constructions. Ainsi, que l'honorable préopinant se rassure. S'il ne veut que laisser aux propriétaires la faculté d'entretenir aussi longtemps que cela est raisonnablement possible, les bâtiments qu'ils possèdent dans la zone, il peut voter notre article; c'est là ce que nous avons voulu rien de plus, rien de moins. L'expression que nous avons empruntée à la loi de 1819, que l'ordon. de 1821 a expliquée comme je viens de le dire, et que le gouvernement entend comme nous, *cette expression suffit.* Mais si, au contraire, l'honorable préopinant désire plus que cela, alors nous serions obligé de le combattre. Aller au delà, ce serait, comme nous l'avons dit, vouloir créer un privilége, et je ne pense point que ce soit son intention. » — M. Taillandier a déclaré qu'il retirait son amendement, parce que son intention n'avait été que de bien établir la possibilité de faire des travaux confortatifs, et que cela étant bien entendu, il n'avait plus de raison pour insister.

La chambre des pairs, saisie de nouveau de la question, adopta la rédaction de la chambre des députés; mais la commission, par l'organe de M. Persil, rapporteur, lui attribua un tout autre sens. Écartant l'interprétation donnée d'une manière si précise par M. Chasseloup-Laubat, comme étant l'opinion personnelle du rapporteur, elle déclara que le mot *entretenir,* qui se trouvait dans la rédaction adoptée par la chambre des députés sans être suivi des mots *réparer* et *reconstruire* rendait parfaitement sa pensée; qu'il comprenait les simples réparations d'entretien, *et non les travaux confortatifs et les reconstructions;* que, par conséquent, il n'y avait pas lieu de faire subir à l'article une nouvelle rédaction et de le soumettre encore une fois à la chambre des députés. C'est ainsi, en effet, que l'article fut voté.

En présence de ces opinions si formellement contradictoires, à laquelle doit-on se rattacher? — MM. Duvergier, p. 300, et Féraud-Giraud, p. 107 et suiv., pensent que c'est celle de la chambre des députés qui doit prévaloir. — Quant à nous , nous croyons qu'on doit laisser à l'écart ces discussions législatives qui se détruisant l'une l'autre perdent toute valeur, et s'en tenir aux textes mêmes dans lesquels la disposition qui nous occupe a été puisée. Or, il résulte expressément de ces textes que le mot *entretenir* est exclusif des réparations confortatives : c'est par erreur que la chambre des députés leur a donné un autre sens. En effet, l'art. 27 de l'ord. du 1ᵉʳ août 1821 dit formellement que les bâtiments et constructions en maçonnerie existant dans la première zone de 250 mèt. des places et postes, et dans la seconde zone des places de deuxième classe ne pourront être entretenus *qu'avec les restrictions légalement prescrites en matière de voirie urbaine,* c'est-à-dire sous la condition expresse de ne point faire à ces constructions de reprises en sous-œuvre, ni même de grosses réparations, *ou toute autre espèce de travaux confortatifs* (V. Place de guerre, p. 944 et nᵒˢ 91 et suiv.). — Si cette même ordonnance, dans ses art. 25 et 26 permet la réparation et la reconstruction partielle des constructions en bois et en terre et des maisons en maçonnerie des zones autres que celles dont il est parlé en l'art. 27, c'est par des raisons particulières qui tiennent à la nature même des servitudes militaires et à leur objet, et qui sont inapplicables aux servitudes résultant du voisinage des chemins de fer (Conf. MM. Jousselin, t. 2, p. 389 et suiv.; Gand, nᵒ 90).

214. Il est bien entendu que, conformément aux règles admises en matière d'alignement de grande voirie, les réparations interdites sont celles qui ont pour objet la reconfortation de la façade; quant aux travaux intérieurs exécutés même dans la partie retranchable, et à plus forte raison au delà de la distance de 2 mètres fixée par l'art. 5, ils peuvent être exécutés sans autorisation (V. Voirie par terre, nᵒˢ 2023 et suiv.).—M. Duvergier, p. 301 combat, avec raison l'opinion contraire qui semble résulter d'explications présentées par le ministre des travaux publics à la chambre des pairs.

215. Il peut se faire que la conservation des constructions existant dans la zone prohibée présente des dangers, des inconvénients tels que la suppression ne puisse en être retardée. Dans ce cas, l'administration a le droit de requérir cette suppression, sauf indemnité; c'est ce que décide l'art. 10 de la loi du 15 juill. 1845. — V. ci-après nᵒ 236.

216. *Excavations.* — Un danger était à prévenir dans les lieux où le chemin de fer est construit sur un remblai. Voici comment dispose à cet égard l'art. 6 : « Dans les localités où le chemin de fer se trouvera en remblai de plus de 3 mètres au-dessus du terrain naturel, il est interdit aux riverains de pratiquer, sans autorisation préalable, des excavations dans une zone de largeur égale à la hauteur verticale du remblai, mesurée à partir du pied du talus. — Cette autorisation ne pourra être accordée sans que les concessionnaires ou fermiers de l'exploitation du chemin de fer aient été entendus ou dûment appelés. » — Cette prohibition se justifie par elle-même; des excavations pratiquées près des remblais produiraient inévitablement des éboulements ou l'affaissement de la voie qui pourraient occasionner les plus grandes catastrophes.

217. La défense de faire des excavations dans la zone prohibée n'est pas absolue; il est possible, en effet, que l'excavation, dans les conditions où elle est effectuée, n'offre aucun

danger pour la sécurité publique. La loi soumet donc seulement les riverains à une autorisation préalable. C'est au préfet, chargé de la police des chemins de fer, qu'il appartient de donner cette autorisation. — L'art. 6 ne soumet cette autorisation qu'à une seule formalité, à savoir que les concessionnaires ou les fermiers de l'exploitation soient appelés ou entendus. Le préfet ne serait donc pas obligé de demander l'avis de l'administration des ponts et chaussées, puis de soumettre son arrêté à l'approbation ministérielle.—Mais comment les concessionnaires seront-ils avertis de la demande? Suivant quelques auteurs, c'est au riverain à leur notifier par huissier la demande d'autorisation qu'il a faite, et à les mettre en demeure de venir y donner leurs observations (MM. Rebel et Juge nº 602; Gand, nº 97; Féraud-Giraud, p. 136). — Sans doute, cette forme peut être suivie, mais nous ne voyons là rien d'obligatoire. Le riverain pourrait fort bien s'adresser directement au préfet qui, par lettre, inviterait les concessionnaires à donner leur avis.

218. Dans le cas où le remblai est moindre de 3 mètres ou si le chemin de fer n'a pas de remblais, il ne s'ensuit pas qu'il sera libre aux riverains de pratiquer toutes les excavations qu'il leur plaira. Ils demeurent soumis, sur ce point, aux règles prescrites par les règlements sur les mines, minières, carrières et tourbières. — V. Mines, nºˢ 789 et suiv.; Voirie par terre, nº 243 et *supra* nºˢ 131, 132.

219. *Dépôts de matières inflammables.* — Un autre danger non moins redoutable que les excavations était également à conjurer, c'est celui du feu. La loi dispose, à cet égard, comme il suit : Art. 7. « Il est défendu d'établir, à une distance de moins de 20 mètres d'un chemin de fer desservi par une machine à feu, des couvertures en chaume, des meules de paille, de foin, et aucun autre dépôt de matières inflammables. — Cette prohibition ne s'étend pas aux dépôts de récoltes faits seulement pour le temps de la moisson. » — Dans le parcours des chemins de fer, le danger de l'incendie se produit de deux manières : par les flammèches qui s'échappent de la cheminée de la locomotive et par les charbons enflammés qui, de la grille, tombent sur le sol et sont souvent entraînés au loin par le courant d'air produit par la rapidité de la marche. — On a pensé, pour prévenir les désastres de l'incendie, qu'il fallait éloigner de la voie ferrée, à une distance de 20 mètres, toutes les matières inflammables. — A la différence de la prohibition portée par l'art. 3, celle de l'art. 7 est absolue et ne peut être levée par l'administration. Cette différence s'explique par la nature même des inconvénients et des dangers que ces deux articles ont pour but de prévenir.

220. L'art. 7 ne parlant que des chemins de fer desservis par des machines à feu, il en résulte que les riverains des voies ferrées qui ont pour force motrice l'air comprimé, des machines fixes ou des chevaux, ne sont pas soumis aux défenses qu'elle contient.

221. Mais, d'un autre côté, la loi ne faisant pas de distinction entre les propriétés soumises à la servitude, il en résulte qu'elle s'applique aux compagnies elles-mêmes comme aux propriétaires eux-mêmes. — C'est ainsi qu'il a été jugé qu'il y a, de la part d'une compagnie de chemin de fer, contravention à l'art. 7 de la loi du 15 juill. 1845, lorsqu'elle entretient et cure mal les fossés, en ce que, par exemple, les herbes coupées d'un côté seulement du fossé sont laissées sur place où, en se desséchant, elles forment un dépôt de matières d'une combustion prompte et facile (Bordeaux, 13 déc. 1854, aff. Saige, D. P. 55. 2. 290).

222. L'énumération donnée par l'art. 7 n'est pas limitative puisqu'elle est suivie de ces termes généraux : « et aucun autre dépôt de matières inflammables. » Dans le cas où il y aurait contestation sur la nature inflammable ou non d'objets déposés par un riverain dans la zone de l'art. 7, ce serait la question préalable de la compétence du tribunal saisi de la contravention; c'est aussi l'avis de M. Féraud-Giraud, p. 141. — Il a été jugé, à cette occasion, que le fait d'un propriétaire riverain d'un chemin de fer d'avoir laissé croître sur son terrain des herbes susceptibles de prendre feu, ne constitue ni le dépôt de matières inflammables prohibé par l'art. 7 de la loi du 15 juill. 1845, ni une imprudence mettant à sa charge l'incendie produit par la

communication, à ces herbes, du feu provenant des locomotives du chemin de fer (Bordeaux, 21 juin 1859, aff. N..., D. P. 59. 2. 187). — Cette solution est approuvée par M. Chauveau, Journ. de dr. admin., 1860, p. 238.—V. cependant même cour, 13 déc. 1854, aff. Saige, D. P. 55. 2. 290.

223. La disposition de l'art. 7 n'est-elle applicable qu'au cas où les dépôts de matières inflammables sont exposés directement au feu? De sorte que s'ils étaient placés dans l'intérieur de granges, dans des constructions quelconques (non couvertes en chaume), la loi ne les atteindrait pas, alors même qu'ils se trouveraient à moins de 20 mètres de la voie ferrée? L'affirmative nous semble évidente; elle ressort des termes mêmes de l'article qui parle de couvertures en chaume, de meules de paille ou de foin, toutes choses qui, d'après l'usage général, sont à l'air libre et non emmagasinées (Conf. MM. Gand, nº 98; Husson, p. 573; Féraud-Giraud, p. 143).

224. Quel est le point de départ de la zone de 20 mètres fixée par l'art. 7? Le projet du gouvernement portait : « sur une distance de 20 mètres *de l'arête extérieure* ; » celui de la commission à la chambre des pairs disait : « à une distance de moins de 20 mètres *du bord extérieur de la clôture*. » Cette dernière rédaction fut adoptée par la chambre. Elle s'est transformée en celle qui subsiste aujourd'hui sur un amendement voté par la chambre des députés, sans doute parce qu'on a pensé que l'art. 5 devait servir de règle pour toutes les distances fixées par la loi. Et en effet, pourquoi y aurait-il un nouveau point de départ pour chaque nouvelle distance? — Tel est aussi l'avis de M. Duvergier, p. 301, qui voit dans l'art. 5 une règle générale et parfaitement claire qui détermine pour tous les cas ce qu'il faut considérer comme limite des chemins de fer.

225. Le § 2 de l'art. 7 fait exception à la défense de déposer des matières inflammables à moins de 20 mètres de la ligne des chemins de fer, en faveur des récoltes, mais « seulement pour le temps de la moisson. » —On a adressé une grave objection contre cette disposition ; en permettant, pendant un mois, a-t-on dit à la chambre des députés, sous près de la ligne du chemin de fer, le dépôt de moissons, c'est-à-dire de matières de la nature la plus inflammable, on augmente les dangers de l'incendie; et comme il y a des cultivateurs qui ont tenté de réaliser leurs récoltes par ce moyen et par l'appât d'une forte indemnité, la loi est une provocation faite à leur cupidité. Cette assertion est si vraie, a-t-on ajouté, que les herbes sèches des talus des chemins de fer sont presque toujours incendiées, malgré leur situation en pente, par les charbons enflammés qui s'échappent des locomotives. Le danger est donc bien plus à craindre pour les dépôts de moissons effectués sur un terrain plane (D. P. 45. 3. 168, note 18). — Les besoins de la culture et même l'impossibilité, par exemple, pour les héritages très-morcelés, de placer la récolte à la distance de 20 mètres a empêché la chambre de s'arrêter à ces objections.

226. Mais que faut-il entendre par ces mots : *pendant le temps de la moisson?* — Est-ce le temps de la moisson du champ qui touche au chemin de fer, ou bien est-ce le temps ordinaire que dure la moisson dans la localité, un mois et souvent davantage? — Cette question a été posée à la chambre des députés par M. Talabot, mais elle n'a pas été résolue (D. P. 45. 3. 168, note 18). — Il nous semble que la disposition précitée doit être entendue dans un sens favorable aux agriculteurs. S'il fallait que le dépôt des récoltes fût enlevé aussitôt la moisson du champ terminé, il eût été presque inutile de le permettre. D'ailleurs cette expression *pendant le temps de la moisson* comporte un sens général plutôt que restreint.

Il a été jugé que le fait, par un cultivateur riverain d'un chemin de fer, d'avoir établi à une distance moindre de 20 mèt. une aire pour le battage de ses récoltes, ne constitue pas une violation de la défense d'établir dans cette zone des dépôts de matières inflammables, s'il n'y a transporté et déposé les gerbes que pendant le temps nécessaire au battage, en y a eu soin de faire enlever la paille immédiatement pour la reporter au delà des 20 mèt. (cons. d'Ét. 18 juin 1860, aff. Sicre, D. P. 60. 3. 65; même jour, aff. Vergues et Mouret). — Cette solution pourrait se justifier par cette considération que le § 1 de l'art. 7 de la loi de 1845 semble avoir surtout en vue les dépôts *permanents*, ou du moins

les dépôts destinés à demeurer pendant un certain temps dans le voisinage du chemin de fer, et que dès lors le dépôt, essentiellement temporaire, dont il s'agissait ici, rentrait dans l'esprit, sinon dans les termes de l'exception établie par le § 2. Mais indépendamment de ce qu'il est de principe qu'une exception ne peut p.s être étendue au delà de ses termes, même par voie d'analogie, il ne faut pas perdre de vue les motifs qui ont inspiré au législateur la sévérité particulière dont il s'est armé dans l'art. 7 : ces motifs, tirés de la gravité des dangers d'incendie, lui ont paru tellement impérieux qu'il n'a pas même accordé à l'administration, dans ce cas, le pouvoir de lever les prohibitions par des autorisations spéciales, comme il l'a fait, au contraire, dans le cas prévu par l'art. 8. On doit donc craindre d'énerver, par une jurisprudence trop indulgente, la rigueur nécessaire et intentionnelle de la loi, et nous inclinons à croire que l'arrêt actuel n'est qu'un arrêt d'espèce, qui ne formerait pas, le cas échéant, un précédent doctrinal.

229. L'art. 7 ne dispose que pour l'*avenir*. Quant aux couvertures en chaume, aux meules de paille ou de foin qui existaient avant l'établissement du chemin de fer, les propriétaires peuvent les conserver et même les réparer, et cela, sans autorisation, mais non pas les reconstruire ; seulement l'administration a le droit, par mesure de police et de sûreté publique, d'en ordonner la suppression par application de l'art. 10 de la loi de 1845 (V. n° 236). — Il a été décidé, par deux arrêts du conseil d'État, que la défense absolue édictée par l'art. 7 de la loi du 15 juill. 1845, d'établir à l'avenir des couvertures en chaume à une distance de moins de 20 mèt. des chemins de fer desservis par une machine à feu, fait obstacle, à raison de sa généralité, à la reconstruction des couvertures en chaume qui existaient, dans le rayon prohibé, avant la promulgation de cette loi ; mais que les propriétaires conservent le droit de faire à ces toitures des réparations, et que l'exercice de ce droit n'étant pas subordonné par la loi à l'obtention préalable d'une autorisation administrative, on prétendrait à tort qu'à défaut de cette formalité les propriétaires sont passibles, sinon de la démolition des travaux, au moins de l'application de l'amende (cons. d'Et. 27 août 1854, aff. de Mingoval, D. P. 55. 3. 39 ; décision conforme, 16 mars 1859, aff. Hue, D. P. 59. 3. 58). — Il y a cependant entre ces deux arrêts une différence de rédaction qui mérite d'être signalée. Dans celui de 1854, le conseil d'Etat réserve seulement le droit de faire aux anciennes couvertures en chaume des réparations d'entretien. L'arrêt de 1859 parle de réparations sans rien spécifier. En tenant compte de la nature des faits relevés par le procès-verbal, on est conduit à admettre que le conseil d'Etat a entendu étendre sa jurisprudence à des réparations autres que de simples réparations d'entretien. En matière de voirie ordinaire, la jurisprudence est défavorable aux réparations qui ont pour objet de prolonger l'existence de constructions placées sous le coup d'une suppression.—V. Voirie par terre, n° 2209 et suiv.

229. *Dépôt d'objets non inflammables.* — Ces dépôts sont régis par l'art. 8 ainsi conçu : « Dans une distance de moins de 5 mèt. d'un chemin de fer, aucun dépôt de pierres ou objets non inflammables ne peut être établi sans l'autorisation préalable du préfet. — Cette autorisation sera toujours révocable. » — L'autorisation n'est pas nécessaire : 1° pour former dans les localités où le chemin de fer est en remblai des dépôts de matières non inflammables dont la hauteur n'excède pas celle du remblai du chemin ; — 2° Pour former des dépôts temporaires d'engrais et autres objets nécessaires à la culture des terres.

230. La distance de 5 mèt., fixée par cet article, se mesure, comme nous l'avons dit *supra*, n° 224, à l'occasion de l'article précédent, conformément à la disposition de l'art. 5. — V. n° 203.

231. Les dépôts d'objets non inflammables ne peuvent avoir lieu, dit l'article, sans l'autorisation préalable du préfet, qui a le droit de la révoquer. Cette mesure, qui a pour objet de prévenir les éboulements de nature à obstruer la voie, n'est prescrite qu'à l'égard des chemins de fer qui sont à niveau du sol ou en déblais, ou s'ils sont en remblai, que pour les dépôts qui dépassent le niveau du remblai ; c'est ce qui résulte du § 2 de l'art. 8, qui dispense de l'autorisation les dépôts formés dans les localités où le chemin de fer est en remblai, pourvu que ces dépôts n'excè

dent pas la hauteur de ce remblai ; alors, en effet, le danger des éboulements n'est plus à craindre.

232. Le même paragraphe ajoute une autre exception, dans l'intérêt de l'agriculture, pour les dépôts temporaires d'engrais (V. D. P. 45. 3. 168, note 19). — Le mot *temporaires*, dont se sert la loi, indique assez qu'un riverain ne pourrait pas, abusant de la faveur exceptionnelle dont il s'agit, établir près d'un chemin de fer une place à fumier ni un cloaque. — En cas de difficulté, ce serait au conseil de préfecture, juge de la contravention, à décider si tel dépôt d'engrais était ou non temporaire. Tel est aussi l'avis de M. Féraud-Giraud, p. 152. Il est certain, d'un autre côté, que les engrais dont le dépôt est permis ici ne peuvent être que d'une nature non inflammable, puisque l'art. 8 ne s'occupe que des objets de cette nature et que les matières inflammables sont régies par l'art. 7 qui précède.

233. Comme les servitudes dont on vient de parler apportent des restrictions plus ou moins dommageables à la propriété riveraine, elles peuvent être amoindries toutes les fois que l'intérêt public ne devra pas en souffrir. C'est ce que la loi indique dans les termes suivants : — « Art. 9. Lorsque la sûreté publique, la conservation du chemin et la disposition des lieux le permettront, les distances déterminées par les articles précédents pourront être diminuées en vertu d'ordonnances royales rendues après enquêtes. » — Les distances qui peuvent être diminuées en vertu de cette disposition sont celles des art. 5, 6, 7 et 8, et non pas les servitudes imposées aux riverains par les art. 1, 2 et 3. Celles-ci, on l'a vu, sont la conséquence légale du classement des chemins de fer dans la grande voirie ; elles ont donc un caractère général, absolu, que l'administration n'a pas le droit de restreindre dans aucun cas. Tandis que les servitudes des art. 5, 6, 7 et 8 ayant été imposées aux riverains à raison de la nature exceptionnelle des chemins de fer, il devait être permis de les adoucir pour améliorer le sort de la propriété dans le cas où les circonstances le permettront. C'est du reste ce qui résulte des explications données devant la chambre des pairs par le ministre des travaux publics, le 16 avr. 1845. — Le projet de loi, par réciprocité, conférait également au gouvernement le droit d'étendre les servitudes au delà des termes de la loi, si les circonstances venaient à l'exiger. — Cette disposition fut écartée, malgré l'insistance du rapporteur pour la faire maintenir.—V. D. P. 45. 3. 168, note 20.

234. C'est après enquête, dit l'article, que l'autorité aura le droit de diminuer les distances. De quelle enquête entend parler la loi ? Dans le projet de la commission, ce mot était suivi de ceux-ci : « les parties intéressées entendues. » Ils ont été retranchés afin de ne pas compliquer la mise à exécution de la mesure par cette formalité. Quoi qu'il en soit, il résulte d'une interpellation faite à ce sujet que c'est d'une enquête administrative qu'il s'agit. —V. D. P. 45. 3. 169, notes 21 et 22.

235. Le gouvernement, que certaines circonstances auront déterminé à diminuer l'étendue de la zone des servitudes, aura certainement le droit, ces mêmes circonstances venant à cesser et l'intérêt de la sûreté publique exigeant le retour à la loi, de retirer ce bénéfice et de rétablir les servitudes dans leur état légal. Mais des intérêts plus ou moins considérables peuvent se trouver atteints par cette nouvelle mesure. Dans l'intervalle des deux arrêtés réglementaires, des travaux ont pu être faits sur le terrain momentanément affranchi ; des constructions, par exemple, peuvent avoir été élevées avec un système de couvertures inflammables. Les propriétaires seront-ils tenus de les détruire sans indemnité ? Ne faudrait-il pas distinguer à cet égard le cas où l'arrêté qui a réduit la zone des servitudes, prévoyant la cessation de la tolérance, aurait déclaré que le retour à la loi ne donnerait lieu à aucune indemnité, et le cas où il aurait gardé le silence? — Nous ne le pensons pas. En aucune circonstance une indemnité ne peut être due. Les propriétaires ont dû savoir que la faculté qui leur était accordée était subordonnée aux éventualités de l'avenir et qu'en conséquence ils ne pouvaient regarder cette faveur comme constituant pour eux un droit acquis (Conf. MM. Gand, n° 108 ; Devilleneuve et Carette, sur l'art. 9 ; Féraud-Giraud, p. 161).

236. *Constructions, plantations, etc., antérieures à la loi ou à l'établissement du chemin de fer.* — L'art. 10 de la loi du

15 juill. 1845 est ainsi conçu : « Si, hors des cas d'urgence prévus par la loi des 16-24 août 1790, la sûreté publique ou la conservation du chemin de fer l'exige, l'administration pourra faire supprimer, moyennant une juste indemnité, les constructions, plantations, excavations, couvertures en chaume, amas de matériaux combustibles ou autres, existant dans les zones ci-dessus spécifiées, au moment de la promulgation de la présente loi, et, pour l'avenir, lors de l'établissement du chemin de fer. — L'indemnité sera réglée, pour la suppression des constructions, conformément aux tit. 4 et suiv. de la loi du 3 mai 1841, et pour tous les autres cas, conformément à la loi du 16 sept. 1807. » — Cette disposition a pour objet de concilier avec le principe équitable de la non-rétroactivité des lois, les destructions et suppressions que pourraient réclamer la sûreté publique ou la conservation des chemins de fer. — Il a été jugé que la décision par laquelle le conseil d'Etat déclare qu'un mur construit aux abords d'un chemin de fer sur l'alignement donné par le préfet, et dans lequel des jours et issues ont été ouverts, ne constitue pas une contravention de grande voirie, ne met pas obstacle à ce que, si la sûreté publique ou la conservation du chemin de fer exige la suppression, soit dudit mur, soit desdits jours et issues, l'administration y fasse procéder conformément à l'art. 10 de la loi du 15 juill. 1845 (cons. d'Et. 16 avr. 1851, aff. Delier, D. P. 51. 3. 35).

237. Par ces mots, « hors les cas d'urgence prévus par la loi des 16-24 août 1790, » la loi réserve expressément à l'administration la faculté que lui donnent les règlements de voirie, de faire détruire les bâtiments, plantations, etc., qui présentent un danger immédiat pour la sûreté publique, par exemple les maisons qui menacent ruine. Dans ce cas, le propriétaire n'a droit à aucune indemnité. — V. Voirie par terre, n°° 1810 et suiv.

238. Mais si le danger n'est pas immédiat, l'administration ne peut exiger la suppression des bâtiments, plantations, etc., existant antérieurement à la loi ou à l'établissement du chemin de fer que moyennant une juste indemnité. Les propriétaires, en établissant des constructions, des plantations, etc., à une époque où leurs terrains n'étaient grevés d'aucune servitude, ont usé de leurs droits ; il ne serait pas juste, dès lors, de mettre à leur charge la perte qu'un nouvel état de choses les oblige de supporter. — L'indemnité, toutefois, doit représenter uniquement la valeur de l'objet supprimé ; elle ne pourrait comprendre, en outre, la dépréciation dont l'établissement de la servitude pourrait être la cause pour la propriété, cet établissement, ainsi que nous l'avons dit n° 205, ne donnant lieu à aucune indemnité.

239. La loi dit une *juste* indemnité. On avait proposé d'ajouter le mot *préalable* ; mais cette proposition a été écartée par la raison qu'il existe des cas où l'indemnité sera préalable, et d'autres où elle ne le sera pas. — S'il s'agit de constructions à supprimer, on est alors dans le cas d'une expropriation pour cause d'utilité publique, et par conséquent l'indemnité est réglée par le jury conformément à la loi du 3 mai 1841, et elle doit être préalable. Dans les autres cas, il y a simple dommage, et alors l'indemnité est réglée par le conseil de préfecture en exécution des lois des 28 pluv. an 8 et 16 sept. 1807, et seulement après le dommage causé. — Voici en quels termes le ministre des travaux publics justifiait cette double règle : « Il faut faire une distinction entre l'*expropriation* et les *dommages*. Le principe de cette distinction se trouve à chaque page de notre droit administratif ; il est écrit dans la loi du 16 sept. 1807 et dans celle du 3 mai 1841.—Lorsqu'il y a expropriation, c'est-à-dire dépossession de la propriété, l'indemnité doit être préalable ; elle est réglée par le jury.—Y a-t-il dommage, c'est-à-dire modification de la propriété, l'indemnité est postérieure ; les dommages ne sont pas appréciés par le jury ; il faut commencer, et c'est tout simple, par savoir s'il y a dommage avant de savoir quelle en sera la compensation. Cette compensation, elle n'est pas appréciée par le jury, et cela par des raisons dans les détails desquelles il est inutile que j'entre ce moment. Eh bien ! faisons l'application de ce principe. De quoi s'agit-il? Il s'agit d'expropriation ou il s'agit de dommage.

» Quand il s'agit d'expropriation, il y a lieu à indemnité préa-

lable. — Ce principe posé, examinons les diverses hypothèses : la première est la suppression des constructions. Si l'on allait à la rigueur du droit, on pourrait dire qu'il n'y a qu'une modification de la propriété, car le sol est la propriété principale ; la construction en est un accessoire, et l'on pourrait trouver alors qu'un simple dédommagement est dû ; mais la modification de la propriété est si profonde, il y a une telle différence entre un sol recouvert de constructions et le sol nu, dépouillé des bâtiments qui existaient dessus, qu'il est permis de considérer ce cas comme expropriation devant être renvoyée à l'appréciation du jury.

» Y a-t-il expropriation dans les autres cas? la propriété est-elle non-seulement modifiée, mais tellement dénaturée qu'on puisse dire qu'elle est détruite? Nous examinerons le cas où il en doit être ainsi. — Eh bien! arracher du sol les plantations qui y existent, sur un sol couvert supprimer la couverture des maisons, fermer une excavation, éloigner un dépôt, c'est causer un dommage au propriétaire, mais ce n'est pas dénaturer la propriété ; la propriété est modifiée ; elle est restreinte, mais elle subsiste toujours. C'est là le caractère du simple dommage ; le caractère qu'exigent la loi du 28 pluv., an 8 et la loi du 16 sept. 1807 pour donner lieu au renvoi à l'appréciation des conseils de préfecture. Si cette définition est admise par la chambre, il ne faut pas dire que l'indemnité sera préalable, parce qu'elle ne peut pas l'être dans tous les cas. Quand vous renvoyez au jury, l'indemnité sera préalable sans que vous le disiez ; car l'indemnité que le jury apprécie est toujours préalable, tandis que le caractère des indemnités accordées par les conseils de préfecture, c'est qu'elles n'arrivent qu'après que le dommage a été causé. »

240. Par qui, dans l'un ou l'autre cas, l'indemnité doit-elle être payée? Par l'Etat ou par les compagnies concessionnaires? — On avait proposé sur ce point une disposition ainsi conçue : « L'indemnité sera payée par l'Etat si l'Etat a exécuté les travaux, et par les compagnies, si les travaux ont été exécutés à leurs frais, moyennant une concession perpétuelle ; si la durée de la concession est limitée, l'Etat acquittera l'indemnité, et les compagnies lui tiendront compte des intérêts pendant la durée de leur jouissance. » — Cette disposition n'a pas été accueillie (D. P. 45. 3. 169, note 27). — On reste donc, comme le dit M. Duvergier, p. 303, sous l'empire des conventions faites ou à faire, et, à défaut de convention, sous l'empire du droit commun. Mais quel est ici le droit commun? « Si je ne me trompe, dit M. Duvergier, il y a un principe qu'il ne faudra jamais perdre de vue. Des suppressions, des expropriations ne doivent pas être ordonnées parce qu'une compagnie le désire, pour se dégager de la responsabilité à laquelle elle serait exposée, mais seulement, comme le dit la loi, lorsque la sûreté publique ou la conservation du chemin de fer, considéré lui-même comme propriété publique, l'exigera. Or c'est à l'Etat à payer les indemnités dues au cas d'expropriation ou au cas de dommages pour cause d'utilité publique. Ainsi, à moins de circonstances bien exceptionnelles ou de conventions spéciales, les compagnies ne devront point, à mon avis, payer l'indemnité. »

241. S'il arrive qu'au moment où la voie de fer est décrétée et s'établit, une construction quelconque soit commencée dans la zone asservie, quel en devra être le sort? Si l'on voulait appliquer littéralement la loi, cette construction devrait être laissée dans l'état même où elle se trouve au moment où l'établissement du chemin de fer est décrété, ce qui serait inadmissible. M. Féraud-Giraud, p. 128, propose d'introduire ici la distinction admise, dans la même hypothèse, en matière d'alignement : les constructions sont-elles assez avancées pour être de nature à consacrer un droit acquis, elles devront être terminées et conservées ; ne présentent-elles que peu d'importance, par exemple n'atteignent-elles pas encore le rez-de-chaussée, elles doivent être arrêtées et abandonnées sous la réserve du droit à une indemnité.

242. La disposition de l'art. 10 s'applique non-seulement aux constructions, plantations, etc., c'est-à-dire à des objets d'une durée permanente et qui participent de la nature immobilière du sol, mais aussi à de simples dépôts de matières combustibles ou autres, c'est-à-dire à des choses purement mobilières et qui ne peuvent jamais avoir qu'une existence temporaire. —

De là est née la question de savoir si la loi, en permettant aux propriétaires riverains des chemins de fer de conserver les dépôts existant antérieurement à la loi ou à l'établissement du chemin, a entendu le dépôt en lui-même et abstraction faite des objets qui le composent, de telle sorte que ces objets puissent être renouvelés à mesure de leur consommation. — Il a été décidé, dans le sens de l'affirmative, que l'administration ne peut faire supprimer que moyennant indemnité le dépôt de matériaux combustibles qui existait déjà lors de l'établissement d'un chemin de fer, dans la zone de prohibition fixée par l'art. 7 de la loi du 15 juill. 1845; peu importe que, depuis cette époque, le propriétaire ait incessamment renouvelé les matériaux composant le dépôt : cette circonstance ne saurait le faire considérer comme ayant créé un amas nouveau, et comme ayant, par suite, commis une contravention de grande voirie (cons. d'Et 1ᵉʳ sept. 1860, aff. Guiraud D. P. 61. 3. 35). — Cette solution est équitable et d'ailleurs ne peut causer un préjudice notable à l'intérêt public, puisque l'administration est armée du droit de faire supprimer immédiatement le dépôt moyennant indemnité.

243. *Contraventions ; poursuite administrative.* — Nous avons développé ci-dessus, dans leur ensemble, les règles du tit. 1 de la loi concernant la conservation des chemins de fer. Il ne reste plus qu'à faire connaître l'autorité chargée de statuer sur les infractions aux dispositions qui précèdent et la peine encourue par les contrevenants. L'art. 11 statue sur ce double point dans les termes suivants : « Les contraventions aux dispositions du présent titre seront constatées, poursuivies et réprimées comme en matière de grande voirie. — Elles seront punies d'une amende de 16 à 300 fr., sans préjudice, s'il y a lieu, des peines portées au code pénal et au tit. 3 de la présente loi. Les contrevenants seront, en outre, condamnés à supprimer, dans le délai déterminé par l'arrêté du conseil de préfecture, les excavations, couvertures, meules ou dépôts faits contrairement aux dispositions précédentes. — A défaut, par eux, de satisfaire à cette condamnation dans le délai fixé, la suppression aura lieu d'office, et le montant de la dépense sera recouvré contre eux par voie de contrainte, comme en matière de contributions publiques. »

244. Les contraventions aux dispositions du tit. 1 de la loi de 1845, devant être poursuivies et réprimées comme en matière de grande voirie, il en résulte que, conformément à la loi du 29 flor. an 10, c'est par voie administrative, devant le conseil de préfecture, que ces contraventions doivent être poursuivies. — V. Voirie par terre, nᵒˢ 274 et suiv.

245. La question préjudicielle de savoir si le lieu où a été commise la contravention fait partie de la grande ou de la petite voirie, ne pouvant être résolue que par l'autorité administrative (V. Voirie par terre, nᵒˢ 44, 1480), il en résulte que lorsque,

sur une poursuite dirigée devant un tribunal de l'ordre judiciaire, contre un propriétaire pour avoir construit sans une autorisation du maire le long d'une place donnant accès à un chemin de fer, il s'élève une contestation sur le point de savoir si au moment des constructions la place avait été régulièrement réunie à la ville, ou si elle était encore soumise à la grande voirie comme place voisine d'un chemin de fer, l'affaire doit être renvoyée devant l'autorité administrative (Crim. rej. 21 janv. 1859, aff. Jurey, D. P. 60. 5. 425).

246. L'exception préjudicielle de propriété n'est pas admissible toutes les fois qu'il s'agit d'infraction aux art. 3 et suiv. de la loi de 1845, cette exception n'étant pas de nature à faire disparaître la contravention (V. Voirie par terre, nᵒˢ 2348 et suiv.). — Mais il en serait autrement, à l'égard des infractions prévues par l'art. 2. En effet, pour qu'il y ait contravention dans ce cas, il faut que le terrain sur lequel l'infraction a été commise soit une dépendance du chemin de fer. Or si le prévenu prouve que ce terrain n'a jamais cessé d'être sa propriété, que l'Etat ou la compagnie n'en a fait l'acquisition ni par voie d'expropriation pour cause d'utilité publique ni à l'amiable, il prouve par cela même qu'il ne fait pas partie de la grande voirie, et que dès lors il n'y a pas de contravention. — Mais lorsqu'un particulier a donné son consentement à ce que l'Etat se mette en possession, pour l'exécution d'un chemin de fer, de terrains à lui appartenant, la réserve insérée par ce particulier dans l'acte de vente, réalisée plus tard devant l'autorité administrative, et tendant à conserver la propriété d'une partie de ces terrains, réserve non approuvée par l'administration, ne met pas obstacle à ce que ce particulier, qui a dégradé les travaux faits par l'Etat sur la partie des terrains réservée, soit jugé par le conseil de préfecture, sans avoir égard à l'exception de propriété soulevée par lui, cette question, si elle était décidée en sa faveur, ne pouvant que se résoudre en une indemnité (cons. d'Et. 9 août 1851, aff. Ajasson de Grandsagne, V. nᵒ 247).

247. Lorsque le fait incriminé présente à la fois le caractère de contravention de grande voirie et celui de délit, la compétence du tribunal correctionnel, chacune des deux juridictions administrative et judiciaire, incompétente *ratione materiæ* pour connaître de ce fait dans son double caractère, doit statuer séparément sur la contravention ou sur le délit dont la loi lui donne la connaissance, et renvoyer l'autre au juge compétent (V. Voirie par Eau, nᵒ 357. — Conf. M. Férand-Giraud, p. 212). — Il a été décidé en ce sens qu'il appartient exclusivement au conseil de préfecture de connaître des contraventions commises sur les chemins de fer et leurs dépendances, et que les poursuites qui seraient exercées pour le même fait en vertu du code pénal devant les tribunaux correctionnels ne peuvent faire obstacle à la compétence de ces conseils (cons. d'Et. 9 août 1851) (1).

---

(1) *Espèce :* — (Ajasson de Grandsagne.) — L'Etat se met en possession, pour la construction du chemin de fer de Vierzon à Châteauroux, de diverses parcelles de terrains appartenant aux époux Ajasson de Grandsagne, en vertu d'un consentement amiable donné par les propriétaires par acte du 12 janv. 1845. Plus tard, ceux-ci, en réalisant la vente de ces parcelles, prétendent y insérer cette réserve « que le cavalier de la rive droite du chemin de fer, vis-à-vis la propriété des vendeurs, leur appartiendra, à la charge par eux de supporter, sans aucune réclamation, les dépôts d'argile et d'arbres de l'administration, pendant le temps nécessaire à la confection du chemin de fer. L'administration refuse de donner son adhésion à cette réserve, tout en reconnaissant les droits que les vendeurs pourraient avoir à une indemnité. Puis un arrêté du préfet prescrit la consignation du prix des terrains vendus jusqu'à ce que les vendeurs aient fait disparaître la réserve précitée; en même temps, il fait entourer d'une clôture le cavalier réservé. — Malgré les défenses de l'administration, Ajasson de Grandsagne, se fondant sur la réserve insérée dans l'acte de vente, extrait de la marne du cavalier litigieux, arrache une partie de la haie limitant le chemin de fer et le remplace par une haie sèche et une porte avec poteaux fermée par un cadenas.—Cette entreprise donne lieu à une double poursuite contre Ajasson de Grandsagne : devant le tribunal correctionnel pour bris de clôture, et devant le conseil de préfecture pour contravention aux lois et règlements sur la grande voirie. — Devant le conseil de préfecture, Ajasson de Grandsagne élève l'exception de propriété. Mais le conseil, sans s'arrêter à l'exception, le condamne à 500 fr. d'amende, à 7 fr. de dommages-intérêts pour le prix des marnes enlevées et au rétablissement des clôtures et du cavalier.

Pourvoi au conseil d'Etat : 1º pour incompétence, attendu que le fait incriminé consistait dans un simple bris de clôture, délit justiciable des tribunaux correctionnels, et ne pouvant être rangé dans la classe des contraventions aux règlements de grande voirie, une haie en échalas ne constituant pas un de ces ouvrages d'art que l'art. 2 de la loi du 15 juill. 1845 place sous la protection de ces règlements; — 2º Pour refus de sursis et renvoi aux tribunaux ordinaires de la question préjudicielle de propriété élevée par le réclamant; — 5º Enfin pour application d'une amende supérieure à celle autorisée par l'art. 11 de la loi du 15 juill. 1845.

Le ministre des travaux publics estime qu'il y a lieu de rejeter le pourvoi, sauf toutefois en ce qui concerne l'amende qui doit être réduite à 500 fr., maximum autorisé par l'art. 11 de la loi du 15 juill. 1845.

Le commissaire du gouvernement, M. Cornudet, déclare que la compétence du conseil de préfecture ne lui paraît pas susceptible de contestation. Si l'on peut dire qu'une haie d'échalas n'est pas ouvrage d'art dans le sens de l'art. 2 de la loi du 15 juill. 1845, du moins la haie de l'espèce était, par la situation et sa destination, une dépendance du chemin de fer, et à ce titre elle devait être protégée par l'application des lois et règlements sur la grande voirie. En fait, il avait été commis deux délits : un délit de voirie et un délit correctionnel ; et si ce dernier était justiciable des tribunaux correctionnels, le premier pouvait et devait être poursuivi devant le conseil de préfecture. Le conseil de préfecture n'avait point à statuer devant l'exception de propriété : cette question, en effet, n'etait pas préjudicielle ; le tribunal des conflits a déclaré lui-même, à l'occasion de la poursuite correctionnelle, que les droits

248. Quant à la constatation et à la poursuite des contraventions, V. ce qui est dit v° Voirie par terre, n°° 313 et suiv., les mêmes règles devant être suivies en matière de chemin de fer; V. aussi *infrà*, n°° 640 et s., où l'on s'occupe de l'art. 23 de la loi de 1845, relatif à la constatation des infractions aux dispositions contenues dans les titres 1 et 3 de cette même loi.

249. L'action publique en matière de grande voirie appartenant à l'administration seule, il en résulte que les compagnies de chemin de fer sont sans qualité pour poursuivre la répression des contraventions de grande voirie commises sur ces chemins; ce droit n'appartient qu'à l'administration (cons. d'Et. 12 janv. 1850, aff. ch. de fer de Rouen au Havre, D. P. 50. 3. 17; 18 août 1862, aff. Duval, D. P. 63. 3. 27; 14 mars 1863, aff. ch. de fer de ceinture, D. P. 63. 3. 26; 24 déc. 1863, aff. Lebarbier, D. P. 64. 3. 39).—En conséquence, ces compagnies ne peuvent déférer au conseil d'Etat l'arrêté du conseil de préfecture qui renvoie le prévenu des poursuites (même arrêt du 12 janv. 1850). — Par suite encore, c'est à tort que le conseil de préfecture, saisi d'un procès-verbal régulièrement dressé, après avoir renvoyé le prévenu des fins de la poursuite, condamne la compagnie concessionnaire aux dépens (mêmes arrêts des 18 août 1862 et 24 déc. 1863). — Mais elles peuvent, soit intervenir devant le conseil de préfecture, sur la poursuite intentée par l'administration, pour demander la réparation des dégradations et dommages qui ont pu résulter de la contravention (même arrêt du 14 mars 1863, aff. ch. de fer de Rouen au Havre), soit, à défaut de poursuites de cette nature, porter directement leur demande en dommages-intérêts devant la juridiction compétente (cons. d'Et. 14 mars 1863, aff. Gouy, D. P. 63. 3. 27, 2° espèce). —Et, par suite, le conseil de préfecture qui renvoie un particulier des fins de la poursuite dirigée contre lui pour une contravention de cette nature, ne peut condamner aux dépens la compagnie concessionnaire (même arrêt du 18 août 1862). — V. nos observ. sur ces arrêts; V. aussi *infrà*, n° 649, et v° Voirie par eau, n° 369.

250. La peine portée par l'art. 11 de la loi de 1845 contre ceux qui contreviennent aux dispositions des art., 1 à 9 est d'abord une amende de 16 à 300 fr. Cette peine, qui se rapporte avec celle établie par la loi du 23 mars 1842 pour remplacer les amendes arbitraires portées par les anciens règlements (V. Voirie par terre, n° 214), diffère des peines prononcées par ces mêmes règlements relativement à certaines des contraventions prévues par l'art. 2 de la loi de 1845; ainsi, par exemple, la dégradation des fossés et talus, les dépôts de terre, etc., sont punis d'une amende de 500 fr., par l'ordon. roy. du 4 août 1731 (V. Voirie par terre, n°° 134 et suiv.). Cette dernière amende, ainsi que toutes celles qui s'écarteraient, soit en plus, soit en moins, du chiffre fixé par la loi du 15 juill. 1845, sont inappli-

cables en matière de chemin de fer; car la disposition de l'art. 11 est générale et se réfère, d'après les termes mêmes de l'article, à toutes les contraventions prévues par le tit. 1 de la loi, sans exception. Telle est aussi l'opinion qui a été soutenue devant le conseil d'Etat par le ministre des travaux publics, dans l'affaire Ajasson de Grandsagne (V. n° 247). — Cependant, lors de la même affaire, le commissaire du gouvernement soutenait une opinion différente; l'art. 11 de la loi de 1845, disait-il, ne doit s'appliquer qu'aux contraventions nouvelles spéciales aux chemins de fer, prévues seulement par les art. 3 et suiv. de cette loi; quant à celles spécifiées en l'art. 2, c'est-à-dire celles déjà prévues par les anciens règlements relatifs aux grandes routes, elles doivent être réprimées en vertu de ces règlements et frappées des amendes qui y sont portées.—Le conseil d'Etat ne s'est pas prononcé d'une manière formelle sur la question; il a réduit, il est vrai, à 300 fr. l'amende de 500 fr. prononcée dans l'espèce par le conseil de préfecture; mais le laconisme de sa décision ne permet pas de savoir si ce sont les raisons de fait ou de droit qui ont motivé cette réduction. — Quant à nous, nous pensons que l'opinion du commissaire du gouvernement est inadmissible; elle nous paraît en opposition formelle avec l'art. 11 précité. — Dans un autre arrêt, le conseil d'Etat semble favorable à l'opinion que nous venons d'émettre (cons. d'Et. 13 déc. 1860, aff. Ricard, D. P. 61. 3. 20).

251. L'art. 11 ajoute que l'amende sera prononcée sans préjudice, s'il y a lieu, des peines portées au code pénal et au titre 3 de la présente loi. — Le même fait peut présenter le double caractère d'une contravention de grande voirie et d'un délit punissable, soit des peines du droit commun, soit de celles spécialement édictées par le tit. 3 de la loi de 1845, contre ceux qui contreviennent aux dispositions prévues pour la sûreté de la circulation sur les chemins de fer (V. aff. Ajasson de Grandsagne, *suprà*, n° 247) : dans ce cas, il y a lieu à double poursuite et à double condamnation; c'est là ce qui nous paraît résulter de la disposition que nous venons de retracer. A plus forte raison en est-il ainsi s'il s'agit de deux faits différents, bien que connexes; la règle prohibitive du cumul des peines n'est pas applicable, en matière de contravention de voirie (V. Voirie par terre, n° 265). Un amendement avait été proposé pour étendre le bénéfice de cette règle aux contraventions prévues par le tit. 3 de la loi de 1845; mais cet amendement a été retiré sur les observations de la commission et du garde des sceaux. — L'art. 27 de la loi de 1845 défend, il est vrai, le cumul des peines, mais seulement à l'égard des crimes et délits prévus par cette même loi ou par le code pénal.—V. *infrà*, n° 623.

252. Enfin, d'après la disposition finale de l'art. 11, les contrevenants doivent être condamnés, en outre de l'amende, à

---

do propriété du sieur Ajasson, s'ils étaient reconnus, se résoudraient en une indemnité (arrêt du 15 mars 1850, D. P. 50. 3. 54). — Enfin le consel de préfecture n'a pas, comme le pense le ministre et comme le soutient le requérant, prononcé une amende excessive et arbitraire : l'art. 11 de la loi du 15 juill. 1845 ne s'applique qu'aux contraventions nouvelles, spéciales aux chemins de fer, prévues seulement par les art. 5 et suiv. de cette loi; quant à celles spécifiées en l'art. 2, c'est-à-dire celles déjà prévues par les anciens règlements relatifs aux grandes routes, elles doivent être réprimées en vertu de ces règlements et frappées des amendes qui y sont portées, ainsi que l'a fait le conseil de préfecture dans l'espèce.

AU NOM DU PEUPLE FRANÇAIS; — Le conseil d'Etat, section du contentieux; — Vu la loi du 15 juill. 1845 sur la police des chemins de fer, l'arrêt du conseil du 4 août 1731, la loi du 29 flor. an 10, le décret du 16 déc. 1811, la loi du 25 mars 1842; — En ce qui touche la compétence du conseil de préfecture: — Considérant que l'art. 2 de la loi du 15 juill. 1845 déclare applicables aux chemins de fer les lois et règlements de la grande voirie qui ont pour objet d'assurer la conservation des fossés, talus, levées et ouvrages d'art dépendant des routes; que l'art 11 de la même loi porte que les contraventions seront constatées, poursuivies et réprimées comme en matière de grande voirie, sans préjudice s'il y a lieu des peines édictées au code pénal; — Considérant qu'un procès-verbal ayant été dressé contre le sieur Ajasson de Grandsagne pour contravention commise dans les dépendances du chemin de fer de Vierzon à Châteauroux, il appartenait au conseil de préfecture de statuer sur cette contravention, et que les poursuites correctionnelles exercées, aux termes du code pénal, pour délit de bris de clôture, ne pouvaient faire obstacle à sa compétence.

En ce qui touche le grief tiré du refus de surseoir et de renvoyer aux tribunaux ordinaires la question de propriété élevée par l'exposant : — Considérant que l'exception de propriété tirée par le sieur Ajasson de la réserve insérée à la fin de l'acte de vente du 4 nov. 1845 (réserve qui d'ailleurs n'a pas été approuvée par l'autorité supérieure) ne faisait pas obstacle à ce qu'il fût statué sur la contravention qui lui était reprochée, sauf à lui à porter devant qui de droit la question de propriété, qui, si elle était décidée en sa faveur, ne pouvait que se résoudre en une indemnité;

Au fond : — Considérant qu'il résulte d'un procès-verbal en date du 18 nov. 1847 que le sieur Ajasson de Grandsagne a enlevé des marnes faisant partie du cavalier existant à droite de l'axe du chemin de fer, près le profil 35; que, de plus, il a arraché, sur le même profil 16 cent., la haie d'échalas établie par l'administration sur le cavalier, et qu'il l'a remplacée par deux parties de haies sèches et une porte de 2 mèt. 70 cent. d'ouverture avec poteaux, fermée d'un cadenas; — Considérant qu'il est établi par l'instruction que le cavalier dégradé par le sieur Ajasson était incorporé au chemin de fer depuis le 12 janv. 1845, et rentrait dès lors dans la catégorie des ouvrages dépendant des grandes routes; qu'ainsi cette dégradation constituait une contravention de grande voirie, et que c'est avec raison que le conseil de préfecture a prononcé contre le sieur Ajasson les condamnations dont il fait son recours; — Considérant néanmoins, en ce qui touche l'amende, qu'il y a lieu de la réduire à 300 fr.;

Art. 1. L'amende prononcée par l'arrêt du conseil de préfecture du Cher, en date 29 déc. 1847, contre le sieur Ajasson de Grandsagne, est réduite à 300 fr., etc.

Du 9 août 1851.—Décr. cons. d'Et.—M. Pascalis, rap.

supprimer les travaux et ouvrages faits en contravention; à défaut par eux de satisfaire à cette condamnation, la suppression a lieu d'office et les frais en sont recouvrés par voie de contrainte. — La suppression de ces ouvrages prononcée en conformité de cet article doit être considérée, non comme une peine, mais comme une simple réparation civile (V. Voirie par terre, n°⁸ 2283, 2287, 2381 et suiv., où l'on indique les conséquences de cette distinction). — Il est à remarquer que l'art. 11, en autorisant les conseils de préfecture à ordonner la suppression des travaux exécutés en contravention, ne parle pas d'une manière expresse des *constructions et plantations*. Il ne faudrait pas en conclure qu'ils n'auraient pas le droit de faire supprimer les plantations et constructions qui auraient été faites en contravention. Selon l'observation du ministre des travaux publics, une énonciation spéciale sur ce point était inutile, les règles de la voirie en matière de plantation et de construction ne pouvant laisser aucun doute sur le pouvoir des conseils de préfecture dans ce cas. — V. vᵉ Voirie par terre, n°⁸ 157, 2283 et suiv.

CHAP. 4. — Pouvoirs d'organisation, de direction et de contrôle appartenant a l'autorité supérieure vis-a-vis des compagnies de chemins de fer.

253. Les gouvernements de l'Europe qui n'ont point livré l'exploitation des chemins de fer à une concurrence illimitée, comme ont fait l'Angleterre et les cantons de la Suisse, mais qui se sont réservé, soit de les faire exploiter en tout ou en partie pour leur propre compte, comme la Belgique et quelques Etats de l'Allemagne, soit de les concéder à des compagnies exécutantes et exploitantes, mais placées sous la surveillance la plus étroite de l'administration, telles que la France et d'autres pays, ont assumé sur eux une grande responsabilité, relativement aux conditions et à l'usage du monopole confié à ces compagnies. — S'il s'élève des plaintes contre le tracé de la voie, s'il est trouvé défectueux pour les pentes, les courbes, le grand nombre d'ouvrages d'art, la dépense et les périls qu'ils auront occasionnés; si une latitude trop grande paraît avoir été laissée aux compagnies dans les cahiers des charges pour les *maxima* du temps de parcours, ou pour les tarifs de transport et taxes des différentes catégories de marchandises, les griefs s'élèveront vers l'autorité supérieure à laquelle on demandera incessamment d'apporter dans l'exploitation des chemins de fer les réformes réclamées par l'opinion publique. — Nous ne pensons pas que cette responsabilité des gouvernements puisse être mieux couverte ou plus allégée, quant aux améliorations réalisables, que ne l'est celle de l'administration fra çaise, par les lumières des assemblées consultatives au sein desquelles les nouvelles questions sont examinées, par le concours des hauts fonctionnaires dont l'expérience et les avis en contiennent les éléments, et surtout par le travail aussi sérieux qu'actif de notre service des ingénieurs du contrôle.

254. Rien n'impressionne plus vivement le public que les accidents de chemins de fer, à cause du grand nombre de voyageurs dont l'existence peut s'y trouver compromise. Aussi, chaque fois qu'il arrive un malheur, le gouvernement s'applique aussitôt à rétablir la sécurité dans les esprits en formant de grandes commissions composées de membres éminents de nos assemblées législatives et d'hommes spéciaux choisis dans les conseils de gouvernement et les administrations des compagnies. Ces commissions procèdent à des enquêtes solennelles, sous la présidence du ministre des travaux publics. Les formulaires de questions qu'elles dressent elles-mêmes sont communiquées aux compagnies qui fournissent les renseignements demandés sur tous les procédés et détails de leur exploitation. Il en résulte des mesures réglementaires qui ont déjà apporté d'utiles perfectionnements et qui sont destinées à en apporter prochainement de très-importants dans le régime de nos chemins de fer, ainsi que nous le montrerons bientôt.

Les compagnies sont des points de contact de tous les jours avec le gouvernement, dans lequel on peut distinguer la tête, ou le chef de l'Etat, ou l'autorité législative, puis avec l'administration, c'est-à-dire, les ministres et les assemblées qui éclairent le gouvernement de leurs avis, et enfin avec les fonctionnaires, chefs de service, chargés de l'exécution des lois et des règlements.

255. *L'empereur et l'autorité législative.* — L'intervention du chef de l'Etat et des assemblées législatives en ce qui concerne la confection et l'administration des chemins de fer, a pour objet, d'abord, la concession elle-même et les conditions qui y sont attachées (V. *supra*, n°⁸ 93 et suiv.), puis les règlements de police ou autres auxquels les compagnies sont nécessairement soumises. En se liant avec les compagnies par le *contrat de prestation de travail*, en vertu duquel, moyennant l'accomplissement de toutes leurs obligations, les compagnies ont des intérêts garantis et des droits propres vis-à-vis de l'Etat, le gouvernement n'a cependant pas aliéné ni modifié l'omnipotence de la loi, en tout ce qui concerne essentiellement l'intérêt public et surtout celui de la sûreté générale et de l'ordre public. Aussi, en vertu de cette omnipotence, l'Etat, s'il y avait une cause sérieuse d'utilité publique, se dégagerait, vis-à-vis des compagnies. par le rachat des chemins concédés, ainsi qu'il a fait, en vertu de la loi de 1845, pour les canaux qui avaient été soumis à des conditions gênantes pour le commerce et la navigation par les lois de 1821 et 1822 (V. Voirie par eau, n°⁸ 33 et suiv.). — Mais, sous l'empire même des engagements contractés par l'Etat, vis-a-vis des compagnies, en vertu du cahier des charges, ces compagnies sont soumises aux lois de police et de sûreté que le législateur a adoptées ou adoptera encore pour leur exploitation, telles que 1° la loi du 15 juill. 1845 sur la police, la sûreté et l'exploitation des chemins de fer et le décret dictatorial du 27 déc. 1851, concernant les lignes télégraphiques, lois pénales définissant les atteintes qui peuvent y être portées criminellement et les peines qui seront appliquées, suivant la gravité des faits, à leurs auteurs;—2° La loi spéciale du même jour, 15 juill. 1845, réglant la concession des chemins de fer de Paris à la frontière de Belgique, et qui interdit, en termes généraux, les traités particuliers qui seraient faits entre les compagnies et les entrepreneurs de voitures, pour le transport des voyageurs ou des marchandises, en plaçant cette défense sous la sanction des peines prononcées par l'art. 415 c. pén. — Enfin, il résulte des dispositions de l'art. 21 de la loi du 15 juill. 1845, concernant la sûreté des chemins de fer, que toute infraction commise aux dispositions ou aux dispositions du règlement général du 15 nov. 1846 et des arrêtés ministériels ou préfectoraux pris en exécution de ces mêmes dispositions est susceptible d'être poursuivie en police correctionnelle et punissable, à l'égard des administrateurs des compagnies ou de leurs employés, des peines d'amende ou d'emprisonnement. — Aujourd'hui, les compagnies réclament contre la rigueur de ces dispositions, qui sont peut être susceptibles d'être adoucies sous certains rapports.

256. Le besoin senti de satisfaire nombre de localités en faisant construire des chemins de fer qui seraient d'un très-faible produit, forçant à étudier les moyens de construire des chemins de fer avec beaucoup moins de dépense que pour les grandes lignes, on demandera peut-être au législateur d'apporter des modifications dans la procédure de l'expropriation, par exemple, d'appliquer à ces chemins le jury, tel qu'il procède en vertu de la loi du 21 mai 1836, sur les chemins vicinaux. Le commerce demandera encore que les procédures des tribunaux consulaires soient simplifiées lorsque le transport des marchandises se faisant en commun par plusieurs compagnies, les délais et la multiplicité des assignations peuvent comporter des réformes. —Toutes ces propositions ont été faites devant la commission d'enquête de 1861-1863 sur les chemins de fer à bon marché; ayant été accueillies favorablement par la commission, elles se reproduiront sans doute devant les assemblées législatives. — Déjà même, en 1863, l'Empereur a fait preuve de sa sollicitude envers nos grandes compagnies et de son désir de soutenir leur crédit lorsqu'en proposant, à chacune d'elles, d'ajouter à son réseau de petites lignes qui s'y rattachaient naturellement, il a consenti et fait adopter par l'autorité législative que la garantie d'intérêt accordée par l'Etat au *nouveau réseau* en 1853 ne porterait plus restrictivement sur un *maximum* présumé de dépense, mais bien sur le montant intégral de la dépense effective qui sera dûment justifiée (M. Cotelle, Législ. franç. des ch. de fer 1864, introd.).

257. 2° *Le ministre de l'agriculture, du commerce et des travaux publics* fait étudier, prépare et présente à l'empereur

les projets des lois et des règlements d'administration publique qu'il y a lieu de prendre pour l'approbation des plans et projets de chemins de fer, des déclarations d'utilité publique, des conventions faites entre lui et les compagnies. — De plus, le contrôle et la surveillance des chemins de fer exploités par les compagnies sont exercés directement par le ministre des travaux publics, pour tout ce qui concerne le service de l'exploitation proprement dite, l'ensemble de la circulation, les mesures générales de police et de sûreté, la surveillance des opérations commerciales et les mesures générales d'intérêt public (circ. min. 15 avr. 1850, art. 1). — Le ministre est secondé par le directeur général des ponts et chaussées et des chemins de fer, qui a sous la main des bureaux partagés en trois divisions, savoir : la division des études et travaux, la division de l'exploitation et celle de la statistique centrale (M. Cotelle, p. 84). — Nombre d'arrêtés et circulaires démontrent l'active surveillance par laquelle l'autorité ministérielle a pourvu à toutes les mesures de sécurité, de bien-être, d'exactitude et de modération des taxes dans l'exploitation et l'usage des chemins de fer, sans jamais s'écarter des limites qui lui étaient tracées par les cahiers des charges, par conséquent, sans s'imposer aux compagnies d'une manière dommageable et propre à motiver de leur part des réclamations. — Ces circulaires et arrêtés que nous signalerons à l'occasion dans le cours de notre étude sont rapportés en texte dans le Recueil méthodique et chronologique des chemins de fer de M. Lamé Fleury jusqu'en 1858, et tous se trouvent jusqu'en 1864 dans la Législation française des chemins de fer par M. Cotelle, 1 vol. in-8°, 1864.

258. 3° *Assemblées consultatives.* — L'autorité supérieure s'éclaire, suivant la nature des questions, des avis de trois assemblées consultatives : 1° le comité consultatif des chemins de fer, 2° le conseil général des ponts et chaussées et 3° le conseil d'Etat.

259. *Comité consultatif des chemins de fer.* — Nous avons signalé ailleurs (V. Travaux publ., n° 267) les vicissitudes qu'a subies cette institution, les différents titres qu'elle a portés, selon les ordonnances ou arrêtés qui se sont suivis jusqu'à l'arrêté ministériel du 30 nov. 1852. — Ce comité, présidé par le ministre est en ce moment composé du vice-président du conseil d'Etat, d'un président de section et de plusieurs conseillers d'Etat, d'un sénateur, du conseiller d'Etat inspecteur général des mines, secrétaire général du ministère des travaux publics, du conseiller d'Etat, inspecteur général des ponts et chaussées et des chemins de fer, du régent de la banque, d'un général d'artillerie, membre de l'Institut, et de plusieurs inspecteurs généraux des ponts et chaussées et des mines. Font encore partie de cette assemblée, les cinq inspecteurs généraux des chemins de fer, institués par le décret du 17 juin 1854, l'ingénieur en chef, secrétaire du conseil général des mines, deux auditeurs au conseil d'Etat, et enfin le secrétaire du comité (Ann. des ponts et chaussées, 1862, cah. 3, p. 30). — Le comité consultatif des chemins de fer exerce les attributions qui avaient été dévolues à la commission centrale des chemins de fer par l'arrêté du chef du pouvoir exécutif en date du 29 juin 1848 (arr. min. du 30 nov. 1852, art. 2).

260. Aux termes du décret du 17 juin 1854, les inspecteurs généraux qui font partie du comité consultatif forment une section permanente de ce comité, pour toutes les questions concernant l'exploitation commerciale ou la gestion financière des compagnies. Cette section est présidée par le ministre, ou, à son défaut, par le directeur général des chemins de fer ou par le plus âgé des inspecteurs généraux (art. 2). — La section permanente donne son avis, sur le rapport écrit de l'un de ses membres, dans toutes les affaires qui lui sont renvoyées par le ministre, notamment en ce qui concerne : 1° l'établissement des tarifs et leur application ; 2° les traités particuliers et les conventions internationales relatifs à l'exploitation ; 3° les émissions d'obligations ; 4° les questions de prêts, de subventions, de garanties d'intérêt aux compagnies et de partage de bénéfices avec l'Etat (art. 3). — Cette section adresse chaque mois au ministre un rapport sur la situation commerciale et financière des compagnies, accompagné de tous les documents statistiques sur la circulation des voyageurs et des marchandises. Les rapports mensuels sont résumés, chaque année, dans un rapport général adressé au ministre (art. 4).

261. Pour indiquer les attributions du comité lui-même, nous ne saurions mieux faire que de nous en rapporter à un auteur qui en a fait le relevé sur les registres contenant ses délibérations depuis 1853 jusqu'en 1862. « 1° Le ministre, dit-il, prend l'avis du comité consultatif sur toutes les questions d'existence, de perfectionnement, d'amélioration des règlements concernant les chemins de fer; sur les questions matérielles, économiques, financières, contractuelles, internationales. — Ainsi, l'autorité supérieure lui soumet les projets de règlements d'administration publique sur le contrôle et la surveillance des chemins de fer, les projets de fusion, de rachat, de modification des cahiers des charges; elle le consulte sur la valeur probable des inventions qui lui sont soumises concernant les moyens de construire les chemins de fer à bon marché, les tracés, les rails, les trains et la forme du matériel roulant, les mesures à prendre contre les déraillements, les moyens quelconques de prévenir les accidents; elle lui soumet les traités passés entre les compagnies pour des tarifs communs ou autres objets; les traités passés entre les chemins de fer et les bateaux à vapeur; les conditions que les compagnies peuvent insérer dans les lettres de voiture; le groupage des colis dans les wagons, les tarifs concernant les objets nouveaux. Ce sont là les affaires générales, les grandes affaires. 2° Le comité est aussi appelé à donner son avis sur les réclamations formées par des entreprises de transport contre les tarifs à prix réduits des chemins de fer, sur les cartes d'abonnement pour les voyageurs, sur l'insuffisance des wagons sur une ligne, l'admission exceptionnelle de plusieurs locomotives à un convoi; sur l'établissement des stations, la concession d'un chemin de fer industriel, enfin sur toutes les questions locales ou spéciales à telle exploitation » (M. Cotelle, p. 82).

262. *Conseil général des ponts et chaussées.* — Les attributions de ce conseil ont été établies v° Trav. pub., n° 260 et s. — On y voit figurer la section des chemins de fer (V. eod., n° 262), instituée dans ce conseil par l'ord. du 23 déc. 1838. — En créant le comité consultatif des chemins de fer, le gouvernement n'a nullement entendu enlever au conseil des ponts et chaussées aucune de ses attributions; le comité doit être consulté sur les questions réglementaires relatives à l'établissement ou à l'exploitation des chemins de fer, et qui n'appartiendraient pas soit au conseil général des ponts et chaussées, soit à la section des chemins de fer (ord. 22 juin 1842). — Le conseil des ponts et chaussées est principalement consulté sur les plans et les ouvrages d'art; il traite les questions qui lui sont renvoyées par la section des chemins de fer. Cette section donne des avis sur les détails de l'administration, telles que, les questions relatives à l'expropriation des terrains, aux torts et dommages résultant de l'exécution des travaux, au contentieux de la grande voirie, aux questions d'interprétation des cahiers des charges, au règlement des comptes des travaux exécutés par des entrepreneurs pour le compte de l'Etat, etc.

263. *Conseil d'Etat.* — On peut voir ailleurs les hautes attributions qu'exerce le conseil d'Etat en assemblée générale. En ce qui concerne les chemins de fer et les travaux publics de toute nature, la section de l'agriculture, du commerce et des travaux publics, donne son avis sur les questions réglementaires que le ministre des travaux publics juge à propos de lui soumettre, concernant les chemins de fer.—V. Trav. pub., n° 277; V. aussi v° Conseil d'Etat.

264. 4° *Fonctionnaires agissant au nom de l'autorité supérieure.* — Les fonctionnaires de différents services qui représentent l'autorité centrale et agissent sous sa direction, pour la tenir informée et assurer partout la surveillance des chemins de fer, sont les préfets des départements, les inspecteurs généraux des ponts et chaussées de deuxième classe en tournée dans leurs divisions, les inspecteurs généraux des chemins de fer, les ingénieurs des ponts et chaussées chargés du service et du contrôle, les inspecteurs de l'exploitation commerciale, les inspecteurs de service télégraphique, et le commissariat spécial de police attaché aux chemins de fer.

265. *Préfets.* — Dans l'économie du règlement général du

15 nov. 1846, concernant la police, la sûreté et l'exploitation des chemins de fer, il devait y avoir des préfets centralisateurs. L'art. 71 de ce règlement porte : « Lorsqu'un chemin de fer traverse plusieurs départements, les attributions conférées aux préfets par le présent règlement pourront être centralisées en tout ou en partie dans les mains de l'un des préfets des départements traversés. » On avait reconnu en effet qu'il était difficile que toutes les mesures d'ensemble relatives au mouvement, à la marche des convois, aux signaux de sûreté, fussent morcelées et réparties entre les préfets des départements traversés. Ces parties, les plus importantes du service, devaient effectivement être remises dans les mains d'un seul administrateur (circ. 31 déc. 1846, D. P. 47. 3. 102). Cela était si vrai, que l'expérience n'a pas tardé à démontrer que sur tous ces objets, le mouvement, la marche des convois, les signaux de sûreté, etc., la centralisation devait être encore plus grande, et résider dans l'autorité directe et personnelle du ministre.—C'est à quoi il a été pourvu par l'arrêté ministériel du 15 avr. 1850, qui fut adopté sur les avis des commissaires de surveillance administrative et de la commission centrale des chemins de fer.— Cet arrêté est ainsi conçu : — « Art. 1. Le contrôle et la surveillance des chemins de fer exploités par les compagnies sont exercés directement par le ministre des travaux publics, pour tout ce qui concerne le service de l'exploitation proprement dite, l'ensemble de la circulation, les mesures générales de police et de sûreté, l'application des tarifs, la surveillance des opérations commerciales, et les mesures générales d'intérêt public.— Art. 2. Les mesures d'intérêt local concernant la conservation des bâtiments, ouvrages d'art, terrassements et clôtures, des abords des gares et stations, des passages à niveau, ponts, rivières ou canaux traversant les chemins de fer, y compris la police des cours dépendant des stations, et en général toutes les questions relatives à l'exécution des tit. 1 et 2 de la loi du 15 juill. 1845, sur la police des chemins de fer, sont dans les attributions des préfets des départements traversés. — Chaque préfet prend en outre, dans l'étendue du département, les mesures nécessaires pour rendre exécutoires les règlements et instructions ministérielles concernant le public. »

266. Les dispositions du règlement général du 15 nov. 1846 sont, ainsi qu'on l'a fait observer, de deux ordres distincts. « Les unes imposent aux compagnies exploitantes des obligations précises, définies, qui n'exigent par conséquent aucune explication spéciale, et dont l'inexécution peut être constatée par tous les agents et fonctionnaires désignés dans la loi du 15 juill. 1845; les autres se bornent à créer le principe et l'obligation et réservent à l'administration supérieure le soin d'en déterminer la nature, l'étendue et les limites; ce n'est que lorsque l'administration a statué qu'il y a contravention de la part de ceux, quels qu'ils soient, qui n'obéissent pas à sa décision » (circ. 31 déc. 1846, loc. cit.).—D'après la circulaire que nous venons de citer, les préfets doivent veiller avec soin à ce que les dispositions claires et précises soient partout et régulièrement exécutées, et à ce que les infractions qui y seraient commises soient immédiatement poursuivies et réprimées. — Quant aux dispositions qui peuvent sembler incomplètes, les préfets doivent, sur les avis qu'ils reçoivent des fonctionnaires de différents services, relativement à la surveillance des chemins de fer, informer l'autorité supérieure et provoquer de nouvelles instructions et ses décisions générales ou particulières. — Les mesures réglementaires qui sont incessamment prises pour diriger l'exploitation des chemins de fer, émanent de trois sources : soit du ministre, dans ses arrêtés et instructions, soit des préfets, dans les arrêtés qu'ils soumettent à l'approbation du ministre, soit des compagnies elles-mêmes, dont les ordres de service qu'elles font approuver par le préfet, ou que celui-ci soumet à l'approbation du ministre (M. Cotelle, p. 89).

267. Inspecteurs généraux des ponts et chaussées de deuxième classe en tournées. — On a vu plus haut que l'ordonnance du 22 juin 1842, en organisant la commission centrale des ponts et chaussées, n'entendait pas enlever au conseil général des ponts et chaussées la connaissance d'aucune des questions sur lesquelles il est consulté pour tous les travaux intéressant la grande voirie ou la navigation. C'est ainsi que les inspecteurs

généraux, dans leurs tournées, ont à s'occuper des chemins de fer existant dans le territoire de leur circonscription, comme des autres objets du service des ponts et chaussées et sous les mêmes rapports, notamment en ce qui concerne les études, les plans et le tracé des chemins de fer projetés, la surveillance des travaux exécutés aux frais du trésor, et enfin l'examen du travail, des rapports et des écritures des ingénieurs du contrôle des chemins de fer. — Ici, comme pour les travaux de la navigation intérieure, indépendamment des plans et projets rédigés par les ingénieurs en chef, les inspecteurs généraux de seconde classe feront des projets généraux, ou donneront leur avis sur les enquêtes et les délibérations des conseils généraux ou municipaux et sur les propositions des ingénieurs en chef pour faire du tout un système coordonné (décr. 7 fruct. an 12, art. 12; V. Trav. pub., p. 842). — Ils seront les rapporteurs dans le conseil général des questions qui y seront portées relativement aux affaires de leur circonscription (v° Travaux publics, n° 283).

268. Inspecteurs généraux des chemins de fer. — Le décret du 17 juin 1854, établissant cinq inspecteurs généraux des chemins de fer, leur assigne les attributions suivantes : 1° faire l'inspection des lignes de fer qui leur sont désignées par le ministre, et recueillir tous les renseignements propres à éclairer l'administration supérieure sur les matières énoncées en l'art. 1 du présent décret; — 2° Procéder, sur la délégation faite par le ministre, à toutes les informations et enquêtes sur les questions ou des faits spéciaux d'exploitation; — 3° Etre chargés de toutes missions concernant les chemins de fer. — Enfin, et indépendamment des fonctions qu'ils remplissent comme membres de la section permanente du comité consultatif des chemins de fer (V. n° 260), ils exercent individuellement les fonctions qui étaient attribuées aux commissaires du gouvernement par les ordonnances et décrets, en ce qui concerne la gestion financière des compagnies qui ont obtenu de l'Etat, soit un prêt ou une subvention, soit une garantie d'intérêt, ou avec lesquelles l'Etat est appelé à un partage de bénéfices. — V. ci-dessus p. 886 en note, cahier modèle des charges, art. 66.

269. Service du contrôle. — Le contrôle et la surveillance s'opèrent sous les ordres des ingénieurs en chef : 1° pour le service d'entretien des terrassements et ouvrages d'art de toute nature, de la voie de fer, du matériel, et pour le service de l'exploitation technique, par les ingénieurs des ponts et chaussées et des mines, les conducteurs et gardes-mines placés sous leurs ordres; — 2° Pour la vérification des tarifs, la surveillance des opérations commerciales, ainsi que pour l'établissement de la statistique des recettes et dépenses et du mouvement de la circulation, par les inspecteurs de l'exploitation commerciale (circ. min. 15 avr. 1850, art. 4); — 3° Pour la surveillance du service intérieur des gares; — 4° Pour celle des signaux et des avis à donner des accidents. — « Dans leur participation à l'administration active, les ingénieurs en chef du contrôle ont encore à remplir les fonctions suivantes : 1° surveiller assidûment de leur personne toutes les parties du service; 2° faire l'envoi mensuel à l'autorité supérieure des rapports des fonctionnaires et agents placés sous leurs ordres; 3° dresser et envoyer au ministre les états qui leur sont demandés; 4° correspondre avec les préfets des départements traversés par la ligne; 5° correspondre avec le ministre; 6° pour les ingénieurs résidant à Paris, assister à la conférence établie entre eux au ministère » (circ. min. 24 mai 1854, M. Cotelle, t. 4, p. 195). Les attributions aussi importantes que nombreuses du service du contrôle ont été longuement et utilement développées par M. Cotelle, eod. p. 184 et suiv.

CHAP. 5. — ADMINISTRATION INTÉRIEURE DES CHEMINS DE FER; FONCTIONNAIRES ET AGENTS CHARGÉS D'INTERVENIR DANS L'ADMINISTRATION ET LE SERVICE DES CHEMINS DE FER.

270. Dans chacune des compagnies ayant la concession d'un chemin de fer, il existe un conseil d'administration dont les membres sont élus par l'assemblée générale des actionnaires pour l'exercice des pouvoirs qui lui sont confiés par les statuts de la société. — En entrant en fonction, le premier objet des travaux de ce conseil est de pourvoir à l'organisation du service

et de régler toutes les fonctions qu'il est indispensable d'établir pour l'exploitation du chemin de fer. Il adopte des règlements par lesquels sont fixées les attributions des fonctionnaires des divers ordres, soumis d'abord à son autorité, puis à celle de fonctionnaires et agents établis dans un ordre hiérarchique. L'assemblée générale fixe leurs traitements ainsi que toutes les dépenses générales de l'administration. — Elle peut déléguer ses pouvoirs soit à quelques-uns des administrateurs formant un comité de direction, soit à un seul fonctionnaire ayant le titre de directeur; et en outre, pour mieux assurer le service du mouvement, il peut être établi au-dessous de lui, sous ses ordres, un directeur de l'exploitation. — Certaines affaires peuvent être confiées à un comité spécial en permanence; ainsi les mines d'Aubin, appartenant à la compagnie du chemin de fer d'Orléans, sont régies par un comité formé du président du conseil d'administration et de trois autres de ses membres; un directeur spécial et un ingénieur-conseil sont placés sous les ordres de ce comité. — Au reste, la constitution des premières fonctions ou de l'état-major des compagnies varie d'une compagnie à l'autre, tout en maintenant *l'unité des pouvoirs* qui est si nécessaire dans une grande administration.

271. Les travaux du conseil d'administration comprennent: 1° *la gestion financière*, qui en est la partie la plus vitale, soit pour les traités qui sont passés avec l'État, autorisant de nouveaux emprunts, procurant à la compagnie des subventions ou garanties d'intérêt qui engagent le trésor, soit pour la réalisation du produit des taxes et le payement semestriel ou annuel des dividendes et intérêts dus aux porteurs d'actions et d'obligations; — 2° *L'administration intérieure* ou l'accomplissement régulier de tous les services dont la réunion forme l'exploitation du chemin de fer dans ses rapports avec les voyageurs et le commerce ou le public en général; — 3° *Les modifications du service, les changements de tarifs et les nouveaux règlements.* — Souvent l'expérience avertit d'apporter des modifications dans l'ordre des trains, dans les signaux, dans telle partie importante de l'organisation; au changement des saisons, il y a lieu de régler à nouveau le nombre et les heures de départ des convois de toute nature, de modifier les tarifs de marchandises, d'accorder pour certaines opérations de commerce des facilités dont pourront profiter tous ceux qui en réclameront l'avantage, en se soumettant aux conditions prescrites. Tous les changements apportés dans le service donnent lieu à des mesures réglementaires qui ne peuvent être mises à exécution qu'après avoir été approuvées par l'autorité supérieure et portées à la connaissance du public par des affiches (cah. des ch., art. 33, 43, 47, 48, 50, 53; ord. 15 nov. 1846, art. 25, 44, 46, 49, 50).

272. Le conseil supérieur et les directeurs ont pour collaborateurs immédiats les bureaux établis au siège de la société, placés sous la direction du chef de l'exploitation. Quels que soient la distribution du travail et le nombre des bureaux, ils se partagent ces cinq attributions indispensables: 1° secrétariat général, correspondance, centralisation de tout le service; — 2° L'établissement et l'entretien de la voie; — 3° Le matériel et le mouvement; — 4° L'exploitation commerciale; — 5° La comptabilité. — Les fonctionnaires de divers ordres et les agents des compagnies peuvent se classer de la manière suivante: Après le directeur, les principaux fonctionnaires sont les inspecteurs généraux de la compagnie pour le mouvement et les affaires commerciales, l'ingénieur en chef des travaux et le chef de la traction. — L'inspection générale est un service d'ordre supérieur qui se partage entre *l'inspecteur des affaires commerciales, l'inspecteur général du mouvement et le vérificateur général de la comptabilité.*

273. *L'ingénieur en chef des travaux* est chargé de proposer et de faire exécuter les travaux neufs et ceux d'entretien. Il a sous ses ordres, à cet effet, des ingénieurs, conducteurs et piqueurs pour lesquels la ligne se partage en arrondissements, sections et districts.

274. Dans la principale gare de toute compagnie de chemins de fer il existe des ateliers pour la construction ou la réparation du matériel roulant, ainsi que des magasins de dépôt des locomotives, tenders, voitures de toute espèce soumises à toutes les épreuves prescrites par les règlements, autorisées ou jugées propres au service. — En tête de ces ateliers et lieux de dépôt,

il y a *le régisseur du matériel* qui en est en même temps titeur, à moins que cette fonction ne soit confiée, sous tion, à un autre agent.

275. Le service de traction s'opère par le concours recteur de l'exploitation, du régisseur et répartiteur du des *chefs de gare et stations, des chefs de train, des et des chauffeurs*, enfin des *contrôleurs du mou* « Les chefs de gare composent les trains. Ils ne doivent donner d'eux-mêmes une destination aux wagons; ils attendre les ordres de l'agent répartiteur. Il leur est ex ment défendu, quelle que soit la quantité de matériel qu'ils demandent et dont ils ont besoin, de retirer d'un train des w qui ont reçu une autre destination. Lorsqu'ils composent train, ils doivent donner avis, par le télégraphe de la gare réside l'agent répartiteur, de l'heure du départ de ce train nombre des wagons pleins ou vides dont il est formé, des tr de bestiaux de tel ou tel marché » (M. Cotelle, p. 134).— Le gisseur ou répartiteur du matériel a sous son autorité les méc niciens, chauffeurs, graisseurs, chefs de dépôt des machines et petit entretien (*id.*, p. 132). — Les chefs de train sont so l'autorité du chef du mouvement et du répartiteur du matéri et non sous les ordres du chef de gare et de station. Ils o autorité sur les gardes-freins, les mécaniciens, chauffeurs graisseurs. Ils sont responsables de la conduite des trains et service des agents placés sous leur ordres. — Aux lieux d'arr dans les gares et stations, les gardes-freins sont sous les ord du chef de gare ou de station; mais ils obéissent au chef train en ce qui concerne le service du train (*id.*, p. 140.)

276. *L'exploitation commerciale* a lieu sous les ordres directeur de l'exploitation par le concours des agents comm ciaux, des chefs de gare et de station, des bureaux d'enregist ment de chaque gare ou station, des hommes d'équipe qui y so attachés, enfin des inspecteurs de l'exploitation commerciale.

277. *Agents supérieurs commerciaux.*—Ils sont établis d les principales villes du réseau où l'activité des affaires ne p mettrait pas aux chefs de gare de suivre utilement les relatio ultérieures du service. Leur destination est d'entretenir les ra ports de la compagnie avec le haut commerce et les administ tions locales. Ils doivent tenir la direction au courant de to les faits et de toutes les observations de nature à intéresser compagnie; préparer, dans la localité où ils résident, les né ciations propres à accroître les transports et à augmenter produits de l'exploitation; traiter les affaires litigieuses et a tres qui leur sont renvoyées, et donner les renseignements leur sont demandés par le directeur, le chef de l'exploitati les inspecteurs généraux ou les autres chefs du service (M. telle, p. 79).

278. *Chefs de gare.* — C'est sous l'autorité du chef de c que gare qu'ont lieu: 1° l'ouverture de la gare pour la récepti et la livraison des marchandises aux heures fixées; — 2° l transports de toute nature qui sont confiés à la compagnie et doivent être effectués avec soin, exactitude et célérité; — 3° L' registrement et le pesage des colis; — 4° L'application des rifs généraux et spéciaux; — 5° La réception des marchandi à la gare de destination; — 6° La remise à d'autres compagn des marchandises de transit et toute expédition au delà du seau; le factage et le camionnage de celles à destination du de la gare; — 7° L'emmagasinage de celles qui ne sont po acceptées par le destinataire ou retirées après lettre d'avis; 8° Les litiges et transactions sur les objets perdus, dans certaine limite; — 9° La tenue de tous les registres presc par les règlements et la comptabilité de l'exploitation comm ciale.

279. *Les inspecteurs de l'exploitation commerciale* so chargés: 1° d'assurer la bonne marche des trains; — 2° veiller à la bonne répartition du matériel; — 3° De contrô le factage et le camionnage; — 4° De diriger les gares et tions pour la régularité des opérations en souffrance et la pré ration des transactions que pourrait amener cette régularisat — 5° De veiller à ce que les écritures des gares soient régu rement tenues et en accord avec celles de l'administration trale. — Ils correspondent avec le chef de l'exploitation l'inspecteur général du mouvement; ils lui font connaître

les faits de leur gestion, proposent toutes les mesures intéressant le service de leur inspection, émettent des avis relatifs au choix et à la discipline du personnel des gares et stations, préparent les feuilles de solde, transmettent aussi au chef de l'exploitation leurs observations, les rapports journaliers des chefs de gare et stations, et un rapport détaillé sur tous les faits de leur service, avec leurs observations ou propositions. — Ils ont sous leur autorité les inspecteurs du mouvement, les agents commerciaux, le vérificateur de la comptabilité et tous les employés et agents des gares et stations (M. Cotelle. p. 100).

280. Nous pouvons réunir dans une seule et dernière catégorie les agents inférieurs de l'exploitation et les agents auxiliaires, dont le service n'est pas essentiel et continu, mais dépend des circonstances et est intermittent. — *Les agents inférieurs* sont : les aiguilleurs, les graisseurs, les lampistes, les gardes-barrières, les gardiens et surveillants de la voie, les chefs d'équipe, sous-chefs d'équipe, hommes d'équipe, les facteurs et sous-facteurs, les camionneurs. — L'administration a le droit de se faire représenter l'état du personnel des agents de toute classe, pour savoir s'ils sont en nombre suffisant pour assurer un service régulier, exact et complet, et si la compagnie n'exige d'agents d'aucune classe une somme de travail supérieure aux forces de l'homme, principalement en ce qui concerne les mécaniciens et les chauffeurs, ainsi que pour le travail de nuit dans les gares et stations. Dans le cas où l'insuffisance du nombre serait reconnue en quelque partie du service, l'autorité supérieure exigerait qu'elle fût fortifiée de quelques employés ou agents de plus.

Les agents auxiliaires sont ceux qui sont chargés du service médical, de la pharmacie, des pompes en cas d'incendie, et principalement du service *télégraphique*. — « Les conditions d'établissement des lignes télégraphiques qui composent le réseau télégraphique des chemins de fer, lit-on dans une circulaire ministérielle, ont été jusqu'à ce jour très-variables. Certaines lignes appartiennent exclusivement aux compagnies et sont entièrement distinctes des lignes de l'Etat. Plus fréquemment, les compagnies ont été autorisées à poser, sur les poteaux des lignes de l'Etat, soit à titre définitif, soit à titre provisoire, les fils qui leur étaient nécessaires, à charge de les entretenir, de les surveiller et de les renouveler à leurs frais. Dans d'autres cas enfin, ces conditions mêmes ont été modifiées par suite d'arrangements particuliers. — Cet état de choses ayant créé d'administration des télégraphes de sérieux embarras et entraîné de véritables abus, il a été reconnu nécessaire, soit d'isoler les deux réseaux, soit de les confondre en un seul. Après un mûr examen, la seconde de ces solutions a paru devoir être adoptée, comme étant la plus conforme aux principes qui attribuent à l'Etat le monopole des communications télégraphiques, et en même temps moins onéreuse pour les compagnies des chemins de fer. » En conséquence, le ministre de l'intérieur a fait préparer un projet de conventions à intervenir entre l'Etat et les compagnies concessionnaires de chemins de fer pour le rachat et l'entretien des lignes électriques affectées au service des voies ferrées (circ. min. 28 mai 1862). — On voit par ce qui précède

que l'organisation du service des compagnies pour la transmission des signaux est aujourd'hui à l'état de transition. En ce moment, les compagnies ont des appareils à leur disposition. Les inspecteurs du télégraphe doivent s'assurer de l'aptitude des agents employés à leur manœuvre ; il y a aussi, dans un local séparé, un appareil reproducteur qui permet aux agents de l'Etat de contrôler, d'une manière permanente et sans interrompre le courant, les transmissions des compagnies. Toute cette partie du service de l'exploitation des chemins de fer sera simplifiée, lorsque les agents de l'Etat opéreront seuls le maniement des appareils dans l'intérêt du service des compagnies comme dans celui de la société en général. — V. Télégraphie, nos 70 et s.

CHAP. 6. Entretien et exploitation de la voie.

281. Cet intitulé est celui du titre 2 du cahier des charges qui ne contient que cinq articles sur lesquels nous n'avons que quelques mots à dire. L'art. 30 du cahier des charges porte : « Le chemin de fer et *toutes ses dépendances* seront constamment entretenues en bon état, de manière que la circulation y soit toujours facile et sûre. Les frais d'entretien et ceux auxquels donneront lieu les réparations ordinaires et extraordinaires seront entièrement à la *charge de la compagnie…* » — On s'est demandé si les ponts qui traversent les voies ferrées construites en déblai et qui forment au-dessus des chemins de fer le prolongement d'une route ou d'un chemin vicinal, doivent être considérés comme des dépendances du chemin de fer, et par suite, si l'entretien de ces ponts est à la charge de la compagnie. — Il a été jugé, dans le sens de l'affirmative, que l'entretien d'un pont destiné au raccordement d'une rue coupée pour l'établissement d'un chemin de fer est aux frais de la compagnie, si ce n'est toutefois que la ville doit contribuer à cet entretien jusqu'à concurrence de la somme que lui coûtait antérieurement l'entretien de la portion de chaussée pavée qui a été remplacée par le pont (cons. d'Et. 29 mars 1853) (1). — Cette décision nous paraît fort bien rendue. — V. aussi dans le même sens M. Cotelle, t. 4, nos 470 et suiv. qui cite à l'appui deux avis du conseil général des ponts et chaussées des 6 oct. 1851 et 15 anv. 1852.

282. Une difficulté semblable s'est élevée relativement aux frais d'entretien des voies *accolées* sur chacune des rives d'un chemin de fer. Voici dans quel cas ce fait se produit : lorsque les routes ou les chemins se trouvent interrompus par une voie ferrée, et qu'il existe, à peu de distance du point d'intersection, un passage à niveau, on rétablit la communication sur chacune des rives du chemin de fer, au moyen de *deux voies accolées* qui vont rejoindre le passage à niveau, évitant ainsi la construction d'un second passage à niveau trop rapproché. Or ces voies accolées doivent-elles être considérées comme des dépendances du chemin de fer et mises, par conséquent, pour leur entretien, à la charge des compagnies ? — La négative est professée, avec raison, par M. Cotelle, p. 204, qui cite dans le même sens une décision du ministre des travaux publics, du mois d'août 1858, aff. Frémont *C.* com. de Montereau. — Les décisions ministérielles, dit

(1) *Espèce* : — Ch. de fer de Paris à Saint-Germain *C.* ville de Paris.) — Une contestation s'est élevée entre la compagnie du chemin de fer de Paris à Saint-Germain et la ville de Paris, relativement à l'entretien d'un pont destiné à relier les deux tronçons de la rue de Stockholm qui avait été coupée pour l'établissement de la voie ferrée. La compagnie prétendait que cette dépense devait être supportée en entier par la ville, attendu que le pont dont il s'agit, loin d'être une dépendance du chemin de fer, avait été construit pour le service exclusif de la voirie municipale et se trouvait substitué à une rue dont l'entretien intégral était à la charge de la ville de Paris. — 12 janv. 1852, arrêt du conseil de préfecture de la Seine qui décide 1° que la compagnie du chemin de fer sera tenue d'entretenir le pont, sauf à la ville de Paris à contribuer à cet entretien pour une somme équivalente à la dépense d'entretien du pavage de la partie de la rue à laquelle le pont a été substitué ; 2° que les anciens pavés provenant de la chaussée resteraient la propriété de la ville. — Pourvoi par la compagnie.

Napoléon, etc. ; — Vu la loi du 9 juill. 1835 et le cahier des charges y annexé ; — En ce qui touche l'entretien du tablier du pont ; — Considérant qu'aux termes de l'art. 27 du cahier des charges susvisé, le chemin de fer et toutes ses dépendances doivent être constamment entretenus en bon état par la compagnie concessionnaire ; — Considérant

que le pont de Stockholm est une dépendance dudit chemin ; — Considérant que l'art. 12 du cahier des charges imposait à la compagnie l'obligation de construire en maçonnerie ou en fer les ponts destinés au raccordement des routes ; — Considérant que, si la compagnie, dans l'intérêt du service du chemin, a demandé et obtenu l'autorisation de changer le mode de construction du pont de la rue de Stockholm et de substituer un tablier en bois à une chaussée pavée, ces modifications ne peuvent avoir pour effet d'imposer à la ville de Paris une charge qu'elle n'aurait pas supportée si l'art. 12 du cahier des charges eût été exécuté ; que dès lors, c'est avec raison que le conseil de préfecture a rejeté les conclusions de la compagnie tendant à ce que l'entretien du pont, en son entier, fût mis à la charge de la ville de Paris ; que, d'ailleurs, ledit conseil, autorisant l'offre du préfet de la Seine, a ordonné que la ville contribuerait à la dépense pour 19 cent. par mètre superficiel, somme que lui coûte en moyenne l'entretien du pavé de la rue de Stockholm ; — En ce qui concerne la propriété des pavés ; — Considérant qu'il résulte de l'instruction que la ville a livré le sol de la rue après en avoir fait enlever les pavés, et que la compagnie ne prouve pas que ces pavés lui ont été vendus et qu'elle en a payé le prix ; — Art. 1. La requête… est rejetée.

Du 29 mars 1853.—Décr. cons. d'Et.-M. Tourangin, rap.

M. Cotelle, concernant les passages accolés ne mettent à la charge des compagnies que le soin des clôtures et des barrières, qui doivent être établies d'une manière satisfaisante pour la sécurité (circ. 11 mai et 14 juin 1855). — Il a été décidé dans le même sens que la compagnie de chemin de fer obligée, par arrêté administratif, à exécuter, en dehors de son périmètre d'exploitation, des ouvrages destinés à rétablir, dans l'intérêt des communes ou des particuliers, les voies de communication que le chemin de fer a interceptées, n'est pas tenue, à moins qu'elle n'y ait été expressément assujettie, des travaux d'entretien ou de réparation nécessaires à la conservation de ces ouvrages (Paris, 12 nov. 1853, aff. ch. de fer d'Orléans, D. P. 54. 2. 156).

283. Pour un chemin de fer construit par l'Etat, le jury d'expropriation avait imposé à l'administration l'obligation d'entretenir un chemin latéral dans tout son parcours. Ce chemin n'était établi que dans l'intérêt des propriétés traversées par le chemin de fer ; il n'était pas une dépendance du chemin de fer et n'avait pas figuré au nombre des travaux que l'Etat avait livrés à la compagnie. Dans ces circonstances, l'entretien du chemin latéral au chemin de fer a dû, par interprétation des conventions, être laissé à la charge de l'Etat et non à la charge de la compagnie (cons. d'Et. 27 déc. 1860) (1).

284. Dans un cas semblable au précédent, bien que le chemin ne fût pas une dépendance du chemin de fer, la compagnie s'en servait pour l'écoulement des eaux de la gare ; elle y avait placé des tuyaux pour amener les eaux nécessaires au service des locomotives. Dès lors, la compagnie pouvait être tenue à l'entretien de ce chemin latéral, mais c'était par un autre principe que cette charge pouvait lui être imposé, et d'après la règle *ubi sunt emolumenta, ibidem sunt onera,* et non en vertu du pouvoir qui est donné à l'administration par le cahier des charges, pour assurer l'entretien du chemin de fer et de ses dépendances (cons. d'Et. 13 août 1861) (2).

285. L'art. 31 du cahier des charges oblige la compagnie à établir à ses frais, partout où besoin sera, des gardiens pour assurer la sécurité du passage des trains sur la voie et celle de la circulation là où le chemin de fer est traversé par des routes à niveau. — L'art. 32 s'occupe de la construction des machines (V. l'ord. du 22 mai 1843, vᵉ Machines à vapeur), des voitures des voyageurs, des wagons destinés au transport des marchandises, des chaises de poste, etc. La compagnie est tenue, pour la mise en service de ce matériel, de se soumettre à tous les règlements sur la matière. — D'après l'art. 33, des règlements d'administration publique, rendus après que la compagnie aura été détermineront les mesures et les dispositions nécessaires pour assurer la police et l'exploitation du chemin de fer, ainsi que la conservation des ouvrages qui en dépendent : le ministre est chargé de déterminer, sur la proposition de la compagnie, le minimum et le maximum de vitesse des convois de voyageurs et de marchandises, et des convois spéciaux des postes ainsi que la durée du trajet. — Enfin, l'art. 34 dispose que pour tout ce qui concerne l'entretien et les réparations du chemin de fer et de ses dépendances, l'entretien du matériel et le service de l'exploitation, la compagnie sera soumise au contrôle et à la surveillance de l'administration.

286. Jusqu'à ce jour, il a régné un parfait accord entre l'administration et les compagnies. Elles ont été aussi loin que le gouvernement a pu le souhaiter dans les améliorations pour le bien-être, la vitesse de transport des voyageurs, l'abaissement du prix de transport des céréales dans les jours de disette et de souffrance et la réduction du prix de transport des engrais, des plâtres et marnes, enfin des matières qui servent à l'amendement des terres pour le progrès de l'agriculture. — Le gouvernement n'a donc point à se plaindre de nos compagnies. — Mais leur responsabilité à son égard n'est point la seule. Comme elles tiennent dans leurs mains l'instrument principal des communications rapides et de la production économique, le public attend beaucoup d'elles. Chaque accident de chemin de fer éveille l'attention générale avec une vivacité qui ne peut laisser le gouvernement dans l'impassibilité d'un juge ; car il devient partie intéressée dans les questions qui s'agitent. En présence de prétentions injustes et d'exigences exagérées, il se défend lui-même à l'instant où les compagnies n'ont transgressé ni les dispositions de leur cahier des charges, ni les prescriptions des arrêtés ministériels. — A trois reprises différentes, des commissions d'enquête ont été formées solennellement pour étudier les réclamations soulevées contre l'exploitation de nos chemins de fer : la première en 1853, à l'occasion de quelques accidents qui avaient ému l'opinion ; la deuxième au commencement de 1861, à la suite de l'assassinat commis audacieusement sur la personne de M. le président Poinsot, lequel a répandu les plus grandes alarmes sur le défaut de sécurité des voyageurs isolés ; enfin une troisième enquête est celle qui a été occasionnée par les derniers traités passés avec les compagnies,

---

(1) (Ch. de fer de Paris à Lyon et à la Méditerranée.) — NAPOLÉON, etc. ; — Vu la loi du 11-17 juin 1842, relative à l'établissement des grandes lignes de chemin de fer ; — Vu la loi du 26 juill. 1844, relative au chemin de fer de Paris sur le centre de la France et le cahier des charges annexé à ladite loi ; — Vu la loi du 28 pluv. an 8 ; — Considérant qu'aux termes de l'art. 17 du cahier des charges de concession, la compagnie du chemin de fer du Centre était tenue de maintenir en bon état d'entretien le chemin de fer et toutes ses dépendances, c'est-à-dire les terrassements, les ouvrages d'art, les bâtiments de station et autres, les voies de fer et tous leurs accessoires, et d'y effectuer à ses frais tous les travaux de réparation et de reconstruction nécessaires ; — Considérant qu'il résulte de l'instruction que le chemin latéral et le pont de Sanne qui fait partie de ce chemin ne sont pas des dépendances du chemin de fer, qu'ils n'ont été établis par l'Etat que dans l'intérêt des propriétés particulières traversées par la ligne de fer, et qu'ils n'ont pas figuré au nombre des travaux que l'Etat a successivement livrés à la compagnie du chemin de fer ; — Considérant qu'aux termes des art. 3 et 5 de la loi du 11 juin 1842, l'Etat était chargé de livrer à la compagnie les terrains nécessaires à l'établissement du chemin de fer et de ses dépendances et de payer les indemnités qui pouvaient être dues pour l'expropriation de ces terrains ; — Considérant que le jury d'expropriation, dans la décision susvisée, a imposé à l'administration l'obligation d'entretenir le chemin latéral dans tout son parcours et que cette obligation faisait partie de l'indemnité allouée par le jury aux propriétaires des terrains expropriés ; d'où il suit qu'elle était à la charge de l'Etat et non de la compagnie concessionnaire ; — Considérant que, dans ces circonstances, c'est avec raison que le conseil de préfecture a décidé que les frais d'entretien du chemin latéral et de reconstruction du pont de Sanne seront supportés par l'Etat ; — Art. 1. Le recours de notre ministre des travaux publics contre l'arrêté susvisé du conseil de préfecture de la Seine est rejeté. Du 27 déc. 1860.—Décr. cons. d'Et.—M. de Sandrans, rap.

(2) Espèce — (Ch. de fer d'Orléans.) — Un arrêt du conseil de préfecture de la Seine, en date du 21 nov. 1859, avait déchargé la compagnie du chemin de fer d'Orléans du payement de la somme de 1,567 fr. 51 c. montant du prix des travaux exécutés d'office par l'administration au compte de la compagnie, pour assurer l'écoulement des eaux dans un fossé qui borde un chemin latéral au chemin de fer sur le territoire de la ville d'Angers, et que la compagnie avait été contrainte de payer en vertu d'un rôle rendu exécutoire par le préfet de Maine-et-Loire du 16 janv. 1859. — Recours par le ministre des travaux publics qui soutient que le chemin latéral dont il s'agit, ayant été établi par l'Etat lors de la construction du chemin de fer de Tours à Nantes, lequel a été exécuté dans les conditions de la loi du 11 juin 1842 et livré à la compagnie, est une dépendance du chemin de fer que la compagnie est chargée d'entretenir, en vertu de l'art. 50 du cahier des charges ; que d'ailleurs la compagnie se sert de ce chemin pour l'écoulement des eaux provenant de la gare et qu'elle y a placé des tuyaux pour amener les eaux nécessaires au service des machines locomotives.

NAPOLÉON, etc ; — Vu la loi du 19 juill. 1845, relative à la concession du chemin de fer de Tours à Nantes et le cahier des charges annexé à ce décret et notamment l'art. 50 : — Considérant que lors de la construction du chemin de fer de Tours à Nantes, qui a été exécuté par l'Etat dans les conditions de la loi du 11 juin 1842, le chemin latéral des champs Saint-Martin a été établi pour remplacer un chemin qui servait à l'exploitation des terrains riverains ; que ce chemin latéral est situé en dehors des clôtures du chemin de fer ; qu'il n'a pas été mentionné dans le procès-verbal de la remise des ouvrages et dépendances du chemin de fer qui a été faite le 1ᵉʳ déc. 1850 par l'Etat à la compagnie concessionnaire ; qu'ainsi ce chemin latéral n'est pas une dépendance du chemin de fer ; que si la compagnie peut être tenue de contribuer à l'entretien de ce chemin à raison de l'usage qu'elle en fait sur une courte section, cette charge ne peut lui être imposée par l'administration, en vertu des pouvoirs qui lui sont donnés par l'art. 50 ci-dessus visé du cahier des charges, pour assurer l'entretien du chemin de fer et de ses dépendances ; — Art. 1. Le recours de notre ministre des travaux publics est rejeté. Du 13 août 1861.—Décr. cons. d'Et.—M. Aucoc, rap.

oncernant, d'une part, les améliorations dont serait susceptible
e régime actuel des chemins de fer, et, d'autre part, les moyens
qu'on aurait de construire de nouvelles lignes au meilleur marché
possible.

287. Les procès-verbaux de ces enquêtes, qui forment
eux volumes in-4°, sortis des presses de l'imprimerie impériale,
nt excité à un haut degré l'intérêt public; ils contiennent plus
e documents statistiques que de vues législatives et réglemen-
aires; mais les éléments de législation et de réglementation
ompris dans les vœux exprimés par les commissions, et que
administration a déjà manifesté l'intention de faire prévaloir
ussitôt que possible, constitue en quelque sorte un état transi-
oire quant aux règles d'exploitation de nos chemins de fer; des
ues d'une réglementation prochaine en compléteront la con-
aissance, et prépareront les esprits pratiques à les appliquer
ans leur portée la plus nouvelle. — Nous donnerons ici une
nalyse succincte de la lettre que S. Exc. le ministre de l'a-
riculture, du commerce et des travaux publics a adressée à
outes les compagnies, à l'occasion des avis exprimés par la
ernière commission d'enquête; puis, ultérieurement, à mesure
ue nous toucherons à l'un des objets essentiels de la réglemen-
ation, nous signalerons les améliorations qui auront été indi-
ées pour chacun d'eux par la commission, comme étant atten-
ues et exécutables.

288. Le dernier rapport, daté du 1er mai 1863, commence
n ces termes: « Des réclamations isolées d'abord, bientôt plus
ombreuses, se sont élevées contre l'exploitation des chemins de
r; elles ont trouvé de l'écho dans un grand nombre de corps
onstitués, conseils généraux des départements et chambres de
ommerce. Au sein même du corps législatif et du sénat, plu-
eurs orateurs se sont associés à ce mouvement de l'opinion.
ous avez donc pensé, monsieur le ministre, que le moment était
enu pour l'administration d'intervenir par un examen appro-
ndi du sujet. ... La commission a voulu entendre, d'une
art, les représentants des compagnies, et, de l'autre, les per-
nnes qui, à titre de manufacturiers ou de négociants, ou par
ur situation politique, ou par la nature des recherches aux-
uelles ils s'étaient livrés, étaient en position de l'éclairer. » —
ne sous-commission prise dans son sein a préparé un question-
aire qui a été adressé à toutes les compagnies, contenant cent
ois questions. — A la suite de nombreuses séances consacrées
entendre toutes les personnes ci-dessus mentionnées, la com-
ission a résolu une trentaine de questions complexes, sur cha-
ne desquelles elle a exprimé son opinion, dans le rapport
'elle a présenté au ministre des travaux publics.

289. Le ministre, dans la lettre précitée, passe successi-
ement en revue les conclusions de ce rapport. Mais il ne veut
s s'occuper, quant à présent, des modifications que peuvent
clamer les conditions de construction des chemins de fer ou
aliser le type de ce qu'on a appelé *les chemins de fer à bon*
arché. Il est parfaitement d'accord avec la commission et avec
sentiment public sur la convenance et l'utilité de chercher la
lution de ce problème dans la mesure où elle peut se conci-
r avec la santé publique et l'économie de l'exploitation, sans altérer
illeurs l'unité si désirable dans le service des divers réseaux
l'empire... « Je ne veux, dit-il, me placer en ce moment
'au point de vue de l'exploitation. » — Le ministre fait remar-
er que les mesures indiquées par la commission peuvent se
rtager en deux séries, savoir: 1° les mesures obligatoires pour
compagnies, ou qui peuvent leur être prescrites en vertu des
spositions, soit des cahiers des charges, soit de l'ordonnance
glementaire du 15 nov. 1846; 2° les mesures dont l'applica-
n ne pourrait avoir lieu qu'en vertu de modifications à intro-
ire dans les cahiers des charges, dans l'ordonnance du 15 nov.
46, soit même dans les dispositions générales de la loi du
5 juill. 1845, relative à la concession du chemin de fer du
rd. — Un énoncé précis et clair de ces nouveaux objets de
scussion jettera un grand jour sur les parties principales de
xploitation des chemins de fer.

290. *Première catégorie des mesures réclamées.* — L'ad-
nistration, dit la circulaire ministérielle, n'a jamais renoncé à
rigoureuse application des mesures directement imposées aux
mpagnies par le règlement ou par le cahier des charges. Elle a

pu sans doute, pour favoriser l'étude des meilleurs systèmes à
appliquer, ne pas exiger la mise en pratique complète et immédiate des prescriptions réglementaires; mais aucun motif ne justifierait un plus long ajournement.

1°. *Communication des agents du train avec le mécanicien.* —
Cette mesure est prescrite par l'art. 23 de l'ordon. de 1846; les
mesures prises jusqu'à présent ont pu être considérées comme
d'utiles essais. Mais il est devenu nécessaire d'adopter des
moyens plus efficaces. Les compagnies sont mises en demeure
de faire dans un délai de trois mois des propositions à ce sujet.

2°. *Signaux aux bifurcations.* — Le système actuellement en
usage sur le réseau du Nord, et les moyens propres à appeler
l'attention des agents sur l'extinction des signaux de nuit, sont
recommandés à l'examen des compagnies.

3°. *Appareils fumivores.* — L'usage, qui en est prescrit par
l'art. 32, § 1, du cahier des charges, doit être observé d'autant
plus strictement à raison de la substitution progressive de la
houille au coke pour les locomotives à voyageurs. Les compagnies sont invitées à se mettre en mesure, dans un délai de six
mois, d'appliquer aux locomotives à voyageurs, qui doivent brûler de la houille, l'un des systèmes dont l'efficacité a été reconnue.

4°. *Compartiments réservés aux femmes voyageant seules.* —
Cette prescription, imposée aux compagnies par l'art. 32 du
cahier des charges, existe même pour les voitures de troisième
classe. Le ministre n'y peut rien ajouter.

291. Les paragraphes suivants de la lettre ministérielle
concernent l'augmentation de vitesse qui est désirée pour les
trains express et omnibus, la possibilité d'admettre des voitures de
seconde et de troisième classe dans les trains express, enfin l'accélération du trajet pour les voyageurs des trains de correspondance. — Ce sont là de graves sujets d'étude sur lesquels le
ministre attend des compagnies leurs propositions et des explications détaillées qui lui permettent de statuer en pleine connaissance de cause. — Il s'occupe aussi de l'accélération du transport des marchandises à petite vitesse. C'est un point que nous
reprendrons en son lieu.

292. *Deuxième catégorie de mesures réclamées.* — La commission a indiqué les avantages qu'offriraient et l'augmentation
du nombre des trains express, et l'admission de la classe la plus
pauvre, celle des ouvriers et des gens de campagne, dans les trains
de marchandises marchant la nuit, sans heures fixes de départ;
elle a demandé aussi des améliorations dans les voitures de troisième classe, pour le bien-être des voyageurs; toutes dispositions
qui exigeraient que des modifications fussent apportées au cahier
des charges. — Les compagnies, de leur côté, voudraient voir
rapporter la loi qui les soumet à des dispositions pénales, pour
avoir fait exécuter des traités de correspondance, avant qu'ils fussent homologués et rendus exécutoires par l'administration. Elles
consentiraient à des modifications dans la forme des lettres de
voitures; à la simplification des procédures pour la forme des
assignations dans les affaires de transports communs entre plusieurs compagnies. Sur la plupart de ces *desiderata*, dont nous
reparlerons plus loin, le ministre témoigne tout à la fois de sa
confiance dans les compagnies pour obtenir les améliorations du
service qui dépendent de leur consentement, et de sa bonne volonté pour faire effectuer dans les lois et règlements les modifications qui sont indiquées par l'expérience et l'opinion publique. — « Le public, dit-il, attend beaucoup des compagnies de
chemins de fer. Il sait qu'elles tiennent entre leurs mains l'instrument principal de la production économique et de la prospérité générale. Il est, sans doute, des esprits malveillants disposés à prétendre que ces compagnies se préoccupent outre mesure de leur intérêt propre dans l'usage qu'elles font de la grande
puissance qui leur a été déléguée. Le gouvernement, qui est témoin de leurs efforts et qui les apprécie, ne partage pas ces préventions; il ne manquera pas de les défendre contre les exigences
injustes et les impatiences exagérées. Mais il hésitera d'autant
moins à les pousser encore plus avant dans la voie où le sentiment public les appelle, qu'il est profondément convaincu que les
exploitations de la nature de la leur n'ont qu'à se montrer larges
et libérales, et qu'il y a moins d'antagonisme qu'on ne le pense
entre les intérêts de leurs actionnaires et ceux du public. »

CHAP. 7. — Exploitation commerciale; Transport
des voyageurs et des marchandises.

Sect. 1. — *Formation des tarifs.*

293. « Pour indemniser la compagnie des travaux et dépenses
qu'elle s'engage à faire, dit le cahier des charges, art. 42, et
sous la condition expresse qu'elle remplira exactement toutes les
obligations de son contrat, le gouvernement lui accorde l'autorisation de percevoir, pendant toute la durée de la concession, les
droits de péage et les prix de transport ci-après déterminés... »
— Dès l'origine, il a été admis comme principe que l'établissement
du prix des transports par les voies ferrées, ne pouvait être livré à l'arbitraire des compagnies, et que, dans l'intérêt du public, le gouvernement devait nécessairement intervenir dans la
fixation des taxes, de manière, d'une part, à mettre le public
à l'abri des exigences et de l'arbitraire des compagnies, et,
d'autre part, à protéger celles-ci contre les réclamations injustes
ou tracassières des voyageurs et des expéditeurs. — L'art. 6 de
la loi du 11 juin 1842, portant création des grands réseaux de
chemins de fer, disait expressément : « Le bail (ou cahier des
charges) réglera le tarif des droits à percevoir sur le parcours. »
— Tous les cahiers des charges règlent, en conséquence, les
prix et les conditions des transports. — Leurs dispositions, à
cet égard, sont obligatoires et ont force de loi pour et contre les
compagnies concessionnaires (Civ. cass. 19 janv. 1858, chem.
de fer d'Orléans, D. P. 58. 1. 62. — V. n° 303).

294. Le cahier des charges se borne à déterminer le chiffre
qui doit servir de base aux tarifs que la compagnie est chargée
de dresser. Prenant le kilomètre pour unité de distance, il fixe
la base des tarifs : pour les voyageurs, à tant par tête, suivant la
classe des voitures occupées; pour les animaux vivants, également tant par tête, et pour les marchandises tant par tonne de
1,000 kilog., etc., le tout par kilomètre de distance parcourue. Il est fait, en outre, une distinction pour les animaux et les
marchandises entre la grande et la petite vitesse, les prix étant
plus élevés pour la première que pour la seconde (V. *infra* n° 314).
— La taxe déterminée par le cahier des charges se décompose
en deux parties : *prix de péage*; *prix de transport.* Le premier
a pour objet d'indemniser les concessionnaires des frais d'établissement et d'entretien du chemin de fer; le second est destiné
à rémunérer la compagnie qui, avec son matériel et par ses soins,
transporte les voyageurs et les marchandises d'un lieu à un autre.
Cette division d'aurait d'utilité que si la compagnie concessionnaire n'exploitait pas par elle-même et par ses propres moyens;
dans ce cas, elle n'aurait droit qu'au prix payé pour le péage
(cah. des ch., art. 42), et le prix de transport serait perçu par
la compagnie d'exploitation. Mais comme toutes les compagnies
exploitent elles-mêmes les chemins qui leur sont concédés, la
division du cahier des charges ne sert que comme mesure d'ordre intérieur pour la comptabilité de l'entreprise. — Cette distinction du prix de péage et du prix de transport a eu aussi
son utilité pour la perception de l'impôt du dixième sur le prix
des places payé par les voyageurs, lequel portait seulement sur
le prix de transport; mais aujourd'hui toute distinction a disparu. — V. n° 530.

295. Le tarif du cahier des charges n'est pas destiné à être
mis directement en pratique; d'une part, en effet, il n'offre,
ainsi qu'on vient de le dire, qu'une simple base pour la détermination des taxes à payer par le public, et d'autre part, les
chiffres qu'il contient ne sont que des *maxima* que la compagnie
ne peut dépasser sans doute, mais qu'elle peut réduire à son
gré. Il faut donc qu'un nouveau tarif, fixant d'une manière précise la taxe à percevoir pour chacune des stations desservies et
pour chaque nature de transport, soit dressé par la compagnie.
Ce tarif se forme en multipliant le chiffre du cahier des charges,
ou le chiffre réduit par les concessionnaires, par le nombre de
kilomètres parcourus. — Les tarifs ainsi formés ne peuvent être
mis à exécution qu'en vertu d'une *homologation* du ministre des
travaux publics. Telle est la disposition de l'art. 44 de l'ord. du
15 nov. 1846. L'espèce de monopole dont sont investies les compagnies concessionnaires de chemins de fer appelait, comme
compensation, une rigoureuse surveillance de la part du gou-

vernement relativement à l'usage que les compagnies
faire de leur situation privilégiée : une garantie nou
être substituée à celle de la concurrence que l'établissem
chemins de fer faisait disparaître; c'est pour cette raison que
règlements exigent l'homologation des tarifs par l'autorité
rieure, afin que les compagnies n'y insèrent pas des condi
illégales, ne favorisent pas les uns au détriment des
— Pour l'exécution de cette prescription, la compagnie
suivant l'art. 45 de la même ordonnance, dresser un
des prix qu'elle a l'intention de percevoir dans la limite du
mum autorisé par le cahier des charges pour le transport
voyageurs, des bestiaux, marchandises et objets divers, et
transmettre en même temps des expéditions au ministre des t
vaux publics, aux préfets des départements traversés par
chemin de fer, et aux inspecteurs de l'exploitation commerc
qui remplacent aujourd'hui les commissaires royaux dont pa
l'art. 45 de l'ordonnance (V. n° 641).

296. Que doit-on entendre par le mot *homologation* dont
sert l'art. 44 de l'ord. de 1846?—Faut-il dire, comme certai
administrateurs l'ont soutenu dans l'enquête faite en 1850 p
le conseil d'État, que le ministre doit se borner à vérifier si
taxes proposées n'excèdent pas les limites extrêmes des tari
et que ce point vérifié, il doit répondre par un accusé de réce
tion que le tarif est homologué? — Faut-il admettre, au co
traire, avec M. Duverdy, contr. de transp. n° 165, que le m
homologation de l'art. 44 est l'équivalent du mot *approbati*
dont se sert l'art. 49 dont nous allons parler ci-après, et q
dans le cas prévu par l'art. 44, comme dans celui dont pa
l'art. 49 (modification des tarifs existants), le pouvoir du m
nistre ne consiste pas à enregistrer purement et simplement
proposition de la compagnie, mais qu'il a le droit de s'oppose
l'établissement de certaines taxes, même dans les limites d
maximum du cahier des charges, et d'*exiger* que des modific
tions soient faites au tarif proposé? — Nous ne saurions adop
cette dernière opinion. D'abord, il nous paraît bien difficile
supposer que les auteurs de l'ordonnance de 1846, en se serva
de ces deux termes bien différents, *homologation* et *approb*
tion, dans leurs articles assez éloignés l'un de l'autre pour q
l'emploi n'en ait pas été nécessité par les exigences du sty
aient entendu n'exprimer qu'une seule et même idée. — E
outre, nous n'apercevons pas quel fondement pourrait
reposer le droit qu'on attribuerait au ministre de refuser s
approbation à un tarif proposé par une compagnie dans la
mite du maximum fixé par le cahier des charges, par cela se
que les prix de ce tarif lui paraîtraient trop élevés. La liber
pour la compagnie de se conformer à ce maximum ou de l'abai
ser, est une des conditions du contrat passé entre elle et l'Eta
et dont le cahier des charges contient toutes les clauses. Port
atteinte à cette liberté, c'est violer un contrat librement consen
ce qui n'appartient pas plus au gouvernement qu'à un partic
lier. Sans doute le ministre pourra user de son influence po
engager les compagnies à apporter au tarif proposé les modi
cations qu'il croira utiles ou nécessaires; mais si celles-ci s
refusent, il n'a aucun moyen de les y contraindre, et nous
pensons pas qu'il lui soit possible, dans ce cas, de refuser s
homologation; autrement il y aurait deux maximums, l'un fi
par le cahier des charges, et l'autre arbitrairement détermi
par le ministre, ce qui, est inadmissible.—On objecte l'art. 4
mais la situation est bien différente. Il s'agit, dans l'art. 4
d'un premier tarif dressé en exécution du *cahier des charge*
et dans l'art. 49 de modifications à un tarif dûment homologu
c'est-à-dire à un tarif qui par sa publication et son exécution, e
devenu la loi du public et des compagnies. On comprend q
dans le premier cas, une simple homologation soit suffisant
car la compagnie n'est liée par aucun antécédent; elle n'a d'aut
obligation que celle de ne pas dépasser les limites fixées par
cahier des charges. Dans le second cas, au contraire, la modi
cation proposée ne peut être accueillie que si elle est faite
temps opportun, si elle est dans l'intérêt du public, si son inté
rêt est suffisamment satisfait, etc.; il faut donc nécessaireme
que le ministre soit libre de donner ou de refuser son approb
tion, puisque cette approbation dépend des circonstances. -
En résumé, les expressions *homologation, approbation* des au

44 et 49 exprimant à notre avis, des idées très-différentes qu'il n'est pas permis de confondre.—Cependant on doit reconnaître que dans les décisions de la jurisprudence, les mots *homologation* et *approbation* sont souvent pris l'un pour l'autre (V. nos 302 et suiv.); mais c'est que dans les espèces qui étaient à juger, il n'y avait pas d'intérêt à faire de distinction. Si cet intérêt se présentait, nous sommes convaincus que la distinction serait forcée.

297. M. Duverdy (no 167) pense aussi que les propositions de tarif faites par les compagnies au ministre, dans l'hypothèse de l'art. 44, doivent être affichées, bien que cette affiche ne soit exigée par le règlement que dans le cas de modifications à des tarifs préexistants (art. 49). Cette opinion est en conformité avec celle du même auteur que nous avons signalée au numéro précédent. Supposant que le ministre peut modifier le tarif proposé, il veut que le public soit mis à même de faire ses réclamations contre ce tarif. Mais nous croyons avoir démontré que ce droit prétendu du ministre n'existe pas. A quoi servirait alors la publicité du projet de tarif? L'ordonnance ne l'exige pas, et nous ne voyons aucune raison pour ajouter à ses prescriptions.

298. Les tarifs ainsi homologués ne sont pas immuables sans doute; les circonstances, en effet, peuvent exiger des modifications dans les taxes établies. Ces modifications ne sont pas plus à la libre disposition des compagnies que la fixation du tarif lui-même; elles doivent être approuvées par le ministre, après l'accomplissement des formalités prescrites par l'art. 49 de l'ordonnance du 15 nov. 1846 : c'est une nouvelle garantie offerte au public contre l'arbitraire des compagnies. « Lorsque la compagnie voudra apporter quelques changements aux prix autorisés, dit l'art. 49 de l'ordonnance de 1846, elle en donnera avis au ministre des travaux publics, aux préfets des départements traversés et aux commissaires royaux (aujourd'hui, aux inspecteurs de l'exploitation commerciale). Le public sera en même temps informé par des affiches des changements soumis à l'approbation du ministre. A l'expiration du mois à partir de la date de l'affiche, lesdites taxes pourront être perçues, si, dans cet intervalle, le ministre des travaux publics les a homologuées. Si des modifications à quelques-uns des prix affichés étaient prescrites par le ministre, les prix modifiés devront être affichés de nouveau et ne pourront être mis en perception qu'un mois après la date de ces affiches. » (V. aussi l'art. 48 du cahier des charges.) — La propension des compagnies est de réduire, autant que possible, les prix de transport. Cependant, comme le fait remarquer M. Cotelle, page 145, il y a un abus à craindre; c'est que cet abaissement des prix ne tende qu'à faire tomber des entreprises rivales de transport, et qu'après avoir consommé la ruine de celles-ci, les tarifs ne soient relevés à la limite du maximum établi dans le cahier des charges. L'autorisation ministérielle et les formalités prescrites par l'art. 49 de l'ordonnance de 1846 ont précisément pour objet de prévenir ce danger, en même temps que d'empêcher une élévation inopportune des tarifs.

299. Les modifications au tarif dont s'occupe l'art. 49 de l'ordonnance de 1846, peuvent avoir pour objet une diminution ou même une augmentation des taxes jusqu'alors perçues; l'ordonnance ne fait pas de distinction. Dans l'un et l'autre cas, le public, qui est actuellement en jouissance d'un tarif régulièrement homologué, est essentiellement intéressé aux modifications que la compagnie se propose d'apporter à ces tarifs. Aussi l'ordonnance exige-t-elle que les propositions de la compagnie soient rendues publiques, et fixe-t-elle un délai pour la mise à exécution du nouveau tarif, afin que les parties intéressées soient mises à même de faire parvenir à l'autorité supérieure leurs observations sur la mesure projetée. Ici, en effet, comme nous l'avons expliqué *supra* no 296, le ministre n'est pas obligé de se rendre au vœu des compagnies; il peut donner ou refuser son approbation; il peut même proposer des modifications aux nouvelles taxes proposées, suivant les besoins du commerce, les nécessités de l'exploitation, etc.— Il a été jugé que les art. 44 et 49 de l'ordonn. du 15 nov. 1846 s'appliquent aux surtaxes qui seraient stipulées par les compagnies dans des traités faits par elles avec des expéditeurs, et spécialement avec des entre-

prises de transports; qu'il importerait peu que ces traités eussent été communiqués au ministre des travaux publics, si cette communication n'avait pas été suivie d'une autorisation spéciale et expresse (trib. de Carpentras, 5 janv. 1855, aff. ch. de fer de Lyon à Méditerranée, D. P. 55. 3. 7);— 2o Que l'art. 49 de l'ord. du 15 nov. 1846, qui oblige les compagnies de chemins de fer à donner avis préalable à l'administration des changements qu'elles veulent apporter aux prix autorisés, est applicable même au cas de réduction partielle accordée à une entreprise particulière (Crim. cass. 28 juin 1851, aff. ch. de fer de Tours à Nantes, D. P. 51. 1. 329).

300. L'approbation dont parle l'art. 49 précité doit résulter d'un arrêté ministériel exprès; il ne suffirait pas qu'elle fût donnée dans une simple lettre missive, une telle approbation n'ayant pas un caractère définitif (Req. 21 janv. 1857, aff. ch. de fer de l'Est, D. P. 57. 1. 169). — Cet arrêté étant pris par le ministre dans la limite de ses pouvoirs, ne peut être déféré au conseil d'Etat par la voie contentieuse. — Ainsi, il a été décidé qu'une compagnie industrielle, par cela seul qu'elle se sert habituellement d'un chemin de fer pour le transport de ses produits, et alors qu'elle n'excipe d'aucune stipulation particulière, n'a pas qualité pour déférer au conseil d'Etat par la voie contentieuse une décision par laquelle le ministre agissant en vertu de la loi du 9 août 1839, aurait accordé provisoirement à la compagnie concessionnaire du chemin une augmentation de tarif (cons. d'Et. 31 mai 1848, M. Saint-Aignan, rap., aff. forges de l'Ardèche C. ch. de fer de Saint-Etienne à Lyon).

301. En outre de l'approbation ministérielle, aux termes de la plupart des cahiers des charges, les changements de tarifs, ne peuvent être légalement appliqués qu'après avoir été rendus exécutoires par arrêtés des préfets, dans les départements traversés par la ligne du chemin de fer (Req. 21 janv. 1857, aff. ch. de fer de l'Est, D. P. 57. 1. 169).

302. Les modifications aux tarifs qui seraient mises à exécution par la compagnie, sans approbation régulière, ne sont pas obligatoires pour le public; en conséquence, les particuliers qui, en raison de ces modifications auraient payé un excédant de prix sur l'ancien tarif, auraient droit à se faire restituer à la compagnie la somme indûment payée (Req. 21 janv. 1857, aff. ch. de fer de l'Est, D. P. 57. 1. 169). — Et même si le changement de taxe leur avait porté préjudice, ils seraient en droit de réclamer des dommages-intérêts. — Ainsi, il a été jugé : 1o que la réduction que la compagnie concessionnaire d'un chemin de fer a fait subir à son tarif, sans observer les conditions d'homologation et d'affiches prescrites par le cahier des charges et par l'ordonnance du 15 nov. 1846, donne lieu à des dommages-intérêts envers les tiers, et notamment envers les industries rivales qui en ont souffert un préjudice (Civ. rej. 10 janv. 1849, aff. Delacorbière, D. P. 49. 1. 19; même jour, aff. Talabot C. Lamouroux, proc.; Civ. cass. 19 juin 1850, aff. Maillet-Duboullay, D. P. 50. 1. 197; sol. impl. Civ. cass. 7 juill. 1852, aff. ch. de fer de Strasbourg à Bâle, D. P. 52. 1. 204);... encore que cette réduction illégale n'aurait point été opérée dans un but nuisible, et que le tarif réduit aurait été appliqué sous la surveillance et avec l'approbation *tacite* de l'autorité supérieure (même arrêt du 19 juin 1850, aff. Maillet-Duboullay);— 2o Que la même responsabilité incombe à la compagnie qui a indirectement réduit son tarif en accordant, par exemple, une prime à une entreprise de transport exploitant une partie de son parcours, pour faire tomber une autre entreprise, encore que le cahier des charges ne subordonnerait à aucune condition le changement du tarif (Civ. rej. 10 janv. 1849, aff. Talabot C. Bimar, D. P. 49. 1. 19).

303. Dès qu'ils ont été approuvés et publiés dans la forme légale, les tarifs fixés ou modifiés par l'autorité administrative supérieure deviennent obligatoires pour et contre les compagnies de chemins de fer au même titre que les cahiers des charges annexés aux lois et décrets de concession, et il n'appartient ni à la juridiction civile ni aux tribunaux de commerce d'en faire la critique ou d'en entraver l'exécution (Civ. cass. 19 janv. 1858, aff. ch. de fer d'Orléans, D. P. 58. 1. 62; Paris, 29 fév. 1860, aff. ch. de fer de l'Ouest, D. P. 60. 2. 71). — Ainsi, et spécialement, il ne peut être alloué à l'expéditeur de marchandises

arrivées tardivement à leur destination une indemnité supérieure au montant du prix perçu pour le transport, si une disposition de l'ordonnance qui a fixé le tarif limite à ce taux la responsabilité imposée pour ce cas à la compagnie (même arrêt du 29 fév. 1860).

304. Les compagnies, sans vouloir se soustraire d'une manière absolue à la surveillance et à la répression qui appartiennent toujours à l'autorité supérieure, désireraient les formalités prescrites par l'art. 49 fussent moins rigoureuses pour elles. La dernière commission d'enquête devant laquelle ces vœux ont été formulés y a pleinement adhéré. Son avis est : « Qu'à l'avenir l'homologation des tarifs ne soit plus subordonnée à une instruction préalable de l'administration ; que les compagnies, en conséquence, ne soient plus tenues qu'à l'envoi d'un exemplaire de l'affiche à l'administration centrale et à l'ingénieur de l'État chargé du contrôle ; — Que l'instruction administrative ne s'effectue que dans le cas où, soit les tarifs nouveaux, soit les modifications de tarifs anciens, auraient soulevé des réclamations que l'administration supposerait dignes d'être prises en considération ; — Que la perception des taxes ait lieu de plein droit à l'expiration du délai légal d'un mois prescrit pour la publication de l'affiche, sauf le cas qui vient d'être prévu ; — Qu'il soit entendu que le ministre, en vertu du droit qui lui appartient, peut, à toute époque, suspendre l'application des tarifs. » — Le ministre des travaux publics a pensé que cette modification, bien qu'elle lui parût de nature à simplifier l'intervention administrative, sans porter atteinte aux intérêts publics, présentait cependant trop de gravité pour qu'il pût se prononcer dès à présent. Il recommande aux compagnies de l'étudier de nouveau et de lui présenter leurs observations (circ. min. trav. publ., 1er fév. 1864).

305. Les modifications nouvelles que les compagnies voudraient apporter au nouveau tarif sont soumises aux mêmes formalités, encore qu'il s'agirait de revenir purement et simplement au tarif primitif. De plus, si le changement proposé a pour objet de relever des taxes qui avaient été abaissées, la compagnie est tenue d'observer le délai fixé pour cette hypothèse par l'art. 48 du cahier des charges. « Dans le cas où la compagnie jugerait convenable, dit cet article, soit pour le parcours total, soit pour les parcours partiels de la voie de fer, d'*abaisser*, avec ou sans conditions au-dessous des limites déterminées par le tarif, les taxes qu'elle est autorisée à percevoir, les taxes ne pourront être relevées qu'après un délai de trois mois au moins pour les voyageurs, et d'un an pour les marchandises... » — Les tarifs, dit fort bien M. Duverdy, *loc. cit.*, n° 170, ne sont pas établis dans l'intérêt seul des compagnies ; ils le sont aussi dans celui du public, surtout pour les transports du public commercial. Or, les intérêts du commerce seraient gravement affectés, si, après avoir éteint les concurrences, les compagnies se hâtaient de relever leurs taxes. On a pensé que les compagnies, sachant que leurs taxes abaissées ne pourraient pas être relevées avant le délai d'un an, ne feraient que des propositions sérieuses et qu'elles ne s'exposeraient pas à la légère à réduire, pendant un laps de temps, leurs taxes au-dessous d'un prix vraiment rémunérateur. — Il a été jugé que la compagnie de chemin de fer qui, après abaissement du prix de transport pour certaines marchandises, veut user du droit qui lui appartient de relever ce prix à son taux précédent, n'est tenue seulement d'en prévenir les expéditeurs une année à l'avance ; on prétendrait à tort que ce retour au tarif doit, en outre, être porté à la connaissance du public par l'apposition d'affiches spéciales, cette publicité n'étant prescrite que pour le cas différent de modifications apportées au tarif (trib. de com. de la Seine, 23 janv. 1863, aff. liquid. Durieux-Castex, D. P. 64. 3. 23).

306. La dernière commission d'enquête a pensé qu'il serait utile, en principe, de réduire les délais fixés par les cahiers des charges pour le relèvement des tarifs de marchandises ; il lui a paru que, pour certaines catégories de denrées et produits de fabrique, il serait avantageux que les tarifs pussent être changés d'une saison à une autre. « L'administration, a répondu le ministre des travaux publics dans sa circulaire du 1er fév. 1864, n'est pas complétement édifiée à cet égard, et elle inclinerait plutôt à penser que le délai d'un an fixé par le cahier des

charges doit être maintenu. Elle ne peut, en effet, oublier les considérations d'intérêt général qui ont dicté cette mesure. — Placée, comme elle l'est, pour recueillir toutes les réclamations du public, elle ne saurait perdre de vue qu'une des causes les plus fréquentes de plaintes est la mobilité des tarifs et les oscillations dont ils sont l'objet. Cette mobilité ne pourrait qu'être augmentée par la fixation d'un délai moindre pour les relèvements, et constituerait une arme puissante entre les mains des compagnies vis-à-vis de la concurrence des autres moyens de transport. Toutefois, avant de me prononcer d'une manière définitive, j'attendrai vos observations à cet égard. »

307. Une dérogation toutefois a été apporté aux art. 44, 48 et 49 de l'ord. de 1846, en ce qui concerne les transports des marchandises de transit et d'exportation. D'après le décret du 26 avr. 1862, pour les transports des marchandises de transit (c'est-à-dire traversant la France d'une frontière à une autre sous plomb de douanes), le ministre peut autoriser les compagnies qui en feront la demande à percevoir les prix et appliquer les conditions qu'elles jugeront les plus propres à combattre la concurrence qui leur est faite par les voies étrangères. Les compagnies sont dispensées dans ce cas, des formalités d'affichage et des délais soit pour appliquer les taxes réduites, soit pour opérer dans les limites fixées par le cahier des charges le relèvement des prix abaissés (art. 2 du décret). — Il suffit qu'elles communiquent au ministre des travaux publics, les prix et conditions applicables aux transports de transit, la veille de leur mise en vigueur (art. 3). — Chaque tarif devra être affiché dans toutes les gares dénommées dans le tarif (art. 4). — Mais, à toute époque, le ministre peut interdire l'application de ces tarifs (art. 5). — En ce qui concerne le transport des marchandises d'exportation (c'est-à-dire expédiées d'un point situé sur le territoire français en destination de l'étranger), les compagnies sont dispensées des formalités d'affichage prescrites par l'art. 49 de l'ord. de 1846 et en outre exonérées de l'obligation qui leur a été imposée par le cahier des charges d'observer le délai d'un an avant de relever les tarifs (art. 6). — Les propositions des compagnies doivent être soumises au ministre des travaux publics (art. 7). — Elles doivent indiquer les parties du réseau sur lesquelles les tarifs seront appliqués au départ, et la durée fixée pour l'application : cette durée ne pourra dans aucun cas être inférieure à trois mois (art. 8). — Si dans un délai de cinq jours, à partir de l'enregistrement de ces propositions au ministère des travaux publics, le ministre n'a pas notifié aux compagnies son opposition, les tarifs proposés pourront être appliqués à titre provisoire (art. 9). — De même que les tarifs de transit, ils doivent être affichés dans toutes les gares dénommées au tarif (même art.). — Toutes les fois qu'après le minimum de trois mois, fixé par l'art. 8, les compagnies voudront relever les tarifs d'exportation par elles abaissés, elles seront tenues de se conformer à toutes les dispositions de leurs cahiers des charges et de l'ord. du 15 nov. 1346 (art. 9).

308. Le cahier des charges ne peut évidemment prévoir tous les objets qui sont de nature à être transportés par les chemins de fer. Les prix de transport, pour les objets qui ne se trouvent pas compris dans le tarif des charges, sont fixés par un tarif *exceptionnel* qui est proposé au ministre par les compagnies, et sur lequel il est appelé à statuer chaque année (cah. des ch., art. 47, ord. 15 nov. 1846, art. 46). — Le tarif fixé par le ministre pour la grande et la petite vitesse respectivement demeure soumis à l'interdiction portée par le cahier des charges de relever avant un an les tarifs des marchandises (arrêté min. 30 mai 1862). — V. n° 318.

309. Il a été décidé, avant l'ord. de 1846, que les compagnies concessionnaires d'un chemin de fer ne peuvent percevoir d'autres prix de transport que ceux portés aux tarifs ; que par suite, si le cahier des charges ne contient aucun tarif pour une branche spéciale de transports, et, par exemple, pour le transport des voyageurs, la compagnie doit recourir à l'administration pour la fixation d'un tarif ; qu'il appartient au ministre, qui a le pouvoir d'autoriser, dans un intérêt public, une compagnie de chemin de fer à effectuer un service nouveau de transport non exprimé dans la concession, de déterminer provisoirement le tarif applicable à ce service (cons. d'Ét. 10 janv.

1845, aff. ch. de fer d'Alais à Beaucaire. D. P. 45. 3. 101).

310. Indépendamment des taxes dont nous venons de parler et qui représentent les frais du transport, les compagnies sont autorisées à percevoir des *droits accessoires*, tels que ceux d'inscription ou d'enregistrement des marchandises, de chargement, de déchargement et de magasinage dans les gares et magasins du chemin de fer. Les taxes relatives aux frais accessoires sont réglées annuellement par l'administration, sur la proposition de la compagnie (cah. des ch. art. 51). Le règlement doit en être soumis au ministre dans le dixième mois de chaque année : jusqu'à décision, les anciens tarifs continuent à être perçus (ord. 15 nov. 1846, art. 47). — Un arrêté ministériel du 24 juill. 1860 a réglé le tarif des frais accessoires. — Il a été décidé : 1° qu'en cas de silence du cahier des charges et du tarif d'un chemin de fer, des arrêtés préfectoraux ont pu légalement établir que le chargement et le déchargement des produits ou matières d'un volume considérable seraient effectués par les propriétaires ou exploitants et à leurs frais (Civ. rej. 1er déc. 1847, aff. Rochetaillé. D. P. 48. 1. 28);— 2° Que les droits de magasinage déterminés administrativement au profit des compagnies de chemins de fer peuvent être réclamés par elles dans le cas même où les marchandises ont été transportées dans des magasins extérieurs, qui ont été loués par suite de l'insuffisance de la gare ; sauf au destinataire à exiger que ces marchandises soient ramenées par la compagnie et à ses frais à la gare où elles étaient livrables d'après la lettre de voiture (Colmar, 9 déc. 1862, aff. ch. de fer de l'Est, D. P. 63. 2. 44).

311. Un droit particulier de magasinage a été établi par un arrêté ministériel du 20 avr. 1863, pour les objets abandonnés dans les gares. — Les marchandises, articles de messagerie ou bagages *enregistrés* abandonnés dans les gares, sont vendus par l'administration des domaines, en exécution du décret du 13 août 1810 (V. Commission, n° 358). Aux termes de ce décret, les entrepreneurs de transports sont tenus de garder ces objets pendant six mois, avant de les livrer au domaine, pour être vendus aux enchères publiques ; un tarif de magasinage leur est applicable ; souvent il excède la valeur de ces objets. Ce délai expiré, la remise quotidienne au domaine n'en pouvant être exigée, une instruction du ministre des finances, de sept. 1810, a décidé que la remise en serait mensuelle. — D'après ces considérations, il a été arrêté ce qui suit : 1° La perception pour le magasinage des marchandises etc., abandonnées est fixée à 36 fr. par tonne de 1,000 kilogr. et pour six mois. Elle sera effectuée sur l'expédition totale, et par fraction indivisible de 10 kilogr.;— 2° Le montant des droits à percevoir ne peut dépasser le prix de six mois de gare, ni être supérieur, en aucun cas, au prix de vente diminué des frais privilégiés;— 3° Les compagnies feront à la fin de chaque mois, à l'expiration des domaines la déclaration des objets ci-dessus désignés et abandonnés pendant le dernier mois du semestre précédent ; — 4° Cet arrêté n'est pas applicable aux colis *non enregistrés*, oubliés ou perdus par les voyageurs dans les voitures, gares, stations et salles d'attente des chemins de fer, pour lesquels les compagnies ne sont pas autorisées à exiger aucun droit de garde, ni aux colis *enregistrés* qui seraient réclamés par leurs propriétaires, expéditeurs ou destinataires, avant leur remise au domaine ; ces derniers colis restent soumis aux droits ordinaires de magasinage.—Le ministre des finances, par un arrêté du 31 août 1852, avait décidé que les compagnies de chemin de fer n'avaient droit, pour frais de magasinage des objets abandonnés dans les gares, qu'à une somme fixe et invariable de 2 p. 100 sur le produit de la vente. La compagnie du chemin de fer du Nord avait déféré cet arrêté au conseil d'État, comme entaché d'illégalité. — Mais il a été jugé que les décisions prises par le ministre des finances, relativement aux droits de magasinage dus aux compagnies sur les objets abandonnés dans les gares et stations, et vendus par le domaine, ne peuvent faire obstacle à ce que les compagnies de chemins de fer portent leurs réclamations devant l'autorité compétente ; par suite, lesdites décisions ne sont pas susceptibles d'être déférées au conseil d'État par la voie contentieuse (cons. d'Ét. 30 nov. 1854, M. Leviez, rap., aff. ch. de fer du Nord).—V. n° 491-2°, et M. Duverdy, n° 240.

312. On a reproché aux compagnies de faire des frais accessoires l'objet d'une spéculation et d'un lucre illégitime. Lors de la discussion de la loi du 2 juill. 1861, concernant l'exécution de plusieurs chemins de fer, un député, M. Aug. Chevalier, a cité comme exemple des cas où ces frais avaient été tellement exagérés qu'ils constituaient une exaction (V. Monit. 25 juin 1861). — Les compagnies prétendent au contraire que les frais accessoires sont bien souvent insuffisants, principalement le droit de magasinage. Elles voudraient que le tarif fût plus élevé, surtout pour stimuler les expéditeurs et les destinataires à un prompt enlèvement des marchandises, à leur arrivée dans les gares, à l'effet de prévenir l'encombrement, n'ayant pas, comme les compagnies anglaises, le pouvoir de refuser les marchandises à leur présentation pour le cas d'encombrement. — La dernière commission d'enquête a proposé de pourvoir à cet inconvénient par deux mesures, consistant, l'une, dans un tarif progressif de magasinage après le délai de quarante-huit heures ; l'autre, en autorisant les compagnies à camionner d'office après ce délai, et à porter à domicile toutes les marchandises portant l'adresse d'un destinataire. L'administration s'est montrée toute prête à adopter des mesures énergiques contre l'encombrement.

313. D'après l'art. 48 de l'ordonnance du 15 nov. 1846, les tableaux des taxes et des frais accessoires approuvés doivent être constamment affichés dans les lieux les plus apparents des gares et stations de chemins de fer. — Il a été jugé, à cet égard, que l'arrêté ministériel qui modifie le tarif des droits à percevoir par une compagnie de chemin de fer n'est pas obligatoire pour le public lorsqu'il n'est pas établi que, soit la proposition de modification, soit la décision ministérielle qui l'autorise aient été affichées dans les lieux les plus apparents des gares et stations ; et que l'on ne peut considérer comme constituant une publication légale tenant lieu des affiches prescrites l'insertion du nouveau tarif dans un journal de la localité (Colmar, 9 déc. 1862, aff. ch. de fer de l'Est, D. P. 63. 2. 44). — Toutefois, il a été décidé que l'expéditeur de marchandises transportées par chemin de fer ne peut exciper de ce que l'ordonnance dont les dispositions lui sont opposées par la compagnie n'aurait été affichée à la gare de la ville d'où les marchandises ont été expédiées, que postérieurement à l'expédition, s'il est constant en fait que cette ordonnance était connue de lui (Paris, 29 fév. 1860, aff. ch. de fer de l'Ouest, D. P. 60. 2. 71).

Sect. 2. *Des différentes espèces de tarifs et de leur application. — Égalité dans la perception des taxes; traités particuliers.*

314. *Tarifs généraux.* — Ces tarifs se divisent en tarifs de grande et de petite vitesse. Ils comprennent, conformément à la division adoptée par le cahier des charges : 1° le tarif des voyageurs ; — 2° Celui des animaux ; — 3° Celui des marchandises ; — 4° Celui des voitures et du matériel roulant ; — 5° Le service des pompes funèbres et le transport des cercueils. — D'après une règle applicable à chacun de ces tarifs, la perception des taxes a lieu d'après le nombre de kilomètres parcourus (mais V. n° 326); tout kilomètre entamé est payé comme s'il avait été parcouru en entier : si la distance parcourue est inférieure à six kilomètres, elle est comptée pour six kilomètres (cah. des ch., art. 42).— Pour les voyageurs, il n'existe pas de tarif de petite vitesse ; seulement, il y a trois classes de voitures : la taxe est fixée par tête, suivant la classe des voitures occupées.— Pour les animaux, le tarif est fixé par tête à la petite vitesse ; en grande vitesse, le tarif est doublé. — Pour les marchandises, les tarifs se divisent d'abord en grande et en petite vitesse. Le tarif de grande vitesse est unique et s'applique à toutes les marchandises quelles qu'elles soient, sans distinction. — Les tarifs de petite vitesse comportaient jusque dans ces derniers temps trois classes de marchandises : une quatrième classe y a été récemment ajoutée (V. n° 315, 326).—Le poids est fixé par tonne de 1,000 kilogr.; mais le tarif général n'est applicable qu'aux paquets et colis dont le poids excède 40 kilogr. (V. n° 318); au-dessus de ce poids les fractions sont comptées, tant pour la grande que pour la petite vitesse, par centième de tonne ou par 10 kilogr. Ainsi, tout poids compris entre 0 et 10 kilogr. paye

comme 10 kilogr.; entre 10 et 20 kilogr.; comme 20 kilogr., etc. Toutefois, pour les excédants de bagage et marchandises à grande vitesse, les coupures seront établies : 1° de 0 à 5 kilogr.; 2° au-dessus de 5 kilogr. jusqu'à 10; 3° au-dessus de 10 kilogr. par fraction indivisible de 10 kilogr. Quelle que soit la distance par-courue, le prix d'une expédition quelconque, soit en grande, soit en petite vitesse, ne pourra être moindre de 40 c. — Pour le transport des voitures et matériel roulant, la taxe est établie par petite vitesse et suivant la nature de l'objet transporté; en grande vitesse, le tarif est doublé. — Enfin, pour le service des pompes funèbres, le transport n'a lieu qu'en grande vitesse, et la taxe est fixée par voiture et par cercueil.

315. Les publicistes ont généralement reproché aux tarifs des chemins de fer d'être trop élevés; ils ont pensé que, dans la fixation des taxes, l'intérêt de l'agriculteur n'a pas été pris en suffisante considération. « Les tarifs des voies ferrées, disait M. J. de Valserres en 1857, se lient intimement à la prospérité agricole et au difficile problème de la vie à bon marché. Tels qu'ils existent aujourd'hui, ces tarifs donnent la préférence à l'industrie et commerce. Mais sur quoi la prospérité de ces deux branches de travail repose-t-elle? Sur l'abondance des matières premières et sur le bas prix des denrées alimentaires. Or, pour que les unes et les autres soient abondantes, il faut que l'agriculture puisse les produire à bon marché, c'est-à-dire que les engrais, les machines, les bestiaux lui arrivent sans être trop grevés de frais de transport, et que le blé, le vin, la viande puissent parvenir chez les consommateurs sans avoir trop de charges à supporter. Or ce double problème ne peut être résolu que par l'abaissement des transports sur les chemins de fer. » — Devant le corps législatif (séance du 24 juin 1862), la même pensée a été reprise et développée par un député (M. Guillaumin), qui a signalé la nécessité de reviser les tarifs des compagnies, principalement en faveur des matières lourdes et encombrantes (la houille, le phosphate de chaux, les marnes et tous autres engrais).— Un des commissaires du gouvernement, M. de Fran-queville, a répondu : « L'abaissement du tarif s'opère en quelque sorte de lui-même par la force des choses, avec le concours du gouvernement, sans doute, et avec ses encouragements... Pour les marchandises, la moyenne générale des tarifs représente un peu moins de 7 c. par tonne et par kilom., c'est-à-dire *moins du tiers* de ce que coûte le transport sur les routes de terre; c'est là, sans doute, une immense amélioration. Eh bien ! cette amélioration a fait encore un nouveau progrès. Pour l'exercice 1861, ce chiffre est descendu à 6 cent. 73 mill. Cette différence pa-raît bien faible peut-être; mais appliquée à un tonnage de près de 4 milliards de tonnes transportées à 1 kilom., elle représente une économie de 7 à 8 millions par an... Il y a plus : dans les concessions des chemins de fer nouveaux compris dans la loi du 2 juill. 1861, où son action était libre, le gouvernement a posé le principe de cette *quatrième classe* que nous voudrions voir s'introduire successivement dans les anciennes compagnies, cette quatrième classe destinée aux houilles, aux cokes, aux engrais, à toutes les matières premières destinées à l'agriculture et à l'in-dustrie. Au lieu d'un tarif de 10 c. qui existe dans les anciens cahiers des charges, le tarif nouveau, de 0 à 20 kilom., c'est-à-dire pour les petites distances, est à 8 c.; de 20 kilom. jusqu'à 100, à 6 c.; de 100 à 300, à 5 c.; au delà de 300 kilom., à 4 c. Déjà 550 kilom. sont adjugés sous l'empire de ce nouveau tarif : c'est la voie dans laquelle le gouvernement veut entrer, et il la marque d'une manière formelle, puisqu'il en fait la base des nouvelles concessions. » — Cette quatrième classe de marchan-dises, qui, à l'époque où parlait M. de Franqueville, n'était qu'une exception dans les tarifs de chemins de fer, est devenue aujourd-d'hui une règle générale. Dans les conventions approuvées par les divers lois et décrets des 11 juin-15 août 1863, et passées entre le ministre des travaux publics et les compagnies des che-mins de fer de l'Est, du Nord, du Midi, de Paris à Lyon et à la Méditerranée et d'Orléans, il a été ajouté au tarif de l'ancien cahier des charges, une quatrième classe de marchandises com-prenant les matières encombrantes, telles que houille, marne, cendres, fumiers et engrais, pierres à chaux et à plâtre, pavés et matériaux pour la construction et la réparation des routes, minerais de fer, cailloux et sables. Pour cette quatrième classe,

ainsi que le faisait remarquer M. de Franqueville, le tarif, à la différence des autres tarifs généraux, varie en raison de la dis-tance parcourue. — V. n° 326.

316. Les animaux, denrées, effets ou autres objets non dé-signés dans le tarif sont rangés, pour les droits à percevoir, dans les classes avec lesquelles ils ont le plus d'analogie, sans que jamais, sauf les exceptions formulées aux art. 46 et 47 ci-après, aucune marchandise non dénommée puisse être soumise à une taxe supérieure à celles de la première classe du tarif. Les assi-milations de classes peuvent être provisoirement réglées par la compagnie, mais elles seront immédiatement soumises à l'admi-nistration qui prononcera définitivement (cah. des ch., art. 45).

317. *Tarifs exceptionnels.* — Aux termes de l'art. 46 du cahier des charges, la compagnie ne peut se refuser à transporter les masses indivisibles pesant plus de 3,000 kilog.; seulement, comme des masses aussi pesantes et aussi encombrantes exigent des agencements spéciaux pour les voitures, des travaux de chargements et de déchargements toujours difficiles, les droits fixés par le tarif sont augmentés de moitié. — Quant aux masses indivisibles pesant plus de 5,000 kil., la compagnie est libre d'en refuser le transport; mais si elle y consent, elle est tenue, pendant trois mois, d'accorder les mêmes facilités à tous ceux qui en feront la demande. Dans ce cas, les prix de transport sont fixés par l'administration sur la proposition de la com-pagnie.

318. Dans tous les cahiers des charges, cinq catégories d'objets, denrées ou marchandises, sont encore placées en dehors du prix normal du tarif. Ce sont : 1° tous les objets non énoncés formellement au tarif et qui ne pèseraient pas 200 kil. sous le volume d'un mètre cube; — Jugé que la surtaxe à laquelle ces objets sont soumis, est applicable aux *meubles*, bien qu'ils ren-trent dans la classe des *objets manufacturés* compris dans le tarif, cette désignation générale d'objets manufacturés ne consti-tuant pas l'énonciation nominative exigée par le cahier des charges (Limoges, 13 juin 1862, M. Mosnier, rap., aff. Gaston C. ch. de fer d'Orléans; Pau, 2 mars 1863, aff. ch. de fer du Midi C. Pourailly, V. Annuaire du ch. de fer, 1863, p. 687);— Qu'il en est de même de la chapellerie (Paris, 1re ch., 28 mars 1863, aff. comp. d'Orléans C. Vanganswinsckel); — Que cette surtaxe est applicable à la grande comme à la petite vitesse (même arrêt); — Enfin qu'elle doit recevoir son application à tout colis qui pèserait moins de 200 kilogr., encore bien qu'il excéderait le volume d'un mètre cube (même arrêt, V. Annuaire du ch. de fer, 1863, p. 695);— 2° Les matières inflammables ou explosives, les animaux et objets dangereux pour lesquels des règlements de police prescrivent des précautions spéciales; — 3° Les animaux dont la valeur déclarée excéderait 3,000 fr.; — 4° L'or, l'argent, le mercure, le platine, les bijoux, les den-telles, les pierres précieuses, les objets d'art; — 5° Et en géné-ral tous paquets ou excédants de bagage pesant isolément 40 kil. et au-dessous, sauf les exceptions que nous signalerons ci-après. — Le prix de transport, pour ces différents objets, est réglé par des tarifs exceptionnels, arrêtés annuellement par l'administra-tion, tant pour la grande que pour la petite vitesse, sur la pro-position de la compagnie (cah. des ch., art. 47, V. n° 308).—Il est à remarquer, quant aux paquets de 40 kil. et au-dessous dont il est parlé au nombre cinq de cet article, que les fractions de poids sont comptées, comme il est dit en l'art. 42, de 10 en 10 kil. pour la petite vitesse, de 5 en 5 kil. jusqu'à 10 pour la grande vitesse. — V. n° 314 et la circ. min. du 1er fév. 1864.

319. Le transport des *abeilles* n'a lieu aussi, dit M. Petit de Coupray, p. 177, que sous certaines conditions qui font or-dinairement l'objet d'un tarif spécial dans lequel il est stipulé : 1° que ce transport sera effectué par location de wagon payé à l'avance et sans aucune responsabilité pour la compagnie en cas de perte partielle ou totale; 2° qu'à leur arrivée, l'enlèvement devra être fait immédiatement par le destinataire, faute de quoi les ruches seront mises à terre à ses frais, risques et périls dans l'endroit désigné par la compagnie; 3° qu'elles ne pourront être expédiées que par les trains de marchandises.

320. La cinquième disposition de l'art. 47 précité se re-trouvait également dans tous les anciens cahiers des charges; mais leur rédaction peu précise, en ce qui concerne les exceptions

dont la règle était susceptible, avait fait naître de graves difficultés. « Les prix déterminés au tarif, disaient-ils, ne sont point applicables :... 3° et en général à tous paquets, colis ou excédants de bagage pesant isolément moins de 50 kil., à moins que ces paquets, colis ou excédants de bagage ne fassent partie d'envois pesant ensemble au delà de 50 kil. d'objets expédiés à une même personne par une même personne et d'une même nature, quoique emballés à part » (V. notamment l'art. 24 du cah. des ch. du chem. de fer d'Orléans, annexé à la loi du 26 juill. 1844). Quelques cahiers des charges ajoutaient : « tels que sucre, café, etc. » (V. l'art. 40 du cah. des ch. du chem. de fer d'Amiens à Boulogne, annexé à la loi du 9 sept. 1844).—D'abord, on s'est demandé ce qu'il fallait entendre par ces mots *expédiés à une même personne par une même personne*. Les différents colis qui, pesant ensemble plus de 50 kil., ont été expédiés par un commissionnaire de transport à son correspondant chargé de les distribuer aux destinataires, peuvent-ils être considérés comme envoyés à une même personne par une même personne? — Il a été décidé, dans le sens de l'affirmative, que la condition exigée par le cahier des charges, c'est-à-dire l'unité soit d'expéditeur, soit de destinataire, existe en faveur du commissionnaire de transport ou intermédiaire qui, contractant seul avec la compagnie du chemin de fer, lui présente des paquets ou colis pour les faire transporter par la voie de fer à l'adresse d'un agent ou correspondant (Civ. cass. 9 mai 1855, aff. ch. de fer d'Orléans, D. P. 55. 1. 217).

321. D'un autre côté, pour que les entrepreneurs de transport pussent jouir du bénéfice de la disposition précitée du cahier des charges, étaient-ils obligés de réunir, sous une même enveloppe, les différents colis pesant moins de 50 kil. qu'ils expédiaient à leur correspondant, ou bien suffisait-il que ces colis emballés séparément fissent partie d'une même envoi? — Dans le premier cas, cette réunion des colis s'appelait *groupage à couvert*, dans le second, *groupage à découvert*. — La cour de cassation a admis le premier et condamné le second. Ainsi, elle a décidé que les tarifs exceptionnels auxquels sont soumis les paquets ou colis pesant isolément moins de 50 kil., ne sont pas applicables aux paquets ou colis renfermés dans un seul ballot ou réunis sous une même enveloppe, et ne formant ainsi à l'extérieur qu'un colis; qu'en conséquence, ce colis unique, s'il pèse en son entier plus de 50 kil., reste soumis à la règle générale qui fixe le prix des marchandises transportées à la petite vitesse à raison de 36 cent. par tonne; les compagnies des chemins de fer ne sont point autorisées à le diviser de manière à assujettir chacun des colis particuliers le composant, qui pèse moins de 50 kil., au droit plus fort auquel seraient soumis ces petits colis s'ils étaient présentés à part (Civ. cass. 20 juill. 1853, aff. chem. de fer du Nord, D. P. 55. 1. 216; 14 nov. 1854, même partie, *eod.* et sur renvoi, Rouen, 15 juin 1855, D. P. 55. 5. 69. V. en sens opposé les arrêts de la cour d'Amiens des 24 janv. 1852 et 21 janv. 1853, cassés par ceux dont l'indication précède, D. P. 52. 2. 210; 54. 2. 221);—Mais qu'au contraire, le droit exceptionnel est bien celui à exiger sur des colis pesant moins de 50 kil., lorsqu'au lieu d'être confondus dans un seul ballot ou renfermés sous une même enveloppe, ils sont présentés à l'enregistrement sous leur forme propre et individuelle, quoiqu'à la fois et en bloc, et comme faisant partie d'un même envoi (Civ. cass. 9 mai 1855, aff. chem. de fer d'Orléans, D. P. 55. 1. 217).

322. Enfin, quel était le sens de ces mots *d'une même nature, tels que sucre, café*, etc., qui terminaient la disposition dont on s'occupe ici? — Les entrepreneurs de transports prétendaient que ces mots devaient s'entendre dans le même classe de marchandises d'objets tarifés. — Mais cette interprétation n'a pas été admise, et il a été décidé que les colis distincts et emballés à part ne rentrent sous l'application du tarif général qu'autant qu'ils se composeraient d'objets pouvant être considérés comme appartenant à un même genre de commerce ou d'industrie où à un même ordre de produits; que ces mots *même nature* ne veulent pas dire *même classe*, en égard aux divisions admises dans les tarifs pour les marchandises transportées à la petite vitesse, ni par un excès contraire d'interprétation, *substance identique*, mais affinité commerciale ou industrielle, analogie d'origine et de destination (Civ. cass. 9 mai 1855, aff. ch. de fer d'Orléans,

D. P. 55. 1. 217). — Mais il est à remarquer que cette difficulté ne s'élevait qu'à l'occasion du groupage à découvert; quant au groupage à couvert, il était bien reconnu qu'il n'était pas nécessaire que les colis réunis sous une même enveloppe fussent tous de même nature.

323. Toutes ces difficultés ont été résolues par le cahier modèle des charges dans le sens à peu de chose près adopté par la jurisprudence. Après avoir dit que les tarifs généraux ne sont pas applicables...; 5° en général à tous paquets, colis ou excédants de bagage pesant isolément 40 kilogr. et au-dessous (au lieu de 50, limite fixée par les anciens cahiers), il ajoute : « Toutefois, les prix de transport déterminés au tarif sont applicables à tous paquets ou colis, quoique emballés à part, s'ils font partie d'envois pesant ensemble plus de 40 kilogr. d'objets envoyés par une même personne à une même personne. Il en sera de même pour les excédants de bagages qui pèseraient ensemble ou isolément plus de 40 kilogr.—Le bénéfice de la disposition énoncée dans le paragraphe précédent en ce qui concerne les paquets et colis *ne peut être invoqué par les entrepreneurs de messageries et de roulage et autres intermédiaires de transports, à moins que les articles par eux envoyés ne soient réunis en un seul colis*. » — Cette disposition ne diffère des solutions admises par la jurisprudence qui précède que relativement au groupage à découvert de marchandises de même nature que la jurisprudence admettait en faveur des entrepreneurs de transport, et que l'article précité leur refuse. — Quant aux simples particuliers, ils sont plus favorisés par la nouvelle disposition, car il n'est plus exigé que les paquets et colis emballés à part contiennent des objets de même nature.

324. Les compagnies ont réclamé devant la dernière commission d'enquête contre la faculté du groupage accordée par le cahier des charges aux commissionnaires de transport et qu'elles voudraient faire interdire. Elles prétendent que le groupage leur préjudicie en ce que, sous le prétexte de frais accessoires de chargement, déchargement, magasinage, etc. (V. n° 310), ces dernières imputent souvent aux compagnies les frais exagérés de transport dont ils surchargent le commerce. La commission a été d'avis que les compagnies s'entendissent pour organiser à Paris et dans toutes les villes un factage bien fait à leur compte, ce qui ferait disparaître le groupage. Le ministre, dans la circulaire du 1er fév. 1864, exprime le vœu de voir cet établissement se réaliser bientôt.

325. *Tarifs différentiels.* — Dans les tarifs généraux et exceptionnels dont nous venons de parler, la taxe, sauf pour la quatrième classe de marchandises, est toujours proportionnelle à la distance parcourue, et en outre, s'il s'agit de marchandises, au poids transporté, quelles que soient la distance entre le point de départ et le point d'arrivée, la quantité de marchandises livrées par l'expéditeur, la destination de ces marchandises, etc. Les nécessités du commerce ont fait admettre des dérogations à ces règles. Les tarifs qui sont conçus dans ce système dérogatoire portent le nom de *tarifs différentiels*. Ces tarifs varient, soit en raison des distances à parcourir, soit en raison du poids des marchandises livrées au même expéditeur, soit en raison du sens dans lequel le transport s'effectue, soit enfin en raison de la destination de la marchandise.

326. Les tarifs différentiels *en raison de la distance* sont combinés d'après une base qui décroît à mesure qu'augmente la distance parcourue. C'est dans ce système, comme on l'a déjà vu, que sont conçus les tarifs récemment introduits pour les marchandises de la quatrième classe (V. n° 315). D'après les cahiers des charges approuvés par les lois et décrets de 1863, la taxe pour ces marchandises est, de 0 à 100 kilom., 8 cent. par kilomètre, sans qu'elle puisse être supérieure à 5 fr.; de 101 à 300 kilom., 5 cent. sans pouvoir excéder 12 fr.; au-dessus de 300 kilom., à 4 cent. — Les premiers cahiers des charges n'avaient pas prévu cette espèce particulière de tarif; cependant les concessionnaires les ont eux-mêmes établis à l'origine. La première mention en fut faite en 1843 dans le cahier des charges du chemin de Marseille à Avignon; aujourd'hui et depuis les nouvelles conventions de 1863, les tarifs différentiels en raison de la distance sont obligatoires pour toutes les compagnies, quant aux marchandises de quatrième classe. A

l'égard des marchandises des autres classes, ils sont simplement facultatifs.

327. La légitimité des tarifs différentiels à raison de la distance a été très-vivement contestée : on leur reproche de violer l'égalité de tous devant le tarif. D'après les lois de la matière, a-t-on dit, la perception des taxes devant se faire indistinctement et sans aucune faveur d'après la distance à parcourir et le poids de la marchandise, il ne peut être permis aux compagnies d'y apporter des modifications particulières et de se rendre ainsi maîtresses de toutes les existences commerciales. Par suite des tarifs différentiels, les expéditeurs placés aux points les plus éloignés des frontières pourraient, par des combinaisons factices, être plus favorisés que le négociant de l'intérieur, et chasser celui-ci des marchés où la position seule de son établissement assure sa supériorité. — V. une dissertation de M. Vatimesnil, insérée au Recueil de M. Lehir, année 1857, 10ᵉ liv.; V. aussi Paris, 21 avr. 1857, aff. ch. de fer de Paris à Lyon, D. P. 58. 1. 153; mais cet arrêt a été cassé, V. *eod.*

On a répondu avec raison que l'égalité ne consiste pas dans l'uniformité des tarifs, mais dans l'uniformité du prix de la marchandise, en faveur de ceux qui la font transporter, sur quelque point du territoire où ils soient placés ou qu'ils exercent leur industrie; ainsi, par exemple, les engrais et la houille doivent avoir, autant que possible, un prix uniforme pour toutes les industries qui s'en servent. Si l'on applique un tarif uniforme, il arrivera que la houille prise sur le carreau de la mine ou à une petite distance ne vaudra, supposons, que 20 ou 25 fr. le tonneau; si on la transporte à 50 ou à 100 lieues, elle vaudra 50 ou 80 fr. le tonneau. Y aura-t-il égalité pour les industriels qui utilisent cette matière et qui sont obligés de l'employer pour l'exploitation de leur industrie, le tarif différentiel fera cesser cette inégalité. — Ainsi encore, si Orléans a eu jusqu'ici le monopole du vinaigre à raison de la proximité de Paris, pourquoi, en abaissant le prix du transport au profit de localités plus éloignées et exerçant la même industrie, ne rendrait-on pas le monopole moins exigeant, ne permettrait-on pas à ces localités la possibilité de soutenir la concurrence au grand avantage du public et des consommateurs? — D'un autre côté, les taxes sont destinées à payer non-seulement les frais spéciaux du voyage par lequel les marchandises sont transportées, elles ont aussi pour objet de couvrir certains frais généraux ; or, on comprend que ces frais répartis sur un plus grand nombre de kilomètres chargent moins les expéditions à grande qu'à petite distance. Enfin, un long travail utilise mieux le matériel roulant; car pour de petites distances, ce matériel est bien plus souvent en chômage, laissant ainsi momentanément improductive une portion importante du capital engagé; il est donc naturel qu'un long voyage paye moins qu'un transport à courte distance. Sans doute, dans les premières applications du système, il y a eu des abus; les prix de transport ont été quelquefois plus élevés pour des distances moindres que pour des distances plus éloignées. Mais l'administration a condamné cette manière d'agir; elle s'y est formellement opposée, et l'on a vu que, dans les cahiers des charges de 1863, elle a établi pour chaque série de distances un maximum de prix que les compagnies ne peuvent dépasser. D'ailleurs, le ministre des travaux publics est chargé de surveiller les tarifs différentiels, et si dans ces tarifs il s'introduisait quelque chose de nuisible qui ne fût pas dicté par un véritable esprit d'intelligence nationale, le ministre saurait bien y porter remède en refusant son approbation aux propositions des compagnies. — V. MM. Teisserenc, Godefroy, Journal des économistes; Poujet, t. 2, p. 482 et suiv.; Duverdy, nᵒˢ 173, 184; V. aussi la discussion intéressante qui s'est élevée au sénat à l'occasion de plusieurs pétitions relatives aux tarifs différentiels, séances du 18 au 21 avr. 1863, les observations présentées par M. Édouard Dalloz au corps législatif dans la séance du 5 mai 1863, et la discussion devant la même assemblée, séance du 28 mai 1864.

328. Les tarifs différentiels, *en raison du poids des marchandises* transportées, ne sont mentionnés dans aucune des dispositions du cahier des charges; ils sont purement facultatifs pour les compagnies. Ces tarifs se forment en abaissant la base de la taxe à mesure que s'élève le poids des marchandises remises par un seul et même expéditeur. Tel serait par exemple le tarif qui fixerait à 10 cent. par tonne et par kilom. le prix de transport d'une marchandise pour une expédition de 1 à 100 tonnes et le réduirait à 8 cent. pour une expédition au-dessus de 100 tonnes.

329. Le tarif différentiel, *en raison du sens dans lequel le transport s'effectue,* a lieu lorsque le prix de transport pour aller de cette ville à une autre ville est différent de celui fixé pour revenir de cette dernière à la première. Cela se présente lorsque le commerce entre deux villes est moins considérable dans un sens que dans l'autre : pour utiliser un matériel qui voyagerait à vide, la compagnie fait alors de larges concessions sur les taxes afin d'attirer des matières qui ne peuvent être transportées qu'à des prix extrêmement minimes. Nous citerons comme exemple, d'après M. Duverdy, nᵒ 189, le fait suivant. « Les expéditions d'Orléans sur Paris sont beaucoup plus nombreuses que les expéditions de Paris sur Orléans, de telle sorte que la compagnie de ce chemin de fer est souvent obligée d'effectuer ses retours à vide. Or les terres qui avoisinent Orléans ont besoin pour être fertilisées d'un amendement qu'on nomme la marne et qu'on trouve en abondance aux environs de Paris. Cette matière, qui n'a pas une grande valeur intrinsèque, est très-encombrante et très-pesante. Aussi ne peut-elle pas en général être transportée loin des lieux où elle se trouve, parce que les frais de transport augmentent bien vite son prix dans une proportion considérable. La compagnie du chemin de fer a proposé un tarif différentiel qui a réduit de beaucoup le prix du transport des matières dont il s'agit, lorsqu'elles voyagent en s'éloignant de Paris vers le centre de la France. Cette réduction de prix a permis de faire à la Sologne des expéditions de marne, de chaux et de plâtre qu'avec les anciens prix on n'eût jamais entreprises. » — On voit par cet exemple l'utilité des tarifs différentiels et pour les compagnies et pour le public.

330. Les tarifs de *détournement* rentrent encore dans la classe des tarifs différentiels. — Voici dans quelles circonstances ces tarifs se présentent. Des marchandises sont expédiées de Nantes à Lyon, par exemple, villes qui ne sont pas liées entre elles par un chemin de fer direct : on n'en peut être fait que d'une manière indirecte, en prenant d'abord le chemin de Nantes à Paris, puis ensuite celui de Paris à Lyon, de sorte que le parcours se trouve considérablement allongé. Dans ce cas, au lieu de faire payer la taxe d'après la distance réellement parcourue, ce qui augmenterait les frais d'une manière préjudiciable au commerce, on ne compte que la distance à vol d'oiseau qui sépare le point de départ du point d'arrivée, et c'est sur cette distance que la taxe est établie. Tel est le tarif de détournement.

331. Les tarifs différentiels *en raison de la destination des marchandises* comprennent les tarifs de *transit* et d'*exportation.* — Pour avoir le bénéfice du transport à travers la France des marchandises étrangères à destination de l'étranger, les compagnies ont établi des tarifs à prix réduit, ou tarifs de transit. Si ces marchandises étaient obligées de supporter les taxes du tarif général, elles prendraient une autre direction plus favorable, et le transit serait perdu pour la France. Ainsi, par exemple, il y a sur les bords du Rhin et dans l'Allemagne centrale un certain nombre de villes de fabrique qui sont placées de telle sorte que lorsqu'elles veulent exporter leurs marchandises, elles peuvent à leur choix et à des avantages à peu près égaux effectuer leurs transports soit par Trieste, soit par Hambourg, Amsterdam, Rotterdam ou Anvers, soit par le Havre, Bordeaux, Nantes ou Marseille. C'est le bas prix du parcours entre les villes d'où proviennent ces marchandises et le lieu où elles doivent s'embarquer qui détermine le choix. De là la nécessité d'abaisser les tarifs, afin d'appeler ces marchandises en transit sur notre territoire, ce qui non-seulement donne aux compagnies un bénéfice considérable (on évalue à 7 millions le produit du transit en France), mais amène un mouvement commercial qui profite aux ouvriers dans les ports et aux négociants français. C'est pour combattre efficacement la concurrence que leur font les chemins de fer étrangers que les compagnies ont obtenu du gouvernement le droit d'établir les tarifs de transit, sans être tenues d'observer les formalités prescrites par l'ord. du 15 nov.

1846 (V. n° 298).—Cette mesure semble justifiée par un intérêt national évident, et cependant elle a donné lieu à des plaintes très-sérieuses de la part notamment des industriels de l'Alsace. Les villes de cette province ont sur celles du centre de l'Allemagne un avantage naturel : plus près de Marseille et du Havre que ces dernières, elles devraient transporter leurs marchandises à meilleur marché. Or, par l'effet des tarifs de transit, c'est le contraire qui a lieu ; de sorte que le gouvernement semble protéger le commerce étranger au détriment du commerce français (V. aussi les observations présentées par M. Pouyer-Quertier au corps législatif, dans la séance du 28 mai 1864).— Mais on a répondu, d'abord que la suppression des tarifs de transit ne placerait pas les industriels de l'Alsace dans une situation meilleure vis-à-vis des commerçants de l'Allemagne, puisque ceux-ci trouveraient sur les chemins de fer étrangers à peu près les mêmes avantages dont on les aurait privés en France ; — En second lieu que la différence des prix de transport payés par les fabricants français ou allemands comparés à la valeur des produits transportés est infinitésimale, et par conséquent ne peut réellement avoir une influence sérieuse sur le commerce français. — V. la discussion au sénat, séances des 18 et 21 avril 1863.

332. Les tarifs d'*exportation* sont destinés à faciliter la sortie des marchandises françaises en destination de l'étranger. Ces marchandises jouissent d'un tarif de faveur pour leur parcours sur le territoire français de la ville où elles sont fabriquées à la frontière par où elles doivent sortir. — Ces tarifs sont tout au profit du commerce français, et n'ont donné lieu à aucune observation. — V. la discussion du sénat, *loc. cit.*

333. *Tarifs conditionnels* ou *tarifs spéciaux.* — On donne ce nom à des tarifs qui fixent un prix inférieur au tarif ordinaire pour les expéditeurs qui se soumettent à certaines conditions, comme, par exemple, d'accepter des délais plus longs que ceux déterminés pour la petite vitesse (cah. des ch., art. 50), ou de ne faire d'expéditions que par chargement de wagons entiers, ou d'assurer des expéditions journalières s'élevant à un certain tonnage, ou d'expédier annuellement une certaine quantité de marchandises au minimum, etc., etc.— La faculté pour les compagnies d'établir des tarifs conditionnels résulte non-seulement de l'art. 50 du cahier des charges que nous venons de citer, mais aussi de l'art. 48, qui porte : « Dans le cas où la compagnie jugerait convenable, soit pour le parcours total, soit pour les parcours partiels de la voie de fer, d'abaisser *avec ou sans conditions*, au-dessous des limites déterminées par le tarif, les taxes, etc. » L'application de ces tarifs, comme le dit M. Duverdy, n° 181, peut être réclamée par tous les expéditeurs qui sont en mesure de remplir les conditions posées, et par ceux-là seulement. — D'un autre côté, comme ces conditions ne peuvent être imposées aux expéditeurs que de leur consentement exprès, il en résulte que les tarifs spéciaux ne peuvent être appliqués par les compagnies que sur une demande formelle et écrite.—Il a été jugé que lorsqu'une compagnie de chemins de fer a établi, pour certaines marchandises, un tarif général portant abaissement du prix de transport fixé par le tarif spécial pour la classe à laquelle appartiennent ces marchandises, si plus tard. dans un nouveau tarif spécial, elle accorde au commerce le bénéfice d'une abréviation fictive de distance entre certaines localités, mais avec indication des prix de transport énoncés au tarif général, sans distinction de marchandises, les avantages résultant de ces deux tarifs ne peuvent être cumulés, et, dès lors, les expéditeurs des marchandises énoncées dans le premier tarif n'ont droit qu'à la faveur d'un abaissement de taxe, sans abréviation de distance, ou d'une abréviation de distance sans abaissement de taxe, selon qu'ils optent pour le premier ou pour le second tarif (Civ. cass. 10 juin 1861, aff. ch. de fer d'Orléans, D. P. 61. 1. 261).

334. *Egalité des taxes; traités particuliers.* — La perception des taxes, quelle que soit l'espèce de tarif applicable, doit se faire indistinctement et sans aucune faveur (cab. des ch., art. 48). — « A moins d'une autorisation spéciale de l'administration supérieure, dit l'art. 14 de la loi du 15 juill. 1845 portant concession du chemin de fer de Paris à la frontière de Belgique, il est interdit à la compagnie, sous les peines portées par l'art. 419 c. pén., de faire directement ou indirectement, avec des entreprises de transport de voyageurs ou de marchan-

dises, par terre ou par eau, sous quelque dénomination ou forme que ce puisse être, des arrangements qui ne seraient pas également consentis en faveur de toutes les autres entreprises desservant les mêmes routes. — Des ordonnances royales, portant règlement d'administration publique, prescriront toutes les mesures nécessaires pour assurer la plus complète égalité entre les diverses entreprises de transports, dans leurs rapports avec les services des chemins de fer et de leurs embranchements» (V. *infrà*, n°ˢ 610 et s.). — Les cahiers des charges antérieurs à 1857 permettaient aux compagnies de faire avec les expéditeurs des traités particuliers abaissant, en faveur du signataire et sous certaines conditions, les taxes du tarif ordinaire ; seulement, pour obéir au principe de l'égalité des taxes consacré par la loi de 1845, tous les expéditeurs qui offraient de se soumettre aux conditions exprimées dans ces traités en acquéraient de plein droit le bénéfice ; d'un autre côté, l'administration, à laquelle les compagnies devaient toujours donner connaissance de ces traités, pouvait déclarer la réduction une fois consentie obligatoire vis-à-vis de tous les expéditeurs et applicable à tous les articles d'une même nature sans condition. — Les traités particuliers, à raison des effets généraux dont ils étaient susceptibles, prenaient le caractère de véritables tarifs conditionnels, avec cette différence toutefois que ceux-ci devaient être affichés et rendus publics, tandis que les traités ne recevaient aucune publicité : les parties intéressées savaient seulement le droit d'en demander communication. — Les traités particuliers donnèrent lieu à des réclamations et à des difficultés telles que l'administration crut devoir en prononcer la suppression absolue (V. n° 341). Toutefois, il peut encore être utile de faire connaître la jurisprudence qui s'est formée alors que ces traités étaient permis.

335. Il résulte virtuellement de l'art. 14 de la loi du 15 juill. 1845, dont nous avons rappelé les termes au numéro précédent, que l'autorisation spéciale des traités passés avec les expéditeurs n'est exigée qu'autant que ces traités conféreraient à un expéditeur un avantage exclusif auquel les autres ne seraient pas admis à participer. — Il a été jugé en ce sens : 1° que lorsque la compagnie qui a passé un traité particulier avec une entreprise de messageries, sans autorisation, a offert de traiter aux mêmes conditions avec les chefs d'entreprise desservant les mêmes routes, en tenant compte des différences qui peuvent exister entre les situations, elle n'a pu encourir les peines prononcées par l'art. 14 de la loi du 15 juill. 1845, ni être passible de dommages-intérêts, le principe d'égalité entre les diverses entreprises de transport n'ayant pas été violé par ce traité (Amiens, 24 janv. 1852 et 21 janv. 1853, aff. ch. de fer du ord, D. P. 52. 2. 210 ; 54. 2. 221, et sur pourvoi, Civ. rej. 20 juill. 1853, D. P. 55. 1. 216); — 2° Que la disposition de la loi portant concession d'un chemin de fer qui prohibe, sous les peines y édictées, l'*abaissement général* des tarifs sans homologation de l'autorité supérieure, n'est pas applicable au cas de simple réduction au profit d'un ou de plusieurs expéditeurs : dans ce cas, la compagnie n'est tenue, conformément au cahier des charges, qu'à en donner connaissance à l'administration, sans que l'inaccomplissement de cette condition donne lieu à l'application d'aucune peine (Orléans, 22 déc. 1851, aff. ch. de fer de Tours à Nantes, D. P. 54. 5. 109, n° 27);— 3° Que la compagnie qui a fait, avec un négociant, un traité particulier pour l'expédition des marchandises de ce négociant par un train spécial, à grande vitesse, ne peut être tenue, envers les autres expéditeurs de marchandises pareilles, que de leur offrir les mêmes conditions; que la validité de pareils traités n'est pas subordonnée à l'autorisation spéciale de l'administration, dès qu'ils n'ont pas lieu avec des entreprises de transport, mais uniquement avec des expéditeurs pour leur propre compte, et à leurs risques et périls: il suffit, dans ce dernier cas, que la compagnie ait donné connaissance de ces traités à l'administration (Paris, 7 avr. 1853, aff. Schramm, D. P. 55. 2. 24); — 4° Que les arrangements ou traités particuliers faits par des compagnies de chemin de fer avec des entreprises de transport, ne sont soumis à l'autorisation de l'administration supérieure qu'autant qu'ils ne seraient pas également consentis en faveur de toutes les autres entreprises desservant la même route: si ces autres entreprises sont appelées à en réclamer les avantages, il

suffit que ces arrangements ou traités soient communiqués à l'administration supérieure (Civ. cass. 22 fév. 1858, aff. comp. du ch. de fer du Nord, D. P. 58. 1. 121. Conf. Orléans, 22 déc. 1851, aff. ch. de fer à Nantes, D. P. 54. 5. 109; civ. rej. 8 juin 1859, aff. Leclerc-Fleureau, D. P. 59. 1. 259); — 5° Et spécialement que le traité par lequel une compagnie de chemin de fer accorde une réduction de tarif à des entrepreneurs de transport qui se chargent de la gestion de bureaux centraux établis par cette compagnie dans certaines localités, et se soumettent à un minimum de tonnage, avec obligation de ne faire aucun groupement de marchandises, est valable malgré l'absence d'autorisation de l'administration supérieure, lorsque les mêmes arrangements ont été proposés aux autres entrepreneurs de transports desservant la même route, et ceux-ci ne peuvent prétendre avoir droit à la réduction consentie dans ce traité, s'ils ne veulent pas en subir les conditions; — Un tel traité ne peut non plus être considéré comme un fait de concurrence déloyale donnant lieu à des dommages-intérêts (Civ. rej. 26 nov. 1860, aff. Langlois, D. P. 61. 1. 19).

336. Mais le traité par lequel une compagnie de chemin de fer accorde à un entrepreneur de transports une réduction sur le tarif général alors en vigueur, n'est licite qu'autant que cette réduction est susceptible d'être étendue par l'administration à tous les autres expéditeurs, en vertu du principe d'égalité qui forme la base essentielle des lois organiques des chemins de fer. Ainsi, ce traité prend un caractère illicite lorsqu'il a été stipulé qu'indépendamment de la réduction convenue, l'entrepreneur auquel elle est accordée aura, en cas d'abaissement ultérieur du tarif, droit à une réduction nouvelle et successive, au fur et à mesure des assimilations ordonnées par l'État, une telle stipulation constituant au profit de cet entrepreneur un privilège permanent et exclusivement personnel qui rendrait sans effet l'exercice du droit d'assimilation réservé au gouvernement. En conséquence, le refus de la compagnie d'exécuter ce traité, en conformité des ordres de l'administration, ne peut donner lieu à des dommages-intérêts (Civ. rej. 6 août 1861, aff. Nizerolles, D. P. 61. 1. 377).

337. Il a été décidé pareillement que la disposition d'une loi de concession qui oblige une compagnie de chemin de fer à faire des avantages égaux à toutes les entreprises de transport de voyageurs et de marchandises desservant une même route, ne permet pas à cette compagnie d'accorder des avantages particuliers à l'une des deux entreprises qui desservent la route de terre conduisant à la même station, encore que cette entreprise, à la différence de l'autre, se chargerait sous la responsabilité personnelle du transport des voyageurs et des marchandises inscrites sur ses feuilles, pendant tout le trajet traversé par la voie de fer, si, d'ailleurs, elle ne fait pas voyager ses propres voitures sur les trucks du chemin de fer, et si elle dépose ses voyageurs dans les wagons (Crim. cass. 28 juin 1851, aff. ch. de fer de Tours à Nantes, D. P. 51. 1. 329).

338. D'un autre côté, il a été décidé : 1° que le traité par lequel une compagnie de chemin de fer s'oblige à payer à une société concessionnaire de mines une indemnité par chaque tonne transportée, au delà d'un chiffre déterminé, pour le compte de cette dernière qui, de son côté, renonce à se servir de voies de transport qui lui sont propres, et, notamment aux bénéfices qu'elle aurait pu réaliser en prolongeant dans son intérêt et dans celui du public un canal dont elle est propriétaire, ne constitue pas un marché de faveur prohibé, la société étant réputé avoir stipulé cet abaissement de tarif, non comme propriétaire des mines dont les produits sont l'objet du transport ainsi tarifé, mais comme propriétaire du canal qu'elle a renoncé à exploiter (Paris, 3 déc. 1858, aff. ch. de fer de Paris à Lyon, D. P. 60. 1. 356); Rouen, 21 mars 1861, et sur pourvoi Req. 7 avr. 1862, même aff., D. P. 63. 1. 167); — 2° Et que le même traité ne peut non plus être considéré comme une coalition formée entre deux monopoles, dans le but de faire cesser, au détriment du public, la concurrence qu'ils étaient appelés à se faire, par l'exploitation du chemin de fer et par celle du canal prolongé, ce traité ne modifiant en rien le régime du canal, dont la prolongation était, de la part de la société, purement facultative (mêmes arrêts de 1861 et 1862); — 3° Que le traité consenti avec un particulier, et

qui accorde à celui-ci, pour le transport de ses marchandises, le droit de se servir exclusivement d'un embranchement accédant à la voie ferrée, ne constitue pas un privilège au détriment des autres expéditeurs, alors qu'il n'y a aucune réduction de tarifs; le fait d'un accès spécial à la voie ferrée ne pouvant avoir le caractère d'un avantage préjudiciable aux autres entrepreneurs, dès que la gare à laquelle conduit l'embranchement leur est ouverte à tous (Req. 14 nov. 1860, aff. ch. de fer de Lyon, D. P. 61. 1. 150).

339. Les compagnies, dans les arrangements intervenus avec telle ou telle entreprise de transport ou avec tel ou tel expéditeur, imposaient à ceux-ci, pour conserver le privilège de l'abaissement du prix des tarifs consenti en leur faveur, certaines conditions, telles que, par exemple de s'engager : 1° à employer exclusivement la voie ferrée pour le transport de *tous* leurs produits; — 2° D'en confier à la compagnie, par an, une certaine quantité dont le *minimum* était fixé (10,000 tonnes par exemple), etc. — Les autres expéditeurs, comme nous venons de le dire, étaient admis à réclamer les bénéfices de ce traité, mais ne le pouvaient qu'en prenant les mêmes engagements et en se soumettant à toutes les conditions imposées aux signataires. —Ainsi il a été jugé : 1° que l'expéditeur qui invoque les avantages concédés par la compagnie à un autre expéditeur, doit se soumettre à toutes les conditions qui font partie de la convention passée avec ce dernier, alors même qu'elles concerneraient le parcours en dehors de la voie de fer; qu'ainsi l'expéditeur qui excipe des avantages d'un traité dans lequel il a été convenu, conformément au cahier des charges, que celui avec qui il a été fait serait tenu de laisser opérer par la compagnie le *camionnage* de ses marchandises à domicile, doit se soumettre à cette clause : il objecterait vainement que la compagnie ne peut subordonner les avantages qu'elle accorde aux expéditeurs à aucune condition étrangère au trajet par la voie de fer (Req. 12 déc. 1855, aff. Rauch, D. P. 56. 1. 172; V. notre observ. D. P., *eod.*); — 2° Que les réductions de tarifs accordées dans des traités particuliers, par des compagnies de chemin de fer, à certains expéditeurs ou aux expéditeurs de certaines localités, ne peuvent profiter à ceux qui n'y ont point été parties, qu'autant que ces derniers se soumettraient aux conditions sous lesquelles elles ont été consenties : elles ne leur seraient acquises de plein droit et sans conditions que si l'autorité administrative les avait généralisées en les convertissant en articles du tarif (Civ. rej. 28 déc. 1857, aff. Vasse, D. P. 58. 1. 18; même jour, aff. Depeaux, D. P. 58. 1. 19); — et même qu'il s'agirait de conditions non accessibles à tous (Civ. cass. 22 fév. 1858, aff. ch. de fer du Nord, D. P. 58. 1. 121; 12 avr. 1859, aff. ch. de fer de Lyon, D. P. 59. 1. 152), ... et qui consisteraient, par exemple, soit dans la garantie du chargement d'un certain tonnage, l'impossibilité où peuvent être certains expéditeurs de remplir une telle condition n'ayant son remède que dans le droit réservé à l'administration de rendre la réduction obligatoire pour tous, d'une manière pure et simple : vainement objecterait-on que les conditions de ce traité sont d'une exécution impossible pour la petite industrie (même arrêt du 22 fév. 1858.—Conf. Rouen, 24 juin 1856, aff. ch. de fer de l'Ouest, D. P. 57. 2. 74); —...Soit dans une condition de provenance ou de point de départ des expéditions qui ne saurait être remplie que par les expéditeurs d'une localité déterminée; spécialement, les réductions de tarifs stipulées par des expéditeurs de Nantes, pour les marchandises (des sucres raffinés), par eux envoyées de Nantes à Lyon, par Paris, ne peuvent être réclamées, pour le seul parcours de Paris à Lyon, par les expéditeurs de produits similaires partant de Paris, s'il est établi que le point de départ de Nantes était la condition expresse de ces réductions (même arrêt du 12 avr. 1859); — 3° Et spécialement encore que la disposition du tarif de la compagnie du chemin de fer de Paris à Orléans qui, dans l'intérêt de l'importation des grains étrangers, abaisse les prix des transports opérés de Paris aux gares situées au delà d'Orléans, ne peut être invoquée pour les expéditions faites d'Orléans, même à l'une de ces dernières gares; et qu'une expédition qui a été l'objet de deux conventions de transport distinctes, l'une de Paris à Orléans, l'autre d'Orléans à une gare située au delà, doit être réputée faite à cette dernière gare, non de Paris,

mais d'Orléans, lieu de destination fixé par la première de ces conventions (Orléans, 28 avr. 1857, et sur pourvoi, Civ. rej. 8 juin 1859, aff. Leclerc-Fleureau, D. P. 59. 1. 258); — 4° Que si, après communication du traité, l'administration n'a pas usé de la faculté d'en étendre le bénéfice aux autres expéditeurs, ceux-ci ne peuvent en réclamer l'application à leurs expéditions qu'en offrant de se soumettre aux conditions qui y sont stipulées, et qu'à la charge, notamment, de faire opérer, comme les signataires du traité, toutes leurs expéditions en destination des localités desservies par la compagnie, sur la ligne appartenant à cette compagnie (mêmes arrêts).

340. Lorsqu'une compagnie de chemin de fer s'est engagée, par traités particuliers et distincts passés avec deux expéditeurs, à mettre à leur disposition un matériel de transport, et, par exemple, un certain nombre de plates-formes dont le prix de location devait être payé, qu'il en fût fait emploi ou non, si l'un de ces expéditeurs est dégrevé de la taxe par lui due pour le matériel qu'il n'a point employé, le même dégrèvement doit être étendu à l'autre, en vertu du principe de l'égalité des taxes. Mais il suffit que ce dernier expéditeur soit dégrevé d'une somme égale à celle remise au premier, et il n'est pas nécessaire notamment que le dégrèvement soit proportionnel, pour chaque expéditeur, au matériel dont il n'a point usé (Civ. rej. 26 nov. 1860, aff. Langlois, D. P. 61. 1. 19).

341. Dans le but de mettre un terme à toutes les difficultés qui s'élevaient entre les compagnies et les expéditeurs à l'occasion des traités particuliers, l'administration a notifié aux compagnies, par une circulaire du 26 sept. 1857, que les traités particuliers portant réduction sur les tarifs approuvés ne seraient plus autorisés à partir du 1er janv. 1858. En conséquence, les cahiers des charges passés depuis cette époque portent tous la clause suivante : « Tout traité particulier qui aurait pour effet d'accorder à un ou à plusieurs expéditeurs une réduction sur les tarifs approuvés, demeure formellement interdit. » — Cette mesure paraît à quelques esprits réaliser un véritable progrès. — « Il est certain, a dit le Messager de la bourse de 1857, que les traités n'étaient profitables qu'aux grandes compagnies et aux grandes industries; la majorité des producteurs se trouvait placée dans des conditions inférieures qui auraient bientôt ruiné leur concurrence. La différence réalisée sur les prix de transport pouvait profiter pour une faible part au consommateur, en ce qu'elle venait en déduction des prix de vente des produits; mais après avoir assuré le triomphe des quelques grands industriels qui en jouissaient, nul doute qu'elle ne fût annulée quand ceux-ci seraient restés les maîtres du marché. — Nous ne pouvons donc qu'applaudir à la mesure prise par le ministre des travaux publics; elle rétablit la sincérité et l'efficacité de la réglementation des tarifs. Il est une autre conséquence encore imprévue, c'est la réduction moyenne de ces mêmes tarifs... Les bases en seront modifiées par les compagnies elles-mêmes, et les faveurs primitivement accordées à quelques-uns deviendront la règle générale. » — Toutefois, la dernière commission d'enquête paraît favorable au rétablissement des traités particuliers pour le transport des marchandises à prix réduit. Cette question, du reste, est l'une de celles sur lesquelles le ministre ne s'est pas prononcé, se réservant d'en faire l'objet d'un examen spécial.

342. A l'égard des traités en vigueur à l'époque du 1er janv. 1858, le ministre décidait, dans sa circulaire du 26 sept. 1857, que, quel que fût le terme de leur échéance, ils devaient également cesser de recevoir leur exécution à partir de la même époque, faute que les réductions de prix consenties par ces traités devaient être déclarées applicables à tous les expéditeurs sans conditions, en vertu du droit conféré à l'administration par le cahier des charges et dont le ministre s'était toujours réservé l'exercice en accusant réception des traités particuliers dont il lui était donné connaissance. — Il s'est élevé la question de savoir si cette décision ministérielle donnait aux compagnies le droit de demander la résiliation des traités particuliers dont l'échéance était postérieure au 1er janv. 1858. — Il a été décidé, dans le sens de la négative, que l'arrêté ministériel qui rend l'exécution d'une convention moins avantageuse et même dommageable, mais non impossible, ne peut être considéré comme un cas de force majeure emportant résolution de cette conven-

tion; qu'ainsi, le traité par lequel une compagnie de chemin de fer a concédé à un expéditeur des avantages même considérables, doit être maintenu, bien qu'un arrêté postérieur du ministre des travaux publics portant interdiction, pour l'avenir, de semblables traités, ait déclaré que, pour les traités déjà faits, le bénéfice devra en être étendu, tant qu'ils existeront, à tous autres expéditeurs ou entrepreneurs de transport (Req. 15 fév. 1859, aff. ch. de fer de l'Est, D. 59. 1. 355).

343. Des tarifs dits d'abonnement avaient été autorisés à titre provisoire ; on appelait ainsi des tarifs qui n'étaient applicables qu'aux expéditeurs qui prenaient l'engagement de remettre au chemin de fer, à l'exclusion de toute autre voie de transport, toutes les marchandises dont ils avaient la libre disposition. Les compagnies avaient pris l'engagement de se conformer à la décision qui interviendrait sur cette question ; chacune d'elles devait retirer son tarif dans le cas où la condition d'abonnement serait rejetée, et elle en avait le droit à l'expiration du délai d'application que l'administration avait fixé.—Une commission formée dans le sein du comité consultatif a été d'avis que l'engagement pris par un expéditeur de confier pendant un temps déterminé, au chemin de fer, toutes ses marchandises à l'exclusion de toutes les autres voies de transport, portait atteinte à la liberté du commerce; or, les traités particuliers étant interdits, le ministre a dû prohiber les tarifs d'abonnement qui devaient être aussi considérés comme des traités particuliers (circ. min. 23 janv. 1860).

344. Si des progrès notables ont été accomplis dans la tarification des prix de transport pour les marchandises, jusqu'à présent rien n'a été fait pour les voyageurs : les tarifs à cet égard sont restés identiquement les mêmes qu'à l'origine, si ce n'est qu'on a créé les tarifs d'abonnement pour les petits parcours, les billets d'aller et retour et les trains de plaisir. Ainsi, tandis que les prix de transport pour les marchandises ont été réduits au quart de ce que l'on payait autrefois pour le transport par le roulage, les tarifs pour les voyageurs sont restés les mêmes, à peu de choses près, que ceux adoptés par les anciennes diligences. De là cette différence que les recettes kilométriques ont passé pour les marchandises de 12,400 fr. à 30,600 fr , c'est-à-dire ont augmenté de 140 p. 100, tandis que les recettes kilométriques des voyageurs n'ont augmenté que de 7 p. 100 (V. les observations présentées par M. Haentjens au corps législatif, dans la séance du 28 mai 1864). Ne serait-il pas temps aujourd'hui d'opérer d'utiles réformes dans cette partie des tarifs? Ce qui démontre bien que les taxes des voyageurs peuvent subir de larges réductions, ce sont les trains de plaisir qui, effectués à des prix réduits au tiers au moins de celui du tarif, donnent encore de larges bénéfices aux compagnies. Au moins devrait-on établir pour les voyageurs comme pour les marchandises des tarifs différentiels à raison des distances. Dans l'un aussi bien que dans l'autre cas, les longs voyages donnent lieu à moins de frais proportionnellement que les transports à courte distance; et il serait juste que le voyageur profitât d'une réduction de prix que l'on a jugée utile et nécessaire pour les transports commerciaux. — Si le résultat a prouvé, lorsqu'il s'agit de marchandises, que les compagnies, loin de perdre à cet abaissement proportionnel, ont trouvé au contraire des bénéfices considérables par suite de l'accroissement des transactions, de l'activité sans cesse croissante des opérations commerciales et industrielles, de plus en plus excités par le bon marché du prix des transports, est-ce que le même résultat ne se produira pas également dans le transport des voyageurs? Est-ce que le nombre de ceux-ci ne s'accroîtra pas sans cesse et dans une mesure proportionnelle à la modicité des tarifs?

345. Un publiciste a été plus loin : il propose d'appliquer au transport des personnes et des choses par les chemins de fer le régime établi aujourd'hui pour le transport des lettres. Il n'arrive pas immédiatement à une taxe unique comme cela existe pour celles-ci. Il y aurait quatre catégories de taxes, correspondant à quatre zones : 40 et 25 fr., selon les classes des voitures pour les plus longs parcours; 20 et 10 fr. pour les distances intermédiaires ; 5 et 4 fr. pour les autres ; 50 cent. pour Versailles, et 20 cent. pour toutes les communes de banlieue. L'au-

teur déclare que la réduction qu'il propose sur les prix est des deux tiers du prix actuel, et qu'il a emprunté cette base de ces calculs à ce qui a été suivi pour l'établissement de la taxe uniforme des lettres. On créerait, comme pour l'affranchissement des lettres, des *timbres-chemins de fer*, ou permis de circuler, que les compagnies feraient vendre dans les établissements publics comme cela a lieu pour les timbres-postes.— Il y aurait des timbres-chemins de fer pour le transport des marchandises, comme pour celui des personnes, dont le prix serait déterminé tant par kilogramme et par kilomètre; de sorte que les commerçants et expéditeurs pourraient, sans sortir de leurs magasins, affranchir eux-mêmes tous leurs colis. Il résulterait de l'adoption de ce projet, selon son auteur, non-seulement un accroissement merveilleux d'activité, d'industrie et de commerce, au profit de l'intérêt général et de la majorité des consommateurs, mais aussi des profits considérables pour les compagnies, qui par l'augmentation énorme des transports et du nombre des voyageurs, retrouveraient une compensation du double pour le déficit produit par l'abaissement des prix, comme cela s'est réalisé en effet et au delà pour l'administration des postes.—V. le journ. le Siècle du 8 janv. 1862.

346. Le ministre des travaux publics, dans la lettre adressée aux compagnies, du 1er fév. 1864, s'exprime comme il suit au sujet de la tarification : « Relativement aux tarifs, soit de voyageurs, soit de marchandises, la commission a plutôt émis des vœux qu'elle n'a formulé des avis. Ainsi, elle s'est demandé si l'on ne pourrait pas : 1° appliquer aux voyageurs, et surtout à ceux de la troisième classe, un tarif décroissant à mesure que la distance augmente, conformément à ce qui a déjà lieu pour les marchandises; — 2° Réduire le tarif applicable au transport de certaines matières premières voyageant en grandes masses.— J'appelle vos observations sur ces deux points. L'expérience enseigne que tout abaissement de tarifs, comme toute modification favorable aux voyageurs et aux marchandises, sont promptement et largement compensés par l'augmentation du trafic. Cette vérité est trop bien établie par votre propre expérience elle-même pour que vous puissiez la méconnaître. Je ne doute donc pas que la question ne soit étudiée par vous à un point de vue élevé et libéral. »

347. Dans la banlieue des grandes villes, à Paris notamment, les compagnies sont dans l'usage, les *dimanches et jours de fêtes*, *d'élever* le prix des places. Elles sont, sans doute, autorisées à cet effet. Mais est-ce là une mesure rationnelle, équitable? Elle figure parmi les nombreux griefs de fiscalité imputés aux compagnies concessionnaires ; c'est la mesure contraire qu'il faudrait adopter, a-t-on dit. En effet, en abaissant les prix les jours de fêtes et dimanches, l'affluence des voyageurs et des promeneurs serait de plus en plus considérable, et viendrait toujours dédommager largement les compagnies du déficit que cette réduction causerait à leur caisse. D'un autre côté, comme c'est la classe laborieuse qui profite toujours des fêtes et dimanches pour aller prendre l'air et le repos, que c'est elle qui compose presque exclusivement le personnel des convois de ces jours-là, il en résulte que, contrairement à l'équité, l'augmentation des prix vient frapper les classes pauvres, et entraver par suite le besoin de circulation. Il faut conclure que les prix devraient au moins rester au même taux les dimanches et jours fériés. — Une pétition à ce sujet a été adressée au sénat; mais elle n'y a pas reçu un accueil favorable. « L'élévation du tarif les dimanches et fêtes, a dit le rapporteur, M. de Lesseps, a toujours été considérée plutôt comme une mesure de police que comme une mesure fiscale. Il a été reconnu en effet qu'il y a un intérêt d'ordre public à prévenir une trop grande affluence de voyageurs, et par suite, les désordres qui pourraient en résulter. Les prix, d'ailleurs, ne sont pas, à proprement parler, augmentés les dimanches et fêtes; il serait plus exact de dire qu'ils sont diminués les jours de la semaine dans une proportion plus forte que les dimanches et jours fériés; cela est si vrai que les prix des dimanches et fêtes restent bien au-dessous de ceux que les compagnies seraient en droit de percevoir d'après leur cahier des charges.»—Sur ces observations, l'ordre du jour a été prononcé (séance du 28 avr. 1863, Annales du sénat et du corps législatif, session de 1863, t. 3, p. 278).

Sect. 3. — *Tarifs propres à divers services publics.*

348. Dans tous les cahiers des charges, par exception au principe de l'égalité des taxes, des conditions de faveur ont été établies, par des clauses expresses, dans l'intérêt de divers services publics. Cette faveur consiste, tantôt dans la suppression totale, tantôt dans une simple réduction de la taxe. Dans les premières catégories sont compris le service de surveillance des chemins de fer, au point de vue de la police et de la perception des impôts indirects et des douanes, le service des indigents, et dans la seconde, le transport des indigents, des aliénés, des prisonniers, des militaires et marins. — Aux termes de l'art. 55 du cahier des charges, le transport gratuit dans les voitures de la compagnie est accordé aux fonctionnaires et agents chargés de l'inspection, du contrôle et de la surveillance du chemin de fer, ainsi qu'aux agents des contributions indirectes et des douanes chargés de la surveillance des chemins de fer dans l'intérêt de la perception de l'impôt.

349. Le transport des *dépêches* a lieu, ou par les convois *ordinaires*, ou par les convois *spéciaux*. Au premier cas, le transport est *gratuit;* au second, une rétribution est allouée à la compagnie. Le service est fait, tantôt par les voitures de la compagnie, tantôt par des voitures spéciales construites par l'administration des postes et entretenues à ses frais, sauf toutefois que la compagnie du chemin de fer supporte l'entretien des roues et des châssis sur lesquels ces voitures sont montées (V. cah. des charges, art. 56).— Il a été jugé sur ce point : 1° que l'administration des postes chargée, en vertu du cahier des charges de la concession d'un chemin de fer, de la construction à ses frais des voitures appropriées à son service dans les convois spéciaux, n'est pas réputée tenue de la construction et de l'entretien des trucks sur lesquels reposent ces voitures : ces trucks sont à la charge exclusive de la compagnie concessionnaire (cons. d'Et. 27 fév. 1849, aff. ch. de fer d'Orléans; même jour, aff. ch. de fer du Nord, D. P. 49. 3. 35; 6 juill. 1850, M. Reverchon, rap., aff. ch. de fer d'Amiens à Boulogne.— 2° Que la rétribution de 25 cent. par kilomètre due à la compagnie, par l'administration des postes, pour chaque voiture placée en sus de la première dans les convois spéciaux, ne s'applique qu'aux voitures contenant les dépêches et les agents nécessaires à leur service; qu'en conséquence, si les voitures contiennent en outre, soit des voyageurs, soit des marchandises, la compagnie est fondée à exiger de l'administration les prix ordinaires du tarif pour la location des plates-formes (cons. d'Et. 27 fév. 1849, aff. ch. de fer du Nord, *eod.*);— 3° Que la compagnie du chemin de fer d'Orléans à Bordeaux, représentée aujourd'hui par celle de Paris à Orléans, avec prolongements, est tenue, en vertu de l'art. 3 de la loi du 6 août 1850, de mettre à la disposition du ministre des finances, pour le transport gratuit des dépêches par le train régulier et journalier mentionné audit article, des voitures qui devront être appropriées à ce service et dont la forme et les dimensions seront réglées par ledit ministre des finances, et que c'est à tort qu'elle prétendrait n'affecter à ce service que ses voitures ordinaires de première, deuxième et troisième classe, destinées aux voyageurs (cons. d'Et. 16 juin 1853, M. Gomel, rap., aff. ch. de fer d'Orléans à Bordeaux) ; — 4° Que l'art. 45 du cahier des charges qui régit la concession du chemin de fer d'Amiens à Boulogne, en disposant que le prix des convois spéciaux requis par l'administration des postes sera réglé de gré à gré ou à dire d'experts, n'a pas voulu enlever à l'administration le droit de contester les résultats de l'expertise et au conseil de préfecture le pouvoir de statuer sur les contestations soulevées : cette stipulation a eu seulement pour but et pour effet de rendre obligatoire le mode d'instruction qu'il prévoit (cons. d'Et. 22 nov. 1851, M. Daverne, rap., aff. ch. d'Amiens à Boulogne).

350. Le transport des prévenus, accusés ou condamnés s'effectue au moyen de wagons ou voitures cellulaires construits aux frais de l'Etat ou des départements. Les employés de l'administration, les gardiens et les prisonniers placés dans les wagons ou voitures cellulaires ne sont assujettis qu'à la moitié de la taxe applicable aux places de troisième classe. Les gendarmes placés dans les mêmes voitures ne payent que le quart

de la même taxe; le transport des wagons et voitures est gratuit. L'administration se réserve le droit d'avoir, pour le transport des prisonniers, des voitures de la compagnie. Dans ce cas, celle-ci est tenue de mettre à sa disposition un ou plusieurs compartiments spéciaux de voitures de deuxième classe à deux banquettes. Le prix de location de ces voitures est fixé à raison de 20 cent. par compartiment et par kilom. (cah. des ch., art. 56). En outre, et bien que le cahier des charges ne le dise pas, le prix des places des personnes transportées doit, ce semble, être payé comme il est dit ci-dessus. — Les dispositions qui précèdent sont applicables au transport des jeunes délinquants recueillis par l'administration pour être transférés dans les établissements d'éducation (même art. 56).

351. Les *militaires* ou *marins*, voyageant en corps ou isolément pour cause de service, envoyés en congé ou en permission, ou rentrant dans leurs foyers après libération, ne sont assujetis, eux, leurs chevaux et leurs bagages, qu'au *quart* de la taxe du tarif (cah. des ch., art. 54). — La réduction au quart en faveur des militaires isolés appartient à toutes les armes (circ. min. 19 fév. 1856). — Dans quelques anciens cahiers des charges, la réduction n'était que de moitié. — Le § 2 de l'art. 54 du cahier des charges ajoute que « si le gouvernement a besoin de diriger des troupes en corps ou un matériel militaire ou naval sur un des points desservis par le chemin de fer, la compagnie sera tenue de mettre immédiatement à sa disposition, pour la *moitié* de la taxe du même tarif, tous ses moyens de transport. » Ces transports exceptionnels ne sont réguliers qu'autant qu'ils sont faits en vertu d'une *réquisition* délivrée en bonne forme par l'autorité *compétente*. M. Petit de Coupray, p. 143, en donne la formule.

352. La réduction du prix de transport au quart du tarif accordée aux militaires et marins porte non-seulement sur le prix de la place due par le militaire, mais aussi sur la taxe des bagages, et cela sans limitation de poids. — Toutefois, et pour prévenir les abus de la part des officiers et les réclamations des compagnies, le ministre de la guerre a cru devoir établir une règle : le transport à prix réduit des bagages n'a lieu, outre les 30 kilogr. alloués franco à tout voyageur, que jusqu'à concurrence du poids de 70 kilogr., pour les sous-officiers des armées de terre et de mer, les officiers-mariniers, soldats et agents du même rang; 200 kilogr. pour les officiers jusqu'au grade de capitaine ou de lieutenant de vaisseau et pour les assimilés; 300 kil. pour les officiers supérieurs et pour les officiers généraux et pour les assimilés; au delà, la compagnie peut exiger le prix du tarif (circ. 21 oct. 1852; arrêté min. 31 déc. 1859, art. 11, V. *infrà*, n° 360). — Aucune limite n'est assignée aux officiers généraux et autres du corps de la marine allant prendre un commandement à la mer, pourvu que leur situation soit constatée sur la feuille de route ou sur le titre qui la supplée (même arrêté de 1859). — Si un militaire réclame le bénéfice entier du cahier des charges quel que soit le poids de son bagage, la compagnie est tenue de le lui accorder, sauf à signaler au ministre de la guerre une contravention qui n'existe que relativement à l'autorité militaire, et qu'elle seule a le droit de réprimer (circ. min. du 7 août 1857).

353. Le bénéfice de la réduction s'étend-il au bagage de la *famille* du militaire voyageant avec ce dernier ? — Jugé, dans le sens de l'affirmative, que la réduction de moitié sur le prix des places et sur celui du transport des bagages, accordée par le cahier des charges aux militaires qui voyagent isolément par les chemins de fer, porteurs d'une feuille de route, doit leur être assuré aussi bien lorsqu'ils sont accompagnés de leur famille que lorsqu'ils voyagent seuls; qu'en conséquence, le militaire qui, voyageant avec sa femme et ses enfants, présente au contrôle du chemin de fer tous ses bagages en bloc, comme lui appartenant personnellement, a le droit d'obtenir d'abord le dégrèvement du poids passé pour chaque voyageur, ensuite la réduction de moitié sur l'excédant de ce poids, sans que l'administration puisse contrôler sa déclaration et diviser fictivement l'excédant en autant de parts que sa famille renferme de membres, pour ne faire porter le privilège de la réduction que sur la part afférente au militaire lui-même (Aix, 3 janv. 1853, aff. ch. de fer de Lyon, D. P. 55. 2. 235).

TOME XLIV.

354. Pour obtenir la faveur de la réduction stipulée dans le cahier des charges, les militaires doivent justifier d'un permis de s'absenter du corps, délivré dans les formes légales (V. n° 357). Dans le cas où le permis paraîtrait périmé, le bénéfice de la réduction ne pourrait être refusé, pourvu que le porteur se trouvât sur la direction générale du trajet qu'il doit parcourir pour se rendre à sa destination (circ. min. 21 sept. 1849; mais V. n° 358).—Dans le corps de la *gendarmerie*, les officiers, sous-officiers et commandants de brigade jouissent de la faveur dont il s'agit, sur leur propre déclaration qu'ils voyagent pour cause de service, et les simples gendarmes sur la déclaration de leur chef de brigade (même circ.).

355. Mais que doit-on entendre par militaires dans le sens de l'art. 54 du cahier des charges ? — Des arrêtés ministériels des 31 déc. 1859 et 25 avr. 1863 (1) ont résolu cette question en établissant dans trois tableaux A, B, C, annexés à ces arrêtés, de nombreuses classifications des militaires et des assimilés qui, dans l'opinion du ministre, doivent avoir au prix réduit fixé par le cahier des charges. — Mais ces catégories ont paru à nos principales compagnies de chemins de fer étendre à l'excès l'admission au prix réduit ; se fondant sur ce que les arrêtés et circulaires ministérielles peuvent seulement développer les règles d'administration établies dans l'ord. du 15 nov. 1846, et non imposer aux compagnies des obligations nouvelles ou excédant le sens et la portée des dispositions du cahier des charges, elles ont attaqué l'arrêté du 31 déc. 1859 devant le conseil d'État, comme entaché d'excès de pouvoirs. — Mais il a été décidé que cet arrêté est un acte administratif qui ne fait pas obstacle à ce que le concessionnaire se pourvoie devant l'autorité compétente pour être statué sur la question de savoir si, en lui faisant application de cet arrêté, les ministres de la guerre et de la marine ont méconnu le sens et la portée du cahier des charges de la concession, et s'ils doivent l'indemniser du préjudice qui serait résulté pour lui de cette application (cons. d'Et. 16 août 1862, M. Gaslonde, rap., aff. ch. de fer du Nord; du même jour, huit autres arrêts semblables). — Les compagnies ont alors saisi le conseil de préfecture de la Seine de leurs griefs, en réclamant l'interprétation et la juste application du cahier des charges. C'est ce dont ce conseil a connu dans ses séances des 14 et 23 juill. 1863; nous donnerons l'analyse de cette intéressante discussion, sur laquelle le conseil d'État, saisi de la question, n'a pas encore statué.

356. D'abord le prix réduit étant stipulé, dans le cahier des charges, au profit des militaires et marins, et une exception ne devant pas s'étendre, les compagnies ont établi une base pour l'assimilation. Suivant elles, ceux-là seuls pouvaient être assimilés qui, s'ils étaient décorés de la Légion d'honneur, en obtiendraient le traitement, ou qui sont justiciables des conseils de guerre. Par exemple, les écrivains de la marine profiteraient du prix réduit, par la raison que, conformément à une décision du conseil d'État, lorsqu'ils reçoivent la décoration de la Légion d'honneur, ils ont droit au traitement de légionnaire (cons. d'Et. 24 mai 1854, M. Gomel, rap. aff. Isaac). — Le conseil de préfecture a repoussé ce système et a admis que par *militaires* ou *marins* on devait entendre tous ceux reconnus par le ministre, soit de la guerre, soit de la marine, comme faisant partie des services d'administration placés sous leur autorité et se mouvant en vertu de leurs ordres. — Les compagnies avaient déclaré entendre refuser le bénéfice de la réduction du tarif aux aumôniers et chapelains des armées de terre et de mer, aux interprètes militaires, aux cantinières, vivandières et blanchisseuses commissionnées au service de l'armée, aux élèves de l'école polytechnique et de l'école navale. Le conseil de préfecture s'est prononcé contre leur prétention sur tous ces points. — La même discussion s'est élevée au sujet des commissaires et adjoints des poudres et salpêtres, des examinateurs de l'école navale, des ouvriers immatriculés dans les manufactures d'armes, poudrières, raffineries et fonderies de canons. — Mais, de

---

(1) Nous puisons les arrêtés, circulaires et instructions ministériels postérieurs à 1857, dans la Législation française des chemins de fer de M. Cotelle. Cet auteur les a recueillis le premier ; la publication du Recueil méthodique de M. Lamé Fleury s'arrête à l'année 1858.

fait, ces catégories d'assimilés n'étant pas en cause, il n'a point été statué à leur égard.

357. Cependant les compagnies n'ont pas échoué sur tous les points. — Aux termes de l'art. 2 de l'arrêté du 31 déc. 1859, « tout militaire ou marin, pour obtenir son transport à prix réduit sur les chemins de fer, doit présenter une feuille de route. Cette feuille de route peut servir pour un voyage (aller et retour). — Lorsque la feuille de route a déjà servi pour un premier voyage (aller et retour), chaque visa délivré ultérieurement par l'autorité compétente (fonctionnaires de l'intendance ou du commissariat de la marine, chefs de corps ou de détachement, commandants de place, sous-préfets, maires), constitue une feuille de route nouvelle, donnant droit à un nouveau voyage (aller et retour). La feuille de route ainsi que les visas successifs indiquent la direction que le titulaire doit prendre. » — Les dispositions de ce dernier arrêté ne font que reproduire, en grande partie, celles déjà adoptées précédemment. Suivant la circulaire ministérielle de la même date, « cet arrêté a pour base l'avis qui a été formulé, après de longues et sérieuses délibérations, par la commission mixte instituée par les départements de la guerre, de la marine, de l'agriculture, du commerce et des travaux publics, et il est le résultat d'un accord définitif entre ces trois départements. » — « L'art. 2, ajoute cette circulaire, concerne la production du titre que tout militaire doit exhiber pour réclamer le transport à prix réduit. Dans la plupart des cas, ce titre sera une feuille de route; mais il est bien entendu qu'il ne suffira pas de présenter une feuille de route pour avoir droit au tarif militaire, il faudra encore que le titulaire figure parmi les catégories désignées dans les états A, B et C. Ces mesures doivent donc être prises par l'autorité compétente pour que la qualité du militaire ou marin, porteur d'une feuille de route ou du titre qui la supplée, soit toujours clairement énoncée. » — La question, si longtemps controversée, de savoir si les militaires ou marins munis d'une feuille de route peuvent revenir sur leurs pas et se faire transporter plusieurs fois dans chaque sens est aujourd'hui affirmativement résolue (art. 2, § 2). — Il suit de cette disposition que le visa peut être délivré, non-seulement pour permettre au titulaire de revenir sur ses pas, mais encore pour lui faciliter le moyen de se diriger sur un point quelconque du territoire, autre que celui qui lui avait été primitivement indiqué. Ainsi, un militaire ou marin porteur d'une feuille de route de Paris à Strasbourg pourra, après avoir effectué ce double trajet, retourner à Strasbourg et revenir à Paris au moyen d'un simple visa; il pourra aussi aller de Strasbourg à Colmar, après avoir fait viser sa feuille de route dans cette première ville, et revenir ensuite de Colmar à Strasbourg, pour de là se diriger sur Paris, son premier point de départ. — Quant au militaire ou marin qui s'arrêterait une ou plusieurs fois en route, il lui sera loisible de reprendre le chemin de fer, sans nouveau visa, tant que le parcours indiqué sur sa feuille de route n'aura pas été complètement effectué, et pourvu qu'il se trouve dans la direction qui lui est assignée. » — On a vu plus haut, dans l'art. 2, que l'autorité compétente pour délivrer les visas serait : l'intendance, le commissariat de la marine, le chef du corps ou du détachement, le commandant de place, le sous-préfet, le maire. — Mais le conseil de préfecture de la Seine a jugé que la feuille de route délivrée au militaire ou marin, ou à l'assimilé, ne peut produire effet que pour le voyage, aller et retour, en vue duquel elle a été expressément délivrée au moment du départ, et que le porteur ne pourra pas, moyennant un simple visa du sous-préfet ou du maire, voyager à prix réduit en dehors de son itinéraire.

358. L'art. 6 du même arrêté porte : « Le bénéfice du prix réduit ne pourra être refusé par les compagnies aux militaires ou marins porteurs d'un titre qui serait périmé, lorsque ce titre n'aura pas été utilisé pour le parcours qu'il indique. » — Mais il a été jugé, par le conseil de préfecture, conformément aux conclusions des compagnies, que la feuille de route périmée ne donne lieu à aucune réduction de taxe.

359. L'art. 9 porte que, sauf le cas où des sous-officiers, etc., autorisés sur la feuille de route à voyager par trains exprès, ne trouveraient dans le premier train partant que des voitures de première classe, les compagnies sont tenues de refuser des billets de première classe aux sous-officiers, officiers-mariniers, soldats et agents du même rang en uniforme, quand bien même ceux-ci les réclameraient sous leur responsabilité personnelle ou offriraient de payer leur place entière, les billets de première classe à prix réduit devant toutefois être accordés aux sous-officiers, etc., en habits bourgeois. — Les compagnies ont réclamé contre cette injonction qui leur était ainsi faite de refuser des billets de première classe à des militaires en uniforme. — Le conseil de préfecture a décidé qu'il n'y avait lieu de statuer sur le point, la disposition attaquée étant dépourvue de sanction.

360. L'art. 11 ayant pour objet de fixer des limites au poids des excédants de bagages dont le transport doit être effectué à prix réduit en proportion du rang des voyageurs (V. n° 352), il a été jugé, par le conseil de préfecture, qu'il n'appartenait pas aux compagnies de qualifier ceux-ci pour régler le prix de transport des bagages au moment de leur départ, en faisant toutes réserves de leurs moyens et actions contre l'abus ou la fraude auxquels pourrait donner lieu l'exercice du droit.

361. Aux termes de l'art. 13, « aucune limite n'est assignée, pour les militaires ou marins voyageant en corps, aux excédants de bagages qui doivent être transportés à prix réduit. » — Jugé cependant que la réduction de taxe accordée à chacun des militaires voyageant en corps, n'est applicable qu'à son armement personnel et aux effets d'habillement et autres objets à son usage personnel (même décision du conseil de préfecture de la Seine).

362. L'art. 16 de l'arrêté ministériel porte : « Le transport des militaires ou marins voyageant en corps, de leurs chevaux et de leurs bagages, est taxé au quart fixé par le cahier des charges, toutes les fois qu'il s'effectue dans les conditions ordinaires et sans que le gouvernement requière la suspension de tout ou partie du service de la compagnie chargée d'opérer le transport. — Néanmoins, lorsqu'un train spécial est requis pour un envoi de troupes, il est accordé à la compagnie un minimum de 5 fr. (impôt compris) par kilomètre parcouru, si le nombre d'hommes transportés au quart du tarif, leurs chevaux, voitures, caissons, prolonges et leurs excédants de bagages sont insuffisants pour faire ressortir une taxe kilométrique égale à ce chiffre. — Le minimum de 5 fr. par kilomètre s'applique également au train spécial qui serait requis pour un envoi de chevaux, lorsque les chevaux sont accompagnés d'un certain nombre d'hommes, le minimum s'établit sur le prix de transport cumulé des hommes, des chevaux et des excédants de bagages. — Tout envoi de troupes et de matériel militaire est taxé à la moitié du tarif fixé par le cahier des charges dans les cas où le gouvernement s'emparerait de tous les moyens de transport de la compagnie et suspendrait complètement, pour les besoins particuliers, le service du chemin de fer. » — Jugé encore que le demi-droit est acquis aux compagnies lorsque, sur la réquisition qui leur en a été faite, elles ont tenu à la disposition du gouvernement tous leurs moyens de transport, encore bien qu'ils n'aient pas été employés en totalité, et que le service du chemin de fer n'ait pas été complètement suspendu (même décision du cons. de préfect. de la Seine).

363. Les chevaux des militaires, dit l'art. 23, ainsi que les chevaux de trains, sont expédiés à prix réduit. — Jugé au contraire que la réduction du tarif ne doit être accordée qu'aux chevaux voyageant avec leurs cavaliers (même décision).

364. D'après l'art. 25 de l'arrêté ministériel, les frais accessoires d'enregistrement, de chargement et de déchargement, de magasinage, etc., sont perçus, pour les transports de la guerre et de la marine, conformément aux tarifs ordinaires et sans réduction. Toutefois, il ne sera rien perçu pour le chargement et le déchargement des chevaux, voitures, caissons, prolonges, canons et matériel des corps en détachements, lorsque ces opérations sont effectuées par les militaires ou marins eux-mêmes. » — Cependant les compagnies ont réussi à se faire allouer les frais accessoires, même lorsque les militaires ou marins ont effectué ces opérations, si c'est sans en avoir été requis, de manière à interrompre le service des agents de la compagnie, effectué en vertu de l'art. 47 de l'ord. du 15 nov. 1846.

Telles sont les décisions que les compagnies ont obtenues du conseil de préfecture de la Seine (V. Gazette des tribunaux du 24

juill. 1863). — Le ministre des travaux publics a déféré l'arrêté du conseil de préfecture au conseil d'Etat.

SECT. 4. — *Obligations et responsabilité des compagnies de chemins de fer, envisagées comme entrepreneurs de transport.*

265. Les compagnies de chemins de fer, considérées comme entrepreneurs ou commissionnaires de transport sont soumises, d'une part à certaines obligations spéciales qui leur sont imposées par le cahier des charges et par les règlements, et d'autre part, aux obligations générales qui dérivent du contrat de transport et dont les art. 1782 à 1786 c. nap., 103 à 108 c. com. ont déterminé les conséquences. — Les règles du contrat de transport et de la responsabilité qui en résulte pour les voituriers par terre ou par eau et les commissionnaires de transport ont été développés vⁱ° Commissionn., chap. 2, n°ˢ 298 et suiv. ; Louage d'ouvr. et d'ind, n°ˢ 70 et suiv. ; Responsab. n°ˢ 541 et s. ; nous n'aurons donc ici qu'à faire connaître l'application particulière que la jurisprudence a faite de ces règles aux compagnies de chemins de fer et leur combinaison avec les règles spéciales du cahier des charges. — Nous parlerons d'abord du transport des voyageurs et ensuite du transport des marchandises.

ART. 1. — *Transport des voyageurs.*

266. Aux termes de l'art. 43 du cahier des charges qui reproduit, en la complétant, la disposition de l'ord. du 15 nov. 1846, art. 17, « à moins d'une autorisation spéciale et révocable de l'administration, tout train régulier de voyageurs devra contenir des voitures de toutes classes en *nombre suffisant* pour toutes les personnes qui se présenteraient dans les bureaux de chemins de fer. » — Toutefois, ce nombre ne peut excéder vingt-quatre pour les voitures à quatre roues et le nombre déterminé par le ministre pour les voitures à six roues (ord. 15 nov. 1846, art. 18). — Le mot *suffisant* du cahier des charges et de l'ord. de 1846, doit-il être entendu en ce sens qu'il suffit, pour avoir accompli la prescription de la loi, que l'administration des chemins de fer ait organisé le service de manière à répondre aux besoins présumés du parcours, sans qu'on puisse lui imputer à faute l'erreur qu'elle aurait pu commettre dans sa combinaison? S'il devait en être ainsi, l'exécution de la loi dépendrait absolument du libre arbitre des compagnies, ce qui est inadmissible. — Aussi a-t-il été jugé que les trains ordinaires de voyageurs doivent être organisés de telle sorte qu'à toutes les stations les voyageurs qui se présentent, puissent trouver place, pour tout le trajet qu'ils ont à faire, dans le convoi et dans une voiture de la classe pour laquelle ils se sont fait délivrer un billet (Aix, 21 janv. 1854, et sur pourvoi, Crim. rej. 22 avr. 1854, aff. Audibert, D. P. 54. 1. 214 ; V. aussi Montpellier, 27 nov. 1854, aff. chem. de fer de Lyon à la Méditerranée, D. P. 55. 2. 125). — V. *infrà*, n° 576.

267. Les voyageurs ne peuvent pénétrer dans la gare et monter dans les voitures qu'après s'être munis d'un billet, et il leur est défendu de se placer dans une voiture d'une autre classe que celle indiquée sur le billet (V. n°ˢ 594 et suiv.). — Lorsque des places de la classe indiquée sur le billet délivré manquent dans le convoi, il arrive quelquefois que les compagnies font monter les voyageurs dans une voiture d'une classe supérieure sans augmentation de prix : il est évident que les voyageurs ne seraient pas fondés à se plaindre d'un tel changement ; mais il n'en serait pas de même dans le cas inverse, si, par exemple, on offrait à un voyageur auquel on a délivré un billet de première classe une place dans une voiture de seconde, alors même que la compagnie lui offrirait de rembourser la différence du prix entre les deux classes. — Il a été décidé, en effet, qu'un voyageur qui a pris un billet de première classe a droit, à défaut d'une place de cette classe, de répéter la somme qu'il a payée pour se faire conduire à destination, bien qu'il ait refusé de prendre une place de deuxième classe ; que ce droit lui appartient en vertu du contrat qui a été passé entre lui et la compagnie par la délivrance du billet de première classe (trib de com. de la Seine, 12 oct. 1853, V. MM. Teulet et Camberlin t. 2, p. 380).

268. A plus forte raison, le voyageur qui, par la faute de la compagnie, n'a pu partir à l'heure indiquée sur son billet, a droit de se faire transporter à sa destination aux frais de l'entreprise (trib. de la Seine, 16 mars 1850, aff. chem. de fer de Paris à Orléans, V. M. Pouget, t. 2, p. 508).

269. Dans les trains-poste ou express, la plupart des compagnies n'admettent que des voitures de première classe. D'après l'ord. de 1846 et les cahiers des charges actuels, cette composition des trains ne peut avoir lieu qu'avec l'autorisation ministérielle, sous l'application des peines portées par l'art, 21 de la loi du 15 juill. 1845 (V. n° 576). Auparavant, il était admis par la jurisprudence que les compagnies étaient libres de composer les trains comme elles l'entendaient, sans être exposées à une condamnation pénale. — Ainsi, il a été jugé que la disposition du cahier des charges qui désigne trois classes de voitures comme devant former un convoi, en admettant qu'elle oblige les concessionnaires à atteler aux différents convois des voitures de troisième classe, ne peut, en cas d'inobservation, donner lieu à des poursuites devant la juridiction pénale, comme s'il s'agissait d'une contravention à un règlement de police, attendu qu'un cahier des charges, alors même qu'il serait sanctionné par une loi, constitue un contrat et non un règlement administratif ou de police, et que, par suite, la violation des obligations conventionnelles qu'il impose n'est pas de nature à être réprimée par des condamnations pénales (Crim. rej. 10 mai 1844, aff. chem. de fer de Rouen, deux arrêts du même jour, V. Concess. admin, n° 106).

370. L'exclusion des voitures de deuxième et de troisième classes dans les trains express a soulevé de tout temps les plus vives récriminations. On ne comprend pas, alors que, pour le transport des marchandises, on cherche, par des tarifs différentiels, à détruire, entre les industriels et commerçants, l'inégalité des taxes que peut faire peser sur eux leur éloignement des lieux de production et de consommation, on maintienne si longtemps entre les voyageurs de différentes fortunes une inégalité qu'aucune raison ne saurait justifier. La dernière commission d'enquête et le ministre des travaux publics, tout en reconnaissant que cette situation appelle des modifications, ne paraissent cependant pas supposer que cette inégalité puisse disparaître ; tout ce qu'ils proposent c'est d'accroître la vitesse des trains express et de créer des trains mixtes comprenant des voitures de toutes classes marchant à la vitesse à peu près des trains express actuels : c'est rendre l'inégalité peut être un peu moins sensible, mais ce n'est pas la détruire. Nous ne croyons pas que ce soit là le dernier mot du progrès.

271. Tout voyageur dont le bagage ne pèse pas plus de 30 kil. n'a à payer pour le port de ce bagage aucun supplément de prix. Cette franchise ne s'applique pas aux enfants transportés gratuitement, et elle est réduite à 20 kil. pour les enfants transportés à moitié prix (cah. des ch., art. 44). — En ce qui concerne les bagages des militaires V. *suprà*, n°ˢ 351 et s. — L'exemption de taxe accordée aux voyageurs pour leurs bagages s'applique-t-elle également aux valeurs d'or et d'argent, aux objets précieux, etc., qui, comme on le sait, sont assujettis à un tarif spécial? Nous examinerons cette question *infrà*, n° 455, en nous occupant du point de savoir si la compagnie est responsable de la perte de ces objets lorsque le voyageur n'en a pas fait la déclaration.

272. La franchise accordée aux voyageurs par les compagnies de chemins de fer pour les bagages qui n'excèdent pas un certain poids est l'accessoire du billet de place et demeure personnelle au porteur de ce billet ; par suite, celui qui voyage sans bagage ne peut céder à un autre la franchise à laquelle il a droit et dont il n'use pas (Lyon, 11 mai (et non 25 fév.) 1863, aff. Blanchin, D. P. 63. 2. 138). — S'il est permis au membre d'une même famille ou aux personnes qui voyagent en société, à raison de la communauté d'intérêts qui existe entre eux et qui s'étend naturellement à leurs bagages, de réunir leurs billets de place pour couvrir le total du poids des bagages, le motif de l'exception cesse dans le cas où l'un des voyageurs seulement possède des bagages (même arrêt). — Celui qui use de subterfuge pour faire transporter gratuitement l'excédant de ses bagages commet une contravention punissable. — V. n° 603.

273. Quant aux bagages que les voyageurs peuvent garder

avec eux, ils sont affranchis de toute taxe (justice de paix du 1er arrondissement de Paris, 23 oct. 1846, V. le Droit, 20 nov. 1846).—Toutefois, ils ne doivent pas être encombrants ni excéder le poids voulu par les règlements. — Un arrêté ministériel du 20 août 1857, relatif aux espèces monnayées que les voyageurs peuvent garder avec eux, dispose en ces termes :—« Art. 1. Les compagnies de chemin de fer ne doivent pas soumettre à la taxe les sacs d'espèces que les voyageurs peuvent garder avec eux dans les voitures sans gêner leurs voisins.—Art. 3. Le poids maximum des espèces en sacs, or, argent, billon, que les voyageurs peuvent garder avec eux gratuitement, est fixé à 25 kilogr.» — Quant à la responsabilité des compagnies à l'égard des objets ainsi transportés, V. infrà n° 450.

374. Lorsque les convois traversent la frontière, les compagnies sont tenues de laisser aux voyageurs le temps nécessaire pour remplir les formalités imposées par les règlements, comme par exemple pour y faire viser les passe-ports (Colmar, 19 mars 1849, cité par M. Pouget, du Transport par eau et par terre t. 2, p. 507), ou pour la visite des bagages aux bureaux de douane (M. Cotelle, p. 149).

375. Les art. 18 à 24 de l'ord. du 15 nov. 1846 règlent les compositions des trains de voyageurs, le nombre des agents de la compagnie qui doivent les accompagner, la place de la locomotive, interdisant l'emploi de plus d'une locomotive pour chaque train, etc., etc. Ces dispositions spéciales, qui concernent plus particulièrement le service intérieur des compagnies, n'ont pas besoin d'explication. — V. le texte ci-dessus, p. 850.

376. Aux termes de l'art. 76 de l'ord. du 15 nov. 1846, il doit être tenu, dans chaque station, un registre coté et parafé, à Paris, par le préfet de police, ailleurs par le maire du lieu, lequel est destiné à recevoir les réclamations des voyageurs qui auraient des plaintes à former soit contre la compagnie, soit contre ses agents : ce registre doit être représenté à toute réquisition.

377. D'après un principe commun à toutes les entreprises de transport, et résultant soit des règles du droit civil, soit des règlements spéciaux, les compagnies de chemins de fer sont responsables vis-à-vis des voyageurs de tous les accidents arrivés par la faute, la négligence ou l'imprudence de leurs agents (V. notamment L. 15 juill. 1845, art. 22, et v° Responsab. n°s 544 et suiv.). — Nous reviendrons sur ce point en parlant des dispositions pénales auxquelles peut donner lieu l'infraction aux règlements de la part des employés des compagnies de chemins de fer.

Art. 2. — Transport des marchandises.

378. Remise des marchandises par les expéditeurs aux bureaux des chemins de fer. — Les compagnies de chemins de fer, à raison de leur situation privilégiée et du monopole dont elles sont investies, ne jouissent pas, dans leurs rapports avec les commerçants, de la même indépendance que les professions libres; elles n'ont pas, comme les entrepreneurs de transport, la faculté d'accepter ou de refuser le mandat qui leur est confié (V. Commission., n°s 329 et suiv.). A l'exception des masses indivisibles pesant plus de 5,000 kilogr. (cah. des ch., art. 46, V. n° 317), elles sont tenues de recevoir et de transporter tous les paquets et colis quels qu'ils soient, sous conditions de taxations, de délai du transport, etc., qui leur sont imposées par les cahiers des charges et par les tarifs approuvés, pourvu qu'ils soient emballés convenablement et de manière à supporter la fatigue du voyage (V. n° 434). — Cette obligation est générale et sans distinction de personne chez l'expéditeur. Ainsi, une com-

pagnie ne peut se refuser d'effectuer le transport d'un colis en bon état qui lui est adressé par une autre compagnie de chemin de fer (Conf. Paris, 21 déc. 1856, arrêt cité par MM. Rebel et Juge, n° 406). L'organisation et la principale utilité des chemins de fer reposent même sur la nécessité de ces relations réciproques et rapides entre les différentes lignes. Le chemin de fer de ceinture à Paris, notamment, n'a pas d'autre destination. — A cet effet, et en vue de favoriser les transports à petite vitesse, les différentes compagnies de chemin de fer ont quelquefois adopté, par une sorte de fusion partielle, un tarif commun qui permet à chacune d'elles d'user du chemin de l'autre, sauf la répartition des prix de transport. Il en résulte, pour l'expéditeur, ce bénéfice que, n'ayant pas à se préoccuper des mesures à prendre sur la partie de la voie ferrée empruntée, il se libère valablement du prix entier du transport en le versant dans la caisse de la gare d'où sont expédiés les colis ou marchandises, et que la compagnie qui a reçu les objets à transporter demeure seule responsable. — M. Cotelle, p. 286, mentionne également cette favorable convention.—V. ci-après n° 419.

Il est cependant quelques cas où les compagnies de chemins de fer peuvent refuser de transporter les colis qui leur sont présentés. Tels sont ceux dont l'emballage est défectueux (V. n° 454), ... et suivant un jugement, ceux qu'on leur présente grevés de la condition de faire suivre en remboursement (trib. com. de Marseille, 12 août 1863, aff. Laugier, D. P. 64. 3. 23)

379. Généralement, les expéditeurs font porter eux-mêmes leurs colis aux bureaux des chemins de fer. Comme les gares sont presque toujours placées à l'extrémité des villes, les compagnies, pour éviter au commerce de longs déplacements, ont établi dans l'intérieur des bureaux particuliers chargés de la réception des colis à expédier. — Les compagnies, en établissant ces bureaux, ne font qu'user du droit commun, et par conséquent les commissionnaires de transport existant dans la même ville ne peuvent fonder, sur le préjudice qu'en éprouve leur industrie, aucune prétention à des dommages-intérêts (Amiens, 21 janv. 1853, aff. chem. de fer du Nord, D. P. 54. 2. 221. — Conf. M. Duverdy, Tr. du contr. de transport, n° 229.

380. Si les uns, comme les commissionnaires de transport, trouvent que les compagnies font trop, à cet égard, d'autres, les expéditeurs trouvent qu'elles ne font pas assez. Ainsi, par exemple, on a prétendu qu'elles étaient tenues de faire prendre elles-mêmes et à leurs frais les marchandises à transporter, au lieu indiqué par l'expéditeur en dehors de la gare. Mais une pareille prétention ne pouvait pas davantage être admise, aucune disposition du cahier des charges ni des règlements n'imposant aux compagnies de chemins de fer une pareille obligation (Conf. trib. de com. de Bordeaux, 26 juin 1856) (1).

381. Les paquets, colis, etc., remis à une compagnie de chemins de fer pour être transportés soit en grande, soit en petite vitesse, doivent être immédiatement enregistrés sur des registres spéciaux. Cette obligation à laquelle les art. 1785 c. nap. et 96 c. com. assujettissent les entrepreneurs et les voituriers(V.Commissionn., n° 314), est spécialement imposée aux compagnies de chemins de fer par l'art. 50 du tit. du 15 nov. 1846 et l'art 49 du cahier des charges. — En outre, un récépissé des colis remis par l'expéditeur doit lui être délivré, à moins que celui-ci ne préfère que l'expédition soit constatée par une lettre de voiture. C'est ce que décide l'art. 50 de l'ord. du 15 nov 1846, dont les dispositions ont été reproduites, sauf quelques modifications dont l'expérience a fait connaître la nécessité, par l'art. 49 du cahier modèle des charges, conforme, du reste, à un arrêté ministériel du 15 avr. 1859, art. 14. — L'art. 50 de l'ord. de 1846 est ainsi conçu : « Au fur et à mesure que des

(1) Espèce : — (Comp. des nav. à vap. C. chem. de fer d'Orléans à Bordeaux). — La compagnie des navires à vapeur à Bordeaux demandait, contre la compagnie du chemin de fer d'Orléans, que cette compagnie fût tenue de prendre livraison des marchandises à bord ou sur le quai, et d'indiquer dans quel dépôt elle désirait que ces marchandises fussent placées, à charge par elle d'en payer la voiture. — Jugement.
Le Tribunal; — Attendu que la gare du chemin de fer de Paris à Orléans est à la Bastide; que l'administration n'est tenue de recevoir que là les marchandises qu'on veut lui remettre; que cela est si vrai que le

transport des marchandises de Bordeaux à la Bastide est soumis à un droit de camionnage au profit d'une entreprise particulière, camionnage qui est à la charge de la marchandise ; qu'il y a lieu de donner acte à la compagnie du chemin de fer de ce qu'elle est prête à recevoir les marchandises en gare à la Bastide, sous toutes réserves pour retard ; — Condamne la compagnie d'Orléans, et de son consentement, à recevoir les marchandises dont il s'agit en gare à la Bastide, lui réservant tous ses droits, en cas de retard et, moyennant ce, relaxe la compagnie du chemin de fer des conclusions prises contre elle, etc.
Du 26 juin 1856.-Trib. de com. de Bordeaux.

colis, des bestiaux ou des objets quelconques arriveront au chemin de fer, enregistrement en sera fait immédiatement, avec mention du prix total dû pour le transport... Un récépissé devra être délivré à l'expéditeur s'il le demande, sans préjudice, s'il y a lieu, de la lettre de voiture. Le récépissé énoncera la nature et le poids du colis, le prix total du transport et le délai dans lequel ce transport devra être effectué. Les registres mentionnés au présent article seront représentés à toute réquisition des fonctionnaires et agents chargés de veiller à l'exécution du présent règlement. » — De son côté, l'art. 49 du cahier des charges dit : « Les colis, bestiaux et objets quelconques *seront inscrits à la gare d'où ils partent et à la gare où ils arrivent*, sur des registres spéciaux, au fur et à mesure de leur réception ; mention sera faite sur les registres de la gare de départ du prix total dû pour leur transport... Toute expédition de marchandises sera constatée, *si l'expéditeur le demande*, par une lettre de voiture dont un exemplaire restera aux mains de la compagnie et l'autre aux mains de l'expéditeur. Dans le cas où l'expéditeur ne demanderait pas de lettre de voiture, la compagnie *sera tenue* de lui délivrer un récépissé qui énoncera la nature et le poids du colis, le prix total du transport, et le délai dans lequel le transport devra être effectué. »

Les différences entre ces deux textes consistent : 1° en ce que, suivant l'ordonnance, les expéditions devaient être enregistrées à la gare de départ seulement, tandis que d'après le cahier des charges elles doivent l'être en outre à la gare d'arrivée : ce double enregistrement facilite la surveillance des envois et permet de contrôler le temps pendant lequel les marchandises sont restées en route, 2° en ce que l'ordonnance disait qu'une lettre de voiture dressée *s'il y avait lieu*, sans dire qui serait juge de la nécessité de la lettre de voiture, ce qui avait fait naître des difficultés, tandis que le cahier des charges remet expressément le choix à l'expéditeur; 3° enfin en ce que d'après l'ordonnance, le récépissé ne devait être délivré à l'expéditeur que *s'il le demandait*, tandis que le cahier des charges le rend obligatoire pour les compagnies toutes les fois qu'il n'y a pas de lettre de voiture (V. M. Duverdy, n° 219).

382. La lettre de voiture sert à constater le contrat intervenu entre la compagnie du chemin de fer et l'expéditeur; elle est assujetie aux formalités tracées par l'art. 102 c. com. dont nous avons déjà parlé *vo* Commissionn., n° 309 et suiv. — Nous remarquons seulement ici que la disposition précitée de l'art. 49 du cahier des charges modèle, à la différence des anciens cahiers, suppose que la lettre de voiture doit être faite en double, conformément à l'art. 1325 c. nap. Mais cette formalité n'est pas essentielle; sans doute il est mieux que l'expéditeur et la compagnie aient chacun par-devant soi la preuve du contrat qu'ils ont consenti ; mais le défaut de cette formalité ne saurait devenir une cause de nullité (V. Commissionn., n° 315; M. Duverdy, n° 11). — Du reste, aucune des formalités de la lettre de voiture n'est prescrite à peine de nullité (V. *eod*, n° 316). — Quant au récépissé, il n'est soumis à aucune forme particulière ; il doit seulement contenir les énonciations indiquées dans les dispositions précitées de l'ord. de 1846 et du cahier des charges : il produit les mêmes effets que la lettre de voiture; de même que la lettre de voiture, il est assujetti à la formalité du timbre — V. *infrà*, n° 526 et suiv.

383. Une compagnie de chemin de fer ne peut refuser d'opérer un transport de marchandises, sous prétexte que la lettre de voiture applicable à ces marchandises serait renfermée dans une fiche ou enveloppe cachetée, et qu'il lui était, dès lors, impossible de connaître les conditions du transport: la compagnie a, en cas pareil, avant de se charger du transport, le droit d'ouvrir la fiche qui lui est adressée, et de vérifier ces conditions qui y sont exprimées ... Et elle a ce droit, même dans le cas où l'enveloppe cachetée porterait une *suscription* sur laquelle cette compagnie serait indiquée comme destinataire à l'égard du premier entrepreneur de transport qui lui livre les marchandises: elle objecterait vainement qu'en cas pareil, le premier entrepreneur de transport était fondé à ne lui laisser ouvrir l'enveloppe qu'après que la réception de la marchandise et le payement du prix de transport l'auraient soustrait à tout recours pouvant résulter, de la part de la compagnie, de l'in-

suffisance des conditions formulées dans la lettre de voiture (Req. 21 avr. 1857, ch. de fer de l'Est, D. P. 57. 1. 176).

384. L'expéditeur doit déclarer la nature et l'espèce des marchandises contenues dans les paquets et colis qu'il remet aux bureaux d'un chemin de fer. Ces déclarations sont virtuellement commandées par l'art. 50 de l'ord. du 15 nov. 1846 et par l'art. 49 du cahier des charges qui veulent que le récépissé énonce la nature du colis (V. n° 381, 604). D'une part, les objets remis peuvent être assujetis à des droits de douane ou d'octroi, ou se trouver compris parmi ceux dont le transport est interdit ou assujetti par les règlements à certaines précautions spéciales, de sorte que la compagnie se trouverait à son insu en contravention, et d'autre part, les tarifs diffèrent suivant la nature des objets transportés. — En cas de fausse déclaration de la part de l'expéditeur, quels qu'en soient le motif et le but, la compagnie a droit à la restitution des droits fraudés et en outre à des dommages-intérêts (V. M. Petit de Coupray, p. 39). — Ainsi, il a été jugé que l'expéditeur qui, pour obtenir l'application d'un tarif inférieur à celui réellement dû, a faussement indiqué à une compagnie de chemin de fer la nature des marchandises dont il lui confiait le transport, est passible, en outre de la restitution de la différence de taxe frauduleusement obtenue, de réparations pouvant consister, par exemple, dans la publication du jugement de condamnation (Aix, 24 mars 1860, aff. Frischknecht, D. P. 60. 2. 132. V. nos observations sur cet arrêt en note, *eod*),... et même dans les dommages-intérêts (Paris, 18 août 1854; Rec. Lebir, 1856, p. 464; trib. de com. de la Seine, 1er oct. 1857; de Marseille, 20 nov. 1857, Gaz. des trib. 3 oct. 1857, 12 fév. 1858). — En outre, si le colis, qui a donné lieu à une fausse déclaration est perdu, le propriétaire des marchandises qui y sont contenues, n'a pas droit à une indemnité —V. n° 452.

385. Les compagnies ont-elles le droit d'ouvrir les colis qui leur sont confiés afin d'en vérifier le contenu ? — Cette question s'est présentée principalement à l'occasion des difficultés qui s'étaient élevées entre les compagnies de chemins de fer et les entrepreneurs de transport relativement au groupage à couvert (V. n° 521). — Il a été décidé, à cet égard, que les compagnies de chemin de fer ont le droit de vérifier les colis qui leur sont présentés pour contrôler la sincérité des déclarations faites par les expéditeurs, mais sans retard dans l'envoi des marchandises et à la charge de refermer immédiatement, et à leurs frais, le colis, lorsque la déclaration n'a pas été reconnue fausse ou insuffisante (Paris, 16 août 1853, aff. chem. de fer d'Orléans, D. P. 55. 1. 217. — Conf. Amiens, 21 janv. 1853, aff. ch. de fer du Nord, D. P. 54. 2. 221). — Aujourd'hui que le groupage à couvert de la part des entrepreneurs de transport est formellement autorisé par le cahier des charges (V. n° 323), les compagnies, à ce point de vue, n'ont plus d'intérêt à réclamer le droit de visiter les colis qui leur sont remis.

386. Mais la question peut se présenter encore dans d'autres circonstances. Par exemple, si une compagnie soupçonnait qu'un colis dont elle doit effectuer le transport renferme des marchandises de fraude, pourrait-elle, afin d'échapper à la responsabilité que les lois pénales feraient peser sur elle, opérer l'ouverture de ce colis? — Nous pensons qu'elle aurait ce droit, sous la condition, toutefois, que le propriétaire des marchandises soit préalablement averti. Il en serait de même pour le cas de fausse déclaration. Du reste, il paraît que les compagnies n'usent de ce droit qu'avec la plus grande réserve. Voici, suivant M. Petit de Coupray, la manière dont elles procèdent en pareil cas : « Lorsque la gare expéditrice, dit cet auteur, a plus ou moins sérieux de supposer une fraude, sans pousser plus loin ses investigations vis-à-vis de l'expéditeur, et, après avoir insisté pour avoir une note de remise, elle doit aviser la gare destinataire par un avis particulier, que les déclarations faites au départ lui paraissent mensongères. A l'arrivée des marchandises, la gare destinataire prend connaissance des pièces qui les accompagnent, examine les colis *sans pratiquer aucune ouverture*, et tâche, en s'aidant de leur odeur, de leur volume, de leur poids ou de tout autre circonstance, de reconnaître si les colis répondent à la destination qui leur a été donnée. S'il y a présomption de fraude, le destinataire ou le tiers auquel doivent être remis les colis, sera invité.

par lettre, à se rendre à la gare sans délai, pour assister à l'ouverture des emballages, et, en cas de refus de sa part, sommation lui sera faite par huissier. Le commissaire de surveillance administrative, ou, à son défaut, un agent assermenté de la compagnie, préposé à la perception des taxes, procédera à l'ouverture des colis en présence de la personne appelée. Procès-verbal sera dressé des opérations et du résultat de l'examen à l'intérieur des colis. »

387. Dans leurs rapports avec les régies des *douanes*, des *contributions indirectes*, des *octrois* (V. ces mots), les compagnies des chemins de fer doivent se conformer aux règles générales prescrites en ces matières (V. MM. Petit de Coupray, p. 85 et s., 254 et suiv.; Pouget, t. 2, p. 354 et suiv.; Cotelle, p. 149). Elles ne doivent donc accepter aucun objet, aucune marchandise sujets à ces droits, sans qu'ils soient accompagnés des acquits-à-caution, échantillons plombés et autres documents de douane, des congés, passavants, etc.—D'après les traités internationaux, des bureaux de douanes sont établis dans les gares principales des frontières, et les compagnies se chargent, moyennant une rétribution qui varie suivant la vitesse du transport, d'y remplir les formalités nécessaires soit pour l'importation, soit pour l'exportation et d'acquitter les droits, sauf à s'en faire rembourser par qui de droit (l'expéditeur ou le destinataire suivant les conventions).—Elles seraient responsables et ne pourraient prétexter de leur ignorance, si, par défaut de déclaration et de payement des droits, les marchandises venaient à être saisies (Req. 26 fév. 1855, aff. Cazenave, D. P. 55. 1. 404; V. aussi vº Responsabil., nº 556). — Mais il a été jugé qu'une compagnie n'est pas responsable de la faute commise par un voyageur qui a introduit des marchandises prohibées dans une caisse qu'il a déclarée faire partie de son *bagage*, alors surtout que la dimension de la caisse pouvait rendre cette déclaration vraisemblable (Paris, 3 et 9 mars 1850; Gaz. des trib. 10 mars 1850). — Sur les obligations et la responsabilité des entrepreneurs de transport, en matière de douanes, de contributions indirectes et d'octroi, V. vⁱˢ Douanes, nᵒˢ 996 et s.; Impôts indir., nᵒ 510; Octroi.

388. L'employé d'un chemin de fer, chargé de recevoir des destinataires les droits dus à l'administration des douanes pour le transit des groupes d'or et d'argent, doit être considéré comme le *préposé du receveur des douanes*. — En conséquence, le fait, par cet employé, de recevoir frauduleusement des sommes excédant le tarif fixé par l'administration des douanes, constitue le délit de concussion prévu et puni par l'art. 174 c. nap. (Crim. cass. 12 juin 1857, aff. Jehly, D. P. 57. 1. 370).

389. *Expédition des marchandises.* — La compagnie est tenue d'effectuer constamment avec soin, exactitude et célérité, et sans tour de faveur, le transport des voyageurs, bestiaux, denrées, marchandises et objets quelconques qui lui sont confiés. Pour les marchandises ayant une même destination, les expéditions auront lieu dans l'ordre de leur inscription à la gare de départ. Telles sont les dispositions du cahier des charges, art. 49, §§ 1 et 2, qui reproduit, sauf quelques différences de rédaction, celles de l'art. 10, § 1, de l'ordonn. du 15 nov. 1846. — M. Petit de Coupray, dans son Manuel des transports, p. 117 à 170, expose avec de grands développements les soins et précautions à prendre par les employés des compagnies pour l'enregistrement, le chargement, l'expédition, la livraison des marchandises, etc., afin de mettre leur responsabilité à couvert. Il reproduit aussi, p. 185 à 236, un exposé de certains usages commerciaux qu'il importe aux chefs de gare de connaître pour bien remplir leur mission. — Nous n'avons pas, on le comprend, à entrer ici dans ces détails qui sortent tout à fait de notre cadre : nous nous bornons à renvoyer à l'auteur cité.

390. Les délais dans lesquels les marchandises reçues dans les gares pour être transportées à grande ou à petite vitesse doivent être expédiés et livrés de gare en gare, ainsi que les heures d'ouverture et de fermeture des gares, sont déterminés par un arrêté ministériel du 15 avr. 1859, qui rapporte les arrêtés antérieurs des 25 mai, 1ᵉʳ sept. 1856 et 5 fév. 1857, et dont les dispositions sont en partie reproduites par l'art. 50 du cahier des charges. — Nous allons analyser et résumer ces dispositions sous cinq chefs distincts.

391. 1º *Délai d'expédition.* — Les animaux, denrées, marchandises et objets quelconques seront expédiés comme il suit :

Grande vitesse, par le premier train de voyageurs comprenant des voitures de toutes classes, et correspondant avec leur destination, pourvu qu'ils aient été présentés trois heures au moins avant l'heure réglementaire de ce train; faute de quoi, ils sont remis au train suivant (arr. min. 15 avr. 1859, art. 2; cah. des ch., art. 50). — *Petite vitesse* : les mêmes articles doivent être expédiés dans le jour qui suivra celui de la remise (arrêté du 15 avr. 1859, art. 6; cah. des ch., art. 50). L'arrêté du 1ᵉʳ sept. 1856 accordait un délai de quarante-huit heures; ce délai est réduit à vingt-quatre heures par l'arrêté du 15 avr. 1859. — Toutefois, disent l'arrêté et le cahier des charges, l'administration pourra étendre ce délai à deux jours.

392. 2º *Durée du trajet.* — *Grande vitesse.* 1º Sur une seule ligne, la durée du trajet est celle du parcours du train; 2º Si les objets transportés passent d'une ligne sur une autre sans solution de continuité, le délai de transmission sera de *trois heures*, à compter de l'arrivée du train qui les aura apportés au point de jonction; à partir de ce point, l'expédition aura lieu par le premier train de voyageurs comprenant des voitures de toute classe dont le départ suivra l'expiration de ce délai. 3º Entre les lignes qui, aboutissant dans une même localité, n'ont pas encore de gare commune, le délai de transport est porté à *huit heures*, non compris le temps pendant lequel les gares sont fermées; ce délai expiré, ils partiront par le premier train contenant des voitures de toute classe (arr. min. 15 avril 1859, art. 3). — *Petite vitesse.* Le maximum de durée du trajet est fixé par l'administration sur la proposition de la compagnie, sans que ce maximum puisse excéder vingt-quatre heures par fraction indivisible de 125 kil. (cah. des ch., art. 50). Ne seront pas comptés les excédants de distance jusques et y compris, 25 kilom. Ainsi 150 kil. compteront comme 125, 275 comme 250, etc. (arr. min. 15 avr. 1859 art. 7). — En cas de transmission des objets d'une ligne sur une autre sans solution de continuité, le délai d'expédition fixé à l'art. 6 du règlement du 15 avr. 1859 (V. nº 391), ne sera compté qu'à la gare d'origine; mais il est accordé un jour de délai pour la transmission d'une ligne à l'autre, la durée du trajet pour chaque compagnie restant fixé comme il vient d'être dit à l'art 7. — Toutefois, à Paris, pour la transmission d'une gare à l'autre par le chemin de ceinture, le délai sera de *deux* jours; mais il comprend la durée du transport sur ce chemin. — Entre les lignes qui, aboutissant dans une même localité, n'ont pas encore de gare commune, le délai de transmission est fixé à trois jours, le surplus des conditions énoncées au premier paragraphe de cet article restant applicable dans ce dernier cas (Règl. 15 avr. 1859, art. 8).

393. 3º *Mise à la disposition des destinataires.* — *Grande vitesse.* Les marchandises seront mises à la disposition des destinataires *deux heures* après l'arrivée du train (arr. min. 15 avr. 1859, art. 4; cah. des ch., art. 50). — Quant aux expéditions arrivant pendant la nuit, les compagnies ne sont tenues de les remettre à la disposition des destinataires que deux heures après l'ouverture des gares (même art. 4). — *Petite vitesse*, dans *le jour* qui suivra celui de leur arrivée effective en gare (arr. 15 avril 1859, art. 9; cah. des ch., *eod*). Le délai total résultant des art. 6, 7 et 8 sera seul obligatoire pour les compagnies (art. 10; cah. des ch., *eod*). — Toutefois, l'expéditeur conserve la faculté, conformément au cahier des charges, de consentir des délais plus longs que ceux déterminés ci-dessus pour l'expédition, le transport et la livraison des marchandises à petite vitesse, moyennant une réduction sur le prix d'après un tarif approuvé par l'autorité supérieure (arr. 15 avril 1859, art. 11; cah. des ch., art. 50; V. *suprà*, nº 333).—Les compagnies pourraient aussi s'engager à opérer le transport dans un délai plus court que celui fixé par le règlement (V. nº 421).

394. 4º *Heures auxquelles les gares sont ouvertes et fermées.* — *Grande vitesse.* Du 1ᵉʳ avril au 30 septembre, les gares sont ouvertes pour la réception et la livraison des marchandises à grande vitesse à six heures du matin, et fermées à huit heures du soir. — Du 1ᵉʳ octobre au 31 mars, elles sont ouvertes à sept heures du matin au plus tard, et fermées plus tôt à huit heures du soir. — Ces dispositions ne sont pas applicables au lait, aux fruits, à la volaille, à la marée et autres denrées destinées à l'approvisionnement des marchés de la ville de

Paris et des autres villes qui seraient ultérieurement désignées par l'administration supérieure, les compagnies entendues; ces objets doivent être mis à la disposition des destinataires, la nuit comme le jour, deux heures après l'arrivée des trains qui les apportent (même arr., art. 5). — *Petite vitesse.* Les gares sont ouvertes du 1er avril au 30 septembre, à *six* heures du matin au plus tard, et fermées au plus tôt à *six* heures du soir. — Du 1er octobre à 31 mars, elles sont ouvertes au plus tard, à *sept* heures du matin, et fermées au plus tard à cinq heures du soir. — Par exception, les dimanches et jours fériés, les gares de marchandises à petite vitesse sont fermées à midi, et les livraisons restant à faire avant la fin de la journée seront remises à la première moitié du jour suivant. — Dans ce dernier cas, le délai fixé pour la perception du droit de magasinage, soit par les tarifs généraux, soit par les tarifs spéciaux homologués par l'autorité supérieure, sera augmenté de tout le temps compris entre l'heure de midi et l'heure réglée aux §§ 1 et 2 du présent article pour la fermeture des gares (art. 12).

396. 5° *Dispositions générales.* — 1° Aux délais ci-dessus fixés, tant pour la grande que pour la petite vitesse, seront ajoutés les délais nécessaires pour l'accomplissement des formalités de douane (art. 13). — 2° Des exemplaires du présent arrêté seront affichés d'une manière permanente, et à la diligence des compagnies, dans l'intérieur et aux abords des gares de voyageurs et de marchandises, et notamment près des bureaux d'enregistrement des marchandises, tant à grande qu'à petite vitesse (art. 15). — 3° Les arrêtés ci-dessus visés des 25 mai, 1er sept. 1856 et 5 fév. 1857 sont rapportés. — L'art. 14 de l'arrêté contient la disposition du cahier des charges dont nous avons parlé ci-dessus relative à la lettre de voiture et au récépissé. — V. n° 381.

396. On voit par ce qui précède qu'a déjà faits l'administration pour accélérer autant que possible le transport des marchandises, en laissant aux compagnies la limite maximum de vitesse de 125 kilom. par vingt-quatre heures, qui leur est accordée par l'art. 50 du cahier des charges. Mais cette base elle-même a fait l'objet de vives attaques devant la dernière commission d'enquête. — Les délais réglementaires, a-t-on dit, sont déjà trop longs, et encore sont-ils le plus souvent dépassés par les compagnies; il y a en outre des pertes de temps considérables, que l'on pourrait prévenir, soit dans les gares d'évitement, soit dans les gares de départ et d'arrivée. — En Angleterre, l'encombrement n'a pas lieu; toute gare à marchandises est installée de manière que le train qui arrive puisse être déchargé immédiatement, le quai étant pourvu de puissants appareils destinés à opérer le déchargement des wagons. — On remarque aussi, dans ces gares, une intelligence cordiale entre les employés des chemins de fer et les chefs d'établissements industriels, de maisons de fabrique et de commerce, qui simplifie les formalités bureaucratiques et qui fait que les opérations s'effectuent avec plus de célérité.—Aujourd'hui même, le transport des chemins de fer, en France, offre-t-il sur le roulage toute la supériorité qu'on lui accorde? De Paris à Reims, les colis sont transportés par le roulage en quarante-huit heures, et le chemin de fer prend quatre jours; sur la ligne des Ardennes, l'usage de l'ancienne voie se maintient et le chemin de fer voit d'importants transports lui échapper.—Que sera-ce donc si l'on compare à la vitesse de nos chemins de fer celle des transports de marchandises en Allemagne et en Angleterre? Sur le chemin de Bade, les marchandises voyageant par la petite vitesse parcourent 148 kilom. dans le premier jour, et en deux jours elles sont remises à destination; il en est de même en Bavière, pour un parcours de 185 kilom.; en Prusse, pour une longueur de 339 kilom.; de Berlin ou de Leipzig à Cologne, les marchandises sont transportées et remises en deux jours. — En Angleterre, d'Édimbourg à Londres (distance de 399 milles anglais, ou 643 kilom., équivalant à celle de Paris à Bordeaux), le transport à lieu en vingt-cinq heures, et la remise de la marchandise au destinataire s'opère deux heures après l'arrivée. En France, la livraison demanderait onze jours au lieu de quarante à quarante-cinq heures, en Angleterre, pour les plus longues distances.

Ces rapprochements ont touché la commission, dont les propo-

sitions ont été approuvées dans la lettre ministérielle du 1er fév. 1864, en ces termes : « La commission s'est émue des plaintes qui ont été formulées devant elle relativement aux délais de transports des marchandises à petite vitesse, et puisant ses exemples dans les faits constatés en Angleterre, elle a pensé qu'on pourrait, dans les faits constatés en Angleterre, diminuer ces délais. Son avis est ainsi formulé : « Il y a lieu de fixer des délais moindres que ceux établis aujourd'hui pour la plupart des produits manufacturés et des matières premières d'un prix élevé. — A cet effet, la vitesse de 125 kilom. par vingt-quatre heures, spécifiée à l'art. 50 des cahiers des charges, devrait être portée à 200 kilom. » — Cette disposition rentre dans le droit de l'administration en vertu de l'art. 50 des cahiers des charges, et me paraît devoir être admise dans les termes où la commission l'a formulée. Toutefois, comme une semblable modification ne pourrait être introduite immédiatement dans votre service, au moment surtout où la saison amène des retards presque inévitables : comme d'ailleurs il faut dresser la nomenclature des objets auxquels s'appliquerait une vitesse plus grande, je vous invite à me présenter vos prévisions avant le retour du service d'été, de telle sorte qu'à cette époque satisfaction puisse être donnée au public et au vœu de la commission. »

397. Aux termes du cahier des charges, tout particulier a le droit de présenter à la gare de départ les colis qu'il veut faire transporter, et le droit d'exiger qu'ils soient expédiés, conformément aux règlements, dans le jour qui suit celui de leur remise à la gare : là se borne son droit. Il appartient à la compagnie de régler le personnel de ses employés et d'organiser le matériel comme elle l'entendra. — En conséquence il a été jugé qu'un négociant qui n'établit pas qu'une compagnie de chemin fer a pris envers lui l'obligation de transporter son lait à Paris, à heure fixe, et pendant un temps déterminé, n'est pas recevable à se plaindre de la suppression du train par lequel il faisait ses envois, alors surtout que la compagnie lui a donné un délai suffisant, quoique moindre d'un mois, pour se mettre en mesure de faire ses expéditions de lait par les trains ordinaires de voyageurs (Paris, 7 avr. 1853, aff. Schramm, D. P. 53. 2. 24).

398. Si les tribunaux ne peuvent, sans commettre un excès de pouvoir, ordonner, sous une condition pénale, que le service de telle gare sera organisé ou modifié selon les besoins de tel particulier, ils peuvent cependant connaître du préjudice qui peut avoir été causé aux réclamants par l'insuffisance du personnel et du matériel de la gare relativement à la manutention de leurs marchandises ; ils peuvent prescrire des mesures propres à faire cesser cet état de choses et prévenir le dommage qui en a été la suite, et ordonner qu'à défaut de suppléer à cette insuffisance du personnel et du matériel dans un délai fixé, la compagnie payera à la partie lésée, par chaque jour de retard, la somme à laquelle est évaluée la perte qu'elle éprouvera si le service est continué dans les mêmes conditions : une telle décision ne peut non plus être considérée comme ayant statué par voie réglementaire, contrairement à la disposition de l'art. 5 c. nap. (Req. 27 mai 1862, aff. ch. de fer de l'Est, D. P. 62. 1. 432).

399. *Livraison des marchandises aux destinataires.* — L'art. 52 du cahier des charges est ainsi conçu : « La compagnie sera tenue de faire, soit par elle-même, soit par un intermédiaire dont elle répondra, le factage et le camionnage pour la remise au domicile des destinataires, de toutes les marchandises qui lui sont confiées. Le factage et le camionnage ne seront point obligatoires en dehors du rayon de l'octroi, non plus que pour les gares qui desserviraient soit une population agglomérée de moins de 5,000 habitants, soit un centre de population de 5,000 habitants situé à plus de 5 kilom. de la gare du chemin de fer. Les tarifs à percevoir seront fixés par l'administration sur la proposition de la compagnie ; ils seront applicables à tout le monde sans distinction. Toutefois les expéditeurs resteront libres de faire eux-mêmes à leurs frais le factage et le camionnage des marchandises. »

400. Ordinairement, lorsque le factage ou le camionnage doit être effectué par le destinataire, les marchandises sont adressées *en gare, bureau restant.* Dans ce cas, la compagnie ne pourrait, sans s'exposer à perdre ses frais de camionnage, effec-

tuer le transport à domicile par ses propres voitures, l'adresse du destinataire fût-elle indiquée sur la feuille d'expédition. — Il a même été jugé que les expéditeurs et destinaires de marchandises transportées par chemin de fer ayant le droit de faire eux-mêmes ou de faire faire par leurs représentants le camionnage de ces marchandises, la compagnie de chemin de fer qui, sachant qu'un commissionnaire est chargé de ce camionnage, le fait néanmoins faire par ses préposés, bien que la lettre de voiture porte que les marchandises sont expédiées *en gare*, se rend passible de dommages-intérêts envers ce commissionnaire (Grenoble, 24 janv. 1863, aff. ch. de fer de la Méditerranée, D. P. 64. 2. 43).

401. Si la lettre de voiture ou la note qui accompagne l'envoi porte l'adresse du destinataire, sans la mention d'usage *bureau restant*, la compagnie se trouve naturellement chargée du transport à domicile. Mais ce n'est pas là pour elle un droit absolu: le destinataire peut encore, nonobstant cette indication, user du droit que lui reconnaît l'art. 52 du cahier des charges et faire opérer par ses propres voitures le transport de ses marchandises de la gare à son magasin. — Les compagnies ont soutenu au contraire que l'indication du domicile du destinataire sur la lettre de voiture leur donnait un privilège exclusif pour le camionnage, et que si le destinataire voulait faire effectuer le transport par ses propres voitures, il n'en était pas moins tenu de leur payer les droits fixés par les tarifs; elles se fondaient sur ce que l'expéditeur est le mandataire nécessaire et forcé du destinataire et que, par conséquent, celui-ci est obligé de subir la loi de la convention qui a été faite par l'expéditeur. — Mais ce système n'a pas prévalu devant les tribunaux. — L'expéditeur et le destinataire, a-t-il été répondu, peuvent sans doute renoncer au droit que leur reconnaît le cahier des charges relativement au camionnage de leurs marchandises; mais cette renonciation doit être faite par l'un ou par l'autre, chacun en ce qui le concerne, l'art. 52 du cahier des charges accordant à chacun d'eux un droit distinct, et l'expéditeur ne pouvant être considéré comme mandataire forcé pour l'exercice d'un droit purement facultatif au destinataire et à lui réservé en vue de ses convenances personnelles. Si l'expéditeur a été autorisé par le destinataire, ou si le transport est à sa charge, ou s'il est par quelque autre cause en droit d'en régler les conditions, il peut traiter du camionnage avec la compagnie du chemin de fer; mais la compagnie qui veut se prévaloir d'une manière absolue de cette convention contre le destinataire doit, à défaut d'approbation expresse ou tacite par celui-ci, prouver que l'expéditeur avait le droit de l'engager. Hors ces cas exceptionnels, la mention de la livraison à domicile sur la feuille d'expédition par la compagnie d'accord avec l'expéditeur n'est qu'une simple indication de la volonté présumée du destinataire, indication qui sans doute autorise la compagnie à présenter la marchandise à domicile, mais ne peut plus prévaloir contre la manifestation d'une volonté contraire, lorsque le destinataire a fait connaître, en temps opportun, son intention de recevoir lui-même ou de faire recevoir la marchandise à la gare (motifs des arrêts de la cour de cassation, du 17 juill. 1861, ci-après cités). — Par ces considérations il a été jugé: 1° que les entrepreneurs de transports par la voie de fer n'ont pas le droit de transporter à domicile les marchandises dont le destinataire réclame la livraison à la gare, au premier avis de l'arrivée de ces marchandises, encore que l'expéditeur aurait indiqué le nom et l'adresse de ce destinataire, sans ajouter *bureau restant* : la faculté réservée aux expéditeurs et destinataires par les cahiers des charges annexés aux lois de concession d'opérer eux-mêmes et à leurs frais le factage et le camionnage de leurs marchandises, fait cesser à la gare le monopole des chemins de fer, et emporte dérogation au droit de transport à domicile admis en matière de transport par le roulage ordinaire (Req. 27 juill. 1852, aff. ch. de fer de Tours à Nantes, D. P. 52. 1. 226); — 2° Que le destinataire de marchandises expédiées par la voie de fer, peut user du droit qui lui est réservé par le cahier des charges de la compagnie, d'en faire le camionnage lui-même et à ses frais, quoique la lettre de voiture passée entre la compagnie et l'expéditeur n'énonce pas que l'expédition est faite *bureau restant*, et indique même, comme lieu de livraison, le domicile du destinataire: cette

lettre de voiture, à laquelle le destinataire est étranger, ne saurait lui enlever le droit de factage et de camionnage qui constitue, à son profit, un droit propre et distinct (Montpellier, 1er (et non 15) juill. 1859, et sur pourvoi Civ. rej. 17 juill. 1861, aff. ch. de fer du Midi, D. P. 61. 1. 319; Riom, 18 juin 1860, et sur pourvoi, Civ. rej. 17 juill. 1861, aff. ch. de fer de Lyon, D. P. 61. 1. 317). — V. dans le même sens M. Duverdy, nos 225 et suiv.

402. Toutefois, il a été décidé que l'expéditeur et le destinataire de marchandises transportées par la voie de fer, peuvent renoncer au droit qui leur appartient de faire opérer eux-mêmes et à leurs frais le *camionnage*, c'est-à-dire le transport à domicile des marchandises arrivées en gare; — Et que la convention entre la compagnie et l'expéditeur que le transport des colis au domicile du destinataire sera opéré par les soins de la compagnie, qui a fait comprendre les frais de camionnage dans le prix du transport, est obligatoire pour le destinataire, par cela seul que ce dernier consent à recevoir la marchandise, cette réception ne pouvant avoir lieu que suivant les conditions déterminées par la lettre de voiture; — Qu'en conséquence, la compagnie ne peut être obligée de livrer, lors de l'arrivée en gare, au destinataire, ou au commissionnaire de transport qui se présente en son nom, les colis à l'égard desquels existent de semblables conventions, que sous condition de payement des frais de *camionnage* compris dans la lettre de voiture (Bordeaux, 27 déc. 1858, et sur pourvoi, Req. 13 juill. 1859, aff. Giblat, D. P. 59. 1. 394). — Dans cette espèce, il y a cette circonstance de plus que les frais de camionnage avaient été compris par l'expéditeur dans le prix de transport, d'où résultait une convention formelle entre l'expéditeur et les compagnies, tandis que dans les espèces précédentes la convention n'était qu'implicite. — Mais cette circonstance ne nous paraît pas de nature à changer la solution : il n'en faut pas moins prouver que l'expéditeur avait le droit d'engager le destinataire. Or l'arrêt semble supposer que l'expéditeur est le mandataire forcé du destinataire, sa doctrine est donc en opposition avec la règle nettement posée par les arrêts précités de 1861, et par conséquent ne saurait être approuvée. — V. toutefois M. Duverdy, n° 228.

403. Il résulte de ce qui précède que, à moins d'*avis contraire* de la part du destinataire ou de l'indication *bureau restant*, les compagnies peuvent effectuer la livraison des colis au domicile du destinataire en ajoutant au prix du transport la taxe de camionnage, conformément au tarif approuvé. Le destinataire, à notre avis, ne serait pas en droit de refuser l'acquittement de cette taxe. Pour éviter toute difficulté, quelques compagnies sont dans l'usage, avant d'effectuer le camionnage des objets arrivés à la gare de destination, d'annoncer au destinataire par une *lettre d'avis* l'arrivée des colis à son adresse en lui demandant si son intention est de les faire prendre lui-même à la gare. Cette mesure peut sans doute présenter quelquefois de l'utilité: mais peut-être est-elle moins favorable à la compagnie et au public qu'on ne pense. D'une part elle a pour résultat de compliquer les expéditions et les écritures des compagnies déjà surchargées de détails; d'autre part elle peut occasionner des retards préjudiciables aux destinataires par suite du délai qu'entraîne la double correspondance à laquelle elle donne lieu. Quoi qu'il en soit, cette mesure a été consacrée par un arrêté ministériel du 24 juin 1860, qui autorise la perception d'un droit de magasinage sur les marchandises non retirées par les destinataires dans les vingt-quatre heures à partir de la remise à la poste de la lettre d'avis.

404. La jurisprudence, du reste, considère les lettres d'avis dont on vient de parler comme écrites dans l'intérêt des destinataires, et si elle a conclu que le prix du timbre d'affranchissement de ces lettres doit être remboursé à la compagnie par le destinataire. — C'est ainsi qu'il a été jugé que les compagnies de chemin de fer ont droit au remboursement des timbres d'affranchissement mis sur les lettres missives par lesquelles elles donnent avis aux destinataires, pour remplir avec plus de célérité leurs obligations de voiturier, de l'arrivée en gare des marchandises dont le transport leur a été confié : il s'agit là, non pas d'une perception qui serait interdite dans le silence du tarif, mais du recouvrement d'un simple déboursé fait dans l'intérêt du com-

merce (Req. 13 mars 1861, aff. Dubois, D. P. 61. 1. 325). —
Assez généralement les compagnies se dispensent d'affranchir
les lettres d'avis : c'est un tort ; car elles font ainsi supporter
aux destinataires la différence de taxe qui existe entre les lettres
affranchies et celles qui ne le sont pas, et cela sans aucune utilité,
puisqu'elles ont le droit de se faire rembourser le timbre d'affranchissement.

405. Le délai fixé par l'arrêté ministériel du 24 juin 1860,
d'après lequel des droits de magasinage sont dus aux compagnies
de chemin de fer, lorsque, à partir de la mise à la poste de la
lettre d'avis que ces compagnies doivent adresser aux destinataires, il s'est écoulé vingt-quatre heures sans que les marchandises aient été complètement déchargées, n'est pas susceptible
d'augmentation, quel que soit le moment où la lettre d'avis a pu
parvenir à son destinataire, et encore, notamment, que, dans le
lieu où cette lettre a été mise à la poste, le départ dût en être
moins rapide à raison de l'absence d'un bureau de distribution
(Civ. cass. 8 juill. 1863, aff. ch. de fer de l'Est, D. P. 63.
1. 280).

406. A Paris, les compagnies sont aussi dans l'usage, lorsque
les objets transportés sont soumis aux droits d'octroi, de s'informer auprès des destinataires avant la livraison à domicile,
s'il y a lieu d'acquitter les droits. Faute d'avoir pris cette information, dit M. Pouget, p. 359, les droits payés sans mandat par
la compagnie et sans le consentement du destinataire peuvent
être laissés à sa charge, alors même que d'après la lettre de voiture, la marchandise devrait être portée à domicile (Conf. trib.
de com. de la Seine, 17 août 1847 ; Rec. Lehir, 1857, p. 430).

407. Les expéditeurs doivent veiller avec le plus grand soin
à ce que l'adresse du destinataire soit indiquée exactement et
d'une manière lisible. Autrement, il peut en résulter de graves
difficultés. Que doit faire, par exemple, la compagnie du chemin
de fer, lorsque le destinataire est introuvable? — Doit-elle renvoyer immédiatement le colis à l'expéditeur? Non, sans doute ;
car il est possible, ou bien qu'à l'aide d'une indication plus précise, le domicile du destinataire puisse être facilement retrouvé,
ou bien, dans le cas contraire, que l'expéditeur puisse, pour éviter les frais du retour, placer ses marchandises dans la localité
même (Conf. Cass. 21 mars 1848, aff. les Jumelles, D. P. 48. 1.
155). — Avant toute décision, la compagnie doit donc aviser
l'expéditeur des inutiles recherches qu'elle a faites et lui demander ses ordres (Conf. M. Petit de Coupray, p. 49 ; Duverdy, du
Contr. de transport, n° 25 et suiv.). — Si elle néglige de donner cet avis, elle est responsable de la diminution de valeur
que ces marchandises peuvent subir par suite du retard (Lyon,
25 juin 1856, Monit. jud. de Lyon, 15 juill. 1856).

408. Lorsque les marchandises sont de nature à s'avarier,
ou lorsque la compagnie craint que, dans le délai nécessaire
pour recevoir la réponse de l'expéditeur, elles ne soient exposées à des dégradations, elle a le droit, afin de mettre sa
responsabilité à couvert, de présenter, conformément à l'art.
106 c. com., une requête au président du tribunal de commerce,
s'il en existe un dans la localité, ou, à défaut, au juge de paix,
pour faire ordonner, suivant les circonstances, soit la vente, soit
le dépôt où le séquestre des marchandises dans un lieu public
(Conf. arrêt précité du 21 mars 1848, et M. Duverdy, n° 25).

409. La circonstance que la remise d'un colis aurait lieu un
jour férié pourrait-elle autoriser le destinataire, présent chez lui,
à refuser d'en prendre livraison? Non, et son refus devra entraîner contre lui les frais d'un double camionnage (trib. de com. de

la Seine, 19 mai 1857, cité par M. Pouget, t. 2, p. 364; Gaz.
des trib., 22 mai 1857).

410. L'art. 52 du cahier des charges cité plus haut, n° 399,
porte que le factage et le camionnage ne sont point obligatoires
pour la compagnie en dehors du rayon de l'octroi, non plus que
pour les gares qui desserviraient soit une population agglomérée
de moins de 5,000 habitants, soit un centre de population de
5,000 habitants situé à plus de 5 kilom. de la gare du chemin
de fer. — Pour suppléer, dans ces circonstances, à l'action de
la compagnie, il s'est établi partout des voitures pour terminer
les transports commencés par les chemins de fer : des voitures
de correspondance ont aussi été établies pour le transport des
voyageurs.—Assez généralement les services de correspondances
s'établissent d'accord avec les compagnies des chemins de fer et
moyennant certains avantages accordés aux entrepreneurs, afin
de leur faciliter une exploitation qui, dans les localités éloignées, n'est pas toujours très-profitable. Mais, à moins d'une
autorisation ministérielle, ces avantages doivent être les mêmes
pour tous ceux qui se trouvent dans les mêmes conditions. —
C'est ce qui résulte de l'art. 14 de la loi du 15 juill. 1845, relative au chemin de fer du Nord, dont les dispositions sont reproduites par l'art. 53 du cahier des charges. — Ce dernier article est ainsi conçu : « A moins d'une autorisation spéciale de
l'administration, il est interdit à la compagnie, conformément à
l'art. 14 de la loi du 15 juill. 1845, de faire directement ou indirectement avec des entreprises de transport de voyageurs ou de
marchandises par terre ou par eau, sous quelque dénomination
ou forme que ce puisse être, des arrangements qui ne seraient
pas consentis en faveur de toutes les entreprises desservant les
mêmes voies de communication. L'administration agissant en
vertu de l'art. 53 ci-dessus prescrira les mesures à prendre pour
assurer la plus complète égalité entre les diverses entreprises de
transport dans leurs rapports avec le chemin de fer. » — Il résulte de cette disposition que les compagnies peuvent sans autorisation concéder certains avantages aux entrepreneurs de transport qui servent de continuation à la voie ferrée, pourvu que
ces avantages soient communs à toutes les entreprises de transport qui se trouvent dans les mêmes conditions, et que l'autorisation n'est exigée que dans le cas où cette égalité serait violée.
— Les règles, à cet égard, sont les mêmes que celles qui sont appliquées aux traités particuliers passés avec les expéditeurs avant
que ces traités fussent interdits. Les explications que nous avons
données sur ce dernier point *suprà*, n°s 334 et s., nous dispensent
d'entrer dans de nouveaux développements. —V. aussi n°s 610 et s.

411. Les faveurs qu'il n'est pas permis aux compagnies de
chemin de fer d'accorder à une entreprise de transport sans la
rendre commune à tous ne consistent pas uniquement dans des
avantages pécuniaires ; elles peuvent résulter, par exemple, du
privilége accordé à une entreprise exclusivement de pénétrer
dans la gare de la compagnie, ou d'y entrer à l'heure où elle est
fermée au public, etc., etc. Ce sont là des priviléges que les compagnies ne pourraient consentir, sans se mettre en contravention
avec l'art. 14 de la loi du 15 juill. 1845 et l'art. 53 du cahier
des charges. — Il a été jugé en ce sens que les compagnies de
chemin de fer ne peuvent, à peine de dommages-intérêts, concéder à des entreprises particulières de transport, le privilége exclusif de pénétrer dans la gare, pour amener et prendre des
voyageurs et les objets à transporter ; — Sauf à l'autorité municipale à prévenir les inconvénients d'un trop grand concours de
moyens de transport (Nîmes, 11 mai 1843) (1) ; — 2° Que tous

---

(1) (Bosc et Bompard C. chem. de fer du Gard.) — La cour ; — Attendu que la destination des chemins de fer et les expropriations forcées
à l'aide desquelles ils sont établis les rendent une dépendance du domaine public, et indiquent que les parties qui en sont concessionnaires
n'en ont l'administration que sous l'obligation de les faire servir à l'u-
sage de tous, sans privilége pour personne ; qu'il est tout aussi certain
que leur exploitation doit être strictement renfermée dans le parcours
qui fait l'objet de la concession et ne pas dépasser les points où la voie
de fer commence et finit ; qu'il suit de ces principes qu'il est interdit aux
concessionnaires de rien faire de ce qui pourrait, en dehors de ces chemins, favoriser telle ou telle industrie au préjudice de telle autre ; que
c'est dans cet esprit qu'ont été faites nos lois sur la matière, et que, si
celles promulguées depuis 1838 ont, par excès, interdit aux compagnies,

sous les peines qu'elles indiquent, de faire directement ou indirectement
avec des entreprises de transport de voyageurs ou de marchandises des
arrangements qui ne seraient pas également consentis en faveur de toutes
les autres compagnies ayant le même but, il ne s'ensuit pas que cette
règle de justice ne fût pas reconnue auparavant ; qu'on doit, au contraire,
la considérer comme implicitement comprise dans les lois de concession
qui ont précédé, et l'appliquer, abstraction faite de la sanction pénale,
à tous les cas semblables ;

Attendu, en fait, que le privilége accordé aux concessionnaires des
chemins de fer du Gard ne pourrait, sans abus, être étendu au delà des
points où ces chemins aboutissent ; que, par conséquent, ces concessionnaires ne peuvent pas plus favoriser, par des avantages exclusifs certains, des entreprises qui se chargent de conduire les voyageurs de ces

les entrepreneurs de transport ont un droit égal à l'entrée dans les gares, sans que les compagnies puissent les en écarter sous prétexte que l'ordonnance du 15 nov. 1846 n'indiquerait pour l'entrée et le stationnement des voitures publiques et particulières que les *cours* dépendant des stations, alors surtout qu'elles laissent pénétrer dans leurs gares, à certaines conditions, les services et entreprises qu'elles favorisent (trib. de com. de la Seine, 23 nov. 1849; Paris, 2 mai 1853, Revue Lebir, années 1849, p. 74; 1857, p. 409; M. Pouget, t. 2, p. 457, 458, note, donne la date de plusieurs autres solutions dans le même sens rendues par différents tribunaux de commerce); — 3° Que l'administration d'un chemin de fer qui est contrainte par un acte de la puissance publique d'admettre toutes les entreprises de transport dans l'enceinte du débarcadère dont elle avait loué l'usage exclusif à l'une de ces entreprises, n'est pas passible de dommages-intérêts envers celle-ci (Civ. cass. 3 mars 1847, aff. ch. de fer de Strasbourg, D. P. 48. 1. 78).

412. L'art. 52 du cahier des charges permet aux compagnies, comme on l'a vu n° 399, de se substituer, pour le service du camionnage obligatoire, un intermédiaire dont elles sont responsables. Cet intermédiaire, étant au lieu et place de la compagnie, jouit de la liberté d'action et de toutes les facilités dont elle pourrait user elle-même, c'est-à-dire qu'il a le droit exclusif de pénétrer à toute heure de jour et de nuit dans la gare du chemin de fer, selon les besoins du service. Mais si l'entrepreneur auquel la compagnie a délégué le camionnage obligatoire est en même temps chargé du camionnage facultatif, il n'en peut plus être de même pour ce dernier service. La compagnie ne pourrait lui créer à cet égard une situation privilégiée, au détriment des autres camionneurs, sans contrevenir soit à la règle d'égalité consacrée par le cahier des charges, soit aux principes du droit public sur la libre concurrence. — Il a été jugé en ce sens que les compagnies de chemin de fer ne peuvent faire à un entrepreneur de transport, au détriment des autres, une situation privilégiée, lorsqu'il s'agit du service purement facultatif de camionnage et de transport des marchandises à prendre au domicile des expéditeurs pour être apportées en gare et expédiées par la voie de fer : elles n'ont ce droit que pour le service obligatoire de camionnage et de factage, consistant dans la remise, au domicile des destinataires, des marchandises qui leur sont confiées; — Et spécialement, le camionneur chargé de ce service obligatoire, et avec lequel la compagnie a traité également pour son service facultatif de camionnage, ne peut, en ce qui touche ce dernier service, être dispensé de l'observation des règlements sur l'ouverture et la fermeture de la gare, à peine de dommages-intérêts envers les autres entrepreneurs (Civ. rej. 30 mars 1863, aff. ch. de fer de Paris à Lyon, D. P. 63. 1. 178).

413. Suivant deux arrêts rendus dans la même espèce, l'entrée des voitures dans les gares de chemin de fer peut être réglementée par l'autorité administrative, qui a même, au point de vue de la police et de la sécurité publique, le droit d'accorder à un seul entrepreneur de transport, à l'exclusion des autres, l'autorisation de faire entrer, circuler et stationner ses voitures dans les cours de la gare d'un chemin de fer (Paris, 9 avr. (ou février) 1862, D. P. 62. 2. 181, et sur pourvoi, Crim. rej. 6 déc. 1862, aff. Lesbats, D. P. 63. 1. 390).—Mais il a été décidé, dans la même affaire, par le conseil d'État, que l'administration excède ses pouvoirs lorsque, en refusant à un entrepreneur d'omnibus l'autorisation de faire entrer et stationner ses voitures dans la cour d'une gare de chemin de fer, elle n'a d'autre objet que

d'assurer l'exécution d'un traité passé entre la compagnie et un autre entrepreneur, et qui attribue à ce dernier le droit d'être seul admis dans cette cour (cons d'Et. 25 fév. 1864, aff. Lesbats, D. P. 64. 3. 23).— Dans une autre espèce, le conseil d'État a décidé, au contraire, que l'administration n'excède pas ses pouvoirs lorsque, après avoir approuvé un traité par lequel une compagnie alloue une subvention à un entrepreneur pour assurer un service de voyageurs, elle refuse d'imposer à la compagnie l'obligation de faire participer un autre entrepreneur aux mêmes avantages (cons. d'Et. 31 mars 1864, aff. Gibiat, D. P. 64. 3. 26).—Les motifs de l'arrêt du 25 fév. 1864 laissent évidemment à désirer. Si, en effet, les compagnies de chemin de fer n'ont pas le droit d'accorder à leur gré des avantages particuliers à certains entrepreneurs, tous les cahiers des charges réservent à l'administration la faculté d'approuver ces avantages (V. le texte de l'art. 53 rappelé au n° 410). Dès lors, de ce que le préfet et le ministre n'avaient fait qu'assurer l'exécution du traité passé entre l'entrepreneur et la compagnie, il ne s'ensuivait pas qu'ils eussent excédé leurs pouvoirs; il aurait fallu ajouter qu'ils n'avaient pas statué en vertu de l'exception contenue dans les premiers mots de l'art. 53 précité, et c'est ce que le conseil d'État ne fait pas, bien qu'il ait été probablement dans son intention de le faire. On aurait compris, du reste, que le ministre, appréciant autrement que le préfet les considérations de police et d'intérêt des voyageurs sur lesquelles ce fonctionnaire avait appuyé son arrêté, eût réformé cet arrêté et eût rendu à tous les entrepreneurs le libre accès de la gare; mais aucun débat contentieux n'eût été possible sur ce point de pure administration. — Nous inclinons donc à préférer la doctrine de la cour de Paris et de la cour de cassation à celle du premier arrêt que nous rapportons; nous éprouvons même quelque peine à concilier celle-ci avec celle qui a été appliquée dans l'affaire du 31 mars 1864. Nous savons bien que, dans cette dernière espèce, la compagnie n'avait pas constitué un monopole exclusif au profit d'un entrepreneur, et qu'elle s'était bornée à lui allouer une subvention; mais une subvention peut avoir les mêmes effets qu'un monopole, et d'ailleurs les cahiers des charges ne parlent ni de subventions ni de monopoles, mais d'avantages particuliers. Or, il s'agissait également, dans les deux cas, d'avantages de cette nature, et dès lors, si l'administration a pu les approuver dans l'un de ces cas, on ne voit pas bien pourquoi elle n'a pas pu le faire dans l'autre. Ce pouvoir exceptionnel de l'administration est assurément contraire au principe de la liberté de l'industrie; mais, à tort ou à raison, il a été établi en cette matière, et, par suite, c'est ne rien dire que de dire qu'il est en opposition avec ce principe. — V. aussi *infrà*, n°⁵ 606 et suiv.

414. Les compagnies ont le droit, dont elles usent généralement, d'établir elles-mêmes, et pour leur compte personnel, un service *spécial* de camionnage et d'omnibus. Ce n'est pas là, selon l'observation de M. Pouget, t. 2, p. 458, exercer un monopole qui puisse complètement paralyser les industries du même genre et supprimer toute concurrence. Et le même auteur cite la date de plusieurs décisions rendues en ce sens par différents tribunaux de commerce. La loi du 7 juill. 1838, portant concession du chemin de fer d'Orléans, interdisait formellement à la compagnie d'établir aucune entreprise de transport de voyageurs ou de marchandises pour desservir les routes aboutissant à la voie ferrée; mais cette interdiction a disparu des nouveaux cahiers des charges. — « Les compagnies, dit M. Duverdy, n° 235, peuvent donc organiser elles-mêmes des services de correspon-

---

points d'arrivée dans l'intérieur des villes qui les touchent, qu'ils ne pourraient favoriser des entreprises de transport sur les routes qui les suivent;

Que, par suite de l'obligation où ils sont d'assurer à tous les voyageurs, tant pour leurs personnes que pour leurs effets, un égal accès au débarcadère, ils sont tenus d'accorder les mêmes facilités pour l'accès à toutes les voitures qui amènent ces voyageurs ou qui viennent les prendre à leur arrivée; que, s'il devait résulter à cette occasion des inconvénients d'un trop grand concours, ce serait à l'autorité administrative à les faire cesser par des règlements de police qui, s'appliquant à tous, ne favoriseraient personne, et qui indiqueraient les exceptions à apporter à l'art. 1 du règlement du 12 déc. 1840; — Attendu que le traité du 24 déc. 1859, par lequel les gérants du chemin de fer, faisant fléchir la

rigueur dudit article, seulement en faveur de Chabaud, lui accordé le privilège exclusif d'introduire des voitures-omnibus dans la station, est évidemment contraire aux principes ci-dessus rappelés, et qu'il est impossible de lui reconnaître la force d'un règlement de police, puisqu'il n'a été fait ni approuvé par aucune autorité compétente; que son exécution, reconnue par les intimés, constitue un fait dommageable à Bosc et à Bompard, dommages qui doivent être réparés; — Par ces motifs, fait défense aux gérants d'accorder à l'avenir à Chabaud aucune faveur qui ne serait pas accordée à toutes autres entreprises, et pour le tort éprouvé, condamne la compagnie à 1,000 fr. de dommages-intérêts envers les appelants.

Du 11 mai 1845.—C. de Nîmes, 1re ch.—MM. le baron de Tringuelague, pr.—D'Espinassous, subst., c. conf.—Greleau et Farjon, av.

dance et elles sont libres, pour les transports opérés au delà de la voie de fer, de fixer les prix à percevoir, pourvu qu'elles ne modifient pas leur tarif pour le parcours sur le chemin de fer » (Conf. Crim. rej. 30 juill. 1853, aff. Fauchet, *infrà*, n° 613). — Il a été décidé que l'arrêt qui fait défense à une compagnie de chemin de fer d'exploiter, à l'avenir, les transports de marchandises sur les routes collatérales et incidentes qui se trouvent en dehors du chemin de fer, sous peine de dommages-intérêts, prononce par voie de disposition générale ou réglementaire, et doit être cassé pour violation de l'art. 5 c. nap. (Civ. cass. 7 juill. 1852, aff. ch. de fer de Strasbourg à Bâle, D. P. 52. 1. 204).— Nous reviendrons encore *infrà*, n°s 610 et suiv., sur la disposition de l'art. 14 de la loi du 15 juill. 1845 et de l'art. 53 du cahier des charges en parlant des peines applicables en cas d'infraction par les compagnies, à cette disposition.

415. 4° *Responsabilité des compagnies.* — Par le contrat de transport, les compagnies de chemin de fer s'obligent de livrer, dans le délai déterminé par les règlements ou par la convention, et en bon état, les marchandises dont le transport leur a été confié. L'inexécution de cette obligation engage la responsabilité de la compagnie, conformément aux dispositions des art. 97 et suiv. c. com. — Cette responsabilité a lieu : 1° en cas de retard dans la livraison ; 2° en cas d'avaries· 3° en cas de perte des marchandises. — Nous allons examiner ces différentes causes de responsabilité.

416. *Retard dans la livraison.* — Dans le cas où les délais fixés par le règlement ci-dessus analysé (V. n°s 391 et s.) ou par la lettre de voiture auront été excédés, la compagnie est responsable du retard, en vertu de l'art. 97 c. com., qui porte : « Il (le commissionnaire qui se charge d'un transport par terre ou par eau) est garant de l'arrivée des marchandises et effets dans le délai déterminé par la lettre de voiture, hors les cas de force majeure légalement constatée » (V. le commentaire de cet article v° Commission., n°s 360 et suiv.). — Cet article est applicable aux compagnies de chemins de fer comme à tous entrepreneurs ou commissionnaires de transport par terre ou par eau. — Il a été jugé que les administrations des chemins de fer sont responsables, conformément à l'art. 97 c. com., et sauf le cas de force majeure, de la non-arrivée des marchandises dans le délai fixé par les règlements pour les départs et arrivées, et cela sans qu'il soit besoin d'une stipulation expresse à cet égard (Paris, 5 déc. 1850, aff. Ledat, D. P. 51. 2. 223 ; 30 avr. 1851, aff. ch. de fer d'Orléans, D. P. 54. 2. 42).

417. Mais dans quels cas y a-t-il retard? En d'autres termes, comment doit se compter le délai déterminé par le règlement? — Doit-on y comprendre le jour de la remise des marchandises et le jour dans lequel s'effectue la livraison à domicile? — Il a été jugé, dans le sens de la négative : 1° que les délais accordés aux compagnies de chemin de fer pour le transport de gare en gare des marchandises expédiées à petite vitesse, doivent être comptés par jour et non par heure, et sont *francs*; qu'en conséquence, pour un parcours de 125 kilom., dont le trajet doit, aux termes de l'art. 6 de l'arrêté ministériel du 1er sept. 1856, être fait en vingt-quatre heures, le délai du transport a pu être valablement stipulé à trois jours, non compris le jour de la remise de la marchandise à la gare de départ, ni le jour de la livraison à la gare d'arrivée (Crim. cass. 31 juill. 1857, aff. Romieu, B. P. 57. 1. 384) ; — 2° Que pour supputer les jours de retard on ne doit pas comprendre celui qui est nécessaire pour le camionnage (trib. de com. de la Seine, 14 fév. 1855, V. M. Pouget, t. 2, p. 382). — Ce n'était pas ainsi que les délais étaient compris par les anciens entrepreneurs de roulage. « D'après les usages du commerce, dit M. Duverdy, n° 78, le jour où le départ doit avoir lieu n'est pas compris dans les jours de route, mais le jour de l'arrivée s'y trouve compris. Ainsi, si des marchandises ont été remises à un entrepreneur de transports pour partir le 1er mai et pour être transportées en dix jours à Brest, le délai accordé pour le voyage n'expirera qu'avec la journée du 11 mai. » — Les délais pour les transports par chemin de fer devraient ce semble être comptés de la même manière.—V. aussi MM. Duverdy, n° 220 *ter*, p. 315; Pouget, t. 2, p. 388, note.

418. En grande vitesse, les marchandises doivent, d'après les règlements, être mises à la disposition du destinataire à la gare, deux heures après l'*arrivée du train* (V. n° 393).—M. Duverdy, n°s 80 et 221, pense que l'on doit entendre par cette dernière expression l'arrivée *effective* du train, et non l'*heure réglementaire* de l'arrivée, comme l'aurait décidé un arrêt de la cour de Paris (23 mars 1860, aff. ch. de fer de l'Ouest, Gaz. des trib. 23 mars 1860). Autrement, dit-il, si le train était en retard de deux heures, les règlements obligeraient à délivrer les marchandises avant leur arrivée, ce qui est impossible. — Cependant M. Duverdy reconnaît que, dans l'espèce jugée par cet arrêt, le retard dans l'arrivée du train avait causé au destinataire un préjudice dont la compagnie a été justement déclarée responsable ; aussi ce qu'il reproche à l'arrêt, est-ce uniquement d'avoir décidé *en principe* que la livraison doit avoir lieu dans le délai de deux heures à partir de l'heure réglementaire de l'arrivée des trains. — Nous ne saurions nous associer à cette critique. Le délai réglementaire du transport en grande comme en petite vitesse se compose de trois délais distincts : 1° délai entre la remise des marchandises et leur expédition ; 2° durée du trajet ; 3° délai pour la livraison des marchandises. Or le délai du trajet, qui forme le second de ces délais partiels, ne pouvant en grande vitesse se mesurer que d'après les heures réglementaires, doit être réputé prendre fin à l'heure réglementaire de l'arrivée du train; c'est donc nécessairement à partir de cette heure que commence le troisième délai, c'est-à-dire celui de la livraison, qui doit suivre immédiatement sans interruption le délai du trajet. — On ne veut pas par là obliger la compagnie à faire une chose impossible; on se propose seulement de computer les délais dans lesquels la marchandise doit être légalement mise à la disposition du destinataire, afin de savoir si la compagnie est ou n'est pas en retard. Or, du moment qu'elle opère la livraison plus de deux heures après l'heure réglementaire de l'arrivée du train, quelle que soit la cause de ce retard et quel que soit le moment où il est arrivé, la compagnie est en faute et par conséquent doit être déclarée responsable du préjudice s'il en a été causé. L'arrêt critiqué par M. Duverdy nous paraît donc à l'abri de tout reproche.

419. L'arrêté ministériel du 25 mai 1855, rapporté par l'arrêté du 15 avr. 1859 (V. n° 392), ne prévoyait pas la transmission des marchandises d'une ligne sur une autre; il disait seulement que l'expédition devait être faite sur le chemin de fer d'Orléans et ses prolongements, dans les vingt-quatre heures et sur toutes les autres lignes dans les quarante-huit heures qui suivent leur enregistrement, et que les délais du transport seraient augmentés de vingt-quatre heures pour les opérations de la gare d'arrivée. — On s'était demandé, sous l'empire de cet arrêté, si, lorsque le transport devait s'effectuer sur plusieurs lignes appartenant à des compagnies différentes, celles-ci avaient le droit de fractionner le transport et ajouter pour les opérations de départ et d'arrivée autant de fois de jours qu'il y avait de chemins de fer appartenant à des compagnies différentes. — Il a été jugé, dans le sens de la négative, que lorsque deux compagnies de chemin de fer ont adopté, pour le transport des marchandises à petite vitesse, des tarifs communs, permettant à chacune de ces compagnies d'user du chemin de l'autre, comme si ce chemin lui appartenait, le délai dans lequel les marchandises transportées doivent être mises à la disposition du destinataire, se compte de la même manière que si le transport avait lieu sur une même ligne; en conséquence, les délais accordés pour l'expédition à la gare de départ et pour les opérations de la gare d'arrivée doivent être calculés comme s'il y avait une seule gare d'expédition et une seule gare d'arrivée, quoiqu'il y en ait deux, les marchandises étant ainsi transportées par deux compagnies distinctes, et bien que, dès lors, il y ait deux expéditions et deux arrivées se réalisant successivement à la gare d'expédition et à la gare d'arrivée de chacune de ces compagnies (Req. 8 déc. 1858, aff. ch. de fer d'Orléans, D. P. 59. 1. 37). — L'arrêté ministériel du 15 avr. 1859 accorde dans l'hypothèse un jour pour la transmission d'une ligne à l'autre. — V. n° 392.

420. Les délais de transport déterminés par le cahier des charges d'une compagnie de chemin de fer, sont sans application à un transport que la compagnie s'est chargée d'effectuer partie par voie de terre, partie par la voie ferrée : en ce cas, le délai dans lequel doit être opéré le transport est, en l'absence de con-

ventions spéciales, réglé par les usages de la compagnie, dont la faute ou la négligence sont alors souverainement appréciées par les juges du fait (Civ. rej. 26 juill. 1859, aff. ch. de fer du Nord C. Véleine, D. P. 59. 1. 307).

421. On a vu *suprà*, n° 333, que les expéditeurs peuvent consentir des délais plus longs que les délais réglementaires, sous condition d'une réduction de taxes, conformément aux tarifs approuvés par l'autorité supérieure. — Les compagnies pourraient, à l'inverse, et bien que le fait ne soit pas prévu par le cahier des charges, s'engager à effectuer ce transport dans un délai plus court que celui fixé par le règlement, pourvu que ce transport n'ait lieu que par les trains ordinaires sans réduction ni augmentation de taxe, et sans tour de faveur; l'inexécution d'une telle convention, si elle cause un préjudice à l'expéditeur, rend la compagnie passible de dommages-intérêts envers lui (Req. 30 déc. 1857, aff. ch. de fer du Nord, D. P. 58. 1. 395; Caen, 7 fév. 1861, aff. ch. de fer de l'Ouest, D. P. 61. 2. 251). — Et la compagnie qui n'a pas effectué le transport par le train convenu ne pourrait, afin de repousser l'action en responsabilité dirigée contre elle, invoquer l'arrêté ministériel qui a fixé les délais dans lequel les concessionnaires de chemin de fer sont tenus de transporter les marchandises qui leur sont confiées, et se prévaloir de ce qu'elle n'a pas outre-passé les délais qui lui étaient imposés par ce règlement (même arrêt de Caen, 7 fév. 1861).

422. Suivant la jurisprudence, la promesse de faire partir les marchandises en anticipant les délais fixés par l'arrêté ministériel, n'a même pas besoin d'être constatée par un acte spécial. — Il a été jugé, par exemple, que lorsqu'une administration de chemin de fer a annoncé publiquement qu'elle prenait l'engagement, vis-à-vis des marchands de bœufs, d'effectuer le transport de leurs bestiaux de telle sorte qu'ils pussent parvenir, en temps utile, sur le marché où ils doivent être vendus, elle est responsable du retard, sans que l'expéditeur soit tenu de justifier d'une lettre de voiture obligeant l'administration à arriver à heure fixe, si elle-même ne justifie pas que les animaux, dont le transport lui a été confié, sont arrivés en gare après l'heure qu'elle avait déterminée (Paris, 30 avr. 1851, aff. ch. de fer d'Orléans, D. P. 54. 2. 42). — L'engagement qui résulte d'une telle promesse est commercial et, par conséquent, la preuve peut en être établie par tous les genres de preuve admis par la loi, et notamment au moyen d'une enquête (Caen, 7 fév. 1861, aff. ch. de fer de l'Ouest, D. P. 61. 2. 231),... ou à l'aide de présomptions graves, précises et concordantes, tirées, par exemple, d'une série de transports toujours opérés pour la même personne, dans le même délai, et spécialement dans un délai permettant l'arrivée des marchandises pendant la tenue d'un marché existant au lieu de destination (Req. 30 déc. 1857, aff. ch. de fer du Nord, D. P. 58. 1. 395. — Conf. arrêt de Rouen, aff. Bailleul C. ch. de fer de l'Ouest, cité par M. Duverdy, p. 120; V. aussi Gazette des trib., 2 mai 1861),... et cela, alors même que le délai ordinaire aurait été stipulé dans la lettre de voiture accompagnant l'envoi, sous peine d'une indemnité pour cause de retard (même arrêt du 30 déc. 1857). — V. en sens contraire M. Duverdy, p. 119 et suiv.

423. Ordinairement l'engagement par la compagnie d'effectuer les transports dans un délai plus court que le délai réglementaire est pris sous certaines conditions à remplir par l'expéditeur relativement au temps et au lieu de la remise. Les tarifs spéciaux relatifs au transport des bestiaux sur les marchés où ils doivent être vendus sont toujours accompagnés de conditions de cette nature. — Si ces conditions n'ont pas été remplies, la compagnie ne peut plus être déclarée responsable du retard. — Il a été décidé en ce sens qu'un expéditeur ne peut se plaindre de ce que des marchandises par lui remises à la compagnie, et destinées à être vendues à un marché déterminé, ne sont parvenues au lieu d'arrivée qu'après le jour du marché, si une clause du tarif spécial à ces marchandises et à ce marché, ne garantissait l'arrivée en temps utile, que sous des conditions de temps et de lieu de remise, qui n'ont point été observées par cet expéditeur (Civ. cass. 19 janv. 1858, aff. ch. de fer d'Orléans, D. P. 58. 1. 62).

424. La compagnie ne peut être affranchie de la responsa-

bilité que le retard dans le transport des marchandises fait peser sur elle que par un cas de force majeure, c'est-à-dire par un événement qu'il n'est pas donné à l'homme de prévoir (V. Commissionn., n°s 370 et suiv.; Responsab., n°s 143 et suiv.; V. aussi v° Force majeure et *infrà*, n° 460). On ne pourrait considérer comme un événement de cette nature l'insuffisance du matériel de la compagnie; c'était à elle, en effet, à prévenir cette insuffisance.—Il a été jugé en ce sens 1° que si, en principe, les administrations de chemin de fer sont obligées de tenir à la disposition du public un matériel suffisant aux besoins des voyageurs et du commerce, cette obligation devient encore plus étroite dans le cas où des marchés (de bestiaux par exemple) correspondant les uns aux autres, fournissent aux chemins de fer, leur intermédiaire unique et nécessaire, un trafic dont la régularité dans les expéditions forme l'un des éléments essentiels, et alors, en outre, que la compagnie, avertie à l'avance de l'importance de l'expédition qu'elle aurait à faire, a pu se pourvoir du matériel qu'exigeait cette expédition; qu'en conséquence la compagnie ne saurait, surtout dans de telles circonstances, invoquer l'insuffisance de son matériel pour décliner la responsabilité résultant du retard dans l'arrivée des marchandises dont le transport lui a été confié (Paris, 19 nov. 1853, aff. Cardon et Lecomte, D. P. 55. 2.310); — 2° Qu'une compagnie de chemin de fer doit toujours avoir à la disposition du commerce une quantité de wagons suffisante pour l'expédition des marchandises qu'elle est chargée de transporter, et que l'accroissement du trafic des marchandises occasionné par l'interruption momentanée de la navigation, par la quantité exceptionnelle des arrivages de grains de l'étranger, et par la nécessité d'obéir aux réquisitions du ministre des travaux publics qui enjoignait à la compagnie de faire d'urgence et par priorité le transport des grains qui encombraient un port de mer, ne peut être considéré comme un cas de force majeure de nature à exonérer la compagnie du chemin de fer de ses obligations envers le public (trib. de comm. de la Seine, 2 mars 1863, aff. mines de houilles de Roche-la-Molière C. comp. de Lyon).—Il peut arriver cependant, dans telle circonstance donnée, que l'insuffisance du matériel soit de nature à être considérée comme un cas de force majeure. S'il se présentait par exemple une affluence extraordinaire et accidentelle de bestiaux ou de marchandises à une station déterminée, affluence qu'il n'était pas possible de prévoir, il n'y aurait pas lieu, ce semble, à rendre la compagnie responsable du retard, dans le cas où il serait prouvé que le matériel nécessaire pour les transports exceptionnels n'y pouvait être immédiatement appliqué sans dommages pour les autres services; car la compagnie n'est obligée d'avoir à chaque station que le matériel et le personnel suffisant pour les exigences du service ordinaire et du mouvement normal de la circulation. Il suffira dans un pareil cas qu'elle prouve que les transports ont eu lieu sans interruption dans l'ordre d'enregistrement des colis à mesure des possibilités du matériel.—Mais la compagnie est responsable du retard si, excipant de l'encombrement, elle n'établit pas en même temps que son matériel était insuffisant (trib. com. de la Seine, 3 déc. 1852, 8 janv. et 31 août 1854; MM. Teulet et Camberlin, t. 2, p. 64, t. 3, p. 123 et 449).

425. Les compagnies de chemin de fer, n'étant astreintes qu'au transport des marchandises qui leur sont remises moyennant le prix du port, peuvent refuser celles qu'on leur présente grevées de la condition de faire suivre en remboursement; — Par suite, lorsqu'une marchandise qui doit, pour arriver à destination, voyager sur plusieurs lignes, se trouve grevée de cette condition, s'il arrive que la compagnie du dernier parcours refuse de la recevoir, l'expéditeur ne peut actionner en dommages-intérêts pour retard apporté au transport, ni cette compagnie, ni la compagnie qui, ayant reçu la marchandise au départ, avait accepté la condition pour la transmettre à celle appelée à effectuer la livraison; et il en est ainsi, alors surtout qu'averti du refus de la condition, l'expéditeur a prolongé le retard en persistant à tort à la maintenir (trib. de com. de Marseille, 12 août 1863, aff. Laugier, D. P. 64. 3. 23).

426. L'infraction aux conditions du transport résultant du retard dans la livraison de la marchandise a deux sanctions: l'indemnité pour le retard et pour le préjudice causé; le laissé pour compte. — Lorsqu'une lettre de voiture accompagne les

marchandises, l'indemnité à payer pour cause de retard est géné-ralement stipulée dans cette lettre. En ce cas, l'indemnité est due par cela seul que la marchandise a été rendue chez le desti-nataire après le jour convenu, sans que celui-ci ni l'expéditeur ait à justifier d'un préjudice éprouvé (V. Commissionn., nᵒˢ 360 et suiv.; M. Duverdy, nᵒ 82). — D'après les usages du com-merce, l'indemnité fixée par la lettre de voiture, lorsque les mar-chandises étaient transportées par la voie du roulage, étaient le plus souvent du tiers du prix du transport, quelquefois du quart.

— Les compagnies de chemin de fer qui jusqu'en 1859 avaient accepté sans difficulté cette clause pénale, se sont concertées pour refuser désormais les lettres de voiture qui contiendraient la stipulation de la retenue du tiers du prix du transport en cas de retard. Elles se fondaient sur ce que, en raison de la fréquence et du nombre toujours de plus en plus considérable des expédi-tions à grande distance, la retenue du tiers formait une charge beaucoup plus forte qu'elle n'avait pu l'être pour les entrepre-neurs de roulage; que cette indemnité d'ailleurs profitait non pas au destinataire, auquel la plupart du temps le retard ne fai-sait éprouver aucun préjudice, mais aux intermédiaires qui la ré-clamaient à l'insu de ce dernier (V. M. Cotelle, t. 4, p. 187; Du-verdy, nᵒˢ 86 et s.). — Les commerçants n'ont pas voulu se sou-mettre à ces prétentions. Le débat s'est porté devant les tribunaux, qui d'abord se sont prononcés contre les compagnies.—Ils ont dé-cidé : 1ᵒ que les compagnies de chemins de fer ne peuvent refu-ser de recevoir les lettres de voiture accompagnant les marchan-dises à transporter, par cela seul que ces lettres de voiture stipule-raient la retenue du tiers du prix du transport en cas de retard (Colmar, 6 déc. 1859, aff. ch. de fer de Lyon, D. P. 60. 2. 63; Besançon, 16 janv. 1860, aff. ch. de fer de Lyon, D. P. eod.; Paris, 5 mars 1860, aff. ch. de fer de Lyon et de l'Est, D. P. 59. 2. 59); — ... Alors d'ailleurs que la fixation de cette indemnité au tiers du prix de transport est conforme aux usages commer-ciaux généralement établis (même arrêt de Colmar, 6 déc. 1859); — 2ᵒ Que l'agent de la compagnie peut bien discuter l'impor-tance de l'indemnité proposée, mais qu'il ne lui appartient pas, au mépris de la loi et de l'usage, de nier l'existence du droit même à une indemnité pour cause de retard, en exigeant la ra-diation pure et simple de la clause qui la constatait (même arrêt de Besançon, 16 janv. 1860); — 3ᵒ Que s'il arrivait toutefois qu'à raison du poids et de l'importance des colis, les frais de transport fussent extrêmement considérables, et que, dès lors, la retenue du tiers fût hors de toute proportion avec le préjudice que causerait un léger retard, la compagnie serait en droit d'en demander la réduction; mais elle devrait se pourvoir à cet effet devant le tribunal du domicile de l'expéditeur (arrêt précité de Colmar); — 4ᵒ Et enfin que le tribunal ne peut sans excès de pouvoir, en condamnant la compagnie à payer à l'expéditeur les dommages-intérêts qu'il a réclamés en réparation du préjudice que lui a causé le refus de ladite compagnie, condamner en outre cette dernière à l'exécution de la clause pénale qui n'avait pas été demandée (arrêt précité de Besançon).

M. Clamageran, dans son Traité du louage, avait le pre-mier prévu la question et l'a traitée en ces termes : « L'art. 102 c. com. énumère les énonciations que doit contenir la lettre de voiture. Parmi ces énonciations, il en est une qui est évidem-ment inapplicable aux compagnies de chemin de fer: je veux parler de l'indemnité pour cause de retard. Comment fixer à l'avance le montant de cette indemnité? Le débat ne peut être libre puisque, d'une part, la compagnie ne peut refuser le trans-port, et que, d'autre part, l'expéditeur est obligé de s'adresser à la compagnie. Demander aux tribunaux d'établir une clause pénale serait absurde; s'il doit y avoir procès, il vaut mieux attendre que tous les éléments soient réunis, c'est-à-dire que le retard préjudiciable ait eu lieu. » — Tel est aussi l'avis de M. Duverdy, nᵒ 89.—Sur le pourvoi formé contre les trois arrêts précités de Colmar, Besançon et Paris; la cour de cassation a pleinement sanctionné ce système :— « Attendu, dit-elle, que, dans le contrat commercial connu sous le nom de lettre de voi-ture, comme dans tous les contrats, le consentement des parties est l'une des conditions essentielles à sa formation; que si, à l'égard des compagnies de chemin de fer, et par suite du mono-pole dont elles sont investies, ce principe, applicable à l'indus-

trie du transport sous le régime de la libre concurrence, a été modifié, et si les compagnies sont soumises à des conditions réglementaires sur les conditions de délais et de prix des trans-ports à effectuer, sans pouvoir en débattre le règlement avec les expéditeurs, les cahiers des charges et arrêtés administratifs qui, sous ce rapport, font la loi tout à la fois de ces compagnies et des expéditeurs, ne règlent et ne prévoient rien en ce qui con-cerne l'indemnité due pour cause de retard; que cet élément accessoire du contrat de transport reste, par conséquent, sous l'empire du droit commun; que les compagnies de chemins de fer ne peuvent donc, sous le prétexte d'un usage généralement pratiqué sous le régime de la libre concurrence, être obligées d'accepter ou de subir un forfait d'indemnité réglé à l'avance; qu'elles ne pourraient, à défaut d'un règlement administratif, être liées à cet égard que par leur consentement, et qu'en l'ab-sence de convention préalable ou d'accord ultérieur sur l'indem-nité pour cause de retard, c'est aux tribunaux à arbitrer l'indem-nité en raison du préjudice provenant du retard; qu'en jugeant le contraire, l'arrêt dénoncé fait une fausse application des art. 101 et 102 c. com. » (Civ. cass. 27 janv. 1862, aff. ch. de fer de Lyon, D. P. 62. 1. 67, trois arrêts du même jour, et sur renvoi, Dijon, 5 et 19 déc. 1862, D. P. 63. 2. 47).—M. Cotelle, p. 291, cite une offre qui a été faite publiquement aux expéditeurs par les compagnies de chemins de fer de fixer, pour le cas de retard, des retenues sur le prix de transport aux taux suivants : de un à dix jours de retard, le cinquième du prix; de onze à quinze jours, le tiers; au delà de trente jours, les deux tiers. — Dans ce règle-ment des indemnités qui seraient dues aux destinataires en cas de retard de livraison, les gares et stations n'accorderaient ja-mais d'indemnités supérieures à celles fixées par le tarif, sans exiger la justification régulière des dommages qu'aurait fait éprouver le retard de la livraison.

Tout en s'inclinant devant la doctrine de la cour suprême au point de vue du droit actuel, le commerce a insisté auprès de la dernière commission d'enquête, en demandant que le législateur fixât une retenue sur le prix de transport des marchandises en cas de retard, afin de prévenir des litiges et des pertes de temps que la plupart des affaires ne comportent pas. On a cité, comme preuve de l'opportunité de cette mesure, l'exemple de l'Allema-gne, où la retenue est fixée, dans les Etats du Zollverein, pour la petite vitesse, à la moitié du prix pour deux jours de retard, à la totalité si le retard est de plus de deux jours, et pour la grande vitesse de même, selon que le retard excède douze heures ou vingt-quatre heures. En Autriche, la retenue est, pour la petite vitesse, du quart du prix, s'il y a de un à trois jours de retard; du tiers et de la moitié, s'il est soit de trois à huit jours, soit de plus de huit jours. — La commission est entrée dans ces idées et a proposé qu'il y eût une retenue en cas de retard, laquelle varierait du dixième au tiers, sans préjudice des dommages-intérêts, si le préjudice était considérable. Dans sa lettre aux directeurs des compagnies de chemins de fer du 1ᵉʳ fév. 1864, le ministre s'exprime de la manière suivante : « L'administra-tion est de cet avis; elle pense de plus que les retenues, gra-duées suivant la nature du retard, peuvent être arrêtées par décision ministérielle sur la proposition des compagnies. Vous avez vous-mêmes, ajoute-t-il, partagé cette opinion, puisque vous aviez soumis, il y a deux ans, à l'administration supérieure des propositions dans ce sens. »

427. L'indemnité stipulée dans la lettre de voiture est seu-lement la peine du retard, et ne met pas obstacle à une demande en dommages-intérêts si le retard a été cause d'un préjudice soit pour le destinataire, soit pour l'expéditeur; jamais cela n'a été contesté (V. Commissionn., nᵒˢ 360 et suiv.; MM. Pouget, t. 2, p. 176 et suiv.; Duverdy, nᵒ 82), et l'on voit, par les observa-tions qui précèdent, que les compagnies de chemin de fer et la commission d'enquête le reconnaissent formellement. — Il a été jugé en ce sens que l'indemnité due par un commissionnaire de transport au destinataire, en cas de retard préjudiciable dans l'expédition des marchandises, ne saurait consister seulement dans la réduction du prix du transport stipulée dans la lettre de voiture, mais comprend encore des dommages-intérêts; et par exemple, si la marchandise consiste en draps pour une foire, le destinataire doit être indemnisé de la perte du bénéfice, du déchet

et des intérêts de la facture (Metz, 28 janv. 1857, aff. Pieau, D. P. 57. 2. 150).—V. aussi les arrêts et jugements cités par M. Pouget, t. 2. p. 389.

428. Toutefois, la compagnie pourrait valablement stipuler comme condition d'un tarif spécial que l'indemnité en cas de retard ne pourra, pour quelque raison que ce soit, excéder le prix du transport. Cette convention est licite; car les expéditeurs peuvent facilement s'y soustraire en se soumettant aux taxes du tarif général; s'ils préfèrent la taxe moindre du tarif spécial, ils ne peuvent être admis à se plaindre d'une condition que la compagnie stipule en sa faveur comme compensation de la réduction de prix qu'elle leur accorde.—Il a été jugé en ce sens que l'expéditeur de marchandises transportées par chemin de fer et arrivées tardivement à leur destination ne peut réclamer de la compagnie une indemnité supérieure au prix du transport, si le tarif *spécial* auquel ces marchandises étaient soumises limitait à cette somme la responsabilité imposée pour le cas à la compagnie, alors surtout que cette clause se trouvait reproduite en termes identiques en tête de la lettre de voiture (Bourges, 20 fév. 1860, aff. ch. de fer d'Orléans, D. P. 60. 2. 155; Paris, 29 fév. 1860, aff. ch. de fer de l'Ouest, D. P. 60. 2. 71).—V. nos 431, 434 et suiv.

429. Une ordonnance du préfet de police de Paris, du 23 juin 1857, art. 10, borne à la restitution du prix de transport la réparation due pour la compagnie, en cas de retard dans l'arrivée des marchandises.—Il a été décidé que cette disposition est applicable seulement aux retards que, dans certaines circonstances, peuvent éprouver les convois; mais elle ne s'étend pas au cas où, par la faute de la compagnie, les marchandises qui devaient être expédiées restent en gare : dans ce cas, la réparation doit être égale au préjudice causé (Caen, 7 fév. 1861, aff. ch. de fer de l'Ouest, D. P. 61. 2. 231).

430. Le laissé pour compte est le parti extrême et la pénalité la plus grande que puisse subir le commissionnaire de transport. Dans ce cas, le commissionnaire est obligé de payer au destinataire la valeur intégrale de la marchandise dont il se défait ensuite à ses risques et périls, de sorte qu'à la perte des frais du transport vient s'ajouter celle qu'il fait sur la revente des objets laissés pour compte (V. Commissionn., nos 363 et suiv.; M. Pouget, t. 2, p. 395). — Aussi le laissé pour compte ne doit-il avoir lieu dans les cas graves où la marchandise ne serait plus d'aucune utilité pour le destinataire (V. Commissionn., eod.)—En droit, la loi et la jurisprudence abandonnent aux tribunaux la faculté de déterminer suivant les circonstances, si la marchandise en retard d'expédition doit être laissée pour le compte du voiturier, ou si malgré ce retard, le destinataire de la marchandise doit la recevoir, sauf à se faire payer par le voiturier les dommages-intérêts que ce retard aura occasionnés (Metz, 28 janv. 1857, aff. Pieau, D. P. 57. 2. 150). — V. MM. Pouget, loc. cit.; Duverdy, n° 83.

431. En principe, une compagnie ne pourrait valablement stipuler en sa faveur une clause de non-garantie en cas de retard, car nul ne peut s'affranchir à l'avance de la responsabilité de ses faits (V. Commissionnaire, n° 342). — Toutefois la clause de non-garantie est stipulée, dans certains tarifs spéciaux, comme compensation des réductions de prix que les compagnies offrent au commerce. Cette stipulation est licite tout aussi bien que celle qui tend à limiter à un chiffre déterminé l'étendue de la responsabilité de la compagnie. — V. nos 428, 434 et suiv.

432. *Avaries, perte des marchandises.* — Les compagnies de chemin de fer, de même que les commissionnaires de transport et les voituriers, sont responsables des avaries survenues aux marchandises et effets qui leur ont été confiés, ou de la perte de ces effets, conformément aux art. 103 c. com. et 1784 c. nap. qui leur sont applicables.—V. le commentaire de ces articles, V° Commission., nos 342 et suiv.; Louage d'ouvr., nos 70 et suiv.; Responsab., nos 341 et suiv.

433. D'après l'art. 98 c. com., le *commissionnaire* de transport « est garant des avaries ou perte des marchandises ou effets, *s'il n'y a stipulation contraire dans la lettre de voiture*, ou force majeure. » — Il résulte de cet article que les commissionnaires de transport peuvent valablement stipuler qu'ils ne seront pas responsables des avaries ou de la perte des marchandises qu'ils se chargent de faire transporter. Les compagnies de chemin de fer peuvent-elles user du même bénéfice? — Nous ne le pensons pas. Si l'art. 98 c. com. déroge au principe déjà rappelé ci-dessus, et d'après lequel nul ne peut convenir qu'il ne sera pas responsable de ses faits, c'est parce que, s'agissant d'un *commissionnaire* de transport, dont la mission consiste, non pas à transporter lui-même, mais à remettre les marchandises à des intermédiaires que souvent il ne connaît pas, il était juste de lui permettre d'apporter une limitation à la responsabilité qui pèse sur lui à raison du fait de ces intermédiaires (V. Commissionn., nos 342 et suiv.); aussi voit-on que les art. 103 c. com. et 1784 c. nap., relatifs au voiturier, ne font pas mention de cette stipulation de non-garantie, laquelle, en effet, ne peut être permise au voiturier, car elle n'aurait d'autre effet que de l'affranchir de ses faits personnels, ce qui est inadmissible. — Les compagnies de chemins de fer effectuant pour leur propre compte et par leurs moyens personnels le transport des marchandises qui leur sont confiées, doivent être assimilées aux voituriers et non aux commissionnaires de transport, et par conséquent sont régies par les art. 103 c. com. et 1784 c. nap., et non par l'art. 98 c. com. — Il a été jugé en ce sens que l'art. 103 c. com., qui règle l'étendue de la responsabilité du voiturier en cas d'avarie de la chose voiturée, est applicable aux transport par chemin de fer, et que c'est en vain que les compagnies chercheraient à diminuer cette responsabilité ou à s'y soustraire, en excipant de la mention portée sur les bulletins, qu'elles ne sont responsables des avaries souffertes par les colis précieux qu'autant que leur transport aura fait l'objet d'une convention spéciale (Paris, 14 août 1847, aff. ch. de fer de Versailles, D. P. 48. 2. 11; V. aussi Civ. rej. 26 janv. 1859, aff. ch. de fer de l'Ouest, D. P. 59. 1. 66; trib. de com. de Cologne, 27 sept. 1850, aff. ch. de fer Rhénan, rapp. infrà, n° 456, avec l'arrêt de la cour de cass. de Berlin, du 16 mars 1852, et M. Duverdy, nos 30, 73).

434. La stipulation de non-garantie pourrait cependant avoir lieu dans deux cas: d'abord, comme condition d'un tarif spécial portant réduction de prix sur le tarif général (V. suprà, nos 428, 431, et M. Duverdy n° 36), et ensuite lorsque l'emballage des colis présentés pour être expédiés est ou paraît défectueux : la compagnie dans ce cas serait en droit de refuser ces colis, et par conséquent peut mettre une condition à son acceptation. — Il a été jugé en ce sens que les compagnies peuvent, en cas d'emballage défectueux, valablement réclamer de l'expéditeur des *billets de non-garantie*, dont l'effet est de les affranchir de toute responsabilité à l'égard des avaries survenues dans le trajet, alors même qu'elles ne seraient pas autorisées par leurs statuts à exiger des billets de cette nature (Conf. arrêt d'admission, Req. 2 fév. 1858, aff. N ..., journ. le Droit du 7 fév. 1858; M. Pouget, p. 314; Duverdy, n° 72 et suiv.; V. aussi dans le même sens, Civ. rej. 26 janv. 1859, aff. ch. de fer de l'Ouest, D. P. 59. 1. 66).

435. Du reste, lorsque l'emballage est défectueux, la compagnie, même à défaut d'un billet de non-garantie, ne peut être déclarée responsable des avaries (V. Commission., n° 341.—Conf. M. Duverdy, n° 72).—Seulement il faut qu'elle prouve le mauvais état de l'emballage, ce qui est toujours difficile, si aucune constatation n'a été faite au départ. Ainsi, il a été jugé que lorsque l'expéditeur a reçu de la compagnie un récépissé sans protestation ni réserve, il existe contre elle la présomption que les marchandises étaient en bon état : « Attendu, dit l'arrêt, qu'il est constant en fait que les huit balles de draperies dont il s'agit au procès ont été livrées par Zimmerman à Herberstahl en état sain; que le récépissé présenté par Zimmerman, et qui lui a été donné sans protestation ni réserve, en serait au besoin la preuve. » (Rouen, 3 déc. 1855, aff. comp. du Nord C. l'Etat belge). — Le billet de non-garantie a cette utilité qu'il met obstacle à toute contestation de cette nature.

436. Quant à la question de savoir dans quel cas un emballage est ou non défectueux, il est hors de doute qu'en cas de contestation sur ce point, l'appréciation du juge saisi du litige serait souveraine devant la cour de cassation. — V. ce mot, nos 1643 et suiv.

437. La stipulation de non-garantie, dans le cas où elle est licite, n'est ni né peut être absolue ; autrement elle deviendrait une prime pour la négligence (V. Commission., n°⁸ 342 et suiv.). Elle n'empêche donc pas que la compagnie soit responsable des fautes commises par ses agents.— Il a été décidé en conséquence 1° que la compagnie de chemin de fer qui, en consentant à effectuer certains transports à prix réduit, stipule, en échange de cette concession, qu'elle sera dégagée de toute responsabilité en cas d'accident, demeure néanmoins responsable de ses fautes et de sa négligence, une telle convention ne pouvant avoir d'autre effet que d'exonérer la compagnie de la présomption résultant des art. 103 c. com. et 1784 c. nap., et de mettre la preuve de la faute à la charge de l'expéditeur (Bordeaux, 5 mars 1860, aff. ch. de fer du Midi, D. P. 60. 2. 175 ; mais sur cette dernière proposition, V. le numéro suivant ; — 2° Que, de même, les voituriers ou les entrepreneurs de voitures ou de roulage ne peuvent stipuler qu'ils ne seront pas responsables de leurs fautes ou de celles de leurs préposés, et que cette clause de non-garantie est sans effet, alors même qu'elle se trouverait dans un tarif de chemin de fer homologué par décision ministérielle (Req. 26 mars 1860, aff. ch. de fer de Paris à Orléans, D. P. 60. 1. 269) ; — 3° Que les juges peuvent puiser dans tous les documents de la cause les éléments de leur conviction, et déclarer, notamment, qu'il résulte de ces documents que l'avarie soufferte par une marchandise ne peut être attribuée qu'à la négligence ou au défaut de précaution des agents chargés du transport de cette marchandise (Req. 26 mars 1860, aff. ch. de fer de Paris à Orléans, D. P. 60. 1. 269).

438. L'arrêt précité de la cour de Bordeaux, du 5 mars 1860, décide, comme on vient de le voir, que la clause de non-garantie a pour effet de mettre la preuve de la faute à la charge de l'expéditeur. Cette question a donné lieu à des dissentiments dans la doctrine. M. Troplong, Louage, n° 542, se prononce dans le sens adopté par l'arrêt qu'on vient de rappeler. — Mais l'opinion contraire a pour elle Pardessus, Dr. comm., t. 2, n° 542; Sourdat, Tr. de la respons., t. 2, n° 995; Massé et Vergé sur Zachariæ, t. 4, p. 407, note 11. Tel est aussi notre sentiment (V. Commissionn., n° 344). — En effet, cette clause, sous l'apparence d'une simple question de preuve, tendrait à affranchir le voiturier de toute responsabilité, puisque, dans la plupart des cas, il serait impossible à l'expéditeur de faire la preuve qui serait à sa charge.

439. Certaines marchandises sont transportées en *vrac*, c'est-à-dire chargées à même le wagon sans emballage particulier, comme, par exemple, les pommes de terre, les pommes, les fruits à la pelle. Dans ce cas, les compagnies ne sont pas responsables des déchets de route (Conf. M. Pouget, p. 330). — Les compagnies ne sont pas tenues d'accepter en vrac les marchandises que le commerce est dans l'usage d'emballer. Les marchandises susceptibles de se confondre avec d'autres marchandises de même nature, ou dont le contact pourrait être nuisible, telles que les pommes de terre, la houille, le soufre, ne sont acceptées en vrac par les compagnies ou par wagon complet, à moins que la charge étant insuffisante, l'expéditeur ne consente à payer le taxe d'un wagon complet (extrait du tarif général, V. M. Palaa, Dict. des chem. de fer, p. 326).

440. Les emballages n'entrent ordinairement pour rien dans la valeur de la marchandise, et n'ont d'autre objet que de la garantir contre les chocs et les frottements. Toutefois il est certaines denrées dont l'enveloppe particulière a une valeur spéciale, en ce sens qu'elles se vendent avec cette même enveloppe et que le bon conditionnement extérieur est une garantie essentielle pour l'acheteur : telles sont, par exemple, les *fraises* et *prunes* en *corbeille*, les *fromages* en caisse, les *primeurs* et *fruits* en boîtes de bois mince, etc. Les compagnies de chemins de fer sont-elles responsables des avaries survenues à ces enveloppes extérieures? — « Pour ces objets, dit M. Petit de Coupray, p. 25, des réclamations pouvant être faites par les destinataires si l'enveloppe n'est plus *plus fraîche* ni présentable, parce que son mauvais état peut nuire à la vente (alors même que l'*intérieur* n'aurait éprouvé *aucune avarie*), la compagnie a le droit d'en refuser l'acceptation en vrac, à moins qu'il ne lui

soit donné garantie pour les avaries ; elle ne peut donc être tenue de transporter en vrac, à ses *risques* et *périls*, une marchandise dont l'enveloppe, ayant une *valeur relative*, a besoin d'être protégée par un emballage particulier » (Conf. trib. com. de la Seine, 3 déc. 1856, aff. N., Rec. Teulet et Camberlin, cités par M. Pouget, t. 2, p. 330).

441. M. Pouget, t. 2, p. 332, enseigne, comme règle générale, que l'*emballage* des marchandises n'est obligatoire pour l'expéditeur qu'à l'égard de certains colis pour lesquels la condition est imposée par le cahier des charges, et il cite en ce sens un jugement du trib. de com. de la Seine du 4 avr. 1856, aff. N., Rec. Lehir, 1857, p. 218. — Nous ne voyons dans les nouveaux cahiers des charges aucune disposition relative à l'emballage des marchandises ; aussi nous pensons que ce point est laissé au libre arbitre des compagnies, qui ne peuvent être tenues de recevoir des marchandises non emballées, si elles pensent que la responsabilité peut en être compromise.

442. Inutile de dire que la responsabilité embrasse tous les objets dont le transport est confié aux compagnies, les chevaux, bestiaux, etc., comme toute espèce de marchandises. M. Pouget, t. 2, p. 328, note, rappelle, par leur date, plusieurs arrêts et jugements de la cour de Paris et du tribunal de commerce de la Seine, qui consacrent cette proposition incontestable. — Jugé, par exemple : 1° que l'accident arrivé à un *cheval* au moment où l'animal est entré dans la gare, est à la charge de la compagnie (trib. civ. de la Seine, 17 juill. 1847; trib. de com. de la Seine, 4 juill. 1844; 15 janv. 1845; journ. le Droit, 18 juill. 1847; 5 juill. 1844; 17 janv. 1845); — 2° Que les tribunaux n'ont pas à se préoccuper, dans le cas dont il s'agit, du plus ou moins de perfection du système de *box* adopté par les compagnies pour le transport des chevaux, mais seulement de savoir si la cause de l'accident provient de l'*indocilité* ou d'un *vice* quelconque de l'animal transporté, *seule cause* qui puisse affranchir la compagnie de sa responsabilité (trib. com. de la Seine, 13 oct. 1852; 15 oct. 1856, aff. N., Rec. Lehir, 1853, p. 106; Teulet et Camberlin, p. 17, 1857, p. 102); — 3° Que, dès lors, une compagnie est responsable de la mort d'un cheval trouvé renversé dans un wagon à l'arrivée et mort quelques jours après par suite de lésion à la moelle épinière, mais qu'il soit besoin d'examiner le mode d'attache employé pour maintenir l'animal, s'il est certain qu'aucune surveillance n'a été exercée pendant le trajet, la situation du cheval n'ayant été reconnue qu'à l'arrivée (Paris, 31 juill. 1852, aff. N., Rec. Lehir, 1853, p. 330; Teulet et Camberlin, 1852, p. 419).

443. Les compagnies répondent, en règle générale, des avaries *intérieures* aussi bien que des avaries *extérieures*, à moins que la détérioration ne provienne d'un vice propre de la chose, ou d'une faute de l'expéditeur (V. Commissionn., n° 341). — MM. Rebel et Juge, n°⁸ 489 et suiv.; Pouget, p 332, paraissent croire au contraire que les compagnies ne sont responsables des avaries intérieures que lorsqu'il est démontré que ces avaries ont eu lieu par leur faute.

444. Si l'avarie provient du fait de l'expéditeur ou de ses agents, la compagnie ne peut évidemment être déclarée responsable. Ainsi, lorsque des machines chargées sur un chemin de fer par les propres agents de l'expéditeur ont subi des avaries, et que la compagnie prouve que ces avaries proviennent de défauts du chargement, elle est à l'abri de la responsabilité (Bourges, 24 janv. 1844; M. Pouget, p. 402.)

445. Lorsqu'il y a eu déclaration sur la *fragilité* du colis, la compagnie doit-elle en répondre? Oui si une faute lui est imputable (Conf. MM. Rebel et Juge, p. 275; Pouget, t. 2, p. 358, 401 — *Contrà*, M. Petit de Coupray, p. 49; V. aussi v° Commissionn., n° 345).

446. Les compagnies de chemin de fer qui transportent des marchandises susceptibles de déperdition en cours de route, comme des charbons et cokes, ont droit, d'après l'usage, à un certain déchet, qui doit être évalué d'après les circonstances ; mais pour tout ce qui excède ce manquant, les particuliers ont droit à la restitution, non-seulement de la valeur du manquant, mais aussi d'une portion correspondante du prix de transport (Paris, 5 déc. 1863, aff. Tainturier, D. P. 64. 2. 23). — M. Petit de Coupray, p. 25, 119, 155, 185, 226, indique la

manière habituelle de procéder des compagnies lorsque, à l'arrivée des marchandises en gare, il y a des manquants de poids ou de nombre. — Le *coulage* ordinaire des liquides transportés constitue ainsi un cas d'avarie dont la compagnie n'est pas responsable alors qu'il n'y a aucune faute à lui imputer (trib. de com. de la Seine, 13 déc. 1853).— V. M. Duverdy, n° 71.

447. La perte des objets remis à une compagnie de chemin de fer, tout aussi bien que les avaries qu'ils ont souffertes, engage la responsabilité de cette compagnie; toutefois cette responsabilité n'est pas encourue lorsque la compagnie, au lieu d'effectuer le transport pour son propre compte, se borne à mettre ses voitures à la disposition de l'expéditeur. Ainsi, par exemple, la compagnie de chemin de fer qui, en vertu d'un traité, loue à forfait à un négociant, pour chaque convoi de marchandises, un wagon entier, dont ce dernier use sans l'intervention de cette compagnie, n'est pas responsable de la perte des objets chargés dans ce wagon (Crim. rej. 27 déc. 1848, aff. Madaré, D. P. 49. 1. 165). — Le commissionnaire de transport qui met sa voiture à la disposition de l'expéditeur n'est qu'un simple locateur de cette voiture, et ne peut être responsable que de la perte qui serait survenue par le vice de la chose donnée en location, conformément aux principes généraux applicables au contrat de louage de choses. Cependant l'application de ces principes à l'espèce offrait quelque difficulté. L'irresponsabilité du voiturier n'eût été douteuse, si ce voiturier était demeuré complétement étranger à l'opération du transport; mais, ainsi qu'on peut le voir dans le sommaire qui précède, la location, faite par une compagnie de chemin de fer, avait pour objet un *wagon* dépendant d'un *convoi* de marchandises conduit par les employés de la compagnie. Or la surveillance du convoi n'était-elle pas indivisible, et ne devait-elle pas dès lors s'exercer, sous peine de responsabilité, aussi bien sur le wagon loué à forfait que sur les autres wagons? — Il est certain que le wagon ainsi loué à forfait est placé sous la garde des employés de la compagnie, mais c'est seulement en ce qui concerne la sûreté du voyage; il n'en résulte pas que les employés soient tenus de surveiller les marchandises voiturées. En effet, le chargement de ces marchandises est confié exclusivement aux soins de l'expéditeur; la compagnie qui reçoit un prix de transport fixé à forfait n'a point à en vérifier la quantité; elle doit veiller uniquement à ce que le chargement ne soit point excessif et qu'il ne comprenne pas des objets d'un transport dangereux. L'entrepreneur ainsi dispensé par la nature même de la convention, de toute constatation contradictoire des objets transportés, ne peut donc être considéré comme s'en étant constitué le gardien, et il doit, par conséquent, être affranchi de la responsabilité de pertes causées par un défaut de surveillance qu'on ne saurait imputer qu'à l'expéditeur qui a usé de la voiture, sans l'intervention du voiturier. — Toutefois, le principe posé par l'arrêt qui précède doit être restreint dans de justes limites. Sans doute on doit reconnaître l'irresponsabilité de la compagnie, lorsque la perte ou les avaries dont se plaint l'expéditeur proviennent d'un entassement exagéré dans le wagon loué des objets à transporter; mais si cette perte ou ces avaries proviennent de la mauvaise disposition du wagon, elles doivent être à la charge de la compagnie, puisqu'elles résultent de son propre fait. — Il a été jugé en ce sens qu'une compagnie est responsable de la perte de bestiaux dont le transport lui a été confié, bien qu'elle se soit bornée, conformément aux clauses et conditions du tarif, à mettre à la disposition de l'expéditeur les wagons dans lesquels le chargement et le déchargement sont effectués par l'expéditeur et le destinataire, si la disposition vicieuse des wagons a favorisé l'évasion d'une partie du bétail pendant le trajet (Montpellier, 18 avr. 1863, aff. Clavairoz *C.* comp. du Midi, V. Annuaire du ch. de fer, 1863, p. 709).

448. Les compagnies de chemins de fer sont responsables non-seulement des marchandises qui leur sont remises par les expéditeurs pour être livrées à un destinataire désigné, mais encore des bagages qui accompagnent les voyageurs, bien que le transport de ces bagages soit gratuit jusqu'à concurrence de 30 kilog. Si ces bagages sont avariés ou perdus, les compagnies sont tenues d'indemniser les voyageurs de tout le préjudice qu'ils éprouvent. — Mais pour que la perte d'un colis

de cette nature engage la responsabilité de la compagnie, est-il de toute nécessité que ce colis ait été avant le départ inscrit sur les registres à ce destinés? Nous ne parlons pas ici des paquets ou autres objets que les voyageurs gardent avec eux pendant toute la durée du trajet : ces paquets ne sont pas soumis à l'enregistrement, et comme la compagnie n'en a pas la garde, elle ne peut en être déclarée responsable (V. d'ailleurs *infrà*, n° 450); nous ne nous occupons que de ceux remis par les voyageurs, avant le départ, à un agent de la compagnie pour être chargés avec les bagages, et que l'on a négligé de faire enregistrer. — M. Duverdy, n°s 44 et suiv., pense que la compagnie ne peut être déclarée responsable si le défaut d'enregistrement provient de la faute du voyageur, et il y a faute si le voyageur remet ses bagages à des employés qui ne sont pas chargés de les recevoir ni de les enregistrer, comme si par exemple il les remettait à un chef de train. — M. Pouget, t. 2, p. 317, semblerait d'un avis contraire : il cite, sans en contester la doctrine, un jugement du tribunal civil de la Seine, du 16 oct. 1857, qui aurait jugé que les compagnies de chemin de fer sont responsables de tout colis reçu à l'entrée de la gare des mains d'un voyageur par un de leurs agents, lors même que ce colis n'a pas été enregistré; qu'en conséquence, l'avertissement imprimé, aux termes duquel les compagnies déclarent ne répondre que des colis enregistrés, ne forme pas entre elles et le voyageur un contrat dont la compagnie soit en droit d'exciper (V. journ. le Droit, 22 oct. 1857). — Mais d'autres jugements, cités également par M. Pouget, ont été rendus en sens opposé (Trib. de com. de la Seine, 9 nov. 1852 et 23 mai 1853; MM. Teulet et Camberlin, 1853, p. 32, 266). — La question s'est présentée plusieurs fois vis-à-vis des anciennes entreprises de messageries et de diligences, et a donné lieu aux mêmes divergences (V. Commission., n°s 419 et suiv.). — Nous avons pensé, quant à nous, que les entrepreneurs de messageries sont déclarés responsables de la perte des bagages, même non enregistrés, lorsqu'ils ont été remis à un de leurs agents; nous ne voyons pas de raison pour que la solution soit différente à l'égard des compagnies de chemin de fer. Il est difficile qu'un voyageur un peu inexpérimenté ne commette pas quelque erreur au milieu du tumulte qui accompagne ordinairement le départ d'un train; sa confiance envers les agents de la compagnie est donc nécessairement forcée. Si l'enregistrement n'a pas eu lieu, ce n'est pas, à notre avis, le voyageur qui est en faute, car il peut ignorer les règlements, les usages de la compagnie, mais bien au contraire l'employé, dont le devoir était, ou de faire procéder lui-même à l'enregistrement, ou d'indiquer au voyageur la marche à suivre : c'est là une faute dont la compagnie doit être rendue responsable.

449. A plus forte raison la compagnie doit-elle répondre de la perte des bagages non enregistrés, lorsque le défaut d'enregistrement provient de son chef. M. Duverdy lui-même reconnaît que dans ce cas il n'en peut être autrement. Ainsi, par exemple, il y a des chemins de fer où les voyageurs ne peuvent entrer dans la salle d'enregistrement des bagages avant d'être munis de leurs billets de place; ils doivent abandonner leurs bagages aux facteurs de l'administration, qui les transportent dans la salle qui leur est affectée. Or si, avant que, muni d'un billet, le voyageur puisse requérir l'enregistrement de ses colis, l'un d'eux vient à disparaître, la compagnie est évidemment responsable. « Ayant remis ses colis aux facteurs dans la salle des bagages, dit M. Duverdy, pendant qu'il était obligé d'attendre qu'il pût avoir son billet, il a suivi la foi de l'administration de la compagnie, qui doit alors l'indemniser de toute la valeur de l'objet perdu. » M. Duverdy cite, comme rendu en ce sens, un jugement du tribunal civil de la Seine du 16 oct. 1857 (V. Gaz. des trib. du 22 oct.).

450. Quant aux objets dont les voyageurs ne se dessaisissent pas, il est évident, ainsi que nous l'avons déjà dit, que la compagnie n'en peut être responsable. Cette solution a été formellement consacrée par un arrêté du ministre des travaux publics, du 20 août 1857. « Pour les sacs d'espèces transportés dans ces conditions, dit l'art. 2 de cet arrêté, et pour les objets dont les voyageurs ne se dessaisissent pas, les compagnies sont affranchies de toute responsabilité en cas de perte. » — V. M. Duverdy, n°s 55, 64.

451. Les entrepreneurs de voitures *omnibus* destinées à transporter les voyageurs et leurs bagages de la gare à leur domicile (et réciproquement), sont également responsables de la perte des objets qui leur sont confiés (Paris, 24 nov. 1857 (1). —V. MM. Blanche, p. 172; Duverdy, nos 51 et suiv.).

452. Les compagnies de chemin de fer peuvent-elles être déclarées responsables de la perte des objets précieux dont la valeur n'a pas été déclarée? — Ces objets, on le sait, sont assujettis à un tarif exceptionnel, approuvé chaque année par l'administration, et dont les prix sont supérieurs à ceux du tarif ordinaire. Quelquefois les expéditeurs, pour éviter de payer l'augmentation de taxe, omettent de faire la déclaration exigée par les règlements ou font une fausse déclaration, ce qui ne les empêche pas, en cas de perte des colis, de réclamer une valeur dont la compagnie, par suite de leur dissimulation, ignorait l'existence et pour laquelle, par conséquent, elle n'a pu prendre les précautions nécessaires. — Il semble qu'en pareil cas l'expéditeur, étant lui-même coupable d'une faute grave, a perdu son recours contre la compagnie (Conf. M. Duverdy, nos 56, 140). — Il a été jugé en ce sens que les compagnies de chemin de fer ne sont pas responsables de la perte des colis expédiés sans déclaration de leur contenu, alors qu'au moyen de cette dissimulation l'expéditeur a payé le prix de transport, non point d'après le tarif particulier applicable aux objets renfermés dans le colis, mais seulement en raison du poids du colis apparent; et spécialement, que lorsqu'un expéditeur a remis à un chemin de fer un colis renfermant des billets de banque et des valeurs commerciales, en le faisant inscrire sous cette simple désignation, *une boîte en fer*, et n'a payé que les droits dus en raison du poids de la boîte, il n'est point fondé, en cas de perte de ce colis pendant le trajet ou à l'arrivée, à demander contre la compagnie le payement des valeurs qui y étaient contenues, mais seulement du montant de l'estimation de la boîte (Paris, 10 avr. 1854, aff. Varnier-Roger, D. P. 55. 2. 14). — Voy. D. P., *loc. cit.* notre observ. et les autorités citées.

453. Mais la compagnie serait responsable des valeurs même non déclarées, si la perte était le résultat de la faute ou de la fraude des agents de la compagnie. — Ainsi il a été décidé que les compagnies de chemins de fer sont responsables de la perte des titres d'actions sociales ou industrielles dont le transport lui a été confié, encore que ces valeurs n'avaient point été déclarées, et que, par exemple, elles aient été placées dans une boîte close et cachetée, sous la désignation de *papiers d'affaires*, s'il est établi que la perte soufferte est le résultat d'une soustraction imputable aux employés de la compagnie (Paris, 21 août 1858, et sur pourvoi, Req. 16 mars 1859, aff. ch. de fer de Lyon, D. P. 59. 1. 517). — Et la soustraction doit être imputée aux employés du chemin de fer, lorsqu'il est constant que la boîte renfermant les valeurs soustraites a été ouverte pendant qu'elle était à la disposition de ces employés (mêmes arrêts). — V. aussi M. Pouget, p. 317, qui cite dans le même sens un arrêt de la cour de Paris, du 22 nov. 1851.

454. Bien que les juges, saisis de la question de savoir si des objets confiés à une compagnie de chemin de fer, ont été détournés pendant le transport ou après la remise de ces objets au destinataire, ne puissent pas se fonder sur ce que le détournement n'est pas postérieur à la livraison au destinataire, pour en tirer la conséquence nécessaire et la présomption légale d'un détournement commis durant le transport par les préposés du chemin de fer, ils ont le droit de faire de cette circonstance l'un des éléments de leur décision (Civ. rej. 26 avr. 1859, aff. ch. de fer de Lyon, D. P. 59. 1. 181).

455. Il y a plus de difficulté lorsque les valeurs non déclarées se trouvent parmi les bagages qu'un voyageur transporte avec lui; les règlements, en effet, n'obligent ce voyageur à aucune déclaration; ils lui donnent droit au transport gratuit de 30 kil. de bagages, sans dire que les objets d'or et d'argent, les espèces monnayées, etc., ne sont pas compris dans cette tolérance et doivent faire l'objet d'une déclaration et d'une taxe spéciale. — Le voyageur semble dès lors ne pas être en faute; car il a pu raisonnablement croire que la tolérance de poids établie en sa faveur s'étend aux valeurs qu'il emporte avec lui tout aussi bien qu'aux effets à son usage; car les unes comme les autres sont une nécessité du voyage, que les compagnies de chemin de fer ne peuvent prétendre n'avoir pu entrer dans leurs prévisions. Cette question, qui s'est présentée bien avant l'établissement des chemins de fer, a été de tout temps très-controversée. — Deux systèmes extrêmes et contradictoires se sont d'abord produits : l'un qui affranchissait le voiturier de toute responsabilité à l'égard des sommes enfermées dans les bagages lorsque le voyageur n'avait fait aucune déclaration, ou n'avait fait qu'une déclaration générique d'effets (V. en ce sens MM. Toullier, t. 11, no 255; Duvergier, Louage, t. 2, no 329, et les arrêts cités, vo Commission., no 427, ainsi que les nombreux jugements de tribunaux de commerce rappelés par M. Pouget, p. 323) ; — L'autre qui, au contraire, en l'absence même de toute déclaration, faisait peser sur les entrepreneurs de transport une responsabilité *indéfinie*. Telle paraît être l'opinion de M. Troplong, Louage, no 950. Toutefois, à la fin de ce même numéro, le savant auteur, atténuant la portée des développements dans lesquels il vient d'entrer, semblerait réduire la responsabilité des entrepreneurs aux sommes de 500 fr. ou 1,000 fr., plus ou moins, qui peuvent être nécessaires aux besoins du voyage et aux premières dépenses d'arrivée (V. aussi dans le sens de la responsabilité indéfinie, les arrêts cités, vis Commission., nos 429 et 430; Responsabil., no 354, et spécialement en matière de chemin de fer, Paris, 12 janv. 1852, aff. ch. de fer de Boulogne à Amiens, D. P. 53. 2. 294). — Aujourd'hui, un système intermédiaire que faisait déjà pressentir un arrêt de Douai, du 17 mars 1847 (V. Commission., no 427-3e et D. P. 47. 2. 98) et vers lequel paraît incliner M. Troplong, tend à prévaloir. Ce système, qui a été soutenu par M. Sourdat, de la Responsabil., t. 2, nos 1008 et suiv., et qui nous paraît le plus équitable (V. Commission., no 428), consiste à limiter

---

(1) *Espèce :* — (Sempé *C.* ch. de fer d'Orléans.) — 18 juill. 1856, jugement du tribunal de la Seine en ces termes : « Attendu, en droit, qu'aux termes de l'art. 1784 c. nap., les entrepreneurs de transport sont responsables de la perte des choses qui leur sont confiées ; — Que ce principe ne reçoit pas exception au cas où il s'agit d'une entreprise d'omnibus destinés à transporter à la gare d'un chemin de fer les voyageurs et leurs bagages, puisque rien ne s'oppose à ce que cette entreprise prenne toutes précautions pour surveiller les objets à elle confiés et qu'elle reçoit une rétribution spéciale pour le transport de ces mêmes objets ; mais que la responsabilité de l'entrepreneur de transports doit être limitée quand à l'imprudence de l'entrepreneur vient se joindre une imprudence imputable au voyageur ; — Attendu, en fait, que le 8 mars, à huit heures du soir, Sempé, arrivé à Paris par le chemin de fer d'Orléans, est monté dans un omnibus attaché à ce chemin de fer, pour se rendre rue Baillif, no 1 ; — Que Sempé a fait charger sur ledit omnibus une malle à lui appartenant ; qu'arrivé à domicile, il s'est aperçu que sa malle avait disparu ; — Qu'il est constant que le conducteur dudit omnibus, du fait duquel l'administration du chemin de fer est responsable, avait remis ladite malle à un individu qui l'avait réclamée, en descendant au quai de la Grève, sans qu'il ait été pris aucune précaution pour éviter l'erreur qui s'est produite en cet instant et qui a porté à Sempé un préjudice grave ; — Que Sempé déclare que cette malle contenait des hardes à son usage et une somme de 5,600 fr. en or ; — Que rien ne fait

suspecter la véracité de la déclaration de Sempé, laquelle, d'ailleurs, n'est pas contestée par la compagnie défenderesse ; — Que la responsabilité de ladite compagnie se trouve donc engagée ; mais qu'il est évident qu'en déposant dans sa malle une somme aussi considérable, Sempé a commis une imprudence qui dégage dans une certaine proportion la responsabilité de ladite administration ; — Que prenant en considération la valeur des objets perdus, les principes ci-dessus posés, les faits établis et les faux frais auxquels Sempé a été entraîné par la perte de sa malle, le tribunal a les éléments nécessaires pour fixer le chiffre de l'indemnité due à Sempé, et que ce chiffre doit être fixé à 1,500 fr. » — Appel par Sempé, en ce que la condamnation avait été restreinte à 1,500 fr. — Arrêt.

La cour ; — Adoptant, en droit, les motifs des premiers juges ; — Et considérant, en fait, qu'il n'est pas contesté que la malle de l'appelant contenait, outre ses vêtements, une somme en or de 5,600 fr. ; — Qu'un tel mode de transport ne saurait constituer une imprudence, et qu'il est d'ailleurs établi que si la malle a été perdue, c'est uniquement par la faute du conducteur de l'omnibus ; — Que Sempé a dès lors droit à la réparation de la perte qu'il a subie ; — Infirme en ce qu'une indemnité de 1,500 fr. seulement a été attribué à Sempé ; émendant, condamne l'administration du chemin de fer d'Orléans, en sus de ladite somme de 1,500 fr., celle de 4,200 fr. avec intérêts du jour de la demande, etc.

Du 24 nov. 1857.-C. de Paris, 1re ch.-M. Delangle, 1er pr.

la responsabilité de la compagnie aux valeurs qui sont en rapport avec les besoins probables du voyage. Tel paraît être aussi le sentiment de MM. Marcadé, sur les art. 1782-1786, n° 2, et Mourlon, t. 3, p. 256 (V. encore MM. Taullet, t. 6, p. 310; Zachariæ, édit. Aubry et Rau, t. 3, p. 43; Delsol, t. 3, p. 232; Pouget, Dr. et oblig. des commission., t. 4, n° 892 bis; Duverdy, n° 60).— Il a été décidé en ce sens que, malgré l'omission d'une déclaration spéciale, la compagnie doit répondre des sommes d'argent renfermées dans les bagages perdus, jusqu'à concurrence des besoins présumés des voyageurs (Angers, 20 janv. 1858, aff. Branchereau, D. P. 58. 2. 132; Bordeaux, 24 mai 1858, aff. Forest, eod., et sur pourvoi, Req. 16 mars 1859, D. P. 59. 1. 316). — Les sommes nécessaires au voyage sont considérées comme un simple accessoire du bagage, et dès lors la déclaration du bagage comprend ces sommes comme tous les autres effets qui accompagnent le voyageur; il n'est donc pas besoin d'une déclaration spéciale pour engager la responsabilité de l'entrepreneur, à raison de ces sommes. — V. des décisions analogues v° Dépôt, n° 174, 176.

456. Les compagnies de chemin de fer, de même que les voituriers et les entrepreneurs de messageries, sont responsables de la valeur totale des objets perdus : vainement essayeraient-elles de limiter à l'avance cette responsabilité à une somme déterminée (V. Commission., n° 355, 410 et suiv.— Conf. M. Pouget, p. 322; Duverdy, n° 31 et suiv.).—Il a été jugé en ce sens, dans les provinces rhénanes où nos codes sont restés en vigueur, que la clause imprimée dans le règlement d'une

compagnie de chemin de fer, ou insérée dans une lettre de voiture, et portant que, en cas de perte ou de dommage des objets à transporter, le propriétaire ne pourra réclamer à titre de dommages-intérêts qu'une somme déterminée, sauf le cas d'une assurance spéciale, est contraire à la loi et nulle (C. de Cologne, 29 janv. 1852) (1). — Toutefois, il a été décidé en sens contraire, par la cour de cassation de Berlin, que la clause, insérée dans une lettre de voiture ou imprimée dans un règlement de transport auquel renvoie la lettre de voiture, que, sauf le cas d'une assurance spéciale, le voiturier ne sera responsable que jusqu'à concurrence d'une somme déterminée en cas de perte des objets transportés, est valable et n'est contraire à aucune loi, et que cette règle s'applique aux transports effectués par chemin de fer (C. C. de Berlin, 16 mars 1852) (2).

457. Mais comment la valeur des objets perdus pourra-t-elle être prouvée? Par tous les moyens de preuve admis par la loi, la matière étant commerciale, et par exemple, par la preuve testimoniale (Crim. rej. 1er sept. 1848, aff. Ratelot, D. P. 49. 1. 22; 11 oct. 1848, Gaz. des trib., 12 oct. 1848),... ou par de simples présomptions comme, par exemple, d'après la position des personnes, les besoins présumés des voyageurs, etc. (V. les arrêts cités n° 455). — « Les juges, dit M. Pouget, p. 394, peuvent aussi estimer la valeur des objets perdus, d'après les divers éléments qui lui sont fournis; l'estimation par le propriétaire, sur la demande de la compagnie, peut leur suffire à défaut de pièces justificatives. Toutefois, il ne faut pas que la compagnie du chemin de fer soit victime de sa bonne foi;

(1) (Weber et chem. de fer de Cologne-Minden C. Schmitz, etc.) — LA COUR: — En ce qui touche l'appel principal de la compagnie contre la maison Schmitz, Freytag et du Fallois : — Attendu que la loi du 3 nov. 1838 sur les entreprises de chemins de fer, ainsi qu'elle le dit dans son préambule, a pour but d'établir des dispositions générales sur les rapports des chemins de fer avec l'Etat et avec le public, et que le législateur s'est expressément réservé de changer, de compléter et d'augmenter ces dispositions à mesure que l'expérience en démontrerait la nécessité; — Que les dispositions contenues dans cette loi sur la responsabilité des compagnies en cas de perte ou de dommage des objets dont le transport leur a été confié sont, dans toute la force des termes, des règles qui fixent les rapports entre les chemins de fer et le public, et que, comme telles, elles ne peuvent être modifiées autrement que par des dispositions nouvelles émanées du législateur lui-même; que le § 25 de cette loi dispose que les compagnies de chemins de fer sont obligées de répondre de tout dommage arrivé aux objets qu'elles se chargent de transporter, et qu'elles ne pourront se décharger de cette obligation qu'en prouvant ou que le dommage est arrivé par la faute de l'expéditeur ou par suite d'une force majeure; — Que, dans l'espèce, ni par rapport à la caisse dont il s'agit, la compagnie du chemin de fer de Cologne-Minden n'a offert ni l'une ni l'autre de ces preuves; — Que la compagnie, pour repousser la demande de la maison Schmitz, Freytag et du Fallois, ou tout au moins pour réduire la somme demandée de 777 thalers à celle de 13 thalers 18 gros, invoque les dispositions de son règlement pour le transport et les stipulations particulières intervenues entre elle et la maison Schmitz et consorts, et qu'en effet l'application de ce règlement aurait pour conséquence de réduire la somme réclamée à titre de dommages-intérêts à 13 thalers 18 gros; — Mais attendu que les dispositions de ce règlement doivent être considérées comme nulles d'après les art. 6 et 1155 c. civ., parce qu'elles sont contraires à des règles essentielles d'une loi qui est et qui s'annonce elle-même comme rendue dans l'intérêt de l'ordre public; — Qu'en présence de la nullité absolue des dispositions du règlement mentionné, il est sans intérêt d'examiner la question de savoir si en fait la maison Schmitz, Freytag et du Fallois, par la signature de la lettre de voiture, s'est soumise à ce règlement; — Que, dès lors, l'appel formé par la compagnie contre le jugement à quo n'est pas fondé.
Du 29 janv. 1852.-C. de Cologne, 2e ch.

(2) Espèce : — (Chem. de fer rhénan C. Mathée.) — Le 27 sept. 1850, jugement du tribunal de commerce de Cologne ainsi conçu : — «Attendu que la compagnie défenderesse s'appuie surtout sur ce qu'elle soumet aux expéditeurs des formulaires de lettres de voiture pour par eux remplies; sur ce que ces formulaires se réfèrent expressément aux conditions de leur règlement, de manière que l'expéditeur, en signant la lettre de voiture, se soumet aux conditions de ce règlement; — Attendu qu'il est vrai que l'art. 98 c. com., qui déclare les commissionnaires qui se chargent d'un transport par terre ou par eau garants des avaries ou pertes des marchandises et effets, lui permet de stipuler le contraire dans la lettre de voiture; — Mais attendu que la compagnie défenderesse effectue elle-même les transports dont elle s'est chargée appartient à la catégorie des voituriers; — Qu'aux termes de l'art. 103 c. com. le voi-

turier est garant de la perte des objets à transporter, hors les cas de la force majeure; — Que le § 25 de la loi du 3 nov. 1838 sur les entreprises de chemins de fer impose la même responsabilité aux compagnies de chemins de fer; — Que ces dispositions de la loi qui sont d'ordre public ne pouvaient pas être modifiées par le règlement invoqué par la défenderesse; — Que, de même que la compagnie défenderesse ne peut pas se soustraire en thèse générale à l'obligation de garantir de la perte des objets dont le transport lui a été confié, de même elle n'a pas le droit de restreindre sa garantie à une partie seulement de cette perte, etc. » — Pourvoi pour violation et fausse application des art. 6; 1153, 1134 et 1172 c. civ., des art. 98, 101 et 103 c. com. et du § 25 de la loi du 3 nov. 1838. — Arrêt.
LA COUR: — Attendu qu'il s'agit uniquement d'examiner si la demanderesse en cassation pouvait se charger du transport du ballot en question sous la condition exprimée au § 16 de son règlement de transport, portant qu'en cas de perte des objets à transporter, l'indemnité due par la compagnie est fixée à raison de 20 thalers par quintal, sauf le cas d'une assurance spéciale, ou si une clause de cette nature, lorsqu'elle est intervenue entre les parties, soit expressément, soit tacitement, doit être considérée comme contraire aux lois sur la responsabilité des voituriers, et par conséquent comme nulle et non avenue; — Attendu que d'après l'art. 103 c. com. et le § 25 de la loi du 3 nov. 1838, les compagnies de chemins de fer sont, comme les voituriers en général, responsables de la perte des objets à transporter, hors les cas de la force majeure; — Qu'il est évident que le paragraphe mentionné du règlement pour le transport n'avait ni pour objet ni pour but de changer ou de modifier les obligations que les lois citées imposent aux voituriers, et qu'il est dès lors inutile dans l'espèce de discuter la question de savoir si ces obligations pouvaient être légalement changées ou modifiées par des stipulations particulières des parties; — Que le paragraphe susmentionné ne dit pas que la perte des objets à transporter aura pour le voiturier des effets autres que ceux que la loi y attache, et notamment que ce paragraphe ne détruit et ne limite pas le droit de l'expéditeur de réclamer la véritable valeur des objets perdus; — Que l'assurance particulière prescrite par ce paragraphe n'a évidemment d'autre but que de constater d'avance la valeur de ces objets avec autant de certitude que le comporte l'exploitation industrielle à laquelle la compagnie se livre;
Attendu qu'aucune loi ne défend au voiturier de prendre les mesures qui lui semblent les plus propres, et qui ne sont pas incompatibles avec l'industrie qu'il exerce, pour se convaincre suffisamment tant de l'existence que de la valeur des objets qu'il se charge de transporter, à l'effet de se prémunir contre les dangers qui pourraient résulter de l'erreur ou de la fraude; — Que les conventions faites dans ce but entre l'expéditeur et les marchandises sont licites et ne sont défendues par aucune loi; — que dès lors le tribunal de commerce, en déclarant en principe illégale la disposition du § 16 du règlement de transport de la demanderesse en cassation, a faussement interprété les art. 103 c. com. et 1134 c. civ. et le § 25 de la loi du 3 nov. 1838; — Par ces motifs, casse et annule, etc.
Du 16 mars 1852.-C. de Berlin, M. Brewer, rap.

le juge a donc toujours le droit d'apprécier si la demande du propriétaire porte les caractères de la sincérité ; dès lors, si elle paraissait entachée de mauvaise foi, il y aurait lieu d'apprécier le dommage, en dehors de la prétention du propriétaire de la marchandise » — V. sur ce point, v° Commissionn., n°° 310 et suiv., 426, 432 ; Obligat., n°° 4889, 4966 ; M. Duverdy, n°° 67 et suiv.

458. Le propriétaire des objets perdus dans le transport peut, outre la valeur de ces objets, réclamer de la compagnie des dommages-intérêts pour le préjudice que cette perte lui a occasionné. « Les tribunaux, dit M. Pouget, p. 393, ont la faculté d'arbitrer, suivant les circonstances, le mode d'indemnité due pour le dommage éprouvé ; mais ils ne doivent jamais oublier que les dommages-intérêts ne peuvent être que l'expression du préjudice réellement éprouvé dont il est justifié et que le commissionnaire a pu prévoir. » Il a été jugé qu'en cas de perte de la caisse d'échantillons faisant partie des bagages d'un voyageur du commerce, la compagnie de chemin de fer est tenue de lui payer, outre la valeur intrinsèque de cette caisse et de son contenu, une indemnité représentant le dommage qu'il a éprouvé par l'impossibilité où il s'est trouvé de placer ses marchandises : ... vainement la compagnie objecterait-elle que ce dommage est de ceux qu'on ne pouvait prévoir lors du contrat, le voyageur n'ayant déclaré ni la qualité ni le contenu de la caisse (Bordeaux, 9 avril 1861, aff. ch. de fer du Midi, D. P. 61. 2. 229). —V. Obligat., n°° 789 et suiv. ; Responsab., n°° 230 et suiv.

459. Lorsque, après le payement de l'indemnité, les objets égarés viennent à être *retrouvés*, peut-on obliger le propriétaire à les reprendre et à restituer par suite l'indemnité qu'il a perçue ? Non sans doute ; la compagnie ne peut agir qu'à l'amiable : si le destinataire refuse de reprendre les marchandises, la compagnie n'a d'autre ressource que d'en opérer la vente pour son compte ; et si la vente ne produit pas la somme payée pour indemnité, elle n'a aucun recours à exercer contre l'indemnitaire. « Comme il arrive souvent, dit M. Petit de Coupray, p. 69, que des colis-bagages ne sont que momentanément égarés, mais qu'il est impossible de faire attendre leur propriétaire qui a besoin de les remplacer au plus vite, il faut tâcher d'obtenir de lui, en le payant, qu'il consente par écrit à les reprendre et à restituer la *moitié* ou le *tiers* de la somme reçue, si la livraison des colis peut lui être faite dans un délai *prochain*, deux à trois mois par exemple ; car ces objets auront encore pour lui une certaine valeur et l'on ne doit pas supposer qu'il ait voulu tirer parti d'une circonstance malheureuse pour faire une spéculation. »

460. Les cas de force majeure affranchissent les compagnies de toute responsabilité. — On a considéré comme un cas de cette nature : 1° les grandes inondations qui ont ravagé une partie de la France en 1846 et 1856 (Angers, 4 avr. 1857 ; Bourges, 1er juin 1857 ; Orléans, 21 juill. 1857 ; Riom, 22 juill. 1857, arrêts cités par M. Pouget, p. 108, 398 ; V. aussi Colmar, 27 nov. 1848, aff. Durr, D. P. 51. 5. 274) ; — 2° La survenance d'un grand vent qui a causé un retard dans l'arrivée du convoi : ainsi jugé par le crue du lit. de com. de la Seine (V. Paris, 5 déc. 1850, aff. Ledat, D. P. 51. 2. 223).—V. Commission., n°° 370 et suiv., 440 et s. ; Responsabilité, n°° 143 et s. ; M. Duverdy, n°° 40 et suiv.

461. C'est à la compagnie à prouver le cas fortuit qu'elle oppose comme exception à la demande en responsabilité ; mais faut-il, en cas d'avarie ou de perte, que la force majeure soit également constatée, comme le décide l'art. 97 c. com. pour le cas de retard ? — Non, dit la cour de cassation ; par conséquent, le voiturier, actionné comme responsable de la perte des marchandises transportées, peut, sur cette demande, offrir la preuve de la force majeure : il n'est pas besoin que la force majeure ait été constatée par les autorités locales au moment même de l'accident (Civ. cass. 5 mai 1858, aff. Baissade, D. P. 58. 1. 212). — V. Commission., n°° 374, et M. Duverdy, n° 42.

462. Lorsqu'un colis expédié à de longues distances doit, pour arriver à sa destination, passer entre les mains de plusieurs commissionnaires successifs, le premier commissionnaire, c'est-à-dire celui auquel le colis a été remis par l'expéditeur, est seul responsable vis-à-vis du propriétaire de la marchandise, sauf

son recours contre le commissionnaire intermédiaire par la faute duquel la marchandise a été perdue ou avariée (c. com., art. 99, V. Commission., n°° 387 et suiv.). — Cette règle est applicable en matière de chemin de fer, dans le cas où le transport à destination ne peut s'opérer qu'en empruntant successivement des lignes appartenant à différentes compagnies : la première répond non-seulement de la perte ou des avaries survenues pendant le temps où elle détenait la marchandise, mais encore des accidents arrivés sur les diverses lignes que le colis a parcourues. Seulement elle peut exercer un recours en garantie contre la compagnie à laquelle la faute est imputable. Lorsqu'il y a retard ou perte de colis, l'auteur de la faute est facile à découvrir, les remises successives du colis étant constatées par écrit sur les registres de chacune des compagnies qui l'ont transporté. Mais il y a plus de difficultés en cas d'avaries. — Il faut alors distinguer : s'agit-il d'avaries apparentes, la faute sera imputable à la compagnie entre les mains de laquelle le colis se trouve au moment où l'avarie est constatée, et qui l'a reçu sans protestation ni réserve. Il y a présomption dans ce cas que le colis lui a été remis en bon état, sauf, toutefois la preuve contraire ; c'est donc elle qui est responsable de l'avarie, à moins qu'elle ne prouve que cette avarie existait au moment où elle a reçu le colis, ou qu'elle est le résultat d'un cas de force majeure. — Ainsi, par exemple, la compagnie du chemin de fer Rhénan avait reçu six caisses, et il était jugé, en fait : 1° que cette compagnie les avait reçues en bon état ; 2° qu'une avarie apparente avait été constatée dans la gare de la compagnie du Havre, à laquelle ces caisses avaient été remises par la compagnie du Nord ; 3° que la compagnie du Havre avait reçu ces caisses sans observation ni réserve ; 4° que ces caisses étaient mouillées à l'extérieur, et qu'ainsi l'avarie était apparente. Dans ces circonstances, la compagnie du Havre, contre laquelle le destinataire avait exercé une action en responsabilité pour les avaries constatées dans la gare de cette compagnie, a été déclarée sans recours contre la compagnie du Nord (Req. 20 juin 1853, aff. ch. de fer du Havre, D. P. 53. 1. 225. — Conf. M. Duverdy, n° 127).

463. S'il s'agit d'avaries non apparentes, la compagnie principale qui agit en garantie contre les compagnies intermédiaires doit prouver la faute de celles-ci. La responsabilité, dit un arrêt, à laquelle est soumis en cas d'avaries non apparentes le commissionnaire de transport qui a traité avec l'expéditeur et qui s'est obligé à faire arriver la marchandise à destination, diffère en un point essentiel de celle à laquelle sont assujettis les voituriers intermédiaires qui se bornent à prêter leur concours à l'exécution du mandat. Le premier, en effet, peut toujours, avant de se charger du transport du colis, exiger que la vérification du contenu soit faite en sa présence. En acceptant la marchandise, il est présumé avoir reconnu qu'elle est conforme aux énonciations de la lettre de voiture et en bon état ; par conséquent, il est garant des avaries qui sont constatées à l'arrivée, sans qu'on ait à prouver qu'elles proviennent de son fait ou de celui des commissionnaires intermédiaires dont il répond aux termes de l'art. 99 c. com. Mais cette vérification ne peut avoir lieu de la part de ces derniers qui se succèdent presque sans interruption dans le service du transport, et qui doivent faire arriver au plus vite la marchandise à sa destination, et par conséquent la même présomption n'existe pas contre eux ; ils ne peuvent être déclarés responsables des avaries qu'autant qu'il est prouvé qu'elles sont arrivées par leur faute (Civ. cass. 12 août 1856, aff. ch. de fer d'Orléans, D. P. 56. 1. 338 ; V. aussi Nîmes, 19 nov. 1851, aff. Auzilly, D. P. 54. 5. 126, et les arrêts cités v° Commission., n° 404.—Conf. M. Duverdy, n°° 123 et suiv.).

464. *Assurances des marchandises confiées aux chemins de fer.* — Généralement ces assurances n'ont en vue que les cas d'incendie ; cependant il existe une compagnie, la Paternelle, qui garantit spécialement contre les pertes ou les avaries qui ne sont pas le résultat de l'incendie. Nous entrerons dans quelques détails sur les deux sortes d'assurances.

465. L'assurance contre l'incendie est faite ou par le commissionnaire ou par le destinataire. Le commissionnaire, pour mettre sa responsabilité à couvert, fait souvent assurer les marchandises comme gérant des expéditeurs, et tant pour son compte

que pour le compte de qui il appartiendra (V. Commissionn., n°ˢ 281 et suiv.). Dans ce dernier cas, l'expéditeur, en cas de perte, pourra exercer un recours contre l'assureur (Colmar, 27 nov. 1848, aff. Durr, D. P. 51. 5. 90; M. Pouget, t. 2, p. 33). — Si le commissionnaire a stipulé l'assurance pour son compte exclusivement, l'assurance ne lui profite qu'autant qu'il sera décl'aré responsable vis-à-vis du tiers, sous le bénéfice du cas fortuit et sauf la preuve qu'il aura rempli à l'égard de l'assureur toutes ses obligations (*ib.*).

466. Lorsque le destinataire s'est fait assurer, le commissionnaire ne peut se prévaloir de l'indemnité que le destinataire a reçue pour l'assurance des marchandises, lorsque le destinataire exerce son recours contre lui pour des objets manquants, et dont l'assurance n'a pas tenu compte (Bordeaux, 26 avr. 1849, aff. Raynaud, D. P. 50. 2. 179).

467. Lorsque, dans une police d'assurances, les assureurs ont renoncé, vis-à-vis des commissionnaires de roulage, à l'action en recours contre tout voiturier, relayeur ou conducteur de voitures appartenant à l'établissement de l'assuré, on ne peut voir dans cette clause une renonciation au recours contre la compagnie d'un chemin de fer en cas d'incendie. Les dernières expressions *appartenant à l'assuré* ne s'appliquent qu'aux employés placés dans une manière appréciable sous la dépendance de l'assuré. L'action en recours contre la compagnie du chemin de fer aura son effet, qui ne justifie d'aucun cas de force majeure qui puisse dégager sa responsabilité (Paris, 31 juill. 1852, aff. comp. du Soleil).

468. Nous avons dit que la compagnie la Paternelle assurait les marchandises confiées aux entreprises de transport spécialement contre les pertes ou les avaries qui ne sont pas le résultat de l'incendie. — La garantie de cette compagnie commence dès l'instant où l'entrepreneur de transport, roulage ou chemin de fer prend possession de l'objet assuré, et ne cesse qu'au moment où le destinataire a pris livraison. — Lorsque le destinataire n'a pas été mis en possession de l'objet qui lui a été expédié, la compagnie indemnise l'assuré de la manière suivante pour la perte qu'il a éprouvée : elle verse avant tout règlement du sinistre, et au plus tard dans les huit jours de la réclamation, une provision de 80 p. 100 du montant de la facture des objets sinistrés, et le solde après le règlement du sinistre. — L'assuré s'interdit le droit de transiger sans l'assentiment de la compagnie au sujet du sinistre avec les administrations de chemins de fer, ou tout autre entrepreneur de transports ou garant généralement quelconque, à peine de perdre tout droit à l'indemnité relative au sinistre. Par le seul fait de la police, l'assuré subroge la compagnie sans garantie contre tous chemins de fer, tous entrepreneurs de transports, auteurs du sinistre, association d'assurances mutuelles, assureurs à primes ou autrement. — La prime d'assurance est déterminée par le tarif et à un taux très-bas (M. Pouget, p. 339).

469. En matière d'assurance, il est de règle que l'assureur est tenu d'indemniser l'assuré dans le cas seulement où le sinistre est le résultat d'un cas fortuit, et non quand il est causé par la faute, la négligence ou l'imprudence de l'assuré (V. Assur. terrestre. n° 114). — Ainsi, il a été décidé qu'une compagnie de chemin de fer n'a pas le droit de faire payer à une compagnie d'assurances le sinistre survenu par le défaut de prudence des employés de chemins de fer (trib. decom. de la Seine, 26 juin 1850, M. Pouget, p. 337). — Des chevaux qui avaient été placés dans un wagon suivant immédiatement le tender, avaient été asphyxiés par un incendie communiqué par la machine au wagon-écurie. La compagnie d'assurance prétendit que le sinistre avait été causé par la faute de la compagnie, qui n'aurait pas dû mettre des animaux vivants si près de la locomotive. Mais cette prétention a été repoussée, et il a été décidé, d'une part, que la compagnie d'assurance ne prouvait pas que la position derrière le tender de la locomotive avait occasionné l'incendie, et, d'autre part, que les lois et règlements ne défendent que l'attelage des wagons de transport des voyageurs au tender de la locomotive (Paris, 16 janv. 1851, aff. ch. de fer de Boulogne *C.* la Paternelle, Gaz. des trib.,

13 fév. 1851). — En général, le cas fortuit doit être prouvé par celui qui l'allègue. — V. Force maj., n° 14; Commissionn., n°ˢ 374 et suiv.; M. Pouget, t. 2, p. 399.

470. *Fin de non-recevoir contre l'action en responsabilité.* — L'art. 105 c. com. porte que la réception des objets transportés et le payement du prix de la voiture éteignent toute action contre le voiturier (V. le commentaire de cet article v° Commissionn., n°ˢ 462 et suiv.). — Les compagnies de chemins de fer ont, comme toutes les autres entreprises de transport, le droit d'invoquer à leur profit la fin de non-recevoir résultant de cet article (motifs, Req. 5 fév. 1856, aff. ch. de fer de Lyon à la Méditerranée, D. P. 56. 1. 131). — Il a été décidé que si, après réception des marchandises sans réserve et payement du prix de voiture, le destinataire les a laissées dans le magasin du commissionnaire, il ne peut rendre celui-ci responsable des manquants (sur les spiritueux), à moins qu'il ne prouve que des conditions de dépôt ont été convenues entre le commissionnaire et lui (trib. de com. de la Seine, 2 août 1855; M. Lehir, 1856, p. 295).

471. Un jugement du tribunal de la Seine, du 2 déc. 1847, cité par M. Pouget, p. 411, aurait jugé que l'art. 105 ne pouvait être opposé que pour transport de marchandises ; d'où il suivrait qu'il ne serait pas applicable au transport des animaux.— Cela nous paraît inadmissible. Sans doute l'art. 105 n'a pas prévu particulièrement cette espèce de transport ; à l'époque où il a été rendu, on ne songeait probablement pas qu'un jour les animaux, au lieu de tirer les voitures, seraient eux-mêmes voiturés comme des marchandises ; mais les expressions de l'art. 105 sont générales et peuvent comprendre, sans que le sens en soit détourné, des objets qui, à cette époque, n'entraient pas dans les opérations des entrepreneurs de roulage ou de messageries. D'ailleurs, les raisons qui ont motivé cet article s'appliquent aux animaux transportés tout aussi bien qu'aux marchandises, et toute distinction à cet égard ne saurait se justifier. — Un autre jugement du même tribunal a décidé encore que l'art. 105 c. com. n'est opposable que pour les marchandises, a été reproduit (V. Paris, 27 août 1847, aff. ch. de fer d'Amiens, D. P. 47. 2. 200). — Cette restriction, de même que la précédente, ne repose sur aucune raison sérieuse.

472. Mais pour que l'action en responsabilité soit éteinte, conformément à l'art. 105 c. com., il faut la réunion des deux circonstances qu'il indique : réception des marchandises et payement du prix (V. Commissionn., n° 462; M. Duverdy, n° 94. — Conf. Req. 22 juill. 1850, aff. Cornefert, D. P. 51. 1. 47). Or, il arrive souvent que les compagnies de chemin de fer exigent la signature d'émargement destinée à constater la remise des colis et le remboursement de la lettre de voiture *avant toute livraison* ou vérification possible des marchandises qu'elles ont transportées. Dans ce cas, l'art. 105 ne peut recevoir d'application, car ce qu'il exige c'est une réception réelle, effective, c'est-à-dire un acte formel qui puisse établir contre le destinataire une présomption du bon état des colis, ce qui n'a pas lieu dans l'espèce. — Aussi il a été jugé que l'art. 105 c. com. n'est applicable qu'autant que la marchandise a été réellement reçue et a pu être l'objet d'une vérification du destinataire ; que par conséquent il ne suffit pas que celui-ci ait, avant d'avoir pu vérifier les colis à lui remis, émargé les bordereaux servant, d'après les usages de la compagnie, à constater cette remise, et qu'il ait payé sans réclamation, pour que la compagnie puisse se prétendre affranchie de toute responsabilité envers lui, en raison des colis depuis reconnus manquant (Metz, 29 août 1855, aff. Contel-Muiron, D. P. 56. 2. 211). — Conf. M. Duverdy, n° 100.

473. Il a été jugé pareillement que la remise d'un bon de livraison au destinataire, l'émargement et le payement du prix de transport n'équivalent pas à une livraison réelle exonérant la compagnie de sa responsabilité ; que dès lors si les marchandises, nonobstant ce bon de livraison, sont restées dans les magasins de la compagnie et y ont été manquantes, la compagnie doit être déclarée responsable de la perte de ces marchandises, à moins qu'elle ne prouve que cette perte est le résultat d'un événement de force majeure (Paris, 31 déc. 1856) (1); — Qu'il n'en

---

(1) (Favier, etc. *C.* Blaise, etc.) — La cour; —Considérant qu'aucune responsabilité ne pourrait peser sur Favier, Gervais et Voinier,

relativement aux 41 balles de coton incendiées sur wagon, et avant toute livraison; — Considérant que, quant aux 112 autres, Favier,

pourrait être autrement que si le destinataire avait été mis en demeure d'opérer dans un délai déterminé l'enlèvement des marchandises qui lui étaient destinées; mais que le bon de livraison ne pourrait être considéré comme une mise en demeure régulière (même arrêt); — peu importe enfin que, sur le bon de livraison, la compagnie ait apposé la mention qu'elle décline toute responsabilité, cette mention, non signée par le destinataire, ne pouvant avoir pour effet de soustraire la compagnie à une responsabilité qui résulte de la nature même des choses (même arrêt).

474. D'autres fois, le prix du transport est payé d'avance par l'expéditeur : il a été décidé que, dans cette circonstance, l'art. 105 c. com. est inapplicable : « La cour; considérant, sur la fin de non-recevoir invoquée par la compagnie contre l'action des intimés et tirée des art. 105 et 106 c. com., qu'elle n'est pas fondée; que l'art. 105, en déclarant que toute action contre le voiturier est éteinte par la réception des objets transportés et le payement du prix de la voiture, n'a entendu parler que d'un payement postérieur, puisque le payement postérieur au transport indique seul, de la part du propriétaire des objets transportés, la renonciation à exercer contre le voiturier une action d'avaries; que cet article ne peut s'appliquer au cas où, comme dans l'espèce, le propriétaire des objets transportés est tenu d'en payer le prix d'avance » (Caen, 7 fév. 1861, aff. ch. de fer de l'Ouest, D. P. 61. 2. 231.-Conf. Paris, 27 août 1847, aff. ch. de fer d'Amiens, D. P. 47. 2. 200).

475. La fin de non-recevoir de l'art. 105 ne peut non plus être invoquée par les compagnies, s'il est constaté que la vérification des marchandises, avant leur réception, a été rendue impossible par le fait de la compagnie ou de ses agents; et spécialement, la compagnie de chemins de fer actionnée comme responsable d'une avarie soufferte par la marchandise transportée, ne peut se prévaloir contre le destinataire de ce qu'il a reçu cette marchandise et en a payé le prix sans réclamation, s'il est constaté qu'à raison de l'encombrement des marchandises dans la gare, il était impossible d'en faire, avant la réception, une vérification utile, c'est-à-dire une vérification tout à la fois intérieure et extérieure (Req. 5 fév. 1856, aff. ch. de fer de Lyon à la Méditerranée, D. P. 56. 1. 131).

476. Enfin, l'art. 105 ne saurait recevoir d'application, en cas d'action en responsabilité pour cause de fraude et, par exemple, à raison d'une soustraction des valeurs expédiées commises par les agents de la compagnie (Req. 16 mars 1859, aff. ch. de fer de Lyon, D. P. 59. 317. Conf. M. Duverdy, n° 97),... ou lorsque des moyens dolosifs et frauduleux ont été employés pour dissimuler les avaries (Conf. M. Duverdy, n° 96). — V. Commission., n° 468 et suiv.

477. La réception des marchandises accompagnée du payement de la lettre de voiture éteignant, à l'exception des cas particuliers qu'on vient de signaler, l'action en responsabilité contre le commissionnaire, il en résulte que le destinataire a le droit de vérifier, non-seulement l'intérieur des colis qui lui sont livrés, mais encore leur état intérieur; car les commissionnaires de transport sont responsables des avaries non apparentes tout aussi bien que des avaries apparentes (V. n° 443). Les compagnies de chemins de fer ont souvent contesté ce droit; mais les tribunaux n'ont pas accueilli leur réclamation.—Ainsi il a été jugé que le destinataire de marchandises transportées par une compagnie de chemin de fer a le droit, alors même que les colis se trouvent en bon état de conditionnement extérieur, d'en vérifier le contenu avant la réception de la marchandise et le payement de la lettre de voiture (Bourges, 1er avr. 1854, aff. ch. de fer du Centre, D. P. 55. 2. 53; Req. 27 déc. 1854, aff. ch. de fer de Paris à Orléans, D. P. 55. 1. 21; 20 nov. 1860, aff. ch. de fer de l'Est, D. P. 61. 1. 271; Civ. rej. 16 janv. 1861, aff. ch. de fer de l'Est, D. P. 61. 1. 127. — Conf. M. Duverdy, nos 98, 99).

478. *Refus des marchandises par le destinataire.* — L'art. 106 c. com., qui décide qu'en cas de refus ou de contestation pour la réception des objets transportés, leur état est vérifié et constaté par des experts nommés par le président du tribunal de commerce, ou, à son défaut, par le juge de paix, et par ordonnance au pied d'une requête, est applicable en matière de transport opéré par les voies ferrées comme en matière de roulage. — L'application de cet article a donné lieu à plusieurs

---

Gervais et Voinier ont régulièrement accompli, selon les circonstances, le mandat reçu par eux de Blaise et Pernet; — Que leur mission était seulement de prendre livraison à la gare de Nancy des marchandises expédiées à Blaise et Pernet, et de les expédier par les voitures de ces derniers qui étaient chargées à la gare;—Considérant qu'on ne saurait leur imputer à faute entraînant responsabilité, le fait de n'avoir pas retiré les marchandises pendant le délai écoulé depuis le 14 février, date de la réception du bon de livraison, et le 17 février, date de l'incendie;

Que d'une part, les nombreux arrivages simultanés s'opposent souvent à un enlèvement immédiat de marchandises; que le cas même est prévu, puisque la compagnie des chemins de l'Est est autorisée à percevoir un droit de magasinage pour retard dans l'enlèvement après vingt-quatre heures écoulées depuis la délivrance du bon de livraison ; — Que pour les expéditions antérieures, le fait s'est produit sans donner lieu à aucune réclamation du destinataire;—Qu'si Favier, Gervais et Voinier ont écrit avoir reçu les marchandises, ils ont seulement fait allusion à la délivrance du bon de livraison qui ne constitue qu'une livraison fictive ; — Que, d'autre part, il est articulé et non contesté que les voitures de Blaise et Pernet, sur lesquelles devaient être chargées les marchandises, étaient en retard ; — Considérant, au surplus, qu'aucun délai fatal pour prendre livraison des marchandises n'avait été imposé par Blaise et Pernet, et qu'il n'est justifié d'aucune mise en demeure ; —D'où il suit que Favier, Gervais et Voinier ne peuvent être rendus responsables de la perte des 112 balles de coton dont il s'agit ;

En ce qui touche les demandes en garantie formées par Favier, Gervais et Voinier contre la compagnie des chemins de fer de l'Est : — Considérant que les demandes sont désormais sans objet ; — Mais considérant qu'elles ont été la conséquence nécessaire de l'action dirigée par Blaise et Pernet contre Favier, Gervais et Voinier;

En ce qui touche l'appel de Blaise et Pernet contre la compagnie du chemin de fer de l'Est : — Considérant que, comme tout entrepreneur de transport, la compagnie du chemin de fer de l'Est est responsable des objets transportés jusqu'à la livraison effective, lorsqu'il n'y a pas eu mise en demeure faite au destinataire de les retirer ; — Considérant que cette livraison effective n'a pas eu lieu ;—Qu'en effet la délivrance des bons de livraison au destinataire, l'émargement et le payement du prix de transport ne peuvent équivaloir à une livraison réelle, exonérant la compagnie de sa responsabilité ;—Qu'il résulte du contexte du bon de livraison que les marchandises restent en la possession de la compagnie dont les agents ne doivent les délivrer au destinataire que sur la présentation même de ce bon ; qu'ainsi, loin de constater une livraison effective, la délivrance du bon n'est qu'un moyen d'arriver à cette livraison ; — Considérant que la remise du bon de livraison au destinataire ne constitue pas une mise en demeure régulière ; — Considérant que des règlements ou tarifs approuvés par l'autorité administrative, autorisant la compagnie des chemins de fer à percevoir 20 cent. par 1,000 kilogr., comme frais et droits de magasinage sur les marchandises laissées en gare vingt-quatre heures après la délivrance du bon de livraison, il en résulte seulement qu'à l'expiration de ce délai, une situation nouvelle s'établit entre le destinataire et le chemin de fer; — Que de ce moment elle devient dépositaire, et dépositaire salariée des objets qu'elle emmagasine, et à ce titre, est responsable de leur perte, à moins qu'elle ne prouve que cette perte est le résultat d'un événement de force majeure; — Considérant que la mention apposée par la compagnie des chemins de fer sur le bon de livraison, qu'elle décline toute responsabilité, ne peut avoir pour effet de la soustraire à une responsabilité qui résulte de la nature même des choses;—Que, d'une part, cette mention émane de la compagnie seule, qu'elle ne figure ni dans les règlements ni dans les tarifs soumis à l'autorité administrative, dont la sanction serait nécessaire pour lui donner force d'application; — Que, d'autre part, cette mention rejetée en marge du bon de livraison, en dehors du corps de l'acte, n'est pas signée par le destinataire, aux regards duquel elle peut facilement échapper; qu'elle n'a donc d'autre portée que celle d'une prétention élevée par le chemin de fer, mais ne peut avoir la force d'un engagement obligatoire pour le destinataire qui ne l'a pas acceptée;—Considérant qu'il est constant que les 112 balles de coton expédiées à Blaise et Pernet ont péri dans l'incendie qui a éclaté dans la gare de Nancy, les 17 et 18 fév. 1856, alors qu'elles étaient dans cette gare soumises à la perception de 20 cent. par 1,000 kilogr. pour frais et droits de magasinage ; — Que la compagnie des chemins de fer de l'Est ne prouve pas que cet incendie ait eu pour cause un cas de force majeure ; qu'il résulte au contraire des documents de la cause qu'il a été occasionné par le fait d'un de ses agents dont elle est responsable ; qu'elle doit donc indemniser Blaise et Pernet de la perte par eux éprouvée, etc.

Du 31 déc. 1856.-C. de Paris.

difficultés qui ont été exposées v° Commissionnaire, n° 268 et suiv., 477 et suiv.; nous n'avons donc pas à y revenir ici.

479. D'après un arrêt, en cas de refus par le destinataire d'enlever des marchandises transportées à cause du remboursement des droits de magasinage dont elles sont grevées et qu'il prétend ne pas être dus, la compagnie de chemin de fer n'est pas obligée de recourir aux mesures prescrites par l'art. 106 c. com., alors surtout que le destinataire n'en réclame pas l'emploi : elle peut les conserver dans ses magasins jusqu'au jour de la livraison (Colmar, 9 déc. 1862, D. P. 63. 2. 44).

480. Le *refus* de payement du prix de transport par le destinataire autorisant la compagnie à refuser, de son côté, la livraison de la marchandise ou du colis, en résulte-t-il qu'elle sera exonérée de toute responsabilité en cas d'altération ou d'avaries survenues à cette marchandise? Oui sans contredit, si ce refus n'est pas fondé sur des raisons suffisantes, et si en outre elle s'est conformée à l'art. 106 c. com., en faisant ordonner le séquestre et le dépôt dans un lieu public des marchandises refusées; autrement, si elle se borne à les garder dans ses magasins, elle est responsable des avaries survenues depuis le refus (Douai, 11 août 1855, aff. ch. de fer du Nord, D. P. 56. 2. 89). — Si au contraire le refus du destinataire était reconnu légitime, en ce que, par exemple, il aurait pour cause une faute dont la compagnie serait responsable, les avaries survenues postérieurement à ce refus ne feraient qu'aggraver cette faute et devraient nécessairement être mises à sa charge. (V. l'arrêt de Douai précité). — Dans tous les cas la compagnie ne saurait être déclarée responsable des détériorations qui sont une suite d'un vice naturel de la chose (trib. de com. de Bordeaux, 8 juill. 1850) (1).

481. En cas de *refus* de la part du destinataire de recevoir le colis, la compagnie doit en avertir immédiatement l'expéditeur; elle ne pourrait lui retourner le colis refusé sans un ordre exprès (V. n° 407). — Il a été jugé en ce sens, dans une espèce où le colis était à destination de l'étranger, que le commissionnaire de transport ne peut, sur le refus du destinataire, faire retourner le colis à l'expéditeur, sans ordre de celui-ci, sous peine de dommages-intérêts pour perte de droits de douanes et de transit (Paris, 30 mai 1855; Rec. Lebir, 1857, p. 468); que, même dans ce cas, les frais de transport ne pourront être réclamés, attendu qu'ils sont devenus inutiles à l'expéditeur par suite du retour inopportun du colis (même arrêt).

482. Lorsqu'un colis remis par un commissionnaire de transports à une compagnie de chemin de fer est refusé par le destinataire, le commissionnaire s'affranchit-il, en faisant immédiatement connaître à la compagnie quel est l'expéditeur du colis, de la responsabilité des frais de transport, de magasinage et autres, dont cette compagnie est en droit de réclamer le payement? — La solution de cette question intéresse les nombreuses entreprises qui, dans les villes, vont chercher au domicile des expéditeurs pour les remettre aux compagnies des chemins de fer et remplir les formalités de l'expédition. Au fond, ces entreprises ne sont que les mandataires des expéditeurs; mais pour conserver le bénéfice de cette situation, nous croyons qu'il est nécessaire qu'elles nomment les expéditeurs en remettant les colis et qu'elles fassent faire l'enregistrement au nom de ceux-ci. Autrement, elles sont expéditeurs apparents et, comme tels, responsables des frais de transport et de magasi-

nage que la compagnie peut avoir à réclamer dans le cas de refus des colis par les destinataires, sauf leur recours contre les expéditeurs véritables. C'est ainsi qu'il est admis que le mandataire, vendeur apparent, est garant personnellement envers l'acheteur, quand il a traité sans faire connaître son mandant, des vices de la chose vendue, sauf son recours contre celui-ci et à la charge de l'appeler à l'instance en temps utile pour défendre à la réclamation de l'acheteur (V. Vices rédhib., n° 46 et 123). — En tout cas, si la compagnie, au lieu d'agir contre l'expéditeur pour se faire payer les frais que le produit de la vente du colis n'a pas couverts, s'adresse au commissionnaire, mais seulement après un retard non justifié, celui-ci, dans le cas où le retard lui a fait perdre la possibilité d'exercer un recours utile contre l'expéditeur (tombé par exemple en faillite dans l'intervalle), est fondé à soutenir que la compagnie a perdu, par l'effet de sa faute, le droit de le prendre lui-même à partie (trib. de com. de Nantes, 13 mai 1863, aff. ch. de fer d'Orléans, D. P. 64. 3. 8).

483. En cas de refus de payement, les compagnies de chemin de fer ont un privilège sur la chose voiturée (c. nap. 2102-6°). En conséquence, la vente des objets transportés peut être ordonnée en leur faveur jusqu'à concurrence du prix de la voiture (c. com. 106, § 3, V. Commission., n° 457 et suiv.; Priv. et hyp., n° 395 et s.). — Il n'est pas nécessaire, que préalablement à cette vente, la compagnie mette, par un acte extrajudiciaire, le destinataire en demeure de se livrer ni de signifier à l'expéditeur l'ordonnance obtenue avant de la mettre à exécution : « Attendu, dit un arrêt, que la vente ainsi ordonnée ne doit pas être considérée comme celle faite après nantissement ou après saisie, mais bien comme seulement destinée à assurer le privilège attribué au voiturier par le § 6 de l'art. 2102 c. nap., dont la première conséquence est un droit de rétention à son profit; que la procédure édictée à ce sujet par l'art. 106 est spéciale et sommaire; qu'elle a pour effet de pourvoir à une situation presque toujours urgente, tant à raison du dépérissement possible de la marchandise transportée que de la conservation utile de ce privilège du transporteur; qu'elle ne prévoit aucune signification, à partir de l'ordonnance rendue sans mise en demeure; qu'on le comprend d'autant mieux que les formalités et les délais que ces actes engendreraient iraient directement contre le but que le législateur a dû se proposer; que d'ailleurs les droits des tiers, après le privilège exercé, sont sauvegardés, etc. » (Paris, 8 mai 1857, aff. ch. de fer du Nord).

484. Il a été décidé que le privilège sur la chose transportée ne s'applique qu'aux frais de transport de cette chose, et non aux sommes dues pour transports antérieurement effectués, même en vertu d'un traité unique, si d'ailleurs ces divers transports sont distincts les uns des autres et ne constituent pas le mode d'exécution d'une seule opération (Req. 13 fév. 1849, aff. ch. de fer de Paris à Rouen, D. P. 49. 1. 156). — V. nos observations, *eod.*, et v° Commission., n° 460; V. aussi M. Duverdy, n° 135 et suiv.

485. *Prescription.* — L'action en responsabilité contre la compagnie de chemin de fer est soumise à la prescription spéciale établie par l'art. 108 c. com. « Toutes actions contre le commissionnaire et le voiturier, à raison de la perte ou de l'avarie des marchandises, porte cet article, sont prescrites par six mois pour

---

(1) (Dupont.) — Le tribunal; — Attendu que Dupont ayant été définitivement déclaré propriétaire de la marchandise, elle a voyagé pour son compte, et la compagnie des chemins de fer a action contre lui pour payement des frais de transport; — Attendu que la compagnie n'est chargée que du transport de la marchandise au lieu de destination; qu'elle répond des détériorations qui, dans le chargement, le trajet ou le débarquement, peuvent résulter de la faute, de la négligence ou de la maladresse de ses employés, mais non de celles qui sont une suite du vice naturel de la chose; que les quatre-vingt-cinq sacs de graine de genièvre déposées à la gare d'Angoulême le 27 août sont arrivés à Bordeaux le même jour; que Dupont, le destinataire, en fut immédiatement averti, et qu'il refusa de les retirer, sur le motif que le genièvre était échauffé et qu'il commençait à fermenter; mais sans signaler aucune dégradation extérieure imputable aux agents de la compagnie; que dès lors celle-ci avait rempli son obligation; que ce serait dénaturer le contrat et exiger l'impossible que de lui imposer les soins d'un consignataire ou dépositaire spécialement chargé de veiller à la conservation de

la chose; — Attendu que la qualité et la position de la compagnie n'ont point été modifiées par le refus qu'elle a fait de délivrer la marchandise au dépositaire ultérieurement nommé par justice, avant que les frais de transport eussent été acquittés; qu'à bord parce que le droit de la voiture n'avait donné lieu à la mesure ordonnée par M. le président du tribunal de commerce s'agitait exclusivement entre l'expéditeur et le consignataire, et qu'étrangère à la contestation, elle ne pouvait être tenue de se dessaisir de son gage, ensuite parce que le magistrat consultée, comprenant qu'elle avait le droit de retenir jusqu'au payement de ce qui lui était dû, avait lui-même, dans son ordonnance, autorisé expressément le sieur Bayon, qu'il désignait pour administrer à payer pour le compte de qui il appartiendrait le transport de ces marchandises, les frais de déchargement et tous autres justes et légitimes; — Qu'ainsi la compagnie du chemin de fer n'a fait qu'user de son droit et la demande reconventionnelle de Dupont est dénuée de tout fondement; — Par ces motifs, etc.

Du 8 juill. 1850.—Trib. de com. de Bordeaux.

les expéditions faites dans l'intérieur de la France, et après un an pour celles faites à l'étranger, le tout à compter, pour les cas de perte, du jour où le transport des marchandises aurait dû être effectué, et pour le cas d'avarie, du jour où la remise des marchandises aura été faite, sans préjudice des cas de fraude et d'infidélité » (V. le commentaire de cet article v° Commissionn., n° 481 et suiv.).— Il a été jugé que l'art. 108 c. com. n'est pas applicable au cas de retard dans la livraison des marchandises; l'action est alors soumise à la prescription du droit commun (Douai, 1er mars 1858, et sur pourvoi, Civ. rej. 26 juill. 1859, aff. ch. de fer du Nord, D. P. 59. 1. 207). — V. dans le même sens v° Commissionn., n° 493; M. Duverdy, n°s 112 et suiv.—Contrà, M. Vanhuffel, Contr. de louage, n° 41.

Sect. 5. — Des autorités compétentes pour statuer sur l'application des tarifs et sur les contestations qui naissent de l'exécution du contrat de transport.

486. Les actions dirigées contre les compagnies de chemin de fer, à l'occasion du contrat de transport, ont pour objet, soit le tarif lui-même dont on conteste la légalité, l'opportunité, ou seulement l'application qui en est faite, soit l'exécution du contrat intervenu entre la compagnie et l'expéditeur. Quelles sont les autorités compétentes pour statuer sur ces différentes contestations? C'est ce que nous allons examiner.

487. Lorsqu'un tarif a été régulièrement approuvé et homologué, toutes les réclamations dont il peut être l'objet doivent être portées devant l'autorité administrative; les tribunaux ordinaires sont incompétents d'une manière absolue pour en connaître. Les tarifs des compagnies de chemin de fer, dit avec raison M. Duverdy, n° 196, participent de la nature des actes administratifs. En effet, les taxes qu'ils fixent, même dans les limites prévues par les cahiers des charges, ne peuvent être perçues qu'après avoir été homologuées par le ministre des travaux publics, et rendues exécutoires par le préfet. Or il est de principe que les actes administratifs ne peuvent être attaqués que devant l'autorité administrative elle-même. » — La question s'est élevée dans l'espèce suivante et a été résolue dans le sens des observations qui précèdent. — La compagnie d'Orléans appliquant aux grains un tarif différentiel, régulièrement approuvé,

prenait moins, par kilomètre, pour les expéditions de Paris au delà d'Orléans que pour celles de Paris à Orléans (V. n° 329).—Un sieur Leclerc-Fleureau forma contre cette compagnie une demande en dommages-intérêts, parce qu'il ne pouvait pas profiter de ce tarif pour certaines expéditions de grains. La compagnie se prévalut de ce que le tarif qu'elle appliquait avait été approuvé par l'administration. Nonobstant cette défense, le tribunal de commerce l'avait condamnée par le motif qu'il appartenait aux tribunaux d'apprécier la légalité des tarifs. Mais sur l'appel de la compagnie, et conformément aux conclusions de M. le procureur général Martinet, la cour d'Orléans a infirmé le jugement, par les motifs qui suivent : — « Considérant qu'en vain Leclerc-Fleureau oppose, comme l'ont déclaré à tort les premiers juges, que le tarif serait abusif et illégal, si les dispositions n'en étaient appliquées indistinctement à tous et sans faveur; qu'il n'appartient pas à l'autorité judiciaire de rétracter ou modifier un tarif homologué par l'autorité compétente; que s'il s'y rencontre des dispositions de caractère à compromettre les intérêts du commerce et à rendre impossible, comme on l'a allégué, toute concurrence entre les commerçants d'une ville et ceux d'une autre localité, c'est à l'administration supérieure, gardienne vigilante de ces droits, que ces doléances doivent être adressées, et non aux tribunaux; qu'il suit de là que la cour se trouvant en présence d'un tarif dûment homologué, fait pour des cas particuliers, ne saurait en rendre l'application générale sans s'immiscer dans la connaissance d'actes administratifs, ce que la loi lui interdit formellement, etc. » (Orléans, 28 avr. 1857, aff. Leclerc-Fleureau, D. P. 59. 1. 258).

488. Il a été décidé pareillement, par le conseil d'Etat, que lorsque, par des tarifs régulièrement homologués, une compagnie de chemin de fer a réduit le prix du transport des voyageurs, les entrepreneurs de messageries qui desservent la même route ne peuvent porter devant les tribunaux une action en dommages-intérêts contre la compagnie, fondée sur le préjudice que leur causerait cette réduction qu'ils prétendent illégale et en opposition avec le cahier des charges (cons. d'Et. 21 avr. 1853) (1).

489. Il en serait de même dans le cas où l'on contesterait la légalité d'une condition du transport accordée à la compagnie par le tarif, par exemple, de celle apposée à un tarif à prix réduit et de laquelle il résulterait qu'en cas de retard, l'expéditeur ne

(1) (Dupont et cons. C. ch. de fer de l'Ouest.) — Napoléon, etc.; — Vu l'arrêté de conflit...; — Vu l'exploit, en date du 21 mars 1851, par lequel le sieur Dupont... font assigner le directeur-gérant de la compagnie du chemin de fer de Paris à Versailles, rive droite, à comparaître devant le tribunal de commerce du département de la Seine, pour, attendu que la loi du 9 juill. 1836, qui a autorisé l'établissement du chemin de fer de Paris à Versailles, rive droite, porte, art. 5 : « La durée de la concession n'excédera pas quatre-vingt-dix-neuf ans, le rabais de l'adjudication portera sur un prix maximum de 1 fr. 80 c. par tête, non compris l'impôt sur le prix des places, pour le transport des voyageurs sur la distance de Paris à Versailles. Ce prix tel qu'il sera définitivement déterminé par l'adjudication, sera divisé, après l'exécution des travaux, par le nombre de kilomètres dont se composera le chemin, et le tarif des prix à payer pour les distances intermédiaires sera réglé sur le résultat de cette division; » — Attendu qu'il résulte clairement de cette disposition que le prix applicable au parcours entier devait se subdiviser entre les stations proportionnellement à la distance qui les sépare; — Attendu cependant qu'au mépris des obligations qui leur sont imposées, les administrateurs des chemins de fer de Paris à Versailles, rive droite, après avoir fixé le prix du parcours à la somme de 1 fr. 25 c., 1 fr. 50 c. et 2 fr. de Paris à Versailles, l'ont décomposé de telle façon que, pour la distance de Paris à Saint-Cloud, qui représente normalement la proportion de 15 kil. à 25, ils n'exigent que 25 c. pour aller de Saint-Cloud à Paris, et 35 c. de Paris à Saint-Cloud (omnibus compris), et 25 c. pour les distances de Courbevoie, Puteaux et Suresnes, qui représentent la proportion de 8, 10 et 12 kil. à 25; que cette combinaison, dont le but évident est de ruiner les entreprises qui leur sont les routes de terre de Paris à Saint-Cloud, Courbevoie. Puteaux et Suresnes, est une exécution frauduleuse et déloyale de la loi ; que tout fait qui porte préjudice à autrui oblige celui par la faute duquel il est arrivé à le réparer; que la préjudice éprouvé par les entreprises de voitures susdésignés est énorme, et qu'elles sont menacées d'une ruine complète ; — Se voir condamner à payer aux requérants des dommages-intérêts à fixer par état...; — Vu le jugement en date du 3 juin 1851 par lequel le tribunal de commerce, statuant sur le déclinatoire proposé par la compagnie du chemin de fer de Paris à Versailles (rive droite), ren-

voie les parties à se pourvoir devant qui de droit et condamne les demandeurs aux dépens ; — Vu l'acte d'appel...; — Vu le mémoire en date du 11 juin 1852, par lequel le préfet de la Seine, agissant en vertu de l'ordonnance du 1er juin 1828, revendique, pour l'autorité administrative, la connaissance de l'action formée par les sieurs Dupont, etc.; — Vu les conclusions en date du 2 juill. 1852, par lesquelles le ministère public estime qu'il y a lieu, par la cour, sans s'arrêter au déclinatoire susvisé, d'infirmer la sentence dont est appel et de renvoyer la cause avec les parties devant les juges qui doivent en connaître. — Vu l'arrêt en date du 9 juill. 1852, par lequel la cour de Paris met l'appel et le jugement dont est appel au néant ; déclare..., qu'à tort c'est à tort que le tribunal de commerce s'est déclaré incompétent...;

Considérant que si l'autorité judiciaire est compétente pour connaître des difficultés qui s'élèvent entre les compagnies concessionnaires et les redevables sur l'application des tarifs, la quotité des droits exigés ou la restitution de taxes indûment perçues, s'il ne s'agit pas dans l'espèce d'une contestation de cette nature; qu'au contraire, l'action intentée par les sieurs Dupont, etc., entrepreneurs de voitures faisant le service de Paris à Courbevoie, Puteaux, Suresnes et Saint-Cloud, a pour objet de faire prononcer des dommages-intérêts contre la compagnie du chemin de fer de Paris à Versailles (rive droite), à raison du préjudice que cette compagnie aurait causé à leurs entreprises par l'établissement de tarifs réduits pour les stations de Courbevoie, Puteaux, Suresnes et Saint-Cloud ; — Considérant qu'aux termes des art. 44 et suiv. de l'ordonnance royale du 15 nov. 1846, rendue en exécution de la loi 15 juill. 1845, et portant règlement d'administration publique sur la police, la sûreté et l'exploitation des chemins de fer, c'est à l'administration qu'il appartient, sur l'initiative des compagnies et après que le public a été informé par des affiches des changements demandés, d'approuver, en vue de l'intérêt général, dans les limites du maximum autorisé par le cahier des charges, ou de rejeter les modifications proposées au tarif des perceptions; et que, sous le prétexte d'un dommage prétendu, causé par ces modifications à des intérêts privés, l'autorité judiciaire ne saurait, sans méconnaître les principes de la séparation des pouvoirs, s'immiscer directement ou indirectement dans l'appréciation d'actes de cette nature et y porter atteinte;

pourra réclamer d'autre indemnité que la restitution du prix de transport. Les tribunaux ordinaires sont incompétents pour connaître d'une pareille réclamation : — « Considérant, dit un arrêt, que dès qu'ils ont été approuvés et publiés dans la forme légale, les tarifs fixés ou modifiés par l'autorité administrative supérieure deviennent obligatoires pour ou contre les compagnies de chemins de fer, au même titre que les cahiers des charges annexés aux lois et décrets de concession, et qu'il n'appartient pas à la juridiction civile, non plus qu'aux tribunaux de commerce d'en faire la critique et d'en entraver l'exécution » (Paris, 29 fév. 1860, aff. ch. de fer de l'Ouest, D. P. 60. 2. 71). — Même décision à l'égard d'une réduction de taxe sous la condition d'une garantie de chargement d'un certain tonnage : « Attendu, porte l'arrêt, qu'il n'appartient qu'à l'autorité administrative d'apprécier, sous ces rapports, l'exigence de l'intérêt général et de décider s'il y avait lieu de déclarer les réductions de taxes obligatoires sans condition » (Civ. cass. 22 fév. 1858, aff. ch. de fer du Nord, D. P. 58. 1. 121). — Un arrêt de la cour de Paris, du 21 avr. 1857, qui paraît être en opposition avec cette doctrine a encouru la censure de la cour de cassation (Civ. cass. 12 avr. 1859, aff. ch. de fer de Paris à Lyon, D. P. 59. 1. 153). — V. aussi Civ. cass. 12 déc. 1857, aff. Vasse, D. P. 58. 1. 18, et M. Duverdy, nos 199 et suiv.

490. Mais il en est autrement lorsque la réclamation est fondée sur ce que les formalités prescrites par la loi n'ont pas été remplies. — Ici, en effet, ce n'est pas de l'acte administratif qu'il s'agit, mais de l'inexécution par la compagnie des prescriptions de la loi ; or les tribunaux ordinaires sont compétents pour statuer sur une question de cette nature. — Il a été décidé en ce sens que les tribunaux civils sont compétents pour prononcer des dommages-intérêts à raison d'une réduction de tarif arrêtée par une compagnie de chemin de fer en vertu d'un arrêté administratif non publié dans la forme et les délais prescrits par le cahier des charges (Civ. rej. 7 juill. 1852, aff. ch. de fer de Strasbourg, D. P. 52. 1. 204.—Conf. Civ. rej. 10 janv. 1849, aff. Delacorbière, D. P. 49. 1. 19). — Le pourvoi, dans l'espèce de l'arrêt de 1852, était fondé sur la violation des lois des 16 août 1790 et 16 fruct. an 3, qui consacrent le principe de la séparation des pouvoirs, en ce que l'arrêt attaqué avait déclaré arbitraire et illicite un abaissement de tarif opéré en vertu d'arrêtés administratifs émanés de l'autorité compétente, arrêtés non attaqués et suivis d'exécution. Mais le principe de la séparation des pouvoirs n'eût été atteint qu'autant qu'il eût existé un arrêté préfectoral régulièrement et légalement porté à la connaissance du public, et dont l'autorité judiciaire eût refusé de tenir compte. Ici la question portait sur la légalité même de l'arrêté qui ne pouvait avoir d'effet que s'il avait été rendu public, et qui, précisément, n'avait pas été publié (conf. M. Duverdy, no 202).—Il a encore été décidé, dans le même sens, que l'autorité judiciaire est compétente pour connaître des actions formées contre les compagnies de chemins de fer pour inobservation des charges et conditions qui sont imposées à ces compagnies ; que, par exemple, l'action en restitution d'un excédant de prix de transport, perçu par une compagnie de chemin de fer en vertu d'un tarif nouveau non revêtu de l'approbation ministérielle exigée par le cahier des charges, est de la compétence des tribunaux ordinaires et non de celle des tribunaux administratifs, et que l'autorité judiciaire est également compétente pour connaître de la question de savoir si l'homologation est intervenue dans les formes légales (Req. 21 janv. 1857, aff. comp. du ch. de fer de l'Est, D. P. 57. 1. 169; V. aussi Civ. cass. 19 juin 1850, aff. Maillet-Duboullay, D. P. 50. 1. 197). — « Considérant, dit encore un autre arrêt, que le tribunal peut et doit examiner si la compagnie s'est conformée aux prescriptions de la loi ; si le tarif qu'elle applique est celui qu'elle a le droit d'appliquer ; qu'en se livrant à cet examen, qu'en appréciant les faits, le tribunal n'examine, n'interprète, n'apprécie point la validité ou la

régularité d'un acte administratif; qu'il se borne à rechercher si la compagnie a ou n'a pas contrevenu aux lois et règlements qui régissent son existence et ses rapports avec le public ; si l'exploitation, chose toute commerciale, dont les actes sont de la compétence des tribunaux, a ou non lésé les intérêts des tiers » (Paris, 29 mai 1857, V. MM. Teulet et Camberlin, 1857, p. 70).

491. C'est encore devant les tribunaux ordinaires que la contestation doit être portée, lorsqu'il s'agit de l'application pure et simple des tarifs, ainsi que des dispositions du cahier des charges intéressant soit la sécurité ou le bien-être des voyageurs, soit l'exactitude dans l'expédition des marchandises et les délais du transport. En établissant ces clauses, le gouvernement a stipulé au nom des tiers, et toute partie qui se sera lésée par les procédés d'exploitation des compagnies a les voies judiciaires pour faire reconnaître le préjudice qu'il en éprouve et en obtenir la réparation. Ainsi, en sus des garanties nombreuses que le système de nos règlements procure à l'intérêt privé, et qui sont loin d'exister également dans la plupart des autres pays, soit l'exactitude dans les pays où l'administration n'exerce pas de contrôle, cette action est l'unique protection accordée aux intérêts privés. — Il a été jugé, en ce qui concerne particulièrement l'application des tarifs : 1o que les contestations relatives à l'application des tarifs de chemin de fer sont de la compétence des tribunaux et non de l'autorité administrative, alors même qu'il s'agirait d'une réduction de taxes, approuvée par acte de l'autorité supérieure, si elles ont au fond pour objet, non de faire interpréter cet acte, mais de faire déterminer à quelles personnes il profite d'après les obligations imposées à la compagnie par la loi de concession et son cahier des charges (Paris, 6 janv. 1858, aff. ch. de fer de l'Est, D. P. 59. 2. 29); — 2o Que l'autorité judiciaire est seule compétente, à l'exclusion de l'autorité administrative, pour statuer sur une contestation entre une compagnie de chemin de fer et l'administration de l'enregistrement relativement à la quotité du droit de magasinage à percevoir par la compagnie sur les objets abandonnés depuis plus de six mois, sans réclamation, dans les gares ou stations, et vendus à la diligence de la régie, de conformité à l'art. 1 du décret du 13 août 1810 ;— Et spécialement, que c'est à l'autorité judiciaire et non au conseil de préfecture, qu'il appartient de statuer sur le point de savoir si le droit de magasinage des objets dont il s'agit est régi par les tarifs rédigés en exécution du cahier des charges de la compagnie pour les articles de messagerie et marchandises sur ce qu'ils sont pas enlevés dans les vingt-quatre heures, ou s'il doit être fixé à 2 pour 100 du prix de la vente des objets, conformément à un usage ancien qui serait constaté par des arrêtés du préfet de la Seine, des 14, 16 de 1806 et de 1815 (cons. d'Ét. 26 fév. 1857, aff. ch. de fer du Nord, D. P. 57. 3. 82) :— « Attendu, dit l'arrêt, que ces difficultés sont relatives à l'application des tarifs de la compagnie et à la quotité des droits qu'elle peut exiger des redevables. »

492. Mais s'il y a quelque doute sur le sens de la disposition du tarif dont l'application est réclamée, appartient-il aux tribunaux ordinaires de donner eux-mêmes l'interprétation de cette disposition, ou bien doivent-ils renvoyer la difficulté devant l'autorité administrative? — La même question se présente à l'égard des dispositions du cahier des charges qui déterminent les obligations de la compagnie vis-à-vis des tiers, relativement au transport des personnes ou des marchandises. — Nous avons déjà examiné cette question d'une manière générale *supra*, nos 117 et suiv.; nous y revenons ici au point de vue particulier du contrat de transport.

Suivant quelques arrêts, l'autorité administrative seule est compétente pour interpréter les dispositions soit des tarifs, soit des cahiers des charges. — C'est en ce sens que la cour de Lyon s'est prononcée dans les circonstances suivantes. — L'art. 6 du cahier des charges du chemin de fer de Saint-Étienne à Lyon portait : « Au moyen du jugement du droit tel qu'il sera réglé définitivement par l'adjudication, la compagnie sera tenue d'exécuter constamment avec soin, exactitude et célérité, à ses frais et par ses propres mains, *et sans pouvoir en aucun cas le refu-*

Art. 1. L'arrêté de conflit, pris le 6 août 1852, par le préfet de la Seine, est confirmé. — Art. 2. Sont considérés comme non avenus, l'exploit introductif d'instance du 21 mars 1851, l'acte d'appel du 13 juin suivant, et l'arrêt de la cour d'appel de Paris, du 9 juill. 1852.

Du 21 avr. 1853.-Décr. cons. d'Et.-M. Magne, rap.

ser, le transport des denrées, marchandises et matières quelconques qui lui seront confiées. » Et l'art 12 disait : « Toutes contestations qui s'élèveraient entre la compagnie et les particuliers qui lui livreraient des marchandises resteront dans la compétence des tribunaux ordinaires. Quant à celles qui s'engageraient entre l'administration et les compagnies *sur l'interprétation du cahier des charges*, elles seront jugées administrativement par le conseil de préfecture, sauf recours au conseil d'État. » — Un négociant ayant requis la compagnie du chemin de fer de transporter une quantité déterminée de charbon dans un espace de temps également déterminé, la compagnie répondit que la masse des demandes qu'elle avait reçues était telle qu'il lui était impossible d'exécuter le transport dans un délai aussi court. Le négociant cita la compagnie devant le tribunal de Saint-Étienne, dont la compagnie avait décliné la compétence; mais ce tribunal s'était déclaré compétent. — Sur l'appel, la compagnie avait obtenu de M. Vatimesnil une consultation favorable. Suivant ce jurisconsulte, il ne s'agissait pas seulement là d'intérêts privés; mais il était question de déterminer dans quel ordre et quelle mesure la compagnie devait satisfaire à l'ensemble des demandes qui lui étaient adressées par le commerce. On ne pouvait isoler de l'ensemble le débat entre la compagnie et le négociant. De là dérivait une appréciation d'intérêts généraux qui ne pouvait appartenir à la juridiction commune, celle de l'examen de la totalité des demandes combinées, tant avec les moyens d'exécution qui appartenaient à la compagnie qu'avec des considérations d'intérêt public inhérentes à l'exploitation d'un chemin de fer. — Le cahier des charges défendait sans doute à la compagnie de refuser les marchandises; mais était-ce refuser que de ne pas mettre à la disposition d'un seul négociant tous les moyens de transport que la compagnie avait eus en son pouvoir. Pouvait-on donner à l'art. 6 du cahier des charges une portée aussi exorbitante, ou bien n'était-ce pas un cas d'interprétation réservé à l'administration par l'art. 12? « Quelque peu disposé que soit, en général, l'auteur de cette consultation à résoudre les questions de compétence en faveur de l'autorité administrative, disait le savant signataire, il pense que, dans le cas dont il s'agit, les moyens de la compagnie sont décisifs. Les entreprises des chemins de fer seraient inévitablement désorganisées, si les tribunaux pouvaient les astreindre à exécuter, en faveur d'un particulier, des transports qui dépasseraient leurs moyens d'exécution, combinés avec les moyens généraux du commerce. Jadis, si une telle difficulté eût été soumise à un parlement, il aurait fait un arrêt de règlement qui aurait concilié tous les intérêts. Les tribunaux actuels, n'ayant pas cette faculté, ne peuvent connaître de ces causes. » — Conformément à cet avis, la cour de Lyon a, tout en se déclarant compétente au fond, renvoyé l'interprétation du cahier des charges devant l'autorité administrative (Lyon, 1er juill. 1856, aff. Berthon, V. Acte de com., n° 185).— M. Pouget, du Transport par eau et par terre, t. 2, p. 303, cite un arrêt semblable de la cour de cassation, en date du 29 janv. 1845, Gaz. des trib. 30 janv. 1845, et un jugement conforme du tribunal de la Seine, du 20 mars 1856, Teulet et Camberlin, 1857, p. 290).

493. Cependant il est admis par la jurisprudence, ainsi que nous l'avons déjà fait observer *suprà*, n° 122, que lorsque les cahiers des charges ont été approuvés par l'autorité législative, ils ont le caractère de loi, et l'interprétation dès lors en appartient à l'autorité judiciaire. — Il a été décidé en ce sens, en ce qui touche des dispositions relatives à l'exploitation commerciale des chemins de fer : 1° que l'interprétation et l'application des dispositions du cahier des charges annexé à une loi de concession de chemin de fer, qui constituent au profit des tiers des droits particuliers, sont de la compétence de l'autorité judiciaire, à raison du caractère législatif attaché à ces dispositions; — Qu'ainsi, lorsque dans l'intérêt de la compagnie concessionnaire de l'un des embranchements d'une ligne de fer, le cahier des charges ne permet l'application des tarifs réduits aux embranchements rivaux compris dans la concession de cette ligne, qu'autant que le bénéfice en sera étendu à toute la portion de la ligne principale que la compagnie à qui l'embranchement a été adjugé est obligée d'emprunter en dehors du parcours de cet embranchement, les tribunaux sont seuls compétents pour statuer sur les demandes en dommages-intérêts résultant, soit pour le passé, soit pour l'avenir, de l'inobservation de cette disposition. — ... Sans, toutefois, que l'autorité judiciaire puisse mettre obstacle au droit d'homologation des tarifs de chemin de fer réservé à l'administration (trib. des confl., 3 janv. 1851, aff. chem. de fer d'Amiens à Boulogne, D. P. 51. 3. 39); — 2° Que le cahier des charges annexé à une loi de concession de chemin de fer constitue, comme cette loi, une disposition législative dont l'interprétation et l'application appartiennent aux tribunaux civils, et non un acte administratif soumis à l'interprétation de l'autorité administrative; et spécialement, que les tribunaux civils sont compétents pour statuer sur la question de savoir si le traité portant réduction, en faveur d'un entrepreneur de transport, des prix fixés au tarif général, à la charge, par cet entrepreneur, de remplir certaines conditions de transport, peut être étendu sans condition à tous autres entrepreneurs (Req. 5 fév. 1861, aff. Contet-Muiron, D. P. 61. 1. 364).

494. Bien plus, et contrairement à la doctrine de la cour de Lyon, il a été décidé d'une manière générale, et sans distinction entre les cahiers des charges approuvés par une loi et ceux qui sont approuvés par décret, que l'interprétation de la disposition de ce cahier qui consacre la règle de l'égalité entre les entrepreneurs de transport, ainsi que des actes réglementaires dont il a été suivi, est de la compétence des tribunaux (Civ. rej. 30 mars 1863, aff. ch. de fer de Paris à Lyon et à la Méditerranée, D. P. 63. 1. 178).

495. Les actions qui naissent du contrat de transport, et notamment les actions en responsabilité pour retard, perte ou avaries, sont incontestablement de la compétence de l'autorité judiciaire; cela n'a pas besoin d'être démontré. Il est hors de doute aussi que l'entreprise du chemin de fer a un caractère commercial : c'est, en effet, une entreprise de transports à laquelle s'applique l'art. 632 c. com., qui comprend parmi les actes de commerce toute entreprise de transport par terre et par eau (V. Acte de comm., n° 174 et s.). C'est pourquoi la jurisprudence a toujours décidé que l'entreprise de transports par une compagnie de chemin de fer était commerciale, et qu'ainsi les demandes que les parties forment relativement aux obligations par elles contractées sont de la compétence des tribunaux consulaires (V. Actes de com., n° 185; Compét. com., n° 19; M. Pouget, t. 2, p. 279). — Toutefois, si le demandeur n'est pas commerçant, il peut, suivant la jurisprudence aujourd'hui consacrée, porter l'action, à son choix, devant le tribunal de commerce ou devant le tribunal civil, « parce que, dit M. Bourbeau, de la Justice de paix, p. 200, l'obligation qui sert de base à cette action a sa source dans un contrat dont la nature était commerciale pour l'une des parties, civile relativement à l'autre, comporte l'application d'une double compétence que pourrait invoquer à son gré le demandeur qui n'a pas fait lui-même un acte de commerce » (V. Compét. com., n° 22 et s.). — D'un autre côté, l'action devrait être nécessairement intentée devant la juridiction civile, si elle était dirigée par la compagnie contre un tiers non négociant. — V. *eod.*, n° 21, et Acte de comm., n° 19.

496. Il y a encore exception à la compétence des tribunaux de commerce, au moins suivant l'opinion qui nous a paru devoir être adoptée (V. Compét. civ. des juges de paix, n° 199 et suiv.) dans le cas prévu par l'art. 2, § 3, de la loi du 25 mai 1838, portant attribution aux juges de paix des contestations entre les voyageurs et les voituriers ou bateliers, pour retard, frais de route et perte ou avaries d'effets, jusqu'à 100 fr. en dernier ressort, et jusqu'à 1,500 fr. à charge d'appel. — Cette compétence spéciale, qui est applicable à l'action intentée contre une compagnie de chemin de fer aussi bien qu'à celle qui est dirigée contre un simple voiturier ou tout autre entrepreneur de transports, est exclusive de celle des tribunaux de commerce, alors même que la contestation a un caractère commercial (Conf. Limoges, 2 mai 1862, aff. ch. de fer d'Orléans, D. P. 62. 2. 137; trib. de com. de Nantes, 17 juin 1863, aff. Brevet, D. P. 64. 3. 24 ; Paris, 20 juin 1863, aff. comp. imp. des voit. de Paris, D. P. 63. 2. 177, et la dissertation de M. Thiercelin, en note de cet arrêt, *eod.*).—Et par conséquent, le tribunal de commerce est incompétent pour connaître d'une action en responsabilité formée par un voyageur contre une compagnie de chemins de fer, pour

retard dans la remise d'un colis qu'il avait fait enregistrer comme bagage, et qui contenait des marchandises relatives à son commerce (même arrêt de Limoges)... ou pour perte de bagages (jug. précité du trib. de com. de Nantes; V. dans le même sens Paris, 13 fév. 1844, aff. Lelièvre, v° Comp. civ. des juges de paix, n° 200). — Toutefois, la question est controversée. Un arrêt a décidé, au contraire, que lorsque les contestations dont il s'agit ont un caractère commercial, les tribunaux de commerce sont seuls compétents pour en connaître, à l'exclusion des juges de paix (Caen, 25 mars 1846, aff. Duboullay, D. P. 46. 4. 80, n° 3).—Suivant d'autres arrêts, l'action, dans le cas où les contestations ont un caractère commercial, peut être portée à la volonté du demandeur, soit devant la juridiction consulaire, soit devant le juge de paix (Angers, 3 mai 1855, aff. ch. de fer d'Orléans, D. P. 55. 2. 205; Poitiers, 12 fév. 1861, aff. ch. de fer d'Orléans, D. P. 61. 2. 59. — Conf. M. Duverdy, n° 147 et suiv.).— Sur le pourvoi formé contre ce dernier arrêt (de la cour de Poitiers), la cour de cassation s'est prononcée dans le même sens que l'arrêt de la cour de Caen précité; elle a décidé que l'art. 2 de la loi du 25 mai 1838 est inapplicable aux contestations commerciales (Civ. rej. 4 nov. 1863, aff. ch. de fer d'Orléans, J. P. 63. 1. 473). — Tel est aussi l'avis de M. Bourbeau, de la Justice de paix, p. 221.—Voici en quels termes le savant professeur résume son opinion : « 1° Le juge de paix a seul compétence dans les cas prévus par l'art. 2 de la loi du 25 mai 1838, lorsque la demande est formée contre le voyageur dont l'obligation n'a pas le caractère commercial. — 2° L'action peut être portée, soit devant la justice de paix, soit devant le tribunal de commerce, lorsqu'elle est intentée par le voyageur qui, dans ses rapports avec le défendeur, n'a pas fait acte de commerce. — 3° C'est au tribunal de commerce que doit être portée l'action, lorsque le fait à l'occasion duquel elle est formée constitue entre les deux parties un acte commercial. » —Nous estimons qu'il est préférable de s'en tenir au texte de la loi, qui ne fait aucune distinction.

497. La loi du 25 mai 1838 ne distingue pas non plus entre les effets marchandises et les effets à l'usage des voyageurs; en conséquence, le juge de paix est également compétent, soit qu'il s'agisse des unes ou des autres (Limoges, 2 mai 1862, aff. ch. de fer d'Orléans, D. P. 62. 2. 137). — V. dans ce sens v° Compét. civ. des juges de paix, n° 214.

498. Il nous reste maintenant à examiner devant quel tribunal doivent se porter les actions dérivant du contrat de transports. — L'art. 59 c. pr. porte que le défendeur doit être assigné, en matière de société, devant le juge du lieu où elle est établie, et l'art. 69 ajoute: Les sociétés de commerce, tant qu'elles existent, seront assignées en leur maison sociale (V. la connaissance de ces articles, v° Compét. civ., n° 109 et suiv.; Compét. com., n° 412 et suiv.; Exploit, n° 432 et suiv.; Société, n° 186 et suiv., 1716 et suiv.). — Or on sait que les compagnies de chemins de fer ont toutes pris, dans leurs statuts, Paris pour leur siège social. — En résulte-t-il que toute action dirigée contre une compagnie de chemins de fer, en quelque point éloigné du territoire qu'elle ait pris naissance doit être intentée devant les tribunaux du département de la Seine? Les compagnies ont soutenu l'affirmative, et quelques arrêts sembleraient leur donner raison. — Ainsi, il a été décidé, en principe, que les sociétés de commerce devant être assignées devant le tribunal du lieu de leur siège social fixé par les statuts, alors qu'il n'est point établi qu'elles aient dans d'autres localités des agents ayant mandat et capacité pour les représenter en justice, il en résulte que les compagnies de chemin de fer doivent être actionnées, non en la personne du chef de la gare où s'est formé le contrat et devant le tribunal du lieu de cette gare, *quelle qu'en soit l'importance*, mais en la personne de son directeur et *au lieu de son siège social*, s'il n'est pas constaté qu'elle ait délégué à ce chef de gare la mission spéciale de recevoir les assignations à elle adressées et de défendre aux actions qui pourraient être intentées contre elle; qu'ainsi, et spécialement 1° la compagnie du chemin de fer de Paris à Rouen ne peut être assignée à Rouen (Req. règl. de jug. 4 mars 1845, aff. ch. de fer de Paris à Rouen, D. P. 46. 1. 208; Rouen, 19 juin 1846, aff. même ch. de fer, D. P. 47. 2. 11); —2° La compagnie du chemin

de fer de Rouen au Havre ne peut être assignée au Havre; elle doit l'être à Paris (Civ. cass. 15 janv. 1851, aff. ch. de fer de Rouen au Havre, D. P. 51. 1. 27); —3° Celle d'Orléans ne peut l'être à Issoudun (Civ. cass. 26 mai 1857, aff. Ch. de fer d'Orléans, deux arrêts du même jour, D. P. 57. 1. 246).... ni à Bordeaux (Bordeaux, 22 juill. 1857; aff. ch de fer d'Orléans; D. P. 58. 2. 59); — 4° Et la compagnie du chemin de fer de Paris à Lyon et à la Méditerranée, à Dijon (Civ. cass. 5 avr. 1859, aff. ch. de fer de Paris à Lyon, D. P. 59. 1. 147; V. aussi Civ. cass. 27 juill. 1858, aff. ch. de fer de Paris à Lyon, D. P. 58. 1. 397). — V. encore, comme analogie, Req. 4 mai 1857, aff. Gendrot, D. P. 57. 1. 401; Civ. cass. 16 mars 1858, aff. bat. à vap. du Rhône, D. P. 58. 1. 130.

499. Cependant la jurisprudence a dû apporter certains tempéraments à cette règle rigoureuse. D'abord, et c'est ce qui résulte de ces arrêts eux-mêmes, on peut assigner dans un lieu autre que le siège social, lorsqu'il est déclaré en fait que la compagnie a donné mandat à un agent spécial de recevoir les assignations qui la concernent (V. dans ce sens Req. 2 déc. 1857, aff. comp. de la Grand'Combe, D. P. 58. 1. 300).—Mais ce n'est pas là la seule exception au principe.

500. Ainsi, d'abord, il a été admis, contrairement à l'arrêt du 15 janv. 1851 précité, relatif au chemin de fer de Rouen au Havre, que si la compagnie n'a pas au siège social son domicile réel, c'est-à-dire le centre de son industrie et de ses relations avec le public, ce n'est pas au siège social que l'assignation doit être donnée, mais au lieu où est situé son principal établissement; en conséquence, la compagnie du chemin de fer du Midi, par exemple, doit être assignée, non pas à Paris, lieu de son siège social, mais à Bordeaux, où, par la nature et la force des choses, elle a son domicile réel: « Attendu, dit l'arrêt, que c'est en effet là qu'est la tête des diverses voies qu'elle exploite, le point d'où part le mouvement industriel et où il vient aboutir; que c'est également à Bordeaux que se trouvent le dépôt du matériel, les principaux ateliers, les divers bureaux, la direction effective, les chefs immédiats de ce nombreux personnel qui imprime l'activité et la vie à cette vaste entreprise; que l'art. 2 des statuts, qui fixe le domicile de la société à Paris, n'est, à l'égard des tiers, qu'une déclaration de volonté ou d'intention; déclaration inefficace parce qu'elle se trouve en contradiction avec le fait » (Bordeaux, 11 août 1851, aff. chem. de fer du Midi, D. P. 58. 2. 60.—Conf. Bordeaux, 12 août 1857, aff. Mandret, D. P. 58. 2. 61; Bordeaux, 22 mai 1856; et sur pourvoi, Civ. rej. 4 mars 1857; aff. chem. de fer du Midi, D. P. 57. 1. 124; trib. de Bordeaux, 28 janv. 1858, aff. chem. de fer du Midi, D. P. 58. 2. 133). — Ainsi encore, la compagnie du chemin de fer de Montpellier à Cette a son principal établissement à Montpellier et doit être assignée dans cette ville, bien qu'elle ait son siège social à Paris (Req. 21 fév. 1849, aff. chem. de fer de Montpellier à Cette, D. P. 49. 1. 265). — V. des solutions analogues v° Exploit, n° 441; Société, n° 191.

501. D'un autre côté, il est reconnu encore, par argument des art. 12 et 13 c. com., qu'une société commerciale peut avoir *plusieurs* maisons sociales, par suite plusieurs domiciles attributifs de juridiction. C'est ce qui a été fréquemment jugé à l'égard des compagnies d'assurances qui ont des succursales où elles ont placé des agents chargés de les représenter (V. la note sur un arrêt de rejet de la ch. civ. du 4 mars 1857, D. P. 57. 1. 224).— C'est également ce qui a été décidé avec les compagnies de chemin de fer. — Ainsi il a été jugé qu'une compagnie de chemin de fer peut avoir un principal établissement dans un lieu autre que celui où son siège a été fixé par les statuts et les décrets impériaux qui l'ont constituée; que dès lors elle est régulièrement assignée au lieu de ce principal établissement; à raison des contrats qui y ont été formés, et que l'existence d'un tel établissement a pu valablement être fixée à la gare du chemin de fer dans laquelle la compagnie a un centre d'opérations dont l'importance est de nature à donner à cette gare le caractère d'une véritable maison de transport; spécialement, la compagnie des chemins de fer de l'Est a pu être régulièrement assignée devant le tribunal de Mulhouse; en la personne du chef de gare de cette ville (Req. 30 juin 1858, aff. chem. de fer de l'Est, D. P. 58. 1.

424.—Conf. Civ. rej. 18 janv. 1861, aff. chem. de fer de l'Est, D. P. 61. 1. 126)..., ou devant le tribunal de Belfort (Colmar, 11 juin 1862, aff. chem. de fer de l'Est, D. P. 63. 2. 121; 30 avr. 1863, aff. Paclet, eod.). — Décidé encore, par application de la même règle, que la compagnie du chemin de fer d'Orléans a pu être assignée devant le tribunal de Montauban : — « Attendu, dit l'arrêt qui adopte les motifs des premiers juges, que la compagnie du chemin de fer d'Orléans possède à Montauban un principal établissement; qu'elle y a fondé un centre d'administration considérable, établi des bureaux, des employés nombreux, des ingénieurs, des inspecteurs et un directeur chef de l'exploitation; que cette ville se trouve tête de ligne du chemin de fer Grand-Central, et que son importance comme établissement est d'autant plus grande que cette voie ferrée n'aboutit pas encore au siége principal de la compagnie, c'est-à-dire à Paris » (Toulouse, 6 août 1860, aff. chem. de fer d'Orléans, D. P. 62. 1. 74). — La compagnie du chemin de fer de l'Ouest serait également être assignée devant le tribunal de Caen (Civ. rej. 7 mai 1862, aff. chem. de fer de l'Ouest, D. P. 62. 1. 230). — V. Société, n° 186 et suiv.

502. D'autres arrêts, rendus dans le même ordre d'idées, admettent que les compagnies de chemins de fer peuvent être assignées non-seulement devant le juge du lieu où elles ont leur principal établissement, mais aussi devant le juge du lieu où elles ont des succursales (Colmar, 26 août 1857, aff. Dolfus, etc., D. P. 58. 1. 128; Paris, 12 mars 1858, aff. chem. de fer de l'Est, D. P. 58. 2. 131). — Mais reste à savoir ce que l'on doit entendre en cette matière par succursale. — Suivant un arrêt, une compagnie serait censée avoir une succursale partout où il existe une gare (même arrêt de Colmar, 26 août 1857); mais cette doctrine beaucoup trop large est condamnée par la cour de cassation sur le pourvoi dont cet arrêt a été l'objet (Req. 30 juin 1858, aff. chem. de fer de l'Est, D. P. 58. 1. 396). — Les autres arrêts qui ont été rendus sur cette question ont donné au mot succursale une interprétation beaucoup plus restreinte. Ainsi, l'un décide que l'on doit considérer comme succursale, dans le sens de l'art. 59 c. pr., les grands centres de population qui ont de nombreux intérêts à débattre et où elles sont représentées par des agents d'un ordre élevé, assistés d'officiers ministériels agréés par la compagnie; telle serait, par exemple, la ville de Troyes, relativement à la compagnie du chemin de fer de l'Est (arrêt précité de Paris, 12 mars 1858). — L'autre fait dériver la qualification de succursale, mais particulièrement pour ce qui se rattache à la construction du chemin, de l'existence dans la localité d'un agent spécial ayant reçu mandat exprès d'acquérir les terrains et d'en prendre possession (Montpellier, 17 août 1857, aff. chem. de fer du Midi, D. P. 58. 2. 131. V. le numéro qui suit in fine).

503. La compagnie peut encore être réputée avoir un domicile attributif de juridiction à la gare dans laquelle les statuts lui imposent l'obligation de faire une élection de domicile, et par conséquent elle peut être assignée devant le tribunal du lieu où est située cette gare, par les tiers qui ont contracté avec elle dans ce lieu, et par exemple la compagnie du chemin de fer de Strasbourg à Bâle a pu être assignée devant le tribunal de Mulhouse, les statuts de cette compagnie lui imposant l'obligation de désigner un membre pour recevoir dans cette ville, où il doit avoir son domicile, les notifications et significations qu'on peut avoir à lui adresser (Req. 22 mai 1848, aff. ch. de fer de Strasbourg à Bâle, D. P. 51. 5. 104). — Cette obligation continue à subsister malgré la fusion ultérieure de cette compagnie avec la compagnie des chemins de fer de l'Est (Colmar, 26 août 1857, D. P. 58. 2. 129, et sur pourvoi, Req. 30 juin 1858, aff. ch. de fer de l'Est, D. P. 58. 1. 396). — Il a été décidé qu'une compagnie de chemin de fer (la compagnie du Midi) peut être valablement assignée au lieu où elle a établi une succursale (à Narbonne), en la personne et au bureau du préposé à qui elle a donné mandat de l'y représenter, pour l'exécution des engagements contractés par les agents dans la circonscription de cette succursale, alors surtout qu'elle est assignée, non pour un fait commercial se référant à l'exploitation de la voie ferrée, mais pour un fait relatif à l'établissement de la voie et à l'occupation des terrains expropriés pour cause d'utilité publique, et spécia-

lement alors que l'action a pour objet le délaissement d'un terrain qui aurait été indûment occupé par l'ordre de l'agent en la personne et au bureau duquel l'assignation a été signifiée; ... et qu'il en doit être ainsi alors d'ailleurs que, par sa situation, la succursale est, au moins au point de vue de la construction, un établissement principal (Montpellier, 17 août 1857, aff. ch. de fer du Midi, D. P. 58. 2. 131). — V. aussi Req. 2 déc. 1857, aff. comp. de la Grand'Combe, D. P. 58. 1. 300.

504. La question s'est présentée encore sous un autre aspect. L'art. 420 c. pr., relatif à la procédure commerciale, dispose que le demandeur peut assigner devant le tribunal dans l'arrondissement duquel la promesse a été faite et la marchandise livrée, ou devant celui dans l'arrondissement duquel le paiement devait être effectué. La jurisprudence a reconnu que cet article s'applique, non pas seulement aux actions nées d'achats ou de ventes de marchandises, mais à toute contestation ayant pour objet un payement ou une livraison à faire (V. Req. 13 mai 1857, aff. ch. de fer de Lyon, D. P. 57. 1. 393; Metz, 27 fév. 1857, aff. ch. de fer de l'Est, D. P. 58. 1. 83.—Conf. M. Duverdy, n° 142)... et notamment, par exemple au contrat de transport (V. Compét. comm., n° 462, 509 et suiv.). — En ce qui touche particulièrement le point qui nous occupe, il a été décidé qu'on doit considérer comme tribunal du lieu de la promesse et de la livraison, dans le sens de l'art. 420 c. pr., le tribunal de la station du chemin de fer avec les préposés de laquelle il a été traité pour un transport de marchandises sur la ligne de fer et où ont été remis les objets à expédier; que, par suite, ce tribunal est compétent pour connaître de l'exécution du traité vis-à-vis de la compagnie exploitante, bien que celle-ci ait son siége principal dans un autre ressort (Bourges, 26 avr. 1854, aff. ch. de fer d'Orléans, D. P. 55. 2. 75; V. aussi Rouen, 21 juin 1855, D. P. 55. 2. 336, et sur pourvoi, Req. 29 avr. 1856, aff. ch. de fer de Rouen, D. P. 56. 1. 290.—Conf. M. Duverdy, n° 145). — Un autre arrêt, faisant une application un peu forcée de la disposition finale de l'art. 420, a décidé que le mot payement, qui y est employé, doit s'entendre non-seulement de la prestation d'un prix, mais encore de l'accomplissement de toute espèce d'obligation; que, dès lors, en matière de transport, le tribunal du lieu où l'objet à transporter doit être livré est compétent pour connaître des contestations entre le transporteur et le destinataire, et spécialement que le tribunal du lieu d'arrivée d'un voyageur, dont les bagages ont été perdus, est valablement saisi de la demande en dommages-intérêts formée par ce voyageur contre la compagnie de chemin fer qui s'était chargée du transport de ces bagages (Angers, 29 juill. 1853, aff. ch. de fer de Paris à Nantes, D. P. 54. 2. 198). — Mais le mot payement de l'art. 420 ne saurait avoir une portée aussi large que celle que lui donne ce dernier arrêt. En effet, la compétence du tribunal du lieu de la livraison est réglée par une disposition distincte du même article, celle du § 2. Or on voit dans ce paragraphe que le tribunal du lieu de la livraison n'est compétent qu'autant que c'est également en ce lieu que la promesse a été faite; il ne suffit donc pas que la livraison doive y être opérée, et se contenter de cette condition sous prétexte qu'on rentrerait alors dans l'hypothèse prévue par le § 3, car ce serait manifestement supprimer le § 2 de l'article. Il suit de là qu'en matière de transport, le lieu du payement ne peut être que celui où le prix du transport est payable, et non pas celui où l'objet transporté est ou doit être livré (Conf. M. Duverdy, n° 150).

505. La cour de cassation semble aussi admettre l'application de l'art. 420 c. pr. en matière de transports par chemin de fer. Dans une espèce où il s'agissait d'une action en dommages-intérêts pour faits de concurrence illicite, et où par conséquent l'art. 420 était sans application possible (V. n° 503), la cour de cassation a décidé hypothétiquement que si l'action formée contre la compagnie avait pour objet des payements à effectuer ou des marchandises à livrer, le demandeur jouissait alors de la faculté d'opter entre le forum contractus et le forum rei, conformément à l'art. 420 c. pr. (Req. 4 mars 1845, aff. ch. de fer de Paris à Rouen. D. P. 46. 1. 208). — Par une autre décision, elle a maintenu un arrêt par lequel la cour de Rouen s'était déclarée compétente par application formelle de l'art. 420 c. pr. (Req. 29 avr. 1856 aff. ch. de fer de Rouen, D. P. 56. 1. 290). —

Et cependant, dans une autre espèce, la cour a cassé un jugement du tribunal d'Issoudun qui était précisément basé sur l'art. 420 c. pr. (Civ. cass. 26 mai 1857, aff. ch. de de fer d'Orléans, D. P. 57. 1. 246). —A notre avis, il faudrait distinguer, pour la solution de la question, entre le § 2 et le § 3 de l'art. 420. Le § 2 nous paraît inapplicable au contrat de transport. En effet, le lieu où les objets à transporter ont été remis pour le transport, n'est pas un lieu de promesse et de livraison dans le sens de l'art. 420 c. pr.; la promesse seule y est faite, mais la livraison doit être effectuée au lieu d'arrivée. L'arrêt précité de la cour de Bourges, du 26 avr. 1854, dit, il est vrai, que c'est à la gare de départ que la livraison est opérée, parce que c'est là que la compagnie met ses wagons à la disposition de l'autre partie. Mais il est bien manifeste que l'objet du contrat consiste dans la chose à transporter et non dans les wagons. On ne doit donc s'occuper que du lieu de livraison de cette chose et non du lieu de livraison des wagons où s'opère le transport : la réunion des deux conditions du § 2 de l'art. 420, absolument nécessaire pour que la règle de l'article soit applicable, ne se rencontre donc pas dans l'espèce (V. aussi v° Compét. com., n° 462). — Mais il en est autrement du § 3 de l'art. 420 qui attribue compétence au tribunal du lieu du payement : il n'y a pas de motifs pour ne pas appliquer cette disposition au contrat de transport. Le tribunal du lieu du départ ou du lieu de l'arrivée sera donc compétent, selon que le payement aura été fait au départ ou devra être fait à l'arrivée. — V. Compét. com., n° 497, 513 et suiv.; V. aussi nos observat. D. P. 54. 1. 249, notes 3, 4; 54. 2. 198; 59. 1. 147.

506. La compétence exceptionnelle de l'art. 420 c. pr. est applicable non-seulement aux actions qui tendent à l'exécution de la convention elle-même, mais encore à toute action qui s'y rattache essentiellement, encore qu'elle ait été formée après exécution complète des obligations respectives des parties, et spécialement, ce tribunal est compétent pour connaître de l'action formée contre une compagnie de chemins de fer à fin de réduction d'un prix de transport indûment perçu, et à fin de réduction de cet excédant de prix, en ce que notamment il a été perçu conformément au tarif ordinaire, tandis que, en vertu des statuts de la compagnie, il aurait dû l'être suivant un tarif exceptionnel (Rouen, 21 juin 1855, D. P. 55. 2. 336, et sur pourvoi, Req. 29 avr. 1856, aff. ch. de fer de Rouen, D. P. 56. 1. 290).

507. La compétence exceptionnelle établie par l'art. 420 c. pr. n'est applicable qu'autant que la convention ou les faits qui en sont le fondement se trouvent constants ou prouvés : il ne suffit pas qu'ils soient simplement allégués, et il n'importe que l'examen de cette convention ou de ces faits se confonde avec la question du fond; ainsi lorsqu'une compagnie de chemin de fer actionnée devant le tribunal du lieu de la promesse et de la livraison, élève un déclinatoire motivé sur ce que la convention alléguée serait sans effet contre elle, comme passée par un de ses agents en dehors des limites de son mandat, ce tribunal ne peut se déclarer compétent, sans examiner la contestation, sous prétexte qu'elle se rattache à la question du fond : il doit, avant de statuer sur le déclinatoire, vérifier l'existence de la convention déniée (Civ. cass. 14 déc. 1857, aff. chem. de fer de l'Est, D. P. 58. 1. 85).

508. Du reste, il a été jugé que l'art. 420 c. pr. ne s'étend pas aux actions purement personnelles et civiles en réparation de quasi-délits; que, par suite, l'action en réparation d'un fait dommageable commis par une entreprise de transports doit être portée devant le tribunal du domicile de l'auteur de ce fait et non devant le tribunal de la circonscription duquel le fait dommageable se serait accompli (Civ. cass. 16 mars 1858, aff. bat. à vap. du Rhône, D. P. 58. 1. 130. — V. aussi Req. 4 mars 1845, aff. ch. de fer de Paris à Rouen, D. P. 46. 1. 208).

509. Les mêmes solutions doivent être admises dans le cas où l'action est portée devant le juge de paix par application de l'art. 2, § 3, de la loi du 25 mai 1838. L'action doit ou peut être formée conformément aux distinctions qu'on vient de signaler, ou bien devant le juge de paix du siège social ou du principal établissement de la société, etc., ou bien devant celui du lieu où payement devait être effectué. La loi du 25 mai 1838 n'a pas

dérogé à l'ordre des juridictions, au point de vue de la compétence territoriale. — V. Compét. civ. des juges de paix, n° 205; V. aussi Civ. cass. 5 avr. 1859, ?T. chem. de fer de Paris à Lyon, D. P. 59. 1. 147; M. Bourbeau, de la Just. de paix, n° 117, et nos observ, D. P. 55. 2. 205 en note.

510. M. Pouget, t. 2, p. 445, est opposé à la doctrine conciliante qui ressort de la jurisprudence qui vient d'être exposée (n° 500 et s.); il ne paraît pas admettre que les compagnies puissent, en aucun cas, être assignées ailleurs qu'au siège social. « Il importe, dit-il, à une compagnie d'être avertie directement de la poursuite dirigée contre elle. Elle doit donc être assignée elle-même et non dans la personne d'un agent qui peut être oublieux. La jurisprudence qui se base sur le lieu du siège social ne paraîtrait aussi avoir sa raison d'être. En effet, ce que l'on doit désirer, c'est l'unité dans la jurisprudence. Or, on parvient à ce but en déterminant le lieu de la juridiction au siège social. Sans doute, les termes de l'art. 420 c. pr. paraissent ne pouvoir se concilier avec notre doctrine; mais comment aussi mettra-t-on d'accord l'art. 69 du même code avec les arrêts qui veulent qu'une compagnie de chemin de fer puisse être assignée devant les tribunaux de certaines gares? Est-ce que cet art. 69 n'a pas été écrit spécialement pour les sociétés? Et si l'on invoque les art. 42 et 45 c. com., peut-on dire qu'ils sont une dérogation à l'art. 69 c. pr., quand l'art. 70 du même code en sanctionne toute la portée et la nullité qu'il établit? Non, évidemment. » — Ces raisons ne nous paraissent pas de nature à prévaloir contre la juste interprétation des textes qui ressort de l'ensemble de la jurisprudence que nous venons d'analyser. — Les compagnies de chemin de fer ne peuvent prétendre à une situation privilégiée. Or, les règles qui leur sont appliquées ne sont autres que celles que la jurisprudence a reconnues applicables à toutes les sociétés de commerce. — D'autres esprits ardents, se faisant l'écho des griefs du public, voudraient aller plus loin encore (V. notamment les articles de M. Brives-Cazes, insérés dans le Courrier des tribunaux de Bordeaux, et cités par M. Pouget, loc. cit.). Mais dans l'état actuel de la législation, il est impossible de donner à ces griefs, jusqu'à un certain point légitimes, une satisfaction pleine et entière. — V. aussi M. Duverdy, n° 152 et suiv.

511. En tous cas, quel que soit le lieu devant le tribunal duquel la compagnie est assignée, l'assignation doit être donnée au directeur de la compagnie ou à l'agent ayant reçu mandat de la représenter en justice; aussi a-t-il été jugé qu'une compagnie de chemin de fer ne peut être actionnée en la personne d'un chef de gare qui n'a reçu mandat de la représenter en justice et de répondre aux actes d'exécution dirigés contre elle; que, spécialement, un commandement à fin d'exécution n'est pas valablement signifié à la compagnie, en la personne de ce chef de gare : un tel acte doit être signifié au siège même de la compagnie, et en la personne de son directeur (Civ. cass. 27 juill. 1858, aff. ch. de fer de Paris à Lyon, D. P. 58. 1. 397. — Conf. Civ. cass. 5 avr. 1859, aff. ch. de fer de Paris à Lyon, D. P. 59. 1. 147). — Lorsque la compagnie est assignée devant le tribunal du lieu où est situé son siège principal d'opération, l'assignation peut être donnée en la présence du chef de l'administration de cet établissement (Civ. rej., 16 janv. 1861, aff. ch. de fer de l'Est, D. P. 61. 1. 126. — Conf. Req. 30 juin 1858, aff. ch. de fer de l'Est, D. P. 58. 1. 424).

512. *Simplification des instances dans le cas de transport commun à plusieurs compagnies.* — Dans l'état actuel de la procédure, les litiges qui naissent d'un transport commun entre plusieurs compagnies nécessitent la mise en cause de toutes celles qui y ont participé; de là résulte, par suite de l'augmentation des délais d'assignation à raison des distances, des lenteurs bien souvent en disproportion avec l'importance de l'affaire. En Angleterre, il existe une institution remarquable, le *Clearing-House*, qui est un bureau de liquidation opérant la répartition des charges qui doivent peser sur chacune des compagnies, suivant les cas de responsabilité. — La dernière commission d'enquête a demandé que le législateur intervînt pour simplifier les procédures et en abréger les délais dans le cas de transport commun. — La lettre ministérielle du 1er fév. 1864 signale son avis ainsi : « Il serait nécessaire, dit-elle, dans le cas d'un transport commun à plusieurs compagnies, que l'expéditeur ou destinataire

n'eût à mettre en cause qu'une seule compagnie, soit celle qui aurait reçu le colis, soit celle qui l'aurait livré ou dû livrer, sauf aux compagnies ensuite, à se tenir réciproquement, compte des dommages qui auraient été de leur fait et à opérer entre elles le départ de la responsabilité encourue vis-à-vis du réclamant. — J'appuie d'autant plus sur le vœu de la commission, ajoute le ministre, qu'il est notoire que ce système est appliqué déjà avec autant de facilité que de succès par plusieurs entreprises de transport... Quant à la partie qui a trait à la simplification des délais de distance pour les assignations, elle touche à une question de procédure qu'il ne dépend pas de vous de résoudre; je me borne à vous la signaler et à en prendre note moi-même, pour qu'il en soit tenu compte au besoin. »

Chap. 8. *Impôts auxquels sont soumis les chemins de fer.*

513. Des taxes sont établies par nos lois de finances sur les chemins de fer français, sur les chemins de fer étrangers dont les actions et obligations se négocient dans nos bourses, sur les compagnies étrangères qui exploitent un tronçon de chemin de fer français, ainsi que sur les chemins de fer américains établis sur nos voies publiques et dont la traction s'opère par des chevaux. La taxe et les impositions de toute nature auxquelles les compagnies de chemins de fer peuvent être assujetties doivent avoir ici leur place, au double point de vue des lois, des règlements et de la jurisprudence. Elles peuvent se récapituler en douze articles, savoir : 1° la contribution foncière; — 2° Le droit de patente; — 3° Les prestations en nature et les subventions industrielles des chemins vicinaux; — 4° Les droits d'enregistrement pour les mutations de propriété et d'inscription d'office; — 5° Les taxes des biens de mainmorte, destinées à suppléer aux droits de mutation; — 6° L'enregistrement des commissions que les compagnies délivrent à leurs agents; — 7° Le timbre applicable aux actes concernant l'exploitation des chemins de fer : lettres de voiture, récépissés, avis imprimés de départ de convois; — 8° L'impôt du dixième sur le prix de transport des voyageurs et des marchandises; — 9° Les droits d'octroi; — 10° Le droit de timbre sur les actions et obligations des compagnies industrielles et sur les titres de rentes et autres effets publics étrangers : timbre mobile; — 11° Frais de visite, de surveillance et de contrôle dus à l'administration par les compagnies; — 12° Le droit dû par un chemin de fer américain établi sur une route postale au maître de poste.

514. 1° *Contribution foncière.* — La contribution foncière est établie à raison de la surface des terrains occupés par un chemin de fer et ses dépendances, et par les bâtiments qui appartiennent aux compagnies. Les édifices sont assimilés aux autres propriétés bâties dans la localité. Quant aux terrains de la voie, la cote est calculée comme pour les canaux d'irrigation (L. 3 frim. an 7, art. 10; 5 flor. an 11, V. Impôts directs, n°° 31 et suiv.; L. 7 juill. 1844, ch. de fer de Montpellier à Nîmes, art. 26; L. 26 juill. 1844, chem. de fer du Centre, art. 36; d'Orléans à Bordeaux, art. 32, etc.).—Il a été décidé : 1° qu'aux termes de la loi du 19 juill. 1845, constitutive de la concession du chemin de fer de Tours à Nantes, et du cahier des charges qui y est annexé, la contribution foncière assise sur les terrains occupés par le chemin de fer et par ses dépendances, ne doit être supportée par la compagnie adjudicataire de ce chemin pour chacune des sections comprises entre deux stations principales, qu'à partir de l'année qui suit la reconnaissance successive et définitive desdites sections; jusque-là la contribution doit être supportée par l'Etat, représenté par l'administration des ponts et chaussées (cons. d'Et. 7 mars 1849, M. Reverchon, rap., aff. chem. de fer de Tours à Nantes; 1850, M. Reverchon, rap., même partie; 3 juin 1852, M. Hudault, rap., même partie; 7 août 1852, M. l'Hôpital, rap., même partie). Même décision à l'égard du chemin de fer de Paris à Strasbourg (cons. d'Et. 13 mars 1852, M. Daverne, et rap. 15 déc. 1852, M. de Belbeuf, rap., aff. ch. de fer de Paris à Strasbourg); — 2° Que les mutations de cote pour la contribution foncière se règlent annuellement comme la contribution elle-même; par

suite, lorsqu'il résulte des actes de concession d'un chemin de fer que l'impôt foncier doit être à la charge de la compagnie à partir de l'année qui suit la reconnaissance définitive, c'est à partir du 1er janv. qui suit cette reconnaissance que la compagnie doit être imposée; en vain prétendrait-elle que la reconnaissance ayant eu lieu en juillet et août, l'impôt ne doit courir que des mois de juillet et d'août de l'année suivante (cons. d'Et. 23 nov. 1854, M. Lacaze, rap., aff. chem. de fer de Paris à Strasbourg); — 3° Que la contribution foncière assise sur une parcelle cédée à la compagnie du Grand-Central pour l'exécution du chemin de fer de Montauban à la rivière du Lot, doit être mise par voie de mutation de cote à la charge, non de l'Etat représenté par l'administration des ponts et chaussées, mais de la compagnie du chemin de fer de Paris à Orléans, en tant que substituée en vertu du décret du 19 juin 1857 à la compagnie du Grand-Central (cons. d'Et. 21 sept. 1859, M. Roussigné, rap., aff. département de l'Aveyron).

515. Lorsque, aux termes du cahier des charges, la contribution foncière due par la compagnie concessionnaire d'un chemin de fer, en raison de la superficie de tous les terrains occupés par ce chemin et par ses dépendances, doit être calculée comme pour les canaux navigables, conformément à la loi du 5 flor. an 11, c'est-à-dire sur le pied des terrains de première qualité, il peut être procédé, en dehors du délai prescrit par l'art. 9 de l'ordonnance du 3 oct. 1821, à la révision du classement cadastral des parcelles incorporées audit chemin; mais cette révision doit être une opération d'ensemble pour toute la ligne; en conséquence, la compagnie est non recevable à la demander pour quelques parcelles particulièrement et dans les seules circonstances où elle pourrait lui être avantageuse, et il y a lieu, par suite, de maintenir les évaluations résultant de l'expertise cadastrale, jusqu'à ce qu'il ait été procédé au classement général des terrains occupés par le chemin de fer (cons. d'Et. 3 fév. 1853, M. Hudault, rap., aff. ch. de fer d'Amiens à Boulogne). — V. Impôts directs, n°° 108 et suiv.

516. 2° *Patente.* — Les compagnies de chemins de fer payent la contribution foncière pour la voie, en tant qu'elles en ont le *domaine utile*; le *péage* qu'elles reçoivent est une location.—Il peut exister des chemins de fer ouverts à toutes les entreprises de transport qui le parcourront en employant leur matériel, la compagnie ne se chargeant pas de l'exploitation des transports. Mais lorsque la compagnie entreprend, comme cela se pratique uniformément en France, le service des transports, elle a, en dehors de l'usage de la voie et du péage qu'elle perçoit à cet égard, une exploitation industrielle et commerciale, pour laquelle elle est soumise aux droits *fixe* et *proportionnel* de patente, savoir : au droit fixe de 200 fr., plus 20 fr. par myriamètre en sus du premier, jusqu'à concurrence de 1,000 fr. au maximum; au droit proportionnel du vingtième sur la maison d'habitation, et du quarantième sur l'établissement industriel (L. 25 avr. 1844, tabl. C., V. Patente, p. 55).—Les compagnies de chemin de fer doivent être assujetties au droit proportionnel de patente, dans les communes où sont établies les stations intermédiaires, à raison des bureaux, salles d'attente et autres locaux servant à leur exploitation dans lesdites communes (cons. d'Et. 8 mars 1851, M. Reverchon, rap., aff. ch. de fer de Tours à Nantes).—Les stations, gares, salles d'attente, ateliers, chantiers, hangars, remises et autres locaux qui en dépendent, sont soumis au droit proportionnel de patente du quarantième, comme locaux servant à l'exploitation (cons. d'Et. 8 mars 1851, M. Reverchon, rap., aff. ch. de fer de Tours à Nantes).—Il en est de même des quais attenant aux gares de marchandises (cons. d'Et. 6 déc. 1860, M. David, rap., aff. ch. de fer du Midi);... des maisons des gardes de passage à niveau, le logement occupé par ces gardes étant affecté au service du chemin de fer (même arrêt. — Conf. cons. d'Et. 26 déc. 1860, M. David, rap., aff. ch. de fer du Midi).—Quant aux bâtiments affectés, dans les gares et stations, au logement du chef de la gare ou de la station, ils sont imposés non au quarantième, mais au vingtième de la valeur locative (cons. d'Et. 7 janv. 1857, M. de Belbeuf, rap., aff. ch. de fer de l'Est; 18 mars 1857, M. Lechanteur, rap., même ch. de fer; 6 déc. 1860, M. David, rap., aff. ch. de fer du Midi).—Mais un mur de clôture, la surface d'une gare, des plaques tournantes,

des voies de gare constituent des dépendances de la voie publique et non de l'habitation, et par conséquent la valeur n'en peut entrer dans le calcul du droit proportionnel de la patente de la compagnie (cons. d'Et. 23 juin 1849, M. Hély d'Oissel, rap., aff. ch. de fer de Montpellier à Nîmes).

517. La valeur locative des locaux imposables devant servir de base au droit proportionnel dû par une compagnie de chemin de fer, doit être évaluée à 5 p. 100 du prix de construction de ces locaux et non pas seulement à 3 p. 100 (cons. d'Et. 6 déc. 1860, M. David, rap., aff. ch. de fer du Midi; 26 déc. 1860, M. David, rap., aff. ch. de fer du Midi).

518. Le transport des voyageurs fait par une compagnie de chemin de fer de l'intérieur d'une ville à la gare, constitue, lorsque la compagnie perçoit un prix spécial indépendant de celui des places sur le chemin de fer, une industrie distincte de l'exploitation de la voie ferrée; par conséquent, la compagnie doit être imposée, en outre de la patente à laquelle elle est assujettie pour le chemin de fer, à la patente d'entrepreneur d'omnibus (cons. d'Et. 20 déc. 1855, M. Lemarié, rap., aff. ch. de fer d'Orléans). — Pour l'exploitation des voitures *omnibus*, le droit proportionnel de la patente étant fixé au vingtième de la valeur locative des locaux qui y sont employés, la compagnie de chemin de fer qui a créé ce service est soumise à cette taxe, à raison des bâtiments servant à remiser les voitures dans la ville (même arrêt).

519. La compagnie étrangère qui a obtenu d'une compagnie française, dont le chemin aboutit à la frontière, d'en exploiter un certain tronçon, se trouve soumise à la patente pour ce tronçon et ses dépendances (cons. d'Et. 14 avr. 1859, M. Réalier Dumas, rap., aff. ch. de fer prussien de Saarbruck).

520. 3° *Prestations en nature et subventions industrielles pour les chemins vicinaux.* — Au nombre des ressources ordinaires et obligatoires que la loi met à la disposition des communes pour la construction et l'entretien des chemins vicinaux, se trouve la prestation en nature, consistant en journées de travail, que les conseils municipaux peuvent voter au maximum de trois. Cette contribution s'applique à chaque chef de famille, suivant le nombre des membres et serviteurs de la famille (V. Voirie par terre, n° 712 et suiv.). — Jugé que les employés des chemins de fer, attachés au service de la station, ne sont pas des serviteurs auxquels les prestations en nature soient applicables (cons. d'Et. 18 avr. 1857, aff. ch. de fer de Lyon, D. P. 58. 3. 34). — Toutefois, si les travaux exécutés par la compagnie ou ses entrepreneurs causaient des dégradations extraordinaires à un chemin vicinal, la compagnie serait passible de la subvention industrielle (V. Voirie par terre, n° 950, et M. Cotelle, Cours de dr. admin., t. 4, p. 515).

521. Les compagnies de chemin de fer sont-elles tenues des frais du premier pavé des rues nouvellement ouvertes dans les communes où les usages locaux mettent ces frais à la charge des propriétaires riverains ? — V. Voirie par terre, n° 1590.

522. 4° *Droits d'enregistrement perçus sur les mutations de propriétés.* — L'art. 58 de la loi du 3 mai 1841 sur l'expropriation pour cause d'utilité publique établit : 1° que les plans, procès-verbaux, certificats, significations, jugements, contrats, quittances et autres actes faits en vertu de cette loi, seront visés pour timbre et enregistrés gratis, lorsqu'il y aura lieu à la formalité de l'enregistrement; 2° qu'il ne sera perçu aucun droit pour la transcription des actes au bureau des hypothèques. — Cette double disposition a été l'objet, v° Enregistr., n° 3305 et suiv., Expr. publ., n° 840 et suiv., de grands détails qui nous dispensent d'entrer ici dans d'autres développements. — V. aussi, quant au timbre spécialement, v° Enreg., n° 6129; Timbre, n° 88.

523. A l'égard de l'exemption des droits de transcription résultant de la disposition précitée de la loi du 3 mai 1841, il est à remarquer que cette exemption ne porte pas sur la partie de ces droits affectée au salaire du conservateur. « La transcription d'un acte de mutation au bureau des hypothèques, observe M. Cotelle, Traité de législ. des ch. de fer, p. 355, donne droit à deux perceptions bien différentes : la première en faveur du trésor public; la deuxième, au profit du conservateur des hypothèques personnellement; car le droit de transcription se partage

entre le trésor et le conservateur, conformément à l'ordonnance du 1er mai 1816. Mais pour que la loi de 1841, en dispensant les actes ci-dessus énoncés du droit de transcription, eût touché au salaire du conservateur, il eût fallu qu'on y trouvât sur ce droit une disposition aussi formelle que dans l'ordonnance de 1816. La moitié due au conservateur ne lui étant pas retirée, le droit de transcription doit donc être perçu sauf la moitié revenant au trésor dont il a été fait remise. » — V. dans le même sens v° Enregistr., n° 3308 et 6005 et suiv.; Transcript. hypoth., n° 676; Civ. cass. 25 fév. 1846, aff. ch. de fer de l'Ouest C. enreg., D. P. 46. 1. 119.

524. 5° *Taxes des biens de mainmorte.* — La loi du 20 fév. 1849, concernant les établissements de biens de mainmorte et qui les soumet à un impôt annuel pour compenser le déficit des perceptions auxquelles aurait donné lieu la transmission des terrains et bâtiments possédés par ces établissements, s'ils fussent restés dans le commerce, n'est pas applicable aux compagnies de chemin de fer; les terrains et bâtiments affectés au service des voies ferrées faisant partie du domaine public, il n'y a pas de raison de les soumettre à cette taxe (V. les décisions du conseil d'Etat citées v° Taxe, n° 17). — Les buffets et restaurants des gares en sont aussi exempts, comme dépendances de l'exploitation des chemins de fer (cons. d'Et. 22 août 1853, aff. ch. de fer d'Orléans, D. P. 54. 3. 76). — Mais il en est autrement des immeubles que les compagnies possèdent en dehors de la voie ferrée et de ses dépendances (cons. d'Et. 6 janv. 1853, aff. ch. de fer du Nord, D. P. 54. 5. 1).

525. 6° *Enregistrement des commissions que les compagnies délivrent à leurs agents.* — Les agents des compagnies de chemins de fer étant assimilés aux gardes champêtres par les cahiers des charges, les compagnies ont prétendu que la loi du 22 frim. an 7, qui déclare exempts de l'enregistrement les actes de l'administration publique, dispensait les commissions de leurs agents assermentés du droit de 2 fr. 20 c. — Mais il a été répondu que l'exemption de la formalité de l'enregistrement établie en faveur des actes de l'administration publique ne s'applique pas aux actes des compagnies de chemin de fer, ces compagnies ne pouvant être assimilées à l'administration publique; qu'en conséquence les agents et préposés d'un chemin de fer ne peuvent être admis à prêter serment sans avoir préalablement fait enregistrer les commissions à eux délivrées, et que l'enregistrement doit avoir lieu avec acquit du droit, et non pas en débet, comme lorsqu'il s'agit des gardes établis par l'autorité publique pour constater les délits ruraux et forestiers, l'assimilation établie par les cahiers des charges des compagnies de chemin de fer, entre leurs agents et préposés assermentés et les gardes champêtres, étant relative, non pas au payement des droits sur les actes qui les concernent, mais seulement au pouvoir qui leur est déféré de constater, par des procès-verbaux, les crimes, délits et contraventions commis sur le chemin de fer (Req. 28 déc. 1859, aff. ch. de fer d'Orléans, D. P. 60. 1. 93). — V. sur la règle à laquelle se rattache cette intéressante décision, v° Registr., n° 4914 et suiv.

526. 7° *Timbre applicable aux actes concernant l'exploitation des chemins de fer, lettres de voiture, récépissés de marchandises, avis imprimés des départs.* — Les lettres de voiture doivent être timbrées, sous peine d'une amende de 30 fr. pour chaque contravention (L. 11 juin 1842, V. Enregistr., n° 6159 et suiv.). — « La lettre de voiture, dit un auteur, est un contrat, ou, pour parler plus exactement, elle est destinée à faire la preuve du *contrat de transport*. Pour qu'elle atteigne ce but, il faut qu'elle fasse connaître les conditions nécessaires à la validité de ce contrat. Il y a dans l'art. 102 c. com., concernant la lettre de voiture, deux sortes de dispositions, les unes substantielles et principales, les autres secondaires et accessoires. Les premières sont celles indispensables pour que la lettre de voiture puisse, aux termes de l'art. 101 du même code, assurer les droits respectifs, soit de l'expéditeur, soit du voiturier, soit de l'expéditeur, du commissionnaire et du voiturier » (M. Cotelle, p. 282). — De là, il résulte que la forme de la lettre de voiture n'est pas sacramentelle et que, dès lors, tout acte qui contiendra les énonciations essentielles prescrites par l'art. 102 c. com., quelle qu'en soit la forme, aura le caractère de lettre de voiture et sera

dès lors soumis au timbre. — Ce point de droit a été consacré par une jurisprudence constante dont nous avons déjà présenté l'analyse v° Enregistr., n°ᵒˢ 6164 et suiv ; Timbre, n°ˢ 28 et suiv. La difficulté s'est principalement élevée à l'égard des feuilles d'expédition remises par la compagnie aux chefs de train. La question a même donné lieu à un arrêt des chambres réunies. — V. v° Timbre, loc. cit.

527. Dans l'usage, pour les transports par les chemins de fer, les expéditeurs se contentaient généralement de prendre des récépissés au lieu de lettres de voitures ; par là le trésor se trouvait privé des droits de timbre de 50 cent. établis sur les lettres de voiture ; pour faire cesser le dommage que le trésor éprouvait, le législateur a soumis les récépissés à un droit de timbre de 20 cent. par les articles suivants de la loi de finances du 13 mai 1863.—Art. 10. A partir du 1ᵉʳ juillet prochain, est réduit à 20 cent. le droit de timbre des récépissés que les compagnies de chemins de fer sont tenues de délivrer aux expéditeurs lorsque ces derniers ne demandent pas de lettres de voiture. — Le récépissé énoncera la nature, le poids et la désignation des colis, les noms et l'adresse du destinataire, le prix total du transport et le délai dans lequel ce transport devra être effectué. — Un double du récépissé accompagnera l'expédition et sera remis au destinataire. — Toute expédition non accompagnée d'une lettre de voiture doit être constatée sur un registre à souche, timbré sur la souche et sur le talon, à peine d'une amende de 50 fr.—Les préposés de l'enregistrement sont autorisés à prendre communication de ce registre, ainsi que de ceux mentionnés par l'art. 50 de l'ord. du 15 nov. 1846, et des pièces relatives aux transports qui y sont énoncés. — La communication ainsi aura lieu selon le mode prescrit par l'art. 54 de la loi du 22 frim. an 7, et sous les peines y portées. » — V. ce texte ainsi que le passage de l'exposé des motifs qui s'y réfère, D. P. 63. 4. 58.

528. *Suppression du timbre pour les bulletins de départ.* — Les compagnies de chemin de fer sont dans l'habitude de faire imprimer et de répandre dans leurs gares des bulletins qui indiquent au commerce les heures de départ et les prix du transport des marchandises. Ces bulletins étaient soumis au timbre spécial établi par l'art. 1 de la loi du 6 prair. an 7, sur les avis qui se crient et se distribuent dans les rues et lieux publics, ou que l'on fait circuler de toute autre manière (trib. de Corbeil, 7 mai 1849, aff. ch. de fer d'Orléans).— Mais le gouvernement a fait cédé des vives réclamations que soulevait à ce sujet le petit commerce, l'impôt spécial sur les avis imprimés a été supprimé par la loi de finances, du 23 juin 1857, art. 12, D. P. 57. 4. 21.

529. 8° *Impôt du dixième du prix de transport des voyageurs et des marchandises à grande vitesse.* — Les voitures établies pour le transport des voyageurs sur les routes et les voies navigables, à service régulier, sont soumises à un impôt du dixième du prix des places (L. 9 vend. an 6; 5 vent. an 12; décr. 14 fruct. an 12; L. 28 avr. 1816, 25 mars 1817, V. Voiture, chap. 2).—Vainement les concessionnaires de l'un de nos premiers chemins de fer, qui était concédé à per-

pétuité, ont prétendu que ces chemins n'étant pas des routes, leurs voitures ne pouvaient pas être soumises à cet impôt. — La cour de cassation a jugé que l'art. 112 de la loi du 25 mars 1817, qui a établi l'impôt du dixième du prix des places, n'a pas restreint cet impôt au cas où les voitures circulent sur des routes dépendant du domaine public, mais l'a établi, en général, sur l'industrie de tous ceux qui se livrent à des entreprises de transport de voyageurs par terre ou par eau ; que dès lors il suffit, pour que le droit soit dû, que, d'une part, la voiture soit à service régulier, et, d'autre part, qu'elle soit publique, c'est-à-dire que tout voyageur y soit admis en payant ; — Par suite, les concessionnaires d'un chemin de fer, qui y font circuler des voitures publiques destinées au transport des voyageurs, sont soumis au payement du droit, alors même que ce chemin appartient à une compagnie qui l'a créé, à ses frais, sur des terrains acquis et payés par elle (Crim. rej. 1ᵉʳ août 1833) (1).

530. Jusqu'en 1837 l'impôt du 10°, dans son application aux chemins de fer, avait été perçu sur la totalité du prix des places, comme cela se pratiquait sur les routes ordinaires. Il y avait cependant une différence entre les deux modes de transport. Sur les routes, la rétribution payée par les voyageurs ne fait face qu'aux frais de transport : or, il était naturel que l'impôt qui frappe l'industrie du transport exclusivement fût perçu sur la rétribution entière. Pour les chemins de fer, au contraire, le prix fixé par le tarif comprend, outre la rétribution payée pour le transport du voyageur, une taxe de péage applicable aux frais d'établissement du chemin de fer, à son entretien, etc. Pour conserver l'égalité de condition entre les deux modes de transport, cette taxe ne devait pas être atteinte par l'impôt. Le gouvernement reconnut que cette distinction était légitime, et en conséquence une loi du 2 juill. 1838 déclara que l'impôt dû sur le prix des places serait dorénavant perçu sur la partie du tarif correspondant au prix du transport seulement.— Mais cette distinction fort juste a disparu devant les besoins impérieux du trésor, la loi du 14 juill. 1855 a appliqué la perception du dixième sur le prix total des places des voyageurs sur les chemins de fer, et l'a fait peser en outre sur le prix du transport des marchandises et objets de toute nature par la grande vitesse.

531. La loi du 28 juin 1833 a dispensé de l'impôt du dixième les voitures qui, dans leur service habituel d'un point fixe à un autre, ne sortent pas d'une même ville ou d'un rayon de 15 kilom. des limites de cette ville. — Mais il a été jugé que cette loi n'est pas applicable aux chemins de fer de Paris à Versailles, bien que la distance parcourue soit (en ligne droite) au-dessous de 15 kilom. (V. Voitures, chap. 2), par la raison que la loi du 9 juill. 1836 en autorisant l'établissement de ce chemin de fer sous la condition expresse que l'adjudication de ce chemin se fera sur un maximum de 1 fr. 80 c. par tête, *non compris l'impôt sur le prix des places des voyageurs*, consacrait l'exigibilité actuelle pure et simple du droit proportionnel; en vain dirait-on que cette disposition de la loi doit s'entendre comme se référant au cas éventuel et hypothétique d'un prolongement ultérieur du chemin, puisqu'elle était exclusivement

---

(1) Espèce : — (Comp. Séguin et Biot C. contrib. indir.). — En 1826, la compagnie Séguin et Biot obtint du gouvernement la concession à perpétuité d'un chemin entre Lyon et Saint-Étienne. Suivant le but énoncé dans le titre même de concession, ce chemin devait servir uniquement au transport des denrées, marchandises et matières. Une fois terminée, les entrepreneurs y établirent des voitures destinées au transport des voyageurs. Ce service fut mis en activité, sans déclaration préalable, et sans l'observation des autres formalités prescrites par la loi. Éveillée par cette infraction, la régie des contributions indirectes exigea que la compagnie Séguin et Biot se soumît aux obligations qu'impose aux entrepreneurs de voitures publiques la loi du 25 mars 1817; et, notamment, au payement du droit du dixième du prix des places. La compagnie s'y refusa. La régie fit alors dresser procès-verbal de la contravention, conformément aux art. 115, 116 et 117 de la loi précitée, et saisir les voitures en circulation. — 21 fév. 1852, jugement du tribunal correctionnel de Lyon qui déclare la régie non recevable. — Appel ; 15 fév. 1853, arrêt infirmatif de la cour de Lyon. — Pourvoi pour fausse application des lois des 9 vend. an 6, 5 vent. an 12, 28 avril 1816 et 25 mars 1817. — Arrêt.
La cour; — Vu les art. 68 et 75 de la loi du 9 vend. an 6, et

les art. 112, 115, 116 et 122 de la loi du 25 mars 1817; — Attendu que les dispositions de l'art. 112 de cette dernière loi sont générales et ne distinguent pas les diverses espèces de lignes viables parcourues par les voitures qui transportent les voyageurs; — Attendu que l'impôt du dixième du prix des places établi par ladite loi n'est pas restreint au cas où les voitures circulent sur les routes qui dépendent du domaine public, d'après l'art. 538 c. civ., mais qu'il est établi, en général, sur l'industrie de tous ceux qui se livrent à des entreprises de transport de voyageurs par terre ou par eau, sans qu'on ait besoin d'examiner dans quelles mains réside la propriété de la ligne viable sur laquelle le transport doit s'accomplir; — Attendu que, pour qu'il y ait lieu à appliquer les dispositions précitées de la loi du 25 mars 1817, il suffit, d'une part, que la voiture soit à service régulier, à l'égard de la définition qu'en donne cette loi et d'autre part, que la voiture soit publique, c'est-à-dire que tout voyageur puisse y être admis en payant le prix déterminé d'avance par les entrepreneurs; d'où il suit que l'arrêt attaqué a fait une juste application de la loi du 25 mars 1817 et des autres lois de la matière; — Rejette.
Du 1ᵉʳ août 1833.—C. C., ch. crim.—MM. Chantereyne, pr.—Mérilhou, rap.-Parant, av. gén., c. conf.-Rochelle et Latruffe, av.

applicable au parcours entre Paris et Versailles (Civ. rej. 29 nov. 1843, MM. Portalis, 1er pr., Tarbé, rap., Laplagne-Barris, 1er av. gén., c. conf., aff. ch. de fer de Paris à Versailles. — Conf. même jour, aff. ch. de fer de Paris à Saint-Germain).

532. Les impôts étant établis en vertu des lois générales, et nulle convention ne pouvant modifier la loi, il s'ensuit que la question de savoir si le droit du dixième du prix des places imposé sur les voitures publiques s'applique à celles qui parcourent un chemin de fer, ne pouvait pas être considérée comme une question d'interprétation du cahier des charges de la compagnie, et que la connaissance de cette question est de la compétence des tribunaux (cons. d'Et. 30 mars 1858, M. Brière, rap., aff. Henri et Mellet).— Quant au mode de computation de l'impôt, V. Voiture, chap. 2.

533. 9° *Droits d'octroi.* — L'établissement des postes d'octroi dans les embarcadères est-il à la charge des compagnies? Cette question est traitée comme il suit par M. Cotelle (Tr. th. et prat. de la législ. des ch. de fer, p. 307).—« L'administration étant autorisée à faire des règlements pour assurer la police, la *sûreté*, l'*usage* et la conservation des chemins de fer, doit-on considérer l'établissement de nouveaux postes d'octroi comme se rattachant à l'*usage* du chemin de fer, et mettre à la charge de la compagnie les frais de cet établissement? Lorsque l'État ouvre une nouvelle route qui traverse une ville, celle-ci se trouve dans la nécessité d'établir de nouveaux bureaux pour la perception de l'octroi, et ces frais ne tombent pas à la charge de l'État. Or, les compagnies de chemins de fer sont mises aux droits de l'État. et, s'il a été fixé pour un chemin de fer un point d'arrivée dans l'enceinte d'une ville, c'est à celle-ci d'envoyer ses préposés sur de nouveaux points et à ses frais. Cette dépense tient à l'intérêt de la ville, et non à l'usage du chemin de fer » (Conf. cons. d'Et. 17 juill. 1843, aff. ch. de fer de Saint-Germain et d'Orléans, V. Octroi).

534. Quant à la question de savoir si les matériaux destinés à la construction d'un chemin de fer, les charbons destinés aux ateliers, la houille servant au chauffage des machines, sont assujettis au droit d'octroi, elle sera examinée v° Octroi.

535. 10° *Droit de timbre sur les actions ou obligations des compagnies industrielles françaises et sur les titres de rente et autres effets publics étrangers : timbre mobile.* — En vertu de la loi du 5 juin 1850, toutes les actions et obligations des sociétés industrielles de France doivent être tirées d'un livre à souche et un timbre est apposé sur la souche et le talon, au droit de 50 c. par 100 fr. du capital nominal pour les actions, et de 1 fr. par 100 fr. du montant du titre pour les obligations. Des amendes sont encourues pour l'inobservation de ces dispositions. Mais les compagnies ont le pouvoir de modifier l'impôt en souscrivant un abonnement annuel. — La loi des finances du 13 mai 1863 a soumis au timbre de 50 cent. pour 100 fr. du montant de leur valeur nominale (porté à 1 fr. par 100 fr. par la loi de finances du 8 juin 1864, art. 7) les titres de rente, emprunts et autres effets publics des gouvernements étrangers, quel qu'ait été l'époque de leur création. La valeur des monnaies étrangères en monnaie française sera fixée annuellement par un décret (art. 6). — « Aucune transmission des titres énoncés en l'article précédent ne peut avoir lieu avant que ces titres aient acquitté le droit de timbre. — En cas de contravention, le propriétaire du titre et l'agent de change, ou tout autre officier public qui aura concouru à sa transmission, seront passibles chacun d'une amende de 10 p. 100 de la valeur nominale de ce titre » (art. 7). — « L'acquittement du droit de timbre établi par cette loi sera constaté, soit au moyen du visa pour timbre, soit par l'apposition sur les titres de timbres mobiles que l'administration de l'enregistrement est autorisée à vendre et à faire vendre. — Un règlement d'administration publique déterminera la forme et les conditions d'emploi des timbres créés en exécution du paragraphe précédent. — Sont applicables à ces timbres les dispositions de l'art. 21 de la loi du 11 juin 1859 » (art. 8). — « Sont considérés comme non timbrés les titres sur lesquels le timbre mobile aurait été apposé sans l'accomplissement des formalités prescrites par le règlement d'administration publique, ou sur lesquels aurait été apposé un timbre ayant déjà servi » (art. 9). — La loi de finances du 11 juin 1859 précitée, s'occupant des timbres de poste mobiles, porte, art. 21 : « Ceux qui auront sciemment vendu ou tenté de vendre des timbres mobiles ayant déjà servi, seront poursuivis devant le tribunal correctionnel et punis d'une amende de 50 fr. à 1,000 fr En cas de récidive, la peine sera d'un emprisonnement de cinq jours à un mois, et l'amende sera doublée. — Il pourra être fait application de l'art. 463 c. pén. » — V., sur ces différentes dispositions, v° Enregistrem., nos 6302 et suiv.; Timbre, nos 110 et suiv., et D. P. 63. 4. 57 et suiv.

536. 11° *Frais de visite, de surveillance et de contrôle dus à l'administration par les compagnies.* — Aux termes de l'art. 67 du cahier modèle des charges, « les fais de visite, de surveillance et de réception des travaux et les frais de contrôle de l'exploitation seront supportés par la compagnie. Ces frais comprendront le traitement des inspecteurs et commissaires dont il a été question dans l'article précédent. — Afin de pourvoir à ces frais, la compagnie sera tenue de verser chaque année, à la caisse centrale du trésor public, une somme de 120 fr. par chaque kilomètre de chemin de fer concédé. Toutefois, cette somme sera réduite à 50 fr. par kilomètre pour les sections non encore livrées à l'exploitation. — Dans lesdites sommes n'est pas comprise celle qui sera déterminée en exécution de l'art. 58 ci-dessus, pour frais de contrôle du service télégraphique de la compagnie par les agents de l'État. — Si la compagnie ne verse pas les sommes ci-dessus réglées aux époques qui auront été fixées, le préfet rendra un rôle exécutoire, et le montant en sera versé comme en matière de contributions publiques. » — Le gouvernement nomme les inspecteurs et commissaires chargés de surveiller les opérations de la compagnie, pour tout ce qui ne rentre pas dans les attributions des ingénieurs du contrôle (M. Cotelle, p. 56 et 253, note). — Il a été décidé que les compagnies de chemin de fer sont obligées de supporter les frais de traitement des commissaires de police préposés à la surveillance du chemin, ainsi que ceux de leurs agents, sans qu'il soit nécessaire que les dépenses de cette nature soient déterminées par un règlement d'administration publique (cons. d'Et. 17 mai 1850, M. Gomel, rap., aff. ch. de fer de Paris à Saint-Germain).—Deux commissaires de police ayant été établis pour la surveillance d'une station, il a été jugé que la compagnie n'était pas fondée à prétendre qu'elle ne devait payer qu'un seul traitement, lorsqu'il résultait de l'instruction que la nomination des deux commissaires avait été faite dans le seul intérêt de la surveillance de la station et d'une certaine étendue du chemin de fer (cons. d'Et. 3 sept. 1844, aff. ch. de fer du Gard, D. P. 45. 3. 72).

537. 12° *Droits dus par un chemin de fer américain établi sur une route postale au maître de poste.* — En vertu de la loi du 15 ventôse an 12, les entrepreneurs de voitures publiques qui parcourent une route postale doivent au maître de poste une indemnité de 15 cent. par poste et par cheval. Il a été décidé que l'entrepreneur du chemin de fer américain de Paris à Sèvres s'y trouvait assujetti envers le maître de poste, entre Paris et Versailles (Crim. rej. 6 janv. 1860, aff. Tardieu, D. P. 61. 1. 144).

CHAP. 9. — POLICE DES CHEMINS DE FER.

538. Dès que des chemins de fer ont été en exploitation et mis à l'usage des voyageurs, les gouvernements et les peuples n'ont pas tardé à voir le principe d'une immense révolution dans les relations commerciales et politiques, la source d'un progrès dépassant toute espérance dans les rapports économiques et internationaux. Mais, de cette accélération si grande imprimée aux transports d'hommes et d'objets de toute nature, il dut naître aussi bientôt la crainte de graves déceptions pour le maintien de l'ordre public, l'application des lois aux individus qui les auraient enfreintes et la sûreté même de chaque pays. En effet, ceux qui auraient porté atteinte aux personnes et aux propriétés pouvaient y trouver des moyens sûrs et faciles d'évasion qui rendaient les condamnations illusoires ; chaque nation pouvait redouter l'invasion soudaine de son territoire par les forces militaires d'un pays voisin avant qu'elle eût le temps de se mettre en état de se défendre et de combattre à armes égales. — Cependant une découverte contemporaine qu'on doit regar-

der comme providentielle, la télégraphie électrique, s'est trouvée immédiatement à la disposition de l'industrie humaine pour pallier les inconvénients de la prodigieuse rapidité de locomotion qu'allait procurer la vapeur; elle offrait à la police sociale et à tous les intérêts un système de communication infiniment plus rapide encore. Ainsi se sont trouvées sauvegardées la sûreté individuelle et celle même des territoires nationaux contre tous les ennemis de la société, si imminent que pût être le péril (V. Télégraphie). — A raison de l'intime correspondance qui a existé aussitôt entre les deux nouveaux services des voies ferrées et de la télégraphie électrique, nous avons deux lois de police et de sûreté les concernant, dont l'une est calquée sur l'autre, savoir : la loi du 15 juill. 1845, pour la police et la sûreté des chemins de fer, dont il a été déjà question plus haut, et le décret dictatorial des 27 déc. 1851-10 janv. 1852, sur les lignes télégraphiques (V. Télégraphie, nᵒˢ 123 et suiv.). — Les lois, qui ont pour objet de protéger l'ordre social, sont nécessairement tout à la fois préventives et répressives dans leur économie et l'ensemble de leurs diverses dispositions

539. Ainsi que nous l'avons déjà montré, la loi du 15 juill. 1845 déclare, dans son art. 1, que les chemins de fer sont de grande voirie; et, en vertu de ce principe, elle envisage leur police sous deux aspects différents : d'abord, celui de la conservation de la voie, qu'elle place sous la garantie de l'application des règlements de grande voirie et des amendes qu'ils prononcent; et, réglant à nouveau les rapports de ces voies avec les propriétés qu'elles traversent, elle en assure aussi le maintien en édictant des amendes contre ceux qui contreviennent à ses prescriptions. A cet égard, le décret sur les lignes télégraphiques dit, premièrement, dans son art. 7 : « Quiconque aura, par imprudence et involontairement, commis un fait matériel pouvant compromettre le service de la télégraphie électrique ; — Quiconque aura dégradé ou détérioré, de quelque manière que ce soit, les appareils des lignes de télégraphie électrique, ou les machines des télégraphes aériens, sera puni d'une amende de 16 fr. à 300 fr. » Mais, en second lieu, le même article porte : « La contravention sera poursuivie et jugée comme en matière de grande voirie » — Ainsi donc, la répression par les tribunaux administratifs est commune aux contraventions concernant la voie dans les chemins de fer, et à celles qui peuvent compromettre le service de la télégraphie électrique ou aérienne. — Indépendamment des dispositions nouvelles de la loi du 15 juill. 1845, concernant la police des chemins de fer, qui sont placées sous la sanction d'amendes que les conseils de préfecture sont chargés d'appliquer, cette loi renferme aussi des dispositions de police préventive de l'ordre administratif, dans les art. 23 et 24, qui mentionnent les fonctionnaires et agents chargés de dresser les procès-verbaux, leur nomination et confirmation, leur serment, les formalités du timbre et de l'enregistrement et l'affirmation dans les trois jours des procès-verbaux dressés par des agents de surveillance et des gardes assermentés — La loi du 15 juill. 1845 s'occupe ensuite de la police du chemin de fer, au point de vue de l'ordre et de la sécurité publique. — Nous avons déjà examiné plus haut, nᵒˢ 193 et suiv., les dispositions de cette loi qui se réfèrent aux contraventions dont la connaissance appartient aux tribunaux de l'ordre administratif; nous n'aurons donc à nous occuper, dans le présent chapitre, que des faits punissables dont la répression appartient aux cours d'assises, tribunaux correctionnels et tribunaux de simple police. — En dehors des faits qui, d'après la loi du 15 juill. 1845, concernant la police des chemins de fer, et du décret du 27 déc. 1851, concernant les lignes télégraphiques, pour lesquels les procès-verbaux qui les constatent sont adressés à l'autorité administrative et dont connaissent les conseils de préfecture, les crimes, délits ou contraventions dont la poursuite a lieu devant les tribunaux criminels, de police correctionnelle ou de simple police, peuvent être envisagés sous cinq points de vue d'après cette loi et ce décret, et nous diviserons ce chapitre en autant de sections, ainsi qu'il suit : 1ᵒ Crimes d'une nature spéciale, définis et prévus par la loi du 15 juill. 1845 et par le décret des 27 déc. 1851-10 janv. 1852; — 2ᵒ Délits spéciaux, auxquels s'appliquent des amendes et l'emprisonnement; — 3ᵒ Contraventions aux règle-

ments d'administration publique sur la police, la sûreté et l'exploitation des chemins de fer, et aux arrêtés des préfets approuvés par le ministre des travaux publics, pour la sanction de ces mêmes règlements; — 4ᵒ Crimes et délits commis sur les chemins de fer et punis par le droit commun; — 5 Contraventions de simple police commises dans l'enceinte des chemins de fer. — Nous nous occuperons ensuite 6ᵒ de l'application des peines, des circonstances atténuantes, de l'affiche du jugement; — 7ᵒ De la responsabilité civile des compagnies et de la prescription de l'action civile, — et 8ᵒ enfin, des agents chargés de constater les crimes, délits et contraventions commis sur les chemins de fer.

SECT. 1. — *Crimes d'une nature spéciale définis et punis par la loi du 15 juill. 1845, art. 16 et 17, et par le décret du 27 déc. 1851 sur la télégraphie électrique, art. 4.*

540. En considération de la puissance redoutable du locomoteur et des accidents terribles qui pourraient être occasionnés en raison du nombre considérable des personnes transportées dans le même convoi, on comprend la nécessité d'une répression sévère et spéciale contre chacun des actes coupables qui pourraient avoir pour résultat de compromettre ainsi l'existence des citoyens, ou de porter atteinte à des propriétés aussi considérables et aussi dispendieuses que les chemins de fer. Cette nécessité a été signalée dans les termes suivants par le rapporteur devant la chambre des députés : — « Frapper des peines les plus sévères la volonté criminelle, quel que soit le moyen qu'elle emploie pour arriver à ses fins; punir de peines considérables encore les imprudences qui compromettent la vie des voyageurs; enfin contraindre à l'observation des règlements ceux-là surtout qui sont chargés de l'exploitation des chemins de fer : tel est le triple objet et que réclame la sûreté publique; tel est aussi le but que se propose le tit. 3 de la loi... »

541. « Quiconque, dit l'art. 16 de la loi du 15 juill. 1845, dont la disposition offre quelque analogie avec l'art. 437 c. pén. (V. Dommage-destr., nᵒˢ 162 et s.), quiconque aura volontairement détruit ou dérangé la voie de fer, placé sur la voie un objet faisant obstacle à la circulation, ou employé un moyen quelconque pour entraver la marche des convois ou les faire sortir des rails, sera puni de la reclusion. S'il y a eu homicide ou blessures, le coupable sera, dans le premier cas, puni de mort, et, dans le second, de la peine des travaux forcés à temps. » Deux systèmes se sont trouvés en présence lors de la rédaction de cet article : l'un, c'était celui du projet de loi, procédait par l'énumération des faits délictueux : « Quiconque, disait-il, aura volontairement détruit ou dérangé les rails ou les supports, enlevé les coins, chevilles ou clavettes, etc.; » l'autre, qui consistait en une rédaction embrassant dans des termes généraux tous les divers cas qui pourraient se présenter. — Le premier a été facilement abandonné : après avoir signalé les graves lacunes qu'il contenait, on a compris que une énumération, quelque complète qu'on pût la supposer, ne pourrait jamais prévoir tous les cas; que ceux qui ne seraient pas prévus demeureraient exclus de l'application de la loi et par conséquent impunis, ce qu'il fallait éviter avant tout.

542. Il résulte de l'observation ci-dessus et des termes généraux de l'article précité : « Emploi d'un moyen quelconque pour entraver la marche des convois..., » que les voies de fait et les menaces sur les personnes, par exemple sur les mécaniciens, les conducteurs des trains, les gardiens qui sont obligés de donner les signaux, tomberaient sous l'application de la loi. Il en serait de même des faux signaux qui pourraient être donnés sur la ligne, ainsi que des actes commis sur les *wagons* et *voitures*. L'addition de ces faits coupables avait été faite, en effet, à la première rédaction de l'article, dans le projet qui procédait par voie d'énumération, et ils n'ont disparu, avec les autres, que pour faire place à la rédaction la plus générale possible, afin de ne pas exposer la loi à se trouver en défaut. — On peut voir, D. P. 45. 3. 171, 172, l'énumération des cas d'entraves à la marche des convois, telle que le projet de loi avait cru devoir la formuler.

543. La peine portée par le § 1 de l'article, la *reclusion*, est applicable, il faut le remarquer, sans qu'il soit nécessaire qu'au-

122

oun accident soit survenu. L'existence des faits de la nature de ceux prévus par la loi suffit seule pour motiver la peine; car ils ont assez de gravité en eux-mêmes et révèlent de la part de leurs auteurs une intention assez perverse, pour mériter d'être frappés en l'absence même de tout résultat fâcheux. — Aussi et d'après le § 2, la peine s'aggrave-t-elle lorsque les faits ont eu des conséquences: la peine de mort, s'il en est résulté un homicide, et les travaux forcés à temps, s'il en est résulté des blessures. Il n'y a pas à distinguer, bien entendu, si l'homicide, les blessures ont eu lieu sur la personne des mécaniciens, conducteurs des convois ou bien sur celle des voyageurs.

544. Toutefois, il est bien certain que les faits ci-dessus ne peuvent tomber sous l'application de la loi qu'autant qu'ils ont été commis *intentionnellement* et dans le but, réalisé ou non, de faire arriver un accident. C'est le principe général du droit criminel, et c'est ce qui a été bien entendu lors de la discussion de l'article. On avait supposé, par exemple, qu'à la suite d'une rixe élevée pendant la marche d'un convoi pour un motif quelconque, des blessures ou des accidents auraient été causés soit sur la personne des mécaniciens entre eux, soit sur ceux-ci par d'autres, soit sur la personne des voyageurs; il a été bien convenu que les peines édictées par l'art. 16 n'étaient ici applicables (Moniteur du 2 fév. 1845). — D'ailleurs l'art 19, qu'on examine ci-après, confirme clairement cette règle, puisqu'il punit de peines différentes les mêmes faits de blessures et de mort occasionnés par l'inobservation des lois et règlements ou par imprudence et maladresse. Il faut donc ici que l'homicide ou les blessures soient l'effet consécutif des actes criminels prévus par la loi.

545. Si l'homicide et les blessures avaient *précédé* le fait coupable commis sur la voie, c'est l'art. 304 c. pén. qu'il faudrait appliquer. — V. Crimes contre les personnes, n° 28 et suiv.

546. Pour le cas où les faits auraient été commis en *réunion séditieuse*, l'art. 17 dispose comme il suit : « Si le crime prévu par l'art. 16 a été commis en réunion séditieuse, avec rébellion ou pillage, il sera imputable aux chefs, auteurs instigateurs, et provocateurs de ces réunions, qui seront punis comme coupables du crime et condamnés aux mêmes peines que ceux qui l'auront personnellement commis, lors même que la réunion séditieuse n'aurait pas eu pour but direct et principal la destruction de la voie de fer. — Toutefois, dans ce dernier cas, lorsque la peine de mort sera applicable aux auteurs du crime, elle sera remplacée, à l'égard des chefs, auteurs, instigateurs et provocateurs de ces réunions, par la peine des travaux forcés à perpétuité. » — Cet article est emprunté à l'art. 313 c. pén. — V. Crimes contre les personnes, n° 189.

547. Le second paragraphe de cet article qui, dans le cas où la réunion séditieuse *n'a pas eu pour but spécial et direct* la destruction de la voie de fer, remplace, pour les auteurs et instigateurs de cette réunion, la peine de mort par celle des travaux forcés, semblerait, au premier aspect, constituer une anomalie non justifiable. On pourrait se demander, en effet, pourquoi les chefs et instigateurs d'une réunion séditieuse, bien que formée dans tout autre but que la destruction des chemins de fer, ne seraient pas punis à l'égal de la foule qu'ils commandent et qui a commis ce crime? N'ont-ils pas dû prendre à leur charge les excès de tout genre auxquels pourra se porter cette réunion séditieuse qu'ils ont organisée? En un mot, les chefs et instigateurs ne réunissent-ils pas en leurs personnes, dans l'hypothèse en question, tous les caractères d'une véritable *complicité*? — Le rapporteur de la commission de la chambre des pairs, après avoir formulé cette objection, a facilement démontré qu'elle manquait de fondement. La complicité, en effet, n'est pas une chose arbitraire : la loi a pris soin d'en déterminer les caractères dans les art. 59 et 60 c. pén. Les chefs, en organisant une réunion séditieuse dans un but particulier quelconque, ont commis, sans nul doute, un acte très-coupable dont ils recevront un châtiment particulier. Mais, n'étant pas directement coupables du crime de destruction de la voie, qu'ils n'ont ni conçu ni exécuté, il y aurait rigueur, il n'y aurait pas justice à les frapper de la même peine que les auteurs du crime. — Voy. D. P. 45. 3. 172.

548. La loi du 10 vend. an 4, relative à la responsabilité communes pour les crimes et délits commis à force ou sur territoire par des attroupements et rassemblements, serait-elle recevoir son application en ce qui concerne les dom qui auraient été commis sur les chemins de fer par les réunions séditieuses dont il s'agit? Lors de la discussion de la loi, on avait demandé qu'on déclarât en effet cette loi applicable aux faits en question. La commission de la chambre des députés pensa qu'il était inutile de faire une pareille déclaration, par la raison que le principe de la loi de l'an 4 subsistait dans sa disposition générale. — V. les explications dont la loi du 10 vend. an 4 a été l'objet v° Commune, n°° 2840 et suiv.

549. Le décret des 27 déc. 1851-10 janv. 1852, relatif à la police des lignes télégraphiques, porte, art. 4 : « Seront punis de la détention et d'une amende de 1,000 à 5,000 fr., sans préjudice des peines que pourrait entraîner leur complicité av l'insurrection, les individus qui, dans un mouvement insurrectionnel, auront *détruit* ou rendu impropres au service un ou plusieurs fils d'une ligne télégraphique; ceux qui auront brisé ou détruit un ou plusieurs télégraphes, ou qui auront *envahi* à l'aide de violences ou de menaces, un ou plusieurs postes télégraphiques, ou qui auront *intercepté* par tout autre moyen, av violences et menaces, les communications et la correspondance télégraphique entre les divers dépositaires de l'autorité publique ou qui s'opposeront avec violences ou menaces au rétablissement d'une ligne télégraphique. » — Art. 5. « Toute attaque, toute résistance avec violence et voies de fait envers les inspecteurs agents de surveillance des lignes télégraphiques électriques aériennes, dans l'exercice de leurs fonctions, sera punie des peines appliquées à la rébellion, suivant les distinctions établies au code pénal. » — Heureusement pour l'ordre public, ces sages dispositions de la loi n'ont pu, jusqu'ici, être appliquées, les crimes qu'elles punissent ne s'étant pas encore produits.

SECT. 2. — *Actes criminels et délits spéciaux auxquels la du 15 juill. 1845 applique des amendes et l'emprisonnement*

550. Les *menaces* des crimes dont nous avons parlé dans la section précédente sont prévues par l'art. 18, qui porte « Quiconque aura menacé, par écrit anonyme ou signé, de commettre un des crimes prévus en l'art. 16, sera puni d'un emprisonnement de trois à cinq ans, dans le cas où la menace aura été faite avec ordre de déposer une somme d'argent dans lieu indiqué, ou de remplir toute autre condition. — Si la menace n'a été accompagnée d'aucun ordre ou condition, la peine sera d'un emprisonnement de trois mois à deux ans et d'une amende de 100 à 500 fr. — Si la menace avec ordre ou condition a été verbale, le coupable sera puni d'un emprisonnement de quinze jours à six mois et d'une amende de 25 à 300 fr. Dans tous les cas, le coupable pourra être mis par le jugement sous la surveillance de la haute police pour un temps qui ne pourra être moindre de deux ans, ni excéder cinq ans. »

551. Quoique emprunté pour le principe, au code pénal art. 305 et suiv. (V. Crimes contre les personnes, n°° 116 suiv.), la disposition ci-dessus s'en éloigne, et quant à la nature des crimes contenus dans la menace, et, par suite quant à la peine applicable. — Il faut que la menace soit celle de l'un des faits coupables prévus par la loi spéciale (art. 16). Donc si le délinquant avait menacé de commettre un crime autre que ceux compris dans cet art. 16, et relatifs à la voie ferrée, ce ne serait plus la loi de 1845 qui deviendrait applicable, mais le code pénal ordinaire.

552. Les faits d'*imprudence*, d'*inobservation des règlements*, sont prévus de la manière suivante : « Art. 19. Quiconque, par maladresse, imprudence, inattention, négligence inobservation des lois et règlements, aura involontairement causé sur un chemin de fer, ou dans les gares ou stations, accident qui aura occasionné des blessures, sera puni de six jours à six mois d'emprisonnement et d'une amende de 50 à 1,000 fr. — Si l'accident a occasionné la mort d'une ou plusieurs personnes, l'emprisonnement sera de six mois à cinq ans, l'amende de 300 à 3,000 fr. » (V. l'art. 319 c. pén., v° Crimes contre les pers., n°° 200 et s.). — Dans le projet, les accidents o

és par imprudence ou par maladresse étaient classés en trois degrés à chacun desquels correspondait une peine de gravité relative. Le premier de ces degrés était le cas où l'accident aurait été non dommageable; il était puni d'une amende de 25 à 600 fr. La chambre des pairs avait voté cette disposition et la chambre des députés l'a supprimée. Lorsque le projet est revenu devant la chambre des pairs, M. Persil en a demandé le rétablissement; mais sa demande n'a pas été accueillie. On peut voir). P. 45. 3. 172, note 40, les motifs sur lesquels il s'appuyait.

553. Le projet contenait en outre une disposition qui élevait la pénalité dans le cas où les faits de maladresse, imprudence, inobservation des lois et règlements, seraient imputables aux *agents et employés* chargés de l'exploitation du chemin de fer. Tout en reconnaissant qu'il y aurait justice à punir ces agents d'une manière plus rigoureuse que les autres délinquants, la disposition fut retranchée, par la raison que la loi ayant admis un *maximum* et un *minimum*, c'est aux tribunaux à graduer la peine, selon la position ou la qualité des prévenus.— V. cependant l'art. 20 qui suit.

554. Pour qu'un individu puisse être déclaré coupable d'un homicide qu'il a commis involontairement, il faut que cet homicide ait été causé par « maladresse, imprudence, inattention, négligence ou inexécution des règlements »; un simple défaut de prévoyance résultant, par exemple, de ce qu'il aurait omis de provoquer des mesures plus efficaces de la part de l'administration dont il dépend, ne saurait motiver une condamnation, alors surtout que les précautions prescrites ont été fidèlement observées. — Spécialement, un chef de gare ne saurait être déclaré également responsable de la mort d'un individu tué par accident dans la gare, et qui y avait été admis sans aucune violation des règlements, s'il n'est élevé contre lui d'autre reproche que ce n'avoir pas provoqué des mesures plus efficaces de la part de l'administration, et d'avoir accepté d'exercer son emploi dans des conditions qui ne lui permettaient pas de prévenir les accidents avec certitude (Crim. cass. 26 fév. 1863, aff. Schott, D. 64. 1. 193).

555. Le tribunal correctionnel, saisi d'une prévention d'homicide par imprudence élevée contre un chef de gare, n'empiète pas sur les pouvoirs de l'administration en recherchant quelle a pu être l'efficacité des mesures prises par la compagnie de chemin de fer, en exécution de règlements édictés en vue de prévenir les accidents dans les gares, s'il ne se livre à cette appréciation qu'à l'effet de déterminer la part de responsabilité pouvant résulter de leur inexécution (même arrêt).

556. L'art. 20 ajoute, à l'égard du *mécanicien* et du *conducteur-garde-frein* : « Sera puni d'un emprisonnement de six mois à deux ans tout mécanicien ou conducteur-garde-frein qui aura abandonné son poste pendant la marche du convoi » — Cette disposition, a-t-on prétendu dans la discussion, est tout à la fois inutile et en contradiction avec l'article précédent. Inutile, en ce qu'il est impossible d'admettre qu'un garde-frein, un chauffeur, puissent jamais abandonner leur poste volontairement, pendant la marche d'un convoi, au risque de se faire disloquer, à moins qu'ils ne se voient menacés d'un danger imminent pour leur propre existence, auquel cas ils ne seraient pas retenus par la crainte d'encourir, un emprisonnement de six mois à deux ans (V. D P. 45. 3. 172, n° 41); en contradiction avec l'art. 19, en ce que cet article étant conçu dans les termes les plus généraux, est applicable par suite, comme on l'a dit, à tous les agents employés des chemins de fer, de même qu'aux individus étrangers à l'exploitation; il prévoit et punit de la manière la plus générale toutes les violations des lois et règlements, et l'abandon du poste est et ne peut être autre chose qu'une violation des règlements. Or, la violation des lois et règlements, dans le cas même où il en est résulté des blessures, n'est passible, aux termes de l'art. 19, que d'un emprisonnement de six mois au maximum; de sorte que l'art. 20 en élevant cette peine au maximum de deux ans, dans le cas même où il n'y a pas eu blessures, la met doublement en contradiction avec l'art. 19. — Malgré cette observation, l'art. 20 a été maintenu sur l'insistance du rapporteur, qui a dit qu'il ne fallait pas se préoccuper de ce qui arriverait au moment où un danger viendrait menacer l'existence des mécaniciens et des chauffeurs, mais qu'il était

important que la loi indiquât à ceux-ci le devoir qu' leur est imposé (D. P. 45. 3. 172, loc. cit.).

M. Duvergier (p. 308, note) pense que la contradiction reprochée à l'art. 20 n'existe pas réellement. «Cet article dit-il, est la loi spéciale des mécaniciens et des conducteurs-gardes-freins. Dans tous les cas, qu'il y ait des blessures ou qu'il n'y en ait pas, la peine de six mois à deux ans de prison sera applicable. Par la même raison, je ne crois pas qu'on puisse emprunter à l'art. 19 une partie de ses dispositions et joindre une amende quelconque à l'emprisonnement ». — Cette opinion ne peut être admise d'une manière absolue. Si, comme le dit M. Duvergier, l'art. 20 est la loi spéciale des mécaniciens et des gardes-freins, il en résulterait que quelles que soient les conséquences de l'abandon de leur poste, et alors même que ce fait aurait causé la mort à un nombre de voyageurs plus ou moins considérable, il ne serait puni, au maximum, que de deux années d'emprisonnement; tandis que le même fait, de la part d'individus étrangers à l'exploitation, serait, aux termes de l'art. 19, puni de six mois à cinq ans de prison et d'une amende de 300 à 3,000 fr.! Cette conséquence est contraire non-seulement au bon sens, mais à l'intention formelle et juste de la loi qui est en effet de punir les employés et agents coupables d'inobservation des lois et règlements d'une manière plus sévère que les autres personnes. — Pour interpréter sagement la loi, il faut, selon nous, combiner les deux art. 19 et 20, de manière que, selon les différents cas qui y sont prévus, la peine la plus forte soit toujours appliquée aux mécaniciens et conducteurs-gardes-freins.

557. La commission de la chambre des députés avait proposé un article additionnel, portant que si un agent prouvait qu'il a agi en vertu des ordres de son supérieur, il serait affranchi de toute peine, et que le supérieur serait condamné au double de la peine. — Cet article n'a pas été admis par la chambre : on lui a reproché d'être contraire aux principes de notre législation criminelle qui veulent que chacun soit responsable de ses actes, et qui ne permettent pas d'écarter la pénalité qu'on a encourue en alléguant qu'on a agi par l'ordre d'un tiers. — Cependant il a été jugé que les chefs de gare ne sont responsables des contraventions qu'autant qu'elles sont leur fait personnel et spontané, et non lorsqu'ils les ont commises d'après les ordres des chefs sous l'autorité desquels ils sont places : dans ce dernier cas, ceux-ci répondent seuls desdites contraventions (trib. de Carpentras, 5 janv. 1855, aff. ch. de Lyon, D. P. 55. 3. 7).

558. Si les art. 16 et 17 de la loi de 1845 n'ont encore reçu aucune application, il en est autrement de l'art. 19. Déjà des accidents aussi graves que nombreux ont donné lieu à des poursuites correctionnelles tendant à l'application de cet article. En une matière si importante et si neuve, nous ne saurions négliger de rendre compte, quoique très-succinctement, des charges établies contre les inculpés. Il en résultera, pour les magistrats et les jurisconsultes, une grande lumière sur la nature et les nuances diverses des devoirs à remplir de la part des principaux agents de chemin de fer, les mécaniciens, conducteurs de trains, gardes-freins, aiguilleurs, chefs de gares et stations. Ici la jurisprudence criminelle vient éclairer, par la pratique et l'expérience, les attributions de tous les fonctionnaires et agents chargés de la police des chemins de fer dans leurs caractères légaux et distinctifs. — C'est à ce point de vue de l'observation des faits qui auront ou non un caractère de criminalité, que nous examinerons successivement et dans l'ordre de leurs dates néfastes, les accidents de chemins de fer qui ont occupé jusqu'ici nos tribunaux de police correctionnelle et les cours supérieures jugeant en la même matière.

559. *Accident du chemin de fer de Versailles*. — Le 8 mai 1842, la fête du jour ayant attiré une grande affluence de la population parisienne à Versailles, le soir a eu lieu, au retour vers Paris, sur la rive gauche, cette trop mémorable catastrophe. Dans un convoi qui transportait 758 voyageurs, il y a eu 57 morts et 107 blessés, brûlés par le feu et l'eau, ou brisés par les fers et les bois. Le ministère public mit en cause l'administrateur du service, le chef du mouvement, le directeur du matériel, le chef de la gare et l'inspecteur de service monté sur l'une des locomotives. — En scrutant tous les détails de l'organisation de ce

funeste train de plaisir, pour y chercher des fautes ressortant de la responsabilité des fonctionnaires de chaque ordre, on en a fait sortir les chefs de prévention suivants : 1° l'insuffisance du matériel ; 2° le mauvais état du matériel ; 3° la vitesse excessive du convoi ; 4° le mode d'attelage des machines. — La justice s'est livrée, sur chacun de ces chefs, aux inquisitions les plus minutieuses ; il y a eu des enquêtes et des expertises sans fin. Mais les charges n'ont pu être justifiées contre les prévenus. — Par jugement du 4 août 1842, le tribunal de police correctionnelle de la Seine les a tous renvoyés de la poursuite, en reconnaissant « que le nombre des voitures était en rapport avec la longueur de la ligne parcourue ; que la machine dont l'essieu s'était brisé, cause de ce grand malheur, était sortie d'une des plus habiles maisons de l'Angleterre ; que la vitesse n'était ni excessive ni périlleuse ; qu'enfin le mode d'attelage était conforme à ce qui se pratique en Angleterre ; que si des perfectionnements avaient pu se produire depuis lors, les compagnies n'étaient tenues que d'être au courant des améliorations et des progrès de l'art, non de les prévenir et de les deviner ; mais, dans la cause, aucune faute ne peut être établie contre les inculpés » (M. Cotelle, p. 257).

560. *Accident de Fampoux.* — Le 9 juillet 1846, sur le chemin de fer du Nord, vingt-huit voitures, wagons ou trucks, portant des diligences ou voitures particulières, furent précipitées du viaduc de Fampoux dans un marais situé au-dessous, à 7 mèt. de profondeur. Il y eut 14 morts, 5 voyageurs grièvement blessés et 20 autres seulement contusionnés. La cause fut évoquée devant la cour royale de Douai, qui la renvoya devant le tribunal de police correctionnelle. Là aussi, malgré une longue et laborieuse information, la poursuite n'avait abouti qu'au renvoi de l'ingénieur et des gardes-freins ; le tribunal n'avait reconnu aucune faute positive qui pût être imputée à l'un d'eux. — Cependant, sur l'appel du procureur général, la chambre des appels de police correctionnelle en a jugé autrement. Elle a vu, de la part de l'ingénieur qui dirigeait le mouvement, deux fautes : l'une, d'avoir attelé deux locomotives et commandé une vitesse excessive de 39 à 40 kilomètres à l'heure, pour un convoi de 28 voitures, qui exigeait des précautions extraordinaires ; l'autre d'avoir désobéi à un arrêté préfectoral du 11 mai 1846, qui interdisait une vitesse de plus de 24 kilomètres à l'heure pour un train attelé de deux locomotives ; cet arrêté, étant une mesure locale et d'urgence, ne pouvait être enfreint sans faire encourir les peines portées par l'art. 19 de la loi du 15 juillet 1845, en cas d'accident. Le mécanicien a été déclaré coupable d'avoir occasionné aussi, par la vitesse excessive imprimée au convoi, non pas le déraillement, mais la précipitation des voitures dans le marais. Ils ont été condamnés l'un et l'autre à la peine d'emprisonnement et à des amendes (Douai, 26 déc. 1846, M. Cotelle, p. 258).

561. *Accident de Moret.* — Le 2 oct. 1855, un train de marchandises et de bestiaux, marchant la nuit sur le chemin de fer de Lyon, s'était grossi successivement jusqu'au nombre de soixante-onze voitures. Le convoi arriva à Moret, avec quarante-huit minutes de retard ; le mécanicien songea alors à couvrir le train par des signaux rouges qu'il agitait dans tous les sens. Cependant il régnait un épais brouillard qui empêchait de les voir. A l'opposite survint un train express. Après avoir écrasé la première voiture, la machine de ce train monte sur le deuxième wagon, comme un cheval qui se cabre ; mais bientôt elle se trouve arrêtée au milieu des débris de fer et de bois. Dans le premier wagon, seize voyageurs étaient tués ; dans le deuxième, cinq étaient blessés grièvement. Ils voyaient au-dessus d'eux une chaudière d'eau bouillante et un foyer ardent d'où le charbon pouvait, d'une seconde à l'autre, se répandre par suite des avaries de la machine. « Effroyable situation, dit M. Cotelle (p. 258), qui a duré pendant six heures pour ces malheureux, tous mutilés. » Le conducteur du train et le mécanicien furent poursuivis. Ils ont allégué pour leur défense qu'ils avaient fait tous les signaux possibles, et que le chef du train express aurait dû les apercevoir ; mais qu'ils ne l'avaient pas entendu donner aucun des coups de sifflet au moyen desquels il lui appartenait de faire jouer les freins pour arrêter le train. Mais ils ne pouvaient être excusés de l'inobservation des règlements, ayant eu quarante-huit minutes de retard sans couvrir leur train, et n'y ayant songé que dans les dernières quatre minutes. — Ils ont été condamnés à deux mois de prison et 500 fr. d'amende (Paris, mai 1856). La compagnie de Lyon a été déclarée civilement responsable (M. Cotelle, Cours de législation française des chemins de fer, p. 258).

562. *Catastrophe de la gare du Fresnoy.* — Les circonstances de cet événement sont analysées dans le jugement du tribunal de Saint-Quentin, du 28 janv. 1861, comme il suit : — « Considérant que, dans la nuit du 26 au 27 déc., le train de marchandises n° 310 est venu inopinément heurter, dans la gare de Fresnoy-le-Grand, le train de voyageurs n° 4, et que l'choc a occasionné la mort de plusieurs personnes et des blessures à plusieurs autres ; qu'il importe de rechercher si, par maladresse, imprudence, inattention, négligence ou inobservation des règlements, les inculpés ont été la cause de cet accident, et de préciser la part que chacun d'eux a pu prendre dans ce fait involontaire ;

» En ce qui concerne le sieur Dieux, *chef de gare* : — Considérant qu'il résulte de l'instruction et des débats la preuve que, lors du stationnement des trains, Dieux s'est conformé aux règlements en donnant l'ordre au *garde-barrière* Lemaire de fermer la voie en tournant le disque d'arrière au rouge ; que cet ordre ayant été exécuté, il s'est occupé d'effectuer le déblaiement de la voie pour assurer le départ du train n° 4 vers Saint-Quentin ; — Considérant que si le devoir du chef de gare est de veiller à l'exécution des signaux, ce devoir ne peut, toutefois, aller jusqu'à exiger que cet employé quitte la gare et se transporte de sa personne à longue distance pour vérifier si le disque a obéi au mouvement qui lui a été imprimé de la station ; — Considérant que s'il est prouvé que l'évolution du disque ne s'est point opérée en ce moment que d'une manière imparfaite, en ne se fixant pas perpendiculairement à la voie, le chef de gare, dépourvu de moyen de contrôler à la gare le mouvement réel opéré par le disque, au lieu où il est établi et dressé, ne saurait être responsable ni de la défectuosité de ce mécanisme accepté par l'administration, ni de l'imperfection du signal produit par lui ; — Considérant qu'il n'est point établi non plus qu'en raison de l'état exceptionnel de l'atmosphère, Dieux ait entendu ou pu entendre le sifflement au disque poussé par train n° 310 ; qu'aucune faute ne peut donc lui être imputée ;

» En ce qui concerne le sieur Lemaire, *garde-barrière* : — Considérant que les mêmes motifs militent en sa faveur ; qu'ayant en effet fait jouer la manette pour amener le disque au rouge et s'étant conformé en ce point aux prescriptions du règlement et aux ordres du chef de gare, il a dû penser que la voie était fermée, comme elle l'était chaque jour à l'aide de la même manœuvre, et qu'il n'y a eu dès lors inattention ni inobservation des règlements à ne signaler que par un son de trompe l'arrivée du train de marchandises ;

» En ce qui touche le sieur Dufour, *mécanicien* : — Considérant qu'il demeure établi que le disque se présentait, non parallèlement à la voie, mais obliquement et de manière à la couvrir d'un quart environ par la lumière rouge ; que si le signal était douteux et n'indiquait ni la voie libre ni la voie fermée, c'était néanmoins un motif grave pour, en présence d'un déplacement dans l'état normal du disque, sinon arrêter immédiatement le train, du moins en ralentir la marche ; — Qu'il y a donc eu imprudence de la part de Dufour à ne pas se rendre immédiatement maître de sa vitesse et à ne pas avancer lentement jusqu'à la rencontre de la station ;

» En ce qui touche les conclusions des sieurs Steveroni Pouch, intervenus comme parties civiles : — Considérant que les blessures dont les susnommés ont été atteints par le choc leur ont causé un préjudice dont il leur est dû réparation ; que l'accident provenant en partie du fait d'un employé de la compagnie du Nord, celle-ci est civilement responsable du dommage, et que le tribunal a les éléments suffisants pour apprécier le préjudice ; — Considérant que la compagnie a accepté le débat ainsi posé sans arguer de cette circonstance qu'aucunes conclusions n'auraient été prises par les parties civiles contre les inculpés ;

« Par ces motifs, acquitte les sieurs Dieux et Lemaire, et le renvoie de la fin de la plainte sans dépens ; — Et faisant à D

four application de l'art. 19 de la loi du 15 juill. 1845, admettant toutefois les circonstances atténuantes et faisant l'application de l'art. 26 de la loi précitée et de l'art. 463 c. pén., condamne par corps le sieur Dufour à 100 fr. d'amende et aux dépens; — Et statuant sur les conclusions des parties civiles, déclare la compagnie du chemin de fer du Nord civilement responsable du fait de son employé, le sieur Dufour; — En conséquence, la condamne à payer à titre de dommages-intérêts, au sieur Pouch la somme de 800 fr., et à Stivéroni ès-noms, la somme de 1,200 fr. et aux dépens, sauf son recours contre le sieur Dufour; et au regard de l'État, condamne lesdites parties civiles aux dépens, sauf leur recours tel que de droit. »

563. *Souterrain de Rilly*, chemin de fer de l'Est. — Sous cette voûte, ayant 3,430 mèt. de longueur, une collision a eu lieu, le 5 janv. 1861, entre un convoi de ballast et le train mixte n° 120, qui se dirigeait sur Épernay. Sur vingt personnes qui ont été plus ou moins blessées, deux seulement ont réclamé des indemnités. Mais le ministère public s'est saisi de la poursuite devant le tribunal de police correctionnel de Reims, contre les employés et l'ingénieur de la compagnie. — 1° Le *chef du train*, qui n'avait pas établi en temps utile les signaux sur la voie a été condamné à un mois d'emprisonnement. — 2° Le *garde-frein*, responsable du même fait, avec atténuation, a été acquitté. — 3° Le *chef de station*, qui n'avait pas fait partir le train de ballast dans les délais réglementaires, a joui de la même indulgence. — 4° A l'égard du *chef du train de ballast*, la poursuite avait été abandonnée. — 5° Enfin, relativement à l'ingénieur en chef. La compagnie avait demandé la permission de faire circuler sur la même voie, et sous le même tunnel, deux trains se suivant; mais la permission n'avait été délivrée qu'à l'égard des souterrains ayant moins de 1,000 mèt. de longueur. Alors, surtout que la compagnie se trouvait en désaccord avec l'administration sur ce point, et dans la traversée d'un souterrain de plus de 1,000 mèt., l'emploi des appareils électriques à l'entrée et à la sortie du souterrain était d'autant plus nécessaire. A défaut d'y avoir fait établir et fonctionner ces appareils, l'ingénieur en chef a été condamné à un mois d'emprisonnement et à 1,000 fr. d'amende (trib. corr. de Reims, 5 janv. 1861; Gaz. des trib., 22 janv. 1861).

564. *Accident de la gare de Dornach.* — Le 18 juin 1863, à dix heures du soir, un train de marchandises, composé de vingt-huit wagons, stationnait, en retard de plus d'un quart d'heure, dans la gare de Dornach, où il opérait son déchargement. Un autre train, en destination de Mulhouse, vint se ruer sur lui de toute la force de son impulsion et de ses vingt-deux wagons chargés de marchandises. Le choc fut si violent que six voitures furent broyées et sept autres fortement endommagées. Indépendamment du dommage causé aussi à la locomotive et au tender, le chef du convoi, le nommé Reibel, qui se trouvait dans la vigie, lancé sur le tender, fut tué sur le coup. Des poursuites sont dirigées devant le tribunal de police correctionnelle de Mulhouse contre Enguemann, chargé de la manœuvre du disque, qui avait négligé de le tourner, et contre Maurice, chef d'équipe, remplaçant le chef de gare, qui avait négligé de contrôler la manœuvre de ce dernier. Il est constaté que le disque fonctionnait avec la plus grande régularité. Enguemann soutenait que le disque avait été ouvert par l'effet de la tempête, et la manœuvre avait été contrariée par la violence de l'ouragan. Le tribunal n'a pas reconnu l'existence de cette circonstance. Il a condamné : 1° Enguemann à un mois d'emprisonnement; 2° Maurice à 25 fr. d'amende; 3° la compagnie du chemin de fer de l'Est comme civilement responsable du fait de ses agents (trib. corr. de Mulhouse, 29 août 1863; Gaz. des trib., 31 oct. 1863).

565. *Accident de la Fouillouse.* — Le train omnibus 166 allant de Saint-Etienne à Andrezieux est parti à six heures cinq minutes du soir, le 24 août 1863, avec un retard de cinq minutes. Le train express 100, allant de Lyon à Paris par le Bourbonnais, est arrivé à la gare de Saint-Etienne à six heures une minute du soir, avec trente minutes de retard. Le train 166 arrivé à la gare de la Fouillouse à six heures vingt-cinq minutes h ure réglementaire, se mettait en marche à six heures vingt huit minutes, lorsque le train 100, arrivant à grande vitesse par la même voie dans cette gare, s'est heurté contre le train 166. Un

choc terrible a eu lieu; trois voitures du train 166 ont été brisées; quatre personnes ont été trouvées mortes au milieu des décombres; neuf autres étaient plus ou moins grièvement blessées. — Sur la poursuite du ministère public, neuf personnes ont eu à répondre devant le tribunal de police correctionnelle de Saint-Etienne des faits qui avaient amené cet épouvantable événement, savoir : le sous-chef de gare à Saint-Etienne; le mécanicien de l'express, le chauffeur de l'express, le chef de gare à Villars, des aiguilleurs, des chefs d'équipe, des gardes-barrières et leurs femmes les aidant dans leurs fonctions A l'audience du 7 nov. 1863, le tribunal rendant son jugement, a apprécié comme il suit la part de chacun des inculpés à cette catastrophe.

Le sous-chef de gare. — Il prétendait avoir agi réglementairement en faisant partir le train express venant de Lyon, qui a amené le désastre, douze minutes après celui d'Andrezieux. Dix minutes d'intervalle auraient suffi, si des incidents de voyage n'avaient pas contrarié ces calculs Sans contredit, le train express aurait dû, suivant l'usage, précéder le train d'Andrezieux. Mais l'interversion était une mesure permise et même reconnue nécessaire à cause du retard que le train express avait déjà subi. — Jugement : « En ce qui touche Saint-Martin, sous-chef de gare : — Attendu qu'en sa qualité de sous-chef de la gare de Saint-Etienne, Saint-Martin a donné imprudemment l'ordre de départ aux deux trains 166 et 100 avec un intervalle de douze minutes seulement, et qu'il est la cause première de l'événement; — Attendu que c'est en vain qu'il allègue que l'art. 5 du règlement du 17 fév. 1859 l'autorisait à faire partir les deux train à dix minutes d'intervalle; — Attendu que ce règlement doit être interprété avec intelligence et qu'il ne doit s'appliquer que lorsqu'il s'agit de deux trains à vitesse égale et marchant dans les mêmes conditions; — Attendu que, s'il en était pas ainsi, des accidents terribles arriveraient sans cesse ; car un train express suivant à dix minutes d'intervalle seulement un train omnibus, doit inévitablement atteindre ce dernier à un moment facile à prévoir; — Attendu que les douze minutes d'intervalle laissées par Saint-Martin entre les trains 166 et 100 étaient forcément diminuées : 1° par la différence de vitesse ; car le train 166 a vingt et une minutes pour se rendre de Saint-Etienne à la Fouillouse, tandis que le train 100 n'a que quinze minutes; 2° par les arrêts du train 166 à Villars et à la Fouillouse; — Attendu qu'à Villars il n'y avait plus que neuf minutes de différence entre les deux trains, et à la Fouillouse que trois minutes, en supposant que la marche du train 100 ne fût pas accélérée pour gagner le retard; — Attendu qu'il y avait donc un danger imminent, presque inévitable, un danger que tous les voyageurs redoutaient, qu'ils voyaient, pour ainsi dire, approcher, ainsi qu'ils l'ont déclaré à l'audience ; ce que le sous-chef de gare seul n'a pas prévu; — Attendu que ce danger était d'autant plus évident pour Saint-Martin qu'il savait que le machiniste du train 100, qui devait marcher à une vitesse de 37 kilom. 200 mèt. à l'heure, pouvait cependant aller jusqu'à 56 et même 60 kilom., vitesse double du train 166, et qu'ainsi l'intervalle de douze minutes entre les deux trains disparaît de plus en plus; — Attendu que c'est ce qui est arrivé, et que la distance de Saint-Etienne à la Fouillouse a été franchie par le train 100 en onze au lieu de quinze minutes; car, parti à six heures dix-sept minutes de la gare de Saint-Etienne, il est constaté par de nombreux témoins que le choc des deux trains a eu lieu à la Fouillouse à six heures vingt-huit minutes; — Attendu, d'ailleurs, qu'il n'y avait aucune nécessité pour Saint-Martin d'intervertir exceptionnellement l'ordre des trains 166 et 100, lorsque tous les jours le train 100 partait le premier, qu'il y eût ou non du retard; — Attendu qu'en admettant même comme vrais les calculs de Saint-Martin, qui consistent à dire que les deux trains devaient arriver à l'embranchement d'Andrezieux à une minute de différence, cet intervalle ne serait évidemment pas suffisant pour mettre sa responsabilité à couvert; — Attendu, enfin, que Saint-Martin n'a pris aucune précaution pour éviter la rencontre de ces deux trains, et pour maintenir entre eux l'intervalle réglementaire de dix minutes, et qu'il n'a pas même averti de l'interversion des trains, soit les agents des trains 166 et 100, soit les chefs des gares de

Villars et la Fouillouse, qui auraient pu faire garer le train 166. »

Le chef du train 100. — Il déclarait qu'il n'avait pu s'assurer des signaux qu'on lui reprochait de n'avoir pas observés. Il ne devait se rendre qu'aux signaux de détresse. Il n'a pas vu le train d'Andrezieux, et avait droit de doubler la vitesse du train. — Jugement : « En ce qui touche Benoît Barbet, chef de train 100 : — Attendu qu'en sa qualité de chef du train express 100, il devait, aux termes de l'art. 11 du règlement du 22 mars 1862, veiller constamment, soit au train qu'il conduisait, soit à la voie sur laquelle il savait que le train 166 le précédait de quelques minutes seulement; — Attendu qu'il ne devait pas tolérer de la part du machiniste, sur lequel il a autorité, une accélération considérable de vitesse, dans les circonstances périlleuses où ils se trouvaient; — Attendu, en outre, qu'il est établi par de nombreux témoins que le disque de Molinard à la Fouillouse était tourné au rouge avant l'arrivée du train 100, et que Barbet n'a fait aucune attention à ce signal d'arrêt, qui lui interdisait l'entrée de la gare de la Fouillouse jusqu'à ce que la voie fût redevenue libre; — Attendu que, quelles que soient les occupations du chef de train, il ne saurait en aucun cas être dispensé de veiller à la sécurité et à la vie des voyageurs. »

Le mécanicien et le chauffeur de l'express. — Le premier a déclaré n'avoir pas connu l'intervalle qui séparait son départ de celui du train précédent; suivant lui, les disques n'étaient pas faits; il n'a eu d'autre signal que celui d'un mouchoir blanc agité à la Fouillouse. Quant au temps regagné, il assurait avoir mis dix minutes pour aller à Villars. Le second se défendit en disant qu'aucun signal n'avait été fait; qu'il s'était renfermé d'une façon absolue dans les circonstances. — Jugement : « En ce qui concerne Louis Favre et Jean-Claude Mitaine, le premier mécanicien, le second chauffeur du train 100; attendu que Favre et Mitaine ont reconnu qu'ils avaient vu en gare le train 166, et qu'ils l'avaient même vu partir; — Attendu que, sachant qu'un train omnibus précédait sur la même voie, de quelques minutes seulement, le train express, leur sollicitude aurait dû être souverainement éveillée; — Attendu cependant que, contrairement au règlement du 22 mars 1862, ils n'ont fait aucune attention, soit aux signaux de ralentissement qui leur étaient faits par les mariés Jacquemont et la femme Bertheloz, soit au signal d'arrêt du disque de Molinaud; — Attendu, en outre, qu'ils ont accéléré imprudemment la vitesse du train 100 dans les circonstances qu'ils connaissaient; et ce qui le prouve, c'est que la distance de Saint-Etienne à la Fouillouse a été franchie en onze ou douze minutes au plus, tandis que l'ordre de marche des trains leur accordait quinze minutes. »

Le chef de gare de Villars. — Il s'est livré à un long calcul sur les heures de départ et d'arrivée, pour établir que l'accident n'a dû arriver à la Fouillouse qu'à six heures trente ou trente-deux minutes, au lieu de six heures vingt-huit minutes. Il prétendait, du reste, être resté dans les prescriptions réglementaires de la compagnie. — Jugement : « En ce qui touche J. B. Tailland, chef de gare de Villars — Attendu que l'art. 5 du règlement du 19 fév. 1859 l'oblige formellement à maintenir entre les trains qui traversent sa gare la distance réglementaire de dix minutes au moins; — Attendu qu'il est constant que le train 166, parti de Saint-Etienne à six heures cinq minutes, et n'ayant subi aucun retard, est arrivé à Villars à six heures seize minutes et reparti à six heures dix-sept minutes; — Attendu cependant que le choc du train 100 contre le train 166 a eu lieu à la Fouillouse à six heures vingt-huit minutes; que le train 100, parti de Saint-Etienne à six heures dix-sept minutes, a dû arriver à Villars avant six heures vingt-cinq minutes; car il est impossible qu'il ait franchi en une minute seulement les 4 kilom. qui séparent Villars de la Fouillouse; — Attendu qu'en admettant même que le disque ait été fait à Villars au passage du train 166, il est évident que la voie n'a *pas été couverte, à cette gare, pendant les dix minutes réglementaires*, puisqu'elle a été traversée par le train 100 *moins de dix minutes après le train 166*; — Attendu que, dans ces circonstances, le chef de gare devait faire au train 100 des signaux de ralentissement ou d'arrêt, et qu'en laissant passer ce train sans avertissement, Tailland a manqué à son devoir. »

Les gardes-barrières et aiguilleurs. — La femme dit qu'elle n'avait pas de pendule, et qu'avec 10 r pointements par mois, elle ne pouvait s'en procurer; qu'elle n'a pas vu à quelle heure le train était passé. L'aiguilleur Martin a soutenu que, chargé de l'embranchement du sel, il n'avait pas de signaux à faire. — Jugement : « En ce qui touche les prévenus femme Coquart, fille Duport, Claude Martin et femme Martin, gardes-barrières et aiguilleurs : — Attendu qu'aux termes des règlements précités, ils étaient tenus de maintenir entre les trains 166 et 100 un intervalle de dix minutes et qu'ils auraient dû faire aux trains des signaux de ralentissement ou d'arrêt, alors qu'ils savaient que le train 166 ne précédait le train 100 que de quelques minutes seulement; — Attendu qu'ils avouent leur négligence et qu'ils se bornent à déclarer qu'ils comptaient les uns sur les autres.

» Par ces motifs, le tribunal jugeant correctionnellement, faisant l'application de l'art. 19 de la loi du 15 juill. 1845, modifié par l'art. 463 c. pén., seulement en ce qui touche Mitaine, femme Coquart, fille Duport, Claude Martin et femme Martin, condamne C. A. Saint-Martin à quinze mois d'emprisonnement 500 fr. d'amende, Louis Favre à six mois d'emprisonnement 500 fr. d'amende, J. C. Mitaine à trois mois d'emprisonnement et 100 fr. d'amende, J. B. M. Tailland à un an d'emprisonnement et 500 fr d'amende, et Françoise Meyer, femme Coquard, J. M. Duport, Claude Martin et femme Martin, chacun quinze jours d'emprisonnement, et tous solidairement aux dépens par corps; déclare le sieur Paulin Talabot, en sa qualité de directeur du chemin de fer de Paris à Lyon, civilement responsable des frais du procès. »

Ce jugement, dont il a été appelé par toutes les parties, excepté par le directeur du chemin de fer, qui s'en rapportait respectueusement à la justice, n'a été réformée que dans le chef de la condamnation concernant le sieur Tailland, chef de gare à Villars. A son égard, l'arrêt de la cour impériale de Lyon est motivé comme il suit :

« En ce qui touche J. B. Tailland, chef de gare à Villars : — Attendu qu'il est certain et constaté par les témoignages du sieur Gaillard et de M. le curé de la Fouillouse, qui était descendu à Villars, que le disque de cette gare a été tourné au rouge, et par conséquent, la voie couverte, après le passage du train 166; qu'en cela le chef de gare avait fait son devoir; — Attendu que la condamnation a été motivée par les premiers juges sur ce que le disque n'aurait pas couvert la voie pendant les dix minutes réglementaires, et que ce fait serait établi par les calculs suivants (V. plus haut le texte du jugement); — Attendu que cette argumentation suppose deux choses : la première, qu'il serait impossible que le train express nº 100 ait brûlé à Villars disque tourné au rouge, et tourné pendant dix minutes; que les agents du train nº 100, qui sont condamnés pour n'avoir pas respecté la voie couverte à la Fouillouse, ont bien pu n'être pas plus scrupuleux à Villars; que cela est même probable; la seconde, que la catastrophe aurait eu lieu à six heures vingt-huit minutes, car une ou deux minutes de plus, et la conséquence échappe; mais qu'une affirmation certaine, au milieu de l'effroi général, est impossible sur cette heure de six heures vingt-huit minutes; que quelques voyageurs ont fixé le choc à six heures trente ou même trente-deux minutes; — Que l'on ne peut asseoir une condamnation grave sur un calcul qui repose sur un ou deux minutes; — Attendu que, fût-il prouvé que le disque de Villars ne serait pas resté tourné au rouge pendant dix minutes, la responsabilité devrait peser sur l'employé préposé à la manœuvre du disque, et non sur le chef de gare, qui avait donné l'ordre de couvrir la voie; — Attendu que l'on reproche ensuite au chef de gare de Villars de n'avoir pas fait les signaux au train nº 100; mais que son principal signal est celui du disque; que les autres sont dans les fonctions des employés de la voie; que ces signaux faits par quelques-uns l'ont été vainement; — En ce qui concerne J. B. Tailland, la cour dit qu'il a été mal jugé, émendant, le décharge des condamnations prononcées contre lui. » — Quant aux autres prévenus, la cour confirme le jugement (Lyon, ch. corr., aud. des 14, 15 et 16 déc. 1863; Gaz. des tr. 13 oct. 1863, 9 janv. 1864).

566. *Catastrophe de Pierrefitte.* — Le 5 janv. 1864, l

train 24 se dirigeant vers Paris s'arrêta à la station de Pierre-fitte pour réparer une avarie provenant de la rupture d'une bille d'accouplement de la locomotive. Le train 26, venant aussi du Nord, en retard de dix minutes, et voulant réparer le temps perdu, marchait à la vitesse de 60 kilomètres à l'heure. — Cependant, pour le train 24, le 'disque tourné au rouge avait été placé par l'aiguilleur sur la route de Gonesse; des signaux de ralentissement étaient faits au train 26, enfin, ce train arrivant à toute vapeur, le mécanicien donne le signal de serrer les freins; mais il était trop tard. Le choc fut terrible. Il s'ensuivit la mort de six personnes; vingt autres furent blessées grièvement, et beaucoup de voyageurs ont été contusionnés. — Quatre employés du train 26, furent poursuivis sous les préventions d'homicide et blessures par imprudence et inobservation des règlements. — Après deux jours de débats et de plaidoiries, le jugement du tribunal de police correctionnelle de la Seine a rendu, à la date du 30 janv. 1864, le jugement qui suit :

« En ce qui concerne le *mécanicien* et le *chauffeur* : — Attendu que, malgré les signaux de ralentissement faits à quatre reprises distinctes, etc., etc., le train 26 est arrivé à toute vitesse jusqu'à une distance de la station de Pierrefitte, où le train n° 24 se trouvait arrêté; — Attendu que le mécanicien D... reconnaît lui-même que le disque était tourné au rouge; — Attendu que, malgré ce signal d'arrêt, qui pouvait être aperçu à une distance d'au moins 500 mètres, ce n'est qu'après l'avoir dépassé que le mécanicien D... a sifflé pour faire serrer les freins; que, dans son trouble, il n'a pu parvenir à renverser la vapeur, et que le train n° 26 s'est présenté sur le train stationnant à Pierre-fitte; — Attendu vainement D... prétend qu'il n'a pas aperçu les signaux de ralentissement, et qu'il n'a pu voir le disque rouge qu'à une faible distance; — Attendu qu'aux termes du règlement, le mécanicien et le chauffeur doivent veiller tous deux attentivement à l'état de la voie et à se tenir prêts à observer les signaux, afin d'arrêter ou ralentir la marche du train; — Attendu, en conséquence, que le chauffeur doit, comme le mécanicien, s'imputer d'avoir négligé de porter aux signaux une attention que leur impose à tous deux le règlement, et qui leur était recommandé encore plus impérieusement par l'avis qui leur avait été donné à la station de Greil; »

» En ce qui touche le *chef de train* : — Attendu qu'aux termes du règlement, les chefs de train doivent être attentifs aux signaux qui peuvent être faits sur la voie, alléguant qu'il était occupé au classement des bagages; — Attendu que ce classement n'est que l'une des obligations du chef du train; qu'il doit si bien veiller aux signaux qu'une communication établie entre le fourgon où il se tient et la locomotive lui permet de donner le signal d'arrêt; — Attendu qu'il importe peu que cette communication fût ou non interrompue par suite du mauvais état du sifflet; que cette circonstance constituerait elle-même un nouveau fait de négligence à la charge des inculpés; — Attendu que le chef du train H... reconnaît lui-même qu'il n'a prêté aucune attention aux signaux de la voie, et n'a tenté de donner aucun ordre au mécanicien; — Qu'il y a donc eu, de sa part, négligence, inattention et inobservation des règlements;

» En ce qui touche le *chef de la gare de Pierrefitte* : — Attendu que, dès l'entrée en gare du train n° 24, le signal d'arrêt a été fait par la manœuvre du disque et qu'un employé du train s'est immédiatement porté en arrière pour porter des pétards sur la voie; — Attendu que le chef de gare a pu et dû croire que ces signaux seraient vus et qu'on y obéirait; — Attendu que, s'il est possible qu'en faisant, dès l'arrivée du train, descendre tous les voyageurs de ce train, l'accident eût pu être évité, ou tout au moins atténué, on ne saurait voir un délit dans le fait, par A..., de n'avoir pas pris une précaution qui ne lui était pas ordonnée par le règlement (V. n° 555); — Attendu, d'ailleurs, que, entre l'arrivée du train 24 et l'accident, il s'est écoulé à peine quatre minutes, et que le chef de gare a dû tout d'abord se préoccuper de faire faire le signal d'arrêt et s'informer de la cause qui empêchait le train de continuer sa marche; — Attendu enfin qu'au moment où le train 26 a été aperçu, plusieurs témoins ont cru que le mécanicien était maître de sa vapeur et allait arrêter le train; — Attendu que, dans ces circonstances, la prévention ne

paraît pas suffisamment établie contre A...; — Le renvoie des fins de la plainte et sans dépens;

» Et attendu que des faits ci-dessus il résulte que le mécanicien, le chauffeur et le chef de train ont involontairement causé sur le chemin de fer du Nord, dans la station de Pierrefitte (Seine), un accident qui a occasionné la mort de six personnes, et duquel sont résultées des blessures graves à un grand nombre de voyageurs, délit prévu par l'art. 19 de la loi du 15 juill. 1845 sur la police des chemins de fer; »

Condamne D... à trois années d'emprisonnement et 300 fr. d'amende, N... et H... chacun en six mois d'emprisonnement et 300 fr. d'amende; les condamne tous trois solidairement aux dépens; déclare la compagnie du chemin de fer solidairement responsable; et statuant sur les conclusions des parties civiles, fixe des rentes viagères et annuelles de 500 et 300 fr. à payer à une veuve et à chacun de ses enfants, jusqu'à la majorité de chacun d'eux. — Sur les appels respectifs devant la cour de Paris, ce jugement a été confirmé par les motifs des premiers juges (Paris, 6 mars 1864, Gazette des trib. et Droit, 5 et 6 mars 1864).

567. *Dégradation de poteaux télégraphiques.* — *Compétence juridictionnelle.* — Le 1er nov. 1862, fête de la Toussaint, deux jeunes villageois, Louis Blanchard et Pierre Jeannelon, après avoir passé la journée en libations copieuses, et la tête égarée par le vin, furent saisis de l'étrange et coupable idée de renverser plusieurs poteaux du télégraphe électrique sur la ligne du chemin de fer passant au Blanc. Malgré cette dégradation des appareils, commise volontairement, les fils ne touchèrent point à terre et il n'y eut pas interruption de la correspondance. — Les délinquants sont traduits devant le tribunal correctionnel du Blanc qui les relaxe de la poursuite. Sur l'appel, ce jugement est confirmé par la cour de Limoges, en ce sens qu'aucune disposition pénale ne serait applicable au délit signalé; qu'il n'y aurait là qu'une contravention punie par l'art. 2 du décret du 27 déc. 1851, mais que l'application en appartiendrait au conseil de préfecture; sur quoi cette cour s'est déclarée incompétente pour juger la poursuite. — Recours en cassation. — Arrêt qui casse et qui décide que le fait d'avoir volontairement endommagé des appareils télégraphiques, sans néanmoins que le service de la correspondance ait été interrompu, et par exemple d'avoir arraché des trous dans lesquels ils étaient enfoncés des poteaux supportant les fils d'une ligne, ne rentre pas dans les prévisions du décret du 27 déc. 1851, sur la police des lignes télégraphiques : d'une part, en effet, ce décret n'érige en crime spécial la dégradation volontaire des appareils télégraphiques qu'autant qu'elle a eu pour effet et pour but l'interruption du service de la correspondance; d'autre part, il ne prévoit, pour les déférer au conseil de préfecture, les dégradations n'ayant pas le caractère d'attentats contre le service de la correspondance télégraphique, que dans le cas où elles sont le résultat de l'imprudence et non d'une intention coupable; — Mais qu'à défaut de disposition spéciale, le fait dont il s'agit rentre dans le droit commun et demeure passible de l'application de l'art. 257 c. pén. (V. Domm.-destr., n° 145 et s.), dont les dispositions générales répriment tout dommage causé volontairement à des objets servant à l'utilité publique; et dès lors le juge correctionnel auquel il est déféré se déclare à tort incompétent pour en connaître (Cass. 11 juin 1863, aff. Blanchard et Jeannelon, D. P. 63. 1. 263). — L'affaire a été renvoyée devant la cour de Bourges, qui s'est ralliée à la doctrine de la cour suprême (Bourges, 23 juill. 1863, Gaz des trib. juill. 1863).

SECT. 3. — *Contraventions aux règlements d'administration publique sur la police, la sûreté et l'exploitation des chemins de fer, ainsi qu'aux arrêtés préfectoraux rendus pour l'exécution de ces règlements.*

568. Après les deux ordres de crimes et délits qui sont signalés dans les deux sections précédentes viennent les infractions prévues dans l'art. 21, lequel, d'après la manière générale dont il s'exprime, s'applique aux compagnies concessionnaires et à leurs agents, aussi bien qu'à tous les autres contrevenants.

Cet article porte, en effet : « Toute contravention aux ordonnances royales portant règlement d'administration publique sur la police, la sûreté et l'exploitation du chemin de fer, et aux arrêtés pris par les préfets sous l'approbation du ministre des travaux publics, pour l'exécution desdites ordonnances, sera punie d'une amende de 16 à 3,000 fr. — En cas de récidive dans l'année, l'amende sera portée au double, et le tribunal pourra, selon les circonstances, prononcer, en outre, un emprisonnement de trois jours à un mois. » — A cette disposition, il faut ajouter l'art. 79 de l'ordonnance réglementaire des 15-21 nov. 1846, qui porte : « Seront constatées, poursuivies et réprimées, conformément au titre 3 de la loi du 15 juill. 1845, sur la police des chemins de fer, les contraventions au présent règlement, *aux décisions rendues par le ministre des travaux publics*, et aux arrêtés pris, sous son approbation, par les préfets, pour l'exécution dudit règlement. » — Sur les pouvoirs des préfets relativement à la police des chemins de fer, V. Règlem. admin., nos 38 et suiv.

569. Les points principaux de police et de sûreté pour l'exploitation des chemins de fer sur lesquels l'administration a dû s'appesantir en exécution de la disposition précitée de la loi de 1845 se trouvent prévus principalement dans l'ordonnance des 15-21 nov. 1846, qui comprend : 1° l'entretien constant de la voie en bon état (art. 2 et suiv.), — Le matériel employé à l'exploitation (art. 7 et suiv.); — La composition des convois (art. 17 et suiv.); — Le départ, la circulation et l'arrivée des convois (art. 25 et suiv.); — La perception des taxes et des frais accessoires (art. 44 et suiv.); — La surveillance de l'exploitation (art. 51 et suiv. — Ce titre de l'ordonnance a été modifié. — V. n° 641); — Les mesures concernant les voyageurs et les personnes étrangères aux chemins de fer (art. 61 et suiv.); — Enfin un titre, *Dispositions diverses*, qui comprend des mesures de police de différente nature (art. 69 à 79) — On va retracer celles des dispositions réglementaire de 1846, sur l'application desquelles la jurisprudence a eu à se prononcer, en faisant observer que le cahier des charges spécial à la compagnie reproduit un grand nombre de ces mêmes mesures et obligations. Quant aux autres mesures et prescriptions de police établies dans l'intérêt de la sûreté publique, nous nous bornons à renvoyer au texte. — V. ci-dessus, p. 850.

570. *Passage à niveau, absence de barrières.* — L'art. 4 de la loi du 15 juill. 1845, faisant partie du tit. 1, concernant les mesures relatives à la *conservation* des chemins de fer, porte que partout où les chemins de fer croiseront à niveau les routes de terre, des barrières seront établies et tenues fermées, conformément aux règlements. Et d'après l'art. 11, la contravention à cette disposition doit être poursuivie ou réprimée comme en matière de grande voirie, c'est-à-dire par les conseils de préfecture, et punie d'une amende de 16 à 300 fr. — D'un autre côté, l'ord. du 15 nov. 1846, contient dans son art. 4, au point de vue de la police et de la sûreté des chemins de fer, une disposition identique à celle de l'art. 4 de la loi de 1845. Or, comme les contraventions aux prescriptions de cette ordonnance doivent être déférées aux tribunaux correctionnels et punies des peines portées par l'art. 21 de la loi de 1845, c'est-à-dire d'une amende de 16 à 3,000 fr., on se demande, en présence de ces deux dispositions, laquelle doit être appliquée; en d'autres termes, devant quelle juridiction doit être poursuivi et de quelle peine doit être frappé le fa t par une compagnie d'avoir négligé de faire fermer par des barrières un passage à niveau, et d'avoir été, par cette négligence, la cause d'un accident dommageable — La cour de Metz s'est prononcée en faveur de la compétence des tribunaux correctionnels et de l'application de l'art. 21 de la loi de 1845, dans les circonstances suivantes :

Le 1er août 1862, sur le territoire de la commune de Hierges (Ardennes), en l'absence de barrières clôturant un passage à niveau du chemin de fer de Sambre-et-Meuse, deux chevaux appartenant à un sieur Joly furent, en traversant ce passage, atteints par une locomotive, qui tua l'un et blessa l'autre. — Sur la poursuite du ministère public, le sieur Joly agissant en qualité de partie civile, la compagnie est condamnée par défaut à une amende de 300 fr. et à 775 fr. de dommages-intérêts. — Sur l'opposition formée par la compagnie, le tribunal se déclare in-

compétent. Il voit dans l'introduction de deux chevaux sur le chemin de fer une contravention de grande voirie, qui aurait dû être poursuivie devant le conseil de préfecture. Quant à l'événement d'un cheval tué et d'un autre blessé, il ne constituait pas un délit, mais seulement un quasi-délit, ne donnant lieu qu'à des réparations civiles — Sur l'appel du procureur impérial seul, ce jugement a été infirmé par les motifs que suivent : — Attendu que la loi du 15 juill. 1845, tit. 1, relatif aux mesures de conservation des chemins de fer, déclare qu'ils font partie de la grande voirie, et attribue à l'autorité administrative la constatation, la poursuite et la répression des contraventions à ces mesures (art. 1, 2 et 11); — Attendu que l'art. 4 du même titre prescrit l'établissement de barrières à tous les passages à niveau; qu'ainsi il faut reconnaître que les conseils de préfecture sont seuls compétents pour apprécier et punir les infractions commises aux dispositions de cet article, en tant que considéré comme protégeant la conservation de ces chemins ; — Attendu que, dans son titre 3, la même loi prévoit et punit certains crimes et certains délits spécifiés de nature à compromettre la circulation sur les chemins de fer, crimes et délits dont elle attribue la connaissance aux juridictions ordinaires de répression ; — Attendu qu'après avoir ainsi déterminé et assuré d'une manière spéciale les moyens de conservation et de sûreté, la même loi, art. 21, prévoit, par une disposition spéciale, et punit de peines correctionnelles les infractions qui seraient commises aux ordonnances portant règlement sur la police, la sûreté et l'exploitation des chemins de fer ; — Attendu que le 15 nov. 1846, a paru une ordonnance de cette nature, dont le titre 1, art. 4, prescrit l'établissement de barrières à tous les passages à niveau; qu'il est impossible d'admettre que cette nouvelle prescription, quoique conçue dans les mêmes termes que l'art. 4 de la loi de 1845, a eu en vue le même objet ; — Qu'en effet la loi de 1845 a pour but que la conservation du chemin de fer, ce qui résulte évidemment de l'énoncé du titre dont l'art. 4 fait partie, tandis que l'ordonnance de 1846 s'occupe spécialement et uniquement de la police et de la sûreté de leur exploitation, ce qui s'explique par la nécessité de protéger le public contre les accidents auxquels il serait exposé à défaut d'exécution des mesures que l'expérience a fait juger nécessaires, spécialement à défaut de l'établissement des barrières à niveau ; — Attendu que, considéré ainsi, le fait reproché au sieur Hill constitue une contravention à l'ordonnance de 1846, prévue et réprimée par l'art. 21 de la loi du 15 juill. 1845, et conséquemment de la compétence des tribunaux correctionnels ; — Attendu que dans ces termes qu'est conçue l'assignation donnée en première instance par le ministère public aux sieurs Hill et compagnie, et que c'est à tort que les premiers juges ont vu dans le fait ainsi qualifié une infraction à l'art. 4 de la loi de 1845, et se sont déclarés incompétents ; — Attendu, au fond, qu'il est constaté par les documents de la procédure, notamment par le procès-verbal du commissaire de police de Givet, en date du 1er août 1862, et par la lettre de l'ingénieur en chef des ponts et chaussées du département des Ardennes, du 20 du même mois, que ce jour 1er août, au moment où les deux chevaux appartenant au sieur Joly-Petit fils, propriétaire à Hierges, traversaient le passage à niveau du chemin de fer de la compagnie de l'Entre-Sambre-et-Meuse, sur le territoire de la commune de Hierges, arrondissement de Rocroy, près du moulin de Pecheux, et ont été, l'un écrasé, l'autre blessé, par le choc d'une locomotive, ce passage à niveau n'était pas muni des barrières prescrites par l'art. 4 de l'ordonnance de 1846 ; — Attendu que le sieur Hill, directeur gérant, et la compagnie elle-même, n'ont d'ailleurs contesté ni l'accident ni la contravention ; que, conséquemment, l'affaire est en état d'être appréciée au fond par la cour ; — Attendu que les défendeurs, sur l'assignation à eux régulièrement donnée, ne comparaissent pas, et que personne ne se présente pour eux ; — Attendu que Joly-Petit fils, partie civile en première instance, n'intervenant pas devant la cour, il n'y a rien à statuer en ce qui le concerne ; — Par ces motifs, la cour donne défaut contre le sieur Hill et contre la compagnie ; — Statuant sur l'appel de M. le procureur impérial de Rocroy, dit que c'est à tort que les premiers juges, par leur décision du 17 déc. 1862, se sont déclarés incompétents ; — Evoquant et statuant au fond, déclare Thomas Williams Hill,

directeur gérant de la compagnie de l'Entre-Sambre-et-Meuse, coupable d'avoir, en n'établissant pas de barrières au passage à niveau près du moulin de Pêcheux, commis le 1er août 1862 une contravention aux art. 21 de la loi du 15 juill. 1845 et 4 de l'ordonnance du 15 nov. 1846, le condamne en 300 fr. d'amende et en tous les dépens, desquels dépens la compagnie est civilement et solidairement responsable » (Metz, ch. corr., 30 janv. 1863, aff. min. pub. C. comp. de l'Entre-Sambre-et-Meuse, Gaz. des trib. et Ann. des ch. de fer, 1863, p. 677). — Le sieur Hill et la compagnie avaient formé contre cet arrêt une opposition dont ils se sont ensuite désistés.

571. *Réception des machines locomotives.* — Ce n'est qu'après autorisation, et après avoir été soumise aux *épreuves* réglementaires, que les machines *locomotives* peuvent être mises en fonction. — Jugé, par suite, que l'ingénieur est passible d'amende pour livraison de machines non essayées préalablement (trib. correct. de la Seine, 1er sept. 1847 ; 21 déc. 1847, Gaz. des trib. 22 déc. 1847). — Le bon état du matériel destiné à l'exploitation des voies ferrées est une condition de première importance. M. Cotelle, p. 118 et suiv., donne quelques détails sur la composition de ce matériel, sur les épreuves et vérifications auxquels il est soumis ; il cite les dispositions nouvelles qu'un règlement encore en projet doit ajouter aux prescriptions de l'ordonnance de 1846.

572. *Appareils pour empêcher la chute du charbon sur la voie et les flammèches.* — Pour conjurer le danger du feu, l'art. 11 de l'ord. exige que les locomotives soient « pourvues d'appareils ayant pour objet d'arrêter les fragments de coke tombant de la grille et d'empêcher la sortie des flammèches par la cheminée. » — Jugé qu'une compagnie de chemin de fer contrevient à cet art. 11 lorsqu'elle supprime pendant un certain temps (pendant la saison d'hiver) ces appareils, qui doivent être permanents, ou que ceux qu'elle établit sont insuffisants pour empêcher toute chute de charbons enflammés sur la voie, en ce que, par exemple, ils consistent dans des cendriers percés à leur fond, au-dessus de la grille, d'un trou de 30 centimètres de côté ;... alors surtout que les terrains traversés par la voie ferrée sont par leur nature même (bois et landes) facilement exposés aux incendies : la compagnie objecterait vainement que l'orifice pratiqué au-dessus des cendriers est nécessaire, soit parce qu'un cendrier à fond plein se remplit assez vite de débris, soit parce qu'il faut pour l'activité du feu un grand tirage d'air ; il suffit, en pareil cas, que les prescriptions de l'art. 11 précité de l'ordonnance de 1846 n'aient pas été observées, pour que la compagnie ne puisse exciper ni du cas fortuit ni de la force majeure (Bordeaux, 13 déc. 1854, aff. Saige, D.P. 55. 2. 290).

573. Si le feu a été mis, par les charbons échappés de la machine, à des récoltes pendantes par les racines, le mécanicien sera-t-il responsable ou passible d'une peine ? — Jugé pour la négative dans un cas où il a été justifié qu'il n'y avait pas eu absence de précaution de sa part, et que l'accident était arrivé parce qu'il manquait des barreaux à la grille de la chaudière et un cendrier à la machine (trib. de Blois, 25 mars 1846, aff. Rollin, cité par M. Cotelle, p. 260). — Alors et dans un cas pareil, c'est sur la compagnie que la responsabilité et la réparation du dommage doit retomber. — Il a été jugé en ce sens, par les tribunaux belges, que les compagnies sont responsables des incendies occasionnés par les flammèches qui s'échappent des locomotives, alors même qu'on ne peut leur reprocher ni négligence ni imprudence (Bruxelles, 2 août 1856, Belg. jud., t. 14, p. 1361).

574. *Construction des voitures ; dimension des places.* — L'art. 12 de l'ordon. du 15 nov. 1846 veut que les voitures destinées au transport des voyageurs soient d'une construction solide, qu'elles soient *commodes* et pourvues de tout ce qui est nécessaire à la sûreté des voyageurs. Un arrêté du préfet d'Indre-et-Loire avait prescrit à la compagnie d'Orléans à Bordeaux certaines mesures qui paraissaient n'intéresser que la *commodité* des voyageurs, telles que la substitution du crin au foin dans les banquettes. La compagnie n'y ayant point obtempéré, fut traduite en police correctionnelle pour contravention à l'art. 12 du règlement général, et comme ayant encouru l'application

de l'art. 21 de la loi du 15 juill. 1845. — La cour d'Orléans s'était déclarée incompétente pour statuer sur la demande, attendu que les modifications dont les voitures auraient paru susceptibles, n'intéressent sous aucun rapport, la sûreté, la police ou l'exploitation des chemins de fer ; que, s'il y avait contravention au cahier des charges, il n'appartenait qu'au conseil de préfecture de connaître des infractions au contrat administratif (Orléans, 7 juill. 1847, aff. ch. de fer d'Orléans, D. P. 47. 2. 152).

— Cet arrêt a été cassé, attendu que la compagnie était traduite en police correctionnelle, comme ayant contrevenu aux lois et ordonnances portant règlement d'administration publique sur la police, la sûreté et l'exploitation des chemins de fer, notamment aux art. 14 du cahier des charges annexé à la loi du 26 juillet 1844, et 12 de l'ordon. du 15 novembre 1846, en mettant en circulation sur ledit chemin de fer des voitures destinées au transport des voyageurs, ne remplissant pas les conditions réglées par le Gouvernement, et comme ayant ainsi commis l'infraction prévue et punie par l'art. 21 de la loi du 15 juillet 1845 (Crim. cass., 6 janv. 1848, aff. ch. de fer d'Orléans, D. P. 48. 1. 42).

575. De même, l'infraction aux règlements concernant le nombre des portières des wagons de troisième classe, la dimension des places réservées aux voyageurs dans ces wagons, la hauteur ainsi que la largeur des voitures de première et de deuxième classe, sont punissables comme intéressant la sûreté des voyageurs (Orléans, 7 juill. 1847, aff. chemin de fer d'Orléans, D. P. 47. 2. 152).

576. *Compositions des convois de voyageurs.* — Tout convoi ordinaire de voyageurs, dit l'art. 17 de l'ordon. de 1846, devra contenir, *en nombre suffisant*, des voitures de *chaque classe*, à moins d'une autorisation spéciale du ministre (V. plus haut, n° 366). — Il a été jugé : 1° que cet article est légal et obligatoire ; qu'en conséquence, l'infraction à cet article est punissable d'une peine correctionnelle, aussi bien que les contraventions aux mesures qui intéressent la sûreté des voyageurs, et que l'infraction existe lors même que, par suite de l'insuffisance des voitures d'une classe inférieure, les voyageurs de cette classe auraient été placés dans des voitures d'une classe supérieure, sans payer de supplément de droit (Colmar, 23 fév. 1848, aff. Poloncean, D. P. 48. 2. 124) ; — 2° Que la réponse faite par les employés d'une station de chemin de fer à des voyageurs qui se présentent pour partir par un convoi ordinaire que, tous les wagons étant pleins, ils ne peuvent partir, constitue la contravention prévue par l'art. 17 prémentionné et punie par l'art. 21 de la loi du 15 juill. 1845, et que cette contravention est imputable au directeur seul de l'exploitation du chemin de fer, et non aux employés chargés du service des stations (Montpellier, 27 nov. 1854, aff. ch. de fer de Lyon, D. P. 55. 2. 125) ; — 3° Que spécialement les voyageurs qui sont amenés par un train de jonction doivent trouver place, pour tout le trajet qu'ils ont à faire, dans le convoi et dans une voiture de la classe (une première, par exemple) pour laquelle on leur fait délivrer un billet, et que le refus de procurer à un voyageur, au moyen de l'adjonction d'une voiture, la place à laquelle il a droit, ou l'impossibilité de le faire par suite d'un défaut de précautions, constitue la contravention prévue par les art. 21 de la loi du 15 juill. 1845 et 17 de l'ordon. du 15 nov. 1846 ; — .... Sauf les cas d'exception prévus par la loi (V. n° 336), où il y a autorisation du ministre, ou bien limite atteinte du nombre de voitures autorisé, auxquels il faut joindre le cas de force majeure (Aix, 21 janv. 1854, et sur pourvoi, Crim. rej. 22 avr. 1854, aff. Audibert, D. P. 54. 1. 214. — V. aussi v° Concession adm., n° 106).

Cette solution ne paraîtra pas trop rigoureuse si l'on réfléchit que la loi, en refusant de soumettre au régime de la concurrence l'exploitation des chemins de fer, a dû vouloir donner aux voyageurs des garanties sérieuses. — Cependant il ne faudrait pas exagérer non plus l'obligation des compagnies si, par exemple, le nombre des voyageurs qui se présentaient et qui n'ont pu partir dépassait toutes les limites imposées à une sage prévoyance, surtout s'il s'agissait du service des stations intermédiaires où l'addition de wagons supplémentaires au convoi ne saurait avoir lieu, les compagnies ne devraient pas, ce semble, être déclarées en faute ; autrement ce serait leur demander l'impossible. Ce fait d'ailleurs, ne pourrait-il pas rentrer dans

123

e cas de force majeure que la cour de cassation a sagement excepté de l'application de la loi?

577. *Usage prescrit des tampons à ressort.* — L'art. 22 de l'ordon. du 15 nov. 1846 exige que les voitures entrant dans la composition des trains de voyageurs soient liées entre elles par des tampons à ressort. — Jugé que cette mesure étant générale, s'applique aux voitures portant des marchandises et faisant partie d'un train mixte marchant à la vitesse des voyageurs, aussi bien qu'aux voitures mêmes des voyageurs (Orléans, 24 juin 1851, aff. Chamisso, D. P. 52. 2. 22, et sur pourvoi, Crim. rej. 19 fév. 1852, D. P. 52. 5. 91, n° 32). — Les mêmes mesures de prudence sont commandées dans l'un comme l'autre cas; car la distinction entre les deux catégories de train ne repose que sur la différence de vitesse (Conf. M. Blanche, Content. des ch. de fer, p. 125).

578. *Convois extraordinaires.* — Aux termes de l'art. 30 de l'ord. du 15 nov. 1846, le ministre des travaux publics prescrira, sur la proposition de la compagnie, les mesures spéciales de précaution à prendre pour l'expédition et la marche des convois extraordinaires. Dès que l'expédition d'un convoi extraordinaire aura été décidée, déclaration en devra être faite immédiatement au commissaire spécial de police, avec indication du motif de l'expédition et de l'heure du départ. — Il a été jugé que le service organisé par une compagnie pour une *foire annuelle* constitue un service extraordinaire dans le sens de l'art. 30 de l'ordon. du 15 nov. 1846, dont il suffit de donner immédiatement avis au commissaire spécial de police : ce n'est pas là un service ordinaire dans le sens de l'art. 43 (Nîmes, 23 nov. 1848, aff. chem. de fer de Montpellier, D. P. 49. 2. 54).

579. *Signaux de jour et de nuit; signal d'arrêt.* — L'établissement de signaux de jour et de nuit est prescrit par l'art. 31, pour annoncer si la voie est libre et si le mécanicien doit ralentir sa marche ou arrêter le train. Puis l'art. 32 ajoute : « Dans le cas où, soit un train, soit une machine isolée, s'arrêterait sur la voie pour cause d'accident, le signal d'arrêt indiqué en l'article précédent devra être fait à cinq cents mètres au moins à l'arrière. — Les conducteurs principaux des trains et les mécaniciens conducteurs des machines isolées devront être munis d'un signal d'arrêt. » — Il a été jugé, par application de cet article : 1° que le signal d'arrêt exigé par l'art. 32 de l'ordon. du 15 nov. 1846, doit être fait, non pas seulement lorsque, par événement accidentel, un convoi se trouve complètement arrêté, mais encore lorsque le ralentissement de vitesse causé, par exemple, par l'épuisement de la vapeur, est assez prononcé pour amener les dangers d'un stationnement absolu (Crim. rej. 20 août 1847, aff. Blouin, D. P. 47. 1. 502); 2° Que l'expression *train*, dont se sert l'art. 32 de l'ordon. de 1846, comprend tout véhicule ou wagon circulant accidentellement sur un chemin de fer, lors même qu'il serait isolé et chargé de matériaux destinés à l'entretien de la voie, et qu'au lieu d'être traîné par une locomotive, il serait poussé par des hommes; que, dès lors, si le conducteur de ce wagon, bien que muni d'un signal d'arrêt, néglige, malgré les ordres qu'il avait reçus du chef de station, de faire, à la distance de 500 mètres, lors de l'arrivée d'un convoi, le signal d'arrêt prescrit par l'article précité, il est passible de la peine prononcée par l'art. 21 de la loi du 15 juill. 1845, alors surtout qu'il paraît établi qu'à ce moment le wagon était sur la voie (Besançon, 26 août 1858, aff. Grangier, D. P. 58. 2. 167). — V. aussi les affaires analysées *suprà*, n°s 559 et suiv.

580. *Machines de secours.* — Des machines de secours ou machines pilotes, constamment en feu, doivent toujours être prêtes à partir, à toute réquisition des agents, sur les points indiqués, soit dans le cas où un convoi est en retard au delà du temps fixé par les règlements, soit lorsqu'une demande de secours est faite, ou un accident quelconque signalé. — V. M. Cotelle, p. 155, 175, qui donne quelques détails sur l'organisation de cette partie du service. — Il a été jugé qu'un règlement de police ayant prescrit qu'il y eût constamment une machine de secours à la gare des voyageurs, il ne peut appartenir aux tribunaux d'apprécier si la machine était mieux placée à la gare des marchandises (trib. de la Seine, 18 août 1844, aff. ch. de fer de Rouen, cité par M. Cotelle, p. 260).

581. *Prohibition de monter sur une locomotive.* — Nul ne peut monter sur une locomotive, d'après l'art. 39 de l'ord. rég. de 1846, autre que le mécanicien, le chauffeur, les ingénieurs des ponts et chaussées et des mines, chargés de la surveillance, et les commissaires spéciaux de police, avec obligation, en outre, pour ces derniers, d'en adresser au conducteur du train ou au chef de station la réquisition écrite et motivée. Sauf les personnes ci-dessus dénommées, l'interdiction est absolue. — C'est ainsi qu'il a été décidé que la prohibition de monter sur la locomotive et le tender, sans une permission spéciale et écrite du directeur, s'étend même aux inspecteurs de la voie de fer, et que cette permission ne peut être suppléée par l'ordre verbal du directeur de monter sur la machine, même exécuté en sa présence (Crim. cass., 6 août 1847, aff. Anspach, D.P. 47. 1. 301).

582. Jugé de même qu'aux termes de l'art. 39, le tender ne devant être monté que par le mécanicien et le chauffeur, il y a contravention de la part des voyageurs qui s'y sont admettre (trib. corr. de la Seine, 10 mars 1847; Gaz. des trib., 19 mars 1847).

583. On a demandé si le fait, par un chauffeur, d'avoir dirigé une locomotive pendant l'absence du mécanicien était prévu et puni par la loi. La négative a été admise par un arrêt (Colmar, 8 mars 1856, cité par M. Pouget, t. 2, p. 532). — Cependant il existe une décision ministérielle du 28 juin 1847, relatée dans une notification préfectorale du 9 août suivant, par laquelle « les compagnies sont invitées à veiller avec soin à ce que les manœuvres des locomotives dans les gares ne soient jamais opérées par d'autres personnes que les mécaniciens. » Or, cette décision, rapprochée des art. 21 de la loi de 1845 et 79 de l'ord. 15 nov. 1846, ne forme-t-elle pas une règle à suivre, sous peine de contravention? V. *infrà*, n° 605. Du reste, il est hors de doute que nulle autre personne que le mécanicien ou le chauffeur n'a le droit de manœuvrer la locomotive. Cela ressort de l'art. 39 précité de l'ordon. du 15 nov. 1846 qui, à l'exception de quelques fonctionnaires publics, ne permet qu'au mécanicien et au chauffeur de monter sur la machine, et des art. 18 et 74 de la même ordon. qui exigent la présence par machine d'un mécanicien et d'un chauffeur et la justification qu'ils ont été reçus en cette qualité. On a demandé, à cette occasion, si le mécanicien ne pourrait pas, suivant les circonstances, être suppléé par un élève mécanicien? Dans un cas pareil, on a condamné le chef de train, sous les ordres duquel l'élève mécanicien était parti (Paris, 12 mai 1851, Gaz. des trib., 1851, n° 168).

584. *Obligation des chefs de gare de donner avis des accidents.* — L'art. 59 de l'ord. régl., concernant les accidents qui peuvent arriver est ainsi conçu : « Toutes les fois qu'il arrivera un accident sur le chemin de fer, il en sera fait immédiatement déclaration à l'autorité locale et au commissaire spécial de police, à la diligence du chef de convoi. Le préfet du département, l'ingénieur des ponts et chaussées et l'ingénieur des mines chargés de la surveillance et le commissaire royal en seront immédiatement informés par les soins de la compagnie. » — Il a été jugé que l'obligation imposée par cet article s'applique même aux accidents survenus sur les parties de la voie comprises dans la traversée des gares... Mais que le chef de gare étant, pendant le stationnement, le véritable chef de convoi, c'est à lui qu'incombe l'obligation de faire à l'autorité la déclaration immédiate des accidents arrivés dans la traversée de la gare soit à un convoi, soit par le fait de l'arrivée d'un convoi (Crim. cas. 18 août 1859, aff. Leroy, D.P. 59. 1. 474. Conf. sur l'opposition, Crim. rej. 3 mai 1860, D.P. 60. 1. 376).

585. *Port de l'uniforme obligatoire pour les agents.* — La disposition de l'art. 73 de l'ordonn. du 15 nov. 1846 exige que tout agent employé dans les chemins de fer, soit revêtu d'un uniforme ou porteur d'un signe distinctif. — Il a été jugé que le contrevenant, en sa qualité de chef de gare, était directement tenu d'obéir à cette prescription de l'ordonnance réglementaire ; que les actes, quels qu'ils fussent, de la compagnie dont il dépendait ne pouvaient l'affranchir de cette obligation ; qu'en conséquence, le chef de gare était passible de l'amende de 16 à 3,000 fr. prononcée par l'art. 21 de la loi du 15 juillet

1845 (Crim. rej. 9 janv. 1852, aff. Gervais, D. P. 52. 1. 272).

586. *Expédition des marchandises; tour de faveur; retard.*
— Aux termes de l'art. 50 de l'ord. de 1846, la compagnie est tenue d'effectuer avec soin, exactitude et célérité, et sans *tour de faveur*, les transports des marchandises, bestiaux et objets de toute nature qui lui seront confiés. A mesure que les colis, bestiaux, etc., arriveront au chemin de fer, enregistrement en est fait immédiatement, et le transport doit être effectué dans l'ordre des inscriptions, à moins de délais demandés ou consentis par l'expéditeur, et qui doivent être mentionnés dans l'enregistrement (V. *suprà*, n° 581). — L'infraction à ces dispositions est punissable des peines portées par l'art. 21 de la loi du 15 juill. 1845. — Il a été jugé à cet égard 1° qu'en admettant que, pour être punissables, les tours de faveurs interdits aux compagnies de chemins de fer par l'art. 50 de l'ordonnance précitée, doivent être faits avec l'intention de favoriser une expédition au préjudice d'une autre, cette condition se rencontre dans le cas où une compagnie a fait avec un expéditeur (spécialement avec une entreprise de transports) un traité par lequel elle l'affranchit des délais subis par les autres expéditeurs (trib. de Carpentras, 5 janv. 1855, aff. dir. de la comp. ch. de fer de Lyon à la Médit., D. P. 55. 3. 7); — 2° Que le retard dans le transport des marchandises interdit par l'art. 50 précité, ne saurait être considéré comme se confondant avec le tour de faveur et formant avec lui une seule et même contravention : chacun de ces faits, pouvant exister isolément, constitue une contravention spéciale;... qu'on doit surtout voir dans le retard une contravention tombant sous l'application de l'art. 79 de l'ord. du 15 nov. 1846, lorsque le délai dans lequel les marchandises doivent être expédiées a été déterminé soit par une clause du cahier des charges annexé à l'ordonnance de concession, soit par un arrêté du ministre des travaux publics, et que l'expédition a eu lieu après ce délai; — ... Et cette contravention existe, quelle que soit la destination des marchandises confiées aux compagnies pour être expédiées (même jugement); — 3° Que le fait, par une compagnie de chemin de fer, d'inscrire dans une lettre de voiture constatant une expédition de marchandises d'un poids supérieur à 20 kilogr., sous le même emballage, un délai de transport excédant le délai réglementaire, constitue une contravention à l'art. 50 de l'ord. du 15 nov. 1846, encore bien que le transport ait été effectué dans ce dernier délai (Crim. cass. 31 juill. 1857, aff. Romieu, D. P. 57. 1. 384).

587. Nous nous sommes occupés dans les numéros qui précèdent des contraventions aux règlements commis par les compagnies elles-mêmes, ou par leurs agents; nous avons maintenant à examiner celles qui peuvent être commises par les voyageurs ou par le public, et qui sont prévues par les art. 61 et suiv. de l'ord. réglem. de 1846.

588. *Introduction illégale dans l'enceinte des chemins de fer.* —Aux termes de l'art. 61 de l'ordonnance, il est défendu à toute personne étrangère au service du chemin de fer : 1° de s'introduire dans l'enceinte du chemin de fer, d'y circuler ou stationner; — 2° D'y jeter ou déposer aucuns matériaux ni objets quelconques; — 3° D'y introduire des chevaux, bestiaux ou animaux d'aucune espèce; — 4° D'y faire circuler ou stationner aucunes voitures, wagons ou machines étrangères au service.

589. La disposition de l'art. 61 qui défend à toute personne *étrangère* au service de s'introduire, elle ou ses animaux dans *l'enceinte* des chemins de fer, d'y circuler et stationner ou d'y effectuer des dépôts, pourrait-elle être levée par la permission du chef de gare, du commissaire de police ou du directeur du chemin ? — Jugé, dans le sens de la négative, que le seul fait, par un individu étranger au service des chemins de fer, de s'être introduit dans leur enceinte et d'y avoir circulé ou stationné, même avec la permission du chef de gare, est passible de la peine portée par l'art. 21 de la loi du 15 juill. 1845 ; et qu'en matière de contravention à la police des chemins de fer, l'intention n'est pas une excuse du délit (Montpellier, 24 juin 1850, aff. Numa-Sabatier, D. P. 50. 2. 105).

590. Toutefois, cette prohibition ne peut s'appliquer au *restaurateur* tenant le buffet d'une station, alors surtout que, par sa convention portant location du local affecté au buffet, il a été assimilé aux employés de la compagnie et placé sous les ordres du chef de gare (Colmar, 10 août 1858, aff. Bilgor, D. P. 59. 2. 152),... ni aux fermiers des buffets de station, non plus qu'à leurs préposés (Crim. rej. 29 déc. 1860, aff. Brunet, D. P. 61. 5. 71).

591. En ce qui concerne le § 3 de l'art. 61 précité, qui prohibe l'introduction des bestiaux sur un chemin de fer par des personnes étrangères au service, sous les peines portées par l'art. 21 de la loi de 1845, il a été jugé que cette disposition ne doit être appliquée qu'au cas où des bestiaux ont été *amenés* sur la voie ferrée, et non à celui où ils y sont entrés d'eux-mêmes, sous la seule impulsion de leur instinct, en l'absence de leur gardien; que ce dernier fait ne donne lieu qu'à la mise en fourrière des animaux, conformément à l'art. 68 de l'ordonnance (trib. corr. de Saint-Amand, 20 déc. 1863, aff. Debrade, D. P. 54. 3. 20; Crim. cass. 19 mai 1854, même aff., D. P. 54. 1. 215; 3 avr. 1858, aff. Derbré, D. P. 58. 5. 59).— La cour de Bourges s'était prononcé en sens contraire (Bourges, 24 sept. 1853, aff. Suif, D. P. 54. 2. 202; 20 janv. 1854, aff. Debrade, D. P. 54. 1. 215).— Mais ce dernier arrêt a été cassé le 19 mai 1854 (V. *loc. cit.*).

592. A supposer d'ailleurs qu'une amende pût être appliquée au propriétaire des bestiaux trouvés à l'abandon dans l'enceinte d'un chemin de fer, conformément à l'art. 12, tit. 2, de la loi du 28 sept. 1791, il n'appartiendrait qu'au conseil de préfecture de la prononcer à titre de répression des dégâts (Crim. rej. 3 avr. 1858, aff. Derbré, D. P. 58. 5. 60). — Le tribunal de Saint-Amand, dans l'affaire que nous avons cité au numéro précédent, avait dit que cette action devait être portée devant le tribunal civil : c'est là une erreur que la cour de cassation a rectifiée. — Le conseil d'État a décidé, dans le même sens, que le conseil de préfecture est compétent pour connaître des poursuites exercées contre un propriétaire dont le bétail, en s'introduisant sur une voie ferrée, aurait causé des dégradations à cette voie ou à ses dépendances; mais qu'en pareil cas, il ne peut condamner le propriétaire qu'à la réparation des dégradations et non à une amende, la loi n'en ayant pas prononcé; et, s'il n'est pas établi que les dégradations constatées ont été causées par l'animal trouvé sur la voie, il y a lieu pour le conseil de préfecture, non de se déclarer incompétent, mais de décider que le propriétaire n'est passible d'aucune condamnation (cons. d'Et. 18 août 1862, aff. Dubourdonné D. P. 63. 3. 75). — Dans cette dernière proposition, le conseil d'État va trop loin. L'art. 68 de l'ord. du 15 nov. 1846 prescrit aux agents de la compagnie, pour prévenir les accidents, de conduire en fourrière les animaux trouvés sur la voie; le propriétaire ou gardien doit évidemment être condamné aux frais entraînés par l'exécution de cette mesure, et, dans tous les cas, aux frais du procès-verbal. — V., comme analogie, cons. d'Et. 4 mai 1859; aff. Lelen, D. P. 60. 3. 4.

593. Quoiqu'il n'appartienne qu'à l'administration de déterminer le mode de clôture des chemins de fer (V. n° 172), il ne suit pas de là qu'un conseil de préfecture, saisi d'une contravention imputée à un particulier qui aurait laissé ses bestiaux s'introduire sur la voie ferrée, ne puisse ordonner une expertise pour vérifier si c'est par suite du mauvais état des clôtures que les bestiaux dont il s'agit ont pu pénétrer sur la voie (cons. d'Et. 24 déc. 1863, aff. Lebarbier, D. P. 64. 3. 39).

594. *Obligation pour les voyageurs de se munir de billets.* — L'art. 63 de l'ord. régl. de 1846 contient, à l'égard des voyageurs, les principales mesures de police qui les concernent : d'abord, il est défendu d'entrer dans les voitures sans avoir pris un *billet* et de se placer dans une voiture d'une autre classe que celle indiquée par le billet. — Jugé que le fait du voyageur qui, entré dans un wagon de chemin de fer avec un billet, y demeure et continue volontairement sa route au delà de la station pour laquelle il avait pris le billet, tombe sous l'application des dispositions de l'art. 63 de l'ord. régl. du 15 nov. 1846 (Dijon, 25 mars 1857, aff. Veuillet, D. P. 57. 2. 123).

595. Un voyageur, pour frustrer la compagnie de chemin de fer d'une partie du prix de transport, avait usé d'une véritable manœuvre frauduleuse, qui consistait à prendre au départ un billet pour l'une des premières stations, et à se procurer à l'une des dernières stations un billet qu'il se proposait de présenter à la gare d'arrivée, de manière que tout le trajet intermédiaire eût été fait gratuitement. Le tribunal correctionnel de Bordeaux, de-

vant lequel ce voyageur a été poursuivi a qualifié ce fait d'escroquerie et l'a puni des peines édictées par l'art. 405 c. pén. (trib. de Bordeaux, 21 mai 1862, aff. D..., D. P. 62. 3. 45). — Mais sur l'appel, la cour de Bordeaux a décidé que la troisième condition indispensable pour caractériser la tentative d'escroquerie, celle de s'être fait remettre des fonds, des meubles, des obligations, dispositions, billets, promesses, quittances ou décharges n'existe pas dans la cause, que dès lors, le fait incriminé ne constitue ni une escroquerie, ni une tentative d'escroquerie, mais une contravention à l'ord. du 15 nov. 1846, puni par l'art. 21 de la loi du 15 juill. 1845 (Bordeaux, 27 juin 1862, aff. D..., D. P. 62. 2. 125).

596. On devrait faire rentrer encore, sous l'application de l'art. 63 de l'ord. le fait par un voyageur de se servir d'un billet délivré pour un autre voyage que celui pour lequel il est présenté. Celui qui monte en wagon avec un billet périmé doit, à notre avis, être assimilé à celui qui n'a pas pris de billet.—Il a été jugé, sur ce point, que le fait par un voyageur de se servir à nouveau d'un billet ancien ne constitue pas le *crime de faux*, les agents de la compagnie étant tenus de vérifier les billets qu'on leur présente, pourvu que les indications de lieu et de gares n'aient pas été remplacés de manière à tromper leur vigilance (Bordeaux, 21 mai 1862, aff. ch. de fer d'Orléans, V. aussi v° Faux, n° 175-7°). — Cela ne nous paraît pas pouvoir faire de doute : il n'y a faux que lorsqu'il y a eu falsification matérielle du titre, ce qui n'existait pas dans l'espèce. — Mais le même arrêt ajoute que cette fraude préjudiciable à la compagnie, il ne peut résulter qu'une condamnation à des dommages-intérêts, lesquels ne sauraient excéder la somme dont la compagnie a été frustrée. — Nous pensons, au contraire, qu'il y avait lieu à l'application de l'art. 63 de l'ord. et de l'art. 21 de la loi de 1845.

597. Un ouvrier charpentier, Michel Sapin, arrivant à la gare de Rochefort, remit au contrôle un billet de deuxième classe, qui fut reconnu falsifié par l'application d'une bande portant le nom *Rochefort*, au lieu de *Saint-Benoist*. Il fut reconnu, en effet, qu'il avait été délivré à Poitiers, pour Saint-Benoist, à la date du 2 mai, sous le n° 181. Or c'était le 3 que Sapin arrivait à Rochefort, et les billets délivrés ce jour-là à Poitiers portaient le n° 177. Sapin fut donc reconnu coupable de cette falsification, et, sur la poursuite, la compagnie du chemin de fer d'Orléans se porta partie civile. Le tribunal de Poitiers, par son jugement du 27 juill. 1863, ayant constaté l'existence du délit, l'a qualifié d'escroquerie ; mais admettant qu'il existait dans la cause des circonstances atténuantes, et appliquant les art. 405 et 463 c. pén., il a condamné Sapin à quinze jours d'emprisonnement et à payer à la compagnie la somme de 15 fr. 50 c., montant du prix de la place de Saint-Benoist à Rochefort, en autorisant la compagnie à faire afficher dans les gares un extrait du jugement (Gaz. des tribun. 21-22 sept. 1865; Ann. off. des ch. de fer, p. 663). — Il nous est bien difficile de voir dans un pareil fait les éléments constitutifs du délit d'escroquerie, tels qu'ils sont caractérisés dans l'art. 405 c. pén. Nous le répétons, le voyageur porteur d'un billet nul et sans valeur est dans la même position que celui qui n'a pas de billet : il contrevient à l'art. 63 de l'ordonnance.

598. Si un voyageur montait dans un wagon d'une classe supérieure à celle portée sur son billet, la compagnie pourrait évidemment exiger un supplément de prix, indépendamment des poursuites judiciaires que la contravention à l'art. 63 de l'ord. de 1846 pourrait entraîner. Mais, dans le cas de refus du voyageur de payer ce supplément, la compagnie ne pourrait à l'arrivée retenir le bagage de ce voyageur (trib. corr. de la Seine, 27 fév. 1856, cité par M. Pouget, t. 2, p. 510).

599. *Police intérieure des voitures.* — Les voyageurs ne doivent *sortir* des voitures qu'aux stations et lorsque le train est complétement arrêté (ord. 15 nov. 1846, art. 63). —Question de savoir s'il y a contravention de la part de l'individu qui *monte* dans un wagon, alors que le train est en marche? — Il a été jugé, dans le sens de la négative, que le voyageur qui, sortant du buffet d'une gare de chemin de fer, muni d'un billet, traverse le quai et monte, alors que le train est déjà en marche, et malgré la défense des surveillants qui lui crient de s'arrêter, dans une voiture où son billet lui donne le droit de prendre place, ne commet pas d'infraction punissable (Metz, 27 janv.

1864, aff. Lœw, D. P. 64. 2. 84, et sur pourvoi Crim. rej. 31 mars 1864, D. P. 64. 1. 243). — Le projet de règlement, en ce moment à l'étude, comblera cette lacune : il ajoute à celui de 1846 une disposition nouvelle, portant « qu'il est en outre défendu aux voyageurs de monter ou de tenter de monter dans les voitures après que le signal du départ a été donné » (V. Code annoté des ch. de fer, par M. Lamé-Fleury, p. 67 et 606).

600. Défense de *fumer* dans ou sur les *voitures* et dans les *gares*, sauf les dérogations qui pourront être autorisées moyennant des précautions spéciales (ord. 15 nov. 1846, art. 63).— Antérieurement à l'ordon. de 1846, la question s'était élevée de savoir si l'arrêté préfectoral, défendant de *fumer* dans les wagons, était obligatoire ? — M. Pouget, p. 550, cite un arrêt de la chambre criminelle de la cour de cassation, du 2 mai 1845 (V. Gaz. des trib., 4 mai 1845), qui aurait décidé la négative. Cet arrêt n'a plus d'intérêt en présence de la disposition que nous venons de rappeler. — Aujourd'hui, la défense de fumer n'est pas rigoureusement exécutée. Ce n'est que dans le cas où un voyageur serait incommodé par la fumée du tabac que les employés rappellent à l'observation du règlement. La dernière commission d'enquête s'est demandé s'il y aurait sur ce point quelque amélioration à apporter au service ; mais il a été reconnu qu'il n'y aurait aucune utilité à changer l'état actuel des choses.

601. Aux termes de l'art. 65, l'entrée des wagons est interdite aux personnes en état d'*ivresse*, — à ceux qui sont porteurs d'*armes à feu chargées*, — ou de paquets gênant par leur *volume* ou leur *odeur*.—L'art. 67, ajoute : Les *chiens* ne peuvent être admis dans les voitures servant au transport des voyageurs. —Toutefois, la compagnie pourra placer dans des caisses de voitures spéciales les voyageurs qui ne voudraient pas se séparer de leurs chiens, pourvu que ces animaux soient muselés, en quelque saison que ce soit. » — En présence des terribles dangers occasionnés par le virus rabique, l'autorité et les compagnies devraient tenir la main à l'observation rigoureuse de cette dernière mesure.

602. L'ordonnance, après avoir défendu dans l'art. 21, de charger, sans exception, les convois portant des voyageurs, des matières pouvant donner lieu, soit à des explosions, soit à des incendies (V. aussi un arrêté du ministre des trav. publ. du 15 juill. 1863), revient sur ce sujet dans son art. 66, qui impose aux personnes qui voudront expédier de pareilles marchandises l'obligation d'en faire la déclaration au moment de leur entrée en gare, sauf aux compagnies le soin de prendre les mesures spéciales de précaution jugées nécessaires. — Les deux dispositions doivent s'entendre en ce sens, que les matières de nature explosibles ou inflammables, tout en continuant à être écartées des convois de *voyageurs*, peuvent être chargées dans ceux de *marchandises* avec les précautions convenables. — Il a été jugé sur ce point, par une cour de Belgique, que le commissionnaire qui, ayant reçu de l'étranger un colis pour l'expédier en transit, fait de bonne foi une déclaration conforme aux documents y joints, ne peut être passible d'aucune peine, s'il vient à être vérifié que ce colis renfermait, avec d'autres marchandises, des allumettes phosphoriques, alors même qu'on pourrait lui reprocher de n'avoir pas procédé à la vérification de l'exactitude de la déclaration faite (Gand, 19 sept. 1846, Pasicr., 1847, p. 326).

603. *Franchise obtenue pour excédant de bagages.* — Les tribunaux ont encore vu des contraventions passibles des peines de l'art. 21 de la loi du 15 juill. 1845 dans les infractions à certaines dispositions du cahier des charges, commises par des voyageurs et qui avaient pour objet de frauder les compagnies des droits qui leur étaient légitimement dûs. Toutefois, il y a controverse à cet égard dans la jurisprudence. — On sait qu'aux termes du cahier des charges, chaque voyageur a droit au transport gratuit de 30 kilogr. de bagages, et que tout excédant de poids donne lieu à la perception de la taxe portée par le tarif. Cette faveur est l'accessoire du billet de place, elle demeure personnelle au porteur de ce billet et ne peut être cédée ; il est admis sans doute que les personnes de la même famille ou liées d'amitié qui voyagent ensemble peuvent mettre leurs bagages en commun pour profiter de la franchise accordée par le cahier des charges; mais, en dehors de cette exception, il ne peut y avoir lieu à la réunion de bagages appartenant à plusieurs voyageurs.

Celui qui, voyageant seul, a un excédant de bagages, est tenu de payer le prix du transport pour cet excédant et ne peut emprunter le billet d'un autre voyageur pour en obtenir le transport en franchise. — Les tribunaux sont généralement d'accord sur ce point; ils se sont prononcés pour la personnalité et l'incessibilité du droit (V. les arrêts et jugements qui suivent. V. toutefois le jugement ci-après rapporté du trib. de Belley, du 25 avr. 1863.) — Mais lorsqu'un pareil fait se produit, comment doit-il être qualifié? de quelles peines doit-il être puni? — Ici le dissentiment commence. — L'un décide que le fait constitue une filouterie (trib. de Château-Thierry, 19 juill. 1861, aff. H..., D. P. 61. 3. 87). — Un autre le qualifie d'escroquerie (trib. de Mirecourt, 11 oct. 1861, aff. J..., D. P. eod.). — Un autre déclare que ce fait n'est pas punissable (trib. corr. de Belley, 25 avr. 1863 (1); Conf. M. Chauveau, Journ. de dr. admin. 1863, p. 453). — Un autre enfin, le considère, ni comme une filouterie, ni comme une escroquerie ou tentative d'escroquerie, mais seulement comme une contravention aux règlements sur la police des chemins de fer, tombant sous l'application de l'art. 21 de la loi du 15 juill. 1845 (trib. corr. d'Aix, 5 juin 1860, aff. Aubert, D. P. eod.). — C'est cette dernière solution qui nous paraît la plus exacte. Toutes les fraudes de cette nature et qui ont cet effet commun qu'elles causent un préjudice aux compagnies, sont suffisamment et même plus convenablement réprimées par l'amende de 16 à 3,000 fr. que l'art. 21 de la loi du 15 juill. 1845 autorise les tribunaux correctionnels à appliquer; dès lors, il est inutile, ou pour mieux dire, dangereux pour la sûreté de la répression, de recourir sous prétexte d'analogie, aux dispositions du code pénal (V. dans le même sens, M. Morin, Journ. de dr. cr., art. 5694 et 7285). — La cour de Lyon s'est prononcée dans le même sens sur l'appel formé contre le jugement précité du trib. de Belley, du 25 avr. 1863; elle a décidé que celui qui présente au bureau d'enregistrement des bagages d'un chemin de fer des colis qui lui appartiennent exclusivement et dont il couvre le poids, par la production de billets de place appartenant à d'autres voyageurs, commet, non le délit d'escroquerie, mais une contravention aux règlements de la compagnie du chemin de fer (Lyon, 11 mai (et non 25 fév.) 1863, aff. Blanchin, D. P. 63. 2. 138). —M. Chauveau, loc. cit., critique très-vivement cette décision.

604. *Fausse déclaration des marchandises ou valeurs à expédier.* — Ici se présentent encore les mêmes controverses. — L'expéditeur qui déclare des marchandises comme appartenant à une classe inférieure à celle dont elles font partie, et qui, par suite de cette dissimulation, fraude la compagnie des droits qui lui sont dûs, commet-il une escroquerie ou une simple contravention aux règlements? a-t-il été jugé, plusieurs fois par des tribunaux correctionnels, que cette fausse déclaration constituait une manœuvre frauduleuse tendant à faire naître l'espérance du payement entier du droit, et en vertu de laquelle l'expéditeur se faisait remettre la différence entre le prix réel de transport et celui du tarif répondant à la catégorie annoncée ; qu'en conséquence l'auteur de cette fausse déclaration devait être puni des peines de l'art. 405 c. pén. (trib. de Paris, de Rennes, du Havre, Gaz. des trib. 14 août 1862). — Cependant, en réalité, une pareille déclaration ne fait naître aucune espérance; elle ne fait sortir aucune valeur des caisses de la compagnie; celle-ci a toujours le droit de vérifier la nature de la marchandise; et quelque détestables que soient ces procédés indignes du commerce, on ne saurait y voir des manœuvres frauduleuses destinées à faire croire à un événement chimérique, comme le veut l'art. 405 c. pén., pour qu'il y ait escroquerie. — C'est ce qu'a jugé le tribunal de police correctionnelle de Paris, le 14 juill. 1863 et sur l'appel la cour de Paris par arrêt du 12 déc. 1863 (D. P. 64. 2. 7).— Le tribunal et la cour vont même plus loin; ils déclarent que le fait d'une déclaration mensongère n'est pas punissable. Mais c'est là une erreur; car la déclaration par l'expéditeur de la nature des marchandises expédiées est imposée par l'art. 50 de l'ord. de 1846 qui veut que le récépissé énonce la *nature* du colis, ce qui ne peut avoir lieu que d'après la déclaration de l'expéditeur (V. n° 384). Or, ce que l'ordonnance demande, c'est une vraie et non une fausse déclaration : celle-ci, tout aussi bien que le défaut de déclaration, constitue donc une violation des règlements.

605. Il en est de même du fait, par un particulier qui expédie des finances par chemin de fer, de déclarer une valeur inférieure à la valeur réelle, afin de payer un moindre prix de transport. Ce fait, par la raison qui vient d'être exprimée, constitue une contravention passible de la peine édictée par l'art. 21 de la loi du 15 juill. 1845. D'ailleurs, il existe un règlement ministériel d'après lequel toute expédition de finances doit être accompagnée, de la part de l'expéditeur, d'une déclaration indiquant la valeur de l'article; or l'art. 79 de l'ordonnance du 15 nov. 1846 déclare que les contraventions aux décisions rendues par le ministre des travaux publics pour l'exécution de ladite ordonnance, ainsi qu'aux arrêtés préfectoraux pris sous son approbation, sont punis conformément à l'art. 21 de la loi de 1845 (même arrêt de Paris, 12 déc. 1863).

606. *Interdiction de l'accès des gares aux voitures.* — L'art. 1 de l'ord. du 15 nov. 1846 porte : « L'entrée, le stationnement et la circulation des voitures publiques ou particulières destinées, soit au transport des personnes, soit au transport des marchandises dans les cours dépendant des stations de chemins de fer, seront réglés par des arrêtés du préfet du département. Ces arrêtés ne seront exécutoires qu'en vertu de l'approbation du ministre. » — Il a été décidé que l'arrêté par lequel un préfet interdit l'accès des gares d'un chemin de fer, à moins d'une autorisation spéciale délivrée par lui, à toute voiture omnibus établie par les maîtres d'hôtel pour leur service particulier, et par des entrepreneurs pour le transport des voyageurs et des bagages, est légal et obligatoire; par conséquent, toute contravention à cet arrêté est passible de la peine portée à l'art. 21 de la loi du 15 juill. 1845, sur la police des chemins de fer (Lyon, 9 avr. (ou fév.) 1862, aff. Ladmirault et autres, D. P. 62. 2. 181, et sur pourvoi, Crim. rej. 6 déc. 1862, aff. Lesbats, D. P. 62. 1. 390);— Et que le préfet a pu, en exécution de cet arrêté, limi-

---

(1) *Espèce :* — (Min. pub. *C.* Blanchin.)— Il y a eu poursuite devant le tribunal de police correctionnelle de Belley, contre le sieur Blanchin, tanneur, sur ce fait, qualifié *d'escroquerie*, d'avoir employé des billets prêtés par des voyageurs, pour faire transporter de Belley a Lyon, gratuitement, un colis consistant en un ballot de cuirs, pesant 192 kil. — Il avait confié ce ballot à quatre voyageurs, qui s'en étaient chargés, à raison de 50 kil. de bagages que chacun d'eux pouvait faire transporter gratuitement accessoirement au prix de sa place.

Le tribunal :—Attendu qu'il n'est constaté par aucune convention (Le tribunal veut sans doute dire : « aucun cahier de charges ») que le droit accordé au voyageur porteur d'un billet de place soit un droit purement personnel et incessible; que la compagnie reconnaît que ce droit peut être cédé à des parents et amis voyageant ensemble; que cette restriction, qui n'est appuyée sur aucun texte, serait complètement laissée à l'arbitraire des compagnies, puisque, si la parenté est toujours facile à établir, il n'en est pas de même de l'amitié, et qu'au surplus il serait aussi difficile d'établir jusqu'à quel degré de parenté devrait exister la tolérance; — Attendu qu'il est plus rationnel de reconnaître que l'art. 45 du cahier des charges annexé à la loi du 15 juillet 1855 accorde à tout voyageur porteur d'un billet, deux droits distincts, celui d'être personnellement transporté d'un point à un autre

de la ligne, et celui de faire transporter avec lui au même point 50 kil. de bagages; que l'incessibilité de ce droit n'étant écrite dans aucune loi, dans aucune convention, il peut être cédé gratuitement, ou à titre onéreux, conformément au principe consacré par l'art. 1598 c. nap.; attendu, d'autre part, que, dans le fait imputé à Blanchin, il n'est pas possible de trouver une manœuvre frauduleuse constitutive d'escroquerie prévue par l'art. 405 c. pén.; qu'en présentant au bureau de l'enregistrement des bagages quatre billets, Blanchin indiquait suffisamment que, pour trois au moins, ils n'étaient pas personnels; — Que l'administration était dès lors mise en éveil; qu'elle pouvait, si elle croyait en avoir le droit, exiger que Blanchin justifiât que les propriétaires des trois autres billets étaient ses parents et amis; qu'on ne reproche au prévenu aucune fraude ayant eu pour but de faire croire à l'existence de ses droits à une faveur; et qu'il est constaté au contraire qu'il s'est borné à présenter les quatre billets, en payant l'excédant du poids de son colis ; — Attendu que, par ces différentes conditions, la prévention portée contre Blanchin n'est justifiée, ni en fait, ni en droit; par ces motifs, renvoie le prévenu de la plainte.
Du 25 avril 1863.—Trib. correct. de Belley.

Nota. Sur l'appel formé par le ministère public, le jugement a été infirmé (Lyon, 11 mai (et non 25 fév.) 1863, D. P. 63. 2. 158).

ter à une seule entreprise l'autorisation de faire entrer ses voitures dans la gare d'une station, sauf aux intéressés à dénoncer cette décision ou ce traité dont elle assurerait l'exécution, soit à l'autorité supérieure, soit au conseil d'Etat, pour en faire prononcer la réformation s'il y a lieu (même arrêt). — Dans l'espèce, l'arrêté du préfet a été réformé par le conseil d'Etat (V. *suprà*, n° 413).

607. Mais il a été jugé que l'arrêté pris par le préfet pour réglementer, dans toutes les villes du département pourvues d'une gare de chemin de fer, le service des voitures de maîtres d'hôtels, entre la gare et les établissements auxquels les voitures amènent des voyageurs, concerne, non pas la police des chemins de fer, mais simplement la police municipale, par suite, sa mise à exécution n'est que subordonnée à l'approbation du ministre des travaux publics, et ils ont leur sanction dans l'art. 471, n° 15, c. pén. et non dans l'art. 21 de la loi de 1845 (Crim. cass. 19 août 1859, aff. Py, D. P. 59. 1. 477). — V. *infrà*, n°s 620 et s.

Sect. 4. — *Crimes et délits punis par le droit commun ou par des lois étrangères au service des chemins de fer.*

608. *Rébellion contre les agents de la compagnie.* — « Toute attaque, toute résistance avec violence et voies de fait envers les agents des chemins de fer, dans l'exercice de leurs fonctions, dit l'art. 20 de la loi du 15 juill. 1845, sera punie des peines appliquées à la rébellion, suivant les distinctions faites par le code pénal. » — On avait demandé, lors de la discussion du projet, le retranchement de cette disposition. L'art. 209 c. pén. disait-on, qui définit la rébellion toute attaque ou résistance avec violence aux officiers ou agents de la police administrative, suffit; car il est évident que les agents des chemins de fer, nommés ou agréés par l'administration, sont des agents de la police administrative. — Malgré cette observation, la disposition a été maintenue, et avec raison. Les agents des compagnies ne sont pas *nommés*, mais seulement *agréés* par l'autorité supérieure, d'où pouvait naître un doute que la loi de 1845 fait disparaître. — Il a été jugé que le jet d'une pierre sur un mécanicien dirigeant un convoi constitue le délit d'attaque avec violence et voie de fait envers un agent dans l'exercice de ses fonctions, prévu par l'art. 23 de la loi du 15 juill. 1845, et non la simple contravention réprimée par les art. 61 de l'ordonnance réglementaire du 15 nov. 1846, qui ne concerne que l'encombrement de la voie par le jet ou le dépôt de matériaux quelconques (Bourges, 29 nov. 1860, aff. Jeannet, D. P. 64, 2e partie).

609. La Gazette des tribunaux, du 27 juill. 1853, rapporte dans les termes suivants un acte de *rébellion*, non pas contre les agents de la voie ferrée, mais de ceux-ci contre un magistrat : « Dans une station, le procureur impérial allait descendre de wagon, lorsque son substitut franchit la barrière, empressé de venir à lui. Il est repoussé violemment par les employés. Le procureur impérial les requiert de laisser passer son substitut, comme étant dans l'exercice de ses fonctions, mais sans succès, les employés répondant, au contraire, que « le magistrat n'est pas dans l'exercice de ses fonctions. » Les employés, auteurs de ces violences, ayant été arrêtés, furent condamnés à la prison comme s'étant mis en état de rébellion contre les magistrats du parquet. » —Ces magistrats étaient-ils, au moment des violences exercées sur le substitut, « dans l'*exercice de leurs fonctions,* » conformément aux art. 209 et suiv. c. pén. ? C'était la seule question à résoudre, puisque l'art. 61 de l'ordonnance réglementaire des voies ferrées défend à toute personne étrangère au service de s'introduire dans l'enceinte des chemins de fer.

610. *Délit de coalition.* — L'art. 14 de la loi du 15 juill. 1845, portant concession du chemin de fer de Paris à la frontière de Belgique, rendant générale une disposition qui déjà auparavant avait été insérée dans quelques lois de concession, et qui depuis a été reproduite dans tous les cahiers des charges, porte : « A moins d'une autorisation spéciale de l'administration supérieure, il est interdit à la compagnie, sous les peines portées par l'art. 419 c. pén., de faire, directement ou indirectement, avec les entreprises de transport de voyageurs ou de marchandises, soit par terre, soit par eau, sous quelque déno-

mination ou forme que ce puisse être, des arrangements qui ne seraient pas consentis en faveur de toutes les autres entreprises desservant les mêmes routes. » — Nous nous sommes déjà occupés de cette disposition (V. n°s 334 et s.), au regard des intérêts civils; nous y revenons ici au point de vue particulier de l'application de la peine. — Sur l'art. 419 c. pén., V. Industrie, n°s 416 et s.

611. L'art. 14 de la loi de 1845 dont nous venons de rappeler les termes a pour objet d'assurer la plus complète égalité entre les diverses entreprises de transport dans leur rapport avec le service des chemins de fer. Le monopole de la compagnie s'arrête aux limites de la voie ferrée; en dehors de cette voie, le transport des voyageurs et des marchandises appartient à la libre concurrence. Tout arrangement, tout avantage particulier consenti par une compagnie à un entrepreneur à l'exclusion des autres est une atteinte au principe de la concurrence et, par suite, constitue un délit que l'art. 14 précité assimile au délit de coalition entre les détenteurs d'une même marchandise pour amener la hausse ou la baisse du prix. Les dispositions de cet article s'appliquent par la généralité de leurs termes et par la nature même des choses, à toutes les entreprises de transport par terre ou par eau, et n'admettent à la prohibition des arrangements par lesquels les compagnies de chemin de fer pourraient favoriser ou exclure une ou plusieurs entreprises, d'autre exception que le cas d'autorisation de l'administration supérieure (V. *suprà*, n° 334). — Il a été jugé, en conséquence : 1° que l'exécution, avant l'approbation du gouvernement, de traités exclusifs conclus sous le nom de *traités de correspondance*, entre une compagnie de chemin de fer et des commissionnaires de roulage choisis par celle-ci, pour la réexpédition par la voie de terre et des marchandises destinées à des points situés au delà du réseau du chemin, constitue, tant de la part des directeurs et administrateurs de la compagnie que de la part des commissionnaires de roulage, le délit de coalition réprimé par l'art. 419 c. pén. : c'est à tort qu'on considérait comme enlevant à cette exécution anticipée tout caractère délictueux, soit la circonstance qu'il ne serait pas établi que les autres commissionnaires intéressés aient été privés, par un refus de la compagnie, de la faculté d'obtenir les mêmes avantages, soit le fait que postérieurement à l'exécution des traités serait intervenue l'autorisation de l'administration judiciaire; — Et il appartient aux commissionnaires intéressés, non-seulement de demander, par la voie de l'action civile, la cessation du délit, mais encore d'en poursuivre à leur profit la réparation (Crim. cass. 3 fév. 1855, aff. Bonjour, D. P. 55. 1. 364); — 2° Que la disposition de la loi de concession d'un chemin de fer portant que la compagnie doit accorder des avantages égaux aux entreprises de transport *desservant la même route* s'applique aux entreprises qui font le service des mêmes aboutissants du chemin de fer; en conséquence, la compagnie ne peut, sans se mettre en contravention avec l'art. 14 de la loi du 15 juill. 1845, accorder des avantages particuliers à l'une de ces entreprises, encore bien qu'elle userait de la voie ferrée jusqu'à la localité où les autres ont leur point de départ : en vain, la compagnie objecterait-elle que les entreprises auxquelles elle n'a pas étendu ces avantages n'auraient pu y participer qu'à la condition de modifier leur organisation, si elle ne les a pas mises à même, en leur faisant connaître les arrangements conclus avec la première entreprise, de traiter avec elle aux mêmes conditions (Crim. cass. 28 juin 1851, aff. ch. de fer de Tours à Nantes, D. P. 51. 1. 329; Orléans, 21 déc. 1851, même aff., D. P. 54. 5, p. 110, n° 28); — 3° Que la prohibition faite aux compagnies de chemin de fer de consentir, sans une autorisation spéciale de l'administration supérieure, à une entreprise de transport de voyageurs et de marchandises, des avantages dont elles ne feraient pas profiter les autres entreprises desservant la même route, emporte comme conséquence, pour le cas où, après conclusion d'un traité avec une entreprise unique, il s'établit sur la même route une entreprise rivale, obligation pour la compagnie de lui faire immédiatement les mêmes avantages, sinon de se pourvoir de l'autorisation devenue nécessaire (Crim. cass., 9 avr. 1863, aff. Gibial, D. P. 64. 1. 53; Crim. rej. 14 août 1863, même aff., *eod.*). — Et, pour que l'inexécution de cette obligation constitue de la part de la compagnie une infraction punissable, aux termes de l'art. 14 de la

loi du 15 juill. 1845, il n'est pas nécessaire que l'entreprise dont la création est postérieure à la conclusion du traité, ait demandé, sans pouvoir l'obtenir, à jouir des avantages que ce traité renferme (même arrêt du 14 août 1863),... cette loi est générale et ne fait pas de distinction entre les entreprises existant au moment où l'arrangement a été consenti, et celles qui se sont formées postérieurement (mêmes arrêts).

612. Mais il a été jugé que la conclusion d'un traité par lequel une compagnie de chemin de fer garantit, à une entreprise faisant un service de correspondance, tel chiffre minimum de recettes par jour, ne saurait donner lieu à des poursuites pour délit de coalition, si les prix de transport des voyageurs et des marchandises sont restés les mêmes (Crim. cass. 9 avr. 1863, aff. Gibiat, D. P. 64. 1. 53). — V. aussi n° 413.

613. Le délit de coalition, prévu et puni par l'art. 419 c. pén., n'existe qu'autant qu'il y a accord entre deux personnes au moins pour hausser ou baisser les prix d'une marchandise au détriment d'une troisième personne détenant la même marchandise. D'où il suit, en admettant avec la jurisprudence que le parcours opéré par des entrepreneurs de transports et le prix de ces transports doivent être réputés marchandises, dans le sens générique de ce mot (V. Industrie, n° 422 et s.), que si deux entreprises seulement desservant la même route, la baisse de prix opérée par l'une d'elles ne saurait constituer le délit de coalition.

— Ce principe a été appliqué dans l'espèce suivante. Un entrepreneur de transport avait établi un service de correspondance entre Neufchâtel et le chemin de fer de Rouen à Dieppe à la station de Saint-Victor, en passant par Saint-Saëns. D'accord avec la compagnie du chemin de fer, il avait considérablement réduit ses frais de transports. Un autre entrepreneur qui desservait, entièrement par la voie de terre, les deux villes de Rouen et de Neufchâtel, en passant également par Saint-Saëns, et auquel cette diminution de prix causait un grave préjudice, prétendit que le premier entrepreneur et la compagnie du chemin de fer étaient coupables du délit de coalition et les cita devant la juridiction correctionnelle. Mais son action a été repoussée à tous les degrés, et sur son pourvoi la cour de cassation, maintenant la décision attaquée, a décidé que si, par la réunion de leurs deux entreprises, la compagnie du chemin de fer et l'entrepreneur du service de correspondance transportent les voyageurs de Neufchâtel à Rouen et vice versâ, ils ne forment pas deux entreprises détenant chacune la même marchandise que l'entrepreneur de transports par la voie de terre entre ces deux villes, mais bien une seule entreprise composée de leurs deux services réunis et juxtaposés, et que, dès lors, l'accord qui existe quant à la fixation du prix de transport entre la compagnie et l'entrepreneur de la correspondance, ne constitue pas le délit de coalition prévu par l'art. 419 c. pén. (Crim. rej. 30 juill. 1853) (1) ; — 2° Qu'en

(1) (Fauchet C. Renard et chem. de fer de Rouen à Dieppe.) — Le 5 mars 1853, arrêt de la cour de Rouen en ces termes : — « Attendu que Fauchet fonde sa demande en dommages-intérêts contre la compagnie du chemin de fer et contre Renard sur le préjudice résultant pour lui du délit commis par ceux-ci, pour avoir, aux termes de l'art. 419 c. pén.. opéré la baisse du prix des transports de Rouen à Neufchâtel, soit en se coalisant contre lui, soit par des voies et moyens frauduleux ; — Qu'il fonde la même demande contre la compagnie seule sur ce qu'elle aurait abaissé son tarif en contravention à la loi de concession ; » En ce qui touche le délit prévu par l'art. 419 c. pén. sur la coalition : — Attendu que, pour qu'il y ait délit de coalition pour la hausse ou la baisse des marchandises, il faut, aux termes de l'art. 419, que cette coalition ait lieu entre les principaux détenteurs d'une même marchandise ; — Qu'en admettant avec la jurisprudence que le parcours opéré par des entrepreneurs de transport et le prix de ces transports doivent être réputés marchandises dans le sens générique de ce mot, il faut rechercher si dans l'espèce la coalition aurait eu pour objet la même marchandise, et si deux principaux détenteurs de cette même marchandise se sont coalisés contre une troisième détenteur, qui est la partie plaignante ; — Attendu que Fauchet est entrepreneur d'une diligence allant par la voie de terre de Rouen à Neufchâtel par Saint-Saëns ; que ce transport est la marchandise dont il est détenteur ; que c'est de cette marchandise que les intimés auraient opéré la baisse illégale par leur coalition ; — Attendu que la compagnie à l'entreprise du transport par voie ferrée de Rouen à Dieppe avec station à Saint-Victor ; — Que Renard d'un côté est entrepreneur de transport sur le chemin par terre de Saint-Victor à Neufchâtel par Saint-Saëns ; — Que la marchandise dont la compagnie est détentrice n'est pas la même que celle de Fauchet, parce que le transport qui la constitue a lieu : 1° par des moyens nouveaux autres que ceux employés par Fauchet ; 2° parce qu'il a lieu dans une autre direction ; 3° parce qu'il a lieu sur un parcours beaucoup plus court ; que la marchandise dont Renard est détenteur n'est pas non plus la même que celle de Fauchet, parce que Renard ne suit le parcours de Fauchet qu'en partie, savoir de Saint-Saëns à Neufchâtel, et parce qu'il ne fait en outre et en même temps le trajet de Saint-Victor à Saint-Saëns, qui se trouve hors de la ligne exploitée par Fauchet ; — Qu'il suit de ce que chacun des adversaires de Fauchet ne se trouve détenteur de la même marchandise que lui, et qu'en opérant, soit en se réunissant, soit isolément, la baisse de la marchandise dont Renard seul est détenteur, ils n'ont pas agi directement sur celle de Fauchet, et n'ont pas commis le délit de coalition déterminé et spécifié par la loi ;

» Sur la baisse opérée par voies et moyens frauduleux : — Attendu, en droit, que toute compagnie de chemin de fer peut, sans du droit commun, fonder des établissements de transports conduisant les voyageurs et les marchandises aux diverses stations se trouvent sur la ligne qu'elle exploite ; — Que la loi néanmoins n'a pas voulu qu'il pût y avoir abus de ce droit au préjudice des entreprises particulières de transports ; — Qu'aux termes de l'art. 41 de la loi de 1845, qui fait concession à la compagnie qui est en cause de la ligne de Rouen à Dieppe, cette compagnie ne peut faire avec des entreprises particulières de transports des arrangements qui ne seraient pas également consentis par elle en faveur de toutes les entreprises desservant les mêmes routes ; — Que, sauf l'exécution de cette clause spéciale, la compagnie, pour le trans-

port des voyageurs et des marchandises aux diverses stations de la ligne, soit qu'elle l'entreprenne par elle-même, soit qu'elle traite avec des tiers, le droit de concurrence que la liberté du commerce garantit à chacun dans l'intérêt de l'exploitation et du développement de son industrie ; — Or, attendu, en fait, qu'aucune entreprise particulière n'a demandé à la compagnie les conditions que faite stipulées avec Renard ; — Que les faits et circonstances du procès démontrent la vérité de l'allégation de la compagnie ; que les bas prix par elle imposés à Renard ont eu pour but d'augmenter le nombre des voyageurs sur le chemin de fer, en leur en facilitant l'accès au meilleur marché possible ; — Qu'il n'y a donc rien de frauduleux dans le traité passé par la compagnie avec Renard, dans la fixation des bas prix du transport de la station de Saint-Victor à Saint-Saëns et à Neufchâtel, parce que ce traité, cette fixation de prix, ne sont de la part de la compagnie que l'exercice du droit de concurrence qu'on ne peut lui contester ; — Qu'elle n'a plus que Renard à rendre compte du résultat financier de la modicité des prix de transports, et de la différence établie par ces prix quant à trois stations de sa ligne ; — Attendu cependant, sur ce point, qu'il est demeuré constant par les déclarations des intimés, lesquelles n'ont point été contestées, que les dépenses faites par la compagnie pour le payement de la rétribution stipulée au profit de Renard ont été couvertes pour les premiers six mois par le bénéfice résultant de l'accroissement sur la ligne, pendant ce temps, de dix mille voyageurs, et que, depuis, ce nombre allant croissant, le produit qui en est résulté s'est trouvé au-dessus de la dépense ; qu'il suit de là que Fauchet, tout en éprouvant un grave préjudice par son industrie de la mesure prise par la compagnie, ne peut néanmoins incriminer une spéculation faite par celle-ci dans un but légitime d'intérêt privé, surtout quand cette spéculation a pour moyen principal la réduction des prix de transports, au grand avantage des voyageurs, et profite ainsi à l'intérêt public ;

» En ce qui touche l'abaissement des prix du tarif : — Attendu qu'il s'agit au procès du tarif imposé aux voyageurs et aux marchandises pour le parcours du chemin de fer de Rouen à Saint-Victor ; — Qu'aucune modification n'a été apportée à ce tarif ; que les prix perçus par la compagnie sont fixés par la loi de concession ; — Que les prix payés pour le transport par terre de la station de Saint-Victor, soit à Saint-Saëns, soit à Neufchâtel, sont en dehors du tarif et lui sont étrangers ; — Que c'est à tort que l'appelant, réunissant et confondant dans un même prix celui du transport par le chemin de fer et celui du transport par terre, prétend trouver dans la variation et l'abaissement de ce prix une modification indirecte aux prix du tarif ; que cette modification n'existe pas ;

» En donnant acte à Fauchet des productions et présentations de lettres à lui faites par les intimés, lesquelles lettres sont copiées dans les conclusions, et sans s'y arrêter ; — Confirme le jugement dont est appel. » — Pourvoi. — Arrêt.

La cour ; — Sur le premier moyen... ; — Sur le deuxième moyen, tiré de la violation de l'art. 419 c. pén., et fondé sur ce qu'à tort l'arrêt attaqué n'a pas reconnu dans les faits qu'il constate les caractères légaux de la coalition coupable de deux détenteurs de la même marchandise pour faire abaisser le prix de cette marchandise au préjudice de Fauchet : — Vu l'art. 419 c. pén. ; — Attendu qu'il résulte des constatations de l'arrêt attaqué que, 1. Renard dessert, de Neufchâtel à Saint-Saëns, une partie de la route suivie par l'entreprise de Fauchet de Neufchâtel à Rouen, à partir de Saint-Saëns il prend

dehors du fait d'abaissement du tarif de la voie ferrée, lequel serait une contravention aux statuts spéciaux de la compagnie du chemin de fer, il n'y a rien de frauduleux dans le traité passé entre la compagnie du chemin de fer et l'entrepreneur de la correspondance, quant à la fixation du bas prix de cette correspondance, parce que ce traité, cette fixation du prix ne sont de la part de la compagnie que l'exercice du droit de concurrence qu'on ne peut lui contester (même arrêt);—3° Qu'un pareil marché ne contient pas non plus un abaissement indirect et illicite du tarif du chemin de fer homologué par l'autorité administrative. Les compagnies respectent leurs tarifs lorsqu'elles reçoivent de chaque voyageur le prix fixé pour le parcours qu'il a fait sur la voie de fer, et il leur appartient d'assurer sans fraude aux voyageurs le transport à bon marché sur les routes de correspondance, pourvu qu'elles rendent commun à toutes les entreprises de correspondance desservant les mêmes routes les avantages qu'elles auraient consentis à l'une d'elles (même arrêt). — Quant à l'entrepreneur desservant une route différente, il n'a pas droit à ces avantages, et il est sans qualité pour les contester (même arrêt).

614. Décidé pareillement que la coalition pour la hausse ou la baisse des prix ne peut exister entre deux entreprises de transport que lorsqu'elles exploitent le même parcours, et non lorsque leurs services sont seulement juxtaposés; que, dès lors, il n'y a lieu de considérer comme constitutive de ce délit la baisse de prix réalisée, par une entreprise de transports correspondant

une voie différente jusqu'à sa destination, qui est la station de Saint-Victor, et que Lapeyrière (représentant du chemin de fer) ne parcourt qu'une voie ferrée, entièrement distincte de celle desservie par Fauchet : d'où il suit que si, par le fait de la réunion de leurs deux entreprises, Lapeyrière et Renard transportent les voyageurs de Neufchâtel à Rouen, et *vice versâ*, ils ne forment pas deux entreprises détenant chacune la même marchandise que Fauchet, mais bien une seule entreprise composée de leurs deux services réunis et juxtaposés; — Attendu dès lors qu'en déclarant dans ces circonstances que les faits imputés aux prévenus ne présentaient pas les éléments de la coalition prévue par l'art. 419 c. pén., l'arrêt attaqué a sainement appliqué cet article ;

« Sur le troisième moyen, fondé sur la violation de l'art. 419 c. pén. en ce que l'arrêt attaqué n'a pas reconnu le caractère de manœuvres frauduleuses aux faits qu'il constatait : — Vu ledit art. 419; — Attendu que cet article a pour but de maintenir le principe de libre concurrence entre les divers détenteurs de la même marchandise, et de réprimer les moyens que réprouve la loyauté commerciale, et par lesquels on chercherait à opérer une hausse ou une baisse de cette même marchandise; — Attendu qu'il en résulte que, pour que cet article soit applicable à une industrie, il faut que cette industrie soit libre dans son mode d'opérer, et spécialement dans la fixation du prix de sa marchandise; — Attendu que telle n'est pas l'industrie des entreprises des chemins de fer dans leurs rapports avec les autres entreprises de transport; qu'à cet égard le privilège dont ces entreprises sont l'objet pour le parcours de la voie ferrée qui leur est concédé les place dans des conditions d'existence particulières, réglementées par une législation qui leur est propre ; — Attendu que ce n'est qu'en ce qui concerne les entreprises ou les marchés que les administrations des chemins de fer pourraient faire où passer en dehors de leur voie ferrée et des obligations qui leur sont imposées par leurs statuts que, recouvrant leur liberté commerciale, elles pourraient se trouver placées sous le coup des dispositions générales de l'art. 419 c. pén. ; — Attendu qu'il y a lieu par suite d'envisager le moyen invoqué en dehors du fait d'abaissement du tarif de la voie ferrée, lequel serait une contravention aux statuts spéciaux de la compagnie du chemin de fer, dans le cas où cet abaissement aurait eu lieu sans l'agrément de l'autorité administrative, contravention qui fait l'objet du quatrième moyen de cassation; — Attendu que sur ce moyen ainsi ramené à sa véritable portée, l'arrêt attaqué constate enfin qu'il n'y a rien de frauduleux dans le traité passé par la compagnie, « avec Renard dans la fixation du bas prix des transports de la station de Saint-Victor à Saint-Saëns et à Neufchâtel, parce que ce traité, cette fixation du prix, ne sont de la part de la compagnie que l'exercice du droit de concurrence, qu'on ne peut lui contester; » ce qui constitue une appréciation souveraine de fait qui échappe à la censure de la cour suprême;

« Sur le quatrième moyen de cassation, formulé contre Lapeyrière seulement, et fondé sur ce que l'arrêt a violé l'art. 20 de la loi du 15 juill. 1845, sur le tarif des chemins de fer, l'art. 44 et 49 de l'ordonnance réglementaire du 15 nov. 1846, en déniant aux faits de la cause le caractère d'abaissement indirect et illégal du tarif du chemin de fer de Rouen à Dieppe : — Vu les art. 35 et 41 du cahier des charges annexé à la loi du 19 juill. 1845, 20 de la loi du 15 même

avec un chemin de fer, sur un parcours desservi par d'autres entreprises rivales, alors surtout qu'elle n'est pas le résultat d'un concert avec la compagnie qui exploite ce chemin de fer (Crim. rej. 10 avr. 1863, aff. Pottier, D. P. 64. 1. 56).

615. *Abus de confiance.* — Le chef de gare attaché spécialement à la gare de la compagnie qui l'a nommé, mais avec certaines fonctions qui le placent accidentellement sous les ordres d'une autre compagnie aboutissant à cette gare par un embranchement, il est resté le salarié de la compagnie qui l'a nommé et lui a donné sa confiance. En conséquence, s'il s'est rendu coupable d'un détournement au préjudice de la compagnie d'embranchement, il a commis un abus de confiance simple, par lequel il a pu être condamné à six années d'emprisonnement, et non le délit d'abus de confiance par un salarié (Crim. rej. 30 avr. 1863; Gaz. des trib., 1er mai 1863).

616. Un employé du chemin de fer de Paris au Havre avait confié à un autre employé, remplissant les fonctions de conducteur sur le même chemin, un sac contenant la somme de 1,280 fr. 92 c., à l'adresse d'un habitant de Mantes. Le sac n'étant pas parvenu au destinataire, celui auquel il avait été remis fut poursuivi pour abus de confiance. — Mais il opposait que s'agissant d'une somme supérieure à 150 fr., la preuve testimoniale ne pouvait pas être admise contre lui. — Il a été répondu que la matière étant commerciale, le législateur s'en était remis à la prudence des tribunaux sur l'admissibilité de ce genre de preuve.

mois, 44 et 49 de l'ordonnance réglementaire du 15 nov. 1846; — Attendu que Fauchet se base, pour établir le bien fondé ce moyen, sur ce que le prix payé par chaque voyageur pour la route de terre de Neufchâtel à Saint-Saëns à Saint-Victor est dérisoire, et sur ce que le prix devant être ajouté à celui reçu pour le parcours de la voie ferrée pour en apprécier la véritable élévation, il en résulte un abaissement indirect considérable du tarif du chemin de fer, opéré sans l'autorisation de l'administration; — Attendu que si, aux termes des art. 44 et 49 de l'ordonnance du 15 nov. 1846, les administrations des chemins de fer ne peuvent faire aucune modification à leur tarif sans l'agrément de l'administration, cette disposition doit se combiner avec celles qui règlent leurs rapports avec les autres entreprises de transport; — Attendu que si, l'art. 5 de la loi du 7 juill. 1858, portant concession du chemin de fer de Paris à Orléans, lui interdit de former aucune entreprise de transport de voyageurs ou de marchandises par terre ou par eau pour desservir les routes aboutissant à cette voie de fer, c'est là une disposition spéciale à cette exploitation, qui ne se trouve pas reproduite dans la loi de concession et dans le cahier des charges concernant le chemin de fer de Rouen à Dieppe; — Attendu, au contraire, que l'art. 41 de son cahier des charges, en interdisant seulement à cette compagnie de faire avec des entreprises de transport des arrangements qui ne seraient pas également consentis en faveur de toutes les entreprises desservant les mêmes routes, autorise sous cette restriction les marchés que peuvent passer les compagnies de chemins de fer avec des entrepreneurs de voitures pour amener les voyageurs à leurs stations; — Attendu qu'il résulte du rapprochement de ces dispositions qu'on ne saurait arguer des arrangements pris par une compagnie de chemin de fer pour en faire résulter une modification du tarif du parcours de la voie ferrée en faveur des voyageurs qui seraient amenés par cette entreprise ; — Attendu qu'on ne saurait joindre le prix perçu pour le parcours de la voie de terre au prix du parcours de la voie de fer pour en tirer la conséquence qu'il y a une modification indirecte du tarif de cette dernière voie ; — Attendu que, dans l'espèce, Renard étant le seul entrepreneur conduisant les voyageurs de Neufchâtel et Saint-Saëns à Saint-Victor, la compagnie du chemin de fer a pu traiter avec lui aux conditions qui lui ont paru les plus avantageuses pour le développement légitime de son industrie; — Attendu que l'arrêt attaqué constate en fait qu'en dehors des prix perçus pour le parcours de la voie de terre, la compagnie percevait le prix intégral de son tarif pour la voie publique ferrée, de la part de tous les voyageurs qui s'en servaient, sans distinguer entre ceux qui lui étaient amenés par Renard et ceux qui se rendaient à Saint-Victor par tout autre moyen ou y prenaient directement la voie de fer; — Attendu que, dans ces circonstances, l'arrêt attaqué, en relaxant Lapeyrière des poursuites dirigées contre lui pour avoir contrevenu aux dispositions réglant les tarifs des chemins de fer, loin d'avoir violé les art. 35 et 41 du cahier des charges annexé à la loi du 19 juill. 1845, 20 de la loi du 15 du même mois, 44 et 49 de l'ord. réglem. du 15 nov. 1846, en a fait une saine interprétation; »

Par ces motifs, rejette le pourvoi formé par Fauchet contre l'arrêt de la cour impériale de Rouen, du 5 mars 1855, qui renvoie Renard et Lapeyrière des poursuites dirigées contre eux par ledit Fauchet.

Du 30 juill. 1855.-C. C., ch. crim.-MM. Laplagne-Barris, pr.-V. Foucher, rap.-Raynal, av. gén., c. conf.-Ripault et Moreau, av.

loi du 15 juill. 1845, il n'est pas nécessaire que l'entreprise dont la création est postérieure à la conclusion du traité, ait demandé, sans pouvoir l'obtenir, à jouir des avantages que ce traité renferme (même arrêt du 14 août 1863),... cette loi est générale et ne fait pas de distinction entre les entreprises existant au moment où l'arrangement a été consenti, et celles qui se sont formées postérieurement (mêmes arrêts).

612. Mais il a été jugé que la conclusion d'un traité par lequel une compagnie de chemin de fer garantit, à une entreprise faisant un service de correspondance, tel chiffre minimum de recettes par jour, ne saurait donner lieu à des poursuites pour délit de coalition, si les prix de transport des voyageurs et des marchandises sont restés les mêmes (Crim. cass. 9 avr. 1863, aff. Gibiat, D. P. 64. 1. 53).— V. aussi n° 613.

613. Le délit de coalition, prévu et puni par l'art. 419 c. pén., n'existe qu'autant qu'il y a accord entre deux personnes au moins pour hausser ou baisser les prix d'une marchandise au préjudice d'une troisième personne détenant la même marchandise. D'où il suit, en admettant avec la jurisprudence que le parcours opéré par des entrepreneurs de transports et le prix de ces transports doivent être réputés marchandises, dans le sens générique de ce mot (V. Industrie, n°s 422 et 8.), que si deux entreprises seulement desservent la même route, la baisse de prix opérée par l'une d'elles ne saurait constituer le délit de coalition.

— Ce principe a été appliqué dans l'espèce suivante. Un entrepreneur de transport avait établi un service de correspondance entre Neufchâtel et le chemin de fer de Rouen à Dieppe à la station de Saint-Victor, en passant par Saint-Saëns. D'accord avec la compagnie du chemin de fer, il avait considérablement réduit ses frais de transports. Un autre entrepreneur qui desservait la voie de terre, les deux villes de Rouen et de Neufchâtel, en passant également par Saint-Saëns, et auquel cette diminution de prix causait un grave préjudice, prétendit que le premier entrepreneur et la compagnie du chemin de fer étaient coupables du délit de coalition et les cita devant la juridiction correctionnelle. Mais son action a été repoussée à tous les degrés, et sur son pourvoi la cour de cassation, maintenant la décision attaquée, a décidé que si, par la réunion de leurs deux entreprises, la compagnie du chemin de fer et l'entrepreneur du service de correspondance transportent les voyageurs de Neufchâtel à Rouen et vice versâ, ils ne forment pas deux entreprises détenant chacune la même marchandise que l'entrepreneur de transports par la voie de terre entre ces deux villes, mais bien une seule entreprise composée de leurs deux services réunis et juxtaposés, et que, dès lors, l'accord qui existe quant à la fixation du prix de transport entre la compagnie et l'entrepreneur de la correspondance, ne constitue pas le délit de coalition prévu par l'art. 419 c. pén. (Crim. rej. 30 juill. 1853) (1);— 2° Qu'en

---

(1) (Fauchet C. Renard et chem. de fer de Rouen à Dieppe.) — Le 3 mars 1855, arrêt de la cour de Rouen en ces termes : — « Attendu que Fauchet fonde sa demande en dommages-intérêts contre la compagnie du chemin de fer et contre Renard sur le préjudice résultant du fait du délit commis par ceux-ci, pour avoir, aux termes de l'art. 419 c. pén. opéré la baisse du prix des transports de Rouen à Neufchâtel, soit en se coalisant contre lui, soit par des voies et moyens frauduleux ; — Qu'il fonde la même demande contre la compagnie seule sur ce qu'elle aurait abaissé son tarif en contravention à la loi de concession ;

» En ce qui touche le délit prévu par l'art. 419 c. pén. sur la coalition : — Attendu que, pour qu'il y ait délit de coalition pour la hausse ou la baisse des marchandises, il faut, aux termes de l'art. 419, que cette coalition ait lieu entre les principaux détenteurs d'une même marchandise ; — Qu'en admettant avec la jurisprudence que le parcours opéré par des entrepreneurs de transport et le prix de ces transports doivent être réputés marchandises dans le sens générique de ce mot, il faut rechercher si dans l'espèce la coalition aurait eu pour objet la même marchandise, et si deux principaux détenteurs de cette même marchandise se sont coalisés contre un troisième détenteur, qui est la partie plaignante ; — Attendu que Fauchet est entrepreneur d'une diligence allant par la voie de terre de Rouen à Neufchâtel par Saint-Saëns ; que ce transport est la marchandise dont il est détenteur ; que c'est de cette marchandise que les intimés auraient opéré la baisse illégale par leur coalition ; — Attendu que la compagnie a l'entreprise du transport par voie ferrée de Rouen à Dieppe avec station à Saint-Victor ; — Que Renard de son côté est entrepreneur de transport sur le chemin par terre de Saint-Victor à Neufchâtel par Saint-Saëns ; — Que la marchandise dont la compagnie est détentrice n'est pas la même que celle de Fauchet, parce que le transport qui la constitue a lieu : 1° par des moyens nouveaux autres que ceux employés par Fauchet ; 2° parce qu'il a lieu dans une autre direction ; 3° parce qu'il a lieu sur un parcours beaucoup plus court ; que la marchandise dont Renard est détenteur n'est pas non plus la même que celle de Fauchet, parce que Renard ne suit le parcours de Fauchet que partie, savoir de Saint-Saëns à Neufchâtel, et parce qu'il fait en outre et en même temps le trajet de Saint-Victor à Saint-Saëns, qui se trouve hors de la ligne exploitée par Fauchet ; — Qu'il suit de ce que dessus que ni l'un ni l'autre des adversaires de Fauchet ne se trouve détenteur de la même marchandise que lui, et qu'en opérant, soit en se réunissant, soit isolément, la baisse de la marchandise dont Renard seul est détenteur, ils n'ont pas agi directement sur celle de Fauchet, et n'ont pas commis le délit de coalition déterminé et spécifié par la loi ;

» Sur la baisse opérée par voies et moyens frauduleux : — Attendu, en droit, que toute compagnie de chemin de fer peut, aux termes de l'art. du droit commun, fonder des établissements de transports conduisant les voyageurs et les marchandises aux diverses stations se trouvent sur la ligne qu'elle exploite ; — Que la loi néanmoins n'a pas voulu qu'il pût y avoir abus de ce droit au préjudice des entreprises particulières de transports ; — Qu'aux termes de l'art. 41 de la loi de 1845. qui fait concession à la compagnie qui est en cause de la ligne de Rouen à Dieppe, cette compagnie ne peut faire avec des entreprises particulières de transports des arrangements qui ne seraient pas également consentis par elle en faveur de toutes les entreprises desservant les mêmes routes ; — Que, sauf l'exécution de cette clause spéciale, la compagnie a, pour le trans-

port des voyageurs et des marchandises aux diverses stations de la ligne, soit qu'elle l'entreprenne par elle-même, soit qu'elle traite avec des tiers, le droit de concurrence que la liberté du commerce garantit à chacun dans l'intérêt de l'exploitation et du développement de son industrie ; — Or, attendu en fait, qu'aucune entreprise particulière n'a demandé à la compagnie les conditions par elle stipulées avec Renard ; — Que les faits et circonstances du procès démontrent la vérité de l'allégation de la compagnie ; que les bas prix par elle imposés à Renard ont eu pour but d'augmenter le nombre des voyageurs par le chemin de fer, en leur en facilitant l'accès au meilleur marché possible ; — Qu'il n'y a donc rien de frauduleux dans le traité passé par la compagnie avec Renard, dans la fixation des bas prix du transport de la station de Saint-Victor à Saint-Saëns et à Neufchâtel, parce que ce traité, cette fixation de prix, ne sont de la part de la compagnie que l'exercice du droit de concurrence qu'on ne peut lui contester ; — Qu'elle n'a pas plus que Renard à rendre compte du résultat financier de la modicité des prix de transports, et de la différence établie par ces prix quant à trois stations de sa ligne ; — Attendu cependant, sur ce point, qu'il est demeuré constant par les déclarations des intimés, lesquelles n'ont point été contestées, que les dépenses faites par la compagnie pour le payement de la rétribution stipulée au profit de Renard ont été couvertes pour les premiers six mois par le bénéfice résultant de l'accroissement sur la ligne, pendant ce temps, de dix mille voyageurs, et que, depuis, ce nombre allant croissant, le produit qui en est résulté s'est trouvé au-dessus de la dépense ; qu'il suit de là que Fauchet, tout en éprouvant un grave préjudice pour son industrie de la mesure prise par la compagnie, ne peut néanmoins incriminer une spéculation faite par celle-ci dans un but légitime d'intérêt privé, surtout quand cette spéculation a pour moyen principal la réduction des prix de transports, au grand avantage des voyageurs, et profite ainsi à l'intérêt public ;

» En ce qui touche l'abaissement des prix du tarif : — Attendu qu'il s'agit au procès du tarif imposé aux voyageurs et aux marchandises pour le parcours du chemin de fer de Rouen à Saint-Victor ; — Qu'aucune modification n'a été apportée à ce tarif ; que les prix perçus par la compagnie sont fixés par la loi de concession ; — Que les prix payés pour le transport par terre de la station de Saint-Victor, soit à Saint-Saëns, soit à Neufchâtel, sont en dehors du tarif et lui sont étrangers ; — Que c'est à tort que l'appelant, réunissant et confondant dans un même prix celui du transport par le chemin de fer et celui du transport par terre, prétend trouver dans la variation et l'abaissement de ce prix une modification indirecte aux prix du tarif ; que cette modification n'existe pas ;

» En donnant acte à Fauchet des productions et présentations de lettres à lui faites par les intimés, lesquelles lettres sont copiées dans les conclusions, et sans s'y arrêter ; — Confirme le jugement dont est appel. » — Pourvoi. — Arrêt.

La cour ; — Sur le premier moyen... ; — Sur le deuxième moyen, tiré de la violation de l'art. 419 c. pén., et fondé sur ce qu'à tort l'arrêt attaque n'a pas reconnu dans les faits qu'il constate les caractères légaux de la coalition coupable de deux détenteurs de la même marchandise pour faire abaisser le prix de cette marchandise au préjudice de Fauchet : — Vu l'art. 419 c. pén.; — Attendu qu'il résulte des constatations de l'arrêt attaqué que, t. Renard dessert, de Neufchâtel à Saint-Saëns, une partie de la route suivie par l'entreprise de Fauchet de Neufchâtel à Rouen, à partir de Saint-Saëns il prend

dehors du fait d'abaissement du tarif de la voie ferrée, lequel serait une contravention aux statuts spéciaux de la compagnie du chemin de fer, il n'y a rien de frauduleux dans le traité passé entre la compagnie du chemin de fer et l'entrepreneur de la correspondance, quant à la fixation du bas prix de cette correspondance, parce que ce traité, cette fixation du prix ne sont de la part de la compagnie que l'exercice du droit de concurrence qu'on ne peut lui contester (même arrêt);—3° Qu'un pareil marché ne contient pas non plus un abaissement indirect et illicite du tarif du chemin de fer homologué par l'autorité administrative. Les compagnies respectent leurs tarifs lorsqu'elles reçoivent de chaque voyageur le prix fixé pour le parcours qu'il a fait sur la voie de fer, et il leur appartient d'assurer sans fraude aux voyageurs le transport à bon marché sur les routes de correspondance, pourvu qu'elles rendent commun à toutes les entreprises de correspondance desservant les mêmes routes les avantages qu'elles auraient consentis à l'une d'elles (même arrêt). — Quant à l'entrepreneur desservant une route différente, il n'a pas droit à ces avantages, et il est sans qualité pour les contester (même arrêt).

614. Décidé pareillement que la coalition pour la hausse ou la baisse des prix ne peut exister entre deux entreprises de transport que lorsqu'elles exploitent le même parcours, et non lorsque leurs services sont seulement juxtaposés; que, dès lors, il n'y a lieu de considérer comme constitutive de ce délit la baisse de prix réalisée, par une entreprise de transports correspondant

avec un chemin de fer, sur un parcours desservi par d'autres entreprises rivales, alors surtout qu'elle n'est pas le résultat d'un concert avec la compagnie qui exploite ce chemin de fer (Crim. rej. 10 avr. 1863, aff. Pottier, D. P. 64. 1. 56).

615. *Abus de confiance.* — Le chef de gare attaché spécialement à la gare de la compagnie qui l'a nommé, mais avec certaines fonctions qui le placent accidentellement sous les ordres d'une autre compagnie aboutissant à cette gare par un embranchement, est resté le salarié de la compagnie qui l'a nommé et lui a donné sa confiance. En conséquence, s'il s'est rendu coupable d'un détournement au préjudice de la compagnie d'embranchement, il a commis un abus de confiance simple, par lequel il a pu être condamné à six années d'emprisonnement, et non le délit d'abus de confiance par un salarié (Crim. rej. 30 avr. 1863; Gaz. des trib., 1er mai 1863).

616. Un employé du chemin de fer de Paris au Havre avait confié à un autre employé, remplissant les fonctions de conducteur sur le même chemin, un sac contenant la somme de 1,280 fr. 92 c., à l'adresse d'un habitant de Mantes. Le sac n'étant pas parvenu au destinataire, celui auquel il avait été remis fut poursuivi pour abus de confiance. — Mais il opposait que s'agissant d'une somme supérieure à 150 fr., la preuve testimoniale ne pouvait pas être admise contre lui. — Il a été répondu que la matière étant commerciale, le législateur s'en était remis à la prudence des tribunaux sur l'admissibilité de ce genre de preuve.

---

une voie différente jusqu'à sa destination, qui est la station de Saint-Victor, et que Lapeyrière (représentant du chemin de fer) ne parcourt qu'une voie ferrée, entièrement distincte de celle desservie par Fauchet : d'où il suit que, si, par le fait de la réunion de leurs deux entreprises, Lapeyrière et Renard transportent les voyageurs de Neufchâtel à Rouen, et vice versâ, ils ne forment pas deux véritables entreprises détenant chacune la même marchandise que Fauchet, mais bien une seule entreprise composée de leurs deux services réunis et juxtaposés; — Attendu qu'en déclarant dans ces circonstances que les faits imputés aux prévenus ne présentaient pas les éléments de la coalition prévue par l'art. 419 c. pén., l'arrêt attaqué a sainement appliqué cet article;

« Sur le troisième moyen, fondé sur la violation de l'art. 419 c. pén. en ce que l'arrêt attaqué n'a pas reconnu le caractère de manœuvres frauduleuses aux faits qu'il constatait : — Vu ledit art. 419 ; — Attendu que cet article a pour but de maintenir le principe de libre concurrence entre les divers détenteurs de la même marchandise, et de réprimer les moyens que réprouve la loyauté commerciale, et par lesquels on chercherait à opérer une hausse ou une baisse de cette même marchandise; — Attendu qu'il en résulte que, pour que cet article soit applicable à une industrie, il faut que cette industrie soit libre dans son mode d'opérer, et spécialement dans la fixation du prix de sa marchandise; — Attendu que telle n'est pas l'industrie des entreprises des chemins de fer dans leurs rapports avec les autres entreprises de transport; qu'à cet égard le privilège dont ces entreprises sont l'objet pour le parcours de la voie ferrée qui leur est concédé les place dans des conditions d'existence particulières, réglementées par une législation qui leur est propre; — Attendu que ce n'est qu'en ce qui concerne les entreprises ou les marchés que les administrations des chemins de fer pourraient faire où passer en dehors de leur voie ferrée et des obligations qui leur sont imposées par leurs statuts que, recouvrant leur liberté commerciale, elles pourraient se trouver placées sous le coup des dispositions générales de l'art. 419 c. pén.; — Attendu qu'il y a lieu par suite d'envisager le moyen invoqué en dehors du fait d'abaissement du tarif de la voie ferrée, lequel serait une contravention aux statuts spéciaux de la compagnie du chemin de fer, dans le cas où cet abaissement aurait eu lieu sans l'agrément de l'autorité administrative, contravention qui fait l'objet du quatrième moyen de cassation ; — Attendu que sur ce moyen ainsi ramené à sa véritable portée, l'arrêt attaqué constate enfin qu'il n'y a rien de frauduleux dans le traité passé par la compagnie, avec Renard dans la fixation du bas prix des transports de la station de Saint-Victor à Saint-Saëns et à Neufchâtel, parce que ce traité, cette fixation du prix, ne sont de la part de la compagnie que l'exercice du droit de concurrence, qu'on ne peut lui contester; » ce qui constitue une appréciation souveraine de fait qui échappe à la censure de la cour suprême;

Sur le quatrième moyen de cassation, formulé contre Lapeyrière seulement, et fondé sur ce que l'arrêt a violé l'art. 20 de la loi du 15 juill. 1845, sur le tarif des chemins de fer, et les art. 44 et 49 de l'ordonnance réglementaire du 15 nov. 1846, en déniant aux faits de la cause le caractère d'abaissement indirect et illégal du tarif du chemin de fer de Rouen à Dieppe : — Vu les art. 35 et 41 du cahier des charges annexé à la loi du 19 juill. 1845, 20 de la loi du 15 du même

mois, 44 et 49 de l'ordonnance réglementaire du 15 nov. 1846; — Attendu que Fauchet se base, pour établir le bien fondé de ce moyen, sur ce que le prix payé par chaque voyageur pour la route de terre de Neufchâtel et Saint-Saëns à Saint-Victor est dérisoire, et sur ce que le prix devant être ajouté à celui reçu pour le parcours de la voie ferrée pour en apprécier la véritable élévation, il en résulte une diminution indirect considérable du tarif du chemin de fer, opéré sans l'autorisation de l'administration; — Attendu qu'aux termes des art. 44 et 49 de l'ordonnance du 15 nov. 1846, les administrations des chemins de fer ne peuvent faire aucune modification à leur tarif sans l'agrément de l'administration; cette disposition doit se combiner avec celles qui règlent leurs rapports avec les autres entreprises de transport; — Attendu que, si l'art. 5 de la loi du 7 juill. 1838, portant concession du chemin de fer de Paris à Orléans, lui interdit de former aucune entreprise de transport de voyageurs ou de marchandises sur terre ou par eau pour desservir les routes aboutissant à cette voie de fer, c'est là une disposition spéciale à cette exploitation, qui ne se trouve pas reproduite dans la loi de concession et dans le cahier des charges concernant le chemin de fer de Rouen à Dieppe; — Attendu, au contraire, que l'art. 41 de son cahier des charges, en interdisant seulement à cette compagnie de faire avec des entreprises de transport des arrangements qui ne seraient pas également consentis en faveur de toutes les entreprises desservant les mêmes routes, autorise sous cette restriction les marchés que peuvent passer les compagnies de chemins de fer avec des entrepreneurs de voitures pour amener les voyageurs à leurs stations; — Attendu qu'il résulte du rapprochement de ces dispositions qu'on ne saurait arguer des arrangements pris par une compagnie de chemin de fer pour en faire résulter une modification du tarif du parcours de la voie ferrée en faveur des voyageurs qui seraient amenés par cette entreprise ; — Attendu qu'on ne saurait joindre le prix perçu pour le parcours de la voie de terre au prix de parcours de la voie de fer pour en tirer la conséquence qu'il y a une modification indirecte du tarif de cette dernière voie; — Attendu que, dans l'espèce, Renard étant le seul entrepreneur conduisant les voyageurs de Neufchâtel et Saint-Saëns à Saint-Victor, la compagnie du chemin de fer a pu traiter avec lui aux conditions qui lui ont paru les plus avantageuses pour le développement légitime de son industrie; — Attendu que l'arrêt attaqué constate en fait qu'en dehors des prix perçus pour le parcours de la voie de terre, la compagnie percevait le prix intégral de son tarif pour la voie publique ferrée, de la part de tous les voyageurs qui s'en servaient, sans distinguer entre ceux qui lui étaient amenés par Renard et ceux qui se rendaient à Saint-Victor par tout autre moyen ou y prenaient directement la voie de fer; — Attendu que, dans ces circonstances, l'arrêt attaqué, en relaxant Lapeyrière des poursuites dirigées contre lui pour avoir contrevenu aux dispositions réglant les tarifs des chemins de fer, loin d'avoir violé les art. 35 et 41 du cahier des charges annexé à la loi du 19 juill. 1845, 20 de la loi du 15 du même mois, 44 et 49 de l'ord. réglem. du 15 nov. 1846, en a fait une saine interprétation.

Par ces motifs, rejette le pourvoi formé par Fauchet contre l'arrêt de la cour impériale de Rouen, du 5 mars 1855, qui renvoie Renard et Lapeyrière des poursuites dirigées contre eux par ledit Fauchet.

Du 30 juill. 1855.-C. C., ch. crim.-MM. Laplagne-Barris, pr.-V. Foucher, rap.-Raynal, av. gén., c. conf.-Ripault et Moreau, av.

lourds fardeaux, même sous le poids des locomotives, et leur force devant être calculée pour cela ; — Attendu qu'un wagon lancé sur un autre pour faire tourner une plaque qui résiste à la force des bras, ne peut pas, quelles que soient les habitudes alléguées en ce point, être considéré comme un moyen régulier d'impulsion ; que la violence du choc ne peut se calculer et se mesurer, de manière à faire coïncider les rails qui doivent se rencontrer, pour un changement de voie, au moyen de la plaque mobile ; — Attendu qu'ainsi la compagnie, ou les agents dont elle répond, ont encouru le reproche d'une double faute, sans laquelle l'accident ne serait pas arrivé ; — Attendu que ceci étant établi, s'il y a eu imprudence de la part de Demaison, en ce qu'il aurait mal placé la main qui a été mutilée, il n'en résulterait pas que la responsabilité de la compagnie devrait être écartée, mais seulement que cette imprudence devrait être prise en considération dans la fixation des dommages-intérêts, de manière à faire à chacun la part de sa faute et de son imprudence ; que c'est en suite de cet examen, auquel la cour se sera livrée, que sera fixée cette indemnité, etc. » (Lyon, aff. ch. de fer de Paris à Lyon et à la Méditerranée; Gaz. des trib., sept. 1862).

631. Le 9 nov. 1860, à onze heures du soir, un agent travaillant à la gare de Marseille, le chef de gare lui donne l'ordre de se tenir, ainsi que cinq autres employés, sur la sixième voie, et d'accrocher les wagons qui s'y trouvaient ; au même instant, le même chef donnait à un aiguilleur l'ordre de tenir les aiguilles pour faire passer sur la huitième voie un train qui arrivait. Cet aiguilleur se trompe et la train qui arrivait sur la huitième voie passe sur la sixième, et vient à choquer le wagon que le demandeur était en train d'accrocher. Une balle mal arrimée s'en détache, tombe sur lui, et il a le pied écrasé par le train arrivant. Il subit l'amputation de la jambe. Sur sa demande en dommages-intérêts, formée contre la compagnie du chemin de fer de Paris à Lyon et à la Méditerranée, celle-ci s'en rapporte à justice, en témoignant au malheureux employé le plus louable intérêt. L'indemnité qui lui a été allouée se divise en deux parts : outre une pension viagère de 600 fr., une somme de 2,000 fr. lui a été allouée en première instance et portée à 3,000 fr. en appel, afin qu'il pût acheter une industrie ou se créer une industrie (Aix, 2 avr. 1862 ; Gaz. des trib., 28 mai 1862).

632. Les entrepreneurs auxquels la compagnie a confié l'exécution des travaux doivent être réputés les mandataires de cette compagnie et, par conséquent, celle-ci est responsable des accidents survenus par leur faute dans l'exécution des travaux (V. n° 156). — C'est ce qui a été décidé dans l'espèce suivante. — La compagnie du chemin de fer du Nord, concessionnaire d'un embranchement de Senlis à Chantilly, a confié l'exécution des travaux à un entrepreneur général et à forfait. Cependant, elle a stipulé à son profit la garantie pour tous les accidents qui seraient le résultat des imprudences des entrepreneurs. Les travaux furent confiés par l'entrepreneur général au sieur Farina, sous-traitant. — Pour leur exécution, l'ancienne route de Senlis à Crépy fut coupée dans tout son travers par une large tranchée profonde de 7 mèt. L'abord n'en était défendu que par une faible barrière, haute tout au plus de 1 mèt., et qui n'était point éclairée la nuit. — Le 6 sept. 1861, vers onze heures du soir, les sieurs Boisseau et Bauxie se rendaient de Senlis à Crépy, dans une voiture attelée d'un cheval et munie d'une lanterne ; ni les conducteurs de la voiture ni le cheval ne furent avertis de l'existence de cette barrière, qui s'abattit sans qu'on s'en aperçût ; la voiture roula dans le précipice. — Le sieur Boisseau y trouva la mort à côté de son compagnon, qui était atteint de blessures graves. Sur la poursuite du ministère public, le sieur Farina, entrepreneur pour le compte de la compagnie du Nord, fut condamné correctionnellement comme coupable d'homicide par imprudence, à raison de l'accident qui avait causé la mort de Boisseau. — Le sieur Boisseau laissait après lui une veuve et trois enfants mineurs. — La veuve ayant intenté devant le tribunal civil de la Seine contre la compagnie du Nord une action en responsabilité, tendant à obtenir 125,000 fr. de dommages-intérêts, ce tribunal, par jugement du 5 juin 1862, a condamné la compagnie du

Nord à lui payer la somme de 60,000 fr., à répartir par quart entre la mère et les trois enfants, avec les dépens.

La compagnie a interjeté appel de ce jugement ; sur cet appel, le préfet de la Seine ayant élevé un déclinatoire, rejeté par arrêt du 14 juill. 1863, puis le déclinatoire ayant été suivi de l'élévation du conflit, le conseil d'État a annulé ce conflit par arrêt du 13 nov. 1863. — L'affaire étant ainsi revenue devant la cour d'appel de Paris, la compagnie fondait son appel sur ce qu'ayant traité à forfait avec l'entrepreneur général, elle ne pouvait pas être rendue responsable de sa négligence, ni des faits personnels du sous-traitant. Ce moyen a été rejeté par les motifs qui suivent : — « Considérant que lorsqu'un entrepreneur exécute des travaux pour le compte d'un propriétaire, la responsabilité de celui-ci dans les accidents résultant de l'entreprise se mesure sur ce qu'il s'est réservé de direction et d'autorité ; — Que si l'entrepreneur est complétement maître dans la direction et les opérations, il est seul responsable ; — Que si, au contraire, il est placé pour une part sous la surveillance directe du propriétaire, celui-ci reste pour cette part responsable des travaux dans lesquels les imprudences et les négligences deviennent des fautes communes aux deux intéressés ; — Considérant que, dans la cause, s'agissant de l'entreprise d'un chemin de fer, la direction générale en était nécessairement maintenue entre les mains de la compagnie ; — Que, sans doute, les entrepreneurs travaillaient à forfait en ce sens que le prix des travaux et leur nature étaient fixés à l'avance ; mais que la conduite et les détails de l'opération étaient, par la nature des choses et par les dispositions mêmes du cahier des charges, sous la constante autorité des ingénieurs du chemin de fer ; — Que si, dans certains détails de l'entreprise, le choix des terrassiers et la conduite de leur travail, l'entrepreneur, agissant seul, pourrait être considéré comme seul responsable, il n'en est pas de même quand il s'agit des rapports avec le public, des précautions générales qui tiennent à l'ensemble de l'opération, et qui constituent précisément la partie sur laquelle la compagnie a pu et dû conserver son autorité absolue ; — Considérant qu'elle l'a ainsi reconnu elle-même, puisque, dans les art. 6 et 11 des conditions imposées à ses entrepreneurs, elle a stipulé la garantie à son profit pour tous les accidents qui seraient le résultat des imprudences desdits entrepreneurs ; — Que, sans doute, cette stipulation ne constitue pas de sa part un engagement dont les tiers puissent se prévaloir, mais qu'elle exprime la pensée de la compagnie elle-même, qui, se réservant la direction, comprenait qu'elle gardait, par suite, la responsabilité ; — Considérant que les précautions à prendre pour la sûreté publique dans le cas où une excavation était creusée au travers d'une route, était du nombre des mesures qui tombaient sous la surveillance de la compagnie, que celle-ci avait le droit et le devoir de les prescrire à l'entrepreneur ; — Qu'ainsi sa responsabilité dans la négligence sur ce point ne peut être méconnue ; — Adoptant au surplus les motifs des premiers juges, ordonne que ce dont est appel sortira effet. » (Paris, 1re ch., 30 janv. 1864, aff. Boisseau C. comp. du Nord, Gaz. trib. 31 janv. 1864 ; Ann. off. des ch. de fer, p. 653).

633. L'individu poursuivi pour crime et acquitté à la suite d'une déclaration de non-culpabilité, peut, sans qu'il y ait violation de la chose jugée, être ultérieurement actionné en dommages-intérêts devant la juridiction civile, à raison du même fait, considéré comme délit ou quasi-délit (V. Chose jugée, n° 556). — Le devoir des maîtres et commettants étant de veiller sur leurs ouvriers et préposés, et d'écarter d'eux, dans la mesure du possible, tous les dangers qui peuvent les menacer, cette règle doit être appliquée d'une manière plus directe encore lorsqu'il s'agit d'un être moral, comme une compagnie de chemin de fer. Spécialement, une compagnie peut être déclarée responsable de la mort d'un de ses employés, alors même que la cause en serait restée inconnue, lorsque c'est par suite d'un ensemble d'actes de négligence ou d'inobservation des règlements et d'un manque de précautions que cette mort a pu être occasionnée ou facilitée (Lyon, 22 août 1863) (1).

634. L'État, lorsque le chemin de fer est exploité à ses

---

(1) Espèce :— (Veuve Saumetton.)— Dans la nuit du 1er déc. 1861,   Guillaume Saumetton, chauffeur, employé dans les ateliers de l'usine du

frais et pour son compte, est soumis à la même responsabilité, d'après la disposition finale de l'art. 22 de la loi de 1845. — Cette règle ne peut recevoir d'application, puisqu'en France il n'existe aucune ligne qui soit exploitée pour le compte de l'Etat. — En Belgique, où beaucoup de lignes ferrées appartiennent au gouvernement et sont exploitées pour son compte, il a été jugé, par application de la règle générale du code civil : 1° que l'Etat est responsable du dommage causé à un citoyen par suite d'une explosion provenant d'une imprudence, sauf son recours contre l'employé coupable (Liége, 8 mars 1849, Pasicr., même année, p. 287; Gand, 30 mai 1851, Pasicr., même année, p. 228; C. C. de Belgique, 14 juin 1852, Pasicr., même année, p. 370); — 2° Que l'Etat, représenté par l'administration d'un chemin de fer, est tenu à des dommages-intérêts à raison des blessures reçues par suite d'un accident arrivé par la négligence d'un garde excentrique (Bruxelles, 6 mai 1850, Belg. jud., t. 8, p. 674).— Un arrêt de la cour de cassation de Belgique, du 23 fév. 1850 (Pasicr., p. 163), s'était prononcé en sens contraire; mais, selon la remarque de M. J. Gendebien, Ch. de fer, p. 27, la jurisprudence est désormais fixée dans le sens de la responsabilité absolue.

635. *Prescription de l'action civile naissant d'un crime ou d'un délit.*—L'action civile à raison d'un crime ou d'un délit, que les art. 637 et suiv. c. inst. crim. déclarent prescriptible par le même temps que l'action publique, peut-elle néanmoins survivre à celle-ci ? — Non, suivant l'opinion généralement adoptée par la doctrine et par la jurisprudence (V. Prescript. crim., n°s 94 et suiv.). — Nous avons traité cette question *loc. cit.*; nous ne voulons pas la reprendre dans son principe, mais seulement compléter cette importante discussion en rapportant ici

des décisions judiciaires qui ont admis que l'action civile en dommages-intérêts résultant d'un fait qui pouvait être qualifié crime ou délit, n'était pas par cela même nécessairement soumise à la même prescription que l'action publique. Les espèces se rapportent à des accidents ordinaires dans les entreprises de transport et particulièrement dans les chemins de fer.

636. Il est reconnu que si le fait dommageable a donné lieu à une poursuite criminelle suivie de condamnation, la décision du juge de répression a force de chose jugée au civil, de telle sorte que le juge, saisi séparément de l'action en dommages-intérêts, ne peut donner au fait une qualification différente de celle qui lui a été imprimée par le tribunal de répression (V. Prescrip. crim., n° 95). — Par contre, si l'inculpé a été l'objet d'un acquittement fondé sur l'absence d'intention frauduleuse, cet acquittement, qui enlève au fait poursuivi le caractère délictueux, a également force de chose jugée devant la juridiction saisie plus tard de l'action civile. Par suite, l'auteur du dommage qui sert de fondement à cette action est mal fondé à opposer à la poursuite la prescription du droit criminel; le juge civil est lié par la décision du juge de répression, il ne lui est pas permis de reconnaître comme crime ou délit le fait auquel ce dernier juge a refusé d'attribuer un pareil caractère. Il ne reste plus dans de telles circonstances qu'une faute civile, qu'un cas de responsabilité dans les termes de l'art. 1382 c. nap. soumis à la prescription du droit civil; c'est ce qui a été jugé (Paris, 24 mars 1855) (1). — V. Chose jugée, n° 556.

637. Lorsque aucune poursuite n'a été exercée au criminel, il appartient au juge saisi directement de l'action civile de vérifier la nature et la qualité des faits; s'il reconnaît que le fait dommageable constitue un crime ou un délit, il faudra nécessairement

---

chemin de fer à Orléans, fut trouvé sans vie près d'une chaudière dont il était chargé d'alimenter le feu. Il fut reconnu que la mort procédait de blessures criminelles. — B... traduit devant le jury, fut acquitté; mais sur les réquisitions de la veuve Saumetton, qui s'était portée partie civile, il fut condamné par la cour d'assises comme responsable de la mort de Saumetton, et fut condamné à payer à la veuve une rente viagère de 500 fr. — Cet arrêt fut cassé par défaut de motifs, et la question de responsabilité fut renvoyée devant le tribunal civil de Villefranche. Ce tribunal, après avoir discuté tous les faits allégués par la veuve Saumetton, a jugé que B... ne saurait, à aucun point de vue, être déclaré responsable de la mort de Saumetton, et quel que soit, en définitive, le système adopté pour expliquer la cause, mais que la compagnie en était responsable.

Ce jugement est ainsi conçu : — « En ce qui concerne la compagnie du chemin de fer : — Attendu qu'il est de principe que les maîtres et commettants ont le devoir de veiller avec soin sur leurs ouvriers et préposés, de les protéger avec une sollicitude constante, et d'écarter d'eux, dans la mesure du possible, tous les dangers qui peuvent les menacer dans les fonctions auxquelles ils sont employés; que cette règle, basée sur la loi (art. 1384 c. nap.), l'équité, la raison et l'ordre public même, doit être appliquée d'une manière plus directe encore lorsqu'il s'agit d'un être moral, comme une compagnie de chemin de fer, qui occupe un très-grand nombre d'ouvriers venus de tous les côtés, et qui pourrait, à raison même de l'absence d'une responsabilité directe et personnelle de la part de ses employés, négliger plus facilement les soins, la surveillance et les mesures de précautions qui lui sont imposés; — Attendu, en fait, qu'il résulte évidemment des débats à la barre, de la procédure criminelle et de l'ensemble de tous les documents versés au procès, que la compagnie a à s'imputer le tort de n'avoir pas exercé, dans la nuit du 1er déc. 1861, une surveillance active parmi les ouvriers de l'usine; — Attendu que cette négligence fut révélée principalement par les faits suivants : que l'ivresse a été tolérée dans les ateliers, etc., etc. ; — Qu'un excès de travail a été, sinon imposé aux ouvriers, au moins toléré de leur part; que Saumetton, spécialement, avait fourni, sans trêve ni repos, un travail continu de près de quarante heures; qu'on pouvait avec assez de facilité s'introduire du dehors dans l'intérieur de l'usine, et cela sans que les gardiens aient pu s'en apercevoir; qu'enfin un homme a pu mourir frappé de mort violente, résultat, soit d'un crime, soit d'un délit, soit même d'un simple accident, sans que personne dans les ateliers ait rien vu ni entendu, et sans qu'on ait pu en conséquence lui prêter le moindre secours; — Attendu que, dans de pareilles circonstances, il est impossible de ne pas admettre, de la part de la compagnie du chemin de fer, l'existence d'une négligence caractérisée, qui a occasionné ou facilité réellement le déplorable événement dont il s'agit, ou qui a, tout au moins, dans une forte mesure aggravé les circonstances dommageables; — Par ces motifs, le tribunal, en déclarant la veuve Saumetton mal

fondée dans sa demande contre B..., a condamné la compagnie du chemin de fer à lui payer : 1° une somme de 2,000 fr. pour dommages-intérêts, une fois payée; 2° plus la somme annuelle viagère de 550 fr. payable par trimestre, et d'avance à partir du 27 mai 1862; 3° les dépens de la cause. » — Appel. — Arrêt.

La Cour : — Adoptant les motifs des premiers juges; — Confirme.
Du 22 août 1863.—C. imp. de Lyon.

(1) *Espèce* : — Pot C. Guyot.)—Dans une nuit du mois d'avr. 1845, Pot et sa mère ont trouvé sur la voie publique, et enlevé un ballot de marchandises tombé d'une voiture de roulage qui était conduite par les préposés du sieur Guyot entrepreneur, et en ont disposé à leur profit. Une poursuite dirigée contre eux plus de dix années après a été suivie d'un acquittement. Le sieur Guyot, qui avait remboursé la valeur des ballots à l'expéditeur, les a alors assignés en justice ordinaire pour qu'ils eussent à lui tenir compte du préjudice qu'ils lui avaient causé. Les défendeurs ont prétendu, d'une part, qu'ils étaient couverts par la prescription triennale, le fait de la demande, s'il était prouvé, devant offrir le caractère d'un délit, et d'autre part, que le verdict du jury emportait force de chose jugée en leur faveur. — 17 mai 1854, jugement du tribunal de Meaux qui rejette ces deux exceptions et admet le demandeur à la preuve des faits par lui articulés. — Appel. — Arrêt.

La Cour; — Considérant qu'il résulte, dès à présent, des documents produits, que, dans la nuit du 11 au 12 avr. 1845, Pot et sa mère ont trouvé sur la voie publique et enlevé un ballot de march ndises tombé de la voiture de roulage conduite par les préposés de Guyot, et ont disposé de son contenu à leur profit;—Que, par cette réunion de faits, ils ont rendu nécessaire le payement par Guyot à l'expéditeur du prix des marchandises renfermées dans le ballot, et causé par leur faute à Guyot un préjudice dont ils lui doivent réparation ;— Considérant que si ces faits, à raison de l'intention frauduleuse qui aurait présidé à leur consommation, ont donné lieu, contre Pot et sa mère, à une accusation de soustraction frauduleuse, et si cette accusation a été purgée par un verdict du jury portant acquittement, cette décision a enlevé à ces faits tout caractère criminel, mais n'exclut pas nécessairement leur existence matérielle; — Considérant que l'action civile de Guyot est fondée uniquement sur la matérialité de ces faits et la faute civile qui en résulte, et non sur les éléments qui en constitueraient la criminalité; que cette action ne dérive ni d'un crime ni d'un délit, mais du principe consacré par l'art. 1382 c. nap.; qu'elle ne peut donc être repoussée ni par la prescription de trois ou de dix ans ni par l'autorité de la chose jugée par le verdict du jury; — Considérant que la cour a les éléments nécessaires pour fixer la réparation du dommage causé; — Sans s'arrêter ni n'avoir égard aux fins de non-recevoir opposées à l'action de Guyot, infirme ; sur l'appel incident dudit Guyot, condamne Pot et sa mère, le premier par corps, à payer audit Guyot 3,000 fr., à titre de dommages-intérêts, etc.

Du 24 mars 1855.—C. de Paris, 4e ch.-M. d'Esparbès de Lussan, pr.

suivre, quant à la prescription, les règles des art. 637 et suiv. c. inst. crim.; s'il n'y voit, au contraire, qu'une simple faute, c'est alors la prescription du droit civil qui est seule applicable. — Il a été jugé sur ce point que le caractère du fait imputé au défendeur ne saurait être nécessairement déterminé par la qualification qui ressort, pour quelques-uns de ces faits, du libellé de la demande et de l'articulation ; que c'est au juge qu'il appartient de vérifier la nature et la qualité des faits délictueux, lorsque le temps de la prescription est accompli; qu'en conséquence, et bien que dans le fait d'où est résulté le dommage, on puisse trouver certains éléments du délit puni par l'art. 319 c. pén., il suffit qu'il y ait dans la cause d'autres faits qui seuls suffiraient pour engager la responsabilité du défendeur dans les termes de l'art. 1382 c. nap. pour qu'il n'y ait pas lieu de s'arrêter à l'exception de prescription tirée de l'art. 638 c. inst. crim. (Paris, 5 mai 1859) (1). — Cet arrêt vient à l'appui de la doctrine d'un auteur estimé : « Si la partie lésée, dit-il, au lieu de baser sa demande sur le délit qualifié, n'invoque que le fait dommageable en lui-même, en le considérant comme une faute donnant droit à des réparations, en vertu de l'art. 1382 c. nap., sa demande sera-t-elle néanmoins repoussée par la même prescription que si ce fait était poursuivi criminellement? Cette question ne peut se résoudre d'une manière absolue. Il faut tenir compte des circonstances, etc. » (M. Sourdat, Tr. de la respons., t. 1, p. 182, n° 379).

638. Enfin, une autre espèce analogue offre d'autres motifs de décider. Mais, avant d'en établir les faits, nous rappellerons qu'il a été souvent jugé que lorsqu'à côté des circonstances qui donneraient lieu à une poursuite criminelle, il se place, soit un contrat, soit d'autres faits n'ayant pas le caractère délictueux, deux actions complétement distinctes et indépendantes existent en même temps au profit de la partie lésée. La première a sa source dans le délit même, et c'est seulement pour les cas où il n'en existe pas d'autre, ou lorsque c'est le fait criminel ou délictueux qui est l'unique générateur du droit et de l'action en réparation que la prescription du droit criminel est opposable; l'autre a sa source dans le contrat ou dans les autres faits, qui, ne tombant pas sous l'application de la loi pénale, ne constituent que des quasi-délits; alors peu importe le sort de la première action, peu importe qu'elle ait été couverte par la prescription triennale ; pour avoir perdu celle-là, la partie ne conserve pas moins la seconde, qui, ayant une origine distincte et purement civile, ne peut être repoussée que par la prescription trentenaire. — Cette doctrine est consacrée par beaucoup d'arrêts que nous avons cités v° Prescript. crim., n°s 100 et 101, relativement aux faits d'usurpation de chemin vicinal, ou autres délits ruraux, de dilapidation de deniers publics, de crime de concussion, d'entraves à la liberté des enchères. Nous pouvons y ajouter les espèces de détournement de fonds, au préjudice des créanciers d'une faillite (Civ. cass. 28 août 1855, aff. Clairey, D. P. 55. 1. 407), de détournement par un locataire de la moitié d'un trésor pour lui découvert, qui appartenait au propriétaire du fonds (Angers, 15 juill. 1851, aff. Bergeret, D. P. 52. 2. 36).

639. Revenons à notre dernière espèce, se rattachant aux chemins de fer : Durand, employé du sieur Jeanne, entrepre-

neur de travaux du chemin de fer à Lizieux, était chef d'atelier pour la maçonnerie. Le 26 juill. 1856, il est distrait de ses occupations ordinaires et mis en réquisition pour extraire des matières et des pièces de bois restées dans un tunnel. Pour opérer ce travail, il dut se placer sur un pont au-dessous duquel se trouvait un puits de 33 mètr. de profondeur. L'extraction se faisait au moyen d'un câble qui s'enroulait autour d'un treuil placé lui-même sur le puits. Le pont était mobile et à roulettes; il se divisait en deux parties distinctes, s'avançant de chaque côté du puits et faisant leur jonction au milieu. Au moment où Durand faisait fonctionner le câble auquel était suspendue une pièce de bois, la partie du pont sur laquelle il travaillait se détache, recule sur elle-même, et le malheureux ouvrier précipité dans le vide y trouve la mort en accomplissant le travail qui lui avait été commandé par le sieur Jeanne, entrepreneur. — En 1862, sa veuve introduit devant le tribunal de Lizieux, tant en son nom qu'au nom de ses enfants, une action civile en dommages-intérêts contre le sieur Jeanne, qui oppose la prescription triennale, résultant des art. 2, 3 et 638 c. inst. crim. Le tribunal rejette cette exception en se fondant sur ce que les faits imputés à Jeanne, et qui auraient occasionné la mort de Durand, ne sont nullement délictueux; que l'action de l'exposante se fonde sur l'inaccomplissement du contrat de louage d'ouvrage et d'industrie passé entre les sieurs Jeanne et Durand ; que ce contrat obligeait le premier à prendre les précautions nécessaires pour garantir la vie de ses ouvriers, et en conséquence le tribunal autorise la preuve des faits articulés par la demanderesse. Mais, sur l'appel du sieur Jeanne, la cour de Caen a infirmé ce jugement par les motifs qui suivent : — « Considérant que les faits, dont la veuve Durand demande à faire la preuve établiraient, s'ils étaient vérifiés, que c'est par suite d'un imprudence ou d'une négligence imputables à Jeanne qu'est arrivé l'accident dont son mari a été victime; — Considérant qu'il ne s'agit pas dès lors, dans l'espèce, d'une mauvaise exécution du contrat, mais que Jeanne aurait commis le délit prévu par l'art. 319 c. pén. et puni des peines correctionnelles; — Considérant qu'aux termes des art. 2 et 3 c. inst. crim., l'action en réparation du dommage causé par le délit s'éteint par la prescription à laquelle est soumis le délit lui-même, soit que cette action ait été exercée en même temps et devant les mêmes juges que l'action publique, soit qu'elle l'ait été séparément et devant d'autres juges ; et alors même que, par des considérations particulières, le ministère public n'aurait pas jugé convenable de poursuivre la réparation du délit ; — Considérant que, d'après l'art. 336 du même code, la durée de la prescription est de trois années révolues, s'il s'agit d'un délit de nature à être poursuivi correctionnellement, et que, dès lors, l'action civile résultant de ce délit est prescrite par le même délai de trois années; — Considérant que c'est le 26 juill. 1858 que Durand a succombé victime des faits dont sa veuve poursuit aujourd'hui la réparation, et qu'elle n'a régulièrement formé sa demande, pour la première fois, que le 18 janv. 1862, plus de trois ans après l'événement qui a motivé l'action, dès lors, sa demande doit être repoussée par l'exception de prescription invoquée

(1) *Espèce :* — (Mangin C. ch. de fer de l'Est.) — Dans un accident de chemin de fer arrivé à la gare d'Epernay, le sieur Mangin, lampiste au service de la compagnie de l'Est, fut blessé par une machine remorquant un train de voyageurs au moment où il venait de porter un signal à un train prêt à partir ; ses graves blessures amenèrent l'amputation d'une jambe et la réduction de deux fractures de l'autre jambe. Outre des secours qu'il reçut de la compagnie, plusieurs fonctionnaires l'entretinrent dans l'espoir d'y obtenir un emploi. Mais ses infirmités le rendant incapables de toute fonction, après six ans d'attente, il dirigea contre la compagnie une action en dommages-intérêts. La compagnie lui opposa la prescription en se fondant sur ce que la demande reposait sur un fait délictueux, pour lequel toute action était prescrite par trois ans. — La cour de Paris a repoussé cette exception dans les termes suivants. — Arrêt.

La cour;—Considérant que le caractère des faits imputés à la compagnie ne saurait être nécessairement déterminé par la qualification qui ressort, pour quelques-uns de ces faits, du libellé de la demande et de l'articulation ; qu'en cette matière, il appartient au juge de vérifier la nature et la qualité des faits délictueux qui lui sont soumis, soit pour faire prévaloir le principe d'ordre public qui défend la recherche des

faits délictueux lorsque le temps de la prescription est accompli, soit pour donner effet au principe de droit et d'équité qui distingue la faute du délit, et permet de demander la réparation du dommage occasionné par la faute, quand la réparation des torts causés par le délit ne pourrait plus être poursuivie ; — Que cette distinction se présente d'elle-même dans l'espèce ; — Que la partie publique qui les a connus au moment même où ils venaient de s'accomplir, ainsi que le constate le rapport du commissaire de surveillance administrative, n'y a pas trouvé les éléments d'un délit, puisqu'il ne les a pas poursuivis ;—Que si, parmi les faits articulés au nom de l'appelant, on relève le défaut d'éclairage et la négligence du conducteur qui n'aurait pas donné le signal d'avertissement en entrant dans la gare et, si, dans ses griefs, on peut trouver certains éléments du délit prévu par l'art. 319 c. pén., lesquels, à défaut d'interruption de la prescription, ne pourraient plus être l'objet de l'action civile, il faut reconnaître que la demande s'appuie encore sur d'autres faits qui, sans rentrer exactement dans la définition de la loi pénale, suffiraient seuls pour engager la responsabilité de la compagnie dans les termes de l'art. 1582 c. nap. ; — Sans s'arrêter à l'exception de prescription, infirme, etc.

Du 5 mai 1859.–C de Paris, ch. civ.

par Jeanne. » — Le recours en cassation que la veuve Durand entendait former pour fausse application des art. 2, 3 et 636 c. inst. crim. et violation des art. 1779 et 2262 c. nap., ne pouvait s'exercer que sous le bénéfice de l'assistance judiciaire: admise à ce bénéfice par le bureau de la cour de cassation, sa cause a été confiée à la science et au talent de Me Groualle. Un intérêt d'humanité nous fait espérer que la cour suprême maintiendra dans cette cause sa doctrine, concernant la violation d'obligations conventionnelles qui peut donner lieu à une action en réparation de dommages dont un fait délictueux n'est pas l'unique générateur.

Sect. — 8. *Agents chargés de constater les crimes, délits et contraventions commis sur les chemins de fer.*

640. La police des chemins de fer se divise, on l'a vu, en deux branches principales : 1° la surveillance de l'exploitation commerciale et le contrôle de la gestion financière des compagnies; 2° la constatation des crimes, délits et contraventions qui peuvent se commettre, tant sur la voie ferrée elle-même que sur les travaux qui en dépendent.

641. Les dispositions relatives à la surveillance de l'exploitation commerciale étaient contenues dans l'ordonnance réglementaire des 15-21 nov. 1846, art. 52 à 60, qui avait organisé un système de surveillance mixte par des agents qui relevaient tout à la fois de deux ministères. Les tiraillements qui résultaient de cet état de choses avaient donné naissance à des arrêtés des 20 mai, 29 juill. 1848, qui supprimèrent ces agents et les remplacèrent par des commissaires spéciaux. Des doutes s'étant élevés sur la légalité de ces arrêtés, la loi du 27 fév. 1850 eut pour objet de couvrir leur irrégularité (V. p. 853). Puis intervinrent les décrets des 27 mars-19 avr. 1852, 26 juill.-1er déc. de la même année, le premier qui soumet à la surveillance de l'administration le personnel actif des employés des compagnies, le second qui crée des inspecteurs de l'exploitation commerciale (V. *suprà*, p. 853); enfin le décret des 17 juin-8 juill. 1854 qui institue des inspecteurs généraux pour la surveillance de l'exploitation commerciale et le contrôle de la gestion financière des compagnies (V. *eod.*). — Ce n'était pas assez : les commissaires et sous-commissaires de surveillance administrative, en leur qualité d'officiers de police judiciaire, dont ils sont investis par les dispositions précitées, pouvaient bien, dans certains cas, constater les délits parvenus accidentellement à leur connaissance, mais ils n'avaient aucune initiative pour les rechercher et les prévenir. C'est à quoi il a été pourvu par le décret des 22 fév.-15 déc. 1855 qui créa trente commissaires de police et soixante-dix inspecteurs de police spéciaux pour la surveillance des chemins de fer (V. p. 854). C'est dans le rapport du ministre de l'intérieur, qui a précédé ce décret, que se trouve exprimée la pensée, telle que nous venons de la résumer, de changer l'état de choses précédent. — Ensuite ont été publiés : le décret du 28 mars 1855, qui a créé à Paris un commissariat central de police des chemins de fer (V. *eod.*); — Le décret du 1er sept. 1862, plaçant la surveillance des chemins de fer sous la direction de cinq commissaires divisionnaires de police, dont la circonscription et la résidence seront déterminées par le ministre de l'intérieur : ils sont chargés de surveiller le personnel des commissaires spéciaux de police et des inspecteurs spéciaux de police établis sur les chemins de fer (V. *suprà*, p. 854); — Le décret du 15 avr. 1863, établissant que, dans les localités où il n'existe pas de commissaires spéciaux de police, le commissaire de police en résidence, ou, s'il y a plusieurs commissaires de police, le commissaire central, exercera la surveillance sur le chemin de fer et ses dépendances, conformément au décret du 22 fév. 1855, et sous la direction des commissaires divisionnaires conformément au décret du 1er sept. 1855 (V. *eod.*).

642. Les agents appelés à constater les crimes, délits et contraventions commis sur les chemins de fer ou sur leurs dépendances, ainsi que les formes des procès-verbaux, sont indiqués dans les art. 23 et 24 de la loi du 15 juill. 1845. Ces articles sont ainsi conçus : « Art. 23. Les crimes, délits ou contraventions, prévus dans les tit. 1 et 3 de la présente loi pourront être constatés par des procès-verbaux dressés concurremment par les officiers de police judiciaire. — Les ingénieurs des ponts et chaussées et des mines, les conducteurs, gardes-mines, agents de surveillance et gardes nommés ou agréés par l'administration et dûment assermentés. — Les procès-verbaux des délits et contraventions feront foi jusqu'à preuve contraire. — Au moyen du serment prêté devant le tribunal de première instance de leur domicile, les agents de surveillance de l'administration et des concessionnaires ou fermiers pourront verbaliser sur toute la ligne du chemin de fer à laquelle ils seront attachés. — Art. 24. Les procès-verbaux dressés en vertu de l'article précédent seront visés pour timbre et enregistrés en débet. — Ceux qui auront été dressés par des agents de surveillance et gardes assermentés devront être affirmés dans les trois jours, à peine de nullité, devant le juge de paix du lieu, soit du domicile de l'agent, soit de la résidence de l'agent. » — Aux agents énumérés dans l'art. 23 ci-dessus, l'ordonn. réglem. des 15-17 nov. 1846, art. 51 et suiv., a ajouté les commissaires spéciaux de police et les agents sous leurs ordres. On a indiqué au numéro précédent comment le système mixte organisé par cette ordonnance avait été successivement modifié par la loi du 27 fév. 1850, par les décrets de 1852, 1854 et 1855. —Les agents institués par ces divers décrets sont appelés, de même que ceux indiqués dans l'art. 23, à constater les crimes, délits ou contraventions commis sur les chemins de fer. Et comme l'art. 23 donne à tous ces agents le droit de constater les infractions aux dispositions du tit. 1 de la loi de 1845, infractions de la compétence du conseil de préfecture, tout aussi bien que les crimes et délits prévus par le tit. 3, il en résulte qu'ils ont tous qualité pour verbaliser, quelle que soit la juridiction chargée d'appliquer la peine encourue par l'auteur de l'infraction.

643. La désignation faite par les dispositions précitées des agents ayant qualité pour constater les faits délictueux est-elle limitative? MM. Gand, n° 118 ; Rebel et Juge, n° 620, se prononcent pour l'affirmative. — Sans doute les agents d'autres services spéciaux (douanes, octrois, contributions, par exemple) sont sans droit pour verbaliser en matière de chemins de fer ; car ils ne sont pas considérés comme officiers de police judiciaire (V. l'art. 9 c. inst. crim.). — Cependant, est-ce qu'un gendarme, un brigadier et un sous-officier de gendarmerie, qui ne sont pas non plus attachés à la police judiciaire (il n'y a que les *officiers* de cette arme qui aient cette qualité : V. art. 9 c. inst. crim.), seraient sans droit ni qualité pour constater les crimes et délits commis sur les chemins de fer? — M. Féraud-Giraud, p. 188 et s., pense qu'il est impossible de les exclure, attendu que la mission générale de la gendarmerie est de rechercher et de constater tous les crimes et délits. — Nous doutons qu'il puisse en être ainsi. En effet, le décret du 1er mars 1854, qui règle dans ses plus grands détails le service de la gendarmerie, ne donne dans aucune de ses dispositions, aux simples gendarmes, le droit de dresser des procès-verbaux en matière de chemins de fer. Les seules dispositions du décret qui se réfèrent à cette matière sont, d'une part, l'art. 77, qui met la dégradation d'une partie quelconque de la voie d'un chemin de fer, commise en réunion séditieuse, avec rébellion ou pillage, au nombre des événements extraordinaires qui doivent donner lieu à des rapports immédiats au ministre de la guerre de la part des officiers de gendarmerie de tout grade; et d'autre part, l'art. 315, qui porte que la gendarmerie saisit et conduit immédiatement devant l'officier de police de l'arrondissement quiconque est surpris détruisant ou déplaçant les rails d'un chemin de fer, ou déposant sur la voie des matériaux ou autres objets, dans le but d'entraver la circulation.

644. Parmi les agents ayant qualité pour verbaliser en matière de chemin de fer, aux termes de l'art. 23 de la loi du 15 juill. 1845, se trouvent les agents commissionnés des compagnies, bien qu'ils soient, non pas nommés, mais seulement agréés par le gouvernement. De là il suit que ces agents doivent être considérés, soit comme des officiers de police judiciaire dans le sens de l'art. 483 c. inst. crim. (V. Mise en jugem., n°s 449 et s.), soit comme des agents de l'autorité et de la force publique dans le sens de l'art. 10 de la loi du 17 mai 1819 (V. Presse-outr., n°s 403 et s., 938).—Ainsi il a été jugé : 1° que les agents de surveillance et gardes des chemins de fer nommés par l'administration et dû-

ment **asser police judic conséquence,** doivent être considérés comme des officiers de police judic ans le sens de l'art. 483 c. inst. crim.; qu'en élit de chasse qu'un garde-barrière est prévenu d'avoir commis près de la partie du chemin de fer confiée à sa surveillance (en y tendant, par exemple, des lacets) doit être poursuivi et jugé conformément à l'art. 179 même code, auquel se réfère ledit art. 483 (Metz, 4 juin 1855, aff. Schmitt, D. P. 55. 2. 326). — Néanmoins, un tel agent n'est pas soumis, en pareil cas, à l'aggravation de peine prononcée par l'art. 198 c. pén. contre les fonctionnaires ou officiers publics qui ont participé aux délits qu'ils étaient chargés de surveiller ou de réprimer, les agents assermentés des chemins de fer appartenant bien à cette catégorie de fonctionnaires, mais n'étant autorisés à verbaliser qu'à raison des infractions prévues dans les art. 1 et 3 de la loi du 15 juill. 1845, relatifs à la conservation des chemins de fer et à la sûreté de la circulation sur les chemins, infractions dans lesquelles ne sont pas compris les délits de chasse : il n'en serait autrement que si ces délits pouvaient, à raison de la nature des moyens employés pour les commettre, avoir eux-mêmes pour effet de contrevenir aux mesures tendant à la conservation du chemin de fer et à la sûreté de la circulation (même arrêt); — 2° Que les chefs de station et agents de chemins de fer qui ont été désignés comme agents de surveillance par les concessionnaires, agréés en cette qualité par l'administration et assermentés devant les tribunaux, doivent être considérés comme des agents de l'autorité et de la force publique et que, par suite, les injures à eux adressées publiquement, à l'occasion et dans l'exercice de leurs fonctions, doivent être réprimées comme injures envers des dépositaires et agents de l'autorité, conformément au § 1 de l'art. 19 de la loi du 17 mai 1819, et non comme injures contre des particuliers, en vertu du dernier paragraphe du même article (Paris, 17 fév. 1855, aff. Regnier, D. P. 55. 2. 283).

645. Il a été jugé, en Belgique : 1° qu'un garde-barrière ne pouvant être considéré ni comme un officier ministériel ni comme un agent dépositaire de la force publique, alors qu'il n'est pas chargé, en même temps, de la *police* du chemin de fer, il en résulte que l'outrage adressé à cet employé dans l'exercice de ses fonctions n'est prévu ni par l'art. 224 ni par l'art. 230 c. pén., mais par l'art. 471, alors que cet outrage ne renferme qu'une simple injure (Liége, 29 janv. 1857, Pasicr., 1857, p. 346); — 2° Que, toutefois, la surveillance confiée à ces gardes-barrières ou à leurs remplaçants constitue un ministère de service public dans le sens de l'art. 220 c. pén. (Bruxelles, 19 mars 1857, Pasicr., 1857, p. 404).

646. L'art. 20 de la loi du 26 mai 1819 permet la preuve des faits diffamatoires contre toute personne ayant agi dans le *caractère public* et à raison de faits relatifs à ses fonctions. Cette preuve, qui serait admise s'il s'agissait des agents du gouvernement, devrait-elle l'être également à l'égard des administrateurs de chemin de fer et des agents des compagnies? Cette question, traitée dans une dissertation de la Gaz. des tribun. du 12 nov. 1845, a été décidée par le tribunal de la Seine, 6ᵉ chambre, qui a décidé que si les entreprises des chemins de fer peuvent avoir plus ou moins d'influence sur les fortunes particulières, on ne saurait considérer les administrateurs et les agents de ces entreprises comme des dépositaires de *l'autorité publique* ou comme des personnes ayant agi dans un caractère public; et que si le personnel des chemins de fer reste sous la main de l'État, c'est à titre de surveillance et non à titre de délégation de la puissance publique (trib. de la Seine, 18 nov. 1845, aff. chem. de Strasbourg C. le Courrier du Haut-Rhin). — V. du reste nᵒ Presse, nᵒˢ 905 et s., 1490 et s., 1536 et s.

647. On avait demandé, dans la discussion à la chambre des pairs sur l'art. 23 de la loi de 1845, si, pour les lignes où

l'État exploiterait par lui-même, ses agents seraient protégés par la garantie constitutionnelle de l'art. 75 de la loi de l'an 8 en tant que fonctionnaires publics (V. Mise en jugem.)? La question a été réservée pour l'époque où le gouvernement proposerait un projet de loi sur l'exploitation par l'État de quelque grande ligne de chemin de fer (D. P. 45. 3. 173, note 43).— En tous cas, la garantie existe pour les agents de *surveillance* et de *police*, dont on a parlé ci-dessus, et qui ont été créée postérieurement à la loi de 1845.— Il a été jugé que la mise en séquestre d'un chemin de fer n'attribue pas aux agents de la compagnie propriétaire de ce chemin la qualité d'agents du gouvernement; que, dès lors, les poursuites dirigées contre ces employés ne sont pas subordonnées à l'autorisation du conseil d'État (Crim. rej. 9 janv. 1852, aff. Gervais, D. P. 52. 1. 272).

648. Il est à remarquer que, d'après la disposition finale de l'art. 23 de la loi de 1845, les agents de surveillance de l'administration et les agents assermentés des compagnies ont le droit de verbaliser « sur *toute* la ligne du chemin de fer auquel ils sont *attachés*. » C'est une exception à la règle générale du droit commun, d'après laquelle un agent ou fonctionnaire quelconque ne peut exercer que dans le *ressort* de la juridiction qui a reçu son serment (V. Procès-verbal, nᵒ 546; Serment, nᵒ 62). Le bénéfice de cette exception n'appartenant, d'après l'art. 23, qu'aux agents *attachés* aux chemins de fer, il en résulte que les officiers de police judiciaire ne pourraient y prétendre et que leur qualité expirerait à la limite de leur ressort.

649. L'action publique appartient devant les tribunaux ordinaires aux organes du ministère public, et devant les tribunaux administratifs à l'administration exclusivement; de là il suit que les concessionnaires des voies ferrées sont sans droit ni qualité pour poursuivre, au point de vue de la répression pénale, les infractions aux lois et aux règlements relatifs à la conservation et à la police des chemins de fer. — Il a été jugé, en conséquence : 1° que les concessionnaires des chemins de fer n'ont pas qualité pour la répression des contraventions à la loi du 15 juill. 1845, sur la police des chemins de fer : ce droit n'appartient qu'à l'administration; qu'en conséquence, la compagnie ne peut déférer au conseil d'État l'arrêté du conseil de préfecture qui renvoie le prévenu des poursuites (cons. d'Ét. 12 janv. 1850, ch. de fer de Rouen au Havre, D. P. 50. 3. 17); — 2° Qu'ils n'ont pas le droit non plus d'*intervenir* dans les procès auxquels les poursuites donnent lieu (cons. d'Ét. 12 mai 1853, aff. Chauvin, D. P. 54. 3. 36). — M. Jousselin, t. 2, p. 398, pense que cette décision, fondée sans doute en principe, est contraire aux intérêts de l'État comme à ceux des compagnies, en ce qu'elle lègue à l'État, pour l'époque où les chemins de fer lui feront retour, les causes permanentes de dangers ou des indemnités à payer pour les faire disparaître, et en ce qu'elle prive les concessionnaires des moyens de mettre à l'abri leur responsabilité. D'ailleurs, ajoute cet auteur, pourquoi établir à cet égard une situation différente entre les concessionnaires de voies ferrées et les concessionnaires d'autres voies de communication, les compagnies des *canaux*, par exemple, dont les agents sont admis à poursuivre les contraventions de grande voirie, avec condamnation des délinquants. Si cette différence en faveur de ces dernières compagnies résulte d'une délégation expresse du droit de poursuivre, soit dans leurs cahiers des charges, soit dans des lois spéciales, la même faveur ne devrait-elle pas être accordée aux compagnies de chemins de fer? — MM. Lebon et Féraud-Giraud, p. 205, disent avec raison que l'auteur ci-dessus s'est exagéré les inconvénients de la décision qui précède. D'ailleurs, conférer à de simples particuliers, à des compagnies, l'exercice de fonctions publiques, serait déroger à un principe fondamental de notre droit criminel. — V. *supra*, nᵒ 249, et Voirie par eau, nᵒ 369.

Table des articles des lois du 11 juin 1842, du 15 juill. 1845, de l'ord. du 15 nov. 1846 et du cahier modèle des charges.

Table chronologique des lois, décrets, arrêts, etc.

VOISIN.—VOISINAGE. — Le voisinage est le rapport que des personnes ont entre elles à raison de la proximité de leurs habitations ou de leurs propriétés.—Fournel, Traité du voisinage, distingue le voisinage personnel, le voisinage réel et le voisinage mixte. — Mais cette distinction ne nous paraît avoir aucune utilité pratique. — V. Action, n° 211; Action possess., n°s 140 et suiv.; Bornage; Compétence crimin., n° 369-4°; Concession, n° 22; Exploit., n°s 265, 273, 296 et s., 318 et s., 322 et s., 669, 748, 750-1°; Impôts indir., n° 229 et s., 295; Louage, n°s 368 et s., 376 et s.; Marais, n° 60; Mines, n° 619; Propriété, n°s 162 et s.; Référé, n° 109; Responsabilité, n°s 116 et s.; Servitude, n°s 361 et s., 409 et s., 549 et s., 571 et s., 601 et s., 650 et s., 701 et s., 816 et s.; Signature, n° 31; Vidange, n°s 14 et s.; Voirie par terre, n°s 1855, 2138 et s., 2330 et s.

VOITURE—VOITURE PUBLIQUE. — 1. Le mot *voiture*, du latin *vectura*, exprime tout ce qui sert au transport des personnes ou des choses : les diligences ou voitures de messageries, les fiacres ou voitures de place, les voitures de roulage, celles des particuliers, quelle qu'en soit la destination, rentrent donc dans cette acception générale et font l'objet de cet article. — Néanmoins, le lecteur est averti que pour l'interprétation des dispositions du code Napoléon (art. 1782 et suiv.) et celles du code de commerce (art. 103 et suiv.) qui sont relatives aux voituriers par terre, il doit se reporter aux mots Commissionnaire et Louage d'ouvrage et d'industrie; que, de plus, les règles concernant le transport sur les fleuves et rivières se trouvent v° Voirie par eau : que c'est aux mots Droit marit. et Organ. marit. que sont développés les principes applicables au transport par mer; enfin que nous exposons les règles concernant les chemins de fer v° Voirie par chemin de fer.

Division.

SECT. 1. — Police de la circulation des voitures. — Pénalités.

2. Cette section embrasse toutes les règles relatives à la liberté et à la sûreté de la circulation des voitures. — Les unes sont communes à toutes les voitures, les autres sont spéciales aux messageries ou aux voitures de roulage. — Nous les développerons dans trois articles distincts. — Trois autres articles seront consacrés : — Aux règlements municipaux sur la circulation des voitures; — A la constatation des infractions; — A la compétence et à la procédure. — Mais nous devons, avant tout, exposer l'historique et la législation de cette partie de notre sujet, et ce sera l'objet d'un premier article.

Art. 1. — *Historique et législation.*

3. Trouver dans la nature animée et inanimée des forces à l'aide desquelles sa volonté ne rencontre plus d'obstacle insurmontable, tel est le problème que, depuis la création, l'homme semble s'être posé, et, dans les temps modernes, il l'a résolu d'une manière si heureuse qu'elle paraît close définitivement le champ des découvertes. — L'un des premiers pas dans cette voie a dû être l'idée de la traction. Aussi la voit-on se produire chez presque tous les peuples. Les ruines de Ninive détruite 626 ans avant J. C., et dans lesquelles se sont trouvés des chars, sont venues prouver une fois de plus à quel point elle est ancienne et générale. — Mais de cette conception primitive au transport des voyageurs à heure fixe, dans les voitures publiques, la distance est trop grande pour que l'on puisse conclure de l'existence de l'une de ces créations à la probabilité de l'autre; seulement l'état de civilisation de la plupart des peuples anciens dont l'histoire conserve le souvenir, donne à penser qu'ils ont dû pratiquer à peu près les mêmes moyens de transport que ceux que nous avons connus jusqu'à l'application de la vapeur à la locomotion; mais on ne possède à cet égard que des notions fort incertaines. En ce qui touche les Romains, il est, du reste, facile de comprendre que les admirables voies de communication qu'ils ont laissées ne pouvaient avoir pour unique objet la circulation des piétons et des cavaliers. Mais il résulte de l'ensemble de leur législation que les transports devaient s'effectuer bien plus communément par la navigation que par le roulage. Ainsi, on trouve au Digeste le titre *De exercitoriâ actione*, qui s'applique uniquement aux transports par eau. On y voit aussi les titres *Nautæ, Caupones*, etc., qui règlent la responsabilité des nautoniers, quant aux objets qui leur ont été confiés; mais les voituriers par terre ne semblent pas avoir fixé l'attention du législateur. Au reste, le grand nombre de rivières que renferme l'Italie donnent, jusqu'à un certain point, l'explication de ce fait.

4. En France les progrès ont été fort lents, et ce n'est guère que vers le seizième siècle que l'on voit l'industrie des transports prendre un certain essor. Des lettres patentes de Henri III, du 10 oct. 1575, donnaient à un particulier le privilège de conduire ou faire conduire par telle personne qu'il désignerait les coches de Paris, Orléans, Troyes, Rouen et Beauvais. — Mais bientôt des abus se commettent, des plaintes s'élèvent, et Henri IV (avril 1594) crée un office de commissaire général et surintendant des coches et carrosses publics, auquel il enjoint de tenir la main à ce qu'il ne se commette aucune exaction contre le règlement et la taxe qui devaient être faits par le prévôt de Paris ou son lieutenant civil, et de veiller à ce que « toutes les dites coches publiques soient attelées bien et duement, comme il appartient, de bons et forts chevaux, pour tirer, mener et conduire les dites coches publiques par cochers et gens capables et expérimentés pour les conduire et que les dites coches soient maintenues et entretenues en bon équipage, afin qu'il n'y advienne aucun d'estourbier ou empêchement au publicq... » — Cet édit ne fut enregistré que plus d'un an après (12 mai 1595). En accomplissant cette formalité, le parlement fixa le prix des places à 1 écu 1/4 pour le transport de Paris à Orléans, Rouen et Amiens et dans la même proportion, pour les autres villes du royaume. Plus, il enjoignit au commissaire-contrôleur de faire, deux fois par mois, un rapport à la police des abus commis dans la conduite et l'entretien des coches.

5. Dans les siècles suivants, les voitures publiques ont souvent occupé l'attention du pouvoir, comme l'attestent les lois et leur nombre fort nombreux que nous allons analyser. — Leur nombre est même si considérable, que, particulièrement en ce qui concerne ceux de ces actes qui ont précédé la révolution de 1789, nous devons quelquefois nous borner à une simple indication. — Ainsi, nous remarquerons seulement que des lettres patentes du 16 mars 1650 contiennent règlement pour l'établissement de carrosses de louage dans Paris et aux environs; qu'un autre règlement du mois de mai 1657 a aussi pour objet l'établissement de carrosses et voitures dans les rues de Paris, pour y être loués à l'heure et à la journée. — Un édit de janvier 1661 établit encore à Paris des carrosses à 5 sous la place, et un nouvel acte du pouvoir, du 30 déc. 1702, attribue à l'hôpital trois sous par jour par chaque carrosse de louage.

6. Au reste, avant 1676, il y avait en France plusieurs sortes de messageries : il y avait les messageries du roi, celles

de l'université et celles de divers seigneurs. Vers la fin de 1676, le roi ordonna le remboursement de la finance de celles de ces entreprises qui appartenaient à des particuliers et la subrogation aux messageries de l'Université au profit du fermier général des postes de France. — En 1678 un nouveau règlement général détermina les devoirs des messagers, maîtres de coches ou carrosses et voituriers. — Il permettait à toutes personnes de se servir pour le transport de leurs deniers, marchandises, etc., de tels voituriers qui leur conviendraient ; mais il paraît que ce règlement ne fut pas exécuté. — Pour réprimer sans doute les prétentions manifestées par le fermier général, un arrêt du conseil, du 6 sept. 1690, ordonna que les loueurs de carrosses de remise continueraient de rouler dans les dix lieues à la ronde de Paris, sans pouvoir être arrêtés sous quelque prétexte que ce fût par les commis du sieur Laure, adjudicataire des messageries de France.

7. Un arrêt du conseil, du 7 août 1775, réunit au domaine du roi les *priviléges*, concédés par ses prédécesseurs, pour les droits de carrosses, diligences et messageries du royaume, et fit en conséquence très-expresses défenses à tous concessionnaires, possesseurs et fermiers de s'immiscer dans l'exercice de ces priviléges. — Le préambule de cet arrêt est à remarquer en ce qu'il met en saillie les différences qu'une période de quatre-vingt-dix ans a amenées dans nos habitudes et dans l'activité universelle. — « Sa Majesté a reconnu, dit le préambule, que la forme de régie qui a été adoptée pour cette partie ne présente pas à ses sujets les avantages qu'ils devraient en tirer ; que la construction des voitures et la loi imposée aux fermiers de *ne les faire marcher qu'à journées réglées de dix à onze lieues* est très-incommode aux voyageurs, qui, par la modicité de leur fortune, sont obligés de s'en servir ; que le commerce ne peut que souffrir de la lenteur dans le transport de l'argent et des marchandises ; que, d'ailleurs, cet arrêt soumet ses peuples à un *privilége exclusif* qui ne peut que leur être onéreux, et qu'il lui serait impossible de détruire, s'il continuait d'être exploité par des fermiers ; que quoique au moyen dudit privilége cette ferme dût donner un revenu considérable, cependant l'imperfection du service en rend le produit presque nul pour les finances ; Sa Majesté a pensé qu'il était également intéressant pour elle et pour les peuples d'adopter un plan qui, en présentant au public un service plus prompt et plus commode, augmentât le revenu qu'elle tire de cette branche de ses finances, et préparât en même temps les moyens d'abroger un privilége exclusif onéreux au commerce ;... Sa Majesté désirant faire jouir ses sujets de tous les avantages qu'ils doivent tirer des messageries bien administrées, et se mettre en état de leur en procurer de nouveaux par la suppression du privilége exclusif attaché auxdites messageries, aussitôt que les circonstances pourront le permettre, a résolu de substituer aux *carrosses* dont se servent les particuliers des voitures légères, commodes et bien suspendues ; d'en faire faire le service à un prix modéré, également avantageux au commerce et aux voyageurs ; enfin d'astreindre les maîtres de poste à fournir les chevaux nécessaires pour la conduite desdites voitures, sans aucun retard et avec la célérité que le service exige. »

On voit par ce préambule que, jusqu'en 1775, une distance de 10 à 11 lieues qu'aujourd'hui l'on franchit aisément en une heure, suffisait au labeur de la journée entière ; que, de plus, la circulation qui enrichit maintenant de nombreuses et puissantes compagnies, était improductive pour le trésor. De nos jours, nous avons encore le monopole ; mais du moins il est fécond pour ceux qui l'exploitent comme pour la prospérité publique. Sous ce rapport, comme sous bien d'autres, nous n'avons donc pas à regretter le passé.

8. Le même jour (7 août 1775), deux autres arrêts du conseil ont été rendus. L'un réunit au domaine du roi le privilége accordé pour l'établissement des voitures de la cour et de celles de Saint-Germain et révoque les baux passés en vertu de ces priviléges. — L'autre contient un règlement sur les diligences et messageries du royaume et un tarif, tant pour le prix des places que pour le port des paquets, or, argent, hardes et marchandises. — Voici quelles étaient les principales dispositions du tarif. Le prix des places était fixé à 13 sous par lieue à l'intérieur, et à 7 sous 6 deniers à l'extérieur, avec 10 livres de hardes gratis.

— Aujourd'hui, la moyenne du prix des places sur les chemins de fer est d'environ 30 cent. par lieue, et ce prix comprend le transport de 30 kil. de bagages. Pour bien apprécier la portée de ce rapprochement, il ne faut pas, d'ailleurs, perdre de vue que la valeur du numéraire a sensiblement diminué depuis 1775, et qu'à cette époque 13 sous représentaient certainement une valeur de plus d'un franc 30 cent. de nos jours. — Pour les paquets, hardes et marchandises, le port était fixé à 6 deniers par livre, pour 10 lieues et au-dessous, et au delà de cette distance, à 3 deniers par 5 lieues et au-dessous. — Nos chemins de fer ont des tarifs qui varient suivant la grande et la petite vitesse, et aussi d'après la nature des marchandises ; mais en prenant le terme de comparaison le moins avantageux pour ces voies de communication, on trouve qu'ils offrent encore, relativement au tarif de 1775, une notable économie.

9. Une ordonnance royale du 12 août 1775 substitue aux voitures alors en usage des diligences commodes, bien suspendues, à huit places pour lesquelles il devait être fourni par chaque maître de poste, lorsque la charge n'excéderait pas 18 quintaux, 6 chevaux ; lorsqu'elle monterait à 21 quintaux, 7 chevaux et à 24 quintaux, 8 chevaux ; ce qui donne à penser qu'encore à cette époque, on était loin de se rendre compte de la force réelle de ces animaux, ou bien que l'état des routes laissait fort à désirer. Nos lourdes diligences à trois corps chargées quelquefois de 4,000 kil. ou 80 quintaux, ne sont presque jamais traînées que par 5 chevaux et atteignent une vitesse de 10 à 11 kilom. par heure. — D'après l'art. 2 de la même ordonnance, le commis conducteur devait être muni d'un billet d'heure, sur lequel chaque maître de poste devait écrire l'heure de l'arrivée de la voiture. De plus, il était visé par les directeurs ou receveurs des diligences dans les lieux où il y en avait d'établis, afin d'assurer l'exactitude du service qui devait se faire avec assez de célérité pour que, dans les chemins les plus difficiles, les diligences pussent parcourir une poste (2 lieues) à l'heure. Nous voilà bien loin sans doute de la lenteur signalée par l'arrêt du conseil du 7 août 1775. Mais nous croyons d'après les faits dont les personnes nées dans le dernier siècle ont été témoins que ce programme ne fut pas réalisé.

10. Des lettres patentes du 17 fév. 1779 ordonnent la mise à ferme pour trente années des voitures de place, des voitures des courriers de Paris et des environs. Suivant l'art. 6 de ce texte, le tarif des voitures de place était ainsi fixé : — Dans toutes les saisons de l'année, depuis six heures du matin jusqu'à onze heures du soir, 30 sous pour la première heure, 25 pour les autres et 24 sous par course. Depuis onze heures du soir jusqu'à six heures du matin, 40 sous par heure et 30 sous par course. On voit qu'en tenant compte de la différence de valeur du numéraire, la moyenne du prix des voitures n'a pas sensiblement augmenté depuis cette époque.

11. Un arrêt du parlement de Paris, du 17 juill. 1787, ordonne l'exécution d'une ordonnance rendue par les officiers de police de Paris concernant les cochers de place, les voitures de remise, les gagne-deniers, commissionnaires ou porte-fallots et les loueurs de carrosses de place. Le préambule de cet arrêt nous montre que, sous les rapports du bon ordre, de la sécurité et de la moralité, nous n'avons encore rien à envier à nos pères. — « Sur ce qui nous a été remontré par le procureur du roi, y est-il dit, qu'il résulte des mémoires présentés par les propriétaires du privilége du droit sur les carrosses de place et par les loueurs que leurs cochers retiennent une partie du prix de leurs courses, qu'ils emportent presque toujours celui de la dernière journée lorsqu'ils les quittent ; qu'ils sont souvent en double sur leurs siéges, et même qu'ils abandonnent leurs carrosses à des gens qui ne savent pas conduire pour se livrer au jeu et à la boisson ; qu'ils se portent à des excès envers le public, surtout envers les femmes qui se trouvent seules dans leurs voitures ; qu'ils retiennent l'argent et les effets oubliés dans leurs voitures ; que ces abus et désordres prennent leur source dans la facilité que trouvent les cochers de se placer chez les loueurs sans être connus et sans justifier de leur fidélité et de leur bonne conduite. » — Puis viennent les dispositions qui ont pour but de prévenir et de réprimer ces abus.

12. Jusqu'à présent nous nous sommes à peu près exclusi-

vement occupés des voitures destinées au transport des voyageurs. Nous devons aussi jeter un coup d'œil sur l'ancienne législation relative au roulage. — Un édit du mois de mai 1635 attribue au fermier des cinq grosses fermes le droit de transport par eau et par terre. On trouve aussi un arrêt du conseil sur la police du roulage du 24 janv. 1684. — Une déclaration du roi, du 14 nov. 1724, défendit d'atteler à une charrette plus de trois chevaux en hiver et de quatre en été. — Cette déclaration fut rappelée en 1727, 1771 et 1772. — Mais l'arrêt du conseil du 28 déc. 1783, qui présente le dernier état de la législation avant 1789, mérite surtout notre attention. Nous remarquons, d'abord, deux de ses dispositions que la législation postérieure a constamment maintenues, à savoir : 1° l'art. 7, qui fait défenses à tous rouliers et voituriers quelconques de se servir de roues dont les bandes seraient attachées avec des clous taillés en pointe ; — 2° L'art. 12, qui ordonne à tous propriétaires de charrettes, chariots et autres voitures employées au roulage et au transport de toutes denrées et marchandises de faire peindre en caractère gros et lisibles sur une plaque de métal posée en avant des roues, au côté gauche de la voiture, leurs noms, surnoms et domicile, et ce sous peine de 15 liv. d'amende.

13. D'un autre côté, l'arrêt de 1783 est à signaler en ce qu'il forme le point de départ d'une législation qui a éprouvé bien des vicissitudes. — Déjà depuis longtemps la circulation des voitures sur les routes soulevait un difficile problème qui, aujourd'hui encore, est à peine résolu. Les routes sont faites pour la circulation, mais aussi la circulation doit être réglée de façon à ne pas compromettre l'existence ou le bon entretien des routes. Si les routes manquent, il n'y a pas de circulation possible ; si la circulation est abusive, il ne saurait y avoir de routes. Le problème consiste donc à rencontrer la combinaison qui doit concilier les deux intérêts, c'est-à-dire satisfaire à toutes les exigences sérieuses de la circulation, sans affecter réellement la conservation des chemins (V. le rapport de M. Ducos sur la loi du 30 mai 1851, D. P. 51. 4. 78, n° 1). — Dès 1690, Colbert conseillait au roi de prescrire des mesures contre la liberté illimitée du roulage, dans le but de prévenir la détérioration des routes (V. le rapport de M. Barthélemy à la chambre des pairs, séance du 21 juill. 1843, Monit. 22 juill. de la même année). —Depuis cette époque, la question de la conservation des voies de communication a été à peu près constamment à l'étude.—Le premier système qui a été expérimenté, et qui était celui que consacre l'arrêt précité de 1783, était fondé sur ce principe que, pour assurer la bonne viabilité des routes, il fallait proportionner la largeur des jantes des roues au chargement de la voiture, et l'on jugeait du poids de ce chargement par le nombre de chevaux attelés. — Aux termes de l'art. 5 de l'arrêt de 1783, les voitures de roulage dont les roues avaient plus de 3 pouces de largeur à la semelle ou circonférence extérieure, pouvaient seules être attelées de tel nombre de chevaux que les voituriers jugeaient nécessaire. A l'égard des autres voitures, le nombre des chevaux était limité à quatre pour les charrettes et huit pour les chariots. — Il est d'ailleurs à observer que des exceptions étaient admises en faveur des voitures employées à la culture des terres, au transport des grains, farines, fourrages, bois à brûler, charbon, sel de la ferme générale ou des objets présentant des masses indivisibles.

14. Après l'arrêt du conseil de 1783, nous ne trouvons plus dans l'ancienne législation à mentionner qu'une ordonnance du 4 fév. 1786, qui veut que tous rouliers, charretiers, voituriers et autres soient tenus de céder le pavé et de faire place à tous courriers et voyageurs allant en poste, leur faisant défense de troubler les maîtres de poste et les postillons sur les routes, comme aussi d'exercer à l'avenir aucune voie de fait, à peine de 50 liv. d'amende, disposition qui a passé, avec modification, dans la législation ultérieure.

15. Voyons maintenant ce qu'il est advenu de la législation dont nous venons de présenter l'analyse après la révolution de 1789. Les privilèges consacrés par cette législation semblaient trop contraires au principe de liberté commerciale et industrielle dont étaient imbus les membres de l'assemblée constituante pour qu'ils pussent résister au courant de la révolution. Il est cependant à remarquer qu'ils ne disparurent pas immédiatement. Il est vrai que le décret du 26 août 1790 abolit le droit de permis de transport et celui de transport exclusif des voyageurs, matières ou espèces d'or, ainsi que des marchandises (§ 3, art. 1), et dispose qu'à l'avenir tout particulier pourra conduire ou faire conduire librement les voyageurs et les marchandises, à la seule condition de déclarer son intention à cet égard au greffe de la municipalité où l'entrepreneur aura son domicile dans les huit premiers jours de chaque année (art. 2 et 5) ; — Qu'en outre et conformément à ces principes, un décret des 19-24 nov. 1790 déclara résiliée la cession faite aux sieurs Pareau et comp. du privilège exclusif des carrosses de place de la ville et faubourgs de Paris et de celui des voitures et messageries dites des environs de Paris. Cependant l'art. 4 du décret du 26 août 1790 admet à la liberté qu'il proclame une restriction si grave qu'elle semble en quelque sorte l'anéantir. Cet article déclare qu'il sera établi une ferme des messageries, coches et voitures d'eau, et il ajoute que les fermiers auront seuls le droit des départs à jour et heure fixes et de l'annonce de ces départs, ainsi que de l'établissement de relais à des points déterminés. — Ce ne fut qu'en l'an 3 que ce monopole disparut complètement. — Un décret du 25 vend. de cette année abrogea formellement la disposition précitée du décret de 1790, relative à la ferme des messageries, et autorise les entrepreneurs de messageries à conduire librement les voyageurs et les marchandises de la manière qu'ils jugeront à propos. — Enfin, la loi du 9 vend. an 6, relative aux dépenses générales de cette année, ordonne la suppression des messageries nationales. — Le décret du 30 flor. an 13 voulait (art. 1) qu'à l'avenir aucune nouvelle entreprise de messageries ne pût s'établir sans l'autorisation du chef de l'Etat. Mais il ne paraît pas que cette disposition ait jamais été exécutée avec régularité. On en trouve la preuve dans l'art. 1 du décret du 28 août 1808 qui obligeait les propriétaires de voitures publiques allant à destination fixe à se présenter, dans la quinzaine de la promulgation de ce décret, devant les préfets et sous-préfets de leurs résidences pour y faire la déclaration de leurs voitures, du lieu de leur destination, etc. — Cette déclaration eût été superflue si les voitures publiques n'avaient pu exister qu'en vertu d'une autorisation antérieure.

16. Le problème de la conservation des routes, dans sa combinaison avec les besoins de la circulation, n'avait pas cessé de préoccuper le législateur. Le système de réglementation, consacré par l'arrêt du conseil du 28 déc. 1783 (V. n° 13), et qui consistait à limiter le poids du chargement par le nombre de l'attelage proportionné à la largeur des bandes des roues, se maintint jusqu'en 1793, époque à laquelle l'introduction en France des jantes larges parut promettre de si bons résultats pour l'entretien et la conservation des routes, qu'il fut permis aux voituriers d'atteler à leurs véhicules un nombre illimité de chevaux, à la seule condition de n'employer que des bandes de roues ayant une largeur déterminée.—V. rapport de M. Ducos, D. P. 51. 4. 78, n° 3.

17. Ce mode de réglementation ne produisit pas, à ce qu'il paraît, les résultats qu'on en espérait, car on le voit bientôt abandonné et remplacé par un nouveau système qui, de même que celui de 1783, empruntait sa base au principe de la limitation des chargements, combinée avec la dimension des bandes des roues, mais qui procédait par d'autres moyens d'application. Plus rationnel, plus rigoureux, plus logique, il ne proportionnait pas nécessairement la pesanteur des poids transportés et la largeur des jantes à la puissance toujours variable des forces de l'attelage ; il appréciait et réglementait le poids des chargements à l'aide des instruments de pesage connus généralement sous le nom de *ponts à bascule* (M. Ducos, rapport précité, D. P. 51. 4. 78, n° 2). — Ce nouveau système fut consacré en principe par la loi du 29 flor. an 10, et il s'est maintenu presque jusqu'à nos jours, avec des alternatives diverses, tantôt plus libérales, tantôt plus restrictives, suivant que l'expérience, très-incomplète, du passé semblait offrir plus de garanties ou inspirer plus de crainte. — D'après la loi que nous venons de citer, le maximum du poids des voitures et celui du chargement réunis, dans la saison la plus favorable, étant fixé à 650 myriagr. pour les voitures à quatre roues avec jantes de 25 cent. de largeur et 475 myriagr. pour les voitures à deux roues avec

jantes de la même largeur. Le poids devait être constaté, comme nous venons de le dire, au moyen de ponts à bascule établis dans les lieux que fixerait le gouvernement. Les contraventions à la règle du chargement entraînaient une amende graduée, suivant l'excédant de poids entre un minimum de 25 fr. et un maximum de 300 fr.

18. Quelque temps après, la loi des 7-17 vent. an 12 fixait la largeur des jantes, pour les roues des voitures de roulage, suivant le nombre des chevaux qui y étaient attelés, entre un minimum de 11 cent. pour les voitures à deux chevaux et un maximum de 25 cent. pour les voitures aussi à deux roues attelées de plus de quatre chevaux. — A l'égard des voitures à quatre roues, le maximum de la largeur des jantes était fixé à 22 cent., même lorsqu'elles étaient attelées de plus de six chevaux. — Suivant l'art. 7 de la même loi, toute diligence, messagerie ou autre voiture voyageant au trot dont le poids excédait 220 myriagrammes devait être considérée comme voiture de roulage et assujettie aux dispositions de cette loi quant à la largeur des jantes. — L'art. 8 exceptait de ces dispositions les voitures employées à la culture des terres, au transport des récoltes et à l'exploitation des fermes; mais le gouvernement devait régler le poids du chargement de ces voitures pour le cas où elles emprunteraient la grande route.

19. Le mode de réglementation du chargement consacré par la loi du 29 flor. an 10 ne pouvait être réellement mis en pratique que par l'établissement, au moins sur les routes principales, de ponts à bascule, puisque c'était là l'unique moyen de constater le poids des voitures et du chargement. Aussi, pendant plusieurs années, les prescriptions de la loi de l'an 10 restèrent à l'état de lettre morte; ce ne fut réellement qu'à dater du décret du 23 juin 1806 que la limitation des chargements par le poids prévalut définitivement et que les ponts à bascule furent établis. Ce décret, modifiant sur un point la disposition de la loi de l'an 10, fixe le poids des voitures de roulage, du 1er avr. jusqu'au 1er nov., suivant la largeur des jantes, entre un minimum de 2,700 kil. pour les voitures à deux roues avec des bandes de 11 cent. de largeur, et un maximum de 8,200 kil. avec des bandes de 25 cent. Le maximum, pour les voitures à quatre roues avec des bandes de 22 cent., est fixé à 9,600 kil... Comparativement au tarif de la loi du 29 flor. an 10, c'était là un grand progrès. — L'art. 10 du même décret veut que la vérification du poids des voitures qui y sont désignées soit faite gratuitement au moyen de ponts à bascule. — D'après l'art. 19, les préposés des ponts à bascule étaient aussi chargés de vérifier la largeur des bandes des roues. Cette vérification devait se faire gratuitement au moyen de jauges en fer remises à chaque bureau par l'administration des ponts et chaussées. — Les amendes auxquelles donnaient lieu les contraventions relatives au poids des voitures étaient fixées suivant la loi du 29 flor. an 10.

20. Le décret de 1806 n'avait pas seulement pour objet la fixation du poids des voitures circulant sur les grandes routes, il contenait aussi un grand nombre de dispositions réglementaires et de police concernant, notamment, la saillie des essieux et des moyeux, la forme des clous pour les bandes des roues, etc. Ce règlement fut complété par le décret du 28 août 1808, concernant les voitures allant à destination fixe, qui statue sur le mode de construction des voitures, les indications intérieures et extérieures, les formalités à remplir avant la mise en circulation, les registres à tenir par les entrepreneurs, l'élévation de la charge, la conduite des voitures, etc. Tous ces différents points ont été repris, modifiés, complétés par les règlements postérieurs dont on trouvera l'indication complète dans le tableau de la législation qui suit.

21. Nous nous bornerons seulement ici à signaler parmi ces règlements : 1° le décret du 13 août 1810, toujours en vigueur, qui prévoit le cas où des effets confiés à des entrepreneurs de roulage ou de messageries n'auraient pas été réclamés après le délai de six mois, à compter de l'arrivée de ces objets à leur destination, et il en ordonne la vente (V. Commissionnaire, n° 353); — 2° L'ordonnance du 23 déc. 1816, relative à la circulation des voitures sur les routes pendant le dégel; — 3° L'ordonnance du 22 nov. 1820, qui attribue aux conseils de préfecture la connaissance des contraventions concernant le poids

des voitures et la police du roulage, ordonnance à laquelle le reproche d'inconstitutionnalité a pu être adressé; — 4° L'ordonnance des 20 juin-13 juill. 1821, qui règle le poids du chargement des voitures dont les jantes sont de largeur inégale; —5° L'ordonnance des 16-28 juill. 1828, qui contient un règlement assez complet sur les voitures publiques servant au transport des voyageurs; — 6° La loi du 28 juin 1829, qui détermine les peines applicables en cas de contravention aux règlements sur les voitures publiques, et dont le texte est passé en entier dans la nouvelle rédaction de l'art. 475, n° 4, c. pén., lors de la révision de 1832, etc.

22. Le système de la limitation du chargement par le poids combiné avec la largeur des bandes des roues, mis en pratique par le décret de 1806, dura jusqu'à la loi du 30 mai 1851, dont nous allons parler tout à l'heure. Modifié à diverses reprises dans son application par des règlements de plus en plus tolérants (V. notamment ord. 15-20 fév. 1837, 24 oct.-7 nov. 1838, 15 oct. 1843, 2-7 oct. 1844, 29 oct.-26 nov. 1845), il était depuis longtemps l'objet de critiques fondées. Tout le monde reconnaissait que la législation relative à la circulation des voitures publiques sur les grandes routes appelait un remaniement complet. Elle était arrivée, en effet, à offrir une complication excessive remplie d'incohérence et de contradiction. Les tarifs de l'été n'étaient pas ceux de l'hiver; les voitures allant au pas devaient porter d'autres poids que les voitures allant au trot; les véhicules suspendus étaient plus favorisés que les véhicules non suspendus; les ressorts métalliques jouissaient d'une faveur marquée; le char à quatre roues avait la préférence sur la charrette à deux roues. Dans toutes ces conditions, pour tous ces cas, il y avait des limites de poids différentes, des tolérances variables à l'infini, des exceptions très-nombreuses et souvent fort difficiles à justifier (rapp. de M. Ducos, déjà cité, D. P., 51. 4. 79, n° 9). D'un autre côté, il était reconnu, par les hommes de pratique, que le système suivi jusqu'alors n'était pas susceptible de donner un résultat avantageux. Le moyen de contrôle adopté par le décret de 1806 était détestable; les ponts à bascule, qui étaient la base de ce système, étaient une source d'abus scandaleux; ils semblaient, disait le rapporteur d'un projet de loi à la chambre des députés, n'avoir été établis que dans l'intérêt de la fraude et de la corruption. Et d'ailleurs, leur nombre trop restreint n'aurait pu, même dans le cas où leur utilité eût été certaine, produire qu'un résultat insignifiant. — Mais par quel système devait-on remplacer celui de 1806 ? Là était la difficulté sur laquelle les meilleurs esprits ne parvenaient pas à s'entendre. — Plusieurs projets de loi présentés aux chambres sous le gouvernement de Louis-Philippe n'eurent aucun résultat. Mais pendant ces vaines tentatives, la pratique faisait avancer peu à peu la question vers sa solution. La science de nos ingénieurs faisait des progrès; les méthodes d'entretien et de conservation des routes se perfectionnaient; des crédits plus considérables étaient consacrés à la conservation des chaussées; des procédés nouveaux étaient mis en usage; en un mot, malgré les vices de la loi, nos routes s'amélioraient sensiblement à mesure que l'esprit de progrès pénétrait de plus en plus dans nos institutions, et que l'industrie du roulage et des messageries recevait, soit du développement de nos transactions intérieures, soit de notre rapprochement avec les peuples voisins, une activité et une importance nouvelles, nos tarifs tendaient toujours à s'élargir; chaque nouveau projet de loi était inspiré par une pensée plus libérale; chaque rapport de commission, chaque discussion dans les chambres marquait un nouveau pas vers des franchises plus larges. Il était déjà possible d'entrevoir et de défendre le régime de la liberté (M. Ducos, eod.).

23. L'abolition intégrale des mesures restrictives qui entravaient le roulage dans son développement, déjà formellement demandée en 1844 à la chambre des députés, et accordée par elle, fut définitivement proclamée par la loi des 30 mai-8 juin 1851. Le rapport de M. Ducos, que nous avons plusieurs fois cité et qui accompagne le texte de cette loi, D. P. 51. 4. 78, explique avec des développements que le cadre de notre travail ne nous permet pas de reproduire, l'état de la question sous les deux régimes adoptés tour à tour par le législateur, les inconvénients de l'un et de l'autre, les difficultés qu'ils offriraient

dans la pratique, les avantages du régime de liberté réclamé par tous les hommes de pratique, et répond victorieusement, suivant nous, aux critiques dont ce régime peut être l'objet.

24. La loi du 30 mai 1851 laissait au gouvernement le soin de déterminer par des règlements d'administration publique une foule de détails qui n'étaient pas du domaine du législateur, comme la forme des moyeux, des bandes des roues, des clous des bandes, le maximum du nombre des chevaux, les précautions à prendre pendant les temps de dégel, ou pour les ponts suspendus, etc. — Tous ces points ont été réglés par le décret du 10 août 1852 (D. P. 52. 4. 192), dont nous donnons le texte ci-après, p. 1000. Ce décret abroge et remplace toutes les ordonnances antérieures qui avaient statué sur les mêmes points. — Nous verrons, dans le cours du présent travail, si malgré cette abrogation expresse, il n'est pas encore quelques-unes des dispositions de ces ordonnances qui pourraient être considérées comme en vigueur.— Depuis le décret du 10 août 1852 ont été publiés : 1° le décret du 24 fév. 1858 qui modifie et complète quelques-unes des dispositions du décret de 1852 (D. P. 58. 4. 19); 2° le décret du 29 août 1863 qui remplace l'art. 7 du décret de 1852 et l'art. 1 du décret de 1858 relatif aux barrières de dégel (D. P. 63. 4. 145). — V. p. 1002.

TABLEAU DE LA LÉGISLATION RELATIVE A LA POLICE DES VOITURES PUBLIQUES.

26-29 août 1790. — Décret sur la direction et administration générale des postes et sur les messageries. — V. Postes, p. 3.

19-24 nov. 1790. — Décret relatif à la résiliation du privilége exclusif des carrosses de place et des voitures des environs de Paris. — V. n° 15.

6-19 janv. 1791. — Décret relatif aux messageries et voitures publiques, tant par eau que par terre.

Art. 1. Tous les droits des messageries par terre, ceux des voitures d'eau sur les rivières, possédés par des particuliers, communautés d'habitants ou états des ci-devant provinces, à quelque titre que ce soit, seront abolis à compter du 1er avr. prochain.

2. Les concessionnaires, engagistes et échangistes de semblables droits dépendant du domaine de l'État, seront indemnisés des sommes qu'ils justifieront y avoir été payées, ou à raison des biens donnés en échange.

3. A compter du 1er avr. prochain, ces exploitations feront partie de la ferme générale des messageries; toutes les autres de même nature dépendant du domaine public, et qui ne sont point comprises dans le bail actuel de la ferme générale des messageries, y seront également réunies.

4. Le service actuel des messageries en diligences faisant 25 à 30 lieues par jour, et 2 lieues par heure, sera entretenu sur toutes les routes où il est établi. — Il sera déterminé par les conditions du bail, quelles sont les routes sur lesquelles la nouvelle division du royaume et les intérêts du commerce exigent qu'il en soit établi de nouvelles; et les futurs fermiers des messageries ne pourront, après le 1er oct. 1792, employer que des diligences légères et commodes, dont aucune ne pourra être chargée de plus de 8 quintaux de bagages, y compris celui des voyageurs; et ces nouvelles voitures seront établies d'abord sur les principales routes.

5. Pour transport des voyageurs et des marchandises, il sera également entretenu ou établi, sur les principales routes et sur celles de communication, des carrosses et fourgons dont la marche sera de 15 à 20 lieues par jour.

6. Les nouveaux fermiers seront tenus de reprendre à la fin de mars prochain, des fermiers et sous-fermiers actuels des messageries, toutes leurs voitures, chevaux et ustensiles qui se trouveront servir effectivement (1) à l'exploitation des messageries; l'estimation en sera faite de gré à gré ou par experts, et le prix acquitté comptant.

7. Les maisons sises à Paris, rue Notre-Dame-des-Victoires, servant à l'exploitation des messageries, seront comprises avec leurs dépendances dans le nouveau bail. Il sera, à cet effet, rapporté procès-verbal de l'état des lieux, et les nouveaux fermiers seront chargés à l'avenir de toutes les réparations.

8. L'état du service en diligences, carrosses et fourgons, que les futurs fermiers seront obligés de faire sur chaque route, sera arrêté par les conditions du bail. — Les fermiers ne pourront diminuer le nombre des départs et retours qui seront fixés, mais il leur sera loisible de l'augmenter si bon leur semble. — Pendant le courant du bail, les fermiers seront obligés d'établir des voitures sur les nouvelles routes, lesquelles seront perfectionnées.

9. Les fermiers ne pourront exiger ni recevoir un prix de place ou de transport supérieur à celui du tarif ci-dessous, mais ils pourront faire telle remise ou composition qu'ils croiront utile, sans néanmoins diminuer aucun des avantages du service auquel ils sont obligés.

10. Les fermiers, sous-fermiers et entrepreneurs qui auront à réclamer des indemnités ou modérations de prix de bail, soit à raison de la non-jouissance du droit de permis, et de la résiliation de leurs baux, soit à raison de la continuation du service pendant les trois premiers mois de cette année, remettront leurs pièces et mémoires au bureau de liquidation.

Du 7 janvier.

Toutes les distances seront comptées par lieues de 2,283 toises. — Le prix de chaque place et des transports d'or, argent, papiers et marchandises, ne pourra excéder le tarif ci-dessous. — Le prix de chaque place par lieue dans les diligences, 12 sous; dans les cabriolets des diligences, tant qu'ils existeront, 8 sous; dans les carrosses, 8 sous; dans les paniers des carrosses et dans les fourgons, 4 sous. — Chaque voyageur pourra faire transporter avec lui un sac de nuit ou portemanteau du poids de 15 liv., pour lequel il ne payera aucun port. — Le transport de l'or et de l'argent, monnoyés ou non, sera de 30 sous par 1,000 liv. et par 20 lieues, au lieu de 40 sous, prix actuel; cette réduction du quart aura lieu sur les sommes. — Le port des bijoux, galons, objets précieux dont la valeur sera déclarée, sera le même que celui de l'or et de l'argent. — Le port des papiers de procédures et d'affaires sera double de celui des marchandises. — Le port des bagages et marchandises par les diligences ne pourra excéder le prix actuel de 6 deniers par livre par 10 lieues, ou 25 liv. par quintal pour 100 lieues. — Le port des mêmes objets par les carrosses et fourgons ne pourra excéder 15 liv. du quintal par 100 lieues, et à proportion pour les autres distances. — Les paquets au-dessous de 10 liv. payeront comme s'ils pesaient 10 liv. — Le port des paquets de 15 liv. et au-dessous, chargés sur les carrosses et fourgons, sera le même que celui fixé pour les diligences. — Les sommes au-dessous de 500 liv. payeront comme pour 500 liv. — Les transports faits à moins de 10 lieues seront comptés comme 10 lieues; et au-dessus de 10 lieues, l'augmentation proportionnelle du port aura lieu de 5 lieues en 5 lieues.

(Suit le tarif pour les voitures d'eau de la haute Seine.)

27 fév.-6 mars 1791. — Décret par lequel l'assemblée nationale ratifie l'adjudication de la ferme des messageries, coches et voitures d'eau, faite par le ministre des finances le 21 février courant; en conséquence, l'autorise à passer bail, conformément aux clauses et conditions portées dans ladite adjudication et dans le cahier des charges.

10 avr. 1791. — Proclamation du roi pour le service des messageries nationales, coches et voitures d'eau.

Art. 1. Le service des messageries nationales et voitures d'eau sera sous l'inspection et surveillance du directoire des postes et messageries.

2. Conformément au décret des 6 et 7-19 janv. 1791, tous les droits de messagerie par terre, les droits de coches, bacs, bateaux sur les rivières et canaux navigables, compris dans la dénomination générale de voitures d'eau, possédés par les particuliers, communautés d'habitants, ou états des ci-devant provinces, à quelque titre que ce soit, sont abolis à compter du 1er avr. 1791, sauf l'indemnité que pourront prendre les concessionnaires engagistes et échangistes de semblables droits dépendant du domaine de l'État; et à compter de la même époque, ces exploitations feront partie de la ferme générale des messageries. Toutes les autres de la même nature, dépendant du domaine public, et qui n'ont pas été comprises jusqu'ici dans le bail de la ferme générale des messageries, y seront réunies.

3. Le service des messageries nationales et voitures d'eau sera établi d'après les principes du décret des 26-29 août 1790, qui porte l'abolition du droit de permis et de celui du transport exclusif des voyageurs et marchandises, et qui accorde à tout particulier la faculté de conduire ou faire conduire librement les voyageurs et marchandises, en se conformant aux formalités prescrites par l'art. 3 de ladite loi, sans qu'il soit permis néanmoins à aucun particulier ou compagnie, autre que les fermiers des messageries nationales et voitures d'eau, d'annoncer les départs à jour et heure fixes, ni d'établir des relais, non plus que de se charger de reprendre et conduire des voyageurs qui arriveraient en voitures suspendues, si ce n'est après un intervalle du jour au lendemain entre l'époque de l'arrivée desdits voyageurs et celle de leur départ.

4. Les fermiers des messageries nationales et voitures d'eau auront seuls le droit de départ à jour et heure fixes, et de l'annonce desdits départs, ainsi que de celui de l'établissement de relais à des points fixes et déterminés. Leurs voitures, chevaux, harnais, servant à l'usage du service public, ne pourront être saisis dans aucun cas et sous quelque prétexte que ce soit.

5. Les fermiers jouiront, comme en ont joui ou dû jouir les précédents fermiers des ports et terrains sur le bord des rivières, nécessaires à l'exploitation des voitures d'eau.

6. Tous les établissements des messageries existants seront entretenus par les nouveaux fermiers; ils seront en outre obligés d'établir des voitures sur les nouvelles routes, lorsqu'elles seront achevées; et de desservir les chefs-lieux de département, de district et de juridiction, conformément à la nouvelle division du royaume, lorsqu'ils en seront requis, d'après les demandes qui en seront faites au pouvoir exécutif par les directoires de département.

7. Le service actuel des diligences faisant 25 à 30 lieues par jour, et 2 lieues à l'heure, sera entretenu sur toutes les routes où la nouvelle division du royaume et les intérêts du commerce l'exigeront; mais, à partir du 1er oct. 1792, s'il n'est pas possible avant cette époque, les fermiers ne pourront plus employer que des diligences légères et commodes, dont aucune ne pourra être chargée de plus de 8 quintaux, non compris le paquet de chaque voyageur, fixé à 15 liv.

8. Les diligences seront commodes et légères, et à cet effet elles seront à quatre ou à six places dans l'intérieur de la voiture. Elles seront montées sur quatre roues, et attelées d'un nombre suffisant de chevaux, relayés de manière à être conduits régulièrement au train de poste à raison de 2 lieues par heure. *Les stations* seront établies dans les villes, afin que les voyageurs trouvent plus facilement toutes les commodités désirables. — A dater du 1er juill. prochain, toutes les voitures employées au service des messageries, et conduites, soit par les chevaux des maîtres de poste, soit par ceux appartenant aux fermiers, sous-fermiers et entrepreneurs de relais, seront marquées sur les portières d'une fleur de lis avec ces mots au-dessus : *Messageries nationales*. Défenses sont faites aux maîtres de poste, même à ceux qui auront traité de gré à gré avec le fermier des messageries, de conduire pour leur compte, et pour celui du fermier des messageries, des voitures qui ne seraient pas marquées et désignées ainsi qu'il est dit ci-dessus.

9. Les fermiers entretiendront en même temps, sur les principales routes et sur celles de communication, des carrosses, fourgons et autres voitures destinées au transport des marchandises, ballots et paquets qui leur seront confiés. Ces voitures seront attelées d'un nombre suffisant de chevaux, avec les relais nécessaires pour faire 15 à 20 lieues par jour sur les routes où cette célérité sera nécessaire et praticable.

10. Il ne pourra être exigé, pour le transport des voyageurs et marchandises dans les voitures de terre et d'eau, d'autres prix que ceux fixés par le tarif annexé à la présente proclamation. Le prix des places dans les voitures de terre sera réglé par lieue, lequel prix sera également suivi pour les établissements qui auront lieu par augmentation de service, ou sur de nouvelles routes ou communications; en

(1) Ce mot *effectivement* avait été inséré dans le décret par une erreur du copiste; il a été supprimé par décret du 5 avr. 1791.

observant que les distances seront comptées par lieues de 2,283 toises, et non par lieues de poste. Les fermiers pourront en outre faire partir des voitures extraordinaires, à la volonté des voyageurs, dont le prix pourra être réglé de gré à gré avec eux.

11. Les voitures d'eau seront soumises à la visite des experts nommés par la municipalité de la ville de Paris, quant à ce qui concerne les voitures dont le départ est fixé à Paris; et par les municipalités des lieux pour les autres voitures d'eau, pour assurer la solidité et veiller à ce qu'elles soient conduites par des hommes expérimentés et en nombre suffisant, avec les chevaux nécessaires pour remonter les rivières, de manière à ce que tous les accidents soient prévenus. Se réserve Sa Majesté de pourvoir, par une proclamation particulière, à l'exactitude du service et à la police des voitures d'eau.

12. Les fermiers et sous-fermiers ne pourront, sous aucun prétexte, diminuer le nombre des départs et retours de leurs voitures; mais ils pourront les augmenter. Ils ne pourront non plus avancer ni reculer les jours et heures fixés desdits départs, ni en changer les points fixes et déterminés, sans l'autorisation du directoire des postes et messageries, et qu'après en avoir instruit le public au moins quinze jours d'avance par des affiches multipliées.

13. Conformément à ce qui est statué par le décret des 26-29 août 1790, les assemblées et directoires de département et de district, les municipalités, ni les tribunaux, ne pourront ordonner aucun changement dans l'organisation, le service et la marche des messageries et voitures d'eau.

14. Les voyageurs retiendront leurs places quelques jours avant le départ des voitures, en payant les arrhes, suivant l'usage, et en faisant enregistrer leurs noms: il leur en sera délivré une reconnaissance, qu'ils produiront en montant dans la voiture.

15. Les ballots ou paquets seront enregistrés avec déclaration de leur contenu, après avoir été pesés, numérotés et timbrés en présence de ceux qui les apporteront.

16. Il sera absolument nécessaire d'affranchir les volailles, gibiers et comestibles de toute espèce, et généralement tous les objets susceptibles de dépérissement et de corruption par laps de temps: il en sera de même de tous les objets dont la valeur réelle ne pourra équivaloir aux frais de transport.

17. Les ballots, paquets ou effets qui n'auront pu être délivrés, par mauvaise adresse ou faute d'être réclamés, seront déposés et gardés dans un endroit à ce destiné, et il en sera tenu registre; et si, après deux années de garde, lesdits ballots, paquets ou effets ne sont pas retirés par ceux qui en auront droit, ils seront vendus publiquement et à l'enchère; le produit en sera versé au trésor public en déduction des frais de transport, et procès-verbal en sera fait et conservé pour servir en tant que de besoin, en cas de réclamation.

18. Seront néanmoins exceptés les comestibles, et généralement tous les objets susceptibles de corruption et de dépérissement. Les fermiers sont autorisés à jeter lesdits objets dès qu'ils cesseront de pouvoir être gardés, et sans être tenus à aucun dédommagement; il en sera néanmoins également tenu registre.

19. Le conducteur de chacune des voitures sera porteur d'une feuille de départ, qui sera visée par les inspecteurs établis de distance en distance, dans laquelle seront spécifiés les objets qui doivent être déposés dans chaque bureau de direction, le tout conforme à l'enregistrement du lieu du départ.

20. Chaque directeur sera tenu d'enregistrer tous les objets qu'il aura reçus, et il ne pourra les délivrer qu'après avoir tiré valable décharge des personnes auxquelles ils seront adressés.

21. Tous les registres employés à l'exploitation des messageries et voitures d'eau, seront numérotés par première et dernière page, et parafés; et les fermiers des messageries et voitures d'eau seront tenus d'en donner communication au directoire des postes et messageries, à chaque réquisition. Les fermiers se conformeront, au surplus, en ce qui concerne leur exploitation, aux dispositions de la loi du timbre, sans que, sous prétexte des frais que l'exécution de cette loi leur occasionnera, ils puissent exiger du public d'autres droits que ceux fixés par le tarif annexé à la présente proclamation, et ce à peine de concussion.

22. Les fermiers seront responsables de tous les paquets, ballots, marchandises et espèces qui leur seront confiés, jusqu'à valable décharge; ils seront également responsables de tous les effets perdus ou endommagés par leur faute; et les dédommagements auxquels ils seront condamnés, à raison de cette responsabilité, seront directement acquittés par eux, sauf leur recours contre leurs sous-fermiers et autres employés quelconques, du fait desquels ils répondent.

23. Les dédommagements prononcés contre les fermiers seront proportionnés à la valeur des effets, d'après la déclaration désignative desdits effets, qui aura été faite lors de l'enregistrement; et à faute de ladite déclaration ils ne seront tenus qu'à un dédommagement de 150 liv.

24. Ne seront tenus lesdits fermiers de répondre des événements occasionnés par force majeure et causes impossibles à prévoir, ainsi que par défaut d'emballage et de précautions quelconques qui dépendent des particuliers intéressés, et dont mention devra être faite en leur présence dans l'enregistrement.

25. Les fermiers ne pourront se charger du transport d'aucun papier, si ce n'est de procédures en sacs ou registres, à moins qu'ils n'en aient obtenu la permission du directoire des postes et messageries. Ils seront tenus, néanmoins, sur sa réquisition, et dans le cas de surcharge des courriers des malles, de faire le transport des ballots de papiers ou d'imprimés, d'après un prix convenu de gré à gré, afin que la remise desdits objets aux lieux de leur destination ne puisse éprouver de retard notable.

26. Les fermiers défendront expressément à leurs préposés, sous peine d'interdiction, et de révocation en cas de récidive, et sous la garantie des fermiers, de porter ou de remettre aucune lettre missive et aucun papier autre que ceux relatifs à leur service.

27. Il est aussi expressément défendu aux entrepreneurs et courriers des malles, de prendre dans leurs voitures aucun voyageur, ni de porter aucune marchandise ou ballot au préjudice des messageries, sans y être autorisés par un ordre signé du président du directoire des postes et messageries, lequel ordre ils seront tenus de représenter à chaque inspecteur des messageries qui le requerra; et ce sous peine d'interdiction, et de revocation en cas de récidive, pour les courriers, et de résiliation des traités, pour les entrepreneurs des malles.

28. Et pour assurer l'exacte observation des deux articles ci-dessus, les voitures des messageries seront soumises aux visites des contrôleurs des postes, à l'endroit de leurs stations. Lorsque les fermiers des messageries auront connaissance que les courriers d'une route portent des paquets à leur préjudice, ils en donneront avis au directoire des postes, qui autorisera par écrit un contrôleur des messageries à visiter le courrier à un endroit indiqué, et les procès-verbaux de ces visites seront adressés au président du directoire des postes.

29. Les fermiers des messageries nationales et voitures d'eau pourront sous-fermer telle partie de leur exploitation qu'ils voudront, sous la clause expresse de la responsabilité du service de leurs sous-fermiers. Lesdits fermiers pourront traiter de la conduite de leurs voitures avec les maîtres de poste, de gré à gré, ou avec tels entrepreneurs qu'ils jugeront à propos, pourvu néanmoins que lesdits sous-baux et traités n'excèdent pas la durée de leur bail.

30. Les maîtres de poste qui auront traité avec les fermiers et sous-fermiers des messageries, auront des chevaux particulièrement destinés pour ce service, lesquels ne pourront être compris dans le nombre de ceux entretenus pour la poste, et pour chacun desquels il leur est accordé 30 liv. de gratification, en remplacement des privilèges.

31. Il est défendu aux maîtres de poste, sous peine de privation de leurs brevets de faire aucune entreprise ni marché avec des particuliers ou compagnies, pour la conduite des voitures faisant le transport des voyageurs et des marchandises, si ce n'est avec les fermiers des messageries nationales et voitures d'eau, et avec leurs sous-fermiers; et ils seront tenus de conduire et de venir prendre les voitures de messageries aux bureaux et auberges choisis par l'administration des messageries.

32. Les fermiers ou leurs préposés pourront requérir les commandants de la gendarmerie nationale de faire escorter par deux cavaliers, ou plus s'il est nécessaire, les voitures des messageries, toutes les fois que cette précaution leur paraîtra indispensable. Ce service extraordinaire sera aux frais des fermiers, et acquitté par eux sur le pied fixé par le règlement du 1er juin 1775 et par l'ordonnance de 1778, et ils en seront remboursés dans le cas où les frais d'escorte seraient occasionnés par des transports pour le compte du gouvernement.

33. Les fermiers seront tenus, sur la réquisition des corps administratifs ou des commissaires du roi près des tribunaux, de transporter les prisonniers aux lieux qui leur seront indiqués dans les ordres par écrit qui leur seront donnés. Les prisonniers seront conduits dans des voitures commodes et sûres, et dans lesquelles les fermiers ne pourront introduire que les personnes employées à la garde desdits prisonniers: ils les traiteront avec tous les égards de la décence que leur situation et l'humanité doivent inspirer; et ils seront responsables, jusqu'à leur arrivée à leur destination, de tous les événements qui, par suite de négligence ou de séduction de leurs préposés, pourraient faciliter l'évasion desdits prisonniers, ou qui tendraient d'une manière quelconque à s'opposer au cours de la justice. Le prix du transport desdits prisonniers sera acquitté par le trésor public, ou il en sera tenu compte aux fermiers sur le prix de leur bail, en représentant les mémoires visés par le directoire du lieu de la destination, ou par le commissaire du roi du tribunal, et en représentant également l'ordre du départ, lequel ordre indiquera l'espèce de voiture qui sera employée au transport de chaque prisonnier, de manière que le prix du transport soit facilement déterminé.

34. Les fermiers des messageries seront tenus de faire remettre à leur destination, par leurs facteurs, suivant l'usage ordinaire, dans les vingt-quatre heures de leur arrivée, les paquets apportés par les diligences, messageries et fourgons, en laissant cependant au public la liberté de les retirer ou faire retirer en se présentant au bureau dans lesdites vingt-quatre heures, et munis de lettres d'avis.

35. Toutes les plaintes et contestations qui pourront s'élever entre les particuliers et les fermiers, ou entre les fermiers et sous-fermiers, seront adressées au pouvoir exécutif, qui fera faire ensuite les vérifications nécessaires par les directoires de département, sauf le renvoi, en cas de contestation judiciaire, devant les tribunaux ordinaires, conformément au décret des 26-29 août 1790.

36. Les précédents règlements sur le fait des messageries seront exécutés en tout ce à quoi il n'est pas dérogé par la présente proclamation.

(Suit le tarif pour les voitures de terre et pour les voitumes d'eau.)

4 août.-6 sept. 1792. — Décret relatif au transport des sommes en argent ou en assignats par les messageries.

Sur la motion d'un membre, l'assemblée nationale, considérant que toutes les parties de l'administration publique doivent être régies de manière à inspirer la confiance de tous les citoyens, décrète que les employés des messageries donneront un récépissé de toutes les sommes qui leur seront remises, soit en argent, soit en assignats, pour être transportés d'un lieu à un autre, ainsi que la note du numéro de leur enregistrement.

4-16 sept. 1792. — Décret relatif au récépissé à donner par les employés des messageries pour les sommes, soit en argent, soit en assignats, qui leur seront remises.

8-9 janv. 1793. — Décret qui casse la proclamation du 10 avr. 1791 qui a réuni les bacs à la ferme générale des messageries.

9-13 avril 1793. — Décret concernant les messageries, la poste aux lettres et la poste aux chevaux. — V. Postes, p. 4.

1er-3 mai 1793. — Décret relatif au service des postes et messageries.

24 (23 et)-30 juill. 1793. — Décret relatif à l'organisation des postes et messageries en régie nationale (extrait).

Tit. 3. — *Service et ordre extérieur des messageries.*

Art. 46. Pour le transport soit des personnes qui ne voudront pas se servir des malles-postes, soit des bagages ou des marchandises, il y aura des diligences et des fourgons.

47. Les diligences principalement destinées au transport des voyageurs et de leurs effets seront montées sur quatre roues, et disposées de manière à avoir un cabriolet devant pour les conducteurs, avec un ou deux voyageurs, un corps de voiture à quatre, six ou huit places, et enfin des paniers suffisants pour un chargement qui ne pourra excéder 1,500 liv. pesant; les voitures seront établies en nombre, suffisant pour le service intérieur de tous les départements et de toutes les routes.

48. Le service des malles ou diligences est exclusivement attribué aux maîtres de poste; l'administration ne continuera le service des fourgons avec les chevaux appartenant à la régie qu'autant que la nécessité l'y obligera; le service se fera à l'avenir par le moyen des postes aux chevaux ou par entreprises particulières, aux conditions les plus avantageuses à la République.

49. L'indemnité annuelle de 30 liv. par tête de cheval, et toute autre accordée

jusqu'à ce jour aux maîtres de poste, est supprimée : néanmoins, il pourra être accordé une indemnité particulière pour les cas extraordinaires, laquelle sera accordée par la législature, sur l'avis des corps administratifs. —La trésorerie nationale tiendra à la disposition du ministre les fonds nécessaires pour le payement de ces indemnités, depuis le mois d'oct. 1792 jusqu'au 1er août 1793.

50. Les diligences auront leurs départs fixés à jours et heures réglés et annoncés au public, ainsi que les jours d'arrivée aux lieux de leur destination.

51. Pour les objets relatifs à l'exploitation et au service de la poste aux lettres, des messageries et de la poste aux chevaux, la lieue continuera provisoirement d'être comptée d'après le toisé actuel des postes.

52. Les distances compteront du point central du lieu, sans considérer si l'établissement du bureau est plus ou moins avancé sur la route.

53. Les titres et procédures en sacs seront expédiés par les diligences et fourgons, à moins que les particuliers n'en demandent le transport par la voie des malles-postes, comme paquets de la poste aux lettres, et au prix du tarif particulier aux lettres et dépêches.

54. Les ballots et paquets seront enregistrés après avoir été pesés et numérotés en présence de ceux qui les apporteront ; les paquets partiront par ordre de numéros.

55. Il sera absolument nécessaire d'affranchir les volailles, gibiers et comestibles de toute espèce, et généralement tous les objets susceptibles de dépérissement et de corruption par laps de temps. Il en sera de même de tous les objets dont la valeur réelle ne pourra équivaloir les frais de transport.

56. Les ballots, paquets ou effets qui n'auront pu être délivrés par mauvaises adresses, ou faute d'être réclamés, seront déposés et gardés dans un endroit à ce destiné, et il en sera tenu registre. Si, après deux années de garde, ces ballots paquets ou effets ne sont pas réclamés, ils seront vendus publiquement et à l'enchère, et, les frais de transport, de vente et de loyer prélevés, le prix en sera versé à la caisse de la régie, et compté avec les produits ordinaires à la trésorerie nationale : procès-verbal en sera rapporté, pour servir au besoin en cas de réclamation.

57. Seront néanmoins exceptés les comestibles, et généralement tous les objets susceptibles de corruption et de dépérissement. La régie est autorisée à jeter les objets dès qu'ils cesseront de pouvoir être gardés, et sans être obligée à aucun dédommagement ; mais il en sera tenu registre.

58. Le conducteur de chaque voiture sera porteur d'une feuille de départ, dans laquelle seront spécifiés les objets qui doivent être déposés dans chaque bureau de direction de sa route, le tout conforme à l'enregistrement du lieu de départ.

59. La régie sera responsable de tous les paquets, ballots, marchandises et effets perdus ou endommagés par la faute de ses préposés, sauf le recours contre ces derniers, s'il y a lieu.

60. Ne sera tenue la régie de répondre des événements occasionnés par force majeure, ainsi que par le défaut d'emballage et de précautions quelconques qui dépendent des particuliers, et dont mention devra être faite en leur présence dans l'enregistrement.

61. Les plaintes et contestations qui pourront s'élever entre les particuliers et la régie seront décidées sur-le-champ par les juges de paix des lieux, contradictoirement avec les préposés de la régie, sauf l'appel, sur lequel il sera prononcé sur simples mémoires, sans procédures et sans frais.

62. Si la perte ou le dommage des effets, ballots ou marchandises dont la régie est responsable ne peut être évalué par experts à la vue des objets cassés ou endommagés, l'évaluation faite lors de l'enregistrement servira de règle pour fixer l'indemnité. A défaut de possibilité d'estimation sur la vue des objets détériorés ou cassés, et d'estimation déclarée lors du chargement, ou si le paquet se trouve perdu, l'indemnité sera de 150 liv.

63. Si l'évaluation faite par le chargeur semble suspecte, la régie pourra en exiger la vérification ; en cas de mauvaise foi reconnue, il en sera sur-le-champ dressé procès-verbal, et référé à la police correctionnelle.

64. La régie fera les transports publics qui seront requis d'elle par les autorités constituées dans la conduite des prisonniers ; elle veillera à ce qu'ils soient en des voitures commodes et sûres, à ce qu'il ne soit introduit avec eux que les personnes employées à leur garde, et à ce qu'ils soient traités avec humanité ; enfin à ce que les agents qu'elle emploiera ne facilitent pas des évasions par négligence ou par séduction.

65. Ceux qui voudront entrer dans les voitures de la régie seront tenus de faire enregistrer leurs noms à l'avance au bureau du départ, et de payer les arrhes ordinaires de moitié du prix total de la place ; ces arrhes seront perdues pour eux s'ils ne se trouvent point à l'heure indiquée pour le départ de la voiture ; l'ordre des places sera fixé par celui de l'enregistrement.

66. Les voyageurs seront tenus de se conformer au mode de service prescrit par l'administration pour les différentes voitures, sans pouvoir, dans le cours de la route, changer l'ordre du service, avancer ou retarder les départs ni les marches des voitures.

67. Le prix des places des voyageurs et des différents transports sera payé suivant le tarif annexé au présent décret.

8 vend. an 3 (29 sept. 1794). — Décret portant que les commissionnaires et entrepreneurs du roulage ne sont point assujettis à faire la déclaration et l'affiche des marchandises déposées chez eux en transit.

25 vend. an 3 (16 oct. 1794). — Décret qui autorise tout particulier à conduire et faire conduire librement les voyageurs, les ballots, paquets et marchandises.

Art. 1. La partie de l'art. 2 de la troisième section de la loi des 26-29 août 1790, qui défend à tout particulier ou compagnies, autres que les fermiers généraux des messageries, coches et voitures d'eau, d'annoncer des départs à jours et heures fixes, ni d'établir des relais, non plus que de se charger de reprendre et conduire des voyageurs qui arriveraient en voitures suspendues, si ce n'est d'après un intervalle du jour au lendemain entre l'époque de l'arrivée desdits voyageurs et celle de leur départ, est rapportée, ainsi que l'art. 5 de la même section en son entier.

2. En conséquence, tout particulier est autorisé à conduire ou faire conduire librement les voyageurs, ballots, paquets, marchandises, ainsi et de la manière que les voyageurs, expéditionnaires et voituriers conviendront entre eux, sans qu'ils puissent être troublés ni inquiétés pour quelque motif et sous quelque prétexte que ce soit.

3. Les entrepreneurs de voitures libres ne pourront se prévaloir des autres dispositions des différentes lois relatives aux messageries nationales.

4. Toute procédure commencée, tout jugement rendu et non exécuté contre des entrepreneurs de messageries particulières, pour contravention aux articles de la loi des 26-29 août 1890 ci-dessus rapportés, sont annulés.

27 niv. an 3 (16 janv. 1795). — Décret portant : L'art. 60 de la loi des 23 et 24 juillet 1793 sur le fait des messageries, est rapporté ; il sera remplacé ainsi qu'il suit :

« L'agence des messageries ne répondra d'aucun événement occasionné par force majeure, ni des dommages auxquels pourrait donner lieu tout défaut d'emballage intérieur ou de précautions quelconques qui dépendent des parties intéressées. L'agence fera seulement mention dans l'enregistrement, et en présence des parties intéressées, de la forme et qualité extérieure de l'emballage. »

7 therm. an 3 (25 juill. 1795). — Décret qui fixe les prix du transport par les messageries, des personnes, effets et marchandises, et qui déclare que la nation ne sera responsable d'aucune somme supérieure à l'évaluation faite lors du chargement.

16 therm. an 3 (3 août 1795). — Décret portant établissement d'une administration générale en remplacement des agences de la poste aux lettres, de la poste aux chevaux et des messageries.

3 fruct. an 3 (20 août 1795). — Décret contenant un nouveau tarif pour les postes et messageries.

6 niv. an 4 (27 déc. 1795). — Loi contenant un nouveau tarif pour les messageries.

6 mess. an 4 (24 juin 1796). — Loi contenant un nouveau tarif pour la poste aux lettres et les messageries.

26 therm. an 4 (13 août 1796). — Loi contenant un nouveau tarif pour les messageries nationales.

9 vend. an 6 (30 sept. 1797). — Loi qui ordonne la suppression des messageries nationales (art. 65). — V. ci-après p. 1034.

2 niv. an 6 (22 déc. 1797). — Arrêté du directoire exécutif, qui défend aux entrepreneurs de voitures libres de se charger du port des lettres et ouvrages périodiques. — V. Postes, p. 7.

29 flor. an 10 (19 mai 1802). — Loi relative au poids des voitures employées aux roulage et messageries.

Art. 1. A compter de l'époque qui sera déterminée par le gouvernement, dans la forme usitée pour les règlements d'administration publique, le poids des voitures employées aux roulage et messageries dans l'étendue de la République, ne pourra excéder, en comprenant le poids de la voiture et celui du chargement, les proportions suivantes :

	Myriagr.
Pendant cinq mois, à compter du 15 brum. au 15 germ.,	
Voitures ou chariots à quatre roues	450
Voitures ou charrettes à deux roues	250
Voitures ou chariots à quatre roues, avec jantes de 25 centim. de largeur.	550
Voitures ou charrettes à deux roues avec jantes de 25 centim. de largeur.	350
Pendant sept mois, à compter du 15 germ. au 15 brum.,	
Voitures ou chariots à quatre roues	550
Voitures ou charrettes à deux roues	375
Voitures ou chariots à quatre roues, avec jantes de 25 centim. de largeur.	650
Voitures ou charrettes à deux roues, avec jantes de 25 centim. de largeur.	475

2. Les objets non divisibles et d'un poids supérieur au précédent tarif pourront être néanmoins transportés par le roulage, sans donner ouverture à contravention.

3. Le poids des voitures sera constaté, au moyen de ponts à bascule établis sur les routes, dans les lieux que fixera le gouvernement. — Jusqu'à l'établissement des ponts à bascule, la contravention sera constatée par la vérification des lettres de voiture.

4. Les contraventions à la présente loi seront décidées par voie administrative ; et les contrevenants seront condamnés à payer les dommages réglés par le tarif suivant. — L'excès de chargement de 20 myriag. et au-dessous sera considéré comme tolérance, et n'entraînera aucune condamnation ; — De 20 à 60 myriag., 25 fr. ; de 60 à 120 myriag., 50 fr. ; de 120 à 180 myriag., 75 fr. ; de 180 à 240 myriag., 100 fr. ; de 240 à 300 myriag., 150 fr. ; et au-dessus de 300 myriag., 300 fr.

5. Tout voiturier ou conducteur pris en contravention ne pourra continuer sa route qu'après avoir réalisé le payement des dommages, et déchargé sa voiture de l'excédant de poids qui aura été constaté ; jusque-là, ses chevaux seront tenus en fourrière, à ses frais, à moins qu'il ne fournisse une caution suffisante.

6. Le roulage pourra être momentanément suspendu, pendant les jours de dégel, sur les chaussées pavées, d'après l'ordonnance des préfets de département.

7-17 vent. an 12 (27 fév. 1804). — Loi qui détermine la largeur des jantes pour les roues des voitures de roulage attelées de plus d'un cheval.

23 juin 1806. — Décret concernant le poids des voitures et la police du roulage.

28 août 1808. — Décret concernant les voitures publiques allant à destination fixe.

18 août 1810. — Décret relatif au mode de constater les contraventions en matière de poids des voitures et de police sur le roulage. — V. Voirie par terre, p. 191.

24 déc. 1814-14 janv. 1815. — Ordonnance qui rectifie l'art. 27 du décret du 23 juin 1806, concernant le poids des voitures et la police du roulage, et renouvelle, en tant que de besoin, les dispositions des lois, décrets et règlements relatifs aux voitures publiques.

23 déc. 1816-6 janv. 1817. — Ordonnance relative à l'établissement des barrières de dégel.

4-20 fév. 1820. — Ordonnance contenant des mesures de police relatives aux propriétaires ou entrepreneurs de diligences, de messageries ou autres voitures publiques.

29 nov. 1820-19 janv. 1821. — Ordonnance portant que les contraventions au règlement du 23 juin 1806, concernant le poids des voitures et la police du roulage, doivent être jugées par les conseils de préfecture.

20 juin-13 juill. 1821. — Ordonnance relative au chargement des voitures qui parcourent les routes sur des roues dont les jantes seraient de largeur inégale.

15 mai-13 juin 1822. — Ordonnance portant que la peine déterminée par l'art. 475 c. pén. sera appliquée aux voituriers et charretiers contrevenant aux dispositions du troisième paragraphe de cet article.

21 mai-3 juin 1823. — Ordonnance portant rectification de l'art. 27 du décret du 25 juin 1806, concernant le poids des voitures et la police du roulage.

9-21 juill. 1823. — Ordonnance qui fixe le délai pour former opposition aux jugements non contradictoires des conseils de préfecture, en matière de roulage.

27 sept.-25 oct. 1827. — Ordonnance portant règlement sur la police et le roulage des voitures publiques.

16-26 juill. 1828. — Ordonnance portant règlement sur les voitures publiques.

29 oct.-25 nov. 1828. — Ordonnance relative à la longueur des moyeux de charrette, voiture de roulage ou autre.

28 juin-4 juill. 1829. — Loi concernant la répression des contraventions aux ordonnances royales sur les voitures publiques.

Art. 1. Seront punis de l'amende portée par le § 4 de l'art. 475 c. pén. ceux qui contreviendront aux dispositions des ordonnances royales ayant pour objet, la solidité des voitures publiques, leur poids, le mode de leur chargement, le nombre ou la sûreté des voyageurs, l'indication, dans l'intérieur des voitures, des places qu'elles contiennent, et du prix de ces places, et l'indication, à l'extérieur, du nom du propriétaire.

2. Les tribunaux pourront, en outre, suivant les circonstances, appliquer aux quatre premiers cas de contravention ci-dessus la peine de l'emprisonnement d'un à trois jours portée par l'art. 476 du même code.

22 juill.-1er août 1829. — Ordonnance portant que la ville de Paris est autorisée à percevoir, à titre de droit de location, un droit annuel sur les voitures dites Omnibus et autres faisant le transport en commun dans l'intérieur de la ville, qui obtiendront la permission de stationner sur la voie publique, savoir : pour chaque voiture attelée de deux chevaux, un droit annuel de 120 fr. ; pour chaque voiture attelée de trois chevaux, un droit annuel de 150 fr.

23 avr.-13 mai 1834. — Ordonnance qui modifie celle du 16 juill. 1828 sur les voitures publiques.

15-20 fév. 1837. — Ordonnance relative au poids des voitures de roulage et des voitures publiques.

24 oct.-7 nov. 1838. — Ordonnance relative au poids des voitures publiques.

3 fév.-14 mars 1840; 5 fév.-7 mars 1842; 2-9 fév. 1843. — Ordonnances portant prorogation du délai fixé par l'art. 4 de l'ordonnance du 15 fév. 1837, relative au poids des voitures de roulage et des voitures publiques.

5-23 oct. 1843. — Ordonnance relative au poids des diligences, messageries et autres voitures publiques.

2-7 oct. 1844. — Ordonnance relative au poids des voitures de roulage.

29 oct.-26 nov. 1845. — Ordonnance relative au poids des voitures publiques à quatre roues avec bandes de 10 centim. de largeur (D. P. 46. 5. 6).

22-26 sept. 1846; 1er-13 oct. 1847; 1er-25 oct. 1849. — Ordonnances portant prorogation du délai fixé par l'art. 5 de l'ordonnance du 2 oct. 1844, relative au poids des voitures de roulage (D. P. 46. 5. 174 ; 47. 5. 185 ; 49. 4. 154).

30 mai-8 juin 1851. — Loi sur la police du roulage et des messageries publiques (1).

TIT. 1. — *Des conditions de la circulation des voitures.*

Art. 1. Les voitures suspendues ou non suspendues, servant au transport des personnes ou des marchandises, peuvent circuler sur les routes nationales, départementales et chemins vicinaux de grande communication, sans aucune condition de réglementation du poids, ni de largeur de jantes.

2. Des règlements d'administration publique déterminent ;

§ 1. Pour toutes les voitures, — 1° La forme des moyeux, le maximum de la longueur des essieux, et le maximum de leur saillie au delà des moyeux ; — 2° La forme des bandes des roues ; — 3° La forme des clous des bandes ; — 4° Les conditions à observer pour l'emplacement et les dimensions de la plaque prescrite par l'art. 5 ; — 5° Le maximum du nombre des chevaux de l'attelage que peut comporter la police ou la libre circulation des routes ; — 6° Les mesures à prendre pour régler momentanément la circulation pendant les jours de dégel, et les précautions à prendre pour la protection des ponts suspendus.

§ 2. Pour les voitures ne servant pas au transport des personnes, — 1° La largeur du chargement ; — 2° La saillie des colliers des chevaux ; — 3° Les modes d'enrayage ; — 4° Le nombre des voitures qui peuvent être réunies en un même convoi, l'intervalle qui doit rester libre d'un convoi à un autre, et le nombre de

(1) V. le rapport et l'analyse de la discussion D. P. 51. 4. 76 et suiv.

conducteurs exigé pour la conduite de chaque convoi ; — 5° Les autres mesures de police à observer par les conducteurs, notamment en ce qui concerne le stationnement sur les routes, et les règles à suivre pour éviter ou dépasser d'autres voitures.

— Sont affranchis de toute réglementation de largeur de chargement les voitures de l'agriculture servant au transport des récoltes de la ferme aux champs et des champs à la ferme, ou au marché.

§ 3. Pour les voitures de messageries, — 1° Les conditions relatives à la solidité et à la stabilité des voitures ; — 2° Le mode de chargement, de conduite et d'enrayage des voitures ; — 3° Le nombre de personnes qu'elles peuvent porter ; — 4° La police des relais ; — 5° Les autres mesures de police à observer par les conducteurs, cochers ou postillons, notamment pour éviter ou dépasser d'autres voitures.

3. Toute voiture circulant sur les routes nationales, départementales et chemins vicinaux de grande communication, doit être munie d'une plaque conforme au modèle prescrit par le règlement d'administration publique rendu en vertu du n° 4 du premier paragraphe de l'art. 2. — Sont exceptées de cette disposition, — 1° Les voitures particulières destinées au transport des personnes, mais étrangères à un service public de messageries ; — 2° Les malles-postes et autres voitures appartenant à l'administration des postes ; — 3° Les voitures d'artillerie, chariots et fourgons appartenant au département de la guerre et de la marine ; — Des décrets du président de la République déterminent les marques distinctives que doivent porter les voitures désignées aux §§ 2 et 3, et les titres dont leurs conducteurs doivent être munis ; — 4° Les voitures employées à la culture des terres, au transport des récoltes, à l'exploitation des fermes, qui se rendent de la ferme aux champs ou des champs à la ferme, ou qui servent au transport des objets récoltés du lieu où ils ont été recueillis jusqu'à celui où, pour les conserver ou les manipuler, le cultivateur les dépose ou les rassemble.

TIT. 2. — *De la pénalité.*

4. Toute contravention aux règlements rendus en exécution des dispositions des n° 1, 2, 3, 5 et 6 du premier paragraphe de l'art. 2, et des n° 4, 2 et 3 du deuxième paragraphe du même article, est punie d'une amende de 5 à 50 fr.

5. Toute contravention aux règlements rendus en exécution des dispositions des n° 4 et 5 du deuxième paragraphe de l'art. 2 est punie d'une amende de 5 à 10 fr. et d'un emprisonnement d'un à trois jours. En cas de récidive, l'amende pourra être portée à 15 fr. et l'emprisonnement à cinq jours.

6. Toute contravention aux règlements rendus en vertu du troisième paragraphe de l'art. 2 est punie d'une amende de 16 à 300 fr. et d'un emprisonnement de six à six jours.

7. Tout propriétaire d'une voiture circulant sur des voies publiques sans qu'elle soit munie de la plaque prescrite par l'art. 5 et par les règlements rendus en exécution du n° 4 du premier paragraphe de l'art. 2, sera puni d'une amende de 5 à 15 fr., et le conducteur d'une amende de 1 à 5 fr.

8. Tout propriétaire ou conducteur de voiture qui aura fait usage d'une plaque portant un nom ou domicile faux ou supposé sera puni d'une amende de 50 à 300 fr. et d'un emprisonnement de six jours au moins et de six mois au plus. — La même peine sera applicable à celui qui, conduisant une voiture dépourvue de plaque, aura déclaré un nom ou domicile autre que le sien ou que celui du propriétaire pour le compte duquel la voiture est conduite.

9. Lorsque, par la faute, la négligence ou l'imprudence du conducteur, une voiture aura causé un dommage quelconque à une voie ou à ses dépendances, le conducteur sera condamné à une amende de 5 à 50 fr. — Il sera, de plus, condamné aux frais de la réparation.

10. Sera puni d'une amende de 16 à 100 fr., indépendamment de celle qu'il pourrait avoir encourue pour toute autre cause, tout voiturier ou conducteur qui, sommé de s'arrêter par l'un des fonctionnaires ou agents chargés de constater les contraventions, refuserait d'obtempérer à cette sommation et de se soumettre aux vérifications prescrites.

11. Les dispositions du liv. 5, tit. 1, chap. 3, sect. 4, § 2 c. pén. sont applicables en cas d'outrages ou de violences envers les fonctionnaires ou agents chargés de constater les délits et contraventions prévus par la présente loi.

12. Lorsqu'une même contravention ou un même délit prévu aux art. 4, 7 et 8 a été constaté à plusieurs reprises, il n'est prononcé qu'une seule condamnation, pourvu qu'il ne se soit pas écoulé plus de vingt-quatre heures entre la première et la dernière constatation. — Lorsqu'une même contravention ou un même délit prévu à l'art. 6 a été constaté à plusieurs reprises pendant le parcours d'un même relais, il n'est prononcé qu'une seule condamnation. — Sauf les exceptions mentionnées au présent article, lorsqu'il aura été dressé plusieurs procès-verbaux de contravention, il sera prononcé autant de condamnations qu'il y aura eu de contraventions constatées.

13. Tout propriétaire de voiture est responsable des amendes, des dommages-intérêts et des frais de réparation prononcés, en vertu des articles du présent titre, contre toute personne préposée par lui à la conduite de sa voiture. — Si la voiture n'a pas été conduite par ordre et pour le compte du propriétaire, la responsabilité est encourue par celui qui a préposé le conducteur.

14. Les dispositions de l'art. 463 c. pén. sont applicables dans tous les cas où les tribunaux correctionnels ou de simple police prononcent en vertu de la présente loi.

TIT. 3. — *De la procédure.*

15. Sont spécialement chargés de constater les contraventions et délits prévus par la présente loi, les conducteurs, agents voyers, cantonniers, chefs et autres employés du service des ponts et chaussées ou des chemins vicinaux de grande communication, commissionnés à cet effet, les gendarmes, les gardes champêtres, les employés des contributions indirectes, agents forestiers ou des douanes, et les employés des poids et mesures ayant droit de verbaliser, et les employés des octrois ayant le même droit. — Peuvent également constater les contraventions et les délits prévus par la présente loi, les maires et adjoints, les commissaires et agents assermentés de police, les ingénieurs des ponts et chaussées, les officiers et les sous-officiers de gendarmerie, et toute personne commissionnée par l'autorité départementale pour la surveillance et l'entretien des voies de communication. — Les dommages prévus à l'art. 9 sont constatés, pour les routes nationales et départementales par les ingénieurs, conducteurs et autres employés des ponts et chaussées commissionnés à cet effet, et pour les chemins vicinaux de grande communication, par les agents voyers, sans préjudice du droit réservé à tous les fonctionnaires et agents mentionnés au présent article de dresser procès-verbal du fait de dégradation qui

aurait lieu en leur présence. — Les procès-verbaux dressés en vertu du présent article font foi jusqu'à preuve contraire.

16. Les contraventions prévues par les art. 4 et 6 ne peuvent, en ce qui concerne les voitures publiques allant au trot, être constatées qu'au lieu de départ, d'arrivée, de relais et de stations desdites voitures, ou aux barrières d'octroi, sauf toutefois celles qui concernent le nombre des voyageurs, le mode de conduite des voitures, la police des conducteurs, cochers ou postillons, et les modes d'enrayage.

17. Les contraventions prévues par les art. 4 et 9 sont jugées par le conseil de préfecture du département où le procès-verbal a été dressé. — Tous les autres délits et contraventions prévus par la présente loi sont de la compétence des tribunaux.

18. Les procès-verbaux rédigés par les agents mentionnés au § 1 de l'art 15 ci-dessus doivent être affirmés dans les trois jours, à peine de nullité, devant le juge de paix du canton ou devant le maire de la commune, soit du domicile de l'agent qui a verbalisé, soit du lieu où la contravention a été constatée.

19. Les procès-verbaux doivent être enregistrés en débet dans les trois jours de leur date ou de leur affirmation, à peine de nullité.

20. Toutes les fois que le contrevenant n'est pas domicilié en France, la voiture est provisoirement retenue, et le procès-verbal est immédiatement porté à la connaissance du maire de la commune où il a été dressé, ou de la commune la plus proche sur la route que suit le prévenu. — Le maire arbitre provisoirement le montant de l'amende, et, s'il y a lieu, des frais de réparation, et il en ordonne la consignation immédiate, à moins qu'il ne lui soit présenté une caution valable. — A défaut de consignation ou de caution, la voiture est retenue jusqu'à ce qu'il ait été statué sur le procès-verbal. Les frais qui en résultent sont à la charge du propriétaire. — Le contrevenant est tenu d'élire domicile dans le département du lieu où la contravention a été constatée; à défaut d'élection de domicile, toute notification lui sera valablement faite au secrétariat de la commune dont le maire aura arbitré l'amende ou les frais de réparation.

21. Lorsqu'une voiture est dépourvue de plaque, et que le propriétaire n'est pas connu, il est procédé conformément aux trois premiers paragraphes de l'article précédent. — Il en est de même dans le cas de procès-verbal dressé à raison de l'un des délits prévus à l'art. 8. — Il sera procédé de la même manière à l'égard de tout conducteur de voiture de roulage ou de messageries, inconnu dans le lieu où il serait pris en contravention, et qui ne serait point régulièrement muni d'un passe-port, d'un livret ou d'une feuille de route, à moins qu'il ne justifie que la voiture appartient à une entreprise de roulage ou de messageries, ou qu'il ne résulte des lettres de voiture ou des autres papiers qu'il aurait en sa possession, que la voiture appartient à celui dont le domicile serait indiqué sur la plaque.

22. Le procès-verbal est adressé, dans les deux jours de l'enregistrement, au sous-préfet de l'arrondissement.—Le sous-préfet le transmet, dans les deux jours de sa réception, au préfet, s'il s'agit d'une contravention de la compétence des conseils de préfecture, ou au procureur de la République, s'il s'agit d'une contravention de la compétence des tribunaux.

23. S'il s'agit d'une contravention de la compétence du conseil de préfecture, copie du procès-verbal, ainsi que l'affirmation, quand elle est prescrite, est notifiée avec citation, par la voie administrative, au domicile du propriétaire, tel qu'il est indiqué sur la plaque, ou tel qu'il a été déclaré par le contrevenant, et, quand il y a lieu, à celui du conducteur. — Cette notification a lieu dans le mois de l'enregistrement, à peine de déchéance. — Le délai est étendu à deux mois, lorsque le contrevenant n'est pas domicilié dans le département où la contravention a été constatée; il est étendu à un an, lorsque le domicile du contrevenant n'a pas pu être constaté au moment du procès-verbal. — Si le domicile du conducteur est resté inconnu, toute notification qui lui est faite au domicile du propriétaire est valable.

24. Le prévenu est tenu de produire, dans le délai de trente jours, ses moyens de défense devant le conseil de préfecture. — Ce délai court à compter de la date de la notification du procès-verbal; mention en est faite dans ladite notification. — A l'expiration du délai fixé, le conseil de préfecture prononce, lors même que les moyens de défense n'auraient pas été produits. — Son arrêté est notifié au contrevenant dans la forme administrative, dix jours au moins avant toute exécution. Si la condamnation a été prononcée par défaut, la notification faite au domicile énoncé sur la plaque est valable. — L'opposition à l'arrêté rendu par défaut devra être formée dans le délai de quarante jours, à compter de la date de la notification.

25. Le recours au conseil d'Etat contre l'arrêté du conseil de préfecture peut avoir lieu par simple mémoire déposé au secrétariat général de la préfecture, ou à la sous-préfecture, et sans l'intervention d'un avocat au conseil d'État. — Il sera délivré au déposant récépissé du mémoire, qui devra être immédiatement transmis par le préfet. — Si le recours est formé au nom de l'administration, il devra l'être dans les trois mois de la date de l'arrêté.

26. L'instance à raison des contraventions de la compétence des conseils de préfecture est périmée par six mois, à compter de la date du dernier acte des poursuites, et l'action publique est éteinte, à moins de fausses indications sur la plaque, ou de fausse déclaration en cas d'absence de plaque.

27. Les amendes se prescrivent par une année, à compter de la date de l'arrêté du conseil de préfecture, ou à compter de la décision du conseil d'Etat, si le pourvoi a eu lieu. — En cas de fausses indications sur la plaque, ou de fausses déclarations de nom ou de domicile, la prescription n'est acquise qu'après cinq années.

28. Lorsque le procès-verbal constatant le délit ou la contravention a été dressé par l'un des agents désignés au § 1 de l'art. 15, le tiers de l'amende prononcée appartient audit agent, à moins qu'il ne s'agisse d'une contravention ou d'un délit prévu aux art. 10 et 11. — Les deux autres tiers sont attribués, soit au trésor public, soit au département, soit aux communes intéressées, selon que la contravention ou le dommage concerne une route nationale, une route départementale, ou un chemin vicinal de grande communication. Il en est de même du total des frais de réparation réglés en vertu de l'art. 9, ainsi que du total de l'amende, lorsqu'il n'y a pas lieu d'appliquer les dispositions du § 1 du présent article.

Tit. 4.

29. Sont et demeurent abrogées, à dater de la promulgation de la présente loi : — La loi du 29 floréal an 10 (19 mai 1802), relative à la police du roulage ; — La loi du 7 ventôse an 12 (27 février 1804) ; — Le décret du 23 juin 1806 ; — Ainsi que toutes autres dispositions contraires à celles de la présente loi. — Continueront d'être exécutées, jusqu'à la promulgation des règlements d'administration publique à établir en vertu de l'art. 2, celles des dispositions aujourd'hui en vigueur que ces règlements d'administration publique ont pour objet de modifier ou de remplacer. Toutefois, en ce qui concerne les juridictions et la pénalité, les dispositions de la présente loi seront immédiatement applicables.

Tit. 5.

30. Amnistie est accordée pour les peines encourues ou prononcées à raison de surcharge ou de défaut de largeur de jantes. — Cette amnistie n'est point applicable aux frais avancés par l'Etat, ni à la part attribuée par les lois et règlements, sur le montant des amendes prononcées, aux divers agents qui ont constaté les contraventions. — Les sommes recouvrées avant la promulgation de la présente loi, en vertu des décisions des conseils de préfecture, ne seront pas restituées.

10 août-6 sept. 1852. — Décret portant règlement sur la police du roulage et des messageries publiques.

Tit. 1. — *Dispositions applicables à toutes les voitures.*

Art. 1. Les essieux des voitures ne pourront avoir plus de 2 mèt. 50 cent. de longueur, ni dépasser à leurs extrémités le moyeu de plus de 6 cent. — La saillie des moyeux, y compris celle de l'essieu, n'excédera pas de plus de 12 cent. le plan passant par le bord extérieur des bandes. Il est accordé une tolérance de 2 cent. sur cette saillie, pour les roues qui ont déjà fait un certain service.

2. Il est expressément défendu d'employer des clous à tête de diamant. Tout clou de bande sera rivé à plat et ne pourra, lorsqu'il sera posé à neuf, former une saillie de plus de 5 millim.

3. Il ne peut être attelé : 1° aux voitures servant au transport des marchandises, plus de cinq chevaux si elles sont à deux roues; plus de huit si elles sont à quatre roues, sans qu'il puisse y avoir plus de cinq chevaux de file; 2° aux voitures servant au transport des personnes, plus de trois chevaux si elles sont à deux roues; plus de six si elles sont à quatre roues.

4. Lorsqu'il y aura lieu de transporter des blocs de pierre, des locomotives ou d'autres objets d'un poids considérable, l'emploi d'un attelage exceptionnel pourra être autorisé, sur l'avis des ingénieurs ou des agents voyers, par les préfets des départements traversés.

5. Les prescriptions de l'art. 3 ne sont pas applicables sur les parties de routes ou de chemins vicinaux de grande communication affectées de rampes d'une déclivité ou d'une longueur exceptionnelle. Les limites de ces parties de routes ou de chemins sur lesquelles l'emploi de chevaux de renfort est autorisé sont déterminées par un arrêté du préfet, sur la proposition de l'ingénieur en chef ou de l'agent voyer en chef du département, et indiqués sur place par des poteaux portant cette inscription : *chevaux de renfort*. Pour les voitures marchant avec relais réguliers et servant au transport des personnes ou des marchandises, la faculté d'atteler les chevaux de renfort s'étend à toute la longueur des relais dans lesquels sont placés les poteaux. L'emploi de chevaux de renfort peut être autorisé temporairement sur les parties de routes ou de chemins de grande communication lorsque, par suite de travaux de grande réparation ou d'autres circonstances accidentelles, cette mesure sera nécessaire. Dans ce cas, le préfet fera placer des poteaux provisoires.

6. En temps de neige ou de verglas, les prescriptions relatives à la limitation du nombre de chevaux demeurent suspendues.

7. Le ministre des travaux publics détermine les départements dans lesquels il pourra être établi, sur les routes nationales et départementales, des barrières pour restreindre la circulation pendant les temps de dégel. Les préfets, dans chaque département, déterminent les chemins de grande communication sur lesquels ces barrières pourront être établies. Ces barrières seront fermées et ouvertes en vertu d'arrêtés du sous-préfet, pris sur l'avis de l'ingénieur d'arrondissement ou de l'agent voyer. Ces arrêtés seront affichés et publiés à la diligence des maires. Dès que la fermeture des barrières aura été ordonnée, aucune voiture ne pourra sortir de la ville, du bourg ou du village dans lequel elle se trouvera. Toutefois les voitures qui seront déjà en marche pourront continuer leur route jusqu'au gîte le plus voisin, où elles seront tenues de rester jusqu'à l'ouverture. Pour n'être point inquiétées dans leur trajet, les propriétaires ou conducteurs de ces voitures prendront un laissez-passer du maire. Le jour de l'ouverture des barrières et le lendemain, les voitures ne pourront partir du lieu où elles auront été retenues que deux à la fois et à un quart d'heure d'intervalle. Le maire ou son délégué présidera au départ, qui aura lieu dans l'ordre suivant lequel les voitures se seront fait inscrire à leur arrivée dans la commune. Le service des barrières sera fait par des agents désignés à cet effet par les ingénieurs ou par les agents voyers. Toute voiture prise en contravention aux dispositions du présent article sera arrêtée, et les chevaux seront mis en fourrière dans l'auberge la plus rapprochée; le tout sans préjudice de l'amende stipulée à l'art. 4, tit. 2, de la loi du 30 mai 1851, et des frais de réparation mentionnés dans l'art. 9 de ladite loi. Peuvent circuler pendant la fermeture des barrières de dégel, 1° les courriers de la malle ; 2° les voitures de voyage suspendues, étrangères à toute entreprise publique de messageries; 3° les voitures non chargées; 4° sur les chaussées pavées, les voitures chargées, mais attelées seulement d'un cheval si elles sont à deux roues, et de deux chevaux si elles sont à quatre roues; 5° sur les chaussées empierrées, les voitures chargées, mais attelées seulement de deux chevaux si elles sont à deux roues, et de trois chevaux si elles sont à quatre roues.

8. Pendant la traversée des ponts suspendus, les chevaux seront mis au pas; les voituriers ou rouliers tiendront les guides ou le cordeau; les conducteurs et postillons resteront sur leurs sièges. Défense est faite aux rouliers et autres voituriers de dételer aucun de leurs chevaux pour le passage du pont. Toute voiture attelée de plus de cinq chevaux ne doit pas s'engager sur le tablier d'une travée, quand il y a déjà sur cette travée une voiture d'un attelage supérieur à ce nombre de chevaux. Pour les ponts suspendus qui n'offriraient pas toutes les garanties nécessaires pour le passage des voitures lourdement chargées, il pourra être adopté par le ministre des travaux publics ou par le ministre de l'intérieur, chacun en ce qui le concerne, telles autres dispositions qui seront jugées nécessaires. Dans des circonstances urgentes, les préfets et maires pourront prendre telles mesures que leur paraîtra commander la sûreté publique, sauf à en rendre compte à l'autorité supérieure. Les mesures prescrites pour la protection des ponts suspendus seront, dans tous les cas, placardées à l'entrée et à la sortie de ces ponts.

9. Tout roulier ou conducteur de voiture doit se ranger à sa droite, à l'approche de toute autre voiture, de manière à lui laisser libre au moins la moitié de la chaussée.

10. Il est interdit de laisser stationner sans nécessité sur la voie publique aucune voiture attelée ou non attelée.

TIT. 2. — *Dispositions applicables aux voitures ne servant pas au transport des personnes.*

11. La largeur du chargement des voitures qui ne servent pas au transport des personnes ne peut excéder 2 mèt. 50 cent. Toutefois, les préfets des départements traversés peuvent délivrer des permis de circulation pour les objets d'un grand volume qui ne seraient pas susceptibles d'être chargés dans ces conditions. Sont affranchis, conformément à la loi du 30 mai 1851, de toute réglementation de largeur de chargement, les voitures d'agriculture lorsqu'elles sont employées au transport des récoltes de la ferme aux champs, et des champs à la ferme ou au marché.

12. La largeur des colliers des chevaux ou autres bêtes de trait ne peut dépasser 90 cent., mesurés entre les points les plus saillants des pattes des attelles.

13. Lorsque plusieurs voitures marchent à la suite les unes des autres, elles doivent être distribuées en convois de quatre voitures au plus si elles sont à quatre roues et attelées d'un seul cheval; de trois voitures au plus si elles sont à deux roues et attelées d'un seul cheval, et de deux voitures au plus si l'une d'elles est attelée de plus d'un cheval. L'intervalle d'un convoi à l'autre ne peut être moindre de 50 mètres.

14. Tout voiturier ou conducteur doit se tenir constamment à portée de ses chevaux ou bêtes de trait et en position de les guider. Il est interdit de faire conduire par un seul conducteur plus de quatre voitures à un cheval si elles sont à quatre roues, et plus de trois voitures à un cheval si elles sont à deux roues. Chaque voiture attelée de plus d'un cheval doit avoir un conducteur. Toutefois, une voiture dont le cheval est attaché derrière une voiture attelée de quatre chevaux au plus n'a pas besoin d'un conducteur particulier. Les règlements de police municipale détermineront, en ce qui concerne la traverse des villes, bourg et villages, les restrictions qui peuvent être apportées aux dispositions du présent article et de celui qui précède.

15. Aucune voiture marchant isolément ou en tête d'un convoi ne pourra circuler pendant la nuit sans être pourvue d'un fallot ou d'une lanterne allumée. Cette disposition pourra être appliquée aux voitures d'agriculture par des arrêtés des préfets ou des maires.

16. Tout propriétaire de voiture ne servant pas au transport des personnes est tenu de faire placer, en avant des roues et au côté gauche de sa voiture, une plaque métallique portant, en caractères apparents et lisibles ayant au moins 5 millim. de hauteur, ses noms, prénoms et profession, le nom de la commune, du canton et du département de son domicile. Sont exceptées de cette disposition, conformément à la loi du 30 mai 1851, 1° les voitures particulières destinées au transport des personnes, mais étrangères à un service public des messageries; 2° les malles-postes et autres voitures appartenant à l'administration des postes; 3° les voitures d'artillerie, chariots et fourgons appartenant aux départements de la guerre et de la marine. Des décrets du président de la République déterminent les marques distinctives que doivent porter les voitures désignées aux §§ 2 et 3, et les titres dont leurs conducteurs doivent être munis; 4° les voitures employées à la culture des terres, au transport des récoltes, à l'exploitation des fermes, qui se rendent de la ferme aux champs ou des champs à la ferme, ou qui servent au transport des objets récoltés du lieu où ils ont été recueillis jusqu'à celui où, pour les conserver ou les manipuler, le cultivateur les dépose ou les rassemble.

TIT. 3. — *Dispositions applicables aux voitures des messageries.*

17. Les entrepreneurs de voitures publiques allant à destination fixe déclareront le siége principal de leur établissement, le nombre de leurs voitures, celui des places qu'elles contiennent, le lieu de destination, les jours et heures de départ et d'arrivée. Cette déclaration sera faite, dans le département de la Seine, au préfet de police, et dans les autres départements aux préfets et sous-préfets. Ces formalités ne seront obligatoires pour les entrepreneurs actuels qu'au renouvellement de leurs voitures, ou lorsqu'ils en modifieront la forme ou la contenance. Tout changement aux dispositions arrêtées par suite du premier paragraphe du présent article donnera lieu à une déclaration nouvelle.

18. Aussitôt après les déclarations faites en vertu des §§ 1 et 2 de l'article précédent, le préfet ou le sous-préfet ordonne la visite des voitures, afin de constater si elles sont entièrement conformes à ce qui est prescrit par les articles ci-après, de 19 à 29 inclusivement, et si elles ne présentent aucun vice de construction qui puisse occasionner des accidents. Cette visite, qui pourra être renouvelée toutes les fois que l'autorité le jugera nécessaire, sera faite en présence du commissaire de police, par un expert nommé par le préfet ou le sous-préfet. L'entrepreneur a la faculté de nommer, de son côté, un expert pour opérer contradictoirement avec celui de l'administration. La visite des voitures ne peut être faite qu'à l'un des principaux établissements de l'entreprise; les frais sont à la charge de l'entrepreneur. Le préfet prononce sur le vu du procès-verbal d'expertise et du rapport du commissaire de police. Aucune voiture ne peut être mise en circulation avant la délivrance de l'autorisation du préfet.

19. Le préfet transmet au directeur des contributions indirectes copie, par extrait, des autorisations par lui accordées en vertu de l'article précédent. L'estampille prescrite par l'art. 117 de la loi du 25 mars 1817 n'est délivrée que sur le vu de cette autorisation, qui doit être inscrite sur un registre spécial.

20. La largeur de la voie pour les voitures publiques est fixée au minimum à 1 mèt. 65 cent., entre le milieu des jantes de la partie des roues reposant sur le sol. Toutefois, si les voitures sont à quatre roues, la voie de devant pourra être réduite à 1 mèt. 55 cent. En pays de montagnes, les entrepreneurs peuvent être autorisés par les préfets, sur l'avis des ingénieurs et des agents voyers, à employer des largeurs de voies moindres que celles réglées par les paragraphes précédents, mais à la condition que les voies seront au moins égales à la voie la plus large des voitures en usage dans la contrée.

21. La distance entre les axes des deux essieux, dans les voitures publiques à quatre roues, sera égale au moins à la moitié de la longueur des caisses mesurées à la hauteur de leur ceinture, sans pouvoir néanmoins descendre au-dessous de 1 mèt. 55 cent.

22. Le maximum de la hauteur des voitures publiques, depuis le sol jusqu'à la partie la plus élevée du chargement, est fixé à 3 mèt. pour les voitures à quatre roues, et à 2 mèt. 60 cent. pour les voitures à deux roues. Il est accordé, pour les voitures à quatre roues, une augmentation de 10 cent., si elles sont pourvues, à l'avant-train, de sassoires et contre-sassoires formant chacune au moins un demi-cercle de 1 mèt. 15 cent. de diamètre, ayant la cheville ouvrière pour centre. Lorsque, par application du troisième paragraphe de l'art. 20, on autorisera une réduction dans la largeur de la voie, le rapport de la hauteur de la voiture avec la largeur de la voie sera, au maximum, de un trois quarts. Dans tous les cas, la hauteur est réglée par une traverse en fer placée au milieu de la longueur affectée au chargement, et dont les montants, au moment de la visite prescrite par l'art. 17, sont marqués d'une estampille constatant qu'ils ne dépassent pas la hauteur voulue; ils doivent, ainsi que la traverse, être constamment apparents. La bâche qui recouvre le chargement ne peut déborder ces montants ni la hauteur de la traverse. Il est défendu d'attacher aucun objet en dehors de la bâche.

23. Les compartiments des voitures publiques seront disposés de manière à satisfaire aux conditions suivantes. Largeur moyenne des places, 48 cent.; largeur des banquettes, 45 cent.; distance entre deux banquettes, 45 cent.; distance entre la banquette du coupé et le devant de la voiture, 35 cent.; hauteur du pavillon au-dessus du fond de la voiture, 1 mèt. 40 cent.; hauteur des banquettes, y compris le coussin, 40 cent.; pour les voitures parcourant moins de 20 kilom. et pour les banquettes à plus de trois places, la largeur moyenne des places pourra être réduite à 40 cent.

24. Il peut être placé sur l'impériale une banquette destinée au conducteur et à deux voyageurs, ou à trois voyageurs lorsque le conducteur se placera sur le même siége que le cocher. Cette banquette, dont la hauteur, y compris le coussin, ne dépassera pas 30 cent., ne peut être recouverte que d'une capote flexible. Aucun paquet ne peut être chargé sur cette banquette.

25. Le coupé et l'intérieur auront une portière de chaque côté. La caisse de de derrière ou la rotonde peut n'avoir qu'une portière ouverte à l'arrière. Chaque portière sera garnie d'un marchepied.

26. Les essieux seront en fer corroyé, de bonne qualité, et arrêtés à chaque extrémité, soit par un écrou assujetti au moyen d'une clavette, soit par une boîte à huile, fixée par quatre boulons traversant la longueur du moyeu, soit par tout autre système qui serait approuvé par le ministre des travaux publics.

27. Toute voiture publique doit être munie d'une machine à enrayer agissant sur les roues de derrière et disposée de manière à pouvoir être manœuvrée de la place assignée au conducteur. Les voitures doivent être en outre pourvues d'un sabot et d'une chaîne d'enrayage, que le conducteur placera à chaque descente rapide. Les préfets peuvent dispenser de l'emploi de ces appareils les voitures qui parcourent uniquement des pays de plaine.

28. Pendant la nuit, les voitures publiques seront éclairées par une lanterne à réflecteur placée à droite et à l'avant de la voiture.

29. Chaque voiture porte à l'extérieur, dans un endroit apparent, indépendamment de l'estampille délivrée par l'administration des contributions indirectes, le nom et le domicile de l'entrepreneur, et l'indication du nombre des places de chaque compartiment.

30. Elle porte à l'intérieur des compartiments: 1° le numéro de chaque place; 2° le prix de la place depuis le lieu du départ jusqu'à celui d'arrivée. L'entrepreneur ne peut admettre dans les compartiments de ses voitures un plus grand nombre de voyageurs que celui indiqué sur les panneaux, conformément à l'art. 29.

31. Chaque entrepreneur inscrit sur un registre coté et parafé par le maire le nom des voyageurs qu'il transporte; il y inscrit également les ballots et paquets dont le transport lui est confié. Il remet au conducteur, pour lui servir de feuilles de route, une copie de cet enregistrement, et à chaque voyageur un extrait en ce qui le concerne, avec le numéro de sa place.

32. Les conducteurs ne peuvent prendre en route aucun voyageur, ni recevoir aucun paquet, sans en faire mention sur les feuilles de route qui leur ont été remises au point de départ.

33. Toute voiture publique dont l'attelage ne présentera de front que deux rangs de chevaux pourra être conduite par un seul postillon ou un seul cocher. Elle devra être conduite par deux postillons ou par un cocher et un postillon, lorsque l'attelage comportera plus de deux rangs de chevaux.

34. Les postillons ou cochers ne pourront, sous aucun prétexte, descendre de leurs chevaux ou de leurs siéges. Il leur est enjoint d'observer dans les traversées des villes et des villages, les règlements de police concernant la circulation dans les rues. Dans les haltes, le conducteur et le postillon ne peuvent quitter en même temps la voiture tant qu'elle reste attelée. Avant de remonter sur son siége, le conducteur doit s'assurer que les portières sont exactement fermées.

35. Lorsque, contrairement à l'art. 9 du présent décret, un roulier ou conducteur de voiture n'aura pas cédé la moitié de la chaussée à une voiture publique, le conducteur ou postillon qui aurait à se plaindre de cette contravention devra en faire la déclaration à l'officier de police du lieu le plus rapproché, en faisant connaître le nom du voiturier d'après la plaque de sa voiture. Les procès-verbaux de contravention seront sur-le-champ transmis au procureur de la République, qui fera poursuivre les délinquants.

36. Les entrepreneurs de voitures publiques, autres que celles conduites par les maîtres de poste, feront, à Paris, à la préfecture de police, et dans les départements, à la préfecture ou sous-préfecture du lieu où sont établis leurs relais, la déclaration des lieux où ces relais sont situés et du nom des relayeurs. Une déclaration semblable sera faite chaque fois que les entrepreneurs traiteront avec un nouveau relayeur.

37. Les relayeurs ou leurs préposés seront présents à l'arrivée et au départ de chaque voiture, et s'assureront par eux-mêmes, et sous leur responsabilité, que les postillons ne sont pas en état d'ivresse. La tenue des relais, en tout ce qui intéresse la sûreté des voyageurs, est surveillée, à Paris, par le préfet de police, et dans les départements, par les maires des communes où ces relais se trouvent établis.

38. Nul ne peut être admis comme postillon ou cocher, s'il n'est âgé de seize ans au moins et porteur d'un livret délivré par le maire de la commune de son domicile, attestant ses bonnes vie et mœurs et son aptitude pour le métier qu'il veut exercer.

39. A chaque bureau départ et d'arrivée, et à chaque relais, il y a un registre coté et parafé par le maire, pour l'inscription des plaintes que les voyageurs peuvent avoir à former contre les conducteurs, postillons ou cochers. Ce registre est présenté aux voyageurs à toute réquisition par le chef du bureau ou par le relayeur. Les maîtres de poste qui conduisent des voitures publiques présentent, aux voyageurs qui le requièrent, le registre qu'ils sont obligés de tenir d'après le règlement des postes.

40. Les dispositions qui précèdent ne sont pas applicables aux malles-postes destinées au transport de la correspondance du gouvernement et du public, la forme, les dimensions, le chargement et le mode de conduite de ces voitures étant déterminés

par des règlements particuliers. Les voitures des entrepreneurs qui transportent les dépêches ne sont pas considérées comme malles-postes.

11. Les voitures publiques qui desservent les routes des pays voisins, et qui partent des villes frontières ou qui y arrivent, ne sont pas soumises aux règles ci-dessus prescrites. Elles doivent, toutefois, être solidement construites.

12. Les articles ci-dessus, de 16 à 38, seront constamment placardés, à la diligence des entrepreneurs des voitures publiques, dans le lieu le plus apparent des bureaux et des relais. Les articles, de 28 à 38 inclusivement, seront imprimés à part et affichés dans l'intérieur de chacun des compartiments des voitures.

TIT. 4. — Dispositions transitoires.

13. Il est accordé un délai de deux ans, à partir de la promulgation du présent décret, pour l'exécution de l'art. 12, relatif à la saillie des colliers.

14. Les contraventions au présent règlement seront constatées, poursuivies et réprimées conformément aux tit. 2 et 3 de la loi du 30 mai 1851, sans préjudice des mesures spéciales prescrites par les règlements locaux.

15. Les ordonnances des 25 décembre 1816 et 16 juillet 1828 sont et demeurent rapportées.

24 fév.-1 mars 1858. — Décret impérial qui modifie et complète quelques-unes des dispositions du décret du 10 août 1852 sur la police du roulage et des messageries publiques.

Napoléon, etc., sur le rapport de notre ministre secrétaire d'État au département de l'agriculture, du commerce et des travaux publics; vu la loi du 30 mai 1851, sur la police du roulage et des messageries publiques; vu le décret du 10 août 1852, rendu en exécution de l'art. 2 de la loi précitée; considérant que l'expérience a fait reconnaître la nécessité de modifier et de compléter quelques-unes des dispositions du décret du 10 août 1852; notre conseil d'État entendu, avons décrété :

Art. 1. Les deux derniers paragraphes de l'art, 7 du décret du 10 août 1852 sont remplacés par les paragraphes suivants :

« 1° Les voitures chargées dont l'attelage n'excédera pas le nombre de chevaux qui sera fixé par le préfet à raison du climat, du mode de construction et de l'état des chaussées, de la nature du sol et des autres circonstances locales. Les arrêtés pris par le préfet en vertu du paragraphe précédent seront soumis, avant leur mise à exécution, à l'approbation de notre ministre de l'agriculture, du commerce et des travaux publics. »

2. Les préfets pourront appliquer, par des arrêtés spéciaux, aux voitures particulières servant au transport des personnes, les dispositions du premier paragraphe de l'art, 15 du décret du 10 août 1852, relative à l'éclairage des voitures.

3. Les préfets pourront restreindre, lorsque la dimension des objets transportés donnera aux convois une largeur nuisible à la liberté ou à la sûreté de la circulation, le nombre des voitures dont l'art. 15 du décret du 10 août 1852 permet la réunion en convoi. Leurs arrêtés seront affichés sur les parties de routes auxquelles ils s'appliqueront.

29 août-9 sept. 1868. — Décret impérial relatif à l'établissement, sur les routes impériales et départementales, ainsi que sur les chemins de grande communication, de barrières pour restreindre la circulation pendant le dégel.

Art. 1. Le ministre des travaux publics détermine les départements dans lesquels il pourra être établi, sur les routes impériales et départementales, des barrières pour restreindre la circulation pendant le dégel. Les préfets, dans chaque département, déterminent les routes impériales et départementales, ainsi que les chemins de grande communication, sur lesquels ces barrières pourront être établies. Ils prennent, sur l'avis des ingénieurs des ponts et chaussées ou des agents voyers, les mesures que la fermeture et l'ouverture des barrières rendent nécessaires. Peuvent seuls circuler pendant la fermeture des barrières de dégel : 1° les courriers de la malle; 2° les voitures de voyage suspendues étrangères à toute entreprise publique de messagerie; 3° les voitures non chargées; 4° les voitures chargées, montées sur roues à jantes d'au moins 14 centimètres de largeur, et dont l'attelage n'excédera pas le nombre de chevaux qui sera fixé par le préfet, à raison du climat, du mode de construction et de l'état des chaussées, de la nature du sol, du nombre des roues de la voiture et des autres circonstances locales. Toute voiture prise en contravention du présent article sera arrêtée et les chevaux seront mis en fourrière dans l'auberge la plus rapprochée, le tout sans préjudice de l'amende stipulée à l'art, 4, tit. 2, de la loi du 30 mai 1851, et des frais de réparation mentionnés dans l'art, 9 de ladite loi. Les préfets rendront compte immédiatement à notre ministre de l'agriculture, du commerce et des travaux publics des mesures qu'ils auront arrêtées en vertu du présent décret. Sont et demeurent rapportés l'art, 7 de notre décret du 10 août 1852 et l'art, 4 de notre décret du 24 fév. 1858.

Art. 2. — Règles communes à toutes les voitures.

25. On vient de voir dans l'historique qui précède, qu'après avoir été soumis pendant de longues années à un régime de réglementation restrictive, quant au poids du chargement, à la largeur des jantes des roues, les voitures servant au transport des marchandises et des voyageurs ont obtenu une franchise illimitée. — L'art. 1 de la loi du 30 mai 1851 (D. P. 51. 4. 82) déclare, en effet, que les voitures suspendues ou non suspendues, servant au transport des personnes ou des marchandises, peuvent circuler sur les routes nationales, départementales et chemins vicinaux de grande communication, sans aucune condition de réglementation de poids, ou de largeur de jantes.

26. Lors de la discussion de cet article, deux amendements avaient été présentés dans le but de substituer à la liberté absolue, une restriction de cette liberté basée sur la largeur des jantes. Ces amendements émanés, l'un de M. Ladoucette, l'autre de MM. Denis, d'Havrincourt, Lacave, Levet et autres, furent

écartés dès la deuxième délibération; ils se reproduisirent à la troisième par l'organe de M. Levet et furent encore rejetés.

M. Magne, ministre des travaux publics, qui combattit cette grave modification au projet, après avoir rappelé l'insuffisance et les inconvénients du système de conservation consacré par la législation alors en vigueur s'exprima ainsi ; — « Est-ce à dire pour cela, messieurs, que les routes ne seront pas protégées et que les chargements pourront être élevés à des poids illimités? Non, messieurs, à côté de la loi écrite, et dont je viens, je crois, de démontrer l'impuissance, se trouve une autre loi plus forte, plus générale, c'est la loi qui dérive de la nature des choses et de l'intérêt personnel. — Quelle est cette loi? C'est celle qui veut que la force des roues soit, d'un côté, en proportion avec le poids du chargement, et, d'un autre côté, en proportion avec la largeur des jantes; la largeur des jantes détermine la force des roues, et la force des roues, dont l'excès compromettrait la voiture, détermine nécessairement le poids du chargement; le voiturier se punirait ainsi lui-même de sa contravention. — J'ai dit que cette loi, fondée sur l'intérêt personnel des voituriers, était la plus générale et la plus puissante, et l'expérience l'a bien prouvé. En effet, d'après les relevés que j'ai pu consulter, j'ai vu que, sur cent voitures qui circulent, deux seulement sont limitées par la loi, c'est-à-dire atteignent le maximum du chargement permis, et quatre-vingt-dix-huit sont maintenues au-dessous par les voituriers qui ne consultent que leur propre intérêt... » — D'ailleurs, ainsi que nous l'avons déjà remarqué *suprà*, n° 22, l'observation et l'étude ont profondément modifié les idées que l'on s'était antérieurement formées sur les conditions de la conservation des routes, ce qui permet aujourd'hui de faire à l'industrie des transports, des concessions qu'autrefois on considérait comme incompatibles avec une bonne viabilité. — C'est en effet ce qui ressort du rapport de M. Ducos, où l'on voit, d'après les hommes les plus compétents, que ce qui contribue surtout à la conservation des routes, c'est, non pas la limitation du poids des voitures, la réglementation de la largeur des roues, mais un entretien constant et assidu de la voie. « Une dégradation, dit-il, n'est pas une nécessité de la circulation, mais bien une faute de la part de ceux qui sont chargés d'entretenir les routes. » (V. Rapp. D. P. 51. 4. 81, n° 24.)

27. D'après le projet, les dispositions de l'art. 1 de la loi du 30 mai 1851 n'étaient applicables qu'à la circulation sur les routes nationales et départementales. — Plus tard, le gouvernement et la commission nommée par l'assemblée nationale se sont trouvés d'accord pour l'étendre aux chemins vicinaux de grande communication. — Peut-être n'y avait-il pas même raison de décider à l'égard de ces chemins. Les communes qui les entretiennent ne disposent pas toujours des ressources nécessaires pour les maintenir en état parfait de viabilité, et les détériorations causées par les chargements excessifs n'y sont pas toujours aussi facilement réparées que sur les routes nationales ou départementales. Cependant il ne paraît pas que la disposition de la loi de 1851 relative aux chemins vicinaux ait soulevé de réclamations de la part des communes.

28. Mais la loi de 1851 et le décret de 1852 ne s'appliquent pas aux chemins vicinaux ordinaires, aux chemins ruraux, aux rues et places des villes, bourgs et villages qui ne sont pas la continuation des grandes routes ou des chemins vicinaux de grande communication. Le texte de l'art. 1 de la loi de 1851 est exclusif de ces voies de communication. Sur ces voies diverses, la police des voitures publiques ou particulières servant au transport des personnes ou des choses est régie par des règlements municipaux ou par les dispositions de lois antérieures non abrogées et qui ne touche la petite voirie, notamment par l'art. 475, n° 3 et 4, 476, 479, n° 2 c, pén. (Conf. M. Guilbon, Police du roulage, p. 61, n° 10). — Il a été jugé en ce sens que la loi du 30 mai 1851, sur la police du roulage, et le décret du 10 août 1852, rendu pour l'exécution de cette loi, s'appliquent exclusivement aux voitures circulant sur les routes impériales et départementales et sur les chemins vicinaux de grande communication, et, par suite, sont inapplicables aux voitures circulant dans les rues d'une ville qui ne sont pas le prolongement du commerce de ces voies (Crim. rej. 21 déc. 1855, aff. Ardonneau, D. P. 56. 1. 179.—Conf. Crim. rej. 13 mai 1854, aff. Langlois, D. P. 54. 1. 413; 21 juin 1855,

aff. Prouff; Crim. cass. 21 juin 1855, aff. Tanguy). — V. aussi *infrà*, n° 81.

29. Une autre observation générale, non moins importante, c'est que même sur les routes impériales et départementales et les chemins vicinaux de grande communication, les articles précités du code pénal trouvent leur application dans certains cas non prévus par la loi de 1851 et le décret de 1852. — V. v° Contravention, n°° 294 et 303, et M. Guilbon, p. 82, n° 12.

30. Suivant l'art. 2 de la loi du 30 mai 1851, des règlements d'administration publique déterminent : — « § 1. Pour toutes les voitures, 1° la forme des moyeux, le maximum de la longueur des essieux, et le maximum de leur saillie au delà des moyeux; — 2° La forme de bandes des roues; — 3° La forme des clous des bandes; — 4° Les conditions à observer pour l'emplacement et les dimensions de la plaque prescrite par l'art. 3; — 5° Le maximum du nombre des chevaux de l'attelage que peut comporter la police ou la libre circulation des routes; — 6° Les mesures à prendre pour régler momentanément la circulation pendant les jours de dégel, et les précautions à prendre pour la protection des ponts suspendus. » — Ces dispositions diffèrent sur trois points du projet présenté par le gouvernement. Ainsi, à ces mots du n° 5 : *le maximum du nombre des chevaux de l'attelage*, la commission a ajouté ceux-ci : *Que peut comporter la police ou la libre circulation des routes*, parce qu'elle n'a pas voulu qu'à l'aide de la généralité des termes du projet, il fût possible de revenir au régime restrictif que l'art. 1 a eu pour but de proscrire sans retour (V. le rapport, D. P. 51. 4. 82, n° 21). — Tout règlement ultérieur conçu dans cet esprit serait donc ouvertement contraire à la loi.

La deuxième modification adoptée sur la proposition de la commission consiste dans l'addition du n° 6 tout entier, relatif à la circulation pendant les jours de dégel. Dans son rapport, M. Ducos fait remarquer à ce sujet que, « dans le Nord en particulier, les chaussées en empierrement de pavés deviendraient impraticables, sans quelques mesures de précaution qui sont passées dans les habitudes de ces localités. » — V. le rapport *loc. cit.*, n° 21.

La troisième modification admise au projet du gouvernement sur l'avis de la commission, est la disposition qui a pour but la protection des ponts suspendus. Elle n'a été proposée qu'à la troisième délibération, et n'a pas été motivée. Mais elle se justifie d'elle-même.

Nous allons examiner maintenant comment le règlement d'administration publique, prescrit par la loi de 1851, a développé la pensée du législateur, en ce qui touche les dispositions de l'art. 2 que nous venons de reproduire.

31. *Longueur et saillie des essieux et des moyeux.* — Les règlements antérieurs à celui de 1852 s'étaient presque tous occupés de ce point. Suivant l'art. 16 du décret du 23 juin 1806, la longueur des essieux de toute espèce de voiture, même de culture et de labourage, ne pouvait jamais excéder 2 mèt. 50 cent. entre les deux extrémités, et chaque bout ne pouvait saillir au delà des moyeux de plus de 6 cent. — Cette saillie a été portée à 12 cent. par l'ord. des 29 oct.-25 nov. 1828 et l'art. 1 du décret du 10 août 1852, qui régit actuellement la matière, reproduit sur ce point la disposition précitée du décret du 23 juin 1806, avec la modification qui y a été introduite par l'ord. de 1828. — Cet article est ainsi conçu : — « Les essieux des voitures ne pourront avoir plus de 2 mèt. 50 cent. de longueur, ni dépasser à leurs extrémités le moyeu de plus de 6 cent. — La saillie des moyeux, y compris celle de l'essieu, n'excédera pas de plus de 12 cent. Le plan passant par le bord extérieur des bandes. Il est accordé une tolérance de 2 cent. sur cette saillie, pour les roues qui ont déjà fait un certain service. » — Ces dimensions sont dans les habitudes des constructeurs de voitures et en rapport avec la largeur de nos voies de communication : elles sont donc très-sagement fixées. Il est, du reste, facile de comprendre le danger fort grave que présenterait la liberté laissée à chacun relativement à la longueur des essieux et à la saillie des moyeux, puisqu'il pourrait en résulter des entraves incessantes à la circulation.

32. C'était avant la loi de 1851 une question que de savoir si les voitures dont les chargements dépassaient les moyeux

pouvaient être assimilées à celles dont les moyeux excédaient la saillie permise par l'ord. du 29 oct. 1828, et il avait été jugé que cette assimilation ne pouvait avoir lieu pour l'application des peines portées par l'ordonnance précitée (cons. d'Et. 29 janv. 1839, M. Brière, rap., aff. Favier). — Dans l'état actuel de la législation, la difficulté ne peut plus se présenter, parce que la largeur du chargement est dans la loi de 1851 et le décret de 1852 l'objet de dispositions spéciales. — V. *infrà*, n° 62.

33. *Forme des bandes.* — Sur ce point, le décret de 1852 ne répond pas au vœu de la loi de 1851; il ne contient aucune disposition. — Il y a lieu de s'en étonner d'après le passage suivant du rapport de M. Ducos : — « Nous avions été un moment préoccupés de la faculté abandonnée aux règlements d'administration publique de déterminer la forme des bandes des roues. Nous craignions que l'élasticité du mot *forme* ne permît à un simple règlement de se montrer plus restrictif que la loi. Les conférences que nous avons eues avec M. le ministre des travaux publics nous ont rassurés. Il importe, en effet, que les bandes des roues ne soient ni coniques, ni anguleuses, et, sous ce rapport, on peut trouver bon que la loi laisse quelque latitude à l'administration. Nous ajouterons que la communication que nous avons demandée et qui nous a été faite du projet de règlement nous a offert toute garantie que, grâce à la rédaction en question, il ne sera porté aucune atteinte aux principes constitutifs de la liberté (V. D. P. 51. 4. 82, n° 19). — De ce passage, il suit que le projet de règlement contenait une disposition formelle sur la forme des bandes. Pourquoi a-t-elle été supprimée? C'est ce qui n'est point expliqué. Mais, dans le silence du règlement, le rapport que nous venons de citer fait connaître la pensée de la loi suivant laquelle il importe que les bandes des roues ne soient ni coniques ni anguleuses.

34. *Formes des clous pour les bandes.* — L'art. 18 du décret du 23 juin 1806 défendait d'employer des clous à tête de diamant pour les bandes. Il voulait de plus que les clous qui les attachaient fussent rivés à plat et ne pussent former une saillie de plus d'un centimètre. — L'art. 2 du décret de 1852 reproduit cette disposition. Seulement il réduit la saillie permise à 5 millimètres. — « Il est expressément défendu, dit cet article, d'employer des clous à tête de diamant. Tout clou de bande sera rivé à plat, et ne pourra, lorsqu'il sera posé à neuf, former une saillie de plus de 5 millimètres. » — Cette disposition a pour but évident de protéger les routes contre les aspérités que les roues pourraient présenter; mais ici aussi on peut dire que l'intérêt privé est une voie plus sûre que la loi écrite, car on n'aperçoit pas l'avantage que pourraient offrir de telles inégalités pour la facilité de traction.

35. *Conditions à observer pour l'emplacement et les dimensions de la plaque.* — La loi de 1851 (art. 2, § 1) classe ces conditions parmi les règles communes à toutes les voitures; mais elle se contredit elle-même par les exceptions admises dans son art. 3. — Aussi le décret de 1852 range-t-il l'obligation relative à la plaque parmi les dispositions spéciales aux voitures ne servant pas au transport des personnes (art. 16) et aux voitures de messageries (art. 20, 166.

36. *Maximum du nombre des chevaux.* — Il ne peut être attelé aux voitures servant au transport des marchandises plus de cinq chevaux si elles sont à deux roues; plus de huit si elles sont à quatre roues, sans qu'il puisse y avoir plus de cinq chevaux de file (décr. 10 août 1852, art. 3). — C'est là un changement notable dans les habitudes du roulage qui employait fréquemment, pour les voitures à deux roues, des attelages de sept chevaux d'une seule file. Il pourra avoir pour effet de développer chez nous l'élève des forts chevaux de trait que possède l'Angleterre et dont la race est à peu près inconnue en France. — Quant aux voitures servant au transport des personnes, il ne peut y être attelé plus de trois chevaux si elles sont à deux roues; plus de six si elles sont à quatre roues (décr. 1852, même article).

37. La loi de 1851 et le décret de 1852 fixent le nombre des *chevaux*; s'ensuit-il que, pour les autres bêtes de trait, il n'y ait aucune limitation? Il nous paraît manifeste, au contraire, que la pensée qui a dicté les articles précités comprend, dans sa généralité, tous les animaux qui peuvent être employés à la trac-

tion, puisque le but de ces dispositions est de prévenir les embarras que peuvent faire naître sur la voie publique les attelages trop nombreux et que l'inconvénient dont le législateur s'est préoccupé aurait plus de gravité avec des bêtes de trait autres que les chevaux. Les chevaux, en effet, sont en général plus intelligents, mieux dressés et plus dociles que les bœufs, les ânes et autres animaux qui peuvent servir à la traction. — Cependant comme une peine est attachée à l'inobservation du décret (V. n° 51), il eût été préférable que le législateur s'expliquât formellement à ce sujet.

38. Aux termes de l'art. 5, § 1 et 2 du décret de 1852, « les prescriptions de l'art. 3 ne sont pas applicables sur les parties de routes ou de chemins vicinaux de grande communication affectées de rampes d'une déclivité ou d'une longueur exceptionnelle. — Les limites de ces parties de routes ou chemins sur lesquels l'emploi des chevaux de renfort est autorisé sont déterminées par un arrêté du préfet, sur la proposition de l'ingénieur en chef ou de l'agent voyer en chef du département, et indiquées sur place par des poteaux portant cette inscription : *Chevaux de renfort.* »

39. Dans le cas où le préfet aurait négligé de déterminer ces rampes, le voiturier qui, pour les gravir, aurait employé des chevaux de renfort devrait-il être considéré comme ayant contrevenu au décret? — Il a été décidé, dans le sens de l'affirmative, que la contravention résultant de ce qu'un voiturier a employé un nombre de chevaux excédant le nombre légal sur des portions de routes affectées de rampes d'une déclivité exceptionnelle, ne sont pas couvertes par la circonstance qu'un arrêté du préfet aurait postérieurement reconnu nécessaire et en conséquence autorisé l'emploi de chevaux de renfort aux mêmes endroits; — ... Et qu'il n'y a pas à distinguer à ce sujet entre les contraventions qui, à l'époque de la publication de l'arrêté, auraient été l'objet de condamnations frappées d'un recours de la partie, et celles sur lesquelles il n'aurait pas encore été statué (Cons. d'Ét. 21 juin 1854, aff. Lecoq, D. P. 55. 3. 3). — Cette solution est fondée sur le principe que l'autorisation postérieure ne couvre pas la contravention résultant de l'accomplissement d'un fait non poursuivi, mais qui pouvait l'être, principe qui a été appliqué dans un grand nombre de cas analogues (V. notamment v° Voirie par terre, n°⁸ 2099 et suiv., 2503 et Crim. cass. 13 mai 1854, aff. Gauret et aff. Paumiers, D. P. 54. 1. 211). —Mais ne pouvait-on pas objecter, dans l'espèce jugée par le conseil d'État, les termes mêmes de l'art. 5 du décret de 1852 dont le § 1 porte expressément que les prescriptions concernant le nombre des chevaux *ne sont pas applicables* aux rampes d'une déclivité ou d'une longueur exceptionnelle. Si le préfet néglige de rendre l'arrêté prescrit par la seconde disposition, c'est, de la part de ce fonctionnaire, une omission qui ne peut en rien modifier la situation du voiturier. La déclivité ou la longueur exceptionnelle de la rampe exige-t-elle l'emploi de chevaux de renfort? Telle doit être la seule question à examiner. Si elle est résolue affirmativement, il y a eu pour le voiturier nécessité de renforcer son attelage : la loi de 1851 renferme une foule de prévisions qui prouvent qu'en telle matière comme en toute autre, la nécessité commande des exceptions à toutes les règles. — L'opinion du ministre de l'intérieur semblait, du reste, favorable à ces objections, puisque, contrairement à la solution donnée par le conseil d'État, il pensait, dans les observations par lui émises sur le pourvoi, que la publication de l'arrêté couvrait les contraventions non encore jugées; mais il repoussait la partie de la demande qui prétendait étendre un tel effet aux contraventions qui se trouvaient alors frappées de condamnations, tout en concédant qu'il y avait peut-être lieu à une remise des amendes par la voie gracieuse.

40. L'emploi des chevaux de renfort peut être autorisé temporairement sur les parties de routes ou de chemins de grande communication, lorsque; par suite de travaux de réparation ou d'autres circonstances accidentelles, cette mesure sera nécessaire; dans ce cas, le préfet fera placer des poteaux provisoires. Telle est la disposition de l'art. 5, § 4, du décret de 1852.—Les circonstances accidentelles qui peuvent rendre cette mesure nécessaire sont toutes celles qui augmentent notablement la difficulté de la traction. Ainsi une inondation qui détrempe la su-

perficie d'une route, de manière à diminuer considérablement la résistance de la chaussée, doit faire autoriser l'emploi de chevaux de renfort. Il en devrait être de même, à notre sens, des cas très-fréquents où une route nouvellement empierrée offre, dans toute la largeur de la chaussée, une résistance trop grande aux efforts des chevaux.

41. Pour les voitures marchant avec relais régulier et servant au transport des personnes et des marchandises, dit le même art. 5, § 3, la faculté d'atteler des chevaux de renfort s'étend à toute la longueur des relais dans lesquels sont placés les poteaux. — Cette disposition de l'art. 5 du décret de 1852 suit immédiatement celles qui sont relatives aux rampes d'une déclivité ou d'une longueur exceptionnelle. En faut-il conclure qu'elle ne s'applique qu'à ce cas et non à celui où les chevaux de renfort sont temporairement autorisés dont parle le § 4? — Il est élémentaire que lorsqu'il y a identité de raison, il doit y avoir identité de solution. — Or, pour quel motif, les voitures marchant avec relais réguliers peuvent-elles avoir des chevaux de renfort dans toute la longueur des relais? C'est parce que la nécessité pour ces voitures de suspendre leur course, afin d'atteler et de dételer ensuite les chevaux de renfort, est une cause de retard nécessaire dans leur mode de service doit faire considérer comme particulièrement préjudiciable aux intérêts de ceux qui les exploitent; c'est, d'ailleurs, que les chevaux de renfort sont fournis, non à l'endroit même où est l'obstacle à franchir, comme cela arrive le plus souvent pour le roulage, mais aux lieux où sont établis les relais; et ces considérations ne s'appliquent pas moins au cas où les chevaux de renfort sont nécessités par la déclivité du terrain que dans celui où des obstacles temporaires rendent nécessaire de renforcer les attelages : il paraît donc manifeste que, dans l'une et l'autre hypothèse, la faculté d'atteler des chevaux de renfort doit s'étendre à toute la longueur des relais.

42. Lorsqu'il y a lieu de transporter des blocs de pierre, des locomotives ou d'autres objets d'un poids considérable, l'emploi d'un attelage exceptionnel peut être autorisé, sur l'avis des ingénieurs ou des agents voyers, par les préfets des départements traversés (décr. de 1852, art. 4). — Dans les cas d'urgence, le zèle et la bienveillance de l'administration ne manqueraient pas d'abréger et de simplifier ces formalités.

43. En temps de neige ou de verglas, les prescriptions relatives à la limitation du nombre des chevaux demeurent suspendues (*Ibid.*, art. 6); c'est-à-dire que chacun est libre alors d'atteler tel nombre de chevaux qu'il juge nécessaire.

44. *Circulation pendant les jours de dégel.* — L'ordonnance du 23 déc. 1815 avait eu pour objet l'établissement de barrières destinées à empêcher, pendant le dégel, sauf les exceptions qu'elle admet, la circulation des voitures dans les départements où il existe des routes pavées. Les dispositions de cette ordonnance ont été remplacées par l'art. 7 du décret du 10 août 1852 qui, modifié une première fois par le décret du 24 fév. 1858 (D. P. 58. 4. 19), est lui-même remplacé aujourd'hui par le décret des 29 août-9 sept. 1863. — Ce sont les termes de ce dernier décret que nous reproduisons : « Le ministre des travaux publics détermine les départements dans lesquels il pourra être établi, sur les routes impériales et départementales, des barrières pour restreindre la circulation pendant le temps de dégel (art. 1, § 1). » — Il est à désirer que le nombre de ces départements soit de plus en plus restreint, car toute entrave à la circulation des voitures employées par le commerce réagit d'une manière fâcheuse sur les intérêts commerciaux; et il semble que le système de construction et d'entretien des routes étant le même dans toutes les parties de la France, on doit parvenir assez prochainement à une égalité presque parfaite quant à la viabilité.

45. Les préfets, dans chaque département, ajoute le même article, déterminent les routes impériales et départementales, ainsi que les chemins de grande communication sur lesquels ces barrières pourront être établies (§ 2). — Ils prennent, sur l'avis des ingénieurs des ponts et chaussées ou des agents voyers, les mesures que la fermeture ou l'ouverture des barrières rendent nécessaires (§ 3). —Ces deux paragraphes remplacent les §§ 3, 4, 5 et 6 de l'art. 7 du décret de 1852 qui indiquait lui-même les mesures à prendre dans ce cas (V. *suprà*, p. 1098).

46. D'après le § 4 de l'art. 1 du décret de 1863, peuvent seuls circuler pendant la fermeture des barrières de dégel : 1° les courriers de la malle; — 2° Les voitures de voyage suspendues, étrangères à toute entreprise publique de messageries (d'où il suit que les voitures non suspendues, quelque légères qu'elles soient, ne sont pas admises à la libre circulation); — 3° Les voitures non chargées. — Devrait-on considérer comme non chargées les voitures qui ne porteraient qu'une ou deux personnes? Il est quelquefois difficile de se rendre exactement compte de la pensée d'un décret qui n'est pas, comme une loi, précédé d'un exposé des motifs et d'une discussion qui en éclaire à peu près toutes les parties; mais il nous paraît certain qu'une voiture dont le chargement n'est pas de nature à endommager les routes plus que ne le ferait une voiture suspendue, doit être considérée comme non chargée. — 4° Les voitures chargées, montées sur roues à jantes d'au moins 11 cent. de largeur, et dont l'attelage n'excédera pas le nombre de chevaux qui sera fixé par le préfet, à raison du climat, du mode de construction et de l'état des chaussées, de la nature du sol, du nombre des roues de la voiture et des autres circonstances locales. — Cette disposition qui reproduit à peu près le décret du 24 fév. 1858, modifie le décret du 10 août 1852, en ce sens qu'il laisse aux préfets le soin de régler les détails de l'exception dont il ne fait que poser le principe, tandis que ces détails étaient minutieusement par l'art. 7 du décret de 1852. Cet article, en effet, distinguait entre les chaussées pavées et les chaussées empierrées : pouvaient circuler pendant les jours de dégel, sur les chaussées pavées, les voitures chargées, mais attelées seulement d'un cheval si elles étaient à deux roues, et de deux chevaux si elles étaient à quatre roues; sur les chaussées empierrées, les voitures chargées, mais attelées seulement de deux chevaux si elles sont à deux roues, et de trois chevaux si elles sont à quatre roues. — Jugé par application du décret de 1852, que l'exception à la prohibition de circulation pendant la fermeture des barrières de dégel, que l'art. 7 du décret du 10 août 1852 fait au profit des voitures à deux roues et attelées d'un seul cheval, ne saurait être appliquée à une voiture à deux roues que le propriétaire aurait fait circuler sur une chaussée pavée avec un attelage de deux chevaux, encore même que le chargement de cette voiture aurait été inférieur à la charge d'un cheval (cons. d'Et. 24 août 1858, aff. Couture, D. P. 59. 3. 21).

47. Toute voiture prise en contravention aux dispositions du présent article sera arrêtée, et les chevaux seront mis en fourrière dans l'auberge la plus rapprochée, le tout sans préjudice de l'amende stipulée à l'art. 4, tit. 2, de la loi du 30 mai 1851, et des frais de réparation mentionnés dans l'art. 9 de ladite loi (décr. 29 août 1863, art. 1, § 5, V. *infrà*, n° 51).

48. *Protection des ponts suspendus.* — « Pendant la traversée des ponts suspendus, dit l'art. 8, § 1, du décret de 1852, les chevaux seront mis au pas; les voituriers ou rouliers tiendront les guides ou le cordeau; les conducteurs et postillons resteront sur leurs sièges. » — Les chevaux doivent être mis au pas, parce que leur trot cause un ébranlement nuisible à la solidité du pont. L'attention dont les animaux doivent être plus particulièrement l'objet, de la part des conducteurs et des postillons, a pour but sans doute de régulariser la traction que leur négligence pourrait rendre fort inégale, et aussi de prévenir les accidents que pourrait faire naître la rencontre des voitures sur une voie aérienne ordinairement étroite.

49. Défense est faite aux rouliers et autres voituriers de dételer aucun de leurs chevaux pour le passage du pont (art. 8, § 2, *ibid.*),... par ce motif apparemment que la charge n'étant pas entraînée par une force suffisante, le poids s'en ferait plus longtemps et plus lourdement sentir.

50. Toute voiture attelée de plus de cinq chevaux ne doit pas s'engager sur le tablier d'une travée, quand il y a déjà sur cette travée une voiture d'un attelage supérieur à ce nombre de chevaux (même article, § 3). — Pour les ponts suspendus qui n'offrent pas toutes les garanties nécessaires pour le passage des voitures lourdement chargées, il peut être adopté par le ministre des travaux publics ou par le ministre de l'intérieur, dans ce qui le concerne, telles autres dispositions qui sont jugées nécessaires (même article, § 4). — Dans des circonstances urgentes, les préfets et les maires pourront prendre telles mesures que

leur paraîtra commander la sûreté publique, sauf à en rendre compte à l'autorité supérieure (même article, § 5). — Les mesures prescrites pour la protection des ponts suspendus seront, dans tous les cas, placardées à l'entrée et à la sortie de ces ponts (même article, § 6).

51. *Peines.* — L'art. 4 de la loi du 30 mai 1851 punit d'une amende de 5 à 30 fr. l'infraction aux dispositions du règlement relatives aux objets prévus aux n°s 1, 2, 3, et 6 du § 1 de l'art. 2 de cette loi, c'est-à-dire aux dispositions du décret de 1852, qui ont pour objet : — 1° La longueur et la saillie des essieux et des moyeux; — 2° La forme des clous des bandes; — 3° Le maximum du nombre des chevaux de l'attelage; — 4° Les mesures à prendre pendant les jours de dégel; — 5° Les précautions relatives à la protection des ponts. —

52. *Conduite des voitures; liberté du passage.* — Là se bornent, suivant la division de la loi de 1851, les dispositions communes à *toutes les voitures*. Le décret en a ajouté deux, que cette loi avait classées parmi les dispositions relatives aux voitures ne servant pas au transport des personnes (art. 2, § 2-5°), et aux voitures de messageries (art. 2, § 3-5°). Suivant la première, empruntée aux règlements précédents, mais avec une portée plus générale (décr. 28 août 1808, art. 16; ord. 4 fév. 1820, art. 12; 27 sept. 1827, art. 35; 16 juill. 1828, art. 34), « tout roulier ou conducteur de voiture doit se ranger à sa droite, à l'approche de toute autre voiture, de manière à lui laisser libre au moins la moitié de la chaussée » (décr. de 1852, art. 9).—Le complément de cette disposition se trouve dans l'art. 35 du décret de 1852, suivant lequel, « lorsque, contrairement à l'art. 9 (qu'on vient de retracer), un roulier ou conducteur de voiture n'aura pas cédé la moitié de la chaussée à une voiture publique, le conducteur ou postillon qui aurait à se plaindre de cette contravention devra en faire la déclaration à l'officier de police du lieu le plus rapproché, en faisant connaître le nom du voiturier d'après la plaque de sa voiture. — Les procès-verbaux de contravention seront sur-le-champ transmis au procureur impérial, qui fera poursuivre les délinquants. » — Mais quelle est la pénalité qui doit être prononcée contre le contrevenant? — Ce cas, ainsi que nous venons de le remarquer, se réfère à la fois à la disposition finale du n° 5 du § 2 de l'art. 2, L. 30 mai 1851, en ce qui concerne les voitures de roulage, et au n° 5 du § 3 du même article relatif aux voitures de messageries. Il tombe donc en même temps sous l'application des art. 5 et 6 de la loi de 1851. En conséquence, la peine encourue par les rouliers contrevenant aux dispositions précitées est une amende de 6 à 10 fr. qui, en cas de récidive, peut être portée à 15 fr., et un emprisonnement de un à trois jours, qui, en cas de récidive, peut être de cinq jours (art. 5). Pour les conducteurs de messageries, la peine est de 16 à 200 fr. et un emprisonnement de six à dix jours (art. 6).—Quant aux voitures autres que celles des messageries servant au transport des personnes dont le cocher ou postillon refuserait de céder la moitié de la chaussée à une autre voiture, il ne paraît pas que les peines qui viennent d'être indiquées puissent être appliquées. On ne pourrait invoquer que l'art. 475, n° 3 c. pén., qui punit d'amende depuis 6 fr. jusqu'à 10 fr. inclusivement « les rouliers, charretiers, conducteurs de voitures quelconques ou de bêtes de charge qui auraient contrevenu aux règlements par lesquels ils sont obligés ...d'occuper un seul côté des rues, chemins ou voies publiques ; de se détourner ou ranger devant toutes les autres voitures, et à leur approche, de leur laisser libre au moins la moitié des rues, chaussées, routes et chemins » (Conf. M. Guilbon, p. 73, n° 28). — La même peine serait applicable à tout roulier ou conducteur de voiture quelle qu'elle soit, circulant ailleurs que sur une route impériale ou départementale ou sur un chemin vicinal de grande communication.

53. *Stationnement.* — La seconde disposition que le décret de 1852 a rangée parmi celles qui sont communes à toutes les voitures, est l'art. 10 suivant lequel « il est interdit de laisser stationner sans nécessité sur la voie publique aucune voiture attelée ou non attelée. » — Cette disposition est fondée comme la précédente sur le § 2, n° 5, de l'art. 2 de la loi de 1851, spécial aux voitures de roulage, et sur le § n° 5 du même article spécial aux voitures de messageries. Les peines applicables aux infractions à

cet article sont donc aussi écrites dans les art. 5 et 6 précités de la même loi, en cas de stationnement des voitures dont il s'agit sur les routes impériales et départementales, et les chemins vicinaux de grande communication. — Quant au stationnement sans nécessité de ces voitures sur tout autre chemin, ou des autres voitures sur quelque route que ce soit, il doit être considéré comme embarras de la voie publique, puni par l'art. 471, n° 4 c. pén. Nous en avons parlé avec développement v^is Commune, n°s 901 et suiv. ; Contravention, n°s 131 et suiv., 289 et suiv. ; Voirie par terre, n°s 218 et suiv., 1875 et suiv. (V. aussi M. Guilbon, p. 107 et suiv., n°s 103 et suiv.).— Il a été jugé en ce sens que le fait d'avoir laissé stationner la nuit, sur une voie publique urbaine, sans qu'il fût muni d'une lanterne allumée, un fourgon de marchandises non attelé, constitue la contravention d'embarras apporté à la circulation, que punit l'art. 471, n° 4 c. pén., la loi du 30 mai 1851 et le décret du 10 août 1852 ne s'appliquant qu'aux routes impériales et départementales, ni aux chemins vicinaux de grande communication (Crim. cass. 13 mai 1854, aff. Langlois, D. P. 55. 1. 413).

54. L'art. 10 du décret du 10 août 1852, comme l'art. 471, n° 4 c. pén., n'interdit le stationnement des voitures qu'autant qu'il a eu lieu sans nécessité. Les explications que nous avons données sur cette circonstance v^is Contraventions, n°s 142 et suiv., et Voirie par terre, n°s 1884 et suiv., trouvent naturellement ici leur application.—Il a été jugé, spécialement sur ce point, 1° que lorsqu'il est déclaré que le juge qu'un fait de stationnement d'une voiture constaté par procès-verbal a eu lieu par suite d'une absolue nécessité, l'acquittement prononcé en considération de cette circonstance ne peut être critiqué devant la cour de cassation (Crim. rej. 21 juill. 1854, aff. Gal, D. P. 55. 5. 487);— 2° Que le voiturier convaincu d'avoir laissé stationner sa voiture sur la voie publique, ne peut obtenir son renvoi sur la seule preuve que la circulation ne s'en serait pas trouvée gênée ; la loi n'admet d'autre excuse que la nécessité (Crim. cass. 21 sept. 1854, aff. Georges Burr, D. P. 55. 5. 487) ; — 3° Que l'arrêté qui autorise le stationnement des voitures des marchands de bois, sur les foires et marchés, moyennant le payement d'un droit de place, et sous l'obligation pour leurs conducteurs de justifier d'une autorisation de la police, est à tort considéré comme prévoyant d'une manière générale, pour les voitures de marchands de bois, un cas de nécessité de stationnement ; par suite, le tribunal de police ne peut se fonder ni sur cet arrêté ni sur une prétendue autorisation tacite, pour excuser un fait de stationnement accompli en dehors des circonstances formellement prévues (Crim. cass. 6 fév. 1858, aff. Dubois, D. P. 58. 5. 387);— 4° Que le conducteur dont la voiture a été trouvée non gardée en face d'un restaurant, ne peut être acquitté de la poursuite, sous prétexte que le procès-verbal n'établirait pas que la voiture ait été laissée seule un temps plus que suffisant pour gagner le restaurant et en sortir (Crim. cass. 4 mai 1861, aff. Guéret, D. P. 61. 5. 542).

55. Parmi les dispositions applicables à toutes les voitures, il faut ranger encore celles des art. 9, 12, 13 et 14 de la loi du 30 mai 1851 qui tracent des règles générales concernant la pénalité, les dommages-intérêts et la responsabilité, et celles des art. 10 et 11 et du tit. 3 de la même loi qui déterminent la compétence et les formes de procédure pour constater, poursuivre et juger les contraventions. Nous n'avons à faire connaître ici que les premières de ces règles ; quant à la compétence et à la procédure, elle font l'objet d'un article spécial. — V. n°s 226 et suiv.

56. *Dommages aux routes et à leurs dépendances.* —

Lorsque, par la faute, la négligence ou l'imprudence du conducteur, une voiture a causé un dommage quelconque à une route ou à ses dépendances, le conducteur doit être condamné à une amende de 3 à 50 fr. Il doit de plus être condamné aux frais de la réparation.—Telles sont les dispositions de l'art. 9 de la loi du 30 mai 1851; elles n'ont donné lieu à aucune explication, ni dans l'exposé des motifs, ni dans le rapport, ni dans la discussion. — Et en effet, cet article présente peu de difficultés, et ne demandait guère d'explication. Il n'était pas possible de préciser davantage les mots *dommage quelconque*; la constatation qu'il y a eu dommage causé ne peut entraîner de condamnation qu'autant qu'il est prouvé en même temps qu'il y a eu de la part du conducteur de voiture des faits qualifiés *faute*, *négligence* ou *imprudence*. Il est bien évident que le dommage seul n'est pas punissable, car si l'on prenait cette expression à la lettre, il en résulterait qu'aucune voiture ne pourrait circuler sur une route sans faire encourir à son conducteur la pénalité édictée par l'article précité, puisque le rapport de M. Ducos nous apprend, d'après M. Dupuit, que « chaque cheval chargé, en parcourant 1 kil., consomme pour 1 cent. de pierre » (V. le rapport D. P. 51. 4. 82, n° 14).— Ainsi cinq chevaux chargés, après avoir parcouru 20 kil., ont causé à la route qu'ils ont suivie un dommage inévitable de 1 fr. Evidemment, ce n'est pas là le fait que la loi a voulu réprimer. Il s'agit uniquement, pour l'application de l'art. 9, de dégradations visibles, facilement appréciables, et que le conducteur pouvait et devait éviter.

57. *Cumul des peines.* — En général, lorsqu'il a été dressé plusieurs procès-verbaux de contravention, il doit être prononcé autant de condamnations qu'il y a eu de contraventions constatées (V. Peine, n° 177).—Telle est aussi la disposition formelle de l'art. 12 de la loi du 30 mai 1851.— Elle admet pourtant des exceptions. Ainsi, lorsqu'une même contravention ou un même délit prévu aux art. 4 (moyeux, essieux, formes des bandes et des clous des bandes, nombre des chevaux, dégel, ponts suspendus, largeur du chargement, saillie des colliers, modes d'enrayage, V. n°s 31 et s., 62 et s.), 7 et 8 (plaque, V. n°s 80 et s.) de la loi précitée a été constaté à plusieurs reprises, il n'est prononcé qu'une seule condamnation, pourvu qu'il ne se soit pas écoulé plus de vingt-quatre heures entre la première et la dernière constatation (même art. 12). — Pareillement aussi lorsqu'une même contravention ou un même délit prévu à l'art. 6 a été constaté à plusieurs reprises pendant le parcours d'un même relais, il n'est prononcé qu'une seule condamnation (même art. 12).

58. *Responsabilité.* — Aux termes de l'art. 13 de la loi du 30 mai 1851, « tout propriétaire de voiture est responsable des amendes, des dommages-intérêts et des frais de réparation prononcés, en vertu de cette loi, contre toute personne préposée par lui à la conduite de sa voiture. Si la voiture n'a pas été conduite par ordre et pour le compte du propriétaire, la responsabilité est encourue par celui qui a préposé le conducteur. » — En ce qui concerne l'amende, cet article est une exception à la règle que la responsabilité du fait d'autrui est purement civile et ne s'étend pas aux peines qui sont exclusivement personnelles (V. Contravent., n°s 76 et s.; Peine, n° 98 ; Responsabilité, n°s 505, 508 et s.; Voirie par terre, n° 262).—Il a été jugé, avant la loi de 1851, que tout propriétaire de voiture publique est responsable du fait de ses préposés ; qu'ainsi l'excédant de charge, en contravention à l'ord. du 4 fév. 1820, doit être considéré comme son fait propre (Crim. cass. 7 fév. 1822)(1). — De même, les arrêtés qui réglementent l'exercice des professions industrielles peuvent mettre directement à la charge des chefs ou maîtres d'établissement l'exécution des mesures prescrites dans un intérêt de salubrité ou de

---

(1) (Contrib. ind. C. Jailloux.) — La cour ; — Vu l'art. 8 de l'ord. du roi, du 4 fév. 1820, contenant des mesures de police relatives aux propriétaires ou entrepreneurs de diligences, des messageries ou autres voitures publiques ; — Vu aussi l'art. 475, n° 4, c. pén.; — Considérant que, tant d'après le texte que le titre de l'ord. du roi, du 4 fév. 1820, les mesures de police qui y sont prescrites relativement au chargement des voitures publiques, concernent directement les propriétaires ou entrepreneurs de ces voitures; qu'il s'ensuit que les personnes employées pour le chargement desdites voitures sont censées, de droit, n'agir que d'après les ordres desdits propriétaires et entrepreneurs, et que, conséquemment, toute surcharge en contravention à ladite ordonnance doit être

considérée comme étant le fait propre et personnel de ceux-ci ; — Que dans l'espèce, il a été constaté par des procès-verbaux réguliers, et qu'il a, d'ailleurs, été reconnu au procès, que des voitures publiques, exploitées par le sieur Jailloux, ont été trouvées, en route, chargées sur leurs impériales au delà de la mesure fixée par l'art. 8 ci-dessus cité de l'ord. du 4 fév. 1820 ; — Que ces surcharges constituaient donc ledit sieur Jailloux en contravention audit art. 8, et le soumettaient conséquemment aux peines de police établies par l'art. 475 c. pén.; d'où il suit que son renvoi des poursuites, ordonné par le jugement dénoncé, est une violation desdits articles; — Casse.

Du 7 fév. 1822.-C. C., sect. crim.-MM. Barris, pr.-Busschop, rap.

sûreté publique, en sorte que les contraventions à ces mesures engagent leur responsabilité, au point de vue pénal comme au point de vue civil, même quand elles sont le fait de leurs préposés. — .... Et encore bien que ceux-ci seraient également déclarés passibles de peines pour les infractions par eux commises (Crim. rej. 26 août 1859, aff. Cauvin, D. P. 59. 1. 517). — Spécialement, un arrêté municipal réglementant la circulation des voitures publiques dans la commune, a pu mettre à la charge de l'entrepreneur, sans distinguer entre son fait et celui de son cocher, toute contravention à la défense de s'arrêter pour prendre des voyageurs en route (même arrêt, V. Contrav., nos 112 et suiv.; Peine, no 98; Responsab., no 513). — Quant à la responsabilité des dommages-intérêts et frais de réparations, il nous paraît que la disposition de l'art. 13 précitée doit se combiner avec l'art. 1384 c. nap., aux termes duquel les maîtres et les commettants sont responsables du dommage causé par leurs domestiques et préposés, dans les fonctions auxquelles ils les ont employés; en telle sorte que si le domestique ou préposé s'écarte de ces fonctions, la responsabilité du maître n'est plus engagée. — V. du reste vo Responsabilité, nos 541 et suiv., l'interprétation générale de l'art. 1384 c. nap.

59. Suivant l'art. 8 du décret du 28 août 1808, l'art. 10 de l'ordonn. du 4 fév. 1820, l'art. 8 de l'ordonn. du 25 sept. 1827 et l'art. 8 de l'ordonn. du 16 juill. 1828, les propriétaires ou entrepreneurs sont déclarés garants de tous les accidents qui pourraient arriver par leur négligence. Le décret de 1852 garde le silence sur ce point; mais ce n'est là que l'application d'un principe général qui n'avait pas besoin d'être rappelé (V. Responsabilité, nos 516, 543 et suiv.). — Ainsi qu'on l'a dit eod., no 192, l'imprudence de celui qui se plaint d'un dommage le rend non recevable dans sa demande en dommages-intérêts. Ainsi, il a été jugé que lorsqu'un conducteur de diligences n'a pas détourné assez à temps ses chevaux pour éviter un choc avec un cabriolet venant en sens contraire, le conducteur du cabriolet, qui a été blessé, n'est fondé dans sa demande en dommages-intérêts lorsqu'il est établi que sa voiture n'était pas éclairée (Douai, 14 déc. 1846) (1).

60. Circonstances atténuantes. — Les dispositions de l'art. 463 c. pén. sont applicables dans tous les cas où les tribunaux correctionnels ou de simple police sont appelés à prononcer (L. 30 mai 1851, art. 14). — Sur la compétence des tribunaux correctionnels en cette matière, V. infrà, nos 226 et suiv.

Art. 3. — Règles spéciales aux voitures qui ne servent pas au transport des personnes.

61. Suivant l'art. 2, § 2, de la loi du 30 mai 1851, des règlements d'administration publique doivent déterminer : « pour les voitures ne servant pas au transport des personnes, 1o la largeur du chargement; 2o la saillie des colliers des chevaux; 3o le mode d'enrayage; 4o le nombre des voitures qui peuvent être réunies en un même convoi, l'intervalle qui doit rester libre d'un convoi à un autre, et le nombre de conducteurs exigé pour la conduite de chaque convoi; 5o les autres mesures de police à observer par les conducteurs, notamment en ce qui concerne le stationnement sur les routes, et les règles à suivre pour éviter ou dépasser d'autres voitures. » — Suivant le projet du gouvernement, ces dispositions ne s'appliquaient qu'au roulage; sur la proposition de la commission, elles ont été étendues à toutes les voitures ne servant pas au transport des personnes. — Néanmoins, d'après le même paragraphe sont affranchies de toute réglementation de largeur de chargement les voitures de l'agriculture servant au transport des récoltes de la ferme aux champs et des champs à la ferme, ou au marché. — Voici maintenant de quelle manière le décret de 1852 s'est conformé au vœu de la loi.

62. Largeur du chargement. — La largeur du chargement

des voitures qui ne servent pas au transport des personnes ne peut excéder 2 mèt. 50 cent. Or, comme la longueur des essieux ne peut aussi excéder cette mesure (V. no 51), il s'ensuit que la largeur du chargement ne peut excéder la longueur des essieux. Toutefois, les préfets des départements traversés peuvent délivrer des permis de circulation pour les objets d'un grand volume qui ne seraient pas susceptibles d'être chargés dans ces conditions (décr. 1852, art. 11). — Quant à la hauteur du chargement, ni la loi ni le décret ne s'en occupent, en ce qui concerne les voitures qui ne servent pas au transport des personnes, parce que les règles de statique à observer à cet égard ne touchent qu'à l'intérêt particulier du voiturier ou de ses commettants.

63. Saillie des colliers des chevaux. — La largeur des colliers des chevaux ou autres bêtes de trait ne peut dépasser 90 centim., mesurés entre les points les plus saillants des pattes des attelles (décr. 1852, art. 12). — Il est à remarquer que le § 2, art. 2, de la loi de 1851 ne parle que des chevaux et que l'art. 12 du décret de 1852 étend sa disposition à toutes les bêtes de trait. Nous avons déjà fait remarquer (V. no 37) que rien n'est plus rationnel que de considérer, dans la loi de 1851, le mot chevaux comme générique et d'y comprendre tous les animaux employés à la traction. — Le décret de 1852 avait accordé un délai de deux ans, à partir de sa promulgation, pour l'exécution de l'art. 12, relatif à la saillie des colliers (art. 43). — Le délai est depuis longtemps expiré, et conséquemment l'art. 12 est pleinement en vigueur.

64. Mode d'enrayage. — La loi de 1851, on vient de le voir, voulait que le règlement d'administration publique qui devait fixer l'exécution de ses dispositions déterminât les modes d'enrayage. — Le décret de 1852 garde le silence à cet égard, en ce qui concerne les voitures ne servant pas au transport des voyageurs. Il s'en est remis sur ce point à la vigilance et au zèle de l'intérêt privé, qui seul a paru engagé dans l'enrayage dont il s'agit. — Peut-être cette appréciation n'est-elle pas d'une entière exactitude. — Une voiture de roulage non enrayée ou mal enrayée peut, dans sa course précipitée, occasionner les plus redoutables accidents. D'ailleurs, il eût été d'une humanité bien entendue de protéger, contre la négligence des voituriers, les chevaux qui peuvent, dans ce cas, être écrasés ou grièvement blessés par la chute de la voiture.

65. Peines. — Suivant l'art. 4 de la loi du 30 mai 1851, toute contravention aux dispositions réglementaires relatives à la largeur du chargement, à la saillie des colliers des chevaux ou aux modes d'enrayage est punie d'une amende de 5 à 30 fr. — Cette peine avait paru trop sévère à l'un des membres de l'assemblée législative, M. Huguenin, qui avait proposé de n'infliger, dans les cas prévus par la disposition précitée, qu'une amende de 2 à 6 fr., laquelle, en cas de récidive, aurait pu être élevée à 12 fr. Mais M. Magne, ministre des travaux publics, a fait observer que le gouvernement et la commission avaient proposé une loi de liberté, et non une loi d'impunité, et l'amendement de M. Huguenin a été rejeté. — V. D. P. 51. 4. 85, note 9.

66. Convois. — Lorsque plusieurs voitures marchent à la suite les unes des autres, elles doivent être distribuées en convoi de quatre voitures au plus si elles sont à quatre roues et attelées d'un seul cheval, de trois voitures au plus si elles sont à deux roues et attelées d'un seul cheval, et de deux voitures au plus si l'une d'elles est attelée de plus d'un cheval. — L'intervalle d'un convoi à l'autre ne peut être moindre de 50 mèt. (décr. 1852, art. 13).

67. Cet article, qui se réfère au § 2, no 4, de l'art. 2 de la loi du 30 mai 1851, prévoit deux cas différents sur l'un desquels la jurisprudence a eu à se prononcer. Dans son § 1, l'art. 13 détermine le nombre des voitures que les conducteurs peuvent réunir en un convoi. Le nombre ne peut excéder quatre voitures à quatre roues, attelées d'un cheval, trois voitures à deux

---

(1) (Warin C. Belva.) — La cour; — Attendu qu'il est établi et reconnu par toutes les parties que le cabriolet de Warin n'était pas éclairé; qu'ainsi il est possible que Belva ne l'ait pas aperçu assez à temps pour ui céder la moitié du pavé; que si, en droit, les tribunaux doivent se montrer sévères envers les conducteurs de voitures qui ne se conforment

pas aux règlements, la justice se refuse à ce qu'on leur fasse l'application des lois pénales, lorsque, comme dans l'espèce, l'inobservation de ces règlements n'est pas suffisamment établie; — Par ces motifs, met le jugement dont est appel au néant, renvoie le prévenu de la plainte. Du 14 déc. 1846.—C. de Douai, ch. corr.-M. Petit, pr.

roues, attelées aussi d'un seul cheval, et enfin deux voitures à deux roues si l'une d'elles est attelée de plus d'un cheval. — Il semble résulter de cette dernière prohibition littéralement interprétée que l'on ne pourrait réunir en convoi deux voitures attelées chacune de plus d'un cheval. Mais cette interprétation rigoureuse n'a pas été admise par la jurisprudence, et il a été jugé que deux voitures attelées chacune de plus d'un cheval peuvent être réunies en un seul convoi (Crim. rej. 8 fév. 1856, aff. Seligmann, D. P. 56. 1. 183. — Conf. Crim. cass. 21 juill. 1854, aff. Jay, D. P. 56. 1. 420 ; M. Guilbon, p. 82, n° 31).

68. Le § 2 de l'art. 13 précité fixe à 50 mèt. la distance qui doit séparer chaque convoi. — Un convoi est régulièrement formé lorsque les voitures se suivent dans le nombre réglementaire ; il n'y a pas lieu de distinguer si elles sont toutes conduites par un seul conducteur, ou chacune par un conducteur particulier, si elles dépendent d'un même service de roulage ou appartiennent à un même entrepreneur, ou si elles voyagent pour le compte de plusieurs propriétaires différents (M. Guilbon, p. 83, n° 32). — Il n'est pas nécessaire qu'il y ait deux convois pour que les conducteurs des voitures formant le second convoi soient tenus d'observer la distance prescrite par ce paragraphe. Le conducteur d'une seule voiture marchant isolément à la suite d'un certain nombre de voitures formant convoi, doit également observer cette distance (M. Guilbon, p. 83, n° 32). — Il a été jugé en ce sens que l'art. 13 du décret du 10 août 1852, qui exige une distance d'au moins 50 mèt. entre chaque convoi, s'applique aussi bien aux voitures voyageant isolément qu'aux voitures voyageant en convoi, pourvu qu'elles marchent à la suite les unes des autres ; en conséquence, chaque conducteur doit se tenir à la distance susindiquée des voitures qui précèdent la sienne lorsqu'elles forment le nombre nécessaire pour constituer un convoi (Crim. cass. 7 juin 1855) (1).

69. Les deux dispositions qui précèdent ont pour but d'assurer la liberté de la circulation et de protéger le sol des routes contre les dégradations résultant de l'agglomération sur un seul point d'un certain nombre de voitures pesamment chargées. Mais il peut arriver que le poids et la longueur du chargement soient tels que la réunion en convoi, conforme à l'art. 13, des voitures ainsi chargées compromette encore la sûreté de la circulation et le sol des routes. Aussi le décret du 24 fév. 1858, déjà cité, a-t-il permis aux préfets de restreindre, lorsque la dimension des objets transportés donnera au convoi une longueur nuisible à la liberté ou à la sûreté de la circulation, le nombre des voitures dont l'art. 13 du décret du 10 août 1852 permet la réunion en convoi. Leurs arrêtés doivent être affichés sur les parties de route auxquelles ils s'appliquent.

70. Il est interdit de faire conduire par un seul conducteur plus de quatre voitures à un cheval si elles sont à quatre roues, et plus de trois voitures à deux roues si elles sont à deux roues. Chaque voiture attelée de plus d'un cheval doit avoir un conducteur. Toutefois, une voiture dont le cheval est attelé derrière une voiture attelée de quatre chevaux au plus, n'a pas besoin d'un conducteur particulier. Les règlements de police municipale déterminent, en ce qui concerne la traversée des villes, bourgs et villages, les restrictions qui peuvent être apportées aux dispositions du présent article et de celui qui précède (décr.1852, art. 14, §§ 2, 3 et 4; V. en ce qui concerne les règlements municipaux, infrà, n°° 199 et suiv.). — Les prescriptions de cet article sont en corrélation avec celles de l'art. 13 qui limitent le nombre des voitures qui peuvent être réunies en un seul convoi (V. n° 66).

71. Lorsqu'un seul individu conduit plus de quatre voitures à quatre roues, attelées d'un seul cheval, ou plus de trois voitures à deux roues et à un cheval, il contrevient à la fois aux deux art. 13 et 14 du décret de 1852, et, par suite, semblerait devoir encourir une double pénalité, puisqu'il commet une double contravention. Nous ne pensons pas cependant qu'il y ait lieu d'interpréter la loi avec cette rigueur. On doit considérer ces deux contraventions comme un seul fait indivisible et n'entraînant qu'une fois l'application de la peine (Conf. M. Guilbon, p. 80, n° 30 ter.).

72. *Stationnement sur les routes.* — On a vu (n° 53) que le décret de 1852 a fait une règle commune à toutes les voitures de la disposition relative au stationnement des voitures qui, d'après la loi de 1851, art. 2, § 2, n° 5, devait être spéciale aux voitures qui ne servent pas au transport des personnes

73. *Règles à suivre pour éviter ou dépasser d'autres voitures.* — Même observation en ce qui concerne ces règles, c'est-à-dire que, de spéciales qu'elles devraient être d'après la loi de 1851, elles sont devenues générales dans le décret de 1852 (V. suprà, n° 52).

74. *Peines.* — Les contraventions aux dispositions qui précèdent sont punies par l'art. 5 de la loi du 30 mai 1851, d'une amende de 6 à 10 fr. et d'un emprisonnement d'un à trois jours. En cas de récidive, l'amende peut être portée à 15 fr. et l'emprisonnement à cinq jours.

75. *Conduite des chevaux.* — Aux termes du § 1 de l'art. 14 du décret de 1852, « tout voiturier ou conducteur doit se tenir constamment à portée de ses chevaux ou bêtes de trait et en position de les guider. »—Cette prescription se réfère au § 2, n° 5, de l'art. 2 de la loi de 1851. Elle est reproduite dans l'art. 475 c. pén. ; seulement elle ne s'applique, dans le décret de 1852, qu'aux voitures ne servant pas au transport des personnes, et aux routes impériales et départementales et aux chemins vicinaux de grande communication, tandis que l'art 475-3° c. pén. s'applique à toutes les voitures et à toutes les voies de communication sans distinction.—Nous avons déjà fait cette remarque v° Contravention, n° 294 (V. aussi M. Guilbon, p. 70, n° 23).— L'art. 34 du décret de 1852 contient des dispositions analogues pour les voitures de messageries (V. infrà, n° 1791). — Il n'y a pas lieu de revenir sur les explications déjà données v° Contravention, n° 289 à 312, de l'art. 475, n° 3 c. pén., dans ses rapports avec l'art. 14, § 1 du décret du 10 août 1852. Nous mentionnerons seulement ici les arrêts seulement rendus par application de ces articles. — Ainsi il a été jugé : 1° qu'en matière de contravention à l'injonction faite aux conducteurs de voitures de se tenir toujours à portée de leurs chevaux, la circonstance que le procès-verbal (dressé dans l'espèce par la gendarmerie) invoquerait l'art. 14 du décret du 10 août 1852, qui ne concerne que la police des routes, bien que le fait aurait eu lieu dans une rue ordinaire, ne fait pas obstacle à la répression de l'infraction, le juge de police devant d'office faire application à celle-ci de l'art. 475, n° 3 c. pén., dans lequel elle est prévue (Crim. cass. 4 mai 1861, aff. Guéret, D. P. 61. 5. 541).— 2° Que la disposition de l'art. 475, § 3 c.

---

(1) (Roche). — La cour ; — En droit : — Vu l'art. 5 de la loi du 30 mai 1851 et l'art. 15 du règlement d'administration publique du 10 août 1852, sur la police du roulage ; — Attendu qu'aux termes de ce dernier article, lorsque plusieurs voitures marchent à la suite les unes des autres, elles doivent être distribuées en convois de quatre voitures au plus, si elles sont à quatre roues et attelées d'un seul cheval ; de trois voitures au plus, si elles sont à deux roues et attelées d'un seul cheval, et de deux voitures, si l'une d'elles est attelée de plus d'un cheval ; — Attendu que ce même article exige une distance d'au moins 50 mèt. entre chaque convoi ; — Attendu que, par ces termes généraux, cette disposition s'applique aussi bien aux voitures voyageant isolément qu'aux voitures voyageant en convoi, pourvu qu'elles marchent à la suite les unes des autres ; — Attendu qu'il en résulte l'obligation, pour chaque conducteur, de se tenir à la distance exigée par ledit article, dès l'instant où les voitures qui précèdent la sienne forment le nombre nécessaire pour constituer un convoi ; — En fait : — Attendu qu'il résultait d'un procès-verbal régulier que les gendarmes avaient rencontré sur la route impériale de Toulon à Sistéron quatre charrettes attelées d'un collier chacune, marchant les unes à la suite des autres, et dont la quatrième n'était pas à la distance voulue par l'art. 13 du règlement du 10 août 1852 ; — Attendu, néanmoins, que le jugement attaqué (du tribunal de police d'Aix) a relaxé le nommé Roche, conducteur de la quatrième charrette, des poursuites dirigées contre lui, par le motif que la loi n'exige la distance de 50 mèt. qu'entre deux convois, et qu'on ne peut considérer comme convoi une seule charrette voyageant isolément, à la suite d'autres voitures formant le premier convoi ; — Attendu qu'en statuant ainsi, le jugement a fait une fausse interprétation dudit art. 15, puisque ce dernier ordonne que les voitures marchant à la suite les unes des autres soient distribuées en convois spéciaux et séparés par une distance d'au moins 50 mèt., en se fractionnant dans les conditions qu'il indique, selon le nombre et la nature de ces voitures ; — Casse, etc. — Du 7 juin 1855.—C. C., ch. cr.—MM. Laplagne, pr.—V. Foucher, rap.

pén., qui enjoint aux conducteurs de voitures de se tenir constamment à portée de leurs chevaux, est une disposition générale et absolue, régissant la petite comme la grande voirie, et obligatoire indépendamment de tout règlement de police à ce sujet ; qu'en conséquence, le juge de police ne peut relaxer le prévenu de contravention à cet article, en se fondant sur l'absence de règlement local concernant la petite voirie (Crim. cass. 22 nov. 1856, aff. Courtaut, D. P. 56. 5. 504; Conf. Crim. rej. 28 avr. 1859, aff. Pelletier, D. P. 63. 5. 426, V. Contravent., n° 302).

76. Le § 1 de l'art. 14 précité dit d'une manière générale : « à la portée de ses chevaux ou bêtes de trait. » Peu importe par conséquent que les voitures soient traînées par des chevaux, ou des bœufs, ou des vaches.—Il a été jugé en ce sens : 1° que l'injonction faite aux conducteurs des voitures circulant sur les routes de se tenir constamment à portée de leurs chevaux ou bêtes de trait et en position de les guider, s'applique aussi bien aux voitures de toute nature conduites par des bœufs et autres animaux, qu'à celles conduites par des chevaux ; et que le conducteur d'un chariot attelé de bœufs, qu'un procès-verbal dénonce comme ayant été rencontré monté sur sa voiture et dans l'impossibilité de conduire ses bœufs, ne peut être acquitté en vertu d'une dénégation de cette impossibilité admise par le juge sans que le procès-verbal ait été débattu par la preuve contraire, non plus qu'en considération d'un usage local auquel le prévenu se serait conformé (Crim. cass. 29 août 1861, M. V. Foucher, rap., aff. Mallet); — 2° Que le voiturier monté sur le chariot qu'il conduit contrevient à l'injonction qui lui est faite de se tenir constamment à la portée de ses bêtes de trait et en position de les guider, et cela, alors même qu'il s'agirait d'un char attelé de deux vaches (Crim. cass. 4 nov. 1858, aff. Birou et aff. Bordenave, D. P. 58. 5. 586).

77. Le conducteur d'une voiture prévenu d'une contravention aux art. 475, § 3 c. pén., et 14 du décret du 10 août 1852, à raison de ce qu'il a été trouvé dormant d'un profond sommeil dans sa voiture pendant qu'elle circulait sur une route impériale, ne peut être excusé sous le prétexte qu'ayant les guides en main, il ne lui était pas impossible de conduire son cheval, puisque l'approche d'une autre voiture l'aurait éveillé (Crim. cass. 14 nov. 1856, M. F. Hélie, rap., aff. Dalley).— De même le voiturier monté sur l'un des chevaux de l'attelage de sa voiture ne peut être considéré comme étant à portée de conduire ses chevaux, et doit conséquemment être déclaré en contravention à l'art. 475, § 3 c. pén. (Crim. cass. 5 oct. 1854, aff. Goubert, D. P. 55. 5. 484; Crim. cass. 6 mars 1856, aff. Mailloux, D. P. 56. 1. 225; Crim. cass. 27 mars 1862, M. Jallon, rap., aff. Vaillant et aff. Raoult, D. P. 63. 5. 426).

78. La nécessité, si elle fait excuser le stationnement d'une voiture sur la voie publique, n'a pas pour effet de justifier également l'abandon que le voiturier a fait de ses chevaux ou bêtes de trait pendant la durée du stationnement ; par suite, en cas de procès-verbal pour fait de stationnement et pour fait d'abandon de chevaux, l'acquittement prononcé en considération de la nécessité n'est légalement motivé qu'en ce qui concerne la première contravention (Crim. cass. 27 avr. 1860, M. Zangiacomi, rap., aff. Bernard et Poirier). — Jugé de même que la nécessité ne peut être admise comme excuse, en faveur d'un voiturier, que pour le fait de stationnement de sa voiture sur la voie publique, mais non pour celui de n'avoir pas été trouvé à la tête de ses chevaux et en état de les guider (Crim. cass. 7 déc. 1855, aff. Rousserie, D. P. 55. 5. 484, 508).—Le motif tiré de ce que le voiturier prévenu surveillait ses voitures de la porte du cabaret où il était entré, n'implique en rien que le stationnement de ces voitures ait eu lieu par nécessité, et ne peut à plus forte raison justifier le défaut de répression de l'infraction résultant de ce que le voiturier n'était pas à portée de ses chevaux, la nécessité ne pouvant être prise en considération dans le jugement de cette seconde infraction (même arrêt du 27 avr. 1860). — V. v° Contravention, n° 298, 299.

79. Mais le fait par un voiturier de s'être éloigné de sa voiture (pour assister, dans une boutique, au pesage de la marchandise par lui transportée), après avoir eu soin d'attacher son cheval à un mur, dans le coin d'une place de marché, ne consti

tue pas une contravention à l'art. 475, § 3 c. pén., qui en'oint aux charretiers de se tenir constamment à portée de leurs chevaux pour être en état de les guider et conduire ; un tel fait ne serait punissable qu'autant qu'il existerait un règlement municipal prohibant le stationnement des voitures attelées sur les places de marché ou autres lieux de rassemblement (Crim. rej. 31 janv. 1856, aff. Delobel, D. P. 56. 1. 124).

80. *Plaque.*—L'art. 34 du décret du 23 juin 1806, obligeait tout propriétaire de voitures de roulage à faire peindre sur une plaque de métal en caractères apparents son nom et son domicile, au côté gauche de la voiture, à peine de 25 fr d'amende.—La loi de 1851 a renouvelé cette obligation, en la classant parmi les règles communes à toutes les voitures. — Mais, ainsi que nous l'avons déjà remarqué n° 35, le décret de 1852 n'a pas suivi cette classification, et en a fait une règle spéciale aux voitures ne servant pas au transport des personnes, ou aux voitures de messageries. C'est avec raison que le décret précité s'est ainsi écarté de la loi dont il devait régler l'exécution, car tel est, en définitive, le sens de ce texte législatif, ainsi qu'on le reconnaîtra, par suite des exceptions qu'il admet (V. n° 98 et s.). — Cette obligation de munir les voitures d'une plaque contenant les indications prescrites par le décret de 1852 est la sanction de l'art. 13 de la loi du 30 mai 1851 qui rend les propriétaires et entrepreneurs de voitures responsables du fait de leurs préposés. Comment, en effet, les poursuivre en vertu de cet article, si la loi ne donnait pas les moyens de les connaître? Les agents chargés de constater les contraventions n'ont qu'à consulter cette plaque pour savoir contre qui les procès-verbaux doivent être dressés. — Il a été jugé en conséquence : 1° que c'est contre le propriétaire désigné par la plaque de la voiture que doivent être dirigées les poursuites à fin de répression de la contravention à l'art. 475, n° 3, c. pén. commise dans la conduite de la voiture (Crim. cass. 18 juill. 1846, aff. Balujat, D. P. 46. 4. 542; 24 nov. 1848, aff. Lemoine, D. P. 51. 5. 553); — 2° Que le propriétaire désigné sur la plaque d'une voiture est personnellement passible des amendes encourues pour contraventions résultant, même exclusivement, du fait de l'individu qu'il a préposé à la conduite de la voiture;—.... Sauf à lui à faire connaître ce préposé pour n'être plus tenu que civilement, si la contravention poursuivie ne tombe pas sous l'application de la loi du 30 mai 1851 (Crim. cass. 13 mai 1854, aff. Langlois, D. P. 55. 1. 413).

81. La loi de 1851 et le décret de 1852, on l'a déjà dit, ne sont applicables qu'aux voitures circulant sur les routes impériales et départementales, et sur les chemins vicinaux de grande communication. On s'est demandé dès lors si les voitures dont il s'agit dans l'art. 16 du décret de 1852 sont également soumises à l'obligation de la plaque, et en vertu de quel texte, lorsqu'elles circulent sur les simples chemins vicinaux et ruraux, et dans les rues et places dépendant de la petite voirie. D'après la jurisprudence de la cour suprême, l'obligation de la plaque existe en principe pour ces voitures, par application des art. 9 de la loi du 3 niv. an 6 et 34 du décret du 23 juin 1806, et les contraventions à ces articles sont passibles des peines de l'art. 475, n° 4 c. pén. — Il a été jugé en effet : 1° que, les voitures circulant sur les routes autres que les routes impériales, départementales ou les chemins de grande communication, ne sont pas soumises aux dispositions de la loi du 30 mai 1851 et du décret réglementaire du 10 août 1852, relatives à l'obligation de la plaque, lesquelles ne s'appliquent qu'aux voitures circulant sur ces dernières routes, elles continuent du moins à être régies à cet égard par les art. 34 du décret du 23 juin 1806 et 475, § 4 c. pén.; qu'en conséquence, il y a contravention à ces articles de la part de l'individu dont la charrette a été trouvée munie seulement d'une plaque illisible dans les rues d'une ville qui ne sont ni traverse ni prolongement de routes impériales, départementales ou de chemins de grande communication (Crim. cass. 21 juin 1855, aff. Tanguy; 9 mai 1856, même aff., D. P. 56. 5. 505; 13 mars 1856, aff. Geffrain, D. P. 56. 1. 227; 27 avr. 1860, aff. Boulanger, D. P. 60. 5. 424);— 2° Qu'il y a lieu d'appliquer l'art. 34 du décret du 23 juin 1806 et l'art. 475, n° 4 c. pén., au propriétaire dont la voiture a été rencontrée, sur un marché, non munie d'une plaque indicative de son nom;

et cela, sans qu'il y ait à tenir compte de la circonstance que la charge de cette voiture, attelée d'ailleurs d'un seul cheval, aurait consisté en produits agricoles, et n'aurait pas excédé 4,000 kilogr. (Crim. cass. 22 nov. 1860, M. Zangiacomi, rap., aff. Stéphan et Burgain).

82. Cette jurisprudence est susceptible de graves objections. — Ainsi l'art. 9 de la loi du 3 niv. an 6, visé par plusieurs de ces arrêts, avait un but spécial, celui d'assurer la perception de la taxe d'entretien des grandes routes établie par les lois des 24 fruct. an 5 et 9 vend. an 6 (V. Voirie par terre, n° 72). Mais cette taxe et les lois rendues pour en régler la perception, sont aujourd'hui abrogées, et d'ailleurs, comme la loi de 1851 et le décret de 1852, elles ne s'appliquaient qu'aux grandes routes. Il en est de même du décret du 23 juin 1806, rendu pour l'exécution des lois des 29 flor. an 10 et 7 vent. an 12, sur la police des grandes routes. On ne peut donc appliquer ici l'art. 34 de ce décret qui répète textuellement l'art. 9 de la loi du 3 niv. an 6, et qui d'ailleurs est formellement abrogé par l'art. 29 de la loi du 30 mai 1851. On ne peut davantage appliquer l'amende de 6 à 10 fr. prononcée par l'art. 475, n° 4, c. pén., contre ceux qui contreviennent aux dispositions des ordonnances et règlements ayant pour objet l'indication, à l'extérieur, du nom du propriétaire ; car les termes mêmes de ce numéro prouvent évidemment qu'il ne s'applique qu'aux voitures servant au transport des personnes. — Il a été jugé en ce sens qu'un tombereau chargé de terre ne peut être rangé au nombre des voitures publiques dont parle l'art. 475, § 4, c. pén. ; qu'en conséquence il n'y a pas lieu de rechercher si l'absence de toute indication, à l'extérieur d'un tel tombereau, du nom du propriétaire, constitue une infraction aux dispositions combinées dudit art. 475, § 4, des ordonnances et règlements antérieurs, et spécialement de l'art. 34 du décret sur le poids des voitures et la police du roulage, du 23 juin 1806 (Crim. rej. 21 déc. 1855, aff. Ardonneau, D. P. 56. 1. 179). — Il n'existe donc pas de disposition de loi ou d'ordonnance qui soumette les voitures de roulage circulant ailleurs que sur les grandes routes à l'obligation de la plaque. Il faut pour cela un règlement municipal. Mais alors la pénalité applicable à l'omission de la plaque n'est pas celle de l'art. 475, n° 4, c. pén., mais bien celle de l'art. 471, n° 15 (Conf. MM. Guilbon, p. 148 et s., n° 108 et s. ; de Champagny, Traité de police municipale, t. 3, p. 530 et s.).

83. L'art. 3 de la loi du 30 mai 1851 porte : « Toute voiture *circulant...* » L'obligation de la plaque n'existe donc que pour les voitures qui circulent, qui voyagent. En conséquence, si une voiture dépourvue de plaque ou munie d'une plaque irrégulière est trouvée en stationnement, soit dans son domicile, soit sur la voie publique, il n'y a pas de contravention. — Il a été jugé, dans le même sens, que l'absence de plaque sur une voiture qui n'avait pas encore servi, et qu'on conduisait chez le charron pour un travail de dernière main, ne constitue pas une contravention (Crim. rej. 19 nov. 1858, aff. Fauvel, D. P. 58. 5. 386).

84. Mais il en serait autrement, s'il était constaté que la voiture trouvée en stationnement venait de circuler sur une des voies régies par la loi de 1851 et le décret de 1852. — Il a été jugé, en ce sens, que, lorsqu'une voiture non attelée, mais encore chargée de marchandises, a été trouvée, dans l'intérieur d'une ville, munie d'une plaque non conforme au modèle prescrit, il y a lieu de déclarer le propriétaire en contravention, s'il est constant que la voiture venait du dehors pour amener dans la ville les marchandises qu'elle renfermait (Crim. cass. 28 avr. 1854, aff. Regnier-Dobigny, D. P. 55. 5. 486).—Dans l'espèce, la voiture avait été trouvée stationnant sur une place publique qui dépendait sans doute de la grande voirie.

85. Il a été jugé aussi, sous l'empire du décret du 23 juin 1806, qu'il y a infraction punissable dans l'absence de plaque sur une voiture que le propriétaire ou son préposé conduisait précisément dans un lieu déterminé dans le but de l'en pourvoir (cons. d'Et. 20 janv. 1843, M. de Lavenay, rap., aff. Modion). Dans l'espèce, la voiture roulait depuis deux mois, l'excuse n'était donc pas admissible.

86. Voici maintenant quelles sont les conditions exigées par le décret du 10 août 1852 pour la régularité de la plaque. — Suivant l'art. 16 de ce règlement, tout propriétaire de voiture ne servant au transport des personnes est tenu de faire placer en avant des roues et au côté gauche de sa voiture, une plaque métallique portant, en caractères apparents et lisibles ayant au moins 5 millim. de hauteur, ses nom, prénoms et profession, le nom de la commune, du canton et du département de son domicile. — Reprenons ces diverses conditions.

87. Il était important de fixer avec précision l'emplacement de la plaque, d'abord parce que, s'il n'y avait pas eu de règle à cet égard, les voituriers l'auraient placée le plus souvent de manière qu'on ne pût l'apercevoir ; en second lieu, parce que, l'emplacement étant connu d'avance, on peut, sans hésitation, se porter du côté où elle doit se trouver et constater quel est le propriétaire de la voiture. S'il fallait se livrer à des recherches pour découvrir la plaque, il arriverait souvent que le conducteur, favorisé par les circonstances, par une descente, par un chargement léger, par exemple, parviendrait à se soustraire aux investigations qu'il serait intéressé à éviter. C'est donc, comme le veut la disposition précitée, en avant des roues, à gauche de la voiture, et non ailleurs, que la plaque doit être fixée.

88. La plaque doit être *métallique*. — Pourquoi en métal ? Parce que les métaux offrent plus de résistance que la plupart des autres substances, et qu'il est nécessaire, pour que la plaque atteigne le but dans lequel elle est établie, qu'elle ne puisse être facilement brisée. — Il est donc évident, et c'est ce qui a été jugé, que la plaque ne peut être suppléée par une feuille de papier collée sur la voiture et indiquant les noms et demeure du voiturier (cons. d'Et. 31 oct. 1838 (1), 9 nov. 1836, aff. Lagache et autres, V. n° 106 ; 11 août 1841, M. Joly, rap., aff. Poupas ; 30 déc. 1841, M. de Condé, rap., aff. Raclot ; 15 juill. 1842, M. Lepelletier d'Aulnay, rap., aff. Thenard et autres ; 5 déc. 1842, M. d'Ormesson, rap., aff. Duroyat ; 10 mars 1843, M. Cordier, rap., aff. Valès). — V. n° 113 et suiv.

89. Il a été également jugé que la plaque de métal exigée sur les voitures de roulage ne peut être suppléée par l'inscription des nom et domicile du propriétaire sur le panneau d'une voiture : « Considérant qu'aux termes de l'art. 34 du décret du 23 juin 1806, tout propriétaire de voiture de roulage est tenu de faire peindre sur une plaque de métal, en caractères apparents, son nom et sa demeure ; — Considérant qu'il résulte du procès-verbal que la voiture du sieur Perbal était soumise à l'application de l'article précité, et que l'inscription des noms et domicile du propriétaire peints sur le panneau de la voiture ne peut suppléer la plaque de métal dont l'emploi est exigé par l'art. 34 du décret du 23 juin 1806 » (cons. d'Et. 10 mars 1843, M. Cordier, rap., aff. Perbal) ; — ... ou sur le brancard (Cons. d'Et. 11 août 1841, M. Joly, rap., aff. Maloxon ; 27 mars 1839, aff. Leclerc, V. n° 113).

90. Les caractères doivent être apparents et lisibles, et avoir au moins 5 millim. de hauteur. — Ces indications parfaitement claires ne semblent comporter aucune explication. Nous croyons cependant devoir faire observer que, pour que les caractères

---

(1) **Espèce :** — (Min. des trav. pub. C. Aubert.)—Louis-Philippe, etc. ; — Vu l'art. 34 du décret du 23 juin 1806 ; — Considérant que, aux termes de l'art. 34 du décret du 23 juin 1806, tout propriétaire de voiture de roulage est tenu de faire peindre sur une plaque de métal, en caractères apparents, son nom et sa demeure ; — Considérant qu'il résulte du procès-verbal que la voiture du sieur Aubert-Blanchais était chargée de draps destinés au commerce ; qu'ainsi elle était comprise dans les dispositions de l'article précité, et que l'inscription sur une feuille de papier des noms et domicile du propriétaire n'a pu suppléer la plaque de métal dont l'emploi est exigé par ledit article ; — D'où il suit que c'est à tort que le conseil de préfecture du département de la Loire-Inférieure a renvoyé le sieur Aubert-Blanchais des fins du procès-verbal ci-dessus visé ; — Considérant, néanmoins, qu'il y a lieu, à raison des circonstances de l'affaire, de modérer l'amende de 25 fr., encourue par le contrevenant ;

Art. 1. L'arrêté du conseil de préfecture du département de la Loire-Inférieure, du 22 août 1857, est annulé. — Art. 2. Le sieur Aubert-Blanchais est condamné en 1 fr. d'amende et aux frais du procès-verbal.

Du 31 oct. 1838.—Ord. cons. d'Et.-M. du Martroy, rap.

soient lisibles, il faut qu'ils puissent être aisément compris de toute personne sachant lire, et que des caractères gothiques ou de fantaisie ne nous paraîtraient pas satisfaire au vœu du décret.

91. Mais les accidents qui peuvent survenir en route et altérer la lisibilité des caractères ne doivent-ils pas être pris en considération dans l'appréciation de la contravention? — En général, on le sait, dans les contraventions, la loi ne tient compte que du fait matériel et non de l'intention du contrevenant. Il n'y aurait donc, ce semble, que dans les cas de force majeure, qui font exception à toutes les règles, que le propriétaire en contravention pourrait échapper aux conséquences de cette infraction. —Mais toutes les fois que, par sa prévoyance, il eût pu prévenir l'altération des caractères de sa plaque, il est sujet à l'application de la loi. — Aussi pensons-nous que c'est avec raison qu'il a été jugé que la contravention ne peut être excusée sous prétexte que l'illisibilité proviendrait de ce que la plaque était couverte de noir animal, objet du chargement (cons. d'Et. 27 mars 1839, aff. Leclerc, V. n° 113). — Il semble cependant que si les saletés dont la plaque est couverte et qui la rendent illisible, n'y sont pas adhérentes, et peuvent être enlevées par un simple frottement, de manière à lui rendre instantanément sa lisibilité, il n'y aurait pas contravention.

92. Lorsqu'un procès-verbal faisant foi jusqu'à preuve contraire constate qu'une voiture a été rencontrée circulant sur la voie publique avec une plaque illisible, le juge de police ne peut, sur la seule représentation de cette plaque par le prévenu, acquitter celui-ci par le motif que, si la plaque n'était pas dans toutes les conditions voulues par la loi, elle était du moins lisible; — ... Alors surtout que le prévenu a reconnu lui-même qu'il manquait à la plaque deux lettres de son nom (Crim. cass. 26 fév. 1857, aff. Boudieu, D. P. 57. 1. 111).

93. L'art. 34 du décret du 23 juin 1806 voulait que le nom et le domicile du propriétaire de la voiture fussent *peints* sur une plaque de métal; sous ce décret, la question s'était élevée de savoir si, au lieu d'être peints, les caractères pouvaient être gravés ou frappés. Elle avait été résolue affirmativement, pourvu que les caractères fussent apparents et lisibles (cons. d'Et. 24 janv. 1827, M. Tarbé, rap., aff. Aubertin). — Mais elle ne saurait se présenter sous le décret du 10 août 1852, qui ne fait pas de la peinture des caractères une condition de la régularité de la plaque. Tout ce qu'il exige, à cet égard, c'est que ces caractères soient lisibles.

94. *Nom, prénoms et profession.* — L'art. 34 précité du décret du 23 juin 1806 n'exigeait d'autre indication que celle du nom et du domicile du propriétaire de la voiture. — Il a été jugé par application de cet article : 1° que tout propriétaire de voitures est tenu d'y adapter une plaque de métal, sur laquelle son nom et son domicile sont écrits en caractères apparents, et qu'un morceau de tôle, sans désignation de nom ni de domicile, ne saurait le décharger de l'amende prononcée en ce cas contre lui par le décret du 23 juin 1806 (cons. d'Et. 20 mai 1829, M. Brière, rap., aff. Barbier); — 2° Qu'il suffit, pour la régularité de la plaque dont doivent être munies les voitures qui ne se trouvent pas dans les conditions du décret du 10 août 1852, c'est-à-dire qui ne circulent pas sur des routes impériales ou départementales, ou sur des chemins vicinaux de grande communication (V. n° 81), que cette plaque contienne l'indication du nom et du domicile du propriétaire (Crim. cass. 13 mars 1856, aff. Geffrain, D. P. 56. 1. 227).

95. Le décret du 10 août 1852 (art. 16), outre l'indication du nom et du domicile, exige celle *des prénoms*. D'où il paraîtrait résulter que l'indication d'un seul prénom, si le propriétaire de la voiture en a plusieurs, ne suffirait pas à l'accomplissement du vœu du décret. — Toutefois, il ne faudrait pas interpréter la loi à la rigueur ni en exagérer la portée. Nous croyons donc que celui qui, portant plusieurs prénoms, aurait indiqué sur la plaque celui sous lequel il est généralement connu, mais celui-là seul, ne pourrait être constitué en contravention : il suffit que l'identité soit constante. — Il est bien entendu d'ailleurs que l'omission totale des prénoms constitue une contravention qui ne peut être excusée, à raison de la bonne foi du contrevenant, en ce que, notamment, la plaque portait toutes les autres indications prescrites, indications que le prévenu avait pu considérer comme

satisfaisant au vœu de la loi (Crim. cass. 23 sept. 1853, aff. Varlet, D. P. 53. 5. 483).

96. De même, l'omission, sur une plaque d'une voiture soumise à la loi du 30 mai 1851 sur la police du roulage, de l'indication de la profession du propriétaire, suffit, alors même que toutes les autres indications prescrites s'y trouveraient, pour donner lieu contre celui-ci et contre le conducteur à l'application des amendes prononcées par l'art. 7 de cette loi (Crim. cass. 23 août 1854, aff. Deshayes, D. P. 54. 1. 341; du même jour, deux arrêts identiques, aff. Forestier et Lerefait).

97. *Nom de la commune, du canton et du département.* — Relativement à ces dernières indications, il nous paraît manifeste que pour les grandes villes, telles que Paris, Lyon, Marseille, etc., il est superflu d'indiquer le canton et le département, à moins qu'il n'existe plusieurs communes du nom de celle qui doit figurer sur la plaque. Mais nous croyons que, dans ce cas, les désignations présentées par le décret de 1852 seraient très-avantageusement remplacées par le nom de la rue et le numéro de la maison où se trouve le domicile du propriétaire de la voiture; car dire d'un individu qu'il est domicilié à Paris, par exemple, sans autre indication, ce n'est réellement pas faire connaître le lieu de son domicile, et il est manifeste que le nom du canton et celui du département n'ajouteraient rien à l'utilité de cette désignation. — Il a été jugé que le fait d'avoir omis de mentionner sur la plaque, le canton dont fait partie la résidence du propriétaire, suffit pour entraîner l'application de la peine (Crim. cass. 23 sept. 1853, aff. Reyaume et Varlet, D. P. 53. 5. 483); — Mais qu'une plaque portant ces indications : *Un tel, à la Poterie, près d'Evreux (Eure),* la Poterie étant un hameau dépendant de la ville d'Evreux, satisfait aux prescriptions de l'art. 16 du décret relativement à la commune, au canton et au département du domicile du propriétaire de la voiture, et par conséquent est régulière et suffisante (Crim. cass. 25 août 1854, aff. Deshayes, D. P. 54. 1. 341).

98. *Exceptions.* — Suivant l'art. 3 de la loi de 1851, sont exceptées de la disposition qui prescrit la plaque : 1° les voitures particulières destinées au transport des personnes, mais étrangères à un service public des messageries; — 2° Les malles-postes et autres voitures appartenant à l'administration des postes; — 3° Les voitures d'artillerie, chariots et fourgons appartenant au département de la guerre ou de la marine. Des décrets du chef de l'Etat déterminent les marques distinctives que doivent porter les voitures désignées aux §§ 2 et 3, et les titres dont les conducteurs doivent être munis; — 4° Les voitures employées à la culture des terres, au transport des récoltes, à l'exploitation des fermes, qui se rendent de la ferme aux champs ou des champs à la ferme, ou qui servent au transport des objets récoltés du lieu où ils ont été recueillis jusqu'à celui où, pour les conserver ou les manipuler, le cultivateur les dépose ou les rassemble.

99. Contre la première de ces exceptions (celle qui affranchit de la plaque les voitures particulières destinées au transport des personnes) on aurait peut-être pu objecter que les voitures les plus légères peuvent causer les plus graves accidents, et qu'il serait très-utile que l'on pût sans efforts trouver le nom et le domicile de celui à qui en appartient la responsabilité. Mais une prescription qui assurerait ce résultat se concilierait difficilement avec les usages de la société et les convenances du luxe, qu'il n'était pas permis au législateur de méconnaître.

100. Les voitures particulières *non suspendues* servant au transport des personnes, doivent-elles jouir du bénéfice de cette exception? — La solution négative se fonde sur ce que la loi excepte les voitures destinées au transport des personnes. Or une charrette n'est pas destinée au transport des personnes; elle a été construite dans le but de favoriser des productions naturelles ou industrielles. Dès lors, par sa nature et dès sa création, elle a dû être pourvue d'une plaque. — Toutefois, une objection se présente : une charrette peut être destinée à l'agriculture et, dans ce cas, elle n'est pas assujettie à la plaque. Il n'est donc pas exact de prétendre que nécessairement, et par sa construction même, elle soit soumise à cette obligation. — Mais on peut répondre : la loi de 1851, dans une disposition générale, soumet à la plaque toutes les voitures. — Les exceptions

qu'elle admet, comme toutes les dispositions exceptionnelles, sont de droit étroit et ne peuvent être invoquées que suivant les termes précis dans lesquels elles sont établies. Pour qu'une voiture sans plaque ne soit pas en contravention, il faut donc qu'elle soit destinée au transport des personnes, ou bien employée à la culture des terres, conformément au texte de l'art. 3 précité; et une charrette servant au transport des personnes ne rentre ni dans l'une ni dans l'autre de ces prévisions. — Avant la loi de 1851, il a été jugé que les simples carrioles non suspendues, servant au transport des marchandises, sont réputées voitures de roulage et par suite assujetties à la plaque (cons. d'Et. 18 déc. 1840) (1). — Toutefois, il nous semble que si une voiture non suspendue, par sa construction particulière, par ses dispositions intérieures, paraissait destinée au seul transport des personnes, elle devrait être affranchie de la plaque.

101. D'un autre côté, une voiture destinée au transport des personnes et qui servirait accidentellement à transporter des marchandises ne saurait pour cela seul être assujettie à la plaque. — Il a été jugé en ce sens qu'une voiture qui par sa forme, par sa disposition intérieure, par son emploi de chaque jour, est habituellement destinée au transport des personnes, ne devient pas soumise à la plaque dans le cas où elle est employée accidentellement à un transport de marchandises (Crim. rej. 7 mars 1862, M. Bresson, rap., aff. Rallu). — Et qu'il appartient au juge de police, lorsque le procès-verbal ne s'explique que sur ce dernier fait, de décider, à l'aide des autres éléments du procès, et sans s'écarter de la foi due au procès-verbal, si la voiture rencontrée, sans plaque, avec un chargement de marchandises, devait en effet en être munie comme servant habituellement aux transports de ce genre (Crim. rej. 20 fév. 1862, aff. Delattre, D. P. 63. 5. 428).

102. Passons à l'exception établie en faveur de l'agriculture. L'art. 34 du décret du 23 juin 1806, comme nous l'avons dit précédemment, soumettait à l'obligation de la plaque tout propriétaire de voiture de roulage, et la jurisprudence en avait conclu avec raison que les voitures employées par l'agriculture étaient étrangères à cette prescription (V. ci-après, n° 104). C'est cette interprétation que consacrent l'art. 3 de la loi de 1851 et l'art. 16 du décret de 1852, aux termes desquels sont exceptées de la disposition qui prescrit la plaque les voitures employées à la culture des terres, au transport des récoltes, à l'exploitation des fermes. — Cette disposition affaiblit sans doute l'intérêt que présentaient sous ce point les décisions rendues par le conseil d'État avant la loi de 1852; mais elle ne l'efface pas entièrement, comme il est facile de s'en convaincre. — L'art. 3 précité de la loi de 1851 dit, il est vrai, que les voitures exceptées sont celles qui se rendent de la ferme aux champs ou des champs à la ferme, ou qui servent au transport des objets récoltés, du lieu où, ils ont été recueillis jusqu'à celui où pour les conserver on les manipuler, le cultivateur les

dépose ou les rassemble. — Mais en rapprochant cette disposition des monuments de jurisprudence dont elle est en quelque sorte le résumé, on en saisit mieux l'esprit et la portée. — Il nous paraît donc encore utile de rappeler non-seulement les décisions rendues par application de l'art. 34 du décret du 23 juin 1806, mais aussi celles rendues par application de l'art. 8 de ce même décret relatif à la largeur des jantes des roues et qui exceptait de toute réglementation de largeur les voitures destinées à l'agriculture.

103. Une première remarque à faire sur cette dispense et qui résulte du texte même du paragraphe de l'art. 3 de la loi de 1851, ainsi que de l'art. 16 du décret de 1852, c'est qu'il n'y a lieu de distinguer à qui appartiennent les voitures employées à l'agriculture. Il ne faut considérer que l'emploi auquel elles sont destinées. Du moment qu'elles effectuent les transports spécifiés dans ce paragraphe, elles sont dispensées de la plaque, peu importe qu'elles appartiennent au propriétaire même de la ferme, au fermier, au colon partiaire ou au métayer. Et réciproquement toutes les voitures appartenant à ces mêmes personnes et destinées à tout autre usage sont assujetties à la plaque. — Il a été jugé que les voitures appartenant aux colons et métayers ne sont pas d'une manière générale exemptées de la plaque pour la circulation sur les routes; l'exemption est limitée, pour elles comme pour les autres voitures d'agriculture, aux cas prévus par l'art. 16 du décret du 10 août 1852, quel que soit du reste l'usage du pays (Crim. cass. 8 août 1861, M. Nouguier, rap., aff. Bidaud).

104. C'est la nature des objets transportés et le lieu ou ces objets sont conduits qui déterminent les voitures devant jouir de la dispense de la plaque. Ces objets sont précisés avec soin par la loi et le décret. Il faut qu'ils servent à la culture des terres, ou qu'ils aient été récoltés sur la propriété. C'est aussi à ces objets que la jurisprudence du conseil d'État limitait la dispense énoncée dans le décret de 1806. — Il a été décidé en effet : 1° que les voitures qui ne sont pas seulement des voitures d'exploitation agricole, mais qui servent au transport de denrées et d'articles de commerce, doivent être revêtues d'une plaque conforme aux règlements (cons. d'Et. 26 déc. 1837, M. du Martroy, rap., aff. Desoyers et cons.); — 2° Qu'il suffit qu'une voiture n'ait été employée ni à la culture des terres ni au transport des récoltes d'un point à l'autre d'une ferme ou de ses dépendances au moment où elle a été trouvée circulant dépourvue d'une plaque de métal, pour qu'elle doive être réputée employée au roulage, et par suite être en contravention (cons. d'Et. 27 mars 1859, aff. Leclerc, V. n° 113); — 3° Que la voiture employée au transport de la chaux pour des constructions, ne doit pas être assimilée à une voiture d'agriculture (cons. d'Et. 26 déc. 1840 (2); — 4° Qu'il en est de même des voitures employées au transport de décombres ou de sable pour construction (cons. d'Et. 23 juin 1841) (3). — Il a été jugé dans le même sens, sous l'empire de

---

(1) *Espèce :* — (Min. des trav. publ. C. Vaillant.) — Vaillant, dont la carriole avait été rencontrée circulant sans plaque, et contre lequel un procès-verbal avait été dressé, soutenait devant le conseil de préfecture qu'il entrait dans l'esprit de la loi de ventôse d'établir une distinction entre des voitures de famille et des voitures de roulage; que nul ne confond des voitures dont la destination est si différente, et que s'il faut convenir qu'une carriole n'est pas une voiture consacrée à l'agriculture, elle doit cependant participer de ces voitures quant aux franchises et privilèges dont elles jouissent. — Cette interprétation de la loi sur la police du roulage fut adoptée par le conseil de préfecture, qui renvoya Vaillant de l'imputation de contravention portée contre lui. Recours du ministre des travaux publics.

LOUIS-PHILIPPE, etc.;—Vu le décret du 23 juin 1806, la loi du 7 vent. an 12; — Considérant que, d'après l'art. 8 de la loi du 7 vent. an 12, les voitures non considérées comme voitures de roulage sont celles employées à la culture des terres et aux transports qui se font d'un point à l'autre d'une ferme et de ses dépendances; — Qu'il résulte de l'instruction que la voiture du sieur Vaillant était une voiture de roulage, et qu'elle ne se trouvai tpas dans le cas de l'exception établie par la loi du 7 vent. an 12; — Considérant néanmoins qu'il y a lieu par nous, à raison des circonstances de l'affaire, de modérer l'amende encourue par le sieur Vaillant; — Art. 1. L'arrêté ci-dessus visé du conseil de préfecture de l'Aisne est annulé — Art. 2. Le sieur Vaillant est condamné à 1 fr. d'amende et aux frais de la présente.
Du 18 déc. 1840.-Ord. cons. d'État.-M. du Martroy, rap.

Nota. Du même jour, décisions identiques rendues contre les sieurs Destiller et Lamessine.

(2) (Lannes.) — LOUIS-PHILIPPE, etc. ; — Vu le décret du 23 juin 1806 ; — Considérant que, d'après l'art. 8 de la loi du 7 vent. an 12, les voitures non considérées comme voitures de roulage sont celles qui sont employées à la culture des terres, au transport des récoltes et à l'exploitation des fermes ; — Considérant qu'il résulte de l'instruction que la voiture conduite par le sieur Lannes, lorsqu'elle a été rencontrée, n'était employée ni à la culture des terres ni au transport des récoltes d'un point à l'autre d'une ferme ou de ses dépendances ; — Qu'ainsi c'est à tort que le conseil de préfecture de Tarn-et-Garonne l'a considérée comme voiture de roulage, et a déclaré qu'elle n'était pas assujettie aux dispositions de l'art. 34 du décret du 23 juin 1806; — Considérant néanmoins qu'il y a lieu, à raison des circonstances, de modérer l'amende encourue par le sieur Lannes ; — Art. 1. L'arrêté du conseil de préfecture du Tarn-et-Garonne, du 22 nov. 1859, est annulé. — Art. 2. Le sieur Lannes est condamné à 5 fr. d'amende et aux frais.
Du 26 déc. 1840.-Ord. cons. d'État.-M. Lepelletier d'Aulnay, rap.

(3) 1re *Espèce* : — (Chastenet.) — LOUIS-PHILIPPE, etc.; — Vu la loi du 7 vent. an 12 et le décret du 23 juin 1806 ; — Considérant que, d'après l'art. 8 de la loi du 7 vent. an 12, les voitures non considérées comme voitures de roulage sont celles qui sont employées à la culture des terres, au transport des récoltes et à l'exploitation des fermes ; — Qu'il résulte de l'instruction que la voiture du sieur Chastenet, lors-

la loi de 1851, qu'un chargement de tuiles, même destiné à la réparation de la toiture d'une ferme, ne saurait être assimilé à un chargement agricole et, dès lors, ne peut être régulièrement transporté sur une route que par une voiture munie d'une plaque (Crim. cass. 8 août 1861, M. Nouguier, rap., aff. Bidaud).

105 D'un autre côté, il a été décidé : 1° que la voiture chargée de chanvre, revenant du rouissage, jouit de l'exception admise par la loi en faveur des voitures employées à l'agriculture : « Considérant, dit le conseil d'Etat, que le sieur Pauchet rentrait dans le cas d'exception prévu par l'art. 8 de la loi du 7 vent. an 12 » (cons. d'Et. 15 août 1839, M. du Martroy, rap. aff. Pauchet); — 2° Qu'il en est de même de la voiture employée à transporter du fumier des écuries du propriétaire aux terres qu'il exploite (cons. d'Et. 20 fév. 1846) (1); — 3° Ainsi que de la voiture chargée de fagots employés à l'exploitation d'une closerie (cons. d'Et. 15 août 1839, M. du Martroy, rap. aff. Noël); — 4° Ou des voitures employées uniquement à transporter des betteraves du lieu de la récolte à l'exploitation de sucrerie (cons. d'Et. 22 fév. 1838, M. du Martroy, rap., aff. Martiné); — 5° Ou d'une voiture avec laquelle le propriétaire se rend sur un terrain pour y enlever une récolte et, par exemple, y recueillir des châtaignes (Crim. rej. 31 janv. 1855, M. Jallon, rap., aff. Coudert et Fournel).

106. Quant aux lieux entre lesquels les transports doivent s'effectuer, ils sont de même déterminés par la loi et le décret qui ne parlent que des transports de la ferme aux champs ou des champs à la ferme, ou du lieu où les objets récoltés ont été recueillis jusqu'à celui où, pour les conserver ou les manipuler, le cultivateur les dispose ou les rassemble. — C'est ce que décidait la jurisprudence antérieure à la loi de 1851. — Ainsi il a été jugé qu'on ne doit considérer comme voitures d'agriculture que celles qui sont employées aux transports d'un point à l'autre d'une ferme ou de ses dépendances (cons. d'Et. 9 nov. 1836 (2); 20 mai 1829, M. Brière, rap., aff. Barbier).

107. Une voiture qui, en vertu d'une clause du bail, transporte du bois provenant du domaine chez le propriétaire de la ferme, doit-elle être réputée voiture d'agriculture et dispensée de la plaque? — La jurisprudence du conseil d'Etat, antérieure à la loi de 1851, présentait sur ce point des décisions contradictoires. — Ainsi, d'abord, il a été décidé, dans le sens de l'affirmative, que ces voitures jouissaient de la dispense (cons. d'Et. 18 juill. 1838) (3). — Mais plus tard, il a été jugé en sens contraire : 1° que la voiture qui transporte le bois d'une ferme en la demeure du propriétaire, ne jouit pas de la dispense de plaque accordée aux voitures consacrées à l'agriculture (cons. d'Et. 20 août 1840)(4); — 2° Qu'il en est de même d'une voiture qui transporte des grains du domaine d'une personne à son domicile (cons. d'Et. 27 avr. 1841, M. du Berthier, rap., aff. Rousselot). — Le transport chez le propriétaire ne fait pas, en effet, partie de l'exploitation agricole que la loi et la jurisprudence ont voulu affranchir d'une obligation qui, dans son but, ne semble pas le concerner.

108. Le transport des récoltes d'une ferme au marché voisin ou à la ville voisine dans un but de commerce, constitue-t-il un transport d'agriculture qui affranchisse la voiture destinée à cet objet de la formalité de la plaque? — Avant la loi de

---

qu'elle a été rencontrée par le préposé du pont à bascule de la Souterraine, n'était employée ni à la culture des terres ni au transport des récoltes d'un point à un autre d'une ferme et de ses dépendances; — Qu'ainsi c'est à tort que le conseil de préfecture de la Creuse ne l'a point considérée comme voiture de roulage et a annulé le procès-verbal de contravention; — Considérant néanmoins qu'il y a lieu, à raison des circonstances de la contravention, de réduire l'amende prononcée par le sieur Charienet aux termes des lois précitées; — Art. 1. L'arrêté du conseil de préfecture de la Creuse est annulé. — Art. 2. Le sieur Chastenet est condamné à 25 fr. d'amende et aux frais.
Du 25 juin 1841.-Ord.-cons. d'Etat.-M. de Coudé, rap.

2e Espèce :—(Gillet.)—Du même jour, décis. ident., M. de Condé, rap.
(1) (Gillot-Agis.) — Louis-Philippe, etc.; — Vu la loi du 7 vent. an 12, art. 8; le décret du 25 juin 1806, art. 54; — Considérant qu'il résulte de l'instruction que la voiture mentionnée au procès-verbal était employée à transporter du fumier des écuries du propriétaire aux terres qu'il exploite lui-même; que, ne pouvant, par conséquent, être considérée comme voiture de roulage, elle ne se trouvait pas assujettie à la règle fixée par l'art. 54 du décret du 25 juin 1806; que, dès lors, c'est à tort que le conseil de préfecture a condamné le sieur Gillot-Agis à l'amende pour défaut de plaque à ladite voiture. — Art. 1. L'arrêté du conseil de préfecture de l'Eure en date du 15 avr. 1844 est annulé.
Du 20 fév. 1846.-Ord. cons. d'Et.-M. Pascalis, rap.
(2) Min. com. C. Lagache.) — Louis-Philippe, etc. ; — Vu la loi du 7 vent. an 12, art. 8, le décret du 25 juin 1806, art. 54; — Considérant qu'il résulte de l'instruction que les voitures des sieurs Lagache et autres, lorsqu'elles ont été rencontrées par le conducteur Batreau et par les gendarmes Longuet et Deleglisse, n'étaient pas employées aux transports d'un point à l'autre d'une ferme ou de ses dépendances; — Qu'ainsi, c'est à tort que le conseil de préfecture les a considérées comme voitures d'agriculture, et a déclaré qu'elles n'étaient point assujetties aux prescriptions de l'art. 54 du décret du 25 juin 1806; — Considérant que l'inscription sur une feuille de papier, des noms et domicile du propriétaire de la voiture, ne peut suppléer à la plaque en métal dont l'emploi est prescrit par l'art. 54 précité du décret du 25 juin 1806; — Considérant, néanmoins, qu'à raison des circonstances de l'affaire, il convient de modérer les amendes encourues par les sieurs Lagache et consorts. — Art. 1. Les arrêts du conseil de préfecture sont annulés. — 2. Les sieurs Lagache et consorts sont condamnés chacun à une amende de 5 fr.
Du 9 nov. 1856.-Ord. cons. d'Et.-M. Caffarelli, rap.
(3) Espèce : — (Min. des trav. publ. C. Pichard, etc.) — Deux arrêtés du conseil de préfecture de l'Indre, l'un du 2 août 1837, relatif aux sieurs Pichard et Millet, prévenus d'avoir transporté du foin et du bois sur une voiture sans plaque à la commune de Valençay; l'autre, du 30 août suivant, relatif au sieur Moreau, poursuivi pour la même contravention, avaient décidé qu'il n'y avait lieu à suivre. — C'est contre ces arrêtés que s'est pourvu M. le ministre des travaux publics. — A l'égard des sieurs Pichard et Millet, il a établi que leur voiture n'allait pas de la ferme à la grange où les foins et bois auraient été conservés, mais

de la ferme à la ville où ils devaient être évidemment consommés ou vendus; — Qu'on devait dès lors la considérer comme voiture de roulage. — Il a ajouté : « En ce qui touche la voiture du sieur Moreau, il ne peut y avoir de difficulté sur la catégorie dans laquelle elle doit être rangée; le cantonnement reconnaît lui-même, en effet, qu'il transportait du bois chez son propriétaire, en exécution son bail; ce qui prouve que le bois formait une partie du prix de ferme, et devenait par cela même un objet de commerce. Dans tous les cas, le bois devait être consommé par le propriétaire; d'où l'on doit conclure que la voiture qui le transportait était réellement une voiture de roulage »
Louis-Philippe, etc. ; — En ce qui touche l'arrêté du 2 août 1857, relatif aux sieurs Pichard et Millet : — Considérant que, d'après l'art. 8 du 7 vent. an 12, les voitures non considérées comme voitures de roulage sont celles qui sont employées à la culture des terres, au transport des récoltes et à l'exploitation des fermes; — Qu'il résulte de l'instruction que les voitures des sieurs Pichard et Millet, lorsqu'elles ont été rencontrées par le conducteur Grou, n'étaient employées ni à la culture des terres, ni aux transports d'un point à l'autre d'une ferme ou de ses dépendances; — Qu'ainsi c'est à tort que le conseil de préfecture de l'Indre les a considérées comme voitures d'agriculture, et a déclaré qu'elles n'étaient point assujetties aux prescriptions de l'art. 54 du décret du 25 juin 1806; — En ce qui touche l'arrêté du 30 août 1857, relatif au sieur Moreau : — Considérant qu'il résulte de l'instruction que le transport effectué par le sieur Moreau, fermier du sieur Testaud-Marchain, rentrait dans les cas d'exception prévus par l'art. 8 de la loi du 7 vent. an 12: — Art. 1. L'arrêté du conseil de préfecture de l'Indre, du 2 août 1857, est annulé. — Art. 2. Le surplus des conclusions du rapport de notre ministre des travaux publics, de l'agriculture et du commerce est rejeté.
Du 18 juill. 1858.-Ord. cons. d'Et.-M. Humann, rap.
(4) (Min. trav. publ. C. de Poix.) — Louis-Philippe, etc.; — Vu la loi du 29 flor. an 10, les art. 2 et 5 de la loi du 7 vent. an 12 et l'art. 54 du décret du 25 juin 1806; — Considérant que l'art. 2 de la loi du 7 vent. an 12 interdit la circulation des voitures employées au roulage, construites sur des jantes de moins de 11 centim., lorsqu'elles sont attelées de plus d'un cheval; qu'il résulte d'un procès-verbal du 26 oct. 1858 que la voiture appartenant au sieur de Poix était comprise dans cette prohibition, et qu'ainsi l'amende de 50 fr. devait être prononcée; — Considérant qu'il résulte de l'instruction que la voiture signalée au procès-verbal ci-dessus visé n'était employée ni à la culture ni au transport des récoltes d'un point à l'autre d'une ferme ou de ses dépendances; que, dès lors, le sieur de Poix ne peut invoquer l'exception tirée des dispositions de l'art. 8 de la loi du 7 vent. an 12; — Considérant, en outre, qu'il est constaté que la voiture, lorsqu'elle a été rencontrée sur la route n° 151, était dépourvue de la plaque exigée par l'art. 54 du décret du 25 juin 1806; qu'ainsi il y avait lieu de prononcer contre le propriétaire une amende de 25 fr. — Art. 1. L'arrêté du conseil de préfecture de l'Indre, du 25 janv. 1859, est annulé. — Art. 2. Le sieur de Poix est condamné à 75 fr. d'amende.
Du 20 août 1840.-Ord. cons. d'Etat.-M. Hallez, rap.

1851, le conseil d'Etat s'était prononcé pour la négative, il avait décidé notamment : 1° que l'on ne peut considérer comme rentrant dans l'exception établie en faveur des voitures d'agriculture, celles qui sont employées par les cultivateurs à transporter des grains ou denrées de la ferme au marché d'une ville voisine (cons. d'Et. 6 janv. 1837, M. du Martroy, rap., aff. Martin et cons.; 16 juill. 1842, M. Richaud, rap., aff. Perrin; 23 juin 1846, M. Roux, rap., aff. Solvin); — 2° Que les transports de récolte, effectués d'une ville à une autre, dans un but de commerce, ne peuvent être assimilés aux transports appliqués à l'agriculture, et jouir, quant à la police du roulage, de l'exception accordée aux voitures employées aux travaux agricoles (cons. d'Et. 10 mai 1839) (1); — 3° Qu'on ne doit pas considérer comme voiture d'agriculture, mais de roulage, la voiture qui transporte les denrées d'une ferme à la commune voisine (cons. d'Et. 18 juill. 1838, aff. Pichard, V. n° 107; 31 oct. 1838, aff. Aubert, V. n° 88; 27 mars 1839, aff. Leclerc, V. n° 113). — Et sous la loi du 30 mai 1851, la cour de cassation a décidé, dans le même sens, que l'exception apportée à la condition de la plaque, en faveur des voitures employées au transport des récoltes, est limitée aux voitures qui servent au transport des objets récoltés, du lieu où ils ont été recueillis, jusqu'au lieu où, pour les conserver ou les manipuler, le cultivateur les dépose ou les rassemble, et ne doit pas, dès lors, être étendue à une voiture se rendant au marché (Crim. cass. 22 juill. 1853, aff. Verdier, D. P. 53. 1. 280; 1er mars 1836, aff. Masson, D. P. 56. 1. 219; 19 avr. 1860, aff. Bétoulières, D. P. 60. 5. 423).

Toutefois, un doute pourrait naître du rapprochement de l'art. 3 de la loi du 30 mai 1851 dont nous présentons ici l'analyse, avec la disposition finale du § 2 de l'art. 2 de la même loi qui affranchit de la limitation du chargement les voitures de l'agriculture servant au transport des récoltes de la ferme au marché. — Pourquoi la faveur accordée aux voitures de l'agriculture dans cette dernière circonstance leur est-elle refusée quant à l'obligation de la plaque? Il semble au premier abord que la différence de rédaction entre les deux articles est l'effet d'une simple inadvertance du législateur qui proviendrait de la précipitation avec laquelle le n° 4 de l'art. 3 relatif à la plaque a été introduit dans la loi. Il n'a, en effet, été ajouté au projet qu'à la troisième lecture, et sans être motivé. — Ces considérations ne sont pas de nature à prévaloir sur le texte si formel de la loi. L'exception relative à la largeur du chargement n'entraîne nullement une exception semblable relativement à la plaque. L'obligation de la plaque est une mesure de police imposée dans le but de faciliter à tout instant la reconnaissance des voitures qui circulent sur les routes. Que l'on en affranchisse les voitures qui font le service d'une exploitation agricole, tant qu'elles ne franchissent pas les limites de cette exploitation, cela se conçoit; car, dans ce cas, leur service peut, à la rigueur, être considéré comme purement domestique; et d'ailleurs, sur ces lieux mêmes, ces voitures sont connues de tout le monde.—Mais, dès qu'elles quittent la ferme pour se diriger vers une ville, vers un marché voisin, elles deviennent de véritables voitures de roulage, assujetties à toutes les obligations qui pèsent sur ces voitures; l'intérêt de l'agriculture n'exige nullement en ce cas qu'elles soient affranchies de l'obligation de porter extérieurement l'indication du propriétaire auquel elles appartiennent. Pour qu'elles en fussent dispensées, il faudrait une exception formelle dans la loi; or, cette exception n'existe pas et ne peut être suppléée.

109. Au reste, suivant une décision rendue à l'égard d'une voiture à jantes étroites sous l'empire du décret de 1806, et dont la doctrine nous semble applicable aux voitures dépourvues de plaque, les agents chargés de constater les contraventions à la police du roulage ne sont pas tenus d'indiquer, dans leur procès-verbal, d'où proviennent les denrées transportées sur la voiture, en sorte qu'il suffit que le propriétaire n'allègue pas, au moment de la contravention, qu'elles proviennent de sa propre récolte, pour que la condamnation soit encourue (cons. d'Et. 3 avr. 1841) (2).—En tous cas, la contravention pour défaut de plaque doit être réputée constante lorsque, dans le silence du procès-verbal, l'instruction établit qu'une voiture trouvée sans plaque n'est pas employée à des transports d'agriculture (cons. d'Et. 9 nov. 1836, aff. Lagache, V. n° 106). — A plus forte raison, en est-il ainsi lorsque le procès-verbal renferme une énonciation ayant pour objet de constater la destination de la voiture et la nature du transport : cette énonciation fait foi jusqu'à preuve contraire (Crim. cass. 19 avr. 1860, aff. Bétoulières, D. P. 60. 5. 423). — V. des décisions analogues en matière d'éclairage, infrà, n° 125, 127, 131 et suiv.

110. Il paraît évident aussi, et c'est ce qui a été décidé, que la nature du chargement de la voiture trouvée circulant sans plaque est indifférente pour la constatation de la contravention, lorsqu'il n'est pas contesté que la voiture soit affectée au roulage (cons. d'Et. 20 août 1840) (3). — Par suite, le contrevenant ne peut être exempté de l'amende encourue pour défaut de plaque, par le motif que le procès-verbal de contravention n'a point constaté la nature du chargement, surtout lorsqu'il est constant que les conducteurs exercent la profession de voiturier (cons. d'Et. 1er juill. 1839) (4).

111. L'art. 7 de la loi du 30 mai 1851 punit d'une amende

---

(1) (Min. des trav. publ. C. Picard.) — Louis-Philippe, etc.; — Vu les lois des 29 flor. an 10 et 7 vent. an 12; — Considérant que l'exception accordée par l'art. 8 de la loi du 7 vent. an 12 ne concerne que les transports qui se font d'un point à l'autre d'une ferme et de ses dépendances; — Considérant que le transport de fourrages effectué par le sieur Picard, de la commune de Coings à Châteauroux, avait pour but de les livrer à la consommation ou au commerce; — Que l'exception ci-dessus rappelée n'est point applicable dans ce cas; — Art. 1. L'arrêté du conseil de préfecture de l'Indre, en date du 2 nov. 1857, est annulé. — Art. 2. L'amende de 50 fr. encourue par le sieur Picard est, à raison des circonstances de l'affaire, réduite à 10 fr. Du 10 mai 1859.-Ord. cons. d'Et.-M. du Martroy, rap.

(2) (Min. trav. publ. C. Réveillon.) — Louis-Philippe, etc.; — Vu la loi du 7 vent. an 12; — Considérant que la circulation des voitures à jantes étroites attelées de plus d'un cheval est interdite par la loi du 7 vent. an 12; — Qu'ainsi le sieur Réveillon, qui a fait circuler sur une grande route une voiture à jantes étroites attelée de deux chevaux, était en contravention; — Considérant que le contrevenant n'a pas allégué que sa voiture fût employée au transport de sa récolte, et rentrât ainsi dans l'exception portée à l'art. 8 de la loi du 7 vent. an 12; qu'il s'est borné à alléguer qu'il avait attelé un second cheval pour monter la côte de Villeneuve; — Considérant qu'aucune disposition de loi n'exige que les agents chargés de constater les contraventions recherchent, ni que les procès-verbaux indiquent d'où proviennent les objets que transportent les voitures en contravention; — Qu'ainsi c'est à tort que le conseil de préfecture de Seine-et-Marne a renvoyé des fins du procès-verbal dressé contre lui le sieur Réveillon, marchand fruitier à Dammartin; — Considérant néanmoins qu'en raison des circonstances de l'affaire, il y a lieu de réduire l'amende encourue par le contrevenant;

Art. 1. — Le sieur Réveillon, marchand fruitier à Dammartin, est condamné à 10 fr. d'amende. Du 3 avr. 1841.-Ord. cons. d'Et.-M. du Berthier, rap.

(3) (Min. trav. publ. C. Calendras.) — Louis-Philippe, etc.; — Vu le décret du 25 juin 1806; — Considérant qu'il résulte du procès-verbal ci-dessus visé que la voiture du sieur Calendras était dépourvue de la plaque de métal exigée par l'art. 54 du décret du 25 juin 1806; — Qu'il n'est point contesté que cette voiture fût employée au roulage; — Qu'ainsi c'est à tort que le conseil de préfecture a refusé de donner suite au procès-verbal dressé contre le sieur Calendras. — Art 1er. L'arrêté ci-dessus visé du conseil de préfecture du Rhône est annulé. — Art. 2. Le sieur Calendras est condamné à 15 fr. d'amende. Du 20 août 1840.-Ord. cons. d'Et.-M. du Martroy, rap. Le même jour, cinq ordonnances dans le même sens, aff. Rousseau, Colomb, Rave, Picard et Marc.

(4) (Min. trav. publ. C. Mangin, etc.) — Louis-Philippe, etc.; — Vu la loi du 7 vent. an 12, le décret du 25 juin 1806; — En ce qui touche les sieurs Mangin, Rubin et Barborin; — Considérant qu'il est reconnu par le sieur Mangin que sa voiture était employée à transporter les bois provenant d'une coupe dont il s'est rendu adjudicataire; qu'il résulte des procès-verbaux que les sieurs Mangin, Rubin et Barborin exercent la profession de voituriers; que, dans ces circonstances, c'est à tort que le conseil de préfecture a déclaré que leurs voitures n'étaient pas assujetties aux dispositions de l'art. 54 du décret du 25 juin 1806; — Considérant qu'il y a lieu, dans l'espèce, de réduire les amendes encourues par les contrevenants; — Art. 1. Les quatre arrêtés du conseil de préfecture de la Meuse, en date des 4 nov., 9 et 25 déc. 1857, sont annulés. — Art. 2. Les sieurs Mangin, Rubin et Barborin sont condamnés chacun à 5 fr. d'amende. Du 1er juill. 1859.-Ord. cons. d'Et.-M. du Martroy, rap.

de 6 à 15 fr. tout propriétaire d'une voiture circulant sur des voies publiques, sans qu'elle soit munie de la plaque prescrite par l'art. 3 et par les règlements rendus en exécution du § 1 de l'art. 2. — Il punit, en outre, dans ce cas, le conducteur de la voiture d'une amende de 1 à 5 fr. — Mais il a été jugé que cette double amende ne doit pas être prononcée lorsque c'est le propriétaire lui-même qui conduit sa voiture : il n'y a lieu alors qu'à l'application d'une seule amende (Crim. rej. 6 janv. 1854, aff. Fournier, D. P. 54. 1. 48; Crim. cass. 26 fév. 1857, aff. Rougier, D. P. 57. 1. 110), et cela par la raison décisive qu'il n'y a qu'un seul contrevenant. Le législateur n'a pas voulu que le conducteur qui est l'instrument de la contravention demeurât complètement impuni ; mais lorsque le propriétaire est le seul auteur de l'infraction, on chercherait vainement à qui pourrait s'appliquer la peine due au conducteur. Dans ce cas, il doit être condamné à l'amende la plus forte, qui est celle portée contre le propriétaire (même arrêt du 26 fév. 1857. — Conf. M. Guilbon, p. 134, n° 97; M. de Champagny, t. 3, p. 543).

112. Il n'y a de même qu'une seule contravention lorsqu'une plaque contient plusieurs irrégularités, par exemple, lorsqu'indiquant le nom et le domicile du propriétaire de la voiture, elle n'énonce ni ses prénoms ni sa profession. C'est là un fait unique et indivisible qui ne peut donner lieu qu'à l'application d'une seule amende. Décider autrement entraînerait cette conséquence inadmissible qu'un voiturier serait puni plus sévèrement pour une plaque irrégulière que pour le défaut absolu de plaque qui n'est passible que d'une seule peine (conf. M. Guilbon, p. 133, n° 95).

113. Toute excuse qui ne serait pas fondée sur une disposition légale est inadmissible (cons. d'Et. 21 janv. 1841, M. du Berthier, rap., aff. Lavaud). — Ainsi, on ne saurait admettre comme excuse valable l'allégation par celui qui a été trouvé

conduisant une voiture de roulage sans plaque, 1° qu'il n'est pas voiturier de profession (cons. d'Et. 18 août 1842, M. Dumez, rap., aff. Blais et Jonquet; 26 août 1842, M. d'Ormesson, rap., aff. Pujot et cons.); — 2° Que le contrevenant transporte d'ordinaire ses marchandises sur un cheval à bât, et qu'il n'a fait usage d'une charrette qu'accidentellement, à raison de la maladie de son cheval (cons. d'Et. 31 janv. 1838) (1); — 3° Ou que la plaque était fixée à la voiture au départ a été perdue sur la route (cons. d'Et. 10 mars 1843 (2); 26 nov. 1841, M. Richard, rap., aff. Queroy, aff. Alary, aff. Tourte), ...à moins qu'il n'y ait eu force majeure (Crim. cass. 29 déc. 1853, aff. Roussel, D. P. 53. 5. 482; conf. M. Guilbon, p. 156, n° 101); — 4° Ou que la voiture était attelée d'un seul cheval (cons. d'Et. 22 janv. 1840, M. de Martroy, rap., aff. Rectif); — 5° Ou que la voiture est neuve et que le départ précipité du voiturier l'a empêché de la revêtir de la plaque (cons. d'Et. 31 oct. 1838, aff. Aubert, V. n° 88); — 6° Ou que le prévenu ayant emprunté la voiture d'un tiers avait cru la plaque régulière (Crim. cass. 7 mai 1853, aff. Fontarabie, D. P. 53. 5. 481); — 7° Ou qu'ayant acheté la voiture depuis peu, il avait laissé l'ancienne plaque (cons. d'Et. 20 janv. 1843, M. de Lavenay, rap., aff. Cuzin); — 8° Ou que la plaque était commandée, ou qu'on n'a pas pu s'en procurer, ou enfin que les noms et prénoms du voiturier étaient écrits en gros caractères sur les brancards de la charrette (cons. d'Et. 27 mars 1839) (3). — V. suprà. n° 88.

114. Chaque voiture doit avoir sa plaque ; en conséquence, lorsque plusieurs voitures appartenant au même propriétaire marchent ensemble, il ne suffit pas que l'une d'elles soit munie de plaque, pour que les autres soient dispensées d'en porter (Cons. d'Et. 21 janv. 1842) (4). — Et pareillement l'amende encourue pour plaque illisible est applicable, bien que la voiture en contravention fût suivie d'une seconde voiture avec plaque

---

(1) Espèce :—(Min. trav. pub. C. Pingel.)—Le 1er août 1856, procès-verbal fut constaté que le sieur Pingel a fait usage, pour transporter des pains destinés au commerce, d'une voiture dépourvue de la plaque exigée par le décret du 25 juin 1806. — Le 16 mai 1857, arrêté du conseil de préfecture qui renvoie le sieur Pingel, parce que ce n'était qu'accidentellement et parce que son cheval était blessé, qu'il s'était servi d'un tombereau qui ne pouvait être considéré comme une voiture de roulage. — Recours. — M. le ministre soutient qu'il n'y a que les voitures d'agriculture dispensées de la plaque, et qu'aucune circonstance ne peut être admise.

LOUIS-PHILIPPE, etc.; — Vu le décret du 25 juin 1806, art. 34; — Considérant qu'il résulte du procès-verbal du 1er août 1856 que le sieur Pingel a fait usage, pour le transport d'objets destinés au commerce, d'une voiture qui était dépourvue de la plaque exigée par l'art. 34 du décret du 25 juin 1806; — Considérant que les dispositions dudit article s'étendent à tout propriétaire de voitures de roulage; — Qu'ainsi c'est à tort que le conseil de préfecture du Puy-de-Dôme a déclaré que le sieur Pingel n'y était pas assujetti, et l'a déchargé de l'amende de 25 fr. prononcée contre lui;

Art. 1. L'arrêté du conseil de préfecture du Puy-de-Dôme, du 16 mai 1857, est annulé.

Du 31 janv. 1858.-Ord. cons. d'Et -M. du Martroy, rap.

(2) (Pellerin.) — LOUIS-PHILIPPE. etc. ; — Considérant qu'aux termes de l'art. 34 du décret du 25 juin 1806; tout propriétaire de voiture de roulage est tenu de faire peindre sur la plaque de métal son nom et son domicile; qu'il résulte du procès-verbal que la voiture du sieur Pellerin a été rencontrée sur une grande route, dépourvue de la plaque de métal exigée par le décret précité; dès lors, c'est à tort que le conseil de préfecture a refusé de donner suite au procès-verbal dressé contre le sieur Pellerin ; — Art. 1. L'arrêté du conseil de préfecture est annulé.

Du 10 mars 1843.-Ord. cons. d'Et.-M. du Berthier, rap.

Du même jour, décis. semblable, aff. d'Osmont, M. du Berthier, rap.

(3) Espèce : — (Min. des trav. pub. C. Leclerc, etc.) — Par quatorze arrêtés, le conseil de préfecture avait admis, en faveur d'individus cités devant lui pour contravention aux lois relatives aux plaques exigées sur les voitures, diverses excuses : à l'égard de certains délinquants, il s'agissait de voitures à un cheval, qu'on ne pouvait assimiler à des voitures de roulage ; la plaque de l'un était couverte de noir animal, qui faisait l'objet du chargement, au point d'être illisible ; l'autre avait commandé une plaque, mais la voiture étant neuve et trop précipitamment pour la recevoir à temps. La voiture d'un autre était neuve, et il n'avait pas pu se procurer de plaque ; enfin, à l'égard d'un dernier, la plaque avait été remplacée par l'inscription en gros caractères de ses nom et prénoms sur le brancard de sa charrette. — Recours du ministre des travaux publics.

LOUIS-PHILIPPE, etc ; — Vu la loi du 7 vent. an 12, le décret du 25 juin 1806 ; — En ce qui touche les arrêts des 14 juill. et 1er sept. 1857, relatifs aux sieurs Leclerc et Martin : — Considérant qu'il est reconnu par ces arrêts et qu'il n'est point contesté que la voiture du sieur Martin n'a été de celles conduites par le sieur Leclerc étaient dépourvues de la plaque de métal exigée par l'art. 34 du décret du 25 juin 1806 ; — Que, dès lors, le conseil de préfecture ne pouvait se dispenser d'appliquer l'amende établie par ledit article; qu'en admettant les moyens d'excuse proposés par les contrevenants, il a excédé ses pouvoirs ; — En ce qui touche l'arrêté du 11 août 1857, relatif au sieur Frin : — Considérant qu'il est établi par un procès-verbal régulier que la plaque de métal attachée à la voiture du sieur Frin était absolument illisible ; que la preuve contraire ne résulte pas de l'instruction ; — En ce qui touche les autres arrêts attaqués : — Considérant que, d'après l'art. 8 de la loi du 7 vent. an 12, les voitures non considérées comme voitures de roulage sont celles qui sont employées à la culture des terres, au transport des récoltes et à l'exploitation des fermes ; — Qu'il résulte de l'instruction que les voitures dont il s'agit, lorsqu'elles ont été rencontrées, n'étaient employées ni à la culture des terres ni au transport des récoltes d'un point à l'autre d'une ferme et de ses dépendances ; — Qu'ainsi, c'est à tort que le conseil de préfecture d'Ille-et-Vilaine les a considérées comme voitures de roulage, et a déclaré qu'elles n'étaient pas assujetties aux dispositions de l'art. 34 du décret du 25 juin 1806;

Art. 1. Les arrêtés ci-dessus visés sont annulés. —Art. 2. L'amende de 15 fr. encourue par le sieur Leclerc et autres dénommés dans les procès-verbaux de contravention sera, à raison des circonstances de l'affaire, réduite pour chacun d'eux à la somme de 5 fr.

Du 27 mars 1859.-Ord. cons. d'Et.-M. du Martroy, rap.

(4) Espèce : — (Arnassan.) — Le procès-verbal avait constaté que plusieurs voitures appartenant au sieur Arnassan marchaient ensemble et que l'une d'elles seulement était pourvue de plaque.

LOUIS-PHILIPPE, etc.; — Vu la loi du 7 vent. an 12, en son art. 8; — Vu le décret du 25 juin 1806, en son art. 34; — Vu le décret du 22 juill. 1806; — Considérant que notre ministre des travaux publics a eu connaissance officielle de l'arrêté attaqué par la lettre...; — Considérant que les dispositions de l'art. 34 du décret du 25 juin 1806 qui imposent aux propriétaires des voitures de roulage l'obligation de faire peindre sur une plaque de métal, en caractères apparents, leurs noms et demeure, s'appliquent à toutes les voitures employées au roulage ; — Que la voiture qui fait l'objet du procès-verbal ci-dessus visé était employée au roulage et se trouvait dépourvue de plaque. — Art. 1. L'arrêté ci-dessus visé du conseil de préfecture du Gard est annulé sauf l'intérêt de la loi. — Art. 2. Le surplus des conclusions de notre ministre des travaux publics est rejeté.

Du 21 janv. 1842.-Ord. cons. d'Et.-M. de Condé, rap.

régulière, toutes deux conduites par le même voiturier (cons. d'Et. 6 août 1859) (1). — Conf. cons. d'Et. 5 sept. 1840, M. Saglio, rap., aff. Lahir et aff. Lechaudel; 30 déc. 1841, M. du Martroy, rap., aff. Serrurot; 15 juill. 1842, M. Lepelletier d'Aulnay, rap., aff. Thenard; 5 déc. 1842, M. Dormesson, rap., aff. Franson et aff. Borel; 31 juill. 1843, M. du Berthier, rap., aff. Grangier). — Admettre une solution contraire ce serait, en effet, donner un moyen souvent facile d'éluder la loi. Une voiture sans plaque se mettrait à la suite d'une voiture qui en serait munie, et le conducteur en contravention obtiendrait aisément de la complaisance du conducteur qui se serait conformé à la loi, une déclaration qui le mettrait à l'abri de toute poursuite. Les agents de l'administration chargés de constater les contraventions, et les personnes privées qui auraient des réclamations à élever, seraient ainsi à peu près à la merci des conducteurs.

115. Aux termes de l'art. 8 de la loi de 1851, tout propriétaire ou conducteur de voiture qui a fait usage d'une plaque portant un nom ou domicile faux ou supposé, est puni d'une amende de 50 fr. à 200 fr. et d'un emprisonnement de six jours au moins, et de six mois au plus. — La même peine est applicable, d'après le même article, à celui qui, conduisant une voiture dépourvue de plaque, a mis un nom ou un domicile autre que le sien ou que celui du propriétaire, pour le compte duquel la voiture est conduite.—Il est manifeste que le fait prévu par l'art. 7 précité que le défaut de plaque (V. n° 111), et celui réglé par l'art. 8 sont d'un caractère fort différent : le premier ne présente qu'une omission toute matérielle pour laquelle il n'y a pas lieu de s'occuper de l'intention de celui à qui elle est imputée; l'autre, au contraire, est un délit dont l'intention coupable est un élément essentiel.

116. Lorsqu'une voiture conduite sur la voie publique est sans plaque, et que le conducteur fait une fausse déclaration, il y a là deux infractions distinctes. S'ensuit-il que deux peines doivent être prononcées? — La négative semblerait résulter : 1° de l'art. 365 c. inst. crim., d'après lequel, en cas de conviction de plusieurs crimes ou délits, la peine la plus forte doit seule être prononcée; 2° de l'art. 12 de la loi du 30 mai 1851, qui, après avoir établi qu'il doit être prononcé autant de condamnations qu'il y a de contraventions constatées, admet une exception à cette règle pour les contraventions ou les délits relatifs à la plaque (V. n° 57). — Mais on répond, quant à l'art. 365 c. inst. crim., qu'il n'est relatif qu'aux crimes et aux délits, et non aux contraventions (V. ce mot et Peine, n° 157 et s.); d'où il suit qu'il ne peut être invoqué par l'auteur d'un délit et d'une contravention, pour l'affranchir de la peine encourue pour cette dernière infraction; — 2° Quant à l'exception admise par l'art. 12 de la loi du 30 mai 1851, en ce qui touche les délits ou les contraventions relatifs à la plaque, cet article prévoit, à notre sens, la répétition d'une même contravention ou d'un même délit, et non le cas où il y a à la fois contravention et délit. Ce qui le prouve, c'est que cet article suppose qu'un délai peut s'écouler entre les divers faits de même nature et qu'il ne prononce qu'une seule peine pour le cas où ce délai n'est que de vingt-quatre heures. Le motif de cette exception, c'est, dit M. Ducos dans son rapport (D. P. 51. 4. 82), qu'il peut arriver souvent qu'un roulier soit, de très-bonne foi, dans l'impossibilité matérielle de faire cesser les causes d'une première contravention dans moins de vingt-quatre heures. — Or, cette raison est évidemment inapplicable au cas où le roulier commet en même temps une contravention et un délit : nous croyons donc que deux peines peuvent être prononcées (Conf. M. Guilbon, p. 137, n° 102).

117. Dans tous les cas, lorsque l'individu poursuivi pour avoir fait usage d'une plaque portant un nom ou un domicile faux ou supposé, ou pour avoir fait une fausse déclaration, par-

vient à se disculper sous ce rapport, il ne peut être renvoyé impuni à raison de la contravention résultant d'indications incomplètes sur la plaque ou du défaut de plaque. Le tribunal saisi doit alors, aux termes de l'art. 192 c. inst. crim., infliger au contrevenant la peine prononcée par la loi pour cette infraction. — Aussi a-t-il été jugé : 1° que lorsque le propriétaire ou conducteur d'une voiture, prévenu, aux termes de l'art. 8 de la loi du 30 mai 1851, d'avoir fait usage d'une plaque portant un nom au domicile faux ou supposé, est déclaré non coupable de ce délit, en l'absence d'intention frauduleuse, il est du devoir du juge de rechercher si le fait poursuivi ne constitue pas la contravention prévue par l'art. 7 de la même loi, qui punit d'une amende de simple police le défaut d'indication sur la plaque de la voiture des nom et domicile du propriétaire actuel (Crim. cass. 4 août 1853, aff. Havard, D. P. 53. 1. 263); — 2° Que l'usage par un voiturier d'une plaque portant un nom faux ou supposé, est un délit dont la connaissance échappe à la compétence du tribunal de police; toutefois, lorsque ce fait est dénoncé en même temps au tribunal comme constituant une contravention à l'obligation pour tout conducteur de voiture d'être muni d'une plaque indiquant le nom et le domicile du propriétaire, il y a nécessité pour le tribunal de statuer sur les conclusions prises relativement à ce chef par le ministère public (Crim. cass. 15 janv. 1859, aff. Guignard, D. P. 59. 1. 335).—Conf. M. Guibon, p. 139, n° 104.

118. Une question qui ne nous aurait pas paru très-grave se trouve résolue d'avance par les explications qui ont eu lieu à l'assemblée nationale, au sujet de l'art. 8 de la loi de 1851. C'est celle de savoir si lorsqu'une voiture circule, non pour le compte de celui à qui elle appartient, mais pour les besoins d'une personne qui la lui a empruntée, la plaque doit être considérée comme fausse parce qu'elle ne porte pas le nom de l'emprunteur. Voici ce que nous apprend à cet égard la discussion relative à la disposition précitée.—M. de Beaumont (de la Somme) a réclamé la parole pour demander une explication à la commission. « Aujourd'hui, a dit l'orateur, quand un voiturier est rencontré ayant une plaque portant l'adresse du propriétaire, mais que le domestique la conduit pour le compte d'un autre, les conseils de préfecture considèrent cette plaque comme fausse. Je demande à la commission si elle entend perpétuer cette chose qui est très-mauvaise, car il serait impossible d'emprunter à son voisin une voiture ayant une plaque régulière. Ici l'administration a une garantie certaine, puisqu'elle peut retrouver le propriétaire de la voiture. Dans tous les cas, elle rencontre une double responsabilité en cas d'infraction. Je demande donc si la voiture prêtée et même louée à un voisin sera déclarée comme ayant une plaque fausse, parce qu'elle ne sera pas employée par le véritable propriétaire. » — M. Darblay, membre de la commission, a répondu : « La commission, comme le gouvernement, n'a fait que répéter dans la nouvelle loi ce qui est inscrit dans toutes les lois précédentes; et jamais on n'a considéré comme une fausse déclaration l'emprunt d'une voiture qui ne porte pas conséquemment le nom de celui qui la conduit. Lorsqu'on dit : Je me nomme un tel et je conduis la voiture d'un tel, jamais on n'a considéré que c'est une déclaration fausse. Ce qu'on entend par une déclaration fausse, c'est de faire passer une voiture pour appartenir à qui elle n'appartient pas; alors, s'il y a accident, on va s'adresser à un nom faux ou supposé, et la justice ne peut plus savoir à qui s'en prendre. Je le répète, on n'a jamais considéré comme fausse la déclaration que la voiture n'appartient pas à celui qui la conduit, et que, par telle ou telle circonstance, on la conduit, soit comme emprunteur, soit comme domestique, soit comme agent. » — M. le président. « L'explication qui vient d'être donnée par la commission suffira pour empêcher une fausse interprétation de la loi.—Je mets aux voix l'art. 8, dont j'ai déjà donné lecture. » L'art. 8 est adopté (Voy. D. P. 51. 4. 82).—Ainsi, le doute le

---

(1) (Min. trav. publ. C. Picollier.) — LOUIS-PHILIPPE, etc.; — Vu le décret du 25 juin 1806; — Considérant qu'il est constaté par le procès-verbal que la plaque de l'une des voitures conduites par le sieur Picollier était illisible; — Que le conseil de préfecture, ayant reconnu l'existence de cette contravention, ne pouvait se dispenser de prononcer contre le sieur Picollier l'amende établie par l'art. 54 du décret du

25 juin 1806 ; mais qu'il y a lieu, à raison des circonstances de l'affaire, de réduire ladite amende ;

Art. 1. L'arrêté du conseil de préfecture du Rhône, du 27 juillet 1858, est annulé. — Art. 2. Le sieur Picollier est condamné en 5 fr. d'amende.

Du 6 août 1859.—Ord. cons. d'État.-- . du Martroy, rap.

plus léger n'est pas permis sur la solution de la question que nous venons de reproduire.—V. aussi M. Guilbon, p. 138, n° 103.

119. Au reste, il est bien entendu, et c'est ce qui a été jugé, que la disposition de la loi du 30 mai 1851, qui, en cas d'apposition, sur une voiture, d'une plaque portant un nom faux ou supposé, punit non-seulement le propriétaire, mais encore le conducteur de cette voiture, ne s'applique pas aux faits antérieurs à la promulgation de cette loi (Crim. rej. 3 janv. 1852, aff. Chouland, D. P. 53. 3. 291).

120. *Éclairage.* — En vertu de la disposition générale du § 2, n° 5, de l'art. 2 de la loi de 1851, d'après laquelle le règlement d'administration publique doit déterminer les mesures de police à observer par les conducteurs, l'art. 15 du décret du 10 août 1852 veut qu'aucune voiture marchant isolément ou en tête d'un convoi ne puisse circuler pendant la nuit sans être pourvue d'un fallot ou d'une lanterne allumée. — D'après le même article, cette disposition peut être appliquée aux voitures d'agriculture par des arrêtés des préfets ou des maires.—L'obligation de l'éclairage pendant la nuit, comme les autres prescriptione de la loi de 1851 et du décret de 1852, ne sont applicables, on l'a déjà dit, qu'aux routes impériales et départementales et aux chemins vicinaux de grande communication. Sur les autres voies de communication, l'obligation n'existe que si elle a été imposée par un règlement ou arrêté local (M. Guilbon, p. 96, n° 52).

121. Malgré la généralité des termes de l'art. 15 : *aucune voiture*, il est bien évident, d'après la rubrique du titre sous lequel il se trouve, qu'il ne s'agit que de voitures ne servant pas au transport des personnes. Sans doute, les voitures de messageries sont soumises à la même obligation, mais c'est en vertu de l'art. 28 et non de l'art. 15 du décret de 1852. Quant aux voitures particulières servant au transport des personnes, le décret de 1852 les a passées sous silence ; elles ne sont donc soumises à l'éclairage, qu'autant qu'un règlement local leur aurait imposé cette obligation. — Il a été jugé, en effet, que la loi du 30 mai 1851 et le décret réglementaire du 10 août 1852 n'imposent l'obligation de l'éclairage pendant la nuit qu'aux propriétaires et conducteurs de voitures servant au transport des marchandises et aux voitures publiques servant au transport des personnes, et ne s'appliquent point aux voitures particulières qui ne sont destinées ni à l'un ni à l'autre de ces transports ; que par suite, en l'absence d'un règlement local prescrivant l'éclairage de ces voitures de cette dernière sorte, le conducteur d'une calèche n'est point tenu d'y placer pendant la nuit un fallot ou une lanterne allumés (Crim. rej. 20 avr. 1854, aff. Callier, D. P. 54. 1. 211; 8 fév. 1856, aff. Seligman, D. P. 56. 1. 183).

122. On avait contesté aux préfets, le droit d'assujettir les voitures particulières à l'éclairage. — Mais il a été décidé que l'autorité préfectorale a, en vertu de l'art. 3 de la loi du 24 août 1790 et de l'art. 9, n° 5, de la loi du 18 juill. 1837, le droit d'ordonner que les voitures particulières servant au transport des personnes ne puissent circuler pendant la nuit sur les routes et chemins, sans être pourvues d'un fallot ou d'une lanterne allumés : on dirait à tort que ce droit lui a été enlevé par l'art. 15 du décret du 10 août 1852, sur la police du roulage, lequel n'autorise les préfets à prescrire l'éclairage qu'à l'égard des voitures d'agriculture (Crim. cass., 10 oct. 1856, aff. Page, D. P. 56. 1. 467). — Il ne peut plus du reste s'élever de doute sur ce point. Un décret du 24 fév. 1858 (D. P. 58. 4. 19), destiné à compléter le décret du 10 août 1852, reconnaît expressément le droit des préfets à l'égard des voitures particulières. L'art. 2 de ce décret dispose que les préfets peuvent appliquer par des arrêtés spéciaux aux voitures particulières servant au transport des personnes, les dispositions du § 1 de l'art. 15 du décret du 10 août 1852.

123. L'arrêté par lequel le préfet rappelle, dans les termes mêmes de la loi du 30 mai 1851 et du décret du 10 août 1852, l'obligation de munir d'une lanterne allumée les voitures circulant la nuit sur les grandes routes, n'est pas réputé imposer cette obligation aux voitures particulières, qui n'y sont pas soumises par la loi et le décret (Crim. rej. 29 janv. 1858, M. Jallon, rap., aff. Feugas). — V. comme anal. Crim. rej. 15 juin 1855, aff. Roman, D. P. 53. 1. 300 et *infrà*, n° 129.

124. Il est à observer en outre, que d'après les termes du décret, ce n'est pas seulement aux voitures de roulage que s'applique la disposition précitée, mais à toutes les voitures qui ne servent pas au transport des personnes, expression générale par laquelle on a voulu éviter toute équivoque. — Par suite, il a été jugé que l'art. 15 du règlement d'administration publique, du 10 août 1852, s'applique aux voitures de commerçants comme aux voitures de roulage (Crim. cass. 11 août 1853, aff. Letriez, D. P 53. 1. 275).

125. Si les dispositions du décret du 10 août 1852, sur l'éclairage des voitures pendant la nuit, ne concernent pas les voitures servant au transport des personnes, mais seulement celles qui, par leur nature et leur destination sont disposées pour le transport des marchandises, elles s'appliquent en revanche à ces dernières, même lorsqu'elles ne sont pas chargées et qu'elles se trouvent munies d'une banquette où peuvent s'asseoir des personnes (Crim. cass. 1er mars 1855, aff. Coiffard, D. P. 55. 1. 192).—Mais il faut que le procès-verbal constate que par sa forme et par sa nature, cette voiture est habituellement destinée au transport des marchandises ; à défaut de cette constatation, le conducteur doit être renvoyé de la poursuite (Crim. rej. 20 avr. 1854, aff. Callier, D. P. 54. 1. 212).

126. On a vu *suprà*, n° 101, que lorsqu'une voiture destinée au transport des personnes, se trouve accidentellement employée au transport de marchandises, elle n'est pas pour cela soumise à la plaque. Le contraire a été jugé en matière d'éclairage. En effet, d'après un arrêt, l'art. 15 du décret du 10 août 1852, s'applique à toute voiture par cela seul qu'elle sert actuellement au transport des marchandises, et encore bien que, par sa forme et d'après les habitudes du pays, elle paraîtrait destinée au transport des personnes (Crim. cass. 3 juill. 1857, aff. Missel, D. P. 57. 1. 377).

127. Le juge de police saisi d'une prétendue contravention résultant de ce que le prévenu aurait fait circuler la nuit, sur une route départementale, des voitures non pourvues d'un fallot ou d'une lanterne allumée, prononce légalement le relaxe, lorsque, par une appréciation qui est souveraine, il constate, d'après la preuve contraire par laquelle a été débattu le procès-verbal servant de base à la prévention, qu'au moment où le prévenu a été rencontré, la nuit n'avait pas encore commencé, et que d'ailleurs les voitures dont il s'agit n'étaient pas des voitures de roulage ; qu'elles servaient uniquement au transport des personnes, et n'étaient pas chargées de marchandises ou de denrées (Crim. rej. 7 fév. 1857, aff. Féron Parisis, D. P. 57. 1. 178).

128. L'art. 15 du décret de 1852 porte : aucune voiture marchant isolément ou en tête d'un convoi ; — Mais que faut-il entendre par un convoi ? suffit-il que deux ou plusieurs voitures soient à la suite l'une de l'autre pour qu'il y ait convoi ?—Non. Il faut, de plus, qu'elles marchent ensemble pour le compte de la même entreprise ; qu'il y ait entre elles un lien tel qu'il soit certain que, pendant toute la nuit ou du moins jusqu'à leur arrivée, elles ne se sépareront pas, parce qu'aussitôt qu'elles se trouvent isolées, le danger que le décret de 1852 a voulu prévenir se produit avec toute sa gravité, et que rien ne garantit qu'elles continueront de marcher à la file. —Aussi a-t-il été jugé 1° que l'obligation de garnir d'une lanterne allumée, toute voiture marchant pendant la nuit, isolément ou à la tête d'un convoi, est applicable, même à une voiture qui marcherait à la suite d'une autre, mais sans faire partie d'un convoi ; et qu'en conséquence, il y a contravention, si cette voiture n'est pas munie d'une lanterne allumée, encore que celle à la suite de laquelle elle marche en porterait une (Crim. cass. 20 août 1853, aff. Debroize, D. P. 53. 1. 275) ;—2° Que lorsque plusieurs voitures marchant à la suite les unes des autres, pendant la nuit, ne constituent pas un convoi régulièrement formé, d'après les prescriptions de l'art. 15 du décret du 10 août 1852, il ne suffit pas, pour qu'il soit satisfait à l'obligation de l'éclairage prescrite par l'art. 15 de ce même décret que la première de ces voitures soit pourvue d'un fallot ou d'une lanterne allumée ; toutes, en pareil cas, doivent être éclairées (Crim. cass. 12 mai 1854, aff Fontaine, D. P. 56. 1. 420) ;—3° Que deux voitures de roulage marchant à une distance de 20 mètres l'une de l'autre ne forment pas convoi ; par suite l'éclairage est à tort con-

sidéré, dans ce cas, comme n'étant obligatoire que pour la voiture marchant la première (Crim. cass. 10 mars 1859, aff. Ricard, D. P. 60. 5. 430).

129. Le § 2 de l'art. 15 du décret de 1852 portant que l'obligation de l'éclairage pourra être appliquée aux voitures d'agriculture par des arrêtés des préfets ou des maires, implique par cela même en faveur de ces voitures la jouissance d'une véritable exemption. Il appartient, il est vrai, aux préfets de la supprimer; mais dans le doute, il faut évidemment se prononcer dans le sens qui laisse subsister l'exemption (conf. M. Guilbon, p. 99, n° 58). — C'est ainsi qu'il a été jugé 1° que l'obligation d'éclairage imposée, par un arrêté préfectoral, aux voitures circulant la nuit sur les routes, ne peut, s'il n'est fait mention dans ce règlement que des voitures de roulage et des messageries publiques, être étendue aux voitures d'agriculture; à l'égard de celles-ci il faut une disposition expresse (Crim. rej. 15 juin 1855, aff. Roman, D. P. 55. 1. 300; 2 août 1855, aff. Charpentier, D. P. 55, 1. 448); — 2° Que l'arrêté préfectoral qui étend aux voitures d'agriculture l'obligation de l'éclairage de nuit, spécifiée en l'art. 15 du décret du 18 août 1852, est réputé, en l'absence d'une indication expresse, n'avoir entendu disposer que relativement à la circulation de ces voitures sur les routes auxquelles s'applique le décret (c'est-à-dire routes impériales ou départementales, et chemins vicinaux de grande communication), à l'exclusion notamment des chemins vicinaux de moyenne communication (Crim. rej. 17 fév. 1855, aff. Lagouge, D. P. 55. 1. 191). — Cette interprétation est d'autant plus rationnelle que le décret de 1852 ne dit pas que l'obligation de l'éclairage, lorsqu'elle est étendue aux voitures d'agriculture, peut être imposée à celles-ci sur toute espèce de voies publiques. L'arrêté pris dans les termes mêmes du § 2 de l'art. 15 de ce décret, ne saurait donc avoir une portée plus étendue que le décret lui-même (V. supra, n° 123).

130. On a vu plus haut, n°* 102 et s., en parlant de la plaque, dans quel sens il fallait entendre les mots *voiture servant à l'agriculture*. L'art. 15-2° ayant une corrélation évidente avec la disposition de l'art. 16 relative à l'exemption de la plaque, ne doit comprendre que les voitures désignées dans ce dernier article (Conf. M. Guilbon, p. 100, n° 58).—Il a été jugé, en ce sens, 1° que les voitures d'agriculture qui servent au transport des récoltes, ne sont affranchies de l'obligation de l'éclairage, comme de celle de la plaque, qu'autant qu'elles appartiennent à la classe des voitures destinées à la culture des terres, dont le parcours est limité par les n°* 4 des art. 3 de la loi du 30 mai 1851 et 16 du décret du 10 août 1852 (Crim. cass. 30 avr. 1857, aff. Vittet, D. P. 57. 1. 270); — 2° Que l'exemption ne doit pas, dès lors, être étendue aux voitures servant au transport des récoltes de la ferme au marché (Crim. cass. 1er mars 1856, aff. Masson, D. P. 56. 1. 219; 3 mars 1859, aff. Poulet, D. P. 59. 1. 284; 7 nov. 1863, M. Legagneur, rap., aff. Mansard). — .... Ni à celles qui conduisent des récoltes de la ferme à une destination non déterminée (Crim. cass. 14 avr. 1859, aff. Guyard, D. P. 59. 1. 284). — .... Ni aux transports entre la ville et la ferme, alors même qu'il s'agirait de transports de plants d'arbres achetés pour l'exploitation de celle-ci (Crim. cass. 27 août 1863, aff. Faux, D. P. 63. 5. 427).

131. Les voitures servant à l'agriculture n'étant soumises à l'éclairage qu'autant qu'un arrêté l'aura ordonné, il ne suffit pas, en l'absence d'un tel arrêté, qu'un procès-verbal constate une omission d'éclairage pour que le prévenu doive être nécessairement déclaré coupable de contravention, dans le cas où il ne rapporte pas de preuve contraire : il faudrait, de plus, que le procès-verbal énonçât que la voiture n'était pas employée aux besoins de l'agriculture. — Et, par exemple, lorsqu'un procès-verbal a constaté qu'une voiture marchant la nuit n'était pas éclairée, sans s'expliquer sur le point de savoir si c'était là une voiture d'agriculture, laquelle, d'après l'art. 15 du règlement général du 10 août 1852, n'est soumise à cette formalité qu'autant qu'un arrêté du préfet ou du maire l'a ainsi ordonné, le jugement, qui, en l'absence d'un tel arrêté, déclare qu'il résulte des faits et circonstances que cette voiture était employée à l'agriculture, et qui par suite acquitte le prévenu sans même recourir à la preuve contraire, ne doit pas être réputé violer la

foi due au procès-verbal (Crim. rej. 2 août 1855, aff. Charpentier, D. P. 55. 1. 448; 26 fév. 1857, M. V. Foucher, rap., aff. Fauvernier et autres).

132. Mais le juge de police ne peut acquitter d'une poursuite pour défaut d'éclairage un voiturier que le procès-verbal déclare avoir été rencontré avec un chargement de marchandises, en admettant, sans preuve contraire, que la voiture rencontrée était une voiture d'agriculture (Crim. cass. 16 avr. 1863, aff. Faux, D. P. 63. 5. 427).

133. « Aucune voiture ne pourra *circuler*, » dit l'art. 15 du décret de 1852. On a vu *supra*, n° 83 et s., que l'art. 16 emploie la même expression. De la corrélation qui existe entre ces deux articles, il faut conclure que les voitures servant au transport des marchandises ne sont soumises à l'éclairage pendant la nuit qu'autant qu'elles sont en marche. Lors donc qu'une voiture stationne, il n'y a pas contravention à l'art. 15, mais à l'art. 10 qui interdit tout stationnement de voiture sans nécessité. L'éclairage d'ailleurs n'empêcherait pas cette dernière contravention d'exister (Conf. M. Guilbon, p. 103, n° 60).

134. Il est deux cas cependant où le défaut d'éclairage d'une voiture laissée en stationnement sera une contravention, c'est d'abord celui où la voiture venant de s'arrêter, il est évident qu'au moment où elle circulait, elle n'était pas éclairée.—Il a été jugé en ce sens que l'art. 15 du décret du 10 août 1852, en disposant qu'aucune voiture ne pourra circuler pendant la nuit sans être pourvue d'un falot ou d'une lanterne allumée. n'a pas entendu dispenser de l'éclairage les voitures momentanément arrêtées (Crim. cass. 14 janv. 1859, aff. Creusillat, D. P. 59. 1. 320; 29 nov. 1860, aff. Paillé, D. P. 62. 1. 99).

135. Le deuxième cas est celui où un règlement local a prescrit d'éclairer même les voitures laissées en stationnement. — Dans le premier cas, la peine est celle prononcée par l'art. 5 de la loi du 30 mai 1851 (V. n° 140). Le deuxième cas tombe sous l'application de l'art. 471, ne 15 c. pén. (V. n° 142).

136. Il n'est satisfait à la disposition exigeant que toute voiture circulant la nuit sur les routes soit pourvue d'un falot ou d'une lanterne allumée, que dans le cas où la lanterne est fixée à la voiture elle-même et placée à l'avant, mais non dans celui où cette lanterne est portée par une personne placée dans la voiture (Crim. cass. 20 juill. 1861, aff. Lecoq, D. P. 62. 1. 101).

137. L'expression *pendant la nuit* dont se sert l'art. 15 du décret du 10 août 1852, a été critiquée comme trop vague, et diverses tentatives ont été faites pour remplacer cette désignation par une fixation précise du temps de la nuit. La gendarmerie avait cru trouver cette fixation dans une disposition du décret du 1er mars 1854, relatif à l'organisation de ce corps, qui, se référant à l'art. 1037 c. pr. civ., indique le temps de nuit pendant lequel le gendarmerie ne peut pénétrer dans le domicile des citoyens pour l'accomplissement de sa mission (art. 291 du décr.). — Mais cette interprétation n'a pas été admise par la jurisprudence. — Ainsi, il a été jugé que le règlement municipal qui ordonne d'éclairer les voitures circulant la nuit, rend l'éclairage obligatoire depuis le coucher du soleil jusqu'à son lever, et non pas seulement des intervalles de temps durant lesquels l'art. 1037 c. pr. défend de faire des significations ou des actes d'exécution (Crim. cass. 2 juin 1843, aff. Champaudry, D. P. 48. 1. 104). — Cette décision s'applique par identité de motifs, et a été étendue par la jurisprudence, à l'éclairage sur les grandes routes. — Il a été jugé en effet que le voiturier convaincu d'avoir été rencontré à la nuit close, entre huit heures et huit heures et demie du soir, pendant le mois de septembre, conduisant une voiture de la classe de celles pour lesquelles l'éclairage est obligatoire pendant la nuit, ne peut être excusé sous le prétexte que, d'après l'art. 1037 c. pr. civ. et le décret du 4 août 1806, la nuit, jusqu'au 30 septembre, ne peut être réputée commencée qu'après neuf heures du soir, ces dispositions étant sans application (Crim. cass. 7 fév. 1857, aff. Huet et autres, D. P. 57. 1. 135; 2 fév. 1861, aff. Dugardin, D. P. 62. 1. 101).

138. Mais du moins, il semblait que cette fixation pouvait être faite par les préfets dans les règlements rappelant l'obliga-

tion de l'éclairage ; le contraire est encore avec raison décidé par la cour suprême, car le règlement d'administration publique du 10 août 1852 n'a pas délégué aux préfets le droit de faire la fixation dont il s'agit, fixation qui d'ailleurs n'est pas nécessaire. — Il a été décidé en effet que l'obligation d'éclairer leur voiture pendant la nuit ayant été imposée en termes généraux aux conducteurs de voitures de messagerie ou de roulage par l'art. 15 du décret du 10 août 1852, il n'appartient pas aux préfets de fixer dans leurs règlements sur la grande voirie l'heure à partir de laquelle, dans chaque saison, les voitures devront être éclairées ; que, toutefois, le conducteur prévenu de contravention à une telle mesure, est à tort relaxé de la poursuite, si le procès-verbal constate qu'au moment de la rencontre de la voiture non éclairée, non-seulement l'heure fixée était passée, mais encore « que la nuit était déjà noire et close depuis une demi-heure au moins » (Crim. cass. 7 juin 1860, aff. Augrel, D. P. 60. 1. 373).

139. M. le juge de paix Guilbon, p. 106, n° 61, se fondant également sur le vague des définitions donnée de l'expression *pendant la nuit*, voudrait qu'en cette matière on se guidât sur l'heure astronomique du lever et du coucher du soleil ; « de cette manière, dit l'honorable magistrat, les fonctionnaires qui constatent les contraventions, et les tribunaux qui les répriment, seront toujours assurés qu'ils procèdent régulièrement. » — Et il a été jugé en ce sens que dans les dispositions répressives, et notamment en matière de police du roulage, l'expression *pendant la nuit* est réputée s'appliquer à tout l'intervalle de temps qui s'écoule entre l'heure astronomique du coucher du soleil et celui du lever suivant (Crim. cass. 29 nov. 1860, aff. Paillé, D. P. 62. 1. 99 ; 2 fév. 1861, aff. Dugardin, D. P. 62. 1. 101 ; 20 mars 1863, M. Zangiacomi, rap., aff. Guignen) ; — Que, par suite, il y a lieu de déclarer nuls,... soit le jugement qui pour acquitter un conducteur dont la voiture a été rencontrée sur une grande route sans lanterne allumée une demi-heure avant le lever du soleil, se fonde sur ce que, à la date de la contravention (au 19 juillet), le jour était bien apparent dans la contrée à l'heure mentionnée au procès-verbal (même arrêt du 29 nov. 1860).— ... Soit le jugement qui, alors qu'un procès-verbal régulier et non contredit constate à la charge d'un voiturier le défaut d'éclairage de sa voiture à une heure postérieure à celle du coucher du soleil (par exemple le 27 janvier à six heures et demie du soir), renvoie le contrevenant de la poursuite par le motif qu'il ne faisait réellement pas nuit au moment de la contravention à lui imputée (Crim. cass. 20 mars 1863, M. Zangiacomi, rap., aff. Guignen et autres ; V. Conf. les arrêts cités v° Forêts, n° 362) ; — ... Soit le jugement qui, pour relaxer un voiturier d'une poursuite à raison du défaut d'éclairage de sa voiture à six heures du soir vers la fin d'octobre, donne comme motif de droit que l'art. 1037 c. pr., relatif aux significations et exécutions, ne fait commencer le temps légal de nuit dans le mois d'octobre qu'après six heures du soir (même arrêt du 2 fév. 1861, aff. Dugardin). — Ce troisième système, qui cherche à établir la précision là où elle n'est pas possible, nous paraît devoir être écarté comme les précédents. Il est, on le comprend, difficile de constater l'heure avec précision sur une grande route, et il est toujours possible au contraire d'apprécier, en fait, s'il y a obscurité et si cette obscurité est assez complète pour nécessiter, dans l'intérêt de la sûreté de la route, l'éclairage des voitures. L'obscurité vient plus tôt ou plus tard suivant que le ciel est clair ou brumeux, suivant que la route traverse une plaine ou une forêt, etc. Le mieux est donc de s'en tenir à l'appréciation du rédacteur du procès-verbal, quand même il n'indiquerait pas l'heure à laquelle la contravention aurait été constatée. Les prévenus ont, du reste, le droit de faire la preuve contraire, et l'acquittement fondé sur cette preuve échappe à la censure de la cour de cassation (Crim. rej. 7 fév. 1857, aff. Féron, D. P. 57. 1. 178).—V. aussi v° Chasse, n° 178 et suiv.

140. Il s'agit ici d'une contravention au règlement rendu en exécution du n° 3 du § 2 de l'art. 2 de la loi de 1851 : conséquemment la peine est une amende de 6 à 10 fr., qui, en cas de récidive, peut être élevée à 15 fr., et, en outre, un emprisonnement de un à trois jours, qui, en cas de récidive, peut être porté à cinq jours (L. 1851, art. 5). — Il a été jugé, par application de cet article, que la contravention aux dispositions qui

prescrivent l'éclairage des voitures circulant la nuit, est passible à la fois, sous la loi du 30 mai 1851, d'une amende et d'un emprisonnement ; par conséquent, est nul le jugement qui, sans déclarer l'existence de circonstances atténuantes, se borne à appliquer l'amende (Crim. cass. 12 juill. 1855, aff. Faure, D. P. 55. 5. 485).

141. Le juge ne peut admettre d'autre excuse que celle déterminée par la loi ou tirée de la force majeure, et l'on doit considérer comme un cas de force majeure l'impossibilité où un voiturier s'est trouvé, par suite de mauvais temps et d'ouragan, de maintenir allumée pendant la nuit la lanterne, d'ailleurs en bon état, dont sa voiture était pourvue (Crim. rej. 28 fév. 1861, aff. Maisonneuve, D. P. 61. 1. 140). — Mais le clair de lune n'a pas pour effet, alors même qu'il éclairerait suffisamment la route, de dispenser les conducteurs de roulage de munir leur voiture d'une lanterne allumée ; le jugement qui décide le contraire ajoute aux dispositions générales de la loi des dispositions exceptionnelles sans valeur légale (Crim. cass. 4 fév. 1860, aff. Deffaens, D. P. 60. 5. 429). — V. v° Commune, n° 933 et suiv. ; Contravention, n° 152 ; Voirie par terre, n° 1897 et suiv.

142. Lorsqu'il existe un arrêté préfectoral qui ordonne l'éclairage des voitures servant à l'agriculture, l'infraction à cet arrêté tombe sous l'application de l'art. 5 de la loi du 30 mai 1851 et non de l'art. 471, n° 15, c. pén. Mais c'est ce dernier article qui doit servir de sanction aux dispositions de l'arrêté se référant à la petite voirie, par exemple celles qui s'appliquent aux voitures d'agriculture circulant ailleurs que sur les routes impériales et départementales et les chemins vicinaux de grande communication (M. Guilbon, p. 102, n° 59).

143. C'est aussi l'art. 471, n° 15, c. pén. qui est la sanction de l'arrêté préfectoral ordonnant l'éclairage des voitures particulières servant au transport des personnes, quelle que soit la voie sur laquelle elles circulent. — Il a été jugé en ce sens que les voitures particulières affectés au transport des personnes n'étant pas régies par la loi du 30 mai 1851 sur la police du roulage, le décret du 24 fév. 1858, qui permet d'étendre à de telles voitures l'obligation de l'éclairage de nuit, n'a pu donner pour sanction à l'infraction des arrêtés pris par les préfets à cet égard la pénalité édictée par ladite loi ; ces arrêtés trouvent leur sanction dans les dispositions générales de l'art. 471, n° 15, c. pén. (Crim. rej. 18 mars 1859, aff. Perrin, D. P. 59. 1. 191 ; 4 mai 1859, M. Jallon, rap., aff. Bernard. — Conf. M. Guilbon, *loc. cit.* ; Annales des justices de paix, t. 2, p. 76 et 77 ; Bost, Correspondant des justices de paix, t. 8, p. 373). — M. Vuatiné (Code annoté et Guide spécial des tribunaux de police, t. 2, sur l'art. 2 du décret du 24 fév. 1858, et dissertation insérée au Correspond. des just. de paix, t. 8, p. 370 et suiv.), a soutenu l'opinion contraire, en se fondant surtout sur ce que le décret impérial du 24 fév. 1858 a étendu expressément aux voitures particulières l'application de l'art. 15 du décret de 1852, ce qui lui a paru entraîner par voie de conséquence l'application de l'art. 5 de la loi de 1851, qui en est la sanction. « Je ne puis hésiter sur ce point, dit l'honorable juge de paix, puisque le décret de 1858 est un complément de celui de 1852, qui forme lui-même le complément de la loi du 30 mai 1851, puisque par cette loi le chef de l'État a été investi du pouvoir de compléter par des règlements d'administration publique la législation nouvelle sur la police du roulage. »

Art. 4. — *Règles spéciales aux messageries.*

144. Aux termes de l'art. 2, § 3, de la loi du 30 mai 1851, le règlement d'administration publique à rendre en exécution de la loi devait déterminer pour les voitures de messageries : 1° les conditions relatives à la solidité et la stabilité des voitures ; — 2° Le mode de chargement, de conduite et d'enrayage des voitures ; — 3° Le nombre de personnes qu'elles peuvent porter ; — 4° La police des relais ; —5° Les autres mesures de police à observer par les conducteurs, cochers ou postillons, notamment pour éviter ou dépasser d'autres voitures. — Reprenons ces diverses dispositions de la loi, et voyons comment le décret de 1852 en a développé la pensée.

145. *Solidité et stabilité des voitures, déclaration, visite,—*

Ce n'eût point été assez, pour garantir le public contre le danger résultant du défaut de solidité et de stabilité des voitures publiques, d'en soumettre la construction à des conditions déterminées, car les peines dont les entrepreneurs de messageries auraient pu être frappés, en cas d'inobservation de ces prescriptions, et même les dommages-intérêts accordés aux parties lésées, n'auraient été qu'un bien faible réparation du préjudice qui aurait pu en résulter. — L'administration doit surtout chercher à prévenir le mal; c'est là l'un des principaux objets de sa mission. Aussi, à l'exemple des règlements antérieurs, le décret de 1852 assujettit les entrepreneurs de messageries à des mesures de police destinées à assurer la bonne confection des voitures, la régularité du service de l'entreprise et la sûreté des voyageurs, et ne permet la circulation de ces voitures qu'après qu'elles ont été visitées par l'autorité ou par ses délégués.

146. Suivant l'art. 8 du décret du 28 août 1808, les voitures devaient être d'une construction solide et pourvues de tout ce qui est nécessaire à la sûreté des voyageurs. — Cette disposition a été reproduite par l'ordonnance du 4 fév. 1820 (art. 9), par l'ordonnance du 27 sept. 1827 (art. 8), et par l'ordonnance du 16 juill. 1828 (art. 8), qui était en vigueur avant la loi du 30 mai 1851.—Le décret du 10 août 1852, qui a pour objet de régler l'exécution de cette loi, et qui a abrogé les règlements précédents, ne s'explique pas positivement à cet égard; mais les dispositions que nous venons de rappeler étaient inutiles à reproduire, car, d'une part, elles résultent virtuellement de la loi de 1851, art. 2, § 3, n° 1, et, d'autre part, les voitures publiques ne peuvent circuler, comme on va le voir, qu'après avoir été vérifiées par l'administration, dont le devoir est surtout de prescrire ce qui est nécessaire à la sûreté des voyageurs. — V. n° 150.

147. L'art. 1 du décret du 28 août 1808 obligeait les propriétaires de voitures publiques à se présenter, à Paris, dans le troisième arrondissement de la police de l'empire, devant le préfet de police, et dans les autres arrondissements, devant les préfets et sous-préfets pour faire la déclaration de leurs voitures, du nombre des places qu'elles contenaient, du lieu de leur destination, du jour et de l'heure de leur départ, à peine de 50 fr. d'amende. Ils devaient déclarer, aux mêmes autorités, toute augmentation du nombre de leurs voitures et tout changement du siège de leur exploitation. Cet article se retrouve en des termes à peu près identiques dans les ordonnances des 4 fév. 1820, 27 sept. 1827, 16 juill. 1828 (art. 1), et forme l'art. 17 du décret de 1852. — Suivant cet article, les entrepreneurs des voitures publiques allant à destination fixe déclareront le siège principal de leur établissement, le nombre de leurs voitures, celui des places qu'elles contiennent, le lieu de destination, les jours et heures de départ et d'arrivée. Cette déclaration sera faite, dans le département de la Seine, au préfet de police, et, dans les autres départements, aux préfets ou sous-préfets. » — Néanmoins, suivant le § 2 du même article, ces formalités ne sont obligatoires pour les entrepreneurs que le décret a trouvés en possession d'un service de messageries qu'au renouvellement de leurs voitures, ou lorsqu'ils en modifieront la forme ou la contenance. — Le motif évident de cette disposition, c'est que, conformément aux règlements antérieurs, les voitures ont été déjà visitées et reconnues propres à leur destination. — Tout changement aux dispositions qui ont fait l'objet de la déclaration exigée par le § 1 de ce même art. 17 donne lieu à une déclaration nouvelle (même art., § 3).

148. Nous devons faire remarquer que des termes de cette disposition peut s'induire la définition des voitures de messageries, définition qui ne se trouve ni dans la loi de 1851 ni d'une manière expresse dans le décret de 1852. On y voit, en effet, que, dans le sens de ce décret, on doit réputer voitures de messageries celles qui sont établies pour le transport qui ont une destination fixe, des jours et des heures déterminées d'avance. Il faut enfin que ces voitures les voyageurs d'une ville à une autre. Ainsi les omnibus, et autres voitures de place destinées à ne circuler que l'intérieur d'une ville ou le territoire d'une commune, ne des voitures de messageries. — Il a été jugé en ce sens que dispositions du décret du 10 août 1852, qui exigent, soit l'inscription du nom et l'indication du domicile de l'entrepreneur de roulage ou de messageries publiques, à l'extérieur des voitures, soit le numéro de chaque place à l'intérieur, ne s'appliquent pas aux entreprises d'omnibus qui desservent une ville et sa banlieue. (Aix, 19 janv. 1854, aff. Crémieux, D. P. 54. 2. 143).

149. Dans quelle mesure les entrepreneurs se trouvent-ils engagés par leurs déclarations relatives à leur mode de service? — On vient de voir que tout changement qu'ils y apportent doit donner lieu à une déclaration nouvelle; et il n'est pas douteux que leur responsabilité doit être entendue d'une manière plus rigoureuse lorsqu'en s'écartant de cette règle, ils font éprouver des accidents qui peuvent être considérés comme la conséquence de cette contravention. — Au reste, il a été jugé que les entrepreneurs de diligences qui ont contracté l'engagement envers le public, par affiches imprimées, de ne point marcher la nuit, affiches suivies d'une déclaration conforme faite au bureau de l'enregistrement conformément à l'art. 69 de la loi du 9 vend. an 6, ne peuvent par des affiches déroger à cet engagement, et nonobstant ces affiches ils sont responsables de tous les accidents qui peuvent résulter de ce changement dans leur service, bien qu'il n'y ait pas d'autre faute à leur imputer (Rej. 21. therm. an 10) (1). — Pour les principes en cette matière, V. Responsabilité.

150. « Aussitôt après les déclarations faites en vertu des §§ 1 et 2 de l'article précédent, dit l'art. 18 du décret de 1852, qui reproduit à peu près les dispositions des règlements antérieurs (V. ord. 27 sept. 1827, art. 2; 16 juill. 1828, art. 2), le préfet ou le sous-préfet ordonne la visite des voitures, afin de constater si elles sont entièrement conformes à ce qui est prescrit par les articles ci-après, de 19 à 29 inclusivement, et si elles ne présentent aucun vice de construction qui puisse occasionner des accidents. Cette visite, qui pourra être renouvelée toutes les fois que l'autorité le jugera nécessaire, sera faite en présence du commissaire de police, par un expert nommé par le préfet ou le sous-préfet. — L'entrepreneur a la faculté de nommer, de son côté, un expert pour opérer contradictoirement avec celui de l'administration. — La visite des voitures ne peut être faite qu'à l'un des principaux établissements de l'entreprise; les frais sont à la charge de l'entrepreneur. — Le préfet prononce sur le vu du procès-verbal d'expertise et du rapport du commissaire de police. — Aucune voiture ne peut être mise en circulation avant la délivrance de l'autorisation, s'il y croit fondé, déférer sa décision au ministre de l'intérieur. »

151. Une voiture, quelle qu'en fût la construction, qui n'aurait pas de destination habituelle et qui serait employée *accidentellement* au transport des voyageurs, serait-elle soumise à l'autorisation? — D'après les termes du décret de 1852, qui viennent d'être rappelés, il semble que la solution de cette question doit être négative, car, dans ces conditions, la voiture manquerait de destination fixe, et conséquemment des heures de départ et d'arrivée, qui caractérisent les voitures publiques soumises à l'autorisation.—Nous ne dissimulons pas que des inconvénients peuvent résulter de la circulation, même accidentelle, d'une voiture publique non autorisée, parce que celles qui ne remplissent pas les conditions de solidité et de stabilité nécessaires pour qu'elles soient agréées par l'administration, peuvent, en une seule fois,

<hr>

(1) (Les frères Cerf-Beer C. Tourton et Ravel.) — Le tribunal; — Attendu, 4° que le tribunal d'appel de Toulouse n'a pas déclaré les frères Cerf-Beer responsables d'un simple cas fortuit, qu'il les a jugés responsables de la faute par eux commise, et de leur contravention à l'engagement p ir eux contracté envers le public par les affiches imprimées portant que leurs diligences ne marcheraient pas la nuit, affiches suivies d'une déclaration conforme consignée dans le bureau de l'enregistrement à Toulouse, conformément à l'art. 69 de la loi du 9 vend. an 6, aux-

quelles il n'avait pu être dérogé par des affiches postérieures qui ne désignaient point l'heure du départ, et qui n'avaient pas reçu d'ailleurs la même publicité légale aux termes de ladite loi; d'où il suit qu'en étayant son jugement sur de semblables motifs, il n'a pas violé les lois romaines sur les cas fortuits, et qu'il n'a pas non plus fait une fausse application des lois sur la responsabilité des messagers pendant la nuit; — Par ces considérations, rejette, etc.

Du 21 therm. an 10.-C. C., sect. civ.-MM. Henrion, pr.-Cochard, r.

causer de grands malheurs. Mais nous devons raisonner d'après les termes du décret qu'il s'agit d'interpréter. — Ces voitures cependant ne peuvent circuler qu'après une déclaration au bureau des contributions indirectes et la délivrance d'un laissez-passer. — V. n° 336.

151. Une question qui offre la plus grande analogie avec celle que nous venons d'examiner s'est présentée en Belgique, sous le règlement du 24 nov. 1829, qui impose aux entrepreneurs de voitures publiques l'obligation d'obtenir une concession de l'autorité, lorsque le départ des voitures a lieu à des époques fixes et déterminées (art. 1). — Suivant l'art. 2 de ce règlement, s'il y a moins d'une heure de différence entre les départs de plusieurs jours, le départ doit être considéré comme ayant lieu à des époques fixes; et il a été jugé *à contrario sensu* que l'entrepreneur de voitures publiques, qui n'a pas d'heures fixes, n'est pas soumis à l'obligation de se pourvoir d'une concession (Liége, 29 juin 1852) (1); ce qui rentre par analogie dans le sens de l'interprétation que nous venons de donner du décret de 1852.

153. Il est, d'ailleurs, bien entendu que l'autorisation donnée par le préfet pour la mise en circulation des voitures publiques, ne saurait décharger les entrepreneurs de leur responsabilité. — Aussi a-t-il été jugé que les entrepreneurs de voitures publiques sont responsables vis-à-vis des voyageurs de tout accident provenant, soit de la faute de leurs préposés, soit d'un vice inhérent à leurs voitures, bien qu'elles aient été vérifiées par les agents de l'autorité (Paris, 20 juin 1836, aff. Collet-Delamarre, V. Responsabilité, n° 544-1°).

154. Le préfet compétent pour délivrer l'autorisation est celui de l'un des principaux établissements de l'entreprise (décr. 1852, art. 18). — Ainsi, des voitures publiques destinées au transport des voyageurs de Paris à Cherbourg, par exemple, pourraient être autorisées soit par le préfet de police à Paris, soit par le préfet de la Manche. — Il suit de là aussi que les entrepreneurs de voitures publiques ont un double domicile. — Il a été jugé en ce sens que les entrepreneurs de diligences d'un endroit à un autre, qui ont un bureau à chacun de ces endroits, y ont aussi leur domicile, et qu'en conséquence, les entrepreneurs de diligences de Paris à Toulouse ont pu être traduits devant le tribunal de cette dernière ville, alors surtout que c'est là qu'a été contractée l'obligation (Civ. rej. 21 therm. an 10, aff. Cerfbeer, V. v° Domicile, n° 8).

155. « Le préfet transmet au directeur des contributions indirectes copie, par extrait, des autorisations par lui accordées en vertu de l'article précédent. L'estampille prescrite par l'art. 117 de la loi du 25 mars 1817 n'est délivrée que sur le vu de cette autorisation, qui doit être inscrite sur un registre spécial » (même décret, art. 19). — Cette formalité, qu'exigeaient déjà les ord. du 27 sept. 1827 et du 16 juill. 1828, art. 3, a uniquement pour but d'assurer la perception des droits du fisc sur les voitures publiques. — V. *infrà*, n° 282.

156. Voici maintenant de quelles conditions de solidité et de stabilité doit dépendre l'autorisation. — Quant à la solidité, nous ne voyons d'autres prescriptions que celles de l'art. 26 du décret de 1852, qui reproduit, en les modifiant quelque peu, les dispositions des art. 10 du décret du 28 août 1808, 9 de l'ord. du 4 fév. 1820, 11 de celles du 27 sept. 1827 et du 16 juill. 1828, et suivant lequel les essieux doivent être en fer corroyé, de bonne qualité, et arrêtés à chaque extrémité, soit par un écrou assujetti au moyen d'une clavette, soit par une boîte à huile, fixée par quatre boulons traversant la longueur du moyeu, soit par tout autre système qui serait approuvé par le ministre des travaux publics. — Il résulte de la circulaire ministérielle, du 9 déc. 1846 (D. P. 47. 3. 22), que la substitution des boîtes à huile aux écrous et clavettes des essieux est une utile innovation : il semble que s'il en est véritablement ainsi, il eût été convenable de ne pas lais-

ser aux entrepreneurs une libre option entre les deux systèmes.

157. Le décret de 1852 est beaucoup plus explicite relativement à la stabilité. Voici, à cet égard, ce qu'il prescrit : La largeur de la voie pour les voitures publiques est fixée au minimum à 1 mèt. 65 c., entre le milieu des jantes de la partie des roues reposant sur le sol. Toutefois, si les voitures sont à quatre roues, la voie de devant peut être réduite à 1 mèt. 55 (art. 20). — Les règlements antérieurs avaient fixé à 1 mèt. 62 c. le minimum de la voie, et à 1 mèt. 59 c. le minimum de la voie de devant (art. 9 du décr. du 28 août 1808 et des ord. du 4 fév. 1820, du 27 sept. 1827 et du 16 juill. 1828).—Le décret de 1852, comme on le voit, modifie ces deux chiffres. — Quand au maximum de la largeur de la voie, il se trouve implicitement déterminé par le décret de 1852 (art. 1), suivant lequel les essieux des voitures ne peuvent avoir plus de 2 mèt. de longueur (n° 31).— L'art. 17 du décret du 23 juin 1806 prévoyait en outre le cas où les voitures seraient construites sur des voies inégales. A cet égard, le décret de 1852 ne s'étant pas expliqué, on aurait pu penser que celui de 1806 devait être observé. Mais l'art. 29 de la loi du 30 mai 1851 abroge expressément le décret de 1806, sans distinction et sans réserve.

158. En pays de montagnes, les entrepreneurs peuvent être autorisés, par les préfets, sur l'avis des ingénieurs et des agents voyers, à employer des largeurs de voies moindres que celles qui viennent d'être indiquées, mais à la condition que les voies seront au moins égales à la voie la plus large des voitures en usage dans la contrée (même art. 20).

159. La distance entre les axes des deux essieux, dans les voitures publiques à quatre roues, doit être égale au moins à la moitié de la longueur des caisses mesurée à la hauteur de leur ceinture, sans pouvoir néanmoins descendre au-dessous de 1 mèt. 55 c. (même décr., art. 21). — Ces proportions qui diffèrent de celles fixées par les règlements antérieurs (ordonn. 27 sept. 1827, art. 10; 16 juill. 1828, art. 10), étaient observées déjà depuis longtemps. Elles ont pour elles l'autorité de l'expérience. Dès le mois de décembre 1846, dans la circulaire que nous venons de citer, le ministre de l'intérieur disait, en effet : « L'expérience a fait reconnaître qu'on devait calculer la distance entre les axes des deux essieux non plus d'après le nombre des compartiments de la voiture, mais bien d'après leur longueur totale. A cet effet, la caisse ou les caisses étant mesurées à leur ceinture, et en prenant pour base la longueur de 4 mèt. et la distance de 2 mèt., cette distance peut être diminuée de 5 cent. par chaque 15 cent. enlevés à la longueur de 4 mèt. On arrive ainsi à maintenir une juste proportion entre l'écartement des essieux et la longueur de la voiture, de manière à ne pas nuire à la facilité du tirage. »

160. Le maximum de la hauteur des voitures publiques avait été fixé par les art. 17 des ord. des 27 sept. 1827 et 16 juill. 1828, du sol au point le plus élevé du couvercle de la bâche ou du coffre de derrière, à savoir, pour les voitures à quatre roues, à 3 mèt., et pour les voitures à deux roues, à 2 mèt. 60 c. — Ces proportions avaient été changées par l'ord. des 29 oct.-26 nov. 1845, qui avait élevé le maximum à 3 mèt. 10 c. — L'art. 22 du décret de 1852 a légèrement modifié cette dernière disposition. — « Le maximum de la hauteur des voitures publiques, depuis le sol jusqu'à la partie la plus élevée du chargement, dit cet article, est fixé à 3 mèt. pour les voitures à quatre roues, et à 2 mèt. 60 c. pour les voitures à deux roues.—Il est accordé, pour les voitures à quatre roues, une augmentation de 10 cent., si elles sont pourvues à l'avant-train de sassoires et contre-sassoires formant chacune au moins un demi-cercle de 1 mèt. 15 c. de diamètre, ayant la cheville ouvrière pour centre. » — L'ordonn. des 29 oct.-26 nov. 1845 (D. P. 45. 3. 8) explique ce qu'il faut entendre par *sassoires* et *contre-sassoires*. Ce

---

(1) (Lisoir C. min. publ.) — La cour; — Attendu que l'art. 1, règlement 24 nov. 1829, n'impose à aucun entrepreneur de moyens de transport l'obligation d'obtenir une concession que lorsque le départ de ses voitures a lieu à des époques fixes et déterminées; — Que l'art. 2 dudit règlement dispose que s'il y a moins d'une heure de différence entre les départs de plusieurs jours, le départ sera considéré comme régulier, tout comme s'il avait lieu constamment à la même époque précise du jour;

Attendu qu'il résulte des dépositions des témoins que Pierre Lisoir arrivait à Liége avec un char-à-bancs, de cinq à dix heures du soir; qu'il en repartait le lendemain de huit à dix heures du matin; qu'il n'avait pas d'heure fixe; d'où il suit que l'intervalle entre le départ de plusieurs jours étant de plus d'une heure, ce départ ne peut être considéré comme ayant eu lieu à des époques fixes et déterminées; — Infirme; — Renvoie, etc.

Du 29 juin 1852.-C. de Liége.

sont deux grandes portions de cercle en fer de 1 mèt. 15 c. de diamètre, au moyen desquelles, même lorsque le timon oblique, la charge qui pèse sur les ressorts de devant est toujours reportée sur l'essieu à 0 m. 575 millim. de chaque côté de la cheville ouvrière. — «Lorsque, par application du § 3 de l'art. 20, continue l'art. 22 du décret, on autorisera une réduction dans la largeur de la voie, le rapport de la hauteur de la voiture avec la largeur de la voie sera, au maximum, de 1 3/4. — Dans tous les cas, la hauteur est réglée par une traverse en fer placée au milieu de la longueur affectée au chargement, et dont les montants, au moment de la visite prescrite par l'art. 17, sont marqués d'une estampille constatant qu'ils ne dépassent pas la hauteur voulue; ils doivent, ainsi que la traverse, être constamment apparents. »

161. La bâche qui recouvre le chargement ne peut déborder ces montants ni la hauteur de la traverse. — Il est défendu d'attacher aucun objet en dehors de la bâche (décr. 1852, art. 22). — Cette défense, on le comprend aisément, a pour but d'empêcher que le poids des objets ainsi attachés ne fasse pencher la voiture de leur côté, et, dans certaines circonstances, n'en détermine la chute. — Sous l'ordonn. du 16 juill. 1828, qui contenait une disposition identique (art. 17), il a été jugé que tout chargement autour de l'impériale, qu'il soit placé à côté, derrière ou devant la caisse de la voiture, hors de l'aplomb de la traverse, et à plus forte raison de la caisse, sous les pieds des voyageurs de la banquette ou à côté d'eux, était en contravention à cette ordonnance; — .... Et que spécialement, il en est ainsi des objets tels que malle ou panier placés sur le devant de la diligence, en dehors de la bâche, encore bien qu'ils soient au-dessous de la banquette destinée au conducteur et aux voyageurs, et fixés par des crochets de fer posés ad hoc (Crim. cass. 16 janv. 1841) (1). — Cette décision nous semble n'avoir rien perdu de son autorité sous le décret de 1852.

162. La loi du 30 mai 1851 n'a rien prévu relativement à la commodité des voitures ni aux mesures d'ordre concernant les voyageurs; mais le décret de 1852 a pourvu à ce double objet, comme, du reste, l'avaient déjà fait les règlements antérieurs. — D'après l'art. 23 de ce règlement, les compartiments des voitures publiques doivent être disposés de manière à satisfaire aux conditions suivantes: largeur moyenne des places, 48 cent.; largeur des banquettes, 45 cent.; distance entre deux banquettes, 45 cent.; distance entre la banquette du coupé et le devant de la voiture, 35 cent.; hauteur du pavillon au-dessus du fond de la voiture, 1 mèt. 40 cent.; hauteur des banquettes, y compris le coussin, 40 cent. Pour les voitures parcourant moins de 20 kilomètres et pour les banquettes à plus de trois places, la largeur moyenne des places pourra être réduite à 40 cent. — Nous concevons préféré que la largeur des places fût maintenue à 48 cent., même pour ces dernières voitures. La réduction de 48 à 40 cent. ne procure qu'une assez faible économie dans la construction de la voiture, mais elle détermine une différence très-sensible dans la commodité des voyageurs.

163. L'art. 9 de l'ordonnance du 4 fév. 1820 portait que les voitures publiques ne pourraient avoir d'autres places extérieures que celles dites *banquettes d'impériales* de devant et que ces places n'excéderaient pas le nombre de trois. Il ajoute que les places de galeries situées derrière la caisse et au même niveau qu'elle ne sont point considérées comme places extérieures,

même quand elles ne seront fermées que par des rideaux. — L'art. 14 de l'ordonnance du 27 sept. 1827 dit seulement qu'il pourra être placé sur l'impériale des voitures publiques, une banquette destinée au conducteur et à deux voyageurs. —L'art. 14 de l'ordonnance du 16 juill. 1828 répète l'article précité de celle de 1827, qui se trouve aussi à peu près textuellement reproduit dans l'art. 24 du décret de 1852: — « Il peut être placé sur l'impériale, dit cet article, une banquette destinée au conducteur et à deux voyageurs, ou à trois voyageurs lorsque le conducteur se placera sur le même siège que le cocher. Cette banquette, dont la hauteur, y compris le cousin, ne dépassera pas 30 cent., ne peut être recouverte que d'une capote flexible. Aucun paquet ne peut être chargé sur cette banquette. »

164. Le coupé et l'intérieur doivent avoir une portière de chaque côté. La caisse de derrière ou la rotonde peut n'avoir qu'une portière ouverte à l'arrière. Chaque portière doit être garnie d'un marchepied (*ibid.*, art. 25). — Ces dispositions sont reproduites de l'art. 15 des deux ordonnances des 27 sept. 1827 et 16 juill. 1828, Ce sont là des détails de très-peu d'importance: il semble indifférent, en effet, qu'il n'y ait qu'une portière, puisque ordinairement, le seul inconvénient qui en résulterait, ce serait qu'on entrerait toujours du même côté; mais quand on songe aux accidents des voyages et qu'on se représente la voiture versée du côté où se trouverait la seule portière, on comprend aisément combien cette circonstance augmenterait la difficulté de dégager les voyageurs. Dans la rotonde, il est vrai, le décret permet que les voitures n'aient qu'une portière; mais, d'une part, le corps, placé entre les roues de derrière, ne saurait avoir des portières de côté, et d'autre part, lorsque les voitures versent, l'arrière demeure toujours libre.

165. *Indications extérieures et intérieures.*—L'art. 2 du décret du 28 août 1808 voulait que chaque voiture portât à l'extérieur le nom du propriétaire ou de l'entrepreneur, le numéro d'estampillage. — D'après l'art. 3 du même décret, elle devait porter dans l'intérieur l'indication du nombre des places qu'elle contenait, le numéro et le prix de chaque place. — A ces dispositions, l'art. 4 de l'ord. du 4 fév. 1820 avait seulement ajouté que le prix des places devait être indiqué du point de départ au lieu de la destination. — L'ord. du 27 sept. 1827 (art. 5) y a joint la défense aux entrepreneurs de voitures publiques, d'admettre un plus grand nombre de voyageurs que celui porté par l'indication dont il y vient d'être parlé. — L'ord. du 16 juill. 1828 répète mot pour mot, à cet égard, les art. 4 et 5 de l'ord. de 1827, et, sauf une très-légère modification, il en est de même des art. 29 et 30 du décret de 1852.

166. Chaque voiture, dit l'art. 29, porte à l'extérieur, dans un endroit apparent, indépendamment de l'estampille délivrée par l'administration des contributions indirectes, le nom et le domicile de l'entrepreneur, et l'indication du nombre des places de chaque compartiment. — Le décret qui, à l'égard de la plaque, exige l'indication des prénoms du propriétaire, se contente ici de celle de son nom. La raison de cette différence se trouve dans la notoriété qui entoure toute voiture publique et qui est, en général, si complète que toute désignation, autre que celle du lieu de son établissement, peut sembler superflue. V. ce qui est dit *infra*, n° 196, relativement à la contravention à cet article.

167. Chaque voiture doit, en outre, porter à l'intérieur des compartiments: 1° le numéro de chaque place; 2° le prix de la

---

(1) (Min. publ. C. Baudoin.) — La cour; — Vu les art. 14, 15 et 16 de l'ordonnance royale du 16 juill. 1828, portant règlement sur les voitures publiques, et l'art. 475, § 4, c. pén.; — Attendu, en droit, que les articles précités de l'ordonnance royale du 16 juill. 1828 disposent qu'aucun paquet ne pourra être placé sur la banquette destinée au conducteur et à deux voyageurs; qu'aucune partie de chargement ne pourra dépasser la hauteur de la traverse en fer servant à déterminer le *maximum* de la hauteur permise du chargement, ni l'aplomb des montants en largeur de cette traverse; enfin qu'il ne pourra être attaché aucun objet ni autour de l'impériale ni en dehors du couvercle incompressible de la bâche; — Attendu, en fait, qu'il résultait des procès-verbaux dressés soit le 26 sept., soit le 19 oct. dernier, et le jugement attaqué tient pour constant que, devant la voiture dont il s'agit et en dehors de la bâche, il y avait une malle et un panier d'osier, et que ledit jugement conclut de ce que cette malle et ce panier étaient fixés par des

crochets de fer posés *ad hoc* au-dessous de la banquette, qu'ils ne pouvaient pas être posés ni comme autour et en dehors de l'impériale, ni comme placés sur la banquette, puisqu'ils étaient *sous* les pieds du conducteur et des voyageurs occupant cette banquette; — Mais attendu que cette conclusion présente une fausse interprétation et une violation des articles précités; — Que la disposition de l'art. 14 de l'ordonnance introduite pour la commodité et la sûreté des voyageurs placés *sur* la banquette, ne comporte pas plus un chargement *sous leurs pieds* qu'un chargement à leurs côtés; — Qu'en outre, ce chargement et tout chargement autour de l'impériale, qu'il soit placé à côté, derrière ou devant la caisse de la voiture, hors de l'aplomb de la traverse, et à plus forte raison de la caisse, présentent les inconvénients que l'ordonnance royale du 16 juill. 1828 a voulu prévenir, et par suite une infraction à l'art. 475, § 4, c. pén.; — Casse.

Du 16 janv. 1841.-C. C., ch. crim.-MM. Bastard, pr.-Romiguières, r.

placé depuis le lieu du départ jusqu'à celui d'arrivée (Décr. de 1852, art. 30). — Sous l'ordonnance du 16 juill. 1828, qui exigeait les mêmes indications, il a été jugé que l'entrepreneur de voitures publiques, prévenu de n'avoir pas indiqué dans l'intérieur de l'une d'elles le nombre des places et leur prix, n'a pu être relaxé des poursuites sur sa seule allégation que cette voiture ne lui appartient pas; mais bien à un tiers auquel il l'a emprunté (Crim. cass. 15 nov. 1838; aff. Chevaudret; V. Procès-verbal, n° 165-1°).

168. *Registres.* — Aux termes du décret de 1852 (art. 31), « chaque entrepreneur inscrit sur un registre coté et parafé par le maire le nom des voyageurs qu'il transporte; il y inscrit également les ballots et paquets dont le transport lui est confié. — Il remet au conducteur, pour lui servir de feuille de route, une copie de cet enregistrement, et à chaque voyageur un extrait de ce qui le concerne, avec le numéro de sa place. » — Le numéro de sa place est remis au voyageur afin qu'il puisse la réclamer au besoin; mais il ne saurait résulter de ce qu'il en occuperait une autre que celle qu'il a retenue, que les devoirs et la responsabilité de l'entrepreneur fussent en rien modifiés à son égard.

169. L'inscription du nom d'un voyageur sur son registre par l'entrepreneur établit entre eux un contrat qui entraîne pour l'un l'obligation de livrer une place et pour l'autre celle d'en payer le prix. — Il a été jugé qu'un entrepreneur de voitures publiques ne peut, sans motifs légitimes, se soustraire à l'exécution de la promesse par lui faite à un voyageur d'une place pour une certaine destination, encore que celui-ci ne lui aurait pas donné d'arrhes; par exemple, il ne peut accorder cette place à un autre voyageur, à peine de dommages-intérêts (Bordeaux, 18 mai 1855, aff. Gibiat; D. P. 56: 2. 105).

170. Si la place n'avait été retenue que pour un point intermédiaire du parcours de la voiture, l'entrepreneur pourrait-il la donner à un voyageur payant pour une destination plus éloignée? — Cette question, que l'arrêt précédent indique, sans la décider, nous paraît devoir être résolue négativement. — Nous ne croyons pas qu'en pareille circonstance il y ait, pour nous servir des termes de l'arrêt, un motif légitime autorisant l'entrepreneur à se dégager de sa promesse. Celui-ci a dû calculer la portée de son engagement, et les conditions plus avantageuses que peuvent lui offrir d'autres voyageurs ne sauraient suffire pour lui donner le droit de le rompre.

171. Sous l'ord. du 16 juill. 1828, il a été jugé, que les entrepreneurs de voitures publiques ou leurs employés ne sont tenus d'enregistrer les effets dont ils se chargent qu'autant que la déclaration leur en est faite (Req. 10 nov. 1829, aff. Buchon, V. Commission., n° 424). — Mais il est à remarquer que, dans l'espèce de cette décision, où il s'agissait de savoir si l'entrepreneur devait être déclaré responsable de la perte d'effets qui n'avaient pas été enregistrés, le dépôt des effets n'était pas prouvé, et que la demanderesse n'avait pas fait aux entrepreneurs à même de remplir la formalité de l'enregistrement. — De telles circonstances devaient nécessairement faire écarter le principe de la responsabilité. — Mais, en général, les entrepreneurs de mes-

sageries doivent inscrire tous les effets dont le transport leur est confié; en telle sorte que lorsqu'il est prouvé que des colis sont entrés dans leurs bureaux, ce doit être à eux d'établir de quelle manière ils en sont sortis. — V., au surplus, ce qui est dit sur ce point v° Commission., n° 419 et suiv.; Voirie par chem. de fer, n° 448 et suiv.

172. Les conducteurs ne peuvent prendre en route aucun voyageur ni recevoir aucun paquet, sans en faire mention sur les feuilles de route qui leur ont été remises au point de départ (décr. 1852, art 32).

173. En cas de perte des objets et marchandises qui leur sont confiés, les entrepreneurs de messageries en sont responsables. — Quant aux conditions et à l'étendue de cette responsabilité, V. Commission., n° 338 et suiv., 409 et suiv.; Voirie par ch. de fer, n° 432 et suiv.

174. Au reste, les cas de force majeure sont naturellement exceptés dans la responsabilité des entrepreneurs... *Aquarum magnitudines, impetus prædonum à nullo præstantur* (L. 23, ff., *De div. reg. juris.* V. Commission., n° 338 et suiv., 440 et suiv.). — Aussi a-t-il été jugé qu'un entrepreneur de voitures (spécialement un entrepreneur de malle-poste) n'est pas responsable du vol qui a lieu sur sa voiture d'objets dont le transport lui a été confié et, par exemple, de sacs d'argent qui lui ont été remis par un receveur général, alors que l'entrepreneur a pris toutes les précautions possibles, et que l'on doit réputer précautions suffisantes, le fait d'avoir placé les sacs d'argent derrière la voiture, dans un coffre fermé, et d'avoir fait escorter la voiture par la force armée (Rennes, 18 juill. 1826) (1).

175. Les voituriers publics qui effectuent le transport de marchandises prohibées sont réputés complices de fraude et, comme tels, passibles de l'amende prononcées par la loi du 22 août 1791.—V. Douanes, n° 1003; Responsabilité, n° 356.

176. *Affiche des règlements.*—L'art. 37 de l'ord. du 27 sept. 1827 portait que cette ordonnance serait constamment affichée, à la diligence des entrepreneurs, dans le lieu le plus apparent de tous les bureaux de voitures publiques. — Dix articles de cette ordonnance, qui avaient paru, sans doute, les plus importants, devaient, en outre, être réimprimés à part et constamment affichés dans chacune des caisses de voitures publiques. — Ces prescriptions, qui avaient été renouvelées par l'ordonnance du 16 juill. 1828 (art. 36) sont remplacées par l'art. 42 du décret du 10 août 1852 ainsi conçu : « Les articles ci-dessus, de 16 à 38, seront constamment placardés, à la diligence des entrepreneurs des voitures publiques, dans le lieu le plus apparent des bureaux et des relais. — Les articles de 28 à 38, inclusivement, seront imprimés à part et affichés dans l'intérieur de chacun des compartiments des voitures. »

177. *Chargement, conduite, éclairage, enrayage des voitures.* — Les règles relatives au chargement des voitures occupaient une grande place dans la législation réglementaire qui a précédé le décret de 1852; mais le changement de système inauguré par la loi du 30 mai 1851 (V. n° 22 et s., 25 et s.) a

---

(1) (Trésor royal C. Mazier.) — LA COUR; — Considérant qu'il est appris et constaté, par différents procès-verbaux et documents produits au procès, que dans la nuit du 27 au 28 juill. 1825, un groupe ou sac d'argent, contenant la somme de 8,756 fr. 70 c., faisant partie d'une somme de 25,000 fr. chargée à Nantes, le 26, par le receveur général du département de la Loire-Inférieure, à l'adresse de celui du Finistère, fut volé sur la voiture malle-poste, faisant le service de Nantes à Brest, à environ une demi-lieue au delà de Quimper; que ce groupe avait été placé avec deux autres, ainsi que d'autres fonds envoyés par le receveur particulier de Quimper, dans les malles appartenant à des voyageurs, dans le magasin derrière la voiture; que le tout avait été refermé dans ledit magasin et serré avec soin, au moyen de courroies dont les unes se sont trouvées débouclées et les autres rompues; — Qu'il a été constaté par un procès-verbal d'experts, rapporté en présence du juge de paix du 1er arrondissement de Nantes, en date du 15 juin dernier, que le magasin dont il s'agit était le seul endroit où il fût possible de placer les trois groupes contenant 25,000 fr., vu que le seul coffre intérieur de la voiture n'offrait pas une dimension suffisante pour en contenir, et qu'une autre somme de 12,000 fr., envoyée aussi à Brest par le receveur particulier de Quimper, s'y trouvait également déposée; que dans cet état, les seules précautions qu'ait pu et dû prendre l'entreprise Be-

noiston et Mazier, chargée du transport de ces fonds, était de bien resserrer le magasin par des courroies, au moyen d'un tourniquet qui s'est trouvé dans le panier, et, au surplus, de requérir une force armée pour escorter la voiture servant au transport; que tout cela avait été fait, mais que les courroies ont été les unes brisées par violence, les autres débouclées, et que les deux gendarmes d'escorte, au lieu de se tenir près de l'objet confié à leur garde, s'étaient malheureusement portés de cent pas en avant, ce qui caractérise tout à la fois la force majeure et le cas fortuit qui, suivant les art. 1784 c. civ., et 103 c. com., suffisent pour mettre les entrepreneurs de voitures publiques à couvert de toute responsabilité;

Considérant, d'ailleurs, que l'enlèvement des fonds dont il s'agit, n'a été la suite d'aucune faute qui soit imputable auxdits entrepreneurs ou à leurs préposés, qui, après avoir pris toutes les mesures qui dépendaient d'eux pour la sûreté du dépôt dont ils étaient chargés, ont dû se reposer pour le surplus sur la surveillance des gendarmes appelés pour l'escorte, auxquels leurs supérieurs ont infligé une punition, en raison de leur négligence; — Par ces motifs, dit qu'il a été bien jugé; — Déclare l'appelant sans griefs; — Le condamne aux dépens, etc.

Du 18 juill. 1826.-C. de Rennes.-M. Aubrée de Kernaour, pr.

rendu toutes les prescriptions antérieures inutiles.—Les seules dispositions du décret de 1852 relatives aux chargements qui nous paraissent en rapport avec la loi de 1851 sont celles de l'art. 22 qui en fixe la hauteur, et défend d'attacher aucun objet en dehors de la bâche (V. n° 161), et de l'art. 24, § 3, qui interdit tout chargement de paquet sur la banquette d'impériale (V. n° 163).

178. Aux termes de l'art. 11 du décret du 28 août 1808, les voitures publiques devaient être dirigées par deux postillons toutes les fois qu'elles étaient attelées soit de six chevaux, soit même de cinq, lorsque le cinquième était en arbalète. — Suivant l'art. 10 de l'ordonn. du 4 fév. 1820, les voitures devaient être dirigées par deux postillons ou par un cocher et un postillon, toutes les fois qu'elles étaient attelées de plus de cinq chevaux, ou de cinq chevaux dont le cinquième en arbalète. — Les ordonn. du 27 sept. 1827 et du 16 juill. 1828 (art. 25) voulaient que toute voiture publique, attelée de quatre chevaux et plus, fût conduite par deux postillons ou par un cocher et un postillon. Ces ordonnances permettaient cependant qu'il n'y eût qu'un seul cocher ou postillon lorsqu'aucune partie du chargement n'était placée dans la partie supérieure de la voiture et qu'il était en totalité placé, soit dans un coffre à l'arrière, soit en contre-bas des caisses et lorsqu'en outre le conducteur avait, seul, place sur l'impériale. Cette disposition avait été rapportée par l'art. 2 de l'ordonn. des 23 avr.-13 mai 1854. — L'art. 33 du décret de 1852 introduit à cet égard une règle nouvelle. « Toute voiture publique, dit-il, dont l'attelage ne présentera de front que deux rangs de chevaux pourra être conduite par un seul postillon ou un seul cocher. — Elle devra être conduite par deux postillons ou par un cocher et un postillon, lorsque l'attelage comportera plus de deux rangs de chevaux » (décr. 1852, art. 33). — Ainsi, aujourd'hui, six chevaux, placés sur deux rangs, peuvent être conduits par un postillon ou un cocher; mais cinq chevaux dont quatre formeraient deux rangs et le cinquième serait attelé en arbalète, exigeraient l'emploi de deux postillons, ou d'un cocher et d'un postillon.

179. Les postillons ou cochers ne peuvent, sous aucun prétexte, descendre de leurs chevaux ou de leurs sièges (décr. 1852, art. 34). — L'ord. du 16 juill. 1828 (art. 26) contenait une disposition semblable, et néanmoins on a toujours vu les postillons descendre de leurs chevaux dans les montées où une voiture lourdement chargée ne peut être conduite au trot. Ce n'en est pas moins une contravention. — Comme l'ord. de 1828, le décret de 1852 n'admet aucun prétexte, on ne sait à quel point l'interprétation de la loi est littérale en matière de contravention. — En résulterait-il qu'une grave indisposition ne pourrait mettre le postillon à l'abri d'une condamnation, dans le cas où, pour ce motif, il serait descendu de cheval? Nous ne saurions admettre une telle rigueur. Il ne faut pas exiger de l'homme ce qui échappe entièrement à sa volonté.

180. Il est enjoint aux postillons et aux cochers d'observer, dans les traversées des villes et des villages, les règlements de police concernant la circulation dans les rues (décr. 1852, art. 34.) — D'après l'art. 10 de l'ord. du 4 fév. 1820, il était expressément défendu de conduire les voitures au galop sur les routes, autrement qu'au petit trot dans les villes ou communes rurales, et pas dans les rues étroites. — Les ord. du 27 sept. 1827 (art. 27) et du 16 juill. 1828 (art. 26) avaient imité cette sage disposition qui ne se retrouve pas dans le décret de 1852.

Or, comme ce règlement d'administration publique abroge expressément (art. 45) l'ord. du 16 juill. 1828 qui avait elle-même rapporté les règlements antérieurs sur la même matière, la disposition précitée ne peut plus être invoquée. Probablement que l'on a pensé qu'une règle générale sur ce point était inutile et que les magistrats municipaux étaient bien plus à même de faire les règlements nécessaires pour concilier les exigences de la circulation locale avec la rapidité que nécessite le service des messageries (V. du reste sur ce sujet, v° Commune, n°° 1019 et s.; Contravent., n°° 313 et s., 428, 434).—Il a été jugé : 1° que la contravention résultant de la trop grande vitesse des chevaux d'une diligence est à la charge du postillon et non du conducteur (Crim. cass. 26 août 1841) (1); — 2° Que le conducteur n'est même pas civilement responsable de la contravention commise par le postillon, mais bien le maître de poste au service duquel est ce dernier, que peu importe que le conducteur déclare prendre toute la responsabilité de la contravention (même arrêt). — V. Responsab., n°° 550 et suiv.

181. Dans les haltes, le conducteur et le postillon ne peuvent quitter en même temps la voiture tant qu'elle reste attelée. Avant de remonter sur son siège, le conducteur doit s'assurer que les portières sont exactement fermées (décr. 1852, art. 34.)

182. L'art. 11 de l'ord. de 1827 voulait que les voitures publiques fussent constamment éclairées pendant la nuit soit par une forte lanterne placée au milieu de la caisse du devant, soit par deux lanternes placées aux deux côtés.—Cette disposition, qui se trouve identiquement dans l'art. 11 de l'ord. du 16 juill. 1828, a été modifiée par l'art. 28 du décret de 1852 suivant lequel, pendant la nuit, les voitures publiques doivent être éclairées par une lanterne à réflecteur placée à droite et à l'avant de la voiture.—V. ce que nous avons dit supra, n°° 120 et s., au sujet de l'art. 15 qui prescrit l'éclairage des voitures de marchandises.

183. Suivant l'art. 12 de l'ord. du 27 sept. 1827, toute voiture publique devait être munie d'une machine à enrayer agissant sur les roues de derrière (l'art. 10 de l'ord. du 4 fév. 1820 parlait d'un sabot à enrayer). Cette machine devait être construite de manière à pouvoir être manœuvrée de la place assignée au conducteur. Cette disposition, que l'ord. du 16 juill. 1828 (art. 12) avait confirmée, forme l'art. 27 du décret de 1852, ainsi conçu : — « Toute voiture publique doit être munie d'une machine à enrayer agissant sur les roues de derrière et disposée de manière à pouvoir être manœuvrée de la place assignée au conducteur. Les voitures doivent être en outre pourvues d'un sabot et d'une chaîne d'enrayage, que le conducteur placera à chaque descente rapide. — Les préfets peuvent dispenser de l'emploi de ces appareils les voitures qui parcourent uniquement des pays de plaine. — On voit que c'est au conducteur que le décret confie le soin d'enrayer. Il ne faut pas que cette manœuvre détourne le postillon de l'attention qu'il doit toujours porter sur ses chevaux. — Et il a été jugé que l'inobservation des règlements sur les voitures publiques, résultant de ce que le postillon se serait chargé, au moment de la descente, de faire manœuvrer la mécanique servant à ralentir la marche de la voiture, emploi spécialement attribué au conducteur, lorsqu'elle a causé la mort à un voyageur, entraîne solidairement, et contre l'entrepreneur de la voiture, et contre le conducteur, et contre le postillon, l'application de la peine prononcée par la loi (Grenoble, 7 mars 1834) (2).

Quant au conducteur et au postillon, cette solution nous paraît

---

(1) (Min. publ. C. Renouard.) — La cour; — Vu l'art. 26 de l'ordonnance du roi, du 16 juill. 1828, et l'art. 475, n° 4, c. pén. ; — Attendu, en ce qui concerne Durand, que c'est au postillon que l'art. 26 de l'ordonnance susdate défend de conduire les voitures publiques au galop; que la diligence trouvée au contraire à cette disposition était conduite par Durand; qu'il devait donc être condamné aux peines fixées pour ces sortes d'infractions par l'art. 475, n° 4, c. pén. ; que le conducteur de la diligence a vainement déclaré prendre toute la responsabilité de la contravention, puisque le postillon ne pouvait être tenu d'obéir à ses ordres, trouvés illégaux, avaient pour objet la violation des règlements; — Qu'en se fondant sur cette déclaration du conducteur et sur d'autres considérations de fait qui ne pouvaient qu'atténuer l'infraction sans la faire disparaître, pour renvoyer Durand des poursuites, le tribunal de police a formellement violé l'art. 474, n° 4, c. pén.; — Attendu, en

ce qui concerne Davoust, maître de poste, qu'il doit suivre le sort de son postillon, dont il est civilement responsable; — Attendu, en ce qui concerne Renouard, qu'étranger à la contravention, il n'a été cité que comme civilement responsable du conducteur, mais que celui-ci n'est point son préposé, mais le préposé de la société anonyme des messageries royales qui peut seule être responsable de ses actes; — Rejette le pourvoi en tant que dirigé contre ledit Renouard; — Casse, au contraire, sur la prévention qui renvoie des poursuites Durand et Davoust. Du 26 août 1841.-C. C., ch. crim.-MM. Bastard, pr.-Vincens. rap.

(2) (Min. publ. C. Gaillard et autres.) — La cour; — Considérant qu'il résulte des débats que l'événement qui a occasionné le décès de la fille Leroy est arrivé au bas d'une descente, que, dans ce moment, le conducteur Perdreau était placé à la droite du postillon Pernet, et non pas à côté de la mécanique; que celui-ci, pour la desserrer, fut obligé

incontestable, mais il n'en est pas de même à l'égard de l'entrepreneur. Qu'il soit civilement responsable des faits du conducteur qui est son préposé, rien n'est plus juste; mais qu'une peine puisse l'atteindre, lorsque personnellement il n'a pas enfreint la loi ou le règlement, voilà ce qui ne nous semble pas juridique. A la vérité, l'arrêt précité déclare en fait que l'entrepreneur avait laissé s'établir l'usage de confier au postillon la machine à enrayer; mais nous avons peine à comprendre comment on avait pu établir une telle participation de l'entrepreneur qui, obligé de se livrer à la foi du conducteur, n'est jamais témoin des faits de cette nature. Au reste, c'est une circonstance particulière qui nous semble laisser intacte la question générale de savoir si l'entrepreneur est, en pareil cas, passible des peines portées par l'art. 319 c. pén., et nous ne saurions admettre l'affirmative, parce que nous ne voyons pas qu'il y ait de sa part inobservation des règlements.

184. Suivant un arrêt, le fait par un entrepreneur de messageries d'avoir traîné à la remorque d'une première diligence chargée de voyageurs une seconde diligence aussi chargée de voyageurs, constitue une contravention à la disposition réglementaire qui prescrit l'autorisation, et à celle qui veut que, dans toute descente rapide, la voiture soit enrayée (Crim. cass. 28 mars 1844) (1).

185. *Nombre de personnes que les voitures peuvent porter.* — A la disposition de la loi de 1851, qui a pour objet le nombre des personnes que les voitures peuvent porter se rattachent : 1° la disposition de l'art. 29 du décret de 1852, qui veut que chaque voiture porte à l'extérieur le nombre des places de chaque compartiment; — 2° L'art. 30 du même décret, aux termes duquel l'entrepreneur ne peut admettre dans les compartiments de ses voitures un plus grand nombre de voyageurs que celui indiqué sur les panneaux; — 3° L'art. 24, suivant lequel il peut être placé sur l'impériale une banquette destinée au conducteur et à deux voyageurs, ou à trois voyageurs, lorsque le conducteur se place sur le même siège que le cocher. — Il a été jugé, par application des art. 29 et 30, qu'il suffit, pour qu'il y ait infraction à la défense faite par la loi du 30 mai 1851 et le décret du 10 août 1852, d'admettre dans les compartiments des voitures publiques un nombre de voyageurs supérieur à celui indiqué sur les panneaux, que ce nombre ait été excédé dans un seul de ces compartiments, encore bien que le nombre total des voyageurs se trouvant dans la voiture, ne dépasse pas celui des places de tous les compartiments réunis (Paris, 16 nov. 1854, aff. Jeanton et Lepeut, D. P. 57. 2. 39; du même jour, aff. Arnaut et Gadcourt, eod.).

186. Les préfets ou la régie peuvent-ils, par leurs arrêtés ou décisions, déroger, quant au nombre des places, à ce que prescrivent les règlements d'administration publique? — Nous n'aurions pas cru que la question pût être sérieusement posée, si elle ne paraissait s'être présentée dans une affaire où il a été jugé que le conducteur de voitures publiques, à la charge duquel il est constaté que six voyageurs se trouvaient sur l'impériale, et que quatre autres venaient de descendre de la même place, ne peut être affranchi de la peine prononcée par l'art. 475, n° 4, c. pén., sous prétexte que le préfet et la régie auraient autorisé huit voyageurs sur l'impériale, contrairement à l'art. 14 de l'ord. du 16 juill. 1828 : car, en supposant légale cette dérogation à l'ordonnance, il résulte encore du procès-verbal que les voyageurs excédaient de deux le nombre autorisé (Crim. cass., 5 janv. 1839) (2). — Il est à peine utile d'ajouter que, même pour les

---

de prendre d'une main les rênes et son fouet, ce qui lui rendit beaucoup plus difficile la direction des chevaux dans le court espace de temps qui s'écoula entre ce moment et celui où la voiture versa; qu'il résulte également des débats que, voulant éviter ce malheur, il tira de toutes ses forces la rêne qui devait ramener les chevaux sur la droite, mais que cette même rêne se rompit, et que tous ses soins devinrent inutiles; — Que, de la combinaison des art. 12 et 14 de l'ordonnance du 27 sept. 1827, il résulte que le conducteur doit être placé immédiatement à côté de la mécanique, dont l'établissement est prescrit, pour la manœuvrer lui-même; — Que si, par un usage abusif, sur la route de Grenoble à Lyon, les postillons font mouvoir la mécanique, cet usage ne peut prévaloir sur la disposition de la loi, et qu'il est de l'intérêt de la société de faire cesser un abus si préjudiciable à la sûreté des voyageurs; — Que c'est précisément cette contravention aux règlements qui a causé la chute de la voiture et la mort de la fille Leroy; — Considérant que le directeur d'une messagerie est chargé de l'exécution des ordonnances et règlements destinés à garantir la sûreté des voyageurs, et que cependant le sieur Gaillard a laissé établir l'usage rappelé ci-dessus, sans que, de son aveu, il ait rien fait pour ramener, soit le conducteur, soit les relayeurs et le postillon, à l'exécution des règlements; que cette négligence coupable est la première cause de l'accident arrivé; — Que le conducteur est, pendant le trajet, le représentant du directeur de la messagerie, et, par conséquent, plus immédiatement responsable des événements causés par son fait ou par l'inexécution du règlement, qu'il était d'ailleurs de son intérêt d'encourager dans la circonstance actuelle; — Que le tort imputé au postillon Pernet de s'être occupé à manœuvrer la mécanique, au lieu de veiller à ses chevaux, bien qu'atténué soit par le fait qu'il n'est que le domestique du relayeur, dont l'intérêt est de confier le soin de la mécanique à son postillon, pour mieux ménager ses chevaux, soit par l'espèce de domination que les conducteurs exercent sur le postillon, qu'ils peuvent faire destituer à volonté, au moyen des plaintes plus ou moins fondées qu'ils sont autorisés à faire aux relayeurs, n'est pas néanmoins complètement effacé; — Que les circonstances de l'obscurité de la nuit, des tas de pierres qui se trouvaient sur le chemin, et du contre-bas qui existait sur la route, présentent un motif suffisant pour autoriser la cour à modifier la peine, en vertu de l'art. 463 c. pén.; — Vu les art. 319 et 463, 52 et 55 c. pén.; — Déclare lesdits Gaillard, Perdreau et le postillon Pernet atteints et convaincus d'avoir, par inobservation des ordonnances et règlements sur les voitures publiques, été la cause involontaire de l'événement malheureux arrivé dans la nuit du 16 au 17 sept., aux environs de Voiron, et de la mort de la demoiselle Leroy, qui en a été la suite, en réparation duquel délit les condamne solidairement par corps à 325 fr. d'amende, supportable, savoir, 200 fr. par Gaillard, 100 fr. par Perdreau et 25 fr. par Pernet; les condamne aussi solidairement et par corps aux dépens envers l'État, supportables dans la même proportion.

Du 7 mars 1854.—C. de Grenoble, ch. correct.-M. Duboys, pr.

(1) (Min. pub. C. Pelletier.) — La cour; — Vu l'art. 2, 12 de l'ord. du roi en date du 16 juill. 1828, et le n° 4 de l'art. 475 c. pén.; — Attendu, en fait, que les prévenus sont poursuivis pour avoir individuellement, selon les procès-verbaux dressés à leur charge, conduit ensemble sur la voie publique deux diligences de l'administration Touchard, Toulouse et comp., la première de ces voitures qui était seule attelée de plusieurs chevaux, remorquant la seconde au moyen d'un timon très-court attaché à l'arrière-train, bien que l'une et l'autre fussent chargées de voyageurs;

Attendu, en droit, que l'art. 2 de l'ordonnance précitée du roi exige la vérification préalable de toutes les voitures publiques allant à destination fixe, afin de constater, avant qu'elles ne soient exploitées, si elles sont entièrement conformes à ce que cette ordonnance prescrit dans l'intérêt de la sûreté des voyageurs; — Que l'obligation imposée aux propriétaires et entrepreneurs de ces voitures d'obtenir de l'autorité publique l'autorisation de les mettre en circulation implique nécessairement que chacune d'elles doit être exploitée séparément, et traînée par des chevaux; — Qu'on ne saurait admettre qu'une de ces voitures puisse, sans qu'il y ait modification des conditions de solidité et de bonne construction relative à la traction, en traîner une autre à la remorque, par quelque moyen que ce soit; — Que, d'ailleurs, l'art. 12 de la même ordonnance veut que toute voiture publique soit munie d'une machine à enrayer quand le préfet n'en a pas autorisé la suppression, et que cette machine soit construite de manière à pouvoir être manœuvrée de la place assignée au conducteur; — Que, dans l'espèce, cette disposition réglementaire veut que le conducteur qui manœuvre la machine à enrayer de la première voiture se trouvant dans l'impossibilité de faire en même temps usage de celle de la seconde; — Qu'il suit de là que le jugement dénoncé, en déclarant que le fait de la prévention n'a été prévu par aucune ordonnance de police, a commis une violation expresse des articles ci-dessus visés ; — Casse.

Du 28 mars 1844.-C. C., ch. crim.-MM. Laplagne-Barris, pr.-Rives, r.

(2) (Min. publ. C. Lemonnier.) — La cour; — Vu l'art. 475, n° 4, alin. 8 et 6, c. pén.; — Les art. 14 et 5 de l'ordonnance du roi en date du 16 juill. 1828; — Ensemble les art. 154 et 161 c. inst. crim.; — Attendu, en fait, que le procès-verbal dressé, le 6 oct. dernier, à la charge du conducteur de la voiture publique de Lemonnier, constate : 1° qu'au moment où les rédacteurs de cet acte la visitèrent, il se trouvait six voyageurs sur l'impériale, et que, d'après la déclaration faite à ces mêmes gendarmes, quatre autres venaient d'en descendre; 2° qu'elle ne portait pas l'indication, dans l'intérieur, des places qu'elle contient et du prix des places; — Que ces faits, dont le tribunal saisi avait constaté l'existence, et considérés comme constituant une triple contravention aux dispositions précitées de l'ordonnance royale du 16 juill.

objets confiés à leur vigilance par la loi du 24 août 1790, les maires ne peuvent déroger à des règlements d'administration publique et que, par conséquent, leurs ordonnances, en ce qu'elles auraient de contraire à ces règlements ne seraient pas obligatoires. — V. n° 200.

187. Du reste, les contraventions commises par les entrepreneurs de voitures publiques, aux dispositions réglementaires relatives au nombre des voyageurs qui peuvent se trouver dans ces voitures, ne sauraient être excusées sous aucun prétexte. — Spécialement, et c'est ce qui a été jugé, elles ne peuvent être excusées sous le prétexte que le conducteur n'aurait point eu l'intention de contrevenir aux lois et règlements sur les voitures publiques, qu'il aurait été supplié, dans un moment de grande pluie, de recevoir un voyageur dont les vêtements étaient percés, et qu'il avait cru pouvoir se laisser aller à cet acte d'humanité, qui lui aurait, d'ailleurs, été conseillé et demandé par les voyageurs payants (Crim. cass. 13 mai 1837) (1); — Ou sous le double prétexte qu'il n'est pas établi que la voiture eût déjà repris sa course au moment où la contravention a été constatée, ni que le voyageur y fût monté avec l'intention de se mettre en voyage et de circuler avec la diligence (Crim. cass. 19 sept. 1856, aff. Azard, D. P. 56. 1. 418).

188. *Mesures à observer par les conducteurs, cochers ou postillons.* — Ces mesures nous paraissent se confondre dans le décret de 1852 avec celles qui sont relatives à la conduite des voitures. — V. supra, n° 178 et suiv.

189. *Police des relais.* — L'art. 36 du décret de 1852, reproduisant la disposition de l'art. 28 de l'ordonn. du 27 sept. 1827 et de l'art. 27 de l'ordonn. du 16 juill. 1828, dispose : « Les entrepreneurs de voitures publiques, autres que celles conduites par les maîtres de poste, feront, à Paris, à la préfecture de police, et dans les départements, à la préfecture ou sous-préfecture du lieu où sont établis leurs relais, la déclaration des lieux où ces relais sont situés et du nom des relayeurs. — Une déclaration semblable sera faite chaque fois que les entrepreneurs traiteront avec un nouveau relayeur. » — Cette déclaration est exigée afin que l'administration soit mise à même de veiller à la sûreté des voyageurs. C'est ce qui résulte de la deuxième disposition de l'art. 37 du décret du 10 août 1852, qui rappelle celle des art. 29 de l'ordonn. de 1827, 28 de l'ordonn. de 1828, et d'après laquelle la tenue des relais, en tout ce qui concerne la sûreté des voyageurs, est surveillée, à Paris, par le préfet de police, et dans les départements, par les maires des communes où ces relais se trouvent établis. — A ce motif on pourrait ajouter qu'il n'est pas sans importance pour l'autorité d'observer de près des entreprises qui pourraient être utilisées, soit pour porter atteinte au privilège de la poste aux lettres, soit pour éluder les règlements concernant les voyageurs.

190. Les relayeurs ou leurs préposés doivent être présents à l'arrivée et au départ de chaque voiture, et s'assurer par eux-mêmes, et sous leur responsabilité, que les postillons ne sont pas en état d'ivresse (décr. 1852, art. 37, § 1).

191. Nul ne peut être admis comme postillon ou cocher, s'il n'est âgé de 16 ans au moins et porteur d'un livret délivré par le maire de la commune de son domicile, attestant ses bonnes vie et mœurs et son aptitude pour le métier qu'il veut exercer (Ibid., art. 58). — Une disposition analogue existait dans tous les règlements antérieurs (V. décr. 28 août 1808, art. 11; ordonn. 4 fév. 1820, art. 10; ordonn. 27 sept. 1827 et 16 juill. 1828,

art. 31). — Comment le maître lui-même pourra-t-il se former une opinion sur l'aptitude du postillon? Dans les communes rurales, il peut y avoir; à cet égard; une certaine notoriété; mais dans les villes de quelque étendue, le maire doit souvent manquer de renseignements nécessaires pour délivrer une telle attestation. Il doit recourir au maître de poste chez lequel le sujet qui réclame son certificat aura déjà servi ou appris un métier.

192. D'après l'ordonn. des 27 sept. 1827; art. 31; 16 juill. 1828, art. 30; aussitôt qu'un entrepreneur de relais ou un préposé aux relais qui appartenaient à un autre entrepreneur de voitures publiques; recevait un cocher ou un postillon, il devait déposer son livret chez le maire de la commune. Suivant l'art. 32 de l'ordonn. de 1827 et l'art. 31 de l'ordonn. de 1828, lorsqu'un cocher ou postillon quittait un relais ; l'entrepreneur du relais ou le préposé devait venir reprendre le livret et y inscrire, en présence du maire et du postillon, les notes propres à faire connaître la conduite et la capacité de ce dernier. Ces dispositions, qui ont été omises dans le décret de 1852, sont nécessairement comprises dans l'abrogation qu'il prononce de l'ord. de 1828 (art. 48).

193. *Registre pour l'inscription des plaintes.* — A chaque bureau de départ et d'arrivée, à chaque relais, il y a un registre coté et parafé par le maire pour l'inscription des plaintes que les voyageurs peuvent avoir à former contre les conducteurs, postillons ou cochers. Ce registre est présenté aux voyageurs à toute réquisition par le chef du bureau ou par le relayeur. — Les maîtres de poste qui conduisent des voitures publiques présentent, aux voyageurs qui le requièrent, le registre qu'ils sont obligés de tenir d'après le règlement des postes (décr. 1852, art. 39). — Cette mesure, que réclamaient déjà les ordonn. des 27 oct. 1827; art. 30; et 16 juill. 1828; art. 29; est très-bonne; mais nous avons lieu de penser qu'elle ne s'exécute pas toujours avec une entière régularité. Pour faire connaître aux voyageurs leur droit sous ce rapport, il eût été utile que l'art. 39 du décret de 1852 qui prescrit la tenue de ce registre fût du nombre des dispositions qui doivent être imprimées à part et affichées dans chacun des compartiments des voitures; mais, ainsi qu'on l'a vu (n° 176), les art. de 28 à 38 inclusivement sont seuls compris dans cette prescription.

194. *Exceptions.* — Aux termes de l'art. 40 du décret de 1852; « les dispositions qui précèdent ne sont pas applicables aux malles-postes destinées au transport de la correspondance du gouvernement et du public, la forme, les dimensions, le chargement et le mode de conduite de ces voitures étant déterminés par des règlements particuliers. — Les voitures des entrepreneurs qui transportent les dépêches ne sont pas considérées comme malles-postes. » — V. Commune, n° 913, 1023; Contravention, n° 307 et s.; Postes, n° 161.

195. Les voitures publiques qui desservent les routes des pays voisins, et qui partent des villes frontières ou qui y arrivent, ne sont pas non plus soumises aux règles ci-dessus rappelées. Elles doivent, toutefois, être solidement construites (ibid., art. 41). — Il a été jugé que cet article a nécessairement affranchi ces voitures de l'obligation imposée par l'art. 28 aux voitures publiques circulant pendant la nuit, d'être éclairées par une lanterne : on prétendrait à tort que l'exception établie par cet art. 41 doit être restreinte aux règles concernant la forme et la dimension des voitures; que, par suite, le défaut d'éclairage des voitures dont il s'agit ne constitue point une contravention pu-

---

(1) (Min. publ. C. Langlois.) — LA COUR; — Vu l'art. 65 c. pén.; portant que nul crime ou délit ne peut être excusé que dans les circonstances où la loi le déclare excusable, et l'art. 475, § 4 du même code; — Attendu qu'il est constant et reconnu que, sur l'impériale de la voiture du sieur Langlois se trouvait un nombre de voyageurs excédant le nombre prescrit par les ordonnances portant règlement pour les voitures publiques, des 27 sept. 1827 et 16 juill. 1828; — Attendu, dès lors, qu'il y avait lieu de faire à l'inculpé l'application de l'art. 475, § 4, c. pén.; — Attendu, toutefois, que le tribunal de simple police de Vienne, par le jugement attaqué, a renvoyé le sieur Langlois de la plainte, sur le motif qu'il existait une excuse dans des considérations de fait présentées par l'inculpé; — Attendu que cette excuse n'était admise ni par la loi ni par les ordonnances réglementaires applicables à l'espèce; — Casse.

Du 13 mai 1857.-C. C., ch. crim.-MM. Choppin, pr.-Crouseilhes, r.

1828; — Que le ministère public avait, dès lors, justement requis l'application de l'art. 475, n° 4, c. pén., qui les prévoit et punit, dans ses alinéa sus-rappelés; — Que le jugement dénoncé ne s'est occupé que du premier, et en a renvoyé les prévenus, sur le motif que le préfet et la régie des contributions indirectes ont autorisé Lemonnier à placer huit voyageurs sur l'impériale de sa voiture; — Mais attendu qu'alors même que cette autorisation pourrait déroger à la prohibition formelle de l'art. 14 de ladite ordonnance, quant au nombre qu'elle a limité, il y avait encore lieu d'infliger aux défendeurs la peine par eux encourue, puisqu'il est constant qu'ils ne s'y sont pas renfermés; — D'où il suit qu'en statuant ainsi, ce jugement a expressément violé les articles ci-dessus visés; — Attendu qu'il les a également violés en omettant sa et en refusant de prononcer sur les deux autres contraventions constatées; — Casse.

Du 5 janv. 1859.-C. C., ch. crim.-MM. de Bastard, pr.-Rives, rap.

nissable;... à moins que cet éclairage n'ait été prescrit, même antérieurement au décret précité, par un arrêté du préfet, dans les attributions duquel rentre une telle mesure (Crim. cass. 9 janv. 1857, aff. Hivert et Fay, D. P. 57. 1. 79).

196. *Contraventions et peines.* — Toute contravention aux règlements rendus en vertu du troisième paragraphe de l'art. 2 de la loi du 30 mai 1851 (celui qui concerne les voitures de messageries), est punie d'une amende de 16 à 200 fr. et d'un emprisonnement de six à dix jours (L. 1851, art. 6). — Toute infraction au décret de 1852, en ce qui touche les messageries, rend donc le contrevenant passible de cette peine. — Toutefois M. Guilbon, p. 142 et suiv., n° 106, ne croit pas que l'infraction à l'art. 29 du décret de 1852 qui exige que les voitures de messageries portent à l'extérieur, dans un endroit apparent, le nom et le domicile de l'entrepreneur et l'indication du nombre des places de chaque compartiment, soit passible des peines correctionnelles édictées par l'art. 6 de la loi de 1851. A ses yeux, cette contravention trouve sa répression dans l'art. 7 de la même loi, qui ne prononce que des peines de simple police.—Voici les raisons que M. Guilbon donne à l'appui de cette opinion, contraire, dit-il, à celle qu'il avait d'abord embrassée et qui est généralement adoptée, mais qu'un examen plus attentif de la loi et du règlement lui a fait abandonner. L'art. 29 ne se rapporte à aucun numéro du § 3 de l'art. 2 de la loi de 1851, mais bien plutôt au n° 4 du § 1 de ce même article et à l'art. 3 de cette loi. Quelles sont, en effet, les mesures que le § 3 laisse à un règlement d'administration publique le soin de prescrire en ce qui concerne les voitures publiques? Ce sont des mesures relatives à la solidité, à la stabilité des voitures, au mode de chargement, de conduite et d'enrayage, au nombre de personnes que ces voitures peuvent porter, à la police des relais, à la police des conducteurs, cochers et postillons. Il est impossible de rattacher à aucun de ces objets l'obligation d'indiquer sur les voitures les nom et domicile des propriétaires. L'omission de cette indication ne peut donc être considérée comme une contravention aux règlements rendus en exécution du § 3 de l'art. 2 de la loi de 1851, ni punie des peines prononcées par l'art. 6 de cette loi. Mais il en est tout autrement si l'on rapproche l'art. 29 du décret de 1852 du § 1, n° 4, art. 2, ou de l'art. 3 de la loi. Ces deux dispositions sont communes à toutes les voitures, et si l'art. 16 du décret qui détermine la forme et l'emplacement de la plaque concerne exclusivement les voitures ne servant pas au transport des personnes, il faut reconnaître que l'art. 29 en est le complément quant aux voitures de messageries, et que ces deux articles assurent l'exécution complète de la loi. Il faut donc en conclure aussi que l'infraction à l'art. 29 comme celle à l'art. 16 trouve sa répression dans l'art. 7 de la loi de 1851, dont les termes, du reste, sont généraux, et s'appliquent aussi bien aux voitures de messageries qu'à celles de roulage. — V. *supra*, n° 111.

197. L'art. 32 du décret de 1852, qui impose à tout conducteur de voiture l'obligation d'inscrire sur sa feuille de route les colis qu'il reçoit en cours de voyage, trouve-t-il sa sanction dans l'art. 6 de la loi de 1851, ou bien doit-il être considéré comme abrogé par l'art. 122 de la loi du 25 mars 1817 qui contient des dispositions analogues? — V. *infrà*, n° 359.

198. Enfin, quant aux dispositions relatives à la commodité des voitures ou aux mesures d'ordre concernant les voyageurs, ainsi que nous l'avons fait remarquer ci-dessus (n° 162), nous n'en trouvons pas le principe dans la loi de 1851. L'art. 23 du décret de 1852 ne peut donc trouver sa sanction dans l'art. 6 de cette loi, mais dans l'art. 475, n° 4, c. pén., qui punit d'une amende de 6 à 10 fr. les contraventions aux dispositions des ordonnances et règlements relatifs au nombre et à la sûreté des voyageurs.

Art. 5. — *Des règlements municipaux.*

199. La loi du 30 mai 1851 et le décret du 10 août 1852 ne s'appliquent, avons-nous déjà dit, qu'aux routes impériales et départementales et aux chemins vicinaux de grande communication, et encore ne contiennent-elles pas une réglementation complète de la circulation des voitures sur les grandes routes. Leurs dispositions ne concernent que les voitures de roulage et

de messageries; elles laissent en dehors de leur application les voitures particulières et ces nombreux véhicules qui dans les villes sont traînés à bras; elles ne s'expliquent pas quant aux déchargements, stationnements et autres obstacles de ce genre qui, dans les rues et places, compromettent la sûreté de la circulation. Sur tous ces points, les autorités locales peuvent prendre des arrêtés spéciaux en vertu des pouvoirs plus étendus que leur ont conférés les lois spéciales de leurs attributions, toutes les fois que ces règlements, sans rien retrancher aux prescriptions du décret du 10 août 1852, ont pour objet de pourvoir à des nécessités locales exigeant des mesures nouvelles et plus rigoureuses. — Comme c'est aux préfets qu'appartient la police de la grande voirie, c'est à eux de régler tout ce qui concerne la circulation des voitures sur les grandes routes et les chemins vicinaux de grande communication (V. Règl. admin., n° 64; Voirie par terre, n°⁵ 254 et suiv., 1293). La loi du 21 mai 1836 (art. 21) leur a donné le même droit sur les chemins vicinaux ordinaires (V. Règl. admin., n° 65; Voirie par terre, n°⁵ 1064 et s.).— Il a été jugé: 1° que le droit de faire des règlements dans l'intérêt de la surveillance et de la conservation des chemins vicinaux n'appartient qu'aux préfets, à l'exclusion de l'autorité municipale; qu'en conséquence, l'arrêté municipal qui prescrit l'apposition immédiate de barrières de dégel sur les chemins vicinaux de la commune, est illégal et non obligatoire (Crim. rej. 11 juill. 1857, aff. Moreau, D. P. 57. 1. 378); — 2° Que de même, l'arrêté municipal qui, à l'instar des lois sur la police du roulage, limite le chargement des voitures circulant sur les chemins vicinaux pavés de la commune, est illégal et non obligatoire (Crim. rej. 4 sept. 1847, aff. Descamps, D. P. 47. 1. 303); — 3° Qu'on ne saurait voir une contravention à un arrêté municipal interdisant aux entrepreneurs de voitures chargées du transport en commun de s'arrêter sur quelque partie que ce soit *de la voie publique* pour prendre ou décharger des voyageurs, dans le fait, par un de ces entrepreneurs, de s'être arrêté dans cet objet sur une route impériale en dehors de la ville (Crim. rej. 15 fév. 1856, aff. Coulomb, D. P. 56. 1. 349).

200. Le pouvoir que les maires tirent des lois des 16-24 août 1790 et du 18 juill. 1837 est limité aux chemins ruraux et aux rues et places de leurs communes; s'étend-il à celles qui forment prolongement des routes impériales et départementales et des chemins vicinaux? — Il a été jugé, sur cette question, que les maires n'ont autorité pour réglementer la circulation des voitures dans les rues formant prolongement de routes impériales, départementales ou vicinales de grande communication, que relativement aux points au sujet desquels ce droit leur a été réservé par le règlement d'administration publique du 10 août 1852; dès lors, ne sont pas obligatoires, quant à la circulation dans les rues dont il s'agit, celles des prescriptions d'un règlement municipal qui aggravent, restreignent ou modifient les dispositions prises pour le même objet par le décret précité; qu'il en est ainsi spécialement de la disposition qui élève de seize ans à dix-huit l'âge d'admissibilité des cochers et postillons (Crim. rej. 4 janv. 1862, aff. Fraize. D. P. 62. 1. 102). — Mais cette décision nous a paru susceptible de contestation. Les portions urbaines des routes, avons-nous dit dans le Recueil périodique, *loc. cit.*, bien qu'elles soient, comme dépendances de la grande voirie, soumises à un régime qui leur est commun avec les portions rurales de ces mêmes routes, n'en sont pas moins, en ce qui concerne la réglementation de la circulation, dans des conditions spéciales appelant l'intervention de l'autorité locale, conditions essentiellement variables et qui s'accommoderaient mal d'une réglementation fixe et uniforme. Cette situation particulière est reconnue par le code pénal lui-même, qui défend, à l'intérieur des lieux habités, l'allure rapide des chevaux qu'il tolère en dehors (art. 475, n° 4); elle est indiquée à un autre point de vue par plusieurs arrêts de la cour de cassation, desquels il résulte qu'aux conditions imposées par l'autorité préfectorale dans un intérêt de voirie aux riverains des routes qui demandent l'autorisation de bâtir, l'autorité municipale peut ajouter d'autres prescriptions ayant pour objet de sauvegarder la sûreté publique, et, par exemple, de prévenir les incendies (V. Voirie par terre, n°⁵ 1682 et 1732). — On comprend donc qu'à côté de la réglementation générale puisse exister,

en cette matière, une réglementation locale étendant ses prévisions à un plus grand nombre d'objets et se montrant sur certains points plus rigoureuse. — S'il en est ainsi, c'est sans nécessité, ce semble, que le présent arrêt induit des énonciations des art. 14 et 34 du décret du 10 août 1852, que les auteurs de ce décret ont entendu limiter, quant à la police des routes, les pouvoirs anciennement conférés à l'autorité municipale par la loi des 16-24 août 1790 relativement au maintien de la sûreté et de la liberté de la circulation sur les voies publiques, même dépendant de la grande voirie. Cette pensée de limitation ne se rencontre pas dans les documents législatifs qui se rapportent à la loi du 30 mai 1851 sur la police du roulage, en exécution de laquelle a été rendu le règlement d'administration publique du 10 août 1852. Elle ne ressort pas, non plus, de la lettre des textes auxquels l'arrêt fait allusion. L'art. 34, en disant que « il est enjoint aux postillons et cochers d'observer, dans la traversée des villes et villages, les règlements de police concernant la circulation des rues, » ne fait en réalité que rappeler l'autorité de ces règlements; et, quant à l'art. 14, s'il porte que « les règlements de police municipale détermineront, en ce qui concerne la traversée des villes, bourgs et villages, les restrictions qui peuvent être apportées aux dispositions des art. 13 et 14 sur la distribution des voitures de roulage en convois, » il se borne de même, à propos d'une faculté qu'il concède, à reconnaître la nécessité de restrictions quant à la circulation sur les portions urbaines des grandes routes, et à maintenir intacts à cet égard, tout en en provoquant l'exercice, les pouvoirs qui appartiennent à l'autorité municipale.

201. C'est aux mots Commune tit. 3, chap. 4, n°s 631 et suiv.; Règlem. admin., n°s 99 et suiv., que nous avons traité du pouvoir conféré à l'autorité municipale de faire les règlements relatifs aux objets confiés à sa vigilance par l'art. 3, tit. 11, de la loi des 16-24 août 1790, par l'art. 46, tit. 1, de la loi des 19-22 juill. 1791, les art. 9, 10, 11 de la loi du 18 juill. 1837. C'est là que le lecteur trouvera l'exposé des principes de la matière. En ce qui concerne spécialement la force obligatoire des arrêtés municipaux relatifs à la circulation des voitures dans les villes, V. Commune, n°s 653, 914 et suiv., 1019 et suiv. — Nous aurions désiré donner ici, comme nous l'avons déjà fait dans quelques matières, les ordonnances du préfet de police de la Seine relatives à la circulation des voitures publiques dans Paris, mais ces règlements sont trop nombreux et trop étendus pour qu'il nous soit possible de céder à ce désir. Le lecteur les trouvera, du reste, in extenso, dans la collection qu'en a publiée M. Delessert. Ici, nous devons nous borner à recueillir les monuments de la jurisprudence, en ce qui touche l'application des règlements municipaux relatifs aux voitures.

202. Il a été jugé qu'il appartient à l'autorité municipale de prendre un arrêté par lequel elle défend aux directeurs des postes et entrepreneurs de messageries et autres voitures publiques par terre et par eau, d'inscrire des voyageurs autrement que sur la présentation d'un passe-port délivré ou visé depuis dix jours au plus, et leur ordonne de tenir un registre coté et parafé, contenant, de suite, la désignation détaillée des voyageurs, la date du passe-port ou du dernier visa, l'autorité qui l'a délivré, et la destination des voyageurs (Crim., cass, 1851, aff. Weglin, V. Commune, n° 712). — Mais n'es p donner à l'autorité municipale des pouvoirs plus étendus que ceux qu'elle tient de la loi? Il est de principe que ses arrêtés ne peuvent être obligatoires qu'autant qu'ils ont pour but un texte législatif. Or ne permettre l'usage d'un passe-port qu'autant qu'il n'est délivré ou visé que depuis dix jours, c'est ajouter à la loi un excès de rigueur contraire à ses termes, puisqu'elle déclare les passe-ports valables pour un an (décr. 11 juill. 1810, art. 8, V. Passe-port, n° 26). — Il nous paraît en conséquence que, dans l'espèce qui vient d'être indiquée, l'autorité municipale avait excédé ses pouvoirs. — V. v° Commune, n°s 1209 et suiv.

203. La disposition d'un règlement municipal, exigeant que chaque voiture omnibus soit pourvue d'un conducteur en sus du cocher, est légale et obligatoire, comme intéressant la sûreté et la commodité de la circulation (Crim. rej. 7 janv. 1860, aff. Delahante et comp., D. P. 60. 1. 294).

204. Le préfet de police de la Seine a rendu, le 18 sept. 1828, une ordonnance aux termes de laquelle il est défendu à toutes entreprises ou compagnies, ayant pour objet le transport en commun des voyageurs, autres que celles munies de la permission de ce fonctionnaire, de faire arrêter leurs voitures sur quelque partie que ce soit de la voie publique dans l'intérieur de Paris, pour prendre ou décharger des voyageurs. — Le 3 juill. 1840, le maire de Lyon a rendu une ordonnance conçue dans le même esprit. — Des entrepreneurs qui ne s'étaient pas conformés à ces ordonnances ont prétendu qu'elles étaient illégales, en ce qu'elles entravaient la liberté de l'industrie sans utilité pour l'intérêt public. — Mais la cour de cassation a repoussé ce système et déclaré ces ordonnances légales et obligatoires (V. Commune, n°s 916 et suiv.—Conf., Crim. cass. 7 juin 1849, aff. Melay, et aff. Faure, D. P. 49. 5. 411 et 412) et a décidé notamment : 1° que s'il est constaté par procès-verbal qu'un individu non muni de permission conduisait sa voiture ayant la portière constamment ouverte avec un marchepied saillant et fixe, et faisait signe aux passants de monter, s'arrêtant pour prendre et décharger des voyageurs, cet individu ne peut être renvoyé des poursuites, soit sur le motif que les faits ne se rentreraient pas dans les dispositions de l'ordonnance du 18 sept. 1828, soit sous le prétexte que le prévenu n'aurait pas été poursuivi pour n'avoir pas été muni de permission (Crim. cass. 3 sept. 1831) (1); — 2° Que l'ord. du 18 sept. 1828 n'a été ni modifiée ni abrogée par celle du 9 mai 1851, exclusivement relative en général à la circulation et à la conduite des voitures traînées à bras ou par des animaux (Cass. 10 oct. 1833, aff. Bernard, V. Commune, n° 916).

205. Toutefois il a été jugé en sens contraire que le règlement municipal qui défend le stationnement des voitures sur la voie publique, ne peut être déclaré enfreint par l'entrepreneur de voitures publiques qui fait arrêter dans la rue sa voiture, pendant le temps nécessaire pour laisser monter ou descendre des voyageurs, ou la fait marcher lentement et même arrêter pour faciliter l'approche des voyageurs (Crim. cass. 20 août 1841) (2). — Mais il est à remarquer que, dans l'espèce de ce dernier arrêt,

---

(1) (Min. publ. C. Fallenot, etc.) — La cour (après délib.); — Vu les art. 3 et 5, tit. 11, de la loi du 24 août 1790, les art. 600 et 606 c. 5 brum. an 4, les art. 1 et 4 de l'ordonnance du préfet de police, en date du 18 sept. 1828, portant : « Art. 1. Il est défendu à toutes entreprises ou compagnies autres que celles munies de notre permission de faire arrêter leurs voitures, en quelque partie que ce soit de la voie publique, dans l'intérieur de Paris, pour prendre ou décharger des voyageurs. — Art. 4. Aucune voiture, quelle qu'elle soit, ne pourra stationner ou circuler à vide, et allant de rue en rue pour proposer des places et s'offrir ainsi aux voyageurs. » Attendu que l'ordonnance de police du 18 sept. 1828, rendue dans le cercle légal des attributions de l'autorité municipale, est obligatoire pour les particuliers et pour les tribunaux; — Qu'il résulte des procès-verbaux dressés par les inspecteurs de la police de Paris, les 4, 5, 7 et 8 avr. dernier, que les défendeurs conduisaient sur la voie publique, dans l'intérieur de Paris, des voitures ayant la portière constamment ouverte avec un marche-pied saillant et fixe, le conducteur en évidence, faisant signe aux passants de monter et s'arrêtant pour prendre et décharger des voyageurs; — Attendu que les défendeurs n'ayant pas obtenu la permission exigée par

l'art. 1 de l'ordonnance de police précitée, les faits constatés par lesdits procès-verbaux constituent une contravention à cet article et à l'art. 4 de la même ordonnance, et que cette contravention est réprimée par les art. 600 et 606 c. 5 brum. an 4; — Que, néanmoins, les jugements attaqués ont relaxé les défendeurs, par le motif que les faits ne rentraient pas dans les prévisions de l'ordonnance de police, et que, d'ailleurs, les défendeurs n'avaient pas été traduits devant le tribunal, pour ne s'être pas munis de la permission voulue par cette ordonnance, tandis que les procès-verbaux énonçaient ce défaut de permission, et que les citations les prévenaient de contravention aux lois et ordonnances de police; qu'il suit de là que lesdits jugements ont méconnu les dispositions de l'ordonnance de police du 18 sept. 1828, et violé les art. 600 et 606 c. 5 brum. an 4; — Par ces motifs, casse les jugements rendus par le tribunal de simple police de Paris, le 25 avr. dernier, etc.

Du 5 sept. 1831.—C. C., ch. crim.—MM. de Bastard, pr.-Ricard, rap.

(2) (Dureca C. min. pub.) — La cour; — Vu les art. 1, 2 et 5 de l'arrêté du maire de Darnetal, du 17 nov. 1840, et l'art. 471, n° 15, c. pén.; — Vu aussi l'art. 159 c. inst. crim.; — Attendu le sens de l'art. 5 de l'arrêté du maire de Darnetal est parfaitement fixé par un

Il ne s'agissait pas de l'interprétation de l'ordonnance précitée de 1828, mais d'une ordonnance du maire de Darnetal. D'où il suit que les termes de ce dernier acte de l'autorité municipal pouvaient très-bien faire disparaitre la contradiction apparente qui existe entre les deux solutions adoptées par la cour de cassation.

206. L'arrêté municipal qui interdit la circulation des voitures sur certains chemins de la commune pendant les temps de dégel, s'applique nécessairement, quoique temporaire, toutes les fois que les circonstances qu'il a prévues se représentent dans le cours de la même saison (Crim. cass. 22 avr. 1838, aff. Lelong, D. P. 58. 5. 385).

207. Il est, du reste, bien entendu que l'autorité municipale ne peut, par ses arrêtés, porter aucune atteinte, aux droits de propriété privée. — Aussi a-t-il été jugé que l'ordonnance de police d'un maire, approuvée par le préfet et par le gouvernement, qui défend de passer avec des chevaux et des voitures sur une contre-allée d'un chemin, ne fait point obstacle à ce que le propriétaire du terrain qui longe cette allée, et qui prétend avoir sur elle un droit de servitude, réclame devant l'autorité judiciaire l'exercice de cette servitude : une telle ordonnance n'est qu'une mesure d'administration qui laisse entier le droit des tiers (cons. d'Et. 6 mars 1816, aff. Prousteau, V. Commune, n° 667).

208. Le pouvoir de l'autorité municipale s'étend pareillement sur les voitures dites de remise offertes au public pour marcher à l'heure et à la course. En conséquence, le préfet de police à Paris a le droit de prescrire aux propriétaires de ces voitures de déclarer le nombre de leurs voitures et le lieu où ils se proposent de les remiser (V. v° Commune n° 919), ainsi que de fixer le prix des courses de ces voitures et d'ordonner que leur plaque indicative du tarif fixé soit placée dans l'intérieur de la voiture (Crim. cass. 21 déc. 1838 (1). V. nos observations v° Commune, n° 920; V. aussi v¹ᵉ Industrie, n° 240; Règlem. admin., n° 110). — La décision par laquelle le préfet de police a refusé à un loueur de voitures l'autorisation de conserver un stationnement qu'il avait choisi, et qui présente des inconvénients pour la libre circulation sur la voie publique, constitue un acte administratif qui ne peut être déféré au conseil d'Etat par la voie contentieuse (cons. d'Et. 5 fév. 1841, M. Gomel, rap., aff. Férail).

209. L'art. 471, n° 15, c. pén. punit d'une amende depuis 1 fr. jusqu'à 5 fr. inclusivement ceux qui ne se sont pas conformés aux arrêtés publiés par les autorités municipales, en vertu des art. 3 et 4, tit. 11, de la loi des 16-24 août 1790 et de l'art. 46, tit. 1, de la loi des 19.-22 juill. 1791. — A cette amende l'art. 473 c. pén. ajoute, en cas de récidive, un emprisonnement de trois jours au plus. — Il a été décidé que par cela seul que la voiture d'un particulier a été trouvée stationnant dans une ville en contravention à un règlement de l'autorité municipale (en ce que l'une des roues n'était pas enrayée), et que le particulier ne justifie pas qu'il était étranger à cette contravention, il

est passible de l'application de l'art. 471, n° 15, c. pén. (Crim. cass. 30 mai 1846, aff. Labiche, D. P. 46. 4. 541). — Mais l'arrêté municipal qui prescrit à des entrepreneurs de voitures publiques l'établissement, à leurs frais, d'une horloge éclairée par un bec de gaz et placée à la façade de l'hôtel de ville, n'est pas sanctionné par l'art. 471 c. pén. : l'infraction à cet arrêté ne peut donner lieu qu'au retrait de l'autorisation dont elle a été l'une des conditions (Crim. rej. 27 avr. 1850, aff. Durecu, D. P. 50. 5. 474). — V. du reste v¹ᵉ Commune, n°ˢ 631 et suiv.; Règlem. admin., n° 14.

210. Si, en principe, la décision du tribunal de police est souveraine en ce qui concerne l'appréciation des faits constitutifs de l'excuse de force majeure, il y a lieu cependant de déclarer cette appréciation irrégulière ou insuffisante, lorsque les éléments sur lesquels elle est fondée sont en contradiction évidente avec d'autres constatations contenues dans le même jugement; spécialement, dans une poursuite pour contravention à un arrêté prescrivant le passage de certaines voitures par une voie publique déterminée, la circonstance que des travaux faits au sol de cette rue auraient rendu nécessaire le passage par une voie différente, est à tort relevée comme cas de force majeure, s'il est établi en fait, par des documents visés au même jugement, que les travaux étaient terminés, et que l'arrêté est resté en vigueur malgré l'interruption de circulation qui a empêché pendant quelque temps son exécution (Crim. cass. 17 juill. 1858, aff. Guéret, D. P. 58. 1. 384). — Mais cette contradiction ne peut être relevée devant la cour de cassation, si les documents qu'on oppose au jugement n'ont pas été produits devant le juge de police (Crim. rej. 6 mai 1853, aff. Travers, eod.).

ART. 6. — *Constatation des infractions.*

211. Par qui doivent être constatées les contraventions ;— En quel lieu ; — Quelles sont les conditions intrinsèques et extrinsèques de la régularité des procès-verbaux ; — Quelle foi leur est due ; — Quelles sont les peines encourues par ceux qui outragent les agents ou les fonctionnaires chargés de constater les contraventions. — C'est ce que nous avons à rechercher ici.

212. *Constatation des contraventions.* — L'art. 5 de la loi du 29 flor. an 10 voulait que, jusqu'à l'établissement des ponts à bascule, les contraventions aux dispositions relatives au poids des voitures de roulage fussent constatées par les lettres de voiture. — C'était là une disposition purement transitoire qui, d'ailleurs, se trouve comprise dans l'abrogation générale de celles ayant pour objet le poids des voitures.

213. Suivant le décret du 18 août 1810 (art. 1), les préposés aux droits réunis et aux octrois étaient appelés concurremment avec les fonctionnaires désignés en l'art. 2 de la loi du 29 flor. an 10 (les maires et adjoints, les ingénieurs des ponts et chaussées, leurs conducteurs, les agents de la navigation, les commis-

---

rapprochement des art. 1 et 2 du même arrêté, et que l'on ne peut assimiler au stationnement que cet article a pour objet de prohiber le fait déclaré à la charge du demandeur par le jugement attaqué, d'avoir fait arrêter dans la rue la voiture publique dont il est entrepreneur, pendant le temps nécessaire pour laisser monter ou descendre des voyageurs, de l'avoir fait marcher lentement ou arrêter un peu pour faciliter l'approche des voyageurs ; — Attendu qu'en condamnant Durécu pour ce fait, en vertu dudit art. 5, et de l'art. 471, n° 15, c. pén., le tribunal de police a fait une fausse application, et a par suite formellement violé l'art. 159 c. inst. crim. ; — Casse.
Du 20 août 1841.-C. C., ch. crim.-MM. Bastard, pr.-Vincens, rap.
(1) (Min. publ. C. Duboscq.) — La cour ; — Vu l'art. 10 de la loi du 18 juill. 1837, les n°ˢ 1, 2 et 5 de l'art. 5, tit. 11 de la loi des 16-24 août 1790, l'art. 46, tit. 1, de celle des 19-22 juill. 1791, les art. 10 et 32 de l'arrêté consulaire du 1ᵉʳ juill. 1800 (12 mess. an 8); l'art. 51 de l'ord. du 28 août 1837, par laquelle le préfet de police a fixé le prix des courses dans les carrosses, coupés et cabriolets de remise, offerts au public pour marcher à l'heure ou à la course, dans Paris, et prescrit aux propriétaires de ces voitures de placer ce tarif dans l'intérieur de chacune d'elles ; ensemble, les art. 161 c. inst. crim. et 471, n° 15, c. pén. ;
Attendu, en droit, que l'autorité municipale, par cela même qu'elle est chargée d'assurer aux citoyens la sûreté et la tranquillité dans les

rues et voies publiques, a le droit de prescrire tout ce qu'elle juge utile dans ce but, ainsi que pour le maintien du bon ordre ; — Qu'elle peut donc fixer le prix des courses dans les voitures qui sont incessamment tenues à la disposition du public, soit sur la voie publique, soit dans les locaux particuliers ouverts et attenant à cette voie, pour marcher à l'heure ou à la course, et exiger qu'on place dans leur intérieur une plaque portant ce tarif ; — Qu'en procédant de la sorte, l'autorité municipale ne peut que prévenir, autant qu'il est en elle, les rixes et les querelles qui résulteraient de l'absence de cette mesure, et empêcher que les personnes qui se servent de ces voitures soient à la discrétion de leurs conducteurs ; — Que la disposition précitée de l'ordonnance de police, du 28 août 1837, est donc légale et obligatoire ; — D'où il suit qu'en décidant le contraire dans l'espèce, par le motif que les cabriolets de remise du prévenu, qui n'avaient pas été revêtus de ladite plaque, ne stationnent pas sur la voie publique, et qu'il a, par conséquent, le droit de fixer lui-même le prix auquel il consent à marcher, les jugements dénoncés ont faussement appliqué l'art. 159 c. inst. crim., et manifestement violé les articles ci-dessus visés ; — D'après ces motifs, faisant droit aux pourvois et vidant le délibéré par elle ordonné à son audience du 15 de ce mois, casse et annule les deux jugements que le tribunal correctionnel de la Seine a prononcés, le 25 septembre dernier, en faveur de Dubosq.
Du 31 déc. 1858.-C. C., ch. crim.-MM. de Bastard, pr.-Rives, rap.

saires de police et la gendarmerie), à constater les contraventions en matière de poids de voiture et de police sur le roulage. — Ces préposés et ces fonctionnaires étaient tenus d'affirmer devant le juge de paix les procès-verbaux qu'ils rédigeaient (art. 2.)—D'après l'art. 38 de l'ord. du 27 sept. 1827, l'art. 39 de celle du 16 juill. 1828, les préfets et sous-préfets, les procureurs généraux et ordinaires, les maires et adjoints, la gendarmerie et tous les officiers de police étaient chargés de constater les contraventions aux règlements sur les voitures publiques.— Ces diverses dispositions sont remplacées par les art. 15 et 16 de la loi du 30 mai 1851.

214. Aux termes de l'art. 15, § 1, de cette loi, « sont spécialement chargés de constater les contraventions et délits prévus par la présente loi, les conducteurs, agents voyers, cantonniers, chefs et autres employés du service des ponts et chaussées ou des chemins vicinaux de grande communication, commissionnés à cet effet, les gendarmes, les gardes champêtres, les employés des contributions indirect s, agents forestiers ou des douanes, et employés des poids et mesures ayant droit de verbaliser, et les employés des octrois ayant le même droit. »

215. Sous la loi du 29 flor. an 10 qui appelait aussi la gendarmerie à constater les contraventions en matière de roulage, on avait élevé la question de savoir si les procès-verbaux dressés par les agents de cette catégorie n'étaient valables qu'autant qu'ils étaient signés par deux gendarmes, et il a été jugé que la signature d'un seul gendarme suffisait pour la validité des procès-verbaux—V. Procès verbal, n° 238 ; V. aussi eod., n°s 286 et suiv., et v° Gendarmerie, n°s 23 et suiv.

216. D'après l'art. 15 précité de la loi du 30 mai 1851, peuvent également constater les contraventions et les délits prévus par cette loi, les maires et adjoints, les commissaires et agents assermentés de police, les ingénieurs des ponts et chaussées, les officiers et sous-officiers de gendarmerie, et toute personne commissionnée par l'autorité départementale pour la surveillance de l'entretien des voies de communication (art. 15, § 2). — Les dommages prévus à l'art. 9 de la même loi (ceux que le conducteur d'une voiture peut causer, par sa faute, à une route ou à ses dépendances) doivent être constatés, pour les routes nationales et départementales, par les ingénieurs, conducteurs et autres employés des ponts et chaussées commissionnés à cet effet, et pour les chemins vicinaux de grande communication, par les agents voyers, sans préjudice du droit réservé à tous les fonctionnaires et agents mentionnés au présent article de dresser procès-verbal du fait de dégradation qui aurait lieu en leur présence (art. 15, § 3). — V. aussi v° Instruct. crim., n°s 281, 291.

217. *Lieu où peuvent être constatées les contraventions.* — En général les contraventions peuvent être constatées partout où elles sont commises ou reconnues. Il y a toutefois exception, sous ce rapport, dans la loi du 30 mai 1851, à l'égard des voitures publiques allant au trot. — Suivant l'art. 16 de cet texte, les contraventions relatives à la forme des moyeux, à la longueur des essieux, aux bandes des roues, au nombre des chevaux, à la circulation durant le dégel et à la protection des ponts suspendus, ainsi que les contraventions concernant la solidité et la stabilité des voitures publiques, leur mode de chargement, ces contraventions, disons-nous, ne peuvent, en ce qui concerne les voitures publiques allant au trot, être constatées qu'au lieu de départ, d'arrivée, de relais et de stations desdites voitures ou aux barrières d'octroi. Il n'y a que celles qui concernent le nombre des voyageurs, le mode de conduite des voitures, la police des conducteurs, cochers ou postillons, et les modes d'enrayage qui peuvent être constatées à tous les points du trajet de la voiture.

218. Mais comment doit être entendue l'expression *voitures publiques allant au trot*, qui se trouve dans la disposition précitée ? Doit-elle être comprise en ce sens que les entrepreneurs ne peuvent se prévaloir de l'art. 16 qu'autant que leurs voitures vont au trot, au moment même où un agent ou fonctionnaire se présente pour reconnaître une contravention, ou bien signifie-t-elle que cette disposition s'applique aux voitures allant *habituellement* au trot ? — Ce qui peut jeter quelque incertitude sur la solution de la question, c'est que toutes les voitures publi-

ques servant au transport des voyageurs vont habituellement au trot, et que, dès lors, il semble que si la loi était conçue dans ce sens, il suffisait d'exprimer qu'il s'agissait de voitures publiques destinées au transport des voyageurs. — Toutefois, il nous paraît manifeste que les mots *allant au trot* doivent être pris dans le sens d'une habitude et non d'un fait actuel. En effet, le retard que le législateur a voulu éviter aux voitures publiques allant au trot ne serait pas moins nuisible à la rapidité de leur course si les agents ou fonctionnaires chargés de constater les contraventions profitaient, pour les arrêter, d'un moment où elles seraient au pas, que s'ils les arrêtaient lorsque les chevaux ont une allure plus vive : le temps perdu pour le voyage serait toujours le même.

219. *Conditions intrinsèques et extrinsèques de la régularité des procès-verbaux.* — Quant aux conditions intrinsèques, nous ne pouvons qu'inviter le lecteur à se reporter v° Procès-verbal. Il y trouvera l'exposé général des principes de la matière.

220. *Conditions extrinsèques.* — Les procès-verbaux rédigés par les agents mentionnés au § 1 de l'art. 15 de la loi du 30 mai 1851, c'est-à-dire par les conducteurs, agents voyers, cantonniers, chefs et autres employés du service des ponts et chaussées, etc. (V. n° 214), doivent être *affirmés* dans les trois jours, à peine de nullité, devant le juge de paix du canton ou devant le maire de la commune, soit du domicile de l'agent qui a verbalisé, soit du lieu où la contravention a été constatée (L. 30 mai 1851, art. 18). — Ces derniers mots, *soit du domicile de l'agent qui a verbalisé, soit du lieu où la contravention a été constatée*, s'appliquent à l'affirmation devant le juge de paix aussi bien qu'à celle qui peut avoir lieu devant le maire : la rédaction de l'article, sa ponctuation ne peuvent laisser le moindre doute à cet égard.—V. Procès-verbal, n°s 765 et suiv.

221. Lorsque les villes sont divisées en plusieurs arrondissements de justice de paix, les agents ou fonctionnaires qui ont la ville entière pour résidence, et non un arrondissement déterminé, peuvent affirmer leurs procès-verbaux indistinctement devant l'un des juges de paix de leur résidence (cons. d'Ét. 9 mars 1836, aff. Aubriol, V. Procès-verbal, n° 752, 2° espèce).

222. Sous la législation antérieure à la loi de 1851, il a été jugé que les procès-verbaux de contravention, en matière de roulage, ne sont assujettis ni au timbre ni à l'enregistrement, la loi du 19 déc. 1790 ayant été abrogée par le décret du 23 juin 1806 (cons. d'Ét. 29 août 1821, aff. min. de l'intérieur, V. Procès-verbal, n° 737; 30 déc. 1822-17 janv. 1823, M. Tarbé, rap., aff. min. fin. C. contrevenants de l'Oise ; V. aussi v° Voirie par terre, n° 2272). — Quant à l'enregistrement, l'art. 19 de la loi de 1851 dit expressément que les procès-verbaux doivent être enregistrés en débet dans les trois jours de leur date ou de leur affirmation, à peine de nullité ; conséquemment il ne peut plus y avoir de difficulté à cet égard. — Relativement au timbre des procès-verbaux, la loi de 1851 ne contient aucune disposition spéciale, d'où il nous paraît résulter qu'il faut suivre à cet égard la règle générale applicable aux procès-verbaux destinés à servir de base à des poursuites devant les tribunaux. Ainsi ils doivent être visés pour timbre. — V. v° Enregistr., n°s 4860 et suiv. ; Procès-verbal, n°s 737 et suiv., Timbre, n° 49.

223. *Foi due aux procès-verbaux.* — Les procès-verbaux dressés par les agents ou fonctionnaires désignés ci-dessus (n°s 214 et s.) font foi jusqu'à preuve contraire (L. 1851, art. 15). — Ainsi la loi n'a donné à aucun d'eux le pouvoir exorbitant et dangereux de faire crus jusqu'à inscription de faux. — Sur la foi due en général aux procès-verbaux, V. Procès-verbal, n°s 131 et suiv.; 762 et 763). — Il a été jugé que la mention, dans un procès-verbal dressé en matière de roulage par un agent ayant qualité, qu'un fait de stationnement d'une voiture qui y est constaté a eu lieu sans nécessité, est une de celles auxquelles foi est due jusqu'à preuve contraire, notamment quand ce procès-verbal émane d'un garde champêtre (Crim. cass. 26 mai 1855, aff. Vincent et Paulmier, D. P. 55. 5. 488).

224. *Résistance et outrages envers les agents ou fonctionnaires.* — L'art. 10 de la loi du 30 mai 1851 punit d'une

amende de 16 à 100 fr., indépendamment de celle qu'il pourrait avoir encourue pour toute autre cause, tout voiturier ou conducteur qui, sommé de s'arrêter par l'un des fonctionnaires ou agents chargés de constater les contraventions, refuse d'obtempérer à cette sommation et de se soumettre aux vérifications prescrites. — D'après le projet du gouvernement, le minimum de l'amende était de 5 fr. La commission a pensé avec raison que cette pénalité n'était pas en rapport avec la gravité du fait à punir, et sur sa proposition le minimum de l'amende a été porté à 10 fr. — Et c'est en ces termes que l'article fut mis aux voix et adopté. Ce chiffre de 10 fr. était encore inférieur au minimum de la pénalité applicable aux délits, et il a été porté à 16 fr. Mais on ne peut dire à quel moment cette modification a eu lieu. Les comptes rendus de la seconde et de la troisième délibération, conformes à leurs originaux, portent que l'article a été voté avec le chiffre de 10 fr. Cependant l'original de la loi et le Bulletin des lois contiennent ces mots : *une amende de 16 à 100 fr.* Quoi qu'il en soit de ce fait assez bizarre, il est certain que c'est l'article publié par le Bulletin des lois qui doit être appliqué. Le minimum de l'amende est donc évidemment de 16 fr. — V. MM. Duvergier, Lois, année 1851, p. 197, note de l'art. 10; de Champagny, Traité de police municipale, t. 5, p. 546 et 547.

225. Les dispositions du liv. 3, tit. 1, chap. 3, sect. 4, § 2, c. pén., sont applicables en cas d'outrages ou de violences envers les fonctionnaires ou agents chargés de constater les délits et contraventions prévues par la présente loi (L. de 1851, art. 11). — Sur l'interprétation de ces dispositions, V. Presse-outrage, nos 686 et suiv.; Fonctionn. pub., nos 128 et suiv.

ART. 7. — *Compétence, poursuite, jugement.* — *Répartition et prescription des amendes.* — *Amnistie.*

226. L'art. 4 de la loi du 29 flor. an 10, relative au poids des voitures employées aux roulages et messageries, déférait à la juridiction administrative les contraventions aux dispositions qu'elle contenait. — Suivant l'art. 38 du décret du 23 juin 1806, les contestations qui pouvaient s'élever sur l'exécution de ce règlement devaient être portées devant le maire de la commune, et par lui jugées sommairement sans frais, et ce n'était que sur l'appel que les conseils de préfecture devaient en connaître. — Mais l'ord. du 22 nov. 1820 portait que les contraventions au règlement précité de 1806 seraient jugées par les conseils de préfecture, et excluait ainsi le premier degré de juridiction. — Cette législation a été changée par la loi du 30 mai 1851. D'après l'art. 17 de cette loi, les contraventions prévues par les art. 4 et 9 seulement doivent être jugées par le conseil de préfecture du département où elles ont été commises. Tous les autres délits et contraventions qu'elle prévoit sont de la compétence des tribunaux.

227. Les contraventions de la compétence des conseils de préfecture sont celles qui ont pour effet de compromettre la viabilité publique et la conservation du sol des routes. Les dispositions des art. 4 et 9 précités de la loi de 1851 sont applicables,

les unes à toutes les voitures, les autres à celles qui ne servent point au transport des personnes ; les premières sont relatives : 1° à la forme des moyeux, à la longueur et à la saillie des essieux ; 2° à la forme des bandes des roues et à celle des clous des bandes ; 3° au maximum du nombre des chevaux de l'attelage que peut comporter la police ou la libre circulation des routes ; 4° à l'a circulation pendant les jours de dégel et aux précautions à prendre pour la traverse des ponts suspendus (L. 30 mai 1851, art. 2, § 1, nos 1, 2, 3, 5, 6, et art. 4) ; 5° au dommage causé à une route ou à ses dépendances par la faute, la négligence ou l'imprudence d'un conducteur de voitures (même loi, art. 9). — Quant aux voitures ne servant pas au transport des personnes, les contraventions auxquelles elles peuvent donner lieu et qui sont de la compétence des conseils de préfecture, sont relatives : 1° à la largeur du chargement ; 2° à la saillie du collier des chevaux ; 3° au mode d'enrayage (Loi de 1851, art. 2, § 2, nos 1, 2 et 3 ; art. 4).

Les tribunaux ordinaires, c'est-à-dire les tribunaux de simple police et les tribunaux de police correctionnelle, connaissent, les premiers, des infractions relatives : 1° aux conditions à observer pour l'emplacement et les dimensions de la plaque ; — 2° au nombre des voitures qui peuvent être réunies en un convoi et aux autres conditions imposées aux convois (art. 2, § 2, n° 4). — Jugé que le tribunal de simple police est compétent, à l'exclusion des conseils de préfecture, pour connaître de l'infraction à la disposition de la loi sur la police du roulage, qui exige que chaque voiture attelée de plus d'un cheval soit conduite par un seul conducteur, et qui défend de mettre en convoi plus de deux voitures, quand l'une d'elles est attelée de plus d'un cheval (Crim. rej. 19 mars 1853, aff. Mailley, D. P. 53. 5. 484) ; — 3° aux mesures de police à observer par les conducteurs, notamment en ce qui concerne le stationnement des voitures et les règles à suivre pour éviter ou dépasser d'autres voitures (même art., § 2, n° 5). — Les tribunaux de police connaissent aussi des infractions aux arrêtés pris par les préfets ou par les maires pour régler la circulation des voitures dans l'intérêt de la sûreté publique et de la conservation des voies publiques confiées à leur surveillance. Ainsi il a été jugé, déjà avant la loi du 30 mai 1851, que l'arrêté préfectoral qui prohibe la largeur des chargements en travers au delà de la longueur des moyeux des voitures de roulage, est un arrêté pris en vertu de la loi du 22 déc. 1789, qui autorise les administrateurs de département à maintenir la sûreté publique ; que, par suite, les contraventions à cet arrêté sont du ressort des tribunaux de simple police, conformément à l'art 471 c. pén., et non des conseils de préfecture (cons. d'Et. 22 fév. 1838) (1)... Et que l'arrêté de ce conseil doit être annulé, bien qu'il ait renvoyé le prévenu de la plainte (même décision). Aujourd'hui la largeur des chargements a été déterminée par l'art. 11 du décret de 1852, et les contraventions qui y sont relatives sont, comme on vient de le dire, de la compétence des conseils de préfecture. Mais pour toute autre contravention qui ne serait pas prévue par la loi et qui ne résulterait que d'une infraction à un règlement de police municipale, la solution de principe donnée par cet arrêt quant à la compétence serait toujours applicable. — Les tribunaux

(1) *Espèce :* — (Min. des trav. pub. C. Beylon, etc.) — Le 22 juin 1837, un arrêté du conseil de préfecture du Var renvoie de la plainte le sieur Beylon, bien qu'il eût fait circuler sur une route royale des voitures chargées de planches placées en travers et dépassant la largeur des moyeux de 16 à 20 cent., mais par le motif qu'aucune loi n'a fixé la largeur des chargements ; que l'art. 16 du décret du 23 juin 1806 ne détermine que la largeur de la voie des voitures, et que l'ord. royale du 29 oct. 1828 ne détermine que la saillie des moyeux.

Recours au conseil d'État. — M. le ministre soutient que l'ord. du 29 oct. 1828 comprend les chargements en travers des voitures, puis il ajoute : « Quel est le but de cette ordonnance ? C'est évidemment de prévenir les accidents sans nombre qui résultaient avant la publication de la rencontre fréquente des voitures circulant sur une route. Ce but serait évidemment manqué si les chargements pouvaient impunément dépasser la saillie des moyeux ; la largeur des routes ne suffirait plus au croisement des voitures, et les accidents qu'on voulait éviter se reproduiraient sans cesse et avec bien plus de gravité. Il est plus facile d'éviter la rencontre d'un moyeu qui n'excède qu'un léger espace que celle d'un chargement qui en occupe un considérable. L'excès de longueur des chargements est donc plus dangereux que celui des moyeux.

Il faut donc reconnaître qu'il est dans l'esprit comme dans le but de l'ord. de 1828 d'interdire les chargements en travers dont la saillie excède celle des moyeux ; par conséquent, l'excès de saillie des chargements doit être puni de la même peine que l'excès de saillie des moyeux. »

Louis-Philippe, etc. ; — Vu la loi du 29 flor. an 10, celle du 7 vent. an 12, art. 7 ; le décret du 25 juin 1806, art. 16 et 28 ; l'ord. royale du 29 oct. 1828, relative à la longueur des moyeux des voitures de roulage ou autres ; — Vu le décret du 22 déc. 1789, sect. 5, art. 2 ; c. pén. art. 470 ; — Considérant qu'il ne s'agissait pas d'appliquer l'ord. du 29 oct. 1828 ; — Que le procès-verbal ci-dessus visé signalait une contravention aux dispositions d'un règlement pris par le préfet du Var, en vertu des pouvoirs qui sont conférés à l'administration par le décret du 22 déc. 1789, sect. 5, art. 2 ; — Considérant que la connaissance de cette sorte de contravention est attribuée aux tribunaux de simple police par l'art. 470 c. pén. ; — Que dès lors, en statuant sur le procès-verbal dont il s'agit, le conseil de préfecture du Var a excédé ses pouvoirs ; — Art. 1. L'arrêté du conseil de préfecture du Var, du 22 juin 1837, est annulé pour excès de pouvoirs.

Du 22 fév. 1858.—Ord. cons. d'Et.—M. du Martroy, rap.

correctionnels connaissent : 1° des infractions aux dispositions concernant spécialement les voitures de messageries (L. de 1851, art. 6).—Il a été jugé que la contravention résultant du défaut de numérotage des places à l'intérieur d'une voiture est de la compétence, non du juge de paix, mais du tribunal de police correctionnelle (Crim. cass. 11 mai 1854, aff. Pouyat, D. P. 54. 5. 787).
— Il faut excepter toutefois la contravention résultant du défaut d'indication, à l'extérieur de ces voitures, du nom et du domicile de l'entrepreneur, laquelle, ainsi que nous l'avons vu, *suprà*, n° 196, n'est passible que des peines de police prononcées par l'art. 7, et non des peines correctionnelles prononcées par l'art. 6 de la loi de 1851; — 2° Des délits résultant soit de l'usage d'une plaque fausse, soit de la déclaration d'un nom ou d'un domicile faux (art. 8), soit de la résistance et des outrages envers les agents ou fonctionnaires chargés de constater les contraventions (art. 10).

Notons en terminant sur ce point que bien qu'incompétemment rendue, une décision administrative ou judiciaire doit être respectée, tant qu'elle n'a pas été réformée par une juridiction supérieure. — V. Chose jugée, n° 445 et suiv.

228. *Procédure.* — Les contraventions à la police du roulage de la compétence des tribunaux de police simple et correctionnelle sont poursuivies, instruites et jugées conformément aux règles générales tracées par le code d'instruction criminelle, sauf quelques dispositions spéciales prescrites par la loi du 30 mai 1851 (V. Instruct. crim.; V. aussi M. Guilbon, p. 236 et suiv.).—Quant aux contraventions de la compétence des conseils de préfecture, cette loi en règle dans tous ses détails la poursuite, l'instruction et le jugement. Les dispositions des art. 20, 21 et 22 sont applicables aux unes et aux autres de ces contraventions.

229. Aux termes du premier de ces articles, « toutes les fois que le contrevenant n'est pas domicilié en France, la voiture est provisoirement retenue, et le procès-verbal est immédiatement porté à la connaissance du maire de la commune où il a été dressé, ou de la commune la plus proche sur la route que suit le prévenu. — Le maire arbitre provisoirement le montant de l'amende, et, s'il y a lieu, des frais de réparation, et il en ordonne la consignation immédiate, à moins qu'il ne lui soit présenté une caution solvable. — A défaut de consignation ou de caution, la voiture est retenue jusqu'à ce qu'il ait été statué sur le procès-verbal. Les frais qui en résultent sont à la charge du propriétaire. — Le contrevenant est tenu d'élire domicile dans le département du lieu où la contravention a été constatée; à défaut d'élection de domicile, toute notification lui est valablement faite au secrétariat de la commune dont le maire a arbitré l'amende ou les frais de réparation. » — D'après l'art. 21, lorsqu'une voiture est dépourvue de plaque et que le propriétaire n'est pas connu, il est procédé de la même manière que si le contrevenant n'avait pas de domicile en France. — Il en est de même dans le cas de procès-verbal dressé à raison de l'un des délits prévus par l'art. 8 de la loi de 1851, c'est-à-dire lorsque le propriétaire ou conducteur de voiture a fait usage d'une plaque portant un nom ou domicile faux ou supposé, ou bien lorsque la voiture étant dépourvue de plaque, le conducteur déclare un nom ou domicile autre que le sien ou que celui du propriétaire pour le compte duquel la voiture est conduite (même art. 21). — Il est également procédé de la même manière à l'égard de tout conducteur de voiture de roulage ou de messagerie, inconnu dans le lieu où il est pris en contravention, et qui ne s'est point régulièrement muni d'un passe-port, d'un livret ou d'une feuille de route, à moins qu'il ne justifie que la voiture appartient à une entreprise de roulage ou de messageries, ou qu'il ne résulte des lettres de voiture ou des autres papiers qu'il a en sa possession, que la voiture appartient à celui dont le domicile est indiqué sur la plaque (même art.).

230. Le procès-verbal est adressé, dans les deux jours de l'enregistrement, au sous-préfet de l'arrondissement. — Le sous-préfet le transmet, dans les deux jours de sa réception, au préfet, s'il s'agit d'une contravention de la compétence des conseils de préfecture, ou au procureur impérial, s'il s'agit d'une contravention de la compétence des tribunaux (L. 1851, art. 22).

231. S'il s'agit d'une contravention de la compétence du conseil de préfecture, copie du procès-verbal, ainsi que de l'affirmation, quand elle est prescrite, est notifiée avec citation, par la voie administrative (sur ce qu'il faut entendre par citation par la voie administrative, V. Cons. d'Et., n° 204 et suiv.), au domicile du propriétaire, tel qu'il est indiqué sur la plaque, ou tel qu'il a été déclaré par le contrevenant, et, quand il y a lieu, à celui du conducteur. — Cette notification a lieu dans le mois de l'enregistrement, à peine de déchéance. — Le délai est étendu à deux mois, lorsque le contrevenant n'est pas domicilié dans le département où la contravention a été constatée; il est étendu à un an lorsque le domicile du contrevenant n'a pu être constaté au moment du procès-verbal. — Si le domicile du conducteur est resté inconnu, toute notification qui lui est faite à domicile du propriétaire est valable (L. 1851, art. 23). — La disposition de cet article qui prescrit de faire la notification au domicile du propriétaire s'applique aussi au cas où la contravention est de la compétence du tribunal de simple police. Elle est conforme, d'ailleurs, à l'art. 145 c. inst. crim. portant qu'il est laissé copie de la citation au prévenu ou à la personne civilement responsable. Et ici la personne civilement responsable, c'est le propriétaire de la voiture. Nous avons déjà parlé de cette responsabilité, *suprà* n° 58, en expliquant l'art. 13 de la loi du 30 mai 1851.

232. Le prévenu est tenu de produire, dans le délai de trente jours, ses moyens de défense devant le conseil de préfecture. — Ce délai court à compter de la date de la notification du procès-verbal; mention en est faite dans cette notification. — A l'expiration du délai fixé, le conseil de préfecture prononce, lors même que les moyens de défense n'ont pas été produits. — Son arrêté est notifié au contrevenant dans la forme administrative, dix jours au moins avant toute exécution (L. 1851, art. 24). — Par qui doit être faite cette notification? — V. à cet égard v° Cons. d'Et., n° 225 et suiv. — Il a été jugé que la notification faite par un cantonnier chef assermenté d'un arrêté du conseil de préfecture portant condamnation à l'amende, pour contravention à la police du roulage, est régulière et fait courir le délai de l'appel; qu'en pareille matière, le ministère des huissiers n'est pas nécessaire, et qu'en conséquence, si aucun appel n'est interjeté dans ce délai, l'arrêté de condamnation acquiert l'autorité de la chose jugée, et la prescription annale de l'action publique fait place à la prescription de deux ans applicable à la peine (Cass. 15 juill. 1851, aff. Abadie, D. P. 51. 1. 223). — V. Voirie par terre, n° 1024.

233. Si la condamnation a été prononcée par défaut, la notification faite au domicile énoncé sur la plaque est valable. — L'opposition à l'arrêté rendu par défaut devra être formée dans le délai de quarante jours, à compter de la date de la notification (L. 1851, art. 24).

234. L'instance à raison des contraventions de la compétence des conseils de préfecture est périmée par six mois, à compter de la date du dernier acte des poursuites, et l'action publique est éteinte, à moins de fausses indications sur la plaque, ou de fausse déclaration en cas d'absence de plaque (L. 1851, art. 26).

235. A notre avis, ce n'était pas dans la loi spéciale à la police des voitures que devaient se trouver ces règles de procédure administrative. — Il ne peut être dans la pensée du législateur d'établir une marche distincte pour chacune des matières dont la connaissance est déférée aux conseils de préfecture. Ce serait compliquer, sans aucun avantage, les formes à observer par cette juridiction. Il fallait donc, à notre sens, sauf quelques dispositions qui pouvaient être commandées par la spécialité dont il s'agit, s'en remettre aux règles générales, et si l'on pense que ces règles ne sont pas formulées d'une manière assez précise, qu'elles ne sont pas suffisamment coordonnées, corriger le vice de notre législation à cet égard. Depuis le décret du 30 déc. 1862 (D. P. 63. 4. 5) qui a établi la publicité des audiences des conseils de préfecture statuant sur les affaires contentieuses, la procédure devant ces conseils a été réglée par des arrêtés particuliers des préfets (V. notamment celui du préfet de la Seine du 20 avr. 1863, D. P. 63. 3. 21).—En ce moment les dispositions essentielles de ces règlements sont soumises au conseil d'État pour être fondues dans un règlement général, et quelques-unes sont l'objet d'un projet de loi qui a été présenté au corps législatif le 20 avr. 1864, mais qui n'est pas encore voté.

236. Le recours au conseil d'État contre l'arrêté du conseil de préfecture peut avoir lieu par simple mémoire déposé au sc

crétariat général de la préfecture, ou à la sous-préfecture, et sans l'intervention d'un avocat au conseil d'Etat. — Il est délivré au déposant récépissé du mémoire, qui doit être immédiatement transmis par le préfet. — Si le recours est formé au nom de l'administration, il doit l'être dans les trois mois de la date de l'arrêté (L. 1851, art. 25).

237. *Répartition des amendes.* — Lorsque le procès-verbal constatant le délit ou la contravention a été dressé par l'un des agents désignés au § 1 de l'art. 15 (V. ci-dessus, n° 214), le tiers de l'amende prononcée appartient audit agent, à moins qu'il ne s'agisse d'une contravention ou d'un délit prévu aux art. 10 et 11 de la loi de 1851 (résistance ou outrage envers les agents). — Les deux autres tiers sont attribués, soit au trésor public, soit au département, soit aux communes intéressées, selon que la contravention ou le dommage concerne une route nationale, une route départementale, ou un chemin vicinal de grande communication. Il en est de même du total des frais de réparation réglés en vertu de l'art. 9, ainsi que du total de l'amende, lorsqu'il n'y a pas lieu d'appliquer les dispositions du § 1 du présent article (L. 1851, art. 28). — Lorsque les contraventions sont constatées par les maires, les commissaires et agents assermentés de police, par les ingénieurs des ponts et chaussées, les officiers et sous-officiers de gendarmerie, les personnes commissionnées par l'autorité départementale pour la surveillance et l'entretien des voies de communication, ces fonctionnaires n'ont droit à aucune partie des amendes ; c'est ce qui résulte nécessairement de l'art. 28 qui parle seulement des agents désignés au § 1 de l'art. 15.

238. *Prescription des amendes.* — Les amendes se prescrivent par une année, à compter de la date de l'arrêté du conseil de préfecture, ou à compter de la décision du conseil d'Etat, si le pourvoi a eu lieu. — En cas de fausses indications sur la plaque, ou de fausses déclarations de nom ou de domicile, la prescription n'est acquise qu'après cinq années (L. 1851, art. 27). — C'est là, en effet, un délit bien caractérisé, pour lequel il était juste de se conformer à la règle générale de l'art. 636 c. inst. crim. — V. Prescription crimin., n° 34.

239. *Amnistie.* — Aux termes de l'art. 30 de la loi du 30 mai 1851, « amnistie est accordée pour les peines encourues ou prononcées à raison de surcharge ou de défaut de largeur de jantes. — Cette amnistie n'est point applicable aux frais avancés par l'Etat, ni à la part attribuée par les lois et règlements, sur le montant des amendes prononcées, aux divers agents qui ont constaté les contraventions. — Les sommes recouvrées avant la promulgation de la présente loi, en vertu des décisions des conseils de préfecture, ne seront pas restituées. » — Nous n'avons pas, on le comprend, à insister sur cette disposition purement transitoire, et que le temps écoulé depuis la loi de 1851 rend à peu près inapplicable aujourd'hui. — Sur les principes en matière d'amnistie, V. v° Amnistie. — Il a été jugé, par application d'une disposition analogue de l'ord. du 8 nov. 1830, que ceux qui, lors de la promulgation de cette ordonnance, étaient en instance devant le conseil d'Etat pour faire réformer la condamnation dont ils avaient été l'objet, sont fondés à réclamer le bénéfice de l'ordonnance, encore qu'ils aient acquitté les amendes, pourvu aux frais d'ailleurs, toutes leurs réserves : on prétendrait en vain que l'amnistie n'est applicable qu'aux amendes encore dues et non à celles qui ont été payées (cons. d'Et. 20 juill. 1832) (1).

<hr>

(1) (Galline et comp. *C.* min. des fin.) — Louis-Philippe, etc. ; — Vu les lois des 6 prair. an 7, 29 flor. an 10 et 7 vent. an 12, le décret du 25 juin 1806 et les ord. royales des 20 nov. 1830 et 16 juill. 1828; — Vu notre ord. du 8 nov. 1850, et notamment les art. 3 et 4 concernant la remise des amendes pour contravention aux lois et règlements de la police du roulage ; — Considérant que les décisions attaquées sont connexes, et qu'il y a lieu de statuer, par une seule et même ordonnance, sur les trois pourvois enregistrés sous les n°s 9121, 9538 et 9692, lesquels tendent à la restitution du montant des amendes auxquelles les requérants ont été condamnés ; — Considérant qu'il est reconnu par l'administration des domaines que les sieurs Galline et compagnie n'ont payé que comme forcés et contraints, et sous la réserve expresse de leurs droits ; — Considérant que, d'après les lois et règlements sur la police du roulage, les amendes doivent être consignées,

Art. 1. — *Historique et législation.*

240. Pendant longtemps, ainsi qu'on l'a vu, l'exploitation des messageries a été entre les mains de l'Etat l'objet d'un monopole : il ne pouvait donc y avoir lieu d'imposer les voitures publiques. Après avoir aboli le privilége de l'Etat sur les messageries, on a été amené par les nécessités financières à penser qu'on devait l'indemniser de ce sacrifice par l'établissement d'un impôt sur ces voitures. Tel a été l'objet de plusieurs dispositions introduites dans la loi des finances du 9 vend. an 6 (V. p. 1034). — L'art. 68 de cette loi veut qu'à compter du 1er brum. suivant, il soit perçu au profit du trésor public un dixième du prix des places dans les voitures exploitées par les entrepreneurs particuliers. Cet article ajoute qu'il ne sera rien perçu sur les effets et sur les marchandises portées par ces voitures ni sur les places établies sur l'impériale. — Mais il a été abrogé quant au transport des marchandises par la loi du 5 vent. an 12 (V. n°s 242, 275), et quant aux places sur l'impériale par la loi du 25 mars 1817 (V. n° 271).

241. La loi du 6 prair. an 7 (V. Enreg., n° 29) ordonne la perception à titre de subvention extraordinaire de guerre d'un décime par franc, en sus de diverses contributions parmi lesquelles figure le droit sur les voitures publiques. — Ce décime a toujours continué de se percevoir bien que les causes qui l'avaient fait établir aient cessé pendant longtemps. Il en est de même d'un second décime ajouté par la loi du 14 juill. 1855 aux impôts déjà grevés du premier. — V. n° 270.

242. La loi des finances du 5 vent. an 12 (art. 74) qui, ainsi que nous l'avons fait observer, a étendu le droit du dixième au transport des marchandises par les voitures publiques, détermine les bases d'après lesquelles doit se faire la perception. Elle n'a pas été abrogée. — V. n° 275.

243. Le décret du 14 fruct. an 12 explique (art. 1 et 2) quels sont les entrepreneurs de voitures publiques qui sont soumis au droit du dixième. Les caractères qu'il détermine sont toujours ceux qui doivent servir de guides (V. n° 257). — Les art. 3, 4 et 5 du même décret imposent aux entrepreneurs diverses obligations (tenue des registres, communication de ces registres aux agents de l'administration, remise d'une feuille de route aux conducteurs, etc.), dont ils n'ont pas été affranchis par la législation postérieure (V. n°s 279 et s.). — Les autres dispositions du même décret sur les exceptions au droit du dixième (art. 7, V. n° 260), le laissez-passer à délivrer aux entrepreneurs (art. 8, V. n°s 292 et s.), les cas de susension de service (art. 9, V. n° 290), l'emploi de faux registres (art. 10), les cas de résistance, voies de fait, ou insultes de la part des conducteurs, cochers, postillons et voituriers (art. 11, V. p. 1035), nous paraissent aussi être toujours en vigueur.

244. Un avis du conseil d'Etat du 3 vend. an 13 résout différentes questions qui s'étaient élevées sur la perception du dixième du prix du transport des marchandises et qui étaient de savoir : 1° si les fourgons qui suivent les diligences et qui ne transportent que des marchandises sont assujettis au droit du dixième; — 2° Si les effets des voyageurs, autres que ceux dont le transport a lieu gratis et divers autres objets, tels que les comestibles, l'argent du trésor, les ballots de papiers des admi-

<hr>

et ne sont définitivement acquises à l'Etat que quand elles ont été prononcées par des jugements qui ne sont plus susceptibles d'être attaqués; — Considérant que les réclamants se sont pourvus, en notre conseil, contre les décisions du conseil de préfecture, et qu'ils étaient en appel devant nous, en notre conseil d'Etat, à l'époque où a été promulguée notre ordonnance d'amnistie ; qu'ainsi, ils sont aptes à profiter du bénéfice de cette amnistie ;

Art. 1. La décision de notre ministre des finances, du 6 avr. 1851, est annulée.

2. Il sera fait restitution à la compagnie *Galline* du montant des amendes payées par elle en exécution forcée des décisions attaquées du conseil de préfecture.

3. Il n'y a lieu à statuer sur les arrêtés du conseil de préfecture. Du 20 juill. 1832 —Ord. cons. d'Et.-M. Tarbé, rap.

nistrations, etc., doivent être considérés comme marchandises ; — 3° Si les entrepreneurs de voitures partant d'occasion et à volonté doivent payer le droit du dixième sur les effets et marchandises qu'ils transportent.—Cet avis nous semble n'avoir rien perdu de son autorité, et nous expliquerons en son lieu quelle en doit être l'application. — V. n° 275, 276, 328.

245. Le décret du 13 fruct. an 13 permet d'abonner le droit du dixième dans le cas où ce mode de perception est jugé pour la régie des droits réunis d'une exécution plus sûre que le mode de perception ordinaire.—Ce décret est encore en vigueur (V. n° 278).

246. Telle est la législation qui a régi l'impôt sur les voitures publiques jusqu'en 1817. La loi de finances du 25 mars de cette année reproduisit presque toutes les dispositions antérieures avec les modifications et les additions dont la pratique avait démontré la nécessité. Le § 4 du tit. 7 de cette loi, art. 112 à 122 (V. p. 1035), peut être considéré comme le code des droits du trésor sur les voitures publiques. — Quelques-uns de ces articles seulement ont été modifiés par la législation postérieure. Tels sont l'art. 112, qui maintient la perception de l'impôt du dixième, sous la déduction du *quart* pour les places vides ; l'art. 113, qui impose les voitures partant d'occasion ou à volonté, suivant un tarif qu'il détermine ; l'art. 114, relatif à la remise pour places vides, dans les voitures employées au transport des dépêches pour l'administration des postes, articles auxquels il a été dérogé notamment : 1° par l'art. 4 de la loi du 17 juill. 1819, d'après lequel le droit du dixième du prix des places auquel sont assujetties les voitures publiques de terre à service régulier est indistinctement perçu, sous la déduction pour les places vides d'un *tiers* du prix total des places ; — 2° Par l'art. 8 de la loi du 28 juill. 1833, d'après lequel le droit fixe, imposé sur les voitures publiques partant d'occasion ou à volonté, doit être perçu d'après un nouveau tarif (V. n° 311 et s.).—Suivant cet article, sont considérées comme partant d'occasion les voitures qui, dans le service habituel d'un point fixe à un autre, ne sortent pas d'une même ville ou d'un rayon de 15 kilom. (V. n° 319).

247. L'art. 11 de la loi du 20 juill. 1837 veut que, dans les lieux où il existe des voitures publiques, toute personne, autre qu'un entrepreneur de voitures, qui a l'intention de mettre accidentellement une voiture en circulation à prix d'argent, soit admise à en faire chaque fois la déclaration au bureau de la régie et soit tenue de se munir d'un laissez-passer. — Cette disposition est du nombre de celles qui ont été maintenues (V. n° 336).

248. Sur les chemins de fer, comme sur les autres voitures, l'impôt du dixième était perçu sur la somme totale payée par les voyageurs (V. Voirie par chemin de fer, n° 529). Mais les compagnies élevèrent des réclamations fondées sur ce que cette somme représentait non-seulement le prix de transport, lequel seul devait être soumis à l'impôt, mais aussi le prix d'entretien et du loyer du chemin de fer qui en était affranchi. C'est pour faire droit à ces réclamations qu'intervint la loi du 2 juill. 1838, qui dispose que l'impôt dû au trésor sur le prix des places sera perçu pour les chemins de fer sur la partie du tarif correspondant au prix du transport. Mais la loi du 14 juill. 1855 abolit cette distinction et ajoute que l'impôt de 10 p. 100 sera également perçu sur le produit des marchandises transportées à grande vitesse. — V. Voirie par chemin de fer, n° 530, et *infrà*, n° 265.

249. Une ordonn. royale des 22 juill.-1er août 1829 autorise la ville de Paris à percevoir sur les omnibus et autres voitures, faisant le transport en commun, un droit annuel de 120 fr., pour chaque voiture attelée de deux chevaux, et de 150 fr. pour les voitures attelées de trois chevaux. Ce droit est perçu par douzième et de mois en mois. D'après des conventions récentes passées avec la ville de Paris, la compagnie des Omnibus doit payer un droit de stationnement de 1 million par an pour les cinq cents premières voitures et de 1,000 fr. par an pour chaque voiture nouvelle mise en circulation. La compagnie des Petites-Voitures ne paye que 1 fr. par jour et par voiture.

250. Il nous reste à parler de quelques droits du fisc qui, bien qu'ils n'offrent aucune analogie avec ceux dont il vient d'être parlé, ne nous en semblent pas moins devoir être rappelés ici, — La loi du 3 niv. an 6 contient le tarif des droits à percevoir sur les voitures pour l'entretien des routes, et un grand nombre de dispositions relatives à la police des barrières, à la

règle provisoire de la taxe d'entretien, à la location ou ferme des barrières, au contentieux des barrières. — Cette loi consacrait un système d'impôt fort équitable, et qui est encore en usage en Angleterre. Il consistait à faire payer l'entretien des routes par ceux qui les fréquentent. — Mais on y a depuis longtemps renoncé en France, à cause des inconvénients qu'il présente et dont l'un des plus saillants est d'obliger les voyageurs à s'arrêter très-fréquemment pour l'acquittement du droit à percevoir. — V. Voirie par terre, n° 72.

251. L'arrêté du 2 niv. an 6, en conformité de la loi du 24 août 1790, porte (art. 4) qu'aucun entrepreneur de voitures de transport libres ne peut se charger d'aucune lettre ni papier, autres que ceux relatifs à leur service personnel et particulier, ou les sacs de procès, et défend à tous les entrepreneurs de voitures libres de se charger du port des lettres, journaux, feuilles à la main et ouvrages périodiques. — C'est là une disposition qui tient au privilège de la poste.—V. Poste aux lettres, n° 49 et s.

252. Mentionnons enfin la déclaration du 29 janv. 1699, suivant laquelle les objets abandonnés dans les voitures publiques et non réclamés pendant deux ans, appartiennent à l'État, et le décret du 13 août 1810, d'après lequel les effets confiés à des entrepreneurs de roulage ou de messageries peuvent être vendus au profit du fisc, lorsqu'ils n'ont pas été réclamés dans les six mois de leur arrivée à leur destination. — V. v° Commissionnaire, n° 358 ; Propriété, n° 218.

TABLEAU DE LA LÉGISLATION RELATIVE A L'IMPÔT SUR LES VOITURES PUBLIQUES.

9 vend. an 6 (30 sept. 1797).—Loi relative aux fonds pour les dépenses générales ordinaires et extraordinaires de l'an 6 (extrait).

TIT. 7.— MESSAGERIES.

Art. 65. Au 1er nivôse prochain, la régie des messageries nationales cessera toutes fonctions.

66. Dans le délai de deux mois, à dater de la publication de la présente, il sera procédé, par enchères et par affiches faites un mois d'avance, à la vente et adjudication de tous les effets mobiliers dépendant des messageries nationales, et à la location des maisons et bureaux servant à leur exploitation.

67. Si, par la suppression de l'entreprise nationale des messageries, une ou plusieurs communications dans la République étaient menacées d'interruption, le directoire exécutif y pourvoira par des mesures provisoires qui lui paraîtront les plus convenables, à charge d'en informer le corps législatif. — Il est, à cet effet, autorisé à distraire de la vente des effets mobiliers dépendant des messageries nationales, ceux qu'il jugera nécessaire de conserver.

68. À compter du 1er brumaire prochain, il sera perçu, au profit du trésor public, un dixième du prix des places dans les voitures exploitées par des entrepreneurs particuliers Il ne sera pas perçu sur les effets et marchandises portés par lesdites voitures, ni sur les places établies sur l'impériale.

69. Tout citoyen qui entreprendra des voitures publiques, de terre ou d'eau, partant à jour et heure fixes, et pour des lieux déterminés, sera tenu de fournir aux préposés de la régie de l'enregistrement sa déclaration, contenant : — 1° L'énonciation de la route ou des routes que sa voiture ou ses voitures doivent parcourir ; — 2° L'espèce, le nombre des voitures qu'il emploiera, et la quantité de places qu'elles contiendront dans l'intérieur de la voiture et du cabriolet qui y tiendrait ; — 3° Le prix de chaque place : par suite de laquelle déclaration, lesdites voitures seront visitées, inventoriées et estampées.

70. Tout entrepreneur de voitures suspendues partant d'occasion ou à volonté sera tenu de fournir la déclaration de sa voiture ou de ses voitures, et de payer, chaque année, pour tenir lieu du dixième imposé sur les autres voitures publiques ainsi qu'il suit : — Pour une voiture à deux roues et deux places, 20 fr. ; à deux roues et quatre places, 33 fr. ; à deux roues et six places, 45 fr. ; à deux roues et huit places, 60 fr. ; à deux roues à neuf places et au-dessus, 70 fr. ; à quatre roues et à quatre places, 40 fr. ; à quatre roues et six places, 50 fr. ; à quatre roues et huit places, 60 fr. ; à quatre roues, à neuf places et au-dessus, 75 fr.

71. Le calcul du produit de chaque voiture sera fait dans la supposition que les places seraient occupées : l'entrepreneur sera tenu de verser, chaque décade, au receveur du droit d'enregistrement, le dixième du ce produit, sous la déduction, abonnée par la présente loi, d'un quart, pour tenir lieu d'indemnité pour les places vides que pourraient éprouver lesdites voitures.

72. Tout entrepreneur convaincu d'avoir omis de faire sa déclaration, ou d'en avoir fait une fausse, sera condamné à la confiscation des voitures, harnais, et à une amende qui ne pourra être moindre de 100 fr., et plus forte de 1,000 fr.

73. Quant aux voitures d'eau, la régie de l'enregistrement est autorisée à régler leur abonnement d'après le nombre des voyageurs qu'elles transportent annuellement ; et dans le cas de contestation ou de difficulté sur la quotité de cet abonnement, le ministre des finances prononcera.

5-15 vent. an 12 (25 fév. 1804). — Loi concernant les finances (extrait).

TIT. 5.— CHAP. 5.— *Du droit sur les voitures publiques.*

Art. 74. Les droits sur les voitures publiques de terre et d'eau continueront d'être perçus sur le pied fixé par la loi du 9 vend. an 6 et celles ultérieures.

75. Il sera en outre perçu un dixième du prix payé aux entrepreneurs de voitures publiques de terre, pour les transports de marchandises qu'elles feront.— Cette perception se fera sur le vu des registres tenus dans leurs bureaux, et des

feuilles remises à leurs conducteurs, postillons, cochers ou voituriers, lesquelles feuilles les employés auront droit de se faire représenter, de compulser et vérifier.

76. En cas de ... fraude des droits sur les voitures publiques, ... les objets de fraude seront saisis et confisqués et les contrevenants condamnés à une amende égale au quadruple des droits fraudés.

14 fruct. an 12 (1er sept. 1804). — Décret concernant les entrepreneurs de voitures publiques à destination fixe.

Art. 1. Tout entrepreneur de voitures publiques à destination fixe et faisant le service d'une même route ou d'une ville à une autre, est compris dans les dispositions des art. 68 et 69 de la loi du 9 vend. an 6, et comme tel, soumis à leur exécution, ainsi qu'à celles des art. 74 et 75 de la loi du 5 vent. an 12.

2. Ne sont pas comprises dans l'article précédent: 1° les voitures qui ne portent pas de voyageurs; — 2° Celles restant sur place, ou purement de louage, et qui partent indifféremment à quelque jour et quelque heure et pour quelque lieu que ce soit, sur la réquisition des voyageurs.

3. Les entrepreneurs de voitures publiques, autres que celles mentionnées en l'art. 2, tiendront des registres en papier timbré, cotés et parafés par le sous-préfet de leur arrondissement, ou tel autre officier public commis à cet effet par le préfet du département Ils y enregistreront, jour par jour, toutes les personnes et marchandises dont ils entreprendront le transport, ainsi que les prix des places, la nature, le poids et le prix du port des paquets et marchandises. Lesdits registres seront visés des préposés des droits réunis de l'arrondissement.

4 La perception du dixième du prix du port des marchandises, créée par l'art. 75 de la loi du 5 vent. an 12, s'établira sur le vu desdits registres, qui serviront à constater la fidélité des déclarations du nombre et du prix des places de chaque voiture. A cet effet, les entrepreneurs ou leurs commis communiqueront, sans déplacement, aux préposés de la régie des droits réunis, et à toute réquisition, non-seulement les registres d'enregistrement journalier ci-dessus désignés, mais encore toute espèce de registres de contrôle et de recette qu'ils auraient établis dans leur manutention. — Seront considérés comme marchandises sujettes au droit du dixième tous les objets qui donneront lieu à une perception au profit de l'entreprise.

5. Les entrepreneurs remettront à leurs conducteurs, cochers, postillons ou voituriers, au moment de leur départ, une feuille de route portant le numéro de l'estampille de la voiture, le nom de l'entrepreneur et celui du conducteur, ainsi que le nombre des places de la voiture. Cette feuille, certifiée de l'entrepreneur ou d'un de ses commis, présentera littéralement, article par article, les enregistrements, ainsi que le prix des places et du port des objets portés au registre. — Tout chargement fait dans le cours de la route sera inscrit sur ladite feuille, et reporté au registre du bureau d'arrivée.

6. Les préposés de la régie des droits réunis sont autorisés à assister aux chargements et déchargements des voitures, tant aux lieux de départ et d'arrivée, que dans le cours de la route; à viser les registres et feuilles de route, à en vérifier l'exactitude, à en prendre copie, et à dresser procès-verbal de toutes contraventions.

7. Sont exceptés du droit de dixième et du droit fixe, les courriers chargés du transport des dépêches, dans les malles affectées à ce service par l'administration des postes, et à elle appartenant. — Les entrepreneurs particuliers de ce service seront tenus de payer le dixième du prix des places des voyageurs qu'ils conduiront, et les paquets autres que ceux des dépêches qu'ils transportent.

8. Il sera délivré à chaque entrepreneur de voitures publiques, par le préposé de la régie des droits réunis, autant de laissez-passer conformes à sa déclaration, qu'il aura de voitures en circulation. Les conducteurs seront tenus d'en être toujours porteurs, et de les représenter, à toute réquisition, à tout préposé de la régie des droits réunis.

9. Lorsque les entrepreneurs suspendront le service d'une voiture pour la mettre en réparation, celle qu'ils y substitueront devra également être déclarée, estampillée, et ne pourra être d'une capacité excédante, sans acquitter le droit en raison de l'excédant des places, qui sera vérifié par les commis de la régie.

10. Tout emploi de faux registres et de fausses feuilles ou de faux enregistrements sera constaté par procès-verbal, pour poursuivre les contrevenants, conformément à l'art. 76 de la loi du 5 vent. an 12, sans préjudice des poursuites extraordinaires pour crime de faux, suivant le cas. — Les peines pécuniaires ne pourront être remises ni modérées, si ce n'est par transaction, en conformité de l'art. 23 du règlement général du 5 germ. an 12.

11. En cas de résistance, voies de fait ou insultes de la part des conducteurs, cochers, postillons et voituriers, il y aura lieu à l'application des peines portées en l'art. 15 de la loi du 27 frim. an 8, sur l'organisation générale des octrois.

3 vend. an 13 (25 sept. 1804). — Avis du conseil d'Etat sur le dixième du transport des marchandises.

Le conseil d'Etat, sur le renvoi qui lui a été fait par Sa Majesté impériale, d'un rapport du ministre des finances, relatif à différentes questions qui se sont élevées sur la perception du dixième du prix de transport des marchandises, établie par la loi du 5 vent. an 12; après avoir entendu le rapport de la section des finances; — Vu le projet de décret soumis à l'approbation de Sa Majesté Impériale, relatif à l'exercice de ladite perception; — Vu aussi les quatre questions présentées dans le rapport du ministre des finances; — Est d'avis, sur la première, ainsi posée : — A compter de quelle époque le droit du dixième du prix des marchandises sera-t-il perçu? — Que, si l'on s'en tenait à la rigueur des principes, l'établissement de ce nouveau droit, ainsi que toutes les autres dispositions de la loi du 5 vent. an 12, pour l'exécution desquelles cette loi même n'a point prescrit de délai, doit partir de la date de sa promulgation, conformément au titre préliminaire du code civil; que cependant les entrepreneurs de voitures publiques paraissent avoir généralement cru que la perception de ce droit ne commencerait, comme ceux imposés sur les bières, cidres et autres liqueurs, qu'au 1er vend. an 13, et s'être abstenus, dans cette confiance, d'augmenter jusqu'à présent le prix de leurs transports, il sera plus conforme à la générosité du gouvernement de prendre en considération cette erreur commune, et d'arrêter que la perception du droit ne courra qu'à compter du 1er vend. prochain, perception qui serait plus que difficile, l'exercice n'ayant point commencé;

Sur la deuxième question, ainsi posée : Les voitures appartenant à des entrepreneurs de voitures publiques, telles que les fourgons qui suivent les diligences, et qui ne transportent que des marchandises, sont-elles assujetties au droit du dixième du prix des transports? — Qu'il y a lieu de persister dans l'exception proposée en l'art. 2 du projet de décret ci-dessus mentionnés, en faveur des voitures qui ne portent aucun voyageur;

Sur la troisième question, ainsi conçue : les effets des voyageurs, autres que ceux auxquels il est d'usage d'accorder le transport gratis; — Les comestibles que l'on envoie pendant l'hiver par les voitures publiques; — L'argent du trésor public, de la banque de France et du commerce; — Les ballots de papiers et impressions des différentes administrations; les sacs de procédures qui sont transportés d'un greffe à l'autre, doivent-ils être considérés comme marchandises, et, comme tels, assujettis au droit du dixième du prix de leur transport? — Qu'il y a lieu également de persister dans la définition insérée au dernier paragraphe de l'art. 4 du même projet de décret, et qui porte : Seront considérés comme marchandises sujettes au droit du dixième, tous les objets qui donnent lieu à une perception au profit de l'entreprise. — Les motifs pour maintenir cette définition, sont; 1° qu'en y faisant de nouvelles exceptions, on réduirait à peu près à rien la perception que le législateur a eu intention d'établir, et à laquelle sont soustraites, par l'exception du deuxième article du projet de décret, les marchandises chargées sur les voitures qui ne transportent pas de voyageurs; 2° que les établissements ou particuliers qui réclament une exemption particulière pour les objets désignés en cette troisième question, sont libres de profiter, s'ils le veulent, de l'exception dont il vient d'être parlé; le seul objet sur lequel on pourrait avoir des motifs plus spécieux de revenir, serait le transport de l'argent, qui exige plus de célérité et une plus grande surveillance; — Mais, d'une part, le service du trésor public ne peut en devenir plus dispendieux, puisque les sommes qu'il aurait de plus à payer pour ses transports, lui rentreraient dans le produit même des caisses des droits réunis; et, d'un autre côté, le bénéfice du transport des espèces est tellement considérable pour les entreprises que la confiance publique en charge, qu'il est permis de croire que la perception du dixième ne nécessiterait point de leur part une augmentation dans le prix de ce transport;

Sur la quatrième et dernière question, ainsi posée : Les entrepreneurs de voitures partant d'occasion et à volonté, qui ne sont assujettis par la loi du 9 vend. an 6, qu'à un droit fixe pour les voyageurs qu'ils conduisent dans leurs voitures, doivent-ils payer le droit de dixième du prix de transport des effets et marchandises? — Qu'il y a lieu de maintenir l'exception portée en l'art. 2 du projet de décret en faveur des voitures d'occasion et à volonté, définies comme elles le sont dans ledit article.

13 fruct. an 13 (31 août 1805). — Décret relatif à l'abonnement du droit du dixième sur les voitures de terre.

Art. 1. L'art. 6 (*sic*, lisez 73) de la loi du 9 vend. an 6, qui permet d'abonner le droit du dixième sur les voitures d'eau, pourra être appliqué par la régie des droits réunis, aux voitures de terre, dans les cas particuliers où ce mode sera jugé, par ladite régie, d'une exécution plus facile et plus sûre que le mode de perception ordinaire; à la charge par la régie, de rendre, chaque année, un compte particulier au ministre, des traités qu'elle aura faits, pour le tout nous être soumis.

1er compl. an 13 (18 sept. 1805). — Avis du conseil d'Etat. — V. 3 vend. an 13.

25-26 mars 1817. — Loi sur les finances (extrait).

Tit. 7. — § 4. — *Des voitures publiques.*

Art. 112. Le droit du dixième du prix des places et du prix reçu pour le transport des marchandises, auquel sont assujettis les entrepreneurs de voitures publiques de terre et d'eau à service régulier, continuera d'être perçu conformément aux lois en vigueur, sous la déduction, pour les places vides, d'un quart du prix total des places Seront considérées comme voitures à service régulier toutes les voitures qui feront le service d'une même route ou d'une ville à une autre, lors même que les jours et heures des départs varieraient.

113. Tout entrepreneur de voitures publiques suspendues ou non suspendues, partant d'occasion ou à volonté, sera tenu de payer, chaque année, pour tenir lieu du dixième imposé sur les voitures à service régulier, savoir : — Pour une voiture à 2 roues, à 2 places, 40 fr.; à 2 roues, à 4 places, 70 fr.; à 2 roues, à 6 places, 90 fr.; à 2 roues, à 8 places, 120 fr.; à 2 roues, à 9 places, 140 fr.; à 4 roues, à 4 places, 80 fr.; à 4 roues, à 6 places, 100 fr.; à 4 roues, à 8 places, 130 fr.; à 4 roues, à 9 places, et au-dessus 150 fr. (1).

114. La remise pour places vides, fixée au quart par l'art. 112 ci-dessus, sera portée à moitié pour les entreprises particulières de voitures à service régulier qui seront chargées du transport des dépêches en vertu de traités avec l'administration des postes (2).

115. Toute entreprise de voitures publiques de terre ou d'eau à service régulier pourra désormais être formée ou continuée, moyennant que l'entrepreneur fasse une déclaration préalable et annuelle, et qu'il se munisse d'une licence, dont le prix est fixé à 5 fr par voiture à quatre roues, et par voiture d'eau; et à 2 fr. par voiture à deux roues. Les entrepreneurs de voitures partant d'occasion ou à volonté feront la même déclaration, mais sans être tenus au payement de la licence.

116. La déclaration énoncera l'espèce et le nombre des voitures, le nombre des places dans chaque voiture, dans l'intérieur et à l'extérieur, et de plus, si l'entreprise est à service régulier, le prix de chaque place, la route que chaque voiture doit parcourir, et les jours et heures des départs. — En cas de variation dans les jours et heures des départs, les entrepreneurs seront admis à rectifier leur déclaration toutes les fois qu'il sera nécessaire. — Si les voitures doivent faire un service d'occasion, les dernières indications ci-dessus seront remplacées par celles du genre de service auquel elles seront destinées.

117. Avant que les voitures ainsi déclarées puissent être mises en circulation, il sera apposé sur chacune d'elles, par les préposés de la régie, et après vérification, une estampille dont le coût, fixé à 2 fr., sera remboursé par les entrepreneurs. Il sera également délivré, pour chaque voiture, un laissez-passer conforme à la déclaration, dont les conducteurs devront toujours être porteurs. — Les voitures déclarées ne pourront être changées, ni les estampilles placées sur de nouvelles voitures sans une déclaration préalable, auquel cas il ne sera point dû de nouvelle licence.

118. Le montant des droits dus par les entrepreneurs pour les voitures à service régulier sera établi, pour le dixième du prix des places, d'après la déclaration, et pour le dixième du prix du transport, sur le vu des registres que doivent tenir les entrepreneurs, et des feuilles remises aux conducteurs. Le payement pourra en être exigé tous les dix jours. A l'égard des voitures partant d'occasion

(1) Modifié par l'art. 8 de la loi du 28 juin 1833.
(2) Modifié par l'art. 4, loi du 17 juill. 1819.

ou à volonté, le droit fixe établi par l'art. 113 sera exigible par trimestre et d'avance. Il sera toujours dû pour un trimestre entier au moins, à quelque époque que commence ou cesse le service.

119. Il pourra êt e consenti des abonnements pour les voitures de terre ou d'eau à service régulier. Ces abonnements auront pour unique base les recettes présumées de l'entreprise, pour le prix des places et le transport des marchandises.

120. Toute voiture publique qui circulerait sans estampille ou sans laissez-passer, ou avec un laissez-passer qui ne serait pas applicable, sera saisie, ainsi que les chevaux et harnais. En cas de saisie de voitures en route, elles pourront continuer leur voyage, au moyen d'une mainlevée qui en sera donnée sous suffisante caution, ou même sous la caution juratoire de l'entrepreneur ou du conducteur. — Dans aucun cas, les employés ne pourront arrêter les voitures sur les grandes routes, ailleurs qu'aux entrées et sorties des villes ou aux relais. En cas de soupçon de fraude, ils ne pourront faire leur vérification qu'à la première halte.

121. Les lois et règlements actuellement en vigueur, relatifs aux droits sur les voitures publiques, continueront d'être exécutés en ce qui n'est pas contraire aux dispositions de la présente.

122. Toute contravention aux dispositions du présent paragraphe, ou à celles des lois et règlements confirmés par l'article précédent sera punie de la confiscation des objets saisis, et d'une amende de 100 à 1,000 fr.; en cas de récidive, l'amende sera toujours de 500 fr. au moins.

17-17 juill. 1819. — Loi relative à la fixation du budget des recettes de 1819 (extrait).

Art. 4. Le droit du dixième du prix des places, auquel sont assujetties les voitures publiques de terre et d'eaux à service régulier, sera indistinctement perçu à l'avenir, sous la déduction, pour les places vides, d'un tiers du prix total des places, nonobstant les dispositions contraires des art. 112 et 114 de la loi sur les finances du 25 mars 1817, qui sont abrogées.

28 juin-6 juill. 1833. — Loi portant fixation du budget des recettes de l'exercice 1834 (extrait).

Tit. 2. — Des contributions indirectes.

Art. 8. Le droit fixe, imposé sur les voitures publiques partant d'occasion ou à volonté, par l'art. 113 de la loi du 25 mars 1817, pour tenir lieu du droit de dixième imposé sur les voitures à service régulier, sera perçu ainsi qu'il suit : — Par voiture, quel que soit le nombre des routes à 1 et 2 places, 40 fr.; à 3 places, 60 fr.; à 4 places, 96 fr.; à 5 places, 110 fr. — Pour chaque place au-dessus de ce nombre, 10 fr.—Sont exceptées des dispositions de l'art. 112 de la même loi et considérées comme partant d'occasion ou à volonté, les voitures qui, dans leur service habituel d'un point fixe à un autre, ne sortent pas d'une même ville ou d'un rayon de 15 kilomètres de ses limites, pourvu qu'il n'y ait pas continuité immédiate de service pour un point plus éloigne, même après changement de voiture.

20-27 juill. 1837. — Loi portant fixation du budget des recettes de l'exercice 1838 (extrait).

Art. 11. Dans les lieux où il existe des voitures publiques, toute personne autres qu'un entrepreneur de voitures publiques, qui voudra mettre accidentellement une voiture en circulation à prix d'argent, sera admise à faire chaque fois la déclaration au bureau de la régie, et tenue de se munir d'un laissez-passer, lequel énoncera l'espèce de voiture, le nombre de places, et le nom des conducteurs. Il sera perçu au moment de la déclaration un droit de 15 cent. par place pour un jour.

ART. 2. — Des voitures de terre.

253. L'impôt sur le prix des places et du transport des marchandises ne s'applique qu'aux voitures publiques destinées au transport des personnes. — Il importe donc de préciser d'abord quelles voitures doivent être considérées comme publiques dans le sens des lois fiscales. — Toute voiture qui transporte des voyageurs payant leurs places, doit être considérée comme publique. C'est ce qui résulte de l'ensemble des lois de la matière (L. 9 vend. an 6, art. 68, 70; décr. 14 fruct. an 12, art. 1 et 2; L. 25 mars 1817, art. 112 et suiv.; L. 20 juill. 1837, art. 11), et c'est ce qu'exprime une décision du ministre des finances, du 30 fruct. an 13 (V. MM. Saillet et Olibo, Code des contrib. ind., p. 862). — Peu importe, et c'est ce qui a été jugé à l'égard des voitures à destination fixe, qu'elles soient ou ne soient pas suspendues (Civ. cass. an 10) (1). — A la vérité, l'art. 70 de la loi du 9 vend. an 6 ne soumet les voitures d'occasion ou à volonté au payement des droits qu'autant qu'elles sont suspendues; mais cette disposition a été abrogée par l'art. 113 de la loi du 25 mars 1817, aux termes duquel tout entrepreneur de voitures publiques suspendues ou non suspendues, partant d'occasion ou à volonté, est tenu de payer les droits que détermine cette disposition.

254. Les voitures de messageries partant de l'étranger, dont le service régulier continue sur le territoire français,

(1) (Contrib. indir. C. Gérin.) — Le tribunal; — Vu les art. 68, 69 et 70 de la loi du 9 vend. an 6; — Considérant que, d'après ces articles, tous entrepreneurs de voitures publiques qui partent à jour fixe et pour des lieux déterminés, sans distinction de celles qui sont suspendues et de celles qui ne le sont pas, même des voitures d'eau, sont obligés de payer un dixième du prix des places, et que la loi n'excepte de

doivent être soumises aux mêmes obligations que si elles étaient établies en France. C'est ce qui résulte d'une décision ministérielle du 9 frim. an 11, fondée sur deux motifs, à savoir : 1° qu'il importe de protéger l'industrie française des transports contre la concurrence étrangère qui aurait trop d'avantage sur les entreprises nationales si elle était affranchie de tous droits; — 2° Sur ce que cet affranchissement aurait pour résultat d'engager les entrepreneurs français à porter le siége principal de leur établissement hors des frontières, ce qui serait préjudiciable au bien de l'Etat. — Toutefois, quant aux voituriers qui, accidentellement, amènent des voyageurs sur le territoire français et les déposent dans la première ville de France qui se trouve sur la route, sans emmener des voyageurs à leur retour, ils ne sont pas sujets aux droits qui grèvent les voitures publiques (MM. Saillet et Olibo, Code des contrib. ind., p. 932).

255. A l'époque de la mise en circulation des premières lignes ferrées de France, la question s'éleva de savoir si les concessionnaires d'un chemin de fer, qui y font circuler des voitures publiques destinées au transport des voyageurs, étaient soumis au payement du droit. Les concessionnaires se fondaient, pour s'en affranchir, sur ce que ce chemin appartenait à une compagnie qui l'avait créé, à ses frais, sur des terrains acquis et payés par elle. Mais ces raisons ne furent pas admises par les tribunaux, et les voitures dont il s'agit furent déclarées soumises à l'impôt du dixième. sur le prix des places (Crim. rej. 1er août 1833, aff. Séguin, V. Voirie du chemin de fer, n° 529).

256. Relativement à la perception des droits, les voitures publiques sont divisées en quatre catégories, à savoir : 1° le service régulier; — 2° Le service extraordinaire; — 3° Le service d'occasion et à volonté et le service régulier assimilé au service d'occasion ou à volonté; — 4° Le service accidentel. — Il est important de bien distinguer chacun de ces services. En effet, ils ne sont pas tous soumis aux mêmes droits : les uns payent le droit proportionnel, les autres des droits fixes plus ou moins élevés. Il y a lieu aussi de distinguer les services par rapport aux formalités destinées à assurer la perception des droits. Si quelques-unes sont communes à tous les services, les prescriptions de la loi, quant aux détails d'exécution, sont plus ou moins rigoureuses selon la nature des services, et il en est qui ne s'appliquent pas à tous.

§ 1. — Voitures à service régulier.

257. Aux termes de l'art. 112 de la loi du 25 mars 1817 les voitures à service régulier sont assujetties au droit du dixième du prix des places et du prix reçu pour le transport des marchandises. Mais que faut-il enten dr e par voitures à service régulier ? — L'art. 69 de la loi du 9 vend. an 6 définissait ces voitures, celles qui partent à jour et heure fixes et pour des lieux déterminés. — Mais il est à remarquer que le décret du 14 fruct. an 12, en désignant (art. 1 et 2) les voitures publiques qui sont soumises à l'impôt du dixième du prix des places, ne faisait pas du départ à jour et heure fixes l'une des caractéristiques auxquels on doit les reconnaître.—Aussi a-t-il été jugé, sous l'empire de ce décret, qu'il suffit que la voiture publique ait une destination fixe, encore qu'elle ne parte pas à des jours et heures déterminés, pour que l'entrepreneur soit tenu de payer le droit proportionnel sur les places, et généralement de l'exécution des lois de 9 vend. an 6 et 5 vent. an 12:« La cour, vu l'art. 69 de la loi du 9 vend. an 6, l'art. 72 de la même loi, les art. 74, 75 et 76 de la loi du 5 vent. an 12, et enfin l'art. 1 du décret du 14 fruct. an 12; — Et attendu qu'il est constant en fait, et avoué par les parties, que la voiture dont il s'agit a une destination fixe d'Aubenas au Puy; qu'ainsi la cour de justice criminelle de l'Ardèche, en l'affranchissant du payement du droit proportionnel et de l'exécution des lois 9 vend. an 6 et 5 vent. an 12, a commis une contravention expresse à ces lois et au décret interprétatif du

ce payement, et n'assujettit à un autre droit annuel que les voitures suspendues qui ne partent pas à jour fixe et pour des lieux déterminés; — Considérant que, dans le fait, le sieur Gerin est entrepreneur de voitures publiques non suspendues, il est vrai, mais destinées à jour et heure fixes pour des lieux déterminés; — Casse, etc.

Du 15 vend. an 10.-C. C., sect. civ.-M. Maleville, rap.

14 fruct. an 12, casse » (Crim. cass. 19 prair. an 13, M. Poriquet, rap., aff. Plagnol et autres).—L'art. 112 de la loi du 25 mars 1817 est venu lever toute incertitude sur ce point en déclarant que l'on doit considérer comme voitures à service régulier toutes les voitures qui font le service d'une même route ou d'une ville à une autre, lors même que les jours et les heures de départ varieraient.

258. Il est, d'ailleurs, manifeste que la régularité dans le service implique l'*habitude*, et que dès lors c'est avec raison qu'il a été décidé : — 1° Qu'un seul fait de transport de voyageurs, d'une ville à une autre, dans une voiture non suspendue, s'il n'est appuyé de la preuve d'autres faits semblables, ne constitue pas un service régulier (Crim. rej. 5 oct. 1809)(1); — 2° Que lorsqu'il résulte de l'instance et du procès-verbal des employés de la régie que le prévenu de contravention aux lois sur la circulation des voitures n'a fait que deux voyages, d'une ville à une autre, avec sa voiture déclarée d'occasion et à volonté, les juges ont pu décider, sans violer aucune loi, que ces deux voyages ne constituaient pas un service régulier (Crim. rej. 18 déc. 1818) (2).

259. L'art. 2 du décret du 14 fruct. an 12 déclare que l'on ne doit pas considérer comme voitures les voitures qui ne portent pas de voyageurs. Ainsi le transport des personnes est la condition expresse de l'assujettissement. Toute voiture qui ne porte que des marchandises, soit que son service se fasse régulièrement, soit qu'il ait lieu accidentellement, est en dehors de l'application des lois fiscales. — V. n° 276 et MM. Saillet et Olibo, p. 861.

260. D'après l'art. 7 du même décret « sont exceptés de l'impôt les courriers chargés du transport des dépêches dans les malles affectées à ce service par l'administration des postes et à elle appartenant. » Malgré cette disposition qui crée une exception toute naturelle à l'égard de l'une des administrations de l'Etat, jusqu'en 1827, le service des malles-postes qui se chargent du transport des voyageurs a été soumis au payement du droit du dixième qui seulement avait été abonné. Mais ce n'était pas évidemment pour l'Etat qu'une recette fictive, qui n'avait d'autre résultat que de faire suivre une voie détournée à une partie des sommes perçues par les malles-postes. Le budget de 1827 a fait justice de cette fiction, non par une disposition expresse, mais par une simple suppression—V. lettre du min. des fin. au direct. gén. des contrib. ind., du 13 sept 1827, citée par MM. Saillet et Olibo, p. 861.

261. Mais on vient de voir que l'exception établie par le décret de l'an 12 ne concerne que les courriers chargés du transport des dépêches dans les malles appartenant à l'Etat; on doit donc continuer de décider, comme il a été jugé avant et depuis ce décret : — 1° Que le courrier qui fait le service de la poste aux lettres à ses frais, et non pour le compte du gouvernement, n'est pas dispensé, dans le cas où il recevrait des voyageurs dans sa voiture, de payer à la régie le dixième du prix des places (Civ. cass. 16 prair. an 12)(3); — 2° Que les entrepreneurs particuliers du transport des dépêches ne sont dispensés du payement des droits qu'en ce qui concerne ce genre de service : quant au surplus, ils sont assujettis au payement du prix des places des voyageurs et des paquets, comme les entrepreneurs de voitures ordinaires (Crim. cass. 10 avr. 1807 (4); 22 brum. an 14, M. Cochard, rap., aff. Dotézac).—Ils doivent dès lors accomplir les formalités imposées par les lois fiscales aux entrepreneurs des voitures publiques, notamment les déclarations dont nous allons parler ci-dessous (mêmes arrêts. — Conf. Merlin, Rép., v° Voiture publique, § 1, n° 10).

Les entrepreneurs de voitures publiques chargés du service des dépêches jouissaient cependant d'une faveur particulière. Aux termes de l'art. 114 de la loi du 25 mars 1817, la remise pour places vides, qui, pour les entrepreneurs ordinaires, n'était que le quart (V. n° 263), était portée à moitié pour ceux qui font le service de la poste. Mais la loi du 17 juill. 1819, art. 4, a abrogé cette dernière disposition en portant la remise pour toutes les voitures indistinctement au tiers du prix total des places (circ. 20 juill. 1819, V. MM. Saillet et Olibo, p. 862, note 4).

262. Les voitures des maîtres de poste ne sont pas des voitures publiques et sont affranchies de tout droit et de toute formalité. Mais il arrive souvent que les maîtres de poste tiennent à la disposition des voyageurs des voitures qui les conduisent d'un relais à un autre. La régie avait bien consenti à ne pas exiger le droit du dixième sur le prix des places de ces voitures, mais elle avait prétendu les soumettre à la triple formalité de la déclaration, du laissez-passer et de l'estampille. Et il avait été jugé en ce sens que les maîtres de poste, autorisés par des règlements particuliers à exploiter une chaise ou cabriolet d'occasion, pour la commodité des courriers voyageant en poste, sont tenus, comme tous les autres loueurs de voitures, d'en faire la déclaration à la régie et de se munir du laissez-passer et d'une estampille (Crim. cass. 22 janv. 1820; 6 avr. 1822) (5). —

---

(1) (Contrib. ind. C. Peyzeron.) — La cour ; — Considérant que les procès-verbaux des préposés de la régie ne font foi, jusqu'à inscription de faux, que relativement aux faits matériels qu'y sont rapportés ; que, dans l'espèce, le procès-verbal du 11 mai 1808 ne rapporte d'autres faits matériels que celui d'un transport de voyageurs de Vienne à Lyon dans une voiture non suspendue ; que ce fait isolé et non appuyé par la preuve d'autres faits semblables, ne constate point le service régulier prévu par l'art. 69 de la loi du 9 vend. an 6 ; — Qu'ainsi, la cour de justice criminelle du Rhône a pu, sans violer ledit art. 69 ni contrevenir à l'art. 26 du décret du 1er germ. an 13, déclarer que l'action de la régie, intentée contre le sieur Peyzeron, était mal fondée ; — Rejette.
Du 5 oct. 1809.-C. C., sect. crim.-MM. Barris, pr.-Busschop, rap.

(2) (Contrib. ind. C. Germain.) — La cour ; — Considérant que, d'après le procès-verbal des employés de l'administration et les faits reconnus par la cour de Grenoble, le sieur Antoine Germain n'a fait que deux voyages, de Bourgoin à Lyon, avec la voiture par lui déclarée d'occasion et à volonté ; — Qu'en déclarant que ce fait ne constitue point un service régulier de voiture publique, ladite cour n'a ni violé ni faussement appliqué les lois et règlements relatifs aux impôts sur les voitures publiques ; — Rejette.
Du 18 déc. 1818.-C. C., sect. crim.-MM. Barris, pr.-Busschop, rap.

(3) (Contrib. ind. C. Begin.) — La cour ; — Vu les art. 68 et 69 de la loi du 9 vend. an 6 ; — Attendu que Begin était l'entrepreneur d'une voiture à quatre roues et à six places, partant à jour et à heure fixes de Nancy pour Metz ; qu'il n'importait qu'il se fût chargé en même temps du service de la poste aux lettres ; qu'il n'en devait pas moins à la République, d'après les articles cités, une quotité de ses profits, sa position et sa voiture étant absolument différentes de celles des courriers faisant, pour le compte de l'administration, le service de la poste aux lettres avec une brouette ; — Casse, etc.
Du 16 (et non 15) prair. an 12.-C. C., sect. civ.-M. Maleville, rap.

(4) (Contr. ind. C. Mommaërs.) — La cour ; — Vu les art. 69 et 72 de la loi du 9 vend. an 6 ; — Considérant que Michel Mommaërs a

établi un service de voitures publiques partant à jour et heure fixes de Louvain à Malines ; qu'il a été surpris le 9 mai 1806 sur la route de Louvain à Malines, faisant circuler un cabriolet à deux roues et à quatre places, non revêtu de l'estampille, dans l'intérieur duquel un voyageur avait pris place ; — Que Mommaërs était, par conséquent, sous un double rapport, en contravention, soit comme ayant négligé de faire la déclaration de cette voiture à quatre places, la déclaration par lui faite ne portant que sur des voitures à trois places, soit comme ayant négligé de faire apposer l'estampille ; — Que néanmoins, la cour de justice criminelle des Deux-Nèthes a acquitté Mommaërs, en qualité d'entrepreneur particulier du transport des dépêches, en vertu des dispositions de l'art. 7 du décret du 14 fruct. an 12 ; — Considérant que la voiture saisie n'appartenait pas à l'administration des postes ; — Que Mommaërs a été reconnu propriétaire de cette voiture ; — Considérant que les entrepreneurs particuliers du transport des dépêches ne sont dispensés, par l'art. 7 dudit décret, du payement des droits, qu'en ce qui concerne ce genre de service ; — Que ces entrepreneurs particuliers sont, au contraire, expressément assujettis, quant au surplus, par le même article, au payement du prix des places des voyageurs et des paquets autres que ceux des dépêches ; — Que, par conséquent, la cour de justice criminelle, en acquittant Mommaërs des poursuites dirigées contre lui par l'administration des droits réunis, a fait une fausse application évidente de l'art. 7 du décret du 14 fruct. an 12, et formellement violé les art. 69 et 72 de la loi du 9 vend. an 6 ; — Casse.
Du 10 avr. 1807 (et non 1808)-C. C., sect. crim.-MM. Barris, pr.-Vergès, rap.

(5) 1re Espèce : — (Contrib. ind. C. la veuve Leudet.) — La cour ; — Vu les art. 115, 117, 120 et 122 de la loi du 25 mars 1817 ; — Considérant que, d'après les dispositions desdits articles, tout entrepreneur de voitures publiques doit en faire la déclaration aux préposés des contributions indirectes, et, avant de les mettre en circulation, y faire apposer une estampille, et avoir un laissez-passer dont les conducteurs de voitures doivent toujours être porteurs ; — Que si les maîtres de poste

L'administration des postes ayant réclamé l'affranchissement non-seulement du droit, mais aussi de toute formalité, il fut décidé par le ministre des finances, le 26 fév. 1823, que les voitures des maitres de poste employées d'un relais à un autre, pour le service des voyageurs, sont exemptes de tous droits, comme de toute formalité. — Mais si ces voitures transportaient des voyageurs soit au delà du relais le plus voisin, soit au retour, soit hors de la ligne des postes, elles devraient être considérées comme faisant en fraude un service de voitures publiques (circ. 1er mai 1823).

263. Les voitures faisant un service régulier doivent payer au fisc 10 p. 100 en principal, tant du prix des places des voyageurs que du prix du transport des marchandises. Ce droit du dixième du prix total des places doit être perçu, non sur les places réellement occupées, mais, au contraire, sur celles que contient la voiture, quel que soit le nombre réel des voyageurs. — Ce qui prouve que c'est sur cette dernière base que repose l'impôt du dixième, c'est que la loi, prévoyant qu'il pourrait souvent y avoir des places vides dans les voitures publiques, ce qui rendrait le droit trop onéreux pour les entrepreneurs, a fait elle-même, à raison de celles qui peuvent se trouver inoccupées, une déduction qui, comme on vient de le dire, n'a, d'abord, été que du quart du prix total des places (L. 25 mars 1817, art. 112) et qui a été ensuite portée au tiers de cette somme par l'art. 4 de la loi du 17 juill. 1819. D'où il suit bien évidemment, ainsi que nous venons de le faire remarquer, que l'impôt du dixième doit être basé sur le nombre de places que contient la voiture imposée.

264. Pour s'indemniser du droit du dixième, les entrepreneurs de voitures publiques avaient imaginé de l'ajouter au prix ordinaire de leurs places, et ils prétendaient que cette addition n'étant autre chose que l'impôt destiné à l'administration, il ne pouvait lui-même être frappé du dixième. Cette pré-

tention ne pouvait être accueillie, parce que, quelle destination d'une partie du prix payé par les voyageurs pour leurs places, elle n'en forme pas moins partie in cette rétribution, ce qui suffit pour la soumettre au droit sur le prix des places. — Aussi a-t-il été jugé que le percevoir sur le prix des places des voitures exploitée entrepreneurs particuliers doit être calculé non-seulement prix fixé par le tarif régulièrement arrêté, mais encore prix du supplément qu'ils fixent eux-même postérieurement s'indemniser de la contribution à laquelle ils sont ass (cons. d'Et. 14 janv. 1816) (1).

265. Cette règle a été déclarée inapplicable aux compagnies de chemins de fer dont les tarifs annexés aux cahiers des charges indiquent le prix des places, avec cette mention non compris l'impôt. Une contestation s'était élevée sur l'interprétation de cette clause entre la régie et la compagnie du chemin de fer de Paris à Orléans et à Corbeil, qui se trouvait dans le cas prévu. La compagnie soutenait qu'il fallait entendre ces mots, non compris l'impôt, en ce sens que la somme de 11 fr., par exemple, représentant le droit du dixième plus le décime pour 100 fr., étant payée au trésor, il devait lui rester une somme intégrale de 100 fr.; qu'en conséquence elle devait recevoir des voyageurs 111 fr. à titre de frais de transport pour trouver débitrice de 11 fr. envers la régie. Celle-ci soutenait au contraire qu'il lui était dû 11 fr. pour 100 fr. touchés par la compagnie, à laquelle il ne revenait dès lors que 89 fr. — Mais il a été jugé, contre la régie, que dans un tel cas, l'impôt du dixième se prélever au profit du trésor était de 11 fr. sur 111 fr. et non sur 100 fr. perçus à titre de frais de transport (Rej. 23 juill. 1845, aff. chem. de fer d'Orléans, arrêt cité par MM. Sailet et Olibo, p. 919). — Si le prix indiqué au tarif n'est pas suivi de ces mots, non compris l'impôt, il est évident que le dixième plus le décime est perçu avec raison par la régie su

sont autorisés, d'après les règlements particuliers relatifs à cette branche d'administration, à exploiter une chaise ou cabriolet d'occasion, pour la commodité des courriers voyageant en poste, ils doivent en même temps se conformer exactement à toutes les formalités et conditions qui leur ont été prescrites à cet égard : d'où il suit que, lorsqu'ils s'en écartent, les maitres de poste rentrent, comme tous les autres loueurs de voitures, dans l'application des dispositions générales de ladite loi du 25 mars 1817 ; — Considérant que, d'après lesdits règlements particuliers, les maitres de poste qui veulent exploiter une chaise ou un cabriolet allant en poste, sont obligés d'en faire la déclaration préalable aux employés des contributions indirectes, y faire apposer une estampille, et se conformer, au surplus, aux règles prescrites pour le service des postes ; — Que, dans l'espèce, il a été constaté, par le procès-verbal des préposés des contributions indirectes, du 18 mars 1819, et qu'il a d'ailleurs été reconnu au procès, que la veuve Leudet, maitresse de poste à Pont-Audemer, avait loué, à prix convenu, à deux voyageurs allant à Honfleur, un cabriolet attelé d'un seul cheval et conduit par un postillon siégeant à l'intérieur de la voiture ; que ce cabriolet n'avait point été déclaré aux préposés de l'administration des contributions indirectes ; qu'il ne portait point d'estampille, et que le postillon conducteur n'avait point de laissez-passer ; — Que, dans ces circonstances, la contravention aux art. 115, 117 et 120 de la loi du 25 mars 1817 était légalement constatée, et que conséquemment il y avait lieu d'appliquer à la veuve Leudet et à son postillon les peines portées par l'art. 122 de ladite loi ; — Que le refus qu'a fait la cour royale de Caen de prononcer ces peines, est donc une violation desdits articles ; — Casse.

Du 22 janv. 1820.-C. C., sect. crim.-MM. Barris, pr.-Busschop, r.

2e Espèce : — (Contrib. ind. C. Bruchet.) — La cour ; — Vu les art. 115, 117, 120 et 122 de la loi du 25 mars 1817 ; — Considérant que les maitres de poste ne sont, d'après les règlements particuliers relatifs à cette branche d'administration, autorisés à tenir une chaise ou un cabriolet d'occasion pour la commodité des courriers voyageant en poste que sous la condition expresse de se conformer aux formalités prescrites à cet égard par la loi du 25 mars 1817 ; d'où il suit que, lorsqu'ils s'en écartent, ils sont, comme tous les autres loueurs de voitures, sujets aux peines portées par ladite loi ; — Que, dans l'espèce, il a été reconnu au procès, et d'ailleurs constaté par un procès-verbal régulier, qu'un cabriolet de poste tenu par le sieur Bruchet, maitre de poste au Puy, a été trouvé en circulation, chargé de voyageurs et dépourvu d'estampille ; que ce fait le constituait donc en contravention à l'art. 120, et le rendait conséquemment passible des peines portées par l'art. 122 de la loi précitée du 25 mars 1817 ; que cette contravention ne pouvait être excusée sur le motif que l'estampille du cabriolet s'était perdue par accident depuis quelques jours, et que le sieur Bruchet s'étant adressé aux prépo-

sés pour en obtenir une nouvelle, ceux-ci lui avaient fait refus, sous prétexte qu'il n'y avait point d'estampille dans le bureau ; que ce refus ne pouvait, comme l'a mal à propos dit le tribunal de Montbrison, constituer un fait de force majeure, puisque le louage d'une voiture d'occasion n'est pour un service obligé des maitres de poste, mais une simple faculté ou concession extraordinaire qui leur a été accordée par l'administration ; que ledit refus n'était donc point un motif légal pour que le sieur Bruchet pût, de sa propre autorité, mettre sa voiture en circulation sans estampille ; — Que si, néanmoins, ces circonstances pouvaient paraitre de nature à atténuer la contravention, il n'appartiendrait qu'à l'administration générale des contributions indirectes (seule autorisée par l'art. 25 du décret du 5 germ. an 12 à transiger sur les contraventions) de les apprécier, et d'accorder ou de refuser, d'après cette appréciation, des remises sur les confiscations et amendes encourues ; mais que, relativement aux tribunaux, l'existence du fait matériel de la contravention suffit pour les obliger d'y appliquer les peines déterminées par la loi ; qu'il suit de ces principes qu'en ordonnant le renvoi du sieur Bruchet des poursuites, le tribunal de Montbrison a violé les articles de loi précités ; — D'après cette motifs, casse et annule le jugement du tribunal d'arrondissement de Montbrison, du 18 déc. 1821.

Du 6 avr. 1822.-C. C., sect. crim.-MM. Barris, pr.-Busschop. rap

(1) (Maynard C. contrib. ind.) — Louvs, etc., — Vu le règlement ministériel sur les coches d'eau, du troisième jour complémentaire de l'an 10, portant, art. 9, que le prix des places et celui du transport des marchandises sera arrêté par le ministre, d'après l'avis du propriétaire desdits coches ; — Vu le tarif des taxes à percevoir pour le transport des voyageurs et marchandises, ledit tarif arrêté, le 1er germinal an 11, par le ministre de l'intérieur ; — Vu le tarif actuel du prix des places des voyageurs, indiquant, dans une colonne, les taxes fixées par le tarif de l'an 11, et, dans une autre colonne, les sommes à ajouter pour la contribution du dixième et du décime par franc, lequel tarif portant la date du 1er avr. 1808, est imprimé en forme de placard mais n'est revêtu d'aucune approbation ni signature d'une autorité administrative quelconque ; — Vu la loi du 9 vend. an 6 ; — Considérant qu'aux termes de l'art. 68 de cette loi, la régie des contributions indirectes doit percevoir un dixième du prix des places dans les voitures exploitées par des entrepreneurs particuliers ; — Considérant que, de 1808 à 1814, les abonnements de la compagnie des coches ont été fixé sur cette base et perçus sans réclamation ; — Considérant que les prétentions élevées, en 1815, par cette compagnie, tendent à ne verser au trésor royal que le onzième des sommes déboursées par le voyageur pour le prix de leurs places, au lieu du dixième exigé par la loi ; — Art. 1. La requête des sieurs Maynard et compagnie est rejetée. »

Du 14 janv. 1816.-Ord. cons. d'Et.

100 fr. touchés par la compagnie, à laquelle il ne revient plus que 89 fr. C'est ce qui résulte implicitement de l'arrêt suivant rendu sur une autre question née de l'interprétation de la loi du 2 juill. 1838.

D'après l'art. 3 de cette même loi, pour les chemins de fer dont le cahier des charge ne fixe pas le tarif, ou dont le tarif n'est pas divisé en deux parties correspondant, l'une au péage, l'autre au transport, l'impôt du dixième sera perçu sur le tiers du prix total des places. — Il a été jugé que c'est là une règle spéciale qui ne peut être entendue qu'en ce sens que sur 300 fr., par exemple, il est dû seulement au fisc 11 fr. formant le dixième, avec le décime de guerre, du tiers de ces 300 fr. (Civ. rej. 17 août 1841) (1). — Cette question ne pourrait plus s'élever aujourd'hui, la loi du 2 juill. 1838 ayant été abrogée par la loi du 14 juill. 1855. — V. Voirie par chem. de fer, nos 529 et suiv.; V. aussi MM. Saillet et Olibo, p. 919 et suiv.

266. La difficulté s'est élevée de savoir si les pourboires donnés par les voyageurs doivent être réputés faire partie du prix des places; et la solution de cette question a dû varier, comme elle a varié en effet, suivant que cette rémunération a été facultative ou forcée. Ce qu'il est permis aux voyageurs de refuser, suivant leur gré, ne peut, lorsqu'ils le donnent, être considéré comme une partie du prix de leurs places : c'est une gratification. — Aussi a-t-il été jugé que les pourboires payés par les voyageurs pour le conducteur et les postillons ne peuvent

être considérés comme faisant partie du prix des places, et, par suite, ne sont pas soumis à l'impôt du dixième au profit du trésor public, alors que ces pourboires sont purement facultatifs de la part des voyageurs, et remis immédiatement aux conducteurs ou postillons (Crim. rej. 28 nov. 1835 (2); Orléans, 20 janv. 1838, aff. Chertier, V. n° 315).

267. Mais, depuis longtemps, les entreprises de voitures publiques ont adopté une mesure qui a entièrement changé le caractère des pourboires. Elles ont reconnu que la quête faite autrefois par les postillons, à chaque relais, était souvent improductive pour eux, surtout la nuit; que, de plus, c'était là, pour les voyageurs, une cause de dérangement continuel et de retard. Pour éviter ces inconvénients, elles ont substitué au pourboire purement volontaire une addition forcée au prix des places dont l'objet est de le remplacer. Mais dans le but de soustraire cette addition à la perception de l'impôt, elles l'avaient d'abord indiqué, sur les bulletins délivrés aux voyageurs, sous le nom de pourboire purement facultatif. Puis, encouragés par l'indulgence de l'administration, les entrepreneurs avaient donné à cette prétendue gratification des proportions telles qu'elles tendaient évidemment à frustrer la régie. — Ces abus ne pouvaient être protégés par la justice, et il a été jugé que le pourboire exigé des voyageurs pour les conducteurs des voitures publiques, bien que déclaré volontaire par les bulletins délivrés par les entrepreneurs de messageries, peut, s'il est excessif,

---

(1) (Contrib. indir. C. chemin de fer d'Andrezieux à Roanne.) — La loi du 2 juill. 1838 porte : Art. 1. « L'impôt du trésor public sur le prix des places sera perçu, pour les chemins de fer, sur la partie du tarif correspondante au prix du transport. — Art. 2. Cette disposition est applicable, à partir de la promulgation de la présente loi, aux chemins de fer actuellement concédés. — Art. 3. Pour ceux de ces chemins dont les cahiers des charges ne fixent pas le tarif, ou dont le tarif n'est pas divisé en deux parties correspondant, l'une au transport, l'autre au péage, l'impôt du dixième sera perçu sur le tiers du prix total des places. » — Le chemin de fer d'Andrezieux à Roanne est dans le cas prévu par ce dernier article. Mais la fixation de la quotité des droits à percevoir a été le sujet d'une contestation entre la compagnie et la régie des contributions indirectes. — La régie a dit : L'impôt du dixième, en y ajoutant le décime de guerre, est de 11 fr. sur 100 fr. pour les voitures publiques ordinaires, en telle sorte que l'entreprise n'encaisse que 89 fr. sur 100 fr. pour prix de transport. Pour les voitures des chemins de fer, on a fait une distinction, parce que ces chemins sont construits et entretenus aux frais des entreprises. On a distingué le péage, destiné à rembourser les frais de construction, du prix de transport qui représente les frais de traction et le bénéfice de la compagnie. — Afin d'établir une égalité d'impôt entre les voitures ordinaires et les wagons, il a fallu exempter d'impôt le péage, qui est une charge particulière des entreprises de chemins de fer, tandis que les autres voitures n'ont pas à la supporter. C'est ce qu'a fait la loi de 1838, en déclarant que pour les chemins de fer dont le tarif est divisé en péage et prix de transport, l'impôt sera perçu seulement sur le prix de transport. Ainsi, quand cette division existe, le prix de transport étant connu, on en perçoit le dixième au profit du trésor. Mais, dans ce cas, l'impôt n'est pas simplement prélevé : il s'ajoute, au contraire, au prix de transport, ainsi que cela résulte de tous les cahiers de charges qui parlent du prix de transport, non compris l'impôt; en sorte que, chaque fois que la compagnie encaisse 100 fr., il est dû un droit de 12 fr. 36 c. à raison de 11 fr. par 89 fr., au lieu de 11 fr. seulement. — Or la signification des mots *prix de transport*, ainsi déterminée pour les chemins de fer qui ont un tarif, ne saurait être différente pour ceux qui n'en ont pas, à moins de détruire le grand principe d'égalité qui doit régir des entreprises du même genre. Lorsque donc l'art. 3 de la loi du 2 juill. 1838 dispose que, pour les chemins de fer non tarifés, l'impôt sera perçu sur le tiers du prix des places, il entend que les deux tiers non imposés, comme représentant le péage, seront calculés de la même manière que le tiers imposé. Ainsi, le tiers imposé d'une somme de 500 fr. étant 89 fr. (plus 11 fr. d'impôt qui ne comptent pas pour établir le prix de transport), les deux tiers non imposés sont de deux fois 89 fr. ou 178 fr., et le prix total se trouve fixé à 267 fr.; c'est donc 11 fr. par 267 fr. que suit au trésor : on ne concevrait pas autrement que les deux tiers non imposés fussent supérieurs à deux fois le tiers imposé. — La compagnie a répondu que, d'après les termes de l'art. 3 précité, toutes les fois qu'elle reçoit des voyageurs une somme de 500 fr., les deux tiers de cette somme ou 200 fr. lui reviennent sans grevés d'impôt, et que, sur l'autre tiers ou 100 fr., elle ne doit que 11 fr. au trésor, ce qui réduit simplement pour elle la somme de 500 fr. à 289 fr. — Des offres ayant été faites à la régie sur cette dernière base, celle-ci ne les

a acceptées qu'à titre d'à-compte, et a poursuivi le recouvrement du surplus de ce qui lui était dû, d'après son système, par une contrainte à laquelle la compagnie a formé opposition.

Sur ce, jugement du tribunal civil de Roanne, du 10 déc. 1859, qui repousse les prétentions de la régie et annule sa contrainte.

Pourvoi de la régie, qui reproduit son système et invoque le passage suivant de l'exposé des motifs de la loi du 2 juill. 1838, à la séance de la chambre des députés du 24 avr. : « L'impôt doit être le même pour tous; cette égalité serait détruite, si les entreprises de transport sur les chemins de fer étaient taxés d'après une autre base que celle qui est adoptée pour les mêmes entreprises sur les routes ordinaires; il le serait aussi, et d'une manière plus évidente encore, si le mode d'évaluation de la taxe était différent sur certains chemins de fer de ce qu'il est sur d'autres voies du même genre. » — La compagnie défenderesse invoque plusieurs tarifs de chemins de fer où le péage est tantôt double du prix de transport, tantôt inférieur au double, tantôt supérieur. — Arrêt.

La cour; — Attendu, en droit, que la loi du 3 juill. 1838 fixe, dans son art. 3, au dixième du tiers du prix total des places l'impôt dû au trésor public, pour ce qui concerne les voitures de chemin de fer dont le cahier ne fixe pas le tarif, et dont le tarif n'est pas divisé en deux parties correspondant, l'une au transport, l'autre au péage; — Que c'est là une loi spéciale dont le but a été de prévenir les difficultés qui pourraient s'élever relativement à la perception des droits dans le cas qu'elle prévoit; — Que, dès lors, on ne peut invoquer, pour l'appliquer aux chemins de fer non tarifés, le mode suivant lequel la perception des droits a lieu sur les routes ordinaires ou sur les chemins de fer pour lesquels la division du tarif en deux parties a été faite; — Attendu, en fait, que le jugement attaqué reconnaît : 1° que le chemin de fer d'Andrezieux à Roanne rentre sous l'application de l'art. 3 de la loi précitée; 2° que la somme offerte par la compagnie représente exactement le dixième du tiers du prix total des places, plus le décime; qu'ainsi, en validant les offres réelles faites par la compagnie du chemin de fer, et en la déclarant bien fondée dans son opposition à la contrainte qui avait été décernée contre elle, le tribunal de Roanne a fait une juste application de la loi; — Par ces motifs, rejette.

Du 17 août 1841.—C. C., ch. civ.—MM. Boyer, pr.—Rupérou, rap.—Laplagne-Barris, 1er av. gén., c. conf.—Latruffe et Bénard, av.

(2) (Contr. ind. C. Gailline.)—La cour (apr. délib. en ch. du cons.); — Attendu que l'arrêt attaqué reconnaît et constate, en fait, que la rétribution reçue des voyageurs en sus du prix des places déclaré par les entrepreneurs à la régie, est immédiatement remise, à titre de simple gratification, aux conducteurs et postillons, est purement facultative; que le contraire n'est point établi par le procès-verbal du 18 déc. 1835; que, dès lors, et en renvoyant les sieurs Galline des poursuites contre eux intentées, la cour de Lyon, en cet état des faits, n'a pas violé l'art. 116 de la loi du 25 mars 1817 ; — Rejette.

Du 28 nov. 1835.—C. C., ch. crim.—MM. Choppin, pr.—Crouseilhes, rap.—Tarbé, av. gén., c. contr.—Latruffe et Lacoste, av.

Nota. Le même jour, quatre arrêts semblables, rendus au profit de l'entreprise des messageries Laffite et Caillard, de celle de Charvet et comp., de celle de Gaillard frères, et enfin de celle de Poulin et comp., toutes quatre établies à Lyon.

être considéré comme partie intégrante du prix des places. (Paris, 22 fév. 1839) (1). — Il a même été décidé d'une manière absolue que la portion du prix des places, reçue à titre de pourboire, n'est pas exempte du droit du dixième: peu importe que la régie ait pendant longtemps consenti à ne pas le réclamer (Crim. cass. 6 mars 1840; Crim. rej. 6 mars 1840) (2).

268. Cependant l'administration des contributions indirectes

n'a pas voulu user de toute la rigueur de son droit; elle a consenti à ne pas faire porter l'impôt du dixième sur les pourboires, lorsqu'ils ne seraient eux-mêmes comptés que pour le dixième du prix total de la place. Cette concession n'avait pas, d'abord, satisfait les entrepreneurs de voitures publiques: ils demandaient que la tolérance de la régie fût portée à 15 p. 100, ce qui n'a pu être admis. Mais la déduction du dixième à raison des pourboires

---

(1) (Contrib. indir. C. Dupuis.)—La Cour;—statuant sur les appels de la régie et du procureur du roi; — Attendu qu'un procès-verbal dressé par les employés de la régie des contributions indirectes, à la date du 2 avril 1858, contre Lafosse, conducteur, et Dupuis, entrepreneur, il résulte : 1° que le prix des places demandé à chacun des voyageurs qui se trouvaient dans la voiture saisie excédait de 1 fr. 50 c. celui porté sur la feuille de route, et déclaré à l'administration des contributions indirectes; qu'encore bien que cet excédant ne fût réclamé qu'à titre de pourboire pour le compte du conducteur, il n'en profitait pas moins à l'entrepreneur des berlines de Château-Thierry, dont il était destiné à diminuer les frais, et avait pour les voyageurs un caractère obligatoire comme le prix principal des places; — Qu'en effet, la mention des bulletins délivrés à chaque voyageur, qui le qualifie de pourboire volontaire, en en fixant les limites n'avait d'autre but que d'en dissimuler la nature réelle vis-à-vis de l'administration; mais que l'importance de ce pourboire et la proportion dans laquelle il se trouve avec le prix déclaré peu élevé, ne permettent pas de le regarder comme purement facultatif; qu'il résulte des réponses des voyageurs consignées au procès-verbal que le pourboire se trouvait toujours confondu avec le prix principal de la place; d'où il suit que la demande faite aux voyageurs d'un prix supérieur au prix déclaré de chaque place diminuait illicitement l'impôt du dixième, qui doit être prélevé sur le prix total; — 2° Que le laissez-passer pris par Lafosse, énonçant la direction de la voiture qu'il conduisait, était inapplicable à celle qui a été saisie; ce qui constitue les contraventions prévues par les art. 116, 117 et 122 de la loi du 25 mars 1817; — Attendu que Dupuis, directeur de l'entreprise, est civilement responsable; — En faisant application des articles précités, condamne Lafosse en deux amendes de 100 fr. chacune; déclare la saisie de la voiture bonne et valable, ordonne la confiscation des objets saisis, à l'effet de quoi le dépositaire sera tenu de les remettre à l'administration des contributions indirectes, à défaut d'en payer la valeur fixée par le procès-verbal à la somme de 500 fr.; condamne Dupuis comme civilement responsable au payement des deux amendes de chacune 100 fr.
Du 22 fév. 1859.-C. de Paris, ch. corr.-M. Dupuis, pr.

(2) 1re Espèce : — (Contrib. ind. C Monestier et comp.) — La Cour; — Sur le moyen de cassation invoqué et tiré de la violation des art. 112, 115, 116 et 122 de la loi du 25 mars 1817, en ce que, dans le prix des places déclaré par la régie, n'aurait pas été comprise la portion de ce prix connue sous le nom de *pourboire* : — Vu sur ce moyen les art. 112, 115, 116 et 122 de ladite loi; — Attendu qu'aux termes de ces articles « tous entrepreneurs de voitures publiques à service régulier, c'est-à-dire faisant le service d'une même route ou d'une ville à une autre, sont assujettis au dixième du prix des places et du prix reçu pour le transport des marchandises, sous la déduction, pour les places vides, d'un quart total du prix des places. La déclaration à faire à cet égard, par lesdits entrepreneurs, doit énoncer le nombre et l'espèce de voitures, le nombre des places dans chaque voiture, dans l'intérieur et à l'extérieur, et de plus si l'entreprise est à service régulier, le prix de chaque place, la route que chaque voiture doit parcourir, et les jours et heures de départ; » — Attendu, en droit, que le prix payé pour sa place par chaque voyageur, et sur laquelle doit être prélevé le droit du dixième, se compose naturellement de tout ce qui est payé à la fois par ce voyageur et exigé par l'entrepreneur, et doit nécessairement comprendre la partie du prix connue sous le nom de *pourboire*, qui a remplacé les étrennes volontaires que les voyageurs étaient anciennement dans l'usage de donner à chaque relais au postillon et au conducteur; qu'en effet une étrenne perd tout à fait ce caractère quand, au lieu d'être libre, facultative, indéterminée et donnée directement par le voyageur au postillon et au conducteur, elle est forcée, déterminée, exigée par l'entreprise et remise par elle en totalité ou seulement en partie à ses agents; — Attendu qu'à supposer même que ce supplément de prix fût remis en entier au conducteur, employé nécessaire de toute entreprise de voitures publiques, il profiterait encore indirectement à cette entreprise qui serait autrement forcée de lui payer un salaire plus considérable; — Attendu que si, par des circulaires particulières, la régie des contributions indirectes a consenti à exempter du droit du dixième une certaine partie du prix des places, reçu à titre légalement appelé pourboire, cette tolérance de l'administration ne saurait lui être légalement opposée quand elle réclame la stricte exécution de la loi; — Attendu que du procès-verbal dressé le 15 avr. 1858, par deux employés des contributions indirectes, il résulte en fait « que ce jour-là, à sept heures et demie du soir, ces deux employés, de surveillance à la porte de Saint-Clair,

auraient vu arriver de Lyon, se rendant à Poncen, la voiture publique des sieurs Monestier et comp., faisant le service régulier entre ces deux communes; qu'ayant demandé aux voyageurs placés soit dans l'intérieur, soit à l'extérieur de ladite voiture, le prix qu'ils avaient payé pour leur place, ceux-ci leur auraient répondu : les premiers, 4 fr. 20 c., et les autres, 3 fr. 70 c.; ayant alors demandé au conducteur le laissez-passer délivré par la régie pour cette voiture, celui-ci leur aurait remis ces pièces sur lesquelles le prix des places déclaré par l'entrepreneur s'élevait à 3 fr. 50 c. pour celles de l'intérieur et du cabriolet, et à 3 fr. pour celles de l'extérieur. Cette différence établissant un surplus de 70 cent. pour chacune des places de l'intérieur et de l'extérieur, entre le prix perçu et le prix déclaré, les employés déclarèrent procès-verbal au conducteur qui leur observa que sur la somme payée par les voyageurs il avait 20 cent. pour lui; — Attendu que cette contravention aux art. 112, 115 et 116 de la loi du 25 mars 1817 aurait dû donner lieu à la confiscation et à l'amende prononcées par l'art. 122 de la même loi; — Attendu qu'en déchargeant le sieur Monestier de la condamnation contre lui prononcée par le tribunal correctionnel de Lyon, le 10 juill. 1858, par les motifs que le supplément de 70 cent. n'était qu'un remplacement des étrennes dites pourboire; qu'il n'était jamais confondu avec le prix même des places, ni versé dans la caisse de l'entreprise, mais qu'il était remis au moment de chaque départ, au conducteur, pour être distribué entre lui et les postillons; que la régie des contributions indirectes, par de nombreuses circulaires, avait approuvé que ce pourboire en supplément ne put être réputé faire partie du prix des places ni devenir passible de l'impôt du dixième, et que le procès-verbal du 15 avr. 1858 n'établissait rien de contraire en fait; la chambre correctionnelle de la cour royale de Lyon avait méconnu la foi due audit procès-verbal, par suite violé les art. 112, 115, 116 et 122 de la loi du 25 mars 1817; — Casse.
Du 6 mars 1840.-C. C., ch. crim.-MM. Bastard, pr.-Meyronnet, rap.

2e Espèce : — (Min. pub. C. Laffitte, Caillard et comp.) — La Cour; — En ce qui touche le pourvoi formé par François Mollard et par les administrateurs des messageries générales : — Attendu qu'aux termes des art. 112, 116, 117 et 118 de la loi du 25 mars 1817, le droit de dixième du prix des places auquel sont assujettis les entrepreneurs de voitures publiques à service régulier, doit continuer d'être imposé, sauf les déductions autorisées pour les places vides; qu'à cet effet, tout entrepreneur de voitures publiques à service régulier est tenu de faire une déclaration énonçant le prix de chaque place; qu'il est délivré pour chaque voiture un laissez-passer conforme à la déclaration, et qu'enfin l'art. 122 de la même loi punit les contraventions d'une amende de 100 à 1,000 fr.; — Attendu que le prix de la place n'est autre chose que le prix du louage demandé par l'entrepreneur qui se charge du transport des personnes; qu'il se compose nécessairement de tout ce qui lui est payé par le voyageur pour être admis dans les voitures de l'entreprise; que les tribunaux, dont le devoir est de protéger la perception de l'impôt légalement établi, n'ont point à s'enquérir de l'emploi qui est fait du prix de la place une fois payé; qu'ils n'ont pas à rechercher non plus si une portion de ce prix remplace ce qui était autrefois donné par les voyageurs, à titre de gratification purement volontaire, aux conducteurs et postillons; que cette rétribution a changé de nature et de caractère du moment qu'elle a cessé d'être facultative, et que le voyageur n'est plus le maître de l'accorder ou de la refuser; qu'elle s'identifie dès lors avec le prix convenu, et qu'elle est, comme lui, soumise au droit du dixième; — Et attendu qu'un procès-verbal, régulier en sa forme, dressé par les employés des contributions indirectes à la résidence de Houdan, le 1er nov. 1858, constate que les voyageurs qui occupaient les places de l'intérieur dans une voiture publique de l'entreprise des messageries générales, allant de Falaise à Paris, devaient payer chacun 21 fr. 75 c., et que cependant le prix de chaque place n'était porté qu'à 18 fr. sur le laissez-passer; que le conducteur de cette voiture a confirmé sur ce point les déclarations des voyageurs, mais qu'il a prétendu que la différence de 3 fr. 75 c. par place était pour les guides; — Qu'il résulte de ce procès-verbal que le prix déclaré par l'entreprise des messageries générales pour une place de l'intérieur, dans la voiture dont il s'agit n'était que de 18 fr., tandis que le prix convenu entre le voyageur et l'entreprise a été porté à 21 fr. 75 c.; — Qu'en décidant que ces faits constituaient une contravention à l'art. 116 de la loi du 25 mars 1817, et qu'elle était passible de l'amende de 100 fr., le jugement attaqué, loin de violer les dispositions de cette loi, en a fait une juste application; — Rejette.
Du 6 mars 1840.-C. C., ch. crim.-MM. de Bastard, pr.-Bresson, rap.

a été confirmée par une décision de l'administration où on lit ce qui suit: « Toutes les fois que les entrepreneurs déclareront pour le prix de chaque place, la somme entière exigée des voyageurs, y compris les pourboires, on multipliera le nombre des places par le prix total effectif, et de ce produit brut, on retranchera un dixième; le restant, après la déduction du tiers accordé par la loi pour places vides, sera seul passible du droit. La déduction pour compensation des pourboires, dont jouissent les deux grandes entreprises de la capitale, sera également accordée à toutes celles qui ajouteront au prix principal de la place le pourboire, de manière que la déclaration comprenne la somme totale que déboursera le voyageur » (circ. 11 fév. 1840; V. MM. Saillet et Olibo, p. 864).

269. Des explications qui précèdent, on doit nécessairement conclure que, lorsque les entrepreneurs exigent une addition au prix des places, pour s'indemniser de la rétribution qu'ils doivent aux maîtres de poste (V. infrà, sect. 3, n°s 371 et s.), cette addition doit également servir de base à la perception du dixième (V. MM. Saillet et Olibo, p. 885-9°).

270. La loi du 6 prair. an 7 a établi, à titre de subvention de guerre, un droit à ajouter à divers impôts parmi lesquels a été compris l'impôt sur le prix des places dans les voitures publiques. Quant au droit du dixième sur le prix du transport des marchandises qui a été établi postérieurement par la loi du 5 vent. an 12 (V. n° 275), il n'a été augmenté d'un décime par franc que par l'art. 4 du décret du 11 nov. 1813 (V. Trésor publ., p. 1128).—Il a été jugé que cette subvention de guerre a été supprimée par l'ord. du 27 avr. 1814 (V. Impôts indir., p. 409); qu'étant, de sa nature, temporaire, elle a pu être abrogée par le souverain sans le concours de l'autorité législative (Rej. 3 mars 1817, MM. de Sèze, pr., Portalis, rap., aff. administ. des messageries). — Quoi qu'il en soit, aux termes de l'art. 123 de la loi du 25 mars 1817, les droits créés ou maintenus par cette loi sont passibles du décime par franc. Or le droit sur les voitures publiques est un de ceux qu'elle a maintenus (art. 112 et suiv.); il ne peut donc plus exister de difficulté sérieuse à cet égard. (Circ. 17 mars 1817; V. MM. Saillet et Olibo, p. 940). — A la vérité, un arrêt postérieur à la loi de 1817 a jugé que le décime de guerre établi sur les voitures publiques, et supprimé par l'ordonnance du 27 avril 1814, n'a pas été rétabli par la loi du 21 déc. suivant (Rej. 6 juill. 1818, MM. de Sèze, 1er pr., Minier, rap., aff. administr. des messageries). — Mais il est à remarquer que cet arrêt a rejeté le pourvoi formé contre un jugement rendu le 28 oct. 1815, et conséquemment antérieur à la loi de 1817. — Ainsi que nous l'avons vu suprà, n° 241, on second décime a été ajouté par la loi du 14 juill. 1855 à celui créé par la loi du 25 mars 1817. Il ne devait être perçu que jusqu'au 1er janv. 1858; mais depuis cette époque, il est prorogé d'année en année par les lois de finances.

271. On a vu (n° 240) que l'art. 68 de la loi du 9 vend.

an 6 avait formellement excepté de l'impôt du dixième les places établies sur l'impériale. Mais il est à observer qu'en l'an 6, les places d'impériale ne ressemblaient nullement à celles que nous voyons aujourd'hui. Alors il n'y avait point de siège sur cette partie de la voiture, et une couche de paille était la seule commodité offerte aux voyageurs qui ne pouvaient prendre place dans l'intérieur de la voiture. Plus tard, une banquette couverte d'un capotage offrant trois places commodes, et à certains égards préférables à celles de l'intérieur, a remplacé cette espèce de litière. En présence d'une telle transformation, la régie a pensé que les entrepreneurs ne pouvaient se prévaloir de la disposition exceptionnelle de la loi de l'an 6, et qu'en conséquence le dixième était dû sur le prix des places de banquette d'impériale. — Sa prétention a, d'abord, été jugée mal fondée, et il a été décidé que la loi du 25 mars 1817, qui frappe toutes les places, tant intérieures qu'extérieures des voitures publiques, du dixième du prix de leur prix, n'est pas applicable aux places dites banquettes d'impériale de devant (Civ. cass. 13 août 1823) (1).—Mais il a été décidé, depuis, en sens contraire, que l'exemption du droit imposé par la loi du 9 vend. an 6 (30 sept. 1797) sur les places dans les voitures publiques, en faveur des places établies sur l'impériale, n'est plus applicable aux trois places dites banquettes d'impériale de devant, autorisées par l'ordonnance royale du 4 fév. 1820 (Ch. réun. rej. 10 janv. 1829) (2).

272. La place destinée au conducteur ne saurait évidemment être frappée du droit du dixième, puisqu'elle est improductive pour l'entreprise; mais si le conducteur cède sa place à un voyageur, il y a contravention de la part de l'entrepreneur, en ce qu'il se trouve qu'il y a une place payée au-dessus du nombre qu'il a déclaré (V. MM. Saillet et Olibo, p. 886, 887). Il est d'ailleurs à observer que le conducteur est le seul agent des entreprises de messageries dont la place ne donne lieu à la perception d'aucun droit. On ne pourrait soustraire à l'impôt celles qui seraient occupées par des personnes qualifiées, par exemple, d'inspecteurs de l'administration. — V. ibid., p. 886, note B.

273. Une autre prétention qui ne pouvait, non plus, être sanctionnée par la justice, a été élevée par les entrepreneurs de messageries. Un assez grand nombre d'entre eux ont soutenu que le droit du dixième ne devait atteindre leurs voitures qu'au départ, et qu'ils ne devaient rien à la régie pour le retour. Mais comme les lois fiscales qui ont établi ou maintenu cet impôt l'ont toujours proportionné au nombre des places, et que les entreprises de diligences en exigent le prix aussi bien pour le retour que pour le premier trajet, une telle prétention n'avait pas la moindre apparence de fondement. — Aussi a-t-il été jugé que les entrepreneurs de voitures publiques, faisant un service régulier et à destination fixe, doivent acquitter le dixième du prix des places pour le retour comme pour le départ (Civ. cass. 14 brum. an 13; 28 brum. an 13 (3); 26 frim. an 13; M. Boyer, rap., aff.

(1) (Mess. roy. C. contrib. indir.)—La cour (apr. délib. en ch. du cons.);—Vu l'art. 68 de la loi du 9 vend. an 6 (30 sept. 1797) et l'art. 247 de la loi 28 avr. 1816;—Attendu que les places établies sur l'impériale sont formellement affranchies du droit de dixième par la loi constitutive de l'impôt du 9 vend. an 6, ci-dessus citée; qu'il n'est pas méconnu que ces places ont continué de jouir de cette exemption tant qu'elles ont existé; qu'ayant été supprimées depuis 1808 jusqu'en 1820, elles n'ont pu être l'objet d'aucune des dispositions des lois intermédiaires; que l'ordonnance qui les rétablit n'aucune loi subséquente ne s'est occupée de ces places dans leur rapport avec le fisc; qu'il est de principe certain, consacré encore par l'art. 247 de la loi du 28 avr. 1816, qu'aucun impôt ne peut être perçu sans une disposition précise et formelle de loi; que dès lors le jugement attaqué a fait une fausse application des lois de 1817 et 1819 à des places qui n'ont été rétablies qu'en 1820, et qu'en les soumettant à un droit qui n'est appuyé sur aucun texte de loi, il a violé l'art. 247 de la loi du 28 avr. 1816, ainsi que l'art. 68 de la loi constitutive du droit sur les voitures publiques, qui portait un affranchissement formel pour les places établies sur l'impériale ; — Casse.
Du 13 août 1825.-C. C., sect. civ.-MM. de Sèze, pr.-Legonidec, rap.-Jourde, av. gén., c. conf.-Nicod et Cochin, av.
(2) (Mess. roy. C. contrib. ind.) — Pourvoi par l'administration des messageries contre un jugement rendu par le tribunal de Chartres, le 24 juin 1826, sur renvoi après cassation, et qui avait décidé que les trois places de banquette d'impériale ne devaient pas être considérées

comme places d'impériale, dans le sens de la loi du 9 vend. an 6. — Arrêt (apr. délib. en ch. du cons.).
La cour;—Vu les art. 116 et 118 de la loi des finances du 25 mars 1817;—Attendu qu'il résulte des art. 116 et 118 de la loi des finances du 25 mars 1817, que le droit du dixième du prix des places des voitures publiques est dû pour toutes les places, tant à l'intérieur qu'à l'extérieur; — Que cette disposition générale et absolue est formellement contraire à l'exception contenue dans la loi du 9 vend an 6, en faveur des places d'impériale, et a, dès lors, abrogé cette exception ; — Attendu que les places dites banquettes d'impériale étant évidemment des places à l'extérieur se trouvent, en vertu de la disposition ci-dessus rappelée, assujetties au payement du droit du dixième ; — Attendu que le tribunal de Chartres, en ordonnant l'exécution des contraintes décernées contre l'administration des messageries royales, pour le payement du droit du dixième du prix des places dites banquettes d'impériale, établies sur les voitures des messageries, n'est contrevenu à aucune loi ; — Rejette.
Du 10 janv. 1829-C. C., ch. réun.-MM. Brisson, pr.-De Crousseilhes, rap.-Mourre, pr. gén., c. conf.-Nicod et Latruffe, av.
(3) 1re Espèce : — (Enreg. C. Trion.) — La cour ; — Vu les art. 68 et 71 de la loi du 9 vend. an 6 ; — Considérant qu'il résulte de ces dispositions que les entrepreneurs de voitures publiques partant à jour et heures fixes, sont tenus de payer au trésor public le dixième du prix des places ; — Qu'il est évident que ce dixième s'étend au retour, dès que le retour fait partie du produit de l'entreprise ; — Considérant que, si

enreg. *C.* Vanderslagmolen; 19 mess. an 13, M. Dutocq, rap., aff. enreg. *C.* Vanhacker; 21 janv. 1806, M. Oudard, rap., aff. enreg. *C.* Diéricks). — Et comme conséquence du même principe, on peut induire aussi d'un arrêt que la remise du quart du prix des places vides (aujourd'hui du tiers, V. n° 263) accordée par la loi du 9 vend. an 6 aux entrepreneurs de voitures publiques partant à jour et heure fixes, était applicable au produit des places dans leur retour aussi bien que dans leur venue (Cass. 28 brum. an 13, aff. Pauwels, précité).

274. Dans tous les cas, la loi n'inflige aucune peine aux entrepreneurs qui n'acquittent pas le droit dû pour le retour. Aussi a-t-il été décidé que ce défaut de payement n'est pas une contravention et que la régie a seulement une action pour l'exiger (Crim. rej. 8 sept. 1809) (1).

275. Suivant l'art. 75 de la loi du 5 vent. an 12, il doit être perçu un dixième du prix payé aux entrepreneurs de voitures publiques de terre pour les marchandises que ces voitures auront transportées, et d'après l'art. 4 du décr. du 14 fruct. an 12, sont considérées comme marchandises sujettes au droit du dixième tous les objets qui donnent lieu à une perception au profit de l'entreprise. — Les effets des voyageurs autres que ceux dont le transport est compris dans la place, les comestibles envoyés pendant l'hiver par les voitures publiques, l'argent du trésor, de la banque de France et du commerce, les ballots de papiers des diverses administrations, les sacs de procédure transportés d'un greffe à l'autre sont regardés comme marchandises et, par suite assujettis au droit du dixième établi par la loi précitée du 5 vent. an 12 (avis du cons. d'Ét. 3 vend. an 13, V. p. 1035). — Vainement les entrepreneurs de voitures publiques prétendraient-ils, pour se soustraire au droit du dixième sur les marchandises qui leur sont confiées, qu'ils en effectuent le transport gratuitement; cette allégation, de leur part, ne saurait porter aucune atteinte aux droits du fisc (circ. 10 prair., an 13; MM. Saillet et Olibo, p. 915).

276. D'après l'art. 1 du décret du 14 fruct. an 12, ce sont seulement les voitures transportant des voyageurs à destination fixe et faisant le service d'une même route ou d'une ville à une autre, en d'autres termes, les voitures à service régulier qui tombent sous l'application de l'art. 75 de la loi du 5 vent. an 12. Il faut donc excepter de l'application du droit sur les marchandises les voitures qui, d'après le même décret (art. 2), ne doivent pas être considérées comme voitures à service régulier ; c'est-à-dire, 1° les voitures qui ne portent pas de voyageurs ; 2° celles restant en place ou purement de louage et qui partent indifféremment à quelque jour et quelque heure et pour quelque lieu que ce soit, sur la réquisition des voyageurs (même décr. art 2).—Les marchandises transportées sur des voitures qui ne portent pas de voyageurs, bien qu'elles suivent une diligence ne sont pas assujetties au droit du dixième (avis cons. d'Ét. 3 vend. an 13, p. 1035).

277. Le montant des droits dus par les entrepreneurs, pour les voitures à service régulier, s'établit, pour le dixième du prix des places, d'après la déclaration (V. *infrà*, n°ˢ 281 et suiv.), et pour le dixième du prix du transport, sur le vu des registres que doivent tenir les entrepreneurs et des feuilles remises aux conducteurs (V. *infrà*, n°ˢ 298 et suiv.). Le payement peut en être exigé tous les dix jours (L. 25 mars 1817, art. 118).

278. Au reste, pour simplifier la perception de l'impôt et dispenser la régie de vérifications minutieuses continuelles et presque toujours odieuses à ceux qui les subissent, il peut être consenti des abonnements pour les voitures à service régulier. Ces abonnements doivent avoir pour unique base les recettes présumées de l'entreprise, pour le prix des places et le transport des marchandises (L. 25 mars 1817, art. 119). — Mais suivant le principe adopté par la régie, les abonnements ne doivent être consentis qu'autant que la déduction du tiers du prix des places se trouve insuffisante, c'est-à-dire qu'autant qu'en général il y a plus d'un tiers des places qui se trouvent inoccupées (circ. 16 avr. 1823; MM. Saillet et Olibo, p. 901, 902). — De plus, l'administration des contributions indirectes recommande à ses directeurs de ne pas faire descendre l'impôt au-dessous de ce que la voiture qui obtient l'abonnement aurait à payer, si elle était considérée comme voiture partant d'occasion ou à volonté. C'est ce qui résulte de ses circulaires (V. MM. Saillet et Olibo, p. 903-4°).

279. La législation fiscale, pour assurer l'exacte perception des droits dus au trésor, a imposé aux entrepreneurs de voitures publiques à service régulier un certain nombre d'obligations sanctionnées par des dispositions pénales : 1° déclaration que doit faire l'entrepreneur de son intention de mettre une ou plusieurs voitures en circulation ; — 2° Apposition par les agents de la régie d'une estampille sur chacune de ces voitures ; — 3° Délivrance d'un laissez-passer ; — 4° Acquittement du droit de licence ; — 5° Tenue de registres cotés et parafés par le sous-préfet ou tel autre officier public désigné par le préfet pour y inscrire le nom des voyageurs, le prix des places, la nature, le poids et le prix du port des paquets et marchandises ; — 6° Remise à chaque départ au conducteur d'une feuille de route présentant les mêmes indications et devant énoncer tout chargement fait dans le cours de la route.

280. Dans le but de prévenir des fraudes, la loi exige le concours des trois formalités principales que nous avons indiquées, la déclaration, l'estampille et le laissez-passer. Ces formalités sont combinées de manière à se contrôler réciproquement, et c'est dans leur coexistence que la régie trouve sa garantie. — Aussi a-t-il été jugé que l'estampille ne dispense pas le conducteur de l'obligation de représenter le laissez-passer (Crim. cass. 24 juill. 1818) (2).

Revenons sur chacune de ces formalités.

---

le droit n'était pas perçu sur le retour, le trésor public serait privé d'une partie du droit déterminé par la loi ; — Que le législateur a formellement voulu, par l'art. 71 de ladite loi, qu'il ne fût distrait du dixième que le quart, à titre d'indemnité, pour les places vides ; — Que, par conséquent, le tribunal dont le jugement est attaqué, en décidant que le droit dont s'agit n'était pas dû pour le retour, a fait une distinction contraire aux dispositions générales de la loi, et autorisé un genre de distraction autre que celui établi par l'art. 71 de ladite loi ; — Casse le jugement rendu, le 8 fruct. an 14, par le tribunal civil de la Dyle.
Du 14 brum. an 15.-C. C., sect. civ.-MM. Maleville, pr.-Vergès, rap.

2° *Espèce :* — (Enreg. *C.* Pauwels.) — La cour ; — Vu les art. 68, 89 et 71 L. 9 vend. an 6 ; — Considérant que le droit est établi et dû sur tout le produit des voitures partant à jour et heure fixes, sans autre indemnité que celle d'un quart pour les places vides, accordée par l'art. 71; — Que le jugement attaqué soustrait une partie du produit au droit lorsqu'il en exempte le produit de ces voitures dans leur retour du lieu d'où elles étaient parties, et qu'ainsi il est en contravention à la loi du 9 vend. an 6 ; — Casse.
Du 28 brum. an 15.-C. C., sect. civ.-MM. Gandon, rap.-Giraud, subst.

(1) (Contrib. ind. *C.* Raymond.) — La cour ; — Considérant qu'antérieurement au procès-verbal de saisie, le sieur Raymond avait fait la déclaration de l'entreprise de ses voitures au bureau de Lyon, lieu de son domicile et de son établissement, et que cette déclaration suffisait pour satisfaire au prescrit de l'art. 69 de la loi du 9 vend. de l'an 6, ainsi que l'a déclaré le directeur général de la régie dans sa lettre circulaire du 5 mess. an 19 ; — Que si le sieur Raymond n'avait pas payé le droit

de dixième pour le retour de Belley à Lyon, ce défaut de payement de sa part ne pouvait le rendre passible de la saisie de ses voitures, mais seulement donner à la régie le droit de le contraindre au payement ; — Que, d'ailleurs, l'arrêt dénoncé ne met aucun obstacle à ce que la régie ne poursuive encore aujourd'hui, contre Raymond, le recouvrement du dit dixième, au cas qu'il soit réellement dû ; — Rejette.
Du 8 sept. 1809.-C. C., sect. crim.-MM. Barris, pr.-Busschop, rap.

(2) (Contrib. ind. *C.* Vidal.) — La cour ; — Vu les art. 117, 120 et 122 de la loi du 25 mars 1817 sur les finances ; — Considérant que l'art. 117 précité ayant voulu, d'une manière absolue, que les conducteurs de voitures publiques fussent toujours porteurs du laissez-passer délivré par la régie, il s'ensuit nécessairement qu'il y a contravention audit article, toutes les fois qu'un conducteur de voiture publique n'est pas porteur du laissez-passer ; — Que l'art. 120 veut également que toute voiture publique qui circulerait sans laissez-passer, soit saisie, ainsi que les chevaux et harnais ; — Qu'enfin l'art. 122 punit toute contravention aux articles du § 4 (dont ledit art. 117 fait partie) de la confiscation des objets saisis et d'une amende de 100 à 1,000 fr. ; — Considérant qu'il a été reconnu au procès et constaté par procès-verbal que Pierre Niocelle, conducteur d'une voiture publique, n'était pas porteur d'un laissez-passer, au moment où cette voiture était en circulation ; que l'absence de laissez-passer était donc une contravention formelle audit art. 117 qui, conséquemment, soumettrait le sieur Vidal aux peines de confiscation et d'amende prononcées par ledit art. 122 ; d'où il suit qu'en le renvoyant des poursuites, la cour de Riom a expressément violé les articles précités de la loi du 25 mars 1817 ; — Que le

281. *Déclaration.* — Suivant l'art. 115 de la loi du 25 mars 1817, les propriétaires ou entrepreneurs de voitures publiques allant à destination fixe doivent faire une déclaration préalable et annuelle qui, d'après l'article suivant, doit énoncer l'espèce et le nombre des voitures, le nombre des places dans chaque voiture, dans l'intérieur et à l'extérieur, le prix de chaque place, et dans ce prix doivent figurer les pourboires non facultatifs, ainsi que le a jugé un arrêt (Paris, 22 fév. 1859, aff. Dupuis, V. n° 267), la route que chaque voiture doit parcourir et les jours et heures des départs. Suivant le même texte, en cas de variation dans les jours et heures des départs, les entrepreneurs peuvent rectifier leur déclaration, toutes les fois qu'il est nécessaire. — La loi de 1817 n'exprime pas à qui doit être faite cette déclaration ; mais elle n'abroge pas la loi du 9 vend. an 6, d'après laquelle (art. 69) la déclaration doit être fournie aux préposés de la régie de l'enregistrement, qui a été naturellement remplacée à cet égard par la régie des droits réunis, lorsque cette administration a été créée par la loi du 5 vent. an 12.

282. Nous avons vu *suprà*, n° 147, qu'aux termes de l'art. 17 du décret du 10 août 1852, les entrepreneurs de voitures publiques, allant à destination fixe, doivent déclarer, à Paris, au préfet de police, dans les départements, aux préfets ou aux sous-préfets, le siége de leur établissement, le nombre de leurs voitures, celui des places qu'elles contiennent, le lieu de leur destination, les jours et heures de départ et d'arrivée. — D'après le même décret (art. 19), le préfet doit transmettre au directeur des contributions indirectes copie des autorisations par lui accordées, sur les déclarations faites par les entrepreneurs. — La déclaration prescrite par la loi de 1817 et celle ordonnée par le décret de 1852 doivent-elles être cumulées ? — Au premier abord, on pourrait penser que la déclaration à la régie des contributions indirectes est inutile, puisque le préfet est obligé de lui communiquer les autorisations qu'il délivre sur les déclarations qui lui sont faites, et que l'administration des contributions peut, dans tous les cas, trouver à la préfecture les indications dont elle a besoin pour la perception des droits. Mais il est à remarquer, d'une part, qu'il n'y a pas identité parfaite entre les deux déclarations, et notamment que la loi du 25 mars 1817 prescrit aux entrepreneurs d'indiquer le prix des places, tandis que le décret de 1852 n'exige pas cette énonciation indispensable pour établir la base de la contribution ; d'autre part, que la loi de 1817 n'a été abrogée sous ce rapport par aucun texte postérieur, et que, dès lors, elle doit continuer de s'exécuter. — Au reste, en fait, la régie des contributions exige pour elle-même une déclaration particulière. Ses instructions prescrivent à ses préposés la tenue d'un registre destiné à la recevoir (V. MM. Saillet et Olibo, p. 879). C'est ce qui avait déjà lieu, du reste, sous les ordonnances des 4 fév. 1820, 27 sept. 1827 et 16 juill. 1828, — V. mêmes auteurs, p. 871 ; V. aussi *infrà*, n°s 298, 359.

283. Les entrepreneurs, on le conçoit aisément, sont liés par leurs déclarations et ne peuvent ultérieurement se mettre en contradiction avec les énonciations qu'elles renferment ;

c'est-à-dire que, dans leurs exploitations, les faits doivent y répondre de tout point (V. n° 267).

284. Les voitures déclarées ne peuvent être changées, sans une déclaration préalable (L. 25 mars 1817, art. 117).

285. En quel lieu doit être faite la déclaration ? Est-ce au lieu du départ ? Doit-elle être renouvelée au lieu de l'arrivée ? Peut-elle être régulièrement faite à l'un des points intermédiaires de la route ? — Il semble naturel que la déclaration soit faite au lieu où se trouve le principal établissement de l'entreprise, parce que c'est là que les vérifications doivent surtout avoir lieu. — Mais la loi n'ayant pas prescrit plusieurs déclarations en ce qui touche la régie des contributions indirectes, on ne saurait exiger de l'entrepreneur renouvelle à l'un des points extrêmes de la ligne qu'il parcourt à celle qu'il a faite à l'autre point.—Aussi a-t-il été jugé que l'entrepreneur qui a fait la déclaration d'un service régulier, dans le lieu de son domicile, n'est pas tenu d'en faire une seconde, dans le lieu de la destination, pour les voyages de retour (Crim. rej. 8 sept. 1809, aff. Raymond, V. n° 274).

Quant aux points intermédiaires, la question s'est présentée, devant l'administration des contributions indirectes, non de savoir si la déclaration *doit* être faite sur l'un de ces points, ce qui ne semble pas admissible, mais si l'entrepreneur qui a le siége principal de son établissement sur un point intermédiaire de la ligne qu'il parcourt, *peut* valablement y faire sa déclaration, comme, par exemple, lorsqu'il s'agit d'un service de voitures publiques de Nantes à Lorient, dont le siége principal est à Vannes. — La régie a décidé qu'aucune disposition législative ne s'opposant à ce que la déclaration fût faite à l'un des points intermédiaires du parcours, lorsque le siége principal de l'entreprise s'y trouve établi, il y avait lieu d'admettre cette déclaration comme régulière. — V. MM. Saillet et Olibo, p. 880.

286. *Estampille.* — Avant que les voitures déclarées puissent être mises en circulation, il doit être apposé sur chacune d'elles, par les préposés de la régie et après vérification, une estampille dont le coût, fixé à 2 fr., doit être remboursé par les entrepreneurs. — Les voitures déclarées ne peuvent être changées, ni les estampilles placées sur de nouvelles voitures, sans une déclaration préalable (L. 25 mars 1817, art. 117). — Les voitures doivent être conduites aux bureaux de la régie pour y être estampillées (circul. 17 mars 1817 ; V. MM. Saillet et Olibo, p. 891 et 892, note). — Mais, ainsi que nous l'avons dit (n° 155), ce n'est que sur le vu de l'autorisation donnée par le préfet que le directeur des contributions indirectes délivre l'estampille prescrite par l'art. 117 de la loi du 25 mars 1817.

287. Il est bien entendu, du reste, et c'est ce qui a été jugé, que la vérification des voitures publiques et l'apposition de l'estampille n'autorisent pas les entrepreneurs à recevoir un nombre de voyageurs supérieur au nombre des places fixé par leur déclaration (Crim. cass. 11 mai 1810) (1). — Il en est de même dans le cas d'un abonnement annuel conclu entre eux et la régie (même arrêt). — L'abonnement est, comme la percep-

renvoi du prévenu ne peut, d'ailleurs, être justifié par la considération que la voiture portait l'estampille de la régie, et que cette estampille étant la preuve du payement des droits, il n'y avait, de la part du prévenu, aucune fraude ; — Qu'en matière de contributions indirectes, la preuve du payement des droits ne dispense point de l'observation des formalités que la loi a jugées nécessaires ou même seulement utiles pour prévenir la fraude ; — Que l'art. 117 avait voulu, non-seulement que toute voiture en circulation portât l'estampille, mais aussi que le conducteur fût en même temps porteur du laissez-passer, l'omission de l'une ou de l'autre de ces deux formalités forme nécessairement une contravention audit article ; — Que l'observation simultanée des deux formalités de l'estampille et du laissez-passer est d'autant plus nécessaire, que leur séparation pourrait prêter à la fraude, en appliquant l'estampille à des voitures non déclarées, contre la défense expresse dudit art. 117, fraude qui, à l'instant où elle se commet, ne peut être découverte que par le laissez-passer, qui constate l'estampille et en empêche le double emploi ; — Casse.

Du 24 juill. 1818.–C. C., sect. crim.–MM. Barris, pr.–Busschop, rap.

(1) (Contr. ind. C. Hugau.) — La cour ; — Vu l'art. 72 de la loi du 9 vend. an 6 ; — Considérant qu'il est établi et même reconnu au procès que, le 19 sept. 1809, neuf voyageurs ont pris place dans une voiture suspendue, appartenant au sieur Hugau, entrepreneur de voitures publiques ; — Qu'il est également établi que, le même jour, six

voyageurs ont pris place dans une patache non suspendue, appartenant aussi audit sieur Hugau ; — Considérant, néanmoins, qu'il est reconnu qu'aux époques des déclarations de ces deux voitures, Hugau fixa uniquement le nombre des places de la voiture suspendue à six, et le nombre de celles de la patache à quatre ; — Que, quoique la fausseté des deux déclarations fût, par conséquent, démontrée, la cour, dont l'arrêt est attaqué, a renvoyé Hugau des poursuites ; — Que cette cour s'est étayée d'abord de ce que les deux voitures avaient été vérifiées et estampillées ; — Considérant que la vérification des voitures et l'apposition de l'estampille n'autorisent certainement pas les entrepreneurs de voitures publiques à recevoir un plus grand nombre de voyageurs, et à donner un nombre de places supérieur à celui fixé lors des déclarations ; — Considérant que la vérification et l'estampille n'établissent pas la vérité de la déclaration, tandis qu'au contraire la distribution d'un nombre de places supérieur au nombre des places déclarées, démontre la fausseté de la déclaration, et par conséquent l'infraction à la loi, au préjudice du trésor public ; — Que la cour, dont l'arrêt est attaqué, s'est étayée en outre de ce que Hugau avait fait un abonnement annuel avec la régie, pour raison des droits des deux voitures ; — Que cette cour s'est prévalue, sous ce rapport, de ce que le décret du 13 fruct. an 13 avait déclaré les dispositions de l'art. 73 de la loi du 9 vend. an 6 applicables aux voitures de terre ; — Considérant qu'à la vérité, l'art. 73 de ladite loi autorise les abonnements pour les voitures d'eau,

tion ordinaire, fondé sur le nombre des places déclarées : il ne peut donc conférer aux entrepreneurs plus de droits que s'ils étaient restés soumis à l'exercice. — Il a été jugé aussi que l'entrepreneur d'une diligence qui reçoit, soit dans l'intérieur, soit à l'extérieur, un *nombre de personnes* supérieur à celui des places déclarées, ne peut alléguer pour excuse que la loi ayant fixé l'impôt des voitures publiques à service régulier, sur *le prix des places*, on ne doit appliquer cette loi qu'aux places payées, et que, dans le cas particulier, l'excédant des personnes trouvées dans sa voiture était lui, son domestique et un enfant qui ne payait rien (Crim. cass. 15 oct. 1819) (1). — Conf. MM. Saillet et Olibo, p. 884-4°.

288. Mais du moment que l'entrepreneur d'une voiture publique a fait la déclaration de son entreprise et que la voiture a été estampillée, il est soumis aux perquisitions des agents chargés de rechercher les immixtions illégales dans le transport des lettres (Crim. cass. 27 avr. 1837, aff. Sénat, V. Poste, n° 116).

289. De ce que l'estampille doit être apposée par les préposés de la régie, il suit évidemment qu'elle doit être fixe

(V. MM. Saillet et Olibo, p. 884-1°). — Aussi a-t-il été jugé que l'estampille dont une voiture doit être revêtue, ne remplit pas le vœu de la loi, si elle n'est pas fixée sur la voiture et ne fait pas corps avec elle (Crim. cass. 8 janv. 1819) (2).

290. De ce que l'estampille doit être fixe, il suit aussi que l'entrepreneur ne peut la faire passer d'une voiture à une autre (même arrêt), et que, dès lors, ainsi que l'a décidé un arrêt, lorsqu'une voiture publique, ayant besoin de réparation, a besoin de réparation, celle qui lui est substituée doit nécessairement être déclarée afin d'être aussi marquée d'une estampille (Crim. cass. 21 févr. 1806) (3). — Peu importe, d'ailleurs, que l'entrepreneur n'ait mis en circulation qu'une seule voiture à la place de celle qui est estampillée, puisque c'est dans le défaut d'estampille de la voiture en circulation que gît la contravention. — Aussi a-t-il été jugé que, dans ce cas, la régie n'est pas tenue de prouver que l'entrepreneur a mis à la fois plus d'une voiture au service du public (Crim. cass. 10 prair. an 13) (4).

291. Lorsque les voitures estampillées sont retirées de la circulation, l'estampille ne doit point y demeurer attachée. Ce-

d'après le nombre moyen des voyageurs que ces voitures transportent annuellement, et établit ainsi une espèce de traité à forfait entre la régie et les entrepreneurs ; — Considérant, néanmoins, que ce n'est pas cet article qui est déclaré commun aux voitures de terre par le décret du 15 fruct. an 13, mais bien uniquement l'art. 6 de ladite loi, qui autorisait simplement l'abonnement du droit du dixième sur les voitures d'eau (*a*) ; — Que, par conséquent, les dispositions de ladite loi concernant la répression des fausses déclarations relatives au nombre des places des voitures de terre, ont conservé leur force postérieurement au décret du 15 fruct. an 13 ; — Que ce décret, en autorisant purement et simplement des abonnemens auxquels même les déclarations déjà faites servent de base, n'a pas affranchi des peines encourues par de fausses déclarations à l'aide desquelles le prix des abonnemens serait restreint ; — Que cette vérité résulte évidemment des dispositions du décret du 28 août 1808 ; — Qu'en effet ce décret, après avoir réitéré la nécessité de la déclaration du nombre et du prix des places des voitures publiques ayant une destination fixe, défend expressément aux entrepreneurs, par l'art. 6, d'admettre dans les voitures un plus grand nombre de voyageurs que celui énoncé dans la déclaration ; que, par conséquent, la cour, dont l'arrêt est attaqué, a fait une fausse application du décret du 15 fruct. an 13, et violé l'art. 73 de la loi du 9 vend. an 6, ainsi que le décret du 28 août 1808 ; — Casse.
Du 11 mai 1810.-C. C., sect. crim.-MM. Barris, prés.-Vergès, rap.

(1) (Contrib. ind. C. Lacoche.) — La cour ; — ... Et au fond, vu l'art. 6 du décret du 28 août 1808, relatif aux voitures publiques à service régulier ; — Vu aussi les art. 121 et 122 de la loi du 25 mars 1817 ; — Considérant qu'il a été reconnu comme constant au procès que le sieur Lacoche est entrepreneur d'une voiture publique ou diligence faisant un service régulier de Douai à Lille, et que, d'après le laissez-passer qui lui a été délivré conformément à sa déclaration, ladite voiture ne devait avoir en tout que six places à l'intérieur ; — Qu'il a été également reconnu au procès, et que, d'ailleurs, il a été constaté par un procès-verbal régulier et non argué de faux, que le 29 mai 1819, au moment où, de retour de Lille, ladite voiture entrait dans la ville de Douai, il y a été trouvé sept personnes à l'intérieur et deux personnes placées à l'extérieur de la même voiture ; — Que de ces faits ainsi reconnus et légalement constatés, résultait, de la part dudit sieur Lacoche, une contravention formelle à l'art. 6 précité du décret du 28 août 1808, qui donnait lieu à sa condamnation aux peines établies par l'art. 122 également précité de la loi du 25 mars 1817 ; — Que peu importe que le sieur Lacoche ait prétendu que la septième place à l'intérieur de sa voiture était occupée par un enfant qui, selon lui, ne payait rien pour son voyage, et que les deux places à l'extérieur de la même voiture étaient occupées, l'une par le sieur Lacoche lui-même, et l'autre par son domestique ; — Que ces faits étaient totalement indifférens pour la cause, et ne pouvaient écarter l'application dudit art. 6 du décret du 28 août 1808, dont les dispositions générales et absolues n'admettent aucune exception ; — Qu'en soumettant l'application dudit art. 6 au résultat de la preuve desdits faits d'excuse allégués par le sieur Lacoche, la cour royale a violé le même article, ainsi que les art. 121 et 122 de la loi précitée du 25 mars 1817 ; — Casse.
Du 15 oct. 1819.-C. C., sect. crim.-MM. Barris, pr.-Busschop, rap.

(2) (Contrib. ind. C. Vanhemen.) — La cour, — Vu les art. 117, 120 et 122 de la loi du 25 mars 1817 ; — Considérant qu'il a été constaté, par un procès-verbal des employés des contributions indirectes, du 10 janv. 1818, régulier non argué de faux, que le même jour une voiture exploitée par le sieur Antoine-François

(a) C'est là une erreur : il n'y a rien dans l'art. 6 de la loi du 9 vend. an 6 qui soit relatif à l'abonnement du dixième.

Vanhemen, entrepreneur de voitures à Paris, a circulé dans cette ville, sans qu'il y fût apposé une estampille, ainsi que l'ordonne l'art. 117 de la loi du 25 mars 1817 ; — Que le conducteur de cette voiture, sur l'interpellation à lui faite par les préposés, a seulement représenté une estampille mobile qu'il a tirée de dessous le coussin de sa voiture ; — Que la représentation de cette estampille n'a pu remplir le vœu dudit art. 117, qui veut que l'estampille soit apposée par les employés de la régie sur chaque voiture qui en doit être revêtue, et qu'ainsi elle soit fixe et fasse corps avec elle ; que ledit article défend, d'ailleurs, de placer les estampilles sur d'autres voitures sans déclaration préalable ; — Que la stricte observation de ces formalités doit d'autant plus être maintenue, que, sans elle, la prévoyance de la loi pourrait être constamment éludée, en faisant passer l'estampille d'une voiture déclarée à une autre voiture qui ne le serait pas, et qu'à l'aide de cette fraude, le trésor royal serait frustré de la perception d'un impôt légalement établi ; — Qu'il s'ensuit donc, d'après les faits déclarés dans ledit procès-verbal, que le sieur Vanhemen se trouvait dans le cas de contravention prévu par les art. 117 et 120 de la loi précitée, du 25 mars 1817, et que, conséquemment, il avait encouru les peines de la confiscation et d'amende prononcées par l'art. 122 de la même loi ; — Que, néanmoins, la cour de Paris, en confirmant le jugement du tribunal correctionnel de la même ville, a renvoyé ledit Vanhemen des poursuites, et qu'ainsi elle a violé les art. précités de la loi du 25 mars 1817 ; — Casse.
Du 8 janv. 1819.-C. C., sect. crim.-MM. Barris, pr.-Busschop, rap.

(3) *Espèce*. — (Contrib. ind. C. Meusa.) — Un sieur Meusa, voiturier, avait fait la déclaration d'une voiture circulant de Chivas à Turin. Cette voiture ayant besoin de réparation, Meusa, qui avait pris avec différens voyageurs l'engagement de les conduire à Turin, emprunta la voiture d'un particulier ; et, sous prétexte que les bureaux de la régie n'étaient point ouverts à l'heure fixée pour le départ, il se mit en route, sans faire de déclaration. La cour de Turin, sur cette considération, l'avait déchargé de la contravention. — Pourvoi. — Arrêt.
La cour ; — Vu les art. 69 et 70 de la loi du 9 vend. an 6, et l'art. 72 de la même loi ; enfin l'art. 9 du décr. du 14 fruct. an 12 ; — Attendu que Meusa et Liverta s'étaient trouvés dans le cas prévu par l'art. 9 du décr. du 14 fruct. ; qu'ils n'avaient pas néanmoins déclaré la voiture qu'ils avaient substituée à celle par eux mise en réparation ; qu'il est l'objet de l'art. 72 de la loi du 9 vend. an 6 ; — Que l'art. 9 du décret du 14 fruct. ne fesant que déclarer, pour un cas non prévu par les lois précédentes, l'obligation d'une forme pour l'omission de laquelle ces lois avaient déjà établi une peine, cette peine s'applique, par une conséquence nécessaire, à la violation de sa disposition ; — Que les tribunaux ne peuvent qu'appliquer la loi aux faits reconnus constans ; qu'à l'administration de la régie seule appartient le droit de peser les circonstances de ces faits, d'en apprécier la moralité, et d'accorder ou de refuser, d'après cet examen, des remises sur les confiscations et les amendes encourues ; — Casse.
Du 21 févr. 1806.-C. C., sect. crim.-MM. Viellart, pr.-Barris, rap.

(4) (Contrib. ind. C. la v° Closon.) — La cour ; — Vu les art. 70 et 72 de la loi du 9 vend. an 6 ; — Et attendu qu'il est constaté, par un procès-verbal, et qu'il n'est pas même dénié, que la voiture saisie sur la veuve Closon n'est pas celle dont elle avait fait la déclaration, laquelle avait été vérifiée, inventoriée et estampillée ; que cependant la cour de justice criminelle de Sambre-et-Meuse n'a pas prononcé contre la veuve Closon les peines portées par l'art. 72 ci-dessus cité, sous le prétexte qu'il n'est pas constant que la veuve Closon eût mis à la fois plus d'une voiture au service du public, en quoi il y a eu une fausse application de l'art. 70, et contravention à l'art. 72 de la loi du 9 vend. an 6 ; — Casse.
Du 10 prair. an 13.-C. C., sect. crim.-MM. Viellart, pr.-Seignette, r.

pendant la régie n'exige point qu'elle lui soit rendue. Elle se contente d'en altérer l'empreinte de telle sorte qu'elle ne puisse plus être utilisée (décis. 12 janv. 1818).—V. aussi v° Commissaire-priseur, n° 33.

292. *Laissez-passer.* — Il doit être délivré, pour chaque voiture déclarée, un laissez passer conforme à la déclaration (L. 25 mars 1817, art. 117). — Qu'est-ce qu'un laissez-passer ? — Le mot porte en soi sa définition. C'est un permis de circulation qui doit contenir la désignation exacte de la voiture à laquelle il s'applique, afin qu'il ne puisse être utilisé pour aucune autre —Les laissez-passer doivent être renouvelés chaque année. Ils sont, en effet, une suite de la déclaration, et l'on a vu (n° 281) qu'elle doit être faite annuellement (V. MM. Saillet et Olibo, p. 895, n° 4). — Mais, bien que l'impôt sur les voitures d'occasion soit payable par trimestre, le laissez-passer délivré à ceux qui les mettent en circulation, est valable pour tout un exercice (V. *ibid*, p. 933-17°).

293. Lorsqu'une voiture qui fait un service régulier, part aussi d'occasion ou à volonté, elle doit la contribution imposée à chacun de ces services, et elle doit conséquemment obtenir deux laissez-passer, ce qui implique une double déclaration. Mais alors il ne peut être apposé qu'une seule estampille dont le numéro doit être indiqué sur chacun des laissez-passer (V. MM. Saillet et Ol bo, p. 867-12°). — Il est, du reste, très-facile de comprendre comment une même voiture peut faire le double

service dont nous parlons. Ainsi, supposons qu'une fois, deux fois par semaine elle transporte des voyageurs à une destination fixe et que son retour s'opère le même jour ; rien ne s'oppose à ce que les autres jours de la semaine elle ne parte d'occasion, pourvu que l'entrepreneur obtienne un double laissez-passer, ainsi que nous venons de l'expliquer.

294. Le conducteur de toute voiture sujette à l'impôt, doit toujours être porteur de son laissez-passer (L. 25 mars 1817, art. 117). — D'où il suit nécessairement que la représentation peut toujours en être exigée par les préposés de la régie:—Aussi a-t-il été jugé que tout conducteur de voiture publique est en contravention, dès qu'il ne représente pas, à la première réquisition des employés des contributions indirectes, le laissez-passer dont il doit être muni (Crim. cass. 6 avr. et 14 juin 1821 (1); 11 fév. 1820, M. Busschop, rap., aff. Billon). ... Ou, ce qui doit amener le même résultat, que tout conducteur de voitures publiques, qui représente un laissez-passer inapplicable à sa voiture, est en contravention. (Crim. cass. 7 août 1818, aff. Desormeaux, V. n° 357-3°; 13 août 1818, M. Busschop, rap., aff. Delavault; 11 sept. 1818, même rap., aff. Louard; 10 déc. 1825, aff. Gerest, V. n° 357-2°).

295. *Licence.* — Indépendamment de l'estampille et du laissez-passer, l'entrepreneur de voitures publiques à service régulier, doit, suivant l'art. 115 de la loi du 25 mars 1817, obtenir une licence dont le prix est fixé à 5 fr. par voiture à qua-

---

(1) 1re *Espèce :* — (Contrib. ind. C. Poybier et Chachoin.) — La cour; — Vu l'art 8 du décr. du 14 fruct. an 12 ; l'art. 26 du décret du 1er germ. an 13, et les art. 120, 121 et 122 du § 4, tit. 7. de la loi du 25 mars 1817, sur les finances; — Considérant qu'il suit, tant dudit art. 8 du décr. du 14 fruct. an 12 (1er sept. 1804), maintenu par l'art. 121 de la loi dudit jour 25 mars 1817, que desdits art. 120 et 122 de cette loi, non seulement que toute voiture publique qui (indépendamment de l'estampille qui doit y être apposée conformément à l'art. 117 de la même loi, avant qu'elle puisse être mise en circulation) circule sans laissez-passer, est saisissable, ainsi que les chevaux et harnais; mais encore qu'à défaut par le conducteur de représenter ce laissez-passer aux employés de la régie des contributions indirectes, à l'instant où ils lui en demandent la représentation (n'importe que cette demande ait été par réquisition ou par invitation), il y a lieu à semblable saisie et à confiscation des objets saisis, avec amende de 100 à 1000 fr.; — Vu aussi l'art. 35 dudit décret du 1er germ. an 13 (22 mars 1805), qui rend les propriétaires de marchandises responsables du fait de leurs facteurs, agents ou domestiques, en ce qui concerne les droits, confiscations, amendes et dépens; — Considérant, en fait, qu'il avait été constaté, le 28 sept 1819, par un procès-verbal d'employés de la régie des contributions indirectes, régulier et non argué de faux, 1° que, ledit jour, à dix heures du matin, François Poybier, conducteur d'une voiture publique dite *landaw*, invité par eux à leur représenter le laissez-passer dont il devait être porteur, n'avait point satisfait à cette demande, et que ce n'avait été qu'après deux heures d'attente, et lorsque la demoiselle qu'il conduisait avait eu déclaré que cette voiture était louée, qu'il s'é ait décidé à dire qu'il allait représenter son laissez-passer ; sur quoi les employés lui avaient annoncé que c'était la une bonne volonté tardive; qu'il était en contravention à l'art. 8 du décret du 14 fruct. an 12, ainsi qu'aux art. 117 et 120 de la loi du 25 mars 1817, et, en conséquence, lui avaient déclaré saisir tant ladite voiture que les bêtes de voiture publique dite landaw attelée, et leurs harnais; 2° qu'ensuite s'étant transportés au domicile du sieur Chachoin, entrepreneur de voitures de louage, celui-ci, répondant à leur question, leur avait dit que la voiture lui appartenait, et que l'homme qui la conduisait était à son service; sur laquelle réponse ils avaient aussi déclaré au sieur Chachoin procès-verbal de saisie de cette même voiture et des chevaux et harnais;

Considérant que le sieur Chachoin ayant été, sur le fondement de ce procès-verbal, assigné devant le tribunal de police correctionnelle de la Seine, afin de validité de la saisie, et de condamnation, en sa qualité de responsable du fait de Poybier, à 1,000 fr. d'amende et aux dépens, ce tribunal a rendu, le 18 fév. 1820, un jugement par lequel « attendu que les faits énoncés au procès-verbal ne constataient pas suffisamment qu'il y eût eu, de la part de Chachoin, contravention aux lois sur la circulation des voitures publiques, » il a renvoyé le sieur Chachoin de l'action intentée contre lui; » — Considérant que cet unique motif de renvoi prononcé était le méconnaissance évidente de la foi due aux procès-verbaux des employés de la régie, aux termes de l'art. 26 du décret du 1er germ. an 13; en même temps que le renvoi de l'action était une contravention manifeste aux dispositions légales citées au commencement du présent arrêt; d'où il résulte qu'il était du devoir des juges de seconde instance d'infirmer

le jugement dudit jour 18 fév., et, par suite, d'adjuger les conclusions que la régie avait prises sur l'appel par elle interjeté de ce jugement, et qui tendait à ce qu'au principal le sieur Chachoin fût condamné à l'amende déterminée par l'art. 122 de la loi dudit jour 25 mars 1817, et aux dépens des causes principale et d'appel; que cependant la cour royale de Paris, chambre des appels de police correctionnelle, en statuant sur cet appel, a, par son arrêt du 8 août 1820, adopté purement et simplement le motif, et confirmé, avec dépens, le dispositif dudit jugement du 18 fév. précédent; — En quoi elle a formellement violé les art. 26 et 35 du décret législatif du 1er germ. an 13, l'art. 8 du décret du 14 fruct. an 12, et lesdits art. 120, 121 et 122 de la loi du 25 mars 1817, sur les finances ; — Casse.

Du 6 avril 1821.-C. C., sect. crim.-MM. Barris, pr.-Bailly, rap.

2e *Espèce :* - (Contrib. ind. C. Thorigny.) — La cour, — Vu les art 117, 120, 121 et 122 de la loi du 25 mars 1817 ; — Considérant qu'indépendamment de l'estampille dont toute voiture publique, mise en circulation, doit être revêtue, d'après ledit art. 117. cet article exige, en outre, d'une manière absolue, que le conducteur de la voiture soit toujours porteur du laissez-passer délivré par la régie, d'après la déclaration de l'entrepreneur ; que cet article n'est que le renouvellement de l'art. 8 du décr. du 14 fruct. an 12(maintenu d'ailleurs par l'art. 121 précité), qui oblige les conducteurs des voitures publiques de représenter le laissez-passer à toute réquisition des employés; — Que, par suite de ces dispositions, l'art. 120 de la loi du 25 mars 1817 veut que toute voiture publique, qui circulerait sans laissez-passer, soit saisie, ainsi que les chevaux et les harnais ; — Qu'enfin, l'art. 122 de la même loi punit la contravention à ces dispositions de la confiscation des objets saisis, et d'une amende de 100 à 1,000 fr.; — Considérant qu'il a été reconnu au procès, et d'ailleurs constaté par un procès-verbal régulier, que, le 2 sept 1820, le sieur Thorigny, entrepreneur de voitures à Paris, a fait circuler deux voitures, sans que les conducteurs, de ces interpelles par les employés de la régie, aient représenté les laissez-passer, disant qu'ils les avaient oubliés ; — Que ce fait était une contravention formelle audit art. 117, qui soumettait ledit Tho igny aux peines de confiscation et d'amende établies par ledit art. 122; d'où il suit qu'en le renvoyant des poursuites intentées contre lui par la régie, la cour de Paris a violé les articles précites de la loi du 25 mars 1817; — Que ledit renvoi ne peut être justifié, ainsi que l'a fait ladite cour royale par la considération de bonne foi, résultant de ce que le sieur Thorigny a présenté les laissez-passer à l'audience, parce que leur absence, au moment de la circulation des voitures, ne devait être attribuée qu'à un simple oubli; — Qu'en matière de contributions indirectes, l'existence du fait matériel de la contravention suffit pour obliger les juges d'y appliquer la peine déterminée par la loi ; que ce n'est qu'à l'administration elle-même, seule autorisée, par le décret du 5 germ. an 12, à transiger sur les contraventions, qu'appartient le droit d'apprécier les circonstances du fait et sa moralité, et d'accorder ou de refuser, d'après cet examen des remises sur les confiscations et amendes encourues; — Que l'obligation que la loi impose aux conducteurs de voitures publiques, d'être toujours porteurs du laissez-passer, a évidemment pour but de prévenir la fraude qui pourrait être faite par son double emploi ; que l'arrêt dénoncé ne peut donc être justifié sous aucun rapport; — Casse.

Du 14 juin 1821.-C. C., sect. crim.-MM. Barris, pr.-Busschop, rap.

tre roues et à 2 fr. par voiture à deux roues. — L'art. 117 de la même loi explique qu'en cas de changement des voitures déclarées, l'estampille ne pourra être placée sur de nouvelles voitures sans une déclaration préalable; mais il ajoute que, dans ce cas, il n'est point dû de nouvelle licence. Toutefois, il en serait autrement si la nouvelle voiture différait de l'ancienne par le nombre des roues (Circul. 17 mars 1817, V. MM. Saillet et Olibo, p. 879) et cela par la raison fort simple que le droit varie suivant que la voiture est à deux ou à quatre roues. — Mais si l'entrepreneur avait payé le droit le plus élevé, la substitution d'une voiture à deux roues à une voiture à quatre roues ne donnerait pas lieu à l'obtention d'une nouvelle licence.

296. Suivant les règles adoptées par l'administration des contributions, lorsqu'une voiture pour laquelle une licence a déjà été obtenue est cédée par l'entrepreneur qui en avait acquitté le droit, il n'en est pas dû un nouveau par l'acquéreur, et il n'y a pas lieu, non plus, dans ce cas, de délivrer une nouvelle estampille. — Seulement il doit y avoir déclaration de cesser de la part de l'entrepreneur qui se retire et de reprise de service de la part du nouvel entrepreneur.

297. La loi ne dit pas d'une manière expresse que la licence doit être prise *annuellement*; mais il paraît que c'est dans ce sens que la régie en fait l'application. Au sujet du point de savoir si l'acquéreur d'une voiture pour laquelle le droit de licence a été acquitté, en doit un nouveau lorsqu'il continue d'être affectée à un service régulier, on lit, en effet, dans le code de MM. Saillet et Olibo, p. 880 : — « On avait demandé si, lorsque, *dans le cours d'une année*, une entreprise de voitures publiques passe d'un entrepreneur à un autre, il y a lieu, à raison de ces changements, à exiger, etc. » — Ces mots, *dans le cours d'une année*, font voir que la difficulté ne peut exister, d'après ces auteurs, que lorsque la cession ou vente a lieu dans le cours de l'année. Pourquoi cela? — Parce que, après l'expiration de ce terme, un nouveau droit est dû, quel que soit le propriétaire de la voiture.

298. *Registres, feuilles de route.* — Nous avons fait remarquer (V. n° 168) qu'aux termes du décret du 10 août 1852 (art. 31), chaque entrepreneur de voitures publiques doit inscrire sur un registre les noms des voyageurs qu'il transporte, ainsi que les ballots et paquets dont le transport lui est confié. — L'art. 3 du décret du 14 fruct. an 12 veut aussi que les entrepreneurs de voitures publiques à destination fixe tiennent des registres sur lesquels ils doivent inscrire, jour par jour, toutes les personnes et marchandises dont ils entreprennent le transport, ainsi que le prix des places, la nature, le poids et le prix du port des paquets et marchandises; et l'on ne peut supposer que le décret de 1852 ait abrogé ou rendu superflue la disposition précitée du décret de l'an 12, parce que ce sont deux règlements appartenant à deux ordres d'idées parfaitement distincts. — S'ensuit-il que les entrepreneurs soient tenus d'avoir un double registre : l'un, pour se conformer au décret de 1852 sur la police de la circulation, l'autre pour obéir au décret du 14 fruct. an 12. Nous ne le pensons pas; mais nous croyons que les prescriptions de l'un et de l'autre doivent s'exécuter, et qu'ainsi non-seulement le registre doit être coté, paraphé par le maire, comme le prescrit le décret du 10 août 1852, mais qu'il doit l'être aussi par le sous-préfet, comme l'exige le décret du

14 fruct. an 12 (art. 3), et que, de plus, conformément à ce dernier texte, le registre doit être visé par les préposés des contributions indirectes de l'arrondissement. — Le décret de l'an 12 voulait, en outre, que les registres fussent en papier timbré; mais cette disposition se trouve abrogée par l'art. 4 de la loi du 20 juill. 1837 (V. Enregistr., n° 6070).

299. D'après l'art. 31 du décret du 10 août 1852, l'entrepreneur doit remettre au conducteur, pour lui servir de feuille de route, une copie de l'enregistrement des noms des voyageurs, ainsi que de celui des ballots et paquets. — De même, suivant l'art. 5 du décret du 14 fruct. an 12, les entrepreneurs doivent remettre à leurs conducteurs, cochers, postillons ou voituriers, au moment de leur départ, une feuille de route portant le numéro de l'estampille de la voiture, le nom de l'entrepreneur, et celui du conducteur, ainsi que le nombre des places de la voiture. Cette feuille, certifiée de l'entrepreneur, ou de l'un de ses commis, doit présenter littéralement, article par article, les enregistrements, ainsi que le prix des places et du port des objets portés au registre. Tout chargement fait dans le cours de la route doit être inscrit sur cette feuille et reporté au registre du bureau d'arrivée (décr. 14 fruct. an 12, art. 5). — Ces diverses prescriptions doivent évidemment continuer de s'exécuter, car la perception du dixième doit se faire sur le vu des registres tenus dans leurs bureaux et des feuilles remises à leurs conducteurs, postillons, cochers ou voituriers (L. 5 vent an 12, art. 74).

Tout emploi de faux registres et de fausses feuilles de route ou de faux enregistrement est poursuivi conformément à l'art. 76 de la loi du 5 vent. an 12, sans préjudice des poursuites extra-ordinaires pour crime de faux, suivant le cas (décr. 14 fruct. an 12, art. 10).

300. Les entrepreneurs de voitures publiques sont commerçants (c. com. 1, 632) : ils doivent donc, comme tous les commerçants, conserver leurs livres pendant dix ans (c. com. 11). — Mais il n'en saurait être de même des feuilles de route dont aucune disposition législative n'exige la conservation. Il est, d'ailleurs, à observer que les feuilles de route ne sont que la copie exacte des énonciations contenues dans le registre et que, dès lors, le voyage terminé, la feuille de route remplacée par une autre, il n'y a pas de motif pour exiger la reproduction simultanée du registre et de la feuille que les entrepreneurs de mauvaise foi sauraient, d'ailleurs, mettre toujours d'accord. — Aussi a-t-il été jugé que les entrepreneurs de voitures publiques ne sont pas obligés de conserver, pour les représenter aux préposés des contributions indirectes, les feuilles de route, après les voyages pour lesquels elles ont servi (Crim. rej., 2 avr. 1818) (1). — Toutefois, il a été jugé que les préposés de l'administration des contributions indirectes peuvent exiger, pendant le délai de dix jours de l'arrivée des voitures, la représentation des feuilles de route pour les comparer avec les registres tenus aux bureaux d'arrivée (Crim. cass. 1er sept. 1843) (2). — Ce délai de dix jours est en rapport avec l'art. 118 de la loi du 25 mars 1817 aux termes duquel le payement du droit peut être exigé tous les dix jours. Mais aucune disposition ne prescrit la conservation des feuilles pendant ce délai. Les art. 75 de la loi du 5 vent. an 12, 5 et 6 du décret du 14 fruct. an 12, 118, 121 et 122 de la loi du 25 mars 1822 que vise l'arrêt précité ne contiennent rien de semblable.

<hr/>

(1) (Contrib. ind. C. la veuve Happey.) — LA COUR : — Considérant qu'aucune disposition formelle des lois et règlements relatifs à l'impôt sur les voitures publiques n'impose aux entrepreneurs de ces voitures l'obligation de conserver les feuilles de route, après les voyages pour lesquels elles ont servi ; d'où il suit qu'en renvoyant la veuve Happey des poursuites intentées à sa charge, pour ne pas avoir représenté, à la réquisition des employés, des feuilles de route qui avaient servi pour des voyages terminés depuis longtemps, la cour d'Orléans n'a violé aucune loi ; — Rejette.

Du 2 avril 1818.—C. C., sect. crim.-MM. Barris, pr.–Bosschop, rap.

(2) (Contr. ind. C. Toulouse et comp.) — LA COUR : — Vu les art. 75 de la loi du 5 vent. an 12, 5 et 6 du décret du 14 fruct. même année, 118, 121 et 122 de la loi du 25 mars 1817 ; — Attendu qu'il résulte de la combinaison de ces articles que les préposés de l'administration des contributions indirectes peuvent exiger la représentation des feuilles de route pour les comparer avec les registres tenus aux bureaux d'arrivée des voitures publiques ; que le but de cette représentation est de mettre

les préposés à même de reconnaître les chargements faits dans le cours de voyage, et, par suite, de fixer le montant des droits dus à l'État, soit sur le prix des places, soit sur le prix du transport des marchandises ; que dès lors elle peut être exigée, non pas d'une manière indéfinie mais au moins pendant le délai de dix jours fixé par l'art. 118 de la loi du 25 mars 1817 pour arrêter le montant de la somme à percevoir au vu de la loi du 5 vent. an 12 ; — Et attendu qu'il a été constaté et reconnu que la société Toulouse et comp. avait refusé au bureau de Villers-Cotterets de représenter aux préposés de la régie les feuilles de route de la voiture faisant le trajet de Paris audit lieu, aucune que la feuille de route de la voiture arrivée le jour même où la représentation était requise.— Attendu que ce refus constituait une contravention à l'art. 118, punie par l'art. 122 de la loi du 25 mars 1817 ; que cependant le tribunal correctionnel supérieur de Laon a déclaré que le refus constaté ne constituait aucune contravention ; en quoi il a violé les lois ci-dessus visées ; — Casse, etc.

Du 1er sept. 1843.-C. C., ch. crim.-MM. Crousilhes, pr.–Bribre, r.

§ 2. — *Voitures d'occasion ou à volonté et voitures à service régulier assimilées au service d'occasion ou à volonté.*

301. Les voitures d'occasion ou à volonté ne sont pas soumises au droit proportionnel comme les voitures à service régulier, mais seulement à un droit fixe, déterminé successivement par les lois du 9 vend. an 6, du 25 mars 1817, et enfin par celle du 28 juin 1833 (V. *infrà*, n° 311). Elles sont du reste soumises aux formalités prescrites à l'égard des voitures assujetties à l'impôt, telles que la déclaration, le laissez-passer, l'estampille (V. n°° 314 et s.).—L'art. 2 du décret du 14 fruct. an 12 définit ainsi les voitures d'occasion ou à volonté : ce sont les voitures restant sur place ou purement de louage et qui partent indifféremment à quelque jour, à quelque heure et pour quelque lieu que ce soit, sur la réquisition des voyageurs.—Ainsi les voitures de place, dans les villes, sont considérées comme des voitures partant d'occasion et à volonté (V. MM. Saillet et Olibo, p. 930). — Il a, du reste, été jugé, sous l'empire de la législation antérieure à la loi de 1817 (comme il devrait être également décidé sous cette dernière loi), que les fiacres ou voitures de place sont des voitures d'occasion, dans le sens de l'art. 2 du 9 vend. an 6, et que, comme telles, elles sont assujetties au droit prescrit par l'art. 70 de cette loi (Cass. 11 août 1806 (1) ; 18 prair. an 10, M. d'Oulrepont, rap., intér. de la loi, aff. fiacres de Nantes ; 24 niv. an 13, M. Ruperou, rap., aff. fiacres de Gand) .... et, par conséquent, aux formalités prescrites pour garantir la perception de ce droit, notamment à la déclaration (mêmes arrêts, V. *infrà*, n° 313).

302. Il en est de même des cabriolets et des carrosses de remise qui circulent dans Paris et dans d'autres villes de l'empire, parce qu'elles sont à la disposition de tous ceux qui veulent s'en servir, moyennant un prix convenu : c'est ce qui a été jugé à l'égard des fiacres de Gand (Cass. 24 niv. an 13, M. Ruperou, rap. aff. fiacres de Gand ; V. aussi MM. Saillet et Olibo, p. 930).

303. Un arrêt a jugé qu'une voiture, servant au transport des voyageurs, à prix d'argent, qui, un seul jour par semaine, se trouve dans un lieu fixe d'où elle effectue régulièrement son re-

tour, ne peut, bien qu'elle soit habituellement employée comme voiture d'occasion, être considérée comme voiture d'occasion, mais doit être réputée faire un service régulier (Cass. 19 pluv. an 13, aff. Plagnol, V. n° 257 ; MM. Saillet et Olibo, p. 861), et nous croyons cette décision parfaitement conforme au décret du 14 fruct. an 12, d'après lequel (art. 1) on doit considérer comme faisant un service régulier les voitures publiques à destination fixe et faisant le service d'une même route ou d'une ville à une autre.

304. Les voitures louées séparément, c'est-à-dire sans chevaux, et même les voitures louées avec chevaux, mais sans conducteur, ne sont pas considérées comme des voitures partant d'occasion et à volonté et ne donnent lieu à la perception d'aucun droit. — Le simple louage des voitures n'est pas, en effet, l'industrie qu'ont voulu atteindre les lois fiscales sur les voitures publiques. — C'est donc avec raison qu'il a été jugé : 1° que les loueurs de voitures et de chevaux, c'est-à-dire ceux qui se bornent à louer des chevaux et des voitures aux personnes qui en ont besoin, sans les conduire eux-mêmes ou par leurs préposés, ne sont pas tenus de se munir d'un laissez-passer ; que cette formalité n'est prescrite par la loi qu'aux entrepreneurs de voitures publiques, c'est-à-dire à ceux qui se chargent du transport des voyageurs et conduisent eux-mêmes ou par leurs préposés leurs voitures (Crim. rej. 1er sept. 1837) (2) ; — 2° que l'individu qui se borne à louer des voitures, sans les conduire ni par lui-même ni par ses préposés, ne doit pas être réputé entrepreneur de voitures publiques, mais simple loueur, et dès lors ne peut être soumis à l'obligation de faire apposer une estampille sur ses voitures ni de se munir d'un laissez-passer (Crim. rej. 11 mars 1826 (3) ; 1er oct. 1842, M. Bresson, rap., aff. Contrib. ind.; Grim. cass. 28 mars 1857, aff. Cuisenier, D. P. 57. 1. 275) ; — 3° Que l'individu, autre qu'un entrepreneur de voitures publiques, qui loue accidentellement une voiture à prix d'argent, à un particulier qui la conduit lui-même, n'est pas tenu de faire sa déclaration à la régie des contributions indirectes, ni de requérir une estampille, ni de se munir d'un laissez-passer (Crim. rej. 3 oct. 1839) (4) ;

---

(1) (Contrib. indir. C. plusieurs particuliers de Bruxelles.) — LA COUR ; — Vu les art. 68, 69, 70 et 72 de la loi du 9 vend. an 6 ; — Attendu que, par les dispositions des articles 68 et 69, et par la disposition de l'article 70 de cette loi, des mesures différentes sont établies, à raison des diverse espèces de voitures au service du public et des particuliers ; qu'aux termes des art. 68 et 69, les entrepreneurs des voitures publiques, dont le service est attaché à des routes déterminées, sont soumis à un droit proportionnel et à une déclaration détaillée ; que les voitures, restant sur place ou purement de louage, ne sont que soumises aux dispositions de ces deux articles, ainsi qu'il a été déclaré par l'art. 2 du déc. du 14 fruct. an 12 ; mais attendu que l'art. 70 comprend, dans sa disposition, tout entrepreneur de voitures suspendues, partant d'occasion ou à volonté et le soumet à un droit annuel fixe, et à fournir une simple déclaration de ses voitures ; Attendu que les voitures de place dont il s'agit sont du nombre de celles partant d'occasion et à volonté, que les entrepreneurs de ces voitures étaient tenus de faire leur déclaration, sous les peines portées par l'art. 72 de la même loi ; — Qu'ainsi les juges de Bruxelles, en déclarant exceptées des dispositions de la loi les voitures de place, ont méconnu la volonté du législateur, ont contrevenu aux dispositions formelles des art. 70 et 72 de la loi du 9 vend. an 6, et ont fait une fausse application du décret du 14 fruct. an 12 ; — Casse le jugement du tribunal de Bruxelles, du 5 messid. an 13.

Du 11 août 1806.—C. C., sect. civ.-MM. Gandon, pr.-Vassé, rap.

(2) *Espèce :* — (Contr. ind. C. Lamy.) — Le sieur Lamy, loueur de voitures et de chevaux à Pontoise, fut cité, à la requête de l'administration des contributions indirectes, parce qu'une de ses voitures, occupée par trois personnes et conduite par l'une d'elles, avait été rencontrée à Versailles sans l'estampille et le laisser-passer prescrits par l'art. 117 de la loi du 25 mars 1817. Le tribunal correctionnel de Pontoise, et, sur l'appel, la cour de Paris, par arrêt du 25 fév. 1837, renvoyèrent le sieur Lamy de l'action de la régie ; attendu que la loi du 25 mars 1817 s'applique seulement aux entrepreneurs de voitures publiques qui se chargent par eux-mêmes ou leurs préposés, du transport des voyageurs, et non aux loueurs de voitures qui se bornent à louer leurs voitures ou leurs chevaux à des individus qui les conduisent eux-mêmes ; qu'il existe une grande différence entre l'entreprise et le louage de voitures ; qu'en effet la loi du 1er brum. an 7, relative à la contribution des patentes, place les entrepreneurs de voitures publiques dans la première classe des commerçants sujets à la patente, et les simples loueurs dans la quatrième ; que, par suite, la formalité d'un laisser-passer prescrite

aux entrepreneurs de voitures publiques, ne peut l'être pour les loueurs ; qu'on ne peut, en effet, étendre une disposition fiscale d'un cas à un autre. — Pourvoi par la régie, qui a soutenu qu'il n'y avait aucune différence entre les entrepreneurs et les loueurs de voitures. — Arrêt.

LA COUR ; — Sur l'unique moyen de cassation invoqué par l'administration et tiré d'une prétendue violation des art. 115 et 117 de la loi du 25 mars 1817, vu lesdits art. ; attendu que, dans l'état des faits tels qu'ils sont établis et constatés dans l'arrêt attaqué, cet arrêt n'a violé ni les dispositions des art. 115 et 117 de la loi du 25 mars 1817, ni celles d'aucun autre texte de loi. — Rejette.

Du 1er sept. 1837.- C C., ch. crim.-MM. Crouseilhes, pr.-Meyronnet, r.

(3) *Espèce :* — (La régie C. Bazère.) — LA COUR ; — Attendu qu'aux termes de l'art. 115 de la loi du 25 mars 1817, tout entrepreneur de voitures publiques suspendues ou non partant d'occasion ou à volonté, est tenu à l'exécution des dispositions de loi relatives à l'estampille ou au laissez-passer ; — Mais que ces dispositions ne sont point applicables à une voiture ou à des chevaux loués par un entrepreneur qui ne se charge point par lui-même ou par ses préposés de la conduite de ces chevaux ou de ces voitures, parce que cette entreprise, loin de constituer une entreprise de voitures publiques, n'a pour objet que de fournir à des particuliers des voitures ou des chevaux pour leur usage individuel et exclusif ; et que si elles peuvent être louées par le premier qui les demande à son gré, à l'instar des voitures particulières dès qu'elles sont occupées, et, pour le temps de la location, vont et viennent à son gré, ne sont en aucune manière, ni de droit ni de fait, à la disposition du public. — Rejette.

Du 11 mars 1826.-C. C., ch. crim.-MM. Portalis, pr.-Ollivier, rap.

(4) *Espèce :* — (Contrib. ind. C. Lemaire.) — Lemaire, sellier carrossier à Compiègne, avait loué accidentellement une voiture attelée d'un cheval, à un sieur Baledent, qui la conduisait lui-même, moyennant 7 fr. Cette voiture n'était pas estampillée, et le conducteur n'était pas muni d'un laissez-passer. — Ces faits ayant été constatés par un procès-verbal, la régie des contributions indirectes a poursuivi Lemaire devant le tribunal correctionnel de Compiègne, pour contravention aux art. 117 de la loi du 25 mars 1817 et 11 de la loi du 20 juill. 1837. — Jugement qui déclare que l'art. 117 de la première de ces lois est inapplicable à Lemaire, parce qu'il n'est pas entrepreneur de voitures publiques. Ce jugement reconnaît, au contraire, qu'ayant loué une voiture lui appartenant avec un cheval aussi loué par lui, Lemaire se trouve, pour cette mise en circulation à prix d'argent, dans le cas prévu par l'art. 11 de la loi du 20 juill. 1837 ; mais il ajoute qu'à défaut par

— 4° Que l'obligation du laissez-passer ne peut être imposée à un entrepreneur pour des voitures revêtues d'une estampille et qu'il loue à des particuliers qui les conduisent eux-mêmes tour à tour (Crim. rej. 20 juill. 1839) (1). — Ce dernier arrêt constate que la voiture était estampillée et semble ainsi faire de l'estampille une obligation pour les voitures de louage. Nous ne pensons pas toutefois que telle soit la pensée de l'arrêt. L'estampille est une suite de la déclaration; or la déclaration n'est imposée qu'aux voitures publiques conduites par les entrepreneurs ou leurs préposés : cette formalité ne concerne donc pas les voitures de louage; c'est, du reste, ce qui résulte formellement des arrêts précédents.

305. Mais il en est autrement lorsque la voiture et les chevaux sont loués habituellement par le même individu, qui les conduit lui-même ou les fait conduire par ses préposés (MM. Saillet et Olibo, p. 930, 931). — Ainsi, et c'est ce qui a été jugé, celui qui loue au public des voitures partant à volonté, et qu'il fait conduire par ses chevaux et par ses gens, est réellement un entrepreneur de voitures publiques, dans le sens de la loi du 25 mars 1817, quoique justifiant d'une patente qui le qualifie simple loueur (Crim. cass. 18 déc. 1817) (2); 28 mars 1857, aff. Cuisenier, D. P. 57. 1. 225). — Et il est, par suite, soumis à l'obligation de faire apposer une estampille sur ses voitures et de se munir d'un laissez-passer (même arrêt de 1857).—V. n°ˢ 313 et suiv.

306. Rien ne s'oppose d'ailleurs, et c'est ce qui a été jugé, à ce qu'un entrepreneur de voitures cumule cette industrie avec celle de loueur de chevaux et de voitures particulières. — Par suite, l'estampille et le laissez-passer applicables aux voitures publiques ne doivent pas être exigées des voitures qu'il loue à des particuliers et qu'il confie à leur conduite (Crim. rej. 6 août 1846, aff. Morée, D. P. 46. 4. 542).

307. On ne peut considérer comme voiture publique soumise aux droits du fisc celle appartenant à un voyageur qui loue des chevaux à une entreprise de voitures publiques pour se faire transporter à sa destination (décis. 3 juill. 1809). — Une voiture particulière conduite par un loueur de chevaux ne peut, non plus, être considérée comme publique, parce que l'impôt existe sur les voitures publiques, non sur les chevaux de louage (décis. 27 sept. 1817).

308. Les voitures qui, dans certaines circonstances particulières ou périodiques, comme une foire, par exemple, font temporairement un service habituel, d'un point fixe à un autre, ne doivent pas être considérées comme faisant un service régulier, mais bien comme voitures d'occasion ou à volonté. C'est ce qui résulte d'une décision de l'administration du 14 oct. 1818, particulièrement en ce qui concerne les voitures dites carioles, faisant le service de la foire de Beaucaire. — V. MM. Saillet et Olibo, p. 867, 11°.

309. Les voitures des convois militaires, lorsqu'elles ne sont pas détournées de leur destination pour servir à l'usage du public ne sauraient être considérées comme des voitures publiques (avis du cons. d'Et., 2 fév. 1819, V. MM. Saillet et Olibo, p. 931, 932). — Toutefois, il est bien entendu, et c'est ce qui a été jugé, que l'entrepreneur des convois civils et militaires n'est dispensé du payement des droits, de la déclaration, de l'estampille et du laissez-passer, qu'autant que sa voiture n'est employée qu'à des convois (Crim. cass., 23 mai 1828) (3).

---

cette loi d'avoir établi une sanction pénale pour une contravention qui n'était pas prévue par la loi de 1817, il n'y a lieu d'appliquer aucune peine.

Appel de la régie. — 4 fév. 1859, jugement du tribunal de Beauvais qui déclare l'administration non recevable : — « Attendu que Lemaire, en louant au sieur Baledent un char-à-banc et un cheval pour son usage particulier, n'a fait qu'un contrat de louage qui n'entre pas dans les prévisions de l'art. 11 de la loi du 20 juill. 1857, lequel a pour but de frapper d'un impôt toute voiture publique mise accidentellement en circulation. »

Pourvoi de la régie, pour violation des art. 115, 116 et 117 de la loi du 25 mars 1817 et fausse application de l'art. 11 de la loi du 20 juill. 1857; — De l'ensemble des art. 115, 116 et 117 de la loi de 1817, dit la demanderesse, il résulte qu'aucune voiture faisant un service public, c'est-à-dire transportant des voyageurs moyennant rétribution, ne peut être mise en circulation sans déclaration préalable, sans estampille et sans laissez-passer. Pour les voitures partant d'occasion ou à volonté, le droit est dû pour un trimestre, et d'avance, quel que soit le nombre des voyages : d'où la cour suprême a induit avec raison, dans son arrêt du 19 juill. 1855 (V. n° 539), qu'un seul fait de transport de voyageurs établit, à l'égard de celui qui l'opère, la présomption légale d'entrepreneur de voitures publiques. — Tel était l'état de la législation lorsqu'a été promulguée la loi du 20 ju.ll. 1857, qui, par son art. 11, dispose : « Dans les lieux où il existe des voitures publiques toute personne, autre qu'un entrepreneur de voitures publiques, qui voudra mettre accidentellement une voiture en circulation à prix d'argent, sera admise à en faire chaque fois la déclaration au bureau de la régie et tenue de se munir d'un laissez-passer... » Cet article qui porte, en finissant, qu'il sera perçu, au moment de la déclaration, un droit de 15 cent. par place et par jour, n'a pas entendu dispenser des obligations imposées par la loi de 1817 ; il a seulement converti pour un cas particulier le droit fixe et trimestriel établi par l'art. 8 de la loi du 26 juin 1853, en un droit de 15 cent. par place. — D'où il suit, en définitive, que, dans l'espèce, le sieur Lemaire, qui avait loué accidentellement une voiture et un cheval, sans avoir fait de déclaration, sans avoir requis une estampille et sans un laissez-passer, avait commis une contravention passible (art. 122 de la loi de 1817) de la confiscation tant de la voiture que du cheval et du harnais, d'une amende de 100 fr. à 1,000 fr., et qu'en refusant de prononcer cette condamnation, le jugement attaqué a violé les lois de la matière. — Arrêt.

LA COUR; — Attendu qu'il résulte des faits déclarés constants que le conducteur de la voiture dont il s'agit au procès n'était pas le préposé, mais, au contraire, le locataire du sieur Lemaire; — Que, dès lors, le sieur Lemaire ne se trouvait ni dans l'un des cas prévus par la loi du 25 mars 1817, ni dans celui auquel se rapporte l'art. 11 de la loi du 20 juill. 1857; — Rejette.

Du 5 oct 1859.-C. C., ch. crim.-MM. de Bastard, pr.-Rocher, rap.
(1) (Contrib. ind. C. Sonneville.)— LA COUR; — Attendu que l'arrêt

dénoncé déclare, en fait, 1° que le cabriolet dont il s'agit était revêtu de l'estampille de la régie; 2° qu'il n'était conduit tour à tour que par les trois personnes qui s'y trouvaient et qui l'avaient loué à Sonneville, entrepreneur de voitures publiques; qu'en décidant donc que le défaut de représentation du laissez-passer prescrit par l'art. 117 de la loi du 25 mars 1817 ne suffisait pas, dans l'espèce, pour rendre led t Sonneville passible des peines que prononcent les art. 120 et 122 de la même loi, cet arrêt, régulier d'ailleurs en la forme, n'a expressément violé aucune de ces dispositions; — En co séquence, rejette.
Du 20 juill. 1859.-C.C., ch. crim.-MM. de Bastard pr.-Rives, rap.
(2) (Contrib. ind. C. Barillon.)— LA COUR; — Vu les art. 115, 115, 117 et 122 de la loi sur les finances, du 25 mars 1817; — Attendu qu'il est constaté, par le procès-verbal des employés de la régie, du 10 août dernier, que le sieur Barillon, qualifié loueur de voitures d'occasion et à volonté, avait loué, ledit jour, à plusieurs voyageurs, une voiture attelée d'un cheval, qu'il faisait conduire, sur la grande route, près la grille des Tourelles, par le nommé Buridan, son serviteur à gages, et que Barillon étant intervenu, il convint de ces faits, et prétendit qu'ayant une patente de loueur de voitures d'occasion, il avait le droit d'en jouer; — Attendu que, quoique en fait de location de voitures ainsi constaté ait été reconnu par la cour royale d'Orléans, soit dans ses motifs particuliers, soit dans ceux des premiers juges qu'elle a adoptés, ladite cour n'a pas moins renvoyé Barillon de l'action de la régie, sous le prétexte qu'il n'est point entrepreneur, mais simplement loueur de voitures partant d'occasion et à volonté, et que la loi précitée ne concerne que les entrepreneurs; — Attendu que cette distinction est évidemment contraire à la loi; que, dans son esprit et son texte, celui qui loue au public des voitures partant à volonté, et qu'il fait conduire par ses chevaux et par ses gens, est réellement un entrepreneur de voitures publiques; qu'ainsi la loi précitée a été violée; — Casse.
Du 18 déc. 1817.-C. C., sect. crim.-MM. Barris, pr.-Chasle, rap.
(3) (Contrib. ind. C. Richard.)— LA COUR; — Vu les art. 115, 115, 117, 120 et 122 de la loi du 25 mars 1817, et l'avis du conseil d'État du 2 fév. 1819; — Attendu qu'aux termes de l'art. 115 de la loi du 25 mars 1817, les voitures publiques qui ne partent que d'occasion sont soumises à payer un droit fixe à la régie; — Qu'aux termes de l'art. 115, l'entrepreneur est astreint à une déclaration préalable et annuelle; — Que, d'après l'art. 117, ces voitures doivent être munies d'une estampille et d'un laissez-passer, dont les conducteurs doivent toujours être porteurs, le tout sous les peines portées aux art. 120 et 122 de la même loi; — Attendu que, si le prévenu était, en sa qualité d'entrepreneur des convois civils et militaires, affranchi de l'obligation de faire estampiller, de se munir d'un laissez passer, et de revêtir sa voiture d'une estampille, ce n'est qu'autant qu'il n'emploierait cette voiture qu'à des convois, et dans l'usage en serait interdit au public; que cette disposition de l'avis du conseil d'État du 2 fév. 1819, sont formelles à cet égard; — Attendu qu'il est constaté, par un procès verbal régulier, que la voiture du prévenu a été trouvée transportant des voyageurs; qu'il

310. Le droit fixe établi sur les voitures d'occasion ou à volonté par l'art. 113 de la loi du 25 mars 1817 est fondé, non sur le prix, mais sur le nombre des places qu'elles contiennent. Le transport gratuit des voyageurs ne saurait donc soustraire les entrepreneurs ni au payement du droit ni à l'accomplissement des devoirs que la loi leur impose.—C'est ainsi qu'il a été jugé que la circonstance qu'un entrepreneur de voitures publiques aurait conduit les voyageurs gratuitement, ne suffit pas pour faire excuser la contravention résultant du défaut d'estampille et de laissez-passer (Crim. cass. 21 avr. 1826 (1); 5 août 1843, M. Mérilhou, rap., aff. Collin-Hussac); — Et à *fortiori* que le prévenu de circulation sans laissez-passer ne peut, sur la simple allégation qu'il ne conduisait pas à prix d'argent, être renvoyé de la plainte, alors que le procès-verbal constate que les voyageurs ont déclaré avoir payé le prix de leur place (Crim. cass. 28 juin 1844, M. Jacquinot-Godard, rap., aff. Mongodin).

311. Le droit proportionnel du dixième établi sur les voitures à service régulier n'est pas applicable, ainsi que nous l'avons dit *suprà*, n° 301, aux voitures d'occasion ou à volonté. Il est remplacé pour ces dernières par un droit fixe annuel dont la quotité avait été déterminée ainsi qu'il suit par la loi du 25 mars 1817, art. 113 : — Pour une voiture à deux roues, à deux places, 40 fr. ; à quatre places, 70 fr. ; à six places, 90 fr. ; à huit places, 120 fr. ; à neuf places, 140 fr. ; — Pour une voiture à quatre roues, à quatre places, 80 fr. ; à six places, 100 fr. ; à huit places, 130 fr., et à neuf et au-dessus, 150 fr. — On voit, dans ce tarif, que la loi de 1817 faisait une distinction entre les voitures à deux roues et celles à quatre roues et qu'elle établissait sur celles-ci une légère surtaxe. Cette distinction n'était pas bien justifiée, car le nombre des roues est déterminé par la capacité de la voiture, et n'ajoute rien aux bénéfices de l'entrepreneur. En outre le maximum du droit s'arrêtait aux voitures à neuf places, parce qu'on ne connaissait pas encore à cette époque des voitures d'occasion d'une plus grande capacité. Mais l'établissement des omnibus à l'intérieur des villes, ainsi que d'autres voitures à l'extérieur contenant plus du double de ce nombre de places, fit bientôt sentir la nécessité d'établir le tarif

sur d'autres bases. En conséquence, l'art. 113 de la loi du 25 mars 1817 fut modifié par l'art. 8 de la loi du 28 juin 1833, et le droit fixe ainsi déterminé : par voiture, quel que soit le nombre des roues, à une et deux places, 40 fr ; à trois places, 60 fr.; à quatre places, 80 fr.; à cinq places, 96 fr.; à six places, 110 fr. — Pour chaque place au-dessus de ce nombre, 10 fr.

312. Le droit fixe est exigible par trimestre et d'avance. Il est toujours dû pour un trimestre entier au moins, à quelque époque que commence ou cesse le service (L. 25 mars 1817, art. 118).

313. La perception de ce droit est garantie par les trois principales formalités que nous avons imposées aux entrepreneurs de voitures à service régulier. Ainsi une *déclaration* doit être faite pour les voitures d'occasion ou à volonté, comme pour les voitures à service régulier. C'est ce qu'expriment formellement la loi du 9 vend. an 6 (art. 70) et celle du 25 mars 1817 (art. 115).—La mise en circulation des voitures déclarées comme faisant un service d'occasion n'est pas, comme celle des voitures à service régulier, subordonnée à une autorisation préalable du préfet. A Paris seulement, les ordonnances du préfet de police ont décidé qu'un entrepreneur ne peut mettre en circulation de voitures d'occasion ou à volonté sans l'autorisation de ce préfet. — V. Dict de M Maurice Block, v° Voitures publ., n° 32

314. La déclaration doit énoncer l'espèce et le nombre des voitures que l'entrepreneur veut livrer à la circulation, le nombre des places dans chaque voiture à l'intérieur et à l'extérieur et le genre de service auquel ces voitures sont destinées (L. 25 mars 1817, art. 116). — Il a été jugé que les propriétaires de voitures partant d'occasion ou à volonté ne peuvent restreindre leur déclaration à une seule voiture, sous prétexte que les autres sont en mauvais état et qu'ils n'ont pas l'intention de s'en servir (Crim rej. 25 juin 1807) (2). — Mais cette solution ne nous paraît pas à l'abri de toute critique. Nous comprenons que la régie prenne toutes les précautions nécessaires pour éviter la fraude, et que la justice réprime avec sévérité toute tentative ayant pour objet de la frustrer de ses droits ; mais les circonstances qui viennent d'être indiquées ne révèlent rien de sem-

---

résulte même de la déclaration du conducteur, homme qui est à ses gages, qu'il lui remettait fidèlement l'argent des voyageurs qu'il chargeait en route ; qu'au surplus, et aux termes de l'art. 55 du décret du 1er germ. an 13, il était responsable des faits de son domestique, en ce qui concerne les droits, confiscations, amendes et dépens résultant de la contravention ; qu'il suit de là que la voiture du prévenu n'était pas uniquement employée au transport des convois civils et militaires ; qu'elle transportait d'occasion les voyageurs qu'elle pouvait recueillir, que le prévenu était donc assujetti aux obligations prescrites par la loi aux entrepreneurs de voitures publiques ; qu'en le dispensant de ces obligations et des peines qu'il avait encourues pour les avoir enfreintes, l'arrêt attaqué a violé les dispositions des lois rappelées ci-dessus ; - Casse l'arrêt de la cour royale de Paris, chambre des appels de police correctionnelle, du 25 janv. 1826.

Du 25 mai 1826.-C, C, ch. crim.-MM. Bailly, f. f. pr.-Mangin, r.

(2 (Contr. ind. C. Plique.)— LA COUR ; — Vu les art. 117, 120, 122 et de la loi du 25 mars 1817 ; — Considérant que, d'après les dispositions de ces articles, les entrepreneurs de voitures publiques ne peuvent faire circuler aucune voiture non revêtue de l'estampille de la régie, et dont le conducteur ne soit porteur du laissez-passer ; — Que, dans l'espèce, il a été constaté, par un procès-verbal régulier des préposés de la régie, et qu'il est d'ailleurs reconnu au procès, que le sieur Plique, entrepreneur de voitures publiques, a fait circuler une voiture par lui conduite et dépourvue d'estampille et de laissez pas-er ; que, dès lors, il avait encouru les peines de confiscation et d'amende portées par ledit art. 122 ; — Que, néanmoins, le tribunal correctionnel de Beauvais n'a point prononcé ces peines ; qu'il en a fait dépendre l'application de la preuve du fait allégué par le prévenu, qu'il n'avait perçu aucune rétribution de ceux qui occupaient les places dans sa voiture, et qu'ils y étaient *gratis* ; — Que cependant ce fait n'était point de nature à soustraire le prévenu aux peines de la loi, - Qu'il résulte en effet de l'art. 113 de la loi précitée, que l'impôt sur les voitures publiques d'occasion n'est point établi sur le prix, mais sur le nombre des places qu'elles contiennent et le nombre des roues sur lesquelles elles sont montées ; que le transport gratuit des voyageurs ne peut donc soustraire les entrepreneurs aux devoirs que la loi leur a imposés, ni conséquemment aux peines qu'elle a attachées à leur transgression ; — Qu'il s'ensuit donc qu'en soumettant la condamnation du prévenu à la preuve qu'il n'avait rien reçu des voyageurs qu'il conduisait dans sa voiture, le

tribunal correctionnel de Beauvais a violé la loi du 25 mars 1817 ; — D'après ces motifs faisant droit au pourvoi de l'administration des contributions indirectes, casse et annule le jugement rendu le 15 mars 1826 par le tribunal correctionnel de Beauvais

Du 21 avr. 1826.-C. C., ch. crim.-MM. Portalis, pr-Busschop, rap.

(2) (Latouche C. contr ind.) — LA cour he, propriétaire de quatre voitures faisant un service d'occasion et à volonté, prétendit qu'une seule devait être soumise au droit fixe, attendu que les trois autres étant en mauvais état, il déclarait ne vouloir pas s'en servir. La régie refusa de recevoir cette déclaration, et Latouche ayant persisté dans ses prétentions, il fut dressé procès-verbal contre lui, dont copie fut remise à la dame Latouche, en l'absence de son mari. — Le 28 juin 1806, arrêt de la cour criminelle de la Seine-Inférieure, qui maintient la saisie des trois voitures non déclarées et en ordonne la confiscation. — Pourvoi par Latouche. Il soutient que la loi, en établissant une taxe sur l'industrie, n'a voulu en imposer que le produit réel ou présumé ; que dès lors, l'équité ne permet pas d'asseoir la perception sur quatre voitures, lorsqu'une seule est en activité ; — Qu'aucune disposition ne défend à un loueur de voitures d'en avoir plusieurs sans être passible de contravention que lorsqu'il les a livrées au public, sans remplir les formalités qui sont prescrites ; — Qu'enfin la fraude ne doit jamais se présumer, et qu'on doit s'en reposer sur la vigilance des préposés, pour la découvr r. — La régie réplique que si, par l'art. 62 de la loi du 9 vend. an 6, l'entrepreneur de voitures, à jour fixe, ne doit payer les droits que sur les voitures qu'il emploie, la même loi (art. 70) se sert de termes tout différents, lorsqu'elle parle de l'entrepreneur de voitures d'occasion ; qu'elle oblige ce dernier à faire la déclaration de toutes ses voitures indistinctement, et que cette différence de dispositions s'explique parfaitement, et par la modicité des droits que paye le loueur de voitures d'occasion, et par l'impossibilité de le soumettre à une surveillance aussi précise que l'entrepreneur faisant un service régulier. - Arrêt.

LA COUR ; Attendu, sur le premier moyen, que, d'après l'art. 70 de la loi du 9 vend. an 6, il y a lieu à la déclaration de toutes les voitures existant chez un entrepreneur de voitures partant d'occasion ou à volonté, et que Latouche, entrepreneur de semblables voitures, n'a déclaré qu'une seule pour quatre existant dans son domicile ; d'où il suit que l'arrêt attaqué s'est conformé à la loi, en déclarant valable la saisie de trois de les voitures, et leur confiscation avec amende, pour

blable. La loi n'a pu vouloir atteindre toutes les voitures qu'un entrepreneur possède, mais seulement celles dont il se sert et qui sont productives pour lui. — On objecte que l'art. 10 de la loi du 9 vend. an 6 oblige les entrepreneurs de voitures d'occasion ou à volonté à déclarer *toutes* les voitures qui leur appartiennent. Cette disposition dit seulement que « tout entrepreneur de voitures suspendues partant d'occasion ou à volonté sera tenu de fournir la déclaration de sa voiture ou de ses voitures... » Mais de quelles voitures parle la loi? De celles qui partent d'occasion ou à volonté. Celles qui ne partent pas ne devant rien, il ne saurait y avoir de déclaration à faire, en ce qui les concerne. Si l'entrepreneur met en circulation d'autres voitures que celles qu'il a déclarées, il est manifeste qu'il ne doit pas demeurer impuni; mais la contravention ne peut exister, ce semble, qu'autant qu'il y a contradiction entre la déclaration de l'entrepreneur et le fait de la mise en circulation (Conf. MM. Saillet et Olibo, p. 928-4°). — C'est donc avec raison qu'il a été jugé que la mise en circulation d'une voiture autre que celle déclarée est une contravention, sans que la régie soit tenue de prouver que l'entrepreneur a mis à la fois plus d'une voiture au service du public (Crim. cass. 10 prair. an 13, aff. Closon, V. n° 290). — Ici la loi n'est pas d'accord avec la déclaration, puisque l'entrepreneur a déclaré une voiture et en a mis une autre en circulation. — V. aussi Crim. cass. 21 fév. 1806, aff. Mensa, *eod.*

315. L'art. 116 de la loi de 1817 n'exige pas que la déclaration faite par les entrepreneurs de voitures d'occasion ou à volonté énonce le prix des places. L'énonciation de ce prix en effet est inutile, puisque le droit fixe établi sur ces voitures n'est pas fondé sur le prix, mais sur le nombre des places qu'elles contiennent (V. n° 310). Il peut arriver cependant, bien que l'art. 119 de la loi précitée n'autorise les abonnements que pour les voitures à service régulier, que l'administration consente pour les voitures d'occasion une espèce d'abonnement qui consiste à faire payer par l'entrepreneur pour chaque voyage effectué le dixième du prix intégral des places réellement occupées. — Il a été jugé que dans ce cas l'entrepreneur est tenu de faire la déclaration exacte du prix des places, conformément aux art. 115 et 116 de la loi du 25 mars 1817 (Orléans, 20 janv. 1838) (1).

316. La substitution d'une voiture d'occasion à une autre doit être déclarée, mais elle ne constitue pas un nouveau service donnant lieu à la perception d'un nouvel impôt. En conséquence, si la voiture de remplacement est susceptible d'une taxe supérieure, il y a seulement lieu d'exiger le complément du droit (circ. 25 fév. 1824, V. MM. Saillet et Olibo, p. 928-5°).

317. Les entrepreneurs de voitures d'occasion ou à volonté doivent aussi, comme ceux de service régulier, faire apposer une *estampille* à leurs voitures et se pourvoir d'un *lais-

sez-passer* (V. *supra*, n°s 286 et s.). — Il est à remarquer qu'à Paris, les voitures de place sont dispensées de l'estampille. On a pensé que le numéro que portent ces voitures et qui leur est donné par la police pouvait en tenir lieu. On a craint d'ailleurs que la simultanéité du numéro de la police et de celui de l'estampille ne devînt une cause de confusion (décis. 30 avr. 1817, V. MM. Saillet et Olibo, p. 894-2°).

318. Relativement à la *licence*, l'art. 115 de la loi du 25 mars 1817 porte que les entrepreneurs de voitures partant d'occasion ou à volonté ne sont pas tenus au payement de la licence. Cette expression signifie-t-elle qu'une licence doit être délivrée aux entrepreneurs de ces voitures, mais qu'ils ne doivent pas en acquitter le droit, ou bien que la formalité ne les concerne en aucune manière? Nous inclinons vers cette dernière interprétation, parce que nous n'apercevons dans la licence, en concours avec l'estampille et le laissez-passer, qu'une formalité dont l'unique raison d'être est de produire un droit de plus à l'État, et, dès lors, on ne voit pas pourquoi une licence serait délivrée aux entrepreneurs de voitures d'occasion qui n'en acquittent pas le droit.

319. La loi de finances du 28 juin 1833, art. 8, § 2, a rangé dans la classe des voitures d'occasion ou à volonté, et, par conséquent, à soumis au droit fixe, une certaine classe de voitures qui, d'après la nature de leur service, étaient comprises dans les termes de l'art. 112 de la loi du 25 mars 1817, et par suite devaient être assujetties au droit proportionnel du dixième sur le prix des places. Ce sont les voitures qui, dans leur service habituel d'un point fixe à un autre, ne sortent pas d'une même ville ou d'un rayon de 15 kilom. de ses limites, pourvu qu'il n'y ait pas continuité immédiate de service pour un point plus éloigné, même après changement de voiture. — Le ministre des finances a reconnu, lors de la discussion de cet article devant les chambres législatives, que l'inconstance de leurs recettes ne leur permettrait pas de supporter le droit du dixième; que, par conséquent, il fallait leur faire en faveur et admettre une exception qui les plaçât au rang des voitures dites d'occasion (M. Duverger, année 1833, p. 262). — Il est bien entendu, du reste, que le bénéfice de cette loi est purement facultatif pour les entrepreneurs, et que s'ils préfèrent rester sous le régime général, ils doivent être admis à payer l'impôt d'après le tarif arrêté pour les voitures à service régulier. C'est ce qui résulte des instructions administratives. — V. Dict. de l'admin. franç. de Maurice Block, v° Voitures publiques, n° 42.

320. Le rayon de 15 kilom. dont il s'agit dans cet article doit, suivant un jugement du tribunal de la Seine, être calculé, non d'après le développement de la ligne parcourue par les voitures, mais à vol d'oiseau, c'est-à-dire en ligne droite de

---

défaut de leur déclaration au bureau de la régie; — Attendu, sur le second moyen, que, dans la circonstance du procès, la femme Latouche étant personne capable de recevoir la copie du procès-verbal de cette saisie, il n'y avait pas lieu à l'affiche de ce procès-verbal à la porte de la maison commune, conformément à l'art. 24 du décret du 1er germ. an 13, dont la disposition n'était pas applicable à l'espèce; — Rejette.
Du 25 juin 1807.—C. C. ch. crim.—MM. Barris, pr.–Babille, rap.

(1) (Contrib. indir. C. Chertier.) — La cour; — Attendu que l'art. 112 de la loi du 25 mars 1817 soumet tout entrepreneur de voitures publiques faisant un service régulier à payer la régie le dixième du prix des places, déduction faite, pour les places vides, d'un tiers sur le prix total de ces places; — Que, d'après l'art. 115, l'entrepreneur de voitures dites d'occasion ou à volonté est au contraire tenu de payer, par trimestre et à l'avance, une somme fixe pour tenir lieu du dixième du prix des places! — Attendu que si, d'après l'art. 116 de la même loi, les entrepreneurs de voitures publiques à service régulier sont seuls soumis à déclarer le prix de chaque place, néanmoins il résulte des règlements sur la matière que, pour faciliter certaines entreprises dont le service n'est ni assez régulier ni assez permanent pour qu'on puisse équitablement leur appliquer soit le droit proportionnel soit le droit fixe, la régie est autorisée à convenir, conformément à l'art. 119, avec ces voitures d'occasion une espèce d'abonnement qui consiste à faire payer par l'entrepreneur, pour chaque voyage effectué, le dixième du prix intégral des places réellement occupées; — Qu'à cet effet l'entrepreneur est tenu de faire une déclaration exacte du nombre des voyageurs et du prix réel de leur transport, déclaration qui doit être relatée dans le laissez-passer sans lequel la voiture ne peut circuler; — Attendu que Chertier, en acceptant cet abonnement dans son intérêt particulier, s'est placé volontairement dans les

conditions spéciales du service régulier, et s'est soumis, par là même, à faire la déclaration prescrite pour ce service; — Qu'en effet le laissez-passer délivré à Chertier, le 4 avr. 1837, sur sa déclaration, énonce que sa voiture devait transporter de Bourges à Gien six voyageurs à raison de 6 fr. par place, et que c'est sur ce prix seulement que le dixième a été calculé et perçu; — Que néanmoins il résulte de la déclaration des voyageurs, consignée au procès-verbal dressé le 5 avril dernier par les préposés de la régie, que le prix de chaque place était de 7 fr. 20 c., et qu'ainsi, par suite de la fausse déclaration de Chertier, une somme de 1 fr. 20 c. aurait été, au préjudice de la régie, soustraite à la perception du dixième; — Qu'à la vérité Chertier prétend que le prix obligatoire de la place n'était que de 6 fr., et que le surplus était seulement une gratification facultative ou le pourboire du conducteur; — Mais attendu que cette allégation est contredite dans le procès-verbal par les voyageurs, qui ont tous déclaré avoir payé à l'entrepreneur la somme de 7 fr. 20 c.; — Que la somme de 1 fr. 20 c., égale pour tous les voyageurs, payée par chacun d'eux à l'entrepreneur, et sans distinction du prix principal, ne peut donc avoir le caractère d'une gratification facultative, puisque, fixée à l'avance à un chiffre invariable, elle est exigée au moment du départ, et, avant d'avoir été méritée par les services officieux du conducteur; — Qu'il résulte de tout ce qui précède que Chertier n'a pas fait la déclaration à laquelle il s'était soumis, conformément à l'art. 116 de la loi du 25 mars 1817, ce qui constitue la contravention réprimée par l'art. 122; — Par ces motifs, condamne Chertier envers l'administration des contributions indirectes à 100 fr. d'amende et aux frais du procès, par application des art. 116 et 122 de la loi du 25 mars 1817, et 194 c. inst. crim.
Du 20 janv. 1838.—C. d'Orléans.–M. Vilneau, pr.

leur point de départ à leur point d'arrivée : « Attendu, porte le jugement, que le mot rayon, employé dans la loi de 1833, n'étant accompagné d'aucune addition ni restriction, doit naturellement s'interpréter dans son sens usuel et géométrique, c'est-à-dire comme expression de la distance calculée en ligne droite d'un point à un autre, signification qui, au surplus, lui est formellement attribuée par la loi elle-même dans divers cas, notamment à l'égard du tarif de la poste aux lettres » (trib. de la Seine, 24 mars 1841, aff. chem. de fer de Versailles).

321. Il faut remarquer que la loi parle des limites de la ville et non de celles de la commune. Cette distinction est importante en ce que les limites de la commune dépassent souvent de plusieurs kilomètres celles de la ville. — Il est à observer aussi que la distance de 15 kilom. doit se calculer à partir des limites de la localité de départ au centre de la localité d'arrivée. C'est du moins ainsi que l'administration a interprété la loi du 28 juin 1833 (circul. 11 déc. 1833). — Peut-être serait-il plus juste de calculer la distance à partir des limites de la ville jusqu'au point exact de l'arrivée de la voiture, en telle sorte que si elle ne parvient pas au centre de la localité qui est sa destination, et que, dans la réalité, les 15 kilom. ne soient pas dépassés, elles ne doivent être considérées que comme voitures partant d'occasion ou à volonté.

322. Il semble résulter des termes de la loi précitée du 28 juin 1833, relative aux voitures dont nous nous occupons en ce moment, qu'elle ne doit recevoir son application qu'aux voitures établies dans les villes. Néanmoins l'administration des contributions indirectes n'a pas adopté cette interprétation littérale et elle admet à jouir du bénéfice de l'art. 8 de la loi du 28 juin 1833 les voitures établies dans les communes rurales; dans ce cas, et suivant la règle établie par la régie, la distance doit se mesurer à partir du point extrême de l'agglomération de maisons formant le village au hameau jusqu'au centre du lieu de la destination de la voiture (MM. Saillet et Olibo, p. 926, à la note).

323. Une circulaire ministérielle du 11 déc. 1833 prévoit le cas où la distance ne serait pas égale pour l'aller et le retour, en ce que le centre du point d'arrivée se trouverait plus éloigné d'un côté que de l'autre et elle décide qu'il faut alors se déterminer d'après la distance la plus favorable au contribuable. — Ainsi, en supposant qu'une voiture parte de Miribel pour Lyon, que la distance à compter des limites de la première de ces localités au centre de Lyon soit de 16 kilom., tandis que celle des limites de Lyon au centre du Miribel ne serait que de 14 kilom., à cause de l'étendue considérable de la première de ces villes, c'est, d'après la doctrine et la pratique de l'administration, la distance la plus courte qui devra servir de guide dans l'application de la loi de 1833 (MM. Saillet et Olibo, p. 926).

324. Lorsque des difficultés s'élèvent sur l'étendue du rayon parcouru par les voitures que l'on prétend faire rentrer dans l'application de cette loi, les directeurs des contributions indirectes doivent se concerter avec les préfets pour en obtenir la mesure exacte, à l'aide des ingénieurs des ponts et chaussées (circul. 11 déc 1833, V. MM. Saillet et Olibo, p. 927).

325. Les voitures affectées à un service spécial, tel que celui d'un établissement de bains de mer, d'un chemin de fer, d'un bateau à vapeur, doivent-elles être considérées comme partant à volonté ou d'occasion et soumises, par conséquent, aux droits dont sont grevées ces voitures? En ce qui touche les voitures des établissements de bain de mer, l'affirmative nous paraît douteuse : 1° parce que, en général, le prix du transport n'est pas payé séparément et qu'il est compris dans celui du bain; 2° parce que, pour être admis dans la voiture, il faut être muni d'un cachet de bains, d'où il résulte que cette voiture n'est pas ouverte au public. — Toutefois MM. Saillet et Olibo, p. 927, 928, résolvent la question affirmativement, par le motif que ces voitures sont à la disposition du public qui veut en user dans un but spécial. — Ces auteurs ne voient dans de pareilles voitures qu'un service d'omnibus. — Cette assimilation nous paraît manquer d'exactitude. Dans les omnibus, le prix des places prouve clairement que c'est à prix d'argent que les voyageurs sont transportés. Dans l'hypothèse dont il s'agit, au contraire, il n'y a pas, pour la voiture, un prix distinct de celui du bain, par la raison

fort simple qu'il s'agit pour l'entrepreneur, non de transporter des voyageurs, mais de multiplier le nombre des baigneurs.

326. Quant aux omnibus des chemins de fer et des bateaux à vapeur, presque toujours il y a un prix particulier pour le transport qui s'effectue par cette voie; il est naturel qu'il donne lieu, pour les distances de moins de 15 kilom., à la perception de la taxe afférente aux voitures d'occasion. — V. MM. Saillet et Olibo, p. 860, note B.

327. Nous avons rappelé ci-dessus, n° 319, la disposition de la loi du 28 juin 1833 d'après laquelle les voitures qui font un service habituel sont considérées comme voitures d'occasion lorsqu'elles ne sortent pas d'une même ville ou d'un rayon de 15 kilom. de ses limites, mais à la condition qu'il n'y ait pas continuité immédiate de service pour un point plus éloigné, même après changement de voiture. — Suit-il de là que la faveur accordée par cette disposition ne peut être invoquée en cas de coïncidence entre l'arrivée d'une voiture qui ne parcourt qu'un rayon de 15 kilom. et le départ d'une autre voiture, bien qu'il n'existe aucun rapport d'intérêt entre les deux entreprises? — L'affirmative semblerait contraire à l'équité, parce qu'elle aurait pour résultat de faire peser sur l'entrepreneur dont la voiture se trouve dans les conditions exigées par la loi pour être réputée voiture à volonté, les conséquences d'un fait qui lui est complètement étranger. — Aussi a-t-il été jugé que le privilège de ne payer qu'un simple droit fixe, accordé aux voitures publiques dont le service habituel ne dépasse pas l'étendue de parcours permise aux voitures à volonté, sous la seule condition « qu'il n'y ait pas continuité immédiate de service pour un point plus éloigné, même après changement de voiture, » n'est pas perdu pour l'entrepreneur de voitures de ce genre, par le seul fait de l'établissement d'une coïncidence entre l'heure d'arrivée de ses voitures et celle de départ d'autres voitures publiques, alors, d'ailleurs, qu'il n'a aucun intérêt dans le service de celle-ci (Douai, 6 déc. 1852, aff. Manroy, D. P. 53. 2 107).

328. Les voitures partant d'occasion ou à volonté ne sont pas assujetties au droit du dixième sur les marchandises qu'elles transportent (avis. cons. d'Et. 3 vend. an 13, V. p. 1035; décr. 14 fruct. an 12, art. 2).

§ 3. — Voitures en service extraordinaire.

329. Ce service n'est pas compris dans les prévisions de la loi : il n'existe que par la tolérance de l'administration qui range dans cette catégorie les voitures « dont le service n'est ni assez permanent pour qu'elles puissent supporter le droit fixe ni assez régulier pour qu'elles puissent acquitter le droit proportionnel sur un nombre de départs déterminé d'avance... L'administration a entendu offrir aux entrepreneurs de ces voitures le moyen de continuer leur entreprise, en ne payant que le dixième de leurs recettes réelles » (MM. Saillet et Olibo, p. 908).

330. Pour les voitures rangées dans cette catégorie et mises en circulation par les entrepreneurs de voitures à service régulier, le droit est du dixième, comme pour celles qui font un service régulier; seulement il doit être acquitté à chaque départ et suivant le nombre réel des voyageurs transportés. Dès lors, il est bien évident qu'il ne peut y avoir lieu d'accorder aux entrepreneurs une remise à raison des places vides (décis. 22 oct. 1817).

331. Mais il en est autrement pour les voitures supplémentaires que les entrepreneurs peuvent employer concurremment avec leurs voitures ordinaires lorsque celles-ci ne peuvent suffire pour le transport des voyageurs : ces voitures doivent être déclarées pour les places qu'elles contiennent et non pour celles qui sont réellement occupées.—V. MM. Saillet et Olibo, p. 910-1°.

332. A l'égard des pourboires, la question est la même pour le service extraordinaire que pour le service régulier. Lorsque les pourboires sont facultatifs, ils ne peuvent être compris dans la perception du dixième ; mais lorsqu'ils ne sont pas volontaires, ils doivent être considérés comme faisant partie de la place. Toutefois, il paraît juste que l'administration use, pour le service extraordinaire comme pour le service régulier, de la tolérance qui lui a fait accorder une déduction du dixième à raison des pourboires. — V. n° 265, et MM. Saillet et Olibo, p. 910-2°.

333. Ainsi que nous l'avons fait remarquer, le service extraordinaire n'existe que par la tolérance de l'administration : il n'y a donc pas de prévision légale en ce qui concerne les formalités à observer par les entrepreneurs. — Mais pour jouir de la faveur attachée à ce service, il faut se conformer aux instructions de la régie suivant lesquelles les voitures publiques faisant un service extraordinaire doivent être déclarées au receveur buraliste des contributions indirectes du point de départ et du point de retour. Un registre particulier est tenu à cet effet par les agents de l'administration. — V. MM. Saillet et Olibo, p. 908, 909.

334. Le service extraordinaire n'est, le plus souvent, qu'une modification du service régulier : il demeure donc naturellement assujetti aux prescriptions qui ne sont pas incompatibles avec la faveur dont il jouit Ainsi, chaque année, une *licence* doit être délivrée aux entrepreneurs après leur déclaration ; mais le laissez-passer ne leur est remis qu'à chaque voyage, après la déclaration de la route qu'ils veulent suivre, du prix des places et l'acquittement du droit proportionnel sur le prix qui leur est effectivement payé par les voyageurs. Le laissez-passer n'est valable que pour le trajet à raison duquel il est délivré ; en telle sorte que si, au retour, la voiture transporte des voyageurs, un nouveau laissez-passer est nécessaire. — V. MM. Saillet et Olibo, p. 909.

335. Il peut arriver qu'un entrepreneur de voitures d'occasion veuille faire circuler des voitures en service extraordinaire, ce n'est aussi que par pure tolérance que la régie l'admet à faire la déclaration de ces voitures. Elle exige, lors de la première déclaration, le payement d'une estampille ainsi que de la licence. Celui de la licence doit, en outre, avoir lieu au commencement de chaque année (Dict. de M. Maurice Block, v° Voiture, n° 47). Lorsque la régie croit devoir dispenser les entrepreneurs du payement de la taxe fixe, les droits sont perçus à raison de 10 p. 100 des sommes effectivement reçues, sous la déduction d'un dixième pour le pourboire, s'il y a lieu (eod., n°° 45 et 47).

§ 4. — Voitures en service accidentel.

336. Les voitures en service accidentel sont celles qui sont mises temporairement en circulation, à certaines époques de l'année, lors des fêtes patronales, par exemple, et des jours de foire, et dans lesquelles les voyageurs sont reçus à prix d'argent. Telles sont aussi les tapissières et autres voitures employées d'ordinaire à une certaine industrie et que leurs propriétaires mettent les dimanches et jours de fête à la disposition du public pour desservir les environs de Paris. La taxe fixe imposée aux voitures d'occasion et à volonté a paru trop considérable pour ce service. La loi du 20 juill. 1837 a établi pour ces voitures une taxe spéciale et modérée. Aux termes de l'art. 11 de cette loi, « dans les lieux où il existe des voitures publiques, toute personne autre qu'un entrepreneur de voitures publiques qui voudra mettre accidentellement une voiture en circulation à prix d'argent, sera admise à en faire chaque fois la déclaration au bureau de la régie, et tenue de se munir d'un laissez-passer, lequel énoncera l'espèce de voiture, le nombre de places et le nom du conducteur. Il sera perçu au moment de la déclaration un droit de 15 cent. par place, pour un jour. »

337. « Dans les lieux où il existe des voitures publiques, » est-il dit dans cet article ; ainsi cette disposition n'est applicable que dans les localités où il existe déjà des voitures publiques.— Quel que soit le motif qui l'ait dictée, la volonté du législateur, clairement exprimée, ne permet pas de l'appliquer dans les lieux où il n'existe pas de voitures publiques. Mais quelles sont les conséquences à déduire de ces prémisses ? — L'administration en a conclu que, dans les lieux où il n'existe pas de voitures publiques, les voitures qui font un service accidentel, ne pouvant invoquer le bénéfice de l'art. 11 de la loi de 1837, doivent être considérées comme voitures partant d'occasion et à volonté et que, par suite, elles sont tenues d'acquitter les droits établis pour cette dernière catégorie (V. MM. Saillet et Olibo, p. 934). — Nous croyons que c'est se méprendre sur le sens de la loi de 1837. Pourquoi, en effet, a-t-elle soumis à un droit déterminé les voitures faisant un service accidentel, dans les lieux où il existe des voitures publiques et non dans les lieux où il n'en existe pas ? C'est, ainsi que le fait très-bien remarquer M. Duvergier dans une note placée sous l'art. 11 de la loi de 1837, parce que, dans les lieux où il existe des voitures publiques, celles qui se livrent à un service accidentel feraient, si elles n'étaient soumises à aucun droit, une concurrence trop désavantageuse à celles qui sont assujetties à l'impôt, et que le législateur a voulu rétablir ainsi l'équilibre. Or ce motif, qui nous semble évident, rend inadmissible l'interprétation qui vient d'être indiquée comme ayant été adoptée par l'administration.

338. Il est à remarquer que la loi dit : « dans les lieux où il existe des voitures publiques, » sans distinguer entre les voitures faisant un service régulier et celles qui ne font qu'un service d'occasion et à volonté.—D'où il suit qu'il suffit qu'il existe des voitures de cette dernière espèce, pour que le droit établi par l'art. 11 de la loi du 20 juill. 1837 soit exigible.

339. Avant la loi de 1837, il a été jugé qu'un fait unique, par un particulier, de transporter sur sa voiture et avec ses chevaux, des voyageurs à prix d'argent, le rend entrepreneur de voitures publiques et le soumet à l'obligation de payer un droit tarifé conformément aux art. 113 de la loi du 25 mars 1817 (Crim. cass. 19 juill. 1833) (1). — Mais nous croyons que, depuis la loi de 1837, cette doctrine a cessé d'être juridique en ce

---

(1) (Contrib. ind. C. Wurfeld.) — LA COUR ; — Sur l'unique moyen de cassation invoqué par l'administration des contributions indirectes, et tiré de la méconnaissance et de la violation des art. 113, 115, 117, 120 et 122 de la loi du 25 mars 1817 : — Vu ces articles ; — Attendu qu'il résulte, en fait, du procès-verbal régulier et non argué de faux, dressé le 9 oct. 1831, par deux préposés des contributions indirectes, dont l'un était revêtu du grade de contrôleur ambulant, que ledit jour, instruits que le sieur Wurfeld, dit Thibet, propriétaire, demeurant à Wolfganizen, qui, plusieurs fois pour avoir été dénoncé pour conduire des voyageurs sans avoir fait de déclaration préalable, était à Brisach avec son char-à-banc, ils se mirent en surveillance à la porte de Colmar ; que, peu de temps après, ils virent ledit Wurfeld se diriger vers cette porte avec son char-à-banc, dans lequel il y avait quatre voyageurs ; que, n'ayant remarqué aucune estampille audit char-à-banc, ils déclarèrent leur qualité audit conducteur, et le sommèrent de justifier d'un laissez-passer ; qu'il leur répondit ne pas en avoir et leur dit se nommer Wurfeld Thibet fils, de Wolfgantzen, ainsi qu'ils le soupçonnaient ; qu'ayant demandé aux voyageurs le prix qu'ils payaient par place, l'un d'eux, qu'ils reconnaître pour le sieur Duplata, percepteur à Brisach, leur répondit que le voiturier le conduirait, lui et sa famille, à prix d'argent, sans leur indiquer la somme ; — Attendu que ces faits ainsi constatés constituaient une double contravention aux art. 113, 115, 117 de la loi du 25 mars 1817, qui devait être punie des peines portées par l'art. 122 de la même loi ; qu'en ne la faisant pas, qu'en renvoyant, au contraire, Jacques Wurfeld de la plainte, par le motif que les art. 115 et 117 de la loi citée ne s'appliquent qu'aux entrepreneurs de voitures publiques, ou partant d'occasion ou à volonté, et non
au particulier qui, accidentellement, reçoit sur sa voiture des voyageurs moyennant salaire, et que, d'après les termes de l'art. 115. le fait unique signalé dans le procès-verbal, et établi à la charge du défendeur, ne saurait le rendre passible des peines établies par la loi qu'autant qu'habituellement il se chargerait du transport des voyageurs, la cour de Colmar a établi une distinction qui n'est pas dans la loi ; qu'en effet, tout particulier qui transporte, dans sa voiture et avec ses chevaux, des voyageurs à prix d'argent, est entrepreneur de voitures publiques, et, comme tel, soumis aux dispositions des articles précités, que la loi n'a pas fait dépendre cette contravention de l'habitude de transporter des voyageurs à prix d'argent ; qu'il suit de là qu'un seul fait de transport de voyageurs donne à celui qui les transporte la présomption légale d'entrepreneur de voitures publiques ; que c'est à l'administration seule à avoir égard aux circonstances atténuantes de bonne foi et autres, et à remettre ou modérer l'amende encourue ; mais que les tribunaux, quand la contravention est dûment constatée, ne peuvent qu'appliquer la peine ; — Attendu que, dès lors, en n'appliquant pas à Jacques Wurfeld, dit Thibet, prévenu, par un procès-verbal régulier, d'avoir transporté dans sa voiture non revêtue d'estampille, d'une ville à une autre, quatre voyageurs, moyennant un prix convenu, et de n'avoir pas présenté aux employés des contributions indirectes, sur la sommation qui lui en a été faite, le laissez-passer dont il doit être porteur, les peines portées par les art. 120 et 122 de la loi du 25 mars 1817, et en le renvoyant, au contraire, sans peine, amende ni dépens, la chambre des appels de police correctionnelle a commis un excès de pouvoir et violé les art. 113, 115, 117, 120 et 122 de la susdite loi ; — Par ces motifs, casse. Du 19 juill. 1833.—C. C., ch. cr.—MM. Bastard, pr.—Meyronnet, rap.

sens que ce n'est pas le droit fixe annuel déterminé par l'art. 113 de la loi de 1817, mais le droit fixe de 15 cent. par place et par jour, qui devrait être exigé de cet entrepreneur.— V. *suprà*, n° 258, des arrêts rendus sur des faits isolés.

340. L'art. 11 de la loi du 20 juill. 1837 exige pour la régularité du transport accidentel des voyageurs, à prix d'argent, la déclaration et le laissez-passer (V n°° 281 et s.).— Sous cette loi, on devrait donc juger, comme on l'a décidé sous la législation antérieure, qu'un fait unique par un particulier de transporter sur sa voiture et avec ses chevaux, des voyageurs à prix d'argent, le soumet à l'obligation d'obtenir un laissez passer (Crim. cass. 19 juill. 1833, aff. Wurfeld, V n° 339).— Cet arrêt décide en outre que la voiture ainsi employée doit être pourvue d'une estampille. Mais nous croyons que l'art. 11 de la loi de 1837 est maintenant la seule disposition applicable à un fait accidentel de transport de voyageurs à prix d'argent, et que l'estampille ne saurait être exigée dans ce cas, parce que l'article précité n'en impose pas l'obligation.

341. Du reste, il est évident, et c'est ce qui a été décidé, que le particulier qui voyage en poste dans sa propre voiture, à frais communs, avec d'autres particuliers, n'est tenu à aucune déclaration, non plus que le maître de poste qui lui fournit des chevaux (Crim. rej. 30 mai 1806) (1).

342. Le droit auquel sont soumises les voitures qui font un service accidentel est de 15 cent. par place et pour un jour (L. 20 juill. 1837, art. 11).— Mais ces mots *pour un jour* signifient-ils que l'aller et le retour sont compris dans le droit de 15 cent ?— Dans le silence de la loi à cet égard, il nous paraît naturel de décider affirmativement cette question. — Pourquoi, en effet, déclarer que le droit est fixé pour un jour, si cette taxe ne devait s'appliquer à toutes les places que l'entrepreneur peut trouver à louer dans une journée?— A la vérité, dans un cas qui n'est pas sans analogie avec celui que nous examinons, nous avons reconnu que le droit est dû pour l'aller et le retour (V. n°° 273 et s., ce qui concerne le service régulier). Mais il est à considérer que, relativement au service régulier, la loi prend pour base de l'impôt la totalité des recettes de l'entreprise et qu'elle fixe au dixième la part de l'État dans les recettes. Dans l'hypothèse que nous examinons, au contraire, la loi n'établit pas un droit proportionnel sur les recettes, mais un droit fixe sur chaque place occupée ou inoccupée. La solution ne doit donc pas être la même dans les deux cas.

Art. 3. — *Des voitures d'eau.*

343. On a dit v° Voirie par eau, n° 434, qu'indépendamment des droits de navigation établis sur les bateaux par les lois du 30 flor. an 10 et du 9 juill. 1836, il est perçu un droit de 10 p. 100 du prix des places sur les bateaux destinés au transport des voyageurs. C'est ce qui résulte de la loi du 25 mars 1817, dont l'art. 112 comprend les entrepreneurs de voitures

d'eau parmi ceux qui doivent payer cet impôt. — V. *suprà*, p. 1035.

344. La loi, du reste, ne parle que des bateaux faisant un service régulier, et il avait déjà été jugé, antérieurement à la loi de 1817, que bien que celui qui a des bateaux pour la desserte de ses moulins y reçoive des passagers, si ce n'est qu'accidentellement et sans rien exiger ni retirer, les bateaux ne peuvent être soumis aux lois fiscales par les voitures publiques (Rej. 11 flor. an 9) (2).

345. Que faut-il entendre par les mots *voitures d'eau* dont se sert l'art. 112 de la loi du 25 mars 1817? Sous ce mot générique, la loi a entendu embrasser tous les moyens de transport établis ou qui pourraient l'être sur les rivières ou les fleuves de la France, comme sous le nom de *voitures de terre*, elle a voulu comprendre tous les véhicules établis sur les routes et les chemins publics. Ainsi, elle comprend les bateaux à vapeur, bien que ce mode de transport n'existât pas au moment où elle a été rendue. — Il a été jugé en effet que par l'expression de *voitures d'eau*, les lois des 9 vend. an 6, art. 68, et 25 mars 1817, art. 112, ont voulu désigner, sans aucune exception, tout moyen de transport par eau, quelle que fût la construction ou sa dénomination particulière, quel que fût le procédé employé pour le mettre en mouvement ou pour le diriger et spécialement les bateaux à vapeur qui parcourent l'intérieur du territoire (Civ. cass. 24 juill. 1840, aff. bat. la Normandie, V. n° 348; 22 fév. 1841, aff. Jalland, *eod.*; Ch. réun. cass. 14 nov. 1842, même partie, *eod.*).

346. La loi de 1817 n'a eu en vue que les bateaux affectés au service de la navigation intérieure et n'a pu entendre parler des bateaux ou navires destinés à parcourir une certaine étendue de mer pour conduire des voyageurs ou des marchandises d'un port à un autre du littoral, et à faire ainsi une navigation maritime. La raison de cette différence est sensible, parce que les premiers se servent d'une voie qui appartient à l'État comme celles de terre, que les seconds au contraire s'avancent dans un espace commun entre toutes les nations, et qu'ils sont d'ailleurs soumis à divers droits établis par les lois spéciales (V. Organ. maritime). — Il a été jugé, dans le sens de cette distinction : 1° que l'expression *voitures d'eau* dont se sont servies les lois qui établissent l'impôt du dixième du prix des places des voyageurs, s'applique, non aux bâtiments de mer, mais seulement aux bâtiments servant au transport des voyageurs sur les rivières ou cours d'eau de l'intérieur; qu'en conséquence, les navires employés aux voyages d'un port maritime à un autre, en traversant l'Océan (comme de Nantes à Bordeaux), ne sont pas soumis à l'impôt du dixième du prix des places pour les voyageurs qu'ils transportent, bien que ces navires, pour effectuer leur voyage, soient obligés de parcourir une certaine distance dans les fleuves de l'intérieur, si d'ailleurs il est constant qu'ils ne déposent pas de voyageurs sur les rives de ces fleuves (Rennes, 24 avr. 1839) (3). — Cette même décision a été appliquée à

---

(1) (Contrib. ind. C. Heyer.) — La cour ; — Attendu que le jugement du tribunal de Coussel, par lequel la régie est déboutée de ses demandes contre le maître de poste Heyer et son postillon, n'a pas pour unique motif la reconnaissance par le contrôleur de la régie de la non-culpabilité des prévenus, et son désistement des conclusions prises contre eux ; qu'il est encore établi, dans les considérants de ce jugement, que la voiture saisie n'était pas une voiture publique, mais la voiture particulière du commerçant Worms, et que les deux individus qui voyageaient avec lui n'y payaient pas leur place, et partageaient seulement les frais de poste ; que de ces faits résultant de l'instruction, ce tribunal a pu légitimement conclure qu'aucune fraude des droits sur les voitures publiques n'avait été commise, et qu'ils sont invoqués par la régie étaient sans application à l'espèce ; que, l'arrêt attaqué ayant donné pour base à sa décision les motifs qui ont déterminé les premiers juges, cet arrêt n'est pas moins à l'abri de la censure que le jugement qu'il confirme ; — Rejette.

Du 30 mai 1806.—C. C., sect. crim –MM. Barris, pr -Aumont, rap.

(2) Enreg. C. Pérault et cons.) — Le tribunal ; — Attendu que le tribunal civil du Rhône a reconnu, en fait, que les citoyens Pérault et consorts tenaient leurs bateaux, non pour conduire des voyageurs, mais uniquement pour la desserte de leurs moulins, et que ce n'est qu'accidentellement qu'on recevait sur ces bateaux des passagers sans en rien exiger ni retirer; qu'en partant de ce fait, que le tribunal de cassation

doit regarder comme constant, ce tribunal n'a violé aucune loi en refusant d'appliquer aux bateaux dont il s'agit les lois relatives aux voitures publiques; — Rejette, etc.

Du 11 flor. an 9.–C. C., sect. civ.–MM. Liborel, pr –Henrion, rap.

(3) (Contrib. ind. C. Sifsait.) — La cour ; — Considérant que les lois des 9 vend. an 6, 5 vent. an 12 et 25 mars 1817 n'ont eu pour objet, en établissant le droit du dixième sur le prix des places dans les voitures publiques, que d'imposer l'industrie qui consiste à transporter par la voie de terre ou par celle des fleuves, rivières ou canaux des voyageurs ou des marchandises d'un lieu à un autre ; — Que quoique l'expression *voitures d'eau*, dont ces lois se sont servies, puisse, dans un sens très-étendu, s'appliquer même aux bâtiments de mer, elles ont, dans le langage ordinaire, une acception beaucoup plus restreinte, et ne comprennent que les moyens de transport qui sont employés sur les rivières et autres cours d'eau pour transporter des voyageurs ou des marchandises d'un lieu à un autre dans l'intérieur du continent;

Considérant que le navire à vapeur le Sylphe se rend directement de Nantes à Bordeaux, sans prendre ni laisser de voyageurs en aucun autre lieu ; — Que l'industrie de l'armateur ne consiste donc pas à faire communiquer entre eux les divers points des rives de la Gironde, mais

un navire qui transportait des voyageurs de Caen au port du Havre (Caen, 17 mai 1838, et sur pourvoi, Crim. rej. 1er déc. 1838) (1).

847. Mais si, tout en faisant communiquer entre eux deux ports de mer dont l'un est situé à l'intérieur, un bâtiment quelconque, sans distinction de sa force et des procédés qui le font mouvoir, et spécialement un bateau à vapeur, établit aussi accessoirement des communications entre les divers points de la rivière dont une partie est parcourue pour arriver au port intérieur, l'entrepreneur ne peut être affranchi de l'impôt du dixième du prix des places, relativement à cette seconde spéculation (même arrêt du 1er déc. 1838).

848. D'un autre côté, on doit considérer comme fluviale,

et non comme maritime, la navigation qui s'exécute d'un port de mer intérieur à un autre, comme de Rouen au Havre, tant que le bateau quitte les eaux du fleuve qu'il parcourt ; en conséquence, les bateaux à vapeur qui transportent des voyageurs entre ces deux ports de douanes doivent être réputés affectés à un service de navigation intérieure, et déclarés assujettis à l'impôt du dixième, alors même que ces bâtiments, par la nature de leur conformation et l'organisation de leur équipage, se trouveraient soumis aux conditions requises pour la navigation maritime et qu'ils payeraient en outre les droits de francisation, de congé, de navigation, etc., ces droits ne faisant pas double emploi avec l'impôt du dixième (Civ. cass. 24 juill. 1840 ; Req. 12 janv. 1841 ; Civ. cass. 27 fév. 1841 ; Ch. réun. cass. 14 nov. 1842) (2).—Déci-

seulement à transporter des marchandises et même des voyageurs d'un port maritime à un autre port maritime, en traversant une partie de l'Océan ; — Que la prétention de la règle des contributions indirectes de voir trois voyages distincts dans ce trajet fait d'un seul trait n'est pas acceptable ; — Que le Sylphe ne transporte pas, en effet, des voyageurs de Nantes à l'embouchure de la Loire, où il n'aborde pas, ni de Royan, où il n'aborde pas davantage, à Bordeaux, mais qu'il en transporte uniquement de la première de ces villes à la dernière et réciproquement, sans en prendre ni en laisser dans l'intervalle qui les sépare ; — Que ce voyage ne peut donc être vu dans son ensemble et comme formant un seul tout ; — Que c'est ainsi un voyage maritime, quoique l'on emploie pour l'effectuer une partie du cours de la Loire et une partie de celui de la Gironde, sans dépasser néanmoins les limites de la circonscription maritime ; — Que la règle des contributions indirectes reconnaît elle-même que le droit du dixième sur le prix des places n'est pas dû pour le trajet fait par mer ; mais qu'elle a le tort de vouloir faire une distinction où il n'est pas possible de'en admettre ; — Que les motifs qu'elle tire des dispositions de l'arrêté du gouvernement, du 1er floréal an 12, et de celles du décret du 4 mars 1808 relatives au droit de navigation sur la Loire et sur la Gironde, sont sans force dans l'espèce actuelle : premièrement, parce que les dispositions qu'elle invoque sont relatives à des droits différents, et qu'en matière pénale on ne peut raisonner par analogie d'un cas à un autre, pour étendre la perception des droits établis ; en second lieu, parce que les droits de navigation furent créés pour pourvoir à des dépenses spéciales dont les bâtiments de mer profitent, de même que les embarcations qui ne dépassent pas l'embouchure des fleuves, et que, sous ce rapport, il n'y a pas même d'analogie entre ces droits et l'impôt établi par les lois du 9 vend. an 6, 5 vent. an 12 et 25 mars 1817 ; — Par ces motifs, dit bien jugé, etc.

Du 26 avr. 1859.—C. de Rennes, ch. corr.—M. de la Diriays, pr.

(1) *Espèce* : — (Contrib. indir. C. paquebot à vapeur le Calvados.)—17 mai 1838, arrêt de la cour de Caen, ainsi conçu : « Considérant qu'il résulte des lois sur la matière que celles-ci ont établi deux espèces de navigations : l'une sur les fleuves, rivières et canaux, appelée navigation intérieure ; l'autre sur la mer, qualifiée de navigation maritime ; que, pour l'une et l'autre, les droits à percevoir ne sont pas les mêmes, et qu'ils ne sont pas payés à la même administration, puisque la navigation maritime est du ressort de l'administration des douanes, qui perçoit les droits de plombage, tonnage et demi-tonnage, tandis que la navigation intérieure attribuée à l'administration des contributions indirectes est régie par des dispositions toutes spéciales et assujettie à des droits d'une autre nature, créés pour remplacer ceux-là ; — Considérant, en fait, qu'il est constant que le paquebot à vapeur le Calvados, qui donne lieu au procès, se rend directement du port de Caen au Havre sans s'arrêter sur aucun point de la portion de la rivière d'Orne, qu'il parcourt, ni prendre dans ce trajet des marchandises ou des voyageurs ; — Que, lors de chacun des voyages par lui faits, voyages dont le plus ou moins de régularité est subordonné aux événements des saisons, à l'état de la mer, au volume d'eau qui se trouve dans la rivière, la compagnie à laquelle il appartient paie à l'administration des douanes les droits réclamés par celle-ci et ci-dessus précisés ; — Qu'il est également constant qu'il ne dépasse point les limites de l'inscription maritime, lesquelles sont fixées au point nommé le *Pont de Vaucelles*, à Caen ; — Qu'il n'entre dans le port de cette ville et n'en sort de celui-ci qu'à l'aide des eaux de la mer ; — Qu'il n'a point été méconnu, en fait, que la compagnie a été forcée de se munir d'un acte de francisation et de choisir les hommes de l'équipage qui compose ce paquebot dans les classes maritimes ; — Que, dans une telle occurrence, ce dernier doit être assimilé aux bateaux faisant le petit cabotage, et, par suite, réputé faire la navigation maritime ; — Considérant, en droit, qu'en matière de fiscalité et d'impôts, les dispositions qui les régissent sont de droit étroit, que celles-ci doivent être assimilées aux cas pour lesquels elles ont été créées ; — Que, dans l'espèce, on ne pourrait, sans une rigueur qu'aucun texte n'autorise, imposer à la compagnie des bateaux à vapeur l'obligation de payer des droits et pour la navigation intérieure, aux contributions indirectes, et pour la navigation maritime,

à l'administration des douanes, puisqu'il s'agit de paquebot dont il s'agit ne fait pas l'une et l'autre, mais seulement des voyages de mer ; — Adoptant les motifs exprimés au jugement dont est appel, confirme. » — Pourvoi.—Arrêt.

LA COUR ; — Attendu que, d'après l'origine de l'impôt du dixième du prix des places, dont sont frappées les voitures publiques de terre et d'eau, et d'après l'ensemble des termes de la loi du 9 vend. an 6, qui l'a établi la première, cet impôt ne doit atteindre que les entreprises qui ont pour objet de faire communiquer entre eux par eau les divers points des fleuves, rivières ou canaux, et ne peut atteindre les communications entre deux ports de mer, qui se font à l'aide d'une navigation maritime ; — Que, si l'un de ces ports de mer est situé à l'intérieur, la circonstance qu'une partie du trajet se fait alors sur une rivière ne change pas en général la nature de l'entreprise qui n'en doit pas moins rester affranchie du droit ; — Mais que, si les entrepreneurs profitent de cette même circonstance pour employer leurs bâtiments à faire communiquer entre eux les divers points de la rivière dans laquelle ils parcourent une partie et pour ajouter cette spéculation accessoire à leur entreprise principale qui est la communication entre les deux ports de mer, dans ce cas ils font un véritable service d'eau et ne peuvent échapper à l'impôt dont de telles spéculations sont frappées par la loi du 25 mars 1817 ; qu'en effet cette loi est générale dans ses termes, et ne permet aucune distinction entre les bâtiments de différentes forces ou mus par des procédés divers ; que la prolongation du voyage au delà de l'embouchure de la rivière n'empêche pas que tous les points situés le long de son cours ne soient desservis, que, si l'entreprise qui fait ainsi concurrence aux voitures de terre ou d'eau qui pourraient être établis particulièrement dans le même but, doit payer l'impôt du dixième du prix des places comme celles-ci le payeraient ; —Attendu, en fait, que Caen doit être considéré comme port de mer, et qu'il est reconnu par l'arrêt attaqué que le bateau à vapeur le Calvados se rend directement de Caen au Havre sans s'arrêter sur aucun point de la portion de la rivière d'Orne qu'il parcourt, ni prendre dans ce trajet des marchandises ou des voyageurs ; — Que, dans cet état des faits, et d'après les principes ci-dessus posés, la cour royale de Caen, en rejetant l'action de l'administration des contributions indirectes et en donnant mainlevée de la saisie, n'a violé aucune loi ; — Rejette.

Du 1er déc. 1838.—C. C., ch. crim.—MM. Choppin, pr.—Vincens, rap.

(2) 1re *Espèce* : — (Contrib. ind. C. les bateaux *la Normandie et la Seine*.) La compagnie des paquebots *la Normandie et la Seine*, faisant le trajet du Havre à Rouen, et réciproquement, par la rivière de la Seine, a prétendu qu'elle devait être déclarée exempte de l'impôt du dixième du prix des places qu'exigeait l'administration des contributions indirectes, et qu'elle avait payé le principe sur le pied d'un abonnement de 21,000 fr. par an. — Cette prétention a été accueillie sur opposition à des contraintes de la régie, par deux jugements, l'un du tribunal civil de Rouen, du 8 oct. 1838, l'autre du tribunal civil du Havre, du 15 mars 1839.

Voici le premier de ces jugements : « Attendu que l'art. 68 de la loi du 9 vend. an 6 a consacré au profit du trésor la perception du dixième du prix des places sur les voitures exploitées par des entrepreneurs particuliers ; qu'il résulte de l'art. 69 de cette même loi que ce dixième est à percevoir sur les voitures de terre ou d'eau partant à jours et heures fixes pour des lieux déterminés ; — Attendu que l'art. 112 de la loi du 25 mars 1817, en rappelant de nouveau le droit préexistant, a exigé que les voitures publiques de terre ou d'eau fissent un service régulier, et qu'il a considéré comme faisant un service régulier toutes les voitures qui feront le service d'une même route ou d'une même ville à une autre, lors même que les jours et heures de départ varieraient ; — Attendu que l'opposition à contrainte, formée par la compagnie des bateaux à vapeur *la Seine* et *la Normandie*, en date du 19 mai 1838, fait naître une contestation sur le fond du droit de perception qu'il appartient au tribunal d'apprécier conformément aux art. 88 de la loi du 5 vent. an 12 et 35 de la loi du 22 frim. an 7 ; — Attendu que la solution de la difficulté nécessite d'examiner d'abord si cette entreprise offre les caractères d'une voiture d'eau, telle que le législateur de l'an 8 et de 1817 ont entendu la définir, et en second lieu si ces transports du port

sion semblable à l'égard de bateaux à vapeur transportant des voyageurs sur la partie maritime des eaux de la Loire comprise

du Havre à celui de Rouen présenteraient en tout cas la régularité de service que la loi du 25 mars 1817 a définie et exigée pour entraîner la perception du droit; — Attendu, sur le premier point, que, quoique le législateur n'ait pu prévoir en 1817 le progrès qui devait substituer un jour à l'action incertaine des vents celle positive de la vapeur, le principe qu'il consacrait pour les voitures d'eau leur reste applicable, quelles que soient devenues leur forme et leur vitesse, si d'ailleurs elles présentent une identité entière dans leur destination; — Mais attendu que dans le langage ordinaire, et surtout dans celui des légistes, on n'a jamais compris sous la dénomination de voitures d'eau les navires destinés dès leur origine à tenir la mer par la force de leur construction, par la composition de leurs équipages, par l'accomplissement de toutes les formalités que les lois imposent à la navigation maritime, et enfin par leur parcours, qui se réalise à chaque voyage dans une étendue de mer plus ou moins considérable; — Attendu que les deux bateaux à vapeur la Seine et la Normandie (de la force de 120 chevaux chacun), offrent toutes les conditions exclusives de la voiture d'eau; que la vigueur de leur construction leurs dimensions, la force de leurs machines, le nombre et l'importance des agrès et du mobilier maritime, démontrent leur destination originaire et permanente de lutter contre les violences de la mer; que la composition de leurs équipages, commandés par des capitaines reçus, formés de matelots appartenant à l'inscription maritime, supportant les charges et jouissant des avantages de la retenue faite sur les gages des marins de l'État, indiqué à quel genre de navigation les navires qu'ils montent sont destinés; — Attendu que les actes de francisation prescrits par la loi du 27 vend. an 2, pour la navigation maritime et exigés par le commissaire général de la marine au Havre, la soumission des droits quelconques dûs à la douane, le chiffre des droits d'attache payés à chaque voyage et dans chaque port, placent en dehors de la définition des voitures d'eau les deux navires objet du procès; — Attendu enfin que ces deux navires, sortant du port du Havre, sont en mer; qu'ils parcourent cet élément pendant un espace plus ou moins considérable, suivant les temps et les difficultés qu'ils rencontrent; qu'ils sont, jusqu'après Quillebœuf, exposés à tous les dangers des bancs de sable que l'action de la mer rend incessamment changeants; qu'ils sont, pendant le voyage, sous l'influence du flux et du reflux de la mer; qu'ils abordent à Rouen dont le port est compris dans la circonscription maritime, dirigé par un capitaine de port et surveillé par l'administration de la douane; — Qu'il faut induire de ce qui précède que ces navires se livrent à une navigation maritime et présentent une analogie bien plus frappante en tous points, ou plutôt une identité plus absolue avec les transports du Havre à Caen et de Nantes à Bordeaux, jugés exempts du droit du dixième, qu'avec les voitures d'eau dont parle la loi du 9 vendémiaire an 5.....

Le tribunal examine ensuite la seconde question qu'il s'est proposée, celle de la régularité du service, et il la décide négativement, parce que, pendant plusieurs mois de l'année, le service est arrêté entièrement par les difficultés de la mer et de l'embouchure de la Seine; et que, pendant le reste de l'année, ce service est souvent suspendu par les gros temps, et autres obstacles qui constituent des cas imprévus et de force majeure. D'où le tribunal de Rouen conclut encore que la loi du 25 mars 1817 est inapplicable aux bateaux à vapeur la Seine et la Normandie.

Le tribunal du Havre considère, comme celui de Rouen, que la loi de 1817 est étrangère à la navigation maritime et se concentre que la navigation fluviale; — Que c'est là une distinction qui est reconnue par la régie elle-même. Par navigation maritime, dit-il, on entend celle qui s'opère en totalité ou en partie sur les eaux de la mer; ses limites sont fixées par la circonscription du territoire où s'exerce la surveillance des administrations de la marine et des douanes; peu importe que le navire, après avoir traversé la mer, parcoure une partie des eaux d'un fleuve: il n'en a exécuté pas moins une navigation maritime, et le port où il débarque est sous la surveillance de la marine et de la douane. Or le port de Rouen est dans ce cas, et il est si vrai que la navigation entre ce port et le Havre est maritime, qu'elle constitue une navigation de petit cabotage. — À l'appui de son argumentation, le tribunal du Havre rappelle les diverses circonstances énumérées dans le jugement du tribunal de Rouen, et qui font du port de Rouen, le fait de la mer se fait sentir, un véritable port maritime. — Il repousse l'objection qu'on pourrait tirer de l'arrêté du 1er messidor an 2, qui pour la perception de l'octroi de navigation, a décidé que le bassin de la Seine formerait le premier bassin de la navigation intérieure du royaume, et qui à divisé ce bassin en neuf arrondissements; dont le dixième s'étend depuis le Pecq jusqu'au Havre, avec Rouen pour chef-lieu. Cet arrêté, répond-il, n'a pas eu pour objet de déterminer quel serait le point de l'embouchure de la Seine où commencerait la mer; il fait, d'ailleurs, il est impossible de prétendre qu'il partait du Havre pour aller à Rouen, ou ne va pas par mer; l'administration considère elle-même le voyage du Havre à Honfleur, pour intermédiaire, comme une navigation maritime. — Il reproduit les considérations relatives à l'acte de francisation, au congé,

au rôle d'équipage, à l'inscription maritime, au titre de capitaine, et il en conclut que, puisque les bateaux à vapeur la Normandie et la Seine sont soumis à ces obligations, qui ne sont imposées qu'à la navigation maritime, ils ne peuvent être considérés comme exécutant simplement une navigation fluviale. — Au surplus, comme le tribunal de Rouen, le tribunal du Havre décide que ces bateaux ne font pas un service régulier dans le sens de la loi de 1817.

Double pourvoi de la régie des contributions indirectes contre ces jugements, pour violation de l'art. 112 de la loi du 25 mars 1817. — Arrêt: La cour; — Vu l'art. 112 de la loi du 25 mars 1817; — Attendu que les lois et règlements de la matière, résumés et confirmés par la loi du 25 mars 1817, ont évidemment soumis à l'impôt du dixième du prix des places toutes les entreprises de voitures publiques de terre et d'eau destinées au transport des voyageurs et des marchandises d'un point de territoire français à un autre, ainsi que cela résulte de la généralité de leurs expressions; — Que notamment ces lois ont compris sous le nom générique de voitures d'eau tous les moyens de transport établis ou qui pourraient s'établir à l'avenir sur les fleuves, canaux et rivières qui parcourent l'intérieur du territoire; — Que ces lois ne cessent d'être applicables que lorsqu'il s'agit du transport de voyageurs et de marchandises d'un point du territoire français à un autre, qui s'effectue par la voie extérieure; — Attendu que le port de Rouen est situé dans l'intérieur des terres et sur un fleuve; — Que le port du Havre est situé à l'embouchure de ce même fleuve; — Que la communication qui s'établit entre ces deux ports les bateaux à vapeur la Normandie et la Seine a lieu au moyen d'une navigation intérieure; — Que ces bateaux, destinés au transport de voyageurs et de marchandises d'un port du territoire français à un autre, font évidemment concurrence aux voitures de terre et d'eau qui font le même trajet le même but et rentrent évidemment dans la même catégorie; — Attendu que les précautions à prendre dans la construction des bâtiments, la composition de l'équipage, les difficultés de la navigation, ne sauraient changer le caractère de cette navigation qui n'a uniquement pour but que le transport par eau et à l'intérieur des voyageurs et des marchandises d'un point de territoire français à un autre; — Attendu que les droits de francisation, de congé, de navigation et autres droits ne font point double emploi avec le droit du dixième du prix des places, puisqu'ils ne sont point assis sur le transport de marchandises ou de voyageurs, mais uniquement relatifs à la destination des bâtiments et à l'usage auquel ils sont destinés par les armateurs; — Attendu que, s'il était vrai que quelques-unes des formalités prescrites par une législation qui remonte à l'époque où les bateaux à vapeur n'étaient pas encore employés au transport des voyageurs et des marchandises à l'intérieur, ne pussent s'adapter parfaitement aux circonstances nouvelles qui résultent de l'emploi de ces bateaux, il ne s'ensuivrait pas qu'ils dussent être affranchis de l'impôt, parce que les formalités qui ont pour objet d'en assurer la perception ne peuvent être accomplies; — Attendu que les perfectionnements apportés par le génie et l'industrie à ces moyens de transport et l'élévation des avances nécessaires pour les établir sont des circonstances qui pourraient être prises en considération par le législateur, mais qui ne sauraient autoriser les tribunaux à s'écarter de l'exacte application des lois existantes; — Qu'en jugeant, dans l'espèce que les bateaux à vapeur la Normandie et la Seine étaient exempts du droit établi par la loi du 25 mars 1817, les jugements attaqués ont expressément violé l'art. 112 de cette loi ci-dessus cité; — Par ces motifs, joint les deux pourvois comme connexes, et y faisant droit par un seul et même arrêt, casse les jugements des 6 oct. 1838 et 18 mars 1839, rendus, le premier par le tribunal de Rouen, et le second par le tribunal civil du Havre.

Du 24 juill. 1840.—C. C., ch. civ.—MM. Portalis, 1er pr.—Legonidec, rap.—Laplagne-Barris, 1er av. gén., c. conf.—Latrelle et Fabre, av.

V. la 4e Espèce ci-après pour la suite de cette affaire.

2e Espèce: — (Jallant et Vieillard C. contrib. ind.) — La cour; — Sur le moyen pris de la fausse application de l'art. 69 de la loi du 9 vend. an 6 et de l'art. 112 de la loi du 25 mars 1817 — Attendu qu'en décidant que les bateaux la Seine et la Normandie faisaient une navigation fluviale, le jugement attaqué a justement appliqué les lois précitées; — Rejette.

Du 12 janv. 1841.—C. C., ch. req.—MM. Zangiacomi, pr.—Hervé, rap.

3e Espèce: — (Contrib. ind. C. Jallant et Vieillard.) — Arrêt dont les motifs sont identiquement les mêmes que ceux de l'arrêt précédent du 24 juill. 1840.

Du 22 fév. 1841.—C. C., ch. civ.—MM. Portalis, 1er pr.—Legonidec, rap.—Laplagne-Barris, 1er av. gén., c. conf.—Latrelle-Montméylian, av.

4e Espèce: — (Contrib. ind. C. Jallant et Vieillard.) — L'arrêt de cassation du 24 juill. 1840 avait renvoyé l'affaire devant le tribunal de Dieppe. — Ce tribunal, par jugement du 17 fév. 1841, s'est prononcé de la même façon que ceux de Rouen et du Havre; et a semblé se laisser contraintes décrétées par la régie, sans cependant adopter complètement les doctrines des deux derniers tribunaux. — Nouveau pourvoi de l'administration, pour violation des lois des 9 vend. an 6, art. 68, et 25

entre le port de Nantes et celui de Saint-Nazaire (Crim. rej. 8 déc. 1854) (1).

349. Le décret du 19 mars 1852 (D. P. 52. 4. 111) n'a aucunement dérogé, à cet égard, à l'état de choses antérieur, il n'a fait que fixer le point jusqu'où sont réputées maritimes les eaux des fleuves et rivières affluant directement à la mer, et mieux préciser l'étendue des obligations de police maritime imposées aux bâtiments, qui naviguent sur ces eaux, sans formuler aucune disposition applicable à l'impôt en général, ni à celui du dixième du prix des places en particulier (même arrêt du 8 déc. 1854).

mars 1817, art. 112, en ce que le jugement attaqué déclare ne pas être assujettis à l'impôt du dixième du prix des places, les bâtiments à vapeur la Seine et la Normandie, faisant le trajet entre Rouen et le Havre, tandis que ces lois y ont soumis toutes les voitures d'eau qui font un service régulier entre deux points du territoire du royaume. — Arrêt (ap. dél. en ch du cons.).

La cour: — Vu l'art. 112 de la loi du 25 mars 1817; — Attendu, en droit, que la loi du 9 vend. an 6, art. 68, a soumis à l'impôt du dixième du prix des places toutes voitures publiques de terre et d'eau faisant un service régulier d'une ville à une autre pour le transport des voyageurs; — Que les lois subséquentes sur les finances, et, en dernier lieu, celle du 25 mars 1817, ont maintenu cet impôt; — Que toutes ces lois ont disposé, d'une manière générale, et que, par l'expression voitures d'eau, il est évident qu'elles ont voulu désigner, sans aucune exception, tout moyen de transport par eau, quelle que fût la construction ou sa dénomination particulière, quel que fût le procédé employé pour le mettre en mouvement ou pour le diriger, enfin quelle que fût la nature de la voie parcourue dans l'intérieur du royaume; — Qu'il n'est pas permis aux juges de créer une exception et d'admettre entre les voitures d'eau une distinction qui n'est pas écrite dans la loi et qui serait contraire à son esprit; — Que l'impôt du dixième du prix des places est dû, par cela seul que le transport a lieu sur le territoire soumis à la loi française; — Et attendu, en fait, que le trajet de Rouen au Havre par eau se fait en entier dans l'intérieur du royaume; — Que les bateaux à vapeur la Seine et la Normandie sont destinés spécialement à transporter les voyageurs de l'une à l'autre de ces deux villes; que si ces bâtiments sont assujettis aux conditions requises pour la navigation maritime, ces conditions ne modifient en aucune manière la nature de la navigation tout intérieur qu'ils font entre Rouen et le Havre, et ne peuvent être un motif de les affranchir de l'impôt qu'ils doivent payer, comme toutes les autres voitures publiques de terre et d'eau pour le transport des voyageurs; — Que cependant le tribunal de Dieppe, par son jugement du 17 fév. 1851, a prononcé l'annulation des contraintes décernées par l'administration des contributions indirectes contre les sieurs Jaliant et Vielard, les 9 mai et 20 juill. 1858, par le motif que les voitures d'eau faisant une navigation maritime, ou en partie maritime, n'étaient pas soumises à l'impôt du dixième du prix des places, comme celles dont la navigation était purement fluviale, et que la navigation entre Rouen et le Havre était en partie maritime; qu'en prononçant ainsi, le tribunal de Dieppe a admis une distinction contraire à la disposition de la loi et formellement violé, en refusant de l'appliquer, l'art. 112 de la loi du 25 mars 1817; — Par ces motifs, — Casse.

Du 14 nov. 1842.—C. C., ch. réun.—MM. Portalis, 1er pr.—Brière, rap. Dupin, pr. gen., c. conf.-Latruffe et Coffinières, av.

(1, (Edel C. contrib. ind.) La cour; — Sur le premier moyen, pris d'une fausse application des art. 112, 115, 118 et 122 de la loi du 25 mars 1817 et d'une violation du décret du 19 mars 1852; — Attendu que les art. 68 et 69 de la loi du 9 vend. an 6, en établissant sur les entreprises particulières de transport de voyageurs par terre et par eau un impôt du dixième du prix des places, impôt qui a été maintenu et de nouveau consacré par les art. 112 et suiv. de la loi du 17 juill. 1819, ont eu pour objet d'indemniser le trésor public de la perte que lui faisait éprouver la suppression de la régie des messageries nationales, prononcée par l'art. 65 de la même loi; — Que, par suite, cette charge a dû atteindre toutes les entreprises de transport de voyageurs qui se substituaient à l'ancienne régie, et qui ont opéré leur parcours dans les lieux où s'exerçait antérieurement le droit privatif de l'État, lequel comprenait toute l'étendue du territoire français; — Qu'il est, d'ailleurs, de la nature des lois d'impôt d'être générales et de ne comporter d'autres exceptions que celles qui y sont prévues; — Attendu que les lois de l'an 6 et de 1817 n'établissent aucune distinction, relativement aux transports par eau, entre ceux qui s'exécutent sur les eaux réputées maritimes, et ceux qui se pratiquent sur des eaux purement fluviales; qu'elles les atteignent donc les uns et les autres; — Que si, à raison de l'origine et du principe de sa création, l'impôt du dixième ne s'étend pas à la navigation extérieure, ou navigation par mer, à laquelle l'ancien monopole était étranger, il frappe virtuellement au contraire toutes les navigations intérieures, c'est-à-dire toutes celles qui se pratiquent en dedans du territoire; — Attendu que le décret du 19 mars 1852, qui ne fait que fixer plus nettement le point jusqu'où sont réputées mari-

350. Les bateaux destinés au transport des personnes étant classés parmi les voitures à service régulier, sont assujettis aux mêmes formalités que les voitures de terre faisant le même service. Ainsi, les entrepreneurs ne peuvent mettre de tels bateaux en circulation qu'après une déclaration préalable et la délivrance d'un laissez-passer énonçant le nombre et le prix des places. Ils doivent y faire apposer une estampille par les employés de la régie et payer le droit de licence de 5 fr. en principal comme pour les voitures de terre à quatre roues. La contravention à ces prescriptions expose le contrevenant aux peines

times les eaux des fleuves et rivières affluant directement à la mer, et mieux préciser l'étendue des obligations de police maritimes, de tout temps imposées aux bâtiments qui naviguent sur ces eaux, sans formuler aucune disposition applicable à l'impôt en général, ni à celui du dixième du prix des places en particulier, n'a rien changé, sous ce dernier rapport, à l'état de choses antérieur; — Que les mesures de police maritime qui répondent à un autre ordre de besoins ne font point obstacle à ce que les navires qui y sont assujettis restent en même temps soumis aux charges que leur imposent les lois fiscales; que les deux législations n'ont rien d'incompatible entre elles, et doivent être exécutées concurremment; — Qu'ainsi, en déclarant le demandeur, dont les paquebots à vapeur transportent des voyageurs sur la partie maritime des eaux de la Loire comprise entre Nantes et Saint-Nazaire, dans l'intérieur des places, passible du droit établi par les lois de l'an 6 et de 1817 précitées, l'arrêt attaqué n'a fait qu'un sain et juste application de leurs dispositions;

Sur le deuxième moyen, pris d'une fausse application et d'une violation de l'art. 122 de la loi du 25 mars 1817, que la disposition de l'arrêt qui prononce la confiscation du bâtiment saisi, et qui condamne Edel à en payer la valeur, fixée à 80,000 fr.: — Sur la première partie du moyen, fondée sur l'illégalité prétendue de la confiscation, qui aurait été prononcée en violation de la loi du 9 juill. 1836: — Attendu que, s'il est vrai que cette dernière loi, qui règle la perception du droit de navigation intérieure, ne range pas la confiscation du navire au nombre des peines qu'elle édicte contre ceux qui contreviennent à ses prescriptions, il n'en résulte nullement qu'elle fasse, par cela seul, tomber la confiscation, quand elle a été prononcée dans les lois antérieures, quoique rendues sur des matières analogues; — Attendu que la loi du 25 mars 1817, après avoir soumis les entrepreneurs de transport et par eau à un impôt du dixième du prix des places (art. 112), et à l'obligation d'un laissez-passer (art. 117), ordonne (art. 120) la saisie du moyen de transport qui circulerait sans laissez-passer, et prononce, en cas d'infraction (art. 122), l'amende et la confiscation des objets saisis; — D'où il suit que la disposition de l'arrêt attaqué, qui déclare confisqué le bâtiment saisi sur E. et pour avoir transporté des voyageurs sans laissez-passer, ne présente qu'une juste application de ces articles, sans aucune violation de la loi du 9 juill. 1836, étrangère à cette contravention;

Sur la seconde partie du moyen, qui consiste à soutenir que la disposition de l'arrêt attaqué par laquelle sont prononcées la confiscation du navire et une condamnation à en payer la valeur, fixée à 80,000 fr., cumule arbitrairement les deux condamnation, et, dans tous les cas, établit illégalement la condamnation à une peine pécuniaire là où la confiscation du corps du bâtiment aurait pu seule être ordonnée: — Attendu 1° que la disposition de l'arrêt sur ce point ne peut prêter fer d'autre sens que celui d'une condamnation alternative, soit de représenter en nature le navire saisi et déclaré confisqué, soit, en cas de non-représentation, d'en payer la valeur estimative; qu'ainsi entendu, l'arrêt échappe au grief de cumul de peines qui lui est imputé; — Attendu 2° que l'art. 120 de la loi du 25 mars 1817, conforme à l'art. 23 de la loi générale sur les contributions indirectes du 1er germ. an 13, porte : « Toute voiture publique qui circulerait..... sans laissez-passer..... sera saisie.... En cas de saisie de voiture en route, elles pourront continuer leur voyage au moyen d'une mainlevée qui en sera donnée sous caution suffisante, ou même sous la caution juratoire de l'entrepreneur ou du conducteur..... »; — Attendu, en fait, qu'on lit au procès-verbal qui sert de base aux poursuites : « Déclarons à M. Edel et comp., parlant à M. Marcel susnommé, procès-verbal et saisie du bateau à vapeur ainsi que de tout le matériel servant au transport des voyageurs Nous avons, modérément et de gré à gré estimé le tout avec ce dernier à la somme de 80,000 fr., et connaissant la solvabilité de M. Edel et comp., nous lui en avons donné mainlevée, sous la promesse qu'il nous a faite au nom de ces messieurs de représenter les objets saisis ou leur valeur, à toute réquisition de justice;» — Attendu que les préposés des contributions indirectes, en procédant ainsi, et l'arrêt attaqué en condamnant le prévenu à payer la valeur du bâtiment confisqué à raison de cette estimation, en cas de non-représentation en nature, se sont littéralement conformés aux dispositions des articles précités, dont il n'a été fait qu'une juste application; — Rejette, e c.

Du 8 déc. 1854.—C. C., ch. crim.—MM. Barris, pr.—Legagneur, rap.

prononcées par la loi du 23 mars 1817.—V. *infrà*, nos 353 et s.

351. Les entrepreneurs de voitures d'eau sont tenus, comme les entrepreneurs de voitures de terre à service régulier, d'inscrire jour par jour sur un registre spécial le nom de tous les voyageurs transportés (V. n° 298).—A chaque voyage, ils doivent délivrer aux conducteurs une feuille de route destinée à l'inscription de tous les chargements faits en cours de voyage (V. n° 299).

352. Le payement du droit du dixième est exigible tous les dix jours (V. *suprà*, n° 277), et il s'effectue, soit d'après le nombre des places que contiennent les bateaux, et d'après le prix déclaré pour le trajet entier sous la déduction d'un tiers pour les places vides, soit au vu des registres de l'entreprise d'après les recett·s effectives; c'est ce dernier mode qui se pratique à l'égard des bateaux à vapeur Enfin la régie peut consentir un abonnement basé sur les recettes présumées (V. n° 278). — V. Dict. de M. Block, v° Voitures publiques, n° 52.

ART. 4. — *Des contraventions et des peines.*

353. Les peines qu'entraîne l'inobservation des formalités dont le but est d'assurer la perception des droits sur les voitures publiques, sont d'une rigueur qui nous semble excessive. La moindre négligence, l'oubli le plus naturel y sont punis de confiscations et d'amendes très-élevées. — Aussi sommes-nous qu'une révision de la législation est, sous ce rapport, nécessaire, si le temps et le progrès qui transforment le monde ne tendaient sans cesse à réduire le rôle des voitures publiques dont nous nous occupons ici, dans le mouvement industriel du pays; et cela à tel point qu'il est vraisemblable que, dans un nombre d'années assez restreint, les voitures à service régulier qui donnent lieu aux condamnations les plus fréquentes et les plus difficiles à éviter, auront définitivement pris leur place parmi les essais dédaignés des âges antérieurs. Ainsi, sans nous occuper de réformes que l'avenir saura bientôt rendre inutiles, examinons l'état actuel de la législation.

354. La loi du 9 vend. an 6, art. 72, punissait l'omission de déclaration ou la fausse déclaration de la confiscation des voitures et harnais, et d'une amende qui ne pouvait être moindre de 100 fr., ni plus forte de 1,000 fr.—Il a été jugé sous l'empire de cet article qu'un entrepreneur qui a déclaré une voiture partant d'occasion et à volonté, et qui, par des avis imprimés, annonce des départs et retours, à jour et heure fixes, avec la même voiture, encourt l'amende prononcée pour fausse déclaration (Cass. 15 vent. an 8) (1). — La loi du 5 vent. an 12, art. 76, ordonnait aussi, en cas de fraude des droits sur les voitures publiques, la saisie des objets en fraude, et prononçait contre les contrevenants une amende égale au quadruple des droits fraudés. — Il a été jugé que la loi du 9 vend. an 6 ne punissait de la saisie des voitures publiques que leur mise en circulation sans déclaration préalable, et non le simple transport

de marchandises, dont l'inscription aurait été omise sur la feuille de route; que cette omission n'entraînait que l'amende du quadruple des droits fraudés, conformément à l'art. 76 de la loi du 5 vent. an 12 (Crim. rej. 10 avr. 1806) (2).

355. Suivant l'art. 122 de la loi du 23 mars 1817, toute contravention aux dispositions du titre dont cet article fait partie, ou à celles des lois et règlements confirmés par l'art. 121 du même texte, est punie de la confiscation des objets saisis et d'une amende de 100 à 1,000 fr., amende qui, en cas de récidive, doit toujours être de 300 fr. au moins. — Cet article est aussi général qu'il puisse l'être, en ce qui concerne l'amende, et il s'applique à toute contravention. — Mais il n'en est pas de même de la confiscation : cette peine n'atteint pas tous les objets saisis. Or, d'après l'art. 120 (V. n° 364), les employés ne peuvent saisir les voitures, chevaux et harnais, qu'à défaut d'estampille ou de laissez-passer, ou lorsque ce laissez-passer est inapplicable. « Les autres contraventions, disent MM. Saillet et Olibo, p. 935, telles que la fausse déclaration du prix ou du nombre des places, l'excédant par conséquent du nombre des voyageurs, le défaut d'enregistrement des paquets et marchandises, le défaut de représentation, par les conducteurs, des feuilles de route ou d'inscription sur lesdites feuilles du numéro de l'estampille de la voiture, du nom de l'entrepreneur, de celui du conducteur, du nombre des places de la voiture, des enregistrements, ainsi que du prix des places et du port des objets portés au registre, l'omission d'inscrire sur la même feuille et de reporter au registre du bureau d'arrivée les chargements faits dans le cours de la route, ne peuvent donner lieu qu'à l'amende de 100 à 1,000 fr., prononcée par l'art. 122 de la loi du 25 mars 1817. »—La confiscation restreinte aux deux cas prévus par l'art. 120 est encore une peine bien rigoureuse pour une contravention souvent légère. Il suffit en effet que le conducteur d'une entreprise ayant plusieurs voitures ait pris par mégarde, et dans la précipitation des derniers préparatifs du départ, un laissez-passer pour un autre, pour faire encourir à l'entreprise à laquelle il appartient la confiscation de la voiture, des harnais et des chevaux à l'aide desquels la contravention a été commise, et de plus une amende qui peut être élevée à 1,000 fr.! et cette confiscation peut atteindre les objets de la plus grande valeur. — Il a été jugé, par exemple, qu'un *navire* qui circule sans laissez-passer et sans payer l'impôt du dixième du prix des places, prononcée par la loi du 23 mars 1817 (art. 120 et 122), doit être frappé de *confiscation* : la loi du 9 juill. 1836, qui, en réglant la perception du droit de navigation intérieure, ne range point la confiscation du navire au nombre des peines qu'elle édicte contre les contrevenants, n'a pas par cela seul, fait tomber la confiscation prononcée par les lois antérieures, quoique rendues sur des matières analogues (Crim. rej. 8 déc. 1854, aff. Edel, V. n° 318).

356. Au reste, bien que le nombre des voyageurs excède celui qu'indiquent la déclaration et le laissez-passer, il ne saurait

---

(1) *Espèce :* — (Enreg. C. Court.) — Le sieur Court avait déclaré, au bureau de Riom, l'entreprise d'une voiture partant d'occasion et à volonté, et avait acquitté, sur ce pied, les droits fixés par la loi du 9 vend. an 6. — Il avait cependant distribué un avis imprimé, portant : «qu'il partirait tous les jours, à six heures précises du matin, une diligence attelée de deux chevaux, de chez le sieur Court, ci-devant maître de poste, pour Clermont, et qu'elle reviendrait le soir, partant de chez la dame Mai ly, à cinq heures, au p ix de 1 fr. 25 c. par personne. » — Les employés avaient, de plus, constaté, par seize procès-verbaux, que cette voiture partait effectivement tous les jours indiqués dans l'affiche dont il s'agit. — En conséquence, la régie de l'enregistrement avait assigné le sieur Court pour se voir condamner à l'amende et à la confiscation résultant de sa fausse déclaration. — Mais le tribunal du Puy-de-Dôme, par jugement du 25 brum. an 7, avait rejeté la demande, sur le motif que, par son affiche, le sieur Court n'avait contracté, avec le public, aucun engagement de partir à heure fixe; qu'il résultait des procès-verbaux que l'heure du départ et de l'arrivée de la voiture avait varié; et qu'ainsi il n'y avait aucune preuve d'un service régulier. — Pourvoi. — Jugement.

LE TRIBUNAL; — Vu les art. 69, 70, 71 et 72 de la loi du 9 vend. an 6 ; — Et attendu la preuve résultant des affi hes et des procès-verbaux, de la fausseté de la déclaration faite par Court; — Casse.

Du 15 vent. an 8.—C. C.. sect civ.—MM. Target, pr. Derazey rap.

(2) (Contrib. ind. C. Caril.) — LA COUR; — Attendu que les juges, ayant reconnu, en fait, qu'une déclaration de la voiture, désignée et

saisie par le procès-verbal du 12 fruct. de l'an 13, a été faite par l'entrepreneur, conformément à la loi, que la voiture saisie est la même que celle déclarée d'où ils ont conclu qu'il n'y avait pas fausse déclaration, n'ont point fait une fausse application de l'art. 72 de la loi du 9 vend. an 6, en décidant que, d'après cet article, la saisie de la voiture et des harnais n'était pas fondée; — Attendu que, d'après les motifs de leur décision, sur l'effet du procès-verbal du 12 fruct. an 13 ils n'ont pas violé les art. 5, 6 et 10 du décret du 11 fruct. an 13, puisque, d'après l'art 76 de la loi du 5 vent. de la même année, c'est, en cas de fraude des droits sur les voitures publiques, que la loi autorise la saisie et la confiscation des objets de fraude; — Que la voiture n'étant pas l'objet de fraude, d'après la déclaration qui en avait été fai.e et l'identité de celle qui a été saisie; — Que le seul objet de fraude résultant du procès-verbal, et constaté par l'instruction, était le transport de quatre paquets non portés sur la feuille de route du 12 fruct.; — Que cette contravention aux lois invoquées par la régie a été justement punie d'une défense de récidiver, et d'une condamnation en une amende du quadruple des droits fraudés, d'après l'appréciation faite du poids de ces paquets, conformément à la fin dudit art. 76 de la loi du 5 vent. an 12; — Attendu qu'en prononçant ainsi d'après les faits constatés et par application de la quotité d'une amende fixée par la loi, les juges n'ont pas fait des confiscations et amende, et par là ne sont pas dans le cas prévu par l'art. 59 du décret du 1er germ. an 13; — Rejette.

Du 10 avr. 1806.—C. C., sect. crim.—MM. Viellart pr.—Delacoste, rap.

y avoir contravention pour défaut de laissez-passer, lorsque ce permis de circulation est représenté. Il a été admis que l'excédant reconnu dans le nombre de voyageurs ne rend pas le laissez-passer inapplicable (V. MM. Saillet et Olibo, p. 884-4°).

557. Comme il s'agit ici de contravention, on comprend que l'intention du prévenu ou ses explications quant aux causes qui ont amené la circulation de sa voiture en contravention, ne sauraient le mettre à l'abri d'une condamnation. — C'est l'application du principe général suivant lequel l'appréciation des contraventions ne saurait avoir lieu d'après l'intention des prévenus (V. v° Contrav., passim). — Il a été jugé : 1° qu'aucune considération de bonne foi, résultant de ce que l'entrepreneur ou son préposé a représenté le laissez-passer à l'audience, et de ce que l'absence de cet acte, au moment de la circulation de sa voiture, ne devait être attribuée qu'à un simple oubli, ne peut lui servir d'excuse (Crim. cass. 6 avr. 1821, aff. Poyhier, V. n° 294; 14 juin 1821, aff. Thorigny, V. éod.); — 2° Que lorsqu'un individu est trouvé conduisant une voiture publique avec un laissez-passer qui n'y est point applicable, les tribunaux doivent prononcer contre les entrepreneurs la confiscation et l'amende; qu'ils ne peuvent renvoyer le prévenu des poursuites par des considérations tirées de sa bonne foi (Crim. cass. 10 déc. 1825) (1); — 3° Que le conducteur de voitures publiques, qui représente un laissez-passer inapplicable à sa voiture, ne peut être excusé, sur le motif qu'ayant plusieurs voitures déclarées, il a, par erreur, pris un laissez-passer pour un autre (Crim. cass. 7 août 1818) (2); — 4° Que le contrevenant ne peut être excusé, bien qu'il allègue, et qu'il soit même reconnu que sa voiture est habituellement destinée au transport des marchandises, et qu'il ne prend des voyageurs qu'accidentellement (Crim. cass. 26 oct. 1821) (3). — 5° Que l'entrepreneur, dont une des voitures a été trouvée sur

une route, sans estampille, ne peut être excusé, par le motif que cette estampille était perdue depuis peu de jours, et que, s'étant présenté à la régie pour en avoir une autre, les préposés l'avaient refusée sous prétexte qu'il n'y en avait point dans le bureau (Crim. cass. 6 avr. 1822, aff. Brochiet, V. n° 262).

558. C'est à la régie seule qu'appartient le droit d'apprécier la moralité du fait et de faire remise de l'amende (V. les arrêts ci-dessus). Elle use quelquefois de tolérance à cet égard, et ne poursuit pas toutes les contraventions. — Ainsi les fiacres sont considérés comme des voitures à quatre places, et ne payent que le droit fixe déterminé par l'art. 8 de la loi du 28 juin 1833 pour les voitures d'occasion contenant ce nombre de places. Cependant, l'administration ne considère pas comme une contravention l'excédant de voyageurs qu'ils prennent au delà de ce nombre. — Elle traite aussi avec indulgence, sous ce rapport, les voitures des environs de Paris, parce que l'extrême multiplicité de ces voitures rend les bénéfices des entrepreneurs très-minimes (V. MM. Saillet et Olibo, p. 927 à la note). — Mais, en général, les contraventions doivent être constatées lorsque les voitures qui circulent dans une ville ou dans un rayon de 15 kilom., à partir des limites de cette ville reçoivent un nombre de voyageurs supérieur à celui des places déclarées (Circ. 24 nov. 1834, V. MM. Saillet et Olibo, éod.).

559. Les peines édictées par les art. 120 et 122 de la loi du 25 mars 1817 doivent-elles se cumuler avec celles portées par l'art. 6 de la loi du 30 mai 1851 contre les contraventions aux dispositions réglementaires relatives aux messageries, lorsqu'il y a identité de dispositions dans l'une et l'autre législation? — Nous sommes portés à le penser, et en voici la raison: il y a, dans nos lois, en ce qui concerne les voitures publiques, deux ordres d'idées parfaitement distincts : celui qui embrasse la po-

(1) (Contrib. indir. C. Gerest et Brulée.) — La cour; — Vu les art. 117, 120 et 122 de la loi du 25 mars 1817; — Considérant que, d'après les deux premiers de ces articles, tout conducteur d'une voiture publique doit être porteur du laissez-passer qui a été délivré par la régie pour autoriser la circulation de la même voiture, et que toute voiture publique qui circulerait sans laissez-passer, ou avec un laissez-passer qui ne serait point applicable, doit être saisie; ainsi que les chevaux et harnais; — Que l'art. 122 punit les contraventions auxdits articles de la confiscation des objets saisis et d'une amende de 100 à 1,000 fr. ; — Qu'il a été reconnu au procès, et d'ailleurs constaté par un procès-verbal régulier, que le nommé Rouchaud a conduit, sur la route de Limoges à Clermont, une voiture publique appartenant aux sieurs Gérest et Brulée, avec un laissez-passer qui n'était point applicable à cette voiture; qu'ainsi il y a eu contravention formelle auxdits art. 117 et 120, ce qui, conséquemment, nécessitait l'application des peines portées par ledit art. 122; — Que, néanmoins, la cour royale de Limoges a renvoyé le prévenu de toute poursuite, en quoi elle a violé les articles de loi précitées; — Que ce renvoi ne peut, d'ailleurs, être justifié par les considérations de bonne foi tirées de ce que le conducteur de la voiture saisie avait, par une prétendue erreur involontaire, pris un laissez-passer pour un autre; — Qu'en matière d'impôts indirects, l'existence du fait matériel de la contravention suffit pour obliger les juges d'y appliquer la peine déterminée par la loi; que ce n'est qu'à l'administration elle-même, seule autorisée par l'art. 12 du décret du 5 germ. an 12, à transiger sur les contraventions, qu'appartient le droit d'apprécier les circonstances du fait et sa moralité, et d'accorder ou de refuser, d'après cette appréciation, des remises et amendes encourues; — D'après ces motifs, faisant droit au pourvoi de l'administration, casse et annule l'arrêt de la cour royale de Limoges, dans ses dispositions relatives au procès-verbal de saisie du 4 avr. 1821, dont il s'agit au procès, etc.
Du 10 déc. 1825.-C. C., sect. crim.-MM. Portalis, pr.-Busschop, r.

(2) (Contrib. ind. C. Désormaux.) — La cour; — Vu les art. 117, 120 et 122 de la loi du 25 mars 1817; — Considérant que, d'après les art. 117 et 120 précités, tout conducteur d'une voiture publique doit être porteur du laissez-passer qui a été délivré par la régie, pour la circulation de la même voiture, et que toute voiture publique qui circulerait sans laissez-passer que n'y serait pas applicable, doit être saisie, ainsi que les chevaux et harnais; — Que l'art. 122 punit les contraventions auxdits articles de la confiscation des objets saisis et d'une amende de 100 fr. à 1,000 fr.; — Qu'il a été reconnu au procès, et d'ailleurs constaté par procès-verbal, que Pierre Désormaux a conduit une voiture publique avec un laissez-passer qui n'y était pas applicable; qu'ainsi il était en contravention formelle auxdits art. 117 et 120, et avait conséquemment encouru les peines de confiscation et d'amende portées par ledit art. 122; — Qu'en le ren-

voyant des poursuites intentées contre lui, en raison de sa contravention, la cour de Grenoble a donc ouvertement violé la loi; — Que ledit renvoi ne peut être justifié par les considérations de bonne foi, prises de ce qu'il, suivant son allégation, le prévenu aurait, par une erreur involontaire, pris un laissez-passer pour un autre; — Qu'en matière d'impôts, l'existence du fait matériel de la contravention suffit pour obliger les juges d'y appliquer la peine déterminée par la loi; que ce n'est qu'à l'administration elle-même, seule autorisée par l'art. 25 du décret du 5 germ. an 12, à transiger sur les contraventions qu'appartient le droit d'apprécier les circonstances du fait et sa moralité, et d'accorder ou de refuser, d'après cet examen, des remises et amendes encourues; — Cassé.
Du 7 août 1818.-C. C., sect. crim.-MM. Barris, pr.-Busschop, rap.

(3) (Contrib. ind. C. Lesuavet.) — La cour; — Vu les art. 115, 117, 120 et 122 de la loi du 25 mars 1817; — Considérant que tout particulier qui transporte dans sa voiture des voyageurs à prix d'argent est entrepreneur de voitures publiques, et, comme tel, soumis aux dispositions des articles précités; — Que, dans l'espèce, il a été constaté par un procès-verbal régulier, et il a d'ailleurs été reconnu au procès, que Joseph Lesuavet a transporté dans sa voiture des voyageurs à prix d'argent; qu'un, sommé par les employés de la régie de représenter le laissez-passer dont il devait être porteur, il n'y a point satisfait; — Que ce défaut de représentation du laissez-passer constituait ledit Lesuavet en contravention audit art. 117, qui, aux termes des art. 120 et 122, donnait lieu à la saisie et à la confiscation de ses voitures, cheval et harnais, et à sa condamnation à une amende de 100 fr. à 1,000 fr.; — Que, néanmoins, la cour de Rennes a renvoyé ledit Lesuavet de toutes poursuites, et qu'ainsi elle a formellement violé les articles de loi ci-dessus cités; — Que ledit renvoi n'a pu, d'ailleurs, être justifié, ainsi que l'a jugé ladite cour, sur la circonstance prouvée au procès que la voiture de Lesuavet était habituellement destinée au transport de marchandises, et qu'elle ne prenait des voyageurs qu'accidentellement; — Que ladite circonstance était absolument indifférente dans la cause; qu'elle n'est pas même, comme l'a pensé la cour royale, désignée dans le décret du 14 fruct. an 12, et l'avis explicatif du conseil d'État du premier jour complémentaire suivant, comme donnant lieu à l'exemption des obligations auxquelles sont, en général, soumis les entrepreneurs de voitures publiques qui transportent des voyageurs; que lesdits décret et avis ont seulement eu pour objet de fixer les règles d'après lesquelles serait perçu le nouvel impôt qui venait d'être établi, par la loi du 5 vent. précédent, sur le prix du transport des marchandises par les voitures publiques à destination fixe; mais qu'ils n'ont apporté aucun changement ni modification aux lois et règlements existants, relatifs aux voitures publiques qui transportent régulièrement ou accidentellement des voyageurs; — Casse.
Du 26 oct. 1821.-C. C., sect. crim.-MM. Barris, pr.-Busschop, rap.

lice de la circulation et celui qui comprend les dispositions fiscales. — Ces lois procèdent parallèlement dans des vues qui n'ont entre elles rien de commun : on ne peut donc supposer que la loi de 1851, qui est une loi de police, ait entendu abroger les peines portées par la loi fiscale de 1817. — D'un autre côté, si l'on admettait cette abrogation, il en résulterait, en ce qui touche le défaut de déclaration, par exemple, cette anomalie assez étrange que lorsque cette contravention serait commise par des entrepreneurs de voitures d'occasion ou à volonté, à l'égard desquelles il n'y a pas de prévision sous ce rapport dans la loi de 1851, elle continuerait d'être punie d'une amende qui peut être portée à 1,000 fr., tandis que le défaut de déclaration, qui a plus de gravité en ce qui touche les voitures de messageries, ne serait cependant puni, dans ce cas, que d'une amende de 16 à 200 fr. au plus et d'un emprisonnement de six à dix jours. — Il a été jugé en ce sens 1° que les contraventions aux règlements sur la police des voitures publiques, alors qu'elles constituent un fait préjudiciable au trésor, comme celles qui résultent, par exemple, soit d'un excédant de voyageurs sur les voitures, soit de ce que le conducteur aurait reçu en route des voyageurs ou des paquets sans en faire mention sur sa feuille, donnent lieu non-seulement aux peines correctionnelles, dont l'application est poursuivie par le ministère public, en vertu de la loi du 30 mai 1851 et du décret du 10 août 1852, mais encore à l'amende qui peut être requise, à titre de réparations civiles, par la régie des contributions indirectes, en vertu de la loi de finances du 25 mars 1817 ; par suite, il y a lieu d'infirmer le jugement qui refuse de faire droit, en pareil cas, aux conclusions de la régie, sous prétexte que l'art. 122 de cette dernière loi se trouverait abrogé par les dispositions pénales résultant des lois précitées (Orléans, 6 mars 1854, aff. Lapleigné, D. P. 55. 2. 28) ; — 2° Que l'entrepreneur de voitures publiques qui transporte dans sa voiture un nombre de voyageurs supérieur au nombre de places qu'il a déclaré, peut, indépendamment de la poursuite devant le tribunal correctionnel, à la requête du ministère public, en vertu de la loi du 30 mai 1851 sur la police du roulage, être poursuivi devant le même tribunal à la requête de l'administration des contributions indirectes, à fin de condamnation à l'amende prononcée par l'art. 122 de la loi des

finances du 25 mars 1817 : les dispositions de cette loi relatives aux voitures publiques n'ont pas été abrogées par celles de la loi du 30 mai 1851 (Pau, ch. corr., 9 déc. 1860, M. Dartigaux, pr., aff. Contrib. ind. C. B...). — Il a été jugé dans le même sens avant la loi de 1851 que bien que le fait d'un entrepreneur de voitures publiques contre lequel il est constaté un excédant de voyageurs, constitue, dans l'intérêt de la sûreté de ceux-ci, une simple contravention de la compétence des tribunaux de police, il n'en résulte pas que ce même fait, préjudiciable aux intérêts du trésor, ne puisse aussi, sur la poursuite de l'administration des contributions indirectes, donner lieu à la prononciation, par le tribunal correctionnel, de l'amende édictée par les lois fiscales relatives à la perception de l'impôt (Crim. cass. 18 mars 1843) [1]. — La cour de Dijon reconnaît aussi que la loi de 1851 n'a pas abrogé la loi de 1817 ; mais elle en tire une conséquence tout opposée. Elle a jugé, en effet, que l'omission, par un entrepreneur de voitures publiques, de l'inscription, sur sa feuille de route, des colis qu'il a reçus dans sa voiture, est simplement punissable, de la peine édictée en l'art. 122 de la loi de finances du 25 mars 1817, et ne peut être, en outre, puni, sur la poursuite du ministère public, de la peine prononcée par l'art. 6 de la loi du 30 mai 1851 sur la police du roulage ; — ...Peu importe que cette infraction soit prévue par l'art. 32 du décret du 10 août 1852, rendu en exécution de la loi précitée du 30 mai 1851, cette loi n'ayant pu vouloir appliquer une pénalité nouvelle à une contravention déjà punie par une loi antérieure non abrogée (Dijon, 26 juill. 1854, aff. Hettier, D. P. 56. 2. 168).

ART. 5. — *Constatation, poursuite des contraventions, compétence, jugement, voies de recours.*

860. Les contraventions aux lois sur la police de la circulation peuvent être constatées par un grand nombre d'agents ou fonctionnaires divers (V. *suprà*, n°s 214 et s.). — Il n'en est point ainsi pour les contraventions aux lois fiscales concernant les voitures publiques. — Aux termes de la loi du 5 vent. an 12 (art. 84), c'est par les préposés de l'administration des contri-

---

(1) (Contrib. ind. C. Marcel.) — LA COUR ; — Sur l'unique moyen de cassation invoqué et tiré de la méconnaissance des dispositions de l'art. 90 de la loi du 5 vent. an 12 et des règles de la compétence, de la violation des articles 115, 116 et 117 de la loi du 25 mars 1817 et de la fausse application de la loi du 20 juin 1829 et de l'art. 475, § 4 c. pén., en ce que, par jugement du tribunal correctionnel de Poitiers, du 29 oct. 1841, confirmé par arrêt de la chambre correctionnelle de la cour royale de la même ville, du 7 fév. 1842, ce tribunal aurait déclaré la demande de l'administration des contributions indirectes mal et incompétemment fondée et l'aurait condamnée aux dépens ; — Vu, sur ce moyen, les articles de lois cités ; — Attendu qu'il résulte, en fait, d'un procès-verbal régulier, dressé par trois employés des contributions indirectes, de résidence à Poitiers, le 31 août 1841, qu'étant en surveillance ce jour-là au relais de Fleuré, ils auraient vu arriver, sur les six heures du matin, la voiture faisant le service régulier de Poitiers à Limoges ; que, s'étant approchés de cette voiture et ayant fait connaître leur qualité au conducteur, ils l'avaient sommé de leur représenter le laissez-passer dont il devait être porteur, en vertu de l'art. 117 de la loi du 25 mars 1817 ; qu'obtempérant à cette demande, celui-ci leur aurait remis un laissez-passer délivré au bureau de Poitiers, le 26 avr. 1841, pour une voiture à quatre roues, estampillée n° 185, appartenant au sieur Marcet, entrepreneur de voitures publiques à Poitiers, énonçant trois places de coupé, six places d'intérieur et trois places de banquette ; qu'ayant compté les voyageurs, ils en auraient trouvé trois dans le coupé, sept dans l'intérieur et cinq sur la banquette, non compris le conducteur, ce qui fait un excédant de trois voyageurs ; — Attendu, en droit, que la promulgation de la loi du 20 juin 1829 et la nouvelle disposition de l'art. 475, n° 4, c. pén., du 1832, n'ont en aucune sorte abrogé les dispositions de la loi du 25 mars 1817 ; que, depuis cette époque, les entrepreneurs de voitures publiques sont soumis à deux législations ayant pour but, l'une la perception de l'impôt, et l'autre spécialement la sûreté des voyageurs ; — Que, si l'excédant du nombre de voyageurs peut, dans l'intérêt de la sécurité de ceux-ci, constituer une simple contravention punie de peines de simple police, de la compétence des tribunaux de police et devant être poursuivie à la requête du ministère public, il n'en résulte pas que ce même fait, préjudiciable aux intérêts du trésor, ne puisse aussi, sur la pour-

suite de l'administration des contributions indirectes, donner lieu à la prononciation, par le tribunal correctionnel, de l'amende édictée par les lois fiscales, puisque cette dernière amende n'est, à proprement parler, qu'une réparation civile ; — Attendu que l'art. 116 de la loi du 25 mars 1817 impose aux entrepreneurs de voitures publiques l'obligation de faire à la régie une déclaration constatant le nombre de places de leur voiture ; que l'objet de cette déclaration étant d'établir le maximum des voyageurs qui seront transportés par la voiture déclarée, et de former ainsi une base pour l'application de l'impôt, les lois qui l'ont proclamée ont évidemment voulu qu'elle fût sincère, et qu'en aucun cas le transport effectif n'excédât les limites de cette déclaration, dont l'inexactitude et la fausseté ne peuvent être ultérieurement reconnues que par l'exercice du droit donné aux préposés de l'administration des contributions indirectes de se faire représenter, à toutes réquisitions, les registres et feuilles de route des entrepreneurs de messageries et de voitures publiques, et de constater, par procès-verbaux, les contraventions aux dispositions de la loi du 25 mars 1817, contraventions punies par l'art. 122 de la même loi d'une amende de 100 fr. à 1,000 fr. ; — Et attendu qu'un procès-verbal du 31 août 1841, dressé par trois employés des contributions indirectes, constaterait, dans la voiture publique de Poitiers à Limoges et appartenant au sieur Marcet, un excédant de trois voyageurs ; — Que cette contravention à la loi du 25 mars 1817 était, sous un double rapport, de la compétence du tribunal correctionnel, et qu'elle était punissable d'une amende de 100 fr. à 1,000 fr., et, en second lieu, parce qu'elle était constatée par trois employés de l'administration des contributions indirectes ; — Attendu, dès lors, que la chambre des appels de police correctionnelle de la cour royale de Poitiers, en confirmant, par son arrêt du 7 fév. 1842, le jugement du tribunal correctionnel de la même ville, du 22 oct. 1841, qui a déclaré la demande de l'administration des contributions indirectes mal et incompétemment fondée et l'a condamnée aux dépens, a tout à la fois méconnu les dispositions de l'art. 90 de la loi du 5 vent. an 12 et les règles de la compétence, violé les art. 115, 116, 117 et 122 de la loi du 25 mars 1817, et a fait une fausse application de l'art. 1 de la loi du 20 juin 1829, et de l'art. 475, n° 4, § 2 c. pén. de 1852 ; — Par ces motifs, — Casse et annule. — Du 18 mars 1845.-C. C., ch. cr.-MM. Crousseilhes, pr.-Meyronnet, r;

butions indirectes que doivent être dressés les procès-verbaux relatifs à ces contraventions. — Conformément à la loi précitée, il a été jugé que la régie des contributions indirectes a seule qualité pour constater et poursuivre les contraventions aux droits du fisc, dont la surveillance et la perception lui sont confiées (Crim. cass. 11 nov. 1826) (1), ...et, par suite, que les contraventions à la loi du 25 mars 1817, art. 117, qui exige qu'un conducteur de voiture publique soit toujours porteur d'un laissez-passer, ne peuvent être constatées par des gendarmes (Crim. rej. 26 août 1825 (2). — V. Gendarme, n° 24, Impôts indir., n° 487). — Il nous paraît rationnel qu'il en soit ainsi. Seule, en effet, l'administration des contributions indirectes possède les données nécessaires pour constater ce genre de contraventions; car ce n'est qu'à ses préposés que doivent être faites les déclarations dont il faut connaître la teneur, pour se rendre un compte exact des justifications produites par les entrepreneurs. — Toutefois, l'art. 53 du décret du 1er germ. an 13 autorise les employés de l'octroi à dresser procès-verbal des fraudes qu'ils découvrent contre les contributions indirectes (V. du reste v° Impôts ind., n° 485; Procès-verbal, n° 585). — Mais c'est là une exception qui ne doit pas être étendue au delà de ses termes.

361. Dans aucun cas, les employés ne peuvent arrêter les voitures sur les grandes routes, ailleurs qu'aux entrées et sorties des villes ou aux relais. En cas de soupçon de fraude, ils ne peuvent faire leur vérification qu'à la première halte (L. 25 mars 1817, art. 120).— Il a été jugé que la vérification faite avant le premier relai, entraîne la nullité du procès-verbal de vérification qui aurait été rédigé pendant que la voiture était en marche (Bordeaux, 26 avr. 1843) (3).

362. Quant aux énonciations que doivent, à peine de nullité, renfermer les procès-verbaux et aux autres conditions de

leur régularité, V. Procès-verbal. — Nous ferons seulement remarquer ici qu'il a été jugé qu'en l'absence du contrevenant la copie du procès-verbal dressé contre lui peut être remise à son épouse, et que l'affiche du procès-verbal à la porte de la maison commune cesse alors d'être nécessaire (Crim. rej. 25 juin 1807, aff. Latouche, V. n° 314. — V. Procès-verbal, n° 464 et suiv.),

...Et que le domestique d'un entrepreneur de voitures publiques qui conduit une voiture appartenant à son maître, représente celui-ci, et ne peut être considéré comme un particulier, quelles que soient les conventions particulières intervenues entre le maître et lui; qu'en conséquence, le procès-verbal rédigé par les préposés de la régie des contributions indirectes contradictoirement avec le domestique d'un entrepreneur de voitures publiques, ou lui dûment interpellé, à raison, par exemple, de ce que ce domestique aurait été surpris conduisant, sans être porteur d'un laissez passer, une voiture non pourvue d'estampille et dans laquelle se trouvait un voyageur, est opposable à l'entrepreneur et le constitue lui-même en état de contravention, encore bien qu'il serait établi que le domestique avait loué la voiture chez son maître pour son propre compte, et que la personne qui se trouvait dans cette voiture était son frère (Crim. cass. 28 mars 1857, aff. Cuisenier, D. P. 57. 1. 225).

363. Les procès-verbaux dressés en cette matière font foi jusqu'à inscription de faux (L. 5 vent. an 12, art. 35; décr. 1er germ. an 13, art. 26; V. Procès-verbal, n° 593 et s.). En conséquence, l'art. 15 de la loi du 30 mai 1851 sur la police du roulage et des messageries publiques (V. n° 223), suivant lequel la preuve contraire est admissible contre les procès-verbaux des employés des contributions indirectes constatant des infractions à cette loi, ne s'applique pas aux procès-verbaux de ces mêmes employés dénonçant le défaut de représentation par un conducteur d'une voiture

---

(1) (Min. publ. C. Pomiès.) — Vu l'art. 475, § 4, c. pén., qui punit d'une amende de 6 à 10 fr. ceux qui auront violé les règlements contre le chargement, la rapidité ou la mauvaise direction des voitures; — Vu aussi l'ordonnance du roi, du 4 fév. 1820, dont l'art. 4 porte que toute voiture publique, à destination fixe, portera, à l'intérieur, l'indication du nombre de places qu'elle contient, ainsi que le numéro et le prix de chaque place du lieu du départ au lieu de la destination; — Considérant que ladite ordonnance n'est point un règlement relatif aux droits sur les voitures publiques; qu'elle a eu pour objet la sûreté et l'intérêt des voyageurs, en prescrivant des mesures de police contre le chargement excessif, la rapidité et la mauvaise direction des voitures publiques; — Que les contraventions aux dispositions de cette ordonnance sont prévues et punies d'ailleurs par une loi spéciale, rentrent donc dans l'application générale de l'art. 475, § 4, c. pén., et doivent conséquemment être punies des peines portées par ledit article; — Considérant qu'il a été constaté et reconnu au procès, que la diligence exploitée par le sieur Clément Pomiès, faisant route de Toulouse à Tarascon, ne contenait pas, dans son intérieur, les indications prescrites par l'art. 4 de l'ordonnance du roi, du 4 fév 1820; que cette contravention nécessitait donc la condamnation dudit Pomiès aux peines de police portées par l'art. 475 c. pén.; d'où il suit qu'en l'affranchissant de toute peine, la cour royale de Toulouse a violé cet article; — Que si le décret du 28 août 1808, qui contient des dispositions analogues à celles de l'art. 4 de ladite ordonnance, pouvait être considéré comme relatif aux droits sur les voitures publiques, auquel conséquemment s'appliqueraient les art. 121 et 122 de la loi de finances du 25 mars 1817, la contravention du sieur Pomiès ne pourrait, dans l'espèce, être appréciée sous ce rapport, puisque la régie des contributions indirectes, qui seule a qualité pour constater et poursuivre les contraventions aux droits du fisc, dont la surveillance et la perception lui sont confiées, n'a point été partie au procès; que, dans ces circonstances, il devient superflu et inutile de s'occuper de la question relative à l'application de la dite loi de 1817. — D'après ces motifs, sur le pourvoi du procureur général, casse et annule l'arrêt rendu, le 5 juill. 1826, par la cour royale de Toulouse, au profit du sieur Clément Pomiès.
Du 11 nov. 1826 -C. C., ch. crim. MM. Portalis, pr.-Busschop, rap
(2) (Min. pub. C. Delpech.) — La cour; — Considérant, sur le premier moyen, que l'ord. du 4 fév. 1820, en chargeant les gendarmes de constater les contraventions aux mesures de police qu'elle prescrit, ne leur a point attribué le droit d'en être crus jusqu'à inscription de faux; que, dès lors, leurs procès-verbaux peuvent être débattus par les preuves contraires, aux termes de l'art. 154 c. inst. crim.; d'où il suit qu'en admettant le prévenu à poursuivre des faits contenus au procès-verbal des gendarmes, du 30 sept. 1824, et en déclarant, d'après cette preuve contraire, qu'il n'était pas suffisamment constaté que Delpech eût placé des voyageurs sur l'impériale de sa voi-

ture, la cour royale de Toulouse n'a ni violé l'ord. du 4 fév. 1820, ni la loi qui était due audit procès-verbal; — Considérant, sur le second et dernier moyen, que la disposition de l'art. 117 de la loi du 25 mars 1817, qui veut que le conducteur d'une voiture publique soit toujours porteur de son laissez-passer, est une mesure financière prise dans l'intérêt de la perception des droits imposés sur les voitures publiques; qu'il appartient qu'à l'administration des contributions indirectes de faire constater, par des procès-verbaux de ses employés, les contraventions commises en pareille matière et de les poursuivre devant les tribunaux, conformément aux règles établies dans le décret du 1er germ. an 13 — Considérant que la contravention qui était imputée au sieur Delpech de ne pas avoir en son laissez-passer au moment où il conduisait sa voiture, n'avait point été constatée par un procès-verbal des employés de l'administration des contributions indirectes, et qu'elle n'était en outre plus poursuivie par cette administration; que, dans ces circonstances, il n'y avait pas lieu à prononcer aucune condamnation contre le prévenu; d'où il suit que son renvoi des poursuites du ministère public, quelque erroné que soit d'ailleurs le motif d'après lequel la cour royale l'a ordonné, ne présente la violation d'aucune loi; - Rejette.
Du 26 août 1825.-C. C., sect. crim.-MM. Portalis, pr.-Busschop, r.
(3) (Destrilhes- C. contrib. indir.) — La cour; — Attendu, en fait, qu'il existait un excédant de deux voyageurs dans la voiture publique de Destrilhes, Taillard, Maupas et comp. faisant le trajet de Libourne à Labastide, laquelle voiture fut aperçue par les employés des impositions indirectes, le 4 août 1842, vers les six heures du matin, au moment où elle montait la côte de Cenon; — Attendu que la voiture était en marche lorsque la visite en fut faite, et l'excédant de deux voyageurs constaté; — Attendu, en droit, que la loi du 25 mars 1817, défend, par son art. 120, de faire la vérification de toute fraude à ses prescriptions, si ce n'est à la première halte; mais que par une de la part des employés, désobéissance à la loi, — Attendu qu'on doit reconnaître que l'administration que l'art. 120 ne porte pas ces mots: à peine de nullité; mais que la loi se sert de ces expressions énergiques: ne pourront, les employés, vérifier qu'à la première halte.
Attendu que toute loi prohibitive est censée annuler ce qui se fait au mépris de ses dispositions; qu'ainsi le procès-verbal du 14 août 1842, sur lequel s'appuie exclusivement l'administration des contributions indirectes pour établir la fraude de Destrilhes, étant frappé de nullité, la contravention n'a pas été prouvée; — Par ces motifs, déclare nul le procès-verbal rédigé par les employés de l'administration des contributions indirectes; en conséquence, relaxe les sieurs Destrilhes, Taillard, Maupas et comp., de la contravention relevée contre eux par ledit procès-verbal, et les décharge des condamnations prononcées par le jugement dont est appel, etc.
Du 26 avr. 1843.-C. de Bordeaux, ch. corr.-M. Dégranges, pr.

publique, du laissez-passer dont il doit toujours être muni, aux termes de l'art. 117 de la loi du 25 mars 1817 : les procès-verbaux de cette dernière sorte font toujours foi jusqu'à inscription de faux (Crim. cass. 12 mai 1854, aff. Tessier, D. P. 54. 1. 210).

364. Aux termes de l'art. 120 de la loi du 25 mars 1817, toute voiture publique qui circule sans estampille ou sans laissez-passer, ou avec un laissez-passer qui ne serait pas applicable, doit être saisie, ainsi que les chevaux et harnais. En cas de saisie de voitures en route, elles peuvent continuer leur voyage, au moyen d'une mainlevée qui leur est donnée sous suffisante caution, ou même sous la caution juratoire de l'entrepreneur ou du conducteur. — Mais la saisie, on le conçoit aisément, ne saurait porter atteinte aux droits de propriété que les tiers pourraient avoir sur les objets qui en sont frappés, et mettre obstacle à leur demande en revendication. — Il suffit qu'un entrepreneur de voitures publiques ait fait pour une de ces voitures la déclaration prescrite par la loi du 9 vend. an 6, bien qu'elle n'ait pas été estampillée, pour qu'il ait droit de la revendiquer, malgré la saisie qui en a été faite et la confiscation qui en a été prononcée pour défaut de déclaration contre d'autres entrepreneurs qui ont déclaré travailler pour son compte (Req. 13 mess. an 12) (1).—V. aussi Req. 19 déc. 1844, aff. Toulouse, v° Priv. et hyp., n° 555-9°.

365. Les règles de *compétence* en matière de contributions indirectes sont tracées par les art. 88 et suiv. de la loi du 5 vent. an 12. Nous les avons expliquées v° Impôts indirects, n° 459 et suiv. (V. aussi v° Comp. civ. du trib. d'arrond., n° 18. Quest. préjud., n° 221). — Il serait superflu d'y revenir ici. Il nous suffira de rappeler les applications qui en ont été faites par la jurisprudence de voitures en matière de droits sur les voitures publiques.

366. Il a été jugé : 1° que lorsqu'il y a contestation entre l'administration des droits réunis et un entrepreneur de voitures partant à volonté, le point de savoir si la voiture à l'usage personnel de ce dernier est soumise aux mêmes droits que celles destinées au service du public, ce sont les tribunaux civils et non les tribunaux correctionnels qui doivent prononcer sur cette contestation (Crim. cass. 26 avr. 1816) (2); — 2°... Sans toutefois que le tribunal saisi de la poursuite soit tenu de surseoir, lorsqu'il lui paraît évident la contestation est dénuée de fondement, en ce que la voiture que le prévenu prétend n'être pas soumise au droit y est réellement sujette (Crim. rej. 5 juin 1818) (3).

367. Quant au *jugement*, les formes varient suivant qu'il s'agit d'une contestation portée devant les tribunaux civils ou d'une contravention déférée aux tribunaux de répression.—V. à cet égard Jugement, Impôts indir., n° 471, 483 et suiv.

368. Suivant un principe général en matière de contravention, dès que le fait matériel est constaté, les tribunaux doivent prononcer contre les entrepreneurs la confiscation, s'il y a lieu, et l'amende. — V. ci-dessus, n° 357, diverses espèces dans lesquelles la bonne foi de l'entrepreneur a été vainement invoquée.

369. Quant aux *preuves* d'après lesquelles les juges doivent former leur conviction, V. v° Instruct. crim., n° 278; Preuve, n° 73 et s.; Procès-verbal, n° 497 et s.; Témoin, n° 10 et s.; V. aussi Impôts indirects, n° 497 et s.). — Faisons seulement observer ici qu'il a été jugé que, lorsqu'une entreprise de transport de personnes et d'objets de messagerie, au lieu de payer le droit du dixième du prix des places sur la déclaration de leur nombre, déduction faite du tiers pour les places vides, ou sur abonnement, paye le droit à *l'effectif*, cette entreprise ne peut se refuser à donner communication de ses livres à la régie, à l'effet de constater cet effectif, et qu'en conséquence, si, à défaut de communication, les employés ont inscrit sur leurs portatifs des relevés en vertu desquels la régie réclame un supplément de droit, ces relevés faisant foi jusqu'à inscription de faux, la preuve de l'exigibilité du droit n'a pu être mise à la charge de la régie, alors d'ailleurs que le jugement constate le refus persistant de communiquer les livres (Civ. cass. 14 janv. 1845, aff. Comp. gén. des Aigles, D. P. 45. 1. 92). — Sur les registres portatifs, V. Impôts indir., n° 458 et suiv.

370. Relativement aux voies de recours, V. Appel, Cassation, Impôts indir., n° 516 et suiv., 534 et suiv.—Sur ce point aussi nous nous bornerons ici à rappeler qu'il a été jugé que lorsqu'un procès-verbal régulier, soumis aux premiers juges, constate une contravention, les juges d'appel appelés à prononcer sur cette infraction ne peuvent renvoyer le prévenu de la poursuite, par le motif que la contravention à raison de laquelle la condamnation est demandée en appel, n'a pas été nominativement déduite dans les conclusions prises contre lui en première instance; et, par suite, que lorsqu'un procès-verbal constate qu'une voiture publique circule sans qu'aucune déclaration ait été faite à la régie, le prévenu doit être condamné en appel pour n'avoir pas déclaré sa voiture comme étant d'occasion ou à volonté, bien qu'en première instance la régie lui ait seulement imputé de ne l'avoir pas déclarée comme faisant un service régulier (Crim. cass. 18 déc. 1817) (4).

SECT. 3. — **Droit des maîtres de poste sur les voitures publiques.**

371. Des obligations assez onéreuses sont imposées aux maîtres de poste par la loi du 24 juill. 1793 (art. 68 et suiv.;

---

(1) *Espèce :* — (Enreg. C. Desforges.) — Dans l'espèce, la régie soutenait que la voiture qu'elle avait fait saisir, les avait cédées à Damond et Henry; et que ce n'était que pour les soustraire à la confiscation dans l'intérêt de ces derniers que Desforges intervenait. — Arrêt.

La cour; — Attendu qu'il a été décidé en point de fait par le jugement attaqué, que Desforges était propriétaire des deux voitures qu'il avait la régie avait fait saisir, et qu'il ne s'est point agi de savoir devant le tribunal de Romorantin dont le jugement est attaqué, si les voitures étaient ou non estampillées, et que d'ailleurs ce n'est que le défaut de déclaration faite dans les termes de la loi du 9 vend. an 6, qui donne lieu à l'amende ou à la confiscation;—Rejette.

Du 13 mess. an 12.-C. C., sect. req.-M. d'Outrepont, rap.

(2) (Contrib. ind. C. Simon.) — La cour; — Vu les art. 88 et 90 L. 5 vent. an 12; — Considérant qu'il résulte des dispositions de ces articles que la compétence des tribunaux correctionnels en matière d'impositions indirectes, autrefois appelées droits réunis, est restreinte et limitée aux contestations qui ont pour objet un fait positif de contravention; mais que celles qui ont pour objet le fond des droits, c'est-à-dire qui présentent à décider si telle chose est ou non soumise à l'impôt, ne peuvent être portées que devant les tribunaux civils; — Que, dans l'espèce, la contestation élevée entre l'administration des impositions indirectes et le sieur Simon avait seulement pour objet la question de savoir si le cabriolet que ledit Simon employait exclusivement à son usage personnel (fait qui n'était point contredit par l'administration), était ou non soumis au payement des droits établis par la loi du 9 vend. an 6, sur les voitures que les entrepreneurs exploitent pour le service du public; — Que cette contestation ne pouvait donc être portée devant les

TOME XLIV.

tribunaux de police correctionnelle; — Que, néanmoins, la cour royale de Paris, jugeant correctionnellement et sur l'appel, a connu de ladite contestation; qu'ainsi, elle a excédé les bornes de sa compétence et violé l'art. 88, L. 5 vent. an 12 ; — D'après ces motifs, —Casse, etc.»

Du 26 avr. 1816.-C. C., sect. crim.-MM. Barris, pr.-Busschop, rap.

(3) *Espèce :* — (Appert C. Contrib. ind.) — Le 22 nov. 1815, les employés avaient saisi, chez le sieur Appert, deux voitures qui n'avaient pas été déclarées. — Devant le tribunal correctionnel, Appert prétendit que les deux voitures en question n'étaient point passibles du droit; et, sur cette défense, intervint jugement qui sursit à faire droit, jusqu'à ce qu'il eût été prononcé par le tribunal civil sur la question préjudicielle. — Appel par la régie. — Arrêt de la cour de Paris, du 22 mai 1816, qui, sans s'arrêter au sursis, prononça sur le fond, attendu qu'il ne pouvait y avoir aucun doute que les voitures saisies ne fussent sujettes à l'impôt. — Pourvoi. — Arrêt.

La cour; — Considérant que, dans l'état des faits et de la défense du prévenu, tels qu'ils ont été présentés devant la cour de Paris, cette cour, en rejetant la demande en sursis et renvoi devant les tribunaux civils, n'a point violé les dispositions de l'art. 88 de la loi du 5 vent. an 12; et qu'ainsi la condamnation qu'elle a prononcée a été une juste application des art. 70 et 72 de la loi du 9 vend. an 6;—Rejette.

Du 5 juin 1818.-C. C., sect. crim.-MM. Barris, pr.-Busschop, rap.

(4) (Contrib. ind. C. Philibert.) — La cour; — Vu les art. 68, 69, 70 et 72 de la loi sur les finances, du 9 vend. an 6 ; l'art. 8 du décret du 14 fruct. an 12; les art. 28, 29 et 35 du décret du 1er germ. an 13; — Considérant qu'il résulte des dispositions des articles précités, que tout entrepreneur de voitures publiques, partant, soit à jour et heure fixes, soit d'occasion ou à volonté, est tenu, dans l'un comme dans l'au-

1:—

V. Postes, p. 5). — En compensation, la loi du 19 frim. an 7 (V. *eod.*, p. 8) leur a conféré le privilége d'établir, à l'exclusion de tout autre, des relais particuliers, de relayer ou conduire à titre de louage les voyageurs d'un relais à un autre. Tout entrepreneur particulier qui porte atteinte à ce privilége, est tenu de payer, par forme d'indemnité, le prix de la course au profit des maîtres de poste et des postillons qui auront été frustrés (art. 2). —L'art. 5 de la même loi établissait une exception en faveur des relais établis pour le service des voitures publiques partant à jours et heures fixes et annoncées par affiches. Cette exception privait le maître de poste d'un bénéfice considérable, les entrepreneurs de ces voitures ayant établi un grand nombre de relais pour leurs services particuliers. C'est dans la pensée de rendre

aux maîtres de poste une partie de ce bénéfice que la loi du 15 vent. an 13 (1) a voulu que tout entrepreneur de voitures publiques, qui ne se sert pas des chevaux de la poste, fût tenu de payer par poste et par cheval attelé à chacune de ses voitures, 25 cent. au maître du relais dont il n'emploie pas les chevaux. —Divers actes du pouvoir exécutif ont eu pour objet de régler le mode d'exécution de cette loi et d'en préciser le sens. Le premier est le décret du 30 flor. an 13 (2), relatif aux entrepreneurs de diligences ou messageries alors en activité, et dont la plupart des dispositions n'avaient qu'un caractère transitoire. — Les autres règlements, rendus en exécution de la loi du 15 ventôse an 13, sont : 1° le décret du 10 brumaire an 14 (3); — 2° celui du 6 juill. 1806 (4); — 3° l'ordonnance du 13 août

tre cas, d'en faire sa déclaration préalable aux employés des impôts indirects, sous les peines de confiscation et d'amende portées par l'art. 72 ; — Que, dans l'espèce, il a été constaté, par un procès-verbal de saisie, du 21 nov. 1816, régulier dans sa forme et non argué de faux, que le sieur Philibert a fait le service d'une voiture publique, dont il n'avait point fait de déclaration préalable aux employés des impositions indirectes ; qu'il avait donc encouru les peines attachées à cette omission ; — Que, néanmoins, le tribunal correctionnel de Paris, saisi pour statuer sur la contravention résultant dudit procès-verbal, a renvoyé le sieur Philibert des poursuites intentées à sa charge, sur le seul motif qu'il ne résultait point du procès-verbal la preuve que la voiture saisie fût employée a un service régulier pour un départ à jour et heure fixes ; mais qu'en supposant l'absence de cette preuve, et que le sieur Philibert n'eût point contrevenu à l'art. 69, le procès-verbal n'en prouvait pas moins sa contravention à l'art. 70 ; que cette contravention nécessitait donc sa condamnation aux peines établies par ledit art. 70 ; — Que la violation de cet article ayant fait l'objet de l'appel que l'administration des impôts indirects a porté devant la cour de Paris, cette cour a persisté à ne point prononcer sur le bien ou mal fondé de la contravention à l'art. 70 de la loi du 9 vend. an 6 n'avait point été nominativement déduite dans les conclusions prises par l'administration, devant les juges de première instance ; mais que cette omission dans les conclusions n'ôtait rien au caractère des faits consignés dans le procès-verbal qui établissait la contravention audit art. 70 ; — Que la cour d'appel, qui, d'après les art. 29 et 55 du décret du 1er germ. an 13, devait prononcer sur le bien ou mal fondé du procès-verbal, devait donc se fixer sur l'examen et l'appréciation de ces faits ; qu'elle a ainsi violé les articles précités, en refusant, ainsi que l'avaient fait les premiers juges, de prononcer aucune peine contre le sieur Philibert ; — Casse.

Du 18 déc. 1817.-C. C., sect. crim.-MM. Barris, pr.-Busschop, r.

(1) 15-25 vent. an 13 (6-16 mars 1805). — Loi concernant l'indemnité à payer par les entrepreneurs de voitures publiques et messageries, aux maîtres des relais de poste dont ils n'emploieront pas les chevaux.

Art. 1. A compter du 1er mess. prochain, tout entrepreneur de voitures publiques et de messageries qui ne se servira pas des chevaux de la poste sera tenu de payer, par poste et par cheval attelé à chacune de ses voitures, 25 cent. au maître du relais dont il n'emploiera pas les chevaux. — Sont exceptés de cette disposition les loueurs allant à petites journées et avec les mêmes chevaux, les voitures de place allant également avec les mêmes chevaux et partant à volonté, et les voitures non suspendues.

2. Tous les contrevenants aux dispositions ci-dessus seront poursuivis devant les tribunaux de police correctionnelle, et condamnés à une amende de 500 fr., dont moitié au profit des maîtres de poste intéressés, et moitié à la disposition de l'administration des relais.

3. Il sera pourvu provisoirement à l'exécution de la présente loi par un règlement d'administration publique, délibéré en conseil d'État, lequel sera présenté ensuite en forme de loi à la prochaine session du corps législatif.

(2) 50 flor. an 13 (20 mai 1805). — Décret concernant les entrepreneurs de diligences ou messageries qui voudraient employer les chevaux de poste.

Art. 1. Tout entrepreneur de diligences ou messageries actuellement en activité, et voyageant en relais, qui, pour ne pas payer le droit de 25 cent. par cheval et par poste, voudra employer les chevaux de poste, sera tenu d'en faire la déclaration, dans la huitaine de la publication du présent décret, à notre directeur général des postes à Paris, ou au directeur de la poste du lieu de son domicile.

2. Il mettra par écrit ses propositions, qui seront débattues et arrêtées devant le directeur général des postes, et soumises à l'approbation de notre ministre des finances.

3. Dans les arrangements résultant desdites propositions seront déterminés le poids des voitures, le nombre et le prix des chevaux à payer par les entrepreneurs de diligences et messageries.

4. Dans les derniers jours du mois de fructidor prochain, notre mi-

nistre des finances soumettra à notre approbation les différents arrangements qu'il aura approuvés sur la demande desdits entrepreneurs, qui, jusqu'à ce qu'il y ait été statué, acquitteront le droit de 25 cent. par cheval et par poste, conformément à la loi.

5. Aucune nouvelle entreprise de diligences ou de messageries ne pourra s'établir à l'avenir sans notre approbation. A cet effet, toute demande ou projet d'établissement sera adressée, avec tous les détails relatifs au service, à notre ministre des finances, lequel nous en fera le rapport dans la quinzaine.

(3) 10 brum. an 14 (1er nov. 1805). — Décret relatif à l'exécution de la loi concernant les droits à payer par les entrepreneurs de voitures publiques.

Art. 1. Les entrepreneurs de voitures publiques qui parcourent des routes sur lesquelles il n'existe point de ligne de poste ne seront point assujettis à payer le droit de 25 cent. aux maîtres de poste des lieux de leur départ.

2. Ceux desdits entrepreneurs qui parcourent des routes sur lesquelles il existe une ligne de poste, mais dont les relais sont démontés, payeront le droit de 25 cent. jusqu'au premier relais vacant seulement, à moins que la communication ne soit établie entre les relais placés des deux côtés de celui démonté.

3. Le droit de 25 cent sera perçu pour les distances de faveur accordées aux maîtres de poste comme pour les distances réelles. Il pourra également être exigé des entrepreneurs de voitures publiques qui, antérieurement à la loi du 15 vent. dernier, ont fait des traités avec les maîtres de postes pour la conduite de leurs voitures soit avec des chevaux particuliers, soit avec des chevaux de leurs relais, avec faculté néanmoins auxdits entrepreneurs de résilier ces traités.

4. Les entrepreneurs de voitures publiques qui ne relayent pas, mais qui, à certaines distances, et sans attendre la couchée, se versent réciproquement les voyageurs qu'ils conduisent, sont également assujettis au payement du droit.

5. Tout entrepreneur du transport des dépêches qui fait son service par relais, et qui mène des voyageurs, est assujetti au payement du droit, s'il fait son service avec des voitures suspendues intérieurement ou extérieurement.

6. Les entrepreneurs de voitures qui sont astreints au droit de 25 cent. par les articles précédents y seront pareillement assujettis pour les cabriolets qu'ils feront partir, lorsque leurs voitures seront remplies de voyageurs.

(4) 6 juill. 1806. — Décret concernant le droit à payer par les entrepreneurs de voitures publiques qui s'écartent de la ligne de poste pour parcourir une route de traverse.

Art. 1. Les entrepreneurs de voitures publiques qui, dans le trajet desdites voitures d'un lieu de départ à un lieu d'arrivée, et depuis la loi du 15 vent. an 13, leur ont fait quitter en partie la ligne de poste pour parcourir des routes de traverse pendant une portion de ce trajet, seront assujettis à payer le droit de 25 cent. aux maîtres de poste qui s'en trouveront frustrés par cette déviation.

2. La direction générale des postes fera déterminer l'étendue précise de la déviation réelle desdites voitures, telle qu'elle est définie par l'article précédent. Lorsque cette déviation s'élèvera à plus de trois postes, les entrepreneurs de ces voitures ne seront pas tenus de payer le droit pour une étendue plus considérable ; et, dans ce cas, le montant du droit payé pour le maximum de trois postes sera réparti entre tous les maîtres de poste qu'on évite par la déviation ; le partage en sera fait entre eux proportionnellement aux distances qu'ils ont à desservir.

3. Sont particulièrement assujettis au payement dudit droit, aux termes des articles précédents, les entrepreneurs de voitures publiques qui, dans le moment actuel, se rendent, en partie par des chemins de traverse : 1° de Vermanton à Rouvray, 2° de Montauban à Toulouse, 3° de Castel-Sarrasin à Grisolles, 4° de Saverne à Strasbourg, 5° de Bourg-l'Aîn à Meximieux, 6° de Maestricht à Ruremonde, 7° de Maestricht à Bois-le-Duc.

4. Ceux desdits entrepreneurs qui parcourent des routes sur lesquelles il existe une ligne de poste, mais dont les relais sont démontés, paye-

1817 (1); — 4° l'ordonnance du 11 sept. 1822 (2); — 5° l'ordonnance des 25-28 déc. 1859 (V. Postes, p. 14) dont l'art. 8 porte que le droit de 25 cent. par poste attribué aux maîtres de relais par la loi du 15 vent. an 13, sera perçu à raison de 29 cent. 15 centièmes par myriamètre (V. n° 375). — Ces actes forment, avec la loi dont ils développent le sens, l'état présent de la législation. C'est leur interprétation qui doit fixer ici notre attention. Elle embrasse synthétiquement les trois points suivants, à savoir : 1° quel est le droit des maîtres de poste et quelles voitures y sont assujetties? — 2° Quelles sont les exceptions admises au payement de ce droit? — 3° Par qui et devant quels juges doivent être poursuivies les contraventions à la loi qui l'établit?

Art. 1. — *Quel est le droit des maîtres de poste et quelles voitures y sont assujetties?*

372. L'art. 1, § 1, de la loi du 15 vent. an 13, dispose que tout entrepreneur de voitures publiques et de messageries qui ne se sert pas des chevaux de la poste, est tenu de payer par poste, et par cheval attelé à chacune de ses voitures, 25 cent. au maître du relais dont il n'emploie pas les chevaux. Cette indemnité, avons-nous dit, a été conférée aux maîtres de poste pour les dédommager du préjudice résultant pour eux de la faculté que la loi du 19 frim. an 7 a donné aux entrepreneurs de voitures de ne pas relayer avec les chevaux de la poste. Mais ces entrepreneurs ont le droit de ne pas user de cette faculté et d'éviter ainsi le payement de l'indemnité de 25 cent. En effet, leur obligation principale est de prendre des chevaux, et il est évident qu'ils ont l'option entre l'accomplissement de leurs obligations et le bénéfice de la dispense à eux conférée par la loi de l'an 7. — La situation des maîtres de poste n'est pas la même. Leur obligation, conséquence du privilége dont ils sont investis, consiste à fournir les chevaux qu'on leur demande, et ils ne peuvent, sous aucun prétexte, s'affranchir de cette obligation : vainement offriraient-ils de renoncer à l'indemnité de 25 cent. Ce n'est pas, en effet, dans l'intérêt des maîtres de poste que la poste aux chevaux a été établie ; la seule raison d'être de cette institution est d'assurer aux loueurs de voitures et aux voyageurs en poste un service régulier et permanent, et il serait étrange qu'après un long trajet parcouru, à des relais intermédiaires, un voyageur se trouvât tout à coup arrêté par le caprice d'un maître de poste, qui lui offrirait, pour tout dédommagement, la renonciation au droit de 25 cent. — En conséquence, il a été jugé que la faculté accordée aux loueurs de voitures et aux voyageurs de s'exempter, en payant l'indemnité de 25 cent., de prendre à chaque relais les chevaux de la poste, n'est pas réciproque ; le maître de poste ne peut donc se soustraire à l'obligation de fournir des chevaux en déclarant renoncer à son indemnité ; par suite, le voyageur ou le loueur de voitures auquel il a été refusé des chevaux, et qui en a éprouvé un préjudice, est fondé à réclamer des dommages-intérêts (Pau, 14 juill. 1859, aff. Baziliac, D. P. 59. 2. 183).

373. La loi de l'an 13 fixe le droit à 25 cent. *par poste :* par ce mot *poste,* on entend un espace de deux lieues anciennes. Bien que cette dénomination ne fût plus en rapport avec les mesures du système métrique déjà consacré par la législation de cette époque, la loi a continué de s'en servir par condescendance pour d'anciennes habitudes qui n'avaient pu se conformer encore à ces dénominations nouvelles. L'étendue de la poste, du reste, n'était pas conforme dans toutes les localités, et il a été décidé qu'elle pouvait être déterminée par l'usage suivi dans chaque pays (Rej. 4 août 1840, V. l'affaire qui suit).

374. Rien ne s'oppose non plus à ce que, dans leurs conventions particulières, les contractants entendent par poste une étendue différente de deux lieues anciennes, car on ne rencontre là aucun des grands intérêts qui limitent la liberté des contrats. — Aussi a-t-il été jugé que lorsque, dans un traité entre un relayeur et un entrepreneur de voitures publiques sur une route non desservie par les maîtres de poste, le prix des relais a été convenu à tant par poste, sans déterminer l'étendue de la lieue de poste, les juges ne sont pas tenus, en cas de contestation, de fixer cette étendue d'après l'ordonn. du 23 avr. 1786 qui sert de régulateur à l'administration des postes; ils peuvent valablement fixer le sens de la convention d'après l'usage suivi dans le pays et ordonner, par exemple, que les droits du relayeur seront établis conformément aux arrangements conclus par le même entrepreneur avec d'autres relayeurs servant d'autres routes dans la même contrée (Civ. rej. 4 août 1840 (3). — Ce n'est là qu'une application fort naturelle de l'art. 1159 c. nap., aux termes duquel ce qui est ambigu s'interprète par ce qui est d'usage dans le pays où le contrat se passé.

375. Cependant cette distance de deux lieues anciennes ne pouvait continuer de servir de base légale à la perception de

---

rent le droit de 25 cent. jusqu'au premier relais vacant, seulement ; à moins que la communication ne soit maintenue entre les relais placés des deux côtés de ceux démontés, conformément à l'art. 9 du règlement des postes.

5. Les entrepreneurs de voitures publiques qui ne relayent pas, mais qui, à certaines distances, et sans attendre au moins six heures, se versent réciproquement les voyageurs qu'ils conduisent, sont assujettis au payement du droit.

6. Seront considérées comme voitures donnant ouverture au droit de 25 cent., celles qui ont des siéges à ressort de l'intérieur.

(1) 15-20 août 1817. — Ordonnance relative à l'exécution des dispositions de la loi du 15 vent. an 13, concernant l'indemnité à payer par les entrepreneurs de voitures publiques aux maîtres de poste

Louis, etc. ; — Il nous a été représenté que le sens des expressions *petite* et *grande journée,* employées dans la loi du 15 vent. an 13 (6 mars 1805), qui détermine les droits respectifs des maîtres de poste, des loueurs de chevaux et entrepreneurs de voitures publiques et messageries, n'est point fixé, en donne lieu à de nombreuses contestations, sur lesquelles nos cours de justice n'ont pu prononcer uniformément ; — Vu l'art. 1 de la loi du 15 vent. an 13 (6 mars 1805) ; — Considérant qu'aucune disposition de cette loi n'ayant déterminé l'étendue de la distance qui constitue la *petite journée,* il importe de fixer le nombre des lieues dont elle doit se composer ; — Que s'il est juste de conserver aux voyageurs la faculté que la loi leur laisse de voyager de toute autre manière qu'en poste, il ne doit pas moins de renfermer les loueurs de chevaux, les voiturins et les entrepreneurs de voitures publiques dans les limites que les lois leur prescrivent, sans porter atteinte au libre exercice de leur industrie, conformément à ces lois ; — Qu'enfin il importe de fixer la jurisprudence des tribunaux sur le silence de la loi à ce sujet : — A ces causes, — Et sur le rapport de notre ministre des finances, — Nous avons, etc. :

Art. 1. L'étendue de la distance que l'on peut parcourir dans les vingt-quatre heures, en marchant à petites journées, est fixée à 10 lieues de poste. — En conséquence, tout entrepreneur de messageries, loueur de chevaux et voiturier qui parcourra dans les vingt-quatre heures un espace de plus de 10 lieues de poste sera réputé marcher à grandes journées, et comme tel, obligé de payer aux maîtres de poste l'indemnité de 25 cent. établie par la loi du 15 vent. an 13 (6 mars 1805), et, en cas de contravention, il encourra la condamnation à l'amende prononcée par ladite loi.

(2) 11 sept.-6 oct. 1822. — Ordonnance qui détermine, d'une manière précise, ce qu'on doit entendre par les expressions de *voitures non suspendues,* dont il est question dans l'art. 1 de la loi du 15 vent. an 13 (6 mars 1805).

Louis, etc. ; — Il nous a été représenté que le § 2 de l'art. 1 de la loi du 15 vent. an 13 (6 mars 1805), qui exempte du payement de l'indemnité de 25 cent. les voitures non suspendues, n'ayant pas déterminé d'une manière assez précise le cas auquel cette exemption est applicable, donnait lieu à de nombreuses contestations ; vu l'art. 1 de la loi du 15 vent. an 13 (6 mars 1805) ; — Vu les arrêtés contradictoires rendus par nos cours de justice sur cette matière ; voulant faire cesser toute incertitude sur ce qui caractérise la non-suspension des voitures publiques, et faciliter l'exécution de la loi ; sur le rapport de notre ministre secrétaire d'État des finances ; notre conseil d'État entendu, nous avons, etc.

Art. 1. Par voitures non suspendues, on doit entendre celles dont la caisse est entièrement adhérente au train et au brancard, et n'est susceptible d'aucun jeu ni balancement.

2. Toute voiture publique dont la caisse sera supportée par des soupentes en cuir, fer, bois ou tout autre matière disposée de façon à rendre ladite caisse isolée ou détachée du train ou brancard, ou qui recevra du jeu ou du balancement par un moyen quelconque, doit être considérée comme suspendue, et, par conséquent, assujettie au droit de 25 cent. établi en faveur des maîtres de poste par la loi du 15 vent an 13 (6 mars 1805).

(3) (Messageries gén. du Midi C. Salvayré.) — La cour ; — ... Sur le deuxième moyen : — Attendu qu'il s'agissait, devant la cour royale, de déterminer quelle avait été l'intention des parties sur l'étendue à donner à la lieue de poste, relativement aux engagements qu'elles avaient

"indemnité après que la loi du 4 juill. 1837 (V. Poids et mesures, p. 988) eût interdit toute dénomination des anciennes mesures et eût rendu obligatoire l'usage du système décimal métrique. Aussi l'ord. du 25 déc. 1839 (V. Postes, p. 14) dispose-t-elle que toutes les distances de postes seront comptées par kilomètres et myriamètres (art. 1). En conséquence, l'art. 8 réduisant cette distance de deux lieues en kilomètres, décide que l'indemnité de 25 cent. par poste sera perçue à raison de 29 cent. 15 centièmes ou 2915 dix-millièmes par myriamètre.

376. Lorsque la distance parcourue par la voiture publique est inférieure à une poste, le droit de 25 cent. doit-il être fractionné proportionnellement à l'étendue de la ligne suivie? — On peut argumenter de l'ordonn. du 25 déc. 1839 précitée pour soutenir la négative: il y est exprimé (art. 2), à l'égard des services exécutés par les maîtres de postes pour le compte des particuliers, que les fractions de distance sur une communication de relais à relais dont l'étendue est inférieure au myriamètre, seront payées le prix de la distance entière. Cette disposition doit s'appliquer par analogie aux rapports entre les maîtres de poste et les entrepreneurs de voitures publiques.—Il a été jugé en ce sens que l'art. 2 de l'ordonn. du 25 déc. 1839 s'applique à toutes les natures de droits dus aux maîtres de poste, et spécialement à l'indemnité due pour le parcours, par les entrepreneurs de voitures publiques, sur la route postale; c'est à tort que l'on prétendrait que les maîtres de poste n'ont droit à cette indemnité que proportionnellement à la distance parcourue (Crim. cass. 3 janv. 1856, aff. Riverain, D. P. 56. 1. 94); — 2° Qu'en conséquence, le droit de 25 cent. attribué aux maîtres de poste dans le cas prévu par la loi du 15 vent. an 13, est exigible dans le cas même où la distance parcourue est inférieure à une poste, et, par exemple, lorsqu'elle est de 2 kilom. (Crim. cass. 29 août 1846, aff. Maheu, D. P. 46. 4. 543); — 3° .... Ou à fortiori de 5 kilom., et qu'au delà le parcours s'achève sur une route non postale (Crim. cass. 30 mars 1848, aff. Bonneau, D. P. 48. 5. 379).

377. Aux termes de l'art. 3 du décret du 10 brum. an 14, le droit de 25 cent. doit, être perçu pour les distances de faveur accordées aux maîtres de poste, comme pour les distances réelles. — On entend par distances de faveur ou supplémentaires des distances non réellement parcourues, mais qu'il est permis aux maîtres de poste de compter dans le calcul de celles réellement parcourues pour arriver à une rémunération plus large de la fourniture des chevaux pris à leurs relais par les voyageurs. Ces distances leur sont en général accordées à l'entrée et à la sortie de quelques villes, pour le parcours dans l'intérieur de ces villes, à raison des frais plus considérables qu'y entraîne l'établissement de la poste aux chevaux. — L'art. 4 de l'ord. du 25 déc. 1839 dit que les distances de faveur sont fixées par le ministre des finances, selon la nature des localités.

378. La loi du 15 vent. an 13 porte (art. 1) que le droit de 25 c. est dû par cheval attelé. A la rigueur, cette expression devrait s'appliquer à tout cheval qui fait partie de l'attelage même momentanément. Cependant la loi, d'après sa lettre, semble n'accorder au maître de poste le droit à l'indemnité de 25 cent., qu'autant que le cheval qui n'est pas fourni par lui, va d'un relais de poste à un autre. — Il a été jugé en effet que ce n'est pas relayer, dans le sens de la loi, que d'ajouter accidentellement un cheval à l'attelage pour l'abandonner ensuite sans le remplacer par un autre (Douai, 17 mai 1833, aff. Dérome, V. n° 434-4°). — Si donc il n'a été employé un cheval de renfort que pour aider une voiture publique dans une faible montée, on ne se trouve pas dans le cas prévu par la loi, et le maître de poste n'a pas pu croire qu'il lui serait dû une indemnité pour un si faible parcours. — Jugé en ce sens 1° l'indemnité que les maîtres de poste sont en droit d'exiger des voitures publiques pour les chevaux de renfort qu'ils leur sont fournis, n'est pas applicable à ceux qui ne sont employés que dans une partie du relais rendue difficile par la montée qui s'y rencontre (Rouen, 10 mai 1849, aff. Barbier, D P. 50. 2. 19); — 2° Que l'addition d'un cheval de renfort à l'attelage d'une

voiture publique seulement dans une partie du parcours et à raison de difficultés accidentelles, n'équivaut pas à un relayage, et par suite, ne donne pas ouverture à la perception établie au profit du maître de poste dont l'entrepreneur n'emploie pas les chevaux (Crim. rej. 15 juill. 1859, aff. Pottier, D. P. 59. 1. 379).
— Néanmoins si le chemin était assez montueux dans une grande partie de son parcours pour qu'il y eût lieu à un renfort permanent, et qu'enfin le trajet montueux se prolongeât jusqu'au delà du relais du maître de poste, on croit que ce dernier serait fondé à exiger le droit de 25 cent.

379. « Tout entrepreneur de voitures publiques ou de messageries. » dit l'art. 1 de la loi du 15 vent. an 13. Ces expressions sont générales, et elles ne comportent d'autres exceptions que celles énoncées dans le § 2 de ce même article dont nous parlerons infrà, n° 414 et s.—Aussi a-t-il été jugé que l'individu qui loue habituellement des voitures doit être considéré comme entrepreneur de voitures publiques dans le sens de la loi du 15 vent. an 13 (Orléans, 28 avr. 1863, aff. Paysant, D. P. 63. 2. 116).

380. L'entrepreneur qui n'emploie pas les chevaux des maîtres de poste doit l'indemnité non-seulement pour ses voitures ordinaires, mais aussi pour les voitures supplémentaires qu'il met en circulation. C'est ce qui résulte de l'art. 6 du décret du 10 brum. an 14 aux termes duquel les entrepreneurs de voitures sont également astreints au droit de 25 c. pour les cabriolets qu'ils font partir, lorsque leurs voitures sont remplies de voyageurs. — Il a été jugé que cet article s'applique aussi bien aux voitures supplémentaires qui sont louées par l'entreprise pour les besoins extraordinaires du service, qu'à celles qui appartiennent à cette entreprise (Rej. 8 déc. 1862, aff. Allard, D. P. 63. 1. 38).

381. Au reste, point de distinction dans la loi de l'an 13 entre les voitures publiques qui se trouvent vides et celles qui sont chargées de voyageurs, lorsque d'ailleurs, il s'agit de voitures employées au transport des personnes. — Aussi a-t-il été décidé que l'indemnité de 25 c., établie par cette loi au profit des maîtres de poste, s'applique aux voitures qui vont à vide comme à celles dont les places sont occupées, par cela seul qu'elles contribuent, au retour, au transport des voyageurs (Crim. rej. 11 fév. 1842, aff. Poulin, D. P. 43. 1. 95).

382. Mais des termes dans lesquels cette loi est conçue, il paraît clairement résulter qu'elle n'a en en vue que les voitures destinées au transport des personnes. Tel est en effet le sens naturel des mots voitures publiques et messageries qui se trouvent dans l'art. 1 du texte précité. — Aussi a-t-il été jugé que l'indemnité que cette disposition accorde aux maîtres de poste ne s'applique pas aux voitures (dites fourgons) exclusivement employées, dans tous les parcours, au transport des marchandises..., alors que ces voitures ne concourent pas à la régularité du service du transport des voyageurs établi par la même entreprise, par exemple, en ramenant au retour non plus des marchandises, mais des voyageurs (Crim. rej. 16 janv. 1845, aff. Marcel, D. P. 45. 1. 95).

383. Un corbillard ne peut évidemment être considéré comme une voiture destinée au transport des voyageurs. — Il a été jugé en conséquence que le droit de 25 c. n'est pas dû par le loueur de voitures qui transporte d'un lieu à un autre, dans une voiture dite corbillard, le corps d'une personne décédée. Ce droit n'est point dû non plus pour le retour, encore bien que le conducteur aurait admis dans le cabriolet de la voiture, gratuitement, par charité ou complaisance, un ou deux voyageurs (Rennes, 26 juill. 1849, aff. Coquio, D. P. 50. 2. 69).

384. Le préjudice n'existe pour les maîtres de poste qu'à l'égard des voitures qui relayent avec d'autres chevaux que ceux de la poste. Lors donc que des voitures circulent traînées par d'autres moyens de locomotion, il est clair que les relais de la poste ne leur sont d'aucune utilité, et par suite l'obligation de payer l'indemnité de 25 cent. ne peut en aucune façon peser

---

respectivement consentis dans le traité du 15 fév. 1834; — Attendu qu'en ordonnant, conformément aux dispositions de l'art. 1159 c. civ., que ce qu'il y avait d'ambigu sur ce point, dans ce traité, recevrait son interprétation par ce qui avait suivi, par l'usage dans le pays où il avait

été souscrit et par ce qui avait été adopté par les messageries elles-mêmes, l'arrêt attaqué n'a violé aucune loi; — Rejette.
Du 4 août 1840.-C. C., ch. civ.-MM. Portalis, 1er pr.-Bryon, rap.-Laplagne-Barris, 1er av. gén., c. conf.-Delaborde et Dupont-White, av.

sur les entrepreneurs de ces voitures. —Jugé en ce sens que l'indemnité due aux maîtres de poste, est inapplicable aux transports par eau, et par bateau à vapeur; et qu'ainsi, les entrepreneurs de ces bateaux ne doivent point d'indemnité aux maîtres de poste, pour les chaises de poste qu'ils transportent par les voies navigables (Req. 28 juin 1847, aff. Plantin, D. P. 47. 4. 508).

(1) *Espèce :* — (Cailleteau C. Descours et autres.) — La plainte du sieur Cailleteau, maître de poste, a été écartée par le tribunal correctionnel de Lyon, par les motifs suivants : — « Attendu que les conclusions prises par le sieur Cailleteau, maître de poste à Lyon, tendent à obtenir contre les sieurs Descours et Recamier : 1° le droit de 25 cent. par poste et par cheval, depuis le 16 déc. dernier; 2° l'amende de 500 fr.; et ce, en vertu des dispositions de la loi du 15 vent. an 13;— Attendu que les sieurs Descours et Recamier, par suite d'un accord intervenu entre eux et la compagnie du chemin de fer de Lyon à Saint-Etienne, empruntent, pour le service des voitures publiques par eux établies et parcourant la distance existant entre les deux villes, le chemin de fer prénommé, et que soit à raison de cette circonstance que le sieur Cailleteau assimile à une déviation de la route postale donnant lieu à l'application du décret du 6 juill. 1806, soit à raison de ce qu'une partie de cette même route est parcourue dans l'intervalle des bureaux des sieurs Descours et Recamier, situés rue de Savoie, jusqu'au lieu du départ du chemin de fer, placé dans la presqu'île Perrache, ledit sieur Cailleteau soutient que les conclusions ci-dessus rappelées lui doivent être adjugées; qu'ainsi l'appréciation du mérite de cette demande constitue la difficulté sur laquelle le tribunal est appelé à prononcer; — Attendu qu'aux termes de l'art. 1 du décret du 10 brum. an 13, les entrepreneurs des voitures publiques qui parcourent des routes sur lesquelles il n'existe point de ligne postale, ne sont point assujettis à payer le droit de 25 cent. aux maîtres de poste du lieu du départ; — Que, dans l'espèce, il est constant que la voie du chemin de fer n'est point établie sur une ligne de poste; qu'à la vérité, cette ligne se trouve dans l'espace compris entre les bureaux des sieurs Descours et Recamier, rue de Savoie, et le lieu du chemin de fer, presqu'île Perrache; mais que cette fraction ne saurait être prise en considération; — Attendu, en effet, que la déviation donnant ouverture aux droits des maîtres de poste, est celle qui a été combinée dans un but de fraude, c'est-à-dire dans l'intention de se soustraire aux privilèges de ces derniers, et que, dans l'espèce, il est évident que la création d'un établissement tel que le chemin de fer est étrangère à de pareils motifs; que, dans un service de cette nature, il ne pourrait être fait emploi des chevaux des maîtres de poste; qu'ainsi ils ne doivent pas réclamer d'indemnité à raison d'un transport auquel ils étaient dans l'impuissance de concourir; qu'enfin la distance parcourue de la rue de Savoie à la presqu'île Perrache n'empêche pas le départ en soit fait dans la ville, et que, dès lors, l'exception introduite par le décret du 10 brum. an 14 peut toujours être invoquée, puisqu'il n'y a pas de parcours sur la ligne postale au delà du départ. » — Appel par le sieur Cailleteau. — Arrêt.

La cour; — En ce qui touche les conclusions principales du sieur Cailleteau, appelant; — Attendu qu'elles tendent à ce que les sieurs Descours et Recamier, intimés, desquels la compagnie des chemins de fer de Lyon à Saint-Etienne, intervenue au procès, a déclaré prendre en main le fait et cause, soient déclarés, comme entrepreneurs d'un service de voitures publiques de Lyon à Saint-Etienne et réciproquement sur ledit chemin de fer, contrevenants à la loi du 15 vent. an 13 ou 6 mars 1805; et qu'en conséquence, ils soient condamnés envers lui, en sa qualité de maître de poste à Lyon, à lui payer, pour toute l'étendue du relai existant de Lyon à Brignais, et ce, depuis le 16 déc. 1841, jour de sa plainte, le droit de 25 cent. qui fut établi au profit des maîtres de poste, par ladite loi, et encore aussi à ce que les sieurs Descours et Recamier soient condamnés en l'amende qu'elle prononce contre les contrevenants; — Attendu que cette loi du 6 mars 1805 (15 vent. an 13) est bien celle qui, depuis lors jusqu'à présent, a principalement régi la matière dont il s'agit; qu'on voit qu'elle eut pour objet d'attribuer aux maîtres de poste une sorte d'indemnité pour le grand tort que leur faisait éprouver la concurrence existant entre eux et les entrepreneurs des messageries et autres voitures publiques; que l'art. 1 de ladite loi était conçu en ces termes : « A compter du 1er mess. prochain, tout entrepreneur de messageries et de voitures publiques qui ne se servira pas des chevaux de la poste sera tenu de payer, par poste et par cheval attelé à chacune de ses voitures, 25 cent. au maître de poste dont il n'aura pas employé les chevaux; » qu'on voit d'ailleurs que l'art. 2 de la même loi posait, quant à la perception de ce droit attribué aux maîtres de poste, diverses exceptions, l'une desquelles était celle des voitures allant à petites journées et avec les mêmes chevaux, c'est-à-dire sans relayer; qu'ensuite une ordonnance royale a déterminé le sens qu'on doit attacher aux expressions *petites* et *grandes journées*, employées dans la loi précitée; qu'elle a fixé à 10 lieues

365. Il a été également jugé avec raison, que le droit de 25 c. par poste et par cheval, dû par l'entrepreneur de voitures publiques qui n'emploie pas les chevaux d'un maître de poste, ne peut être réclamé des entrepreneurs de voitures publiques qui dirigent leurs voitures par les chemins de fer; qu'ici ne s'appliquent pas la loi du 15 vent. an 13, ni le décret du 6 juill. 1806 (Lyon, 30 mars 1842) (1).

de poste la distance que l'on peut parcourir en vingt-quatre heures, en marchant à petites journées, et qu'elle a statué, en conséquence, que tout vo turier ou entrepreneur de voitures publiques qui parcourrait en vingt-quatre heures un espace de plus de 10 lieues de poste serait réputé marchant à grandes journées, et devrait dès lors être passible envers les maîtres de poste du payement du droit dont il s'agit; Attendu qu'ici il est bien constant que les sieurs Descours et Recamier, en exploitant leur entreprise de voitures publiques de Lyon à Saint Etienne, et réciproquement, font parcourir à leurs voitures, en l'espace de vingt-quatre heures, une distance qui a beaucoup plus de 10 lieues de poste, mais que le chemin de fer sur lequel ils la parcourent, d'après les accords qui ont eu lieu entre eux et la compagnie concessionnaire de ce chemin, est devenu une voie publique, constituant cependant pour cette compagnie une sorte de propriété privée, voie publique sur laquelle n'a jamais existé ni pu exister aucun relai de poste, et où, dès lors, on n'a jamais ou n'a employer des chevaux que les maîtres de poste pussent fournir; voie publique enfin à laquelle, par conséquent, toutes les lois concernant le droit d'indemnité attribué aux maîtres de poste sur les routes postales que parcourent les entrepreneurs de voitures publiques sont évidemment inapplicables; — Attendu qu'en vain le sieur Cailleteau, appelant, veut se prévaloir des dispositions portées en un décret du 6 juill. 1806, lequel, postérieur à la loi de 1805 précitée, statue que les entrepreneurs de voitures publiques qui, dans le trajet d'icelles du lieu du départ à celui d'arrivée, leur font quitter en partie la ligne de poste pour parcourir des routes de traverse pendant une partie de ce même trajet, seront tenus de payer le droit de 25 cent. aux maîtres de poste qui s'en trouveraient privés par cette déviation; — Attendu que c'était là une sorte de déviation frauduleuse dont s'étaient servis beaucoup d'entrepreneurs de voitures publiques après la loi de 1805, et à laquelle le décret du 6 juill. 1806 eut pour but de remédier; déviation qui consistait de leur part en ce qu'au lieu de suivre la route postale pour tout le trajet qu'ils avaient à parcourir, ils la quittaient pour prendre des routes de traverse pendant une partie de ce même trajet, et éludaient ainsi le payement du droit par eux dû aux maîtres de poste tenant les relais au devant desquels ils évitaient de passer ; mais que c'est là un genre de fraude qui, sous aucun prétexte, ne peut être imputé par l'appelant aux sieurs Descours et Recamier;

Attendu, en effet, que le parcours des voitures publiques de Lyon à Saint-Etienne, exploitées par les sieurs Descours et Recamier, n'a aucunement lieu sur la route postale qui s'étend de l'une à l'autre localité, mais que ces deux voitures qui, au départ de Lyon et à la sortie du pont dit de la *Mulatière*, entrent immédiatement sur le chemin de fer, dont elles suivent la ligne jusqu'à Saint-Etienne, sans déviation, sans aucune interruption, chemin de fer dont la direction n'est même nullement parallèle à celle de la route postale, si ce n'est que quelques points où se trouvent plus ou moins rapprochées les deux voies de communication aboutissant l'une comme l'autre aux deux localités susdites; chemin de fer, enfin, qui n'est ni ne peut être une route postale où l'on ait à employer des chevaux fournis par les maîtres de poste, et sur lequel, par conséquent, l'espèce de droit réclamé par le sieur Cailleteau, appelant, ne peut être dû à aucun des maîtres de poste tenant sur la route postale de Lyon à Saint-Etienne les divers relais qui s'y trouvent établis;

Attendu, au surplus, qu'on ne peut nier que les voitures publiques qui parcourent des chemins de fer donnent lieu à une concurrence fâcheuse pour les maîtres de poste tenant des relais sur les routes postales circonvoisines; qu'on en peut dire tout autant des bateaux à vapeur en général, et en particulier surtout de ceux naviguant soit sur le Rhône, soit sur la Saône, lesquels parcourent si rapidement de Châlons jusqu'à Arles une ligne fluviale tout à fait parallèle à celle des routes postales existant sur la rive des deux fleuves; mais que c'est là un état de choses tout à fait nouveau qui, amené par les progrès de l'industrie, n'était ni prévu, ni possible à prévoir, lorsque furent portées les lois déjà anciennes qu'invoque l'appelant; qu'ainsi elles n'y sont aucunement applicables comme il a été dit ci-dessus, et qu'enfin c'est au gouvernement ou à la puissance législative qu'il appartient d'adopter pour les maîtres de poste, à qui une telle concurrence peut préjudicier, un système d'indemnité quelconque au moyen duquel leur intérêt particulier puisse se concilier avec les nécessités du service public dont ils se trouvent chargés, et qu'il est indispensable de maintenir;

En ce qui touche les conclusions subsidiaires prises par le sieur Cailleteau, appelant, lesquelles tendent à ce que les sieurs Descours et Recamier soient du moins condamnés envers lui à lui payer le droit de

386. Mais l'entreprise de voitures publiques qui exploite sur une route postale un chemin de fer américain (ou voie ferrée desservie par des chevaux), est tenue de payer au maître de poste l'indemnité de 25 cent., si elle relaye sans employer les chevaux de la poste (Crim. rej. 6 janv. 1860, aff. Tardieu, D. P. 60. 1. 145).

387. Les loueurs de chevaux sont-ils soumis à l'indemnité de 25 cent. lorsqu'ils ne relayent pas avec les chevaux de la poste, en d'autres termes sont-ils compris dans les termes de l'art. 1, § 1, de la loi du 15 vent. an 13? Cette question s'est élevée au sujet du mot *loueur* qui se trouve dans le § 2 de cet article relatif aux exceptions. Nous y reviendrons, *infra*, n° 415.

388. Il arrivait souvent que, pour se soustraire au payement de l'indemnité, des entrepreneurs quittaient la ligne conduisant directement à leur destination et où des postes se trouvaient établies et prenaient des chemins de traverse. Cette déviation occasionnait aux maîtres de poste un préjudice que le décret du 6 juill. 1806 a eu pour objet d'empêcher. Aux termes de l'art. 1 de décret, les entrepreneurs de voitures publiques, qui, dans le trajet de ces voitures, d'un lieu de départ à un lieu d'arrivée, leur font quitter en partie la ligne de poste, pour parcourir des routes de traverse, pendant une portion de ce trajet, sont assujettis à payer le droit de 25 cent. aux maîtres de poste qui s'en trouvent frustrés par cette déviation (décr. 6 juill. 1806, art. 1). — La direction générale des postes doit faire déterminer l'étendue précise de la déviation réelle de ces voitures, telle qu'elle est définie par l'article précédent. Lorsque cette déviation s'élève à plus de trois postes les entrepreneurs de voitures publiques ne sont pas tenus de payer le droit pour une étendue plus considérable; et, dans ce cas, le montant du droit payé pour ce maximum de trois postes est réparti entre tous les maîtres de poste qu'on évite par la déviation; le partage en est fait entre eux proportionnellement aux distances qu'ils ont à desservir (même décret, art. 2.)

389. Quelles sont les voies publiques qui doivent être considérées comme routes de traverse? — En général, et sauf les circonstances de fait qui peuvent modifier la règle, on devra considérer comme telles celles qui ne forment pas la ligne naturelle et ordinairement suivie, pour aller au lieu de la destination de la voiture; car le décret a eu uniquement en vue d'empêcher toute déviation frauduleuse de la ligne postale. — Il a été décidé : 1° que l'art. 1 du décret du 6 juill. 1806 ne doit pas être entendu en ce sens que lorsque, entre les points de départ et d'arrivée, il existe deux routes dont l'une seulement est postale, l'autre doive nécessairement être considérée comme route de traverse; que le caractère propre d'une route de traverse résulte des circonstances de localité, telles que le peu d'importance des lieux desservis par cette route, comparativement aux deux points extrêmes du trajet ou aux points intermédiaires de la ligne de poste, l'étendue de la déviation relativement à la distance totale, etc. (Crim. cass. 12 mars 1841 (1)); — 2° Qu'on ne peut considérer comme route de traverse, dans le sens du décret du 6 juill. 1806, une route départementale qui est la plus courte et la plus directe pour aller d'un lieu à un autre, encore bien qu'un chemin de poste conduise aussi dans ce dernier lieu (Grenoble, 18 nov. 1857, aff. Murys, sous Crim. rej. 11 mai 1838, ci-après au présent numéro-5°);—3° Que l'entrepreneur de voitures publiques qui parcourt, en dehors de la ligne postale, non une route de traverse, mais une route départementale desservant plusieurs communes, n'est assujetti à aucun droit envers le maître de poste établi sur cette ligne (Crim. rej. 9 oct. 1852, aff. Cusin, D. P. 52. 5. 573); — 4° Qu'un entrepreneur de voitures publiques qui abandonne la ligne postale pendant une partie du trajet, n'est réputé avoir pris une route de traverse, qu'autant que le degré d'importance de la route parcourue ne justifie pas la préférence de cet entrepreneur, ce qu'il appartient exclusivement aux juges du fait d'apprécier (Crim. rej. 7 nov. 1845, aff. Potel, D. P. 46. 1. 41); — 5° Que si la déviation de la route postale a eu lieu sans intention de frauder les droits dus au maître de poste, l'entrepreneur de voitures publiques peut être renvoyé de la plainte (c. sup. Bruxelles, 16 janv. 1830; Crim. rej. 11 mai 1838) (2).

---

(1) (Lepicier C. Tissot.) — LA COUR; — Vu les art. 1 et 2 de la loi du 15 vent. an 13 et 1 du décret du 6 juill. 1806; — Attendu que si, en matière fiscale, les prévenus ne peuvent être relaxés sur l'intention, il faut au moins que le fait de la contravention existe tel que la loi le définit, pour qu'ils puissent en être punis; — Que l'art. 1 du décret du 6 juill. 1806, qui soumet à payer le droit de 25 c. les entrepreneurs des voitures publiques qui, dans le trajet de leurs voitures d'un lieu de départ à un lieu d'arrivée, leur font quitter la ligne de poste pour parcourir des routes de traverse pendant une portion du trajet, ne peut pas être entendu en ce sens que lorsque d'un lieu à un autre il existe deux routes, dont l'une seulement est postale, l'autre à nécessairement, et dans tous les cas, le caractère de route de traverse; — Que ce caractère ne peut ressortir que des circonstances de localité telles que le peu d'importance des lieux que traverse et dessert cette route, comparativement aux deux points extrêmes du parcours ou aux points intermédiaires de la ligne de poste, l'étendue de la déviation relativement à la longueur totale de la distance parcourue, et autres qu'il appartient aux juges du fait d'apprécier; — Et attendu que la cour royale de Dijon s'est décidée, pour condamner le demandeur, sur ce fait unique qu'il faisait quitter à ses voitures la ligne de poste pendant une partie de leur trajet, ce qui lui a paru suffire pour qu'il fût tenu à l'indemnité envers les maîtres de poste; — Que, par suite, elle n'a pas examiné si la route parcourue par lui devait être regardée, en fait,

poste dont il s'agit, pour la distance qu'ils font parcourir à leurs voitures depuis la rue de Savoie, où leurs bureaux se trouvent établis, jusqu'à l'embarcadère existant dans le quartier Perrache, où commence la ligne du chemin de fer; — Attendu que c'est la une très-petite distance à parcourir dans l'intérieur même de la ville, distance dont les sieurs Descours et Recamier font opérer le parcours dans les voitures dites Omnibus, pour conduire aux voyageurs jusqu'à l'embarcadère d'où ils montent dans d'autres voitures spécialement destinées à pouvoir marcher sur le chemin de fer; qu'évidemment il en est des voitures dites Omnibus, employées par les sieurs Descours et Recamier, pour le parcours de la petite distance dont il s'agit, comme de toutes les voitures quelconques, lesquelles circulent bien de toutes parts dans l'intérieur de la ville, sans être passibles d'aucun droit postal envers les maîtres de poste; et qu'ainsi il est de toute évidence que les conclusions subsidiaires de l'appelant n'ont aucune espèce de fondement;

Et adoptant au surplus ceux des premiers juges; — Par tous ces motifs, confirme, etc.

Du 50 mars 1852.-C. de Lyon, 4e ch.-M. Reyre, pr.

comme une route de traverse; — Qu'ainsi elle n'a point constaté toutes les conditions nécessaires pour l'existence de la contravention réprimée par les art. 1 et 2 de la loi du 15 vent. an 13 et 1 du décret du 6 juill. 1806; — Que, cependant, elle a prononcé contre lui les condamnations déterminées par lesdits articles, en quoi elle en a fait une fausse application; — Casse l'arrêt de la cour de Dijon du 16 déc. 1840.

Du 12 mars 1841.-C. C., ch. crim.-MM. Bastard, pr.-Vincens, rap.

(2) 1re *Espèce* : (Veuve Gondy C. Dujardin.) — LA COUR; — Attendu que la route que parcourt la voiture du sieur Dujardin, de Mons à Tournay, est celle tracée sous un octroi; qu'ainsi on ne peut lui imputer aucune déviation pour frustrer des droits du maître de poste de Mons; — Que lorsqu'il n'y a pas de déviation frauduleuse, les maîtres de poste ne peuvent exiger qu'on fasse le service avec leurs chevaux, ou percevoir les 11 c. 8125 dix millièmes par cheval et par poste, des entrepreneurs de diligences, que lorsque leur voiture parcourt la distance d'un relais à un autre, et non lorsque cette voiture ne suit la route de poste que pour une partie quelconque entre les deux relais; que, dans l'espèce, le relais de Mons va jusqu'à Boussu et que la voiture du sieur Dujardin quitte la route de poste à Hornu, n'ayant parcouru qu'une partie de la distance entre le relais de Mons et celui de Boussu; — Par ces motifs, etc.

Du 16 janv. 1850.-C. sup Bruxelles.-M. Duvigneaud, subst., c, conf.

2° *Espèce* : — (Murys C. Vial.) — Le 2 déc. 1836, au moment où la voiture du sieur Vial, entrepreneur de voitures publiques, passait à la Frête, le garde champêtre de cette commune somma ledit Vial de payer au sieur Murys, en sa qualité de maître de poste aux chevaux, le droit de 25 c, par poste et par cheval. Vial offrit 1 fr. 25 c. que le sieur "urys refusa comme insuffisant; — Poursuites. — On requiert contre Vial la condamnation : 1° au droit de 2 fr. 47 c. pour les trois chevaux; et 2° à 5 fr. d'amende, art. 1 et 2 de la loi du 15 vent. an 13. — 2 mai 1857, jugement du tribunal correctionnel de Vienne, qui condamne Vial a payer le droit de 2 fr. 47 c. — Mais, sur l'appel, arrêt infirmatif de la cour de Grenoble, du 18 nov. 1857, ainsi conçu; — « Attendu que les dispositions du décret du 6 juill. 1806, sainement entendues, ne peuvent s'appliquer qu'à des routes de traverse, suivies par les entrepreneurs de voitures publiques afin de se soustraire au droit établi au profit des maîtres de poste, aux termes de la loi du 15 vent. an 13; — Attendu que la route de la Détourbe à la Frête, passant par la côte Saint-André, ne peut être considérée comme une route de traverse, puisqu'elle est la plus directe et la plus courte de Rives à Vienne, et puisqu'elle est inscrite au nombre des routes départementales sous le

390. Mais, comme cette déviation de la ligne postale n'est que partielle, le droit des maîtres n'en subsiste pas moins pour les parties de cette ligne que les entrepreneurs ont suivies sans prendre leurs chevaux. — Il a été jugé en ce sens : 1° que les entrepreneurs de transports dont les voitures ne parcourent qu'une partie de la ligne de poste sont assujettis à l'indemnité postale proportionnellement au trajet qu'elles font sur cette ligne (Paris, 20 janv. 1847, aff. Rassaërt, D. P. 47. 4. 508); — 2° Que les entrepreneurs de voitures publiques voyageant à grandes journées, doivent l'indemnité de poste à raison de la distance qu'ils parcourent sur la ligne qu'il dessert, lorsqu'ils n'emploient pas ses chevaux et qu'ils ne le mettent pas en demeure de lui en fournir, quoiqu'ils ne passent pas devant son relais et qu'ils prennent une autre route, même sans fraude, et quoique le maître de poste n'ait pas de relais sur cette route (Angers, 26 avr. 1850, aff. Daniel, D. P. 51. 2. 80); — 3° Que l'entrepreneur de voitures publiques qui fait son trajet, partie sur une route postale et partie sur une route départementale, doit acquitter les droits de poste au prorata de l'espace parcouru par lui sur la route postale, alors même qu'il ne passe pas devant le relais de poste. — ... Et cela, encore bien qu'il n'y ait point de relais supplémentaire établi au point de jonction des deux routes, s'il n'a fait aucune sommation au maître de poste d'avoir à y faire trouver des chevaux (Agen, 6 déc. 1849, aff. Vignes, D. P. 50. 2. 34). — V. toutefois Bruxelles, 16 janv. 1830, aff. Gondry, n° 389-3°.

391. Décidé pareillement, dans un ordre d'idées analogues, que l'obligation imposée à tout entrepreneur de voitures publiques ayant un service à grandes journées sur une route postale, de payer l'indemnité de 25 c. par poste et par cheval au maître de relais dont il n'emploie pas les chevaux, doit recevoir son exécution, même pour la portion de relais existant entre le lieu de départ, quand celui-ci est situé entre deux relais, et le premier relais rencontré par la voiture,... sauf le droit qui lui appartient de sommer le maître de poste de fournir des chevaux au point de départ (Crim. cass. 1er sept. 1854, aff. Nabohne, D. P. 55. 1. 332).

392. Les chemins de fer ne doivent pas, en ce qui concerne les voitures publiques qu'ils desservent, être considérés comme des déviations à la route postale, assujettissant, par suite, les entrepreneurs de voitures publiques qui suivent cette voie de transport, à payer aux maîtres de poste l'indemnité de 25 cent.

fixée par le décret du 6 juill. 1806 (Lyon, 30 mars 1842, aff. Cailleteau, V. n° 385).

393. On vient de voir qu'il appartient aux tribunaux d'apprécier les circonstances qui caractérisent la route de traverse ; mais ce pouvoir d'appréciation ne les dispense pas de constater les faits qui servent de base à leur conviction, afin de mettre la cour de cassation à même de vérifier, si la loi a été sainement appliquée. — Ainsi, et c'est ce qui a été jugé, il ne suffit pas aux juges du fond de dire que l'entrepreneur fait quitter à ses voitures la ligne de poste pendant une partie de leur trajet, pour justifier la condamnation de cet entrepreneur (Crim. cass. 12 mars 1841, aff. Lépicier, V. n° 389-1°).

394. Du reste, on ne doit pas perdre de vue que, d'après les termes de l'art. 1 précité du décret de 1806, les entrepreneurs de voitures publiques ne sont censés suivre des routes de traverse qu'autant que leur déviation de la ligne de poste est partielle et non totale. Rien, d'ailleurs, n'est plus juste. — Par cela même, en effet, que le droit accordé aux maîtres de poste a pour but de les indemniser de l'atteinte portée à leur privilège et de la perte d'un profit sur lequel ils ont pu légitimement compter, il ne leur est dû aucune indemnité, lorsque les entrepreneurs de voitures publiques parcourent des routes sur lesquelles il n'existe pas de ligne de poste (Décr. 10 brum. an 14, art. 1). — Aussi a-t-il été décidé, en ce sens, qu'on ne pouvait faire difficulté, que les maîtres de poste qui n'ont pas leurs relais sur la route suivie par les voitures d'une entreprise de messageries, ne sont pas fondés à réclamer une indemnité des entrepreneurs pour le fait de n'avoir pas employé leurs chevaux (Crim. cass. 27 mars 1855) (1).

395. D'après ce même art. 1 du décret du 10 brumaire an 14, l'indemnité de 25 cent. n'est pas due pour ce cas aux maîtres de poste des lieux du départ. — Ainsi lorsqu'une voiture, sortant de l'intérieur d'une ville où existe un relais de poste, suit une route non postale, la distance qu'elle parcourt dans cette ville ne peut donner lieu au payement de l'indemnité de 25 cent. envers le maître de poste. — C'est donc avec raison qu'il a été jugé 1° qu'un entrepreneur de voitures publiques n'est pas assujetti à l'indemnité postale, pour la portion de la ligne de poste parcourue dans l'intérieur de la ville où il est établi, lorsque, en sortant de cette ville, il prend de suite une route non postale (Crim. rej. 9 oct. 1852, aff. Cusin, D. P. 52. 5. 575); — 2° Qu'il n'est dû aucun droit de poste pour l'espace parcouru, dans

---

n° 5, de la même manière que celle de Vienne à Chatillier y est inscrite sous le n° 9 et que la route départementale n° 3, indépendante de celle du n° 9, a eu pour but d'établir d'utiles communications que les habitants des communes qui ne pouvaient profiter de la route n° 9, afin d'accéder sur leur territoire n'y ont pu neuf par suite, être considérée comme une route de traverse pratiquée par les entrepreneurs de voitures publiques pour faire fraude à la loi et se soustraire à des droits dus aux maîtres de poste dont les intérêts peuvent souffrir de l'établissement de la route n° 5 ; mais que ces intérêts ne peuvent prévaloir sur l'intérêt général de tous les habitants qui joignent cette route ; — Attendu que Vial n'a jamais contesté le droit dû aux maîtres de poste pour le parcours fait sur la route postale de la Frête, et par conséquent ne peut être assujetti à un autre droit, soit pour le passé, soit pour l'avenir, en suite des considérations ci-dessus exprimées ; — Pourvoi pour violation des art. 1 et 2 de la loi du 15 vent. an 13, et de l'art. 1 de celle du 6 juill. 1806. — Arrêt.

LA COUR; — Attendu que, dans l'état des faits, tels qu'ils sont reconnus et déclarés par l'arrêt attaqué, cet arrêt n'a commis aucune violation de la loi ; — Rejette.

Du 11 mai 1853.-C. C. ch. crim.-MM. Choppin, pr.-de Crouseilhes, r.

(1) (Barrier, etc. C. Rousset, etc.) - LA COUR; — Vu les art. 1 et 2 de la loi du 15 vend. an 13 et l'ordonnance du 13 août 1817 ; — Attendu qu'il est établi, en fait, par le jugement de première instance, confirmé par la cour royale de Montpellier, que les sieurs Rousset, Maurandy et autres sont entrepreneurs d'un service de messageries, partant à jour et heures fixes de Montpellier pour Béziers et réciproquement, passant par Agde ; que, dans ce trajet total, leurs voitures parcourent plus de 10 lieues de poste, dont une partie (environ 7 lieues et 1/5) est parcourue sur une route de poste, le reste du trajet s'effectuant sur une route départementale où il n'existe point de poste aux chevaux, et que les voitures de cette entreprise sont suspendues ; — Attendu que, dès lors, ces voitures ne peuvent pas être considérées comme voyageant à journées et comprises dans l'exception contenue au § 2 de l'art. 1 de la loi du 15 vend. an 13 ; que, par conséquent, les entrepreneurs de ce service étaient assujettis au payement de l'indemnité fixée par cette loi,

vis-à-vis des maîtres de poste, placés sur la route de poste qu'ils parcouraient sans employer leurs chevaux ; — Attendu que néanmoins la cour royale de Montpellier a affranchi les entrepreneurs de ces voitures du payement de l'indemnité, sur le motif que la loi du 15 vent. et l'ordonnance, qui déterminent ce qu'il faut entendre par petite journée, en parlant des voyages qui excéderont dix lieues de poste, n'ont pu avoir en vue que les trajets de dix lieues faits en entier sur les routes de poste, et qu'il n'y a point fraude de leur part ; — Attendu que cette circonstance n'est point indiquée par la loi comme pouvant dispenser les entrepreneurs du payement de l'indemnité, prescrite par la loi du 15 vent., et que pour toute la portion du trajet parcouru sur une route de poste, où il existe des relais de poste, ils se trouvent dans la catégorie déterminée par la loi, et ne peuvent se dispenser des obligations qu'elle leur impose ; — Attendu toutefois que, d'après les faits établis dans l'arrêt, il importe d'établir une distinction entre les maîtres de poste demandeurs ; — Que les uns établi sur la route que parcourt l'entreprise Rousset, Maurandy, etc., depuis Montpellier jusqu'à Mèze et réciproquement de Mèze à Montpellier ; et qu'à leur égard le pourvoi est à la fois recevable et fondé par les motifs ci-dessus exposés ; mais que les autres ont leurs relais sur une deuxième route qui conduit de Mèze à Béziers, route de poste que la loi établit que parcourt l'entreprise, puisque, d'après les faits établis au jugement et en l'arrêt, cette entreprise suit depuis Mèze la route départementale d'Agde, sur laquelle il n'existe pas de poste aux chevaux ; — Que, dès lors, ces maîtres de poste ne sont pas dans la catégorie de ceux à qui l'indemnité est due d'après la loi ; cette loi parlant en effet des maîtres de poste, des relais dont on n'emploie pas les chevaux, et ceux dont il s'agit ici n'ayant pas leurs relais sur la route suivie par l'entreprise qui, dès lors, ne peut employer leurs chevaux ; - Et attendu qu'en ne condamnant point Rousset, Maurandy et autres à l'indemnité de 25 cent par cheval et par poste, vis-à-vis des maîtres de poste de Montpellier, Fabrègues, Gigean et Mèze, la cour royale de Montpellier a violé l'art. 1 de la loi du 15 vent. an 13 ; — Par ces motifs, rejette le pourvoi des maîtres de poste de Pézenas, la Bégude et Béziers ; et en ce qui touche les autres ; — Casse.

Du 27 mars 1855.-C. C. ch. crim.-MM. Choppin, pr.-Crouseilhes, r.

l'intérieur d'une ville, sur la ligne postale, entre les bureaux des entrepreneurs de voitures publiques et la gare d'arrivée d'un chemin de fer ; alors surtout que les voyageurs font le trajet en omnibus, et que c'est au débarcadère seulement qu'ils montent dans les voitures du voyage (Lyon, 30 mars 1842, aff. Cailleteau, V. n° 385). — On a vu n°s 385, 392 qu'une ligne de chemin de fer ne peut être considérée ni comme route postale, ni comme route de traverse. — Il est bien évident que si la voiture en sortant de la ville suivait une ligne postale, la distance parcourue dans la ville devrait compter pour le calcul de l'indemnité due au maître de poste, puisque d'après l'art. 3 du même décret, ce droit doit être perçu même sur les distances de faveur accordées aux maîtres de poste (V. suprà, n° 377).

396. Il existe près de la frontière des relais qui conduisent du territoire français sur le territoire étranger et vice versâ. Il y en a un notamment à Menin, en Belgique, dont la ligne s'étend, avec l'autorisation des deux gouvernements, beaucoup plus sur le territoire français que sur le territoire belge. Le maître de poste chargé de ce service a naturellement réclamé des entrepreneurs de voitures, qui suivent la ligne sans employer ses chevaux, l'indemnité qui lui est accordée par la loi du 15 vent. an 13, loi qui, du reste, est aussi en vigueur en Belgique. Ceux-ci ont répondu que le droit n'était pas dû, et cela par le motif qu'un maître de poste étranger ne saurait avoir aucune indemnité à réclamer, parce qu'on n'emploie pas ses chevaux sur une route de France. — Mais cette défense n'a point été accueillie et il a été décidé avec raison, selon nous, 1° que la législation étant la même en France et en Belgique, en ce qui touche l'indemnité due au maître de poste, et que le relais de Menin existant d'ailleurs par l'autorisation des deux gouvernements, il devait jouir du même privilège que s'il avait son point de départ et son point d'arrivée exclusivement sur l'un des deux territoires français ou belge (C. sup. Bruxelles, 3 oct. 1828) (1); — 2° Que l'obligation imposée au maître de poste de conduire les voyageurs au prochain relais ne changeant pas de nature par cela que le parcours se fait en partie sur deux territoires étrangers, alors qu'il y a réciprocité de service entre les deux relais, et que l'ordre de choses établi est au moins tacitement autorisé par les deux gouvernements voisins, il en résulte pour les maîtres de poste le droit à l'indemnité de 25 cent. par cheval et par cheval sur la totalité du parcours opéré entre les deux relais limitrophes (Liége, 16 juill. 1841) (2).

397. Ceux des entrepreneurs qui parcourent des routes sur

lesquelles il existe une ligne de poste, mais dont les relais son. démontés, doivent payer le droit de 25 cent. jusqu'au premier relais vacant seulement, à moins que la communication ne soit établie entre les relais placés des deux côtés de celui démonté (décr. 10 brum. an 14, art. 2; décr. 6 juill. 1806, art. 4). — Il a été jugé, par application de cette disposition, que lorsque sur une même ligne postale la communication des relais est interrompue par la vacance de l'un d'eux, l'entreprise de voitures publiques qui fait sur cette route un service à grande journée, n'est déchargée de l'obligation de payer le droit de 25 cent. qu'à l'égard des relais démontés et non à l'égard des relais où elle peut trouver des chevaux; et que les maîtres de poste titulaires des relais montés compris dans la partie de route parcourue par la voiture de l'entreprise, sont fondés à réclamer les 25 cent., soit que celle-ci continue son parcours sur la même ligne, soit qu'elle gagne ensuite sa destination par des routes transversales et non postales (Crim. cass. 24 janv. 1863, aff Paysant, D. P. 63. 1. 265, et sur renvoi, Orléans, 28 avr. 1863, D. P. 63. 2.116).

398. Dans quel cas un relais est-il démonté? Il ne l'est évidemment que lorsqu'il ne fonctionne plus du tout, c'est-à-dire lorsqu'il ne peut fournir de chevaux sur la demande des voyageurs. Lors donc qu'il existe des chevaux disponibles à un relais, quelle qu'en soit la destination ordinaire, les entrepreneurs ne peuvent prétendre que ce relais est démonté et refuser l'indemnité, sous prétexte que les maîtres de poste emploieraient ces chevaux en contravention aux règles prescrites pour leur service. — Il a été jugé en ce sens : 1° que la circonstance que les chevaux affectés au service de la poste ne sont pas toujours les mêmes, parce qu'ils sont employés alternativement avec d'autres chevaux en excédant du nombre réglementaire à la conduite de voitures publiques dont le maître de poste est l'entrepreneur, si elle peut vis-à-vis de l'administration constituer une contravention, n'est pas suffisante pour faire considérer le relais comme démonté et pour affranchir de l'indemnité postale les entreprises qui ne se servent pas des chevaux de ce relais (Crim. rej. 5 juill. 1862, aff. Pusset, D. P. 63. 5. 429-430, n° 5; V. aussi infrà, n° 408); — 2° Que la circonstance que le maître de poste emploierait des domestiques comme postillons ne peut faire considérer comme démonté un relais qui fonctionne, ni par suite affranchir de l'indemnité postale les entreprises qui ne prennent pas de chevaux à ce relais : il est suffisamment répondu au moyen tiré de cette irrégularité par l'arrêt qui déclare n'y voir qu'une infraction au service, dont l'administration peut seule se

---

(1) (Marlier C. veuve Gérard.) — La cour ; — Attendu que la loi du 15 vent. an 13, encore en vigueur dans ce royaume, a pour objet de faire payer une indemnité par les entrepreneurs de voitures publiques et messageries, aux maîtres de poste dont ils n'emploient pas les chevaux pour ces voitures sur les routes de postes;—Que cette loi porte, en termes généraux, que les entrepreneurs de voitures publiques et messageries, qui ne se servent pas des chevaux de la poste, payeront une indemnité déterminée. — A l'excepté de cette disposition que les loueurs de voitures allant à petites journées et avec les mêmes chevaux, les voitures de place allant également avec les mêmes chevaux et partant à volonté, ainsi que les voitures non suspendues; — Que les messageries des demandeurs, dans le trajet de Menin à Lille, parcourent à grandes journées la route de poste appartenant au service de la poste de Menin, sans se servir à cet effet des chevaux de cette poste; — Qu'ainsi l'indemnité accordée par la loi précitée, est due par la défenderesse, maîtresse de poste à Menin; - Qu'il est bien vrai que cette route de poste se trouve pour la plus grande partie sur le territoire étranger; mais que cette circonstance ne peut soustraire les demandeurs à l'obligation de payer l'indemnité, puisque leurs messageries parcourent la route de poste qui, bien que située pour la plus grande partie sur le territoire français, appartient au service de la poste de Menin, du consentement du gouvernement des Pays-Bas et du gouvernement français, et que les demandeurs ne se servent pas sur cette route des chevaux de cette poste pour leurs messageries; — Que l'obligation de payer l'indemnité pour les chevaux de la poste de Menin, est née à Menin, territoire de ce royaume, pour toute l'étendue du service de poste, et que l'indemnité établie par la prédite loi du 15 vent. an 13, est due à la maîtresse de poste de Menin, sujette de ce royaume, et sur son territoire, à défaut d'avoir employé ses chevaux dans l'étendue de son service de poste; que cette indemnité d'ailleurs n'est ni ne peut être due à nul autre pour ce trajet, et par conséquent cette loi, par l'application que le jugement attaqué en a faite à l'espèce, n'opère point sur un territoire étranger; — Qu'ainsi le jugement attaqué n'a point fait une

fausse application de la loi du 15 vent. an 13, ni ne renferme un excès de pouvoir : — Par ces motifs, — Rejette.

Du 5 oct. 1828.-C. sup. de Bruxelles.-MM. Deguchteneere, pr.-Dedryver, subst., c. conf.-Laporte et Defrenne, av.

(2) (Heuken et comp C. min. pub.) — La cour; — Attendu que, par arrêté du 19 oct. 1839, l'intimé a été chargé d'établir un relais à Henri-Chapelle, correspondant immédiatement avec le premier relais prussien, à Aix-la-Chapelle; — Attendu que la principale obligation du maître de poste est de conduire les voyageurs au prochain relais;— Attendu que cette obligation ne change pas de nature, parce que le parcours se fait en partie sur le territoire belge, en partie sur le territoire prussien, puisqu'il y a réciprocité de service entre les deux relais, et que l'ordre de choses établi est, au moins tacitement, autorisé par les gouvernements belge et prussien; — Attendu que l'obligation imposée à l'intimé de parcourir toute la distance des relais de Henri-Chapelle à Aix-la-Chapelle résulte pour lui le droit à l'indemnité de 25 c., par poste et par cheval, que lui accordaient les art. 1 et 2 de la loi du 15 vent. an 13, sur la totalité du parcours opéré entre les relais limitrophes ;

Attendu que les événements politiques ont amené de notables changements dans les relais établis primitivement, et que les appelants, sans refuser l'indemnité due à l'intimé, se sont bornés à en contester la quotité, provoquant, sans déloyauté ni mauvaise foi, l'interprétation du tarif, dont les circonstances de la cause pouvaient rendre assez problématique; que, dans cet état de choses, il ne peut y avoir lieu à leur appliquer l'amende encourue par ceux qui ont volontairement contrevenu aux règlements relatifs à la poste; — Par ces motifs, confirme le jugement, uniquement en ce qu'il déclare que, pour la distance qui sépare le relais d'Aix-la-Chapelle de celui de Henri-Chapelle, les appelants doivent à l'intimé l'indemnité de 25 c. par poste et par cheval; pour le surplus, met l'appellation et ce dont est appel au néant; déclare qu'il n'y a pas lieu de condamner les appelants à l'amende, etc.

Du 16 juill. 1841.-C. d'ap. de Liége, ch. des app. corr.

prévaloir (même arrêt, *eod.*, n° 7); — 3° Que la déclaration qu'un relais n'a pas cessé de fonctionner rentre dans les attributions du juge du fait (même arrêt). — Mais il a été décidé, d'un autre côté, qu'un relais de poste doit être considéré comme démonté lorsqu'au lieu de cinq chevaux spécialement affectés à son service, conformément aux règlements, le maître de poste n'en tient que les écuries qu'un nombre inférieur, et emploie les autres au labour; par suite, l'entrepreneur de voitures publiques qui n'emploie pas les chevaux du maître de poste dans le parcours de ce relais est exonéré, dans ce cas, de l'obligation de lui payer l'indemnité de 25 cent. par cheval et par poste; les instructions administratives qui ont permis aux maîtres de poste d'employer au labour leurs chevaux même réglementaires ont soumis cette autorisation à la condition qu'ils alterneront dans cet emploi secondaire avec d'autres chevaux en sus du nombre prescrit (Amiens, 4 janv. 1862, aff. Lefebvre, D. P. 62. 2. 153). — V. *infra*, n° 458.

399. D'après l'art. 2 de la loi du 15 vent. an 13, tous les contrevenants à l'art. 1 de la même loi qui établit le droit de 25 cent. au profit des maîtres de poste doivent être condamnés à une *amende* de 500 fr., dont moitié au profit des maîtres de poste intéressés, et moitié à la disposition de l'administration des relais, c'est-à-dire de l'État. — Les contrevenants doivent-ils, en outre, acquitter le droit de 25 cent.? — L'affirmative ne paraît pas douteuse, parce que l'amende est une peine tout à fait distincte du droit qui appartient aux maîtres de poste, et que la loi du 15 vent. an 13, qui leur accorde l'une et l'autre réparation, n'a nullement exprimé qu'en cas de contravention, l'entrepreneur serait affranchi du droit de 25 cent.—Aussi a-t-il été jugé que les entrepreneurs de voitures publiques et de messageries qui refusent de payer aux maîtres de poste dont ils n'emploient pas les chevaux l'indemnité de 25 cent., doivent être condamnés à payer cumulativement non-seulement l'amende de 500 fr., mais encore le droit de 25 cent. (Crim. cass. 3 fév. 1827 (1), Bourges, 3 mai 1838, aff. Alloury, V. n° 449-2°).

400. De plus, et c'est ce qui a été jugé, l'amende de 500 fr. qui se partage entre l'État et le maître de poste à qui l'indemnité a été refusée, doit être cumulée autant de fois qu'il y a de contraventions, ou refus par le conducteur de voitures de payer l'indemnité : ici ne s'applique pas l'art. 365 c. inst. crim. (Crim. rej. 11 oct. 1827, aff. Lesueur, V. Peine, n° 175).

401. Cependant il a été jugé en sens contraire que lorsqu'il y a eu plusieurs passages de voiture sans payement de l'indemnité ou emploi des chevaux du maître de poste, et avant

toute condamnation, le jugement qui intervient ne peut prononcer qu'une seule amende de 500 fr., et qu'ici s'applique l'art. 365 c. inst. crim. (Crim. cass. 22 déc. 1838, aff. Laffite, Caillard et comp., V. *eod.*, n° 176). — Sur les questions controversées de savoir si l'art. 365 c. inst. crim. s'applique aux peines pécuniaires et aux lois spéciales, V. *eod.*, n° 165 et suiv.

402. Quoi qu'il en soit, comme ce n'est pas par cheval ou par voiture que les contraventions doivent être comptées, mais bien par voyage, il a été jugé que la contravention à la loi de l'an 13 ne donne lieu qu'à une seule amende, quoique le contrevenant ait fait son trajet avec trois voitures, si d'ailleurs ces voitures n'ont fait qu'un seul voyage, et sont parties en même temps, sans se quitter dans leur parcours (Rennes, 19 janv. 1848, aff. Chanceret, D. P. 49. 2. 138).

403. Du principe selon lequel l'amende de 500 fr. est une réparation civile accordée au maître de poste, il suit, et c'est ce qui a été jugé, que l'entrepreneur de la voiture dont le conducteur s'est rendu coupable de contravention envers un maître de poste, est responsable de l'amende de 500 fr. encourue par ce conducteur et ne peut être déchargé de cette responsabilité, sous le prétexte que cette amende constitue une peine (Crim. cass. 21 nov. 1840, aff. Cauchois, V. Responsabilité, n° 513-2°). — Il est d'autres matières encore où l'amende est considérée comme une réparation civile. V. Douanes, n° 973; Impôts indir., n° 513.

404. Au reste, il importe de distinguer soigneusement le défaut de payement du refus de payement. Le défaut de payement ne constitue qu'une dette; seul le refus donne naissance à la contravention. — Il a été jugé en ce sens que pour qu'il y ait contravention punissable aux prescriptions de la loi du 25 vent. an 13, il est nécessaire que le défaut d'acquittement du droit dû au maître de poste soit caractérisé par une déclaration ou mise en demeure suivie d'un refus (Orléans, 28 avr. 1863, aff. Paysant, D. P. 63. 2. 116).

405. Par application de la même règle, il a été décidé que lorsqu'un maître de poste ne réside pas au relais, et n'y est pas représenté par un gérant, agréé par l'administration, l'amende de 500 fr., pour refus de payer le droit de 25 cent., ne peut être prononcée, le refus, élément indispensable de la contravention, n'ayant pu être constaté (Bordeaux, 13 juill. 1859) (2). — Mais il a été jugé en sens contraire que les maîtres de poste qui ne résident pas au relais n'en ont pas moins le droit de poursuivre la condamnation à l'amende portée par la loi du 15 vent. an 13, en cas de non-payement de l'indemnité de 25 cent., alors même

---

(1) (Charvel, etc., C. Muris, etc.) — La cour; — Vu les art. 1 et 2 de la loi du 15 vent. an 13; — Considérant que le droit de 25 c., que le payement de ces articles impose aux entrepreneurs de voitures publiques, en faveur des maîtres de poste, est absolument distinct et indépendant de l'amende que l'art. 2 prononce contre les entrepreneurs qui ne se seraient soustraits à ce droit; d'où il suit que ceux-ci sont tenus cumulativement au payement du droit et de l'amende encourue; — Que l'amende peut d'autant moins tenir lieu du droit qui est aux maîtres de poste, qu'elle est une peine et conséquemment l'objet de l'action publique, essentiellement distincte de l'action privée, qui a pour objet l'indemnité de la partie lésée; — Considérant qu'il a été reconnu, en fait, au procès, que les sieurs Muris, Boisset, Regalin et Picbat, entrepreneurs de voitures publiques, s'étaient indûment soustraits au payement du droit de 25 c. établi par la loi du 15 vent. an 13, au profit des demandeurs; — Que, néanmoins, l'arrêt dénoncé, en confirmant le jugement de première instance, ne les a condamnés qu'à l'amende, et a refusé de les condamner en même temps au payement dudit droit de 25 c.; en quoi il a formellement violé l'art. 1 de la loi précitée; — D'après ces motifs, casse et annule l'arrêt rendu entre les parties, par la cour royale de Grenoble, le 17 déc. 1825.

Du 3 fév. 1827.-C. C., ch. crim. MM. Bailly, f. f. de pr.-Busschop, r.

(2) (Dotézac C. Bertin.) — La cour; — Attendu que la citation donnée le 15 déc. dernier, à Bertin, entrepreneur de voitures publiques, à la requête de l'administration des postes, poursuites et diligences de Weltzy Dotézac fils, maître de poste, avait pour objet de faire condamner ledit Bertin au payement de la rétribution de 25 c. par poste et par cheval, et d'une amende de 500 fr. par application des art. 1 et 2 de la loi du 15 vent. an 13, pour n'avoir pas acquitté cette rétribution au relais de Labarde et de Pauillac, lors d'un voyage extraordinaire qu'il aurait effectué le 28 octobre de la même année, de Pauillac à Bordeaux, avec une voiture attelée de deux chevaux; — Attendu qu'en tenant pour constant que Bertin fit réellement ce voyage le 28 octobre,

bien qu'il affirme le contraire, et que cette affirmation ne soit pas complètement détruite par les documents invoqués par l'appelant, il reste à examiner, au fond, si les considérations requises, et que les premiers juges ont écartées, auraient dû être prononcées; — Attendu que l'arrêt du 1er prair. an 7, après avoir imposé aux maîtres de poste le devoir de résider à leurs relais, où leur présence est constamment nécessaire pour y maintenir l'ordre, l'activité et la subordination, dont ils sont personnellement responsables, dispose, par son art. 5, qu'en cas d'absence d'un titulaire, il pourra charger quelqu'un de le représenter pour trois mois au plus, en prévenant le conseil d'administration des postes aux chevaux; que ce même article ajoute qu'il ne peut faire gérer habituellement son relais, ni le céder, sans que le gérant ou cessionnaire ait été préalablement agréé; — Attendu que cet arrêté, conçu en termes prohibitifs, et dont les dispositions sont des lois obligatoires, n'a été modifié par aucune loi postérieure; — Attendu qu'il n'a pas été contesté, en fait, que Welzy Dotézac, maître de poste sur la route de Lesparre à Bordeaux, à son domicile dans cette dernière ville, et que lors de la contravention imputée à Bertin, il n'était pas représenté aux relais de Labarde et de Pauillac, par un gérant agréé par l'administration; — Que ce n'a été que postérieurement à la contravention imputée à l'intimé que Dotézac s'est conformé aux prescriptions de l'arrêté précité; que, dans de telles circonstances, on ne peut déclarer qu'il y aurait eu refus de la part de Bertin d'acquitter, aux deux relais ci-dessus, l'indemnité fixée par la loi du 15 vent. an 13, puisque Dotézac, qui n'y réside pas, n'y était pas légalement représenté; — Que, sans rien préjuger sur la question de savoir si Dotézac est fondé à réclamer de Bertin le payement de l'indemnité que la loi détermine, l'amende de 500 fr. ne saurait être encourue et prononcée qu'autant que la contravention qu'elle a pour objet de réprimer aurait réellement été commise; — Par ces motifs, met l'appel au néant.

Du 13 juill. 1859.-C. de Bordeaux, ch. corr.-MM Gerbeaud, pr.-D'Oms, av. gén., c. conf.-Gergerès fils, Princeteau, av.

qu'ils n'y sont pas représentés par un gérant agréé par l'administration : il en est surtout ainsi lorsqu'ils ont établi au relais un préposé que le silence gardé par l'administration permet de considérer comme ayant été au moins tacitement agréé par elle (Orléans, 24 nov. 1852, aff. Moreau, D. P. 56. 2. 25).

406. Lorsque le parcours de la voiture se fait en partie sur le territoire étranger où se trouve établi un relais de poste, l'entrepreneur qui, sans refuser l'indemnité, se borne à en contester la quotité, provoquant, sans déloyauté ni mauvaise foi, l'interprétation du tarif que les circonstances de la cause pouvaient rendre assez problématique dans son applicabilité, ne peut être condamné à l'amende (Liége, 16 juill. 1841, aff. Heuken, V. n° 396-2°).

407. L'indemnité due au maître de poste doit leur être payée au lieu même où leurs relais sont établis, en vertu de l'autorisation de l'administration supérieure, et quelque éloignés que soient ces relais de la route, sauf les conventions particulières qui peuvent intervenir entre les parties intéressées (c. civ. 1247). — En conséquence, et c'est ce qui a été jugé, l'entrepreneur qui, sans contester l'indemnité, refuse seulement de l'acquitter au relais, parce qu'il se trouve éloigné de la route, se met en contravention à l'art. 1 de la loi du 15 vent. an 13, et devient passible de l'amende (Crim. rej. 17 nov. 1858) (1).

408. Dans ces deux dernières espèces, le maître de poste ne s'était pas conformé à l'obligation de résider à son relais qui lui est imposée par l'arrêté du 1er prair. an 7, art. 1 (V. Postes, p. 9). L'inobservation de ses devoirs par un maître de poste peut, sans doute, le constituer en contravention vis-à-vis de l'administration, mais ne change rien à la nature des contraventions commises par les entrepreneurs et ne peut les décharger de l'indemnité de 25 c. Il est de principe, en effet, que les déchéances sont de droit étroit

et que dès lors on ne peut les suppléer arbitrairement. — C'est donc avec raison qu'il a été jugé : 1° que la circonstance qu'un maître de poste a, contrairement aux règlements, établi une voiture publique sur la route par lui desservie, n'entraîne pas, contre lui, la déchéance du droit de réclamer contre les entrepreneurs de voitures publiques, établies sur la même route, l'indemnité de 25 cent. (Crim. cass. 20 août 1836, et, sur renvoi, Paris, 9 déc. 1836) (2); — 2° Que la défense faite aux maîtres de poste, par l'art. 12 de l'arrêté du 1er prair. an 7, d'exercer l'état de loueur de chevaux, a été établie uniquement dans l'intérêt de l'administration, et les particuliers ne sauraient, dès lors, s'en prévaloir; que par suite, des voituriers ne sauraient être fondés à réclamer des dommages-intérêts contre un maître de poste, à raison de ce que celui-ci, en louant à des particuliers des chevaux et des voitures en service d'occasion et partant à volonté, leur aurait fait une concurrence préjudiciable (Agen, 7 août 1854, aff. Arrès, D. P. 56. 2. 172).

409. Le droit de 25 cent. est établi dans l'intérêt particulier des maîtres de poste : rien ne paraît donc s'opposer à ce qu'ils renoncent par des traités aux avantages qui leur sont conférés à cet égard, et ces traités, comme tous les contrats, peuvent être souverainement appréciés par les tribunaux quant à l'intention des parties contractantes. — Aussi, suivant un arrêt dont la doctrine ne paraît pas contestable, lorsqu'un maître de poste a consenti, avec un entrepreneur de voitures, un abonnement, moyennant lequel il sera permis à ce dernier d'établir, sans payer d'autres droits, toutes les voitures qu'il pourra tenir par la suite sur la ligne de ce maître de poste, ce dernier a pu être déclaré mal fondé à réclamer de l'entrepreneur le payement des droits pour les voitures d'autres entrepreneurs que celui-ci se serait associés (Req. 30 mars 1850) (3).

---

(1) (Poulin et comp. C. Pradelle.) — La cour. — En ce qui touche la compétence : — Attendu que l'art. 2 de la loi du 15 vent. an 13 attribue, en termes exprès, à la juridiction correctionnelle, la connaissance des contraventions à l'art. 1 ; que c'était pour une contravention de ce genre que le demandeur avait été traduit devant le tribunal correctionnel d'Avignon ; que ce tribunal était donc compétent pour connaître de l'action, et qu'il était en même temps pour apprécier les moyens de défense à l'aide desquels le demandeur en cassation voulait établir qu'il n'avait commis aucun délit;

En ce qui touche le fond : — Attendu que l'indemnité due aux maîtres de poste par les entrepreneurs de voitures publiques qui n'emploient pas leurs chevaux, doit leur être payée au lieu où le relais est établi, en vertu de l'autorisation de l'administration supérieure, sauf les conventions qui peuvent intervenir entre les parties intéressées, pour leur commodité commune, sur le mode et le lieu de payement ; que le demandeur n'a pu valablement astreindre le maître de poste de Saint-Andéol à se trouver par lui-même ou par un fondé de pouvoir au passage de ses voitures, pour percevoir le droit ailleurs qu'au relais; qu'au surplus et en supposant que telle ne fût point la portée de la sommation faite par le demandeur audit maître de poste, il n'a pas même allégué que, pendant le mois de février, les conducteurs de ces voitures se soient présentés au relais de Saint-Andéol, ni fait aucune offre réelle et pure et simple des droits dus pour ledit mois; qu'ainsi il se trouvait en contravention aux dispositions de l'art. 1 de la loi du 15 vent. an 13 ;—Rejette.

Du 17 nov. 1858.—C., ch. crim.-MM. Choppin, pr.-Vincens, rap.

(2) (Fessart C. Février.) — La cour; — Vu les art. 1 et 2 de la loi du 15 vent. an 13 et l'art. 65 c. pén. ; — Attendu, en droit, que l'indemnité allouée aux maîtres de poste par l'art. 1 de la loi précitée leur est due par tous les entrepreneurs de voitures publiques qui ne sont pas exceptés de cette disposition ;— Que l'infraction de cet article entraîne nécessairement, contre ceux qui s'en rendent coupables, l'amende prononcée par l'art. 2 ;

Que les tribunaux de répression ne peuvent accueillir, pour excuse des contraventions, que les faits admis comme tels par une loi formelle; — Que l'accomplissement de l'obligation imposée auxdits entrepreneurs de voitures publiques n'est point subordonnée à l'observation ou l'inobservation des devoirs imposés aux maîtres de poste par les règlements de leur service; qu'en admettant que le demandeur eût contrevenu à ces règlements, cette circonstance même ne pourrait éteindre l'action par lui exercée contre le défendeur ; — Et attendu qu'il est constant, dans l'espèce, que celui-ci est entrepreneur d'une messagerie qui relaye sur la route de Pontoise à Paris, et qu'il n'a pas payé l'indemnité dont il s'agit ; d'où il suit qu'en le renvoyant de la poursuite, sur le motif de sa bonne foi et qu'il s'est écoulé plus de quinze mois sans que le demandeur ait réclamé cette indemnité, le jugement dénoncé a ommis une violation expresse des articles ci-dessus visés ;—

En conséquence, casse le jugement du tribunal correctionnel de Versailles, du 10 mars dernier.

Du 20 août 1836.—C. C., ch. crim.-MM. Crouseilhes, pr.-Rives, rap.

Sur le renvoi prononcé par cet arrêt, la cour de Paris a jugé dans le même sens. — Arrêt.

La cour; — Considérant que l'indemnité allouée aux maîtres de poste par l'art. 1 de la loi du 25 vent. an 13 leur est due par tous les entrepreneurs de voitures publiques qui ne sont pas formellement exemptés de cette disposition; — Que Février reconnaît qu'il a, avant le 1er janvier 1835, établi une voiture publique avec et, sur la route de Paris à Pontoise, et qu'il n'a jamais payé, depuis cette époque, à Fessart, maître de poste à Saint-Ouen, dont il emploie pas les chevaux, l'indemnité de 25 cent. par poste et par cheval, conformément à la disposition précitée, et qu'il prétend n'être pas tenu de payer cette rétribution, parce que Fessart aurait lui-même, contrairement aux règlements sur le service des postes, établi une voiture publique sur cette route ; — Considérant que la loi du 15 vent. an 13 n'a pas subordonné le payement de l'indemnité à l'observation par les maîtres de poste des obligations qui leur sont imposées ; — Qu'ainsi, en admettant qu'il leur soit défendu, par des règlements encore en vigueur, d'établir des voitures publiques, l'infraction qui aurait été commise à ces règlements par Fessart, et qu'il appartiendrait à l'administration seule de réprimer, ne saurait justifier et légitimer la contravention reprochée à Février; que le silence gardé pendant plus de deux années par Fessart, et les autres faits allégués par Février, ne peuvent pas davantage être admis comme moyens justificatifs en faveur de ce dernier ; — Que les tribunaux doivent d'autant moins s'arrêter à ces exceptions que l'amende prononcée par l'art. 2 de la loi du 15 vent., contre les contrevenants, n'est pas dévolue exclusivement aux maîtres de poste intéressés, et qu'elle est attribuée pour moitié à l'administration des relais ; — Emendant, déclare Février coupable de la contravention prévue par les art. 1 et 2 de la loi du 15 vent. an 13, le condamne à une amende de 500 fr., dont moitié au profit des maîtres de poste établis, et moitié au profit de l'administration des relais ; — Condamne, par corps, Février à payer à Fessart la somme de 1,800 fr. 75 cent. pour le montant de l'indemnité à lui due depuis le 26 juin 1835 inclusivement jusqu'au 1er janv. 1857, avec les intérêts depuis le jour de la demande.

Du 9 déc. 1836.—C. de Paris, ch. corr.-M. Jacquinot-Godard, pr.

(3) Espèce : - (Buisson C. Dujarric.) — Il s'était élevé une contestation entre Buisson, maître de poste, et Dujarric, au sujet des droits que ce dernier devait payer pour une voiture publique qu'il avait établie sur la route de Clermont. — Une transaction par laquelle Dujarric s'obligea à payer annuellement à Buisson une indemnité de 56 fr., moyennant laquelle Buisson s'engageait à ne rien réclamer de lui pour les voitures suspendues qu'il pourrait tenir par la suite. — Plus tard, Buisson prétendit que Dujarric avait abusé de la convention en s'asso-

410. La renonciation du maitre de poste au droit de 25 c. peut même être tacite et résulter par exemple de son silence pendant plusieurs années. — Ainsi il a été jugé : 1° qu'un maitre de poste qui a laissé subsister sans réclamation, pendant plusieurs années, un relais particulier établi longtemps avant son entrée en fonctions, au vu et au su de ses prédécesseurs qui n'avaient eux-mêmes jamais réclamé, a pu être déclaré non recevable dans sa demande en payement du droit postal pour le temps de l'existence de ce relais, alors que les entrepreneurs ont supprimé ce dernier dès que l'intention d'exiger l'indemnité leur a été manifestée par le maitre de poste (Crim. rej. 24 janv. 1839, aff. Zhendre, V. n° 436); — 2° Que l'indemnité due à un maitre de poste par l'entrepreneur de voitures publiques qui emprunte la route postale, constitue, pour ce maitre de poste, une créance commerciale, dont l'abandon en faveur du débiteur peut être établi par témoins et par présomptions; qu'ainsi, l'abandon de cette indemnité, quant au passé, peut être induit du défaut de réclamation du maitre de poste, prolongé pendant plusieurs années, et de la coopération qu'il a lui-même donnée à l'emploi de la route postale, sans indemnité, en exécution de conventions qui le constituaient le relayeur de l'entrepreneur contre lequel il en poursuit le payement (Req. 23 janv. 1860, aff. Carrié, D. P. 60. 1. 143. — V. Acte de com., n°s 179 et s.; Commerçant, n° 49).
— S'il est vrai qu'en principe on n'est pas facilement présumé renoncer à son droit, il faut reconnaître qu'il est des faits qui ont la puissance d'une renonciation formelle et que leur appréciation est nécessairement abandonnée aux lumières et à la conscience des magistrats. — Toutefois, il a été jugé que le défaut de réclamation pendant deux ans n'entraine pas contre le maitre de poste déchéance de son droit à l'indemnité de 25 c. (Crim.

cass. 20 août 1836, aff. Fessart, V. n° 408, et sur renvoi Paris, 9 déc. 1836, eod.).

411. Suivant un autre arrêt qui nous parait ne contenir également qu'une interprétation de contrats, le relayeur qui s'est obligé à conduire, avec trois chevaux, moyennant un prix convenu, à une certaine distance et dans un temps limité, des voitures publiques de troisième classe, est autorisé à y atteler un quatrième cheval, payable comme les autres, si les jantes de ces voitures, de 7 centim. qu'elles avaient, ont été portées librement, par son administration, à 8 centim. de largeur, le poids autorisé en ce cas étant plus considérable (Angers, 19 juill. 1843) (1). — Lorsqu'il a été convenu entre un entrepreneur de voitures publiques et un relayeur que le marché passé entre eux pour le tirage des voitures serait résilié dans le cas où l'espèce ou la construction de ces voitures viendrait à être changée, la résiliation est encourue par l'effet de l'augmentation de la largeur des jantes des roues des mêmes voitures (même arrêt).

412. Comme tout maitre de poste est investi d'un brevet particulier et ne peut être considéré comme l'ayant cause de son prédécesseur, quant aux engagements que celui-ci a contractés, il a été jugé avec raison que, du jour où un maitre de poste qui avait cédé son brevet a fait connaitre à des entrepreneurs de voitures publiques qu'il avait repris l'exercice de son brevet, ceux-ci doivent employer ses chevaux, ou lui payer l'indemnité de 25 cent., quel que soit le traité intervenu entre eux et le précédent maitre de poste, et sauf leur recours contre ce dernier, comme aussi nonobstant toutes contestations entre ce maitre de poste et le titulaire actuel; en cas pareil, la provision est due au titre (Crim. rej. 22 déc. 1838) (2). — Toutefois, nous raisonnons dans la supposition où le gouvernement serait intervenu

---

ciant plusieurs autres entrepreneurs, et demanda que cette convention fût annulée. — 17 déc. 1827, jugement qui rejette cette demande. — Appel. — 1er déc. 1828, arrêt confirmatif de la cour de Riom fondé, entre autres, sur ce que la transaction ne défend pas à Dujarric de former une société.
Pourvoi de Buisson, fondé sur ce que la société formée par Dujarric ne doit pas lui nuire; sur ce que c'est étendre la convention au delà de toute prévision des parties, que de prétendre l'appliquer aux voitures de tous les entrepreneurs qu'il plairait à Dujarric de s'associer; d'ailleurs la modicité de l'abonnement annoncé assez qu'il n'avait pu en être ainsi. — Arrêt.
La cour; — Attendu que l'arrêt attaqué est fondé sur l'interprétation de l'acte transactionnel passé entre les parties le 30 nov. 1814, et sur des faits, et que, sous l'un et l'autre rapport, cet arrêt échappe à la censure de la cour de cassation; — Rejette.
Du 30 mars 1830.-C., ch. req.-MM. Favard, pr.-Borel, rap.
(1) (Legros C. berlines rouennaises et bordelaises.) — 14 juin 1841, traité par lequel Legros s'oblige à relayer les diligences de l'administration des berlines rouennaises et bordelaises dans le parcours du Mans à Saint-Marceau, moyennant 9 fr. pour aller et autant pour le retour. Il est stipulé que la distance (24 kilom.) sera parcourue en deux heures. Il est établi que les voitures sont de troisième classe, montées sur des roues à jantes de 7 centimètres pesant chacune à vide 1,250 kilogr., sauf la tolérance de 100 à 200 kilogr. — Enfin, il est convenu qu'il sera loisible à l'administration de changer le nombre de ses départs, et de substituer des voitures d'une construction différente, auquel cas les parties viendront d'un nouveau prix ou le traité sera résilié sans indemnité. Ce traité a reçu son entière exécution jusqu'au 10 mars 1843 : à cette époque, le relayeur a refusé de continuer son service avec trois chevaux; il a demandé à en acheter un quatrième les diligences qu'on lui présentait à conduire ayant les roues à jantes de 8 centim., et se trouvant, suivant lui, plus lourdes et plus chargées. L'administration a dénié l'augmentation de poids, et a exigé la marche ordinaire à trois chevaux salariables. Après quelques jugements, on s'est accordé pour l'addition d'un cheval de supplément, sauf à faire juger la question de savoir s'il serait payé. — 25 mai 1843, jugement contradictoire du tribunal de commerce, qui la tranche en faveur du relayeur, et déclare le traité résilié au terme fixe de trente jours. — Ce jugement est ainsi motivé : — « Considérant que Legros, en traitant avec l'administration des rouennaises et bordelaises, a dû nécessairement se baser sur la largeur des jantes des roues de la voiture qu'il s'engageait à faire conduire par ses chevaux du Mans à Saint-Marceau; — Que de cette largeur dépend la charge plus ou moins forte que, légalement, on peut mettre sur les voies publiques; — Que, lorsque Legros a traité, la voiture de Rouen était montée sur des roues de 7 centim., et qu'il a dû penser qu'il ne pourrait rester facultatif à l'administration d'augmenter la largeur de ses roues, pour pouvoir également augmenter la charge

légale de la voiture; — Que toutes conventions faites de bonne foi entre les parties doivent être exécutées dans l'esprit du traité qui a été la conséquence de ces conventions. »
Appel par l'administration. — Elle maintient que les voitures à larges jantes sont les plus faciles à entrainer; que, du reste, l'augmentation d'un centimètre est insignifiante, et ne dépasse pas la tolérance ordinaire. Dans tous les cas, il n'y a pas eu de changement dans le système de ses diligences; leurs poids et chargement sont restés absolument les mêmes.— On a répondu pour l'intimé : — « En fait, et l'on offre de le prouver, les voitures dont il s'agit sont devenues plus lourdes, ont été plus chargées; ce ne peut être que pour prendre de plus forts chargements qu'on a changé les roues et qu'on en a adopté de plus larges, l'ordonnance royale des 15-20 fév. 1837 ayant proportionné les uns à la largeur des autres; on a passé d'une classe moins favorisée à une plus favorisée par la substitution de jantes de 8 centim. à celles de 7, et l'on en profite. — On ne saurait exiger que le relayeur soit obligé de faire vérifier le poids ou chargement des voitures à chaque départ, il n'y serait pas non plus admis. — Les entrepreneurs de messageries vont toujours plutôt au delà qu'ils ne restent en deçà des limites légales pour leurs transports. — Les trois chevaux qui employaient toutes leurs forces à la tâche que leur imposait la convention sont devenus impuissants par l'aggravation résultant des nouvelles jantes. Il faut une plus grande force de traction, elle doit être payée. — Libre, du reste, à l'appelante de se retrancher dans le pacte commissoire; on ne lui en a jamais contesté le bénéfice; au moins est-elle passible de dommages-intérêts. — Arrêt.
La cour; — Adoptant les motifs des premiers juges, et considérant qu'en ordonnant que le quatrième cheval a partir du jour où il a été attelé, il a été satisfait à tout ce que peut demander l'intimé; qu'il n'y a pas lieu de prononcer en outre des dommages-intérêts; — Rejetant ce chef de conclusions de l'intimé, confirme le jugement dont est appel..... dit que le traité demeurera résilié dans la quinzaine, à partir de ce jour.
Du 19 juill. 1843.-C. d'Angers.-MM. Desmazières, 1er pr.-Dubosy, av. gén, c. conf.-Gain et Guitton, av.
(2) (Lafitte, Caillard et comp. C. Desvoys.) — La cour; — Attendu, sur le premier moyen, qu'à partir du jour où Desvoys a fait connaitre à Lafitte, Caillard et comp. qu'il reprenait personnellement l'exercice de son brevet de maitre de poste, ceux-ci ont dû ou employer ses chevaux ou lui payer l'indemnité de 25 cent. réglée par la loi, sauf leur recours contre Ligeret, qui s'était engagé à conduire leurs voitures, moyennant un prix réglé à forfait, qui comprenait cette indemnité, et sauf le recours de Ligeret contre Desvoys, s'il en pouvait résulter un à son profit du traité par lequel Desvoys lui avait cédé, à titre de bail, la jouissance de son brevet; — Que les contestations élevées entre Ligeret et Desvoys ne pouvaient affranchir les demandeurs de leurs obligations légales envers Desvoys, à qui, comme titulaire seul autorisé par l'administration des postes, la provision était due; qu'ainsi faute par eux d'avoir

pour régulariser la cession et la rétrocession du brevet. S'il en était autrement, nous ne verrions dans le cessionnaire irrégulier qu'un agent du titulaire par lequel celui-ci a dû être lié si le gérant est considéré comme s'étant renfermé dans les limites de ses pouvoirs.

413. Aux termes de l'art. 76 de la loi des 23-24 juill. 1793 «les payements ainsi que les chevaux, provisions, ustensiles, équipages destinés au service de la poste, ne pourront être saisis sous aucun prétexte. »—Suit-il de cette disposition que les sommes dues aux maîtres de poste par les entrepreneurs de voitures publiques en vertu de la loi de l'an 13 sont insaisissables ? — La négative paraît peu contestable, et cela pour deux raisons : la première, c'est que la loi de 1793 est antérieure à celle qui a créé le droit dont il s'agit et que dès lors elle n'a pu l'avoir en vue; la seconde, qui est plus décisive que la première, c'est que l'indemnité accordée aux maîtres de poste n'a aucun rapport avec les payements dont s'occupe la disposition précitée de la loi de 1793. Pour s'en convaincre, il suffit de se rappeler que ce droit de 25 cent. ne fut imposé par la loi du 25 vent. an 13 aux entrepreneurs de voitures publiques que pour sauver les maîtres de poste, réduits aux relais des malles, d'une concurrence ruineuse, et même pour obliger indirectement les entrepreneurs de messageries à se servir des relais de poste ou à composer avec les privilégiés. C'est donc à titre de subside forcé que les maîtres de poste touchent le droit de 25 cent., par conséquent ce droit ne se réfère nullement au service des dépêches. « C'est un équivalent approximatif du bénéfice que pourraient retirer les maîtres de poste, » disait l'orateur du gouvernement en présentant la loi du 15 vent. an 13.—C'est donc avec raison, suivant nous, qu'on a jugé que les sommes dues, par les entrepreneurs de voitures publiques, aux maîtres de poste, et formées par l'accumulation des rétributions de 25 cent. non encore acquittées, ne jouissent pas du privilège d'insaisissabilité accordé par l'art. 76 de la loi des 23-24 juill. 1793, et, par suite, peuvent être l'objet d'une saisie-arrêt (Rej. 11 juill. 1843, aff. Jourdan, V. Saisie-arrêt, n° 157).

Art. 2.—*Exceptions à la règle qui soumet les voitures publiques au droit de 25 cent.*

414. Le droit de 25 cent. que la loi du 15 vent. an 13 accorde aux maîtres de poste n'est qu'une indemnité de la perte que leur font éprouver les entrepreneurs qui relayent avec d'autres chevaux que ceux de la poste. — Il suit de là que toutes les fois que le dommage prévu n'existe pas, l'indemnité ne saurait être due. Tel est le fondement de diverses exceptions admises par la loi, et que la jurisprudence n'aurait certainement pas manqué de consacrer, si le législateur ne s'en était pas expliqué. Elles comprennent : 1° les loueurs allant à petites journées et avec les mêmes chevaux; — 2° Les voitures de place allant également avec les mêmes chevaux et partant à jour et heure fixes, etc.; — 3° Les voitures non suspendues (L. 15 vent. an 13, art. 1, § 2). — Examinons séparément chacune de ces exceptions.

415. *Loueurs allant à petites journées et avec les mêmes chevaux.* — Quels sont les loueurs exceptés par la loi ? — Cette expression comprend-elle les loueurs de chevaux aussi bien que les loueurs de voitures ? — Il paraît évident qu'elle ne s'applique qu'aux loueurs de voitures. C'est d'abord ce qu'indique la rubrique de la loi précitée : « Loi concernant l'indemnité à payer par les entrepreneurs de *voitures publiques et de messageries* aux maîtres des relais de poste dont il n'emploient pas les chevaux. » C'est ce qui résulte d'une manière plus certaine du § 1 de l'art. 1 de la loi du 15 vent. an 13, qui n'impose le droit de 25 cent. qu'aux *entrepreneurs de voitures publiques*. D'où la conséquence nécessaire que les simples loueurs de chevaux n'étant pas compris dans la règle établie par le paragraphe, il n'y avait pas lieu de les excepter de cette règle. — Au reste, nous ne

saurions mieux faire à cet égard que de reproduire la [...]tation déduite par M. le conseiller Mesnard, dans un [...] par ce magistrat à l'occasion d'un pourvoi soumis à la cassation, pourvoi qui présentait la question qui fait en ce moment l'objet de notre attention, mais que la cour régulatrice n'a point résolue, parce qu'une fin de non-recevoir accueillie par elle l'a dispensée de se prononcer sur ce point.

Voici, en substance, comment M. le conseiller-rapporteur Mesnard s'est exprimé : « Aux termes de l'art. 2 de la loi de frimaire an 7, nul autre que les maîtres de poste ne pourra établir de relais particuliers, relayer ou conduire à titre de louage des voyageurs d'un relais à un autre, sous peine de payer, par forme d'indemnité, le prix de la course aux maîtres de poste, etc. Ainsi deux prohibitions résultent de cet article pour tous ceux qui ne sont point maîtres de poste : la première, d'établir des relais; la seconde, de transporter des voyageurs d'un relais à un autre. — Toutefois, l'art. 5 apportait une exception à ces défenses en faveur des voitures publiques, partant à jour et heure fixes, etc. Les maîtres de poste ayant eu à souffrir de la concurrence de ces voitures publiques, la loi du 15 vent. an 13 disposa, par son son art. 1, que tout entrepreneur de voitures publiques et de messageries serait tenu de payer, par poste et par cheval attelé à chacune de ses voitures, 25 cent. au maître de relais dont il n'emploirait pas les chevaux. » Puis cet article ajoutait : « Sont exceptés de cette disposition les loueurs allant à petites journées et avec les mêmes chevaux. » L'art. 2 déclarait que les contrevenants seraient poursuivis correctionnellement et punis d'une amende de 500 fr. L'effet de la dernière disposition de l'art. 1 était-il de dispenser désormais, à la seule condition d'aller à petites journées et avec les mêmes chevaux, ceux qu'elle désignait sous l'expression *loueurs*, de l'obligation imposée par la loi de frimaire de se servir des relais des maîtres de poste ? Et d'abord, cette expression *loueurs* doit-elle s'entendre aussi bien de ceux qui se bornent à louer leurs chevaux pour les atteler aux voitures d'autrui que de ceux qui louent à la fois chevaux et voitures, et fallait-il appliquer le bénéfice de la dispense aux uns et aux autres ? Tel était le système à l'aide duquel la prétention du maître de poste se trouvait combattue dans l'espèce. Mais ne peut-on pas répondre que la loi nouvelle de ventôse an 13 n'a eu pour but que d'assujettir à une indemnité, au profit des maîtres de poste dont ils n'emploient pas les chevaux, les entrepreneurs de voitures publiques et de messageries qui, sous la loi de frimaire, en étaient complètement affranchis; qu'ainsi il laisse subsister, à l'égard de tout autre, la défense soit d'établir des relais, soit de transporter, avec leurs propres chevaux, les voyageurs d'un relais à un autre, et que, dans ce sens, si elle permet aux loueurs allant à petites journées sans relayer de ne point se servir des chevaux de maîtres de poste, elle veut seulement parler, par ces mots, des *loueurs de voitures*, et non pas des individus qui conduisent avec leurs chevaux des voitures qui ne leur appartiennent pas ? — Plus tard, il est vrai, l'ordonn. du 13 août 1817, expliquant ce que l'on doit entendre par petites journées, et fixant à dix lieues de poste l'étendue qui peut être parcourue dans vingt-quatre heures, désigne les loueurs de chevaux avec les entrepreneurs de messageries pour déclarer les uns et les autres soumis aux pénalités de la loi du 15 vent. an 13, lorsqu'ils dépassent cette limite de dix lieues par vingt-quatre heures. Mais si l'on admet que la loi de frimaire n'a pas été abrogée par celle de l'an 13; que le fait dommageable dont on règle la réparation civile n'a rien de commun avec le *délit* prévu par la loi postérieure, et mis à la charge des entrepreneurs de messageries et des *loueurs* (de voitures), ne faudra-t-il pas reconnaître aussi que l'ordonnance de 1817 n'a pas, plus que la loi de frimaire dont elle était le complément, soustrait les loueurs de chevaux à l'application exclusive de cette dernière loi ? — Dans cet ordre d'idées, les loueurs de chevaux restant en dehors des termes de la loi de ventôse an 13 et de l'ordonn.

---

acquitté l'indemnité due à Desvoys, ils avaient encouru les peines déterminées par la loi du 15 vent. an 13; — Attendu, sur le deuxième moyen, que l'amende établie par cette loi ne peut être considérée comme purement pénale, puisqu'elle est attribuée par moitié au maître de poste lésé par la contravention; que, de cette attribution, il suit que celui-ci

a le droit d'en poursuivre personnellement la condamnation dans tous les degrés de juridiction, même sans le concours du ministère public; — Statuant tant sur le pourvoi que sur les interventions, rejette ces deux moyens.

Du 22 déc. 1858.-C. C., ch. crim.-MM. Bastard, pr.-Vincens, rap.

de 1817, continueront donc d'être soumis aux dispositions de la loi de frimaire an 7, pour le cas où ils conduisaient des voitures d'un relais à un autre. »

416. Il a été jugé en ce sens : 1° que les prescriptions imposées aux entrepreneurs de voitures publiques, par la loi du 15 vent. an 13 et par l'ordonn. du 13 août 1817, ne sont pas applicables aux simples loueurs de chevaux; que, par suite, le fait d'un loueur de chevaux, d'avoir loué des chevaux à un tiers, pour la conduite de la voiture de celui-ci, donne lieu, contre ce loueur et en faveur du maître de poste, non à l'amende prononcée par l'art. 2 de la loi du 15 vent. an 13, mais seulement à la réparation du préjudice qu'il lui a causé, conformément à l'art. 12 de la loi du 19 frim. an 7 (Bourges, 11 août 1836) (1); — 2° Que la dispense de se servir des relais de poste à la condition d'aller à petites journées et avec les mêmes chevaux, est exclusivement restreinte aux loueurs de voitures; qu'en conséquence, il est interdit aux loueurs de chevaux, sous peine de payer le prix de la course aux maîtres de poste, d'atteler leurs propres chevaux aux voitures d'autrui, pour les conduire d'un relais à un autre, encore qu'ils voyageraient à petites

(1) (Chertier C. Billard.) — La cour ; — Considérant que l'art. 1 de la loi du 15 vent. an 13 a eu pour objet de soumettre les entrepreneurs de voitures publiques et de messageries à payer aux maîtres de poste, lorsqu'ils ne se servent pas des chevaux de ces derniers, une indemnité dont ils avaient été dispensés par l'art. 5 de la loi du 19 frim. an 7 ; que le § 2 du même article, en rappelant les exceptions déjà énumérées dans l'art. 5 de la loi du 19 frim. an 7, en faveur de certaines voitures, soit qu'elles allassent à grandes ou à petites journées, borne ces exceptions aux loueurs allant à petites journées et avec les mêmes chevaux, aux voitures de poste et aux voitures non suspendues; mais qu'il est impossible de voir, dans cette exception aux dispositions générales sur les conducteurs de voitures, une prescription extensive et additionnelle; qu'une exception est, au contraire, une dispense de la disposition générale appliquée à certains cas; qu'il suffit donc de voir que le § 1 ne s'applique qu'aux conducteurs de voitures publiques et de messageries pour que l'on doive reconnaître que le § 2, en parlant des loueurs à petites journées, n'a entendu parler que des loueurs et conducteurs de voitures, et non des loueurs de chevaux en général, d'où il suit qu'il n'y a pas eu de la part de Billard contravention à la loi de ventôse an 13, et qu'il ne peut être passible de l'amende prononcée contre les contrevenants par l'art. 2 de cette même loi; — Considérant, en fait, qu'il est avoué par Chertier que la voiture conduite par Billard appartenait à un tiers auquel il n'a fait que louer ses chevaux; qu'ainsi il ne serait tenu, par application de l'art. 2 de la loi du 19 frim. an 7, vis-à-vis du maître de poste, que de la réparation du préjudice qu'il lui a causé en substituant ses chevaux aux relais légalement établi sur la route d'Aubigny ; mais que la réclamation de l'indemnité résultant du préjudice ne peut donner lieu qu'à une action civile; — Considérant que l'ordonnance du 15 août 1817 ayant pour objet d'expliquer ce que l'on doit entendre par voyages à grandes ou à petites journées, n'a eu étendre la loi pénale aux loueurs de chevaux, non compris dans les dispositions de cette dernière loi; qu'ainsi c'est avec raison que le tribunal de première instance s'est déclaré incompétent; — Dit bien jugé, mal appelé, confirme le jugement de première instance, etc.
Du 11 août 1836.—C. de Bourges, ch. corr.—M. Heulhard, pr.

(2) Espèce : — (Esnault C. Bouillier.) — Le 20 mai 1841, le sieur Bouillier, maître de poste, a cité le sieur Esnault, loueur de chevaux et de voitures à Avranches, devant le juge de paix de cette ville, pour : — « Attendu que, le 7 mai dernier, il a conduit d'Avranches à Fougères, en passant par Saint-James, avec deux chevaux à lui appartenant, la voiture de M. Bastarêche, de Mayenne, transportant quatre voyageurs ; que, par ce fait, le sieur Esnault a commis un préjudice aux intérêts du demandeur, et se trouve en contravention aux dispositions de l'art. 2 de la loi du 17 frim. an 7; s'entendre, 1° condamner à rembourser audit sieur Bouillier la somme de 16 fr., savoir : 8 fr. pour droits de deux chevaux attelés d'Avranches à Saint-James ; 6 fr. pour droits de poste de chevaux non attelés de Saint-James à Avranches, et 2 fr. pour les guides dus au postillon ; 2° faire toute défense de renouveler à l'avenir son indue entreprise. » — L'art. 2 précité de la loi de frimaire porte, en effet, ce qui suit : « Nul autre que les maîtres de poste... ne pourra établir de relais particuliers, relayer ou conduire, à titre de louage, des voyageurs d'un relais à un autre, à peine de payer le prix de la course aux maîtres de poste. » — Le sieur Esnault s'efforçait d'écarter l'application de cette loi en soutenant qu'il n'avait été qu'à petites journées (parcourant moins de dix lieues en vingt-quatre heures, ord. du 15 août 1817), et avec les mêmes chevaux, et qu'il se trouvait, à ce titre, protégé, soit par l'art. 5 de la loi de frim., qui excepte de l'art. 2 les conducteurs de petites voitures allant à petites journées et sans relais, soit par l'art. 1 de la loi postérieure, du 15 vent. an 13, qui dispense for-

journées (trib. d'Avranches, 6 juin 1842 (2); Just. de paix de Lannion, 28 mars 1846, aff. Le Tulle, D. P. 46. 3. 125). — On pourrait invoquer aussi dans ce sens Civ. cass. 29 juin 1819, aff. Jeanneau, n° 460, et 27 août 1838, aff. Laporte, V. n° 432. Toutefois, ce dernier arrêt, en déclarant les loueurs de chevaux non compris dans l'exception établie par la loi du 19 frim. an 7 en faveur des entrepreneurs de messageries, déclare que la loi du 15 vent. an 13 et l'ord. de 1817 leur est applicable.

417. En tous cas, il a été formellement jugé, en sens opposé aux décisions qui précèdent, que l'obligation imposée aux entrepreneurs de voitures publiques, par la loi du 15 vent. an 13 et par l'ord. du 13 août 1817, de payer aux maîtres de poste dont ils n'emploient pas les chevaux une indemnité de 25 cent. par poste et par cheval attelé, s'applique même aux simples loueurs de chevaux ; en conséquence, ces derniers sont, à défaut de payement de cette indemnité, passibles de l'amende de 500 fr. prononcée par la loi précitée du 15 vent. an 13 (Crim. rej. 20 nov. 1855 (3) ; Orléans, 24 nov. 1852, aff. Moreau, D. P. 56. 2. 25);— Qu'en conséquence, ils sont compris dans l'exception prévue par l'art. 3 de la loi du 19 frim. an 7, et que dès lors

mellement de la taxe de 25 cent. par cheval qu'elle impose aux entrepreneurs de voitures, en faveur des maîtres de postes dont ils n'emploient pas les chevaux, « les loueurs allant à petites journées et avec les mêmes chevaux. » — Jugement.
Le tribunal ; — Considérant qu'en supposant vrai que le sieur Esnault n'ait fait que de petites journées et n'ait point parcouru dans les vingt-quatre heures la distance qui constitue la grande journée (10 lieues), et encore qu'il n'ait pas relayé, il n'en est pas moins certain qu'il rentre dans les dispositions de la loi précitée, en partant d'un relais de poste pour se rendre à un autre relais de poste, en traversant celui établi à Saint-James;
Considérant que les exceptions énumérées dans les §§ 3 et suiv. de cette même loi ne paraissent point applicables au sieur Esnault; que, d'un autre côté, dans l'espèce, il ne peut invoquer à son profit les dispositions de la loi du 15 vent. an 13, non plus que l'ordonnance explicative du 15 août 1817; — Considérant, en effet, que ces dernières lois doivent se renfermer dans leur objet spécial, et qu'elles paraissent seulement relatives à l'indemnité que doivent payer les entrepreneurs de voitures publiques aux maîtres de poste, ce que démontre notamment la rubrique de ces mêmes lois; — Considérant, du reste, qu'on ne peut voir dans le décret précité, non plus que dans les termes explicatifs de l'ordonnance, l'abrogation de la loi de frim. an 7, et que cette loi paraît applicable au sieur Esnault, qui lui-même, entrepreneur de voitures publiques, paraît, en fournissant ses che aux et les attelant à une voiture particulière et la conduisant lui-même, avoir rempli le rôle de maître de poste, auquel, par conséquent, il doit réparation du préjudice qu'il a pu lui occasionner.
Du 6 juin 1842.—Trib. d'Avranches.
Nota. Un pourvoi a été formé contre ce jugement, et c'est à l'occasion de ce pourvoi que M. le conseiller Mesnard a présenté les observations que nous avons recueillies ci-dessus ; mais la cour, comme nous l'avons dit, n'a pas eu à examiner la question ; le pourvoi a été rejeté par fin de non-recevoir (V. Req. 7 août 1845, v° Cassation, n° 1480).

(3) (Laffon C. Bérot.) — La cour ; — Attendu qu'il est constant et reconnu, dans la cause, que le demandeur Julien Laffon a loué des chevaux pour conduire une voiture qui ne lui appartenait pas; — Qu'il a ainsi parcouru en vingt-quatre heures une distance de plus de dix lieues de poste, et fait par conséquent des grandes journées sur une route de poste sans payer aux maîtres de poste, dont il n'employait pas les chevaux, l'indemnité de 25 cent. que leur accorde la loi du 15 vent. an 13, et que l'exception contenue en cette loi, concernant les loueurs allant à petites journées, ne saurait lui être applicable; — Attendu que la loi du 15 vent. an 13 ne renferme aucune distinction entre les loueurs qui conduisent des voyageurs avec leurs voitures et leurs chevaux, et ceux qui attellent leurs chevaux à des voitures particulières, et que cette loi, qui avait pour objet de ménager un dédommagement en certains cas aux maîtres de poste, a eu pour objet cette seconde catégorie de loueurs autant au moins que la première; — Attendu que la loi du 19 frim. an 7 a eu pour unique but de prévoir le cas où des relais proprement dits seraient établis sur une route de poste, au préjudice des maîtres de poste, tandis que la loi de l'an 13 assujettit les entrepreneurs et loueurs de voitures publiques et de chevaux à payer, dans les cas qu'elle prévoit, aux maîtres de poste, un dédommagement des frais auxquels les assujettit la nécessité de tenir à la disposition des voyageurs certain nombre de chevaux ; — Que, dès lors, on ne saurait considérer les deux sortes d'infractions prévues par ces deux lois ; — Et attendu qu'en faisant, au cas de l'espèce, l'application de la loi du 15 vent. an 13, le tribunal de Tarbes s'est conformé aux dispositions de cette loi ; — Rejette.
Du 20 nov. 1855.—C. C., ch. crim.—MM. Choppin, pr.-Crousseilhes, r.

ils peuvent, nonobstant l'art. 2 de cette loi, conduire avec leurs chevaux une voiture de poste d'un relais à un autre, sans être soumis à une indemnité vis-à-vis du maître des relais, pourvu qu'ils voyagent à petites journées et sans relayer (Just. de paix de Nîmes, 10 nov. 1847, aff. Bressac, D. P. 48. 3. 10).—L'argument principal sur lequel repose cette décision est tiré de l'ord. de 1817; mais il se trouve réfuté par les considérations que nous avons empruntées au rapport de M. le conseiller Ménard. — V. ci-dessus, n° 415.

418. Quoi qu'il en soit, et c'est ce qui a été jugé, le fait, par un individu non entrepreneur de profession, d'avoir accidentellement loué un cheval et une voiture, avec lesquels, les locataires ont parcouru dans la même journée une distance de plus de 10 lieues, n'assujettit pas le locateur à l'obligation de payer les droits de poste, lesquels ne concernent que les loueurs de profession, et, par suite, ne le place pas sous l'application de la loi du 15 vent. an 13 (Crim. rej. 1er mars 1845, aff. Bourgier, D. P. 45. 1. 170).

419. Il est bien entendu d'ailleurs que, ainsi que l'a décidé un arrêt, les entrepreneurs de messageries, qui sortent à jour et heures fixes, sont réputés loueurs de voitures, et sont exempts du droit de 25 cent. payable aux maîtres de poste, si leurs voitures voyagent à petites journées sans relayer (Crim. rej. 2 avr. 1824, aff. Duranton, V. n° 429-2°).

420. Voyons maintenant ce qu'il faut entendre par voitures allant à petites journées. — La loi du 15 vent. an 13 ne l'avait point expliqué, et jusqu'à l'ord. du 13 août 1817, qui a fixé le sens de ces mots, leur interprétation a été entièrement livrée aux incertitudes de la jurisprudence. Ainsi, d'après un arrêt antérieur à cette ordonnance, on doit entendre par ces mots aler à petites journées et avec les mêmes chevaux de l'art. 1 de la loi du 15 vent. an 13, le chemin qu'on fait par jour d'un lieu à un autre, en ménageant ses chevaux de manière qu'ils puissent recommencer pendant un certain temps à parcourir tous les jours une pareille distance. C'est dans ce sens que le directeur général des postes par la circulaire du 16 prair. an 13, et le ministre des finances par la décision du 17 oct. 1808, ont déterminé par une petite journée la distance de 8 à 10 lieues de poste. En conséquence la diligence qui va de Bruxelles à Mons (distants de 13 à 14 lieues de poste) avec les mêmes chevaux, ne peut être censée voyager à petites journées (Bruxelles, 24 mai 1817, aff. Martin). — De même les propriétaires d'une voiture publique qui, sans relayer, parcourent par jour un rayon de plus de 10 lieues, ne sont pas exempts du droit de 25 cent. attribué comme indem-

nité aux maîtres de poste par l'art. 1 de la loi du 15 vent. an 13 (Crim. rej. 27 janv. 1808) (1).

421. C'est cette jurisprudence qui a été consacrée par l'ord. du 13 août 1817. Aux termes de cette ordonnance, en effet, tout entrepreneur de messageries, loueur de chevaux et voiturier qui parcourt dans les vingt-quatre heures un espace de plus de 10 lieues de poste est réputé marcher à grandes journées, et, comme tel, obligé de payer aux maîtres de poste l'indemnité de 25 cent. établie par la loi du 15 vent. an 13. D'où il suit clairement que le loueur ou entrepreneur de voitures qui ne parcourt que 10 lieues en vingt-quatre heures voyage à petites journées.— Il a été jugé conformément à cette disposition, mais par application de la loi de l'an 13, qu'une voiture publique suspendue, qui parcourt en vingt-quatre heures là distance de 18 lieues, encore bien qu'elle ne changerait pas de chevaux, ne peut être considérée comme voyageant à petites journées; qu'en conséquence, les entrepreneurs d'une telle voiture sont obligés au payement de l'indemnité, au profit des maîtres de poste demeurant sur la route parcourue (Crim. cass. 9 sept. 1831) (2).

422. Nous avons fait remarquer ci-dessus (n° 377) que, dans le calcul du droit des maîtres de poste, on doit faire entrer les distances de faveur aussi bien que les distances réelles. ces distances de faveur doivent-elles être aussi comptées dans les 10 lieues que les voitures ne doivent pas dépasser pour être dispensées du payement de l'indemnité? — Il a été jugé dans le sens de l'affirmative, par trois arrêts de la cour de cassation, que dans le calcul de la distance d'un lieu à un autre, à l'effet de savoir s'il y a un nombre de lieues suffisant pour établir qu'il y a une petite journée de poste, c'est-à-dire 10 lieues, et, par suite, nécessité de payer l'indemnité de 25 cent., on doit compter la distance de faveur, ainsi que la distance effective (Crim. rej. 11 oct. 1827 (3); Crim. cass. 17 oct. 1845, aff. Marcel, D. P. 45. 4. 552; 23 janv. 1847, aff. Maitrot, D. P. 47. 4. 507), et sur le renvoi prononcé par ce dernier arrêt, la cour de Paris s'est prononcée dans le même sens (8 juin 1848, D. P. 48. 2. 116).

423. Malgré l'autorité qui s'attache aux arrêts de la cour suprême, nous hésitons à adopter cette solution. La cour se fonde sur ce que le décret du 10 brum. an 14 porte dans son art. 3 que le droit de 25 cent. qui est accordé aux maîtres de poste sera perçu pour les distances de faveur comme pour les distances réelles. — Mais il nous semble que l'art. 3 précité du décret du 10 brum. an 14 doit être écarté de la discussion, parce que cette disposition est exclusivement relative au cas où le droit doit être acquitté, tandis que l'ord. de

---

(1) (Deltendre C. Lefebvre.) — Deltendre, entrepreneur de voiture publique de Bruxelles à Mons, part tous les jours à huit heures du matin, et avec ses mêmes chevaux, arrive le soir à Mons, distant de 15 lieues. — Il a paru au sieur Lefebvre, maître de poste aux chevaux à Bruxelles, que Deltendre devait, pour son entreprise, ou se servir des chevaux de la poste, ou lui payer 25 cent. par poste et par cheval attelé à sa voiture. en vertu de l'art. 1 de la loi du 15 vent. an 13. — Deltendre a répliqué qu'il y avait exception à cette loi en faveur des entrepreneurs allant toujours avec les mêmes chevaux, sans relayer, et sans versement des voyageurs dans une autre voiture. — Après, jugement, 26 nov. 1808. — Arrêt de la cour d'appel de Bruxelles, qui condamne Deltendre.

Pourvoi pour violation de l'art. 1 de la loi du 15 vent. an 13, des décrets des 50 flor. an 13 et 6 juill. 1806; de l'art. 188 c. des dél. et des peines, l'art. 12 de la loi du 11 vend. an 4, l'avis du conseil d'Etat du 12 prair. an 13, approuvé le 25 du même mois. — Arrêt.

La cour; — Attendu que les décrets cités par le réclamant ne contiennent aucune disposition de laquelle on puisse induire que le propriétaie d'une voiture publique qui, sans relayer, parcourt par jour un rayon de plus de 10 lieues, soit exempt du droit de 25 cent. attribué comme indemnité aux maîtres de poste par l'art. 1 de la loi du 25 vent. an 13; — Rejette.

Du 27 janv. 1808.—C. C., sect crim.—MM. Barris, pr.—Vermeil, rap.

(2) (Laurent, etc. C. Renier.) — La cour (après délib.); — Vu les art. 1 et 2 de la loi du 15 vent. an 13; — Attendu qu'il est reconnu, en fait, que le sieur et dame Renier sont entrepreneurs d'une voiture publique suspendue, allant en service régulier de Nantes à Redon et de Redon à Nantes; que la distance entre ces deux villes est de 18 lieues, et que cette distance est parcourue par la même voiture dans les vingt-quatre heures; — Attendu que, dès lors, cette voiture ne peut être considérée comme voyageant à petites journées, et comprise dans l'exception contenue au § 2 de l'art. 1 de la loi du 15 vent. an 15; —

Attendu que, néanmoins, la cour royale de Rennes a affranchi les sieur et dame Renier du payement de l'indemnité prévue par l'art. 1 de la loi ci-dessus visée. sur le motif que la voiture dont il s'agit n'avait pas fait de grandes journées, et n'avait pas changé de chevaux sur les routes de poste; — Attendu qu'aucune de ces deux circonstances n'est indiquée dans la loi précitée, comme pouvant dispenser l'entrepreneur de voitures publiques (de la nature de celle de l'espèce) de l'indemnité prescrite par l'art. 1 de la loi du 15 vent. an 13, et qu'en exemptant, par ces motifs, les sieur et dame Renier du payement de cette indemnité, la cour royale de Rennes a violé les dispositions de la loi du 15 vent. an 13; — Par ces motifs, casse, etc.

Du 9 sept. 1831.—C. C., ch. crim.—MM. Bastard, pr.—Crouseilhes, r.

(3) (Lesueur, C. min. public.) — La cour; — Considérant que l'ordonnance du roi, du 13 août 1817, a fixé la petite journée en 10 lieues; — Que le décret du 10 brum. an 14, rendu pour l'exécution de la loi du 15 vent. an 13, porte, dans son art. 3, que le droit de 25 cent. qui, par cette loi, est accordé aux maîtres de poste, sera perçu pour les distances de faveur comme pour les distances réelles; — Qu'il suit de ces dispositions que la petite journée est formée d'une distance de 10 lieues effective, et que, dans cette étendue, on doit comprendre les distances de faveur, s'il en existe; — Que les distances de poste ayant été fixées par le tarif de l'administration, la cour royale de Bordeaux a pu et dû s'y conformer pour déterminer la petite journée; — Que cette cour n'a d'ailleurs point contredit le fait déclaré par les premiers juges, que la voiture du sieur Lesueur avait parcouru la distance de Bordeaux à Libourne; qu'elle a seulement énoncé d'une manière hypothétique qu'en fixant les points de départ et d'arrivée à la Bastide et au port d'Anghieux, la distance de l'un à l'autre de ces lieux excéderait encore la petite journée, et que cette énonciation ne détruit pas la base de la condamnation prononcée en première instance et confirmée, en appel, par ladite cour royale; — Rejette.

Du 11 oct. 1827.—C. C., ch. crim.—MM. Ollivier pr.—Busschop, rap.

1817, dont nous cherchons ici à préciser le sens, s'applique aux voitures *affranchies* de ce droit. En d'autres termes, l'art. 3 du décret du 10 brum. an 14 tient du développement du § 1 de l'art. 1 de la loi du 16 vent. an 13, tandis que l'ord. de 1817 contient l'explication du § 2 du même article qui déroge au § 1. — Si l'on fait entrer les distances de faveur dans le calcul de l'indemnité de 25 cent., c'est parce que cette indemnité doit représenter à peu près la rétribution appartenant au maître de poste déduction faite de ses dépenses, et que le droit ordinaire devant être calculé sur les distances de faveur, l'indemnité qui le représente doit être fixée d'après la même base. — Or ce motif est complètement étranger au but de l'ord. de 1817 qui a été d'expliquer ce qu'il fallait entendre par petites journées. — La définition de cette ordonnance est générale et il n'a pu être dans sa pensée qu'elle variât suivant qu'il y aurait ou qu'il n'y aurait pas, dans la route parcourue, des distances de faveur.— Nous croyons donc que la cour de Paris avait bien jugé, antérieurement à son arrêt de 1848, en décidant que la petite journée dont parle la loi du 15 vent. an 13 s'entend du *parcours effecti,* de 10 lieues de poste, et dans le calcul de la distance on ne peut compter le droit de faveur, connu sous le nom de distance supplémentaire; que le décret du 10 brum an 14 a été modifié en ce point par l'ord. du 13 août 1817 (Paris, 7 juill. 1838) (1).

424. Au reste, il a été jugé, et c'est là bien plutôt une constatation de fait que la solution d'une question de droit, que l'étendue de l'ancienne lieue de poste était de 2,200 toises, et non de 2,400 toises, et que, par suite, le droit de 25 cent. par poste et par cheval, que les maîtres de poste ont le droit d'exiger des entrepreneurs de voitures publiques qui voyagent à grandes journées, c'est-à-dire qui parcourent un trajet de plus de 10 lieues, n'est applicable qu'autant que la distance parcourue excède dix fois 2,200 toises (Crim. rej. 6 mars 1846, aff. Beaudoin, D. P. 46. 1. 91; Crim. cass. 29 août 1846, aff. Sebille, D. P. 46. 4. 344).

425. On a pu comprendre aisément par la jurisprudence que nous venons de rappeler, que les maîtres de poste ont cherché à faire converger vers leur intérêt l'interprétation de l'ordonnance de 1817. — De leur côté, ainsi qu'il fallait s'y attendre, les entrepreneurs de voitures publiques ont cherché dans ce texte des immunités qu'ils ne devaient pas y trouver. — Ainsi, ils ont prétendu qu'une voiture ne devait être censée faire plus de 10 lieues par jour qu'autant qu'elle dépassait cette distance sur une ligne postale, et que, tant que le trajet accompli sur cette ligne ne dépassait pas 10 lieues, aucun droit n'était dû aux maîtres de poste, quelle que fût d'ailleurs la distance totale parcourue en vingt-quatre heures.—Mais il est manifeste que, ni dans ses motifs ni dans sa disposition, l'ordonnance de 1817 ne se prête à une telle distinction : dans ses motifs, car ainsi qu'elle l'exprime, elle a eu pour but de renfermer les loueurs de chevaux, les voituriers et les entrepreneurs de voitures publiques dans les limites que les lois leur prescrivent, ce qui prouve qu'il faut l'interpréter plutôt d'une manière défavorable que d'une façon favorable aux entrepreneurs de voitures; dans sa disposition, car il y est dit simplement que tout entrepreneur de messageries, loueur de chevaux et voiturier qui parcourra dans les vingt-quatre heures un espace de plus de 10 lieues sera réputé marcher à grandes journées, et, comme tel, obligé de payer aux maîtres de poste l'indemnité de 25 cent.; ce qui ne permet pas de distinguer en faveur des entrepreneurs qui ne suivent la ligne postale que dans une partie de leur trajet, parce que l'ordonnance n'admet d'autre distinction que celle qui est fondée sur la distance parcourue en vingt-quatre heures.

426. Aussi a-t-il été jugé : 1° qu'il suffit que des voitures publiques, allant d'un lieu dans un autre, parcourent, dans les 24 heures, un trajet de plus de 10 lieues, pour que les entrepreneurs de ces voitures soient obligés de payer aux maîtres de poste dont ils n'emploient point les chevaux, l'indemnité fixée par la loi du 15 vent. an 13, encore bien que le trajet parcouru sur la route de poste soit moindre de 10 lieues (Toulouse, 5 fév. 1835) (2); — 2° Que l'entrepreneur ne pourrait être dispensé de payer le droit de 25 c., sur le fondement que la ligne et les relais de poste établis sur la route parcourue par la voiture ne s'étendent qu'à une distance moindre de 10 lieues de poste (Crim. cass. 2 juin 1827) (3); — 3° Ou bien sur le fondement que le

---

(1) *Espèce* :—(Zhendre C. Roger.)—Roger, entrepreneur de voitures publiques, avait organisé un service sur la route de Paris à Chantilly; la distance qui sépare ces deux villes étant de quatre postes trois quarts (9 lieues et demie), il se croyait exempt du droit de 25 cent., lorsque des poursuites furent dirigées contre lui pour contravention à la loi du 15 vent. an 13, par le maître de poste de Saint-Denis. Ce dernier prétendait qu'à la distance matérielle il fallait ajouter le droit de faveur établi à son profit, et que, d'après ce calcul, le trajet de Paris à Chantilly n'était pas une lieue à petite journée. — 2 juin 1838, jugement du tribunal de la Seine qui renvoie Roger des fins de la plainte. — Appel.— Arrêt.

La cour; — Considérant que l'art. 1 de l'ord. du 13 août 1817, interprétative de la loi du 15 vent. an 13, fixe à 10 lieues de poste l'étendue de la distance que les entrepreneurs de voitures publiques peuvent parcourir dans les vingt-quatre heures en marchant à petites journées, avant d'être soumis au payement de l'indemnité établie par la loi du 15 vent. an 13 ; — Que ces expressions ne se peuvent entendre que d'une distance réelle de 10 lieues et non d'une distance de quatre postes dont l'une, qualifiée poste royale, doit, d'après les tarifs, compter double pour l'acquit des frais de poste;— Que, si l'art. 3 du décret du 10 brum. an 14 porte que le droit de 25 cent. est dû pour les distances de faveur, cet article ne s'applique qu'au cas où la distance fixée pour la petite journée une fois dépassée, le droit de 25 cent. est dû pour chacune des postes existant dans l'étendue du parcours, d'après les termes du tarif; mais que le droit établi ailleurs postérieure de l'art. 1 de l'ord. du 13 août 1817 n'en conserve pas moins un sens littéral; — Par ces motifs, confirme.
Du 7 juill. 1838.-C. de Paris, ch. corr.-MM. Lechanteur, pr.-Glandaz, av. gén., c. conf.-Loiseau et Rousset, av.

(2) (Vincens et Vignier C. Grach.) — La cour ; — Attendu que l'art. 1 de la loi du 15 vent. an 13, en soumettant les entrepreneurs de voitures publiques au payement, en faveur des maîtres de poste dont ils n'emploient pas les chevaux, de 25 cent. par poste pour chacun des chevaux attelés à chacune de leurs voitures, n'exemple, par son § 2, du payement de ce droit, que ceux qui vont à petites journées avec les mêmes chevaux, c'est-à-dire, d'après la définition donnée par l'ord. du 13 août 1817, ceux qui ne parcourent pas plus de 10 lieues de poste en vingt-quatre heures ; — Attendu que le législateur bornant à cette seule circonstance l'exception qu'il établit, ce serait empiéter sur son domaine, et franchir les limites du pouvoir judiciaire, que de créer de nouvelles exceptions à une disposition aussi générale, et d'exiger, comme l'ont fait les premiers juges, pour son application, que 10 lieues fussent au moins parcourues sur une ligne de poste, quoiqu'il fût constant que, dans les vingt quatre heures, la voiture publique fît un trajet beaucoup plus long, mais sur une route qui n'a point ce caractère ; — Attendu qu'il est constant, en fait, que les frères Grach sont propriétaires des voitures publiques qui vont tous les jours de Castres à Toulouse, et réciproquement ; que la distance qui sépare ces deux villes est, par la route qu'elles suivent, de plus de 20 lieues ; qu'une ligne de poste est établie sur une partie de cette route depuis Castres jusqu'à Revel, et un peu en delà, mais que les voitures des frères Grach n'emploient ni les chevaux des relais de Castres, ni ceux de Dourgne, ni de Revel, dont ils parcourent les lignes sur un développement d'environ 9 lieues; qu'enfin, en quittant la ligne de poste, ou avant d'y entrer, ils relayent avec des chevaux dont ils sont les propriétaires ; —Attendu que la constatation de ces faits les rendait passibles du droit établi par la disposition législative précitée, et qu'en la méconnaissant, ils sont devenus passibles de la peine portée par l'art 2. de cette loi ; — Attendu que les premiers juges ont méconnu ces dispositions en repoussant la demande des maîtres de poste qui leur en réclamaient l'exécution, sous le prétexte que les voitures des frères Grach marchaient à grandes journées et avec relais, ces relais n'étaient point établis sur la ligne de poste, et que, sans fraude, elles ne parcouraient point 10 lieues sur cette ligne, puisque la loi ne subordonne point son application à la non-existence de ces deux circonstances; qu'il y a, dès lors, lieu à réformer leur décision;— Par ces motifs, réforme, etc.
Du 5 fév. 1835.-C. de Toulouse, ch. corr.-M. Garrisson, pr.

(3) (Jacquet.) — La cour; — Vu les art. 1 et 2 de la loi du 15 vent. an 13 et l'art. 1 de l'ord. du 13 août 1817 ; — Considérant qu'il a été reconnu, en fait, par l'arrêt attaqué, 1° que le sieur Bachelier est entrepreneur d'une voiture suspendue, allant en service régulier de Niort à Bourbon-Vendée; 2° que la distance entre ces deux villes excède (même de beaucoup) 10 lieues de poste, et que cette distance est parcourue par la même voiture en moins de vingt-quatre heures ; —Qu'il s'ensuit donc que ladite voiture ne se trouve dans aucune des exceptions que l'art. 1 de la loi du 15 vent. an 13, a faites à la règle générale, qu'il établit, que tout entrepreneur de voitures publiques et de messageries doit payer au maître de poste, dont il n'emploie pas les

changement de chevaux se fait sur la portion de la route où il n'y a pas de ligne de poste (Crim. cass. 3 nov. 1827) (1); — 4° Qu'un entrepreneur de voitures publiques suspendues, partant à jour et heures fixes d'un lieu pour aller dans un autre, et parcourant dans les vingt-quatre heures plus de 10 lieues de poste, dont une partie est parcourue sur une route de poste, et le reste du trajet sur une route départementale où il n'existe pas de relais, ne peut être dispensé de payer l'indemnité due aux maîtres de poste, dont ils n'emploient pas les chevaux, encore bien que le trajet parcouru sur la route de poste serait moindre de 10 lieues (Crim. cass. 27 mars 1835, aff. Barrier, V. n° 394); — 5° Que l'entrepreneur chercherait en vain à se prévaloir de ce qu'il aurait fait une partie du trajet par un chemin sur lequel il n'existerait pas de ligne de poste, encore bien qu'il soit plus court, chemin qui doit, aux termes du décret du 6 juill. 1806, être réputé route de traverse, relativement à celle abandonnée par la voiture (Crim. rej. 30 janv. 1829, aff. Lesueur, V. n° 427); — 6° Que l'indemnité est due, encore qu'une partie du trajet ait été faite sur un chemin de traverse (Ch. réun. cass. 28 août 1832) (2).

427. Il a même été jugé qu'en vain l'entrepreneur ferait descendre ses voyageurs un peu avant le point d'arrivée (sa destination réelle comme celle des voyageurs), pour qu'il n'y eût

pas 10 lieues entre le point de départ et le point de descente, le droit n'en doit pas moins être acquitté (Crim. rej. 30 janv. 1829) (3). — Mais nous croyons que c'est pousser trop loin la rigueur. L'entrepreneur qui ne parcourt que dix lieues se renferme dans les termes de la loi, et l'on ne saurait lui en enlever le bénéfice sous prétexte qu'il a eu évidemment en vue de se l'assurer. — Sans doute, il n'est pas permis de faire indirectement ce que la loi défend de faire directement, et d'en violer l'esprit tout en respectant les termes (L. 5 c. *de legibus*). — Mais, dans l'hypothèse que nous examinons, il n'y a pas fraude : l'entrepreneur s'arrête au moment où quelques pas de plus vont le priver de la faveur de la loi; mais, en respectant les termes, il n'a fait une grande journée au lieu de la petite journée dont il réclame le bénéfice.

428. Il a été décidé, en outre, dans le sens des arrêts précités (V. n° 426), que cette circonstance qu'une voiture, partant d'une ville frontière pour se rendre en pays étranger, ne parcourt pas dix lieues de poste en vingt-quatre heures sur le territoire français, ne dispense pas l'entrepreneur de payer le droit de 25 cent. au maître de poste, dont il n'emploie pas les chevaux (Crim. rej. 19 sept. 1823; Crim. cass. 29 nov. 1825) (4).

429. Il paraît, d'ailleurs, manifeste que la distance qui dis-

---

chevaux, l'indemnité y mentionnée ; que, conséquemment, le sieur Bachelier doit payer cette indemnité au sieur Jacquet, maître de poste à Niort, lieu du départ de ladite voiture ; — Que, néanmoins, la cour royale de Poitiers a affranchi le sieur Bachelier du payement de ladite indemnité, sur le motif que la ligne et les relais de poste, établis sur la route parcourue par sa voiture, ne s'étendaient que jusqu'à Fontenay, dont la distance de Niort n'atteint pas 10 lieues de poste ; — Mais que cette circonstance n'étant pas indiquée par la loi comme devant dispenser l'entrepreneur d'une voiture publique de payer l'indemnité prescrite, il s'ensuit que ladite cour royale a formellement violé les dispositions précitées de la loi du 15 vent. an 13 et l'ord. du 15 août 1817;—Casse. Du 2 juin 1827.-C. C., ch. crim.-MM. Portalis, pr.-Busschop. rap.

(1) (Sivan C. Piffard, etc.). — La cour ; — Vu les art. 1 et 2 de la loi du 15 vent. an 13 et l'ord. du roi, du 13 août 1817, relative à ladite loi ;— Considérant qu'il a été reconnu, en fait, par l'arrêt attaqué 1° que les sieurs Piffard et comp. sont entrepreneurs d'une voiture publique suspendue, allant en service régulier de Brignoles à Marseille, et changeant de chevaux en route ; 2° que la distance entre lesdites villes est de plus de 10 lieues de poste, et qu'elle est parcourue par la même voiture en moins de vingt-quatre heures ; — Qu'il s'ensuit que ladite voiture ne se trouve dans aucune des exceptions que la loi du 15 vent. an 13 a faites à la règle générale qu'elle établit, que tout entrepreneur de voitures publiques et de messageries est tenu de payer au maître de poste, dont il n'emploie pas les chevaux, l'indemnité y mentionnée ; que, conséquemment, les sieurs Piffard et comp. sont tenus de payer cette indemnité au sieur Sivan, maître de poste à Aubagne où passe leur voiture sans employer ses chevaux ; — Que, néanmoins, la cour royale, d'Aix a affranchi les sieurs Piffard et comp. du payement de ladite indemnité, sur les motifs, 1° que la ligne de poste ne s'étendait pas sur la totalité de la route parcourue, mais seulement sur un espace de 7 lieues ; 2° que le changement de chevaux se faisait sur la portion de la route où il n'y a pas de ligne de poste ; mais que ces circonstances n'étant point indiquées par la loi, comme devant dispenser l'entrepreneur d'une voiture publique du payement de l'indemnité prescrite, il s'ensuit que ladite cour royale a violé les dispositions précitées de la loi du 15 vent. an 13 et l'ord. royale du 13 ao. — Casse l'arrêt rendu, le 31 mai 1827, par la cour d'Aix. Du 3 nov. 1827.-C. C., ch. crim.-MM. Bailly, pr. f. pr.-Busschop. r.

(2) (Laurent C. Rénier). — La cour ; — Vu les art. 1 et 2 de la loi du 15 vent. an 13 (6 mars 1805); — Attendu qu'il est reconnu, en fait, que les sieur et dame Rénier sont entrepreneurs d'une voiture publique suspendue, allant en service régulier de Nantes à Redon et de Redon à Nantes; que la distance entre ces deux villes est de 18 lieues; que cette distance est parcourue par la même voiture dans les vingt-quatre heures, et qu'il y a changement de chevaux en route; — Attendu que, dès lors, cette voiture ne peut être considérée comme voyageant à petites journées, et comprise dans l'exception contenue au § 2 de l'art. 1 de la loi du 15 vent. an 13; que ces mots, *petites journées*, ont été expliqués par l'ordonnance royale du 12 août 1817, qui fixe à 10 lieues de poste, l'étendue que l'on peut parcourir dans les vingt-quatre heures, en marchant à petites journées, et qui ajoute que tout entrepreneur de messageries, loueur de chevaux et voiturier qui parcourra, dans les vingt-quatre heures, un espace de plus de 10 lieues de poste, sera réputé marcher à grandes journées, et comme tel, sera obligé de payer aux maîtres de poste, l'indemnité établie par la loi du 15 vent. an 13 (6 mars 1805); — Attendu que, néanmoins, la cour royale d'Angers a affranchi

les sieur et dame Rénier du payement de l'indemnité prévue par l'art. 1 de la susdite loi, sur le motif que la voiture dont il s'agit n'avait point parcouru les dix lieues sur toute la ligne de poste, que les sieur et dame Rénier n'avaient établi aucun relais sur cette route de poste, et que le changement de chevaux ne s'était opéré que sur la route de traverse ; — Attendu qu'aucune de ces circonstances n'est indiquée dans la loi précitée, comme pouvant dispenser l'entrepreneur de voitures publiques (de la nature de celles de l'espèce), de l'indemnité prescrite par l'art. 1 de la susdite loi du 15 vent. an 15, qui n'excepte que celles qui vont à petites journées et avec les mêmes chevaux, sans distinction de celles qui parcourent la route un espace de plus de 10 lieues, de celles qui, faisant des grandes journées et changeant de chevaux, ne parcourent qu'une espace moindre sur la route de poste; qu'en exemptant par ces motifs, les sieur et dame Rénier du payement de cette indemnité, aux trois maîtres de poste intéressés qui n'employaient pas les chevaux, la cour royale d'Angers a créé une exception qui n'est pas dans la loi; qu'elle a en cela commis un excès de pouvoir et violé expressément les dispositions de la susdite loi du 15 vent. an 13 (6 mars 1805); — Par ces motifs, casse l'arrêt de la cour d'Angers, du 26 déc. 1831. Du 28 août 1832.-C. C., ch. réun.-MM. Portalis, 1er pr.-Jourde, rap.-Dupin, pr. gén., c. contr.- Moreau et Crémieux, av.

(3) (Lesueur C. Dotezac.) — La cour ; — Attendu, sur le premier moyen, qu'il résulte de l'arrêt attaqué qu'il y a plus de 10 lieues de poste du bourg de la Bastide, point de départ de la voiture du demandeur, à Libourne, lieu de son arrivée réelle; que le demandeur n'a pu éluder les obligations que la loi lui impose envers l'intervenant, en faisant descendre les voyageurs à une faible distance de Libourne, puisque cette dernière ville était véritablement le point de l'arrivée de ceux-ci, et que c'est à ce point que, dans la réalité, il les avait transportés; — Attendu, sur le deuxième moyen, que l'arrêt attaqué déclare en fait que le demandeur quittait la route de poste, pour en suivre une autre où il n'existait point de ligne de poste; que peu importe que cette dernière ait été la plus courte, qu'elle n'était, dans la réalité, qu'une route de traverse relativement à celle que le demandeur abandonnait; qu'il suit de là qu'il n'y avait pas lieu à l'application du décret du 10 brum. an 14, mais à celle de l'art. 1 du décret du 6 juill. 1806; — Rejette. Du 30 janv. 1829.-C. C., ch. crim.-MM. Bailly, pr -Mangin, rap.

(4) 1re *Espèce :* — (Boulogne et Mahy C. min publ.) — La cour (apr. délib. en ch. du cons.); — Considérant qu'il a été reconnu au procès que les voitures de messagerie de l'Eclair, se rendant de Lille dans les Pays-Bas, parcouraient une distance de plus de 10 lieues de poste dans les vingt-quatre heures, sans se tenir aux chevaux de la poste; — Qu'en jugeant, d'après ces faits, que lesdites voitures marchaient à grandes journées, et par conséquence elles étaient sujettes au payement du droit de 25 cent. réclamé par le sieur Mahy, maître de la poste aux chevaux à Lille, malgré que la distance de cette ville aux frontières fût moindre que dix lieues de poste, la cour royale d'Amiens n'a ni violé ni faussement appliqué la loi du 15 vent. an 13 ni l'ordonnance du roi du 13 août 1817; — Rejette. Du 19 sept. 1823.-C. C., sect. crim.-M. Bailly, pr.-Busschop. rap.

2e *Espèce :* — (Mahy.) — La cour; — Vu les art. 1 et 2 de la loi du 15 vent. an 13; — Vu également l'art. 1 de l'ordonnance du roi du 13 août 1817; — Considérant que l'établissement des voitures de messageries de l'Eclair, dont le sieur Boulogne est le directeur, est situé à Lille, territoire français; qu'il est donc soumis aux lois qui régissent ce territoire; — Qu'il est reconnu, au procès, que lesdites voi-

tingue les *grandes* des *petites* journées ne peut s'entendre que de celle comprise entre le point de départ et le point d'arrivée et non du nombre de lieues parcourues par la même voiture sur un espace de moins de dix lieues.—Ainsi, quel que soit le nombre de voyages accomplis dans le même jour, par la même voiture, sur un tel espace, elle ne peut être considérée comme allant à grandes journées, parce que les grandes journées impliquent les voyages pour lesquels on emploie des chevaux de poste. C'est ce qui résulte des motifs mêmes de la loi qui a fait accorder aux maîtres de poste l'indemnité de 25 cent. — Par suite, il a été jugé : 1° que la circonstance qu'une voiture publique reviendrait, dans la même journée, au lieu de son départ, ne la soumet pas au payement des droits de poste, alors que la distance entre le lieu de départ et celui de l'arrivée est moindre de dix lieues (Crim.

tures parcourent dans les vingt-quatre heures une distance de plus de 10 lieues de poste; elles sont donc, aux termes de l'ordonnance du 13 août 1817, réputées marcher à grandes journées, et sont conséquemment soumises à l'indemnité de 25 cent. établie par la loi du 15 vent. an 13, en faveur des maîtres de poste dont elles n'emploient pas les chevaux; — Que si l'espace parcouru par lesdites voitures est en partie situé en pays étranger, cette circonstance ne peut apporter aucune modification à l'obligation de payer ladite indemnité; — Que le point de départ desdites voitures est, en effet, sur le territoire français; que l'obligation du payement de l'indemnité se rattache à ce point de départ; qu'elle dérive donc d'une loi qui doit y recevoir son exécution; — Que la distance à parcourir n'est qu'une condition de cette obligation; que cette condition peut s'étendre à un pays étranger sans que la souveraineté en soit violée; qu'il n'en résulte, en effet, aucun droit dont l'exercice doive être poursuivi ou réclamé sur ce territoire étranger; — Que ladite ordonnance du 13 août 1817, en déterminant comment se constitue la grande journée, n'a pas non plus distingué si la distance était parcourue en tout ou seulement en partie sur le territoire français; — Qu'il s'ensuit donc qu'en jugeant que les voitures du sieur Boulogne n'étaient point réputées marcher à grandes journées, sous le motif qu'elles ne parcouraient point une distance de 10 lieues de poste de Lille jusqu'aux frontières des Pays-Bas, et en renvoyant, d'après ce motif, ledit sieur Boulogne des poursuites du sieur Maby, la cour royale de Douai a violé la loi du 15 vent. an 13, et l'ordonnance du roi du 13 août 1817; — Casse l'arrêt de la cour royale de Douai, du 10 oct. 1822, etc.
Du 29 nov. 1823.-C. C., sect. crim.-M. Busschop, rap.

(1) 1re *Espèce* : — (Decrombecque.) — LA COUR; — Considérant, sur le deuxième et dernier moyen, qu'en décidant qu'une voiture publique qui, après avoir parcouru une distance de moins de 10 lieues de poste, et revient dans la même journée au lieu de son départ, ne passe point les limites d'une petite journée, et ne doit conséquemment payer aucune indemnité aux maîtres de poste établis sur la route parcourue, le jugement dénoncé n'a contrevenu ni à l'ordonnance du roi du 15 août 1817 ni à la loi du 15 vent. an 13; — Rejette.
Du 21 août 1818.-C C., sect. crim.-MM. Barris, pr.-Busschop, rap.

2e *Espèce* : — (Vincent C. Min. pub.) — LA COUR; — Vu les art. 1 et 2 de la loi du 15 vent. an 13, 1 de l'ordonnance royale du 13 août 1817, 408, 413 et 429 c. inst. crim.; — Attendu que si l'art. 1 de la loi du 15 vent. an 13 dispose que « tout entrepreneur de voitures publiques et de messageries, qui ne se servira pas des chevaux de la poste, sera tenu de payer par poste et par cheval attelé à chacune de ses voitures, 25 c. au maître du relais dont il n'emploie pas les chevaux, le même article excepte de cette disposition les loueurs allant à petites journées et les mêmes chevaux; » — Qu'ainsi, l'art. 2 de la même loi, qui punit tous les contrevenants aux dispositions ci-dessus d'une amende de 500 fr., dont moitié au profit des maîtres de poste intéressés, et moitié à l'administration des relais, n'est point applicable aux conducteurs de voitures publiques allant à petites journées avec les mêmes chevaux; — Et que l'ordonnance royale du 13 août 1817 a fixé à dix lieues de poste l'étendue de la distance que l'on peut parcourir dans vingt-quatre heures en marchant à petites journées, ajoutant qu'en conséquence « tout entrepreneur de messageries, loueur de chevaux et voiturier qui parcourt, dans les vingt-quatre heures, un espace de plus de dix lieues de poste est réputé marcher à grandes journées; » — Attendu qu'il résulte de ces dispositions que la fixation à plus de 5 myriamètres (10 lieues de poste) de l'étendue de la distance que l'on peut parcourir dans vingt-quatre heures en marchant à petites journées, conduit au retour dans le calcul de la distance parcourue, puisqu'il a lieu dans le même rayon du départ à l'arrivée; — Et attendu que l'arrêt attaqué ne doit à constater que Vincent, qui ordinairement ne conduit la voiture publique que jusqu'à Barentin, l'a menée, le 14 août dernier, chargée de voyageurs, jusqu'à Yvetot; que le lendemain il l'a ramenée, également remplie de voyageurs, d'Yvetot à Douai, en passant par Barentin; que son voyage, entrepris pour Yvetot le 14 août, n'a

rej. 21 août 1818; Crim. cass. 19 juin 1841 (1); 2 avr. 1824, aff. Duranton, V. l'arrêt qui suit; Douai. 17 mai 1833, aff. Derome, V. n° 434); — 2° Qu'une voiture qui fait le trajet jusqu'au lieu de l'arrivée, avec les mêmes chevaux pour le retour, n'est pas censée relayer, dans le sens de la loi du 13 vent. an 13 (Crim. rej. 2 avr. 1824) (2); — 3° Et même que, le retour effectué avec des chevaux différents n'est pas un relai dans le sens de la loi, qui n'a entendu parler que du changement de chevaux sur un point intermédiaire entre ceux du départ et ceux de l'arrivée (Douai, 17 mai 1833, aff. Derome, V. n° 434-4°).

430. Le loueur de voitures qui, engagé par un voyageur pour un parcours n'excédant pas la marche à petite journée, dépasse ce parcours, dans les mêmes vingt-quatre heures, en consentant au lieu d'arrivée à un nouveau voyage, devient passible

été terminé que le 15 par son retour à Rouen; — Qu'il suit de là que, pour constituer Vincent en état de contravention et le condamner en l'amende de 500 fr., l'arrêt attaqué a compris, dans le calcul de la distance parcourue, l'aller et le retour, ce qui présente une fausse application des dispositions légales précitées et d'une peine, là où il n'y avait pas de contravention; — Casse.
Du 19 juin 1841.-C. C., ch. crim.-MM. Bastard, pr.-Romiguières, r.

(2) *Espèce*: — (Duranton C. Viguier et cons.) — Claude Duranton, domicilié à Pont-à-Mousson, avait deux entreprises, l'une pour Metz et l'autre pour Nancy. — Remarquez que Pont-à-Mousson est à la distance de 7 lieues de poste de Nancy et de Metz; que les voitures du sieur Duranton, pour ces deux villes, vont et retournent dans le même journée sans relayer dans la route; mais que les chevaux qui servent au voyage de retour ne sont pas les mêmes qui ont servi au voyage d'aller; qu'enfin, la ville de Pont-à-Mousson étant placée entre Metz et Nancy, les voyageurs arrivant par la voiture de Nancy peuvent repartir le lendemain par la voiture de Metz et réciproquement. Les maîtres de poste de la route parcourue par les voitures de Duranton l'ont traduit devant le tribunal de police correctionnelle de Nancy, en ce qu'il ne leur payait pas le droit de 25 c. par poste et par cheval, aux termes des art. 1 et 2 de la loi du 15 vent. an 13. — 9 août 1822, jugement qui renvoie le sieur Duranton de la plainte.

Appel. — 26 juill. 1825, arrêt de la cour de Nancy, qui confirme par les motifs suivants :—« Considérant, en fait, que Claude Duranton, domicilié à Pont-à-Mousson, exploite deux entreprises de messageries bien distinctes, l'une pour Metz et retour à Pont-à-Mousson dans la même journée; l'autre pour Nancy et semblable retour; — Que ces deux voitures partent chaque jour à heures fixes, qu'elles ne se versent point les voyageurs; — Que l'espace d'une nuit entière est interposé entre le retour de la voiture de Nancy et le départ de celle de Metz, et réciproquement; — Que chacune de ces voitures voyage sur Metz et sur Nancy avec les mêmes chevaux et ne relaye pas, et que la distance de chacune de ces villes à Pont-à-Mousson n'est que d'environ 7 lieues de poste. — Considérant, en droit, que les motifs présentés par l'orateur du gouvernement lors de la discussion de la loi du 15 vent. an 15, ne permettent pas de douter que dès cette époque il ne fût dans la pensée du législateur de comprendre les entrepreneurs des voitures publiques allant à petites journées dans les mêmes chevaux, sous l'expression de loueurs, relatée au § 1 de l'art. 1 de ladite loi; que cette interprétation a pris la force d'une certitude absolue par l'art. 4 du décret du 18 brum. an 14, par l'art. 5 du décret du 6 juill. 1806, et spécialement par l'ordonnance du 13 août 1817. — Considérant que cette ordonnance du 13 août 1817 a fixé à dix lieues de poste l'étendue de la distance que l'on peut parcourir dans vingt-quatre heures en marchant à petites journées, ce qui exclut le retour dans le calcul de la distance parcourue, puisqu'il a lieu dans le même rayon du départ; que cela est expliqué d'une manière positive par une circulaire du 10 oct. 1817 adressée aux maîtres de poste par le conseiller d'état directeur général des postes. — Considérant que si on ne doit pas calculer le retour dans l'arrivée pour fixer l'étendue de la grande et petite journée, il n'y a pas plus à s'occuper des moyens à l'aide desquels le retour a été effectué, et si, comme dans l'espèce, il a lieu avec des chevaux différents; que ce n'est point là un relais dans le sens de la loi, qui n'a voulu parler que du changement de chevaux sur un point intermédiaire entre ceux du départ et ceux de l'arrivée, par ces mots *allant avec les mêmes chevaux*, et non point *allant et retournant*, et ainsi qu'on doit l'entendre aussi par ceux-ci de l'ordonnance du 13 août 1817, *marchant à petites journées.* »
Pourvoi pour violation de la loi du 16 vent. an 13, et fausse interprétation de l'art. 4 du décret du 10 brum. an 14 et de l'ordonnance du 13 août 1817. — Arrêt.

LA COUR; — Considérant que dans l'état des faits tels qu'ils ont été reconnus et déclarés dans l'arrêt dénoncé et d'après les motifs y exprimés, cet arrêt, d'ailleurs régulier dans la forme, n'a violé aucune loi, en renvoyant ledit Duranton des poursuites. — Rejette. —
Du 2 avr. 1824.-C. C., sect. crim.-MM. Barris, pr.-Busschop, rap.

de l'indemnité de 25 cent. envers le maître de poste dont il suit la ligne sans employer les chevaux, et la contravention résultant du défaut de payement de cette indemnité au lieu du départ ne peut être excusée par cette considération que le loueur ignorait devoir excéder la distance réglementaire (Crim. cass. 4 fév. 1859, aff. Barré, D. P. 59. 1. 380).

431. Du motif de la loi de vent. an 13, qui vient d'être rappelé, à savoir qu'elle a eu pour but d'indemniser les maîtres de poste du préjudice que leur occasionne les messageries, lorsqu'elles relayent avec d'autres chevaux que ceux de la poste, on a conclu, et c'est ce qui a été jugé, que le trajet parcouru par un entrepreneur de transports, en partie avec ses chevaux et en partie par la voie de fer, ne le soumet pas au droit de poste, lorsque la distance parcourue avec ses chevaux est inférieure à 43 kilomètres, bien que la totalité du parcours soit supérieure à cette distance (Crim. rej. 7 août 1847, aff. Magdenier, D. P. 47. 1. 319). — V. aussi Lyon, 30 mars 1842, aff. Cailleteau, n° 585, et Crim. cass. 23 déc. 1848, aff. Talabot, n° 458.

432. De ce que les loueurs de chevaux ne peuvent se prévaloir de l'exception établie par l'art. 1 de la loi du 15 vent. an 13 (V. n° 415), il résulte que, lors même qu'ils ne relayent pas, ils restent soumis à l'application de l'art. 2 de la loi du 19 frim. an 7, suivant lequel « nul autre que les maîtres de poste... ne pourra... conduire à titre de louage des voyageurs d'un relais à un autre à peine d'être contraint de payer, par forme d'indemnité, le prix de la course, au profit des maîtres de poste et des postillons qui auront été frustrés. » — Il a été jugé que tout conducteur d'une voiture suspendue, ou *loueur de chevaux* conduisant la voiture d'un particulier, qui fait plus de dix lieues dans les vingt-quatre heures, doit aux maîtres de poste dont il n'emploie pas les chevaux une indemnité de 25 cent. par poste et par cheval, *s'il ne prend pas de relais*, conformément à la loi du 15 vent. an 13, et, *s'il relaye*, une indemnité égale au prix entier de la course, par application de la loi du 19 frim. an 7 (Civ. cass. 27 août 1838) (1). —Mais de cette double solution nous n'admettons que

la seconde branche, parce que de deux choses l'une : ou les loueurs de chevaux sont compris dans la loi du 15 vent. an 13, ou ils y sont restés étrangers. Si, ainsi que nous l'avons déjà fait observer n° 415, ils ne sont pas compris dans la loi de l'an 13, ce n'est jamais le droit de 25 cent. qu'ils peuvent devoir, parce que ce droit n'est imposé qu'aux loueurs ou entrepreneurs de voitures publiques; si, au contraire, ils sont dans la loi, ce ne peut jamais être que le droit de 25 cent., et non celui établi par la loi du 19 frim., qu'ils peuvent être tenus d'acquitter.—V. du reste à cet égard le rapport précité de M. Mesnard, n° 415.

433. L'art. 5 du décret du 6 juill. 1806 a eu pour but de prévenir un genre de fraude à l'aide duquel on eût pu facilement étendre d'une manière indéfinie l'exception en faveur des voitures allant à petites journées. — Aux termes de cet article, les entrepreneurs de voitures publiques qui ne relayent pas, mais qui, à certaines distances et sans attendre au moins six heures, se versent réciproquement les voyageurs qu'ils conduisent, sont assujettis au payement du droit de 25 cent. — Ainsi, lorsque des voyageurs conduits dans une localité par une voiture qui fait moins de dix lieues, continuent leur voyage en passant dans une autre voiture, dont le parcours, réuni à celle de la première, excède dix lieues, il faut, pour que les maîtres de poste aient une indemnité à réclamer, que le versement ait lieu dans un intervalle moindre de six heures et qu'il soit réciproque. — Il a été jugé en ce sens que des entrepreneurs de voitures publiques ne doivent pas d'indemnité aux maîtres de poste, lorsqu'il est constant qu'elles ne parcourent chacune pendant le même jour qu'une distance de moins de dix lieues, qu'elles vont avec les mêmes chevaux, et que si parfois elles se versent réciproquement les voyageurs, ce n'est qu'après un intervalle de six heures entre leurs arrivées et départs respectifs (Crim. rej., 6 déc. 1811) (2).

434. La question s'est élevée de savoir si le décret de 1806 exige qu'il y ait concert frauduleux entre les deux entreprises de messageries, ou si la simple coïncidence des heures d'arrivée et de

(1) (Laporte). — La cour (apr. dél. en ch. du cons.); — Vu l'art. 2 de la loi du 19 frim. an 7; — Attendu que les seules exceptions admises, par la même loi, à sa prohibition générale ainsi exprimée, sont celles énoncées : 1° en son art. 5, concernant les conducteurs de petites voitures non suspendues (pataches, carrioles), et les autres voitures de louage allant constamment à petites journées et sans relayer ; 2° en son art. 5, concernant les messageries et voitures publiques, auxquelles ce même article accorde la faculté d'établir des relais ; — Attendu que la loi du 15 vent. an 13, pour indemniser les maîtres de poste du préjudice que leur causait la faveur ainsi accordée aux messageries et voitures publiques, a soumis les entrepreneurs de ces établissements à l'obligation de payer, par poste et par cheval attelé à chacune de leurs voitures, 25 cent. au maître de poste dont ils n'emploieraient pas les chevaux ; — Que, du reste, cette loi, en établissant, par son art. 1 (comme l'avait fait celle de l'an 7, par son art. 5), des exceptions en faveur des voitures allant à petites journées et avec les mêmes chevaux et des voitures non suspendues, auxquelles elle a de plus assimilé les voitures de place, allant également avec les mêmes chevaux a laissé tous les autres conducteurs de voitures non suspendues et loueurs de chevaux sous l'empire de la disposition prohibitive de la loi du 19 frim. an 7, sans régler, d'ailleurs, ce qu'il faudrait entendre par les mots : grandes et petites journées ; — Attendu que cette lacune a été remplie par l'ordonnance royale du 15 août 1817, qui, après avoir déclaré que « l'étendue de distance qu'on peut parcourir, dans les vingt-quatre heures, en marchant à petites journées, est fixée à dix lieues de poste, » dispose que « tout entrepreneur de messageries, loueur de chevaux et voiturier, qui parcourra, dans les vingt-quatre heures, un espace de plus de dix lieues, sera réputé marcher à grandes journées, et, comme tel, obligé de payer aux maîtres de poste l'indemnité de 25 cent., établie par la loi du 15 vent. an 13 ; »—Que cette ordonnance, en déterminant la latitude de distance qui constitue la petite et la grande journée, a eu le double objet : 1° de fixer invariablement la limite des exceptions portées en l'art. 5 de la loi du 15 vent. an 13, quant à l'indemnité de 25 cent. due aux maîtres de poste ; 2° de soumettre les loueurs de chevaux et voitures non suspendues, qui feraient plus de dix lieues par jour, sans relayer, à la même indemnité que les entrepreneurs de messageries, mais sans relever ces loueurs de chevaux et voitures de l'obligation, s'ils relayent, de payer aux maîtres de poste, par forme d'indemnité, le prix entier de la course, dont ces derniers auront été frustrés ; et cela, en conformité de l'art. 2 de la loi du 19 frim. an 7 ; — Attendu que, de la combinaison des deux lois et de l'ordonnance ci-dessus analysées, il résulte : — 1° que les messageries et voitures publiques sont

autorisées à établir des relais pour leur service (art. 5 de la loi du 19 frim. an 7), sous la condition de payer aux maîtres de poste l'indemnité de 25 cent. par poste et par cheval ; — 2° Que les seules voitures exemptes de payer cette indemnité de 25 cent. sont : 1° les voitures allant à petites journées et avec les mêmes chevaux ; 2° les voitures de place allant également avec les mêmes chevaux et partant à volonté ; 3° les voitures non suspendues ; — 5° Que tout autre conducteur de voitures ou loueur de chevaux, faisant plus de dix lieues dans les vingt-quatre heures, doit aux maîtres de poste placés sur la distance qu'il parcourt, soit l'indemnité de 25 cent. par poste et par cheval, s'il ne relaye pas, soit l'indemnité du prix entier de la course, s'il relaye ; — Et attendu que le jugement de première instance, confirmé par l'arrêt attaqué, a adopté les motifs, constate, en termes formels, que Bonafous (résidant à Castel-Sarrazin, distant de quinze lieues de Toulouse), « a fourni des chevaux à plusieurs particuliers, et à différentes circonstances, pour conduire leurs voitures de chez eux à Toulouse, soit avec les mêmes chevaux, soit en changeant de chevaux à Grisolles ; » — Que, s'il a fait ces voyages avec les mêmes chevaux, il n'a dû, à la vérité, que l'indemnité de 25 cent. par poste et par cheval, indemnité dont il paraît avoir fait des offres que l'arrêt attaqué a tenues pour valables ; — Mais que, lorsqu'il a relayé, il a dû l'indemnité du prix entier de la course ; — Que, toutefois, lors même qu'il ait été constaté, en fait, qu'il avait relayé, il a été affranchi de cette dernière indemnité par l'arrêt attaqué, qui l'a relaxé des conclusions prises à cet égard, contre lui par Laporte ; — Qu'en décidant ainsi, et assimilant deux cas que la législation avait soigneusement distingués, et qui sont gouvernés par des règles différentes, la cour royale de Toulouse a faussement appliqué, et, par suite, violé l'ordonnance royale du 15 août 1817, faussement appliqué, et, par suite, violé la loi du 15 vent. an 13, et expressément violé l'art. 2 de celle du 19 frim. an 7 ; — Casse. Du 27 août 1838.-C. C., ch. civ.-MM. Portalis, 1er pr.-Quéquet, rap.-Laplagne-Barris, 1er av. gén., c. conf.-Dupont et Godart, av.

(2) (Lefebvre.)—La cour.—Considérant qu'il a été reconnu constant au procès que les deux voitures publiques, dont Ignace Ely est entrepreneur à Alost, ne parcourent chacune pendant le même jour qu'une distance de moins de 10 lieues ; que ces voitures vont, d'ailleurs, avec les mêmes chevaux, et que si parfois elles se versent réciproquement les voyageurs, cela ne se fait qu'après un intervalle de six heures entre leurs arrivées et leurs départs respectifs ; — Que, d'après les faits ainsi déclarés par la cour impériale de Bruxelles, le sieur Ignace Ely se trouve dans le cas déterminé par les décrets du 10 brum. an 14 et 6 juill. 1806, pour l'exempter du droit d'indemnité des maîtres de

départ des voitures appartenant à ces deux entreprises suffit pour rendre l'indemnité exigible.—La jurisprudence a varié sur cette question. Ainsi, il a d'abord été jugé, 1° que les entrepreneurs de voitures publiques qui ne relayent pas ne sont soumis au droit de 25 cent., lorsqu'ils se versent réciproquement les voyageurs, qu'autant que le versement a lieu avec concours et intelligence et qu'il n'est rien dû si le versement n'a été que l'effet d'un par hasard (Crim. rej. 24 déc. 1807) (1) ; — 2° Qu'il n'y a pas contravention au décret du 6 juill. 1806, qui assujettit au payement du droit dû aux maîtres de postes les entrepreneurs de voitures publiques qui font leur trajet sans relayer, dans le cas où ils se versent réciproquement les voyageurs qu'ils conduisent, lorsqu'il est constant, en fait, qu'il n'existe aucun accord entre ces entrepreneurs, qu'ils n'assurent pas les places dans un lieu pour l'autre, et qu'il n'y a entre leurs voitures qu'une simple coïncidence de départ et d'arrivée (Crim. rej. 10 nov. 1836 (2) ; 21 avr. 1837, aff. Brouard, V. n° 452) ; — 3° Que l'art. 5 du décret du 6 juill. 1806 n'entend parler que des versements qui seraient préparés et obtenus à l'aide d'un service organisé d'un commun accord, et non d'un simple échange de voyageurs qui ne serait que le résultat de la rencontre fortuite des deux entreprises (Bordeaux, 28 juin 1852) (3) ; — 4° Qu'ainsi la coïncidence qui existe entre l'arrivée d'une messagerie et le départ

d'une autre, lorsqu'il n'y a pas accord entre elles, et que d'ailleurs aucune d'elles ne réserve de place au profit de l'autre, ne constitue pas la correspondance (Douai, 17 mai 1833) (4) ; — 5° Que la simple coïncidence entre l'heure d'arrivée d'une voiture publique suivant un parcours de moins de 43 kilom. sans relayer, avec l'heure du départ d'une autre voiture publique, ne suffit pas pour constituer l'unité de parcours sur la même ligne, et par suite pour faire perdre aux entrepreneurs le bénéfice de l'exemption de l'indemnité postale, s'il n'y a aucun engagement par l'un de recevoir les voyageurs de l'autre, et s'il est facultatif à ceux-ci de ne point user de la correspondance : que ce n'est pas là un versement de voyageurs dans le sens de l'art. 5 du décret du 6 juill. 1806. — ... Et même y eût-il versement de voyageurs, de la part d'une voiture à l'égard de l'autre, l'indemnité ne serait pas due si ce versement n'était pas réciproque (Caen, 22 janv. 1852, aff. Toutain, D. P. 53. 2. 68).—La cour de cassation, abandonnant cette doctrine qui, comme on vient de le voir, avait été adoptée également par les cours impériales, a décidé : 1° que, pour donner ouverture au droit de 25 cent., accordé aux maîtres de postes par la loi du 15 vent. an 13, il suffit qu'il existe entre deux voitures publiques un versement réciproque de voyageurs, même un versement unique s'il est dû à toute autre cause qu'au hasard : qu'il n'est pas nécessaire d'en justifie d'une con-

<hr>

poste établi par la loi du 15 vent. an 15 ; d'où il suit qu'en le renvoyant des poursuites intentées contre lui par le demandeur en cassation à fin de payement dudit droit d'indemnité, ladite cour impériale s'est parfaitement conformée à la loi ; — Rejette.

Du 6 déc. 1811.-C. C., sect. crim.-MM. Barris, pr.-Busschop, rap.

(1) (Charpentier C. Giboury.) — La cour ; — Considérant qu'il a été déclaré par l'arrêt attaqué que la voiture de Giboury, dit Lafleur, partait de Falaise pour Caen à jour et à heure fixes et sans relai ; — Que cet arrêt, en outre, déclare qu'il ne résultait pas la preuve qu'il eût été fait aucun versement réciproque entre les voitures de Giboury dit Lafleur, mais seulement que, s'il y a eu quelque passage de la voiture de celui-ci dans celle de Vid, Couture et autres, et des voitures de ces derniers dans celles de Giboury, ce n'a été que par l'effet du hasard, sans concours ni intelligence et sans intention de faire fraude aux maîtres de poste, ce qu'il a même induit de diverses circonstances qu'il a relevées d'après cette information ;—Et que dans l'état des faits déclarés constants par cet arrêt, il n'appartient pas à la cour d'apprécier l'exactitude, cet arrêt n'a pu ni faire une fausse application de l'exception portée en l'art. 1 de la loi du 15 vent. an 13 ; ni violé la disposition explicative de cette exception de l'art. 5 du décret impérial du 6 juill. 1806, en déniant l'amende et l'indemnité réclamées ; — Rejette.

Du 24 déc. 1807.-C. C., sect. crim.-MM. Barris, pr.-Babille, rap.

(2) (Monnier C. Remoleux.) — La cour ; — Vu la loi du 15 vent. an 13 ; le décret du 6 juill. 1806 ; — Attendu que, d'après les dispositions de ce décret, les entrepreneurs de voitures publiques qui ne relayent pas, mais qui, sans attendre au moins six heures, se versent réciproquement les voyageurs qu'ils conduisent, sont assujettis au payement du droit dû aux maîtres de poste ; — Attendu que, pour appliquer cet article, il faut que des entreprises aient entre elles une correspondance habituelle et fixe ; que les voyageurs de l'une soient assurés d'être reçus dans une autre entreprise qui n'en soit, en quelque sorte, que la suite ; mais que la coïncidence de l'arrivée de l'une des voitures avec le départ des voitures d'un autre service, n'établit pas seule le versement réciproque, prévu par le décret de 1806, lorsqu'il est prouvé que l'un de ces services n'assure pas de place dans l'autre ; — Et attendu que le jugement attaqué reconnaît et déclare, en fait, qu'aucun accord n'est établi entre les voitures de Valenciennes et d'Arras ; et qu'à Valenciennes on n'assure pas aux voyageurs de place dans la voiture qui part de Douai pour Arras, et qu'il en est de même quant aux voyageurs montant d'Arras à Valenciennes, passant par Douai ; qu'il existe une simple coïncidence entre les heures de départ et d'arrivée des deux voitures ; — Attendu qu'en cet état des faits, le jugement attaqué a pu décider qu'on ne trouvait pas, dans l'espèce, le versement réciproque, prévu par le décret du 6 juill. 1806 ; et qu'en jugeant ainsi, il n'a commis aucune violation de la loi ; — Rejette.

Du 10 nov. 1836.-C. C., ch. crim.-MM. Choppin, pr.-Crouseilhes, r.

(3) (Dotézac C. Maupas.) — La cour ; — Attendu qu'aux termes de l'art. 5 du décret du 6 juill. 1806, les entrepreneurs de voitures publiques qui ne relayent pas sont assujettis au payement du droit que lorsqu'à de certaines distances et sans attendre au moins six heures, ils se versent réciproquement les voyageurs qu'ils conduisent ; que cette dernière partie de l'article indique un versement respectif, s'opérant par l'une volonté mutuelle et d'un concert préparé entre lesdits entrepreneurs ; — Attendu, en fait, qu'il n'est pas résulté de l'instruction la preuve suffisante que Maupas et Gautier, entrepre-

neurs de voitures publiques, allant de la Bastide à Brannes, et Faure, entrepreneur d'une voiture publique, parcourant la route de Bergerac à Vignonet, se soient versé réciproquement les voyageurs conduits aux susdites destinations de Brannes et de Vignonet ; que, s'il est arrivé quelquefois, 1° que des voyageurs, transportés à Brannes par Maupas et Gautier, ont passé dans la voiture publique de Faure, où de Vignonet ils se sont rendus à des distances plus ou moins éloignées ; 2° que des voyageurs transportés par Faure à Vignonet ont passé dans les voitures publiques de Maupas et Gautier, où de Brannes ils ont été conduits à la Bastide, de tels échanges de voyageurs paraissent devoir être attribués au concours fortuit de ces circonstances ; que n'étant pas justifié du moins qu'ils ont été préparés et obtenus à l'aide d'un service organisé d'un commun accord, il n'y avait pas ouverture au droit de maître de poste, et il ne pourrait être déclaré, par conséquent, qu'il a été contrevenu aux lois de la matière ; — Met l'appel au néant.

Du 28 juin 1852.-C. de Bordeaux, ch. corr.-M. Poumeyrol, pr.

(4) (Dérome C. Bruno.) — La cour ; — Attendu que, par jugement du 30 janv. 1833, les demandeurs ont été admis à faire preuve que Charles Bruno était dans l'habitude de joindre des cours de la route qu'il parcourt, de Maubeuge à Valenciennes, un troisième cheval aux deux chevaux qu'il avait en service ; et en second lieu, que ledit Bruno avait versé des voyageurs de sa voiture dans celle de Paris, Cambrai ou Douai ; — Attendu qu'il est résulté des dépositions des témoins produits par les demandeurs, qu'il est quelquefois arrivé que Bruno avait ajouté un troisième cheval à son attelage dans les temps où dans les chemins difficiles, pour l'abandonner ensuite sans le remplacer par un autre ; mais que cette opération ne peut être considérée comme un relai dans le sens de la loi ; — Attendu que, s'il est résulté de ladite enquête, qu'en diverses circonstances, des voyageurs, conduits par Bruno, avaient continué leur voyage dans d'autres voitures partant de Maubeuge ou Valenciennes, il n'est nullement établi que ce soit par suite d'un accord entre Bruno et les entrepreneurs de ces voitures, et que des places aient été assurées à ces voyageurs au delà de l'espace desservi par l'entreprise dudit Bruno ; d'où il suit que celui-ci n'a pas lui-même versé des voyageurs de sa voiture dans une autre ; — Attendu que c'est en vain, qu'en appel, les demandeurs ajoutent à leurs prétentions un nouveau motif, tiré de ce que Bruno voyagerait à grandes journées, puisqu'il fait chaque jour le service de Maubeuge à Valenciennes et réciproquement, et qu'il ne retourne pas à Maubeuge avec les mêmes chevaux que ceux avec lesquels il est arrivé ; — Qu'en effet, les termes de l'ordonnance du 15 août 1817, interprétative des lois antérieures sur le sens des mots petite journée, excluent le retour dans le calcul de la distance parcourue, puisqu'il a lieu dans le même rayon du départ ; que cela est expliqué d'une manière positive par une circulaire du 10 oct. 1817, adressée aux maîtres de postes par le directeur général ; — Que, si on ne doit pas calculer le retour avec l'arrivée pour fixer l'étendue de la grande et petite journée, il n'y a pas plus à s'occuper des moyens à l'aide desquels le retour a été effectué ; que, bien que, dans l'espèce, il ait eu lieu avec des chevaux différents, ce n'est pas un relai dans le sens de la loi, qui n'y entend parler que du changement de chevaux sur un point intermédiaire entre ceux du départ et ceux de l'arrivée ; — Emendant, déclare les appelants non recevables dans leurs fins et conclusions, décharge l'intimé des condamnations contre lui prononcées.

Du 17 mai 1833.-C. de Douai.

vention de correspondance arrêtée entre les entrepreneurs (Crim. cass. 19 avr. 1845, aff. Soreilhe, D. P. 45. 1. 248); — 2° Que le droit à l'indemnité postale, exigible des entrepreneurs de voitures publiques dans le cas de parcours par correspondance, n'est pas subordonné à l'existence d'un concert frauduleux entre ces entrepreneurs ; qu'il suffit que le versement réciproque des voyageurs ait lieu sans attendre les six heures fixées par le décret de 1806 (Crim. cass. 20 juill. 1849, aff. Serizier, D. P. 49. 5. 410).

435. Mais l'abandon de sa jurisprudence par la cour suprême ne nous semble pas bien justifié. Nous croyons, en effet, que les termes, comme l'esprit du décret de 1806, supposent un concert frauduleux entre deux entreprises de messageries. Si ce concert n'existe pas, il n'y a plus que des voitures isolées qui ne peuvent être soumises au droit de 25 cent. qu'autant qu'elles dépassent les limites de la petite journée. — En exprimant que les entrepreneurs seront soumis au droit de 25 cent., lorsqu'ils se verseront réciproquement les voyageurs, le décret de 1806 nous paraît avoir dit avec une clarté parfaite qu'il devait y avoir concert entre les deux entreprises ; elles ne sauraient, en effet, se verser réciproquement les voyageurs, sans s'être entendues pour les heures de départ et d'arrivée, pour les places à retenir, etc. — C'est donc avec raison que la cour est revenue à sa première jurisprudence en décidant : 1° que deux entreprises de voitures publiques ne peuvent être considérées comme se versant réciproquement leurs voyageurs, par cela seul que des voyageurs auraient passé des voitures de l'une dans celles de l'autre, s'il est établi que ce fait n'est arrivé que rarement et par l'effet du hasard, et que d'ailleurs les bureaux des deux entreprises sont éloignés et absolument distincts (Crim. rej. 15 juill. 1859, aff. Pottier, D. P. 59. 1. 379); — 2° Que la simple coïncidence des arrivées et des départs de deux entreprises de voitures publiques dans le même lieu et à moins de six heures d'intervalle, n'est pas une cause légale de l'obligation de payer l'indemnité aux maîtres de poste ; il faut, de plus, qu'il existe entre les deux entreprises une entente ayant pour objet d'assurer aux voyageurs la continuité du transport, circonstance dont l'existence ou la non-existence est déclarée souverainement par les juges du fait (Crim. rej. 10 mars 1860, aff. Esquirou, D. P. 60. 1. 47); — 3° Mais que l'entrepreneur de transport qui a fait continuer leur route à des voyageurs, au delà de son point d'arrivée, en traitant lui-même à cet effet avec le conducteur d'une voiture d'occasion, est en contravention pour défaut d'acquittement de l'indemnité postale, si la totalité du parcours excède le transport à petite journée, tout aussi bien que dans le cas de versement de voyageurs à une autre entreprise (Crim. rej. 21 janv. 1859, M. Sénéca, rap., aff. Hersent et Orieux).

436. La nécessité d'un concert entre les entrepreneurs résulte aussi d'un arrêt qui décide que le décret du 6 juill. 1806, qui soumet au droit de 25 cent., au profit des maîtres de poste, les entrepreneurs de voitures publiques qui, sans relayer, se versent réciproquement les voyageurs, dans un délai de moins de six heures, ne s'applique qu'aux messageries proprement dites ou autres voitures de cette nature, et ne peut régir les voitures telles que les omnibus, etc., qui sont uniquement affectées au transport en commun, qui stationnent sur la voie publique et dans lesquelles les places ne peuvent être arrêtées d'avance, et que, par suite, la correspondance établie entre des voitures omnibus et une autre entreprise ne peut les soumettre respectivement à l'observation du décret de 1806, quelle que soit la coïncidence entre l'arrivée d'une voiture et le départ d'une autre (Crim. rej. 24 janv. 1859) (1). — Pourquoi, en effet, le droit n'est-il pas dû dans ce cas? C'est parce qu'on n'arrête pas des places dans les omnibus, et que, sous ce rapport, les entrepreneurs ne peuvent se concerter.

437. A qui incombe la charge de prouver ce concert? — Naturellement à la partie publique ou privée qui en fait le fondement de son action. — En principe, les loueurs de voitures allant à petites journées ne sont pas assujettis au droit: lorsqu'ils remplissent cette condition, on n'a donc rien à leur demander. Cependant une coïncidence se produit entre l'arrivée et le départ de deux voitures allant à petites journées, en telle sorte qu'avec la seconde on peut dépasser la limite de 10 lieues où commence la grande journée ; il y a là sans doute une circonstance de nature à éveiller la sollicitude des personnes intéressées dans la perception du droit ; mais cette coïncidence suffit-elle pour le rendre exigible? — Non. Il faut de plus que les entrepreneurs se *versent réciproquement* les voyageurs, ce qui implique une action réciproque et volontaire. — La partie qui poursuit les propriétaires de voitures allant à petites journées et se borne à établir la coïncidence des départs n'a donc pas assez fait pour obtenir une condamnation ; d'où il suit que c'est nécessairement à elle qu'il appartient de prouver la circonstance qui, seule, peut justifier la poursuite.

438. Les entrepreneurs de voitures publiques qui desservent les deux lignes aboutissant aux deux extrémités d'un chemin de fer sont-ils assujettis à l'indemnité postale, lorsqu'ils parcourent une distance totale inférieure à 43 kilomètres. — Il a été décidé, et nous croyons que cette solution doit être approuvée, que l'indemnité n'est pas due, nonobstant la communication établie entre les deux entreprises par l'intermédiaire du chemin de fer, cette communication ne pouvant être assimilée au fait prévu par le décret du 20 brum. an 14, du versement réciproque des voyageurs entre deux voitures se rencontrant au même point (Crim. cass. 23 déc. 1848, aff. Talabot, D. P. 48. 5. 377). — L'intermédiaire du chemin de fer empêche en effet le versement réciproque, qui prive les entrepreneurs, allant à petites journées du bénéfice de l'exception admise par le § 2 de l'art. 1 de la loi de l'an 13. S'il y a versement dans ce cas, c'est avec le chemin de fer, et nous avons vu que les compagnies qui exploitent ces voies de communication sont en dehors de la règle commune.

439. Il a été décidé en outre : 1° que la constatation des faits étant du domaine exclusif des tribunaux, il s'ensuit qu'il ne peut y avoir ouverture à cassation contre un arrêt qui, constatant en fait qu'un individu a établi des voitures publiques partant chaque jour à heure fixe, et versant les voyageurs dans d'autres voitures qui correspondaient avec la sienne, le condamne à l'amende de 500 fr. et à réparer le préjudice qu'il a causé aux maîtres de poste (Crim. rej. 23 oct. 1806) (2); — 2° Qu'un

---

(1) (Zhendre C. Toulouse et autres.) — La cour (apr. délib.); — En ce qui touche la correspondance établie entre les jumelles-célérifères, les omnibus et les clychiennes: — Attendu que l'art. 5 du décret du 6 juill. 1806, qui ne concerne exclusivement que les messageries proprement dites et les autres voitures publiques de cette nature, ne peut régir des entreprises uniquement affectées au service spécial connu sous le nom de transport en commun ; — Qu'il est donc inapplicable aux omnibus qui stationnent sur la voie publique, et dans lesquels les places ne peuvent être arrêtées d'avance, puisqu'elles appartiennent au premier occupant ; — Qu'il est également inapplicable aux clychiennes, dont le service est organisé de la même manière ; — Que la correspondance établie entre ces voitures et les jumelles-célérifères allant de Saint-Denis à Paris et de Saint-Denis à Saint-Ouen, ne saurait les soumettre respectivement à l'observation dudit article, lors même que la continuation du trajet s'effectuerait toujours immédiatement dans l'une incontinent après l'arrivée de l'autre ; — D'où il suit qu'en refusant de considérer cette correspondance comme une contravention à la disposition précitée, l'arrêt dénoncé n'a fait que renfermer celle-ci dans son véritable objet ; — En ce qui concerne les jumelles célérifères allant de Paris à Montmorency et à Enghien : — Attendu qu'il résulte de cet arrêt que le relai particulier dont

il s'agit avait toujours existé à Saint-Denis, au vu et su des précédents maîtres de postes de ce lieu, ainsi qu'ils eussent réclamé l'indemnité établie par la loi du 25 vent. an 13 ; qu'il a continué d'exister de la même manière depuis que le demandeur est en possession de cette poste royale, c'est-à-dire depuis le 10 juill. 1835, et qu'il a été supprimé aussitôt que celui-ci eut manifesté, par l'exploit introductif d'instance du 16 fév. 1838, l'intention d'exiger cette indemnité ; — Qu'en décidant donc, dans cet état de faits que le réclamant n'avait pu, en laissant subsister pendant si longtemps l'état de choses qui se trouvait établi avant son entrée en exercice, se ménager le moyen de faire condamner les défendeurs aux fins de sa demande, la cour royale de Paris n'a ni outrepassé les limites du pouvoir d'appréciation dont elle est investie souverainement, ni commis la violation expresse d'aucune loi ; — En conséquence, vidant le délibéré par elle ordonné à l'audience du 19 de ce mois ; — Rejette.

Du 24 janv. 1859—C. C., ch. crim.-MM. de Bastard. pr.-Rives, rap.

(2) (Monché C. Leudet.) — La cour ; — Attendu que les moyens en cassation proposés par J. B. Monché contre l'arrêt rendu par la cour de justice criminelle du département de l'Eure, le 26 août dernier, ne tendent qu'à contredire les faits déclarés constants par ledit arrêt, et qu'il

jugement caractérise suffisamment, dans le sens de l'art. 5 du décret du 6 juill. 1806, le voyage à grande journée à raison duquel les entrepreneurs de voitures publiques sont tenus de payer une indemnité aux maîtres de poste dont ils parcourent le relais, lorsqu'il constate en fait la coïncidence des départs et des arrivées de deux voitures publiques appartenant à deux entrepreneurs différents, l'échange habituel de voyageurs opéré entre les deux entreprises, ainsi que l'entente et le concert intervenus entre elles à cet égard : ce sont là des constatations souveraines et qui ne peuvent dès lors donner ouverture à cassation (Crim. rej. 3 janv. 1856, aff. Riverain-Vaslet, D. P. 56. 1. 93).

440. La circonstance que les heures d'arrivée d'un service de voitures publiques, qui se trouvent coïncider avec les heures de départ d'une entreprise continuant la même direction, seraient imposées à la première par des traités de correspondances, conclus avec une compagnie de chemin de fer, n'exclut pas la possibilité d'un versement réciproque entre les deux entreprises de voitures publiques et ne justifierait pas le versement s'il existait ; mais, malgré la coïncidence dont il s'agit, les juges peuvent induire des autres circonstances de la cause, et notamment du refus d'assurer des places pour le transport au delà du lieu d'arrivée, que le versement allégué n'existe pas (Crim. rej. 15 juill. 1859, aff. Pottier, D. P. 59. 1. 379).

441. Dans le cas de versement réciproque de voyageurs prévu par l'art. 5 du décret du 6 juill. 1806, l'indemnité postale est exclusivement à la charge de celui des entrepreneurs de voitures publiques qui a parcouru le relais pour lequel elle est due ; par suite, c'est à cet entrepreneur seul que le refus de payement de l'indemnité est imputable, et le messagiste qui, parcourant une autre route, s'est borné à se concerter avec cet entrepreneur, pour transformer le voyage de celui-ci en voyage à grande journée, n'est pas passible de l'amende (Crim. cass. 3 janv. 1856, aff. Riverain-Vaslet, D. P. 56. 1. 93).

442. *Voitures de place allant avec les mêmes chevaux et partant à volonté.* — Le § 2 de l'art. 1 de la loi du 15 vent. an 13 exempte du droit de 25 cent. les voitures de place allant également avec les mêmes chevaux et partant à volonté ; mais il n'y ajoute pas la condition imposée aux loueurs qui font l'objet de la première exception d'aller à petites journées. Suit-il de là que les voitures de place peuvent, dans les vingt-quatre heures, dépasser la distance formant la petite journée, sans être sujets à l'indemnité ? L'affirmative paraît résulter de la rédaction de l'article précité. Trois cas distincts sont prévus, en effet, par cette disposition, à savoir : 1° celui où des loueurs ou entrepreneurs de voitures publiques vont à petites journées ; — 2° Celui où des voitures de place partent avec les mêmes chevaux ; — 3° Celui où les voitures ne sont pas suspendues.—Dans ces trois cas, les conditions sont différentes, et de même qu'il ne paraît pas possible d'étendre aux voitures non suspendues les conditions

imposées aux voitures de place (V. n°⁸ 444 et s.), de même nous ne croyons pas juridique d'astreindre les voitures de place aux conditions concernant les messageries, parce que, quelles que soient les objections que l'on pourrait élever contre ces différences, il est certain que d'un mot la loi pouvait les effacer, et que la rédaction qu'elle présente manifestant clairement sa volonté, il ne peut y avoir de raison pour s'y soustraire. — Aussi a-t-il été jugé, d'une manière générale, que le § 1 de l'art. 1 de la loi du 15 vent. an 13 s'applique tout entrepreneur de voitures publiques ou de messageries au droit de 25 cent., ne s'applique pas aux voitures partant d'occasion et non à jour fixe et déterminé (Rouen, 19 nov. 1816) (1).

443. Toutefois, il a été jugé en sens contraire : 1° que l'art. 1, § 2, de la loi du 15 vent. an 13 s'applique non-seulement aux entrepreneurs de services réguliers et périodiques, mais encore à ceux qui font partir des voitures à volonté, comme, par exemple, les voitures de place, en telle sorte qu'une seule grande journée faite avec les mêmes chevaux par une voiture partant à volonté, la soumet au droit de 25 cent. (Crim. cass. 6 oct. 1832) (2) ; — 2° Que l'indemnité de 25 cent. due aux maîtres de poste aux termes des art. 1 et 2 de la loi du 15 vent. an 13, s'applique à ceux qui font partir des voitures à volonté, comme aux entrepreneurs qui ont un service de voitures régulier et périodique ; et cette indemnité est due, bien que dans une partie du trajet le voiturier n'ait pas suivi la ligne postale ; qu'à cet égard, la tolérance du précédent maître de poste n'empêche pas la contravention, et que l'offre de payer l'indemnité ne la fait pas non plus disparaître (Rennes, 19 janv. 1849, aff. Chancerel, D. P. 49. 2. 138). — Mais, pour toute argumentation, les motifs de ces arrêts se bornent à affirmer que les propriétaires de voitures à volonté se trouvent compris dans le § 1 de l'art 1 de la loi du 15 vent. an 13, qui assujettit au droit de 25 cent. *tout entrepreneur de voitures publiques et de messageries*, lorsqu'il ne se sert pas des chevaux de la poste ; ils ne tiennent aucun compte de la rédaction très-précise, suivant nous, du § 2 du même article, qui nous paraît trancher la difficulté.

444. *Voitures non suspendues.* — On a essayé de faire considérer comme non suspendues des voitures dont la caisse adhérait au train et au brancard, mais dont les sièges étaient suspendus, ce qui produisait à peu près le même effet que la suspension extérieure de la caisse. L'art. 6 du décret du 6 juill. 1806 a eu pour objet de proscrire ce moyen de fraude, en déclarant expressément que les voitures qui ont des sièges à ressort dans l'intérieur donnent ouverture au droit de 25 cent. — D'où la conséquence forcée que, ainsi que l'a jugé en un arrêt, les entrepreneurs de voitures non suspendues, dont les sièges ne sont pas à ressort dans l'intérieur, ne peuvent pas être assujettis au payement du droit établi en faveur des maîtres de poste (Crim. cass. 19 déc. 1806) (3).

n'entre point dans les attributions de la cour de cassation de vérifier ces faits ; qu'il a été constaté que ledit Monché a établi des voitures partant chaque jour à heure fixe, et versant les voyageurs dans d'autres voitures qui correspondent avec la sienne, d'où il suit qu'il ne peut pas exciper de l'exception portée dans la seconde partie de l'art. 1 de la loi du 15 vent. an 13, et que ledit arrêt a fait une juste application de l'art. 4 du décret du 10 brum. an 14 ; — Rejette.

Du 23 oct. 1806.—C. C., sect. crim.—M. Audier-Massillon, rap.

(1) (Guidel C. adm.in. des postes.) — LA COUR ; — Attendu que l'art. 1 de la loi du 15 vent. an 13 ne s'applique qu'aux messageries et voitures publiques qui partent à jours fixes et déterminés ; — Attendu que cet article excepte du droit : 1° les loueurs de voitures allant à petites journées avec les mêmes chevaux ; 2° les voitures de place allant également avec les mêmes chevaux, et partant à volonté, et 3° les voitures non suspendues ; — Attendu que la déclaration passée par Guidel, le 30 décembre dernier, au bureau de la direction des impôts indirects, à Evreux, porte que les voitures suspendues dont il fait usage partent d'occasion et à volonté, et non à des jours fixes et déterminés ; — Vu le dernier paragraphe de l'art. 1 de la loi du 15 vent. an 13 ; — Emendant, décharge Guidel des condamnations prononcées contre lui.

Du 19 nov. 1816.—C. de Rouen, ch. corr.

(2) (Veuve Roucamps C. Brisset.) — LA COUR (apr. délib. en ch. du cons.) ; — Vu l'art. 1 de la loi du 15 vent. an 13 ; — Attendu que cet article, dans son § 2, assujettit implicitement au payement des droits établis au § 1 les loueurs de voitures qui ne vont pas à petites journées, et que, dès lors, cette loi n'a pas entendu que les entrepreneurs de ser-

vices réguliers et périodiques fussent seuls assujettis au payement de ces droits ; — Attendu que le jugement attaqué reconnaît, en fait, que la voiture de Brisset, entrepreneur de voitures, avait fait une grande journée sur la route de poste de Valognes à Coutances ; — Attendu, dès lors, que la voiture de Brisset, rentrant dans les prévisions générales de la loi, ne pouvait être comprise dans la première des trois exceptions contenues au § 2 de la susdite loi, et que le tribunal de Coutances ne pouvait méconnaître la catégorie dans laquelle se trouvait classée cette voiture, sur le motif qu'elle partait à volonté comme les voitures de place ; — Et attendu qu'en renvoyant Brisset de la demande formée contre lui par la dame veuve Roucamps, le jugement du tribunal de Coutances a violé l'art. 1, § 2 de la loi du 15 vent. an 8; —Par ces motifs, casse le jugement du tribunal de police correctionnelle de Coutances, du 5 mai dernier.

Du 6 oct. 1832.—C. C., ch. crim.—MM. Bastard, pr.-Crouseilhes, rap.

(3) (Poulin.) — LA COUR ; — Vu l'art. 1 de la loi du 15 vent. an 13 et le décret du 6 juill. 1806 ; — Attendu que, d'après ces dispositions combinées, les entrepreneurs ordinaires de voitures non suspendues ne peuvent être assujettis au payement du droit établi en faveur des maîtres de poste, qu'autant qu'elles auraient des sièges à ressort dans l'intérieur ; que, dans l'espèce, il n'a été reconnu ni déclaré que les voitures des frères Poulin étaient suspendues ou avaient des sièges à ressort dans l'intérieur ; qu'ainsi en les condamnant au payement du droit dont il s'agit, et aux peines portées dans le cas de contravention, la cour de justice criminelle du département de Vaucluse a fait une fausse application de la loi du 15 vent. an 13 et des décrets rendus pour son exécution ; — Casse.

445. La disposition formelle du décret de 1806 n'a pas levé toute difficulté. On a cherché à équivoquer sur le mot *ressort*, et l'on a prétendu que les siéges suspendus ne devaient pas être considérés comme étant à ressort. — Mais il a été jugé qu'il n'y a que les voitures non suspendues intérieurement ou extérieurement qui soient dispensées de payer l'indemnité accordée aux maîtres de poste; qu'ainsi, ne le sont point celles dans l'intérieur desquelles se trouvent des banquettes servant de siége aux voyageurs, et reposant sur de fortes bandes de cuir attachées par des clous aux deux extrémités (Crim. cass. 28 déc. 1810) (1).

446. Enfin, pour mettre un terme aux contestations nombreuses qui s'étaient élevées relativement à l'application de la troisième exception admise par l'art. 1 de la loi de vent. an 13, en ce qui touche les voitures non suspendues, l'ordonnance du 11 sept. 1822 a expliqué: 1° que, par voitures non suspendues, on doit entendre celles dont la caisse est entièrement adhérente au train et au brancard et n'est susceptible d'aucun jeu ni balancement; — 2° Que toute voiture publique, dont la caisse est supportée par des soupentes en fer, bois, ou toute autre matière disposée de façon à isoler la caisse de son train ou brancard ou qui reçoit du jeu ou balancement par un moyen quelconque, doit être considérée comme suspendue et par conséquent assujettie au droit de 25 c.

447. L'esprit de controverse ne s'est pas tenu pour battu. On a soutenu, d'abord, que l'ordonnance de 1822 n'était pas constitutionnelle, en ce qu'il ne pouvait appartenir qu'au législateur d'interpréter la loi. *Ejus est interpretari cujus est condere.* — Mais il a été jugé, et nous croyons que c'est avec fondement : 1° que l'ordonnance du 11 sept. 1822, qui a déterminé le sens des mots *voitures non suspendues*, employés dans la loi du 13 vent. an 13, est un règlement d'administration publique pour l'exécution de cette loi, et qu'il doit être observé par les tribunaux (Crim. cass. 10 nov. 1836) (2);—2° Que dire que la loi qui a soumis au droit de 25 c. les voitures suspendues, s'applique aux voitures suspendues à l'intérieur comme à l'extérieur, ou qu'elle a compris, sous ce mot *suspendues*, toutes voitures recevant du jeu et du balancement, par un moyen quelconque, ce n'est, de la part de l'autorité réglementaire, ni modifier, ni restreindre, ni étendre, ni abroger la loi; que c'est l'expliquer, l'interpréter, pour en assurer l'exécution (Ch. réun. cass. 21 déc. 1833, aff. Gaukler, V. n° 448).

448. Ce n'est pas tout: bien que l'ordonnance de 1822 ait eu pour objet évident d'enchérir sur le décret de 1806, d'en étendre et non d'en restreindre la disposition applicable aux voitures non suspendues, on a également prétendu que cette ordonnance l'avait abrogé sur ce point, et qu'en conséquence une voiture non suspendue qui avait seulement des siéges à ressort ne devait pas être réputée suspendue. — Mais il a été décidé, contrairement à cette protestation, de tout point mal fondée : 1° que le décret du 6 juillet 1806, qui déclare les voitures non suspendues soumises au droit, loin d'avoir été abrogé par l'ordonnance du 11 septembre 1822, a été, au contraire, confirmé par cette ordonnance, qui déclare que le droit est dû pour toutes les voitures qui reçoivent le jeu ou le balancement par un moyen quelconque (Crim. cass. 24 mars 1832, et sur nouveau pourvoi Ch. réun. cass. 21 déc. 1833) (3);— 2° Qu'il

Du 19 déc. 1806.-C. C., sect. crim.-MM. Barris, pr.-Buschop, rap.

(1) (Lefebvre C. Lequesne.) — LA COUR; — Vu la loi du 15 vent. an 13 et les décrets des 10 brum. an 14 et 6 juill. 1806; — Attendu qu'il résulte de la combinaison des lois qu'il n'y a exactement que les voitures non suspendues extérieurement ou intérieurement qui soient dispensées de payer l'indemnité accordée aux maîtres de poste; — Attendu que, dans l'espèce, il est constant, même par l'arrêt attaqué, qu'il y a, dans l'intérieur de la voiture du sieur Lequesne, quatre banquettes servant de siéges aux voyageurs, lesquelles reposent sur deux fortes bandes de cuir qui sont clouées aux deux extrémités de la voiture; — Attendu qu'on considérant une voiture ainsi suspendue intérieurement comme dispensée du payement de l'indemnité, la cour de justice criminelle de l'Eure a contrevenu à la loi et aux décrets précités;—Casse.

Du 28 déc. 1810.-C. C., sect. crim.-MM. Barris, pr.-Chasle, rap.

(2) (Foin C. Loude.) — LA COUR; — Vu la loi du 15 vent. an 13, l'ord. du 11 sept. 1822 et le règl. du 6 juill. 1806 en son art. 6; — Attendu que la loi du 15 vent. an 13 n'excepte du payement des droits par elle établis que les voitures non suspendues; — Attendu que, d'après le décret du 6 juill. 1806 et l'ord. du 11 sept. 1822, règlements d'administration publique intervenus pour l'exécution de la loi précitée, on doit considérer comme suspendues les voitures qui recevraient du jeu ou balancement par un moyen quelconque, et celles qui auraient des siéges à ressort dans l'intérieur; — Attendu qu'il résulte d'un procès-verbal régulier et du jugement attaqué que les coussins servant de siéges à la voiture dont il s'agit, renfermaient des ressorts en fil de fer de forme spirale, destinés à donner de l'élasticité à ces coussins;

Attendu que, dès lors, ces siéges tombaient sous les provisions de l'art. 6 du décret du 6 juill. 1806; — Attendu, toutefois, que le tribunal d'Auxerre, jugeant en appel de police correctionnelle, a renvoyé le sieur Loude de la plainte, sur le motif que l'élasticité donnée à des coussins ne tombait pas sous la prévision des dispositions de la loi et des règlements qui s'occupent des siéges proprement dits; — Attendu qu'en présence de ces dispositions on ne saurait établir de distinction entre les siéges proprement dits et les coussins qui, posés sur ces siéges, sont destinés à en adoucir à leur donner quelque jeu ou balancement, par le moyen de l'élasticité des ressorts qu'ils renferment; — Attendu, dès lors, que le jugement attaqué a fait une fausse application des dispositions de la loi du 15 vent. an 13, du décret et des ordonnances rendus pour son exécution; — Casse, etc.

Du 10 nov. 1836.-C. C., ch. crim.-MM. Choppin, pr.-Crouseilhes, r.

(3) (Gaukler C. Paulus.) — LA COUR (après délib. en ch. du cons.) — Vu la loi du 15 vent. an 13, le décret du 6 juill. 1806 et l'ordonnance du 11 sept. 1822.....; — Attendu que l'ordonnance de 1822, qui n'a eu pour objet que de déterminer ce qu'il fallait entendre par les voitures non suspendues dont parle la loi de l'an 13, et par les ressorts qui produisent la suspension, n'a pas abrogé le décret de 1806, qui assimile aux voitures suspendues celles qui ont des siéges à ressorts dans l'intérieur; que, d'ailleurs, l'art. 2 de cette ordonnance considère comme voitures suspendues celles qui reçoivent du jeu ou du balancement par un moyen quelconque, ce qui comprend les voitures dont la

caisse est adhérente au train, mais qui ont, dans l'intérieur, des siéges disposés de manière à recevoir ce jeu ou balancement; — Attendu que le jugement attaqué reconnaît, en fait, que les voitures dont il s'agit au procès avaient des banquettes reposant sur des flèches en bois flexible, suspendues sur des courroies; que ces voitures se trouvent donc du nombre de celles qui, d'après les loi, décret et ordonnance précités, sont soumises au droit de 25 cent. envers les maîtres de poste, et qu'en les affranchissant de ce droit, ledit jugement a violé les dispositions de ces loi, décret et ordonnance; — Par ces motifs, vidant le partage déclaré à l'audience du 7 janv. dernier, casse le jugement rendu par le tribunal correctionnel de Strasbourg, le 6 oct. dernier, etc.

Du 24 mars 1832.-C. C., ch. crim.-MM. de Bastard, pr.-Ricard, rap.

La cour de Colmar devant laquelle l'affaire fut renvoyée, décida de nouveau qu'il n'y avait pas de contravention, par le motif que le décret du 6 juill. 1806 avait étendu arbitrairement les dispositions de la loi du 15 vent. an 13; que ce décret n'était que transitoire; qu'il aurait dû être converti en loi pour pouvoir être appliqué, et que l'ord. du 11 sept. 1822, qui avait défini les voitures non suspendues, n'avait pas parlé de celles ayant des banquettes à ressort. — Nouveau pourvoi. — Arrêt.

LA COUR (apr. délib. en ch. du cons.) — Vu la loi du 15 vent. an 13, art. 1, l'art. 6 du décret du 6 juill. 1806 et les art. 1 et 2 de l'ordonnance royale du 11 sept. 1822; — Attendu que l'art. 1 de la loi du 6 mars 1805 assujettit tout entrepreneur de voitures publiques et de messageries qui se servira pas des chevaux de poste, à payer par poste et par cheval une indemnité de 25 cent. au maître de poste du relais dont il n'emploie pas les chevaux, et que cet article n'excepte de cette disposition que les loueurs allant à petites journées et avec les mêmes chevaux et partant à volonté, et les voitures non suspendues; — Que le décret du 6 juill. 1806 a compris les voitures ayant des siéges à ressort dans l'intérieur au nombre des voitures suspendues; — Que l'ord. du 11 sept. 1822, en définissant ce qu'il fallait entendre par voitures suspendues et par voitures non suspendues, a également rangé dans la catégorie des voitures suspendues toutes celles qui reçoivent du jeu ou du balancement par un moyen quelconque; — Que les règlements d'administration publique, qui ont eu pour objet unique d'assurer l'exécution de la loi, n'ont ni modifié, ni restreint, ni étendu, ni abrogé aucune de ses dispositions, et que, dès lors, ils sont exécutoires pour les tribunaux; — Qu'en fait, l'arrêt attaqué reconnaît que les voitures dont il s'agit au procès contenaient dans l'intérieur des banquettes placées sur des ressorts cintrés en bois élastiques et des chaînettes attachées à la caisse; — Qu'il a néanmoins excepté les loueurs de ces voitures de la rétribution établie par la loi précitée, et qu'en ce faisant il a expressément violé cette loi et les règlements qui en ont assuré l'exécution; — Casse et annule l'arrêt rendu par la cour royale de Colmar, le 11 fév. 1835 ; renvoie la cause et les parties devant la cour royale de Nancy, toutes les chambres assemblées, pour être procédé conformément à la loi; ordonne qu'il sera référé au roi pour être ultérieurement procédé par ses ordres à l'interprétation de la loi.

Du 21 déc. 1835.-C. C., ch. réun.-MM. Portalis, 1er pr.-Moreau, rap.-Dupin, pr. gén., c. conf.-Gatine, av.

en est ainsi de celles dont la caisse est adhérente au train, lorsqu'elles ont des siéges à ressort dans l'intérieur (mêmes arrêts).

449. Il a été décidé en outre, conformément à l'ordonnance de 1822 : 1° que les voitures dont la caisse ou dont les siéges intérieurs reçoivent du jeu ou du balancement par un moyen quelconque, sont assujetties au droit de 25 cent. par poste (Crim. cass. 20 mars 1835; 15 avr. 1837) (1);—2° Que l'on doit réputer suspendues les voitures dont les siéges, dans l'intérieur, ne sont attachés qu'à leurs extremités par des courroies (mêmes arrêts et Crim. cass., 21 août 1823 ; Ch. réun. cass. 23 avr. 1836 ; Bourges, 3 mai 1838) (1);—3° Que les voitures ayant des coussins à ressort élastique et mobiles, bien que les banquettes et la caisse soient fixés adhérents au train, doivent être réputées suspendues dans le sens de l'art. 6 du décret du 6 juill. 1806, et par suite sont soumises au droit de 25 cent. envers les maîtres de poste (Crim. cass. 20 mai 1843, M. Bresson, rap., aff. François).

(1) 1re *Espéce :* — (Min. publ. C. Laporte.) — LA COUR ; — Vu la loi du 15 vent. an 13 ; — Vu l'art. 6 du décret du 6 juill. 1806 ; — Vu aussi les art. 1 et 2 de l'ordonnance du 11 sept. 1822 ; — Attendu que la combinaison des dispositions ci-dessus citées, il résulte que toutes les voitures dont la caisse ou dont les siéges intérieurs reçoivent du jeu ou du balancement par un moyen quelconque, sont assujetties au droit de 25 cent.; que l'application desdites lois ne peut dépendre du plus ou moins de perfection du moyen employé ; — Attendu qu'il est constaté en fait, par l'arrêt attaqué, que la voiture du sieur Laporte a, dans l'intérieur, deux siéges consistant en une planche, recouverte d'un coussin en cuir qui s'applique sur des bandes de fer légèrement convexes et supportées sur les deux bouts sur des attaches en cuir, fixées aux deux côtés de la caisse; — Que cette disposition, qui a pour effet de donner aux siéges du jeu et du balancement, plaçait la voiture dans la classe de celles qui sont soumises au droit; — Que la cour royale a cependant affranchi Laporte du payement de ce droit; en quoi elle a violé la loi du 15 vent. an 13 et l'art. 6 du décret du 6 juill. 1806;— Casse.
Du 20 mars 1835.-C. C., ch. crim.-MM. Bastard, pr.-Vincens, r.
2e *Espéce :* — (Marchand C. Picand.) — LA COUR ; — Vu l'art. 1 de la loi du 15 vent. an 13, qui assujettit à une indemnité envers les maîtres de poste les entrepreneurs de voitures publiques, suspendues, qui ne voyageraient pas à petites journées, et ne feraient pas usage de chevaux de poste ; — Vu l'ordonnance du 11 sept. 1822, rendue pour l'exécution de cette loi, et qui déclare qu'on doit considérer comme voitures suspendues celles qui recevront du jeu ou du balancement par un moyen quelconque; — Attendu que le jugement attaqué, en déclarant que la voiture dont il s'agit n'était suspendue ni intérieurement ni extérieurement, n'a pas détruit certains faits matériels établis par un procès-verbal régulier dans sa forme, et renferme une appréciation en droit de ces circonstances; — Et attendu qu'il est constaté par ce procès-verbal que les siéges de la voiture dont il s'agit étaient suspendues à de grandes bandes ou soupentes de cuir, fixées aux extrémités de la voiture; — Attendu que, si l'on peut dire, en cet état du fait, que cette voiture ne renfermait pas de siéges à ressort, ce qui aurait suffi, d'après le décret du 6 juill. 1806, pour faire considérer cette voiture comme suspendue, on doit reconnaître que les bandes de cuir auxquelles étaient attachés les siéges dont il s'agit, avaient nécessairement pour effet de produire un jeu ou balancement, et qui, aux termes de l'ordonnance du 11 sept. 1822, doit aussi faire ranger cette voiture parmi les voitures suspendues; — En déclarant, au contraire, qu'il n'y avait lieu à faire à cette voiture l'application de la loi du 15 vent. an 13, le jugement attaqué a violé cette loi; — Par ces motifs, casse.
Du 15 avr. 1837.- C. C., ch. crim.-MM. Bastard, pr.-Crouseilhes, r.
(2) 1re *Espéce :*—(Jacquet.)—LA COUR ; — Vu l'art. 1 de la loi du 15 vent. an 13; — Vu aussi l'art. 6 du décret du 6 juill. 1806 ; — Considérant que les dispositions dudit art. 1, qui soumettent au payement du droit de 25 cent., en faveur des maîtres de poste, les voitures ou voitures suspendues sont générales et absolues et embrassent ainsi, non-seulement les voitures suspendues par des cuirs ou par des ressorts en fer, mais toutes celles qui sont suspendues d'une manière quelconque, en tout ou en partie; — Que cette étendue desdites dispositions résulte d'ailleurs de l'art. 6 du décret du 6 juill. 1806, qui soumet au payement du même droit les voitures non suspendues qui auraient des siéges à ressort dans l'intérieur ; — Considérant, dans l'espèce, qu'il a été reconnu par le tribunal de première instance et par celui d'appel que la non-suspension des voitures de messageries exploitées par les sieurs Burdalet, Bouvet, Jacquet père et Jacquet fils, n'était point absolue, mais seulement partielle; que les caisses n'étaient point adhérentes au milieu des brancards, mais seulement à leurs extrémités, ce qui leur donnait une certaine élasticité que n'éprouvaient point les voitures dépourvues de toute espèce de suspension ; — Qu'il s'ensuit que lesdites voitures étaient soumises audit droit de 25 cent, et qu'en les affran-

chissant du payement de ce droit, le tribunal correctionnel de Bourg a violé ledit art. 1 de la loi du 15 vent. an 13; — Casse et annule, etc.
Du 21 août 1823.- C. C., sect. crim.-M. Busschop, rap.
2e *Espéce :* — (Villepelet C. Laporte.) — LA COUR ; — Vu la loi du 15 vent. an 13, art. 1 ; l'art. 6 du décret du 6 juill. 1806, et les art. 1 et 2 de l'ordonnance royale du 11 sept. 1822 ; — Attendu que des siéges soutenus par des courroies sont véritablement suspendus, et reçoivent un balancement qui doit faire ranger les voitures qui les contiennent dans la classe de celles qui doivent le droit aux maîtres de poste, alors même que la caisse de la voiture est adhérente au train, et n'est point suspendue ; — Attendu qu'en jugeant que les voitures qu'il a reconnu être de cette nature n'étaient pas soumises aux droits fixes par les lois et ordonnances ci-dessus citées, l'arrêt attaqué a formellement violé les dispositions de ces lois et ordonnances ; — Casse.
Du 23 avr. 1836.-C. C., ch. réun.-MM. Portalis, 1er pr.-Moreau, rap.-Dupin, pr. gén., c. conf.-Dupont-White et Mandaroux, av.
5e *Espéce :* — (Alloury C. Archambault.) — Jugement du tribunal correctionnel de Nevers, en date du 9 janv. 1838, en ces termes : — « Attendu qu'il résulte, en fait, de la déposition des témoins, des explications fournies à l'audience par Archambault en personne, et d'un acte délivré par l'administration des contributions indirectes, le 9 septembre dernier, que ledit Archambault fait, depuis cette époque, le transport des voyageurs de Decise à Loisy, dans une voiture attelée d'un cheval, et dont les siéges sont suspendus dans l'intérieur par des courroies attachées à des mains de fer; — Qu'aux termes des art. 1 et 2 de la loi du 15 vent. an 13, tout entrepreneur de voitures publiques et de messageries ne se servant pas des chevaux de la poste, est tenu de payer, par poste et par cheval attelé à chacune de ces voitures, 25 cent. aux maîtres de poste dont il emploie pas les chevaux ; — Que les voitures non suspendues et les loueurs de voitures à petites journées sont seuls exceptés de cette disposition ; — Que, d'après l'art. 2 de la même loi, les contraventions aux dispositions de l'art. 1 sont punies d'une amende de 500 fr., dont moitié au profit des maîtres de poste intéressés et moitié à la disposition de l'administration des relais ; — Qu'il résulte des articles précités d'un décret du 6 juill. 1806, d'une ordonnance du 11 sept. 1822, et de la jurisprudence constante de la cour de cassation, que l'on doit considérer comme voitures suspendues celles contenant des siéges fixés à l'intérieur des courroies dont ils reçoivent un balancement quelconque ; — Que la voiture d'Archambault se trouvant dans ce cas, il n'a pu, sans encourir les dispositions pénales de l'art. 2 de la loi précitée, se soustraire au payement du droit prévu par l'art. 1 ; — Le tribunal condamne le prévenu en 500 fr. d'amende, et à payer en outre à Alloury, à titre de droit de poste, etc. » — Appel. — Arrêt.
LA COUR ; — Adoptant les motifs des premiers juges, confirme.
Du 3 mai 1838.-C. de Bourges, ch. corr.-M. Dubois, pr.
(3) (Duclero C. Sédillon, etc.) — LA COUR ; — Considérant, sur le second et dernier moyen de cassation, qu'en jugeant qu'il résultait des faits reconnus par la dame Duclero que la voiture saisie était construite de manière que la caisse n'est était pas entièrement adhérente au train et qu'elle était susceptible d'avoir plus ou moins de jeu, la cour royale n'a fait qu'interpréter ce qui résultait du détail porté sur le mode de sa construction dans les conclusions produites devant elle et signées par son avoué; que de cette interprétation il ne peut résulter de violation de loi, ni conséquemment de moyen de cassation; — Que ladite cour, en jugeant d'après cette déclaration en fait que la voiture devait être rangée dans la classe des voitures suspendues, n'a pu violer la loi du 15 vent. an 13, qui n'a point fixé le mode de suspension qui devait soumettre les voitures au droit de 25 cent. en faveur des maîtres de poste, et qui, par conséquent, a laissé aux tribunaux à déterminer d'après quel mode de construction les voitures devaient être réputées suspendues ou non suspendues; — Rejette, etc.
Du 22 juin 1821.-C. C., sect. crim.-MM. Bartis, pr.-Busschop, rap.

450. Il a été décidé qu'il appartient aux tribunaux d'apprécier d'une manière souveraine d'après quel mode de construction une voiture publique doit être réputée suspendue dans le sens de la loi du 15 vent. an 13, et assujettie, par suite, au payement du droit de 25 cent. en faveur des maîtres de poste (Crim. rej. 22 juin 1821) (3). — Mais, lorsque la déclaration, en fait, que la cour d'appel, qu'une voiture n'est pas suspendue, repose sur une appréciation, en droit, de plusieurs circonstances matérielles constatées par un procès-verbal régulier, la cour de cassation peut, à son tour, se livrer à la même appréciation et en faire résulter une décision contraire à celle de la cour royale (Crim. cass. 15 avr. 1837, aff. Marchand, V. n° 449-1°).—V. v° Cassation, n°

451. Nous avons fait remarquer ci-dessus, n° 442, que les conditions desquelles dépend chacune des exceptions admises par la loi du 15 vent. an 13 sont distinctes, et nous en avons

conclu que tandis que les voitures à service régulier ne sont affranchies de l'indemnité qu'autant qu'elles vont à petites journées et avec les mêmes chevaux; que les voitures de place ou d'occasion ne jouissent de l'indemnité qu'autant qu'elles voyagent avec les mêmes chevaux, les voitures non suspendues à l'égard desquelles la loi n'impose aucune limite peuvent aller à grandes journées et même changer de chevaux sans que le droit soit exigible. En effet, d'une part, le droit de 25 cent. a pour objet d'indemniser les maîtres de poste d'un droit dont ils peuvent se trouver frustrés; or, il n'est jamais arrivé peut-être que l'on ait eu la pensée d'atteler des chevaux de poste à des voitures non suspendues transportant des voyageurs. — Cette interprétation de la loi n'a pas été très-nettement acceptée par la jurisprudence; mais plusieurs de ses monuments l'admettent implicitement. — Ainsi, il a été jugé que l'entrepreneur d'une voiture publique, allant à petites journées avec les mêmes chevaux, exempt dès lors du droit de 25 cent. en faveur des maîtres de poste, ne s'y trouve point soumis par cela qu'il s'opérerait un versement réciproque de voitures dans les conditions prévues par l'art. 5 du décret du 6 juill. 1806, entre sa voiture et une autre avec laquelle elle correspond, si cette dernière n'est pas suspendue (Rouen, 10 déc. 1841, et sur pourvoi, Crim. rej. 12 mars 1842, M. Vincens, rap., aff. Poisson). — Pourquoi le droit n'est-il pas dû lorsque la limite de la petite journée n'est dépassée qu'à l'aide d'une voiture non suspendue? — C'est qu'en réalité, pour les maîtres de poste, ces voitures sont censées ne pas exister, et que, dès lors, ni directement ni indirectement, elles ne peuvent être soumises au droit établi en leur faveur.

452. A la vérité, il a été jugé que les entrepreneurs des voitures non suspendues qui conduisent des voyageurs d'une seule traite, ne sont pas obligés de payer d'indemnité aux maîtres de poste, sous le prétexte qu'elles correspondraient les unes avec les autres, lorsqu'il est constant, en fait, qu'il n'y a pas versement de voyageurs des unes aux autres, et qu'elles n'assurent pas de places les unes pour les autres (Crim. rej. 21 avr. 1857) (2). — D'où il semblerait résulter que le versement réciproque de voitures non suspendues donnerait lieu à la perception du droit. Mais il est à remarquer que ce n'est que par forme de raisonnement que l'arrêt précité parle du versement des voitures suspendues, et qu'il ne décide nullement que le versement des voitures non suspendues donne lieu au droit: dans l'espèce, il était constaté que les entrepreneurs ne s'étaient pas versés réciproque-

ment leurs voyageurs, et la cour régulatrice, trouvant un argument à *fortiori* dans la disposition de la loi relative aux voitures suspendues, a dit simplement: S'il s'agissait de cette catégorie de voitures, le droit ne serait pas dû; à plus forte raison en est-il ainsi dans l'espèce, où les voitures qui ont donné naissance à la réclamation ne sont pas suspendues. — L'arrêt précité n'a donc, ni explicitement ni implicitement, décidé qu'une voiture non suspendue peut concourir à un versement de voyageurs donnant lieu à l'indemnité de 25 cent.

453. Rien à conclure, non plus, dans un sens contraire à l'opinion que nous avons exprimée, d'un arrêt qui a jugé qu'encore qu'une voiture publique ne se serve pas de relais, elle doit l'indemnité aux maîtres de poste, si elle verse ses voyageurs dans une autre voiture, tant qu'il n'est pas prouvé qu'elle est dans la classe de celles que la loi désigne sous la qualification de voitures non suspendues, ou que le versement des voyageurs ne se fait que six heures au moins après son arrivée (Crim. cass. 9 juin 1815) (3); car il en résulte que lorsqu'il est prouvé que la voiture n'est pas suspendue, elle peut concourir à un versement sans qu'il y ait lieu à indemnité, ce qui rentre exactement dans l'interprétation littérale que nous avons adoptée. ‧

Art. 3.—*Par qui et devant quels juges doivent être poursuivies les contraventions. — Jugement. — Voies de recours.*

454. L'intérêt est la mesure des actions. Or l'amende à laquelle les contrevenants peuvent être condamnés, en vertu de l'art. 2 de la loi du 15 vent. an 13, appartient par moitié aux maîtres de poste intéressés et à l'État: telle est la disposition formelle de cet article. Il est donc naturel que les maîtres de poste et le ministère public aient séparément le droit de poursuivre les prévenus.— Aussi a-t-il été jugé: 1° que le maître de poste a qualité pour poursuivre seul et sans le concours du ministère public le recouvrement de l'amende de 500 fr., qui lui est attribuée pour moitié, et pour moitié à l'État (Crim. cass. 22 déc. 1838, aff. Laffitte, V. n° 412); — 2° Qu'il appartient au ministère public de poursuivre la condamnation à la moitié de l'amende de 500 fr., attribuée à l'administration des relais, cette moitié d'amende ayant le caractère d'une peine:— «La cour porte ce dernier arrêt, vu l'art. 2 de la loi du 15 vent an 13, qui attribue à l'administration des relais la moitié de l'amende qu'il prononce; attendu que cette disposition donne à cette moitié de l'amende le caractère d'une peine, ce qui établit le droit

---

(1) (Poisson C. Larose et Duchesne.) — La cour; — Attendu qu'en admettant même, suivant la prétention des maîtres de poste, qu'il y eût versement des voyageurs de la voiture d'Evreux à Breteuil, dans celle de Breteuil à Verneuil, le droit de 25 cent. par poste et par cheval, établi par la loi des 15-25 vent. an 13, ne serait dû par Poisson qu'autant que la voiture par lui employée serait suspendue, et irait à grandes journées, c'est-à-dire parcourant une distance de plus de 10 lieues (ord. des 15-20 août 1817); — Attendu, en fait, qu'il est reconnu que la voiture employée par Poisson n'est suspendue que dans une partie de la route (d'Evreux à Breteuil), c'est-à-dire dans une distance de moins de 10 lieues, et que de Breteuil à Verneuil le parcours est fait dans une voiture non suspendue; — Qu'il importe peu que la distance parcourue d'Evreux à Breteuil soit plus grande que celle de Breteuil à Verneuil; que le principe de la loi est absolu et exige un parcours intégral de plus de 10 lieues dans une voiture suspendue; que toute appréciation de distance en dehors de celle que le législateur a déterminée donnerait à la loi un caractère vague qui, dans l'application, laisserait nécessairement place à l'arbitraire; que, dès lors, la contravention prévue par la loi précitée ne se rencontre pas dans l'espèce à la charge dudit Poisson; — Que, dans le doute même, s'agissant de l'application d'une loi prononçant une peine, et constituant un privilége au profit des maîtres de poste, ce doute devrait se résoudre en faveur du prévenu; — Réforme le jugement du tribunal d'Evreux, délie Poisson de la poursuite de Larose et Duchesne, et le décharge des condamnations prononcées contre lui en première instance, etc.

Du 10 déc. 1841.-C. de Rouen, ch. corr.-M. Simonin, pr.

(2) (Prouard. etc., C. Monfort, Leblond, etc.) — La cour;— Attendu que, même à l'égard des voitures non suspendues, il est nécessaire pour qu'il y ait lieu à l'application de la loi du 15 vent. an 13, ou qu'elles aient employé des relais, ou qu'il se soit opéré entre deux entreprises un versement réciproque de voyageurs, ainsi que l'exige l'art. 5 du décret du 6 juill. 1806; — Et atten|u, dans l'espèce, que les faits reconnus et déclarés par l'arrêt attaqué, il résulte qu'il n'existe pas de

versement réciproque entre les diverses entreprises dont il s'agit au procès, soit à la rivière Thibouville, soit à Evreux, soit à Rolleboise; — Qu'il est établi, par cet arrêt que les entreprises de Morin Leblond et Montfort, Vatonne, Gritte et autres, n'assurent pas réciproquement de places dans leurs voitures; — Que le versement ne pouvait exister dans les diverses localités où l'on prétend qu'il s'effectuait, soit parce que les entreprises sont déclarées étrangères les unes aux autres, soit parce que des voitures autres que celles de ces entreprises y arrivent par diverses routes, ce qui rendrait incertain et fortuit le rapport de ces entreprises entre elles; — Rejette.

Du 21 avr. 1857.-C. C., ch. crim.-MM. Choppin, pr.-Crousseilhes, r.

(3) (Baudot et Viard C. Galtier.) — La cour; — Vu les art. 1 et 2 de la loi du 15 vent. an 13; — Vu aussi l'art. 5 du décret réglementaire du 6 juill. 1806; — Considérant qu'il a été reconnu par la cour de Nancy que Jean-Pierre Galtier est entrepreneur d'une voiture publique allant de Nancy à Neufchâteau, et qu'à son arrivée en cette dernière ville, il verse les voyageurs dans une autre voiture publique, dont il reçoit réciproquement les voyageurs dans la sienne; — Qu'il résulte des articles précités de la loi du 15 vent. an 13, et du décret du 6 juill. 1806, que ce versement de voyageurs, malgré le non-usage de relais, rend ledit Galtier sujet au payement de l'indemnité due aux maîtres de poste, tant que la preuve n'est point acquise que la voiture dudit Galtier n'est point dans la classe de celles que la loi désigne sous la qualification de voitures non suspendues, ou que le versement des voyageurs ne se fait que six heures au moins après l'arrivée des voitures entre lesquelles se fait ledit versement; mais que la cour de Nancy n'ayant point reconnu l'existence d'aucune de ces deux circonstances, il s'ensuit que, par l'état des choses, le renvoi qu'elle a prononcé dudit Galtier, des poursuites intentées à sa charge par les sieurs Baudot et Viard, est une violation des articles cités en tête du présent arrêt; — D'après ces motifs, casse et annule l'arrêt de la cour de Nancy du 25 fév. 1815.

Du 9 juin 1815.-C. C., sect. crim.-MM. Barris, pr.-Busschop, rap

pour le ministère public d'en poursuivre la condamnation, alors surtout que son action a été mise en mouvement par la plainte de la partie civile; attendu qu'en refusant, dans l'espèce, de faire droit aux conclusions du ministère public sur ce point, le jugement attaqué a violé l'art. 2 précité; casse» (Crim. cass. 13 avr. 1839, MM. Bastard, pr., Ricard, rap., aff. min. pub. *C.* Desarcé).

455. L'art. 2 de la loi du 15 vent. an 13 veut expressément que tous les contrevenants aux dispositions de son art. 1 soient poursuivis devant les tribunaux de police correctionnelle. Mais on a vu, n° 404, que le refus de payement constitue seul la contravention, et il semble incontestable que lorsqu'il y a simple retard dans l'acquittement des droits dus aux maîtres de poste, c'est la juridiction civile qui est compétente pour connaître de leurs réclamations. — Toutefois, il a été jugé : 1° que c'est aux tribunaux correctionnels, et non aux tribunaux civils, de connaître des actions résultant du non-payement par un entrepreneur de voitures des droits dus aux maîtres de poste, encore bien qu'il ne contesterait pas devoir ces droits, et aurait déjà payé des à-compte (Crim. rej. 20 déc. 1834) (1); — 2° Que le tribunal correctionnel est compétent pour apprécier les moyens de défense du prévenu, tels que celui consistant à dire qu'il n'a pas contesté devoir l'indemnité, mais que seulement il prétend que, comme le relais du maître de poste se trouve éloigné de la route, c'est à celui-ci de venir chercher l'indemnité au passage des voitures, et non à lui d'aller la porter au relais (Crim. rej. 17 nov. 1838, aff. Poulin, V. n° 407). — On conçoit, du reste, que la question de compétence dépend du point de savoir si l'amende est encourue. S'il y a lieu de prononcer cette peine, elle ne peut être infligée que par le tribunal correctionnel; mais si ce tribunal reconnaît qu'il n'y a que des intérêts civils à débattre entre les parties, sa compétence ne peut se fonder sur la loi de l'an 13, et il doit renvoyer les parties devant la juridiction civile. — Du reste, les arrêts précités ne sont pas en opposition directe avec cette doctrine; car ils prononcent des amendes; seulement, à notre sens, ils ont été infligées dans des cas où il n'aurait dû être accordé que des réparations civiles.

456. Dans le cas où il y aurait lieu à la condamnation à une amende, les maîtres de poste pourraient-ils, renonçant à l'action pénale et conformément à l'art. 3 c. inst. crim., porter séparément leur action en restitution des droits fraudés devant la juridiction civile? — Il a été jugé dans le sens de l'affirmative que le tribunal de commerce est compétent pour connaître de l'action

en réparation civile formée par un maître de poste contre un entrepreneur de messageries qui l'a frustré de ses droits de poste : ce ne serait qu'accessoirement à des condamnations pénales que le tribunal correctionnel aurait juridiction pour accorder ces réparations (Paris, 21 janv. 1845, aff. Dufour, D. P. 45. 4. 552).

457. Mais il a été décidé, au contraire, que l'entrepreneur de voitures publiques qui ne se sert pas des chevaux de poste, doit être actionné devant la juridiction correctionnelle, qui peut seule le condamner à payer l'indemnité et l'amende prononcées contre lui par la loi du 15 vent. an 13, et que le maître de poste qui poursuit contre l'entrepreneur l'indemnité qui lui est due, ne peut, en renonçant à la moitié de l'amende à laquelle il a droit, porter son action devant la juridiction civile : en pareille matière, la juridiction correctionnelle est spéciale et exclusive; elle constitue une exception au principe en vertu duquel toute partie, lésée par un délit, a le droit de déférer aux tribunaux civils l'action qui lui appartient pour réparation du préjudice que lui cause le délit (Riom, 30 juin 1862, aff. Andrieux, D. P. 62. 2. 154).

458. L'autorité judiciaire est compétente pour apprécier, dans l'instance ayant pour objet la réclamation d'une indemnité postale par un maître de poste à un entrepreneur de voitures publiques, l'exception tirée de ce que le relais de poste ne serait pas monté. Et l'admission de cette exception suffisant pour motiver le rejet de la réclamation, le juge du fait a pu s'abstenir de s'expliquer sur la question soulevée entre les parties, relativement à l'étendue du relais du maître de poste et, par suite, ne peut encourir le reproche de n'avoir pas renvoyé préjudiciellement la solution de cette question à l'autorité administrative (Crim. cass. 18 mai 1860, aff. Gratien, D. P. 61. 1. 47).

459. Il est bien entendu, d'ailleurs, et c'est ce qui a été jugé, que l'action des maîtres de poste contre les entrepreneurs de voitures publiques qui contreviennent à la loi du 15 vent. an 13, ne cesse pas d'être de la compétence des tribunaux correctionnels, par cela seul qu'elle n'a pas été intentée immédiatement après que la contravention a été commise (Crim. rej. 3 mars 1808) (2).

460. Il a été jugé, d'un autre côté : 1° que les juges de paix, et non les tribunaux correctionnels, sont compétents pour connaître d'une demande en indemnité intentée par des maîtres de poste contre un *loueur de chevaux* qui, sans être pourvu d'une commission spéciale pour louer des voitures, a conduit à grandes journées celle d'un voyageur sur différents relais (Civ. cass. 29

---

(1) *Espèce :* — (Jourdan *C.* Ricard.) — Ricard, maître de poste au Pont-Royal, cita devant le tribunal de police de Tarascon, Jourdan père et fils, pour avoir payement de différentes sommes qu'ils lui devaient, Jourdan fils pour avoir établi une diligence entre Beaucaire et Aix, sans avoir employé ses chevaux ni acquitté le droit de 25 cent., fixé par la loi, et Jourdan père, comme civilement responsable de son fils mineur, et à l'amende de 500 fr. — Jugement de ce tribunal qui, après avoir reconnu que Jourdan fils avait fait quelques payements, mais était en retard d'acquitter les droits qu'il devait réellement, quoique dûment mis en demeure, le condamne à 500 fr. d'amende, dont moitié pour Ricard, et à lui payer 108 fr. pour indemnité restant due sur les passages du mois de juin 1833, et déclare Jourdan père civilement responsable. — Sur l'appel, les sieurs Jourdan proposèrent subsidiairement l'incompétence de la juridiction correctionnelle. — Le 5 juillet, arrêt de la cour d'Aix, qui confirme — Pourvoi : 1° en ce que le procès qui divise les parties a été jugé par la juridiction correctionnelle, quoiqu'il n'y eût pas de contestation entre elles sur le refus de payer le droit de poste; en effet, il y avait eu des à-compte payés; les sieurs Jourdan avaient obtenu des délais pour le surplus; ils ne prétendaient point ne pas devoir; ils se trouvaient simplement dans l'impossibilité de payer à l'époque convenue; le tribunal civil seul pouvait connaître de cette affaire. — 2° Violation et fausse application des art. 194 c. inst. crim., 74 c. pén., et 1584 c. civ., en ce que Jourdan père a été condamné comme civilement responsable de son fils, pour un délit qui n'existait pas. — Arrêt.
LA COUR; — En ce qui touche le premier moyen de cassation : — Attendu que l'art. 2 de la loi du 15 vent. an 13 attribue aux tribunaux correctionnels une juridiction formelle pour prononcer l'amende de 500 fr. contre ceux qui auront contrevenu aux dispositions de ladite loi, en s'abstenant de payer aux maîtres de poste les droits dont la perception est attachée à leur profit par la même loi; — Attendu que, en admettant qu'il y eût compte à faire entre le maître de poste et le débiteur des droits dont il s'agit, et que ledit maître de poste eût accordé ex-

pressément ou tacitement un délai tel quel, pour l'acquittement desdits droits, il n'en aurait pu résulter ni une novation au titre primitif de la créance du maître de poste, ni une dérogation à l'ordre légal des juridictions; — Attendu que, dès lors, l'arrêt attaqué a été rendu par la chambre des appels de police correctionnelle de la cour royale d'Aix, dans les limites des attributions qui lui sont conférées par la loi, puisque la même autorité compétente pour appliquer l'amende l'était aussi pour décider s'il y avait contravention, et que la contravention existe par cela seul que l'intégralité des droits dus au maître de poste n'était pas soldée; — En ce qui touche le deuxième moyen de cassation : — Attendu que l'amende prononcée par l'article précité de la loi du 15 vent. an 13 a, par la destination spéciale des deniers en provenant, le caractère de dommages-intérêts; d'où il suit que, par suite de la combinaison des art. 1384 c. civ. et 10 c. pén., le sieur Jourdan père, comme civilement responsable des dommages causés par son fils mineur, a été légalement condamné, solidairement avec lui pour le montant de ladite amende; — Rejette.
Du 20 déc. 1834.—C. C., ch. crim.-MM. Choppin, pr.-Mérilhou, rap.

(2) (Quillet *C.* Duval.) — LA COUR; — Attendu que, suivant la loi du 15 vent. an 13, il y a lieu à condamnation d'amende pour contravention aux règles qu'elle prescrit; — Que, dans l'espèce, il y a eu contravention à ladite loi, en ce qu'il est établi que le réclamant, en sa qualité de voiturier, n'a point satisfait aux obligations à lui imposées envers Duval, maître de poste; — Attendu que la connaissance de ces sortes de contravention est attribuée par les lois de la matière aux tribunaux correctionnels en première instance, et aux cours de justice criminel sur l'appel; d'où il suit que les règles de la compétence n'ont point été violées; — Attendu que l'intervalle d'environ vingt mois qui s'est écoulé depuis l'époque à laquelle Quillet a cessé son roulage jusqu'à la demande contre lui formée par Duval ne pouvait donner lieu à la fin de non-recevoir alléguée; le laps de temps qu'autant qu'il aurait été suffisant pour acquérir la prescription au profit du débiteur;— Rejette.
Du 3 mars 1808.-C. C., sect. crim.-M. Vermeil, rap.

juin 1819)(1); — 2° Que le fait, par un loueur de chevaux, de les avoir loués pour conduire la voiture d'un particulier, ne donne lieu, au profit du maître de poste, qu'à une action civile devant les tribunaux civils, et non à une action devant le tribunal de répression (Bourges, 11 août 1830 aff. Chertier, V. n° 416-1°). —Nous avons vu n° 415 que les loueurs de chevaux ne sont pas compris dans la loi du 15 vent. an 13 : il est donc naturel qu'ils ne soient pas soumis à la règle de compétence établie par cette loi. C'est là un cas tout différent de celui qui vient d'être examiné.

461. Quant aux règles à observer pour le jugement et les voies de recours, V. v° Jugement, Appel crim., Cassation. — Faisons seulement remarquer ici que, conformément au principe qui sert de base à l'action des maîtres de poste et à celle du ministère public, il a été jugé que l'amende de 500 fr. a une nature mixte et indivisible, et qu'en conséquence, un maître de poste a qualité pour interjeter appel, sans le concours du ministère public, d'un jugement qui, sur sa poursuite, a refusé de prononcer cette amende (Crim. rej. 12 août 1837) (2).

462. Un maître de messageries traduit pour avoir refusé le payement de 25 cent. ne peut invoquer l'exception *non bis in idem*, qu'il fait résulter d'un arrêt d'acquittement intervenu long-temps auparavant à son profit pour le même fait (C. C. de Bruxelles, 24 mai 1817, aff. Martin).

SECT. 4. — IMPÔT SUR LES CHEVAUX ET SUR LES VOITURES PARTICULIÈRES.

463. *Historique et législation.* — L'établissement d'un impôt sur les chevaux et voitures n'est pas un fait nouveau en France. Avant la loi du 2 juill. 1862 (D. P. 62. 4. 60), qui a consacré cet impôt sous la forme d'une taxe spéciale, assez semblable à la taxe sur les chiens créée par la loi du 2 mai 1855, les chevaux et les voitures avaient été considérés, mais à un autre point de vue, comme matière imposable. Voici comment s'en explique l'exposé des motifs de la loi précitée du 2 juill. 1862 : «L'assemblée constituante voulant imposer la richesse mobilière, elle l'évalua à un quinzième de la richesse immobilière ; et fixa le principal de l'impôt à 60 millions. Pour répartir cette somme elle adopta, comme signe des facultés présumées, le loyer d'habitation (sauf certaines distinctions relatives aux propriétaires fonciers), les domestiques, les chevaux et mulets de luxe; l'impôt était progressif. La loi du 25 juill. 1795 (7 therm. an 3) augmenta le nombre des signes; au loyer elle ajoutait les cheminées, les poêles, les domestiques, les chevaux et mulets de luxe, les voitures et litières. — D'après la loi du 14 therm. an 5, la taxe mobilière devint une sorte d'impôt du revenu; on conserva toutefois l'impôt sur les domestiques, ainsi que sur les chevaux et voitures de luxe. Ces deux taxes furent conservées dans les remaniements opérés en 1798 par les lois du 26 fruct. an 6 et du 3 niv. an 7. On comprend que pendant la période que nous venons d'indiquer, des impôts sur les signes de la richesse étaient peu opportuns. Le fisc cherchait à atteindre l'aisance et la richesse au moment où la situation politique les faisait disparaître. Ces impôts arrivèrent à ne produire presque rien. Aussi, en 1806, le gouvernement, dans l'espoir de favoriser l'essor du luxe renaissant, crut devoir les supprimer, et la loi du 24 avr. 1806 ne laissa plus subsister que la contribution personnelle et mobilière.» — V. Impôt, n° 42.

464. Une première tentative fut faite il y a quelq es années pour le rétablissement de l'impôt sur les chevaux et voitures; l'acceptation de l'établissement d'une taxe sur les chiens, qui eut lieu en 1855 après plusieurs échecs, était un précédent favorable. Une loi fut en effet votée par le corps législatif ; mais, à raison de la nature de ses dispositions, elle méritait à quelques égards la qualification de loi somptuaire, et pour ce motif reçut un accueil défavorable du sénat, qui s'opposa à sa promulgation.

465. Est-ce à dire qu'en principe un impôt sur les chevaux et voitures n'ait pas sa raison d'être? L'affirmative ne serait pas soutenable. On a fait remarquer, avec juste raison, que, si l'impôt doit, en général, être le prix d'un service rendu par l'État ou l'administration, cette justification ne saurait faire défaut à l'impôt dont il s'agit : la circulation croissante des voitures exige dans les villes l'élargissement des voies publiques, la confection de trottoirs destinés à protéger les piétons, l'entretien coûteux des chaussées, un service de police considérable pour maintenir l'ordre dans la circulation et faire respecter les règlements. Or, dans les villes, l'administration n'a pas la ressource de l'impôt des prestations en nature. Est-il juste de faire peser également ces dépenses sur ceux qui ont des voitures et sur ceux qui n'en ont pas? Y a-t-il égalité devant l'impôt, lorsque les possesseurs de voitures particulières ne payent aucune taxe, tandis que les entrepreneurs de voitures publiques payent de fortes contributions, qu'ils recouvrent sur les voyageurs, sans imposer plus de charges à l'administration locale? — Ces réflexions ont été faites notamment dans un rapport du préfet de la Seine au conseil municipal, en date du 12 nov. 1860 (Mon. 6 déc. 1860, p. 1438).

466. La loi du 2 juill. 1862 (3) est venue donner satisfac-

---

(1) (Jeanneau C. Chessé.) — LA COUR; — Vu les art. 2 et 3 de la loi du 19 frim. an 7; — Attendu que, dans l'espèce, Chessé était traduit devant le juge de paix du canton de Morlaix pour avoir, contre la prohibition écrite dans les deux articles précités, conduit à grandes journées le général Denain et sa famille, de Morlaix à Rennes, dans une voiture qu'il prétendait lui appartenir, sans prendre de relais à la poste; — Attendu que, par une semblable conduite, ledit Chessé s'est arrogé un droit qui lui était refusé par la loi, et évidemment contrevenu aux art. 2 et 3 de la loi susdatée; — Attendu que cette contravention n'est punie, par ladite loi, que par une indemnité pécuniaire égale au prix des courses dont les maîtres de poste et postillons ont été privés; qu'elle ne prononce aucune amende, et qu'elle n'attribue pas la connaissance d'une semblable contravention aux tribunaux de police correctionnelle; — Attendu que de là il suit que les demandeurs ont valablement traduit Chessé devant le juge de paix de Morlaix, bien compétent pour faire droit sur l'indemnité qu'ils réclamaient; que c'est à tort qu'après avoir volontairement défendu devant lui à l'action dirigée contre lui, il a excipé de l'incompétence de ce juge, pour la première fois, en cause d'appel, et réclamé l'application de la loi du 15 vent. an 13, qui n'était, en manière quelconque, applicable à l'espèce; — Attendu qu'en s'appuyant sur les dispositions de cette loi pour déclarer le juge de paix incompétent, le tribunal civil de Morlaix a commis un excès de pouvoir en déclarant une incompétence qui n'était pas prononcée par la loi du 16 frim. an 7, sur laquelle les demandeurs avaient appuyé leur réclamation, et, par suite, violé les art. 2 et 3 de ladite loi; — Casse.
Du 29 juin 1819.-C. C., sect. civ.-MM. Brisson, pr.-Minier, rap.

(2) (Lemaire C. Hoguet.) — LA COUR; — Attendu, sur le moyen tiré de la violation de l'art. 202 c. inst. crim. et de l'avis du conseil d'État du 12 nov. 1806, que l'amende de 500 fr. établie par l'art. 2 de la loi du 15 vent. an 13 a une nature mixte; — Qu'elle participe de la nature des réparations civiles, puisqu'elle est spécialement attribuée par la loi aux maîtres de poste intéressés et à l'administration des relais; — At-

tendu que cette spéciale n'exige pas le concours du ministère public pour l'exercice de l'action qui est commise aux tribunaux correctionnels; — Attendu que cette amende est indivisible; — Attendu, dès lors, que le jugement attaqué, en condamnant Lemaire à 500 fr. d'amende, dont moitié au profit du maître de poste appelant, et l'autre moitié à la disposition de l'administration des postes, n'a fait qu'une juste application de l'art. 2 de la loi précitée, et n'a violé ni l'avis du conseil d'État de 1806 ni l'art. 202 c. inst. crim.; — Rejette.
Du 12 août 1837.-C. C., ch. crim.-MM. Bastard. pr.-Isambert, rap.

(3) 2-5 juill. 1862. - Loi portant fixation du budget ordinaire des dépenses et des recettes de l'exercice 1863 (extrait) (a).
Art. 4. À partir du 1er janv. 1863, il sera perçu une contribution annuelle, par chaque voiture attelée et pour chaque cheval affecté au service personnel du propriétaire ou au service de sa famille.
5. Cette contribution sera établie d'après le tarif suivant :

VILLES, COMMUNES OU LOCALITÉS dans lesquelles le tarif est applicable.	SOMME A PAYER, non compris le fonds de non-valeur, par chaque		
	voiture		cheval de selle ou d'attelage
	à 4 roues.	à 2 roues.	
Paris.	60 fr.	40 fr.	25 fr.
Les communes autres que Paris ayant plus de 40,000 âmes de population.	50	25	20
Les communes de 20,001 âmes à 40,000 âmes	40	20	15
Les communes de 5,001 âmes à 20,000 âmes	25	10	10
Les communes de 5,000 âmes et au-dessous.	10	5	5

(a) V. l'exposé des motifs et l'analyse de la discussion, D. P. 62. 4. 62 et s.

tlon à ceux qui réclamaient, au nom du principe de l'égalité devant l'impôt, l'établissement d'une taxe qui n'est qu'un complément de la contribution mobilière, sans tomber dans l'erreur qui avait fait de la loi précédente une sorte de loi somptuaire. C'est ce que l'exposé des motifs s'est efforcé de démontrer : « Nous croyons, y est-il dit, pouvoir témoigner l'espérance que de tout ce qui précède résultera pour le corps législatif cette conviction que la proposition du gouvernement n'est pas l'expression d'une théorie nouvelle, et que l'impôt qu'il s'agit d'établir, modéré et proportionnel, n'offrant aucune des combinaisons progressives, aucune des dispositions prohibitives d'où peut résulter pour un impôt le caractère d'une loi somptuaire, perçu sans réclamations dans les pays dont les institutions et les mœurs présentent le plus d'analogie avec les nôtres, ne porte aucune atteinte aux principes sur lesquels repose le système général de nos impôts... Le véritable caractère de l'impôt nouveau ne diffère en rien de celui des impôts anciens ; il n'est que l'accessoire, le complément de la contribution des portes et fenêtres et de la contribution personnelle et mobilière. A deux signes de la richesse il en ajoute un troisième. Voilà tout. Son but unique est d'ajouter un degré de précision de plus aux présomptions déjà établies par les lois en vigueur, et de rendre la répartition des charges publiques plus juste et plus proportionnelle encore. » — Les résistances que soulève la perception de tout impôt nouveau n'ont pas manqué à la taxe sur les chevaux et voitures. Sans abandonner le principe de cet impôt, le gouvernement a nommé une commission pour étudier les améliorations dont la loi est susceptible. Au moment de la rédaction du présent travail, aucun projet de modifications n'a encore été publié.

467. Les chevaux et les voitures sont l'objet de la perception d'un impôt en Angleterre, en Hollande, en Belgique, en Italie, etc. Dans plusieurs de ces pays, la taxe établie présente les caractères d'un impôt somptuaire. Cela se rencontre surtout en Angleterre. L'exposé des motifs de la loi du 2 juill. 1862 entre à cet égard dans des détails qu'il serait superflu de reproduire.—Voy. D. P. 62. 4. 63.

468. *Voitures et chevaux imposables.* — La taxe est due, aux termes de l'art. 4 de la loi du 2 juill. 1862, « pour chaque voiture attelée et chaque cheval affecté au service personnel du propriétaire ou au service de sa famille. » — Que faut-il entendre, en cette matière, par *voiture attelée*? Cette question a donné lieu à quelques difficultés. On a prétendu appliquer ici l'interprétation que la jurisprudence du conseil d'État a donnée de la même désignation en matière de prestations en nature (art. 3 de la loi du 21 mai 1836), et d'après laquelle n'est pas passible de l'impôt des prestations la voiture qui n'est attelée qu'à

l'aide d'un cheval d'emprunt ou d'un cheval exempt comme possédé en vertu des règlements administratifs (V. Voirie par terre, n° 754). On s'est fondé à cet égard sur la comparaison que le rapporteur du projet de loi (V. n° 471) établissait entre la taxe proposée et l'impôt des prestations en nature (V. un art. de M. Huvelin, Journ. not., 1863, n° 1754). — Mais c'était évidemment exagérer la portée d'un simple renvoi, indiqué d'ailleurs en vue d'un autre objet, et ne pas tenir compte des différences qui existent entre les deux lois ; la loi de 1836 ne frappant de l'impôt que ce qui peut servir aux travaux des chemins vicinaux, a dû laisser en dehors de ses prévisions la voiture du propriétaire qui ne possède pas de cheval ou qui possède un cheval exempté du travail des prestations. M. Robert, maître des requêtes, dans une affaire où il discutait cette question comme commissaire du gouvernement, a fort judicieusement rétabli les principes : « La voiture, a dit ce magistrat, peut être imposée sans le cheval. La loi n'établit pas une taxe unique et indivisible pour l'équipage, c'est-à-dire pour le cheval et la voiture considérés comme ne formant qu'un tout ; elle a établi deux taxes distinctes : l'une pour la voiture attelée, l'autre pour le cheval, de telle sorte que le cheval peut fort bien être exempt, tandis que la voiture traînée par lui est imposable. Ainsi, la voiture attelée avec des chevaux possédés par un officier général conformément aux règlements du service militaire, est imposable, bien que les chevaux ne le soient pas. Ainsi encore, la voiture d'agrément attelée par un agriculteur ou un patentable avec des chevaux employés pour la culture ou pour l'exercice de la profession patentable, est soumise à la taxe dont les chevaux sont exempts. Les deux taxes sont donc parfaitement indépendantes ; d'où il suit, en ce qui concerne la voiture attelée au moyen d'un cheval loué, qu'on ne peut conclure de ce qu'un tel cheval n'est pas imposable, à l'exemption de la voiture elle-même. » — V. pour l'ensemble des conclusions, dont nous détachons le passage ci-dessus transcrit, D. P. 64. 3. 33. — Conf. circ. dir. gén. contr. dir., 31 oct. 1862, n° 10; M. Chauveau, Journ. de dr. admin., 1863, p. 91.

469. Cette dernière interprétation a prévalu. Il a été décidé: 1° que la voiture attelée au moyen d'un cheval de louage ou d'emprunt est imposable et donne lieu à la taxe établie par l'art. 4 de la loi du 2 juill. 1862, pourvu toutefois qu'il soit justifié que le contribuable s'en sert habituellement (cons d'Et. 10 mars 1864, aff. Pujo, D. P. 64. 3. 33 ; 30 mars 1864, aff. Savouré, D. P. 64. 3. 34; —Conf. cons. d'Et. 21 avr. 1864, aff. Lelièvre, aff. Jouanno, etc.; D. P., *eod.*);—2° Que, de même, la voiture attelée avec un cheval qui est exempt de la taxe en vertu de l'art. 6 de ladite loi, doit néanmoins être imposée si elle est habituellement employée à l'usage personnel de celui qui s'en sert (cons. d'Et. 30 mars

6. Les voitures et les chevaux qui seront employés en partie pour le service du propriétaire ou de la famille, et en partie pour le service de l'agriculture ou d'une profession quelconque donnant lieu à l'imposition d'une patente, ne seront point passibles de la taxe.

7. Ne donnent pas lieu au payement de la taxe : 1° les chevaux et voitures possédés en conformité es règlements du service m litaire ou administratif, et par les ministres des différents cultes ; 2° Les juments et étalons exclusivement consacrés à la reproduction ; 3° Les chevaux et voitures exclusivement employés aux travaux de l'agriculture ou d'une profession quelconque donnant lieu à l'application de la patente.

8. Il sera attribué aux communes un dixième du produit de l'impôt établi par l'art. 4 qui précède, déduction faite des cotes ou portions de cotes dont le dégrèvement aura été accordé.

9. La contribution établie par l'art. 4 précité est due pour l'année entière, en ce qui concerne les faits existants au 1er janv. — Dans le cas où, à raison d'une résidence nouvelle, le contribuable devient passible d'une taxe supérieure à celle à laquelle il a été assujetti au 1er janv., il ne doit qu'un droit complémentaire égal au montant de la différence.

10. Si le contribuable a plusieurs résidences, il sera, pour les chevaux et les voitures qui le suivent habituellement, imposé dans la commune où il est soumis à la contribution personnelle, conformément à l'art. 15 de la loi du 21 avr. 1832, mais la contribution sera établie suivant la taxe de la commune dont la population est la plus élevée. Pour les chevaux et les voitures qui restent habituellement attachés à l'une de ces résidences, le contribuable sera imposé dans la commune de cette résidence et suivant la taxe afférente à la population de cette commune.

11. Les contribuables sont tenus de faire la déclaration des voitures et des chevaux à raison desquels ils sont imposables, et d'indiquer les différentes communes où ils sont leurs habitations, en désignant celles où ils ont des éléments de cotisation en permanence. — Les déclarations sont valables pour toute la durée des faits qui y ont donné lieu ; elles doivent être modifiées dans le cas de changement de résidence hors de la commune ou du ressort de la perception, et dans le cas de modifications survenues dans les bases de cotisation. — Les déclarations seront faites ou modifiées, s'il y a lieu, le 15 janv., au plus tard, de chaque année, à la mairie de l'une des communes où les contribuables ont leur résidence. — Si les déclarations ne sont pas faites dans le délai ci-dessus, ou si elles sont inexactes ou incomplètes, il y sera suppléé d'office par le contrôleur des contributions dire tes, qui est chargé de rédiger, de concert avec le maire et les répartiteurs, l'état matrice destiné à servir de base à la confection du rôle. — En cas de contestation entre le contrôleur et le maire et les répartiteurs, il sera, sur le rapport du directeur des contributions directes, statué par le préfet, sauf référé au ministre des finances, si la décision était contraire à la proposition du directeur, et dans tous les cas, sans préjudice pour le contribuable, du droit de réclamer après la mise en recouvrement du rôle.

12. Les taxes seront doublées pour les voitures et les chevaux qui n'auront pas été déclarés ou qui auront été déclarés d'une manière inexacte.

13. Il est ajouté à l'impôt 5 cent. par franc pour couvrir les décharges, réduction, remises ou modéra'ions, ainsi que les frais de l'assiette de l'impôt et ceux de la confection des rôles, qui seront établis, arrêtés, publiés et recouvrés comme en matière de contributions directes. — En cas d'insuffisance, il sera pourvu au déficit par un prélèvement sur le montant de l'impôt.

1864, aff. Courtois, D. P. 64. 3. 34); — 5° Que, de même encore, l'individu qui attelle habituellement sa voiture avec des chevaux appartenant à une société commerciale dont il fait partie, est passible de la taxe; vainement il prétendrait que ces chevaux ne peuvent pas être attelés simultanément à sa voiture et à celle de la société (cons. d'Et. 21 avr. 1864, aff. Schlumberger, D. P. 64. 3. 34). — V. les observations conformes qui accompagnent ces arrêts.

470. Est également imposable l'individu qui attelle habituellement sa voiture à l'époque de la chasse, encore bien qu'il ne l'attellerait pas habituellement pendant le reste de l'année et quoiqu'il n'ait pas de cheval à lui (cons. d'Et. 30 mars 1864, aff. Pierre, D. P. 64. 3. 34). — V. anal. Voirie par terre, n° 772.

471. Mais lorsqu'un propriétaire possède deux chevaux et deux voitures, si l'une de ces voitures ne peut être attelée qu'avec deux chevaux, l'autre doit être considérée comme non attelée, et ne doit pas supporter la taxe (cons. d'Et. 14 juin 1864, M. Darcy, rap., aff. Rodier). — C'est ce qui a été expliqué dans l'exposé des motifs de la loi : « L'expression *voiture attelée*, y est-il dit, déjà employée par la loi du 21 mai 1836, à l'occasion des prestations en nature, et interprétée par la jurisprudence du conseil d'Etat, doit être entendue en ce sens que les voitures attelées sont celles que leur propriétaire peut faire rouler simultanément, au moyen du nombre de chevaux dont il dispose; cette restriction dans l'assiette de l'impôt paraît désintéresser complétement la carrosserie. » — Ainsi donc, quand deux voitures se remplacent l'une l'autre, le propriétaire n'ayant qu'un attelage pour les deux, une seule doit être imposée.

472. *Exemptions.* — D'après l'art. 7 de la loi, ne donnent pas lieu au payement de la taxe : « 1° les chevaux et voitures possédés en conformité des règlements du service militaire ou administratif, et par les ministres des différents cultes ; — 2° Les juments et étalons exclusivement consacrés à la reproduction ; — 3° Les chevaux et voitures exclusivement employés aux travaux de l'agriculture ou d'une profession quelconque, donnant lieu à l'application de la patente. » — Nous allons examiner séparément la portée de ces diverses désignations.

473. « Quant aux fonctionnaires et aux militaires, les règlements déterminent avec précision l'étendue de l'exemption dont ils doivent jouir, et elle ne peut, pour aucun d'eux, être portée au delà des limites légales; ils seraient donc imposables pour les chevaux qu'ils auraient au-dessus du nombre réglementaire » (cic. dir. gén. des contr. dir. 15 nov. 1862, n° 4 ; V. anal. Voirie par terre, n° 769). — Il a été jugé en ce sens que l'exemption n'est pas due par cela qu'un cheval serait nécessaire à un fonctionnaire pour l'exercice de ses fonctions; il faut qu'il justifie d'un règlement administratif en vertu duquel il posséderait ce cheval (cons. d'Et. 3 mars 1864, aff. Beaupré, D. P. 64. 3. 37 ; V. aussi cons. d'Et. 10 mars 1864, aff. Pujo, D. P. 64. 3. 33). — Et même dans ce cas, l'exemption n'est due que pour le cheval; elle ne l'est pas pour la voiture, si le règlement n'impose ou ne prévoit que la possession d'un cheval et non de la voiture. C'est ce qui a été décidé... à l'égard d'un ingénieur des ponts et chaussées (cons. d'Et. 1er juin 1864, aff. Ester, D. P. 64. 3. 37),... à l'égard d'un garde général des forêts (cons. de préf. de Vaucluse, 15 nov. 1863, aff. Belliard), et d'un inspecteur des forêts (cons. de préf. de la Seine-Inférieure, 20 fév. 1864, aff. Debruny).—Conf. MM. Chauveau, Journ. de dr. admin., 1863, p. 78, n° 53 ; Deshaires, de l'impôt des chevaux et voitures, p. 30. — Une solution différente est admise en matière de prestations en nature pour des motifs qui ne se représentent pas ici (V. n° 468, et Voirie par terre, n°s 766 et 767).

474. Néanmoins, d'après un arrêt, la voiture dont ferait usage, pour l'exercice de sa profession, un fonctionnaire obligé seulement par les règlements à la possession d'un cheval, devrait être considérée comme exempte de la taxe, si la santé de ce fonctionnaire ne lui permettait pas de supporter l'usage du cheval (cons. d'Et. 1er juin 1864, aff. Labasque, D. P. 64. 3. 37). —Pour justifier cette solution en principe, on peut dire que l'application de la taxe, dans le cas dont il s'agit, frapperait, contrairement au vœu de la loi, l'exercice de la profession elle-même ; or les mêmes motifs qui ont fait affranchir de la patente les

fonctions tenant à des services publics, les ont fait également exempter de la taxe sur les chevaux et voitures. Il suffit que les règlements aient reconnu l'impossibilité d'exercer ces fonctions sans un cheval, pour qu'on doive admettre la nécessité de l'emploi d'une voiture, toutes les fois que l'âge ou la santé du fonctionnaire exige la substitution de la voiture au cheval (V. *infra*, n° 485). — Mais il est peut-être plus sûr, en présence des termes précis de la loi, de ne considérer la décision qu'on vient d'analyser que comme décision d'espèce.

475. En ce qui concerne les ministres des différents cultes, il a été admis par l'administration que « l'exemption leur est applicable, sans qu'il y ait à rechercher s'ils ont ou non besoin de chevaux ou de voitures pour l'exercice de leur ministère, mais qu'elle n'est pas applicable aux membres des corporations religieuses qui n'ont pas le caractère de ministre du culte » (circ. dir. gén. 12 janv. 1863).—Ce n'est pas seulement dans le cas où un ecclésiastique ou membre d'une corporation religieuse n'a pas le droit d'exercer les fonctions de ministre du culte, que l'exemption doit lui être refusée, c'est aussi dans le cas où, pouvant exercer, il ne remplit aucune fonction du culte. — Il a été jugé en ce sens que l'exemption n'a été accordée qu'à l'exercice *effectif* du ministère et non à la seule qualité d'ecclésiastique ; que, dès lors, le bénéfice de cette exemption est réclamé sans droit par l'ecclésiastique qui s'est retiré des fonctions de ministre du culte (cons. d'Et. 4 mai 1864, aff. Isabet, D. P. 64. 3. 38 ; cons. de préf. du Rhône, 16 oct. 1863, aff. Verlier, D. P. *eod, ad not.*).

476. Il est encore une classe de personnes ayant droit à l'exemption, que la loi n'avait pas besoin de rappeler : « Les représentants de puissances étrangères, à moins qu'ils ne soient des citoyens nés ou naturalisés Français, étant censés résider toujours sur le territoire national, leurs chevaux et leurs voitures doivent être considérés comme n'existant point en France ; ces représentants, dès lors, ne sont pas plus passibles de la contribution sur les voitures et les chevaux qu'ils ne le sont de la contribution personnelle et mobilière » (circ. dir. gén. 12 janv. 1863 ; Conf. M. Chauveau, Journ. de dr. admin., t. 11, p. 53, n° 30). — Cette solution a été consacrée au profit d'un étranger, consul de la République argentine, par un arrêté du conseil de préfecture de la Seine-Inférieure, du 21 nov. 1863 (aff. Napp). — V. Agent diplom., n° 140; Consul, n°s 33, 39; Impôts dir., n° 230.

477. Parmi les chevaux ne donnant pas lieu au payement de la taxe, l'art. 7 indique en second lieu « les juments et étalons exclusivement consacrés à la reproduction. » Il est déjà admis qu'il ne sont pas soumis à l'impôt des prestations (V. Voirie par terre, n°s 762-1°). — « Si ces animaux étaient employés comme chevaux de selle ou d'attelage pour le service personnel du possesseur, celui-ci serait mal fondé à prétendre qu'ils doivent jouir de l'exemption, puisqu'ils ne serviraient pas exclusivement à la reproduction, ainsi que le veut la loi ; toutefois, si les mêmes animaux étaient aussi employés pour les travaux de l'agriculture ou d'une profession donnant lieu à l'imposition d'une patente, cette circonstance, qui entraîne toujours l'exemption, les ferait rentrer dans les exceptions prévues par l'art. 6 » (circ. dir. des contr. dir. 15 nov. 1862, n° 5).

478. L'art. 7 ne parle pas des chevaux de course. Répondant à la question de savoir s'ils sont compris parmi les chevaux imposables ou parmi les chevaux exemptés, M. Vuitry, commissaire du gouvernement, a dit devant le corps législatif : « Les chevaux de course ne forment pas une catégorie particulière ; ils restent dans les catégories générales. Si ces chevaux sont employés au service de leur propriétaire et de sa famille, ils payent l'impôt... ; le plus souvent ils doivent rentrer dans les catégories établies par l'art. 4, à moins que, comme étalons consacrés à la reproduction, ils ne puissent invoquer l'art. 7. » — Il a été jugé, conformément aux observations du commissaire du gouvernement, qu'un cheval possédé comme étalon breveté, qui pendant huit ou neuf mois de l'année est employé soit à la monte, soit comme cheval de course, doit être déclaré affranchi de la taxe, bien que son propriétaire l'attelle à un tilbury, s'il s'agit d'un tilbury dit *de course*, d'une forme très-légère et toute spéciale ne servant jamais à l'usage personnel du propriétaire ; et, dans ce cas, l'exemption s'étend à la voiture, qui n'est, à vrai dire, qu'un instrument de dres-

sage (cons. de préf. de la Seine-Inférieure, 11 fév. 1864, aff. Fortier).

479. Lorsque le cheval, à raison de son jeune âge, n'est pas encore employé au service personnel du propriétaire, il n'y a pas lieu de le comprendre parmi les animaux imposables. L'exposé des motifs dit à cet égard : « La taxe des chevaux pourrait donner lieu à une question au-devant de laquelle nous croyons devoir aller, pour prévenir toute inquiétude. L'impôt établi sur le cheval *qui rend des services utiles* ne doit pas évidemment atteindre le poulain qui ne saurait en rendre encore, au moins d'une façon régulière. Ne fallait-il pas, dès lors, poser dans le tarif une limite d'âge, qui eût probablement été celle de trois ans d'après certains précédents? Cette limite d'âge a paru d'une application impossible; d'une part, en effet, on ne pouvait songer à faire vérifier, par les agents des contributions, l'âge de près de 200,000 chevaux, et l'exemption tirée de l'âge eût ouvert une porte trop large à la fraude; d'autre part, il peut arriver que l'éleveur, n'ayant pas encore trouvé d'un cheval de plus de trois ans un prix rémunérateur, conserve provisoirement ce cheval à l'état de marchandise et non comme cheval de service ; la taxe, en ce cas, l'eût frappé indûment. — Il a paru que la définition des chevaux imposables, telle qu'elle est donnée par le projet, suffisait à tout. L'impôt, en effet, est établi sur les chevaux affectés au service personnel du propriétaire ou à celui de la famille ; *ce n'est pas, à proprement parler, le cheval qui est imposé, c'est l'usage qui en est fait*; il n'est donc pas nécessaire de reconnaître l'âge, quand le service est constaté. Aussi doit-il être bien entendu que l'éleveur qui monte ou attelle de jeunes chevaux destinés à la vente, dans le but de développer leurs forces ou de les dresser, n'est passible d'aucune taxe à raison de ces faits, de même que les services accessoires qui pourraient être rendus par ces jeunes chevaux, ne leur enlèveraient pas le caractère de poulains non imposables » (Voy. D. P. 62. 4. 63). — De cette déclaration l'administration des contributions directes a tiré les conclusions suivantes : « La loi ne parlant pas de l'âge des chevaux imposables, on doit assujettir à la taxe tous les chevaux, jeunes ou vieux, qui, en dehors des cas d'exception, sont employés au service personnel du maître ou de sa famille; cependant le propriétaire qui ne monterait ou n'attellerait de jeunes chevaux destinés à la vente que dans le but de développer leurs forces et de les dresser, ne serait pas imposable à raison de ces faits. Les agents ne perdront pas de vue que les faits à prendre en considération, soit pour l'imposition, soit pour l'exemption, doivent avoir, pour être valables, une certaine permanence ou fréquence de répétition qui les rende notoires, leur donne le caractère de *fait habituel* et les fasse ainsi sortir de la catégorie des faits accidentels, dont il n'y a jamais à tenir compte » (circ. dir. gén. contr. dir., 15 nov. 1862, n° 6). — En matière de prestations en nature, où l'impôt est exigé « à raison des bêtes de somme, de trait, de selle, *au service* de la famille ou de l'établissement dans la commune », il a été décidé que l'on ne doit pas comprendre parmi les animaux imposables le cheval qui, à raison de son jeune âge, ne rend pas encore de services (V. Voirie par terre, n° 762-2°). Cette jurisprudence doit d'autant mieux être étendue à l'application de la taxe sur les chevaux, que la loi n'impose pas tout cheval qui rend des services, mais seulement les chevaux qui servent à des usages qu'elle définit, en sorte qu'il est impossible d'asseoir la perception d'une taxe sur l'éventualité d'une destination que rien ne détermine encore avec certitude. Cette considération a fait admettre une décision semblable en matière de taxe sur les chiens.—V. Taxes, n° 67.

480. Aux chevaux qui sont, nous ne dirons pas exempts, mais non susceptibles d'être imposés, il faut ajouter le cheval qui a été mis *hors de service* comme vieux, malade ou infirme : cette solution est également consacrée par la jurisprudence en matière de prestations en nature (V. Voirie par terre, n° 762-3°). Mais les raisons ne sont pas les mêmes : la loi du 21 mai 1836 n'exige le travail des prestations que des hommes et des animaux *valides* ; la loi de 1862 n'atteint pas le cheval vieux ou infirme parce qu'elle impose, non le cheval, mais l'emploi qui en est fait habituellement pour le service personnel du propriétaire, en sorte que là où cet emploi fait défaut, la demande de l'impôt n'a pas

de raison d'être. — De cette solution il résulte, ainsi que cela a été justement décidé, que le propriétaire qui, n'ayant qu'un cheval devenu vieux, *cesse de se servir de sa voiture*, ne peut plus être considéré comme ayant une voiture attelée, et ne doit pas plus être imposé désormais pour la voiture que pour le cheval (cons. de préf. de la Meurthe, 26 fév. 1864, aff. Thiéry). — M. Chauveau, en rapportant dans son Journal de dr. admin. (1864, p. 173) l'arrêt que nous analysons, déclare n'oser « critiquer cette solution, qui est empreinte d'un sentiment d'humanité pour les vieux serviteurs, qu'une solution contraire livrerait à l'équarrisseur. » —Une adhésion ainsi motivée est insuffisante, car l'exactitude de la solution n'est pas contestable en droit, et l'on ne saurait surtout admettre qu'un cheval est imposable, ainsi que l'administration le soutenait dans l'espèce, par cela seul qu'il est à la disposition de son maître. Il ne faut pas raisonner en matière de taxe sur les chevaux comme en matière de taxe sur les chiens ; l'impôt sur les chiens ayant été établi en vue d'intéresser à la suppression de ceux de ces animaux qui sont les moins utiles, la taxe de première catégorie est appliquée à ces chiens par cela seul qu'il y a *destination* de chasse ou d'agrément, et il n'est pas nécessaire que cette destination soit effectivement réalisée (V. Taxes, n° 51) ; on ne s'arrête donc pas à l'allégation que le chien est vieux et est conservé par un sentiment de pitié et non pour l'agrément du maître (V. *eod.*, n° 50). Mais quand il s'agit des chevaux, la taxe n'a pas un but de destruction; elle est demandée comme rémunération d'un service rendu, ou comme compensation d'une gêne que le propriétaire du cheval fait éprouver à ses concitoyens, et qui est pour ceux-ci une cause de dépenses. Le rapporteur de la loi, M. Segris, disait en effet : « S'il est vrai que les chevaux et les voitures attelées procurent à leurs propriétaires une occupation et un usage beaucoup plus étendus des chemins, routes et rues à la charge de l'État, qui sont une des dépendances du domaine public, n'est-il pas juste que certaines taxes particulières puissent être attachées à cette jouissance, aussi profitable à ceux qui en usent qu'elle est gênante pour les autres citoyens? » Ces considérations, on le comprend, ne concernent pas le cheval qui ne sort plus de l'écurie, ni la voiture laissée constamment sous la remise. Le rapporteur ajoutait : « Dans cet ordre d'idées, on comprend parfaitement qu'on n'impose que les voitures attelées, que ce ne soit pas, à proprement parler, le cheval qui soit imposé, comme le disait l'exposé des motifs, mais l'usage qui en est fait. » —Voy. D. P. 62. 4. 64.

481. Le n° 3 de l'art. 7 exempte de la taxe « les chevaux et voitures *exclusivement* employés aux travaux de l'agriculture ». L'art. 6 ajoute : « Les voitures et chevaux qui seront employés en partie pour le service du propriétaire ou de la famille et en partie pour le service de l'agriculture, ne seront point passibles de la taxe. » L'exemption s'explique ici par cette considération que les chevaux et voitures dont il s'agit supportent déjà l'impôt des prestations en nature (V. Voirie par terre, n° 759). —Résumant les indications données sur ce sujet dans la discussion de la loi, l'instruction du 15 nov. 1862 en déduit cette règle que « le cultivateur et le propriétaire faisant valoir son bien ne seront point imposés pour les voitures et les chevaux qu'ils emploient à leur usage personnel, s'ils s'en servent aussi pour l'exploitation agricole ou seulement pour se transporter aux foires et aux marchés ou dans la ville voisine pour les affaires de l'agriculture. » — Dans sa circulaire du 12 janv. 1863, l'administration des contributions directes fait remarquer que « l'imposition devrait avoir lieu si l'affectation au service agricole n'était qu'un fait accidentel, attendu qu'on ne doit tenir compte des faits de l'espèce ni pour l'imposition ni pour l'exemption. —Il arrive fréquemment, continue la circulaire, que l'affectation des chevaux à l'agriculture est habituelle, et que celle des voitures au même service n'est qu'accidentelle. Dans ce cas les chevaux ne sont point imposables; mais seulement pour la taxe que leur attribue le tarif (V. *supra*, n° 468). — La distinction du fait habituel ou accidentel est une question dont la solution dépend des circonstances et des localités, et dont l'appréciation appartient aux agents des contributions directes, sauf réclamation ultérieure de la part des intéressés. »

482. La loi ne s'occupant, dans l'exemption énoncée au numéro précédent, que de l'affectation des chevaux et voitures au service de l'agriculture, il n'y a pas lieu de rechercher si le contribuable fait de l'agriculture son occupation exclusive; sa qualité importe peu. Ainsi, le propriétaire qui, tout en exerçant une profession, fait valoir son bien lui-même, ou le fait cultiver par des colons partiaires, a droit à l'exemption comme le cultivateur proprement dit (Conf. circ. dir. gén. des contr. dir., 12 janv. 1863). — Il a été jugé qu'un domaine de 3 hectares environ est une culture assez importante pour que le propriétaire qui emploie habituellement sa voiture au service de l'exploitation de ce domaine, tout en l'employant en même temps pour son service personnel, soit fondé à réclamer le bénéfice de l'exemption (cons. de préf. de l'Eure, 19 janv. 1864, aff. Doré). — Mais il ne suffit pas d'avoir une propriété cultivée et de s'y rendre fréquemment pour être fondé à réclamer l'exemption ; le contribuable qui se rend sur sa propriété avec sa famille uniquement pour son agrément et pour y passer ses moments de loisir, ne peut pas prétendre qu'il se sert de sa voiture dans un intérêt agricole; il n'a, en ce cas, aucun droit à l'exemption (Conf. M. Chauveau, Journ. de dr. admin., 1864, p. 163).

483. L'application de l'exemption aux voitures qui forment le matériel proprement dit de l'agriculture, ne peut donner lieu à aucune difficulté sérieuse. Quant aux voitures d'un usage mixte, c'est-à-dire affectées simultanément à l'exploitation agricole et au service personnel du propriétaire, on estimerait à tort que l'exemption ne leur est applicable qu'en tant qu'il s'agit de voitures que le propriétaire emploie tantôt à des transports agricoles, tantôt à des transports faits pour l'utilité de son ménage. — L'exemption est due et c'est ce qui résulte implicitement d'une décision du conseil d'État, non-seulement pour les voitures qui servent au transport des produits de l'agriculture, mais aussi pour les voitures qui servent au *transport des personnes*, si du reste, il est établi que les déplacements du contribuable ont lieu pour l'exploitation de sa propriété (Cons. d'Et. 11 mai 1864, aff. Faucompré, D. P. 64. 3. 34). — Par exemple, elle est avec raison réclamée par le contribuable qui, dirigeant lui-même l'exploitation de deux propriétés situées à une certaine distance du lieu où il a son domicile, se rend fréquemment de la ville à la campagne pour la surveillance de celles-ci (même arrêt).

484. Les professions soumises à l'impôt de la patente ont été l'objet de la même faveur que l'agriculture. Ainsi ne donnent pas lieu au payement de la taxe les chevaux et voitures « exclusivement employés aux travaux d'une profession quelconque, donnant lieu à l'application de la patente » (art. 7, n° 3), ni les chevaux et voitures « employés en partie pour le service du propriétaire ou de la famille, et en partie pour le service d'une profession quelconque, donnant lieu à l'imposition d'une patente » (art. 8). — L'exemption de la taxe pour les professions soumises à la patente est facile à justifier : d'une part, les chevaux et voitures du patentable font partie du matériel de son industrie, et n'indiquent nullement un signe d'aisance, qu'on pourrait, en ce qui le concerne, ajouter aux autres signes pris pour base de la contribution mobilière; d'autre part, comme éléments professionnels, ils ont été déjà compris dans l'appréciation du chiffre de la patente, et il serait ainsi contraire à l'équité de les frapper d'une taxe faisant double emploi. — Les loueurs de chevaux et voitures ne sont donc pas imposables pour les chevaux et voitures de la location desquels ils trafiquent; c'est ce qui résulte de l'abandon d'une disposition du projet qui imposait les voitures et chevaux consacrés à la location à l'année, au mois ou à la journée. — V. n° 468.

485. La loi de 1862 ne fait aucune distinction entre les diverses professions sujettes à patente. Les professions libérales, imposées au quinzième du chiffre du loyer, ont droit à l'exemption aussi bien que les professions industrielles ou commerciales. En fait, l'exemption a été accordée dans plusieurs espèces à des médecins, à des avocats et à des avoués. — Mais que décider relativement aux professions qui ont conservé le bénéfice de l'exemption de la patente? Les chevaux et voitures employés exclusivement en partie pour le service de ces professions, sont-ils soumis à la taxe? — Lorsque l'affectation au service de la profession est exclusive, l'application de la taxe ne paraît pas possible, parce que la loi de 1862 n'impose que l'emploi pour le service personnel, distinguant le service personnel du service de la profession. L'exemption de la patente a donc ici pour conséquence l'exemption de la taxe sur les chevaux et les voitures (V. toutefois pour le cas où il s'agit de fonctions publiques, *suprà*, n° 474). — Mais la difficulté est plus délicate lorsque les chevaux et voitures employés au service de la profession sont aussi affectés au service personnel du propriétaire. Les nécessités de la profession ne peuvent plus être invoquées dans ce cas comme un titre d'exemption, parce que cette profession ne paye pas d'impôt ; la loi n'ayant pas prévu le cas dans la disposition relative aux exemptions, on est obligé d'appliquer l'art. 4, qui soumet à la taxe les chevaux et voitures employés au service personnel du propriétaire. Adoptant cette distinction, l'administration des contributions directes, consultée sur le point de savoir si l'impôt peut être réclamé pour les chevaux et voitures exclusivement employés au service des mines (V. Patente, n° 256), a répondu : « Non. Les concessionnaires des mines ne seraient imposables pour ces voitures et ces chevaux qu'autant qu'ils les affecteraient aussi à leur service personnel. Cette dernière affectation étant une condition nécessaire de l'imposition, on ne saurait comprendre dans les bases de l'impôt les voitures et les chevaux exclusivement affectés à l'exploitation des mines (le motif seul qu'il n'en est pas fait une mention spéciale dans les exceptions » (circ. dir. gén. contr. dir., 12 janv. 1863). M. Chauveau se prononce contre la restriction indiquée par l'administration et estime que le bénéfice de l'exemption doit être accordé dans les deux cas (Étude sur l'impôt des voitures, Journ. de dr. admin., 1863, p. 49 et suiv , v° Mines et Profession).

486. Il est évident qu'il ne suffit pas de payer une patente pour échapper à la taxe sur les chevaux et voitures. Il faut encore que les chevaux et voitures qu'on veut rendre soient employés au service de la profession ; il n'y a pas présomption de droit que l'usage fait de ces chevaux et voitures a une utilité professionnelle. Mais la preuve que les chevaux et voitures sont employés au service de la profession, est la seule que la loi exige. Il n'y a donc pas à rechercher, lorsque cette preuve est faite, si, dans la profession exercée par le contribuable, l'emploi de chevaux et de voitures est véritablement indispensable, ou s'il n'est pas, au contraire, une commodité en quelque sorte superflue. Quelques interprètes et l'administration des contributions directes semblent approuver qu'on se livre à cette appréciation. Mais c'est méconnaître l'esprit de la loi, qui a voulu et qui a dû vouloir donner pour base à l'impôt, non pas des conjectures variables et discutables, mais un fait matériel toujours facile à vérifier.— Le conseil d'État, dans une première affaire, a paru partager la manière de voir de l'administration ; un recours ayant été formé par le ministre des finances contre un arrêté accordant l'exemption, au le motif que la voiture exemptée ne serait pas nécessaire à l'exercice de la profession du défendeur, le conseil d'État, en prononçant le rejet de ce recours, a répondu que la décharge de la taxe avait été prononcée avec raison, parce que la voiture possédée par le contribuable était effectivement *nécessaire* à l'exercice de sa profession (cons. d'Et. 30 mars 1864, aff. Guthmann, D. P. 64. 4. 34). — Mais, par une décision postérieure, le conseil d'État, dans une espèce semblable, fonde le rejet du recours sur ce motif plus exact qu'il résulte de l'instruction que le défendeur *employait* sa voiture pour les déplacements qu'exige l'exercice de sa profession, et qu'ainsi il n'est pas imposable pour cette voiture (cons. d'Et. 21 avr. 1864, aff. Courtois, D. P. 64. 3. 34). — Le conseil d'État a décidé, il est vrai, dans une autre espèce, que « eu égard aux conditions dans lesquelles le réclamant exerçait son industrie, il y avait lieu de considérer la voiture pour laquelle il se prétendait à tort imposé comme lui étant en effet *nécessaire*, et de considérer cette voiture comme employée principalement au service de sa profession », d'où la conséquence qu'il avait droit à décharge, ainsi que l'avait reconnu le conseil de préfecture (arrêt du 3 mars 1864, M. Join-Lambert, rap., aff. Rodier). — Mais il est douteux que le conseil d'État ait entendu, comme l'indiquent les rédacteurs du Recueil des arrêts du conseil, exiger la preuve que la voiture soit nécessaire à l'industrie exercée ; il nous paraît plutôt n'avoir constaté, dans l'affaire, la nécessité de la possession d'une voiture

que pour arriver à considérer comme vraisemblable et suffisamment établie la déclaration que cette voiture était effectivement employée au service de la profession du contribuable.

A l'appui de l'opinion qui ne tient compte que du fait matériel de l'emploi au service de la profession, on peut citer la jurisprudence que le conseil d'Etat a adoptée en matière de taxe sur les chiens, relativement à l'imposition des chiens déclarés comme chiens de garde. Improuvant comme contraire à la loi toute prétention des agents de l'administration de rechercher si un chien de garde est nécessaire au contribuable, et si celui déclaré comme tel est véritablement propre à en remplir l'office, le conseil d'Etat a constamment décidé que la preuve que le chien déclaré est véritablement *employé* comme chien de garde suffit pour justifier la demande du propriétaire de ne payer que la taxe de seconde catégorie. — V. Taxes, n°⁰ 56 et 57.

487. Par les mêmes motifs, si le contribuable possède deux voitures et réclame l'exemption pour toutes deux, on ne recherche pas si les nécessités de sa profession exigent qu'il ait deux voitures, mais si, en fait, il *emploie* ces deux voitures au service de sa profession. L'appréciation des nécessités de la profession ne peut que fournir des présomptions susceptibles d'être prises en considération lorsqu'il s'agit de contrôler la sincérité des déclarations. Il est utile d'insister sur cette restriction qui ne paraît pas suffisamment ressortir de l'interprétation suivante que l'administration des contributions indirectes a adressée à ses préposés : « Si cependant une profession sujette à patente n'exigeait pas réellement, soit par sa nature, soit par la manière dont elle serait exercée, l'emploi d'un cheval ou d'une voiture, comme, par exemple, la profession des banquiers, des avocats, des notaires de ville, dont les fonctions s'exercent principalement en l'étude, etc., les voitures et les chevaux dont ces personnes font usage pour leur service personnel devraient être imposés, bien que les possesseurs payassent une patente. A plus forte raison il en serait de même pour les voitures et les chevaux que la personne sujette à patente posséderait au delà du nombre de ceux que peut exiger l'exercice de la profession, en admettant, bien entendu, qu'ils soient employés au service personnel du possesseur, car, en dehors de cette condition, aucune voiture et aucun cheval ne sont imposables » (circ. 15 nov. 1862). — D'après les considérations qui précèdent on ne saurait approuver une décision du conseil de préfecture de la Seine déclarant que limiter à une voiture et à un cheval l'exemption réclamée par un notaire de Paris, possesseur de deux chevaux et de deux voitures, c'est faire une équitable appréciation des nécessités de sa profession (arrêté du 12 janv. 1864, aff. Chatelain, M. Loysel, rap), non plus qu'une autre décision du même conseil de préfecture, admettant la même limitation à l'égard d'un avoué, par le motif que la loi n'exempte pas les voitures et les chevaux que le contribuable possède au delà du nombre de ceux que *peut* exiger l'exercice de sa profession, et que deux voitures ne sont pas indispensables à l'exercice de sa profession (arrêté du même jour, aff. Picard, même rap.).

488. Il a été jugé par le conseil d'Etat, avec plus de raison, que le patenté qui, possédant deux voitures, les emploie alternativement à l'exercice de sa profession, a droit à l'exemption de la taxe pour toutes les deux, alors même que l'une d'elles ne servirait à cet exercice qu'en partie, si c'est habituellement; qu'il en est ainsi spécialement lorsque les deux voitures sont habituellement employées pour l'exercice de la profession de médecin (cons. d'Et. 21 avr. 1864, aff. Calemard de la Fayette, aff. Chevalier, D. P. 64. 3. 35)... ou de notaire (cons. d'Et. 21 avr. 1864, aff. Séguin, D. P. 64. 3. 35). — Mais que le droit à l'exemption, quand une seule voiture est affectée à l'exercice de la profession, est limité à celle-ci, il ne peut être étendu à une seconde voiture ne servant qu'à l'agrément du contribuable, encore bien que celui-ci n'aurait qu'un seul cheval s'attelant alternativement à l'une et à l'autre voitures (cons. d'Et. 21 avr. 1864, aff. Renaud, D. P. 64. 3. 35).

489. Dans quel cas les chevaux et voitures peuvent-ils être considérés comme étant d'un usage mixte, donnant droit à l'exemption de la taxe? — La loi de 1862, en se servant de la désignation « employés en partie pour le service du propriétaire ou de la famille, et en partie pour le service de l'agriculture ou

d'une profession quelconque donnent lieu à l'imposition d'une patente », a laissé place à des doutes qui ont embarrassé les interprètes. Les mots *en partie, habituellement*, ne devraient pas, dit avec raison M. Chauveau, se trouver dans une loi d'impôt, dont le texte devrait être perceptible à la plus modeste intelligence. — M. Galletier, dans un commentaire abrégé des dispositions relatives à la taxe sur les chevaux, inséré au Journal des percepteurs (1863, numéro de janvier), propose l'interprétation suivante : « Il faut entendre les mots *en partie*, en ce sens que les objets doivent être employés moitié pour un des services, moitié pour l'autre. » — M Chauveau critique avec raison cette explication, et veut que l'exemption soit accordée, même dans le cas où l'emploi pour le service de la profession patentée ou de l'agriculture est inférieur, sous le rapport de la fréquence, à l'emploi pour le service du propriétaire ou de la famille, pourvu que le cheval et la voiture soit l'instrument habituel et nécessaire de la profession. « L'industrie peut-elle, dit l'honorable professeur, se passer d'une manière absolue d'une voiture et d'un cheval, l'emploi industriel ne sera plus qu'un accident ou un prétexte, et alors l'impôt devra être perçu » (Journ. de dr. adm., 1863, p. 80). Nous croyons avoir démontré *suprà*, n°⁰ 486 et 487, que le fait de l'emploi habituel suffit, et qu'il n'y a pas lieu d'entrer dans l'appréciation de nécessités-impossibles à déterminer : chaque contribuable est libre d'exercer sa profession comme il l'entend, et l'on ne saurait refuser de prendre en considération le fait de l'emploi industriel dont il justifie, en lui objectant que sa profession peut s'exercer sans cheval ni voiture, si l'emploi industriel a un caractère exclusif ou habituel. — Mais l'exemption n'est pas due évidemment lorsque l'emploi pour le service de la profession n'a, en fait, qu'un caractère purement accidentel. — Il a été décidé que le contribuable qui possède une exploitation agricole n'est pas fondé à réclamer l'exemption de taxe pour une voiture et un cheval affectés principalement à son service personnel, par cela seul qu'il s'en servirait quelquefois pour visiter son exploitation, si c'est là un emploi purement accidentel (cons. d'Et. 3 mars 1864, aff. Pebellier, D. P. 64. 3. 36, et 21 avr. 1864, D. P. *eod.*) ; — Que, de même, ne peut prétendre à l'exemption de taxe le contribuable qui, possédant une voiture et un cheval pour son agrément et celui de sa famille, s'en sert quelquefois, et non pas habituellement, pour l'utilité d'une profession soumise à patente, telle que celle de notaire (cons. d'Et. 10 mars 1864, aff. Guichard; D. P., *eod.*), ... ou de médecin (cons. d'Et. 21 avr. 1864, aff. Kunholtz, D. P., *eod.*), ... ou d'avoué (cons. d'Et. 25 mai 1864, aff. Auger, et 14 juin 1864, aff. Toussaint, D. P., *eod.*), ... ou d'avocat (cons. d'Et. 25 mai 1864, aff. Rebour; 14 juin 1864, aff. Fradin et aff. Labbé, D. P., *eod.*).

490. *Recouvrement de l'impôt.* — Comme en matière de taxes sur les chiens, c'est la déclaration du contribuable qui sert de base à l'imposition (V. Taxes, n°⁰ 68 et suiv.). Cette déclaration fait foi jusqu'à preuve contraire, en ce sens que, dans le cas de contestation de la part de l'administration, c'est à elle à justifier de l'exactitude des assertions qu'elle oppose au contribuable (V. Taxes, n° 89 ; conf. M. Aucoc, Ecole des communes, 1864, p. 68). — Elle fait foi non-seulement au profit du contribuable, mais aussi contre lui, et il a été décidé qu'il n'est pas recevable à revenir sur sa propre déclaration, à moins qu'en la faisant il n'ait indiqué les motifs qui le portaient à penser qu'il n'était pas imposable (cons. d'Et. 21 avr. 1864, aff. Gérard, D. P. 64. 3. 38).

491. « Les contribuables, dit l'art. 11, sont tenus de faire la déclaration des voitures et des chevaux à raison desquels ils sont imposables, et d'indiquer les différentes communes où ils ont des habitations en désignant celles où ils ont des éléments de cotisation en permanence. » — L'obligation de fournir ces différentes indications dans une déclaration unique, trouve son explication dans l'art. 10 de la loi qui dispose que « si le contribuable a plusieurs résidences, il sera, pour les chevaux et les voitures qui le suivent habituellement, imposé dans la commune où il est soumis à la contribution personnelle conformément à l'art. 13 de la loi du 21 avr. 1832 (V. anal. Voirie par terre, n°⁰ 720 et 774), mais la contribution sera établie suivant

la taxe de la commune dont la population est la plus élevée. Pour les chevaux et les voitures qui restent habituellement attachés à l'une de ces résidences, le contribuable sera imposé dans la commune de cette résidence et suivant la taxe afférente à la population de cette commune » (V. encore anal. Voirie par terre, n° 773). — D'après le projet, la taxe due pour les chevaux qui suivent le maître dans ses déplacements, devait non-seulement être fixée d'après le tarif de la commune dont la population est la plus élevée, mais encore être payée dans cette commune. La rédaction actuelle a été adoptée sur les réclamations de M. Morin (de la Drôme), qui insistait pour que le bénéfice de la perception de l'impôt ne fût pas attribué exclusivement aux grandes villes. — V. la discussion recueillie D. P. 64. 4. 65, note 3.

492. En énonçant que la taxe, pour les chevaux et voitures qui suivent le contribuable, est payée dans la commune où le contribuable est soumis à la contribution personnelle, conformément à la loi du 21 avr. 1832, la loi de 1862 a voulu dire que cette taxe doit être portée au rôle de celle des communes où la résidence du contribuable réunit le caractère du domicile ; la taxe personnelle n'est due, en effet, que dans la commune du domicile réel (cons. d'Et. 21 juin 1854, aff. Priorée, D. P. 55. 3. 20 ; V. Impôts directs, n° 186 ; Timbre, n° 25). — « S'il arrivait que le contribuable se trouvât imposé par erreur à la taxe personnelle dans plusieurs communes, ou s'il s'était imposé à cette taxe dans une commune et à la contribution mobilière dans une autre commune dont une partie du contingent serait acquittée par la caisse municipale, conformément à l'art. 20 de la loi du 21 avr. 1832, ce qui permettrait de considérer la taxe personnelle étant aussi payée dans cette commune, on rechercherait avec soin les faits et circonstances constituant le domicile réel, et l'on imposerait dans la seule commune de ce domicile les chevaux et les voitures qui ne seraient point attachés à une résidence fixe. Il conviendrait toutefois, avant de rien arrêter, de prendre des informations dans les différentes communes et même auprès du contribuable, au moyen de communications opérées dans la forme prescrite par les art. 31, 89, 90, 91 et 109 de l'instruction générale sur les patentes, du 31 juill. 1858 ; si ces communications devaient trop retarder la confection du rôle, on pourrait ajourner le règlement de la taxe qui en serait l'objet, et l'inscrire plus tard sur un rôle supplémentaire (circ. dir. gén. des cont. dir., 15 nov. 1862).

493. « Les déclarations, dit encore l'art. 11, sont valables pour toute la durée des faits qui y ont donné lieu ; elles doivent être modifiées dans le cas de changement de résidence hors de la commune ou du ressort de la perception, et dans le cas de modifications survenues dans les bases de la cotisation. — Les déclarations seront faites ou modifiées s'il y a lieu, le 15 janv., au plus tard, de chaque année, à la mairie de l'une des communes où les contribuables ont leur résidence. » — En autorisant le contribuable à faire sa déclaration, à son choix, dans telle ou telle des communes où il a une résidence, la loi a supprimé toutes les difficultés qui, en matière de taxes sur les chiens, dérivent de l'obligation de faire la déclaration dans la commune même où l'impôt est dû, commune dont la détermination n'est pas toujours sans difficulté. — V. Taxes, n° 77 et suiv.

494. La disposition portant que les déclarations sont va-

lables pour toute la durée des faits qui y ont donné lieu, et que le contribuable sera seulement tenu de faire une déclaration modificative dans le cas de changements dont il devra être tenu compte pour la perception de l'impôt, a été empruntée à un décret du 3 août 1861 (D. P. 61. 4. 116), relatif à la perception de la taxe sur les chiens. — Il a été jugé, par application de ce décret, que le contribuable qui a négligé de faire au plus tard le 15 janvier une déclaration modificative, ne peut utilement réclamer contre la taxe pour laquelle il se trouve, par suite de cette omission, porté de nouveau au rôle (cons. d'Et. 26 fév. 1863, aff. ville de Lille, D. P. 63. 3. 65 ; 11 mars 1863, aff. de Beauregard, D. P., eod.). Cette jurisprudence doit-elle être étendue à la taxe sur les chevaux? La question a été résolue affirmativement par un arrêté du conseil de préfecture du Rhône du 24 juin 1864 (aff. de Melz, D. P. 64. 3. 90).

495. La taxe sur les chevaux et voitures est annuelle (V. anal. Taxes, n° 69 et 92) ; elle est due pour l'année entière, en ce qui concerne les faits existants au 1er janvier (art. 9). « Par conséquent, elle n'est point due pour les chevaux et voitures dont on ne commencerait à se servir que dans le courant de l'année : ces chevaux et voitures ne seront imposables, si la possession en est continuée, qu'à partir du 1er janv. de l'année suivante » (circ. dir. gén. des contr., dir., 15 nov. 1862 ; V. encore Taxes, n° 86). — « Dans le cas d'une résidence nouvelle, ajoute le même art. 4, le contribuable devient passible d'une taxe supérieure à celle à laquelle il a été assujetti au 1er janv., il ne doit qu'un droit complémentaire égal au montant de la différence. » Ce droit complémentaire n'est pas perçu en matière de taxe sur les chiens. — « Les taxes complémentaires ne porteront que sur la différence des tarifs de la nouvelle et de l'ancienne résidence, et elles ne seront calculées que pour le nombre de mois de l'année restant à courir à partir du commencement du mois dans lequel la nouvelle résidence aura été prise. — Si le contribuable transfère sa résidence d'une commune où il avait des voitures et des chevaux en permanence dans une commune d'une catégorie de population plus élevée, et dans laquelle il transporte, pour y rester aussi en permanence, les objets pour lesquels il était imposé dans l'ancienne résidence, le supplément de taxe, calculé à raison de la population de la commune de la nouvelle résidence, sera imposé dans cette dernière commune » (circ. dir. gén. des contr. dir., 15 nov. 1862).

496. A la différence de ce qui est établi en matière de taxe sur les chiens (V. Taxes, n° 76), la loi de 1862 ne fixe pas un délai pour présenter les déclarations ; elle se borne à exiger qu'elles soient faites avant le 15 janv. L'administration des contributions directes a conclu que la déclaration, admissible à toute époque de l'année, doit être effectuée au plus tard dans la quinzaine à partir du jour où l'impôt prend naissance, c'est-à-dire pour les chevaux et voitures imposables à partir du 1er janv., dans la première quinzaine de janvier, et pour les chevaux et voitures passibles d'une taxe complémentaire par suite de changements dans la quinzaine à partir de l'accomplissement de ces changements (circ. 15 nov. 1862).

497. « Les taxes seront doublées pour les voitures et les chevaux qui n'auront pas été déclarés ou qui auront été déclarés d'une manière inexacte » (1) (art. 12). — Il a été décidé : 1° que la double taxe établie par cet article est due même par le contri-

(1) Suivant l'administration des contributions directes, il y a lieu à l'application de la double taxe dans les cas suivants : « 1° Lorsqu'un contribuable n'a fait aucune déclaration, le contrôleur y supplée d'office, et le directeur des contributions est tenu d'appliquer la double taxe à tous les éléments de cotisation inscrits dans l'état-matrice. — 2° Lorsqu'un contribuable n'a déclaré qu'une partie des voitures et des chevaux pour lesquels il est imposable, ou lorsqu'il les a déclarés d'une manière inexacte, en indiquant, par exemple, une voiture à deux roues au lieu d'une voiture à quatre roues, le contrôleur complète ou rectifie la déclaration, et le directeur applique la double taxe aux seuls éléments de cotisation qui sont omis ou inexactement déclarés. — 3° Si un contribuable, ayant des résidences dans plusieurs communes où le suivent les voitures ou les chevaux qu'il a déclarés, avait omis d'indiquer l'une de ces communes dont la population donnerait lieu à l'application d'un tarif plus élevé, le contrôleur constaterait l'omission et le directeur établirait la cotisation d'après le tarif le plus élevé, augmenté d'une somme égale à la différence existant entre ce tarif et celui qui est ap-

plicable d'après la déclaration. — 4° Si un contribuable, déjà cotisé, transfère, sans déclaration de changement, sa résidence d'une commune dans une autre d'une catégorie de population supérieure, il doit, dans la commune de sa nouvelle résidence, la double du supplément de taxe pour tous les éléments de cotisation imposables dans cette résidence, qui seraient déjà imposés dans l'ancienne. Les éléments non imposés dans l'ancienne résidence donneraient lieu à une taxe double de la nouvelle. — 5° Si, sans changer de résidence et sans avoir modifié sa première déclaration, un contribuable augmente le nombre de ses éléments de cotisation, il est imposable à la double taxe pour l'augmentation seulement. — 6° Si un contribuable a diminué le nombre de ses éléments de cotisation ou abandonné une résidence située dans une commune donnant lieu à l'application d'un tarif plus élevé, le défaut de déclaration ne doit avoir pour conséquence que de laisser ce contribuable imposé à des taxes plus fortes que celles dont il serait redevable » (circ. du dir. gén. 18 fév. 1864). — V. aussi, au n° 498, une solution empruntée à la même circulaire.

buable qui a prétendu ne pas être passible de la taxe simple, s'il est reconnu qu'il en était réellement passible ; sa réclamation n'équivaut pas à la déclaration exigée par l'art. 11 de la même loi, et n'en dispense pas (cons. d'Ét. 21 avr. 1864, aff. Decroix, D. P. 64. 3. 38) ; — 2° Qu'il ne peut échapper au payement de la double taxe en excipant de sa bonne foi (cons. d'Ét. 21 avr. 1864, aff. Gourlain-Delattre, et aff. Schmitt, D. P., eod.) — V. Taxes, n° 91.

498. Les propriétaires de chevaux et de voitures, qui ont été imposés d'office à la double taxe en 1863, pour défaut de déclaration, doivent-ils être encore assujettis à une taxe double, pour les années suivantes, s'ils persistent dans leur abstention ? — A cette question l'administration des contributions directes a répondu : « Il y a lieu, dans ce cas, de n'imposer que la taxe simple. La loi ayant voulu que les contribuables vinssent se faire connaître, on peut dire que son vœu est rempli du moment qu'ils figurent dans les rôles, même par suite d'une imposition d'office. Cette imposition doit donc être considérée comme équivalant à une déclaration, et on ne devra désormais, à défaut de déclaration expresse, appliquer la double taxe que pour les objets qui n'auraient pas été compris dans les rôles de l'année précédente, ou pour des faits nouveaux » (circ. dir. gén. 18 fév. 1864).

499. « Si les déclarations ne sont pas faites dans le délai ci-dessus (c'est-à-dire avant le 15 janv.), ou si elles sont inexactes ou incomplètes, il y sera suppléé d'office par le contrôleur des contributions directes, qui est chargé de diriger, de concert avec le maire et les répartiteurs, l'état-matrice destiné à servir de base à la confection du rôle. — En cas de contestation entre le contrôleur et le maire et les répartiteurs, il sera, sur le rapport du directeur des contributions directes, statué par le préfet, sauf référé au ministre des finances, si la décision était contraire à la proposition du directeur, et, dans tous les cas, sans préjudice pour le contribuable du droit de réclamer après la mise en recouvrement du rôle » (art. 11). — « Il est ajouté à l'impôt 5 cent. par franc pour couvrir les charges, réductions, remises ou modérations, ainsi que les frais de l'assiette de l'impôt et ceux de la confection des rôles, qui seront établis, arrêtés, publiés et recouvrés *comme en matière de contributions directes*. En cas d'insuffisance, il sera pourvu au déficit par un prélèvement sur

le montant de l'impôt » (art. 12). — Ces textes n'ont pas besoin de commentaire ; ils résolvent plusieurs difficultés que le silence de la loi avait fait naître en ce qui touche le recouvrement de la taxe sur les chiens, par exemple la question de savoir s'il peut être accordé le maintien des remises ou modérations (V. Taxes, n°s 87 et 102). — Pour l'exposé des règles relatives aux réclamations, nous devons renvoyer à ce qui a été dit v° Taxes, n°s 97 et suiv.

500. Il est accordé aux communes un dixième du produit de l'impôt, déduction faite des cotes ou portions de cote dont le dégrèvement a dû être accordé (art. 8). Pour la taxe sur les chiens, c'est la totalité de l'impôt qui est accordée aux communes; et cette circonstance a fait reconnaître aux communes le droit de réclamer le maintien des impositions contestées par les contribuables (V. Taxes, n°s 63 et 101) ; mais il ne faut pas perdre de vue que la taxe sur les chevaux et voitures est, comme l'impôt des portes et fenêtres, plutôt un complément de la contribution personnelle et mobilière qu'une taxe spéciale (V. *suprà*, n° 466). — « On remarquera que l'attribution d'une partie de l'impôt aux communes, qui n'est que de 8 p. 100 en ce qui concerne les patentes, est portée à 10 p. 100 pour la contribution nouvelle ; mais cette dernière attribution n'est due que pour le principal des cotes qui rentrent au trésor : l'art. 8 de la loi ne veut point qu'elle soit prélevée sur le principal des sommes qui seront allouées en dégrèvement, soit à titre de décharge et de réduction, soit à titre de remises et de modérations. — Pour remplir le but de cette disposition, sans tomber dans l'inconvénient que le retard du jugement des réclamations pourrait amener dans le règlement de la somme revenant définitivement aux communes, on fera d'abord compte à celles-ci de la totalité de leurs attributions de la même manière que pour les patentes, et on leur fera ensuite restituer sur les produits de la caisse municipale, au lieu de l'imputer sur le fonds de non-valeurs, la portion des dégrèvements représentant le dixième du principal revenant à la commune. A cet effet, il sera fait sur les ordonnances de dégrèvement une division de cotes ou portions de cotes accordées en décharge, réduction, remise ou modération, indiquant d'une manière distincte la somme imputable sur le fonds de non-valeurs et celle qui devra être restituée par la caisse communale » (circ. dir. gén. des contr. dir., 15 nov. 1862).

Table sommaire des matières.

An 9. 11 flor. 511.
An 10.15 vend.233.
— 29 flor. p. 998.
—18 prair. 301.
—21 therm. 149, 154 c.
An 11. 9 frim. 254.
An 12. 5 vent. 560 s., 363,375,376, 299,354,565, p. 1054.
7 vent. p. 998.
15 prair. V. 16 prair.
—16 prair. 261-1°.
—13 mess. 564.
—14 fruct. p.1055.
An 13. 5 vend.275, 276,528,p.1055.
—14 brum. 275.
—28 brum, 275.
—26 frim. 275.
—24 niv. 504,502.
—13 vent. 371.
—1er germ. 560 s., 363.
— 30 flor. 371.
—10 prair. 275 ,
—290, 514 c.
—16 prair. 420.
—19 prair. 257,
—303 c.
—19 mess. 275.
—13 fruct. p.1055.
—50 fruct. 255.
—1er compl. V. 5 vend. an 13.
An 14. 10 brum. 371.
—22 brum.261-2°.
1806. 21 janv.273.
—21 fév.290,514c.
—10 avr. 354.
—30 mai 541.
—25 juin 81 s.,102 s., p. 998.
— 6 juill. 371.
—4 août 137 s.
—11 août 501.
—23 oct. 459-1°.
—19 déc. 444.
1807. 10 avr. 261-2°.
—25juin514,562.
—24 déc. 434-1°.
1808. 27 janv.420.
— 3 mars 459.
—10 avr.V.10 avr. 1807.
—28 août 146 s., p. 998.
—17 oct. 420.
1809. 3 juill. 307.
—8 sept.374,285 c.
—5 oct. 258-1°.
1810. 11 mai 287.
—18 août p. 998.
—28 déc. 448.
1811. 6 déc. 453.
1813. 11 nov. 270.
1814. 27 avr. 270.
—24 déc. p. 998.
1815. 9 juin 453.
1816. 14 janv. 264.
—6 mars 207 c.

—26 avr. 366-4°.
—19 nov. 442.
—23 déc. p. 998.
1817. 3 mars 270.
—17 mars 270,286, 298.
—25 mars p. 1055.
—24 mai 420,462.
—6 août 269.
—15août571,415c.
—27 sept. 507.
—22 oct. 550.
—18 déc. 505,570.
1818. 12 janv. 291.
—3 avr. 500.
—5 juin 566-2°.
—6 juill. 270.
—24 juill. 280.
—7 août 294 c., 557-5°.
—13 août 294.
—21 août 429-1°.
—14 oct. 508.
—18 déc. 258-2°.
1819. 8 janv. 289.
—2 fév. 509.
—29 juin 416-2°c., 460-1°.
—17 juill.261,265, p. 1056.
—20 juill. 261.
—6 oct. 443-1°.
1820. 22 janv. 262.
—4 fév. p. 998.
—11 fév. 294.
—29 nov. p. 999
1821. 6 avr. 294, 557-1° c.
—20 juin p. 999.
—23 juin 450.
—29 août 202 c.
—26 oct. 357-4°.
1822. 7 fév. 58.
—6 avr. 262, 557-5° c.
—13 mai p. 999.
—11sept.371,446s.
—30 déc. 222 c.
1823. 17 janv. V. 30 déc. 1822.
—26 fév. 262.
—16 avr. 278.
1er mai 262.
—21 mai p. 999.
—9 juill. p. 999.
—13 août 271.
—21 août 428.
—19 sept. 428.
—29 nov. 428.
1824. 25 fév. 316.
—2 avr. 419 c., 429-1°, 2°.
1825. 26 août 560.
—10 déc. 294 c., 557-2°.
1826. 11 mars 504-1°.
—18 juill. 174.
1827. 24 janv. 93.
—5 fév. 599.

—2 juin 426-2°.
—13 sept. 260.
—27 sept. p. 999.
—11 oct. 400 c., 423.
—5 nov. 426-5°.
1828. 25 mai 509.
—16 juill. p. 999.
—18 sept. 204.
—5 oct. 596.
—, 315.
1829. 10 janv. 271.
—30 janv. 426-5° c., 427.
—20 mai 94-1°; 106.
—28 juin p. 999.
—22 juill. p. 999.
—10 nov. 171 c.
1830. 16 janv.389-5°, 390-5° c.
—30 mars 409.
1831. 5 sept. 204-1°.
—9 sept. 421.
—20 oct. 202 c.
1832. 24 mars 448
—21 avr. 491 s.
—28 juin 454-3°
—29 juin 152.
—20 juill. 239.
—28 août 426-6°.
1833. 17 mai 378 c., 429-1° c., 3° c., 454-4°.
—28 juin 511, 519 c., 1056.
—19juill.559,540c.
—1er août 255 c.
—11 déc. 521,523, 524.
—21 déc. 447-2°c., 448.
1834. 7 mars 483
—23 avr. p. 999.
—24 nov. 358.
1835. 5 fév.426-1°.
—20 mars 449-1°.
—27 mars394,426-4° c.
—10 oct. 204-2° c.
—20 nov. 417.
—28 nov. 266.
1836. 9 avr. 449-2°.
—23 avr. 449-2°.
—20 juin 153 c.
—11 août 416-1°, 460-2° c.
—20 août 408-1°, 411-2° c.
—9 nov. 88c.,106, 114.
—10 nov. 454-2°.
—9 déc. 408-1°, 411-2° c.
1837. 6 janv. 108-1°.
—15 fév. p. 999.
—15 avr. 449-1°, 450 c.
—21 avr.454 2°c., 452.

—27 avr. 286 c.
—13 mai 187.
—20 juill. 253,556 s., p. 1056.
—12 août 461.
—1er sept. 504-1°.
—16 fév. 389-2° c., 5°.
—26 déc. 104-1°.
1838. 20 janv. 266 c., 315.
—31 janv. 113-2°.
—22 fév. 105-4°, 227.
—5 mai 599 c., 449-2°.
—11 mai 589-2°c., 6°.
—17 mai 346.
—2 juill. 265.
—7 juill. 423.
—18 juill.107,108-5° c.
—27 août 416-2° c., 452.
—24 oct. p. 999.
—31 oct. 88, 108-5° c., 115-5° c.
—15 nov. 167 c.
—17 nov. 407,455-2° c.
—1er déc. 346,347.
—21 déc. 208.
—22 déc. 401 c., 412, 454-1° c.
1839. 5 janv. 186.
—11 avr. 441-1°.
—29 janv. 52.
—19 fév.267,289c.
—27 mars 89 c., 91 c.,104-2° c.,108-5° c., 115-8°.
—18 avr. 454-3°.
—24 avr. 346.
—10 mai 108-2°.
—1er juill. 110.
—13 juill. 405.
—20 juill. 304-4°.
—15 août 105-1°, 5°.
—3 oct. 504-3°.
—25 déc. 371 c., 375 s.
1840. 22 janv.,113-4°.
—3 fév. p. 999.
—11 fév. 268.
—6 mars 267.
—3 juill. 204.
—24 juill. 405 c., 548.
—4 août 375, 574.
—20 août 107-1°, 110.
—5 sept. 114.
—18 déc. 100.
—26 déc. 104-3°.
1841. 12 janv. 348.
—16 janv. 161.
—17 fév. 208.
—22 fév. 345 c., 548.

—12 mars 589-1°, 595 c.
—24 mars 520.
—5 avril 109.
—27 avr. 107-2°, 113.
—19 juin 429-1°.
—25 juin 104-4°.
—16 juill. 596, 406 c.
—11 août 88, 89.
—17 août 265.
—20 août 205.
—26 août 180.
—26 nov. 113-5°.
—10 déc. 451.
—30 déc. 88, 114.
1842. 21 janv. 114.
—5 fév. p. 999.
—11 fév. 381 c.
1843. 4 mars 451.
—30 mars 585,592 c., 595-2° c., 451 c.
—6 juin 416-2°.
—15 juill. 88,114.
—16 juill. 88,108-1°.
—18 août 113-1°.
—26 août 113-1°.
—1er oct. 504-2°.
—14 nov. 345 c., 548.
—5 déc. 88, 114.
1845. 20 janv. 35, 113-7°.
—2 fév. p. 999.
—10 mars 88, 89, 115-5°.
—18 mars 359.
—26 avr. 561.
—20 mai 449-3°.
—11 juill. 413 c.
—19 juill. 410.
—31 juill. 114.
—5 août 510.
—7 août 416-2°.
—25 sept. 95 c., 97 c.
—5 oct. p. 999.
1844. 28 mars 113.
—28 juin 310.
—2 oct. p. 999.
—19 déc. 364 c.
1845. 14 janv. 369 c.
—21 janv. 382 c.
—21 janv. 456 c.
—24 janv. 128-2°c.
—19 avr. 454 c.
—23 juill. 265 c.
—17 oct. 422 c.
—29 oct. 160, p. 999.
—7 nov. 589-4° c.
1846. 20 fév. 105-2°.
—6 mars 424 c.
—7 août 408-2° c.
—50 mai 209 c.
—29 août 376-2°c., 424 c.
—22 sept. p. 999.

—9 déc. 156 c., 159 c.
—14 déc. 39.
1847. 20 janv.590-1° c.
—23 janv. 422 c.
—28 juin 584 c.
—7 août 431 c.
—4 sept. 199-3° c.
—1er oct. p. 999.
—10 nov. 417 c.
1848. 19janv.402c.
—50 mars576-5°c.
—3 juin 137 c.
—8 juin 422 c.
—24 nov. 80-1° c.
—23 déc. 431 c., 458 c.
1849. 19 janv.443-2° c.
—10 mai 578-1° c.
—7 juin 204 c.
—26 juill. 585 c.
—6 déc. 390-2° c.
1850. 26 avr. 590-1° c.
—18 août 113-1° c.
1851.30 mai p.999.
—15 juill. 232 c.
1852. 3 janv. 119c.
—22 janv. 434-5°c.
—19 mars 549.
—10 août p. 1000.
—9 oct. 389-5° c., 595-1° c.
—24 nov. 405 c., 417 c.
—6 déc. 327 c.
1855. 19 mars 227c.
—7 mai 113-8° c.
—22 juill. 108 c.
—4 août 117-1° c.
—11 août 124 c.
—23 sept. 95 c.
—29 déc. 113-5°c.
1854. 6 janv. 111c.
—19 janv. 148 c.
—6 mars 359-1° c.
—19 nov. 85 c.
1859. 14 janv. 154 c.
—20 avr. 121 c., 125 c.
—21 avr. 84 c.
—11 mai 227 c.
—21 janv. 455-5°c.
—4 fév. 450 c.
—5 mars 150-2° c.
—18 mars 128-3°c.
—18 mars 145 c.
—14 avr. 150-2° c.
—28 avr. 75-2° c.
—14 mai 145 c.
—14 juill 573 c.
—15 juill. 378-2° c.,435-1°c.,440c.
—17 sept. 391 c.
—21 sept 434-2° c.
—5 oct. 77 c.
—16 nov. 185 c.
—16 déc. 348,349, 555 c.
—109 c.

1855. 31 janv.105-5°.
—17 fév. 129-2° c.
—1er mars 125 c.
—18 mai 163 c.
—26 mai 225 c.
—7 juin 66.
—15 juin 125 c., 129-1° c.
—21 juin 28 c.,81-1° c.
—12 juill. 140 c.
—14 juill.241,270.
—2 août 129-1° c., 151 c.
—7 déc. 78 c.
—9 déc. 431 c.
1856. 5 janv. 376-1° c., 439-2° c., 441 c.
—31 janv. 79 c.
—8 fév. 67c.,121c.
—15 fév. 199-5° c.
—1er mars 108 c., 150-2° c.
—6 mars 77 c.
—9 mai 81-1° c.
—19 sept. 187 c.
—10 oct. 122 c.
—14 nov. 77.
—30 déc. 235.
1865. 12 janv. 475, 476, 481, 452, 485.
—22 janv. 597 c.
—30 mars 159.
—28 avr. 132 c.
1864. 12janv.487.
—19 janv. 482.
—11 fév. 478.
—19 fév.497,498.
—20 fév. 475.
—5 mars 475 c., 486, 489 c.
—10 mars 489-1° c., 473 c., 489 c.
—50 mars 469-1° c., 2° c., 470 c., 486 c.
—17 avr. 469-1°c., 5° c., 486c.,488 c.,489 c., 490c., 497 c.
—4 mai 475 c.
—25 mai 489 c.
—1er juin 475 c., 474 c.
—14 juin 471, 489 c.
—24 juin 494 c.

VOITURIER. — C'est celui qui loue ses services pour le transport, soit par terre, soit par eau, des personnes et des marchandises. Lorsque les transports s'effectuent par entreprise, ils constituent une entreprise commerciale ; hors ce cas, le transport, soit des personnes, soit des choses, est un contrat de louage appartenant au droit civil. Il a été traité des voituriers à ce double point de vue v° Commission., chap. 2, n°s 298 et suiv.; Louage d'ouvrage et d'indust., n°s 70 et suiv.; Responsabilité, n°s 541 et suiv.; Voirie par chemin de fer, n°s 265 et suiv. — V. aussi v° Communes, n° 1021; Compét. comm., n°s 462, 468, 509 et suiv.; Contrainte par corps, n° 186 ; Douanes, n° 1003 ; Patente, n. 63 et n° 139 ; Prescription civ., n° 984-5°; Voitures publ., Voi.

VOIX CONSULTATIVE. — V. Cons. d'Et., n°s 26, 34, 59 ; Jugement, Organ. admin., Organ. judic.

VOIX DÉLIBÉRATIVE. — V. Avoué, n° 245; Cons. d'Et., n° 39 ; Hospice, n° 58 ; Société, n° 1199; Jugement, Organ. admin., Organ. judic.

VOIX PRÉPONDÉRANTE. — V. Minorité, n°s 229 et suiv.; Jugement, Organ. admin., Organ. judic.

VOL ET ESCROQUERIE. — **1.** Le *vol* est la soustraction frauduleuse de la chose d'autrui. L'*escroquerie* est un délit consistant soit dans l'usage de faux noms ou de fausses qualités, soit dans l'emploi de manœuvres frauduleuses pour persuader l'existence de fausses entreprises, d'un pouvoir ou d'un crédit imaginaire, ou pour faire naître l'espérance de la crainte d'un succès, d'un accident ou de tout autre événement chimérique, à l'effet de se faire remettre ou délivrer des fonds, des meubles ou des obligations, dispositions, billets, promesses ou décharges. — Ces deux délits ont cela de commun qu'ils tendent au même but : s'approprier la chose d'autrui. Mais ils y tendent par des voies différentes. Le voleur s'empare de la chose d'autrui ; l'escroc emploie des moyens frauduleux pour amener le maître de la chose à la lui remettre volontairement.

Division.

CHAP. 1. — Du vol.

Sect. 1. — *Historique et législation.* — *Droit comparé.*

2. L'un des principaux objets de la société, c'est d'assurer à chacun la conservation et la paisible jouissance de ce qui lui appartient. Aussi les dispositions répressives du vol ont-elles dû trouver place dans la législation de tous les peuples civilisés. — Cependant, si l'on en croit certains auteurs, le vol était toléré chez les Égyptiens. « Je me souviens, dit Aulu-Gelle (liv. 11, chap. 18), d'avoir lu dans les écrits d'Ariston, célèbre jurisconsulte, que les Égyptiens, ces créateurs des arts, ces hommes qui ont montré tant de pénétration dans l'étude de la nature, toléraient toutes sortes de vols. » Et même, selon Diodore de Sicile (liv. 1, sect. 2, n° 28), le brigandage avait reçu en Égypte une sorte d'organisation légale. « Les Égyptiens, dit-il, avaient une loi très-singulière au sujet des voleurs. Elle ordonnait que ceux qui en voudraient faire le métier se fissent inscrire chez leur chef, et que l'on portât chez lui sur-le-champ tout ce qu'on déroberait. Ceux qui étaient volés devaient aller trouver cet homme pour lui signifier la qualité et le nombre des choses qu'on leur avait prises, en lui marquant le lieu et le temps où le vol s'était fait. La chose perdue se retrouvait immanquablement par cette voie, et l'on donnait le quart de son prix pour la ravoir. » Diodore donne ainsi la raison de cette loi : « Le législateur pensait que, ne pouvant empêcher absolument le vol, il donnait aux citoyens le moyen de recouvrer ce qui leur appartenait pour une légère rétribution. » — Est-il vrai qu'une telle loi, dont Hérodote ne parle pas, ait réellement existé ? C'est ce que M. de Pastoret (Hist. de la législat., t. 2, p. 248) ne peut admettre. Une pareille tolérance lui paraît en contradiction avec le caractère de la législation égyptienne, plus voisine d'une excessive sévérité que d'une lâche condescendance, et qui d'ailleurs, suivant le témoignage de Diodore lui-même, punissait beaucoup d'actions qui sont de véritables larcins, comme la vente à faux poids ou à fausses mesures, la falsification des monnaies, etc. — Il n'entre pas dans notre sujet d'examiner et de résoudre cette difficulté ; c'est un problème historique que nous abandonnons à la sagacité des érudits.

3. Chez les Hébreux, les attentats à la propriété n'étaient généralement frappés que de peines pécuniaires. La restitution au double était le châtiment le plus ordinaire (V. notamment Exode, ch. 22, v. 4 et 7). Cependant lorsque la chose volée était un bœuf, un âne, une brebis, le voleur n'était, à la vérité, obligé qu'à restituer le double si l'animal était retrouvé dans ses mains ; mais, s'il l'avait vendu ou tué, il devait rendre cinq bœufs pour un bœuf, quatre brebis pour une brebis (Ex., ch. 22, v. 1). Cette différence paraît bizarre au premier aspect ; sans doute elle prenait sa source, soit dans l'utilité de ces animaux, du bœuf surtout, pour l'agriculture, soit dans la nécessité de faire respecter davantage des animaux qui, répandus dans les campagnes, y étaient sous la sauvegarde publique, au lieu que chaque citoyen, étant obligé de garder ses meubles, son or, etc., pouvait, si on les lui dérobait, imputer à sa négligence au moins une partie de son malheur (de Pastoret, Hist. de la législat., t. 4, p. 191). Nous voyons au livre des Rois (2, ch. 12, v. 2 à 6) que lorsque le prophète Nathan, voulant reprocher à David le crime qu'il a commis en faisant tuer Urie pour s'emparer de sa femme Bethsabée, lui conte la parabole du riche qui, ayant enlevé au pauvre son unique brebis, la tue et la fait manger à l'étranger qui l'était venu visiter. David, irrité, répond aussitôt : « Il rendra la brebis quatre fois. » — La condamnation prononcée contre le voleur était exécutée sur ses biens, qui au besoin étaient vendus aux enchères ; s'il n'avait pas de quoi payer son larcin, il était vendu lui-même (Ex., ch. 22, v. 3). Ceci toutefois ne s'appliquait point aux femmes, qu'on ne vendit jamais. L'homme même n'était vendu que pour satisfaire au prix de l'objet volé, et non pour le payement de ce qu'il devait donner en sus, à titre de peine (V. la Mischna, 3, p. 228).

Si le voleur était surpris pendant la nuit perçant le mur d'une maison, on pouvait le frapper sans avoir à craindre aucun châtiment, lors même qu'il mourût de sa blessure ; mais si c'était après le soleil levé, celui qui lui donnait la mort était réputé

homicide et devait mourir aussi (Ex., ch. 22, v. 2 et 3). Hérode fit dans la suite une loi par laquelle il ordonna que ceux qui perceraient des murs pour entrer dans les maisons seraient vendus comme esclaves, non à des Israélites, mais à des étrangers. L'historien Josèphe, qui nous rapporte ce fait (liv. 16, ch. 1, § 1), croit que la pensée d'Hérode était moins de détourner du crime par la crainte d'un châtiment plus sévère que de porter atteinte aux usages d'Israël; car c'était mettre le coupable dans l'obligation d'obéir à un maître ennemi de son Dieu. Le condamné, dans ce cas, était voué à une servitude perpétuelle; car ce n'était qu'en Israël que l'année sabbatique affranchissait de la servitude.

4. Il y avait des cas où le larcin était plus criminel et encourait un châtiment plus sévère. Ainsi Achan, ayant dérobé, dans le pillage de Jéricho, parmi les dépouilles ennemies destinées au Seigneur et à ses prêtres, une règle d'or de 50 sicles, 200 sicles d'argent et un manteau d'écarlate, fut condamné à être lapidé, et tout ce qui lui avait appartenu fut livré au feu (Josué, ch. 8, v. 18 et suiv.). — Celui qui avait dérobé un homme libre et l'avait vendu était puni de mort (Ex., 21, 16; Deutéron., 24, 7), du moins si cet homme était un Israélite. Mais la peine n'eût été que pécuniaire pour le vol d'un étranger (de Pastoret, t. 4, p. 193).

5. Jetons maintenant un coup d'œil sur les principales législations de la Grèce. — Il est difficile de concevoir le vol à Sparte, du moins tant que les institutions de Lycurgue s'y maintinrent dans leur pureté. En bannissant le luxe de la République, en punissant l'oisiveté, en supprimant la monnaie d'or et d'argent pour lui substituer une monnaie de fer, qui n'avait qu'une valeur minime, et qui d'ailleurs, à raison du son poids et de son volume, était également difficile à transporter et à cacher, en astreignant les citoyens à prendre leurs repas publiquement et en commun, en les obligeant à se prêter mutuellement, en cas de besoin, les objets qui leur appartenaient en propre, comme leurs esclaves, leurs chevaux, leurs voitures, leurs chiens de chasse, Lycurgue avait rendu le vol à peu près impossible, on peut dire même qu'il en avait supprimé jusqu'à la pensée en supprimant les mobiles qui d'ordinaire le font commettre (V. à cet égard Xénophon, Républ. de Sparte; Plutarque, Vie de Lycurgue). — Mais il existait à Sparte une institution singulière et qui n'a d'analogue dans aucune autre législation. Lycurgue avait voulu qu'on donnât peu à manger aux adolescents; cependant il leur permettait de suppléer à l'insuffisance de leurs aliments en dérobant adroitement ce qu'ils pourraient trouver; seulement, s'ils étaient surpris, ils étaient fustigés et condamnés au jeûne, non pour le larcin lui-même, mais pour leur maladresse (V. à cet égard Xénophon, Républ. de Sparte; Plutarque, Vie de Lycurgue, § 28; Aulu-Gelle, liv. 11, ch. 18). Cette loi avait été inspirée à Lycurgue par des motifs politiques. « On ne peut dérober ainsi, dit Xénophon, sans veiller pendant la nuit, imaginer des ruses pendant le jour, placer une embuscade, avoir des gens au guet; le but était donc évidemment de rendre les adolescents qui s'exerçaient à ces manœuvres plus habiles à la guerre, et plus en état de fournir aux besoins qu'on y peut éprouver. »

6. Quand les richesses de l'Asie eurent commencé à corrompre les Lacédémoniens, le vol dut être soumis à des peines sévères. Plutarque nous apprend (Vie de Lysandre, § 19) qu'après la prise d'Athènes, qui termina la guerre du Péloponnèse, Lysandre ayant chargé Gylippe de transporter à Sparte les richesses dont il s'était emparé, celui-ci s'appropria, durant le trajet, une partie du contenu des sacs où ces trésors étaient enfermés; mais que, dénoncé, peu après son arrivée, par un de ses esclaves, il se bannit volontairement pour échapper au châtiment qui l'attendait. Et même, suivant Diodore de Sicile (liv. 13, § 106), la fuite du coupable n'empêcha pas qu'une sentence de mort ne fût rendue contre lui.

7. A Athènes, sous les lois de Dracon, tous les vols étaient indistinctement punis de mort, quelles qu'en fussent la nature et l'espèce. Ainsi ceux qui n'avaient volé que des légumes et des fruits, dit Plutarque (Vie de Solon, § 22), étaient punis avec la même rigueur que les sacrilèges et les homicides. A ces rigueurs excessives Solon substitua des pénalités plus douces et plus humaines. D'après ses lois, l'auteur d'un vol devait être con-

damné, s'il rendait l'effet, à en payer le double, et s'il ne le rendait pas, le décuple, sans préjudice de la peine arbitraire que les juges pouvaient lui infliger, selon les circonstances. Les héliastes pouvaient en outre le condamner à être enfermé, les fers aux pieds, pendant cinq jours et cinq nuits, afin qu'il fût ainsi exposé aux regards du public, et tout citoyen pouvait requérir cette peine, s'il y avait lieu (V. Démosth. C. Timocrate, trad. Stiévenart, p. 207). Celui qui, pendant le jour, avait volé plus de 50 drachmes devait être traduit devant les undécemvirs; il en était de même de celui qui avait commis un vol la nuit, quel qu'en fût l'objet; dans l'un et l'autre cas, la peine à appliquer était la mort (V. Démoscr., p. 203). Celui qui volait dans le Lycée, dans l'Académie, dans le Cynosarge, un vêtement, un vase, ou quelque objet de moindre valeur; de même, celui qui volait dans les ports ou dans les gymnases quelque effet valant plus de 10 drachmes, était aussi puni de mort (Démosth., ibid.). Le vol des rames d'un vaisseau, de ses ancres, cordages, de tout ce qui sert à l'équiper, était puni du bannissement et de la confiscation des biens (Meursius, Them. att., cap. 18). Le vol des deniers de l'État a toujours été puni de mort par la loi pénale des Athéniens (V. Lysias C. Ergocl. et C. Philocr.). — On récompensait le dénonciateur qui faisait connaître trois voleurs à la justice : s'il l'était lui-même, sa peine lui était remise comme le prix de la dénonciation des deux autres (Meursius, Them. att., 2, cap. 1). La fausse accusation de vol était punie par une amende de 1,000 drachmes (Démosth. C. Androtion).

8. Les lois romaines nous présentent, sur le vol, un ensemble de dispositions beaucoup plus complet que les autres législations de l'antiquité. Avant de faire connaître les pénalités qu'elles prononçaient, voyons quels étaient les actes qu'à Rome on considérait comme des vols et auxquels, par conséquent, ces dispositions étaient applicables. — Les jurisconsultes romains considéraient comme un vol, non-seulement le fait de soustraire la chose d'autrui pour se l'approprier, mais encore le simple détournement (contrectatio) de la chose d'autrui contre le gré du propriétaire. Ainsi, ils voyaient des vols dans les faits suivants : si le créancier se servait de la chose qui lui avait été donnée en gage, ou le dépositaire de la chose qui lui avait été confiée; si l'usager se servait de la chose pour un autre usage que celui auquel il avait le droit de l'employer; si celui qui avait emprunté de l'argenterie comme devant inviter des amis à un festin l'emportait avec lui en voyage; si celui qui avait emprunté un cheval pour une course le conduisait beaucoup plus loin ou le menait au combat (Gaïus, Comment. 3, §§ 195 et 196; Just. inst., lib. 4, tit. 1, § 6). — Toutefois l'emprunteur qui employait les choses à un usage autre que celui pour lequel elles avaient été prêtées ne commettait un vol qu'autant qu'il savait bien que le propriétaire ne le permettait pas; mais s'il s'était cru sûr de son assentiment, il ne commettait aucun crime (Gaïus, § 197; Inst., loc. cit., § 7). Et même s'il avait cru détourner la chose contre le gré du propriétaire, tandis que celui-ci consentait, on décidait qu'il n'y avait pas vol (Gaïus, § 198; Inst., § 8).

9. Il va sans dire que les esclaves pouvaient être volés comme toute autre chose mobilière, puisqu'ils étaient eux-mêmes considérés comme des meubles; mais, ce qui paraîtra plus étrange, les personnes libres pouvaient elles-mêmes être l'objet d'un vol : Interdùm autem etiam liberorum hominum furtum fit, dit Gaïus (Comm. 3, § 199), et il en donne immédiatement plusieurs exemples : ainsi notamment celui qui enlevait à un père de famille l'un de ses enfants qu'il avait sous sa puissance, commettait un vol; il en était de même de celui qui enlevait à un mari la femme qu'il avait in manu, de celui qui enlevait à un citoyen le débiteur condamné envers lui et sur lequel il avait fait la manûs injectio.

10. On pouvait même voler sa propre chose. Par exemple, le débiteur qui, après avoir donné sa chose en gage à son créancier, la lui enlevait, commettait un vol. De même, celui qui enlevait sa propre chose à celui qui, sans en être propriétaire, la possédait de bonne foi, commettait un vol; et de là on concluait que lorsque quelqu'un possédait de bonne foi l'esclave d'autrui, si le véritable maître cachait au possesseur que cet esclave était revenu à lui, il commettait un vol (Gaïus, Comm. 3, § 200).

11. On pouvait être tenu de l'action de vol, bien qu'on n'eût pas volé soi-même, si l'on avait coopéré au vol par ses conseils et son assistance. Tel est, dit Gaïus (Comm. 3, § 202), celui qui a fait tomber votre argent de vos mains pour qu'un autre s'en emparât, celui qui s'est placé devant vous afin qu'un autre, n'étant pas vu, vous enlevât quelque chose ; celui qui a dispersé vos brebis et vos bœufs pour qu'un autre les dérobât. C'est ce que nos anciens, ajoute-t-il, ont écrit de celui qui a mis un troupeau en fuite avec un morceau d'étoffe rouge.

12. Mais quelles étaient les peines du vol ? La loi des Douze Tables contenait à cet égard des dispositions sévères. Les textes de cette loi relatifs au vol qui sont parvenus jusqu'à nous se réduisent, il est vrai, à fort peu de chose. L'un de ces textes porte que, si quelqu'un commet un vol la nuit, on peut le tuer à bon droit. Un autre consiste en une phrase inachevée dont le sens est : si l'on poursuit en justice un vol non manifeste... ; mais la substance des principales dispositions de cette loi, relativement au vol, nous a été conservée par Aulu-Gelle (liv. 11, ch. 18) et par Gaïus (Comm. 3, §§ 183 et suiv.).

13. Nous venons de dire que celui qui était surpris pendant la nuit en flagrant délit de vol, pouvait être tué impunément. Il en était de même, selon Aulu-Gelle (loc. cit.), de celui qui, surpris pendant le jour, se défendait avec des armes pour n'être point saisi. Quant à celui qui s'était laissé arrêter, la peine qu'il encourait était plus ou moins sévère selon que le vol était manifeste ou non manifeste. Cette distinction, ainsi que nous venons de le voir, se trouvait déjà dans la loi des Douze Tables. D'après cette loi, la peine du vol manifeste était capitale : l'homme libre qui s'en était rendu coupable, après avoir été frappé de verges, était adjugé au maître de la chose volée et condamné à le servir (Aulu-Gelle, loc. cit.; Gaïus, Comm. 3, § 189). Le vol non manifeste ne donnait lieu qu'à la restitution au double (Gaïus, § 190). Les esclaves convaincus de larcins étaient battus de verges et précipités du haut de la roche Tarpéienne. Enfin les enfants qui, coupables du même crime, n'avaient pas encore atteint l'âge de puberté, devaient être châtiés au gré du préteur et réparer le dommage qu'ils avaient causé (Aulu-Gelle, loc. cit.).— Dans la suite, la peine infligée à l'auteur du vol manifeste fut jugée excessive, et l'édit du préteur donna une action au quadruple contre le voleur libre ou esclave (Gaïus, § 189). La peine du double fut conservée par le préteur pour le vol non manifeste (Gaïus, § 190).

14. En quoi consistait cette distinction entre le vol manifeste et le vol non manifeste ? C'est un point sur lequel on n'était pas d'accord à Rome même, au temps de Gaïus. Il existait à cet égard quatre systèmes. « Quelques-uns, dit Gaïus (§ 184), ont prétendu que le vol manifeste lorsqu'il est découvert au moment où il est commis ; d'autres, allant plus loin, lorsque la chose volée est prise dans le lieu où s'est commis le vol, comme si le vol a eu lieu dans un jardin d'oliviers ou dans une vigne, tant que le voleur est dans le jardin ou dans la vigne, ou, si le vol a eu lieu dans une maison, tant que le voleur est dans la maison ; d'autres, allant encore plus loin, disent qu'il y a vol manifeste si le voleur est pris emportant la chose au lieu où il voulait la placer ; d'autres enfin, allant plus loin encore, tant que le voleur serait vu tenant la chose. » Gaïus nous apprend que le dernier système a été rejeté. Il pense, quant à lui, qu'on doit approuver l'un ou l'autre des deux premiers, mais il ajoute que cependant c'est le troisième qui a le plus de partisans. C'est en effet ce système que nous retrouvons dans les Institutes de Justinien, liv. 4, § 3. En effet, après avoir dit qu'on doit regarder comme voleur manifeste, non-seulement celui qui est pris sur le fait, mais encore celui qui est surpris dans l'endroit où il a commis le délit, par exemple celui qui, ayant volé dans une maison, est saisi avant d'avoir franchi la porte, ou bien celui qui, ayant volé des raisins ou des olives, est arrêté, soit dans la vigne, soit dans le plant d'oliviers, Justinien ajoute : « Il faut étendre cela encore plus loin. Si le voleur est vu ou saisi soit par le maître, soit par un autre, soit dans un lieu public, soit dans un lieu privé, tant qu'il tient la chose et avant qu'il l'ait déposée où il voulait la porter, il y a vol manifeste. Mais s'il l'avait déjà portée où il voulait et qu'on le saisisse ensuite, quoique nanti de la chose, il n'est pas voleur manifeste. » Le vol manifeste correspondait ainsi à ce que, dans notre pénal, on appellerait le *flagrant délit* de vol.

15. Outre le vol manifeste et le vol non manifeste, certains jurisconsultes, tels que Servius Sulpicius et Massurius Sabinus, distinguaient deux autres espèces de vol qu'ils désignaient sous les noms de *conceptum* et *oblatum*. Mais d'autres, tels que Labéon, dont l'opinion est approuvée par Gaïus (§ 183), étaient d'avis que les vols *conceptum* et *oblatum* étaient plutôt des espèces d'actions se rapportant au vol d'après des circonstances accidentelles, que d'autres espèces de vols. Ainsi, au lieu de compter quatre espèces de vols, comme Sulpicius et Sabinus, Labéon n'en reconnaissait que deux ; le vol manifeste et le vol non manifeste.

16. Le vol était appelé *conceptum* lorsque la chose volée était trouvée chez un tiers qui la recélait. La loi des Douze Tables avait établi à cet égard un mode solennel de recherche. Celui qui voulait faire perquisition dans la maison d'un citoyen contre la volonté de ce dernier devait être nu, afin qu'on ne pût dire qu'il avait lui-même apporté dans ses vêtements l'objet qu'il feignait d'avoir trouvé ; il devait néanmoins être entouré d'une ceinture (*linteo cinctus*) destinée à cacher les organes sexuels ; il devait, en outre, porter un plat (*lancem habens*), soit pour n'avoir rien autre dans les mains, soit pour mettre dans le plat ce qu'il trouverait. Si l'objet volé était découvert par ce mode solennel, le vol était considéré, à l'égard du recéleur, comme vol manifeste et puni comme tel (Aulu-Gelle, liv. 11, ch. 18; Gaïus, Comment. 3, §§ 192 et 193). C'était là ce qu'on appelait *furtum lance licioque conceptum*.—Si l'objet volé était découvert accidentellement, ou par une perquisition faite du consentement de celui chez qui l'on cherchait, sans recourir à la forme solennelle, le vol était dit simplement *furtum conceptum*, et la loi des Douze Tables ne punissait le recéleur que de la peine du triple. C'est en ce sens qu'il faut entendre, selon M. Ortolan (Explic. hist. des Inst., liv. 4, tit. 1, sur le n° 4), le passage suivant de Gaïus (Comment. 3, § 191) : *Concepti et oblati pœna ex lege XII Tabularum tripli est; quæ similiter à prætore servatur.* — Le mode solennel de perquisition que nous venons de décrire avait été aboli par la loi Æbutia ; il n'existait plus au temps de Gaïus. La perquisition se faisait simplement en présence de témoins, *testibus præsentibus* (Gaïus, § 186), et il ne restait que l'action *furti concepti*.

17. Le vol était dit *oblatum* lorsque la chose volée avait été offerte à quelqu'un puis trouvée chez lui, pourvu qu'elle lui eût été offerte dans le dessein qu'elle fût trouvée chez lui plutôt que chez le déposant. D'après la loi des Douze Tables, la peine *furti oblati* était du triple, et cette peine avait été conservée par le préteur (Gaïus, Comm. 3, § 191).

18. L'édit du préteur introduit une action dite *furti prohibiti* contre celui qui s'opposait à ce que la perquisition fût faite : cette action était du quadruple (Gaïus, Comment. 3, §§ 188 et 192), et une autre action dite *furti non exhibiti* contre celui qui ne présentait pas la chose volée qui avait été cherchée et trouvée chez lui ; mais Gaïus ne nous dit pas quelle était la pénalité dans ce dernier cas.

19. Au temps de Justinien, les actions *concepti, oblati, furti prohibiti* et *furti non exhibiti* étaient tombées en désuétude. « En effet, disent les Institutes (liv. 4, tit. 1, § 4), la perquisition des choses volées ne se faisant plus aujourd'hui selon l'ancienne solennité, d'où il est aisé avec raison que les actions elles-mêmes ont cessé d'être en usage ; ceux qui sciemment auraient reçu une chose volée et qui l'auraient recélée étant évidemment passibles de l'action de vol non manifeste. »

20. Indépendamment de ces pénalités, il existait diverses prescriptions pénales relatives à plusieurs espèces particulières de vols. Ainsi d'après la loi des Douze Tables, celui qui avait sciemment employé, soit à construire ou à réparer sa maison, soit à sa vigne, des matériaux volés, était tenu de l'action du double (L. 1, pr., ff., *De tigno juncto*; V. aussi Festus, v° *Tignum*) ; la même législation punissait de la strangulation le fait de faucher pendant la nuit le champ de blé d'anirui ou de men frauduleusement des bestiaux paître dans sa prairie (Pline, Hist. nat., 18, 3) : l'*abigéat* ou le vol de bestiaux était puni de peines extraordinaires (LL. 2 et 3, ff., *De abigeis*). Les lois punissaient des mêmes peines ; les auteurs des vols commis dans les bains

publics (L. 3, ff., *De furib. balnear.*; Pauli Sentent., lib. 5, tit. 3, § 5); les *directarii*, c'est-à-dire ceux qui pénétraient dans les demeures avec l'intention d'y voler (L. 7, ff., *De extraord. crim.*; L. 1, § 2, ff., *De effract.*; Pauli sent., tit. 5, lib. 4, § 8); ceux qui s'étaient rendus coupables de pillages (L. 1, § 1, ff., *De effract. et expil.*; L. 16, § 6, ff., *De pœn.*), et de soustractions commises avec effraction (L. 1, § 1, ff., *De furib. bain.*; L. 1, § 2, et L. 2, ff., *De effract.*), de vols commis dans les monnaies impériales (L. 6, §§ 1 et 2, ff., *De leg. Jul. peculat.*; L. 38, pr., ff., *De pœn.*).

21. Nous avons dit que la peine ordinaire du vol était le payement du double ou du quadruple, suivant les cas. Mais il ne faut pas entendre par là le double, le quadruple de la valeur de l'objet volé. Ce qui devait être doublé ou quadruplé, c'était l'indemnité représentant le préjudice occasionné par le vol à celui qui intentait l'action (*quod actoris interfuit*). Supposant donc que le vol eût eu pour objet, par exemple, un écrit portant reconnaissance de dette ou quittance, ou une chose qu'on s'était engagé à livrer sous une clause pénale qui avait été encourue par l'effet du vol, ou bien un esclave qui avait été institué héritier, et que le vol avait empêché de faire adition par ordre de son maître : dans tous ces cas, le voleur était condamné, en vertu de l'action *furti*, à payer, soit le double, soit le quadruple du préjudice que le vol avait causé (L. 27, pr., L. 67, § 1, ff., *De furt.*). Dans le cas où le préjudice consistait seulement dans la valeur de la chose volée, si cette valeur avait varié depuis le vol, l'estimation devait être faite suivant la plus haute valeur que la chose eût atteinte (L. 50, pr., ff., *De furt.*).

22. L'action *furti* pouvait être intentée par toute personne ayant intérêt à la conservation de la chose, et par conséquent elle pouvait appartenir à plusieurs personnes à la fois. Ainsi, si c'était un esclave soumis à un droit d'usufruit qui avait été volé, le nu-propriétaire et l'usufruitier avaient tous deux l'action de vol pour le double ou le quadruple de l'intérêt que donnait à chacun d'eux son droit sur cet esclave (L. 46, § 1, ff., *De furt.*). — Toutefois, l'intérêt seul était insuffisant pour conférer le droit d'agir, il fallait encore qu'au moment du vol on eût eu la chose volée en sa possession ou du moins entre ses mains à un titre quelconque. Ainsi, celui à qui la chose volée était promise par stipulation, celui qui l'avait achetée, mais à qui elle n'avait pas encore été livrée, n'avaient pas l'action *furti*. Les jurisconsultes accordaient seulement à l'acheteur le droit de se faire céder par son vendeur les actions qui appartenaient à celui-ci ou ce qu'il en avait pu retirer (LL. 13 et 14, pr., ff., *De furt.*). L'action *furti* pouvait être intentée contre tous les auteurs du vol, quand il y en avait plusieurs, et contre ceux qui y avaient coopéré par aide et assistance (*ope et consilio*), c'est-à-dire les complices. Dans ce cas, chacun des coauteurs ou complices en particulier était condamné pour le tout, et ce qu'il payait en vertu de cette condamnation, ne libérait pas les autres (L. 21, § 9, ff., *De furt.*; L. 1, § 19, ff., *Si is qui testam.*).

23. Indépendamment de l'action pénale, et quel que fût celui qui l'eût exercée, le propriétaire de la chose volée avait une autre action tendant à recouvrer cette chose. Il pouvait, contre tout possesseur ou contre toute personne qui, de mauvaise foi, avait cessé de posséder, intenter la *vindicatio* ou l'action *ad exhibendum*; contre le voleur en particulier, il avait la condiction *furtiva* (L. 7, § 1, ff., *De condict. furt.*). Par les premières, il poursuivait la chose elle-même; par la dernière, il faisait condamner le voleur personnellement à lui restituer la chose avec ses accessoires et dépendances, ou à lui en payer tous dommages-intérêts (LL. 3 et 8, ff., *De condict. furt.*).

24. La soustraction commise avec violence pouvait certainement donner lieu à l'action *furti*; mais en outre le droit prétorien avait introduit pour ce cas une action spéciale qui se nommait action *vi bonorum raptorum*. Cette action était du quadruple pendant l'année, et après l'année, du simple. Mais dans ce quadruple était comprise la poursuite de la chose elle-même, en sorte que le triple seul était à titre de peine. En outre le quadruple se calculait ici autrement qu'en matière de vol. C'était quatre fois la valeur de la chose elle-même, et non pas quatre fois la valeur du dommage éprouvé par la personne à qui la chose avait été enlevée. Ainsi celui à qui une chose avait été

enlevée par violence avait le choix entre deux actions : l'action *furti* et l'action *vi bonorum raptorum*. Quelquefois il avait plus intérêt à agir par la première, et quelquefois il trouvait plus d'avantage dans la seconde. Par exemple, l'action *furti manifesti* était plus avantageuse que l'action *vi bonorum raptorum*, et même l'action *furti nec manifesti* était plus avantageuse elle-même que cette action lorsqu'il s'était écoulé une année. Lorsque le demandeur avait commencé par intenter l'action *vi bonorum raptorum*, on ne lui donnait plus l'action *furti*; mais s'il avait choisi d'abord celle-ci, il pouvait encore exercer l'autre pour tout ce qu'elle contenait de plus avantageux (L. 1, ff., *De vi bon. rapt.*). L'action *vi bonorum raptorum* s'appliquait même contre celui qui n'avait ravi qu'une seule chose, si petite qu'elle fût (*Justin. instit.*, lib. 5, tit. 2, pr.). Comme elle était en partie pénale, elle ne se donnait pas contre les héritiers du ravisseur, parce que le profit qui avait pu leur provenir du rapt; on ne pouvait exercer contre eux que la *condiction* (L. 2, § 27, ff., *De vi bonor. rapt.*). — Cette action ne se donnait que contre celui qui avait ravi une chose à mauvais dessein. Celui qui, se croyant par erreur propriétaire d'une chose et pensant, par ignorance qu'un propriétaire peut reprendre sa chose, même par violence, à celui qui la détient, la ravissait au possesseur, ne pouvait être actionné ni par l'action *vi bonorum raptorum* ni par l'action *furti*. Mais les constitutions impériales avaient établi pour ce cas des peines qui consistaient dans la perte de la propriété de la chose, si elle appartenait au ravisseur, et au cas contraire, dans le payement d'une somme équivalente, indépendamment de la restitution (*Instit.*, lib. 5, tit. 2, § 1).

25. Tel était, dans ses traits principaux, l'ensemble de la législation romaine sur le vol. Si maintenant nous passons à notre ancien droit français, nous rencontrons tout d'abord, à l'origine, les lois des différents peuples barbares qui, à une certaine époque, coexistèrent sur notre sol. Au milieu des diversités qu'elles présentent, nous pouvons signaler, du moins, un trait commun. D'après ces lois, le vol, comme le meurtre, les blessures, était au nombre des délits privés auxquels s'appliquait le système de ces compositions pécuniaires qu'on désignait sous le nom de *Wehrgeld.* « Sur les 412 articles de la loi salique revue par Charlemagne, dit M. Laferrière (Hist. du dr. franç., t. 3, p. 216), il y a 70 cas de vol et de spoliation, 186 cas de violences et dommages contre les individus, les choses et les animaux. Le système des compositions pécuniaires, qui réduisait les crimes à la réparation d'un dommage privé envers la partie lésée et envers ses parents, enveloppait, par conséquent, l'ensemble de cette législation. » D'après une loi de Childebert et de Clotaire II (art. 2), si le voleur était hors d'état de payer la composition de son crime, et que ses parents ne consentissent pas à satisfaire pour lui, il devait être mis à mort (V. Dom Bouquet, Collect., t. 4, p. 113). — Dans la vue d'intéresser le fisc à la poursuite de tous les crimes privés, dit mademoiselle de Lézardière (Théor. des lois polit. de la monarch. franç., t. 2, p. 90), les lois barbares et les capitulaires lui avaient attribué, sous le nom de *fredum*, le tiers de la composition infligée pour chaque crime privé, et l'officier du prince recevait ce *fredum*, non de celui à qui la composition avait été imposée, mais de celui à qui elle avait été adjugée.

26. Mais à quelle époque la composition, qui n'avait d'abord été qu'une convention libre entre l'offenseur et l'offensé, devint-elle obligatoire et en droit et pour l'autre? C'est là un problème historique qui se rattache à l'histoire générale du droit criminel, et que par conséquent il ne nous appartient pas d'aborder à l'occasion d'un délit particulier. — V. sur ce sujet, notamment M. Guizot, Hist. de la civilisation en France, et M. Bertauld, Cours de code pén., p. 37.

27. Quand l'auteur du vol et la partie lésée avaient une origine différente, quelle loi devait-on appliquer? Était-ce la loi d'origine de l'offenseur ou celle de l'offensé? M. de Savigny (Hist. du droit rom. au moyen âge, ch. 3, t. 1, p. 122) professe, en principe, que la composition due pour un délit se réglait suivant la condition de l'offensé. Cependant, M. de Savigny cite un texte de la loi salique qui prouve qu'en cas de vol par un Romain au préjudice d'un Franc, l'amende était de 62 *solidi*, et qu'au cas

de vol par un Franc au préjudice d'un Romain, l'amende était de 30 *solidi*. « Ainsi, dit à ce sujet M. Bertauld (Cours de code pén., p. 32), la loi salique aurait été, dans un cas, applicable, en raison de la qualité de l'offensé, et dans l'autre cas, en raison de la qualité de l'offenseur. »

28. Pendant la période féodale, une révolution profonde s'accomplit dans notre droit criminel. Il n'entre pas dans notre sujet de la décrire et d'en déterminer le caractère. Disons seulement que, sous ce régime, le vol et le recel, comme les autres crimes privés, étaient généralement punis de mort. Cela résulte des principaux monuments dans lesquels nous ont été conservés les lois et usages féodaux, tels que les établissements de saint Louis, les assises de Jérusalem et les coutumes de Beauvoisis, par Phil. de Beaumanoir (V. mademoiselle de Lézardière, Théor. des lois polit., t. 4, p. 20 et 179). Cependant l'admission de la peine capitale pour les crimes privés, dit mademoiselle de Lézardière (*loc. cit.*, p. 21), n'abolit pas entièrement l'usage des compositions. L'accord volontaire des parties civiles, joint à l'accession du seigneur direct et du suzerain, put arracher les plus grands coupables à la mort, moyennant des satisfactions pécuniaires. Et à l'appui de cette assertion, l'auteur invoque des preuves historiques nombreuses (t. 4, p. 180).

29. Peu à peu cependant un nouveau droit pénal se forma par l'influence combinée des ordonnances, édits et déclarations de nos rois, du droit canon, du droit romain, du droit coutumier et de la jurisprudence des parlements. Voici comment le vol était réprimé dans ce dernier état du droit. — Et d'abord la distinction faite par les Romains entre le vol manifeste et le vol non manifeste n'avait pas été admise. « Qu'un voleur soit pris sur le fait ou non, dit Jousse (Just. crim., t. 4, p. 167), en quoi cela doit-il augmenter ou diminuer sa peine? Il n'en est ni plus ni moins coupable dans l'un et l'autre cas : cette distinction ne doit servir qu'à établir une preuve plus facile et une condamnation plus prompte. » On distinguait le vol en vol *simple* et en vol grave ou *qualifié*. On appelait *larcin* ou vol *simple* celui qui se fait en cachette et qui n'est accompagné d'aucune circonstance particulière qui l'aggrave. On appelait vol *qualifié* celui qui est aggravé par les circonstances qui l'accompagnent, circonstances qui sont prises du temps, du lieu, de la qualité des personnes, etc.

30. Le vol simple était puni diversement par les coutumes. Ainsi la coutume de Lodunois (ch. 39, art. 12) portait que les simples voleurs auraient les oreilles coupées. La coutume de Bourgogne (ch. 1, art. 5) portait que si quelqu'un commettait un simple larcin qui n'excédât 10 liv. tournois, pour la première fois, il serait puni à l'arbitrage du juge, sans mort naturelle ou mutilation de membre; que si le larcin était de plus de 10 livres, pour la première fois il serait puni corporellement, selon l'exigence et qualité des cas, et à l'arbitrage du juge; et que, s'il commettait un autre larcin, il perdrait la vie. La coutume de Nivernais (ch. 1, art. 8) renfermait une disposition analogue. La coutume de Bretagne (art. 628) prononçait la peine de mort pour le cas où le vol montait à 10 livres et au-dessus. Une ordonnance de Charles V, de 1532 (ch. 157 et 160), établit également des peines différentes pour le vol simple, suivant le prix des effets volés. Une déclaration du roi du 4 mai 1724 disposa (art. 3) que les auteurs de vols simples ne pourraient être condamnés à moindre peine que celle du fouet et d'être marqués de la lettre V, sans préjudice de plus grande peine, s'il y échéait, suivant l'échéance des cas.

31. La récidive était punie plus sévèrement que le premier vol. Nous venons de voir quelle était à cet égard la disposition de la coutume de Bourgogne. La coutume de Labour disait de même que celui qui, pour furt ou larcin, ayant été pris, on puni et fustigé, s'il commettait un nouveau larcin, devrait être pendu. Et la déclaration du 4 mai 1724 (art. 4) portait que les hommes qui, après avoir été condamnés pour vol ou flétris de quelque autre crime que ce fût, seraient convaincus de récidive en crime de vol, ne pourraient être condamnés à de moindres peines que les galères à temps ou à perpétuité, et les femmes à être de nouveau flétries d'un double W, si c'était pour récidive de vol, ou d'un simple V, si la première flétrissure avait été encourue pour autre crime et enfermées à temps ou pour leur vie dans des maisons

de force, sans préjudice de la peine de mort, s'il y échéait, suivant l'échéance des cas.

32. Celui qui avait commis trois vols différents, quoique simples, dont il était convaincu en justice, devait être condamné à mort, soit qu'il eût été ou non puni en justice pour les deux premiers (Farinacius, quest. 167, n° 50; Chassanée, sur la cout. de Bourg., rubr. 1, § 5, n° 3; Jousse, Just. crim., t. 4, p. 171).

33. Quant aux vols *qualifiés*, c'est-à-dire aggravés par les circonstances dont ils étaient accompagnés, nous allons en donner l'énumération succincte d'après Jousse (Just. crim., t. 4, p. 202 et suiv.). C'étaient : 1° les vols domestiques, c'est-à-dire ceux qui étaient commis par les serviteurs, compagnons et apprentis au préjudice de leur maître : ils étaient punis de mort; — 2° Les vols commis dans les églises : ils entraînaient aussi la peine capitale; si le vol avait pour objet des vases sacrés, le voleur était en outre condamné à avoir le poing coupé et à faire amende honorable, et s'il y avait eu profanation des vases sacrés, il était condamné au feu; — 3° Les vols dans les maisons royales, punis de mort; cependant, quand le vol était simplement fait dans la poche de quelqu'un chez le roi, on pouvait n'appliquer que les galères; — 4° Les vols d'espèces et matières métalliques dans les hôtels des monnaies, également punis de mort; — 5° Les vols commis dans les auditoires ou chambres où se rendait la justice : les coupables étaient le plus souvent condamnés à être pendus; quelquefois cependant ils étaient condamnés seulement, soit aux galères, soit au bannissement et au fouet; — 6° Les vols commis dans les lieux et places publiques, tels que les vols de mouchoirs, cannes, tabatières, chapeaux, etc., dans les promenades, salles de spectacles, etc. : ils étaient punis plus sévèrement que les vols simples; — 7° Les vols commis dans les prisons : un individu, pour un tel fait, fut condamné au carcan dans la prison, au fouet, à la marque et au bannissement pendant neuf ans; — 8° Les vols commis dans les incendies, naufrages, inondations, etc. : quelques auteurs enseignaient qu'ils étaient passibles de la peine de mort, et un arrêt du parlement l'avait prononcée; toutefois, en dernier lieu, la peine était arbitraire et dépendait des circonstances; — 9° Les vols de grand chemin : un édit de François Ier, de janv. 1534, prononçait contre les auteurs de ce crime le supplice de la roue; — 10° Les vols avec effraction, entre lesquels on distinguait suivant qu'ils avaient eu lieu dans les villes, bourgs et villages, ou à la campagne dans des fermes ou lieux retirés, de jour ou de nuit, et selon que l'effraction avait été extérieure ou intérieure : la peine était, dans les cas les plus graves, le supplice de la roue; dans les autres, la potence, et enfin dans les cas les moins graves, c'était une peine arbitraire; — 11° Les vols commis avec violence publique ou privée : ils entraînaient soit les galères à temps, soit les galères à perpétuité, soit même la mort, suivant les circonstances; — 12° Les vols avec échelles, qui entraînaient aussi, selon les circonstances, soit les galères, soit la mort; — 13° Les vols avec fausses clefs, punis de mort; — 14° Les vols de tombeaux et monuments, passibles, soit des galères à temps, soit, si c'était dans l'église, des galères à perpétuité; — 15° Les vols d'enfants, qu'aucune loi n'avait prévus, mais contre lesquels on prononçait, selon les circonstances, la peine des galères et quelquefois la mort; — 16° L'*abigéat* ou vol d'animaux dans les champs, que quelques coutumes (notamment celles de Bretagne et Lodunois) punissaient de mort, mais qui, dans l'usage le plus général, entraînaient seulement les galères à temps; — 17° Le vol de gibier dans les garennes et forêts; — 18° Le vol des choses laissées à la campagne et abandonnées à la foi publique, comme charrues, instruments de labour, harnais : la peine était les galères à temps; quant aux toiles, draps et linges qu'on faisait sécher ou blanchir dans les champs, le vol qui en était fait n'était considéré que comme vol simple; — 19° Le vol de bois dans les chantiers, passible des galères à temps; — 20° Les vols de grains et fruits dans les champs avant ou pendant la récolte : les arrêts prononçaient pour ce cas des peines qui variaient suivant les circonstances; — 21° Les vols d'arbres : on infligeait dans ce cas la peine ordinaire du vol; — 22° L'enlèvement et transplantation de bornes; — 23° Le vol des pavés des grands chemins, punissable du carcan, et en cas de récidive des galères; — 24° Les vols sur

les ports : les voleurs de cordages, ferrailles et ustensiles de vaisseaux dans les ports étaient marqués d'un fer chaud figurant une ancre, et bannis à perpétuité du lieu où ils avaient commis le délit ; — 25° Le vol au jeu : un arrêt du parlement avait prononcé contre le coupable d'un tel vol six jours de carcan, la marque et trois ans de galères ; — 26° Les vols par meuniers et boulangers, qui mêlaient des matières étrangères dans les farines destinées à la nourriture : un meunier avait été condamné au carcan et aux galères à temps pour avoir mêlé de la craie à la farine destinée aux troupes.

34. Lorsque la révolution éclata, l'un des premiers soins de l'assemblée constituante, ainsi que nous l'avons dit ailleurs (v° Peine, n° 15), fut de réviser la législation criminelle. De ce travail de révision sortit le code pénal du 25 sept.-6 oct. 1791, dont une section (sect. 2, tit. 2, part. 2) était consacrée aux crimes et délits contre les propriétés. Voici quel était le système général de ce code relativement au vol. Le vol qui n'était accompagné d'aucune circonstance aggravante n'était puni que de peines correctionnelles. Si le vol était accompagné de circonstances aggravantes, il était puni, soit de la peine des fers, soit de la détention, pendant une durée qui variait selon la gravité des circonstances, mais qui n'était jamais inférieure à quatre années, et qui s'accroissait proportionnellement au nombre de circonstances aggravantes qui se trouvaient réunies autour du fait principal. Ainsi, par exemple, le vol commis à force ouverte ou par violence envers les personnes était punissable en lui-même de dix années de fers; mais s'il avait eu lieu soit sur un grand chemin, soit dans une rue ou place publique, soit dans l'intérieur d'une maison, la peine s'accroissait de quatre années, et si le voleur s'était introduit dans la maison à l'aide d'effraction, d'escalade ou de fausses clefs, la peine était augmentée d'une nouvelle période de quatre années. Et cette même peine s'aggravait encore de quatre années pour chacune des circonstances suivantes : 1° nuit; 2° concours de deux ou plusieurs personnes; 3° port d'armes; sans que toutefois la durée de toutes ces peines réunies pût excéder vingt-quatre années de fers.

35. Quelques années après la promulgation de ce code, de graves désordres se produisirent à la faveur des troubles politiques; le brigandage se répandit dans les provinces, et bientôt il n'y eut plus de sécurité ni dans l'intérieur des maisons ni sur les grandes routes. Pour y mettre un terme, une loi du 26 flor. an 5, adoptée d'urgence, prononça la peine de mort contre les vols commis dans l'intérieur des maisons qui seraient accompagnés de l'une des circonstances suivantes : 1° si les coupables s'étaient introduits dans la maison par la force des armes; 2° s'ils avaient fait usage de leurs armes dans la maison contre ceux qui s'y trouvaient; 3° si les violences exercées avaient laissé des traces, telles que blessures, brûlures ou contusions. — Mais cette loi était insuffisante, et quelques mois après une autre loi, du 29 niv. an 6, vint pourvoir d'une manière plus complète et plus efficace à la sûreté publique, soit sur les routes et voies publiques, soit dans l'intérieur des maisons habitées. Cette loi attribuait notamment aux conseils de guerre la connaissance des vols qui auraient été commis à force ouverte par un rassemblement de plus de deux personnes. — Cette loi, toute de circonstance, ne devait avoir qu'une durée temporaire, comme les circonstances exceptionnelles qui l'avaient fait naître; elle n'avait d'abord été adoptée que pour une année; mais elle fut prorogée pour une nouvelle année, jusqu'au 29 niv. an 8, par la loi du 29 brum. an 7.

36. Bientôt une loi du 25 frim. an 8 vint modifier les dispositions du code pénal de 1791, en adoucissant les peines prononcées par ce code à l'égard de certains vols et en les faisant descendre du rang des crimes à celui des simples délits correctionnels.

37. Mais toutes ces lois qui précèdent ont été abrogées et remplacées par le code pénal de 1810. Le tit. 2 du liv. 3 de ce code, consacré aux crimes et délits contre les particuliers, contient dans son chap. 1, intitulé : *Crimes et délits contre les propriétés*, toutes les dispositions répressives du vol et de l'escroquerie. Les dispositions relatives au vol, contenues dans les art. 379 et suiv. jusques et y compris l'art. 401, font l'objet de la sect. 1; quant à l'escroquerie, elle est prévue et réprimée par un

seul article, l'art. 405, placé dans la sect. 2 de ce même chapitre.—Ce chap. 2 du tit. 2, liv. 3, forme la matière d'une des lois dont se compose le code pénal. Le projet de cette loi fut présenté au conseil d'Etat le 26 nov. 1808, par M. le chevalier Faure, conseiller d'Etat et orateur du gouvernement. Il fut discuté dans la même séance, dans celles des 29 du même mois, 3, 20 et 27 décembre suivant, 3 janv. 1809, 25 février, 9 et 12 septembre, et adopté définitivement le 3 octobre suivant. — Le projet, arrêté dans cette dernière séance, fut officieusement communiqué à la commission de législation civile et criminelle du corps législatif. Cette commission fit des observations dont M. le chevalier Faure fit le rapport dans la séance du 18 janv. 1810. Dans cette même séance, il présenta une dernière rédaction, qui fut adoptée sans discussion. — Le 9 février suivant, M. le chevalier Faure, accompagné de MM. Maret et Corvetto, présenta le projet au corps législatif, et en exposa les motifs. Le 19 février, M. Louvet, orateur de la commission législative, apporta au corps législatif le vœu d'adoption émis par la commission, et en exposa les motifs. Dans la même séance, le projet fut décrété à la majorité de 237 voix contre 21. La nouvelle loi a été promulguée le 1er mars 1810. — V. ci-après p. 1108 le texte du code accompagné des discours des orateurs du gouvernement.

38. Quelques-unes des dispositions de cette loi furent jugées trop sévères. Elles furent adoucies d'abord, sous la Restauration, par une loi du 25 juin 1824, qui en outre étendit notablement le système des circonstances atténuantes, établi par l'art. 463 c. pén., mais que cet article avait renfermé dans des limites trop étroites. — Sous le gouvernement issu de la révolution de juillet 1830, le code pénal de 1810 fut soumis à une révision générale. De ce travail de révision est sortie la loi du 28 avr. 1832, qui modifia un certain nombre des dispositions relatives au vol, et abrogea la loi du 25 juin 1824.—Enfin, une loi des 18 avr.-13 juin 1863 est venue encore modifier un certain nombre d'articles du code pénal, et parmi ces articles quelques-uns de ceux qui répriment le vol. — Il nous suffit de donner ici ces indications générales; chacune des modifications successives que la loi pénale a subies sera exposée d'une manière précise dans le cours de ce travail, à l'occasion des diverses espèces de vols auxquelles elles se rattachent.

39. *Droit comparé.* — D'après la *loi anglaise*, le larcin ou vol (*larceny*) est ou *simple*, c'est-à-dire non accompagné d'autres circonstances criminelles, ou *composé*, c'est-à-dire renfermant la circonstance aggravante d'avoir été commis dans la maison ou en la personne d'autrui. Le simple larcin est appelé *grand larcin* quand la valeur des objets volés excède 12 pence; au-dessous c'est un petit larcin : la différence entre ces deux sortes de larcin est dans la gradation de la peine. — Le larcin ou vol est l'action de prendre : il suppose le non-consentement du propriétaire; il n'y a pas vol quand le propriétaire a délivré de confiance des effets au délinquant qui ne les rapporte pas : c'est un autre délit. — Si un domestique ou commis reçoit, en raison de son emploi, de l'argent, des billets ou autres valeurs, marchandises ou effets, au nom ou pour le compte de son maître ou commettant, et qu'il en détourne quelque partie, il est censé avoir volé cette partie et s'être rendu coupable de félonie : il est passible de la déportation pour un temps n'excédant pas quatorze ans. — Si des domestiques sont accusés de s'approprier les effets de leur maître, ils peuvent être actionnés civilement devant la cour du banc du roi, et, s'ils ne comparaissent pas personnellement, ils doivent être condamnés comme coupables de félonie. Si quelque serviteur détourne des effets de son maître, pour une valeur de 40 sh., c'est une félonie, à moins qu'il ne soit un apprenti ou un domestique âgé de moins de dix-huit ans. — Un homme peut se rendre coupable de félonie en prenant ses propres effets; par exemple, s'il les vole chez quelqu'un à qui il les avait confiés, pour lui en faire payer la valeur, ou sur la route, s'il vole son propre messager, dans l'intention de rendre le canton responsable de la perte.

40. Pour le vol, il faut avoir non-seulement pris, mais emporté : il n'est pas nécessaire que le voleur ait pu s'échapper, s'enfuir avec l'objet volé. Il faut que l'acte ait été commis avec intention de voler. Ce qui indique ordinairement l'intention, c'est quand l'action est clandestine et niée en cas d'accusation; c'est

au jury d'apprécier les circonstances qui trahissent l'intention. Enfin pour qu'il y ait vol, il faut que l'objet dérobé soit un effet ou bien meuble d'autrui : l'enlèvement sans violence des objets immeubles par destination n'étant pas en loi commune un vol. — D'après les statuts modernes, voler ou arracher, couper ou briser avec intention de voler, du plomb, des barreaux de fer, des balustrades, portes ou palissades, tenant d'une manière fixe à une maison d'habitation ou bâtiments en dépendant, à une cour ou jardin ou toute autre construction qui lui appartienne, c'est une félonie punissable de sept années de déportation; voler, endommager ou détruire des pois, navets, ou autres racines désignées, c'est un délit punissable par la fustigation, la prison, de légères amendes et des indemnités à la partie lésée. Celui qui, sans droit, emporte des écorces d'un bois ou terrain planté, ou qui a en sa possession des écorces dont il ne peut rendre un compte satisfaisant, est condamné à une amende de 40 s. pour la première offense, de 5 liv. outre les frais, en cas de récidive, et puni, pour la troisième offense, comme fripon incorrigible. Si l'on vole de nuit des arbres, arbrisseaux, racines, plantes, pour une valeur de 5 sh., c'est un crime de félonie, même de la part de ceux qui les ont achetés sachant qu'ils étaient volés. Le vol des arbres propres à bâtir, désignés dans la loi, et de tout arbrisseau, racine ou plante, fait de jour ou de nuit, est puni d'amendes pécuniaires pour les deux premières fois; pour la troisième, il est considéré comme félonie et puni de la déportation pour sept ans. Quoique enlever du minerai dans les mines ne soit pas un vol, si l'on vole de la plombagine dans la mine, ou qu'on y entre dans l'intention de dérober, c'est une félonie, que l'on punit de la prison, du fouet et de la déportation pour sept ans ou plus; dans ce cas, si le délinquant s'échappe de la prison, ou qu'il revienne avant le temps fixé lui où il est déporté, c'est une félonie sans privilège clérical. — Le vol de titres ou pièces concernant des immeubles n'est pas considéré comme félonie : il n'en est pas de même des obligations, billets ou promesses, rangés, relativement au vol, sur la même ligne que l'argent qu'ils représentent.

41. Sont coupables de félonie, sans privilège clérical, les employés ou domestiques de la banque d'Angleterre qui mettent à part ou détournent à leur profit un billet, une promesse par écrit, une obligation, un acte, une autorisation, des sûretés, des effets ou de l'argent, confiés à eux ou à la compagnie. Il en est de même de l'employé ou domestique de la poste qui divertit à son profit, soustrait ou détruit une lettre ou paquet renfermant un billet de banque ou autre papier de valeur particulièrement désigné dans l'acte, ou qui vole ce billet ou papier dans cette lettre ou paquet; il est coupable de simple félonie s'il détruit une lettre, un paquet dont il a reçu le port, ou qu'il garde l'argent qu'il a reçu pour la surtaxe par lui mise sur une lettre ou paquet envoyé par la poste.

C'est une félonie sans privilège clérical que de piller ou voler des objets provenant d'un navire en détresse, naufragé ou non. — Prendre des animaux privés, c'est voler. Les statuts punissent même, comme coupable de félonie, sans privilège clérical, celui qui vole une bête fauve, prend du gibier dans sa garenne, du poisson dans une rivière ou un étang, sous un déguisement et ayant des armes, ou qui prend une bête fauve dans les forêts ou chasses royales encloses, ou dans tout autre enclos où la bête fauve est habituellement conservée, ou qui engage, par dons ou promesses, une personne à participer à un pareil acte illégal. D'autres peines, plus ou moins fortes, sont prononcées, dans un grand nombre de cas de vol en matière de chasse ou de pêche.— Prendre un chien ou autre animal qu'on entretient par caprice ou amusement, ce n'est pas voler, s'il n'est pas d'un prix qui puisse faire considérer comme un vol le délit de l'avoir enlevé. Toutefois, deux juges de paix peuvent prononcer de fortes amendes, ou une longue prison, ou la fustigation, si l'on prend un chien, ou qu'on le retire chez soi, sachant qu'il a été volé, ou qu'on ait en sa possession la peau d'un chien volé. — Prendre la chose qui appartient à autrui est un vol, même quand le propriétaire est inconnu : tel est le cas du vol d'un linceul dans un tombeau. Enlever un corps mort, ce n'est un délit, mais non une félonie, à moins qu'on n'enlève en même temps quelque drap ou linge.

D'après la loi commune, la peine du grand larcin, celui qui a lieu sur un objet d'une valeur de plus de 12 mort; peine contre laquelle s'élèvent depuis longtemps nalistes anglais, et qui n'est adoucie que par les déclarations du jury estimant au-dessous de 12 pence des objets volés d'une valeur supérieure; d'un autre côté, la cour peut ordonner la déportation; de plus, les statuts modernes ont donné une grande extension au privilège clérical en matière de vols. Toutefois, ce privilège est refusé dans plusieurs cas de vols simples, tels que ceux d'étoffes de laine étendues sur des crochets, de toiles ou colonnades dans les manufactures, de bêtes à cornes, le pillage des vaisseaux en détresse ou naufragés, le vol des lettres envoyées par la poste, etc.

42. Le larcin composé est celui qui se complique de l'une de ces deux circonstances, qu'il a lieu dans une maison ou sur une personne. — Le privilège clérical est supprimé pour presque tous les vols commis dans les maisons; seulement les statuts adoucissent la peine dans des cas spéciaux. D'un autre côté, ils suppriment le privilège clérical pour les vols commis dans l'intérieur d'une maison ou autre enceinte, avec des circonstances spécialement déterminées. — Le vol sur la personne est, ou le vol du filou, commis à la dérobée, ou le vol à force ouverte, robbery. Il y a peine de mort contre le filou pour vol qui peut être qualifié de grand larcin. — Le robbery consiste à enlever en filou, à autrui, par la violence ou la terreur, des effets ou de l'argent d'une valeur quelconque. Il faut, pour que ce crime existe, que le vol ait été consommé. — La tentative est punie par un statut de Georges II, qui déclare coupable de félonie et assujettit à la déportation pour sept ans celui qui attaque quelqu'un illégalement, et dans de mauvaises intentions, avec une arme offensive quelconque, ou qui, par un mode quelconque de contrainte et de violence, exige de l'argent des effets, dans la vue de voler à force ouverte. Il faut que le vol soit commis directement sur la personne ou en sa présence, comme si un malfaiteur effraye un homme par des menaces, et enlève, lui présent, ses moutons ou ses bestiaux. Ce qui constitue particulièrement cette espèce de vol, c'est la violence ou la frayeur qui accompagne. — Les auteurs principaux et les complices, avant le fait de robbery, sont privés du privilège clérical, quelque part que ce crime ait été commis.— Si quelqu'un vole par force, un courrier de la malle-poste, des lettres, paquets, sacs ou malles de lettres, il est puni de mort (Blackstone, liv. 4, chap. 17).

43. D'après le code pénal autrichien, le vol devient délit ou par sa valeur, ou par les circonstances du fait, ou par la nature de la chose volée ou enfin par la qualité de la personne qui le commet. — Il devient délit par sa valeur, quand l'objet, ou sa valeur (qu'il soit commis à une ou plusieurs reprises) surpasse 25 florins de Vienne. La valeur ne se calcule pas sur le profit du voleur, mais sur le dommage causé à la personne volée. — Le vol devient un délit par les circonstances du fait : 1° sans aucun égard à la valeur, quand il est commis pendant un incendie, une inondation ou toute autre calamité générale ou particulière survenue au vol, ou bien quand le voleur était porteur d'armes ou d'autres instruments dangereux pour la sécurité des personnes; 2° si le vol surpasse 5 florins et en outre est commis soit de complicité avec une ou plusieurs personnes, soit dans un lieu consacré au culte divin, soit sur des objets fermés, soit du bois dans des forêts closes, ou avec un dommage considérable pour les forêts; soit sur des poissons dans les étangs, soit sur du gibier dans des bois clos, ou avec une témérité particulière, ou pour une personne qui en fait presque sa profession habituelle. — Le vol devient délit à raison de la nature de la chose volée : 1° sans égard pour sa valeur, quand il est commis avec une profession insultante pour la religion chrétienne, sur une chose spécialement consacrée au culte divin; 2° si le vol outrepasse 5 florins est commis sur les fruits des champs des arbres, soit sur les bestiaux, dans un pâturage ou lieu de pacage, soit sur des instruments d'agriculture dans les champs. — Enfin le vol devient délit en raison de la qualité du coupable : 1° sans égard pour la valeur, quand le coupable a déjà été deux fois puni pour vol; 2° quand il est de 5 florins et qu'il est commis, soit par des gens de service au préjudice de leurs maîtres ou maîtresses, soit par les ouvriers ou journaliers au préjudice de leurs maîtres ou de ceux qui payent leurs travaux.

44. Voici maintenant quelle est la peine du vol d'après le code pénal autrichien. Si le vol commis par un individu réunit seulement les circonstances exigées par les dispositions ci-dessus pour qu'il constitue un délit, la peine est celle de la prison dure pendant un temps qui ne peut être inférieur à six mois ni excéder un an. Si au fait qui seul suffirait pour caractériser le délit, vient se joindre une seconde circonstance de celles qui ont été ci-dessus énoncées, la peine est d'un an à cinq ans de prison dure. — Si la totalité de la chose volée surpasse 300 florins, ou s'il en est résulté un préjudice sensible, d'après les circonstances pour le volé, ou si le vol a été commis avec une témérité, une violence ou une criminalité toute particulière, ou si enfin le voleur a contracté l'habitude du vol, la peine est de cinq à dix ans de prison dure. — Le vol commis de nuit est puni plus rigoureusement, par une durée plus longue de la peine, ou par son aggravation, qu'il ne l'aurait été si, avec les mêmes circonstances, il eût été commis de jour. — Quant aux vols qui ne réunissent pas les conditions exigées pour constituer un délit, ils sont poursuivis comme graves infractions de police, et punis de l'arrêt simple ou rigoureux, depuis une semaine jusqu'à trois mois, à aggraver, selon les circonstances, par un travail plus dur, par le jeûne ou le châtiment corporel. La durée et l'aggravation de la peine se déterminent par le montant de la valeur, les manœuvres, le danger ou la perversité qui se sont manifestés pendant l'action, et selon l'abus qu'on a fait de la confiance d'autrui. — Les vols ne peuvent être punis ni comme délits ni comme graves infractions de police, lorsque le coupable, avant d'avoir été découvert, a volontairement restitué l'objet qu'il avait soustrait ou réparé le dommage qu'il avait causé. — Les soustractions entre conjoints, pères, fils, frères ou sœurs, vivant en communauté, ne peuvent être punis comme graves infractions de police qu'autant que le chef de famille le requiert.

45. Le code pénal *bavarois* ne considère pas comme un vol le détournement illicite fait par le propriétaire de sa propre chose, alors qu'elle est entre les mains de l'usufruitier, du créancier gagiste ou de toute autre personne jouissant du droit de rétention, comme aussi la soustraction commise sciemment d'une quittance et autres choses semblables ; mais il voit un vol dans le fait de celui qui, ayant trouvé une chose perdue, ne la rend pas sur la réclamation du propriétaire ou de celui qui a perdu cette chose, ou qui, dans les huit jours de sa découverte, ne déclare pas le fait à l'autorité ou ne le rend pas public. — Les détournements commis entre époux ou frères et sœurs, entre les père et mère et leurs enfants, entre des parents vivant dans la même famille, ou par des jeunes gens au préjudice de leurs tuteurs, parents adoptifs ou instituteurs, ne sont judiciairement poursuivis que sur la dénonciation préalable de la personne volée, ou du chef de famille sous l'autorité duquel les coupables sont placés.

46. Ce code distingue deux espèces de vol : le vol *simple* et le vol *qualifié*. Le second seul constitue un crime. — La peine du vol simple diffère suivant la valeur de la chose volée. Ainsi, celui qui a détourné en argent, ou valeurs appréciables en argent, la somme de 25 florins bavarois ou plus, est condamné à un an de maison de travail, et la durée de cette peine est augmentée d'autant de fois trois mois que la somme volée renferme de fois 50 florins, sans néanmoins que le temps de la reclusion totale puisse s'élever au-dessus de huit années. — Le vol constitue un crime, sans nul égard à sa valeur, en raison : 1° de la sainteté de la chose détournée ; 2° de la facilité du vol résultant de la nature de la chose ou des relations personnelles du voleur ; 3° de la persistance et du caractère dangereux révélés par l'auteur du détournement. — Ces circonstances constituent trois classes distinctes de vols qualifiés.

Le vol est aggravé à raison de la *sainteté* de la chose lorsqu'il a pour objet : des choses consacrées au culte divin, des sommes ou valeurs faisant partie du domaine de l'État, ou des biens inaliénables de la maison royale, ou servant à l'entreprise de fondations pieuses, hospices maisons de pauvres, d'orphelins ou d'enfants trouvés ; des propriétés placées sous la protection de l'autorité. Il en est de même du vol sur les chemins publics d'objets faisant partie du bagage des voyageurs, ou de marchandises transportées par des messagers et courriers, ou d'objets

confiés à la poste publique. — Sont qualifiés à raison de la facilité offerte au voleur : 1° le vol commis dans un incendie, une inondation, un danger pressant de guerre ou toute autre calamité de cette nature ; 2° le vol commis sur les marchés, les places publiques ou dans une foule ; 3° le vol de bestiaux au pâturage ou en marche, d'abeilles, de bois dans les forêts ou chantiers publics, de linge étendu et autres objets semblables qui ne peuvent pas être suffisamment gardés ; 4° les détournements nocturnes de fruits des arbres, des champs et des jardins ; enfin les détournements commis par les domestiques au préjudice de leurs maîtres ou maîtresses. — Sont compris sous la dénomination de domestiques : tous les domestiques proprement dits ; les compagnons et apprentis ; les journaliers qui exécutent leurs travaux dans l'intérieur de la maison ; toutes les autres personnes qui prêtent leurs services pour un salaire ou pour la nourriture, et qui, à raison de ce service, peuvent entrer dans la maison et en sortir. — La peine applicable au vol qualifié de première et de deuxième classe est d'un à trois ans de maison de travail. Si la valeur de l'objet détourné dépasse 25 florins, la durée de la peine est prolongée d'après l'échelle fixée pour le vol simple, sans que toutefois la durée de ladite peine puisse s'étendre au delà de huit années.

47. Le vol est qualifié en raison de la *persistance* manifestée et du caractère *dangereux* révélé par le voleur : 1° lorsque le coupable s'est associé avec un ou plusieurs individus pour l'exécution du crime ; 2° lorsqu'il s'est glissé dans une habitation étrangère ou tout autre édifice, avec l'intention de voler, et y a commis le vol la nuit ; 3° lorsqu'il est monté dans une maison ou autre édifice avec des échelles, ou qu'il a pénétré dans l'intérieur par toute autre voie que l'entrée ordinaire ; 4° lorsque, pour pouvoir voler, il a fracturé ou forcé violemment des édifices ou clôtures, ou qu'il les a ouvertes avec des rossignols, des fausses clefs, imitées exprès, ou des clefs véritables, précédemment détournées ou obtenues par ruse ; 5° lorsque le détournement a eu lieu en brisant un sceau apposé par l'autorité ; 6° enfin lorsque le voleur s'est pourvu d'armes pour pouvoir se défendre au besoin : par *armes* on comprend ici tout instrument avec lequel on peut faire une blessure corporelle de nature à mettre la vie en danger. — Les vols qualifiés de cette troisième classe sont punis, sans avoir égard à leur plus ou moins de valeur, de quatre à huit années de maison de travail.

48. Il peut arriver qu'un seul et même vol réunisse plusieurs caractères aggravants : dans ce cas, la peine est appliquée de la manière suivante : — En cas de concours de caractères aggravants de première classe avec des caractères aggravants de deuxième classe, on prononce la peine de la maison de travail pour une durée de trois à six ans, augmentée du fouet ; — En cas de concours d'un vol qualifié de troisième classe avec un ou plusieurs caractères aggravants de première ou de deuxième classe, la peine est celle de la maison de force de huit à dix années ; — En cas de concours de deux ou plusieurs des circonstances aggravantes de la troisième classe, dans le même vol, le temps de la reclusion dans une maison de force est de dix à douze ans ; — Enfin, en cas de concours de deux ou plusieurs circonstances aggravantes de troisième classe avec une ou plusieurs circonstances aggravantes de première ou de seconde classe, le coupable encourt de douze à quinze années de maison de force.

49. Si le voleur lui-même, avant toute poursuite, restitue l'objet volé ou en rend la valeur spontanément, et sans qu'aucun préjudice ait été causé aux tiers, il lui est tenu compte de cette restitution dans les cas de vol simple ou de vol qualifié de première et de deuxième classe, mais seulement en ce sens que la somme restituée n'est pas comprise dans la fixation proportionnelle de la peine ordinaire. — Toutefois celui qui, après avoir commis un vol simple ou qualifié de première ou de deuxième classe, s'est volontairement constitué prisonnier avant d'avoir été signalé à l'autorité comme auteur du vol, et qui restitue la totalité des objets détournés ou leur valeur, n'est passible, pour le vol simple, que d'un emprisonnement de huit jours à trois mois, et pour le vol qualifié, d'un emprisonnement de six mois à un an. — Hors ces cas, le dédommagement ou la restitution de l'objet volé n'opèrent aucune atténuation dans la peine ordinaire.

50. Celui qui fait violence à une personne pour s'emparer d'une chose mobilière lui appartenant ou appartenant à autrui se rend coupable de rapine, que la violence ait lieu par des voies de fait ou seulement par des menaces. Lorsque cette menace est faite, même par une seule personne, et qu'elle est restée sans effet, elle est punie de cinq à dix ans de prison dure. Si la menace est faite de concert avec une ou plusieurs personnes, ou avec des armes meurtrières, ou si, après la menace, la chose a été effectivement enlevée, la peine est de dix à vingt ans de prison dure. La même peine est appliquée lorsqu'il y a eu violence matérielle sur la personne, bien que la rapine n'ait pas eu son effet. Mais si la rapine entreprise, à l'aide de violence matérielle sur une personne, a été consommée, la peine est de la prison dure à vie. Enfin si dans une rapine, quelqu'un a été blessé ou lésé de manière à en éprouver un grave préjudice dans sa personne, ou si quelqu'un par de mauvais traitements continus ou des menaces dangereuses a été placé dans un état pénible de tourment, chacun de ceux qui y ont pris part est puni de la prison très-dure à vie. Celui qui recèle, vend ou achète une chose de la plus légère valeur, sachant qu'elle provient d'une rapine, se rend coupable de complicité dans la rapine et est puni d'un à cinq ans de prison dure.

51. Le code pénal bavarois punit comme voleurs ordinaires les messagers, artisans, gens de travail et autres personnes qui commettent un abus de confiance sur les choses à eux remises pour être conduites, transportées, travaillées, et les créanciers gagistes qui abusent de la chose à eux donnée en gage; et comme coupables d'un vol qualifié de première ou de seconde classe les courriers publics, fondés de pouvoirs, administrateurs, comptables privés, dépositaires, tuteurs, curateurs et domestiques, qui commettent également un abus de confiance sur les choses qu'ils détenaient en cette qualité.

52. Le code pénal bavarois s'occupe aussi du vol commis *avec violence.*—Et d'abord il considère comme coupable de vol commis avec violence celui qui, pour accomplir un détournement, fait violence à une personne par des voies de fait ou par des menaces, soit qu'il ait ou non réalisé son intention cupide. De plus, lorsqu'une personne, s'étant violemment rendue maîtresse d'une autre, détourne des choses appartenant à celle-ci, la première n'est pas admise à prétendre qu'elle a commis la violence, non dans l'intention de voler, mais par colère, vengeance ou autre mobile analogue, et que la pensée cupide ne lui est venue qu'après coup. — Enfin la loi punit comme coupable de vol avec violence : 1° celui qui, ne voulant commettre qu'un vol simple, s'est muni d'armes, et, surpris en flagrant délit, a fait usage de ses armes pour maltraiter ou effrayer quelqu'un; 2° celui qui, saisi en flagrant délit de vol simple, a porté la main contre quelqu'un pour mettre en sûreté la chose dérobée. Mais le voleur pris sur le fait qui, ne s'étant pas muni d'armes à l'avance et à dessein, ne s'est défendu que pour la sûreté de sa personne, n'encourt pas, à raison de cette seule circonstance, une peine aggravée, à moins qu'il n'y ait blessures corporelles ou homicide, cas auquel les peines encourues pour les crimes ou délits doivent être appliquées conformément à la loi.

53. Voici maintenant quelle est la peine applicable au vol commis avec violence. La loi distingue à cet égard quatre degrés.—*Premier degré.* Le vol avec violence, commis sans voies de fait et sans usage d'armes mortelles, mais à l'aide de simples menaces, est puni de huit à douze années de maison de force.—*Deuxième degré.* La peine est de douze à seize années de force, lorsque le vol avec violence a été commis sans usage d'armes mortelles et à l'aide de simples menaces, mais qu'en même temps le voleur : ou est entré dans une habitation par effraction, escalade ou la nuit; ou a cherché à se rendre méconnaissable, soit en se masquant, soit en se noircissant la figure, soit en prenant une fausse barbe ou tout autre déguisement analogue; ou enfin a agi en réunion concertée avec un ou plusieurs complices.— *Troisième degré.* Si le voleur avec violence a menacé de faire usage d'armes pouvant donner la mort, ou si le vol a été commis à l'aide de voies de fait ou de mauvais traitements sur quelqu'un, le coupable est puni de la maison de force à temps indéterminé. S'il vient s'y joindre en outre une ou plusieurs des circonstances aggravantes appartenant au second degré, la peine est celle des fers. — *Quatrième degré.* Les voleurs

avec violence sont punis de mort : 1° lorsqu'ils ont torturé quelqu'un pour lui arracher l'indication de valeurs cachées; 2° lorsque la victime a été mise en danger de mort par les violences exercées sur elle, qu'elle a été blessée dangereusement, qu'elle a été mutilée ou que sa santé est affectée d'une altération permanente et incurable. — Les commandants et chefs d'une bande de brigands sont punis de mort, lorsque les brigandages commis par la bande constituent des vols avec violence de troisième ou quatrième degré. Hors ces cas, ils sont condamnés à la peine des fers.

54. La loi punit comme voleur avec violence celui qui, à l'aide de voies de fait ou de menaces dirigées contre le corps ou la vie, force quelqu'un à signer, passer, remettre un acte renfermant la constatation d'un droit ou sa libération d'une obligation, ou le contraint à détruire un billet, rendre une reconnaissance, donner une quittance dans le but de s'enrichir illicitement aux dépens de cette personne ou d'un tiers.—Celui qui cherche à extorquer d'un tiers un avantage illicite par la crainte de mauvais traitements futurs, par la menace de calomnies, plaintes, dénonciations, déposition en justice ou refus de déposer, et d'autres moyens de pression, est non-seulement privé du bénéfice obtenu, mais encore puni de quatre années de maison de travail, en proportion de la perversité démontrée, de la gravité des menaces faites, et de l'importance du gain cherché. Si le coupable a menacé de mort ou d'incendie, verbalement ou par écrit, et qu'il ait ainsi extorqué un bénéfice, il est puni comme voleur avec violence.—Enfin celui qui, soit à l'aide de lettres renfermant des menaces d'incendie, soit en répandant des brandons incendiaires dans un pays, ose exercer des extorsions sur des communes et des contrées entières, doit être condamné à dix ans de maison de force au moins, et cette peine peut, en raison du danger qui en est effectivement résulté, être élevée jusqu'à la maison de force à temps indéterminé.

55. Le code pénal du royaume des *Deux-Siciles,* qui n'a pas cessé d'être en vigueur, nonobstant l'annexion de ce pays au royaume d'Italie, divise également les vols en vols simples et vols qualifiés. — Le vol devient qualifié : 1° par la violence; 2° par sa valeur; 3° par la personne; 4° par le temps, 5° par le lieu; 6° par le moyen. — Il est qualifié par la violence : 1° quand il est accompagné d'homicide, de coups, de blessures sur les personnes ou de séquestration de ces personnes, ou même de menaces écrites ou verbales de mort, de coups, ou d'attentat sur les personnes ou aux propriétés; 2° quand un voleur se présente armé, ou quand plusieurs voleurs se présentent au nombre de plus de deux, même non armés; 3° quand un individu qui court la campagne armé, ou qui fait partie d'une bande armée, s'est fait remettre le bien d'autrui, sur une demande écrite ou verbale, faite directement ou par personnes interposées, alors même que la demande n'est pas accompagnée de menaces. Pour qu'un acte de violence rende le vol qualifié, il suffit qu'il ait été commis avant ou pendant le vol, ou même immédiatement après, dans l'intention d'en aider la consommation ou l'impunité, de se soustraire à l'arrestation ou à la clameur publique, de s'opposer au recouvrement de la chose volée, de se venger de ce que le vol a été empêché ou de ce qu'on a procuré la moyen d'en arrêter l'effet, ou enfin pour se venger de ce que la chose volée a été recouvrée ou de ce que l'auteur a été découvert. — Le vol devient qualifié par la valeur lorsque la chose enlevée excède la valeur de 100 ducats. Pour que cette circonstance existe, il n'est pas nécessaire que le vol soit d'un seul objet de cette valeur, mais il suffit que cela résulte du *quantum* de plusieurs vols commis en différents temps par la même personne, au préjudice d'une ou plusieurs personnes, pourvu qu'ils soient l'objet d'un même jugement. — Le vol est qualifié par la personne : 1° lorsqu'il a été commis par un domestique dans un lieu quelconque, au préjudice de son maître ou même au préjudice d'un étranger, pourvu qu'en le commettant il se soit servi de la facilité que lui donnait sa qualité vraie ou fausse de domestique (on comprend sous le nom de domestique tout individu employé avec salaire ou tout autre salarié au service d'autrui, habitant ou n'habitant pas avec le maître); —2° Lorsqu'il a été commis, soit par un vol ou par une personne de sa famille, dans la maison où il reçoit l'hospitalité; soit vis-à-vis de l'hôte ou de sa famille, dans les mêmes circonstances, par une

personne de la famille qui donne l'hospitalité ; — 3° Lorsqu'il a été commis par un loueur en garni, par un aubergiste, par un voiturier, par un batelier, ou par un de leurs administrateurs, domestiques ou employés, dans la chambre louée, l'auberge, la voiture, la barque, ou par celui qui exerce ou fait exercer un de ces métiers, loue ou fait louer un de ces objets ; ou bien lorsqu'il a été commis dans les mêmes lieux par celui qui y a été reçu ou y a déposé sa chose ; — 4° Lorsqu'il a été commis par un aide, par un compagnon, par un ouvrier, par un professeur, artiste ou employé quelconque, dans la maison, dans la boutique, dans l'officine, ou dans tout autre lieu quelconque où il est admis à raison de son métier, de sa profession ou de son emploi. — Est qualifié par le temps le vol commis la nuit.—Est qualifié par le lieu le vol commis : 1° dans les églises ; 2° dans le palais du roi ; 3° sur les places publiques, dans les campagnes et dans les maisons de campagne ; 4° dans les auditoires de justice, pendant que la justice s'y administre ; dans les prisons ou dans tout autre lieu quelconque de détention ou de répression ; 5° dans les théâtres ou dans tous les autres lieux destinés à des spectacles publics, pendant les représentations ; 7° dans les bains. Si néanmoins la chose volée dans les églises était destinée au culte public, ce sont d'autres dispositions qui doivent être appliquées, comme nous le verrons bientôt.—Le vol est qualifié par le moyen : 1° lorsqu'il a été commis avec effraction extérieure ou intérieure, avec fausses clefs ou avec escalade ; 2° lorsque le voleur a fait usage de masque, de teinture ou d'autres déguisements de vêtements ou de figures ; ou a, pour l'exécuter, pris le titre ou le costume d'un officier civil ou militaire ; ou a allégué un faux ordre de l'autorité publique, alors même que ces artifices n'auraient pas en résultat contribué à faciliter le vol ou à en cacher l'auteur ; 3° lorsqu'il a été commis sur des choses mises en péril, ou jetées, ou transportées pour les sauver, ou abandonnées forcément par une personne qui se sauve par raison d'incendie, de ruine d'édifice, de naufrage, d'inondation, d'invasion de l'ennemi, ou par suite de toute autre grave calamité.— Sous le nom d'effractions sont compris tout forcement, rupture, démolition, incendie, déracinement, distorsion de murs, de haies, de maçonnerie, de verroux, de cadenas, de portes et de tout autre objet destiné à empêcher l'entrée d'une habitation, ou d'autres lieux ou enceintes, ou à enfermer ou garder des effets dans les maisons, coffres, armoires ou autres meubles, alors même que l'ouverture de ces derniers objets n'aurait pas été effectuée sur le lieu du vol.—Par fausses clefs la loi entend désigner les crochets, les rossignols, les passe-partout, les clefs contrefaites ou altérées, les clefs véritables qu'on s'est procurées pour le vol par fraude ou par autre artifice quelconque, et généralement tout instrument propre à ouvrir ou à enlever une fermeture quelconque, soit intérieure, soit extérieure. — Enfin il y a escalade toutes les fois qu'une personne pénètre dans un lieu par une autre voie que la porte destinée ordinairement à cet usage, soit qu'on se serve d'échelles, de cordes ou de tout autre moyen, ou même qu'on pénètre à l'aide d'un autre homme ou en grimpant pour monter ou descendre. Il y a encore escalade lorsque le coupable, bien qu'entré par la voie ordinaire, s'est procuré la sortie par l'un des moyens susmentionnés. L'entrée et la sortie, même sans l'aide d'instruments, par une ouverture souterraine autre que l'entrée ordinaire, est une circonstance équipollente à l'escalade pour l'application de la peine. — Tout vol commis au moyen de la rupture de sceaux est puni comme s'il commis avec effraction.

56. Voici maintenant quelles sont les peines applicables à ces divers cas. — Le coupable de vol simple est puni du second au troisième degré de prison (le second est de sept mois à deux ans, et le troisième de deux ans et un mois à cinq ans). Le juge peut à cette peine ajouter la garantie, c'est-à-dire le dépôt d'une certaine somme, pendant un certain temps, pour sûreté de sa bonne conduite à venir. — Le vol accompagné d'homicide et de blessures ou coups constituant l'homicide manqué est puni de mort ; mais si l'homicide a été consommé, la peine de mort est subie par le lacet sur la fourche. — Le vol accompagné de blessures graves ou coups graves est puni du troisième degré de fers (de dix-neuf à vingt-quatre ans). Le vol accompagné de blessures légères ou de coups légers est puni du premier au second degré

de fers (le premier est de sept à douze ans, et le second de treize à dix-huit). — Le coupable de vol avec séquestration de la personne est puni du premier au second degré de fers, pourvu qu'il n'ait pas porté de coups, fait des blessures et autres offenses qui emportent une peine plus grave, comme on vient de le voir. — Le coupable de vol qualifié par la violence, mais non accompagné d'aucune circonstance qui viennent d'être indiquées, est puni du premier degré de fers. — Si le vol, qualifié par la violence, a été commis sur des chemins publics, hors des lieux habités, ou dans les maisons de campagne, le coupable est puni du maximum de la peine qu'il a encourue aux termes des dispositions qui précèdent. — Lorsqu'au vol qualifié par la violence se joignent les autres circonstances réputées aggravantes, la peine est augmentée de la manière suivante : si la violence est accompagnée d'une ou de deux de ces circonstances, on ne peut jamais appliquer le *minimum* du degré ; et si elle est accompagnée de trois ou de plus de ces circonstances, on applique le degré de peine immédiatement supérieur, sans que, par la réunion de ces circonstances, on puisse jamais prononcer la peine de mort. — Le vol sans violence, mais accompagné des circonstances de personne, de temps, de moyen, de lieu ou de valeur, est puni de la manière suivante : 1° s'il est accompagné d'une ou de deux desdites circonstances, il est puni de la reclusion ; 2° s'il est accompagné de trois de ces circonstances au moins, il est puni du premier degré de fers. — Quiconque a contrefait ou altéré les clefs, ou a fabriqué des passes-partout, est passible du second au troisième degré de prison (V. *suprà*). Si le coupable est un ouvrier en serrurerie, il est passible de la reclusion, sans préjudice de peines plus graves en cas de complicité du méfait. — Quiconque, par cupidité, vole dans les temples des vases ou meubles sacrés, ou quelque autre objet consacré au culte divin, est puni du second degré de fers, sans qu'on puisse lui appliquer le minimum de la durée. Si ce vol a été commis avec d'autres circonstances que la loi déclare aggravantes, il est puni du troisième degré de fers ; néanmoins, si ces circonstances emportaient des peines plus graves, ces peines devraient être appliquées. Quiconque, par cupidité, vole le saint ciboire ou l'ostensoir, renfermant les hosties consacrées, soit qu'il emporte ou disperse ces hosties, est puni de l'*ergastolo* (reclusion perpétuelle dans le fort d'une île).

57. Le code pénal *espagnol* distingue trois sortes de vols : les vols avec violence envers les personnes ; les vols avec emploi de la force contre les choses, et les vols simples. — Le coupable de vol avec violence ou intimidation contre les personnes est puni de la chaîne perpétuelle jusqu'à la peine de mort dans les cas suivants : 1° lorsque pour arriver au vol ou à l'occasion du vol il y a un homicide ; 2° lorsque le vol a été accompagné de viol ou mutilation commis de propos délibéré ; 3° lorsqu'il a été commis dans un lieu désert ou en bande, si, pour commettre le délit ou à son occasion il a été fait une lésion, par suite de laquelle le blessé est resté en état de démence, incapable de travailler, impotent, hors d'état de faire usage de quelque membre ou notablement difforme, ou si la personne volée a été détenue sous condition de rachat ou pendant plus d'un jour ; 4° en tous cas, le chef de la bande armée en totalité ou en partie est passible de la même peine, lorsque plus de trois malfaiteurs participent à un vol. — Lorsque quelqu'une des circonstances indiquées au 3° se rencontre dans le vol, et qu'il n'a pas été commis dans un lieu désert ou en bande, le coupable est puni de la peine de la chaîne temporaire en son degré moyen jusqu'à la chaîne perpétuelle. — Hors des cas qui viennent d'être spécifiés, le vol commis avec violence ou intimidation contre les personnes est puni de la chaîne temporaire ; lorsqu'il n'y a pas de gravité dans la violence ou l'intimidation, la peine est celle de la galère majeure. — Les malfaiteurs présents à la perpétration d'un vol dans un lieu désert et en bande sont punis comme auteurs de l'un des attentats quelconques commis par ladite bande, s'ils ne prouvent qu'ils ont cherché à l'empêcher. Est présumé avoir été présent aux attentats commis par une bande le malfaiteur qui marche habituellement avec elle, sauf la preuve du contraire. — Celui qui, pour en frauder un autre, l'oblige, par violence ou intimidation, à lui souscrire, consentir ou remettre un acte public ou document, est passible, comme coupable de vol, des peines qui viennent d'être énoncées.

58. Quant aux vols avec emploi de la force contre les choses,

la loi espagnole dispose à leur égard de la manière suivante : — Les malfaiteurs qui, porteurs d'armes, commettent un vol dans une église ou lieu sacré, encourent la peine de la galère majeure dans son degré moyen, jusqu'à celle de la chaîne temporaire au même degré, s'ils commettent le délit : 1° avec escalade (et il y a escalade lorsqu'on entre par une voie qui n'est pas celle à ce destinée) ; 2° avec rupture de mur ou toit, ou effraction de portes ou fenêtres ; 3° en faisant usage de fausses clefs, rossignols ou autres instruments semblables, pour pénétrer dans le lieu du vol ; 4° en s'introduisant dans le lieu du vol à la faveur de noms supposés, ou en simulant l'autorité ; 5° dans un lieu désert ou en bande. Au cas de récidive, ils sont punis de la peine de la chaîne temporaire en son degré supérieur. — Les mêmes peines sont applicables à ceux qui volent, avec les mêmes circonstances, dans un lieu habité. — Lorsque, dans ce dernier cas, il n'y a pas récidive, et que la valeur des objets volés n'atteint pas 100 duros (500 fr.), la peine est celle de la galère majeure. — Ceux qui, sans armes, commettent un vol dans une église ou lieu habité, avec quelqu'une des circonstances ci-dessus énoncées, sont punis de la peine de galère mineure en son degré le plus élevé, jusqu'à celle de galère majeure en son degré moyen. — Le vol commis avec armes ou sans armes, dans un lieu non habité, est puni de la peine de galère mineure en son degré le plus élevé, jusqu'à celle de galère mineure en son degré moyen, à condition qu'il se rencontre quelqu'une des circonstances suivantes : 1° escalade ; 2° effraction de murs, toits, portes ou fenêtres ; 3° fracture de portes intérieures, armoires, coffres ou autre classe de meubles ou objets fermés ou scellés ; 4° la circonstance d'avoir fait usage de fausses clefs, rossignols ou autres instruments semblables pour pénétrer dans le lieu du vol. — Dans ces cas toutefois, la peine est abaissée d'un degré, lorsque la valeur du vol n'excède pas 100 duros (500 fr.), à moins qu'il n'ait causé la ruine du volé. — Le vol qui n'excède pas 5 duros (25 fr.) est puni de la galère correctionnelle. — Celui qui a en son pouvoir des fausses clefs, rossignols ou autres instruments notoirement destinés à l'exécution du délit de vol, et ne se justifierait pas suffisamment sur leur acquisition ou conservation, est puni de la peine de la galère correctionnelle. Sont passibles de la même peine ceux qui fabriquent ou vendent lesdits instruments.

59. La loi répute coupables de vol simple : 1° ceux qui, par esprit de lucre et sans violence ou intimidation contre les personnes, ni emploi de la force contre les choses, s'emparent des choses mobilières d'autrui, contre la volonté de leur propriétaire ; 2° ceux qui, par esprit de lucre, nient avoir reçu de l'argent ou une autre chose mobilière qui leur aurait été remise à titre de prêt, dépôt, ou à tout autre titre qui oblige à rapport ou restitution ; 3° les coupables de dommages qui soustraient ou tirent profit des fruits ou objets provenant de dommage causé, quelle que soit leur importance, sauf certains cas, qui font l'objet de dispositions spéciales. — Les coupables de vol simple sont punis : 1° de la peine de galère mineure, si la valeur de la chose volée dépasse 500 duros (2,500 fr.) ; 2° de la galère correctionnelle, si elle ne dépasse pas 500 duros et dépasse 5 duros (25 fr.) ; 3° de l'arrêt majeur jusqu'à la galère correctionnelle en son degré inférieur, si elle ne dépasse pas 5 duros. — Le vol simple est puni des peines immédiatement supérieures en degré à celles respectivement indiquées au paragraphe précédent : 1° s'il a pour objet des choses destinées au culte et s'il a été commis dans un lieu sacré ou pendant un acte religieux ; 2° si c'est un vol domestique ou un vol commis par un grave abus de confiance ; 3° si le coupable est en état de récidive du même délit ou d'un autre semblable.

60. Le code criminel de l'empire du Brésil punit le vol de la prison avec travail pendant une durée qui peut varier de deux mois à quatre ans, et d'une amende de 5 à 20 p. 100 de la valeur volée. — Ce code considère comme vol et punit de la même peine le fait de celui qui, ayant, à une fin déterminée, reçu la chose d'autrui avec le consentement de son possesseur, s'en arroge la propriété ou en fait un usage pour lequel elle ne lui avait pas été remise. — Il punit également comme un vol le fait d'enlever sans autorisation légale sa propre chose quand elle se trouve au pouvoir d'un tiers par convention ou détermination judiciaire, et que ce tiers, par l'enlèvement, doit en éprouver un préjudice ou en souffrir. — Enfin il considère comme vol le fait d'a-

voir trouvé la chose perdue par autrui, lorsqu'on n'en a pas informé le juge de paix du district ou l'officier de paix du quartier dans les quinze jours à compter de celui où on l'a trouvée. La peine, dans ce cas, est la prison avec travail d'un mois à deux ans et une amende de 5 à 20 p. 100 de la chose trouvée. — Il n'y a pas lieu à l'action pour vol entre mari et femme, ascendants et descendants et alliés aux mêmes degrés ; les maris ou veuves ne peuvent non plus être poursuivis par cette voie quant aux choses qui auraient appartenu au conjoint mort. Dans tous ces cas, il y a seulement lieu à l'action civile pour satisfaction.

61. La rapine, c'est-à-dire le vol commis à l'aide de violence envers les personnes ou les choses, est punie des galères de un à huit ans. — Il y a violence faite à la personne toutes les fois qu'à l'aide d'offenses physiques ou de menaces ou par quelque autre moyen, on réduit quelqu'un à ne pouvoir défendre sa chose. Il y a violence contre les choses toutes les fois qu'on détruit des obstacles pour la perpétration des rapines ou qu'on a recours à des effractions extérieures ou intérieures. Il y a effraction toutes les fois qu'on emploie la force ou des instruments ou appareils pour vaincre les obstacles. — Lorsque pour l'accomplissement de la rapine ou pendant son exécution on commet un homicide, la peine est la mort pour le degré le plus grave, les galères perpétuelles pour le degré moyen, et pendant vingt ans pour le degré le moins grave. — Lorsque la violence physique est irréparable ou qu'il en résulte une difformité, ou que la personne violentée en demeure estropiée, la peine est celle des galères de quatre à douze ans. S'il résulté de la violence physique une grave altération de santé ou une incapacité de travail de plus d'un mois, la peine est celle des galères de deux à six ans. — Dans tous les cas qui précèdent, le coupable doit payer une amende de 5 à 20 p. 100 de la valeur dérobée. — Est réputé rapine et puni comme telle le vol fait par celui qui se feint employé public et assorti pour prendre la chose d'autrui. — La tentative de rapine, lorsque la violence a eu lieu sans avoir été jusqu'à l'enlèvement de la chose d'autrui, est punie comme le crime même. — Celui qui fabrique des passe-partout ou crochets, qui a ou porte, soit le jour, soit la nuit, de ces instruments ou d'autres propres à rapiner, encourt la prison avec travail de deux mois à trois ans. — Celui qui, en prenant un nom supposé ou changé, un titre, une distinction ou une décoration qu'il n'a pas, obtient ainsi ce qu'il n'aurait pu obtenir d'une autre manière, est passible des mêmes peines que celui qui parvient à son but à l'aide de violence.

62. D'après la loi musulmane, la peine de vol n'atteint que les majeurs sains d'esprit qui se sont emparés en cachette de la propriété d'autrui, dans l'intention de se l'approprier. Cette peine n'est point applicable à celui qui n'a pas lui-même volé, mais qui a recélé la chose volée, ni au voleur qui a rendu à son véritable propriétaire la chose volée. Les parents ne peuvent pas voler leurs enfants ; mais, vice versâ, les enfants peuvent commettre des vols au préjudice de leurs parents. Comme preuve du vol, on admet l'aveu répété deux fois devant plusieurs personnes, ou la déposition de deux témoins irréprochables. Si le vol est prouvé, la chose soustraite est restituée au propriétaire ou à ses héritiers ; sinon, et en cas d'impossibilité, il faut payer la valeur de cette chose. Le voleur est puni soit par une détention perpétuelle, soit par la mutilation des quatre doigts, moins le pouce de la main droite, soit par l'extraction des dents et l'amputation d'un pied jusqu'au moignon. — Pour qu'il y ait vol, il faut qu'il y ait de la surprise et du secret ; le fait de s'emparer violemment d'une chose est régi par d'autres règles. Celui qui menace les armes à la main et commet des violences et des surprises pour s'emparer de force de la propriété d'autrui est puni du glaive ou par le gibet. Si néanmoins il manifeste du repentir de son acte criminel, il est affranchi de cette peine.

7-9 frim. an 2 (27-29 nov. 1793). — Décret relatif à la poursuite des délits d'escroquerie et d'abus de la crédulité.

Art 1 Ceux qui, par dol, ou à l'aide de faux noms pris verbalement et sans signature, ou de fausses entreprises, ou d'un crédit imaginaire, ou d'espérances et de craintes chimériques, auraient abusé de la crédulité de quelques personnes, et escroqué la totalité ou partie de leur fortune, seront à l'avenir poursuivis en première instance devant les tribunaux de police correctionnelle, sauf l'appel devant les tribunaux de district, et, à Paris, devant le tribunal d'appel de police correctionnelle.

2 Les tribunaux de district ou d'arrondissement qui se trouvent actuellement saisis de la connaissance en première instance de quelques-uns des délits rapportés en l'article précédent, en continueront l'instruction, et l'appel de leurs jugements sera porté devant d'autres tribunaux de district ou d'arrondissement, conformément à l'art. 1 du titre 5 du décret du 16 août 1790.

3. Les tribunaux de district ou d'arrondissement connaîtront en première instance de ces mêmes délits, lorsque la plainte en sera incidente à une demande civile de laquelle ils se trouveront saisis.

4 niv. an 5 (24 déc. 1796).— Arrêté du directoire exécutif concernant les perquisitions de bois coupés en délit ou volés. — V. Forêts, n° 81-2°, note.

26 niv. an 5 (15 janv. 1797).— Arrêté du directoire exécutif, qui déclare applicables à la recherche des bois volés sur les rivières ou ruisseaux flottables ou navigables, les dispositions de l'arrêté du 4 nivôse présent mois.

Le directoire exécutif, informé que, sans respect pour les propriétés, des habitants des communes riveraines des rivières et ruisseaux flottables se permettent de voler les bois lors du passage des flots; que ces vols se multiplient dans une progression tout à la fois alarmante pour le commerce, qu'ils découragent, et dangereuse pour l'approvisionnement, auquel ils apportent une diminution sensible; que la difficulté d'atteindre les auteurs de ces vols et leur impunité donnent au mal une activité effrayante; — Voulant faire cesser de pareils abus, et considérant qu'il n'est, pour y parvenir, que le moyen des perquisitions domiciliaires; que les mêmes motifs qui ont déterminé à les permettre aux gardes forestiers pour la recherche des bois coupés en délit ou volés sont applicables aux bois qui se volent sur les rivières, ports et ruisseaux flottables; — Arrête ce qui suit :

Les dispositions de l'arrêté du 4 niv. an 5, relatives à la recherche ou perquisition des bois coupés en délit ou volés, sont applicables à la recherche des bois volés sur les rivières ou ruisseaux flottables et navigables : en conséquence, tous inspecteurs de la navigation ou gardes de rivière commissionnés par le ministre de l'intérieur, reçus et assermentés devant les tribunaux, sont autorisés à faire la recherche et perquisition des bois volés sur les rivières et ruisseaux flottables et navigables, et le long d'iceux, de la manière énoncée aux art. 1, 2, 3 et 4 dudit arrêté; et les officiers, agents, adjoints municipaux et commissaires de police, tenus de les accompagner dans les perquisitions, lorsqu'ils en seront requis, conformément aux dispositions dudit arrêté, et sous les peines y portées.

26 flor. an 5 (15 mai 1797). — Loi contenant des dispositions pénales relativement aux crimes mentionnés aux art. 2 et 3 de la sect. 2, du tit. 2 de la 2e part. du code pénal du 6 oct. 1791.

Le conseil des Anciens, considérant qu'il se commet dans diverses parties de la République des brigandages et des violences dont l'intérêt de la société exige la répression, et que le moindre délai serait préjudiciable à la sûreté des personnes et des propriétés, approuve l'acte d'urgence. — Suit la teneur de la déclaration d'urgence et de la résolution du 16 germ : — Le conseil des Cinq-Cents, après avoir entendu le rapport d'une commission spéciale, considérant que le moyen le plus efficace d'arrêter les brigandages et les violences qui se commettent dans différentes parties du territoire de la République est d'appliquer à des délits aussi graves les peines les plus sévères; — Considérant que le moindre délai serait préjudiciable à la sûreté des personnes et des propriétés; — Déclare qu'il y a urgence, et prend la résolution suivante :

Les crimes mentionnés aux art. 2 et 3 de la 2e section du tit. 2 de la 2e partie du code pénal, du 6 oct 1791, seront punis de mort, s'ils sont accompagnés de l'une des circonstances suivantes : 1° si les coupables se sont introduits dans la maison par la force des armes; 2° s'ils ont fait usage de leurs armes, dans l'intérieur de la maison, contre ceux qui s'y trouvaient; 3° si les violences exercées sur ceux qui se trouvaient dans la maison ont laissé des traces telles que blessures, brûlures ou contusions. La peine de mort aura lieu contre tous les coupables, quand même tous n'auraient pas été trouvés munis d'armes.

29 niv. an 6 (18 janv. 1798). — Loi contenant des dispositions pénales pour la répression des vols et des attentats sur les grandes routes, etc., et le rétablissement de la sûreté publique.

Art. 1. Les vols commis à force ouverte ou par violence, sur les routes et voies publiques, ceux commis dans les maisons habitées, avec effraction extérieure ou escalade, seront, à dater de la publication de la présente loi, punis de mort.

2. Ceux qui seront convaincus d'avoir attaqué, sur les routes et voies publiques, soit les voitures publiques de terre et d'eau, soit les courriers de la poste ou leurs malles, soit les courriers porteurs des dépêches du gouvernement, ou des ministres, ou des autorités constituées ou des généraux, soit les voyageurs, seront punis de la même peine, lorsqu'il apparaîtra, par les circonstances du fait, que ces attaques ont eu lieu dans le dessein d'assassiner ou de voler, ou d'enlever les lettres, papiers ou dépêches, lors même que l'assassinat, le vol ou l'enlèvement n'auront pas été consommés.

3 Ceux qui seront convaincus de s'être introduits dans des maisons habitées, à l'aide d'effraction extérieure ou d'escalade, seront aussi punis de mort, lorsqu'il apparaîtra, par les circonstances du fait, qu'ils avaient le dessein d'assassiner ou de voler, lors même que ces derniers crimes n'auraient pas été consommés.

4. Les cas prévus par les articles précédents restent soumis à la compétence des juges ordinaires; mais lorsque les délits mentionnés dans les mêmes articles auront été commis par un rassemblement de plus de deux personnes, les prévenus, leurs complices, fauteurs et instigateurs, seront traduits par-devant un conseil de guerre, et jugés par lui.

5. Seront aussi jugés par un conseil de guerre et condamnés à la peine de mort ceux qui, dans un rassemblement de plus de deux personnes, se seront introduits même sans effraction, dans la maison d'un citoyen, et y auront commis ou tenté d'y commettre des vols à force ouverte ou par violence envers des personnes. Cette disposition est applicable à leurs complices, fauteurs et instigateurs.

6 Sont réputés complices fauteurs ou instigateurs, ceux-là seulement qui seront accusés et convaincus d'avoir enrôlé pour ces rassemblements, ou de les avoir commandés, ou de leur avoir fourni soit de l'argent, soit des armes, soit des munitions, dans l'intention de préparer, d'aider ou de favoriser le crime, ou de leur avoir sciemment, et dans le même dessein, prêté asile, ou recélé soit les coupables, soit les effets volés

7 L'art. 6 de la loi du 30 prair. an 3, de la loi du 1er vend. an 4, l'art. 598 du c. des dél. et des pein., et la loi du 24 fruct. an 4, sont, en ce qui concerne la forme de procéder, applicables aux individus compris dans les art 4, 5 et 6.

8. En conséquence, ceux de ces individus pris avec ou sans armes dans un rassemblement ou hors d'un rassemblement armé dont ils ont fait partie, seront, ainsi que leurs complices, jugés par un conseil de guerre de la division militaire dans l'étendue de laquelle le délit aura été commis. — Néanmoins, si l'un des complices d'un délit dont l'instruction se fait devant un conseil de guerre d'une division militaire est arrêté dans l'étendue d'une autre division, il sera envoyé devant celui saisi originairement du procès, pour y être jugé, soit qu'il ait été statué sur le sort des premiers prévenus, soit qu'il n'y ait pas encore été statué.

9. Pour tous les délits mentionnés dans la présente loi, les mandats d'amener pourront être décernés par celui des fonctionnaires ci-après désignés qui, le premier, aura été informé du crime commis; savoir : — Le directeur du jury, — Le juge de paix, — Le commissaire de police, — L'agent municipal dans les communes au-dessous de 5,000 hab. ou son adjoint, — Les officiers de gendarmerie nationale, sans qu'ils aient besoin à cet égard d'aucune réquisition du directeur du jury; à l'effet de quoi il est dérogé aux art. 145 et 146 c. des dél et des pein.

10 Les agents militaires et ceux des fonctionnaires qui, n'ayant pas le droit de décerner des mandats d'arrêt, ont été autorisés par l'article précédent à lancer des mandats d'amener, seront tenus, sous les peines portées contre les détentions arbitraires, de traduire sans délai les individus qu'ils auront fait saisir, par devant l'un des fonctionnaires publics compétents pour décerner les mandats d'arrêt.

11. Dans les cas ci-dessus, aucun individu ne pourra être mis en jugement sans avoir été préalablement traduit devant le directeur du jury du lieu du délit, à l'effet d'être réglé par ce directeur si l'individu doit être envoyé devant un conseil de guerre ou devant les juges ordinaires : dans les deux cas, le directeur du jury est tenu, sous peine de forfaiture, de faire le renvoi devant qui il appartient, dans les trois jours, à compter du règlement de la compétence.

12. Si, pendant l'instruction du procès qui précède la convocation du conseil de guerre, l'officier rapporteur reçoit des dépositions, déclarations ou autres documents qui chargent de complicité quelques individus, il en adressera sur-le-champ une expédition au directeur du jury de l'arrondissement où le délit a été commis, lequel sera tenu, sous peine de forfaiture, de faire connaître dans le plus bref délai, au même officier rapporteur, les poursuites qu'il aura exercées contre ces mêmes individus.

13. L'officier rapporteur remettra également une expédition de ces déclarations à l'officier de gendarmerie le plus voisin, pour faire traduire les individus devant le directeur du jury.

14. Si, pendant la tenue du conseil de guerre, quelques individus sont prévenus de complicité par le résultat des déclarations des accusés ou par le résultat des débats, extrait du procès-verbal contenant les charges sera sur-le-champ adressé tant au directeur du jury du lieu du délit qu'à l'officier de gendarmerie le plus voisin.

15. Dans ce cas, le conseil de guerre ne sera pas tenu de juger sans désemparer; il pourra, s'il le juge à propos, et d'après le réquisitoire de l'officier faisant les fonctions de commissaire du pouvoir exécutif, ajourner sa séance pendant un délai suffisant pour recevoir les renseignements du directeur du jury.

16 Dans le cas où des individus appelés comme témoins seraient prévenus de complicité, l'officier rapporteur ou le président, si le conseil de guerre est assemblé, les fera traduire sur-le-champ devant le directeur du jury, avec une expédition des déclarations faites contre eux.

17. Copie certifiée des jugements rendus par les conseils de guerre sera adressée, dans les trois jours, à l'accusateur public du département dans lequel le délit aura été commis.

18. Tous gendarmes ou sous-officiers de gendarmerie qui arrêteront ou coopéreront à arrêter soit en flagrant délit, soit en vertu de mandats d'amener ou d'arrêt, les prévenus des délits mentionnés dans la présente loi, recevront collectivement, à raison de chaque individu arrêté et déclaré coupable par un jugement, une récompense nationale de 50 fr. dans le premier cas et de 25 fr. dans le second. — Cette somme sera acquittée de la même manière que les frais de procédures criminelles.

19. Tout gendarme coupable de négligence dans l'exercice de ses fonctions, à l'égard des individus prévenus des délits mentionnés en la présente loi, pourra être destitué par le directoire exécutif.

20. Chaque chef d'escadron de gendarmerie enverra, tous les mois, au ministre de la police générale, l'état des arrestations faites dans son arrondissement, avec les noms des gendarmes et des sous-officiers de gendarmerie qui les auront effectuées, et ceux des officiers dans les arrondissements et sous la surveillance desquels les arrestations auront eu lieu; il y joindra des observations sur le degré de zèle et d'activité que chacun y aura apporté.

21. Toutes dispositions de lois contraires à celles énoncées dans la présente sont abrogées.

22 Il est ordonné aux administrations centrales des départements, d'envoyer la présente loi, dans les dix jours de la réception, à toutes les municipalités des chefs-lieux de canton, pour y être affichée et publiée à son de caisse, le premier jour de décadi suivant. — Elle ne sera exécutée que pendant une année, à dater de sa promulgation par l'insertion au Bulletin des lois; après ce temps, elle sera abrogée de droit, si elle n'est renouvelée par le corps législatif. — Les procédures commencées avant l'écoulement de la même année seront terminées d'après les dispositions de la présente loi.

29 brum an 7 (19 nov. 1798).—Loi qui proroge l'exécution de celle du 29 niv. an 6, sur la répression des assassinats et brigandages.

25 frim. an 8 (16 déc. 1799). — Loi qui attribue aux tribunaux de police correctionnelle la connaissance de divers délits.

La commission du conseil ... considérant que l'expérience a fait sentir la nécessité d'établir une plus juste proportion entre les peines et certains délits; que ce défaut de proportion est trop souvent une source d'impunité; que l'impunité est elle-même une source de délits contre lesquels l'intérêt social réclame un prompt remède; — Approuve l'acte d'urgence et la résolution suivante :

Art. 1. A compter du jour de la publication de la présente loi, les délits spécifiés ci-après seront poursuivis par voie de police correctionnelle, et punis ainsi qu'il suit.

2. Lorsqu'un vol aura été commis de jour, dans l'intérieur d'une maison, par une personne habitante ou commensale de ladite maison, ou reçue soit habituellement, soit momentanément dans ladite maison pour y faire un service ou un travail salarié, ou qui y soit admise à titre d'hospitalité, la peine ne pourra être moindre d'une année ni excéder quatre années d'emprisonnement. — Ne sont pas compris dans le présent article les vols commis par les domestiques à gages : lesdits vols seront punis de la peine portée en l'art. 13 de la seconde section du tit. 2 de la seconde partie du code pénal.

3. La même peine, portée au premier paragraphe de l'art. 2, s'appliquera aux vols qui seront commis dans les maisons garnies, auberges, cabarets, maisons de traiteurs, logeurs, cafés et bains publics, par quelque personne que ce soit. — Les vols commis par le maître ou la maîtresse d'une auberge envers ceux qu'ils logent, continueront d'être punis des peines portées au code pénal.

4. La peine ne pourra être moindre de six mois ni excéder deux années, pour tout vol commis dans les salles de spectacle, boutiques et édifices publics.

5. Lorsque deux ou plusieurs personnes non armées se seront introduites de jour, sans violence personnelle, effraction, escalade ni fausses clefs, dans l'intérieur d'une maison actuellement habitée ou servant à habitation, et y auront commis un vol, la peine ne pourra excéder deux années ni être moindre de six mois d'emprisonnement.

6. Quiconque se sera chargé d'un service ou d'un travail salarié, et aura volé les effets ou marchandises qui lui auront été confiés pour ledit service ou ledit travail, sera puni d'une peine qui ne poura être moindre de six mois ni excéder deux années d'emprisonnement.

7. La peine mentionnée au précédent article s'appliquera également au vol d'effets confiés aux coches, messageries et autres voitures publiques par terre ou par eau, commis par les conducteurs desdites voitures, ou par les personnes employées au service des bureaux desdites administrations.

8. Tout vol commis dans lesdites voitures par les personnes qui y occupent une place sera puni d'une peine qui ne pourra être moindre de trois mois ni excéder une année d'emprisonnement.

9. Tout vol commis le jour dans un terrain clos et fermé, si ledit terrain tient immédiatement à une maison habitée, sera puni d'une peine qui ne pourra être moindre de six mois ni excéder deux années d'emprisonnement. — Dans le cas où le crime aurait été commis la nuit, la connaissance en appartiendra au tribunal criminel, et il sera puni de la peine portée au premier paragraphe de l'art. 25 de la seconde section du tit. 2 de la deuxième partie du code pénal, sans préjudice des peines résultant des circonstances aggravantes énoncées aux deuxième et troisième paragraphes du même article.

10. Tout vol commis dans un terrain clos et fermé, si ledit terrain ne tient pas immédiatement à une maison habitée, sera puni d'une peine qui ne pourra être moindre de trois mois ni excéder une année d'emprisonnement, s'il a été commis le jour, ou qui ne pourra être moindre de six mois ni excéder deux années, s'il a été commis la nuit.

11. Tout vol de charrues, instruments aratoires, chevaux et autres bêtes de somme, bétail, vaches, ruches d'abeilles, marchandises et effets exposés sur la foi publique, soit dans les campagnes, soit sur les chemins, ventes de bois, foires, marchés et autres lieux publics, sera puni des mêmes peines énoncées au précédent article.

12. Quiconque sera convaincu d'avoir détourné à son profit ou dissipé des effets marchandises, deniers, titres de propriété ou autres emportant obligation ou décharge, et toutes autres propriétés mobilières qui lui auraient été confiées gratuitement à la charge de les rendre ou de les représenter, sera puni d'une peine qui ne pourra être moindre d'une année ni excéder quatre années d'emprisonnement.

13. Quiconque sera convaincu d'avoir, verbalement ou par écrits anonymes ou signés, menacé d'incendier la propriété d'autrui, quoique les menaces n'aient pas été réalisées, sera puni d'un emprisonnement qui ne pourra être moindre de six mois ni excéder deux années.

14. Les tribunaux de police correctionnelle prononceront également sur les restitutions et dommages et intérêts.

15. En cas de récidive, les délits sus-énoncés seront jugés par le tribunal criminel, et punis des peines portées au code pénal. Il y aura récidive quand un délit de la nature de ceux ci-dessus énoncés aura été commis par le condamné dans les trois années à compter du jour de l'expiration de la peine qu'il aura subie. La lecture du présent article sera faite aux condamnés, lors de la prononciation du jugement de police correctionnelle.

16. Toutes lois ou dispositions de loi contraires à la présente sont abrogées.

17. La loi du 22 prair. an 4, contre les tentatives du crime, est applicable à tous les délits sus-énoncés ainsi qu'à ceux mentionnés en l'art. 32 c. de pol correct : en conséquence, toute tentative desdits délits, manifestée par des actes extérieurs et suivie d'un commencement d'exécution, sera punie comme le délit même, si elle n'a été suspendue que par des circonstances fortuites, indépendantes de la volonté du prévenu.

18. A la réception de la présente loi, les directeurs du jury non dessaisis de la personne des prévenus de délits mentionnés en ladite loi en attribueront la connaissance aux tribunaux de police correctionnelle qu'ils président.

Les tribunaux criminels renverront aussi, à la réception de la présente, tous les prévenus desdits délits traduits devant eux et non jugés, dans les tribunaux de police correctionnelle du lieu où l'acte d'accusation a été dressé.

19. Quant aux jugements rendus par les tribunaux criminels et contre lesquels il y a pourvoi, si le tribunal de cassation les confirme, il renverra devant lesdits tribunaux, pour appliquer aux condamnés la peine mentionnée en la présente; s'il les annule, il renverra l'affaire devant le tribunal de police correctionnelle du lieu où l'acte d'accusation a été dressé.

29 prair. an 8 (18 juin 1800). — Avis du conseil d'Etat sur la peine à infliger pour les délits prévus par la loi du 29 niv. an 6, et non encore jugés.

Le conseil d'Etat, qui, d'après le renvoi des consuls, a entendu le rapport de la section de législation sur celui du ministre de la justice, présentant la question suivante : — « Les délits prévus par la loi du 29 niv. an 6, non encore jugés, mais commis pendant l'existence de cette loi, doivent-ils, sans aucune distinction si les procédures ont été commencées ou non avant qu'elle se trouvât abrogée, être punis des peines qu'elle prononce, ou de celles portées par le code pénal ? » — Est d'avis que, dans tous les cas, le code pénal est seul applicable aux délits prévus par la loi du 29 niv. an 6, et non jugés avant l'abrogation de cette loi.

Il est de principe, en matière criminelle, qu'il faut toujours adopter l'opinion la plus favorable à l'humanité comme à l'innocence. Les délits énoncés dans la loi du 29 nivôse, et punis par elle d'une peine extraordinaire, étaient déjà prévus par le code pénal : l'exécution de ce code n'a été que suspendue dans cette partie par la loi du 29 nivôse. Dès que celle-ci a cessé d'exister, elle a fait place à l'application du code pénal, qui est la loi générale et le droit commun des Français : c'est d'après ce code que doivent être jugés les individus coupables des délits dont il s'agit. L'art. 22 de la loi du 29 nivôse n'est applicable qu'au mode de procéder, et non à la peine à infliger. — Cette opinion, conforme au principe éternel que nous venons d'énoncer, se trouve consacrée par le dernier article du code pénal, ouvrage de l'assemblée constituante.

18 pluv. an 9 (7 fév. 1801). — Loi qui attribue aux tribunaux spéciaux la connaissance de vols commis sur les grandes routes et les vols commis dans les campagnes avec effraction (art. 8 et 9, 29). — V. Organis. judic. et *infrà*, n° 360.

19 fév.-1er mars 1810. — Code pénal revisé par les lois des 28 avr.-1er mai 1832 et 13 mai-1er juin 1863 (extrait) (1).

LIVRE 3e.

CHAP. 2. — CRIMES ET DÉLITS CONTRE LES PROPRIÉTÉS.

SECT. 1. — *Vols.*

Art. 379. Quiconque a soustrait frauduleusement une chose qui ne lui appartient pas est coupable de vol. —V. ci-après, p. 1110 et 1111, exposé des motifs et rapport, nos 2, 16.

380. Les soustractions commises par des maris au préjudice de leurs femmes, par des femmes au préjudice de leurs maris, par un veuf ou une veuve quant aux choses qui avaient appartenu à l'époux décédé, par des enfants ou autres descendants au préjudice de leurs pères ou mères ou autres ascendants, par des pères et mères ou autres ascendants au préjudice de leurs enfants ou autres descendants, ou par des alliés aux mêmes degrés, ne pourront donner lieu qu'à des réparations civiles. — A l'égard de tous autres individus qui auraient recélé ou appliqué à leur profit tout ou partie des objets volés, ils seront punis comme coupables de vol. — V. *ibid.*, nos 3, 17.

381 (2). Seront punis des travaux forcés à perpétuité les individus coupables de vol commis avec la réunion des cinq circonstances suivantes : — 1° Si le vol a été commis la nuit; — 2° S'il a été commis par deux ou plusieurs personnes; — 3° Si les coupables ou l'un d'eux étaient porteurs d'armes apparentes ou cachées; — 4° S'ils ont commis le crime, soit à l'aide d'effraction extérieure, ou d'escalade, ou de fausses clefs, dans une maison, appartement, chambre ou logement habités ou servant à l'habitation, ou leur dépendances, soit en prenant le titre d'un fonctionnaire public ou d'un officier civil ou militaire, ou après s'être revêtus de l'uniforme ou du costume du fonctionnaire ou de l'officier, ou en alléguant un faux ordre de l'autorité civile ou militaire; — 5° S'ils ont commis le crime avec violence ou menace de faire usage de leurs armes.

382 (3). Sera puni de la peine des travaux forcés à temps tout individu coupable de vol commis à l'aide de violence. Si la violence à

(1) V. les discours des orateurs du gouvernement ci-après p. 1110; l'exposé des motifs et le rapport sur la loi du 13 mai 1863, D. P. 63. 4. 83, nos 44 et suiv., 93, nos 112 et suiv.

(2) *Ancien article du code de* 1810. — 381. Seront punis de la peine de mort les individus coupables de vols commis avec la réunion des cinq circonstances suivantes : — 1° Si le vol a été commis la nuit : — 2° S'il a été commis par deux ou plusieurs personnes; — 3° Si les coupables ou l'un d'eux étaient porteurs d'armes apparentes ou cachées; — 4° S'ils ont commis le crime, soit à l'aide d'effraction extérieure, ou d'escalade, ou de fausses clefs, dans une maison, appartement, chambre ou logement habités ou servant à l'habitation, ou leurs dépendances, soit en prenant le titre d'un fonctionnaire public ou d'un officier civil ou militaire ou après s'être revêtus de l'uniforme ou du costume du fonctionnaire ou de l'officier, ou en alléguant un faux ordre de l'autorité civile ou militaire; — 5° S'ils ont commis le crime avec violence ou menace de faire usage de leurs armes (V. exposé des motifs et rapport, *infrà*, p. 1110 et 1111, nos 6, 18).

(3) *Ancien article du code de* 1810. — 382. Sera puni de la peine des travaux forcés à perpétuité, tout individu coupable de vol commis à l'aide de violence, et de plus, avec deux des quatre premières circonstances prévues par le précédent article. — Si même la violence à l'aide de laquelle le vol a été commis a laissé des traces de blessures ou de contusions, cette circonstance seule suffira pour que la peine des travaux forcés à perpétuité soit prononcée (V. *infrà*, p. 1110 et 1112 nos 6, 19).

Ancien article du code révisé en 1832. — 382. Sera puni de la peine des travaux forcés à temps, tout individu coupable de vol commis à l'aide de violence, et, de plus, avec deux des quatre premières circonstances prévues par le précédent article. — Si même la violence à l'aide de laquelle le vol a été commis a laissé des traces de blessures ou de contusions, cette circonstance seule suffira pour que la peine des travaux forcés à perpétuité soit prononcée.

l'aide de laquelle le vol a été commis a laissé des traces de blessures ou de contusions, cette circonstance suffira pour que la peine des travaux forcés à perpétuité soit prononcée (L. 13 mai 1863; V. exposé des motifs et rapp., D. P. 63. 4, p. 85, n° 44, p. 93, n° 112).

383 (1). Les vols commis sur les chemins publics emporteront la peine des travaux forcés à perpétuité, lorsqu'ils auront été commis avec deux des circonstances prévues dans l'art. 381. — Ils emporteront la peine des travaux forcés à temps, lorsqu'ils auront été commis avec une seule de ces circonstances. — Dans les autres cas, la peine sera celle de la reclusion.

384. Sera puni de la peine des travaux forcés à temps, tout individu coupable de vol commis à l'aide d'un des moyens énoncés dans le n° 4 de l'art. 381, même quoique l'effraction, l'escalade et l'usage des fausses clefs aient eu lieu dans des édifices, parcs ou enclos non servant à l'habitation et non dépendants des maisons habitées, et lors même que l'effraction n'aurait été qu'intérieure. — V. infrà, p. 1112, n° 21, et L. 25 juin 1824, art. 8, 10, 11 et 12, v° Peine, p. 553.

385 (2). Sera également puni de la peine des travaux forcés à temps tout individu coupable de vol commis avec deux des trois circonstances suivantes : — 1° Si le vol a été commis la nuit; — 2° S'il a été commis dans une maison habitée, ou dans un des édifices consacrés aux cultes légalement établis en France; — 3° S'il a été commis par deux ou plusieurs personnes; — Et si, en outre, le coupable ou l'un des coupables était porteur d'armes apparentes ou cachées, et lors même (L. 13 mai 1863; Voy. D. P. 63. 4., p. 85, 84, nos 44, 45; p. 93, nos 112, 113).

386 (3). Sera puni de la peine de la reclusion tout individu coupable de vol commis dans l'un des cas ci-après : — 1° Si le vol a été commis la nuit, et par deux ou plusieurs personnes, ou s'il a été commis avec une de ces deux circonstances seulement, mais en même temps dans un lieu habité ou servant à l'habitation, ou dans les édifices consacrés aux cultes légalement établis en France; — 2° Si le coupable ou l'un des coupables était porteur d'armes apparentes ou cachées, même quoique le lieu où le vol a été commis ne fût ni habité ni servant à l'habitation, et encore quoique le vol ait été commis le jour et par une seule personne; — 3° Si le voleur est un domestique ou un homme de service à gages, même lorsqu'il aura commis le vol envers des personnes qu'il ne servait pas, mais qui se trouvaient, soit dans la maison de son maître, soit dans celle où il l'accompagnait; ou si c'est un ouvrier, compagnon ou apprenti, dans la maison, l'atelier ou le magasin de son maître; ou un individu travaillant habituellement dans l'habitation où il aura volé; — 4° Si le vol a été commis par un aubergiste, un hôtelier, un voiturier, un batelier ou un de leurs préposés, lorsqu'ils auront volé tout ou partie des choses qui leur étaient confiées à ce titre.

387 (4). Les voituriers, bateliers ou leurs préposés qui auront altéré ou tenté d'altérer des vins ou toute autre espèce de liquides ou marchandises dont le transport leur avait été confié, et qui auront commis ou tenté de commettre cette altération par le mélange de substances malfaisantes, seront punis d'un emprisonnement de deux à cinq ans et d'une amende de 25 fr. à 500 fr. — Ils pourront, en outre, être privés des droits mentionnés en l'art. 42 pendant cinq ans au moins et dix ans au plus; ils pourront aussi être mis, par l'arrêt ou le jugement, sous la surveillance de la haute police pendant le même nombre d'années. — S'il n'y a pas eu mélange de substances malfaisantes, la peine sera d'un emprisonnement d'un mois à un an et une amende de 16 fr. à 100 fr. (L. 13 mai 1863; V. iisd., nos 45, 113).

388 (5). Quiconque aura volé ou tenté de voler dans les champs, des chevaux ou bêtes de charge, de voiture ou de monture, gros et menus bestiaux, ou des instruments d'agriculture, sera puni d'un emprisonnement d'un an au moins et de cinq ans au plus, et d'une amende de 16 fr. à 500 fr. — Il en sera de même à l'égard des bois dans

les ventes, et de pierres dans les carrières, ainsi qu'à l'égard du vol de poisson en étang, vivier ou réservoir. — Quiconque aura volé ou tenté de voler dans les champs, des récoltes ou autres productions utiles de la terre, déjà détachées du sol, ou des meules de grains faisant partie des récoltes, sera puni d'un emprisonnement de quinze jours à deux ans, et d'une amende de 16 fr. à 200 fr. — Si le vol a été commis, soit la nuit, soit par plusieurs personnes, soit à l'aide de voitures ou d'animaux de charge, l'emprisonnement sera d'un an à cinq ans, et l'amende de 16 fr. à 500 fr. — Lorsque le vol ou la tentative de vol de récoltes ou autres productions utiles de la terre, qui, avant d'être soustraites, n'étaient pas encore détachées du sol, aura eu lieu, soit avec des paniers ou des sacs ou autres objets équivalents, soit la nuit, soit à l'aide de voitures ou d'animaux de charge, soit par plusieurs personnes, la peine sera un emprisonnement de quinze jours à deux ans, et d'une amende de 16 fr. à 200 fr. — Dans tous les cas spécifiés aux deux articles, les coupables pourront, indépendamment de la peine principale, être interdits de tout ou partie des droits mentionnés en l'art. 42, pendant cinq ans au moins et dix ans au plus, à compter du jour où ils auront subi leur peine. Ils pourront aussi être mis, par l'arrêt ou le jugement, sous la surveillance de la haute police pendant le même nombre d'années.

389 (6). Tout individu qui, pour commettre un vol, aura enlevé ou tenté d'enlever des bornes servant de séparation aux propriétés, sera puni d'un emprisonnement de deux à cinq ans et d'une amende de 16 fr. à 500 fr. — Le coupable pourra, en outre, être privé des droits mentionnés en l'art. 42 pendant cinq ans au moins et dix ans au plus, à compter du jour où il aura subi sa peine, et être mis, par l'arrêt ou le jugement, sous la surveillance de la haute police pendant le même nombre d'années (L. 13 mai 1863; V. iisdem, nos 46, 114).

390. Est réputé maison habitée tout bâtiment, logement, loge, cabane, même mobile, qui, sans être actuellement habité, est destiné à l'habitation, et tout ce qui en dépend, comme cours, basse-cours, granges, écuries, édifices qui y sont enfermés, quel qu'en soit l'usage, et quand même ils auraient une clôture particulière à la clôture ou enceinte générale. — V. infrà, p. 1112, n° 24.

391. Est réputé parc ou enclos, tout terrain environné de fossés, de pieux, de claies, de planches, de haies vives ou sèches, ou de murs de quelque espèce de matériaux que ce soit, quelles que soient la hauteur, la profondeur, la vétusté, la dégradation de ces diverses clôtures, quand il n'y aurait pas de porte fermant à clef ou autrement, ou quand la porte serait à claire-voie et ouverte habituellement. — V. eod.

392. Les parcs mobiles destinés à contenir du bétail dans la campagne, de quelque manière qu'ils soient faits, sont aussi réputés enclos; et lorsqu'ils tiennent aux cabanes mobiles ou autres abris destinés aux gardiens, ils sont réputés dépendants de maison habitée.— V. eod.

393. Est qualifié effraction, tout forcement, rupture, dégradation, démolition, enlèvement de murs, toits, planchers, portes, fenêtres, serrures, cadenas, ou autres ustensiles ou instruments servant à fermer ou à empêcher le passage, et de toute espèce de clôture, quelle qu'elle soit. — V. infrà, p. 1111 et 1112, nos 10, 24.

394. Les effractions sont extérieures ou intérieures. — V. n° 10.

395. Les effractions extérieures sont celles à l'aide desquelles on peut s'introduire dans les maisons, cours, basses-cours, enclos ou dépendances, ou dans les appartements ou logements particuliers.— V. eod.

396. Les effractions intérieures sont celles qui, après l'introduction dans les lieux mentionnés en l'article précédent, sont faites aux portes ou clôtures du dedans, ainsi qu'aux armoires ou autres meubles fermés. — Est compris dans la classe des effractions intérieures, le simple enlèvement des caisses, boîtes, ballots sous toile et corde, et autres meubles fermés, qui contiennent des effets quelconques, bien que l'effraction n'ait pas été faite sur le lieu. — V. eod.

---

(1) Ancien article du code de 1810. — 383. Les vols commis dans les chemins publics emporteront également la peine des travaux forcés à perpétuité (V. infrà, p. 1111 et 1112, nos 7, 20, et L. 25 juin 1824, art. 7, 11 et 12, v° Peine, p. 553).

(2) Ancien article du code de 1810 et de 1832. — 385. Sera également puni de la peine des travaux forcés à temps, tout individu coupable de vol commis, soit avec violence, lorsqu'elle n'aura laissé aucune trace de blessure ou de contusion et qu'elle ne sera accompagnée d'aucune autre circonstance, soit sans violence, mais avec la réunion de trois circonstances suivantes :—1° Si le vol a été commis la nuit; — 2° S'il a été commis par deux ou plusieurs personnes; — 3° Si le coupable, ou l'un des coupables, était porteur d'armes apparentes ou cachées [V. infrà, p. 1111 et 1112, nos 6, 21).

(3) Ancien article du code de 1810. — 386. Sera puni de la peine de la reclusion, tout individu coupable de vol commis dans l'un des cas ci-après : — 1° Si le vol a été commis la nuit, et par deux ou plusieurs personnes, ou s'il a été commis avec une de ces deux circonstances seulement, mais en même temps dans un lieu habité ou servant à l'habitation; — 2° Si le coupable, ou l'un des coupables était porteur d'armes apparentes ou cachées, même quoique le lieu où le vol a été commis ne fût ni habité ni servant à l'habitation, et encore quoique le vol ait été commis le jour et par une seule personne; — 3° Si le voleur est un domestique ou un homme de service à gages, même lorsqu'il aura commis le vol envers des personnes qu'il ne servait pas, mais qui se trouvaient, soit dans la maison de son maître, soit dans celle où il l'accompagnait; ou si c'est un ouvrier, compagnon ou apprenti, dans la maison, l'atelier ou le magasin de son maître; ou un individu travaillant habituellement dans l'habitation où il aura volé; — 4° Si le vol a été

commis par un aubergiste, un hôtelier, un voiturier, un batelier ou un de leurs préposés, lorsqu'ils auront volé tout ou partie des choses qui leur étaient confiées à ce titre; ou enfin si le coupable est le vol dans l'auberge ou l'hôtellerie dans laquelle il était reçu (V. infrà, p. 1111 et 1112, nos 8, 22, et L. 25 juin 1824, art. 3, 9, 10, 11 et 12, v° Peine, p. 553).

(4) Ancien article du code de 1810 et de 1832. — 387. Les voituriers, bateliers ou leurs préposés, qui auront altéré des vins ou toute autre espèce de liquides ou de marchandises dont le transport leur avait été confié, et qui auront commis cette altération par le mélange de substances malfaisantes, seront punis de la peine portée au précédent article. — S'il n'y a pas eu mélange de substances malfaisantes, la peine sera un emprisonnement d'un mois à un an, une amende de 16 à 100 fr. (V. infrà, p. 1112, n° 22).

(5) Ancien article du code de 1810. — 388. Quiconque aura volé, dans les champs, des chevaux ou bêtes de charge, de voiture ou de monture, gros et menus bestiaux, des instruments d'agriculture, des récoltes ou meules de grains faisant partie de récoltes, sera puni de la reclusion. — Il en sera de même à l'égard du vol de bois dans les ventes et de pierres dans les carrières, ainsi qu'à l'égard du vol de poisson en étang, vivier ou réservoir (V. infrà, p. 1111 et 1112, nos 9, 23, et L. 25 juin 1824, art. 2, 10, 11 et 12, v° Peine, p. 553).

(6) Ancien article du code de 1810. — 389. La même peine aura lieu, si, pour commettre un vol, il y a eu enlèvement ou déplacement de bornes servant de séparation aux propriétés (V. iisd., n° 9, 25).

Ancien article du code revisé en 1832. — 389. Sera puni de la reclusion celui qui, pour commettre un vol, aura enlevé ou déplacé des bornes servant de séparation aux propriétés.

397. Est qualifiée *escalade* toute entrée dans les maisons, bâtiments, cours, basses-cours, édifices quelconques, jardins, parcs et enclos, exécutée par-dessus les murs, portes, toitures ou toute autre clôture. — L'entrée par une ouverture souterraine, autre que celle qui a été établie pour servir d'entrée, est une circonstance de même gravité que l'escalade. — V. *infrà*, p. 1112, n° 24.

398. Sont qualifiés *fausses clefs* tous crochets, rossignols, passe-partout, clefs imitées, contrefaites, altérées, ou qui n'ont pas été destinées par le propriétaire, locataire, aubergiste ou logeur, aux serrures, cadenas, ou aux fermetures quelconques auxquelles le coupable les aura employées. — V. *infrà*, p. 1111 et 1112, n°s 11, 24.

399 (1). Quiconque aura contrefait ou altéré des clefs sera condamné à un emprisonnement de trois mois à deux ans et à une amende de 25 fr. à 150 fr. — Si le coupable est un serrurier de profession, il sera puni d'un emprisonnement de deux ans à cinq ans et d'une amende de 50 à 500 fr. — Il pourra, en outre, être privé de tout ou partie des droits mentionnés en l'art. 42 pendant cinq ans au moins et dix ans au plus, à compter du jour où il aura subi sa peine ; il pourra aussi être mis, par l'arrêt ou le jugement, sous la surveillance de la haute police pendant le même nombre d'années. — Le tout, sans préjudice de plus fortes peines, s'il y échet, en cas de complicité de crime (L. 13 mai 1863 ; Voy. D. P. 63. 4, p. 84, n°s 47, p. 93, 115).

400 (2). Quiconque aura extorqué par force, violence ou contrainte, la signature ou la remise d'un écrit, d'un acte, d'un titre, d'une pièce quelconque contenant ou opérant obligation, disposition ou décharge, sera puni de la peine des travaux forcés à temps. — Quiconque, à l'aide de la menace écrite ou verbale, de révélations ou d'imputations diffamatoires, aura extorqué ou tenté d'extorquer, soit la remise de fonds ou valeurs, soit la signature ou remise des écrits énumérés ci-dessus, sera puni d'un emprisonnement d'un an à cinq ans et d'une amende de 50 fr. à 3,000 fr. — Le saisi qui aura détruit, détourné ou tenté de détruire ou de détourner des objets saisis sur lui et confiés à sa garde, sera puni des peines portées en l'art. 406. — Il sera puni des peines portées en l'art. 401, si la garde des objets saisis et qu'il aura détruits ou détournés ou tenté de détruire ou de détourner avait été confiée à un tiers. — Les peines de l'art. 401 seront également applicables à tout débiteur, emprunteur ou tiers donneur de gage qui aura détruit, détourné ou tenté de détruire ou de détourner des objets par lui donnés à titre de gages. — Celui qui aura recélé sciemment les objets détournés, le conjoint, les ascendants et descendants du saisi, du débiteur, de l'emprunteur ou tiers donneur de gage qui l'auront aidé dans la destruction, le détournement ou dans la tentative de destruction ou de détournement de ces objets, seront punis d'une peine égale à celle qu'il aura encourue (L. 13 mai 1863 ; V. *ibid.*, n°s 48, 117, et p. 105, note 12).

401. Les autres vols non spécifiés dans la présente section, les larcins et filouteries, ainsi que les tentatives de ces mêmes délits, seront punis d'un emprisonnement d'un an au moins et de cinq ans au plus, et pourront même l'être d'une amende qui sera de 16 fr. au moins et de 500 fr. au plus. — Les coupables pourront encore être interdits des droits mentionnés en l'art. 42 du présent code, pendant cinq ans au moins et dix ans au plus, à compter du jour où ils auront subi leur peine. — Ils pourront aussi être mis, par l'arrêt ou le jugement, sous la surveillance de la haute police pendant le même nombre d'années. — (V. exposé des mot. et rapport, ci-après p. 1110 et s., n°s 5, 9, 13, 26).

SECT. 2. — *Banqueroutes, escroqueries, et autres espèces de fraude.*

§ 1. — *Banqueroute et escroquerie.*

405 (3). Quiconque, soit en faisant usage de faux noms ou de fausses qualités, soit en employant des manœuvres frauduleuses pour persuader l'existence de fausses entreprises, d'un pouvoir ou d'un crédit imaginaire, ou pour faire naître l'espérance ou la crainte d'un succès, d'un accident ou de tout autre événement chimérique, se sera fait remettre ou délivrer, ou aura tenté de se faire remettre ou délivrer des fonds, des meubles ou des obligations, dispositions, billets, promesses, quittances ou décharges, et aura, par un de ces moyens, escroqué ou tenté d'escroquer la totalité ou partie de la fortune d'autrui, sera puni d'un emprisonnement d'un an au moins et de cinq ans au plus et d'une amende de 50 fr. au moins et de 3,000 fr. au plus. — Le coupable pourra être, en outre, à compter du jour où il aura subi sa peine, interdit, pendant cinq ans au moins et dix ans au plus, des droits mentionnés en l'art. 42 du présent code : le tout, sauf les peines plus graves, s'il y a crime de faux (L. 13 mai 1863 ; Voy. D. P. 63. 4, p. 94, n° 118, et p. 106, note 1).

Extrait de l'exposé des motifs de la loi contenant le chap. 2 du tit. 2 du liv. 3 du code des dél. et des pein., par M. le conseiller d'État Faure (Séance du 9 avr. 1810).

1. Messieurs, — Dans la dernière séance, nous avons eu l'honneur de vous soumettre un projet de loi destiné à faire partie du code des délits et des peines et relatif aux attentats contre les personnes. — Sa Majesté nous charge aujourd'hui de vous présenter un autre projet dépendant du même code : il est relatif aux attentats contre les propriétés. — Les dispositions qu'il renferme doivent être également considérées comme la sanction de la loi civile. Tandis que le code Napoléon règle les différentes manières dont on peut acquérir la propriété, le code pénal détermine les différents cas où l'atteinte portée à la propriété constitue un crime ou délit. Ces cas sont très-variés. Ce qui appartient à autrui peut être soustrait par fraude, il peut être enlevé par violence; il peut être détruit par imprudence, ou méchanceté. Chacun de ces actes est susceptible de nuances que le législateur doit saisir pour proportionner la peine au délit. Les motifs que nous allons donner des principales dispositions du projet, vous feront connaître les grandes et nombreuses améliorations que promet le nouveau code. — Nous parlerons d'abord des actes qualifiés vol.

2. *Vol.* — « Celui-là est coupable de vol, dit la loi, qui soustrait frauduleusement une chose qui ne lui appartient pas. — Le mot *frauduleusement* prouve qu'il faut aussi, pour qu'il y ait vol, que la chose soustraite appartienne à autrui. Si elle n'appartient à personne, il ne peut y avoir de fraude; car l'expression est corrélative, et suppose que quelqu'un peut être trompé ou dépouillé. — La soustraction frauduleuse étant un attentat à la propriété doit être punie. Elle doit l'être plus ou moins, suivant qu'elle est précédée, accompagnée ou suivie de circonstances plus ou moins graves. — Avant de parler du degré d'influence que ces circonstances doivent avoir sur l'intensité de la peine, je ne puis me dispenser d'offrir à vos méditations un principe consacré par la nouvelle loi.

3. Ce principe consiste à rejeter l'action publique, et à n'admettre que l'action privée, c'est-à-dire l'action en dommages et intérêts, à l'égard de toute espèce de fraude commise par les maris au préjudice de leurs femmes, par les femmes au préjudice de leurs maris, par un veuf ou une veuve, quant aux choses qui avaient appartenu à l'époux décédé, enfin par les parents et alliés en ligne directe, ascendants ou descendants, les uns envers les autres. — Les rapports entre ces personnes sont trop intimes pour qu'il convienne, à l'occasion d'intérêts pécuniaires, de charger le ministère public de scruter des secrets de familles qui, peut être, ne devraient jamais être dévoilés, pour qu'il ne soit pas extrêmement dangereux qu'une accusation puisse être poursuivie dans des affaires où la ligne qui sépare le manque de délicatesse du véritable délit est souvent très-difficile à saisir; enfin pour que le ministère public puisse provoquer des peines dont l'effet ne se bornerait pas à répandre la consternation parmi tous les membres de la famille, mais qui pourraient encore être une source éternelle de divisions et de haines. — Loin que le silence du ministère public préjudicie à la partie privée, il ne pourra que lui être utile, puisque son action en réparations civiles lui est réservée, et qu'elle n'aura point à craindre, en la formant, que ses répétitions ne soient absorbées par les frais privilégiés d'une procédure criminelle.

4. Ces considérations puissantes ont nécessité la disposition spéciale dont nous venons de rendre compte. Mais comme une telle exception doit être renfermée dans le cercle auquel elle appartient, il en résulte que toute autre personne qui aurait recélé ou appliqué à son profit des objets provenant d'un vol dont le principal auteur serait compris dans l'exception, subirait la même peine que si elle-même eût commis le vol. — Souvent ces sortes de vol n'auraient pas lieu, si quelques étrangers ne les conseillaient ou ne les facilitaient. — La peine, au surplus, ne s'appliquera point à ceux qui auraient reçu les objets volés ou qui en auraient profité sans savoir qu'ils fussent volés. — Vous vous rappelez, messieurs, qu'il résulte des art. 60 et 62 du code qu'on ne peut être puni pour avoir aidé, assisté ou facilité une action défendue par la loi, ou recélé une chose volée, que lorsqu'on l'a fait avec connaissance. — Après avoir parlé d'un cas particulier d'exception, nous allons faire connaître les peines établies par le nouveau code en matière de vol.

5. Si le vol n'est accompagné d'aucune circonstance aggravante, il sera puni de peines de police correctionnelle, comme il l'a été jusqu'à ce jour. — Mais, si une ou plusieurs de ces circonstances existent, la rigueur de la peine devant être proportionnée à la gravité du crime, voici les bases sur lesquelles repose l'échelle proportionnelle.

6. La circonstance qui aggrave le plus le vol est la violence, parce que, alors, le crime offre tout à la fois un attentat contre la personne et un attentat contre la propriété. — Aussi le vol fait avec violence, quoique nulle autre circonstance

---

(1) *Ancien article du code de* 1810 *et de* 1832. — 399. Quiconque aura contrefait ou altéré des clefs, sera condamné à un emprisonnement de trois mois à deux ans, et à une amende de 25 fr. à 150 fr. — Si le coupable est un serrurier de profession, il sera puni de la reclusion. — Le tout sans préjudice de plus fortes peines, s'il y échet, en cas de complicité de crime (V. *infrà*, p. 1111, n° 12).

(2) *Ancien article du code de* 1810. — 400. Quiconque aura extorqué par force, violence ou contrainte, la signature ou la remise d'un écrit, d'un acte, d'un titre, d'une pièce quelconque, contenant ou opérant obligation, disposition ou décharge, sera puni de la peine des travaux forcés à temps (V. *infrà*, p. 1112, n° 25).

Ancien article du code revisé en 1832. — 400. Quiconque aura extorqué par force, violence ou contrainte, la signature ou la remise d'un écrit, d'un acte, d'un titre, d'une pièce quelconque contenant ou opérant obligation, disposition ou décharge, sera puni de la peine des travaux forcés à temps. — Le saisi qui aura détruit, détourné ou tenté de détourner des objets saisis sur lui et confiés à sa garde, sera puni des peines portées en l'art. 406. — Il sera puni des peines portées en l'art. 401, si la garde des objets saisis et par lui détruits ou détournés avait été confiée à un tiers. — Celui qui aura recélé sciemment les objets détournés, le conjoint, les ascendants et descendants du saisi qui l'auront aidé dans la destruction ou le détournement de ces objets, seront punis d'une peine égale à celle qu'il aura encourue.

(3) *Ancien article du code de* 1810 *et de* 1832. — 405. Quiconque, soit en faisant usage de faux noms ou de fausses qualités, soit en employant des manœuvres frauduleuses pour persuader l'existence de fausses entreprises, d'un pouvoir ou d'un crédit imaginaire, ou pour faire naître l'espérance ou la crainte d'un succès, d'un accident ou de tout autre événement chimérique, se sera fait remettre ou délivrer des fonds, des meubles ou des obligations, dispositions, billets, promesses, quittances ou décharges, et aura, par un de ces moyens, escroqué ou tenté d'escroquer la totalité ou partie de la fortune d'autrui, sera puni d'un emprisonnement d'un an au moins et de cinq ans au plus, et d'une amende de 50 fr. au moins et de 3,000 fr. au plus. — Le coupable pourra être, en outre, à compter du jour où il aura subi sa peine, interdit, pendant cinq ans au moins et dix ans au plus, des droits mentionnés en l'art. 42 du présent code : le tout, sauf les peines plus graves, s'il y a crime de faux (V. *infrà*, p. 1111 et 1112, n°s 14, 27).

n'existe, et qu'il n'ait laissé aucune trace de blessure, sera puni de la peine des travaux forcés à temps, ainsi qu'il l'était par la loi de 1791. — Mais si le vol, outre la violence, a été accompagné de plusieurs autres circonstances aggravantes ; par exemple, s'il a été commis la nuit et avec armes, ou si seulement la violence a laissé quelques traces de blessures ou de contusion, ce n'est plus la peine des travaux forcés à temps, mais celle des travaux forcés à perpétuité qui sera prononcée. — En effet, lorsque le vol porte un tel caractère, il est d'une nature si grave, que toute peine moins sévère ne serait pas assez répressive. — La loi du 26 flor. an 5 prononce la peine de mort à l'égard de tout vol commis dans une maison à l'aide de violences exercées sur les personnes qui s'y trouvaient, et lorsque ces violences auront laissé des traces: cette même loi veut aussi que la peine de mort ait lieu, si ceux qui ont commis le vol avec violence se sont introduits dans la maison par la force des armes. — Suivant le nouveau code, le vol avec violence n'emportera la peine de mort que lorsqu'il aura été commis avec une réunion de circonstances dont l'ensemble présente un caractère si alarmant, que le crime doive être mis au même rang que l'assassinat. — Il faudra donc que le vol avec violence ait été en même temps commis la nuit par deux ou plusieurs personnes, avec armes apparentes ou cachées, et de plus à l'aide d'effraction extérieure, ou d'escalade, ou de fausses clefs, ou en prenant un faux titre ou un faux costume, ou en alléguant un faux ordre. — Toutes ces circonstances réunies forment un corps de délit si grave, que la loi punit les coupables de la même peine que celui qui a commis un assassinat. — Il n'est pas même nécessaire, lorsque ce concours de circonstances existe, que les coupables aient commencé à exercer des violences. Il suffit qu'ils aient menacé de faire usage de leurs armes.

7. A l'égard des vols commis dans les chemins publics, ces sortes de crimes qui portent toujours un caractère de violence, et qui menacent la sûreté individuelle, seront punis de la peine des travaux forcés à perpétuité; ici nous supposons qu'il n'y a eu de la part du coupable aucune attaque à dessein de tuer; autrement, il subirait la peine due aux assassins. — Si le vol n'a été commis ni dans un chemin public ni avec violence, mais avec une ou plusieurs des circonstances dont nous venons de parler, la peine sera plus ou moins forte suivant que ces circonstances, soit par leur réunion, soit par leur nature particulière, influeront sur la gravité du délit.

8. Nous ajouterons que le vol, quoique dénué de toutes ces circonstances, sera puni plus rigoureusement que le vol simple, à raison de la qualité de l'auteur du vol et de la confiance nécessaire qu'a du avoir en lui la personne volée, si, par exemple, le vol a été commis par un domestique envers son maître, ou par un aubergiste envers la personne qu'il aura logée, ou enfin, si c'est cette dernière qui a volé l'aubergiste. — Tous ces crimes seront punis de la reclusion. Une peine plus forte empêcherait souvent qu'ils ne fussent dénoncés. C'est ce dont l'expérience n'a fourni que trop d'exemples.

9. Quant au vol d'objets exposés à la foi publique, la loi de 1791 les punissait tous indistinctement d'une peine afflictive. Beaucoup de ces crimes restèrent impunis, parce que la peine était trouvée trop forte, et que l'on aimait mieux acquitter les coupables que de leur faire subir un châtiment qui excédait celui qu'ils paraissaient avoir mérité. La loi du 25 frim. an 8 parut, et la connaissance de tous ces délits indistinctement fut attribuée aux tribunaux de police correctionnelle. Alors un nouvel inconvénient se fit apercevoir. La peine était insuffisante en plusieurs cas; et l'insuffisance de la peine produisit le même effet que l'impunité. Dès lors ces sortes de délits se renouvelèrent fréquemment, et les tribunaux ont élevé de justes plaintes à cet égard. — La distinction que le nouveau code établit apportera un remède efficace au mal. — Ou le vol aura été commis, à l'égard d'objets qu'on ne pouvait se dispenser de confier à la foi publique, tels que les vols de bestiaux, d'instruments d'agriculture, de récoltes, ou de partie de récoltes qui se trouvaient dans les champs; en un mot, de choses qu'il est impossible de surveiller soi-même ou de faire surveiller. En ce cas, les coupables seront punis d'une peine afflictive. — Ou les objets volés pouvaient être gardés, de sorte que c'est volontairement qu'on les aura confiés à la foi publique. Dans ce dernier cas, ce n'est plus qu'un vol simple, qui dès lors sera puni de peines de police correctionnelle.

10. Jusqu'à présent on avait regretté que des circonstances qui influaient sur la gravité du débit ne fussent pas définies; des interprétations arbitraires suppléaient à l'absence des définitions, ce qui était un grand mal, surtout en matière criminelle. — Le remède se trouvera dans le nouveau code. Ainsi, par exemple, on s'est demandé sans cesse si l'effraction, pour être qualifiée extérieure, devait nécessairement être faite à l'entrée de la porte principale de la maison, ou si cette qualification appartenait également à l'effraction à l'aide de laquelle on s'était introduit dans les appartements ou logements particuliers. Le code répond que l'effraction extérieure existe aussi dans ce dernier cas, parce que l'appartement particulier qu'on occupe dans une maison est, pour celui qui l'habite, sa maison même, et que beaucoup de maisons sont trop considérables, surtout dans les grandes villes, pour que la porte principale de l'édifice puisse rester fermée constamment, et que l'édifice entier puisse être habité par la même famille.

11. Une autre difficulté s'était présentée dans les cours criminelles. Elles n'étaient pas d'accord sur la question de savoir s'il fallait considérer comme vol fait à l'aide de fausses clefs, celui qu'on aurait commis avec des clefs non imitées ni contrefaites, ni altérées, mais qui n'avaient pas été destinées aux fermetures auxquelles elles ont été employées. — Le code décide cette question et prononce l'affirmative. En effet, détourner une clef de sa destination pour l'employer à commettre un crime, n'est autre chose que convertir une clef véritable en une fausse clef. En un mot, toute clef n'est véritable que relativement à sa destination. — La seule différence que la loi admet entre cette clef, dont il y a eu abus, et une clef contrefaite ou altérée, est que celle-ci est toujours fausse clef, et que la première ne le devient qu'au moment qu'on l'emploie comme on aurait fait d'une clef contrefaite.

12. A l'égard des fausses clefs proprement dites, la loi condamne celui qui les fabrique à des peines de police correctionnelle. Elle veut même que si c'est un serrurier, il subisse la peine de la reclusion. La faute doit être punie plus rigoureusement à raison de la facilité qu'on a eu de la commettre, et la confiance nécessairement attachée à cet état exige d'autant plus de précautions.

13. Nous terminerons cette partie en observant que la tentative de vol sera punie comme le vol même, quoique le vol n'eût donné lieu qu'à des peines de police correctionnelle. Une disposition spéciale est nécessaire sur ce point, vu que l'art. 3 du code en exige une à l'égard des tentatives de délits.

Nous allons examiner une autre espèce d'attentats à la propriété : ce sont ceux qui ont lieu par suite d'opérations de commerce, ou à l'aide d'entreprises réelles ou simulées, ce sont d'une part, les banqueroutes, de l'autre, les escroqueries. — L'escroquerie est à la vérité comprise dans la banqueroute frauduleuse; mais ce dernier crime est beaucoup plus grave par la cause et par ses effets....

14. *Escroqueries*. — A l'égard de l'escroquerie, on a tâché, dans la nouvelle définition de ce qui constitue ce délit, d'éviter les inconvénients qui étaient résultés des rédactions précédentes. — Celle de la loi du 22 juill. 1791 était conçue de manière qu'on en a souvent abusé, tantôt pour convertir les procès civils en procès correctionnels, et par là procurer à la partie poursuivante la preuve testimoniale et la contrainte par corps au mépris de la loi générale; tantôt pour éluder la poursuite de faux en présentant l'affaire comme une simple escroquerie, et par là, procurer au coupable une espèce d'impunité, au grand préjudice de l'ordre public. — La loi du 2 frim. an 2 ne remédia qu'à un seul de ces inconvénients. Elle put bien empêcher la confusion du faux avec l'escroquerie, mais elle n'empêcha pas que la loi générale ne fût encore éludée. — Cet abus cessera sans doute d'après la rédaction du nouveau code. La suppression du mot *dol* qui se trouvait dans les deux premières rédactions, ôtera tout prétexte de supposer qu'un délit d'escroquerie existe par la seule intention de tromper. En approfondissant les termes de la définition, on verra que la loi ne veut pas que la poursuite en escroquerie puisse avoir lieu, sans un concours de circonstances et d'actes antécédents qui excluent toute idée d'une affaire purement civile. — A la suite de cette définition on trouvera la réserve de peines plus graves, s'il y a crime de faux; et les caractères auxquels ce crime peut être reconnu sont indiqués dans le chapitre concernant le faux, de manière à faire disparaître jusqu'à la plus légère incertitude.

Extrait du rapport fait au corps législatif par M. Louvet, membre de la commission de législation, sur le chap. 2 du tit. 2 du liv. 3 du code des délits et des peines (séance du 19 fév. 1810).

15. Messieurs, le projet de loi que je viens présenter à votre délibération est celui qui concerne *les crimes et délits contre les propriétés*. — Les propriétés! quelle foule d'idées ce mot réveille à la fois dans vos esprits! Vous êtes appelés à l'auguste mission de concourir pas vos suffrages à la défense d'un droit sans lequel tout sur le globe serait encore sauvage, ou pourrait le redevenir; d'un droit sous l'influence duquel, tandis d'un côté que les sociétés se formaient et tendaient par des développements plus ou moins rapides, vers leur perfectionnement, de l'autre, l'homme, obéissant aux mouvements d'une noble et utile émulation, se livrait au travail, à l'industrie, aux arts, à l'étude des sciences, en un mot, à tout ce qui pouvait contribuer à le rendre meilleur, et par là même plus heureux; d'un droit enfin qui, l'un des plus fermes soutiens de l'ordre social, a besoin à son tour que l'ordre social l'entoure sans cesse lui-même de tout son appui. — Je sais, messieurs, que ce droit précieux se trouve fortement consacré dans ce code immortel qui déjà est devenu celui de la moitié de l'Europe. — Mais, et vous le savez vous-mêmes aussi, la loi civile manquerait de sa première et plus forte sanction, si, à côté d'elle, il n'existait pas une loi pénale capable d'en prévenir ou du moins d'en punir les violations. — En c'est ainsi qu'au code Napoléon, dont le grand et principal objet est de régler les principes et les droits de la propriété, se rattache essentiellement le projet de loi que j'ai l'honneur de vous soumettre.

Les crimes et délits contre les propriétés présentent un champ malheureusement bien vaste; car ils se modifient, se combinent, se ramifient de mille manières; ils ne renferment pas, en général, un aussi haut degré d'atrocité que plusieurs des attentats dont vous vous êtes occupés dans les précédentes séances. Cependant, messieurs, je m'assure que vous les jugerez dignes aussi d'appeler toute votre attention, soit à cause de l'importance du droit contre lequel ils sont dirigés, soit parce que rien ne menace plus habituellement, plus éminemment même, la tranquillité des citoyens. — Cette peine de mort que vous avez dû admettre si souvent jusqu'ici, pour tant de crimes et complots dont l'effrayante série vous a été successivement présentée; cette peine de mort, vous la retrouverez encore dans ce sixième projet; mais du moins, vous ne l'y trouverez que rarement, et pour des crimes encore bien graves.

Voici, messieurs, quelle est la division principale du projet. Composé de quatre-vingt-quatre articles, il contient trois sections, dont la première renferme les *vols proprement dits*; la seconde s'applique aux *banqueroutes, escroqueries et autres fraudes*; et la troisième, aux *destructions, dégradations et dommages*. Ce sera aussi dans cet ordre que j'aurai l'honneur de vous présenter les observations de la commission.

16. La *première section* commence par la définition du *vol*. Cette définition est ainsi conçue : « Quinconque soustrait frauduleusement une chose qui ne lui appartient pas, est coupable de vol. » — Vous connaissez, messieurs, tout l'empire des mots dans les lois, et surtout dans les lois pénales; c'est ici que la clarté, la précision, la justesse, une convenable extension à tous les cas, sont indispensables pour l'application des jugements. — La commission a pensé que vous trouveriez ces divers caractères dans la définition du vol, telle qu'elle est contenue dans le projet. — Jusqu'ici le mot *frauduleusement* n'avait pas été compris dans la définition, et on avait été obligé de recourir à un article secondaire pour expliquer que la soustraction de la chose d'autrui, faite par celui qui s'en croyait propriétaire, n'était pas un vol. Le mot *frauduleusement* ajouté à la nouvelle définition rend inutile cette disposition auxiliaire, qui compliquait l'ancienne, et qui a quelquefois causé de l'embarras dans la marche des jugements.

17. Le projet s'occupe ensuite d'un genre de soustractions que la législation de presque tous les peuples éclairés a cru devoir affranchir de la rigueur des poursuites criminelles : je veux parler des atteintes à la propriété, qui peuvent se commettre entre époux, entre ascendants et descendants. Ici, messieurs, et cette grande considération vous aura aussitôt frappés, les liens de la nature, ceux du sang, la qualité, en un mot, des individus les rapprochent et semblent même, si l'on peut parler ainsi, les identifier à un tel point, que la morale, je dirai plus, la pudeur publique, auraient trop à souffrir, si ces soustractions domestiques pouvaient devenir l'objet d'une procédure criminelle, et montrer à un auditoire étonné l'époux accusateur de son épouse, le père poursuivant son fils, ou même le ministère public exerçant cette poursuite en leur nom. — Tout ce que la loi peut faire en ce cas, c'est de réserver à la partie lésée ses réparations civiles; et c'est aussi ce que fait le projet.

18. Après ces dispositions préliminaires, vient dans le projet la classification des différentes espèces de vol; et à la tête de cette classification est placé le vol le plus criminel par la réunion des circonstances qui peuvent quelquefois l'accompagner; la peine de mort est celle que le projet applique à ce premier genre de vol. — Par des considérations qui d'ailleurs ont guidé les auteurs du projet dans

les dispositions relatives aux autres espèces de vol, on pourrait peut-être, au premier coup d'œil, pencher à croire qu'en général le vol ne devrait pas être soumis à la peine de mort, et qu'il faudrait en cela le distinguer de l'assassinat, crime en effet plus grave en lui-même. — Cependant, en y réfléchissant davantage, on reconnaîtra qu'il était impossible de ne pas appliquer la peine de mort à l'espèce de vol que le projet commence par qualifier. — En effet, messieurs, il s'agit ici d'un vol à la fois commis de nuit, commis par plusieurs individus, tous, ou quelques-uns d'eux, porteurs d'armes apparentes ou cachées, commis dans une maison habitée, à l'aide d'effraction, escalade ou fausses clefs ; soit en prenant le titre d'un fonctionnaire ou officier civil ou militaire ; soit après s'être revêtu de leur costume ou uniforme, ou alléguant un faux ordre de l'autorité, commis enfin avec violences ou menaces de faire usage des armes ci-dessus énoncées. — Toutes ces circonstances, prises séparément, sont très-graves ; et cependant il suffit qu'une seule manque pour qu'il n'y ait plus lieu à la peine de mort : ce supplice n'est infligé qu'à l'assemblage, dans le vol, de tous les caractères que je viens de mettre sous vos yeux.

Dans l'ancien ordre de choses, vous le savez, il ne fallait pas la réunion de tant de circonstances pour conduire un coupable au dernier supplice. — L'assemblée constituante, à qui ses principes de philanthropie feront éternellement honneur, quoiqu'on ne puisse pas toujours approuver l'usage qu'elle en a fait, l'assemblée constituante avait affranchi de la peine de mort le vol même accompagné de tous les caractères que j'ai énumérés. — Mais bientôt on fut obligé de renoncer aux belles et consolantes théories qui avaient dirigé cette célèbre assemblée dans la rédaction de son code pénal ; et sans parler de ce qui a eu lieu durant nos troubles révolutionnaires, sur lesquels mon dessein n'est pas de m'arrêter, vous savez, messieurs, que la loi de flor. an 5 et d'autres lois postérieures ont apporté de grandes modifications au système pénal de 1791 sur le vol. La mort a été infligée à ce crime accompagné de ses plus grands caractères, dont l'entière réunion n'est pas même toujours nécessaire ; et des peines en général plus graves que celles établies par l'assemblée constituante, ont été prononcées contre les autres espèces de vol. — La commission pense que, sans aller aussi loin que ces dernières lois, la peine de mort doit du moins être appliquée au vol caractérisé par les cinq grandes circonstances spécifiées dans le projet, circonstances très-graves chacune en particulier, comme je l'observais tout à l'heure, et dont la réunion sera, comme vous le sentez, infiniment rare (1).

19. L'article qui suit condamne aux travaux forcés à perpétuité quiconque se sera rendu coupable de vol à l'aide de la violence, et, de plus, avec trois des quatre premières circonstances énoncées en l'article précédent. Le projet ajoute que si la violence a laissé des traces de blessures ou de contusions, cette circonstance seule suffira pour que les travaux forcés à perpétuité soient prononcés. — Ces travaux forcés à perpétuité sont une peine bien grave ; mais aussi, messieurs, il s'agit ici d'une espèce de vol encore infiniment criminel, et qui suppose un haut degré de perversité dans celui qui pourra s'y livrer (2).

20. Après ces deux espèces de vol, le projet énonce les vols faits sur les grands chemins ; crime d'autant plus grand, qu'il est plus facile et qu'il trouble la sûreté du voyageur dans les lieux mêmes où la foi publique semblait devoir la lui garantir plus spécialement. — Les travaux forcés à perpétuité sont appliqués à cette espèce de vol, et malgré la gravité du crime, vous ne désirerez pas une peine plus forte, c'est-à-dire la mort. Vous sentez, sans que je les expose, les raisons qui conseillent de n'être pas ici aussi sévère que le crime, en ne considérant que lui, semblerait le demander, et de n'appliquer la peine de mort qu'autant que le vol de grand chemin a été accompagné d'homicide ou de blessures graves.

21. Ensuite, le projet énonce les différentes autres espèces de vol, sans parler encore du vol simple ; il le caractérise, j'oserai le dire, et vous vous en serez convaincus dans votre examen comparatif, il les caractérise avec plus d'ordre, de clarté, de précision, il prévoit en même temps beaucoup plus de cas que ne faisaient les lois précédentes, et il leur applique tantôt les travaux forcés à temps, tantôt la reclusion, selon la gradation indiquée par la nature du fait ; et quand j'ai l'honneur de vous parler des travaux forcés à temps et de la reclusion, vous vous rappellerez la précieuse prérogative accordée aux juges, d'étendre ou de restreindre, selon les circonstances, ces deux peines, entre un minimum et un maximum séparés par un assez long intervalle.

22. Dans les vols punis de la reclusion, sont classés, entre autres, premièrement les vols commis par des domestiques, qui, dans l'ancien ordre de choses, étaient toujours punis de mort, peine contre laquelle, à leur égard, l'opinion publique s'est souvent et fortement prononcée ; secondement, les vols commis par les aubergistes, hôteliers et voituriers, sur des choses commises à leur garde ; ces derniers vols, comme ceux des domestiques, à raison de la qualité des personnes, sortent de la catégorie des vols simples, et vous trouverez, messieurs, qu'ils méritent une peine plus forte.

23. Après ces dispositions, le projet énonce les vols faits *dans les campagnes*. Ce sont les vols de charrues, bêtes de charge ou de trait, gros et menus bestiaux, instruments d'agriculture, récoltes et meules de grains : il énonce aussi les vols de bois *dans les ventes*, de pierres dans les *carrières*, de poissons dans les *étangs, viviers ou réservoirs* : enfin il énonce les enlèvements et déplacements de bornes, faits *dans le dessein de commettre un vol* : tous actes infiniment criminels, puisqu'ils s'appliquent à des choses éminemment placées sous la garantie de la foi publique. Le projet les soumet à la peine de la reclusion. — Du reste, messieurs, en pesant ces différentes dispositions, vous aurez remarqué qu'elles n'ont point une extension indéfinie. — Les qualifications en matière criminelle établissent d'une manière inviolable la ligne de démarcation entre les divers délits, même entre ceux qui semblent se rapprocher le plus ; et ici, vous n'aurez pas l'inquiétude de voir confondre par les tribunaux, dans les vols que je viens de rappeler, des délits qui paraissent s'y rattacher, mais qui sont bien moins graves, et se trouvent prévus, soit par des articles subséquents du projet actuel, soit par le septième et dernier projet.

24. Dans ses premières dispositions sur le vol, le projet a caractérisé les vols commis dans une maison habitée, dans un parc ou enclos, à l'aide d'effraction, escalade ou fausses clefs : il fallait donc définir ce que c'était que *maison habitée*, que *parc et enclos*, qu'*effraction*, *escalade et fausses clefs*. Le projet consacre plusieurs articles à ces définitions. La commission ne vous remettra pas sous les yeux les différents détails qu'il contient à cet égard ; elle pense que dans votre examen vous aurez trouvé ses dispositions claires, précises, justes, suffisamment étendues, et propres, en un mot, à prévenir les difficultés d'application qu'ont souvent fait naître les dispositions à présent en usage.

25. La même section prévoit le cas où, par force, violence ou contrainte, on aurait extorqué la signature ou la remise d'un écrit quelconque, contenant ou opérant obligation ou décharge, et elle prononce contre l'auteur ou les auteurs de ce crime la peine des travaux forcés à temps. Vous ne trouverez sans doute pas, messieurs, la peine trop forte contre un acte aussi criminel en lui-même, et par ses circonstances.

26. Enfin, le projet arrive aux vols simples, aux larcins et filouteries, et il les punit d'un emprisonnement d'un an au moins ou de cinq ans au plus. — La peine, vous le voyez, messieurs, a changé de nature à l'égard du vol ; elle est seulement correctionnelle, et telle qu'elle convient à des vols simples, à des filouteries ; et comme il se rencontre toujours une foule de nuances qui varient et modifient ces actes à l'infini, on a adopté l'utile latitude d'un an à cinq ans, pour que chaque faute pût être punie d'une manière appropriée à ses circonstances. — Il ajoute que les coupables pourront, en outre, être punis d'une amende de 16 fr. à 500 fr., et interdits en tout ou partie, et à temps, des droits civiques et de famille ; et enfin, après l'expiration de leurs peines, être mis sous la surveillance spéciale de la haute police de l'Etat pendant le même nombre d'années. — Vous-mêmes, messieurs, vous vous rendez raison de ces dernières dispositions, et vous sentez qu'il pourra être utile que tels auteurs de l'un ou plusieurs des délits mentionnés en cet endroit puissent d'une part être privés de l'honneur d'exercer les droits que je viens d'énoncer, de l'autre, recommandés, pour prévenir de nouveaux écarts, à la surveillance particulière de la haute police de l'Etat.

27. *La seconde section*, qui concerne les *banqueroutes, escroqueries et autres espèces de fraudes*, les divise en six séries qui forment un système plus étendu et plus complet que la législation actuellement en usage sur ce point.....

Enfin, arrive la disposition relative *aux escroqueries* : le projet en énumère les différentes espèces avec autant de précision que de clarté, et de manière à prévenir les difficultés qui ont quelquefois embarrassé les tribunaux quand ils ont eu à prononcer sur ce délit ; la peine infligée est un emprisonnement plus ou moins long, et une amende sur laquelle une grande latitude est également laissée aux juges. — Jusqu'ici on avait quelquefois eu le scandale de voir un méprisable artisan d'escroqueries, au sortir de sa prison, et encore environné des souvenirs de sa bassesse et de sa condamnation, paraître insolemment au milieu des citoyens réunis à l'occasion de l'exercice de leurs droits civiques, et figurer aussi dans les assemblées de famille. — Ce scandale ne se renouvellera plus, du moins à l'égard de ceux des coupables qui se seront rendus particulièrement indignes de cet honneur ; car le projet porte que les tribunaux pourront en outre prononcer l'interdiction à temps des droits que je viens de rappeler.

10 oct. 1811. — Avis du conseil d'Etat qui décide que la peine de reclusion, portée par l'art. 386 c. pén., contre les vols commis dans une auberge ou hôtellerie, est applicable aux vols commis dans une maison ou hôtel garni.

Le conseil d'Etat, qui, d'après le renvoi ordonné par Sa Majesté, a entendu le rapport de la section de législation sur celui du grand-juge, ministre de la justice, ayant pour objet de faire décider si la peine de reclusion, prononcée par l'art. 386 c. pén. à raison des vols commis dans les auberges ou hôtelleries, est également applicable à ceux commis dans les maisons ou hôtels garnis ; — Vu, 1° les arrêts des cours impériales de Paris, d'Orléans et d'Amiens, lesquels ont successivement et sur les mêmes motifs, renvoyé devant la police correctionnelle la nommée Bornand, femme Colin, prévenue d'avoir commis un vol dans une maison garnie où elle était logée ; — 2° Deux arrêts de la cour de cassation, le premier, du 4 avril, qui casse celui de la cour impériale de Paris ; le second, du 27 juin dernier, rendu en sections réunies sous la présidence du grand juge, ministre de la justice, lequel casse également celui de la cour impérial d'Orléans ; — 3° Le référé par lequel la même cour de cassation, aux termes de l'art. 5 de la loi du 16 sept. 1807, se pourvoit en interprétation dudit art. 386 c. pén. ;

---

(1) En nous occupant des divers projets du code pénal actuel, notre âme s'est plus d'une fois ouverte à un espoir consolateur, c'est que, par l'élévation des peines à un degré que commande encore le voisinage assez reproché de nos troubles précédents, une salutaire terreur pourra contribuer à rendre les crimes moins fréquents. — Déjà même, et c'est une vérité dont on a pu se convaincre, par l'effet des lois existantes, et sous l'influence de la main sage et puissante qui nous gouverne, les troubles contre l'ordre constitutionnel et politique sont presque inconnus, les attentats à la vie, aux propriétés des citoyens, sont devenus beaucoup plus rares ; et nos cours criminelles jouissent enfin de quelques moments d'un repos bien honorable pour elles, puisqu'il est en partie leur ouvrage. — Cette tendance vers une grande amélioration ne peut que s'accroître par la mise en activité de nos nouvelles lois criminelles. — Espérons que, les crimes continuant à diminuer en nombre et en intensité, il sera possible, à la faveur des changements que tout présage dans notre état maritime et colonial, d'organiser un jour un bon système de déportation. Alors profitant de ce grand moyen d'utiliser jusqu'aux hommes les plus dépravés et les plus pervers, les lois et la prérogative impériale pourront à la fois concourir à restreindre à un infiniment petit nombre de cas les exécutions à mort, et à réserver ce supplice pour ceux-là seulement qui auront le plus éminemment outragé la nature et la société. — En attendant ce moment, et pour l'accélérer, on a dû s'attacher à placer dans nos lois pénales un juste degré de sévérité, moins encore pour les coupables que dans la vue d'inspirer un salutaire effroi, qui serve à prévenir les crimes et à rendre au travail, à l'industrie, aux arts, des hommes d'une moralité incertaine, que le relâchement des peines pourrait conduire à une entière dépravation.

(2) Souvent, dans la série des lois du présent code, on a rencontré cette peine des travaux forcés *à perpétuité*. Cependant, même pour l'homme condamné, qu'après son jugement on n'envisage plus que sous l'aspect du malheur, il est impossible de ne pas former le désir d'une amélioration morale, utile pour lui, utile, par l'exemple, pour ses compagnons d'infortune ; et tout espoir à cet égard, on pourrait craindre de le voir disparaître devant cette désolante perspective de la perpétuité de la peine. Mais si on songe à la précieuse prérogative attachée à la dignité impériale, si on songe au sage usage qu'on peut en faire pour encourager les condamnés à se bien conduire, en leur permettant d'entrevoir, à une époque plus ou moins éloignée, la commutation, ou même l'entière rémission de leur peine, comme récompense de leur bonne conduite, on ne verra plus, dans la perpétuité prononcée par la loi, qu'une menace utile pour arriver à prévenir les crimes, ce qui doit toujours être le grand but du législateur.

Considérant que les motifs qui ont dicté la peine portée contre les vols commis dans une auberge ou hôtellerie s'appliquent évidemment aux vols commis dans une maison ou hôtel garni; qu'il résulte d'ailleurs des art. 73, 154 et 475 c. pén., que le législateur a employé indistinctement, tantôt les expressions d'aubergistes et hôteliers, comme dans le premier de ces articles, tantôt celles de logeurs et aubergistes, comme dans le second, tantôt celles d'aubergistes, hôteliers, logeurs ou loueurs de maisons garnies, comme dans le troisième, pour assujettir les personnes désignées sous ces différentes dénominations aux mêmes obligations et à la même responsabilité; qu'ainsi, si les mots de maison ou hôtel garni ne se trouvent pas littéralement répétés dans l'art. 386, on ne peut douter qu'ils n'y soient implicitement compris sous les expressions génériques d'auberge ou hôtellerie,

Est d'avis, que la peine de la reclusion, portée par l'art. 386 c. pén. contre les vols commis dans une auberge ou hôtellerie, est applicable aux vols commis dans une maison ou hôtel garni.

20-27 déc. 1815.— Loi qui déclare justiciables des cours prévôtales les prévenus de vol avec port d'armes ou violences, sur les grands chemins, les militaires et les individus à la suite des armées, prévenus de vol (art. 12, 13).— V. Organis. judic.

25-25 juin 1824.— Loi contenant des modifications à diverses dispositions du code pénal relatives au vol. — V. Peine, p. 555 et n° 509 et s.

10-11 avr. 1825. — Loi qui déclare l'art. 586, § 4, c. pén., applicable aux vols commis à bord de tout navire ou bâtiment de mer par les capitaines, patrons, subrécargues, gens de l'équipage et passagers, et l'art. 587 du même code applicable aux altérations de vivres et marchandises commises à bord par les mêmes personnes.—V. Organ. marit.

28 avr.-1er mai 1832. — Loi contenant des modifications au code pénal.—V. ci-dessus p. 1108 le code pénal modifié à la date du 19 fév. 1810.

13 mai-1er juin 1863. — Loi portant de nouvelles modifications au code pénal.— V. loc. cit. et D. P. 63. 4. 79.

Sect. 2. — *Principes généraux; éléments constitutifs du vol.*

63. Le jurisconsulte Paul avait donné deux définitions du vol. L'une, qui se trouve au recueil intitulé *Pauli sententiæ* (lib. 2, tit. 31), dit simplement : *Fur est qui dolo malo rem alienam contrectat*; l'autre, plus développée, mais moins exacte, a été insérée aux Pandectes (L. 1, § 3, *De furtis*) ; elle est ainsi conçue : *Furtum est contrectatio fraudulosa, lucri faciendi causa, vel ipsius rei, vel etiam usûs, possessionisve.* Cette dernière définition, qui semble exiger, pour la qualification du délit, que le mobile de l'acte ait été une pensée de lucre, assimile d'ailleurs à la soustraction de la chose elle-même celle qui n'a pour objet que l'usage ou la possession de cette chose. C'est pourquoi les §§ 6 et 10, Inst., *De oblig. quæ ex delicto*, déclaraient coupables de vol le créancier qui, à l'insu de son débiteur, appliquait à son usage personnel l'effet que celui-ci lui avait donné en nantissement; le dépositaire qui, à l'insu du déposant, appliquait à son usage personnel l'effet qu'il avait en dépôt; le commodataire qui, à l'insu du prêteur, appliquait la chose prêtée à un autre usage que celui pour lequel le prêt lui en avait été fait; enfin le débiteur qui, après avoir donné un effet en gage à son créancier, le lui retirait, soit furtivement, soit à force ouverte. Ces principes avaient d'abord été adoptés dans notre ancien droit (V. Farinacius, *De furtis*, quæst. 165, n° 5; Julius Clarus, § *Furtum*, n° 1; Muyart de Vouglans, Lois crim., p. 284; Jousse, Just. crim., t. 4, p. 166). Mais ils avaient été modifiés peu à peu par la jurisprudence. « Nous n'admettons point, dit de Serres, dans ses Instit. du droit franç., liv. 4, tit. 1, § 6, d'autre larcin que celui qui se fait de la chose même pour se l'approprier ; car, dans les autres cas, soit du dépôt, du gage ou du commodat, dont on

aurait abusé, on ne doit se pourvoir que par la voie civile pour ses dommages et intérêts, si on en a souffert ou si la chose a été détériorée. » Jousse (*opere cit.*, t. 4, p. 178) s'exprime dans le même sens et à peu près dans les mêmes termes. — Notre code pénal, dans la définition qu'il donne du vol, exclut également les cas où la soustraction n'a en pour objet que l'usage ou la possession de la chose. « Quiconque a soustrait frauduleusement une chose qui ne lui appartient pas, dit l'art. 379 c. pén., est coupable de vol. » — Des termes de cette définition, il résulte que, pour l'existence du vol, trois conditions doivent nécessairement se trouver réunies. Il faut : 1° qu'il y ait soustraction d'une chose quelconque ; 2° que la soustraction soit frauduleuse ; 3° que la chose soustraite appartienne à autrui.

64. Toutes les fois donc qu'on trouve réunis dans un même fait les trois éléments qui viennent d'être énoncés, on doit reconnaître un vol. Toutes les fois, au contraire, que ces éléments ou seulement l'un d'eux font défaut, on doit décider que le fait ne constitue pas un vol : ce peut être un autre délit, mais ce n'est pas un vol. —Ainsi, il a été jugé : 1° que l'avoué qui, sous un nom supposé, prête des fonds à son client et retient une partie de ces fonds, en exagérant ses honoraires et en simulant des débourses, commet une exaction qui ne peut être assimilée à un vol ou à un larcin (Crim. cass., 4 sept. 1847, aff. Canavy, D. P. 47. 4. 509) ;—2° Que l'entrepreneur du régime alimentaire d'une prison qui n'emploie pas dans la préparation des rations des détenus la totalité des denrées dont il a effectué la livraison à l'état de matières premières, et qui diminue ainsi chacune de ces rations, ne commet pas un vol, lorsque son obligation consiste, non dans la fourniture de ces denrées, mais dans la fourniture de rations d'aliments toutes préparées : il n'y a pas, en cas pareil, détournement de la chose d'autrui (Crim. cass. 28 nov. 1851, aff. Maydieu, D. P. 51. 1. 335) ; — 3° Que le fait d'un contribuable de s'être servi, ou d'avoir voulu se servir, pour un exercice, d'une quittance déjà employée à un autre, laquelle lui aurait été remise spontanément par le percepteur, qui, plus tard, lui en aurait délivré deux autres à talon de la même somme, sans retirer la première sur papier libre, présente bien une action immorale, si le contribuable a été de mauvaise foi dans l'emploi de la quittance, mais ne constitue aucun des caractères légaux du vol ou de la tentative de vol (Crim. cass. 9 sept. 1826)(1) ; — 4° Que n'est pas coupable de vol celui qui, pour augmenter le poids des substances qu'il vend, y mêle des substances étrangères (Crim. règl. de jug. 27 nov. 1810, MM. Lasagni, rap., Merlin, pr. gén., c. conf., aff. Texier et autres). — Sur ce dernier arrêt, M. le procureur général Merlin a présenté les observations suivantes : « Pour résoudre la question (à savoir si le marchand qui augmente le poids des substances qu'il vend est coupable de vol), il est un premier pas à faire ; c'est d'examiner si le fait imputé aux sieurs Texier, Sénèque, Coutelot et autres, est prévu par quelques dispositions des lois relatives à la police correctionnelle. Et d'abord il est constant qu'on ne peut pas appliquer à ce fait l'art. 32 du tit. 2 de la loi du 22 juill. 1791, concernant le vol simple. Il ne peut, en effet, exister de vol proprement dit que dans le cas où il y a *maniement* frauduleux de la chose d'autrui, avec intention de se l'approprier (V. n° 72) : *Furtum* (dit la loi 2, ff., *De furtis*) *est* contrectatio *fraudulosa, lucri faciendi gratia, vel ipsius rei vel etiam usûs ejus possessionisve.* Or, vendre comme pure une denrée dans laquelle il y a un

---

(1) (Duserech C. Min. pub.) — La cour; — Attendu que, dans l'espèce, le tribunal de première instance de Gourdon a condamné, par jugement correctionnel du 19 mai dernier, J.-B. Duserech en une année d'emprisonnement, 16 fr. d'amende et aux dépens, et ce, par application des art. 401 et 2 c. pén., comme convaincu d'avoir tenté de voler au percepteur de Degagnac la somme de 85 fr. 8 c., en voulant faire servir une quittance pour un exercice, tandis qu'elle avait déjà été imputée sur un autre; qu'il résulte de l'ensemble des motifs qui précèdent cette déclaration, que la quittance de 90 fr. qui servait de base à l'action du ministère public contre Duserech, non-seulement celui-ci n'avait point soustrait frauduleusement cette pièce, ni tenté de la soustraire, mais qu'elle lui avait été remise spontanément par le percepteur de Degagnac contre une pareille valeur en argent; — Qu'à la vérité, ledit percepteur prétendait que cette quittance faisait double emploi avec deux quittances à talon, délivrées postérieurement à Duserech pour une somme égale, sans

retirer la première, et que l'autorité administrative, en statuant sur les comptes à exercer contre Duserech et le percepteur, l'avait décidé ainsi;

Mais qu'en supposant que Duserech fût de mauvaise foi dans l'emploi des quittances dont il s'agissait, c'est de sa part, une action immorale, mais qui ne présentait aucun des caractères légaux de la soustraction frauduleuse, ni par conséquent du vol ou de la tentative de vol; — Attendu que le tribunal de première instance de Cahors, chef-lieu judiciaire du département du Lot, sur l'appel interjeté par Duserech, a confirmé ledit jugement en adoptant purement et simplement les motifs des premiers juges; d'où il suit qu'il a erré en appréciant les vices; qu'il a fait, par le jugement attaqué, une fausse application des art. 401 et 2 c. pén., violé les principes de la matière et l'art. 191 c. inst. crim.; — Casse, et déclare qu'il n'y a lieu à aucun renvoi.

Du 9 sept. 1826.-C. C., ch. crim.-MM. Portalis, pr.-Brière, rap.

mélange de substance étrangère, ce n'est point *manier* frauduleusement la chose d'autrui ; c'est seulement tromper, sur la nature de sa propre chose, l'acheteur à qui on a fait payer un prix supérieur à ce qu'elle vaudrait si elle était réellement ce qu'on l'a dit être. — Il est vrai que, par un décret du 19 brum. an 2, la Convention nationale, après avoir entendu le rapport de son comité de législation sur la lettre du ministre de la justice, qui transmettait une procédure contre le nommé Joslas, convaincu d'avoir vendu six billes de faux or pour or…, « considérant que le code pénal prononce des peines contre le vol, » a déclaré qu'il n'y avait pas lieu à délibérer ; et de là il semblerait, au premier abord, résulter qu'il y a vol de la part de quiconque trompe l'acheteur sur la nature de la marchandise qu'il lui vend, Mais veut-on se convaincre que ce décret n'est pas en harmonie avec le système général de nos lois pénales, et que, par suite, d'après cette sage règle du droit romain : *quod contrà rationem juris introductum est, non est ad consequentias producendum* (L. 14, ff., *De legibus*), il ne doit pas être étendu hors de son espèce, mais au contraire y être sévèrement resserré ; il suffit pour cela de comparer l'art. 32 avec l'art. 38 du même titre de la loi du 22 juill. 1791 » (V. le réquisitoire de Merlin, au Rép., v° Vol, sect. 1, § 13).

65. Le vol n'existant que par la réunion de ces trois éléments : *soustraction, intention frauduleuse, chose d'autrui*, il en résulte que le mot *vol* implique par lui-même leur coexistence, et qu'ainsi dire qu'un individu s'est rendu coupable de vol ou dire qu'il a soustrait frauduleusement la chose d'autrui c'est exprimer une seule et même chose en termes différents. — Il a été décidé, en conséquence : 1° Que le mot *vol* est une expression complexe qui comprend à la fois et le fait de la soustraction de la chose d'autrui et la moralité de ce fait ; et que par suite il suffit que l'accusé soit déclaré coupable de *vol* pour qu'il encoure la peine attachée à ce crime (Crim. rej. 8 oct. 1818, MM. Schwendt, pr., Rataud, rap., aff. Tixier) ; — 2° Que le mot *vol* impliquant l'idée de soustraction frauduleuse, il n'y a pas irrégularité à ce qu'après une question demandant si l'accusé principal s'est rendu coupable d'une *soustraction frauduleuse* dans des circonstances déterminées, il soit demandé, relativement à son coaccusé, s'il s'est rendu complice de ce *vol* (Crim. rej. 12 janv. 1855, aff. Galimont, D. P. 55. 5. 491) ; — 3° Qu'il suffit, dans une accusation de vol, d'employer dans la question posée au jury le mot complexe de *vol*, sans qu'il soit nécessaire de se servir de la définition du vol : — « Considérant que, quoique le vol soit défini par la loi la soustraction frauduleuse d'une chose appartenant à autrui, il n'en résulte point la nécessité de poser la question dans les termes mêmes de cette définition ; qu'il suffit d'y employer le mot complexe de vol, ainsi que l'autorise formellement l'art. 337 c. inst. crim. » (Crim. rej. 8 juill. 1819, MM. Barris, pr., Busschop, rap., aff. Taupas).

L'art. 377 c. 3 brum. an 4 défendait de poser au jury aucune question complexe. En conséquence, il avait été décidé, sous l'empire de cette disposition, que, le mot *vol* comprenant tout à la fois le fait et la moralité du fait, la question au jury dans laquelle ce mot était employé était nulle (Crim. cass. 9 prair. an 7, M. Pépin, rap., aff. Gillièra ; V. aussi Crim. cass. 26 brum. an 7, aff. Olivieri ; 8 frim. an 7, aff. Montagne ; 22 et 29 frim. an 7, aff. Huet et aff. Ledoyen ; 1er pluv. an 7, aff. Courtay ; 29 pluv. an 7, aff. Dumas ; 24 vent. an 7, aff. Aleau-Norden ; 16 germ. an 7, aff. Catherine Chevalier ; 21 germ. an 7, aff. Lalanne ; 29 germ. an 7, aff. Robillard ; 4 flor. an 7, aff. Neclanl ; 6 flor. an 7, aff. Chaussal ; 18 flor. an 7, aff. Nathier ; 21 prair. an 7, aff. Bourgogne ; 7 therm. an 7, aff. Lala ; 8 therm. an 7, aff. Ristori ; 29 therm. an 7, aff. Becdelièvre ; 5 fruct. an 7, aff. Cahuzac ; 14 vend. an 8, aff. Soligmann-Hesse ; 22 brum. an 8, aff. Beguin ; 15 frim. an 8, aff. Grard ; 13 vent. an 8, aff. Lorson ; 15 vent. an 8, aff. Hilaire). — V. au surplus sur ce sujet Instr. crim., n° 2683 et suiv.

66. L'arrêt qui, après avoir, par un premier considérant, reconnu qu'un individu a soustrait la chose d'autrui, a constaté ensuite l'intention frauduleuse de cet individu, a dû nécessairement entendre parler de l'intention qui avait présidé à la perpétration du fait de l'appréhension, et, par suite, a suffisamment établi le concours simultané des deux éléments constitutifs du

vol (Crim. rej. 24 juin 1856, aff. J…, V. *infrà*, n° 159-1°).

67. Le recèlement ne peut être considéré ni comme une circonstance aggravante ni comme une modification du vol, mais en est essentiellement distinct ; en conséquence, l'individu qui n'a été mis en accusation que comme complice d'un vol ne peut être jugé comme recéleur, si le fait de recèlement n'est pas résulté des débats : — « Attendu que l'arrêt de mise en accusation du 19 mars 1824 n'a renvoyé au vol, mais à la cour d'assises de Liége que comme suffisamment prévenu d'avoir, le 10 déc. 1825, pendant la nuit, dans la ferme du château du Sart, commune d'Ampsen, de complicité avec M…, et à l'aide de fausses clefs ou crochets, soustrait frauduleusement une certaine quantité de froment et plusieurs petits fromages appartenant au fermier M… ; attendu que le résumé de l'acte d'accusation est conçu dans les mêmes termes ; attendu que l'ordonnance de prise de corps n'a pas été annulée par l'arrêt de mise en accusation, quoiqu'elle ne contînt pas la mention de complicité résultant du recèlement ; attendu que le fait qui a donné lieu à la position de la question de recèlement des objets volés était consigné dans les premiers actes de la procédure, et non le résultat des débats ; attendu que le recèlement n'est ni une circonstance aggravante ni une modification du vol, mais en est essentiellement distinct, est commis par une autre personne, avec d'autres circonstances ; qu'il y a seulement connexité entre ces deux crimes, sur lesquels l'arrêt de mise en accusation pouvait statuer en même temps si les charges eussent été trouvées suffisantes, suivant l'art. 226 c. inst. crim. ; attendu que les changements de qualification du crime à la fin des débats, de sa date, des circonstances aggravantes, admis implicitement dans la réponse aux questions, ensuite écartés dans les motifs de l'application de la peine, peuvent avoir privé l'accusé d'une partie de ses moyens légitimes de défense ; attendu qu'il résulte de l'art. 337 c. inst. crim. qu'il ne peut être soumis de questions à la cour d'assises, et qu'elle n'a de caractère pour prononcer une condamnation que sur les faits dont l'individu soumis aux débats a été accusé par l'arrêt de mise en accusation, et l'acte d'accusation dressé en conséquence ; attendu que l'ordonnance de prise de corps, le résumé de l'acte d'accusation et les questions sur la culpabilité sont soumis à des formes essentielles dont l'inobservation vicie la procédure ; attendu que les formalités prescrites au chap. 1, tit. 2, liv. 2, c. inst. crim., doivent être observées à peine de nullité ; d'où il suit que l'arrêt attaqué a violé l'art. 337 et faussement appliqué l'art. 338 c. inst. crim. » (Liége, 3 juin 1824, aff. D…).

68. Un jugement correctionnel qui a appliqué la peine du vol portée par l'art. 401 à un fait qui ne présentait pas de soustraction frauduleuse, ne peut être justifié sous le prétexte qu'il y a dans la cause délit d'escroquerie, s'il n'y a pas vol, et que la peine appliquée n'excède pas la peine de l'escroquerie (Crim. cass. 11 nov. 1819, aff. Lafresnée, n° 82-3°).

Nous allons nous occuper successivement, dans les sections suivantes, des trois éléments constitutifs du vol : 1° soustraction ; — 2° intention frauduleuse ; — 3° chose d'autrui.

Art. 1. — *De la soustraction.*

69. Et d'abord il faut qu'il y ait soustraction. Cette soustraction doit être réelle, effective ; il ne suffirait pas qu'elle eût existé en projet, ni même que les préparatifs en eussent été faits. Si elle avait été tentée, elle pourrait être punie, non à titre de vol consommé, mais à titre de tentative, assimilée par la loi au délit consommé, pourvu qu'elle réunît les conditions constitutives de la tentative punissable (V. Tentative ; V. aussi *infrà*, n° 696 et s.). — Cette interprétation est consacrée par la jurisprudence. Ainsi notamment nous lisons dans un arrêt qu'en droit « il ne peut y avoir lieu à l'application des art. 379 et 401 c. pén. qu'autant que la chose enlevée à autrui a été soustraite, c'est-à-dire appréhendée contre le gré du propriétaire » (Crim. cass. 20 nov. 1835, aff. Franchet, V. *infrà*, n° 82-3°) ; et dans un autre, « qu'aux termes de l'art. 379 c. pén., le vol consiste à soustraire frauduleusement la chose d'autrui ; d'où il suit qu'il n'y a de vol dans le sens de la loi que lorsque la chose, objet du délit, passe de la possession

du légitime détenteur dans celle de l'auteur du délit, à l'insu ou contre le gré du premier; que, pour soustraire, il faut prendre, enlever, ravir...» (Crim. cass. 18 nov. 1837, aff. Beaudet, V. *infrà*, n° 82-1°). — C'est donc avec raison qu'il a été jugé que l'action de toucher, à l'aide d'un faux nom, une somme d'argent au préjudice de l'État, ne constitue pas un vol (Crim. cass. 17 fruct. an 8, aff. Chambreuil, V. *infrà*). — Mais nous ne saurions approuver les arrêts suivants qui ont décidé : 1° que les peines du vol devraient être appliquées à des individus qui s'étaient concertés pour faire perdre à un tiers une somme d'argent au jeu de billard, en l'engageant, soit à jouer, soit à parier : « Attendu qu'en se bornant à qualifier de conduite coupable, sans y voir aucun des caractères constitutifs d'un délit les manœuvres frauduleuses employées par les prévenus pour soustraire une somme d'argent, cet arrêt a violé l'art. 401 précité » (Crim. cass. 17 juill. 1834, MM. Choppin, pr., Rocher, rap., aff. Gacher C. Ortel);—2° Que celui qui s'est fait remettre des marchandises contre des pièces de cuivre qu'il avait blanchies, afin de les faire passer comme pièces d'argent, doit être considéré comme coupable de vol (Bruxelles, 6 sept. 1838, aff. Feyaert, V. *infrà*); — 3° Que celui qui, en prétextant qu'il a acquitté le montant d'un billet par lui souscrit et déposé entre les mains d'un tiers, obtient de ce dernier la remise du billet, ne commet ni une escroquerie ni un abus de confiance, mais un vol (Montpellier, 29 sept. 1828, aff. Lantié, V. *infrà*). — Dans aucune de ces espèces, en effet, nous ne trouvons cette soustraction, cette appréhension de la chose d'autrui contre la volonté du propriétaire ou du détenteur, qui est un élément essentiel du vol.

70. Il a été jugé, par application de ces principes, sous l'empire du code pénal de 1791, que la loi ne qualifie point délit la seule intention du vol; qu'en conséquence, la peine du vol ne pouvait être appliquée à des individus, lorsque le jury n'avait pas déclaré le délit constant, mais avait simplement reconnu que les prévenus, aperçus à plusieurs fois tournant autour de l'église et en observant les issues, avaient eu l'intention manifeste de voler dans l'église, et que, poursuivis au moment de commettre le délit, ils avaient jeté dans un champ deux pistolets armés et un ciseau de fer courbé en forme de levier dont ils étaient porteurs; que le tribunal criminel devait déclarer l'acquittement, puisque le fait du vol n'avait pas été déclaré constant (Crim. rej. 11 janv. 1793, MM. Thouret, pr., Legendre, rap., aff. Marion).

71. Sous l'empire de cette même législation, qui n'incriminait la tentative et ne l'assimilait au crime consommé qu'à l'égard de l'assassinat et de l'empoisonnement (V. Tentative, n° 16), il a été jugé également : 1° qu'un tribunal criminel ne pouvait appliquer les peines du vol commis à l'aide de fausses clefs (crime prévu et puni par l'art. 9, sect. 2, tit. 2, part. 2, c. pén. 1791) à un fait qui, suivant la déclaration des jurés de jugement, au lieu de présenter un vol effectué, consommé, n'offrait que la simple tentative du vol (Crim. cass. 15 avr. 1793, MM. Lecointe, pr., Courtier, rap., aff. Hugot); — 2° Qu'aucune peine ne pouvait être appliquée à l'individu qu'un acte d'accusation présentait uniquement comme suspect d'avoir tenté de voler les deniers de la nation, sans même indiquer la valeur de la somme qu'il était suspect d'avoir tenté de voler, ce qui n'était pas un crime défini par le code pénal (Crim. cass. 22 août 1793, MM. Thouret, pr., Emmery, rap., aff. Conferti).

72. Que faut-il entendre par soustraction? Quelle est au juste l'étendue et la portée de cette expression? Comme nous l'avons vu précédemment, les jurisconsultes romains disaient *contrectatio*, c'est-à-dire *maniement*. Ainsi, d'après le droit romain, le vol était le maniement frauduleux de la chose d'autrui. On a prétendu que le mot *soustraction*, dans le code pénal, n'avait pas un autre sens, et qu'en l'employant les rédacteurs de ce code n'avaient voulu que remplacer le mot *contrectatio* par un équivalent. Telle est l'interprétation qui a prévalu dans la jurisprudence belge, et en France on peut invoquer en sa faveur l'autorité de Merlin (Rép., v° Vol, sect. 1, n° 1 et 2). En effet, après avoir dit que le vol est un maniement frauduleux de la chose d'autrui, ce jurisconsulte ajoute que le code pénal de 1810 emploie le mot *soustrait*, mais

qu'il attache à ce mot un sens qui, à beaucoup d'égards, répond à l'expression *contrectatio* du droit romain (V. n° 64). Entendu ainsi, le mot *vol* comprendrait, dans la généralité de son acception, même l'abus de confiance et l'escroquerie, qui ne devraient alors être considérées que comme des variétés du vol soumises à des pénalités spéciales. A l'appui de ce système on prétend que, dans le langage de nos anciens criminalistes, tels notamment que Muyart de Vouglans et Domat, le mot *soustraction* était pris dans le même sens que le mot latin *contrectatio*, et que rien, dans les travaux préparatoires du code pénal, n'autorise à penser que les rédacteurs de ce code aient entendu lui donner une signification différente. Cette thèse a été soutenue par un magistrat belge, M. Schuermans, dans une dissertation insérée au Journal du ministère public, publié par M. Dutruc, t. 4, p. 124 et suiv. — Nous devons reconnaître que cette interprétation aurait l'avantage d'atteindre bien des actes d'improbité, aussi coupables en eux-mêmes que le vol proprement dit, qui autrement échappent à toute répression pénale et ne donnent lieu qu'à des réparations civiles. Toutefois nous ne croyons pas qu'elle doive être admise. D'abord l'assertion de M. Schuermans relativement à nos anciens auteurs est très-contestable. Ainsi Muyart de Vouglans dit, à la vérité, que « le vol est défini par les lois une soustraction ou *abus* frauduleux que l'on fait de la chose d'autrui en se l'appropriant contre son gré; » mais il dit ailleurs (liv. 3, tit. 6, n° 3) que, pour que le vol soit punissable, il faut « une soustraction ou enlèvement, *contrectatio*. » Domat dit que « voler c'est soustraire par fraude une chose à celui à qui elle appartient, pour se l'approprier ou pour en user contrairement à la volonté du propriétaire. » Il résulte bien de là que, suivant ce jurisconsulte, il peut y avoir vol lorsque l'agent ait eu la volonté de s'approprier la chose, soit qu'il ait voulu seulement en user contre le gré du propriétaire; mais il en résulte aussi que, dans l'un et l'autre cas, il faut que la chose ait été soustraite, c'est-à-dire enlevée à ce propriétaire. Jousse dit également (t. 4, p. 166) : « Il n'y a point de vol tant qu'il n'y a point d'enlèvement de la chose volée, quand même on aurait commencé à mettre la main sur cette chose, sans la déplacer. » De Serres (Inst. du dr. franç., liv. 4, tit. 1, § 6) considère aussi l'enlèvement de la chose comme constitutif du vol. D'un autre côté, Ferrière, Dict. de dr., v° Larcin, définit le vol « l'enlèvement et la soustraction frauduleuse et clandestine de quelque chose qui appartient à autrui, dans l'intention d'en profiter, » et Denisart, Collect. de décis., v° Vol, dit aussi que « voler c'est prendre ou soustraire ce qui appartient à autrui pour se l'approprier, ou malgré lui, ou à son insu. »—Quant aux rédacteurs du code pénal, en l'absence d'indications particulières sur le sens qu'ils ont entendu donner au mot *soustraire*, on doit penser qu'ils n'ont pas entendu s'écarter du sens qui appartient naturellement à ce mot dans la langue française, et qu'ainsi ils l'ont employé comme synonyme de prendre, enlever. Telle est, du reste, l'interprétation qui a généralement prévalu en France, soit dans la doctrine (V. MM. Chauveau et Hélie, 4° éd., t. 5, n° 1704; Dutruc, Journ. du min. publ., t. 4, année 1861, p. 170), soit dans la jurisprudence, et particulièrement dans celle de la cour de cassation. Ainsi faut-il entendre ici dans les motifs d'un arrêt de cette cour que soustraire c'est prendre, enlever, ravir; c'est faire sortir la chose de la possession du légitime détenteur à son insu ou contre son gré, pour la faire passer dans la sienne propre (Crim. cass. 18 nov. 1837, aff. Beaudet, n° 82-1°; V. aussi Crim. cass. 20 nov. 1835, aff. Franchet, n° 82-3°; 14 déc. 1839, aff. Rahon, n° 523; 14 nov. 1861, aff. Laroche, D. P. 62. 1. 56).

73. Ainsi la soustraction, c'est-à-dire l'appréhension de la chose est un élément essentiel du vol. Là où cet élément fait défaut, il peut y avoir un autre délit, mais le délit ou le crime de vol n'existe pas. La jurisprudence a eu souvent l'occasion de faire application de ce principe. — Il a été jugé notamment : 1° que pour que la rétention frauduleuse constitue un vol, il faut que la chose n'ait pas été remise volontairement au prévenu, mais qu'elle ait été par lui soustraite (Crim. cass. 26 mars 1856) (1);— 2° Que le fait d'un individu auquel a été remis par erreur un colis expédié par le chemin de fer, de l'avoir gardé et

---

(1) (Martin C. min. pub.) — La cour ; — Vu les art. 379 et 401 c. pén.; — Attendu que le jugement attaqué ne décide pas que le demandeur se soit rendu coupable de soustraction ou de rétention frauduleuses; mais qu'il présente ces deux hypothèses comme pouvant également

de s'en être approprié frauduleusement le contenu, est à tort considéré comme constitutif de vol... Alors surtout que le juge admet hypothétiquement que l'idée du détournement n'est survenue que postérieurement à la reconnaissance de l'erreur (Crim. cass. 5 janv. 1861, aff. Beslon; D. P. 61. 1. 48);— 3° Que la soustraction, qui est un des éléments essentiels et constitutifs du vol, ne peut s'entendre que d'une appréhension consommée contre le gré ou à l'insu du propriétaire; que, par suite, l'individu qui reçoit même avec mauvaise foi une somme d'argent qu'on lui remet volontairement et par erreur en sus de celle dont il venait réclamer le payement, ne commet pas, en la retenant et se l'appropriant, le délit de vol (Crim. cass. 14 nov. 1861, aff. Laroche, D. P. 62. 1. 56); — 4° Que le fait par un individu de s'être approprié frauduleusement une somme d'argent que le propriétaire de cette somme lui a remise par erreur, ne constitue pas un vol; qu'ainsi, celui qui a reçu par mégarde, en échange d'une somme de 25 fr., un sac de 1,000 fr. au lieu d'un sac de 25 fr. en monnaie de billon, et qui conserve cette somme lorsqu'il a reconnu son erreur, ne commet pas un vol (Crim. cass. 9 nov. 1849, aff. Poupinel, D. P. 49. 5. 412);— 5° Que l'individu qui s'approprie une valeur à lui remise par erreur, et notamment un billet de banque de 500 fr. remis pour un billet de 100 fr., ne commet pas un vol, encore qu'il aurait reconnu l'erreur au moment même où il a pris possession de cette valeur: il n'y a pas là soustraction de la chose d'autrui (Crim. cass. 9 juill. 1853, aff. Rabeau, D. P. 53. 5. 488); — 6° Que celui qui a reçu par mégarde une pièce d'or de 10 fr. 80 c., au lieu d'une pièce d'argent de 50 c., et qui conserve cette somme après avoir reconnu son erreur, ne commet pas un vol (Crim. cass. 1er mars 1850, aff. Victor, D. P. 50. 1. 118); — 7° Que le commissionnaire à qui une pièce d'or a été remise par méprise au lieu d'une pièce d'argent, pour son salaire, et qui refuse de la rendre en soutenant qu'il n'a reçu qu'une pièce d'argent, ne commet ni un vol ni aucun autre délit (Bruxelles, 1er mars 1828) (1); — 8° Que le dénonciateur qui a été autorisé à recevoir chez lui des effets volés pour faciliter l'arrestation des voleurs ne peut, dans le cas où il retiendrait frauduleusement à son profit une partie des effets, être puni comme complice du vol (Crim. cass. 11 brum. an 14, aff. Silvestre).

74. Jugé pareillement: 1° que celui qui retient et même refuse de rendre une valeur (par exemple, une traite) à lui remise par erreur, ne commet pas un vol (Crim. cass. 31 janv. 1856, aff. Hulot, D. P. 56. 5. 512); — 2° Que celui qui, ayant reçu par cas fortuit des choses appartenant à autrui, et, par exemple, des traites qui lui ont été transmises par la poste, à la suite d'une erreur de l'adresse, en a frauduleusement appliqué la valeur à son profit, ne commet pas de vol...; et cela sans qu'il y ait lieu d'examiner si le propriétaire des effets en a conservé la possession civile (Crim. rej. 2 mai 1845, aff. Balguerie, D. P. 45. 1. 298); — 3° Que l'individu qui, même sciemment, reçoit de son débiteur, ou prend, sur l'indication de celui-ci, une somme plus forte que celle à lui due, et qui nie ensuite avoir reçu ou pris un excédant, ne commet pas un vol, la somme ainsi appréhendée ayant été volontairement mise à sa disposition (Crim. rej. 12 mai 1856, aff. Perrot, D. P. 56. 1. 373);— 4° Que le fait par le facteur d'un chemin de fer de re-

cevoir du destinataire des marchandises qu'il vient de transporter, une somme supérieure au prix du transport annoncé par la lettre de voiture et qu'il sait lui avoir été remise par erreur, et de nier ensuite avoir reçu ce qui a été payé en trop, ne constitue pas un vol (Nancy, 7 avr. 1856, aff. P..., D. P. 56. 2. 137);— 5° Que le fait par celui qui a reçu le prix d'une vente de nier que ce prix lui a été payé, et de se refuser, en conséquence, à livrer la chose vendue, ne constitue pas un vol (Crim. cass. 15 nov. 1850, aff. Chardonnet, D. P. 50. 5. 476); — 6° Que celui qui, après s'être aperçu que des chèvres appartenant à autrui se sont mêlées furtivement à son troupeau, veut se les approprier, ne se rend pas coupable d'un vol, parce qu'il n'y a de sa part ni soustraction ni mainmise (Crim. rej. 2 sept. 1813, M. Lamarque, rap., aff. N...); — 7° Que l'action d'un débiteur qui se fait remettre par son créancier les billets dont ce créancier est porteur, en lui déclarant faussement qu'il vient de signer chez un notaire une obligation en remplacement de ces billets, ne constitue pas un vol (Crim. cass. 7 mars 1817, aff. Yvonnet, V. n° 758).

75. Dans les espèces qui précèdent, l'inculpé avait été véritablement mis en possession de la chose. Mais devrait-on décider de même dans le cas où le propriétaire n'aurait fait que lui confier momentanément la chose pour l'examiner en sa présence et sous la condition tacite d'une restitution immédiate? Ainsi, par exemple, un individu se présente dans un magasin d'orfévrerie et demande à voir des bijoux parmi lesquels il désire choisir celui qu'il annonce l'intention d'acheter. Après avoir examiné l'un de ces bijoux, il refuse de le rendre; doit-il être considéré comme coupable de vol? Nous croyons qu'il faut répondre affirmativement. Dans cette hypothèse, en effet, et dans tous les autres cas analogues qui peuvent se présenter, on ne peut pas dire que le propriétaire s'était dessaisi de l'objet et que la possession en avait été transférée par lui à l'inculpé. — C'est ainsi qu'il a été jugé que le fait par un individu auquel une personne qui a trouvé un billet de banque le demandant s'il a une valeur quelconque, de s'en emparer pour se l'approprier, constitue une véritable soustraction frauduleuse, passible des peines de l'art. 401 c. pén. : — « Attendu que le jugement attaqué constate que la femme Passetant, ayant trouvé un billet de banque, et l'ayant présenté à Soalhat, en lui demandant si cet objet avait une valeur quelconque, celui-ci s'en est emparé avec l'intention de se l'approprier au préjudice du véritable propriétaire; attendu que les faits ainsi déclarés excluant l'idée d'une remise volontaire dudit billet par le propriétaire de ce billet ou même par la femme Passetant à Soalhat, constituent la soustraction frauduleuse prévue par l'art. 379 c. pén., et forment une condition substantielle des délits punis par l'art. 401 dudit code; attendu que, dès lors, la peine a été légalement appliquée aux faits déclarés constants par le jugement attaqué, et que d'ailleurs la procédure a été régulière (Crim. rej. 28 mars 1846, MM. Laplagne-Barris, pr., Mérilhou, rap., aff. Soalhat). — La même doctrine ressort d'un autre arrêt qui a déclaré suffisamment motivé le jugement qui constate que le prévenu a soustrait frauduleusement, au préjudice du plaignant qu'il désigne, un billet dont il détermine la valeur et la date, et dont il serait reconnu par ce même jugement que ce titre avait été l'objet d'une communication préalable, communi-

---

donner lieu à l'application de l'art. 401 c. pén.; — Attendu qu'une déclaration alternative de fait ne peut servir de base à une condamnation qu'autant que chacun des termes dont elle se compose, justifie l'application de la peine; — Attendu que la rétention frauduleuse ne constitue pas nécessairement le vol; que, pour qu'elle ait ce caractère, il faut premièrement que la chose retenue ait été, non remise volontairement au prévenu, mais soustraite par lui; — Secondement, que la fraude, bien qu'elle ait pu n'être révélée que par des actes postérieurs, ait existé au moment de la soustraction et s'identifie avec elle; — Attendu que le jugement attaqué ne constatant pas le concours de ces deux conditions, il en résulte que l'un des termes de sa décision alternative ne réunit pas les caractères constitutifs du fait prévu et puni par l'art. 401 précité, dont application a été faite au demandeur; — Qu'ainsi, ledit article a été faussement appliqué; — Casse, etc.
Du 26 mars 1856.-C. C., ch. crim.
(1) *Espèce :* — (Pierre V... *C.* min. pub.) — Pierre V..., commissionnaire, avait été chargé d'une commission par le sieur P..., qui,

croyant lui donner pour salaire une pièce de 10 cents, lui donna par méprise une pièce d'or de 5 florins. S'étant peu après aperçu de cette méprise, il alla trouver Pierre V..., à qui il redemanda cette pièce, en lui faisant remarquer qu'il devait bien sentir lui-même que ce n'était que par erreur qu'elle lui avait été donnée. Mais Pierre V... soutint obstinément n'avoir reçu du sieur P... qu'une pièce de 10 cents. La pièce de 5 florins fut néanmoins trouvée dans le sac de ses souliers, où il l'avait caché, et il reconnaît alors qu'il l'avait en effet reçue du sieur P... — Arrêt.
LA COUR; — Attendu que le prévenu n'a point employé de manœuvres frauduleuses pour obtenir la remise dont il s'agit, mais qu'il a seulement nié de l'avoir reçue;—Que ce fait ne constitue aucun délit prévu par les lois existantes : — Par ces motifs, met le jugement dont appel au néant; décharge le prévenu des condamnations prononcées contre lui, etc.
Du 1er mai 1828.-C. sup. de Bruxelles, 1re ch.-M. Duvignaud, subst., c. conf.

cation nécessaire pour le payement, si d'ailleurs il en résulte également que ce n'était pas une remise volontaire (*Crim. rej.* 31 mars 1855) (1). — Il a été jugé cependant, mais à tort selon nous, que le refus frauduleux de rendre un objet que son propriétaire a volontairement remis ne saurait, alors même que la remise n'a été que momentanée et faite sous la condition implicite d'une restitution immédiate, être qualifié de vol, et qu'ainsi les peines du vol ne sauraient être appliquées à l'individu qui, ayant obtenu la remise d'une pièce de 20 fr. pour l'examiner sous les yeux de son propriétaire, a opposé un refus de s'en dessaisir à la demande de restitution qui lui a été adressée l'instant d'après (*Crim. cass.* 7 janv. 1864, aff. Prost, D. P. 64. 1. 327).

Suivant un autre arrêt, l'individu qui garde frauduleusement un billet de banque renfermé par accident, et à l'insu du propriétaire, dans un paquet de marchandises que celui-ci lui a livré, ne commet pas une soustraction dans le sens de l'art. 401 c. pén., et par suite ne peut être déclaré coupable de vol (*Crim. cass.* 11 juill. 1862, aff. Bordet, D. P. 62. 1. 443). — Mais nous ne pouvons approuver cette décision. L'espèce dans laquelle cet arrêt a été rendu se distingue de celles qui ont été citées aux nos 73 et 74, en ce que la chose prétendue volée, au lieu d'avoir été remise *sciemment* par le propriétaire à l'intermédiaire chargé de la porter à sa destination, n'était parvenue que par accident à celui qui l'avait frauduleusement retenue. Ce n'était donc pas l'un de ces cas où le propriétaire pouvait au moins revenir sur son erreur et exercer l'action en répétition de l'indu, puisqu'il n'avait pas même connaissance du fait de la présence du billet de banque dans le paquet qu'il adressait au prévenu. A raison de cette circonstance, qui augmentait la gravité de la fraude, il y avait lieu, ce semble, de considérer l'appréhension du billet de banque comme appréhension frauduleuse d'un objet perdu, et de lui appliquer la doctrine qui voit dans ce fait un véritable vol (V. *infrà*, nos 134 et s.). Et en effet, qu'un individu laisse tomber par erreur un billet de banque dans l'appartement d'un tiers, ou qu'il le laisse tomber par mégarde dans un paquet qui doit être adressé à ce même individu, on ne voit pas comment cette légère différence pourrait exercer une influence quelconque sur la qualification d'une prise de possession qui s'effectue ici, bien évidemment, à l'insu et contre le gré du propriétaire.

76. De ce que la soustraction effective est, dans notre droit pénal, une condition nécessaire à l'existence du vol, il faut conclure que celui qui, se trouvant en possession de la chose d'autrui en vertu d'un contrat antérieur, tel que louage, prêt, dépôt, mandat, etc., refuserait de la restituer ou en disposerait comme de chose lui appartenant, ne se rendrait point par là passible des peines du vol. C'est ce qu'enseignent aussi Favard, Rép., t. 5, p. 985; MM. Chauveau et Hélie, t. 3, no 1709.—Il a été jugé en ce sens : 1o qu'il n'y a pas vol dans le fait de retenir frauduleusement ou de détourner à son profit une chose reçue, soit à titre de louage, soit à titre de prêt (Bordeaux, 3 fév. 1851) (2); — 2o Que le déplacement, par un fermier, de divers effets dont son bail lui donne l'usage, ne donne pas lieu à une action criminelle, mais à une action civile (*Crim. rej.* 1er fév. 1810) (3); — 3o Que le preneur de bestiaux à cheptel qui les vend sans la participation du bailleur ne commet pas un vol : « Attendu que le bail et les droits qu'il lui avait transmis l'avaient constitué possesseur légitime des bestiaux qui en étaient l'objet ; qu'en les vendant sans le consentement du bailleur, il n'a donc pu être réputé coupable de les avoir soustraits frauduleusement » (*Crim. rej.* 5 oct. 1820, aff. Salicetti, vo Abus de confiance, no 98); — 4o Que celui qui vend à son profit un habit qui lui a été prêté pour assister à un bal, ne commet pas un vol (Metz, 22 janv. 1821) (4); — 5o Que le fait d'avoir soustrait, avant la pesée, partie d'un bœuf vendu au poids, ne constitue pas un vol, lorsque ce bœuf se trouvait en la possession de l'acheteur, mais seulement un abus de dépôt ; qu'en conséquence est nul un jugement qui punit l'auteur d'un tel fait des peines de l'art. 401

---

(1) (Guerlain C. min. pub.) — La cour (ap. délib. en ch. du cons.); — Sur les premier et troisième moyens, tirés du défaut de motifs et de la violation de l'art. 195 c. inst. crim., ainsi que de la fausse application des art. 379 et 401 c. pén. ; — Attendu que l'arrêt attaqué constate, d'après une appréciation de faits qui échappe à la censure de la cour de cassation, que, le 20 avr. 1855, Guerlain a soustrait frauduleusement, au préjudice de la demoiselle Hanapier, un billet de la somme de 1,600 fr., qu'il lui avait précédemment souscrit pour une somme à lui prêtée par la plaignante, et que ce fait constituait le délit de vol prévu et puni par l'art. 401 c. pén. ; — Attendu que cet arrêt est suffisamment motivé en fait et en droit, et qu'en conséquence, il n'y a pas dans l'espèce, de violation ni de l'art. 7 de la loi du 20 avr. 1810, ni de l'art. 195 précité ; — Attendu que cette appréciation des faits de la cause n'est pas détruite par les expressions finales du motif relatif à l'admission de la preuve testimoniale ; qu'en effet, s'il y est parlé d'une communication préalable de la plaignante du titre dont était porteur à son débiteur, il est immédiatement ajouté que cette communication était préalable au payement, but de ses démarches, et nullement un dépôt de titre ; d'où il suit qu'il ne s'agissait pas de la remise volontaire de ce titre audit Guerlain ; — Attendu, d'ailleurs, que Guerlain n'a pas pris de conclusions tendant à établir que cette communication avait été faite à titre de remise volontaire, et par un motif autre que celui du payement dont il s'agit ;

Sur le second moyen, tiré de l'admission de la preuve testimoniale : — Attendu que l'art. 1548, no 4, c. nap., fait exception au principe prohibitif de la preuve testimoniale, au cas où le créancier a perdu le titre par suite d'un cas résultant de force majeure ; que tel était le cas de l'espèce, puisque, dans sa plainte, la fille Hanapier prétendait que Guerlain s'était emparé de son titre au moment où elle le présentait à son débiteur pour en être payée ; — Attendu, dès lors, qu'en admettant la preuve de cet enlèvement, l'arrêt attaqué n'a point violé l'art. 1548 c. nap. ; — Rejette, etc.

Du 31 mars 1855.-C. C., ch. crim.-M. Isambert, rap.

(2) *Espèce :* — (Second C. min. pub.) — François Second avait été déclaré coupable de vol pour avoir : 1o détourné à son profit, des outils de jardinage qu'il avait obtenus à titre de prêt ; 2o emprunté, sous le nom de son maître, un cheval, qu'il avait ensuite tenté de vendre. — Appel. — Arrêt.

La cour ; — Attendu, à l'égard des outils de jardinage, prêtés par Belle à Second, que celui-ci n'a jamais rétabli, que l'action du prévenu, quoique fort immorale sans aucun doute, ne constitue pas un vol, mais un simple commodat ; que Belle a livré lui-même ses outils à Second, d'où il suit qu'il n'y a pas eu de soustraction, et conséquemment pas de vol ; que l'inexécution du contrat, de la part de François Second, ouvre à Belle une action civile en dommages-intérêts, mais ne saurait transformer en soustraction frauduleuse, la remise libre et volontaire de la chose demandée par Second à titre de prêt ; — Attendu, à l'égard du cheval loué par Second au sieur Eyraud, qu'il n'y a pas non plus de vol dans le fait incriminé, parce que Eyraud a volontairement livré son cheval, et que, dès lors, on cherche vainement la soustraction frauduleuse sans laquelle on ne conçoit pas le vol ; qu'il n'y a donc eu, de la part des premiers juges, fausse qualification des faits imputés au prévenu, et prouvés par l'information, etc. — Rejette.

Du 1er fév. 1810.-C. C., sect. crim.-MM. Barris, pr.-Brillat, rap.

(3) (Min. pub. C. Pogliers.) — La cour ; — .....Attendu 2o que la cour de justice criminelle a bien pu, sans violer la loi, déclarer qu'il n'y avait pas délit dans le déplacement fait par un fermier de divers effets dont il avait l'usage d'après son bail, dont il était chargé, et dont il devait rendre compte en définitive, de sorte qu'il ne pouvait compéter à cet égard qu'une action civile qui a été réservée par l'arrêt attaqué ; — Rejette.

Du 1er fév. 1810.-C. C., sect. crim.-MM. Barris, pr.-Brillat, rap.

(4) (Min. pub. C. Pierre Théobald.) — La cour ; — Attendu que le fait reproché à Pierre Théobald, est d'avoir vendu dans la cause, est d'avoir vendu l'habit que Nicolas Poupart lui avait prêté pour assister à un bal qui a eu lieu le dimanche 10 décembre dernier ; — Attendu que ce fait ne peut être qualifié vol aux termes de l'art. 379 c. pén., puisqu'il n'y a point de soustraction frauduleuse, d'où il résulte que l'art. 401 dudit code ne peut recevoir aucune application ; — Attendu que ce fait ne peut pas non plus constituer le délit d'abus de confiance prévu par l'art. 408, qui ne parle que des effets, deniers, marchandises, billets, remis à titre de dépôt ou pour un travail salarié, et qui ont été détournés au préjudice du propriétaire, par la raison que l'habit prêté à Théobald ne peut, sous aucun rapport, être considéré comme confié à titre de dépôt ou pour un travail salarié ; — Attendu que le prêt dont il s'agit établissait entre les parties un contrat dont tous les effets étaient réglés par le code civil, art. 1874, 1880, 1902, 1903, et qui ne donnait droit au prêteur que de réclamer par voie civile, s'il n'avait point été désintéressé, la chose prêtée, sa valeur et des dommages-intérêts, s'il y avait lieu ; — Attendu que le ministère public, qui n'avait pas voie d'action dans l'espèce, puisqu'il y avait point de délit, ne peut être recevable dans l'appel *a minima* qu'il a interjeté du jugement du 29 décembre, rendu par le tribunal de Thionville, siégeant en police correctionnelle ; — Attendu, toutefois, que la cour ne peut infirmer la décision

c. pén. (Crim. cass. 22 juin 1832) (1); — 6° Que le vendeur qui, après que le marché est devenu définitif et avant la prise de possession par l'acheteur, a détourné une partie des objets compris dans la vente, et qu'il s'était engagé à représenter, doit être considéré comme coupable, non d'un vol ordinaire, mais d'un abus de confiance (Crim. rej. 18 juill. 1862, aff. Meunier, D. P. 62.1.548; Crim. cass. 24 juin 1859, M. Jallon, rap., aff. Ponsot et Samuel); — 7° Que le fait de s'approprier frauduleusement des objets ou des valeurs qui ont été remises à titre de dépôt, de louage, de mandat, etc., à la charge de les restituer, peut constituer, suivant les circonstances, une escroquerie, un abus de confiance ou un abus de blanc-seing, mais ne constitue pas un vol; et spécialement, que l'employé de préfecture qui se fait remettre, pour payer un prix d'abonnement au Bulletin des lois, des fonds appartenant à des communes, et s'approprie frauduleusement ces fonds, ne commet pas un vol (Crim. cass. 1er sept. 1848, aff. Four, D. P. 48. 5. 380); — 8° Que celui auquel a été adressée, pour le compte d'une autre personne qui l'en avait chargé, une lettre avec un mandat à l'ordre de cette personne, et qui perçoit frauduleusement le montant de ce mandat pour son propre compte, se rend coupable d'un abus de confiance, et non d'une soustraction frauduleuse constitutive de vol (Crim. cass. 22 mai 1841, aff. Sagot, V. Abus de conf., n° 103); — 9° Que celui qui, ayant reçu une pièce d'argent en payement d'une chose par lui vendue, à la charge de rendre en monnaie l'excédant du prix, s'approprie en entier cette pièce d'une manière frauduleuse, commet le délit d'abus de confiance (Lyon, 29 avr. 1857, M. Loyson, pr., aff. Peyrard).

77. De même, lorsque, par suite de la rupture d'un contrat de mariage, le père de la future a, en exécution d'un jugement, restitué au futur, qui lui en a donné décharge, les objets mobiliers que ledit futur avait offerts en présent à sa fille, si ce jeune homme vient à prétendre qu'il y a eu dans la restitution une rétention et une substitution frauduleuse, c'est au tribunal civil et non au tribunal correctionnel qu'il appartient de statuer sur sa réclamation; les faits allégués, en admettant qu'ils fussent vrais, ne présentant pas le caractère d'une soustraction frauduleuse (Crim. cass. 30 janv. 1829, aff. Lefebvre, V. Comp. crim., n° 459). — Dans ce cas, le père de la future détenait légitimement les objets en vertu d'un don fait à sa fille sous une condition résolutoire qui s'est réalisée (la rupture du mariage).

78. Il a été décidé également, en matière civile, par application de l'art. 2279 c. nap., combiné avec l'art. 379 c. pén., que le propriétaire d'une chose mobilière, vendue par celui qui l'avait en dépôt, ne peut la revendiquer contre l'acquéreur, comme en cas de perte ou de vol (Paris, 5 avr. 1815, aff. Gay, V. Agent diplomatique, n° 116).

79. Celui qui détourne ou dissipe des effets ou valeurs qui lui avaient été remis à titre de louage, dépôt, mandat, ou pour un travail salarié ou non salarié, à la charge de les rendre ou représenter, ou d'en faire un usage ou emploi déterminé, s'il n'est pas passible des peines du vol, encourt au moins celles de l'abus de confiance, aux termes de l'art. 408 c. pén. Mais avant la loi du 16 avr.-13 mai 1863 il n'en était pas de même de celui qui détournait la chose qu'il avait reçue, soit à titre de prêt, soit à titre de nantissement. Les termes de l'art. 408, qui définissaient l'abus de confiance, ne lui étaient pas applicables, et il n'y avait pas au code pénal d'autre disposition qui pût être invoquée contre lui. L'action civile était donc la seule voie par laquelle on pût l'atteindre.—Il avait été jugé en ce sens : 1° que celui qui vendait à son profit un habit qui lui avait été prêté pour assister à un bal ne commettait pas le délit d'abus de confiance (Metz, 22 janv. 1821, aff. Théobald, n° 76-4°); — 2° Que le prêt pur et simple d'une chose ne constitue pas le dépôt proprement dit; qu'en conséquence, un individu qui vendait une chose qui lui avait été prêtée, ne pouvait être poursuivi pour le délit prévu par l'art. 408 c. pén. (Crim. rej. 28 janv. 1832) (2). — Mais il n'en est plus de même aujourd'hui. Aux termes de l'art. 408, tel qu'il a été modifié par la loi du 13 mai 1863, le détournement des choses remises à titre de prêt à usage ou de nantissement constitue un abus de confiance, aussi bien que le détournement des choses qui avaient été remises à titre de louage, de dépôt ou de mandat. — V. au surplus sur ce sujet, Abus de confiance, n° 105 et suiv.

80. Nous avons dit que celui qui s'approprie la chose qu'il détenait à titre de dépositaire ne commet point un vol. Mais cela ne doit s'entendre que de celui qui avait été constitué personnellement dépositaire de la chose. Il ne faut pas confondre avec le contrat de dépôt, par lequel le maître d'une chose la remet entre les mains d'un tiers, qui en devient le gardien et qui doit la restituer, avec le simple fait du dépôt d'une chose en un certain lieu, sans que la possession en soit transférée du maître de cette chose au maître du lieu. Dans ce dernier cas, si le maître du lieu s'empare de la chose et se l'approprie, il commet un vol.

des premiers juges; puisque Théobald ne s'en est point rendu appelant; — Par ces motifs, déclare sans cause et non recevable l'appel interjeté par le ministère public; — Ordonne, etc.

Du 22 janv. 1821.—C. de Metz.-M. Colchen, pr.

(1) *Espèce :* —(Marchal et Mathieu *C.* min. pub.)— Marchal et Millaire avaient acheté de Grandemange deux bœufs à 45 fr. les 100 liv.; il est dans l'usage de ne faire la pesée que lorsque les bœufs sont abattus, et dépouillés du cuir et du suif.—Grandemange avait livré un des bœufs à Marchal et Mathieu qui remplaçait Millaire; ce bœuf avait été abattu, dépouillé, ouvert en présence du vendeur, le 9 fév. 1832; la pesée devait en être faite le lendemain; mais le soir de ce jour Mathieu détacha du bœuf quelques livres de viande et un peu de suif : Grandemange le tenait pas présent. — La pesée eut lieu le lendemain; le vendeur reçut son payement. —Quelques jours après, Marchal et Mathieu furent poursuivis par le ministère public sur une plainte anonyme (dit-on), pour vol de viande et de suif. Le 17 fév. 1832, jugement du tribunal correctionnel de Remiremont qui, attendu que, par la vente, le bœuf était devenu la propriété des prévenus, les renvoie des poursuites.

Sur l'appel, jugement du tribunal d'appel d'Epinal, du 28 avr 1832, en ces termes : « Attendu que la vente des bœufs de Grandemange a été faite au poids; que les ventes faites à cette condition ne sont parfaites qu'après que la pesée a eu lieu; qu'avant l'accomplissement de cette condition, il n'y a pas de corps certain et déterminé qui ait pu faire l'objet de la vente; que la chose ainsi vendue restant aux risques du vendeur (art. 1585 c. civ.), il s'ensuit que la soustraction de tout ou partie de cette chose a eu lieu au grand préjudice; — Par ces motifs, condamne les prévenus à un an de prison, etc.

Pourvoi.—1° Incompétence, en ce que la juridiction correctionnelle était incompétente pour connaître du fait de plano. —Il s'agissait d'apprécier avant tout un contrat; il fallait fixer le point de savoir si ce contrat était une vente, un prêt le lendemain; le tribunaux civils étaient seuls compétents, sauf à revenir, après cette appréciation faite, devant le tribunal correctionnel. — 2° Fausse interprétation et violation des art. 379, 401 c. pén., 557, 544, 711, 1158, 1583, 1585 1586 et

1606 c. civ., en ce que les demandeurs avaient été condamnés pour vol d'un objet dont ils étaient propriétaires, ou dont, en tous cas, ils étaient dépositaires. — Arrêt.

La Cour. — Sur le moyen d'incompétence : — Attendu que la vente conditionnelle faite aux demandeurs des bœufs dont il s'agit, n'a pas été contestée; qu'ainsi, le tribunal correctionnel était compétent pour juger des faits subséquents à cette vente et qui auraient eu le caractère d'un délit;

Sur le moyen du fond : — Attendu qu'aux termes de l'art. 1585 c. civ., la vente n'est parfaite qu'après le pesage de la chose vendue; que, dans l'espèce, le pesage n'avait pas eu lieu avant les faits imputés au demandeurs; d'où il résulte que l'objet vendu n'avait pas cessé alors d'être la propriété du vendeur; — Mais attendu que le vendeur avait confié, comme dépôt, l'objet vendu aux acquéreurs; qu'il suit de là que le détournement de l'objet vendu ne pouvait constituer la soustraction frauduleuse prévue et punie par l'art. 401 c. pén., mais l'abus de dépôt spécifié en l'art. 408 du même code; —Attendu que le tribunal correctionnel d'Epinal, en appliquant au fait incriminé les dispositions de l'art. 401 c. pén., a fait une fausse application de cet article, violé l'art. 408 du même code, et commis un excès de pouvoir; —Par ces motifs, casse.

Du 22 juin 1832.-C. C., ch. crim.-MM. Bastard, pr.-Choppin, rap.

(2) (Min. pub. *C.* Molle.) — La cour. — Attendu qu'aux termes de l'art. 1915 c. civ., le dépôt, en général, est un acte par lequel on reçoit la chose d'autrui à la charge de la garder et de la restituer en nature; qu'il ne peut donc y avoir dépôt, dans le sens légal de ce mot, que lorsque la garde et la conservation de la chose qui en est l'objet, ont été le but principal et déterminant de sa tradition; — Et attendu que l'arrêt attaqué déclare que, des notes sommaires et des débats, résulte seulement la preuve qu'Albertine-Victoire Molle a vendu, à son profit particulier, un mantelet d'indienne et un panier qui lui avaient été prêtés, sur sa demande, par la veuve Brontin; qu'en décidant que ce fait ne constitue pas le délit prévu par l'art. 408 c. pén., cet arrêt, qui est d'ailleurs, régulier dans sa forme, a fait une juste application de cet article; — Rejette, etc.

Du 28 janv. 1832.-C. C., ch. crim-MM. de Bastard, pr.-Rives, r.

C'est aussi le sentiment de MM. Chauveau et Hélie, t. 5, n° 1711.
— Et il a été décidé en ce sens : 1° que celui qui ouvre à l'aide d'effraction des malles déposées dans sa chambre, et dont les clefs ne lui ont pas été remises, et s'empare ensuite des effets qu'elles contiennent, commet, non le délit de violation de dépôt, mais le crime de vol avec effraction (Crim. rej. 19 avr. 1838, aff. Léger, V. Abus de confiance, n° 115); — 2° Que l'individu qui s'approprie un portefeuille garni de billets de banque, que des consommateurs ont laissé dans sa boutique, et qui, sur la réclamation des propriétaires, nie l'avoir trouvé, commet un vol (Crim. rej. 22 mai 1846, aff. Colombelle, D. P. 46. 1. 243); — 3° Que celui qui prend, à l'insu et contre la volonté du propriétaire, des billets renfermés dans une armoire de son appartement, il est vrai, mais dont la clef était restée à la disposition exclusive du propriétaire de ces billets, commet un vol et non un abus de confiance (Crim. rej. 25 sept. 1856, aff. Lancelin, D. P. 58. 1. 417). — V. n° 530.

81. Il a été jugé même qu'on doit considérer comme coupables de vol : 1° le mandataire qui, chargé de la régie d'un domaine, enlève et vend, pour s'en approprier le prix, différents objets dépendants de ce domaine (Crim. rej. 25 janv. 1813) (1); — 2° Le voiturier qui détourne frauduleusement à son profit des marchandises qui ne lui ont été confiées qu'en sa qualité de voiturier (Nîmes, 7 mai 1827, aff. Pellet, V. Prescript. civile, n° 294); — 3° L'individu qui s'approprie une pièce d'or qui lui avait été confiée pour être changée (Paris, 5 juin 1829) (2). — Mais nous ne pouvons admettre la doctrine consacrée par ces arrêts. Dans les espèces auxquelles ils se réfèrent, la chose avait été volontairement remise par le propriétaire à l'individu qui l'a détournée à son profit; elle lui avait été remise à titre de louage ou de mandat; par conséquent on ne pouvait voir dans ces faits un véritable vol. On devrait y voir aujourd'hui un abus de confiance. Mais nous devons faire remarquer que les arrêts qui précèdent ont été rendus sous l'empire du code pénal de 1810, avant la loi réformatrice du 28 avr. 1832. Or, dans le code pénal

de 1810, l'art. 408 ne punissait comme abus de confiance que le détournement des choses qui avaient été remises à titre de dépôt ou pour un travail salarié; par conséquent, lorsque les choses détournées avaient été remises à titre de louage ou de mandat, il n'y avait pour les magistrats d'autre alternative que de laisser le détournement impuni ou de le considérer comme un vol. La loi de 1832 a commencé à réformer la rédaction primitive de l'art. 408, et cette réforme a été complétée par la loi du 13 mai 1863.

82. Alors même que celui qui s'est approprié la chose d'autrui aurait employé la fraude ou la ruse pour se la faire remettre, soit par le maître de cette chose, soit par celui qui l'avait en sa possession à un titre quelconque, du moment qu'elle lui a été volontairement remise et que, par conséquent, il n'y a pas eu soustraction de sa part, il ne peut pas être condamné comme coupable de vol. — C'est ce que la jurisprudence a reconnu en décidant : 1° qu'il n'y a pas de vol de la part de celui qui s'est fait remettre un objet par le propriétaire agissant volontairement, quelque frauduleux qu'aient été les moyens employés pour obtenir la remise; spécialement, que le fait de la part d'un individu d'avoir gardé frauduleusement un billet en feignant de le rendre après l'avoir déchiré, en échange d'un deuxième billet de plus forte somme qu'il s'est fait souscrire par le même débiteur, et d'avoir ensuite exigé le payement des deux billets, ne constitue pas le délit de vol (Crim. cass. 18 nov. 1837) (3); — 2° Que celui qui, par fraude, se fait remettre une créance appartenant à un tiers, par le dépositaire de cette créance, ne peut, à raison de ce fait, être poursuivi comme coupable de vol ; la remise de la chose étant exclusive du fait de la soustraction (Crim. cass. 8 janv. 1836, M. Nachet, av., aff. Huet); — 3° Qu'il n'y a pas soustraction frauduleuse, ni par conséquent vol proprement dit, dans le fait d'avoir déterminé la personne dont on est créancier à souscrire un engagement pour des sommes plus fortes que celles dues réellement, en la menaçant de la poursuivre criminellement à raison des tentatives par elle faites précédemment pour supprimer le titre primitif de sa dette (Crim. cass. 11 nov. 1819) (4); —

---

(1) *Espèce :* — (Drevin C. Thomas.) — Drevin, chargé par la dame Thomas de la régie d'un domaine, avait enlevé de ce domaine différents objets dont il s'était approprié le prix. Poursuivi devant le tribunal correctionnel de Melun, il prétend qu'étant mandataire de la dame Thomas, celle-ci n'a contre lui qu'une action civile. — Jugement qui, rejetant cette exception, le condamne à deux ans d'emprisonnement et le prive pendant cinq ans de ses droits civils : « Attendu qu'il résulte de l'instruction que ledit Drevin, 1° n'a eu aucun pouvoir de la dame veuve Thomas pour emporter des châssis, treillages, bois, grilles, morceaux de fer, plomb et cuve, le tout dépendant de la maison de ladite dame veuve Thomas, située aux Fourneaux; 2° qu'il a commis un vol en enlevant frauduleusement tous ces objets, dont il s'est approprié une partie et a vendu le surplus. » — Appel, et le 26 nov. 1811, arrêt de la cour de Paris qui « adoptant les motifs des premiers juges, met l'appellation au néant, et néanmoins modère à un an la peine de l'emprisonnement. » — Pourvoi. — Arrêt.
LA COUR; — Attendu que les faits dont Drevin a été accusé, et tels qu'ils ont été constatés par les jugements rendus contre lui, ne présentent pas seulement des actes de mauvaise administration, mais qu'ils constituent des soustractions frauduleuses et des vols qui sont de la compétence des tribunaux de police correctionnelle; — Rejette, etc.
Du 25 janv. 1813.-C. C., sect. crim.-M. Audier-Massillon, rap.
(2) *Espèce :* — (Noiret C. min. pub.) — Nogaret remet une pièce d'or à Noiret en le priant d'aller la changer chez un voisin. Noiret dépense la pièce sans en rendre la valeur. Le tribunal de Reims — Considérant que ces faits constituent le délit de vol prévu par l'art. 401 c. pén., condamne le prévenu à deux mois d'emprisonnement. — Appel, fondé sur ce que, d'après ce jugement, le mandataire gratuit serait puni plus sévèrement que le mandataire salarié, contrairement à l'art. 1992 c. civ. — Arrêt.
LA COUR; — Considérant que l'art. 401 c. pén., par la généralité des termes dans lesquels il est conçu, a prévu les soustractions frauduleuses de toute nature, autres que celles spécifiées dans les autres articles du code, et que le fait imputé à Noiret, constitue un des vols prévus par ledit art. 401; — Adoptant, au surplus, les motifs des premiers juges, a mis l'appel au néant, etc.
Du 5 juin 1829.-C. de Paris, ch. corr.-M. Dehaussy, rap.
(3) *Espèce :* — (Beaudet C. Min. pub.) — LA COUR; — Vu le mémoire à l'appui du pourvoi; vu les art. 579 et 401 c. pén.; — Attendu que le fait reproché au prévenu et constaté par le jugement attaqué, consiste à avoir gardé frauduleusement un billet de 500 fr., en feignant de le rendre après l'avoir déchiré, en échange d'un deuxième billet de 900 fr. qu'il s'était

fait souscrire par Célestin Bonnefoy, et à avoir ensuite exigé le payement des deux billets; — Attendu que le tribunal correctionnel de Gex avait déclaré, pour ce fait, Jacques Beaudet coupable de vol et d'escroquerie, mais que le juge d'appel l'a déclaré coupable de vol seulement et lui a fait application des art. 579 et 401 c. pén., modifiés par l'art. 463; — Attendu que l'action commise par Beaudet ne rentrerait pas dans la définition du vol donnée par l'art. 579; — Qu'en effet aux termes de cet article le vol consiste à soustraire frauduleusement la chose d'autrui; D'où il suit qu'il n'y a de vol dans le sens de la loi que lorsque la chose, objet du délit, passe de la possession du légitime détenteur dans celle de l'auteur du délit, à l'insu ou contre le gré du premier; — Que, pour soustraire, il faut prendre, enlever, ravir, et qu'au contraire il est reconnu, en fait, que Beaudet n'a pris ou soustrait aucun des deux billets qu'il s'est fait remettre; que, si les moyens frauduleux a pu employer pour obtenir la remise volontaire du deuxième billet, en persuadant la destruction du premier, ni sa mauvaise foi à exiger le payement de tous les deux, ne peuvent constituer le délit de vol, tel que l'a prévu et défini par la loi; — Qu'ainsi, en appliquant au fait déclaré constant la disposition pénale de l'art. 401, le jugement attaqué a fait une fausse application dudit article et violé l'art. 579 c. pén.; — Attendu néanmoins que le fait peut présenter les caractères d'un autre délit prévu et puni par la loi pénale; — Sans qu'il soit besoin de statuer sur le deuxième moyen; — Casse.
Du 18 nov. 1837.-C. C., ch. crim.-MM. Choppin, pr.-Gartempe, r.
(4) *Espèce :* — (Lafresnée C. Leguay.) — 9 sept. 1816, la veuve Lafresnée, accompagnée de son fils, se présente chez la veuve Leguay pour recevoir de celle-ci un effet de 1,000 fr., en remplacement de trois billets que la veuve Lafresnée avait sur la veuve Leguay, mais dont l'un ne paraissait pas sincère. — Le fils Lafresnée avait été le billet de 1,000 fr., la veuve Leguay, qui avait aussi son fils avec elle, s'empara des anciens et refusa de souscrire le nouveau. Il s'ensuivit une scène violente qui ne put rester entièrement secrète, et dont la veuve Lafresnée se prévalut adroitement pour effrayer la veuve Leguay, en la menaçant de poursuites criminelles; en telle sorte que cette dernière, pour éviter tout éclat, consentit, le lendemain 10 septembre, au profit de la veuve Lafresnée, une obligation notariée de la somme de 1,510 fr. payable au commencement de l'année 1818. — Cette obligation a été acquittée à son échéance; mais, peu de temps après, la veuve Leguay a porté plainte contre la veuve Lafresnée, qu'elle a accusée : 1° du délit d'usure; 2° du vol de 1,000 fr. faisant partie de l'obligation notariée de 1,510 fr. — 10 mai 1819, jugement du tribunal correctionnel de

4° Que le débiteur de plusieurs obligations qui, ayant proposé à son créancier de les convertir en une seule, lui remet, à cet effet, un titre portant, au lieu de sa signature, ces mots : *Bon pour acquit*, et qui, profitant de l'état de cécité du créancier, reçoit de lui en échange les obligations qu'il avait précédemment souscrites, ne se rend pas coupable de vol (Crim. cass. 25 sept. 1824) (1) ; — 5° Que le débiteur qui, profitant de l'erreur du mandataire de son créancier, sur le montant de la dette, erreur provenant, par exemple, d'une mauvaise conformation des chiffres portés dans une note du créancier, se fait donner par ce mandataire quittance de la totalité de la dette (117 fr.), au moyen du payement d'une somme inférieure (17 fr.), puis refuse de reproduire la quittance, en se prétendant complètement libéré, ne commet pas un vol (Crim. cass. 25 août 1853, aff. Jean Labyt, D. P. 53. 5. 488) ; — 6° Qu'on ne peut voir les caractères du vol, ou de complicité de vol, dans le fait d'individus insolvables qui se rendaient dans des foires où ils achetaient des bestiaux qu'ils devaient payer comptant, mais dont ils différaient le payement sous divers prétextes, jusqu'à ce que, l'heure de la vente étant passée, ils se faisaient livrer les bestiaux avec promesse de les payer dans un court délai et à l'aide de personnes affidées qui certifiaient leur prétendue solvabilité (Crim. cass. 25 mars 1824) (2) ; — 7° Que celui qui, après avoir acheté divers objets, déclare au moment de payer, n'avoir pas d'argent sur lui, promet de revenir le lendemain, et va vendre les objets qu'il n'a pas payés, n'est pas coupable de vol : — « Considérant qu'il ne peut

---

Valognes, qui déclare la veuve Lafresnée coupable des deux délits, la condamne à deux ans de prison et à 1,200 fr. de dommages-intérêts envers la veuve Leguay. — Sur l'appel, le tribunal correctionnel de Coutances a confirmé cette condamnation par jugement du 28 août suivant, et, de plus, il a porté l'emprisonnement à trois ans, les dommages-intérêts à 6,000 fr., et il a condamné la veuve Lafresnée à 500 fr. d'amende. La veuve Lafresnée s'est pourvue en cassation : 1° pour fausse application des art. 379 et 401 c. pén., en ce que le fait imputé à la demanderesse en cassation d'avoir, par ses menaces, obtenu de la veuve Leguay, sa débitrice, une obligation d'une somme supérieure à celle qui lui était véritablement due, ne constituait pas un vol dans le sens de ces articles, et ne pouvait donner lieu qu'à une action purement civile, c'est-à-dire à la répétition de ce qui avait été payé en excédant de la dette, *condictio indebiti*;

2° Pour violation de l'art. 4 de la loi du 5 sept. 1807, en ce que le jugement attaqué avait condamné la veuve Lafresnée à une amende de 500 fr., sans mentionner les sommes dont le prêt était déclaré usuraire. Sans cette énonciation, disait la demanderesse, il devient impossible à la cour régulatrice de vérifier s'il y a fausse application de la loi pénale, ou bien si l'amende n'excède pas le taux fixé par cette loi, puisqu'aux termes de l'article cité l'amende encourue par le délinquant est déterminée par le montant des capitaux prêtés à usure, et ne peut pas s'élever au-dessus de la moitié de ces capitaux. — Arrêt.

LA COUR; — Vu les art. 379 et 401 c. pén.; — Vu aussi l'art. 4 de la loi du 5 sept. 1807; — Attendu que, d'après les faits reconnus constants par le tribunal correctionnel de Coutances, il n'y a point eu, dans l'espèce, de soustraction frauduleuse d'une somme de 1,000 fr. par la veuve Lafresnée au préjudice de la veuve Leguay; qu'en déclarant la veuve Lafresnée coupable du délit de vol, et en la condamnant en conséquence aux peines de trois ans d'emprisonnement et de 500 fr. d'amende, ce tribunal a violé l'art. 379 c. pén. et fait une fausse application de l'art. 401 du même code; qu'on ne saurait justifier le jugement attaqué en disant qu'il y a, dans la cause, délit d'escroquerie, s'il n'y a pas délit de vol, et que les peines prononcées n'excèdent pas celles dont la loi punit ce premier délit ; que la prévenue est déclarée coupable, non d'escroquerie, mais de soustraction frauduleuse, c'est-à-dire de vol, et que sa condamnation ne peut pas avoir pour base légale un délit dont elle n'est pas déclarée coupable ; que si le tribunal de Coutances l'avait jugée coupable du délit d'escroquerie, il eût violé et faussement appliqué l'art. 405 c. pén.; qu'en effet, il n'a été ici constaté ni même allégué que la veuve Lafresnée eût employé un faux nom ou de fausses qualités pour se faire remettre par la veuve Leguay une obligation d'une somme supérieure à celle qui lui était due ; que s'il y a eu de sa part des manœuvres frauduleuses, ces manœuvres n'ont point été déclarées avoir eu pour objet de persuader l'existence de fausses entreprises, d'un pouvoir ou d'un crédit imaginaires, au de faire naître l'espérance ou la crainte d'un succès, d'un accident ou de tout autre événement chimérique ; que les faits du procès ne présentant pas les caractères déclarés par ledit art. 405 constitutifs du délit d'escroquerie, n'auraient pas été des motifs légitimes d'une condamnation à raison de ce délit ; — Attendu qu'aux termes de l'article cité de la loi du 5 sept. 1807, la peine de l'usure habituelle, quand il n'y a pas eu escroquerie de la part du prêteur, consiste dans une amende qui ne peut pas excéder la moitié des capitaux prêtés à usure; qu'il s'ensuit de cette disposition que, dans les jugements de condamnation pour délit d'usure, doivent être énoncées toutes les sommes dont le prêt est déclaré usuraire, puisque, sans cette énonciation, lorsque ces jugements sont l'objet d'un pourvoi en cassation, il est impossible de juger si l'amende prononcée n'excède pas le taux au-dessus duquel il n'est pas permis aux tribunaux de la porter, et s'il n'y a pas ainsi fausse application de la loi pénale; que cependant ni le jugement d'appel ni celui de première instance ne font connaître les sommes que la veuve Lafresnée est jugée avoir prêtées à usure ; que leur déclaration sur le délit d'usure habituelle est donc incomplète et insuffisante, et ne saurait être la base légale d'une condamnation ; — Casse.

Du 11 nov. 1819.-C. C., sect. crim.-MM. Bailly, pr.-Aumont, rap.

(1) (Fatta.)—LA COUR; — Vu les art. 379 et 401 c. pén et 191 c. inst. crim.; — Attendu qu'aucune peine ne peut être prononcée contre un prévenu si le fait dont il est déclaré coupable n'est pas défendu ou incriminé par une loi pénale; que la sect. 1 du tit. 2 du liv. 3 c. pén. a pour objet spécial les infractions qui doivent être réputées vol; — Que le premier article de cette section, qui est le 379e du code pénal, contient la définition du vol; que, selon cet article, la soustraction frauduleuse de la chose qui n'appartient pas à l'auteur de la soustraction est exclusivement qualifiée vol; — Que dès lors ce terme n'est que l'expression abrégée de la définition donnée par la loi, et qu'il faut sous-entendre cette définition toutes les fois que le législateur emploie le mot de vol; que les articles qui suivent l'art. 379 jusqu'à l'art. 400 inclusivement, énumèrent les différentes espèces de vols que le législateur a cru devoir spécifier; — Que l'art. 401 concerne les autres vols non spécifiés dans cette section, les larcins et filouteries; — Qu'il résulte de cette énumération que les larcins et filouteries ne sont qu'une variété de vol, et que, dès lors, ils supposent, comme le vol simple, la soustraction frauduleuse de la chose qui n'appartient pas à l'auteur de la soustraction;

Attendu, dans l'espèce, que s'il est prouvé que Fatta a usé de dol ou de manœuvres frauduleuses, ainsi que les premiers juges l'ont énoncé en leur jugement, il ne résulte point des faits déclarés constants qu'il se soit rendu coupable de soustraction frauduleuse de la chose d'autrui; puisque les titres qu'il a retenus indûment lui ont été volontairement et librement remis; que, dès lors, il n'était point coupable de vol, ne pouvait être passible des peines portées par l'art. 401 c. pén., et qu'en déclarant que le tribunal de police correctionnelle de Tarbes était compétent, puisqu'il s'agissait, dans l'espèce, de l'application de cet article, l'arrêt attaqué en a fait une fausse application et a expressément violé l'art. 191 c. inst. crim.; — Par ces motifs, casse, etc.

Du 25 sept. 1824.-C. C., sect. crim.-MM. Portalis, pr.-Cardonel, rap.

(2) (Cotillon C. min. pub.)—LA COUR; — Vu les art. 379 et 401 c. pén.; — Attendu qu'il résulte évidemment des termes de l'art. 379 qu'il ne peut y avoir vol, dans le sens de la loi, sans soustraction frauduleuse de la chose qui ne nous appartient pas, soit que ce vol, accompagné de circonstances aggravantes, ait le caractère du crime, soit que, commis sans circonstances aggravantes, il rentre dans la classe des simples vols dont les auteurs sont susceptibles d'être punis correctionnellement, ainsi qu'il est prescrit par l'art. 401; qu'il faut distinguer le simple vol, le larcin, la filouterie, de l'escroquerie, dont les caractères particuliers sont fixés par l'art. 405 même code; — Attendu que la complicité, telle qu'elle est définie par les art. 60, 61 et 62, se rattache nécessairement au crime ou au délit, pour faire prononcer contre le complice la même peine que contre l'auteur du crime ou du délit; que, dès lors, là où il n'y a pas vol dans le sens de la loi pénale, il ne peut y avoir complicité de vol;— Attendu qu'il résulte, en fait, de l'arrêt attaqué, que des individus mal famés et insolvables se rendaient dans les foires de l'arrondissement de Loudun, y achetaient des bestiaux exposés en vente par des cultivateurs, moyennant des prix qui devaient être payés comptant; que, sous divers prétextes, ils retardaient la livraison jusqu'à la fin de la tenue de la foire, et se faisaient, l'heure de la vente étant passée, livrer à crédit les bestiaux achetés, avec promesse qu'ils se libéreraient dans un bref délai; et qu'ils étaient aidés dans ces manœuvres par des personnes affidées qui certifiaient leur solvabilité; — Attendu qu'il résulte aussi en fait, du même arrêt, que Louis Cotillon a aidé un nommé Toufflin à faire de ces marchés à terme, à des époques où il avait la certitude de son insolvabilité, et lui-même créancier dudit Toufflin ne pouvant se faire payer de ce qui lui était dû; — Attendu que le fait principal ne présentant pas les caractères du vol, du larcin, de la filouterie, tels qu'ils sont fixés par les art. 379 et 401, la cour royale de Poitiers, en appliquant à Louis Cotillon ces articles et les art. 59 et 60 c. pén., et en prononçant en conséquence contre lui les peines d'amende et d'emprisonnement en vertu de ces articles, a violé les art. 379 et 401, fait une fausse application dudit art. 401 et des art. 59 et 60 c. pén.; — Casse.

Du 25 mars 1824.-C. C., sect. crim.-MM. Bailly, pr.-Brière, rap.

y avoir vol ou filouterie qu'autant qu'il y a soustraction frauduleuse de la chose d'autrui ; considérant que le prévenu Dacquin n'a pas soustrait frauduleusement les objets qu'on lui reproche d'avoir filoutés ; que s'il en est devenu possesseur, c'est par l'effet de la vente à lui consentie par l'orfévre Philippe Delbende et par suite de la confiance toute volontaire que lui a accordée ce dernier ; que, dès lors, quelque répréhensible que soit le fait imputé au prévenu, ce fait ne rentre pas dans l'application de la loi pénale... » (Douai, 20 nov. 1829, ch. corr., aff. Dacquin) ; — 8° Que le fait d'avoir déterminé un individu à acheter un cheval, au moyen d'un compère qui avait promis à l'acheteur de prendre ce cheval pour son compte, à un prix supérieur, et qui, après le marché, n'avait pas reparu, ne constitue pas le délit prévu par les art. 379 et 401 c. pén., mais bien celui puni par l'art. 405 (Crim. cass. 20 nov. 1835) (1).

83. Mais celui qui, ayant confié un sac d'argent à un dépositaire (un aubergiste) pour le garder, en reprend furtivement deux que le dépositaire lui représente, pour qu'il ait à reconnaître le sien, et s'éloigne, est coupable de vol (Crim. rej. 29 mai 1846, aff. Ballot, D. P. 46. 4. 546). — Dans ce cas, en effet, l'aubergiste ne lui a intentionnellement remis que cent deux sacs qui lui appartenait ; quant à l'autre, que l'aubergiste lui a représenté également, mais ne lui a pas remis, il l'a soustrait dans la rigoureuse acception du mot. — V. n° 75.

84. Nous aurons à examiner ultérieurement si le cohéritier qui soustrait frauduleusement des objets dépendant de la succession et qui, par conséquent, lui appartiennent pour partie, se rend coupable de vol. En admettant, ce que nous croyons du reste, que cette question doive être résolue affirmativement, il est certain que si l'héritier n'a fait que retenir frauduleusement un objet dont il se trouvait détenteur, son action ne constitue pas un vol. C'est ce qui résulte d'un arrêt qui a refusé avec raison de reconnaître le caractère de vol dans le simple fait, par un cohéritier, de retenir et de dissimuler un objet de la succession qui se trouvait déjà en son pouvoir (Montpellier, 21 nov. 1853, aff. Rigal, D. P. 55. 2. 108).

85. Il a été jugé, de même, que le fait par celui qui détient des titres de créance, à titre de cohéritier, de les omettre sciemment dans l'inventaire confié à ses soins, et de se faire délivrer d'autres titres par le débiteur, à l'insu de ses cohéritiers et à son profit exclusif, n'a pas le caractère d'une soustraction frauduleuse de la chose d'autrui, et, par suite, ne constitue pas un vol (Crim. cass. 1er déc. 1848, aff. Blandin, D. P. 48. 5. 381).

86. Les effets mobiliers, les immeubles par destination ou par la détermination de la loi, étant les seules choses qui puissent être soustraites, sont les seules qui puissent être volées. On peut s'emparer des autres immeubles contre le gré des propriétaires, mais c'est par force, par usurpation, ou par tout autre moyen constituant d'autres crimes ou délits ; ce ne peut être par un vol (V. en ce sens Merlin, Rép., v° Vol, sect. 1, n° 2 ; Favard, Rép., t. 5, p. 985 ; MM. Chauveau et Hélie, t. 5, n° 1707). — Dans le droit romain, cette règle n'avait pas toujours été admise, mais elle avait fini par prévaloir. *Abolita est*, dit Justinien (Inst., *De usucap.*, § 7), *quorumdam veterum sententia, existimantium etiam fundi locive furtum fieri.* Il est dit de même aux Pandectes : *Verum est quod plerique probant fundi furti agi non posse* (L. 25, ff., *De furtis*). Et la Glose avait ainsi formulé la même règle : *furtum non committitur in rebus immobilibus* (sur la loi 25 précitée). — Le droit canonique était à cet égard

moins restrictif. La définition qu'il donne du vol peut s'appliquer aux immeubles aussi bien qu'aux meubles. *Furti nomine bene intelligitur*, lit-on au *Corpus jur. canon.* (part. 2, causa 14, quæst. 5, § 13), *omnis illicita usurpatio rei alienæ.*

87. Mais si l'on ne peut soustraire l'immeuble lui-même, on peut en soustraire des portions après les avoir mobilisées. Une telle soustraction pourrait-elle constituer un vol? Cette question a été résolue contradictoirement par deux arrêts de cours impériales, dont l'un a décidé que des enlèvements de sable ou de gravier faisant partie intégrante d'un champ constituent un vol passible des peines portées aux art. 379 et 401 c. pén. (Colmar, 24 déc. 1862, aff. Wismer, D. P. 63. 2. 82), et dont l'autre a décidé, au contraire, que l'enlèvement de sables et graviers dans un champ ne constitue point un vol, mais un simple dommage aux champs, réparable par la voie civile (Bourges, 16 avr. 1863, aff. Ramage, D. P. 63. 5. 432). — La cour de cassation, appelée à prononcer sur la question par suite du pourvoi formé contre le dernier de ces deux arrêts, a donné la préférence à la première solution. Elle a décidé que le fait d'avoir frauduleusement extrait du sable et des graviers d'un terrain d'alluvion appartenant à autrui est une infraction punissable et doit, à défaut de dispositions spéciales qui le réprime, être poursuivi comme vol simple (Crim. cass. 14 juill. 1864, aff. Charpin, D. P. 64. 1. 322). — Déjà il avait été jugé antérieurement que le fait d'avoir détaché sans autorisation des pierres d'une falaise qui règne le long d'une côte, pour se les approprier, constitue un vol et non un simple délit rural (Crim. cass. 9 sept. 1824, aff. Lambert, V. Contravent., n° 407). — Le fait dont il s'agit réunit en effet tous les éléments caractéristiques du vol : soustraction, intention frauduleuse, chose d'autrui. Dès lors les peines du vol doivent lui être appliquées. Pour qu'il en fût autrement, il faudrait qu'il existât dans la loi une disposition spéciale qui, pour ce cas, fît exception aux règles ordinaires ; or une telle exception n'existe pas. Vainement on exciperait de ce que les portions de l'immeuble, au lieu d'avoir été détachées avant d'être appréhendées par celui qui les a soustraites, n'avaient été mobilisées que par le fait même de leur soustraction : ce serait là une subtilité qui ne saurait être admise et servir de base à une distinction.

88. Les choses incorporelles ne sont pas plus que les immeubles susceptibles de déplacement, d'enlèvement, et dès lors elles ne peuvent pas non plus être soustraites. On ne peut donc soustraire un droit (conf. MM. Chauveau et Hélie, t. 5, n° 1708) ; mais l'acte écrit qui forme le titre ce droit est une chose corporelle et comme telle susceptible de soustraction. Ainsi, dit Merlin (Quest., v° Vol, § 4), que mon débiteur m'enlève frauduleusement un acte sous seing privé par lequel il a reconnu ma créance, sur quoi s'exerce la *contrectatio*? Ce n'est pas sur ma créance : elle n'en est pas susceptible ; c'est uniquement sur mon titre qui est bien une chose corporelle. — Il a été jugé qu'on doit considérer comme une chose, dans le sens de l'art. 379 c. pén., un écrit portant toute révocation d'un mandat en vertu duquel le mandataire avait dirigé des poursuites contre un individu, soit désistement de l'instance par le mandant, soit soumission par lui de payer les frais ; et que, par suite, le fait, par l'individu poursuivi, de s'être emparé de cet écrit avec l'intention d'en faire usage, au moment où il était investi par mégarde de la poche du mandant qui ne s'en était pas encore dessaisi, constitue la soustraction prévue par cet article (Crim. rej. 15 fév. 1839) (2).

---

(1) (Femme Franchet C. min. pub.)—LA COUR ; — Vu les art. 379 et 401 c. pén. ; — Attendu, en droit, qu'il ne peut y avoir lieu à l'application de ces dispositions pénales, qu'autant que la chose enlevée à autrui a été soustraite, c'est-à-dire appréhendée contre le gré du propriétaire ; que la volonté du propriétaire n'a été dessaisi, n'a été déterminée que par des manœuvres frauduleuses qui en ont eu pour effet de persuader l'existence d'un pouvoir ou d'un crédit imaginaire, d'un accident ou de tout autre événement chimérique, les tribunaux doivent appliquer l'art. 405 du même code ; — Et attendu que, dans l'espèce, les trois faits reconnus constants, à la charge de la femme Franchet, n'emportent pas avec eux la circonstance d'une soustraction ou de l'appropriation d'un prix frauduleusement supposé, des marchés relatifs aux trois têtes de bestiaux que la femme Franchet prétendait avoir vendues ; — Que, d'un autre côté, les faits dont il s'agit n'ont pas été qualifiés

dans les termes de l'art. 405, et que la cour ne peut suppléer cette qualification ; qu'ainsi, en écartant l'application des art. 379 et 401 c. pén., il n'y a pas lieu non plus, dans l'état, d'appliquer les dispositions de l'art. 405 ; d'où il suit qu'il y a eu excès de pouvoir dans le jugement attaqué, et qu'il y a lieu à renvoi ;— Casse ; etc.
Du 20 nov. 1855.-C. C., ch. crim.-MM. Choppin, pr.-Isambert, rap.
(2) (Gondoin C. min. pub.) — LA COUR (ap. dél.); — Sur le moyen unique tiré de la violation de l'art. 4 et de la fausse application des art. 379 et 401 c. pén., en ce que la pièce soustraite n'étant susceptible d'aucune valeur, qui n'appartenait pas à Descombes, que Gondoin n'a fait que ramasser et dont il n'a pas fait usage contre son débiteur ; — Attendu que l'arrêt attaqué a constaté en fait que Gondoin, poursuivi en justice par Descombes fils, à la diligence de son père, son mandataire, en annulation, pour cause de fraude, de divers actes relatifs [...]

89. Suivant un autre arrêt, la soustraction furtive d'un titre emportant obligation est un délit dont la connaissance immédiate, ainsi que celle de la soustraction furtive de tout autre objet, est dans les attributions des tribunaux criminels (termes de l'arrêt), alors même que l'existence de ce titre est déniée, et que la somme qu'on prétend y être portée excède 150 fr. On dirait en vain qu'autoriser le juge criminel à connaître de la plainte en soustraction de titre, avant que l'existence de ces titres ait été reconnue par les tribunaux civils, c'est violer l'art. 1341 c. nap., qui prohibe la preuve par témoins pour toutes choses excédant 150 fr. (Crim. cass. 7 germ. an 13, M. Basire, rap., aff. Goy C. Boucher, V. Obligat., n° 4893).

90. Ainsi que nous l'avons déjà dit, pour constituer un véritable vol, la soustraction de la chose d'autrui doit avoir été faite ou à l'insu ou contre le gré du propriétaire. Car, si celui-ci y consentait, il n'y aurait point de vol, quand même son consentement serait ignoré de la personne qui s'est approprié la chose : *Scienti et volenti non fit injuria*. C'est en ce sens que s'exprime un arrêt dans les motifs duquel il est dit que, « le vol étant, aux termes de l'art. 379 c. pén., l'action de celui qui soustrait frauduleusement une chose qui ne lui appartient pas, il s'ensuit nécessairement qu'il n'y a pas vol là où il n'y a pas soustraction, enlèvement d'un objet quelconque *contre le gré du propriétaire* » (Crim. cass. 7 mars 1817, aff. Yvonnet, n° 758). — Il suit de là que le fait d'avoir pris successivement dans des sacs exposés sur un marché, en présence et à la vue des propriétaires, des poignées de blé et de les avoir mises dans une grande poche, ne constitue pas la soustraction frauduleuse prévue par l'art. 379 c. pén., alors surtout qu'il n'y a pas plainte de la part des propriétaires (Douai, 16 janv. 1835) (1). — Jugé aussi que le fait d'avoir obtenu des emprunts et fait des achats d'objets mobiliers, à l'aide de prétextes mensongers, ne constitue pas un vol, alors qu'il est constaté que la remise a été volontaire (Crim. cass. 1er juill. 1842, aff. Gauthier, V. n° 759).

91. Mais le vol peut exister indépendamment de toute réclamation du légitime propriétaire, et quand même il aurait ignoré ses droits sur la chose soustraite (Crim. rej. 29 mai 1828, aff. Gilbert-Lacroix, n° 152-3°).

92. L'individu condamné pour vol et qui, à l'expiration de sa peine, reprend la chose volée dans l'endroit où il l'avait cachée, n'est pas réputé commettre un nouveau vol. Par suite, ce libéré ne peut être poursuivi et condamné pour ce fait de la disposition de la chose autrefois volée (Crim. rej. 4 nov. 1848, aff. Lyon, D. P. 48. 5. 380). — En effet, on ne peut pas dire qu'une chose qui, après avoir été soustraite à son propriétaire, n'était pas rentrée en la possession de ce dernier, mais avait été déposée par le voleur dans un lieu secret où il est venu la reprendre, ait été de sa part l'objet d'une seconde soustraction.

ART. 2. — *De l'intention frauduleuse.*

93. La seconde condition nécessaire pour l'existence du vol, c'est l'*intention* criminelle, c'est-à-dire l'intention de s'approprier la chose d'autrui, ou du moins d'en dépouiller le propriétaire. *Furtum sine affectu furandi non committitur*, disait la loi romaine (Instit., *De oblig. quæ ex delict. nasc.*, § 7; *De usucap.*, § 5). C'est pourquoi le vol était défini *contrectatio fraudulosa* (L. 1, § 3, ff., *De furt.*). Et notre code exprime la même pensée lorsqu'il dit (c. pén. 379) que « quiconque a soustrait *frauduleusement* une chose qui ne lui appartient pas est coupable de vol. » Il ne suffit donc pas, pour constituer le vol, que la chose ait été soustraite, il est nécessaire qu'elle l'ait été frauduleusement, c'est-à-dire avec l'intention de s'approprier le bien d'autrui. De là plusieurs conséquences. Et d'abord celui qui enlève une chose qui, à la vérité, ne lui appartient pas, mais que par erreur il croit lui appartenir, ne commet pas un vol : *Qui aliquo errore ductus rem suam esse existimans et imprudens juris eo animo rapuit absolvi debet* (Inst., *De bonis vi rapt.*, § 1). — En second lieu, celui qui enlève une chose qu'il sait bien ne pas lui appartenir, mais qui croit agir ainsi avec l'assentiment du propriétaire, ne commet pas un vol; car, dans ce cas comme dans le précédent, l'intention frauduleuse manque : *Recte dictum est*, dit Ulpien (L. 46, § 7, ff., *De furt.*), *qui putavit se domini voluntate rem attingere non esse furem. Quid enim dolo facit qui putat dominum consensurum fuisse, sive falso id, sive vere putet? Is ergo solus fur est qui attrectavit quod invito domino se facere scivit.* — Ces propositions ne sont pas moins vraies dans notre droit qu'elles ne l'étaient dans le droit romain. — V. en ce sens Chauveau et Hélie, t. 5, n° 1719.

94. Par application de ces principes, il a été jugé qu'on ne peut considérer comme coupable de vol celui qui, se prétendant propriétaire d'une chose dont un autre conteste la propriété, l'enlève à celui-ci avant que la justice ait prononcé sur leur différend (Crim. cass. 17 oct. 1806) (2). — Mais il en serait autrement, comme le font observer MM. Chauveau et Hélie (t. 5,

---

crits par Descombes fils au profit de Gondoin, son créancier, a obtenu, par divers moyens que cet arrêt spécifie (en s'appropriant les motifs des premiers juges), que Descombes fils écrivit et signa un écrit portant 1° révocation de la procuration qu'il avait donnée à son père à l'effet de ladite poursuite; 2° désistement de la poursuite elle-même; 3° et l'obligation de payer les frais exposés jusque-là; — Que cette pièce devait rester en la possession de Descombes fils, qui ne voulait pas en faire profiter Gondoin; — Que celui-ci, pour s'en emparer, conduisit Descombes fils dans une maison de débauche, où il concerta les moyens de la soustraire; que la pièce s'échappa de la poche de l'habit dont Descombes s'était dépouillé, qu'à l'instant même Gondoin s'en empara, et se retira après l'avoir cachée; — Que l'arrêt attaqué constate encore que Gondoin avait l'intention de faire usage de la pièce ainsi soustraite, s'il n'en avait pas été empêché par la plainte adressée par Descombes fils à la justice;

Attendu, en droit, que par la disposition générale de son art. 379, le code pénal déclare coupable de vol quiconque a soustrait frauduleusement une *chose* qui ne lui appartient pas; que l'art. 400, inscrit au même code sous la rubrique des vols, punit quiconque aura extorqué par force, violence ou contrainte, la *signature* ou la *remise* d'un écrit, d'un acte, d'un titre, d'une pièce *quelconque*, contenant ou opérant obligation, disposition ou décharge; — Attendu qu'un acte contenant révocation d'un mandat en cours d'exécution, désistement d'une action commencée, obligation de payer des frais de justice déjà exposés, rentre évidemment dans la généralité des termes des art. 379 et 400 précités; — Attendu que vainement on allègue que l'acte dont il s'agit n'avait pas été signifié, et n'opérait aucune obligation, puisque Gondoin devenait le maître, par la soustraction de cette pièce, de lui faire produire des effets civils contre Descombes, et que la tentative d'un larcin ou filouterie dont Gondoin a été déclaré convaincu dans l'espèce est assimilé par l'art. 401 du même code au délit lui-même; — Attendu que l'acte dont il s'agit était resté la chose de Descombes, puisqu'il n'avait pas consenti à en faire profiter Gondoin; — Attendu enfin que la soustraction frauduleuse résulte des moyens par lesquels Gondoin est parvenu à les faire sortir de la possession de Descombes, et à s'en emparer immédiatement et clandestinement; — Qu'ainsi, dans l'espèce, se rencontrent tous les caractères de criminalité prévus par les art. 379 et 401 c. pén.; que loin de violer, dès lors, l'art. 4 du même code, l'arrêt attaqué a fait une juste application des articles précités; — Rejette.

Du 15 fév. 1839.-C. C., ch. crim.-MM. Bastard, pr.-Isambert, rap.

(1) *Espèce* : — (D... C. min. pub.) — D... courait les marchés de grains et puisait dans les sacs exposés en vente des échantillons qu'il mettait dans sa large poche. — Traduit en police, par le ministère public, il fut condamné par le tribunal de Saint-Omer à un an de prison. Sur l'appel, il a soutenu qu'il ne pouvait y avoir vol lorsque la chose prise ne l'a été que du consentement exprès ou tacite du propriétaire; que, dans l'espèce, il n'avait puisé dans les sacs des échantillons que sous les yeux des marchands qui y avaient consenti par une tolérance silencieuse. — Le ministère public répondait : Le consentement tacite du propriétaire qui ouvre son sac et laisse prendre des échantillons est subordonné à cette condition que le grain ne sera enlevé que dans un but d'acquisition ou de titre de montre. Or, prendre une poignée de blé, la mêler aussitôt avec d'autres déjà mélangées, ce n'est pas prendre à titre d'échantillon pour acheter ou faire vendre. Le titre d'échantillon n'est qu'un prétexte; le but c'est le vol, surtout lorsqu'on fait habituellement ressource de ce moyen. — Arrêt.

LA COUR; — Attendu que l'action de s'être approprié quelques grains de blé, pris comme échantillon dans des sacs exposés sur un marché, en présence, à la vue du propriétaire et sans qu'aucun d'eux ait porté plainte, ne constitue pas la soustraction frauduleuse prévue par l'art. 379 c. pén.; — Que le fait imputé au prévenu ne présentant ainsi ni délit ni contravention, il ne pouvait échoir de prononcer à sa charge aucune condamnation. — Vu l'art. 212 c. inst. crim., met l'appel au néant.

Du 16 janv. 1835.-C. de Douai, ch. corr.-M. Gosse, pr.

(2) *Espèce* : — (Perochain C. Guigues.) — Il y avait instance dans les tribunaux entre Jean Perochain et son fils aîné sur la propriété d'un pré

n° 1726), si l'agent savait que sa prétention à la propriété de la chose litigieuse n'était pas fondée. A la vérité, le caractère litigieux de la chose enlevée est une présomption favorable à l'agent ; mais cette présomption peut être détruite par les faits.

95. De même, celui qui tranche à son profit une question de propriété litigieuse entre lui et un tiers en s'emparant de la chose mobilière qui fait l'objet de ce litige ne peut être poursuivi comme coupable de vol ; spécialement, ne peut être réputé vol de poisson le fait du propriétaire riverain d'un cours d'eau non navigable ni flottable qui a levé des nasses placées dans ses eaux par le propriétaire de la rive opposée, alors d'ailleurs que la publicité avec laquelle il a agi exclut de sa part toute pensée d'une soustraction frauduleuse (Lyon, 5 janv. 1864, aff. Rey, D. P. 64, 2° part.).—Sans doute, le propriétaire qui commet un tel acte a le tort de vouloir se faire justice à lui-même et de ne pas laisser aux tribunaux le soin de résoudre une question sur laquelle ils ont mission de prononcer ; mais il ne peut être réputé coupable de vol, alors surtout qu'il a agi ouvertement et sans mystère, en affirmant hautement son droit.

96. Il a été jugé également que le fait d'avoir enlevé, à l'insu du détenteur, dans le domicile de ce dernier, des objets que celui qui les a enlevés soutient, et qui sont reconnus être sa propriété, peut, à le tort de ce propriétaire qui s'en trouverait qui appartinssent au détenteur, être considéré comme ne constituant pas une soustraction frauduleuse (Crim. rej. 2 fév. 1827, aff. Adam, V. Quest. préjud., n° 49).—Faisons remarquer ici encore que si, avec les objets qu'il croyait lui appartenir, l'individu avait enlevé d'autres objets qu'il savait être la propriété du détenteur, il devrait être considéré comme coupable de vol relativement à ces derniers.

97. Enfin le légataire qui, sans attendre la délivrance de son legs de la part de l'héritier à réserve, enlève les fruits de la chose léguée (une vigne, que cet héritier avait donnée à colonage), ne commet pas un vol... ; encore que ce legs aurait été contesté, si, d'ailleurs, l'enlèvement a eu lieu après qu'un jugement non encore attaqué avait prononcé la validité du legs... ; mais cet enlèvement constitue une voie de fait, passible d'une peine de simple police (Bastia, 9 oct. 1846, aff. P..., D. P. 46. 2. 233).

98. Supposons maintenant un créancier et son débiteur. Le premier s'est emparé d'une somme d'argent ou d'effets mobiliers appartenant au second. Sera-t-il admis à prétendre, pour se justifier, qu'il a eu l'intention, non de commettre un vol, non de s'approprier le bien d'autrui, mais de se rembourser de ce qui lui était dû ? Il est évident tout d'abord que l'excuse ne serait pas admissible si le créancier avait soustrait sciemment une va-

leur supérieure au montant de sa créance. Mais que décider si la chose soustraite était d'une valeur égale ou inférieure ? Nous croyons que la solution doit dépendre des circonstances. Il est certain, en effet, qu'en thèse générale il ne peut suffire à l'auteur d'un vol, pour échapper à la peine qu'il a encourue, de prétendre et même de prouver qu'il est créancier du propriétaire de la chose volée ; la qualité de créancier n'est pas en elle-même exclusive de l'intention de voler, et il est possible que l'auteur du fait, tout en s'appropriant la chose du débiteur, n'en ait pas moins eu la volonté d'exiger le payement de son dû (V. Conf. Merlin, Rép., v° Vol, sect. 1, n° 6 ; MM. Chauveau et Hélie, t. 5, n° 1721).—Il a été jugé, en ce sens, qu'on doit considérer comme coupable de vol celui qui, ayant soustrait frauduleusement des effets à une personne, prétend ne l'avoir fait que parce que cette personne lui devait une somme égale à la valeur de ces effets ; une créance ne pouvant légitimer un vol (Crim. rej. 22 déc. 1808) (1).

99. Mais s'il apparaissait clairement que l'auteur du fait n'a eu d'autre but que le payement de sa créance, nous croyons, avec MM. Chauveau et Hélie (loc. cit.), qu'il serait difficile de voir dans son action un véritable vol, parce que l'un des éléments essentiels de ce délit, l'intention frauduleuse, manquerait. Si donc un créancier attaquait son débiteur les armes à la main et le contraignait, soit par des menaces, soit par des violences, à lui payer ce qu'il lui doit, il serait sans doute passible de peines à raison des violences qu'il aurait pu commettre, mais il ne pourrait être considéré comme voleur (Conf. Merlin, loc. cit.). Ces principes étaient admis dans le droit romain. Qui imprudens juris, disent les Institutes (De vi bonor. raptor., § 1), eo animo rapuerit, quasi domino liceat per vim rem auferre à possessoribus, absolvi debet ; cui scilicet conveniens est nec furti tenerí eum qui eodem hoc animo rapuit.

100. Sous l'empire de la loi du 18 pluv. an 9, qui punissait de mort les vols accompagnés de violences commis sur les grandes routes, il a été jugé, par application de ces principes, que le fait d'avoir attaqué un individu sur une grande route avec des armes à feu, et de l'avoir forcé à remettre une somme d'argent, n'était point passible de cette peine, lorsqu'il était reconnu que, dans l'opinion de l'agresseur, l'individu dépouillé lui devait la somme extorquée (Crim. cass. 1er therm. an 12) (2).

101. Il a été jugé de même, sous l'empire du code pénal, qu'il n'y a pas vol de la part du créancier qui, pour se payer, s'empare des marchandises appartenant au débiteur, malgré l'opposition et la résistance de ce dernier, si ce fait n'a pas été accompagné de fraude (Paris, 15 avr. 1823) (3).

102. Il a été jugé cependant : 1° que des soustractions de

---

de luzerne.—Perochain père fait faucher la luzerne ; le soir même ou la nuit suivante cette luzerne est transportée sur un pré de même nature appartenant à Guiques, et contigu au premier.—Le lendemain, la femme Perochain et son fils Jean, mineur, enlèvent la luzerne de dessus le pré de Guiques et l'emportent chez eux.—Guiques, prétendant avoir acheté cette luzerne de Perochain aîné, porte l'affaire à la police correctionnelle, d'où elle passe à la cour de justice criminelle du département de la Vendée qui en fait application de l'art. 55 de la 2° sect. du tit. 2 de la 2° part. c. pén. de 1791, concernant les vols de récoltes. La femme Perochain et son fils Jean sont condamnés à un emprisonnement de huit jours, outre la restitution, dont Perochain père est déclaré civilement responsable. — Pourvoi. — Arrêt.

La cour ; — Vu l'art. 456 c. des dél. et des pein., n° 6 ; — Et attendu que le tribunal de police correctionnelle de Fontenai et la cour criminelle du département de la Vendée n'ont reconnu que le droit de propriété de la luzerne enlevée n'était pas décidé ; qu'ils se sont seulement arrêtés à la circonstance que cette luzerne était sur le pré de Guiques, où elle avait été transportée du pré dont la possession était en litige ; que de cette circonstance ils ont déduit, particulièrement la cour de justice criminelle, qu'il y avait vol de récolte, et que la loi de 1791 sur ces sortes de vols devait être appliquée au fait qui faisait l'objet de la plainte ; mais que cette conséquence et cette application des lois pénales sont un excès de pouvoir et une fausse application des lois ; que, dans les circonstances particulières de cette affaire, l'enlèvement commis par la femme Perochain et son fils Jean ne constituait qu'une simple voie de fait, et n'était par conséquent passible que d'une poursuite devant le tribunal de simple police, conformément à l'art. 605 c. des dél. et des pein. : — Par ces motifs, casse, etc.

Du 17 oct. 1806.-C. C., sect. crim.-M. Seignette, rap.

(1) Espèce : - (Fabre.) — Fabre, condamné pour vol domestique, s'étant pourvu en cassation a allé, entre autres choses, que la déclaration du jury, sur laquelle était basée sa condamnation, était nulle, en ce que le président n'avait pas proposé au jury, et que, par suite, le jury n'avait pas résolu la question relative à l'excuse qu'il avait fait valoir dans les débats, et qu'il avait tirée de ce qu'à l'époque où il s'était approprié les effets du vol desquels il était accusé, il se trouvait créancier de son maître d'une somme excédant la valeur de ces effets. — Arrêt.

La cour ; — Attendu qu'une créance ne peut légitimer un vol, rejette. Du 22 déc. 1808.-C. C., sect. crim.-M. Delacoste, rap.

(2) (Burlando C. min. pub.) — La cour ; — Attendu que l'acte d'accusation et de déclaration de la cour de justice criminelle spéciale du département du Pô, il résulte que les violences exercées avec port d'armes par Dominique Burlando avaient pour objet la restitution de sommes qu'il croyait lui être dues ; que dans le fait dont Burlando est déclaré coupable, et sur lequel a été fondée la condamnation prononcée contre lui, il n'y avait donc pas les caractères du vol ; que la volonté de dépouiller quelqu'un dans le dessein du crime ; que dès lors il n'y avait pas lieu à l'application des art. 8 et 29 de la loi du 18 pluv. an 9 ; — Casse, etc.

Du 1er therm an 12.-C. C., sect. cr.-MM. Vermeil, pr.-Liborel, rap.

(3) Espèce. — (Devis, etc. C. Parent.) — Sur la plainte de la veuve Parent contre les associés Gras et Devis, jugement du 1er mai 1825, qui ; — « Attendu que de l'instruction et des débats résulte la preuve que Devis et la veuve Gras, créanciers de la veuve Parent d'une somme de 177 fr., prévenus que cette dernière avait provoqué une réunion de ses créanciers, se sont présentés, le 16 septembre dernier chez ladite Parent, en son absence, et ont enlevé de la boutique une pièce de toile

sommes d'argent commises par un créancier au préjudice de son débiteur ne cessent pas d'être frauduleuses dans le cas même où le créancier les aurait pratiquées pour se récupérer (Crim. rej. 12 août 1847, aff. femme Dépré, D. P. 47. 4. 510); — 2° Que la soustraction de la chose d'autrui peut être frauduleuse et constituer, dès lors, un vol, quoique, d'une part, elle ait eu lieu sans clandestinité, et que, d'autre part, elle ait été faite par un créancier, dans le désir de se procurer un gage; qu'en conséquence, il n'y a pas lieu à sursis pour qu'il soit statué préalablement sur l'existence de la créance de l'auteur de la soustraction (Crim. cass. 9 mai 1850, aff. Battini, D. P. 51. 5. 556).

103. Alors même que la créance ne serait ni liquide ni exigible, la bonne foi néanmoins, disent MM. Chauveau et Hélie (loc. cit.), pourrait exister encore, mais la présomption favorable s'affaiblirait. Il serait en effet plus difficile d'admettre que l'agent ne voulait qu'exercer un droit, quoique par des moyens illicites, si ce droit était douteux ou sans fondement.

104. L'individu qui, étant entré chez un tiers pour s'assurer si l'auteur d'une soustraction dont il a été victime s'y était réfugié non y avait déposé ses outils, s'est emparé d'une somme d'argent qu'il y a trouvée, dans la pensée que peut-être cet argent appartenait à son débiteur, a pu, une telle pensée n'étant pas exclusive de fraude, être déclaré coupable de vol, alors surtout qu'il a dissimulé, puis nié cette soustraction (Crim. rej. 3 août 1861, aff. Raymond, D. P. 61. 5. 343).

105. Dans le droit romain il fallait nécessaire, pour qu'il y eût vol, que la soustraction eût lieu animo lucri faciendi, c'est-à-dire en vue de se procurer un profit (Inst., De oblig. quæ ex delict. nasc., § 1), ou du moins d'en procurer un à un tiers : Et is furti tenetur (dit la loi 54, § 1, ff., De furtis), qui ideo rem amovet ut eam alii donet. En un mot, le droit romain tenait compte, non pas seulement du fait, mais aussi de son motif déterminant, de sa cause impulsive: Nec enim factum quæri-

tur (dit la loi 39, ff., De furtis), sed causa faciendi. Si donc l'agent avait enlevé la chose avec l'intention, non de se l'approprier ou de la donner, mais seulement d'en priver celui à qui elle appartenait, il n'était pas passible des peines du vol: Undè eos qui tantum injuriæ seu contumeliæ inferendæ, dit Voet (ad. Pand., De furt., n° 3), vel damni dandi causâ, non ut ipsi lucrentur, alienas res auferunt, à furti vitio excusati sunt. — Cette distinction ne serait point admissible dans notre droit criminel. Le code pénal, dans la définition qu'il donne du vol, n'exige pas, de la part de l'agent, cette condition de chercher un profit pour soi-même ou pour autrui; il lui suffit que la soustraction soit frauduleuse, abstraction faite du but que se propose l'agent, pour que le délit existe. Lors donc qu'il n'aurait soustrait la chose que pour la détruire et en frustrer le propriétaire, il devrait être puni comme voleur. C'est aussi le sentiment de MM. Chauveau et Hélie, t. 5, n° 1722. — Il a été jugé, en ce sens : 1° que l'enlèvement d'un objet peut constituer un vol, encore qu'il n'ait pas été fait dans l'intention de s'approprier le bien d'autrui (Crim. cass. 30 juin 1811, MM. Barris, pr., Lombard, rap., aff. Mondelet); — 2° Qu'une soustraction frauduleuse constitue un vol quel que soit le motif qui l'ait déterminée; spécialement, que celui qui, par esprit de vengeance et sans intention de s'enrichir, enlève un instrument d'agriculture, et, après l'avoir brisé, en cache chez lui les débris, commet un vol, et non pas seulement un bris d'instrument d'agriculture puni par l'art. 451 c. pén. (Bourges, 26 janv. 1843) (1).

106. Il avait été décidé de même, sous l'empire des lois criminelles antérieures au code pénal, que, pour qu'il y ait vol, dans le sens de la loi, il n'est pas nécessaire que l'auteur de la soustraction ait eu l'intention de s'approprier les effets, qu'il suffit qu'il en ait eu celle de dépouiller le propriétaire (Crim. cass. 28 niv. an 9) (2).

107. Celui qui soustrait la chose d'autrui avec le dessein de

---

(1) (Min. pub. C. Thépin.) — La cour ; — Considérant qu'il est suffisamment établi et prouvé que, dans la nuit du 26 au 27 novembre dernier, Pierre Thépin a démonté une voiture appartenant à Claude Belleville, laquelle stationnait au dehors et devant la porte de ce dernier; qu'il en a enlevé et transporté chez lui les roues et l'essieu ; que là, il les a coupés et sciés en plusieurs morceaux ; — Que, lors du transport du juge de paix au domicile de Pierre Thépin, celui-ci répondant aux interpellations qui lui étaient adressées par ce magistrat, a soutenu qu'il n'avait rien pris, rien enlevé, et qu'il ne savait ce qu'on voulait lui dire; — Mais qu'en procédant à une perquisition dans sa grange, on a trouvé :

1° dans une cuve de pressoir plusieurs morceaux de jantes et de bandes de fer qui ont été reconnus provenir des roues appartenant à Belleville, lesquels morceaux étaient mêlés dans d'autres débris de vieilles roues ; 2° sur un échafaud et sous une énorme quantité de bottes de paille, deux moyeux avec leurs rais fraîchement sciés, lesquels ont été reconnus également avoir fait partie des roues réclamées par Belleville ; qu'en présence de ces découvertes, Pierre Thépin n'a pas persisté dans ses dénégations ; — Considérant que ces faits portent évidemment le caractère des vols prévus par l'art. 401 c. pén., et qu'à tort on soutient, dans l'intérêt de Pierre Thépin, que ce dernier n'ayant eu d'autre intention que de satisfaire un sentiment de vengeance, et non de profiter des roues par lui enlevées, il n'y a eu de sa part qu'une simple destruction d'un instrument d'agriculture, délit prévu par l'art. 451 c. pén., et non un vol dans le sens de la loi ; — Considérant que la loi répute coupable de vol quiconque a soustrait frauduleusement la chose d'autrui (art. 379) ; — Qu'il y a soustraction frauduleuse toutes les fois que, sciemment, on fait sortir une chose de la possession du légitime possesseur, contre le gré et à l'insu de ce dernier, pour la faire passer dans la sienne propre ; — Qu'il importe peu que l'auteur de la soustraction ait eu l'espoir et l'intention de profiter de la chose d'autrui ; qu'il suffit qu'il ait en celle d'en priver le propriétaire ; — Considérant qu'il n'y aurait de la part de Thépin simple destruction d'un instrument d'agriculture qu'autant qu'il aurait opéré cette destruction sur place et en aurait abandonné les débris, ce qui ne se rencontre pas dans l'espèce, où il y a tout à la fois soustraction frauduleuse et destruction d'instrument d'agriculture ; — Par ces motifs, dit qu'il a été mal jugé, en ce que les faits dont Thépin a été déclaré coupable ont été mal qualifiés, et qu'au lieu de lui faire l'application des art. 401 et 451 c. pén., on ne lui a fait que celle de l'art. 451 du même code ; émendant quant à ce, et faisant, ce que les premiers juges auraient dû faire, l'application à Thépin desdits art. 401 et 451, ainsi que de l'art. 463, attendu les circonstances atténuantes, condamne Thépin en un mois de prison, confirme le jugement dans ses autres dispositions, etc. — Du 26 janv. 1845.-C. de Bourges, ch. corr.-MM. Dubois, pr.-Raypal, av. gén., c. concl.-Dufour fils, av.

La cour, — Attendu qu'il résulte de l'instruction et des débats que la soustraction reprochée à la veuve Gras et Devis n'a point été accompagnée de fraude; mais attendu qu'ils ne se sont emparés de marchandises, gage commun des créanciers de la veuve Parent, et ce, après la convocation des créanciers, met la appellations et cédait est appel au néant; procédant par jugement nouveau, décharge les appelants des condamnations prononcées contre eux ; faisant droit au principal, les renvoie de la plainte ; — Ordonne néanmoins que les marchandises rapportées par Devis et la veuve Gras demeureront entre leurs mains, à titre de dépôt, pour être représentées aux créanciers de la veuve Parent, sinon tenus de représenter auxdits créanciers la somme de 100 fr., à laquelle la cour évalue d'office les marchandises;—Attendu que la veuve Gras et Devis ont, par leur fait, donné lieu à l'instance, les condamne aux dépens. — Du 15 avr. 1825.-C. de Paris, ch. corr.-M. Desèze, pr.

dont ils se sont fait donner facture par ladite fille, que leur conduite avait effrayée ; — Que le lendemain 17 septembre, Devis et la veuve Gras se sont de nouveau présentés dans la boutique de la veuve Parent, où ils ont enlevé des marchandises de mercerie, nonobstant l'opposition de ladite veuve Parent, et sans avoir préalablement fait dresser un état desdites marchandises ; que la déclaration des inculpés que les marchandises soustraites ne consistent qu'en vingt-trois mouchoirs et un coupon de toile, est inadmissible pendant les débats; qu'il en résulte qu'elles doivent être évaluées à 200 fr. ; — Attendu qu'un pareil enlèvement de marchandises, excédant la créance des inculpés, présente le caractère d'une soustraction frauduleuse, prévue et punie par l'art. 401 c. pén. ; mais attendu que la valeur desdites marchandises, n'excédant pas de la somme de 25 fr. la créance des inculpés, le préjudice causé n'est pas alors de 25 fr., etc. ; — Vu les circonstances atténuantes, condamne la veuve Gras et Devis chacun à quinze jours d'emprisonnement, ensemble à 200 fr. d'amende, à 25 fr. de dommages-intérêts envers la dame Parent, et déclare celliberée vis-à-vis ses associés Gras et Devis, en fixant à 200 fr. la valeur des marchandises par eux enlevées les 16 et 17 septembre précédent. — Appel. — Arrêt.

(2) (Int. de la loi.) — Boulin, etc.) — Le tribunal ; — Vu les art. 373 et 396 c. des dél. et des peines ; — Considérant qu'aux termes de l'acte d'accusation, le vol commis avec violence et l'usage d'armes dans l'intérieur de la maison du sieur Rougier, était annoncé comme l'un des délits d'une bande de brigands associés au nombre de quarante-cinq au moins, pour exercer leurs brigandages, et se préparant ainsi; par cette association, les moyens d'exécuter leurs divers délits ; que, d'ailleurs, le même acte d'accusation annonçait que nombre de ces brigands avaient facilité ceux qui s'étaient introduits chez Rougier à exécuter leur crime ;

l'employer à faire une aumône n'en est pas moins passible des peines du vol. *Nec etiam furari licet ad effectum faciendi eleemosynam,* disaient les glossateurs dans leurs commentaires sur la loi 54, § 1, ff., *De furt.* (V. aussi Farinacius, quæst. 168, n° 21; MM. Chauveau et Hélie, t. 5, n° 1722).—Le droit romain, qui ne voyait un vol dans la soustraction qu'autant qu'elle avait eu pour mobile une pensée de lucre, considérait néanmoins comme un vol la soustraction faite pour donner, et il en indiquait la raison suivante (L. 54, § 1, ff., *De furt.*): *Species enim lucri est ex alieno largiri, et beneficii debitorem sibi adquirere.* A plus forte raison doit-il en être ainsi sous l'empire du code pénal, qui a moins d'égard que le droit romain à la cause impulsive de l'action.

108. Il ne suffit pas, pour constituer le vol, que celui qui a enlevé la chose ait eu la pensée de nuire; il est nécessaire qu'il ait eu l'intention d'en dépouiller le propriétaire. Si donc il s'était borné à déplacer la chose enlevée, en vue de nuire au propriétaire par ce déplacement, il ne pourrait être considéré comme coupable de vol. MM. Chauveau et Hélie (t. 5, n° 1722) citent pour exemple le fait d'enlever une enseigne, non pour la dérober, mais pour la mettre dans une autre place. — Il a été jugé, de même, qu'on ne peut considérer comme un vol le fait d'avoir enlevé une guérite du lieu où elle était, et de l'avoir déposée dans un chemin public, surtout quand cet enlèvement n'a pas été frauduleux (Crim. cass. 22 mai 1818) (1).

109. Il peut arriver que celui qui soustrait la chose d'autrui ne fasse en cela que céder à une extrême nécessité, telle que la faim, le froid, ou quelque autre besoin de même nature. Cette nécessité suffit-elle pour le justifier et pour enlever à l'acte tout caractère criminel? Le droit canonique l'avait admis, se fondant sur le passage de l'Evangile où il est dit que, comme Jésus passait le long des blés, ses disciples, pressés par la faim, se mirent à rompre les épis, et les froissant dans leurs mains les mangèrent, et que Jésus, loin de les condamner pour ce fait, les défendit, au contraire, contre les reproches des Pharisiens (saint Luc, ch. 6, v. 1 et suiv.); d'où le droit canon avait tiré cette règle: *quod enim non est licitum in lege, necessitas facit licitum* (can. 26, *De conserv.*, dist. 5). Cette doctrine avait été adoptée, dans l'ancien droit, par Farinacius, quæst. 174, n°s 68 et 69; Jousse, Tr. de just. crim., t. 4, p. 256; Muyart de Vouglans, Lois crim., p. 279. Mais d'autres criminalistes pensaient que si la nécessité atténuait le délit, elle ne le faisait pas disparaître entièrement. Tel était notamment le sentiment de Voet, ad Pand., *De furt.*, n° 8; Matthæus, ad Pand., *De furt*, n° 7; Tiraqueau, *De pœn. temperand.*, caus. 33. — Notre législation pénale ne

contient aucune disposition d'où l'on puisse inférer que la nécessité puisse servir d'excuse au vol. Elle ne pourrait être considérée que comme une circonstance atténuante. C'est ce qu'enseignent aussi MM. Chauveau et Hélie, t. 5, n° 1723.

110. L'intention frauduleuse doit exister au moment même où la soustraction est commise. Si elle survient seulement après que l'agent s'est mis en possession de la chose, le délit n'existe pas. En effet, la loi définit le vol la *soustraction frauduleuse* de la chose d'autrui; il faut donc, d'après les termes de cette définition, que la soustraction elle-même soit frauduleuse; or, si l'intention frauduleuse n'avait commencé que postérieurement à la soustraction, on ne pourrait pas dire que cette soustraction a été frauduleuse. Ce ne serait pas, dans cette hypothèse, la *soustraction*, ce serait la *rétention* qui serait frauduleuse, et dès lors on ne se trouverait plus dans les termes de la définition. C'est donc au moment même de la perpétration que le fait doit être envisagé; c'est à ce moment que les éléments de la criminalité doivent se trouver réunis; il ne suffirait pas qu'ils se produisissent successivement (Conf. MM. Chauveau et Hélie, t. 5, n°s 1715, 1716 et 1724). — Il a été décidé, en ce sens: 1° que, bien que l'intention frauduleuse de s'approprier la chose d'autrui puisse être manifestée par des actes postérieurs au fait de l'appréhension ou de la remise de l'effet retenu, elle n'en doit pas moins, pour constituer le vol, remonter à l'origine même de la possession (Crim. cass. 2 avr. 1835, aff. Huet, V. Obligations, n° 4899-7°); — 2° Que le créancier qui, mettant à profit l'oubli de son débiteur, a frauduleusement soustrait la quittance que celui-ci a laissée par mégarde, et a réclamé une seconde fois son payement, est avec raison déclaré coupable de vol, les faits ainsi constatés impliquant concomitance de l'intention frauduleuse avec l'appréhension du titre oublié (Crim. rej. 15 mai 1863, aff. Marc, D. P. 63. 1. 266). — Nous verrons bientôt des applications de ce principe, notamment en ce qui concerne les choses trouvées sur la voie publique.

111. Mais, une fois la soustraction frauduleuse consommée, le repentir du voleur et la restitution qu'il ferait de sa propre mouvement de la chose volée ne suffiraient point pour le mettre à l'abri des peines de la loi. Cette restitution éteindrait à la vérité l'action civile, qui n'aurait plus alors de raison d'être, à moins que le vol n'eût causé quelque préjudice distinct de la privation de la chose elle-même, mais elle laisserait subsister l'action publique, qui en est parfaitement indépendante. — Il a été jugé, par application de ces principes, que la seule appréhension d'un objet mobilier appartenant à autrui, avec intention de se l'approprier, constitue une soustraction frauduleuse con-

---

— Considérant que les dix individus mis en accusation, étant prévenus d'être ou auteurs ou complices du délit dont il s'agissait, il devenait nécessaire de poser, à l'égard de chacun des accusés, des questions relatives, non-seulement à la participation personnelle et directe au délit, mais aussi à tous les faits constitutifs de la complicité; — Considérant que cependant le tribunal criminel du département de la Gironde s'est borné à poser, à l'égard de chacun des accusés, les questions de savoir s'il avait pris part à l'enlèvement des effets soustraits, s'il l'avait fait dans l'intention de s'approprier lesdits effets; — Considérant qu'il en est résulté que des accusés, ayant été déclarés non convaincus d'avoir pris part personnelle et directe à cet enlèvement des effets soustraits, ils ont été acquittés, quoique, sans avoir pris part personnelle et directe à cet enlèvement, ils eussent pu en être déclarés complices, si les questions relatives à la complicité résultant de l'acte d'accusation eussent été posées; — Considérant qu'une plus scandaleuse disparité est encore résultée de la position des accusés; car deux autres accusés qui, déclarés convaincus d'avoir pris part à un vol commis à force ouverte et par violence, ont été déclarés non convaincus d'en avoir eu l'intention de s'approprier les objets soustraits, inconséquence révoltante de la part des jurés, dans laquelle ils ne seraient pas tombés si les questions relatives à la complicité n'eussent pas été omises, et si, au lieu de poser la question de savoir si chaque accusé avait eu l'intention de s'approprier à lui-même les objets soustraits, on eût demandé au jury si chaque accusé n'avait pas eu intention de dépouiller le propriétaire, intention qui suffit pour constituer le crime de vol, n'étant pas plus permis de dépouiller le légitime propriétaire d'une chose pour la transférer à autrui, que pour la garder pour soi-même; — Par ces motifs, casse et annule, pour l'intérêt de la loi seulement, etc.

Du 28 niv. an 9.-C. C., sect. crim.-MM. Goupil, pr.-Viellart, rap.

(1) (Min. pub. *C.* jeunes gens de Vitré.) — LA COUR; — Attendu

que les faits reconnus constants par le jugement attaqué sont que, dans la nuit du 16 au 17 mars dernier, une guérite placée à la porte de la prison a été enlevée, et que, dans le transport, la vitre formant une des ouvertures qui y sont pratiquées a été brisée; — Que l'art. 257 c. pén. formant, sous ce titre, *dégradation de monuments,* le § 6, sect. 4, chap. 3, tit. 1, du liv. 3, ne saurait être applicable au cas de destruction ou de dégradation d'une guérite; qu'on ne peut, sous le prétexte qu'une guérite est destinée à mettre une sentinelle à l'abri des injures du temps, la ranger dans la classe des objets d'utilité publique élevés par l'autorité publique, dont parle cet art. 257, et voir dans sa dégradation un délit punissable d'un emprisonnement d'un mois à deux ans et d'une amende de 100 fr. à 500 fr.; — Attendu que l'on reconnaissant que la guérite dont il s'agit dans la cause a été enlevée, le jugement ne dit pas que l'enlèvement a été frauduleux, et ne renferme aucune expression qui puisse faire naître l'idée d'une soustraction opérée dans l'intention de dérober la chose soustraite; — Que la supposition d'un vol est d'autant moins admissible dans l'espèce, que la guérite n'a réellement été que déplacée, et qu'ôtée de la porte de la prison, elle a été déposée dans un chemin public; — Que les faits reconnus ne constituant pas plus le délit de vol mentionné dans l'art. 401 c. pén., que le délit de dégradation de monuments qui est l'objet de l'art. 257 même code, la connaissance n'en pouvait appartenir à la juridiction correctionnelle; — Que les faits, tels qu'ils sont établis par le procès-verbal du commissaire de police, et qui avaient seuls déterminé l'action du ministère public, se réduisaient à des contraventions de police, sur lesquelles il était du devoir du juge de paix de prononcer; qu'en renvoyant les parties devant le procureur du roi, ce juge a fait une fausse application de l'art. 160 c. inst. crim. et violé les règles de compétence établies par la loi; — Casse.

Du 22 mai 1818.-C. C., sect. crim.-M. Aumont, rap.

sommée et non une simple tentative, et que la qualification légale de ce fait ne change point par la restitution de l'objet faite peu de temps après l'action et avant toute poursuite, cette circonstance étant propre seulement à motiver une atténuation de peine : — « Attendu que la remise ou la restitution d'un objet qui a été soustrait frauduleusement ne change pas la nature du délit et ne peut le faire considérer comme une simple tentative interrompue par l'effet de la volonté de son auteur ; qu'en effet, dès qu'il y a eu, de la part de l'auteur de l'action, appréhension d'un objet mobilier appartenant à autrui, avec intention de se l'approprier, il y a soustraction frauduleuse consommée, et que si la restitution faite dans un temps très-rapproché de l'action et avant toute poursuite, peut être prise en considération par le juge, comme constituant une circonstance atténuante propre à motiver une modification de la peine dans l'application qui en est faite au prévenu déclaré coupable du délit, la qualification légale de l'action n'en demeure pas moins la même ; — Attendu que, d'après ces principes, le jugement attaqué n'a violé ni l'art. 2 c. pén. ni aucun autre article dudit code, en qualifiant de soustraction frauduleuse, et non de simple tentative, le fait imputé à la demanderesse... » (Crim. rej. 10 juin 1842, MM. de Bastard, pr., Debaussy, rap., aff. Elise Mey).

112. Il a été décidé, de même, que la restitution de l'objet volé avant toute poursuite est une circonstance qui atténue le délit, mais qui ne l'efface pas : — « Considérant qu'Alexandrine Montré est suffisamment prévenue d'avoir, en août 1836, soustrait frauduleusement à Guénier une somme d'argent ; — Considérant que la restitution de l'objet volé atténue la circonstance qui atténue le délit, mais qui ne l'efface pas » (Paris, 15 oct. 1836, ch. d'acc., aff. Alexandrine Montré). — Il avait été jugé également, sous la législation antérieure au code pénal actuel, que la remise, dans le jour, de l'objet enlevé à force ouverte, était essentiellement une circonstance atténuante : — « Attendu qu'en posant les questions le tribunal a omis la question atténuante qui résultait des pièces de la procédure, et qui avait pour objet la remise faite par la veuve Chambré et sa fille, le même jour, à Fr. Begin, de la sentence qu'elles lui avaient enlevée par violence quelques heures auparavant, question qui dénaturait tout à fait et présentait un délit d'une espèce différente de ceux prévus, soit par l'art. 57, soit par les art. 1, 3 et 4, 2e sect. du titre précité du code pénal ; en quoi il est contrevenu audit art. 574 c. dél. et pén. ; qu'il a fait une fausse application desdits art. 1, 3 et 4 de la 2e sect. du tit. 2 de la 2e part. c. pén., en

ce qu'il a appliqué la peine de dix-huit années de fers, convertie en dix-huit années de réclusion, à un délit qui ne pouvait être puni que de la peine portée dans l'art. 32 de la loi précitée du 22 juill. 1791... » (Crim. cass. 8 therm. an 8, M. Gochard, rap., aff. Chambré).

113. La fraude étant, en matière de vol, un élément essentiel de la criminalité, Bourguignon en conclut (Jurispr. des codes crim., t. 3, p. 358) que le jury, lorsqu'une accusation de vol lui est soumise, doit nécessairement s'expliquer sur la moralité de la soustraction, soit en disant en termes exprès qu'elle a été commise frauduleusement, soit en la déclarant implicitement, comme lorsque, la circonstance de la fraude se trouvant exprimée dans l'acte d'accusation, le jury décide que l'accusé est coupable de la soustraction mentionnée en cet acte. — Il a été jugé en ce sens : 1° que l'accusé déclaré coupable d'avoir soustrait divers objets, ne peut être condamné aux peines de l'art. 379 c. pén., ou, s'il y a des circonstances aggravantes, à celles de l'art. 386, s'il n'est exprimé qu'il les a soustraits *frauduleusement*, expression caractéristique de la criminalité du fait (Crim. cass. 20 juill. 1826) (1) ; — 2° Qu'un jugement ou arrêt correctionnel doit être annulé si, sur une prévention de vol de récoltes, il condamne le prévenu à des dommages-intérêts, sans déclarer que l'enlèvement est frauduleux (Crim. cass. 9 mai 1828, aff. Carratier, V. Exception, n° 174-2°) ; — 3° Que la déclaration, des jurés que le prévenu est coupable d'avoir lié des gerbes dans le champ d'autrui, et de les avoir portées dans le sien, ne suffit point pour faire prononcer contre lui les peines du vol, cette déclaration ne faisant pas connaître si le prévenu a agi frauduleusement (Crim. cass. 19 avr. 1816) (2) ; — 4° Que lorsque, sur cette question : l'accusé a-t-il *volé* un cheval pacageant dans les champs ? les jurés répondent qu'il est coupable d'avoir soustrait ce cheval, sans ajouter qu'il l'a soustrait frauduleusement, cette déclaration ne donne au fait soustraction le caractère de vol (Crim. cass. 26 oct. 1815) (3).

114. Il avait été jugé également, sous l'empire des lois criminelles de la révolution, que lorsque, dans une accusation de vol, avec effraction, commis par une nièce au préjudice de sa tante, les jurés se sont bornés, dans leur déclaration, à qualifier le délit, sans s'exprimer sur l'intention, une telle déclaration ne peut servir de base à une déclaration dans un cas où, en raison de la qualité des personnes, l'intention était surtout la première considération à envisager (Crim. cass. 22 vend. an 3) (4). — On sait que le code du 3 brum. an 4 exigeait impérieusement

---

(1) (Gaucher, etc. C. min. pub.) — La cour ; — Vu l'art. 379 c. pén. ; — Vu la déclaration du jury portant : « Oui, François Gaucher est coupable d'avoir soustrait, dans le cours de décembre et janvier derniers, des volailles au préjudice du sieur Gillet, chez lequel il était domestique. — Oui, ledit François Gaucher est aussi coupable d'avoir soustrait du vin audit Gillet, mais sans effraction. » — « Oui, Ambroise Moisson est coupable d'avoir recélé sciemment partie desdites volailles ; » — Attendu que, dans cette déclaration ne se trouve pas le mot *frauduleusement*, lequel, conformément à l'art. 379, caractérise la criminalité du fait ; — Que, néanmoins, malgré cette omission, la cour d'assises d'Indre-et-Loire a fait l'application de la peine portée en l'art. 386 c. pén., corrélatif de l'art. 379 ; qu'en cela cette cour d'assises a fait une fausse application dudit art. 386, et violé ledit art. 379 ; — Attendu, d'ailleurs, que du rapprochement de la déclaration du jury avec l'acte d'accusation, il résulte que l'acte d'accusation n'a pas été purgé ; — Casse.
Du 20 juill. 1826.-C. C., ch. crim.-MM. Bailly, pr.-D'Aubers, rap.

(2) (Cadart C. min. pub.) — La cour ; — Vu l'art. 410 c. inst. crim. ; — Vu aussi l'art. 379 c. pén. ; — Attendu que le résumé de l'acte d'accusation portait : « Cadart et Clotilde Cadart sont accusés d'avoir été trouvés, et pendant la nuit du 15 au 16 août dernier, liant des gerbes dans divers champs voisins de celui de François Cadart, leur père, demeurant à Rely, et portant lesdites gerbes dans le champ de leur père, ce qui caractérise un vol de récolte ; » — Que cette accusation constituait un vol de récolte prévu et puni par l'art. 388 c. pén. ; — Que, néanmoins la question soumise au jury a été ainsi conçue : « Célestin Cadart, accusé, est-il coupable d'avoir été trouvé pendant la nuit du 15 au 16 août dernier, liant des gerbes dans divers champs voisins de celui de François Cadart son père, demeurant à Rely, et portant lesdites gerbes dans le champ de son père ; » — Que cette question a été répondue dans les mêmes termes par les jurés ; mais que le fait d'avoir lié des gerbes dans le champ d'autrui, et de les avoir portées dans un champ appar-

tenant au père de l'auteur de ce fait, ne constituait pas nécessairement le fait matériel du vol ;
Qu'en déclarant l'accusé coupable de ce fait, les jurés n'ont donc pas nécessairement déclaré le prévenu coupable d'un crime de vol ; — Qu'ils auraient dû être interrogés, et qu'ils auraient dû répondre sur le fait moral de savoir si ce fait constituait un vol, ou du moins s'il avait été commis frauduleusement dans l'intention du vol ; — Que, dans l'état de la réponse du jury, concordante avec la question, la condamnation de l'accusé aux peines de l'art. 388 c. pén. a été une fausse application de la loi pénale ; — Casse.
Du 19 avr. 1816.-C. C., sect. crim.-M. Robert, rap.

(3) (Bailly C. min. pub.) — La cour ; — Vu l'art. 410 c. inst. crim. et les art. 379 et 388 c. pén. ; — Attendu que les jurés avaient été interrogés sur le fait de savoir si Bailly était coupable d'avoir volé un cheval pacageant dans les champs ; que, sur cette question qui présentait le fait d'une soustraction frauduleuse, ils n'ont répondu que l'accusé était coupable d'avoir soustrait un cheval pacageant dans les champs ; qu'ils n'ont point employé l'expression complexe de vol, et qu'à l'expression simple de soustraction qu'ils ont mise dans leur réponse, ils n'ont pas ajouté celle de frauduleuse, qui pouvait déterminer la moralité de la soustraction, et lui donner le caractère de vol ; qu'ils ont déclaré par les jurés ne constituait pas le crime prévu par l'art. 388 c. pén., et que la cour d'assises du département de la Nièvre, en prononçant contre Bailly la peine ordonnée par cet article, a faussement appliqué la loi pénale ; — Casse.
Du 26 oct. 1815.-C. C., sect. crim.-MM. Barris, pr.-Saint-Vincent, r.

(4) (Choteau.) — Le tribunal ; — Considérant dans le fait que le président du tribunal criminel n'a point posé la question intentionnelle, que les jurés de jugement n'ont point passé aucune déclaration relativement à l'intention, et que de leur déclaration (portée sur la qualification d'un délit et non sur le fait ni sur l'intention), il résulterait seulement qu'un vol aurait été commis à l'aide d'effraction intérieure au préjudice de la

que la question intentionnelle fût posée. — V. Instruct. crim., nᵒˢ 2561, 2592.

ART. 3. — De la chose d'autrui.

115. La troisième condition nécessaire à l'existence du vol, c'est que la chose soustraite appartienne à autrui. Si donc elle appartenait à l'auteur même de la soustraction, il n'y aurait pas vol. *Rei nostræ*, dit Paul (Sentent., l. 3, tit. 31, nᵒ 21), *furtum facere non possumus.* Ainsi celui qui soustrairait dans une maison tierce un objet qu'il croirait appartenir à autrui et qui lui appartiendrait en réalité à lui-même ne commettrait point un vol. C'est ce qu'enseignent aussi MM. Chauveau et Hélie, t. 5, nᵒ 1726. — Il a été jugé également, par application de ce principe, mais contrairement aux lois romaines et à la doctrine qui avait d'abord prévalu dans notre ancien droit (V. *suprà*, nᵒ 65), que le débiteur qui reprend, par voie de fait, ce qu'il avait remis en gage à son créancier, ne commet pas un vol, puisque l'effet remis en gage n'avait pas cessé de lui appartenir (Crim. cass. 29 oct. 1812, aff. Van-Esbeeck, vᵒ Abus de conf., nᵒ 139; Crim. rej. 25 août 1859, aff. Gauchier, D. P. 51. 5. 543; V. aussi en ce sens Merlin, Quest., vᵒ Vol, § 4; MM. Chauveau et Hélie, t. 5, nᵒ 1726).—Cela était exact avant la loi du 13 mai 1863; mais aujourd'hui, le fait dont il s'agit rentrerait sous l'application de l'art. 401 c. pén., en vertu des nouvelles dispositions de cette loi (V. nᵒ 693).

116. La soustraction frauduleuse d'une simple lettre constituerait-elle un vol? Cette question a été résolue négativement par un arrêt qui a décidé que la soustraction d'une dépêche confiée à la poste ne contenant aucune valeur, et n'opérant ni obligation ni décharge, commise par un simple particulier, ne constitue point le délit de vol prévu et puni par l'art. 401 c. pén. (Bastia, 12 avr. 1849, aff. Giacomoni, D. P. 49. 2. 90).—Mais nous ne pouvons partager cette opinion. Il peut arriver qu'une simple lettre, bien que n'ayant aucune valeur pécuniaire, ait cependant pour celui qui la possède un grand prix d'affection, ou qu'à d'autres points de vue sa conservation soit pour lui d'une grande importance. On peut se demander pourquoi dès lors la propriété de cette lettre ne serait pas protégée aussi efficacement que toute autre propriété. — C'est donc avec raison, selon nous, qu'il a été décidé que la soustraction d'une lettre constitue un vol, même lorsque cette lettre ne contient pas de valeurs (Crim. cass. 2 avr. 1864, aff. Dubarry, D. P. 64. 1. 396), et que la lettre écrite par une femme mariée appartient, du moment où elle s'en est dessaisie pour la confier à la poste, au destinataire auquel elle est adressée, le mari qui s'en empare dans le bureau de la poste où il en a reçu le dépôt commet un vol punissable; et non pas un vol entre époux affranchi de toute peine (même arrêt). — S'il y avait eu seulement ouverture ou suppression d'une lettre confiée à la poste, il faudrait distinguer. Si le fait avait été commis par un employé du gouvernement ou de l'administration des postes, il tomberait sous le coup de l'art. 187 c. pén.; s'il avait été commis par un simple particulier, il ne serait passible d'aucune peine, à moins cependant que le particulier ne se fût servi du concours frauduleux d'un agent des postes (Crim. rej. 9 janv. 1863, aff. Grégoire, D. P. 63. 1. 160); V. la note qui accompagne cet arrêt). — Quant au mari dont la femme a mis à la poste une lettre adressée à un tiers, s'il avait de sérieuses raisons de penser que cette lettre contient la preuve du délit d'adultère, il pourrait réclamer le concours de l'autorité judiciaire pour la faire saisir à la poste, comme il peut réclamer son concours pour faire constater le flagrant délit. — V. Instr. crim., nᵒ 348.

117. D'après le droit romain, le cohéritier qui détournait des effets d'une succession ne commettait point un vol : *Rei hereditariæ furtum non fit*, dit la loi 6, ff., *Expilatæ hereditat.* Dans ce cas, le cohéritier lésé avait contre l'auteur du détournement une action appelée *expilatæ hæreditatis.* Voici comment Ulpien explique cette action (L. 2, § 1, ff., Expil. hæredit.) : *Apparet expilatæ hæreditatis crimen eo casu intendi posse, quo casu furti agi non potest : scilicet ante aditam hæreditatem, vel post aditam, antequàm res ab hærede possessæ sint; nam in hunc casum furti actionem non competere palàm est.* — La femme qui avait soustrait quelques effets de la succession de son mari, non-seulement n'était pas passible de l'action *furti*, mais elle ne pouvait être l'objet de l'action *expilatæ hæreditatis : Uxor expilatæ hæreditatis crimini non accusatur*, dit la loi 5, ff., Expil. hæred., *quia nec furti cum eâ agitur*; elle ne pouvait être poursuivie que par l'action *rerum amotarum.* — Ces principes avaient passé dans notre ancien droit : l'époux survivant ou les héritiers qui avaient diverti des objets de la succession ne pouvaient être l'objet de poursuites criminelles. Le droit partiel qu'ils ont sur les choses qu'ils soustraient faisait présumer qu'ils n'avaient pas eu l'intention de commettre un vol (Merlin, Rép., vᵒ Vol, sect. 2, § 4, art. 2). Seulement la veuve était, dans ce cas, privée du droit de renoncer à la communauté, et elle était obligée de payer tous les créanciers de cette communauté; quant au cohéritier, d'une part il était déclaré héritier pur et simple, et d'autre part il était privé de tout droit dans les choses détournées (V. Jousse, Justice crim., t. 4, p. 195).

118. Que doit-on décider à cet égard sous l'empire du code pénal? Bourguignon soutient (Jurisprud. du code. crim., t. 5, p. 366) que la même règle doit toujours être suivie, parce qu'elle est on ne peut plus conforme à la nature des choses. On ne peut pas dire, selon cet auteur, que le cohéritier qui s'empare d'un effet mobilier dépendant de la cohérédité s'empare de la chose d'autrui; il a sur cet effet un droit de propriété indivis, *jus in re*. Il a autant de droit de la posséder que ses cohéritiers, du moins jusqu'au partage. S'il s'en empare, c'est par une suite naturelle de ce droit réel ; il n'y a de sa part ni voie de fait ni mainmise qui caractérise la *contrectatio* ou le vol. L'intention qu'il peut avoir de frauder est tout intellectuelle, puisqu'elle ne se rattache pas à un fait répréhensible en lui-même. La saisine du cohéritier, étant un effet naturel de son droit, ne cause aucun scandale, et ne semble pas devoir donner lieu à l'action publique. Quant aux intérêts des cointéressés, la loi civile y a pourvu par l'art. 792 c. nap.—Vainement on prétendrait que l'art. 380 c. pén., qui a dérogé au droit commun en affranchissant de l'action criminelle pour cause de vol les époux, les ascendants et les alliés aux mêmes degrés, ne doit pas être étendu au delà de ses dispositions. Cet article, qui adoucit les lois anciennes, ne renferme qu'une disposition favorable pour ceux qui s'y trouvent désignés; il ne contient aucune phrase exclusive ni restrictive ; il laisse tous les autres inculpés dans le droit commun. Or il n'est pas besoin de donner de l'extension à cet art. 380 pour interdire l'action criminelle contre le cohéritier qui s'est emparé de la chose commune, car ce n'est pas de cet article qu'on prétend tirer l'exception favorable au cohéritier; elle est fondée sur le droit commun, sur l'ancienne législation, sur l'ancienne jurisprudence, auxquelles il n'a point été dérogé par le code pénal de 1810, puisqu'il ne renferme aucune disposition contraire; elle est fondée principalement sur la nature des choses et sur le texte de l'art. 379 c. pén., qui n'admet la poursuite criminelle pour vol que contre celui qui a soustrait frauduleusement une chose *qui ne lui appartient pas.* On ne peut pas dire avec exactitude qu'une chose héréditaire n'appartient pas au cohéritier; car elle lui appartient pour une part indivise. Il faudrait, pour étayer l'opinion contraire, ajouter dans l'art. 379, après ces mots : *qui ne lui appartient pas*, ceux-ci : *en*

---

tante Choteau par Marie Choteau, sa nièce, demeurant avec elle, et à la complicité de Marie Morel, autre jeune fille;—Et attendu, dans le droit, que la loi ne reconnaît de délit que là où l'intention du crime joint au fait a été déclaré par le jury, et que ce principe général et rigoureux de la conviction devait être encore plus étroitement observé dans l'espèce, où par les actes de la procédure et par la qualité des personnes, la nièce se défendait de l'intention de commettre un vol envers sa tante; — Le tribunal, d'après ce qui résulte de la loi du 15 de ce mois, sur la nécessité de poser la question intentionnelle, et d'y prononcer par les jurés de jugement, faisant droit sur la demande en cassation de Marie Choteau et Marie Morel, casse et annule la déclaration du jury de jugement et le jugement rendu le même jour 15 fructidor par le tribunal criminel du département de l'Isère, comme étant ladite déclaration et les questions remises aux jurés contraires aux art. 21, 26 du tit. 7 de la loi sur l'organisation de l'instruction criminelle.

Du 22 vend. an 5.—C. C., sect. crim.-MM. Vaillant, pr.-Legendre, r.

totalité, ou bien une disposition exclusive dans l'art. 380.

119. Ces raisons sont spécieuses assurément; nous ne croyons pas toutefois qu'elles doivent prévaloir. Et d'abord les règles anciennes, n'ayant pas été rappelées dans la loi nouvelle, n'ont plus aujourd'hui aucune autorité. C'est dans le code pénal uniquement qu'il faut chercher les raisons de décider. Or le code pénal, dans l'art. 379, répute coupable de vol quiconque a soustrait frauduleusement une chose qui ne lui appartient pas. Il est bien vrai que l'objet héréditaire soustrait par un cohéritier lui appartient pour une partie; mais pour le surplus il ne lui appartient pas, il est la chose d'autrui. La définition du vol, telle qu'elle est donnée par l'art. 379, embrasse donc le cohéritier comme toute autre personne; dès lors il ne pourrait être affranchi de la peine que s'il existait à son égard une exception dans la loi. Mais cette exception ne s'y trouve pas; la règle générale doit donc recevoir ici son application. Il est vrai que les art. 792 et 801 c. nap. prononcent une sorte de peine contre l'héritier coupable du détournement en le déclarant héritier pur et simple et déchu du bénéfice d'inventaire, ce qui semble exclure une autre pénalité; mais cette déchéance, qui n'est que la réparation civile du dommage causé, ne met point obstacle à l'exercice de l'action publique, si le fait présente les caractères d'un délit. Tel est aussi le sentiment de Merlin, Rép., v⁰ Recélé, n⁰ 1, et Vol, sect. 3, § 2, n⁰ 3, et de MM. Chauveau et Hélie, t. 5, n⁰ 1741). — Cette doctrine a été consacrée par la jurisprudence. Ainsi, il a été jugé: 1° que le fait par un cohéritier d'avoir soustrait frauduleusement un objet dépendant de la succession constitue un vol (Montpellier, 21 nov. 1853, aff. Rigal, D. P. 55. 2. 108); — 2° Que le cohéritier qui s'est rendu coupable d'une tentative de vol de partie des effets de la succession, au préjudice de ses cohéritiers, est passible des peines prononcées par l'art. 401 c. pén. (Crim. rej. 14 mars 1818) (1); et qu'il en est ainsi alors même que la soustraction a été commise par un frère, au préjudice de ses frères, dans la succession de leur auteur commun (même arrêt); — 3° Que, la disposition de l'art. 380 c. pén. étant spéciale et restrictive, le fait, de la part d'un cohéritier, de s'être approprié les fruits d'un immeuble encore indivis, au préjudice de ses cohéritiers, constitue un vol, et que, par suite, la juridiction civile est compétente pour statuer sur la plainte des cohéritiers lésés (Crim. cass. 27 fév. 1836) (2).

120. Avant la promulgation du code pénal de 1810, et par conséquent, sous l'empire des anciens principes, qui ne considéraient pas comme coupable de vol l'héritier qui s'appropriait des effets de la succession, il avait été jugé avec raison que si, au moment de la soustraction commise par l'héritier, celui dont il était appelé à recueillir l'héritage n'était pas encore mort, la soustraction constituait un véritable vol: — « Attendu que si l'on juge qu'un héritier ne peut poursuivre par la voie criminelle son cohéritier, qui a spolié l'hoirie du défunt, parce que, celui-ci ayant un droit acquis à la chose qu'il a spoliée, l'on ne peut réellement dire qu'il a commis un véritable vol, il ne peut en être de même quand il s'y agit d'un droit purement éventuel, ou, ce qui revient au même, quand la soustraction a eu lieu, comme dans l'espèce particulière, avant la mort de celui dont les effets ont été spoliés, parce que jusqu'à son décès lui seul en était le véritable et l'incommutable propriétaire... » (Crim. rej. 16 pluv. an 10, MM. Viellart, pr., Carnot, rap., aff. Roucour).

121. Si aujourd'hui le cohéritier qui soustrait des effets de la succession commet un vol, on doit en dire autant, par identité de raisons, du copropriétaire ou de l'associé qui auraient soustrait des effets communs au préjudice des autres communistes ou associés. L'arrêt du 14 mars 1818, précité (n⁰ 119-2°), pose en principe que la copropriété des objets volés n'exclut pas l'action du vol. Nous devons même faire remarquer que les lois romaines n'étendaient pas au copropriétaire et à l'associé l'exception qu'elles faisaient en faveur du cohéritier. *Si socius* (porte la loi 45, ff., *De furtis*), *rei communis furtum fecerit* (potest enim communis rei furtum facere), indubitatè dicendum est furti actionem competere (V. également les lois 45 et 51, ff., *Pro socio*). Et Jousse enseignait de même (Just. crim., t. 4, p. 195) qu'il n'en est pas de l'associé comme de la femme commune; car s'il soustrait frauduleusement les effets de la société, il commet un vol et peut être poursuivi criminellement. Nul doute ne peut donc s'élever à cet égard sous l'empire du code pénal (V. en ce sens Merlin, Rép., v⁰ Vol, sect. 3, § 2, n⁰ 4; Chauveau et Hélie, t. 5, n⁰ 1743). — On lit également dans les motifs d'un arrêt de la cour suprême que « celui qui s'empare frauduleusement de la totalité d'une chose qui ne lui appartient que pour une partie, commet nécessairement un vol de la partie qui ne lui appartient pas » (Crim. cass. 18 mai 1827, aff. Vadrot, V. *infrà*, n⁰ 131).

122. Il a été décidé, par application de ces principes: 1° que l'associé qui soustrait à la société dont il est membre les effets auxquels sa qualité lui donne un droit général, et particulièrement le dépositaire de vins achetés en commun, qui s'est ménagé une double clef de la cave, et en soustrait du vin contre le gré de son associé, est passible de l'action criminelle pour vol (Crim. rej. 3 nov. 1808) (3); — 2° Que le fait, par le copropriétaire d'objets mobiliers, de les soustraire au préjudice de son copro-

---

(1) *Espèce*: — (Mongrolles C. min. pub.) — Les frères Mongrolles sont traduits, à la requête du ministère public, devant le tribunal de police correctionnelle de Provins, comme prévenus « d'avoir commis des soustractions frauduleuses de pièces d'argenterie et de sommes dépendantes de la succession de leur père. » — Les prévenus sont renvoyés de cette action par jugement du 19 nov. 1817, « sauf aux parties qui se prétendraient lésées à se pourvoir par action civile, si bon leur semble; » mais, sur l'appel, ce jugement est infirmé par jugement du tribunal correctionnel de Melun, le 4 fév. 1818; les frères Mongrolles sont condamnés à un an de prison et à 50 fr. d'amende, par application de l'art. 401 c. pén. — Pourvoi pour fausse application de cet article.— Arrêt (apr. délib. en ch. du cons.).

    La cour — Attendu, 1° relativement à l'art. 379 c. pén., que la copropriété dans des effets mobiliers n'exclut pas l'action de vol pour la soustraction frauduleuse de ces effets par un des copropriétaires au préjudice des autres; — Attendu, 2° que si l'honnêteté publique peut interdire cette action en certains cas et à l'égard de certaines personnes, ces cas et ces personnes ont été déterminés par l'art. 380 c. pén. de 1810; que les dispositions de cet article ne peuvent être étendues; qu'il s'ensuit l'abrogation de toute législation ou de toute jurisprudence qui ne leur serait pas conforme; que les art. 792 et 801 c. civ. ne sont relatifs qu'à l'intérêt civil et aux instances civiles; qu'il n'en résulte aucune modification aux droits de l'action publique et à l'application des peines prononcées par le code pénal; — Et attendu qu'il a été reconnu et déclaré en fait par le jugement attaqué que les demandeurs s'étaient rendus coupables d'une tentative de vol de partie des effets de la succession de leur père, au préjudice de leurs autres cohéritiers, et qu'en leur appliquant les art. 2 et 401 c. pén., ce jugement en a fait une juste application; — Attendu d'ailleurs que la procédure est régulière; — Rejette, etc.

    Du 14 mars 1818.-C. C., sect. crim.-MM. Barris, pr.-Lecoutour, r.

(2) (Mesnier C. Grand.) — La cour; — Vu les art. 408 et 415 c. inst. crim.; — Attendu, en droit, que G. Grand est prévenu d'avoir fait ébrancher et couper, à son profit, une grande quantité d'arbres futaie et de baliveaux, et détruire des fossés sur des biens dépendant d'une hérédité encore indivise, notamment entre lui et les demandeurs; — Que ces faits sont qualifiés délits par la loi et que la disposition de l'art. 380 c. pén. est spéciale et restrictive; que, si l'art. 883 c. civ. fait remonter les effets du partage au jour de l'ouverture de la succession, on ne doit point en conclure que l'un des cohéritiers puisse, tant que l'indivision subsiste, s'approprier, au détriment des autres, les droits de l'héritage commun; — Que, dès lors, la qualité de copropriétaire indivis des deux prés et de la pièce de terre sur lesquels ont été commises les voies de fait dont il s'agit, ne saurait les légitimer, qu'autant que ledit G. Grand prouverait qu'elles ont été autorisées par ses cohéritiers, et qu'il n'a ni produit ni offert cette preuve; — Que le tribunal correctionnel de Bellac, en le déboutant du déclinatoire résultant de son droit de copropriété dans ces immeubles, avait donc légalement retenu la cause, et ordonné qu'il serait procédé à son instruction; — D'où il suit qu'en infirmant le jugement de ce tribunal, et en déclarant la juridiction correctionnelle incompétente pour statuer sur la plainte des demandeurs, parce que ceux-ci ne peuvent exercer leur action, dans l'espèce, que devant la juridiction civile, la cour royale de Limoges a commis une violation expresse des règles de la compétence; — Casse.

    Du 27 fév. 1856.-C., ch. crim.-MM. Choppin, f. f. de pr.-Rives, rap.-F. Carré, av. gén.-Goudard, av.

(3) *Espèce*:—(Musso C. min. pub.)—Musso et Perzio avaient acheté en commun des vins qu'ils avaient déposés dans la cave de celui-ci. Musso avait longtemps tenu seul la clef de cette cave; Perzio, se défiant de lui, avait voulu partager les vins. Musso s'était refusé au partage. D'après ce refus, Perzio ayant fait demander à Musso la clef de la cave, Musso la déposa, du consentement de son associé, entre les

priétaire ou de ses représentants, constitue un vol, qui le rend, par suite, passible de l'action résultant de ce délit (Crim. rej. 23 juin 1837, aff. Gand, V. n° 177) ; — 3° Que la soustraction frauduleuse d'une chose commune, par l'un des copropriétaires, constitue un vol tombant sous l'application de l'art. 401 c. pén.; et spécialement que le copropriétaire qui soustrait le titre de propriété de l'immeuble indivis, commet un vol, s'il est déclaré, en fait, que cette soustraction est frauduleuse : peu importe qu'il n'en soit résulté aucun préjudice pour les autres copropriétaires, le détournement d'un titre de propriété n'étant pas exclusif de la possibilité d'un dommage (Crim. rej. 5 mai 1849, aff. Frisneker, D. P. 49.1.145) ; — 4° Que la soustraction faite par une partie du fonds commun peut être déclarée coupable de vol; spécialement, qu'un métayer ou colon partiaire qui, sans le consentement du bailleur, a enlevé tout ou partie des fruits déposés dans le magasin commun, peut, suivant les circonstances, être déclaré coupable de ce délit (Agen, 7 fév. 1850, aff. Destillat, D. P. 50. 5. 478).

123. On peut rattacher au même ordre d'idées un arrêt qui a décidé que le fait, par une des parties contractantes, d'avoir soustrait frauduleusement d'une étude de notaire l'original unique d'un acte sous seing privé, qui y avait été déposé d'un commun accord, constitue un vol (Crim. rej. 30 janv. 1846, aff. Mulot, D. P. 46. 1. 127).

124. Il y a vol également dans le fait du propriétaire qui, ayant donné à bail un héritage, en enlève les fruits au préjudice du fermier : — « Attendu qu'il est constaté par la procédure et déclaré en fait par l'arrêt attaqué, d'une part, qu'au moyen du bail que les demandeurs avaient consenti à Meniebrouck, d'un jardin dont ils étaient propriétaires, les produits de ce jardin ne leur appartenaient plus; d'autre part, qu'ils étaient convaincus d'avoir enlevé de ce même jardin une certaine quantité de fruits et légumes, dans l'intention de se les approprier au préjudice du fermier ; — Attendu que, dans cet état de faits, une simple allégation de leur part, relativement à la propriété de ces mêmes objets, ne pouvait être considérée comme une exception légale donnant au renvoi de la contestation devant les tribunaux civils » (Crim. rej. 27 mai (ou mars) 1807, M. Lamarque, rap., aff. Moyens).—V. aussi en ce sens Merlin, Rép., v° Vol, sect. 1, n° 3 ; MM. Chauveau et Hélie, t. 5, n° 1739.

125. Le fermier sortant, qui, alors que son successeur a déjà pris possession de la ferme et qu'il n'a plus lui-même que la faculté d'achever dans une grange en dépendant le battage de ses grains, détourne, à l'occasion de cette opération, une partie des pailles en provenant, au détriment du fermier nouveau, auquel le bail les a attribuées, commet un véritable vol (Crim. rej. 16 avr. 1863, aff. Grandin, D. P. 63. 1. 483). — Mais le même

fait, lorsqu'il se produit *avant* la prise de possession du fermier nouveau, ne constitue qu'une infraction aux clauses du contrat, passible d'une action en dommages-intérêts devant le tribunal civil; c'est qu'en effet, si les pailles sont dues au fermier nouveau, elles ne deviennent sa propriété que par le fait de sa prise de possession de la ferme et de ce qui en est l'accessoire aux termes du bail.

126. Celui qui, ayant acheté des marchandises, vient ensuite les enlever furtivement sans les payer, doit-il être considéré comme coupable de vol? Nous croyons qu'il faut distinguer. Si la vente avait été pure et simple et par conséquent avait eu pour effet d'opérer une translation immédiate de propriété au profit de l'acheteur, il ne commet pas un vol en enlevant les choses qui en avaient fait l'objet. puisque ce n'est pas la chose d'autrui, mais sa propre chose qu'il ravit ; mais si la vente avait été subordonnée à une condition suspensive, telle que le payement ultérieur du prix, le mesurage de choses vendues à tant la mesure, etc., comme, jusqu'à l'événement de la condition, la propriété continuait de reposer sur la tête du vendeur, l'acheteur en les enlevant commet un vol. — Il a été jugé, par application de cette distinction : 1° que l'acheteur qui enlève furtivement la chose à lui vendue, quoique d'après les conditions de la vente elle dût rester en possession du vendeur, à titre de gage, jusqu'après le payement du prix, ne se rend pas coupable de vol : « Attendu qu'il a été jugé par la cour d'assises de la province de Hainault que l'accusé n'est pas coupable d'avoir volé la propriété des bottes de lin, mais qu'il avait frauduleusement soustrait lesdites bottes de lin servant de gage à son vendeur ; attendu que, d'après la définition du vol contenue dans l'art. 379 c. pén, afin qu'il pût y avoir vol, il faudrait que l'accusé eût soustrait frauduleusement une chose qui ne lui appartenait pas ; tandis qu'il résulte de la déclaration de la cour que les bottes de lin étaient la propriété de l'accusé » (Bruxelles, 19 nov. 1818 [et non 4 sept. 1808], M. Spruyt, av. gén., c. contr., aff. Baudson); — 2° Mais qu'on doit réputer coupable de vol celui qui enlève, sans les payer, des objets qu'il a achetés sous la condition d'en effectuer le payement lors de la livraison (Crim. rej. 7 mai 1813) (1); — 3° Que l'enlèvement furtif par l'acheteur d'un objet vendu, mais dont le vendeur ne devait faire la délivrance que contre le payement du prix, constitue le délit de filouterie prévu par l'art. 401 c. pén., et non celui d'escroquerie, puni par l'art. 405 (Bruxelles, 11 déc. 1831 (2); Nîmes, 15 déc. 1842, aff. Privat, V. n° 670);—4° Qu'en matière de vente au poids, au compte ou à la mesure, la propriété n'étant transférée qu'à partir du moment où le prix se trouve fixé par le pesage, la vérification ou le mesurage, le fait de l'acheteur de distraire subrepticement avant l'opération une partie de la chose au préjudice du vendeur, constitue un vé-

mains d'un tiers; mais il en garda pour lui une seconde, qu'il avait fait faire. Quelque temps après, Musso fut surpris la nuit dans la cave de Perzio, où il s'était introduit à l'aide de la double clef. Par arrêt de la cour de justice criminel de Cassal, du 16 août 1808, il fut condamné, comme coupable de tentative de vol commise la nuit à l'aide d'une fausse clef, et dans une maison habitée, à la peine de douze ans de fers, conformément aux art. 9 et 10 de la sect. 2 de la part. 2 c. pén. du 25 sept. 1791.— Pourvoi.— Arrêt.
La cour ; — Considérant que le fait d'enlèvement de vin qui a fait l'objet de l'acte d'accusation dressé contre le réclamant y est désigné avec les circonstances qui caractérisent le vol commis à l'aide de fausses clefs, dans une maison habitée et pendant la nuit ; que ces faits et circonstances ayant été déclarés constants par l'arrêt dénoncé, et le condamné ayant été convaincu d'en être l'auteur, il s'ensuit que la peine de douze ans de fers, prononcée par cet arrêt, lui a été légalement appliquée...; — Rejette.
Du 5 nov. 1808.—C. C., sect. crim.—M. Busschop, rap.
(1) Espèce : — (Boidi.) — Jugement qui condamne Boidi à un an d'emprisonnement et à 20 fr. d'amende, pour avoir enlevé de l'étable de Rivolta, sans lui en payer le prix, deux bœufs qu'il avait achetés de celui-ci, sous la condition de lui en payer le prix lors de la livraison. — Pourvoi par Boidi. Il soutient que la vente convenue entre lui et Rivolta était parfaite, nonobstant le défaut de payement du prix, et que dès lors on ne peut voir un délit dans la simple voie de fait à laquelle il s'est livré, voie de fait dont il n'appartient qu'à la juridiction civile de connaître. — Arrêt.
La cour ; — Attendu que, sur les faits déclarés, la peine a été légalement et complètement appliquée ; — Rejette, etc.

Du 7 mai 1813.—C. C., sect. crim.—M. Chasle, rap.
(2) (Min. pub. C. B... et J...) — La cour; — Attendu que quels que soient les artifices auxquels J... a eu recours, conjointement avec J. B..., pour se délivrer par L... la vache dont il s'agit, cette délivrance n'ayant pas eu lieu, puisque la vache, au contraire, a été enlevée à l'insu et contre le gré de L..., il ne peut y avoir d'escroquerie, délit qui consiste à se faire remettre une chose par le propriétaire, possesseur ou détenteur, en l'y déterminant par des manœuvres frauduleuses, et pour la perpétration duquel la remise de la chose constitue, dès lors, un élément substantiel et nécessaire ; — Attendu 1° que s'il est vrai que L... avait vendu la vache, et s'était obligé à la livrer à J... et J. B..., il l'est également que L... n'a consenti à faire cette délivrance, comme c'est l'usage dans cette sorte d'opération, que contre le payement du prix convenu ; d'où il suit que jusqu'à ce que ce payement eût eu lieu, il n'était pas obligé à délivrer sa vache, et en restait propriétaire, et, par une conséquence ultérieure, que J... et J. B... ne pouvaient lui soustraire la vache, qui ne devait devenir leur propriété qu'en vertu et au moment du payement du prix convenu, sans la voler réellement à son préjudice ; — 2° Qu'il conste de l'instruction à suffisance de droit, que le 22 août 1850, J... s'est rendu coupable de ce vol, en prenant avec connaissance de cause une part active aux faits qui l'ont préparé et consommé ; — Attendu qu'il résulte des développements ci-dessus, que le tribunal de police correctionnelle de l'arrondissement de Gand a mal qualifié le fait dont il s'agit, qui constitue, non une escroquerie, mais bien une filouterie caractérisée par l'art. 401 c. pén. ; — Par ces motifs, vu l'art. 401 c. pén., et attendu que la peine infligée est proportionnelle au délit; — Confirme.
Du 11 déc. 1831.—C. sup. de Bruxelles.—M Lauwens, av. gén.

ritable vol; et que la circonstance qu'au moment de régler le vendeur aurait consenti à transformer le marché en une vente en bloc n'a pour effet, si la transaction n'est intervenue qu'après découverte de la fraude et dépôt d'une plainte par le vendeur, ni de faire disparaître le caractère délictueux de la manœuvre de l'acheteur, ni de la faire dégénérer en une simple tentative de délit non punissable (Crim. rej. 24 mars 1860, aff. Vermant, D. P. 60. 1. 199) ; — 3° De même, que celui qui, ayant acheté des marchandises à tant le cent, les enlève en refusant de les laisser compter par le vendeur, commet un vol (Bordeaux, 12 juill. 1843, aff. Coureau, D. P. 45. 4. 355).

127. Le vol ne pouvant exister que par rapport à la chose d'autrui, il en résulte que le fait d'appréhender, avec l'intention de se l'approprier, une chose qui n'appartient à personne, ne constitue pas un vol. Quelles sont les choses qui n'appartiennent à personne? C'est une question que nous avons examinée, avec tout le développement qu'elle comporte, v° Propriété, n°s 177 et suiv. Bornons-nous à dire ici, pour éviter d'inutiles répétitions, qu'il ne faut pas confondre avec les choses qui n'appartiennent à personne celles dont le propriétaire, bien qu'étant actuellement inconnu, peut être découvert. Les premières, soit qu'elles n'aient jamais appartenu à personne, soient qu'elles aient été abandonnées, deviennent, par droit d'occupation, la propriété de celui qui s'en empare le premier; mais il n'en est pas de même des secondes.

128. Au nombre des choses qui n'appartiennent à personne et qui, par conséquent, deviennent la propriété du premier occupant, il faut évidemment placer, ainsi que nous l'avons dit v° Chasse, n° 15 et suiv., Pêche fluv., n°s 13 et suiv., Propriété, n° 615, les animaux sauvages qui courent, volent ou nagent en liberté. Dès lors, celui qui tue ou prend l'un de ces animaux, peut bien être, selon les cas, coupable d'une contravention aux lois sur la chasse ou la pêche, mais il n'est jamais coupable de vol. Il en est autrement des pigeons de colombier, des lapins de garenne, des poissons des étangs, qui appartiennent au propriétaire du colombier, de la garenne ou de l'étang, du moins tant qu'ils n'ont pas quitté le fonds auquel ils sont attachés pour aller se fixer dans un autre (V. Propriété, n°s 615 et suiv.). Ainsi celui qui s'approprierait l'un de ces animaux commettrait un véritable vol. Et ce que nous disons ici des pigeons de colombier, des lapins de garenne et des poissons des étangs, il faut le dire également des lièvres, cerfs, chevreuils et autres animaux qui seraient renfermés dans des parcs et enclos (V. Propriété, n° 620). Celui qui se les approprierait commettrait donc un vol, à moins qu'ils ne se fussent échappés et ne fussent ainsi revenus à leur état naturel. — Aux termes de l'art. 2 de la loi du 4 août 1789, les pigeons doivent être enfermés à certaines époques de l'année qu'il appartient aux municipalités de fixer. A ces époques, ils sont considérés comme gibier, et chacun a le droit de les tuer, mais seulement sur son propre terrain (V. Commune, n° 1328; Droit rural, n° 133).

129. Il a été jugé, conformément aux règles qui viennent d'être exposées : 1° qu'il y a vol dans le fait de tuer des pigeons de colombier et de se les approprier dans tout autre temps que celui pendant lequel il est réputé gibier par la loi (Crim. cass. 20 sept. 1823, aff. Lamboy et Depierre, v° Droit rural, n° 137) ; — 2° Que celui qui tue et s'approprie les pigeons d'autrui, sur le terrain de leur propriétaire, est coupable de vol, quelle que soit l'époque à laquelle le fait ait eu lieu, et bien qu'à cette époque ils eussent dû être enfermés (Orléans, 25 janv. 1842, aff. Champion, v° Droit rural, n° 138) ; — 3° Que le fait de tuer des pigeons appartenant à autrui, sur un terrain dont on n'est pas propriétaire, et de se les approprier, même à l'époque où les pigeons sont considérés comme gibier et doivent être renfermés, constitue, non un fait de chasse, mais une soustraction frauduleuse prévue et punie par l'art. 401 c. pén. (Paris, 11 nov. 1857, aff. Brisson, D. P. 59. 5. 416) ; — 4° Que hors des époques où les pigeons doivent être renfermés, il est encore permis aux propriétaires de les tuer pour défendre leurs récoltes, mais non de s'en emparer au préjudice de celui à qui ils appartiennent (Douai, 30 déc. 1831, aff. N..., citée par MM. Chauveau et Hélie, t. 5, n° 1738) ; — 5° Que le fait du propriétaire qui a tué sur son terrain et s'est approprié des pigeons d'autrui est prévu

par l'art. 401 c. pén., s'il n'existe dans la commune aucun règlement fixant, en exécution de l'art. 2 de la loi du 4 août 1789, l'époque pendant laquelle les pigeons de colombier sont déclarés gibier, alors d'ailleurs que le propriétaire n'établit pas qu'ils causaient du dommage sur le terrain ensemencé où ils se trouvaient : « Attendu qu'il est prouvé que le prévenu a, le 25 octobre dernier, sur une terre à lui appartenant, territoire de la commune d'Engis, tué et qu'il s'est approprié des pigeons appartenant à autrui ; attendu qu'il n'existe pas, dans cette commune, de règlement pris en exécution de l'art. 2 de la loi du 4 août 1789, fixant l'époque pendant laquelle les pigeons de colombier sont déclarés gibier ; attendu qu'en admettant qu'on puisse, en tout temps, tuer sur sa propriété des pigeons qui y causent du dommage, il ne s'ensuit pas qu'on puisse s'en emparer, car, hors le cas où ils sont déclarés gibier, les pigeons sont une propriété particulière (c. civ. art. 524); attendu, d'ailleurs, qu'il ne résulte pas nécessairement de la présence peut-être accidentelle et momentanée de quelques pigeons sur un terrain ensemencé qu'ils y causent du dommage; que cette exception doit donc être prouvée par celui qui les tue, ce que, dans l'espèce, le prévenu n'a fait ni offert de faire; qu'il suit de là que le fait dont le prévenu s'est rendu coupable constitue le délit prévu par l'art. 401 c. pén. » (Liège, 12 avr. 1862, aff. Gondat).

130. Les boues et immondices de la voie publique doivent être classés au nombre des choses abandonnées qui n'appartiennent à personne et dont par conséquent chacun peut s'emparer sans se rendre coupable de vol. Mais si cela est vrai en thèse générale, en est-il de même dans le cas où un adjudicataire a acquis de l'autorité municipale le droit exclusif de les enlever?—Cette question avait été résolue négativement par un arrêt qui avait décidé que l'enlèvement des immondices de la voirie au préjudice d'un particulier qui s'en est rendu adjudicataire constitue un vol, alors surtout que ces immondices étaient réunis en tas (Rouen, 27 déc. 1849, aff. Deconihout, D. P. 50. 2. 58). — Mais, sur le pourvoi formé contre cet arrêt, il a été jugé, en sens contraire, que cet enlèvement, même frauduleux, ne constitue pas un vol, tant que l'adjudicataire n'a pas pris possession des boues et immondices;... sauf l'application au prévenu de peines de police, pour contravention à l'arrêté municipal portant défense à tous autres qu'aux adjudicataires d'enlever ces boues et immondices (Crim. cass. 12 avr. 1850, aff. Pichonneau, D. P. 50. 1. 142).—Et en effet le contrat intervenu entre la commune et l'adjudicataire conférait à ce dernier le droit exclusif d'enlever les boues et immondices, mais il n'avait pas pour effet de l'en rendre immédiatement propriétaire; l'appropriation ne pouvait résulter que de la prise de possession; jusque-là les boues et immondices, malgré l'adjudication, restaient choses nullius, et par conséquent leur enlèvement par un autre que l'adjudicataire pouvait bien constituer une contravention de police; mais il ne pouvait être considéré comme un vol. Il est vrai que, dans l'espèce, les boues et immondices avaient été déjà amoncelés en tas; mais l'arrêt de la cour de Rouen, en constatant ce fait, n'avait pas constaté en même temps que ces tas eussent été formés par l'adjudicataire ou ses agents, et que ceux-ci eussent, par un acte quelconque, pris possession de ces objets.

131. Le trésor, lorsqu'il présente les caractères déterminés par la loi (c. nap. 716), c'est-à-dire lorsqu'il consiste en une chose cachée ou enfouie sur laquelle personne ne peut justifier sa propriété et qui est découverte par le pur effet du hasard, est aussi au nombre des choses qui n'appartiennent plus à personne et que par conséquent on peut s'approprier sans commettre un vol. A cet égard toutefois la loi a établi des règles particulières. Si le trésor est trouvé par un propriétaire dans son propre fonds, il lui appartient tout entier; s'il est trouvé dans le fonds d'autrui, il appartient pour moitié à celui qui l'a découvert, et pour l'autre moitié au propriétaire du fonds (c. nap. 716).— La répartition, dans cette dernière hypothèse, étant faite par la loi elle-même, produit un effet immédiat au profit du propriétaire, même absent, par conséquent, sans qu'aucune prise de possession intervienne de sa part. Si donc l'inventeur prenait pour lui le trésor tout entier, il serait passible des peines du vol,

comme le copropriétaire qui soustrait la chose commune (V. *suprà*, n° 121). — Il a été jugé, en ce sens, que celui qui a trouvé un trésor sur la propriété d'autrui, et qui s'approprie la part du propriétaire, commet un vol punissable de peines correctionnelles ; tel serait un maçon qui, travaillant à la maison d'un particulier, aurait trouvé dans un mur une somme d'argent dont il n'aurait remis au propriétaire du fonds qu'une faible partie, et sur les menaces de ce dernier : ce maçon peut être poursuivi par le ministère public, et c'est à tort qu'on ne verrait dans cet acte qu'un fait donnant lieu seulement à l'action civile de la part du propriétaire à l'effet d'obtenir sa moitié (Rouen, 12 fév. 1825 ; Crim. cass. 18 mai 1827) (1).

132. Les objets renfermés dans un tombeau doivent-ils être considérés comme n'appartenant à personne ? Si l'on répondait affirmativement, il en résulterait que la soustraction frauduleuse de ces objets ne constituerait pas un vol. La cour d'Aix, par un arrêt du 15 nov. 1821, en avait jugé ainsi, et en conséquence elle n'avait vu dans un tel fait qu'un délit de violation de sépulture. Mais sur le pourvoi qui fut formé, dans l'intérêt de la loi, contre son arrêt, cette doctrine fut vivement combattue par M. le procureur général Mourre, comme blessant la morale et l'honnêteté publique et comme contraire à la loi. « En effet, disait ce magistrat, 1° quand les parents d'un mort enveloppent son corps de vêtements, qu'ils placent dans son cercueil des signes qui expriment leurs affections ou qui conservent des souvenirs, n'est-il pas sensible que tous ces objets sont leur propriété consacrée à un usage pieux ? et si un malfaiteur vient enlever ces objets, s'il se les approprie et les détourne de leur destination, n'est-il pas sensible encore qu'il soustrait frauduleusement la chose d'autrui ? Il y a plus : le législateur n'a pas exigé, pour caractériser le vol, qu'il y eût une de ces propriétés bien déterminées, telles qu'elles existent communément ; il a prévu qu'il pourrait y avoir des propriétés anomales dont la soustraction n'en constituerait pas moins le crime ou le délit de vol ; et il s'est exprimé de manière à prévenir toute difficulté. Pour s'en convaincre, il suffit de lire l'art. 379 c. pén., ainsi conçu : « Quiconque a soustrait frauduleusement une chose *qui ne lui appartient pas*, est coupable de vol. » — 2° Le législateur a si bien entendu qu'il pouvait y avoir un véritable vol joint à la violation de sépultures, qu'après avoir énoncé dans l'art. 360 les peines dont sont passibles les individus qui se rendent coupables de cette violation, il ajoute : « Sans préjudice des peines contre les crimes ou les délits qui seraient joints à celui-ci. » Quels sont les attentats qui peuvent être joints à la violation de sépultures ? On n'en aperçoit que deux : le premier est un outrage aux mœurs dont l'idée fait frémir, mais qui pourtant n'est qu'un délit ; le second est un vol qui peut devenir un crime, s'il existe des circonstances aggravantes. Si donc la doctrine de la cour d'Aix était vraie, si le vol d'objets renfermés dans un tombeau n'était pas punissable, le mot *crime*, placé dans l'art. 360, n'aurait ni sens ni application. » — Cette interprétation a été consacrée par la cour suprême, qui, en conséquence, a décidé que l'action de dépouiller un cadavre de son suaire, ou de soustraire des objets renfermés dans un tombeau, constitue non-seulement le délit de violation de sépultures prévu par l'art. 360 c. pén., mais encore un vol ; et que ce vol devient un crime, s'il est accompagné de circonstances aggravantes (Crim. cass. 17 mai 1822) (2).

---

(1) 1re *Espèce*. — (Chevalier C. Lemoule.) — Chevalier, maçon, employé à réparer une maison appartenant au sieur Lemoule, découvre dans un mur un vase rempli de pièces d'or, dont il s'empare, sans en prévenir le propriétaire. Celui-ci, instruit accidentellement de cette découverte, actionne Chevalier devant le tribunal correctionnel d'Evreux, comme coupable de vol, en condamnation à des dommages-intérêts. Chevalier, prétendant que le trésor trouvé ne pouvait être réputé la propriété de Lemoule, à qui il était entièrement inconnu, propose l'incompétence du tribunal correctionnel. — Jugement qui rejette cette exception, déclare Chevalier coupable du vol, et ordonne la vérification, par experts, du vase et des pièces qu'il contenait, pour déterminer la gravité de la peine, ainsi que les dommages-intérêts. — Appel par Chevalier. — Arrêt interlocutoire de la cour de Rouen, du 18 juin 1824 (V. Jugement, n° 857-4°). — Chevalier, condamné par suite de l'interlocutoire, appelle du jugement définitif. — Arrêt.

LA COUR; — Attendu qu'il résulte des pièces du procès et des débats qui ont eu lieu devant la cour, que Chevalier s'est approprié furtivement la totalité du trésor dont il a fait découvert au domicile du sieur Lemoule, où il travaillait le 12 mars dernier ; — Que ce fait constitue une soustraction frauduleuse dans le sens de l'art. 379 c. pén. ; — Confirme.
Du 12 fév. 1825.—C. de Rouen, ch. corr.—M. Simonin, f. f. de pr.

2e *Espèce*. —(Min. pub. C. Vadrot.)—LA COUR ; — Vu les art. 379 et 401 c. pén.; — Considérant qu'il a été reconnu, en fait, par le jugement dénoncé, qu'Emiliaud Vadrot, travaillant comme ouvrier maçon dans la maison du sieur Vadrot, a trouvé, cachée sous une pierre, une somme d'argent qu'il s'est appropriée en totalité ; que ce n'a été qu'après les instances et les menaces de son maître, et par la crainte d'une poursuite criminelle, qu'il s'est ensuite déterminé à en rendre une faible partie audit sieur Ballard ; — Que ce fait constituait, de la part de Vadrot, une véritable soustraction frauduleuse, qualifiée vol par l'art. 379 c. pén., qui, dégagé d'ailleurs de toute circonstance aggravante, devait être puni des peines correctionnelles portées par l'art. 401 du même code ; — Que le tribunal de Châlons a néanmoins refusé d'appliquer aucune peine audit Vadrot ; que le tribunal a considéré que, le sieur Ballard n'ayant pu justifier sa propriété sur la somme fortuitement trouvée par Vadrot, cette somme devait, aux termes de l'art. 716 c. civ., être considérée comme un trésor, dont conséquemment la propriété appartenait pour moitié à Vadrot, et pour moitié au sieur Ballard ; que de cette copropriété ne pouvait résulter qu'une action civile en partage, que l'un des copropriétaires avait le droit d'exercer envers l'autre ; mais que cette consideration ne pouvait être un motif légitime pour exclure l'exercice de l'action publique pour l'application de la peine ; — Qu'en effet, celui qui s'empare frauduleusement de la totalité d'une chose qui ne lui appartient que pour une partie, commet nécessairement un vol de la partie qui ne lui appartient pas ; — Qu'il s'ensuit donc que, dans l'état des faits reconnus constants par le jugement correctionnel de Châlons, Vadrot devait être condamné aux peines portées par l'art. 401 c. pén. ; et qu'en le renvoyant au contraire de l'action du ministère public, ce tribunal a formellement violé les lois pénales ; — Casse.

Du 18 mai 1827.-C. C., ch. crim.-MM. Bailly, f. f. depr.-Busschop, r.

(2) (Int. de la loi ; Cauvin et Boutin.) — LA COUR ; — Vu les art. 360 et 379 c. pén.; — Attendu que la soustraction frauduleuse de choses qui n'appartiennent pas à celui qui s'en empare, et dont la propriété ne saurait s'acquérir par l'occupation, constitue le vol défini par l'art. 379 c. pén.; que ce vol prend le caractère de crime ou de délit, selon qu'il est ou n'est pas accompagné de circonstances auxquelles la loi a imprimé le caractère de circonstances aggravantes ; — Que les suaires et les vêtements qui enveloppent les morts dans leurs cercueils, ces cercueils eux-mêmes, et les objets qui y sont renfermés ou qui ont été déposés dans les tombeaux pour exprimer des affections ou pour conserver des souvenirs, ont une détermination fixe et invariable ; que cette détermination, qu'il est impossible de méconnaître, réclame perpétuellement contre l'enlèvement qui peut être fait de ces objets ; que, ne pouvant être mis dans la classe des objets abandonnés, pour devenir la propriété du premier occupant, personne ne saurait avoir le droit de se les approprier ; que leur soustraction, qui ne peut pas être réputée exempte de fraude, est un vol, et que ce vol est un crime, s'il s'y joint des circonstances aggravantes ; — Attendu que, dans l'espèce, Cauvin et Boutin ont été traduits en justice comme prévenus, non pas de violation de sépultures seulement, mais de violation de sépulture suivie de vol commis la nuit à l'aide d'escalade et d'effraction ; que c'est à raison de cette double prévention, dont une portait sur des faits qui avaient le caractère de crime, que, par ordonnance de la chambre du conseil du tribunal de première instance de Toulon, ils ont été renvoyés à la chambre d'accusation de la cour royale d'Aix ; que cette cour avait donc à examiner et à juger la prévention de violation de sépultures et celle de vol avec circonstances aggravantes qui avaient déterminé le renvoi des prévenus devant elle ; que, si ladite cour ne reconnaît pas, dans son arrêt, d'une manière expresse et formelle, les faits de vols et de leurs circonstances, elle n'en nie pas la réalité, et le considérant de cet arrêt, rapproché du réquisitoire du ministère public, dont telle a adopté les conclusions, ne permet pas de douter qu'elle n'ait vu dans l'ensemble des faits imputés aux prévenus que de simples violations de sépultures ; mais que, si l'art. 360 c. pén. ne met la violation des tombeaux ou des sépultures que dans la classe des délits, puisqu'il ne la punit que de peines correctionnelles, il admet bien formellement la possibilité d'autres délits, et même de crimes réunis à la violation, puisqu'il est terminé par cette phrase : *Sans préjudice des peines portées contre les crimes ou les délits qui seraient joints à celui-ci* ; — Qu'en renvoyant Cauvin et Boutin au tribunal de police correctionnelle, comme s'ils n'avaient été prévenus que de violation de sépultures, tandis qu'ils l'étaient en même temps de vols avec circonstances aggravantes, la cour royale d'Aix, chambre d'accusation, a violé l'art. 379 c. pén. et la dernière disposition de l'art. 360 du même code ; — D'après ces motifs, faisant droit au réquisitoire du procureur général, et prononçant dans l'intérêt de la loi, casse et annule l'arrêt rendu par la chambre d'accusation de la cour royale d'Aix, le 15 nov. 1821.

Du 17 mai 1822.-C. C., sect. crim.-MM. Barris, pr.-Aumont, rap.

133. Le domaine de l'État n'est pas fondé à réclamer, en vertu des art. 539 et 713 c. nap., comme n'appartenant à personne, un sac d'or qui a été trouvé déposé sur la fenêtre d'un ecclésiastique, s'il apparaît, d'après les circonstances, que ce sac provient d'un vol commis au préjudice d'un individu au moment de son décès : ce sac appartient à la succession et doit être remis aux héritiers (Colmar, 10 juin 1816) (1).

134. Celui qui s'approprie un objet qu'il a trouvé se rend-il coupable de vol? Non, évidemment, si la chose trouvée avait été volontairement abandonnée par son ancien maître ; dans ce cas, en effet, elle était devenue chose *nullius* et appartenait au premier occupant. Peu importerait même, dans cette hypothèse, que celui qui a trouvé la chose, ignorant l'abandon volontaire qu'en a fait le propriétaire, eût eu l'intention frauduleuse de se l'approprier au détriment de ce dernier : *Quod si dominus id dereliquit*, dit Ulpien (dans la loi 43, § 5, ff., *De furtis*), *furtum non fit ejus, etiamsi ego furandi animum habuero : nec enim furtum fit, nisi sit cui fiat; in proposito autem nulli fit* (V. aussi en ce sens MM. Chauveau et Hélie, t. 5, n° 1736). — Mais si la chose, au lieu d'être volontairement abandonnée, avait été simplement perdue par le propriétaire, la question est plus délicate et peut se présenter sous des aspects divers.

135. Un premier point est constant : c'est que celui qui s'empare, avec l'intention de se l'approprier, d'une chose perdue, se rend coupable de vol, bien qu'il ne connaisse pas le maître de cette chose. *Qui alienum quid jacens*, dit Ulpien (L. 43, § 4, ff., *De furt.*), *lucri faciendi causa sustulit, furti obstringitur, sive scit cujus sit, sive ignoravit; nihil enim ad furtum minuendum facit quod cujus sit ignoret*. En effet, celui qui perd une chose ne cesse pas pour cela d'en être propriétaire (c. nap. 2279). Ainsi dans le fait dont il s'agit se trouvent réunis les trois éléments constitutifs du vol : *Soustraction, intention frauduleuse, chose d'autrui*. C'est ce qu'enseignent aussi MM. Chauveau et Hélie, t. 5, n° 1736.

136. Mais il est possible que celui qui a trouvé la chose ait eu d'abord l'intention de la restituer à celui qui l'a perdue, et que la volonté de se l'approprier ne lui soit venue que postérieurement. Que doit-on décider dans cette hypothèse ? Supposons, par exemple, que celui qui a perdu la chose se fasse connaître et la réclame : si celui qui l'a trouvée ne la lui rend pas alors et garde le silence, doit-il être considéré comme coupable de vol? Merlin (Répert., v° Vol, sect. 1, n° 9) enseigne l'affirmative. « Pour cesser de posséder une chose, dit-il, il ne suffit pas de ne plus la détenir corporellement, il faut encore ne plus vouloir la posséder ; car il est de principe, comme dit la loi 4, Cod., *De acquir. vel amitt. possess.*, que, licet possessio nudo animo acquiri non possit, tamen solo animo retineri potest. Assurément celui qui, ayant perdu une chose, la réclame, manifeste bien l'intention d'en conserver la possession ; c'est donc la lui soustraire frauduleusement et par conséquent la voler que de ne pas la lui rendre, lorsqu'on a connaissance de sa réclamation. »

— Mais l'opinion contraire est soutenue par Bourguignon (Jur. c. crim., t. 5, p. 361). « C'est la soustraction frauduleuse, dit cet auteur, qui constitue le vol, *contrectatio fraudulosa*, ce qui suppose que la main-mise et la fraude, ou l'intention de frauder, sont simultanées ; mais classer parmi les vols l'action de celui qui retient injustement la chose d'autrui qui lui est parvenue sans fraude, c'est donner une grande extension à ce genre de délit. Il s'ensuivrait que le débiteur qui nie sa dette pourrait être aussi poursuivi par l'action de vol, puisqu'il la retient, et recherche à s'approprier frauduleusement la chose d'autrui ; on devrait donc lui appliquer le même raisonnement. » — Cette assimilation faite par Bourguignon entre celui qui, ayant trouvé une chose perdue, la retient injustement, et le débiteur qui nie sa dette manque d'exactitude ; en effet celui qui a perdu une chose ne cesse pas d'en être propriétaire, tandis que le créancier n'est pas propriétaire de ce que lui doit son débiteur. Mais cette inexactitude n'enlève rien à la valeur de la doctrine.

137. Pour nous, entre les deux systèmes que nous venons d'exposer, nous donnerions, en principe, la préférence au second, à celui de Bourguignon. Seul, en effet, il nous paraît en harmonie avec cette doctrine, consacrée par tant d'arrêts, que la rétention même frauduleuse de la chose d'autrui ne suffit pas pour constituer le vol (V. n° 3 et s.), et que, d'après la définition qu'en donne l'art. 379 c. pén., ce délit implique nécessairement l'existence concomitante de ces deux faits : soustraction et intention frauduleuse. Si donc il était bien établi qu'au moment où la chose a été trouvée, c'est-à-dire au moment de l'appréhension, l'intention frauduleuse n'existait pas encore, et qu'elle n'est survenue que plus tard, nous n'hésiterions pas à dire que le vol n'existe pas.—Mais ici se présente une difficulté. L'intention est un fait intérieur, intellectuel, qui peut ne se révéler par aucun signe sensible, et dont les variations peuvent rester ensevelies dans le secret de la pensée. Comment donc saura-t-on quelle a été l'intention de celui qui a trouvé la chose, soit au moment où il l'a appréhendée, soit à une époque postérieure? A qui incombera la charge de prouver? La difficulté est sérieuse.—Voici quelle solution nous inclinons à lui donner. Si celui qui a trouvé une chose en a ensuite disposé à son profit ou la retient frauduleusement bien qu'il en connaisse le propriétaire, il doit être présumé avoir eu dès le principe la volonté de se l'approprier, à moins qu'il ne prouve le contraire ; à moins qu'il ne prouve, par exemple, qu'il a fait des recherches infructueuses pour découvrir le maître de la chose et la lui restituer. Du moment, en effet, où l'intention frauduleuse apparaît il semble naturel d'en induire qu'elle a commencé avec la prise de possession elle-même, si le contraire n'est prouvé.

138. Cette question, on reste, divise la jurisprudence. — Ainsi il a été jugé : 1° que celui qui, ayant trouvé sur la voie publique des objets perdus, les conserve et même nie le fait bien que le véritable propriétaire le soit fait connaître et ait réclamé lesdits objets, se rend coupable de vol (Nîmes, 16 juil. 1819; Crim. cass. 4 avr. 1823; Grenoble, 2 juin 1824) (2);—

(1) *Espèce* : — (Domaine C. hér. Hacot.) — Au décès du sieur Hacot, en 1813, on enleva de sa demeure plusieurs sacs contenant des sommes considérables. Peu après, on déposa sur la fenêtre antérieure d'un ecclésiastique de Montreuil un de ces sacs, contenant en or 29,509 fr., qui furent déposés au greffe du tribunal, et réclamés par la régie des domaines à titre d'épave. Ils avaient été revendiqués, dès le principe, par l'un des héritiers du sieur Hacot. — Un procès criminel fut intenté : parmi les accusés figurait une parente du défunt, qui ne l'avait pas quitté dans ses derniers moments, et qui était son héritière pour moitié de sa succession : sur la déclaration qu'elle fit de n'avoir jamais vu le sac d'or dans la maison du sieur Hacot, elle fut acquittée. Ses coaccusés le furent aussi. — Après son acquittement, elle se joignit à son cohéritier pour réclamer la propriété du sac d'or, comme appartenant à la succession. Ils prouvèrent que le sac d'or avait été en la possession du sieur Hacot.

Le tribunal de Montreuil prononça en ces termes : « Considérant que le titre d'épave n'appartient qu'aux choses ignorées, dont on ne connaît pas le propriétaire, et qu'il n'y a, aux termes des art. 539 et 715 c. civ., que les biens qui n'ont pas de maître qui soient déférés à l'État ; que les demandeurs, en leur qualité d'héritiers du sieur Hacot, ont réclamé la propriété du sac de 29,509 fr. en or, provenant d'un vol considérable fait au même sieur Hacot dans les derniers jours de juillet 1816, avant que l'administration des domaines eût élevé aucune prétention sur ce

sac; qu'il résulte des circonstances du vol et de l'instruction criminelle qui en a été la suite, que le sac dont il est question a fait partie de même vol, et qu'il est prouvé par l'enquête que ce sac provient de M. Hacot et appartient à sa succession ; — Le tribunal ordonne la remise de ce sac aux héritiers, etc. » — Appel.

La cour; — Adoptant les motifs des premiers juges, confirme. Du 10 juin 1816.—C. de Colmar.

(2) 1re *Espèce* : — (Almeras.) — Almeras, accusé d'avoir trouvé une somme d'argent perdue par des gendarmes, et de l'avoir gardée après avoir eu connaissance de la réclamation des propriétaires, fut condamné comme coupable de vol simple. — Sur l'appel de ce jugement, il soutient que le fait qui lui est imputé ne constitue pas un vol; qu'on ne saurait y découvrir les caractères d'une soustraction frauduleuse; qu'il y a d'ailleurs une très-grande différence entre l'action de celui qui après avoir trouvé par hasard un objet perdu, le garde de mauvaise foi bien qu'il connaisse le propriétaire, et l'action du voleur qui, non-seulement ne rend pas l'objet à son maître, et le conserve de mauvaise foi mais qui de plus a d'abord formé le dessein criminel de soustraire la chose, et l'a ensuite exécuté par des moyens plus ou moins répréhensibles. — Il y a certes, dans le dernier cas, plus de perversité de part du coupable ; les deux actions n'ont pas le même degré de criminalité, et ne doivent pas être qualifiées également vol. Ainsi, le fait imputé, dans l'espèce, ne peut donner lieu, s'il est prouvé, qu'à une a-

2° Que celui qui retient et qui cherche à vendre une chose par lui trouvée et dont il connaît le propriétaire, se rend coupable d'une soustraction frauduleuse (Metz, 9 août 1824) (1); — 3° Que celui qui, ayant trouvé un objet perdu sur la voie publique et ayant en connaissance du propriétaire à qui il appartient, ne le restitue pas, se rend coupable de vol : dans ce cas, l'enlèvement de l'objet trouvé, bien que non frauduleux dans le principe, prend son caractère dans les circonstances qui l'ont suivi, et l'intention frauduleuse, manifestée par les circonstances postérieures, a un effet rétroactif au jour de l'invention (Bourges,

12 fév. 1829) (2); — 4° Que l'ouvrier qui soustrait frauduleusement une somme d'argent cachée dans un mur à la démolition duquel il travaillait, commet un vol, quoique le propriétaire ne réclame pas et qu'il soit même inconnu (Crim. rej. 29 mai 1828, aff. Gilbert-Lacroix, n° 152-3°); — 5° Que celui qui refuse de restituer aux véritables propriétaires les objets qu'il a trouvés dans un vieux meuble qui lui a été adjugé aux enchères, commet, par le seul fait de la rétention, une soustraction frauduleuse passible des peines correctionnelles, de restitutions civiles et de dommages-intérêts (Lyon, 17 janv. 1828) (3).

---

tion civile; donc, non-seulement le tribunal correctionnel ne pouvait prononcer la peine de l'art. 401, mais même il était incompétent. — Arrêt.

LA COUR; — Attendu que la prévention élevée contre Almeras, d'avoir trouvé une somme d'argent perdue, et de la retenir au préjudice du véritable propriétaire qui la réclame, constitue la soustraction frauduleuse qualifiée vol par l'art. 579 c. pén. et de la compétence des tribunaux correctionnels; — Sans s'arrêter à la partie des conclusions du prévenu, relative à l'incompétence et au renvoi à fins civiles, sans rien statuer sur la partie des conclusions relatives au défaut de corps du délit et de preuves de la culpabilité, ordonne une nouvelle audition des témoins, etc.

Du 16 juin 1819.—C. de Nîmes, ch. corr.—M. Boyer, av.

2° Espèce : — (Min. pub. C. Mallet.) — LA COUR; — Vu l'art. 576 c. pén.; — Considérant que l'enlèvement, sur la voie publique, d'une chose qui n'appartient pas à celui qui s'en empare, et dont la propriété ne peut d'ailleurs s'acquérir par l'occupation, prend son caractère dans les faits et circonstances qui l'ont suivi; que, lorsque la chose étant réclamée par le propriétaire, celui qui s'en est emparé nie de l'avoir enlevée, et manifeste ainsi son intention de la retenir à son profit, il commet une soustraction frauduleuse, qui caractérise le vol tel qu'il est défini par l'art. 579 c. pén.; — Considérant que, par le jugement du tribunal correctionnel d'Alençon, il a été reconnu, d'après ce qui avait été déclaré en fait par le jugement de première instance du tribunal de Mortagne, que la femme Mallet avait pris une pièce de monnaie de six livres renfermée dans une bourse qu'elle avait trouvée sur la route de Mesle à Mortagne; que cette pièce de monnaie ayant été réclamée par le nommé Braux, qui en était le propriétaire, la femme Mallet nia de l'avoir prise, et avait voulu en faire son profit; que le fait ainsi reconnu constituait donc un vol rentrant dans l'application de l'art. 576 c. pén.; que le tribunal d'Alençon a donc violé cet article en déchargeant la femme Mallet des poursuites; — Par ces motifs, casse.

Du 4 avr. 1825.—C. C., sect. crim.—MM. Barris, pr.—Busschop, rap.

3° Espèce : — (Valentin C. Minist. publ.) — LA COUR; — Vu les art. 579, 401 et 52 c. pén.; — Considérant qu'il résulte de l'instruction, que le 24 août dernier le sieur Touvard perdit un manteau près du fort Barraux, et que ce manteau fut trouvé par Jean Valentin; — 2° Que Valentin est resté détenteur dudit manteau, malgré les diverses réclamations du sieur Touvard faites envers lui Valentin, et malgré que ce dernier sût que ce manteau était la propriété de Touvard; — Considérant que, dans de pareilles circonstances, la rétention du manteau de Touvard par Valentin a constitué la soustraction frauduleuse prévue par les art. 579 et 401 c. pén.; — Confirme le jugement.

Du 2 juin 1824.—C. de Grenoble, ch. corr.—M. Paganon, pr.

(1) (Minist. publ. C. Altmayer.) — LA COUR; — Considérant que s'il ne s'élève aucune preuve contre ledit Altmayer qu'il ait réellement volé le christ et le clavier de Catherine Tailleur de Niédange; si, au contraire, d'après la déclaration même de cette femme, il est probable que le prévenu ne s'est muni de ces effets qu'après les avoir trouvés, en suite de la perte qu'en aurait faite cette femme, il n'en est pas moins prouvé qu'il a eu l'intention de les soustraire frauduleusement et d'en faire son profit personnel, puisqu'il a tenté de les vendre, même après avoir entendu qu'on plaignait cette femme, relativement à la perte qu'elle en avait faite, sans avoir manifesté à qui que ce fût les avoir trouvés, ni désirer les rendre à celui ou à celle qui les aurait perdus; que, dès lors, il s'est rendu coupable d'une soustraction frauduleuse. — Considérant.... : — Par ces motifs, — Dit qu'il a été mal jugé par le jugement dont est appel; — Emendant, vu les art. 579 et 401 c. pén.,—Condamne, etc. »

Du 9 août 1824.—C. de Metz, ch. corr.—M. Colchen, pr.

(2) (Delorme C. Augery et autres.) — LA COUR; — ...Considérant, sur la deuxième question, que l'enlèvement sur la voie publique d'une chose qui n'appartient pas à celui qui s'en empare et dont la propriété ne peut d'ailleurs s'acquérir par l'occupation, prend son caractère dans les faits et circonstances qui l'ont suivi; que si la dénégation de l'avoir trouvée et le refus de la rendre au propriétaire connu et réclamant constituent formellement l'intention frauduleuse de la soustraire, il serait contraire aux plus simples notions de l'équité, autant qu'au maintien de la morale et de la sécurité publique de ne reconnaître que dans cette

circonstance seule et taxativement l'indice caractéristique du vol : beaucoup d'autres la démontrent avec autant d'évidence; que, dans l'espèce. tout concourt à établir qu'Augery et Lasnier, non moins que les frères Barrat, ont eu l'intention de s'approprier frauduleusement la somme qu'Augery seul avait trouvée sur la voie publique, et dont il lui a plu de rendre participants les frères Barrat et Lasnier; qu'on l'induit et de la précaution qu'ils prennent de cacher la somme, et du partage qu'ils en font secrètement et pendant la nuit chez Lasnier et de la soustraction particulière de la part d'Augery, comme elle a eu lieu aussi de la part d'Etienne Barrat, de sommes importantes qu'il s'est particulièrement attribuées, ainsi qu'il résulte des aveux et déclarations reçus au procès et de la connaissance qu'ils avaient tous que l'argent trouvé appartenait à M. Delorme, et le silence qu'ils n'en ont pas moins gardé pendant huit mois, et qui n'a été rompu par Augery et Lasnier que par la juste crainte que leur inspiraient les poursuites actives dirigées alors par le ministère public et les aveux positifs des épouses des frères Barrat; que le soin affecté et perfide qu'ils prenaient, et particulièrement Lasnier, de répandre le bruit que le sieur Delorme n'avait réellement pas perdu l'argent qu'il réclamait, et l'emploi que l'un et l'autre ont fait à titre de propriétaires de la portion qu'ils avaient eue dans le partage, Lasnier en la plaçant à intérêt, Augery en s'en servant au besoin; que de tels faits et une conduite aussi calculée sont non-seulement inconciliables avec toute idée de délicatesse et de probité, mais sont l'effet nécessaire d'une volonté prononcée de soustraire pour toujours, au véritable propriétaire, la chose qu'ils savaient bien lui appartenir.

Considérant, sur la troisième question, que le délit dont sont convaincus Augery, Lasnier et les frères Barrat, est un et identique; qu'il repose sur le fait d'une coopération commune à la soustraction frauduleuse de la somme perdue par le sieur Delorme et partagée entre eux; que les circonstances postérieures au partage inégalement également ce fait, au respect de tous et de chacun d'eux; qu'alors c'est le cas de leur appliquer à tous aussi les dispositions de l'art. 55 c. pén.

Considérant, sur la quatrième question, que s'il s'est élevé d'abord quelques doutes sur la quotité précise de la somme perdue par le sieur Delorme, doutes qu'avaient fait naître quelques variations dans l'énoncé de ses premières réclamations, aujourd'hui les renseignements obtenus dans les débats, le témoignage surtout du sieur Bizard sur l'état de la valise alors qu'elle avait été placée dans la voiture et sur la quantité d'argent que devait contenir le grand sac, où lui-même avait placé neuf petits sacs d'écus; l'empressement qu'a mis le sieur Delorme à rectifier dans de nouvelles affiches la fixation trop élevée, que par erreur et dans un premier moment où il lui avait été impossible de faire une vérification exacte, il avait donnée à sa perte, rendent extrêmement vraisemblable la dernière déclaration que l'argent perdu montait au moins à la somme de 21,500 fr.; que d'autre part les contradictions des condamnés sur le quantum de l'argent trouvé, leurs accusations réciproques et si singulièrement énergiques, d'avoir cherché à se voler entre eux à l'époque du partage, leur intérêt toujours subsistant à déguiser sur ce point la vérité, dans l'espérance de conserver encore quelque portion du vol, ne permettent pas de mettre en balance et encore moins de faire prévaloir leurs déclarations sur celle du sieur Delorme, dont la véracité ne saurait être suspectée; que toutefois à défaut de justification positivement explicite de sa part, c'est le cas de lui déférer le serment sur ce point; — Statuant sur ledit appel, etc.

Du 12 fév. 1829.—C. de Bourges, ch. corr.—M. Trottier, pr.

(3) Espèce : — (Vallet C. les héritiers Lagay.) — Une vieille armoire dépendant de la succession Lagay fut adjugée, dans une vente publique, à Vallet. — Les héritiers Lagay ayant appris qu'en démontant le meuble pour l'emporter, Vallet avait trouvé dans une cachette une bourse et plusieurs rouleaux, réclament cet argent. — Vallet nie avoir trouvé une bourse; à l'égard des rouleaux, ce sont des bobines pour la soie qu'il offre de rendre. — Action correctionnelle pour vol. — Jugement qui, « Considérant que si, dans le principe, le fait de prendre la bourse et les rouleaux pouvait n'être pas considéré comme un vol, il en a eu le caractère du moment où, au lieu de les rendre, il se les est appropriés; que cette rétention frauduleuse le rend passible des peines de l'art. 401 c. pén.; — Condamne en outre Vallet à 4,000 fr. de restitution, 500 fr. de dommages-intérêts. » — Appel. — Arrêt.

LA COUR; — Attendu que le meuble vendu par les héritiers Lagay à

139. Il a été jugé, au contraire : 1° qu'il faut, pour caractériser le vol d'une somme d'argent trouvée cachée dans un bois, que la soustraction en ait été frauduleuse au moment de l'enlèvement ; qu'il ne suffit pas que l'intention de la retenir et de se l'approprier se soit manifestée par des actes postérieurs (Crim. cass. 2 août 1816) (1) ; — 2° Que le fait de s'être approprié des objets trouvés sur une route, revêtus d'adresses indiquant le propriétaire, lorsque, d'ailleurs, l'intention de s'en emparer n'a été manifestée que par des actes postérieurs, tout immoral qu'il est, ne constitue pas un vol (Crim, cass. 2 sept, 1830, aff. Grivot, V. Instr. crim., n° 3357-4°) ; — 3° Que celui qui s'empare d'effets par lui trouvés dans un chemin public, ne se rend pas coupable de vol, si à ce moment il n'a pas eu l'intention d'en faire son profit au préjudice d'autrui (Grenoble, 4 septembre 1833) (2) ; — 4° Que le fait d'appréhender un objet trouvé ne constitue une soustraction frauduleuse de la chose d'autrui qu'autant que cette appréhension a été accompagnée de l'intention de s'approprier ledit objet ; que les actes postérieurs par lesquels cette intention aurait été manifestée ne sauraient suffire pour imprimer à l'appréhension le caractère de vol ; qu'ainsi le fils qui, trouvant un objet mobilier (un couvert d'argent), se borne à le remettre immédiatement à son père, ne peut être considéré comme coupable de vol, encore bien que, depuis, il aurait aidé son père à cacher cet objet pour le soustraire aux recherches de la justice ; que, par suite, celui-ci ne peut être réputé complice d'un tel délit (Orléans, 6 sept. 1833, aff. Fouchart, D. P. 35. 2. 102) ; — 5° Qu'on ne peut considérer comme un vol le fait de celui qui, trouvant une somme d'argent sur la voie publique, sans connaître le véritable propriétaire, se l'approprie et l'emploie à l'acquittement de ses dépenses personnelles, si les circonstances ne démontrent pas qu'il a eu, au moment de l'appropriation, l'intention frauduleuse d'en frustrer le propriétaire (Orléans, 12 déc. 1839, aff. Dupont, D. P. 60. 2. 112) ; — 6° Que la rétention, et même la disposition par l'inventeur, de la chose perdue, ne peut être assimilée à la soustraction frauduleuse, et punie comme telle ; spécialement, que celui qui a

trouvé en effet et l'a négocié à son profit, au lieu d'en avoir recherché le propriétaire, a commis un acte indélicat, mais n'est pas coupable de vol, alors surtout qu'il a désintéressé le propriétaire dès que celui-ci s'est fait connaître (Orléans, 8 avr. 1840) (3).

140. Enfin il a été jugé, conformément aux idées que nous avons nous-même émises sur ce sujet : 1° que le fait d'avoir ramassé un objet trouvé sur un chemin public, constitue un vol, alors que l'inventeur l'a ramassé avec l'intention frauduleuse de se l'approprier... ; mais que cette intention frauduleuse a pu être constatée à l'aide de circonstances postérieures au fait matériel de l'appréhension (Crim. rej. 24 juin 1836) (4) ; — 2° Que le fait d'appréhender des objets trouvés sur la voie publique (par exemple, des titres d'actions industrielles), dans l'intention, conçue immédiatement, de se les approprier, constitue un vol... ; et que la preuve de cette intention concomitante à l'appréhension peut se tirer des circonstances postérieures ; qu'ainsi, elle peut s'induire de ce que celui par qui des titres d'actions ont été trouvés, non-seulement n'a pas recherché le propriétaire de ces titres, ni fait la déclaration de sa découverte à l'autorité, mais a chargé un tiers d'opérer la vente des actions (Paris, 9 nov. 1855, aff. Duruffe, D. P. 56. 2. 150) ; — 3° Et que, en cas pareil, le tiers qui, dans son propre intérêt, reçoit les actions pour en opérer la vente et en effet, sachant bien qu'elles ont été trouvées et appréhendées par l'inventeur dans l'intention de se les approprier, se rend complice du vol par recelé (même arrêt) ; — 4° Que l'individu qui, en appréhendant des objets perdus, a agi avec la résolution immédiatement prise de se les approprier, résolution prouvée par l'absence de démarches pour découvrir le propriétaire de ces objets et plus tard par le refus de convenir qu'il les a trouvés, est avec raison déclaré coupable de vol (Crim. rej. 30 janv. 1862, aff. Jourdard, D. P. 62. 1. 442).

141. Il nous paraît d'ailleurs évident que les objets (des billets de banque, par exemple) trouvés sur le parquet d'un appartement, loin d'être des objets perdus, demeurent sous l'au-

Vallet n'avait point encore été enlevé par ce dernier, et que la clef de la maison lui avait été confiée pour en opérer le transport ; — Attendu que, lorsque Vallet a découvert les objets que contenait le meuble, il n'a pas pu ignorer qu'ils n'étaient point compris dans la vente qui lui avait été faite, et qu'il devait les restituer aux héritiers Lagay ; — Attendu qu'au lieu de leur faire cette remise, il s'est empressé d'enlever les objets trouvés dans le meuble, et a recommandé le secret aux témoins de cette découverte ; — Attendu que tous ces faits constituent une soustraction frauduleuse dans le sens de la loi ; — Adoptant, pour le surplus, les motifs des premiers juges. — Confirme, etc.

Du 2 janv. 1828.—C. de Lyon, corr.—M. Coste, pr.

(1) (Nonllet C. min. pub.) — LA COUR ; — Vu l'art. 410 c. inst. crim. et l'art. 379 c. pén. ; — Attendu qu'il est formellement déclaré par le jugement dénoncé que lors de l'enlèvement de l'argent caché dans le bois de Billouze, la soustraction n'en avait pas été frauduleuse, et que l'intention de retenir et de s'approprier ladite somme ne s'était manifestée que par des faits postérieurs à l'enlèvement ; qu'ainsi il y a eu fausse application de l'art. 379, et par suite de l'art. 401 c. pén. ; — Casse, etc.

Du 2 août 1816.—C. C., sect. crim.—MM. Barris, pr.-Lecouturier, rap.

(2) Espèce : — (Min. pub. C. Girard.) — Le ministère public pourait demander le tribunal expressément de Vienne de la Girard, comme ayant soustrait frauduleusement une somme de 1,000 fr. au préjudice de la veuve Passard. Jugement qui déclare que le fait, imputé aux prévenus, n'est réputé de la foi ni crime, ni délit, ni contravention ; que la femme Girard, en s'appropriant une somme dont le propriétaire était inconnu, et que le hasard avait fait trouver dans un chemin public, n'avait pas commis une soustraction frauduleuse ; que, si la dame Passard, longtemps après la découverte des mariées Girard, a communiqué à ceux-ci une lettre tendant à établir que cette somme lui appartenait, ceux-ci avaient pu raisonnablement élever des doutes, refuser la restitution des pièces trouvées, jusqu'à ce que la qualité de véritable propriétaire fût établie d'une manière non équivoque ; et que l'on ne pourrait induire de là qu'ils avaient eu l'intention de s'emparer frauduleusement du bien d'autrui ; qu'en supposant même que cette intention eût été conçue par les prévenus, ce ne serait jamais que lors de la réclamation de la dame Passard, c'est-à-dire à une époque postérieure à l'enlèvement sur le chemin public, ce qui ne pourrait constituer un délit. — Arrêt.

LA COUR ; — Adoptant les motifs des premiers juges. — Confirme.

Du 4 sept. 1833.—C. de Grenoble, ch. corr.—M. Garnier, pr.

(3) (B...) — LA COUR ; — Vu l'art. 379 c. pén. ; — Attendu que du

texte et de l'esprit de cette disposition il résulte que le vol légalement punissable n'existe que par la réunion simultanée de deux éléments essentiels, premièrement du fait matériel de l'enlèvement de la chose d'autrui ; deuxièmement de l'intention frauduleuse de s'approprier cette chose au moment où le propriétaire en est dépossédé ; — Attendu que ces deux circonstances concomitantes ne se rencontrent pas dans la cause ; — Qu'en effet, il en résulte de l'instruction que le prévenu soustrait le billet dont il s'agit de la possession du sieur Jonsset-Moreau ; — Qu'il est plus vraisemblable d'admettre, suivant la déclaration du prévenu, qu'il a trouvé le billet perdu par le propriétaire ; — Qu'il n'apparaît pas non plus que B... ait eu, au moment où il a trouvé le billet, l'intention frauduleuse de se l'approprier, puisqu'il est allé aussitôt le montrer au sieur Pothier, son voisin, en lui faisant connaître le hasard qui l'en avait rendu possesseur ; — Que si B... n'a pas fait les recherches nécessaires pour retrouver le véritable propriétaire du billet, ainsi que le sieur Pothier le lui avait conseillé ; que, s'il s'est empressé de le négocier à son profit avant toute réclamation du propriétaire, le prévenu a manqué aux règles de la délicatesse et de la probité, qui ne permettent pas de s'enrichir aux dépens d'autrui ; — Mais attendu que lorsque des réclamations lui ont été adressées après le profit du billet, B... n'a pas nié l'avoir trouvé ni l'avoir négocié à MM. Mennier, ce qu'il eût pu faire s'il eût été de mauvaise foi ; — Qu'au contraire, il a remboursé le montant de ce billet, et désintéressé ainsi le propriétaire qui l'avait perdu ; — Qu'on ne peut donc, dans l'espèce, assimiler la rétention de la chose perdue à la soustraction frauduleuse de la chose d'autrui, qualifiée vol par l'art. 379 c. pén. — Infirme, etc.

Du 8 avr. 1840.—C. d'Orléans, ch. corr.—M. Vilneau, pr.

(4) (L... C. min. pub.) — LA COUR ; — Sur le moyen, pris de ce que l'arrêt attaqué n'aurait pas constaté la simultanéité de l'intention de fraude et du fait matériel de la soustraction : — Attendu que, dans son dernier considérant, la cour royale a mentionné l'intention frauduleuse qui dans son rapport avec le fait de soustraction ; — Qu'elle a décidé que, dans l'espèce, cette intention s'était révélée par les circonstances qu'elle a spécifiées ; qu'en constatant ainsi la révélation d'une pensée criminelle que le paragraphe précédent rattachait au fait matériel de l'appréhension de la chose d'autrui, l'arrêt attaqué a nécessairement entendu parler de l'intention qui avait précédé la perpétration de ce vol ; qu'il a, dès lors, établi, dans la cause, le concours simultané de ces deux éléments constitutifs du délit de vol ; — Rejette le pourvoi contre l'arrêt de la cour de Bourges, du 2 janv. 1836.

Du 24 juin 1836.—C. C., ch. crim.—MM. Bastard, pr.-Rocher, rap.

torité et doivent être réputés en la possession du maître de la maison; que, par suite, le tiers qui les ramasse, et s'en empare sans en avertir le maître de maison, s'il agit dans l'intention frauduleuse de se les approprier, commet un véritable vol, encore même qu'il ignorerait, à ce moment, quel est le propriétaire des objets (Crim. cass. 7 sept. 1855, aff. Lavoye, D. P. 55. 1. 584).

142. De même, un domestique qui, en faisant son service, trouve sur le plancher un objet, et qui nie ensuite l'avoir trouvé, se rend coupable de vol, alors même que l'objet n'appartient pas à son maître (Crim. cass. 5 juin 1817) (1).

143. Il a été décidé : 1° que lorsqu'un individu s'est emparé d'un troupeau de moutons qu'il a trouvés dans un champ, et que, sur la réclamation du propriétaire, il soutient mensongère-

ment qu'il les a achetés, et ne les restitue qu'après en avoir vendu une partie, ces faits constituent, non pas une simple tentative de vol, mais un vol réellement consommé (Crim. cass. 4 mars 1825) (2); — 2° Que dans le cas où des objets ont été jetés, par la violence des eaux, sur le rivage d'un fleuve navigable, celui qui, même après avoir acheté à vil prix ces objets au maître du fonds sur lequel ils ont été jetés, s'en est emparé sans faire aucune déclaration à l'autorité, et qui, depuis qu'il sait les propriétaires se sont présentés au maître du fonds pour les réclamer, les a vendus au lieu de faire la restitution, a pu être déclaré avoir commis le délit de vol prévu par les art. 379 et 401 c. pén., et n'être pas seulement passible d'une simple action civile (Crim. rej. 23 juill. 1830) (3); — 3° Enfin que le fait par un individu qui a trouvé

---

(1) (Bouvet.) — LA COUR; — Vu les art. 408 et 416 c. inst.; — Vu aussi les art. 2 et 251, qui règlent la compétence des cours royales; l'art. 379 c. pén., et le § 3 de l'art. 556 du même code; — Vu enfin les art. 716 et 717 c. civ., relatifs à la propriété d'un trésor trouvé; — Attendu que, par l'arrêt de la cour royale de Metz, il a été reconnu que Marie Bouvet, domestique chez la dame Rousseau, balayant la salle à manger dans laquelle cette dame avait donné, la veille, un repas, trouva une bague d'or, montée en diamants; que, sans le faire savoir à sa maîtresse, elle prit cette bague; que la dame Richter, une des convives de la veille, à qui elle appartenait, et qui l'avait laissée tomber sans s'en apercevoir, pria, dans l'après-midi, la dame Rousseau de la faire rechercher dans ses appartements; que la fille Bouvet, interrogée par sa maîtresse si elle n'avait pas trouvé cette bague, répondit négativement, et se réunit à elle pour en faire la recherche; que, huit jours après, ladite Bouvet, se disant étrangère et domiciliée à 6 lieues de Metz, se présenta chez un bijoutier de cette ville, à qui elle offrit de lui vendre cette même bague, qu'elle prétendit lui avoir été donnée; — Attendu que Marie Bouvet, en prenant ainsi chez sa maîtresse une bague sur laquelle elle n'avait aucun droit de propriété, et en la conservant par-devers elle sans en prévenir sa maîtresse, avait soustrait cette bague; qu'il n'a pas été dit à la cour royale et que cette cour ne pouvait pas dire qu'il résultât de l'instruction que, lors de cette soustraction, la fille Bouvet n'avait pas l'intention de s'approprier cette bague; que la moralité de cette soustraction doit donc être appréciée d'après les faits qui l'ont immédiatement suivie; que ces faits prouvent évidemment qu'en prenant cette bague, la fille Bouvet avait eu l'intention d'en faire son profit; que cette soustraction avait été frauduleuse; qu'elle avait donc le caractère du vol déterminé dans l'art. 379 c. pén.; qu'on ne pourrait point lui ôter ce caractère, ni lui faire l'application de l'art. 716 c. civ.; relatif à la propriété d'un trésor trouvé, puisque, d'après cet article, le trésor est toute chose cachée ou enfouie, sur laquelle personne ne peut justifier sa propriété, et que toutes les circonstances de cette définition sont étrangères à l'espèce dont il s'agit; que la cour royale de Metz s'est appuyée avec aussi peu de fondement sur l'art. 717 du même code, qui n'est relatif qu'aux droits sur les choses perdues dont le maître ne se représente pas; que cette cour a donc violé les règles de compétence établies par la loi, ainsi que les articles du code d'instruction criminelle ci-dessus énoncés, en renvoyant ladite Bouvet des poursuites, et en ordonnant en conséquence qu'elle serait sur-le-champ mise en liberté; — Casse, etc.
Du 5 juin 1817.-C. C., sect. crim.-MM. Barris, pr.-Busschop, rap.
(2) (Min. pub. C. Pannetier.) — LA COUR; — Vu les art. 379, 388 et 401 c. pén. et l'art. 2 de la loi du 25 juin 1824; — Considérant que celui qui s'empare d'une chose qui ne lui appartient pas, qui refuse de la rendre au légitime propriétaire, et manifeste ainsi l'intention d'en faire son profit, commet une soustraction frauduleuse qui caractérise le vol tel qu'il est défini par l'art. 379 c. pén.; — Que, dans l'espèce, il a été reconnu que le prévenu Pannetier s'est emparé de soixante-dix moutons qui ne lui appartenaient pas, et qu'il avait trouvés dans un champ, c'est-à-dire abandonnés à la foi publique; que, sur la réclamation du propriétaire desdits moutons, le prévenu a frauduleusement soutenu qu'il les avait achetés au prix de 650 fr., et qu'il ne les a restitués ensuite qu'après en avoir vendu une partie; que les faits, ainsi déclarés par le jugement attaqué, constituent, non une simple tentative de vol, dont l'effet aurait été suspendu par la volonté du prévenu et indépendamment de toute circonstance fortuite, mais un vol réellement consommé, punissable d'après les art. 379 et 401 c. pén., combinés avec l'art. 2 de la loi du 25 juin 1824; que le jugement attaqué a donc formellement violé ces articles en refusant d'appliquer au prévenu aucune peine; — D'après ces motifs, faisant droit au pourvoi du procureur du roi, casse.
Du 4 mars 1825.-C. C., sect. crim.-MM. Portalis, pr.-Busschop, r.
(3) Espèce : — (Mabire C. Chaufeuil.) — Au commencement d'août 1826, la Dordogne, débordée, jeta sur le rivage une quantité considérable de merrain, ou planchettes de bois destinées à faire des futailles.

— Deux mois et demi s'étaient écoulés sans que ces objets eussent été réclamés par ceux à qui ils appartenaient, lorsque Mabire, riche propriétaire de l'endroit, les acheta de Sireys et Sourtre, sur le terrain desquels ils avaient été jetés : il fut convenu que le merrain était réclamé par le propriétaire, Mabire le rendrait, à charge par les vendeurs de restituer le prix. Le merrain fut enlevé par Mabire dans la nuit. — Quelque temps après, les propriétaires du merrain en ayant fait la recherche, Sireys instruisit Mabire de cette circonstance. Il paraît qu'il aurait répondu qu'il le rendrait si l'on se présentait à lui. — Le 2 janvier 1827, Barbe et autres se rendirent avec le maire au domicile de Mabire, pour y faire la recherche du merrain. Il paraît que Mabire et sa femme étaient absents. — Un procès-verbal constata l'existence de quatorze douves, ou pièces de merrain, à la marque de Barbe et autres : le tout fut laissé à la garde d'une dame Touvron. Aucune copie de ce procès-verbal ne fut laissée à Mabire ni à sa belle-mère. — Il paraît même qu'aucune réclamation, aucune sommation ne fut depuis faite à Mabire. Aussi vendit-il ce merrain, en mars 1828, à Duval. — Barbe et autres ayant reconnu, dans les magasins de Duval, acheteur, ce merrain, qui portait encore leur marque, le firent saisir. — Cette saisie fut dénoncée à Mabire par Duval. — En mai 1829, Barbe et autres signifièrent à Mabire le procès-verbal de 1827, et le citent devant le tribunal correctionnel, à l'effet de le faire condamner, pour soustraction frauduleuse, à 20,000 fr. de dommages-intérêts, sauf les peines dans l'intérêt de la vindicte publique. — 2 juill. 1829, jugement du tribunal correctionnel de Figeac, qui renvoie les parties à fins civiles, attendu que les faits reprochés à Mabire ne constituent aucun acte punissable d'après les lois. — Appel du ministère public et des plaignants. — 22 janv. 1850, jugement qui condamne Mabire pour vol à 500 fr. d'amende et à 1,000 fr. de dommages-intérêts. Après avoir caractérisé avec étendue tous les faits de la cause, le tribunal considère, en droit, « que toutes les épaves qui sont jetées sur les bords d'une rivière navigable ou flottable sont placées sous la protection spéciale des lois et règlements; que, par l'art. 16, tit. 51 de l'ordonnance de 1669, les pêcheurs étaient obligés de garer sur terre les objets par eux repêchés dans la rivière, et d'en faire la déclaration dans les vingt-quatre heures aux sergents ou garde-pêche; que l'usage constant des lieux est que le merrain, ou les autres objets jetés sur les bords de la Dordogne, ne peuvent être enlevés qu'après que les personnes auxquelles ils peuvent appartenir sont passées pour faire la déclaration; — Qu'il y a soustraction frauduleuse toutes les fois que l'on tourne à son profit une chose que l'on sait appartenir à autrui, soit en employant des manœuvres prohibées par la loi, soit en négligeant de prendre, dans l'intérêt d'autrui, les précautions que la loi a pris le soin d'indiquer. » — Pourvoi, pour fausse application des art. 379 et 401 c. pén., et 16 tit. 51 de l'ordonnance de 1669. — Arrêt.
LA COUR; — Attendu, en droit, qu'aux termes de l'art. 379 c. pén., quiconque a soustrait frauduleusement une chose qui ne lui appartient pas est coupable de vol; — Qu'il y a donc vol dans le cas où la loi toutes les fois que, soit à l'insu, soit contre le gré du propriétaire, il y a soustraction réelle, ou acte de mainmise et d'un intention frauduleuse d'une chose qui n'appartient pas à l'auteur de la soustraction, et qu'il sait appartenir à autrui; que l'enlèvement d'objets exposés sur les bords d'une rivière, où ils ont été jetés par les flots, non-appartenants à celui qui s'en empare, et dont la propriété ne peut s'acquérir par l'occupation, prend son caractère des faits et les circonstances qui l'ont accompagné et suivi; — Qu'ainsi, l'homme qui, après avoir traité à vil prix de la faculté d'enlever des objets pour lesquels ses vendeurs et lui n'avaient pas fait la déclaration nécessaire pour avertir des propriétaires dépossédés par suite d'une force majeure, a manifesté, lors et depuis cet enlèvement, l'intention de faire son profit de ces objets, sachant qu'ils appartenaient à des tiers, commet une soustraction frauduleuse et caractéristique du vol, tel qu'il est défini par la loi pénale;
Attendu, en fait, que le tribunal dont le jugement est attaqué a reconnu et déclaré que, de l'instruction de la procédure et des aveux de

un sac d'argent dans l'écurie d'une auberge, de l'avoir emporté sans en parler à personne, et d'avoir dépensé quelques-unes des pièces qu'il renfermait, constitue à la fois et le *consilium fraudis*, et l'enlèvement caractéristique de la soustraction frauduleuse, encore bien qu'aussitôt qu'il allait être visité par les gendarmes, cet individu aurait fait la restitution du sac trouvé (Crim. cass. 9 août 1833) (1).

144. Un objet enfoui (par exemple, un couvert d'argent trouvé dans la vase d'une mare) a le caractère d'un objet perdu dont le maître ne se présente pas; et non celui d'un trésor, lorsqu'il est permis de reconnaître à son inspection (spécialement à la forme du couvert et aux poinçons dont il est marqué) qu'il n'a pas été abandonné ou égaré par son propriétaire depuis un temps tel que celui-ci ne puisse encore se présenter; mais tant que le véritable propriétaire n'est pas connu, l'appréhension et la détention d'un tel objet ne peuvent constituer un vol (Trib. d'Orléans, 25 août 1853, aff. Fouchard, D. P. 53. 2. 103).

145. Lorsque le jury a répondu à la question de savoir si un accusé était coupable d'avoir soustrait frauduleusement deux paniers attachés sur une voiture, pendant la nuit, etc., qu'il n'était pas coupable d'avoir soustrait frauduleusement ces deux paniers, mais qu'il était coupable, les ayant trouvés, de les avoir conservés chez lui, avec intention de les soustraire pour les appliquer à son profit au préjudice des propriétaires, intention qui n'a été conçue qu'après que ces objets ont été par lui déposés en son domicile; cette réponse n'est ni obscure, ni contradictoire; en conséquence, est nul l'arrêt par lequel la cour d'assises renvoie les jurés à expliquer leur intention (Crim. cass. 2 sept. 1830, aff Grivot, V. Instruct. crim., n° 3357-4°).

146. La saisie d'un bateau qui a servi à commettre la fraude, constatée par des employés de l'octroi, ne peut être

qualifiée de soustraction frauduleuse, ni, ar suite, à une action correctionnelle contre les e ployés qui cette saisie (Crim. cass. 19 mars 1836, aff. Ruelle, V. jugement, n° 113).

147. Mais, suivant un arrêt, le fait, par des douaniers, d'avoir enlevé et détourné des marchandises provenant de l'échouement d'un navire, et placées momentanément sous leur surveillance, constitue un vol et non pas un abus de confiance, la surveillance momentanée dont ces douaniers ont été chargés, ne pouvant être assimilée à un contrat de dépôt; en conséquence, si ce détournement a été commis la nuit et par plusieurs, il a le caractère d'un vol qualifié, et est de la compétence de la cour d'assises (Crim. rej. 14 janv. 1853, aff. Marcq, D. P. 53. 1. 153). — Il eût été peut-être plus exact de considérer ce détournement comme constituant le crime de violation de dépôt public, prévu par l'art. 255 c. pén. D'une part, en effet, la loi de douanes du 22 août 1791, tit. 7, art. 1 et 2, dispose que les marchandises sauvées des naufrages doivent être mises en dépôt et gardées par des préposés de la régie; d'où la conséquence qu'il s'agit bien là d'un dépôt public, c'est-à-dire d'une garde confiée à des agents de l'administration en leur qualité (V. M. Ach. Morin, Rép. de dr. crim., v° Dépôt public, n°° 2 et s.); d'autre part, le brigadier des douanes, établi gardien de ces marchandises, à raison de ses fonctions, est bien un dépositaire public, dans le sens de l'art. 255 précité. Si donc il détourne les objets remis à sa garde, il se rend coupable, ce semble, du crime puni par cet article. — Il n'y aurait vol que de la part des agents secondaires, car c'est seulement à leur égard qu'il nous paraîtrait vrai de dire, avec la cour de cassation, qu'il n'existe qu'une mission de surveillance exclusive de l'idée d'un contrat de dépôt.

Mabire, il résulte qu'il a acheté de Sirieys et de Sourtre une certaine quantité de merrains qu'il savait avoir été apportée sur les rives de la Dordogne par une crue extraordinaire de cette rivière; qu'il savait aussi que ce merrain, non déclaré par les détenteurs à l'autorité locale, ainsi que le prescrivait la loi, pouvait être réclamé par les propriétaires; qu'il est convenu également, 1° qu'il n'avait été fait par lui aucune déclaration de la quantité et qualité du merrain dont il s'est permis de disposer; 2° que ce merrain avait été enlevé la nuit; 3° qu'après cet enlèvement, prévenu par Sirieys, que les propriétaires s'étaient présentés pour le réclamer, il s'était borné à répondre qu'il le remettrait si l'on se présentait chez lui pour réclamer, persistant à garder chez lui ce merrain acheté au prix de 10 cent. la pièce, et clandestinement transporté des rives où il était en évidence dans un assez grande distance de la rivière dont il était une épave, et dérobé, par cela même, aux recherches des propriétaires; — Qu'il résulte encore du procès-verbal dressé par le maire de la commune de Bretenoux, qu'indépendamment du merrain reconnu appartenir aux réclamants, et trouvé dans le domicile de Mabire, il y a été aussi trouvé d'autres pièces de merrain que Mabire est convenu avoir pêchées dans la Dordogne, et avoir employé à son profit, sans en faire aucune déclaration; qu'après la déposition des témoins, l'usage constant des lieux était que le merrain et autres objets jetés sur les bords de la Dordogne ne pouvaient être enlevés qu'après la personnes auxquelles ils pouvaient appartenir étaient passées pour les réclamer;

Qu'enfin, il résulte aussi de l'instruction de la procédure que, postérieurement au procès-verbal du maire de Brelenoux, procès-verbal constatant la quantité de merrain trouvé dans les dépendances de l'habitation de Mabire, marqué au nom de la compagnie représentée par les parties de M° Dalloz, ledit Mabire avait fait porter ce merrain à Bergerac pour être vendu à son profit; — Que, dans ces circonstances, le tribunal de Cahors a trouvé les caractères d'une possession occulte, illicite, et environnée de manœuvres criminelles qui, de la part de Mabire, caractérisent la soustraction frauduleuse et constituent le délit prévu et puni par l'art. 401 c. pén.; — Que, dans cet état des faits par lui déclarés et reconnus, le tribunal de Cahors, en condamnant Mabire à 500 fr. d'amende et à 1,000 fr. de dommages-intérêts, n'a fait qu'une juste application dudit art. 401; — Par ces motifs, et sans examiner si ce tribunal, d'après l'art. 463, a pu, à raison de quelques circonstances atténuantes, dispenser ledit Mabire de la peine de l'emprisonnement; — Rejette.

Du 25 juill. 1850.—C. C., ch. crim.—MM. de Bastard, pr.-Chantereyne, rap.-Laplagne-Barris, av. gén., c. conf.-Berton et Dalloz, av.

(1) (Min. pub. C. Laubery.) — LA COUR; — Vu le mémoire du procureur général près la cour royale de Limoges, à l'appui du pourvoi par lui formé;-Vu l'art. 579 c. pén.;-Vu l'art. 401 du même code; — Attendu que le tribunal correctionnel de Tulle a déclaré, en fait,

que Jean-Baptiste Laubery, prévenu, se trouvant au bourg Lastic, le 16 mai dernier, entra dans une écurie d'auberge, écurie qui, d'après les renseignements, se trouve placée sur la grande route de Clermont, et toujours ouverte au public; qu'il y trouva, soit dans la mangeoire des chevaux, soit au pied de cette mangeoire, un sac d'argent qu'il prit et emporta avec lui jusqu'à Tulle, sans faire part, ni à l'aubergiste, ni aux militaires, ses camarades, qui voyageaient avec lui, de cette aventure; qu'arrivé à Tulle, et sur les démarches du roulier qui avait perdu ce sac, ces militaires ayant été interpellés au sujet de cette perte, Laubery, prévenu, déclara aussitôt qu'il était nanti de cet argent, qu'il l'avait trouvé au bourg Lastic, et en fit de suite la remise; qu'il résulte du même jugement que ce sac contenait 1,787 fr. 95 c.; que Laubery en avait distrait une pièce de 5 fr., qu'il rétablit au moment de la restitution, et une autre modique somme de 25 cent dont il avait fait la dépense; que ce sac était dans son schako; qu'il avait séparé du sac principal un petit sac contenant diverses pièces d'or; que Laubery avait fait cette restitution en présence de ses camarades arrêtés avec lui sur la route de Brives, et aussi en présence du substitut du procureur du roi, du juge d'instruction et de la gendarmerie;

Que, dans cet état des faits reconnus, Laubery, renvoyé en police correctionnelle, par une ordonnance de la chambre du conseil du tribunal de Tulle, a été relaxé de la plainte sans dépens, par le motif principal qu'on trouvait bien quelque chose d'immoral dans la conduite de Laubery, le silence qu'il a gardé, soit envers l'aubergiste, soit envers ses camarades; mais qu'on n'y trouve pas et qu'on n'y saurait trouver les circonstances caractéristiques du vol, ainsi que le définit l'art. 379 c. pén.; que, sur l'appel interjeté de ce jugement par le ministère public, la chambre des appels de police correctionnelle de la cour royale de Limoges a confirmé ce jugement en adoptant ses motifs; que, dès lors, elle se les est appropriés;

Que Laubery n'avait pas trouvé ce sac d'argent sur un chemin ou grande route, mais dans l'écurie d'une auberge; qu'il n'a fait part de cette découverte ni à l'aubergiste, ni à ses camarades; qu'il a emporté le sac et la somme considérable qu'il renfermait, et qu'il n'en a fait la restitution que le 19, sur les poursuites, comme à la trace, du voiturier propriétaire, lorsqu'il allait être visité par les gendarmes, en présence des magistrats; que, dès lors, il y a eu, au moment de l'enlèvement, *consilium fraudis*, et, par conséquent, soustraction frauduleuse; - Attendu que cette affaire peut présenter des circonstances atténuantes en faveur du prévenu, qu'il appartient aux tribunaux d'apprécier; mais, que, si elles peuvent faire plus ou moins diminuer la peine, elles ne peuvent faire disparaître le délit consommé; d'où il suit que la cour royale de Limoges a violé, par l'arrêt attaqué, les art. 579 et 401 c. pén.; — En conséquence, casse l'arrêt de la cour de Limoges, chambre correctionnelle, du 7 juin dernier.

Du 9 août 1833.-C. C., ch. crim.-MM. Bastard, pr.-Brière, rap.

148. Sous les lois de la République et de l'empire, qui permettaient à tous les citoyens d'arrêter ceux qui se livraient à la contrebande et leur accordaient, à titre de gratification, une partie des marchandises qu'ils saisissaient (V. notamment décr. 4 germ. an 2, tit. 6, art. 15; 14 fruct. an 13; 9 flor. an 7), la soustraction frauduleuse de marchandises prohibées différait d'une saisie légalement faite par des particuliers ; elle avait le caractère de vol, comme si les marchandises n'étaient pas prohibées (Crim. rej. 14 juill. 1815, aff. Delrieu, V. Appel criminel, n° 289).

149. Sous l'empire des lois qui établissaient un droit de martelage dans les forêts au profit de la marine (V. Forêts, n°° 1966 et suiv.), il avait été jugé que l'enlèvement de pièces de bois ouvragées et marquées du marteau de la marine, constituait un vol, et non un délit forestier (Crim. cass. 16 germ. an 7, M. Beraud, rap., aff. Cheneau).

150. En règle générale, lorsque, devant un tribunal de répression, l'inculpé excipe d'un droit qui ferait disparaître le délit pour lequel il est poursuivi, il doit être statué préalablement sur cette question préjudicielle, puisque de la solution qui lui sera donnée dépend le sort de l'action publique. Si le droit prétendu est un droit de propriété immobilière ou un droit réel immobilier, le tribunal de répression est incompétent pour en connaître ; dans ce cas, il doit renvoyer la question, soit aux tribunaux civils, soit à toute autre juridiction compétente, et surseoir à statuer sur l'action publique dont il est saisi jusqu'à ce que les tribunaux civils aient prononcé. Mais si la question préjudicielle ne porte que sur un droit de propriété mobilière, le tribunal de répression a qualité pour le juger, en vertu de ce principe que le juge de l'action est le juge de l'exception (V. les développements donnés sur ce sujet v° Question préjudicielle, n°° 36 et suiv., 81 et suiv.). Ces principes sont applicables à la matière qui nous occupe. — Ainsi il a été décidé que, quand le prévenu de vol soutient que JJ est propriétaire de la chose prétendue volée, la solution de cette question appartient au tribunal saisi de la prévention, d'après le principe que le juge de l'action est juge de l'exception, principe auquel il n'est point dérogé pour le cas où l'exception de propriété est soulevée à l'occasion, non d'immeubles, mais seulement d'objets mobiliers : — « Attendu que, l'exception n'ayant pour objet qu'une chose mobilière, elle devait être appréciée et jugée par le tribunal compétent pour prononcer sur l'accusation de vol... » (Crim. rej. 11 avr. 1817, M. Lecoutour, rap., aff. Maillard ; V. aussi Crim. rej. 29 mai 1828, aff. Gilbert-Lacroix, n° 152-3°). — V. Quest. préjud., n° 48.

151. Il a été jugé, d'un autre côté, que dans le cas où des individus poursuivis pour avoir récolté du varech sur une portion de rivage considérée comme dépendance du territoire d'une commune voisine, opposent que cette portion fait partie du territoire de leur propre commune, la nécessité de déterminer les limites séparatives élève, une fois de plus, en l'absence de documents décisifs,

une question préjudicielle qui doit être vidée contradictoirement entre les deux communes par l'autorité administrative (Caen, 15 nov. 1858, aff. comm. d'Agon, D. P. 59. 1. 164).

152. Lorsqu'il est constant qu'un individu s'est rendu coupable de vol, c'est-à-dire a soustrait frauduleusement la chose d'autrui, il n'est pas nécessaire, pour que la peine puisse être appliquée, que le juge connaisse, ni par conséquent qu'il désigne le propriétaire de cette chose. L'existence du crime ou délit est en effet indépendante de cette désignation. — Il a été décidé en ce sens : 1° que dans une condamnation pour vol, même pour vol domestique, il n'est pas nécessaire de désigner les personnes au préjudice desquelles le vol a été commis (Crim. cass. 6 juin 1845, aff. Affenaër, D. P. 45. 1. 287); — 2° Qu'il suffit qu'un objet trouvé en la possession d'un individu n'ait pu provenir que d'un détournement pour que le détenteur qui ne justifie pas de sa propriété ait pu être réputé coupable, soit de ce détournement, soit de complicité par recel, et cela bien que les propriétaires au préjudice desquels ledit détournement aurait été commis ne soient pas connus (Crim. rej. 4 avr. 1845, aff. Montagny, D. P. 45. 1. 246) ; — 3° Que, le vol pouvant exister indépendamment de toute réclamation du légitime propriétaire, quand même ce propriétaire ne serait pas actuellement connu et quand même il aurait ignoré ses droits sur la chose soustraite, l'ouvrier condamné pour avoir soustrait frauduleusement une somme d'argent cachée dans un mur qu'il était occupé à démolir, ne peut faire annuler le jugement sur le motif qu'il ne constate ni quel était le propriétaire légitime de la somme volée, ni que le propriétaire en ait réclamé la restitution (Crim. rej. 29 mai 1828) (1).

153. Ce n'est pas à dire toutefois qu'un individu doit être réputé coupable de vol par cela seul qu'il ne justifie pas de son droit de propriété sur les objets trouvés en sa possession. En général, l'innocence comme la bonne foi doivent être présumées, et c'est à celui qui affirme la culpabilité, non à celui qui la nie, qu'il appartient de faire la preuve. — Il a été jugé, par application de cette règle, que les peines du vol ne peuvent être appliquées à un individu trouvé porteur d'argent ou d'objets d'une certaine valeur, par cela seul qu'il n'en justifie point l'origine (trib. correct. de Nantes, 27 nov. 1852, aff. N..., D. P. 53. 3. 29).

154. Il avait été jugé, dans le même sens, sous l'empire des lois révolutionnaires qui ont précédé la promulgation du code pénal, que tout ce qui était trouvé sur le voleur ne pouvait être confisqué comme vol, ni confisqué au profit de la République, et que le tribunal correctionnel qui ordonnait qu'à défaut par le condamné de justifier dans un délai fixé de la propriété des effets, or, argent et assignats mentionnés au procès-verbal, ces objets demeureraient confisqués au profit de la République, violait les principes de notre législation (Crim. cass. 3 germ. an 4) (2).

155. Pour caractériser un vol d'argent, il n'est pas indis-

---

(1) (Gilbert Lacroix C. min. pub.) — La cour : — Attendu, sur le premier moyen, que l'arrêt attaqué déclare qu'il est constant en fait que le demandeur a soustrait frauduleusement une somme en or qui ne lui appartenait pas, et qu'il avait été trouvé cachée dans un mur, à la démolition duquel il travaillait comme ouvrier maçon ; — Que si cet arrêt ne constate ni quel était le propriétaire légitime de cette somme en or, ni que ce propriétaire en ait réclamé la restitution, le silence de l'arrêt sur ces deux circonstances ne peut changer le caractère du fait qui sert de base à la condamnation ; — Qu'en effet l'art. 379 c. pén. dispose : « Quiconque a soustrait frauduleusement une chose qui ne lui appartient pas est coupable de vol ; » — Qu'il suit de là que la loi ne considère que la mauvaise foi de celui qui s'approprie une chose qu'il sait ne point lui appartenir ; que le vol peut exister indépendamment de toute réclamation du légitime propriétaire, quand même ce propriétaire ne serait point actuellement connu, et quand même ce propriétaire aurait ignoré les droits qu'il avait sur la chose soustraite ;

Attendu, sur le second moyen, qu'il est de principe que tout juge compétent pour statuer sur le procès dont il est saisi est compétent aussi pour statuer sur les questions qui s'élèvent incidemment dans ce procès, encore bien que ces questions fussent hors de sa compétence, si elles lui étaient proposées par une demande principale ; — Que cette règle ne reçoit d'autres exceptions que celles qui résultent d'une disposition formelle de la loi ; — Que, dans l'espèce, la cour royale de Riom étant compétente pour statuer sur le délit de soustraction frauduleuse imputé

au demandeur, elle l'était également pour juger l'exception qu'il opposait aux poursuites, et qu'il faisait résulter de ce que la somme en or étant une chose abandonnée ou perdue, elle lui appartenait comme l'ayant trouvée ; qu'une pareille exception, qui ne portait que sur un objet mobilier, ne pouvait devenir la matière d'une question préjudicielle de propriété dont le jugement aurait dû être préalablement attribué aux tribunaux civils ; qu'il n'appartenait qu'à la cour de Riom d'apprécier ce moyen de défense, et de décider, comme elle l'a fait, qu'il n'était point fondé, et que la somme dont il s'agit n'appartenait point au prévenu ; — Attendu que l'instruction a été régulièrement faite, et que la loi pénale a été également appliquée ; — Rejette, etc.

Du 29 mai 1828.—C. C., ch. crim.-MM. Bailly, pr.-Mangin, rap.

(2) (Le com. du pouv. exécut. C. Silvain Chilchery.) — Le tribunal ; — Vu les art. 1 et 32 du tit. 2 de la loi du 19 juill. 1791 ; — Vu pareillement l'art. 1 du tit. 1 c. pén. ; — Vu enfin l'art. 605 c. des dél. et des pein. ; — Considérant que lors du jugement du tribunal de police correctionnelle de l'arrondissement de Blois contre Silvain Chilchery, du 15 germ. an 3, la loi du 19 juill. 1791 était en vigueur ; — Que cependant le tribunal s'est cru en droit de condamner ledit Chilchery en quinze mois de détention, et qu'il a de plus ordonné que, faute par le condamné de justifier, dans le délai de trois mois, de la propriété des effets, or, argent et assignats mentionnés au procès verbal, ils seront et demeureront confisqués au profit de la République, ce qui, pour le tout, est contraire aux dispositions des articles ci-dessus cités, puisque les tribunaux de police correctionnelle ne peuvent prononcer d'autres peines

pensable de préciser la somme volée ; ainsi un prévenu a pu être déclaré convaincu d'avoir commis dans une boutique un vol de 42 fr. et plusieurs autres vols d'argent : — « Attendu qu'il n'est pas toujours possible de connaître la quantité et la quotité des objets volés, et que pour caractériser un vol d'argent, il n'est pas indispensable de préciser la somme qui a été volée ; que l'arrêt attaqué a suffisamment rempli le vœu de l'art. 188 c. des délits et des peines en déclarant le demandeur convaincu d'un vol, commis dans la boutique de Ségalas, de 42 liv. et de plusieurs autres vols d'argent faits avant le 28 mai au préjudice du même individu » (Crim. rej. 23 mai 1809, MM. Barris, pr., Oudot, rap., aff. Hirtos). — Il a été jugé, de même, que la loi n'exige pas que la valeur du vol soit constatée avant la condamnation (Crim. rej. 17 mess. an 4, MM. Brun, pr., Lions, rap., aff. Ducroq ; 14 août 1806, MM. Barris, pr., Babille, rap., aff. Baccioco).

Sect. 3. — Des soustractions commises entre époux et entre parents ou alliés en ligne directe.

156. D'après le droit romain, les soustractions commises par l'un des époux au préjudice de l'autre, par des enfants au préjudice de leurs parents, ne donnaient pas naissance à l'action de vol (LL. 16 et 17, ff., De furt. ; 1, ff., De act. rer. amotar. ; 22, Cod., De furt. ; Inst., De oblig. quæ ex delict. nasc.). Ces règles avaient passé dans notre ancien droit, particulièrement dans les pays de droit écrit. — Les lois criminelles de la révolution ayant gardé le silence sur ce sujet, la question s'est élevée de savoir si les anciennes dispositions étaient demeurées en vigueur. — A cet égard, il a été décidé que les lois romaines avaient conservé tout leur empire, quant aux dispositions que les lois de la République française n'avaient pas abrogées, surtout dans les pays régis par le droit écrit, et que dès lors une femme ne pouvait être poursuivie criminellement à raison d'un vol par elle commis au préjudice de son mari : — « Attendu que le silence du ministère public, dans le cas de soustraction d'effets dans la maison commune, par l'un des deux époux, est commandé par des considérations morales, par le respect dû aux liens du mariage, et qu'il est conforme aux principes renfermés dans plusieurs lois romaines ; que particulièrement ces motifs sont exprimés dans les lois 17 et 22, au Code, De furtis, où on lit : Maritus propter pudorem matrimonii, non furti, sed rerum amotarum, actionem habet ; et dans la loi première, au Digeste, De dolione rerum amotarum, qui s'exprime en ces termes : Rerum amotarum judicium singulare introductum est adversus eam quæ uxor fuit ; quia non placuit cum ea furti agere posse, quibusdam existimantibus ne quidem furtum eam facere… ; et dans la loi 22, au même titre : Nam in honorem matrimonii turpis actio adversus uxorem negatur ; que ces motifs, fondés sur la nature du fait lui-même et sur l'honneur du mariage, repoussent également et l'action privée et l'action publique ; que depuis que cette action a été introduite en France à l'égard du vol, un grand nombre de décisions judiciaires ont appliqué les lois romaines sus-énoncées, soit dans le cas de l'exercice de l'action de la part du mari, soit à l'égard du ministère public ; attendu que ces lois romaines ont conservé tout leur empire, quant aux dispositions que les lois de la République française n'ont pas abrogées, mais surtout qui sont encore régis par le droit écrit, et que telle est la position du département du Tarn ; que l'obligation prescrite par le code des délits et des peines pour les fonctionnaires spécialement établis pour l'exercice de l'action publique, de poursuivre tous les crimes, ne s'appliquent sans cas proposé, mais que ces distinctions admises par les lois romaines font sortir le fait de la soustraction commise par une femme dans la maison commune, de la classe des délits prévus par le code… » (Crim. rej. 5 pluv. an 10, MM. Seignette, pr., Durand-Borel, rap., aff. Sicard). — Il a été décidé également

que celles spécifiées dans les lois relatives aux délits qui leur sont soumis, et que ces lois ne comprennent pas la peine de détention, puisque d'ailleurs elle est permis d'en appliquer les mêmes tribunaux de prononcer la confiscation des objets saisis que dans certains cas prévus, puisque enfin en étendant cette disposition au cas actuel, le tribunal de police correctionnelle de Blois a semblé mettre en principe, par une déviation formelle

ment que des dégradations et destructions d'édifices, méchamment commises par le mari sur les propriétés de la femme, ne donnent lieu qu'à des réparations civiles (Crim. rej. 26 pluv. an 13, aff. Leroy, v° Dommage-destr.-dégrad., n° 172).

157. Mais il avait été jugé d'un autre côté, par application d'autres dispositions du droit romain, que l'enfant qui, en inspirant des craintes chimériques, escroquait à sa mère de l'argent ou d'autres effets, pouvait être poursuivi correctionnellement : — « Attendu que les lois nouvelles n'ont point dérogé à la loi 14, Cod., De his qui accusare non possunt, qui autorise la mère à porter plainte contre ses enfants, lorsqu'elle ne trouve pas dans sa tendresse pour eux d'excuse aux délits dont ils se sont rendus coupables ; que si l'on juge qu'un héritier ne peut poursuivre par la voie criminelle son cohéritier qui a spolié l'hoirie du défunt, parce que, celui-ci ayant un droit acquis à la chose qu'il a spoliée, l'on ne peut réellement dire qu'il a commis un véritable vol, il ne peut en être de même quand il s'agit d'un droit purement éventuel, où, ce qui revient au même, quand la soustraction a eu lieu, comme dans l'espèce particulière, avant la mort de celui dont les effets ont été spoliés, parce que, jusqu'à son décès, lui seul en est le véritable et l'incontestable propriétaire ; que l'art. 35, tit. 2, de la loi du 22 juill. 1791 a été bien appliqué au genre de délit dont la femme Plisson était déclarée convaincue, puisqu'il résultait clairement des considérants du jugement qu'elle avait commis la soustraction dont elle avait été prévenue, en abusant de la crédulité de sa mère et en lui inspirant des craintes chimériques… » (Crim. rej. 10 pluv. an 10, M. Carnot, rap., aff. Plisson).

158. L'art. 380, § 1, c. pén., dispose à cet égard dans les termes suivants : « Les soustractions commises par des maris au préjudice de leurs femmes, par des femmes au préjudice de leurs maris, par un veuf ou une veuve quant aux choses qui avaient appartenu à l'époux décédé, par des enfants ou autres descendants au préjudice de leurs pères ou mères ou autres ascendants, par des pères et mères ou autres ascendants au préjudice de leurs enfants ou autres descendants, ou par des alliés aux mêmes degrés, ne pourront donner lieu qu'à des réparations civiles. » Cette exception aux règles ordinaires était commandée par des raisons sérieuses. « Les rapports entre ces personnes, dit l'exposé des motifs, sont trop intimes pour qu'il convienne, à l'occasion d'intérêts pécuniaires, de charger le ministère public de scruter les secrets de famille, qui peut-être ne devraient jamais être dévoilés ; pour qu'il ne soit pas extrêmement dangereux qu'une accusation puisse être poursuivie dans des affaires où la ligne qui sépare le manque de délicatesse du véritable délit est souvent très-difficile à saisir, enfin pour que le ministère public puisse provoquer des peines dont le ministère public ne se bornerait pas à répandre la consternation parmi tous les membres de la famille, mais qui pourrait encore être une source éternelle de divisions et de haines. »

159. Quelle est la véritable portée de ces dispositions ? En affranchissant de toute peine les soustractions entre époux ou entre parents en ligne directe, leur laissent-elles néanmoins le caractère de vol, ou bien vont-elles jusqu'à leur enlever même ce caractère ? Cette question n'est pas une pure subtilité ; de la solution qu'on lui donne résultent des conséquences pratiques d'une haute importance. En effet, si la soustraction, dans le cas dont il s'agit, bien qu'elle n'étant pas punissable, constitue cependant un vol, elle pourra devenir circonstance aggravante d'un autre crime. — La question se présenta une première fois devant la cour de cassation, le 26 mars 1812 ; elle y fut discutée et les avis furent partagés. Il s'agissait de savoir si un gendre qui a commis un meurtre sur son beau-père, et l'a ensuite volé, pouvait échapper à la peine de mort prononcée par l'art. 304 c. pén. en soutenant que, d'après l'art. 380, ce vol ne constitue ni crime ni délit. Six membres de la cour, au nombre desquels était le président, nous dit Bourguignon (Jurispr. des codes crim., t. 3 ;

des vrais principes de notre législation, non-seulement que l'on doit regarder comme volé tout ce qui est trouvé au pouvoir du voleur ; mais encore que la République peut s'approprier ces effets ; — Considérant que dès lors il y a tout à la fois dans ce jugement excès de pouvoir et fausse application de la loi ; — Casse, etc.

Du 3 germ. an 4.-C. C., sect. crim.-MM. Brun, pr.-Pova, rap.

p. 363), furent de l'avis de la négative, c'est-à-dire pensèrent qu'il y avait lieu de prononcer la peine de mort, parce que les considérations exprimées dans le discours de l'orateur du gouvernement ne paraissaient pas s'appliquer à ce cas. « M. Merlin, dit Bourguignon, partagea cette opinion; mais sept membres furent d'avis contraire, prétendant qu'il ne fallait mettre aucune restriction à l'art. 380. Néanmoins, quelques-uns des sept ayant désiré réfléchir davantage, la question ne fut pas résolue, parce qu'il n'y avait pas nécessité de la résoudre. »

160. Cette question s'est représentée, depuis, devant la cour suprême, et elle y a été résolue dans le sens le plus rigoureux. Un arrêt a décidé que le vol commis par un descendant au préjudice d'un ascendant, ne doit être réputé à l'abri de l'action publique, conformément à l'art. 380 c. pén., qu'autant qu'il est isolé de tout autre crime qui puisse donner lieu par lui-même à l'exercice de cette action, et spécialement que le vol qui suit le meurtre commis par une fille et un gendre sur la personne de leur père et beau-père, constitue la circonstance aggravante du meurtre, prévue par l'art. 304 c. pén., et qu'ainsi l'arrêt qui le décide autrement en se fondant, soit sur l'art. 380 du même code, soit sur le principe que, par la mort de la victime, la saisine a été opérée de plein droit au profit des meurtriers, qui, dès lors, n'ont fait que s'emparer, à la suite du crime, des biens qui leur appartenaient en vertu de la loi, doit être annulé (Crim. cass. 21 déc. 1837, aff. Pérochain, v° Crimes contre les personnes, n° 54). — M. Rauter (t. 2, n° 508, en note) parait incliner vers cette solution. Et l'on peut dire en effet qu'il serait étrange que les liens de parenté ou d'affinité qui unissent le meurtrier à sa victime pussent rendre sa position plus favorable, alors que son crime n'en est que plus odieux.

161. Mais ce n'est pas par de pures considérations morales que la question doit être résolue. En matière pénale, il faut s'attacher uniquement à la loi. Que dit donc ici la loi qu'il s'agit d'appliquer, c'est-à-dire l'art. 304 c. pén.? Que le meurtre importera la peine de mort lorsqu'il aura eu pour objet de préparer, faciliter ou exécuter un délit. Ainsi la loi pose ici une condition *sine quâ non* : c'est que le second fait, qui vient s'ajouter au meurtre, constitue par lui-même un délit. Or les soustractions commises entre époux, entre ascendants, descendants et alliés en ligne directe, constituent-elles le délit de vol? Telle est la question. L'arrêt de cassation du 21 déc. 1837, précité, dit que les exceptions portées en l'art. 380 c. pén., qui s'opposent à l'exercice de l'action publique, ne sont applicables qu'au cas où le vol forme l'objet principal de la prévention, et non à celui où il n'en est qu'un accessoire, comme dans le cas prévu par l'art. 304. Mais c'est résoudre la question par la question; c'est juger que les soustractions prévues par l'art. 380 c. pén. constituent le délit de vol, et c'est là précisément ce qu'il s'agit de voir. — Pour nous, nous croyons que cette question doit être résolue négativement. Remarquons en effet que l'art. 380 ne donne ni le nom de vol ni la qualification de délit aux faits dont il s'agit; il les appelle simplement des soustractions, et il dit qu'elles ne peuvent donner lieu qu'à des réparations civiles. N'est-ce pas la preuve que, dans la pensée du législateur, non-seulement ces soustractions sont affranchies de la peine, mais même elles ne constituent pas un vol? Et en y réfléchissant on s'en rend facilement raison. La famille est un être collectif, le lien d'étroite parenté qui unit l'un des époux à l'autre, les ascendants aux descendants, établit entre eux, sinon en droit, du moins en fait, une sorte de communauté. L'un d'eux dit voliers de ce qui appartient aux autres : ceci est à *nous*. Il noble dès lors que la soustraction commise dans de pareilles conditions ne soit pas au même degré que dans les cas ordinaires, la soustraction frauduleuse de la chose d'autrui, qu'elle n'accuse pas dans son auteur une égale improbité. Aussi, dans l'an-

clen droit, Muyart de Vouglans (Lois crim., p. 285) expliquait-il le défaut de poursuites, dans ce cas, par l'espèce de droit que donnent les qualités de femme ou de fils sur les choses que l'on soustrait. Et M. Faure exprimait une pensée analogue lorsqu'il disait, dans le passage de l'exposé des motifs cité ci-dessus, que, dans ces affaires, la ligne qui sépare le manque de délicatesse du véritable délit est souvent très-difficile à saisir. — Nous croyons donc que, dans notre droit pénal, les soustractions commises entre époux ou entre parents en ligne directe n'ont pas le caractère de délit, et nous en concluons, contrairement à l'arrêt du 21 déc. 1837, précité, qu'elles ne peuvent pas plus donner lieu à l'application d'une peine comme circonstance aggravante d'un autre crime que comme objet principal de la prévention.—Telle est aussi l'opinion de Carnot, Code pén., sur l'art. 380, obs. 9; Legraverend, t. 2, p. 117, à la note; Bourguignon, Jurisp. des c. crim., sur l'art. 380, n° 2; Chauveau et Hélie, t. 3, n° 1748 et suiv.

162. Cette interprétation de l'art. 380 c. pén. trouve une confirmation, au moins implicite, dans un arrêt qui a décidé qu'une veuve qui, acquittée par le tribunal correctionnel sur la prévention de soustraction d'objets ayant appartenu à son mari, est déclarée coupable de soustraction frauduleuse par la cour, malgré l'immunité établie en sa faveur par l'art. 380 c. pén., est fondée à demander la cassation de l'arrêt, bien qu'il ne prononce aucune peine contre elle (Crim. cass. 18 avr. 1837, aff. Orjollet, D. P. 57. 1. 227). — En effet, déclarer la prévenue coupable de soustraction frauduleuse de la chose du mari, c'était la déclarer, en termes équipollents, coupable de vol, et ainsi casser un arrêt pour un pareil motif, c'est dire que la soustraction dont il s'agit ne constitue pas réellement un vol.

163. On peut également invoquer, à l'appui de cette doctrine, des arrêts qui ont décidé : 1° que lorsqu'un vol a été commis par un fils au préjudice de ses père et mère, les circonstances simplement aggravantes, telles que l'escalade, l'effraction, les fausses clefs, ne changent point le caractère du fait, qui ne peut donner lieu qu'à des réparations civiles (Crim. cass. 26 juill. 1811, aff. N..., arrêt cité par Carnot, sur l'art. 380 c. pén., t. 2, p. 258, n° 7); — 2° que l'époux, complice d'un vol commis la nuit, sur un chemin public, avec violence, au préjudice et sur la personne de son conjoint, n'est pas punissable (Crim. cass. 6 oct. 1853, aff. Jaubert, D. P. 53. 5. 487). — En effet, s'il en est ainsi lorsque le vol a été commis avec escalade, effraction et fausses clefs, il doit en être de même lorsqu'il a été accompagné de violences et blessures, qui sont aussi des circonstances aggravantes. Ces violences et blessures, sauf la répression dont elles peuvent être par elles-mêmes l'objet, ne changent donc pas le caractère du fait principal et n'empêchent pas qu'à son égard l'art. 380 ne reçoive son application. Or pourquoi, disent à ce propos MM. Chauveau et Hélie (t. 3, n° 1749), le délit revivrait-il dans ce cas seulement où il est accompagné de meurtre, et non quand il est accompagné de violences ou de blessures? Pourquoi en faire abstraction dans ce dernier cas et ne punir que les violences et les blessures, tandis que, dans le premier, on le prendrait en considération pour en faire un élément d'un nouveau crime? Il y avait là une évidente contradiction.

164. Dans le concours de deux vols qualifiés commis en même temps par un individu dans la maison paternelle, l'un au préjudice de son père, et l'autre au préjudice de son frère (V. n° 167), il n'y a lieu de déférer que le second à la cour d'assises, le premier ne donnant lieu qu'à une action civile, aux termes de l'art. 380 c. pén. ; et, dans ce cas, l'accusé condamné n'est pas fondé à se plaindre de ce qu'on a laissé de côté les circonstances relatives au vol envers son père, sous le prétexte qu'elles étaient favorables à sa défense (Crim. rej. 1er juill. 1841) (1).

---

(1) (Gérard C. min. publ.)—LA COUR ; —...Sur le deuxième moyen cassation inséré dans le même acte de pourvoi, et tiré de ce que donnance de prise de corps décernée contre le demandeur par le nal de Troyes réuni en chambre du conseil, le mettait en préven-à double vol de 300 fr. et de 30 fr. commis, le premier au judice de son père, et le second au préjudice de son frère, le mars 1841, au domicile du premier, avec escalade et effraction ; n soumettant seulement au jury la seconde partie d'un fait auquel

la première était tout à fait inhérente, on l'avait privé non-seulement d'une partie matérielle du fait, savoir : l'introduction avec escalade et effraction dans la maison paternelle, mais encore de toute la partie intentionnelle, puisque ce n'est que par hasard et à son insu qu'il a enlevé une somme d'argent appartenant à son frère, tandis qu'il croyait ne s'emparer que de l'argent appartenant à son père, seul but de son action ; d'où il suivrait que le jury n'aurait statué que sur un fait de pur hasard et accessoire au fait principal ; que conséquemment l'accu-

165. Toute exception est de sa nature limitative et doit être renfermée dans les termes de la disposition qui l'établit. Or on ne peut méconnaître dans l'art. 380 ce caractère d'exception à la règle générale qui punit le vol; donc le bénéfice de cette exception ne peut être étendu aux faits de nature différente qui ont pu accompagner le vol et qui par eux-mêmes constitueraient des crimes ou délits. Et ainsi, si des violences avaient été commises envers la personne en vue d'arriver à la soustraction, l'impunité assurée à ce dernier fait par l'art. 380 ne s'étendrait pas aux violences. C'est ce qu'enseignent aussi MM. Rauter, t. 2, n° 508; Chauveau et Hélie, t. 5, n° 1751. — Il a été décidé, en ce sens : 1° que si l'agent a commis la soustraction par un moyen dont l'emploi constitue à lui seul un crime ou délit, ce crime ou délit reste soumis à l'empire du droit commun (Crim. rej. 17 déc. 1829, aff. Auger, V. v° Faux, n° 426); — 2° Que l'art. 380 c. pén. ne saurait être étendu à des cas autres que ceux qu'il prévoit; et spécialement, que l'immunité établie par cet article est inapplicable au crime de faux dont un mari s'est rendu coupable en contrefaisant la signature de sa femme, au bas d'un billet à ordre (Crim. cass. 3 déc. 1857, aff. Chenu, D. P. 58. 1. 42); — 3° Qu'il n'y a pas seulement vol à l'égard d'un père, mais faux dans la soustraction commise par un fils en contrefaisant sur les registres de la direction des postes tenue par son père, la signature du tiers à qui des fonds étaient adressés (Crim. cass. 22 avr. 1842, aff. Piétri, v° Faux, n° 173-4°); — 4° Que l'immunité accordée par l'art. 380 c. pén. à ceux qui commettent des soustractions au préjudice de leurs parents ou alliés doit être restreinte au fait prévu par cet article et ne s'étend pas aux délits distincts, tels que le bris de clôture, qui peuvent s'y rattacher (Douai, 19 déc. 1859, aff. Troquenez, D. P. 60. 2. 296); — 5° Que les dispositions de l'art. 380 c. pén. ne sauraient être étendues aux cas d'incendie volontaire dont un fils s'est rendu coupable au préjudice de ses parents (Crim. rej. 2 juin 1853, M. Auguste Moreau, rap., aff. Moïse Désir).

166. Que décider à l'égard des abus de confiance et des escroqueries commis, soit entre époux, soit entre ascendants et descendants? L'art. 380 ne parle que de soustraction; or il n'y a soustraction ni dans l'abus de confiance ni dans l'escroquerie; il semble donc au premier abord que l'art. 380, par cela même qu'il est une exception, ne puisse être appliqué à ces derniers délits. Toutefois une telle interprétation serait manifestement contraire à la pensée de la loi. Les motifs qui ont déterminé le législateur à établir l'exception de l'art. 380, en ce qui concerne le vol, militent avec plus de force encore peut-être à l'égard de l'abus de confiance et de l'escroquerie, et il semble que du premier l'on puisse conclure aux deux autres *à fortiori*. Aussi l'art. exposé des motifs exprime-t-il la pensée de n'admettre que l'action privée, c'est-à-dire l'action en dommages-intérêts, à l'égard de toute espèce de fraude commise par les maris, etc. ; et le rapporteur du corps législatif disait, de même, que le projet a cru devoir affranchir de la rigueur des poursuites criminelles les *attentats à la propriété* qui peuvent être commis entre époux, entre ascendants ou descendants (V. *suprà*, p. 1110, n° 3, p. 1111, n° 17). Ainsi il ne s'agit pas seulement dans l'art. 380 des soustractions proprement dites, mais de toute espèce de fraudes, de toutes les atteintes à la propriété (conf. MM. Chauveau et Hélie, t. 5, n° 1753).—Il a été jugé, en ce sens, que l'art. 380 c. pén. suivant lequel, entre époux ou entre parents ou alliés au degré y désigné, les soustractions ne donnent lieu qu'à des réparations civiles, s'applique au cas d'abus de confiance comme au cas

de vol (Orléans, 10 janv. 1859, aff. Audreau, D. P. 59. 190).

167. L'application de l'art. 380 doit être restreinte [aux per]sonnes qui s'y trouvent désignées. Ainsi, les soustract[ions frau]duleuses commises entre frères et sœurs sont passibles des [peines] du vol, comme celles qui sont commises entre personnes [étran]gères l'une à l'autre (V. aussi, en ce sens, MM. Chauveau et t. 5, n° 1753, et Crim. rej. 1er juill. 1841, aff. Gérard, n° 18 — Et il a été jugé de même que, la disposition de l'art. 380 pén. étant essentiellement limitative, la nièce d'un défunt peut invoquer le bénéfice de cet article pour se soustraire à [la] peine du vol par elle commis sur la succession de son [oncle] (Crim. rej. 25 sept. 1818, aff. Bergeot, V. n° 653).

168. Mais quelques doutes peuvent s'élever, relativement à certaines personnes, sur le point de savoir si l'art. 380 doit l[eur] être appliqué. Et d'abord que faut-il décider à l'égard des en[fants] *adoptifs*? La loi les assimile aux enfants légitimes, leur confère, vis-à-vis de l'adoptant; elle le peut donc être inv[o]... les mêmes obligations (c. nap. 347 et suiv.). De plus, l'art. 29 c. pén., qui définit le parricide, place sur la même ligne et con[fond] dans la même incrimination le meurtre du père légitime [et] celui du père adoptif. D'où il résulte naturellement que le v[ol] commis entre le père et l'enfant adoptifs est affranchi de tou[te] pénalité, par application de l'art. 380. C'est ce qu'enseign[ent] également MM. Chauveau et Hélie, t. 5, n° 1756.

169. Quant aux enfants *naturels*, de deux choses l'une : o[u] ils ont été reconnus, ou ils ne l'ont pas été. S'ils ne l'ont pas été aucun lien de droit n'existe entre eux et leurs père et mère; le[ur] filiation est légalement incertaine; elle ne peut donc être inv[o]quée, dans ce cas, ni par le père ni par l'enfant, selon que l'[un] ou l'autre est l'auteur de la soustraction. S'ils ont été reconn[us] l'art. 380 doit recevoir son application; cet article, en effet, [se] sert d'expressions (*pères, mères, enfants*) qui embrassent, da[ns] leur acception ordinaire, les pères, mères et enfants natur[els] aussi bien que ceux qui sont légitimes. Et d'ailleurs, l'art. 2[9] c. pén., dans la définition du parricide, assimile les enfants n[a]turels aux enfants légitimes et aux enfants adoptifs. Il paraît r[a]tionnel d'étendre l'assimilation aux vols commis entre les m[êmes] personnes (Conf. MM. Chauveau et Hélie, t. 5, n° 1756). — [Il a] été jugé, conformément à cette doctrine, que l'excuse tirée de que le voleur est l'enfant naturel de la personne volée ne pe[ut] être admise qu'autant que la filiation naturelle a été préalable[ment] établie suivant les conditions prescrites par le code Nap[o]léon (Crim. cass. 25 juill. 1834, aff. Bossu, V. Paterni[té] n° 645-3°).

170. Mais, qu'il s'agisse des enfants adoptifs ou des enf[ants] naturels, l'exception ne peut être étendue aux ascendants o[u] pères et mères. En effet, il n'existe aucun lien de droit, d'u[ne] part, entre l'enfant adoptif et les ascendants de l'adoptant; d'a[u]tre part, entre l'enfant naturel et les ascendants des père et m[ère] qui l'ont reconnu. Aussi l'art. 299 c. pén., après avoir défin[i le] parricide, *le meurtre des pères ou mères légitimes, naturels* [ou] *adoptifs*, a-t-il soin d'ajouter : « ou de tout autre ascendant [lé]gitime », excluant ainsi de la définition du meurtre des asc[en]dants, soit des pères et mères adoptifs, soit des pères et mè[res] naturels (V. aussi MM. Chauveau et Hélie, t. 5, n° 1756).— [Il a] été jugé, par application de ces principes, que l'enfant natu[rel] qui commet un vol au préjudice du père de sa mère est, pou[r ce] fait, sujet aux poursuites de l'action publique : « Considér[ant] que l'exception portée en l'art. 380 c. pén., relativement [aux] soustractions frauduleuses commises entre parents en ligne

---

sation n'a été purgée qu'en partie; — Vu, sur ce moyen, les art. 380 c. pén. et 337 c. inst. crim.; — Attendu, en droit, que le président de la cour d'assises ne peut soumettre au jury que les questions résultant du dispositif de l'arrêt de renvoi et du résumé de l'acte d'accusation; — Attendu qu'aux termes de l'art. 380 c. pén., les soustractions commises par un enfant au préjudice de son père ne peuvent donner lieu qu'à des réparations civiles, sauf à punir comme coupables de vol les individus qui auraient recélé ou appliqué à leur profit tout ou partie de ces vols; — Attendu que si Gérard avait été mis en prévention par ordonnance de la chambre du conseil du tribunal de Troyes, tant pour le vol de 300 fr., commis au préjudice de George Gérard, son père, que pour le vol de 50 fr. commis le même jour au préjudice d'Honoré Gérard,

son frère, c'est avec raison que la cour royale de Paris ne l'a mi[s en] accusation et ne l'a renvoyé aux assises de l'Aube que pour le sec[ond] de ces vols, seul passible des peines portées par le code pénal; — [At]tendu, dès lors, que le jury saisi par l'arrêt de renvoi et l'acte d'ac[cu]sation, quant au prévenu Gérard du moins, du l'unique vol com[mis] par celui-ci au préjudice de son frère, n'a pas eu à connaître d[u vol] commis également par lui au préjudice de son père, et n'a pu favo[riser] que sur les questions qui lui étaient soumises ; — Attendu, au sur[plus que] la régularité de la procédure et qu'aux faits déclarés constants p[ar le] jury, il a été fait à Gérard, en état de récidive, une juste applic[ation] de la loi pénale; — Par ces motifs, rejette.

Du 1er juill. 1841.—C. C., ch. cr.—MM. Crousseilhes, pr.—Meyronn[et]

recte, n'a évidemment été faite par le législateur qu'en considération du lien de famille qui existe entre lesdits parents; qu'il résulte des dispositions de l'art. 756 c. civ. que la loi ne connaît de lien de famille en faveur des enfants naturels que vis-à-vis leurs pères et mères qui les ont reconnus, et que c'est d'après ce principe que l'art. 299 c. pén., après avoir qualifié de parricide le meurtre des pères et mères légitimes, naturels ou adoptifs, ne donne la même qualification qu'au meurtre des ascendants légitimes; — Qu'il suit de là que les soustractions frauduleuses commises par des enfants naturels au préjudice des parents de leurs père et mère sont de véritables vols, et conséquemment sujettes aux peines prononcées par la loi contre ces sortes de crimes et délits » (Crim. cass. 10 juin 1813, MM. Barris, pr., Busschop. rap., aff. Oudry; Liége, 24 déc. 1823, aff. Rawray C. min. pub.).

171. L'art. 380, après avoir déclaré que les soustractions commises entre ascendants et descendants ne pourront donner lieu qu'à des réparations civiles, ajoute qu'il en sera de même des soustractions commises entre alliés au même degré. Et comme la disposition comprend les ascendants et descendants à tous les degrés. il s'ensuit qu'elle comprend également les alliés à tous les degrés de la ligne directe. — Il a été décidé, par application de ces principes : 1° que le vol commis par le beau-père au préjudice des enfants de sa femme, même après le décès de celle-ci, ne peut donner lieu qu'à des réparations civiles, le lien d'affinité établi par le mariage entre l'un des époux et les enfants du premier lit de l'autre époux continuant à subsister malgré le décès de celui-ci (Metz, 20 déc. 1819 (1). — Conf. MM. Chauveau et Hélie, t. 5, n° 1755); — 2° Et, de même, que l'enfant d'un premier lit est, pour la seconde femme du mari, un allié au degré d'enfant, même après la dissolution du mariage qui a créé l'affinité (Orléans, 10 janv. 1859, aff. Andreau, D. P. 59. 2. 190). — V. Parenté, n° 16.

172. En thèse générale, la complicité suppose un délit. Dès qu'il n'y a pas de délit, il ne peut y avoir de complices. Cette règle reçoit ici son application. Ainsi, comme les soustractions dont il s'agit dans l'art. 380 ne constituent ni crime ni délit, il s'ensuit que les personnes étrangères qui ont aidé ou assisté les auteurs de ces soustractions ne sont passibles d'aucune peine à titre de complices. C'est, du reste, ce qui résulte de l'art. 380 lui-même, qui, après avoir dit que les soustractions commises entre époux ou entre ascendants et descendants ne pourront donner lieu qu'à des réparations civiles, ajoute, dans une disposition finale : « A l'égard de tous autres individus qui auraient recélé ou appliqué à leur profit tout ou partie des objets volés, ils seront punis comme coupables de vol. » Cette disposition ne parle point de ceux qui ont coopéré au fait même de la soustraction; d'où il faut conclure qu'ils ne sont passibles d'aucune peine. Quant à ceux qui ont appliqué à leur profit tout ou partie des choses volées, ou qui, sans en tirer eux-mêmes aucun profit, les ont sciemment recélées, la loi les considère, non comme complices du fait principal, mais comme étant eux-mêmes coupables de vol, et c'est à ce titre qu'elle leur inflige une pénalité. — V. dans le même sens MM. Chauveau et Hélie, t. 5, n° 1757 à 1768.

173. Il avait cependant été décidé, avant la promulgation du code pénal, et sous l'empire de la coutume de Normandie,

que les complices d'une soustraction commise entre époux étaient, malgré l'immunité dont pouvait jouir l'auteur principal, passibles de poursuites criminelles : — « Considérant que si les art. 389 et 411 de la coutume de Normandie constituaient le mari propriétaire des meubles et conquêts immeubles de sa femme, et lui conféraient même le droit d'aliéner ses héritages, à la charge seulement de lui en transporter des siens, à titre de récompense, il ne serait pas permis d'en conclure qu'en aucun temps, et surtout lorsque le cours d'une action intentée par la femme pour faire prononcer sa séparation de corps, le mari fût le maître de dégrader méchamment les biens de sa femme, et que sa qualité de mari fût suffisante pour écarter l'idée d'un délit en pareil cas; qu'elle pourrait tout au plus le mettre à l'abri de poursuites criminelles, à cause de l'honneur du mariage, mais que ses complices n'en seraient pas moins dans le cas d'être poursuivis criminellement, si le cas le requérait » (Crim. rej. 26 pluv. an 13, M. Minier, rap., aff. Leroi C. d'Haucourt).

174. Et même depuis la promulgation du code pénal de 1810, il avait été décidé, dans le même sens, que l'indulgence dont l'art. 380 de ce code couvre les soustractions commises entre parents ne saurait être étendue à des tiers complices de la soustraction; qu'à leur égard la soustraction conserve le caractère qu'elle tient de la nature des choses, et qu'elle est crime ou délit selon qu'elle est ou qu'elle n'est pas accompagnée de circonstances aggravantes (Crim. cass. 25 fév. 1819, aff. Lefebre, v° Complice-complicité, n° 79). — Mais cette doctrine n'a pas prévalu. et il résulte d'une jurisprudence constante que le complice des soustractions dont il s'agit ne peut être frappé d'aucune peine, à moins qu'il ne soit constaté qu'il a appliqué à son profit ou recélé l'objet soustrait. — V. Crim. cass. 15 avr. 1825, aff. Lambleux; Crim. rej. 29 juin 1827, aff. Fauret; Crim. cass. 1er oct. 1840, aff. Jamet; Nancy, 29 janv. 1840, aff. Vinot, v° Complice-complicité, n° 79; Orléans, 16 déc. 1837, aff. Vallet, rapporté avec l'arrêt du 24 mars 1838, eod. v°, n° 214-2°; Paris, 24 mai 1839, aff. Baudoux, ibid., n° 214-3°.

Vainement on argumenterait, pour combattre cette jurisprudence, de ce que, suivant une doctrine constante que la cour de cassation elle-même a sanctionnée, le complice peut toujours être condamné, bien que l'auteur principal ait été absous à raison de sa bonne foi, ou qu'il soit inconnu, décédé, absent ou en fuite (V. Complice-complicité, n°s 58, 65 et suiv.). — On peut répondre avec M. Faustin Hélie (t. 5, n° 1761), que dans ce cas, le fait matériel du crime ne cesse pas de subsister. « Qu'importe, dit cet auteur, la présence ou la culpabilité de l'auteur? Un crime a été commis, tous ceux qui y ont participé sont responsables. Comment cesseraient-ils de l'être parce que celui qui a consommé le crime n'est pas en cause? Est-ce que la criminalité n'est pas attachée au fait en lui-même? Mais il n'en est plus ainsi lorsque ce fait, par cela même qu'il a été commis par un membre de la famille de la victime, cesse d'être crime criminel; car c'est une règle vulgaire qu'il n'y a point de complices sans un fait principal auquel ils se rattachent. Si donc il n'y a point de crime, si l'action principale n'est pas punissable, il est évident que ceux qui ont participé à cette action ne peuvent être poursuivis. » Il ne s'agit point ici d'un privilége personnel

(1) (Min. pub. C. Louis Laurent.) — LA COUR; — Attendu que, suivant l'art. 380 c. pén., les soustractions commises par des maris au préjudice de leurs femmes, par des pères et mères ou autres ascendants, ou par des alliés aux mêmes degrés, ne peuvent donner lieu qu'à des réparations civiles; — Attendu, en fait, qu'il est constant que Louis Laurent a épousé Geneviève Lamour, mère de Marie-Jeanne Aubry femme de Jean-Baptiste Marchand) et de Marie-Thérèse Aubry, toutes deux issues de son premier mariage avec Jean-Nicolas Aubry, et plaignantes et parties civiles en l'instance; — Attendu que le lien d'affinité qui s'est formé par cette union, entre Louis Laurent et les enfants de sa épouse, n'a point été détruit par l'événement du décès de celle-ci, vu antérieurement aux faits de la cause ; que le principe de l'existence et de la continuation de ce lien, nonobstant la mort du conjoint prédécédé, s'établit évidemment par la combinaison des art. 161 et 162 civ., au titre du Mariage, et des art. 268 et 378, § 2, c. pr., le premier relatif aux enquêtes et le second au titre de la Récusation des juges; ce, d'ailleurs, ni dans l'art. 380 c. pén. ni dans aucun autre de la

même loi, on ne trouve rien dont on puisse induire que l'intention du législateur ait été de restreindre la disposition précitée, qui doit en conséquence être entendue et appliquée dans le sens le plus étendu ; — Attendu que, dans de telles circonstances, les plaignantes ne pouvaient recourir qu'à la voie civile, pour obtenir contre Louis Laurent la réparation du tort par elles souffert, et qu'on ne peut se dispenser d'annuler la procédure irrégulière par elles poursuivie et dont les dépens doivent rester pour leur compte, à l'exception toutefois de ceux que Louis Laurent s'est mis dans le cas de supporter aux termes de l'art. 187 c. inst. crim.; — Par ces motifs, sans s'arrêter aux réquisitions de l'avocat général, ni aux conclusions prises par Jean-Baptiste Marchand, Marie-Jeanne Aubry son épouse et Marie-Thérèse Aubry, ayant aucunement égard à celles de Louis Laurent; statuant sur l'appel par lui interjeté du jugement par défaut du tribunal correctionnel de Charleville du 5 du mois de mai précédent ; dit qu'il a été mal, nullement et irrégulièrement procédé ; — Annule, etc.

Du 20 déc. 1819.—C. de Metz, ch. corr.-M. Auclaire, pr.

qui ne doit protéger que le membre de la famille; l'art. 380 couvre la soustraction entière.

175. Mais la cour de cassation distingue le coauteur du complice, et elle refuse au premier le bénéfice de l'immunité qui paraît résulter, en faveur du second, des termes de l'art. 380 (Crim. cass. 18 avr. 1844, aff. Franchi, v° Complice-Complicité, n° 164, et Ch. réun. cass. 23 mars 1845, même affaire, D. P. 45. 1. 178). — V. le réquisitoire prononcé dans cette affaire par M. le procureur général Dupin.

M. Faustin-Hélie, dans la 4° édition de la Théorie du code pénal (t. 5, n° 1762 et suiv.), élève contre la doctrine consacrée par cet arrêt des objections qui nous semblent bien sérieuses et que nous croyons devoir résumer. — On prétend établir une distinction entre les complices et les coauteurs. Mais quels sont les caractères distinctifs de ces deux classes d'agents? La loi, qui les a confondus dans la même incrimination et dans la même peine, n'a point tracé la ligne qui les sépare. L'art. 60 range au nombre des complices ceux qui ont *aidé* ou *assisté* l'auteur de l'action dans les actes qui l'ont consommée. Quels sont donc les coauteurs? Comment, lorsque plusieurs personnes prennent part à la fois à la même action, distinguer ceux qui aident et ceux qui coopèrent, ceux qui assistent et ceux qui coagissent? Et lorsque la différence est en elle-même si difficile à saisir entre ceux qui ont participé au même fait, comment concevoir que les uns ne puissent être poursuivis, que les autres, au contraire, doivent subir la pénalité tout entière? On a dit qu'un coauteur est un complice plus intime et plus actif; admettons-le : mais, si la complicité n'est pas punissable, le deviendra-t-elle par cela seul qu'elle sera plus active et plus intime? On a prétendu encore que le coauteur s'approprie entièrement la soustraction à laquelle il participe et la fait sienne; qu'ainsi chaque coauteur a commis le délit en totalité et que, par conséquent, il doit être poursuivi et puni sans égard à la peine qui peut être encourue par son coauteur ou à l'immunité qui pour ce dernier résulte de la loi. Cela pourrait se comprendre si ceux qui ont coopéré à la soustraction avaient agi dans leur intérêt personnel, si la chose soustraite avait dû être partagée entre eux et le membre de la famille. Mais s'ils ne devaient en tirer aucun profit, s'ils n'ont fait qu'aider, dans l'intérêt de l'époux ou des parents, à la soustraction faite à la famille, si, en un mot, ils n'ont été que des instruments dans la main du seul agent intéressé à la perpétration, comment pourraient-ils être considérés comme des coauteurs? La loi romaine, qui supposait que tous les complices ou coauteurs avaient profité de la soustraction, leur appliquait les peines du vol (LL. 36 et 52 ff., *De furtis*); elle n'avait pas prévu la coopération des tiers dans l'intérêt exclusif de l'époux ou du parent. Mais cette lacune avait été comblée par notre ancienne jurisprudence, qui, distinguant entre les deux cas, n'appliquait les peines du vol qu'aux individus qui prenaient part à la soustraction pour en tirer un profit personnel (arrêts du parlem. de Paris des 19 avr. 1698 et 12 juill. 1708, rapportés par Augeard, t. 2, p. 82; Jousse, Just. crim. t. 4, p. 194; Muyart de Vouglans, Lois crim., p. 283; Rousseau de la Combe, Tr. des mat. crim., p. 40); or, puisque c'est dans ces législations qu'a été puisée la règle formulée par l'art. 380, pourquoi ne pas admettre que le législateur moderne n'y a pris également les restrictions qui en limitaient la portée? D'ailleurs si, par les raisons que nous avons indiquées, l'action n'est pas un délit de la part de l'auteur principal, pourquoi le serait-elle de la part de ceux qui y ont coopéré, soit comme complices, soit comme coauteurs, alors qu'ils ont agi sans intérêt personnel et n'ont eu d'autre but que de faire réussir la soustraction commise par le parent? Si ce dernier a pu croire que la communauté des intérêts de la famille protégeait et autorisait en quelque sorte son action, comment les autres ne l'auraient-ils pas cru? S'il s'est regardé comme le maître des biens dont il disposait, comment ceux-ci ne lui en auraient-ils

pas reconnu la copropriété? — Mais quoi! dit-on; l'homme en réunion de plusieurs personnes, la nuit, au moyen d'e[..] et usant de violences, commet une soustraction, ne sera pa[s] si un fils ou un gendre de la victime est au nombre des et s'il n'a ni recélé ni appliqué à son profit les objets v[..] peut répondre d'abord que l'objection s'appliquerait aux [..]plices aussi bien qu'aux coauteurs; mais ce n'est pas tout : violences qui seraient exercées sur les personnes, les bris et fractions qui seraient opérés sur les choses, rentrent dans [le] droit commun : il n'y a point d'immunité pour les voies de [fait] même entre parents.

176. La cour de cassation a décidé en outre que le bénéfice de l'immunité prononcée par l'art. 380 n'appartient pas a[u] complice du vol commis tout à la fois par l'un des parents [ou] alliés désignés dans cet article et par des étrangers; que le complice est alors punissable des peines encourues par les coauteurs; qu'ainsi l'individu reconnu complice d'un vol commis par un gendre avec la coopération de plusieurs personnes non alliées ni parentes de la victime, la nuit, dans une maison habitée (celle de son beau-père), avec port d'armes, à l'aide d'effraction intérieure, d'escalade, de violences ou voies de fait ayant laissé des traces de blessures ou contusions, encourt comme complice des coauteurs de ce vol, la peine de l'art. 38[0] c. pén. : on dirait en vain que, comme complice du gendre, doit jouir du bénéfice de l'art. 380 (Ch. réun. cass., même ar[t.] 25 mars 1845, aff. Franchi).

M. Faustin Hélie (*loc. cit.*, n° 1767) critique également cet[te] décision. Pourquoi, dit-il, les complices, dans ce cas, suivron[t]-ils le sort des coauteurs étrangers plutôt que celui du membre de la famille? Ils seront punissables parce qu'il y a en un coauteur; ils ne le seraient pas si le coauteur n'avait existé. Leur criminalité n'est pas dans leur participation à l'action, elle e[st] tout entière dans la présence de ce tiers. Comment expliqu[er] que le même fait soit apprécié si diversement d'après une ci[r]constance absolument étrangère à sa moralité? — Dans les ob[ser]vations qui accompagnent, au Recueil périodique (45. 1. 178), l'arrêt précité du 25 mars 1845, nous avions nous-mêm[e] élevé quelques objections contre la généralité du principe po[sé] par cet arrêt. Il nous avait semblé que la question ne devait [pas] être résolue d'une manière absolue contre les complices, p[ar] cela seul que des coauteurs ont participé avec le parent à [la] perpétration du délit. Il se peut, en effet, que le complice n[e] connaisse que celui-ci, n'ait agi que dans son intérêt exclusi[f] et qu'il ait ignoré complétement que d'autres individus dusse[nt] prendre part au délit comme coauteurs et en profiter. Or, da[ns] un cas pareil, n'y a-t-il pas quelque rigueur à enlever au com[plice] le bénéfice de l'immunité, dont la jurisprudence l'a fai[t] profiter? Que s'il a été amené sur la scène du délit par [les] coauteurs du vol, s'il a agi dans leur intérêt, ou même da[ns] l'intérêt conjoint du parent et des coauteurs, il retombe alo[rs] dans le cas de la pénalité : rien de plus juste. Nous persist[ons] à penser que la solution la plus rationnelle et la plus équitab[le] de la question réside dans la distinction qui précède.

177. Il a été jugé que, dans le cas où un mari a omi[s] après le décès de sa femme, de déclarer dans l'inventaire u[ne] somme qu'il avait déposée chez un notaire pendant la communauté, se l'est constituée en propre dans un deuxième contr[at] mariage, et en a fait ensuite emploi à son profit, des officiers [mi]nistériels (avoués et notaires) qui, ayant connaissance de ce dé[-] tournement, reçoivent du mari une partie de la somme détourn[ée] pour préparer et terminer une transaction sur cette somme ent[re] le mari et les enfants du premier lit, héritiers de leur mère, s'en attribuent une forte part, sont passibles de la peine prono[n]cée par l'art. 380 c. pén. contre ceux qui ont recélé ou appliq[ué] à leur profit tout ou partie des objets volés (Crim. rej. 23 ju[in] 1837) (1).

---

(1) *Espèce :* — (Gand, etc. C. min. pub.) — Les époux Hallot avaient déposé chez M° Berteaux, notaire à Saint-Mihiel, 24,000 fr. en or. — Après le décès de sa femme, Hallot, qui avait eu deux enfants de son mariage, fit faire inventaire et procéder à la liquida[ti]on, comme de la communauté qui avait existé entre lui et leur mère : mais il ne fit la déclaration des 24,000 fr. ni dans cette inventaire ni lors de cette liquida-

tion. Il convola plus tard à un deuxième mariage, et fit figurer dans [ce] contrat cette somme au nombre de ses apports; il fit ensuite divers e[m]plois de la majeure partie de cet argent. Il ne restait plus que 5,000 [fr.] chez le dépositaire, lorsque les enfants Hallot eurent connaissance [de] cette dissimulation. Des poursuites étaient sur le point d'être intenté[es] lorsque M° Gand, avoué d'un des fils Hallot, M° Villaime, avoué de H[...]

178. S'il était établi que les objets soustraits par un époux, un ascendant ou un descendant, appartenaient en réalité à l'auteur de la soustraction, cette circonstance ferait disparaître toute criminalité à l'égard de ceux qui auraient recélé ou appliqué à leur profit tout ou partie des choses soustraites, et dès lors ne permettrait plus d'appliquer la disposition finale de l'art. 380

lot père, et le notaire Berteaux, firent pour leurs clients une transaction par laquelle ils fixèrent à 8,000 fr. la somme à rendre par Hallot père, et attribuèrent aux deux enfants Hallot 2,250 fr. et à eux le surplus. — Le ministère public, ayant eu connaissance de cet arrangement, dirigea des poursuites contre ces trois officiers ministériels, pour abus de confiance et escroquerie. — Le 3 fév. 1837, le tribunal de police correctionnelle les déclara coupables d'escroquerie, et les condamna à trois ans de prison. par application des art. 405, 55, 59, 60 et 62 c. pén., et aux peines accessoires. — Ils appelèrent seuls de ce jugement. — La cour de Nancy, par arrêt du 28 avr. 1837, écarta les délits d'abus de confiance et d'escroquerie, mais elle déclara les prévenus convaincus d'avoir, le 15 nov. 1833, reçu de Hallot père, et appliqué à leur profit des valeurs mobilières qu'ils savaient avoir été soustraites par celui-ci au préjudice de ses enfants, dans la communauté qui avait existé entre lui et sa première femme, et maintint la même peine, par application de l'art. 380 c. pén.

Gand et Villaime se sont pourvus en cassation de cet arrêt ; Berteaux a aussi formé, de son côté, un pourvoi. — Le premier moyen qu'ils ont fait valoir était tiré de la violation de l'art. 380 c. pén., 1° en ce que l'arrêt attaqué avait appliqué cet article qui prévoit la soustraction par un époux de choses appartenant à l'autre époux, et non la soustraction de choses appartenant à la communauté, ce qui est un fait tout différent ; — 2° En ce qu'il avait appliqué cet article à un cas où il n'y avait pas eu soustraction des objets, puisqu'ils étaient déposés chez un tiers, lorsque cependant la loi exige, pour l'application légale de la peine, qu'il y ait une appréhension réelle et soustraction effective de la part de l'auteur principal ; — 3° En ce que l'arrêt attaqué avait appliqué la peine du recelé d'objets volés dans des circonstances où le vol était tout à fait disparu, puisque, en effet, les sommes reçues par les demandeurs étaient, au moment où elles leur ont été remises, tout à fait purgées du fait de soustraction par l'arrangement souscrit entre Hallot et ses enfants ; ces sommes étaient en effet devenues la propriété de Hallot père à cette époque ; il n'y avait donc plus possibilité de recelé d'objets soustraits ; — 4° En ce que l'arrêt attaqué a puni comme recélé d'un vol le fait, de la part des officiers ministériels, d'avoir pris des honoraires excessifs, fait qui ne pouvait être que l'objet d'une punition disciplinaire.

Le deuxième moyen était pris de la violation des art. 1341, 1923, 1924 et 1556 c. civ. : 1° en ce que l'arrêt attaqué, en condamnant les demandeurs pour détournement d'une dépôt volontaire, avait admis, pour établir ce dépôt, la preuve par témoins, lorsque cependant, aux termes d'une jurisprudence bien constante, il faut, pour prouver ce fait, que le dépôt soit établi par écrit ; — Et 2° en ce que cet arrêt s'était fondé sur les aveux de Berteaux, qui ne pouvaient être opposés à ses coprévenus, et en ce qu'il avait divisé les aveux de celui-ci, pour établir le dépôt malgré l'indivisibilité de l'aveu ; en effet, s'il avait avoué le dépôt, il soutenait aussi en même temps l'avoir restitué ; on ne pouvait, dès lors, se servir d'une partie de cet aveu pour établir le dépôt.

Le sieur Berteaux a présenté deux moyens particuliers fondés sur une violation des principes suivant lesquels la position des prévenus ne peut être aggravée en appel sur leur propre appel : 1° en ce qu'il avait été condamné sur son appel pour vol, lorsqu'il n'avait été condamné en première instance que pour escroquerie ; ce qui constituait réellement aggravation de peine, quoique l'emprisonnement fût de la même durée, parce qu'il est plus déshonorant d'être condamné comme voleur que comme coupable d'abus de confiance ; — 2° En ce que l'arrêt dénoncé avait prononcé la contrainte par corps pour le payement de l'amende et des dépens, lorsque cependant les premiers juges avaient pensé qu'il n'y avait pas lieu à prononcer une telle condamnation. — Arrêt.

La cour. — Joint les pourvois... en ce qui concerne le premier moyen tiré de la fausse application des art. 579 et 380 c. pén., et dont la première branche consiste à soutenir qu'il n'y a pas eu vol, parce que les valeurs soustraites appartenaient en partie à l'auteur de la soustraction ;—Attendu que la copropriété dans des effets mobiliers n'exclut pas l'action de vol contre celui des copropriétaires qui a soustraits au préjudice des autres, à moins qu'il ne soit dans une des exceptions de la loi ;—Attendu que si la soustraction commise par Hallot père au préjudice de ses enfants du premier lit, en recélant ou dissimulant une partie des valeurs de la communauté qui avait existé entre lui et sa première femme, ne pouvait donner lieu à son égard qu'aux réparations civiles déterminées par l'art. 1477 c. civ., cette faveur de la loi fondée sur l'étroite relation entre les membres d'une même famille, ne s'étend pas à ceux qui se sont rendus complices du délit, en

recélant ou appliquant à leur profit une partie des valeurs soustraites;—Sur la deuxième branche du même moyen ;—Attendu qu'il y avait eu réellement soustraction de la part de Hallot, puisqu'il résulte, en fait, d'après l'arrêt attaqué, qu'après avoir dissimulé, dans l'inventaire fait avec ses enfants, les 24,000 fr. déposés par lui et sa femme chez le notaire Berteaux, il avait porté ces mêmes sommes parmi son actif dans son contrat de mariage avec sa deuxième femme ; il en avait retiré plus tard une partie, et il n'en restait plus que 5,000 fr. à sa disposition, entre les mains de Berteaux ; qu'il y avait donc eu de sa part saisie, appréhension et prise de possession de la totalité des valeurs ;—Sur la troisième et la quatrième branche du même moyen ;—Attendu qu'il résulte de l'arrêt attaqué que la transaction du 15 nov. 1833, entre Hallot et ses deux fils, a été entièrement l'œuvre des trois demandeurs en cassation auxquels Hallot avait abandonné 8,000 fr. que ces valeurs soustraites ont plu parvinssent à le garantir de l'action en restitution intentée contre lui, à leur instigation, par ses enfants ; — Que si, par cette transaction, les deux fils Hallot ont paru recevoir 8,000 fr. sur lesquels ils n'ont reçu en réalité que 2,250 fr., les 5,750 restants, qui ne sont attribués, provenaient effectivement et à leur connaissance de la soustraction commise par Hallot père; qu'ainsi, loin que la transaction ôté aux valeurs soustraites leur caractère d'objets volés, elle a été le moyen pour Hallot père de consommer la soustraction, en s'en assurant une partie, et pour les demandeurs d'entrer en partage des valeurs soustraites, par conséquent d'en appliquer une portion à leur profit;

Sur le deuxième moyen, fondé sur la violation des art. 1341, 1923 et 1924 c. civ ;—Attendu que, si la preuve testimoniale ne peut suffire pour établir l'existence d'un dépôt, alors que ce dépôt est dénié, et qu'il n'en est pas offert d'autre preuve, ces principes étaient inapplicables à l'espèce ; qu'en effet les demandeurs n'ont pas été condamnés pour violation de dépôt et pour application de l'art. 408 c. pén., mais pour s'être rendus complices d'un vol commis par un père au préjudice de ses enfants, en s'appliquant les produits de ce vol ; que, sur une prévention de cette nature, la preuve par témoins était essentiellement admissible, et qu'enfin le fait du dépôt de sommes par les époux Hallot, entre les mains du notaire Berteaux, n'a pas seulement été établi par des dépositions, mais que l'arrêt attaqué en a trouvé la preuve dans les déclarations de Berteaux lui-même, dans les faits et les actes du procès, notamment dans l'inventaire fait après le décès de la première femme de Hallot, et dans le contrat de mariage avec sa deuxième femme, moins de trois mois après ces deux actes rédigés et reçus par le notaire Berteaux ;

Sur le troisième moyen, tiré de la violation de l'art. 1356 c. civ., en ce que les aveux de Berteaux ne pouvaient être divisés ;—Attendu que la règle de l'indivisibilité des aveux en matière civile reçoit exception en matière criminelle, lorsque, dans l'espèce, ainsi qu'il est reconnu dans l'arrêt, l'aveu formel sur un point présente sur un autre des variations, des contradictions qui sont éclaircies ou démenties par d'autres preuves ;

Sur le quatrième et le cinquième moyen proposés par Berteaux ;—Attendu que la position des demandeurs n'a pas été aggravée sur leur appel, en ce que, condamnés à trois ans de prison et 100 fr. d'amende, pour escroquerie, par le tribunal correctionnel, ils ont été, en appel, condamnés à la même peine par l'arrêt, qui a vu dans les faits, non une escroquerie, mais un vol et une complicité de vol, et que cette qualification différente des mêmes faits, en laissant subsister les mêmes condamnations, n'a pas empiré leur situation ; que l'omission des premiers juges de fixer la durée de la contrainte par corps pour l'exécution des condamnations pécuniaires prononcées à 300 fr., par application des art. 7 et 40 de la loi du 17 avr. 1832, a pu être réparée par la cour royale qui, en fixant ici un an la durée de la contrainte par corps, n'a point prononcé une nouvelle peine, mais a, au contraire, épargné aux demandeurs l'inconvénient d'avoir à provoquer cette mesure, à l'expiration de leur peine, dans le cas où ils seraient hors d'état d'acquitter le montant des frais; — Rejette.

Du 25 juin 1837.-C. C., ch. crim.-MM. Choppin, pr.-Gartempe, rap.

(1) *Espèce :* — (Potiron C. min. pub.) — La femme Rolland, depuis longtemps séparée de fait d'avec son mari, quoique la communauté qu'elle avait contractée avec lui n'eût été dissoute par aucun acte légal, exploitait seule avec ses enfants, et avait eus d'un premier mariage, la ferme de Varbusson. — En 1815, son mari, de concert avec les époux Potiron, soustrait, de nuit et dans les champs, un cheval qu'elle avait mis en pâture ; il tente de plus, avec effraction extérieure, d'enlever des vaches et des génisses renfermées dans une étable attenante à la métairie. — Potiron et sa femme sont traduits devant la cour d'assises du département d'Ille-et-Vilaine, comme coupables ou complices d'un vol

décidant qu'il n'y avait pas lieu d'appliquer le dernier paragraphe de l'art. 380, parce que la soustraction, dans l'espèce, avait été commise par le mari et avait eu pour objet des effets de la communauté, cet arrêt fait une juste application de la loi. Mais à un autre point de vue, il n'est peut-être pas à l'abri de critique. Les inculpés, en effet, n'avaient ni recélé ni appliqué à leur profit les objets soustraits; ils avaient seulement coopéré à la soustraction, et pour ce fait ils avaient été punis comme complices. Or la cour de cassation laisse assez clairement entendre que, si les objets soustraits par le mari avaient appartenu à la femme, au lieu de faire partie de la communauté, les complices de cette soustraction eussent été punissables, par application de l'art. 59 c. pén. Mais cela est en opposition avec l'explication que nous venons de donner du paragraphe dernier de l'art. 380.

179. Carnot (sur l'art. 380, n° 3), fait observer judicieusement que, si c'était la femme qui se fût rendue coupable de la soustraction des effets de la communauté, il n'y aurait toujours qu'une soustraction faite par une femme au préjudice de son mari, mais qu'il n'en serait pas de même des complices qui auraient recélé ou appliqué à leur profit tout ou partie des choses soustraites, la femme n'en ayant pas la libre disposition, comme le mari.

180. Le complice d'un vol commis avec circonstances aggravantes est passible des mêmes peines que l'auteur principal (V. Complice-complicité, n°s 34 et suiv.). Mais dans le cas où la soustraction commise par l'une des personnes désignées par l'art. 380 a été accompagnée de circonstances aggravantes, ceux qui ont recélé ou appliqué à leur profit tout ou partie des objets volés doivent-ils être punis des peines qui, sans l'immunité accordée par l'art. 380 à l'auteur du vol, devraient lui être appliquées? L'affirmative a été consacrée par plusieurs arrêts de la cour de cassation, dans l'un desquels on lit notamment que, « suivant le principe établi par l'art. 59 c. pén., le complice d'un crime est passible des peines qu'aurait encourues l'auteur, d'après la

commis dans les champs, et d'une tentative de vol, avec effraction, commise dans un lieu habité.

Arrêt du 9 mai 1816, qui les condamne a quinze années de travaux forcés, en vertu des art. 2, 59, 384 et 388 c. pén. : « Considérant que les faits inculpés sont qualifiés crimes par la généralité de l'art. 380 c. pén., respectivement aux tiers complices; qu'encore qu'il ne soit pas appris que Rolland fût judiciairement séparé de son épouse, et que sous ce rapport il pût être considéré comme administrateur de tout ce qui dépendait de la communauté d'entre lui et son épouse, d'après le code civil, il est du moins certain et appris par le débat qu'il existait une séparation de fait entre lui et sa femme, et que cette communauté était engagée, par la responsabilité, des sommes dues aux enfants du premier mariage de la femme Rolland et au propriétaire de la ferme, et que Rolland avait pour objet, en enlevant les bestiaux, de priver sa femme de ses droits sur cette communauté, au préjudice et au détriment des enfants de son épouse et du propriétaire; que s'il est vrai de dire que personne ne puisse être réputé voleur de sa propre chose, ce principe est sans application lorsque la soustraction des effets intéresse une personne qui a un droit habituel dans cette chose, qui est codébitrice des dettes et des obligations de la communauté, et qui n'aurait pas, si la preuve de la soustraction n'était pas acquise, le droit de forcer l'auteur de cette soustraction, puisqu'il serait inconnu, à la portion de cette soustraction; tandis que, d'un autre côté, elle supporterait une moitié des dettes ou peut-être la totalité, par l'effet de l'insolvabilité de son conjoint; que, bien que le mari soit administrateur des biens de la communauté, on ne peut en conclure qu'il puisse en disposer à son profit seul; que par conséquent la soustraction nocturne, dont l'effet serait de lui attribuer hors part ce qu'il aurait enlevé en laissant ignorer l'auteur de l'enlèvement, est un véritable vol; que les complices d'un pareil acte peuvent dès lors être poursuivis par la voie criminelle, lorsqu'ils avouent et confessent eux-mêmes l'intention dans laquelle il a été fait, après avoir été préparé de concert avec eux. » — Pourvoi. — Arrêt.

La cour; — Vu les art. 364, 410 et 429 c. inst. crim., les art. 59 et 380 c. pén. et les art. 1421, 1422 et 1441 c. civ.; — Considérant que les questions qui, dans l'espèce, ont été soumises au jury, sont littéralement prises du résumé de l'acte d'accusation; que ce résumé se réfère aux faits exposés dans cet acte, d'après lesquels l'auteur de la soustraction d'un cheval et de la tentative de soustraction d'autres bestiaux commises chez Jeanne Rocheden, est le nommé Joseph Rolland, son mari; que celui-ci étant autorisé, par les art. 1421 et 1422 c. civ., à disposer des effets mobiliers de la communauté conjugale existant en-

nature des circonstances aggravantes; que, suivant l'art. 380, le complice du vol commis par la femme n'est pas admis à partager l'exemption de la peine accordée par cet article à la femme; qu'ainsi, dans l'espèce, le demandeur déclaré complice par recélé pour avoir appliqué à son profit partie des effets du vol commis par la femme sur son mari, la nuit, dans une maison habitée, a dû être puni de la reclusion que, sans le privilège à elle exclusivement personnel, la femme aurait encourue » (Crim. rej. 8 oct. 1818, aff. Causse, v° Inst. crim., n° 1593; V. aussi Crim. cass. 24 mars 1858, aff. Vallet, v° Complice-complicité, n° 214-2°; Crim. règl. de jug., 6 juin 1839, aff. Raymond, ibid.; Paris, 24 mai 1839, aff. Baudoux, ibid., n° 214-3°).—Mais nous ne pouvons approuver cette doctrine. Elle repose, à notre avis, sur une fausse interprétation de l'art. 380, § 2. Ainsi que nous l'avons vu ci-dessus, la loi, dans cette disposition, punit ceux qui ont recélé ou appliqué à leur profit tout ou partie des choses soustraites, non à titre de complices, mais comme coupables de vol, comme auteurs principaux de ce délit. « Il suit de là, disent MM. Chauveau et Hélie (t. 5, n° 1770), qu'ils ne peuvent être responsables des circonstances aggravantes auxquelles ils ont personnellement participé. Comme complices, ils répondraient du fait des auteurs principaux; comme auteurs principaux, ils ne répondent que de leurs propres faits. » D'ailleurs, ajoutent les mêmes auteurs, le fait même de la soustraction est le seul qu'ils se soient rendu personnel par le recel de la chose soustraite; les autres circonstances de la soustraction, quoique concomitantes, leur sont étrangères; ils peuvent les ignorer, ils ne doivent pas en répondre (Conf. Carnot, sur l'art. 380, n° 18).

181. Celui qui soustrait au profit de son frère et qui recèle divers objets appartenant à la succession de la femme de ce dernier, ne peut être acquitté ni sous le prétexte qu'il n'a pas soustrait ces objets dans l'intention de se les approprier, la personne au profit de laquelle il agissait n'aurait été elle-même passible d'aucune peine (Bruxelles, 21 juin 1817) (1). — Il ne peut être acquitté sous le prétexte qu'il n'avait pas l'inten-

tre lui et sa femme, en vertu du mariage, et cette communauté n'ayant point été dissoute par aucune des manières légales déterminées par l'art. 1441 du même code, il s'ensuit que lesdites soustraction et tentative de soustraction ne peuvent être qualifiées crime ou délit; qu'il s'ensuit, par une conséquence ultérieure, que la coopération auxdits faits de soustraction imputée à Potiron et à sa femme, et dont ils ont été convaincus par le jury, ne peut plus constituer une complicité punissable d'après l'art. 59 c. pén., ni conséquemment donner lieu à l'application de la dernière partie de l'art. 380 du même code, qui suppose évidemment le cas d'une soustraction frauduleuse défendue par la loi; que, dans ces circonstances, la cour d'assises devait, aux termes de l'art. 364 c. inst. crim., prononcer l'absolution des accusés; qu'en les condamnant aux peines portées par le code pénal contre le crime de vol, ladite cour a fait une fausse application de peine; — Casse.

Du 6 juin 1816.—C. C., sect. crim.-MM. Barris, pr.-Busschop, rap.

(1) (Min. pub. C. M...) — La cour; — Attendu que l'arrêt attaqué a reconnu pour constant que le défendeur en cassation avait détourné et recélé divers objets appartenant à la succession de la femme de son frère, et a décidé en outre que, d'après les dispositions de l'art. 380, alin. 2, il n'existait point de délit, vu qu'il constait des circonstances de la cause que le prévenu avait soustrait ces objets en faveur de son frère, sans intention de se les approprier, soit en totalité, soit en partie, et a par suite acquitté le défendeur en cassation de l'action intentée à sa charge; — Attendu que l'arrêt attaqué a décidé, en fait, que le défendeur en cassation était l'auteur de la soustraction ou de l'enlèvement des objets qu'il a ensuite recélés; mais, d'autre part, a décidé en point de droit, par application des dispositions citées de l'art. 380, alin. 2, que cela ne pouvait constituer un délit dans son chef, en ce qu'il n'avait point agi dans son propre intérêt, mais dans celui de son frère; — Attendu que l'art. 380 cité, après avoir dit au commencement que les soustractions commises par les individus y mentionnés ne peuvent donner lieu qu'à des réparations civiles, et après avoir fait ainsi, en faveur de ces individus, une exception aux dispositions du code pénal en matière de vol, statue ensuite, dans l'alin. 2, que tous autres individus qui auraient recélé ou appliqué à leur profit tout ou partie des objets volés, seront punis comme coupables de vol ; mais que ces dernières dispositions ne sont nullement relatives au cas où le recéleur des objets soustraits a en même temps commis la soustraction, et où par conséquent il doit comme dans l'espèce, être considéré non-seulement comme complice par recèlement, mais même comme auteur; — Attendu que, par suite, le cas dont il s'agit ne rentre pas dans les termes du prédit art. 380, alin. 2, mais que pour ce qui concerne la qualification, c'est-à-dire en

tion de s'approprier les objets; nous avons vu en effet (suprà, nº 105) qu'il n'est pas nécessaire, pour l'existence du délit, que l'auteur de la soustraction ait eu l'intention de s'approprier la chose ni même de la donner à un autre, et qu'il suffit qu'il ait eu l'intention d'en dépouiller le propriétaire. Il ne peut être acquitté non plus par application de l'art. 380 c. pén., car il n'est pas compris au nombre des personnes en faveur desquelles cet article établit l'immunité. Si la soustraction eût été commise par le veuf lui-même, et que son frère s'en fût rendu complice par aide ou assistance, aucune peine ne pourrait être appliquée ni à l'un ni à l'autre, conformément à ce que nous avons dit ci-dessus (nº 172); mais, dans l'espèce, l'arrêt constate que c'était le frère du veuf qui avait commis la soustraction; on ne se trouvait plus dès lors dans les termes de l'art. 380, et la règle générale devait recevoir son application.

182. Il est possible que la soustraction commise entre les personnes désignées en l'art. 380 soit en réalité commise au préjudice d'une personne étrangère. C'est ce qui arrive dans le cas où l'objet qui a été soustrait dans la maison de l'époux, de l'ascendant ou des descendants, était la propriété d'une personne étrangère à la famille. L'immunité s'étend-t-elle à ce cas? Nous croyons qu'il faut distinguer. Ou l'auteur de la soustraction a cru que la chose appartenait au parent dans la maison duquel elle se trouvait, ou il a su qu'elle appartenait à un tiers. Dans la première hypothèse, nous croyons qu'aucune peine ne peut lui être appliquée, car l'intention de commettre un véritable vol, qui est un élément essentiel de la criminalité, faisait défaut. Dans la seconde hypothèse, au contraire, nous pensons qu'il doit être considéré comme coupable de vol et puni comme tel. — C'est ainsi qu'il a été décidé : 1º que le vol commis par un individu, dans la maison occupée par ses père et mère, et au préjudice des domestiques ceux-ci, ne jouit point de l'immunité résultant de l'art. 380 c. pén. (Crim. rej. 28 fév. 1852, aff. Sceogole, D. P. 53. 5. 487); — 2º Que l'enfant d'un receveur de deniers publics, qui soustrait frauduleusement de l'argent à la caisse de son père, peut être déclaré coupable de vol au préjudice du trésor public, et qu'il n'est pas fondé à se prévaloir de l'art. 380 qui affranchit de peines les soustractions des enfants au préjudice de leur père (Crim. rej. 9 juill. 1840, aff. Beau, V. Forfaiture, nº 54); — 3º Que la femme d'un comptable de deniers publics qui a échangé illégalement un effet appartenant au domaine de l'Etat, doit être punie comme coupable de vol (Crim. cass. 24 avr. 1812, aff. Chichi, V. Forfaiture, nº 40).

183. Il a été jugé, toutefois, que l'immunité établie par l'art. 380 c. pén. s'applique aux soustractions commises par un fils envers son père de valeurs provenant des perceptions faites par ce dernier en qualité de caissier d'une compagnie (Crim. rej. 18 janv. 1849, aff. Poiteau, D. P. 49. 1. 112).

Sect. 4. — Des diverses modalités du vol.

184. La soustraction frauduleuse, étant un attentat à la propriété, doit toujours être punie; mais elle doit l'être avec plus ou moins de sévérité selon, 1º la qualité de l'agent; — 2º Le temps pendant lequel elle a été commise; — 3º Le lieu où elle l'a été; — 4º Les circonstances qui ont précédé, accompagné ou suivi sa perpétration. Dans quelques-uns de ces cas, en effet, elle accuse, de la part de son auteur, une perversité plus grande, une audace plus redoutable; dans d'autres elle trompe une confiance nécessaire, et par cela même présente un

danger contre lequel il importait de rassurer la société par un surcroît de rigueur.

185. A une certaine époque, il eût fallu ajouter aux causes d'aggravation qui viennent d'être indiquées, celle qui eût pu résulter de la nature même de l'objet soustrait. En effet, la loi du 20 avr. 1825, sur le sacrilége, contenait un titre consacré au vol sacrilége (V. Culte, p. 716 et nº 104). Cette loi punissait soit de la peine des travaux forcés à perpétuité, soit de la peine des travaux forcés à temps, selon certaines circonstances qu'elle déterminait, le vol des vases sacrés commis dans un édifice consacré à l'exercice de la religion de l'Etat, et de la peine de la reclusion le vol d'autres objets destinés à la célébration des cérémonies de la même religion (art. 8, 9 et 10). Mais cette loi ne subsiste plus aujourd'hui; elle a été abrogée par la loi du 11 oct. 1830. — Il avait été jugé, sous l'empire de la loi du 20 avr. 1825, que la consécration d'un vase ou autre objet servant à l'exercice du culte ne constituait qu'une circonstance aggravante du crime de vol; qu'en conséquence, si la question de cette consécration n'avait été résolue affirmativement par le jury qu'à la majorité de sept contre cinq, la cour d'assises n'avait point à délibérer sur ce fait, en conformité de l'art. 351 c. inst. crim. (Crim. rej. 23 déc. 1830, MM. de Bastard, pr., Clausel de Coussergues, rap., Fréteau de Pény, av. gén., c. conf., aff. Tellier). — Cet art. 351 a été abrogé par la loi du 4 mars 1831. Il disposait que, si l'accusé n'était déclaré coupable du fait principal qu'à une simple majorité, les juges délibéreraient entre eux sur le même point, et que, si l'avis de la minorité des jurés était adopté par la majorité des juges, l'avis favorable à l'accusé devait prévaloir.

186. Il ne peut y avoir d'autres circonstances aggravantes du vol que celles auxquelles la loi a formellement attribué ce caractère. Ainsi, avant que l'esclavage eût été aboli dans les colonies françaises, un arrêt avait décidé que la circonstance que le vol avait été commis pour favoriser l'évasion d'esclaves ne pouvait aggraver la pénalité des auteurs du vol, si ces derniers étaient des personnes libres (Crim. cass. 26 mars 1835, aff. Nicaise, vº Organis. des colonies).

187. Lorsque le vol est dégagé des diverses circonstances déterminées par la loi qui modifient sa nature et lui impriment ce caractère particulier, il prend le nom de vol simple et ne constitue qu'un simple délit; quand il est accompagné d'une ou plusieurs des circonstances qui ont été ci-dessus indiquées, il s'appelle vol qualifié et constitue le plus souvent un crime. — Au premier abord il semblerait naturel de s'occuper du vol simple avant de traiter du vol qualifié; et cependant c'est l'ordre inverse que nous croyons devoir suivre de préférence, comme étant en réalité le seul rationnel. Le vol simple, en effet, n'a pas de caractère qui lui soit propre; ce qui le différencie du vol qualifié, c'est l'absence des circonstances caractéristiques de ce dernier. Ce n'est donc qu'après avoir étudié les diverses espèces de vols qualifiés qu'on arrive, par voie de négation, à savoir ce que c'est que le vol simple. C'est celui qui n'accompagne aucun des caractères qu'on vient de retracer. Tel est aussi l'ordre qu'a suivi le législateur. Après avoir disposé, dans les art. 381 et suiv. c. pén., à l'égard des vols qualifiés, il s'exprime en ces termes, dans l'art. 401, relativement au vol simple. « Les autres vols non spécifiés dans la présente section... seront punis, etc. »

188. Il est presque superflu de faire observer, avec MM. Chauveau et Hélie (t. 5, nº 1777), que, pour qu'un fait puisse être puni à titre de vol qualifié, il est absolument nécessaire qu'il

---

point de droit, il doit être jugé d'après les règles générales relatives aux auteurs de soustractions ; et par une conséquence ultérieure, que l'arrêt attaqué a faussement appliqué à ce cas l'art. 580, alin. 2, c. pén., et a violé par suite l'art. 401 même code ; — Par ces motifs, déclare le pourvoi recevable ; — Et y faisant droit, casse et annule l'arrêt attaqué contre lequel le pourvoi est dirigé ; — Faisant droit ensuite par nouvel arrêt, en degré d'appel ; — Attendu qu'il est établi au procès qu'Adrien M... a soustrait au profit de Jean-Baptiste M..., son frère, divers objets appartenant à la succession de la femme de ce dernier, lesquels objets il a ensuite recélés ; qu'il se trouve donc dans les termes de l'art. 579 c. pén., en ce qu'il s'est rendu coupable de vol, s'il puisse se prévaloir en rien de ce qu'il n'aurait point commis cette soustraction dans l'intention de s'approprier les objets, puisque cette intention n'est nullement requise par l'article cité pour constituer le vol ; ni de ce qu'il

a soustrait les objets au profit d'une personne qui, si elle les avait soustraits elle-même, ne serait passible d'aucune peine, d'après l'art. 580 c. pén.; car cet article a seulement pour objet d'exempter de l'action publique et par conséquent de la peine, les individus dont il parle, dans les cas y mentionnés, à cause de leurs relations étroites avec les propriétaires des objets enlevés; mais nullement d'ôter aux soustractions commises par ces individus la qualification de vol, ce qui résulte clairement des mots objets volés, dont se sert l'alin. 2 de l'article, et ni le texte ni l'esprit de ce même article ne permettent d'appliquer par extension cette exemption à ceux qui ne sont pas avec les propriétaires dans l'une des relations qui ont porté le législateur à établir ces dispositions exceptionnelles ; — Par ces motifs, condamne M..., etc.

Du 21 juin 1827.—C. sup. de Bruxelles.—MM. Wautelée, 1er pr. Duvigneaud, subst., c. conf.-Werhaegen alné, av.

réunisse les éléments caractéristiques du vol, c'est-à-dire qu'il constitue une soustraction, que cette soustraction soit frauduleuse, et enfin qu'elle ait pour objet la chose d'autrui. En l'absence de l'une de ces circonstances, le fait ne constituerait pas un vol, et du moment où il n'y aurait pas vol, il ne pourrait y avoir vol qualifié.

Art. 1. — *Vols qualifiés à raison de la qualité de l'agent.*

189. Ces vols peuvent être rangés en trois classes : 1° vols commis par des domestiques, hommes de service à gages, ouvriers, compagnons ou apprentis, ou par des individus travaillant habituellement dans la maison où le vol a été commis ; — 2° Vols commis par les aubergistes et hôteliers ; — 3° Vols commis par les voituriers et les bateliers. — Nous allons nous occuper successivement de chacune de ces catégories.

§ 1. — *Vols des domestiques, hommes de service à gages, ouvriers et apprentis, et des individus travaillant habituellement dans la maison.*

190. A Rome, le vol commis par l'esclave au préjudice de son maître ne donnait lieu à aucune action. *Servi et filii nostri,* dit Ulpien (L. 17, pr., ff., *De furtis*), *furtum quidem nobis faciunt, ipsi autem furti non tenentur.* Et il en donne immédiatement la raison : c'est que celui qui peut punir lui-même le voleur n'a pas besoin de recourir à la justice : *neque enim qui potest in furem statuere neces e habet adversus furem litigare: idcirco nec actio ei a veteribus prodita est.*—Le vol commis par l'affranchi ou le client au préjudice de son patron, par le mercenaire au préjudice de celui à qui il avait loué ses services, ne donnait lieu non plus à aucune action. *Si libertus patrono,* dit Paul (L. 89, ff., *De furt.*), *vel cliens, vel mercenarius ei qui conduxit, furtum fecerit, furti actio non nascitur.* Le jurisconsulte Marcien s'exprime dans le même sens avec plus de développement. *Furta domestica,* dit-il (L. 11, § 1, ff., *De pœnis*), *si viliora sunt, publice vindicanda non sunt : nec admittenda est hujusmodi accusatio, cum servus a domino, vel libertus a patrono, in cujus domo moratur, vel mercenarius ab eo cui operas suas locaverat, offeratur quæstioni : nam domestica furta vocantur quæ servi dominis, vel liberti patronis, vel mercenarii apud quos degunt, subripiunt.* — C'étaient là des conséquences naturelles de la vigoureuse constitution de la famille romaine : l'autorité du chef suffisait à la répression des délits domestiques.

191. Dans nos sociétés modernes, qui sont constituées sur de tout autres bases, qui n'admettent ni l'esclavage, ni cette sorte de pouvoir souverain que la loi romaine reconnaissait au père de famille, on doit naturellement trouver, sur le sujet qui nous occupe, des règles différentes. Le vol domestique y a toujours été sévèrement réprimé, parce qu'il trompe la confiance du maître. Les Etablissements de Saint-Louis (liv. 1, chap. 30) prononçaient la peine de mort contre les domestiques qui se rendaient coupables d'un tel vol, et ils mettaient au nombre des domestiques tous ceux qui sont au pain et au vin de leurs maîtres. « Hors quand il emble à son seigneur, lit-on dans cette législation, et il est à son pain et à son vin, et il est pendable. car c'est matière de trahison. »—Julius Clarus (*Practica crim.,* § *Furtum,* num. 22, disait de même : *Tales fures debent furcis suspendi, tanquam grassatores seu famosi fures.*—Cette règle était restée en vigueur dans notre ancien droit français (V. Jousse, Just. crim., t. 4, p. 202), et elle avait été confirmée par l'art. 2 de la déclaration du 4 mars 1724, portant : « Le vol domestique sera puni de mort. »

192. Le code pénal des 25 sept.-6 oct. 1791, tout en maintenant l'aggravation de peine à raison de la qualité de l'auteur de la soustraction, adoucit néanmoins la sévérité de la répression. L'art. 13 de la sect. 2 du titre 2, part. 2, de ce code, est ainsi conçu : « Lorsqu'un vol aura été commis dans l'intérieur d'une maison, par une personne habitante ou commensale de ladite maison, ou reçue habituellement dans ladite maison pour y faire un service ou un travail salarié, ou qui y soit admise à titre d'hospitalité, la peine sera de huit années de fers. » — Il avait été jugé, sous l'empire de cette disposition, que le

vol commis dans l'intérieur d'une maison, par une personne qui y occupait une chambre à titre de locataire, ne pouvait être puni de huit années de fers, cette peine n'étant applicable qu'au vol commis dans l'intérieur d'une maison, par une personne habitante ou commensale de la maison (Crim. régl. de jug. 7 déc. 1792, MM. Thouret, pr., Lions, rap., aff. Caillaud ; Crim. cass. 17 janv. 1793, MM. Thouret, pr., Coffinhal, rap., aff. Bénoist).

Du reste, le mot *salarié,* dans cet article, s'appliquait aussi bien au service qu'au travail ; ainsi cette disposition n'était pas applicable si le jury avait déclaré qu'il n'était pas constant que le service fût salarié (Crim. cass. 28 frim. an 6, MM. Seignette. pr., Cahier, rap., aff. Danjean).

193. Il résultait des termes mêmes de l'art. 13 précité que l'aggravation de peine n'était applicable à l'auteur du vol qu'autant qu'il était reçu *habituellement* dans la maison où il l'avait commis pour faire un service ou un travail salarié. La peine de huit années de fers ne pouvait donc être infligée à l'individu que le jury avait déclaré convaincu d'un vol commis dans une maison où il était reçu *momentanément* pour y faire un travail salarié (Crim. cass. 12 vent. an 6, MM. Seignette, pr., Gohier, rap., aff. Albert ; 8 mess. an 9, M. Dutocq, rap., aff. Lacaux).

194. De ce qu'il était absolument nécessaire, pour l'application de la disposition dont il s'agit, que le service ou le travail de l'auteur du vol dans la maison où ce vol avait été commis fût habituel, il s'ensuivait que c'était une circonstance sur laquelle le jury devait être interrogé et sur laquelle il devait nécessairement faire une déclaration (Crim. cass. 18 niv. an 4, MM. Brun, pr., Gouget, rap., aff. David ; 14 pluv. an 4, MM. Brun, pr., Gouget, rap., aff. Henri). — Lors donc que l'acte d'accusation avait omis d'exprimer que le prévenu d'un vol de crins était reçu habituellement dans la maison où le vol avait été commis, et que la délibération des jurés avait gardé le silence sur cette circonstance, le délit était passible des peines correctionnelles, et non des peines criminelles (Crim. cass. 23 pluv. an 3, MM. Lecointe, pr., Legeudre, rap., aff. Mangin).

195. Mais lorsqu'il résultait des énonciations de l'acte d'accusation que l'individu accusé de vol était reçu habituellement dans la maison où ce vol avait été commis pour y faire un service ou un travail salarié, la déclaration du jury devait, à peine de nullité, s'expliquer sur cette circonstance. — Il avait été décidé à cet égard : 1° que lorsque l'acte d'accusation portait qu'une femme accusée de vol était entrée dans la maison où le vol avait été commis pour y servir jusqu'à la moisson, c'est-à-dire habituellement, la déclaration du jury était nulle si elle se bornait à dire que l'accusée avait commis un vol dans une maison où elle était reçue pour y faire un travail salarié (Crim. cass. 14 vendém. an 4, MM. Brun, pr., Boucher, rap., aff. Jados) ; — 2° Que lorsqu'une femme était prévenue de vol commis dans une maison habitée où elle demeurait en qualité de servante, la déclaration du jury était nulle si elle portait simplement qu'il était constant que la prévenue était reçue dans la maison pour y faire un travail salarié (Crim. cass. 22 therm. an 4, MM. Brun, pr., Lions, rap., aff. Junay) ; — 3° Que lorsque, par l'acte d'accusation, une femme était prévenue de vol commis dans une filature de coton où elle était employée au cardage, la déclaration du jury devait s'exprimer sur la circonstance aggravante de vol commis dans une maison où cette femme était habituellement reçue, circonstance suffisamment indiquée par la qualification donnée à la prévenue dans l'acte d'accusation (Crim. cass. 23 vendém. an 3, MM. Vaillant, pr., Mequin, rap., aff. Feydy).

196. Il avait été jugé, sous l'empire de cette loi, que le vol commis par un compagnon serrurier dans la maison où son maître l'envoyait pour travailler, devait être considéré comme s'il l'avait commis chez son maître lui-même, c'est-à-dire dans une maison où il était reçu pour y faire habituellement un service salarié, et dès lors puni de la peine de huit ans de fers (Crim. rej. 7 germ. an 3, MM. Lions, pr., Mequin, rap., aff. Rothier).

197. L'art. 13 étendait la peine qu'il prononçait à ceux qui avaient commis un vol dans une ma son où ils avaient été admis à titre d'hospitalité.—A cet égard il avait été jugé que l'hospitalité s'entend de l'asile reçu gratuitement, et non de celui qu'on

reçoit dans une auberge ; que le coupable d'un vol commis dans une auberge où il était descendu en payant ne pouvait donc être puni de la peine appliquée au coupable d'un vol commis dans une maison où il avait été reçu à titre d'hospitalité (Crim. cass. 31 janv. 1793, MM. Thouret, pr., Morang, rap., aff. Salinier).

198. Il avait été jugé encore que lorsque l'auteur d'un vol était resté inconnu, un tribunal criminel ne pouvait pas considérer comme existante la circonstance aggravante que l'auteur du vol était habitant ou commensal de cette maison, ou qu'il y était reçu habituellement pour un service salarié, ou qu'il y avait été admis à titre d'hospitalité, ni conséquemment appliquer l'art. 13, tit. 2, sect. 2, part. 2, de ladite loi (Crim. cass. 29 vend. an 8, M. Bérand, rap., aff. Roelland).

199. La loi du 25 frim. an 8 (V. p. 1107) modifia, sur le point qui nous occupe, les règles établies par le code pénal de 1791. L'art. 2 de cette loi portait : « Lorsqu'un vol aura été commis de jour dans l'intérieur d'une maison, par une personne habitante ou commensale de ladite maison, ou reçue, soit habituellement, soit momentanément, dans ladite maison, pour y faire un service ou un travail salarié, ou qui soit admise à titre d'hospitalité, la peine ne pourra être moindre d'une année, ni excéder quatre ans d'emprisonnement. Ne sont pas compris dans le présent article les vols commis par les domestiques à gages : lesdits vols seront punis de la peine portée en l'art. 13, sect. 2, tit. 2, part. 2, du code pénal de 1791. » — Cet article, comme on le voit, établissait une importante distinction entre les domestiques à gages et les autres personnes auxquelles s'appliquait l'art. 13 ; il atténuait considérablement, à l'égard des dernières la rigueur de la pénalité. D'un autre côté, il effaçait la distinction résultant du même art. 13 entre les personnes reçues *habituellement* dans la maison où il avait été commis et celles qui ne s'y trouvaient que *momentanément* pour un service ou un travail salarié ; il appliquait la même peine aux unes et aux autres.

200. Il avait été jugé : 1° que, la loi du 25 frim. an 8 distinguant expressément les vols commis par des serviteurs à gages de ceux commis par des domestiques à gages, et réduisant les premiers à de simples peines correctionnelles, il y avait fausse application de la loi dans le jugement qui prononçait contre un serviteur à gages les peines du code pénal de 1791 (Crim. cass. 16 vend. an 9, M. Sieyès, rap., aff. Lecomte) ; — 2° Que tout individu qui habitait une maison pour y faire un service salarié à l'année, est réputé serviteur ou bien domestique à gages, que son service soit dans l'intérieur de la maison auprès du maître ou dans son ménage (Crim. rej. 25 mess. an 12, MM. Seignette, pr., Barris, rap., aff. Beltramo) ; — 3° Qu'on devait considérer comme domestique à gages, dans le sens de la loi du 25 frim. an 8, art. 2, celui qui avait engagé ses services dans une auberge sous la seule condition d'y être nourri et logé, et de partager avec les autres domestiques les libéralités des voyageurs (Crim. rej. 28 mars 1807, M. Carnot, rap., aff. Schotetens) ; — 4° Que le vol fait par les domestiques à toute personne se trouvant à la maison à quelque titre que ce fût était puni comme le vol fait au maître de la maison (Crim. rej. 22 frim. an 10, MM. Dutocq, pr., Seignette, rap., aff. Moswinkel) ; — 5° Qu'on n'était pas aux dispositions de l'art. 2 de la loi du 25 frim. an 8, mais à celles de l'art. 13 du code pénal de 1791 qu'il fallait se référer pour la répression des vols commis par les domestiques à gages dans la maison qu'ils habitaient, quelles que fussent les personnes au préjudice desquelles les vols étaient commis (Crim. rej. 7 avr. 1809, MM. Barris, pr., Delacoste, rap., aff. Azzarini) ; — 6° Que, sous la loi du 25 frim. an 8, modificative du code pénal de 1791, l'accusé convaincu d'un vol simple commis le jour dans une maison où il était reçu pour un service salarié, n'était point passible des peines portées par l'art. 13, sect. 2, tit. 2, part. 2, de ce code, et le jury n'avait pas déclaré qu'il fût domestique à gages : c'était la loi du 25 frim. an 8 qu'il fallait appliquer (Crim. cass. 8 germ. an 8, M. Bérand, rap., aff. Cuny) ; — 7° Que le commis salarié par un négociant ne pouvait être assimilé à un mandataire quant aux infidélités, soustractions ou machinations frauduleuses dont il se rendait coupable dans sa gestion, ces faits constituant de sa part

le délit prévu et puni par la loi du 25 frim. an 8 (Crim. rej. 3 juin 1808, MM. Barris, pr., Guieu, rap., aff. Christ).

201. La loi du 25 frim. an 8 portait (art. 6) que quiconque se serait chargé d'un service ou d'un travail salarié et aurait volé les effets ou marchandises qui lui auraient été confiés pour ledit service ou ledit travail serait puni d'une peine qui ne pourrait être moindre de six mois ni excéder deux années d'emprisonnement. — Il avait été décidé, par application de cette disposition, que le vol commis par le domestique salarié par le directeur de la poste pour le transport des dépêches, d'une somme d'argent qui avait été mise dans le sac contenant les dépêches, ne constituait qu'un délit correctionnel, et que dès lors il ne pouvait être poursuivi criminellement (Crim. cass. 27 fruct. an 8, M. Vallée, pr., aff. Boucheron).

202. L'art. 386 c. pén. statue sur le vol domestique dans les termes suivants : « Sera puni de la peine de la reclusion tout individu coupable de vol commis dans l'un des cas ci-après : .. — 3° Si le voleur est un domestique ou un homme de service à gages, même lorsqu'il aura commis le vol envers des personnes qu'il ne servait pas, mais qui se trouvaient, soit dans la maison de son maître, soit dans celle où il l'accompagnait ; ou, si c'est un ouvrier, compagnon ou apprenti, dans la maison, l'atelier ou le magasin de son maître, ou un individu travaillant habituellement dans l'habitation où il aura volé. » — Comme on le voit, cet article ne fait peser aucune aggravation de peine sur les simples habitants de la maison, sur les commensaux, ou sur ceux qui y sont admis à titre d'hospitalité. D'un autre côté, à la différence de la loi du 25 frim. an 8, il place sur la même ligne les domestiques à gages et les personnes qui sont admises dans la maison pour y faire un service ou un travail salarié. Il est facile de justifier les modifications que l'art. 386-3° a fait subir aux lois antérieures. Quel est le motif de l'aggravation de peine édicté par cet article contre le vol domestique ? C'est la confiance nécessaire que le maître doit avoir en ceux qu'il introduit dans sa maison pour y faire habituellement un travail salarié, et l'impossibilité où il se trouve de se garantir des vols qu'ils peuvent commettre à son préjudice. Or cette considération s'applique au domestique, à l'homme de service à gages, à l'ouvrier, compagnon ou apprenti, à celui qui travaille habituellement dans la maison où il a volé ; mais elle est inapplicable aux locataires, commensaux, aux personnes reçues dans la maison à titre d'hospitalité, parce que la confiance que le maître de la maison leur accorde n'a rien de nécessaire, mais est au contraire parfaitement libre, et que rien ne l'oblige à recevoir chez lui ces personnes (Conf. MM. Chauveau et Hélie, t. 5, n° 1783 ; V. aussi M. Rauter, t. 2, n°s 512 et 513).

203. L'art. 386 applique les peines du vol domestique à trois sortes de personnes : 1° aux domestiques ou hommes de service à gages ; — 2° Aux ouvriers, compagnons ou apprentis ; — 3° Aux individus travaillant habituellement dans la maison où ils ont commis le vol. — Nous allons nous occuper successivement de chacune de ces catégories de personnes.

204. 1° *Domestiques et hommes de service à gages.* — La loi ayant confondu dans une même disposition les domestiques et les hommes de service à gages, il serait sans intérêt de chercher à déterminer d'une manière précise la distinction qui sépare les uns des autres (V. à cet égard Serpillon, Code crim. t. 1, p. 468 ; Farinacius, quæst. 55, n° 7). Tout ce qu'il importe de faire remarquer, avec MM. Chauveau et Hélie (t. 5, n° 1784), c'est que la dénomination employée par l'art. 386 c. pén. comprend tous les individus attachés au service de la personne ou de la maison (V. du reste v° Serviteur). — Mais, bien que les expressions employées par le législateur présentent un sens clair à l'esprit, il n'est pas toujours sans difficulté d'en faire application à certaines personnes, ou plutôt à certaines situations. La jurisprudence a été souvent appelée à prononcer sur les questions qui se sont élevées à cet égard. Nous allons passer en revue ses principales décisions.

205. Le vol commis dans une maison par un individu qui y était logé et nourri et qui y travaillait à raison de tant (3 sous) par jour, doit être considéré comme un vol domestique donnant lieu à l'application de l'art. 386-3° c. pén. : « Attendu que Marguerite Martin, qui était logée et nourrie dans la

maison de Jean Wingen et y travaillait à raison de 3 sous par jour, est prévenue d'y avoir commis un vol; qu'elle est conséquemment prévenue du crime prévu par l'art. 386 c. pén., soit qu'on la considère comme une femme de service à gages, soit qu'on la considère comme un individu travaillant habituellement dans l'habitation dudit Wingen ; que, da s l'un ou l'autre cas, les maîtres de la maison ont dû lui accorder cette confiance qui a forcé le législateur à porter une peine plus sévère contre le serviteur à gages ou l'ouvrier à la journée qui en a abusé au point de voler dans leur maison des effets commis à sa foi » (Crim. cass. 15 avr. 1813, M. Oudart, rap., aff. Marguerite Martin).

206. Un arrêt a déclaré punissable de la reclusion, comme ayant été commis par un homme de service à gages, le vol d'effets mobiliers dépendant d'un château confié à sa garde, par celui qui était en même temps concierge d'une prison et gardien du château (Crim. cass. 16 avr. 1818) (1). — Tout en admettant qu'un concierge ou gardien de maison est un véritable homme de service, Carnot (sur l'art. 386, n° 14) fait observer qu'il ne faut pas en induire qu'une pareille qualité puisse suffire pour faire rentrer le vol dans l'application de l'art. 386, s'il n'y avait pas en même temps preuve au procès qu'il fût accordé au concierge ou gardien des gages pour son gardiennat, car ce n'est que des hommes de service à gages que parle l'art. 386. Et cette observation est approuvée par MM. Chauveau et Hélie, t. 5, n° 1786. Ces derniers auteurs ajoutent que tous les gardiens et concierges de maisons rentreraient dans les termes de l'art. 386 par cela seul qu'ils seraient logés, le logement pouvant, dans ce cas, être considéré comme gage des services.

207. Il a été jugé que celui qui vole la personne chez laquelle il est reçu pour faire les commissions de la maison, bien qu'il n'y couche pas et que ses services ne soient payés que par un repas qu'il y prend chaque jour, est passible de la peine portée en l'art. 386-3° c. pén. : — « Considérant, porte l'arrêt, que les faits de la prévention, tels qu'ils ont été reconnus par la chambre d'accusation..., caractérisent le crime de vol prévu par le n° 3 de l'art. 386 c. pén., et que dès lors le renvoi du prévenu à la cour d'assises, qu'a prononcé l'arrêt dénoncé, est fondé sur la juste application de l'art. 231 c. inst. crim. » (Crim. rej. 29 nov. 1811, M. Busschop, rap., aff. Rossignol). — Mais un autre arrêt a décidé que le vol commis dans une maison par un individu qui, sans être logé ni nourri, est payé à raison de tant par mois pour faire les commissions du dehors, constitue un vol simple, et non un vol domestique : — « Attendu que le prévenu n'était nourri ni logé chez le sieur Bodson ; que, bien qu'il recevait 5 fr. par mois, pour les commissions au dehors qu'il était chargé de faire, cette qualité de commissionnaire, dans l'esprit comme d'après la lettre de la loi, ne pouvait le faire considérer comme domestique à gages dans la maison de Devillez-Bodson, et pour laquelle il n'avait aucune surveillance à exercer dans l'intérêt des personnes qui l'habitaient ;

qu'ainsi, le vol imputé au prévenu rentre dans la classe des délits prévus par l'art. 401 c. pén. » (Metz, 29 mai 1821, ch. d'ac., M. de Julvecourt, pr., aff. Reden). — Entre ces deux arrêts, la contradiction n'est peut-être pas aussi réelle qu'elle le parait au premier abord. « Dans le second, disent MM. Chauveau et Hélie (t. 5, n° 1786), le prévenu avait des fonctions indépendantes de son service, et il ne faisait qu'exercer dans la maison un acte de ses fonctions ; il ne pouvait donc être qualifié domestique à gages. Dans le premier arrêt, ce même fait n'est point constaté, et dès lors la qualité de l'agent restait plus douteuse.» On peut ajouter que, dans la première espèce, le fait que l'auteur du vol prenait chaque jour un repas dans la maison caractérisait davantage l'état de domesticité. — MM. Chauveau et Hélie font observer encore que, dans l'un ou l'autre cas, il s'agissait moins d'un homme de service à gages que d'un homme chargé d'un travail habituel, mais que les deux arrêts laissent incertaine la question de savoir si le vol avait été commis dans l'habitation où l'agent était employé à travailler — V. infrà, n° 253.

208. Il a d'ailleurs été jugé que l'individu travaillant ordinairement à la terre, mais qui, au moment du vol par lui commis, accompagnait l'individu volé, moyennant une rétribution journalière (50 cent. par jour et sa nourriture), a pu être déclaré domestique à gages de ce dernier, sans que cette qualification puisse être réformée par la cour : — « Attendu que, le demandeur étant qualifié de serviteur à gages du maître qu'il était accusé d'avoir volé, dans l'arrêt de renvoi, l'acte d'accusation, la question et la réponse du jury, il ne peut appartenir à la cour de cassation d'examiner si cette qualité lui a été bien ou mal donnée » (Crim. rej. 18 avr. 1833, MM. de Bastard, pr., Choppin, rap., aff. Feyt).

209. Une femme de ménage est un domestique à gages dans le sens du § 3 de l'art. 386 c. pén.; en conséquence, le vol par elle commis dans la maison de son maître est passible des peines édictées par cet article (Crim. rej. 23 juin 1820, MM. Barris, pr., d'Aubers, rap., aff. Abraham).

210. La qualification d'homme de service à gages peut-elle être appliquée à un commis salarié, à un secrétaire, à un clerc ? — La cour de cassation s'est constamment prononcée pour l'affirmative. Ainsi elle a décidé : 1° qu'il y a vol prévu par l'art. 386, n° 3, c. pén., et non simple abus de confiance, dans la soustraction, faite par un caissier, des deniers appartenant à son commettant (Crim. règl. de jug. 31 janv. 1822) (2); — 2° Que le commis salarié d'un commerçant est un homme de service à gages, dans le sens de l'art. 386, n° 3, c. pén.; qu'il ne peut être confondu avec le mandataire dont parle l'art. 408 même code; que, par suite, les détournements de deniers qu'il commet, au préjudice de la personne qui l'emploie, constituent le crime prévu par l'art. 386, et non le délit que réprime l'art. 408 (Crim. cass. 17 juill. 1829) (3); — 3° Que le commis voyageur d'une maison de commerce, salarié par elle (à tant par mois), est un homme de

---

(1) (Min. pub. C. Delahaye.) — La cour ; — Vu l'art. 441 c. inst crim.; — Vu l'art. 386, § 3, c. pén.; — Et attendu que, d'après l'énoncé du procès-verbal du commissaire de police, comme du mandat de dépôt et des citations à témoins, le prévenu, concierge de l'infirmerie de la prison de Vitré, était en même temps gardien du château; — Que c'étaient des effets mobiliers dépendant du château confié à sa garde qu'il était reconnu coupable d'avoir volés ; que, par conséquent, ce vol était au nombre de ceux qui sont commis par des hommes de service à gages, et déclarés par le § 3 de l'art. 386 passibles de la peine de la reclusion ; — Que néanmoins le jugement du tribunal correctionnel de Vitré appliquant à ce fait la disposition de l'art. 408 c. pén., n'a condamné le prévenu qu'à la peine correctionnelle de deux mois d'emprisonnement et de 25 fr. d'amende ; — Qu'en prononçant ainsi, il n'a point dénié la qualité de gardien du château, donnée au prévenu dans le procès-verbal et d'autres actes de la procedure ; en quoi il est censé se référer implicitement, sur cette circonstance, à l'énonciation de ces actes ; — Que dès lors la condamnation, sur le vol commis par un homme à gages, à une peine simplement correctionnelle, était une violation du § 3 de l'art. 386 c. pén.; — Casse.
Du 16 avr. 1818.—C. C., sect. crim.–M. Ollivier, rap.

(2) (Min. publ. C. Hénon.) — La cour (apr. délib. en ch. du cons.); — Et attendu que le fait imputé est un vol commis au préjudice de Prévôt par une personne qu'il employait en qualité de commis à gages ; que le vol a d'ailleurs été commis dans l'habitation où travaillait habi-

tuellement l'individu qui en est prévenu; que, sous ces deux rapports, il rentre dans l'application du n° 3 de l'art. 386 c. pén.; — Sans s'arrêter, etc., renvoie, etc.
Du 31 janv. 1822–C. C., sect. crim.–MM. Barris, pr.–Ollivier, rap.

(3) (Min. publ. C. Raphaël Samuel.) — La cour; — Vu les art. 386, 408 c. pén. et 195 c. inst. crim. ; — Attendu que l'arrêt attaqué reconnaît. en fait, que Raphaël Samuel était commis salarié du sieur Klosc, négociant; que sa mission consistait à opérer l'expédition des marchandises, à payer à la douane les frais de ces expéditions, et à percevoir les revenus des biens immeubles dudit Klosc; que l'arrêt reconnaît également que Raphaël Samuel s'est approprié une partie des sommes qui lui étaient confiées pour acquitter les frais de douanes, et de celles qu'il recevait des fermiers, pour le compte de son maître; — Attendu qu'un commis salarié est un homme de service à gages; qu'aux termes de l'art. 386 c. pén., les soustractions frauduleuses commises par les serviteurs à gages, au préjudice du maître qui les emploie, sont punissables d'une peine afflictive et infamante; que, cependant, l'arrêt attaqué a décidé que les soustractions commises par le prévenu ne constituaient qu'un simple abus de confiance, sous prétexte que les sommes qu'il s'est appropriées étaient entre ses mains par suite d'un ma dat qu'il avait reçu du sieur Klosc, et qu'ainsi il ne les avait point soustraites ;
Attendu qu'on ne peut assimiler les serviteurs à gages aux mandataires dont parle l'art. 408 c. pén.; que la confiance voiontaire et limitée

service; qu'en conséquence, le détournement de certaine somme d'argent fait par ce commis au préjudice de la maison, constitue un vol domestique et non un simple abus de confiance (Crim. cass. 15 déc. 1826) (1); — 4° Que le détournement à son profit, par un commis salarié, de sommes qui lui étaient confiées en sa qualité, par son chef, directeur de messageries, est un crime punissable des peines de l'art. 386, n° 3, c. pén., relatif aux vols commis par les domestiques et les hommes de service à gages (Crim. cass 7 janv. 1830) (2); —5° Que le commis ou caissier salarié d'un percepteur des contributions directes doit être considéré

comme un homme de service à gages, et que dès lors les soustractions frauduleuses commises par lui dans le bureau de ce percepteur constituent le vol domestique, et non le vol commis par un dépositaire ou comptable public (Crim. rej. 5 août 1825)(3); — 6° Qu'il faut en dire autant du commis salarié qui détourne les deniers de la caisse d'un receveur municipal, encore que la clef de la caisse lui eût été volontairement confiée par le receveur, et que ce n'est point là une violation de dépôt dans le sens de l'art. 408 c. pén. (Crim. cass. 24 janv. 1823) (4); — 7° Que, de même, le commis salarié d'un sous-préfet, payé

à une opération déterminée, que le mandat accordé à ces derniers, est différente de la confiance nécessaire et générale que le maître est obligé d'accorder à son serviteur; que cette confiance nécessaire produit entre eux des rapports et des devoirs différents; que le serviteur représente le maître dans tout ce qui est relatif au genre de service auquel il l'emploie; que les deniers confiés aux mains du serviteur sont réputés dans les mains et dans la possession du maître; que ceux que l'on verse dans les mains du serviteur sont réputés, à l'instant même, dans les mains du maître, et lui sont immédiatement acquis; que le serviteur ne peut se les approprier et en frustrer son maître, sans le priver, par là, de cette possession, et conséquemment sans les soustraire à son préjudice; que le n° 4 de l'art. 386 c. pén. reconnaît expressément les conséquences et les effets de la confiance nécessaire, lorsqu'il déclare coupable de vol le voiturier, l'aubergiste, le batelier qui ont soustrait tout ou partie des choses qui leur étaient confiées à ce titre; qu'il suit de là que la cour royale de Colmar a fait une fausse application de l'art. 408 c. pén., violé l'art. 386 du même code, l'art. 195 c. inst. crim , et méconnu les bornes de sa compétence; — Attendu qu'un arrêt de la chambre d'accusation de la même cour, en date du 15 mars dernier, a attribué la prévention de l'affaire actuelle à la juridiction correctionnelle; que cet arrêt a acquis l'autorité de la chose jugée; que de la cassation de celui rendu, en conséquence, par la chambre des appels de police correctionnelle, il résultera un conflit qu'il importe de régler, afin que la justice conserve son libre cours; — Par ces motifs, casse l'arrêt de la cour royale de Colmar, en date du 3 juin dernier, procédant par règlement de juges, etc.
Du 17 juill. 1829.–C. C., ch. crim.–MM. Ollivier, pr.–Mangin, rap.
(1) (Min. publ. C. Darippe.) — La cour; — Vu l'art. 251 c. inst. crim., les art. 386 et 408 c. pén.; — Considérant qu'un individu ayant prépesé par un marchand ou par une maison de commerce soit pour la vente ou le débit des marchandises, soit pour tout autre service habituel relatif à leur commerce, et qui reçoit un salaire pour ledit service, est un homme de service à gages; d'où il suit que le vol qu'il commet au préjudice du marchand ou de la maison de commerce qui l'a ainsi employé, constitue le crime prévu par l'art. 386, § 3, c. pén.; — Considérant qu'il a été reconnu, en fait, par l'arrêt attaqué, que Léon Darippe a été, en qualité de commis voyageur, préposé par la maison de commerce Jean-Baptiste Richard et comp., pour la vente des objets de son commerce, et que, pour ce service, il lui était alloué une somme de 400 fr. par mois, outre la participation à d'autres bénéfices; — Qu'il est également reconnu par le même arrêt que Darippe s'est suffisamment prévenu d'avoir, pendant la durée de son service diverti, au préjudice de ladite maison, une somme de plus de 900 fr.; — Que ce fait, qui constitue le crime de vol prévu par l'art. 386, § 3, c. pén., devait conséquemment donner lieu à la mise en accusation du prevenu et à son renvoi aux assises, conformément à l'art. 251 c. inst. crim.; — Que, neanmoins, et sur le motif que le fait de prévention ne constituait que le délit d'abus de confiance prévu par l'art. 408 c. pén., la chambre d'accusation de la cour royale de Paris a renvoyé le prevenu en police correctionnelle; — Que cette chambre a ainsi faussement appliqué ledit art. 408 et violé l'art. 386, § 3 c. pén., ainsi que les règles de compétence prescrites par l'art. 251 c. inst. crim.; — D'après ces motifs, casse et annule l'arrêt rendu le 10 nov. 1826, par la cour royale de Paris, chambre des mises en accusation.
Du 15 déc. 1826.–C.C., ch. crim.–MM. Portalis, pr.–Busschop, rap.
(2) (Min. publ. C. Foucault.) — La cour; — Vu les art. 386, n° 3 et 408 c. pén.; — Attendu qu'il est reconnu, en fait. par l'arrêt attaqué, que David Fourcault étoit commis salarié, aux appointements de 75 fr. par mois, chez le sieur Valdejo, directeur des messageries à Colmar; qu'il était chargé, en recette et dépense, d'un maniement de deniers de tous les instants; qu'il s'est manifesté absence de ces deniers par le fait de Fourcault; qu'il y a indice de détournement coupable de sa part, et dissipation, à son profit, des sommes appartenant au sieur Valdejo; — Attendu qu'un commis salarié est un homme de service à gages; que les rapports du maître et du serviteur ne sont pas changés par l'éducation plus soignée et la position sociale de ce dernier, plus relevée que celle d'un domestique ordinaire; que ces avantages devant le rattacher plus étroitement à ses obligations d'honneur et de fidélité; que l'art. 386, n° 3, a compris dans la même catégorie pénale le domestique et l'homme de service à gages, et punit les vols par eux com-

mis, au préjudice du maître qui les emploie, des mêmes peines afflictives et infamantes; — Que, dans l'art. 408, il ne s'agit que de détournement ou de dissipation au préjudice du propriétaire, possesseur ou détenteur, par suite d'une confiance volontaire et limitée; que, dès lors, il n'est pas applicable au domestique ou à l'homme de service à gages qui abuse d'une confiance nécessaire et illimitée pour tous les objets auxquels son service s'applique; que, d'ailleurs, les domestiques et les hommes de service à gages étant compris textuellement dans le n° 3 de l'art. 386, ils ne peuvent être, par cela même, dans les prévisions de l'art. 408; — D'où il suit que la chambre des mises en accusation de la cour royale de Colmar, en annulant, par l'arrêt attaqué, l'ordonnance de prise de corps décernée par la chambre du conseil du tribunal de première instance de Colmar, contre D. Fourcault, comme suffisamment prévenu d'avoir, depuis le mois de sept. 1828, et à des époques indéterminées, soustrait frauduleusement, au préjudice du sieur Valdejo, dont il était l'homme de service à gages, une somme de 1,253 fr. 70 cent., crime prévu par l'art. 386 c. pén., et en renvoyant ledit Fourcault en mandat de dépôt devant le tribunal correctionnel, sous la prévention des mêmes faits, comme prévenu d'un délit prévu par l'art. 408 du même code, a fait une fausse application dudit art. 408 et violé l'art. 386; — En conséquence, casse l'arrêt rendu le 6 nov. 1829, par la chambre des mises en accusation de la cour royale de Colmar, etc.
Du 7 janv. 1830.–C. C., ch. crim.–MM. Bastard, pr.–Brière, rap.
(3) (Le Barbier C. min. publ.) — La cour; — Attendu que l'arrêt attaqué a reconnu et déclaré en fait, qu'à l'époque où les soustractions frauduleuses de sommes d'argent ont été faites dans le bureau du sieur Daune, percepteur des contributions directes à Caen, et qui sont imputées à Jean-Baptiste-Michel Le Barbier, demandeur en cassation, celui-ci était employé chez ledit sieur Daune en qualité de commis ou de caissier salarié; que, dès lors, ledit Le Barbier n'entrait point dans la classe des dépositaires et comptables publics dont parlent les art. 169 et suivants du premier paragraphe de la sect. 2 c. pén., qui concernent la forfaiture et les crimes et délits des fonctionnaires publics dans l'exercice de leurs fonctions; — Que ledit Le Barbier n'était coupable qu'envers le sieur Daune, dont il était le commis salarié; qu'il s'ensuit que les soustractions dont il est accusé rentrent dans le cas prévu par l'art. 386 c. pén., relatif aux hommes de service à gages, et que la cour royale de Caen en a fait une juste application; — Par ces motifs, attendu que l'arrêt attaqué est d'ailleurs régulier dans sa forme, rejette, etc.
Du 5 août 1825.–C C., sect. crim.–MM. Portalis, pr.–Chasle, rap.
(4) (Min. publ. C. Langevin.) — La cour; — Vu les art. 251 c. inst. crim., les art. 386 et 408 c. pén.; — Attendu que, par ordonnance de la chambre du conseil du tribunal de première instance d'Amiens, du 17 déc. 1822, Pierre-Achille Langevin a été prévenu d'avoir soustrait des deniers de la caisse du receveur municipal d'Amiens, dont il était le commis salarié, travaillant habituellement dans la maison, crime prévu par le n° 3 de l'art. 386 c. pén.; — Que, par l'arrêt de la chambre de mise en accusation de la cour royale d'Amiens, sous la date du 25 déc., il a été reconnu que le sieur Davenkerque, receveur de la commune d'Amiens, avait volontairement confié audit Langevin, employé dans son bureau, une clef et l'administration de la caisse de la recette; que ledit Langevin a été prévenu, par ce même arrêt d'avoir détourné et dissipé les deniers de ladite caisse, au préjudice du sieur Davenkerque, qui en était comptable et qui les lui avait confiés pour en faire un emploi déterminé par la nature de sa gestion et de sa comptabilité, et que ladite cour d'Amiens a regardé la prévention dont Langevin était ainsi l'objet comme rentrant dans les dispositions de l'art. 408 c. pén.; — Mais que le fait du travail habituel dudit Langevin dans la maison d'habitation du sieur Davenkerque, en qualité de commis salarié, reconnu par l'ordonnance de la chambre du conseil, n'a point été contredit dans l'arrêt de la chambre d'accusation; qu'il doit donc demeurer pour constant que ce fait est même implicitement reconnu par cedit arrêt, qui a considéré Langevin comme employé dans le bureau du sieur Davenkerque; — Attendu que la circonstance énoncée dans le même arrêt que le sieur Davenkerque avait volontairement confié à Langevin une clef et l'administration de la caisse ne saurait empêcher que la disposition de l'art. 386, n° 3, ne soit appli-

par lui, doit être considéré comme son serviteur à gages; qu'en conséquence, s'il soustrait frauduleusement et applique à son profit des mandats délivrés au sous-préfet pour son traitement et pour abonnement à titre de frais de bureaux, il se rend coupable du vol qualifié prévu et puni par l'art. 386, n° 3, c. pén., et non d'un simple abus de confiance (Crim. cass. 14 fév. 1828) (1); — 8° Qu'un clerc salarié est un serviteur à gages, et que dès lors les vols qu'il commet au préjudice de celui qui l'emploie sont prévus et punis par l'art. 386 c. pén. (Crim. rej. 27 mars 1829) (2); — 9° Que la soustraction frauduleuse commise par un clerc d'huissier à gages, au préjudice de son maître, constitue le crime de vol domestique (Crim. cass. 7 sept. 1827, MM. Ollivier, f. f. de pr., de Bernard, rap., aff. Freulin, solut. implic. citée par M. Faustin Hélie, n° 1787, note 4).

211. Mais nous ne croyons pas que cette expression, *homme de service à gages*, puisse recevoir une telle extension. Dans le langage usuel, ainsi que nous l'avons vu précédemment, cette désignation s'applique seulement à ceux qui sont attachés au service de la personne ou de la maison; elle ne convient nullement à ceux qui remplissent près du maître un rôle plus élevé, qui sont ses coopérateurs plutôt que ses serviteurs, tels que les commis, les secrétaires, les clercs. L'art. 408 c. pén. peut d'ailleurs fournir un argument à l'appui de cette interprétation. La loi du 28 avr. 1832 a ajouté à cet article un deuxième paragraphe qui punit l'abus de confiance commis par un domestique, homme de service à gages, élève, clerc ou commis; or, puisque la loi, dans cet article, énonce l'élève, le clerc, le commis, distinctement de l'homme de service à gages, on doit en conclure qu'elle n'a pas entendu les comprendre dans cette dernière dési-

gnation, et rien n'autorise à penser qu'elle ait donné à la même expression dans l'art. 386-3°, un sens plus étendu que dans l'art. 408. C'est ce qu'enseignent aussi MM. Chauveau et Hélie, t. 5, n° 1787. — Ces auteurs font remarquer avec raison que si les commis, les secrétaires, les clercs, ne sont pas compris au nombre des domestiques ou serviteurs à gages, ils sont compris parmi ceux qui travaillent habituellement dans la maison, et qu'à ce titre ils peuvent être, aux termes de l'art. 386-3°, passibles des peines du vol domestique. La cour de cassation l'a reconnu dans quelques-uns des arrêts qui précèdent. Tout en décidant que le caissier d'un commerçant, par exemple, le commis salarié d'un receveur municipal doivent être considérés comme des hommes de service à gages (arrêts des 31 janv. 1822 et 24 janv. 1823 précités), cette cour ajoutait, comme si elle-même concevait des doutes sur l'exactitude juridique de cette interprétation, qu'ils rentrent d'ailleurs dans la classe de ceux qui travaillent habituellement dans la maison. — Entre ces deux catégories de personnes, il existe toutefois une différence importante. Le vol commis par celui qui travaille habituellement dans la maison n'est considéré comme vol domestique qu'autant qu'il a été commis dans cette maison (V. infra n° 253); il n'en est pas toujours ainsi du vol commis par un domestique ou un homme de service à gages, ainsi que nous le verrons bientôt (V. n° 217).

212. Un garde forestier peut-il être compris parmi les personnes auxquelles s'applique l'art. 386 c. pén.? — Il a été jugé, dans le sens de la négative, que l'on ne peut poursuivre comme coupable de crime, par application de l'art. 386, n° 3, le garde forestier qui a enlevé et s'est approprié des arbres de la forêt confiée à sa surveillance (Crim. rej. 24 juin 1813) (3).

---

cable aux faits dont est prévenu ledit Langevin, puisque la confiance volontaire dont il avait été investi par le sieur Davenkerque était devenue une confiance nécessaire par l'acceptation de l'emploi et par l'exécution du mandat qu'il avait reçu dudit Davenkerque; — Attendu d'ailleurs que le n° 5 de l'art. 586 s'applique à tout homme de service à gages, et au vol commis par tout individu travaillant habituellement dans l'habitation où le vol a été commis, et que ledit Langevin, en qualité de commis salarié par le sieur Davenkerque, se trouve compris tout à la fois et dans la dénomination d'homme de service à gages, et dans celle de l'individu travaillant habituellement dans l'habitation; — Attendu que l'art. 408 s'applique seulement à ceux qui ont détourné ou dissipé des deniers ou effets qui ne leur auraient été remis qu'à titre de dépôt ou pour un travail salarié, à la charge de les rendre ou représenter, ou d'en faire un usage ou un emploi déterminé; que la prévention, dans l'espèce, ne peut rentrer dans la violation d'un dépôt; qu'elle ne saurait se rattacher non plus aux autres faits de cet article, qui ne peuvent évidemment concerner ceux qui détournent et soustraient des effets dans une maison où ils travaillent habituellement, lesquels étant déjà compris dans le n° 5 de l'art. 386, ne peuvent point être dans l'art. 408, dont les expressions d'ailleurs, excluent par elles-mêmes ce genre de détournement et de soustraction; — Que le renvoi devant la police correctionnelle, ordonné par la chambre d'accusation de la cour d'Amiens, a donc été, dans l'état des faits, une fausse application de l'art. 408, une violation du n° 5 de l'art. 386 c. pén., et par suite une contravention à l'art. 481 c. inst. crim.; — Par ces motifs, casse.

Du 24 janv. 1823.—C. C., sect. crim.—M. Cardonnel, rap.

(1) (Min. publ. C. Benoît.) — LA COUR; — Vu les art. 579 et 386, n° 5, c. pén.; Considérant qu'il est constant, en fait, et déclaré par l'arrêt du 11 janv. dernier, rendu par la chambre des mises en accusation de la cour royale d'Agen (comme cela avait déjà été reconnu et déclaré par l'ordonnance de la chambre du conseil du tribunal de première instance de Marmande, dont ledit arrêt a adopté tous les motifs), que Jean Benoît, qui n'était revêtu d'aucun caractère public, était, à l'époque de la soustraction à lui imputée, commis au sous-préfet de Marmande, payé par lui, et par conséquent un de ses serviteurs à gages, un homme à sa disposition pour tels des objets analogues à la sous-préfecture qu'il jugeait à propos de lui confier; — Considérant que c'est en cette qualité que Benoît était, plus souvent que tout autre employé salarié comme lui, chargé par le sous-préfet d'alle. recevoir le montant des mandats délivrés à ce magistrat, pour son traitement et son abonnement à titre de frais de bureaux, abonnement dont le montant est devenu, dès lors. sa propriété absolue, au point qu'il est libre d'en faire tel emploi que bon lui semble, sans être tenu d'en rendre aucun compte;

Que c'est en cette même qualité que, dans l'espèce, il a été chargé, par ledit sous-préfet, d'aller toucher le mandat de même nature, s'élevant à 585 fr. 25 cent., énoncé audit arrêt du 11 janv; D'où il suit qu'en soustrayant et en appliquant frauduleusement à son profit

cette somme par lui touchée, Benoît a commis un vol qualifié punissable de réclusion, aux termes du dit art. 386, n° 3, c. pén., un crime de la compétence de la cour d'assises; — Et attendu que, néanmoins, sur le fondement erroné que, selon elle, Jean Benoît était, dans la mission de laquelle il s'agit, attaché à un service particulier de la personne du sous-préfet, et n'avait fait fonction que de mandataire officieux et gratuit, la cour royale d'Agen a jugé, par son arrêt dudit jour 11 janv., que la soustraction reprochée à Benoît ne pouvait présenter qu'un simple abus de confiance, et, par suite, a dit qu'il n'y avait lieu à poursuivre contre lui, et a ordonné sa mise en liberté; — En quoi elle a dénié à ces faits reconnus constants par elle, leur qualification légale de vol commis par un homme de service à gages, et viole tant l'art. 579 que l'art. 386, n° 5, c. pén.; — Casse.

Du 14 fév. 1828.—C. C., ch. crim. MM. Bailly, pr.-Cardonnel, rap.

(2) (Heilouin C. min. publ.) — LA COUR; — Attendu qu'un clerc salarié est un serviteur à g.ges, d'où il suit que les vols qu'il commet au préjudice de celui qui l'emploie sont prévus et punis par l'art. 386 c. pén.; — Rejette.

Du 27 mars 1829.—C. C., ch. crim.—MM. Bailly, pr.-Mangin, rap.

(3) *Espèce.* — (Min. publ. C. Sénac.) — 18 mai 1813, arrêt de la cour d'Angers qui déclare n'y avoir lieu à accusation contre J. Sénac, garde forestier, prévenu d'avoir enlevé plusieurs arbres dans les forêts soumises à sa garde, « attendu que le fait d'enlèvement d'arbres, et l'extraction de souches en délit, ne constitue, de la part de J. Sénac, ni le crime prévu par l'art. 19, sect. 2, tit. 2 de la 2e partie c. pén. de 1791, parce qu'on ne peut pas dire que les arbres de ladite forêt dont il avait la surveillance lui fussent confiés pour un service ou travail salarié, comme seraient des grains et des instruments d'agriculture pour un travail salarié de labourage, ou des outils et des étoffes pour un travail salarié de couture, vrais cas de crime; — ni le crime prévu par l'art. 386, n° 3, c. pén. de 1810, parce que non plus on ne peut considérer une forêt sur pied respectivement à son garde, comme la maison, le magasin ou l'atelier d'un maître respectivement à son serviteur à gages; — Que le n° 4 du même article, parlant des choses confiées aux aubergistes, voituriers, bateliers, n'est pas davantage applicable; — Qu'enfin l'art. 198 ne peut pas changer en crime ce qui n'est ici qu'un délit, puisqu'il respecte lui-même ici tout cette démarcation importante, et se borne à appliquer aux fonctionnaires et officiers publics, pour les crimes et délits par eux commis dans leurs fonctions, des peines plus fortes, mais toujours relatives au genre d'infraction. » — Pourvoi. — Arrêt.

LA COUR; — Attendu que la chambre d'accusation de la cour d'appel d'Agen n'a violé aucune loi en déclarant qu'il n'y avait pas lieu à mettre en accusation J. Sénac, garde forestier, au chef par lequel il est prévenu de l'enlèvement d'arbres et d'arrachement de souches dans les bois confiés à sa garde; — Attendu que, s'il y a lieu de le poursuivre correctionnellement, quant audit chef, l'aggravation de peine portée

213 Et même, bien que le garde champêtre ou forestier d'un particulier reçoive un salaire de ce dernier, il ne peut être considéré comme homme de service à gages de celui-ci, à cause de sa qualité d'officier de police judiciaire; dès lors le vol par lui commis au préjudice de la personne qui le salarie n'est pas vol domestique (Crim. règl. de jug. 21 mai 1835, aff. Blin, V. Mise en jugement, n° 307-1°).

214. Le fait par un serrurier-arquebusier, chargé pour son compte personnel de réparer les armes renfermées dans une salle de l'hôtel de ville dont la clef lui est confiée, d'avoir détourné partie de ces armes, ne constitue pas le vol domestique prévu et puni par l'art. 386-3° c. pén. : « Attendu que Chagneau ne saurait être accusé du crime prévu et puni dans cet article, puisque l'arrêt dénoncé déclare qu'il a été uniquement chargé, en sa qualité de serrurier-arquebusier, et moyennant un salaire à forfait, déterminé pour chaque année, de réparer et d'entretenir les armes confiées, pour les besoins du service, à la garde nationale, et celles qui étaient déposées dans une salle de l'hôtel de ville » (Crim. rej. 13 avr. 1837, aff. Chagneau, V. Abus de confiance, n° 136). — V. aussi v° eod., n° 177.

215. Un vol commis par un homme de service à gages est passible des peines prononcées par l'art. 386, § 3, c. pén., quelle que soit d'ailleurs, au point de vue légal, la situation des personnes au préjudice desquelles le vol a été commis, et, par exemple, alors même que ces personnes feraient partie d'une congregation religieuse non autorisée; et il ne perd pas le caractère de vol domestique à raison de la nullité des conventions en vertu desquelles il a pu prendre du service auprès de la personne victime du vol (Crim. cass. 6 juin 1845, aff. Affoaër, D. P. 45. 1. 287).

216. Maintenant, pour que le vol commis par un domestique ou un homme de service à gages soit passible de l'aggravation de peine, est-il nécessaire qu'il ait été commis dans la maison même du maître? A cet égard, il faut distinguer selon que le vol a été commis au préjudice du maître ou au préjudice d'une personne étrangère. Occupons-nous d'abord de la première hypothèse.

217. Au premier abord, on pourrait penser que le législateur, en frappant de peines plus rigoureuses le vol commis par un domestique ou un homme de service à gages, a voulu seulement garantir la sécurité du foyer et mettre à l'abri des déprédations les objets laissés à la discrétion des domestiques. Mais il faut remarquer que l'art. 386-3°, dans la disposition qui nous occupe, s'exprime en termes absolus et n'exige d'autre condition que la qualité de l'auteur du vol : « Si le voleur est un domestique ou un homme de service à gages, » dit-il. Il ne subordonne l'application de la peine aggravée au lieu où la soustraction a été commise qu'autant qu'elle l'a été envers des personnes qu'il ne servait pas. Et en effet, lorsque le vol a eu lieu au préjudice du maître, on ne voit pas pourquoi la loi eût fait une telle distinction. La confiance que le maître accorde à son domestique ou à son serviteur à gages n'est pas restreinte à l'intérieur de la maison, elle est générale et le suit partout; par conséquent, en quelque lieu qu'il en abuse, il se rend coupable du crime prévu par l'art. 386-3° (Conf. MM. Chauveau et Hélie, t. 5, n° 1792).— La jurisprudence s'est aussi prononcée en ce sens. Ainsi il a été jugé : 1° que le vol commis au préjudice du maître par son domestique est passible des peines de l'art. 386 c. pén., quoiqu'il n'ait pas eu lieu dans la maison même du maître; qu'ainsi l'art. 386 c. pén. est applicable à un garçon meunier qui, chargé par son maître d'aller chercher chez les pratiques le blé qu'elles sont dans l'usage de faire moudre à son moulin, et de le leur reporter converti en farine, en vole une partie, même hors de la maison de son maître, pendant qu'il apporte ou remporte ce blé (Crim. règl. du jug. 9 oct. 1812 (1); — 2° Que le vol par un domestique au préjudice de son maître est toujours susceptible des peines portées par l'art. 386 c. pén., quoiqu'il l'ait commis sur des objets placés hors la maison de son maître, et confiés à la surveillance d'un tiers (Crim. cass. 14 avr. 1831 (2); — 3° Que le garçon de recette à gages qui soustrait des deniers au préjudice du commerçant qui le salarie, encourt les peines de l'art. 386, soit qu'il ait commis les soustractions dans la maison ou hors de la maison de son maître (Crim. rej. 9 juill. 1812 et 9 sept. 1825) (3).

---

par l'art. 198 c. pén. lui sera applicable en cas de conviction; — Rejette.

Du 24 juin 1813.-C. C., sect. crim.-MM. Barris, pr.-Oudart, rap.

(1) (Riffaut.) — LA COUR; — Attendu que le nommé Raoul Riffaut était prévenu d'avoir volé du blé et de la farine qu'en sa qualité de domestique du meunier chez lequel il était, chargé d'aller chercher et de reporter chez les particuliers; qu'une soustraction frauduleuse faite par un domestique d'objets qu'il transporte pour le compte de son maître, quoique celui-ci en soit le propriétaire, ou qu'il en soit responsable, rentre dans l'application du § 3 de l'art. 386 c. pén., puisque, dans l'un et l'autre cas, il y a l'abus d'une confiance nécessaire, seul motif de la sévérité de la loi relativement aux vols commis par les domestiques; — Que d'ailleurs le fait dont il s'agit rentrerait encore dans l'application du § 4 du même article, relatif aux voituriers ou préposés des voituriers, qui volent tout ou partie des choses qui leur ont été confiées à ce titre, et serait ainsi, sous tous les rapports, de nature à être puni de peine afflictive et infamante; que la cour d'appel de Rennes en jugeant que ce fait ne caractérisait qu'un vol simple, prévu par l'art. 401 c. pén., et en renvoyant, en conséquence, devant le tribunal correctionnel, a violé les règles de compétence établies par la loi, et que le tribunal correctionnel de Rennes, auquel cette cour n'a pu, par le renvoi qu'elle a prononcé, conférer un pouvoir que la loi ne lui attribue pas, a fait une juste application des mêmes règles en déclarant son incompétence; — D'après ces motifs, etc.

Du 9 oct. 1812.-C. C., sect. crim.-M. Rataud, rap.

(2) (Min. pub. C. Garrant.) — LA COUR; Vu l'art. 386, n° 5, c. pén.; — Attendu que cette disposition se divise en deux parties distinctes malgré qu'elle ait également pour motif, dans tous les cas qui s'y trouvent prévus, « la qualité de l'auteur du vol. et la confiance nécessaire qu'a dû avoir en lui la personne volée; » que la seconde partie, toute spéciale pour les vols dont peuvent se rendre coupables, soit un individu travaillant habituellement dans l'habitation, soit l'ouvrier, compagnon ou apprenti, soit le domestique envers les personnes qu'il ne servait pas, est absolument restrictive, puisqu'elle n'est applicable à ces vols que lorsqu'ils ont eu lieu dans la maison, l'atelier ou le magasin même du maître, ou dans la maison où le domestique l'aura compagnait; que cette condition est essentiellement constitutive de la crimnalité des vols, dans chacune de ces trois hypothèses, parce que la confiance de celui qui en a été victime, envers leur auteur se trouvait elle-même limitée, de plein droit, aux lieux où elle a été trahie, et ne s'étendait pas nécessairement au delà; qu'au contraire, la première partie de la disposition précitée est générale et absolue en ce qui concerne le domestique ou l'homme de service à gages, relativement à leur maître; qu'à leur égard, en effet, la confiance nécessaire de ce dernier est illimitée et les suit partout où ils peuvent en abuser; que, par cette raison, le législateur n'a voulu ni dû admettre aucune distinction entre le cas où le vol par eux commis l'a été dans la maison de leur maître, et celui où il n'aurait eu lieu qu'au dehors; que le vol dont le domestique ou le serviteur à gages se rend coupable au détriment de son maître, constitue donc toujours un crime, n'importe en quel lieu se trouvassent, lors de sa perpétration, les objets volés; — Et attendu que, dans l'espèce, Pierre Garrant a été déclaré coupable par le jury d'avoir, étant domestique du sieur Ledoux, soustrait frauduleusement, au préjudice de celui-ci, dans une grange non dépendante de sa maison, une certaine quantité de blé froment et deux sacs en toile; qu'il devait, dès lors, être puni de la peine de reclusion, conformément à l'art. 386, n° 5, c. pén.; d'où il suit qu'en se bornant à lui infliger les peines correctionnelles prononcées par l'art. 401 de ce code, sous le prétexte que les objets par lui volés n'étaient pas dans la maison de son maître, et se trouvaient confiés à la surveillance d'un tiers, l'arrêt attaqué a faussement appli ué ce dernier article, et violé le premier; — En conséquence, casse l'arrêt de la cour d'assises de Poitiers, du 23 fév. 1831.

Du 14 avr. 1831.-C. C., ch. crim.-MM. Ollivier, pr.-Rives, rap.

(3) 1re Espèce : (Samson C. min. pub.) — 29 mai 1812, arrêt qui met en accusation le nommé Samson, prévenu d'avoir, pendant qu'il était placé en qualité de garçon de recette à gages chez les sieurs Malfilastre et Moustet, commerçants, reçu, en cette qualité, le montant de plusieurs factures qu'il s'est approprié.

Pourvoi par Samson. Il soutient qu'à l'époque du vol qu'on lui impute il n'habitait point la maison des sieurs Malfilastre et Moustet; qu'il n'y travaillait point habituellement; qu'il était nourri, logé, entretenu chez son père; qu'il n'avait d'autre mission des sieurs Malfilastre et Moustet que d'aller recevoir hors de leur maison les billets et les factures qu'ils lui confiaient, et d'en rapporter le montant à leur caisse; que le vol dont il s'agit n'a point été commis dans la maison des sieurs Malfilastre et Moustet, et que, d'après toutes ces circonstances, les peines portées rap l'art. 386 c. pén. lui étaient inapplicables. — Arrêt.

LA COUR; — Considérant que, par l'arrêt du 29 mai dernier, j. C. A.

218. La .nême doctrine ressort d'un arrêt qui a décidé qu'un serviteur à gages qui est investi d'une confiance nécessaire et générale, ne peut être assimilé au mandataire dont parle l'art. 408 c. pén., qui est l'objet d'une confiance volontaire et limitée à une opération; qu'en conséquence le fait par un domestique d'avoir détourné des fonds qu'il avait été chargé de recevoir pour son maître constitue, non pas le délit d'abus de confiance prévu par l'art. 408 c. pén., mais le crime prévu par l'art. 386-3° :
— « Attendu que l'arrêt attaqué reconnaît, en fait, que le nommé Léon était au service, c'est-à-dire domestique chez Bernard Levy; attendu qu'on ne peut assimiler les serviteurs à gages aux mandataires dont parle l'art. 408 c. pén.; que la confiance volontaire et limitée à une opération déterminée que le mandant accorde à ces derniers, est différente de la confiance nécessaire et générale que le maître est obligé d'accorder à son domestique; que, dès lors, en reconnaissant, sur la prévention, que le nommé Léon, ayant été chargé par Bernard Levy, son maître, d'aller recevoir le montant d'un billet de 150 fr., l'avait réellement reçu du débiteur; qu'il avait ensuite pris la fuite, emportant l'argent de son maître, et ne reparut plus chez lui; et en déclarant, en droit, que ce fait ne présentait pas les caractères du crime prévu par l'art. 386-3° c. pén., mais ceux du délit d'abus de confiance prévu par l'art. 408 même code, la cour de Nancy, chambre des mises en accusation, a fait, dans l'espèce, et sur la prévention, déclarée suffisante, une fausse application de l'art. 408 c. pén., et violé l'art. 386-3° même code; en conséquence, casse l'arrêt de cette cour, du 12 avr. 1832, etc. » (Crim. cass. 11 mai 1832, MM. de Bastard, pr., Brière, rap., aff. Léon).

219. Avant la loi réformatrice du 28 avr. 1832, le code pénal, qui distinguait le vol simple du vol domestique, et rangeait ce dernier au nombre des crimes, ne faisait pas la même distinction à l'égard de l'abus de confiance. Par quelque personne qu'il eût été commis, l'abus de confiance n'était passible que de peines correctionnelles. C'était là une imperfection de la loi pénale. Il n'est ni juste ni raisonnable de punir également l'abus d'une confiance volontaire et l'abus d'une confiance nécessaire, et si le domestique, l'ouvrier qui commet un vol au préjudice de son maître ou dans sa maison doit être frappé plus sévèrement, les mêmes raisons commandant de frapper plus sévèrement aussi le domestique, l'ouvrier, qui se rend coupable d'un abus de confiance au préjudice de son maître. Les magistrats l'avaient bien senti. Aussi leur arrivait-il souvent, afin d'élever la répression au niveau de la faute, de faire violence aux faits qui leur étaient déférés, de donner la qualification de vol à des faits qui ne constituaient en réalité que l'abus de confiance, afin de pouvoir appliquer les peines du vol domestique. — C'est ainsi qu'il avait été jugé notamment que le détournement fait par un domestique d'une somme d'argent qui lui a été confiée par un tiers pour être remise à son maître constitue, non un simple abus de confiance, mais un vol domestique : — « Considérant qu'en punis-

sant de peines plus graves le vol commis par un domestique, la loi a voulu donner une garantie au maître, en raison de la confiance qu'il est forcé de mettre en ceux qui sont à son service; que cette confiance ne peut être uniquement relative aux objets qui se trouvent exposés à la foi ou placés sous la surveillance du domestique dans la maison de son maître, mais doit s'étendre dans certains cas à ce qui est ou devient sa propriété hors de son propre domicile; considérant que tout détournement, fait par un domestique au préjudice de son maître, d'objets à lui confiés par ce dernier, ou remis par d'autres personnes d'après ses ordres ou ses intentions présumées, comme étant la suite et la conséquence des services que le domestique s'est obligé de rendre, constitue, non un simple abus de confiance, de la nature de ceux prévus par les art. 406 et 408 c. pén., mais une soustraction frauduleuse, ou vol proprement dit, ayant le caractère de vol domestique, aux termes de l'art. 386-3° c. pén., passible de peines afflictives et infamantes » (Metz, 23 fév. 1821, ch. d'acc., M. de Julvécourt, pr., aff. Baye-Georges). — La cour de cassation avait également refusé de voir un simple abus de confiance dans le détournement fait par un commis salarié de valeurs qui lui avaient été confiées à titre de dépôt ou de mandat; elle avait voulu y voir un véritable vol, afin de pouvoir appliquer à ce cas les peines du vol domestique (V. notamment Crim. cass. 17 juill. 1829, 15 déc. 1826, 7 janv. 1830, 24 janv. 1823 et 14 fév. 1828, cités ci-dessus, n° 210). — La loi de 1832 a comblé cette lacune de notre droit pénal en insérant dans l'art. 408 un § 2 qui porte que, « si l'abus de confiance a été commis par un domestique, homme de service à gages, élève, clerc, commis, ouvrier, compagnon ou apprenti, au préjudice de son maître, la peine sera celle de la reclusion. » C'est la même peine que celle du vol domestique. Il n'y a donc pas aujourd'hui de raison, ni même de prétexte, pour ne pas donner aux faits la qualification qui leur convient.

220. Mais la loi du 28 avr. 1832 n'est applicable que sur le territoire français. En Belgique, les anciennes dispositions sont restées en vigueur, il a été décidé, postérieurement à cette loi, et dans le sens de la jurisprudence qui avait d'abord prévalu en France, que le domestique qui détourne au préjudice de son maître des fonds que celui-ci lui a chargé de recevoir pour son compte, se rend coupable d'un vol qualifié, et non d'un simple abus de confiance : — « Attendu que le fait imputé à l'appelant consiste en ce qu'il aurait soustrait ou détourné à son profit diverses sommes qu'il avait été chargé de recevoir et qu'il a reçues pour un individu dont il était le domestique; que ce fait rentre dans les dispositions de l'art. 386-3° c. pén., et constitue ainsi un crime de nature à mériter une peine afflictive et infamante, et dont la connaissance n'est pas dans les attributions des tribunaux correctionnels » (Bruxelles, 3 oct. 1834, ch. corr., aff. Biscops).

221. Du reste, même avant la loi du 28 avr. 1832, il avait

Samson est accusé d'avoir, pendant qu'il était placé en qualité de garçon de recette à gages chez Malfillastre et Moustet, commerçants, reçu, en cette qualité, le montant de plusieurs factures s'élevant ensemble à 6,071 fr. 29 c., dont il n'a pas rendu compte, et de s'être approprié ladite somme; qu'il n'appartient pas à la cour de cassation de vérifier les faits qui ont donné lieu à cette qualification; qu'elle ne peut apprécier l'arrêt que par l'arrêt même; que, lors de l'examen et du jugement, Samson s'est entendu sur les faits, et qu'il pourra contester cette qualification, s'il s'y croit fondé; qu'en l'état, il résulte, quant à la personne de l'accusé, que l'arrêt le met au nombre de ceux que l'art. 5 de l'art. 586 c. pén. désigne sous les noms de domestiques et serviteurs à gages;
— Que, quant au fait compris dans l'arrêt de mise en accusation, il faut remarquer que ce paragraphe n'exige pas que le vol ait été commis dans la maison du maître; qu'il l'exige seulement à l'égard de ceux qu'il place dans la même disposition que les domestiques et serviteurs à gages; qu'il peut y avoir vol de choses que l'on a reçues par l'effet d'une confiance nécessaire, et que le n° 4 de l'art. 586 en fournit la preuve et l'exemple; qu'au surplus, les sommes que Samson a reçues pour Malfillastre et Moustet leur ont été acquises aussitôt qu'elles lui ont été remises pour eux; qu'en s'appropriant ces sommes, il les a soustraites frauduleusement; qu'il a conséquemment commis un vol, aux termes de l'art. 379 du même code, et qu'il l'a commis au préjudice de ceux dont il était le garçon de recette à gages, crime prévu par le n° 3 de l'art. 586; que l'art. 408 s'applique à tous ceux qui ont détourné des effets, deniers, billets, etc., au préjudice d'autrui, mais qui ne sont ni admis dans la mai-

son où ils ont volé, ni du nombre de ceux qui travaillent habituellement dans la maison où le vol a été commis, ni aubergistes ou hôteliers, ni bateliers ou voituriers, ni les préposés des uns et des autres; que ces individus, compris dans les n°s 3 et 4 de l'art. 586, ne le sont point dans l'art. 408; que la restriction de ce dernier article a dû exclure et exclut évidemment tous ceux que comprend l'art. 586; qu'en effet, un maître ne remet pas à titre de dépôt ou pour un travail salarié, les effets, deniers, billets, à son domestique ou serviteur à gages; qu'en ce cas, le maître ordonne *jure domini*, et le domestique s'acquitte d'un service à gages; — Rejette, etc.
Du 9 juill. 1812.—C. C., sect. crim.—M. Oudart, rap.
2e *Espèce* : — (Herpin *C.* min. pub.) — LA COUR; — Attendu qu'il résulte de la question posée et de la réponse affirmative du jury que, dans le temps où le demandeur a commis, au préjudice du sieur Lasne-Viel, les soustractions frauduleuses d'argent qui formaient la matière de l'accusation, il était employé par ledit Lasne-Viel comme commis de recette à gages, et que, dès lors, ces vols étaient prévus et qualifiés par la première partie du n° 3 de l'art. 586 c. pén., en ces termes : « Si le voleur est un domestique ou un homme de service à gages, etc., et que, dans cette partie du n° 3 de l'art. 586, la disposition pénale dudit article est également applicable, soit que le vol ait été commis dans ou hors la maison du maître, sans aucune distinction; » d'où il suit que le fait pénal a été justement appliqué aux faits déclarés constants; — Attendu que, d'ailleurs, la procédure est régulière en la forme; — Rejette, etc.
Du 9 sept. 1815.—C. C., sect. crim.—MM. Portalis, pr.—Brière, rap.

été décidé qu'on ne peut considérer comme coupable de vol domestique le valet qui, chargé par son maître de payer comptant les provisions du ménage, achète ces provisions à crédit, au nom de son maître, et s'approprie l'argent qu'il a reçu de celui-ci pour les payer (Crim. régl. de jug. 22 janv. 1813) (1). — Il résulte même des termes de cet arrêt que le fait ne constituerait pas non plus un abus de confiance au préjudice du maître, mais une escroquerie envers les fournisseurs. Cette question est controversée (V. Abus de confiance, nos 178 et suiv.). Pour nous, nous n'avons pas à nous en occuper ici ; il nous suffit de donner notre assentiment à la partie de l'arrêt qui refuse de voir un vol domestique dans le fait ci-dessus précité.

222. La chambre du conseil du tribunal de Corbeil avait vu un simple abus de confiance dans le fait par un berger d'avoir enmené et de s'être approprié les deux chiens qui lui avaient été confiés pour la garde du troupeau ; mais la cour de Paris a décidé que ces faits constituaient un vol domestique : — «Considérant, porte l'arrêt, que l'ordonnance a mal qualifié et apprécié les faits, annule ladite ordonnance ; mais considérant qu'il résulte contre Sourciau charges suffisantes d'avoir soustrait frauduleusement deux chiens appartenant à Cabaret, dont il était homme de service à gages, crime prévu par l'art. 386 c. pén. ; le renvoie devant la cour d'assises, etc. » (Paris, 23 mars 1844, MM. Agier, pr., Godon, subst. pr. gén., aff. Sourciau). — Au premier abord, la question peut paraître douteuse ; cependant on peut dire, à l'appui de la décision de la cour de Paris, que le maître, en mettant son troupeau et ses chiens sous la garde du berger, ne les avait pas placés hors de sa possession pour les faire passer dans celle du berger.

223. La domesticité n'est une circonstance aggravante du vol qu'envers celui qui l'a commis ou y a participé, elle n'a pas ce caractère à l'égard de celui qui, après le vol, a recélé l'objet volé ; en conséquence, le domestique qui recèle la chose volée chez son maître n'est que complice par recélé d'un vol simple : — «Attendu que le recèlement d'un effet volé est un fait postérieur au vol ; qu'il n'en suppose pas la coopération ; que le § 3 de l'art. 386 c. pén. n'a fait de la domesticité une circonstance aggravante du vol qu'envers celui qui l'a commis ou y a participé ; qu'il ne l'a point étendue à celui qui, après le vol, en a recélé tout ou partie des objets ; et attendu que, dans l'espèce, Antoine Jullien, accusé d'avoir commis un vol au préjudice du sieur Denanes, chez lequel il était domestique, avait été déclaré par le jury non coupable de ce vol ; qu'il avait été seulement reconnu coupable d'en avoir recélé les objets ; que le jury n'ayant point déclaré que ce vol eût été commis avec quelque circonstance aggravante, il ne constituait qu'un vol simple, punissable d'après l'art. 401 c. pén. ; que Jullien, reconnu coupable d'avoir sciemment recélé les objets volés, ne pouvait être puni que d'après cet article combiné avec les art. 59 et 62 ; que la qualité qui lui avait été reconnue de domestique de celui au préjudice de qui le vol avait été commis ne formait pas, à l'égard du recèlement dont il s'était rendu

coupable, une circonstance aggravante qui pût l'entraîner hors de l'application de ces articles ; que néanmoins la cour d'assises du département du Gard, par arrêt du 11 mars dernier, l'a condamné à cinq ans de reclusion, d'après le § 3 de l'art 386, qui ne lui eût été applicable que dans le cas où il aurait été déclaré coupable d'avoir commis le vol, ou d'y avoir participé par des moyens antérieurs et simultanés ; que ladite cour a donc fait une fausse application de la loi pénale» (Crim. cass. 16 avr. 1818, M. Ollivier, rap., aff. Jullien). — Décidé dans le même sens (C. cass. belg., ch. crim., 1er fév. 1842, MM. de Sauvage, pr., Bourgeois, rap., aff. Metzger).

224. Parlons maintenant du cas où le vol a été commis par un domestique ou un homme de service à gages au préjudice d'une personne qu'il ne servait pas. Aux termes de l'art. 386-3°, ce vol n'est passible des peines du vol domestique qu'autant que la personne volée se trouvait, soit dans la maison du maître, soit dans une maison où le domestique l'accompagnait. — Ainsi le vol commis au dehors par un domestique au préjudice d'une personne étrangère ne constitue qu'un vol simple ; et en effet il n'existe pas de raison, dans ce cas, pour punir le vol avec un surcroît de rigueur ; la qualité de domestique n'est pas par elle-même, et d'une manière générale, une circonstance aggravante de ce délit Le domestique doit alors être puni comme un voleur ordinaire ; c'est le droit commun qui doit lui être appliqué (Conf. MM. Chauveau et Hélie, t. 8, n° 1788). — Il a été décidé en ce sens : 1° que le vol commis par un domestique à gages, au préjudice d'un locataire de son maître, ne peut être puni de la reclusion, si le jury n'a pas déclaré que le vol ait été commis dans la maison de son maître, ou dans une maison où il l'aurait accompagné (Crim. cass. 24 déc. 1825, aff. Rose Bonhoure, V. Instr. crim., n° 1201) ; — 2° Que lorsque la déclaration du jury porte expressément que le vol commis par un domestique n'a pas été dans la maison de son maître, et qu'en même temps il n'est pas dit que ce vol ait été commis dans une maison où le domestique aurait accompagné son maître, le fait ainsi constaté ne constitue pas un vol domestique, mais un vol simple ; que, par suite, c'est à tort que la cour a, dans ce cas, fait application de l'art. 386 c. pén. (Crim. cass. 13 fév. 1834) (2).

225. Déclarer qu'un individu a volé des objets placés dans le domaine de son maître, ce n'est pas déclarer qu'il a volé dans la maison, et, par suite, on ne peut appliquer l'art. 386, § 3, c. pén. : — « Attendu, porte l'arrêt, que de la question soumise au jury et de sa réponse, il ne résulte pas suffisamment la preuve que le vol ait été commis par le demandeur dans la maison de son maître ; qu'en effet. un domaine se composant non-seulement des bâtiments, mais encore des terres qui en dépendent, le jury, en déclarant que le vol dont il s'agit avait eu lieu au domaine du sieur Hervier, n'a point exprimé d'une maniere claire et précise que c'était *dans la maison* dudit Hervier, ou ses dépendances, que ce même vol avait été consommé ; attendu que cette circonstance aggravante ressortissait évidem-

---

(1) (Spagner.) — La cour ; — Considérant qu'il a été reconnu, d'après l'instruction, tant par la chambre des appels de police correctionnelle de la cour de Metz que par la chambre des mises en accusation de la même cour, que Catherine Spagner, cuisinière chez le sieur de Cressac, avait reçu de la main l'argent nécessaire pour acheter comptant les provisions de son ménage ; que, dès lors, le sieur de Cressac ne pouvait être tenu envers les fournisseurs, qui, sur la demande de Catherine Spagner, et contrairement au mandat de son maître, avaient délivré lesdites provisions à crédit ; qu'il suit de là que le détournement fait par Catherine Spagner de l'argent qu'elle avait reçu pour acheter les provisions qu'elle a réellement procurées au sieur de Cressac, ne pouvait causer aucun préjudice à celui-ci, et que par conséquent elle ne peut, à cet égard, être réputée coupable de vol envers son maître ; que, dans ces circonstances, la chambre correctionnelle de la cour spéciale de Metz a faussement appliqué les lois pénales relatives au vol domestique, et a, par suite, violé les règles de la compétence en renvoyant ladite Catherine Spagner à la juridiction criminelle, par son arrêt du 26 sept. 1812, rendu sur l'appel du jugement du tribunal de première instance de la ville de Metz, du 6 août précédent ; — Considérant qu'enfin ledit arrêt et celui rendu le 9 déc. 1812, par la chambre d'accusation de la même cour, par lequel Catherine Spagner a été renvoyée devant le tribunal correctionnel de Thionville, comme prévenue d'escroquerie envers les fournisseurs, dont elle aurait, par dol, surpris la cré-

dulité, il existe un conflit de compétence qui, aux termes de l'art. 456 c. inst. crim., doit donner lieu à un règlement de juges ; — Convertissant le pourvoi en cassation en demande en règlement de juges, sans avoir égard, etc.
Du 22 janv. 1813.-C. C., sect. crim.-MM. Barris, pr.-Busschop, rap.

(2) (Fouquereau C. min. pub.) — La cour ; — Vu l'art. 386 c. pén. ; — Attendu, en droit, que, d'après les dispositions expresses de cet article, le vol commis par un domestique, au préjudice de toute autre personne que son maître, n'a le caractère de vol domestique que dans le cas où il l'aurait commis, soit dans la maison de son maître, soit dans celle où il l'aurait accompagné ; — Et attendu, en fait, que la déclaration du jury porte expressément que le vol dont le demandeur a été déclaré coupable n'a pas été commis par lui dans la maison de son maître, et que, d'ailleurs, elle n'exprime pas qu'il ait eu lieu dans celle où il l'aurait accompagné ; — Que, par conséquent, le vol se trouvant ainsi dégagé des deux seules circonstances qui auraient pu lui donner le caractère de vol domestique, ne constituait plus qu'un simple vol, punissable seulement de la peine portée en l'art. 401 c. pén., et qu'ainsi l'arrêt attaqué, en lui appliquant la peine de la reclusion prononcée par l'art. 386, lui a fait une fausse application de la loi pénale et violé l'art. 401 précité ; — Par ces motifs, casse, etc.
Du 13 fév. 1834.-C. C., ch. crim.-MM. Bastard, pr.-Chauveau, rap.

ment des motifs réunis au dispositif de l'arrêt de renvoi, ainsi que des énonciations contenues en l'acte d'accusation, explicatives de son résumé, puisqu'il en résulte que le vol aurait été commis dans une grange du sieur Hervier, laquelle était une dépendance de sa maison; — Attendu que la cour d'assises du département de l'Allier, en appliquant aux faits, tels qu'ils sont énoncés dans la question et déclarés constants par le jury, les dispositions pénales de l'art. 386 c. pén., a fait, dans l'espèce, une fausse application de cet article, et par suite excédé ses pouvoirs » (Crim. cass. 24 mai 1832, MM. Ollivier, f. f. de pr., Choppin, rap., aff. Frobert; Conf. MM. Chauveau et Hélie, t. 5, n° 1°99).

226. Quant au vol commis au préjudice d'un tiers soit dans la maison du maître, soit dans une maison où le domestique auteur du vol accompagnait son maître, on s'explique facilement que le législateur lui ait appliqué les peines du vol domestique. D'un côté, en effet, tous les objets qui se trouvent dans la maison du maître, lors même qu'ils n'appartiennent pas à ce dernier, doivent être sacrés pour les domestiques, parce qu'ils sont placés sous la garde et la responsabilité du maître; d'un autre côté, le domestique que son maître introduit dans une maison étrangère y est investi, comme dans la maison même du maître, d'une confiance nécessaire, et par conséquent le vol qu'il pourrait y commettre doit être puni avec la même rigueur. — Il a été décidé, par application de cette disposition, que tout vol commis par un domestique dans la maison de son maître est punissable de la reclusion, que le vol ait été commis au préjudice de la personne chez laquelle il travaillait habituellement, ou au préjudice de tout autre (Crim. rej. 20 mars 1829) (1).

227. L'art. 386-3°, dans la disposition dont nous nous occupons en ce moment, paraît supposer que la personne volée se trouvait dans la maison du maître au moment où le vol a été commis. Sa présence est-elle donc une condition nécessaire à laquelle soit subordonnée l'application de la peine aggravée? On n'en aperçoit pas la raison. Ce qui donne au vol commis par le domestique dans la maison de son maître un plus haut degré de criminalité, c'est que le domestique, dans ce cas, abuse de la confiance nécessaire dont il est investi par la force des choses; or ce motif existe avec une égale force, relativement aux objets

appartenant à un tiers qui se trouvent dans la maison du maître et par conséquent sous la garde de ce dernier, soit que le propriétaire des objets se trouve ou ne se trouve pas dans la maison, et même, ajouterons-nous, soit que le maître de la maison s'y trouve ou ne s'y trouve pas au moment du vol. La présence des objets volés et celle du maître de la maison sont des circonstances indifférentes qui ne peuvent avoir aucune influence sur la criminalité de l'acte. C'est ce qu'enseignent aussi MM. Chauveau et Hélie, t. 5, n° 1789. — Cette interprétation a été sanctionnée par la jurisprudence. — Ainsi il a été jugé : 1° que pour constituer un vol domestique, il n'est pas nécessaire que la soustraction commise par un serviteur à gages dans la maison de son maître au préjudice de personnes qui la fréquentaient, ait eu lieu au moment de la présence de ces personnes dans la maison (Poitiers, 12 mars 1852, aff. Labrousse, D. P. 53. 2 142); — 2° Et même qu'il y a vol domestique, passible des peines de l'art. 386, § 3, c. pén., lorsqu'un domestique à gages s'approprie une chose laissée dans la maison de son maître par un hôte de celui-ci, encore bien que cet hôte fût parti avant la soustraction frauduleuse (C. d'ass. de la Charente-Inférieure, 20 août 1857) (2); — 3° Que l'art. 386-3° doit être appliqué au vol commis par une servante, dans la maison de son maître, d'effets d'habillement appartenant à une ancienne domestique (Crim. règl. de jug. 13 fév. 1819 et 10 janv. 1823) (3); — ...4° Et au vol de blé que le serviteur à gages d'un meunier a commis, dans la maison de son maître, au préjudice d'un individu qui avait confié ce blé à celui-ci pour le moudre (Crim. rej. 20 août 1829) (4); — ...5° Au vol commis par un domestique dans la maison de son maître de grains appartenant à un tiers qui ne demeurait pas dans la maison (Crim. cass. 7 juin 1832, MM. Ollivier, f. f. de pr., Dupaty, rap., aff. Laboureur. Nota. Les motifs de cet arrêt sont identiquement les mêmes que ceux de l'arrêt précité du 13 fév. 1819).

228. La circonstance de domesticité donne au vol le caractère de crime, qu'il ait été commis par l'accusé seul ou avec une autre personne, et peu importe que cette autre personne soit du nombre de celles que l'art. 380 c. pén. affranchit de toute pénalité : « Attendu que l'art. 380 c. pén., aux termes duquel les soustractions commises par des maris ou par des femmes au

---

(1) *Espèce* : — (Jouvenot C. min. pub.) — La fille Jouvenot fut condamnée à cinq ans de reclusion, par arrêt de la cour d'assises de la Haute-Saône, du 11 fév. 1829, pour avoir soustrait frauduleusement deux bagues, au préjudice du sieur Avelin, commis voyageur, dans l'hôtel du sieur Gremailly, aubergiste à Gray, où elle servait comme domestique et où elle travaillait habituellement. — Pourvoi. — Arrêt.

La cour ; — Attendu, sur le premier moyen, que, pour rendre l'art. 386, n° 3, c. pén., applicable au vol commis par l'individu faisant un travail habituel, il suffit que cet individu ait commis le vol dans la maison de la personne où il travaillait habituellement, sans qu'il soit nécessaire qu'il l'ait commis au préjudice de cette personne ; — Attendu, sur le deuxième moyen, que la demanderesse était déclarée coupable d'avoir commis un vol dans la maison de la personne où elle travaillait habituellement, et qu'aucune disposition de la loi du 25 juin 1824 n'excepte ce fait de l'application de l'art. 386, n° 3, c. pén.; — Rejette.

Du 20 mars 1829.-C. C., ch. crim.-MM. Bailly, pr.-Ollivier, rap.

(2) (Min. pub. C. Renverseau.) — La cour ; — Vu la déclaration du jury en date de ce jour 20 août 1857, de laquelle il résulte que J. Renverseau a été reconnu coupable d'avoir, à La Rochelle, en mars 1857, dans la maison du sieur Martin, qu'il servait alors comme domestique à gages, soustrait frauduleusement un portefeuille contenant une somme d'argent en billets de banque, au préjudice du sieur Gaudin, lequel après être descendu chez ledit Martin et y avoir logé ne s'y trouvait plus quand le vol dont il a été victime y a été commis ; — Attendu que les dispositions édictées par le § 3 de l'art. 386 c. pén. ont eu pour but de protéger le maître contre l'improbité des domestiques qui le servent et partant de lui assurer pleine sécurité quant aux objets mobiliers que renferme la maison qu'il habite, c'est-à-dire de faire considérer celle-ci comme sacrée pour tout ce qui vient à y être déposé ou renfermé, quel qu'en soit d'ailleurs le propriétaire ait droit à la même protection ; — D'où il suit que la présence au vol de l'absence ainsi que le départ définitif de l'hôte au préjudice duquel la soustraction frauduleuse a lieu, ne peut et ne doit exercer aucune influence sur le caractère à imprimer au vol perpétré ; — Qu'il échet donc de déclarer que la soustraction frauduleuse ainsi commise par J. Renverseau constitue un véritable vol domestique ; — Condamne.

Du 20 août 1857.-C. d'ass. de la Charente-Inférieure.-M. Maniez, pr.

(3) 1re *Espèce* : — (Min. pub. C. Metzelaire.) — La cour (apr. délib. en ch. du cons.) ; — Attendu que la première disposition du n° 3 de l'art. 386 c. pén. est générale et absolue; qu'elle s'applique conséquemment au vol commis par un domestique de tous effets qui peuvent se trouver dans la maison de son maître, et n'y étaient pas sous la surveillance d'un propriétaire particulier de ces effets; que la seconde disposition du même article est une extension de la première; qu'elle attribue le même caractère de vols qualifiés aux vols commis par un domestique, dans la maison de son maître, envers des personnes qui s'y trouvaient et pouvaient veiller elles-mêmes à la conservation de leurs effets, ainsi qu'aux vols que la domestique qui accompagne son maître dans une maison y aurait commis envers les personnes qui se trouvaient dans cette maison ; que de là il s'ensuit que le vol dont est prévu la nommée Françoise Metzelaire a le caractère d'un vol domestique, et qu'ainsi il n'appartient pas à la juridiction correctionnelle d'en connaître.

Du 13 fév. 1819 -C. C., sect. crim.-MM. Barris, pr.-Aumont, rap.

2e *Espèce* : — (Min. pub C. Jeanne Boudoux.) — Arrêt conçu en termes identiques. — Du 10 janv. 1825.-C. C., sect. crim.-MM. Barris, pr.-Ollivier, rap.

(4) *Espèce* : — (Marchand C. min. public.) — Marchand, homme de service à gages, chez un meunier, fut condamné pour avoir volé de la farine à une demoiselle Capron, en lui livrant, à faux poids, la farine du blé qu'elle avait fait moudre. La cour d'assises de Rouen lui fit l'application de la peine portée contre les vols domestiques. — Pourvoi. — Arrêt.

La cour ; — Attendu que la première partie du § 3 de l'art. 386 est générale et absolue; qu'il suffit que l'accusé soit domestique ou homme de service à gages dans la maison où il a commis le vol ; que cette partie du § 3 de l'art. 386 n'exige pas que le maître de la chose volée se trouve dans la maison où l'un des domestiques l'aura volée; que c'est même pour les cas d'absence où il se confie à la foi de ces domestiques, qu'il aurait besoin de trouver plus de secours et de sévérité dans la loi ; — Attendu que la cour d'assises, par les motifs de son arrêt, réuni la double circonstance du travail habituel, et du travail par une personne de service à gages ; qu'ainsi, sous l'un et l'autre rapport, elle a fait une juste application de l'art. 386 ; — Rejette.

Du 20 août 1829.-C. C., ch. crim.-MM. Bastard, pr.-Ollivier, rap.

préjudice les uns des autres ne peuvent donner lieu qu'à des réparations civiles, ne saurait avoir été violé dans l'espèce, à laquelle il est évidemment inapplicable; …que la circonstance de la domesticité suffisant par elle-même et indépendamment de toute autre pour donner au vol le caractère de crime, il est tout à fait indifférent que le demandeur ait commis seul ou avec une autre personne le vol pour lequel il était poursuivi; qu'étant par la première réponse du jury déclaré coupable d'un vol domestique, sa condamnation à la peine de la reclusion ne peut être qu'une juste application de l'art. 386, § 3, c. pén., et que dès lors il est sans objet d'examiner le deuxième moyen tel qu'il est présenté; rejette » (Crim. rej. 17 juill. 1817, MM. Barris, pr., Aumont, rap., aff. Peyde-Castaing). — V. ci-dessus nos 174 et s.

229. Lorsqu'à la question : « Un tel est-il coupable d'avoir volé tels objets dans une maison habitée par le sieur…, chez lequel il servait en qualité de domestique, » le jury a répondu : « Oui, sans la circonstance de maison habitée, » et que, d'ailleurs, il n'est pas constaté que le vol a été commis par l'accusé au préjudice de ses maîtres, il n'y a plus qu'un délit et non un crime; par suite, est nul l'arrêt par lequel la cour d'assises a puni l'accusé des peines de l'art. 386 c. pén. : « Attendu que cette circonstance (de maison habitée) se trouvant ainsi écartée de l'accusation, et le fait, reconnu constant, n'étant nullement déclaré, d'ailleurs, avoir été commis par la demanderesse au préjudice de ses maîtres, la cour d'assises ne pouvait y voir qu'un simple délit; d'où il suit qu'en le considérant comme un crime, et infligeant à l'accusée les peines portées par l'art. 386, n° 3, c. pén., l'arrêt attaqué a faussement appliqué cet article et violé la disposition précitée du même code » (Crim. cass. 7 juin 1832, MM. Ollivier, f. f. de pr., Rives, rap., aff. Lyon).

230. Lorsque, sur la question de savoir si l'accusé est coupable d'un vol domestique, le jury répond que l'accusé est coupable du fait principal, mais sans les circonstances, le fait se trouve ainsi réduit à un vol simple, et la cour d'assises fait une fausse application de la loi en condamnant l'accusé à la peine de la reclusion : « Attendu que la seule circonstance comprise dans la susdite question, comme accessoire et aggravante du fait principal était celle de la qualité de domestique de l'accusé chez la femme au préjudice de laquelle le vol, objet du fait principal, avait été commis, et lors de la perpétration de ce vol; — Que le jury a déclaré l'accusé coupable du fait principal, mais qu'il a exclu les circonstances de la question; qu'il a donc décidé négativement la circonstance aggravante de la domesticité; que cette décision, rendue en faveur de l'accusé sous cette circonstance, est absolue et irréfragable, quoiqu'elle n'ait été rendue qu'à la majorité simple; que le fait dont l'accusé a été déclaré coupable se réduit ainsi à un vol simple, prévu et puni de peines correctionnelles par l'art. 401 c. pén.; que néanmoins la cour d'assises a condamné l'accusé à la peine afflictive et infamante de la reclusion, et qu'ainsi elle a prononcé une peine autre que celle appliquée par la loi à la nature du fait » (Crim. cass. 16 juill. 1818, M. Busschop, rap., aff. Vincent Delacroix).

231. Est contradictoire et nulle la déclaration d'un jury qui reconnaît un accusé coupable d'avoir commis une soustraction dans une maison où il était commis à gages, non *frauduleusement, mais seulement en abusant de la confiance de cette maison.* Est nul, par conséquent, l'arrêt de la cour d'assises qui, prenant pour base de sa décision une telle déclaration (au lieu de renvoyer les jurés à une nouvelle délibération), condamne l'accusé à deux ans d'emprisonnement, à une amende et aux peines accessoires, comme coupable d'abus de confiance (Crim. cass. 11 fév. 1830, aff. Klein, V Instr. crim., n° 3495-2°).

232. La déclaration du jury à l'égard d'un domestique à gages accusé de vol, qu'il a commis le crime dans la maison de son maître pendant le temps qu'il demeurait chez lui, suppose la volonté libre et exclut dès lors toute idée de démence : — « Attendu que par la réponse du jury il a été déclaré constant que la réclamante a commis un vol, dans la maison de son maître, pendant le temps qu'elle demeurait chez lui comme domestique à gages; que cette déclaration suppose la volonté libre; qu'elle exclut donc la démence exposée comme excuse par le mémoire en cassation; que d'ailleurs l'examen de la procédure n'offre aucune raison pour laquelle une question sur ce fait d'excuse aurait dû être proposée au jury, et qu'il ne paraît pas même qu'aux débats il y ait été fait une réclamation quelconque à cet égard; rejette » (Crim. rej. 25 mars 1813, M. Barris, pr., aff. Linden).

233. 2° *Ouvrier, compagnon ou apprenti.* — L'aggravation qui, sous l'empire du code pénal, résulte de la qualité d'ouvrier, compagnon ou apprenti, existait déjà dans notre ancien droit. « Les compagnons et apprentis, dit Jousse (Tr. de just. crim., t. 4, p. 203), qui volent le maître chez qui ils demeurent, doivent aussi être regardés comme voleurs domestiques, et il en est de même des jardiniers, vignerons, valets de labour et autres qui volent leurs maîtres. »

234. L'aggravation dont il s'agit ici exige le concours de deux conditions : il faut d'abord que le vol ait été commis par un ouvrier, compagnon ou apprenti; il faut en second lieu qu'il l'ait été dans la maison, l'atelier ou le magasin du maître. — Ainsi que nous l'avons dit précédemment, la confiance nécessaire qui existe du maître au domestique existe également du patron à l'ouvrier. Mais, au lieu que celle qui repose sur le domestique est générale et indépendante du lieu où il se trouve, celle qui s'attache à l'ouvrier est restreinte aux lieux dans lesquels il travaille. Hors de là il rentre dans le droit commun, et le vol qu'il peut commettre, même au préjudice de son maître, n'est plus qu'un vol simple. Ainsi, disent MM. Chauveau et Hélie (t. 5, n° 1799), les ouvriers qui viendraient pendant la nuit dépouiller le toit de l'atelier où ils travaillent du plomb qui le recouvre ne rentreraient pas dans les termes de cet article; car ce vol n'est pas accompagné de la circonstance de la perpétration du vol dans la maison où les accusés travaillaient habituellement, et cette perpétration n'est pas une suite de la confiance qui leur avait été accordée comme une conséquence de leur travail habituel. — Il a été jugé, par application de ces principes : 1° que le vol commis par un ouvrier, dans l'atelier de son maître, où il travaille habituellement, constitue un vol non qualifié, et non un simple délit de police correctionnelle (Crim. cass. 22 nov. 1811 (1); — 2° Que le vol commis par un ouvrier au préjudice de son patron n'est puni comme vol qualifié que lorsqu'il a été commis dans la maison, l'atelier ou le magasin de celui-ci; et que, par suite, cette dernière circonstance étant aggravante doit être soumise au jury séparément, à peine de nullité de la question pour vice de complexité (Crim. cass. 15 juin 1860, aff. Viard, D. P. 60. 5. 437); — 3° Que pour que le vol commis par un ouvrier, compagnon ou apprenti, au préjudice du maître chez lequel il travaille, soit punissable de la peine de la reclusion, il est nécessaire que le jury ait déclaré que ce vol a été commis dans la maison, l'atelier ou le magasin du maître (Crim. cass. 11 avr. 1822; 25 sept. 1828 (2); 21 janv. 1836, aff Burgeissen, V. Instr.

---

(1) (Min. pub. C. Marie Finance.) — La cour ; — Considérant que le procureur général près la cour impériale de Nancy avait exposé dans son réquisitoire du 15 oct. 1811, qu'il résultait des charges que Marie Finance était suffisamment prévenue d'avoir soustrait, dans les ateliers de la manufacture de Marmond, à Domèvre, dans lesquels elle travaillait habituellement en qualité d'ouvrière à gages, du coton à la grande soie et épluchure de coton ; — Considérant que, bien que ce fait soit qualifié crime par l'art. 386 c. pén., la cour impériale a néanmoins annulé l'ordonnance de prise de corps décernée contre Marie Finance, et a renvoyé cette femme devant le tribunal correctionnel de Luneville, pour y être jugée conformément à l'art. 401 c. pén.; — Considérant que cette cour ne pouvait ainsi qualifier simple délit le fait dont Marie Finance est prévenue, qu'après avoir préalablement reconnu qu'il ne résulte pas des

charges que la soustraction ait été commise dans un atelier où cette femme travaillait habituellement comme ouvrière à gages; qu'elle a gardé le silence sur cette circonstance prin ipale, qu'elle devait, d'après l'article cité, apprécier et préciser; — Par ces motifs, casse et annule, etc. Du 22 nov. 1811.-C. C., sect crim. MM. Barris, pr.-Oudart, rap.

(2) 1re Espèce : —(Miché et Lechatellier.) — La cour; — Attendu que, d'après l'art. 386, n° 5, pour que le vol commis par un ouvrier travaillant habituellement dans la maison de l'individu volé soit passible de la reclusion, il faut qu'il ait été commis dans la maison de cet individu où l'ouvrier travaillait habituellement, — Attendu que les demandeurs étaient accusés d'avoir commis, la nu t, étant plusieurs, et sur un portail dépendant de la maison habitée de Lemasne, chez qui ils travaillaient habituellement comme journaliers, un vol d'une certaine

crim., n° 1199-5°);—4° Qu'ainsi l'ouvrier qui a volé des grains appartenant à son maître, sans qu'il soit constaté que ces grains aient été volés dans sa maison, ne peut être condamné à cette peine, mais seulement à celle du vol simple (Crim. cass. 25 sept. 1828, précité);— 5° Et que si un ouvrier, déclaré coupable d'un vol commis au préjudice de son maître, a été condamné à la reclusion, quoiqu'il n'ait pas été déclaré que le vol avait été commis dans la maison du maître où travaillait habituellement cet ouvrier, l'arrêt de condamnation est nul (Crim. cass. 29 oct. 1830 (1); 22 juill. 1847, aff. Vigneaux, D. P. 47. 4. 127).

235 La loi dit, en parlant du vol commis par l'ouvrier : *dans la maison, l'atelier ou le magasin de son maître.* Comment ces expressions doivent-elles être comprises? Suffit-il que le vol ait été commis dans l'un des lieux qui viennent d'être indiqués pour que la disposition soit applicable? Supposons, par exemple, que la maison habitée par le maître soit entièrement distincte et séparée de l'atelier ou du magasin où l'ouvrier travaille habituellement : le vol commis dans cette maison par l'ouvrier sera-t-il passible de l'aggravation de la peine, ou ne sera-t-il qu'un vol simple? Pour nous, nous pensons, avec MM. Chauveau et Hélie (t. 5, n° 1800), qu'on n'y peut voir qu'un vol simple. En effet, si l'ouvrier est admis forcément dans l'atelier où il travaille, il ne pénètre dans l'appartement du maître que par la tolérance de ce dernier et en vertu d'une confiance toute volontaire de sa part. Si la loi a énoncé distinctement la maison, l'atelier ou le magasin, c'est qu'elle a voulu désigner tous les lieux qui, selon les circonstances, peuvent être affectés au travail de l'ouvrier, et prévoir tous les cas où le vol commis par cet ouvrier constituerait l'abus d'une confiance nécessaire. Il n'arrive pas toujours, en effet, que l'ouvrier travaille dans un atelier ou un magasin spécialement affecté à cet usage; c'est quelquefois une pièce de l'appartement d'habitation qui sert à l'exercice de la profession; il se peut même que cette pièce serve simultanément à d'autres usages domestiques. Il est évident que, dans ce cas, le vol commis par l'ouvrier dans une partie quelconque de la maison devrait être considéré comme un vol domestique; mais nous pensons qu'il en doit être autrement dans le cas où l'atelier, au lieu d'être une portion intégrante de la maison ou de l'appartement du maître, est entièrement distinct et séparé. — Il a été décidé, en ce sens, que le vol commis par un ouvrier dans le domicile de son maître constitue un vol simple et non un vol domestique, lorsque le domicile est entièrement séparé de l'atelier de son maître : — « Considérant que... les

circonstances particulières au délit dont s'est rendu coupable le prévenu G..., doivent faire regarder ce vol comme un vol simple et non comme un vol qualifié, passible dans ces derniers cas de peines afflictives et infamantes; qu'en effet il est constant, d'après le procès-verbal du commissaire de police, d'après les mêmes explications données par Q... et son épouse, que la maison dans laquelle Q... et son épouse tiennent à loyer une chambre pour coucher et placer les meubles et effets qui leur appartiennent, et dans laquelle le vol imputé à G... a été commis, est tout à fait indépendante et séparée par deux autres maisons, de l'atelier du même Q...; qu'ainsi le vol commis par G... l'ayant été pendant le jour, dans une maison où G... ne travaillait pas, et sans aucune circonstance aggravante, la peine à infliger étant celle de l'emprisonnement, le tribunal compétent pour en connaître était celui de police correctionnelle » (Metz, 12 fév. 1819, ch. d'ac., M. Auclaire, pr., aff. G...).

236. Cette doctrine, toutefois, ne paraît pas avoir été admise par la cour suprême. D'après l'interprétation qu'elle a donnée de la disposition qui nous occupe, il ne serait pas nécessaire, pour constituer le vol domestique, que l'ouvrier qui en est prévenu l'ait commis dans l'atelier de son maître : il suffirait que cet ouvrier ait volé dans les autres appartements, et il serait indifférent qu'il eût été aussi le locataire de son maître : — « Sur le moyen tiré de ce que la réponse du jury serait insuffisante, et qu'il aurait été fait par la cour d'assises de la Seine, à Merle, une fausse application de l'art. 386 c. pén. en ce que Merle était à la fois locataire et ouvrier du sieur Marc, et que le jury n'a pas été interrogé sur cette double qualité; en ce que, d'ailleurs, le vol dont il a été déclaré coupable n'avait pas été commis dans l'atelier du sieur Marc, mais dans un appartement de la maison situé au-dessus de l'atelier : vu l'art. 386, § 3, c. pén.; attendu qu'il suit les termes de cet article que la peine qu'il prononce n'est pas bornée aux vols commis par les ouvriers, compagnons ou apprentis, dans les ateliers où ils travaillent; mais qu'elle s'étend encore aux vols commis par ces mêmes individus dans la maison de leurs maîtres; attendu, en fait, que P. D. Merle a été déclaré coupable par le jury d'avoir, en déc. 1829, volé une somme d'argent au préjudice du nommé Marc, et d'avoir commis ce vol dans la maison habitée par Marc, et lorsqu'il travaillait chez lui en qualité d'ouvrier; que, dès lors, en prononçant contre Merle la peine de cinq ans de reclusion, portée par l'art. 386 c. pén., la cour d'assises de la Seine a fait une juste application de cet article et n'a violé aucune

---

quantité de plomb; — Que le jury les déclara coupables d'avoir commis le vol de plomb appartenant à Lemasne, chez lequel ils travaillaient habituellement comme journaliers; — Mais qu'il déclara aussi qu'ils ne l'avaient pas commis sur un portail dépendant de la maison habitée par l'individu volé; — Que dès lors le vol n'était plus accompagné de la circonstance de la perpétration du vol dans la maison où les accusés travaillaient habituellement, circonstance nécessaire pour rendre applicable le n° 5 de l'art. 386, et la peine de la reclusion qu'il prononce; — Que, par conséquent, le vol imputé aux demandeurs, restant dégagé de cette circonstance, rentrait dans la classe des vols simples, punis par l'art. 401 de peines correctionnelles; — Que attendu qu'au fait avoir déclaré, la cour d'assises du département du Morbihan a néanmoins appliqué l'art. 386, n° 3, et prononcé en conséquence la condamnation à la reclusion; — En quoi cet arrêt a fait une fausse application de l'art. 386, n° 3, et violé l'art. 401 c. pén.; — Par ces motifs, casse.

Du 11 avr. 1822.-C. C., sect. crim.-MM. Barris, pr.-Ollivier, rap.

2° *Espèce :* — Chevrier C. min. pub.) — LA COUR : — Vu le § 3 de l'art. 386 c. pén. ; — Attendu que, d'après les dispositions de cet article la peine de la reclusion ne peut être appliquée à l'accusé, ouvrier, compagnon ou apprenti qui a volé son maître, qu'autant que le vol a été commis dans la maison, l'atelier ou le magasin de celui-ci; que, dans l'espece, il a été seulement proposé au jury la question de savoir « si Jean Chevrier était coupable d'avoir, dans la nuit du 9 au 10 fév. dernier, et alors qu'il était employé comme ouvrier au battage des grains du sieur Mathieu, soustrait frauduleusement, au préjudice dudit Mathieu, partie de ces grains, » question à laquelle le jury a fait une réponse affirmative; — Attendu que cette réponse est incomplète; qu'elle ne satisfait pas entièrement au vœu de la loi; qu'elle constate bien que Chevrier est convaincu d'avoir volé son maître, étant employé chez lui comme ouvrier , mais qu'elle n'exprime pas que cette soustraction ait été commise dans *l'habitation du maître*, condition essentielle pour qu'on pût lui appliquer légalement la peine de la reclusion . d'où

il suit que la cour d'assises du département de la Nièvre, en condamnant Chevrier à la reclusion pendant cinq années, a fait une fausse application de l'art. 386 c. pén. ; — Mais attendu que la question soumise au jury était conforme au dispositif de l'arrêt de renvoi, ainsi qu'au résumé de l'acte d'accusation; qu'ainsi l'arrêt de renvoi et l'acte d'accusation ont été purgés, et que, dès lors, la question et la réponse du jury doivent être maintenues; — D'après ces motifs, casse l'arrêt rendu par la cour d'assises de la Nièvre, du 21 août dernier comme ayant fait une fausse application de la loi; et, pour être statué, conformément à ladite loi, sur la déclaration du jury, laquelle demeure maintenue; Renvoie.

Du 25 sept. 1828.-C. C., ch. crim.-MM. Bailly, pr.-Merville, rap.

(1) (Baer C. min. pub.) — LA COUR : — Vu les art. 386, n° 3, c. pén., et 337 c. inst. crim.; — Attendu qu'aux termes de l'art. 386, n° 3, les ouvriers, compagnons, apprentis ou individus travaillant habituellement dans une habitation, ne sont passibles des peines qui y sont portées qu'autant que le vol a été commis dans l'atelier, le magasin, la maison où ils étaient employés ou travaillaient habituellement; — Attendu, en fait, que, dans les questions soumises aux jurés et dans leur réponse, il n'est pas énoncé que le vol commis par le demandeur au préjudice du sieur Rollac, chez lequel il travaillait habituellement, l'ait été dans la maison dudit Rollac, circonstance nécessaire pour rendre applicable le n° 5 de l'art. 386; — Attendu qu'au fait ainsi déclaré, la cour d'assises du département de la Seine a néanmoins appliqué l'art. 386, n° 3, et prononcé une condamnation à la reclusion, en quoi cet arrêt a fait une fausse application de l'art. 386, n° 5; — Attendu que l'arrêt de renvoi et l'acte d'accusation énonce que le vol a été commis dans la maison dudit Rollac; que, dès lors, l'accusation n'est pas purgée, et qu'il y a lieu, en conséquence, de procéder à un nouveau débats, à une nouvelle position de questions; — Casse les questions posées au jury, la déclaration du jury et l'arrêt de la cour d'assises, du 20 septembre dernier.

Du 29 oct. 1830.-C C., ch crim.-MM. Ollivier, pr.-Dupaty, rap.

loi » (Crim. rej. 29 avr. 1830, MM. Ollivier, f. f. de pr., Meyronnet, rap., aff. Merle). — Faisons remarquer la différence qui existe entre l'une et l'autre espèce. Dans la première, l'atelier était séparé par plusieurs maisons des lieux servant à l'habitation et où le vol avait été commis. Dans la seconde, l'appartement où le vol avait eu lieu se trouvait précisément au-dessus de l'atelier, par conséquent dans la même maison. Si la cour de cassation avait eu à prononcer sur les faits soumis à la cour de Metz, aurait-elle également déclaré qu'il y avait lieu d'appliquer la peine du vol domestique? Il est au moins permis d'en douter.

237. Un arrêt a jugé que la disposition de l'art. 386-3° c. pén. qui punit de la réclusion le vol commis par un ouvrier dans l'atelier de son maître, est applicable au vol commis par un détenu dans l'atelier d'une maison de détention : — « Attendu que l'art. 386, n° 3, c. pén., qui punit ce crime de la peine de la réclusion n'a pas fait de distinction des ateliers établis dans les maisons de détention d'avec ceux des maisons des fabricants ou autres particuliers; rejette » (Crim. rej. 14 juin 1816, MM. Barris, pr., Audier Massillon, rap., aff. Pélé et Huppé).

238. La cour de Paris a décidé, au contraire, et avec plus de raison, ce nous semble, que le vol commis par un détenu, dans l'atelier de la maison centrale où il travaillait, et au préjudice de l'entrepreneur des travaux, constitue un vol simple, et non le crime prévu par l'art. 386-3° c. pén. (Paris, 12 mai 1835, ch. d'acc., aff. Martin). « Il s'agit dans l'espèce, dit cet arrêt, d'un individu qui se trouve dans un cas exceptionnel. Martin n'a pas contracté une obligation volontaire vis-à-vis de l'entrepreneur de la maison centrale de détention de Melun, au préjudice duquel il a commis la soustraction frauduleuse dont il s'agit ; le travail était un fait obligatoire pour l'inculpé en raison de la nature de la condamnation prononcée contre lui. L'art. 386 c. pén. s'applique au cas général où il s'agit d'un vol commis par un ouvrier qui est libre de sa volonté comme de sa personne, et où il se forme dès lors de la part du maître une confiance naturelle dont le législateur a voulu réprimer l'abus. La position de l'accusé et ses antécédents étaient un motif qui excluait cette confiance et une raison particulière pour l'entrepreneur de redoubler de surveillance à son égard. On ne peut pas établir parité de peine là où il n'y a pas parité d'espèce et de position. » — A ces considérations MM. Chauveau et Hélie (t. 5, n° 1800) ajoutent que l'entrepreneur des travaux de la prison n'est point un maître dans le sens de la loi; qu'il n'en exerce ni l'autorité ni le patronage; qu'il n'existe aucune espèce de contrat ou de quasi-contrat entre lui et les détenus, et que ceux-ci ne sont soumis vis-à-vis de lui à aucune obligation spéciale de nature à aggraver le vol qu'ils commettent à son préjudice.

239. Un arrêt a décidé que l'ouvrier qui commet une soustraction dans le domicile de la personne chez laquelle il avait travaillé jusque-là, mais où il ne travaillait plus au moment de la soustraction, commet un vol domestique (Paris, 25 janv. 1825, aff. M....). — Prise absolument, cette décision ne paraît pas à l'abri de critique; mais elle se justifie par les circonstances dans lesquelles le fait s'était produit. C'était le jour même du vol que l'ouvrier avait été congédié par son patron ; il devait entrer le lendemain chez un autre maître, et il avait demandé à son ancien patron l'autorisation de coucher encore une nuit chez lui. C'est à la faveur de cette permission qu'il était entré dans la chambre qu'il avait occupée jusqu'alors et d'où il était sorti peu après, emportant un drap du lit. Dans ces circonstances il devait être considéré comme coupable de vol domestique, la qualité d'ouvrier de son ancien patron continuant de subsister, en quelque sorte, tant qu'il restait dans la maison où il était entré en cette qualité.

240. La loi n'exige point, pour appliquer à l'ouvrier la peine du vol domestique, que l'objet volé soit la propriété du maître; il suffit que le vol ait été commis dans la maison, le magasin, l'atelier où l'ouvrier travaillait habituellement, soit que l'objet appartienne au maître, aux autres ouvriers ou à un tiers. C'est ce qu'enseignent aussi MM. Chauveau et Hélie, t. 5, n° 1801.

241. D'un autre côté, le vol qui serait commis par l'ouvrier hors du lieu où il travaille habituellement, et, par exemple,

dans une maison où il se trouverait momentanément pour y exécuter certains travaux de sa profession, ne serait pas passible des peines du vol domestique. La loi, en effet, ne parle que du vol commis par l'ouvrier dans la maison, l'atelier ou le magasin de son maître (Conf. MM. Chauveau et Hélie, loc. cit.).

242. La peine du vol domestique n'est pas applicable au vol commis par un ouvrier envers un locataire de partie de la maison de son maître, étranger à la famille, au ménage et à l'intérieur de celui-ci (Crim. rej. 2 oct. 1813, MM. Barris, pr., Schwendt, rap., aff. Duvel).

243. Celui qui reçoit des matières premières pour les travailler à son domicile et y être payé, non à la journée, au mois ou à l'année, mais suivant la quantité des matières qu'il a façonnées, ne peut être qualifié ni domestique, ni homme de service à gages, ni ouvrier, ni compagnon, ni apprenti de celui auquel il loue, non pas son temps, mais seulement l'emploi libre de son industrie pour l'exercer dans son domicile; par conséquent, s'il vient à dérober tout ou partie des matières qui lui ont été confiées, il ne peut être puni comme coupable du vol prévu par l'art. 386-3° (Crim. cass. 16 mars 1837, MM. Choppin, f. f. de pr., Mérilhou, rap., aff. Legendre; V. MM. Chauveau et Hélie, t. 5, n° 1801). — Mais il commet le délit d'abus de confiance (V. Crim. rej. 4 avr. 1845, aff. Montagny, D. P. 45. 1. 246).

244. Il y a vol dans le sens de l'art. 386, n° 3, c. pén., et non abus de confiance, dans la soustraction de pièces de soie par une femme dans une maison où elle travaillait en qualité d'ouvrière; en conséquence, le complice par recélé doit être puni des mêmes peines : — « Attendu que, d'après la réponse du jury à la question qui lui était soumise, un vol de soie a été commis chez les sieurs Mairon et Praire par une femme qui y travaillait en qualité d'ouvrière; que ce vol est évidemment le crime que prévoit et punit l'art. 386, n° 3, c. pén., et non pas le délit d'abus de confiance qui est l'objet de l'art. 408 du même code ; qu'ainsi la réclamante, déclarée complice, non d'un délit, mais d'un crime que le code punit de la réclusion, a été légalement condamnée à cette peine par l'arrêt de la cour d'assises de la Loire; rejette » (Crim. rej. 16 sept. 1819, MM. Bailly, f. f. pr., Aumont, rap., aff. Gerin).

245. 3° *Individu travaillant habituellement dans l'habitation où il a volé.* — Les raisons qui motivent l'aggravation de peine à l'égard de l'ouvrier, compagnon ou apprenti qui commet un vol dans la maison, l'atelier ou le magasin de son maître, s'appliquent avec la même force à l'individu qui, admis dans une habitation pour y travailler habituellement, trahit la confiance nécessaire dont il est l'objet en s'y rendant coupable de vol. — Ainsi que nous l'avons vu précédemment (n° 192), la loi de 1791 (tit. 2, sect. 2, art. 13) étendait l'aggravation de peine au cas où le vol avait été commis dans l'intérieur d'une maison par une personne habitante ou commensale de ladite maison, ou qui y était admise à titre d'hospitalité. Mais cette disposition n'a pas été maintenue par le code pénal. Ainsi l'aggravation de peine prononcée par l'art. 386-3° ne peut être appliquée à celui qui commet un vol dans une maison dont il est l'un des locataires, ou dans laquelle il prend habituellement ses repas, ou dont on lui a concédé l'habitation à titre gratuit; car aucune de ces hypothèses ne rentre dans la définition de la loi, et d'ailleurs dans chacune d'elles la confiance dont l'auteur du vol a abusé est une confiance volontaire, et non pas une confiance nécessaire. — Peu importerait que le locataire ou celui qui a l'usage gratuit de la maison s'y livrât pour son propre compte à un travail habituel : la disposition de l'art. 386-3° s'applique seulement à celui qui, appelé dans une maison pour y travailler habituellement pour le compte du maître, y commettrait un vol. A son égard, en effet, la confiance est forcée; il faut bien que le maître fasse exécuter les travaux qui lui sont nécessaires, et par conséquent il a besoin de trouver dans la loi une garantie puissante contre l'abus possible de cette confiance ; mais à l'égard du locataire ou de celui qui habite gratuitement la maison, la confiance du maître est volontaire et par conséquent il n'existe pas de motif pour déroger au droit commun. V. aussi en ce sens Merlin, Rép., v° Vol, sect. 2, § 3, dist. 4, art. 386, § 3, c. pén., n° 4 ; Bourguignon, Jurisp. des cod. crim., t. 3, p. 389; MM. Chauveau et Hélie, t. 5, n° 1803.

246. L'aggravation de peine n'est applicable qu'autant qu'il y a un travail habituel. C'est qu'en effet, lorsque le travail est momentané, la surveillance est facile et naturelle de la part du maître; mais il lui est évidemment impossible d'exercer une surveillance de tous les instants sur un individu qui travaille habituellement dans sa maison: de là la nécessité pour le législateur de lui donner, par un surcroît de pénalité, les garanties et la protection qu'il ne peut trouver dans sa propre vigilance.

247. Mais que doit-on entendre par *travail habituel?* A cet égard il a été décidé que pour qu'une personne soit réputée travailler habituellement dans une maison, dans le sens de l'art. 386 c. pén., il n'est pas nécessaire qu'elle y travaille tous les jours, ni qu'elle y travaille le jour même où elle commet le vol (Crim. cass. 27 août 1813 (1). — En effet un travail ne cesse pas d'être habituel parce qu'il est quelquefois interrompu, et la loi d'ailleurs n'exige pas que le vol ait été commis un jour de travail. Telle est aussi l'observation faite sur ce sujet par MM. Chauveau et Hélie, t. 5, n° 1804.

248. Mais on ne pourrait dire que le travail est habituel s'il n'avait lieu qu'à de longs intervalles (MM. Chauveau et Hélie, t. 5, n° 1804). Aussi la cour suprême a-t-elle décidé que l'arrêt qui juge que des services rares et menus, quoique périodiques et salariés, n'impriment pas au vol commis par la personne qui les rend, dans la maison et à l'époque où elle les rend, le caractère de crime, ne viole aucune loi (Crim. rej. 16 juill. 1813) (2).

249. Et depuis il a été jugé, de même, que le vol commis dans une maison par un individu qui y était employé pour des travaux rares, menus et périodiques, n'est pas considéré comme fait par une personne travaillant habituellement dans cette maison, et ne constitue pas le crime prévu par l'art. 386 c. pén. :— « Considérant, porte l'arrêt, que de l'information et des débats il résulte qu'il s'agissait dans la cause de diverses soustractions frauduleuses qui auraient été commises par l'intimée dans le magasin et au préjudice de la dame Hamberger, marchande à Strasbourg, et ce à des époques auxquelles l'intimée doit avoir travaillé habituellement dans l'habitation de la partie lésée;

Considérant, néanmoins, que les travaux auxquels l'intimée doit avoir été employée ne consistaient que dans des services rares, menus et périodiques; — Qu'ainsi elle ne peut être réputée avoir travaillé habituellement dans la maison Hamberger aux époques relatives des vols dont il s'agit, qui, dès lors, ne participent plus de la nature de ceux prévus par le § 3 de l'art. 386 c. pén., et qui supposent d'une part, confiance accordée, et de l'autre fidélité promise » (Colmar, 18 mai 1836, ch. corr., M. Chassan, av. gén., aff. Morin).

250. La soustraction commise dans un bureau de poste par un individu qui y est employé comme garçon de bureau constitue le crime prévu par l'art. 386, § 3, c. pén.; par conséquent, le tribunal correctionnel est incompétent pour en connaître (Crim. régl. de jug. 7 oct. 1852) (3). — De même le gardien d'un bureau de la poste aux lettres chargé particulièrement d'un service intérieur de propreté et des soins à donner au chauffage et à l'éclairage du bureau, qui y soustrait des sommes d'argent provenant des recettes, se rend coupable du vol caractérisé par le § 3 de l'art. 386 c. pén., et non des crimes et délits prévus par les art. 169 ou 173 même code; ... et cela bien que, ayant été nommé par le directeur général des postes, il soit en cette qualité agent de l'administration; qu'il n'ait été mis en jugement qu'en vertu d'une autorisation du directeur général; que l'argent volé appartînt à l'État; que la soustraction ait été commise pendant qu'il exerçait son emploi et dans le bureau même auquel il était attaché, et qu'il fût, à certains moments, préposé à la surveillance et à la garde de ce bureau (Crim. régl. de jug. 1er fév. 1856, aff. Lasserre, D. P. 56. 1. 176).

251. Du reste, la disposition dont nous nous occupons n'est pas applicable seulement à celui qui se livre habituellement à un travail manuel dans la maison où il a commis le vol; elle embrasse également celui dont le travail est d'un ordre plus élevé. —C'est ainsi qu'il a été décidé que l'employé des postes qui soustrait frauduleusement des lettres missives dont il est dépositaire à raison de ses fonctions, se rend coupable du vol caractérisé par le § 3 de l'art. 386 c. pén., et, par suite, est passible des peines

(1) (Vopel.) — La cour; — Vu les art. 408 et 416 c. inst. crim.; — Vu l'art. 386 c. pén., l'art. 231 c. inst. crim.; — Attendu qu'il résulte de l'arrêt attaqué que Frédérique Vopel est prévenue d'avoir volé un coffre contenant une montre, de l'argenterie et autres effets, et d'avoir commis ce vol dans la maison de Jean-Henri Frens, aubergiste à Breda, où elle travaillait habituellement en qualité de couturière, que les pièces du procès présentent des indices suffisants de culpabilité, à la charge de ladite Frédérique Vopel, quant à ce vol; que ce fait est qualifié crime aux termes de l'art. 386 c. pén., et que la connaissance devait en être renvoyée à la cour d'assises en vertu de l'art. 231 c. inst. crim.; — Que cependant la cour de Bruxelles a placé le fait dont il s'agit au rang des délits de police correctionnelle, et en a renvoyé la connaissance au tribunal correctionnel, sur le seul motif que ladite Frédérique Vopel ne travaillait pas dans la maison dudit Frens le jour même où le vol a été commis, et que d'ailleurs elle n'y travaillait pas tous les jours de la semaine : distinction qui est contraire audit art. 386, n° 3, qui place au rang des crimes le vol commis par un individu travaillant habituellement dans la maison où il aura volé, sans exiger ni qu'il y fît un travail continu et sans interruption, ni qu'il eût fait le vol le jour même où il était admis à travailler dans ladite maison; d'où il suit que ladite cour a créé une distinction et une exception qui ne sont pas autorisées par la loi, et que, par ce moyen, elle a violé tant ledit art. 386, n° 3, que l'art. 231 c. inst. crim. — Casse. Du 27 août 1813.-C. C., sect. crim.-M. Audier-Massillon, rap.

(2) Espèce : — (Min. pub. C. Guerra.) — Marie Guerra était depuis sept à huit ans reçue tous les dimanches dans une maison pour y faire des services de ménage qui étaient toujours récompensés plus ou moins suivant leur importance, lorsqu'un jour de dimanche même elle y vola une robe de percale et quelques autres effets. — Ordonnance, confirmée sur l'appel, qui renvoie Marie Guerra à la police correctionnelle. — Pourvoi. — Arrêt. La cour; — Attendu que l'ordonnance rendue par le tribunal de l'arrondissement de Parme et de l'arrêt confirmatif il résulte que Marie Guerra, prévenue de vol, n'était ni domestique ni personne de service à gages, et qu'elle se trouvait momentanément dans la maison où le vol a été commis, pour y faire de menus services; que, d'après ces faits ainsi appréciés, l'ordonnance ni l'arrêt n'ont formellement violé aucune loi en renvoyant Marie Guerra devant le tribunal correctionnel, comme prévenue d'un vol non qualifié. — Rejette, etc. Du 16 juill. 1813.-C. C., sect. crim.-M. Oudart, rap.

(3) Espèce.-(Pierre Arluc.)-La cour;—...Attendu que, devant le tribunal de police correctionnelle de Draguignan, le défenseur du prévenu a pris des conclusions tendant à ce que ce tribunal se déclarât incompétent par le motif que la prévention relevée contre Arluc constituerait, si elle était établie, un crime prévu par l'art. 386, § 3 c. pén.;—Attendu que le tribunal de police correctionnelle a fait droit sur ces conclusions et s'est déclaré incompétent par le jugement du 27 août 1852, en se fondant sur ce qu'il est résulté des débats que la prévention existant contre Arluc consiste dans la succession de soustractions frauduleuses qu'il aurait commises dans le bureau de la direction des postes de Draguignan, où il était employé comme garçon de bureau, et où, par conséquent, il travaillait habituellement, ce qui caractériserait un crime prévu par l'art. 386 c. pén., passible d'une peine afflictive et infamante, et dont la connaissance, aux termes de l'art. 231 c. inst. crim., appartient à la cour d'assises;—Attendu que ce jugement n'a été l'objet d'aucun appel, et que le procureur général près la cour d'appel d'Aix, par lettre du 21 sept. 1852, a autorisé le procureur de la République, près le tribunal de Draguignan, à former immédiatement une demande en règlement de juges; qu'il a par cette lettre suffisamment manifesté son intention de ne pas user de la faculté d'appel à lui conférée par l'art. 205 c. inst. crim.; — Attendu que le jugement du tribunal de police correctionnelle précité est susceptible, par conséquent, d'être réformé par les voies ordinaires; qu'il en est de même de l'ordonnance de la chambre du conseil de première instance de Draguignan du 12 août 1852, à laquelle il n'a pas été formé opposition en temps de droit;

Attendu qu'il résulte de la contrariété existant entre ces décisions un conflit négatif qui interrompt le cours de la justice, qu'il importe de rétablir; — Vu les art. 526 et suiv. c. inst. crim., sur les règlements de juges, statuant sur la demande dont il s'agit, et y faisant droit, sans s'arrêter à l'ordonnance de la chambre du conseil du tribunal de première instance de Draguignan, du 12 août 1852, laquelle sera considérée comme non avenue, renvoie Pierre Arluc, en l'état où il se trouve, et les pièces du procès devant la cour d'appel, d'Aix, chambre des mises en accusation, pour, sur l'instruction déjà existante, et d'après tout complément qui pourra être ordonné s'il y a lieu, être par ladite cour statué tant sur la prévention que sur la compétence conformément à la loi, etc. Du 7 oct. 1852.-C. C., ch. crim.-MM. Dehaussy, rap.-Plougoulm, av. gén., c. conf.

de cet article, et non des peines portées dans les art. 173 ou 187 du même code, encore bien qu'il ne soit pas constaté si ces lettres renfermaient des valeurs (Crim. rej. 24 juill. 1829, aff. Mallarme, V. Postes, n° 145).

252. De même, suivant d'autres arrêts, il suffit que l'on travaille habituellement dans une maison, n'importe à quel titre et sous quelle qualification, pour que le vol que l'on commet dans cette maison soit passible de la reclusion. Spécialement, le vol fait par un commis chez son maître et au préjudice de celui-ci est punissable de la reclusion, lorsqu'il est constaté que le commis travaillait habituellement chez son maître (Crim. rej. 16 mars 1816 (1). V. aussi Crim.cass. 31 janv.1822, aff. Hénon, n° 210-1°; 24 janv. 1823, aff. Langevin, n° 210-6°). — Mais il en est autrement lorsqu'il n'est pas constaté que le commis travaillait habituellement dans la maison où il a volé (Crim. cass. 23 avril 1812, aff. Stubbe, V. n° 256).

253. Deux conditions sont absolument nécessaires pour que l'aggravation de peine dont nous nous occupons en ce moment puisse être appliquée. Il faut d'abord, ainsi que nous venons de le voir, que l'auteur du vol travaille habituellement dans l'habitation. Mais cela ne suffit pas : il faut en outre que ce soit dans cette habitation même que le vol ait été commis. La peine édictée par l'art. 386-3° ne pourrait donc être prononcée, bien que

(1) (Vimout C. min. pub.).— La cour ; — Attendu que l'art. 386 c. pén. punit de la reclusion tout individu qui aura volé dans une maison où il travaillait habituellement ; que cette expression, *travaillant habituellement*, exclut toute exception de qualifications accessoires qui pourraient être données à l'individu coupable de vol dans la maison où ce même individu faisait un travail habituel ; — Attendu qu'il est constant, en fait, que le demandeur en cassation travaillait habituellement dans la maison où le vol a été commis ; que la peine voulue par l'art. 386 était applicable aux faits déclarés constants par le jury ; — Rejette, etc.
Du 16 mars 1816.-C. C., sect. crim.-M. de Saint-Vincent, rap.

(2) 1re *Espèce :* — (Jean Chopy C. min. pub.) — La cour ; — Vu l'art. 410 c. inst. crim. ; — Vu aussi l'art. 386 c. pén. ; — Attendu que, pour qu'il puisse y avoir lieu à l'application de cette disposition de l'art. 386. il ne suffit pas que le voleur soit un individu travaillant habituellement dans une habitation, mais qu'il faut encore qu'il ait commis le vol dans l'habitation même où il travaillait habituellement ; — Que les questions présentées par le président portent, savoir : « 1° Jean Chopy est-il coupable d'avoir, en février et mars 1824, soustrait frauduleusement des effets appartenant, partie à la femme Boudin, partie à la femme Dehenne, et à la nommée Julie Frédéric ? — 2° Au moment de ces différentes soustractions, Jean Chopy travaillait-il habituellement dans une maison d'aide-facteur aux messageries royales de la rue Notre-Dame des Victoires ? » — Que rien, dans les questions répondues affirmativement, ne porte sur la circonstance que le vol aurait été commis dans le lieu où l'accusé travaillait habituellement ; que l'existence de cette circonstance n'a donc pas été déclarée par le jury ; que, néanmoins, la cour d'assises de la Seine a condamné l'accusé à la peine de la reclusion, et qu'ainsi elle a fait une fausse application de l'art. 386 c. pén. — D'après ces motifs, casse l'arrêt de la cour d'assises de la Seine, du 15 nov. 1824 :— Mais attendu que les faits compris dans l'arrêt de renvoi de la cour de Paris, du 3 août 1824, n'ayant pas été complètement soumis à la décision du jury, il s'ensuit que la déclaration du jury n'a pas purgé ledit Chopy de l'accusation, renvoie, etc.
Du 16 déc. 1824.-C. C., sect. crim.-MM. Portalis, pr.-D'Aubers, r.

2e *Espèce* — (Tiffeneau C. min. pub.) — La cour ; — Vu l'art. 586, n° 5, c. pén. ; — Attendu que ce membre de phrase, un individu travaillant habituellement dans l'habitation où il aura volé, présente le concours des deux circonstances de temps et de lieu ; c'est-à-dire que, pour l'application, audit cas, de l'art. 586, il faut que le vol ait été commis non-seulement pendant que l'accusé travaillait habituellement chez l'individu volé, mais encore que ce vol ait été effectué dans l'habitation, ou dans les bâtiments dépendants de l'habitation de cet individu ; — Attendu qu'il résulte littéralement des questions soumises au jury et par lui répondues affirmativement, que René Tiffeneau « était coupable d'avoir, le 11 février dernier, soustrait frauduleusement une certaine quantité de blé, au préjudice du sieur Girard jeune, demeurant à Saint-Generoux, et d'avoir commis cette soustraction frauduleuse, pendant qu'il travaillait habituellement chez ledit sieur Gérard, en qualité de métivier, moyennant salaire ; » mais que les questions qui se lient aux réponses du jury présentent la circonstance de temps et non celle de lieu, n'étant pas dit où le vol aurait été commis ; d'où il suit que les faits déclarés constants n'étant pas accompagnés de cette circonstance de lieu ne présentaient pas le crime prévu et qualifié par la dernière partie du n° 5 de l'art. 586 c. pén., ni par aucun autre emportant une

l'accusé fût reconnu coupable du vol qui lui est imputé, si la déclaration du jury était négative sur ces deux circonstances ou sur l'une d'elles seulement. — Aussi a-t-il été jugé que lorsque, dans une accusation de vol commis dans une maison où l'accusé travaillait habituellement, la déclaration du jury a été affirmative sur le vol et négative sur la circonstance aggravante résultant d'un travail habituel dans la maison où ce vol a été commis, le caractère du crime prévu par l'art. 386 c. pén. disparaît, et qu'il ne reste plus à la charge de l'accusé que le délit prévu par l'art. 401 même code (Crim. cass. 21 juin 1832, M. Gilbert de Voisins, rap., aff. femme Lemoine).

L'art. 386-3° ne pourrait pas non plus être appliqué si le jury avait gardé le silence sur l'une ou sur l'autre des deux circonstances sus-énoncées. — C'est ce qui a été décidé dans des cas où la déclaration du jury portait que l'auteur du vol travaillait habituellement dans la maison de celui qu'il avait volé, mais n'ajoutait pas que c'était dans cette maison même que le vol avait été commis (Crim. cass. 16 déc. 1824 ; 9 sept. 1825 ; 7 avr. 1826 et 14 juill. 1831) (2).

254. Il suffit qu'un individu travaille habituellement dans une maison pour que le vol qu'il y commet soit passible de l'art. 386-3° c. pén., alors même qu'il serait domestique sans gages :— «Attendu qu'il résulte de la déclaration du jury que Marie-Magdeleine

peine égale ou plus forte, mais se réduisaient à un vol simple, non spécifié dans la même section, donc le coupable était passible des peines portées en l'art. 401 du même code ;— Attendu, toutefois, que les questions soumises au jury étaient conformes au résumé de l'accusation et au dispositif de l'arrêt de renvoi à la cour d'assises ; qu'ainsi il a été satisfait à ce qui était requis par l'accusation, et que, dès lors, la position des questions et les réponses du jury doivent être maintenues ; — D'après ces motifs, casse et annule l'arrêt rendu, le 2 août dernier, par la cour d'assises des Deux-Sèvres ; — Et, pour être statué conformément à la loi sur la déclaration du jury aux questions posées, lesquelles sont maintenues, renvoie, etc.
Du 9 sept. 1825.-C. C., sect. crim.-MM. Portalis, pr.-Brière, rap.
Nota. Même jour, arrêt de cassation conforme (Celinot C. min. pub.), M. Gaillard, rap.

3e *Espèce* — (James C. min. pub.) — La cour ; — Vu l'art. 586, n° 5, c. pén. ; — Attendu qu'aux termes de cet article, les ouvriers, compagnons, apprentis ou individus travaillant habituellement dans une habitation, ne sont passibles des peines qui y sont portées qu'autant que le vol a été commis dans l'atelier, le magasin, la maison où ils étaient employés ou travaillaient habituellement ; — Attendu, dans le cas où la déclaration des jurés, en réponse à la question qui leur avait été proposée, conformément à l'arrêt de renvoi devant la cour d'assises et au résumé de l'acte d'accusation, n'établit point que le vol commis par le demandeur au préjudice du sieur Besnard, chez lequel il travaillait habituellement en qualité de compagnon, l'ait été dans le domicile du sieur Besnard, quoiqu'ils eussent été expressément interrogés sur cette circonstance ; d'où il résulte qu'en l'état des choses, il a été fait une fausse application de l'art. 586, n° 3, c. pén. ; — Et attendu que la réponse du jury est insuffisante et incomplète ; qu'il n'a pas résolu, par cette réponse, dans leur intégrité, les questions qui lui avaient été proposées ; d'où il résulte que l'accusation n'est pas purgée, et qu'il y a lieu de procéder à de nouveaux débats ;— Casse, etc.
Du 7 avr. 1826.-C. C., ch. crim.-MM. Portalis, pr.-Gary, rap.

4e *Espèce* — (Saint-Laurent C. min. pub.) — La cour ; — Vu les art. 357 c. inst. crim., et 586, § 3, c. pén. ; — Attendu que Jacques Saint-Laurent était accusé par le résumé de l'accusation, conforme au dispositif de l'arrêt de renvoi à la cour d'assises, d'avoir, il y a six ou huit ans, volé, au préjudice des sieurs Antoinette, cultivateurs à Couvains, une serpe, une houe, une serrure, une faucille, deux barres de charrette, une boullonnière et une courroie, et d'avoir commis ce vol à une époque où il travaillait habituellement chez lesdits sieurs Antoinette, et dans la maison de ces derniers ; — Que, dans la question soumise au jury, le président de la cour d'assises, ayant omis cette circonstance aggravante : *et dans la maison de ces derniers*, la réponse affirmative du jury ne présentant point, pour l'application de la peine, le crime prévu par l'art. 586, n° 3, c. pén. ; d'où il suit qu'il y a eu, dans l'espèce, violation de l'art. 357 c. inst. crim., fausse application de l'art. 586, n° 3, c. pén., et que, dès lors, et par suite, l'accusation n'a point été purgée ; — Attendu que ledit Saint-Laurent a été régulièrement déclaré coupable, sur le troisième chef d'accusation, d'avoir, le 18 juillet dernier, volé une faux dans un champ, au préjudice d'un sieur Cappel, et qu'il y aurait lieu à l'application des peines correctionnelles pour ce délit, dans le cas où l'accusé serait acquitté sur le fait du crime, premier chef de l'accusation : — D'après ces motifs, casse, etc.
Du 14 juill. 1831.-C. C., ch. crim.-M. de Brière, rap.

Aubert est coupable d'un vol par elle commis dans la maison où elle était domestique, ce qui, d'après le n° 3 de l'art. 386 c. pén., suffit pour autoriser l'application de la peine portée par ledit article ; que si le jury a ajouté qu'elle ne retirait aucuns gages, cette circonstance n'opérait aucun changement pour l'application de la peine, puisque le susdit article comprend dans ses dispositions tous les domestiques, et que d'ailleurs il étend sa disposition à tout individu travaillant habituellement dans la maison où il aura volé ; d'où il suit qu'en condamnant ladite Aubert à la peine de la reclusion portée par ledit article, la cour d'assises a fait une juste application de la loi ; rejette » (Crim. rej. 28 juin 1816, MM. Barris, pr., Audier, rap., aff. Aubert).

255. Un arrêt a décidé que la peine du vol domestique avait été dûment appliquée au vol commis par une femme dans le cabaret de son mari, lorsqu'il avait été déclaré par le jury que cette femme y servait habituellement (Crim. rej. 15 avr. 1830) (1). Mais cette décision a été justement critiquée par MM. Chauveau et Hélie, t. 5, n° 1786. La femme, disent ces auteurs, n'est point dans la maison de son mari à titre de préposée ou de personne de confiance ; elle y est à titre de maîtresse et de copropriétaire ; elle est dans sa propre maison, l'égale et l'associée du mari. Ce n'est donc que par une extension abusive qu'on lui a appliqué une aggravation qui doit être restreinte aux domestiques infidèles, à ceux qui trahissent une confiance nécessaire.

256. Il a été jugé avec raison, avant la loi de 1832, que l'individu déclaré coupable d'avoir volé à son commettant, et pendant le temps de son service chez lui, plusieurs sommes qu'il avait perçues pour celui-ci, n'était pas passible des peines de l'art. 386, s'il n'était point déclaré par le jury que le coupable fût le domestique ou serviteur à gages de la personne volée, ni un ouvrier, compagnon ou apprenti, ni un homme travaillant habituellement dans l'habitation où il avait volé ; qu'il ne résultait alors de la déclaration du jury qu'un vol commis par abus de confiance par un mandataire envers son commettant (Crim. cass. 23 avr. 1812) (2).

§ 2. — Vols des aubergistes ou hôteliers.

257. Le vol commis par un aubergiste ou un hôtelier sur les personnes qui viennent loger chez lui est, comme le vol domestique, l'abus d'une confiance nécessaire ; et par conséquent il doit être puni avec un surcroît de rigueur. Il en était ainsi dans notre ancienne jurisprudence, ainsi que l'attestent Jousse (Just. crim., t. 4, p. 185) et Muyart de Vouglans (Lois crim., p. 297). « En ce cas, dit notamment ce dernier auteur, où le vol se trouve accompagné d'abus de confiance et de violation des droits de l'hospitalité, on ne peut douter qu'il n'y ait lieu à la poursuite extraordinaire contre les hôteliers, et que, s'ils en sont convaincus, ils doivent être punis plus rigoureusement que les voleurs ordinaires. L'usage est, en pareil cas, de porter la peine jusqu'à celle des galères. »

258. Le code pénal de 1791 (part. 2, tit. 2, sect. 2, art. 15), après avoir, dans son § 1, déclaré la peine prononcée par l'art. 13 contre les vols faits par les habitants ou commensaux d'une maison (huit années de fers) applicable aux vols commis dans les hôtels garnis, auberges, cabarets, maisons de traiteurs-logeurs,

cafés et bains publics, ajoutait dans son § 2 : « Tout vol qui y sera commis par les maîtres desdites maisons ou par leurs domestiques envers ceux qu'ils y reçoivent, ou par ceux-ci envers les maîtres desdites maisons ou toute autre personne qui y est reçue, sera puni de huit années de fers. »

259. Sous l'empire de cette loi, lorsqu'un vol avait été commis dans quelqu'un des établissements ci-dessus mentionnés, la peine prononcée par l'art. 15 ne pouvait être appliquée qu'autant qu'il avait été régulièrement constaté que ce vol avait été commis, soit par les maîtres ou domestiques envers les personnes qui étaient reçues, soit par celles-ci envers les maîtres ou toute personne qui y était reçue, car c'étaient là des circonstances essentielles et caractéristiques. — Aussi avait-il été décidé par de nombreux arrêts que, lorsque, toutes ces circonstances ayant été énoncées dans l'acte d'accusation, le jury n'avait pas été interrogé ou avait omis de s'expliquer sur quelqu'une d'entre elles, sa déclaration était nulle (Crim. cass. 9 prair. an 2, MM. Maleville, pr., Fradin, rap., aff. Bertaux ; 15 prair. an 2, MM. Maleville, pr., Cochard, rap., aff. Durier ; 4 brum. an 4, MM. Brun, pr., Dutocq, rap., aff. La Corne ; 15 brum. an 4, MM. Brun, pr., Robert, rap., aff. Dubois ; 25 brum. an 4, MM. Brun, pr., Gouget, rap., aff. Grand ; 22 vend. an 4, MM. Brun, pr., Viellard, rap., aff. Fournel ; 6 niv. an 4, MM. Giraudet, pr., Viellard, rap., aff. Prévot ; 11 niv. an 4, MM. Brun, pr., Gandon, rap., aff. Mamez ; 12 flor. an 5, MM. Giraudet, pr., Brun, rap., aff. Cené ; 12 brum. an 8, M. Dor, rap., aff. Marcelot).

260. Un arrêt avait décidé que l'accusé déclaré convaincu d'avoir soustrait, dans une auberge où il était reçu, des effets appartenant au propriétaire de cette auberge, avec dessein de les approprier, ne se trouvait dans aucun des cas prévus par l'art. 15, sect. 2, 2° part., L. 25 sept.-6 oct. 1791, qui ne disposait que pour les vols commis par les maîtres d'auberge ou leurs domestiques ; qu'en conséquence il ne pouvait, sous l'empire de la loi précitée, être condamné à huit années de fers et ne devait être traduit qu'en simple police correctionnelle : — « Attendu que, dans l'espèce, Marguerite Merrein était uniquement convaincue, d'après la déclaration du jury de jugement, d'avoir soustrait, dans un cabaret où elle était reçue, des bonnets de femme, avec dessein de se les approprier, au préjudice du propriétaire ; mais qu'elle ne se trouvait placée, par cette déclaration, dans aucun des cas rappelés par l'art. 15 c. pén. ; d'où il suit qu'elle ne pouvait être condamnée à la peine de huit années de fers, prononcée par cet article, et qu'elle ne pouvait être atteinte que par la disposition de l'art. 28, et que conséquemment la loi a été faussement appliquée à cet égard » (Crim. cass. 17 fruct. an 7, M. Minier, rap., aff. femme Gigon). — Mais c'était là une erreur évidente : le fait ainsi spécifié rentrait, non-seulement dans les prévisions générales du § 1 de l'art. 15, mais encore dans la disposition expresse du § 2.

261. Il avait encore été jugé : 1° que les augmentations de peines pour les circonstances aggravantes prévues par les art. 6, 7 et 8 de la section 2 c. pén. ne s'appliquaient pas au vol hôtellerie prévu et puni par l'art. 15 ; que ce vol était passible de la peine de huit années de fers, circonstances comprises (Crim. cass. 14 germ. an 5, MM. Giraudet, pr., Lemaire, rap., aff.

---

(1) (Femme Wauveningbem C. min. pub.) — La cour ; — Sur le moyen, tiré de ce qu'il aurait été fait, à la femme Wauveninghem, une fausse application du § 5 de l'art. 386 c. pén. ; — Attendu, dans l'espèce, que le jury interrogé sur le fait imputé à l'accusée, avait déclaré que cette femme servait, habituellement, dans le cabaret de son mari, où le vol avait été commis, déclaration qui entraînait l'application du § 5 de l'art. 386 c. pén. ; — Attendu, d'ailleurs, qu'il résulte encore, de la même déclaration du jury, que le vol imputé à la femme Wauveninghem, aurait été commis par elle, en compagnie de plusieurs autres personnes, et en même temps dans un lieu habité, ou servant à habitation, et que c'est avec raison que, d'après cette déclaration la cour d'assises de Saint-Omer a encore fait, à cette femme, l'application du § 1 du même art. 386 c. pén., qui, comme le § 3, prononce la peine de la reclusion ; — Par ces motifs, rejette.
Du 15 avr. 1830.-C. C., ch. crim.-MM. Ollivier, pr.-Meyronnet, r.
(2) (Stubbe C. min. pub.) — La cour ; — Vu l'art. 386 c. pén. ; — Vu aussi la déclaration du jury, d'après laquelle la cour d'assises du département des Bouches-du-Weser, par son arrêt du 29 janvier dernier,

condamné Chrétien Stubbe à cinq années de reclusion, par application dudit art. 386, au lieu de l'art. 408, spécial pour l'abus de confiance ; — Considérant que le jury, en déclarant Stubbe coupable d'avoir volé au confiseur Caminada, son principal, et pendant le temps de son service chez lui, plusieurs sommes d'argent qu'il avait perçues pour lui, n'a point dit que Stubbe, qui, dans l'acte d'accusation, avait été qualifié de commis de Caminada, fût son domestique ou serviteur à gages, ni un ouvrier, compagnon ou apprenti dans sa maison, son atelier ou son magasin, ni un homme travaillant habituellement dans l'habitation où il avait volé ; d'où la conséquence que la déclaration du jury n'énonçait aucune qualification, ni aucun caractère qui rangeât le vol commis par Stubbe, dans la classe des vols dont parle le n° 5 de l'art. 386 ci-dessus cité ; et qu'il ne résultait de cette déclaration qu'un vol commis par abus de confiance, par un mandataire, envers son principal (son commettant), vol spécifié dans ledit art. 408 c. pén. ; — Casse et annule ledit arrêt du 29 janv. 1812, pour fausse application de l'art. 386 c. pén. de 1810.
Du 25 avr. 1812.-C. C., sect. crim.-MM. Barris, pr.-Bailly, rap.

Ignace Martin); — 2° Que les circonstances aggravantes mises en regard des délits spécifiés dans l'art. 13 c. pén. et emportant chacune aggravation de deux années de fers ne s'appliquaient pas à l'art. 15; que le vol prévu par cet article, commis avec ou sans ces circonstances aggravantes, n'était passible que de huit années de fers (Crim. cass. 19 niv. an 4, MM. Brun, pr., Gouget, rap., aff. Moussu).

262. Le vol dans une auberge n'était point passible d'une peine plus forte que le vol ordinaire, s'il n'était commis au préjudice des maîtres de cet établissement ou des personnes qui y étaient reçues (Crim. cass. 9 frim. an 3, M. Lecointe, rap., aff. Piquot).

263. L'art. 15 ci-dessus du code de 1791 déclarait non comprises dans la précédente disposition les salles de spectacle, boutiques, édifices publics, et ajoutait que les vols commis dans lesdits lieux seraient punis de quatre années de fers. — Il avait été jugé que cette seconde partie de l'art. 15 c. pén. était indépendante de la première et y faisait exception; qu'ainsi la peine de quatre années de fers qui était appliquée au vol dans une boutique l'était à raison seulement du lieu, et indépendamment des circonstances de communauté ou d'habitation, circonstances qui, d'après la première partie, étaient nécessaires pour rendre applicable la peine de huit années de fers au vol commis dans une auberge, hôtel, etc. (Crim. cass. 11 mess. an 6, MM. Gohier, pr., Barris, rap., aff. Schoffit).

264. Vint ensuite la loi du 25 frim. an 8, dont l'art. 3 introduisit une distinction entre le cas où le vol aurait été commis par le maître de l'établissement et le cas où il l'aurait été par toute autre personne. Cet article était ainsi conçu : « La même peine portée au § 1 de l'art. 2 (de une année à quatre années d'emprisonnement) s'appliquera aux vols qui seront commis dans les maisons garnies, auberges, cabarets, maisons de traiteurs, logeurs, cafés et bains publics, par quelque personne que ce soit. — Les vols commis par le maître ou la maîtresse d'une auberge envers ceux qu'ils logent continueront d'être punis des peines portées au code pénal (huit années de fers). »

Sous l'empire de cette loi il avait été jugé : 1° que le vol non qualifié commis dans une auberge, par un individu qui y était logé, à l'égard d'un autre voyageur comme lui, était simplement puni de la prison, et, par conséquent, de la compétence des tribunaux correctionnels (Crim. rej. 26 juin 1807, MM. Barris, pr., Vermeil, rap., aff. Robin); — 2° Que les domestiques des auberges qui s'y rendaient coupables de vol n'étaient punissables que de peines correctionnelles (Crim. rej. 24 mai 1810, MM. Barris, pr., Busschop, rap., aff. Cauvin); — 3° Mais que la maison d'un aubergiste ne pouvant être considérée comme une auberge vis-à-vis de ses domestiques, les vols que ceux-ci commettaient envers leurs maîtres rentraient sous l'application de l'art. 2 de la loi du 25 frim. an 8, et nullement sous celle de l'art. 3 de la même loi; qu'ainsi la peine de huit années de réclusion avait été justement appliquée à ce cas (Crim. rej. 24 mai 1810, MM. Barris, pr., Busschop, rap., aff. veuve Coulomb); — 4° Que, la disposition de la loi du 25 frim. an 8 qui punissait les vols commis dans une auberge par toutes personnes autres que celles qui la habitent ne faisant aucune distinction entre les vols commis de jour et ceux commis de nuit, un tel vol commis de nuit sans aucune circonstance aggravante n'était qu'un délit correctionnel (Crim. rej. 3 avr. 1806, MM. Viellart, pr., Aumont, rap., aff. Bogetto; 3 therm. an 10, MM. Viellart, pr., Vallée, rap., aff. Corneille et Gisson); — 5° De même, que le vol commis dans une auberge par un individu qui s'y était introduit furtivement n'était passible que de simples peines correctionnelles, alors même qu'il avait eu lieu la nuit (Crim. cass. 17 brum. an 10, M. Borel, rap., aff. Maury).

265. Le code pénal de 1810, dans son art. 386, déclarait la peine de la réclusion applicable : «... 4° Si le vol a été commis par un aubergiste, un hôtelier, un voiturier, un batelier ou un de leurs préposés, lorsqu'ils auront volé tout ou partie des choses qui leur étaient confiées à ce titre; ou enfin si le coupable a commis le vol dans l'auberge ou l'hôtellerie dans laquelle il était reçu. » — Il avait été jugé : 1° que cette dernière disposition était générale, et que, par conséquent, elle était applicable à tout vol commis dans les auberges par ceux qui y étaient re-

çus pour y loger ou y prendre leur repas, soit passagèrement, soit habituellement (Crim. rej. 10 fév. 1814, M. Ralaud, pr., aff. Stout); — 2° Que la peine portée par l'art. 386 c. pén. s'appliquait même au cas où celui qui avait commis un vol dans l'auberge où il était reçu était entré dans cette auberge non pour y loger, mais pour y boire ou manger : — « Considérant que la loi n'admet aucune différence entre le coupable qui était reçu dans une auberge pour y loger et celui qui y était reçu pour y prendre un repas; que la disposition du code pénal est fondée sur la sûreté dont le voyageur doit jouir dans une auberge, soit que les personnes qui y sont reçues comme lui y soient entrées pour y loger, soit qu'elles n'y soient entrées que pour prendre un repas » (Crim. rej. 14 fév. 1812, M. Oudard, rap., aff. Bonnot; Conf. Crim. cass. 22 juill. 1813, M. Coffinhal, rap., aff. Huigse); — 3° Que l'individu déclaré par le jury complice de l'auteur d'un vol avec toutes les circonstances mentionnées dans l'acte d'accusation, dont le résumé portait que le vol avait été commis dans une auberge où le voleur était reçu, encourait la peine prononcée par le n° 4 de l'art. 386 c. pén., qui ne distinguait pas si le voleur était reçu dans l'auberge pour y loger ou pour y boire (Crim. rej. 16 fév. 1816, MM. Barris, pr., Bailly, rap., aff. Vialleti); — 4° Que celui qui commettait un vol dans une auberge où il était reçu était passible de la peine de la réclusion, encore qu'il n'y eût pris ni le logement ni la nourriture qu'il avait annoncé en y entrant vouloir y prendre (Crim. cass. 14 fév. 1812, aff. Dantel, n° 281).

266. Mais il avait été décidé : 1° que la personne qui venait dans une auberge à titre de familiarité, n'y étant pas reçue dans le sens de l'art. 386, n° 4, c. pén., n'était pas passible, pour le vol qu'elle y commettait, des peines portées dans cet article (Crim. rej. 18 sept. 1823, MM. Bailly, pr., Busschop, rap., aff. Barthès); — 2° Que, de même, un ouvrier introduit dans une auberge pour y travailler n'y étant pas reçu dans le sens de l'art. 386 c. pén., le vol qu'il y commettait ne constituait qu'un vol simple : — « Considérant qu'un ouvrier introduit dans une maison pour y travailler n'est pas reçu dans cette maison; que le mot recevoir, employé à l'égard des personnes, signifie accueillir, admettre; — Considérant, de plus, que telle maison qui est une auberge à l'égard du voyageur qui y est reçu, n'est, dans ses rapports avec l'ouvrier, que comme toute autre maison où il serait appelé pour y travailler, et que pour lui, comme pour celui qui l'emploie, les qualités corrélatives d'hôte et d'hôtelier n'existent pas » (Crim. cass. 5 sept. 1812, M. Oudard, rap., aff. Neven).

267. Il était indispensable, pour que la peine de la réclusion pût être appliquée, qu'il fût déclaré par le jury que le coupable était reçu dans l'auberge où il avait commis le vol (Crim. cass. 20 janv. 1820, M. de Marcheval, pr., aff. Haumont; 22 janv. 1824, MM. Barris, pr., Brière, rap., aff. Delort; 22 janv. 1830, aff. Morère, v° inst. crim., aff. 3413-5°).

268. La circonstance que le vol commis dans une auberge l'avait été, non dans les appartements où étaient habituellement reçus les voyageurs, mais dans une chambre particulière occupée par l'aubergiste, n'empêchait point que le voleur ne fût passible de la réclusion (Crim. rej. 16 avr. 1813, M. Bauchau, rap., aff. Négri).

269. Le vol commis dans une hôtellerie par celui qui y était reçu était punissable de la réclusion, alors même que l'hôtelier au préjudice duquel le vol avait eu lieu n'habitait pas lui-même l'hôtellerie et le faisait valoir par le ministère d'un préposé : — « Considérant que la disposition de l'art. 386, § 4, c. pén., et l'avis du conseil d'État du 10 oct. 1811 n'admettent aucune différence entre les hôtelleries ou maisons garnies qui sont habitées par les hôteliers ou logeurs, et celles qui ne sont habitées que par leurs préposés, et même celles qui ne le sont ni par les uns ni par les autres; que la loi n'a pas voulu, dans un cas, donner à ceux-ci une moindre garantie que dans un autre; que cette disposition illimitée est fondée sur la confiance réciproque qui a lieu dans tous les cas, et par suite un peu méconnaître que l'hôtelier qui commet un vol envers un voyageur qui est reçu dans son hôtellerie est également coupable, soit qu'il y habite, soit qu'il n'y habite pas » (Crim. cass. 1er oct. 1812, M. Oudart, rap., aff. Guarino).

270. Bien plus, la peine de la reclusion était applicable alors même que le vol avait été commis au préjudice d'un autre que du maître de l'établissement (Crim. rej. 28 mai 1813, M. Busschop, rap., aff. Dupont). — Et ainsi il n'était pas nécessaire, pour l'application de la peine, qu'il eût été déclaré par le jury si le vol avait été commis envers le propriétaire, la loi ne faisant à cet égard aucune distinction (Crim. rej. 8 janv. 1824, MM. Barris, pr., Rataud, rap., aff. Mauduit).

271. Le code pénal de 1810, ainsi qu'on vient de le voir, plaçait sur la même ligne et punissait de la même peine le vol commis par l'aubergiste ou ses préposés et le vol commis dans l'auberge par les personnes qui y étaient reçues; il effaçait la distinction introduite à cet égard par la loi du 25 frim. an 8. Cette distinction fut renouvelée par la loi du 25 juin 1824. Après avoir dit, dans l'art. 2, que « les vols et tentatives de vols spécifiés dans l'art. 388 c. pén. seront jugés correctionnellement et punis des peines déterminées par l'art. 401 du même code », cette loi ajoutait (art. 3) : « Seront jugés dans les mêmes formes et punis des mêmes peines les vols ou tentatives de vols commis dans l'auberge ou l'hôtellerie dans laquelle le voleur était reçu. » — Le second paragraphe du même article maintenait la peine prononcée par l'art. 386-4° à l'égard des vols commis par les aubergistes, hôteliers ou leurs préposés. — Enfin l'art. 12 de la même loi portait : « Les dispositions ci-dessus... ne s'appliquent ni aux mendiants, ni aux vagabonds, ni aux individus qui, antérieurement au fait pour lequel ils sont poursuivis, auront été condamnés, soit à des peines afflictives ou infamantes, soit à un emprisonnement correctionnel de plus de six mois. » Ces individus continuaient dès lors d'être passibles de la reclusion à raison des vols qu'ils commettaient dans les auberges où ils étaient reçus.

272. Il avait été jugé que les art. 2 et 3 de cette loi devaient être entendus en ce sens que, bien que, en général, l'art. 401 laisse au juge la faculté de prononcer toutes les peines qu'il détermine, ou seulement quelques-unes d'elles, contre les coupables desdits délits classés dans cet article, néanmoins toutes ces peines devaient être appliquées strictement du minimum au maximum au coupable de vol ou tentative de vol dans une auberge ou un cabaret où il avait été reçu..., et qu'il y avait lieu de casser l'arrêt qui avait omis de prononcer l'interdiction des droits mentionnés en l'art. 42 : — « Attendu que Nicolas Villemont était prévenu d'un vol commis dans un cabaret où il était reçu, pour réparation duquel, au cas où il en serait déclaré coupable, il aurait été passible, avant la promulgation de la loi du 25 juin 1824, des peines afflictives et infamantes portées en l'art. 386 c. pén.; que, par la disposition de la loi susdatée, le fait est devenu correctionnel, et qu'aux termes des art. 2 et 3 ci-dessus cités, en cas de conviction, il devait être condamné aux peines portées en l'art. 401 c. pén.; — Attendu que le législateur, en

(1) (Pluel C. min. pub.) — LA COUR ; — Sur le premier moyen présenté dans son mémoire par le demandeur : — Attendu qu'ayant été déjà condamné pour un crime, et ayant depuis commis un autre crime, il lui a été fait une juste application de l'art. 56 c. pén. sur la récidive; — Que si, en raison de la faiblesse de son âge, il n'a été condamné, pour le premier de ces crimes, qu'à une peine correctionnelle, cette circonstance ne change point la nature d'un crime qu'il a été jugé avoir commis avec discernement.

Sur le deuxième moyen de cassation : — Attendu que si l'art. 5 de la loi du 25 juin 1824 a statué que les vols commis dans l'auberge ou l'hôtellerie dans laquelle le coupable était reçu, seront jugés correctionnellement et punis des peines déterminées par l'art. 401 c. pén., l'art. 12 de la même loi porte en termes formels, et sous la seule exception relative à l'art. 5, que les dispositions ci-dessus ne s'appliquent point aux individus qui, antérieurement au fait pour lequel ils sont poursuivis, auront été condamnés, soit à des peines afflictives ou infamantes, soit à un emprisonnement correctionnel de plus de six ans; — Attendu que, dans l'espèce, le demandeur avait été, pour une tentative de vol d'une jument et de son poulain dans les champs, et pour un vol de lard et d'effets, à l'aide d'escalade dans une maison habitée, antérieurement condamné à être renfermé pendant sept années dans une maison de correction ; que, dans cette circonstance, le vol commis depuis par le demandeur dans une auberge où il était reçu, n'avait point à son égard le caractère d'un simple délit, et rentrait dans les dispositions du code pénal ; qu'il y avait donc lieu à lui faire l'application des art. 386, n° 4, et 56 dudit code ; — Rejette.

décrétant ces peines, n'a pu entendre quelqu'une des peines, mais nécessairement toutes les peines énoncées audit art. 401 ; que ces peines se composent de l'emprisonnement, de l'amende, de l'interdiction des droits mentionnés en l'art. 42 du même code, et de la mise sous la surveillance de la haute police, le tout dans les limites fixées du minimum au maximum de chacune de ces peines, et à l'arbitrage du juge, en raison des circonstances qui atténuent ou aggravent le délit; que si les cours et tribunaux ont la faculté de prononcer toutes les peines ou seulement quelques-unes d'elles pour les délits originairement classés dans l'art. 401, il n'en peut être régulièrement conclu qu'ils aient la même faculté, lorsque le législateur, jugeant convenable, par une loi postérieure, de déclarer correctionnel le fait précédemment qualifié crime, a déclaré en même temps qu'il serait fait application des *peines portées audit article*, expression générale employée au pluriel, et qui, dès lors, n'en excepte aucune » (Crim. cass. 25 juin 1826, MM. Bailly, f. f. pr., Brière, rap., aff Villemont; — Conf. Crim. cass. 11 oct. 1827, MM. Ollivier, f. f. de pr., Mangin, rap., aff. Julliard; 25 mars 1831, M. Chauveau-Lagarde, rap., aff Nivelle).

273. Il avait été jugé également que le vol commis dans un cabaret par un individu qui y était reçu devait être puni de toutes les peines portées en l'art. 401 c. pén., et non pas seulement de celle de l'emprisonnement (Crim. cass. 22 mars 1832, MM. Brière, rap., aff. Marguerite Epp).

274. D'autres arrêts avaient jugé : 1° que l'individu qui avait subi un emprisonnement correctionnel de sept années, et qui depuis avait commis un vol dans une auberge où il était reçu, ne pouvait, à raison de ce dernier fait, réclamer l'application de simples peines correctionnelles, aux termes de l'art. 3 de la loi du 25 juin 1824 : dans ce cas, il y avait lieu, d'après l'art. 12 de la même loi, de prononcer contre le coupable les peines portées à l'art. 386, n° 4, et à l'art. 56 c. pén. (Crim. rej. 11 sept. 1828) (1); — 2° Que l'individu coupable d'un vol dans une hôtellerie où il était reçu, était justiciable des cours d'assises, s'il avait été condamné antérieurement à huit ans de reclusion; qu'ainsi un arrêt de la chambre des mises en accusation qui renvoyait devant une cour d'assises un prévenu qui se trouvait dans ces circonstances, ne violait pas la loi du 25 juin 1824 (Crim. rej. 3 juin 1830, MM. de Bastard, pr., Rives, rap., aff. Morand); — 3° Que lorsqu'un vol avait été commis par deux individus dans le cabaret où ils étaient reçus, et que ces individus étaient vagabonds et mendiants, ils étaient passibles des peines portées par l'art. 386 c. pén.; qu'il n'y avait pas lieu de leur appliquer le bénéfice de l'art. 3 de la loi du 25 juin 1824 (Crim. règl. de jug. 7 sept. 1827) (2); — 4° Que le vol commis par un individu dans une auberge où il était reçu, lorsque cet individu était d'ailleurs en état de vagabondage, était un crime qui devait être jugé par la cour d'assises; que les art. 2 et 3 de la loi du 25 juin 1824

Du 11 sept. 1828.—C. C., ch. crim.—MM. Bailly, pr.—Chantereyne, r.
(2) (Minist. publ. C. Dupré.) — LA COUR; — Attendu que, par une ordonnance de la chambre du conseil du tribunal d'Yvetot, du 8 déc. 1826, Dupré, dit Delatre, et sa femme, prévenus du vol d'une somme de 60 fr. au préjudice de Delius Caron, et dans son cabaret où ils étaient reçus, furent renvoyés devant le tribunal correctionnel, sur le fondement que le fait, d'après l'art. 3 de la loi du 25 juin 1824, ne constituait que le délit prévu par l'art. 401 c. pén., et puni de peine correctionnelle; — Que cette ordonnance a passé en force de chose jugée; — Que les deux prévenus, traduits devant le tribunal correctionnel, ce tribunal ayant reconnu que les prévenus ne pouvaient point jouir du bénéfice de l'art. 3 de la loi du 25 juin 1824, et qu'ils en étaient privés, tant par l'art. 10 de ladite loi, attendu que le vol avait été commis par plusieurs, que par l'art. 12, attendu qu'ils étaient mendiants et vagabonds, et qu'ainsi ils étaient passibles de la peine afflictive et infamante de l'art. 386, n° 4, c. pén., il se déclara incompétent par jugement du 7 février, et renvoya les prévenus sous mandat de dépôt, devant le juge d'instruction compétent; — Que ce jugement a aussi passé en force de chose jugée; — Qu'en cet état, le cours de la justice est interrompu, et qu'il importe de le rétablir. — Sans s'arrêter à l'ordonnance rendue par la chambre du conseil du tribunal d'Yvetot, du 8 déc. 1826, qui est déclarée non avenue, renvoie Dupré, dit Delatre, et sa femme en état de mandat de dépôt, et les pièces de la procédure, devant la cour royale de Rouen, chambre des mises en accusation, pour, sur la prévention du crime prévu et puni par l'art. 386, n° 4, c. pén., ledit crime ayant été commis par plusieurs, les prévenus étant d'ailleurs mendiants et vaga-

étaient inapplicables à ce cas (Crim. règl. de jug. 22 juill. 1830, MM. de Bastard, pr., Brière, rap., Laplagne-Barris, av. gén., c. conf., aff. Beaugasnier).

275. La loi du 28 avr. 1832, en effaçant de l'art. 386-4° c. pén. de 1810 la disposition finale qui étendait la peine de la reclusion à ceux qui commettaient un vol dans l'auberge ou l'hôtellerie dans laquelle ils étaient reçus, a maintenu la distinction établie par l'art. 3 de la loi du 25 juin 1824. Mais cette loi de 1832 n'a point reproduit l'exception introduite par l'art. 12 de la loi de 1824, relativement aux mendiants, aux vagabonds, et à ceux qui ont subi des condamnations antérieures. La disposition qui est aujourd'hui en vigueur déclare donc la reclusion applicable seulement « si le vol a été commis par un aubergiste, un hôtelier, un voiturier, un batelier ou un de leurs préposés, lorsqu'ils auront volé tout ou partie des choses qui leur étaient confiées à ce titre. »

276. Il est incontestable sous la loi de 1832, comme sous les lois antérieures, que la responsabilité civile imposée par la loi aux voituriers et aubergistes n'empêche pas qu'ils ne puissent être poursuivis et punis, lorsqu'ils ont eux-mêmes volé les objets confiés à leur garde : — « Attendu que les art. 1782, 1952 et 1945 c. nap. ne sont applicables que la responsabilité civile des voituriers et des aubergistes pour la garde et la conservation des objets qui leur sont confiés, mais que s'ils volent eux-mêmes ces objets, ils ne sont pas moins passibles des peines portées par le code pénal ou par la loi du 25 frim. an 8 » (Crim. rej. 8 juin 1810, MM. Barris, pr., Favard, rap., aff. Foly).

277. La loi parle des vols commis par un *aubergiste*, un *hôtelier*. Ces dénominations doivent-elles être prises dans un sens restrictif, ou sont-elles simplement énonciatives? Peuvent-elles être étendues par exemple aux maîtres de *maisons garnies?* Sous l'empire du code pénal de 1810, qui punissait également de la reclusion celui qui se rendait coupable de vol dans l'auberge ou l'hôtellerie dans laquelle il était reçu, une difficulté analogue s'était élevée relativement au sens de ces expressions: *auberge, hôtellerie*. Ces deux questions n'en forment évidemment qu'une seule; aussi les décisions qui étaient intervenues sur la disposition aujourd'hui abrogée conservent tout leur intérêt à l'égard de la disposition qui est restée en vigueur.

278. La chambre d'accusation de la cour de Paris, par arrêt du 5 mars 1811 (aff. femme Colin), avait refusé d'appliquer la peine portée par l'art. 386 contre les vols commis dans les auberges ou hôtelleries, à ceux qui étaient commis dans les maisons ou hôtels garnis. Elle s'était déterminée par les motifs suivants : —« Attendu qu'il résulte des pièces et de l'instruction qu'Anne Bornand, femme Colin, est prévenue d'avoir soustrait frauduleusement, dans une maison garnie où elle était logée, des effets appartenant à Boucher, tenant cette maison, et de s'être approprié un drap qui lui avait été confié par Bornet pour le raccommoder;—Attendu que les loueurs ou logeurs en maisons garnies ne sont pas nommément compris dans le n° 4 de l'art. 386 du nouveau code pénal, et qu'on ne pourrait les assimiler aux aubergistes et hôteliers qu'en interprétant la loi et en lui donnant de l'extension, ce qui ne peut jamais avoir lieu, surtout quand l'interprétation tend à aggraver les peines; — Que la confiance forcée qui existe entre les aubergistes ou hôteliers et ceux qu'ils reçoivent n'existe pas au même degré entre les loueurs ou logeurs en maisons garnies et leurs locataires, ceux-ci pouvant prendre des renseignements et des précautions que les autres ne sont pas toujours en état de se procurer; — Que le code pénal de 1791, art. 15 de la sect. 2 du tit. 2 de la part. 2 de la part. 2, avait prononcé les mêmes peines contre les auteurs des vols commis dans les auberges et dans les maisons-garnies ; — Que la loi du 25 frim. an 8, art. 3, établit ensuite une première distinction, en prononçant des peines correctionnelles seulement pour les vols commis par les aubergistes envers ceux qui étaient reçus dans leurs auberges;— Que l'art. 386 du nouveau code pénal établit une nouvelle distinction, puisqu'en prononçant la peine de re-

clusion seulement pour les vols commis par les aubergistes ou hôteliers, et par ceux qu'ils reçoivent, sans faire aucune mention des vols commis dans les maisons garnies, soit par les logeurs, soit par ceux qu'ils reçoivent, cette dernière espèce de vol ne se trouve plus comprise dans la disposition de l'art. 386, et rentre, par conséquent, dans celle de l'art. 401 du même code; — Attendu que si le législateur eût entendu punir les vols commis dans les maisons garnies de la même peine que ceux commis dans les auberges et hôtelleries, il n'aurait pas manqué de comprendre nommément les maisons garnies dans l'art. 386, ainsi qu'elles étaient expressément comprises dans l'art. 15 précité du code pénal de 1791 ; — Que d'ailleurs, dans les art. 154 et 475 du nouveau code, les loueurs et les logeurs en maisons garnies étant assimilés, pour la garantie et la tenue de leurs registres, aux aubergistes et hôteliers, ils ont été nommément désignés dans ces articles; d'où il suit que, puisqu'ils ne l'ont pas été dans l'art. 386, ils ne se trouvent pas compris dans la disposition de cet article. » En conséquence, cet arrêt renvoyait l'accusée devant le tribunal correctionnel de Paris.

Sur le pourvoi du ministère public, cet arrêt fut cassé par arrêt de la section criminelle de la cour de cassation, du 4 avr. 1811, qui renvoya l'affaire devant la cour d'Orléans. Cette cour rendit, le 21 mai, une décision conforme à l'arrêt de Paris, qui avait été cassé. Nouveau pourvoi, et, sur les conclusions conformes de Merlin, second arrêt qui annule l'arrêt de la cour d'Orléans, par les motifs suivants : — « Considérant que les mots *hôtellerie* et *auberge*, employés dans l'art. 386, sont des expressions générales qui comprennent, selon leur acception commune et reconnue, les hôtels et maisons, ou partie d'hôtels et maisons, où l'on est reçu moyennant un prix ou une rétribution, pour y prendre le logement ou la nourriture; — Que cet art. 386 et les art. 475, 154 et 73 ont pour objet toutes les personnes que l'on entend ordinairement sous les noms d'*aubergistes, hôteliers, logeurs* et *loueurs en maison garnie;* que ces articles prononcent contre eux les mêmes peines, leur imposent les mêmes obligations, et les soumettent à la même responsabilité civile ; que si deux de ces articles emploient seulement les expressions générales d'*aubergistes, hôteliers*, l'art. 154 emploie les mots *logeurs et aubergistes*, et que l'art. 475 emploie cumulativement les mots *hôteliers, aubergistes, logeurs et loueurs en maison garnie;* que cet art. 475, après avoir ainsi nommé les hôteliers, aubergistes, logeurs et loueurs en maison garnie, rappelle la garantie prescrite par l'art. 73, relativement aux personnes qui logent chez eux; d'où il suit qu'il faut entendre cet art. 73, ainsi que l'art. 386, comme s'ils énuméraient aussi les hôteliers, aubergistes, logeurs et loueurs en maison garnie, quoiqu'ils emploient seulement les mots *hôteliers* et *aubergistes ;* — Que ces dispositions du code pénal sont fondées sur la confiance nécessaire que le voyageur doit accorder durant son voyage, tantôt à un aubergiste, tantôt à un loueur d'hôtel garni ; qu'elles ne lui ont pas refusé dans un lieu la garantie qu'elles lui ont accordée dans un autre; qu'elles n'ont pas voulu que le loueur d'hôtel garni, coupable du vol des effets d'un voyageur, fût puni d'un simple emprisonnement, tandis que l'aubergiste, dans le même cas, doit subir une peine afflictive et infamante » (Ch. réun. cass. 27 juin 1811, M. Merlin, pr. gén., c. conf., aff. Colin).

Cet arrêt renvoyait l'affaire devant la cour d'Amiens. Cette cour ayant jugé dans le même sens que celles de Paris et d'Orléans, il y eut un troisième pourvoi, et la question fut soumise, par un référé de la cour de cassation, au conseil d'État, qui la résolut dans le sens des deux arrêts de cassation par un avis du 10 oct. 1811 (V. *supra*, p. 1112), dont les motifs se trouvent littéralement reproduits dans l'arrêt suivant :—« Considérant, ainsi qu'il a été considéré dans ledit avis du conseil d'État, que les motifs qui ont dicté la peine portée contre les vols commis dans une auberge ou hôtellerie s'appliquent évidemment aux vols commis dans une maison ou hôtel garni; qu'il résulte d'ailleurs des art. 73, 154 et 475 c. pén., que le législateur a employé indistinctement, tantôt les expressions d'*aubergistes* et *hôteliers*, comme dans le

laquelle il a renvoyé les prévenus devant le juge d'instruction compétent. •

Du 7 sept. 1827.-C. C., ch. crim.-MM. Ollivier, f. f. pr.-Bernard, r.

bonds, être statué ce qu'il appartiendra ; — Au surplus, casse, pour violation des règles de la compétence et excès de pouvoir, la disposition du jugement rendu par le tribunal correctionnel d'Yvetot, par

premier de ces articles; tantôt celles de *logeurs* et *aubergistes*, comme dans le second; tantôt celles d'*aubergistes*, *hôteliers*, *logeurs* ou *loueurs de maisons garnies*, comme dans le troisième, pour assujettir les personnes désignées sous ces différentes dénominations aux mêmes obligations et à la même responsabilité; qu'ainsi, si les mots de *maison* ou *hôtel garni* ne se trouvent pas littéralement répétés dans l'art. 386, on ne peut douter qu'ils n'y soient implicitement compris sous les expressions génériques d'*auberge* ou *hôtellerie*; — Et attendu en fait, etc. » (Ch. réun. cass. 23 nov. 1811, MM. Bailly, rap., Daniels, av. gén., aff. Colin).

279. Un autre arrêt de la cour suprême avait également jugé que le vol commis dans un hôtel garni par un individu qui y était reçu constituait un crime passible de la réclusion (Crim. rej. 13 juin 1811, MM. Barris, pr., Schwendt, rap., aff. veuve Sauvy).

280. Sous l'empire du code pénal de 1810, lorsque l'accusé était déclaré coupable d'un vol d'effets d'habillement au préjudice d'un tel, chez lequel il l'était reçu pour y loger, la qualité de *logeur*, donnée du reste dans le résumé de l'acte d'accusation à la personne volée, se trouvait implicitement renfermée dans cette réponse, et l'accusé encourait la peine du § 4 de l'art. 386 c. pén. (Crim. rej. 16 fév. 1816, MM. Barris, pr., Bailly, rap., aff. Sterlin). — Mais, suivant un autre arrêt, l'art. 386 n'était point

applicable au vol commis par un militaire, au préjudice d'autres militaires, dans la maison d'une personne qui, moyennant une rétribution qu'elle recevait des habitants sur lesquels pesait la charge du logement des gens de guerre, logeait pour eux les militaires qui leur étaient adressés; cette personne ne pouvant être considérée comme logeuse dans le sens de la loi (Crim. rej. 4 sept. 1812) (1).

281. Il avait été décidé : 1° que les cabarets étaient compris sous les dénominations générales d'*hôtelleries* et d'*auberges* employées par l'art. 386, § 4, c. pén.; qu'ainsi le vol commis dans un cabaret par une personne qui y était reçue rentrait dans la disposition de l'art. 386, comme le vol commis dans une auberge ou dans une hôtellerie (Crim. cass. 14 fév. 1812 et 1er avr. 1813 (2); 16 avr. 1813, MM. Audier-Massillon, rap., aff. de Proost); — 2° Que, de même, celui qui volait chez un traiteur où il prenait un repas, le couvert qu'on lui avait servi, était passible des peines prononcées par l'art. 386, § 4, c. pén. (Crim. rej. 19 avr. 1813, M. Busschop, rap., aff. Signoret); — 3° Que les vols commis dans les cafés par les personnes qui y étaient reçues devaient être punis comme ceux commis dans des auberges (Crim. cass. 17 juin 1830 (3); Crim. rej. 28 mai 1815, M. Busschop, rap., aff. Dupont); — Qu'en conséquence, sous l'empire de la loi du 25 juin 1824, un individu coupable d'un tel vol et qui avait été précédemment condamné à deux années d'em-

<hr/>

(1) *Espèce* : — (Tiercin.) — 22 juill. 1812, arrêt de la cour d'assises du département de l'Hérault, en ces termes : « Attendu que la déclaration du jury il résulte que l'accusé L.—M. Tiercin (marin) est déclaré coupable de vol commis chez la femme Enstrine, d'une paire de souliers, et qu'il a commis ce vol chez une logeuse où il était reçu; — Que la femme Enstrine ne peut pas être considérée comme logeuse dans le sens voulu par la loi, vu qu'elle ne fait que recevoir chez elle les militaires qui lui sont adressés par les particuliers chargés de les loger eux-mêmes; — Que l'accusé a dû se considérer logé chez la femme Enstrine comme s'il eût logé chez le particulier pour qui il avait reçu un billet de logement; — Déclare que l'art. 386 c. pén. ne lui est point applicable... » — Pourvoi. — Arrêt.

La cour ; — Attendu que la procédure est régulière, et que, d'après les faits constatés par la déclaration du jury et par l'arrêt de la cour d'assises, il n'existait à la charge dudit Tiercin qu'un vol simple sans aucune des circonstances aggravantes déterminées par la loi, et que dès lors ladite cour n'a violé aucune loi en ne condamnant ledit Tiercin qu'à des peines correctionnelles, et qu'elle a fait une juste application de l'art. 401 c. pén.; — Rejette, etc.

Du 4 sept. 1812.—C. C., sect. crim.—M. Massillon, rap.

(2) 1re *Espèce* : — (Min. pub. C. Dantel.) — La cour ; — Vu l'art. 386, § 4, c. pén. ; les art. 351 et 416 c. inst. crim.; — Considérant que les mots *hôtellerie* et *auberge*, employés dans ledit § 4 de l'art. 386 c. pén., sont des expressions générales qui, dans leur acception ordinaire et reconnue, comprennent tous les hôtels et maisons, ou parties d'hôtels et maisons, où le public est reçu, moyennant prix et rétribution, à prendre le logement ou la nourriture ; que conséquemment on doit, sous la dénomination d'*hôtellerie* et *auberge*, comprendre les cabarets qui sont des lieux où le public et les voyageurs sont reçus moyennant un prix, soit pour manger et boire, soit pour loger; — Que, pour qu'un vol commis dans une auberge soit punissable des peines afflictives et infamantes portées par ledit art. 386, il suffit, d'après le § 4 de cet article, que le vol ait été commis dans une auberge par un individu qui y était reçu; d'où il suit que le vol n'en perd rien de sa gravité par la seule circonstance que, de fait, le voleur n'y aurait pris ni nourriture ni logement ; — Que, dans l'espèce, Marie Dantel était prévenue d'avoir commis un vol dans un cabaret où elle était reçue; que ce vol était donc un crime rentrant dans l'application du § 4 dudit art. 386 c. pén ; qu'en refusant d'ordonner le renvoi de ladite prévenue à la cour d'assises, sous les prétextes 1° qu'un cabaret n'est pas compris sous les dénominations générales d'*hôtellerie* et d'*auberge*; 2° que la prévenue d'avoir commis le vol n'a pris ni logement ni nourriture, la cour de Metz a contrevenu audit art. 386, et par suite violé les règles de compétence établies par l'art. 231 c. inst. crim.

Du 14 fév. 1812.—C. C., sect. crim.—M. Busschop, rap.

2e *Espèce* : — (Min. pub. C. Maréchal.) — La cour; — Vu l'art. 386 c. pén.; vu aussi l'art. 416 c. inst. crim.; — Considérant que les mots *hôtellerie*, *auberge*, employés dans l'art. 386 c. pén., sont des expressions générales, qui comprennent, selon leur acception commune et reconnue, les hôtels et maisons, ou parties d'hôtels ou maisons, où l'on est reçu moyennant un prix ou une rétribution, pour y prendre repos, logement, nourriture ; — Que les cabarets sont du nombre de ces maisons; qu'à la vérité, on n'est point reçu dans un cabaret pour y coucher, mais que très-souvent on n'entre dans une auberge, ainsi que

dans un cabaret, que pour y prendre la nourriture ; que la même confiance est nécessairement accordée, dans tous les cas, soit par les aubergistes et cabaretiers, aux personnes qu'elles reçoivent, soit par celles-ci, aux aubergistes et cabaretiers; qu'il ne résulte d'aucune expression de la loi, et qu'il n'est pas permis de supposer que le législateur ait voulu donner une garantie plus spéciale aux voyageurs et autres, dans une auberge où ils prennent à la fois logement, repos et nourriture, que dans une auberge ou un cabaret où ils sont reçus pour y prendre seulement repos et nourriture ; — Que la cour de Bruxelles, en renvoyant devant le tribunal correctionnel de Louvain Pierre Maréchal, prévenu d'avoir commis un vol dans un cabaret où il était reçu, et d'avoir commis une tentative de vol dans un autre cabaret où il était pareillement reçu, et en annulant l'ordonnance de prise de corps décernée contre lui, a violé l'art. 386 c. pén. cité ci-dessus, et les règles de compétence établies par le code d'instruction criminelle; — Par ces motifs, casse.

Du 1er avr. 1813.-C. C., sect. crim.-M. Oudard, rap.

(3) (Min. pub. C. F. Benoît.)—La cour; — Vu les art. 299 c. inst. crim. ; 386, n° 4, c. pén. ; 5 et 12 de la loi du 25 juin 1824 ; — Attendu qu'étant reconnu par l'arrêt attaqué et, d'ailleurs, établi par l'extrait en forme, joint aux pièces du procès, d'un arrêt de la cour d'assises du département du Gard, rendu le 20 mars 1828, que Françoise Benoît, veuve Granier, avait été condamnée à deux années d'emprisonnement par vol, dès lors, d'après l'art. 12 de la loi du 25 juin 1824, l'art. 5 de la même loi n'était point applicable au fait dont elle était prévenue et qui rentrait dans les dispositions *répressives* du code pénal de 1810; — Attendu que les vols commis dans les cafés sont de la même nature que ceux commis dans les auberges et hôtelleries par les individus qui y sont reçus, et que leurs auteurs sont passibles des mêmes peines; que les mots *auberges* et *hôtelleries* comprennent, dans leur généralité, tous les lieux où, moyennant un prix, on est reçu soit pour coucher, soit pour manger et pour boire ; que la même confiance nécessaire s'établit et exige les mêmes garanties pénales; que ce principe est consacré par la jurisprudence uniforme des chambres d'accusations des cours d'assises et de la chambre criminelle de la cour de cassation.

Attendu, néanmoins, que la chambre des mises en accusation de la cour royale de Nîmes a déclaré, par l'arrêt attaqué, qu'il n'y avait lieu à suivre contre F. Benoît, veuve Granier, prévenue d'un vol commis par elle dans un café où elle était reçue, et annulé l'ordonnance de prise de corps, décernée contre cette femme par la chambre du conseil du tribunal de première instance de Nîmes, non par le motif qu'il n'y avait pas de charges suffisantes du vol dont elle était prévenue, ou parce qu'elle n'avait pas été précédemment condamnée à un emprisonnement excédant six mois, puisqu'elle l'a renvoyée par le même arrêt et pour le même fait en police correctionnelle, et qu'elle l'a placée sous l'application de l'art. 58 c. pén. pour la récidive, mais parce que le fait imputé à ladite Benoît ne constituait, dans tous les cas, qu'un simple délit prévu par l'art. 401 du même code; ce qui, dans l'espèce particulière, présente une fausse application desdits art. 401 et 58 et une violation formelle des art. 386, n° 4, dudit code combiné avec les art. 5 et 12 de la loi du 25 juin 1824, et 299, n° 1 c. inst. crim. ; — En conséquence, casse cet arrêt du 22 mai 1830.

Du 17 juin 1830.-C. C., ch. crim.—MM. de Bastard, pr.,—Brière, rap.

prisonnement pour vol était justiciable des cours d'assises, et ne pouvait être placé dans les cas exceptionnels de ladite loi de 1824 (même arrêt 17 juin 1830).

282. Ces décisions, ainsi que nous l'avons déjà expliqué, se réfèrent à une disposition qui a cessé d'être en vigueur. Mais de l'interprétation qu'elles donnent à ces mots : *auberge, hôtellerie,* on devrait conclure, et c'est ce qui fait encore aujourd'hui leur intérêt, que, sous l'empire de l'art. 386, tel qu'il a été modifié par la loi du 28 avr. 1832, le vol commis par un cabaretier, un traiteur, un maître de café, au préjudice d'une personne qui serait venue dans son établissement pour consommer, serait passible de la réclusion. — C'est, du reste, ce qu'enseignent Merlin, Rép., vº Vol, sect. 2, § 3, dist. 4, art. 386-4º, nº 2); Carnot (sur l'art. 386, nº 29); Legraverend (t. 3, p. 375); Bourguignon (sur l'art. 386, nº 4), et ce qui résulte d'un arrêt qui a décidé que le cabaretier déclaré avoir commis, de complicité avec d'autres, le vol d'une bourse dans son auberge et sur une personne qui y était reçue et qui y dormait, est réputé avoir reçu cet effet à titre d'aubergiste, ce qui le rend coupable du crime de vol prévu et puni par l'art. 386, nº 4, c. pén. (Crim. rej. 22 mars 1816, aff. Pierson, vº Complice, nº 36-5º). — Contre cette doctrine, toutefois, on peut élever de graves objections. Et d'abord il est de principe que les pénalités ne peuvent être étendues des cas prévus par la loi à des cas non prévus; or l'art. 386, § 4, parle des aubergistes et hôteliers; il ne parle pas des cabaretiers, traiteurs et maîtres de café. Il ne parle pas davantage, il est vrai, des maîtres de maisons garnies; mais entre ces derniers et les aubergistes et hôteliers il existe la plus étroite analogie; les uns et les autres en effet reçoivent des personnes à loger. D'ailleurs, ainsi que l'a fait remarquer l'avis du conseil d'État du 10 oct. 1811 (V. *supra*, nº 278) et après lui l'arrêt de cassation du 23 nov. 1811, il résulte de la comparaison des art. 73, 154 et 475 c. pén., que le législateur a entendu assimiler entièrement, quant aux obligations et à la responsabilité, les aubergistes, les hôteliers, les logeurs et maîtres de maisons garnies, et que, bien qu'il ne désigne, dans l'art. 73, que les aubergistes et hôteliers, ce qu'il dit doit néanmoins s'entendre également de tous ceux qui fournissent le logement dans des maisons garnies. Or c'était une conséquence naturelle de cette assimilation que la disposition de l'art. 386 fût étendue aux mêmes personnes. Mais entre ces professions et celles de cabaretier, traiteur, maître de café, il existe une différence importante. Ces derniers ne fournissent pas le logement, et les dispositions des art. 73, 154 et 475 c. pén. ne leur sont point applicables. Si donc on peut dire que lorsque le

législateur, dans l'art. 386, nommait les aubergistes et hôteliers, sa pensée embrassait tous ceux qui logent en garni, on ne peut pas dire qu'elle embrassait également les cabaretiers, traiteurs et maîtres de café. D'ailleurs les raisons de décider ne sont pas les mêmes pour les uns et pour les autres. Ceux qui se présentent dans une auberge ou une hôtellerie pour y loger ou même simplement pour y prendre un repas ordinairement avec eux des effets qui se trouvent nécessairement confiés à la foi du maître et de ses préposés. Il n'en est pas de même de ceux qui fréquentent les cabarets, cafés et maisons de traiteurs; ceux-ci n'ont point ordinairement avec eux d'effets pour lesquels ils donnent au maître une confiance nécessaire. Par conséquent, les premiers ont droit à une protection spéciale; mais il n'y a pas de motifs pour étendre cette protection aux seconds. — Ces raisons déterminent MM. Chauveau et Hélie (t. 5, nº 1813) à penser que la disposition de l'art. 386 ne doit pas être appliquée aux vols commis par les cabaretiers, traiteurs, maîtres de café ; et nous partageons leur opinion. — Il a été décidé, en ce sens que le vol par un cabaretier, dans son cabaret, ne peut pas être assimilé au vol par un aubergiste ou un hôtelier, dans son auberge ou son hôtellerie et ne rentre pas dans l'art. 386-4º c. pén., qui porte la peine de la réclusion, mais dans la catégorie des vols simples, que l'art. 401 punit d'un emprisonnement (Gand, 13 déc. 1860) (1).

283. L'art. 386, § 4, semble exiger, pour appliquer à l'aubergiste et à l'hôtelier la peine de la réclusion, non pas seulement que les objets par eux volés aient été apportés dans leur maison, mais encore qu'ils aient été déposés entre leurs mains. Cet article dit en effet : « lorsqu'ils auront volé tout ou partie des choses qui leur étaient *confiées* à ce titre. » On peut se demander toutefois si les effets des voyageurs, par cela seul qu'ils ont été apportés dans l'hôtellerie, ne doivent pas être réputés *confiés* à l'hôtelier. Telle était la décision des lois romaines *Et puto*, dit Ulpien (L. 1, § 8, ff., *Nautæ, caupones, etc.*), *omnium eum recipere custodiam quæ in navem illata sunt : et factum non solum nautarum, præstare debere, sed et vectorum*. Et Gaïus ajoute dans la loi suivante : *Sicut et caupo viatorum*. L'art. 1952 c. nap. déclare, de même, les aubergistes ou hôteliers responsables, comme *dépositaires*, des effets *apportés* par le voyageur qui loge chez eux; il ajoute que le dépôt de ces sortes d'effets doit être regardé comme un *dépôt nécessaire*. De là il résulte que les effets apportés dans l'auberge ou l'hôtellerie par un voyageur doivent être réputés par cela seul confiés à l'aubergiste ou à l'hôtelier, et qu'ainsi, bien que ces effets n'aient pas été remis entre

(1) (Min. pub. C. Vandenbossche.) — La cour ; — Vu les pièces de la procédure dont lecture a été donnée par le greffier, en présence de M. le substitut, ainsi que le réquisitoire écrit et signé par ce dernier, dont la teneur suit : — « Le procureur général près la cour d'appel de Gand ; — Vu les pièces de l'information suivie contre : 1º Frédéric Vandenbossche, âgé de quarante et un ans ; — 2º Sophie Durnez, âgée de trente-trois ans, épouse du précédent, tous deux cabaretiers, domiciliés à Ypres, décrétés de prise de corps, et renvoyés devant la chambre des mises en accusation, sous la prévention d'avoir, le 26 août 1860, dans leur cabaret à Ypres, soustrait frauduleusement une somme de plus de 450 fr. et une montre en argent, qui leur avaient été confiés en leur qualité d'aubergistes, et ce au préjudice du sieur Fretin, domestique à Ploegsteert, et de Louis Potié, cultivateur au même lieu ; — Attendu qu'il existe contre eux des indices suffisants de culpabilité d'avoir, à la date et au lieu préindiqués, soustrait frauduleusement l'argent et la montre dont il s'agit, mais qu'il n'est pas établi que ces objets leur aient été confiés en leur qualité d'aubergistes ou d'hôteliers ; — Qu'en effet. le sieur Fretin, à qui la montre et l'argent ont été enlevés, était entré chez les prévenus, non pour y demander le logement, mais seulement pour y prendre un verre de bière, et qu'il n'est pas établi au procès que l'établissement des inculpés soit une auberge ou une hôtellerie ou un simple cabaret ; — Attendu que le texte de la loi (art. 386, § 4 c. pén.) ne range dans la classe des vols qualifiés crimes et punis de la réclusion que ceux qui ont été commis par les aubergistes, les hôteliers, les voituriers, bateliers ou un de leurs préposés ; que l'énumération faite par cet article ne comprend pas les cabaretiers, et qu'il est de principe que l'application de la loi pénale ne peut pas être étendue, sous prétexte d'analogie ; que d'ailleurs, les cabaretiers, en leur qualité, ne reçoivent pas de personnes à loger et ne contractent pas l'obligation de garder les objets mobiliers qu'elles ont avec elles, comme le fait virtuellement l'aubergiste ou l'hôtelier qui donne l'hospitalité à un voyageur ; — Attendu que cette obligation de garder les objets d'autrui est commune aux quatre classes de personnes énumérées dans l'art. 386-4º; que c'est à cette obligation que se rapportent les mots *choses confiées à ce titre*, et qu'elle seule explique l'aggravation de peine que le législateur a établie pour les vols commis par ces personnes ; — Attendu que cette obligation n'incombe pas aux cabaretiers, qui ne sont que des débitants de boisson et non des hôtes à qui le voyageur confie la garde de sa personne et de ses bagages ; — Attendu qu'il résulte de ces considérations, que le vol commis par les prévenus doit être rangé dans la classe des vols simples, punis des peines correctionnelles ; — Vu les art. 401 c. pén. et 130 c. inst. crim. ; — Requiert qu'il plaise à la chambre des mises en accusation annuler l'ordonnance de prise de corps rendue contre les époux Vandenbossche et les renvoyer, en état d'arrestation, devant le tribunal correctionnel d'Ypres, pour y être jugés conformément à la loi ; — Gand, le 13 déc. 1860.
» *Signé* C. Dumont. »
Attendu qu'il existe contre les deux prévenus des indices suffisants de culpabilité, d'avoir, à la date et au lieu préindiqués, soustrait frauduleusement l'argent et la montre dont il s'agit, mais qu'il n'est pas établi que ces objets leur aient été confiés en qualité d'aubergistes ou d'hôteliers ;
Annule l'ordonnance de prise de corps décernée contre les prévenus par la chambre du conseil du tribunal de première instance d'Ypres le 25 novembre dernier, et les renvoie, en état d'arrestation, devant la chambre correctionnelle dudit tribunal, pour y être jugés du chef d'avoir, à Ypres, le 26 août 1860, soustrait frauduleusement une somme de plus de 450 fr. et une montre en argent, au préjudice de Jean Fretin, domestique à Ploegsteert, et de Louis Potié, cultivateur au même lieu, délit prévu par l'art. 401 c. pén....
Du 13 déc. 1860.—C. d'app. de Gand, ch. des mises en acc.—M. Dumont, subst. pr. gén.

ses mains, le vol qu'il en ferait le rendrait passible de la reclusion. Telle est aussi l'opinion de MM. Chauveau et Hélie, t. 5, n° 1814.

284. La même doctrine a été consacrée par la cour de cassation, sur le pourvoi dirigé contre un jugement du tribunal de Pise, qui n'avait prononcé contre l'hôtelier que des peines correctionnelles, par le motif que l'art. 386, § 4 c. pén., doit être restreint au cas où les objets volés par l'aubergiste ou l'hôtelier lui ont été spécialement donnés en garde : — « Attendu, porte l'arrêt, que si, en matière civile, le maintien de l'ordre public a exigé que les aubergistes ou hôteliers fussent assujettis à la rigueur des règles établies relativement aux dépôts nécessaires, pour les effets apportés par le voyageur reçu chez eux, et qu'ils en fussent déclarés responsables, comme leur ayant été confiés de droit, et sans qu'il fût besoin d'aucune convention particulière, par cela seul que les voyageurs les avaient apportés chez eux, la même règle doit avoir lieu pour l'application de l'art. 386 c. pén., relatif aux vols commis par les aubergistes ou hôteliers, des choses apportées chez eux par les voyageurs ou personnes qui y ont été reçues ; ces expressions, *qui leur étaient confiées à ce titre*, insérées dans le dernier article, ayant eu pour objet, non d'apporter aucun changement à la corrélation de cet article avec ce qui avait été établi pour la responsabilité civile par l'art. 1952 c. nap., mais d'en prévenir l'application au cas où les mêmes rapports ne se rencontreraient pas entre l'aubergiste ou hôtelier, auteur du vol, et les personnes au préjudice desquelles aurait eu lieu la soustraction frauduleuse... » (Crim. cass. 28 oct. 1813, M. Coffinhal, rap., aff. Netti).

285. Il a même été jugé qu'il n'est pas nécessaire, pour l'application de l'art. 386, § 4 c. pén., que les effets y mentionnés aient été montrés ou déclarés à l'aubergiste ou à ses préposés :—« Attendu que tout ce qui est apporté dans les lieux désignés par le n° 4 de l'art. 386 c. pén., par ceux qui y sont reçus, est confié de droit aux maîtres de ces lieux en leur qualité, quand même les effets apportés n'auraient été ni remis ni montrés ni déclarés aux maîtres de ces lieux ni aux préposés » (Crim. rej. 4 juill. 1816, MM. Barris, pr., Bailly, rap., aff. veuve Marchand).

286. L'aubergiste accusé de vol d'une bourse contenant des pièces d'or et des pièces d'argent, et déclaré par le jury coupable du vol de cette bourse, mais sans qu'il soit constant qu'il y eût des pièces d'or, encourt la peine portée en l'art. 386 c. pén.; cette circonstance ne changeant pas la nature du crime (Crim. rej. 22 mars 1816, MM. Barris, pr., Audier, rap., aff. Pierson).

287. Supposons qu'un voyageur, en quittant l'auberge ou l'hôtellerie dans laquelle il a logé, y ait laissé par mégarde un objet : l'aubergiste ou l'hôtelier qui s'approprie cet objet est-il, à raison de ce fait, passible de la peine portée en l'art. 386 ? Nous croyons qu'il faut répondre affirmativement. Le dépôt nécessaire subsiste jusqu'à ce qu'il ait été révoqué, soit par la volonté réciproque des parties, soit par le retrait de tous les effets apportés. C'est ce qu'enseignent aussi Merlin, Rép., v° Vol, sect. 2, § 3, et MM. Chauveau et Hélie, t. 5, n° 1815. Et un arrêt, jugeant également en ce sens, a déclaré punissable de la reclusion l'aubergiste qui s'est approprié les objets que son hôte a laissés par oubli dans son auberge, en payant sa dépense : — « Attendu que, dans l'espèce, Netti, aubergiste à Livourne, était prévenu de la soustraction frauduleuse d'une montre laissée dans sa maison par Ange Lotti, qui avait été reçu chez lui, et qui ainsi lui était confiée de droit... » (Crim. cass. 28 oct. 1813, M. Coffinhal, rap., aff. Netti). — Mais, comme le fait observer Carnot (sur l'art. 386 c. pén., n° 37), de ce que l'aubergiste aurait conservé dans ses mains des effets qui auraient été oubliés dans son hôtellerie, il ne suivrait pas nécessairement qu'il se fût rendu coupable du vol de ces effets. Il aurait pu ignorer qui en était le propriétaire et les avoir conservés pour les rendre à la personne qui viendrait les réclamer. Ajoutons, avec le même auteur, qu'on devrait le supposer ainsi toutes les fois que l'hôtelier n'en aurait pas disposé, ou n'aurait pas tenté d'en tirer parti dans son propre intérêt.

288. Dans le cas où les effets, au lieu d'être simplement apportés dans l'auberge, ont été déposés par le voyageur entre les mains de l'aubergiste, celui-ci, en se les appropriant, semble commettre un abus de confiance plutôt qu'un vol proprement dit. En effet, l'un des éléments caractéristiques du vol, la soustraction, fait ici défaut, puisque la chose se trouve déjà entre les mains de l'aubergiste. Par contre, le fait présente tous les caractères de l'abus de confiance, tels qu'ils sont déterminés par l'art. 408 c. pén. Cependant ce sera l'art. 386, § 4 c. pén., qui devra évidemment être appliqué. MM. Chauveau et Hélie (t. 5, n° 1816), concluent de là qu'en qualifiant de vol un fait qui n'a pas le caractère essentiel de ce délit, le code a créé une exception aux règles générales de cette matière ; qu'ainsi il ne faut pas chercher dans le vol commis par les aubergistes et hôteliers les caractères du vol ordinaire, et que le délit est le même soit qu'il constitue un véritable vol, soit un abus de confiance. — V. n° 291.

§ 3. — *Vols et altérations de liquides ou marchandises par les voituriers ou bateliers.*

289. La loi, dans l'art. 386, § 4 c. pén., et dans l'art. 387 même code, prévoit, de la part des voituriers et bateliers, deux délits distincts dont nous allons nous occuper successivement.

290. 1° *Vols.* — Notre ancien droit n'avait pas manqué d'infliger une répression sévère à ce genre de vols. Voici comment s'exprime à cet égard Jousse, dans son Traité de la justice criminelle (t. 4, p. 190) : « Quand les effets ont été volés par le messager lui-même, ou par quelqu'un de ses commis ou préposés, l'action peut être poursuivie criminellement contre l'auteur du vol ou ses complices, et ils doivent être punis, non de la peine du vol simple, mais d'une autre peine plus grave, comme des galères à temps. » — Entre eux et les aubergistes ou hôteliers, il existe la plus étroite analogie quant aux objets qui leur sont confiés (c. nap. 1782). Aussi l'art. 386, § 4 c. pén., leur applique-t-il, en cas de vol de ces objets, la même aggravation de peine. Cet article porte que la reclusion devra être prononcée, « si le vol a été commis par un aubergiste, un hôtelier, un voiturier, un batelier, ou un de leurs préposés, lorsqu'ils auront volé tout ou partie des choses qui leur étaient confiées à ce titre. »

291. Nous ferons ici une observation analogue à celle qui a déjà été faite ci-dessus n° 288, à l'égard des aubergistes ou hôteliers, pour le cas où les effets n'ont pas été seulement apportés dans leur maison, mais ont été déposés entre leurs m ins. Il s'agit dans ces cas d'une incrimination spéciale ; par conséquent, il n'y a point à rechercher si le fait en lui-même ne constitue pas un abus de confiance plutôt qu'un vol proprement dit. On doit donc appliquer la disposition qui précède à tout voiturier ou b telier qui s'est approprié des objets qui lui avaient été confiés à ce titre. — C'est ainsi qu'il a été décidé que le détournement frauduleux commis par un voiturier d'objets confiés à sa garde comme voiturier ne constitue pas seulement le délit d'abus de confiance prévu par les art. 406 et 408 c. pén., et justiciable des tribunaux correctionnels, mais le crime de vol qualifié par le n° 4 de l'art. 386 du même code : — « Attendu que le fait imputé à Renault n'est pas seulement un abus de mandat, mais un vol qualifié par le n° 4 de l'art. 386 c. pén.; que l'aggravation de peine est motivée sur la confiance nécessaire qui s'attache à la qualité de voiturier, et que, par suite, il en résulte un changement dans la compétence » (Crim. règl. de jug. 9 avr. 1842, MM. de Bastard, pr., Isambert, rap., aff. Renault).

292. L'aggravation de peine dont il s'agit ici n'est applicable qu'à ceux qui font leur profession habituelle des transports par terre ou par eau, parce que dans ce cas seulement il y a confiance nécessaire de la part de ceux qui les emploient. Mais s'il arrivait qu'une personne confiât à une autre, étrangère d'ailleurs à l'industrie des transports, des objets que cette dernière s'engageât à conduire dans un lieu déterminé, ce ne serait là qu'un mandat ordinaire, purement volontaire de la part du mandant. Dès lors, en s'appropriant ces objets, le mandataire ne rendrait pas passible de la reclusion : l'art. 386, § 4, ne serait point applicable à ce cas. C'est ce qu'enseignent aussi MM. Chauveau et Hélie, t. 5, n° 1818. — Il avait été jugé de même,

antérieurement au code pénal, que la loi applicable aux vols d'effets confiés aux voitures publiques ne s'appliquait pas au vol commis par le conducteur d'une voiture particulière ; que ce dernier vol rentrait dans la classe de ceux prévus par la loi du 22 juill. 1791 (Crim. rej. 5 frim. an 8, MM. Rous, pr., Jaume, rap., aff. veuve Dumeiz).

293. Ainsi que nous l'avons vu ci-dessus (n° 285), lorsqu'il s'agit du vol commis par les aubergistes et hôteliers, il suffit, pour l'application de l'art. 386, § 4 c. pén., que les objets aient été apportés dans l'auberge ou l'hôtellerie ; il n'est pas nécessaire qu'ils aient été expressément confiés à l'aubergiste ou à l'hôtelier. Il en est autrement à l'égard des voituriers ou bateliers. Il faut que les objets leur aient été remis pour être transportés. La raison de cette différence est sensible. Quand un voyageur entre dans une auberge pour y loger, il se forme entre lui et l'aubergiste un contrat tacite qui embrasse les effets comme accessoire de la personne ; l'aubergiste sait parfaitement que ces effets sont confiés à sa foi, et il n'est besoin à cet égard d'aucune explication entre lui et le voyageur. Il n'en est pas de même lorsqu'il s'agit d'objets à transporter. Pour que le voiturier sache qu'il en est chargé, qu'ils sont confiés à sa foi, qu'ils doit veiller à leur conservation, il faut bien qu'ils lui soient remis. Si l'on se bornait à les apporter dans sa maison ou dans son bureau, sans autre explication, on ne pourrait pas dire qu'il lui ont été confiés en sa qualité de voiturier, et dès lors en se les appropriant, il ne se rendrait coupable que d'un vol simple (Conf. MM. Chauveau et Hélie, t. 5, n° 1819).—Il a été jugé, en ce sens, que l'art. 386, § 4 c. pén., n'est pas applicable à l'employé du bureau d'une diligence qui s'approprie des marchandises déposées à ce bureau, si ces marchandises n'avaient pas été remises par leur propriétaire pour être transportées dans un autre lieu, mais avaient été volontairement abandonnées par lui dans ce bureau, où il les a fait réclamer quelques jours plus tard :— « Considérant que les marchandises détournées au préjudice de Nephtali Mauss n'avaient pas été remises par lui au bureau des messageries pour être transportées à Colmar ; qu'il est établi, au contraire, que Mauss fils les avait volontairement abandonnées dans les bureaux de diligences Laffitte et Caillard, où il les a fait réclamer quelques jours plus tard ; que, dès lors, ces marchandises n'étant restées en la possession de l'entreprise de diligences qu'à titre de simple dépôt volontaire, le fait imputé au prévenu Bonneville ne saurait rentrer dans les prévisions de l'art. 386, n° 4, c. pén., mais bien dans celles de l'art. 401 ; qu'en conséquence, c'est à tort que les premiers juges se sont déclarés incompétents » (Colmar, 12 juin 1839, MM. Dumoulin, pr., Beysser, cons. rap., aff. Bonneville).

294. Il n'est pas nécessaire pour l'application de l'art. 386, § 4, que les objets aient été déclarés et inscrits, il suffit qu'ils aient été remis au voiturier en sa qualité et par lui reçus à ce titre. Ils le sont lors confiés à sa foi, et la soustraction qu'il en ferait constituerait l'abus d'une confiance nécessaire, ainsi que l'enseignent MM. Chauveau et Hélie, t. 5, n° 1819.

295. L'aggravation de peine ne peut d'ailleurs être appliquée, suivant les mêmes auteurs (loc. cit.), qu'autant que l'au-

teur du vol avait été spécialement préposé à la surveillance des objets transportés. — C'est ce qui résulte aussi d'un arrêt qui a décidé que la soustraction frauduleuse commise dans une diligence par un postillon pendant le relai ne constitue qu'un vol simple, « attendu que, pût-on considérer ce voiturier de diligence comme préposé au voiturier d'icelle, la chose qu'il aurait volée sur cette diligence ne lui aurait pas été confiée à ce titre (Nîmes, 7 janv. 1829) (1).

296. Le vol commis par un voiturier d'un objet qui lui a été confié à ce titre est un crime sui generis qui ne peut jamais être puni des peines portées par le § 4 de l'art. 386 c. pén., lors même qu'il aurait été commis la nuit sur un chemin public et par deux ou plusieurs personnes (Crim. rej, 18 mai 1843, aff. Lamirault, V. Complice, n° 46).

297. L'art. 386, § 4, est applicable aux transports maritimes comme aux transports sur les fleuves et rivières.—Ainsi la soustraction par un capitaine de tout ou partie des objets de la cargaison confiée à ses soins, est passible de la peine prononcée par cet article : « Attendu que, d'après les faits déclarés par la cour royale d'Aix, Joachim Genisé est accusé d'avoir soustrait frauduleusement, en sa qualité de capitaine en second du navire l'Annette-et-Louise, diverses parties de la cargaison dudit navire qui lui avait été confiée en sadite qualité ; que ce fait est prévu par le n° 4 de l'art. 386 c. pén., qui le punit d'une peine afflictive et infamante; qu'il est donc qualifié crime par la loi » (Crim, rej. 30 août 1822, MM. Barris, pr. Louvot, rap., aff. Genisé).

298. 2° Altération de liquides ou marchandises.— De tout temps on a senti le besoin de trouver dans la sévérité de la répression une garantie, non-seulement contre les soustractions que pourraient commettre les voituriers ou bateliers, mais aussi contre une autre espèce de méfait qui consiste à altérer par des mélanges les substances qu'ils sont chargés de transporter. Ainsi Jousse (Justice criminelle, t. 4, p, 190) rapporte plusieurs arrêts qui avaient décidé que les voituriers qui buvaient ou gâtaient le vin qu'ils étaient chargés de voiturer devaient être punis du fouet ou du carcan. Et Muyart de Vouglans (Lois crim., p. 277 et 299) s'exprimait ainsi sur le même sujet : «Relativement au faux qui se commet dans le vin, il y en a une espèce particulière contre laquelle les arrêts ont toujours sévi avec le plus de rigueur : c'est celle qui se commet par les charretiers qui fraudent et gâtent le vin qu'ils sont chargés de conduire. » — Le code pénal de 1810 statuait à cet égard dans les termes suivants (art. 387) : « Les voituriers, bateliers ou leurs préposés qui auront altéré des vins ou toute autre espèce de liquides ou de marchandises dont le transport leur avait été confié, et qui auront commis cette altération par le mélange de substances malfaisantes, seront punis de la réclusion. — S'il n'y a pas eu mélange de substances malfaisantes, la peine sera un emprisonnement d'un mois à un an et une amende de 16 fr, à 100 fr. »

Cet article n'avait pas été modifié par la loi du 28 avr. 1832, Cependant il était évidemment trop sévère. Le code pénal lui-même nous fournit un terme de comparaison qui permet de le juger. C'est l'art. 317, qui, dans une de ses dispositions, prévoit

(1) (Min. pub. C. Vabre.) — La cour ; — Attendu que l'espace qui dans les villes ou villages se trouve au devant des auberges, quoiqu'il appartienne à la grande route, n'appartient pas pourtant au chemin public ; il ne constitue plus un chemin public, il ne constitue plus qu'une place publique ou une rue desdites villes ou villages ; le vol commis dans cet espace n'est par conséquent pas un vol commis dans un chemin public;

Attendu qu'un vol commis en cet endroit sur une diligence qui s'y trouve momentanément stationnée pendant qu'on change de chevaux, et par le postillon qui l'a amenée et avec la circonstance que le voleur pour consommer son vol a fait effraction au caisson du cabriolet de cette diligence, dans lequel caisson se trouvait renfermée, sous clef et dans un sac de toile cacheté et ficelé, la somme de 1,000 fr. qui a été prise avec ce sac ; un pareil vol quoique fait avec effraction, ne peut être considéré comme réunissant aucune des circonstances aggravantes prises de l'effraction extérieure ou intérieure dont parlent l'art. 381 et 586 c. pén., parce qu'une voiture, soit close que diligence, n'est ni une maison, ni un appartement, ni une chambre, ni un logement habité ou servant à habitation, ni une dépendance d'iceux, ni même ce que la loi entend par un édifice, parc ou enclos non

servant à habitation, et non dépendant des maisons habitées ;—Attendu que bien que le prévenu de ce vol en sa qualité de postillon de la susdite diligence, puisse être considéré comme domestique ou homme de service à gages, ce vol qu'il a commis envers son maître ou envers les voyageurs, le vol commis ni dans la maison de son maître ni dans une maison où il l'accompagnait et, quand on le considérerait comme ouvrier ou compagnon, il n'aurait pas non plus commis ce vol dans la maison, l'atelier ou le magasin de son maître ; — Attendu enfin que, pût-on considérer ce postillon de diligence comme préposé du voiturier d'icelle, la chose qu'il aurait volée sur cette diligence ne lui aurait pas été confiée à ce titre ; — Mais attendu que le vol dont il s'agit, tout dépouillé qu'il est de circonstances criminelles, n'en constitue pas moins un délit punissable de peines correctionnelles aux termes de l'art. 401 c. pén., et qu'il résulte de la procédure des indices que ledit postillon Vabre s'en est rendu coupable ; — Par ces motifs, annule l'ordonnance de prise de corps décernée contre Vabre par le tribunal de Meade, et néanmoins le renvoie en état de mandat de dépôt, devant le tribunal correctionnel de la même ville, pour y être jugé sur le vol dont il est prévenu, etc.

Du 7 janv. 1829.-C. de Nîmes, ch. d'acc.

le fait d'avoir occasionné à autrui une maladie ou incapacité de travail en lui administrant volontairement des substances nuisibles à la santé. Cet article prononce la peine de la reclusion pour le cas où l'incapacité de travail a été de plus de vingt jours, et l'emprisonnement avec une amende pour le cas où l'incapacité de travail a été de moins de vingt jours. Mais, dans l'un et l'autre cas, la loi suppose que la substance a été administrée et qu'elle a produit ses effets nuisibles à la santé. L'art. 387 prononçait aussi la reclusion, mais pour le seul fait d'avoir altéré les liquides ou marchandises par le mélange de substances malfaisantes, en raison de la possibilité des suites fâcheuses de cette altération, et alors même que ces liquides ou marchandises, n'ayant pas été consommés, n'auraient en fait produit aucun effet nuisible. — D'un autre côté, à ne considérer le fait qu'au point de vue de l'altération matérielle, c'est-à-dire de la détérioration de la marchandise, on trouve encore un terme de comparaison dans l'art. 443 c. pén., qui n'applique que la peine de l'emprisonnement au fait d'avoir, à l'aide d'une liqueur corrosive ou par tout autre moyen, gâté des marchandises ou matières servant à la fabrication, alors même que ce fait a été commis par un ouvrier de la fabrique ou un commis de la maison de commerce.—En présence de ces dispositions, il était difficile de s'expliquer la sévérité de l'art. 387. Cet article est un de ceux qui ont été réformés par la loi du 18 avr.-13 mai 1863. Il est maintenant ainsi conçu :« Les voituriers, bateliers ou leurs préposés qui auront altéré ou tenté d'altérer des vins ou toute autre espèce de liquides ou marchandises dont le transport leur avait été confié, et qui auront commis ou tenté de commettre cette altération par le mélange de substances malfaisantes, seront punis d'un emprisonnement de deux à cinq ans et d'une amende de 25 à 500 fr. — Ils pourront en outre être privés des droits mentionnés en l'art. 42 du présent code pendant cinq ans au moins et dix ans au plus; ils pourront aussi être mis, par l'arrêt ou le jugement, sous la surveillance de la haute police pendant le même nombre d'années. — S'il n'y a pas eu mélange de substances malfaisantes, la peine sera un emprisonnement d'un mois à un an et une amende de 16 à 100 fr. »

299. On peut s'étonner de rencontrer la disposition dont nous nous occupons au milieu de celles que le code pénal a consacrées au vol. « En essayant, dit à ce propos l'exposé des motifs de la loi de 1863, de déterminer le véritable caractère de ce délit de voiturier, on voit que ce n'est ni le vol caractérisé puni par l'art. 386, ni l'atteinte à la santé d'autrui punie par l'art. 317. C'est plutôt un abus de confiance, d'une importance si minime presque toujours, que le jury, qui se plaint d'avoir à le juger, manque quelquefois à la répression. Il sera mieux réprimé et à moins de frais par la police correctionnelle. »

300. Un député, M. Millet, avait proposé à la commission d'ajouter à l'art. 387 un paragraphe ainsi conçu : « Les peines portées par cet article et celles portées par le § 4 de l'art. 386 seront applicables à tous agents et employés des compagnies des chemins de fer. »—Cet amendement a été repoussé par la commission comme inutile et dangereux. « Pourquoi supposer, dit à ce sujet le rapport (Voy. D. P. 63. 4. 93, n° 115), qu'il soit permis de mettre en doute que les compagnies des chemins de fer et leurs préposés doivent être assimilés aux voituriers et aux entrepreneurs de transport? A notre avis, il n'y a pas seulement analogie, il y a identité des situations; le déclarer à propos des art. 386 et 387, c'était reconnaître qu'il fallait le déclarer aussi à propos d'autres dispositions analogues dans la législation. L'amendement proposé par M. Millet n'était donc pas nécessaire pour le cas auquel il s'applique; il devenait une occasion de difficultés pour d'autres cas qu'il ne pouvait pas embrasser. » M. Faustin-Hélie (Comm. de la loi du 13 mai 1863, p. 110), tout en reconnaissant que la responsabilité pénale qui pèse sur tous les voituriers embrasse les préposés des compagnies de fer, pense qu'il n'était pas inutile, pour dissiper tout doute à cet égard, de le dire nettement.

301. La loi du 10 avr. 1825 (art. 15) déclare les dispositions de l'art. 387 applicables aux altérations de vivres et marchandises commises à bord de tout bâtiment de mer par les capitaines, patrons, subrécargues, gens de l'équipage et passagers. —V. Organis. marit

ART. 2. — Vols qualifiés à raison des lieux où ils ont été commis.

§ 1. — Vols commis dans les maisons habitées et leurs dépendances, dans les parcs et enclos.

302. La demeure des citoyens doit être efficacement protégée contre les criminelles entreprises des malfaiteurs. Et cette protection doit s'étendre aux lieux que le propriétaire a pris la précaution de défendre par des clôtures. La loi considère donc comme un principe d'aggravation, du moins en certains cas et avec certaines distinctions, cette circonstance que le vol a été commis, soit dans une maison habitée ou servant à l'habitation ou dans les dépendances de cette maison, soit dans un parc ou enclos.

303. La loi du 25 sept. 1791 contenait des dispositions analogues. Elle voyait un principe d'aggravation dans cette circonstance que le vol avait été commis soit dans une maison actuellement habitée ou servant à l'habitation, soit dans un terrain clos et fermé; et de plus elle distinguait à cet égard selon que le terrain clos et fermé tenait immédiatement à une maison habitée ou ne se trouvait pas dans ces conditions (2e part., tit. 2, sect. 2, art. 7, 10, 12, 16, 25 et 26). Ainsi le vol commis avec effraction, escalade ou fausses clefs était passible de huit années de fers, auxquelles on devait ajouter deux ans s'il avait été commis dans une maison habitée ou servant à l'habitation ; le vol commis dans un terrain clos et fermé tenant immédiatement à une maison habitée était puni de quatre années de fers; celui qui était commis dans un terrain clos et fermé ne tenant pas immédiatement à une maison habitée était puni de quatre années de détention.

304. Sous l'empire de cette loi, il avait été jugé : 1° que des termes de la déclaration du jury qui portait que le prévenu était convaincu d'avoir commis un vol dans la maison d'un citoyen, le tribunal criminel n'avait pas dû conclure que la déclaration du jury exprimât la circonstance aggravante de l'habitation actuelle de la maison, et en raison de cette circonstance augmenter la peine de deux années de fers, conformément à l'art. 7, sect. 2, tit. 2, part. 2, L. 25 sept. 1791 (Crim. cass. 3 therm. an 3, MM. Boucher, pr., Lions, rap., aff. Clutier); — 2° que pour que l'habitation fût une circonstance aggravante du vol, il n'était pas besoin que la maison fût habituellement habitée (Crim. rej. 27 pluv. an 7, MM. Barris, pr., Méaulle, rap., aff. Crougy); — 3° que, soit que la personne qui avait été volée fût au moment du vol dans la maison du voleur ou dans sa propre maison, la circonstance aggravante était la même, la loi ne faisant aucune distinction; que, dans ce dernier cas, il y avait violation du domicile du citoyen, et que dans le premier il y avait violation de l'hospitalité (Crim. rej. 28 frim. an 9, MM. Goupil, pr., Genevois, rap., aff. Jensen et Tamiac); — 4° Que la peine portée par l'art. 13, sect. 2, tit. 2, part. 2, L. 25 sept.-6 oct. 1791, n'était applicable qu'au vol commis dans une maison habitée ; qu'elle ne pouvait pas être prononcée lorsque la déclaration du jury portait seulement sur un vol commis dans une écurie dépendant d'une maison habitée (Crim. cass. 22 brum. an 8, M. Dor, rap., aff. Béguin); — 5° Que, bien qu'une écurie où des personnes habitent habituellement ou momentanément dût être considérée comme maison d'habitation ou servant à l'habitation, on ne pouvait la réputer telle s'il n'en était pas fait mention dans l'acte d'accusation (Crim. rej. 28 prair. an 10, MM. Viellart, pr., Sieyès, rap., aff. N...).

305. Il avait été jugé également : 1° qu'une maison habitée ne pouvait être assimilée à un terrain clos et fermé comme circonstance aggravante d'un vol (Crim. cass. 3 vend. an 7, M. Balland, rap., aff. Miglot-Labarthe); — 2° Qu'on ne pouvait pas appliquer au vol, déclaré par le jury commis dans une maison habitée, la peine portée pour le vol commis dans un terrain clos et fermé tenant à une maison habitée (Crim. cass. 9 prair. an 7, M. Jaume, rap., aff. Cotard); — 3° Que la peine de quatre années de fers ne pouvait être appliquée au vol commis dans un terrain clos et fermé, lorsque les jurés n'avaient pas déclaré que ce terrain tenait immédiatement à une maison habitée (Crim. cass. 15 déc. 1792, MM. Lecointe, pr., Thouret, rap.,

aff. Stall); — 4° Que pour l'application de la peine prononcée contre le vol commis dans un terrain clos et fermé, il ne suffisait que la déclaration du jury portât que le terrain était clos, qu'il était nécessaire qu'il fût déclaré en outre que ce terrain était fermé (Crim. cass. 21 prair. an 4, MM. Brun, pr., Bazennerye, rap., aff. Seghers); — 5° Que le vol commis dans un bâtiment fermé, tenant à une maison habitée, n'était pas punissable comme celui commis dans un terrain clos et fermé, et qu'un simple vol de cette nature ne devait être poursuivi et puni que par la voie de la police correctionnelle (Crim. cass. 19 prair. an 9, M. Rupérou, rap., aff. Clerfeuille); — 6° Qu'un magasin tenant à une maison habitée fait partie de cette même maison, et qu'ainsi, sous le code du 3 brum. an 4, lorsqu'il résultait de l'acte d'accusation qu'un vol avait été commis dans un magasin tenant à une maison habitée, le tribunal criminel ne pouvait poser les questions suivantes : « Le magasin est-il situé dans un terrain clos et fermé? Le terrain tient-il immédiatement à une maison habitée? » (Crim. cass. 8 mess. an 9, M. Vallée, rap., aff. N...); — 7° Que le vol d'un cercle de fer commis dans une cuisine souterraine et faisant partie du corps d'habitation de la victime du vol ne pouvait être considéré comme un vol commis sur un terrain clos et fermé, tenant immédiatement à une maison habitée (Crim. cass. 19 flor. an 2, MM. Maleville, pr., Fradin, rap., aff. Caron); — 8° Qu'une écurie étant une espèce de bâtiment ou édifice qui ne peut être compris sous la dénomination de terrain clos et fermé, celui qui était déclaré coupable d'un vol commis dans l'écurie d'une maison habitée ne pouvait être puni de la peine prononcée par la loi du 25 sept. 1791 contre le vol commis dans un terrain clos et fermé tenant immédiatement à une maison habitée (Crim. cass. 25 oct. 1792, aff. Ducreux; 22 vend. an 7, MM. Busschop, rap., aff. Hilaireau); — 9° Que le vol commis dans un moulin non habité et ne faisant point partie d'une maison habitée était puni de six ans de détention, et non de huit ans de fers, comme le vol commis dans un enclos attenant à une maison habitée (Crim. cass. 19 mess. an 9, M. Gennevois, rap., aff. Molliens).

306. L'art. 5 de la loi du 25 frim. an 8 portait que, lorsque deux ou plusieurs personnes non armées se seraient introduites de jour, sans violence personnelle, effraction, escalade ni fausses clefs, dans l'intérieur d'une maison actuellement habitée ou servant à habitation, et y auraient commis un vol, la peine ne pourrait excéder deux années ni être moindre de six mois d'emprisonnement. L'art. 9 punissait de la même peine tout vol commis le jour dans un terrain clos et fermé, si ledit terrain tenait immédiatement à une maison habitée, et l'art. 10 ajoutait que si le terrain clos et fermé ne tenait pas immédiatement à une maison habitée, la peine du vol qui y serait commis le jour ne pourrait être moindre de trois mois ni excéder une année.

307. Il a été jugé, sous l'empire de cette loi : 1° que le vol commis par une ou plusieurs personnes dans l'intérieur d'une maison, sans autre circonstance aggravante, n'entraînait que des peines correctionnelles, l'art. 16, sect. 2°, tit. 2, 2° part. L. 25 sept.-6 oct. 1791, qui prononçait pour ce fait six années de fers, se trouvant abrogé (Crim. cass. 7 germ. an 11, M. Chasle, rap., aff. Robin et autres); — 2° Que le vol commis dans l'intérieur d'une cave ou d'une maison ne pouvait pas être assimilé au vol commis dans un terrain clos et fermé tenant immédiatement à une maison habitée, et ne donnait lieu qu'à des peines correctionnelles (Crim. cass. 12 juin 1807, MM. Barris, pr., Lamarque, rap., aff. Argenti).

308. Venons au code pénal de 1810. Le code ne considère pas le fait qu'un vol a été commis dans une maison habitée comme constituant à lui seul une circonstance aggravante. Ce fait n'est un principe d'aggravation qu'autant qu'il se combine avec d'autres, déterminés par la loi, soit parce que leur réunion révèle une audace, une perversité plus grandes, soit parce qu'il en résulte un péril plus grand contre lequel il était nécessaire de défendre la société par un surcroît de rigueur. Ainsi l'art. 381, n° 4, c. pén., dit : « Si les coupables ont commis le crime, soit à l'aide d'effraction extérieure ou d'escalade ou de fausses clefs, *dans une maison ou logement habité ou servant à l'habitation,* etc. » Et l'art. 386, n° 1, dit de même : « Si le vol a été commis la nuit par deux ou plusieurs personnes ou s'il a

été commis avec une de ces deux circonstances seulement, mais en même temps *dans un lieu habité ou servant à l'habitation...* » — Ainsi, la circonstance de *nuit* n'est pas par elle seule une circonstance aggravante (V. *infrà,* n° 462), et il en est de même de la circonstance de *maison habitée;* mais leur réunion constitue une cause d'aggravation.

309. L'art. 390 c. pén. explique en ces termes ce qu'il faut entendre par *maison habitée.* « Est réputé maison habitée, dit cet article, tout bâtiment, logement, loge, cabane, même mobile, qui, sans être actuellement habité, est destiné à l'habitation, et tout ce qui en dépend, comme cours, basses-cours, granges, écuries, édifices qui y sont renfermés, quel qu'en soit l'usage, et quand même ils auraient une clôture particulière dans la clôture ou enceinte générale. » — Carnot (sur l'art. 390, n° 1) prétend qu'on ne doit pas conclure de cette définition de la maison habitée que, les fois que le code a parlé de maison habitée, il faille entendre sa disposition dans le sens exprimé par l'art. 390.—Mais les termes généraux dans lesquels est conçue la définition dont il s'agit nous la font considérer comme applicable à tous les cas où la circonstance de la maison habitée peut influer sur la gravité de la peine encourue, à raison du crime auquel cette circonstance se rattache, sans qu'il y ait lieu de distinguer, avec Carnot, entre les dispositions de la loi pénale dans lesquelles le législateur a, par une sorte de pléonasme, fait suivre les mots *maison habitée,* de ceux *ou servant à l'habitation, ou leurs dépendances,* et les dispositions où il a rendu plus brièvement sa pensée en se servant uniquement de l'expression *maison habitée,* sans autre addition.

310. L'art. 390 dit bien que les bâtiments doivent être assimilés à la maison habitée, mais il ne définit pas la maison habitée elle-même. C'est évidemment tout bâtiment qui sert actuellement à l'habitation. L'art. 390 doit dès lors être interprété ainsi : tout bâtiment qui sert actuellement à l'habitation, quelle que soit d'ailleurs sa destination principale, et tout bâtiment qui, sans être actuellement habité, est destiné à l'habitation, sont également compris dans la dénomination de *maison habitée* (Conf. MM. Chauveau et Hélie, t. 5, n° 1861).—Ainsi, bien qu'une étable isolée ne soit pas destinée à l'habitation, si en fait quelqu'un y demeure, elle doit être considérée comme maison habitée dans le sens des lois répressives du vol. Et, d'un autre côté, bien qu'une maison de campagne ne soit pas actuellement habitée, et que même il n'y soit pas établi de concierge ou gardien, comme elle est destinée à l'habitation, elle n'en serait pas moins, dans le sens du code pénal une maison servant à l'habitation. C'est ce qu'enseignent aussi Carnot, sur l'art. 390 c. pén., n° 2, et MM. Chauveau et Hélie, t. 5, n° 1861 et 1864.

311. Il a été jugé en ce sens qu'on doit réputer commis dans une maison habitée, le vol fait la nuit dans une étable séparée de toute habitation par un chemin public, mais dans l'enceinte de laquelle couche habituellement le domestique chargé de garder le bétail qui y est renfermé :— « Considérant qu'il a été reconnu, d'après le résultat de l'instruction, que le vol de bœufs dont est prévenu Solari a été commis la nuit, dans une étable où couchait habituellement une personne chargée spécialement par le propriétaire de surveiller les bestiaux et fourrages que contenait ladite étable, et que cette personne y couchait la nuit même où les bœufs ont été volés; que cette étable était donc, à l'égard de la personne qui y avait la surveillance, un logement qui, aux termes de l'art. 390 précité, est réputé maison habitée; que cette circonstance de maison habitée, jointe à celle de la nuit, rangeait le vol dont il s'agit dans la classe de ceux prévus par ledit art. 386 c. pén., qui prononce la peine de la reclusion; d'où il suit que le prévenu Solari devait être envoyé à la juridiction criminelle « (Crim. cass. 4 sept. 1812, M. Busschop, rap., aff. Solari). — Par cela seul que le bâtiment où le vol est commis, quelle que soit d'ailleurs sa destination principale, sert en fait à l'habitation d'une personne, les motifs de l'aggravation subsistent, attendu que ce vol expose la sûreté de cette personne et fait d'ailleurs présumer dans l'agent une perversité plus grande (V. en ce sens Bourguignon, Jurisprud. des c. crim., t. 3, sur l'art. 390 c. pén., n° 4; MM. Chauveau et Hélie, t. 5, n° 1861). — Il avait été décidé de même, sous l'empire de la loi des 25 sept.-6 oct. 1791, qu'on devait

considérer comme maison habitée une brûlerie dans laquelle le propriétaire travaillait pendant le jour et couchait pendant la nuit (Crim. cass. 16 vent. an 10, M. Genevois, rap., aff. Ruffet).

312. D'autres arrêts ont jugé également : 1° qu'on doit réputer maison habitée, dans le sens de l'art. 390 c. pén., les magasins dépendant d'un maison habitée ; qu'en conséquence le vol commis dans de tels magasins par plusieurs personnes est passible de la reclusion, conformément à l'art. 386 (Crim. rej. 9 juill. 1818) (1) ;— 2° Que le vol commis dans la partie d'une maison habitée servant de magasin doit être réputé commis dans l'intérieur de la maison (Crim. rej. 25 oct. 1810, MM. Barris, pr., Liborel, rap., aff. de Bruyn);— 3° Que le vol commis dans une boutique située au rez-de-chaussée d'une maison habitée n'en a pas moins été fait dans une maison habitée, quoique cette boutique n'eût pas de communication avec l'appartement habité (Crim. cass. 20 juill. 1809, M. Carnot, rap., aff. Martini);— 4° Que le vol commis dans une écurie tenant immédiatement à une maison habitée ou dans un édifice dépendant de ladite maison et en faisant partie (Crim. cass. 26 frim. an 9, M. Target, rap., aff. N...).

313. Le vol n'est pas moins commis dans une maison habitée, quoique cette maison ne soit pas habitée par la personne au préjudice de laquelle le vol a eu lieu : — « Considérant qu'en déterminant comme circonstance aggravante du vol le cas où il a été commis dans une maison habitée, la loi n'a fait aucune distinction relativement aux personnes auxquelles la maison sert d'habitation ; qu'ainsi ladite cour n'a pu, dans l'espèce, écarter la circonstance aggravante de maison habitée, sur le motif que la maison où le vol a été commis n'était point celle dans laquelle la personne volée avait son habitation » (Crim. cass. 24 juin 1813, MM. Busschop, rap., aff. Babonne et Gazano).—Conf. MM. Chauveau et Hélie, t. 5, n° 1862.

314. La peine de la reclusion portée contre le vol commis de nuit dans une maison habitée est applicable, quoique la maison soit habitée par le voleur lui-même, à titre de locataire :— « Attendu qu'il résulte de la déclaration du jury que le demandeur est coupable de vol commis dans une grange dépendant de la maison qu'il habitait ; qu'aux termes de l'art. 390 c. pén., les dépendances des maisons habitées sont assimilées à ces maisons mêmes ; que l'art. 386, n° 1, du même code, en punissant de la peine de la reclusion les vols commis de nuit dans des maisons habitées, ne fait aucune distinction entre les maisons habitées par les coupables et celles qui sont habitées par d'autres personnes (Crim. rej. 7 déc. 1827, M. Portalis, pr., Mangin, rap., aff. Ponthieux). — Conf MM. Chauveau et Hélie, t. 5, n° 1863.

315. Le vol commis dans une maison habitée en même temps par le voleur et par la personne volée doit être puni comme s'il avait eu lieu dans une maison exclusivement habitée par une personne qui serait étrangère au voleur (Crim. cass. 10 fév. 1827 ; Crim. rej. 10 déc. 1836) (2). Cette décision, disent MM Chauveau et Hélie (t. 5, n° 1863), est rigoureusement conforme au texte de la loi. — De même, un vol est réputé commis avec la circonstance aggravante de maison habitée, encore que l'auteur du vol ait été volontairement reçu dans cette

maison par celui qui en a été la victime, et même qu'ils y habitent en commun (Aix, 24 déc. 1857, ch. d'acc., MM. Clappier, pr., Reybaud, subst. pr. gén., c. conf., aff. Girand).

316. Il y a crime de vol dans une maison habitée, de la part d'une fille publique qui vole, pendant la nuit, l'homme avec qui elle s'était retirée, pour se livrer à la débauche, dans le vestibule d'une maison qui n'était habitée ni par lui ni par elle :— « Attendu que, d'après le jugement du tribunal correctionnel de Gênes, du 30 avril dernier, rendu d'après le résultat de l'instruction écrite et du débat qui a eu lieu à l'audience, la nommée Rose Raffo s'est trouvée prévenue de vol commis de nuit dans un lieu réputé maison habitée ; que, dès lors, ce fait était de nature à être puni de peines afflictives et infamantes, d'après les art. 386 et 390 c. pén., et que néanmoins la cour d'appel de Gênes, chambre d'accusation, par arrêt du 30 mars aussi dernier, s'est déclarée incompétente, ce qui forme un conflit négatif ; renvoie l'affaire devant la cour de Turin, pour être par elle statué sur la compétence, etc. » (Crim. règl. de jug. 24 juin 1813, M. Coffinhal, rap., aff. Raffo).

317. Une voiture publique ne peut être réputée une maison habitée (V. infrà, n° 540). Et il en est de même des bateaux à vapeur uniquement destinés au transport des personnes et des marchandises. Ainsi le vol qui y est commis sans circonstance aggravante, doit être assimilé au vol commis dans une voiture publique, et passible, comme ce dernier délit, des peines de l'art. 401 c. pén., et non au vol commis dans un lieu habité. — Par suite, le tribunal correctionnel est compétent pour connaître d'un tel délit (Crim. rej. 6 mars 1846, aff. Crouzet, D. P. 46. 1. 121).

318. Mais un bateau dans lequel se trouve un logement pour le conducteur, qui cependant n'y demeure pas habituellement, est, dans le sens de l'art. 390 c. pén., une maison habitée : — « Attendu que l'art. 390 c. pén., dans la désignation de maison habitée et de ce qui en dépend, parle généralement de tout bâtiment, et qu'ainsi les bateaux, qui peuvent servir de logement ou d'habitation, y sont compris nécessairement » (Crim. rej. 31 oct. 1812, M. Van Toulon, rap., aff. Vanleuwen).—Conf. MM. Chauveau et Hélie, t. 5, n° 1865 ; Rauter, t. 2, n° 514 ; Bourguignon, Jurispr. c. crim., t. 5, sur les art. 389 et 390, n° 5.

De même, les bateaux en voyage pour le transport des denrées et marchandises sont considérés comme habitation des voituriers qui sont à leur conduite ; par suite, le vol de grains dans un bateau chargé est passible des peines de vol commis dans un lieu servant à habitation : — « Attendu que les bateaux étant en voyage pour le transport des denrées et marchandises sont considérés comme étant habitation des voituriers qui sont à leur conduite ; qu'ainsi, le pillage et vol des grains dont il s'agit ayant été déclaré par le jury avoir été commis dans un bateau qui en était chargé, la peine a été justement appliquée » (Crim. rej. 23 avr. 1812, MM. Barris, pr., Chasles, rap., aff. Godry).

319. Le vol commis avec effraction dans un magasin militaire n'est punissable de la reclusion, comme ayant eu lieu dans une maison habitée, qu'autant qu'il résulte des pièces du procès

---

(1) (Fabre et autres.) — La cour ; — Attendu que les demanderesses sont déclarées, par un jury légal, coupables de vols commis par plusieurs personnes, dans des magasins dépendant de maisons habitées ; — Qu'aux termes de l'art. 390 c. pén., des magasins dépendant de maisons habitées sont réputés maisons habitées ; que le vol commis par plusieurs personnes dans ces magasins est donc le vol prévu par l'art. 386 dudit code qui le punit de la peine de la reclusion ; — Que les demanderesses coupables de vols de cette nature ont donc été condamnées à la reclusion par une juste application de la loi pénale ; — Rejette.
Du 9 juill. 1818.-C. C., sect. crim.-MM. Barris, pr.-Aumont, rap.

(2) 1re Espèce : — (Min. pub. C.Defatz.) — La cour — Vu les art. 584, 581, n° 4, et 386 c. pén. ; — Vu aussi les art. 8, 9 et 10 de la loi du 25 juin 1824 ; — Attendu que Defatz, demandeur en cassation, a été déclaré par le jury, coupable d'avoir soustrait frauduleusement, à l'aide d'effractions intérieures, une somme en or et en billets de banque, plus différents bijoux appartenant à Marie-Henriette Devienne, femme Adams, dans l'habitation commune à ladite femme Adams et audit Defatz ; que le vol commis dans une maison habitée par le voleur ne peut être distingué de celui commis dans une maison qui aurait été habitée exclusivement par une personne qui lui serait étrangère, et que, dans

l'un et l'autre cas, la loi ne donne pas aux cours d'assises le pouvoir discrétionnaire de modifier la peine ; — Que le vol commis par Defatz réunit les deux circonstances aggravantes de l'effraction intérieure et de la maison habitée ou servant à l'habitation ; que, d'après l'art. 10 de la loi du 25 juin 1824, les dispositions des art. 4 et 8 de cette loi, qui permettent de réduire les peines portées par le code pénal, ne sont point applicables au cas où le vol commis l'a été avec les circonstances déclarées dans l'espèce actuelle ; que cependant la cour d'assises, par une fausse interprétation des art. 4 et 8 de ladite loi du 25 juin 1824, a réduit à des peines correctionnelles celles du code pénal encourues par Defatz, et qu'ainsi elle a manifestement violé les art. 584, 581, n° 4, et 386 c. pén., et spécialement l'art. 10 de la loi du 25 juin 1824 ; — Casse.
Du 10 fév. 1827.-C. C., ch. crim.-MM. Portalis, pr.-De Cardonnel, r.
2e Espèce : — (F. Varloteau, etc. C. min. pub.) — La cour ; — En ce qui touche le troisième moyen de cassation : — Attendu que l'art. 386 c. pén., qui pose la circonstance aggravante de maison habitée, ne distingue pas le cas où cette maison habitée serait habitée par le voleur et celle où elle serait habitée par la personne volée ; — Rejette.
Du 10 déc. 1836.-C. C. ch crim.-MM. Bastard, pr.-Mérilhou, rap.

que ce magasin était un lieu habité ou servant à l'habitation :—
« Considérant que le demandeur a été renvoyé par-devant ladite
cour d'assises, par arrêt de la chambre des mises en accusation,
pour crime de complicité de vol commis à l'aide d'effraction, le
jour, dans un des magasins militaires du Havre ; que l'acte d'accusation, son résumé, et la question soumise au jury, sont conformes aux dispositions de cet arrêt ; que les jurés, en écartant
seulement la circonstance aggravante de l'effraction, ont ainsi
déclaré l'accusé coupable d'un vol commis de complicité, le jour,
dans un magasin militaire ; considérant qu'il ne résulte d'aucune des pièces du procès que le magasin militaire fût un lieu
habité ou servant à l'habitation ; que ce fait n'étant pas résulté
des débats, il n'y avait lieu d'en poser la question ; qu'ainsi
l'accusé n'était passible que d'une peine correctionnelle pour
complicité de vol simple ; et attendu que la cour d'assises en
le condamnant à la reclusion, a faussement appliqué et par
conséquent violé l'art. 386 c. pén. (Crim. cass. 9 janv. 1824,
MM. Bailly, pr., Choppin, rap., aff. Germain).—Conf. MM. Chauveau et Hélie, t. 5, nᵒ 1865.

320. Un arrêt a jugé que le vol commis dans une maison
en construction, lorsque, d'ailleurs, le bâtiment est fort avancé,
et que la toiture est presque posée, doit être réputé commis dans
un bâtiment destiné à l'habitation (Paris, 19 déc. 1851, aff. Ballet, D. P. 51. 2. 19). — Cette décision peut, à la vérité, s'appuyer sur le texte de l'art. 390 : « Est réputée maison habitée
tout bâtiment... qui peut être actuellement habité, est destiné
à l'habitation ; » mais elle nous paraît contraire au véritable
sens de cette définition, qui ne doit s'entendre que de bâtiments
achevés et pouvant actuellement servir à l'habitation ; elle nous
paraît contraire surtout à l'esprit des dispositions dont nous
nous occupons. Ce n'est pas, en effet, la propriété elle-même,
mais le domicile, la personne, que protège la disposition qui
punit d'une peine plus grave le vol commis dans une maison habitée : ce qui le prouve, c'est que l'aggravation de peine ne s'applique pas au vol qui serait commis dans des bâtiments d'exploitation, par exemple, qui ne seraient pas des dépendances de
maisons habitées. Quel motif, alors, d'étendre à un bâtiment en
construction la protection dont la loi n'a voulu entourer que le
domicile du citoyen ? Quand la maison aura été consacrée, en
quelque sorte, par l'habitation, ou qu'au moins elle ne sera plus
ouverte à tout venant, elle aura droit alors, habitée ou non, au
privilége d'inviolabilité ; mais, jusque-là, ce ne sont que des
pierres amassées les unes sur les autres ; c'est une propriété qui
ne sort point de la classe des propriétés ordinaires, et pour laquelle on ne saurait invoquer le droit commun. — La cour
de Paris, du reste, paraît s'être déterminée par cette considération que, dans l'espèce, la maison était presque achevée, et que
la toiture était posée : d'où il faut induire que la décision eût
été autre, si la construction se fût trouvée moins avancée. Mais
alors où sera la règle ? A quel degré d'avancement faudra-t-il que
le bâtiment en construction soit arrivé pour rentrer dans les termes de l'art. 390 ? Une pareille distinction ruine évidemment le
principe, et il n'y a pas de meilleur argument à donner pour
prouver la vérité de la thèse opposée, à savoir qu'une maison en
construction, quel que soit son degré d'avancement, ne peut être
réputée maison habitée ni destinée à l'habitation, dans le sens
attaché par l'art. 390 à ces expressions, tant qu'elle reste complétement inhabitable et ouverte de tous côtés.

321. Le vol est réputé commis dans une maison habitée,
non-seulement lorsqu'il a été perpétré dans la maison elle-
même, mais aussi lorsqu'il l'a été dans ses dépendances. —
Que faut-il entendre par dépendances ? L'art. 390 en fait une
énumération ; il est évident toutefois que cette énumération est
purement démonstrative ; le mot comme, qui la précède, l'indique clairement. Ce qu'il est permis d'inférer seulement du
texte de l'art. 390, et notamment des expressions qui le ter-
minent, c'est qu'on ne doit considérer comme dépendance de la
maison habitée que les bâtiments ou autres objets qui sont

renfermés dans la même enceinte. Ainsi peu importerait que
le lieu où le vol aurait été commis fût par sa destination une
dépendance de la maison habitée, si en fait il n'était pas enfermé dans la même enceinte. C'est ce qu'enseignent aussi Carnot, sur l'art. 390, n°ˢ 4 et 5 ; Bourguignon, Jurispr. c. crim.,
t. 3, sur les art. 389 et 390, nᵒ 3 ; et MM. Chauveau et Hélie,
t. 5, nᵒ 1866 (V. toutefois, Contrà, Legraverend, t. 2, p. 134).
— Carnot ajoute, et cela paraît incontestable, que le lieu où le
vol aurait été commis n'aurait pas été dans la même enceinte s'il
n'aurait été séparé de l'habitation par un chemin public, lors même
qu'il n'aurait pas existé entre la clôture et le lieu dont il s'agit
de propriétés intermédiaires.

322. Il a été jugé, par application de ces principes : 1ᵒ qu'on
doit réputer maison habitée une grange dépendante d'une maison habitée (Crim. rej. 7 déc. 1827, aff. Ponthieu, V. suprà,
nᵒ 314) ; — 2ᵒ Une forge attenante à une maison habitée : « Attendu que Pradeur était prévenu d'un vol commis la nuit, et
dans une dépendance de maison habitée, crime prévu par les
art. 386 et 390 c. pén., et par conséquent, passible, en cas de
conviction, de peines afflictives et infamantes » (Crim. rég. de
jug. 16 janv. 1830, MM. Bastard, pr., Chauveau-Lagarde, rap.,
aff. Min. pub. C. Pradeur) ; — 3ᵒ Que la cuisine de la maison d'un
habitant est nécessairement une dépendance d'un lieu habité ou
servant à habitation, et qu'ainsi le vol qui y est commis la nuit
est passible de la réclusion (Crim. rej. 17 janv. 1817, aff. Michel, V. suprà, nᵒ 466-1ᵒ) ; — 4ᵒ Mais qu'on ne peut considérer
comme commis dans une maison habitée celui qui l'a été dans
une cave dépendant de cette maison, mais non comprise dans
son enceinte : — « Attendu qu'il a été jugé, en fait, que la cave
où le vol a été commis est dépendante d'une maison habitée,
mais qu'elle n'est pas annexe à ladite maison, et qu'elle n'est
pas comprise dans l'enceinte de la même maison ; que l'art. 390
c. pén. n'exige pas seulement une dépendance de destination ;
que cette dépendance doit être de fait ; en sorte que celui qui
habite la maison ou qui doit l'habiter ait sous sa surveillance
ce corps dépendant comme toute autre partie du même maison ;
d'où il suit qu'en prononçant contre François Ceccherelli des
peines correctionnelles, la cour spéciale extraordinaire de l'Arno
n'a pas violé la loi » (Crim. rej. 30 mai 1812, MM. Oudart, rap.,
Merlin, proc. gén., c. contr., aff. Ceccherelli).

323. Nous trouvons dans le réquisitoire de Merlin, à la suite
duquel fut rendu l'arrêt qui précède (30 mai 1812), une explication
qu'il nous paraît utile de reproduire. Il s'agit de savoir ce qu'il faut
entendre par ces mots de l'art. 390 : édifices qui y sont renfermés. « Ces mots, a dit le savant magistrat, se rapportent nécessairement aux cours et basse-cours, c'est-à-dire qu'un édifice
renfermé dans une cour ou basse-cour dépendante d'une maison
habitée est réputée maison habitée ; mais il ne faudrait pas conclure de la seconde partie de l'art. 390 qu'il ne peut exister
d'édifice ou de logement dépendant d'une maison habitée que
lorsqu'ils sont enfermés dans les cours ou basses-cours qui dépendent de cette maison. En effet, le résultat de cette conséquence serait que des bâtiments qui enferment les cours et
basses-cours, au lieu d'y être enfermés, ne pourraient jamais
être considérés comme dépendance de la maison habitée à laquelle les cours et basses-cours appartiennent » (V. Merlin, Rép.,
vᵒ Vol, sect. 2, § 3, dist. 4, art. 389 et 390 c. pén., nᵒ 1). Or,
ajoutent MM. Chauveau et Hélie (t. 5, nᵒ 1867), une telle conséquence serait évidemment absurde.

324. Doit-on considérer comme commis dans une dépendance
d'une maison habitée le vol commis sur le toit de cette maison ? —
Cette question a été diversement résolue. — Il a été jugé qu'il n'y
a pas vol dans une maison habitée ou ses dépendances, dans le
fait de voler une chose qui se trouve sur le toit, à moins que la
maison ne soit enfermée dans une clôture qui donne au toit le
caractère de dépendance d'une maison habitée (Paris, ch. d'acc.,
14 sept. 1838) (1).

325. Mais il a été décidé, en sens contraire, qu'un vol de

toit d'un appentis dépendant de la maison Foure, et aperçurent sur ce
toit un individu qu'ils arrêtèrent, et qui dit se nommer Jean Lacroix.
— Il est constant que les plombs faisaient partie de la toiture de l'appentis. On reconnaît les traces d'une pince, avec laquelle ils avaient été

(1) Espèce : — (Min. pub. C. Lacroix.) — Deux inspecteurs de police, passant la nuit dans la rue de Rivoli, trouvèrent des morceaux de
plomb. Présumant que ce plomb provenait d'un vol, ils se placèrent en
observation. Bientôt ils virent un autre morceau de plomb tomber du

plomb commis sur le toit d'une maison habitée, quoique l'auteur ne se soit pas introduit dans cette maison pour y parvenir, mais soit monté sur le toit, doit être réputé commis dans une dépendance de ladite maison, et que, par suite, c'est un vol caractérisé et non un vol simple (Crim. cass. 10 sept. 1841) (1). — Et, depuis, la cour de Paris a jugé, de même, que le toit d'une maison est partie intégrante de la maison; qu'il doit donc être considéré comme une dépendance de cette maison, dans le sens de l'art. 390 c. pr.; qu'en conséquence, le vol d'un cheneau en plomb, commis sur le toit d'une maison habitée ou destinée à l'habitation, et en général tout vol de plomb, commis sur les corniches des façades, ou sur la corniche de la porte cochère d'une maison habitée, quoique le voleur ne se soit pas introduit *dans* la maison, est réputé commis dans une *dépendance* de maison habitée (Paris, 19 déc. 1851, aff. Ballet, D. P. 51. 2. 19). — Le doute, sur cette question, naît de ce que, dans les art. 381, 384 et 386 c. pén., il n'est question que des vols commis *dans* les maisons habitées ou leurs dépendances : or, un vol de plomb, commis sur le toit d'une maison, n'est pas, dit-on, un vol commis *dans*, mais *sur* la maison : ce n'est pas non plus un vol commis *dans* une dépendance de la maison; car le toit est partie intégrante, essentielle de la maison, et non une simple dépendance.—Mais argumenter ainsi, c'est, à notre sens, se tenir trop servilement à la lettre de la loi. Ce qu'a voulu le législateur, c'est entourer d'une protection toute spéciale le domicile du citoyen, et punir d'une peine plus sévère toute agression dirigée contre la maison dont il fait son habitation : il importe donc assez peu que le vol soit commis à l'extérieur ou dans l'intérieur; dans l'un comme dans l'autre cas, ce qui est une cause de l'aggravation du fait, c'est l'atteinte portée à l'inviolabilité du domicile, et le péril où peut être mise la sécurité des personnes. La cour de Paris, toutefois, et la cour de cassation elle-même nous paraissent avoir agi timidement, en qualifiant le toit d'une maison de *dépendance de la maison* : c'est plus qu'une dépendance, c'en est une partie intégrante, et il eût été plus franc, nous paraît-il, de marcher droit à la difficulté et de déclarer que le vol commis sur le toit d'une maison est, dans l'esprit de la loi pénale, un vol commis *dans* la maison.

326. Doit-on considérer comme ayant eu lieu dans une maison habitée le vol commis dans un jardin attenant à cette maison? — L'affirmative ne nous paraît pas douteuse. Du moment où il est admis que l'énumération faite par l'art. 390 n'a rien de limitatif, ainsi que l'indique le mot *comme*, et qu'on doit y comprendre tout ce qui, dépendant de la maison habitée, se trouve enfermé dans la même clôture, la conclusion semble aller de soi relativement au jardin. Cette doctrine a été soutenue par Merlin, portant la parole devant la cour de cassation, dans une affaire où la question avait été soulevée. « A la vérité, a dit ce magistrat, il ne faut pas, en matière pénale, étendre la lettre de la loi ; mais il ne faut pas non plus la restreindre : il ne faut pas dénaturer les expressions qui la composent ; il ne faut pas rendre limitatifs des termes que la loi n'emploie et déclare formellement n'employer que par forme de démonstration. » Examinant ensuite l'objection qu'on pouvait tirer de l'arrêt du 30 mai 1812 (aff. Ceccherelli, V. *suprà*, n° 322), le savant jurisconsulte ajoutait : « Il résulte bien de cet arrêt que les termes *dépendances d'une maison* n'ont pas, en matière pénale, un sens aussi étendu qu'en matière de legs ou de vente ; qu'encore qu'en matière de legs ou de vente, la simple destination suffise pour constituer une dépendance, il n'en est pas de même en matière pénale, et qu'en matière pénale, un terrain n'est censé dépendre d'une maison qu'autant qu'il y tient immédiatement. Mais ici ce n'est pas d'une simple dépendance de destination qu'il s'agit. Le jardin dans lequel a été commis le vol est déclaré par le jury tenir à la maison habitée par le propriétaire de l'objet volé. Il y a donc, entre la maison et le jardin, une dépendance réelle et immédiate. Le jardin est donc compris dans les termes de la loi pénale : *tout ce qui en dépend* » (V. aussi, en ce sens, Bourguignon, Jurisprudence des codes criminels, t. 3, sur les art. 389 et 390 c. pén., n° 2 ; MM. Chauveau et Hélie, t. 3, n° 1368). — Et il a été jugé qu'un jardin clos, et attenant à une maison habitée, est une dépendance de cette habitation, lors même qu'il aurait une clôture particulière, qui, dès lors, fait partie de l'enceinte générale (Crim. cass. 18 juin 1812 ; 16 avr. 1813 ; Crim. rej. 3 mai 1832 (2) ; Conf. 20 janv. 1826, aff. Blanc, V. Instruct. crim., n° 2434-2°).

enlevés. Le petit bâtiment n'est élevé qu'à la hauteur d'un entresol, et il avait été facile de monter sur le toit à l'aide d'une maison en démolition qui était contiguë. — En cet état, ordonnance du tribunal de la Seine, contre Lacroix, comme prévenu de vol, la nuit, à l'aide d'escalade et d'effraction, dans une maison habitée. Appel. — Arrêt.

La cour; — Considérant que les faits ont été mal appréciés et qualifiés par l'ordonnance ci-dessus datée et énoncée; qu'en effet, aucune des circonstances révélées comme aggravantes du vol imputé au prévenu n'a ce caractère; que l'escalade n'a pas eu pour objet, comme l'exige la loi, l'entrée dans une maison, cour, basse-cour, édifice quelconque, jardin, parc ou enclos, puisque le prévenu, s'il était monté sur le toit de la maison dont il s'agit, ne cherchait même pas à y entrer; — Que l'effraction prévue par la loi, outre qu'elle doit avoir pour résultat, lorsqu'elle est extérieure, de faciliter l'introduction dans les maisons, cours, basses-cours, enclos ou dépendances, n'existe qu'autant qu'il y a forcément rupture de clôture, enlèvement de murs, toits, planches, etc. ; que cette circonstance ne se rencontre pas dans l'espèce, puisqu'il résulte de la constatation faite par le commissaire de police que le plomb coupé et enlevé recouvrait seulement le toit du bâtiment, ce qui exclut l'idée que le toit lui-même ait été enlevé, ou qu'il l'ait été de manière à permettre l'introduction dans la maison; — Enfin qu'il est évident qu'on ne peut pas considérer comme vol dans une maison habitée ou ses dépendances celui qui a été commis sur le toit de cette maison, lorsque, d'ailleurs, il ne se trouvait enfermé dans aucune clôture; annule ladite ordonnance; — Mais, considérant que l'instruction résulte la preuve suffisante contre Lacroix d'avoir, le 24 mars 1858, soustrait frauduleusement du plomb au préjudice du sieur Faure, délit prévu par l'art. 401 c. pén.; — Renvoie ledit Lacroix devant le tribunal de police correctionnelle de la Seine pour y être jugé selon la loi.

Du 14 sept. 1858.-C. de Paris, ch. acc.-MM. Silvestre, pr.-Persil, subst., c. conf.

(1) (Min. pub. C. Courtol.) — La cour; — Attendu que l'arrêt attaqué s'est fondé, pour écarter la circonstance aggravante de maison habitée, sur ce que le vol imputé à Courtol aurait été commis sans introduction dans la maison du sieur Buche, et seulement en montant sur le toit de ladite maison, et que, par conséquent, ce vol n'avait pas été accompagné de la circonstance aggravante de maison habitée, telle qu'elle est définie par les art. 386 et 390 c. pén. ;

Attendu que ledit arrêt déclare, en fait, que : « Courtel n'est point entré dans la maison où le vol a eu lieu, ni dans aucune de ses dépendances; mais qu'il est seulement monté sur le toit du bâtiment pour enlever le plomb garnissant le chéneau existant autour de ce toit; »

Attendu que de cette déclaration en fait, il résulte que le vol aurait été commis dans une dépendance de maison habitée; qu'en effet, les termes de l'art. 390 c. pén. sont indicatifs et non limitatifs, et qu'ils s'appliquent nécessairement à un chéneau en plomb qui forme une partie essentielle de la toiture de la maison et qui la préserve de l'introduction des eaux pluviales; que, par conséquent, ce chéneau doit être considéré comme partie intégrante du bâtiment et de la maison habitée, et se trouve compris dans ces mots de l'article précité, *et tout ce qui en dépend;* d'où il suit, qu'en écartant de l'accusation dont il s'agit la circonstance de maison habitée, et en renvoyant Courtol devant le tribunal de police correctionnelle, l'arrêt attaqué a méconnu les dispositions de l'art. 390 c. pén., faussement appliqué l'art. 401 dudit code, et a violé les règles de la compétence, en ne se conformant pas aux dispositions de l'art. 386 c. pén.; — Casse l'arrêt de la cour de Paris, ch. d'acc., en date du 20 août 1841.

Du 10 sept. 1841.-C. C., ch. crim.-MM. Bastard, pr.-Dehaussy, r.

(2) (re *Espèce :* —(Min. pub. C. Gérard.)—La cour —Vu les art. 386 et 390 c. pén.;— Considérant que François Gérard a été déclaré par le jury coupable d'un vol commis de nuit, dans un jardin attenant à une maison habitée; —Que ce vol, ainsi caractérisé, rentrait dans l'application du n° 4, art. 386 c. pén.; qu'il devait donc être puni de la réclusion ; — Qu'un jardin attenant à une maison en est une dépendance; qu'un vol, qui y est commis doit donc, d'après l'art. 390 c. pén., être considéré et caractérisé comme s'il avait été commis dans la maison même; — Que les énonciations portées dans cet art. 590, pour déterminer ce qui doit être regardé comme dépendance d'une maison habitée ne sont point restrictives; qu'elles sont évidemment démonstratives; que le mot *comme* qui précède ces énonciations en exclut nécessairement tout sens limitatif; — Qu'un jardin tenant à une maison habitée, en est tout aussi bien une dépendance que la cour ou la basse-cour de cette maison; qu'il est, comme elles, dans son enceinte générale; — Que le motif qui a provoqué la sévérité de la loi contre les vols commis la nuit, ou par plusieurs personnes, dans les maisons habitées ou leurs dépendances, s'applique d'ailleurs aux vols ainsi commis dans

827. Cependant Legraverend (Législ. crim., t. 2, ch. 2, p. 134) s'élève contre cette interprétation, à laquelle il reproche de donner à la loi une extension dont cette loi ne lui paraît pas susceptible. Mais c'est qu'il considère comme limitative l'énumération faite par l'art. 390, qui ne parle pas des jardins; or nous avons vu que cette énumération est purement démonstrative. Legraverend ajoute que, d'après cette interprétation, le vol commis dans une partie quelconque d'un parc d'une très-grande étendue et qui se trouverait attenant à une maison habitée, serait réputé commis dans une dépendance de cette maison, ce qui ne serait conforme ni au texte ni à l'esprit de la loi. A cela nous répondons, avec MM. Chauveau et Hélie, que l'étendue importe peu, et que les raisons de décider sont les mêmes dès que le jardin, n'étant isolé de la maison par aucune clôture, ne fait qu'un même tout avec l'habitation. Dans ce cas, en effet, le jardin est placé sous la surveillance directe et destiné à l'usage personnel du maître, qui doit y jouir, le jour et la nuit, d'une entière sécurité. Or le vol commis dans ce jardin pourrait exposer sa vie, en l'excitant à des actes de défense contre les auteurs de ce vol.

828. Mais le vol déclaré commis avec effraction dans un *emplacement* dépendant d'une maison habité ne peut être assimilé au vol commis aussi avec effraction dans une cour, un parc ou un enclos, et, comme tel, punissable de la peine des travaux forcés à temps, portée par l'art. 384 c. pén. : le mot *emplacement* est une expression vague qui ne suppose aucune clôture, ni générale, ni particulière, et qui, dans son acception exacte, ne signifie qu'un endroit propre à une construction ou à toute autre destination (Crim. cass. 1er avr. 1820) (1).—Lors donc que, sur

les jardins qui tiennent à une maison habité, comme à ceux commis dans les autres lieux énoncés dans ledit art. 390, pour exemple de ce qui doit être regardé comme dépendance d'une maison; — Qu'une protection spéciale devait, en effet, être accordée à la sûreté et à la sécurité du maître de la maison, relativement à un jardin ainsi placé sous sa surveillance directe, et destiné par sa position à son usage personnel, la nuit comme le jour; — Que la cour d'assises du département de la Meurthe, en ne prononçant contre François Gérard que les peines correctionnelles portées dans l'art 401 c. pén., a donc fait une fausse application de cet article et violé l'art. 386, n° 1, combiné avec l'art. 590 même code; — Par ces motifs, casse et annule, etc.
Du 18 juin 1812 (et non 1813).—C. C., sect. crim.—MM. Barris, pr.-Bailly, rap.-Merlin, pr. gén., c. conf.

2e *Espèce* : — (Min. pub. C. Jung.) — LA COUR; — Vu les art. 410 c. inst. crim. et 386 et 590 c. pén.; — Attendu qu'il résulte de la déclaration du jury que Guillaume Jung a commis un vol, pendant la nuit, dans un jardin attenant à une maison habité; que l'art. 590 assimile aux vols faits dans des lieux habités ceux qui sont commis dans les dépendances desdites habitations, comme cour, basses-cour, granges, écuries, etc.; — Qu'un jardin clos et attenant à une maison habité est une dépendance de cette habitation, lors même qu'il n'aurait une clôture particulière, qui, dès lors, fait partie de l'enceinte générale; — Que, par la réunion des deux circonstances de vol commis pendant la nuit et dans un lieu habité, le vol rentrait dans un des cas prévus par l'art. 386, n° 1, auquel la loi applique la peine de la reclusion; d'où il suit qu'en appliquant à ce vol les peines correctionnelles portées par l'art. 401 dudit code, la cour d'assises du Mont-Tonnerre a fait une fausse application de cet article, et, par suite, a violé les art. 386, n° 1, et 590 même code; — Casse, etc.
Du 16 avr. 1813.-C. C., sect. crim.-M. Audier-Massillon, rap.

3e *Espèce* : — (Husson C. min. pub.) — LA COUR; — Attendu que l'art. 590 c. pén. est indicatif et non restrictif des désignations qu'y sont contenues; — Attendu qu'un jardin, renfermé dans la même clôture qu'une maison habité, est nécessairement une dépendance de cette maison; — Attendu, dans l'espèce, que le jury a déclaré que le jardin dans lequel le vol a été commis dépendait d'une maison habité; d'où il suit que la cour d'assises a fait aux demandeurs une application légale de l'art. 586 c. pén.; — Rejette.
Du 5 mai 1832.-C. C., ch. crim -MM. Bastard, pr.-Choppin, rap.
(1) *Espèce* : — (Fioger et Poncet C. min. pub.) — Le président ayant posé au jury la question suivante : « Le vol a-t-il eu lieu dans une cour ou *emplacement* dépendant d'une maison habité », le jury fit une réponse affirmative, sans désigner ni l'un ni l'autre de ces lieux. — Sur cette déclaration, la cour d'assises condamna les accusés, par arrêt du 5 mars 1820, aux travaux forcés à temps, par application de l'art. 584 c. pén.
— Pourvoi des condamnés pour fausse application de la loi pénale, en ce que la déclaration du jury n'énonçait pas que le vol eût été commis dans une *cour* plutôt que dans un emplacement. Ils soutenaient que
TOME XLIV.

question de savoir si le vol a été commis dans une cour *ou* emplacement dépendant d'une maison habité, le jury a répondu affirmativement, mais sans spécifier le lieu du vol, l'accusé ne peut, sur cette déclaration, être condamné à la peine applicable au vol dans une cour (même arrêt). — Cette décision est approuvée par Bourguignon, Jurispr. des cod. crim., t. 3, sur les art. 389 et 390, n° 2, et par MM. Chauveau et Hélie, t. 3, n° 1868.

829. Le fait que le vol a été commis dans un parc ou enclos n'est pas par lui-même une circonstance aggravante; mais il peut devenir une cause d'aggravation en ce sens que le voleur est obligé, pour s'y introduire du dehors et y commettre un vol, de recourir à l'escalade, à l'effraction ou à l'emploi de fausses clefs. — Nous supposons ici que le parc ou l'enclos est séparé de toute habitation; car, s'il y était attenant et enfermé dans la même clôture, il serait une dépendance d'une maison habité et assimilé à cette maison elle-même. — L'art. 391 c. pén. définit en ces termes le parc ou l'enclos : « Est réputé parc ou enclos tout terrain environné de fossés, de pieux, de claies, de planches, de haies vives ou sèches, ou de murs de quelque espèce de matériaux que ce soit, quelles que soient la hauteur, la profondeur, la vétusté, la dégradation de ces diverses clôtures, quand il n'y aurait pas de porte fermant à clef ou autrement, ou quand la porte serait à claire-voie et ouverte habituellement. » — On sent bien que la clôture doit se prolonger sur toute la circonférence d'un terrain pour qu'il puisse être réputé clos. C'est d'ailleurs ce qu'expriment suffisamment ces termes de l'art. 391 : « tout terrain environné de fossés, de pieux, etc. »

830. Ces expressions de l'art. 391 « quand il n'y aurait

ce dernier lieu, n'étant pas susceptible d'être assimilé à une cour pour la qualification du vol, la déclaration du jury n'avait pu servir de fondement à la condamnation prononcée par la cour d'assises. — Arrêt.
LA COUR; — Vu l'art. 410 c. inst. crim.; les art. 390, 391, 595, 596 et 584 c. pén.; — Attendu que Jean Fioger et François Poncet, demandeurs en cassation, avaient été envoyés devant la cour d'assises de l'Isère, sur l'accusation d'avoir volé une malle contenant diverses marchandises, laquelle était fixée sur sa voiture placée dans une cour dépendante d'une maison habité, et d'avoir commis ce vol en coupant la corde qui attachait la malle, et en forçant ensuite cette malle pour en retirer ce qu'elle renfermait; que, dans la question sur laquelle le jury devait répondre, on ne s'est pas borné, pour lui faire déterminer le lieu où le vol avait été commis, à lui demander, ainsi qu'il était porté dans l'arrêt de renvoi et l'acte d'accusation, si ce lieu était une cour dépendante d'une maison habité; qu'on lui a demandé, d'après sans doute ce qui était résulté des débats, si le vol avait été commis dans une cour ou *emplacement* dépendant d'une maison habité; mais que cette question présentait à sa décision une détermination de lieu essentiellement différente, suivant qu'il croirait devoir qualifier ce lieu de cour ou simplement d'*emplacement*; que cette différence était non-seulement dans la nature et la destination du lieu, mais encore dans la gravité de la peine que le vol devait entraîner; qu'en effet, une cour dépendante d'une maison habité est un espace à découvert, enfermé, ainsi qu'il est dit dans l'art. 590 c. pén., dans la clôture ou enceinte générale de la maison, soit que cet espace ait une clôture particulière ou n'en ait pas, et que l'effraction faite, dans l'objet du vol, après l'introduction dans une cour, à une malle fermée qui y serait déposée, ou même la simple enlèvement de ce meuble fermé, quoique l'effraction n'en ait pas été faite sur lieu, constituerait, aux termes de l'art. 596, une circonstance aggravante du vol, et en élèverait la peine à celle des travaux forcés à temps, conformément à l'art. 584; que le mot *emplacement*, au contraire, est une expression vague qui ne suppose aucune clôture ni générale ni particulière, et qui, dans son acception exacte, ne signifie qu'un endroit propre à une construction ou à toute autre destination; qu'il ne peut donc désigner ni une cour ni un parc ni un enclos; que l'effraction qui serait faite, dans le dessein du vol, à une malle déposée dans un lieu ainsi vaguement qualifié, ne saurait donc former une circonstance aggravante qui pût faire rentrer le vol dans l'application de l'art. 584; que le jury néanmoins en déclarant les accusés coupables, ne s'est point expliqué sur la qualification du lieu où le vol avait été commis; qu'il est donc demeuré incertain si ce lieu était une cour ou un simple emplacement; que la circonstance aggravante dont le vol avait pu être accompagné est donc aussi demeurée incertaine; que cependant la cour d'assises a prononcé la peine des travaux forcés à temps, ordonnée par l'art. 584, comme si cette circonstance aggravante eût été déclarée par le jury; en quoi elle a fait une fausse application de la loi pénale; — Casse.
Du 1er avr. 1820.-C. C., sect. crim.-MM. Barris, pr.-Giraud, rap.

pas de porte fermant à clef ou autrement » ne peuvent signifier, comme le remarque Carnot *(sur l'art.* 391, n° 4), qu'il y aurait absence totale de portes ; car la fiction ne peut aller jusqu'à réputer un terrain clos, lorsqu'il ne l'est réellement pas.

Quant à ces expressions : *quelles que soient la vétusté et la dégradation de la clôture,* elles doivent, dit encore Carnot (sur l'art. 391, n° 5), « être sainement entendues ; il ne suffirait certainement pas, en effet, que, dans une étendue de terrain anciennement en état de clôture, il en restât quelques débris, pour faire réputer clos tout le terrain qu'elle aurait jadis environné. Ce n'est pas de simples vestiges d'ancienne clôture que parle de code, mais d'une clôture actuelle, dont une partie seulement serait tombée en vétusté ou serait en dégradation. La clôture est un *fait* qui tombe dans l'appréciation des jurés et qu'ils doivent décider d'après les connaissances qu'ils acquièrent aux débats de l'état des lieux. »

331. Le § 1 de l'art. 434 c. pén. ne prononçant la peine capitale que contre ceux qui ont volontairement mis le feu à des édifices habités ou servant à l'habitation, et l'art. 390 n'assimilant à ce qui doit être réputé maison habitée que les locaux qui dépendent de l'habitation, l'accusé, déclaré coupable de l'incendie d'un bâtiment attenant à une maison habitée ne peut être condamné aux peines portées par le § 1 de l'art. 434, alors d'ailleurs que les questions posées au jury n'énoncent point que le feu mis au bâtiment non habité ait été communiqué à l'édifice habité y attenant (Crim. cass. 25 mai 1848) (1).

332. L'art. 392 porte : « Les parcs mobiles destinés à contenir du bétail dans la campagne, de quelque manière qu'ils soient faits, sont aussi réputés enclos ; et lorsqu'ils tiennent aux cabanes mobiles ou abris destinés aux gardiens, ils sont réputés dépendants de maisons habitées. » — En effet, du moment où la cabane mobile est assimilée à la maison habitée, ainsi qu'il résulte de l'art. 390 (V. n° 309), les parcs mobiles qui y tiennent doivent être réputés dépendances de maison habitée.

333. Le code pénal du 25 sept. 1791 (part. 2, tit. 2, sect. 2, art. 15) édictait une peine spéciale contre les vols commis dans les salles de spectacle, boutiques et édifices publics ; il les punissait de quatre années de fers. La loi du 25 frim. an 8 (art. 4) réduisit la peine à un emprisonnement de six mois à deux ans ; mais elle laissa subsister l'incrimination spéciale. — Il avait été jugé, sous l'empire de la loi du 25 frim. an 8 : 1° que le vol commis dans une boutique n'était susceptible que de peines correctionnelles (Crim. cass. 25 prair. an 8, M. Viellart, rap., aff. Peretti) ; — 2° Qu'un hospice était, dans le sens de l'art. 4 de la loi du 25 frim. an 8, un édifice public, et que dès lors le vol qui y était commis devait être puni de prison, et non simplement de la peine déterminée par l'art. 32, tit. 2, L. 19-22 juill. 1791, pour les larcins, filouteries et simples vols, peine qui pouvait être abaissée au-dessous de deux ans (Crim. cass. 29 oct. 1808, M. Carnot, rap., aff. Forgue).

334. Mais il avait été jugé que le vol commis *avec effraction,* la nuit, dans une sacristie, ne rentrait pas dans l'application de l'art. 4 de cette loi, qui infligeait de simples peines correctionnelles au vol commis dans les édifices publics dans le cas où ce vol n'était point accompagné de circonstances aggravantes : c'était l'art. 6, tit. 2, 2° part., c. pén. de 1791, prononçant la peine des fers, qui devait être appliqué : — « Attendu que si l'art. 4 de la loi de frimaire an 8 parle de *tout* vol commis dans les édifices publics, ce mot *tout* se réfère nécessairement aux

seuls vols qui sont l'objet de la loi, c'est-à-dire aux vols simples, de quelque nature qu'ils soient, et non aux vols qualifiés, que la loi du 25 frim. a laissés dans le domaine du code pénal ; — Que la loi du 25 frim. an 8 fut évidemment rédigée dans cet esprit ; et que les termes de l'art. 4, qui est le siège de la matière, ne répugnent point à cette interprétation naturelle et évidente de la volonté du législateur ; — Qu'il eût été surabondant et inutile de réserver, par ledit art. 4, l'application de l'art. 6, sect. 2, tit. 2, c. pén., dès qu'il n'y était pas expressément dérogé, et que les deux articles, appliqués chacun dans son véritable sens, ne contrarient point cette application réciproque ; — Que si l'on consulte le préambule de la loi du 25 frim., l'on y trouve la pensée tout entière du législateur : son objet unique de mettre plus de proportion dans l'application des peines, objet qui serait manqué, si des vols qualifiés ne devaient être punis que de peines correctionnelles, comme il l'aurait été si des vols simples avaient été laissés par la loi dans le domaine du code pénal » (Crim. cass. 23 avr. 1808, MM. Barris, pr., Carnot, rap., aff. Charbonnel.

335. Le code pénal de 1810 ne contenant aucune disposition qui eût trait aux lieux dont il s'agit, la question s'est élevée de savoir si l'on ne devait pas les faire rentrer dans la classe des maisons habitées. L'affirmative ne semble pas douteuse à l'égard des boutiques, du moins dans les cas les plus ordinaires, où ces boutiques sont des dépendances de maisons habitées et en font même partie. Mais il n'en est pas de même des salles de spectacle et des édifices publics, qui à certains jours ou en certains moments servent de lieux de réunion, mais ne sont pour personne un lieu d'habitation permanente. La question s'éleva, sous la Restauration, à propos des églises, qui, depuis la réforme de 1832, sont assimilées par le code pénal (art. 386-1°) aux maisons habitées, tandis que lesquelles la loi pénale de 1810 avait gardé le silence. Il s'agissait de savoir si une église devait être considérée comme une maison habitée ou servant à habitation. Mais à cette occasion la question fut examinée à un point de vue plus général. Un grave dissentiment se produisit entre la cour de cassation et les cours royales. La cour de Pau, par arrêt du 23 juill. 1821, avait refusé de voir dans une église une maison habitée ou servant à habitation, et en conséquence elle avait renvoyé devant la police correctionnelle le prévenu d'un vol commis la nuit, mais par lui seul, dans une église. — Cet arrêt fut cassé le 23 août suivant (aff. Maillès, V. *infrà,* n° 343). L'arrêt de cassation, après avoir visé les art. 384, 386 (ancien) et 390 c. pén., s'exprimait en ces termes : « Attendu que, par ces articles, l'acception des termes *lieu ou maison habitée ou servant à habitation* n'est pas restreinte aux édifices ou constructions où serait établie l'habitation permanente et continuelle ; que, dès lors, elle comprend nécessairement, dans le sens légal, comme dans le sens naturel, ceux où se fait une habitation accidentelle ou temporaire, d'une réunion d'hommes rassemblés à des époques ou déterminées ou indéterminées ; que l'habitation se constitue, en effet, non-seulement d'une résidence pour tous les besoins de la vie, mais encore d'une demeure temporaire pour certains besoins, certaines affaires ou certains devoirs ; que, par conséquent, le vol commis dans les lieux destinés à recevoir les réunions qui y viennent tous les jours ou dans certaines circonstances, pour leurs devoirs, leurs affaires ou leurs plaisirs, est censé accompagné de la circonstance aggravante du lieu ou maison habitée, définis par l'art. 390 c. pén. ;

(1) (Petit.) — La cour ; — Vu les art. 434, §§ 1 et 7, et 390 c. pén. ; — Attendu que le § 1 de l'art. 434 ne prononce la peine capitale que contre ceux qui ont volontairement mis le feu à des édifices habités ou servant à l'habitation ; — Que l'art. 396, qui explique ce qui doit être réputé maison habitée, ne fait rentrer dans son assimilation que les locaux qui dépendent de l'habitation, comme cours, basses-cours, granges, écuries et édifices qui y sont enfermés, quand même ils auraient une clôture particulière dans la clôture ou enceinte générale, lesquels ne forment réellement qu'un seul tout avec la maison, et réclament, dans l'intérêt des habitants, la même protection ; — Mais qu'être attenant à une maison habitée n'est pas la même chose qu'en dépendre ; qu'au premier cas, les deux bâtiments se touchent, mais sans corrélation nécessaire, et peut-être même sans communication entre eux, tandis qu'au second cas, les édifices renfermés dans la même enceinte constituent en réalité deux parties de la même habitation ; — Attendu que le demandeur n'a été déclaré coupable que de tentative d'incendie d'un bâtiment attenant à une maison habitée ; que la circonstance aggravante de dépendance de maison habitée, qui se trouvait énoncée dans l'ordonnance de prise de corps, confirmée par l'arrêt de mise en accusation, n'a pas été comprise dans les questions soumises au jury, et n'a conséquemment pas été établie légalement ; qu'ainsi la cour d'assises a faussement appliqué et, par suite, violé le § 1 de l'art. 434 c. pén. ; — Attendu, d'ailleurs, que les questions posées au jury, conformes en ce point à l'arrêt de renvoi, n'énoncent pas que le feu mis au bâtiment non habité ait été communiqué à l'édifice habité y attenant ; qu'on n'eût donc pu faire à la cause l'application du § 7 du même art 434, qui eût entraîné la même pénalité que le premier ; — Casse. Du 25 mai 1848.—C. C., ch. crim.—M. Legagneur, rap.

et qui peut concourir à donner le caractère de criminalité déterminé par l'art. 386 du même code. »

Cet arrêt renvoyait la cause devant la cour de Toulouse. Cette cour, par arrêt du 15 oct. 1821, prononça dans le même sens que la cour de Pau. Nous croyons devoir donner ici un extrait de sa décision, qui forme la contre-partie de l'arrêt de cassation qui précède. « Attendu, dit la cour de Toulouse, qu'en droit, pour être réputé maison habitée, un bâtiment ou un édifice doit être destiné à la demeure ou au logement d'une ou de plusieurs personnes ; que, d'après l'acception universelle, l'habitation ne consiste pas dans l'usage où peut être un nombre quelconque d'individus de visiter plus ou moins fréquemment un édifice, ni d'y demeurer plus ou moins de temps, si d'ailleurs aucun d'entre eux n'y a un logement permanent ou momentané ; qu'un édifice qui, à de certaines heures, et même pendant tout le jour, est ouvert à tout le monde, sans être destiné à la demeure effective de personne en particulier, n'a pas, en effet, d'habitants, et ne peut, par conséquent, être considéré comme une maison habitée ; que c'est ainsi qu'on a jusqu'à présent entendu l'art. 390 c. pén. et les autres articles du même code qui s'y réfèrent ; que c'est d'après cette distinction que les vols commis pendant la nuit, sans aucune circonstance aggravante, dans des édifices autres que des maisons habitées, ont été soumis aux jugements des tribunaux correctionnels, tandis que les mêmes vols commis dans des maisons habitées ont été renvoyés aux cours d'assises... »

Sur un nouveau pourvoi, la cour suprême, par un second arrêt, du 29 déc. 1821, rendu toutes sections réunies (aff. Maillès, V. *infrà*, n° 543), persista dans sa première interprétation, et en conséquence annula l'arrêt de la cour de Toulouse. Les motifs sur lesquels est fondé ce second arrêt diffèrent de ceux qui se trouvent déduits dans le premier. La cour, se reportant à la loi antérieure pour interpréter la loi nouvelle, remarque que l'art. 15 de la sect. 2 du tit. 2 de la 2e part. du code pénal de 1791, après avoir prononcé, dans son § 1er, la peine de huit années de fers contre les vols commis dans les hôtels garnis et autres maisons particulières destinées par leurs propriétaires à l'usage du public, ajoute dans son § 2 : « Toutefois ne sont pas compris dans la présente disposition les salles de spectacle, boutiques et édifices publics : les vols commis dans lesdits lieux seront punis de quatre années de fers. » Or le mot *toutefois*, qui commence ce paragraphe, indique une exception à ce qui précède. Le législateur, en s'exprimant ainsi, a donc clairement révélé que, dans sa pensée, les salles de spectacle, boutiques et édifices publics étaient des maisons habitées, à l'égard desquelles il dérogeait à la disposition édictée dans le § 1. La cour de cassation concluait de là que l'art. 386 c. pén. de 1810, qui, dans son § 1, punit de la réclusion le vol commis par une personne dans un lieu habité, lorsque le vol a été commis ou tenté la nuit, doit être appliqué aux vols commis ou tentés avec cette circonstance aggravante, par une personne, dans un édifice public servant à la réunion des citoyens. Et elle ajoutait que la nécessité de cette application, qui résultait du texte des lois, est fondée, à l'égard de ces édifices, sur la facilité qu'ont les malfaiteurs de s'y introduire, et la difficulté de s'y garantir de leurs criminelles entreprises.

L'arrêt de cassation, du 29 déc. 1821, renvoyait la cause devant la cour de Bordeaux. Mais cette cour ne fut pas plus convaincue par les arguments qui précèdent que la cour de Toulouse ne l'avait été par ceux de l'arrêt du 23 août précédent. Elle prononça dans le même sens que les arrêts de Pau et de Toulouse, et en conséquence renvoya le prévenu devant la police correctionnelle.

336. Depuis, la cour de cassation a donné une consécration nouvelle à la doctrine contenue dans ses arrêts de 1821, en décidant que la seule circonstance qu'un vol a été commis dans une église, c'est-à-dire dans un édifice public, qui est réputé lieu habité, ne suffit pas pour donner à ce vol le caractère de crime, s'il n'y a d'ailleurs l'une des autres circonstances, savoir : ou la nuit, ou la réunion de deux ou plusieurs personnes ; et que hors de là ce n'est qu'un simple délit : « Attendu que les vols à raison desquels la femme Guyot est poursuivie sont dits avoir été commis dans des églises, conséquemment dans des

édifices publics qui sont réputés lieux habités ; qu'ils ont donc été accompagnés de l'une des circonstances mentionnées en l'art. 386, n° 1, c. pén. ; mais que cette circonstance ne suffisait pas seule pour donner à ces vols le caractère de crime ; qu'il fallait qu'ils eussent été commis ou la nuit ou par deux ou plusieurs personnes, etc. » (Crim. rej. 16 mai 1823, MM. Barris, pr., Aumont, rap., aff. femme Guyot).

337. Les édifices consacrés au culte ayant été depuis cette époque et étant encore aujourd'hui l'objet de dispositions spéciales, ainsi qu'on le verra bientôt (V. *infrà*, n°s 341 et s.), nous n'avons pas à nous en occuper ici. Mais la question reste entière à l'égard des salles de spectacle et autres édifices publics qui, sans être réputés à l'habitation proprement dite de personne, reçoivent des réunions d'hommes qui y viennent, soit à de certains jours, soit à de certaines heures de chaque jour, soit même irrégulièrement. Quelle est à l'égard de ces édifices la doctrine qui doit prévaloir ? Est-ce celle de la cour de cassation ? Est-ce, au contraire, celle des cours de Pau, de Toulouse et de Bordeaux ? Pour nous, nous inclinons à préférer cette dernière, comme étant seule conforme à la signification naturelle et vraie du mot *habitation*. C'est aussi celle qu'adoptent sans hésiter MM. Chauveau et Hélie, t. 5, n° 1871. « L'habitation, disent ces auteurs, est la demeure de l'homme, le lieu où il réside habituellement, où il satisfait les besoins de la vie, où se trouvent son foyer domestique et sa famille. Comment étendre cette qualification à un édifice public ? Comment faire de cette extension la base d'une peine ? »

338. Il est toutefois certains édifices publics qui devraient évidemment être considérés comme des maisons habitées. Tels sont notamment les hospices, qui, indépendamment même des malades, sont toujours affectés à l'habitation permanente d'un certain nombre de personnes (Conf. MM. Chauveau et Hélie, t. 5, n° 1864). Tels seraient même, à notre avis, les théâtres et les autres édifices publics, si quelques personnes y demeuraient en qualité de surveillants, de gardiens, ou à quelque autre titre.

339. Le code de 1791, après avoir, dans l'art. 20 de la sect. 2 du tit. 2 de la 2e partie, disposé à l'égard du vol d'effets confiés aux coches, messageries et autres voitures publiques, par les conducteurs desdites voitures (V. v° Lois codifiées, p. 258), ajoutait dans l'art. 21 : « Tout vol commis dans lesdites voitures par les personnes qui y occupent une place, sera puni de quatre années de fers. » — Sous l'empire de cette disposition, il avait été jugé qu'un fiacre ne pouvant être mis au nombre des coches, messageries et autres voitures publiques, le vol qui y était commis ne pouvait être considéré que comme un vol simple : — « Attendu que les fiacres ne peuvent être mis au nombre des coches, messageries et autres voitures par terre et par eau, qui sont comprises dans les art. 20 et 21 de la sect. 2, tit. 2, 2e part., c. pén. ; que les fiacres tiennent même absolument d'être publics dès le moment qu'ils sont employés et ne sont plus qu'aux ordres de celui qui les paye ; qu'on n'est d'ailleurs pas forcé d'y entrer avec des inconnus, et qu'on ne peut pas leur appliquer la faveur du commerce, la nécessité des communications d'une place à une autre et la confiance forcée qui ont fait aggraver la peine des vols commis dans les coches et messageries... » (Crim. cass. 4 fruct. an 2, MM. Lecointe, pr., Maleville, rap., aff. Fin).

340. L'art. 8 de la loi du 25 frim. an 8 réduisit la peine à une année d'emprisonnement, et, en conséquence, fit descendre le fait dans la classe des délits correctionnels.—Le code pénal n'ayant point parlé de ces sortes de vols, la question s'est élevée de savoir s'ils ne devaient pas être assimilés aux vols commis dans les maisons habitées. Mais cette question devait être et a été en effet résolue négativement. Une voiture publique n'est ni un bâtiment, ni un logement, ni une loge, ni une cabane, et elle ne sert point à l'habitation soit des voyageurs qui l'occupent momentanément, soit du voiturier qui la conduit. Le vol qui pourrait y être commis ne doit donc être considéré que comme un vol simple, tombant sous l'application de l'art. 401 c. pén. C'est ce qu'enseignent aussi MM. Chauveau et Hélie, t. 5, n° 1865. — Et il a été décidé, en ce sens, que le vol commis dans une voiture publique par une personne qui y occupait une place n'a, sous l'empire du code pénal, que le caractère de délit correctionnel ; qu'il ne peut être réputé vol dans une maison

habitée : — « Attendu que la définition que l'art. 390 c. pén. donne d'une maison habitée ne peut s'appliquer à une voiture publique, puisqu'une voiture publique n'est ni un bâtiment ni un logement, ni une case ou cabane; que le but de cet article a été de protéger l'habitation, c'est-à-dire le lieu destiné à la demeure des citoyens, et qu'il n'y a aucune assimilation légale entre un tel lieu et une diligence; — Que les vols commis, dans les voitures publiques, par les personnes qui y occupent une place, avaient été spécialement prévus par l'art. 21 c. pén. du 6 oct. 1791, qui les réputait crimes et les punissait d'une peine afflictive et infamante; mais que cet article fut modifié par l'art. 8 de la loi du 25 frim. an 8, qui les plaça dans la classe des délits correctionnels, passibles d'une simple peine d'emprisonnement; que le code actuel leur a conservé ce caractère, lorsqu'ils ne sont accompagnés d'aucune circonstance aggravante, et les a compris, en ne les distinguant pas des vols simples, dans les dispositions générales de son art. 401; — D'où il suit qu'en qualifiant crime le vol imputé à la demanderesse et en la renvoyant devant la cour d'assises pour y être jugée, l'arrêt attaqué a faussement appliqué les art. 390 et 396 c. pén., et violé les art. 401 du même code et 230 c. inst. crim. (Crim. cass. 7 sept. 1827, MM. Ollivier, f. f. pr., Mangin, rap., aff. femme Bernadet). — V. n° 385.

§ 2. — Vols dans les édifices consacrés aux cultes.

341. D'après la loi romaine, le vol des choses sacrées, lors même qu'elles n'étaient pas déposées dans un lieu sacré, était considéré comme un sacrilège : *Lege peculatus tenetur* (dit la loi 4, ff., *Ad leg. Jul. peculat. et de sacrileg.*) *qui pecuniam sacram, religiosam, abstulerit, interceperit*; mais il n'en était pas ainsi du vol, même commis dans un lieu sacré, de choses appartenant à des particuliers : *res privatorum* (disait la loi 5, *eod. tit.*) *si in œdem sacram deposita subrepta fuerint, furti actionem, non sacrilegii, esse.*—Cette distinction n'avait point passé dans le droit canonique, qui rangeait l'un et l'autre fait dans la classe des sacrilèges (can. *Si quis contumax*, § 17, quæst. 1); mais elle avait été maintenue par la jurisprudence. Ainsi nos anciens criminalistes considéraient comme un sacrilège le vol de choses consacrées à Dieu, telles que les calices, ciboires, reliques, images, et même les troncs dans les églises, parce qu'un tel vol renfermait une profanation de choses saintes; mais ils ne voyaient qu'un vol ordinaire dans la soustraction des choses non consacrées à Dieu, bien qu'elle eût été commise dans une église;

seulement la peine était aggravée dans ce cas à raison du lieu où le crime avait été commis (V. Muyart de Vouglans, Lois crim., p. 304; Jousse, Just. crim., t. 4, p. 97 et 206). La déclaration du 4 mai 1724 portait à cet égard, dans son art. 1 : « Ceux ou celles qui se trouveront convaincus de vol ou de larcins faits dans les églises, ensemble leurs complices et suppôts, ne pourront être punis de moindre peine que, savoir : les hommes, des galères à temps ou à perpétuité; et les femmes d'être flétries d'une marque en forme d'une lettre V, et enfermées à temps ou pour leur vie dans une maison de force : le tout sans préjudice de la peine de mort, s'il y échet, suivant l'exigence des cas. »

342. Le code pénal de 1791 ne reproduisait point ces incriminations, mais il prononça une pénalité spéciale contre les vols commis dans les salles de spectacles, boutiques, édifices publics; or les églises se trouvaient comprises sous cette dernière désignation. Il résultait de là que, tandis que le vol commis dans une maison habitée était puni de huit années de fers, le vol dans une église était passible seulement de quatre années de fers (C. pén. 25 sept. 1791, part. 2, tit. 2, sect. 2, art. 13 et 15).

343. Le code pénal de 1810 n'ayant pas parlé du vol commis dans les édifices publics, ces vols ne durent plus dès lors être considérés que comme des vols simples, à moins que les édifices dans lesquels ils avaient eu lieu ne dussent être réputés habités ou destinés à l'habitation. La question fut agitée, sous la Restauration, précisément à l'occasion des églises, et nous avons vu (*suprà*, n°° 335 et s.) qu'un grave dissentiment s'éleva à cet égard entre la cour de cassation et plusieurs cours royales.—Doit-on considérer comme lieux habités, non-seulement les édifices qui servent à l'habitation permanente et continuelle de quelqu'un, mais aussi les édifices destinés à recevoir, tous les jours ou dans certaines circonstances, les personnes qui s'y réunissent pour leurs devoirs, leurs affaires ou leurs plaisirs? Telle était la question qu'il s'agissait de résoudre et sur laquelle portait le dissentiment. La cour suprême, nous l'avons dit précédemment (n°° 335 et suiv.), tenait pour l'affirmative. — Elle avait décidé qu'on devait considérer comme lieu habité, dans le sens de l'art. 386, n° 1, c. pén., les salles de spectacle, les boutiques et les édifices publics tels que les églises; que dès lors le vol commis dans ces lieux, pendant le jour par plusieurs personnes, et pendant la nuit par un seul individu, était passible de la reclusion (Crim. cass. 23 août 1821; Sect. réun. cass. 29 déc. 1821) (1). — Les cours de Pau, de Toulouse et de Bordeaux, au contraire, par leurs arrêts rendus dans la même affaire, avaient décidé que les lieux dont il s'agit ne pouvaient être considérés comme mai-

---

(1) *Espèce :* — (Min. publ. C. Maillès.) — Un arrêt de la cour de Pau, chambre d'accusation, du 25 juill. 1821, a renvoyé devant le tribunal correctionnel, comme prévenu d'un simple délit, le nommé Jean Maillès, poursuivi pour tentative de vol d'une croix d'argent dans une église. — Le ministère public s'est pourvu contre cette décision. — Arrêt.

La cour; — Vu les art. 386 et 384 c. pén., et 590, même code, déclarant ce que la loi répute maison habitée; — Attendu que, par ces articles, dans l'acception des termes *lieu ou maison habitée ou servant à habitation*, n'est pas restreinte aux édifices ou constructions où serait établie l'habitation permanente et continuelle, mais comprend nécessairement, dans le sens légal comme dans le sens naturel, ceux où se fait une habitation accidentelle, ou temporaire, d'une réunion d'hommes rassemblés à des époques ou déterminées ou indéterminées; — Que l'habitation se constitue en effet non-seulement d'une résidence pour tous les besoins de la vie, mais encore d'une demeure temporaire pour certains besoins, certaines affaires ou certains devoirs; — Que, par conséquent, le vol commis dans les lieux destinés et employés à recevoir les réunions d'hommes qui y viennent tous les jours ou dans certaines circonstances, pour leurs devoirs, leurs affaires ou leurs plaisirs, est censé accompagné de la circonstance aggravante du lieu ou maison habitée, définie par l'art. 390, c. pén., et qui peut concourir à donner le caractère de criminalité déterminé par l'art. 386, même code;

Et attendu que, dans l'espèce, il était reconnu et déclaré en fait, par l'arrêt attaqué, que Jean Maillès, ex-gendarme, était prévenu d'avoir, dans la nuit du 24 déc. dernier, tenté de commettre, dans l'église de Saint-Jean-le-Vieux, le vol d'une croix en argent; — Que ce fait, ainsi précisé, constituait une tentative de vol de nuit dans un édifice servant à habitation, et portait dès lors le caractère de criminalité déterminé par l'art. 386, n° 1, c. pén., et rentrait dans la caté-

gorie des faits qualifiés crimes, dont la connaissance appartient aux cours d'assises; — Que néanmoins la cour royale de Pau, chambre d'accusation, considérant qu'une église n'est pas un lieu servant à habitation, n'a, par ce motif, reconnu dans le fait imputé qu'un vol simple dont elle a renvoyé la connaissance à un tribunal de police correctionnelle; en quoi cette cour a violé les dispositions des art. 386, 384 et 390, c. pén., — Casse et annule, etc.

Du 23 août 1821. C. C., ch. crim. MM. Bartis, pr.-Ollivier, rap.

Cet arrêt renvoyait l'affaire devant la cour de Toulouse. Cette cour se prononça dans le même sens que la cour de Pau. Son arrêt, du 15 oct. 1821, était ainsi conçu :

« Attendu, en droit, que, pour être réputé maison habitée, un bâtiment ou un édifice doit être destiné à la demeure et au logement d'une ou plusieurs personnes; que, d'après l'acception universelle, l'habitation ne consiste pas dans l'usage où peut être un nombre quelconque d'individus de visiter, plus ou moins fréquemment, un édifice, ni d'y demeurer plus ou moins de temps, si d'ailleurs aucun d'entre eux n'y a un logement permanent ou momentané; qu'un édifice qui, à de certaines heures et même pendant tout le jour, est ouvert à tout le monde, sans être destiné à la demeure effective de personne en particulier, n'a pas en effet d'habitants, et ne peut, par conséquent, être considéré comme maison habitée; que c'est ainsi qu'on a, jusqu'à présent, entendu l'art. 390 c. pén. et les autres articles du même code qui s'y réfèrent; que c'est d'après cette distinction que les vols commis pendant la nuit, sans aucune circonstance aggravante, dans des édifices autres que des maisons habitées, ont été soumis au jugement des tribunaux correctionnels, tandis que les mêmes vols commis dans des maisons habitées ont été renvoyés aux cours d'assises; — Que, dans un sens rigoureux, les églises catholiques, comme la majesté du Dieu fait homme qui y réside, devraient sans doute être considérées comme des maisons habitées, et, par cette qualité comme par la sainteté de leur destination,

sons habitées. — Ces arrêts avaient envisagé la question à un point de vue général, en sorte que la solution qu'ils donnaient était également applicable, soit qu'il s'agît de salles de spectacle, d'églises ou de tous autres édifices publics servant de lieux de réunion. Il était difficile toutefois qu'à cette époque le côté par lequel cette question touchait à la religion n'attirât pas l'attention des magistrats. La cour de Toulouse, dans les motifs de son arrêt, reconnaissait «que les églises catholiques, pleines de la majesté du Dieu fait homme qui y réside, devraient sans doute être considérées comme des maisons habitées, et, par cette qualité comme par la sainteté de leur destination, criminaliser les vols qui s'y commettent avec une audace que l'impunité enhardit; » et elle exprimait cette pensée « que des magistrats chrétiens se verraient avec une grande satisfaction investis du pouvoir de faire respecter les choses saintes, et de les préserver des attentats sacrilèges des malfaiteurs »; mais elle ajoutait que, « leur premier devoir étant de faire une juste application des lois existantes, et de se renfermer dans les limites du pouvoir qui leur est délégué, ils sont réduits à des vœux que la puissance législative peut seule exaucer. » — De son côté, la cour de cassation, dans son arrêt du 29 déc. 1821, rendu précisément sur le pourvoi dirigé contre l'arrêt de Toulouse, après avoir traité la question d'une manière générale pour tous les édifices publics, ajoutait que « relativement à ceux de ces édifices qui sont ouverts aux citoyens pour les devoirs de leur culte religieux, il est encore des motifs d'une plus haute et plus grave considération pour y prévenir les crimes par la crainte d'un châtiment plus rigoureux ; qu'en effet les vols qui s'y commettent ne sont pas seulement un attentat à la propriété, qu'ils sont encore une profanation de ces édifices; qu'ils sont même un sacrilège lorsqu'ils portent sur des objets destinés au culte. »

344. La loi du 20 avr. 1825, sur le sacrilège, vint bientôt mettre fin à cette divergence d'interprétation. Cette loi rangeait au nombre des maisons habitées les édifices consacrés à l'exercice des cultes légalement établis en France (art. 7 et suiv., 16). Ainsi notamment l'art. 11 punissait de la réclusion le vol commis, soit la nuit, soit par deux ou plusieurs personnes, dans un édifice consacré à la religion de l'Etat, et étendait la même disposition au vol commis dans tout autre édifice consacré à l'un des cultes légalement reconnus. — Cette loi devait naturellement succomber avec le régime politique sous lequel elle avait vu le jour. Son abrogation fut prononcée par la loi du 11

criminaliser les vols qui s'y commettent avec une facilité et une audace que l'impunité enhardit; que les magistrats chrétiens se verraient, avec une grande satisfaction, investis du pouvoir de faire respecter les choses saintes, et de les préserver des attentats sacrilèges des malfaiteurs ; mais que leur premier devoir étant de faire une juste application des lois existantes, et de se renfermer dans les limites du pouvoir qui leur est délégué, ils sont réduits à des vœux que la puissance législative peut seule exaucer..... »

Nouveau pourvoi de la part de M. le procureur général. — Arrêt (apr. délib. en ch. du cons.).

La cour ; — Vu les art. 386, n° 1, et 390, c. pén. ; — Vu aussi l'art. 251 c. inst. crim.; — Attendu que le code pénal de 1810, en déclarant, dans son art. 390, que tout bâtiment destiné à l'habitation serait réputé maison habitée, n'a pas défini l'habitation et n'a pas ainsi établi de disposition d'après laquelle il dût être jugé si les édifices publics servant à la réunion des citoyens doivent être considérés comme lieu habité ; — Qu'il y a donc nécessité de recourir au code pénal antérieur de 1791, auquel il est censé de droit s'en être référé ; — Que le premier paragraphe de l'art. 15 du tit. 2, sect. 2 de ce code, portait la peine de huit années de fers contre les vols commis dans les hôtels garnis et autres maisons particulières destinées par leurs propriétaires à l'usage du public ; Que le second paragraphe de cet article est ainsi conçu : «Toutefois ne sont pas compris dans la présente disposition les salles de spectacle, boutiques et édifices publics. Les vols commis dans lesdits lieux seront punis de quatre années de fers; »— Que l'expression *toutefois*, par laquelle commence ce paragraphe, est restrictive, et que la disposition par laquelle la peine des vols commis dans les édifices publics y est réduite à la moitié de celle prescrite par le § 1 contre les vols commis dans les maisons de propriété privée ouvertes au public, est exceptionnelle ; — Qu'il s'ensuit que le législateur a reconnu que, hors le cas pour lequel il établissait cette disposition d'exception, les édifices publics du § 2 de cet art. 15 devaient être considérés de la même manière que les maisons de propriété privée spécifiées dans le § 1, et qu'ils devaient comme elle, par conséquent, être qualifiés de lieux

oct. 1830 (article unique), et l'on se trouva dès lors replacé sous l'empire des dispositions du code pénal de 1810 (V. Culte, n°s 102 et suiv., 107).—Cette abrogation, disent MM. Chauveau et Hélie (t. 5, n° 1872), parut appuyer l'interprétation que les cours royales avaient soutenue ; car elle équivalait en quelque sorte à la déclaration que le législateur ne considérait plus les églises comme des lieux habités; et dès lors les vols qui s'y commettaient n'étaient que des vols simples. — Lors de la réforme du code pénal, en 1832, le projet de loi présenté par le gouvernement ne contenait sur ce sujet aucune disposition spéciale; par conséquent il laissait dans la classe des vols simples punis par l'art. 401 c. pén. les vols commis dans les édifices consacrés aux cultes. La chambre des députés n'avait fait sur ce point aucun changement au projet. Mais la chambre des pairs crut devoir, dans l'art. 386-1°, après ces mots : *mais en même temps dans un lieu habité ou servant à l'habitation*, ajouter ceci : *ou dans les édifices consacrés aux cultes légalement établis en France.* C'était faire revivre une portion de la loi du 20 avr. 1825. Cette modification, ayant été admise par les deux autres membres du pouvoir législatif, est restée définitivement dans la loi. — Enfin la loi du 16 avr.-13 mai 1863, modifiant l'art. 385 c. pén., y énonce, parmi les circonstances aggravantes que prévoit le nouvel article, le fait que le vol a été commis dans une maison habitée, ou dans un des édifices consacrés aux cultes légalement établis en France. — Les édifices consacrés aux cultes se trouvent donc assimilés aux maisons habitées. De là il résulte, par application de ce qui a été dit précédemment à l'égard des maisons habitées (V. *suprà*, n° 308), qu'un vol ne cesse pas d'être un vol simple par cela seul qu'il a été commis dans un édifice consacré au culte, s'il n'existe aucune autre circonstance aggravante, mais qu'un tel vol devient crime et entraîne la peine de la réclusion s'il a été commis soit la nuit, soit par deux ou plusieurs personnes. — Peu importe d'ailleurs que le vol ait été commis par une personne attachée au service de l'église ou par une personne étrangère; qu'il l'ait été au préjudice de l'église ou au préjudice des personnes qui la fréquentent : la loi n'a fait d'aucune de ces circonstances un principe d'aggravation (Conf. MM. Chauveau et Hélie, t. 5, n° 1873).

345. Du reste, quand la loi dit : *édifices consacrés aux cultes,* elle n'entend parler que de ceux qui sont publiquement affectés aux cultes reconnus par l'Etat. Quant aux chapelles particulières ou aux lieux de réunion de cultes non reconnus, ils ne

habités ; — Que l'art. 386 c. pén. de 1810, qui, dans son premier paragraphe, punit de la réclusion les vols commis par une personne dans un lieu habité, lorsque le vol a été commis ou a été tenté la nuit, doit donc être appliqué aux vols commis ou tentés avec cette circonstance aggravante, par une personne, dans un édifice public servant à la réunion des citoyens ; que la nécessité de cette application, qui résulte du texte des lois, est fondée, à l'égard de la mort, les vols commis dans les églises; que si la législation nouvelle a été moins sévère, les tribunaux n'en doivent pas augmenter l'indulgence, en refusant d'appliquer les peines qui résultent de ses dispositions.

Et attendu qu'il a été reconnu par la chambre d'accusation de la cour de Toulouse que le nommé Maillès, ex-gendarme, était suffisamment prévenu d'avoir tenté de voler de nuit une croix d'argent dans une église ; que, d'après le susdit art. 386, § 1, c. pén., le fait de cette prévention était punissable de la réclusion, et qu'il y avait lieu, par conséquent, aux termes de l'art. 251 c. inst. crim., à la mise en accusation et au renvoi devant la cour d'assises ; que cependant cette chambre d'accusation a ordonné le renvoi du prévenu devant la juridiction correctionnelle ; — En quoi elle a violé le susdit art. 386 c. pén., et l'art. 251 c. inst. crim. ; — D'après ces motifs, casse.

Du 29 déc. 1821.-C. C., sect. réunies.-MM. de Peyronnet, pr.-Ollivier, rap.-Mourre. pr. gén., c. conf.

Nota. La cour de Bordeaux, devant laquelle cette affaire a été renvoyée, s'est prononcée dans le même sens que les cours de Pau et de Toulouse

sont pas compris sous cette désignation et ne peuvent être considérés que comme des lieux purement privés (Conf. MM. Chauveau et Hélie, t. 5, n° 1873). Mais ils devraient être considérés comme dépendances de maisons habitées ou même comme maisons habitées, s'ils étaient enfermés dans la même clôture qu'une maison ayant ce caractère, ou si quelqu'un y avait son habitation (c. pén. 390).

§ 3. — Vols dans les dépôts publics.

346. La loi devait punir avec rigueur les vols commis dans les dépôts publics. En effet, comme il est dit dans l'exposé des motifs du tit. 1, liv. 3 c. pén., « un dépôt public est un asile sacré; et tout enlèvement qui y est commis est une violation de la garantie morale, un attentat contre la foi publique. » Cette considération a déterminé le législateur à ranger le fait dont il s'agit parmi les crimes et délits contre la chose publique, plutôt que parmi les crimes et délits contre les particuliers. C'est dans les art. 254, 255 et 256 que le code pénal dispose à l'égard de ce genre de crime. Après avoir dit, dans l'art. 253, que tout vol commis à l'aide d'un bris de scellés sera puni comme vol commis avec effraction (V. Scellés, n°s 159 et s.), il ajoute : « 254. Quant aux soustractions, destructions ou enlèvements de pièces ou de procédures criminelles, ou d'autres papiers, registres, actes et effets, contenus dans des archives, greffes ou dépôts publics, ou remis à un dépositaire public en cette qualité, les peines seront, contre les greffiers, archivistes, notaires ou autres dépositaires négligents, de trois mois à un an d'emprisonnement et d'une amende de 100 fr. à 300 fr. — 255. Quiconque se sera rendu coupable des soustractions, enlèvements ou destructions mentionnées en l'article précédent, sera puni de la reclusion. — Si le crime est l'ouvrage du dépositaire lui-même, il sera puni des travaux forcés à temps. » — Enfin l'art. 256, qui complète ces dispositions, porte que si le bris de scellés, les soustractions, enlèvements ou destructions de pièces ont été commis avec violences envers les personnes, la peine sera, contre toute personne, celle des travaux forcés à temps, sans préjudice de peines plus fortes, s'il y a lieu, d'après la nature des violences et des autres crimes qui y seraient joints. » — Déjà ces dispositions ont été commentées v° Abus de confiance, n°s 132 et suiv. Il nous reste à compléter ce qui y a été dit.

347. Il a été jugé, par application des articles qui précèdent, que le détournement d'objets contenus dans un dépôt pu-

blic, rentre dans la classe des soustractions, enlèvements et destructions réprimés par l'art. 254 c. pén. :—« Attendu que l'art. 254 c. pén., en se servant des expressions génériques *soustractions, enlèvements ou destructions*, a entendu atteindre toute appropriation frauduleuse de papiers, registres, actes et effets contenus dans un dépôt public ou remis à un dépositaire public, et que le détournement d'un de ces objets en comprend nécessairement l'enlèvement dans le sens de cet article » (Crim. rej. 3 déc. 1859, aff. Clavel, D. P. 60. 5. 433).

348. Il résulte des termes de l'art. 254, d'abord que les archives, les greffes, les études de notaires sont des dépôts publics, mais en même temps que ces lieux ne sont pas les seuls auxquels cette qualification convient. MM. Chauveau et Hélie (4° éd., t. 3, n° 920) pensent qu'il faut y comprendre aussi les bureaux des diverses administrations publiques.—Il a été jugé en ce sens que le bureau du payeur d'une division militaire est un dépôt public (Crim. rej. 25 juill. 1812, v° Abus de confiance, n° 134).—Il résulte d'un autre arrêt qu'une boîte aux lettres est un dépôt public, et que la soustraction des dépêches qui y sont contenues rentre dans les dispositions des articles qui précèdent (Nîmes, 17 fév. 1853, aff. Gras, D. P. 54. 2. 32). — Mais il a été jugé que la chambre d'un juge d'instruction, en présence du silence du jury et alors qu'aucune question ne lui aurait été posée à cet égard, ne peut être considérée comme un greffe ou dépôt public dans le sens de l'art. 255 c. pén.; que le vol commis dans un pareil lieu n'est passible que des peines de l'art. 401 c. pén. (Crim. rej. 19 sept. 1818) (1).

349. Une bibliothèque publique, un musée, doivent-ils être considérés comme des dépôts publics? Par conséquent les livres, manuscrits, estampes, médailles, statues, tableaux et autres objets d'art qui y sont renfermés, doivent-ils être rangés parmi les *effets* dont parle l'art. 254? Et leur soustraction donnerait-elle lieu à l'application des art. 255 et 256? Cette question a été résolue affirmativement par la jurisprudence. — Ainsi il a été jugé : 1° que l'art. 401 n'est point applicable à un vol de livres commis dans une bibliothèque publique, à la surveillance et à la tenue de laquelle un bibliothécaire est préposé par l'autorité; que ce crime est punissable de la reclusion, aux termes de l'art. 255 c. pén. (Crim. cass. 25 mars et 5 août 1819) (2) ; — 2° Que le vol de livres dans une bibliothèque publique, soit imprimés, soit manuscrits, rentre dans l'application des art. 254 et 255 c. pén. (Crim. cass. 9 avr. 1813, M. Busschop, rap., aff. Duverger); — 3° Qu'un musée, une bibliothèque sont des dépôts

---

(1) (Min. pub. C. Thion.) — La cour, — Attendu qu'en déclarant Thion coupable d'avoir commis un vol de pièces de coton déposées dans la chambre du juge d'instruction, le jury n'a pas déclaré non plus que cette chambre fût un greffe, une archive ou un dépôt public; que le ministère public a seul à s'imputer de n'en avoir pas requis la question. Mais que, d'après la déclaration telle qu'elle a été émise par le jury, la cour d'assises, en refusant de condamner l'accusé à la peine portée par l'art. 255 c. pén., n'a pas violé les dispositions de cet article; — Et qu'en lui appliquant la peine portée par l'art. 401 c. pén., elle a fait une juste application de la loi pénale; — Rejette le pourvoi contre l'arrêt de la cour d'assises des Côtes-du-Nord, du 25 juill. 1818.
Du 19 sept. 1818.-C. C., ch. crim.-MM. Barris, pr.-Ollivier, rap.-Larivière, av. gén.

(2) (Min. pub. C. Dardennes.)—La cour; — Vu l'art. 251 c. inst. cr.; —Vu les différents articles du § 5, sect. 4, ch. 5, tit. 1, liv. 3 c. pén.; — Attendu que l'art. 253 de ce paragraphe est relatif au cas particulier du vol avec bris de scellés; qu'il l'assimile au vol avec effraction, et le déclare en conséquence passible de la même peine, celle des travaux forcés à temps; que l'art. 254, au contraire, se rapporte en général aux soustractions, destructions ou enlèvements commis sans la circonstance de bris de scellés, des pièces, procédures criminelles ou autres papiers, registres, actes et effets contenus dans les archives, greffes ou dépôts publics, ou remis à un dépositaire public en cette qualité; que l'art. 255 punit ces sortes de vols, ainsi dégagés de la circonstance aggravante de bris de scellés, de la peine de la reclusion; que par cette expression générale : l'art. 254 a désigné tous les objets quelconques renfermés dans un dépôt public, autres que ceux dont le même article fait une désignation particulière; que dès lors les livres renfermés dans une bibliothèque publique sont nécessairement compris dans l'expression générale *effets*; que la bibliothèque publique est, par la nature de son établissement, un lieu public, et le bibliothécaire, par la nature de ses fonctions, un dépositaire public; qu'ainsi,

sous ce triple rapport. le vol de livres dans une bibliothèque publique rentre dans l'application de l'art. 254, devient passible de la peine de la reclusion prononcée par l'art. 255, et doit, par conséquent, être renvoyé devant les cours d'assises, et non aux tribunaux correctionnels ;— Et attendu que, dans l'espèce, Dardennes était prévenu d'avoir commis des vols de livres dans les bibliothèques publiques de Toulouse, dont la surveillance était confiée à un bibliothécaire nommé par l'autorité administrative; que dès lors ce vol constituait celui d'effets renfermés dans un lieu public et confiés à un dépositaire public, tel qu'il est déterminé par l'art. 254; et que l'art. 255 déclare punissable de la peine de la reclusion; que cette prévention, portant sur un fait déclaré crime, et passible de peines afflictives et infamantes, devait, d'après l'art. 251 c. inst. crim., être renvoyée devant la cour d'assises ; que néanmoins, par l'arrêt attaqué, la cour royale de Toulouse, chambre d'accusation, a renvoyé le prévenu devant le tribunal de police correctionnelle de Toulouse; en quoi elle a violé les art. 254 et 255 c. pén., l'art. 251 c. inst. crim., et méconnu les règles de compétence ; — Casse.
Du 25 mars 1819.-C. C., sect. crim.-MM. Barris, pr.-Ollivier, rap.
Renvoyé devant la cour d'assises du département de Lot-et-Garonne, Dardennes fut déclaré coupable des vols qu'on lui imputait, et néanmoins ne fut condamné qu'à une peine correctionnelle.— Pourvoi par le ministère public.— Arrêt.
La cour; — Considérant que la cour d'assises du département de Lot-et-Garonne a déclaré Dardennes fils, accusé, coupable d'avoir commis différents vols de livres déposés dans les bibliothèques publiques de la ville de Toulouse dites du clergé et du lycée ;—Que ces faits constituent le crime prévu par les art. 254 et 255 c. pén., punissable, d'après ce dernier article, de la peine de la reclusion ; — Que néanmoins ladite cour d'assises, appliquant l'art. 401 dudit c. pén., n'a condamné Dardennes fils qu'à une peine correctionnelle; qu'elle a donc faussement appliqué cet article et violé les art. 254 et 255 précités c. pén.;—Casse.
Du 5 août 1819.-C. C., sect. crim.-M. Busschop, rap.

publics dans le sens de l'art. 254 c. pén., et que des statues, des livres, des monuments d'art renfermés dans un musée ou une bibliothèque sont des effets dans le sens de l'art. 254 c. pén., dont la soustraction constitue un crime et non un délit (Crim. règl. de jug. 25 mai 1832) (1) ; — 4° Qu'un bâtiment où se trouve déposée une collection d'objets d'art dont la nue propriété appartient à l'Etat et la jouissance à la liste civile, le Louvre, par exemple, doit être considéré comme un dépôt public; qu'en conséquence, les soustractions ou tentatives de soustractions de tableaux faisant partie du musée du Louvre tombent sous l'application de l'art. 254 c. pén., et constituent un crime dont la connaissance n'appartient pas, dès lors, au tribunal correctionnel (Crim. règl. de jug. 10 sep. 1840) (2) ; — 5° Que le mot *effets*, employé par l'art. 254 c. pén., comprend les tableaux aussi bien que tous les autres objets mobiliers (même arrêt). — Cette jurisprudence, approuvée par Legraverend (t. 2, n° 920) a été, de la part de MM. Chauveau et Hélie (t. 3, p. 223), l'objet de quelques objections. — V. à cet égard Abus de confiance, n° 135, et Bibliothèque, n° 80.

250. Il résulte d'un arrêt que, pour l'application des art. 254 et suiv., il est nécessaire que le dépôt des objets volés dans l'un des lieux qui y sont désignés ait été fait dans un dépôt correspondant à la destination de ces lieux, et qu'ainsi le jury doit être interrogé sur cette circonstance, qui est constitutive du crime (Crim. cass. 19 janv. 1843, aff. Boucheul, v° Abus de confiance, n° 143).

251. Le fait, par le vendeur d'un office (de notaire), d'avoir, après installation de son successeur, enlevé de l'étude plusieurs minutes dans le but d'arriver, par la menace de les anéantir, à avoir payement d'un supplément de prix stipulé en dehors du traité de cession, constitue, non le délit d'escroquerie, mais le crime de soustraction de pièces appartenant à un dépôt public (Crim. rej. 20 nov. 1853, aff. Pourthier, D. P. 54. 5. 790).

252. La loi assimile au vol commis dans un dépôt public le vol d'une pièce ou d'un acte remis à un dépositaire public en cette qualité. Cette disposition n'existait pas dans le texte du projet. Un membre du conseil d'Etat demanda que l'article énonçât les pièces qui sont entre les mains des rapporteurs : « Il semble, dit-il, d'après la rédaction, que la soustraction ne soit un crime que lorsqu'elle est exécutée dans un dépôt public, tandis qu'elle doit être punie du moment où il y a infidélité de la part du dépositaire, dans quelque lieu où le dépôt ait été fait. » Cet amendement fut adopté; mais la rédaction nouvelle n'en limita point la portée aux seuls rapporteurs, elle l'étendit à tous les dépositaires publics sans distinction. — La rédaction primitive ne parlait pas non plus des notaires : la commission du corps législatif fut d'avis que, comme ils sont souvent dépositaires, ils étaient implicitement compris dans l'article; mais qu'il était utile de les désigner nominativement. — Mais il a été jugé que le gardien d'une saisie ne peut être considéré comme dépositaire public; qu'en conséquence, celui qui soustrait les effets confiés à sa garde ne se rend pas coupable du crime prévu par les art. 254 et 255 c. pén. (Crim. cass. 29 oct. 1812, aff. Van Esbeeck, v° Abus de conf., n° 139; Crim. rej. 14 (et non 19) mai 1813, aff. Thabuis, n° 674).

253. Il est nécessaire que la pièce soustraite entre les mains du dépositaire public lui ait été remise en cette qualité et dans l'exercice de son ministère (MM. Chauveau et Hélie, t. 3, n° 921). — Ainsi la soustraction dans une étude de notaire et la destruction d'une pièce qui avait été remise à ce notaire, non à raison

de sa qualité et pour qu'il en dressât acte, mais uniquement par suite de la confiance qu'il inspirait, ne constitue pas le crime de soustraction de pièces dans un dépôt public, prévu par les art. 254 et 255 c. pén., mais seulement le délit de destruction de pièces, puni par l'art. 439 même code (Crim. cass. 2 avr. 1857, aff. Unal, D. P. 57. 1. 228).

254. L'art. 255 c. pén. prononce la peine des travaux forcés à temps pour le cas où le crime est l'ouvrage du dépositaire lui-même. — Il a été jugé que cette disposition est inapplicable au cas où la soustraction a été commise par un préposé de ce dépositaire; qu'ici ne doit pas être étendue l'assimilation établie entre le dépositaire et son préposé, par l'art. 173 c. pén., qui suppose une soustraction d'actes remis entre les mains d'un fonctionnaire dans ses fonctions ou de sa qualité, mais non placés dans un dépôt public; et spécialement, que le clerc qui soustrait un titre dans l'étude du notaire auquel il est attaché, est passible, non de la peine des travaux forcés à temps, qui aurait été encourue en vertu du § 2 de l'art. 255, si la soustraction avait été commise par le notaire lui-même, mais de la peine de la reclusion, prononcée par la disposition générale du § 1 du même article (Crim. rej. 2 juin 1853, aff. Darras, D. P. 53. 1. 236).

255. Bien que les soustractions commises dans les dépôts publics soient l'objet de dispositions spéciales placées hors du titre dans lequel le code pénal s'est occupé du vol, elles n'en constituent pas moins de véritables vols. Il suit de là que lorsqu'elles sont accompagnées de circonstances de nature à entraîner une aggravation de peine supérieure à celle que prononce l'art. 255, c'est la peine aggravée qui doit être appliquée. — C'est ce qui résulte d'un arrêt qui a décidé avec raison que la soustraction de pièces et papiers dans un dépôt public, et, par exemple, de dépêches dans une boîte aux lettres, pour être punie de peines spéciales par l'art. 255 c. pén., n'en rentre pas moins dans la classe des vols, en ce sens que, si elle est accompagnée de circonstances aggravantes, elle devient passible de l'aggravation de pénalité prononcée par l'art. 384 (Nîmes, 17 fév. 1853, aff. Gras, D. P. 54. 2. 32).

256. Sous l'empire de la loi du 25 sept.-6 oct. 1791, qui punissait des fers le vol de deniers ou effets appartenant à l'Etat, il avait été décidé, d'une part, que, la qualité de deniers publics déterminant seule l'intensité de la peine, il n'était pas nécessaire de poser la question de savoir si l'accusé connaissait que les deniers par lui volés appartenaient à l'Etat (Crim. rej. 15 fruct. an 10, MM. Viellart, pr., Genevois, rap., aff. Friche); — D'autre part, qu'il était inutile de poser la question de savoir si les deniers ou effets volés par le prévenu lui avaient été confiés (même arrêt).

§ 4. — *Vols sur les chemins publics.*

257. La loi romaine était sévère pour les voleurs de grand chemin; elle les punissait de la peine des mines ou de la reléguation; elle les punissait même de mort lorsqu'ils avaient fait usage des armes : *Grassatores*, dit le jurisconsulte Callistratus (L. 28, § 10, ff., *De pœnis*), *qui prœdœ causa id faciunt, proximi latronibus habentur : et si cum ferro adgredi et spoliare instituerunt : capite puniuntur, utique si sœpius, atqui in itineribus admiserunt ; cœteri in metallum damnantur vel in insulas relegantur.* Cette sévérité avait paru nécessaire pour assurer la sûreté des routes, afin que les voyages pussent se faire sans péril : *Publice utile est,* disait Ulpien (L. 1, ff., *De his qui*

---

(1) (Min. pub. C. Noyer.) — La cour ; — Vu les art. 525 et suiv. c. inst. crim. ; — Vu les art. 254 et 255 c. pén. ; — Attendu que, par l'expression générale *effets*, l'art. 254 a désigné tous les objets quelconques renfermés dans un dépôt public, autres que ceux dont le même article fait une désignation particulière ; que, dès lors, les livres, les statues, les monuments des arts renfermés dans une bibliothèque ou un musée public, sont nécessairement compris dans le mot général *effets*, qu'un musée public est, par la nature de son établissement, un lieu de dépôt public, et le conservateur ou le bibliothécaire, par la nature de ses fonctions, un dépositaire public ;— Statuant sur la demande en règlement de juges, etc.

Du 25 mai 1832.-C. C., ch. crim.-MM. Ollivier, pr.-Brière, rap.

(2) (Min. publ. C. Delaroche.) — La cour ; — Vu les art. 525 et suiv. c. inst. crim. sur les règlements de juges ; — Vu les art. 254 et 255 c. pén. ; — Attendu que le musée du Louvre doit être considéré comme étant un *dépôt public d'effets* appartenant à l'Etat ; — Que le mot *effets* employé par l'art. 254 dudit code comprend les *tableaux*, aussi bien que tous les autres objets mobiliers ; — Que, par conséquent, aux termes des articles précités, les soustractions ou les tentatives de soustractions d'effets faisant partie de ce musée, constituent des crimes dont la connaissance ne saurait appartenir à la juridiction correctionnelle ; — Par ces motifs, sans s'arrêter, etc.

Du 10 sept. 1840.-C. C., ch. crim.-MM. Bastard, pr.-Denaussy, rap.

effuderint vel dejecerint), sine motu et periculo per itinera commeari.

358. Nos anciennes lois infligeaient également à ce crime une répression très-rigoureuse. Ainsi l'édit de janv. 1534 punissait du supplice de la roue tous les vols de cette nature sans distinction. « Non-seulement, dit Muyart de Vouglans (Lois crim., p. 304), nos lois ne distinguent point, quant à la peine, les voleurs de grand chemin qui n'assassinent point de ceux qui assassinent, mais elles portent même la rigueur jusqu'à étendre cette peine à ceux qui n'auraient fait qu'une simple attaque, sans être parvenus à consommer le vol. » Toutefois la jurisprudence avait tempéré la rigueur de ces dispositions en n'appliquant le supplice de la roue qu'au cas où les vols sur les grands chemins avaient été accompagnés de meurtre ou de blessures.—V. Jousse, Just. crim., t. 4, p. 215 ; Serpillon, Code crim., t. 1, p. 189.

359. Le code pénal de 1791 n'incriminait d'une manière spéciale le vol commis sur un grand chemin que lorsque ce vol avait eu lieu à force ouverte et par violence envers les personnes ; dans ce cas, il prononçait la peine de quatorze années de fers (part. 2, tit. 2, sect. 2, art. 2). Cette peine était augmentée de quatre années pour chacune des circonstances suivantes qui s'y trouverait réunie : la première, si le crime avait été commis la nuit ; la seconde, s'il était commis par deux ou plusieurs personnes ; la troisième, si le coupable ou les coupables dudit crime étaient porteurs d'armes à feu ou de toute autre arme meurtrière (*ibid.*, art. 4).

360. Une loi du 18 pluv. an 9 (V. Organ. jud.) autorisa le gouvernement à établir, dans les départements où il le jugerait nécessaire, des tribunaux spéciaux pour la répression de certains crimes ou délits spécifiés dans cette loi. L'art. 8 portait : « Le tribunal connaîtra, contre toutes personnes, des vols sur les grandes routes, violences, voies de fait et autres circonstances aggravantes du délit. » L'art. 29 déterminait les peines que les tribunaux spéciaux pourraient appliquer aux crimes et délits qu'ils étaient chargés de réprimer. D'après cet article, les vols de la nature de ceux mentionnés dans l'art. 8 étaient punis de mort.— Il avait été jugé que l'art. 8 de la loi du 18 pluv. an 9 attribuait la connaissance des vols simples, commis sur les grandes routes, à la juridiction des cours de justice criminelle (Crim. cas. 26 flor. an 13, MM. Viellart, pr., Cassaigne, rap., aff. Foubert) ; — Mais que les peines portées par cette loi ne pouvaient être appliquées que dans les départements où le gouvernement avait jugé nécessaire d'établir des tribunaux spéciaux, et par ces tribunaux eux-mêmes ; qu'un tribunal criminel ne pouvait appliquer que les peines portées au code pénal ordinaire : — « Attendu qu'il résulte de la déclaration du jury de jugement relative à l'égard des demandeurs en cassation, qu'ils sont prévenus d'un vol commis à force ouverte et par violence envers les personnes sur un grand chemin, avec les circonstances aggravantes prévues par l'art. 4 sus-relaté du code pénal du 25 sept. 1791 ; que ce crime est prévu et que la peine en est déterminée par les art. 2, 4 et 5 dudit code ; qu'au lieu d'appliquer cette peine, le tribunal criminel du département de la Loire a prononcé la peine déterminée par l'art. 29 L. 18 pluv. an 9, loi dont l'objet, aux termes de son art. 1, est exclusivement relatif aux départements où le gouvernement juge l'établissement des tribunaux spéciaux nécessaire ; attendu qu'ainsi ce tribunal a fait une fausse application des lois pénales et donné ouverture à la cassation, aux termes de l'art 456 c. des délits et peines » (Crim. cass. 29 prair. an 10, M. Borel, rap., aff. Chamussy ; Conf. Crim. cass. 27 vend. an 12, M. Rataud, rap., aff. Marc Crociechia ; 12 brum. an 12, M. Sieyès, rap., aff. Albertini).

361. Le projet du code de 1810 ne contenait aucune disposition particulière sur l'espèce de vol dont nous nous occupons. La commission du corps législatif fit à cet égard l'observation suivante : « La première section du projet de loi ne présente aucune disposition spéciale contre le vol sur les chemins publics. Il est vrai qu'il paraît implicitement compris dans l'art. 385, et principalement au n° 2 de l'art. 386 ; mais il n'est point nominativement exprimé. Cette désignation semble néanmoins nécessaire ; le vol sur les chemins publics, de tout temps, a été frappé de peines très-graves ; en le rangeant dans la classe de l'art. 386, il n'aurait que celle de la réclusion, qui serait bien

faible pour le coupable, et presque nulle pour l'exemple. » Le conseil d'État fit droit à cette observation, et en conséquence il fut inséré au code une disposition ainsi conçue : « Les vols commis dans les chemins publics emporteront également la peine des travaux forcés à perpétuité. » C'est l'art. 383 c. pén. de 1810. L'exposé des motifs justifiait en ces termes la sévérité de cette disposition : « A l'égard des vols commis dans les chemins publics, ces sortes de crimes, qui portent toujours un caractère de violences, et qui menacent la sûreté individuelle, seront punis de la peine des travaux forcés à perpétuité. »

362. Si l'on considère uniquement le texte de l'art. 383, il semble que tous les vols commis sur les chemins publics sans distinction soient passibles des travaux forcés à perpétuité, et que l'application de cette peine ne soit subordonnée à aucune autre condition, sinon que le vol ait été commis sur un chemin public. Mais si l'on cherche dans l'exposé des motifs le commentaire de cet article, on hésite à lui attribuer un sens aussi absolu. Il semble en effet résulter du passage de cet exposé qui vient d'être cité, que le législateur n'a entendu infliger la peine rigoureuse des travaux forcés aux vols commis sur les chemins publics qu'autant qu'ils ont été accompagnés de violences. — Entre ces deux interprétations, quelle est celle qui traduit la véritable pensée du législateur ?—La cour de cassation avait été plusieurs fois appelée à prononcer sur cette question, et sa jurisprudence avait varié.

363. Elle avait décidé d'abord que la peine prononcée par l'art. 383 était applicable même aux vols commis hors de la présence des voyageurs, sur des objets déposés dans leur voiture : — « Considérant qu'en prononçant la peine des travaux forcés à perpétuité contre les vols commis dans les chemins publics, l'art. 383 c. pén. a voulu, par l'application de cette peine sévère, pourvoir, non-seulement à la sûreté des voyageurs, mais aussi à celle des effets et propriétés dont les voyageurs sont les porteurs ou les conducteurs ; qu'ainsi ledit article doit s'appliquer, non-seulement aux vols commis dans les chemins publics sur la personne même du voyageur, mais aussi aux vols d'effets et propriétés qui se trouvent sur les chemins publics en transport ou à la suite du transport ; que, dans l'espèce, le vol dont le condamné a été convaincu a été commis par lui dans un chemin public, sur un effet qui se trouvait dans la voiture d'un voyageur ; d'où il suit que la peine portée par l'art. 383 c. pén. lui a été légalement appliquée » (Crim. rej. 23 avr. 1812, MM. Busschop, rap., Merlin, pr. gén., c. conf., aff. Dupart ; Conf. Crim. rej. 5 sept. 1811, M. Benvenutti, rap., aff. Mocard). — Elle avait décidé également que, pour que la peine des travaux forcés à perpétuité fût applicable, il n'était pas nécessaire que le vol eût été accompagné de l'une des circonstances déterminées, soit par l'article qui précédait, soit par l'article qui suivait l'art. 383 (Crim. cass. 28 juill. 1813, M. Coffinhal, rap., aff. Pacifici).

364. Ensuite, cependant, effrayée de la rigueur excessive de l'art. 383, elle avait voulu l'atténuer, et en conséquence elle avait décidé que le vol commis sans violence sur un chemin public n'était passible que de peines correctionnelles : — « Considérant que si l'art. 383 c. pén. prononce d'une manière générale les travaux forcés à perpétuité contre les vols commis sur les chemins publics, la sévérité de cette peine a eu pour motif la présomption que ces sortes de vols ont été accompagnés de violence ou menace contre la sûreté individuelle ; d'où il suit que lorsque les juges appelés par la loi pour prononcer sur l'accusation ou la culpabilité des prévenus de pareils vols déclarent d'une manière positive qu'il n'y a eu ni violence ni menace, il n'y a pas lieu non plus à l'application dudit art. 383 ; considérant, dans l'espèce, que la chambre d'accusation, d'après le résultat de l'instruction, a déclaré d'une manière positive et formelle que le vol sur un chemin public, dont était prévenu Jean-Baptiste Pichelin, n'avait été accompagné ni de violence, ni de menace, ni d'aucune autre circonstance qui pût le faire qualifier crime ; qu'ainsi le renvoi du prévenu devant la police correctionnelle est parfaitement conforme aux règles de compétence établies par la loi » (Crim. rej. 25 avr. 1816, MM. Barris, pr., Busschop, rap., aff. Pichelin ; Conf. Crim. cass. 22 mai 1817, MM. Barris, pr., Clausel de Coussergues, rap., aff. Lizier-Mirouze).

365. Mais bientôt, appelée à prononcer toutes sections réunies dans cette dernière affaire (il s'agissait du vol de deux bûches laissées sur un chemin public), elle était revenue à sa première interprétation et avait décidé que le vol, même commis sans aucune violence, sur un chemin public, était punissable de la peine portée par l'art. 383 c. pén. : — « Attendu que la disposition de cet article est générale et absolue ; qu'elle ne peut être modifiée par des distinctions qu'elle n'a point exprimées » (Ch. réun. cass. 23 juin 1818, MM. Pasquier, min. de la just., pr., Aumont, rap., Mourre, pr. gén., c. conf., aff. Lizier-Mirouze). — « Nul doute, disait à cette occasion le procureur général, qu'il n'y ait de très-grandes différences dans les vols commis sur les grands chemins, et qu'il ne fût possible de leur appliquer des peines suivant leur degré de gravité. Mais le législateur a été séduit, entraîné par une idée générale. Il s'est dit qu'on ne saurait trop entourer le voyageur de protection et de sollicitude. Le voyageur, exposé déjà à tant d'accidents et de calamités, doit-il encore subir l'audace ou la ruse du voleur qui l'intimide ou le surprend ? On peut ne lui voler qu'un mouchoir ; mais aussi il peut être dépouillé de toute sa fortune, et cela sans violence. Que deviendra-t-il dans un pays où il est inconnu, loin de ses foyers, de ses amis, laissé, pour ainsi dire, nu sur une terre étrangère ? C'est au milieu de ces idées que le législateur a rendu la loi en 1810. Que cet article soit trop général, trop absolu, cela est possible. Le gouvernement, dans sa sagesse, verra s'il est susceptible d'amélioration... Mais, dans l'état actuel des choses, ce que nous avons à faire, c'est d'obéir à l'art. 383. » — La cour suprême, par d'autres arrêts ultérieurs, avait confirmé cette jurisprudence, devenue ainsi définitive (Crim. cass. 10 sept. 1818, M. Aumont, rap., aff. Lemeur ; Crim. règl. de jug. 5 nov. 1818, MM. Barris, pr., Lecoutour, rap., aff. Chevalier ; Crim. rej. 2 mars 1821, MM. Bailly, pr. d'âge, Busschop, rap., aff. Cherneau ; Crim. cass. 4 janv. 1822, aff. Guy, V. *infrà*, n° 384). — Elle avait jugé notamment que, le vol commis sur un chemin public présupposant toujours le concours de la violence, quand même ce concours ne serait pas explicitement déclaré, il suffisait qu'il eût été déclaré que le vol avait été commis sur un chemin public pour que la condamnation aux travaux forcés à perpétuité dût être prononcée (Crim. rej. 2 oct. 1819, MM. Bailly, f. f. pr., Ollivier, rap., aff. Crivel).

366. La loi ainsi comprise était, en certains cas, d'une sévérité excessive. Aussi la loi du 25 juin 1824, contenant diverses modifications au code pénal, vint-elle en tempérer la rigueur. L'art. 7 de cette loi était ainsi conçu : « La peine prononcée par l'art. 383 c. pén. contre les coupables de vols ou de tentatives de vols sur un chemin public, quand ces vols auront été commis sans menaces, sans armes apparentes ou cachées, sans violence et sans aucune des autres circonstances aggravantes prévues par l'art. 381 c. pén., pourra être réduite, soit à celle des travaux forcés à temps, soit à celle de la réclusion. » — Mais l'art. 12 privait du bénéfice de cette disposition les mendiants, les vagabonds et les individus qui, antérieurement, avaient été condamnés soit à des peines afflictives ou infamantes, soit à un emprisonnement correctionnel de plus de six mois. A leur égard, l'art. 383 c. pén. continuait de subsister dans toute sa rigueur.

367. En adoucissant la peine dans les cas qu'il indiquait, l'art. 7 de la loi du 25 juin 1824 reconnaissait, au moins implicitement, que toujours les vols commis sur les chemins publics sortaient de la classe des vols simples. Un arrêt avait décidé, en ce sens, qu'il suffisait qu'un vol eût été commis sur un grand chemin pour qu'il ne pût plus entrer dans la catégorie dont il était parlé à l'art. 401 c. pén., encore bien qu'il n'eût été commis qu'à l'aide de supercherie, filouterie, etc.; que l'art. 383, combiné avec l'art. 7 de la loi du 25 juin 1824, devait, en ce cas, recevoir son application (Crim. cass. 20 mars 1828) (1).

368. La loi du 28 avr. 1832 a modifié ces dispositions. Le nouvel art. 383 est ainsi conçu : « Les vols commis sur les chemins publics emporteront la peine des travaux forcés à perpétuité lorsqu'ils auront été commis avec deux des circonstances prévues dans l'art. 381. Ils emporteront la peine des travaux forcés à temps lorsqu'ils auront été commis avec une seule de ces circonstances. Dans les autres cas, la peine sera celle de la réclusion. » — Cet article prévoit des cas et fait des distinctions dont les dispositions antérieures ne s'étaient point préoccupées. Il prévoit et distingue les cas où le vol sur un chemin public est accompagné soit de deux, soit d'une des circonstances énoncées en l'art. 381. Il n'accorde pas au juge la faculté de prononcer à volonté, dans les mêmes hypothèses, soit les travaux forcés à temps, soit la réclusion. Enfin, il supprime l'exception faite par la loi de 1824 à l'égard des mendiants, des vagabonds

---

(1) *Espèce* : — (Guillard et autres C. min. publ.) — 26 fév. 1828, arrêt de la chambre de mise en accusation de la cour de Riom, qui renvoie devant la cour d'assises quatre individus, Guillard, femme Cuchet, Morel et Pierrot, sous la prévention d'association de malfaiteurs ; puis, à l'égard des trois premiers prévenus, en outre, de vol sur un grand chemin, renvoie devant le tribunal de police correctionnelle de Moulins, « attendu que la soustraction frauduleuse dont il s'agit ne peut être considérée comme un de ces vols que prévoit et punit l'art. 385 c. pén.; que ce n'a été que par adresse, par supercherie, par filouterie et par l'appât présenté par Guillard et Morel aux frères Benne, de prendre en échange de l'or pour de l'argent, que ces derniers se sont vus dépouillés de l'argent qui leur appartenait, fait qui dès lors se rattache à l'art. 401 c. pén., et n'a mal qualifié, par les premiers juges, de vol sur un chemin public. » — Pourvoi contre ce dernier renvoi de la part du ministère public. — Arrêt.

La cour ; — Vu les art. 383 et 401 c. pén., 7 de la loi du 25 juin 1824, 226 et 526 c. inst. crim.; — Attendu que l'arrêt attaqué constate, en fait, que Jacques Guillard, François Morel et la femme Cuchet sont suffisamment prévenus d'avoir, le 18 déc. dernier, commis sur le chemin public de Lapierre-Perné à Souvigny la soustraction frauduleuse d'une somme de 575 fr. environ, au préjudice des frères Benne, et que cet arrêt a transmis la connaissance de la juridiction correctionnelle, sous prétexte qu'il avait été commis par adresse, supercherie et filouterie ; — Attendu qu'il suffisait que le fait constituât réellement une soustraction frauduleuse pour que la seule circonstance qu'il avait eu lieu sur un chemin public la fît rentrer dans la classe des vols prévus par l'art. 383 c. pén., sans que le concours d'autres circonstances aggravantes eût été nécessaire ; — Que c'est ainsi que la jurisprudence avait interprété ledit article, et que l'art. 7 de la loi du 25 juin 1824 est venu en fixer irrévocablement le sens ; qu'en effet, cet art. 7, en laissant aux cours d'assises la faculté de réduire la peine attachée par l'art. 383 c. pén. aux vols commis sur les chemins publics, lorsque ces vols ne seraient accompagnés d'aucune circonstance aggravante, reconnaît que, dans ce cas même, ces vols sont des crimes prévus par ledit art. 383; — D'où résulte qu'en décidant le contraire, l'arrêt attaqué a violé les susdits articles et fait une fausse application de l'art. 401 c. pén.;

Attendu que le vol dont il s'agit est connexe au crime d'association de malfaiteurs à raison duquel l'arrêt attaqué a renvoyé les prévenus et le nommé Pierrot devant la cour d'assises de l'Allier, qu'il est même un des éléments de la preuve de ce crime ; d'où il résulte que, quand même ledit vol n'aurait constitué qu'un simple délit, il y avait obligation pour la chambre d'accusation d'en attribuer la connaissance à la cour d'assises, en même temps qu'elle lui attribuait celle du crime d'association de malfaiteurs ;

Attendu qu'il est nécessaire de faire et ordonner ce que la chambre d'accusation de la cour de Riom a négligé d'ordonner et de faire ; — Mais que la chambre d'accusation de la cour royale à laquelle le renvoi du chef de la prévention relative au vol sur un chemin public doit être fait, n'ayant point compétence pour attribuer la connaissance de ce vol à la cour d'assises du département de l'Allier, déjà saisie du jugement du crime d'association de malfaiteurs, il en résulterait que les tribunaux différents se trouveraient saisis de deux délits connexes, et qu'il deviendrait nécessaire alors de recourir à la voie du règlement de juges ; que, pour prévenir les retards qu'entraînerait cette marche, il est utile de pourvoir dès à présent à ce règlement ;

Casse l'arrêt de la cour royale de Riom, chambre des mises en accusation, en date du 26 fév. dernier, au chef seulement qui renvoie J. Guillard, F. Morel et la femme Cuchet devant le tribunal correctionnel de Moulins pour y être jugés à raison du vol commis au préjudice des frères Benne sur chemin public, sur la prévention de vol simple prévu par l'art. 401 c. pén. ; — Et pour être procédé à une autre qualification dudit fait, et à un nouveau règlement de la compétence quant à ce fait, renvoie les pièces de la procédure devant la chambre d'accusation de la cour royale de Bourges à ce déterminée par délibération spéciale; et pour le cas où cette cour déclarerait qu'il y a lieu à accusation à raison du fait, comme pour le cas où elle déciderait, d'après un nouvel examen des charges, qu'il ne constitue qu'un simple délit, dit ledit fait et la procédure à laquelle il a donné lieu, à l'accusation d'association de malfaiteurs, portée contre lesdits J. Guillard, F. Morel, la femme Cuchet et le nommé Pierrot.

Du 20 mars 1828.—C. C., ch. crim.—MM. Bailly, pr.—Mangin, rap.

et de ceux qui ont déjà subi des condamnations antérieures.

369. L'art. 383 prononce la peine des travaux forcés à perpétuité pour le cas où le vol commis sur un chemin public est accompagné de deux des circonstances prévues à l'art. 381. Nous devons faire remarquer à cet égard que si, au lieu de deux circonstances, il y en avait un plus grand nombre, si même le vol avait été commis avec la réunion des cinq circonstances, la peine serait la même; ce n'y pourrait être que les travaux forcés à perpétuité. En d'autres termes, lorsque le vol a été commis avec la réunion des cinq circonstances prévues à l'art. 381, le fait qu'il a été commis sur un chemin public n'exerce plus aucune influence sur la pénalité.

370. Faisons remarquer encore que d'après l'art. 383, tel qu'il a été modifié par la loi de 1832, la peine des travaux forcés à perpétuité peut être encourue, bien que le vol ait été commis sans aucune violence : en effet, la violence est l'une des cinq circonstances prévues à l'art. 381 ; mais nous venons de voir qu'il suffit de deux de ces circonstances. Or il peut arriver que le vol soit commis avec deux circonstances autres que la violence, que, par exemple, il soit commis la nuit, par deux ou plusieurs personnes. Cela suffit pour motiver l'application de la peine des travaux forcés à perpétuité. — Il en est de même, à fortiori, de la peine des travaux forcés à temps. La circonstance aggravante, dans ce cas, pourra bien être la violence, puisque la violence est l'une des cinq circonstances prévues à l'art. 381, mais ce ne sera pas nécessairement la violence, ce pourra être une autre desdites circonstances. — Quant à la reclusion, elle ne sera prononcée qu'en l'absence de la violence, puisque l'existence de cette circonstance motiverait, soit la peine des travaux forcés à temps si elle était seule, soit les travaux forcés à perpétuité si elle concourait avec une autre. « La sévérité de la loi, disent MM. Chauveau et Hélie (t. 5, n° 1878), est motivée sur la nécessité de protéger les voyageurs et leurs propriétés, sur la facilité avec laquelle ces vols peuvent se commettre, sur les chemins publics, sur des personnes isolées et loin de tout secours ; enfin sur la présomption que l'agent, s'il n'emploie pas la violence, est disposé à en faire usage pour accomplir son action. »

371. Le vol commis sur l'impériale d'une voiture publique, pendant son trajet, doit être qualifié de vol sur un chemin public : — « Attendu qu'il résulte de l'ordonnance de la chambre du conseil que le vol dont la complicité est imputée à Pierre Barraud aurait été commis sur l'impériale d'une voiture publique, dans le trajet de la Rochefoucauld à Angoulême, et conséquemment sur un chemin public ; que ce fait est qualifié crime par la loi et puni par l'art. 383 c. pén. d'une peine afflictive et infamante » (Crim. règl. de juges, 17 août 1839, MM. de Bastard, pr., Bresson, rap., aff. Barraud). — Mais ceci ne doit s'entendre que du cas où le vol est commis par tout autre qu'un voyageur ; s'il avait pour auteur un de ceux qui occupent une place dans la voiture, il ne constituerait qu'un vol simple, passible de peines correctionnelles. — V. Crim. cass. 7 sept. 1827, aff. Bernadet, supra, n° 340; Crim. rej. 6 mars 1846, aff. Crouzet, D. P. 46, 1, 121; MM. Chauveau et Hélie, t. 5, n° 1966.

372. Le vol commis sur un chemin public, la nuit et à l'aide de violence ou de menace, emporte la peine des travaux forcés à perpétuité, que cette violence ou cette menace ait eu lieu de la part d'une seule ou de plusieurs personnes : — « Vu les art. 383 et 381 c. pén.; attendu que la combinaison de ces articles il résulte que les vols commis sur les chemins publics emportent la peine des travaux forcés à perpétuité, lorsqu'ils ont été commis avec deux des circonstances prévues par l'art. 381, au nombre desquelles sont la nuit et la violence, ou menace de faire usage des armes ; que des termes dans lesquels sont rédigés cet article et ses divers paragraphes, il suit que la violence ou la menace de faire usage des armes, de la part d'un seul individu, suffit, réunie avec une autre des cinq circonstances prévues par cet article, pour faire appliquer au voleur sur un chemin public la peine des travaux forcés à perpétuité, sans qu'il soit nécessaire que cette violence ou cette menace ait eu lieu de la part de plusieurs; et attendu, en fait, que le jury a déclaré l'accusé coupable d'avoir, du 2 au 3 juin dernier, commis au préjudice de P. Gauthier le vol d'une somme d'argent, et d'avoir commis ce vol, 1° sur un chemin

public; 2° la nuit, 3° et à l'aide de violence ; que, dès lors la nuit et la violence constituent deux des circonstances prévues par l'art. 381 c. pén., et dont la réunion suffit, aux termes du § 1 de l'art. 383 du même code, pour faire appliquer aux vols commis sur un chemin public la peine des travaux forcés à perpétuité; qu'il suit de là que la cour d'assises de la Charente, en prononçant cette peine contre ledit Vignier, loin d'avoir violé les dispositions de ces deux articles du code pénal, en a fait au contraire une juste application » (Crim. rej. 26 sept. 1834, MM. Brière, f. f. de pr., Meyronnet-Saint-Marc, rap., aff. Vignier).

373. De même, le vol, sur un chemin public, d'une malle attachée à une voiture, avec deux des circonstances prévues par l'art. 381 c. pén., doit être puni des travaux forcés à temps (Crim. cass. 13 déc. 1832, M. de Ricard, rap., aff. Gilberton).

374. Mais le vol commis sur un chemin public non accompagné de deux ou d'une seule des circonstances de l'art. 381 c. pén., est passible de la reclusion, et seulement de la peine d'emprisonnement en cas d'existence de circonstances atténuantes (Crim. cass. 15 oct. 1841, M. de Haussy, rap., aff. Fouchard).

375. Il résulte des termes de l'art. 383 que, quelque modique que fût l'objet volé, la peine applicable pourrait être, selon les cas, soit les travaux forcés à perpétuité, soit les travaux forcés à temps, soit la reclusion. Il en résulte encore qu'il n'y aurait aucune distinction à faire selon que le vol aurait été commis sur la personne même du voyageur ou sur ses effets seulement et hors la présence de ce voyageur. La seule condition nécessaire pour l'application de la peine portée en l'art. 383, c'est que ce vol ait eu lieu sur un chemin public (Conf. MM. Chauveau et Hélie, t. 5, n° 1879). — Il a été jugé, conformément à ce qui vient d'être dit, que la modicité de l'objet volé sur un chemin public (dans l'espèce, il s'agissait d'un d'un chapeau) n'est pas un motif suffisant pour faire atténuer la peine portée par l'art. 383 : — « Attendu que l'art. 383 c. pén. est général et absolu dans ses dispositions; que son application est une suite nécessaire de la déclaration du jury portant que le vol a été commis sur un chemin public; que, par rapport à cette circonstance aggravante, il n'a été fait aucune réclamation ni contre l'acte d'accusation, ni contre la position des questions telles qu'elles ont été soumises au jury; que la cour de cassation ne peut juger de l'application de la peine que sur la déclaration du jury; que cette déclaration est irréfragable; qu'elle contient la circonstance aggravante du fait, et qu'ainsi le moyen produit par les réclamants ne présente aucune ouverture à cassation » (Crim. rej. 20 nov. 1812, MM. Barris, pr., Van Toulon, rap., aff. Lejeune et Wassener).

376. Mais bien que l'art. 383 s'exprime en des termes dont la généralité semble ne comporter aucune restriction, nous pensons, avec MM. Chauveau et Hélie (t. 5, n° 1880), qu'il ne concerne que le vol des objets qui accompagnent le voyageur, soit qu'ils lui appartiennent ou non. En effet, le but spécial de cet article, c'est de protéger les voyageurs, c'est d'assurer leur sûreté sur les grands chemins. Et ce qui prouve que cette restriction est bien conforme à la pensée du législateur, c'est qu'il existe dans notre loi pénale d'autres dispositions applicables à certaines espèces de vols qui peuvent être aussi commis sur les chemins publics.—Ainsi le voiturier qui vole les objets qu'il est chargé de conduire encourt la peine portée par l'art. 386-4° (V. supra, n° 290), et non celle que prononce l'art. 383. La circonstance qu'un tel vol a été commis sur un chemin public est ici indifférente; les motifs qui ont déterminé le législateur à punir avec un surcroît de rigueur les vols commis sur les chemins publics ne sont point applicables à cette hypothèse. — Ainsi encore le vol de bestiaux laissés à l'abandon n'en tomberait pas moins sous l'application de l'art. 388, alors même qu'au moment de la perpétration, les bestiaux se seraient trouvés sur un chemin public. — De même, l'enlèvement d'arbres plantés sur les chemins publics tomberait sous l'application, non de l'art. 383, mais de l'art. 448, et ne constituerait dès lors qu'un délit correctionnel. — Il faut en dire autant du vol de matériaux, d'ustensiles, d'instruments laissés sur les chemins, des linges qui y sont étendus, des volailles qui y vaguent. — Il

n'y a aucune corrélation entre la nature de ces vols et la destination des chemins publics; ces vols ont été commis là comme ils auraient pu l'être partout ailleurs, et il n'y a pas de raison pour les traiter avec une rigueur exceptionnelle, par cela seul qu'ils ont été perpétrés en un tel lieu. — Il a été décidé, en ce sens, que la circonstance de perpétration sur un chemin public n'est aggravante que des vols portant atteinte à la sécurité des voyageurs et des marchandises circulant sur les routes, et non du vol d'objets déposés soit sur un chemin, soit sur une haie contiguë (Dijon, 4 août 1859, aff. Dubost, D. P. 63. 5. 431).

377. Reste à savoir maintenant ce qu'il faut entendre par *chemin public*. La loi ne s'étant point expliquée à cet égard, la question est du domaine de l'interprétation Le code pénal de 1791 (part. 2, tit. 2, sect. 2, art. 2), reproduisant une expression qui déjà se trouvait dans les lois antérieures (ord. 1670, tit. 1, art. 12, et décl. de fév. 1731, art. 5), ne parlait que du vol commis dans un grand chemin; et de même la loi du 18 pluv. an 9, qui organisait les tribunaux spéciaux, leur attribuait (art. 8) la connaissance des vols sur les grandes routes. Ces expressions, *grand chemin*, *grandes routes*, excluaient les chemins de second ordre. L'expression *chemins publics*, employée par l'art. 383 c. pén., est plus étendue, plus compréhensive; elle embrasse tous les chemins destinés à l'usage du public, soit qu'ils appartiennent à l'État, aux départements ou aux communes. A l'appui de cette explication on peut citer notamment les art. 40 et 44 du tit. 2 de la loi des 28 sept.-6 oct. 1791, qui appliquent la qualification de chemins publics à des chemins appartenant à des communes, et l'art. 14 de la loi du 28 août 1792, qui porte que « tous les arbres existant actuellement sur les chemins publics, autres que les grandes routes, sont censés appartenir aux propriétaires riverains » (V. aussi en ce sens Bourguignon, Jurispr. des c. crim., t. 3, sur l'art. 383, n° 1; Carnot, Comm. c. pén., sur l'art. 383, n° 4; MM. Chauveau et Hélie, t. 5, n° 1881). — Il a été jugé, conformément à cette interprétation, dans une espèce où il s'agissait d'un vol commis sur un chemin vicinal, qu'un chemin est public dans le sens de l'art. 383 c. pén., lorsqu'il est consacré à l'usage du public, et que tout individu peut librement y passer à toute heure de jour et de nuit, sans aucune opposition légale de qui que ce soit (Crim. réj. 21 fév. 1818, MM. Bailly, f. f. pr., Brière, rap., aff. Gervais).

378. La cour de cassation est même allée plus loin : elle a décidé qu'un chemin livré à l'usage journalier et habituel du public doit être considéré comme public, qu'il soit tracé sur un fonds public ou sur un fonds privé :— « Attendu qu'il importe peu qu'un chemin soit tracé sur un fonds public ou sur un fonds privé; qu'il suffit qu'il soit livré à l'usage journalier et habituel du public pour qu'il soit chemin public » (Crim. réj. 28 fév. 1824, MM. Bailly, pr., Chasle, rap., aff. Burupt).—Ainsi, selon cet arrêt, le vol commis sur un chemin privé, mais dont l'usage est laissé au public par la tolérance du propriétaire, serait passible de l'aggravation de peine prononcée par l'art. 383 c. pén., et la publicité du chemin serait ainsi une question de fait plutôt qu'une question de droit.— Mais il ne paraît pas être l'avis des auteurs, et notamment de MM. Chauveau et Hélie, t. 5, n° 1881. Ces auteurs, en effet, disent seulement les chemins publics « ceux qui sont déclarés par l'autorité administrative destinés à l'usage du public;... ceux qui ne sont pas une propriété privée,

tels que ceux qui sont destinés à l'exploitation des domaines d'un particulier et qui lui appartiennent, ou qui n'ont pas été classés parmi les chemins vicinaux; ceux qui servent plutôt à l'exploitation qu'au passage des habitants. »

379. Le vol commis sur un chemin de fer a pu être réputé commis sur un chemin public, sans que la déclaration du jury qui le décide ainsi encoure la cassation (Crim. cass. 9 avr. 1846, aff. Génin, D. P. 46. 4. 545). — Il a été décidé cependant que les chemins de fer ne sont pas des chemins publics dans le sens des dispositions répressives du vol; que, par suite, le vol qu'un individu a commis sur une voie ferrée en franchissant la haie qui leur sert de clôture, doit être qualifié vol avec escalade dans une propriété close et privée (Dijon, 28 avr. 1859, aff. X., D. P. 59. 5. 414). — Mais la première décision nous paraît plus exacte.

380. Du reste, c'est au jury seul, et non pas à la cour d'assises, qu'il appartient de décider si le chemin sur lequel un vol a été commis a le caractère de chemin public, et sa décision à cet égard est irréfragable (Crim. rej. 20 nov. 1812, aff. Lejeune, *supra*, n° 375; 21 fév. 1818, MM. Bailly, f. f. pr., Brière, rap., aff. Gervais; 28 fév. 1824, MM. Bailly, pr., Chasle, rap., aff. Burupt).

381. Les vols commis dans les rues des villes et faubourgs, bourgs et villages, ne doivent pas être réputés commis sur les chemins publics dans le sens de l'art. 383. La déclaration du 5 fév. 1731 contenait à cet égard une disposition formelle : « Sans que les rues des villes et faubourgs, y étaient-il dit, puissent être censées comprises à cet égard sous le nom de *grands chemins*. » — La loi du 20 déc. 1815 (V. Organ. jud.), qui attribuait aux cours prévôtales la connaissance des assassinats et des vols commis avec violence sur les grands chemins, disait de même dans son art. 12 : « Ne sont pas regardés comme grands chemins les routes dans les villes, bourgs, faubourgs et villages. » — Ces dispositions doivent servir à interpréter l'art. 383 c. pén. D'ailleurs les motifs sur lesquels repose cet article ne sont pas applicables aux vols commis dans l'intérieur des villes, bourgs et villages. Comme le dit la cour de cassation dans l'arrêt du 6 avr. 1815 (V. *infra*, n° 382), le législateur a voulu protéger par des peines sévères la sûreté des voyageurs dans les chemins qui les éloignent des lieux habités et des secours qui pourraient les défendre contre les entreprises des malfaiteurs; mais ce motif de sévérité disparaît dans les chemins publics qui, étant bordés de maisons, forment des rues de ville ou faubourg, et où les moyens de secours peuvent être appelés ou fournis à tout instant. — V. aussi en ce sens Merlin, Rép., v° Vol, sect. 2, § 3, dist. 4, n° 4; Bourguignon, Jurispr. des c. crim., t. 3, sur l'art. 383, n° 2; Carnot, sur l'art. 383 c. pén., n° 7; MM. Chauveau et Hélie, t. 5, n° 1882.

382. La jurisprudence s'est généralement prononcée en ce sens. Ainsi il a été jugé : 1° que les vols faits dans les rues des villes et faubourgs, encore que ces rues soient le prolongement des chemins publics, ne sont pas compris dans la classe des vols que l'art. 383 c. pén. punit des travaux forcés à perpétuité (Crim. cass. 6 avr. 1815; Metz, 9 juill. 1819; Paris, 8 fév. 1839) (1); — 2° Que les expressions *chemins pub'ics*, contenues dans l'art. 383 c. pén., ne peuvent être appliquées aux rues d'une ville ; qu'en conséquence, celui qui est accusé d'avoir recelé sciemment un objet soustrait dans une rue, frauduleusement, la nuit, avec

---

(1) 1re *Espèce :* — (Pulvermann C. min. pub.) — La cour (apr. dél. en ch. du cons.); — Vu l'art. 410 c. inst. crim.; — Vu l'art. 383 c. pén.; — Et attendu que si cet article porte d'une manière générale la peine des travaux forcés à perpétuité contre les vols commis sur les chemins publics, cette disposition doit être néanmoins entendue et appliquée d'après les considérations que l'ont déterminée et les principes des anciennes lois auxquelles elle se rattache; que le législateur a voulu protéger par des peines sévères la sûreté des voyageurs dans les chemins qui les éloignent des lieux habités et des secours qui pourraient les défendre contre les entreprises des malfaiteurs; mais que le motif de sévérité disparaît dans les chemins publics, qui, étant bordés de maisons, forment des rues de villes ou faubourgs et où les moyens de secours peuvent être appelés et fournis à tout instant; que les juridictions prévôtales avaient aussi été créées autrefois principalement pour la sûreté des chemins publics; que l'art. 12, tit. 1, ord. de 1760, avait attribué à ces juridictions la connaissance des vols qui y seraient com-

mis, mais que l'art. 5 de la déclaration de 1731, en confirmant cette attribution, l'expliqua et la fixa par la disposition qui porte : « Sans que les rues des villes et faubourgs puissent être censées comprises à cet égard sous le nom de *grand chemin;* » que d'après les mêmes considérations et pour l'application de l'art. 383 c. pén., les rues des villes et faubourgs ne peuvent être censées comprises dans les expressions de *chemins publics* employées dans cet article; que les vols qui peuvent se commettre dans les rues, quoiqu'elles soient le prolongement des chemins publics, ne doivent être soumis qu'aux règles générales et pénales établies contre les vols qui sont commis ailleurs que sur les chemins publics; — Et attendu que, dans l'espèce, il résulte de la déclaration du jury, rendue contre Anne-Marie Pulvermann, que le vol dont elle était accusée a été par elle commis sur une charrette placée la nuit devant l'auberge du Soleil, à Colmar, au faubourg de Rouffach, sur le chemin public qui conduit de cette ville à Belfort; que la circonstance que ce chemin public était une rue du faubourg de la ville retranchait ce vol de

violence et conjointement par deux individus, doit être renvoyé devant les assises, non pas comme prévenu d'avoir recélé sciemment un objet volé sur un chemin public, crime emportant, d'après l'art. 383 c. pén., la peine des travaux forcés à perpétuité, mais bien comme prévenu d'un crime prévu par les art. 59, 62 et 382 c. pén., et punissable seulement des travaux forcés à temps (Paris, 22 déc. 1835) (1); — 3° Qu'un vol commis avec des circonstances aggravantes sur le boulevard intérieur d'une ville ne peut être considéré comme un vol commis sur un chemin public : « Attendu que le fait a été mal qualifié par l'ordonnance sus-énoncée, les premiers juges ayant à tort considéré comme chemin public le boulevard du Mont-Parnasse, qui est dans l'intérieur des murs » (Paris, 11 mars 1825, ch. d'acc., M. de Merville, pr., aff. Pascard); — 4° Que le vol commis sur l'espace qui, dans les villes ou villages, se trouve au devant des auberges, ne peut pas être considéré comme fait sur un chemin public, et ne constitue qu'un vol simple (Nîmes, 7 janv. 1829, aff. Vabre, V. n° 295).

383. La jurisprudence belge s'était d'abord prononcée en sens contraire. Sur le pourvoi formé contre un arrêt de la cour d'assises de Liège, qui avait appliqué l'art. 383 à l'auteur d'un vol commis la nuit dans l'une des rues de la ville, il avait été jugé qu'une rue faisant partie d'une grande route est comprise dans l'expression générique de *chemins publics* de l'art. 383 c. pén. : « Attendu que la disposition de cet article est absolue et générale; qu'elle ne fait aucune distinction entre les routes qui vont d'un lieu à un autre et celles qui, traversant les villes et faubourgs, ne sont que le prolongement de ces routes ; que les unes et les autres sont comprises sous le nom générique de *chemins publics*, employé dans cet article; — Attendu que la sévé-

l'application de l'art. 383 c. pén.; que la condamnation aux travaux forcés à perpétuité prononcée contre ladite Pulwermann, femme Kackner, d'après cet article, a donc été une fausse application de la loi pénale; — Casse, etc.
Du 6 avr. 1815.—C. C., sect. crim.—MM. Audier, pr.—Chasle, rap.
2° *Espèce :* — (Min. pub. C. L...) — LA COUR; — Considérant... (ce motif est relatif au fait principal du vol); — Considérant que le vol dont il s'agit aurait à la vérité, et suivant le résultat des informations, été commis dans la principale rue du village de Chambley, qui sert même, on veut bien le supposer (quoique le fait ne soit pas parfaitement éclairci dans la procédure), soit de grande route, soit de chemin public ou vicinal; — Mais attendu que l'art. 383 c. pén., ne prononce une peine afflictive que relativement aux vols spécifiquement et exclusivement commis dans les chemins publics proprement dits, c'est-à-dire dans cet espace qui est à parcourir hors d'un lieu habité, pour parvenir à un autre lieu, et que la loi ne comprend pas dans son application la partie d'un chemin, même public, qui traverse une ville, un faubourg ou un village, ainsi que l'établit expressément un arrêt de la cour de cassation, du 6 avr. 1815; d'où il résulte évidemment que le vol imputé au prévenu, ne constitue qu'un simple délit de la classe de ceux indiqués dans l'art. 401 c, pén. : — Par ces motifs, annule l'ordonnance de prise de corps décernée contre lui par le tribunal de l'arrondissement de Metz, 2 présent mois; — Et cependant renvoie Jean-Pierre-Nicolas L... en état d'arrestation par-devant la section correctionnelle du même tribunal, etc.
Du 9 juill. 1819.—C. de Metz, ch. d'acc.-M. Auclaire, pr.
5° *Espèce :* — (Min. pub. C. Baudry.) — Le 17 nov. 1858, des gendarmes arrêtent, dans la commune de Courtry, un individu porteur d'un passe-port au nom de Claude-Marie Estivaut. La différence que présentait le signalement et l'extérieur de celui à qui il devait s'appliquer ne permit pas longtemps à l'individu arrêté de cacher son véritable nom : il avoua se nommer Baudry. Baudry prétendait avoir trouvé le passe-port sur une grande route ; mais on apprit qu'Estivaut, le titulaire du passe-port, était arrivé avec une voiture chargée de vins à Villers-Cotterets, le 11 août précédent, à neuf heures du soir; qu'il y avait couché dans une auberge et qu'il avait laissé sa voiture dans la rue pendant la nuit; que le lendemain, il s'était aperçu qu'on avait brisé le coffre de sa voiture et qu'on y avait pris une veste, une tasse d'argent et son portefeuille, contenant entre autres papiers son passe-port. — 28 janv. 1859, ordonnance du tribunal de Meaux qui déclare Baudry prévenu de vol commis la nuit sur un chemin public, crime prévu par l'art. 383 c. pén. — Opposition de la part du procureur du roi. — Il soutient que c'est à tort que le délit imputé à Baudry est qualifié de vol commis sur un chemin public; que la rue d'une commune ne peut être considérée comme chemin public, dans le sens de l'art. 383 c. pén. — Arrêt.
LA COUR; — Considérant que les faits ont été mal qualifiés dans l'ordonnance sus-datée; — Annule ladite ordonnance; — Et considérant

rité de la loi a eu pour but de protéger la sûreté des voyageurs; que s'ils sont plus à portée d'appeler et de recevoir des secours dans les villes et faubourgs que dans les lieux écartés et déserts, cette circonstance ne peut faire admettre des distinctions puisées dans les lois antérieures, qui les avaient d'ailleurs consacrées par des dispositions expresses que le législateur actuel n'a pas reproduites ; — Qu'il résulte de ce qui précède que la cour d'assises de Liège, en déclarant Gilles S... coupable d'un vol commis la nuit, sur un chemin public, près du Pont-des-Arches à Liège, et le condamnant, par suite, à la peine des travaux forcés à perpétuité, n'a pas violé la disposition de l'art. 383 c. pén. » (C. sup. de Liège, ch. crim. rej., 17 mars 1823, aff. Gilles S...). — Mais, depuis, la cour de Liège a décidé, en sens contraire, qu'on ne peut considérer comme un vol sur un chemin public, dans le sens de l'art. 383 c. pén., celui commis sur un chemin de cette nature dans la traverse d'un village (Liège, 19 janv. 1843, ch. d'acc., aff. N...).

384. Lorsqu'il n'a point été mentionné dans le résumé de l'acte d'accusation, et qu'il n'est point résulté des débats que le vol commis sur un chemin public a eu lieu dans la partie de ce chemin qui traverse un village, une cour d'assises ne peut point, pour écarter l'application de l'art. 383 et y substituer celle de l'art. 401, se fonder sur ce que, le jury (auquel d'ailleurs aucune question n'a été posée à cet égard) n'ayant point désigné la partie du chemin où le vol a été commis, il est possible qu'il l'ait été sur un point où le chemin perdait sa qualité de chemin public relativement aux vols et que, dans le doute, cette dernière circonstance devait être tenue pour constante, comme plus favorable à l'accusé (Crim. cass. 4 janv. 1822)2).

385. Le vol commis sans circonstance aggravante dans un

que des pièces et de l'instruction résulte prévention suffisante contre Jean-Charles-Alexandre Baudry, précédemment condamné à une peine afflictive et infamante, d'avoir, au mois d'août 1858, soustrait frauduleusement une veste, une tasse en argent, un passe-port et autres objets mobiliers appartenant à Estiveau, délit prévu par les art. 57 et 401 c. pén.; — Renvoie ledit Baudry devant le tribunal de police correctionnelle de Coulommiers, pour y être jugé conformément à la loi.
Du 6 fév. 1859.—C. de Paris, ch. d'acc.-M. Sylvestre, pr.
(1) *Espèce :* — (Min. publ. C. Lise Dubois.) — La demoiselle Jacquot, passant dans une des rues de Paris, fut accostée, pendant la nuit, et renversée par deux individus qui lui enlevèrent le châle qu'elle portait. Une fille, nommée Dubois, fut reconnue, quelque temps après, porteuse du châle qu'il avait été soustrait à la demoiselle Jacquot. Une instruction eut lieu, et le tribunal de première instance de la Seine rendit une ordonnance de prise de corps contre la fille Dubois, comme prévenue d'avoir sciemment recélé un châle soustrait frauduleusement, avec violence, pendant la nuit, sur la voie publique, par des individus restés inconnus, crime prévu par les art. 382, 385 et 62 c. pén. — Sur l'opposition, arrêt.
LA COUR; — Considérant que les expressions de la loi, *chemin public*, ne peuvent être appliquées aux rues d'une ville dans le sens de l'art. 385 c. pén.; qu'ainsi, dans l'espèce, l'ordonnance sus-énoncée et sus-datée a mal apprécié et qualifié le fait; — Annule ladite ordonnance; — Mais considérant que de l'instruction résulte contre Lise Dubois charges suffisantes de s'être, en 1835, rendue complice de la soustraction frauduleuse d'un châle, commise au mois d'octobre dernier, la nuit, avec violence et conjointement par deux individus restés inconnus et au préjudice d'Elisa Jacquot, en recélant ledit châle, sachant qu'il provenait de vol, crime prévu par les art. 59, 62 et 382 c. pén.; — Renvoie la fille Dubois devant les assises de la Seine.
Du 22 déc. 1855.-C. de Paris, ch. d'acc.-M. Debérain, pr.
(2) (Min. publ. C. Guy.) — La cour; — Vu les art. 401 et 383 c. pén.; — Considérant que la disposition de cet article est générale et absolue; que la peine des travaux forcés perpétuels, qu'elle prononce contre tout vol commis dans un chemin public, ne peut donc être écartée ni modifiée, sur le motif que le vol n'aurait pas d'ailleurs été accompagné de violences ou de toute autre circonstance aggravante; — Que la cour l'a ainsi solennellement jugé par son arrêt du 25 juin 1818, rendu en sections réunies, sur le conflit qui s'était formé entre un arrêt rendu à la section criminelle et deux arrêts successivement rendus par les cours d'assises de l'Ariège et de la Haute-Garonne; — Que, dans l'espèce, le jury, sur les questions qui lui ont été soumises d'après le résumé de l'acte d'accusation, a déclaré Xavier Guy coupable d'un vol commis sur le chemin public; que ce fait rentrait donc directement dans l'application dudit art. 383. et nécessitait ainsi la condamnation dudit Guy aux travaux forcés à perpétuité; — Que la cour d'assises de la Haute-Saône n'a donc pu écarter cette peine, et y substituer les

bateau à vapeur destiné au transport des personnes et des marchandises doit être assimilé au vol commis dans une voiture publique (V. *suprà*, n° 340), et non au vol commis sur un chemin public, crime prévu par l'art. 383 c. pén.; — Par suite, le tribunal correctionnel est compétent pour connaître d'un tel délit (Crim. rej. 6 mars 1846, aff. Crouzet, D. P. 46. 1. 121). — Il est dit dans les motifs de cet arrêt que l'art. 383, qui réprime les vols sur les chemins publics par une aggravation de la pénalité, ne peut recevoir d'application que dans les termes mêmes de la disposition de cet article, qui ne pourraient dès lors être étendus aux rivières et canaux (Conf. MM. Chauveau et Hélie, t. 5, n° 1881). — Mais alors même que les rivières et canaux devraient être considérés comme chemins publics, le vol commis dans un bateau à vapeur par un des passagers devrait être assimilé au vol commis dans une voiture publique par une des personnes qui y occupent une place, et ne serait pas dès lors passible de l'aggravation de peine prononcée par l'art. 383 (V. *suprà*, n°s 340 et 371). C'est ce qui résulte également des motifs de l'arrêt précité du 6 mars 1846.

§ 5. — *Vols dans les champs, les étangs, etc.*

386. Les lois romaines donnaient le nom d'*abigéat* au fait de soustraire des bestiaux en les emmenant de leurs pâturages ou de leurs troupeaux. *Abigei propriè habentur* (disait la loi 1, § 1, ff., *De abigeis*) *qui pecora ex pascuis vel ex armentis subtrahunt et quodammodo deprædantur, et abigendi studium quasi artem exercent, equos de gregibus, vel boves de armentis abducentes.* Ainsi celui qui, rencontrant un bœuf errant ou des chevaux isolés, les emmenait, ne commettait pas un abigéat, mais un vol. *Cæterùm si quis bovem aberrantem, vel equos in solitudine relictos, abducerit, non est abigeus, sed fur potius (ibid).* — L'enlèvement du menu bétail pouvait aussi constituer un abigéat. Mais, tandis qu'il suffisait de l'enlèvement d'un seul bœuf ou d'un seul cheval, pourvu qu'il eût été emmené du pâturage ou du troupeau, il était nécessaire, pour le menu bétail, qu'un certain nombre de têtes eussent été détournées. Ainsi il fallait dix brebis, cinq ou au moins quatre porcs (L. 3, ff., *De abig.*). — Cette distinction entre le gros et le menu bétail a été diversement expliquée (V. Merlin, v° Abigéat ; Pothier, *Pand. Justin.*, lib. 47, tit. 4, n° 2). L'explication qui paraît la plus plausible consiste à dire, avec Pothier, qu'on avait égard à la valeur de la chose enlevée. — Du reste, il pouvait y avoir abigéat, bien que les têtes de menu bétail eussent été enlevées une à une, lorsque le nombre de têtes nécessaire pour constituer ce crime se trouvait atteint (L. 3, § 2, ff., *De abig.*). — L'abigéat était puni de mort ou des mines. Cependant, lorsque les coupables étaient de condition honorable, *honestiore loco nati*, on substituait à ces peines la relégation ou l'expulsion de leur ordre (*movendi ordinis*). Ceux qui commettaient ce crime à main armée étaient exposés aux bêtes (L. 1, pr., et § 3, ff., *De abig.*). — Quant aux receleurs des animaux ainsi enlevés, *receptores abigeorum*, ils étaient punis de dix ans de relégation (L. 3, § 3, ff., *De abig.*). — L'intention frauduleuse était un élément nécessaire du crime d'*abigéat*. Ainsi celui qui emmenait des bestiaux dont il se prétendait propriétaire ne pouvait être considéré comme coupable de ce crime ; il ne pouvait être poursuivi que par les voies civiles : *ad examinationem civilem remittendus est*, dit la loi 1, § 4, ff., *De abig.*

387. En France, une ordonnance de Henri III, de 1586, portait : « Quiconque dérobera aucun bestial sera pendu et étranglé. » Mais plusieurs coutumes avaient fait une distinction et n'appliquaient la peine de mort qu'au vol de *chevaux, bœufs ou autres bêtes de service ou labour* (V. cout. de Bretagne, art. 627 ; de Lodève, 79, art. 12 et 13 ; Bouthillier, Somme rurale, liv. 22, tit. 34). L'usage avait tempéré la rigueur de cette pénalité. Au temps où Jousse écrivait, la peine de mort n'était jamais appliquée à ces sortes de vols, soit qu'ils fussent commis dans les champs ou dans les étables. « L'usage ordinaire, dit cet auteur (Tr. de just. crim., t. 4. p. 266), est de condamner aux galères à temps ceux qui volent ainsi des animaux laissés dans les pâturages et abandonnés là : et il paraît qu'il en doit être de même lorsque ces animaux sont volés dans les étables » (V. aussi Muyart de Vouglans, Lois crim., p. 315). — Suivant les mêmes auteurs (Jousse, t. 4, p. 228 ; Muyari de Vouglans, p. 312), la peine des galères n'était pas applicable seulement au vol des bestiaux, mais généralement au vol d'objets placés sous la garantie de la foi publique. — Cependant un ancien criminaliste, Damhoudère (Prat. jud. des causes crim., ch. 113), nous apprend que l'enlèvement des volailles, pigeons, lapins, mouches à miel et autres animaux domestiques, était simplement qualifié larcin et puni de peines arbitraires selon les circonstances du fait, la modicité de l'objet et la qualité du coupable.

388. Le code pénal de 1791 (part. 2, tit. 2, sect. 2, art. 27) contenait une disposition ainsi conçue : « Tout vol de charrues, instruments aratoires, chevaux et autres bêtes de somme, bétail, ruche d'abeilles, marchandises ou effets sur la voie publique, soit dans la campagne, soit sur les chemins, vente de bois, foires, marchés et autres lieux publics, sera puni de quatre années de détention. » — Sous l'empire de cette disposition, il avait été décidé : 1° que la réponse du jury déclarant un individu coupable de vol et la condamnation qui en avait suivie étaient nulles lorsque le jury avait omis de s'expliquer sur la question de savoir si les objets volés étaient exposés sur la foi publique, bien que cette circonstance fût énoncée dans l'acte d'accusation (Crim. cass. 22 vend. an 4, MM. Lions, pr., Brun, rap., aff. Boucheray ; 4 brum. an 4, MM. Brun, pr., Dutocq, rap., aff. Salesse) ; — 2° Que lorsque l'acte d'accusation portait qu'un individu avait été prévenu du vol d'une jument, commis dans un pré voisin d'un bâtiment, et que la déclaration du jury énonçait que le prévenu était convaincu du vol de la jument, mais n'exprimait pas le lieu où le délit avait été commis, la déclaration ainsi formulée était incomplète et ne prononçait pas sur le délit porté dans l'acte d'accusation (Crim. cass. 6 vent. an 3, MM. Lecointe, pr., Lions, rap., aff. Gallerand) ; — 3° Que le vol d'un instrument aratoire, sans qu'il fût dit dans l'acte d'accusation qui en avait été dressé que cet instrument fût exposé à la foi publique, n'était qu'un délit de la compétence correctionnelle, et que dès lors l'acte d'accusation était nul (Crim. cass. 1er prair. an 4, MM. Brun, pr., Regnier. rap., aff. Mallet) ; — 4° Que les outils et instruments de maçons, qui sont faciles à emporter, ne peuvent être considérés comme des effets exposés à la foi publique, alors surtout que le maçon les avait cachés sous la pierre sur laquelle il travaillait (Crim. cass. 6 vent. an 5 ;

---

peines correctionnelles portées par l'art. 401 c. pén. contre les vols simples, sous le prétexte que le vol dont il s'agissait n'avait été accompagné ni de menaces ni de violences ; — Que l'application que la cour d'assises a faite dudit art. 401 ne peut pas non plus être justifiée d'après l'autre motif par elle adopté, « que le jury n'ayant point désigné, dans sa déclaration, la partie du chemin public où le vol avait été commis, il était possible qu'il eût été commis dans la partie de ce chemin qui traverse un village, et où il perd sa qualité de chemin public, relativement aux vols ; que, dans le doute, cette dernière circonstance devait être tenue pour constante, comme la plus favorable à l'accusé ;

Que, d'abord, toute circonstance de fait qui est de nature à aggraver ou atténuer la peine d'après les art. 357, 358 et 359 c. inst. crim., être soumise à la décision du jury, et ne peut conséquemment être appréciée par la cour d'assises elle-même ; — Que, d'un autre côté, et d'après les mêmes articles, il ne peut être soumis à la décision du jury d'autres circonstances que celles qui sont mentionnées dans le résumé

de l'acte d'accusation, ou qui sont résultées des débats ; — Que la circonstance sur laquelle la cour d'assises de la Haute-Saône a délibéré n'est point mentionnée dans le résumé de l'acte d'accusation ; — Qu'elle n'est pas non plus résultée des débats, puisque, 1° la cour d'assises ne l'a point appréciée sous ce rapport, mais seulement comme un fait compris dans la catégorie des choses purement possibles ; 2° que ni l'accusé ni le ministère public n'ont fait aucune réclamation sur la position des questions, dont aucune cependant ne portait sur ladite circonstance ; qu'aucune question relative à cette circonstance ne devait donc être soumise au jury, et que conséquemment sa déclaration, telle qu'elle a été faite, est complète et suffisante pour déterminer l'application de la peine ; — Qu'il suit de tout ce qui précède que la cour d'assises de la Haute-Saône a excédé les bornes de ses attributions ; qu'elle a faussement appliqué l'art. 401 et violé l'art. 383 c. pén. ; — D'après ces motifs, casse, etc.

Du 4 janv. 1822.—C. C., sect. crim.-M. Busschop, rap.

MM. Brun, pr., Riolz, rap.; aff. Boisguillon); — 5° Qu'un cheval attaché dans une écurie, même un jour de foire, ne peut être considéré comme exposé à la foi publique (Crim. cass. 22 frim. an 3, MM. Brun, pr., Seignette, rap., aff. Dejeux); — 6° Que la déclaration du jury que la jument avait été prise dans une pâture déclose et non fermée ne résolvait pas la question si la jument était exposée à la foi publique; car la jument pouvait être gardée à vue (Crim. cass. 24 niv. an 6, MM. Seignette, pr., Wicka, rap., aff. Chassebœuf); — 7° Que les poules n'étaient pas classées parmi les animaux considérés par la loi comme propriété exposée à la foi publique; qu'en conséquence, le vol de plusieurs poules, lorsqu'il n'était accompagné d'aucune circonstance aggravante, était un délit emportant l'application d'une peine correctionnelle, et non d'une peine afflictive (Crim. cass. 19 fruct. an 3, MM. Lions, pr., Legendre, rap., aff. Henri); — 8° Qu'en tout cas la peine du vol d'objets exposés à la foi publique ne pouvait être appliquée au vol de deux volailles commis dans une cour non publique et où ne passait aucun chemin (Crim. cass. 14 germ. an 7, MM. Sautereau, rap., Lefessier, subst., aff. Neven); —9° Que le vol d'objets exposés dans la rue était un vol qualifié, non un vol simple (Crim. rej. 8 therm. an 5, MM. Lemaire, pr., Seignette, rap., aff. Vernet); — 10° Que le vol de marchandises exposées en foire était un vol qualifié par le code pénal, emportant peine afflictive et infamante, et dès lors de la compétence du tribunal criminel et non du tribunal correctionnel (Crim. cass. 8 pluv. an 3, MM. Brun, pr., Allasœur, rap., aff. Merly); — 11° Qu'un vol d'effets exposés en vente sur une foire était un vol d'effet exposés à la foi publique qui ne pouvait être puni que de la réclusion (Crim. cass. 11 fruct. an 6, MM. Gohier, pr., Barris, rap., aff. Hamon); — 12° Que l'acte d'accusation relatif au vol d'une paire de bas était nul s'il ne disait pas que la paire de bas était exposée à la foi publique, le vol ne donnant pas lieu, en l'absence de circonstance aggravante, à une peine afflictive ou infamante (Crim. cass. 15 pluv. an 6, MM. Seignette, pr., Chupiet, rap., aff. Millet).

389. Des doutes s'étaient élevés au sujet du vol de récoltes, dont l'art. 27 précité de la loi de 1791 ne parlait pas. Devait-on y voir un vol de marchandises ou effets exposés à la foi publique, ou un simple délit rural? Cette question avait été diversement résolue par la jurisprudence. — Ainsi il avait été décidé: 1° que des fagots de bois sont des marchandises ou effets et dès lors rendaient applicable la peine prononcée contre le vol d'effets ou marchandises exposés sur la foi publique (Crim. rej. 12 vent. an 4, MM. Brun, pr., Lions, rap., aff. Roy); — 2° Que pour qu'un vol de chanvre fût de nature à mériter une peine afflictive ou infamante, il ne suffisait pas que l'acte d'accusation portât qu'il avait été commis dans un jardin; qu'il devait spécifier positivement ou que le vol avait été commis dans un terrain clos et fermé, ou que le chanvre volé était confié sur la foi publique (Crim. cass. 19 vent. an 3, MM. Lecointe, pr., Levasseur, rap., aff. Collin).

390. Il avait été jugé au contraire: 1° que l'art. 27 ne comprenait point le vol de récoltes, et qu'ainsi le vol de trente à trente-cinq gerbes d'avoine dans un délit rural dont le caractère n'était pas changé par la circonstance que la récolte était encore sur pied lorsque le vol avait été commis (Crim. rej. 21 germ. an 3, MM. Lions, pr., Bailly, rap., aff. Goublin);—2° Que le vol de fruits, commis dans un jardin, est un simple délit rural, dont la nature n'est point changée par la circonstance résultant de ce que le jardin était clos et fermé (Crim. cass. 13 brum. an 3, MM. Vaillant, pr., Levasseur, rap., aff. Suison).

391. Enfin un arrêt avait décidé que la contradiction entre le code pénal et la loi sur la police rurale, quant au vol de récolte, n'était qu'apparente (l'une et l'autre lois s'appliquaient à des cas différents: celle-ci au cas où le voleur détachait lui-même du sol les productions qu'il enlevait; celle-là au cas où elles avaient été détachées par le propriétaire qui avait fait sa récolte, et que dans ce dernier cas les récoltes étaient comprises sous la dénomination de marchandises et effets exposés à la foi publique (Crim. cass. 3 brum. an 3, MM. Brun, pr., Seignette, rap., aff. N...).

392. La peine de quatre ans de détention prononcée par l'art. 27 précité de la loi de 1791 était d'une sévérité excessive.

et de plus elle avait le tort de s'appliquer uniformément à des faits d'une gravité très-inégale. Il résultait de là que beaucoup de ces faits restaient impunis; la peine étant trouvée trop sévère, on aimait mieux acquitter les coupables que de leur faire subir un châtiment excédant celui qu'ils paraissaient avoir mérité. Afin de remédier à cet inconvénient, la loi du 25 frim. an 8 abaissa la peine et attribua la connaissance de tous ces faits indistinctement aux tribunaux correctionnels. L'art. 11 de cette loi portait: « Tout vol de charrues, instruments aratoires, chevaux et autres bêtes de sommes, bétail, vaches, abeilles, marchandises ou effets exposés sur la voie publique, soit dans les campagnes, soit sur les chemins, ventes de bois, foires, marchés et autres lieux publics, sera puni d'une peine qui ne pourra être moindre de trois mois ni excéder une année d'emprisonnement, s'il a été commis le jour; ou qui ne pourra être moindre de six mois ni excéder deux années, s'il a été commis la nuit. » — Il a été jugé, sous l'empire de cette loi, que le vol de bois coupé et façonné, dans une vente de bois, n'était pas passible seulement des peines portées par l'art. 37 de la loi forestière de 1791, mais bien de celles portées par l'art. 11 de la loi précitée de l'an 8 (Crim. cass. 25 vent. an 12, MM. Carnot, rap., Pons, av. gén., aff. Guerens).

393. Si la peine prononcée par la loi de 1791 était excessive et par son excès même produisait l'impunité des coupables, celle que lui avait substituée la loi du 25 frim. an 8 était insuffisante en plusieurs cas, et l'insuffisance de la peine eut le même effet que l'impunité. Dès lors ces sortes de délits se renouvelèrent fréquemment, et les tribunaux élevèrent à cet égard de justes plaintes. Pour remédier au mal qui leur était signalé, les auteurs du code pénal de 1810 crurent devoir adopter la distinction suivante: ou le vol aura été commis à l'égard d'objets qu'on ne pouvait se dispenser de confier à la foi publique, tels que les vols de bestiaux, d'instruments d'agriculture, de récoltes ou de partie de récoltes qui se trouvaient dans les champs, en un mot de choses qu'il est impossible de surveiller soi-même ou de faire surveiller: en ce cas, les coupables seront punis d'une peine afflictive; ou les objets volés pouvaient être gardés, de sorte que c'est volontairement qu'on les aura confiés à la foi publique: dans ce dernier cas, ce n'est plus qu'un vol simple, qui dès lors sera puni de peines correctionnelles. C'est ainsi du moins que le conseiller d'État Faure, dans l'exposé des motifs de la loi contenant les dispositions relatives au vol, expliquait le système de l'art. 388. Cet article était ainsi conçu: « Quiconque aura volé dans les champs des chevaux ou bêtes de charge, de voiture ou de monture, gros et menus bestiaux, des instruments d'agriculture, des récoltes ou meules de grains faisant partie de récoltes, sera puni de la réclusion.—Il en sera de même à l'égard des vols de bois dans les ventes et de pierres dans les carrières, ainsi qu'à l'égard du vol de poisson en étang, vivier ou réservoir. » — Ainsi tous les vols mentionnés, soit dans l'art. 27, sect. 2, tit. 2, part. 2, du code pénal de 1791, soit dans l'art. 11 de la loi du 25 frim. an 8, et dont l'art. 388 ne parlait pas, rentraient par cela même dans la classe des vols simples.—Il avait été décidé, sous l'empire de ces dispositions: 1° que la soustraction frauduleuse, dans les champs, de blé faisant partie de récoltes constituait le crime prévu par l'art. 388 c. pén., et non simplement le délit de l'art. 449 (Crim. rej. 13 janv. 1814, MM. Barris, pr., Aumont, rap., aff. femme Leroy);—2° que dans tous les caractères du vol prévu par l'art. 388 c. pén., c'est-à-dire du vol de productions de la terre détachées de leurs tiges ou de leurs racines par le propriétaire et laissées dans les champs à la foi publique, ne se rencontrassent pas nommément dans la déclaration du jury, il suffisait que l'accusé fût reconnu coupable d'un vol de récoltes de ce genre, et commis dans les champs, pour que la peine de réclusion lui fût applicable (Crim. rej. 5 fév. 1813, MM. Barris pr., Lamarque, rap., aff. Chenebraud).

394. La pénalité édictée par l'art. 388 fut jugée trop sévère, trop absolue, comme l'avait paru déjà celle qu'avait prononcée le code pénal de 1791. Aussi vit-on se reproduire l'inconvénient que nous avons précédemment signalé. Le jury acquittait les coupables plutôt que de leur voir appliquer une peine dont la rigueur lui semblait excessive. Cet état de choses appe-

lait une réforme. Le législateur chercha à l'opérer dans la loi du 25 juin 1824. L'art. 2 de cette loi portait : « Les vols et tentatives de vols spécifiés dans l'art. 388 c. pén. seront jugés correctionnellement et punis des peines déterminées par l'art. 401 du même code, » c'est-à-dire des peines du vol simple. Mais l'art. 10 de la même loi exceptait de cette disposition les vols commis la nuit, ceux qui étaient commis par deux ou plusieurs personnes, et ceux qui étaient accompagnés d'une ou de plusieurs des autres circonstances aggravantes prévues par les art. 381 et suiv. c. pén. « Les vols dont il vient d'être fait mention, portait cet article dans sa disposition finale, continueront à être punis conformément au code pénal. » Enfin l'art. 13 ajoutait : « Lorsque les vols et tentatives de vol de récoltes et autres productions utiles de la terre, qui, avant d'avoir été soustraites, n'étaient pas encore détachées du sol, auront été commis, soit avec des paniers ou des sacs, soit à l'aide de voitures ou d'animaux de charge, soit de nuit par plusieurs personnes, les individus qui en auront été déclarés coupables seront punis conformément à l'art. 401 c. pén. » — Il avait été décidé, sous l'empire de cette loi : 1° que la disposition de l'art. 2 qui, par dérogation au code pénal, faisait punir les vols commis dans des étangs que de peines correctionnelles, n'était pas applicable quand ces vols avaient été commis par deux individus (Crim. cass. 22 oct. 1829, MM. de Bastard, pr., Moreau, rap., aff. Morisseau); — 2° Que lorsqu'en vertu de l'art. 2 de la loi du 25 juin 1824, une cour d'assises appliquait à l'auteur d'un vol de récoltes spécifié en l'art. 388 c. pén. les peines déterminées par l'art. 401 même code, elle devait prononcer toutes les peines énoncées audit article, et ne pouvait se contenter d'en prononcer une seule (Crim. cass. 21 oct. 1825, M. Rataud, rap., aff. Eluard); — 3° Que le vol de bestiaux commis de jour, dans les champs, devait être puni de toutes les peines prononcées par l'art. 401 c. pén. (Crim. cass. 23 juin 1826, MM. Bailly, f. f. de pr., Brière, rap., aff. Renoux) ; — 4° Que le vol d'instruments d'agriculture dans les champs, considéré comme un délit, devait être puni de toutes les peines de l'art. 401 c. pén., dans l'étendue de leur maximum ou minimum; qu'ainsi était nul un jugement qui ne punissait un tel délit que d'une des peines de cet art. 401 (Crim. cass. 16 déc. 1830, MM. Ollivier, f. f. de pr., Gilbert de Voisins, rap., aff. Long).

395. L'art. 12 de la loi de 1824 portait que les dispositions précédentes ne s'appliquaient ni aux mendiants, ni aux vagabonds, ni aux individus qui, antérieurement au fait pour lequel ils étaient poursuivis, auraient été condamnés, soit à des peines afflictives ou infamantes, soit à un emprisonnement correctionnel de plus de six mois. — Par application de cette disposition, il avait été décidé que l'art. 2 de la même loi, qui ne punissait plus que de peines correctionnelles les auteurs de vols commis dans les champs, ne pouvait être invoqué par l'individu qui avait été déjà condamné précédemment à une peine afflictive ou infamante, ou à un emprisonnement correctionnel de plus de six mois (Crim. rej. 24 déc. 1829, MM. de Bastard pr., Brière, rap., aff. Coquille).

396. Les dispositions de la loi de 1824 ont été remplacées, lors de la réforme du code pénal opérée par la loi du 28 avr. 1832, par une nouvelle rédaction de l'art. 388. Ce nouvel article est ainsi conçu : « Quiconque aura volé ou tenté de voler, dans les champs, des chevaux ou bêtes de charge, de voiture ou de monture, gros et menus bestiaux, ou des instruments d'agriculture, sera puni d'un emprisonnement d'un an au moins et de cinq ans au plus et d'une amende de 16 fr. à 500 fr. — Il en sera de même à l'égard des vols de bois dans les ventes et de pierres dans les carrières, ainsi qu'à l'égard du vol de poisson en étang, vivier ou réservoir. — Quiconque aura volé ou tenté de voler, dans les champs, des récoltes ou autres productions utiles de la terre, déjà détachées du sol, ou des meules de grains faisant partie de récoltes, sera puni d'un emprisonnement de quinze jours à deux ans et d'une amende de 16 fr. à 200 fr. — Si le vol a été commis, soit la nuit, soit par plusieurs personnes, soit à l'aide de voitures ou d'animaux de charge, l'emprisonnement sera d'un an à cinq ans et l'amende de 16 fr. à 500 fr. — Lorsque le vol ou la tentative de vol de récoltes ou autres productions utiles de la terre qui, avant d'être soustraites, n'étaient pas encore détachées du sol, aura eu lieu, soit avec

des paniers ou des sacs ou autres objets équivalents, soit la nuit, soit à l'aide de voitures ou d'animaux de charge, soit par plusieurs personnes, la peine sera d'un emprisonnement de quinze jours à un an et d'une amende de 16 fr. à 200 fr. — Dans tous les cas spécifiés au présent article, les coupables pourront, indépendamment de la peine principale, être interdits de tout ou partie des droits mentionnés en l'art. 42, pendant cinq ans au moins et dix ans au plus, à compter du jour où ils auront subi leur peine. Ils pourront aussi être mis, par l'arrêt ou le jugement, sous la surveillance de la haute police pendant le même nombre d'années. »

397. Ce nouvel art. 388 diffère profondément de l'ancien, qu'il a remplacé. C'est un changement complet de système. L'ancien art. 388 punissait avec un surcroît de rigueur le vol, commis dans les champs, de choses qu'on est obligé d'abandonner à la foi publique; et parce que ce vol constitue l'abus d'une confiance nécessaire, le législateur l'avait élevé à la hauteur d'un crime; il l'avait puni de la peine afflictive de la reclusion. Ici rien de semblable. Le nouvel art. 388 ne prononce pour les diverses sortes de vols qui peuvent être commis dans les champs que des peines correctionnelles. Et même, si l'on compare cet article avec l'art. 401, qui dispose à l'égard du vol simple, on remarque ce fait singulier. La plupart des vols prévus par l'art. 388 sont punis de peines identiques à celles du vol simple : ce sont les vols qui ont pour objet des chevaux ou bêtes de charge, de voiture ou de monture, gros et menus bestiaux, des instruments d'agriculture, le bois dans les ventes, les pierres dans les carrières, le poisson en étang, vivier ou réservoir. Par conséquent il n'y a aucun intérêt pratique à distinguer ces vols du vol simple. Quant aux vols de récoltes dans les champs, l'art. 388 les punit de peines inférieures à celles du vol simple. C'est seulement dans le cas où ces vols sont accompagnés de certaines circonstances aggravantes, telles que la nuit, le concours de plusieurs personnes, l'emploi de voitures ou d'animaux de charge, qu'ils sont punis comme le vol simple. De là résulte une conséquence qu'il importe de faire ressortir.—Sous l'empire de l'ancien art. 388, le prévenu avait un grand intérêt, pour échapper à la reclusion, à établir que le fait à raison duquel il était poursuivi ne rentrait pas dans les termes de l'art. 388, ne constituait pas un vol de récoltes dans les champs; il a aujourd'hui un intérêt tout contraire, puisque, si le fait ne rentre pas dans les termes de l'art. 388, il devient passible de l'art. 401, qui prononce des peines plus rigoureuses. Comment expliquer ce changement introduit par la loi réformatrice de 1832 ? Le législateur, disent MM. Chauveau et Hélie (t. 5, n° 1851), n'a vu que la modicité du prix des récoltes qui seront enlevées dans les campagnes; mais il ne s'est pas aperçu qu'il laissait sous l'empire du droit commun, et par conséquent sous l'application de l'art. 401, les autres vols de la même nature, mais qui ne sont pas commis au temps des récoltes, et qui par cela même ont moins de gravité, puisqu'ils s'attaquent à des objets qui sont exposés volontairement, et non point nécessairement, à la foi publique.

398. Nous allons nous occuper successivement des diverses catégories dans lesquelles l'art. 388 a rangé les vols qui peuvent être commis dans les champs. Dans les explications que nous aurons à donner sur ce sujet, il nous arrivera fréquemment de citer des arrêts qui se réfèrent soit à l'ancien art. 388, soit à la loi du 25 juin 1824, mais qui, malgré les modifications introduites dans cette partie de la législation, conservent aujourd'hui toute la valeur doctrinale qu'ils pouvaient avoir à l'époque où ils furent rendus. Il est évident d'ailleurs que les divers faits prévus par l'art. 388 ne sont passibles des peines prononcées par cet article qu'autant qu'ils ont été perpétrés avec l'intention frauduleuse de s'approprier le bien d'autrui. C'est ainsi qu'il a été jugé que la tentative d'enlèvement et même l'enlèvement de grains sans intention de voler ne constitue aucun délit (Crim. rej. 20 juin 1812, M. Aumont rap., aff. Linder).

399. *Vols de bestiaux ou d'instruments d'agriculture dans les champs.* — Ainsi que nous venons de le voir, la peine applicable à ces vols, aux termes de l'art. 388, § 1, consiste en un emprisonnement d'un an au moins et de cinq ans au plus et une amende de 16 fr. à 500 fr., avec faculté pour les tribunaux de

prononcer l'interdiction de tout ou partie des droits mentionnés en l'art. 42 pendant cinq ans au moins et dix ans au plus, et la surveillance pendant le même nombre d'années. — Pour que la disposition de l'art. 388, § 1, puisse être appliquée, deux conditions sont nécessaires. Il faut, d'une part, que l'objet volé soit du nombre de ceux que désigne cette disposition; d'autre part, que le vol ait été commis dans les champs.

400. La disposition dont nous nous occupons embrasse le vol d'animaux et le vol d'instruments d'agriculture. Quant aux animaux, l'art. 388, § 1, désigne ainsi ceux dont le vol peut entraîner la peine qu'il prononce : « Des chevaux ou bêtes de charge, de voiture ou de monture, gros et menus bestiaux. » — De ce que la loi s'exprime ainsi au pluriel, la question s'est élevée de savoir si le vol d'un seul animal pouvait motiver l'application de la peine. Carnot (sur l'art. 388 c. pén., n° 15) se prononce par la négative. « Il peut se faire sans doute, dit cet auteur, que l'intention du législateur ait été telle; mais on ne voit pas quelle peut être la nécessité de la loi supposer, lorsqu'en prenant le texte de la loi dans son sens littéral, on y trouve écrit précisément le contraire; les juges ne sont pas établis pour scruter les pensées du législateur; c'est le texte de la loi qui doit être leur règle invariable. » — Mais cette interprétation est avec raison repoussée par Bourguignon, Jurisp. des c. crim., t. 3, sur l'art. 388 c. pén., n° 1, et par MM. Chauveau et Hélie, t. 5, n° 1834. Comme le font justement observer ces derniers auteurs, quand le législateur a parlé de chevaux, bêtes de charge, bestiaux, il a simplement désigné l'espèce des objets dont il voulait punir la soustraction, il n'a pas prétendu faire dépendre le délit du nombre des objets soustraits. — Il a été décidé en ce sens : 1° que le vol d'un seul cheval, dans un pâturage, est passible de la peine prononcée par l'art. 388 (Crim. rej. 2 janv. 1813, M. Busschop, rap., aff. Huglin; Crim. 21 janv. 1813, M. Lamarque, rap., aff. Mertinat) : « Attendu, porte ce dernier arrêt, que si la loi emploie l'expression de *vol de chevaux* au pluriel, c'est uniquement pour désigner l'espèce de vol, et non pour déterminer le nombre des objets volés; que, par cela même que le nombre n'en est pas déterminé, tout individu coupable d'un vol de cette nature doit être puni de la peine portée par la loi, soit qu'il ait volé un plus ou moins grand nombre de ces objets, soit qu'il n'en ait volé qu'un seul; » — 2° Qu'il en est de même du vol commis, dans les champs, d'une brebis qui s'était détachée du troupeau dont elle faisait partie (Crim. cass. 12 déc. 1812, MM. Barris, pr., Oudart, rap., aff. Ceccolini); — 3° Ou encore du vol d'une génisse dans une pâture close seulement par une barrière libre et non fermant à la clef (Crim. rej. 22 mai 1818, MM. Barris, pr., Lecoutour, rap., aff. Coddeville).

401. Le vol d'animaux dans les champs rentre dans l'application de l'art. 388 c. pén., encore qu'au moment du vol ces animaux fussent sous la surveillance d'un gardien : « Attendu que l'art. 388 c. pén. ne fait et ne doit faire aucune distinction entre les animaux qui sont sous la surveillance d'un gardien et ceux qui ne sont pas surveillés, parce que cette espèce de surveillance, dans les champs, n'a pas pour objet et ne saurait avoir l'effet de garantir les animaux surveillés des entreprises des voleurs qui voudraient les soustraire à leurs propriétaires; qu'ainsi, malgré cette surveillance, ils ne sont pas moins confiés à la foi publique, et qu'il est essentiellement dans l'intérêt de l'agriculture qu'ils soient, dans l'un comme dans l'autre cas, sous la protection spéciale de la loi » (Crim. cass. 8 oct. 1818, MM. Rataud, pr. d'âge, Ollivier, rap., aff. Charbonnel. — Conf. Bourguignon, Jurisp. des cod. crim., t. 3, sur l'art. 388, n° 1; MM. Chauveau et Hélie, t. 5, n° 1835).

402. La loi n'a point défini ce qu'il faut entendre par instruments d'agriculture. Ce sont, disent MM. Chauveau et Hélie (t. 5, n° 1836), tous les instruments qui servent aux travaux de la terre. — A cet égard il a été jugé que le vol d'une brouette peut, dans certaines contrées, n'être pas considéré comme constituant le vol d'un instrument d'agriculture, quoique la brouette puisse éventuellement servir à des usages d'agriculture (Crim. rej. 29 juill. 1813, M. Oudart, rap., aff. Cerrato). — La cour de cassation, disent MM. Chauveau et Hélie (*loc. cit.*), aurait sans doute rejeté le pourvoi si la décision eût été rendue dans le sens opposé. En effet, il s'agit ici d'appréciations qui peuvent varier

d'une localité à une autre suivant les usages, et qui, par conséquent, doivent être laissées aux juges du fait.

403. La seconde condition exigée par l'art. 388, § 1, c'est, avons-nous dit, que le vol ait été commis dans les champs. Par conséquent, il est indispensable, pour que la peine édictée par cet article puisse être prononcée, que l'existence de cette condition soit constatée dans le jugement de condamnation (Conf. Bourguignon, Jurisp. cod. crim., t. 3, sur l'art. 388, n° 2; Carnot, sur l'art. 388 c. pén., n° 3; MM. Chauveau et Hélie, t. 5, n° 1835). — Il avait été jugé en ce sens, sous l'ancien art. 388, que le vol d'instruments d'agriculture ne pouvait, s'il n'était pas déclaré par le jury avoir été fait dans un champ, être puni de la peine portée par cet article : — « Attendu qu'il résulte de la déclaration du jury que le vol dont il s'agissait avait été commis, mais sans la circonstance (comprise dans le résumé de l'acte d'accusation) que ce vol aurait été commis dans les champs; attendu qu'il s'ensuit qu'en condamnant Joseph Aymard à la peine de cinq ans de réclusion, par application de l'art. 388 c. pén., l'arrêt dénoncé a fait une fausse application de cet article, et contrevenu à l'art. 401 même code » (Crim. cass. 26 déc. 1811, M. Liborel, rap., aff. Aymard). — Il avait été jugé, de même, qu'en cas d'accusation pour vol dans les champs, si cette circonstance, omise dans l'arrêt de renvoi, l'avait été pareillement par le président dans la question posée au jury, l'accusé, en cas de déclaration de culpabilité, ne pouvait être condamné qu'à des peines correctionnelles, conformément à l'art. 401 c. pén., et non aux peines de l'art. 388 (Crim. cass. 22 janv. 1831, MM. de Bastard, pr., Choppin, rap., aff. Ménager).

404. Mais que faut-il entendre par *champs*? Suivant un arrêt, l'art. 388 désigne par ce mot toute propriété rurale dans laquelle sont exposés à la foi publique les objets mentionnés dans le même article; conséquemment on doit comprendre sous le mot *champs* les terres labourables, les pâturages et autres propriétés de même nature (Crim. rej. 2 janv. 1813, M. Busschop, rap., aff. Huglin). — On lit de même dans un autre arrêt « que les expressions génériques *vol dans les champs*, présentant la même idée que celle de *vol dans la campagne*, qu'on lit dans la loi de 1791, et dans *les vols dans les campagnes*, dont se sert la loi du 25 frim. an 8, signifient seulement que le vol doit avoir été commis sur un *fonds rural*, hors des maisons et bâtiments, de quelque nature que soit ce fonds et quel qu'en soit le genre de culture; qu'un pâturage est un fonds rural et que, conséquemment, un vol commis dans un pâturage est un vol commis dans les champs » (Crim. cass. 21 janv. 1813, M. Lamarque, rap., aff. Mertinat).

405. Le vol d'une jument et d'un poulain commis dans un terrain où les habitants de la commune introduisent habituellement leurs bestiaux sans obstacle pour les y faire paître, et qui n'est fermé que par des barrières s'ouvrant à volonté, constitue le vol de bestiaux commis dans les champs, prévu par l'art. 388 c. pén. (Crim. rej. 1er déc. 1814, MM. Barris, pr., Oudart, rap., aff. Delbassé).

406. La loi s'est proposé, dans la disposition dont nous nous occupons, de protéger les objets exposés dans les champs à la foi publique. Mais lorsqu'il est constaté que le vol de l'un de ces objets a été commis dans un champ, l'application de la disposition ne serait pas écartée par la déclaration que l'objet volé n'était pas exposé à la foi publique. C'est ce qu'enseignent MM. Chauveau et Hélie (t. 5, n° 1336) et ce qui avait été décidé, sous l'empire du code pénal de 1810, à l'égard d'un vol d'une charrue : — « Considérant que ledit art. 388 punit de la peine de la réclusion tout vol d'instruments d'agriculture commis dans les champs; que, dans l'espèce, le jury a reconnu Pierre Galoup coupable d'avoir soustrait frauduleusement, dans un champ, une charrue appartenant à autrui; qu'en ajoutant à sa déclaration que la charrue volée n'était point exposée sur la foi publique, le jury n'a rien ôté au caractère du crime prévu par ledit art. 388; que, néanmoins, la cour d'assises de l'Aude, au lieu d'appliquer la peine de la réclusion portée par ledit article, a prononcé celle de l'emprisonnement et de l'amende portée contre les vols simples par l'art. 401 c. pén.; que ladite cour a donc prononcé une peine autre que celle appliquée par la loi à la nature du fait dont l'accusé a été déclaré coupable, et qu'ainsi son arrêt doit être

annulé aux termes de l'art. 410 c. inst. crim. » (Crim. cass. 18 juin 1819, MM. Barris, pr., Busschop, rap., aff. Galoup).— Il ne saurait être aujourd'hui question, en pareille matière, ni de déclaration du jury ni de réclusion. Et du reste il serait sans intérêt pour le prévenu de savoir si l'art. 388, § 1, est applicable, puisque, à défaut de cet article, on devrait appliquer l'art. 401, qui prononce les mêmes peines.

407. 2° *Vols de bois dans les ventes, de pierres dans les carrières, de poisson en étang, vivier ou réservoir.* — La loi assimile, quant à la pénalité, ces diverses sortes de vols au vol de bestiaux ou d'instruments d'agriculture commis dans les champs. En effet, après avoir, dans son § 1, disposé à l'égard de ces derniers, l'art. 388 ajoute dans son § 2 : « Il en sera de même à l'égard des vols de bois dans les ventes, etc. »

408. Comme on l'a vu v° Forêts, n° 1106, le mot *vente*, synonyme ici de *coupe*, désigne l'étendue déterminée dans une forêt pour y abattre le bois, soit en totalité, soit avec réserve d'un certain nombre d'arbres. Ainsi le vol dont il s'agit c'est le vol des bois qui, après avoir été abattus, dans la partie de la forêt mise en exploitation, sont laissés sur place pour y être vendus. Ce sont là, en effet, de véritables récoltes confiées par nécessité à la foi publique. — Du reste, il a été jugé que le vol de bois dans les ventes est passible de la peine portée en l'art. 388 c. pén., sans distinction entre les grandes et les petites coupes, ou les grandes et petites ventes (Crim. rej. 11 oct. 1821, MM. Barris, pr., Gaillard, rap., aff. Feilles). — Quant à l'enlèvement de bois dans les forêts qui ne sont pas en exploitation, il est puni seulement des peines des art. 192 et suiv. c. for. (V. Forêts, n°° 380 et suiv., 806 et suiv.).

409. Une coupe de bois communal en exploitation affouagère pour être distribuée en nature aux habitants est comprise sous le mot *ventes*, dont se sert l'art. 388 c. pén. : « Considérant, en droit, que le mot *ventes*, employé par l'art. 388 c. pén., comprend, dans le langage forestier, toute coupe de bois en exploitation; qu'il comprend, par conséquent, une coupe de bois communal en exploitation affouagère pour être distribuée en nature aux habitants; que, dès lors, le vol de bois dans une coupe affouagère est prévu et puni par l'art. 388 c. pén. » (Crim. cass. 7 mars 1828, MM. Bailly, f. f. de pr., Bernard, rap., aff. Lecourtier). — V. aussi v° Forêts, n° 382.

410. Mais le vol des bois qui, après avoir été abattus, auraient été déposés dans un lieu autre que *la vente*, par exemple, dans un champ, dans une prairie, ne tomberait plus sous l'application de l'art. 388 (Conf. Carnot, sur l'art. 388, n° 24; Bourguignon, sur l'art. 388, n° 8; MM. Chauveau et Hélie, t. 5, n° 1840).—C'est ainsi qu'il a été décidé que l'art. 388 c. pén., « ne comprenant dans sa disposition spéciale que les vols de bois coupés laissés dans les ventes ou dans les coupes de bois, et qui, sous ce rapport, sont de véritables récoltes confiées par nécessité à la foi publique, est inapplicable à un vol de bois commis dans une prairie » (Crim. cass. 2 juin 1813, M. Oudot, rap., aff. Coukerque). — Il résulte également d'un autre arrêt qu'un vol de bois commis dans les champs ne tombe pas sous l'application du même article (Crim. cass. 3 mars 1818, aff. Bœuf, n° 423).

411. Il peut arriver toutefois que des arbres abattus dans un champ y restent exposés à la foi publique. S'ils viennent à être volés, ce vol ne pourra être considéré comme de bois dans les ventes; mais ne devra-t-il pas être classé parmi les vols de récoltes dans les champs? C'est une question que nous examinerons lorsque nous nous occuperons de ces derniers vols (V. *infrà*, n° 423).

412. On ne peut considérer que comme un vol simple, passible seulement des peines portées par l'art. 401 c. pén., un vol de bois en pile de peu de valeur, commis dans une forêt communale, au préjudice d'un particulier : — « Attendu que le fait reconnu et déclaré par le tribunal dans le jugement attaqué consiste dans un simple vol de bois en pile de peu de valeur qu'avait Guillaume Viguier dans la forêt communale dont il s'agit au procès, et que cette espèce de délit ne présente les caractères ni du maraudage résultant des coupes et enlèvements frauduleux de bois dans un bois communal spécifiés dans le code rural de 1791, ni du vol de bois commis dans les ventes et autres crimes prévus par l'art. 388 c. pén.; que ce délit rentre dans les dispositions de l'art. 401 dudit code pénal, et qu'ainsi, dans le jugement attaqué, le tribunal de Foix n'a fait qu'une juste application de cet article, et n'a violé ni l'art. 388 du même code, ni les art. 8 et 33 de la loi du 6 oct. 1791 » (Crim. rej. 30 avr. 1824, MM. Bailly, pr., Chantereyne, rap., aff. Teulière).

413. Il a été jugé que par les mots *vol de bois dans les ventes* l'art. 388 c. pén. entend les vols de bois exposés à la foi publique et destinés à être vendus dans la forêt où ils ont été coupés (Crim. rej. 28 fév. 1812) (1). — Il semble résulter de là que, quel que soit le temps écoulé depuis l'achèvement de la coupe, tant que les bois restent sur le terrain où ils ont été abattus, ils conservent la protection de l'art. 388, § 2, c. pén. Et il paraît qu'en fait, dans l'espèce, la coupe était terminée depuis plusieurs années au moment où le vol avait été commis.— MM. Chauveau et Hélie (t. 5, n° 1839) critiquent cette décision, qui leur paraît donner à la disposition dont nous nous occupons une trop grande extension. « Pendant la durée de la coupe, disent ces auteurs, le propriétaire ou l'adjudicataire est obligé d'abandonner son bois à la foi publique. La coupe terminée, cet abandon est purement volontaire, et il doit s'imputer son défaut de précaution. Les mêmes conditions de répression n'existent donc pas. Les *ventes*, d'ailleurs, doivent perdre leurs dénominations au moment où la coupe est achevée, où la nécessité de l'exposition des bois a cessé d'exister; et dans la loi pénale toutes les expressions doivent être restreintes dans leur sens propre. » — Cette critique nous paraît fondée; elle est conforme à l'esprit général des dispositions contenues dans l'art. 388 c. pén. — Carnot (sur l'art. 388, n° 6) enseigne que, si le terme accordé pour la traite était passé et que l'adjudicataire eût obtenu son *congé de cour*, ce ne serait plus réellement dans la *vente* que le vol aurait été commis, et qu'il n'y aurait plus qu'un vol de bois confié à la foi publique. Mais est-ce bien à ce fait du congé de cour, fait qui ne concerne que les rapports de l'adjudicataire avec l'administration, est-ce à lui-même, disons-nous, qu'on doit s'attacher pour déterminer la peine du vol? Nous croyons que les juges saisis de la poursuite ont une latitude illimitée pour apprécier à quel moment la confiance du propriétaire des bois volés cesse d'être une confiance nécessaire pour devenir purement volontaire.

414. Si les bois, après avoir été abattus, avaient été façonnés dans la vente même, s'ils y avaient été, par exemple, taillés en poutres, sciés en planches, ils perdraient, par l'effet de cette transformation, le caractère sous lequel ils sont envisagés dans l'art. 388, § 2, c. pén. : ce ne seraient plus des bois confiés par nécessité à la foi publique; ce seraient des marchandises exposées par l'effet d'une confiance toute volontaire. Tel est aussi le sentiment de MM. Chauveau et Hélie (t. 5, n° 1840). Mais ces auteurs nous paraissent invoquer à tort, à l'appui de cette opinion, un arrêt de la cour de cassation, du 3 mars 1818 (aff. Bœuf, V. n° 423), qui se rapproche beaucoup plus de l'opi-

---

(1) *Espèce :* — (Oulis *C.* min. pub.) — 20 déc. 1811, arrêt de la cour de Toulouse portant « qu'il est suffisamment établi par l'instruction et la procédure dont il s'agit, que, dans la nuit du 9 au 10 novembre dernier, il a été effectué, au préjudice de L. Pion, un vol d'une certaine quantité de fagots de bois de chêne, lesquels étaient entassés dans cette vente, et exposés dans un bois sur la foi publique; que ce fait constitue un crime prévu par l'art. 388 c. pén. » — Pourvoi. Oulis soutient qu'étant prévenu, d'après les pièces de la procédure, d'un vol de bois en état d'exploitation ou exposé sur la foi publique et non point dans les ventes, la qualification de *crime* est mal appliquée au fait dont il s'agit; que le bois dans les ventes se trouve forcément exposé à

la foi publique, tandis que le bois qui est dans un état d'exploitation est surveillé par le propriétaire ou, volontairement exposé par là à la foi publique, et que c'est à raison de cette différence que le code a voulu que le vol de bois, pour constituer un crime, fût commis dans des ventes. — Arrêt.

La Cour; — Considérant que le fait de prévention sur lequel porte l'arrêt dénoncé constitue le crime de vol prévu par l'art. 388 c. pén., et que dès lors le renvoi à la cour d'assises, qui a été ordonné par ledit arrêt, est fondé sur la juste application de l'art. 231 c. inst. crim.; — Rejette, etc.

Du 28 fév. 1812.-C. C., sect. crim.-M. Busschop, rap.

tion contraire. Cet arrêt décide, en effet, que le vol de planches dans les champs ne tombe sous l'application ni du § 1 de l'art. 388 (ancien) c. pén., parce que des planches ne peuvent être considérées comme des récoltes, ni du § 2 de ce même article, attendu « qu'il n'est pas déclaré que ces planches eussent été volées dans une *vente* »; d'où il est permis d'inférer, ce semble, que si les planches, au lieu d'être volées dans les champs, l'eussent été dans une vente, la peine prononcée par l'art. 388, § 2, eût dû être appliquée, du moins selon l'avis de la cour de cassation.

415. Celui qui exploite une carrière est aussi obligé de laisser les pierres qu'il extrait exposées à la foi publique jusqu'au moment où elles seront enlevées pour être employées suivant leur destination. Par conséquent il était juste d'assimiler le vol de ces pierres au vol de tous les autres objets qui se trouvent dans la même situation. C'est ce qu'a fait l'art. 388, § 2, c. pén. Mais, comme le font justement observer MM. Chauveau et Hélie (t. 5, n° 1841), cette assimilation doit être restreinte aux pierres qui, après avoir été détachées de la carrière, y sont laissées pendant un certain temps. Si ces pierres étaient déposées dans un autre lieu, ou si des pierres ayant une origine différente avaient été déposées provisoirement dans la carrière, le vol des unes ou des autres ne rentrerait plus dans les termes de l'art. 388 et ne constituerait qu'un vol simple. — Du reste, on doit entendre ici par *carrières*, non pas seulement les cavités d'où la pierre est extraite, mais aussi les terrains contigus où les pierres sont déposées (Chauveau et Hélie, *loc. cit.*). — V. aussi Forêts, n° 380, *in fine*.

416. Les *poissons dans les étangs, viviers et réservoirs* sont, comme les bois dans les ventes, ou comme les pierres dans les carrières, laissés par nécessité sous la sauvegarde de la foi publique. Par conséquent, le vol qui en est commis est passible des mêmes peines, aux termes de l'art. 388, § 2. — Un arrêt a jugé que les faits de pêche dans un étang, rivière ou réservoir appartenant à autrui ne sont prévus par aucune autre disposition pénale que l'art. 388 c. pén., applicable seulement lorsqu'ils prennent le caractère de vol (Crim. rej. 11 déc. 1834, aff. caisse hyp. C. Vincent, V. Pêche fluv., n° 240). — Ainsi, la qualification du fait et la peine à appliquer sont toutes différentes, selon qu'il y a eu pêche illicite dans un fleuve, une rivière navigable, un cours d'eau quelconque (V. Pêche fluviale, n°s 83 et suiv.), ou bien que le même fait a été commis dans un étang, un vivier ou un réservoir. Il suit de là que le jugement qui prononce une condamnation pour ce dernier fait doit nécessairement constater que le poisson soustrait était enfermé dans un étang, un vivier ou un réservoir (Conf. MM. Chauveau et Hélie, t. 5, n° 1842). — Il avait été jugé de même, avant la loi du 28 avr. 1832, et sous l'empire de l'ancien art. 388, qui punissait ce fait

de la reclusion, que cette peine n'était pas applicable lorsque la déclaration du jury ne portait pas expressément que le vol était en étang, vivier ou réservoir : — « Attendu que la déclaration du jury ne porte pas que la tentative du vol de poisson dont Pierre Moyeu a été déclaré coupable ait eu lieu dans l'un des endroits spécifiés par l'art. 388 c. pén., et qu'ainsi, en prononçant contre Moyeu la peine de la reclusion, il a été fait une fausse application de la disposition de cet article; attendu aussi que l'arrêt de mise en accusation, et l'acte d'accusation dressé en conséquence, mentionnaient formellement que le vol dont il s'agit avait été tenté sur du poisson étant dans un étang; que, si la cour d'assises a négligé d'interroger le jury sur cette circonstance, qui était la base essentielle de l'accusation, puisqu'elle seule donnait au fait un caractère de crime, il ne peut en résulter en faveur du réclamant un acquittement sur cette circonstance aggravante, puisque le jury n'a rien prononcé à cet égard » (Crim. cass. 27 août 1813, M. Rataud, rap., aff. Moyeu).

417. Suivant un autre arrêt, la peine édictée par l'art. 388 doit être appliquée alors même que le vol a eu lieu pendant que l'étang était en pêche (Crim. rej. 15 avr. 1813) (1). — Pour écarter l'application de l'art. 388 à cette hypothèse, on prétendait, dans l'espèce, qu'une distinction devait être faite, à l'égard des étangs, entre le temps ordinaire et le temps de la pêche. Sans doute, disait-on, quand un étang n'est point en pêche, est sous la foi publique, le propriétaire ne pouvant être astreint à entretenir toute l'année une garde considérable pour la conservation de son poisson; mais lorsque l'étang est en pêche, le poisson étant à découvert par l'écoulement des eaux, le propriétaire commet une grave imprudence s'il n'établit pas une surveillance exacte; on ne peut plus dire alors que l'étang soit forcément sous la foi publique. — La cour de cassation n'a point accueilli cette distinction, et nous croyons qu'elle a bien fait. Outre que le texte de l'art. 388 ne comporte aucune distinction de ce genre, il est dans son esprit d'atteindre tous les vols qui ont pour objet des récoltes exposées à la foi publique; or les poissons d'un étang mis en pêche sont une sorte de récolte; on peut à bon droit les comparer aux gerbes exposées dans un champ pendant la moisson.

418. L'art. 388 c. pén. est applicable à la tentative de vol de poisson comme au vol lui-même. D'ailleurs le vol d'avoir pêché dans l'étang d'autrui est punissable non-seulement comme une tentative de vol de poisson, mais comme un vol consommé, bien que l'accusation n'établisse pas que des poissons ont été pris par le prévenu, s'il résulte de l'état poissonneux de l'étang, des coups de filets nombreux qui ont été jetés et de la diminution certaine des poissons restants, que le délit a reçu son exécution complète (Caen, 29 nov. 1843) (2).

419. *Vol de récoltes.* — L'ancien art. 388 incriminait sp...

---

(1) *Espèce* : — (Ollier et Chemeau C. min. pub.) — 11 mars 1813, déclaration du jury du département de l'Yonne, portant que « N. Ollier et P. Chemeau coupables d'avoir, le 4 sept. 1812, soustrait frauduleusement du poisson dans un étang en pêche appartenant à Edme Guillaume. » — Arrêt qui condamne, en conséquence, les accusés à la reclusion. — Pourvoi par ces derniers, qui prétendent que l'art. 388 ne doit pas être appliqué lorsque l'étang est en pêche, parce qu'alors le propriétaire peut et doit le faire surveiller. — Arrêt.

LA COUR ; — Attendu que, dans l'examen et les débats, il n'a été commis violation à aucun article de la loi prescrit à peine de nullité ; — Que la loi pénale n'étant pas susceptible de la restriction que le condamné lui donne, il en a été fait une juste application aux faits déclarés constants ; — Rejette, etc.

Du 15 avr. 1813.-C. C., sect. crim.-M. Bauchau, rap.

(2) (Bazière et autres C. min. pub.) — LA COUR ; — Considérant, sur la jonction demandée par le procureur général des deux actions correctionnelles intentées à Lemaréchal, et à Julienne et à Bazière, que le fait qui motive les poursuites est unique et le même, qu'il consiste dans un vol de poisson commis pendant la nuit du 30 juin au 1er juillet ; — Que les trois prévenus sont inculpés d'en être les auteurs ou les complices ; qu'ils ont dû le commettre ensemble, dans le même lieu, en même temps, à l'aide des mêmes circonstances ;...

Considérant, sur la qualification des faits qui motivent les poursuites, que de l'instruction et des divers renseignements recueillis sur les lieux peu de temps après la découverte du vol, l'on doit induire que les faits reprochés aux prévenus constituent un délit consommé et non pas une simple tentative; qu'en effet les indices remarqués sur les bords de la

mare dans lequel le fait de pêche a eu lieu, tels que les traces de deux pas différents, les herbes foulées, les vases extraites du fond, les feuilles mouillées qui avaient été enlevées de la mare, prouvent que pendant la nuit du 30 juin au 1er juillet, un filet nommé épervier a été à diverses reprises jeté dans cette mare; qu'il est constant que celle-ci contenait alors une quantité assez considérable de poisson, circonstance qui prouve qu'un vol de cette nature y a réellement été commis; qu'il a été consommé puisque la disposition des lieux, l'état de la mare, le nombre de coups de filet qui ont été jetés, les déclarations de plusieurs témoins affirment que du poisson a été pris, ne permettent pas de penser que le projet des auteurs du vol ne se soit pas réalisé; — Considérant que même que les faits reprochés aux prévenus ne devraient être considérés que comme une simple tentative, elle serait encore réprimée par les dispositions de l'art. 388 c. pén.; — Considérant qu'à la vérité cet article, depuis qu'il a été revisé par la loi du 28 avr. 1832, dans le deuxième alinéa, contient les mots : *vol de poisson*, mais il ne faut point isoler ces expressions de celles contenues dans le premier alinéa au même article lequel punit *quiconque vole ou tente de voler* les divers objets que cet article énumère ; — Considérant que le deuxième alinéa est lié au premier par ces expressions qu'il contient, *il en sera de même à l'égard* etc., expressions qui s'appliquent au fait de vol lui-même comme à la peine à infliger et desquelles on doit induire que le législateur a voulu comprendre dans la même catégorie et les vols de poissons consommés et les tentatives de la même nature ; — Considérant que les termes de l'art. 388 ne permettent pas d'admettre que ces tentatives ne sont plus punissables ; qu'en effet, sous l'empire des dispositions de l'ancien art. 388, elles étaient réprimées par la peine de la reclusion; qu'alors par la nature de la p...

cialement et punissait de la reclusion le vol, commis dans les champs, « des récoltes ou meules de grains faisant partie des récoltes » Il y avait dans ces expressions une ambiguïté qui avait donné lieu à quelques difficultés. On avait prétendu que le mot *grains* se rapportait, non pas seulement à *meules*, mais aussi à *récoltes*, et qu'ainsi les récoltes de grains étaient les seules dont le vol fût passible de la reclusion. Mais cette interprétation restrictive avait été combattue par Merlin, qui avait soutenu que le mot *grains* se rapportait, non pas au mot *récoltes*, mais seulement à *meules*, et qu'ainsi le vol de meules n'entraînait, à la vérité, la reclusion qu'autant que ces meules consistaient en grains, mais que le vol de récoltes quelconques donnait lieu à l'application de cette peine. — Cette interprétation avait été consacrée par la cour de cassation, qui avait déclaré punissables de la reclusion, comme vols de récoltes : 1° le vol de pommes de terre mises en tas sur le champ d'où elles avaient été arrachées (Crim. cass. 10 fév. 1844, M. Busschop, rap., aff. Cailly); — 2° Le vol de racines de garance laissées à la foi publique et sur un terrain ouvert pour sécher (Crim. rej. 5 déc. 1811, M. Aumont, rap., aff. Perrin; 27 avr. 1821, aff. Rippert, V. *infrà*, n° 433); — 3° Le vol de raisins faisant partie de récolte commis dans les vignes (Crim. rej. 12 fév. 1812, M. Aumont, rap., aff. Perrin); — 4° Le vol de lin commis dans les champs, le lin étant nécessairement compris dans l'expression générique *récolte* (Crim. rej. 14 fév. 1822, MM. Barris, pr., Bazin, rap., aff. Jouvat).

490. La nouvelle rédaction de l'art. 388 s'exprime à cet égard de manière à prévenir tous les doutes. Le § 3 de cet article prononce la peine de quinze jours à deux ans d'emprisonnement, et de 16 fr. à 500 fr. d'amende contre quiconque aura volé ou tenté de voler, dans les champs, *des récoltes ou autres productions utiles de la terre*, déjà détachées du sol, ou des meules de grains faisant partie de récoltes.— Ces expressions, très-larges, très-compréhensives, embrassent tous les produits de la végétation qui peuvent être de quelque utilité pour l'homme.

491. Sous l'empire du code pénal de 1810, il avait été jugé que le vol de *bruyères* coupées et mises en bottes ne pouvait être rangé au nombre des vols de récolte prévus par l'art. 388 c. pén., et devait rentrer dans la classe des vols simples prévus par l'art. 401 (Paris, 26 avr. 1825, ch. d'acc., M. Bouchard, f. f. pr., aff. Barbé).— Mais des bruyères sont assurément des productions utiles de la terre; par conséquent le nouvel art. 388, § 3, devrait aujourd'hui être appliqué au fait dont il s'agit. D'ailleurs, l'ancien art. 388 ayant élevé le vol de récoltes au rang de crime, on comprend que les magistrats aient éprouvé de la répugnance à appliquer cette disposition à des productions qui, venant sans culture, méritent à un moindre degré la protection de la loi; il n'en doit plus être de même aujourd'hui, que les vols dont il s'agit ont été abaissés au-dessous du niveau des vols simples; il doit même y avoir dans la magistrature une tendance inverse. En effet, si l'on n'appliquait pas l'art.

388 à un vol de bruyères coupées et mises en bottes, il faudrait lui appliquer l'art. 401, qui prononce des peines plus sévères, ce qui serait fort peu rationnel.

492. Mais si la nouvelle rédaction de l'art. 388, § 3, embrasse tous les produits du sol, elle doit être restreinte à ces produits. Ainsi on devrait décider aujourd'hui, comme avant la loi réformatrice de 1832 : 1° que le vol de miel et de gâteaux de miel dans une propriété rurale n'est pas un vol de récolte : — « Vu l'art. 388 c. pén.; considérant que cet article... n'entend par *récolte* que la dépouille des biens de la terre; que du miel et des gâteaux de miel ne sauraient donc être compris sous la dénomination de récolte.... » (Crim. cass. 10 juill. 1812, M. Bailly, rap., aff. Berton); — 2° Que le vol de sel, sur les bancs des marais salants, ne constitue pas un vol de récolte dans le sens de l'art. 388 c. pén. : — « Attendu que l'art. 388 a déterminé d'une manière précise quels sont les objets qui doivent être considérés comme exposés par nécessité à la foi publique, et dont le vol doit, par cela seul, être puni de la peine afflictive et infamante de la reclusion; que, par le mot *récoltes* qui s'y trouve exprimé, on ne peut entendre que la dépouille des biens de la terre; que le sel, qui ne se forme que par des moyens artificiels, ne peut donc être compris sous la dénomination de récolte » (Crim. cass. 31 juill. 1818, MM. Barris, pr., Rataud, rap., aff. Sebille).—V. aussi en ce sens MM. Chauveau et Hélie, t. 5, n° 1847.

493. Il avait été jugé, avant la loi de 1832, que des arbres abattus, exposés, sur la foi publique, dans un champ, pouvaient être considérés comme une récolte (Crim. rej. 1er mars 1816) (1). — Carnot (sur l'art. 388 c. pén., n° 10) pensait, au contraire, qu'on ne saurait dire que des arbres soient une récolte, dans le sens naturel attaché à ce mot, lorsqu'ils ne proviennent pas d'une coupe de bois ou d'une pépinière, et que ce sont des arbres épars et accrus sur un terrain destiné à la culture. Quoi qu'il en soit, ils seraient aujourd'hui compris dans la nouvelle disposition de l'art. 388, qui prévoit et punit les vols de récoltes *ou autres productions utiles de la terre*. — Mais des planches volées dans les champs ne peuvent être considérées comme des récoltes dans le sens de l'art. 388 (Crim. cass. 5 mars 1818) (2).

494. Pour qu'il y ait vol de récolte dans le sens de l'art. 388 c. pén., il n'est pas nécessaire que la soustraction de la totalité de la récolte ait eu lieu ; il suffit qu'il en ait été soustrait une partie, par exemple quelques javelles de grains : — « Attendu que cet article prononce la peine de..., non pas contre quiconque volera la récolte d'un champ, ce qui paraîtrait limiter l'application de la peine au vol de la récolte entière de ce champ, mais contre quiconque aura volé les champs,... des récoltes, etc.; qu'il ne restreint donc pas le sens du mot *récoltes* au produit entier d'une pièce de terre, qu'en effet l'on ne concevrait pas que des fruits de la terre dussent, pour avoir la qualification de récoltes, être le produit total d'un champ, et

---

et d'après les dispositions de l'art. 2 c. pén., il n'était pas besoin d'établir une disposition expresse pour la tentative ; qu'à la vérité, depuis la loi de 1832 les vols de poisson ne sont plus passibles que de peines correctionnelles, mais que les tentatives du même genre sont également punissables, puisqu'elles sont d'une égale gravité et qu'il résulte des dispositions du code pénal que le législateur a voulu punir toutes les tentatives de vols; que rien ne prouve que par la loi de 1832 il ait entendu déroger et faire une exception aux règles générales de la matière ; qu'en conséquence, ce n'est point ajouter à la loi, mais seulement se conformer à son esprit, prendre les dispositions de l'art. 388 dans leur ensemble, les considérer sous leur véritable aspect, que de décider que la tentative de vol de poisson est punissable comme le vol consommé ; — Considérant sur la culpabilité des prévenu, etc...; — Par ces motifs, joint les deux procès correctionnels intentés devant le tribunal de Vire contre Lemaréchal, Julienne et Bazière, les déclare tous trois auteurs, et la complicité les uns des autres, du vol de poisson commis pendant la nuit du 30 juin au 1er juillet de cette année, au préjudice du sieur Durocher, etc.

Du 29 nov. 1845.-C. de Caen, ch. corr.-M. Pigeon de Saint-Pair, pr.

(1) (Laguerre C. min. pub.) — La cour; — Attendu qu'il a été déclaré par le jury que les deux arbres coupés et leurs ébranchages étaient exposés sur la foi publique dans un champ, et que l'arrêt, en déclarant qu'ils formaient une récolte et en prononçant la peine portée par l'art. 388 c. pén., n'a point commis de contravention expresse à cet article ;

— Attendu que la procédure est régulière; — Rejette le pourvoi, etc.
Du 1er mars 1816.-C. C., sect. crim.-MM. Barris, pr.-Lecoutour, r.

(2) (Bœuf C. min. pub.) — La cour; — Vu les art. 408 et 416 c. inst. crim.; — Vu aussi l'art. 299 du même code; — Attendu que les vols qui sont punis de la peine afflictive et infamante de la reclusion par l'art. 388 c. pén., quoiqu'ils n'aient été accompagnés d'aucune des circonstances aggravantes énoncées dans les articles précédents, sont « les vols, dans les champs, de chevaux, ou bêtes de charge, de voiture ou de monture, gros et menus bestiaux, d'instruments d'agriculture, de récoltes ou meules de grains faisant partie de récoltes; les vols de bois dans les ventes, de pierres dans les carrières et de poisson en étang, vivier ou réservoir; » que, dans l'espèce, François Bœuf avait été traduit en justice comme prévenu d'un vol d'objets exposés sur la foi publique dans les champs; mais qu'il est établi en termes formels, par l'arrêt attaqué, que les objets volés étaient des planches; que des planches ne peuvent être considérées comme des récoltes, dans le sens du § 1 de l'art. 388 c. pén.; que le vol imputé ne rentrait donc pas dans l'application de ce paragraphe; — Qu'il n'est pas déclaré, par ledit arrêt, que ces planches eussent été volées dans une vente; que ce vol ne rentrait donc pas davantage dans le § 2 dudit art. 388; qu'il n'était donc pas punissable de peines afflictives et infamantes; qu'il ne constituait qu'un vol simple qui devait être poursuivi par voie de police correctionnelle et puni conformément à l'art. 401 c. pén.; — Casse.
Du 5 mars 1818.-C C., sect. crim.-MM. Barris pr.-Aumont, rap.

qu'une récolte partielle ne fût pas une récolte; qu'on ne peut supposer dans la loi une restriction dont le résultat serait que, de deux malfaiteurs qui auraient volé, l'un, tous les grains recueillis dans un champ de 1 hectare, et l'autre les dix-neuf vingtièmes du produit d'un champ de 20 hectares, celui-là serait passible d'une peine afflictive et infamante, tandis que celui-ci ne le serait que d'une peine correctionnelle; que ces expressions de l'art. 388, *les meules de grains faisant partie de récoltes*, ne sauraient servir à prouver que le mot *récoltes*, qui précède, ne s'entend que des récoltes entières; qu'il est impossible que, pour que le vol d'une partie de récoltes ait le caractère de crime, il faille que les *grains* volés fussent en meules; que l'objet de la loi, en s'expliquant d'une manière particulière et expresse sur le vol de meules de grains faisant partie de récoltes, a été évidemment de donner à ces amas de grains formés pour rester après la récolte finie, et pendant un temps plus ou moins long, dans le champ qui les a produits, où ils sont abandonnés à la foi publique, la même garantie qu'aux grains en épis, en gerbes, que le cultivateur est forcé de laisser momentanément sur la terre, en attendant leur transport dans les granges » (Crim. cass. 15 oct. 1812, M. Aumont, rap., aff. Troupel; Crim. rej. 12 sept. 1811, M. Benvenutti, rap., aff. Contini; 10 oct. 1811, MM. Barris, pr., Benvenutti, rap., aff. Bartolini; 17 avr. 1812, M. Busschop, rap., aff. Chaise; 15 avr. 1813, M. Oudart, rap., aff. Kruse.— V. aussi en ce sens Bourguignon, sur l'art. 388 c. pén., n° 6; MM. Chauveau et Hélie, t. 5, n° 1845).

425. Mais il est nécessaire que les choses volées soient vraiment des récoltes. Or, d'après la définition que la cour de cassation elle-même en a donnée, il faut entendre par récolte ou partie de récolte, « tous fruits et productions utiles de la terre qui, séparés de leurs racines ou de leurs tiges par le fait du propriétaire ou de celui qui le représente, sont laissés momentanément dans les champs, jusqu'à ce qu'ils soient enlevés ou renfermés dans un lieu où ils peuvent être particulièrement surveillés » (Crim. rej. 17 avr. 1812, M. Busschop, rap., aff. Chaise).

426. La soustraction de fruits non encore détachés de leurs tiges ou de leurs racines constitue, non un vol de récoltes, mais un simple maraudage (V. *infrà*, n° 442). Le fait ne changerait pas de nature par cela seul que le prévenu, ayant d'abord détaché les fruits de leurs racines ou tiges et les ayant laissés gisants sur le sol, ne les aurait enlevés que le lendemain ou les jours suivants. Ce fait ne constituerait pas pour cela un vol de récoltes. Il faut, ainsi que nous venons de le voir, que les fruits aient été détachés par le propriétaire ou son représentant. Telle est aussi l'opinion de MM. Chauveau et Hélie, t. 5, n° 1846.

427. La peine prononcée par l'art. 388 est applicable au vol de grains coupés, mis en tas de dix ou vingt gerbes chacun, et ainsi exposés dans les champs : — « Attendu que G. N. Lenner a été déclaré coupable d'avoir volé dans un champ soixante gerbes d'orge, et conséquemment d'avoir commis un vol de récoltes dans les champs » (Crim. cass. 27 fév. 1813, M. Oudard, rap., aff. Lenner).

428. La déclaration qu'un individu a volé une botte de javelle dans un champ exprime suffisamment que l'objet du vol était un fruit détaché du sol et faisant partie des récoltes (Crim. rej. 3 mars 1831, MM. de Bastard, pr., Choppin, rap., aff. Molé).

429. Il arrive quelquefois qu'après la récolte faite, le propriétaire enfouit dans la terre certains fruits, soit afin de les préserver de la gelée pendant l'hiver, soit à raison de l'insuffisance de ses greniers, ou pour quelque autre raison. Les fruits ainsi enfouis ne sont pas dans la terre à l'état de récoltes; par conséquent, le vol qui peut en être commis ne rentre pas dans les termes de l'art. 388, § 3, c. pén. (Conf. MM. Chauveau et Hélie, t. 5, n° 1848). — Il a été décidé, en ce sens : 1° que le vol de fruits de la terre, par exemple, de navets, récoltés avant l'hiver, et placés dans un champ dans une fosse, pour les préserver de la gelée, ne rentre pas dans les termes de l'art. 388 c. pén., mais constitue, dans l'absence de toute circonstance aggravante, un délit prévu et puni, comme vol simple, par l'art. 401 (Crim. règl. de jug. 11 juin 1829) (1); — 2° Que des pommes de terre recueillies, puis enfouies dans un champ, ne peuvent être considérées comme étant à l'état de récolte, et que dès lors leur soustraction constitue un vol simple (Crim. cass. 12 janv. 1815) (2).

430. Les productions de la terre qui, après être restées quelque temps gisantes, sont mises en meules dans les champs, cessent alors d'être en état de récoltes; par conséquent elles cessent d'être protégées à ce titre par l'art. 388. Toutefois la loi fait exception à cet égard pour les meules de grains. Il résulte de l'art. 388, § 3, que le vol des meules de grains faisant partie de récoltes est assimilé au vol des récoltes ou autres productions de la terre déjà détachées du sol. Quant aux autres productions mises en meule, l'art. 388 n'en parle pas, et dès lors le vol qui en est commis constitue un vol simple. Le législateur a entendu borner l'exception à la production la plus utile et qui, dans l'usage, reste pendant longtemps exposée à la foi publique (MM. Chauveau et Hélie, t. 5, n° 1849).—Seulement nous devons faire remarquer que, par le fait, les autres productions de la terre mises en meule, celles que la loi a jugées moins dignes de sa protection, se trouvent mieux protégées que les meules de grains, puisque les peines prononcées par l'art. 388, § 3, contre le vol de ces dernières, sont inférieures aux peines du vol simple. C'est l'effet d'une anomalie que nous avons déjà signalée dans la nouvelle rédaction de l'art. 388.

431. Sous l'empire de l'ancien art. 388, il avait été décidé : 1° que la peine de la reclusion n'était pas applicable à un vol de colzas coupés et mis en meule dans le champ qui les a produits : — « Considérant que, dans son acception usitée et ordinaire, le mot *grains* ne comprend point le colza; et qu'ainsi le vol de colza mis en meule ne peut être assimilé au vol de meules de grains faisant partie de récoltes que l'art. 388 c. pén. punit de la peine de la reclusion » (Donai, 13 août 1813, et sur pourvoi Crim. rej. 28 avr. 1814, MM. Busschop, rap., Merlin, pr. gén., a. conf., aff. Rebert-Renard); — 2° Qu'une meule de paille a pu ne pas être considérée comme récolte ou faisant partie de ré-

(1) (Min. publ. C. frères Kauffmann.) — La cour; — ...Vu les art. 525 et suiv. c. inst. crim., relatifs aux règlements de juges; — Vu les art. 388 et 401 c. pén.; — Attendu que si l'art. 388 porte, entre autres dispositions, et sauf la modification portée aux art. 2 et 10 de la loi postérieure du 25 juin 1824, que quiconque aura volé, dans les champs, des récoltes ou meules de grains faisant partie de récoltes, sera puni de la reclusion, la sévérité de la peine est fondée sur la confiance nécessaire que le cultivateur est forcé, par la nature des choses, de placer dans la foi publique, et à laquelle le législateur a voulu accorder une garantie spéciale; qu'elle ne peut s'appliquer qu'aux vols de récoltes non engrangées, ou de meules de grains faisant partie de récoltes, laissées dans les champs par insuffisance réelle ou présumée de granges ou greniers; que cette disposition pénale ne peut s'appliquer à des objets qui ne sont plus récoltes, mais seulement des fruits de la terre, précédemment récoltés et enlevés du champ; — Que, dès lors, le vol commis, au mois de mars, de navets, récoltés avant l'hiver, et placés aux champs dans une fosse pour les préserver de la gelée, sans nécessité, par l'effet de la volonté du propriétaire, ne rentre point dans la catégorie des crimes prévus par l'art. 388 c. pén., mais constitue, dans l'absence de toute circonstance aggravante, un délit prévu et puni

comme vol simple par l'art. 401; — D'après ces motifs, sans s'arrêter, etc.

Du 11 juin 1829.-C. C., ch. crim.-MM. Bailly, f. f. pr.-Brière, rap.

(2) (Chabert C. Min. publ.) — La cour; — Vu l'art. 418 c. inst. crim.; — Vu aussi l'art. 388 c. pén.; — Attendu que le vol de pommes de terre, qui a servi de base à la condamnation de Joseph et Louis Chabert, n'a point été qualifié par le jury vol de récolte; — Que, dès lors, l'application de la loi ne peut être jugée que d'après les faits de l'acte d'accusation et la date du vol; — Que ce vol a eu lieu dans le courant d'avril 1814; qu'à cette époque les pommes de terre volées n'étaient plus en état de récolte, qu'elles avaient même été enfouies; qu'elles ne pouvaient donc être considérées que comme des fruits de la terre confiés volontairement et sans nécessité à la foi publique; — Que le vol qui en avait été fait ne pouvait donc rentrer dans l'application de l'art. 388 c. pén.; qu'il serait passible que de la peine prononcée par l'art. 401 contre les vols simples; — Qu'en condamnant lesdits Chabert à la peine de la reclusion, d'après les dispositions de l'art. 388, la cour d'assises du Tarn a faussement appliqué cet article; — Casse et annule, etc.

Du 12 janv. 1815.-C. C., sect. crim.-M. Bauchau, rap.

côte (Crim. rej. 20 avr. 1816, MM. Barris, pr., Chasle, rap., aff. femme Boucher).

432. Il avait été décidé cependant que le vol dans un pré de foin exposé en meule provenant de la récolte, rentrait dans l'application de l'art. 388 c. pén. (Crim. rej. 28 oct. 1813, MM. Barris, pr., Vantoulon, rap., aff. Fiorito). — Mais nous croyons que cette dernière décision fait une application erronée de la loi (V. aussi MM. Chauveau et Hélie, t. 5, n° 1849).

433. Le vol de lin, dans les champs, s'il n'était pas en état de récolte au moment de la perpétration du délit, n'est point passible de la peine portée en l'art. 388 c. pén. (Crim. rej. 11 nov. 1813, MM. Barris, pr., Busschop, rap., aff. Deschamps).

434. La disposition dont nous nous occupons n'est applicable qu'autant que le vol a été commis dans les champs. Mais il n'est pas nécessaire que le vol ait eu lieu dans le champ même où les objets volés avaient été récoltés (Crim. rej. 11 sept. 1823, MM. Bailly, pr., Brière, rap., aff. Durocher). — Ainsi le vol de récoltes dans les champs est passible de la peine portée en l'art. 388 c. pén., bien qu'elles aient été transportées des champs qui les ont produites dans d'autres champs où elles ont été déposées momentanément (Crim. rej. 20 avr. 1816, MM. Barris, pr., Chasle, rap., aff. Lepoix).

435. Le vol de grains laissés à la foi publique pour sécher sur un terrain séparé de l'habitation, entouré de haies mais avec une ouverture sans fermeture qui en laissait l'entrée libre, rentre, comme vol de récoltes, dans l'un des cas prévus par l'art. 388 c. pén. (Crim. règl. de jug., 27 avr. 1821) (1).

436. Le vol de grains déposés dans une aire dépicatoire doit-il être considéré comme commis dans les champs? — Nous croyons qu'il faut distinguer. Si l'aire est située au milieu des champs et que les grains qui y sont déposés soient dès lors exposés à la foi publique, il n'y a pas de raison pour la distinguer des champs qui l'entourent; mais si l'aire est placée dans un terrain fermé, si elle est une dépendance des bâtiments, on ne peut évidemment la considérer comme un champ, et dès lors l'art. 388 ne peut être appliqué. C'est ce qu'enseignent aussi MM. Chauveau et Hélie, t. 5, n° 1850.—Cette distinction a été consacrée aussi par la cour de cassation. Elle se trouve précisée surtout dans les motifs d'un arrêt rendu sous l'empire de l'ancien art. 388 et qui avait jugé que lorsque, sur la question de savoir si l'accusé était coupable d'avoir volé du blé faisant partie de récolte ou meule de grains, dans les champs, le jury avait répondu : oui, dans une aire, sans énonciation du lieu où cette aire était située, il restait incertain si le vol avait été commis

dans les champs, et que cette déclaration du jury était insuffisante pour justifier l'application faite au coupable de la peine de la reclusion : — « Attendu, porte cet arrêt, que les aires destinées au battage des blés sont ou dans des lieux ouverts, hors des enclos ruraux, dans des terrains compris sous cette dénomination, les champs, ou dans des lieux fermés, dans des enclos et dépendances des maisons habitées ; que quand des grains faisant partie de récoltes sont laissés sur une aire située dans les champs, en attendant leur transport dans le grenier ou dans la grange, le vol de ces grains ainsi confiés à la foi publique rentre dans la disposition de l'art. 388 c. pén. ; que c'est le crime de vol prévu par cet article, qui le punit de la peine de la reclusion ; mais que le vol de ces mêmes objets sur une aire placée dans un terrain fermé, où ils ne sauraient être considérés comme abandonnés à la foi publique, n'est qu'un vol simple, le délit de l'art. 401 c. pén., s'il a été commis le jour ; par une personne seule, et sans aucune circonstance aggravante ; attendu que, dans l'espèce, la question a été posée conformément au résumé de l'acte d'accusation, en ces termes : « Barthélemy Castanier, accusé, est-il coupable d'avoir, dans le courant du mois de juill. 1820, commis un vol d'une certaine quantité de blé faisant partie de récolte ou meule de grains, dans les champs, au préjudice du sieur Pilot de Meynes? » Que la réponse du jury a été : « Oui, dans une aire; » qu'on a substituant à ces mots de la question, qui sont ceux de l'art. 388, dans les champs, ces autres mots, dans une aire, sans énonciation du lieu où cette aire est située, le jury a laissé incertain si le vol dont l'accusé est déclaré coupable a été commis dans les champs, et qu'on ignore conséquemment si ce vol, exécuté le jour par Castanier seul, est le crime de l'art. 388, ou le délit de l'art. 401 c. pén. ; que cependant la cour d'assises a prononcé la condamnation dudit Castanier à cinq années de reclusion ; qu'en interprétant ainsi la pensée du jury, en supposant dans sa déclaration, ce qui n'y est pas, la preuve d'un vol de partie de récolte dans les champs, et en condamnant l'accusé à la peine d'un crime dont il n'est pas légalement déclaré coupable, cette cour a méconnu les bornes de ses attributions ; qu'elle a violé les règles de la compétence et fait une fausse application évidente de la loi pénale » (Crim. cass. 21 juin 1821, M. Aumont, rap., aff. Castanier). — Il a été décidé également que le vol de grains battus dans une aire dépicatoire en pleine campagne et exposés dans cet état à la foi publique, rentre dans l'application de l'art. 388 c. pén (Crim. rej. 17 juill. 1812 et 27 fév. 1813) (2).

437. D'après un arrêt de cour d'assises, le vol d'épis de

(1) (Jacques Rippert.) — La cour ; — Statuant sur la prévention de vol de racines de garance commis la nuit par deux personnes, dans un enclos dépendant d'une maison habitée, établie à charge de Jacques Rippert et de Marie Girard, sa femme, par la chambre du conseil du tribunal de première instance de Carpentras, qui, considérant qu'il résultait des pièces de la procédure que ladite Girard, femme Rippert, avait commis, la nuit, un vol de racines de garance dans un enclos, mais qu'il n'en résultait pas d'indices suffisants que ledit vol eût été commis à l'aide d'escalade, ni dans un lieu habité ou servant à habitation, ni par plusieurs personnes ; que, dès lors, le fait ne constituait qu'un délit prévu par l'art. 401 c. pén., a annulé l'ordonnance de prise de corps, etc. ; — Vu le jugement rendu par le tribunal d'Avignon, par suite de ce renvoi et de l'instruction qui a eu lieu devant lui, par lequel il s'est déclaré incompétent, sur le motif qu'il en résultait que le terrain sur lequel le vol dont il s'agit a été commis, était entouré, en partie, d'une haie de roseaux secs, et en partie d'une haie morte, mais avec une ouverture sans fermeture qui en laisse l'entrée libre ; que ledit terrain était en partie séparé de l'habitation ; d'où il suivait que ledit vol rentrait dans l'application de l'art. 388 c. pén. qui punit de la reclusion les vols de récolte commis dans les champs, et par conséquent hors de la compétence de la cour d'assises ; — Attendu que les racines de garance dont il s'agit avaient, dans l'espèce, été laissées à la foi publique, et sur un terrain ouvert, pour sécher ; qu'en cet état elles étaient une récolte, et qu'ainsi le vol qui en a été commis est de nature à rentrer dans l'application de l'art. 388 c. pén. ; — Et statuant en vertu de l'art. 526 c. inst. crim., — ...Renvoie, etc. Du 27 avr. 1831.-C. C., ch. crim.-MM. Barris, pr.-Rataud, rap.

(2) 1re Espèce. — (Frères Baric C. Min. publ.) — Le 4 juin 1812, arrêt de la cour d'assises du département de la Haute-Garonne, ainsi conçu : — «Attendu que, d'après la déclaration du jury et l'acte d'accusation auquel cette déclaration se réfère, Jean et François Baric sont coupables

d'avoir, dans la nuit du 22 au 23 oct. 1811, commis le vol de plusieurs sacs de maïs en épis exposés dans un champ, ce, pendant la nuit, dans la commune de Saint-Léon, au préjudice de Germain Villeneuve, habitant de la même commune ; que, dans le fait, l'acte d'accusation portant que le maïs volé était exposé dans un champ, ce vol se trouve qualifié crime par l'art. 388 du nouveau code pénal, et puni, en combinant ledit article avec l'art. 21 du même code, de la peine de cinq à dix années de reclusion ; que, dans le droit, une aire dépicatoire est assimilée à une autre chose qu'un champ où l'on dépose et où l'on entasse les récoltes, soit pour les dépiquer, soit pour les faire sécher ; et qu'alors le vol dont lesdits Baric ont été déclarés coupables se trouve toujours qualifié crime et classé dans le sudits art. 388 c. pén., qui punit ledit crime de la peine de la reclusion. »

Pourvoi de la part de Jean et François Baric. Il résulte des actes de la procédure, a-t-on dit, et même de l'acte d'accusation que les exposants étaient prévenus d'avoir volé du maïs, qui avait été déposé auprès d'un tas de paille et dans une aire à battre le blé pour le faire sécher. Cette aire était distante d'une maison d'habitation d'environ quarante pas, et ne faisait partie d'aucun champ. — C'est une erreur d'assimiler le vol commis dans une aire à celui commis dans un champ. Dans le premier cas, c'est forcément que les grains ou récoltes sont confiées à la foi publique. Dans le second, c'est volontairement qu'on les a déposés en un lieu plutôt qu'en autre, et le propriétaire pouvait veiller à sa conservation. — Arrêt.

La cour ; — Attendu que le vol dont les frères Baric sont déclarés coupables présente les caractères du vol prévu par l'art 388 c. pén., et qu'en les condamnant conformément à la disposition de cet article, la cour d'assises a, par son arrêt du 4 juin, fait une juste application de la loi pénale ; — Rejette.

Du 17 juill. 1812.-C. C., sect. crim.-M. Aumont, rap.

2e Espèce : — (Marty.) — 16 déc. 1812, arrêt de la cour de Toulouse

mais déposés dans une aire à battre les grains rentre dans la disposition de l'art. 401 c. pén., et non dans celle de l'art. 388 même code (C. d'ass. de la Haute-Garonne, 10 mars 1820) (1). — Mais cet arrêt n'indique pas si l'aire était située en pleine campagne ou dans un terrain fermé.

188. La loi applique au vol de récoltes dans les champs les peines du vol simple, lorsque sa perpétration est accompagnée de certaines circonstances déterminées. « Si le vol, porte l'art. 388, § 4, a été commis soit la nuit, soit par plusieurs personnes, soit à l'aide de voitures ou d'animaux de charge, l'emprisonnement sera d'un à cinq ans, et l'amende de 16 fr. à 500 fr. » — Il résulte des termes de cette disposition que si le vol, au lieu d'être commis à l'aide de voitures ou d'animaux de charge, avait été effectué au moyen de paniers, de sacs ou autres objets équivalents, ce ne serait pas la peine portée en ce dernier paragraphe, mais bien celle du § 3, qui devrait être appliquée (Conf. MM. Chauveau et Hélie, t. 5, n° 1851).

189. Chacune des circonstances énoncées au § 4 de l'art. 388, prise isolément, suffit pour motiver l'aggravation de peine prononcée par cette disposition. Mais il peut se faire qu'au lieu d'une seule de ces circonstances il y en ait deux, et même que toutes les trois se trouvent réunies. La peine, malgré ce concours, sera-t-elle la même que si le fait principal était accompagné seulement d'une circonstance? Si l'art. 388 était ici la seule loi applicable, il faudrait répondre affirmativement, puisque cet article ne prévoit pas le cas où plusieurs des circonstances qu'il indique se trouvent réunies. Mais on peut se demander si le fait ne rentre pas alors dans les termes de l'art. 386, applicable au vol en général, et qui prononce la peine de la réclusion pour le cas où le vol a été commis la nuit et par deux ou plusieurs personnes. On peut se demander encore si, lorsque le coupable du vol de récoltes était porteur d'armes apparentes ou cachées (circonstance non prévue par l'art. 388), on doit appliquer la peine de la réclusion prononcée également pour ce cas, à l'égard du vol ordinaire, par l'art. 386-2°? — MM. Chauveau et Hélie (t. 5, n° 1852) ne le pensent pas. Suivant ces auteurs, l'art. 388 est la seule loi qui puisse être appliquée au vol de récoltes. Ainsi, si le vol a été accompagné d'une circonstance non prévue audit article, telle que le port d'armes, on ne peut néanmoins appliquer que la peine portée au § 3 de cet article (quinze jours à deux ans d'emprisonnement, et 16 à 200 fr. d'amende). Si le vol a été accompagné, soit de l'une des circonstances prévues au § 4, soit de deux ou même des trois, on ne pourra toujours appliquer que la peine portée en ce paragraphe. — Mais nous ne pouvons partager cette opinion. Le vol de récoltes est un délit que la loi pénale, dans certains cas qu'elle détermine, traite avec une douceur exceptionnelle; mais comme en définitive c'est toujours d'un vol qu'il s'agit, dès qu'on ne se trouve plus dans les cas d'exception, la loi commune doit reprendre son empire (V. ce qui a été dit sur ce sujet v° Contravention, n° 412). Qu'on le remarque bien

---

(1) qui met en accusation Ant. Marty, prévenu d'avoir volé une certaine quantité de grains battus, mais non encore vannés, et exposés à la foi publique, en pleine campagne, dans l'aire dépicatoire où s'en était fait le battage.   Pourvoi par Marty. Il soutient qu'aux termes de l'art. 388 c. pén., et d'après les développements donnés à cet article par l'orateur du gouvernement, il n'y a vol de choses confiées à la foi publique que lorsqu'il a été commis dans les lieux mêmes où les récoltes ont été coupées, et où le propriétaire est obligé de les laisser momentanément, étant impossible de les enlever à même qu'elles sont abattues, ni de pouvoir les surveiller; mais que, du moment que ces récoltes ont été enlevées des champs récoltés, et qu'on les a déposées dans un lieu susceptible de surveillance, comme l'est une aire dépicatoire, le vol qui peut en être fait ne doit plus être qualifié que de simple délit. — Arrêt. — LA COUR; — Considérant que le lieu où a été commis le vol de blé imputé au demandeur était une propriété rurale sur laquelle ledit blé, faisant partie de récolte, était exposé sur la foi publique; que, dès lors, ce vol est punissable de peines afflictives et infamantes, d'après l'art. 388 c. pén.; — Rejette, etc. — Du 27 fév. 1813.—C. C., sect. crim.—M. Busschop, rap.

(2) (Min. publ. C. Malleville.) — LA COUR; — Vu la déclaration du jury de ce jour, portant que Philippe Malleville est coupable d'avoir commis le crime, avec toutes les circonstances comprises dans la position de la question; — Attendu que, d'après la déclaration du jury, l'accusé est reconnu coupable de la tentative caractérisée de vol d'épis de maïs déposés sur une aire dépicatoire (à battre les grains); — Attendu que, pour déterminer la peine applicable à ce fait, il faut examiner par quel article du code pénal il est prévu; que le procureur général a requis l'application de l'art. 388, tandis que le défenseur de l'accusé soutient qu'il faut choisir pour l'accusé l'application de l'art. 401; — Sur quoi, considérant que les vols commis sur une aire à battre les grains ne sont pas, en termes exprès, compris dans les dispositions de l'art. 388, qu'on ne peut, par conséquent, leur appliquer cet article que par interprétation; — Considérant qu'en matière criminelle, si le juge peut se livrer à l'interprétation des termes de la loi, du moi s doit-il ne se permettre autre chose que d'examiner si le fait à punir est évidemment de la même nature que ceux compris textuellement dans les termes de la loi qu'il s'agit d'appliquer;   Que s'il doit borner son interprétation dans le cas même où il pourrait résulter, sur le fait reconnu constant, une impunité absolue, cette règle est bien plus rigoureuse encore, lorsqu'il faut décider de l'application de deux dispositions qui prononcent des peines d'une nature totalement différentes; car alors l'on ne peut argumenter de l'impunité pour soutenir qu'il est impossible que le législateur n'ait pas voulu punir le fait en question; et l'on voit d'ailleurs que le système général des lois pénales est que, dans le doute, il faut choisir l'opinion favorable à l'accusé; — Considérant que, pour bien interpréter l'art. 388, le juge n'est pas réduit à chercher dans le sens grammatical de ses expressions celui qu'il doit leur donner; que déjà le législateur s'était prononcé sur les faits qu'il a voulu prévoir par cet article, et que la meilleure manière de le bien comprendre est de comparer ses dispositions analogues antérieures; — Que les dispositions analogues sont l'art. 27, sect. 2, tit. 2, c. pén. de 1791, et l'art. 11, L. 25 frim. an 8; — Qu'il est à remarquer que ces deux articles embrassent évidemment les mêmes faits; cependant le second ne prononce que des peines correctionnelles, tandis que le premier porte des peines afflictives et infamantes; — Qu'il est évident que les termes dont s'est servi le législateur de 1810, qu'il n'a voulu en revenir à la disposition de 1791, ni maintenir celle de l'an 8, ce qu'a formellement dit le chevalier Faure dans son discours, en présentant à l'adoption du corps législatif l'art. 388; — Que pour pouvoir appliquer les dispositions de cet article, il faut examiner, d'après ce que nous apprend l'orateur cité, s'il est possible de garder les objets placés sur les aires à battre les grains; — Qu'à la vérité, la cour de cassation, par deux arrêts, l'un du 17 juill. 1812, l'autre du 27 fév. 1813, a jugé que le vol de grains battus dans une aire dépicatoire devait être puni des peines portées par l'art. 388. Mais malgré tout le respect dû aux arrêts de la cour régulatrice, les cours et tribunaux ne peuvent en adopter aveuglément les décisions lorsqu'une série d'arrêts uniformes forme jurisprudence; dans l'espè e, il n'existe que deux arrêts, encore ne sont-ils pas rendus sur un fait identique, ainsi les cours peuvent encore considérer la jurisprudence comme flottante, surtout lorsque d'autres arrêts paraissent être en opposition avec ceux-là. Or, la chambre d'accusation de la cour royale de Toulouse décide constamment que le vol de foin et de paille fait aux meules laissées après le temps de la récolte dans les champs, n'est pas compris dans les dispositions de l'art. 388.

Voudrait-on prétendre qu'il n'y a pas d'analogie dans les deux cas, que l'art. 388 a prévu tous les vols de récolte, et qu'on ne donne aux fruits de la terre la qualification de récolte que pendant le temps absolument nécessaire pour les serrer? que lorsqu'ils ont pu être recueillis, si le propriétaire les laisse dans les champs, c'est alors le cas de dire que c'est de son gré qu'il les a confiés à la foi publique? Si telle eût été l'intention du législateur, pourquoi a-t-il nommément compris dans cet article toute sorte de bestiaux et toute sorte d'instruments d'agriculture? Pourtant on a des bâtiments pour enfermer ses bestiaux, ses instruments d'agriculture; ainsi donc, si le propriétaire les abandonne dans les champs, surtout les instruments d'agriculture, c'est bien par le seul effet de sa volonté. Dans tous les pays chauds, au contraire, l'hiver étant peu rigoureux, en général, on n'a pas de granges pour serrer les fourrages, et l'on est par conséquent forcé de les laisser dehors; mais comme le propriétaire pourrait les porter près de son habitation de manière à pouvoir les surveiller, c'est de son bon gré qu'il les a laissés dans les champs; la cour de cassation a elle-même, notamment par arrêt du 9 avr. 1818, dans son pourvoi de Pierre Roches, jugé que le mot récolte ne devait pas s'entendre comme on voudrait le faire avancer, puisqu'il a décidé que l'incendie d'une meule de paille, sans autre circonstance, devait être puni des peines portées par l'art. 434 c. pén., parce que la paille est une récolte; il résulte donc de tout ce dessus de l'interprétation de l'orateur du gouvernement que la seule admissible, et qu'alors les tribunaux doivent restreindre l'art. 388, de telle sorte qu'il n'embrasse que les vols d'objets que le propriétaire ne pourrait absolument garder, afin de ne pas retomber dans l'inconvénient que le législateur a voulu prévenir, celui de l'impunité, soit par trop de sévérité, soit par trop d'indulgence; — Condamne Philippe Malleville par voie de police correctionnelle à la peine de quatre années d'emprisonnement, conformément à l'art. 401 c. pén., etc. »

Du 10 mars 1820.—C. d'ass. de la Haute-Garonne.—M. de Moly, pr

d'ailleurs : si l'on comprend que la loi se soit montrée indulgente pour le vol de récoltes, à raison, soit de la modicité de l'objet, soit de la facilité qu'on trouve à le commettre, soit enfin de la tentation qu'offrent au passant ces fruits de la terre laissés sans défense à sa merci, il n'en saurait être de même dans le cas où ce vol est commis soit la nuit par plusieurs personnes, soit avec armes apparentes ou cachées. Alors en effet il présente par lui-même une gravité et révèle de la part de ses auteurs une perversité qui ne permettent plus de le distinguer des autres vols.

440. Cette interprétation a été consacrée par la cour de cassation. Il a été décidé, en effet, que le vol de récoltes déjà détachées du sol, commis la nuit et par deux personnes ou plusieurs, est passible de la peine de la réclusion portée par l'art. 386 c. pén., et non pas seulement des peines de l'emprisonnement et de l'amende portées par les nos 3 et 4 de l'art. 388 du même code, lequel ne s'applique qu'au cas où une seule des circonstances aggravantes qu'il énumère a accompagné le vol : c'est à la cour d'assises, et non au tribunal correctionnel, que le fait a dû être renvoyé : — « Attendu que, d'après l'art. 386, les coupables de tout vol commis la nuit, par deux ou plusieurs personnes, doivent être punis de la peine de la réclusion ; que le coupable de vol de récoltes déjà détachées du sol n'est passible que de peines correctionnelles, d'après le § 4 de l'art. 388, qu'autant que ce vol aurait été commis ou tenté, soit la nuit, soit par plusieurs personnes, soit à l'aide de voitures ou d'animaux de charge, c'est-à-dire avec une de ces circonstances isolément quant aux deux premières ; mais que si le vol présente la réunion simultanée des circonstances de la nuit et du concours de deux ou plusieurs personnes, c'est la pénalité fixée par l'art. 386 qui doit être appliquée ; — Attendu que la circonstance de la nuit imprime à un délit un caractère extraordinaire de gravité, surtout en ce qui concerne les objets nécessairement exposés sous la foi publique, tels que des récoltes détachées du sol, sur lesquels le propriétaire est, à cause du temps consacré à son repos, dans l'impossibilité de veiller, tellement que cette circonstance de la nuit, jointe à celle du concours de deux ou plusieurs personnes, pour consommer ou tenter le vol, ôtent au fait le caractère de délit, pour lui imprimer celui de crime ; — Attendu que le mot soit est, dans cette acception, une conjonction alternative qui s'emploie indifféremment comme cette autre conjonction alternative ou, ce qui résulte du § même de l'art. 388 dans lequel on lit, soit à l'aide de voitures ou d'animaux de charge, et qui ne doit pas être confondue avec la conjonction copulative et, qui lie tous les membres de la phrase, tandis que les conjonctions alternatives soit et ou les disjoignent ; — Attendu que la récolte détachée du sol d'un champ fort étendu pourrait, pendant une nuit, et avec le concours de deux ou plusieurs personnes, être entièrement enlevée ; que si, dans quelques cas, la même peine peut paraître trop sévère, soit à cause de la modicité du vol, soit de l'état misérable de ses auteurs, le remède se trouve dans l'obligation imposée, à peine de nullité, au président de la cour d'assises, par l'art. 341 c. inst. crim., d'avertir le jury que, s'il existe des circonstances atténuantes, il doit en faire la déclaration, et dans l'obligation imposée à la conscience des jurés de le déclarer, s'il y a lieu ; mais qu'il n'appartient pas aux cours et tribunaux d'intervertir l'ordre des juridictions, ni de rendre passible, par ce moyen, de simples peines correctionnelles un fait qui, à raison des circonstances aggravantes qui l'ont accompagné, est passible de peines afflictives et infamantes, d'après la disposition formelle de la loi pénale ; — D'où il suit qu'en confirmant, quant à la compétence correctionnelle, le jugement rendu par le tribunal de première instance de Dieppe, dans le procès de François Ledou et de Marie-Angélique Gressant, déclarés coupables de vol de récoltes commis la nuit, par deux personnes conjointement, l'arrêt a fait une fausse application de l'art. 388 c. pén., violé les règles du vol commis avec les circonstances prévues par l'art. 386, et que les accusés sont convaincus d'avoir commis pareil vol avec les trois circonstances prévues par l'art. 385 dudit code. » (c. sup. Bruxelles. 16 mars 1815, aff. Matton). — Aujourd'hui il ne peut plus être question de travaux forcés ; mais la réclusion devrait être prononcée si le vol avait eu lieu avec la double circonstance de nuit et de concours de plusieurs personnes, ou si l'auteur du vol avait porté des armes apparentes ou cachées ; mais la réunion de cette dernière circonstance aux deux autres n'entraînerait aucune nouvelle aggravation de peine.

Du reste, la question dont nous venons de nous occuper relativement au vol de récoltes s'est également présentée à l'égard du maraudage, dont nous allons nous occuper. Nous aurons par conséquent l'occasion d'y revenir de nouveau (V. infrà, no 452).

442. Maraudage. — On appelle maraudage le vol des fruits qui n'ont pas encore été détachés du sol. Les art. 34 et 35, tit. 2, L. 28 sept.-6 oct. 1791, disposaient à cet égard dans les termes suivants : « Art. 34. Quiconque maraudera, dérobera des productions de la terre qui peuvent servir à la nourriture des hommes, ou d'autres productions utiles, sera condamné à une amende égale au dédommagement dû au propriétaire ou fermier ; il pourra aussi, suivant les circonstances du délit, être condamné à la détention de police municipale. — Art. 35. Pour tout vol de récolte fait avec des paniers ou des sacs, ou à l'aide des animaux de charge, l'amende sera du double du dédommagement, et la détention, qui aura toujours lieu, pourra être de trois mois, suivant la gravité des circonstances. » — Les art. 36 et 37 ajoutaient : « Art. 36. Le maraudage ou enlèvement de bois fait à dos d'homme dans les bois taillis ou futaies, ou autres plantations, d'arbres des particuliers ou communautés, sera puni d'une amende double du dédommagement dû au propriétaire. La peine de la détention pourra être la même que celle portée en l'article précédent. — 37. Le vol dans les bois taillis, futaies et autres plantations d'arbres des particuliers ou communautés, fait à charge de bête de somme ou de charrette, sera puni par une détention qui ne pourra être de moins de trois jours, ni excéder six mois. Le coupable payera en outre une amende triple de la valeur du dédommagement dû au propriétaire. »

443. Le code pénal de 1810 ne s'était point occupé du maraudage. Il punissait de peines de simple police (1 à 5 fr. d'amende) ceux qui, sans autre circonstance prévue par les lois, avaient cueilli ou mangé, sur le lieu même, des fruits appartenant à autrui (art. 471-9°) ; mais il ne parlait point du fait consistant à détacher de leurs tiges et à enlever des fruits ou autres productions utiles de la terre. Par conséquent, même après la promulgation de ce code, les dispositions de la loi de 1791 que nous venons de faire connaître restèrent à cet égard la seule loi en vigueur. Il en fut ainsi jusqu'à la loi du 25 juin 1824, dont l'art. 13 rangeait parmi les vols simples « les vols et tentatives de vol de récoltes et autres productions utiles de la terre qui, avant d'avoir été soustraites, n'étaient pas encore détachées du sol, » lorsque les vols avaient été commis, « soit avec des paniers ou des sacs, soit à l'aide de voitures ou d'animaux de charge, soit de nuit par plusieurs personnes. » Cette disposition abrogeait seulement l'art. 35 de la loi du 28 sept. 1791 ; mais il laissait subsister l'art. 34. Tel fut l'état de la législation jusqu'à la loi du 28 avr. 1832, qui introduisit sur ce point des dispositions nouvelles.

444. Sous l'empire de cette législation, il avait été décidé, soit avant, soit depuis la loi du 25 juin 1824 : 1° qu'on ne pouvait réputer maraudage le vol de grains coupés et exposés, soit en javelle, soit en meule, à la foi publique (Crim. cass. 17 fév. 1809, MM. Vasse, rap., Merlin, pr. gén., c. conf., aff. Accard) ; — 2° Que le vol des fruits et autres productions de la terre, non accompagné des circonstances aggravantes dont parle l'art. 386, quoique commis dans un jardin attenant à une maison, devait être puni comme simple maraudage, d'après le code rural du 6 oct. 1791, et non d'après les art. 386 et 401 c. pén. (Crim. req. 27 fév. 1812, aff. Jadelot et Leclerc, V. Contravent., n° 413) ; — 3° Que le vol de récoltes prévu par l'art. 388 était celui des

441. Il avait été jugé également, sous l'empire du code pénal de 1810, qu'un vol de récoltes commis la nuit, avec armes, par plusieurs, entraînait la peine des travaux forcés à temps,

fruits séparés de leurs racines ou de leurs tiges par le propriétaire ou son représentant et exposés dans les champs sur la foi publique; qu'il ne comprenait pas le vol de fruits pendant par racines, lequel constituait le délit de maraudage prévu par les art. 34 et 35 c. rur. et puni seulement de peines correctionnelles (Crim. rej. 15 avr. 1813, MM. Barris, pr., Busschop, rap., aff. Guillotin); — 4° Que l'art. 388 ne pouvait être appliqué à un vol d'épis de blé-seigle sur pied, dans un champ (Crim. cass. 6 nov. 1812, M. Barris, pr., aff. Marsais et Bellet); — 5° Que le fait d'avoir coupé de l'herbe dans la propriété d'autrui et de se l'être appropriée constituait un délit de maraudage qui rentrait dans les attributions de la police correctionnelle (Crim. cass. 17 juin 1825, aff. Hartmann, v° Compétence criminelle, n° 401-4°); — 6° Que la coupe et l'enlèvement, avec des charrettes, de l'herbe crue sur un pré appartenant à autrui, constituait la soustraction frauduleuse prévue et punie par l'art. 13 de la loi du 25 juin 1824, et non celle prévue par l'art. 449 c. pén. (Crim. cass. 8 oct. 1825) (1); — 7° Que le maraudage commis avec des sacs et des tabliers était un délit de la compétence des tribunaux correctionnels, et non de celle des tribunaux de simple police (Crim. cass. 21 avr. 1826) (2); — 8° Que le fait d'avoir coupé et enlevé plusieurs charges d'osiers sur des propriétés particulières ne constituait ni un vol rentrant dans la disposition de l'art. 401 c. pén., ni un délit forestier, mais un simple maraudage, prévu et réprimé par l'art. 36, tit. 2, L. 28 sept.-6 oct. 1791 (Colmar, 28 janv. 1829) (3).

445. Voyons maintenant quel est, sur le sujet qui nous occupe, le système de la loi du 28 avr. 1832. Et d'abord cette loi a laissé subsister la disposition du code pénal de 1810 (art. 471-9°) qui punissait de 1 à 5 fr. d'amende ceux qui, sans autre circonstance prévue par les lois, ont cueilli ou mangé, sur le lieu même, des fruits appartenant à autrui. Mais à cette disposition elle en a ajouté d'autres qui punissent soit le maraudage simple, soit le maraudage accompagné de circonstances aggravantes. Quant au maraudage simple, il est rangé dans la classe des simples contraventions. Aux termes de l'art. 475 c. pén. « seront punis d'amende, depuis 6 fr. jusqu'à 10 fr. inclusivement... 15° Ceux qui déroberont, sans aucune des circonstances

(1) (Min. pub. C. Dumée.) — La cour, — Vu l'art. 13 de la loi du 25 juin 1824; — Attendu qu'il avait été établi et reconnu devant le tribunal correctionnel de Loches, saisi en première instance que, notamment dans le courant du mois de juin 1825, François-Maurice Dumée a fait couper et enlever, avec des charrettes, l'herbe accrue sur un pré qui ne lui appartenait pas, et qu'il a été déclaré que ce fait constituait de sa part une soustraction frauduleuse; que, dès lors, il y avait lieu de prononcer la peine portée par l'art. 13 ci-dessus cité de la loi du 25 juin 1824; que, néanmoins, ledit tribunal, par une fausse application de l'art. 449 c. pén., n'a condamné ledit Dumée qu'à la peine de six jours d'emprisonnement; que, sur l'appel de ce jugement, par le ministère public et par le condamné, le tribunal correctionnel de Tours en a confirmé purement et simplement les dispositions; — En quoi ce tribunal a méconnu et violé formellement l'art. 13 de la loi du 25 juin 1824; — Par ce motif, casse.
Du 8 oct. 1825.-C. C., sect. crim.-MM. Portalis, pr.-Rataud, rap.
(2) Espèce : — (Int. de la loi. — Aff. Beaufils.) — La veuve Beaufils et sa fille ont été trouvées avec trois tabliers et un bissac remplis de fruits qu'elles reconnurent avoir pris à des particuliers. — On découvrit aussi chez Marie Hérode, tante de la fille Beaufils, environ un demihectolitre de pommes : cette femme avoua que c'était sa nièce qui les lui avait apportées. — Le 24 sept. 1825, jugement du tribunal de police, qui condamne les femme et fille Beaufils, chacune à 11 fr. d'amende et aux frais, conjointement avec Marie Hérode, pour les frais seulement; le tribunal prononce la confiscation des tabliers et bissac, et ordonne la restitution des pommes aux propriétaires.
Pourvoi du ministère public, dans l'intérêt de la loi, et de l'ordre du garde des sceaux. — « D'un côté, a-t-il dit, il résultait de l'audition des témoins et de l'aveu des prévenus que le maraudage avait été commis avec des sacs et tabliers, et que les pommes avaient été cueillies sur les arbres et non ramassées à terre. — D'un autre côté, le dommage, et conséquemment l'amende à l'évaluation de laquelle il sert de base, étaient indéterminés. — Le tribunal de simple police était donc incompétent, aux termes de l'art. 35, tit. 2, c. rur., qui punit le maraudage exécuté à l'aide de sacs d'une amende égale au dédommagement, et même de l'emprisonnement qui peut s'étendre à trois mois, ou d'après l'art. 13 de la loi du 25 juin 1824, qui punit le même fait des peines portées en l'art. 401 c. pén. — A part l'incompétence, le jugement au fond est entaché de plusieurs vices : 1° le tribunal invoque deux

prévues en l'art. 388, des récoltes ou autres p[…] de la terre, qui, avant d'être soustraites, n'étai[…] détachées du sol. » — Enfin l'art. 388, § 5, […] que le vol ou la tentative de vol de récoltes ou […] tions utiles de la terre, qui, avant d'être sous[…] pas encore détachées du sol, aura eu lieu, soit […] ou des sacs ou autres objets équivalents, soi[…] l'aide de voitures ou d'animaux de charge, s[…] personnes, la peine sera d'un emprisonnement […] à deux ans, et d'une amende de 16 fr. à 200 fr[…] dernière disposition que nous avons principalem[…] per ici; les art. 471-9° et 475-15° ayant reçu […] (n°s 185 et suiv., 403 et suiv.) tous les dével[…] comportent, nous nous bornerons à citer ici qu[…] s'y réfèrent.

446. Il a été jugé : 1° que le fait de couper l[…] duction qui avait été retournée constitue la so[…] par l'art. 475, n° 15, c. pén., bien que le terrai[…] production en fût retournée, ait été ensemenc[…] pèce de graine : — « Attendu qu'il est constat[…] connu par le jugement dénoncé que les préven[…] coupant dans une pièce de terre appartenant à l[…] la luzerne qui avait été retournée cette année […] stitue la contravention prévue et punie par l[…] visé; d'où il résulte qu'en refusant de la répri[…] que cette pièce, après que la luzerne en fut re[…] ensemencée en avoine, et que la crue dont il […] être considérée, au profit du fermier, comme […] utile de la terre, ce jugement a commis une v[…] dudit article » (Crim. cass. 15 nov. 1839, MM[…] f. f. pr., Rives, rap., aff. Charpentier); — […] des circonstances spécifiées dans l'art. 388 […] ment de récoltes qui n'étaient pas encore dé[…] constitue qu'un simple maraudage passible d'u[…] police d'après l'art. 475, n° 15, c. pén., et q[…] gement du tribunal correctionnel qui réprime […] susceptible d'appel (Pau, 3 mars 1859) (4);— […] ment des bois coupés par le propriétaire consti[…]

dispositions de loi qui s'excluent mutuellement; savo[…] tit. 2, c. rur. spécialement relative au maraudage, […] c. pén., qui s'applique d'une manière générale à to[…] pas prévus par une disposition spéciale. Il condamn[…] nues à l'emprisonnement, en vertu de l'art. 480, q[…] à l'espèce. — 2° Le juge de paix se demande si la […] condamnée comme complice de la contravention, pou[…] ment les fruits volés. Il oublie que les caractères g[…] cité, définis par les art. 59 et suiv. c. pén., ne […] crimes et délits, et nullement aux contraventions. — […] reconnaît implicitement que la fille Hérode n'est pas […] ne lui applique aucune peine : cependant il la conc[…] aux frais, avec les auteurs de la contravention. Il […] peine, si elle était coupable; et, si elle ne l'était pas […] condamner aux dépens. — 4° Enfin le jugement d[…] police de Mortagne prononce la confiscation des obj[…] aucun texte de la loi qui autorise, dans l'espèce, c[…] considéré, etc. » — Signé Mourre. — Arrêt.
La cour, — Statuant sur le réquisitoire du procu[…] tant les motifs qui y sont énoncés, casse et ann[…] la loi.
Du 21 avr. 1826.-C. C., ch. crim.-MM. Portali[…]
(3) (Sperling et autres C. min. pub.) — La cou[…] le délit imputé aux prévenus n'a point été commi[…] sur des propriétés particulières, les oseraies ne p[…] rées comme bois taillis, futaies ou autres plantatio[…] sidérant que l'enlèvement frauduleux des osiers do[…] meurent convaincus, ne constitue pas davantage un[…] maraudage, prévu et puni par les dispositions de l[…] 1791, non abrogé, d'après l'art. 218 c. for.; — […] les deux prévenus sont en état de récidive; — Par […] les deux prévenus coupables du délit à eux imput[…]
Du 28 janv. 1829.-C. de Colmar, ch. corr.-M[…]
(4) (Min. pub. C. Bordenare.) — La cour; — […] venu Jean Bordenare a été assigné devant le trib[…] trait frauduleusement, dans les champs, des pom[…] tachées du sol, au préjudice de sieur Etchebarne, […] fait n'est qu'une simple contravention de police, p[…] pén.; — Qu'en effet, le vol de récoltes non enc[…]

délit de maraudage, mais bien un vol punissable par le code pénal et soumis dès lors à la prescription de trois ans : — « Attendu que du procès-verbal du délit, en date du 20 nov. 1834, il résulte que les bois enlevés avaient été coupés par le propriétaire ou par ordre d'icelui, avant leur enlèvement, et qu'ainsi il n'est pas question dans l'espèce du délit de maraudage... » (Liége, 14 août 1835, aff. N...); — 4° Que le fermier qui abat, dans le but de s'en approprier le bois, un certain nombre d'arbres fruitiers en plein rapport, plantés sur les terres qu'il tient à bail, et les fait enlever à l'aide de voitures, est coupable, non de vol punissable des peines portées par l'art. 401, mais du délit de maraudage avec la circonstance aggravante prévue par le § 5 de l'art. 388 c. pén., et que, dans le cas où ce délit aurait été considéré comme un vol et puni comme tel, cette fausse application de la loi n'emporte pas nullité, si la peine appliquée n'excède pas la peine encourue (Crim. rej. 11 oct. 1845, aff. Pinel, D. P. 45. 1. 429); — 5° Que le fait de la part de deux personnes d'avoir coupé avec des faucilles la pousse d'une récolte de pommes de terre appartenant à autrui, constitue le délit prévu par le § 5, art. 388, c. pén., qui rentre dans la juridiction du tribunal de police correctionnelle et qui excède celle du tribunal de simple police (Crim. cass. 25 avr. 1834, MM. Rives, rap., aff. femme Samson); — 6° Que le fait, attesté par procès-verbal, d'avoir cueilli des fruits (pêches et raisins) sur le terrain d'autrui constitue, aux termes de l'art. 471, n° 9, c. pén., une contravention dont il appartient au ministère public de poursuivre la répression, alors même que le propriétaire lésé ne se porterait pas partie civile : — «...Attendu qu'il est constaté et reconnu, dans l'espèce, que ces individus (Beaumont et autres) ont cueilli des pêches et des raisins dans ladite vigne; que ce fait rentre dans l'application de l'art. 471, n° 9, c. pén., et qu'il appartient au ministère public d'en poursuivre la répression, lors même que la partie lésée s'abstient de réclamer le dédommagement qui lui serait dû; qu'en refusant donc d'infliger à chacun d'eux la peine prononcée par cet article, sur le motif que le propriétaire de cette vigne n'a pas voulu donner suite au procès-verbal dressé à leur charge, le même jugement a commis également une violation expresse des dispositions ci-dessus visées » (Crim. cass. 29 déc. 1837, MM. de Bastard, pr., Rives, rap., aff. Beaumont et autres).

447. Ainsi que nous l'avons vu v° Contravention, n° 403 et 410, le maraudage est un vol, mais un vol d'une nature particulière; et de ce que c'est un vol, il s'ensuit que l'intention de s'approprier la chose en est un élément essentiel. Un arrêt a conclu de ce que l'individu qui, en coupant des branches sur des arbres et en se les appropriant, a cru faire un acte toléré et a agi sans intention de nuire au propriétaire de ces arbres, a pu être déclaré non coupable de maraudage (Crim. rej. 6 janv. 1862, aff. Aly, D. P. 62. 1. 200).

448. L'art. 388, § 5, parle du cas où le vol de récoltes non encore détachées du sol a été commis avec des paniers ou des sacs ou autres objets équivalents. Ces dernières expressions peuvent donner lieu à quelques difficultés. Que faut-il entendre par ces autres objets équivalents dont l'emploi peut donner au maraudage le caractère d'un délit correctionnel? Doit-on y comprendre, par exemple, le tablier d'une femme? — La cour de cassation s'est prononcée pour la négative : — «Attendu que le tablier qui fait partie du vêtement d'une femme ne peut être assimilé aux paniers, sacs et autres objets équivalents, à l'aide desquels le vol dans les champs devient un délit » (Crim. rej. 27 janv. 1838, MM. de Bastard, pr., Isambert, rap., aff. Gaudichean). — Il a été décidé, en sens contraire, que le tablier dont une femme s'est servie pour commettre un vol de récoltes non détachées du sol doit être considéré comme un objet équivalant à des paniers ou sacs dans le sens de l'art. 388-5° c. pén.; qu'en conséquence, c'est de la peine prononcée par cet article qu'un tel vol est passible, et que c'est à tort qu'on prétendrait qu'il n'y a là que le maraudage puni par l'art. 475, § 15, c. pén. (Paris, 24 déc. 1854, aff. Millochot, D. P. 55. 2.

n'est un délit que si l'enlèvement a eu lieu, soit avec des paniers, ou des sacs, ou autres objets équivalents, soit la nuit, soit à l'aide de voitures ou d'animaux à charge, soit par plusieurs personnes; — Attendu qu'aux termes de l'art. 192, § 2, c. inst. crim., si le fait n'est qu'une contravention de police, la décision des tribunaux correctionnels ne

199). — Mais la première interprétation nous paraît préférable.

449. Un canot doit être assimilé à une voiture, dans le sens de l'art. 388 c. pén. — Ainsi le fait, par un individu, d'avoir emporté dans son canot des arbres qu'il avait coupés dans le bois d'autrui, constitue, non un simple délit rural, mais le délit prévu et puni par l'art. 388 c. pén. (Crim. cass. 23 mai 1839, aff. Guiraud, v° Prescript. crim., n° 208).

450. L'art. 144 c. forest. porte que toute extraction ou enlèvement non autorisé de pierres, sable, minerai, terre ou gazon, tourbe, bruyères, genêts, herbages, feuilles vertes ou mortes, engrais existant sur le sol des forêts, glands, faînes et autres fruits ou semences des bois et forêts, donnera lieu à des amendes qui seront fixées ainsi qu'il suit : par charretée ou tombereau, de 10 à 30 fr. pour chaque bête attelée; par chaque charge de bête de somme, de 5 à 15 fr.; par chaque charge d'homme, de 2 à 6 fr. » Et l'art. 198 du même code ajoute que, « dans les cas d'enlèvement frauduleux de bois et d'autres productions du sol des forêts, il y aura toujours lieu, outre les amendes, à la restitution des objets enlevés ou de leur valeur, et de plus, selon les circonstances, à des dommages-intérêts. » Lorsque nous avons commenté ces dispositions (v° Forêts, n° 607 et suiv.), nous avons pensé (n° 610), d'accord en cela avec M. Meaume (Comment. c. forest., n° 965), que l'énumération des fruits et semences dont la désignation se trouve dans l'art. 144 n'est pas limitative, et qu'on peut y ajouter, non-seulement la mousse et les ronces, mais encore le gui, la gomme, les champignons, les morilles, les truffes, etc. — Il a été décidé cependant que le fait d'avoir extrait et enlevé, à l'aide d'un sac, des truffes dans une forêt, sans le consentement du propriétaire, constitue le délit de vol prévu et puni par l'art. 388, § 5, c. pén.; qu'on ne doit point appliquer ici l'art. 144 c. forest. (trib. d'Auxerre, 15 fév. 1855, aff. P..., D. P. 55. 2. 105).

451. L'art. 444 c. pén. punit la dévastation des récoltes sur pied ou des plants venus naturellement ou faits de main d'homme (V. Dommage-destruct., n° 233 et suiv.) — Mais il a été décidé que, pour qu'il y ait lieu à l'application de l'art. 444 c. pén., il faut que la dévastation de plants ou de récoltes que ce texte a pour objet de réprimer ait été commise par malveillance et sans qu'il en soit résulté aucun avantage pour celui qui s'en est rendu coupable; qu'ainsi, ce n'est pas cet article, mais l'art. 388, § 5, du même code, qui doit être appliqué à l'individu qui a soustrait frauduleusement et vendu à son profit une certaine quantité de plants qu'il a arrachés pendant la nuit dans une pépinière (Nancy, ch. corr., 19 fév. 1840, M. Mourot, pr., aff. Taverne).

L'art. 445 c. pén. porte que quiconque aura abattu un ou plusieurs arbres qu'il savait appartenir à autrui sera puni d'un emprisonnement qui ne sera pas au-dessous de six jours ni au-dessus de six mois à raison de chaque arbre, sans que la totalité puisse excéder deux ans. — Il a été jugé que cet article prévoit seulement l'*abatage* par malveillance et qu'il ne peut être appliqué à l'*enlèvement* frauduleux d'un arbre qui était planté dans un bosquet d'agrément; que ce fait ne rentre non plus dans les termes de l'art. 192 c. for., lequel ne s'étend pas aux simples bosquets; mais qu'il constitue un vol punissable suivant l'art. 401 c. pén. : — « Attendu qu'il résulte de l'instruction et des faits de la cause qu'un chêne de 40 centimètres de circonférence a été trouvé en la possession du prévenu, et qu'il a convenu l'avoir volé au préjudice du sieur Duplan, médecin à Tarbes; attendu que ce vol, commis dans un simple bosquet d'agrément, ne constituant pas un délit forestier, ne peut tomber sous l'application de l'art. 192 c. for.; attendu que c'est à tort que les premiers juges ont fait application de l'art. 445 c. pén., puisque cet article ne prévoit que le cas de simple abatage d'arbres; que l'enlèvement de l'arbre, exécuté frauduleusement au préjudice du sieur Duplan, constitue le délit de vol prévu et puni par l'art. 401 c. pén. » (Pau, 14 mai 1858, ch. corr., M. Lesca, rap. aff. Doussine).

saurait être attaquée par la voie de l'appel; — Qu'ainsi le jugement du tribunal correctionnel d'Orthès, qui a relaxé Bordenare, a prononcé en dernier ressort; que l'appel du ministère public doit être déclaré non recevable.

Du 5 mars 1859.-C. de Pau, ch. corr.-M. Brascou, pr.

452. Ici se présente, à l'égard du maraudage, la question dont nous nous sommes déjà occupés en ce qui concerne le vol de récoltes, c'est-à-dire si l'on doit appliquer au maraudage l'art. 386 c. pén., qui punit le vol de la reclusion, notamment lorsqu'il a été commis la nuit et par deux ou plusieurs personnes, et encore lorsque le coupable ou l'un des coupables était porteur d'armes apparentes ou cachées (V. n° 459). Nous nous sommes déjà expliqués sur cette question v° Contravention, n° 412. Nous avons pensé qu'elle devait être résolue affirmativement. Plusieurs arrêts se sont prononcés en ce sens. — Ainsi il a été jugé : 1° que le fait de soustraction de récoltes pendantes par racines, dans les champs, lorsqu'il est accompagné d'une ou plusieurs circonstances aggravantes, autres que celles énoncées dans l'art. 13 de la loi du 25 juin 1824 (aujourd'hui dans l'art. 388, § 5), est régi par le droit commun, en ce sens que la peine s'aggrave proportionnellement au nombre des circonstances, et qu'il n'est pas seulement passible de peines correctionnelles (Crim. rej. 17 juin 1831) (1) ; — 2° Que le vol de récoltes commis avec la réunion de plusieurs des circonstances énoncées dans le cinquième alinéa de l'art. 388 c. pén., constitue un crime et non un délit, dont les auteurs sont dès lors justiciables des cours d'assises : — « Attendu que l'art. 388 ne punit le vol de récoltes de peines correctionnelles que lorsque ce vol a été commis avec une seule des circonstances qu'il énumère, ce qui résulte des termes du n° 5 de cet article, où chaque circonstance est séparée des autres par une conjonction alternative, et notamment la circonstance de la nuit, qui l'est de celle de plusieurs personnes, par celle de voitures ou d'animaux de charge; mais que si le vol présente le concours de la nuit et de plusieurs personnes, le fait rentre dans la disposition générale du n° 1 de l'art. 386; que c'est donc à tort que l'arrêt attaqué a dit que la réunion de toutes les circonstances ne change pas la nature du fait, et ne lui imprime pas le caractère de crime; attendu qu'il s'agissait dans l'espèce d'un vol de fruits, commis la nuit, par deux personnes; que néanmoins l'arrêt attaqué, au lieu d'y voir le crime prévu par le n° 1 de l'art. 386, a renvoyé les prévenus devant un tribunal de police correctionnelle; en quoi ledit arrêt a faussement interprété l'art. 388 c. pén. et violé l'art. 386 c. pén. » (Crim. cass. 15 déc. 1842, M. Ricard, rap., aff. Fort; Conf. Crim. cass. 20 mars 1834, MM. Brière, f. f. de pr., Choppin, rap., aff. Girardin ; Bruxelles, 9 fév. 1861, aff. Jordens); — 3° Et spécialement, que le fait de plusieurs personnes qui entrent la nuit dans un champ et y coupent une quantité de blé de Turquie pour le voler, constitue un vol dans le sens de l'art. 386 c. pén., et non un simple délit de maraudage (Crim. rej. 13 août 1813, M. Benvenuti, rap., aff. Trappolletto); — 4° Que le vol d'olives commis pendant la nuit, en réunion de deux personnes, rentre, à cause de ces deux circonstances aggravantes, dans l'application de l'art. 386, § 1, c. pén. (Crim.

cass. 21 mai 1812, aff. Tardieu, V. Contravention, n° 412).

453. Cette doctrine a reçu une consécration nouvelle d'un arrêt plus récent qui a décidé que l'exception introduite dans l'art. 388, § 5, c. pén., qui a fait réduire à un simple emprisonnement la peine du vol de récoltes accompagné d'une seule circonstance aggravante, lorsque cette circonstance consiste soit dans l'emploi de paniers ou de sacs, soit dans l'aide de voitures ou d'animaux de charges, soit dans la complicité d'une personne, soit enfin dans la perpétration de nuit, ne s'étend pas au cas de concours de plusieurs circonstances aggravantes, surtout quand parmi elles il s'en trouve d'autres que celles indiquées pour l'application de cette exception; qu'en pareil cas il y a lieu de revenir à la pénalité édictée d'une manière générale contre les vols qualifiés; et spécialement, que c'est avec raison qu'une cour d'assises a déclaré passible des peines portées en l'art. 385 c. pén. l'individu reconnu coupable d'un vol de récoltes commis la nuit avec d'autres personnes, dont une ou plusieurs portaient des armes apparentes ou cachées (Crim. rej. 21 mai 1863, aff. El Habib ben Amerouch, D. P. 64. 1. 151).

454. Cependant il a été jugé en sens contraire, par la cour supérieure de Bruxelles, mais à tort selon nous, que le vol de récoltes commis la nuit dans les champs, par deux ou plusieurs personnes, ne constitue pas le crime prévu par l'art. 386 c. pén. : — « Attendu que, d'après l'art 484 c. pén., toutes les matières qui n'ont pas été réglées par le code restent réglées par les lois et règlements particuliers ; attendu que le code pénal ne contient pas de dispositions sur les délits de police rurale ; que l'art. 388 prévoit seulement le vol de récolte des fruits séparés du sol et confiés à la foi publique; d'où il suit que les délits de maraudage, les vols de productions de la terre non récoltées, en champ ouvert, restent régies par les art. 34 et 35, tit. 2, L. 6 oct. 1791, et que l'art. 386 c. pén., qui qualifie crime le vol commis la nuit et par plusieurs personnes, ne peut être appliqué à cette espèce de délits non prévus par ce code ; — Attendu que, le jury ayant déclaré que le vol a été commis dans un champ ; qu'il consistait dans l'enlèvement de carottes et de navets pendants par racines (en ajoutant les circonstances de la nuit et par plusieurs personnes), ce fait ne constituait qu'un délit prévu par l'art. 34 L. 6 oct. 1791, et que la cour d'assises a fait une fausse application de l'art. 386 c. pén. et violé l'art. 484 dit code... » (C. sup. de Bruxelles, 17 juin 1832, M. Collinet, subst., aff. Scheppers et autres). — Il a été rendu encore, sur cette même question, d'autres arrêts en sens divers que nous avons fait connaître v° Contravention, n°° 412 et suiv.

455. Vols commis avec enlèvement ou déplacement de bornes. — L'art. 389 c. pén. de 1810 disposait en ces termes : « Sera puni de la reclusion celui qui, pour commettre un vol, aura enlevé ou déplacé des bornes servant de séparation aux propriétés. » Cet article est un de ceux qui ont été modifiés par la loi du 13 mai

<hr/>

(1) Espèce : — (Defente C. min. pub.) — Le jury a déclaré Prosper Defente coupable d'avoir, pendant la nuit, étant porteur d'un fusil dont il a fait usage, volé, dans un champ, et conjointement avec plusieurs personnes, des pois pendants par racines. En vertu de cette déclaration, et vu son état de récidive, la cour d'assises l'a condamné à la peine des travaux forcés à perpétuité, par application des art. 56 et 585 c. pén.

Pourvoi de Defente. — On a dit pour lui : Evidemment, l'art. 585 était inapplicable au fait déclaré constant par le jury. En effet, les dispositions du code pénal relatives au vol ne s'appliquent en tant qu'il s'agit des biens de la terre, qu'aux produits détachés de leur tige et exposés à la foi publique. A l'égard des fruits encore pendants par racines, leur enlèvement ne peut constituer que le délit de maraudage puni par les art. 34 et 35 L. 6 oct. 1791. Cette distinction, qui résulte de la nature des choses et des termes de la loi, a, d'ailleurs, été consacrée par la jurisprudence, et notamment par les arrêts des 17 fév. 1809, 6 nov. 1812 et 15 janv. 1815 (V. n° 444 et v° Contravent., n° 410). — Les circonstances dans lesquelles un délit de maraudage a été commis ne peuvent changer la nature d'un fait, et de maraudage qu'il est par lui-même, en faire un délit différent ; elles peuvent seulement déterminer l'application d'une peine plus forte, lorsque la loi a attaché une aggravation de peine au concours de ces circonstances. — Aucune loi avant du 25 juin 1824 n'ayant aggravé les peines du maraudage, à raison des circonstances dans lesquelles il pouvait être commis, la loi du 6 oct. 1791 était la seule applicable, quelles que fussent, d'ailleurs, les circonstances aggravantes; il y avait sur ce point lacune dans la législation, ainsi que

'a déclaré l'arrêt précité du 15 janv. 1815. — La loi du 25 juin 1824 étant la seule qui ait prononcé des peines plus fortes, en raison de certaines circonstances, ou doit en conclure que les circonstances spécifiées dans cette loi sont les seules qui puissent autoriser une aggravation de peine, le vide signalé dans la législation antérieure continuant d'exister par tout ce qui n'a pas été réglé par la loi nouvelle. Or la déclaration du jury constate que le maraudage commis par Defente a été accompagné de trois circonstances aggravantes, savoir : 1° la nuit ; 2° la complicité ; 3° le port et l'usage d'armes apparentes. De ces trois circonstances, les deux premières sont énoncées dans la loi du 25 juin 1824 (art. 13), comme devant entraîner contre les coupables de maraudage les peines de l'art. 401 c. pén. Ces peines étaient donc les seules qui pussent être prononcées. A l'égard de la troisième circonstance, celle de port et d'usage d'armes apparentes, elle n'est pas prévue par l'art. 15, seule de la matière; elle est donc tout à fait indifférente.   Arrêt.

La cour; — Attendu que la loi du 25 juin 1824, qui qualifie v° l'enlèvement de récoltes sur pied, ne punit ce fait des peines portées par l'art. 401 c. pén., que dans les cas spécifiés par l'art 13 de cette loi ; — Attendu que lorsque ce vol est accompagné de circonstances différentes et d'une nature plus grave, il reste régi par le droit commun et rentre dans les dispositions générales du code pénal; — Attendu, en fait, que le demandeur a été reconnu coupable de vol commis par plusieurs, avec emploi d'armes; — Que l'arrêt attaqué lui a fait une juste application de l'art. 585 c. pén. et n'a point violé l'art. 15 de la loi du 25 juin 1824; — Rejette.

Du 17 juin 1831.—C. C., ch. crim.—MM. Bastard, pr.—Rocher, ra

1863, Voici comment s'exprimait à cet égard l'exposé des motifs de ladite loi : « Cet article punit de la reclusion le vol des récoltes dans les champs, commis à l'aide du déplacement ou de l'enlèvement de bornes. En décomposant ce fait pour rechercher la peine de chacun des deux délits dont il se compose, on trouve que la suppression ou le déplacement des bornes est puni d'un mois à un an de prison (art. 456), et le vol des récoltes, de quinze jours à deux ans de prison quand elles étaient déjà détachées du sol (art. 388, § 3). Que le concours de ces deux faits et l'aggravation réciproque qui en résulte puissent aboutir à une forte peine correctionnelle, cela se conçoit ; mais qu'on le grossisse aux proportions d'un crime passible de la reclusion, cela ne paraît pas juste ni en rapport avec la distribution ordinaire des peines. On voit en effet, dans l'art. 388, § 4, que ce même vol de récoltes, commis avec les circonstances aggravantes de la nuit et de la pluralité de personnes, n'est puni que d'un emprisonnement correctionnel qui peut s'élever à cinq ans, et d'une amende de 16 à 500 fr. » — En conséquence l'art. 389 a été modifié de la manière suivante : « Tout individu, porte la nouvelle rédaction, qui, pour commettre un vol, aura enlevé ou tenté d'enlever des bornes servant de séparation aux propriétés, sera puni d'un emprisonnement de deux à cinq ans et d'une amende de 16 à 500 fr.—Le coupable pourra en outre être privé des droits mentionnés en l'art. 42 pendant cinq ans au moins et dix ans au plus, à compter du jour où il aura subi sa peine, et être mis, par l'arrêt ou le jugement, sous la surveillance de la haute police pendant le même nombre d'années. » — Comme le fait remarquer M. Faustin-Hélie (Comment. de la loi du 13 mai 1863, p. 111), les conditions de l'incrimination restent les mêmes ; il n'y a de changé que la peine.

456. Cet article n'a pas pour objet de réprimer les usurpations de terres qui peuvent être commises au moyen de la suppression ou du déplacement des bornes : de telles usurpations ne constituent pas des vols, puisqu'il ne peut y avoir vol que des choses mobilières ; d'ailleurs le délit qui consiste à supprimer ou déplacer, soit les bornes ou pieds corniers, soit les arbres qui servent de limite aux héritages, est prévu et puni par l'art. 456 c. pén. Il s'agit ici du cas où l'enlèvement ou le déplacement de bornes a pour but de faciliter un vol de récoltes, en faisant supposer que ce qui a été soustrait appartenait à celui qui s'en est emparé frauduleusement (Conf. Carnot, sur l'art. 389, n° 1 ; MM. Chauveau et Hélie, t. 5, n° 1858). — L'enlèvement ou le déplacement des bornes constituent dans ce cas une circonstance aggravante dont l'effet est d'élever la peine applicable au vol de récoltes.

457. Carnot (sur l'art. 389, n° 6) enseigne que la peine prononcée par l'art. 389 ne serait pas applicable si l'enlèvement ou déplacement de bornes avait eu lieu pour commettre une soustraction de fruits encore sur pied, c'est-à-dire un simple maraudage. Dans ce cas, selon cet auteur, ce serait l'art. 456 qui devrait être appliqué : le maraudage, qui en lui-même n'est passible que de peines de simple police, disparaîtrait devant l'enlèvement ou l'arrachement de bornes. — Mais nous ne pouvons partager ce sentiment. Le maraudage, bien que la loi ne le punisse que de peines très-légères, à raison du peu de préjudice qu'il cause ordinairement, n'en est pas moins un véritable vol ; par conséquent, il rentre dans les termes de l'art. 389, qui ne fait aucune distinction (Conf. MM. Chauveau et Hélie, t. 5, n° 1858).

458. L'art. 389 ne peut être appliqué qu'autant que les bornes enlevées ou déplacées avaient été plantées du consentement des parties intéressées ou en vertu de jugements. Sans cela, en effet, elles n'auraient pas le véritable caractère de bornes. Ainsi, si les bornes avaient été enlevées par l'un des propriétaires voisins, de son autorité privée, bien qu'il les eût plantées aux lieux où elles auraient dû l'être, leur déplacement ou leur enlèvement ne pourrait donner lieu à l'application de l'art. 389 (Carnot, sur l'art. 389, n° 3).

459. D'un autre côté, lorsque les bornes ont été plantées du consentement respectif des parties ou en vertu de jugements, celui qui les aurait enlevées ou déplacées prétendrait en vain, pour échapper à l'art. 389, qu'elles n'ont pas été placées où elles auraient dû l'être (Carnot, ibid., n° 4). — Toutefois, s'il soute-

naît que l'objet par lui enlevé était sa propriété, il y aurait là une question préjudicielle à résoudre, et s'il était établi qu'il ne s'est emparé, au moyen de l'enlèvement ou du déplacement des bornes, que de ce qui lui appartenait, il pourrait bien y avoir lieu encore à l'application de l'art. 456, mais non à celle de l'art. 389 (Carnot, ibid., n° 3).

460. En comparant l'art. 389 à l'art. 456, on voit que le premier parle seulement de l'enlèvement ou déplacement des bornes, tandis que le second s'applique à la suppression ou au déplacement de toutes sortes de clôtures. Or on peut se demander si le mot bornes, dans l'art. 389, doit être pris dans un sens étroit, ou s'il comprend tout ce qui sert à distinguer et séparer des héritages, comme fossés, haies, arbres, etc. Nous pensons avec Carnot (sur l'art. 389, n° 2), et avec MM. Chauveau et Hélie (t. 5, n° 1859), que c'est la première interprétation, l'interprétation étroite, qui doit être suivie, et qu'ainsi le fait d'avoir supprimé ou déplacé des clôtures autres que des bornes proprement dites ne donnerait pas lieu à l'application de l'art. 389, alors même que le fait aurait servi à commettre un vol. « L'art. 456, dit Carnot, a bien mis ces marques sur la même ligne que les bornes, mais c'est pour ce cas seulement qu'a disposé cet article ; de sorte que l'on ne pourrait en appliquer la disposition à celui prévu dans l'art. 389 que par induction, ce qui ne peut jamais être autorisé en matière pénale : il y avait d'ailleurs un motif puissant de restreindre la disposition de l'art. 389 aux simples bornes, leur enlèvement ne devant laisser aucune trace, lorsque la destruction des autres limites en laisse nécessairement de faciles à reconnaître : il peut, d'une autre part, s'élever des contestations assez sérieuses sur le point de savoir si les autres marques auraient dû nécessairement servir de limites, lorsque les bornes en font foi par elles-mêmes. »

ART. 3.—Vols qualifiés à raison du temps où ils ont été commis.

461. Le temps pendant lequel un vol est commis est une circonstance que le législateur devait prendre en considération pour la fixation de la peine. Ainsi le vol commis la nuit doit être puni plus rigoureusement que celui qui est commis pendant le jour. On peut en donner plusieurs raisons. D'abord la nuit est le temps consacré au repos, et comme l'homme est alors moins armé pour la défense, il a besoin que la loi lui assure un surcroît de protection. D'un autre côté, les ténèbres facilitent la perpétration du vol et en rendent au contraire la preuve beaucoup plus difficile. Enfin le choix de ce moment semble révéler dans l'agent une préméditation plus arrêtée, et peut faire craindre, de sa part, l'emploi de moyens violents pour parvenir à sa consommation. Nos anciens criminalistes n'avaient pas manqué de faire ressortir cette circonstance aggravante du vol. Inter circumstancias prædictas, dit Farinacius (quæst. 165, n° 15), maxime attenditur tempus commissi furti ; fur enim diurnus minus punitur quam nocturnus. — V. aussi Muyart de Vouglans, Lois crim., p. 30.

462. Cependant le législateur n'a pas cru devoir faire de la nuit, prise isolément, une cause d'aggravation de la peine. C'est qu'en effet les motifs d'aggravation qui résultent de cette circonstance n'ont de force réelle qu'autant qu'elle concourt avec d'autres circonstances. Ainsi l'art. 388 c. pén. punit de cinq ans d'emprisonnement le vol de récoltes dans les champs, lorsqu'il est commis la nuit (V. supra, n° 436) ; l'art. 386 punit de la reclusion le vol commis la nuit dans une maison habitée (V. infrà, n° 649) ; l'art. 385 punit des travaux forcés à temps le vol commis la nuit, lorsqu'il est accompagné de violences, de port d'armes, commis par plusieurs personnes (V. infrà, n° 647) ; enfin l'art. 381 prononce la peine des travaux forcés à perpétuité, lorsqu'en outre de ces circonstances, le vol est commis avec effraction ou escalade dans une maison habitée (V. infrà, n° 636). Mais dans tous autres cas la circonstance que le vol a été commis la nuit est sans influence sur la fixation de la peine. —Il a été jugé, en ce sens, qu'on ne peut considérer que comme vol simple un vol de foin commis pendant la nuit, sans autres circonstances ; qu'ainsi, lorsque de deux individus accusés de vol, dans un clos, pendant la nuit, l'un des deux accusés a été acquitté et l'autre déclaré coupable par le jury, mais sans la

circonstance de l'escalade et autres énumérées en l'art. 386 c. pén., il ne peut être appliqué à ce dernier les peines de la reclusion, mais seulement celles de l'emprisonnement pour simple vol; qu'il n'y a dans ce cas ni vol avec complicité, ni vol dans un lieu servant ou tenant à l'habitation, ni vol de récoltes dans un champ : — « Attendu qu'il ne résulte pas de la déclaration du jury que le demandeur ait commis le vol dont il s'est rendu coupable de complicité avec un ou plusieurs autres, ni qu'il l'ait commis dans un lieu habité ou tenant à une habitation ; attendu qu'il ne résulte pas davantage de ladite déclaration que le vol dont le demandeur a été déclaré coupable ait été commis dans les champs, et que le foin volé fît partie de récoltes; d'où il suit que le demandeur n'a été déclaré coupable que d'un vol simple, et qu'il ne pouvait y avoir lieu à l'application des art. 386 et 388 c. pén. » (Crim. cass. 2 déc. 1824, MM. Portalis, pr., Gaillard, rap., aff. Boucher).

462. Le code pénal de 1791 ne considérait pas non plus la circonstance que le vol avait été commis la nuit comme une aggravante de la criminalité, lorsque cette circonstance n'était accompagnée d'aucune autre. Et même la réunion de cette circonstance à cette autre que le vol avait été commis dans une maison habitée ou dans les dépendances d'une maison habitée ne suffisait pas pour élever le vol au rang des crimes. — Ainsi, il avait été jugé : 1° que le vol commis la nuit dans une maison habitée n'était, sous l'empire de cette loi, considéré et puni que comme vol simple, passible seulement de peines correctionnelles, et ne pouvait faire l'objet d'un acte d'accusation (Crim. cass. 17 fruct. an 9, M. Dutocq, rap., aff. Tronney; 14 mai 1807, M. Carnot, rap., aff. Melloni); — 2° Que le vol nocturne d'un cheval, commis dans une écurie, par un seul, et sans effraction, était un délit dont la répression appartenait aux tribunaux correctionnels, et non aux tribunaux criminels : — « Attendu 1°, que le fait exposé dans l'acte d'accusation ne présente qu'un vol nocturne d'un cheval pris dans une écurie par un seul, sans effraction ni autres circonstances aggravantes, ce qui caractérise un simple larcin du ressort de la police correctionnelle et insusceptible de peine afflictive ou infamante; d'où il résulte qu'il n'y avait pas lieu de présenter aux jurés aucun acte d'accusation, et par suite la nullité de la procédure devant le tribunal criminel; — 2° Que le délit n'a point changé de caractère par la déclaration des jurés de jugement qui ont constaté que le vol avait été fait dans un bâtiment attenant immédiatement à une maison habitée, et que, d'après cette conviction, on a violé la loi en appliquant la peine due à un délit commis dans un terrain clos et fermé » (Crim. cass. 21 frim. an 3, MM. Vaillant, pr., Legendre, rap., aff. Canaux).

464. D'après la loi du 25 frim. an 6 (art. 9 et 10), la circonstance de la nuit était aggravante dans le cas où le vol avait été commis dans un terrain clos et fermé, et l'aggravation était plus ou moins forte suivant que ce terrain tenait ou ne tenait pas immédiatement à une maison habitée. Dans la première hypothèse, le fait constituait un crime passible de quatre années de fers; dans la seconde, il restait un simple délit et était passible de six mois à deux années d'emprisonnement. — Il avait été jugé que cette loi n'avait ni changé ni modifié les peines établies par le code pénal contre le vol aggravé dans le cas où il a été commis la nuit; qu'ainsi c'était le code pénal de 1791 qui continuait, sous cette loi, à être applicable à un tel vol (Crim. rej. 17 fruct. an 9, MM. Seignette, pr., Busschop, rap., aff. Tanière). — Mais si le vol avait été commis la nuit, dans l'intérieur d'une maison, par une personne qui y était admise à titre d'hospitalité, il était passible de dix années de fers, par application des art. 13 et 14 de la sect. 2, tit. 2, part. 2, L. 25 sept.-6 oct. 1791 (Crim. cass. 12 juin 1807, MM. Barris, pr., Aumont, rap., aff. Marie Genty).

465. Le code pénal aujourd'hui en vigueur (art. 386-1°) considère la circonstance de la nuit comme aggravante lorsqu'elle se trouve réunie à l'une des deux suivantes : 1° que le vol a été commis par deux ou plusieurs personnes; 2° ou qu'il a été commis, soit dans un lieu habité ou servant à habitation, soit dans les édifices consacrés aux cultes légalement établis en France. — V. infrà, n° 649.

466. Mais que doit-on entendre ici par la nuit? A quel moment est-elle réputée commencer et finir? La loi ne s'est point expliquée sur ce point, et la question est controversée. — Selon Bourguignon (Jurispr. des cod. crim., t. 3, p. 370), la nuit, dans le sens des lois pénales, comprend l'intervalle qui s'écoule entre le coucher et le lever du soleil ; en sorte qu'un vol commis dans cet intervalle est nécessairement atteint de la circonstance aggravante de la nuit. Et à l'appui de cette interprétation, Bourguignon invoque l'art. 4 de la loi du 15 germ. an 6 et l'art. 781 c. pr. civ., qui défendent d'arrêter un débiteur avant le lever et après le coucher du soleil. — La cour de cassation s'est prononcée en ce sens. Elle a décidé : 1° que le vol commis de nuit est celui commis dans l'intervalle de temps entre le lever et le coucher du soleil (Crim. rej. 17 janv. 1817; Cr. règl. de jug. 4 juill. 1825) (1); — 2° Qu'ainsi un vol que le jury déclare avoir été commis, soit entre le coucher et le lever, soit après le coucher du soleil est, par cela seul, censé avoir été commis la nuit (Crim. cass. 23 juill. 1813; Crim. rej. 16 juill. 1818) (2); — 3° Qu'un vol commis après le coucher et avant le lever du soleil est réputé vol

---

(1) 1re Espèce : — (Michel.) — La cour : — Attendu qu'il résulte de la déclaration du jury que le vol dont Pierre Michel a été déclaré coupable a été par lui commis entre le coucher et le lever du soleil, et, par conséquent, pendant la nuit, et qu'il l'a été dans la cuisine de la maison d'un habitant qui est nécessairement une dépendance d'un lieu habité ou servant à habitation, et que de la réunion de ces deux circonstances, il résulte que la cour d'assises de la Moselle a fait une juste application de la peine portée par la loi ; — Rejette.
Du 17 janv. 1817.-C. C., sect. crim.-MM. Barris, pr.-Audier, rap.
2e Espèce : — (Min. pub. C. Masloux.) — La cour : — Vu la requête en règlement de juges, etc.; — Considérant que, par ordonnance du 26 mars 1825, rendue à la chambre du conseil du tribunal de première instance de l'arrondissement de Saint-Amand, Masloux a été mis en prévention d'un vol commis la nuit dans une dépendance de maison habitée, fait qualifié crime d'après l'art. 386, § 1, c. pén.; — Que la chambre d'accusation de la cour de Bourges ayant trouvé, d'après l'examen des pièces de la procédure, qu'il n'y avait point d'indices suffisants que le vol imputé audit Masloux eût été commis la nuit, mais qu'il appartenait à la classe des vols simples prévus par l'art. 401 dudit code, a, par arrêt du 29 mars 1825, renvoyé le prévenu devant le tribunal correctionnel de Bourges; — Que, par jugement du 25 avril suivant, le tribunal correctionnel de Bourges s'est déclaré incompétent, sur le motif que des débats qui avaient eu lieu devant lui il résultait que le vol avait été commis entre le coucher et le lever du soleil, et dans une écurie dépendant d'une maison habitée; — Que ce jugement a été confirmé, sur appel, par arrêt du 11 mai 1825, rendu par ladite cour, chambre correctionnelle; — Considérant qu'en faisant de la nuit une circonstance aggravante du vol, la loi n'en a pas fait dépendre l'existence d'aucune autre circonstance accidentelle; qu'elle a donc entendu par nuit, d'après la signification de ce mot, tout l'intervalle de temps entre le coucher et le

lever du soleil, et qu'il suit que le vol, tel qu'il a été reconnu d'après les débats qui ont eu lieu devant le tribunal de Bourges, rentrait dans l'application du § 1 de l'art. 386 c. pén., qui le soumet à une peine afflictive et infamante, et que, conséquemment, la juridiction correctionnelle était incompétente pour en connaître; — Renvoie l'affaire devant la chambre d'accusation de la cour royale d'Orléans..., etc.
Du 4 juill. 1825.-C. C., sect. crim.-M. Busschop, rap.
(2) 1re Espèce : — (Krisberghen.) — La cour : — Vu l'art. 386, n° 1, c. pén.;—Attendu que de l'art. 781 c. pr. civ., qui n'est que le renouvellement de l'art. 4, tit. 5, de la loi du 15 germ. an 6, sur la contrainte par corps, il résulte que la loi considère comme nuit l'intervalle entre le coucher et le lever du soleil; — Que, dans l'espèce, le jury ayant déclaré que le vol avait été commis par deux personnes entre le coucher et le lever du soleil, ce crime rentrait dans la disposition de l'art. 386, n° 1, c. pén.; — Qu'ainsi, en ne considérant le fait que comme un délit de police correctionnelle, et ne lui appliquant que la peine portée par l'art. 401 c. pén., l'arrêt a contrevenu à l'art. 386 précité, et fait une fausse application de la loi pénale; — Casse, etc.
Du 23 juill. 1813.-C. C., sect. crim.-M. Schwendt, rap.
2e Espèce : — (Surnin.) — La cour : — Sur le quatrième moyen : — Attendu que le jury ayant déclaré, conformément à ce qui était porté dans la question, que le vol dans une maison habitée, dont il avait reconnu l'accusé coupable, avait été par lui commis après le coucher du soleil, la cour d'assises a dû faire à cette circonstance l'application des dispositions du code sur la circonstance de la nuit; qu'en jugeant ainsi, elle s'est conformée au principe qui résulte de l'art. 4 de la loi du 15 germ. an 6 et de l'art. 781 c. pr., et loin d'avoir violé la loi, elle en a fait au contraire une juste application; — Rejette.
Du 16 juill. 1818.-C. C., sect. crim.-MM. Barris, pr.-Chasle, rap.

de nuit; qu'il ne peut perdre sa gravité par le motif qu'il aurait été commis dans un lieu où régnait tout le mouvement et l'activité du jour (Crim. cass. 12 fév. 1815) (1); — 4° Qu'un vol, commis le 11 octobre entre sept et neuf heures du soir, doit être considéré comme ayant été commis de nuit; que, dès lors, il est passible de la peine de la reclusion, s'il a été commis dans une maison habitée (Crim. rej. 11 mars 1830) (2); — 5° Que l'arrêt qui punit, comme ayant été commis de nuit, le vol fait dans une maison habitée après six heures du soir, le 17 décembre, contient une juste application de l'art. 386, § 1, c. pén. (Crim. rej. 15 avr. 1825) (3); — 6° Que l'inculpation d'avoir coupé et enlevé des récoltes avant le lever du soleil, délit prévu par les art. 449 et 450 c. pén., doit être entendue en ce sens que le fait imputé a été commis avec la circonstance aggravante de la nuit; que, par suite, le tribunal correctionnel est exclusivement compétent pour connaître d'une telle prévention et n'a pu la renvoyer devant le tribunal de simple police, alors qu'il n'en résulte pas des débats devant le tribunal correctionnel que la circonstance aggravante de la nuit ait disparu (Crim. cass. 16 déc. 1843, aff. Pourquery, D. P. 45. 4. 556).

467. Bourguignon (loc. cit.) indique une autre interprétation possible du mot nuit : c'est celle qui serait empruntée à l'art. 1037 c. pr. et au décret du 4 août 1806. L'art. 1037 c. pr. dispose qu'aucune signification ni exécution ne pourra être faite, depuis le 1er octobre jusqu'au 31 mars, avant six heures du matin et après six heures du soir, et depuis le 1er avril jusqu'au 30 septembre, avant quatre heures du matin et après neuf heures du soir. Quant au décret du 4 août 1806, il porte que le temps

de nuit pendant lequel la gendarmerie ne peut entrer dans aucune maison particulière est réglé par les dispositions de cet art. 1037 c. pr. Mais Bourguignon fait en même temps observer que cette manière de déterminer le cas de la nuit n'aurait pu convenir à l'application des lois pénales, par rapport à la variété des climats dont la France est composée.

468. Carnot (sur l'art. 386 c. pén., n° 2) repousse également ces deux systèmes. Il oppose au premier que le jour peut continuer de régner encore dans le lieu, soit avant le lever, soit après le coucher du soleil, et que la nuit n'est que l'absence du jour; et au second que l'art. 1037 c. pr. ne s'est occupé que des matières civiles. Cet auteur émet une troisième interprétation du mot nuit. Le législateur, dit-il, n'ayant pas déterminé, dans le code pénal, ce qui devait être considéré comme nuit, la conséquence naturelle à en tirer, c'est que, dans son opinion, la nuit ne commence réellement pour chaque localité qu'à l'heure où les habitants du lieu sont dans l'usage de rentrer dans leur habitation pour s'y livrer au repos.

469. Enfin un quatrième système a été consacré par un arrêt de la cour de Nîmes. D'après cet arrêt, pour qu'il y eût vol de nuit dans le sens des art. 381, 382, 385 et 386 c. pén., il faudrait que le vol eût été commis après le crépuscule du soir et avant le crépuscule du matin; et l'on ne devrait pas réputer commis de nuit le vol qui a eu lieu, soit après le coucher du soleil et avant la fin du crépuscule du soir, soit pendant le crépuscule du matin et avant le lever du soleil (Nîmes, 7 mars 1829) (4).

470. Entre ces diverses interprétations, c'est la dernière

(1) (Min. publ. C. Antoine.)—La cour;—Vu l'art. 386, n°1, c. pén., les art. 251 et 416 c. inst. crim.;—Considérant que ledit art. 386 c. pén. punit de la peine afflictive et infamante de reclusion tout vol commis la nuit dans un lieu habité; qu'un pareil vol est dénié qualifié crime, d'après les art. 1 et 7 du même code; — Que, dans l'espèce, il a été reconnu par la cour de Nancy que Jean-Baptiste Antoine est suffisamment prévenu d'avoir commis un vol dans une lieu habité, et d'avoir commis ce vol le 29 nov., entre neuf et dix heures du soir, c'est-à-dire à une heure de la nuit; d'où il suit que ledit prévenu devait être renvoyé à la cour d'assises, aux termes de l'art. 251 précité c. inst. crim.; qu'ainsi ladite cour a violé les règles de compétence établies par cet article, en renvoyant le prévenu à la police correctionnelle; — Que la cour n'a pu, comme elle l'a fait, écarter la compétence de la cour d'assises, sous le prétexte qu'à l'heure où le voleur s'était introduit dans le lieu où il a commis le vol, il y régnait tout le mouvement et l'activité du jour, puisqu'en désignant la nuit comme circonstance aggravante du vol, la loi n'en a fait dépendre l'existence d'aucune autre circonstance accidentelle; que, conséquemment, elle a entendu par nuit, d'après la signification vulgaire et naturelle de ce mot, tout l'intervalle de temps entre le coucher et le lever du soleil; — Casse, etc.
Du 12 fév. 1815.-C. C., sect. crim.-M. Busschop, rap.
(2) (Porte C. min. publ.) — La cour; — Attendu que le jury a répondu affirmativement sur les questions posées, conformes au résumé de l'acte d'accusation, que l'accusé (G. Porte) était coupable d'avoir, le 11 oct. dernier, soustrait frauduleusement, dans l'appartement occupé par le sieur Deneau, et au préjudice de ce dernier, divers effets mobiliers, et qu'il avait commis cette soustraction frauduleuse entre sept et neuf heures du soir; que, dès lors, il résultait du rapprochement de la date du 11 oct., et du moment du vol commis entre sept et neuf heures du soir, qu'il avait été nécessairement commis pendant la nuit; que, par conséquent, la peine (de la reclusion) a été légalement appliquée aux faits déclarés constants; — Rejette.
Du 11 mars 1830.-C. C., ch. crim.-MM. Bastard, pr.-Brière, rap.
(3) (Gentil C. min. publ.) — La cour; — Attendu, en fait, que le jury a déclaré que le vol imputé avait été commis, le 17 déc., après six heures du soir, ce qui, pour cette raison, était déclarer qu'il avait été commis la nuit; — Attendu, en droit, que la loi dispose que la nuit est l'intervalle entre le coucher du soleil et le lever du soleil, et que, dans l'espèce, au 17 déc., après six heures du soir, le soleil était couché depuis près de deux heures; que, d'après les faits ainsi déclarés, la disposition de l'art. 386 c. pén., relative au vol commis la nuit, dans une boutique dépendant de la maison du sieur Bérubé, a été justement appliquée; — Rejette.
Du 15 avr. 1825.-C. C., sect. crim.-MM. Bailly, pr.-Ollivier, rap.
(4) Espèce : — (Min. publ. C. Nègre.) — Une ordonnance de prise de corps fut décernée, le 21 fév. 1829, par le tribunal de Marvejols (Lozère), contre Marie Nègre, prévenue, est-il dit dans cette ordonnance, d'avoir commis un vol, après le coucher et avant le lever du soleil, dans une dépendance d'une maison habitée. La procédure ayant été

transmise à M. le procureur général près la cour royale de Nîmes, il chargea un de ses substituts d'en faire le rapport, et celui-ci conclut à la mise en accusation de Marie Nègre, pour le crime dont elle était prévenue, tel qu'il était qualifié par l'ordonnance de prise de corps, dont il demanda la confirmation. — Arrêt (apr. délib.).
La cour; — Considérant, en fait, qu'il résulte des pièces de la procédure, des indices suffisants, que Marie Nègre s'était rendue coupable d'avoir, pendant la nuit, commis la soustraction frauduleuse qui lui était imputée, crime prévu par l'art. 386, n° 1, c. pén., et qui était de la compétence des cours d'assises;
En droit, et en ce qui touche la qualification donnée par le tribunal de Marvejols à la soustraction frauduleuse, imputée à Marie Nègre dans l'ordonnance de prise de corps par lui rendue le 21 fév. 1829, et qui énonce que cette soustraction aurait eu lieu après le coucher et avant le lever du soleil; — Considérant que, quoiqu'un vol qui a été commis de nuit ait été nécessairement commis après le coucher et avant la fin du soleil, il n'est pas, pour cela, vrai de dire que tout vol, commis après le coucher et avant le lever du soleil, ait été nécessairement commis de nuit; — En effet, entre le coucher du soleil et la nuit, il existe le crépuscule du soir, comme il existe le point du jour entre le lever du soleil il existe le crépuscule du matin, qui durent l'un et l'autre pendant que le soleil parcourt dix-huit degrés, nous éclairant, pendant chacun de ces intervalles de temps, non plus de ses rayons directs, parce que le soleil n'est plus ou n'est pas encore sur notre horizon, mais toujours de ses rayons réfractés dans l'atmosphère, et réfléchis sur nous; en sorte que le matin il n'est plus nuit, et il est déjà jour que le soleil n'est pás encore levé; et le soir, il n'est pas encore nuit, il fait encore jour, et pourtant le soleil est couché. — Il faudrait effacer du dictionnaire de la langue française les mots de crépuscule, d'aube, d'aurore, le point du jour, ou il doit rester certain que l'intervalle qui sépare le coucher et le lever du soleil n'est pas tout rempli par la nuit, puisque, outre la nuit, on compte encore deux intervalle et le crépuscule du soir et le crépuscule du matin. Un vol commis durant l'un ou l'autre de ces crépuscules n'est donc pas commis la nuit, quoiqu'il soit commis après le coucher et avant le lever du soleil;
Considérant que nos législateurs l'entendent si fort dans ce sens, qu'en matière criminelle ils se sont toujours servis de cette expression, la nuit, pour désigner l'absence du jour : la nuit (disent-ils, suivant la définition donnée par le Dictionnaire encyclopédique, v° Nuit, cette obscurité qui commence quand le crépuscule du soir finit; ajoutons ici, que nuit finit quand le crépuscule du matin commence; car c'est ainsi que le Dictionnaire de l'Académie définit le crépuscule du matin, le temps qui est depuis la fin de la nuit jusqu'au lever du soleil, v° Crépuscule;
Considérant que les raisons qu'a eues le législateur de qualifier crime le vol commis la nuit, tandis qu'il resterait délit sans cette circonstance, ne laissent pas de doute sur le sens dans lequel le mot nuit doit être pris, et sur le sens dans lequel le législateur l'a employé, le voleur nocturne a plus de facilité à voler; l'obscurité de la nuit; les

qui, selon nous, doit être préféré. C'est la seule qui nous paraisse en harmonie avec l'esprit de la loi. Quels sont en effet les motifs qui ont déterminé le législateur à faire de la nuit une circonstance aggravante ? C'est principalement que, dans l'obscurité de la nuit, d'une part, les voleurs ont plus de facilité pour commettre leur crime et rester inconnus, et, d'autre part, les citoyens ont moins de moyens de se préserver et de se défendre. Or cette raison n'existe qu'autant que le vol a été commis, soit avant que le jour ait commencé à paraître, soit après qu'il a entièrement cessé, c'est-à-dire avant le crépuscule du matin, ou après le crépuscule du soir. En dehors de cet intervalle, pendant lequel la lumière a fait place aux ténèbres, le danger n'est plus le même, et par conséquent les motifs de l'aggravation n'existent plus. Les dispositions des art. 781 et 1037 c. pr. sont de pures fictions légales motivées par des considérations étrangères à la matière qui nous occupe. Lorsqu'il s'agit de savoir si un vol a été commis de jour ou de nuit, ce n'est point à une nuit purement fictive, c'est à la nuit réelle qu'il faut s'attacher. Or la nuit réelle cesse avant que le soleil se lève et elle n'arrive point aussitôt qu'il est couché. Et elle ne correspond pas davantage aux heures marquées par l'art. 1037 c. pr. Quant au système de Carnot, il ne résiste pas davantage à l'examen. Comment admettre en effet que l'usage où sont les habitants d'une localité de se coucher plus ou moins tôt, plus ou moins tard, puisse avancer ou reculer l'arrivée de la nuit? Nous estimons donc que la question de savoir si un vol a été commis le jour ou la nuit est une question de fait qui devra être résolue, dans chaque espèce, d'après les témoignages et autres preuves produites au procès. Telle est aussi, sur ce point, l'opinion de MM. Chauveau et Hélie, t. 5, nos 1829. — V. aussi sur une question analogue vo Voiture publ., nos 137 et suiv.

Art. 4. — Vols qualifiés à raison des circonstances de leur exécution.

§ 1. — Vols commis par plusieurs personnes.

471. Le fait qu'un vol a été commis par plusieurs personnes ajoute à la gravité du délit. D'une part, en effet, cette réunion suppose, de la part des coupables, une perversité plus grande : ils ont formé un complot, et il est permis de craindre que, pour arriver à leurs fins, ils ne soient disposés à employer au besoin la violence; d'autre part, ce concours a pour effet tout à la fois de rendre plus facile la perpétration du vol et d'accroître le péril qui en résulte pour la société. Aussi nos lois pénales modernes ont-elles vu dans le fait de ce concours une circonstance aggravante du vol. Cependant, sous l'empire du code de 1810 (art. 381 et suiv.), comme sous l'empire du code pénal de 1791 (part. 2, tit. 2, sect. 2, art. 16-19), ce fait ne constitue par par

lui seul une circonstance aggravante. Il ne contribue à l'élévation de la peine qu'autant qu'il se trouve réuni à d'autres circonstances. La loi du 28 avr. 1832 a maintenu ce système. A la vérité, d'après les §§ 4 et 5 de l'art. 388 modifié par cette loi, le vol de récoltes détachées du sol et le marandage, lorsqu'ils ont été commis par plusieurs personnes, sont punis plus rigoureusement, sans toutefois sortir de la classe des délits correctionnels (V. suprà, nos 438, 445); mais, en dehors de ces cas exceptionnels, la seule circonstance qu'un vol a été commis par plusieurs personnes est sans influence sur la pénalité; c'est seulement lorsque cette circonstance se trouve réunie à d'autres, telles que la nuit, le port d'armes, la maison habitée, etc., que le vol est passible de peines plus rigoureuses; alors il cesse d'être un simple délit et devient un crime, ainsi que nous le verrons ultérieurement. — Il a été jugé, conformément à ce qui vient d'être dit, que la circonstance que le vol a été commis par plusieurs ne suffit pas à elle seule pour qu'il soit infligé une peine afflictive (Crim. cass. 5 janv. 1806, MM. Viellart, pr., Brière, rap., aff. Gilles et Levasseur).

472. Il ne faut pas confondre le concours de plusieurs personnes, réputé circonstance aggravante, avec la complicité. On ne peut dire qu'un vol a été commis par plusieurs personnes qu'autant que plusieurs ont coopéré aux faits d'exécution. Ainsi celui qui, par dons, promesses, menaces, etc., provoque à commettre un vol, ou donne des instructions pour le commettre, celui qui procure des armes, des instruments, ou tout autre moyen devant servir à le commettre, celui qui assiste l'auteur du vol dans les faits qui le préparent ou le facilitent, celui qui recèle sciemment des choses volées, celui-ci est un complice, mais ce n'est pas un coopérateur, un coauteur, et ainsi, dans tous les cas que nous venons d'indiquer, on ne peut pas dire que le vol ait été commis par deux ou plusieurs personnes. Les faits de simple complicité dont le vol a été accompagné ne doivent donc pas être considérés comme une cause d'aggravation de la peine. « La raison de cette restriction, disent à ce sujet MM. Chauveau et Hélie (t. 5, no 1884), est évidente : le danger du vol augmente en raison du nombre des agents qui concourent à son exécution; mais il ne résulte aucun danger pour la victime de l'assistance qui a été donnée aux actes qui ont préparé cette exécution, ou qui ont assuré ses produits. »

473. On comprend, d'après ces explications, qu'il n'est pas indifférent de déterminer si un individu, traduit en justice à raison d'un vol, est auteur ou complice de ce vol. C'est donc avec raison qu'un arrêt a déclaré nulle la déclaration d'un jury portant que l'accusé est auteur ou complice d'un vol incriminé — « Attendu que le jugement a dit que l'accusé est convaincu d'être auteur ou complice du vol, ce qui est une déclaration vague et alternative, de laquelle il ne résulte aucune conviction positive » (Crim. cass. 17 janv. 1795, MM. Thouret, pr., Bailly,

---

ténèbres de la nuit, le silence de la nuit, le favorisent de concert avec le repos auquel se livrent, pendant ce temps, les autres citoyens, avec les dangers que courent, pendant ce temps, les propriétaires des choses volées, s'ils surprennent le voleur en flagrant délit et qu'ils veuillent l'arrêter ou seulement le reconnaître, ou l'empêcher de consommer son vol; ces dangers firent porter la loi des Douze Tables : *nocturnum furem occidere fas esto*, parce que, surpris en flagrant délit, le voleur nocturne pouvait vous tuer si vous le tuiez pas, il pouvait avoir des armes que l'obscurité de la nuit ne vous aurait pas permis d'apercevoir; mais un vol commis pendant l'un ou l'autre crépuscule n'est pas commis en l'absence du jour, il n'est pas commis à la faveur des ténèbres de la nuit : l'auteur de ce vol n'est pas un voleur nocturne; ce ne serait pas lui que la loi aurait permis de tuer en flagrant délit; ce n'est pas lui non plus que notre code pénal aurait en vue orsqu'aux art. 581, 582, 585 et 586, il décerne une peine criminelle contre l'auteur des vols commis la nuit;

Considérant, enfin, que ce qui achève de démontrer qu'en matière criminelle il ne suffit pas de qualifier la soustraction frauduleuse comme commise après le coucher et avant le lever du soleil, pour la rendre répressible par les articles cités ci-dessus du code pénal, c'est que, dans ces articles, la loi a textuellement qualifié cette action de criminelle, pour avoir été commise la nuit; tandis que, dans l'art. 471, § 10, ce même code pénal, lorsqu'il ne s'agit que d'une simple contravention d'une peine de police porte contre ceux qui, sans circonstance, ont glané, ou râtelé ou grappillé, dans les champs non entièrement dépouillés et vidés de leurs récoltes, n'exige pas que cette action ait été

commise la nuit, mais ou avant le moment du lever ou après celui du coucher du soleil; le législateur met donc une différence entre l'espace de la nuit et l'espace qui s'écoule entre le coucher et le lever du soleil; pour tomber dans la criminalité, il faut que le vol ait été commis dans la nuit proprement dite, qui commence quand finit le crépuscule du soir, et qui finit quand le crépuscule du matin commence : pour que le grappillage, le glanage, le râtelage dans les champs devienne contravention de police, il suffit qu'il ait été commis avant le moment du lever ou après celui du coucher du soleil; on ne peut appliquer aux crimes des dispositions qui ne concernent que les contraventions de police, matière bien moins importante; on ne pourrait pas dire non plus que, parce que le législateur, disposant en matière civile, art. 781 c. pr., défend d'arrêter le débiteur après le coucher et avant le lever du soleil, il a voulu, par ces expressions, dire la même chose que la nuit, comprenant un espace plus court que celui qui est entre le coucher et le lever du soleil; on voit, au contraire, que c'est la faveur de la liberté qui fait donner au débiteur un espace plus long que celui de la nuit proprement dite pendant lequel il ne pourrait être arrêté; que, dès lors, le délit ayant été mal qualifié par l'ordonnance de prise de corps susmentionnée, il y a lieu de l'annuler et d'en décerner une nouvelle; — Vu les art. 251, 252, 253 et 254 c. inst. crim.; — Par ces motifs, annule la susdite ordonnance; déclare, néanmoins, qu'il y a lieu à accusation contre Marie Nègre, à raison du crime qui lui est imputé, tel qu'il est qualifié par la cour; la renvoie, en conséquence, à la cour d'assises du département de la Lozère, séant à Mende.

Du 7 mars 1829.—C. de Nîmes, ch. d'ac.—M. Thourel, pr.

rap., aff. Tantormat). —V. Instruct. crim., n°s 3504 et suiv. — Mais V. cod., n°s 3329, 3550 et suiv.

474. Il n'est pas toujours facile de distinguer le coauteur du complice.—V. les développements qui ont été donnés sur ce sujet v° Complice-complicité, n°s 151 et suiv.; V. aussi ce qui est dit *suprà*, n° 175. — Il nous reste à faire connaître ici quelques décisions qui n'ont pas trouvé place dans ce traité.

475. Celui qui fait le guet à la porte d'une maison pendant qu'un autre individu commet un vol dans l'intérieur de cette maison est coauteur et non complice, quoiqu'il n'ait pas participé matériellement à toutes les circonstances du fait principal :
— « Attendu que la cour spéciale extraordinaire de Parme, après avoir déclaré que parmi ceux qui ont commis le vol dont il s'agit quatre s'étaient introduits dans la maison et les autres étaient restés au dehors et attendaient ceux qui étaient dedans ; que cette déclaration n'établit pas une complicité qui rentre dans l'art. 60 c. pén. ; qu'elle constitue tous les accusés coupables du fait principal par une coopération commune, quoique tous n'aient pas participé matériellement à toutes les circonstances de ce fait principal ; que la loi pénale a donc dû être également appliquée à tous les accusés » (Crim. rej. 12 août 1813, MM. Barris, pr., Benvenuti, rap., aff. Jean Tosca et autres ; V. aussi en ce sens les arrêts rapportés v° Complice-complicité, n° 156. — Conf. Merlin, Rép., v° Vol, sect. 2, § 3, dist. 4; Carnot, C. pén., sur l'art. 381, n° 3 ; Bourguignon, Jurispr. des cod. crim., t. 2, sur l'art. 59 c. pén., n° 1; Legraverend, Législ. crim., t. 1, chap. 3, sect. 1, § 1; MM. Chauveau et Hélie, t. 5, n° 1884).

476. Le fait, de la part d'un individu, d'avoir saisi seul une bourse appartenant à autrui, et de l'avoir remise de suite à un autre individu qui l'assistait et l'aidait dans la consommation de cette soustraction, constitue un vol commis par deux personnes, et non par une seule personne dont une autre se serait rendue complice; dès lors, si cette circonstance se trouve réunie à celle de la nuit, il y a lieu d'appliquer l'art. 386, n° 1, c. pén. :
— « Vu l'ordonnance de la chambre du conseil du tribunal de première instance d'Orléans, rendue le 17 fév. dernier, par laquelle les susnommées sont mises en état de prise de corps, comme prévenues, Victoire Lemaire, d'avoir soustrait frauduleusement, dans la nuit du 11 du même mois, de complicité avec Félicité Labbé, femme Bouzard, une bourse contenant 40 fr., au préjudice du sieur Denizeau, dans la rue de l'Aiguillerie, à Orléans ; et ladite femme Bouzard prévenue de complicité avec ladite Lemaire, par aide et assistance, et avec connaissance, dans les faits qui ont consommé ledit vol ; l'arrêt de la chambre des mises en accusation de la cour royale d'Orléans, rendu le 2 mars suivant, par lequel l'ordonnance de prise de possession est annulée et les prévenues renvoyées, en état de mandat de dépôt, devant le tribunal de première instance d'Orléans, pour y être jugées correctionnellement, savoir : Victoire Lemaire, comme prévenue d'avoir, le 11 fév. précédent, vers les huit heures du soir, soustrait frauduleusement une bourse contenant 40 fr., au préjudice du sieur Denizeau, délit prévu par l'art. 401 c. pén., et Félicité Labbé, femme Bouzard, comme prévenue de s'être rendue complice dudit délit en aidant et assistant, avec connaissance, l'auteur dudit vol dans les faits qui l'ont consommé ; le jugement correctionnel du tribunal de première instance d'Orléans, rendu le 28 du même mois, par lequel il s'est déclaré incompétent, par le motif que la fille Lemaire et la femme Bouzard se trouvaient ensemble auprès de Denizeau au moment où le vol de la bourse a été commis ; que si la fille Lemaire seule s'est saisie de la bourse, elle l'a remise de suite à la femme Bouzard, qui l'assistait et l'aidait dans la consommation de ce vol ; que, dès lors, il s'agit d'un vol de nuit commis par deux personnes, prévu et puni par l'art. 386, n° 1, c. pén. ; — Attendu que l'arrêt de la chambre des mises en accusation de la cour royale d'Orléans, non attaqué en temps de droit, et le jugement correctionnel du tribunal de première instance de la même ville, dont il n'y a point eu d'appel par les parties, et auquel le procureur général acquiesce formellement, suivant sa lettre adressée au procureur du roi d'Orléans, jointe aux pièces, ont acquis l'autorité de la chose jugée ; qu'il résulte de leur contrariété une suspension du cours de la justice, qu'il importe

de faire cesser; — Vu les art. 525 et suiv. c. inst. crim., sur les règlements de juges;—Attendu qu'il résulte des faits mêmes mentionnés dans l'arrêt de la chambre des mises en accusation, susmentionné, que le fait dont sont prévenues la fille Lemaire et Félicité Labbé, femme Bouzard, constitue un crime prévu par le n° 1, art. 386 c. pén., et que seulement elle l'a mal qualifié, etc. » (Crim. cass. 30 juin 1832, M. Brière, rap., aff. Bouzard).

477. Il a été jugé que la participation de deux personnes à un vol ne peut constituer une circonstance aggravante de ce délit qu'autant qu'elle a eu lieu dans une intention criminelle, tant de la part de l'un que de la part de l'autre, et qu'ainsi, si l'un des coauteurs n'y a concouru que par suite d'une convention avec le plaignant, auquel il avait révélé le projet de vol, et afin de faciliter l'arrestation de l'autre, le vol doit être considéré comme commis par une seule personne :—« Considérant que la participation de deux ou plusieurs personnes à un vol ou à une tentative de vol ne peut constituer une circonstance aggravante de ces crimes qu'autant qu'elle a eu lieu dans une intention criminelle ; qu'en effet c'est alors seulement que la réunion de deux ou plusieurs personnes pour commettre un crime de cette espèce devient dangereuse et doit motiver une aggravation de peine; que c'est évidemment dans ce sens que doivent être entendues les diverses dispositions du code pénal qui prévoient cette circonstance aggravante ; que ces termes : *Si le vol a été commis par deux ou plusieurs personnes*, qui se trouvent notamment dans l'art. 386, invoqué par les premiers juges, supposent manifestement une coopération au vol, tel qu'il est puni par la loi, c'est-à-dire avec tous les caractères de la criminalité ; considérant que de l'instruction suivie dans l'affaire dont il s'agit il résulte que Leduc n'a participé à la tentative de vol commise dans la nuit du 25 au 26 novembre dernier, que par suite d'une convention faite par le plaignant, et à laquelle il a obéi ; que, dès lors, cette tentative ne lui était pas imputable; qu'il ne pouvait en être considéré comme l'un des auteurs; que c'est ce que les premiers juges ont eux-mêmes supposé, puisqu'ils n'ont pas compris Leduc dans la prévention; considérant qu'en cet état néanmoins les premiers juges ont considéré la participation de Leduc comme une circonstance aggravante, en quoi ils ont méconnu les principes ci-dessus posés (Paris, 6 fév. 1838, ch. d'acc., MM. Sylvestre, pr., Godon, subst., aff. François).

Cet arrêt a été l'objet de critiques auxquelles nous ne pouvons nous associer. On lui a reproché d'avoir méconnu le principe du droit criminel suivant lequel les exceptions personnelles à un accusé ne profitent pas à son complice. Nous ne croyons pas que ce reproche soit fondé. Le fait que, de la part de l'un des agents, la participation au vol était purement simulée, qu'elle était le résultat d'un accord avec la victime désignée du vol, ne constitue pas seulement une exception personnelle à cet agent, elle fait disparaître, à notre avis, la circonstance aggravante tirée du concours de plusieurs personnes. C'est à la réalité, et non pas à l'apparence, qu'il faut s'attacher pour vérifier si cette circonstance existe. Or, dans l'hypothèse dont nous nous occupons, si en apparence il y a deux auteurs du vol, en réalité il n'y en a qu'un. On ne peut donc pas dire que le vol soit réellement commis par deux personnes. La simulation à laquelle se prête l'une de ces personnes ne permet pas de la considérer comme un véritable coauteur. — Mais, dit-on, de ce que l'un des auteurs agit sans intention criminelle, s'ensuit-il que la culpabilité de l'autre soit moins grande, et cela à son propre insu? En matière de tentative, le crime est censé consommé en raison de l'intention des parties. Pourquoi appliquerait-on ici d'autres principes? — S'il s'agissait d'apprécier, au point de vue purement moral, la culpabilité de l'auteur du vol, nous admettrions sans difficulté qu'il n'y a aucune distinction à faire entre les deux cas, et que celui qui, dans la perpétration d'un vol, croit avoir un coopérateur sérieux n'est pas moins coupable parce que l'assistance de ce dernier est purement simulée. C'est que la moralité des actes humains dépend uniquement du fait intérieur de la pensée et de la volonté. Mais la loi est plus positive, et comme c'est en vue des réalités qu'elle dispose, elle ne fait point abstraction des faits et des résultats. La loi pénale, notamment, ne considère ni l'intention isolée du fait ni le fait isolé

de l'intention ; elle exige le concours de l'intention et du fait. Ainsi, par exemple, en matière de tentative, pour que la peine puisse être appliquée, l'intention criminelle ne suffit pas, il faut encore que les moyens employés aient pu atteindre les résultats que l'auteur se proposait ; et celui qui, croyant administrer une substance toxique, donnerait par erreur à celui qu'il veut empoisonner une substance inoffensive, ne pourrait être puni comme coupable d'une tentative de meurtre. Nous concluons de là que, lorsqu'un vol a été commis par deux personnes dont l'une ne donnait au délit qu'une coopération simulée, l'auteur sérieux ne doit pas être puni comme si le vol avait été commis par deux personnes, et qu'ainsi l'arrêt de Paris qui précède a fait une juste application des principes.

478. Dans une accusation de vol qualifié comme ayant été commis par plusieurs, la déclaration de culpabilité de l'un des accusés n'est point contradictoire avec l'acquittement de ses coaccusés, le vol pouvant avoir été commis avec le concours d'autres individus restés inconnus (Crim. rej. 10 avr. 1851, aff. Messio, D. P. 51. 5. 556).

479. Aux colonies, où la cour d'assises juge seule et sans assistance de jury les crimes qui lui sont déférés, il n'y a aucune contradiction dans l'arrêt d'une cour d'assises qui, d'une part, condamne un accusé comme coupable d'un vol commis de nuit par plusieurs personnes, et, d'autre part, déclare ses coaccusés simplement complices par aide et assistance : on peut supposer, dans ce cas, ou que les actes de complicité étaient, aux yeux de la cour d'assises, de nature à constituer la pluralité d'auteurs, ou que cette cour avait admis la coopération d'autres individus non compris dans la poursuite (Crim. rej. 9 juill. 1858) (1).

§ 2. — Vol avec port d'armes.

480. Le fait que l'auteur du vol était porteur d'armes apparentes ou cachées est aussi une circonstance aggravante. Cette possession, en effet, révèle dans l'agent l'intention d'employer au besoin la violence, de répandre le sang même, pour consommer le vol, et de plus elle en facilite l'exécution par la crainte qu'elle peut inspirer (MM. Chauveau et Hélie, t. 5, nᵒ 1917). Le législateur a donc pensé que cette circonstance suffisait par elle-seule à modifier le caractère du vol. L'art 386 prononce la reclusion contre tout individu coupable de vol... « 2ᵒ Si le coupable, ou l'un des coupables, était porteur d'armes apparentes ou cachées, même quoique le lieu où le vol a été commis ne fût ni habité ni servant à l'habitation, et encore quoique le vol ait été commis le jour et par une seule personne. » — En outre, lorsque le port d'armes se trouve réuni à d'autres circonstances aggravantes, il concourt à l'élévation du taux de la peine. Ainsi l'art. 381 prononce la peine des travaux forcés à perpétuité lorsque, indépendamment des quatre autres circonstances qu'il prévoit, les coupables ou l'un d'eux étaient porteurs d'armes apparentes ou cachées (V. infrà, nᵒ 636). Le port d'armes figure aussi parmi les circonstances qui peuvent rendre passible de la peine soit des travaux forcés à perpétuité, soit des travaux forcés à temps, le vol commis sur les chemins publics (V. infrà, nᵒ 643). Enfin, aux termes de l'art. 385, modifié par la loi du 13 mai 1863, la peine des travaux forcés à temps est applicable au vol commis avec deux des trois circonstances suivantes : 1ᵒ si le vol a été commis la nuit ; 2ᵒ s'il a été commis dans une maison habitée ou dans un édifice consacré au culte ; 3ᵒ s'il a été commis par deux ou plusieurs personnes,

et si, en outre, le coupable ou l'un des coupables était porteur d'armes apparentes ou cachées. — V. infrà, nᵒ 648.

481. Dans tous les cas où la loi considère le port d'armes comme une circonstance aggravante, l'aggravation est indépendante de l'usage qui a pu être fait des armes. Cet usage constitue une violence ; or la violence est en elle-même une circonstance aggravante distincte du port d'armes. Ainsi le port d'armes et l'usage qui serait fait de ces armes formeraient deux circonstances aggravantes du vol (art. 382, V. infrà, nᵒ 643).

482. Mais que doit-on entendre par armes? Aux termes de l'art. 101 c. pén., « sont compris dans le mot armes, toutes machines, tous instruments ou ustensiles tranchants, perçants ou contondants. Les couteaux et ciseaux de poche, les cannes simples ne seront réputés armes qu'autant qu'il en aura été fait usage pour tuer, blesser ou frapper. » Il résulte de cette dernière disposition que le simple port des objets qui y sont énoncés ne pourrait être considéré comme une circonstance aggravante du vol. — Il a été décidé en ce sens que lorsqu'il est déclaré, en fait, que l'individu prévenu d'un vol n'a point fait usage du couteau dont il était porteur, c'est l'art. 401, et non pas l'art. 386, qui doit lui être appliqué : — « Attendu que, d'après l'art. 101 c. pén., les couteaux ne sont réputés armes qu'autant qu'il en a été fait usage pour tuer, blesser ou frapper; qu'ainsi, ayant déclaré en fait que Jean Ferrins n'avait pas fait usage de son couteau pour tuer, blesser ou frapper, l'arrêt attaqué n'est contrevenu en droit ni à l'art. 386, nᵒ 2, ni à l'art. 401, relatif aux porteurs d'armes apparentes ou cachées, ni à aucun autre, en appliquant la peine portée par l'art. 401 du même code, ensemble l'interdiction des droits mentionnés en l'art. 42, et en le mettant sous la surveillance de la haute police » (Crim. rej. 8 juill. 1813, MM. Barris, pr., Coffinhal, rap., aff. Ferrins). — Du reste, les explications que peut nécessiter la définition donnée par l'art. 101, pour l'application des art. 381 et suiv. c. pén., se trouvent vᵒ Arme, nᵒˢ 31 et suiv. Nous ne pouvons donc que nous y référer.

§ 3. — Vol avec effraction.

483. L'effraction employée comme moyen de violer une clôture, afin de commettre un vol, aggrave beaucoup la criminalité de ce vol, soit parce qu'il est presque impossible de s'en garantir, soit parce qu'elle porte atteinte à la sécurité que chaque citoyen doit trouver dans sa maison. Aussi les législateurs se sont-ils toujours montrés très-sévères pour le vol accompagné de cette circonstance. La loi romaine distinguait à cet égard, selon que le fait avait eu lieu le jour ou la nuit. Dans le premier cas, la peine était le fouet et le travail temporaire des mines ; dans le second cas, c'était le fouet et le travail perpétuel des mines. Inter effractores (dit la loi 2, ff., De effractoribus) variæ animadvertitur; atrociores enim sunt nocturni effractores, et ideo hi fustibus cæsi in metallum dari solent, diurni vero effractores post fustium castigationem in opus perpetuum vel temporarium dandi sunt. Ce même vol était puni de mort lorsqu'il avait été commis avec armes et par plusieurs personnes : Hi qui œdes alienas aut villas effregerint, dit la loi 11, ff., ad leg. Jul. de re publica, si quidem in turba cum telo fuerint, capite puniuntur.

484. Notre ancien droit était encore plus rigoureux à cet égard. « L'expérience ayant fait voir, dit Muyart de Vouglans (Lois crim., p. 289), que, de tous les vols, il n'y en avait point de plus dangereux que celui-ci, nos souverains ont cru ne pou-

---

(1) (Colas C. min. pub.)—La cour ; — Sur le troisième moyen, tiré d'une fausse application prétendue de l'art. 386, nᵒ 1 c. pén. colonial du 29 oct. 1828, en ce que la circonstance de pluralité des auteurs du vol a été admise comme base de l'application de la peine, lorsque la déclaration de la cour d'assises affirmant que le vol a été commis par plusieurs personnes se trouvait infirmée par cette contre-partie de la même déclaration, portant que Domont et Rivot, coaccusés de Colas, demandeur en cassation, n'étaient point coupables comme auteurs, mais seulement comme complices par aide et assistance ;—Attendu que le demandeur a été déclaré coupable de vol commis la nuit et par plusieurs personnes, ce qui entraînait l'application de l'art. 386, nᵒ 1 c. pén. colonial; que, si ses coaccusés ont été déclarés simplement com-

plices par aide et assistance, cette déclaration ne contredit en rien la déclaration de la cour affirmant que le vol a été commis par plusieurs personnes, soit parce que les actes de complicité de Domont et de Rivot par aide et assistance avaient pu être, aux yeux de la cour d'assises, de nature à constituer l'élément de pluralité d'auteurs, soit parce que la cour d'assises, en affirmant la pluralité des auteurs, avait pu admettre la coopération d'autres individus non compris dans la poursuite ; qu'en cet état, la déclaration de la cour d'assises ne présentait rien de contradictoire, et qu'elle a servi de base légale à l'application de la peine ; — Rejette,

Du 9 juill. 1858.-C. C., ch. crim.-MM. Legagneur, rap.-De Marnas, av. gén., c. conf.-Gatine, av.

voir le punir d'une moindre peine que du dernier supplice, et même l'édit de François Ier, de janvier 1534, portait : « Ceux qui entreront au dedans des maisons, icelles crocheteront et foreteront, prendront ou emporteront les biens qu'ils trouveront ésdites maisons, seront punis de la manière qui s'ensuit : c'est à savoir, les bras leur seront rompus et brisés en deux endroits, tant haut que bas, avec les reins, jambes et cuisses, etc. » Mais cette peine n'était pas rigoureusement appliquée. Il paraît même que, d'après la jurisprudence, le vol avec effraction était puni arbitrairement (V. Jousse, Just. crim., t. 4, p. 218).

485. Le code pénal de 1791 (part. 2, tit. 2, sect. 2, art. 6) punissait de huit années de fers le vol commis sans violence envers les personnes, à l'aide d'effraction faite, soit par le voleur, soit par son complice, et (art. 7) il augmentait la durée de sa peine de deux ans pour chacune des deux circonstances suivantes : 1° si l'effraction était faite aux portes et clôtures extérieures des bâtiments, maisons ou édifices ; — 2° Si le crime était commis dans une maison actuellement habitée ou servant à habitation, sans préjudice d'autres augmentations lorsque l'effraction se trouvait réunie à d'autres circonstances aggravantes, telles que la nuit, le concours de plusieurs personnes, le port d'armes, la violence (art. 7, 3 et 4).—Ce code disposait en outre (art. 8) que lorsqu'un vol aurait été commis avec effraction intérieure dans une maison, par une personne habitante ou commensale de cette maison, ou reçue habituellement dans ladite maison pour y faire un travail salarié, ou qui y était admise à titre d'hospitalité, cette effraction serait punie comme effraction extérieure, et que le coupable encourrait la peine de huit années de fers.

486. Sous l'empire de cette loi, il avait été jugé : 1° que l'effraction non suivie de vol n'était pas un délit emportant peine afflictive et infamante, et susceptible dès lors d'être jugée par un tribunal criminel (Crim. rej. 22 fév. 1793, MM. Thouret, pr., Depronnay, rap., aff. Lemaître) ; — 2° Que le vol commis dans un terrain clos et fermé ne tenant pas immédiatement à une maison habitée ne pouvait être puni de huit années de fers, alors même qu'il avait été commis avec effraction, l'effraction ne devenant une circonstance aggravante du vol que dans le cas où il avait été commis dans l'intérieur d'une maison ou d'un logement (Crim. cass. 8 frim. an 2, MM. Lions, pr., Cochard, rap., aff. X...; 4 brum. an 7, aff. Martin) ; — 3° Que la circonstance de l'effraction n'aggravait la peine du vol commis dans l'intérieur d'une maison habitée que dans le cas où la déclaration du jury exprimait que l'effraction avait eu lieu aux portes et clôtures extérieures de la maison (Crim. cass. 18 fruct. an 3, MM. Lions, pr., Francon, rap., aff. Baronnat) ; — 4° Qu'ainsi la peine de huit années de fers, et non celle de dix années, devait être appliquée à l'individu convaincu de vol commis avec effraction, lorsque la déclaration du jury n'avait pas exprimé la circonstance aggravante de l'effraction extérieure (Crim. cass. 22 prair. an 2, MM. Lecointe, pr., Maleville, rap., aff. N...) ; — 5° Qu'une haie qui clôt un pâturage attenant à une maison habitée ne peut être considérée comme une clôture extérieure de cette maison ;.... et que, par suite, l'action de couper cette haie ne pouvait être appelée une effraction à la clôture extérieure de la maison, alors surtout qu'il s'agissait d'un vol commis, non dans la maison, mais dans le pâturage ; que dès lors la peine applicable était celle de cinq années (c. pén. 1791, art. 2, tit. 2, sect. 2, art. 25), et non huit années (Crim. cass. 11 vent. an 5, MM. Brun, pr., Seignette, rap., aff. Sanseveren) ; — 6° Que l'effraction d'une armoire ne rentrait pas dans les termes de l'art. 3, sect. 2, tit. 2, part. 2, c. pén. de 1791, qui mentionnait l'effraction aux portes et clôtures, soit de la maison, soit du logement (Crim. cass. 1er fruct. an 11, MM. Seignette, pr., Schwendt, rap., aff. Hérold) ; — 7° Que le vol d'une cassette, suivie de l'effraction de cette cassette, lorsqu'elle était au pouvoir du prévenu, ne caractérisait pas le délit de vol avec effraction, mais un simple vol, méritant l'application de peines correctionnelles (Crim. cass. 18 fruct. an 3, MM. Lions, pr., Mequin, rap., aff. Buchon) ; — 8° Que l'effraction d'une malle enlevée de l'appartement où elle était, afin d'en extraire les effets quelle contenait, devait être rangée dans la classe des effractions qui rendaient le vol passible de huit années de fers (Crim. rej. 25 avr. 1806, MM. Barris, pr., Lachèse, rap. aff.

Mahé) ; — 9° Que la circonstance que l'effraction d'une malle, pour enlever les objets qu'elle contenait, avait été commise par un détenu dans l'intérieur de la prison, comme passible de l'aggravation de peine attachée à l'effraction extérieure (même arrêt) ; — 10° Que l'effraction n'était une circonstance aggravante d'un vol que lorsqu'elle se référait aux clôtures des lieux dans lesquels étaient renfermés les effets volés ; qu'ainsi elle n'influait nullement sur le vol des ferrements d'une charrue exposée dans la campagne : — « Attendu que l'ordonnance de traduction ainsi que l'acte d'accusation ne présentaient que des vols de ferrements de charrues exposés dans la campagne ; que, dès lors, ils n'avaient pour objet que des vols d'effets exposés à la foi publique ; que l'effraction à l'aide de laquelle s'étaient opérés ces vols, ne portant que sur les charrues auxquelles étaient attachés les ferrements volés, ne changeait pas la nature du délit et ne le faisait pas rentrer dans l'application des art. 6 et 7, sect. 2, tit. 2, c. pén., puisque l'effraction dont parlent ces articles se réfère essentiellement et exclusivement aux clôtures des lieux dans lesquels étaient renfermés les effets volés... » (Crim. cass. 18 pluv. an 10, MM. Barris, pr., Lamarque, subst., aff. Prevost) ; — 11° Que dans une accusation de vol avec effraction, la loi n'exigeait pas, à peine de nullité, que le fait de l'effraction fût constaté par un procès-verbal (Crim. rej. 27 mess. an 2, MM. Maleville, pr., Robert, rap., aff. Latour).

487. Par application du principe qui prohibe le cumul des peines, il avait été jugé que la peine de quatre ans de fers, dont le code pénal de 1791 punissait la soustraction des deniers publics au-dessus de 10 fr., ne pouvait être cumulée avec celle prononcée contre les vols des propriétés particulières, lorsque ces vols étaient d'ailleurs sujets à une peine plus forte, à raison des circonstances, soit de violence, d'effraction, d'escalade ou de fausses clefs ; qu'il n'y avait alors lieu d'appliquer que cette dernière peine, comme étant plus forte que celle de quatre années de fers (Crim. cass. 6 brum. an 9, M. Busschop, rap., aff. Achard C. min pub.).

488. La loi temporaire du 29 niv. an 6 (V. p. 1107), rendue pour la répression des assassinats et des brigandages qui à cette époque troublaient si gravement la sûreté publique, se montrait très-sévère à l'égard des vols commis dans les maisons habitées avec effraction extérieure. Elle les punissait de mort (art. 1) et elle ajoutait (art. 3) que ceux qui seraient convaincus de s'être introduits dans des maisons habitées à l'aide d'effraction extérieure seraient aussi punis de mort lorsqu'il apparaîtrait par les circonstances du fait qu'ils avaient le dessein d'assassiner ou de voler, lors même que ces derniers crimes n'auraient pas été commis.—La durée de cette loi avait été limitée à un an ; mais l'existence en fut prorogée par la loi du 29 brum. an 7 (V. eod.) jusqu'au 29 niv. an 8, ce qui lui donna une durée totale de deux ans.—Il avait été jugé : 1° que cette loi ne punissait de mort les tentatives de vol que lorsque les coupables s'étaient introduits, de fait, par effraction extérieure ou par escalade, dans les maisons habitées, dans le dessein d'y voler (Crim. cass. 3 pluv. an 7, M. Pepin, rap., aff. Van-Anweghen) ; — 2° Que dès lors cette peine ne pouvait être appliquée à l'accusé convaincu d'avoir tenté de prendre des effets à l'aide d'effraction extérieure (Crim. cass. 17 mess. an 7, M. Bérand, rap., aff. Villain) ; — 3° Que la peine de mort ne pouvait être appliquée si le jury avait simplement déclaré l'accusé coupable de vol, sans s'expliquer sur la circonstance de l'effraction ou escalade (Crim. cass. 11 brum. an 7, MM. Gohier, pr., Barris, rap., aff. Robine) ; — 4° Qu'un vol de marchandises fait dans un magasin par plusieurs personnes restait soumis à la juridiction ordinaire, s'il n'avait été accompagné d'aucune effraction extérieure (Crim. cass. 8 prair. an 7, M. Boullet, rap., aff. X...).

489. La loi du 25 frim. an 8 (V. p. 1107) vint bientôt mitiger les peines prononcées par les lois antérieures contre la plupart des modalités du vol.—Mais il a été décidé : 1° que cette loi ne recevait son application que pour les vols non qualifiés par le code pénal, c'est-à-dire pour ceux commis sans violence, sans escalade, sans effraction, etc. ; qu'ainsi c'était le code pénal qui était applicable à un vol commis avec effraction (Crim. rej. 17 germ. an 9, MM. Seignette, pr., Liger-Verdigny, rap., aff. N...) ; —

2° Qu'un vol commis de jour dans une maison habitée, et avec effraction, n'était pas de la compétence des tribunaux correctionnels ; qu'il devait être porté devant les tribunaux criminels (Crim. cass. 18 therm. an 8, MM. Vieillart, pr., Schwendt, rap., aff. Duporté C. min. pub.).

490. Sous l'empire de la loi du 18 pluv. an 9 (V. Org. jud.), qui attribuait à des tribunaux spéciaux la connaissance de certains crimes et délits, et notamment des vols dans les campagnes et bâtiments de campagne, lorsqu'il y avait effraction faite aux murs de clôture, au toit des maisons, portes et fenêtres extérieures (art. 9), il avait été décidé qu'une cour spéciale ne pouvait se déclarer incompétente pour connaître d'un vol fait dans une campagne, de grilles servant de clôture extérieure aux croisées d'une maison, avec effraction de ces grilles (Crim. cass. 23 avr. 1807, M. Vermeil, rap., aff. Bavagnoli).

491. La peine de mort portée par cette même loi contre les auteurs de vols commis dans les bâtiments de campagne, ne pouvait être appliquée à celui qui ne s'était rendu complice du crime que par des faits postérieurs à sa perpétration, c'est-à-dire en recélant, achetant ou dénaturant les objets volés (Crim. cass. 21 juill. 1808, MM. Barris, pr., Vasse, rap., aff. Zanone).

492. Le code pénal de 1810 a fait aussi de l'effraction une des circonstances aggravantes du vol. Après avoir, dans l'art. 381, prononcé la peine de mort contre les individus coupables de vols commis avec la réunion de cinq circonstances au nombre desquelles se trouve celle-ci : ... « 4° s'ils ont commis le crime, soit à l'aide d'effraction extérieure, ou d'escalade, ou de fausses clefs, dans une maison, appartement, chambre ou logement habités ou servant à habitation, ou leurs dépendances..., » ce code, dans l'art. 384, disposait ainsi qu'il suit : « Sera puni de la peine des travaux forcés à temps tout individu coupable de vol commis à l'aide d'un des moyens énoncés dans le n° 4 de l'art. 381, même quoique l'effraction, l'escalade et l'usage des fausses clefs aient eu lieu dans des édifices, parcs ou enclos non servant à l'habitation et non dépendants des maisons habitées, et lors même que l'effraction n'aurait été qu'intérieure. »

493. L'art. 384 avait été modifié par les art. 4, 8, 10, 11 et 12 de la loi du 25 juin 1824, qui donnaient aux tribunaux la faculté de proportionner la gravité de la peine à la gravité du crime, en les autorisant, lorsqu'il existerait des circonstances atténuantes, à réduire la peine prononcée par l'art. 384, soit à celle de la reclusion, soit au *maximum* des peines correctionnelles déterminées par l'art. 401 c. pén., pourvu toutefois que les vols n'eussent été commis ni la nuit, ni par deux ou plusieurs personnes, ni par des mendiants, vagabonds, ou par des individus précédemment condamnés, soit à des peines afflictives ou infamantes, soit à un emprisonnement correctionnel de plus de six mois.—Il avait été jugé : 1° que l'art. 8 de la loi du 25 juin 1824, qui permettait de réduire à la peine de la reclusion ou au *maximum* des peines correctionnelles déterminées par l'art. 401 c. pén., la peine des travaux forcés à temps prononcée par l'art. 384 c. pén., pour le cas de vol avec escalade ou effraction, n'était pas applicable lorsque l'escalade ou l'effraction était accompagnée de quelque autre circonstance, comme si, par exemple, le vol avait été commis à l'aide d'escalade dans une auberge où l'auteur du vol était reçu; que, dans ce cas, la peine ne pouvait être réduite au *maximum* des peines correctionnelles (Crim. cass. 20 janv. 1825, MM. Portalis, pr., Aumont, rap., aff. Parent); — 2° De même, que le vol dans une maison habitée, avec la circonstance d'effraction intérieure seule, ou la circonstance d'escalade seule, n'était pas susceptible de la réduction de peines permise par la loi de 1824 : — « Attendu que la circonstance qu'un vol a été commis dans une maison habitée est prévue non-seulement par l'art. 381, n° 4, c. pén., mais spécialement par l'art. 386, n° 1, de ce code; que cette circonstance est par elle-même essentiellement aggravante, puisqu'aux termes de cet article, sa réunion, soit à la circonstance de la nuit, soit à celle que le vol a été commis par deux ou plusieurs personnes, change le délit en crime, et soumet à la peine afflictive de la reclusion un coupable qui, sans ladite circonstance, ne serait puni que de la peine correctionnelle de l'emprisonnement; que l'art. 10 de la loi du 25 juin 1824 déclare les art. 2, 3, 8 et

9 de cette loi inapplicables aux vols qui, indépendamment des circonstances spécifiées dans chacun desdits articles, ont été accompagnés d'une ou de plusieurs des autres circonstances aggravantes prévues par les art. 381 et suiv. c. pén., et dispose qu'ils continueront à être punis conformément à ce code; attendu que si, dans l'art. 386 c. pén., la circonstance de la maison habitée ne suffit pas pour transformer le délit en crime, elle n'en pas moins, comme les circonstances de la nuit et de plusieurs personnes, un principe d'aggravation qui, par son concours avec une de ces deux circonstances, opère cette transformation ; que, par la même raison, son concours avec l'effraction ou l'escalade constitue une aggravation qui rend inapplicable, d'après le § 2 de l'art. 10 de la loi du 25 juin 1824, la réduction de peine autorisée par l'art. 8 de cette loi » (Crim. cass. 29 mai 1830, MM. de Bastard, pr., Brière, rap., aff. Paux; V. aussi Crim. cass. 13 mars 1828, MM. Bailly, f. f. de pr., Choppin, rap., aff. Vieillart; 4 mars 1830, MM. de Bastard, pr., Gaillard, rap., aff. Pitois; 9 déc. 1830, MM. de Bastard, pr., Rives, rap., aff. Camarès).

494. Il avait été décidé également : 1° qu'en cas de vol commis avec la double circonstance de l'escalade et de l'effraction intérieure, il n'y avait pas lieu à appliquer les dispositions atténuantes de la loi du 25 juin 1824, lesquelles ne pouvaient l'être que lorsque le vol n'était accompagné que de l'une ou de l'autre de ces circonstances (Crim. rej. 6 janv. 1831, MM. de Bastard, pr., Chantereyne, rap., aff. Houlley); — 2° Qu'il en était de même, à plus forte raison, en cas de vol commis dans une maison habitée, avec escalade et effraction (Crim. cass. 28 oct. 1830, MM. Ollivier, pr., de Ricard, rap., aff. Gagneux). — V. aussi les arrêts cités v° Peine, n° 313.

495. Il avait été jugé encore qu'un arrêt qui décidait que l'exception faite par l'art. 10 de la loi du 25 juin 1824, pour les vols commis de nuit avec effraction, à la disposition atténuante de l'art. 8 de la même loi, était applicable aux tentatives de vol accompagnées des mêmes circonstances aggravantes, n'était pas sujet à annulation (Crim. rej. 10 août 1826, MM. Bailly, f. f. de pr., Ollivier, rap., aff. Guignon).

496. Nous avons dit les adoucissements apportés par la loi du 25 juin 1824 à la rigueur des pénalités édictées par les art. 381 et 384 c. pén. étaient déclarés par cette loi elle-même inapplicables en cas où le vol avec effraction avait été commis par des mendiants ou vagabonds. Le code pénal de 1810, par son art. 280, aujourd'hui abrogé, disposait que tout vagabond ou mendiant qui aurait commis un crime emportant la peine des travaux forcés à temps, serait en outre marqué. — Sous l'empire de cette disposition, il avait été décidé que dans le cas d'accusation d'un vol commis dans une maison à l'aide d'effraction et en état de vagabondage, si le jury n'était point interrogé sur l'état de vagabondage, qui était une circonstance aggravante, et, aux termes de l'art. 280 c. pén., passible de la peine accessoire de la marque, sa déclaration était nulle, et que la cour qui décidait cette circonstance en faveur de l'accusé commettait un excès de pouvoir (Crim. cass. 11 mai 1827, MM. Portalis, pr., Busschop, rap., aff. Helmer).

497. La loi du 25 juin 1824 est aujourd'hui abrogée. Mais, d'une part, la faculté de déclarer l'existence de circonstances atténuantes, et, par suite, de faire proportionner la peine au crime, a été réservée au jury par le nouvel art. 345 c. inst. crim.; d'autre part, la loi du 28 avr. 1832 a modifié l'art. 381 c. pén. en ce sens qu'elle a substitué la peine des travaux forcés à perpétuité à la peine de mort pour le cas où le vol est accompagné des cinq circonstances énumérées par cet article, parmi lesquelles se trouvent soit l'effraction extérieure, soit l'escalade, soit l'usage de fausses clefs. Sauf cette modification, les art. 381 et 384 sont restés, depuis la réforme de 1832, tels qu'ils étaient sous le code de 1810.

498. Avant d'aller plus loin, nous devons constater un premier point : c'est que l'effraction par elle-même, considérée isolément, ne constitue aucun délit et n'engendre qu'une action civile pour sa réparation du dommage causé. Elle ne tombe sous l'action de la loi pénale qu'autant qu'il s'y rattache un autre fait délictueux, dont elle devient alors une circonstance aggravante (Carnot, sur l'art. 393, n° 3. Chauveau et Hélie, t. 5, n° 1885).

— Il a été décidé, en ce sens, que l'effraction ne constitue pas par elle-même un crime, mais peut seulement devenir une circonstance aggravante d'un crime consommé ou tenté; qu'ainsi l'effraction commise à la clôture d'une maison habitée, sans qu'il existe aucune circonstance propre à en révéler le but, ne constitue pas une tentative de vol, mais uniquement le délit de bris de clôture : — « Considérant, en droit, que l'effraction n'est pas rangée par le code dans la catégorie des crimes; que le législateur l'a considérée seulement comme pouvant devenir une circonstance aggravante d'un crime consommé ou tenté; qu'elle ne peut donc constituer par elle seule une tentative punissable tant qu'elle ne se rattache pas à un fait déterminé qualifié crime par la loi; considérant, en fait, que, d'après l'instruction, le prévenu se serait borné à briser les vitres de la croisée du sieur Gagé, et à ébranler une barre de fer qui la protégeait; que, si tout porte à croire que le prévenu avait un but coupable en se livrant à ces premières voies de fait, néanmoins aucune circonstance ne révèle d'une manière précise l'objet spécial qu'il se proposait et la nature de l'action qu'il voulait commettre; qu'on ne peut pas voir, en effet, dans l'effraction dont il s'agit le commencement d'exécution d'un vol plutôt que d'un assassinat ou de tout autre crime; qu'il suit de là que l'ordonnance a mal à propos qualifié cette effraction de tentative de vol, et qu'il y a lieu, par suite, de réformer » (Orléans, 14 oct. 1842, ch d'acc., MM. Vilneau, pr., aff. Choux; V. aussi Crim. rej. 22 fév. 1793, aff. Lemaître, *suprà*, n° 486-1°).

499. Examinons maintenant ce qu'on entend proprement par effraction. Le code pénal en a donné la définition. « Est qualifié *effraction*, porte l'art. 393, tout forcement, rupture, dégradation, démolition, enlèvement de murs, toits, planchers, portes, fenêtres, serrures, cadenas, ou autres ustensiles ou instruments servant à fermer ou à empêcher le passage, et de toute espèce de clôture, quelle qu'elle soit. » — Des termes de cet article il résulte que, pour constituer l'effraction, deux conditions sont nécessaires : 1° il faut qu'il y ait un forcement, rupture, dégradation, démolition, enlèvement; 2° il faut, en second lieu, que l'objet forcé, rompu, dégradé, démoli ou enlevé, ait été une clôture, ait eu pour destination de fermer ou d'empêcher le passage. — Ainsi celui qui force une serrure en écartant le pêne à l'aide d'un ferrement, commet une effraction rentrant dans les termes de la définition donnée par l'art. 393, puisqu'il force un instrument servant à fermer (MM. Chauveau et Hélie, t. 5, n° 1886).—De même, le fait par un individu d'avoir ouvert le coffre renfermant l'argent dont il s'est emparé en enlevant les clous qui attachaient la serrure dudit coffre, présente les caractères du vol avec effraction (Crim. cass. 3 niv. an 14, aff. Orlando, V. *infrà*, n° 572; — Conf. MM. Chauveau et Hélie, *loc. cit.*). Il y a là, en effet, enlèvement d'un objet servant à clore.

500. Mais, suivant un arrêt, « l'enlèvement d'instruments servant à fermer ou à empêcher le passage d'une clôture, ne peut, dans le sens de l'art. 393 c. pén., être qualifié effraction qu'autant que ledit enlèvement a procuré au voleur un moyen d'ouverture ou de passage différent de celui dont se sert la personne volée elle-même; » et ainsi il n'y a pas effraction dans l'action d'un voleur qui, pour s'ouvrir un passage, n'a fait que soulever et déplacer une traverse mobile qui tenait fermée les deux battants de la porte (Crim. rej. 18 juin 1812, MM. Barris, pr., Busschop, rap., aff. André; — Conf. Merlin, Rép., v° Vol, sect. 2, § 3, dist. 4, sur les art. 391-396 c. pén., n° 2; Bourguignon, Jur. des c. crim., sur les art. 394-396, n° 2; MM. Chauveau et Hélie, t. 5, n° 1886).—Par la même raison, il n'y aurait pas non plus effraction si le voleur avait surpris la clef et s'en était servi pour ouvrir, ou si la porte n'était fermée qu'au verrou et qu'il n'eût fait que tirer ce verrou : il n'y a dans ces cas ni forcement, ni rupture, ni dégradation; l'ouverture s'opère par les moyens ordinaires (Chauveau et Hélie, *loc. cit.*).

501. Il faut, avons-nous dit, que l'objet fracturé ait été une clôture. Il suit de là qu'on ne peut considérer comme effraction l'enlèvement de certains objets effectué en coupant, sur des char-

rettes ou voitures, les cordes ou courroies qui les y tenaient attachés : — « Attendu que s'il est vrai que le prévenu a enlevé les objets ci-dessus en coupant, sur des charrettes ou des voitures, les cordes ou courroies qui les y tenaient attachés, ces moyens violents d'enlèvement et de soustraction ne portent pas les caractères déterminés par les art. 393 et 396 c. pén., pour pouvoir être qualifiés d'effraction extérieure ou intérieure; d'où il suit que les faits dont il s'agit rentrent dans la classe des vols simples prévus et punis par l'art. 401 c. pén. » (Liége, ch. d'acc., 18 nov. 1842, aff. Séquaris).

502. Il s'ensuit encore qu'on ne peut voir une effraction dans le fait d'écarter la terre pour parvenir à soustraire un objet enfoui : — « Attendu que, dans les faits déclarés par le jury à la charge des accusés il n'en est aucun qui constitue l'effraction telle qu'elle est définie par l'art. 393 c. pén., qui suppose la violation d'une clôture destinée à former un obstacle aux moyens que le voleur voudrait employer pour enlever l'objet enfermé, et que, dans l'espèce, on ne peut considérer comme formant un pareil obstacle la terre dont on n'avait couvert les objets volés que pour les soustraire à la vue et les cacher » (Crim. cass. 17 nov. 1814, M. Busschop, rap., aff. Letuvé et Carpentier; — Conf. Merlin, Rép., v° Vol, sect. 2, § 3, dist. 4, sur les art. 391-396, n° 6; Carnot, C. pén., sur les art. 384, n° 4, et 393, n° 4; Bourguignon, Jur. des c. crim., t. 2, sur les art. 394-396, n° 3; MM. Chauveau et Hélie, t. 5, n° 1886).

503. Un arrêt a jugé que « la rupture de la digue d'un étang pour faire écouler l'eau et faciliter le vol de poisson ne constitue pas l'effraction définie par l'art. 393 c. pén. » (Paris, 1er fév. 1825, M. de Merville, pr., aff. B... et F...). Cette rupture a bien pour objet de rendre plus facile la perpétration du vol, mais non de supprimer une clôture séparant le voleur de la chose qu'il convoite.

504. Après avoir donné de l'effraction une définition générale, le code pénal, dans l'art. 394, distingue les effractions en extérieures ou intérieures, et dans les art. 395 et 396 il explique ce qu'on doit entendre par les unes et les autres. « Art. 395. Les effractions extérieures sont celles à l'aide desquelles on peut s'introduire dans les maisons, cours, basses-cours, enclos ou dépendances, ou dans les appartements ou logements particuliers. — Art. 396. Les effractions intérieures sont celles qui, après l'introduction dans les lieux mentionnés en l'article précédent, sont faites aux portes ou clôtures du dedans, ainsi qu'aux armoires ou autres meubles fermés. — Est compris dans la classe des effractions intérieures le simple enlèvement des caisses, boîtes, ballots sous toile et corde, et autres meubles fermés, qui contiennent des effets quelconques, bien que l'effraction n'ait pas été faite sur lieu. »

505. Il résulte de ces articles, comme des art. 381 et 384, que l'effraction ne constitue une circonstance aggravante du vol qu'autant qu'elle a été commise dans l'un des lieux qui y sont désignés. Ainsi, pour que l'effraction, réunie aux autres circonstances spécifiées dans l'art. 381, puisse donner lieu à l'application de la peine prononcée par cet article, il est nécessaire qu'elle ait été commise dans une maison, appartement, chambre ou logement habités ou servant à l'habitation, ou leurs dépendances. Pour l'application de l'art. 384, il suffit que l'effraction ait eu lieu dans des édifices, parcs ou enclos non servant à l'habitation et non dépendants des maisons habitées, mais il faut qu'elle ait été commise au moins dans l'un de ces lieux. De là il résulte que, pour que les peines du vol avec effraction puissent être appliquées, il est nécessaire que le lieu où l'effraction a été commise soit énoncé dans la réponse du jury (Conf. Bourguignon, Jurispr. des cod. crim., t. 3, sur l'art. 398, n° 4; MM. Chauveau et Hélie, t. 5, n° 1887; Morin, Rép. de dr. crim., v° Vol, n° 52).

506. Ainsi, il a été jugé : 1° que, dans une accusation de vol, la question posée au jury sur la circonstance aggravante d'effraction doit, à peine de nullité, contenir les éléments constitutifs de l'effraction, notamment énoncer le lieu dans lequel elle a été effectuée (Crim. cass. 9 avr. 1857) (1); — 2° Que l'effraction

(1) (Delamarre.) — La cour; — Vu les art. 381, 384 c. pén.; — Attendu qu'aux termes de l'art. 384 précité, l'effraction n'est une cir-

constance aggravante du vol qu'autant qu'elle a eu lieu dans un édifice parc ou enclos ; qu'il suit de là que la circonstance du lieu, comme

n'est une circonstance aggravante du vol qu'autant qu'il est constaté qu'elle a été commise dans un lieu clos (Crim. cass. 20 déc. 1835, aff. Laurencel, D. P. 56. 5. 509) ; — 3° Que pour que la circonstance de la maison habitée, qui, réunie à celle de l'effraction, donne un vol le caractère de crime, puisse être prise en considération pour l'application de la peine, il faut qu'elle ait été l'objet d'une mention expresse et d'une délibération spéciale de la part du jury; qu'on ne peut la faire résulter implicitement de sa déclaration (Crim. cass. 29 déc. 1838, aff. Fabre, V. Inst. crim., n° 1202); — 4° Que l'effraction et l'escalade n'ont pas le caractère de circonstance aggravante du vol prévu par l'art. 381 c. pén., lorsque la déclaration du jury n'exprime pas qu'elles aient eu lieu dans une maison habitée ou servant à l'habitation (Crim. cass. 11 janv. 1834, aff. Noël Martin et Tramesson, V. Inst. crim., n° 2508-1°); — 5° Que lorsque le jury déclare un accusé de vol avec effraction, dans une maison habitée, coupable de ce vol avec effraction, sans rien ajouter, cet accusé ne peut être puni que de peines correctionnelles, la loi ne punissant de peines afflictives et infamantes que le vol avec effraction dans des édifices, parcs, enclos, servant ou non à l'habitation (Crim. cass. 10 mars 1826; 6 janv. 1831 (1); V. aussi Inst. crim., n° 2413-2°); — 6° Que la peine du vol avec la circonstance aggravante de l'effraction ne peut être prononcée contre l'accusé lorsque le jury n'a pas été appelé à se prononcer sur les circonstances constitutives de l'effraction, et, par exemple, lorsque, la question lui ayant été posée en ces termes : « Le vol a-t-il été commis à l'aide d'effraction ? »

la culpabilité de l'accusé a été déclarée par cette réponse du jury : « Oui » (Crim. cass. 9 avr. 1846, aff. Genin, D. P. 46. 4. 546) ; — 7° Que le vol ou recélé d'objets volés à l'aide d'effraction ne peut être puni de la peine des travaux forcés à temps, si, dans la question soumise au jury, et conséquemment dans sa réponse, il n'est pas exprimé que ce vol a été commis dans une maison habitée, parc ou enclos non servant à l'habitation, et non dépendant d'une maison habitée (Crim. cass. 28 juill. 1826 (2) ; — 8° Qu'en déclarant l'accusé coupable de vol avec la circonstance d'effraction seulement, le jury est censé avoir écarté, par là, toutes les circonstances aggravantes, et, par conséquent, celle de la maison habitée ; que, dès lors, l'accusé ne doit être reconnu coupable que d'un vol simple, et n'est passible que des peines portées par l'art. 401 c. pén. (Crim. cass. 7 déc. 1833) (3) ; — 9° Que lorsque le jury a déclaré qu'un accusé n'est pas coupable de soustraction frauduleuse dans un lieu dépendant d'une maison habitée, mais qu'il l'a commise à l'aide d'effraction, la circonstance de l'effraction ayant cessé de se trouver jointe à celle du lieu, sans laquelle l'effraction ne peut être considérée comme aggravante, la cour d'assises ne peut, sur une pareille déclaration, prononcer la peine des travaux forcés (Crim. cass. 28 mars 1828) (4) ; — 10° Qu'il ne suffit pas qu'il soit déclaré que le vol avec effraction a été commis (dans les colonies) sur une habitation, s'il n'est pas, en même temps, déclaré que cette habitation était protégée par une clôture, dans le sens de l'art. 395 c. pén. (Crim. cass. 27 mai 1853, aff. N..., D. P. 53. 1. 317).

celle de l'effraction elle-même, doit être énoncée dans les questions soumises au jury et explicitement déclarée dans ses réponses ; — Attendu qu'à la vérité la question relative au premier fait principal énonce que la soustraction frauduleuse a été commise dans la maison et au préjudice de la femme Carpentier ; —Que la même mention se retrouve dans la question relative au second fait principal ; qu'il y est énoncé que le vol a été commis dans la maison et au préjudice d'Arnoult ; - Mais que cette énonciation ne suffit pas pour constituer la circonstance aggravante spécifiée par ledit art. 384, puisqu'elle entacherait du vice de complexité la question, qui aurait réuni au fait principal l'un des éléments nécessaires pour constituer la circonstance aggravante de l'effraction ; — Attendu que, dans l'espèce, la peine des travaux forcés à temps prononcée contre Delamarre a été déterminée par la réponse affirmative du jury sur la circonstance de l'effraction ; mais que cette déclaration ne s'expliquant pas sur la question de savoir si l'effraction a eu lieu dans un édifice, parc ou enclos, la circonstance aggravante manque de l'un des éléments qui la constituent ; que, dès lors, la peine appliquée n'a pas de base légale et que l'arrêt qui l'a prononcée par application de l'art. 384 c. pén., en a violé les dispositions ; — Casse.
Du 9 avr. 1857.-C. C., ch. crim.-M. Aug. Moreau, rap.

(1) 1re Espèce : —(Guérin C. min. pub.) La cour ; — Attendu que le demandeur a été déclaré coupable de vol, à l'aide d'effraction, sans qu'il ait été demandé au jury, si ce vol avait été commis dans une maison habitée, ou dans un édifice, parc ou enclos non servant à l'habitation, et non dépendant d'une maison habitée, et sans que le jury ait rien déclaré sur cette circonstance ; que, néanmoins, l'accusé a été condamné à la peine portée par la loi contre les auteurs de vol avec circonstances prévues par le n° 4 de l'art. 381 et par l'art. 384 c. pén. ; qu'il y a donc eu fausse application de la loi pénale; — Mais attendu qu'il résulte des faits consignés dans l'arrêt de renvoi, que le demandeur aurait commis le vol dans une maison habitée ; d'où il suit que l'arrêt de renvoi n'a pas été purgé par les questions soumises au jury, ni par sa déclaration ; —Casse et annule les questions soumises au jury et sa réponse ; casse l'arrêt de la cour d'assises de la Charente, du 11 fév. dernier.
Du 10 mars 1826.-C. C., ch. crim.-MM. Portalis, pr.-Gaillard, rap.
2° Espèce : —(Grébot C. min. pub.) — La cour ; — Vu les art. 384 et 381 c. pén.; — Attendu que de la combinaison de ces articles il résulte que le vol commis avec effraction n'est puni des peines portées en l'art. 584, que lorsque le vol a eu lieu dans des édifices, parcs ou enclos, servant ou non à l'habitation ; — Et attendu que le jury, en déclarant le demandeur coupable de vol avec effraction, a écarté toutes les autres circonstances; qu'il n'y avait donc lieu d'appliquer au fait déclaré constant les dispositions pénales de l'art. 584 c. pén. ; — Attendu que, dans l'espèce, la cour d'assises du département de la Seine a fait une fausse application de l'art. 584 précité, en condamnant le demandeur aux travaux forcés à temps et peines accessoires ; — Par ces motifs, casse l'arrêt de la cour d'assises de la Seine, du 2 déc. 1830.
Du 6 janv. 1831.-C. C., ch. crim.-MM. Bastard, pr. Choppin, rap.
(2) (Loiselet C. min. pub.)—La cour ; — Attendu que le demandeur a été déclaré coupable d'avoir sciemment recélé des objets volés à l'aide d'effraction, sans qu'il ait été demandé au jury si ce vol avait été commis

dans une maison habitée, ou dans un édifice, parc ou enclos non servant à l'habitation et non dépendant d'une maison habitée, et sans que le jury ait rien déclaré sur cette circonstance ; que, néanmoins, l'accusé a été condamné à la peine portée par la loi contre les auteurs de vols ou recélés de vol commis avec les circonstances prévues par le n° 4 de l'art. 381 et l'art. 584 c. pén.; qu'il y a donc eu fausse application de la loi pénale; — Mais attendu qu'il résulte de l'arrêt de renvoi que les objets volés, et que le demandeur aurait sciemment recélés, auraient été dans une échoppe, à l'aide d'effraction ; que, néanmoins, l'acte d'accusation ne fait aucune mention, dans son résumé, de la circonstance de l'échoppe d'où il suit que l'arrêt de renvoi n'a pas été purgé ; — Casse et annule les questions soumises au jury sa réponse ; casse l'arrêt de cour d'assises de la Seine, du 27 juin dernier, qui condamne le demandeur à la peine des travaux forcés à temps ; casse également l'acte d'accusation.
Du 28 juill. 1826.-C. C., ch. crim.-MM. Bailly, pr.-Choppin, rap.
(3) (Dupuis C. min. pub.) — La cour ; — Vu les art. 381, 384, 394, 395 et 596 c. pén., et attendu, en droit, qu'il résulte de la combinaison de ces articles, que, pour que le vol soit commis avec l'effraction telle qu'elle est punie et définie par la loi, il faut que l'effraction, soit extérieure, soit intérieure, ait eu lieu dans une maison habitée ou servant à l'habitation, ou dans ses dépendances, ou même dans les édifices, parcs, ou enclos non servant à l'habitation, et non dépendant des maisons habitées ; — Et, attendu, en fait, que le jury, en déclarant, dans l'espèce, l'accusé coupable de vol avec la circonstance d'effraction seulement, a, par cette déclaration, écarté toutes les autres circonstances aggravantes, et, par conséquent, celle de la maison habitée; d'où il suit que l'accusé n'étant ainsi reconnu coupable que d'un vol simple, l'application des seules peines portées en l'art. 401 c. pén. devait être faite par la cour d'assises au fait, tel qu'il était déclaré constant par le jury ; — Casse l'arrêt de la cour d'assises de l'Aisne, du 13 nov. dernier, etc.
Du 7 déc. 1853.-C. C., ch. crim.-MM. Bastard, pr.-Choppin, rap.
(4) (Leprince C. min. pub.) — La cour ; — Attendu qu'aux termes des art. 584 et 381 c. pén., les vols commis à l'aide d'effraction, d'escalades ou de fausses clefs, ne donnent lieu à l'application de la peine des travaux forcés qu'autant que l'effraction ou l'usage des fausses clefs ont eu lieu dans un édifice, parc ou enclos ; d'où il suit que la circonstance du lieu, comme celle de l'effraction ou de l'escalade, doit être clairement énoncée dans les questions soumises au jury et explicitement déclarées dans ses réponses ; — Que, dans l'espèce, le jury interrogé sur ces deux questions : « La soustraction frauduleuse a-t-elle été commise dans un lieu dépendant d'une maison habitée? » A-t-elle été commise à l'aide d'effraction ? » a répondu affirmativement sur la deuxième, mais négativement sur la première; — Qu'aucune autre question relative au lieu ne lui ayant été soumise, la circonstance de l'effraction a cessé de se trouver jointe à la circonstance du lieu, sans laquelle la circonstance de l'effraction ne peut être considérée comme aggravante ; — Qu'ainsi les faits, tels qu'ils résultent de la réponse du jury, ne constituant plus qu'une soustraction frauduleuse, commise la nuit par deux personnes, les peines portées par l'art. 396 c. pén. étaient seules applicables, et qu'en condamnant les coupables à la peine des travaux forcés à temps, la cour d'assises du département de

507. Cependant il a été jugé, en sens contraire, que les individus coupables d'un vol commis à l'aide d'effraction devant, aux termes de l'art. 384 combiné avec le n° 4 de l'art. 381, subir la peine des travaux forcés à temps, soit que l'effraction ait été extérieure, soit qu'elle n'ait été qu'intérieure, il y a violation de la loi pénale dans l'arrêt qui, sur la déclaration du jury que les accusés sont coupables de vol avec effraction (sans que cette effraction soit qualifiée), ne les condamne qu'à la reclusion (Crim. cass. 8 mai 1812, MM. Barris, pr., Oudart, rap., aff. Ketting). — Sans doute il est indifférent que la réponse du jury indique si l'effraction a été extérieure ou intérieure; mais il est nécessaire qu'elle indique que cette effraction a été commise dans un lieu clos.

508. Suffirait-il qu'il eût été dit dans la réponse du jury que le vol a été commis à l'aide d'effraction extérieure? Cette question a été diversement résolue.—Il a été jugé que la circonstance d'effraction à l'aide de laquelle a été commis un vol, constate suffisamment qu'il l'a été dans un lieu clos de l'espèce de ceux spécifiés dans l'art. 384 c. pén., en sorte qu'il est superflu de poser, une question particulière sur cette circonstance, s'il n'a été commis à l'aide d'effraction. 381-4° ni l'art. 384. La déclaration que le vol a été accompagné d'effraction extérieure; que la déclaration affirmative du jury sur cette dernière question rend applicable la disposition de l'art. 384 c. pén. (Crim. rej. 7 juill. 1842) (1).

509. Il a été décidé, en sens contraire : 1° qu'il ne suffit pas que le jury déclare que le vol a été accompagné d'une effraction extérieure (Crim. cass. 23 janv. 1840 (2); 14 nov. 1856, aff. Milioni, D. P. 56. 5. 509); — 2° Que l'effraction extérieure n'est une circonstance aggravante du vol qu'autant qu'elle a eu lieu dans un édifice, parc ou enclos; que, par suite, si le jury, inter-

rogé sur les deux questions de savoir si le vol a été commis : 1° dans une maison habitée, et 2° à l'aide d'effraction extérieure, répond négativement sur la première et affirmativement sur la seconde, la circonstance de l'effraction extérieure cessant de se trouver jointe à la circonstance du lieu, sans laquelle elle ne saurait être réputée aggravante, la cour d'assises doit considérer le vol comme dénué à la fois des deux circonstances signalées (Crim. cass. 12 oct. 1858 (3); V. aussi n° 506). — Ces dernières solutions nous paraissent seules exactes. Il peut arriver, en effet, qu'un voleur ait eu recours à l'effraction pour s'introduire dans un lieu non entièrement clos, soit parce qu'il ignorait l'existence d'une ouverture qui en permettait l'accès, soit parce que cette ouverture était l'objet d'une surveillance à laquelle il désirait échapper. Dans cette hypothèse, on ne pourrait appliquer ni l'art. 384. La déclaration que le vol a été accompagné d'effraction extérieure n'implique donc pas nécessairement l'existence d'un lieu clos, et par conséquent elle est insuffisante pour motiver l'application de la peine prononcée par la loi contre le vol avec effraction.

510. Le vol d'une vache commis à l'aide d'effraction faite à la clôture d'un herbage entraîne l'application de l'art. 384 c. pén. (Crim. rej. 14 janv. 1813) (4); pourvu, bien entendu, que cet herbage soit de tous côtés entouré d'une clôture.

511. La condition du lieu est nécessaire, non pas seulement pour l'effraction extérieure, mais aussi pour l'effraction intérieure. Il résulte en effet des termes de l'art. 396 que la loi ne punit comme effractions intérieures que celles qui, après introduction dans les lieux mentionnés en l'article précédent, sont commises aux clôtures du dedans ou aux meubles fermés, ainsi que l'enlèvement de ces mêmes lieux des caisses, boîtes, bal-

---

la Seine a violé les dispositions dudit art. 386 et fait une fausse application des dispositions combinées des art. 384 et 381, § 4, c. pén.;— Casse l'arrêt du 4 fév. dernier et... tenant la déclaration du jury, renvoie... pour être condamné.

Du 28 mars 1828.—C., ch. crim.-MM. Bailly, pr.-Clausel, rap.

(1) (Theylie et Lafont.) — La cour ; — Attendu, en droit, qu'il résulte des définitions comprises dans les art. 395 et 597 c. pén. d'une part, que l'effraction consiste dans tout forcement, rupture, dégradation, démolition ou enlèvement de murs, toits, planchers, fenêtres, serrures, cadenas, et de toute autre espèce de clôture. Et, d'autre part, que les *effractions extérieures* sont celles à l'aide desquelles on peut s'introduire dans les maisons, cour, basse-cour, enclos et dépendances ou dans les appartements et logements particuliers; qu'ainsi, et de la combinaison de ces deux articles, il résulte que la circonstance de l'effraction extérieure à l'aide de laquelle aurait été commis un vol, constate seule que le vol a été commis dans un lieu clos de l'espèce de ceux spécifiés dans l'art. 384 du même code; qu'il suit dès lors de là qu'en ce cas il n'est pas nécessaire de faire expliquer le jury sur la nature du lieu dans lequel l'auteur du crime n'a pu s'introduire qu'en rompant ou dégradant la clôture de quelque espèce qu'elle soit; — Attendu, en fait, qu'il a été déclaré constant par le jury que le vol de chevaux imputé aux demandeurs avait été par eux commis, conjointement, la nuit, à l'aide d'effraction extérieure , et qu'en ne soumettant pas au jury la question de savoir si ce vol avait été commis dans un édifice ou lieu clos, circonstance que ne comprenaient pas d'ailleurs le dispositif de l'arrêt de renvoi, et en appliquant aux faits, ainsi déclarés constants, la peine prononcée par l'art. 384 c. pén., la cour d'assises des Hautes-Pyrénées n'a fait qu'une juste application de l'article précité et n'a aucunement violé, ni pu violer les dispositions de l'art. 344 c. inst. crim. ; — Rejette.

Du 7 juill. 1842.—C., ch. crim.-M. Jacquinot-Godard, rap.

(2) (Verrière C. min. pub.) — La cour; — Vu les art. 381, n° 4, et 384 c. pén. ; — Attendu que, d'après ces articles, on ne peut considérer l'effraction comme circonstance aggravante qu'autant qu'elle a eu lieu dans une maison, appartement, chambre ou logement habités ou servant à l'habitation, ou leurs dépendances, ou dans des parcs ou enclos non servant à l'habitation et non dépendants des maisons habitées; — Et attendu que, dans l'espèce, le jury interrogé n'a pas répondu sur le point de savoir si le vol imputé au demandeur et commis avec effraction extérieure avait eu lieu dans une maison habitée ou servant à l'habitation, ou dans un lieu clos; qu'on ne saurait conclure, dans l'espèce, l'existence de cette circonstance de la définition de l'art. 395 c. pén., relativement aux effractions extérieures; — Attendu que le jury n'a pas à s'occuper des dispositions pénales, n'est appelé à résoudre que des questions de fait; qu'ainsi la condamnation du demandeur à huit ans de travaux forcés manque de base légale ; — Casse.

Du 25 janv. 1840.-C. C., ch. crim.-MM. Meyronnet, pr.-Isambert, r.

(3) (Fo C. min. pub.) — La cour ; — Sur l'unique moyen de cassation invoqué d'office, et tiré de la fausse application des art. 384 et 381, § 4, c. pén., de la fausse application de l'art. 386 du même code, en ce que la peine portée par les deux premiers articles aurait été appliquée à Jean Fo et à Jacques Fo, déclarés coupables comme auteur et complice d'un vol commis la nuit par deux ou plusieurs personnes, dans une maison habitée, à l'aide d'effraction extérieure ; — Vu lesdits art. 384 et 381, § 4, c. pén.; — Attendu qu'aux termes de ces deux articles, les vols commis notamment à l'aide d'effraction extérieure, ne donnent lieu à l'application de la peine des travaux forcés qu'autant que cette effraction extérieure a eu lieu dans un édifice, parc ou enclos; — D'où il suit que la circonstance du lieu, comme celle de l'effraction extérieure, doit être clairement énoncée dans les questions soumises au jury et explicitement déclarée dans ses réponses; — Attendu que, dans l'espèce, le jury interrogé sur ces deux questions, tant à l'égard de Jean Fo qu'à l'égard de Jacques Fo : 1° Le vol a-t-il été commis dans une maison habitée? 2° A-t-il été commis aussi à l'aide d'effraction extérieure? a répondu affirmativement sur la deuxième, mais négativement sur la première;

Attendu qu'aucune autre question relative au lieu n'ayant été soumise au jury, la circonstance de l'effraction extérieure a cessé de se trouver jointe à la circonstance du lieu, sans laquelle la circonstance de l'effraction extérieure ne peut être considérée comme aggravante ; — Qu'ainsi, les faits tels qu'ils résultaient de la déclaration du jury ne constituant plus qu'un vol commis la nuit par deux ou plusieurs personnes, les peines portées par l'art. 386 c. pén. étaient seules applicables, sauf, à l'égard de Jean Fo, l'aggravation portée par le § 5 de l'art. 56 c. pén.. attendu qu'il en était de récidive; — Qu'ainsi, en condamnant les coupables à vingt ans et à six ans de travaux forcés, par application des art. 384, 381, § 4, et 56 c. pén., la cour d'assises des Hautes-Pyrénées a fait une fausse application de ces articles et violé les dispositions de l'art. 386 du même code ; — Casse.

Du 12 oct. 1858.-C. C., ch. crim.-MM. Bastard, pr.-Meyronnet, r.

(4) *Espèce* : — (Victor Samson C. min. pub.) — Victor Samson fut déclaré coupable d'un vol commis pendant la nuit du 2 au 3 juin 1812, d'une vache appartenant au nommé Lunel, dans un herbage où elle était à pâturer. Le jury déclara en outre que ce vol avait été commis à l'aide d'effraction faite à la clôture de l'herbage. En conséquence, arrêt qui condamne Samson aux travaux forcés à temps. — Pourvoi pour fausse application de l'art. 384 c. pén., en ce qu'un herbage ne saurait être assimilé à un parc ni à un enclos. — Arrêt.

La cour ; — Attendu que, d'après la déclaration du jury, le vol a été commis à l'aide d'effraction faite à la clôture d'un herbage, et que, conséquemment, cette déclaration a dû entraîner l'application de l'art. 384 c. pén.; — Rejette, etc.

Du 14 janv. 1813.-C. C., sect. crim.-M. Vantoulon rap.

lois, etc. Ainsi l'effraction intérieure, quel qu'en soit le mode, suppose toujours et nécessairement une introduction préalable dans les maisons, cours, basses-cours, enclos ou dépendances, ou dans les appartements ou logements particuliers (Bourguignon, Jur. des c. crim., t. 3, sur l'art. 396, n° 4; MM. Chauveau et Hélie, t. 5, n° 1888). — Il a été jugé, en ce sens, que l'effraction intérieure n'est une circonstance aggravante du vol qu'autant que le jury a déclaré qu'elle a été commise dans un lieu clos; qu'il ne suffit pas qu'il soit constaté que le vol a été accompagné d'une effraction intérieure (Crim. cass. 27 nov. 1852, aff. Arnaud, D. P. 53. 1. 317).

512. Il a été jugé, de même, qu'on ne peut voir un vol avec effraction : 1° ni dans le fait d'avoir enlevé de dessus un cheval attaché, en dehors, à la grille de la fenêtre d'une auberge, une valise fermée avec un cadenas, et d'avoir, hors du lieu de l'enlèvement, fait effraction de cette valise pour prendre ce qu'elle contient : — « Considérant qu'en déterminant les caractères de l'effraction intérieure comme formant une circonstance aggravante du vol, l'art. 396 c. pén., par la relation qu'il fait à l'art. 395 précédent du même code, suppose nécessairement que le vol a été commis dans une maison, appartement, logement ou autres lieux mentionnés à l'art. 395; que s'il assimilant à l'effraction intérieure celle qui n'aurait été faite qu'après l'enlèvement et hors du lieu où le vol a été commis, le § 2 dudit art. 396 suppose toujours le cas où le voleur s'est introduit dans les lieux mentionnés dans ledit art. 395; d'où il suit que le vol qui est commis hors de ces lieux ne peut être aggravé par cela seul que le voleur aurait employé un moyen violent sur la chose qui contenait les effets volés; que, dans l'espèce, le vol n'a été com-

mis dans aucun des lieux spécifiés dans l'art. 395 ci-dessus cité; que conséquemment les moyens violents que le voleur a employés pour s'emparer des effets renfermés dans la valise qu'il avait détachée et emportée de dessus la croupe d'un cheval attaché à l'extérieur d'une auberge, ne présentent point les caractères de l'effraction intérieure dont parle ledit art. 396; qu'ainsi le vol se réduit à un vol simple prévu par l'art. 401 c. pén., dont la cour d'assises a conséquemment fait une juste application » (Crim. rej. 26 mars 1812, MM. Busschop, rap., Merlin, pr. gén., c. conf., aff. Leroux);— 2° ... Ni dans le fait d'avoir enlevé une malle fermée, en coupant les cordes par lesquelles elle était attachée à une charrette placée dans un champ de foire sur une place publique, et d'avoir ensuite fracturé cette malle pour y prendre les objets qu'elle contenait (Crim. cass. 10 juin 1824) (1);— 3° ... Ni dans le fait de celui qui, sur la voie publique, pénètre dans une voiture couverte, enlève une boîte fermée qui s'y trouve, et brise ensuite cette boîte pour s'emparer des objets qu'elle renferme (Crim. cass. 19 janv. 1816) (2);— 4° ...Ni dans le fait d'avoir volé des ballots de marchandise placés sur des voitures laissées la nuit sur la voie publique, quoique ce vol ait été commis en coupant les bâches et les cordes qui les retenaient (Crim. cass. 25 fév. 1830) (3);— 5° ...Ni dans le fait d'avoir fracturé un tronc attaché à une croix sur un chemin public pour en voler le contenu (Angers, 24 août 1827, aff. Montells, v° Culte, n° 106);— 6° ...Ni dans le fait d'avoir fracturé une boîte à poisson, plongée dans la rivière, pour s'emparer du poisson qu'elle contenait (Paris, 19 fév. 1850, aff. Michaut, D. P. 53. 2. 101);— 7° ...Ni dans le vol d'une caisse d'oranges, placée sur le trottoir, au devant de la boutique d'un marchand,

(1) (Beillard C. min. pub.) — La cour; — Vu l'art. 410 c. inst. crim.; — Vu aussi les art. 384, 394, 395 et 396 c. pén.; — Considérant que le vol commis à l'aide d'effraction ne peut être puni de la peine des travaux forcés, d'après l'art. 384 c. pén., que lorsque l'effraction forme une circonstance aggravante du vol; — Que, d'après les art. 395 et 396 précités, l'effraction n'est une circonstance aggravante du vol que lorsque, ayant été extérieure, on a pu s'introduire, à l'aide de cette effraction, dans les lieux désignés dans ledit art. 395, ou lorsque, ayant été intérieure, elle a été faite après l'introduction dans lesdits lieux, soit aux portes ou clôtures du dedans, soit aux armoires ou autres meubles fermés qui s'y trouvaient, même lorsque ces meubles n'ont été fracturés qu'après leur enlèvement des mêmes lieux; — Que, dans l'espèce, le vol dont J. Beillard était accusé, et dont il a été déclaré coupable, était le vol d'une malle remplie de marchandises et d'une certaine quantité de bijoux, appartenant au sieur Andrieu, marchand forain, laquelle malle, fermée à serrure et attachée avec des cordes sur une charrette placée dans un champ de foire, sur une place publique, a été enlevée en coupant les cordes qui la retenaient et ensuite fracturée pour y prendre les objets qu'elle renfermait; — Que ces moyens violents d'enlèvement et de soustraction ne portent évidemment pas les caractères déterminés par l'art. 395 et 396, pour pouvoir être qualifiés d'effraction extérieure ou intérieure; d'où il suit qu'ils ne peuvent constituer une circonstance aggravante du vol dont ledit Beillard a été déclaré coupable; que conséquemment la peine des travaux forcés, portée par ledit art. 384 c. pén., ne pouvait lui être appliquée; mais que, d'après la déclaration du jury, le vol ayant été d'ailleurs commis la nuit, et par plusieurs personnes, emportait la peine de la réclusion, aux termes du § 1 de l'art. 386 du même code; qu'il s'ensuit donc qu'en condamnant Beillard à cinq ans de travaux forcés, la cour d'assises du département de la Haute-Garonne a prononcé une peine autre que celle qui était applicable à la nature du crime; — Casse, etc.
Vu 10 juin 1824.-C. C., sect. crim.-M. Busschop, rap.
(2) (Bauvelle C. min. pub.) —La cour;—Vu l'art. 410 c. inst. crim.;— Vu aussi les art. 395 et 396 c. pén.;— Attendu que le demandeur en cassation a été déclaré convaincu d'avoir, le 28 août 1815, jour de la foire du Grand-Senecey, à François-Denis Marillier, marchand forain, volé une boîte contenant des bijoux en or, argent et autres matières, en valeur d'environ 1,200 fr., laquelle boîte était fermée à cadenas, ficelée et placée, avec d'autres marchandises, sur une voiture couverte d'une toile, et a été enlevée et fracturée pour y prendre ce qu'elle renfermait; que, sur cette déclaration, la cour d'assises a prononcé contre le demandeur la peine des travaux forcés pendant dix années, par application des art. 381 et 384 c. pén., et à raison de la circonstance apparente de l'effraction; mais que, d'après les art. 395 et 396 ci-dessus transcrits, le fait de l'effraction ne peut former une circonstance aggravante du vol que lorsque, ayant été extérieure, on a pu s'introduire, à l'aide de cette effraction, dans des maisons, cours, basses-cours enclos ou dépendances, ou dans des appartements ou logements particuliers, et

lorsque, ayant été intérieure, elle a été faite, après l'introduction dans les lieux qui viennent d'être mentionnés, aux portes ou clôtures du dedans, ainsi qu'aux armoires ou autres meubles fermés; que, dans l'espèce déterminée par la déclaration du jury, l'effraction ne pouvait être qualifiée d'effraction extérieure; qu'elle ne pouvait pas non plus être qualifiée d'effraction intérieure, puisque la boîte fracturée avait été enlevée dans une voiture, qui ne pouvait être considérée comme maison, édifice, cour, basse-cour, parc, enclos ou dépendances, ni comme appartement ou logement particulier, et que, pour cet enlèvement, il n'y avait pas eu introduction dans des lieux de la nature de ceux qui viennent d'être mentionnés; que la condamnation de François Bauvelle à la peine de dix ans de travaux forcés a donc été une fausse application de la loi pénale; — Casse.
Du 19 janv. 1816.-C. C., sect. crim.-MM. Barris, pr.-Pajot, rap.
(3) (Min. pub. C. Péronnet, etc.) — La cour; — Vu les art. 410 c. inst. crim. et 584, 594, 595 et 596 c. pén.; — Considérant que le vol commis à l'aide d'effraction, ne peut être puni de la peine des travaux forcés, d'après l'art. 584 c. pén., que lorsque l'effraction forme une circonstance aggravante de ce vol; — Que, d'après les art. 395, 596 précités, l'effraction n'est une circonstance aggravante du vol que lorsque, ayant été extérieure, on a pu s'introduire, à l'aide de cette effraction, dans les lieux désignés dans ledit art. 595, ou lorsque, ayant été intérieure, elle a été faite, après l'introduction dans les lieux, soit aux portes et clôtures du dedans, soit aux armoires ou autres meubles fermés qui s'y trouvaient, même lorsque ces meubles n'ont été fracturés qu'après leur enlèvement des mêmes lieux; — Que, dans l'espèce, les vols par suite et assistance, et par lesquels dont J. Péronnet et J. Paccaud ont été déclarés coupables, étaient des vols de ballots remplis de marchandises appartenant à différents particuliers, lesquels ballots, attachés avec des cordes, sur des charrettes stationnées devant des auberges sur la voie publique, ont été enlevés en coupant les bâches et les cordes qui les retenaient, pour y prendre les objets qu'ils renfermaient; — Que ces moyens violents d'enlèvement et de soustraction ne portent, évidemment, pas les caractères déterminés par les art. 595 et 396, pour pouvoir être qualifiés d'effraction extérieure ou intérieure; d'où il suit qu'ils ne peuvent constituer une circonstance aggravante du vol dont lesdits Péronnet et Paccaud ont été déclarés coupables;—Que, conséquemment, la peine des travaux forcés portée par l'art. 584 c. pén. ne pouvait leur être appliquée pour les faits à eux imputés;—Mais que, d'après la déclaration du jury, le vol ayant été, d'ailleurs, commis la nuit par plusieurs personnes, emportait la peine de la réclusion, aux termes du § 1 de l'art. 586 du même code, sauf l'application de l'art. 560 c. pén., à l'égard de J. Péronnet, à cause de son état de récidive; qu'il s'ensuit donc qu'en condamnant J. Péronnet aux travaux forcés à perpétuité, et J. Paccaud aux travaux forcés à temps, la cour d'assises de l'Allier a prononcé des peines autres que celles qui étaient applicables à la nature du crime; — Casse l'arrêt de la cour d'assises de l'Allier du 25 janv. 1830.
Du 25 fév. 1830.-C. C., ch. crim.-MM. Bastard, pr.-Dupaty, rap.

le trottoir ne pouvant être considéré comme une dépendance de la boutique (même arrêt).

513. Il a été décidé encore : 1° que l'effraction, à l'aide d'un couteau, d'une valise placée sur une diligence en cours de voyage, ne constitue pas une effraction extérieure ou intérieure dans le sens des art. 395 et 396 c. pén., et, par suite, ne peut être regardée comme une cir. onstance aggravante de la tentative de vol commise par l'auteur de cette effraction (Crim. 4 oct. 1851, aff. Dau, D. P. 51. 1. 304) ;—2° Que lorsque le vol d'une caisse fermant à clef a été commis sur une voiture pendant la nuit et sur une grande route, la circonstance que la caisse volée a été trouvée, le lendemain du vol, ouverte et vide, ne saurait constituer ni l'effraction extérieure ni l'effraction intérieure : c'est là un crime tombant sous la sanction de l'art. 383, § 2, c. pén., et non sous celle des art. 395 et 396 (Grenoble, 29 sept. 1832) (1) ; — 3° Que le vol commis par un voiturier, à l'aide d'effraction, sur divers effets qui lui avaient été confiés en sa qualité, ne peut être réputé fait avec la circonstance aggravante de l'effraction, ni entraîner l'application de l'art. 384 c. pén. (Crim. cass. 2 fév. 1815 ; 7 juin 1821) (2) ; — 4° Que l'enlèvement d'un meuble fermé contenant des valeurs ne peut être qualifié de vol commis avec effraction qu'autant qu'il est constaté que cet enlèvement a eu lieu dans un édifice, parc ou enclos ; et que la mention, dans la question soumise au jury, que l'enlèvement a été commis dans une maison, ne constate pas régulièrement la circonstance aggravante de l'effraction, une telle mention, énoncée dans la question relative au fait principal de vol, entachant cette question de complexité (Crim. cass. 15 déc. 1853, aff. Mordoy, D. P. 53. 5. 486) ; — 5° Que, aux colonies, l'effraction du cadenas qui attachait une pirogue au rivage, n'est pas une circonstance aggravante du vol de la pirogue : il faudrait pour cela qu'il s'agît d'un navire ou bâtiment de mer, assimilés par l'art. 390 c. pén. colonial, aux maisons habitées (Crim. cass. 26 mars 1835, aff. Nicaise, V. Organisation des colonies).

514. La désignation du lieu serait insuffisante, si la réponse du jury n'indiquait pas que le coupable n'a pénétré dans ce lieu pour y commettre un vol qu'à l'aide d'une effraction ou de l'un des moyens analogues énoncés en l'art. 381-4°. — Il a été jugé qu'il n'y a pas lieu d'appliquer l'art. 384 à l'individu déclaré coupable du vol d'une brebis dans un parc parfaitement clos et fermé, cette déclaration n'exprimant point nécessairement que le coupable eût pénétré dans le parc à l'aide d'effraction, d'escalade ou de fausses clefs :—« Attendu qu'aux termes de l'art. 384

c. pén., le vol dans les parcs ou enclos non servant à l'habitation et non dépendant de maisons habitées est puni de la peine des travaux forcés à temps, lorsqu'il a été commis à l'aide d'effraction, d'escalade ou de fausses clefs ; que, pour que la peine de l'art. 384 soit légalement appliquée à l'individu coupable d'un vol commis dans un parc ou un enclos de l'espèce de ceux dont parle cet article, il faut donc que l'une de ces trois circonstances soit clairement et positivement déclarée constante ; attendu que la déclaration du jury, dans l'espèce, porte que le vol a été commis avec toutes les circonstances comprises dans l'acte d'accusation ; mais que, ni dans le corps de cet acte, ni dans son résumé, il n'est parlé, soit de fausses clefs, soit d'escalade, soit d'effraction ; qu'il est dit dans l'acte que le parc où a été commis le vol était parfaitement clos ; et, dans le résumé, qu'il était clos et fermé ; mais que de ces expressions, *clos et fermé*, *parfaitement clos*, il ne résulte nullement, comme conséquence nécessaire, que Ledoux ait pénétré dans le parc en en brisant ou escaladant la clôture, ou en ouvrant la porte avec une fausse clef ; qu'il est évident qu'un parc d'où ne peuvent sortir les moutons qu'il renferme, et dans lequel d'autres animaux ne peuvent entrer, est un parc clos et fermé, et qu'il est également certain qu'un lieu quelconque peut être fermé de telle manière que l'entrée en soit impossible aux animaux, sans que pour cela les hommes ne puissent y pénétrer qu'au moyen de fausses clefs, d'effraction ou d'escalade ; qu'il suit de ces observations que Ledoux, convaincu d'avoir commis un vol dans un parc de moutons clos et fermé, ne l'est pas de l'avoir commis à l'aide de l'un de ces trois moyens ; que dès lors il n'a pu être condamné à la peine de l'art. 384 c. pén., sans qu'il ait été fait une fausse application de cet article... » (Crim. cass. 16 fév. 1816, M. Aumont, rap., aff. Ledoux). — V. n° 560.

515. L'effraction extérieure n'étant une circonstance aggravante du vol que lorsqu'elle a pour objet l'introduction dans un lieu clos ou l'ouverture de clôture ou d'objets se trouvant à l'intérieur d'un tel lieu, il s'ensuit que, dans le cas où le jury a admis le fait de vol d'une malle sur une grande route, ce qui exclut l'idée de vol dans un lieu clos, la déclaration pure et simple qu'il y a eu effraction extérieure n'entraîne aucune aggravation (Crim. cass. 7 janv. 1858, aff. Penin, D. P. 58. 5. 388).

516. Il y a effraction aux clôtures extérieures donnant lieu à l'application de la peine, de quelque matière que soient construites les maisons et quelle que soit la qualité des personnes

(1) (Min. pub. C. Faure.) — La cour ; — Attendu qu'il résulte de la procédure que Cyprien Faure est suffisamment prévenu d'avoir, dans la soirée du 2 déc. 1831, et pendant la nuit, sur la grande route de Grenoble à Vif, volé, sur la voiture du sieur Pierre Paulin, dit Belaure, messager à Vif, une caisse fermant à clef, contenant vingt-quatre douzaines de gants et une somme de 68 fr. ;— Attendu que, s'il est résulté de la procédure que la caisse dont il s'agit a été trouvée, le lendemain du vol, ouverte et vide sur les bords de la rivière de Gresse, cette circonstance ne saurait constituer ni l'effraction extérieure ni l'effraction intérieure, par la raison que l'art. 395 c. pén. ne qualifie effractions extérieures que celles à l'aide desquelles on peut s'introduire dans les maisons, cours, basses-cours, enclos ou dépendances, ou dans les appartements, ou logements particuliers ; que l'art. 396 du même code ne qualifie effractions intérieures que celles qui, après introduction dans les lieux mentionnés en l'article précédent, sont faites aux portes ou clôtures du dedans, ainsi qu'aux armoires ou autres meubles fermés ; que, si le même article comprend dans la classe des effractions intérieures le simple enlèvement des caisses, boîtes, ballots sous toile et corde, et autres meubles fermés, qui contiennent des objets quelconques, bien que l'effraction n'ait pas été faite sur le lieu, cette disposition ne s'applique qu'à l'enlèvement de ces objets opéré dans les lieux désignés dans l'art. 395 ; ce qui ne se rencontre pas dans l'espèce ; — Attendu que, dès lors, le fait constitue le crime prévu par l'art. 383, § 2, c. pén.; — Déclare qu'il y a lieu à accusation contre Faure, etc.
Du 29 sept. 1832.—C. de Grenoble, ch. d'acc.-M. Duboys, pr.
(2) 1re Espèce :— (Clerc C. min. pub.) — La cour ; — Vu les art. 386 et 596 c. pén.; — Attendu que l'art. 396 a défini les effractions intérieures et déterminé les circonstances dont elles devaient être accompagnées, pour qu'il y eût lieu à l'application de la peine des travaux forcés portée par l'art. 384 ; qu'aucune des circonstances énoncées dans cet article ne se trouve dans le fait dont les frères Clerc se sont rendus coupables, puisque l'effraction dont il s'agit n'a pas été par eux faite dans l'intérieur d'une maison, cour ou enclos, ni sur des caisses ou sur

des meubles qui en eussent été enlevés, mais seulement sur une malle qui leur avait été confiée pour la transporter à sa destination, que ce fait rentrait dans la classe des crimes prévus par l'art. 386, n° 4, qui ne porte que la peine de la reclusion ; — Casse.
Du 2 fév. 1815.-C. C., sect. crim.-M. Audier-Massillon, rap.
2e Espèce :— (Placet et Ozanne C. min. pub.) — La cour ; — Vu les art. 394, 395 et 396 c. pén.; — Attendu que ces articles, la loi a défini et fixé les espèces d'effractions auxquelles elle a attribué le caractère de circonstances aggravantes du crime et de la peine ; — Que, relativement aux effractions faites sur des meubles fermés, elle ne leur a imprimé ce caractère de circonstance aggravante que dans le cas où elles ont été opérées dans les maisons, logements et autres lieux mentionnés en l'art. 395, et après l'introduction dans ces lieux, ou bien encore après l'enlèvement hors de ces lieux de ces meubles fermés ; — Et attendu que, par la déclaration du jury, François Placet a été seulement reconnu coupable d'avoir soustrait frauduleusement, à plusieurs reprises, à l'aide d'effraction, divers effets qui lui avaient été confiés à titre de voiturier ; — Que l'effraction ainsi reconnue contre lui n'avait pas été commise sur des effets qu'il aurait soustraits dans des maisons et autres lieux mentionnés en l'art. 395, ni après son introduction dans ces lieux, ni après l'enlèvement de ces effets hors de ces lieux ; qu'elle l'avait été sur des meubles fermés qui lui avaient été remis à titre de confiance et en sa qualité de voiturier ; — Qu'elle ne pouvait donc être réputée une circonstance aggravante de la peine, ni faire retirer par conséquent le vol dans l'application de l'art. 384 c. pén.;—Que, néanmoins, c'est la peine prescrite par cet article qui a été prononcée contre ledit Placet ; — Que la même peine a été prononcée contre Ozanne, son complice ;—Qu'il y a eu donc, à l'égard de l'un et de l'autre, dans l'arrêt de la cour d'assises du département de Seine-et-Oise, fausse application dudit art. 384 c. pén. et violation du n° 4 de l'art. 386 du même code, qui ne soumettait le crime reconnu par le jury qu'à la peine de la reclusion ; — Casse.
Du 7 juin 1821.-C. C., sect. crim.-M. Pajot de Marcheval, rap.

qui les habitent (Crim. rej. 14 juin 1810, MM. Barris, pr., Brillat-Savarin, rap., aff. N...).

517. Est-il nécessaire, pour qu'un vol soit réputé commis avec effraction extérieure, que l'effraction ait eu pour objet de donner au voleur le moyen de s'introduire *dans* l'un des lieux désignés aux art. 381, 384 et 395, afin d'y commettre le vol qu'il avait projeté? Cette question s'est présentée plusieurs fois devant la cour de cassation, qui l'a résolue négativement. — Ainsi il a été jugé qu'il y a vol avec effraction : 1° dans le fait de celui qui, pour voler des tuyaux de plomb servant à la conduite des eaux dans un édifice, brise ou démolit les murs dans lesquels ces tuyaux sont encaissés, sans néanmoins s'introduire dans l'édifice même (Crim. cass. 8 août 1811) (1); — 2° Dans le fait de celui qui enlève les barres de fer servant à fermer le soupirail d'une cave, en brisant les pierres dans lesquelles les extrémités des barreaux étaient enchâssées et le plomb qui les y tenaient scellées, quoique l'auteur de cet enlèvement ne se soit introduit ni dans la cave ni dans la maison (Crim. cass. 21 mai 1813) (2); — 3° Dans le fait de celui qui enlève des grilles de fer scellées dans le mur d'un édifice public destiné à faire une cha-

pelle, dès qu'il a fallu desceller ces grilles pour les emporter (Crim. cass. 28 août 1807 (et non 1806), MM. Barris, pr., Minier, rap., aff. de Michelis); — 4° Dans le fait encore de celui qui, pour enlever les plombs d'une fenêtre servant de clôture extérieure à une maison habitée, brise les carreaux des vitres et les châssis de cette fenêtre (Crim. rej. 16 avr. 1813) (3). — Cette jurisprudence est approuvée par Merlin, Rép., v° Vol, sect. 2, § 3, dist. 4, sur les art. 391-396, nos 1 et 2; Bourguignon, Jur. des c. crim., sur l'art. 396, n° 1; Carnot, C. pén., sur l'art. 395, n° 4. — Elle s'appuie sur les termes de l'art. 395 : « Les effractions extérieures, dit cet article, sont celles à l'aide desquelles on peut s'introduire dans les maisons, cours, etc. » D'où il résulte, dit-on, qu'il n'est pas nécessaire que le voleur se soit effectivement introduit dans la maison, mais qu'il suffit que l'effraction soit telle que par son moyen on puisse s'introduire.

518. Mais nous croyons que cette interprétation, trop judaïque, n'est pas conforme au véritable sens de la loi. Quand l'art. 395 dit que les effractions extérieures sont celles à l'aide desquelles on peut s'introduire dans les maisons, il détermine d'une manière abstraite les caractères de l'effraction qu'il défi-

---

(1) *Espèce* : — (Min. pub. *C.* Morandi.) — Le tribunal de Florence renvoie à la cour de la même ville, Morandi, prévenu de vols de tuyaux de plomb servant à la conduite des eaux pour une maison de campagne. Ces vols avaient été commis de nuit, et ils étaient dénoncés comme l'ayant été avec effraction extérieure. — Il résultait, en effet, d'un rapport détaillé et dressé par des experts, que les tuyaux de plomb dont on avait volé une partie aboutissaient immédiatement à des bâtiments habités; qu'ils étaient encaissés dans des murs construits à la chaux qu'on avait démolis pour commettre le vol, et que cet encaissement de murs, avant la démolition qui en a été faite, aboutissait immédiatement aux murs extérieurs de clôture des édifices pour le service desquels l'eau était conduite par les tuyaux volés. — Arrêt de la cour de Florence qui annule l'ordonnance de prise de corps décernée par la chambre du conseil, et renvoie le prévenu devant le tribunal correctionnel : « Attendu que les art. 593 et 594 c. pén. ne qualifient *effraction extérieure* que les ruptures ou démolitions uniquement destinées à ouvrir un passage à l'*introduction* du vo'eur qui a prémédité de commettre le vol, et qu'ainsi la prétendue circonstance d'effraction n'est pas établie relativement aux vols dont il s'agit. »

Pourvoi du procureur général pour incompétence. — Ce magistrat a soutenu qu'il y avait effraction; que, quand on supposerait même en fait que les murs rompus et démolis n'aboutissaient pas immédiatement à des murs extérieurs d'édifices; que, quand même ces murs, où les plombs avaient été encaissés, auraient été isolés dans la campagne, leur rupture ou leur démolition ne qualifierait pas moins une véritable effraction. — En effet, l'art. 595 c. pén. qualifie en général effraction « toute rupture..., démolition... de murs... servant à fermer ou à empêcher le passage, et de toute espèce de clôture quelle qu'elle soit. » — Or, disait le demandeur, des murs qui environnent des tuyaux de plomb sont bien, sans contredit, une espèce de clôture pour ces tuyaux : ces murs empêchent à la fois que l'humidité de la terre ne détruise le métal, et rend plus difficile l'enlèvement de ces objets : les clôtures n'ont pas d'autre but.

En second lieu, l'art. 595 c. pén. qualifie encore effraction toute rupture..., toute démolition de murs servant à fermer ou à empêcher le passage. Pour qu'il existe effraction, il n'est pas nécessaire sans doute que la démolition ou rupture des murs soit telle que le corps entier du voleur ait pu passer par la brèche; et très-certainement une démolition ou rupture dont le résultat n'aurait été qu'une ouverture suffisante pour passer la main serait bien considérée comme une effraction. — Ainsi donc, quand on supposerait même que les murs dans lesquels se trouvaient encaissés les tuyaux volés eussent été isolés au milieu de la campagne, il n'en serait pas moins vrai que la démolition ou rupture de ces murs serait une effraction, puisque ces murs sont une clôture, et empêchent le passage pour arriver aux tuyaux de plomb volés. — Enfin on reconnaissait, en termes bien plus forts, dans une circonstance particulière, tous les caractères d'une effraction extérieure.—En effet, les tuyaux de plomb volés étaient destinés à conduire l'eau dans des édifices; les murs qui servaient d'encaissement ou de clôture à ces plombs aboutissaient immédiatement et touchaient aux murs de ces édifices; ils en étaient donc une véritable dépendance. — Or l'art. 595 c. pén. porte : « Les effractions extérieures sont celles à l'aide desquelles on peut s'introduire dans les maisons, cours, basses-cours, enclos ou dépendances... » — Si, comme on n'en peut douter d'après l'art. 523 c. civ., les tuyaux qui conduisent l'eau dans une maison font partie de cette maison, à bien plus forte raison des murs qui servent de clôture à ces tuyaux et qui aboutissent immédiatement à la maison, font partie et sont une vraie dépendance de cet édifice. — Arrêt.

La cour; — Vu le n° 4 de l'art. 381 c. pén., l'art 384 du même code; — Vu aussi l'art. 251 c. inst. crim., — Et attendu que, pour parvenir jusqu'aux tuyaux par lui volés, Joseph Morandi était prévenu d'avoir fait effraction aux édifices élevés pour les contenir et les garantir; qu'en arrachant, par des moyens violents, les pierres dans lesquelles ces tuyaux étaient encaissés, il avait évidemment fait rupture et démolition de la clôture de ces tuyaux dans l'édifice qui les renfermait; que ce fait constituait l'effraction telle qu'elle est caractérisée par l'art. 384 c. pén.; — Qu'ainsi c'est en contravention aux deux articles ci-dessus transcrits pour la pénalité et la compétence, que Joseph Morandi, prévenu d'un fait qualifié crime par la loi, a été renvoyé par-devant un tribunal de police correctionnelle; — Casse, etc.

Du 8 août 1811.-C. C., sect. crim.-MM. Barris, pr.-Brillat-Savarin, rap.-Merlin, pr. gén., c. conf.

(2) (Min. pub. *C.* Angioli.) — La cour ; — Vu les art. 408 et 413 c. inst. crim.; — Vu aussi l'art. 384 c. pén.; — Attendu qu'il est reconnu constant au procès que les barres de fer dont Angioli a été trouvé saisi lors de son arrestation avaient été arrachées du soupirail d'une cave, avec rupture des pierres dans lesquelles entraient leurs extrémités et du plomb servant à les y sceller, et qu'au moyen de l'enlèvement de ces barres de fer, on pouvait s'introduire dans ladite cave; que, pour qu'un vol soit accompagné de la circonstance aggravante de l'effraction extérieure, il n'est pas besoin que le voleur se soit introduit, à l'aide d'effraction, dans un lieu fermé; qu'en effet, l'art. 395 c. pén. définit l'effraction extérieure celle à l'aide de laquelle on peut s'introduire dans les maisons, cours, etc.; que le vol qui a eu lieu dans l'espèce a donc été commis dans une maison habitée et avec la circonstance aggravante de l'effraction; que ce vol est donc le crime prévu par l'art. 384 c. pén.; qu'en en retenant la connaissance et en condamnant le prévenu à la peine correctionnelle de l'emprisonnement, sous le prétexte qu'il ne s'est pas servi de l'ouverture opérée par l'enlèvement des barres de fer pour s'introduire dans la cave et y commettre un vol, le tribunal correctionnel de Pise a méconnu les règles de compétence établies par la loi, violé l'art. 484 c. pén., et fait une fausse application de l'art. 401 du même code; — Casse, etc.

Du 21 mai 1813.-C. C., sect. crim-M. Aumont, rap.

(3) (Min. pub.) — (Ballerini—Cayetan.) — 9 fév. 1813, arrêt qui déclare que Cayetan « est convaincu de vol de plombs soutenant quatre carreaux de vitres, après le déplacement et brisement de ceux-ci, d'un des châssis d'une croisée au rez-de-chaussée de la maison d'habitation de la dame Roselli, châssis intérieur à une grille à barres de fer, faisant la véritable clôture extérieure de cette partie d'habitation, la nuit du 14 au 15 août 1812, et que, par la dégradation de la croisée où se trouvaient les vitres et le plomb, qui est une clôture de quelque espèce, il s'y trouve une effraction caractérisée par la loi, et, par suite, vol avec effraction dans une maison habitée. » Condamné, en conséquence, à cinq ans de travaux forcés, Cayetan se pourvoit pour fausse application de l'art. 384 c. pén., et soutient que, pour qu'il y ait lieu à la peine portée par cet article, il faut que l'effraction ait été faite sur l'objet qui pouvait empêcher que le voleur n'atteignît à la chose qu'il voulait enlever; or, dans l'espèce, l'effraction n'a pas été faite sur une clôture pour parvenir à la chose volée, c'est la chose volée elle-même qui a été fracturée. — Arrêt.

La cour ; — Attendu que la cour spéciale extraordinaire a déclaré que le vol dont il s'agit a été commis à l'aide d'effraction, et que, par cette déclaration sur les faits par elle reconnus, il n'y a pas eu violation de la loi ; — Rejette, etc.

Du 16 avril 1813.-C. C., sect. crim.-M. Bauchau, rap.

nit; mais la pensée ou legislateur, soit dans cet article, soit dans l'art. 393, soit surtout dans les art. 381 et 384, est évidemment que l'effraction pratiquée par un voleur doit, pour être une circonstance aggravante, avoir eu pour but de lui ouvrir un passage, de lui donner accès dans la maison. Ainsi notamment, quand l'art. 393 définit l'effraction, l'enlèvement d'ustensiles ou instruments servant à fermer ou à enlever le passage, il ne considère pas ces ustensiles ou instruments comme étant l'objet direct du vol, mais il voit dans leur enlèvement un fait distinct du vol et destiné à le faciliter. De même, lorsque les art. 381 et 384 exigent, pour l'application des peines qu'ils prononcent, que le vol ait été commis à l'aide d'effraction dans une maison habitée, dans un édifice, etc., ils considèrent évidemment l'effraction et le vol comme deux choses distinctes, et la première comme le moyen dont le coupable s'est servi pour pénétrer dans le lieu clos où a été commis le vol. — Cette interprétation est soutenue aussi par MM. Chauveau et Hélie (t. 5, n° 1892), qui invoquent à son appui les motifs sur lesquels sont fondées les dispositions dont nous nous occupons. « La loi, disent ces auteurs, a fait de l'effraction une circonstance aggravante du vol, parce qu'elle est un moyen d'introduction dans les lieux fermés, parce qu'elle décèle dans l'agent la préméditation du vol et l'audace d'une périlleuse exécution, parce que l'introduction du voleur dans les habitations expose les habitants à des dangers personnels, parce qu'enfin elle facilite la soustraction d'objets que leur propriétaire a entourés de toutes les précautions de la prudence. » Or aucune de ces raisons de la loi ne peut s'appliquer aux espèces sur lesquelles ont statué les arrêts précités. — Cette interprétation a été consacrée explicitement par un arrêt qui a décidé que le fait de couper et d'enlever le plomb qui recouvre un toit ne constitue pas l'effraction, si le toit lui-même n'a pas été enlevé pour faciliter l'introduction dans la maison (Paris, 14 sept. 1838, aff. Lacroix, n° 324), et implicitement par un autre arrêt qui, sans se prononcer sur cette question elle-même, a infligé que les peines du vol simple à un individu reconnu coupable d'avoir coupé ou arraché le plomb qui recouvrait le toit d'une maison, non dans le but de s'ouvrir un passage qui lui permit de pénétrer dans l'intérieur de la maison, mais uniquement pour s'approprier l'objet de sa convoitise (Paris, 19 déc. 1851, aff. Ballet, D. P. 52. 2. 18). — V. n° 543.

519. L'art. 396 définit les effractions intérieures « celles qui, après l'introduction dans les lieux mentionnés en l'article précédent, sont faites aux portes ou clôtures du dedans, ainsi qu'aux armoires ou autres meubles fermés. » Ainsi que nous l'avons déjà fait observer, l'effraction intérieure, d'après les termes mêmes de cette définition, suppose l'introduction préalable dans la maison, cour, basse-cour, etc. — Les portes et clôtures du dedans sont celles qui, après que le voleur a pénétré dans la maison, mettent obstacle à l'exécution du vol, et qu'il est obligé de briser ou de forcer pour parvenir à ses fins. Ce sont, par exemple, les portes qui communiquent d'une pièce à une autre, celles des placards pratiqués dans l'épaisseur du mur; c'est le cadenas qui ferme l'entrée d'une cave ou d'un grenier, etc. — Quant aux meubles fermés, ce sont tous ceux qui,

au moyen d'une serrure, d'un cadenas, d'un secret, d'une clôture quelconque, mettent les objets qu'ils contiennent à l'abri de toute entreprise, comme les armoires, secrétaires, commodes, coffres, caisses. etc.

520. Il n'est pas nécessaire, pour qu'il y ait lieu à l'application de la peine portée contre le vol avec effraction intérieure, qu'il soit déclaré que l'accusé s'est introduit volontairement dans la maison; il suffit qu'il soit déclaré qu'il y a eu effraction d'un meuble dans une maison :—« Attendu que l'art. 396 c. pén., en parlant de l'introduction antécédente à l'effraction intérieure, ne suppose pas qu'il n'y aura effraction intérieure criminelle que lorsque le coupable se sera introduit volontairement dans la maison, cour ou enclos; qu'il suffit que le coupable se trouve, par un motif quelconque, dans la maison, cour ou enclos, et que là il commette, afin de voler, un brisement ou effraction d'un meuble, pour qu'il y ait lieu à l'application de l'art. 396 ; qu'ainsi, dans l'espèce, le jury a légalement déclaré l'effraction intérieure, sans avoir besoin d'expliquer que le coupable s'était introduit volontairement dans la maison où il l'avait commise» (Crim. rej. 11 août 1831, MM. de Bastard, pr., Ollivier, rap., aff. Brayda).

521. Un arrêt a jugé qu'il y a vol avec effraction dans le fait de celui qui, s'étant introduit dans une maison, y brise une armoire dans laquelle il ne trouve rien, et vole d'autres effets non renfermés (Crim. rej. 8 oct. 1812, M. Vantoulon, rap., aff. Vanleuwen).—Bourguignon (Jurispr. des c. crim., sur l'art. 396, n° 1) cite cette décision en l'approuvant. Mais nous croyons, avec MM. Chauveau et Hélie (t. 5, n° 1897), qu'elle n'est point exacte. Dans ce cas, en effet, le vol et l'effraction sont deux faits distincts et indépendants l'un de l'autre, deux faits sans corrélation; l'effraction n'a pas été un moyen de commettre le vol ; par conséquent on ne peut pas dire, conformément aux art. 381 et 384 c. pén., que le vol ait été commis à l'aide d'effraction. — Toutefois, selon Bourguignon (loc. cit.) et selon MM. Chauveau et Hélie (loc. cit.), la question est sans intérêt au point de vue de la pénalité, puisque le bris de l'armoire pour commettre un vol constituerait une tentative de vol avec effraction, passible de la même peine que le vol consommé. Mais est-il bien vrai que le bris d'une armoire dans laquelle il n'y a rien à voler doive être considéré comme une tentative de vol avec effraction? Ceci rentre dans la question de savoir si la tentative est punissable lorsqu'elle se produit dans des circonstances telles qu'elle ne puisse avoir aucun résultat, question qui a été examinée v° Tentative, n° 79 et suiv.

522. Aux termes de l'art. 396, § 2, la loi considère comme effraction intérieure « le simple enlèvement des caisses, boîtes, ballots sous toile et corde, et autres meubles fermés, bien que l'effraction n'ait pas été faite sur le lieu. » — Il a été jugé que la circonstance aggravante d'effraction résultant de l'enlèvement d'une malle fermée n'est légalement établie qu'autant que la question du jury constate que cette malle fermée à l'aide d'une serrure ou d'un cadenas que le voleur a été obligé de briser pour s'approprier les objets qui y étaient contenus (Crim. cass. 9 mars 1860) (1). — L'annulation prononcée, faute par le président d'avoir interrogé le jury sur la nature de la fermeture

---

(1) (Aufrère dit Laurent.) — La cour ;— Attendu que l'arrêt de la chambre des mises en accusation avait, en qualifiant le second des vols imputés à Jean Aufrère dit Laurent, renvoyé cet accusé devant la cour d'assises, comme ayant à Versailles, en décembre dernier, soustrait frauduleusement, la nuit, à l'aide d'effraction, dans une maison habitée, une somme de 140 fr. en or, un porte-monnaie et des effets d'habillement ; — Attendu qu'aux débats, après les questions relatives au fait principal du vol, aux circonstances de maison habitée et de nuit, il a été posé au jury une dernière question ainsi conçue : « La malle ainsi frauduleusement soustraite était-elle fermée? » que sur la réponse affirmative du jury à toutes les questions qui lui avaient été soumises, l'arrêt attaqué a fait à Aufrère application des art. 384 et 396 c. pén.; — Attendu que l'art. 393 c. pén. qualifie effraction, notamment tout forcement, rupture, dégradation de serrure, cadenas ou tout autre ustensile servant à fermer, ainsi que de toute espèce de clôture ; que l'art. 396 du même code, après avoir qualifié d'effractions intérieures celles pratiquées après l'introduction dans un édifice ou dans les cours qui en dépendent, aux portes et clôtures du dedans, ainsi qu'aux armoires ou autres meubles fermés, comprend dans la classe de ces effractions intérieures le simple enlèvement de caisses, boîtes ou autres

meubles fermés, bien que l'effraction n'ait pas été faite sur le lieu ;— Attendu qu'il résulte de la combinaison de ces deux articles que la loi n'a entendu attacher la circonstance aggravante de l'effraction à l'égard des meubles que lorsqu'ils se trouvaient fermés par des moyens tels qu'il n'ait été possible de s'emparer des objets qu'ils contenaient qu'en forçant, rompant ou dégradant ces meubles mêmes ou les serrures, cadenas ou autres ustensiles employés à les fermer, soit que cette effraction ait été pratiquée sur le lieu même, dans l'intérieur ou les dépendances de la maison habitée, soit même hors de ces lieux, après l'enlèvement du meuble ainsi fermé ; qu'il suit de là que, pour que l'aggravation de peine légalement prononcée, lorsqu'il s'agit de la soustraction d'effets contenus dans des caisses, boîtes ou autres meubles fermés, il faut que le jury ait été appelé à constater, et qu'il ait effectivement constaté soit l'effraction pratiquée sur le meuble fermé, soit l'existence de serrures, cadenas ou autres ustensiles servant à fermer, dont la rupture ou le forcement devient la conséquence nécessaire de l'enlèvement des effets qui se trouvaient renfermés dans le meuble ; — Attendu que, dans l'espèce, on s'est fait déclarer constant par le jury que Jean Aufrère s'était rendu coupable de vol d'une somme d'argent contenue dans une malle fermée et par lui enlevée de l'intérieur d'une mai-

de la malle, doit avoir lieu avec renvoi devant une autre cour d'assises, s'il résulte de l'arrêt de renvoi que cette malle était fermée avec un cadenas (même arrêt).

523. L'enlèvement d'une barrique et du vin qu'elle renferme ne peut être considéré comme un vol avec effraction intérieure : — «Attendu qu'on ne peut considérer comme effraction intérieure, dans le sens de l'art. 396 c. pén., l'enlèvement d'une futaille ni la soustraction du vin qui y était renfermé, parce que les caisses et boîtes dont il est question dans la seconde disposition dudit art. 396 ne peuvent être entendues que de celles qui sont destinées à former un moyen de défense, et nullement de celles qui n'ont pour objet que de renfermer et de contenir des liquides qui ne peuvent être conservés que dans des vaisseaux qui en soutiennent la mobilité » (Crim. cass. 17 nov. 1814, M. Busschop, rap., aff. Letuvé et Charpentier).— Conf. Bourguignon, sur l'art. 396, n° 3; MM. Chauveau et Hélie, t. 3, n° 1396.—V. toutefois, en sens contraire, Merlin, Rép., v° Vol, sect. 2, § 3, dist. 4, sur les art. 391-396, n° 6).

524. L'art. 396 dit, en terminant : *bien que l'effraction n'ait pas été faite sur le lieu.* C'est qu'en effet il importe peu, pour la criminalité de l'action, que l'effraction ait eu lieu dans la maison même d'où le meuble a été enlevé ou hors de la maison. Mais est-il nécessaire du moins que l'effraction ait été consommée? Pourrait-on dire qu'il y a eu vol avec effraction intérieure si le meuble était retrouvé intact et sans aucune fracture entre les mains de l'auteur du vol? — A ne consulter que le texte de l'art. 396, § 2, il semble que le simple enlèvement suffise, et que la loi l'assimile à l'effraction, sans examiner si l'effraction s'en est suivie ou non. — A l'appui de cette interprétation on peut citer un arrêt qui a décidé que le simple enlèvement de meubles fermés suffit pour donner lieu à l'application du deuxième alinéa de l'art. 396 c. pén., sans qu'il soit nécessaire de prouver que l'effraction ait été réellement faite hors du lieu où le vol a été commis; qu'ainsi la soustraction frauduleuse, dans une auberge, d'un porte-manteau fermé à cadenas et contenant de l'argent constitue le vol prévu par le deuxième alinéa de l'art. 396, et non le vol simple de l'art. 401 : —«Attendu qu'aux termes du deuxième alinéa de l'art. 396 c. pén., le simple enlèvement de caisses, boîtes, ballots sous toile et corde, et autres meubles fermés, qui contiennent des effets quelconques, s'il est commis dans une maison, cour, basse-cour, enclos ou dépendances, est compris dans la classe des effractions intérieures; que les dernières expressions de cet alinéa, *bien que l'effraction n'ait pas été faite sur le lieu*, n'ont pas pour effet de restreindre la disposition au cas où il est prouvé qu'après l'enlèvement et hors du lieu où le vol a été commis, l'effraction a été réellement faite; que, si telle eût été la pensée du législateur, il l'aurait exprimée différemment, en disant, *pourvu que l'effraction en soit faite après l'enlèvement*, ou de toute autre manière analogue; que les mots dont il s'agit ont seulement pour objet de rattacher le second alinéa de l'article au premier, et de marquer la distinction entre les deux cas assimilés par la loi, en indiquant qu'il s'agit dans celui-là de faits autres que ceux qui sont prévus dans celui-ci ; qu'en effet le premier alinéa s'occupe du cas où l'effraction a été faite sur le lieu, et le second dispose que, lors même que cette circonstance n'existerait pas, le simple enlèvement serait une effraction équivalente; attendu, d'ailleurs, que, d'après les principes du droit, le vol est consommé du moment que la chose volée a été appréhendée par le voleur et est sortie de la possession du légitime propriétaire; qu'on ne peut donc faire dépendre la qualification légale du vol de l'usage qui a été fait postérieurement de la chose volée; attendu que, nonobstant les principes ci-dessus établis; attendu qu'attaqué, en confirmant l'ordonnance de la chambre du conseil du tribunal de première instance de Muret, du 3 août 1839, laquelle avait renvoyé Jacques Rahon devant le tribunal de police correctionnelle, sous la prévention de vol simple, prévu par l'art. 401 c. pén., quoique ladite ordonnance établit en fait que le vol existait, dans l'espèce, dans la soustraction frauduleuse d'un porte-manteau fermé à cadenas, contenant des effets et une somme d'argent, et que cette soustraction eût été commise dans une auberge, à formellement violé les art. 384, 394, 395 et 396 c. pén. et a faussement appliqué l'art. 401 dudit code » (Crim. cass. 14 déc. 1839, MM. de Bastard, pr., de Haussy, rap., aff. Rahon).

Mais nous pensons que tel n'est pas le véritable sens de l'art. 396. Si le législateur n'exige pas que l'effraction soit consommée sur le lieu même du vol, il suppose du moins qu'elle suivra l'enlèvement du meuble fermé. C'est comme s'il avait dit : bien que l'effraction ait été faite, *hors du lieu* d'où le meuble a été enlevé. Ainsi, peu importe le lieu où l'effraction a été opérée, mais il est nécessaire qu'elle l'ait été : voilà, à notre avis, ce que la loi a voulu dire. On ne comprendrait pas que la loi infligeât la même peine soit que l'effraction eût été effectuée, soit qu'elle ne l'eût pas été. On peut dire, il est vrai, que l'agent n'a enlevé l'objet fermé qu'avec l'intention de le forcer; mais l'intention de commettre une effraction ne peut être punie comme le fait lui-même; par sa nature même elle échappe à l'action du législateur tant qu'elle n'est pas réalisée par un fait matériel. — L'arrêt prétend qu'en principe le vol est consommé du moment où la chose volée a été appréhendée par le voleur et est sortie de la possession du légitime propriétaire. Mais, outre qu'il serait nécessaire peut-être de distinguer l'appréhension du meuble lui-même de l'appréhension des objets qui y sont renfermés, on peut répondre que la question n'est pas ici de savoir s'il y a vol, mais si le vol est accompagné de la circonstance aggravante d'effraction. Que le meuble soit ou non forcé, il est bien certain qu'il y a vol par cela seul que ce meuble a été enlevé; mais y a-t-il vol avec effraction tant que l'effraction n'a pas été effectuée? Telle est la question, et le principe invoqué par l'arrêt ne la résout pas. — On peut faire une autre objection. Si l'effraction réelle, effective, peut-on dire, est exigée par le § 2 de l'art. 396 aussi bien que par le § 1, à quoi sert ce § 2? Le § 1 n'était-il pas suffisant? Mais on peut répondre que, si le § 2 n'existait pas, des doutes graves pourraient s'élever sur la question de savoir si un vol peut être considéré comme commis avec effraction dans le cas où l'effraction, au lieu d'être un moyen de perpétrer le vol, n'a été faite qu'après un temps plus ou moins long écoulé depuis sa perpétration. Il semble même que ni l'art. 381 ni l'art. 384 n'eussent pu être appliqués à ce cas, puisqu'on ne pourrait dire que le vol, avec effraction, a été commis à l'aide de cette effraction. Il était donc nécessaire que l'assimilation fût établie par une disposition spéciale, exceptionnelle.—Ainsi, pour qu'il y ait effraction intérieure, aux termes de l'art. 396, il importe peu que l'effraction du meuble fermé ait été opérée dans la maison même ou hors de la maison; mais il est nécessaire du moins qu'il y ait eu effraction, ouverture par un moyen anormal. Nous devons ajouter qu'il est nécessaire que le jury soit appelé à s'expliquer et s'explique en effet sur la réalité de cette effraction. — C'est ce qu'enseigne aussi Carnot, sur l'art. 396, n° 3; MM. Chauveau et Hélie, t. 3, n° 1399.—Et telle est la véritable jurisprudence de la cour de cassation. Il a été décidé, en effet, avant et depuis l'arrêt du 14 déc. 1839, précité : 1° qu'un accusé déclaré coupable d'avoir soustrait frauduleusement, la nuit, dans une auberge où il était logé, une valise fermée avec chaîne et cadenas, contenant de l'argent, mais déclaré non coupable d'avoir pratiqué une ouverture à cette valise pour prendre l'argent qu'elle contenait, ne peut être puni des travaux forcés à temps, la circonstance d'effraction étant

écartée par la réponse à la deuxième question, et n'étant pas comprise dans la première (Crim. rej. 13 janv. 1832)(1);— 2° Que l'enlèvement d'une boîte, fermée contenant du numéraire ne peut être qualifié de vol commis avec effraction qu'autant qu'il est constaté, par la réponse du jury, que cette boîte se trouvait fermée par des moyens tels qu'il n'a été possible de se procurer ce qu'elle contenait qu'en la forçant, rompant ou dégradant le meuble lui-même ou les serrures, cadenas et autres ustensiles employés pour la fermer; qu'il ne suffit pas que le jury soit interrogé sur le point de savoir si le numéraire soustrait est contenu dans une boîte fermée (Crim. cass. 9 sept. 1852, aff. Morel, D. P. 52. 5. 576);— 3° Que le simple enlèvement, après introduction dans une maison, cour, basse-cour, etc., d'un meuble fermé contenant des effets, ne constitue une effraction intérieure qu'autant qu'il est établi que le meuble a été fracturé après l'enlèvement, ou que du moins il était fermé de manière à ne pouvoir être ouvert que par le forcement ou la rupture des serrures, cadenas, ou autres ustensiles servant à le fermer; que, par suite, en cas d'accusation de vol, dans une maison habitée, et à l'aide d'effraction intérieure, d'une malle fermée contenant de l'argent et divers effets, la déclaration du jury doit constater l'un de ces deux modes de fracture : il ne suffit pas qu'elle se borne à énoncer que la malle était fermée (Crim. rej. 2 mai 1857, aff. Giullia, D. P. 57. 1. 319).

525. Cette doctrine a été consacrée également par la cour de Paris. Un individu avait été arrêté au moment où il venait d'enlever une caisse fermée contenant des bougies. La chambre du conseil avait déclaré y avoir lieu à suivre contre lui, et elle avait vu dans le fait qui lui était soumis une tentative de vol avec effraction, par cette raison que, la soustraction ne pouvant être réalisée qu'à l'aide de la rupture de la caisse, l'effraction avait été nécessairement dans la pensée de l'inculpé, et que, si cette pensée n'avait pas été réalisée par lui, c'était uniquement par des circonstances indépendantes de sa volonté. Mais son ordonnance fut annulée par la chambre d'accusation qui refusa de voir dans le fait ainsi précisé une tentative d'effraction :—« Considérant que l'art. 396 c. pén. comprend, il est vrai, dans la classe des effractions intérieures le simple enlèvement d'une caisse ou autre meuble fermé, contenant des effets quelconques, mais que cet article se termine par ces mots : « bien que l'effraction n'ait pas été faite sur le lieu; » d'où il résulte que, lorsqu'il y a vol d'une caisse fermée, si l'objet volé est retrouvé avant d'avoir été fracturé, la circonstance de l'effraction n'existe pas; qu'il y a ainsi doute intention de commettre une effraction, mais qu'il ne suffit pas de l'intention du crime pour faire appliquer des peines ou pour les aggraver; que, si tel est le véritable sens de l'art. 396, on ne peut pas arriver à une décision différente dans le cas d'une simple tentative, lorsqu'il n'y a aucune circonstance de laquelle il soit possible d'induire le fait de l'effraction; qu'il y a intention de commettre une effraction, mais que cette intention, qui ne suffit pas pour le cas de soustraction consommée, ne peut être suffisante en cas d'une simple tentative; considérant que ces faits ont été mal qualifiés par les premiers juges, en ce qu'ils ont considéré la simple tentative d'enlèvement d'une caisse fermée comme constituant une tentative de soustraction frauduleuse à l'aide d'effraction » (Paris, 6 juin 1837, ch. d'acc., M. Dehérain, pr., aff. Bertrand).

526. Il peut arriver qu'un individu, après être entré sans obstacle dans une maison et y avoir commis un vol, trouve, lorsqu'il veut sortir, toutes les issues fermées. Si alors il pratique une effraction pour s'ouvrir un passage, cette effraction doit-elle

être considérée comme une circonstance aggravante du vol? Cette question s'est présentée devant la cour de cassation, et Merlin, qui portait la parole en qualité de procureur général, a soutenu que, dans ces circonstances, le vol était aggravé par l'effraction. « Il est vrai, disait-il (V. le Rép., v° Vol, sect. 2, § 3, dist. 4, sur l'art. 398, n° 3), que de l'art. 384 c. pén., combiné avec le n° 4 de l'art. 381 du même code, il résulte que la peine infligée par le premier de ces textes au vol avec effraction n'est applicable qu'au cas où le vol a été commis à l'aide de l'effraction même. Mais qu'est-ce que commettre un vol? C'est sans contredit appréhender manuellement la chose d'autrui, avec l'intention de se l'approprier; mais c'est aussi emporter cette chose, c'est aussi faire tout ce qu'il faut pour s'en assurer et en conserver la possession. Appréhender manuellement l'objet volé, ce n'est, à proprement parler, que commencer le vol; le vol ne se consomme véritablement que par l'action qui déplace l'objet volé, qui le fait passer d'un lieu à un autre. Il y a donc vol avec effraction, nonseulement lorsqu'à l'aide d'une effraction on appréhende manuellement la chose d'autrui, mais encore lorsqu'à l'aide d'une effraction l'on déplace, l'on emporte, l'on fait passer d'un lieu à un autre la chose d'autrui que l'on a appréhendée manuellement sans effraction. » La cour de cassation n'eut point à se prononcer sur ce point. Dans l'espèce, le voleur n'avait fait, pour s'ouvrir une issue, que soulever et déplacer une traverse mobile qui tenait fermés les deux battants de la porte, et il fut décidé qu'en supposant qu'une effraction qui aurait eu pour objet seulement de faciliter la sortie du voleur du lieu où il avait commis le vol pût constituer une circonstance aggravante de ce vol, le moyen employé dans l'espèce ne constituait pas l'effraction caractérisée par l'art. 393 c. pén. (Crim. rej. 18 juin 1812, MM. Barris, pr., Busschop, rap., aff. André).

527. Cet arrêt, comme on le voit, laissait la question indécise. Mais, depuis, il a été jugé, conformément à l'opinion de Merlin, que l'effraction sans laquelle le vol n'aurait pu être consommé doit être considérée comme une circonstance aggravante, alors même qu'elle a eu lieu pour faciliter, non pas l'introduction, mais la sortie de la maison où le vol a été accompli (Angers, 16 mai 1851, aff. Renard, D. P. 51. 2. 196; 21 mars 1854, aff. Lainé, D. P. 54. 2. 111). — Cette doctrine est-elle bien exacte? Il est permis d'en douter. Aux termes des art. 381 et 384 c. pén., l'effraction n'est une circonstance aggravante du vol qu'autant qu'elle a été un moyen de le commettre : « S'ils ont commis le crime, dit notamment l'art. 381, soit *à l'aide d'effraction* extérieure...; » et l'art. 384 s'exprime en termes analogues. Or on ne peut pas dire qu'un vol a été commis à l'aide d'effraction lorsque l'effraction n'a eu lieu qu'après sa perpétration. Il s'agit donc de savoir ici à quel moment précis le vol doit être réputé accompli. Or il l'est, à notre avis, par l'appréhension de la chose, et non pas seulement au moment où le voleur est sorti de la maison dans laquelle il a trouvé cette chose. La sortie du voleur a pour but de lui assurer les bénéfices du vol, mais non de compléter le vol lui-même, qui, pour être parfait, n'a pas besoin de ce complément. Ainsi, nous croyons que le vol ne doit être réputé commis avec effraction qu'autant que l'effraction est antérieure à l'appréhension de la chose. C'est ce qu'enseignent aussi MM. Chauveau et Hélie, t. 5, n° 1894.

528. En admettant que la doctrine opposée, celle de Merlin, fût exacte, il serait intéressant de savoir, pour l'application des art. 381 et 384, dans quels cas l'effraction faite pour sortir doit être réputée extérieure, et dans quels cas intérieure. Il semblerait même au premier abord que toute effraction pratiquée du de-

---

(1) (Min. pub. C. Gabereau.)—La cour, — Vu, à cet égard, l'art. 384 c. pén., qui punit des travaux forcés à temps, le vol commis à l'aide d'effraction intérieure; — Vu encore l'art. 396; — Attendu qu'il suit évidemment du dernier membre de phrase de cet article, que, pour qu'il y ait lieu à l'application de la peine des travaux forcés à temps dans les cas prévus par le § 2 de l'art. 396, il faut nécessairement qu'il y ait eu effraction matérielle, à une époque plus ou moins rapprochée de l'enlèvement des meubles enlevés; — Attendu, en fait, que le jury interrogé, 1° si F. Gabereau avait frauduleusement soustrait, la nuit, dans une maison habitée et dans une auberge où elle était reçue, une valise fermée avec chaîne et cadenas, et contenant une certaine somme d'argent, au préjudice du sieur Davignon?— 2° Si elle

l'a commise en pratiquant immédiatement, après la soustraction de la valise, deux ouvertures à ladite valise, pour y prendre l'argent qu'elle contenait, a répondu affirmativement sur la première question, et négativement sur la deuxième; — Que, par cette réponse négative, qui s'applique à toutes les parties de cette deuxième question, le jury a déclaré formellement qu'il n'y avait pas eu d'effraction; que, dès lors, il n'y a pas lieu à appliquer à F. Gabereau les peines portées par les art. 384 et 396 c. pén., et qu'en prononçant contre elle la peine de la reclusion, portée par l'art. 389, § 1 du même code, la cour d'assises a fait une juste application de cet article et n'a violé aucune loi ; — Par ces motifs, rejette, etc.

Du 13 janv. 1852.—C. C., ch. crim. MM. Bastard, pr.—Meyronnet, r.

dans dût, par cela même, être réputée intérieure. A cet égard toutefois une distinction a été faite par les arrêts précités de la cour d'Angers. — Ainsi, il a été décidé : 1° qu'il y a effraction intérieure lorsque l'auteur du vol, qui s'est emparé d'un objet, fracture une porte du dedans, et, par exemple, la serrure de la cloison d'un grenier séparative d'autres greniers, pour sortir de la maison ou du grenier avec l'objet volé (Angers, 21 mars 1854, aff. Lainé, D. P. 54. 2. 111); — 2° Mais qu'une effraction pratiquée sur une porte servant d'entrée et de clôture a le caractère d'effraction extérieure et non d'effraction intérieure, alors même qu'elle a été commise de l'intérieur et pour sortir de la maison (Angers, 16 mai 1851, aff. Renard, et 21 mars 1854, aff. Lainé, précités).

529. Un arrêt a décidé qu'il y a effraction intérieure dans le fait d'arracher avec des pincettes, dans une maison, après s'y être introduit, un verrou en fer : — « Attendu que Dellaca est prévenu de s'être introduit dans un ci-devant couvent, et d'y avoir arraché et volé une pièce de fer, désignée soit sous le nom de *verrou*, soit sous le nom de *serrure*, au moyen de laquelle pièce de fer une fenêtre était fermée intérieurement;... attendu que la rupture dont il s'agit est une effraction, d'après l'art. 393 c. pén., qui qualifie effraction toute rupture de serrures ou autres ustensiles ou instruments servant à fermer ou empêcher le passage, et que cette effraction est intérieure, aux termes de l'art. 396, qui qualifie ainsi celles qui, après l'introduction dans les maisons et dépendances, sont faites aux clôtures du dedans; attendu que tout vol commis avec effraction intérieure est un crime » (Crim. règl. de juges, 7 nov. 1812, M. Oudart, rap., aff. Dellaca). — Cette décision ne nous paraît pas exacte. Elle peut être l'objet de critiques analogues à celles que nous avons cru devoir élever contre d'autres arrêts qui avaient vu une effraction extérieure notamment dans le fait d'enlever des barres de fer servant à fermer le soupirail d'une cave en brisant les pierres dans lesquelles les extrémités de ces barres étaient enchâssées, dans le fait de desceller, pour les emporter, des grilles de fer scellées dans le mur d'un édifice public, etc. (V. *suprà*, n° 517). Qu'il s'agisse d'effraction extérieure ou d'effraction intérieure, cette effraction n'est une circonstance aggravante du vol qu'autant qu'elle a été pour l'agent un moyen d'arriver à l'objet de sa convoitise et qu'elle constituait ainsi un acte préparatoire du vol; mais il n'en est plus de même quand c'est la clôture elle-même qui est l'objet du vol (Conf. MM. Chauveau et Hélie, t. 5, n° 1895).

530. Il a été jugé que l'enlèvement, à l'aide d'effraction, du contenu d'une malle, constitue, de la part de celui auquel son propriétaire l'avait confiée sans se dessaisir des clefs, non un simple abus de confiance, mais un vol qualifié (Poitiers, 19 mars 1852, aff. Pagot, D. P. 53. 2. 141; —Conf. Crim. rej. 19 avr. 1838, aff. Léger, v° Abus de confiance, n° 113). — V. *suprà*, n° 80.

531. Il a été jugé, au contraire, que l'effraction et l'usage de fausses clefs ne sont des circonstances aggravantes d'un vol qu'autant qu'il y a eu introduction du coupable dans une maison habitée ou ses dépendances; qu'ainsi, le voleur qui ouvre dans son propre domicile, à l'aide d'effraction ou avec des fausses clefs, une malle à lui confiée, n'est passible que des peines du vol simple : — « Attendu qu'il résulte des art. 384, 393, 394, 395, 396 et 398 combinés c. pén., que la circonstance d'effraction ou de fausses clefs ne peut criminaliser un délit de soustraction frauduleuse que lorsqu'il y a eu d'abord introduction du délinquant dans une maison habitée ou ses dépendances; attendu

conséquemment que lorsqu'il ne s'agit, comme dans la cause actuelle, que d'une violation d'un dépôt dans son propre domicile, il importe peu qu'il y ait eu effraction ou usage de fausses clefs pour ouvrir la caisse contenant le dépôt; cette circonstance ne criminalise pas le fait, et le laisse soumis à la juridiction correctionnelle » (Metz, ch. corr., 14 fév. 1825, M. de Julvécourt, pr., aff. N... —Conf. Crim. rej. 16 fév. 1838, aff. Faye, v° Abus de confiance, *loc. cit.*). — Cette dernière interprétation nous paraît seule exacte; c'est celle que nous avons soutenue v° Abus de conf., *loc. cit.*

532. L'art. 594 de la nouvelle loi des faillites, d'après lequel le conjoint, les descendants ou les ascendants du failli, ou ses alliés aux mêmes degrés, qui auraient détourné, diverti ou recélé des effets appartenant à la faillite, sans avoir agi de complicité avec le failli, seront punis des peines du vol simple, ne déroge pas aux dispositions du code pénal relatives aux circonstances aggravantes du vol; — Spécialement, si le détournement a été commis avec bris de scellés et effraction intérieure, il constitue un vol qualifié, justiciable des cours d'assises (Crim. rej. 13 mai 1841, aff. Saulnier, v° Faillite, n° 1504).

533. La peine portée par la loi contre le vol avec effraction est applicable dès que ces effractions sont déclarées constantes par le jury, sans qu'il soit nécessaire qu'elles soient constatées par des procès-verbaux : — « Attendu que l'art. 393 c. pén. invoqué par le demandeur ni aucune autre disposition dudit code n'exigent que les effractions soient constatées par des procès-verbaux, et qu'il suffit qu'elles soient déclarées constantes par le jury pour que les cours soient tenues d'y appliquer les peines portées par la loi » (Crim. rej. 19 nov. 1812, MM. Barris, pr., Chasles, rap., aff. Mousset).

534. La déclaration portant que l'accusé a commis un vol à l'aide de fausses clefs et d'effraction, mais qu'il ne l'a pas fait avec mauvaise intention, est contradictoire, et ne peut servir de base à l'ordonnance d'acquittement de l'accusé (Crim. cass. 12 sept. 1807) (1).

§ 4. — Vol avec escalade.

535. Sous notre ancien droit, l'édit de mars 1577 avait mis au nombre des cas prévôtaux l'échellement des maisons et des murailles (Serpillon, Cod. crim., t. 1, p. 200). Et Jousse nous apprend (Tr. de la just. crim., t. 4, p. 222) que ceux qui escaladaient de nuit les fenêtres des maisons pour entrer dans les chambres et y voler, quoique sans effraction, étaient punis d'une peine très-sévère, qui devait être au moins les galères à temps, et quelquefois la mort.

536. Le code pénal de 1791 (part. 2, tit. 2, sect. 2, art. 11) punissait de la peine de huit années de fer « tout vol commis en escaladant les toits, murailles et toutes autres clôtures extérieures de bâtiments, maisons et édifices. » Et il ajoutait (art. 12) que la durée de cette peine serait augmentée de deux années par chacune des circonstances suivantes qui serait réunie au crime : — Si le crime avait été commis dans une maison actuellement habitée ou servant à habitation; — S'il avait été commis la nuit; — S'il avait été commis par deux ou plusieurs personnes; — Si le coupable ou les coupables étaient porteurs d'armes à feu ou de toute autre arme meurtrière. — Il a été jugé, sous l'empire de cette loi : 1° qu'un tribunal criminel ne pouvait pas appliquer la peine prononcée pour un vol commis en escaladant des toits ou d'autres clôtures extérieures de bâtiments, maisons ou édi-

---

(1) **Espèce :** — (Min. pub. C. Vitasse.) — Le ministère public s'est pourvu contre une ordonnance du président de la cour criminelle du Pas-de-Calais, qui déclarait les frères Vitasse acquittés d'une accusation de vol commis avec effraction et fausses clefs à Arras, chez l'officier de santé Cuvilier, où l'un des accusés demeurait en qualité de commensal et d'élève en chirurgie. — Cette ordonnance était fondée sur la déclaration des jurés de jugement, portant que le vol est constant; que l'un des accusés en est l'auteur; qu'il l'a commis dans une maison dont il était commensal, à l'aide de fausse clef et avec effraction; mais que tout cela a été fait par un jeune homme de dix-neuf à vingt ans, sans mauvaise intention. — Arrêt.

LA COUR; — Vu les art. 424, 425 et 456, § 6 de la loi du 5 brum. an 4; — Attendu 1° que, dans l'esprit et dans l'objet de cette loi, le président d'une cour criminelle ne peut prononcer l'acquit des accusés que sur une déclaration du jury, régulière en sa forme, et présentant, par les réponses aux questions proposées, un sens clair et non contradictoire; — Attendu 2° que les réponses des jurés, sur les questions relatives aux faits, posées à l'égard d'Augustin-Joseph Vitasse, étaient absolument contradictoires avec les réponses des mêmes jurés sur l'intention qui avait pu accompagner ces faits; que les réponses inconciliables entre elles se détruisent les unes les autres; — Que, dès lors, la déclaration des jurés ne présentant aucun résultat, ou plutôt qu'il n'existait pas réellement de déclaration; et qu'en ce cas il ne pouvait être rendu une ordonnance d'acquittement, sans fausse application de l'art. 424 et 425, et sans excès de pouvoir; — Casse, etc.

Du 2 sept. 1807.-C. C., sect. crim.-MM. Barris, pr.-Guieu, rap.

fices, à un vol déclaré par le jury avoir été fait par escalade dans un terrain clos et fermé, tenant immédiatement à une maison habitée (Crim. cass. 22 germ. an 4, M. Brun, rap., aff. Gruel et Couesnon); — 2° Que l'escalade des clôtures d'un jardin n'était pas une circonstance aggravante d'un vol, lorsque ce jardin ne tenait pas immédiatement à une maison habitée (Crim. cass. 7 pluv. an 10, M. Genevois, rap., aff. Juguet); — 3° Que le vol commis en escaladant les murs d'un jardin clos, tenant immédiatement à une maison habitée, n'était puni que de quatre années de fers; qu'il fallait pour motiver l'application de la peine de huit années de fers, prononcée par l'art. 11, sect. 2, tit. 2, part. 2, de ladite loi, que le vol eût été commis en escaladant des toits, murailles ou toutes autres clôtures extérieures de bâtiments, maisons et édifices : — « Attendu que, d'après les dispositions de l'art. 11, sect. 2, tit. 2, part. 2, c. pén., la peine de huit années de fers n'est applicable qu'au vol commis en escaladant des toits, murailles ou toutes autres clôtures extérieures de bâtiments, maisons et édifices; que le vol commis dans un terrain clos et fermé, si ce terrain tient immédiatement à une maison habitée, doit être puni de la peine de quatre années de fers, conformément à l'art. 25, titre précité » (Crim. cass. 6 avr. 1809, MM. Barris, pr., Lombard, rap., aff. Corno).

537. Sous le code du 3 brum. an 4, on ne pouvait pas se borner à demander au jury si un vol avait été commis avec escalade; il fallait lui poser la question de savoir si l'escalade avait eu lieu en franchissant des toits, murailles, etc., ainsi que celle sur les moyens employés pour parvenir à cette escalade (Crim. cass. 29 vend. an 7, aff. Meriotte, n° 552).

538. La loi du 23 niv. an 6 (V. p. 1107), qui resta en vigueur pendant deux ans seulement, prononçait (art. 1) la peine de mort contre les vols commis avec escalade dans les maisons habitées, et elle ajoutait (art. 3) que ceux qui seraient convaincus de s'être introduits dans des maisons habitées à l'aide d'escalade seraient punis de mort lorsqu'il apparaîtrait par les circonstances du fait qu'ils avaient le dessein d'assassiner ou de voler, lors même que ces derniers crimes n'auraient pas été consommés. — Il a été jugé, sous l'empire et par application de cette loi : 1° qu'il ne suffisait pas, pour motiver l'application de la peine de mort, à raison d'un vol par introduction avec escalade, que le jury eût déclaré que ce vol avait été commis dans une maison servant à habitation; qu'il fallait que la déclaration portât qu'il avait été commis dans une maison habitée (Crim. cass. 23 therm. an 7, M. Harzé, rap., aff. Mayrel); — 2° Qu'il ne suffisait pas que l'accusé eût tenté de s'introduire dans une maison habitée, à l'aide d'effraction ou d'escalade, dans le dessein d'y voler; qu'il fallait qu'il s'y fût réellement introduit (Crim. cass. 13 mess. an 7, MM. Roux, rap., aff. Marie Battant); — 3° Que les art. 1 et 3 L. 29 niv. an 6, en prononçant la peine de mort pour le vol et la tentative de vol commis avec escalade, se rapportaient nécessairement à la seule escalade définie dans l'art. 11, sect. 2, tit. 2, part. 2, L. 25 sept.-6 oct. 1791 (Crim. cass. 29 vend. an 7, aff. Meriotte, n° 552); — 4° Que la peine de mort ne pouvait pas être appliquée à un vol commis, à l'aide d'escalade, dans une maison habitée, si le jury n'avait pas déclaré que l'escalade avait été faite aux clôtures extérieures de la maison habitée où le vol avait été commis : — « Considérant que de la combinaison des art. 1 et 3 L. 29 niv. an 6, ci-dessus cités, il résulte que, pour que la peine de mort puisse être appliquée à un vol commis dans une maison habitée, à l'aide d'escalade, il faut que l'escalade soit faite aux clôtures extérieures de la maison; que, dans l'affaire présente, la déclaration du jury ne portant pas que l'escalade avait été faite aux clôtures extérieures de la maison habitée où l'enlèvement a été commis, il n'en peut résulter l'application de la peine de mort » (Crim. cass. 22 frim.

an 7, M. Busschop, rap., aff. Huet; V. aussi Crim. cass. 8 vend. an 7, MM. Gohier, pr., Chuplet, rap., aff. Lenoir).

539. La loi du 25 frim. an 8 (V. p. 1107), comme nous l'avons déjà dit, mitigea les peines prononcées par les lois antérieures contre la plupart des modalités du vol. — Mais il a été décidé : 1° que cette loi n'était pas applicable au vol avec escalade, qui avait continué, sous cette loi, à être passible des peines portées au code pénal de 1791 (Crim. cass. 18 prair. an 8, MM. Schwendt, rap., Jourde, subst., aff. Alvergnat). — 2° Que l'introduction par escalade dans un terrain clos et fermé, tenant immédiatement à une maison habitée, ne pouvait pas être assimilée à celle qui avait lieu dans des bâtiments, maisons et édifices dont on escaladait les toits, murailles ou autres clôtures extérieures; qu'en conséquence, le vol commis de jour avec cette circonstance n'était passible que d'une peine correctionnelle (Crim. cass. 22 frim. an 13, M. Aumont, rap., aff. Alvergnat).

540. Le code pénal de 1810 a assimilé l'escalade à l'effraction, comme circonstance aggravante du vol. Aux termes de l'art. 381 de ce code, modifié par la loi du 28 avr. 1832 quant à la fixation de la peine, l'une des cinq circonstances qui rendent le vol passible des travaux forcés à perpétuité, c'est qu'il ait été commis, soit à l'aide d'effraction extérieure, ou d'escalade, ou de fausses clefs, dans une maison, appartement, chambre ou logement habités, ou servant à l'habitation, ou leurs dépendances. Et l'art. 384 punit, de même, de la peine des travaux forcés à temps, tout individu coupable de vol commis à l'aide d'un des moyens énoncés dans le n° 4 de l'art. 381, même quoique l'effraction, l'escalade et l'usage de fausses clefs aient eu lieu dans des édifices, parcs ou enclos non servant à l'habitation et non dépendants des maisons habitées.

541. Ainsi que nous l'avons déjà dit (n° 496), l'art. 280 c. pén. de 1810, aujourd'hui abrogé, portait que tout vagabond ou mendiant qui aurait commis un crime emportant la peine des travaux forcés à temps serait en outre marqué. — Sous l'empire de cette disposition, il avait été décidé que la flétrissure n'était attachée aux travaux forcés à temps que lorsqu'ils étaient encourus pour récidive de crime, ou par un faussaire, un vagabond ou un mendiant; qu'en conséquence devait être cassé, dans la disposition qui l'avait prononcée, l'arrêt qui l'ajoutait à la peine des travaux forcés pour vol commis à l'aide d'escalade, sans autre circonstance (Crim. cass. 26 juin 1823, M. Busschop, rap., aff. Colonna).

542. Voyons maintenant en quoi consiste précisément l'escalade. Aux termes de l'art. 397 c. pén., « est qualifiée *escalade* toute entrée dans les maisons, bâtiments, cours, basses-cours, édifices quelconques, jardins, parcs et enclos, exécutée par-dessus les murs, portes, toitures ou toute autre clôture. »

543. Des termes de cette définition il résulte, en premier lieu, que l'escalade n'est une circonstance aggravante qu'autant qu'elle a eu pour but d'*introduire* l'auteur du vol *dans* l'un des lieux désignés. Si elle n'avait eu lieu que pour permettre au voleur d'atteindre des objets placés à une certaine hauteur, elle ne serait pas circonstance aggravante du vol. C'est ce qu'enseignent aussi Bourguignon, Jurispr. des c. crim., t. 3, sur l'art. 397, n° 3; MM. Chauveau et Hélie, t. 5, n° 1902. — Il a été jugé en ce sens : 1° qu'il n'y a pas vol avec escalade dans le fait de celui qui monte, à l'aide d'une échelle, sur le toit d'une maison, sans s'y introduire, et commet sur ce toit le vol d'une gouttière en plomb (Crim. rej. 21 oct. 1813) (1); — 2° Que l'emploi d'une échelle pour atteindre un objet en dehors d'une maison contre laquelle cette échelle est appuyée, ne constitue pas la circonstance aggravante d'escalade, laquelle n'existe que par l'entrée dans les maisons, etc., exécutée par-dessus les murs, portes, toitures, etc. (Crim. rej. 11 avr. 1836, aff. Maheu,

---

(1) *Espèce :* — (Min. pub. C. Herraut.) — Herraut, convaincu d'avoir volé le plomb de la gouttière d'une église, à l'aide d'escalade de la muraille et de la gouttière de l'édifice, et sans y entrer, n'avait été condamné qu'à des peines correctionnelles par application de l'art. 401 c. pén., « attendu que la déclaration du jury ne renfermait pas les circonstances que l'art. 397 c. pén. exige pour caractériser la circonstance de l'escalade. » — Pourvoi. — Il résulte de la réponse du jury, a-t-on dit, que le vol a été commis en escaladant dessus et par-dessus le mur du bâtiment. La cour d'assises a pensé que, puisque l'accusé n'était

pas entré dans le bâtiment, il n'y avait pas escalade, et que le vol ne constituait qu'un vol simple. Mais il ne résulte pas des termes de l'art. 397 précité (car il faut les entendre sainement) qu'il faille, pour qu'il y ait escalade, que l'accusé soit entré dans le bâtiment même, il suffit qu'il ait franchi la limite extérieure de ce bâtiment, et que dès lors la chose volée ait été prise dans l'enceinte de la clôture de ce bâtiment; il importe donc peu que le vol ait été commis dans les appartements, dans les greniers ou sur les toits. — Arrêt.

La cour; — Considérant que des faits déclarés constants par le

D. P. 56. 5. 510); — 3° Que l'escalade qui a pour but d'arriver sur le toit d'une maison, mais sans entrer dans cette maison, ne constitue pas une circonstance aggravante de vol commis sur ce toit (Paris, 14 sept. 1858, aff. Lacroix, n° 324; Aix, 2 fév. 1858, aff. N..., D. P. 59. 5. 414); — 4° Que la circonstance aggravante d'escalade n'existe pas dans le fait du malfaiteur surpris sur la toiture d'une maison, où il n'est pas entré (Crim. rej. 3 avr. 1858) (1). — V. n° 518.

544. Il a été décidé cependant qu'il y a escalade si, pour parvenir au toit ou à la corniche, le voleur s'est servi d'échelles appliquées contre le mur, quoiqu'il n'ait eu besoin, pour atteindre son but, de franchir aucune clôture extérieure, et qu'il ne se soit pas introduit dans la maison (Paris, 19 déc. 1851, aff. Ballet, D. P. 51. 2. 19). — Mais la doctrine opposée nous semble plus conforme au texte de la loi. Le texte, sans doute, demande à être vivifié par l'esprit toutes les fois qu'il n'offre pas un sens net et précis; mais quand le législateur a défini l'escalade : « toute *entrée* dans les maisons, bâtiments, etc., exécutée *par-dessus* les murs, portes, toitures ou toute autre clôture, » ne semble-t-il pas résulter de ces expressions qu'il faut que le voleur se soit *introduit dans* la maison ou ses dépendances par-dessus une clôture quelconque? Dire, comme le fait l'arrêt, que les murs sur lesquels repose le toit forment l'enceinte, la clôture d'une maison, et que passer par-dessus ces murs pour arriver au toit, c'est réellement passer par-dessus une clôture, c'est, à notre jugement, détourner de son sens naturel et pratique le mot *clôture*, et forcer la signification des autres termes que le législateur emploie dans sa définition.

545. Dans un vol avec escalade, le fait de l'escalade résulte de l'introduction dans un lieu clos, en franchissant la clôture : il n'est pas nécessaire que ce lieu clos soit une maison habitée ou une dépendance de maison habitée (Cass. 30 mai 1851, aff. Birabeau, D. P. 51. 5. 555). — L'art. 397, en effet, parle de l'entrée dans les cours, basses-cours, édifices quelconques, jardins, parcs et enclos. Il suffit donc, pour qu'il y ait escalade, que l'individu se soit introduit, par-dessus les clôtures, dans l'un des lieux qui viennent d'être désignés.

546. Mais ici s'élève une question. Est-il nécessaire qu'il soit déclaré dans la réponse du jury que l'escalade a été pratiquée dans l'un des lieux énoncés en l'art. 397, ou bien suffit-il qu'il soit dit que le vol a eu lieu avec escalade? Une telle déclaration implique-t-elle suffisamment les conditions de lieu exigées par l'art. 397? — Appelée à prononcer sur cette question, la cour de cassation l'a résolue en sens contraire par deux arrêts successifs, rendus dans la même affaire. Ainsi, par un premier arrêt, elle avait décidé que la cour d'assises ne peut appliquer la peine des travaux forcés à l'accusé que le jury a déclaré coupable d'une tentative de vol commise la nuit, et à l'aide d'escalade, mais non dans un endroit dépendant d'une maison habitée : — « Vu les art. 384 et 381, n° 4, c. pén., de la combinaison desquels il résulte que le vol commis à l'aide d'escalade n'entraîne la peine des travaux forcés que lorsqu'il a été commis, sinon dans une maison habitée, ou dans la dépendance d'une maison servant d'habitation, du moins dans un édifice, parc ou enclos quelconque dans lequel l'escalade puisse avoir eu lieu; attendu que, d'après la déclaration du jury, le vol dont le demandeur était déclaré convaincu se bornait à un vol commis avec les seules circonstances de la nuit et de l'escalade, mais non

avec la circonstance de la maison habitée, et que, d'après les art. 384 et 381, n° 4, ci-dessus rappelée, cette espèce de vol ne pouvait être passible des travaux forcés qu'autant que la circonstance d'une maison aurait été jointe aux deux autres de l'escalade et de la nuit, ce qui ne se rencontrait pas dans l'espèce; mais attendu, néanmoins, que l'arrêt attaqué, en appliquant ces articles au demandeur, l'a condamné à la peine des travaux forcés par eux prononcée, et qu'en jugeant ainsi, il a fait desdits articles une fausse application » (Crim. cass. 18 nov. 1830, MM. Ollivier, f. f. pr., Chauveau-Lagarde, rap., aff. Barré).

L'affaire ayant été, par suite d'un nouveau pourvoi, portée devant les chambres réunies, il fut décidé que la déclaration qu'un individu est coupable de vol avec escalade, suppose nécessairement l'existence d'un lieu qui a pu être escaladé, tel que maisons, cours, basses-cours, édifices quelconques, jardins, parcs et enclos : — « Vu les art. 381, § 4, 384 et 397 c. pén.; attendu qu'il résulte de la combinaison des deux premiers articles que, pour qu'un vol commis à l'aide d'escalade soit puni de la peine des travaux forcés à temps, il n'est pas nécessaire que ce vol ait été commis dans une maison ou un logement habité, ou servant à habitation, ou leurs dépendances; qu'il suffit que le vol à l'aide d'escalade ait eu lieu dans des édifices, parcs ou enclos non servant à habitation et non dépendant des maisons habitées; attendu qu'il suit de ces articles et de la définition de l'escalade (art. 397), que la déclaration d'un jury qu'un tel est coupable d'un vol avec escalade suppose nécessairement l'existence d'un lieu qui a pu être escaladé, tel que maisons, cours, basses-cours, édifices quelconques, jardins, parcs et enclos; attendu que la réponse d'un jury qui déclarerait qu'un tel est coupable d'un vol avec escalade, mais que cette escalade n'a pas eu lieu dans un édifice quelconque, non plus que dans un jardin, parc ou enclos, serait une réponse absurde et contradictoire, puisqu'il en résulterait à la fois que l'escalade a eu lieu et qu'elle n'a pas eu lieu; que, dans ce cas, la non-existence de l'édifice habité ou non habité, et du lieu, quel qu'il soit, où pourrait résulter que d'une déclaration précise et explicite du jury à cet égard, et non d'une déclaration purement implicite; que la déclaration précise et explicite du jury sur la non-existence du lieu qui aurait été ou qui n'aurait pas été escaladé, quand il a rendu une déclaration affirmative sur la circonstance de l'escalade, est d'autant plus nécessaire et indispensable que, dans l'usage, le jury est interrogé séparément et successivement sur le fait principal et sur les principales circonstances, telles que l'escalade, la nuit, la maison habitée, etc., sans que la circonstance d'escalade se trouve jointe dans ce cas à celle du lieu qui a pu être escaladé; attendu, en fait, que le jury de la cour d'assises du département de l'Orne, en déclarant, dans trois réponses distinctes et successives, Barré coupable, 1° d'une tentative de vol de farines, commise avec les trois circonstances qui la caractérisent, au préjudice de F. Duet, meunier, dans sa maison à Saint-Frambault-sur-Pisse; 2° d'avoir commis cette tentative la nuit et à l'aide d'escalade; 3° mais non dans un endroit dépendant d'une maison habitée, n'a pas dit n'avoir voulu dire que cette tentative de vol avec escalade n'eût pas eu lieu dans un moulin ni édifice quelconque, mais seulement que le moulin dans lequel elle avait eu lieu ne dépendait pas de la maison habitée de Duet, dont effectivement il était séparé de quelques pas; — Attendu qu'en entendant dans ce sens,

jury il ne résulte pas que le vol dont l'accusé Hernaut a été convaincu ait été accompagné de la circonstance aggravante de l'escalade, telle qu'elle est définie par l'art. 397 c. pén., d'où il suit que l'arrêt dénoncé n'a point violé ledit article, et qu'il a fait une juste application des lois pénales; — Rejette.

Du 21 oct. 1813.-C.C., sect. crim.-M. Busschop, rap.

(1) (Min. pub. C. Coriasco et Béradote.) — La cour; — Vu l'art. 397 c. pén.; — Attendu que cet article définit l'escalade : « Toute entrée dans les maisons, bâtiments, cours, basses-cours, édifices quelconques, jardins, parcs et enclos, exécutée par-dessus les murs, portes, toitures ou toute autre clôture, etc. » — Attendu qu'il résulte de cette définition que la circonstance aggravante de l'escalade a pour premier élément constitutif l'entrée du malfaiteur exécutée de l'extérieur par-dessus les murs, clôtures, etc., dans l'un des lieux spécifiés en l'art. 397; — Attendu qu'alors même que la prévention ne porte que sur une tentative de soustraction frauduleuse, on ne saurait

appliquer les dispositions de l'art. 2 c. pén., relatives à la tentative de fait principal, aux circonstances aggravantes dont la loi donne la définition spéciale, et qui, dès lors, n'existent qu'autant que leurs éléments constitutifs peuvent être constatés au moment où la tentative du fait principal se trouve suspendue ou manquée par des circonstances indépendantes de la volonté de son auteur; — En fait : — Attendu que l'arrêt attaqué constate que Coriasco a été surpris étant sur la toiture de la maison Rose Fany au moment où il venait de desceller et d'enlever cinq ou six tuiles, étant porteur d'un gros bâton, pendant que son coprévenu Béradote faisait le guet; — Attendu qu'en décidant, dans ces circonstances, qu'il n'y avait pas lieu de reconnaître l'existence de la circonstance aggravante d'escalade, parce qu'on ne pouvait confondre le fait d'être monté sur le toit d'une maison avec le fait d'être entré dans cette maison par-dessus la toiture, la cour impériale d'Aix a fait une saine interprétation de l'art 397 c. pén.; — Rejette.

Du 3 avr. 1858.-C. C., ch. crim.-M. Victor Foucher, rap.

le seul raisonnable et le seul naturel, la déclaration du jury du département de l'Orne, et qu'en appliquant à Barré, en conséquence de cette déclaration du jury, la peine des travaux forcés à temps, la cour d'assises du département de la Manche n'a, en aucune manière, violé les art. 381, § 4, 384 et 397 c. pén.; mais qu'au contraire elle en a fait une juste et sage application» (Ch. réun. rej. 7 juin 1831, MM. Portalis, 1er pr., Meyronnet-Saint-Marc, rap., Dupin, pr. gén., c. conf., aff. Barré).

547. Déjà, antérieurement à l'arrêt du 18 nov. 1830, il avait été décidé que lorsque l'acte d'accusation énonce, avec le fait du vol, quatre circonstances, celles de la nuit, de plusieurs personnes, de l'escalade, et d'une grange dépendant d'une maison habitée, et que la déclaration du jury est affirmative sur toutes les circonstances et négative sur celle de la grange dépendant d'une maison habitée, cette dernière déclaration n'exclut pas nécessairement la circonstance de l'escalade, et la cour d'assises ne peut, sur ce fondement, prononcer la peine de la reclusion seulement; elle doit appliquer celle des travaux forcés à temps (Crim. cass. 28 mai 1818) (1). — Et depuis il a été jugé en ce dernier sens : 1° que le vol doit être réputé commis avec escalade et introduction dans un lieu clos, lorsque le jury a déclaré qu'il y avait eu escalade (Crim. rej. 11 juill. 1851, aff. N..., D. P. 53. 5. 487); — 2° Que l'individu déclaré coupable de vol avec escalade est passible de la peine des travaux forcés à temps, prononcée par l'art. 384 c. pén., encore bien que le jury ait écarté la circonstance aggravante de maison habitée : on dirait à tort qu'en pareil cas il ne reste qu'un vol simple (Crim. rej. 29 mai 1856, aff. Casenobe, D. P. 56. 5. 510).

548. La doctrine consacrée par ces derniers arrêts est-elle la plus exacte? Est-il bien vrai, comme la cour de cassation l'a pensé, que la déclaration du jury portant qu'il y a eu escalade suppose nécessairement l'existence d'un lieu clos dans lequel le voleur s'est introduit à l'aide de ce moyen? — Supposez un jardin ouvert de tous côtés, excepté d'un seul, qui offre une petite bordure de mur. Au lieu d'entrer dans le jardin par les parties ouvertes, un voleur escalade le petit mur, et le jury déclare qu'il est coupable de vol avec escalade dans un jardin. Cet individu supportera-t-il l'aggravation de peine que cause l'escalade et qui paraît n'être applicable qu'à l'introduction par escalade dans des lieux clos? Il sera certainement passible de l'aggravation en vertu de la présomption légale que reconnaissent les arrêts précités des 7 juin 1831 et 11 juill. 1851. Pour nous,

(1) (Min. pub. C. Levida.) — La cour (ap. dél. en ch. du cons.); — Vu l'art. 384 c. pén., d'après lequel les vols commis à l'aide d'escalade sont passibles de la peine des travaux forcés à temps, même quoique l'escalade ait lieu dans des édifices, parcs ou enclos non servant d'habitation, et non dépendant de maison habitée ; — Et attendu que la question présentée au jury comme le résumé de l'acte d'accusation énonçait, avec le fait principal du vol, les quatre circonstances de la nuit, de plusieurs personnes, de l'escalade et de la grange dépendant d'une maison habitée ; — Que, par sa réponse, le jury a déclaré que le vol avait été commis avec toutes les circonstances exprimées dans le résumé de l'acte d'accusation, excepté celle d'avoir commis le vol dans une grange dépendant d'une maison habitée ; — Que dès lors, d'une part, le jury n'a exclu pas les circonstances de vol que celle de la grange dépendant d'une maison habitée, et que, de l'autre, il a affirmé qu'il avait été commis avec toutes les autres circonstances, par conséquent avec l'escalade, qui en formait partie ; — Que la déclaration négative sur la circonstance de la grange dépendant d'une maison habitée n'était pas nécessairement exclusive de l'escalade, dès lors que, suivant l'art. 384, l'escalade était une circonstance aggravante, même au cas où elle avait lieu dans un édifice, in un parc ou enclos non dépendant d'une maison habitée ou servant à l'habitation ; — Que, par conséquent, le vol déclaré constant par le jury rentrait dans l'application de l'art. 384, et devenait passible de la peine des travaux forcés; que néanmoins la cour d'assises des Côtes-du-Nord, appliquant l'art. 586, n'a prononcé que la peine de reclusion ; — En quoi cette cour a violé l'art. 384 et fait une fausse application de l'art. 586 c. pén.; — Casse, etc.
Du 28 mai 1818.-C. C., sect. crim.-M. Olivier, rap.

(2) Espèce : — (Boubet C. min. pub.) — Dans cette espèce, suffisamment retracée par l'arrêt suivant, M. le conseiller rapporteur a dit : « Il résulte de l'art. 597 c. pén. que, pour qu'il y ait escalade, il faut que l'entrée ait eu lieu du dehors dans l'intérieur d'une maison; ainsi Boubet étant entré dans la maison sans escalade, il n'avait plus été possible qu'il commît d'escalade dans l'intérieur de cette maison. » — Ce motif,

nous avons de la peine à nous rendre à cette doctrine. Il nous semble qu'il est toujours besoin d'une déclaration du jury sur le point de savoir si le lieu était clos ou non, et nous préférerions la jurisprudence que la cour avait adoptée par son premier arrêt. — V. aussi en ce sens MM. Chauveau et Hélie, t. 5, n° 1904.

549. Lorsqu'à la question de savoir si un accusé était coupable de tentative de vol commise, la nuit, avec escalade, dans une maison habitée, le jury a répondu : « oui, la tentative de vol a été commise, la nuit, et à l'aide d'escalade, mais non dans un endroit dépendant d'une maison habitée, » la cour doit appliquer à l'accusé la peine des travaux forcés, que la maison soit habitée ou non (Ch. réun. rej. 7 juin 1831, aff. Barré, n° 546).

550. Puisque l'escalade, ainsi que nous l'avons dit précédemment (n° 543), d'après les termes mêmes de l'art. 397, n'est considérée comme circonstance aggravante qu'autant qu'elle a été pour le voleur un moyen de s'introduire, soit dans la maison soit dans quelque autre des lieux désignés en l'art. 397, il s'ensuit que, pour qu'il y ait escalade dans le sens de cet article, il faut qu'elle ait eu lieu du dehors dans l'intérieur. Si donc un individu s'est introduit sans escalade dans une maison pour y commettre un vol, l'escalade qu'il pratique ensuite à l'intérieur, pour passer d'une partie de la maison dans une autre, n'aggrave point la criminalité du vol. Ce sont qu'enseignent aussi MM. Chauveau et Hélie, t. 5, n° 1905. — Il a été décidé, en ce sens : 1° que l'individu qui est entré dans l'intérieur d'une maison sans escalade, et, par exemple, en passant par une écurie ouverte, ne commet point d'escalade en pénétrant ensuite dans les autres parties de la maison par des ouvertures pratiquées dans l'intérieur; qu'en conséquence, le vol commis dans ce cas par cet individu ne constitue point un vol avec escalade (Crim. cass. 13 mai 1826) (2); — 2° Que celui qui est entré dans un édifice sans escalade, ne commet pas d'escalade, de quelque manière qu'il y pénètre dans les parties intérieures de cet édifice, et alors, par exemple, qu'il est déclaré coupable d'y avoir commis un vol, en pénétrant par une trappe de grenier (Crim. cass. 12 août 1852, aff. Durand et Delaury, D. P. 53. 1. 68); — 3° Qu'il en est de même de celui qui, entré dans une maison sans escalade, pénètre dans une pièce en passant par une ouverture existant dans le mur, bien que cette ouverture ne soit pas destinée à servir d'entrée (Crim. cass. 14 sept. 1843) (3).

551. Examinons maintenant qu'est-ce qui constitue proprement

comme on peut en juger, n'est pas explicitement reproduit par l'arrêt ; mais il s'y trouve d'une manière implicite. — Arrêt.
La cour ; — Vu l'art. 597 c. pén. ; — Attendu que de cette définition il résulte clairement que l'individu qui est entré dans l'intérieur d'une maison sans escalade, de quelque manière qu'il y pénètre dans les autres parties de la maison, par des ouvertures pratiquées dans l'intérieur de ladite maison, ne commet point d'escalade ; — Attendu qu'il résulte de l'arrêt de renvoi, de l'acte d'accusation et de la question conforme soumise aux jurés, que le demandeur Simon Boubet est parvenu dans l'intérieur d'une maison en passant par une écurie ouverte, et qu'étant arrivé dans une première chambre, il s'est introduit par une ouverture du plancher dans une autre chambre inférieure, où il a commis un vol ; que cette circonstance ne saurait caractériser l'escalade telle qu'elle est définie par la loi ; — Que cependant la cour d'assises du département du Cher, par arrêt rendu le 12 avril dernier, l'a déclaré coupable d'escalade pour ce fait, et l'a condamné à la peine des travaux forcés à temps, par application des art. 384 et 581, n° 4, c. pén. ; — En quoi ladite cour d'assises a fait une fausse application des art. 384 et 581, n° 4, dudit code pénal, et a commis un excès de pouvoir ; — Casse et annule l'arrêt de la cour d'assises du Cher, du 12 avril dernier.
Du 13 mai 1826.-C. C., ch. crim.-MM. Portalis, pr.-Bernard, rap.

(3) (Marchand.) — La cour ; — Vu l'art. 597 c. pén. ainsi conçu... : — Attendu que de cette définition il résulte que celui qui étant entré dans un édifice sans escalade, de quelque manière qu'il pénètre dans les autres parties intérieures de ce même édifice par les ouvertures qui peuvent y être pratiquées, ne commet point d'escalade ; — Attendu qu'il résulte de l'arrêt de renvoi, de l'acte d'accusation, des questions soumises au jury, comme de l'arrêt attaqué, que Jean Marchand étant parvenu sans escalade dans l'intérieur d'une maison occupée distinctement et séparément, tant par Louis David que par la fille Pons, et dans le grenier dépendant de l'habitation dudit David, il s'est introduit dans le grenier de Jeanne Pons, en passant par une ouverture non destinée à servir d'entrée, existant dans le mur séparatif du grenier dudit David et

ment l'escalade, quels sont les actes auxquels cette qualification peut être appliquée. Les lois antérieures au code pénal de 1810 n'avaient pas défini l'escalade. Le code pénal de 1791 (part. 2, tit. 2, sect. 2, art. 11) disait seulement : « Tout vol commis en escaladant des toits, murailles ou autres clôtures extérieures de bâtiments, maisons et édifices... » Aussi s'était-il élevé sur le sens du mot *escalader* des doutes que la jurisprudence avait été appelée à résoudre.— On jugeait qu'il n'y avait escalade dans le sens de la loi que lorsqu'une clôture était franchie à l'aide d'une échelle ou de moyens équivalents, mais non lorsque, pour franchir une clôture, le voleur n'avait eu besoin ni d'instruments étrangers ni d'effort personnel pour s'élever au-dessus du rez-de-terre, comme lorsque la hauteur de cette clôture n'excédait pas la portée d'une enjambée naturelle. Ainsi l'on ne considérait point comme fait avec escalade le vol commis, sans emploi de moyens ou d'efforts extraordinaires, sur des marchandises fermées au moyen d'une clôture de trois pieds seulement de hauteur : — « Attendu que le caractère de l'escalade est l'emploi de moyens ou efforts extraordinaires pour vaincre l'obstacle opposé par une clôture ; que ce caractère ne se rencontre pas dans les faits sur lesquels porte la prévention du délit dont est prévenu Antoine Delaite » (Crim. régl. de juges, 12 oct. 1809, MM. Lasaudade, pr., Borel, rap., aff. Delattre).

552. Il avait été décidé, de même, sous l'empire de cette législation, que l'escalade ne devait s'entendre que de la manière de franchir des toits, murailles ou autres clôtures extérieures des bâtiments ; qu'on ne pouvait pas qualifier d'escalade l'action d'enjamber par-dessus l'appui d'une fenêtre ouverte dans l'intérieur d'une maison, et donnant le long d'un corridor (Crim. cass. 29 vend. an 7) (1).

553. Mais il avait été décidé aussi qu'il n'était pas nécessaire, pour constituer l'escalade, que le voleur se fût servi d'une échelle ou de quelque autre moyen semblable ; qu'il suffisait que le voleur se fût introduit dans la maison en grimpant sur un mur : — « Attendu qu'en ne prononçant qu'une peine correctionnelle contre un vol qu'elle déclarait avoir été fait en grimpant sur un mur, la cour de justice criminelle de Parme a fait une fausse application de la loi du 19 juill. 1791, et est contrevenue formellement à la disposition précise de l'article ci-dessus du code pénal » (Crim. cass. 26 déc. 1807, MM. Barris, pr., Vasse, rap., aff. Bernardi).

554. Aujourd'hui, d'après les termes de l'art. 397, ce qui constitue l'escalade, c'est le fait de s'introduire dans l'un des lieux que désigne cet article : *par-dessus les murs, portes, toitures ou toute autre clôture.*—De là résulte précisément, comme le faisait remarquer Merlin dans un de ses réquisitoires (V. le Rép.,

v° Vol, sect. 2, § 3, dist. 4, sur l'art. 397, n° 4), point escalade de la part de celui qui entre par une porte ouverte ou qui s'introduit par une brèche faite au mur de clôture et qui laisse le passage libre; « car, disait ce magistrat, il n'a pas eu besoin d'escalade pour s'introduire dans l'enclos; il n'a eu, pour s'y introduire, aucun obstacle à vaincre ; il a seulement profité de la négligence du propriétaire, qui n'a pas fermé sa porte, qui n'a pas réparé son mur. Et remarquons, ajoute-t-il, que, s'il en était autrement, l'art. 384, en présentant l'escalade comme une circonstance aggravante du vol commis dans un endos indépendant de toute maison habitée, ne l'aurait pas mise, sa forme d'alternative, en opposition avec l'effraction et l'usage de fausses clefs.—La loi aurait, au contraire, supposé qu'il y avait eu escalade par le seul effet de l'introduction du voleur dans l'enclos, puisque le voleur n'aurait pu s'introduire dans l'enclos sans en forcer la clôture par un mouvement extraordinaire, qu'au moyen, ou de ce qu'il aurait trouvé la porte ouverte, ou qu'il serait entré par une ouverture pratiquée naturellement dans le mur ou dans la haie. La loi aurait donc, dans cette hypothèse, parlé d'effraction et de fausses clefs, non comme de circonstances qui peuvent alterner avec l'escalade résultant, par fiction, du seul fait de l'introduction dans l'enclos, mais comme de circonstances essentiellement aggravantes de cette escalade. — V. aussi en ce sens Carnot, sur l'art. 397, n° 2 ; Bourguignon, Jur. des c. crim., t. 3, sur l'art. 397, n° 2 ; MM. Chauveau et Hélie, t. 5, n° 1906.

555. Supposons que la clôture d'un domaine soit formée d'un côté par un ruisseau, et que, pendant l'hiver, ce ruisseau vienne à geler : le voleur qui s'introduit dans ce domaine en passant sur la glace, commet-il une escalade ? Il semble tout d'abord que la définition de l'art. 397 trouve ici son application, puisque le voleur s'est introduit dans le domaine par-dessus la clôture. Cependant on décide généralement, et avec raison, que ce fait ne constitue point une escalade. — La question s'étant présentée devant la cour de cassation, Merlin soutint que le vol commis par ce moyen ne devait pas être réputé commis avec escalade (V. Rép., v° Vol, sect. 2, § 3, dist. 4, art. 397 c. pén., n° 4). « Qu'est-ce qu'un ruisseau pris de glace, dit-il, relativement à la clôture qu'il forme ? La même chose qu'une porte pratiquée dans un mur de clôture, lorsqu'elle est ouverte ; la même chose qu'un mur de clôture qui est dégradé et ouvert dans une de ses parties. » Et après avoir démontré qu'il ne pouvait y avoir escalade dans les deux hypothèses, le savant magistrat ajoutait : « Ainsi, point d'escalade lorsque le voleur s'introduit dans l'enclos par l'ouverture que lui offre, soit une porte non fermée, soit la dégradation d'un mur, et par conséquent point

---

de celui de Jeanne Pons, où une tentative de vol a été commise ; — Que ces faits, aux termes de l'art. 397 ci-devant visé, ne sauraient caractériser l'escalade telle qu'elle est définie et exigée par la loi pour constituer la circonstance aggravante de l'escalade ; — Que cependant la cour d'assises du département de Saône-et-Loire, par son arrêt du 27 août dernier, a déclaré le demandeur coupable d'escalade pour ce fait, par application des art. 384 et 381, n° 4, c. pén., modifiés par les dispositions de l'art. 463 du même code, à raison des circonstances atténuantes constatées ; — En quoi ladite cour a violé l'art. 397 c. pén., et faussement appliqué lesdits art. 384 et 381, n° 4, même code, en commettant un excès de pouvoir; — Casse, etc.

Du 14 sept. 1845.—C. C. ch. cr.—MM. Crouseilhes, pr.-Jacquinot, rap.

(1) (Meriotte et Caillon C. min. pub.) — Le Tribunal : — Attendu que l'art. 229 c. dél. et pein., charge le directeur du jury d'exposer dans son acte d'accusation le fait avec toutes ses circonstances ; que l'escalade est une circonstance aggravante du vol ; qu'ainsi le directeur du jury pouvait, sans annuler le mandat d'arrêt, d'ailleurs régulier, mentionner cette circonstance dans son acte, quoiqu'elle ne fût pas spécifiée dans ledit mandat ; — Attendu que l'acte d'accusation et le procès-verbal de la tenue du jury d'accusation prouvent que le prescrit de l'art. 258 a été scrupuleusement rempli ; — Le tribunal rejette les moyens tirés de la prétendue violation des art. 217 et 258 L. 5 brum. an 4 ;

Mais vu l'art. 11, sect. 2, tit. 2, 2° part., c. pén., les art. 1 et 5 L. 29 niv. an 6 et les art. 573 et 574 ; —Attendu que, d'après l'art. 11 c. pén. précité, l'escalade ne peut s'entendre que de la manière de franchir des toits, murailles ou toutes autres clôtures extérieures de bâtiments, maisons et édifices ; qu'ainsi l'on ne pourrait qualifier d'escalade l'action d'enjamber par-dessus l'appui d'une fenêtre ouverte dans l'intérieur d'une

maison et donnant le long d'un corridor; que les art. 1 et 5 L. 29 niv. an 6, qui condamnent à la peine de mort le vol et la tentative de vol commis avec escalade, se rapportent nécessairement à la seule escalade spécifiée dans le code pénal ci-dessus détaillé ; — Attendu qu'il n'appartient pas à ce tribunal, mais au seul jury de jugement, de connaître du fait de l'escalade mentionné en l'acte d'accusation ; qu'il ne peut, d'après la déclaration existante du jury, savoir si l'action qualifiée d'escalade a eu lieu dans l'intérieur d'une maison, comme le prétendent les condamnés, ou si, au contraire, elle a eu lieu avec les circonstances déterminées par le code pénal ; qu'ainsi le tribunal ignore si la peine a été justement appliquée ; que les art. 573 et 574 ci-dessus relatés, dont l'observation est prescrite à peine de nullité, obligent le président du tribunal criminel de poser, au nom et de l'avis de ce tribunal, les questions qui, sur la moralité du fait et le plus ou le moins de gravité du délit, résultent de l'acte d'accusation, de la défense de l'accusé ou du débat, en commençant par les plus favorables à l'accusé ; qu'ainsi, sans violer cet article, il ne pouvait se dispenser de poser, comme favorable à l'accusé, la question de savoir si l'escalade avait eu lieu en franchissant des toits, murailles ou toutes autres clôtures extérieures de bâtiments, maisons et édifices, ainsi que celle sur les moyens employés pour parvenir à cette escalade ; que cependant, par les questions proposées au jurés et par eux répondues, ils ne se sont pas expliqués sur ces circonstances essentielles, desquelles devait résulter l'exacte application de la loi, ce qui est une violation des art. 573 et 574 précités ; — Par ces considérations, casse et annule les questions posées dans ladite procédure par le tribunal criminel du département de la Seine, et tout ce qui s'en est suivi ; casse aussi les débats et le jugement.

Du 29 vend. an 7.-C. C., sect. crim.-M. Ch. Der, ap.

d'escalade lorsque le voleur s'introduit dans l'enclos par l'effet de la congélation du ruisseau qui l'entoure ; car il est impossible d'assigner une différence entre ces deux cas. Si le propriétaire de l'enclos avait pratiqué un pont sur le ruisseau qui en formait la clôture, et qu'il eût laissé ce pont ouvert à tout le monde, le voleur qui aurait passé sur ce pont pour s'introduire dans l'enclos pourrait-il être réputé coupable d'escalade ? Non, assurément. Eh bien ! la congélation du ruisseau n'est pas autre chose qu'un pont formé momentanément sur le ruisseau même, par la nature. — Carnot, sur l'art. 397, n° 1 ; Bourguignon, sur le même art., n° 3, et MM. Chauveau et Hélie, t. 5, n° 1096, se prononcent dans le même sens. — Et il a été jugé, dans l'affaire même où Merlin s'exprimait comme nous venons de le voir, qu'il n'y a pas vol avec escalade lorsqu'un terrain étant entouré d'un ruisseau qui en ferme la clôture, le voleur s'y est introduit en franchissant ce ruisseau sur la glace, pendant qu'il était en état de congélation (Crim. rej. 20 mai 1813) (1).

556. Nous avons vu (*suprà*, nos 551 et s.) que, d'après la jurisprudence antérieure au code pénal de 1810, il n'y avait escalade qu'autant que, pour franchir les clôtures, l'agent avait fait usage d'échelles ou de tous autres instruments, ou au moins avait dû faire des efforts extraordinaires, comme de grimper sur un mur ; mais que s'il lui avait suffi pour cela d'une simple enjambée, la circonstance d'escalade n'existait pas. Il n'en serait plus de même aujourd'hui, l'art. 397 ayant beaucoup étendu la signification primitive du mot *escalade*. D'après les termes de cet article, il suffit, pour qu'il y ait escalade, que le voleur se soit introduit par-dessus les clôtures, quelque peu élevées qu'elles soient, et qu'il se soit ainsi procuré l'entrée par une voie qui n'est pas destinée à la donner. — C'est ce qu'enseignent aussi MM. Chauveau et Hélie, t. 5, n° 1907.

557. Un arrêt rendu en ce sens a déclaré commis avec escalade le vol perpétré dans une maison où le coupable s'est introduit au moyen d'une simple enjambée, par une fenêtre ouverte qui n'était élevée que de 3 pieds au-dessus du sol : — « Considérant qu'Amand-Félix Leclerc est prévenu d'avoir commis un vol dans une maison dans laquelle il s'est introduit en passant par-dessus l'appui d'une fenêtre de la même maison ; que ce moyen d'introduction est clairement compris dans la définition de l'escalade, donnée par l'art. 397 précité du code pénal, puisque cet article qualifie escalade toute entrée dans les maisons en passant par-dessus les murs, portes, toitures ou toute autre clôture ; que, par son arrêt du 15 oct. 1811, la cour de Paris a décidé que, pour établir la circonstance de l'escalade dans un vol, il faut l'emploi soit d'échelles, soit de tout autre instrument propre à aider au gravissement, ou bien des efforts à l'aide desquels on ait surmonté un obstacle, et que puisque, dans l'espèce, la fenêtre par laquelle le voleur s'était introduit dans la maison n'était élevée que de 3 pieds au-dessus du sol, il a pu s'y introduire au moyen d'une simple enjambée, sans efforts et sans aucun secours étranger, ce qui ne constitue point l'escalade ; que cette décision est une contravention expresse audit art. 397, puisque, contrairement aux termes généraux, clairs et précis dont cet article s'est servi pour ne rien laisser à l'arbitraire dans la définition de l'escalade, la cour l'a fait dépendre de l'appréciation arbitraire du plus ou moins de force et d'agilité du voleur et des moyens qu'il aurait mis en usage pour franchir l'obstacle que lui opposait la clôture ; qu'il suit de ces considérations que le vol dont il s'agit rentre dans la disposition de l'art. 384 c. pén., qui prononce des peines afflictives ; et que conséquemment le prévenu, contre lequel la cour l'a déclaré qu'il existait des charges suffisantes, devait être mis en accusation et renvoyé à la cour d'assises, conformément à l'art. 231 c. inst. crim. ; qu'en le renvoyant devant le tribunal correctionnel, ladite cour a violé les règles de compétence établies par la loi » (Crim. cass. 7 nov. 1811, M. Busschop, rap., aff. Leclerc).

558. Il a été décidé, de même : 1° que le fait du voleur qui, pour s'introduire dans une maison, en a d'abord ouvert la fenêtre extérieure, élevée de trois pieds au-dessus du rez-de-chaussée, en passant la main dans un carreau de vitre cassée du châssis, et en faisant tourner le ressort qui la tenait fermée, puis a ensuite franchi cette fenêtre, constitue la circonstance de l'escalade (Crim. rej. 18 juin 1813) (2) ; — 2° Qu'il y a escalade toutes

---

(1) *Espèce* : — (Min. pub. C. Maury et autres.) — Le 24 mars 1813, le procureur général de la cour de Nancy expose à la chambre d'accusation de cette cour que l'un des premiers jours du mois de février précédent il a été volé du bois dans un magasin non contigu à une maison habitée, mais fermé, sur trois côtés, de murs et de palissades, et, sur le quatrième, d'un ruisseau ayant quatre mètres de largeur et trois mètres de profondeur ; qu'il paraît que les voleurs se sont introduits dans ce magasin en franchissant le ruisseau, qui était alors pris de glace, et que les prévenus de ce vol sont les nommés Maury, Thirion et Laurent. En conséquence, il requiert que ces trois particuliers soient accusés de *vol avec escalade*, et renvoyés devant la cour d'assises du département de la Meurthe. — Le même jour, arrêt qui déclare n'y avoir lieu à accusation, et renvoie les prévenus devant le tribunal correctionnel : — « Attendu qu'un vol exécuté dans ces circonstances ne peut présenter le caractère d'un vol exécuté à l'aide d'escalade ; que l'escalade suppose essentiellement, et dans l'acception étymologique du mot, l'action de s'élever au-dessus de l'obstacle qui défend le passage et de le franchir ; qu'elle est définie par la loi : *toute entrée exécutée par-dessus les murs ou toute autre clôture* ; qu'elle suppose donc une clôture effective et continue qu'il ait fallu franchir, et ne peut se lier à l'idée d'une entrée exécutée librement par un passage ouvert, et qu'aucun obstacle ne défendait ; — Qu'au cas présent, et dans l'état habituel des choses, le ruisseau formant, avec les murs et les palissades auxquels il se réunit, une clôture complète et continue autour du terrain sur lequel le bois volés étaient déposés, ce ruisseau doit être considéré comme formant l'enclos, et que même, aux termes de l'art. 391 c. pén., il doit être considéré sous cette qualification, nonobstant l'insuffisance ou la nullité accidentelle survenue dans une partie de cette clôture par la congélation du ruisseau ; qu'il suit de là que, si cet enclos formait une dépendance d'une maison ou bâtiment destiné à l'habitation, il serait, aux termes de l'art. 390, réputé lui-même maison habitée, et conséquemment passible, nonobstant l'insuffisance et la discontinuité de la clôture, de l'application des circonstances qui qualifient le vol commis dans une maison habitée ; mais que la fiction ne peut, en aucun cas, opérer plus que la vérité même ; et qu'ainsi, puisque l'entrée dans une maison habitée (le plus sacré et le plus inviolable des enclos) ne forme pas escalade lorsqu'elle est exécutée par une porte restée accidentellement ouverte, l'assimilation de l'enclos à la maison ne peut pas produire cet effet, que l'entrée dans cet enclos, non complètement fermé, par les interstices que laissait la clôture, puisse être non plus considérée comme escalade, mais seulement celui-ci ; — Que tout ce que la loi dispose relativement au vol commis dans l'habitation est applicable au vol commis dans l'enclos dépendant de l'habitation, quel que soit l'état de la clôture, et qu'ainsi le vol est aggravé par les circonstances de l'escalade ou de l'effraction, si les clôtures de la maison ou de l'enclos ont été brisées ou surmontées : libre, au contraire, de ces circonstances, mais susceptible d'être qualifié sous d'autres rapports par la réunion d'autres circonstances, si l'accès de la maison ou de l'enclos était ouvert et non défendu ; — Considérant qu'il ne résulte ainsi de l'instruction aucune prévention de la circonstance d'escalade ; qu'elle ne présente non plus aucun indice que le vol ait été commis de nuit ou par plusieurs personnes ; que la prévention de l'une de ces circonstances seulement serait d'ailleurs insuffisante pour établir la prévention d'un crime de vol, ne se liant pas à cette autre circonstance, que l'enclos dans lequel le vol a eu lieu formerait dépendance d'un bâtiment destiné à l'habitation, et pourrait ainsi être réputé lui-même maison habitée ; que le vol dont est prévention demeure ainsi classé dans la catégorie des délits de vol prévu par l'art. 401 c. pén. » — Pourvoi. — Arrêt.

La cour ; — Considérant que, dans l'état des faits et circonstances où s'est présentée, devant la cour de Nancy, l'affaire poursuivie à la charge des prévenus Maury, Thirion et Laurent, cette cour, en renvoyant lesdits prévenus devant la police correctionnelle, n'a contrevenu ni aux art. 384 et 397 c. pén., ni aux règles de compétence établies par la loi... ; — Rejette.

Du 20 mai 1813.-C. C., sect. crim.-MM. Busschop, rap.-Merlin, pr. gén., c. conf.

(2) *Espèce* : — (Min. pub. C. Hyland.) — 3 mars 1813, arrêt de la cour de la Haye qui renvoie au tribunal correctionnel de Deventer Marie Hyland, âgée de moins de seize ans, prévenue d'une tentative de vol dans une maison habitée, où elle s'était introduite en ouvrant la fenêtre extérieure, élevée de 3 pieds au-dessus du rez-de-chaussée, en passant la main dans un carreau de vitre cassée du châssis, en faisant tourner le ressort qui la tenait fermée, puis ensuite en franchissant cette fenêtre. — Jugement du tribunal correctionnel, qui se déclare incompétent, attendu qu'il y a vol à l'aide d'escalade. — Pourvoi en règlement de juges de la part du ministère public. — Arrêt.

La cour ; — Attendu qu'il résulte de l'instruction que Marie Hyland,

les fois que l'entrée a été exécutée par-dessus un mur ou toute autre clôture, quel que soit le degré de son élévation : — « Attendu que, par l'art. 397 c. pén., est qualifiée escalade toute entrée dans une maison exécutée *par-dessus les murs*, et que cet article s'applique à toute introduction par-dessus une clôture quelconque et par-dessus un mur, quel que soit le degré de son élévation » (Crim. rej. 2 déc. 1813, MM. Barris, pr., Vasse, rap., aff. Bourcet).

559. Il y a escalade par cela seul que le voleur s'est introduit dans l'édifice, parc ou enclos, par une ouverture autre que celle destinée à servir d'entrée, encore bien qu'il ne soit servi à cet effet d'un moyen que le hasard ou les circonstances mettaient à sa disposition. Tel est le cas où, pour pénétrer dans une maison, le voleur a abusé des facilités que présentait un échafaudage dressé le long de celle-ci (Crim. rej. 2 avr. 1864, aff. Lafargue, D. P. 64. 1. 324).

560. Lorsque le jury a déclaré un accusé coupable de vol, au moyen de l'introduction, dans la maison du volé, par la fenêtre, il est suffisamment énoncé qu'il y a eu escalade : l'introduction dans une maison étant nécessairement du dehors au dedans, et la fenêtre par laquelle cette introduction s'est opérée n'étant pas destinée à servir d'entrée dans la maison; dès lors la circonstance ainsi caractérisée, jointe à celle de la nuit, entraîne l'application de peines afflictives et infamantes (Crim. rej. 22 avr. 1830) (1).

561. La déclaration du jury, portant que deux individus sont coupables d'un vol comme auteurs de ce vol, l'un avec toutes les circonstances de la nuit, de la maison habitée, avec plusieurs personnes et avec escalade, et l'autre avec toutes ces circonstances, moins l'escalade, ne présente ni contradiction ni ambiguïté. En conséquence, la cour d'assises ne peut renvoyer les jurés à une autre délibération. Ainsi, sont nuls l'arrêt par lequel la cour renvoie les jurés à une nouvelle délibération, et tout ce qui a suivi, notamment l'arrêt par lequel cette cour, sur une nouvelle délibération, condamne l'accusé déclaré coupable du vol avec les circonstances, moins l'escalade, aux travaux forcés (Crim. cass. 27 août 1831) (2).

562. Quoique le président de la cour d'assises, sans proposer au jury la question de savoir si un vol commis dans une maison l'a été à l'aide d'escalade, se soit borné à demander, d'après le résumé de l'acte d'accusation, si le voleur s'était introduit dans la maison en franchissant le mur qui lui servait de clôture, néanmoins la réponse affirmative du jury à cette question suffit pour que la peine du vol avec escalade puisse être appliquée au coupable : — « Attendu que la question a été posée littéralement d'après le résumé de l'acte d'accusation et conformément à la loi ; que les jurés ne doivent point être appelés à résoudre une question de droit, et que leurs fonctions se bornent à s'expliquer sur l'existence des faits qui caractérisent un crime prévu par la loi ; — Que, dans l'espèce, les jurés avaient seulement à décider, en fait, par quel moyen l'introduction dans le lieu où le vol dont il s'agit a été commis s'était opérée, et que c'était à la cour d'assises qu'il appartenait ensuite de juger en droit si, d'après la définition de l'escalade, donnée par l'art. 397 c. pén., il y avait eu escalade; qu'il a été reconnu et déclaré que l'entrée dans la maison avait eu lieu par le franchissement d'un mur; qu'en appliquant à ce fait la peine prononcée contre les auteurs de vols commis avec escalade, la cour d'assises du département du Cher a fait une juste application de la loi » (Crim. rej. 19 août 1813, M. Rataud, rap., aff. Laperche). — On prétendait, dans l'espèce, que la question avait été mal posée au jury, faute par le président d'avoir demandé si, pour franchir le mur de la maison où le vol avait eu lieu, l'accusé avait employé soit une échelle, soit tout autre instrument, soit quelque effort personnel extraordinaire; et l'on concluait de là qu'il n'était résulté de la réponse du jury que le fait de franchissement d'un mur, fait qui par lui-même n'est point caractéristique de l'escalade. Mais cette objection reposait sur une interprétation inexacte de l'art. 397, sur une fausse idée des caractères de l'escalade, tels qu'ils sont définis par cet article (V. n° 514). — Sur la qualification légale des faits qui constituent l'escalade, V. aussi v° Instr. crim., n° 2473.

563. Il peut arriver qu'un individu, après s'être introduit par escalade dans une maison sans intention de voler, y commette néan-

---

âgée de moins de seize ans, est prévenue d'avoir commis une tentative de vol manifestée par des actes extérieurs et suivie d'un commencement d'exécution, et qui n'a été interrompue que par une circonstance fortuite et indépendante de la volonté de son auteur, dans une maison habitée, après s'y être introduite en enjambant une fenêtre ; que cette action constitue le vol à l'aide d'escalade, prévu par les art. 384 et 397 c. pén.; qu'en effet, la partie du mur sur laquelle la croisée a été pratiquée fait partie de la clôture de la maison, et que Marie Hyland ne peut être soustraite à la poursuite criminelle à raison de son âge; que cette circonstance, purement personnelle à la prévenue, doit donner lieu à une question dont la décision entre dans les attributions du jury; d'où il suit que la cour de la Haye ne devait pas renvoyer Marie Hyland devant le tribunal correctionnel de l'arrondissement de Deventer, et que ce tribunal a fait une juste application de la loi en se déclarant incompétent ; — Par ces motifs, la cour, statuant par voie de règlement de juges, sans s'arrêter à l'arrêt rendu le 5 mars dernier par la cour de la Haye, chambre d'accusation, lequel est déclaré non avenu, renvoie pour être fait droit, ainsi qu'il appartiendra, le procès et ladite Hyland en état d'ordonnance de prise de corps devant la cour de Bruxelles, chambre d'accusation.....
Du 18 juin 1813.-C. C., sect. crim.-M. Oudard, rap.
(1) (Chapluet C. min. pub.) — La cour — Attendu que le jury, après avoir déclaré Joséphine Chapluet coupable du vol d'argent dont elle était accusée et de l'avoir commis dans une maison habitée, entre le coucher et le lever du soleil, a répondu affirmativement sur la quatrième circonstance ainsi posée : *L'introduction dans la maison où loge Baudot* (l'individu volé) *a-t-elle eu lieu par la fenêtre?* — Qu'il suit de cette réponse affirmative du jury, que le vol avait eu lieu à l'aide d'escalade extérieure, l'introduction dans une maison étant nécessairement du dehors au dedans ; la fenêtre par laquelle cette introduction s'est opérée étant plus ou moins élevée au-dessus du sol et non destinée à servir d'entrée dans la maison ; — Que, dès lors, la loi pénale a été justement appliquée aux faits déclarés constants ; — Rejette.
Du 22 avr. 1830.-C. C., ch. crim.-MM. Ollivier, pr.-Brière, rap.
(2) (Simon C. min. pub.) — La cour (apr. dél.); — En ce qui touche Simon — Vu les art. 408 c. inst. crim., 384 et 386, § 1, c. pé. notamment l'art. 350 c. inst. crim., les trois déclarations du jury et les deux arrêts préparatoires de la cour d'assises du Bas-Rhin, du 27 juillet, qui ont servi de base aux deux dernières, et qui sont rela-

tés dans le procès-verbal des séances de ladite cour; — Vu encore l'arrêt définitif de ladite cour à la même date, par lequel, et par application de l'art. 384 c. pén., ledit Simon a été condamné à cinq ans de travaux forcés ; — Attendu que, si la cour d'assises du département du Bas-Rhin a vu avec raison une ambiguïté et même une contradiction dans la première délibération du jury, qui déclarait à la fois Wolffer et Simon auteurs et complices du même vol, le premier, avec les quatre circonstances aggravantes qui l'accompagnaient, le second, avec les mêmes circonstances, moins celle de l'escalade, elle n'a pu avec raison apercevoir de contradiction ni même d'ambiguïté dans la seconde délibération du même jury, qui a déclaré Wolffer et Simon coupables du vol, seulement comme auteurs, Wolffer, avec toutes les circonstances, et Simon, avec les mêmes circonstances, celle de l'escalade toujours exceptée ; — Attendu que cette seconde délibération du jury, qui ne présentait ni contradiction ni ambiguïté, qui avait prononcé sur toutes les questions qui lui avaient été soumises et leurs circonstances, qui était claire, précise, concordante, et qui avait été signée par le chef du jury, lue et affirmée par lui à l'audience, ne pouvait, aux termes de l'art. 350 c. inst. crim., être soumise à aucun recours ; qu'elle avait irrévocablement acquise aux accusés ; qu'elle avait épuisé le pouvoir et la juridiction du jury, et qu'elle ne pouvait, contre lui, désormais, en aucune sorte, être restreinte, modifiée ni étendue ; que les jurés ne pouvaient donc être de nouveau renvoyés dans la chambre de leurs délibérations pour rendre une troisième déclaration ; qu'en suite de la deuxième déclaration du jury, légale et régulière, Wolffer seul devait être condamné à la peine des travaux forcés à temps, et que Simon, au contraire, déclaré seulement coupable d'un vol commis la nuit, en maison habitée, et par plusieurs personnes, n'était passible, aux termes de l'art. 386, § 1, c. pén., que de la réclusion ; — Attendu qu'en ne lui appliquant pas cette peine, et en prononçant, au contraire, contre lui, celle des travaux forcés à temps, la cour d'assises du Bas-Rhin a violé, à son égard, l'art. 386, § 1, c. pén., et lui a fait une fausse application de l'art. 384 ; — Par ces motifs, casse, à l'égard de Simon seulement, le deuxième arrêt préparatoire de la cour d'assises du Bas-Rhin, et tout ce qui l'a suivi, etc.; — Et pour être statué, conformément à la loi, sur l'application de la peine, d'après la deuxième déclaration du jury, qui le déclare auteur du vol avec les circonstances de nuit, de maison habitée et de plusieurs personnes, mais non avec celle de l'escalade; — Renvoie, etc.
Du 27 août 1831.-C. C., ch. crim.-MM. Ouvier, pr.-Meyronnet, r.

moins un vol. Doit-il être considéré comme coupable de vol avec escalade? La cour de cassation s'est prononcée pour l'affirmative. Elle a décidé qu'il y a vol avec escalade lors même que l'escalade a d'abord eu lieu sans intention de vol, et que cette intention n'est survenue au voleur qu'après son introduction dans la maison où il a commis le vol : — « Considérant que le jury a déclaré que Roskam a commis un vol dans une maison habitée, à l'aide d'escalade, et que le vol ainsi circonstancié emporte la peine des travaux forcés à temps, aux termes de l'art. 384 précité c. pén.; — Que néanmoins la cour d'assises du département des Bouches-de-la-Meuse n'a condamné ledit Roskam qu'à un emprisonnement correctionnel; qu'ainsi cette cour a prononcé une peine autre que celle appliquée par la loi à la nature du fait dont l'accusé a été convaincu; — Considérant que si, pour caractériser le fait principal de vol, la loi exige que l'auteur ait eu l'intention de spolier le propriétaire, elle n'a point exigé la même intention à l'égard des moyens qui auraient été mis en usage pour commettre le vol; qu'il importe donc peu, dans l'espèce, que le jury ait ajouté à sa déclaration que, lors de l'escalade qui a précédé le vol, l'accusé n'avait pas l'intention de voler; que cette intention était absolument indifférente, et qu'il suffisait, pour l'application de l'art. 384 précité, que l'escalade eût été reconnue par le jury, comme moyen à l'aide duquel le vol avait été commis » (Crim. cass. 15 janv. 1813, M. Busschop, rap., aff. Roskam).

Pour nous, nous inclinerions à adopter de préférence la solution contraire. L'escalade n'est considérée par la loi comme une circonstance aggravante du vol que parce qu'elle a été, dans l'intention de l'auteur du vol, un moyen d'arriver à le commettre; dans cette hypothèse, elle se lie au vol par un lien étroit, elle en est la préparation, et la criminalité de l'agent s'accroît à raison même des obstacles qu'il avait à surmonter pour atteindre son but, et devant lesquels son audace n'a pas reculé. Mais s'il s'est introduit dans la maison avec un autre dessein, si la pensée du vol ne lui est venue qu'après, le lien qui, dans la pensée du législateur, rattache l'un à l'autre ces deux faits disparaît; ce ne sont plus dès lors les deux phases d'une même action; ce sont deux faits distincts, qui doivent être envisagés séparément, et ne peuvent être l'objet d'une incrimination unique. — Conf. MM. Chauveau et Hélie, t. 5, n° 1908.

564. L'art. 397, après avoir défini l'escalade, ajoute dans un deuxième paragraphe : « L'entrée par une ouverture souterraine, autre que celle qui a été établie pour servir d'entrée, est une circonstance de même gravité que l'escalade. » — De cette assimilation, établie par la loi, il faut conclure : 1° que l'entrée par une voie souterraine est une circonstance aggravante du vol qu'autant que cette voie conduit dans un des lieux désignés au § 1 de l'art. 397; 2° qu'il est nécessaire que ce mode d'introduction ait été employé pour pénétrer du dehors en dedans : si le voleur, ayant pénétré dans la maison sans escalade, avait employé une voie souterraine pour passer d'une partie de la maison dans une autre, cette circonstance n'emporterait aucune aggravation de pénalité (Conf. MM. Chauveau et Hélie, t. 5, n° 1910).

Carnot (sur l'art. 397, n° 3) incline à penser qu'il ne résulte pas de cette disposition que l'introduction par une ouverture souterraine, accompagnée des autres circonstances énoncées en l'art. 381, fasse rentrer le crime dans l'application de cet article, qui n'a parlé nominativement que de l'escalade. Mais, s'il en était ainsi, la disposition finale de l'art. 397 serait absolument sans objet, ce que l'on ne saurait admettre. — C'est aussi le sentiment de MM. Chauveau et Hélie, t. 5, n° 1911.

C'est avec plus de fondement, ce semble, que Carnot (ibid., n° 4) décide que, l'art. 397 ne parlant que de l'entrée des édifices par une ouverture souterraine, on ne pourrait regarder le fait de s'y être introduit par une ouverture qui aurait été pratiquée au niveau du terrain, soit pour l'écoulement des eaux, soit pour toute autre cause, comme rentrant dans l'application de cet article.

565. Tout vol commis dans un terrain clos et avec escalade est passible de la peine prononcée par l'art. 384 c. pén., quelles que soient la nature et la valeur des objets volés (Crim. cass. 17 oct. 1811, aff. Nely, v° Contravent., n° 412).

566. Nous avons examiné v° Tentative, n°s 68 et suiv., dans quels cas l'escalade, de même que l'effraction et l'usage de fausses clefs, devait être considérée comme le commencement d'exécution d'un vol constituant une tentative punissable. — Il a été décidé à cet égard, conformément aux idées que nous avons émises sur ce sujet, que si le seul fait de s'introduire par escalade dans une habitation ne saurait constituer par lui-même une tentative de vol, alors qu'on ignore dans quel but elle a été pratiquée par l'agent, il en est autrement quand, cette intention étant bien démontrée à priori, l'auteur, pour la réaliser, a recours, comme dans l'espèce, à une double escalade, et ne s'arrête dans l'exécution qu'au moment où il se voit découvert et poursuivi par les personnes qui s'étaient mises à sa recherche (Colmar, 24 fév. 1863) (1).

567. Un vol commis, la nuit, dans une distillerie, sans escalade ni aucune autre circonstance, n'est pas punissable des travaux forcés à temps, mais seulement des peines prévues par l'art. 401 c. pén. : — « Attendu que le vol n'est puni de la peine des travaux forcés à temps qu'autant qu'il a été commis sur un chemin public, avec l'une des circonstances énumérées en l'art. 381 dudit code, ou à l'aide d'un des moyens énoncés n° 4 du même article, c'est-à-dire, à l'aide d'escalade, ou d'effraction, ou de fausses clefs, ou en prenant le titre d'un fonctionnaire public, ou d'un officier civil ou militaire, ou revêtu de leurs costumes, ou en alléguant un faux ordre de l'autorité, ou avec violence, ou, s'il n'y a pas eu violence, avec la réunion de trois circonstances; — Et attendu que, dans l'espèce, le demandeur n'a été déclaré coupable par le jury que d'un vol commis pendant la nuit, dans une distillerie (sans escalade), lequel n'était passible que des peines de l'art. 401 du même code; que, néanmoins, la cour d'assises a prononcé, contre lui, la peine des travaux forcés à temps; en quoi ladite cour a faussement appliqué ledit art. 384 et l'art. 381, n° 1 du même code, violé l'art. 401 et commis un excès de pouvoir » (Crim. cass. 8 juill. 1836, MM. Choppin, f. f. de pr., Isambert, rap., aff. Garberini).

<hr>

(1) (Min. pub. C. Gless.) — LA COUR; — En droit : — Considérant que c'est avec raison que le jugement dont appel constate que le prévenu s'est introduit dans la maison Bopp, uniquement dans l'intention d'y commettre une soustraction frauduleuse; — Qu'il est à remarquer en effet que, pour pénétrer dans la même maison, au mois de juin dernier, et y commettre le vol pour lequel il a été précédemment condamné, il a usé absolument des mêmes moyens que ceux qu'il a mis en usage dans la soirée du 29 décembre dernier; — Que son attitude, lors du vol commis par lui au préjudice de son oncle Michel Gless, au mois de mai 1862, alors qu'il est aperçu debout dans la cour, épiant près d'une fenêtre le moment favorable, est identiquement celle dans laquelle il a été surpris, le 29 décembre, dans la cour de la maison Bopp; — Considérant que l'intention de voler étant bien constatée et reconnue à la charge d'Ignace Gless, c'est à tort que les premiers juges ont déclaré que les caractères constitutifs de la tentative, aux termes de l'art. 2 c. pén., n'existent pas dans la cause; — Que si l'on peut admettre que le seul fait de s'introduire par escalade dans une habitation ne saurait constituer par lui-même une tentative de vol alors qu'on ignore dans quel but elle a été pratiquée par l'agent, il en est autrement quand, cette intention étant bien démon-

trée à priori, l'auteur pour la réaliser a recours, comme dans l'espèce, à une double escalade, et ne s'arrête dans l'exécution qu'au moment où il se voit découvert et poursuivi par des personnes qui s'étaient mises à sa recherche; que cette double escalade et les faits qui l'ont suivie ne sont pas seulement, en pareil cas, des actes extérieurs manifestant l'intention de l'agent, laquelle existait indépendamment de ces circonstances, mais constituent réellement un commencement d'exécution des plus énergiques et des mieux caractérisés; — Considérant que du moment où la cour reconnaît que, pour exécuter sa tentative de vol dans la maison habitée par les deux dames Cellier et Jacobs, le prévenu a eu recours à l'escalade, le fait revêtant le caractère de crime, il y a lieu pour elle, sur l'appel du ministère public, de se déclarer incompétente; — Par ces motifs, prononçant sur l'appel interjeté par le procureur impérial de Strasbourg du jugement rendu par le tribunal correctionnel de ce siège, le 4 février courant, infirme ledit jugement en ce qu'il a renvoyé J. Gless des poursuites contre lui dirigées; émendant et faisant ce que les premiers juges auraient dû faire, se déclare incompétente et renvoie le ministère public à se pourvoir ainsi qu'il avisera.

Du 24 fév. 1863.-C. de Colmar, ch. corr.-M. Pillot, pr.

§ 5. — Vol avec fausses clefs.

568. L'emploi de fausses clefs pour commettre un vol était considéré par notre ancienne jurisprudence comme une circonstance aggravante de ce vol. Et même nous voyons dans Muyart de Vouglans (Lois crim., p. 300) que le coupable était puni de mort si c'était un serrurier de profession.

Le code pénal du 25 sept.-6 oct. 1791 (part. 2, tit. 2, sect. 2, art. 9 et 10) punissait de huit années de fers le vol commis à l'aide de fausses clefs, et il augmentait la durée de cette peine de deux années par chacune des circonstances suivantes : si le coupable avait fabriqué lui-même ou travaillé les fausses clefs dont il avait fait usage pour consommer son crime; si le crime avait été commis par l'ouvrier qui avait fabriqué les serrures ouvertes à l'aide de fausses clefs, ou par le serrurier qui était actuellement ou qui avait été précédemment employé au service de la maison. — A ces causes d'aggravation le code de 1810 en ajoutant d'autres encore, tirées de circonstances étrangères à l'usage des fausses clefs, telles que la nuit, le concours de plusieurs personnes, etc., dont nous n'avons point à nous occuper ici.

569. L'usage des fausses clefs est assimilé par le code pénal de 1810 (art. 381 et 384) à l'effraction et à l'escalade. Ainsi, comme ces dernières, il ne constitue par lui-même ni crime ni délit; il aggrave seulement la criminalité du vol, dans le cas où il a servi à le commettre, et encore est-il nécessaire pour cela que cet usage des fausses clefs ait été fait dans l'un des lieux déterminés aux art. 381 et 384, c'est-à-dire soit dans une maison, appartement, chambre ou logement habités ou servant à l'habitation, ou leurs dépendances, soit dans des édifices, parcs ou enclos non servant à l'habitation et non dépendant des maisons habitées (Conf. MM. Chauveau et Hélie, t. 5, n°4912; Morin, Rép. du dr. crim., v° Vol, n° 55).

570. Il a été décidé, en ce sens : 1° que, pour qu'il y ait lieu à la peine des travaux forcés à temps, pour vols commis à l'aide de fausses clefs, il faut que l'usage des fausses clefs ait été fait dans des édifices, ou dans leurs dépendances renfermés dans la clôture ou enceinte générale, ou dans des parcs ou enclos; qu'en conséquence il est nécessaire, à peine de nullité, lorsque l'arrêt de mise en accusation s'en explique, d'interroger le jury, non-seulement sur le fait d'usage de fausses clefs, mais aussi sur la circonstance de perpétration du vol dans un édifice (Crim. cass. 20 août 1829 (1); 1er juin 1854, aff. Clermont, D. P. 55. 1. 413; 19 avr. 1860, aff. Marti, D. P. 60. 5. 484); — 2° Que la peine des travaux forcés à temps ne peut être prononcée s'il ne résulte pas de la question posée au jury et résolue par lui que le vol commis à l'aide de fausses clefs l'ait été dans une maison ou édifice, parc ou enclos (Crim. cass. 24 déc. 1829 et 5 juin 1839 (2); 25 juill. 1844, aff. Foulin, V. Instr. crim., n° 2581-4°); — 3° Que, de même, la peine des travaux forcés à temps est inapplicable à l'accusé déclaré coupable d'avoir volé la nuit, à l'aide de fausses clefs, lorsque, sur la question de savoir si le vol avait été commis dans une maison dépendant de celle habitée, la réponse du jury a été négative (Crim. cass. 27 juill. 1820 (3); — 4° Que lorsque, après avoir reconnu l'existence d'un vol commis la nuit et avec fausses clefs, et la question de savoir si le vol a été commis, en outre, dans un grenier dépendant d'une maison d'habitation, le jury répond négativement à cette dernière question, sa déclaration a pour effet de faire disparaître non-seulement la circonstance d'un grenier dépendant d'une maison d'habitation, mais encore celle que le vol ait été commis dans un grenier, et que, par suite, il n'y a pas lieu d'appliquer à l'accusé la peine des travaux forcés à temps, prévue par l'art. 384 c. pén. (Crim. cass. 12 juill. 1858) (4); — 5° Que les réponses du jury portant, d'une part, qu'une soustraction frauduleuse n'a pas été commise dans les

---

(1) (Annet C. min. pub.) — La cour ; — Attendu que les questions soumises au jury ne sont point conformes au résumé de l'acte d'accusation, et que ce résumé lui-même n'est point conforme au dispositif de l'arrêt de mise en accusation; — Attendu que le demandeur a été condamné aux travaux forcés à temps, comme coupable de vols commis à l'aide de fausses clefs, étant alors domestique du sieur Angleys, au préjudice duquel ces vols avaient été commis; — Attendu qu'aux termes des art. 381 et 384 c. pén., pour qu'un vol commis à l'aide de fausses clefs soit passible des peines portées audit art. 384, il faut qu'il ait eu lieu dans un édifice, parc ou enclos, question qui n'a pas même été soumise au jury; — Attendu que de ces faits il résulte 1° que les art. 381 et 584 c. pén. ont été faussement appliqués; 2° que l'accusation n'est pas purgée, puisque le demandeur avait été renvoyé devant la cour d'assises comme auteur accusé de vols commis à l'aide de fausses clefs en maison habitée; — Par ces motifs, casse et annule l'acte d'accusation du 24 juin 1829, dressé contre Jean-Pierre-Louis-Frédéric Annet; casse également les débats et l'arrêt de la cour d'assises du département de la Seine, du 9 juillet dernier, qui condamne ledit Annet aux travaux forcés pendant sept années et peines accessoires; — Et, pour être dressé un nouvel acte d'accusation, conformément à l'arrêt de renvoi, du 19 juin 1829, rendu par la chambre des mises en accusation de la cour royale de Paris contre le demandeur, Renvoie, etc.

Du 20 août 1829.—C. C., ch. crim.—MM. Bastard, pr.-Choppin, rap.

(2) 1re Espèce ; — (Andrieux C. min. pub.) — La cour; — Attendu que dans le résumé de l'acte d'accusation contre Joseph Andrieux père, conforme à l'arrêt de la chambre des mises en accusation, ledit Andrieux est accusé d'avoir commis un vol à l'aide de fausses clefs dans un moulin; — Attendu que, dans les questions soumises au jury sur la réponse affirmative desquelles Andrieux a été condamné aux peines portées par les art. 384 et 381 c. pén., il n'est pas fait mention que le vol eût été commis dans un édifice, ainsi que cependant cette énonciation est formellement exigée dans ledit art. 384, pour constituer la circonstance aggravante du vol avec fausses clefs; d'où il résulte que ces deux art. 384 et 381, ont été faussement appliqués aux faits déclarés constants par le jury; — Casse l'arrêt de la cour d'assises de l'Aude, du 24 novembre dernier, en ce qui concerne ledit J. Andrieux père, et attendu que l'arrêt de mise en accusation et l'acte d'accusation n'ont pas été purgés, renvoie, etc.

Du 24 déc. 1829.—C. C., ch. crim.—MM. Ollivier, pr.-Clausel, rap.

2e Espèce ; — (Matter C. min. pub.) — Vu les art. 581, n° 4, et 584 c. pén.; — Attendu que, d'après les dispositions combinées de ces articles, il faut, pour que la peine des travaux forcés soit encourue, qu'il soit déclaré que le vol commis à l'aide de fausses clefs l'a été dans une maison ou édifice habité ou servant à l'habitation; — Attendu qu'il ne

résulte pas de la question posée au jury et par lui résolue, que le vol à l'aide de fausses clefs l'ait été dans une maison ou édifice, parc ou enclos; que la peine de cinq ans de travaux forcés, prononcée par l'arrêt attaqué, manque donc de base légale; que, si l'arrêt de renvoi ne mentionne pas cette circonstance, elle résulte de l'exposé des faits dans l'acte d'accusation, et pouvait toujours être posée comme résultant des débats ; — Casse.

Du 6 juin 1839.—C. C., ch. crim.—MM. Bastard, pr.-Ricard, rap.

(3) (Guyot C. min. pub.) — La cour (après dél.); — Vu, sur les circonstances qui doivent avoir accompagné un vol avec fausses clefs pour qu'il devienne passible de la peine des travaux forcés; le n° 4 de l'art. 381 c. pén., et l'art. 384 du même code; — Attendu que les dispositions de ces articles il résulte que, pour qu'il y ait lieu à la peine des travaux forcés à temps pour vols commis à l'aide de fausses clefs, il faut que l'usage des fausses clefs ait été fait dans des édifices, ou dans leurs dépendances renfermées dans la clôture ou enceinte générale ou dans des parcs ou enclos; — Que, lorsque les questions posées contre le demandeur d'après l'acte d'accusation et l'arrêt de renvoi qui l'a traduit devant la cour d'assises, il a été seulement déclaré coupable, par le jury, d'avoir volé de la toile, des chemises et autres effets; à l'aide de fausses clefs, et la nuit; — Que, sur la question si le vol avait été commis, ainsi qu'il était porté dans l'acte d'accusation, dans une maison dépendant de celle habitée par Joseph Labert, la réponse du jury a été négative; — Que le vol déclaré contre le demandeur n'ayant pas été reconnu avoir été commis dans une maison, édifice, logement, ni dans la dépendance d'une maison ou édifice renfermé dans la clôture ou enceinte générale, ni dans un parc ou enclos, l'usage des fausses clefs, à l'aide duquel le vol aurait été fait, ne pouvait le faire rentrer dans l'application dudit art. 384 c. pén.; — Que la condamnation prononcée contre le demandeur, d'après cet article, a donc été une fausse application de la loi pénale; — Casse.

Du 27 juill. 1820.—C. C., sect. crim.—M. d'Aubers, rap.

(4) (Chabrier C. min. pub.) — Vu les art. 581 et 584 c. pén.; — Attendu que de la combinaison de ces articles, il résulte que le vol commis avec fausses clefs, n'est puni des peines portées en l'art. 384, que lorsque le vol a eu lieu dans des édifices, parcs ou enclos, servant ou non à l'habitation; — Et attendu que le jury, en déclarant le demandeur coupable de vol, commis la nuit et avec fausses clefs, a écarté la circonstance que ce vol ait été commis dans un grenier dépendant d'une maison d'habitation; — Que, par la manière dont cette question a été posée et résolue, l'accusation n'a porté pas seulement sur le fait que le grenier dépendait d'une habitation, mais sur le fait même que le vol ait eu lieu dans un grenier; — Qu'il n'y avait donc pas lieu d'appliquer au fait déclaré constant, les dispositions pénales de

dépendances d'une maison habitée, et, d'autre part, qu'elle a été commise à l'aide d'une fausse clef pour pénétrer dans les dépendances d'une maison habitée, sont contradictoires et inconciliables ; dès lors elles ne peuvent servir de base à une condamnation aux travaux forcés pour vol avec la circonstance aggravante d'usage de fausses clefs (Crim. cass. 26 juill. 1860) (1) ; — 6° Qu'un vol domestique commis par plusieurs personnes, à l'aide de fausses clefs, n'est pas punissable des travaux forcés, mais seulement de la reclusion, aux termes de l'art. 386 c. pén., lorsque le jury, en déclarant le fait constant, a dit en même temps que ce vol n'avait pas été commis dans les dépendances de la maison d'habitation de la personne volée : « La cour ; —Vu la déclaration du jury, laquelle porte que les demandeurs sont coupables d'avoir, ensemble et de concert, commis le vol en question, à l'aide de fausses clefs, et qu'ils étaient serviteurs à gages de la personne volée, *mais qu'ils ne l'ont pas commis dans une dépendance de sa maison d'habitation;* — Attendu qu'aux termes de cette déclaration du jury, le vol par elle qualifié n'entraînait pas la peine des travaux forcés, portée par les art. 381, n° 4, et 384 c. pén. invoqués, mais seulement la peine de la reclusion portée par l'art. 386 même code, puisque, d'après l'art. 384, il faut, pour entraîner la peine des travaux forcés, qu'à la circonstance aggravante des fausses clefs se joigne encore celle de la maison d'habitation ou d'un édifice quelconque, et que cette circonstance ne se trouve pas dans l'espèce » (Crim. cass. 15 oct. 1830, MM. Ollivier, pr., Chauveau-Lagarde, rap., aff. Magnan) ; — 7° Que l'individu déclaré coupable de deux vols, l'un avec fausses clefs, mais non dans une maison habitée, l'autre dans une maison habitée, mais non avec fausses clefs, n'a pu être condamné aux travaux forcés à temps (Crim. cass. 8 août 1844, aff. André, D. P. 45. 4. 554).

571. Mais entre l'escalade et l'effraction, d'une part, et l'usage des fausses clefs, de l'autre, il existe une différence que nous devons signaler. Les premières ne sont circonstances aggravantes qu'autant qu'elles ont servi à pénétrer du dehors au dedans des maisons, parcs ou enclos ; il n'en est pas de même de l'usage des fausses clefs. Soit qu'il ait été pour le voleur un moyen de s'introduire dans les édifices pour commettre le vol, soit qu'il ait eu lieu seulement à l'intérieur pour arriver à la perpétration du vol, dans l'un et l'autre cas il constitue une circonstance aggravante. Cela résulte des termes des art. 381 et 398, qui ne font à cet égard aucune distinction et aucune restriction. — V. aussi en ce sens MM. Chauveau et Hélie, t. 5, n° 1912.

572. Mais que doit-on entendre par fausses clefs ? L'art. 398 c. pén. en donne la définition suivante : « Sont qualifiées fausses clefs tous crochets, rossignols, passe-partout, clefs imitées, contrefaites, altérées, ou qui n'ont pas été destinées par le propriétaire, locataire, aubergiste ou logeur, aux serrures, cadenas, ou aux fermetures quelconques auxquelles le coupable les aura employées. » — Ainsi, d'après les termes de cette définition, il n'est pas nécessaire, pour qu'une clef soit réputée fausse, qu'elle ait été imitée, contrefaite, ou altérée ; il suffit qu'elle ait été employée à une fermeture à laquelle elle n'était pas destinée. « En effet, disait M. Faure dans l'exposé des motifs, détourner une clef de sa destination pour l'employer à commettre un crime n'est autre chose que convertir une clef véritable en une fausse clef. En un mot, toute clef n'est véritable que relativement à sa destination. La seule différence que la loi admet entre cette clef, dont il y a eu abus, et une clef contrefaite ou altérée, c'est que celle-ci est toujours fausse clef, et que la première ne le devient qu'au moment qu'on l'emploie comme on aurait fait d'une clef contrefaite. » — Déjà, au surplus, avait le code pénal de 1810, il avait été jugé que le vol commis au moyen de l'ouverture d'une porte, pratiquée par le coupable au moyen de la clef d'une chambre de sa propre habitation, doit être puni comme ayant été fait à l'aide de fausse clef : — « Attendu que la cour de justice criminelle de la Stura a reconnu que c'était à l'aide de la clef d'une chambre de son habitation qu'Orlando s'était procuré l'entrée du lieu où il a commis le vol dont il est jugé convaincu, et qu'il était parvenu à ouvrir le coffre renfermant l'argent dont il s'est emparé en enlevant les clous qui attachaient la serrure dudit coffre ; que ces faits, déclarés constants par l'arrêt attaqué, présentent les vrais caractères du vol avec fausse clef et avec effraction intérieure » (Crim. cass. 5 niv. an 14, M. Aumont, rap., aff. Orlando ; — Conf. Carnot, sur l'art. 397, n° 2).

573. L'énumération que fait l'art. 398 des instruments qu'on doit considérer comme fausses clefs n'est point limitative. La même qualification doit être donnée à tous les instruments employés à ouvrir une fermeture quelconque, quand ils n'ont point été destinés à cet usage (Conf. Carnot, sur l'art. 398, n° 1).

574. Si le voleur s'était servi, pour ouvrir la serrure, de la clef véritable destinée à cette serrure, qu'il aurait trouvée ou soustraite, devrait-il être considéré comme ayant fait usage d'une fausse clef ?—La cour de cassation s'est prononcée pour l'affirmative. Elle a décidé : 1° qu'une clef égarée par le propriétaire devient fausse clef dans les mains d'un tiers qui en fait usage (Crim. rej. 18 juill. 1811 ; Crim. cass. 16 déc. 1825) (2) ; — 2° Que le vol commis à l'aide d'une clef égarée, perdue ou soustraite depuis un temps plus ou moins long, et que le propriétaire a été dans la nécessité de remplacer, et qui, dès lors, a cessé

---

l'art. 584, et que la cour d'assises a fait une fausse application de cet article, en condamnant le demandeur aux travaux forcés à temps ; — Casse.

Du 12 juill. 1838.-C, C., ch. crim.-MM. Bastard, pr.-Gartempe, r.

(1) (Fabre).— La cour ; — Vu l'art. 584 c. pén. ; — Attendu que le jury, après avoir, sur une première question, déclaré Fabre coupable de vol, a répondu, sur la quatrième question portant : cette soustraction frauduleuse a-t-elle été commise dans les dépendances d'une maison habitée ? Non ; et sur la sixième portant : A-t-elle été commise à l'aide d'une fausse clef pour pénétrer dans les dépendances d'une maison habitée ? Oui, à la majorité ; — Attendu que ces deux réponses sont contradictoires et inconciliables, ce qui enlève à la réponse faite à la sixième question toute autorité ; que la circonstance aggravante qu'elle a pour objet d'établir n'est plus dès lors suffisamment constatée, et qu'elle n'a pu servir de base à une condamnation aux travaux forcés, prononcée contre l'accusé, sans qu'il ait été fait une fausse application de l'art. 584 c. pén. ; — Casse et annule, etc.

Du 26 juill. 1860.-C. C., ch. crim.-M. Legagneur, rap.

(2) 1re *Espèce :* — (Bouilly C. min. pub.) — 5 mars 1811, acte d'accusation duquel il résulte que Bouilly, pendant qu'il servait Tempier en qualité de domestique à gages, s'est approprié une double clef du cellier de son maître ; qu'en quittant son service, il est demeuré nanti de cette clef, et qu'il en a fait usage depuis pour tenter de s'introduire dans le cellier de Tempier, et y commettre un vol. — 10 juin suivant, déclaration du jury portant que Bouilly est coupable d'une tentative de vol avec toutes les circonstances comprises dans le résumé de l'acte d'accusation. — En conséquence, arrêt du même jour qui, appliquant à Bouilly les art. 2 et 384 c. pén., le condamne, comme coupable de tentative de vol avec une fausse clef, à la peine des travaux forcés pendant cinq ans. — Bouilly se pourvoit en cassation, et soutient qu'une

clef double n'est pas une fausse clef, qu'ainsi il y a fausse application de la loi pénale. — Arrêt.

La cour ; — Attendu que la clef dont s'est servi le réclamant pour commettre le vol dont il a été accusé avait perdu la destination qu'elle avait dans les mains du propriétaire, et n'était, dans les mains de l'accusé, qu'une fausse clef ; — Rejette.

Du 18 juill. 1811.-C. C., sect. crim.-M. Bauchau, rap.

2e *Espèce :* — (Min. pub. C. Arnaud.) — L'une des questions soumises au jury relativement à l'accusé Arnaud portait : « L'a-t-il commise (la soustraction) au moyen d'une fausse clef, c'est-à-dire de cette maison à l'aide d'une clef perdue, depuis plusieurs jours par Guerineau, et que l'accusé avait gardée par-devers lui ? » Le jury répondit affirmativement. — La cour d'assises, au lieu d'appliquer la peine des travaux forcés fixée par la loi pour le vol avec fausses clefs, décida, contre la déclaration du jury, que le vol n'avait pas été commis avec une clef perdue, et ne condamna Arnaud qu'à la reclusion. — Pourvoi. — Arrêt.

La cour ; — Vu les art. 398 et 384, et le n° 4 de l'art. 381 c. pén. ; — Attendu que l'emploi d'une clef perdue depuis un certain temps et dont la destination avait ainsi cessé d'exister, équivaut à celui d'une fausse clef, d'où il suit qu'un vol commis à l'aide d'un pareil moyen constitue, dans le véritable sens de l'art. 398 précité, un vol commis à l'aide de fausses clefs, et par conséquent, passible de la peine portée en l'art. 384 et le n° 4 de l'art. 381 c. pén. ; — Attendu que, dans l'espèce, le jury a déclaré le vol commis à l'aide d'une clef perdue depuis plusieurs jours, et que la cour d'assises, dans les motifs de son arrêt, en modifiant cette déclaration, a excédé ses pouvoirs et, par suite, violé les dispositions des art. 398, 384, et n° 4 de l'art. 381 c. pén. ; — Par ces motifs, casse l'arrêt du 10 nov. dernier, de la cour d'assises de la Charente-Inférieure, etc.

Du 16 déc. 1825.-C. C., sect. crim.-MM. Portalis, pr.-Choppin, r.

d'avoir sa destination primitive, constitue un vol avec fausse clef (Crim. cass. 27 avr. 1855) (1) ; — 3° Que la clef qui a été égarée, perdue ou soustraite depuis un temps plus ou moins long, doit être réputée avoir perdu sa primitive destination, et prendre le caractère de fausse clef, par suite de l'usage qui en est fait pour commettre un vol, en s'en servant pour ouvrir une porte à laquelle elle était primitivement destinée ; qu'en conséquence l'auteur de ce vol doit être renvoyé devant la cour d'assises comme prévenu d'un vol commis avec la circonstance aggravante d'usage de fausse clef : — « Attendu qu'aux termes de l'art. 398 c. pén., est réputée fausse clef celle qui n'a pas été destinée aux fermetures quelconques auxquelles le coupable l'a employée ; que la destination originaire d'une clef ne peut être réputée avoir continué d'exister, lorsque cette clef a été égarée, perdue ou soustraite depuis un temps plus ou moins long ; que, par conséquent, l'usage qui en est fait pour commettre un vol, par un individu, en s'en servant pour ouvrir les fermetures auxquelles elle a cessé d'appartenir, constitue l'emploi d'une fausse clef, et caractérise la circonstance aggravante du vol spécifié dans le n° 4 de l'art. 381 c. pén. ; attendu, dès lors, que l'arrêt de la chambre des mises en accusation de la cour royale de Rennes, en date du 7 mars 1836, ayant reconnu que la clef dont s'est servie la femme Ronceray pour commettre le vol dont il s'agit, primitivement destinée à la porte à laquelle elle a été employée, se trouvait perdue depuis quelque temps, à l'époque où ce vol a été commis ; que, par conséquent, cet arrêt aurait dû déclarer que cette clef, n'ayant pu conserver sa destination primitive, avait le caractère de fausse clef ; d'où il suit que le fait imputé à la femme Ronceray constituait un crime dont la connaissance appartenait à la cour d'assises » (Crim. rej. 19 mai 1836, MM. de Bastard, pr., Dehaussy, rap., aff. Ronceray).

575. Mais cette interprétation ne nous semble pas exacte. D'abord, à ne considérer que le sens naturel des expressions, on ne peut, sans faire violence à la langue, donner le nom de fausse clef à celle qui a été faite précisément pour l'usage auquel on l'emploie. Et si l'on s'attache aux termes de la définition donnée par l'art. 398, on voit qu'elle ne peut s'appliquer à l'hypothèse dont nous nous occupons. En effet, non-seulement la clef dont il s'agit n'est ni imitée, ni contrefaite, ni altérée, mais c'est la clef même qui a été destinée par le propriétaire à la fermeture à laquelle elle a été employée. D'après les arrêts qui précèdent, et particulièrement celui du 19 mai 1836, la clef qui aurait été égarée, perdue ou soustraite depuis un certain temps aurait par cela même perdu sa destination originaire, et dès lors l'employer à ouvrir les fermetures auxquelles elle a cessé d'appartenir, ce serait faire usage d'une fausse clef. Mais n'est-ce pas là une subtilité ? Les termes de l'art. 398 ne nous semblent point comporter une telle distinction. Il en résulte que, par cela seul qu'une clef avait été destinée par le propriétaire à une fermeture, elle ne peut être considérée comme une fausse clef par rapport à cette fermeture. La doctrine de la cour de cassation serait, dans l'application, une source de difficultés. A quel moment précis la clef perdue ou soustraite perdrait-elle sa destination primitive ? Serait-ce au moment même où elle est perdue, ou seulement au moment où elle est trouvée ? S'il est nécessaire qu'il se soit écoulé un certain temps depuis la perte, quelle doit être la durée de ce temps ? Enfin, si un voleur, s'étant introduit dans une maison, y trouve une clef servant à ouvrir un meuble, et s'en sert pour soustraire les objets enfermés dans ce meuble, pourra-t-on dire qu'il

a fait usage d'une fausse clef ? Au point de vue moral, d'ailleurs, il ne paraît pas juste de mettre sur la même ligne celui qui a fabriqué lui-même ou fait faire une fausse clef, celui même qui a essayé une clef ayant une autre destination afin de voir s'il pourrait s'en servir pour commettre le vol qu'il médite, et celui qui s'est simplement servi de la clef conformément à l'usage pour lequel elle avait été faite.—C'est ce qu'enseignent aussi MM. Chauveau et Hélie, t. 5, n° 1914.

576. Suivant un arrêt, ne doivent pas être considérés comme accompagnés de la circonstance aggravante de fausse clef les vols commis par un domestique au préjudice de ses maîtres, à l'aide d'une des deux clefs dont ceux-ci se servaient pour ouvrir et fermer le comptoir dans lequel ils déposaient leur argent, lorsque ces vols ont été commis dans un temps voisin de la disparition de cette clef, et avant qu'aucune précaution eût été prise pour prévenir l'abus qu'on en pouvait faire (Paris, 24 fév. 1854, aff. Beaumolle, D. P. 54. 2. 155).

577. Si la clef avait été remise de confiance à celui qui s'en serait servi pour s'introduire dans une maison et y commettre un vol, ce ne serait plus, comme le fait observer Carnot (sur l'art. 398, n° 3), un vol commis avec fausse clef ; il n'y aurait eu qu'un abus de confiance, qu'un vol à punir d'après les autres circonstances qui viendraient s'y rattacher.

578. La question relative à la circonstance aggravante d'usage de fausse clef ne doit pas nécessairement contenir dans son énoncé l'expression elle-même de fausse clef ; il suffit qu'il soit demandé au jury si le vol a été commis à l'aide des clefs désignées comme fausses par l'art. 398 c. pén., et, par exemple, à l'aide d'une clef autre que celle destinée par le propriétaire à l'ouverture de la maison (Crim. rej. 24 mars 1854, aff. Gaubert, D. P. 54. 1. 168).—V. aussi Crim. cass. 16 déc. 1825, aff. Arnaud, n° 574.

579. Nous avons dit plus haut (n° 569) que l'emploi de fausses clefs ne constitue par lui-même ni crime ni délit, et que, lorsqu'il n'a pas été un moyen d'exécution du vol, il échappe à toute répression. Mais il n'en est pas de même de la *fabrication* des fausses clefs. La loi punit ce fait de peines plus ou moins rigoureuses, selon que son auteur est ou n'est pas serrurier de profession. L'art. 399 c. pén. disposait à cet égard dans les termes suivants : « Quiconque aura contrefait ou altéré des clefs sera condamné à un emprisonnement de trois mois à deux ans, et à une amende de 25 fr. à 150 fr. — Si le coupable est un serrurier de profession, il sera puni de la réclusion. — Le tout sans préjudice de plus fortes peines, s'il y échet, en cas de complicité de crime. » — La peine prononcée par cet article contre le serrurier de profession qui contrefait ou altère des clefs a été adoucie par la loi du 13 mai 1863. « La contrefaçon des clefs punie dans cet article, dit à cet égard l'exposé des motifs, n'est qu'un acte *préparatoire* du vol, ce n'est pas un commencement d'exécution. Il n'est pas nécessaire même que la contrefaçon se rattache à un projet particulier de vol ; ce serait un acte de complicité. Cette incrimination d'un acte préparatoire, très-légitime dans certains cas, et celui-ci est du nombre, veut néanmoins de la modération dans la pénalité. La peine de la réclusion, qui est dans le second paragraphe, a paru trop forte. La circonstance que le coupable est un serrurier de profession ne suffit point : elle n'implique pas un abus de fonctions, de pouvoir, ou de confiance forcée. Non toutefois que la profession soit une circonstance indifférente ; elle ajoute au péril par l'habileté du coupable

---

(1) (Debout.) — La cour ; — Vu l'art. 398 c. pén., qui qualifie fausse clef... toute clef... qui n'a pas été destinée par le propriétaire... aux serrures... auxquelles le coupable l'aura employée ; — Attendu qu'il est constaté en point de fait, par l'arrêt attaqué, d'une part, que la clef du grenier dans lequel se trouvait le blé dont partie aurait été ultérieurement soustraite par Joseph Debout aurait été soustraite par ledit Debout, du mois de septembre au 22 décembre suivant, et, d'autre part, qu'au moment des vols de blé, notamment dans la nuit du 26 au 27 janvier, ce serait à l'aide de la clef que Debout aurait ainsi soustraite depuis plus d'un mois qu'il se serait introduit dans le grenier renfermant le blé ; — Attendu, en droit, que l'effet légal de la destination originaire d'une clef cesse avec cette destination elle-même ; que, cette destination cessant, la clef qui en serait ainsi déléguée aurait, selon l'art. 398, le même caractère que la clef à laquelle une telle destination n'aurait jamais été attachée ; — Attendu que la destination primitive d'une clef ne

peut être réputée avoir continué d'exister, lorsque cette clef a été égarée, perdue ou soustraite depuis un temps plus ou moins long, et que le propriétaire à qui elle manque a été placé, par suite, dans la nécessité de la remplacer ; — Attendu, dès lors, que l'usage qui en est fait pour commettre ultérieurement un vol, en ouvrant, à son aide, les fermetures auxquelles elle a cessé d'appartenir, constitue l'emploi d'une fausse clef et caractérise la circonstance aggravante du vol spécifié par le n° 4 de l'art. 381 c. pén. ; — D'où il suit qu'en écartant cette circonstance aggravante, sous le prétexte que la clef dont Debout se serait servi dans les circonstances de fait ci-dessus relevées ne saurait être considérée comme une fausse clef, l'arrêt attaqué a expressément violé les dispositions combinées desdits art. 381 et 398 ; — Casse l'arrêt de la cour impériale de Besançon (chambre des mises en accusation), du 6 avril courant, etc

Du 27 avr. 1855.-C. C., ch. crim.-M. Nouguier, rap.

et par les occasions; mais une aggravation de peine pouvant aller à l'extrême limite des peines correctionnelles fera certainement à cette circonstance toute la part qui convient. » Voici en conséquence la nouvelle rédaction de l'art. 399 : « Quiconque aura contrefait, altéré des clefs, sera condamné à un emprisonnement de trois mois à deux ans et à une amende de 25 à 150 fr. — Si le coupable est un serrurier de profession, il sera puni d'un emprisonnement de deux à cinq ans et d'une amende de 50 à 500 fr. — Il pourra en outre être privé de tout ou partie des droits mentionnés en l'art. 42 pendant cinq ans au moins et dix ans au plus, à compter du jour où il aura subi sa peine; il pourra aussi être mis, par l'arrêt ou le jugement, sous la surveillance de la haute police pendant le même nombre d'années. — Le tout sans préjudice de plus fortes peines, s'il y échet, en cas de complicité de crimes. »

580. Il semble résulter des termes de cet article que celui qui a contrefait ou altéré des clefs soit, dans tous les cas, passible de la peine prononcée. Mais il ne faut point aller aussi loin. Il peut arriver qu'un propriétaire fasse changer la destination première d'une clef pour l'approprier à une autre fermeture destinée à un usage particulier. Aucune peine ne pourrait évidemment être prononcée, dans une pareille hypothèse, ni contre ce propriétaire ni contre celui qui aurait exécuté le travail, fût-il serrurier de profession. C'est aussi le sentiment de Carnot, sur l'art. 399, n° 2, et de MM. Chauveau et Hélie, t. 5, n° 1915. Sans doute il n'est pas nécessaire, pour l'application de l'art. 399, que l'ouvrier ait su que la clef contrefaite ou altérée devait servir à tel vol déterminé : s'il l'avait su, ce serait un cas de complicité; mais il faut du moins qu'il ait eu l'intention de fabriquer une fausse clef pouvant servir à la perpétration d'un crime (Conf. MM. Chauveau et Hélie, loc. cit.). — Il a été jugé, conformément à ce qui vient d'être dit, qu'il y a complicité de la part de celui qui a fabriqué de fausses clefs et les a remises, dans l'intention du crime, à celui qui s'en est servi ensuite pour commettre un vol (Crim. rej. 13 juin 1811, aff. Clerici, v° Complice-complicité, n° 120).

581. Si la loi punit plus rigoureusement le serrurier qui contrefait ou altère des clefs, c'est qu'il abuse des facilités que lui donne sa profession, et qu'il y a là un danger contre lequel il était bon de prémunir la société. — Du reste, la qualification de serrurier ne doit pas être restreinte, pour l'application de l'art. 399, aux chefs d'industrie; ce serait assurément être un serrurier de profession que d'être employé dans un atelier de serrurerie en qualité de compagnon ou d'apprenti (Conf. Carnot, sur l'art. 399, n° 3).

582. Sous l'ancien régime, il avait été pourvu au danger qui peut naître de la contrefaçon ou de l'altération des clefs par des règlements dont il peut être utile de reproduire les principales dispositions. C'est d'abord par un arrêt du parlement de Dijon, du 12 août 1748, ainsi conçu : « La cour fait très-expresses inhibitions et défenses à tous maîtres serruriers, compagnons et apprentis demeurant ou travaillant dans l'étendue du ressort de la cour, et à tous autres ouvriers ou artisans employés dans les campagnes au fait de la serrurerie, de faire, pour quelque cause et sous quelque prétexte que ce soit, ouverture d'aucunes serrures et fermetures fermant à clefs, ressorts ou loquets, si ce n'est par l'ordre exprès, en présence et sous les yeux du maître ou chef de la maison particulière ou communauté où ils auraient été appelés; sauf les cas où par justice aurait été donné mandement de fraction; à peine d'être poursuivis par la voie extraordinaire et punis suivant l'exigence des cas, même de la peine de mort s'il y échet. — Défend pareillement à tous compagnons et apprentis serruriers de travailler, forger et limer des clefs et serrures hors des boutiques de leurs maîtres, en quelque autre lieu que ce puisse être, soit maisons particulières ou communautés, soit dans les boutiques de maréchaux, taillandiers et autres ouvriers travaillant à la forge, ni même dans les boutiques des maîtres, que de leur exprès commandement, à peine d'être le procès fait et parfait suivant la rigueur des ordonnances, tant auxdits compagnons ou apprentis contrevenants qu'aux autres ouvriers qui auraient prêté les outils, forges et boutiques. —Fait défense à tous maîtres serruriers, compagnons et apprentis de forger ou faire forger aucune clef, qu'auparavant on n'ait mis la serrure en leur possession, et dans le cas où il leur serait commandé de faire une clef sur une autre clef, soit entière ou cassée, leur ordonne, en ce cas, d'essayer ou vérifier sur la serrure la clef servant de modèle, et ce en présence du chef et maître de la maison où sera ladite serrure, et leur enjoint de ne délivrer ladite clef qu'au maître de la maison, sous les peines susdites. — Leur défend semblablement, sous les mêmes peines, de faire aucune clef sur dessin, modèle en cire, carton tracé ou tout autre patron que ce soit, comme aussi de délivrer à quelque personne que ce puisse être aucune clef brute ou ébauchée, quand même on ferait apparoir d'une destination. — Demeure pareillement très-expressément défendu, et sous les mêmes peines, à tous serruriers, compagnons et apprentis de vendre, remettre et délivrer, sous quelque prétexte et à quelque personne que ce soit, des rossignols et crochets propres à ouvrir les fermetures, et ordonne aux maîtres serruriers de tenir renfermés dans un lieu sûr les crochets et rossignols qu'ils peuvent avoir pour le service du public, sous peine d'aucun cas ils puissent les confier à leurs compagnons et apprentis; et seront les maîtres serruriers tenus de s'en servir quand ils en seront requis, ce qui ne pourra être fait qu'en présence du chef et maître de la maison. — Fait défense à tous serruriers, revendeurs et crieurs de vieilles ferrailles de se servir d'étaux et limes, de relimer ou faire relimer aucune clef; leur fait défense, et à toutes personnes quelles qu'elles soient, d'exposer en vente, vendre et débiter aucune clef, vieille ou nouvelle, séparément de la serrure pour laquelle ladite clef aura été faite. — Et pour éviter la fabrication des fausses clefs, a ordonné et ordonne qu'aucun maître serrurier, ferreur, taillandier, maréchal, ou autres ouvriers travaillant à la forge, ne pourront travailler ou faire travailler dans les derrières de leurs maisons, ni en aucun autre lieu caché, à peine d'amende et d'être puni suivant l'exigence des cas. »

583. Une ordonnance de police pour la ville de Paris, du 8 nov. 1780, contenait, sur le même sujet, des dispositions analogues. L'art. 8 de cette ordonnance faisait défense « à tous serruriers, taillandiers et autres ouvriers travaillant à la forge, ferrailleurs, vendeurs et crieurs de vieilles ferrailles, et à toutes personnes telles qu'elles soient, d'exposer en vente ou débiter aucune vieille clef ou neuve, séparément de la serrure pour laquelle ladite clef aura été faite, sous peine de 100 fr. d'amende pour la première fois et de prison en cas de récidive, même d'être poursuivi extraordinairement suivant l'exigence des cas. » — L'art. 9 faisait pareillement défense « à tous compagnons et apprentis serruriers et autres ouvriers en fer, de travailler, forger et limer des clefs et des serrures hors des boutiques de leurs maîtres, en quelque lieu que ce puisse être, et d'y avoir des outils, ainsi qu'à tous particuliers de les recevoir à cet effet dans leur maison ou logement, sous peine de prison contre lesdits compagnons, apprentis serruriers et ouvriers en fer, et d'amende contre lesdits particuliers qui les recevront chez eux à cet effet; et seront tenus, ajoute l'article, les propriétaires et principaux locataires qui auraient lesdits ouvriers logés chez leurs maisons, dès qu'ils seraient instruits qu'ils travaillaient chez eux auxdits ouvrages, d'en faire la déclaration chez le plus prochain commissaire ou au bureau de sûreté établi à la police, laquelle déclaration, ainsi que toutes autres déclarations concernant les vols et délits publics, seront reçues, sans frais, suivant l'usage accoutumé; le tout sous peine d'amende contre lesdits propriétaires et principaux locataires. » — Enfin l'art. 10 était ainsi conçu : « Ne pourront les ferrailleurs, revendeurs, crieurs de vieux fers, avoir des étaux et limes chez eux, limer, faire limer et réparer aucune clef dans leurs boutiques, maisons ou ailleurs, sous peine d'amende pour la première fois et de prison pour le cas de récidive. Ne pourront également les maîtres serruriers, ferrailleurs, taillandiers et autres ouvriers travaillant à la forge, travailler et faire travailler dans les derrières de leurs maisons et lieux non apparents, à peine d'amende et de telle autre punition qu'il appartiendra. »

584. Entre ces dispositions, celles qui concernent spécialement la contrefaçon ou l'altération des clefs ont été remplacées par l'art. 399 c. pén. Quant à celles qui n'ont pas un trait direct à ce fait, Carnot (sur l'art. 399, n° 5) est d'avis qu'elles devraient encore aujourd'hui recevoir leur exécution dans les lieux qu'elles

régissaient. Il invoque à cet égard l'art. 484 c. pén., qui maintient les dispositions des lois et des règlements qui étaient en vigueur lors de sa mise en activité, dans tout ce qui n'avait pas été réglé par le code. MM. Chauveau et Hélie (t. 5, n° 1916) nous paraissent s'exprimer avec plus de justesse lorsqu'ils disent que ces règlements peuvent encore servir à faire connaître aux serruriers les règles principales de leur profession, mais que leur inapplication ne pourrait plus motiver aucune peine. En effet, les pénalités édictées par les dispositions que nous venons de faire connaître, arbitraires pour la plupart, ne sont plus en harmonie avec le système pénal qui nous régit actuellement. Il est à remarquer d'ailleurs que dans la collection des ordonnances de police publiées par ordre de M. Delessert, les articles précités de l'ord. du 8 nov. 1780, n'ont pas été reproduits dans la réimpression de cette ordonnance (V. t. 4, p. 117). — Les dispositions qu'ils contiennent doivent donc être considérées comme abrogées. Sans doute les anciens règlements de police peuvent encore aujourd'hui avoir force exécutoire; mais il faut pour cela, comme nous l'avons dit v° Commune, n° 705, que ces règlements aient été exécutés constamment ou aient été rappelés dans un règlement municipal, condition qui manque aux art. 8 à 10 de l'ord. du 8 nov. 1780.

§ 6. — Vol commis à l'aide d'un faux titre, d'un faux costume, ou en alléguant un faux ordre.

585. L'art. 381 c. pén., énumérant les circonstances aggravantes dont la réunion rend les individus coupables de vol passibles de la peine des travaux forcés à perpétuité, s'exprime en ces termes à l'égard de l'une de ces circonstances : ... « 4° S'ils ont commis le crime, soit à l'aide d'effraction extérieure, ou d'escalade, ou de fausses clefs, dans une maison, appartement, chambre ou logement habités ou servant à l'habitation, ou leurs dépendances, *soit en prenant le titre d'un fonctionnaire public ou d'un officier civil ou militaire, ou après s'être revêtus de l'uniforme ou du costume du fonctionnaire ou de l'officier, ou en alléguant un faux ordre de l'autorité civile ou militaire.* » — La partie de cette disposition qui a trait à l'usurpation du titre ou du costume, à l'allégation d'un faux ordre, ne doit pas être séparée de celle qui parle de maison, appartement, etc. En effet, le genre de fraude dont nous nous occupons en ce moment n'est considéré par la loi que comme ayant été pour le voleur un moyen de s'introduire dans le lieu où il a perpétré le vol, et c'est pour cela que cette circonstance est assimilée à l'effraction, à l'escalade, à l'usage de fausses clefs, et confondue dans la même disposition. « Il s'agit ici, dit l'exposé des motifs, d'un vol commis dans une maison habitée, soit en prenant le titre d'un fonctionnaire ou officier civil ou militaire, soit après s'être revêtu de son costume ou uniforme, ou alléguant un faux ordre de l'autorité. » Ainsi, l'usurpation dont il s'agit n'est une circonstance aggravante du vol qu'autant qu'elle a été un moyen de s'introduire dans une maison habitée ou servant à l'habitation, ou dans ses dépendances (Conf. MM. Chauveau et Hélie, t. 5, n° 1934).

586. Que devrait-on décider si, pour s'introduire dans la maison, le coupable n'avait pris qu'un titre qui lui appartenait, ne s'était revêtu que d'un uniforme ou costume qu'il avait le droit de porter? Carnot (sur l'art. 381, n° 14) pense que le fait n'en constituerait pas moins une circonstance aggravante. « Cet article, dit cet auteur, ne dit pas que les accusés auront pris une fausse qualité, qu'ils se seront revêtus d'un faux uniforme, d'un faux costume; d'où l'on doit conclure qu'il suffit que, pour se procurer l'entrée de la maison, ils s'y soient présentés sous le titre d'un fonctionnaire public ou d'un officier civil ou militaire, ou qu'ils aient été revêtus d'un costume ou d'un uniforme, lors même qu'ils auraient eu le droit de le porter, pour que les conditions de la loi aient été remplies. » — Nous ne croyons pas que cette interprétation de la loi soit exacte. La manière même dont la loi s'exprime : *en prenant le titre d'un fonctionnaire public ou d'un officier civil ou militaire, ou après s'être revêtus de l'uniforme ou du costume du fonctionnaire ou de l'officier*, le rapprochement de ces expressions de celles qui suivent : *en al-*

léguant un faux ordre, indiquent assez clairement que la loi entend parler ici de l'usurpation d'un faux titre, d'un faux costume, et non pas de l'usage fait par un fonctionnaire ou officier public du titre ou du costume qui lui appartiennent. C'est en ce sens, du reste, que s'exprime l'exposé des motifs : « Il faudra donc, pour emporter la peine de mort (remplacée depuis 1832 par les travaux forcés à perpétuité), que le vol avec violence ait été en même temps commis la nuit, par deux ou plusieurs personnes, avec armes apparentes ou cachées, et de plus à l'aide d'effraction extérieure, ou d'escalade, ou de fausses clefs, ou en prenant un *faux* titre, un *faux* costume, ou en alléguant un faux ordre. »

§ 7. — Vol commis à l'aide de violences ou de menaces.

587. « La circonstance qui aggrave le plus le vol est la violence, parce qu'alors le crime offre tout à la fois un attentat à la personne et à la propriété. » C'est en ces termes que s'exprimait l'exposé des motifs, afin de justifier la sévérité des peines édictées par le code pénal contre ce genre de vols. — La loi des 25 sept.-6 oct. 1791 (part. 2, tit. 2, sect. 2, art. 1 et suiv.) punissait de dix années de fers tout vol commis à force ouverte ou par violence envers les personnes, et elle y ajoutait quatre années de fers pour chacune des autres circonstances aggravantes dont ce crime pouvait être accompagné.

588. Sous le code du 3 brum. an 4, lorsque l'acte d'accusation portait sur un vol commis à la suite d'une rixe et de mauvais traitements, le jury devait être interrogé, à peine de nullité, sur cette dernière circonstance : — « Attendu que l'acte d'accusation constate que le vol dont il s'agit a été commis à la suite d'une rixe et de mauvais traitements; que cette circonstance, déterminée par ledit acte, pouvait changer la nature du délit, ainsi que la peine qui y aurait été applicable; que le tribunal criminel n'a pu conséquemment omettre la position des questions relatives auxdites circonstances résultant de l'acte précité » (Crim. cass. 12 brum. an 8, M. Ch. Dor, rap., aff. Marcelot).

589. La loi du 26 flor. an 5 (V. suprà, p. 1107) dont l'objet était de réprimer les brigandages et les violences qui se commettaient dans diverses parties du territoire, prononça la peine de mort contre les vols commis à force ouverte dans l'intérieur des maisons, lorsqu'ils étaient accompagnés des circonstances suivantes : 1° si les coupables s'étaient introduits dans la maison par la force des armes; 2° s'ils avaient fait usage de leurs armes, dans l'intérieur de la maison, contre ceux qui s'y trouvaient; 3° si les violences exercées sur ceux qui se trouvaient dans la maison avaient laissé des traces telles que blessures, brûlures ou contusions.—Cette loi ajoutait que la peine de mort aurait lieu contre tous les coupables, quand même tous n'auraient pas été trouvés munis d'armes. — Il avait été jugé : 1° que cette loi n'était pas applicable à un cas non prévu, et notamment à la complicité, dont elle ne faisait pas mention : — « Attendu que la loi du 26 flor. an 5 ne prononce la peine de mort contre les coupables des crimes mentionnés aux art. 2 et 3, sect. 2, tit. 2, part. 2, c. pén., que dans les circonstances prévues par ladite loi du 26 floréal, qui ne fait aucune mention des complices desdits crimes... » (Crim. rej. 6 fruct. an 7, MM. Méaulle, pr., Roux, rap., aff. N...); — 2° Que pour que la loi du 26 flor. an 5 pût être appliquée à un vol commis avec violence par une bande de brigands, il ne suffisait pas que le jury eût été interrogé et se fût expliqué sur la circonstance des violences : il fallait en outre une déclaration sur le fait principal, qui était le vol : — « Considérant que celui des délits énoncés dans l'acte d'accusation, qui a donné et pu seul donner lieu à l'application de la loi du 26 flor. an 5, est qualifié de vol considérable commis chez la veuve Nuguel par une bande de brigands qui exercèrent envers elle et ses gens les plus grandes cruautés, lui ayant entre autres fait brûler les pieds; qu'ainsi le fait principal était le vol, que la violence en étaient les circonstances aggravantes; que, cependant, il n'a été posé de questions que sur ces circonstances, et aucune sur le fait principal; qu'il résulte de là : 1° une contradiction positive avec art. 373 et 374 du code, et 2°, par suite, une fausse application de la loi du 26 flor. an 5, qui n'affecte la peine qu'elle prononce, dans le cas des circonstances qu'elle désigne, qu'aux délits énon-

cés aux art. 2 et 3 c. pén. » (Crim. cass. 25 frim. an 11, MM. Viellart, pr., Schwendt, rap., aff. Baron).

590. Les vols commis avec violences et garrottages par des attroupements rentraient dans l'application de l'art. 7 L. 30 prair. an 3 (V. Crimes contre l'Etat, p. 537) : — « Attendu qu'il résulte du procès-verbal du 16 brum. an 9 que les délits dont sont prévenus François Vanherg et autres dénommés au jugement du tribunal criminel du 4 germinal dernier, portent les caractères de rassemblements, les circonstances dont ont été accompagnés les actes de rébellion commis par les chouans, barbets et autres rebelles; qu'en conséquence les dispositions des articles ci-dessus cités de la loi du 30 prair. an 3 et 598 c. dél. et pén., devaient recevoir leur application aux prévenus dénommés audit jugement. » (Crim. cass. 7 prair. an 11, M. Dorel, rap., aff. Vanherg).

591. L'art. 385 c. pén. 1810 punissait de la peine des travaux forcés à temps tout individu coupable de vol commis avec violence, lorsqu'elle n'avait laissé aucune trace de blessure ou de contusion, et qu'elle n'était accompagnée d'aucune autre circonstance. — L'art. 382 prononçait la peine des travaux forcés à perpétuité contre tout individu coupable de vol commis à l'aide de violence, et, de plus, avec deux des deux premières circonstances prévues par l'art. 381. Et cet article ajoutait que si même la violence à l'aide de laquelle le vol avait été commis avait laissé des traces de blessures ou de contusions, cette circonstance seule suffirait pour que la peine des travaux forcés à perpétuité fût prononcée.—Enfin l'art. 381 appliquait la peine de mort dans le cas où à la violence ou à la menace de faire usage des armes se trouvaient réunies les quatre circonstances dont il vient d'être parlé. — Ces quatre circonstances étaient : 1° la nuit; 2° le concours de deux ou plusieurs personnes; 3° le port d'armes apparentes ou cachées; 4° l'une des suivantes : effraction extérieure; escalade; usage de fausses clefs; usurpation du titre ou du costume d'un fonctionnaire public ou d'un officier civil ou militaire; allégation d'un faux ordre de l'autorité civile ou militaire.

592. La loi réformatrice du 28 avr. 1832 ne fit aucun changement à l'art. 385; mais, dans l'art. 382, elle substitua les travaux forcés à temps aux travaux forcés à perpétuité pour le cas où le vol, commis avec violence, serait en outre accompagné de deux des quatre premières circonstances prévues par l'art. 381; elle laissa subsister la peine des travaux forcés à perpétuité pour le cas où la violence, bien que sans autre circonstance, avait laissé des traces de blessures ou de contusions. Enfin, dans l'art. 381, elle substitua les travaux forcés à perpétuité à la peine de mort.

593. Il résultait de ces changements que, d'après la loi nouvelle, le vol commis avec violence, lorsque cette violence n'avait pas laissé de traces, était puni de la même peine soit qu'il eût été ou qu'il n'eût pas été accompagné de deux des quatre premières circonstances prévues par l'art. 381 (comp. les art. 385 et 382, § 1). L'art. 382 c. pén. 1810 avait assimilé deux cas : le cas où le vol commis avec violence avait de plus accompagné de deux des circonstances prévues en l'art. 381, et le cas où, ces circonstances faisant défaut, la violence avait laissé des traces. La loi de 1832 avait détruit cette assimilation. Elle avait adouci la peine dans le premier cas, mais

elle l'avait laissée subsister dans le second. Une nouvelle réforme a été introduite sur ce point par la loi du 13 mai 1863. D'après cette loi, il n'est plus question de la violence dans l'art. 385, et l'art. 382 est ainsi conçu : « Sera puni de la peine des travaux forcés à temps tout individu coupable de vol commis à l'aide de violence. Si la violence à l'aide de laquelle le vol a été commis a laissé des traces de blessures ou de contusions, cette circonstance suffira pour que la peine des travaux forcés à perpétuité soit prononcée. »

594. Il avait été décidé, sous l'empire du code pénal de 1810, que l'arrêt qui ne considère que comme coupable d'un vol simple, et ne punit que correctionnellement un vol déclaré commis avec violence, contrevient à l'art. 385 : — « Attendu que le jury avait déclaré l'accusé coupable de vol commis avec violence; que ce crime était puni par l'art. 385 c. pén. des travaux forcés à temps; que néanmoins l'arrêt attaqué, considérant le fait déclaré comme un vol simple non accompagné de circonstances aggravantes, ne l'a puni que de la peine de cinq ans d'emprisonnement portée par l'art. 401 c. pén.; en quoi cet arrêt a fait une fausse application de l'art. 401 et violé l'art. 385 du même code » (Crim. cass. 2 juin 1825, MM. Portalis, pr., Ollivier, rap., aff. Chanel).

595. Mais que doit-on entendre ici par *violence*? Une simple *menace* aurait-elle ce caractère? L'art. 381, § 5, parle du cas où les auteurs du vol ont commis le crime avec *violence* ou *menace* de faire usage de leurs armes. L'art. 382 ne parle que de la violence; il ne dit rien de la menace. Carnot (sur l'art. 382, n° 7) conclut de là que s'il n'y a eu que simple menace, les art. 382 et 385 ne sont pas applicables. « On peut très raisonnablement supposer, dit-il, que si l'art. 382 n'a pas parlé de *menace*, ainsi que venait de le faire l'art. 381, c'est que le législateur en avait eu de bons motifs. »—Il nous paraît plus vrai de dire que le § 5 de l'art. 381 devait servir à interpréter le sens du mot *violence* dans les articles subséquents. Tel est aussi le sentiment de Bourguignon, sur l'art. 382, n° 2, et de MM. Chauveau et Hélie, t. 5, n° 1923. — Il a été jugé en ce sens, avant la loi de 1832 : 1° qu'il y avait lieu de prononcer la peine des travaux forcés *perpétuels*, aux termes de l'art. 382 c. pén., contre *deux* individus déclarés coupables d'avoir, le 5 décembre, *vers les six heures du soir*, étant *armés de bâtons*, dont ils *avaient* menacé de faire usage, commis, à l'aide de ces menaces et de concert entre eux, le vol d'une somme d'argent dans un cabaret où ils avaient été reçus : — «Attendu que les accusés avaient été déclarés coupables par le jury d'avoir, le 5 décembre 1816, vers six heures du soir, de concert entre eux, étant armés de bâtons dont ils avaient menacé de faire usage, commis un vol de 79 fr., à l'aide desdites menaces, contre la femme W..., dans le cabaret qu'elle habitait et où ils avaient été reçus; que ces faits et circonstances, reconnus constants par le jury, caractérisent le crime que l'art. 382 c. pén. punit des travaux forcés perpétuels (Crim. cass. 18 mai 1820, M. Giraud-Duplessis, rap., aff. Williaume et Fontaine); — 2° Que la peine portée contre le vol commis en faisant usage d'armes, est applicable à celui qui, s'étant introduit dans une maison, a mis le couteau sur la gorge à l'habitant de cette maison pour le forcer à lui indiquer le lieu où était son argent (Crim. cass. 18 mai 1810 (1); — 3° Que, de même, le fait d'avoir demandé à un individu, couché

---

(1) (Int. de la loi. — Peverini et Delgreco.) — LA COUR; — Vu l'art. 88 loi du 27 vent. an 8;...' l'art. 90 des bans généraux du pape Benoît XIV...; le dernier article du code pénal de 1791...; la loi du 26 flor. an 5...; — Vu enfin l'art. 456 c. dél. et des pein.; — Et attendu que la cour de justice criminelle a reconnu et déclaré en fait que les frères Peverini et Delgreco s'étaient introduits par violence, avec une autre personne, de nuit, le 20 oct. 1808, dans la maison d'habitation de l'archiprêtre Piersimoni, portant tous des armes à feu; qu'après avoir lié le valet et le neveu de l'archiprêtre, l'une avait enfermés, avec les autres personnes de la maison, dans une chambre dont un des accusés gardait la porte les armes à la main, un autre des accusés avait menacé l'archiprêtre en lui mettant le couteau sur la gorge pour savoir où était son argent, et qu'ils avaient volé divers objets et une somme d'argent; — Que ce crime était punissable de la peine de mort, d'après la disposition de l'art. 90 des bans généraux du pape Benoît XIV; —Mais que la cour de justice criminelle, s'attachant aux seules dispositions des art. 2 et 3 de la sect. 2 dudit code pénal, et se fondant sur la dis-

position du dernier article du même code, n'a prononcé cependant contre les coupables que la peine de vingt-quatre années de fers; — Que cette condamnation serait parfaitement conforme à la loi, si les art. 2 et 3 c. pén., qui ont été appliqués, devaient encore recevoir leur exécution d'une manière générale et absolue; mais qu'ils ont été modifiés par la loi du 26 flor. an 5, publiée dans le département de Trasimène, comme le code pénal, avant l'arrêt dont il s'agit; — Que cette dernière loi porte formellement que, dans les cas prévus par les art. 2 et 3 c. pén., si les coupables ont fait usage de leurs armes dans l'intérieur de la maison contre ceux qui s'y trouvaient, ils seront punis de mort; — Qu'ainsi le crime dont lesdits Peverini et Delgreco ont été déclarés convaincus, ayant été commis avec cette circonstance, la cour de justice criminelle ne pouvait se dispenser de prononcer la peine portée tant par ladite loi que par les bans généraux, et qu'en se bornant à prononcer la peine de vingt-quatre années de fers, elle a fait une fausse application des art. 2 et 3 c. pén.; — Casse.
Du 18 mai 1810;—C. C., sect. crim.-M. Rataud, rap.

dans son lit, son argent ou la vie, en tenant sur la tête de celui-ci un bâton ou un instrument contondant, constitue la violence ou menace de faire usage de ses armes, dont il est parlé dans l'art. 381, n° 5, c. pén. (Crim. rej. 19 juin 1828) (1).

596. Mais, comme le font remarquer MM. Chauveau et Hélie (loc. cit.), c'est seulement la menace de faire usage des armes que la loi assimile à la violence (art. 381, § 5); ainsi toute autre menace, quelle qu'elle fût, ne présenterait pas ce caractère, et dès lors ne suffirait pas pour motiver l'application des dispositions dont nous nous occupons.

597. Doivent être réputées violence, dans le sens des art. 381 et suiv. c. pén., toutes voies de fait dirigées contre les personnes, alors même qu'elles ne porteraient aucune atteinte à leur sûreté et qu'elles ne les menaceraient d'aucun danger personnel. — Ainsi il a été jugé qu'on doit considérer comme ayant usé de violence, dans le sens de l'art. 382 c. pén., les voleurs qui, pour n'être pas reconnus de la personne qu'ils volaient, lui ont enveloppé la tête de couvertures : on dirait en vain qu'il n'y a violence que lorsqu'il a été attenté à la sûreté des personnes (Crim. rej. 26 mars 1813 (2). — Conf. Bourguignon, sur l'art. 382, n° 2 ; MM. Chauveau et Hélie, t. 5, n° 1923). — De même, selon ces derniers auteurs, le fait de retenir une personne pendant l'exécution du vol, de lui arracher une clef, de la dépouiller d'un objet, sont des actes de violence, bien qu'ils n'aient pas pourtant l'intention d'exposer cette personne à aucun péril.

598. Il appartient aux jurés d'apprécier irrévocablement les faits ayant le caractère de violence, dans le sens de l'art. 382 c. pén. (Crim. rej. 26 mars 1813, aff. Pronier, n° 597).

599. Dans une accusation de vol, l'emploi de la violence et la circonstance que cette violence a laissé des traces de blessures ou contusions constituent deux circonstances aggravantes distinctes, qui doivent être l'objet de deux questions séparées (Crim. cass. 21 mars 1851, aff. Chollet, D. P. 51. 5. 155).

600. Le vol de notes et papiers et de la grosse d'une obligation consentie par le prévenu, commis avec violences qui ont laissé des traces de blessures envers un officier public dans l'exercice de ses fonctions, constitue le crime de vol prévu et puni par l'art. 382 c. pén. (Crim. rej. 28 juill. 1814, MM. Barris, pr., Schwendt, rap., aff. Thomerel).

601. Il avait été jugé, avant les lois réformatrices de 1832 et de 1863, que le pillage de denrées à force ouverte, au lieu de l'être en réunion et à force ouverte, constituait le crime de vol avec violence punissable des travaux forcés à temps, aux termes de l'art. 385 c. pén., et que l'arrêt qui prononçait cette peine en citant l'art 440 c. pén. au lieu de l'art. 385, n'était pas pour cela entaché de nullité :— « Attendu que si de la déclaration du jury relative à Preslat, il ne résulte pas que cet accusé ait tenté de piller des grains en réunion et à force ouverte, il est, d'après cette déclaration, coupable d'une tentative

de pillage de grains à force ouverte, tentative manifestée par des actes extérieurs, suivis d'un commencement d'exécution et suspendus par des circonstances indépendantes de sa volonté ; que le pillage à force ouverte est un fait de vol avec violence prévu par l'art. 385 c. pén., qui le punit des travaux forcés à temps; que Preslat, condamné à cette peine, est donc condamné à la peine qu'il a réellement encourue ; que si la cour d'assises (de Seine-et-Marne) a donné pour fondement à la condamnation qu'elle a prononcée l'art. 440 au lieu de l'art. 385 c. pén., ce n'est qu'une erreur dans la citation du texte de la loi, erreur dont l'art. 411 c. inst. crim. ne permet pas de faire sortir une ouverture de cassation » (Crim. rej. 10 oct. 1817, MM. Barris, pr., Aumont, rap., aff. Preslat).—Malgré les modifications opérées dans la législation, cet arrêt a conservé tout son intérêt ; il n'y a que l'indication des articles à changer : 382 au lieu de 385.

602. Il peut arriver qu'un voleur use de violence, non pas pour arriver à commettre le vol, mais pour assurer sa fuite après l'avoir commis. Ainsi un voleur est surpris au moment où il vient de s'emparer de la chose d'autrui : il prend la fuite, on le poursuit ; sur le point d'être arrêté, il frappe ceux qui cherchent à se saisir de lui : le vol, dans ce cas, doit-il être réputé commis avec violence?—Cette question a été résolue affirmativement par un arrêt qui, avant la loi du 28 avr. 1832, avait décidé que la peine de mort devait être prononcée, par application de l'art. 381, quoique les voleurs n'eussent fait usage de leurs armes contre la personne dans la maison de laquelle ils avaient commis le vol qu'après la consommation du crime et en prenant la fuite : — « Attendu que les faits déclarés constants par la cour de Gênes constituent évidemment une tentative de vol, accompagnée des cinq circonstances prévues par l'art. 381 c. pén. ; que c'est mal à propos que ladite cour a considéré comme étrangers à ladite tentative de vol, l'usage que l'un des auteurs a fait, envers le sieur Pagano, d'un stylet dont il était armé, et les coups qu'il lui a portés ; que ce fait de violence se rattachait nécessairement à la tentative dont il était la suite, et à laquelle il était, pour ainsi dire, adhérent ; qu'en effet, les circonstances fortuites et indépendantes de la volonté des auteurs, qui ont empêché la consommation du vol, ne consistaient pas seulement dans l'apparition subite du sieur Pagano, mais encore dans la crainte que sa présence a inspirée aux coupables, et dans le parti de fuir que cette crainte leur a fait prendre ; que les coupables étaient encore en état de tentative de vol lorsqu'ils ont pris la fuite, et qu'en fuyant, l'un d'eux a fait usage de l'arme dont il était porteur ; qu'ainsi la tentative de vol a été commise avec violence, et avec toutes les autres circonstances prévues par l'art. 381 du code, et que par conséquent la peine de mort aurait dû être appliquée aux coupables » (Crim. cass. 18 déc. 1812, M. Chasle, rap., aff. Cavagnaro).— Cet arrêt est approuvé par Legraverend, Législ. crim., t. 2,

---

(1) (Hesse, etc. C. min. pub.)— La cour ; — Attendu, sur le premier moyen, qu'il résulte de la déclaration du jury que le vol a été commis avec la circonstance qu'un des coupables était armé d'un bâton noueux ; — Qu'aux termes de l'art. 101 c pén., les instruments contondants sont réputés armes ; qu'un bâton, un bâton noueux surtout, est nécessairement un instrument contondant ; que l'exception établie par le même art. 101 ne s'applique qu'aux simples cannes, et ne peut être étendue aux bâtons ;

Attendu, sur le deuxième moyen, qu'il résulte de la déclaration du jury que le sieur Klein, au moment du vol commis à son préjudice, était couché dans son lit ; que l'un des coupables lui a demandé son argent ou la vie ; qu'au même instant l'individu porteur du bâton le lui tenait levé sur la tête ; que ces faits constituent nécessairement la cinquième circonstance énoncée en l'art. 381 c. pén., et que la cour d'assises a décidé avec raison que le vol avait eu lieu avec violence et menace de faire usage de l'arme dont un des voleurs était porteur;

Attendu, sur le troisième moyen, particulier aux quatre femmes qui sont demanderesses, qu'elles sont déclarées coupables de complicité, 1° pour avoir, avec connaissance, aidé et assisté les auteurs du crime dans les faits qui l'ont préparé, facilité ou consommé ; 2° pour avoir recélé sciemment tout ou partie des choses volées ; — Que, relativement au premier caractère de complicité, celle par assistance, on n'a point demandé au jury, et l'on ne devait pas lui demander si ces femmes avaient eu connaissance des circonstances aggravantes du vol ; que le jury n'a fait aucune déclaration à cet égard ; — Que, relativement au

deuxième caractère de complicité, celle par recélé, la cour d'assises a dû interroger le jury, conformément à l'art. 65 c. pén., sur le fait de savoir si les complices avaient eu connaissance des circonstances aggravantes du vol ; que le jury a déclaré qu'il n'avaient pas eu cette connaissance ; — Que cette déclaration ne présente aucune contradiction avec les précédentes ; qu'il en résulte simplement que si la complicité des demanderesses se bornait à avoir recélé sciemment tout ou partie des choses volées, on n'aurait point dû les condamner à la peine capitale; mais que leur complicité résultait aussi, et en premier ordre, de l'assistance qu'elles avaient donnée aux voleurs dans les faits qui ont préparé ou facilité le crime ; qu'il suit de là qu'elles devaient subir la même peine que les auteurs principaux, quoiqu'elles aient ignoré les circonstances aggravantes du crime ; — Rejette leur pourvoi.
Du 19 juin 1828.—C. C., ch. crim.—MM. Bailly, pr.—Mangin, rap.

(2) (Frères Pronier.) — La cour ; — Attendu qu'il a été déclaré par le jury que le crime de vol dont étaient coupables les demandeurs avait été commis la nuit par plusieurs personnes, à l'aide d'escalade et de violence, ce qui présentait une circonstance aggravante de plus que celles qui sont exigées par l'art. 382 c. pén., pour qu'il y ait lieu à l'application de la peine des travaux forcés; qu'il appartenait aux jurés seuls d'apprécier irrévocablement ce qui caractérisait ces violence, et que le fait, tel qu'il est présenté par les demandeurs eux-mêmes, a évidemment ce caractère ; qu'il suit de là qu'il a été fait une juste application de la loi pénale; — Rejette, etc.
Du 26 mars 1813.-C. C., sect. crim.-M. Lamarque, rap.

p. 129. « Un vol, dit cet auteur, ne peut être exécuté qu'en parvenant au lieu où est la chose qu'on veut voler et en s'en éloignant pour consommer et cacher son vol. La retraite ou la fuite des voleurs est donc une circonstance élémentaire et nécessaire du vol, et l'usage d'armes dans la fuite, pour favoriser ou assurer cette fuite, est donc une violence dans le vol ou la tentative du vol. » — Mais cette doctrine ne nous paraît pas exacte. La loi ne considère la violence comme une circonstance aggravante du vol qu'autant qu'elle a été un moyen de le commettre. C'est ce qu'exprime clairement l'art. 382 c. pén., lorsqu'il parle du vol commis *à l'aide* de violence. Or le vol est consommé du moment que la chose a été déplacée, appréhendée par le voleur contre le gré du propriétaire (V. *suprà*, n° 591); par conséquent, les actes de violences qui peuvent survenir postérieurement ne peuvent plus être considérés comme les moyens à l'aide desquels il a été commis, et dès lors ils ne peuvent servir à le caractériser. C'est ce qu'enseignent aussi MM. Chauveau et Hélie, t. 5, n° 1924.

§ 8. — Extorsion de titres et signatures. — Chantage.

603. Contraindre une personne, soit à remettre, soit à signer un écrit, lorsqu'il doit en résulter une spoliation de la personne sur laquelle s'exerce cette contrainte, c'est commettre un véritable vol. Cela est évident surtout pour le cas où l'extorsion a pour objet la remise d'un titre. Mais en y réfléchissant on s'aperçoit bientôt qu'il n'y a aucune distinction à faire entre ce cas et celui où l'emploi de la violence a pour objet d'obtenir la *signature* d'un titre. Dans les deux hypothèses, le résultat est le même, et il n'existe entre l'une et l'autre qu'une différence de forme insignifiante. — Quoi qu'il en soit, le code pénal de 1791, considérant sans doute l'extorsion de titre comme rentrant naturellement, et sans contestation possible, dans le vol, ne s'en était pas occupé d'une manière spéciale. Il avait été jugé, sous l'empire de ce code, que l'art. 2, sect. 2, tit. 2, part. 2, qui punissait de quatre années de fers celui qui avait brûlé ou détruit des titres de propriété *qui auraient été enlevés par adresse ou violence*, supposait que ces dernières expressions que l'auteur de la destruction n'était pas celui de l'enlèvement; que la soustraction d'un titre, d'un écrit portant obligation avec les circonstances aggravantes prévues par les art. 1, 2 et 4 c. pén. constituait le vol prévu et puni par ces articles (Crim. rej. 28 frim. an 9, MM. Goupil, pr., Genevois, rap., aff. Jeanne et Tamiac). — Mais le code contenait une disposition relative à l'extorsion de signature. « Quiconque, portait l'art. 40, sect. 2, tit. 2, part. 2, sera convaincu d'avoir extorqué, par force ou par violence, la signature d'un écrit, d'un acte important obligation ou décharge, sera puni comme voleur à force ouverte et par violence envers les personnes, et encourra les peines portées aux cinq premiers articles de la présente section, suivant les circonstances qui auront accompagné lesdits crimes. » — L'art. 400 c. pén. embrasse dans la même disposition l'extorsion de titre et l'extorsion de signature. « Quiconque, porte cet article, § 1, aura extorqué par force, violence ou contrainte, la signature ou la remise d'un écrit, d'un acte, d'un titre, d'une pièce quelconque contenant ou opérant obligation, disposition ou décharge, sera puni de la peine des travaux forcés à temps. »

604. En comparant le texte de ces deux articles, on voit que le second est plus compréhensif, que le législateur a pris plus de précaution pour embrasser dans la généralité des termes dont il se servait toutes les variétés de faits qui peuvent se produire. Ainsi, non-seulement l'art. 400 c. pén., au lieu de parler seulement de la *signature*, parle aussi de la *remise* d'un écrit; mais les autres énonciations de cet article attestent la préoccupation du législateur. La loi de 1791 avait dit : *d'un écrit, d'un acte.* Cela ne paraît pas suffisant au législateur de 1810, qui dit : *d'un écrit, d'un acte, d'un titre, d'une pièce quelconque.* La loi de 1791 avait dit : *contenant obligation ou décharge*; le code pénal dit : *contenant obligation, disposition ou décharge.* — Carnot (sur l'art. 400, n° 7) critique l'introduction dans l'article du mot *disposition*, qui ne lui paraît pas offrir un sens précis : « On conçoit facilement, dit-il, ce qui constitue une obligation ou décharge; mais le mot *disposition* a quelque chose de si vague

qu'il est impossible de s'en faire une juste idée si l'on veut lui donner une autre signification que celle d'obligation ou de décharge, à moins qu'on ne l'applique au cas où, sans que l'écrit pût intéresser la fortune de celui qui l'a souscrit, il pût tendre à compromettre son honneur ou sa réputation. C'est la seule interprétation raisonnable que l'on puisse lui donner. » — A cela MM. Chauveau et Hélie (t. 5, n° 1929) répondent que cette expression *disposition* comprend en général tous les actes qui, sans contenir précisément obligation ou décharge, peuvent intéresser cependant la fortune du signataire ou du propriétaire, comme les testaments et les actes qui ont pour objet de les révoquer. Quant aux écrits qui peuvent intéresser, non la fortune de celui qui les a souscrits, mais son honneur ou sa réputation, ils ne sont pas compris dans les expressions employées par le législateur, et comme ces expressions sont restrictives, MM. Chauveau et Hélie en concluent que leur extorsion ne pourrait donner lieu à aucune peine.

605. Il a été jugé, sous l'empire du code pénal de 1791, et il devrait être jugé de même, sous le code pénal de 1810, que la peine édictée contre le crime d'extorsion ne peut pas être appliquée à l'individu qui a extorqué par violence la signature d'un fonctionnaire public sur un passe-port : — « Vu l'art. 40, sect. 2, tit. 2, 2° part., c. pén.; considérant qu'il résulte du texte même de l'art. 40 c. pén., ainsi que de l'inscription tant du titre que de la section sous lesquels ledit article se trouve placé, que ses dispositions ne sont applicables qu'autant que l'acte ou l'écrit dont la signature a été extorquée, emporte, par sa nature, obligation ou décharge, au préjudice des propriétés particulières; considérant qu'un passe-port n'est pas un acte qui emporte décharge ou obligation par rapport aux propriétés particulières, et qu'ainsi, dans l'affaire présente, il n'a pu y avoir lieu à appliquer au condamné la peine établie par le susdit art. 40, dès qu'il a été convaincu d'avoir tenté d'extorquer par violence une signature sur un passe-port; que, par conséquent, le tribunal criminel, en lui appliquant les dispositions dudit art. 40, a fait une fausse application de peine » (Crim. cass. 19 mess. an 7, MM. Busschop, pr., Delacoste, rap., aff. Marchand.—Conf. Carnot, sur l'art. 400, n° 6; Chauveau et Hélie. t. 5, n° 1926).

606. Sous l'empire du code pénal de 1791, il avait été décidé encore que l'extorsion d'une signature sur un papier blanc, par force ou par violence, ne constituait pas de délit; qu'il fallait, pour que l'extorsion eût ce caractère, que la signature eût été mise au bas d'un écrit emportant obligation ou décharge, ou que du moins l'extorsion eût été faite dans l'intention d'adapter à la signature un écrit emportant obligation ou décharge (Crim. cass. 7 mess. an 9, M. Genevois, rap., aff. Paul Baux). — On devrait décider de même, *à fortiori*, sous l'empire de l'art. 400 c. pén., qui prévoit l'extorsion d'une pièce quelconque opérant obligation, disposition ou décharge. — Ainsi il a été jugé que l'extorsion par force, violence ou contrainte d'une signature en blanc et restée à l'état de blanc seing, n'étant point punissable à raison de ce qu'un blanc seing n'opère en lui-même ni obligation, ni disposition, ni décharge, la cour d'assises ne peut refuser de maintenir dans la question posée au jury, sur le crime d'extorsion, la circonstance que les pièces extorquées étaient restées à l'état de blanc seing (Crim. cass. 19 juin 1845, aff. Allauzen, D. P. 45. 4. 122).

607. Sous le code du 3 brum. an 4, qui exigeait que le jury fût interrogé spécialement sur le fait principal, sur la moralité de ce fait et sur les circonstances qui pouvaient donner plus ou moins de gravité au délit, il avait été décidé : 1° que la peine pour extorsion par violence d'un acte ou d'une signature n'était applicable qu'à l'extorsion équipollente au vol par violence; qu'ainsi, l'arrêt de condamnation était nul s'il était intervenu sans déclaration légale du jury sur la moralité et la violence (Crim. cass. 21 mai 1807, MM. Barris, pr., Vermeil, rap., aff. Dewildo et Gay); — 2° Que lorsqu'il résultait de l'acte d'accusation que l'accusé avait extorqué par violence une signature sur un papier blanc, dans l'intention d'y adapter un écrit emportant obligation ou décharge, il ne suffisait pas de demander au jury si l'accusé avait agi méchamment et dans l'intention du crime : il fallait lui demander si l'accusé avait agi dans l'in-

tention d'adapter à la signature un écrit emportant obligation ou décharge (Crim. cass. 7 mess. an 9, M. Genevois, rap., aff. Paul Baux).

608. L'art. 400 exige, pour l'application de la peine, que l'écrit extorqué *contienne* ou *opère* obligation, disposition ou décharge. Il semble résulter de là que si cet écrit est affecté de quelque irrégularité qui le rende inefficace, l'auteur de l'extorsion doit échapper à toute pénalité. — Le contraire paraît cependant avoir été décidé par un arrêt suivant lequel celui qui a commis le crime d'extorsion ou de tentative d'extorsion d'un titre contenant obligation est passible des peines prononcées par l'art. 400 c. pén., alors même que ce titre serait resté imparfait et irrégulier : « Considérant, porte cet arrêt, que les formes irrégulières que peuvent avoir les billets qui étaient l'objet de l'extorsion ne changeaient rien au caractère du crime, puisque, l'intention des accusés ayant été d'en tirer un bénéfice illégitime, les nullités de forme desdits billets ne pouvaient couvrir leur culpabilité; que d'ailleurs lesdits billets étaient, malgré l'état imparfait de leur rédaction, susceptibles d'obligation » (Crim. rej. 6 fév. 1816, aff. veuve Morin, v° Tentative, n° 101-1°). — Comme on le voit par les dernières expressions de ce considérant, la cour de cassation semble douter de l'exactitude de la proposition qu'elle vient d'émettre, puisqu'elle se hâte d'ajouter que, malgré leur imperfection, les billets étaient *susceptibles d'obligation.* Et en effet, la loi ne se contente pas de l'intention, elle exige le fait; elle veut que l'écrit contienne ou *opère* obligation, disposition ou décharge. Cependant nous pensons, avec MM. Chauveau et Hélie (t. 5, n° 1931), que si la nullité est indépendante de la volonté de l'agent, si elle est une circonstance qu'il n'a pas prévue et qui lui soit étrangère, l'acte même irrégulier et privé de sa force pourrait être considéré comme une tentative du crime d'extorsion qui n'aurait manqué son effet que par une circonstance indépendante de la volonté de son auteur (V. aussi Carnot, sur l'art. 400, n° 2). — C'est ainsi qu'il a été décidé que la déclaration du jury portant que l'accusé a tenté d'extorquer par force, violence ou contrainte, la signature d'un billet qui devait contenir obligation, tentative manifestée par un commencement d'exécution, qui n'a manqué son effet que par des circonstances indépendantes de la volonté de son auteur, contient tous les éléments légaux de la tentative du crime prévu par l'art. 400 c. pén.; ...peu importe qu'elle ne constate pas que le fait de l'obligation fût consommé au moment même de l'extorsion, dès que l'incrimination ne porte point sur un fait accompli, mais sur une simple tentative (Crim. rej. 27 mars 1856, aff. Bouthier, D. P. 56. 1. 229; 16 avr. 1857, aff. Berrier, D. P. 57. 1. 267).

609. De ce que la loi considère comme un vol le crime prévu par la disposition de l'art. 400, il résulte que la violence exercée par l'un des époux sur l'autre, par des ascendants sur leurs descendants, ou réciproquement, à l'effet d'obtenir la signature ou la remise d'un titre emportant obligation ou décharge, ne constituerait pas le crime qui fait l'objet de cet art. 400 (arg. de l'art. 380). C'est ce qu'enseignent aussi Carnot, sur l'art. 400, n° 3; MM. Chauveau et Hélie, t. 5, n° 1927. — Il a été décidé en ce sens que la violence exercée par l'un des époux sur l'autre à l'effet d'extorquer la signature d'un billet ou obligation, ne le rend pas passible de la peine portée en l'art. 400 c. pén.: — « Attendu que l'art. 400 c. pén., qui prévoit le crime d'extorsion de signatures, est classé dans la section de ce code relative aux vols; que l'art. 401, qui le suit immédiatement, par les termes dans lesquels il est conçu, indique encore que le législateur a voulu attribuer cette qualification à tous les délits contre la propriété d'autrui énumérés aux articles précédents; attendu, d'un autre côté, que la disposition de l'art 380, fondée sur des motifs d'honnêteté publique, est générale et absolue, et s'applique à tous les faits qui ont légalement le caractère de vols; d'où il suit qu'en déclarant qu'il n'y avait aucune peine à prononcer contre la femme Servinet, reconnue coupable d'avoir, avec Marchetti, extorqué par force, violence et contrainte, la signature de deux écrits contenant obligation par son mari, au profit dudit Marchetti, la cour d'assises de la Marne a fait une juste application des lois de la matière » (Crim. rej. 8 fév. 1840, MM. de Bastard, pr., Vincens-Saint-Laurent, rap., aff. Servi-

net). — M. Rauter (t. 2, n° 524), toutefois, se prononce en sens contraire. Selon cet auteur, les extorsions de titres ou de signatures ne sont pas des vols proprement dits; ce sont plutôt des délits contre la personne que des délits contre la propriété.

610. On serait tenté de croire au premier abord que ces mots *force, violence, contrainte* ne désignent au fond qu'une même chose sous des expressions différentes. Mais non : ce sont trois modes distincts d'extorsion qui ont chacun leur caractère particulier et peuvent concourir diversement à la formation du crime. Ainsi il suffit que l'emploi de l'un de ces moyens soit constaté pour motiver une condamnation (Conf. MM. Chauveau et Hélie, t. 5, n° 1932). — Il a été décidé en ce sens que, l'extorsion de signatures ou de remises d'actes ou titres pouvant se faire de trois manières distinctes, savoir : par force, par violence ou par contrainte, les jurés peuvent, sans tomber en contradiction avec eux-mêmes, répondre négativement sur deux de ces circonstances et affirmativement sur la troisième : — « Attendu que l'art. 400 c. pén. a précisé trois modes distincts, au moyen desquels peut se commettre l'extorsion de signatures ou de remise d'actes ou titres mentionnés audit article, et que ces trois modes sont la force, la violence ou la contrainte; que les jurés ont pu et dû, d'après leur conviction, répondre négativement sur deux de ces questions et affirmativement sur la troisième, et qu'il ne ressort de ces déclarations aucune contradiction entre elles » (Crim. rej. 15 janv. 1825, MM. Portalis, pr., Brière rap., aff. Candos).

611. Il a été jugé, de même, qu'il n'est pas nécessaire, pour l'application de l'art. 400 c. pén., de la réunion des différentes circonstances mentionnées : *force, violence* ou *contrainte,* ces expressions n'étant pas synonymes; spécialement, que, dans une accusation d'extorsion de titres, il suffit que le jury ait déclaré que cette extorsion avait eu lieu par force, en retenant le signataire en charte privée, pour qu'il y ait lieu à l'application de l'art. 400, alors même que le jury aurait écarté la circonstance de voies de fait ou violences physiques sur la victime :— « Attendu que les mots *force, violence* ou *contrainte,* employés dans l'art. 400 c. pén. ne sont pas synonymes et présentent des idées différentes; que le jury, convaincu que Lamastre avait été retenu en charte privée pendant plusieurs heures de la nuit et n'avait été rendu à la liberté qu'après avoir souscrit et remis à l'un des individus qui l'avaient arrêté, une lettre de change de 600 fr., a dû dire, comme il l'a fait au commencement de sa déclaration, que Lamastre avait été forcé à souscrire et à remettre cette lettre de change, mais que s'il ne lui a pas paru constant que des actes matériels et physiques, tels que blessures, coups, eussent été exercés, d'une manière directe et immédiate, sur la personne même dudit Lamastre, il a dû écarter les circonstances de la violence, que la seconde partie de la réponse n'est donc pas, quoique négative sur la violence, en contradiction avec la première qui est affirmative sur la force; que l'art. 400 c. pén. ne fait pas dépendre le caractère de crime qu'il donne à l'extorsion dont il parle de la réunion de la force morale et de la violence physique; qu'il suffit de l'une ou de l'autre, et que la signature de l'écrit, la remise du titre, n'aient pas été le résultat d'un mouvement spontané de la volonté de celui qui a remis le titre et signé l'écrit » (Crim. rej. 25 fév. 1819, MM. Barris, pr., Aumont, rap., aff. Roger).

612. Mais que devrait-on décider si le jury, tout en répondant affirmativement sur la question d'extorsion, déclarait qu'il n'y a ni force, ni violence, ni contrainte? La cour d'assises pourrait-elle appliquer une peine? Et quelle serait cette peine? Selon MM. Chauveau et Hélie (t. 5, n° 1932), l'extorsion étant un vol accompagné de force, de contrainte ou de violence, il s'ensuit que ce même fait, dénué de ces circonstances, constitue encore un vol simple, passible des peines de l'art. 401. — Il a été jugé en ce sens : 1° que l'extorsion d'un acte de décharge, sans contrainte, rentre dans la classe des vols dont parle l'art. 401 c. pén.; que dès lors si un accusé est déclaré coupable, à la majorité de sept contre cinq, d'extorsion d'un acte libératoire, sans force, sans violence, sans contrainte, la cour d'assises peut délibérer sur la question soumise au jury, et, se réunissant à la majorité, condamner l'accusé aux peines de l'art. 401 c. pén.

(Crim. rej. 30 avr. 1850) (1); — 2° Que l'extorsion d'une obligation et de plusieurs lettres de change, sans contrainte, constitue un délit qui rentre sous l'application de l'art. 401 c. pén., et qu'ainsi est nul un arrêt par lequel une cour d'assises n'inflige aucune peine à des individus reconnus coupables d'un tel fait : — « Vu les art. 400 et 401 c. pén.; — Attendu que le législateur a rangé l'extorsion, prévue et punie par le premier de ces articles, dans la classe des vols; qu'il suit de là que, si l'extorsion se trouve dépouillée des trois circonstances de force, violence ou contrainte qui en font un crime et entraînent l'application de la peine des travaux forcés à temps, elle rentre dans la classe des vols simples, larcins, filouteries, prévus et punis par l'art. 401 du même code; — Attendu, dès lors, que la cour d'assises des Bouches-du-Rhône, en prononçant l'absolution d'A. Ripert et d'É. de Retz, déclarés coupables, l'un comme auteur, l'autre comme complice de l'extorsion de la signature et de la remise d'une obligation et de cinq lettres de change, mais sans contrainte, a violé ledit art. 401 c. pén., et commis un excès de pouvoir » (Crim. cass. 7 oct. 1851, MM. de Bastard, pr. aff. Ripert).

613. Mais nous ne pouvons partager ce sentiment. Il nous paraît inexact d'envisager la force, la violence, la contrainte, comme les circonstances aggravantes qui peuvent accompagner l'extorsion, mais en l'absence desquelles l'extorsion peut encore subsister. Ce mot *extorquer* implique par lui-même une idée de contrainte, de violence au moins morale, et nous ne saurions voir une véritable extorsion dans le fait de celui qui, sans recourir à l'emploi de la force, de la violence ou de la contrainte, obtient à force de sollicitations et d'importunités la signature d'un écrit. Dans ce cas, il est vrai, la remise ou la signature n'est pas spontanée, mais on ne peut pas dire qu'elle ne soit pas volontaire, et il nous paraît impossible de l'assimiler au vol simple. — C'est ainsi, du reste, que l'extorsion paraît être envisagée aujourd'hui par la cour de cassation elle-même, qui, abandonnant sur ce point sa première jurisprudence, a décidé : 1° que le crime d'extorsion de signature ou de remise d'un écrit par force, violence ou contrainte, constitue un crime spécial, et non point un vol avec la circonstance aggravante de violence (Crim. rej. 15 mai 1847, aff. Renoncet, D. P. 47. 4. 455); — 2° Que l'extorsion de signature, isolée des circonstances de force, violence ou contrainte qui sont un élément essentiel de ce crime, n'est pas punissable : on dirait vainement qu'elle tombe alors, comme soustraction frauduleuse de la chose d'autrui, sous l'application de l'art. 379 c. pén.; qu'en conséquence, lorsque le président de la cour d'assises, envisageant à tort ces circonstances comme aggravantes du fait principal d'extorsion, a posé, sur l'extorsion et sur la violence, deux questions distinctes, la solution négative de celle relative à la violence emporte acquittement de l'accusé, nonobstant la réponse affirmative faite à celle relative à l'extorsion, et que la cour d'assises appliquerait à tort, en cas pareil, l'art. 379 c. pén. (Crim. cass. 19 août 1852, aff. Picault, D. P. 52. 5. 265).

614. Ces expressions dont se sert la loi : *force, violence,*

contrainte, ne désignent pas seulement les faits matériels au moyen desquels une personne peut être physiquement contrainte de faire ce qu'elle ne veut pas; ils embrassent dans leur acception ces faits d'une autre nature qui, sans atteindre actuellement la personne, peuvent exercer sur elle une contrainte morale en lui inspirant la crainte d'exposer sa personne ou sa fortune à un mal considérable et présent. Mais tous les faits d'intimidation ne devraient pas être pris en considération. C'est ici le cas d'appliquer l'art. 1112, suivant lequel il n'y a violence qu'autant qu'elle est de nature à faire impression sur une personne raisonnable, eu égard à l'âge, au sexe et à la condition des personnes (Conf. Carnot, sur l'art. 400, n° 5 ; MM. Chauveau et Hélie, t. 5, n° 1932). — Il a été jugé que l'extorsion de signature par force, violence ou contrainte, punie par l'art. 400 c. pén., s'entend même de la contrainte simplement morale, alors qu'exercée pendant un certain temps et sur un esprit faible et crédule, elle a déterminé le consentement du signataire (Grenoble, 7 juin 1850, aff. Peyrouse, D. P. 51. 2. 47).

615. Pour qu'il y ait crime d'extorsion de titre, il suffit de la présence des trois conditions : intention de nuire, emploi de l'une des voies de fait réprouvées par la loi, possibilité de préjudice résultant de la nature de la pièce extorquée. Spécialement, l'accusé d'extorsion de titres déclaré par le jury coupable de ce fait avec violence à l'égard de l'officier ministériel nanti du titre nécessaire pour opérer sur lui une saisie-exécution, et avec cette circonstance que l'enlèvement de ce titre retardait la saisie et pouvait en compromettre le bénéfice, est passible de la peine fixée par l'art. 400 c. pén. : peu importerait que le créancier conservât, nonobstant l'extorsion de ce titre, le moyen de parvenir ultérieurement au recouvrement de sa créance : — « Attendu que l'art. 400 c. pén. comprend dans la généralité de ses termes l'extorsion par voie de force, violence ou contrainte, de tout titre emportant obligation; qu'il importe peu que le créancier dépouillé, dans l'espèce, par la violence faite à l'officier ministériel qui était nanti de l'expédition du jugement en vertu de laquelle allait être effectuée la saisie des valeurs mobilières de son débiteur, conservât, nonobstant l'extorsion de cette pièce, le moyen de parvenir ultérieurement au recouvrement de sa créance; qu'il y a crime consommé d'extorsion quand ces trois conditions se rencontrent : intention de nuire, emploi de l'une des voies de fait réprouvées par la loi, possibilité de préjudice résultant de la nature de la pièce extorquée; qu'ici le fait déclaré constant par le jury présente ce triple caractère, puisqu'à la constatation de l'acte matériel de violence et de culpabilité inhérente à cet acte, se joint la circonstance que l'enlèvement du titre nécessaire pour opérer la saisie en retardait et pouvait en compromettre le bénéfice » (Crim. rej. 24 fév. 1842, M. Rocher, rap., aff. Macau).

616. Dans une accusation d'extorsion de signature, on peut poser au jury une question de coups et blessures ayant eu pour but de faciliter le crime (Crim. cass. 19 juin 1845, aff. Allauzen, D. P. 45. 4. 122).

617. Nous arrivons maintenant à une incrimination qui n'avait trouvé place ni dans le code pénal ni dans les lois anté-

---

(1) *Espèce.* — (Bardet C. min. pub.) — Bardet, propriétaire, ayant, par de pressantes et vives sollicitations, obtenu de Maurin un acte libératoire de quelques effets de commerce qu'il avait souscrits par complaisance, au profit de ce dernier, fut traduit devant la cour d'assises, sous la prévention du crime spécifié en l'art. 400 c. pén. — Voici la question qui fut soumise au jury : « Bardet est-il coupable d'avoir extorqué par force, violence ou contrainte, de Maurin, un écrit emportant décharge ? » — La réponse est ainsi conçue. « Oui : mais sans force, violence ni contrainte, à la majorité de sept contre cinq. » — Le défenseur de l'accusé requit l'absolution, attendu qu'il n'y a ni crime ni délit dans le fait déclaré constant. — Cependant la cour ordonna qu'elle délibérerait conformément à l'art. 551 c. inst. crim., et, après avoir déclaré se réunir à l'unanimité à la majorité du jury, elle condamna Bardet à trois ans d'emprisonnement, 50 fr. d'amende : — Attendu que l'extorsion d'un écrit dépouillée de la force, de la violence, de la contrainte, qui en sont les circonstances aggravantes, rentrait dans la classe des vols non spécifiés dont il est parlé dans l'art. 401 c. pén. »

Pourvoi de Bardet; il a soutenu qu'il aurait dû être absous, attendu qu'il n'y avait ni crime ni délit dans le fait dont il avait été déclaré coupable ; que, par suite, la cour avait eu tort d'entrer en délibération. — Arrêt.

La cour ; — Attendu, au fond, que le législateur a rangé l'extorsion prévue et punie par l'art. 400 c. pén., dans la classe des vols; qu'il suit, nécessairement de là que, si l'extorsion se trouve dépouillée des trois circonstances de force, violence et contrainte qui en font un crime, et la rendent passible de la peine des travaux forcés à temps, elle rentre dans la classe des vols simples, prévus et punis par l'art. 401 du même code; — Que, dès lors, en condamnant P. Bardet, déclaré coupable d'avoir, le 18 déc. 1829, extorqué du sieur Maurin l'approbation et la signature d'un ou de deux écrits opérant obligation, libération ou décharge, mais sans force, violence et contrainte, à trois ans d'emprisonnement et 16 fr. d'amende, la cour d'assises du Gard a fait une juste application de l'art. 400 et 401 c. pén., et n'a violé aucune loi; — Attendu que Bardet n'étant déclaré coupable du délit d'extorsion qu'à la simple majorité, c'est avec raison que la cour d'assises du Gard, par un premier arrêt et en suite de l'art. 551 c. inst. crim., a ordonné qu'elle se retirerait dans la chambre du conseil pour y délibérer sur la deuxième question posée au jury à la simple majorité de sept contre cinq, et que, par un deuxième arrêt, elle a déclaré à l'unanimité se réunir à la majorité du jury ; — Par ces motifs, rejette.

Du 30 avr. 1850.-C. C., ch. crim.-MM. Ollivier, pr.-Meyronnet, rap.

rieures, et que la loi du 13 mai 1863 a introduite dans notre législation pénale : nous voulons parler du délit qu'on désigne vulgairement sous le nom de *chantage*. La disposition qui le réprime ne figurait pas dans le projet de loi ; elle est due à l'initiative de la commission, qui en a fait l'objet d'un second paragraphe de l'art. 400. Voici en quels termes le rapporteur de cette commission justifiait, devant le corps législatif, cette incrimination nouvelle :

« A propos des extorsions par violence ou contrainte qui sont réglées par l'art. 400, nous avons cru devoir nous occuper d'un genre d'extorsion qui ne se commet pas par une violence physique, mais qui s'accomplit au moins à l'aide d'une contrainte morale. — Le hasard, l'occasion, une confiance imprudente nous initient quelquefois à des secrets qui intéressent le repos des citoyens, l'honneur des familles, la paix du foyer domestique, et dont la révélation peut amener une poursuite criminelle ou occasionner un scandale ; il se rencontre des hommes assez vils pour profiter de la connaissance qu'ils ont de ces secrets et pour menacer de les répandre si l'on ne consent pas à acheter leur silence. D'autres, plus éhontés, ne savent rien qui puisse compromettre la personne qu'ils ont choisie pour victime, mais par des combinaisons astucieuses ils l'entraînent dans une situation suspecte et difficile à expliquer, ils font naître des circonstances d'où puisse résulter le soupçon d'une action honteuse, et menaçant d'exploiter de simples apparences, ils arrachent à la faiblesse et à la peur la rançon d'une calomnie dont ils promettent de s'abstenir. C'est ce qu'on nomme vulgairement le *chantage*. Dans le premier cas, c'est le chantage à l'aide de la menace de la révélation d'un fait vrai ; dans le second cas, c'est le chantage à l'aide de la menace de l'imputation d'un fait faux. Il paraît difficile de ne pas voir un délit dans un abus aussi révoltant. Mais quelle est sa nature ? N'est-il pas déjà puni par la loi ? S'il ne l'est pas, doit-il l'être ? Comment peut-il être défini ? Voilà les questions diverses que nous avons successivement examinées. — Et d'abord quelle est sa nature, et à quel genre de faits criminels peut-il le mieux se rattacher ? Le chantage n'est pas l'escroquerie de l'art. 405 ; celle-ci procède par la persuasion, par la ruse et par des manœuvres frauduleuses ; elle arrive à ses fins par les illusions qu'elle fait naître, par les craintes ou par les espérances chimériques qu'elle inspire. Le chantage n'est pas la menace de l'art. 305. Celle-ci a surtout pour but d'inspirer la crainte d'une violence physique ; elle peut exister sans ordre ni condition ; la condition, si elle existe, n'est pas toujours de se faire remettre une somme d'argent ; la cupidité n'est pas de son essence, si bien que le code pénal l'a rangée parmi les crimes contre les personnes et non parmi les crimes contre les propriétés. Le chantage a pour objet d'arracher une somme d'argent en influençant la volonté par la crainte d'un mal véritable et sérieux ; c'est une *extorsion* ; si le mal était craint pour la personne, ce serait une violence physique ; comme il est craint pour la réputation et pour l'honneur, c'est une violence morale. Le chantage est donc une extorsion à l'aide d'une contrainte morale. Voilà son caractère ; voilà le genre auquel il appartient ; voilà pourquoi, s'il prend une place dans le code pénal, c'est dans l'art. 400 que cette place est marquée.

» Le chantage doit-il être puni ? Nul ne le conteste quand il procède par la menace de l'imputation d'un fait faux. On hésite lorsqu'il agit par la menace de la révélation d'un fait vrai. En ce cas, dit-on, la personne menacée est coupable ; pourquoi s'est-elle exposée ? L'extorsion dont elle est l'objet n'est que la conséquence de sa faute ; quel intérêt mérite-t-elle ? A quelle protection a-t-elle droit ? L'intérêt de la société, au contraire, est que la faute soit divulguée ; d'ailleurs, la protection que donnerait la loi serait inefficace, car le jour où la victime du chantage voudrait en dénoncer l'auteur, elle se ferait à elle-même le mal de publicité qu'elle voulait éviter. — Ces raisonnements séduisent au premier abord ; mais quand on les creuse, on les trouve plus spécieux que vrais. Sans doute, la personne coupable d'un crime ou d'une faute ne mérite pas une grande sollicitude, et cependant, en cherchant bien parmi les exemples de chantage, que de victimes intéressantes on pourrait rencontrer ! Ce n'est pas toujours à l'auteur de la faute que s'adresse l'extorsion, c'est quelquefois à sa famille, et celle-ci n'a certainement aucun tort. Ce n'est pas

la personne qui est l'objet du chantage qu'il faut considérer, c'est celle qui le pratique, qui menace, qui contraint, qui extorque à l'aide du secret qu'elle possède, et qui fait dans tous les cas la plus odieuse spéculation. La diffamation ne divulgue aussi quelquefois que des faits vrais, et cependant la loi n'hésite pas à la punir, sans se préoccuper de la vérité ou de la fausseté des allégations, ni de l'intérêt plus ou moins grand que la personne diffamée peut inspirer. *Veritas convicii non excusat.* Plus il y a de vérité dans un écrit, plus cet écrit est un libelle, disait lord Mansfield. — Il est bien vrai que la société a intérêt à ce que les actions coupables ne demeurent pas inconnues, mais le chantage ne les dénonce pas ; loin de là, il stipule une récompense pour que le mystère qui les couvre ne soit pas mis à jour. Enfin, il ne faut pas croire que la protection de la loi soit toujours inefficace, car le plus souvent le chantage serait arrêté à son premier pas, si celui qui va le tenter était convaincu que la menace même qu'il va faire est un délit qui l'expose à une poursuite et à une condamnation.

« Le chantage doit donc être puni. L'est-il par les lois existantes ? On s'accorde à reconnaître que le chantage qui procède par la menace de la révélation d'un fait vrai ne tombe pas sous l'application de la loi. Pour celui qui procède par la menace de l'imputation d'un fait faux, on trouve çà et là quelques monuments de jurisprudence qui l'ont considéré comme une escroquerie et qui l'ont fait rentrer sous l'application de l'art. 405 (V. *infrà*, n°s 800 et suiv.). On dit, pour appuyer cette doctrine, que si l'imputation est calomnieuse, la menace est vaine et la crainte chimérique ; cependant le danger de perdre sa réputation si l'on est calomnié n'est pas toujours une chimère ; la calomnie ne laisse-t-elle par toujours quelque chose après elle ? Qui oserait dire que Basile a cessé d'avoir raison ? Loin de nous la pensée de critiquer les arrêts qui ont cru pouvoir juger ainsi ; mais à nos yeux ils témoignent surtout de la nécessité qui a été comprise par les juges de ne pas laisser de pareils faits impunis. Mais la jurisprudence est parfois variable, et quelque autorité qui s'attache à celle dont nous parlons, elle laisse encore en dehors d'elle la menace de la révélation d'un fait vrai. Tranchons les doutes, comblons les lacunes, venons en aide à des efforts louables et n'obligeons pas les tribunaux à une interprétation délicate pour parvenir à punir un acte éminemment coupable. Toutefois il est bien entendu que la victime d'un crime ou d'un délit qui transige sur le droit de porter plainte ou de se porter partie civile, loin de commettre une extorsion, obtient au contraire la réparation du préjudice qui lui a été causé, et qu'en agissant ainsi, elle ne fait rien qui soit illicite et de nature à tomber sous l'application de la loi. »

618. Quelque justes que fussent les raisons invoquées à l'appui de la disposition proposée, ce ne fut pas, toutefois, sans opposition qu'elle passa dans la loi. Elle fut combattue notamment par M. Jules Favre. « Je n'examine pas, disait cet orateur (séance du 10 avril, V. le Moniteur du 11), la question très-délicate de savoir si celui qui a eu dans sa vie une défaillance, une faiblesse, une faute cachée, est digne de la protection de la justice. Si cette question m'était posée, je la résoudrais par la négative. Mais je comprends très-bien qu'à côté de lui il se trouve des personnes tout à fait intéressantes et dignes de toute la protection sociale ; seulement, ce qui me frappe, c'est qu'en créant ainsi un délit, on rendra peut-être plus obstiné et plus hardi celui qui le conçoit ; car, prenez-y garde, ce délit a pour conséquence toutes les exploitations d'un scandale qu'on craindra de faire éclater soi-même par des poursuites, qui ne peut pas voir le grand jour, ne pouvant être poursuivi sans y donner lieu. Par conséquent, celui qui commet ce délit se cachera dans l'embuscade de votre propre loi, et il se fera payer d'autant plus cher que celui à qui s'adressera la menace se trouvera en face d'un procès. Quant à moi, je crois que ce délit abaisse jusqu'à un certain point nos mœurs. Jusqu'à présent ces sortes d'ignominies étaient écrasées par le dédain. Il n'y a pas un homme qui n'ait reçu des lettres anonymes, qui n'ait été l'objet des menaces les plus odieuses, et qui n'en ait fait justice en les jetant dans son panier, et je ne sache pas que la société en ait été plus troublée. » — D'autres orateurs, tels que MM. Picard et Millet (séance du 14 avril, Moniteur du 15), tout en reconnaissant que

le fait signalé par la commission devait être atteint par la loi pénale, soutenaient que la répression de ce fait devait so trouver, non dans l'art. 400, dont les dispositions lui étaient tout à fait étrangères, mais dans l'art. 405, dont les termes suffisaient, ou du moins suffiraient avec une légère modification, pour autoriser la poursuite et la répression de ce délit.

619. Mais ces objections ont été puissamment réfutées par M. le procureur général Cordoen, l'un des commissaires du gouvernement (séance du 14 avr., Moniteur du 15). « L'art. 405, a dit ce magistrat, prévoit-il toutes les hypothèses auxquelles est destiné le § 2 de l'art. 400? Ma réponse est celle-ci : c'est qu'à des délits nouveaux il faut des dispositions nouvelles et une répression nouvelle. Les délits qui ont leur source dans la violence diminuent avec les progrès de la civilisation ; mais, par une regrettable et triste compensation, les délits qui ont leur origine et leurs moyens dans la fourberie et dans la ruse augmentent avec les progrès des sociétés modernes. Le mal a aussi ses progrès. Comment est née la nécessité de la disposition nouvelle? Elle est née de ceci surtout : les détenus se connaissent tellement dans la détention commune, que, pour eux, à leur sortie de prison, le retour au bien a des difficultés doublées par le voisinage de ceux qui veulent rester dans la voie du mal. Il est souvent arrivé que ceux qui voulaient replacer leur existence modeste et ignorée dans la voie de l'honnêteté et du travail en ont été empêchés par les menaces de révélation et par les extorsions pratiquées vis-à-vis d'eux par ceux qui restaient incorrigibles. Voilà l'un des cas, je dirai le cas principal, pour lequel la loi a été faite. Et s'il était vrai que la loi s'appliquât à des exactions commises vis-à-vis de victimes moins intéressantes, est-ce que ce serait une raison pour s'arrêter dans cette voie? Et depuis quand est-il vrai que l'indignité de la victime doive arrêter l'action de la loi? Quelle est cette théorie implacable qu'on a indiquée plutôt qu'on ne l'a développée? Cela n'est pas moins contraire à l'esprit tout entier de notre législation qu'à la morale elle-même. Est-ce que nous ne trouvons pas dans notre législation la réhabilitation écrite comme pouvant être méritée par un retour sincère au bien? Est-ce que la loi ne protège pas la femme quand elle est surprise en état d'adultère par son mari? Est-ce que le crime commis sur sa personne, malgré son indignité, reste en dehors des prescriptions, des sévérités de la loi? Evidemment non ; la loi ne voit pas l'indignité de la victime, elle voit la culpabilité du fait; et la culpabilité du fait, envisagée ainsi dans ses aspects les plus larges, dans sa moralité générale, appelle la juste sévérité de la loi pénale. —Mais, dit-on, ce sera achever de déshonorer la victime que d'introduire une action contre celui qui se serait rendu coupable de pareilles exactions. Qu'est-ce à dire? Est-ce que la loi prend soin de ménager les victimes d'un crime ou d'un délit? Est-ce que la loi ne doit pas avoir un but plus élevé et des aspects plus généraux? Est-ce que celui qui a été victime d'un vol commis à son préjudice dans une maison de débauche peut arrêter l'action de la justice parce que la publicité viendra révéler l'indignité de sa conduite? — On dit que les dispositions de l'art. 405 sont suffisantes : la cour de cassation ne l'a pas pensé. Elle a décidé que, de quelques manœuvres qu'on eût usé pour amener les extorsions, elles restaient en dehors de toute condamnation, si le péril en vue duquel on avait consenti à abandonner une partie de sa fortune n'était pas un péril imaginaire. Ainsi, une femme qui a eu le malheur de commettre une faute dans sa jeunesse et qu'on menace de dénoncer à son mari, cette femme est-elle sous le coup d'un péril imaginaire? Elle est sous le coup d'un péril sérieux ; et parce qu'il est sérieux, le fait est en dehors de l'art. 405 et il demeure impuni. Quand vous aurez ajouté la tentative, est-ce que la chose sera autrement qualifiée? La qualification restera la même. Ce fait appelle une qualification nouvelle, une législation nouvelle. » — Ces considérations obtinrent l'assentiment de l'assemblée, et en conséquence la disposition fut adoptée. Elle forme le 2ᵉ paragraphe de l'art. 400, et est ainsi conçue : « Quiconque, à l'aide de la menace écrite ou verbale de révélations ou d'imputations diffamatoires, aura extorqué, ou tenté d'extorquer, soit la remise de fonds ou valeurs, soit la signature ou remise des écrits énumérés ci-dessus, sera puni d'un emprisonnement d'un an à cinq ans et d'une amende de 50 à 3000 fr. »

620. Le fait que la loi entend punir ici, c'est celui qui consiste à extorquer la chose d'autrui par les moyens indiqués ; c'est le fait de contraindre une personne par la menace de révélations ou imputations diffamatoires à donner ce qui lui appartient et ce qu'elle ne doit point. Par là en effet ce genre d'extorsion se rattache au vol et n'en est en quelque sorte qu'une variété; c'est un mode de soustraction de la chose d'autrui. Si donc l'agent n'avait employé les moyens dont il s'agit que pour obtenir soit le payement de ce qui lui est dû, soit la réparation d'un dommage qui lui a été causé, il ne serait pas coupable du délit de chantage, et par conséquent la peine prononcée par l'art. 400, § 2, ne pourrait lui être appliquée. On ne trouverait pas dans un tel fait l'intention de s'approprier la chose d'autrui, qui est un élément essentiel du délit. C'est ce qu'enseigne aussi MM. Faustin Hélie, Comment. de la loi du 13 mai 1863, p. 117, et Albert Pellerin, Comment. de la même loi, p. 218. — V. aussi la circ. minist. du 30 mai 1863, infrà, nᵒ 622.

621. La loi punit, non pas seulement l'extorsion consommée, mais aussi la tentative d'extorsion. Or qu'est-ce qui constitue cette tentative? Il semble que c'est la menace des révélations ou imputations diffamatoires, pourvu qu'elle ait pour but, comme nous venons de le dire, de s'emparer de la chose d'autrui. Ainsi, alors même que cette menace n'aurait point eu le résultat que son auteur en attendait, alors même que la personne menacée ne se serait pas laissé intimider et aurait refusé ce qui lui était demandé, comme la tentative n'aurait manqué son effet que par des circonstances indépendantes de la volonté de son auteur, ce dernier serait passible de la peine. — Conf. M. Faustin Hélie, Comment., p. 117.

622. Le délit dont il s'agit peut-il être poursuivi par le ministère public sans une plainte de la victime? La loi n'a pas fait de cette plainte une condition de la poursuite; par conséquent l'exiger ce serait ajouter arbitrairement à la loi. Sans doute il peut arriver que cette poursuite ait autant d'inconvénients pour la victime que pour le coupable; mais si c'est une raison pour ne poursuivre qu'avec réserve, il ne s'ensuit pas que la poursuite doive dépendre de la volonté de la victime. C'est ce qu'enseigne M. Faustin Hélie, p. 116. — Mais la loi, dans la définition qu'elle donne de ce délit, parle de révélations ou d'imputations diffamatoires. Or, aux termes de l'art. 5 de la loi du 26 mai 1819, la diffamation ne peut être poursuivie que sur la plainte de la partie lésée. « Comment dès lors, dit M. F. Hélie (loc. cit.), les révélations ou imputations diffamatoires seraient-elles poursuivies sans cette plainte? Est-ce qu'il y aurait lieu de distinguer la diffamation constitutive d'un délit et celle qui sert d'instrument à un autre délit? Pourra-t-on poursuivre, parce qu'elle n'est pas publique, lorsque la poursuite tendra précisément à lui donner la publicité? C'est une question que l'application de la loi soulèvera peut-être. » — Voici, au surplus, en quels termes s'exprimait sur ce sujet M. le garde des sceaux dans la circulaire qu'il a adressée aux procureurs généraux le 30 mai 1863 : — « Le ministère public doit se faire un devoir d'apporter dans une matière aussi délicate une réserve et des ménagements tout particuliers. Il faut éviter qu'une intervention irréfléchie vienne précipiter des révélations qu'il importerait de prévenir plus encore que de réprimer. L'intérêt privé peut avoir tout à perdre et la morale publique n'a presque rien à gagner à l'éclat d'un scandale prémédité. D'ailleurs, il ne faut pas exagérer la portée d'une loi dont le bienfait dépendra de la sagesse de son application. Les mots imputations diffamatoires, dont la jurisprudence fixera du reste l'interprétation, n'imposent pas au ministère public l'obligation de poursuivre sans examen dans tous les cas qui pourraient rentrer dans l'art. 13 de la loi du 17 mai 1819. D'un autre côté, le mot extorsion, impliquant la fraude et l'injustice, doit exclure des prévisions de l'art. 400, § 2, la transaction lucrative dans laquelle la victime d'un délit ou d'un quasi-délit aurait imposé et obtenu la réparation d'un préjudice. Tel serait le cas du mari qui, sans connivence avec sa femme, placerait le complice de l'adultère entre la nécessité d'un sacrifice pécuniaire et le scandale d'une poursuite. L'indélicatesse ou une avidité méprisable ne peuvent rendre criminelle la renonciation prévue par l'art. 4 c. inst. crim. au droit consacré par l'art. 1 du même code. »

ART. 5. — *Vols commis avec la réunion de plusieurs circonstances aggravantes.*

623. Nous nous sommes occupés précédemment de chacune des circonstances aggravantes en particulier ; nous avons vu en quoi elles consistent et quelle influence elles exercent sur le taux de la peine. Nous devons examiner maintenant le cas où plusieurs circonstances aggravantes se trouvent réunies autour d'un même vol. Comme cette réunion ajoute à la gravité du péril social et révèle dans l'auteur ou les auteurs du méfait une perversité plus grande, il était juste que la sévérité de la peine fût augmentée.

624. Voici quel était à cet égard le système du code pénal de 1791.—Et d'abord cette loi (part. 2, tit. 2, sect. 2), punissant de dix années de fers tout vol commis à force ouverte ou par violence envers les personnes (art. 1), augmentait cette peine de quatre années de fers pour chacune des circonstances suivantes qui pouvaient s'y trouver jointes, savoir : 1° si ce vol avait été commis dans un grand chemin, une rue ou place publique, ou dans l'intérieur d'une maison (art. 2) ; 2° s'il y avait eu effraction, escalade, usage de fausses clefs, ou si le coupable était habitant ou commensal de ladite maison, ou reçu habituellement pour y faire un travail salarié, ou admis à titre d'hospitalité (art. 3) ; 3° si le crime avait été commis la nuit ; 4° s'il avait été commis par deux ou plusieurs personnes ; 5° si le coupable ou les coupables étaient porteurs d'armes meurtrières (art. 4), sans que toutefois la peine pût excéder vingt-quatre années (art. 5). — Il avait été jugé, sous l'empire de cette loi : 1° que la peine de mort ne pouvait jamais être prononcée contre le coupable d'un vol, quelles que fussent les circonstances qui avaient accompagné le délit, et quelle que fût la nature du lieu où il avait été commis (Crim. rej. 23 fév. 1793, MM. Thouret, pr., Baillot, rap., aff. Miette) ; — 2° Que la peine de mort ne pouvait être prononcée contre le coupable d'un vol à main armée, lorsque les jurés n'avaient point déclaré que l'attaque avait été faite avec dessein de tuer (Crim. cass. 15 déc. 1792, MM. Thouret, pr., Dochier, rap., aff. Baraguer ; 13 avr. 1793, MM. Lecointe, pr., Delalonde, rap., aff. Cécilion) ; — 3° Que l'individu déclaré coupable de vol avec la double circonstance aggravante de la nuit et du port d'armes meurtrières n'encourait que la peine de dix-huit années, et non celle de vingt-deux années de fers (Crim. cass. 27 germ. an 4, M. Lasaudade, rap., aff. Méliet).

625. Le vol commis avec effraction était puni de huit années de fers (art. 7) ; mais cette peine était augmentée de deux ans par chacune des circonstances suivantes qui s'y trouvait réunie : si l'effraction était extérieure ; si le crime était commis dans une maison actuellement habitée ou servant à l'habitation ; s'il était commis la nuit ; s'il avait été commis par deux ou plusieurs personnes ; si le coupable ou les coupables étaient porteurs d'armes meurtrières (art. 7). L'effraction intérieure était assimilée à l'effraction extérieure dans le cas où le vol était commis dans la maison par une personne habitante ou commensale de ladite maison, ou qui y était reçue habituellement pour un service ou travail salarié, ou qui y était admise à titre d'hospitalité (art. 8). — Il avait été décidé que la déclaration du jury portant que le vol avait été commis, la nuit, par plusieurs, avec effraction extérieure, dans une maison, exprimait trois circonstances aggravantes : celles de l'effraction extérieure, de la nuit et de plusieurs, mais ne pouvait être considérée comme indiquant que la maison était actuellement habitée, surtout lorsque l'acte d'accusation portait que le vol avait été commis dans une maison non habitée (Crim. cass. 11 fruct. an 2, MM. Lecointe, pr., Baillot, rap., aff. Delamarre).

626. Le vol commis soit à l'aide de fausses clefs, soit avec escalade, était également passible de huit années de fers (art. 9 et 11) ; et cette peine était augmentée de deux ans pour chacune des circonstances suivantes : maison habitée ou servant à habitation ; nuit ; concours de deux ou plusieurs personnes ; port d'arme meurtrière (art. 10 et 12). La peine du vol à l'aide de fausses clefs était en outre augmentée de deux années : 1° si le coupable avait fabriqué lui-même ou travaillé les fausses clefs ; 2° si le crime avait été commis par l'ouvrier qui avait fabriqué les serrures ouvertes à l'aide de fausses clefs, ou par le serrurier actuellement ou précédemment au service de la maison (art. 10).—Sous l'empire de ces dispositions, il avait été décidé que la peine de dix ans de fers portée contre le vol commis, la nuit, avec escalade des murs extérieurs des bâtiments et édifices, n'était pas applicable au vol commis la nuit, avec escalade de murs d'un jardin clos, encore bien que ce jardin fût attenant à des bâtiments ou édifices ; qu'il n'y avait lieu, dans ce cas, qu'à la peine de six années de fers (Crim. cass. 6 avr. 1809, M. Lombard, rap., aff. Corno ; 7 pluv. an 10, M. Genevois, rap., aff. Jugeret).

627. Le vol commis dans une maison par une personne habitante ou commensale de cette maison, ou qui y était reçue habituellement pour un service ou travail salarié, ou admise à titre d'hospitalité, était également puni de huit années de fers (art. 13), et cette peine était augmentée de deux ans par chacune des circonstances suivantes : nuit ; concours de deux ou plusieurs personnes ; port d'arme meurtrière (art. 14).

628. Le vol commis dans une maison habitée par deux ou plusieurs personnes armées, ou une seule personne armée, mais sans violence, effraction, escalade ni fausses clefs, était puni de six années de fers (art. 16). Et cette peine était augmentée de deux ans pour chacune des circonstances suivantes : si le crime avait été commis par deux ou plusieurs personnes armées ; si le vol avait été commis la nuit (art. 17 et 18). — Mais la peine de six années de fers ne pouvait être prononcée contre le coupable d'un vol dans l'intérieur d'une habitation, mais sans effraction, lorsque le président n'avait pas posé au jury la question de savoir si l'accusé était porteur d'armes à feu, et si le jury n'avait fait aucune déclaration sur cette question (Crim. cass. 28 fév. 1793, MM. Thouret, pr., Emmery, rap., aff. Hamon).

629. Le vol commis par deux ou plusieurs personnes sans armes, ou par une seule personne armée était puni de quatre années de détention (art. 22). La peine était de quatre années de fers lorsque le vol, étant commis par plusieurs personnes, l'une d'entre elles au moins était armée (art. 23). Enfin deux ans devaient être ajoutés à chacune des peines qui précèdent si le vol avait été commis la nuit (art. 24).

630. Le vol commis dans un terrain clos et fermé tenant immédiatement à une maison habitée était puni de quatre années de fers, auxquelles devaient être ajoutées deux années pour chacune des circonstances suivantes : nuit, concours de deux ou plusieurs personnes, port d'armes (art. 25). — Le vol commis dans un terrain clos et fermé ne tenant pas immédiatement à une maison habitée était puni de quatre années de détention, auxquelles on ajoutait deux autres si le vol était commis la nuit (art. 26).—Il avait été jugé que si la déclaration du jury ne spécifiait pas, comme l'acte d'accusation, que le jardin dans lequel la tentative de vol avait eu lieu la nuit était attenant à une habitation, c'était la peine de six années de détention, et non celle de huit années de fers, qui aurait dû être prononcée (Crim. cass. 3 frim. an 5, MM. Brun, pr., Boucher, rap., aff. Micoud).

631. Enfin le vol de charrues, instruments aratoires, chevaux et autres bêtes de somme, bétail, ruches d'abeilles, marchandises ou effets exposés sur la foi publique, était passible de quatre années de détention, auxquelles on en ajoutait deux autres si le vol avait été commis la nuit (art. 27).

632. La loi du 26 flor. an 5 (V. p. 1107), destinée, ainsi que nous l'avons déjà dit n° 589, à réprimer les violences et les brigandages qui se commettaient alors dans diverses parties de la France, déclara que les crimes mentionnés aux art. 2 et 3 de la sect. 2 du tit. 2 de la part. 2 du c. pén. de 1791, c'est-à-dire les vols commis à force ouverte dans l'intérieur des maisons, seraient punis de mort s'ils étaient accompagnés de l'une des circonstances suivantes : 1° si les coupables s'étaient introduits dans la maison par la force des armes ; 2° s'ils avaient fait usage de leurs armes, dans l'intérieur de la maison, comme qui s'y trouvaient ; 3° si les violences exercées sur ceux qui se trouvaient dans la maison avaient laissé des traces telles que blessures, brûlures ou contusions.—Cette loi ajoutait que la peine de mort aurait lieu contre tous les coupables, quand même tous n'auraient pas été trouvés munis d'armes. — Il avait été jugé : 1° que la seule circonstance de l'usage des armes envers le pro-

priétaire de la maison où le vol avait été commis suffisait pour l'application de la loi du 26 flor. an 5 (Crim. rej. 6 vent. an 9, MM. Viellart, pr., Chasle, rap., aff. Brun) ; — 2° Que, sous cette loi, un tribunal criminel ne pouvait refuser le caractère de maison habitée à une brûlerie dans laquelle le propriétaire travaillait le jour et couchait la nuit, relativement aux violences exercées envers ce propriétaire par des individus qui s'y étaient introduits avec armes et par effraction (Crim. cass. 16 vent. an 10) (1).

633. La loi du 29 niv. an 6 (V. p. 1107), conçue dans le même esprit que la loi du 26 flor. an 5, punissait de mort les vols commis à force ouverte ou par violence sur les routes et voies publiques, ceux commis dans les maisons habitées, avec effraction extérieure ou escalade (art. 1).—Elle prononçait également la peine de mort : 1° contre ceux qui seraient convaincus d'avoir attaqué, sur les routes et voies publiques, soit les voitures publiques de terre et d'eau, soit les courriers de la poste ou leurs malles, soit les courriers porteurs des dépêches du gouvernement, ou des ministres, ou des autorités constituées ou des généraux, soit les voyageurs, lorsqu'il apparaîtrait, par les circonstances du fait, que ces attaques avaient eu lieu dans le dessein d'assassiner ou de voler, ou d'enlever les lettres, papiers ou dépêches, lors même que l'assassinat, le vol ou l'enlèvement n'auraient pas été consommés (art. 2) ; — 2° Contre ceux qui seraient convaincus de s'être introduits dans des maisons habitées, à l'aide d'effraction extérieure ou d'escalade, lorsqu'il apparaîtrait qu'ils avaient le dessein d'assassiner ou de voler, lors même que ces derniers crimes n'auraient pas été consommés (art. 3). — Enfin la peine de mort était prononcée contre ceux qui, dans un rassemblement de plus de deux personnes, se seraient introduits, même sans effraction, dans la maison d'un citoyen, et y auraient commis ou tenté d'y commettre des vols à force ouverte ou par violence envers les personnes (art. 5).
—Il a été jugé qu'après la loi du 29 niv. an 6, les vols commis la nuit dans une maison habitée, à l'aide d'effraction faite à l'un des carreaux de toile de la fenêtre du mur de clôture extérieure, devaient être punis conformément à l'art. 1 de la loi précitée, et que l'on ne pouvait pas leur appliquer les art. 7, 8, 13 et 14, sect. 2, tit. 2, part. 2, c. pén. de 1791 (Crim. cass. 24 vent. an 8, M. Rupérou, rap., aff. N...).

634. Aux termes de la loi du 25 frim. an 8 (V. p. 1107), le vol commis dans un terrain clos et fermé était passible de peines plus ou moins sévères, suivant que le terrain était ou n'était pas attenant à une maison habitée, et suivant que le vol avait eu lieu le jour ou la nuit. Si le terrain tenait immédiatement à une maison habitée, le vol qui y était commis de jour était puni de six mois à deux ans d'emprisonnement ; s'il y était commis la nuit, la connaissance en appartenait aux tribunaux criminels, et la peine était celle portée au § 1er, art. 25, sect. 2. tit. 2, part. 2, c. pén. 1791, c'est-à-dire quatre années de fers, sans préjudice des peines résultant des circonstances aggravantes énoncées aux deuxième et troisième paragraphes du même article, et dont chacune entraînait une augmentation de deux ans (art. 9). — Si le terrain ne tenait pas immédiatement à une maison habitée, le vol qui y était commis de jour était punissable de trois mois

à une année d'emprisonnement, et celui qui y était commis la nuit de six mois à deux ans (art. 10). — Et il en était de même du vol de charrues, instruments aratoires, chevaux et autres bêtes de somme, bétail, vaches, ruches d'abeilles, marchandises et effets exposés sur la foi publique, soit dans les campagnes, soit sur les chemins, ventes de bois, foires, marchés et autres lieux publics (art. 11) : ces vols étaient assimilés à ceux qui étaient commis dans les lieux clos et fermés non attenant à une maison habitée. — Il avait été jugé : 1° que l'introduction par escalade dans un terrain clos et fermé, tenant immédiatement à une maison habitée, ne pouvait pas être assimilée à celle qui avait lieu dans des bâtiments, maisons et édifices dont on escaladait les toits, murailles ou autres clôtures extérieures ; qu'en conséquence, sous l'empire de la loi du 25 sept. 1791, modifiée par la loi du 25 frim. an 8, le vol commis de jour avec cette circonstance n'était passible que d'une peine correctionnelle (Crim. cass. 22 frim. an 13, M. Aumont, rap., aff. Alvergnat);
— 2° Que, sous la loi du 25 frim. an 8, un vol commis dans un terrain clos et fermé tenant immédiatement à une maison habitée n'était susceptible que de peines correctionnelles s'il avait été commis de jour ; que la circonstance de la nuit en rendait bien la connaissance aux tribunaux criminels, mais qu'elle ne pouvait plus être calculée comme aggravant une seconde fois la peine portée au code pénal (Crim. cass. 18 frim. an 11, M. Viellard, rap., aff. Garin) ; — 3° Que le vol d'effets exposés sur la foi publique, et le vol commis la nuit, alors qu'il fût énoncé qu'il avait eu lieu dans un terrain clos et fermé, tenant immédiatement à une maison habitée, étaient justiciables de la police correctionnelle (Crim. cass. 8 niv. an 10, M. Barris, rap., aff. Delooz) ; — 4° Que les vols simples commis de jour dans l'intérieur des maisons ou des auberges, et lieux semblables, étaient de la compétence des tribunaux correctionnels ; mais que ceux qui étaient commis dans ces lieux avec une circonstance aggravante, et notamment celle de la nuit, étaient jugés par les cours de justice criminelle (Crim. cass. 5 nov. 1807, MM. Barris, pr., Vasse, rap., aff. Badarrio) ; — 5° Que le vol commis la nuit, dans un jardin qui ne tenait pas immédiatement à une maison habitée, ne pouvait pas être puni des peines portées par l'art. 26, sect. 2°, tit. 2, 2° part., L. 25 sept.-6 oct. 1791 : c'était l'art. 10, L. 25 frim. an 8, qui devait être appliqué (Crim. cass. 18 flor. an 10, M. Liger Verdigny, rap., aff. Camus).

635. Le code pénal de 1810 distingue selon que le vol est accompagné, soit de cinq, soit de trois ou de deux circonstances aggravantes. Nous allons examiner successivement ces diverses hypothèses. Mais avant de nous engager dans ces détails, nous devons faire une observation préalable. En matière de pénalité, il n'est pas permis de suppléer au silence de la loi. C'est là un principe incontestable, et qui domine toute notre législation criminelle. Ainsi il ne suffit pas qu'une circonstance aggravante se trouve réunie avec d'autres pour que la peine doive par cela seul en être aggravée ; il faut que la loi elle-même ait prononcé cette aggravation. Il est telle circonstance qui, bien qu'étant en elle-même un principe d'aggravation, sera dans certains cas sans influence sur l'application de la peine, parce que, dans ces cas, la loi n'a pas attaché à sa présence un effet aggravant.

---

(1) (Intérêt de la loi.)—Aff. Ruffet.) — LE TRIBUNAL ; — Vu la loi du 26 flor. an 5, et la 1re disp., art. 456 c. dél. et pein. ; — Considérant que dans l'espèce, Jean Ruffet avait commis un vol accompagné de toutes les circonstances qui le rendaient passible de la peine portée par ladite loi du 26 flor. an 5, puisqu'il résulte de la déclaration du jury de jugement que Ruffet avait commis ce vol dans l'intérieur de la brûlerie du nommé Fargues, où ledit Fargues était couché au moment du vol ; que ce vol fut commis par violence envers la personne de Fargues ; qu'il fut commis la nuit par plusieurs ; que les voleurs étaient porteurs d'armes meurtrières ; qu'ils s'étaient introduits dans la brûlerie à l'aide d'effractions aux clôtures extérieures ; qu'après avoir menacé Fargues de le jeter dans la chaudière, ils l'avaient renversé à terre et lui avaient donné des coups de pieds et des coups de sabres ; que, dans cette position, Fargues avait reçu des blessures au visage, à l'estomac et dans la région du ventre ; que ces violences et blessures lui furent faites dans l'intérieur de la brûlerie, où les voleurs l'avaient trouvé couché ; que néanmoins le tribunal de Lot-et-Garonne, malgré la réunion de toutes ces circonstances a jugé que le coupable ne devait subir que la peine des fers, conformément aux art. 2, 4 et 5, sect. 2, tit. 2, 2° part., c

pén., sur le motif que le bâtiment nommé *la brûlerie*, dans lequel les voleurs exercèrent leurs violences contre Fargues, n'était ni une attenance ni une dépendance de la maison de ce particulier ; que par conséquent, la loi du 26 flor. an 5, dont les dispositions sont limitées au cas prévu par les art. 2 et 5, sect. 2, tit. 2, 2° part., c. pén., ne pouvait recevoir d'application à l'espèce ; comme si le bâtiment de la brûlerie n'était pas, à l'époque du vol, la vraie maison d'habitation de Fargues, puisqu'il y travaillait pendant le jour et y couchait pendant la nuit ; comme si, dans l'esprit et d'après le texte même de la loi, il ne suffisait pas, pour que le délit eût atteint le dernier caractère de gravité, qu'un citoyen eût été attaqué, qu'on eût attenté à ses jours, jusque dans ses foyers domestiques, quelle que fût d'ailleurs la dénomination ou la destination particulière de l'édifice qu'il avait choisi pour son asile ; — Considérant que de cette fausse interprétation du texte de la loi il en est résulté une application non moins fausse des art. 2, 4 et 5, sect. 2, tit. 2, 2° part., c. pén., et dont l'effet a été d'anéantir, à l'égard de Jean Ruffet, la juste proportion que le législateur a voulu établir entre la peine et le délit ; — Casse.

Du 16 vent. an 10.—C. C., sect. crim.—M. Genevois, rap.

Par exemple, le vol commis la nuit, par deux personnes, à l'aide de violence (c. pén. 382), n'est pas aggravé, au point de vue de la peine, par cette circonstance que l'un des auteurs serait en même temps le domestique de la victime. De même, le vol commis avec quatre seulement des circonstances de l'art. 381 c. pén. n'est pas passible des peines portées par cet article (V. n° 639), et, spécialement, le vol commis la nuit, par plusieurs personnes, avec port d'armes, n'est pas aggravé par cette circonstance qu'il a été perpétré avec escalade dans une maison habitée. Dans l'une et l'autre hypothèse, il n'est toujours passible, aux termes de l'art. 384 ou de l'art. 385 c. pén., que des travaux forcés à temps. En un mot, hors les cas formellement prévus par la loi, il n'est pas permis de grouper les circonstances aggravantes pour appliquer à leur concours une peine plus forte. — C'est ce qu'enseignent aussi MM. Chauveau et Hélie, t. 5, n° 1938.

635. L'art. 381 porte : « Seront punis de la peine des travaux forcés à perpétuité les individus coupables de vols commis avec la réunion des cinq circonstances suivantes : 1° si le vol a été commis la nuit ; 2° s'il a été commis par deux ou plusieurs personnes ; 3° si les coupables ou l'un d'eux étaient porteurs d'armes apparentes ou cachées ; 4° s'ils ont commis le crime, soit à l'aide d'effraction extérieure, ou d'escalade, ou de fausses clefs, dans une maison, appartement, chambre ou logement habités ou servant à l'habitation, ou leurs dépendances, soit en prenant le titre d'un fonctionnaire public ou d'un officier civil ou militaire, ou après s'être revêtus de l'uniforme ou du costume du fonctionnaire ou de l'officier, ou en alléguant un faux ordre de l'autorité civile ou militaire ; 5° s'ils ont commis le crime avec violence ou menace de faire usage de leurs armes. » — Le code pénal de 1810 prononçait pour ce cas la peine de mort ; la loi du 28 avril 1832 a substitué à cette peine celle des travaux forcés à perpétuité. L'exposé des motifs de cette loi justifiait cette modification dans les termes suivants : « La loi qui punit de mort le vol accompagné de la réunion de plusieurs circonstances aggravantes de meurtre fait courir un danger de plus à celui dont la propriété seule est attaquée ; le coupable, n'ayant pas une plus grande peine à redouter, pourra donner la mort pour se débarrasser d'un témoin. » — Mais, selon MM. Chauveau et Hélie (t. 5, n° 1937), cette raison n'est pas la plus puissante « Si la peine de mort peut être maintenue, disent ces auteurs, c'est en l'appliquant dans les cas seulement où la vie des personnes est l'objet de l'attentat. Mais lorsque le crime n'est dirigé que contre les propriétés, la peine de mort est hors de proportion avec sa gravité, à moins que l'assassinat n'ait été employé comme moyen d'exécution. »

637. Chaque circonstance aggravante doit, lorsqu'elle est réunie à d'autres, conserver le même caractère et remplir les mêmes conditions que lorsqu'elle est seule. S'il lui manquait quelque chose pour constituer en elle-même la circonstance définie par la loi, elle ne pourrait être comptée comme l'un des éléments de l'aggravation prononcée soit par l'art. 381, soit par les art. 382 et suiv. c. pén. Ainsi, toutes les fois qu'un vol est présenté comme ayant été commis avec les cinq circonstances énoncées en l'art. 381, on doit examiner si chacune d'elles en particulier a bien le caractère exigé par la loi pour motiver une aggravation de peine (Conf. MM. Chauveau et Hélie, t. 5, n° 1939).—Mais il n'est pas nécessaire que chacune de ces circonstances fasse l'objet d'une question spéciale. Ainsi il a été jugé qu'il n'y a pas vice de complexité lorsque, dans une accusation de vol dirigée contre plu-ire plusieurs individus, les circonstances aggravantes de *nuit*,

maison habitée, conjointement, effraction intérieure et extérieure, et escalade, se rattachant à des faits matériels, ont été soumises au jury par une seule et unique question, commune à tous les accusés (Crim. rej. 7 déc. 1854) (1).

638. Le fait que le vol a eu lieu dans une maison habitée, ne suffit pas pour constituer l'une des cinq circonstances aggravantes dont la réunion entraîne la peine des travaux forcés à perpétuité ; il faut, en outre, que l'introduction dans la maison ait eu lieu à l'aide des moyens énumérés dans l'art. 381 c. pén. : — « Attendu qu'aux termes de l'art. 381, le fait que le vol aurait eu lieu dans une maison habitée, ne suffit pas pour constituer l'une des cinq circonstances aggravantes, dont la réunion entraîne la peine des travaux forcés à perpétuité ; que cet article exige, en outre, l'introduction par l'une de ces voies, ou l'effraction extérieure, l'escalade, l'usage de fausses clefs ou l'usurpation d'une qualité ou d'un costume appartenant à un officier public, ou enfin l'allégation mensongère d'un ordre de l'autorité civile et militaire ; — Attendu que, dans l'espèce, la circonstance de la maison habitée, mentionnée dans les sixième et huitième questions dont la solution affirmative a déterminé l'application de la peine, n'est accompagnée d'aucun de ces moyens d'introduction qui caractérisent au plus haut degré la violation du domicile ; que, dès lors, la cour d'assises, en appliquant aux faits ainsi déclarés constants la peine portée par l'art. 381 précité, a fait une fausse application de cet article, et violé, soit l'art. 382, § 1, soit l'art. 385 du même code » (Crim. cass. 4 fév. 1836, MM. Choppin, f. f. pr., Rocher, rapp., aff. Allard).

639. La circonstance qu'un vol a eu lieu dans une maison habitée ou dans ses dépendances, est nécessaire pour que les peines portées par l'art. 381 c. pén. soient applicables : — « Attendu que la circonstance aggravante, prévue par le quatrième paragraphe de l'art. 381 c. pén., consiste dans l'escalade, l'effraction ou l'usage de fausses clefs, exécutés dans une maison habitée ou servant à l'habitation, ou ses dépendances ; — Attendu que la première question soumise au jury et la réponse qui y a été faite, n'établissent pas que l'effraction et l'escalade mises à la charge de Martin et de Tramesson aient eu lieu dans une maison habitée ou servant à l'habitation, ou ses dépendances ; qu'ainsi, dans la cause, cette circonstance n'étant pas établie, le crime ne se trouve accompagné que de quatre des circonstances prévues par l'art. 381, et rentre conséquemment dans les prévisions de l'art. 384 ; que, dès lors, la réponse ne pouvait servir de base à la condamnation prononcée contre Martin et Tramesson, sans faire une fausse application de l'art. 381 et violer, en ne l'appliquant pas, l'art. 384 » (Crim. cass. 11 janv. 1834, MM. de Bastard, pr., Fréteau, rap., aff. Tramesson).

640. Il est à remarquer que l'art. 381 ne considère que l'effraction *extérieure* comme circonstance aggravante ; de là il suit que l'effraction *intérieure*, bien qu'elle puisse dans le cas particulier de l'art. 384 motiver une aggravation de peine, est, conformément au principe posé n° 635, sans influence pour l'application de l'art. 381. — En conséquence, il a été jugé par une cour de Belgique, sous l'empire du code pénal de 1810, que lorsque la déclaration du jury, en cas d'accusation de vol avec les cinq circonstances exprimées en l'art. 381, ne mentionne que si l'effraction qui a accompagné le crime est extérieure, on doit réputer que celle-ci est intérieure, et dès lors, il ne peut y avoir lieu à une condamnation capitale : — « Attendu que la position des questions et la réponse y donnée, en ne comprenant pas la circonstance de l'effraction extérieure, ne rendaient pas applicable

---

(1) (Bourgeois, etc. C. min. pub.) — La cour ; — Sur le moyen relevé d'office, relativement à une vice de complexité qui se rencontrerait dans les questions soumises aux jurés, concernant les circonstances ag-gravantes ; — Attendu que les accusés Joseph Bourgeois, François Bauviller et Louis Payer ont été déclarés coupables par trois questions distinctes et séparées d'un fait principal de vol, commis au préjudice de la veuve Boulanger ; — Attendu qu'à la suite de cette déclaration, une seule question sur les circonstances aggravantes de ce vol fut posée en ces termes : « Ce vol a-t-il été commis : — 1° La nuit ; — 2° Par plusieurs personnes ; — 3° Dans une maison habitée ; — 4° A l'aide d'effraction extérieure ; — 5° A l'aide d'escalade ; — 6° A l'aide d'effraction intérieure ; » — Attendu que chacune de ces questions, relatives aux circonstances aggravantes qui précèdent, et résolues affirmativement par

le jury, n'ont pas été reproduites pour chacun des trois accusés, d'où l'on induirait un vice de complexité ; — Attendu que, si, à raison de la culpabilité, et quant au fait principal, le jury doit être appelé à prononcer séparément et distinctement sur chaque accusé ; — Attendu que, si, pour quelques circonstances aggravantes tenant à l'intention et à des appréciations morales, telles que la préméditation, la même règle doit être observée ; il n'en peut être ainsi relativement à des circonstances qui, comme dans l'espèce, se rattachent à des faits matériels ; que la déclaration du jury a donc pu régulièrement s'exprimer sur chacune de ces circonstances aggravantes ci-dessus énoncées, sans qu'il y ait eu de sa part nécessité de les reproduire et multiplier ses réponses autant de fois qu'il y avait d'accusés ; — Rejette, etc.

Du 7 déc. 1854.—C. C., ch. crim.—M. Jallon, rap.

l'art. 381 c. pén.; que cependant, telle qu'elle est faite, cette déclaration peut avoir un résultat, l'effraction devant être prise dans le sens le plus avantageux à l'accusé et par conséquent être réputée intérieure » (Bruxelles, 22 juill. 1816, aff. Declercq).

641. Il suffit, pour que le crime rentre dans l'application de l'art. 381, qu'un seul des individus qui l'ont commis ait pris le titre ou le costume d'un fonctionnaire, ou ait allégué un faux ordre de l'autorité, quand d'ailleurs toutes les autres circonstances exigées par la loi ont concouru à la consommation du crime (Carnot, sur l'art. 381 c. pén.).

642. Dans une accusation de vol, la circonstance que le vol a été commis la nuit par plusieurs en maison habitée, avec escalade et effraction, ne donne lieu à l'application de la peine des travaux forcés à perpétuité qu'autant que la déclaration du jury constate que les coupables ou l'un d'eux étaient porteurs d'armes apparentes ou cachées, ou que le vol a été commis avec violence; — Et il est nécessaire, dans ce dernier cas, qu'il résulte de la réponse du jury que la violence employée a laissé des traces de blessures ou de contusions (Crim. cass. 3 juill. 1851, aff. Pilloy, D. P. 51. 5. 358).

643. Voyons maintenant le cas où le vol est commis avec la réunion de trois circonstances aggravantes. L'art. 382 c. pén. de 1810 disposait en ces termes dans son premier alinéa : « Sera puni de la peine des travaux forcés à perpétuité tout individu coupable de vol commis à l'aide de violence, et, de plus, avec deux des quatre premières circonstances prévues par le précédent article. » — Il a été jugé, par application de cette disposition, que le vol commis pendant la *nuit* et *avec violence*, par *plusieurs* détenus au préjudice d'un autre détenu, rentrait, comme tout vol commis avec les mêmes circonstances, dans l'application de l'art. 382 c. pén. : — « Attendu que les cours royales, lorsqu'elles ont reconnu un fait qualifié crime par la loi, et qu'elles ont trouvé des charges suffisantes contre les prévenus, sont tenues de renvoyer l'affaire aux cours d'assises; que tout vol commis avec les circonstances spécifiées aux art. 381 et 382 c. pén. est caractérisé crime, et doit être puni de peines afflictives et infamantes; que cette disposition de la loi est générale, et que les juges ne peuvent se dispenser de s'y conformer dans tous les cas pour lesquels le législateur lui-même n'aurait pas établi d'exceptions; que cependant, quoique la chambre des mises en accusation de la cour royale d'Amiens ait reconnu en fait que le vol dont étaient prévenus les nommés Cayer, Crisson, Gressier et autres, avait été commis la nuit par plusieurs et avec violence, elle s'est permis de déclarer que, ledit vol ayant eu lieu dans une maison d'arrêt par des détenus au préjudice d'un autre détenu, et les prévenus se trouvant ainsi dans une situation qui n'était prévue par aucune loi, lesdits art. 381 et 382 c. pén. ne pouvaient être appliqués, et que l'espèce ne présentait qu'un vol non spécifié que l'on pouvait donner lieu qu'à une poursuite par voie correctionnelle; que la cour d'Amiens, en créant ainsi une distinction qui ne pourrait être établie que par l'autorité législative, a commis un excès de pouvoir et violé formellement les règles de compétence établies par la loi » (Crim. cass. 1er mars 1816, MM. Barris, pr., Rataud, rap., aff. Cayer et autres). — Conf. Carnot, sur l'art. 382, n° 6; Bourguignon, sur l'art. 381, n° 5; MM. Chauveau et Hélie, t. 5, n° 1938.

644. La loi du 28 avr. 1832 conserva cette disposition; seulement elle modifia la peine. Comme, dans l'art. 381 réformé, elle appliquait les travaux forcés à perpétuité au cas où le vol est accompagné des cinq circonstances, elle ne pouvait maintenir cette même peine pour le cas où il n'existe que trois circonstances Elle remplaça donc, pour ce cas, les travaux forcés à perpétuité par les travaux forcés à temps. — Mais, comme l'art. 385 (que la loi de 1832 n'avait pas modifié) prononçait également la peine des travaux forcés à temps pour le cas où le vol avait été commis avec violence sans aucune circonstance, il résultait de là, entre ces deux articles, une antinomie qu'il importait de corriger. C'est ce qu'a fait la loi des 18 avr.-13 mai 1863. D'après la nouvelle rédaction des art. 382 et 385, il n'est plus question de la violence dans l'art. 385, et l'art. 382 n'exige plus

que la violence soit réunie à d'autres circonstances; seulement il distingue selon que la violence a laissé ou n'a pas laissé des traces (V. *suprà*, n° 593).

645. L'art. 383 c. pén. 1810 appliquait indistinctement la peine des travaux forcés à perpétuité aux vols commis dans les chemins publics. Depuis la loi du 28 avr. 1832, cet article distingue : son § 1 porte que « les vols commis sur les chemins publics emporteront la peine des travaux forcés à perpétuité, lorsqu'ils auront été commis avec deux des circonstances prévues dans l'art. 381. » D'après les paragraphes suivants, s'il n'existe qu'une seule de ces circonstances, la peine est celle des travaux forcés à temps, et dans les autres cas c'est la reclusion (V. n° 368).

646. Voyons maintenant les cas où le vol est accompagné de deux circonstances aggravantes. Ils sont prévus par l'art. 383, § 2, par l'art. 385, et par l'art. 386, § 1. — Et d'abord l'art. 383, § 2, prononce la peine des travaux forcés à temps pour le cas où les vols sur les *chemins publics* ont en outre été commis avec *une seule* des circonstances prévues dans l'art. 381.

647. L'art. 385 du code pénal de 1810, auquel la loi de 1832 n'avait point touché, punissait des travaux forcés à temps le vol commis avec la réunion des trois circonstances suivantes : 1° si le vol avait été commis la nuit; 2° s'il avait été commis par deux ou plusieurs personnes; 3° si le coupable ou l'un des coupables était porteur d'armes apparentes ou cachées. — Il avait été jugé, par application de cette disposition, qu'un vol de récoltes commis la nuit, avec armes, par plusieurs, entraînait la peine des travaux forcés à temps, et non pas seulement celle de la reclusion, édictée par l'art. 388 c. pén. 1810 contre le vol de récoltes commis dans les champs (Bruxelles, 16 mars 1815, M. Marcq, subst. pr. gén., aff. Mallon et autres).—V. n°s 439 et s.

648. L'art. 385 est un de ceux qui ont été modifiés par la loi du 13 mai 1863. Il est maintenant ainsi conçu : « Sera également puni de la peine des travaux forcés à temps tout individu coupable de vol commis avec deux des trois circonstances suivantes : 1° si le vol a été commis la nuit; 2° s'il a été commis dans une maison habitée, ou dans un des édifices consacrés aux cultes légalement établis en France; 3° s'il a été commis par deux ou plusieurs personnes, et si, en outre, le coupable ou l'un des coupables était porteur d'armes apparentes ou cachées. » — L'exposé des motifs fait remarquer que la rédaction nouvelle de cet article a été combinée de manière à lui faire atteindre une variété de vol devenue malheureusement assez commune et qui menace gravement la sûreté des personnes, c'est-à-dire le vol commis pendant la nuit et dans une maison habitée par un seul individu porteur d'armes apparentes ou cachées. Et il ajoute que l'assimilation de l'édifice consacré au culte à la maison habitée, comme circonstance aggravante, existait déjà dans l'art. 386.

649. L'art. 386, § 1, dispose dans les termes suivants : « Sera puni de la peine de la reclusion tout individu coupable de vol commis dans l'un des cas ci-après : 1° si le vol a été commis la nuit et par deux ou plusieurs personnes, ou s'il a été commis avec une de ces deux circonstances seulement, mais en même temps dans un lieu habité ou servant à habitation, *ou dans les édifices consacrés aux cultes légalement établis en France.* » Ces dernières expressions sont une addition faite par la loi du 28 avr. 1832 au texte primitif de l'art. 386. — Ainsi *nuit* et *concours de plusieurs personnes, nuit* et *maison habitée* (ou lieux qui y sont assimilés), *concours de plusieurs personnes* et *maison habitée*, telles sont les diverses relations de deux circonstances aggravantes qui rendent le vol passible de la reclusion. — Il a été jugé, par application de cette disposition : 1° que le vol commis de nuit, de complicité, par deux personnes doit être puni de peines afflictives, infamantes, et non de peines correctionnelles (Crim. cass. 4 janv. 1812, aff. Kaatze, v° Cassation, n° 1034); — 2° Que le vol commis la nuit, dans un cabaret, est passible de la reclusion, et non d'une simple peine correctionnelle, encore qu'il soit déclaré que l'auteur du vol n'était pas reçu dans ce cabaret (Crim. cass. 15 avr. 1825) (1).

650. Il a été jugé également qu'un tribunal de police cor-

rectionnelle ne peut, sans violer les règles de compétence, retenir la connaissance d'un vol commis la nuit par deux ou plusieurs personnes, dans une maison habitée : « Attendu que le vol qui a été commis la nuit, par deux ou plusieurs personnes, dans une maison habitée, est qualifié crime par la loi, et rentre dans l'application du § 1, art. 386 c. pén.; attendu que le tribunal correctionnel de Pise a reconnu que le vol, qui était l'objet des poursuites dont il était saisi, avait été commis avec la réunion des trois circonstances sus-énoncées, et que, cependant, il s'est déclaré compétent pour en connaître; que ce vol, accompagné desdites circonstances, était de nature à mériter une peine afflictive et infamante, d'après la disposition du § 1, art. 386 » (Crim. cass. 20 août 1812, M. Benvenuti, rap., aff. Benoit de Coën).

652. Lorsqu'il est déclaré par le jury qu'un accusé a assisté un individu dans les faits qui ont consommé un vol dans une maison habitée, cet accusé doit être considéré comme coauteur du vol; et c'est avec raison que la cour d'assises reconnaît que le vol constitue le crime prévu par l'art. 386, n° 1 c. pén., et, en conséquence, applique la peine comme si le vol avait été commis par deux individus : — « Attendu qu'il résulte de la déclaration du jury, 1° que la veuve Genold est coupable de vol, commis de jour, dans un lieu servant à habitation; 2° que Rose Pélissier s'est rendue complice de ce vol, en assistant la veuve Genold dans les faits qui l'ont préparé, facilité, et dans ceux qui l'ont consommé; que celui qui assiste l'auteur d'un délit dans les faits qui le consomment, coopère nécessairement à la perpétration de ce délit; qu'il s'en rend donc coauteur; d'où résulte que le délit n'est plus le fait d'un seul, mais qu'il est le fait de deux individus; que, dans l'espèce, et d'après la déclaration du jury qui vient d'être rappelée, l'arrêt attaqué a décidé avec raison que le vol dont il s'agissait avait été commis par deux personnes et qu'il constituait le crime réprimé par le n° 1 de l'art. 386 c. pén. » (Crim. rej. 24 août 1827, MM. Portalis, pr., Mangin, rap., aff. Rose Pélissier).

653. Il a été jugé, dans le même sens : 1° qu'en cas de vol

commis par plusieurs, la nuit, dans une maison habitée, la peine portée par l'art. 386 c. pén. s'applique même à ceux qui, pendant que le vol se commettait, faisaient sentinelle à la porte (Crim. cass. 12 août 1813) (1) ; — 2° Que le vol d'objets mobiliers, commis par une personne avec une autre, dans une maison habitée, au préjudice de la personne habitant cette maison, est passible des peines de l'art. 386, n° 1 c. pén. ; qu'ainsi est nul l'arrêt qui n'applique à un tel fait que les peines de l'art. 401 (Crim. cass. 19 sept. 1832, M. de Ricard, rap., aff. Hugot).

653. Il n'y a pas de distinction à faire, quant à la circonstance aggravante d'une maison habitée, entre le cas où l'un des auteurs du vol s'est introduit dans une maison où il était étranger, et le cas où cet individu habitait la maison. Dans l'un et l'autre cas, la peine que la loi fait dépendre de cette circonstance doit être appliquée (Crim. cass. 8 juill. 1813, aff. Callastrini, v° Complicité, n° 152). — Ainsi il y a lieu à l'application de l'art. 386 dans le cas où le vol commis la nuit, dans une maison habitée et au préjudice du maître, l'a été par une ou plusieurs personnes que celui-ci y avait reçues (Crim. cass. 20 août 1813) (2).—Il a été jugé de même, que pour que le vol soit puni des peines afflictives et infamantes portées par l'art. 386, § 1, c. pén., il n'est pas nécessaire que l'introduction dans la maison ait eu lieu d'une manière furtive; qu'il suffit que le crime ait été accompagné des circonstances mentionnées audit article (Crim. rej. 25 sept. 1818) (3).

654. Lorsque le jury, interrogé sur un fait de vol commis la nuit, dans une maison habitée, répond : « l'accusé est coupable d'avoir volé la nuit, » la cour d'assises ne peut, sur cette déclaration imparfaite et incomplète, prononcer une condamnation à la réclusion : il faudrait que l'accusé eût été déclaré coupable de deux des trois circonstances, de la nuit, de la complicité, ou de la maison habitée (Crim. cass. 27 mai 1828, MM. Bailly, pr., Merville, rap., aff. Jacob).

655. Le vol de bêtes de somme commis dans les champs, la nuit, par plusieurs personnes, constitue le crime réprimé par l'art. 386 c. pén., et non le délit prévu par l'art. 388 dudit

---

Qu'aux termes de l'art. 390 du même code, « est réputé maison habitée tout bâtiment, logement, loge, cabane même mobile, qui, sans être actuellement habité, est destiné à l'habitation, et tout ce qui en dépend, comme cours, basses-cours, granges, écuries, édifices qui y sont enfermés, quel qu'en soit l'usage... » — Que les cabarets, qui sont des maisons où toutes sortes de personnes sont reçues à boire, à manger, en payant, sont compris dans la disposition de cet art. 390, et que les vols qui y sont commis rentrent nécessairement dans celle du n° 1 de l'art. 386 c. pén.; — Attendu que, dans l'espèce, il est déclaré que l'accusé a commis le vol, objet du procès, la nuit, dans un cabaret, mais qu'il n'était pas reçu dans ce cabaret; — Qu'il résulte bien de la déclaration du jury, que le vol n'a pas été accompagné de la circonstance aggravante mentionnée dans la dernière partie du n° 4 de l'art. 386 c. pén.; — Mais qu'il demeure constant que ce vol a eu lieu dans un cabaret, conséquemment dans une maison habitée; — Qu'ayant d'ailleurs été commis la nuit, il a été accompagné de deux des circonstances énoncées dans le n° 1 dudit art. 386 c. pén.; qu'il avait donc, aux termes de cet article, un caractère criminel, et soumettait son auteur à la peine afflictive et infamante de la réclusion; — Qu'en ne voyant dans ce vol qu'un délit, sous le prétexte qu'il n'avait pas été commis dans un cabaret où le coupable fût reçu, la cour d'assises a violé les art. 386, n° 1, et 590 c. pén., et fait une fausse application de l'art. 401 du même code. — D'après ces motifs, casse.
Du 15 avr. 1825.-C. C., sect. crim.-MM. Bailly, pr.-Aumont, rap.

(1) (Tosca et Contini C. min. pub.) — La cour ; — Attendu que la cour spéciale extraordinaire (de Parme), après avoir déclaré que, parmi ceux qui ont commis le vol dont il s'agit, quatre s'étaient introduits dans la maison, et les autres étaient restés au dehors et attendaient ceux qui étaient dedans; que cette déclaration n'établit pas une complicité qui rentre dans l'art. 60 c. pén.; qu'elle constitue tous les accusés coupables du fait principal par une coopération commune, quoique tous n'aient pas participé matériellement à toutes les circonstances de ce fait principal; que la loi pénale a donc dû être également appliquée à tous les accusés; — Rejette, etc.
Du 12 août 1815.-C. C., sect. crim.-M. Benvenuti, rap.

(2) *Espèce :* — (Min. pub.) C. Giorni et Ruffigniani.) — Dans la soirée du 24 nov. 1811, Benello Conte tenait un jeu de biribi dans une chambre qu'il occupait au-dessus d'une boutique. Tout à coup le plafond s'écroule, par l'effet de manœuvres préparées à l'avance. Benello s'enfuit blessé, laissant sur la table une partie de l'argent qu'il y avait étalé. Giorni et Ruffigniani, prévenus d'avoir volé cet argent, sont renvoyés

devant le tribunal correctionnel de Votena. Ce tribunal rend un jugement de condamnation qui, attaqué par le ministère public comme incompétemment rendu, est confirmé sur appel. — Pourvoi. — Arrêt.
La cour; — Attendu que le vol qui a été commis la nuit, par deux ou plusieurs personnes, dans une maison habitée, est qualifié crime par la loi, et rentre dans l'application du § 1 de l'art. 386 c. pén.; — Que le tribunal correctionnel de Pise a reconnu que le vol qui était l'objet des poursuites dont il était saisi avait été commis avec la réunion des trois circonstances sus-énoncées, et que cependant il s'est déclaré compétent pour en connaître; — Que ce vol, accompagné desdites circonstances, était de nature à mériter une peine afflictive et infamante, d'après la disposition dudit § 1 du susdit art. 386 c. pén.; — Que la connaissance en appartenait donc à la cour spéciale extraordinaire, et que, dès lors, ledit tribunal, en se déclarant compétent, a violé les règles de compétence; — Casse, etc.
Du 20 août 1815.-C. C., sect. crim.-M. Benvenuti, rap.

(3) (Bergeot.) — La cour; — Attendu que, pour qu'un vol cesse d'être un délit et prenne un caractère criminel, il n'est pas besoin qu'il ait introduction furtive de son auteur dans la maison où il a été commis; que d'ailleurs, aux termes de l'art. 386, § 1, c. pén., s'il a eu lieu la nuit, et par deux ou plusieurs personnes, cette double circonstance suffit pour le ranger dans la classe des crimes, puisqu'elle soumet le coupable à la peine afflictive et infamante de la réclusion; — Que l'art. 380 du même code a déterminé les degrés de parenté ou d'alliance qui affranchissent les auteurs de soustractions frauduleuses des poursuites criminelles ou correctionnelles, et d'après lesquels ces soustractions ne donnent lieu qu'à des réparations civiles; — Attendu que le fait du procès, relatif à l'énoncé dans l'arrêt attaqué, consiste dans une soustraction frauduleuse d'argent, d'effets mobiliers et de titres dépendant de la succession Pinaudier, commis la nuit dans la maison où est décédé ledit Pinaudier, par deux personnes dont l'une est sa nièce; que ce vol a le caractère de crime, tant dans la personne de Joseph Regenne, étranger à la succession spoliée, qu'à l'égard de Françoise Pinaudier, à laquelle sa qualité de nièce du défunt ne donne pas droit à l'application de l'art. 380 c. pén.; — Que Catherine Bergeot, prévenue de complicité par recèlement du vol imputé à Françoise Pinaudier et à Joseph Regenne, est donc prévenue d'être complice d'un crime ; que sa mise en accusation et son renvoi à la cour d'assises sont donc l'exécution littérale de l'art. 231 c. inst. crim. ; — Rejette le pourvoi contre l'arrêt de la cour d'Orléans, du 8 août 1818.
Du 25 sept. 1818.-C. C., sect. crim.-MM. Barris, pr.-Aumont, rap.

code :—« Attendu que l'art. 388 c. pén., modifié, ne considère comme délit que le vol simple, dans les champs, des chevaux ou bêtes de somme, à la différence du même article du code pénal de 1810, qui considérait ce fait comme un crime; que si ce vol simple, aux termes du nouvel art. 388, se trouve accompagné des circonstances aggravantes de la nuit et de plusieurs personnes, il rentre alors dans la classe des crimes prévus et punis par l'art. 386 ; attendu que le fait dont le demandeur était accusé et dont il a été déclaré coupable était un vol de quatre mules et un mulet commis dans un champ ou pré, la nuit et en réunion de plusieurs personnes; que ce fait constituait donc un crime, d'après le nouveau code pénal comme d'après le précédent » (Crim. rej. 18 avr. 1834, M. de Ricard, rap., aff. Aliberté).

656. Suivant un arrêt antérieur au code forestier, le code rural des 28 sept.-6 oct. 1791, dont l'art. 38, tit. 2, punit l'enlèvement de bois fait à dos d'homme dans les bois taillis ou futaies, d'une amende double du dédommagement dû au propriétaire et d'une détention qui peut aller jusqu'à trois mois, ne considère les vols y mentionnés qu'abstraction faite des circonstances qui, d'après les dispositions générales du code pénal, rendent les vols susceptibles de peines afflictives ou infamantes; ainsi un vol de bois commis la nuit par deux personnes constitue un crime et non un simple délit : — « Considérant que l'art. 36 précité, L. 28 sept. 1791, ne considère les vols y mentionnés qu'abstraction faite des circonstances qui, d'après les dispositions générales du code pénal, rendent les vols susceptibles d'être punis de peines afflictives et infamantes; d'où il suit que lorsque ces vols ont été accompagnés de pareilles circonstances, c'est le code pénal, et non ladite loi de septembre 1791, qui doit servir de base à l'application de la peine; — Considérant, dans l'espèce, que, par la déclaration du jury, Pierre Van Meulder et Guillaume Teugels ont été convaincus d'avoir commis un vol de bois pendant la nuit, et en réunion de plusieurs personnes; que le vol ainsi circonstancié rentrait donc dans l'application de l'art. 386, n° 1 c. pén., emportant peine afflictive et infamante; et que néanmoins la cour d'assises n'a condamné les accusés qu'à des peines correctionnelles » (Crim. cass. 12 août 1812, MM. Barris, pr., Busschop, rap., aff. Van Meulder et autres). — Mais aujourd'hui il faudrait appliquer les dispositions du code forestier (art. 192 et suiv.; V. Forêts, n° 360 et suiv., 806 et suiv.).

657. Le vol commis la nuit dans une maison habitée, sous l'empire du code pénal de 1791, et jugé seulement depuis la promulgation du code pénal de 1810, a dû être puni d'après les dispositions de celui de 1791, qui ne prononçait qu'un simple emprisonnement correctionnel (Crim. rej. 28 nov. 1812, M. Vantoulon, rap., aff. Jacques Dupeux).

658. L'art. 9 de la loi du 25 juin 1824 portait que la peine prononcée par l'art. 386 c. pén. contre les individus déclarés coupables des vols prévus par le n° 1 de cet article pourrait, lorsqu'il existerait des circonstances atténuantes, être réduite au maximum des peines correctionnelles déterminées par l'art. 401 du même code. Et l'art. 10, dans son § 2, ajoutait que la disposition de l'art. 9 serait inapplicable aux vols qui, indépendamment des circonstances spécifiées dans cet article, auraient été accompagnés d'une ou de plusieurs des circonstances aggravantes prévues par les art. 381 et suiv. c. pén.; que ces vols continueraient à être punis conformément au code pénal.— Sous l'empire de ces dispositions, il avait été jugé qu'une cour d'assises ne pouvait, en déclarant qu'il existait des circonstances atténuantes, modérer la peine encourue par un accusé déclaré coupable de vol commis avec escalade dans une maison habitée (Crim. cass. 20 mai 1826, M. Gary, rapp., aff. Jean Barthouilh).

Art. 6. — Vol simple. — Larcins et filouteries.

659. Le vol simple est celui qui, réunissant les trois éléments constitutifs de ce délit (*soustraction, fraude, chose d'autrui*), n'est accompagné d'aucune des circonstances que la loi considère comme aggravantes, ou est accompagné seulement de celles de ces circonstances qui ne suffisent point par elles-mêmes

à entraîner une aggravation de peine et ne produisent cet effet qu'autant qu'elles sont réunies avec d'autres. L'art. 401 c. pén., qui est relatif à cette espèce de vol, est ainsi conçu : « Les autres vols non spécifiés dans la présente section, les larcins et filouteries, ainsi que les tentatives de ces mêmes délits, seront punis d'un emprisonnement d'un an au moins et de cinq ans au plus, et pourront même l'être d'une amende qui sera de seize francs au moins et de cinq cents francs au plus. — Les coupables pourront encore être interdits des droits mentionnés en l'art. 42 du présent code, pendant cinq ans au moins et dix ans au plus, à compter du jour où ils auront subi leur peine. — Ils pourront aussi être mis, par l'arrêt ou le jugement, sous la surveillance de la haute police pendant le même nombre d'années. »

660. Il a été décidé, par application de cette disposition : 1° Que lorsque, sur une accusation de vol commis par plusieurs, la nuit et dans une maison garnie où les accusés étaient reçus, la déclaration du jury porte « que ce vol est constant, que les accusés sont coupables, mais sans les circonstances comprises dans le résumé de l'acte d'accusation, » le vol est réduit alors à un vol simple, punissable d'une peine correctionnelle (Crim. cass. 4 mars 1813, M. Vasse-Saint-Ouen, rapp., aff. Carpentier); — 2° Que le fait d'avoir, lors d'une communication de pièces au greffe d'un tribunal, substitué à l'original d'un acte sous-seing privé appartenant à autrui, une copie informe de cet acte non signée, constitue le vol simple ou soustraction prévue par l'art. 401 c. pén.; —« Attendu que le jugement déclare le demandeur convaincu d'avoir soustrait frauduleusement un objet qui appartenait à autrui ; qu'ainsi, dans cet état, il y avait lieu à lui faire l'application des dispositions pénales de l'art. 401 »(Crim. rej. 21 oct. 1831, MM. de Bastard, pr., Ollivier, rapp., aff. Pichery C. min. pub.).

661. Il a été jugé sous l'empire du code pénal de 1791, et il devrait encore être jugé aujourd'hui que le vol de vin dans la cave d'un individu, sans autres circonstances indépendantes, n'est point un vol qualifié, mais un délit simple, passible de peines correctionnelles (Crim. cass. 9 prair. an 4, MM. Brun, pr., Lions, rapp., aff. Wathier).

662. Mais que doit-on entendre par ces *larcins* et *filouteries* que l'art. 401, en les assimilant au vol, semble considérer comme des choses réellement distinctes du vol proprement dit? « Le vol diffère du larcin, dit Jousse (Tr. de la just. crim., t. 4, p. 166), en ce que le larcin, à proprement parler, se fait par surprise ou industrie, ou en cachette, au lieu que le vol se fait par force ou violence. » Aujourd'hui le mot vol, soit dans le langage juridique, soit dans le langage usuel, n'implique point par lui-même une idée de force ou de violence, mais seulement celle de soustraction frauduleuse de la chose d'autrui; quant aux mots *larcin* et *filouterie*, ils emportent toujours avec eux une idée de secret, d'adresse, de ruse, dans le mode d'exécution; mais le mode d'exécution est ici sans influence sur le caractère du délit ; si la loi a appliqué aux larcins et filouteries les peines du vol, c'est qu'elle n'y a vu que des espèces de vols. D'où il résulte qu'ils ne sont punissables comme vols qu'autant qu'on y trouve les éléments constitutifs de ce délit : 1° soustraction; 2° fraude; 3° chose d'autrui (conf. MM. Chauveau et Hélie, t. 5, n° 1772; Rauter, t. 2, n° 509). « On ne doit donc pas voir, dit ce dernier auteur (loc. cit., à la note), une filouterie dans telle escroquerie qui ne réunirait pas toutes les conditions énoncées par l'art. 405 c. pén. » — Il a été jugé, en ce sens, que les larcins et filouteries punis des peines portées par l'art. 401 c. pén. ne sont qu'une variété de vol et supposent conséquemment, comme les autres vols prévus, la soustraction frauduleuse de la chose qui n'appartient pas à l'auteur de la soustraction : « Attendu qu'aucune peine ne peut être prononcée contre un prévenu, si le fait dont il est déclaré coupable n'est pas défendu ou incriminé par une loi pénale; — Que la sect. 1, chap. 2, tit. 2, liv. 3, c. pén., a pour objet les infractions qui doivent être réputées vol; que le premier article de cette section, qui est le 379 c. pén., contient la définition du vol; — Que, selon cet article, la soustraction frauduleuse de la chose qui n'appartient pas à l'auteur de la soustraction est exclusivement qualifiée *vol*; que, dès lors, ce terme n'est que l'expression abrégée de la définition donnée par la loi, et qu'il faut sous-entendre cette définition toutes les

fois que le législateur emploie le mot de *vol*; que les articles qui suivent le 379 jusqu'à l'art. 400 exclusivement, énumèrent les différentes espèces de vols que le législateur a cru devoir spécifier; — Que l'art. 401 a pour objet les autres vols non spéciés dans cette section, les larcins et filouteries; — Qu'il résulte de cette énumération que les larcins et filouteries ne sont qu'une variété de vol, et que, dès lors, ils supposent, comme le vol simple, la soustraction frauduleuse de la chose qui n'appartient pas à l'auteur de la soustraction » (Crim. cass. 9 sept. 1826, MM. Portalis, pr., Brière, rapp., aff. Duseroch; v. aussi Crim. cass. 7 mars 1817, aff. Yvonnet, n° 758; 25 sept. 1824, aff. Fatta, n° 82-4°; 13 avr. 1843, aff. Conaty, n° 671-1°; 12 déc. 1856, aff. Orange, D. P. 57. 5. 351; Nancy, 5 fév. 1840, aff. Didier, n° 663).

663. Par application de ces principes, il a été décidé : 1° que l'individu qui reçoit de sa débitrice le payement d'une créance qu'il avait précédemment cédée ou déléguée, n'est pas coupable de filouterie (Crim. cass. 6 nov. 1846, aff. Lablé. D. P. 47. 4. 311); — 2° Qu'on ne peut voir une filouterie dans le fait d'un individu qui est parvenu à se faire délivrer par son créancier une quittance constatant le remboursement intégral d'un capital dont il lui a seulement remis une partie, en lui persuadant faussement qu'il avait laissé à sa disposition la somme nécessaire pour compléter ce payement entre les mains d'un notaire qui la lui avait prêtée quelques instants auparavant (Nancy, 5 fév. 1840) (1); — 3° Que le fait de la part du correspondant de l'éditeur d'une publication littéraire, de percevoir frauduleusement un prix d'abonnement supérieur au prix réel, peut, suivant les circonstances, constituer un délit d'escroquerie ou d'abus de confiance, mais non celui de filouterie et de larcin (Crim. cass. 1er sept. 1848, aff. F..., D. P. 49. 1. 78); — 4° Que le fait de celui qui, ayant demandé la monnaie d'une pièce, garde tout à la fois cette pièce, dont il ne s'est pas dessaisi, et la monnaie qu'un tiers lui a volontairement remise, ne constitue pas une filouterie (Crim. cass. 12 déc. 1856, aff. Orange, D. P. 57. 5. 351).

664. Mais il a été jugé, d'un autre côté : 1° que celui qui donne, sciemment, en payement de marchandises, des monnaies étrangères, et en reçoit l'appoint, pour un taux supérieur à leur valeur réelle, se rend coupable de filouterie (Douai, 17 fév. 1846, aff. Bodelot, D. P. 46. 4. 548); — 2° Que l'altération frauduleuse par un boulanger des marques de la taille et de la contre-taille, constatant les quantités de pains par lui livrées, constitue de sa part, non un faux ni une escroquerie, mais une filouterie rentrant dans l'art. 401 p. pén. (Paris, 3 mars 1854, aff. Chambon, D. P. 55. 2. 50). — Il nous paraît douteux que ces décisions eussent obtenu l'approbation de la cour suprême si elles lui eussent été déférées. Nous ne point, en effet, dans les faits sur lesquels elles ont statué la réunion des éléments constitutifs du vol : le premier de ces éléments, la soustraction, fait ici défaut.

665. Un autre arrêt a décidé que le boulanger qui marque sur la taille laissée à la pratique un nombre de pains plus considérable que celui réellement livré commet une tentative de filouterie (Limoges, 13 fév. 1846, aff. femme X..., D. P. 47. 2. 55). — Mais on peut élever contre cet arrêt la même objection que contre les arrêts précédents. Pour que le fait dont il s'agit pût être considéré comme une tentative de filouterie, il faudrait qu'il y eût filouterie consommée au moment où, par suite des fausses marques qu'il a faites, le boulanger reçoit de la pratique une somme supérieure à celle qui lui est réellement due. Or un tel fait, de quelque improbité qu'il soit entaché, ne peut être considéré comme un vol véritable; on n'y trouve pas, en effet, cet élément nécessaire de la soustraction exigé par l'art. 379 c. pén., puisque c'est volontairement, quelque par erreur, que la pratique a remis cette somme au boulanger.

666. En Belgique, ainsi que nous l'avons déjà dit (V. n° 72), la jurisprudence ne s'est pas montrée aussi rigoureuse que la cour de cassation française dans l'interprétation du mot *soustraction*; on y a donné, à ce mot, une acception plus large et qui se rapproche davantage du sens que les jurisconsultes romains donnaient au mot latin *contrectatio*. — Aussi a-t-il été jugé que le fait de donner en payement une médaille de laiton présentée comme étant une pièce d'or, et de s'approprier de mauvaise foi la monnaie rendue par le marchand dupe de cette fraude, et la marchandise par lui livrée, constitue le délit de filouterie (trib. corr. d'Hasselt (Belgique), 26 avr. 1861, aff. Vandeberg, D. P. 62. 5. 16). — Mais il existe dans la jurisprudence française des décisions contraires.

667. Voici maintenant un fait qui se présente assez fréquemment. Un individu entre dans une auberge, dans un restaurant, dans un café, s'y fait servir à boire ou à manger, puis, au moment de sortir, déclare qu'il n'a pas de quoi payer. Un tel fait constitue-t-il une filouterie? La négative est évidente du moment où l'on admet que la filouterie n'est qu'une variété de vol; en effet, on ne saurait voir un vol dans la fourniture toute volontaire que fait le maître de l'établissement des objets qui lui sont demandés. — Il a été jugé, en ce sens, que le fait de se faire servir et de prendre un repas dans une auberge, sans avoir le moyen ni l'intention de le payer, ne constitue le délit de vol ou de filouterie (Crim. rej. 28 nov. 1839; Limoges, 27 mai 1842; Crim. rej. 20 fév. 1846 (2); Crim. cass. 5 nov. 1847, aff. Varnoux, D. P. 47. 4. 510; Bordeaux, 18 mars 1847, aff.

---

(1) (Didier C. min. pub.) — LA COUR; — Attendu que des pièces de la procédure et des débats il résulte que, le 27 nov. dernier, le sieur Lachasse, ancien notaire à Nancy, se transporta dans la commune de Gerbéviller, pour procéder au recouvrement des créances appartenant à un sieur Jacquot, son beau-frère, qui l'avait chargé de la gestion de ses affaires; que, le même jour, Jean-Baptiste Didier s'étant présenté chez lui pour payer une partie de ce qu'il devait au sieur Jacquot, il lui fut reconnu, d'après le compte qu'il fit en sa présence, que le payement qu'il devait effectuer s'élevait à 465 fr. 15 c.; que cette somme, Didier lui remit seulement 65 fr. 15 c., en lui disant qu'il avait laissé à sa disposition, en l'étude de Me Marcel, un capital de 400 fr. qu'il venait d'emprunter à l'instant chez ce notaire; que le sieur Lachasse ayant demandé à plusieurs reprises au prévenu si ce prêt avait déjà été réalisé, et celui-ci lui ayant toujours répondu de la manière la plus affirmative, il crut alors pouvoir sans inconvénient lui remettre de suite une quittance constatant le payement intégral de cette somme de 465 fr. 15 c.; que cependant il ne tarda pas à apprendre qu'il avait été victime de sa crédulité et de sa bonne foi, et que jamais Didier n'avait emprunté les 400 fr. qu'il prétendait avoir laissés entre les mains du notaire Marcel.

Attendu que, si l'on peut reprocher au sieur Lachasse d'avoir agi avec quelque imprudence, en se dessaisissant de cette quittance avant de s'être assuré de la réalité du prêt que Didier prétendait avoir contracté, et est en même temps forcé de reconnaître qu'il existe dans la cause des circonstances qui semblaient, en quelque sorte, commander la confiance dont le prévenu a si indignement abusé; qu'en effet, l'étude du notaire Marcel étant voisine de la chambre où se trouvait le sieur Lachasse au moment où il régla le compte du prévenu, il n'était pas naturel de penser que cet individu serait assez audacieux pour imaginer

une imposture qui pouvait être si facilement reconnue; d'un autre côté le sieur Lachasse sait que Didier avait effectivement prié Me Marcel de lui prêter une somme de 400 fr.; et par conséquent il n'est pas étonnant qu'il n'ait conçu aucun doute sur la sincérité du langage du prévenu, lorsque celui-ci lui annonça que cet emprunt venait d'être effectué;

Attendu néanmoins qu'en qualifiant de filouterie l'action dont Didier s'est rendu coupable, le tribunal de police correctionnel de Lunéville faussement interprété l'art. 401 c. pén.; qu'en effet, la filouterie, comme le larcin et le vol, emporte toujours avec elle l'idée d'une soustraction frauduleuse, circonstance qui ne se rencontre point dans la cause, puisque c'est volontairement que le sieur Lachasse a remis au prévenu cette quittance de 465 fr. 15 c.; que les moyens employés par ce dernier pour se la faire délivrer constituent des manœuvres frauduleuses dont le but était de persuader l'existence d'un événement chimérique; que le fait qui lui est imputé constitue ainsi un véritable délit d'escroquerie, et rentre, par conséquent, dans les dispositions de l'art. 405 c. pén.; — Attendu, en ce qui concerne l'application de la peine, qu'il existe en faveur du prévenu des circonstances qui permettent à la cour d'user d'indulgence à son égard; — Par ces motifs : —Déclare Jean-Baptiste Didier, convaincu d'avoir, le 27 nov. dernier, escroqué une somme de 400 fr. au sieur Lachasse, en employant des manœuvres frauduleuses pour lui persuader l'existence d'un événement chimérique ; pour réparation de quoi, réformant le jugement dont s'agit, réduit à trois mois durée de l'emprisonnement prononcé contre le prévenu, etc., etc.

Du 5 fév. 1840.—C. de Nancy, ch. cor.—MM. Mourot, pr.—Février, proc. gén., c. conf.—Laflize, av.

(2) 1re Espèce : — (Min. pub. C. Guillaume.) — Les décisions émanées, dans l'espèce, de la chambre du conseil d'abord, et ensuite de

Averoux, D. P. 48. 5. 337; Riom, 14 mai 1862, aff. Garnier, D. P. 63. 2. 14; Paris, 6 août 1864, aff. Gœrens, D. P. 64. 5e part., v° Vol).

868. Cependant il a été jugé, en sens contraire : 1° que se soustraire par la fuite au payement de diverses consommations faites dans des auberges et cafés, c'est commettre le délit de filouterie prévu par l'art. 401 c. pén. (Grenoble, 28 nov. 1833) (1);— 2° Que l'individu qui entre dans une auberge, s'y fait servir et y prend un repas sachant n'avoir pas de quoi le payer, se rend coupable du délit de filouterie (Metz, 9 nov. 1859, aff. Lemaire, D. P. 63. 2. 43);—3° Que celui qui se fait servir à boire et à manger dans une auberge ou un cabaret, sachant n'avoir pas de quoi payer, et qui, par certaines manœuvres, cherche ensuite à se soustraire au payement, commet le délit de filouterie : — « Considérant, dit le jugement, dont les motifs ont été adoptés par la cour, qu'il a été établi qu'en entrant dans le cabaret de la dame Chaix, les prévenus n'avaient ni l'intention ni les moyens de solder la dépense qu'ils allaient faire; qu'eux-mêmes avaient dit au commissaire de police que, dès l'instant qu'il leur refusait des secours, ils iraient dans un cabaret et se feraient servir un souper qu'ils ne payeraient pas ; qu'en invitant la veuve Chaix à les suivre à la mairie, et encore en lui remettant un passeport, les prévenus n'ont donc voulu qu'user d'adresse dans le but de se soustraire au payement de la somme qu'ils devaient; qu'ainsi tous les deux se sont rendus

chambre des mises en accusation, reposaient sur le motif que les boissons et aliments consommés par Guillaume lui ayant été remis volontairement par les cabaretiers, il n'y a pas eu de sa part la soustraction frauduleuse prévue par l'art. 379 c. pén., qui est le caractère essentiel de tout larcin ou filouterie. — Pourvoi du ministère public pour violation des art. 401 et 379 c. pén., en ce que ces deux circonstances parfaitement distinctes ont été confondues, savoir : la remise volontaire, d'une part, et la soustraction frauduleuse de l'autre. Pour que la remise volontaire fasse disparaître le caractère essentiel du vol, il faut qu'elle ait été accompagnée du consentement, par le propriétaire, au déplacement pur et simple de l'objet; mais tant que ce dernier n'a consenti ni au déplacement ni à la consommation pure et simple de la marchandise par lui livrée, même volontairement, celui qui s'en empare frauduleusement commet le délit prévu par l'art. 379 c. pén. ; c'est même le concours de ces deux circonstances, remise volontaire, mais conditionnelle d'une part, et soustraction frauduleuse de l'autre, qui constitue le délit de filouterie. — Arrêt.

La cour ; — Statuant sur le pourvoi du procureur général du roi près la cour royale d'Amiens, contre l'arrêt rendu par ladite cour, chambre des mises en accusation, le 14 nov. 1859, lequel, en confirmant une ordonnance de la chambre du conseil du tribunal de première instance de Soissons, du 2 nov. 1859, a déclaré n'y avoir lieu à suivre sur la prévention de filouterie dirigée contre le nommé Antoine Guillaume, lequel étant en état de vagabondage, et n'ayant pas d'argent, s'est présenté, le 9 oct. 1859, chez plusieurs cabaretiers de Soissons; s'y est fait livrer des aliments et des boissons, sans les avertir de son insolvabilité ; — Attendu que l'arrêt attaqué, en confirmant, par les motifs y exprimés, l'ordonnance de la chambre du conseil précitée, n'a méconnu pi violé les art. 401 et 379 c. pén., ni aucun autre article de la loi ; — Rejette.

Du 25 nov. 1859.-C. C., ch. crim.-MM. Ricard, pr.-De Haussy, rap.

2° Espèce : — (N....) — La cour; — Attendu que le vol et le larcin, la filouterie, espèce de vol, sont la soustraction d'une chose frauduleuse et furtive ou faite à l'insu du propriétaire ; que celui qui se rend dans un cabaret, s'y fait servir des objets de consommation et se retire sans payer, ne soustrait point ce qui lui a été servi, et ne soustrait pas frauduleusement, furtivement; qu'en cela il commet une action mauvaise, blâmable, mais qu'il ne commet pas un vol, un larcin, une filouterie; que les dispositions du code pénal sont rigoureuses, et qu'on ne doit les appliquer qu'aux actions définies.

Du 27 mai 1842.-C. de Limoges.

3° Espèce : — (Lot C. min. pub.). — La cour; — En ce qui touche le pourvoi du sieur Lot, en sa qualité de prévenu et de condamné : — Attendu que Lot a été condamné pour deux faits, celui de coups portés à Santonacci, et celui de filouterie, à une peine d'un mois de prison et 250 fr. de dommages-intérêts envers Santonacci, partie civile;

— Attendu que, si le fait d'être sorti du café de Santonacci sans lui payer la dépense qu'il y avait faite ne constitue aucun des délits prévus et punis par l'art. 401 c. pén., la condamnation prononcée contre Lot se trouve suffisamment justifiée par le fait des coups portés par lui à Santonacci, et n'atteint pas même le maximum de la peine qui aurait pu être prononcée pour ce fait aux termes de l'art. 311 c. pén.; — Rejette, etc.

coupables du délit de filouterie » (Bourges, ch. corr, 12 nov, 1840, M. Aupetit Durand, pr., aff, Sandre et Soulet).

669. Mais les faits dont il s'agit constituent-ils le délit d'escroquerie? V. infrà, n° 769.

670. Celui qui, à l'aide de paroles mensongères, se fait remettre, sans les payer, des denrées ou marchandises, ne commet pas une filouterie (Orléans, 27 août 1845, aff. Correaux, D. P. 46. 4. 347). — Mais un arrêt a déclaré coupable de filouterie celui qui, achetant avec stipulation de payement immédiat, disparaît subitement avec les marchandises achetées, sans les avoir soldées (Nîmes, 13 déc. 1842) (2).

671. Le fait de tromper au jeu constitue-t-il une filouterie? Cette question peut se présenter dans des circonstances diverses. Et d'abord il est un cas où la solution ne paraît pas douteuse : c'est le cas où l'on a joué sur parole. Dans cette hypothèse, en effet, on chercherait vainement le fait de soustraction, qui est un élément nécessaire du délit. Le gagnant ne reçoit rien, n'appréhende rien; le seul résultat de ses coupables pratiques c'est un engagement moral du perdant. Or, celui qui par des moyens frauduleux obtient un engagement, une promesse, ne commet pas un vol; d'un autre côté, les engagements qui résultent du jeu n'étant pas sanctionnés par la loi (c. nap. 1965), celui qui a perdu sur parole peut toujours se refuser au payement. On ne peut voir non plus dans les faits dont il s'agit une tentative de filouterie, puisqu'il n'existait point là de sommes ou valeurs à

Du 20 fév. 1846.-C. C., ch. crim.-M. Mérilhou, rap.

(1) Espèce : — (Manceau). — Manceau est prévenu de s'être enfui, afin de se soustraire au payement de diverses consommations qu'il avait faites chez des aubergistes et cafetiers. — Le tribunal correctionnel de Grenoble, se fondant sur ce que c'était à l'aide de manœuvres frauduleuses qu'il était parvenu à se faire servir dans plusieurs maisons, le déclare coupable d'escroquerie, et lui faisant application de l'art. 405 c. pén., le condamne à treize mois de prison et 50 fr. d'amende. — Appel. — Arrêt.

La cour; — Attendu que les faits imputés à Manceau sont constants, et adoptant à cet égard les motifs des premiers juges; — Mais, attendu qu'ils ont fait une fausse application de l'art. 405 c. pén., et que les faits articulés dans la prévention constituent le délit de filouterie prévu par l'art. 401 du même code; — Attendu qu'il y a dans la cause des circonstances atténuantes qui permettent d'user de la modération autorisée par l'art. 463 c. pén.; — Réformant, etc.

Du 28 nov. 1833.-C. de Grenoble, ch. corr.-M. Duboys, pr.

(2) Privat-Petiot C. min. pub.) — La cour; — Attendu que des débats et des déclarations des témoins à l'audience il est résulté formellement que le sieur Quet n'a été en aucune manière déterminé à livrer des marchandises au prévenu ni par le faux nom pris par celui-ci ni par le dépôt provisoire de son portemanteau; que ledit Quet a nettement expliqué que ces deux circonstances ont été pour lui des circonstances indifférentes, puisque son intention avait été de faire servir au comptant, et qu'il n'avait jamais eu la pensée d'accorder un délai à son acheteur, par suite de quoi il n'avait eu aucune espèce de gage ou garantie; que, d'après les usages suivis en pareil cas à la foire de Beaucaire, ledit Quet s'attendait à recevoir le montant de la vente au moment même, sans autre précaution que celle de veiller, soit par lui-même, soit par ses commis, à ce que son acheteur ne disparût pas avec les marchandises vendues avant que le prix en eût été préalablement acquitté; que cette surveillance a été trompée, dans le cas dont il s'agit, par l'adresse et la mauvaise foi de Privat-Petiot, qui a trouvé moyen de faire enlever les marchandises par un camion avec une telle rapidité que le sieur Quet n'a pas eu le temps d'en arrêter le départ, et qu'elles ont disparu sans qu'il s'en soit aperçu;—Que Privat-Petiot a donc agi par supercherie en enlevant ainsi des marchandises qu'il n'avait achetées que pour les payer comptant, qu'il devait jusque-là laisser dans le magasin, ou tout au moins sur la voiture, et qu'il ne lui était pas permis de faire disparaître à l'insu du marchand tant qu'il n'en avait pas acquitté le prix entre les mains de ce dernier; que d'ailleurs les circonstances qui ont suivi prouvent avec évidence que son intention en agissant de la sorte était de ne plus reparaître, et de se soustraire lui et les marchandises à toute poursuite; — Attendu que, les faits ainsi expliqués, il en résulte, relativement à l'application de la loi pénale, qu'on ne saurait leur attribuer les caractères de l'escroquerie tels qu'ils sont définis par l'art. 405, puisque le faux nom, ni la manœuvre frauduleuse qu'on pourrait faire résulter du dépôt du portemanteau n'ont influé sur les déterminations du sieur Quet lorsqu'il a remis ses marchandises à Petiot, circonstance qui serait nécessaire pour faire déclarer ce dernier coupable d'escroquerie; — Mais attendu que ces mêmes faits rentrent pleinement dans la catégorie des larcins et filouteries atteints et punis par l'art. 401.

Du 15 déc. 1842.-C. de Nîmes, 5e ch.-M. Vignolles, pr.

l'égard desquelles on puisse dire que le gagnant a tenté de s'en emparer par des moyens frauduleux qui n'ont manqué leur effet que par des circonstances indépendantes de sa volonté. — Il a été décidé, en ce sens : 1° qu'on ne saurait considérer, ni comme filouterie, ni comme tentative de filouterie, un ensemble de cir-

(1) *Espèce :* — (Conaty C. min. pub.) — Conaty, Irlandais, a été poursuivi comme prévenu de filouterie au jeu ou de tentative de filouterie devant le tribunal correctionnel de Tours, qui a statué par le jugement suivant : — « Considérant qu'il résulte de l'instruction, et notamment des dépositions de Bournier, de Rosetti et de Déshondes, que dans la nuit du 9 au 10 décembre dernier, au café de la Ville, à Tours, Conaty, après de longues parties d'écarté, a proposé à Déshondes, son adversaire le plus constant, un quitte ou double, en cent points, des 5,000 fr. qui, sur parole, lui revenaient tant à lui qu'à Macdonald, qui pariait ; qu'il a obtenu de Déshondes après avoir insisté pour que la partie ne fût pas fixée à un moindre nombre de points ; qu'au cours de cette dernière partie il a marqué les quatre rois du jeu neuf dont il se servait pour donner ; qu'ensuite, faisant filer la carte, il tournait fort souvent le roi ou l'avait dans son jeu, de manière que, lorsque la partie fut arrêtée par Bournier, qui à l'instant fit reconnaître les marques, il se trouvait déjà avoir soixante-et-un points, lorsque son adversaire n'en avait encore que quarante-sept ; — Considérant que l'évidence de ces faits explique et achève de prouver pourquoi Conaty, dans les précédentes parties, s'était refusé à céder sa place à un autre joueur ; pourquoi il s'était longtemps obstiné, sous prétexte d'empêcher les cartes de se brouiller, à garder un jeu bleu avec lequel il donnait ; pourquoi les quatre rois de ce jeu se sont trouvés aussi marqués ; pourquoi enfin il gagnait si souvent la partie ; qu'il est dès lors également constant que, déduction faite des paris de Macdonald, Conaty, en jouant un jeu déloyal, a gagné la somme ci-dessus énoncée, et déposée en totalité par Déshondes en mains tierces ; — Considérant qu'ainsi Conaty a volontairement tenté de commettre une filouterie au préjudice de Déshondes, afin de s'approprier tout ou partie des sommes engagées au jeu, tentative manifestée par un commencement d'exécution qui n'a manqué son effet que par des circonstances indépendantes de la volonté de son auteur, délit prévu par l'art. 401 c. pén. — Par ces motifs, condamne Conaty en deux ans de prison et aux dépens. »

Sur l'appel du prévenu et du ministère public, arrêt qui confirme, et, sans réquisition du ministère public, ajoute deux condamnations accessoires en ces termes : — « Statuant sur appel du ministère public, et faisant application de l'art. 42, § 3, c. pén., ordonne que Conaty sera interdit pendant dix ans du droit de témoignage en justice, ordonne qu'après avoir subi sa peine il sera placé sous la surveillance de la haute police de l'État pendant cinq ans.

Pourvoi. — 1° Fausse application de l'art. 401 c. pén. en ce que la tromperie au jeu ne peut constituer une escroquerie ou filouterie punissable sans qu'il y ait eu soit remise obtenue par fraude, soit appréhension tentée ou consommée de fonds ou valeurs. Or, dans l'espèce, où peut-on voir même un commencement d'exécution de soustraction frauduleuse de la chose d'autrui dans la fraude commise au jeu lorsque la partie est liée sur parole et reste inachevée ? — 2° Violation des art. 195 c. inst. crim. et 50 c. pén. ; fausse application des art. 44, 45 et 401 de ce dernier code, en ce que le jugement d'appel a prononcé la peine de la surveillance de la haute police pendant cinq ans à dater de l'expiration de la peine corporelle, sans que la disposition pénale en vertu de laquelle il a prononcé cette condamnation ait été énoncée dans le jugement et sans que rien énonce que la lecture en ait été faite.

M. le conseiller Rocher a présenté sur le premier moyen du pourvoi les remarquables observations qui suivent : — Serait-il vrai, messieurs, que le gain frauduleux d'une partie de jeu engagée sur parole fût en dehors de toute répression pénale par cela que ce gain n'aurait pas été réalisé ? Telle est la solution à laquelle tend le système du demandeur. La jurisprudence ayant en effet décidé que, pour constituer même la simple tentative d'escroquerie, il est nécessaire que les valeurs détournées à l'aide des manœuvres frauduleuses aient été remises à celui qui a fait emploi de ces manœuvres, et l'art. 405 c. pén., qui spécifie les diverses sortes de valeurs susceptibles d'être escroquées, n'ayant évidemment trait, comme l'art. 401, qu'à des objets corporels et mobiliers, la tromperie au jeu qui, comme dans l'espèce, n'a été suivie d'aucune délivrance de fonds, resterait complètement impunie si, dans l'absence de ce caractère essentiel du délit prévu par le premier de ces articles, elle ne constituait pas, aux termes du second, une tentative légale de filouterie. Y eût-il eu, d'ailleurs, remise de l'enjeu, les faits, sous un autre rapport, peuvent ne pas se prêter à la qualification de l'art. 405. — Ici, par exemple, où verrait-on les manœuvres frauduleuses tendant à faire naître dans l'esprit du perdant l'espérance d'un succès chimérique ? Ces manœuvres, ne l'oublions pas, doivent avoir eu sur la volonté de la personne escroquée une influence déterminante, et sur le résultat de l'escroquerie une influence décisive. Or il ne s'agit pas d'un homme excité à jouer par une de ces combinaisons de dol propres à persuader, en l'abusant, une crédulité confiante. Si la fraude a consisté

constances et de manœuvres ayant pour objet de déterminer le gain frauduleux de sommes engagées *sur parole* dans une partie de jeu, et qui devaient être *ultérieurement* remises (Crim. cass. 13 avr. 1843) (1). — 2° Que le fait de tromper au jeu, dans une partie engagée sur parole, c'est-à-dire sous la condition que

uniquement dans l'emploi de cartes marquées ; si cet emploi, de ____ alors, postérieur à la convention de jeu librement consentie, n'a pas eu pour motif et n'a pu avoir pour effet d'exalter chez le perdant l'espoir illusoire du gain ; si enfin le payement, dans le cas où il aurait eu lieu, n'a été que l'exécution forcée du contrat, et non la suite d'une résolution provoquée, surprise, entraînée, par cette sorte de mise en œuvre du mensonge à laquelle l'art. 405 veut que la volonté du tiers lésé ait été soumise, il n'y a pas escroquerie, la fraude n'a rien persuadé, la persuasion n'a rien fait. Au regard de la loi pénale, il y a filouterie ou il n'y a rien. Disons-le donc nettement, messieurs, ce qui vous est demandé, ce qu'il faudra bien que vous accordiez au condamné s'il est fondé en droit dans sa prétention, c'est de déclarer qu'une action immorale de laquelle est né un préjudice ne tombe sous le coup d'aucun texte. Un moyen dont l'adoption peut amener une pareille conséquence appelle le plus attentif examen. Pour l'apprécier, il importe de le réduire à ses plus simples termes.

« Écartons, d'une part, ceux des arguments du demandeur dont les déductions, si ingénieuses qu'elles soient, ne paraîtront peut-être pas à la cour présenter la raison de décider. Admettons, d'autre part, comme des vérités irrécusables, ceux des principes invoqués par lui qui ne sauraient être sérieusement contestés. À l'égard des premiers et en ce qui touche le raisonnement fondé sur le rapprochement des dispositions relatives tant au vol qu'à l'escroquerie, rapprochement duquel le demandeur infère que, si une dépossession effective est exigée pour la simple tentative du dernier de ces délits, à plus forte raison doit-on la considérer comme un élément indispensable de la tentative, plus sévèrement réprimée, du délit de vol, il y a lieu d'observer que, si une latitude plus grande est donnée aux juges dans la punition du vol, même dégagé de toute circonstance aggravante, que dans celle de l'escroquerie, c'est que le vol implique l'emploi d'un de ces moyens de fraude qui ne laissent pas libre la volonté du tiers dépouillé de sa chose ; tandis que le consentement surpris par l'escroc n'a pu être refusé ou accordé suivant le degré de confiance qu'ont inspiré ses manœuvres. Dans le premier cas, la chose est soustraite, comme le disent vos arrêts, contre le gré ou à l'insu du propriétaire ; dans le second, c'est la personne escroquée elle-même qui se fait l'instrument de la tromperie dont elle est victime. Or, la répression d'un fait pénal se mesurant sur le plus ou moins de danger de l'atteinte qu'il porte à l'ordre général de la société, la loi a dû s'armer de plus de rigueur contre la fraude qui violente la volonté et déjoue fatalement toute prévoyance que contre celle dont le tiers lésé peut s'imputer à lui-même d'avoir favorisé l'accomplissement et amené le succès.

« Si tel a été le motif de la loi, on voit que la différence des textes, loin d'être favorable à l'argumentation du demandeur, démontre, au contraire, que plus le délit est à craindre, moins difficiles s'il sera toutes les conditions auxquelles sa poursuite est subordonnée ; que, plus il est difficile de s'en défendre, moins la loi doit se montrer exigeante dans la détermination des caractères qui permettent de l'atteindre et de le punir ; sans quoi elle subviendrait avec plus de sollicitude à l'erreur volontaire qu'à la dépossession violente, et sa protection serait d'autant moins efficace qu'elle est plus nécessaire.

« Qu'on ne dise donc pas que, dans le système d'interprétation contre lequel on s'élève, le défaut de toute remise de fonds a obligé de substituer à une prévention incomplète d'escroquerie la prévention plus grave d'une tentative de vol, et qu'on a fait venir l'art. 401 en aide à l'art. 405. Un piège tendu à la bonne foi présente moins de dangers, exige moins d'audace, comporte des caractères plus restreints de criminalité et une répression moins forte que le fait nu d'une soustraction consommée ou tentée contre le gré ou à l'insu du plaignant.

« Y a-t-il eu, dans l'espèce, soustraction tentée de l'enjeu ? Là est le doute, là doit porter la décision. Quant à l'induction tirée de l'art. 1967 c. civ., qui, en présupposant un payement de la dette de jeu, et en qualifiant, dans cette hypothèse, la tromperie qui a pu donner naissance à cette dette, de dol, de supercherie ou d'escroquerie, aurait virtuellement exclu de l'application de la loi pénale dont il rappelle les dispositions le fait de fraude non suivi de l'appréhension de la somme convenue, en tant que ce fait constituerait une tentative de vol, nous nous demanderons avec vous, messieurs, si cette induction n'est pas combattue par le texte même sur lequel elle s'appuie. Qu'a voulu ce texte ? À la suite de l'art. 1965, qui seul se rapportait au cas de nonpayement, et appliquait à ce cas la prohibition de l'ordonnance de 1629 et de la déclaration du 1er mars 1781, le législateur civil a prévu le payement effectué dont il a réglé l'effet en vertu de la maxime *Turpitudo versatur ex utraque parte et in pari causa melior est conditio possidentis*, sans toutefois étendre le droit qu'il faisait résulter de la possession à celle qui était viciée dans sa source par un délit ; puis il a énuméré les

perdant payera ultérieurement, ne constitue ni filouterie ni ten-

différentes manières dont cette possession pouvait être attaquée, et s'est servi pour les indiquer de ces expressions indéterminées de *dol* et de *supercherie*, qui comprennent dans leur généralité toute espèce de fraude. Procédant ainsi par voie de démonstration, et n'ayant ni ne pouvant avoir la pensée de limiter, en s'y référant, des qualifications régies par un ordre spécial de dispositions dont il ne lui appartenait pas, à son point de vue, de préciser la signification et la portée.

» Conclure du silence de l'art. 1967 sur la filouterie proprement dite que la peine de ce délit est inapplicable à la fraude tentée au jeu, c'est donc faire violence à ses termes, et attribuer à une vague énumération un sens positif et restreint qu'elle ne comporte pas.

» Voilà, messieurs, ce que nous avions à dire de ces premiers aperçus du système sur lequel est basé le pourvoi. Relativement aux concessions qui, suivant nous, ne peuvent être refusées à ce système, c'est un point constant de doctrine et de jurisprudence : 1° que le vol doit avoir pour objet une chose certaine, matérielle, mobilière ; qu'un droit quelconque, fût-il de nature à donner ouverture à une action civile, ne rentre pas, tant qu'il n'y a pas eu appropriation effective de la somme d'argent dont il est l'expression ou du titre qui la représente, dans les termes de l'art. 379, empruntés, non comme on le dit généralement, à la définition du Digeste, laquelle est applicable même au simple abus de l'usage et de la possession, mais à cette autre définition du jurisconsulte Paul, rejetée par Justinien, et admise soit dans notre ancien droit, soit dans la loi du 22 juill. 1791 : *Fur est qui dolo malo rem alienam contrectat* ; 2° que, nonobstant la force qu'on pourrait attacher à ces expressions de l'art. 401 : *les autres vols non spécifiés dans la présente section, les larcins et filouteries*, etc., expressions qui semblent admettre des variétés de vols non soumises aux conditions générales de criminalité établies par l'art. 379, la filouterie, comme tout autre vol, n'est punissable qu'autant qu'il y a eu soustraction ou tentative de soustraction frauduleuse de la chose d'autrui.

» Ceci posé, messieurs, nous voici parvenus aux deux véritables questions du procès : — La tromperie au jeu peut-elle, dans le cas où la partie est liée par parole, constituer une tentative de filouterie ? En quoi consiste, dans une tentative de cette nature, le commencement d'exécution ?

» Sur la première de ces questions, messieurs, un doute de la plus haute gravité s'élève. L'art. 1965 c. civ. n'accorde, comme le rappelle le demandeur, aucune action pour dette de jeu. « En France, dit Portalis, les lois ont quelquefois puni le jeu comme un délit ; elles ne l'ont jamais protégé comme un contrat. » Que la partie soit gagnée à l'aide de la fraude, le bénéfice n'en est pas pour cela assuré au gagnant. Il dépend de son adversaire de laisser sans effet un avantage qui n'est réalisable que de son consentement.

» Sur quoi donc peut porter la tentative? Sur quelque chose qui n'a rien de réel : car il n'y a de réel que ce qui est certain, et rien n'est moins certain que l'usage éventuel d'un droit, si c'en est un, dépourvu de sanction légale, subordonné à la volonté de celui contre lequel il est exercé, et pouvant être frappé de stérilité et d'impuissance, quand, par un motif quelconque, mauvaise foi, défiance, ou défaut de ressources, le perdant se refuse à lui donner satisfaction.

» Or qu'est-ce qu'une tentative de soustraction aboutissant à une demande d'argent susceptible d'être péremptoirement rejetée? Comment attribuer l'action de soustraire à qui tend la main pour recevoir? Quelle communauté d'idées peuvent représenter ces deux mots qui s'excluent : soustraction d'une part, remise volontaire de l'autre? A cette pressante objection, messieurs, qui à vrai dire est peut-être à elle seule toute la cause, nous ne connaissons qu'une réponse : Est-il bien certain que le mot *soustraction* implique, comme on le prétend, le déplacement manuel, l'appréhension violente de la chose d'autrui? Le mot *contrectatio*, dont on le fait dériver, n'avait pas évidemment, sous l'empire de la loi romaine, ce sens restreint, puisqu'il s'appliquait, ainsi que nous l'avons rappelé plus haut, au simple abus de l'usage et de la possession : *Vel ipsius rei, vel etiam usus ejus possessionisve*. Ce mot, dit Merlin, signifiait uniquement ce que l'on peut entendre dans notre langue par *le maniment* de la chose d'autrui. Sur quoi se fonderait-on pour affirmer que l'emploi du mot *soustraction* dans l'art. 379 a eu pour effet de renfermer dans une acception plus étroite le sens de cette première partie de la définition du Digeste? Deux exemples, empruntés l'un à la loi, l'autre à la jurisprudence, semblent prouver le contraire. Le dernier paragraphe de l'art. 386, placé dans la section des *Vols*, prévoit le cas où un aubergiste, un hôtelier, un voiturier, un batelier, ou un de leurs préposés, s'approprient tout ou partie des objets qui leur ont été confiés à ces divers titres. Il y a bien là maniment frauduleux de la chose d'autrui; mais comment y voir un déplacement, une appréhension violente de cette chose? Ainsi du cas où un objet trouvé est retenu, nonobstant la déclaration ultérieure du propriétaire. Qu'a de commun cette rétention, assimilée au vol par la jurisprudence, avec l'acte de spoliation brutale auquel on limite le sens du mot *soustraction*? Que cette première donnée sur la portée des termes de l'art. 379 soit une fois admise, la cour voit

tative de filouterie, alors qu'il n'y a point de la part du gagnant quelles conséquences peuvent en être tirées. Si le vol, dira-t-on, n'est, comme le proclament les arrêts, que l'approbation de la chose d'autrui contre le gré ou à l'insu du propriétaire, il en résulte qu'il faut reconnaître en cette matière deux sortes de violences : une violence ouverte et une violence cachée, dominant l'une et l'autre la volonté, celle-ci par la force, celle-là par la ruse ; la première en la bravant, la seconde en lui laissant ignorer le ressort secret qui agit sur elle ; ici contre le gré d'autrui, là à son insu ; ce qui comprend précisément les deux modes de soustraction frauduleuse spécifiés par la définition ci-dessus rappelée, et offrant au même degré le double caractère de l'immoralité et du dommage. Cela étant, le tiers qui se croit obligé à payer parce qu'il ignore le moyen de fraude employé pour le dépouiller n'est pas plus libre, aux yeux de la loi pénale, que si ce payement lui était arraché de vive force. Il ne s'agit pas d'apprécier la valeur de l'obligation qui le lie d'après les règles civiles. Qu'a eu en vue l'art. 401? Protéger la propriété mobilière contre les atteintes dont le propriétaire n'a pu la défendre. Or la fraude, ayant pour résultat de créer en apparence un de ces engagements auxquels l'opinion, qui a aussi son code, donne le nom de dettes d'honneur comme pour suppléer à la sanction extérieure qui leur manque, produit dans cet ordre d'idées un effet équivalant à un lien de droit. Se libérer, dans ce cas, ce n'est pas, à proprement parler, consentir : c'est céder à une sorte de force majeure qui interdit, tant que la fraude est couverte d'un voile, toute hésitation, toute incertitude, toute possibilité morale de refus ; et, aux termes mêmes de la loi civile, toute répétition des sommes ainsi payées. Qu'importe qu'il ne s'agisse que d'une obligation naturelle, si la valeur d'opinion qui y est attachée remplace la force légale qu'elle n'a pas, et si des lors le tort auquel elle donne lieu est le même que celui qu'entraîne une contrainte exercée par les voies judiciaires? Il en est de ce fait comme du faux, qui consiste dans la simulation imparfaite d'un acte dont l'irrégularité peut arrêter l'exécution ; simulation que la jurisprudence n'en reconnaît pas moins punissable, parce qu'il suffit que le tort dérivant de l'intention mauvaise soit possible pour qu'il appelle une répression. On ne nie pas, ajoutera-t-on, que, si l'enjeu était exposé sur table ou remis en mains tierces, il n'y eût filouterie dans le fait de s'en emparer par fraude. Existe-t-il donc entre le cas de la réalisation immédiate de ce dépôt et celui de l'appréhension, effectuée plus tard, de la portion d'enjeu due par le perdant, une différence telle, que dans le premier il y ait délit, et dans le second acte licite? Que l'appropriation s'opère par l'enlèvement de la somme préalablement mise à la disposition du gagnant ou par le fait d'une délivrance forcée, ne présente-t-elle pas le même criminalité, n'amène-t-elle pas le même préjudice? N'y a-t-il pas, sous le point de vue pénal, indivisibilité, nonobstant le trait de temps qui les sépare, entre le moyen et le résultat, le bénéfice acquis et le bénéfice réalisé, la fraude tendant à spolier et la spoliation elle-même? Ne rencontre-t-on pas enfin, dans l'un comme dans l'autre de ces modes de soustraction, ou, en d'autres termes, de maniment frauduleux de la chose d'autrui, les trois conditions essentielles du vol telles que les précisait la définition du jurisconsulte Paul : intention de nuire, *dolus malus*; détermination d'une valeur mobilière appartenant à un tiers, *res aliena*; la mainmise plus ou moins prochaine, mais en définitive effectuée sur cette valeur, *contrectatio*? Or, s'il peut y avoir dans le concours de ces trois éléments délit consommé de filouterie, pourquoi la tentative de ce délit n'existerait-elle pas dans un cas qui ne différerait de la consommation qu'en ce que le bénéfice de la fraude acquis à son auteur par le gain de la partie n'aurait pu être réalisé par lui à raison de circonstances auxquelles sa volonté n'aurait eu aucune part?

» Ceci, messieurs, nous conduit à l'examen de la seconde question, qui n'a d'intérêt qu'autant que le rapprochement des deux systèmes par nous mis en présence aurait laissé indécise dans vos esprits la solution de la première. En quoi consiste le commencement d'exécution d'une tentative de filouterie pratiquée dans une partie de jeu engagée sur parole? Sur ce point un peu de mots suffiront. Nous ne pouvons pas invoquer ici un de ces principes de tous les temps et de toutes les législations, dont on trouve le germe dans les sources mêmes du droit. Les Romains, comme l'observait un des auteurs de la Théorie du code pénal, ne reconnaissaient guère de tentative assimilable au fait consommé que celle du meurtre. Plusieurs de nos jurisconsultes, aujourd'hui encore, n'admettent pas que là où la pensée criminelle a été arrêtée dans son accomplissement il y ait, sous le double rapport de la moralité de l'action et de la peine qui lui est applicable, identité avec le cas d'une exécution consommée.

» Enfin, messieurs, autour de nous la plupart des législations en vigueur ont également repoussé cette assimilation. La jurisprudence s'est ressentie de cette absence de règles primordiales, de doctrines universellement reçues. Où s'arrêtent les actes simplement préparatoires? Où commence l'exécution? A cet égard vos intérêts ne nous donnent aucune lumière : ils décident, en général, qu'il y a lieu de s'en rapporter à l'appréciation des juges du fait. Ainsi jugé, notamment les 25 sept. 1825 et 4 oct. 1827. Nous ne pouvons donc interroger utilement que le texte

appropriation frauduleuse de valeurs, au moyen d'une appréhension violente ou furtive, et que les valeurs lui ont été volontairement remises par le perdant, ou qu'il les a vainement réclamées (Crim. cass. 20 juin 1845, aff. Peyronnet, D. P. 45. 1. 275; 9 oct. 1846, aff. Bacon D. P. 46. 4. 547).

Supposons maintenant que les enjeux étaient sur table. Celui qui, ayant gagné par fraude, les a saisis et les est approprié, doit-il être réputé coupable de filouterie? Au premier abord il semble que tous les caractères du vol se trouvent ici réunis et qu'il y ait bien soustraction frauduleuse de la chose d'autrui. M. Rocher, dans son rapport à la suite duquel a été rendu l'arrêt Conaty (15 avr. 1843, V. l'alinéa précédent), paraît considérer ce point comme incontestable, et les arrêts précités de la cour de cassation eux-mêmes, notamment ceux du 20 juin 1845 et du 9 oct. 1846, contiennent des expressions qu'on peut considérer comme favorables à cette interprétation. Et cependant, si l'on y regarde de près, des doutes sérieux s'élèvent. Celui qui, après avoir gagné par fraude, saisit sur la table les sommes qui servaient d'enjeux, ne commet pas une soustraction peut-on dire, car il ne s'empare pas de ces valeurs contre le gré ou à l'insu du propriétaire, mais plutôt avec l'assentiment au moins tacite de ce dernier, qui, ignorant la fraude dont il a été victime, croit avoir perdu loyalement ce qu'il avait risqué. C'est comme si le perdant avait lui-même remis au gagnant ce que celui-ci a saisi. Il est vrai que l'assentiment du perdant à l'appréhension faite par le gagnant a été déterminé par la fraude de ce dernier; mais la question ici est de savoir si celui qui par fraude s'est fait payer comme dû ce qui en réalité ne lui était dû à aucun titre, ou en d'autres termes si celui qui par fraude a obtenu la remise volontaire de valeurs auxquelles il n'avait aucun droit, doit être réputé coupable de vol ou de filouterie; or,

---

même de la loi. L'art. 2 c. pén. spécifie deux sortes de tentatives : celle qui a été suspendue par un obstacle extérieur, comme, par exemple, la menace d'une arme à feu arrachée des mains du meurtrier au moment où il va en presser la détente; et celle qui a manqué son effet par suite d'une circonstance également fortuite, comme l'action de décharger cette arme sans que le coup ait porté. Dans le premier cas, il y a présomption légale que le fait eût été consommé si la chose eût dépendu de celui qui l'a tenté Dans le second, la conception criminelle a reçu son entière exécution, bien que le résultat ait trompé l'attente du coupable. A laquelle de ces deux catégories appartient l'acte reproché au demandeur? Ni à l'une ni à l'autre, vous dit-il. Dès qu'il n'y avait pas un enjeu placé sous la main des joueurs, et que le gagnant n'a pas manifesté l'intention de s'en emparer, on ne saurait voir dans ce qui s'est passé que des actes préparatoires qui ne rentrent pas dans la perpétration du fait de vol.

» A cet égard nous ferons remarquer, en premier lieu, que le corps de délit, qui, suivant le demandeur, n'existerait pas dans la cause, consiste, en cette matière, non, comme il le prétend, dans l'enjeu, objet d'une coupable convoitise, mais dans l'empreinte frauduleuse apposée aux cartes dont il a fait usage. Nous demanderons ensuite s'il est nécessaire que le voleur ait tendu la main sur la chose pour que la soustraction ait été par lui tentée. — En ce qui touche les autres espèces de vols, vos arrêts, messieurs, ont, il est vrai, considéré comme insuffisants pour caractériser la tentative d'exécution, l'usage des fausses clefs, l'escalade, l'effraction : pourquoi cela? Parce qu'aucune de ces circonstances ne révèle nécessairement l'intention de voler, et que l'introduction ainsi effectuée peut avoir eu, ainsi que l'observe Merlin, un tout autre but. Mais quand le but comme l'intention ressortent de la nature même du moyen dont le prévenu a dû faire emploi, et quand cet emploi a eu lieu, que lui reste-t-il à tenter pour donner à la pensée de vol et de dommage cette manifestation qui, n'ayant été interrompue que par un empêchement étranger, est assimilable, quant à l'immoralité qu'elle signale et au danger qu'elle fait, à une exécution entière? La fraude une fois consommée, l'appréhension de la somme objet de la convention de jeu n'est plus qu'une conséquence obligée de l'accomplissement de la condition qui en assurait la remise : conséquence en dehors de la culpabilité intentionnelle qu'a révélée le fait; qui, si elle s'y rattache plus tard, n'a pas pour objet de l'aggraver, mais seulement de donner à ce fait le complément dont la culpabilité elle-même n'a plus besoin pour encourir les sévérités de loi.

» Nous avons, messieurs, envisagé sous ses diverses faces la question soulevée par le pourvoi : la cour y statuera dans sa sagesse. » — Arrêt.

LA COUR; — Vu les art. 379 et 401 c. pén. ; — Attendu que l'un des caractères essentiels du vol est la soustraction frauduleuse effectuée de la chose d'autrui; que la tentative légale de ce délit doit

---

la cour de cassation s'est constamment prononcée pour la négative (V. suprà, n°s 73 et suiv.).

672. Mais se rend coupable de filouterie celui qui, après avoir surpris à une personne, pendant qu'elle était privée de toute raison et de toute volonté par suite d'un état d'ivresse, la signature de billets pour une somme qu'il lui avait gagnée déloyalement au jeu, s'est emparé frauduleusement de ces billets. — « Attendu que le jugement dénoncé déclare qu'après avoir surpris à Bazile, pendant qu'il était privé de toute raison et de toute volonté, la signature de billets pour une valeur de 3,000 fr., les demandeurs s'en sont emparés frauduleusement, ce qui constituait le délit prévu par l'art. 401 c. pén.; que ce jugement a fait d'ailleurs régulier dans la forme, a donc fait une juste application de cet article » (Crim. rej. 14 oct. 1842, M. Rives, rap., aff. B... frères).

673. Les manœuvres employées pour surprendre la crédulité d'un témoin et qui ont amené ce témoin à faire, par erreur, une disposition non conforme à la vérité, ne constituent pas le délit de filouterie (Crim. cass. 9 sept. 1852, aff. Lacouturière, D. P. 52. 5. 525).

SECT. 5. — *Des détournements commis par le saisi ou par le donneur de gage.*

674. Les meubles saisis à la requête d'un créancier ne cessent pas, durant la saisie, d'appartenir au débiteur; aussi avait-il été décidé, sous l'empire du code pénal de 1810, et avant la réforme de 1832, que le débiteur, en les enlevant, ne commettait pas un vol dans le sens de l'art. 379 c. pén. (Crim. rej. 14 mai 1813 (1); Crim. cass. 29 oct. 1812, aff. Van Esbeeck, v° Abus de conf., n° 139).—L'un des éléments constitutifs participer de ce caractère, et qu'il est nécessaire dès lors que ladite soustraction ait été tentée pour que le fait de tentative soit punissable; — Attendu qu'aux termes de l'art. 401 c. pén. la filouterie a été rangée au nombre des vols, et qu'elle est ainsi soumise aux mêmes conditions de criminalité; — Attendu que, dans l'espèce, le jugement attaqué a appliqué les peines de cet article à un ensemble de circonstances et de manœuvres ayant eu pour objet de déterminer le gain frauduleux de sommes engagées dans une partie de jeu, et devaient être ultérieurement remises; que ces faits, reconnus constants, ne constituaient ni la consommation ni la tentative légale du délit de filouterie; qu'ainsi il a été fait une fausse application de l'art. 401 précité; — Par ces motifs, et sans qu'il soit besoin de statuer sur le moyen de forme; — Casse.

Du 15 avr. 1843.—C. C., ch. cr.—MM. Crouseilhes, pr.—Rocher, rap. *Nota.* Sur renvoi devant la cour d'Orléans, Conaty a été acquitté.

(1) *Espèce :* — (Min. pub. C. Thabuis et Duhamel.) — 27 mars 1812, arrêt de la cour de Rennes qui réforme, dans les termes suivants, un jugement du tribunal correctionnel de Saint-Malo, lequel avait condamné aux peines du vol simple la femme Thabuis, prévenue d'avoir enlevé des meubles saisis par les créanciers de son mari, et placés sous la surveillance d'un gardien : « Attendu, en premier lieu, 1° que le fait imputé à la dame Thabuis d'avoir détourné partie de ses meubles, compris dans une saisie-exécution faite à la requête des créanciers de son mari, n'est qualifié ni de délit ni de crime par aucune disposition de nos lois pénales; qu'il n'a pas le caractère de vol que lui ont attribué les juges de Saint-Malo, en raisonnant par l'induction des art. 579 c. pén., 595 et 597 c. com., 600 et 690 c. pr. civ.;— 2° d'abord, quant à l'art. 579, qui déclare coupable de vol quiconque a soustrait une chose qui ne lui appartenait pas, est sans application à la femme Thabuis, attendu qu'elle et son mari n'ont pas cessé, durant la saisie, d'être propriétaires de leurs effets; — 2° Que les art. 595 et 597 c. com., uniquement relatifs aux banqueroutiers frauduleux, et insusceptibles d'être étendus de ce cas à un autre, sont étrangers dans une cause où il n'a point existé et où il n'existe encore ni plainte ni dénonciation tendant à établir une prévention de banqueroute frauduleuse; — 5° Que les art. 600 et 690 c. pr. civ., qui renvoient au code pénal, ne pouvaient servir d'appui à l'opinion adoptée au tribunal de Saint-Malo que dans l'hypothèse où les soustractions eussent été accompagnées de violences et de voies de fait assez graves pour autoriser l'application des art. 209 et suiv. c. pén.; mais comme nulle circonstance de cette nature ne s'est manifestée dans l'espèce, il n'y avait point de base de compétence à puiser au code pénal : on peut dire même que l'art. 690 prête à une induction contraire à celle dont se sont étayés les juges de Saint-Malo, puisqu'en matière de saisie réelle, matière plus importante et plus authentique par ses formalités que la saisie-exécution, l'art. 690 ne soumet la partie saisie qui aurait coupé

du vol, la chose d'autrui, faisait ici défaut. — V. aussi *suprà*, n° 115.

675. Mais le saisi pouvait-il être condamné comme complice du détournement de ces mêmes objets, commis par un tiers ? L'affirmative résulterait d'un arrêt qui avait décidé que lorsque le débiteur dont les meubles avaient été saisis les enlevait, de complicité avec le gardien, il devenait, ainsi que ce dernier, passible de l'application de l'art. 408 c. pén. : — « Attendu que l'art. 408 c. pén. est applicable au dépositaire qui détourne au préjudice du propriétaire, possesseur ou détenteur, les effets qui lui avaient été remis à titre de dépôt ; que le gardien des meubles saisis en devient dépositaire ; que, d'après l'art. 1962 c. civ., l'établissement d'un gardien judiciaire produit entre le saisissant et le gardien des obligations réciproques ; que le saisissant doit payer au gardien le salaire fixé par la loi ; que le gardien doit représenter les effets saisis, soit à la décharge du saisissant pour les vendre, soit à la partie contre laquelle les exécutions ont été faites, en cas de mainlevée de la saisie ; que, jusqu'à la vente des effets saisis ou jusqu'à la mainlevée de la saisie le gardien les détient donc pour le saisissant ; que celui-ci est le vrai possesseur, le détenteur des effets saisis ; que le gardien qui détourne, au préjudice du créancier saisissant, les effets dont il a été constitué dépositaire, détourne donc ces effets au préjudice du possesseur ou détenteur ; qu'il commet donc le délit prévu par l'art. 408 c. pén., et se rend passible de la peine que cet article prononce ; — Et attendu, dans l'espèce, qu'il est déclaré par la cour d'appel de Bordeaux, « que Joseph Roubenne doit être considéré comme le mobile et le principal agent de l'enlèvement des effets dont il était constitué gardien...; que la veuve Danga a enlevé, pour les tourner à son profit, et de complicité avec ledit Roubenne, des effets qu'elle n'ignorait pas avoir été placés sous la main de la justice et confiés à la garde de ce dernier.. ; et qu'elle seule a pu le porter à abuser de la confiance dont il était investi pour détourner à son avantage les objets qu'il s'était chargé de garder et de représenter à son commettant ; » qu'en jugeant d'après ces faits que les prévenus Roubenne et veuve Danga étaient dans le cas de l'application de l'art. 408 c. pén., et en les renvoyant en conséquence à la police correctionnelle, ladite cour s'est conformée aux lois de la matière » (Crim. rej. 18 mars 1813, M. Aumont, rap., aff. Danga). — Cette solution était incontestable, ainsi que nous l'avons fait remarquer v° Abus de conf., n° 123.

676. Quoi qu'il en soit de ce point particulier, les arrêts ci-dessus, des 29 oct. 1812 et 14 mai 1813, accusaient dans la loi une regrettable lacune. Cette lacune fut comblée d'abord par la loi du 28 avr. 1832, qui introduisit dans l'art. 400 c. pén.

des bois ou commis des dégradations sur les immeubles saisis qu'à une action civile, à une condamnation par corps, à des dommages et intérêts civils ;

Attendu, en second lieu, que les art. 254 et 255 c. crim., qui motivent l'appel à minimá du procureur général, ne frappent que sur les personnes qui auraient soustrait, détruit ou enlevé des pièces, procédures, effets contenus dans des archives, greffes, dépôts publics, ou remis à un dépositaire public en cette qualité ; mais qu'un gardien de meubles saisis, tel que l'est celui qui a été établi dans cette cause par le ministère de l'huissier exécuteur, sur le refus de la partie saisie d'en présenter un solvable, un gardien institué dans l'intérêt privé d'un créancier, ne saurait être rangé dans la classe des dépositaires publics dont parlent les articles cités.....; — Dit qu'il a été mal et incompétemment jugé au tribunal de Saint-Malo ; réformant, décharge les femmes Thabuis et Duhamel des condamnations contre elles prononcées, et condamne les intimés, parties civiles, aux dépens..... » — Pourvoi.
Arrêt.

La cour, — Considérant, 1° que les effets frappés de saisie-exécution ne peuvent être considérés comme existant dans un dépôt public ou comme étant confiés à un dépositaire public en cette qualité, puisque la garde de ces effets est confiée à une personne qui tient ou est investi de sa mission de la volonté privée du saisi et du saisissant, et dans leur intérêt particulier ; que conséquemment on ne peut appliquer aux soustractions d'effets saisis les dispositions des art. 254 et 255 c. pén. ; — 2° Que la soustraction d'effets saisis, commise par le gardien de ces effets, est un délit prévu par l'art. 408 c. pén., cet article n'a pu être appliqué dans l'espèce, où il n'existait point de prévention contre le gardien des effets saisis, mais seulement contre la femme du saisi copropriétaire des mêmes effets, et contre laquelle, d'ailleurs, l'art. 580

quelques dispositions nouvelles relatives à cet objet, et qui devinrent les paragraphes 2, 3 et 4 de cet article. Ces dispositions étaient ainsi conçues : « Le saisi qui aura détruit, détourné ou tenté de détourner des objets saisis sur lui et confiés à sa garde, sera puni des peines portées en l'art. 406 (ce sont les peines de l'abus de confiance). — Il sera puni des peines portées en l'art. 401 (vol simple), si la garde des objets saisis et par lui détruits ou détournés avait été confiée à un tiers. — Celui qui aura recélé sciemment les objets détournés, le conjoint, les ascendants et descendants du saisi, qui l'auront aidé dans la destruction ou le détournement de ces objets, seront punis d'une peine égale à celle qu'il aura encourue. » — Faisons remarquer, avec MM. Chauveau et Hélie (t. 5, n° 1728), que si le détournement par le saisi des effets placés sous sa garde est assimilé par les dispositions qui précèdent à un vol, il ne constitue pas cependant un vol, puisque l'une des conditions constitutives du vol fait défaut. La loi peut bien prononcer des peines, mais elle ne peut pas changer la nature des choses.

Les dispositions qui précèdent ont été modifiées et complétées par la loi des 18 avr.-13 mai 1863. Et d'abord l'art. 400, § 2, disait : « Le saisi qui aura *détruit, détourné ou tenté de détourner....* » Cette disposition atteignait la tentative de détournement, mais elle laissait sans répression la tentative de destruction des objets saisis. C'était une distinction que rien ne justifiait. Elle a été supprimée par la loi de 1863, qui, aux expressions que nous venons de faire connaître, a substitué les suivantes : « Le saisi qui aura détruit, détourné, ou *tenté de détruire ou de détourner...* » — D'autres modifications ont eu pour objet de mettre la rédaction des autres paragraphes en harmonie avec celle du § 2. Ainsi la rédaction primitive du § 3 (devenu le § 4) prononçait contre le saisi les peines du vol simple « si la garde des objets saisis et par lui détruits ou détournés avait été confiée à un tiers; » la loi de 1863 a modifié cette disposition de la manière suivante : « Si la garde des objets saisis et *qu'il aura détruits ou détournés, ou tenté de détruire ou de détourner*, avait été confiée à un tiers. » Nous verrons ultérieurement (V. *infrà*, n° 695) quelles modifications a reçues le § 4, devenu aujourd'hui le § 6.

677. Par application des dispositions qui précèdent de la loi du 28 avril 1832, il a été jugé que le saisi qui a détourné les objets compris dans une saisie pratiquée sur lui hors de son domicile et confiés à la garde d'un tiers se rend coupable du délit prévu par l'art. 400 c. pén., bien que la saisie ne lui ait pas encore été notifiée, s'il est certain qu'il en avait connaissance (Bordeaux, 3 janv. 1839 ; Crim. rej. 18 mars 1852) (1). — Mais qu'on doit considérer comme circonstance atténuante le

c. pén. interdisait l'exercice de l'action publique ; — 3° Que l'art. 600 c. pr. civ. ne peut se référer qu'aux lois pénales existantes lors de sa publication, conséquemment à la loi du 22 flor. an 2 ; mais que cette loi doit être considérée comme abrogée par l'art. 484 c. pén. actuel, ainsi que l'a décidé l'avis du conseil d'État approuvé le 8 fév. 1812 ; que le fait de la prévention ne rentrant, d'ailleurs, dans aucune disposition du même code, il s'ensuit qu'en renvoyant les prévenus des poursuites intentées à leur charge, la cour d'appel de Rennes s'est parfaitement conformée à la loi ; — Rejette, etc.
Du 14 (et non 19) mai 1813.-C. C., sect. crim.-M. Busschop, rap.
(1) 1re *Espèce*:—(Min. pub. C. Dubo.)—La cour;—Attendu qu'il était établi par l'instruction que, le 24 sept. dernier, Mathieu Dubo fit enlever du chantier de Saint-Léger, et transporter à son domicile, par des bouviers agissant d'après ses ordres, une assez grande quantité de planches et de bois de diverses espèces qui avaient été frappés de saisie à la requête de trois de ses créanciers, en vertu d'une ordonnance émanée du président du tribunal de Bazas;—Attendu que, s'il est constant en fait, que, lors de cet enlèvement de marchandises, la saisie n'avait pas encore été notifiée à Mathieu Dubo, par l'officier ministériel qui y avait procédé, il résulte aussi de plusieurs dispositions que Dubo n'en ignorait pas l'existence, lorsqu'il se transporta sur le chantier ; — Que, d'ailleurs, le nommé Faza, établi séquestre des objets saisis, lui fit connaître sa qualité, et lui exhiba le procès-verbal qui la lui conférait, en déclarant s'opposer à ce que les bois confiés à sa garde fussent enlevés ;— Qu'ainsi, Dubo ne peut aucunement exciper de sa bonne foi ;—Attendu qu'il suffisait que Faza produisît le titre légal et authentique qui justifiait à la fois de l'existence de la saisie et de la mission qui lui était confiée, pour que Dubo dût s'abstenir de tout enlèvement;— Attendu que le tribunal correctionnel de Bazas a arbitrairement res-

fait que le saisi a laissé sous la main de la justice des valeurs plus que suffisantes pour acquitter la créance cause de la saisie (Bordeaux, même arrêt).

678. Le saisi qui détourne les objets compris dans la saisie commet le délit prévu par l'art. 400 c. pén., alors même que la saisie est nulle (Paris, 18 juill. 1862, aff. Albert, D. P. 63. 2. 155).—Ainsi le délit qui résulte du détournement par un débiteur des objets saisis sur lui, existe indépendamment du mérite de la saisie, et dès lors les contestations dont la saisie peut être l'objet de la part du débiteur ne sauraient être considérées comme formant des questions préjudicielles de nature à influer sur l'existence du délit lui-même; spécialement, le saisi, prévenu du délit dont il s'agit, ne peut, sous le prétexte qu'il a formé opposition à la saisie ou qu'il a interjeté appel du jugement en vertu duquel elle a été pratiquée, demander qu'il soit sursis à la poursuite par le tribunal correctionnel, jusqu'à ce que les juges civils aient statué sur la validité de la saisie

(Bourges, 7 fév. 1850, aff. Doudon, D. P. 50. 2. 87). — Mais nous pensons qu'il n'en devait être ainsi qu'autant que la saisie avait au moins les caractères extérieurs d'un tel acte, et qu'elle était l'œuvre d'un officier public ayant qualité pour l'accomplir; autrement ce ne serait qu'un simulacre de saisie dont le débiteur n'aurait nullement à tenir compte, et qui ne lui enlèverait point le droit de disposer librement des objets saisis.

679. Le fait, par le saisi, de donner en gage des objets compris dans la saisie, constitue le détournement d'objets saisis prévu par l'art. 400 c. pén. ... Et le créancier qui a reçu en gage ces objets, sachant qu'ils étaient déjà frappés de saisie, se rend coupable de recel d'objets détournés d'une saisie, délit prévu par le même art. 400 c. pén. (Crim. rej. 17 fév. 1844) (1).

680. Mais il ne faut pas confondre avec le détournement des objets saisis le refus de les représenter. — Ainsi il a été jugé que l'art. 400 c. pén. ne peut être appliqué au saisi, pour simple refus de représenter au préposé au récolement les objets

---

treint le sens des termes généraux dans lesquels est conçu l'art. 400 c. pén. ;—Que cet article n'exige pas que la saisie ait été préalablement notifiée au saisi, pour qu'il y ait lieu à son application, mais seulement que les objets détruits ou détournés soient, au moment de leur destruction ou de leur détournement, confiés à la garde d'un tiers ;— Attendu, néanmoins, qu'une saisie n'avait été pratiquée sur le nommé Passelergue que pour avoir payement d'une somme de 604 fr. 69 c. dont il se prétendait créancier de Dubo ; — Que l'enlèvement n'ayant été que partiel, il était resté sur le chantier une quantité plus que suffisante de marchandises pour servir de gage à cette créance et en assurer le recouvrement ; — Que cette circonstance atténuante du délit permet de modifier la peine que Dubo a encourue et dont le minimum serait d'une année d'emprisonnement, d'après l'art. 401 c. pén., en usant du pouvoir modérateur laissé aux tribunaux par l'art. 463 du même code ; — Par ces motifs, émendant, déclare ledit Mathieu Dubo coupable d'avoir, etc.

Du 3 janv. 1859.-C. de Bordeaux, 4e ch.-M. Serbeaud, pr.

2e *Espèce* : — (Rousseau.) — La cour, — Vu les art. 400 et 401 c. pén. ; — Attendu qu'aux termes de l'art. 400 c. pén., le saisi qui a détourné des objets saisis sur lui est puni des peines portées en l'art. 401, lorsque la garde de ces objets a été confiée à un tiers ;— Qu'il est constaté, en fait, qu'une saisie a été pratiquée sur Rousseau le samedi 11 oct. 1850 ; que le procès-verbal de cette saisie ne lui a été notifié que le lundi 13 ; que, dans l'intervalle et pendant la journée du dimanche, il a détourné différents meubles compris dans la saisie et dont la garde avait été confiée à un tiers ; — Que si, au moment où le détournement a été commis, la saisie ne lui avait pas encore été notifiée nonobstant les prescriptions de l'art. 602 c. pr. civ., cette omission qui, suivant la disposition du même article, n'entraînait pas la nullité de la saisie, ne faisait pas non plus obstacle à ce que le détournement pût constituer le délit prévu par la loi ; — Que le jugement attaqué déclare qu'il résulte de tous les faits et circonstances de la cause, qu'au moment de la perpétration de son action, Rousseau avait pleinement connaissance que les objets étaient placés sous la main de la justice ; — Que le délit subsiste dès qu'il est constant, d'une part, que le détournement a été commis postérieurement à une saisie régulière ; et, d'une autre part, que le prévenu a agi avec la connaissance de la saisie, et, par conséquent, en violant les défenses de la loi ; — Rejette, etc.

Du 18 mars 1852.-C. C., ch. crim.-MM. Laplagne-Barris, pr.-Faustin-Hélie, rap.

(1) *Espèce* : — (Dugout C. min. pub.) — Les meubles et l'argenterie des époux Wheeler avaient été saisis à la requête des héritiers Maillard, le 21 mars 1842, et un gardien avait été établi. Lerendu, autre créancier des époux Wheeler, frappa d'une nouvelle saisie, le 27 avr. 1843, le même mobilier et celui qui garnissait une maison appartenant aux saisis, sise à Saint-Servan. Il paraît qu'à la suite de cette seconde saisie, c'est du moins ce que constatent les qualités de l'arrêt de la cour de Rennes, du 10 nov. 1843, « les époux Wheeler ont eu recours aux conseils de Me Dugout, notaire à Saint-Servan, et que celui-ci, qui s'était précédemment constitué leur caution envers Lerendu, profita de cette circonstance pour les engager à livrer leur argenterie à Benjamin Lerendu, fils du saisissant, leur promettant d'obtenir par ce moyen un délai de leur créancier. Ceux-ci résistèrent en lui rappelant que leur argenterie était frappée de saisie par les époux Maillard ; mais le sieur Dugout insista tellement que Wheeler consentit à donner en gage six cuillers, douze fourchettes, une cuiller à potage, douze cuillers à café et une pince à sucre. » — Les époux Wheeler, Dugout et Lerendu furent poursuivis comme coupables et complices du délit de détournement des objets compris dans une saisie, prévu et puni par les art. 400, 401, et 59 et 60 c. pén. — Un jugement du tribunal correctionnel de Saint-Malo, du 17 août 1845, renvoya les prévenus de la plainte.

Sur l'appel du ministère public, un arrêt par défaut de la cour de

Rennes, du 10 nov. 1843, renvoya la femme Wheeler de la plainte et condamna le mari à 25 fr. d'amende, Dugout à trois mois d'emprisonnement et Lerendu à huit jours de la même peine, par les motifs suivants : — « Considérant, quant à Wheeler, qu'il n'est pas plus permis à un saisi de détourner les objets saisis pour les donner en gage que de les vendre ; — Quant à la femme Wheeler, que James Wheeler étant chef de la communauté, Marie Mitre, son épouse, n'avait aucun moyen légal pour s'opposer au détournement auquel ledit Wheeler finit par consentir, et qu'elle ne doit pas dès lors être déclarée coupable ; — Considérant que Dugout détermina par ses promesses et ses instances James Wheeler à remettre à Benjamin Lerendu l'argenterie dont il s'agit, mais qu'il assista à cette remise ; que ce fut lui-même qui prit note du poids de cette argenterie ; qu'il avait connaissance de l'existence de cette saisie... » — Quant à Benjamin Lerendu, considérant qu'il a sciemment recélé l'argenterie saisie ; qu'on ne peut trouver cette exception notamment dans la disposition du notaire Dugout, la cour, par un nouvel arrêt du 22 nov. 1843, maintint, avec adoption de motifs, son premier arrêt, et toutefois réduisit à quatorze jours la peine d'emprisonnement prononcée contre Dugout.— Pourvoi du sieur Dugout. — Arrêt.

La cour ; — Sur le premier moyen fondé sur la fausse application des art. 400 et 401 c. pén... 2o ce qu'une saisie valable eût-elle été interposée, la remise qui aurait été faite par la partie saisie à l'un de ses créanciers, mais à titre de gage seulement, des objets compris dans cette saisie ne constituerait pas de détournement..... Attendu que le détournement des objets saisis compromet la responsabilité du tiers préposé à leur garde et préjudicie aux créanciers, soit que le but de la partie saisie ait été, en pratiquant ce détournement, de reprendre la possession de la chose saisie, d'en opérer la destruction ou seulement de la transmettre à l'un de ses créanciers particulièrement afin de lui conférer le droit de se faire payer sur cette chose de préférence à tous autres ; — Qu'ainsi dans la qualification des faits ainsi constatés et appréciés, l'arrêt attaqué n'a fait qu'une juste et légale application desdits art. 400 et 401 ;

Sur le deuxième moyen, tiré de la fausse application des art. 59 et 60 c. pén., en ce qu'on aurait étendu l'application des dispositions de l'art. 400 c. pén. dans l'arrêt attaqué, à d'autres qu'un complice qui aurait recélé sciemment, ou au conjoint, aux ascendants et aux descendants qui auraient aidé dans le détournement ; — Attendu que la loi du 28 avr. 1832, en assimilant au vol, par des dispositions nouvelles formant le dernier paragraphe de l'art. 400 c. pén., le détournement ou la destruction de la chose saisie, a, par là, rendu applicables à cette infraction les dispositions générales de l'art. 59 c. pén., qui veut que le complice du délit soit puni de la même peine que l'auteur de ce délit, sauf les cas où la loi en aurait disposé autrement ; — Qu'on ne peut trouver cette exception notamment dans la disposition de l'art. 400 précité, que la coopération du conjoint, des ascendants et des descendants du saisi ; qu'en effet cette disposition, qui n'est nullement restrictive, a pour unique objet de constater que l'art. 380 du même code serait, dans le cas prévu, sans application ;

Sur le troisième moyen, motivé sur la violation de l'art. 400 précité, en ce que le demandeur, considéré comme complice, aurait été puni d'une peine plus forte que celle infligée à l'auteur principal ; — Attendu que la disposition de la loi qui veut que le complice soit puni d'une peine égale, ou de la même peine que le principal coupable, ne peut s'entendre que dans le cas où la peine infligée au complice ne peut être d'une classe plus élevée que celle dont cette loi frappe le délit ; mais qu'il reste toujours aux tribunaux le pouvoir discrétionnaire d'arbitrer cette peine dans ses limites et en la proportionnant notamment à l'influence des circonstances atténuantes qui seraient admises ; — Qu'ainsi la peine a été légalement appliquée ; et attendu, d'ailleurs, la régularité de la procédure ; — Rejette.

Du 17 fév. 1844.-C. C., ch. crim.-MM. Laplagne, pr.-Jacquinot, rap.

saisis dont il a été constitué gardien : — « Attendu que l'art. 400 ne déclare passibles des peines correctionnelles prévues par l'art. 408 du même code, que celui qui aura détruit, détourné ou tenté de détourner les objets saisis sur lui et confiés à sa garde ; que les dispositions pénales sont de droit étroit et qu'elles ne peuvent, dans aucun cas, recevoir d'interprétation extensive; qu'il est seulement établi, par le procès-verbal rédigé le 5 sept. dernier, que le porteur de contraintes de l'administration s'étant présenté ledit jour au domicile de Chéry Fabreguette, pour procéder au récolement des objets mobiliers saisis à son préjudice, afin d'assurer le payement de ses contributions arriérées, il refusa de les représenter ;—Attendu que le législateur pouvait créer une peine spéciale contre le saisi qui refuse de représenter les objets dont il est constitué gardien ; que, ne l'ayant pas fait, il ne peut appartenir aux tribunaux de suppléer à son silence ;— Attendu d'ailleurs qu'indépendamment de la contrainte par corps que l'administration pouvait exercer, aux termes du § 4 de l'art. 2060 c. civ., la loi lui indiquait les formalités qu'elle avait à remplir pour parvenir à la représentation et à la remise des meubles saisis ; qu'en l'absence de ces formalités, il n'y a pour la justice aucune certitude que Fabreguette ne soit réellement rendu coupable du délit prévu par l'art. 400 c. pén. précité; — Confirme » (Bordeaux, 5 mars 1839, ch. corr., M. Gerbeau, pr., aff. Fabreguette).

681. L'art. 400 c. pén. punit des peines soit de l'abus de confiance, soit du vol, non pas seulement celui qui a détourné ou tenté de détourner des objets saisis, mais aussi celui qui les a détruits ou qui a tenté de les détruire. A cet égard, l'art. 400 ne fait aucune distinction entre les meubles et les immeubles. Sans doute on ne peut pas détourner des immeubles, mais on peut les détruire.—En conséquence, il a été jugé que le § 2 de l'art. 400 du code pénal est une disposition générale applicable aussi bien à la destruction par le saisi d'immeubles, dont il serait le séquestre judiciaire, qu'à celle de meubles dont il aurait été déclaré le gardien (Nîmes, 2 avril 1840) (1).

682. Le fait par le saisi d'avoir arraché et transformé en charbon des souches de bois mort existant dans les biens saisis confiés à sa garde, constitue le délit prévu et puni par les art. 400 et 406 c. pén. (Crim. rej. 16 oct. 1850, aff. Dourthe, D. P. 50. 5. 477).

683. Le saisi ou ses complices qui se sont rendus coupables de détournement d'objets saisis sur lui, ne sont punissables des peines portées en l'art. 400 c. pén., qu'autant que ces objets ont été confiés soit à sa garde, soit à celle d'un tiers ; ce qui n'a pas lieu dans le cas où les immeubles saisis sont affermés, le fermier ne pouvant être considéré comme séquestre (Caen, 19 mars 1840, ch. corr., du sur pourvoi Crim. rej. 25 avr. 1840) (2).

684. La mise en fourrière des animaux trouvés à l'abandon sur les propriétés d'autrui, autorisée par l'art. 12, tit. 2 de la loi des 28 sept.-6 oct. 1791, est une véritable saisie, bien qu'aucune

(1) *Espèce* : — (Bruhic C. min. pub.) — Jugement du tribunal correctionnel d'Alais, ainsi conçu : — « Attendu que tant des procès-verbaux dressés que des dépositions des témoins il résulte que Bruhic a coupé, sur une propriété en nature de bois, indépendamment de beaucoup de menu bois, une quantité de quatre-vingt-sept pieds d'arbres, essence de chêne, de trente à quarante ans d'âge; que les propriétés sur lesquelles ces arbres ont été abattus font partie des biens adjugés à Lavie par jugement du tribunal du 12 nov. dernier; — Que cette terre a été expropriée sur la tête de Bruhic, mari de Madeleine Belleville, et sur celle de cette dernière, sur la poursuite de Lavie, qui réunit ainsi les qualités de saisissant, de créancier et d'adjudicataire provisoire; que, si l'appel du jugement d'adjudication provisoire est suspensif, Bruhic n'en est pas moins tenu de s'abstenir sur la propriété saisie de toute dégradation, qui ne peut être faite qu'au préjudice des créanciers; qu'aux termes de l'art. 690 c. pr. civ., le saisi ne peut faire aucune coupe de bois ni dégradation, à peine de dommages-intérêts, auxquels il est condamné par corps, et peut même être poursuivi par la voie criminelle, suivant la gravité des circonstances; — Que l'entreprise de Bruhic tend à la dévastation de la pièce qui en a été l'objet, qu'il a dépeuplée sur un quart de sa superficie, et s'attache à la partie la plus substantielle de la forêt; qu'elle ne peut, comme il le prétend, être considérée comme ayant eu pour objet son usage personnel, puisqu'il a fait publier dans la contrée, ainsi que l'établissent les témoins, la vente de ces bois; — Qu'il se rencontre donc dans la cause cette gravité de circonstances qui autorise les poursuites par la voie criminelle; — Que si, avant la révision du code pénal, il pouvait y avoir doute sur la sanction par la loi pénale des dispositions de l'art. 690 c. pr. civ., l'on ne saurait méconnaître qu'elle se trouve aujourd'hui dans le § 2 de l'art. 400 c. pén., qui veut que les peines portées en l'art. 408 soient applicables au saisi qui aura détruit, détourné ou tenté de détourner des objets saisis sur lui et confiés à sa garde; que vainement Bruhic soutient-il que la saisie n'avait procédé que quant au fonds et non quant aux fruits, et que son entreprise n'a porté que sur les fruits; qu'en fait, la pièce désignée au procès-verbal de saisie et au jugement d'adjudication est indiquée comme pièce de bois, et il est abusif de prétendre que Bruhic n'a enlevé que des fruits en abattant des arbres pareils à ceux qui font l'objet des procès-verbaux ; — Par ces motifs, condamne Bruhic par application de l'art. 400, § 2, c. pén.

Appel par Bruhic. Dans son intérêt, on s'est principalement attaché à démontrer que le § 2 de l'art. 400 ne s'appliquait, soit d'après ses termes, soit d'après son esprit, qu'à la saisie d'objets mobiliers, et non à celle d'immeubles. C'est cette distinction qui a été repoussée par l'arrêt suivant.

La cour, — Attendu qu'aux termes de l'art. 688 c. pr. civ., le propriétaire des immeubles saisis reste en possession comme séquestre judiciaire, à moins qu'il n'ait été autrement ordonné; — Attendu que l'art. 400, § 2, c. pén., n'établit aucune distinction entre les séquestres des biens immeubles et ceux des objets mobiliers; que les uns et les autres sont tenus de respecter les objets confiés à leur garde, quelle que soit leur nature, et que tous les actes de leur part qui tendent à détruire en tout ou en partie ou à détourner les choses saisies, les rendent passibles des peines portées audit article; — Attendu, en fait, qu'il résulte des procès-verbaux que les coupes d'arbres faites par Bru-

hic sont une véritable destruction de la forêt saisie ; — Adoptant au surplus les motifs des premiers juges, — Confirme.
Du 2 avr. 1840.-C. de Nîmes, 3e ch.-MM. Ferrand, f. f. pr.-De Clausonne, rap.-Rieff, av. gén. (c. conf.)-Manse, av.

(2) *Espèce* : — (Min. pub. C. Paris et Briens.) — La cour de Caen (ch. corr.) avait rendu, le 19 mars 1840, un arrêt ainsi motivé : — « Considérant que le seul fait prouvé par l'information contre la femme Paris, et Briens, son gendre, c'est d'avoir aidé Paris, aujourd'hui décédé, à détourner divers objets dépendant, comme immeubles par destination, d'une usine saisie immobilièrement sur ce dernier, mais non encore adjugée, ou au moins d'avoir recélé lesdits objets ; et que la seule question soulevée par l'appel du ministère public est celle de savoir si la loi du 28 avr. 1852, insérée dans l'art. 400 c. pén., est applicable à ce fait; — Considérant qu'il est évident que le dernier paragraphe de l'art. 400, invoqué dans l'espèce, se réfère nécessairement à ceux qui le précèdent, et que la veuve Paris et Briens ne peuvent être condamnés comme complices de Paris qu'autant qu'il pourrait être condamné lui-même, s'il existait encore, c'est-à-dire qu'autant que le fait principal réunit toutes les circonstances qui, d'après les deuxième et troisième paragraphes, constituent le délit; — Considérant que si le législateur de 1852 s'était borné à dire : Le saisi qui aura détruit, détourné, etc., des objets saisis sur lui, sera puni, etc., on pourrait soutenir que cette expression générale, *objets saisis*, comprend aussi bien les immeubles par destination que les meubles; mais il a ajouté comme second élément, tellement important que c'est lui qui imprime au délit la qualification *soit d'abus* de confiance, soit de vol, et *soit à sa garde ou à la garde d'un tiers*, ce qui, légalement parlant, ne peut s'appliquer qu'aux objets purement mobiliers, frappés d'une saisie-exécution ;

Considérant qu'effectivement ce n'est que dans la saisie exécution qu'un gardien doit être établi, conformément aux art. 598 c. pr.; et qu'en comparant les termes de la loi du 28 avr. 1852 avec ceux de l'art. 600 du même code, on reconnaît qu'elle n'a eu pour but que de donner à la deuxième disposition de ce dernier article la sanction pénale qui lui manquait ; — Qu'au surplus, en supposant même qu'on pût, en cas de saisie immobilière, d'après l'art. 688, assimiler le saisi à un gardien, lorsqu'il est resté en possession réelle des immeubles, il est certain qu'il n'en existe aucun lorsque, comme dans l'espèce actuelle, ces meubles sont loués ou affermés; qu'on ne pourrait, en effet, sans détourner le mot *gardien* de la signification spéciale qui lui est attribuée en cette matière, considérer comme tel un simple fermier ou locataire, en l'absence de toute disposition de la loi ou du procès-verbal de saisie; qu'ainsi là ne se rencontre ni le cas prévu par le deuxième alinéa de l'art. 400 c. pén., ni le cas prévu par le troisième alinéa du même article ; que, par suite, on ne saurait appliquer ni l'art. 401 ni l'art. 406; qu'en un mot, il n'existe pas de délit caractérisé et puni par la loi ; — Considérant qu'il importerait peu qu'il y eût même raison, ou, si l'on veut, plus forte raison pour punir le détournement d'objets saisis immobilièrement, et non soumis à une garde spéciale; qu'en matière criminelle, il est de principe que des arguments d'analogie ne suffisent pas, et que, par cela seul qu'il y aurait doute sérieux sur le sens de la disposition, les prévenus devraient être acquittés ; car ceux-là seulement peuvent être condamnés qui ont été clairement avertis par

formalité ne l'accompagne; ainsi le détournement par le propriétaire des animaux ainsi mis en fourrière est passible des peines prononcées par l'art. 400 c. pén., lequel s'applique à toute espèce de saisie; peu importe le défaut de notification au propriétaire des bestiaux saisis, sauf aux tribunaux à examiner, en fait, s'il a eu suffisante connaissance de la mise en fourrière (Crim. cass. 30 sept. 1841; 4 juin 1842; Bordeaux, 5 août 1842) (1).

685. Depuis la loi de 1832 comme avant cette loi, le fait d'enlever des objets à soi appartenant, compris dans une saisie pratiquée contre un tiers, ne constitue pas un délit : « Considérant qu'il résulte des pièces de la procédure et des justifications faites à l'audience par Françoise Vaucaire, qu'elle était propriétaire des objets mobiliers par elle enlevés, et qui avaient été mal à propos compris dans la saisie pratiquée sur son père à la requête du sieur Legrand; que dès lors, et quelque blâmable que soit un pareil détournement, opéré au mépris de la mainmise de la justice, il ne saurait constituer ni un délit de vol simple, prévu par l'art. 401, ni celui d'enlèvement d'objets saisis, réprimé par l'art. 400 c. pén.; qu'en effet, d'une part, le vol étant défini par la loi, la soustraction frauduleuse d'une chose qui ne nous appartient pas, on ne peut évidemment regarder comme

voleur celui qui s'empare d'effets mobiliers dont il est légitime propriétaire; que, d'un autre côté, si l'art. 400 précité établit des peines contre celui qui, au préjudice d'une saisie interposée sur ses meubles, croit pouvoir en disposer, il n'en prononce aucune contre l'individu dont les effets mobiliers ont été à tort compris dans une saisie faite sur un tiers, et qui juge à propos de reprendre lui-même ces meubles sans recourir aux voies légales de la revendication, et à l'autorité de la justice; que, dans une telle circonstance, le propriétaire des choses indûment saisies se trouve dans la même position que le débiteur qui, après avoir donné un gage à son créancier, s'emparerait, contrairement à la convention, de l'objet qu'il aurait laissé en nantissement; que quelque répréhensibles que soient de semblables actes aux yeux de la morale, ils ne rentrent pas cependant sous l'application d'aucune disposition pénale, et ne peuvent donner lieu, en conséquence, qu'à des réparations civiles » (Dijon, 24 juill. 1844, M. Saverot, pr., aff. Vaucaire).—De même, celui qui, dans son propre intérêt, et sans s'être concerté avec le saisi, reprend des bestiaux qu'il avait donnés à cheptel à ce dernier et qui avaient été compris dans la saisie, n'est passible ni des peines prononcées par l'art. 400, ni de celles prononcées par les

---

la loi que telle peine était attachée à tel fait déterminé; — Par ces motifs, confirme, etc. » — Pourvoi. — Arrêt.

« La cour; — Attendu que le délit prévu et puni par la disposition ajoutée en 1832 à l'art. 400 c. pén. consiste dans la destruction ou le détournement par le saisi des objets saisis sur lui et confiés soit à sa garde, soit à celle d'un tiers; — Que ces dernières expressions ne peuvent s'entendre, d'après leur sens naturel, que des cas où ces objets deviennent la matière d'un véritable séquestre ou dépôt judiciaire avec les effets qui y sont attachés par les art. 1961 et suiv. c. civ.; — Qu'ainsi la disposition dont il s'agit trouve son application dans tous les cas de saisie-exécution, puisqu'aux termes des art. 596, 597 et 598 c. pr. civ., toute saisie-exécution doit être accompagnée de l'établissement d'un gardien, soit à la personne du saisi, soit en celle d'un tiers; — Qu'elle est également applicable dans les cas de saisie immobilière à l'égard des objets immeubles par destination, saisie en même temps que le fonds auquel ils sont attachés, lorsque ce fonds n'est pas affermé, puisqu'alors, d'après l'art. 658, c. pr. civ., le saisi reste en possession, comme séquestre judiciaire, à moins que le juge ne le nomme un autre séquestre; qu'en effet les objets qui dépendent comme immeubles par destination du fonds saisi sont, comme le fonds lui-même, confiés à la garde du séquestre; — Mais que, lorsque l'immeuble saisi est affermé, le preneur reste en possession en vertu de son bail, sans recevoir aucune mission de la justice, et sans contracter aucune des obligations propres aux gardiens et séquestres; d'où il suit que l'art. 400 qui doit, comme toute disposition pénale, être exactement renfermé dans ses termes, ne peut recevoir d'application dans ce cas; — Attendu, en conséquence, que la cour royale de Caen, en refusant de condamner aux peines portées par cet article la veuve Paris et Briens, prévenus de complicité dans un détournement effectué par le failli, sur le motif que les objets saisis sur Paris et détournés par lui dépendaient d'un immeuble affermé, n'a point violé ledit art. 400; — Rejette.

Du 25 avr. 1840.-C. C., ch. crim.-MM. de Bastard, pr.-Vincens, r.

(1) (Min. pub. C. Duret et Boilève.) — La cour; — Vu l'art. 400 c. pén. et l'art. 12, tit. 2 de la loi du 6 oct. 1791; — Attendu que les dispositions des trois derniers paragraphes de l'art. 400 c. pén. sont générales; qu'elles ne s'appliquent pas seulement aux saisies-exécutions proprement dites, mais aussi à tous les actes par lesquels des objets mobiliers sont mis légalement sous la main de l'autorité publique pour forcer à exécuter certaines obligations; — Attendu que la mise en fourrière des animaux laissées à l'abandon qui sont trouvés sur les propriétés d'autrui, autorisée par l'art. 12, tit. 2 de la loi du 6 oct. 1791, est une véritable saisie; — Que, pour n'être accompagnée d'aucune formalité, elle n'en confère pas moins aux parties lésées un droit positif sur les animaux saisis, qui ne peuvent être rendus à leur propriétaire que lorsqu'il a réparé le dommage; — Que si, faute de notification, le propriétaire peut ne pas savoir que cet saisie, ce qui est cependant assez difficile à concevoir, lorsqu'il les détourne d'un lieu désigné par arrêté de l'autorité municipale pour servir de fourrière, ce n'est pas là une raison suffisante de refuser, en droit et dans tous les cas, aux dispositions dont il s'agit leur étendue véritable, sauf à examiner, en fait, dans chaque espèce, si le prévenu a eu connaissance de la mise en fourrière; — Et attendu que le jugement attaqué, pour refuser de prononcer contre Duret et Boilève les peines de l'art. 400 c. pén., s'est uniquement fondé sur ce que cet article ne s'appliquait pas au détournement des animaux mis en fourrière; qu'en cela il y a eu violation formelle dudit art. 400; — Casse.

Du 30 sept. 1841.-C. C., ch. crim.-MM. Crousellhes, pr.-Vincens, r.

Sur le renvoi prononcé par l'arrêt qui précède, la cour de Poitiers, chambre correctionnelle, a reconnu, par arrêt du 8 janv. 1842, le principe de l'application de l'art. 400 c. pén. au détournement d'animaux mis en fourrière, et que la saisie n'est soumise à aucune formalité, lorsqu'elle est faite par le propriétaire auquel le dommage est causé; mais envisageant la cause sous un autre point de vue, elle a prononcé l'acquittement de Boilève et Duret par ces motifs « que le procès-verbal du garde champêtre n'ayant été ni affirmé ni enregistré, est un acte n'ayant pas, dès lors, la puissance de constituer une saisie légale; que la preuve testimoniale n'est pas alors admissible, parce que le désaccord des témoins, relativement à la date de la mise en fourrière, aurait cet effet, qu'il ne serait pas possible de faire courir le délai de huitaine pendant lequel le saisi peut exercer sa réclamation. »

— Nouveau pourvoi du ministère public pour violation des art. 12, 67, sect. 7, tit. 1 de la loi du 28 sept. 1791. — Arrêt.

La cour; — Vu l'art. 400 c. pén., l'art. 12, tit. 2 de la loi du 28 sept. 1791, les art. 154, 162, 408 et 413 c. inst. crim.; — Attendu que l'arrêt attaqué, en conformant aux principes de l'arrêt de cassation du 30 sept. 1841, reconnaît que le détournement d'animaux saisis en exécution de susdit article de la loi du 28 sept. 1791, est au nombre des délits prévus et punis par ledit art. 400 c. pén.; — Qu'il reconnaît même que, lorsque la saisie est opérée par le propriétaire qui souffre du dégât causé par les animaux laissés à l'abandon, cette saisie n'est soumise à aucune formalité; — Mais que, suivant ledit arrêt, lorsque cette saisie est effectuée par un officier public, elle est soumise aux formalités établies pour les procès-verbaux dont la rédaction est confiée à cet officier public, à ce point que, si ces formalités n'ont pas été observées, le procès-verbal est nul, le ministère public ne serait pas recevable à y suppléer par d'autres preuves, celle qui résulterait, par exemple, des dépositions des témoins; — Et qu'il se manifeste, sans pénétrer plus avant dans le système du demandeur, qu'une telle décision contient tout à la fois une fausse interprétation de l'art. 12, tit. 2 de la loi du 28 sept. 1791, et une violation des art. 154 et 162 c. inst. crim.; — Casse.

Du 4 juin 1842.-C. C., ch. crim.-MM. Bastard, pr.-Romiguières, r.

Sur le nouveau renvoi prononcé par cet arrêt, la cour de Bordeaux a statué dans les termes suivants :

La cour; — Attendu, en droit, que les trois derniers paragraphes de l'art. 400 c. pén. sont conçus en termes généraux; que leurs dispositions ne peuvent, dès lors, être restreintes aux saisies-exécutions, que le code de procédure civile a réglementé avec soin; qu'elles doivent aussi s'appliquer à l'acte qui consiste dans l'enlèvement ou le détournement d'animaux qui, mis en fourrière, se trouvaient placés sous la main de l'autorité publique; — Que cette mise en fourrière, autorisée par la loi du 6 oct. 1791, constitue une véritable saisie qui, bien qu'elle ne soit soumise à aucune formalité spéciale, n'en confère pas moins aux parties lésées un droit sur les animaux abandonnés, pour la réparation du préjudice souffert; — Que, d'autre part, la nullité ou l'irrégularité du procès-verbal du garde champêtre qui a effectué la saisie ne saurait être opposée comme une fin de non-recevoir contre la poursuite exercée par le ministère public, le délit de détournement par le propriétaire des animaux mis en fourrière pouvant être établi en dehors du procès-verbal lui-même, à l'aide de la preuve testimoniale, conformément à l'art. 145 c. inst. crim., applicable à tous les délits et contraventions dont la constatation par un mode exceptionnel et restrictif de preuve n'a pas été prescrit; — Par ces motifs, etc.

Du 5 août 1842.-C. de Bordeaux, ch. corr.-M. Gerbaud, pr.

art. 401 et 406 du code pénal (Crim. rej. 1er juill. 1852) (1).

686. Quant au tiers qui soustrait des objets saisis, il faut distinguer. S'il commet la soustraction de son chef et pour son propre compte, il se rend coupable de vol, cela ne peut être contesté. Il en était ainsi avant la réforme de 1832, et il en est encore de même aujourd'hui. Si le tiers n'agit que par suite d'un accord avec le saisi ou pour le compte de ce dernier, on ne peut pas dire qu'il commette à proprement parler un vol, mais il est coupable du délit prévu et puni par l'art. 400 c. pén., c'est-à-dire du délit de détournement des objets saisis. Comme la loi applique à ce délit les peines du vol, il semble au premier abord que la distinction soit sans importance. Elle en a une grande cependant. Supposons, en effet, que la soustraction soit accompagnée de quelques-unes de ces circonstances qui, aux yeux de la loi, aggravent la criminalité du vol, telles que la nuit, l'effraction, l'escalade, etc.: si cette soustraction ne constitue pas un vol, mais un simple détournement d'objets saisis, sa criminalité ne sera point modifiée par les circonstances que nous venons d'indiquer.—C'est au surplus ce qui résulte d'un arrêt qui a décidé que l'individu qui, par ordre de la partie saisie et moyennant salaire, pénètre, la nuit, au domicile abandonné par celle-ci, en fracture les portes et s'empare d'effets compris dans la saisie, qu'il lui remet immédiatement, ne se rend coupable, non pas d'un vol qualifié, mais seulement du délit de détournement d'objets saisis (Crim. rej. 11 avr. 1845, aff. Cureau, D. P. 45. 1. 217).

687. La soustraction frauduleuse, faite par un débitant de boissons, d'objets saisis à son préjudice par les préposés des droits réunis, constitue un vol simple qui, sous l'empire de la loi du 25 frim. an 8, lorsqu'il avait eu lieu en réunion d'autres personnes, donnait lieu à l'application de l'art. 5 de cette loi : — « Considérant que Mathieu Gagna a été déclaré convaincu par l'arrêt attaqué d'avoir enlevé, le 23 août 1809, en réunion de deux personnes, deux outres de vin qui avaient été saisies le même jour à son préjudice par les préposés de la régie, et dont le receveur buraliste de ladite régie avait été constitué dépositaire de justice; que la cour dont l'arrêt est attaqué, en décidant que cette soustraction, faite avec intention criminelle chez le receveur dépositaire de justice, constituait un vol simple qui rentrait dans les dispositions de l'art. 5 de la loi du 25 frim. an 8, a fait une juste application de cette loi » (Crim. rej. 6 juin 1809, MM. Barris, pr., Vergès, rap., aff. Gagna).

688. Sous l'empire du code pénal de 1810, le saisi qui détournait les objets saisis sur lui n'étant point passible des peines du vol, parce que, malgré la saisie, les objets par lui dé-

tournés n'avaient pas cessé de lui appartenir, il s'ensuivait naturellement que, si le détournement était commis par le conjoint, les ascendants ou descendants du saisi, ils étaient fondés à invoquer l'immunité établie en leur faveur par l'art. 380. — Ainsi il avait été jugé que les peines du vol n'étaient pas applicables à l'enfant du débiteur qui commettait la soustraction des meubles saisis, les soustractions commises par les enfants au préjudice de leurs père et mère ne donnant lieu qu'à des réparations civiles, aux termes de l'art. 380 c. pén. (Crim. cass. 29 oct. 1812, aff. Van Esbeeck, V. Abus de confiance, n° 139); —... NI, par une raison identique, à la femme du débiteur qui soustrayait ces mêmes effets (Crim. rej. 14 mai 1813, aff. Thabuis, V. n° 674.— V. aussi, dans le même sens, Crim. cass. 19 fév. 1842, aff. Fanet, infrà, n° 690).

689. Mais du moment où la loi était modifiée sur le point principal, du moment où le saisi qui avait détruit ou détourné les objets saisis sur lui était déclaré passible des peines soit de l'abus de confiance, soit du vol, selon que les effets avaient été confiés à sa garde ou placés sous la garde d'un tiers, à plus forte raison les enfants ou les ascendants du saisi ne pouvaient-ils, dans ce cas, prétendre à l'immunité dont les couvre l'art. 380 c. pén. Nous avons vu précédemment (n° 676) que l'art. 400, en son dernier paragraphe, prononce une peine égale à celle encourue par le saisi contre le conjoint, les ascendants ou descendants qui l'auront aidé, soit à commettre, soit à tenter la destruction ou le détournement.

690. L'art. 400 ne parle point du cas où le conjoint, les ascendants ou descendants auraient commis le détournement par eux-mêmes et sans aucune participation du saisi. Que faut-il donc décider pour ce cas? Il nous paraît évident que si le saisi lui-même est punissable, bien que les objets n'aient pas cessé de lui appartenir, à plus forte raison son conjoint, ses ascendants, ses descendants, ne peuvent-ils prétendre à l'impunité. Nous pensons donc qu'ils sont, comme le mari lui-même, passibles des peines, soit de l'abus de confiance, soit du vol, selon que les objets avaient été placés sous leur garde ou sous la garde d'un tiers. Cette doctrine a été consacrée par une jurisprudence constante. — Ainsi, il a été jugé : 1° que lorsque la soustraction entre parents est réellement commise au préjudice d'un tiers, lorsqu'elle porte, par exemple, sur des choses frappées de saisie, il y a lieu à l'application, soit de l'art. 400, si les soustracteurs agissent de complicité avec le saisi, soit de l'art. 401, s'ils agissent de leur propre mouvement (Crim. cass. 19 fév. 1842, et sur renvoi, Rouen, 21 avr. 1842) (2); — 2° Que la

---

femme du saisi qui, sur sa demande, a été constituée gardienne des effets saisis sur son mari et les a détournés à l'insu et sans la participation de ce dernier, est passible des peines prononcées par l'art. 408 c. pén. (Orléans, 17 avr. 1844, aff. Serreau, V. Abus de confiance, n° 124); — 3° Que le fait, par l'enfant d'un débiteur saisi, d'avoir, sans la participation de ce dernier, soustrait frauduleusement et vendu à son profit personnel des effets compris dans une saisie-exécution pratiquée contre son père, constitue le délit de vol : ici ne s'applique pas l'art. 380 c. pén. (Bourges, 9 nov. 1854 (et non 1851), aff. Péronnet, D, P. 55. 2. 55).

691. Supposons maintenant que la saisie ait été pratiquée par un époux sur l'autre époux, par un ascendant sur son descendant, ou, *vice versâ*, par un descendant sur son ascendant, ou enfin par un allié sur son allié en ligne directe, et que le saisi ait détourné tout ou partie des objets saisis : pourra-t-il invoquer la disposition de l'art. 380 pour échapper à la peine prononcée par l'art. 400? — Nous ne le pensons pas. Remarquons d'abord que, la saisie n'enlevant pas au débiteur la propriété des objets saisis sur lui, le détournement qu'il fait de ces objets ne constitue pas une véritable soustraction, dans le sens de l'art. 380 c. pén. D'un autre côté, ce détournement ne lèse pas seulement l'époux saisissant, il blesse encore des intérêts d'un autre ordre que l'art. 400 a eu pour objet de garantir, à savoir : le respect dû aux actes de l'autorité publique, l'intérêt des tiers qui peuvent avoir des droits à exercer sur les objets saisis ou sur le produit de leur vente, et enfin, dans le cas où les objets avaient été confiés à la garde d'un tiers, l'intérêt du gardien, responsable de la disparition des objets confiés à sa surveillance. Comment l'immunité établie par l'art. 380 pourrait-elle être étendue à un tel délit? — C'est donc avec raison, selon nous, qu'il a été jugé : 1° que la disposition de l'art. 380 c. pén., qui affranchit de toute peine les soustractions commises par un époux au préjudice de son conjoint, par un veuf ou une veuve quant aux choses qui avaient appartenu à l'époux décédé, etc., n'est applicable qu'au cas où la soustraction lèse *exclusivement* la personne unie à l'auteur du fait délictueux par l'un des liens qu'indique cet article; qu'en conséquence, l'immunité établie par la disposition précitée, ne peut être invoquée par l'époux qui a détourné des objets saisis sur lui à la requête de son conjoint, l'art. 400 c. pén., qui punit les détournements d'effets saisis, ayant pour objet tout à la fois d'assurer le respect dû aux actes de l'autorité publique, et de protéger l'intérêt du créancier saisissant, celui des autres tiers et celui du gardien préposé à la saisie (Crim. rej. 18 avr. 1856, aff. Dallot, D. P. 57. 1. 226); — 2° Que le débiteur qui détourne des objets saisis sur lui est passible des peines portées par l'art. 400 c. pén., quoiqu'il soit le gendre du saisissant; qu'il ne peut invoquer le bénéfice de la disposition de l'art. 380 c. pén., relative au vol entre parents ou alliés : le détournement par le saisi des objets placés sous la main de la justice constituant un délit distinct de celui de vol : « Considérant que le délit de détournement de l'objet saisi est un délit spécial, prévu par l'art. 400 c. pén., et auquel ne peut être fait application des exceptions énoncées en l'art. 380 du même code, et limitées aux seuls faits de vol; qu'en effet, le détournement d'objets mobiliers, au mépris d'une saisie, a pour effet de soustraire des objets mis sous la main de la justice non-seulement dans l'intérêt du saisissant, mais encore dans l'intérêt d'autres créanciers qui peuvent se présenter; que ce

porte dommage au gardien constitué par le procès-verbal, et rendu responsable en cas de disparition des objets : Considérant que la saisie opérée par Chambellan sur Carpentier était régulière, qu'il résulte de l'instruction et des débats que Carpentier a détourné des objets saisis sur lui, délit prévu par l'art. 400 c. pén. » (Paris, 7 janv. 1842, ch. corr., M. Sylvestre de Chanteloup, pr., aff. Carpentier.)

692. Suivant un arrêt, l'individu prévenu d'avoir vendu des récoltes frappées à son préjudice de deux saisies successives, l'une à la requête du percepteur des contributions, l'autre à la diligence du receveur de l'enregistrement, a pu être renvoyé de la poursuite par cela seul qu'il a été déclaré qu'il avait obtenu l'autorisation de faire cette vente de l'un des saisissants; il n'est pas nécessaire qu'il soit constaté que l'autorisation émanait des deux saisissants (Crim. rej. 11 sept. 1852, aff. de Solan, D. P. 52. 5. 487). — Mais nous ne pouvons approuver cette décision. Du moment qu'il existait deux saisies distinctes, le débiteur saisi avait besoin, pour pouvoir vendre, de l'autorisation des deux saisissants; celle que lui avait donnée l'un d'eux seulement laissait subsister, dans toute leur plénitude, les effets de l'autre saisie, et dès lors ne pouvait mettre obstacle à l'application de l'art. 400 c. pén.

693. La loi du 13 mai 1863 a introduit dans l'art. 400 une innovation importante. A la suite des §§ 3 et 4, relatifs aux détournements commis par le saisi, une disposition nouvelle, qui forme le § 5, porte : « Les peines de l'art. 401 seront également applicables à tout débiteur, emprunteur ou tiers donneur de gages qui aura détruit, détourné, ou tenté de détruire ou de détériorer les objets par lui donnés à titre de gages. » — Cette disposition était ainsi justifiée dans l'exposé des motifs de la loi : « Le vol étant la soustraction frauduleuse de la chose d'autrui, celui qui soustrait sa propre chose, même frauduleusement, ne commet pas un vol. Un débiteur soustrait la chose qu'il avait donnée en gage, ou détourne les objets saisis sur lui et confiés soit à sa garde, soit à celle d'un tiers : c'est un acte assurément très-répréhensible, une infraction morale très-grave, mais qui n'est pas atteinte par la pénalité du vol, et qui resterait impunie à moins de disposition spéciale. Cette disposition existe depuis 1832 en ce qui concerne les détournements des objets saisis : on en a fait les §§ 3 et 5 de l'article qui nous occupe. On ne s'explique pas facilement que la prévision de la loi, éveillée par la jurisprudence, ne se soit pas portée aussi sur la soustraction de la chose donnée en gage. Mais quoi qu'il en puisse être des motifs ou des causes de cette omission, volontaire ou involontaire, c'est une lacune qui doit être remplie. Le prêt sur nantissement est devenu une manière d'opérer, une pratique heureuse du commerce et de l'industrie. Des lois récentes tendent à l'encourager et à le répandre le plus possible : nous avons des établissements de crédit dont l'objet unique ou principal. Ces prêts se font pour des sommes considérables, sur des marchandises ou des produits de l'industrie, dont la nature et la quantité rendent difficile de les placer immédiatement sous la main du créancier. Il faut les protéger par une sanction pénale. La sollicitude du législateur n'aura pas devancé les faits : elle se sera laissé mettre en demeure par une grosse fraude dont le monde industriel et commercial s'est ému, en même temps que la justice, réduite à confesser son impuissance. Un établissement de crédit avait prêté de fortes sommes, plusieurs centaines de mille francs, sur des quantités considérables de fers et de fontes; toutes les conditions

---

à un tiers, a commis un délit punissable aux termes des articles combinés 400 et 401 c. pén.; ou si, comme l'ont décidé les premiers juges, cette femme peut invoquer en sa faveur l'art. 380 dudit code; — Attendu que, sous le code pénal de 1810, l'impunité était acquise aux détournements commis par le saisi, et qu'il n'y avait, contre celui-ci, qu'une action civile; — Mais attendu que la loi du 28 avr. 1832 est venue combler cette lacune, en ajoutant aux dispositions de l'art. 400; que les dispositions nouvelles assimilent au vol les soustractions des objets saisis sur lesquels le saisissant a des créanciers ont acquis des droits que le saisi doit respecter; — Qu'il devient, dès lors, manifeste que les raisons de haute sagesse qui ont porté le législateur à édicter l'art. 380 ne se rencontrent pas ici, puisqu'il s'agit, en réalité, d'une soustraction commise au préjudice d'un tiers; — Attendu que la raison résiste à admettre que le conjoint qui, aux termes du dernier paragraphe de l'art.

400, est punissable lorsqu'il a aidé le saisi dans le détournement des objets saisis, ne le serait pas pour avoir agi spontanément et sans la participation du saisi; — Attendu que, du moment où la loi de 1832 a assimilé au vol le détournement des objets saisis, il est évident que l'art. 401 c. pén. devient applicable à la femme du saisi, lorsque c'est elle qui, à l'insu de son mari, fait mainmise sur les effets saisis; — Réformant, déclare la femme Fanet coupable d'avoir, le 2 au 4 juill. 1841, et notamment ledit jour 4, détourné *sponte suâ*, et sans la participation de son mari, des objets saisis-gagés sur celui-ci et confiés à la garde d'un tiers, délit prévu par les articles combinés 400, 401 c. pén., et lui faisant l'application de l'art. 463, la condamne à un an de prison et aux dépens.

Du 21 avr. 1842.—C. de Rouen, ch. corr.—MM. Simonin, pr.—Blanche, av. gén., c. conf.

légales de nantissement avaient été remplies : le contrat était parfait. Faillite de l'emprunteur; le créancier veut recourir au nantissement, mais le gage avait disparu; l'emprunteur l'avait détourné et dissipé. Sur la poursuite intentée, les tribunaux ont dû reconnaître que ce détournement, qu'ils ont flétri, ne constituait dans l'état de la loi ni crime ni délit. La disposition additionnelle, qui deviendrait le § 5 de l'article, fait pour la chose donnée en gage exactement ce qui fut fait, en 1832, pour les objets saisis confiés à la garde d'un tiers. »

694. Lors de la discussion dont cette disposition fut l'objet au Corps Législatif, un député, M. Millet, avait proposé d'y comprendre la destruction ou le détournement des objets affectés au privilège créé par l'art. 93 c. com., en faveur du commissionnaire, pour le remboursement de ses avances, intérêts et frais, sur la valeur des marchandises qui lui ont été expédiées. Cette proposition a été combattue par le commissaire du gouvernement, M. Cordoen, qui s'est exprimé en ces termes : « Nous avons voulu assurer, par une juste corrélation, la sécurité du donneur de gage contre celui qui le reçoit, et réciproquement la sécurité de celui qui le reçoit contre celui qui le donne. La violation du contrat de nantissement trouvera cette double sanction dans les dispositions nouvelles des art. 400 et 408. Le nantissement est un contrat défini par la loi et qui trouvait naturellement sa place à côté du dépôt, du louage et du mandat. C'est ce que nous avons demandé à la chambre de consacrer. La loi ne s'occupe pas des espèces, mais bien des contrats dans lesquels viennent ensuite se placer les espèces; et si nous nous occupions aujourd'hui du privilège du commissionnaire, je demanderais pourquoi nous laisserions en dehors le privilège du locateur sur le locataire. Le bail vient à se terminer; le locataire quitte les lieux; le propriétaire tient les meubles qui garnissaient la maison, sans les frapper de saisie. Si, après avoir quitté les lieux, le locataire va reprendre les meubles restés dans l'appartement, est-ce que vous voudriez le considérer comme commettant le délit? Évidemment non; et si vous ne pouvez étendre la disposition à ce cas, il faut vous en tenir aux grands contrats, à ceux qui sont spécifiés et qui trouvent naturellement leur place dans les art. 400 et 408. » — En conséquence, la proposition ne fut pas adoptée.

695. La disposition finale de l'art. 400, celle qui, avant la loi du 13 mai 1863, en formait le § 4, et qui est aujourd'hui le § 6, devait nécessairement être modifiée pour être mise en harmonie avec les dispositions qui précèdent. Ce paragraphe était ainsi conçu : « Celui qui aura recélé sciemment les objets détournés, le conjoint, les ascendants et descendants du saisi qui l'auront aidé dans la destruction ou le détournement de ces objets, seront punis d'une peine égale à celle qu'il aura encourue. » Voici en quels termes il est aujourd'hui conçu : « Celui qui aura recélé sciemment les objets détournés, le conjoint, les ascendants et descendants du saisi, *du débiteur, de l'emprunteur ou tiers donneur de gage*, qui l'auront aidé dans la destruction, le détournement, *ou dans la tentative de destruction ou de détournement* de ces objets, seront punis d'une peine égale à celle qu'il aura encourue. »

Sect. 6. — *Tentative, complicité, récidive, poursuite et jugement.*

696. Sous l'empire du code pénal de 1791, la *tentative* de vol n'était passible d'aucune peine : ce code ne prévoyait et ne punissait que la tentative d'assassinat et d'empoisonnement, qu'il assimilait au crime consommé (L. 25 sept.-6 oct. 1791, part. 2, tit. 2, sect. 2, art. 13 et 15, V. Tentative, n° 16). La loi du 22 prair. an 4 étendit à tous les crimes la règle que le code de 1791 avait limitée à l'assassinat et à l'empoisonnement (V. Tentative, n° 17). Mais cette loi ne statuait que pour l'avenir et ne pouvait avoir d'effet rétroactif. — Ainsi il avait été jugé que la tentative de vol au moyen d'escalade commise antérieurement à la loi du 22 prair. an 4 ne pouvait être l'objet d'un acte d'accusation (Crim. cass. 23 brum. an 5, MM. Brun, pr., Dubourg, rap., aff. l'Héritier; 15 germ. an 5, MM. Giraudet, pr., Lemaire, rap., aff. Louis Armand).

La règle posée à cet égard par le code pénal est que **toute** TOME XLIV.

tentative de crime, lorsqu'elle a été manifestée par un commencement d'exécution et n'a été suspendue ou n'a manqué son effet que par des circonstances indépendantes de la volonté de son auteur, est considérée comme le crime même, mais que les tentatives de délits ne sont considérées comme délits que dans les cas déterminés par une disposition spéciale de la loi (c. pén. 2 et 3). Ainsi, toutes les fois que le vol, à raison soit de la qualité des personnes, soit du lieu ou du temps où il a été commis, soit des circonstances de l'exécution, constitue un crime, la tentative de ce vol est assimilée au crime consommé, par la seule application du droit commun. Toutes les fois, au contraire, que le vol constitue un simple délit, la tentative n'est assimilée au délit consommé qu'autant que la loi l'a ainsi ordonné. Mais hâtons-nous de dire qu'elle l'a ordonné pour tous les cas.— V. les art. 388, 400 et 401 c. pén.

697. Quant aux caractères légaux de la tentative, ils ont été exposés v° Tentative, n° 2 et suiv., 55 et suiv. — V. notamment ce qui est dit *eod.*, n° 68 et suiv., relativement à la tentative de vol avec effraction, escalade ou usage de fausses clefs.

698. Aux termes de l'art. 59 c. pén., les *complices* d'un crime ou d'un délit sont punis des mêmes peines que les auteurs de ce crime ou de ce délit. Mais, ainsi que nous l'avons expliqué v° Complice-complicité, n° 15 et suiv., cela ne veut pas dire que la peine doive absolument être identique pour les auteurs et pour les complices. D'abord le législateur n'a entendu parler que d'une identité de genre, et non pas d'une identité absolue dans l'intensité du châtiment. Ainsi, lorsqu'il existe dans la peine prononcée par la loi un *maximum* et un *minimum*, le juge peut appliquer le *maximum* à l'auteur principal et le *minimum* au complice, ou, *vice versâ*, le *minimum* à l'auteur principal et le *maximum* au complice, qui est quelquefois plus coupable que l'auteur principal. — En second lieu, le juge peut admettre des circonstances atténuantes à l'égard de l'un et non à l'égard de l'autre. — Enfin il est possible que l'un soit affranchi de la peine, en totalité ou en partie, par l'effet d'une exception personnelle dont le bénéfice ne s'étende pas à l'autre. Ainsi, par exemple, l'enfant qui commet un vol au préjudice de ses parents n'est passible d'aucune peine, tandis que celui qui a recélé ou appliqué à son profit tout ou partie des objets volés est puni comme coupable de vol. De même, la diminution de peine résultant du jeune âge de l'accusé principal ne peut être invoquée en faveur du complice majeur d'un mineur âgé de moins de seize ans. — Il a été jugé qu'il y a contradiction dans les réponses des jurés, dont l'une déclare les accusés d'un vol, avec circonstances, coupables d'être les auteurs de ce vol, et dont l'autre les déclare complices du même fait (Crim. cass. 27 août 1831, aff. Simon, v° Instr. crim., n° 3329-2°).

699. En matière de vol, l'un des modes de complicité déterminés par la loi, c'est le recel des objets volés (V. à cet égard Complicité, n° 203 et suiv.). Pour que ce genre de complicité existe, il n'est pas nécessaire que le complice ait détourné les objets volés à son profit; il suffit qu'il les ait recélés sciemment (Crim. rej. 25 fév. 1819, aff. Lefebvre, v° Complicité, n° 79).—Et même l'individu chez lequel des objets volés ont été déposés à son insu, peut être déclaré recéleur de ces objets et condamné comme complice du vol si, malgré la sommation de les restituer qui lui en a fait connaître l'origine, il se refuse à cette restitution (Crim. cass. 12 juill. 1850, aff. Lafore, D. P. 50. 5. 476). — Il a été décidé également qu'il y a recel dans le seul fait de détenir volontairement et en en connaissant l'origine, une chose soustraite au préjudice de son véritable propriétaire, sans qu'il soit nécessaire que le détenteur ait appliqué cette chose à son profit ou qu'il l'ait cachée (Crim. rej. 16 juill. 1857, aff. Baylet, D. P. 57. 1. 379).

700. Celui qui, afin d'assurer au recéleur d'objets volés le bénéfice de leur indue possession et de le mettre à l'abri de poursuites ultérieures, simule la découverte fortuite de ces objets dans un pré et les lui remet, ne se rend pas par cela seul complice du vol, et n'est passible d'aucune peine. Il en doit être ainsi alors surtout que l'auteur de cette manœuvre répréhensible, âgé de moins de seize ans, nièce du recéleur et demeurant chez lui, doit être présumé avoir agi moins avec une intention coupable que par soumission et déférence respectueuse

(Poitiers, 3 mars 1857, aff. Mallet, D. P. 58. 2. 39).—En thèse générale, on ne devient pas complice d'un délit par un fait postérieur à sa perpétration. La loi a dérogé à cette règle, en ce qui concerne le recélé; or ce qui constitue le recélé, c'est le fait de détenir, d'avoir en sa possession l'objet qu'on sait provenir du vol; et, dans l'espèce jugée par la cour de Poitiers, cette circonstance de la détention faisait défaut, l'objet volé n'avait fait que passer dans les mains de la prévenue pour en sortir immédiatement.

701. En règle générale, la peine applicable au recéleur est celle qui doit être infligée à l'auteur principal pour son crime tel qu'il a été commis, c'est-à-dire la peine qui résulte de toutes les circonstances qui aggravent la position de l'auteur du fait, car ces circonstances sont constitutives du délit ou du crime. Si donc les objets volés proviennent d'un vol qualifié, par exemple, d'un vol avec effraction, escalade ou fausses clefs, c'est la peine prononcée par la loi pour ces sortes de vols qui doit être appliquée au recéleur (V. Complicité, n° 240). Mais à cet égard il faut distinguer des circonstances du vol celles qui pourront constituer un crime ou délit différent; — Il a été jugé notamment que, dans un vol, l'attaque à dessein de tuer n'est point une circonstance du vol, et que dès lors la peine à laquelle elle donne lieu n'est pas applicable au recéleur (Crim. cass. 13 niv. an 5, MM. Brun, pr., Dutocq, rap., aff. Bourbiaux).

702. Nous avons parlé de la récidive v° Peine (chap. 5). Là nous avons fait connaître les caractères généraux qui la constituent (n°s 253 et suiv.), ainsi que l'aggravation de peine à laquelle elle donne lieu, soit qu'il s'agisse de crimes (n°s 279 et suiv.), soit qu'il s'agisse de simples délits (n°s 315 et suiv.). L'une des règles établies sur cette matière par l'art. 58 c. pén., c'est que les coupables condamnés correctionnellement à un emprisonnement de plus d'une année doivent être, en cas de nouveau délit, condamnés au maximum de la peine portée par la loi. —Il a été jugé, par application de cette règle, que celui qui s'est rendu coupable d'un vol simple, étant en récidive, doit être condamné au maximum, non-seulement de l'emprisonnement, mais encore de toutes les autres peines facultatives portées en l'art. 401 c. pén.: — « Considérant qu'aux termes de l'art. 58 c. pén. les coupables condamnés correctionnellement à un emprisonnement de plus d'une année doivent être, en cas de nouveau délit, condamnés au maximum de la peine portée par la loi; considérant que le mot peine dont se sert cet article est complexe dans sa signification, et comprend à la fois toutes les dispositions répressives qui doivent être appliquées à l'individu reconnu coupable; considérant que la peine portée en l'art. 401 se compose de quatre dispositions différentes, qui sont l'emprisonnement, l'amende, l'interdiction des droits politiques et civils, et la surveillance; qu'en conséquence le législateur, en prononçant contre le coupable en état de récidive le maximum de la peine portée par la loi, a nécessairement entendu que les tribunaux seraient tenus de prononcer le maximum des quatre éléments de répression mentionnés en l'art. 401; considérant que vainement l'on prétendrait que l'amende, l'interdiction et la surveillance étant purement facultatives, les tribunaux sont libres de ne pas les infliger; que s'il en est ainsi lorsque le prévenu ne se trouve point en état de récidive légale, cette faculté cesse quand la récidive est établie, parce qu'alors le maximum de la peine comprend la totalité des dispositions pénales, sans exception; considérant, en fait, que Lapaille a été déjà condamné plusieurs fois pour vol à un emprisonnement de plus d'une année... » (Douai, 24 fév. 1852, M. Tillier, subst., aff. Lapaille).

703. Soit que le vol constitue un crime, soit qu'il ne constitue qu'un simple délit, la poursuite et le jugement en sont soumis à aucune règle spéciale. C'est le droit commun qui doit recevoir son application (V. Inst. crim. Jugement, ch. 5, et ch. 7, sect. 2). — En cette matière comme en toute autre, les personnes lésées ont le droit de se porter parties civiles. A cet égard il a été jugé que l'individu sur le territoire de laquelle des coupes de vaches ont été pratiquées a qualité pour intervenir aux poursuites comme partie civile (Caen, 13 nov. 1830, aff. comm. d'Agen, D. P. 39. 2. 164).

Lorsqu'il ne résulte ni de l'ordonnance de la chambre du conseil, ni du jugement de première instance, ni de l'arrêt attaqué, ni des conclusions prises par le prévenu devant ces deux juridictions, que le vol, objet de la poursuite, ne rentre pas directement dans les cas prévus et réprimés par les art. 379 et 401 c. pén., il n'y a pas obligation, pour le juge de répression, de spécifier les faits sur lesquels il se fonde pour reconnaître les caractères constitutifs de la soustraction frauduleuse (Crim. rej. 4 nov. 1854, M. Victor Foucher, rap., aff. Sermiciniel).

Dans une prévention de vol d'un tiré se rapportant à une obligation qui excède 150 fr., le fait objet de la prévention n'a pu régulièrement être établi par témoins, comme rentrant dans les prévisions de l'art. 1348 c. nap., et son élan constitué de l'art. 1341 (Crim. rej. 10 nov. 1855, aff. Montébrun, D. P. 56. 5. 500). — V. Obligation, n° 1886 et suiv. et infrà, n° 905.

704. Aucune loi ne défend que la reconnaissance des effets volés soit faite par les individus volés, et qu'à cet effet ils prêtent serment préalable: — « Attendu, quant à François Testini, sur son premier moyen, que nulle loi ne défend que la reconnaissance des effets volés soit faite par les individus qui ont été volés et qu'à cet effet le serment leur soit ordonné préalablement » (Crim. rej. 19 juill. 1810, MM. Barris, pr., Béarnoull, rap., aff. Testini).

705. Sous l'empire du code du 3 brum. an 4, s'il avait été jugé qu'il n'y avait pas nullité de la procédure en ce que les objets volés, recouvrés, n'ont pas été saisis et déposés au greffe, alors d'ailleurs que le vol était avoué: « Considérant qu'il ne résulte pas des art. 91, 151, 152 et 251 c. des dél., vol., qu'il y aurait nullité s'il n'a pas été dressé de procès-verbal constatant le corps du délit et les effets volés, recouvrés, n'ont pas été saisis et déposés au greffe; que d'ailleurs le condamné a avoué plusieurs fois au cours de la procédure avoir aggravé un trou qui existait dans le mur séparatif de son grenier de celui de son voisin afin de pouvoir s'y introduire, et qu'il y a volé les trois pièces de serge dont est question au procès » (Grim. rej. 2 compl. an 5, MM. Seignette, pr., Chasle, rap., aff. Réunier). — Il devrait être jugé encore de même aujourd'hui.

706. Un jugement correctionnel, qui a appliqué la peine du vol portée par l'art. 401 à un fait qui ne présentait pas de soustraction frauduleuse, ne peut être justifié sous prétexte qu'il y a dans la cause délit d'escroquerie, s'il n'y a pas vol, et que la peine appliquée n'excède pas la peine de l'escroquerie (Grim. cass. 11 nov. 1819, aff. Lafrenée, n° 82-3e).

707. Les tribunaux ne peuvent prononcer la confiscation des objets saisis que dans les cas prévus par la loi; ils ne peuvent l'ordonner quand à toutes les valeurs et effets suivi le voleur, à défaut par lui de justifier de sa propriété dans un lot déterminé (Grim. cass. 3 germ. an 4; aff. N..., V. Peine, n° 335 et suiv.).

708. L'art. 366 c. inst. crim. porte que « la cour d'assises ordonnera que les effets pris seront restitués au propriétaire; » et nous avons vu v° Compét. crim., n° 630, que cette restitution doit être ordonnée soit qu'il y ait eu acquittement, soit qu'il y ait eu condamnation. — En conséquence, il a été décidé que la restitution au propriétaire d'objets dont le détournement a donné lieu à une accusation de vol qualifié, doit, même en cas d'acquittement de l'accusé, être ordonnée par la cour d'assises, lorsque ce propriétaire est connu, encore qu'il ne ferait aucune réclamation, et sans qu'il soit besoin ni que le ministère public prenne de réquisitions à cet égard ni que l'accusé soit interpellé (Grim. rej. 21 fév. 1852, aff. Fleuron, D. P. 52. 5. 575).

709. Bien que l'art. 366 c. inst. crim. ne parle que des cours d'assises, il a été jugé que la disposition qui les autorise à ordonner la restitution des effets pris au propriétaire s'applique également aux tribunaux correctionnels; mais que le droit ne leur appartient qu'autant que les objets volés ont été saisis en la possession du prévenu; s'ils ont été appliqués, pour servir de pièces de conviction, par un tiers qui en est le déviateur détenteur, les tribunaux correctionnels sont incompétents pour en ordonner la restitution entre les mains du propriétaire, surtout lorsqu'il n'y a eu devant eux aucune intervention régulièrement formée: — « Considérant que, par l'art. 366 c. inst. crim. autorise les cours d'assises, et par équipollence, les tribunaux correctionnels, à ordonner la restitution des objets volés, cela ne peut avoir lieu que dans le cas où ces objets ont été saisis en la pos-

session du prévenu ; mais qu'il en est différemment lorsque, dans le cours des débats, un témoin ou une personne tierce a apporté lesdits objets volés pour être soumis à l'investigation de la justice ; qu'en effet, la restitution de ces objets pouvant donner lieu à des contestations civiles entre le tiers détenteur actuel et le propriétaire primitif, les tribunaux correctionnels deviennent incompétents pour en connaître, surtout lorsqu'il n'y a devant eux aucune intervention introduite régulièrement ; qu'ainsi, les premiers juges ont méconnu leur compétence en ordonnant la restitution des objets volés entre les mains de la demoiselle Ducret ; qu'ils devaient, au contraire, ordonner qu'ils continueraient à rester déposés au mont-de-piété, sauf à ladite demoiselle Ducret à les réclamer par les voies qu'elle aviserait bon être... » (Nancy, 30 janv. 1839, M. d'Arbois, f. f. de pr., aff. femme Pinot).

CHAP. 2. — DE L'ESCROQUERIE.

SECT. 1. — Historique et législation. — Droit comparé.

710. La loi romaine n'atteignait par aucune disposition spéciale l'atteinte à la propriété que nous désignons sous le nom d'escroquerie ; mais la définition que les jurisconsultes avaient donnée du vol était assez large pour embrasser, sinon toujours, au moins dans beaucoup de cas, ce genre de délit. Ces mots *contrectatio fraudulosa rei alienæ lucri faciendi gratiâ* comprenaient dans la généralité de leur acception tout abus frauduleux de la chose d'autrui, et par conséquent le fait qui consistait à se faire remettre par des moyens dolosifs la chose d'autrui, pour se l'approprier au détriment du maître. De plus, le préteur s'était réservé de donner une action spéciale dans les cas où les faits de vol ne constituaient aucun délit déterminé et ne donnaient lieu à aucune autre action : *Qua dolo malo facta esse dicentur* (dit la loi 1, § 1, ff., *De dolo malo*), *si de his rebus alia actio non erit, et justa causa esse videbitur, judicium dabo*. Le préteur avait voulu par là empêcher que les fraudes criminelles ne fussent une source de fortune pour leurs auteurs et de ruine pour ceux qui en auraient été victimes : *Hoc edicto*, dit la loi 1 précitée, pr., *prætor adversùs varios et dolosos, qui aliis offuerunt callididate quâdam subvenit, ne illis malitia sua sit lucrosa, vel istis simplicitas damnosa*. De là était née cette règle, appliquée par l'ancienne jurisprudence, que lorsque le dol ne constituait pas un délit défini par la loi, il était puni extraordinairement à l'arbitraire du juge : *Si dolus non habet nominatum delictum, tunc extrà ordinem judicis arbitrio punitur*.

711. La loi romaine avait prévu et défini une espèce particulière de vol : c'est celui que commettaient par adresse, soit dans les lieux publics, soit dans les maisons particulières, des individus qui s'y étaient introduits sous un prétexte quelconque. Les auteurs de ces vols étaient désignés sous le nom de *saccularii* ou *directarii*. Ainsi nous lisons dans la loi 7, ff., *De extraord. crim.* : *Saccularii qui vetitas in sacculo artes exercentes, partem subducunt, partem subtrahunt ; item qui directarii appellantur, hoc est hi qui in alieno cœnaculo se dirigunt furandi animo*. Notre ancien droit donnait à cette espèce de vol le nom d'escroquerie (V. Muyart de Vouglans, Lois crim., p. 292). Ainsi ce mot *escroquerie* avait, dans notre ancienne jurisprudence, un sens tout différent de celui que nous lui donnons aujourd'hui. Il impliquait la double idée de vol et de ruse, de fourberie. « L'escroc, est-il dit au Répertoire de Merlin (v° Escroquerie), est le nom qu'on donne à un fripon qui est dans l'habitude d'attraper de l'argent ou autre chose par ruse, par fourberie ; et l'escroquerie est l'action que commet l'escroc en friponnant. »

712. C'est la loi des 19-22 juill. 1791 qui, la première, a employé le mot *escroquerie* dans un sens analogue à celui qu'il a conservé dans notre droit pénal. L'art. 35, tit. 2, de cette loi portait : « Ceux qui, *par dol*, ou à l'aide de faux noms ou de fausses entreprises, ou d'un crédit imaginaire, ou d'espérances ou de craintes chimériques, auraient abusé de la crédulité de quelques personnes, et escroqué la totalité ou partie de leur fortune, seront poursuivis devant les tribunaux de district ; et si l'escroquerie est prouvée, le tribunal de district, après avoir prononcé

les restitutions et dommages et intérêts, est autorisé à condamner, par voie de police correctionnelle, à une amende qui ne pourra excéder 3,000 livres, et à un emprisonnement qui ne pourra excéder deux ans. En cas d'appel, le condamné gardera prison, à moins que les juges ne trouvent convenable de le mettre en liberté, sur une caution triple de l'amende et des dommages-intérêts prononcés. En cas de récidive, la peine sera double. Tous les jugements de condamnation à la suite des délits mentionnés au présent article seront imprimés et affichés. »

713. Ainsi, d'après les termes de cet article, il suffisait, pour constituer le délit, qu'une personne eût, par dol, abusé de la crédulité d'une autre, afin d'escroquer tout ou partie de sa fortune. Le vague de cette expression, *dol*, ouvrait la porte à bien des abus. Sans doute la loyauté et la bonne foi devraient présider toujours aux transactions privées. L'expérience démontre malheureusement qu'il n'en est pas toujours ainsi. Souvent ceux qui seraient incapables de commettre une soustraction proprement dite, ne craignent pas d'employer la ruse, le mensonge, l'exagération ou la dissimulation, pour amener la conclusion d'une affaire qui doit leur être avantageuse. Il appartient, dans ce cas, aux tribunaux d'accorder aux intérêts lésés la satisfaction qui leur est due ; toutefois ces moyens de succès, quelque blâmables qu'ils soient en eux-mêmes, ne doivent donner lieu qu'à des réparations civiles, et ce serait dépasser à leur égard toutes les bornes de la rigueur que de leur infliger une répression pénale. Mais autre chose est d'employer la ruse et le mensonge comme auxiliaires dans une opération d'ailleurs sérieuse, autre chose est de recourir à des manœuvres dolosives pour la seule fin d'escroquer le bien d'autrui : ce dernier fait mérite évidemment une répression. En d'autres termes, il existe deux espèces de *dol*, qu'on peut désigner sous les noms de *dol civil* et de *dol criminel*, et que la loi ne doit pas confondre dans un traitement identique. Le législateur de 1791 n'avait sans doute en vue que le second, mais son langage équivoque autorisait la confusion, d'autant plus que la juridiction (le tribunal de district) était la même pour tous les cas et que l'action pénale était accessoire à l'action civile.

714. La cour de cassation s'était efforcée de faire prévaloir, dans l'application, la distinction qui précède entre le dol civil et le dol criminel, et de restreindre à ce dernier l'application de la peine édictée par l'art. 35, et elle avait été secondée dans cet effort par la loi du 7 frim. an 2 (V. p. 1107), qui avait attribué aux tribunaux correctionnels la connaissance de l'escroquerie.

715. Quoi qu'il en soit, il y avait là un vice de rédaction, qu'il importait de faire disparaître. Cette réforme fut opérée par le code pénal de 1810 (V. p. 1110), dont l'art. 405 donnait de l'escroquerie une définition dans laquelle ne se trouvait plus le mot *dol*. M. Faure, exposant les motifs de cette partie du code pénal, justifiait dans les termes suivants la rédaction de l'article précité : « On a tâché, dans la nouvelle définition de ce qui constitue le délit d'escroquerie, d'éviter les inconvénients qui étaient résultés des rédactions précédentes. Celle de la loi des 19-22 juill. 1791 était conçue de manière qu'on en a souvent abusé, tantôt pour convertir une procès civile en procès correctionnels, et la procurer à la partie poursuivante la preuve testimoniale et la contrainte par corps, au mépris de la loi générale, tantôt pour éluder la poursuite de faux en présentant l'affaire comme une simple escroquerie, et par là procurer au coupable une espèce d'impunité, au grand préjudice de l'ordre public. Ces abus cesseront sans doute par la rédaction du nouveau code. La suppression du mot dol, qui se trouvait dans les deux premières rédactions, ôtera tout prétexte de supposer qu'un délit d'escroquerie existe par la seule intention de tromper. En approfondissant les termes de la définition, on verra que la loi ne veut pas que la poursuite en escroquerie puisse avoir lieu, sans un concours de circonstances et d'actes antécédents qui excluent toute idée d'une affaire purement civile. » — En conséquence, l'art. 405 était ainsi conçu : « Quiconque, en faisant usage de faux noms ou de fausses qualités, soit en employant des manœuvres frauduleuses pour persuader l'existence de fausses entreprises, d'un pouvoir ou d'un crédit imaginaire, ou pour faire naître l'espérance ou la crainte d'un succès, d'un accident ou de tout autre événement chimérique, se sera fait remettre ou délivrer

des fonds, des meubles ou des obligations, billets, promesses, quittances ou décharges, et aura, par un de ces moyens, escroqué ou tenté d'escroquer la totalité ou partie de la fortune d'autrui, sera puni d'un emprisonnement d'un an au moins et de cinq ans au plus, et d'une amende de 50 fr. au moins et 3,000 fr. au plus. » — D'après cette disposition, il ne suffit plus, pour motiver une plainte en escroquerie, d'alléguer vaguement l'existence d'un dol; il faut articuler des faits présentant les caractères déterminés par l'art. 405 et auxquels puisse s'appliquer la définition donnée par cet article.

716. La loi réformatrice du 28 avr. 1832 ne fit subir aucune modification à l'art. 405. — Cependant la rédaction de cet article avait donné lieu à une sérieuse difficulté. Qu'est-ce qui constituait précisément le délit consommé d'escroquerie, et en quoi devait consister la tentative de ce délit? Pour le délit consommé, il était nécessaire évidemment qu'il y eût eu 1° emploi de manœuvres frauduleuses; 2° remise effective de fonds. Mais cela suffisait-il? N'était-il pas nécessaire qu'il y eût eu, en outre, détournement des valeurs remises? Et pour la tentative il était nécessaire qu'il y eût eu emploi de manœuvres frauduleuses; mais fallait-il également qu'il y eût eu remise effective de valeurs et que l'agent, les ayant obtenues, eût tenté de les détourner à son profit? Ou bien suffisait-il qu'au moyen des manœuvres frauduleuses il eût seulement tenté de se faire remettre des valeurs? La cour de cassation avait varié sur ce point, ainsi que nous le verrons ultérieurement lorsque nous aurons à traiter ce sujet. Quel que fût à cet égard le véritable sens de l'art. 405, la loi du 13 mai 1863, qui a modifié un certain nombre d'articles du code pénal, a levé pour l'avenir tous les doutes au moyen d'un léger changement dans la rédaction de la disposition dont il s'agit. A la suite de ces mots : « Quiconque, soit en faisant usage de faux noms, etc..., se sera fait remettre ou délivrer... », elle a ajouté ceux-ci : « ou aura tenté de se faire remettre ou délivrer. » Il résulte de ce changement qu'aujourd'hui le délit est consommé quand, au moyen des manœuvres frauduleuses, la remise des valeurs a été obtenue, et qu'il y a tentative punissable de ce délit lorsque, par les mêmes moyens, la remise a été simplement tentée, sans avoir été obtenue.

717. *Droit comparé.* — Le code pénal *autrichien* punit sous le nom générique de *fraude* divers faits coupables parmi lesquels se trouve celui que nous désignons par le nom d'*escroquerie.* Ainsi les art. 167 et 180 de ce code considèrent comme coupable de fraude celui qui, par des insinuations ou des manœuvres artificieuses, induit en autrui dans une erreur par suite de laquelle quelqu'un souffre un dommage dans sa propriété ou dans ses autres droits, ou bien qui, avec une telle intention, profite de l'erreur ou de l'ignorance d'autrui, et plus particulièrement celui qui prend un faux nom, un faux état, une fausse qualité, se fait passer pour le propriétaire du bien d'autrui, ou se revêt, de toute autre manière, d'un fausse apparence pour se procurer un lucre illicite, ou pour préjudicier à autrui dans ses biens ou dans ses droits, ou pour pousser quelqu'un à des actes préjudiciables auxquels il ne se serait pas porté sans ces fraudes. Cette fraude constitue un délit quand le préjudice causé ou qu'on a voulu causer excède 25 florins. La peine ordinaire de ce délit est de six mois à un an de prison, mais elle peut être élevée jusqu'à cinq ans, selon le danger couru ou la plus grande difficulté de l'éviter, ou la récidive plus fréquente, ou la plus grande élévation du dommage. Si la valeur que le coupable s'est appropriée par le délit surpasse 300 florins, ou si elle a causé un préjudice sensible à la personne lésée à raison de sa position de fortune, ou si le délinquant a commis la fraude avec une grande audace, ou s'il a contracté l'habitude de frauder, la peine est de la prison dure de cinq à dix ans. Si la fraude n'a causé qu'un préjudice inférieur à 25 florins et qu'elle n'ait pas été accompagnée de certaines circonstances aggravantes déterminées par la loi, elle n'est considérée que comme grave infraction de police.

718. Le code pénal *bavarois* punit aussi l'escroquerie sous le nom de *fraude préjudiciable à la propriété d'autrui.* Il la considère comme crime lorsque sa valeur atteint la somme de 25 florins et la punit, dans ce cas, comme vol simple, à moins

de circonstances aggravantes. Il range parmi les fraudes qualifiées du premier degré, et punit des peines du vol qualifié, les fraudes de ceux qui exploitent à leur profit les préjugés et la superstition du peuple, au moyen de prétendues évocations d'esprits, découvertes de trésors, explications de présages, opérations du grand-œuvre, et autres semblables tromperies, et il ajoute à ces peines l'exposition publique contre celui qui abuse de la religion, d'un acte religieux ou d'une chose consacrée par la religion pour pratiquer une fraude. Enfin il punit de quatre à huit années de maison de travail, comme coupables de fraudes qualifiées de second degré, ceux qui par des fraudes répétées, font connaître pour des fraudeurs exercés et habitués. Si la fraude, supérieure à la somme de 5 florins, est inférieure à celle de 25 florins, elle ne constitue qu'un délit passible d'un mois à un an de prison.

719. Le code pénal du royaume des *Deux-Siciles* punit également comme coupable de fraude celui qui fait un lucre quelconque au préjudice d'autrui en faisant usage de faux noms ou de fausses qualités, ou en employant d'autres ruses, détours ou simulations pour persuader l'existence de fausses entreprises, de facultés ou de crédit imaginaires ou pour susciter l'espérance ou la crainte d'un succès, d'un accident ou de quelque autre événement chimérique. La peine, lorsque la valeur excède 100 ducats, est du second au troisième degré de prison ou de confinement (de sept mois à deux ans) et de l'amende correctionnelle (de 3 à 100 ducats). Si la valeur de la fraude n'est pas supérieure à 100 ducats, la peine est du premier au second degré de prison ou de confinement (d'un à sept mois) et d'une amende qui ne peut excéder 50 ducats.

720. D'après le code pénal *espagnol,* celui qui en fraude d'autrui en faisant usage de faux noms, en s'attribuant ou pouvoir, une influence ou des qualités supposées, simulant des biens, un crédit, une commission, une entreprise ou des négociations imaginaires ou en se servant de toute autre tromperie semblable, est passible de l'arrêt majeur si la fraude ne dépasse pas 20 duros, de la prison correctionnelle si elle dépasse 20 duros et non 500, et de la prison mineure si la fraude dépasse 500 duros.

721. Le code pénal du *Brésil* punit sous le nom de *stellionat* divers méfaits au nombre desquels il énumère tout chaque artifice frauduleux par lequel on obtient d'un autre tout ou partie de sa fortune ou quelques titres. La peine applicable est la prison avec travail de six mois à six ans, et une amende de 5 à 20 p. 100 de la valeur des choses sur lesquelles le stellionat a lieu.

Sect. 2. — *Éléments constitutifs de l'escroquerie.*

722. Des termes de l'art. 405 c. pén. il résulte que le délit d'escroquerie implique le concours au moins de *deux éléments* distincts, qui sont: 1° l'emploi des moyens frauduleux que la loi détermine; 2° la remise de valeurs obtenue par ces moyens. Nous examinerons successivement chacun de ces divers éléments. — On avait prétendu qu'un troisième élément était nécessaire : le détournement ou l'appréhension des valeurs par l'agent; mais nous avons déjà dit (*supra*, n° 716) que cela ne peut plus se soutenir depuis la promulgation de la loi du 13 mai 1863. Nous reviendrons sur ce point avec plus de développement (V. *infra*, n° 880).

Art. 1ᵉʳ. — *Moyens frauduleux.*

723. Les moyens frauduleux qui, selon l'art. 405, peuvent servir à commettre l'escroquerie sont : 1° l'usage de faux noms ou de fausses qualités; 2° l'emploi de manœuvres frauduleuses ayant un caractère déterminé.

§ 1ᵉʳ. — *Faux noms ou fausses qualités.*

724. A l'égard des faux noms ou fausses qualités, une première question s'élève. L'art. 405 dit : « Quiconque, soit en faisant usage de faux noms ou de fausses qualités, soit en employant des manœuvres frauduleuses pour persuader l'existence de fausses entreprises, d'un pouvoir ou d'un crédit imagi-

naî.re, etc., se sera fait remettre, etc. » —Cette disposition doit-elle être entendue en ce sens que l'usage de faux noms ou de fausses qualités doive, aussi bien que l'emploi de manœuvres frauduleuses, avoir pour but de persuader l'existence de fausses entreprises, d'un pouvoir ou d'un crédit imaginaire, etc. ? — Il n'est pas facile de savoir quelle est à cet égard l'opinion de Carnot, car il semble dire à la fois oui et non (sur l'art. 405, nos 2 et 5). — Quant aux autres auteurs, ils sont généralement d'avis que l'usage d'un faux nom ou d'une fausse qualité suffit pour constituer l'escroquerie, et que ces expressions de l'art. 405 : « pour persuader l'existence de fausses entreprises, etc. » servent seulement à déterminer le caractère que doivent présenter les manœuvres frauduleuses pour être l'un des éléments de ce délit (V. MM. Bourguignon, Jurispr. desc. crim., t. 5, sur l'art. 405, n° 5 ; Rauter, Dr. crim., t. 2, n° 529 ; Chauveau et Hélie, t. 5, n° 1988 ; Morin, Rép. du dr. crim., v° Escroquerie). — Outre que cette interprétation est conforme à la construction grammaticale de la phrase, on peut dire, pour la justifier, que l'usage d'un faux nom, d'une fausse qualité, constitue par lui-même, et indépendamment de toute autre circonstance, un moyen frauduleux suffisant pour motiver l'incrimination ; mais que cette expression *manœuvres frauduleuses* est vague et a besoin d'être précisée ; que d'ailleurs il importait, afin de prévenir des appréciations arbitraires, de déterminer le degré de gravité que les manœuvres devraient avoir pour être l'un des éléments de l'escroquerie.

725. Il a été décidé, en ce sens, par un arrêt rendu à l'unanimité, que, pour qu'il y ait escroquerie, il suffit qu'un individu, en faisant usage d'un faux nom, se soit fait remettre des sommes, objets, obligations ou décharges, sans qu'il y ait besoin qu'à l'aide du faux nom il ait persuadé l'existence de fausses entreprises, d'un pouvoir ou d'un crédit imaginaire, ou qu'il ait fait naître, soit l'espérance, soit la crainte d'un événement chimérique : — « Attendu que, les expressions, *manœuvres frauduleuses*, qui ont été substituées dans l'art. 405 c. pén. au mot *dol*, placé dans l'art. 35 de la loi du 22 juill. 1791, et dont le sens était trop général et trop vague, n'ayant pas elles-mêmes une signification assez précise pour que l'application n'en pût pas devenir illimitée, il a été dans la prévoyance du législateur de fixer les cas où cette application devait être faite, en déterminant dans quel objet ces manœuvres auraient pu être employées pour qu'elles pussent être jugées former une circonstance élémentaire du délit d'escroquerie ; qu'à l'égard de l'usage d'un faux nom ou d'une fausse qualité, cet usage portant toujours sur un fait simple qui ne peut être susceptible de différentes interprétations, il n'a dû être caractérisé que par l'effet qui pouvait en être résulté, c'est-à-dire par la confiance qu'il aurait inspirée, et l'abus qui aurait été fait de cette confiance, en se faisant remettre frauduleusement, par son moyen, des fonds, des meubles, des obligations, des décharges, etc. ; qu'il s'ensuit, que le membre de phrase de l'art. 405, dont les termes sont, *pour persuader l'existence de fausses entreprises, d'un pouvoir ou d'un crédit imaginaire*, pour faire naître l'espérance ou la crainte d'un succès, d'un accident ou de tout autre événement chimérique, ne se rapporte qu'à l'emploi de manœuvres frauduleuses, et non à l'usage d'un faux nom ou d'une fausse qualité ; 2° que de l'usage d'un faux nom ou d'une fausse qualité ne

peut naî.re une action en délit d'escroquerie que dans le cas où c'est à son aide et par son moyen qu'a été obtenue la délivrance de fonds, meubles, obligations, quittances, etc. ; que l'abus de la confiance ou la surprise de la crédulité sont en effet intrinsèques et substantiels au délit d'escroquerie ; que la cour royale de Colmar a donc méconnu l'esprit et la lettre de l'art. 405 c. pén., lorsqu'elle a jugé que l'usage d'un faux nom, fait par François Poirier, ne pourrait point servir de base à une poursuite en délit d'escroquerie, parce qu'il n'avait pas eu pour objet de persuader l'existence de fausses entreprises, d'un pouvoir ou d'un crédit imaginaire, de faire naître l'espérance ou la crainte d'un succès, d'un accident ou de tout autre événement chimérique » (Crim. rej. 5 mai 1820, MM. Barris, pr., Aumont, rap., aff. Poirier). — Il a été jugé, de même, que l'action de toucher, à l'aide d'un faux nom, une somme d'argent au préjudice de l'État, ne constitue pas un vol, mais une escroquerie (Crim. cass. 17 fruct. an 8) (1).

726. Il importe peu, comme le font remarquer MM. Chauveau et Hélie (t. 5, n° 1989), que le nom usurpé appartienne à un tiers ou qu'il soit purement imaginaire, les effets de l'usurpation pouvant être les mêmes dans l'une et l'autre hypothèse. — Mais si l'agent a fait usage d'un nom sous lequel il est habituellement désigné, bien que ce nom ne soit pas le sien, ou si, habituellement désigné sous un nom qui ne lui appartient pas, il a fait usage de son véritable nom, il ne peut être condamné comme coupable d'usage d'escroquerie, alors même que, dans l'un ou l'autre cas, il aurait agi avec une pensée de fraude. En effet, l'intention frauduleuse ne suffit pas, il faut qu'elle soit accompagnée du fait ; or on ne peut considérer comme ayant pris un faux nom celui qui s'est présenté sous le nom qui lui appartient légitimement, ou sous celui par lequel on le désigne habituellement. C'est ce qu'enseigne aussi MM. Chauveau et Hélie, t. 5, n° 1989.

727. L'usage d'un faux nom n'est un élément d'escroquerie qu'autant que c'est par ce moyen que la remise des valeurs a été obtenue. — Aussi a-t-il été jugé qu'il cesse d'y avoir délit dès qu'il est reconnu en fait que l'usage du faux nom n'a pas été la cause efficiente de la remise des objets au prévenu : — « Attendu que la cour de Colmar a déclaré que Lamblin, Taiclet et la veuve Didier n'avaient point été déterminés à faire à Poirier la remise des marchandises dont il s'agit au procès par le faux nom qu'il s'était attribué : que cette déclaration, en fait, suffit par elle-même pour justifier le renvoi des poursuites prononcé en faveur dudit Poirier » (Crim. rej. 5 mai 1820, MM. Barris, pr., Aumont, rap., aff. Poirier). — Conf. Bourguignon, Jurispr. des codes crim., sur l'art. 405, n° 5 ; MM. Chauveau et Hélie, t. 5, n° 1990.

728. L'usage d'une fausse qualité n'est, de même, un élément constitutif de l'escroquerie qu'autant que la qualité prise a été le moyen à l'aide duquel le résultat poursuivi a été atteint, c'est-à-dire à l'aide duquel la remise des valeurs a été obtenue (Conf. MM. Chauveau et Hélie, t. 5, nos 1989 et 1990). — Cette condition se trouve réalisée dans les espèces suivantes, où il a été jugé : 1° que l'usurpation de la fausse qualité d'agent de police, ayant pour effet de persuader l'existence d'un pouvoir ou d'un crédit imaginaire, suffit pour justifier l'application de l'art. 405 c. pén. (Crim. rej. 10 juill. 1862) (2) ; — 2° Qu'il en est de

---

(1) *Espèce :* — (Chambreuil C. min. pub.) —Chambreuil, convaincu d'avoir, à l'aide d'un faux nom, touché 50 fr. au préjudice de l'État, est condamné non à des peines correctionnelles, mais, comme coupable de vol, à celles portées en l'art. 6 de la sect. 6 du tit. 1 de la part. 2 c. pén. — Pourvoi. — Arrêt.

La cour : — Considérant que, par la déclaration du jury de jugement, le demandeur n'a été convaincu que d'avoir escroqué une somme de 50 fr. au trésor public, et non de l'avoir volée ; — Considérant que l'art. 6 de la sect. 6 du tit. 1 de la part. 2 c. pén., dont le jugement attaqué a fait l'application au delà de ce dont le demandeur est convaincu, ne condamne à la peine de quatre années de fers que toute personne autre que le dépositaire comptable, qui sera convaincue d'avoir volé des deniers publics ou effets mobiliers appartenant à l'État, d'une valeur de 10 fr. et au-dessus ; — Considérant que l'escroquerie n'est punie que des peines correctionnelles, aux termes de l'art. 35 de la loi du 22 juill. 1791, d'où il résulte que le jugement attaqué a fait une

fausse application des lois pénales ; — Par ces motifs, casse, etc. Du 17 fruct. an 8.—C. C., sect. crim.—MM. Viellart, pr.-Target, r.

(2) (Boussès et autres C. min. pub.) — La cour, — Sur le premier moyen, tiré de la violation de l'art. 408 c. inst. crim., en ce que l'arrêt attaqué aurait omis de statuer sur la demande faite par Boussès, réclamant contre la fausse application à son égard de l'r'' 48 c. pén. ; — Attendu que c'est à tort que Boussès a vu dans les termes de l'arrêt et du jugement une disposition relative, en ce qui le concerne, à l'application des peines de la récidive ; qu'il résulte formellement, au contraire, de la lecture de ces décisions, que c'est à Breton seul, déjà condamné à un emprisonnement de plus d'un an, que cette peine a été appliquée ; que la peine de trois ans de prison prononcée contre Boussès se trouve justifiée par le délit d'escroquerie dont il a été reconnu coupable ; que le moyen qu'il invoque n'est donc fondé ni en fait ni en droit ;

Sur le deuxième moyen, relatif à la violation de l'art. 405 c. pén. :

même de l'usurpation de la qualité de commerçant, lorsque rien n'établit que le prévenu ait jamais fait sérieusement le commerce, si d'ailleurs l'emploi de cette fausse qualité est entouré de circonstances propres à constituer les manœuvres frauduleuses dudit art. 405 (même arrêt); — 3° Que celui qui, sous la fausse qualité de chirurgien, mais en signant son véritable nom, a fabriqué de faux certificats de visite, et a, par ce moyen, obtenu de l'argent, en faisant espérer à ceux qui le lui ont remis qu'il leur ferait délivrer un congé de réforme, a commis le délit d'escroquerie (Crim. cass. 6 août 1807) (1); — 4° Que celui qui, à l'aide de la qualité qu'il n'a plus, de préposé à la perception des contributions directes, se fait remettre par des personnes imposées les sommes dont elles sont débitrices, se rend coupable du délit d'escroquerie (Crim. cass. 1er mai 1818) (2); — 5° Que l'agent d'une compagnie d'assurance qui, postérieurement à la révocation de ses pouvoirs, continue, en faisant usage de la qualité qu'il a perdue, de recevoir des désistements, d'en donner récépissé, et de percevoir des sommes à titre de rétribution, commet le délit d'escroquerie : — « Attendu que le tribunal d'appel de Laon a déclaré, en fait, que Lambin, inspecteur-receveur de l'assurance mutuelle contre l'incendie, pour l'arrondissement de Vervins, avait cessé, dès le mois d'octobre 1825, d'avoir cette qualité et les pouvoirs y attachés, et que, postérieurement à cette cessation, ledit Lambin, auquel il avait été formellement interdit par le directeur de recevoir aucun désistement, ni donner aucun récépissé, avait continué de recevoir les désistements, d'en donner récépissé, et de percevoir indûment des rétributions des personnes intéressées; que le jugement attaqué déclare expressément que Lambin, à l'aide de la qualité qu'il n'avait plus, s'est approprié partie de la fortune d'autrui, ce qui est un délit prévu par l'art. 405 c. pén., et que ce délit, de la part de Lambin, résulte des faits et de l'instruction de la cause; attendu que Lambin, ayant fait sciemment et volontairement usage d'une qualité qu'il n'avait plus pour remplir des fonctions qui lui avaient été retirées, et pour percevoir, à l'aide de cette fausse qualité, des sommes à titre de rétribution, de divers particuliers, se trouvait réellement atteint par les dispositions de l'art. 405, relatif à ceux qui, en faisant usage de fausses qualités, en en supposant un pouvoir imaginaire, se font remettre des sommes ou des fonds qui ne leur appartiennent pas, et escroquent ou tentent d'escroquer ainsi tout ou partie de la fortune d'autrui, et que le tribunal de Laon, d'après les faits par lui reconnus constants, lui a fait une juste application dudit art. 405 » (Crim. rej.

26 mai 1827, MM. Portalis, pr., de Cardonnel, rap., aff. Lambin).

729. L'individu qui, associé à l'auteur d'une secte religieuse, nommée *la religion des saints*, se fait passer pour le prophète Élie, en annonçant que la terre va être dévorée par le feu, dont ses sectaires seront seuls garantis, et qui parvient ainsi à se faire remettre des sommes d'argent et d'autres effets, se rend coupable d'escroquerie (Grenoble, 2 mai 1829, aff. Dubin, V. Culte, n° 91-2°). — Dans cette espèce, le prévenu avait pris tout à la fois un faux nom et une fausse qualité; bien plus il avait usurpé ce nom et cette qualité pour persuader l'existence d'un pouvoir imaginaire et pour faire naître l'espérance et la crainte d'événements chimériques.

730. Il y a délit d'escroquerie : 1° de la part de celui qui, soit en usurpant la fausse qualité de commis de maisons de commerce qui ne lui avaient donné aucun mandat, soit en employant des manœuvres frauduleuses, amène les personnes avec lesquelles il traite à lui consentir des obligations contenant des clauses autres que celles par lesquelles ces personnes croyaient s'engager (Crim. rej. 27 mai 1854, aff. Charlot, n° 911); — 2° De la part d'individus qui, ayant usurpé la qualité de commissionnaires de marchandises et simulé une société commerciale, ainsi que des rapports sociaux purement imaginaires, ont, à l'aide de ces moyens, obtenu de nombreuses livraisons de marchandises, qu'ils déclaraient devoir être expédiées en pays étranger, et qu'ils ont immédiatement revendues à vil prix (Crim. rej. 23 avr. 1857, aff. Bertaux, D. P. 57. 1. 269). — Dans ce cas encore, il y a concours d'une fausse qualité avec l'emploi de manœuvres frauduleuses destinées à persuader l'existence d'un crédit imaginaire.

731. Mais ce concours n'est point nécessaire; il suffit que l'agent ait fait usage soit d'un faux nom, soit d'une fausse qualité, alors même qu'il n'aurait employé aucune autre manœuvre frauduleuse. — Ainsi il a été jugé : 1° que le délit d'escroquerie peut exister sans que des manœuvres frauduleuses se joignent à l'emploi d'une fausse qualité, si la remise des valeurs escroquées a été le résultat de ce premier moyen de fraude (Crim. rej. 19 sept. 1844, aff. Labot, D. P. 45. 4. 248); — 2° Que l'usage d'une fausse qualité pour persuader l'existence d'un crédit imaginaire, suivi de la remise d'une somme d'argent, suffit, aux termes de l'art. 405 c. pén., pour constituer le délit d'escroquerie, abstraction faite de toute autre manœuvre frauduleuse (Crim. rej. 25 août 1854) (3); — 3° Que lorsqu'il est établi que l'individu condamné pour escroque-

---

— Attendu que, dans le courant de l'année 1864, Bousses et Breton, en usurpant la qualité d'agents de police, à l'effet de persuader au nommé Festal l'existence d'un pouvoir ou d'un crédit imaginaire, lui ont fait croire qu'il était poursuivi par ses créanciers, et qu'à la faveur de leur qualité d'agents de police ils pourraient le conduire en Belgique et lui assurer une retraite qui le mettrait à l'abri de ces poursuites; qu'au lieu de le conduire directement de Paris à Bruxelles, ils lui ont fait faire un voyage de 500 lieues environ, et traverser des villes où, par avance, ils avaient adressé, bureau restant, des lettres au nom de La Porte, nom qu'ils faisaient prendre à Festal; — Attendu qu'à l'aide de cette qualité d'agents de police et des manœuvres frauduleuses employées pour persuader l'existence d'un pouvoir ou d'un crédit imaginaire, ou inspirer la crainte d'un événement chimérique, ils se sont fait remettre par ledit Festal des bijoux et différentes sommes d'argent, et qu'ils ont ainsi escroqué une partie de la fortune d'autrui; que, dans ces circonstances, loin d'avoir violé l'art. 405 c. pén., l'arrêt de la cour de Paris en a fait une juste application;

En ce qui concerne Bousses, Breton et Olivier, relativement à la prétendue violation du même art. 405 : — Attendu, en fait, qu'il résulte des constatations de l'arrêt attaqué que ces trois individus dénués de ressources, et la plupart du temps sans domicile fixe, en employant la fausse qualité de commerçants sérieux, et en se recommandant les uns les autres, se sont fait livrer par plusieurs marchands des marchandises qu'ils réglaient au moyen de traites tirées par Bousses sur sa mère, acceptées par celle-ci, et avec la convention que celui-ci les acquitterait, ce qu'il ne faisait pas; que, nantis de ces marchandises, ils s'empressaient de les mettre en consignation, ou de les revendre immédiatement au-dessous du cours; — Attendu que c'est à l'aide d'un système de fraude organisé entre eux et de coupables manœuvres employées dans le but de persuader aux sieurs Baldet, Jouanneau et Rouffy, l'existence d'un crédit imaginaire, que Bousses, Breton et Olivier leur ont escroqué une partie de leur fortune; que c'est donc à bon droit que l'arrêt

attaqué leur a fait application des dispositions de l'art. 405 c. pén. ;— Par ces motifs, rejette, etc.
Du 10 juill. 1862.—C. C., ch. crim.-M. Jallon, rap.

(1) (Jourdain C. min. pub.) — La cour; — Attendu que André-Auguste Jourdain n'a pas signé le nom d'autrui; qu'il a seulement ajouté au sien une qualité qu'il n'avait pas; — Attendu que le fait d'avoir donné des certificats de visite, dans l'intention de faire obtenir aux nommés Mercier et Sourreau leur congé, joint à la circonstance d'avoir reçu de l'argent de ces particuliers, établit seulement la prévention d'un délit d'escroquerie, dont la poursuite n'est point attribuée aux cours de justice criminelle et spéciale; qu'il en résulte qu'il y a fausse application de l'art. 2 de la loi du 25 flor. an 10; — Casse.
Du 6 août 1807.-C. C., sect. crim.-MM. Barris, pr.-Oudot, rap.
(2) (Camet C. Guichard.) — La cour; — Vu les art. 405, 52 et 55 c. pén.; — Et attendu qu'il a été déclaré par l'arrêt que Camet avait pris la qualité de préposé à la perception des contributions directes de la commune de Saint-Savin, dans les quittances par lui délivrées aux plaignants; qu'à la date de ces quittances il n'avait plus la qualité de préposé; que sa révocation était certaine, puisque les rôles lui avaient été retirés, et qu'il ne pouvait plus y porter les émargements des sommes reçues; — Attendu que les faits ainsi déclarés rentraient dans les cas prévus par l'art. 405, et qu'il en a été fait, à cet égard, une juste application au réclamant; — Rejette.
Du 1er mai 1818.-C. C., sect. crim.-MM. Barris, pr.-Lecouteur, r.
(3) (Marcelin.) — La cour; — Sur le premier moyen, tiré de la prétendue violation et de la fausse application de l'art. 405 c. pén., en ce que le prévenu, loin d'avoir eu recours à des manœuvres frauduleuses telles qu'elles sont exigées par la loi et la jurisprudence pour constituer le délit d'escroquerie, n'a employé que des promesses faites de bonne foi et réalisées d'ailleurs, et de simples allégations qui ne sont pas même mensongères, et qui ne rentrent pas dans l'application de la loi pénale; — Attendu qu'il est constaté par l'arrêt attaqué que le deman-

rie avait surpris la bonne foi des tiers à l'aide d'un faux nom, si importe peu que les autres manœuvres qui lui sont reprochées ne présentent pas suffisamment les caractères spécifiés en l'art. 405 c. pén., leur concours n'étant pas nécessaire pour faire de la tromperie un délit (Crim. rej. 4 fév. 1853, aff. Arnoux, D. P. 58. 5. 164).

731. Il suffit qu'il soit constaté qu'un individu qui s'est annoncé dans une localité sous un faux nom et sous un faux titre, et comme venant y acheter des propriétés considérables, a, en faisant usage d'un faux nom et d'un faux titre, obtenu la délivrance soit de nourriture pour lui et ses enfants, par l'hôtelier chez lequel il est descendu et à qui il avait promis la fourniture de sa maison, soit des fournitures de chaussures, de la part d'un bottier, pour qu'il doive être réputé avoir employé des manœuvres frauduleuses, afin de persuader un crédit chimérique et qu'il ait été déclaré légalement coupable d'escroquerie (Crim. rej. 10 fév. 1843, M. de Haussy, rap., aff. Godefroy C. min. pub.).

732. Le fait d'avoir établi frauduleusement un simulacre de maison de commerce sous une fausse raison sociale constitue, quant à cette raison sociale, l'attribution d'une fausse qualité dans le sens de l'art. 405 c. pén. (Crim. rej. 28 mars 1839)(1). — Le fait par un individu d'avoir, dans une intention de fraude, et à l'aide d'un complice, fait perdre la trace des marchandises qu'il se faisait expédier sous une fausse raison sociale,

deur, en prenant faussement la qualité d'agent secret de préfecture de police, et en se transportant dans les bureaux de cette administration, pour faire croire à un crédit imaginaire, s'est fait remettre, en 1854, une somme d'argent par le sieur Leby, et a ainsi escroqué partie de la fortune dudit sieur Leby; — Attendu que l'usage d'une fausse qualité, pour persuader l'existence d'un crédit imaginaire, suivi de la remise d'une somme d'argent, suffit, aux termes de l'art. 405 c. pén., pour constituer le délit d'escroquerie, abstraction faite de toute autre manœuvre frauduleuse, d'où il suit que l'arrêt attaqué a fait une saine application dudit art. 405; — Rejette.
Du 25 août 1854.-C. C., ch. crim.-M. de Glos, rap.

(1) (Duval et Arnal C. min. pub.) — La cour; — Sur le moyen unique tiré de la fausse application de l'art. 405 c. pén., en ce que l'arrêt attaqué n'a pas spécifié les faits d'où il a conclu l'existence de manœuvres frauduleuses à l'aide desquelles Prévost Duval aurait persuadé l'existence d'un crédit imaginaire: — Attendu que ledit arrêt déclare que Duval a escroqué et tenté d'escroquer partie de la fortune d'un certain nombre de négociants y dénommés, en établissant à Lyon, dans les mois de mars et d'avril, un simulacre de maison de commerce, sous la raison Duval et compagnie, et a employé des manœuvres frauduleuses pour persuader l'existence d'un crédit imaginaire; qu'il a entrepris, à l'aide desquels il s'est fait remettre et délivrer par divers négociants des marchandises de diverses natures;
Attendu que de cette déclaration il résulte que la prétendue maison de commerce, fondée par Duval, n'existait pas; qu'il n'avait pas eu réellement de société légale sous la raison Duval et compagnie, faits qui résultent en effet de l'instruction et des pièces matérielles jointes au dossier; — Attendu que cette attribution d'une fausse raison sociale constitue l'usage d'une fausse qualité, indépendant des autres manœuvres frauduleuses qu'a été faite audit Duval, et qui, d'après les motifs de l'arrêt dont il s'agit, résultaient de preuves fournies aux débats; — Que, d'ailleurs, cet arrêt énonce également que Duval faisait perdre les traces des marchandises pour lesquelles il expédiait des commandes, sous la raison sociale simulée Duval et compagnie, par l'entremise du sieur Arnal; en les faisant livrer dans un hôtel garni; — D'où il suit que cet arrêt est suffisamment motivé, et que les faits qu'il déclare justifient l'application qui a été faite audit Duval des peines de l'art. 405 c. pén.;
— Attendu qu'Arnal a été légalement déclaré convaincu des faits complicité du délit d'escroquerie imputé à Duval, et que la récidive d'Arnal est suffisamment constatée; — Rejette.
De 26 août 1839.-C. C., ch. crim.-MM. Bastard, pr.-Lambert, r.
(2) (Germain C. min. pub.) — La cour; — Sur le second moyen pris de la fausse application de l'art. 405 c. pén. : — Attendu que la question posée sur le chef de l'escroquerie se borne à l'imputation portée contre l'accusé, de s'être rendu coupable d'escroquerie, « pour s'être fait délivrer à crédit des marchandises, après la cessation de son commerce, qu'il aurait laissé ignorer à ses créanciers, et le refus par un négociant de lui accorder aucun crédit; » — Attendu que, si la solution affirmative de cette question implique l'obtention, par une voie immorale, d'une partie de la fortune d'autrui, il n'en résulte pas que l'accusé ait fait usage de faux noms, ou de fausses qualités, ou ait employé des manœuvres frauduleuses pour persuader l'existence d'un crédit imaginaire, qui sont des circonstances exigées par la loi pour constituer le délit

---

constitue également l'emploi de manœuvres frauduleuses prévu par l'art. 405 c. pén. (même arrêt).

734. Mais un commerçant qui se fait remettre des marchandises à crédit, après la cessation de son commerce, qu'il aurait laissé ignorer à ses créanciers, et après le refus par d'autres négociants de lui vendre à crédit, ne se rend pas coupable d'escroquerie, alors qu'il n'emploie ni faux nom, ni manœuvres frauduleuses (Crim. cass. 20 avr. 1857)(2). — Une telle dissimulation peut, en pareille circonstance, être entachée d'indélicatesse; mais elle ne peut être assimilée au fait de prendre une fausse qualité.

735. Est-ce à dire toutefois qu'une simple réticence ne puisse donner lieu à l'application de l'art. 405, ou, en d'autres termes, que l'usurpation tacite d'une fausse qualité ne puisse constituer le délit d'escroquerie? — A cet égard il a été jugé que lorsque deux individus de sexe différent se sont présentés à une vente publique avec les apparences du mari et de la femme, que, la qualité d'époux leur ayant été attribuée par erreur, ils ne l'ont pas récusée, et qu'à la faveur de la confiance qu'ils ont inspirée, par cette qualité supposée, à l'officier public chargé de la vente, ils ont obtenu la remise d'objets qui ne leur eussent pas été livrés si leur véritable situation eut été connue, ils peuvent être condamnés comme coupables d'escroquerie (Rouen, 8 sept. 1827)(3). — Pour nous, nous croyons qu'à cet égard une distinction doit être faite. S'il apparaît que les prévenus ont eu l'intention de se faire passer pour mari et

prévu par l'art. 405, on ne peut, par des inductions, suppléer la déclaration positive de l'emploi de ces manœuvres, ou de faux noms, ou fausses qualités; — Qu'ainsi, la peine prononcée par l'arrêt attaqué manque de base légale, soit que la qualification d'escroquerie ne peut remplacer l'énonciation des faits constitutive du délit; — Par ces motifs, et sans qu'il soit besoin d'examiner les autres moyens de pourvoi, casse.
Du 20 avr. 1857.-C. C., ch. crim.-MM. Bastard, pr.-Lambert, r.
(3) Espèce : — (Prévost et veuve Laveau C. min. pub.) — Fourré, cultivateur, faisait vendre à sa requête, par le ministère du sieur Mots, huissier, les meubles, grains et bestiaux qui garnissaient sa ferme. Au nombre des particuliers qui se présentèrent pour enchérir, se trouvèrent deux individus qui, à en juger par leur familiarité, agissaient entre eux comme mari et femme. Il fut dit, lors de cette vente, que c'étaient les sieurs et dame Prévost, mari et femme, de la commune d'Auppegard. La femme se rendit adjudicataire d'une vache; le soi-disant mari acheta de blé, un essieu, des roues, etc. L'huissier inscrivit les enchères sur son procès-verbal sous le nom du sieur et dame Prévost. — Lorsqu'on alla demander le prix de l'adjudication, on découvrit que le nommé Prévost n'était qu'un simple journalier, tout à fait insolvable; que ce qu'il avait acheté avait par lui été aussitôt revendu à perte; mais sa compagne; quand on s'adressa à la femme, elle répondit qu'elle ne devait rien; qu'elle se nommait veuve Laveau; que le procès-verbal de l'huissier portait vendu à la femme Prévost; qu'elle n'était pas la femme Prévost; qu'ainsi on s'adressait mal. L'huissier vit alors qu'il avait été dupe de deux escrocs; il porta sa plainte; des poursuites eurent lieu devant le tribunal correctionnel de Dieppe. Prévost et la femme Laveau furent condamnés à une année d'emprisonnement et 50 fr. d'amende, par application de l'art. 405 c. pén.
Les condamnés ont interjeté appel de ce jugement. Ils ont soutenu, par l'organe de Me Hébert, leur avocat, qu'ils n'avaient point pris la qualité de gens mariés; qu'ils avait été à l'huissier de les désigner comme tels; mais qu'ils ne s'étaient point donné eux-mêmes cette qualité; que, d'ailleurs, cette qualité d'époux était absolument indifférente à l'adjudication des enchères, que, quand même on ne les eut pas crus mariés, elles n'en eussent pas moins été adjugées au sieur Prévost; que la femme Laveau n'avait rien acheté personnellement; que ce n'est qu'après la vente que l'huissier avait appris que Prévost était insolvable; qu'il ne le connaissait pas avant la vente; qu'il eut été juré de même les enchères, quand il n'eut pas su avec lui sa femme; qu'à tort on a cru son épouse; que l'union de ces deux individus ne les eut pas rendus plus solvables; que cette erreur de l'huissier ne constituait pas de la part de la femme Laveau et de Prévost le délit d'escroquerie puni par l'art. 405 c. pén.
M. Boudy, substitut de M. le procureur du roi, a soutenu que Prévost et la femme Laveau se présentaient ensemble à la vente, ont, par leur intimité et leur connivence, fait croire à leur union comme gens mariés; qu'on les a interpellés sous la qualité d'époux; qu'ils y ont répondu, et ne l'ont pas déniée; qu'ils l'ont, par là accepté; qu'ainsi, ils ont induit volontairement l'huissier en erreur; que la présence à la vente d'une femme accompagnée de son mari, fait supposer un établissement et une consistance sociale, partant plus de solvabilité; que, si un seul individu se fut présenté, il eut offert moins de garantie; qu'

femme afin d'obtenir, au moyen de la confiance que ce titre devait naturellement inspirer, ce qui sans cela leur eût été refusé, nous admettons qu'ils peuvent être considérés comme coupables d'escroquerie; mais s'il n'apparaît pas qu'ils aient eu l'intention d'employer ce moyen pour parvenir à escroquer la fortune d'autrui, nous ne croyons pas qu'il puisse leur être fait application de l'art. 405. Un homme et une femme qui ont le tort de vivre maritalement et à qui on donne par erreur le titre d'époux peuvent reculer devant l'aveu de leur honte, surtout s'il doit être fait publiquement, sans qu'on doive voir dans leur silence un moyen frauduleux d'escroquer la fortune d'autrui.

736. L'intention est donc un élément essentiel du délit d'escroquerie. L'art. 405 n'en parle pas, il est vrai; mais cela était inutile; il ne s'agit point ici, en effet, d'une condition propre à la matière qui nous occupe, mais d'une condition générale sans laquelle il n'existe ni crime ni délit. — Ainsi il a été jugé que l'emploi d'un faux nom ou d'une fausse qualité, pour se faire délivrer des fonds, meubles ou marchandises, ne constitue le délit défini par l'art. 405 c. pén., que lorsqu'il s'y joint l'intention frauduleuse d'escroquer ou de tenter d'escroquer par ce moyen tout ou partie de la fortune d'autrui, et que le juge du fait est appréciateur souverain de l'existence de cette intention (Crim. rej. 20 janv. 1855, aff. Ducharpréau, D. P. 55. 1. 87); — Que, par suite, on ne peut considérer comme coupable d'escroquerie le correspondant d'une maison de commerce qui, pour éluder la prohibition à lui faite de donner des commandes dans son intérêt, a demandé des envois, au nom de maisons de commerce imaginaires ou même existantes, si son intention était simplement de faire lui-même, et à son bénéfice, le placement des marchandises envoyées, sans faire éprouver de préjudice à l'expéditeur (même arrêt).

737. Suivant un arrêt, celui qui, incapable de contracter, se borne à prendre dans une obligation une qualité qui le suppose capable, et qui pourrait être facilement vérifiée par ses co-contractants, ne commet pas à leur égard le délit d'escroquerie; ainsi, ne peuvent être condamnés comme escrocs, soit le mineur qui dans un contrat s'est déclaré majeur, soit la femme mariée qui y a pris la qualification de *fille majeure jouissant de ses droits* : — « Considérant, dans l'espèce, que dans les deux obligations notariées consenties respectivement au profit des sieurs Hirtz père et fils, par Marie-Elisabeth Huéwart, celle-ci ne s'est point présentée sous un faux nom, mais seulement sous la qualification mensongère de fille majeure, jouissant de ses droits; — Que cette qualification ayant pu être facilement vérifiée par lesdits sieurs Hirtz, ils ne pouvaient pas, sous prétexte d'ignorance à cet égard, prétendre qu'il avait été abusé de leur crédulité, non plus que dans le cas où ils auraient contracté avec un mineur qui se serait dit majeur, et qu'admettre, dans de pareilles circonstances, la poursuite en escroquerie, ce serait anéantir l'effet des lois civiles relatives à la capacité des personnes pour contracter valablement des obligations » (Crim. cass. 21 mars 1807, MM. Barris, pr., Busschop, rap., aff. Huéwart). — Et cette décision est approuvée par Bourguignon (Jur. c. crim. sur l'art. 405, n° 1), qui cite, comme rendu dans le même sens un autre arrêt de la cour de cassation, du 4 déc. 1812, au rapport de M. Audier-Massillon. — Mais ceci ne doit pas être admis d'une manière absolue. La qualité de majeur prise par un mineur, celle de fille prise par une femme mariée, peuvent n'être pas toujours faciles à vérifier; si donc, en pareil cas, cette qualité avait été la cause déterminante d'une remise de valeurs faite à celui qui l'aurait indûment prise avec une intention frauduleuse, nous croyons, avec MM. Chauveau et Hélie (t. 5, n° 1990), qu'elle pourrait donner lieu à une condamnation pour escroquerie. Ainsi la solution devrait, à notre avis, dépendre des circonstances.

738. Le cuisinier qui, chargé de faire les fournitures de son maître, moyennant payement qui lui en est fait directement par celui-ci, s'est qualifié, auprès des fournisseurs de son choix personnel, de mandataire de son maître, et a dissipé les sommes qu'il en recevait, au lieu de payer les fournisseurs, doit être réputé s'être rendu coupable, non pas d'abus de confiance envers son maître, lequel n'a pu être obligé par lui, mais d'escroquerie envers les fournisseurs (Paris, 18 sept. 1855, aff. Cotté, V. Abus de confiance, n° 179).

739. L'art. 405 se termine par quelques mots sur lesquels nous croyons devoir nous arrêter un instant. Après avoir énoncé les peines applicables au délit d'escroquerie, il ajoute : « le tout sauf les peines plus graves, s'il y a crime de faux. » Il est donc important d'examiner en quoi les moyens qui servent à commettre l'escroquerie, et particulièrement l'usage de faux noms ou de fausses qualités, se rapprochent et se distinguent du faux.

L'art. 35, tit. 2 de la loi des 19-22 juill. 1791, punissait ceux qui, *à l'aide de faux noms*, auraient abusé de la crédulité de quelques personnes et escroqué la totalité ou partie de leur fortune. Mais comme cette disposition avait eu pour résultat d'éluder la poursuite du faux dans les affaires qui présentaient les caractères de ce crime, la loi du 7 frim. an 2 rectifia en ces termes la rédaction de l'art. 35 : « Ceux qui, par dol ou à l'aide de faux noms *pris verbalement et sans signature*, ou de fausses entreprises, etc. » — Dans le projet de code pénal qui fut soumis au conseil d'Etat, l'art. 405 reproduisait les expressions introduites par la loi de frim. an 2 dans l'art. 35 de la loi de 1791 : « Quiconque, y était-il dit, soit en donnant *verbalement et sans signature* de faux noms ou de fausses qualités... » Ces expressions : *verbalement et sans signature*, donnèrent lieu, au sein du conseil d'Etat, à une discussion que nous croyons devoir reproduire (séance du 9 sept. 1809) : « M. Defermon demande pourquoi la disposition est restreinte à ceux qui prennent de fausses qualités *verbalement et sans signature*. On peut se donner une qualité fausse par sa signature même, à l'effet de commettre une escroquerie; par exemple, un particulier peut se qualifier faussement de négociant dans la souscription d'un effet, qu'il espère négocier par ce moyen avec plus de facilité. Les suppositions faites de cette manière ne doivent pas demeurer plus impunies que celles auxquelles l'article s'applique. — M. Treilhard dit que quiconque prend par écrit une qualité supposée se rend coupable de faux. — M. Defermon dit qu'on ne pourrait pas punir comme faussaire le prétendu négociant dont il a parlé, attendu que pour faire le négoce il n'est pas besoin de déclaration préalable. — M. Berlier dit que lorsqu'on a employé ces expressions : *verbalement et sans signature*, ç'a été sans doute dans la vue de laisser la peine du faux applicable aux écrits; mais il résulterait de là que certaines qualifications écrites resteraient impunies, quoique frauduleuses : par exemple, pour se procurer un crédit abusif, un homme se dira négociant ou propriétaire d'une terre qu'il désigne, sans qu'il soit ni l'un ni l'autre; cette énonciation, même écrite, ne constitue pas précisément un faux, c'est une escroquerie. Elle doit néanmoins être punie, et ne le serait pas, si la disposition qu'on discute se réduisait aux fausses qualifications verbales et sans signature. Il y a, au reste, un moyen simple et facile de tout concilier : c'est de retrancher les dispositions restrictives, de rendre la disposition générale, et de réserver formellement la peine du faux pour les espèces auxquelles elle se trouvera applicable. » L'article fut adopté avec cet amendement. Les mots *verbalement et sans signature* furent effacés, et il fut ajouté à la fin de l'article ces mots : *le tout, sauf les peines plus graves, s'il y a crime de faux*.

740. MM. Chauveau et Hélie (t. 5, n° 1987) croient pouvoir

l'huissier eût pu prendre des informations et ne pas adjuger; qu'on peut croire, en voyant un homme et une femme qui se présentent comme mari et femme lors d'une vente publique, que ce sont des cultivateurs qui désirent acheter pour les besoins de leur ferme; que Prévost et la femme Lavenu ne prenaient donc cette fausse qualité d'époux que pour inspirer plus de confiance; que l'huissier n'eût pas vendu une vache, du blé, un essieu, etc., à un simple journalier; mais que, pensant qu'il était établi, il les lui a adjugés le croyant marié et chef d'une exploi-

tation agricole; que ce n'était que pour escroquer les objets achetés, que ces manœuvres avaient eu lieu de la part de Prévost et de la femme Lavenu, puisque ces objets ont été revendus aussitôt au comptant et à bas prix par Prévost; par ces motifs, le ministère public a demandé la confirmation du jugement. — Arrêt (apr. délib.).

La cour; — Considérant que ces faits constituent le délit d'escroquerie, adoptant les motifs des premiers juges, confirme.

Du 8 sept. 1827.-C. de Rouen.

conclure des observations échangées au sein du conseil d'Etat et qui viennent d'être rapportées que l'usage d'un faux nom par écrit peut ne constituer qu'une simple escroquerie. « L'usage d'un faux nom par écrit, disent ces auteurs, constitue le crime de faux, lorsque l'acte dans lequel il est pris peut produire une obligation quelconque et causer préjudice à autrui, ou lorsque cet acte est destiné à constater les faits qui s'y trouvent consignés. Cet usage, au contraire, se range parmi les moyens d'escroquerie lorsque l'acte ne renferme ni obligation, ni décharge, ni convention, ni disposition qui soit de nature à léser des tiers, et qu'il n'a point d'ailleurs caractère pour constater les faits qui y sont énoncés... Il en résulte que l'individu qui, pour tromper une personne sur sa fortune et usurper un crédit mensonger, produirait des actes simulés, des actes de prêts par lui souscrits, ne pourrait être poursuivi que pour escroquerie, car ces actes ne produisent par eux-mêmes aucune obligation ; mais s'il produit, même dans le seul dessein de consommer l'escroquerie, des actes qu'il suppose émanés d'un tiers et qui obligent ce tiers, la fraude puise dans cette circonstance un caractère plus grand, celui du crime de faux. » — Pour nous, ce qui nous paraît ressortir le plus clairement de ce qui s'est passé au conseil d'Etat, c'est que les auteurs du code pénal ont voulu se borner, dans l'art. 405, à définir les caractères de l'escroquerie, et qu'ils ont entendu se référer purement et simplement, en ce qui concerne le faux, aux dispositions du code pénal qui régissent cette matière. Nous ne pouvons donc que renvoyer ici à ce qui a été dit sur ce sujet, v° Faux, n°s 112 et suiv.

741. Il a été jugé sur ce point : 1° que l'escroquerie commise à l'aide d'un faux nom pris par écrit, n'est pas seulement passible des peines de police correctionnelle portées par la loi du 7 frim. an 2, mais qu'elle constitue un faux en écriture (Crim. cass. 17 mai 1811) (1) : mais il est à remarquer que cet arrêt est rendu par application de la loi du 7 frim. an 2 ; — 2° Que l'escroquerie commise à l'aide d'un faux en écriture doit être punie comme constituant un crime de faux, et non un simple délit correctionnel, et qu'il y a faux en écriture toutes les fois qu'un individu a pris un autre nom que le sien, soit que la signature ait été imitée plus ou moins habilement, soit qu'elle ait été écrite sans imitation, soit que le nom n'appartienne à aucune personne connue (Crim. cass. 18 fév. 1813) (2) ; — 3° Que le fait d'avoir fait fabriquer par un autre et d'avoir émis une lettre de change sous un nom supposé et idéal, et à son propre ordre, constitue un faux en écriture de commerce et non un simple délit d'escroquerie (Crim. cass. 1er oct. 1825, aff. Vidaillac, V. Faux, n° 291) ; — 4° Que le fait de s'être procuré de l'argent et des marchandises, à l'aide de certificats signés de faux noms, constitue le crime de faux prévu par les art. 147 et 150 c. pén., et non un simple délit d'escroquerie (Crim. règl. de jug. 24 avr. 1828, M. de Bernard, rapp., aff. femme Mottet) ; — 5° Que l'escroquerie à l'aide d'une fausse lettre missive ou par l'usage d'une fausse pièce de monnaie, excède la compétence du tribunal de police correctionnelle (Crim. règl. de jug. 19 janv. 1832, MM. Brière, rap., Dupin, pr. gén., aff. Brugnier) ; — 6° Que l'escroquerie commise en faisant usage d'un billet faux excède la compétence du tribunal de police correctionnelle (Crim. règl. de jug. 5 sept. 1834, M. Brière, rap., aff. Quevallier) ; — 7° Que lorsque, sur une prévention d'escroquerie, le ministère public a fait la réserve d'exercer des poursuites criminelles, à raison de certains faits de la prévention, comme constituant le crime de faux, le tribunal correctionnel qui reconnaît ces faits constants dans des termes établissant le crime de faux, excède ses pouvoirs, en se permettant d'y statuer, au lieu de renvoyer devant qui de droit (Crim. cass. 3 fév. 1827, M. de Cardonnel, rap., aff. Bruno-Molard).

742. Mais celui qui se présente devant les agents du recrutement à l'effet de remplacer un individu avec un faux nom qu'il a pris verbalement, non par écrit, ne se rend coupable seulement du délit d'escroquerie, passible de peines correctionnelles ; ... Et il en est de même de celui qui l'a présenté avec ce faux nom : — « Considérant qu'il résulte de l'instruction que Louis Védrines est uniquement prévenu d'avoir pris verbalement et non par écrit le faux nom de Jean Vidal, lorsqu'il s'est présenté devant l'officier de recrutement pour remplacer Malet fils, et devant le sous-préfet de Saint-Flour pour le même objet ; qu'il résulte aussi de l'instruction que lorsque Etienne Hugon a présenté au lieutenant de recrutement ledit Védrines pour remplacer ledit Malet, il a donné verbalement, et non par écrit, audit Védrines le faux nom dudit Jean Vidal ; que, par conséquent, dans ces circonstances, l'escroquerie que lesdits Védrines et Hugon sont prévenus d'avoir commise à l'aide de ce faux nom pris verbalement et non par écrit, ne constitue qu'un délit de police correctionnelle » (Crim. rej. 28 avr. 1808, MM. Barris, pr., Vergès, rap., aff. Védrines).

743. Il a été jugé encore que la fabrication de fausses lettres où l'on a pris un faux nom et une fausse qualité dont on a abusé pour s'emparer de la fortune d'autrui, constitue le délit d'escroquerie ; qu'en conséquence une cour ne peut infirmer une ordonnance de la chambre du conseil qui a reconnu l'existence de ce délit, sans violer ouvertement l'art. 405 c. pén. : — « Attendu qu'il est constant et reconnu que le prévenu, dans les fausses lettres par lui fabriquées, a pris un faux nom et une fausse qualité, et qu'il est parvenu par ce moyen à escroquer partie de la fortune d'autrui ; que la chambre du conseil avait justement considéré ce fait comme constituant la prévention du délit prévu et puni par l'art. 405 c. pén. ; d'où il suit qu'en infirmant son ordonnance sur ce chef, l'arrêt dénoncé a faussement appliqué l'art. 161 du même code et commis une violation expresse de la disposition ci-dessus visée » (Crim. cass. 25 sept. 1834, MM. de Bastard, pr., Rives, rap., aff. Barrabaud).

744. Une cour spéciale saisie du délit d'escroquerie commis à l'aide d'un faux peut et doit prononcer les peines de l'escroquerie, lors même qu'elle reconnaîtrait que le crime de faux n'est pas suffisamment prouvé : — « Attendu que la cour de justice criminelle spéciale, ayant été légalement et compétemment saisie du délit d'escroquerie commis à l'aide d'un faux, a pu et même dû, en reconnaissant que le crime de faux n'était pas suffisamment prouvé, prononcer les peines portées en l'art. 35 de la loi du 19 juill. 1791 pour le délit d'escroquerie dont les réclamants

---

(1) (Min. pub. C. Peyroton.) — La cour ; — Vu l'art. 1 de la loi du 7 frim. an 2, et l'art. 2 de la loi du 25 flor. an 10 ; — Considérant qu'il résulte des termes précis de la loi de frimaire an 2 précitée, que l'escroquerie commise à l'aide d'un faux nom est seulement passible des peines de police correctionnelle lorsque le faux nom a été pris verbalement ; qu'il suit de cette restriction de la loi que, quand l'escroquerie a été commise à l'aide d'un faux nom pris par écrit, ce fait constitue le crime de faux en écritures prévu par la seconde section du tit. 2 de la 2e part. du code pénal du 25 sept. 1791, crime dont la connaissance a été attribuée aux cours de justice criminelle et spéciale, par l'art. 2 ci-dessus cité de la loi du 25 flor. an 10 ; — Que, dans l'espèce, il s'agit de faux noms pris par écrit, à l'aide desquels Jean Peyroton est prévenu d'avoir escroqué des marchandises à différents négociants ; que ce fait porte donc les caractères du crime de faux en écritures, et que conséquemment la connaissance en appartient aux cours criminelles et spéciales ; qu'il suit de là qu'en se déclarant incompétente pour connaître du faux imputé audit Jean Peyroton, la cour de justice criminelle et spéciale du département de la Haute-Saône a violé les règles de compétence établies par la loi ; — D'après ces motifs, casse, etc.
Du 17 mai 1811.-C. C., sect. crim.-MM. Barris, pr.-Bussschop, r.

(2) (Min. pub. C. Mariotte.) — La cour ; — Vu les art. 147 et 150 c. pén., et 416 c. inst. crim. ; — Attendu que l'arrêt du 30 décembre dernier a déclaré François Mariotte prévenu d'avoir signé une première obligation du nom de Pierre Martin, et une autre obligation de Pierre Gérard ; que, par ces signatures, il a commis un faux, aux termes des articles cités ci-dessus ; que la contrefaçon de signature existe, ainsi que l'explique le second alinéa de l'art. 145, ainsi qu'il résulte du discours de l'orateur du gouvernement, ainsi que le portait la loi du 2 frim. an 2, toutes les fois qu'un individu a signé un autre nom que le sien, soit que la signature ait été imitée plus ou moins habilement, soit qu'elle ait été écrite sans imitation, soit que le nom n'appartienne à aucune personne connue ; qu'il y a simple escroquerie, suivant l'art. 405, lorsque le faux nom a été pris verbalement, et qu'il y a faux, suivant la fin du même article, comparée aux articles cités ci-dessus. lorsque le faux nom a été pris par écrit ; d'où il suit qu'en déclarant François Mariotte prévenu du simple délit d'escroquerie, en le renvoyant devant le tribunal correctionnel, la cour impériale de Nancy a violé les règles de compétence et les art. 147 et 150 c. pén., et fait une fausse application de l'art. 405 même code ; — Par ces motifs, casse.
Du 18 fév. 1813.-C. C., sect. crim.-MM. Barris, pr.-Oudart, rap.

ont été déclarés convaincus » (Crim. rej. 1er déc. 1818, MM. Barris, prés., Lefessier, rap., aff. Busseline).

§ 2. — Manœuvres frauduleuses.

745. Lorsqu'il n'a été fait usage ni de faux noms ni de fausses qualités, la loi ne reconnaît l'existence du délit d'escroquerie qu'autant que l'agent a employé, pour parvenir à ses fins, certains moyens que l'art. 405 qualifie de *manœuvres frauduleuses*, et dont il détermine le caractère. Ainsi, aux termes de cet article, il est nécessaire : 1° que les faits imputés au prévenu constituent des manœuvres frauduleuses ; 2° qu'ils aient pour objet, soit de persuader l'existence de fausses entreprises, d'un pouvoir ou d'un crédit imaginaire, soit de faire naître l'espérance ou la crainte d'un succès, d'un accident ou de tout autre événement chimérique.

746. La loi a caractérisé par leur objet les manœuvres frauduleuses nécessaires pour constituer l'escroquerie ; mais elle n'a pu définir les moyens dont l'usage constitue ces mêmes manœuvres : à cet égard les tribunaux prendront pour règle la définition que les lois romaines nous ont laissée du dol et de la fraude : *Omnis calliditas, fallacia, machinatio ad circumveniendum, fallendum, decipiendumque alterum, adhibita.* « Cette expression, disent à ce sujet MM. Chauveau et Hélie (t. 5, n° 1895), suppose une certaine combinaison de faits, une machination préparée avec plus ou moins d'adresse, une ruse ourdie avec plus ou moins d'art. » — Ainsi, sous l'empire de l'art. 405 c. pén., comme sous l'empire de l'art. 35 de la loi du 22 juill. 1791, on ne saurait reconnaître les caractères du délit d'escroquerie dans le fait de celui qui a simplement inspiré la crainte de la peine portée par la loi contre les délits de l'espèce de celui sur lequel les parties ont composé à l'amiable (Crim. cass. 15 vent. an 7) (1) : il n'a fait en cela qu'user de son droit ; d'ailleurs la crainte qu'il inspirait par là n'avait rien de chimérique. — V. nos 800 et suiv.

747. Il n'y a pas non plus escroquerie lorsque l'acte dont se plaint un individu est le résultat de sa confiance aveugle, mais libre, dans la bonne foi du prévenu, et non celui du dol et de la fraude employés par ce dernier (Crim. rej. 31 oct. 1811, aff. Fusi, V. n° 838).

748. Le vendeur par acte sous seing privé qui, pour dissimuler l'existence de ce sonfrat, donne pouvoir à l'acquéreur de vendre l'immeuble dont il n'a pas encore payé le prix, et qui, par l'abus que fait l'acquéreur de ce mandat, se trouve privé du prix de l'immeuble et de son privilège de vendeur, ne peut porter plainte en escroquerie contre le mandataire, ni contre celui qui a traité avec lui, si d'ailleurs ce mandataire n'a employé au-

cune manœuvre criminelle pour obtenir la vente ou procuration : — « Attendu que les faits retenus au procès n'ont aucun des caractères indiqués par la loi pour l'application de la peine ; que la cause première de la perte que le sieur Demeaux a pu faire vient de la faute que lui-même a commise, soit d'avoir voulu déguiser la vente qu'il avait faite à Rullière, sous le masque de la procuration authentique qu'il lui passait, soit d'avoir fait au même Rullière une vente sous seing privé qui le rendait propriétaire du bois Desccambeaux, et de s'être ainsi exposé au danger qui suit toutes les opérations déguisées ; qu'il n'a jamais été mis en fait que Rullière ait employé aucune manœuvre criminelle pour obtenir cette vente ou procuration, ni conséquemment que Raverol en ait pu être le complice ; que Rullière, propriétaire ou porteur d'un pouvoir illimité, a pu vendre à Raverol ; que la dissimulation d'une partie du prix ne constitue pas escroquerie, et que la circonstance de savoir si Rullière était ou non dès lors en état de faillite, donnerait lieu tout au plus à une question qui devenait du ressort des tribunaux civils ; qu'ainsi il y a excès de pouvoir et fausse application de l'art. 55 du tit. 2 de la loi du 22 juill. 1791 » (Crim. cass. 30 mars 1809, MM. Barris, pr., Brillat-Savarin, rap., aff. Raverol).

749. Un huissier qui, à l'aide de violences et voies de fait, a fait payer arbitrairement des frais non taxés, ne commet pas le délit d'escroquerie : — « Attendu que les faits portés par le procès-verbal de l'huissier Rillot, procès-verbal qui n'est pas attaqué par l'inscription de faux ; que ces faits, dont étaient prévenus Rillot et Renard, et dont le tribunal correctionnel de Laon et la cour de justice criminelle de l'Aisne les ont déclarés convaincus, ne présentent point une escroquerie par abus de crédulité, opérée par dol, à l'aide de faux noms ou de fausses entreprises, ou d'un crédit imaginaire, ou d'espérances ou de craintes chimériques ; que les faits, sur lesquels porte la procédure, diffèrent totalement de ceux qui sont ci-dessus mentionnés, et dont parle l'art. 35, tit. 2 de la loi du 22 juill. 1791, article sur lequel sont fondés le tribunal correctionnel et la cour de justice criminelle, tandis qu'il pouvait seulement résulter de la procédure prévention de mauvais traitements, abus et malversation dans le fait de l'exécution d'un jugement du tribunal de commerce, ce qui pouvait bien donner lieu à une action, mais non en police correctionnelle ; qu'ainsi il y a eu incompétence de la part des tribunaux et fausse application de l'art. 35, tit. 2 de la loi du 22 juill. 1791 » (Crim. cass. 12 flor. an 13, MM. Viellart, pr., Seignette, rap., aff. Rillot).

750. De même on ne peut voir le délit d'escroquerie : 1° dans le refus d'un créancier qui reçoit une somme offerte par son débiteur, d'en donner quittance et de porter cette somme en compte à valoir sur ses créances (Crim. cass. 29 août 1806) (2) ;

<small>(1) *Espèce :* — (Bourgier C. min. publ.) — Le tribunal correctionnel de Clamesy et, sur l'appel, le tribunal criminel du département de la Nièvre, avaient, sur une plainte en escroquerie portée contre Bourgier, condamné celui-ci aux peines portées par l'art. 35 de la loi du 22 juill. 1791. Ni les plaignants ni le prévenu n'avaient été entendus. Il s'était agi d'une transaction intervenue sur des voies de fait, que l'on voulait faire annuler sous prétexte d'escroquerie. La plainte, au reste, ne faisait mention ni du dol ni de faux noms, de fausse entreprise, d'espérances ou de craintes chimériques. — Pourvoi en cassation pour contravention à l'art. 200 c. des dél. et des pein. et fausse application de l'art. 35 de la loi du 22 juill. 1791. — Arrêt.
LA COUR ; — Vu l'art. 200 c. des dél. et des pein. du 3 brum. an 4 ; — Vu aussi l'art. 416 du même code ; — Vu enfin l'art. 35 du tit. 2 de la loi du 19 juill. 1791 ; — Considérant que si les parties qui ont rendu plainte contre Jacques-François Bourgier, ledit Bourgier lui-même, n'ont été entendus en personne, quoique l'art. 200 c. dél. et pein. ci-dessus cité le prescrit sous peine de nullité ; — Considérant, en outre, que l'art. 35 du tit. 2 de la loi du 19 juill. 1791 n'a voulu frapper que ceux qui par dol, ou à l'aide de faux noms, ou de fausses entreprises, ou d'un crédit imaginaire, ou d'espérances ou de craintes chimériques, auraient abusé de la crédulité de quelques personnes, et escroqué la totalité ou partie de leur fortune ; que si Bourgier n'est point de ce que l'on avait envahi sa maison et enlevé son mobilier, ses titres de propriété, les actes obligatoires consentis à son profit, et ses registres, il n'y a point là de dol, puisque ce fait est avoué et prouvé au procès ; que l'on ne peut pas non plus lui imputer de s'être prévalu de faux noms, de fausses entreprises, ou d'un crédit imaginaire, pour tromper ses parties adverses ; qu'il serait d'ailleurs absurde de prétendre qu'il

ait leurré ses adversaires par de fausses espérances ; qu'il n'a pu, finalement, inspirer à ces derniers d'autre crainte que celle de subir la peine que les lois prononçant contre les délits de l'espèce de celui sur lequel ils ont composé à l'amiable avec ledit Bourgier, crainte qui n'était pas chimérique, crainte, au reste, sur la nature de laquelle on ne peut pas supposer qu'ils se soient mépris, attendu que tout citoyen est instruit ou censé instruit des dispositions des lois de son pays, et qu'ainsi le tribunal criminel du département de la Nièvre a faussement appliqué audit Bourgier l'art. 35 du tit. 2 de la loi du 19 juill. 1791 ; — Casse, etc.
Du 15 vent. an 7.—C. C., sect. crim.—MM. Barris, pr. Sieyranson, rap.</small>

<small>(2) *(Lefèvre C. Marais.)* — LA COUR ; — Vu les art. 52 et 55 de la loi du 22 juill. 1791, sur la police correctionnelle, et l'art. 456, nos 4 et 8, du code du 3 brum. an 4, aux termes duquel les arrêts des cours de justice criminelle doivent être cassés, lorsqu'il y a eu fausse application de lois pénales, et lorsqu'il y a eu, de quelque manière que ce soit, usurpation de pouvoir ; — Attendu que les faits imputés à Lefèvre par Marais étaient : 1° de lui avoir fait souscrire une obligation de 1,755 fr., en remplacement d'une autre de 1,400, que ledit Lefèvre avait néanmoins gardée dans ses mains ; 2° de lui avoir offert une somme de 417 fr. qu'il aurait prise, et dont il aurait refusé de donner quittance ; — Que de ces deux chefs de plainte, le second à seul paru constater au tribunal de police correctionnelle et à la cour de justice criminelle, qui ont déclaré Lefèvre convaincu d'avoir reçu de Marais, vers le mois de frimaire dernier, une somme de 417 fr. ; d'avoir refusé de lui en donner un reçu, et de lui porter cette somme en compte à valoir sur ses créances ; — Que dans ce fait ainsi précisé on ne saurait apercevoir, soit le larcin, soit la filouterie, ni le simple vol prévu par l'art. 59 de la loi citée de 1791 ; qu'on n'y voit pas davantage le délit mentionné à l'art. 59 de la to—</small>

— 2° Dans le fait de celui qui sciemment se fait payer deux fois une créance (Metz, 28 mars 1821) (1) ; — 3° Dans le fait, par un débiteur, d'avoir arraché de force des mains de son créancier le billet de commerce qu'il lui a souscrit et de l'avoir lacéré : ce fait constitue le crime de suppression de titre et non un simple délit d'escroquerie (Crim. cass. 6 germ. an 13, aff. Datrecht. V. Dommages-destruction, n° 189-14) ; — 4° Dans le fait par un individu d'avoir obtenu d'une personne qui était venue spontanément chez lui la promesse verbale d'une somme déterminée, afin de mieux assurer la réforme d'un tiers, et ensuite d'avoir réclamé le payement de cette somme (Crim. rej. 22 mai 1847) (2) ; — 5° Dans l'emploi fait d'un titre annulé, pour prendre une inscription hypothécaire : — « Considérant que les faits imputés à Pavy ne pouvaient pas constituer un délit d'escroquerie ; que, dans l'état où l'affaire se présentait, elle n'offrait pas même l'idée d'un délit, et qu'en supposant que Delhommé, son adversaire, se crût en droit d'exercer quelques poursuites contre lui ; il ne pouvait se pourvoir que par action civile, puisque rien ne l'avait placé dans le cas de l'abus de crédulité prévu par l'art. 35 de la loi du 22 juill. 1791, et qu'il lui était d'ailleurs facile d'obtenir, par la voie civile, la mainlevée d'une inscription qui aurait été faite sans titre ou en vertu d'un titre anéanti » (Crim. cass. 6 fév. 1806, MM. Vielart, pr., Minier, rap., aff. Pavy C. Delhommé.) ; — 6° Dans le refus de rendre des effets prétendus déposés sur gage : — « Attendu que dans le refus de restituer les effets prétendus déposés sur gage dont étaient prévenues les citoyennes Guertion par la plainte dirigée contre elles, on ne trouve point de dol pratiqué à l'aide de faux noms et de fausses entreprises, soit d'un crédit imaginaire et d'espérances et craintes chimériques, soit d'abus de crédulité pour escroquer tout ou partie de la fortune d'autrui » (Grim. cass. 26 pluv. an 5, MM. Boucher, pr., Brun, rap., aff. Catherine Berey) ; — 7° Dans le fait du syndic provisoire d'une faillite qui, par menaces de poursuites rigoureuses et en mettant la femme du failli dé l'espoir d'obtenir un sauf-conduit pour ce dernier, se fait remettre par cette femme, en garantie de sa créance, des effets de la faillite au préjudice de la masse ; ce fait ne constitue pas non plus un vol (Rouen, 11 mars 1825, aff. Capperon, rapp. avec Crim. rej. 29 avr. 1825, v° Faillite, n° 318) ; — 8° Dans l'action, dont le conservateur des obligations acquittées, soit de recevoir des à-compte en argent ou en denrées, sans en donner quittance ni inscrire la mention au dos des obligations, soit enfin de porter le prix d'une vente à une somme supérieure

à celle qui est due, sans tenir compte de cet excédant au débiteur : — « Attendu que le jugement attaqué n'a fait résulter des présomptions ou des preuves de ce délit que des aveux des prévenus, d'avoir gardé des obligations acquittées, d'avoir reçu des à-compte en argent ou en denrées, sans en avoir donné quittance ni en avoir inscrit la mention au dos des obligations, et d'avoir porté le prix des ventes à une somme supérieure à celle qui était due, sans tenir compte de ces excédants aux débiteurs ; et attendu que ces faits, tels qu'ils ont été reconnus et déclarés constants par ledit jugement, ne rentrent pas dans l'application de l'art. 35 de la loi du 22 juill. 1791, ni de l'art. 405 c. pén. de 1819, qui ont fixé les faits constitutifs du délit d'escroquerie ; d'où il suit que le tribunal de Versailles, en appliquant la peine du délit d'escroquerie à des faits qui, d'après la loi, n'en ont pas le caractère, a fait une fausse application de la loi pénale » (Crim. cass. 27 nov. 1812, MM. Barris, pr., Audier-Massillon, rap., aff. Daugueger) ;— 9° Dans de simples achats ou négociations de courtage, non accompagnés de manœuvres extrinsèques à ces actes, capables de tromper la prudence ordinaire qu'on apporte dans le commerce : — « Attendu, relativement au pourvoi de Courvoisier, que des faits déclarés constants par la cour de justice criminelle du département de la Seine, il ne résulte pas que dans les achats ou négociations de courtage qui ont existé entre ledit Courvoisier et les intervenants, Courvoisier ait employé, par dol et fraude, des manœuvres extrinsèques à ces actes, capables de tromper la prudence qui dirige les opérations ordinaires du commerce, et au moyen desquelles il aurait surpris et abusé de la crédulité des intervenants, pour, à l'aide de fausses entreprises, d'un crédit imaginaire, des espérances ou des craintes chimériques, s'approprier tout ou partie de leur fortune ; et en ce qui concerne Francfort, que les faits reconnus personnellement contre lui par la cour de justice criminelle n'établissent pas non plus cette conséquence ; que dès lors il ne pouvait être déclaré auteur de la prétendue escroquerie... » (Crim. cass. 23 avr. 1807, MM. Barris, pr., Carnot, rap., aff. Courvoisier et Wolf-Francfort).

151. Ce mot manœuvres implique l'existence, non de paroles seulement, mais aussi d'actes destinés à tromper un tiers. « Les paroles artificieuses, disent encore MM. Chauveau et Hélie (loc. cit.), les allégations mensongères, les promesses, les espérances, ne sont point, isolées de tout fait extérieur, des manœuvres ; il faut qu'elles soient accompagnées d'un acte quelconque destiné à les appuyer et à leur donner crédit. » — il

même loi ; qu'il n'y a ni dol, ni ruse, ni tromperie d'aucune espèce employée par Lefèvre pour déterminer Marais au payement de la somme dont il s'agit, puisque tout se réduit de la part de celui-là à l'acceptation de cette somme offerte par celui-ci, et au refus d'en donner quittance ; — Que le procédé du créancier qui refuse de reconnaître le payement qu'on lui a fait soit différent par sa nature différente de celui de l'emprunteur qui méconnaît sa dette ; qu'il y a dans l'un et dans l'autre la même immoralité ; mais que le premier comme le second ne présentent aucun des caractères auxquels la loi de 1791 reconnaît le délit d'escroquerie, tels que, par art. 35, elle le qualifie ainsi que l'abus de la crédulité facile ou de l'aide de faux noms, ou de fausses entreprises, ou d'un crédit imaginaire, ou d'espérances et de craintes chimériques ; — Que cet observation s'applique également aux deux chefs de la plainte de Marais ; qu'aucun des faits articulés dans cette plainte n'étant rangé par la loi dans la classe des délits, ne pouvait donner lieu au renvoi de Lefèvre devant un tribunal de police correctionnelle ; et fût faire infliger les peines prohibées, soit par l'art. 52, soit par l'art. 35 de ladite loi de 1791 ; — Que l'incompétence de ce tribunal était radicale et absolue ; qu'ainsi, peu importe que Lefèvre n'ait, ni en première instance, ni sur l'appel, proposé de déclinatoire ; — Qu'en condamnant le jugement de Bernay, au lieu de l'annuler, et le renvoyer les parties à se pourvoir à leur classe, la cour de justice criminelle de l'Eure a, contre le premier tribunal, fait une fausse application de la loi du 22 juill. 1791, et statué sur une matière totalement étrangère à ses attributions, et commis un excès évident de pouvoirs.» — Cassé. Du 29 avril 1806.-C. C., sect. crim.-MM. Barris, pr.-Aumont, rap.

(1) (Min. pub. C. Pierre Peiffer.) — La cour. — Au fond.— Attendu qu'il n'est point justifié que la quittance du 3 frim. an 12 ait été déposée chez Peiffer et par lui soustraite ; le commandement fait par le prévenu à Bernard de lui payer la somme de 500 fr., commandement qui a reçu son exécution, ainsi qu'il en est justifié par la quittance du 7 déc. 1819, établit-il suffisamment contre Pierre Peiffer, en admettant qu'il ne pou-

vait ignorer que la somme qu'il réclamait à Bernard lui avait été payée par celui-ci et qu'il en avait délivré quittance le 5 frim. an 12, la prévention d'un délit de vol, de larcin ou de filouterie, ou bien d'escroquerie, pour lequel il est poursuivi ? — Aucun des caractères déterminés par la loi pour spécifier ces délits ne se rencontre dans l'action de Peiffer ; il n'a point soustrait frauduleusement et furtivement, ni avec adresse, la somme de 500 fr. à Bernard, qui l'a volontairement payée par suite d'un commandement judiciaire dont il pouvait facilement se défendre ; on ne peut dire également qu'il ait escroqué cette somme, en se reportant à l'art. 405 du code ; en considérant l'action de Peiffer, on y reconnaît du dol, une mauvaise foi que la morale doit réprouver, mais qui ne se trouve atteinte par aucune des dispositions du code pénal ; — Par ces motifs, que l'appel ne néant, etc.. Du 28 mars 1821.-C. de Metz, ch. corr.-M. Pyrot, pr.

(2) (Min. pub. C. Delavallade.) — La cour. — Sur le moyen tiré de la prétendue violation des art. 405, 2 et 3 c. pén. : — Attendu que le fait, déclaré par le tribunal correctionnel de Clermont-Ferrand à la charge de Delavallade, d'avoir obtenu d'Aurousseau, qui était spontanément venu chez lui avec Feuille, la promesse verbale de 500 fr. afin de mieux assurer la réforme de ce dernier, et réclamé ensuite le payement de cette somme, ne caractérise point les manœuvres frauduleuses dont parle le premier des articles précités, et que la cour royale de Riom n'a relevé aucune circonstance nouvelle qui, sous ce rapport, soit de nature à justifier la prévention ; que l'arrêt dénoncé n'a donc nullement violé cette disposition en relaxant ledit Delavallade de l'action exercée contre lui ; comme inculpé du délit d'escroquerie qu'elle prévoit et punit ; — Attendu que la cour n'a pas fait non plus d'examiner si les faits retenus par ladite cour royale présentent, aux termes des art. 2 et 3 c. pén., le commencement d'exécution sans lequel la tentative d'un délit n'est point punissable ; — Attendu, au surplus, que l'arrêt dont il s'agit est régulier en la forme ; — Rejette. Du 22 mai 1847.-C. C., ch. crim.-MM. Laplagne, pr.-Rives, rap.

a été jugé, en ce sens : 1° que de simples mensonges, quelque répréhensibles qu'ils soient aux yeux de la morale, ne constituent ni le vol, ni l'escroquerie (Crim. cass. 1er juill. 1842, aff. Gauthier, n° 759 ; 7 août 1847, aff. Portanier, n° 902) ; — 2° Que les caractères constitutifs du délit d'escroquerie prévu par l'art. 405 c. pén. sont les manœuvres frauduleuses, et que ces dernières ne peuvent résulter de simples allégations mensongères ou exagérées, qui ne sont appuyées d'aucun fait extérieur ou matériel, intervention de tiers ou machination organisée pour assurer le succès de la fraude (Crim. cass. 18 juin 1863) (1) ; — 3° Que le fait par un individu d'avoir obtenu la remise de sommes d'argent par des discours mensongers, mais sans emploi de faux noms ou de fausses qualités, et, par exemple, en alléguant faussement qu'il est l'auteur d'un écrit politique sous presse, et qu'il a obtenu aux élections générales 22,000 voix, comme candidat à la représentation nationale, ne constitue pas le délit d'escroquerie (Crim. cass. 14 sept. 1850, aff. Morterat, D. P. 50. 5. 210) ; — 4° Qu'il n'y a pas escroquerie dans la déclaration mensongère qu'un immeuble est franc d'hypothèques, si elle n'est accompagnée d'aucune circonstance aggravante ; cette déclaration ne renfermant pas les caractères du dol puni par l'art. 35 de la loi de 1791, il n'en peut résulter qu'un stellionat dont la connaissance est dévolue aux tribunaux civils.

(Crim. cass. 9 vend. an 10, aff. Giroust, V. Contr. par corps, n° 120-1°) ; — 5° Qu'on ne peut voir les caractères de l'escroquerie dans l'annonce mensongère insérée dans une feuille publique d'un traitement à faire à celui qui, moyennant un cautionnement en espèces, se chargera de la régie d'un domaine considérable, quoique cette annonce ait été suivie du versement du cautionnement demandé et d'un traité non exécuté par l'individu qui se disait faussement propriétaire de ce domaine (Crim. cass. 6 frim. an 10) (6) ; — 2° Que celui qui, à l'aide de paroles mensongères, se fait remettre, sans les payer, des denrées ou marchandises, ne commet pas une escroquerie (Orléans, 27 août 1845, aff. Correaux, D. P. 46. 4. 547) ; — 7°, Que la vente et l'exposition en vente par un individu de couronnes qu'il dit avoir été bénites par l'attouchement à des reliques et auxquelles il attribue des vertus surnaturelles pour la guérison des malades, faisant des menaces à ceux qui refuseraient de les acheter, ne constituent ni escroquerie ni tentative d'escroquerie, alors même que les discours du prévenu seraient mensongers, si ces discours n'étaient accompagnés d'aucun acte extérieur de nature à faire impression sur un esprit raisonnable qui n'eût pas été disposé à accorder aux couronnes les propriétés annoncées (Metz, 21 août 1863) (3) ; — 8° Que l'individu qui, affirmant faussement en être le propriétaire, est parvenu à se faire remettre, par

---

(1) (Prestrel C. min. pub.) — La cour ; — Vu l'art. 405 c. pén. ; — Attendu qu'aux termes dudit article, le délit d'escroquerie ne se constitue que par l'emploi des moyens qu'il spécifie, et que, relativement aux manœuvres frauduleuses, l'un des éléments caractéristiques de l'escroquerie, l'existence de ces manœuvres, ne peut résulter de simples allégations mensongères ou exagérées, qui ne sont appuyées d'aucun fait extérieur ou matériel, intervention de tiers ou machination organisée pour assurer le succès de la fraude ; — Et attendu, en fait, que l'arrêt attaqué se borne à constater, en se référant aux motifs du jugement confirmé, que Prestrel, en employant des manœuvres frauduleuses pour persuader l'existence d'un crédit imaginaire, se présentant comme étant à la tête d'une maison de commerce très-importante et ayant besoin de nombreux employés auxquels il promettait de bons appointements, alors qu'il était dans une très-grande gêne et qu'il ne pouvait plus remplir ses engagements, se serait fait remettre, par diverses personnes, des sommes d'argent, billets ou valeurs à titre de cautionnement, et aurait ainsi escroqué partie de la fortune d'autrui ; — Attendu que les faits ci-dessus détaillés, desquels l'arrêt attaqué fait résulter, à la charge de Prestrel, l'emploi de manœuvres frauduleuses, ne constituent, en réalité, que des allégations fallacieuses et mensongères insuffisantes pour caractériser lesdites manœuvres et justifier l'application de l'art. 405 c. pén. ; — D'où il suit que l'arrêt dénoncé a faussement appliqué ledit article ; — Par ces motifs, casse l'arrêt rendu par la cour impériale de Paris, chambre des appels correctionnels, le 21 février dernier.
Du 18 juin 1863.-C. C., ch. crim.-M. Caussin de Perceval, rap.
(2) Espèce : — Ferrière-Sauvebœuf C. Coucy de Longprey.)—Coucy de Longprey rend plainte en escroquerie contre Ferrière-Sauvebœuf devant le tribunal correctionnel d'Epernay. Il allègue que, sur l'annonce dans une feuille publique d'un traitement avantageux à faire à celui qui se chargerait de la régie d'un domaine considérable, produisant plus de 25,000 fr. de revenus, moyennant un cautionnement de 10,000 fr. en espèces pour répondre de la gestion, il s'est présenté chez Ferrière-Sauvebœuf, et a fourni son cautionnement ; que l'un des articles exprès du traité était qu'il ne pourrait être renvoyé par Ferrière ni Coucy de Longprey. Le ministère public interjette aussi appel, mais seulement quant à un chef de ses conclusions non admises, et qui avaient rapport à l'impression et l'affiche du jugement, et aux dommages-intérêts contre le plaignant. — Le tribunal criminel du département de la Marne, statuant sur ces appels, annule le jugement du tribunal correctionnel d'Epernay ; — Condamne Ferrière à rembourser, par corps, à Coucy de

Longprey, la somme de 6,891 fr. qu'il avait déclaré avoir reçue de lui à titre de cautionnement ; il le condamne également à 1,000 fr. de dommages-intérêts, à une amende de 3,000 fr , à un mois d'emprisonnement et aux dépens, — Renvoie, pour le surplus des sommes répétées, devant le juge compétent ; — Rejette l'appel du ministère public, et ordonne l'impression et l'affiche du jugement. — Pourvoi par Ferrière. — Arrêt.
La cour ; — Vu les art. 5, 6, et la 6e disposition de l'art. 456 c. des dél. et pein. ; — Vu aussi l'art. 35 de la loi du 22 juill. 1791 ; — Considérant que le tribunal de police correctionnelle d'Epernay avait, conformément aux conclusions du commissaire du gouvernement près ce tribunal, renvoyé de la plainte en escroquerie Ferrière-Sauvebœuf et sa femme ; que l'appel du commissaire n'avait point eu pour objet de faire revivre cette action quant aux effets Ferrière ; que conséquemment il y a eu excès de pouvoir de la part du tribunal criminel du département de la Marne, en faisant servir cet appel, dirigé contre Coucy de Longprey seul, de motif aux condamnations prononcées et à l'emprisonnement ; — Considérant qu'il y a eu encore fausse application de l'art. 35 précité de la loi du 22 juill. 1791, en ce que les faits allégués ne présentent point les caractères de l'escroquerie énoncés en cet article ; que les assertions de Ferrière-Sauvebœuf, quoique mensongères, et l'inexécution des conventions des parties, peuvent être poursuivies devant les tribunaux civils ; — D'après ces motifs, recevant Coucy de Longprey partie intervenante, et faisant droit au pourvoi de Ferrière, casse, etc.
Du 6 frim. an 10.-C. C., sect. crim.-MM. Viellart, pr.-Sieyes, rap.
(3) (Min. pub. C. Cousin.) — La cour ; — Attendu qu'il résulte de l'instruction et des débats que Cousin se livre depuis plusieurs années à une spéculation consistant dans la vente de petites couronnes artificielles qu'il dit avoir été bénites à Mattaincourt (Vosges) en touchant les reliques du bienheureux Pierre Fourier ; que le prévenu, pour inviter à l'achat de ces couronnes, annonce qu'en les plaçant sur la tête les malades obtiennent leur guérison ; que le 11 juill. dernier, à Bugny, commune de Château-Regnault, il a ainsi mis en vente, au prix de 50 cent., les couronnes dont il s'agit, qu'il a offertes notamment à Elisa Pieltin, femme Degrolard, qui en a acheté une, et à Joséphine Lambert, femme Martinet, Félicie Huard, femme Demoulin, qui ont refusé d'en acheter ; — Que dans ces circonstances, le prévenu, se disant envoyé par M. le desservant de la commune de Château-Regnault, ne bornait pas à vanter les propriétés préservatrices des couronnes mises en vente ; — Qu'il produisait un certificat de M. le curé de Mattaincourt constatant que, dans un pèlerinage fait par Cousin à cette localité, celui-ci avait fait toucher aux reliques du bienheureux Pierre Fourier les reliques dont il était porteur ; qu'il appuyait la production de cette pièce de tout ce qui pouvait en assurer ou en augmenter l'importance, disant que M. le curé de Château-Regnault parierait de ces couronnes à la messe, et proclamait des faits de guérison qui leur étaient dus ; qu'enfin il ne craignait pas de se livrer envers les personnes qui refusaient de les acheter à des objurgations et des menaces, prédisant aux unes la mort de leurs enfants, et formant contre les autres des vœux cruels pour leur malheur ; — Attendu que cette conduite ayant attiré l'attention du maire de la commune, et ce magistrat ayant cru devoir demander à Cousin la présentation de ses papiers, le prévenu l'a outragé en disant : « Qu'est-ce que cela te f...? Tu es trop bête! » qu'enfin, lorsqu'à la suite de cette scène, qui avait occasionné un attroupement sur la voie publique, le garde champêtre voulut, sur l'ordre du maire, conduire le prévenu à la

la personne qui l'a trouvé, un objet perdu par un tiers sur la voie publique, est à tort déclaré coupable d'escroquerie, si son allégation mensongère n'a été appuyée d'aucun moyen extérieur ayant pour objet de faire croire à son exactitude (Crim. cass. 12 fév. 1863, aff. veuve Sanier, D. P. 63. 1. 268). — Nous devons faire remarquer toutefois que, dans cette dernière espèce, le mensonge se combinait ici avec des éléments propres à faire croire à l'existence du droit de propriété allégué. Abusant de la connaissance qu'elle avait eue fortuitement de la nature de l'objet perdu, et faisant cette circonstance, la prévenue avait pu joindre à son allégation mensongère une description ou indication précise de l'objet, qui semblait établir la sincérité de sa demande. Cette combinaison d'éléments divers, dont l'influence dépasse beaucoup celle du mensonge isolé, et qui rendait ici inutile l'emploi accessoire des moyens extérieurs, ne constituait-elle pas une manœuvre bien caractérisée? Sur cette question le doute est au moins permis.

752. Il a été jugé de même : 1° que de simples paroles mensongères, employées pour se faire remettre une somme d'argent, ne constituent pas les manœuvres frauduleuses caractérisées par l'art. 405 c. pén.; qu'en conséquence, doit être annulé, pour défaut de motifs, le jugement d'un tribunal correctionnel qui, appelé à faire application de cet article, ne spécifie pas d'une manière précise les faits constitutifs des manœuvres frauduleuses (Crim. cass. 20 mars 1852) (1); — 2° Que le fait d'avoir, à l'aide d'allégations mensongères, obtenu abusivement la remise de sommes, promesses ou quittances, ne constitue pas le délit d'escroquerie, si ces allégations, que les intéressés pouvaient débattre et contester, n'ont été appuyées d'aucun fait extérieur, ayant pour objet de faire croire à leur exactitude (Crim. cass. 20 nov. 1862, aff. Ozou, D. P. 63. 1. 109; 5 déc. 1862, aff. Bod,

ibid.); — 3° Qu'ainsi, est à tort déclaré coupable d'escroquerie le débiteur qui a surpris à la crédulité des héritiers de son créancier une quittance définitive, soit en donnant de faux renseignements sur le chiffre de sa dette et en se prétendant dans une grande pauvreté, soit même en produisant un compte mensonger dans lequel figurait à son crédit une créance éteinte dont il représentait le titre (Crim. cass. 20 nov. 1862, aff. Ozou, D. P. 63. 1. 109); — 4° Qu'il en est de même de l'individu qui, pour obtenir des souscriptions à des actions, s'est borné à faire usage d'allégations mensongères et à donner des espérances trompeuses, sans appuyer ses paroles de faits extérieurs de nature à faire croire à leur sincérité (Crim. cass. 4 avr. 1862, aff. Bouchu, D. P. 63. 5. 156); — 5° Que l'individu qui a eu recours à un mensonge pour se faire remettre par un tiers une somme d'argent ou une obligation, ne peut être poursuivi comme coupable d'escroquerie, s'il n'a usé d'aucune manœuvre frauduleuse pour appuyer son allégation mensongère; que peu importe, d'ailleurs, que les circonstances dans lesquelles cette allégation a été produite aient été de nature à faire croire à son exactitude; qu'ainsi, est à tort condamné comme escroc l'individu qui, au moyen de la promesse qu'il ne pouvait réaliser de faire remettre en liberté un jeune homme retenu en prison, s'est fait donner par la mère de celui-ci un cautionnement auquel il n'avait aucun droit (Crim. cass. 11 juill. 1861, aff. Duval, D. P. 61. 1. 454); — 6° Qu'il n'y a ni vol ni escroquerie de la part de celui qui s'est fait remettre des sommes à titre de prêt, sans s'attribuer de faux noms ou qualités, mais seulement à l'aide de simples mensonges non accompagnés de manœuvres frauduleuses, par suite de la confiance qu'il a su inspirer au prêteur (Crim. rej. 22 mai 1835) (2); — 7° Que le fait de s'être fait remettre certaines sommes du souscripteur de

---

geudarmerie, celui-ci réitéra ses outrages, disant, en présence de la foule qui l'entourait : « Votre maire est une grande canaille ! Je l'emm.... ainsi que toi; » — Attendu que pour déclarer, comme l'a fait le tribunal, que les faits reprochés à Cousin constituent les délits d'escroquerie et de tentatives d'escroquerie, il faudrait qu'il fût prouvé qu'en vendant ou mettant en vente les couronnes qu'il colportait, le prévenu, pour arriver à ses fins, a fait usage d'une fausse qualité, ou a employé des manœuvres frauduleuses pour persuader l'existence d'un pouvoir ou d'un crédit imaginaire attachés aux objets offerts, ou pour faire naître l'espérance d'un succès, c'est-à-dire d'une préservation ou d'une guérison qui eût été un événement chimérique; — Que tel n'est pas le caractère des faits établis à la charge de Cousin; qu'en effet, sans qu'il soit besoin d'entrer dans le domaine des croyances catholiques pour rechercher quelle foi était due aux vertus surnaturelles attribuées par Cousin à ses couronnes, il est certain que pour les acheteurs le fait de la bénédiction des couronnes par l'attouchement aux reliques du bienheureux Pierre Fourrier était une assurance suffisante de leur mérite; qu'il n'était pas moins incontestable que dans les convictions auxquelles s'adressaient les démarches du prévenu, le résultat de la possession des couronnes ainsi bénites ne pouvait être un événement chimérique; — Que ces convictions et la détermination d'acheter qui pouvait en être la suite, n'étaient pas évidemment une conséquence des manœuvres frauduleuses, puisqu'au cas particulier les discours du prévenu, à supposer que, de sa part, ils aient été mensongers, n'étaient accompagnés d'aucun acte extérieur de nature à faire impression sur un esprit raisonnable qui n'eût pas été disposé à accorder aux couronnes les propriétés annoncées; — Que Cousin produisait, il est vrai, à l'appui de ses dires, un certificat de M. le curé de Mattaincourt, orné d'une image ou portrait du bienheureux Pierre Fourrier, et attestant le fait d'un pèlerinage du prévenu, ainsi que l'attouchement aux reliques dont il était porteur; mais que l'exhibition de cette pièce, loin d'être une manœuvre frauduleuse, était au contraire pour les personnes auxquelles le prévenu présentait des couronnes la seule garantie qu'il pût offrir de sa véracité et de la valeur qu'il mettait en vente; — Que la production de ce certificat portant, outre la signature du curé de Mattaincourt, celle du maire de la commune et le timbre de la mairie, ne pourrait constituer une manœuvre frauduleuse qu'autant que cette pièce, datée du 21 août 1861, ne s'appliquerait pas aux couronnes colportées par Cousin et mises en vente à Bogny et à Château-Regnault le 11 juill. 1863; — Que le rapprochement de ces dates, distantes de deux années, permet de douter que les couronnes offertes et vendues en 1863 soient bien celles dont fait mention le certificat de 1861, qui constate seulement la présentation aux reliques des couronnes dont Cousin était porteur à cette époque, sans en indiquer autrement le nombre; mais que l'instruction n'ayant pas porté sur ce point, il n'y a lieu de s'y arrêter; — Attendu qu'on ne peut davantage incriminer le propos du prévenu, qui s'est dit envoyé par

M. le desservant de Château-Regnault, pour en induire qu'il aurait fait usage d'une fausse qualité, puisque, d'une part, il n'a été procédé à aucune vérification que le fait dont l'inexactitude n'est pas démontrée, et que, d'autre part, les termes dans lesquels le prévenu se présentait comme envoyé ou autorisé par M. le desservant de la commune peuvent, suivant le sens qu'on y attache, ne pas constituer nécessairement l'usurpation d'une fausse qualité; — Attendu que la simple mise en vente, c'est-à-dire l'exhibition d'objets offerts à des personnes qui refusent de les acheter, quand cette offre n'a été suivie d'aucun acte plus caractéristique, est insuffisante pour former le commencement d'exécution qui, d'après la loi, est un des éléments essentiels de la tentative d'escroquerie. — Que, par conséquent, à tous les points de vue, la prévention d'escroquerie et de tentative de ce même délit n'est pas justifiée ; que c'es, donc le cas de réformer le jugement, qui, sur ces deux chefs, a déclaré le prévenu coupable ; — Infirme.
Du 21 août 1863.—C. de Metz, ch. cor.—M. Sérot, pr.

(1) (Cochard.) — La cour ; — Vu l'art. 405 c. pén. et l'art. 7 de la loi du 20 avr. 1810 ; — Attendu que l'art. 405 c. pén. n'exige pas seulement que l'on ait persuadé l'existence de fausses entreprises, d'un pouvoir ou d'un crédit imaginaire, on fait naître l'espérance ou la crainte d'un succès, d'un accident ou de tout autre événement chimérique, pour se faire remettre ou délivrer des fonds, des immeubles, ou des obligations, dispositions, billets, promesses, quittances ou décharges; qu'il veut, en outre, que l'on ait employé à cet effet des manœuvres frauduleuses ; que ces manœuvres doivent, dès lors, être spécifiées dans les jugements portant application de cet article, afin que la cour de cassation puisse vérifier si les faits qui l'ont déterminée la justifient pleinement que ce point; — Et attendu, dans l'espèce, que le tribunal correctionnel supérieur de Versailles s'est borné à déclarer que Jean-Baptiste Cochard obtint de la veuve Penvrier le transport sous seing privé, qu'il lui fit signer à Etampes, le 1er janv. 1850, d'une créance de 1,500 fr., en lui persuadant que cet acte était indispensable pour parvenir au recouvrement dont elle l'avait précédemment chargé de cette somme, et en lui promettant de la lui faire toucher dans la huitaine, ce qu'il n'avait pas l'intention de faire, puisque, plus tard, dans la réunion de Vaugirard, il exciqa de la qualité de créancier cessionnaire, dispensé, à ce titre, de rendre aucun compte; que le tribunal n'a nullement précisé les manœuvres qui ont déterminé la remise dudit transport; qu'il suit de là que le jugement dénoncé, complètement dépourvu de motifs à cet égard, présente une violation expresse de l'art. 7 de la loi du 20 avr. 1810, et une fausse application de l'art. 405 précité; — En conséquence, casse et annule ce jugement.
Du 20 mars 1852.-C. C., ch. crim.-MM. Rives, rap.-Sévin, av. gén., c. conf.

(2) (Min. pub. C. femme Busset.) — La cour ; — Attendu que, parmi les crimes et délits contre les propriétés, le code pénal distingue

billets en lui faisant accroire qu'ils ont été protestés et qu'il a dû faire des démarches pour en arrêter les poursuites, ne constitue pas une escroquerie, si d'ailleurs il n'est pas constaté qu'il ait fait usage de faux nom, de fausse qualité, ou qu'il ait employé des manœuvres frauduleuses; qu'il en est de même du fait de s'être fait remettre un billet en remplacement d'un autre qu'on dit à tort avoir été égaré. (Crim. rej. 11 mai 1839, aff. Crippon, V. Prêt à intérêt, n° 381). — 8° Que celui qui, en prétextant qu'il a acquitté le montant d'un billet par lui souscrit et déposé entre les mains d'un tiers, obtient de ce dernier la remise du billet, ne commet ni une escroquerie ni un abus de confiance (Montpellier, 29 sept. 1828, aff. Lantié, V. Abus de confiance, n° 82). — 9° Que le fait d'avoir obtenu le prêt d'une somme d'argent à l'aide de prétextes mensongers et discours trompeurs, en disant, par exemple, que la somme demandée (100 fr.) est destinée à payer les frais d'un procès qui assure à l'emprunteur une position aisée (40,000 fr.), ne constitue pas les manœuvres frauduleuses exigées par l'art. 405 c. pén., pour qu'il y ait escroquerie (Crim. cass. 18 janv. 1844) (1); — 10° Que le fait, par un individu, de s'être fait payer le prix de vente d'un objet en faisant faussement accroire qu'il a livré, ne peut constituer le délit d'escroquerie; — « Attendu que le fait imputé à la prévenue comme caractéristique du délit d'escroquerie, s'il était prouvé, consisterait à s'être fait payer le prix de vente de deux vaches, en faisant faussement accroire qu'elle venait de les livrer; — Vu l'art. 405 c. pén.; — Considérant que quelque artificieuse qu'eût été la conduite de la prévenue, elle n'aurait cependant agi que pour faire exécuter à son profit une convention légalement formée, et n'aurait reçu que ce qui aurait été dû en vertu de cette convention; qu'il ne pourrait donc de sa part y avoir escroquerie, délit qui présuppose nécessairement la spoliation inique de tout ou partie de la fortune d'autrui » (Gand, 21 nov. 1832, MM. Roels, pr., Vuylsteke, subst., c. concl., aff. Van-Oyermeere). — 11° Que le délit d'escroquerie résulte d'actes frauduleux et non de mensonges plus ou moins adroits, employés par le prévenu, à l'effet par exemple,

les vols, les escroqueries et les abus de confiance; — Que le caractère propre à chacun de ces délits est marqué par les termes mêmes des définitions qu'en donne la loi; — Qu'ainsi et indépendamment de la fraude, condition commune et essentielle de tous ces délits, le vol consiste, d'après l'art. 379 c. pén., à soustraire; l'escroquerie, d'après l'art. 405, à se faire remettre; l'abus de confiance, d'après l'art. 408, à détourner ou dissiper; — Qu'il suit de là qu'il n'y a de vol, dans le sens de la loi, que lorsque la chose, objet du délit, passe de la possession du légitime détenteur dans celle de l'auteur du délit, à l'insu ou contre le gré du premier; — Que si, au contraire, elle est remise volontairement et librement, le fait ne peut constituer, suivant les circonstances, qu'un abus d'escroquerie ou un abus de confiance, à moins qu'une disposition spéciale et formelle ne lui attribue la qualification de vol, comme, par exemple, dans le cas prévu par le n° 4 de l'art. 386 c. pén.; — Et attendu que les fonds remis par le sieur Gongé à la femme Busset l'ont été à titre de prêt et par suite de la confiance qu'elle est parvenue à lui inspirer; — Qu'ils ne lui ont donc pas été soustraits; qu'ainsi c'est avec raison que le tribunal d'Auxerre a refusé de voir dans les faits reprochés à ladite femme Busset le délit prévu par les art. 379 et 401 c. pén.; — Attendu, d'un autre côté, que les moyens employés par ladite femme Busset, pour déterminer le sieur Gongé à lui prêter de l'argent, tels qu'ils sont précisés dans le jugement du tribunal correctionnel d'Auxerre, et implicitement reconnus par le tribunal supérieur d'Auxerre, ne présentent qu'un simple mensonge non accompagné de manœuvres frauduleuses, et ne portant nul sur le nom ni sur la qualité; qu'ainsi, sous ce rapport, les faits reprochés à la femme Busset n'ont pas le caractère du délit prévu par l'art. 405 c. pén. — Rejette, etc.

Du 23 mai 1855.-C. c., ch. crim.-MM. Choppin, pr.-Vincens, rap (1) Cochelet, c. min. pub.) — LA COUR; — Vu l'art. 405 c. pén. sur le moyen proposé fondé sur la fausse application de l'article précité: — Attendu que le jugement s'est borné à constater que le prévenu avait obtenu la remise de la somme de 1,100 fr. qu'on lui imputait d'avoir escroquée à l'aide de prétextes mensongers et de discours trompeurs énoncés par ledit jugement; — Mais attendu que de simples mensonges, quelque répréhensibles qu'ils soient aux yeux de la morale, ne constituent pas les manœuvres frauduleuses qu'exige l'art. 405 c. pén.; pour constituer l'escroquerie, et qui la caractérise dans leur but et dans leurs moyens; — Et attendu que ledit jugement, en qualifiant manœuvres frauduleuses, les paroles mensongères dont il reconnaît que le prévenu avait fait usage, et les a lors faussement appliqué, et par suite

de se faire délivrer des meubles à l'aide d'un billet par lui endossé, s'il a été accepté sur la foi de sa signature et non de celle du souscripteur : — « Attendu que des mensonges plus ou moins adroits ne suffisent pas pour constituer les manœuvres dont parle l'art. 405 c. pén.; — Qu'il faut des actes frauduleux ayant pour objet d'abuser ceux au préjudice desquels une trame coupable est ourdie; — Que là où on ne se rencontrent pas de semblables menées, de pareilles machinations, il peut y avoir indélicatesse, del simple, mais non pas escroquerie; — Attendu qu'après avoir pris des renseignements sur le compte d'A..... renseignements qui lui furent favorables, Vrillon consentit à suivre la foi de ce particulier, en acceptant un billet de 550 fr.; — Que ce billet, dont un nommé Despagne était le souscripteur, fut endossé par A..... au profit de Vrillon; — Que la fausseté de la signature de Despagne n'est point établie; — Qu'il n'est pas non plus démontré que Vrillon se soit décidé à livrer les meubles dont il s'agit, uniquement parce qu'il croyait à la parfaite solvabilité du souscripteur du billet; — Que c'était surtout à la signature de l'endosseur qu'il attachait le plus de confiance, et que cela résulte des renseignements qu'il a cru devoir prendre non sur Despagne, mais seulement sur A.....; — Attendu, en un mot, qu'il n'est pas établi qu'A..... soit parvenu au profit de se faire délivrer les meubles dont il est question au procès à l'aide d'aucun des moyens énumérés dans l'art. 405 c. pén.; — D'où il résulte que le prévenu A..... n'a pas commis une escroquerie, et que mal à propos les premiers juges l'ont déclaré coupable de ce délit » (Bordeaux, 9 mai 1838, M. Desgranges, pr., aff. A.....).

758. Il a été jugé cependant : 1° que de simples mensonges, des promesses, des réticences, indépendamment de tous autres actes extérieurs et matériels, peuvent, dans certains cas, constituer les manœuvres frauduleuses spécifiées dans l'art. 405 c. pén.; il n'est pas nécessaire qu'ils soient l'œuvre d'un tiers, il suffit qu'il émanent du prévenu lui-même, lorsque les juges du fait leur reconnaissent un caractère frauduleux (Crim. rej. 10 fév. 1855) (2); — 2° Qu'on doit voir un délit d'escroquerie dans le fait d'un individu qui est parvenu à se faire délivrer par

viole ledit art. 405 c. pén., casse le jugement du tribunal de Blois. Du 18 janv. 1844.-C. C., ch. crim.-M. Jacquinot-Godard, rap.

(2) (Ch. Javon.) — LA COUR; — Sur l'unique moyen tiré de la fausse application de l'art. 405 c. pén., en ce que les faits constatés par l'arrêt attaqué ne présentent pas les caractères du délit d'escroquerie: — Attendu que de simples mensonges, des promesses, des réticences, peuvent, indépendamment de tous autres actes extérieurs et matériels, constituer les manœuvres frauduleuses spécifiées dans l'art. 405 précité; il n'est cependant pas nécessaire qu'ils soient l'œuvre d'un tiers, intervenant pour confirmer soit verbalement, soit par écrit, ces mensonges, promesses ou réticences; il suffit qu'ils émanent du prévenu lui-même, et que leur caractère frauduleux soit reconnu par les juges du fait; — Attendu que l'usage d'une qualité quelconque n'est sans doute une manœuvre frauduleuse que lorsque cette qualité est faussé, mais qu'il n'en résulte pas que l'usage d'une qualité vraie, de celle d'un fonctionnaire public, n'est pas néanmoins, dans certains cas, devenir un élément de manœuvres frauduleuses en donnant force et crédit à des paroles mensongères et fallacieuses; — Attendu qu'il est constaté que le demandeur, notaire à Saint-Sauge, s'étant fait l'intermédiaire officieux des rapports du créancier à débiteur qui existaient entre Jacquinot et Barbin, avait reçu de ce dernier lui-même, aux moins de Pénot, dans les derniers jours de mars 1839, une somme de 525 fr. 70 c. qu'il était chargé de remettre à Jacquinot; à qui elle était due; — que le 2 avril suivant, porteur de la somme entière, il s'est présenté chez Jacquinot; que, par une lettre du 30 mars, il avait pris la précaution de le disposer à faire un sacrifice sur sa créance, et lui a dit qu'il était parvenu à le mettre à couvert qu'au moyen d'une remise de 100 fr. qu'il avait promise à un débiteur; que, sur le refus de Jacquinot de consentir à une remise si considérable, il a cherché à lui donner des inquiétudes sur le sort de sa créance, en lui présentant son débiteur comme insolvable, et en le pressant de profiter de l'occasion heureuse que lui offrait un tiers (qu'il est seul de ne pas nommer sans gré les instances de Jacquinot), intéressé à l'acquisition d'un prêt que possédait Barbin; et qui, intéressé dans la possession de la créance au moyen d'amener ce dernier à lui vendre son prêt, voulait bien s'en rendre cessionnaire du moyen d'une remise de 100 fr.; que Jacquinot, croyant, sur la foi que lui inspirait l'honneur public, à l'insolvabilité de Barbin, consentit à une remise de 60 fr. que le demandeur accepta au nom du prétendu cessionnaire; le conduisant, pour tirer de la mainlevée de l'inscription de Jacquinot, au lieu de la session de la

son créancier une quittance constatant le remboursement intégral d'un capital dont il lui a seulement remis une partie, en lui persuadant faussement qu'il avait laissé à sa disposition la somme nécessaire pour compléter ce payement entre les mains d'un notaire qui la lui avait prêtée quelques instants auparavant (Nancy, 5 fév. 1840, aff. Didier, V. n° 663-2°).

754. Mais des allégations mensongères, insuffisantes par elles-mêmes et indépendamment d'autres circonstances venant leur donner un caractère frauduleux, pour constituer les manœuvres frauduleuses dont l'emploi forme l'un des éléments du délit d'escroquerie, peuvent, au contraire, être considérées comme ayant le caractère de semblables manœuvres, lorsque leur nature dolosive ressort d'actes extérieurs pratiqués dans le but d'arriver à s'emparer de tout ou partie de la fortune d'autrui (Crim. rej. 3 avr. 1857, aff. Gerry, D. P. 57. 1. 228). — Ainsi il a été jugé : 1° que de simples mensonges suffisent pour constituer le délit d'escroquerie lorsqu'ils sont accompagnés d'actes extérieurs et de faits matériels de nature à faire croire à un crédit imaginaire (Crim. rej. 18 déc. 1865) (1); — 2° Que si de simples mensonges ne suffisent pas pour constituer les manœuvres frauduleuses dans le sens de l'art. 405 c. pén., il n'en est

pas de même lorsqu'à ces mensonges viennent se joindre des faits quelconques ayant pour objet de leur donner force et crédit (Crim. rej. 22 juin 1854, aff. Sidoux, n° 850; Poitiers, 14 sept. 1838, aff. Tardy, D. P. 58. 2. 196); — 3° Que de simples mensonges peuvent constituer les manœuvres frauduleuses de l'art. 405 c. pén., lorsqu'ils émanent d'une personne inspirant nécessairement confiance par sa qualité, un médecin par exemple, et lorsque l'intervention d'un tiers est venue donner crédit à ces allégations mensongères (Crim. rej. 9 janv. 1865) (2).

755. Il a été décidé également : 1° que lorsque, dans les faits reconnus à la charge du prévenu, il se rencontre une combinaison d'actes extérieurs, ne constituant pas de simples mensonges, lesdits actes de nature à surprendre et tromper la bonne foi d'un acheteur, surtout par l'emploi d'un faux nom qui, à lui seul, dans les circonstances de l'espèce, ne peut servir à constituer le délit d'escroquerie, mais qui, joint à ces actes extérieurs, a déterminé la remise d'argent, en faisant naître l'espérance d'un événement chimérique, les manœuvres frauduleuses nécessaires pour constituer le délit d'escroquerie existent, et il y a lieu de faire application de l'art. 405 c. pén. (Crim. rej. 13 juin 1857) (3); — 2° Que l'individu qui, indépendamment d'affirma-

***

(1) (Jombart C. min. pub.) — La Cour; — En ce qui touche le premier moyen de cassation, tiré de la violation formelle de l'art. 405 c. pén., et de ce que l'arrêt attaqué aurait considéré de simples mensonges ou réticences comme des manœuvres frauduleuses; — Attendu que l'arrêt constate que non-seulement Jombart employait le mensonge, mais qu'il le mettait en action par des actes extérieurs et des faits matériels; que, pour faire croire qu'il opérait au nom de l'État, il se faisait accompagner du garde champêtre; que, pour faire croire encore que sa compagnie donnait de grands avantages et de grands bénéfices, il produisait des états de répartition imprimés, portant des résultats mensongers; que, sur les polices d'assurances qu'il laissait aux mains des souscripteurs, il inscrivait des conditions qu'il ne reproduisait pas sur le double de ces polices; que tous ces actes et faits matériels sont essentiellement constitutifs des manœuvres frauduleuses déterminées par l'art. 405 c. pén.;

En ce qui touche le moyen de cassation tiré de la violation de l'art. 406 c. pén., en ce que l'arrêt n'aurait pas caractérisé d'une manière suffisante le fait de détournement et de dissipation frauduleuse de deniers et valeurs qui étaient entre les mains de Jombart; — Attendu que l'arrêt fait résulter ce détournement frauduleux, en premier lieu, de ce que Jombart se serait abstenu de transmettre à sa compagnie un certain nombre de polices par lui reçues comme agent et mandataire salarié, à charge d'en tenir compte, et de ce qu'il aurait volontairement omis de porter ces polices sur les bordereaux; que l'arrêt ajoute que la position gênée de Jombart et ses besoins d'argent ne permettent pas de douter que ces détournements ne soient frauduleux; qu'ainsi se trouve justifiée l'application de l'art. 408 c. pén.;

En ce qui concerne le moyen de cassation fondé sur la violation de l'art. 1382 c. nap. et de l'art. 464 c. pr. civ., en ce que l'arrêt attaqué aurait alloué 3,000 fr. de dommages-intérêts à la compagnie le Conservateur, sans s'expliquer sur la fin de non-recevoir élevée contre cette demande et alors que cette demande formée en cause d'appel aurait dû être rejetée comme tardive; — Attendu que rien n'établit que Jombart ait formellement conclu, devant la cour d'appel, à ce que la demande en dommages-intérêts fût rejetée par la fin de non-recevoir, par application de l'art. 464 c. pr. civ.; que, dès lors, l'arrêt n'avait pas à statuer sur un chef de conclusions qui ne lui était pas soumis; que les conclusions allèguent, il est vrai, à titre de simple considération, que la demande en dommages-intérêts tardive; mais que l'arrêt détermine le sens de ces conclusions en posant ce fait, qu'aucune fin de non-recevoir n'a été produite;

Au fond : — Attendu qu'il est de principe que les parties peuvent renoncer au bénéfice du double degré de juridiction; que l'arrêt attaqué a donc pu statuer, du consentement de toutes les parties, sur la demande en dommages-intérêts présentée en appel par la compagnie le Conservateur; — Attendu, d'ailleurs, que l'arrêt est régulier en la forme; — Rejette, etc.

***

Du 18 déc. 1865.—C. C. ch. crim.—M. Perrot de Chezelles, rap.

(2) (Salles B. min. pub.) — La Cour; — Sur la première branche du moyen unique tiré de la violation de l'art. 405 c. pén., en ce que l'arrêt attaqué aurait considéré de simple mensonge, dépourvu d'actes extérieurs, comme constituant le délit d'escroquerie : — Attendu que, si de simples mensonges ne peuvent, indépendamment de tous autres actes extérieurs, constituer les manœuvres frauduleuses spécifiées dans l'art. 405 c. pén., il en est autrement lorsque les allégations mensongères émanent d'une personne dont les paroles, à raison de sa qualité, inspirent la confiance, ou lorsque l'intervention d'un tiers est venue donner crédit à ces allégations; — Attendu que l'arrêt attaqué constate que Salles, affilié de santé, a, à plusieurs reprises, donné des soins à la veuve Lacroust, notamment il y a cinq ans environ, à la suite d'une fausse couche, dont les caractères semblent avoir provoqué l'opinion publique; et qu'abusant de sa position, il s'est fait remettre par cette femme diverses sommes, plus ou moins considérables, mais hors de proportion avec les honoraires auxquels il aurait pu le droit de prétendre, en lui faisant croire que le bruit s'était répandu dans la commune de Saint-Jullien qu'elle s'était, à l'époque ci-dessus indiquée, procuré son avortement, ajoutant qu'il possédait des papiers compromettants pour elle, qu'elle était dénoncée aux autorités, mais qu'il dépendait de lui d'arrêter les poursuites; que l'arrêt constate encore que le prévenu tenait le même langage au témoin Saintjours, qui avait des relations avec la femme Lacroust, en le pressant de réunir leurs ressources, afin de parer aux éventualités de cette affaire, et d'avancer même, à cet effet, une somme de 440 fr.;

Attendu que ces manœuvres, pratiquées par un officier de santé, initié, par sa qualité même, aux secrets de la famille, étaient de nature à produire une impression d'autant plus vive sur la femme Lacroust, que le bruit dont parlait le prévenu avait réellement circulé dans la commune de Saint-Jullien; qu'elle a donc eu toute qu'elle avait été dénoncée, et qu'il avait réellement les pouvoirs qu'il s'attribuait de la soustraire aux poursuites dont elle se croyait menacée; qu'à l'aide de ces moyens, qui tendaient de nature à persuader l'existence d'un pouvoir imaginaire et à faire naître la crainte d'un événement chimérique, Salles s'est fait remettre, par la veuve Lacroust, une somme de 660 fr.; — Attendu que le caractère frauduleux des manœuvres employées par Salles ressortirait encore, au besoin, des démarches que le témoin Saintjours, trompé comme la veuve Lacroust elle-même, aurait faites, à l'instigation du prévenu, auprès de cette femme, pour la déterminer aux sacrifices qu'il exigeait d'elle, afin de parer aux éventualités de l'affaire; que cette intervention d'un tiers constituerait, en effet, l'acte extérieur, le signe apparent, caractéristique du délit d'escroquerie; — Attendu que l'arrêt attaqué, en se fondant sur l'ensemble de ces faits, et notamment sur la qualité d'officier de santé dont Salles était revêtu, et sur la mise en action par le prévenu de l'influence de Saintjours sur l'esprit de la veuve Lacroust, pour reconnaître l'existence de manœuvres frauduleuses ayant pour but d'inspirer à la veuve Lacroust la crainte chimérique d'une poursuite judiciaire, et en décidant que Salles s'est rendu coupable du délit d'escroquerie, loin d'avoir violé les dispositions de l'art. 405 c. pén., en a fait, au contraire, une saine application; — Par ces motifs, rejette, etc.

Du 9 janv. 1865.—C. C. ch. crim.—M. La Sérurier, rap.

(3) (Devambez.) — La Cour; — Attendu que, devant la cour d'appel, comme devant le tribunal correctionnel de Rouen, et à uniquement débattu les faits de fraude qui se rattachaient à la convention passée à novembre dernier, entre Devambez et Heurteur, que, par une fausse application de la loi pénale, le jugement de première in-

tions mensongères présentant comme prospère une exploitation de mine qui jusque-là n'avait pas donné de bénéfices sérieux, fait répandre dans le public des renseignements favorables à l'entreprise par des courtiers auxquels il distribuait à cet effet des actions de la société, et est parvenu, par ce moyen, à placer au taux de 1,000 fr. des actions à peu près sans valeur, est, avec raison, poursuivi comme escroc (Crim. rej. 4 avr. 1862, aff. Boucha, D. P. 63. 5. 156); — 3° Que l'individu qui, ne se bornant pas à faire aux malades des promesses de guérison qu'il savait ne pouvoir accomplir, joint à ses affirmations mensongères des visions, à l'aide desquelles il prétendait reconnaître la nature du mal, ainsi que les moyens de le guérir, et un concert préalable avec le pharmacien qui devait fournir les remèdes à employer, doit être considéré comme coupable d'escroquerie (Crim. rej. 4 juin 1859) (1).

756. Il a été jugé que le fait d'un agent d'une compagnie d'assurances d'avoir fait payer à des personnes illettrées, à l'occasion du contrat d'assurances par elles consenti, et en leur faisant croire qu'il s'agissait du payement d'une première annuité, une somme d'un chiffre égal en effet au montant d'une annuité, mais qui devait, aux termes d'une police qu'il leur faisait signer sans leur en lire le contenu, servir à l'acquittement de frais de commission stipulés payables d'avance pour vingt années, est à tort déclaré coupable d'escroquerie, s'il n'a appuyé ses mensonges et réticences d'aucun fait extérieur, tel qu'intervention de tiers ou mise en scène quelconque (Crim. cass. 19 juin 1863, aff. Lefort, D. P. 63. 1. 385). — Mais le même fait a été déclaré constitutif du délit d'escroquerie dans un cas où l'agent s'était fait accompagner à dessein, chez les assurés, du garde-champêtre de la commune, à l'effet de présenter ainsi à leurs yeux une garantie en quelque sorte officielle, et en outre leur avait fait croire on qu'ils ne devaient pas payer les frais de commission dont il s'agit ou qu'ils ne devaient les payer qu'à l'expiration du contrat (Crim. rej. 20 déc. 1862, aff. Lefort, D. P. 63. 1. 109). — Enfin, un autre arrêt, concernant le même individu, a déclaré coupable du délit d'escroquerie celui qui, agent d'une compagnie d'assurances, accompagne ses affirmations mensongères de faits relevés par l'arrêt, faits de nature à capter la confiance et à tromper la bonne foi des souscripteurs : — « Attendu que l'arrêt attaqué, après avoir énoncé les affirmations mensongères dont se servait Lefort, agent de la compagnie d'assu-

rances le *Conservateur*, pour capter la confiance et tromper la bonne foi des souscripteurs, ajoute qu'il leur montrait des tableaux de répartition indiquant des versements inexacts et des bénéfices exagérés ; que, pour leur faire croire que la somme qu'ils acquittaient s'appliquait aux annuités, il leur présentait des listes d'assurés dont les versements s'appliquaient au payement des annuités, sans aucune mention des droits de commission ; qu'il leur faisait signer les polices d'assurances après en remplir les blancs et de confiance, sans en donner lecture aux assurés, ainsi que des billets tout préparés, dont il ne laissait pas vérifier le contenu, et qu'il déclarait être destinés au payement de la première annuité ; qu'enfin il inscrivait sur les polices au-dessous de la signature des assurés, et sans leur en donner connaissance, le montant des effets par eux souscrits, qu'il appliquait aux droits de commission, contrairement à ses dires et aux intentions des contractants ; qu'en faisant résulter de l'ensemble de ces faits les manœuvres frauduleuses prévues par l'art. 405 c. pén., et en déclarant, par suite, que le demandeur s'était rendu coupable de ce délit, l'arrêt attaqué n'a commis aucune violation de cet article » (Crim. rej. 24 déc. 1863, M. Faustin Hélie, rap., aff. Lefort). — Le premier de ces arrêts, celui du 19 juin 1863, nous semble pouvoir donner lieu à quelques observations critiques. Dans l'espèce, la précaution de donner au frais de commission perçus d'avance un chiffre égal à celui d'une annuité, et la substitution, au moment de la signature, d'une pièce à une autre, sont de véritables manœuvres frauduleuses, dont l'emploi a été nécessaire pour faire réussir la fraude préparée par les allégations mensongères. — Ainsi, tout en approuvant la jurisprudence par laquelle la cour de cassation refuse d'assimiler les allégations mensongères aux manœuvres frauduleuses sans lesquelles le délit d'escroquerie ne peut exister, nous pensons que la chambre criminelle tend à pousser trop loin l'application de cette jurisprudence et à réduire à de simples mensonges des artifices qui ont plus de gravité.

757. Le négociant insolvable qui se présente à d'autres négociants, dont il est complètement inconnu, comme se trouvant dans une situation prospère, en donnant de faux renseignements sur sa solvabilité à des tiers qu'il leur indique, et au moyen de ces faux renseignements parvient à se faire délivrer des marchandises à crédit, commet une escroquerie (Crim. rej. 24 août 1848) (2). — De même, celui qui, p

---

des allégations mensongères, confirmées par les assurances d'un complice, lequel a même fait l'offre non sérieuse d'une garantie, a fait croire à une solvabilité qui n'existe pas, et qui, par ce langage, s'est fait livrer des marchandises dont il a réglé le prix en billets qu'il savait ne pas pouvoir payer, est coupable d'escroquerie : — « Considérant que Rollin, qui était créancier du sieur Serre-Jolly, dont l'insolvabilité complète lui était bien connue, avait intérêt à faciliter à celui-ci des acquisitions de bestiaux à crédit ; qu'en effet, en se faisant céder pour un prix convenu les bestiaux ainsi achetés par Serre-Jolly, il trouvait le moyen de recouvrer sa créance, puisque, du consentement de ce dernier, il retenait sur ce prix tout ou partie de ce qui lui était dû ; ... considérant que Rollin, qui était à la foire de Decize avec Serre-Jolly, a d'abord acheté deux bœufs d'un sieur Renaut, qu'il a payés comptant ; qu'immédiatement après, Serre-Jolly a marchandé au même Renaut quatre autres bœufs, et, pour le déterminer à les lui livrer à crédit, a, entre autres choses, mensongèrement allégué qu'il était fermier d'une exploitation rurale considérable ; qu'il avait payé une année d'avance, et qu'en considération de sa solvabilité, le prix de ferme avait été diminué de 1,000 fr. par le propriétaire ; considérant que Rollin, qui assistait Serre-Jolly, a excité autant qu'il était en lui à la conclusion de ce marché à crédit ; que non-seulement il a donné les plus grandes assurances sur la solvabilité de Serre-Jolly, mais qu'encore il a été jusqu'à offrir 200 fr. pour garantie au vendeur ; considérant que c'est à l'aide de ces manœuvres que Serre-Jolly a triomphé de l'hésitation du sieur Renaut, est parvenu à obtenir la livraison de bœufs qu'il savait bien, ainsi que

Rollin, ne pouvoir jamais payer ; qu'une fois en possession de ces quatre bœufs, Serre-Jolly en a vendu deux à Rollin en consentant la déduction sur le prix de la créance de celui-ci, laquelle s'est trouvée ainsi soldée ; considérant que l'ensemble de ces faits permet facilement de croire que Serre-Jolly et Rollin, dont les efforts se sont réunis pour tromper la confiance du sieur Renaut, s'étaient à cet effet entendus à l'avance ; considérant que ces manœuvres sont évidemment frauduleuses ; qu'elles ont eu pour but, en donnant au vendeur Renaut l'espoir d'un payement non réalisable, en lui persuadant l'existence d'un crédit imaginaire, de lui enlever une partie de sa fortune ; que conséquemment elles ont tous les caractères exigés par l'art. 405 c. pén. pour constituer le délit d'escroquerie » (Bourges, ch. corr., 11 fév. 1841, M. Aupetit-Durand, pr., aff. Rollin).

758. Il n'y a pas escroquerie dans l'action d'un débiteur qui se fait remettre par son créancier les billets dont ce créancier est porteur, en lui déclarant faussement qu'il vient de signer chez un notaire une obligation en remplacement de ces billets, si d'ailleurs le débiteur s'est borné à cette seule déclaration ; car si l'offre d'une obligation notariée, en remplacement des billets, et le soin qu'a eu le prévenu de faire rédiger cette obligation, peuvent être considérés comme des manœuvres frauduleuses, du moins elles ne constituent pas le délit d'escroquerie, puisqu'elles n'ont pas été employées pour persuader l'existence de fausses entreprises, d'un pouvoir imaginaire, ou pour faire naître l'espérance ou la crainte d'un événement chimérique (Crim. cass. 7 mars 1817) (1).

759. Le fait d'avoir obtenu des emprunts et fait des achats

suite de l'ensemble des faits constatés que Delhaye, négociant déclaré en faillite le 9 mars 1846, était, dès le mois d'août précédent, hors d'état de faire face à ses engagements ; que Watrelot et Paul de Cock, fabricants à Lille, ses correspondants, le savaient tellement qu'ils ne pouvaient obtenir le payement des dernières marchandises qu'ils lui avaient expédiées, et que, depuis le 16 du même mois, ils avaient refusé de lui faire de nouvelles livraisons ; — Que cependant Delhaye s'adressa postérieurement à d'autres négociants, aujourd'hui parties civiles au procès, dont il était complètement inconnu ; qu'il se présenta à eux comme se trouvant dans une situation prospère, les engagea à s'assurer de sa solvabilité près de Watrelot et de Paul de Cock, et leur demanda l'envoi de marchandises ; — Que ces négociants réclamèrent, en effet, des renseignements de Watrelot et de Paul de Cock, qui, mensongèrement et dans un but de cupidité personnelle, répondirent que Delhaye était toujours exact dans ses payements, et qu'il ne laissait aucun billet en souffrance ; — Qu'à l'aide de cette tromperie, concertée entre ses auteurs, Delhaye extorqua à ces négociants des marchandises dont ils ne purent se faire payer, et dont partie était ensuite livrée à Watrelot et à Paul de Cock, et servait à éteindre d'autant leurs créances ; — Qu'en décidant que ces faits constituaient les manœuvres frauduleuses tendantes à persuader l'existence d'un crédit imaginaire dont parle l'art. 405 c. pén., et que les demandeurs en cassation, qui avaient ainsi escroqué partie de la fortune d'autrui, avaient encouru l'application de cet article, et en prononçant, par conséquence, sur l'appel des parties civiles, des condamnations à des dommages-intérêts, pour réparation du dommage éprouvé par les victimes de cette escroquerie, la cour d'appel de Paris s'est conformée aux principes de la matière ; — Rejette.

Du 24 août 1848.—C.-C., ch. crim.-MM. Laplagne-Barris, pr.-Legagneur, rap.

(1) (Veuve Yvonnet C. Leroux.) — La cour ; — Vu l'art. 410 c. inst. crim. ; — Attendu que les délits prévus et punis par l'art. 401 c. pén. sont : 1° les vols qu'n'accompagne aucune des circonstances aggravantes mentionnées dans les précédents articles du même code ; 2° les larcins et les filouteries ; — Que les larcins et les filouteries sont des vols exécutés, ceux-là furtivement, ceux-ci par adresse ; — Qu'aux termes de l'art. 379 c. pén., le vol est l'action de celui qui soustrait frauduleusement une chose qui ne lui appartient pas ; — Qu'il s'ensuit nécessairement de cette définition qu'il n'y a pas de vol là où il n'y a pas soustraction, enlèvement d'un objet quelconque contre le gré du propriétaire ; — Attendu que le jugement du tribunal correctionnel de Châlons, dont les motifs ont été adoptés par le tribunal correctionnel de Reims, déclare que de tous les mensonges, variations et contradictions de la femme Yvonnet, il résulte que ladite femme est pleinement convaincue d'en avoir imposé en disant avoir remboursé au sieur Leroux la somme de 600 fr. ; qu'elle a abusé de sa confiance en lui faisant croire qu'elle venait de signer chez Me Arnould, notaire, l'obligation convenue ; et qu'à l'aide de cette imposture elle lui a escroqué les deux effets de 500 fr. chacun, dont elle était débitrice ; — Que, puisque la veuve Yvonnet a assuré à Leroux qu'elle venait de signer l'obligation convenue, et

que c'est à l'aide de cette imposture qu'elle lui a escroqué les deux billets de 500 fr. chacun dont elle était débitrice, il est donc vrai que ces deux billets prétendus escroqués à Leroux par la veuve Yvonnet, ont été volontairement et librement remis par celui-là à celle-ci ; qu'il les lui a remis, par l'effet d'une confiance aveugle, en échange de l'obligation qu'il croyait exister dans l'étude du notaire Arnould, dûment signée de ladite veuve ; qu'ils ne lui ont donc pas été soustraits ; qu'il n'en a pas été dépossédé contre sa volonté ; qu'il est donc impossible de voir, dans le moyen employé par la veuve Yvonnet pour retirer des mains de son créancier les billets qu'elle lui avait consentis, aucune des espèces de vol qui sont l'objet de l'art. 401 c. pén., et qu'en donnant cet article pour base à la condamnation qu'il a prononcée contre cette veuve, le tribunal correctionnel de Reims a fait une fausse application évidente de la loi pénale ;

Que cependant, d'après l'art. 411 c. inst. crim., il ne sort pas de moyen de cassation de cette fausse application de la loi, si les faits dont la veuve Yvonnet est jugée coupable sont, soit un abus de confiance, soit une escroquerie, punissables des peines prononcées contre elle ; mais qu'il ne s'agit ici ni d'un mineur trompé par un majeur, ni d'abus d'un blanc-seing, ni de dissipation de billets, d'effets, de deniers, etc., confiés à titre de dépôt, ou pour un travail salarié, ni enfin de pièces soustraites d'un procès ; que ce sont là les seuls faits auxquels le code pénal donne, par les art. 406, 407, 408 et 409, le caractère du délit d'abus de confiance ; que le délit du dernier de ces articles n'est même puni que d'une amende ; qu'ainsi les condamnations prononcées contre la veuve Yvonnet n'ont pas plus de fondement légitime, dans les dispositions de ces quatre articles du code pénal, que dans celles de l'art. 401 du même code ;

Qu'à l'égard de l'escroquerie, elle est définie par l'art. 405 ; que ce n'est point en faisant usage de faux noms ou de fausses qualités que la veuve Yvonnet a repris à son créancier ses deux billets de 500 fr. ; que si son offre d'une obligation notariée, qui remplacerait ces deux billets, et le soin qu'elle a pris de faire rédiger cette obligation, peuvent être considérés comme des manœuvres frauduleuses, on est obligé de reconnaître que toute espèce de manœuvres frauduleuses ne constitue pas le délit d'escroquerie ; qu'aux termes de l'art. 405, elles ne le constituent que lorsqu'elles sont employées pour persuader l'existence de fausses entreprises, d'un pouvoir ou d'un crédit imaginaire, ou pour faire naître l'espérance ou la crainte d'un succès, d'un accident ou de tout autre événement chimérique ; que, des faits exposés dans les plaintes de Leroux, reconnus au procès et déclarés constants, il résulte évidemment que ledit Leroux n'a été trompé, ni par l'idée de l'existence de fausses entreprises, d'un pouvoir ou d'un crédit imaginaires, ni par l'espoir d'un succès, ou par la crainte d'un accident, ou de tout autre événement chimérique ; qu'on n'aperçoit rien dans ces faits qui fût capable d'égarer la prudence ordinaire, de déconcerter les mesures de prévoyance et de sûreté qui accompagnent ou doivent accompagner toutes les transactions sociales ; rien, en un mot, qui caractérise le délit d'escroquerie ; qu'il s'ensuit de ces observations que, sous quelque point de vue que l'on considère les faits reconnus contre la veuve Yvonnet, il est impossible d'y

d'objets mobiliers à l'aide de prétextes mensongers, ne constitue ni un vol, alors qu'il est constaté que la remise a été volontaire, ni les manœuvres frauduleuses caractéristiques de l'escroquerie, et ne rentre pas dès lors dans la catégorie des faits prévus et punis par les art. 401 et 405 c. pén. (Crim. cass. 1er juill. 1842) (1). — Mais celui qui, pour déterminer un individu à lui prêter une somme d'argent, lui cède en nantissement des créances éteintes ou sur lesquelles il n'avait aucun droit se rend coupable d'escroquerie : — « Attendu qu'il est constaté en fait par l'arrêt attaqué que Denys, pour déterminer le sieur Plumereau à lui prêter une somme d'argent, lui a cédé à titre de nantissement et comme garantie supérieure à la somme qu'il empruntait, plusieurs créances parmi lesquelles se trouvaient : 1o la créance Benoist, appartenant à un sieur Perdriaux, mandant de Denys, qui l'avait déjà cédée à un sieur Rossant, qui en avait reçu le montant; 2o la créance Giraud, qui n'appartenait pas à Denys; 3o la créance Pujueur et Vallet, appartenant à un sieur Haineau et dont Denys avait dérobé le titre dans son étude en persuadant à Plumereau que Haineau, créancier apparent, n'était que son prête-nom; qu'en décidant que ces faits constituaient des manœuvres frauduleuses employées pour persuader l'existence d'un crédit imaginaire et faire naître l'espérance de garanties chimériques, l'arrêt attaqué n'a commis aucune violation de l'art. 405 c. pén. » (Crim. rej. 13 juill. 1854, M. F. Hélie, rap., aff. Denys).

760. Ne peut être considéré comme coupable d'escroquerie l'individu qui, s'étant présenté dans un magasin pour y acheter un objet, a déclaré qu'il avait des valeurs réalisables dans quelques jours et qu'il payerait le prix de son acquisition à un certain jour qu'il a indiqué, bien que cet individu ait frappé avec la main sur la poche de son habit en disant : « J'ai là des valeurs », alors d'ailleurs qu'il n'a pas exhibé ces prétendues valeurs et s'est contenté du geste, ces faits ne constituent que de simples mensonges et ne présentent point les caractères de manœuvres frauduleuses prévues et punies par l'art. 405 c. pén. (Crim. cass. 8 sept. 1864, aff. Jacquet, D. P. 65. 1re partie).— Mais l'individu sans ressources qui se fait délivrer des marchandises que le vendeur ne voulait vendre qu'au comptant, au moyen de l'assertion mensongère et frauduleuse que l'écrit qu'il a en sa possession, et qu'il présente au vendeur, est un billet dont l'escompte immédiat doit servir à le désintéresser, se rend coupable d'escroquerie (Crim. rej. 18 juill. 1845, aff. Serreau, D. P. 45. 1. 345).

761. L'art. 405 c. pén., qui punit l'usage d'une fausse qualité, ne s'oppose pas à ce qu'une qualité vraie, celle de notaire, par exemple, ne puisse, dans certains cas, devenir un élément de manœuvres frauduleuses, lorsqu'elle a pour résultat de donner force et crédit à des paroles mensongères et fallacieuses accompagnées de circonstances auxquelles le juge du fait reconnaît un caractère frauduleux (Crim. rej. 10 fév. 1855, aff. Javon, no 753-1o). — Il a été jugé, de même, que si l'usage d'une qualité vraie ne peut constituer par lui seul l'emploi de manœuvres frauduleuses, il en est autrement de l'abus fait de cette qualité pour imprimer à des allégations mensongères employées, d'autres actes extérieurs, dans le but de parvenir à s'emparer de tout ou partie de la fortune d'autrui, une gravité et une apparence de réalité propres à commander la confiance et à égarer la volonté de la personne trompée. Et s'il y a obligation pour le juge du fait de préciser les actes extérieurs ou les circonstances matérielles qui constituent les manœuvres frauduleuses, en les mettant en rapport avec les allégations mensongères dont s'est servi l'inculpé, ou avec la qualité dont celui-ci était revêtu, il ne saurait être permis d'isoler chacun de ces éléments pour les examiner séparément les uns des autres, lorsque tous ont concouru à la consommation du délit. — Par suite, et spécialement, on a pu voir les éléments constitutifs du délit d'escroquerie dans cet ensemble de faits, qu'un curé à la fois confesseur et médecin d'un malade, après avoir abusé de l'influence que cette triple qualité lui donnait sur celui-ci, pour lui persuader que le moyen le plus sûr d'assurer son bien à l'Eglise, ainsi qu'il en avait manifesté l'intention, était de lui en faire directement la vente, sauf par lui à accomplir la volonté du donateur, et après avoir fait signer à ce malade un premier acte dans lequel le donateur se réservait l'usufruit et stipulait la charge de messes anniversaires, a lacéré cet acte pour y en substituer un second où la vente était pure et simple, et qu'il a fait signer au malade sans lui en donner lecture, au moment où il venait de le confesser, qu'il avait eu soin d'éloigner tout témoin, et enfin que, plus tard, ce même curé a nié le fidéicommis, s'est présenté comme acquéreur sérieux et s'est emparé de la succession du prétendu vendeur (Crim. rej. 3 avr. 1857, aff. Gerry, D. P. 57. 1. 228).

762. Le fait d'obtenir crédit chez un épicier à l'aide d'un certificat de contributions payé, déjà, n'étaient pas payées, et au-dessous de la signature duquel avait été ajouté par une main étrangère : Ne craignez rien, je réponds du payement, constitue le délit d'escroquerie (Douai, 11 nov. 1844, aff. Haineau, D. P. 45. 4. 247).

763. Le notaire qui donne faussement à son client l'assurance qu'un tiers est disposé à lui ouvrir un crédit, qui se fait remettre des effets en blanc par ce client, après avoir pris soin de prévenir entre les parties tout rapport qui aurait révélé la fraude, et qui emploie ces valeurs dans son intérêt personnel, commet le délit d'escroquerie (Crim. rej. 15 oct. 1849, aff. Martin, D. P. 51. 5. 231).

764. De même, le notaire qui, pour obtenir l'envoi d'une procuration à l'effet de se faire remettre une somme, persuade mensongèrement à son client qu'il a trouvé un emprunteur réunissant toutes les conditions exigées pour un bon placement, et qui, après avoir touché la somme, l'applique à ses besoins personnels, est coupable d'escroquerie : — « Attendu qu'un notaire qui, chargé par un de ses clients de s'enquérir d'un placement d'argent réunissant des conditions déterminées, lui annonce faussement que la personne qu'il indique présente ces conditions, provoque l'envoi d'une procuration qui l'autorise à toucher des mains d'un tiers la somme à placer, entretient et confirme l'erreur qu'il a ainsi accréditée jusqu'à la délivrance de cette somme qu'il s'approprie, est légalement être reconnu coupable du délit d'escroquerie; que tous les éléments constitutifs de ce délit se rencontrent, en effet : 1o dans la manœuvre frauduleuse tendant à persuader un succès chimérique; 2o dans le but de cette manœuvre, c'est-à-dire dans l'intention de s'approprier, au moyen de la procuration, les fonds auxquels il assignait un emploi mensonger; 3o dans la réalisation de cette intention » (Crim. rej. 25 fév. 1843, MM. Rocher, rap., Quénault, av. gén., c. contr., aff. P....).

De même encore, le notaire qui, en affirmant mensongèrement à un débiteur de l'un de ses clients que celui-ci exige le payement immédiat de sa créance sous peine de poursuites, le fait consentir à souscrire au profit d'une autre personne une nouvelle obligation dans l'objet apparent d'en appliquer les fonds à l'extinction de la première, et qui emploie, au contraire, ces fonds dans son intérêt personnel, commet le délit

---

(1) (Gauthier, etc. C. min. pub.) — LA COUR; — Vu les art. 379, 380, 401, 405 c. pén.; — ...Attendu qu'il résulte du jugement attaqué que les sommes que la femme Gauthier a empruntées de divers individus, et les effets mobiliers qu'elle a achetés chez divers marchands, lui ont été remis par lesdits marchands volontairement et de leur plein gré; — Attendu que, pour qu'il y ait lieu à appliquer les dispositions pénales de l'art. 401, il faut, aux termes de l'art. 579, qu'il y ait eu *soustraction frauduleuse*, ce qui n'existe pas, dans l'espèce, puisque la remise volontaire exclut l'idée de la soustraction des objets dont s'agit; — Attendu que le jugement attaqué déclare que c'est sous des prétextes mensongers que ladite femme Gauthier a obtenu les emprunts et fait les achats; mais que de simples mensonges, quelque répréhensibles qu'ils soient aux yeux de la morale, ne constituent pas les manœuvres frauduleuses caractérisées dans leur but et dans leurs moyens par l'art. 405 c. pén.; — Attendu que le jugement attaqué, en faisant application à la femme Gauthier de l'art. 401 c. pén., a faussement appliqué, et par suite violé tant ledit article que l'art. 579 précité; — Casse.

Du 1er juill. 1842.-C. C., ch. cr.-MM. Crousel'bes, pr.-Mérilhou, r.

aperçevoir aucun des délits prévus et déterminés par la loi; qu'il y a donc eu, dans sa condamnation, une fausse application de la loi pénale; — D'après ces motifs, casse et annule le jugement du tribunal correctionnel de Reims, rendu contre la veuve Yvonnet le 10 janvier 1816.
Du 7 mars 1817.-C. C., sect. crim.-MM. Barris, pr.-Aumont, rap.

d'escroquerie Nancy, 28 avr. 1856, aff. D...., D. P. 57. 5. 148).

765. Celui qui se fait escompter des billets souscrits par des insolvables, en faisant croire à la solvabilité des souscripteurs, non-seulement à l'aide de simples mensonges, mais au moyen de manœuvres frauduleuses tendant à faire confondre les souscripteurs avec des personnes solvables, portant le même nom, est coupable d'escroquerie (Crim. cass. 30 juill. 1846, aff. Perceron, D. P. 46. 4. 269).

766. Si de simples mensonges, alors même qu'ils ont déterminé la remise de titres ou valeurs, sont insuffisants par eux-mêmes pour constituer le délit d'escroquerie, à plus forte raison en est-il ainsi des mensonges qui suivent cette remise. Ainsi le débiteur qui obtient une quittance sans faire aucun payement, et qui soutient ensuite faussement avoir payé, ne se rend pas, par cela seul, coupable d'escroquerie, ou d'un abus de confiance puni par les lois (Crim. rej. 2 déc. 1813, aff. Courbé, V. Abus de conf., n° 65).

(1) *Espèce* : — (Femme Vauquelin C. Girard.) — La femme Vauquelin emprunte de Girard une somme d'argent pour sûreté de laquelle elle lui remet un gage. Elle envoie ensuite sa fille chercher le gage du Girard rend sous la promesse de la femme Vauquelin de lui remettre une obligation. — Faute d'exécuter cette promesse, la femme Vauquelin soutient qu'elle a payé Girard. — Celui-ci porte plainte. — Jugement du tribunal correctionnel de Caen, du 27 mess. an 7, qui déclare constants les faits imputés à la femme Vauquelin, la condamne aux peines de l'escroquerie. — Appel par la femme Vauquelin. — Arrêt confirmatif de la cour criminelle du département du Calvados, du 15 fruct. an 7. — Pourvoi. — Arrêt.

Le tribunal : — Vu l'art. 35 du tit. 2 de la loi du 22 juill. 1791, et l'art. 456 c. dél. et pein.; — Et attendu que, dans l'espèce, les faits déclarés constants par les jugements attaqués ne sont pas de la nature de ceux prévus par l'art. 35, ci-dessus cité, qui leur a cependant été appliqué; et que de cette fausse application il résulte une ouverture à cassation du jugement du 15 fruct. dernier; — Casse, etc.
Du 24 (et non 25) brum. an 8.-C. C., sect. crim.-MM. Méaulle, pr.-Ritter, rap.

(2) *Espèce* : — (Bapst C. Pontet.) — Le tribunal correctionnel de Bordeaux a, par jugement du 10 mars 1807, déclaré Bapst coupable d'avoir, par dol, fraude, à l'aide d'espérances chimériques et d'un crédit imaginaire, abusé de la crédulité du sieur Pontet, et lui avoir escroqué une somme de 156,000 fr., l'a condamné à la restitution de cette somme, en 2,000 fr. de dommages et intérêts, en 5,000 fr. d'amende et en deux années d'emprisonnement. Sur l'appel, la cour de justice criminelle de la Gironde a confirmé ce jugement dont elle s'est approprié les motifs.
Ces motifs, qui présentent le résultat des faits, sont ainsi conçus :—
« L'escroquerie avec tous les caractères auxquels la loi reconnaît l'escroquerie se retrouvent dans la conduite que le sieur Bapst a tenue envers le sieur Pontet; qu'en floréal de l'an 14, et lorsqu'il eut recours, pour la première fois, au sieur Pontet, il se présenta comme possesseur de bonnes créances et de biens-fonds; qu'il parla des ressources sur lesquelles il pourrait compter dans un an, et promit de ne pas faire voir le jour à sa signature, qu'il demandait seulement pour la forme; — Considérant qu'après avoir trahi ses premières promesses, mis dans la circulation les billets du sieur Pontet, et n'en avoir retiré qu'une faible partie, il eut l'art de se faire consentir, en l'an 12, des billets directs, quoique le sieur Pontet, loin de lui rien devoir, fût au contraire son créancier de sommes considérables, et qu'en cela il n'eût d'autre intention que celle de rendre plus sûrement le sieur Pontet victime de son excessive confiance;
« Considérant qu'ayant reçu de la dame Fumeron, avec les effets du sieur Pontet, des lettres de change à négocier pour une somme de 48,000 fr., il les a réellement négociées et en a touché la valeur, s'est permis de la détourner à son profit, et a payé la dame Fumeron avec les effets du sieur Pontet, devenu, de cette manière, débiteur de cette dame; — Que, dans une autre circonstance, ayant reçu, pour les négocier, deux billets tirés par le sieur Pontet lui-même, montant à la somme de 16,000 fr., il les négocia, toucha la somme entière, et ne fit parvenir au sieur Pontet que 5,000 fr., employant le reste à ses propres affaires; — Qu'au 30 frim. de l'an 14, le sieur Bapst, déjà débiteur du sieur Pontet de sommes considérables, trouva moyen de le faire engager pour 85,000 fr., en lui disant que sa position n'était qu'embarrassée, quoique les protêts et condamnations aient suivi de très-près cette assurance; — Qu'à la même époque du 30 frim. an 14, et au moment de partir pour Paris, le sieur Bapst, afin d'obtenir de nouveaux billets qu'il sollicitait, offrit au sieur Pontet, 1° des traites sur la Nouvelle-Angleterre, pour une somme de 45,000 fr.; 2° les rentrées d'une perte d'assurance qu'il portait à 15,000 fr.;

767. Nous avons dit que de simples promesses ne pouvaient être considérées comme des manœuvres frauduleuses constitutives de l'escroquerie. — Ainsi il a été jugé qu'on ne peut voir une escroquerie : 1° dans le fait du débiteur qui, par l'effet d'une fausse promesse, obtient la restitution d'un gage remis à son créancier pour la sécurité d'un prêt, et qui non-seulement n'exécute pas sa promesse, mais déclare même faussement avoir payé sa dette (Crim. cass. 24 brum. an 8) (1); — 2° Dans des promesses et des assurances de remboursement, à l'aide desquelles un individu s'est fait prêter de l'argent, et dont la fausseté eût été reconnue du prêteur, s'il eût eu recours aux précautions que conseillait une prudence ordinaire (Crim. cass. 28 mai 1808) (2); — 3° Dans le fait du débiteur qui se fait remettre, contre une promesse de payement ultérieur non réalisée, une quittance de sa dette, s'il n'est pas établi que cette promesse ait été accompagnée de manœuvres tendant à déterminer la remise obtenue du créancier (Crim. cass. 10 mai 1850, aff. Collet, D. P. 51. 5. 230); — 4° Dans l'acte d'un débiteur qui se fait remettre

3° un contrat de 45,000 fr. sur une maison, cours de Tourny, qu'il disait lui appartenir; 4° une autre cession de propriétés foncières de 25,000 fr. : lesquelles valeurs, écrivait-il au sieur Pontet, vous sont exclusivement réservées;
« Considérant que toutes ces sûretés étaient illusoires, toutes ces espérances chimériques, puisqu'il résulte, 1° de la déposition du sieur Leguen, sur lequel Bapst devait fournir les traites plus haut rappelées, que, loin de rien devoir à ce dernier, le sieur Leguen prétend être son créancier de fortes sommes, et n'être venu en France que pour le poursuivre en reddition de compte; 2° de la déposition de Me Thonnens, avoué près la cour d'appel, que Bapst n'était point propriétaire des 15,000 fr. provenant de la rentrée des pertes d'assurance; que cette somme appartenait au sieur Martin, négociant de Paris, qui avait eu autrefois le sieur Bapst pour son procureur constitué, mais qui venait de révoquer sa procuration, et d'investir lui déclarant de ses pouvoirs; 3° de l'extrait d'un acte de vente et de la déclaration du receveur des contributions, que la maison située sur le cours de Tourny avait été achetée à la dame Lacaussade, non par le sieur Bapst, mais par la demoiselle sa sœur, qui seule est portée sur la matrice du rôle, et seule paye les impositions; 4° enfin, de la déclaration du sieur Lacaussade, que les propriétés immobilières, offertes par le sieur Bapst, sont des prairies que lui déposant parut acheter pour son compte, quoiqu'il ne fût pas son prête-nom, lesquelles prairies, situées dans la commune de Beycheville en Médoc, ont autrefois appartenu à la dame Saint-Harem;
— Cependant, que tous ces faits plus haut rappelés sont prouvés par la correspondance du sieur Bapst, et par les dépositions des témoins entendus à l'audience publique; que tous ces faits font ressortir jusqu'à l'évidence le dol, la fraude et la mauvaise foi dont le sieur Bapst a usé envers le sieur Pontet; qu'il s'est servi d'un crédit imaginaire et d'espérances chimériques, puisque le sieur Bapst a promis des sûretés qu'il ne pouvait pas fournir, et s'est vanté d'une fortune qu'il n'était pas la sienne; — Considérant enfin que jamais la confiance n'a été plus audacieusement trompée, et l'amitié plus indignement trahie : ce qui donne à l'escroquerie du sieur Bapst un caractère extrêmement odieux. »
Pourvoi pour violation des règles de compétence, et fausse application de l'art. 35 du tit. 2 de la loi du 22 juill. 1791, en ce que les faits déclarés constants par les juges de première instance et d'appel ne caractérisent pas le délit d'escroquerie. — Arrêt.
La cour : — Vu l'art. 456, n°s 1 et 6, de la loi du 5 brum. an 4, et l'art. 35 du tit. 2 de la loi du 22 juill. 1791; — Et attendu que l'application de cette loi pénale doit avoir pour base une escroquerie consommée par des actes qui aient véritablement opéré l'abus de la crédulité du plaignant; que cet abus de crédulité doit résulter. du dol de celui qui est prévenu d'en être l'auteur, ou de faux noms, de fausses entreprises, d'un crédit imaginaire, ou d'espérances et de craintes chimériques, et qu'il ne suffit pas que des faits capables d'égarer la prudence ordinaire, de déconcerter les mesures de prévoyance et de sûreté qui, dans l'usage, accompagnent ou doivent accompagner toutes les transactions civiles et commerciales; — Qu'on ne saurait considérer les actes volontaires d'une confiance inconsidérée comme l'abus de crédulité de celui qui se plaint d'une escroquerie dans les actes qu'il aura imprudemment consentis; — Que, dans l'espèce, les faits déclarés constants contre Georges-Christophe Bapst, et tels qu'ils sont articulés, ne présentent que des promesses et des assurances de remboursement, dont la fausseté même n'aurait pu abuser le sieur Pontet sur ses intérêts, s'il eût pris, pour s'en garantir, les précautions que la prudence la plus commune devait lui inspirer, lors surtout qu'il s'agissait de confier des sommes considérables à un particulier dont la détresse était connue et assez alarmante, et dont la solvabilité réelle devait, nonobstant ses allégations, paraître au moins douteuse; qu'en considérant aussi ces faits comme des infidélités, elles ne sauraient être

des quittances finales par son créancier, quoiqu'il ne solde pas toute la dette, en lui promettant verbalement avec mauvaise foi de lui payer ce qu'il reconnaît devoir encore, à son retour d'un voyage indiqué : — « Attendu que l'assurance verbalement donnée par Noireau à Boudinot père, lors de la souscription des quittances, qu'il devait encore 300 fr. de l'obligation qui était chez le notaire, et qu'il les payerait à son retour de Commercy, quoique ayant pour but d'induire Boudinot en erreur, ne saurait constituer les manœuvres frauduleuses exigées par l'art. 405 pour constituer le délit qui y est défini ; attendu que l'on ne peut non plus attribuer ce caractère aux autres circonstances relevées par le jugement attaqué (de Saint-Mihiel, du 23 janv. 1840) ; attendu que, dès lors, l'art. 405 c. pén. a été faussement appliqué au demandeur en cassation » (Crim. cass. 26 déc. 1840, MM. de Bastard, pr., Mérilhou, rap., aff. Noireau) ; — 5° Dans le fait d'un ouvrier, attaché au service d'un atelier, qui se fait livrer une paire de souliers par un cordonnier, en lui disant que son maître la lui payerait, quoiqu'il n'y ait point encore de compte arrêté entre celui-ci et son compagnon : — « Attendu que Laurand travaillait encore dans l'atelier de Jolive lorsqu'il est allé chez le cordonnier Autin se faire livrer une paire de souliers en lui disant que Jolive la lui payerait, et qu'il n'y avait point encore de compte arrêté entre le maître et son compagnon ; que la conduite de Laurand, tout indélicate et répréhensible qu'elle soit, ne présente pas une de ces machinations, de ces manœuvres frauduleuses capables de caractériser le délit d'escroquerie prévu par l'art. 405 c. pén.; d'où il suit qu'il n'y a point de violation de cet article de la part des juges du tribunal de première instance de Saint-Brieuc, en renvoyant Dominique Laurand hors de poursuites et ordonnant sa mise en liberté » (Crim. cass. 6 fév. 1806, MM. Viellart, pr., Minier, rap., aff. Laurand) ; — 6° Dans le fait de celui qui, achetant avec stipulation de payement immédiat, disparaît subitement avec les marchandises achetées sans les avoir soldées (Nîmes, 15 déc. 1842, aff. Privat, V. n° 670) : en pareil cas il n'y a pas eu emploi de manœuvres

frauduleuses de nature à influer sur la détermination de celui qui a remis les marchandises ; il n'y a eu qu'une promesse mensongère, expresse ou tacite.

768. Si de simples mensonges ou de fausses promesses ne suffisent pas pour constituer le délit d'escroquerie, à plus forte raison doit-on en dire autant de simples réticences (Crim. cass. 7 août 1847 ; aff. Portanier, n° 902). — Ainsi, un commerçant qui se fait remettre des marchandises à crédit, après la cessation de son commerce, qu'il aurait laissé ignorer à ses créanciers, et le refus par d'autres négociants de lui vendre à crédit, ne se rend pas coupable d'escroquerie, alors qu'il n'emploie ni faux nom, ni manœuvres frauduleuses (Crim. cass. 20 avr. 1837, aff. Germain, n° 734).

769. Celui qui se fait servir par des cabaretiers des objets de consommation sans avoir d'argent pour les payer et sans avertir le cabaretier de son insolvabilité, ne commet pas le délit d'escroquerie s'il n'a employé ni faux nom, ni fausse qualité, ni manœuvres frauduleuses pour déterminer l'aubergiste à lui livrer les objets qu'il a consommés (Bourges, 5 mars et 12 sept. 1840 (1) ; Riom, 14 mai 1862, aff. Garnier, D. P. 63. 2. 14.—V. aussi les arrêts cités n° 667).—De même, celui qui se fait héberger dans un hôtel sans avoir de quoi payer ne commet pas le délit d'escroquerie, alors qu'il n'a employé aucune manœuvre frauduleuse pour inspirer au maître de cet hôtel une confiance trompeuse (Colmar, 25 nov. 1862, aff. Weissembach et aff. Engelmann, D. P. 63. 2. 42). — Peu importe même qu'il se soit fait inscrire sous un faux nom, si cette indication mensongère n'avait point pour but et n'a pas eu pour effet de tromper l'aubergiste sur sa solvabilité ou son crédit (même arrêt, aff. Weissembach). — Il a été décidé également qu'il n'y a ni vol, ni escroquerie dans le fait de celui qui, pour se soustraire au payement de la consommation qu'il a faite dans une auberge, emploie la ruse et le mensonge, et notamment se donne une qualité (celle d'ouvrier d'un tel) qui ne lui appartient pas ou qui a cessé de lui appartenir (Bordeaux, 25 nov. 1841 (2). Dans cette espèce il y avait eu

---

qualifiées d'abus de crédulité, et que, même en assimilant ces faits à des tentatives de stellionnat, on ne pourrait leur appliquer la disposition des lois criminelles, ni pour la nature de l'action, ni pour la forme des poursuites, ni dans la détermination des condamnations pénales ; — Que, dès lors, les faits déclarés constants n'ayant pas les véritables caractères du délit prévu par l'art. 35 de la loi du 22 juill. 1791, la cour de justice criminelle du département de la Gironde a fait une fausse application de cet article, en prononçant contre Georges-Christophe Bapst des peines qui ne pouvaient l'atteindre à raison de ces mêmes faits ; — Casse, etc.
Du 28 mai 1808.-C. C., sect. crim.-MM. Barris, pr.-Guieu, rap.
(1) 1re Espèce : — (David C. min. pub.)—La cour :—Considérant, en ce qui concerne la prévention d'escroquerie et de filouterie, que le caractère des délits d'escroquerie et de filouterie réside, pour le premier, dans la possession de la chose d'autrui, obtenue soit par l'usage de faux noms ou de fausses qualités, soit par l'emploi de manœuvres frauduleuses pour persuader l'existence de fausses entreprises, d'un pouvoir ou d'un crédit imaginaire, ou pour faire naître l'espérance ou la crainte d'un succès, d'un accident ou de tout autre événement chimérique ; et, pour le second, dans l'appréhension frauduleuse et furtive de la chose d'autrui, à l'insu ou contre le gré du propriétaire ; — Que ni l'un ni l'autre de ces caractères ne se rencontrent dans le fait de la consommation de quelques aliments délivrés par un aubergiste à un voyageur sans argent, pour une modique somme et sans qu'il y ait de la part de celui-ci manœuvres ou paroles trompeuses ; — En ce qui touche la prévention de vagabondage, et considérant, etc. ; — Par ces motifs ; — Statuant sur l'appel de David, dit qu'il a été mal jugé au chef qui le déclare coupable d'escroquerie ou de filouterie, bien jugé quant au surplus ; et attendu que la peine de six mois prononcée par le tribunal n'excède pas le maximum applicable pour délit de vagabondage, ordonne l'exécution du jugement dans son dispositif.
Du 5 mars 1840.-C. de Bourges.-M. Adrien Corbin, pr.
2e Espèce : — (Didiot C. min. pub.) — La cour : — Considérant en droit que le caractère constitutif de l'escroquerie définie et réprimée par l'art. 405 c. pén. est d'avoir fait usage de faux noms ou de fausses qualités, ou d'avoir employé des manœuvres frauduleuses pour persuader l'existence de fausses entreprises, d'un pouvoir ou d'un crédit imaginaires, ou pour faire naître l'espérance ou la crainte d'un succès, d'un accident ou de tout autre événement chimérique, à l'effet de se faire délivrer des objets appartenant à autrui ; — Considérant que les frais reconnus constants par les premiers juges ne réunissent pas ces caractères ; — Qu'en effet, la dépense modique de 1 fr. 05 c. n'a été

accompagnée d'aucune circonstance de nature à tromper la femme Leclerc ; — Que, pour ce qui concerne l'escroquerie au préjudice de la famille Michel, Didiot ne s'est présenté à cette famille que conduit par un intermédiaire, comme étant apte au service militaire, sans faire usage d'aucune manœuvre frauduleuse ; qu'il s'était même assujetti à produire ses papiers ; — Que les aliments et la faible somme d'argent de 6 fr. qu'il y a reçus lui ont été remis volontairement par cette famille ; — Qu'il en résulte que les faits imputés à l'appelant ne constituent pas le délit prévu par l'art. 405 c. pén. ; — Par ces motifs, qu'il a été mal jugé par le jugement dont est appel ; émendant, etc., renvoie Didiot de l'action correctionnelle intentée contre lui, sans dépens.
Du 12 sept. 1840.-C. de Bourges, ch. des vac.-MM. Adrien Corbin, pr.-Robert-Chenevière, subst., concl. contr.
(2) (Min. pub. C. Grégoire et Arnaud.) — La cour, — Attendu que l'instruction dirigée contre Antoine Arnaud et Jean Grégoire établit que le 9 sept. dernier ils entrèrent dans le cabaret de la femme Rival, par laquelle ils se firent servir à boire et à manger ; qu'après avoir pris leur repas, ils avouèrent qu'ils n'avaient pas d'argent pour payer la dépense, qui s'élevait à 3 fr., ajoutant qu'ils reviendraient plus tard pour l'acquitter ; — Attendu que, s'il résulte en outre de cette même instruction que les prévenus, pour se soustraire à la juste exigence de la femme Rival, qui réclamait son payement et s'opposait à leur sortie, eurent recours à la ruse et au mensonge, cette conduite dolosive, répréhensible en morale, ne suffirait pas pour les faire déclarer coupables du délit d'escroquerie prévu par l'art. 405 c. pén. ; que la loi exige l'emploi de manœuvres frauduleuses ; que, d'après la jurisprudence, ces manœuvres doivent résulter d'un fait extérieur en dehors d'une simple allégation, ce qui ne se rencontre pas dans l'espèce ; qu'à la vérité, Arnaud, en se disant ouvrier d'un sieur Laurent, boulanger à Angoulême, aurait pris une qualité qui avait cessé de lui appartenir ; mais qu'il est à considérer que cette fausse qualité n'avait pu exercer aucune influence sur la confiance de l'aubergiste, puisqu'elle ne fut prise que postérieurement à la consommation dont lui est reproché ; — Attendu qu'on ne peut pas non plus faire rentrer ce fait dans la classe des vols et filouteries dont parle l'art. 401 même code, le vol consistant dans la soustraction frauduleuse et furtive de la chose d'autrui, à l'insu du propriétaire et contre sa volonté ; — Attendu que M. l'avocat général ayant lui-même déclaré interjeter appel du jugement pour en obtenir la réformation, cet appel doit profiter à Antoine Arnaud, bien que celui-ci eût acquiescé par son abandon à la condamnation contre lui prononcée ; — Faisant droit du double appel que Jean Grégoire et le

usurpation d'une fausse qualité ; mais cette usurpation, n'ayant eu lieu qu'après la livraison des objets de consommation, n'avait pas été un moyen de l'obtenir.

D'autres arrêts ont jugé, au contraire : 1° que le fait de celui qui s'évade d'une auberge sans payer sa dépense est une escroquerie (Crim. cass. 25 germ. an 3, aff. N....) ; — 2° Que l'individu qui entre dans une auberge, s'y fait servir et y prend un repas, sachant n'avoir pas le moyen de payer, se rend coupable du délit d'escroquerie (Metz, 9 nov. 1859, aff. Lemaire, D. P. 63. 2. 43). — Les premières décisions nous semblent seules exactes. Nous admettons qu'il y a une mauvaise foi, indélicatesse, dans le fait de celui qui se fait servir des aliments qu'il sait bien ne pouvoir payer et que le maître de l'établissement ne livre que parce qu'il compte sur un payement immédiat ; mais la mauvaise foi et l'indélicatesse ne suffisent pas pour constituer l'escroquerie, et il nous est impossible de voir dans le fait dont il s'agit une de ces manœuvres que l'art. 405 c. pén. a caractérisées. Peut-être le législateur eût-il dû prévoir ce fait et l'ériger en un délit spécial ou l'assimiler à l'escroquerie proprement dite ; mais, en l'absence d'une telle disposition, on ne peut appliquer l'art. 405 qu'aux faits qui rentrent dans la définition qu'il a donnée, et, à notre avis, on ne peut, sans forcer les termes de cette définition, y faire rentrer le fait dont nous nous occupons. Le mot manœuvres implique une combinaison de moyens artificieux et ne peut s'appliquer au simple fait de demander à un commerçant les denrées qui font l'objet de son commerce.

770. Celui qui, gardant le silence sur les causes bien connues de lui qui le rendent impropre au service militaire, s'est présenté dans une famille comme remplaçant, et s'est fait livrer à ce titre quelques faibles sommes et des aliments, ne peut être considéré comme coupable d'escroquerie, si d'ailleurs il n'a point usé, pour se les procurer, de manœuvres frauduleuses (Bourges, 12 sept. 1840, aff. Didiot, précité, n° 769) : à celui-là aussi on ne peut imputer qu'une coupable réticence.

771. Mais il a été jugé que de simples réticences suffisent pour constituer le délit d'escroquerie lorsqu'elles sont accompagnées d'actes extérieurs et de faits matériels de nature à faire croire à un crédit imaginaire (Crim. rej. 18 déc. 1863, aff. Jombart, n° 755-1°).

772. On ne peut voir un vol ou une escroquerie, mais une

procureur du roi ont interjeté du jugement rendu par le tribunal correctionnel d'Angoulême, le 19 oct. 1841, émendant ; — Déclare que le fait imputé à Jean Grégoire et Antoine Arnaud ne constitue ni escroquerie ni vol ; les décharge, en conséquence, des condamnations contre eux prononcées.
Du 25 nov. 1841.-C. de Bordeaux, ch. cor.-M. Gerbeaud, pr.
(1) (Min. pub. C. Biscarrat.) — La cour ; — Vu l'ordonnance de non-lieu rendue le 30 avr. 1862, en faveur de J. P. F. Biscarrat, par le juge d'instruction de Tarascon ; — Vu l'opposition formée à cette ordonnance, le 1er mai 1862, par le procureur impérial près le même siège ; — Attendu que des pièces de la procédure il résulte que, le 14 avr. 1862, Biscarrat, voulant payer une consommation qu'il venait de prendre dans l'auberge des époux Brunet, à Arles, remit à la femme Brunet une pièce de 2 cent. au millésime de 1851, mais à laquelle on avait rendu, par le frottement, son premier lustre ; — Qu'il la lui présenta du côté de la tête, en lui disant : « Payez-vous ! » — Que la femme Brunet ayant demandé ce qu'il lui fallait, il répliqua : « C'est une pièce de 20 fr., rendez-moi le reste ; » qu'il reçut en effet 19 fr. 60 c., et se retira ; — Que l'on a saisi sur lui, au moment de son arrestation, trois autres pièces de 2 cent.; qu'il n'a pu donner des explications satisfaisantes sur l'origine de celle donnée à la femme Brunet ; — Attendu que, dans l'état des circonstances relevées ci-dessus, notamment de la similitude quant à la forme et quant à la couleur qui existait entre une pièce de 20 fr. et la pièce remise à la femme Brunet, le fait d'avoir offert celle-ci peut constituer une manœuvre frauduleuse, qui a eu pour résultat de persuader l'existence d'un crédit imaginaire et d'obtenir la remise d'une somme d'argent ; — Attendu qu'il y a dès lors prévention suffisante contre J. P. F. Biscarrat d'avoir, dans la conjoncture rappelée ci-dessus, commis une escroquerie au préjudice des époux Brunet, délit prévu et puni par l'art. 405 c. pén. ; — Faisant droit à l'opposition formée par le procureur impérial près le tribunal de Tarascon envers l'ordonnance rendue par le juge d'instruction au même siège, sous la date du 30 avril dernier, renvoie J. P. F. Biscarrat devant le tribunal correctionnel de Tarascon.
Du 14 mai 1862.-C. d'Aix, ch. d'acc.-M. Poilroux, pr.

indélicatesse, dans le fait de l'acheteur qui, après avoir pris livraison, nie avoir promis de payer comptant, et soutient qu'il ne doit payer qu'à terme, si, d'ailleurs, il n'a employé pour obtenir livraison aucune manœuvre frauduleuse tendant à persuader l'existence d'un crédit imaginaire (Bordeaux, 9 nov. 1843, aff. Carrère, D. P. 43. 4. 249).

773. L'individu qui, pour payer une faible consommation dans une auberge, donne une pièce de 2 centimes qu'il a rendue brillante, la fait passer pour une pièce de 20 fr., et obtient par cette manœuvre frauduleuse la remise d'une somme d'argent se rend coupable d'escroquerie (Aix, 14 mai 1862) (1). — Un autre arrêt a jugé de même que le fait par un individu d'avoir donné en payement des pièces de cuivre qu'il avait blanchies avec du vif-argent ne constitue que le délit d'escroquerie, et non le crime de fausse monnaie, si les pièces ne portaient la marque ni l'empreinte d'aucune monnaie étrangère (Crim. rej. 29 juin 1816) (2).—Mais nous ne saurions voir dans cette seconde hypothèse le délit d'escroquerie qu'autant que la manœuvre frauduleuse aurait précédé la remise de l'objet et aurait même été le moyen de l'obtenir, conformément à ce qui sera dit plus bas (V. infrà, n° 846).—En tous cas, nous ne saurions approuver un arrêt qui a décidé que le fait de s'être fait remettre des marchandises contre des pièces de cuivre que l'acheteur avait blanchies pour les faire passer comme pièces d'argent, ne constitue pas le délit d'escroquerie et rentre simplement dans les termes de l'art. 401 c. pén. (Bruxelles, 6 sept. 1836) (3). Il est évident qu'un tel fait ne constitue pas un vol, puisque, dans ce cas, les marchandises sont livrées volontairement par le marchand à l'acheteur. Mais doit-on y voir une escroquerie ? Oui, si la remise des pièces a précédé la livraison des marchandises ou du moins s'est faite en même temps ; non, si cette remise des pièces blanchies n'a eu lieu qu'après la livraison des marchandises, parce qu'alors elle n'a pas été un moyen de l'obtenir.

774. Il n'y a escroquerie 1° ni dans le fait de retenir indûment un billet acquitté, et d'en poursuivre une seconde fois le payement, si le billet n'était resté en la possession du prévenu que par l'effet de la volonté libre du plaignant ; ce fait constitue un abus de confiance (Crim. cass. 8 therm. an 13, aff. Goursault, V. Abus de conf., n° 113);—2° Ni dans le fait du mandataire qui expose et perd au jeu la somme reçue en exécution de son mandat (Crim. cass. 14 therm. an 13) (4) : c'est là encore

(2) (Min. pub. C. Clemenceau.) — La cour ; — Considérant qu'il a été reconnu par l'arrêt dénoncé et par le résultat de l'instruction que les pièces de métal que Guillaume Clemenceau était prévenu d'avoir blanchies avec du vif-argent, étaient des pièces de cuivres qui ne portaient aucune marque ni empreinte quelconque de monnaie ; que le blanchiment de ces pièces, incapable de leur donner l'apparence d'aucune valeur monétaire, ne peut donc caractériser le crime de fausse monnaie prévu par les art. 132 et suiv. c. pén.; — Que le fait imputé audit Clemenceau d'avoir voir donné lesdites pièces en payement pouvant être considéré comme une manœuvre frauduleuse caractérisant une filouterie ou escroquerie, la cour royale de Poitiers a fait une juste application des règles de compétence en ordonnant le renvoi des prévenus devant le tribunal de police correctionnelle ; — Rejette.
Du 29 juin 1816.-C. C., sect. crim.-MM. Barris, pr.-Busschop, r.
(3) (Min. pub. C. Feyaert.) — La cour ; — Attendu qu'il résulte de l'esprit et de l'ensemble des dispositions des art. 132 et suiv. c. pén., et de l'acception générale des mots contrefait, contrefaçon, par lesquels on entend une fabrication d'un objet quelconque, que le législateur, par l'art. 132, n'a voulu atteindre que les individus qui, par des moyens de contrefaçon, ont imité le coin des monnaies ; — Attendu que le fait imputé aux prévenus ne comporte pas une fabrication ou contrefaçon de monnaie, mais une supercherie ou adresse à l'aide desquelles ils ont soustrait frauduleusement une valeur qui ne leur appartient pas, et que ledit fait rentre dans les dispositions générales de l'art. 401 c. pén., — Attendu que ledit fait ne présente pas les caractères de . escroquerie définis par l'art. 405 c. pén., ainsi que l'a dit erronément le tribunal correctionnel de Bruges ; — Par ces motifs, met au néant l'appel interjeté par le ministère public ; — Ordonne que le jugement dont est appel sorte ses effets, etc.
Du 6 sept. 1856.-C. d'app. Bruxelles, ch. vac.
(4) Espèce.— (Viée C. Boudot.) — Boudot rend plainte en escroquerie contre Viée, son mandataire, qui, ayant reçu en exécution de son mandat une somme de 14,400 fr., l'avait perdue au jeu. Viée convient de l'abus du mandat, mais il soutient que le tribunal correctionnel est incompétent pour statuer sur le compte qu'il doit de sa gestion, et que

un abus de confiance; — 3° Ni dans la violation d'un dépôt, à moins toutefois qu'il ne fût reconnu que le dépôt n'avait été amené que par de fausses promesses et des manœuvres frauduleuses (Crim. cass. 13 fruct. an 13, aff. Rasse, V. n° 782); — 4° Ni dans le fait de celui qui a dissipé des fonds qu'il avait fait espérer d'employer utilement, et qui a continué d'en recevoir de nouveaux, sachant l'impossibilité où il était de les rendre; de tels moyens de fraude ne rentrent pas dans ceux prévus par la loi, et ne sont pas d'ailleurs de nature à égarer la prudence ordinaire (Crim. cass. 13 mars 1808) (1); — 5° Ni dans le fait d'un commerçant d'avoir enlevé et dispersé ses meubles : ce fait présente le caractère de banqueroute frauduleuse (même arrêt).

775. Il n'y a pas simple escroquerie, il y a concussion, ou du moins corruption, dans le fait du garde champêtre qui, pour une somme d'argent, supprime un procès-verbal qu'il avait rédigé en cette qualité; encore que ce garde n'eût pas eu le droit de dresser procès-verbal du prétendu délit qu'il avait constaté (Crim. cass. 16 sept. 1820, aff. Warnet, V. Forfaiture, n° 118-2°).

776. La création de mandats fictifs, ayant pour cause de prétendues fournitures de marchandises, constitue une escroquerie lorsqu'ils ont pour but de tromper ceux auxquels ces mandats ont été négociés (Paris, 26 fév. 1845, aff. Raynaud, D. P. 45. 4. 248).

777. Est constitutif de manœuvres frauduleuses tendantes à faire naître l'espérance d'un événement chimérique le fait, par un individu acquéreur d'un immeuble et souscripteur de billets en représentation du prix dont l'acte de vente constate le payement, d'avoir, sous prétexte d'éviter des difficultés résultant de son changement d'état, obtenu la remise de ces billets moyennant la rétrocession de l'immeuble, au bas de laquelle il a signé un nom informe (Crim. cass. 16 oct. 1840) (2).

778. Des individus qui ont provoqué des propriétaires indivis à faire un compromis à l'effet de sortir d'indivision, et sollicité tour à tour chacun d'eux de rendre la part qui lui sera attribuée, avec la pensée de grossir frauduleusement le lot de celui qui aurait promis de vendre, et qui, à l'aide de ces manœuvres, se sont fait nommer arbitres, et ont obtenu de l'un des copartageants la promesse de vendre sa part à un prix convenu, lequel l'a en effet vendue, le jour même du partage, à un tiers, prête-nom des arbitres, se rendent coupables du délit d'escroquerie (Crim. rej. 26 mars 1842, aff. Fornier, V. Abus de conf., n° 161). — Et le notaire qui a conseillé, avec intention frauduleuse, au copartageant vendeur de son lot, de vendre sa part à

l'un des arbitres, et a fourni des notes pour la rédaction de la sentence arbitrale, doit être considéré comme complice par assistance de ce délit (même arrêt).

779. Le gendarme qui, à l'aide d'une promesse de mariage, parvient à se faire remettre une somme, sous prétexte de combler sa masse, pour pouvoir se marier, est punissable des peines de l'art. 405 c. pén. (Liège, ch. corr., 3 janv. 1844, aff. min. pub. C. Zoller). — Mais dans un tel cas il n'y a pas lieu à aggravation de peine, un gendarme n'étant ni fonctionnaire, ni officier public, ni officier de police (même arrêt).

780. La circonstance que l'expert d'une compagnie d'assurance qui aurait dit à un assuré dont la maison avait brûlé, et qui allait toucher le montant de l'assurance : « Eh bien! tu as fait une bonne journée. Que vas-tu donner à M. Courtaillon (agent de la compagnie) pour ses peines? Cela vaut bien 300 fr., » et le fait de celui-ci d'avoir retenu cette somme sur celle de 3,000 fr. sans opposition de l'assuré, qui, d'après le langage tenu par l'expert dans un lieu écarté où il avait été attiré, aurait compris que cette somme était due à l'agent à titre d'honoraire, peuvent être considérés comme constituant des manœuvres frauduleuses, et faire condamner l'agent pour escroquerie (Crim. rej. 20 mai 1826, aff. Courtaillon, V. n° 925).

781. Un séparateur de la loterie dite hollandaise, qui sépare, vend ou loue des lots dont il n'a ni la propriété ni la possession, n'est pas seulement passible de l'amende prononcée par le règlement du 13 oct. 1812, relatif à l'administration de la loterie; il doit être puni comme escroc : « Attendu, sur les deux moyens de cassation, que l'arrêt attaqué a jugé en fait qu'il était constant, tant par les dépositions des témoins entendus en première instance que par les pièces produites au procès et les aveux d'Isaac-Martin Fredanus, qu'il était convaincu d'avoir frauduleusement fabriqué, séparé, vendu et loué un grand nombre de lots de la loterie des Pays-Bas, sachant qu'il n'avait ni la propriété ni la possession de ces lots, qui, d'après les aveux du prévenu, se montent à 154; qu'il avait, par cette manœuvre frauduleuse, trompé les acheteurs en se donnant un crédit imaginaire, et en faisant naître l'espérance d'un succès chimérique, et qu'il avait reçu le prix de cette opération frauduleuse; — Attendu que le même arrêt a jugé en point de droit que ces faits présentaient les caractères d'un délit d'escroquerie, prévu par l'art. 405 c. pén.; — Attendu que les faits simples et matériels retracés ci-dessus, qu'il n'est pas dans le domaine de la cour de cassation d'apprécier, sont les éléments des faits moraux, également ci-dessus détaillés, qui sont caractéristiques du délit mo-

l'action est purement civile. — Jugement du tribunal correctionnel de Paris qui renvoie les parties à fins civiles. — Appel par Boudot. Arrêt de la cour de justice criminelle de la Seine, qui déclare Viée convaincu d'escroquerie, et le condamne aux peines de ce délit, par application de l'art. 35 de la loi du 22 juill. 1791. — Pourvoi. — Arrêt (apr. délib. en ch. du cons.).

La cour; — Vu l'art. 35 de la loi du 22 juill. 1791, et l'art. 456 du code du 5 brum. an 4 ; — Attendu que des faits dont la preuve a été acquise par l'arrêt de la cour de justice criminelle de la Seine, rendu le 9 prair. dernier, et dont il s'agit, il ne résulte pas que le réclamant se fût rendu coupable du délit défini par l'art. 35 de la loi du 22 juill. 1791, et qu'ainsi cet arrêt, en condamnant le réclamant aux peines prononcées par cet article, en a fait une fausse application; — Casse. Du 14 therm. an 13.-C. C., sect. crim.-MM. Liborel, pr.-Audier, rap.

(1) (Yvers-Lagravière.) — La cour; — Vu l'art. 35 de la loi du 22 juill. 1791; — Considérant qu'il a été uniquement reconnu que le réclamant, en empruntant des fonds avec stipulation d'intérêts, avait donné l'espérance de voir fructifier ces fonds, et qu'au lieu de réaliser cette espérance, il avait dissipé ces fonds, sans justifier même d'aucune perte; — Qu'il a été reconnu, en deuxième lieu, que le réclamant avait continué de recevoir de nouveaux fonds, quoiqu'il connût l'impossibilité dans laquelle il était de faire face aux engagements qu'il contractait, et qu'il avait ensuite enlevé et dispersé ses meubles; — Considérant qu'il ne résulte pas des premiers faits que la confiance dont les prêteurs ont été les victimes ait été déterminée par les moyens de fraude prévus par ladite loi; — Que le fait relatif à la soustraction des meubles offre le caractère, non d'une escroquerie, mais bien d'une banqueroute frauduleuse; — Considérant enfin qu'il ne peut y avoir lieu à l'application de l'article cité qu'autant qu'il a été fait emploi de moyens de nature à compromettre la prudence et la sagacité ordinaires; que par conséquent la cour dont l'arrêt est attaqué a fait une fausse applica-

tion dudit article et commis un excès de pouvoir, — Casse, etc. Du 13 mars 1808.-C. C., sect. crim.-MM. Viellard, pr.-Vergès, rap.

(2) (Min. pub. C. Marie-Anne Eldin.) — La cour ; — Vu l'art. 405 c. pén. ; — Attendu qu'il appartient à la cour, en tenant pour constante les faits déclarés par les jugements et arrêts qui lui sont déférés, de décider de la qualification légale qui doit leur être attribuée; — Que spécialement, en matière d'escroquerie, elle a le droit d'examiner si ces faits ont les caractères exigés par l'art. 405 c. pén.; — Attendu, en fait, que Marie-Anne Eldin s'est fait remettre par les mariés Dupuy un billet de 1,000 fr. qu'elle leur avait souscrit en représentation du prix d'une vente d'immeubles qu'elle avait pas payé, quoique le contrat en portât quittance; — Que, pour la déterminer à cette remise, Marie-Anne Eldin, qui avait contracté mariage depuis les actes de vente dont il s'agit, les a engagés à en accepter la résiliation, afin de prévenir les difficultés qui pourraient résulter pour eux de son état de femme mariée tant que lesdits actes de vente subsisteraient; que, lorsque l'acte de rétrocession rédigé en exécution de ce qui avait été convenu, lui a été apporté par la femme Dupuy, elle a tracé, au bas de cet acte et des deux renvois qu'il contient, des caractères insignifiants que la femme Dupuy a dû prendre pour sa signature; — Que ces faits, reconnus par le jugement de première instance de l'Argentière, dont le jugement attaqué a adopté les motifs, constituaient des manœuvres frauduleuses pour faire naître l'espérance d'un événement chimérique; — Que, d'ailleurs, la remise du billet de 1,000 fr., n'ayant été suivie d'aucune annulation réelle des actes de vente, portait, dès lors, préjudice aux mariés Dupuy; — Attendu que, d'après ce qui précède, les faits présentaient, à la charge de Marie-Anne Eldin tous les caractères du délit d'escroquerie déterminés par l'art. 405 c. pén.; — Et qu'en refusant de lui faire application dudit article, le jugement attaqué l'a violé formellement; — Par ces motifs, casse. Du 16 oct. 1840.-C. C., ch. crim.-MM. Bastard, pr.-Vincens, rap.

ral et complexe d'escroquerie, aux termes de l'art. 405 précité c. pén.; d'où il résulte qu'en qualifiant ces faits d'escroquerie, l'arrêt dénoncé a fait une juste application dudit article du code pénal, d'autant que cette qualification est la base de l'application de la loi pénale, et le lien qui la rattache aux faits simples; — Attendu qu'il suit encore de ce qui précède que l'arrêt attaqué n'a pas contrevenu à l'art. 17 du règlement relatif à l'administration de la loterie, du 13 oct. 1812, puisque l'article sus-énoncé statue qu'il ne déroge pas aux peines prononcées par le code pénal, lorsque la fabrication, séparation ou émission de billets de la loterie constitue un délit prévu par le même code» (Bruxelles, 26 mars 1819, MM. Wautelée, 1ᵉʳ pr., Destoop, av.-gén., c. conf., aff. Isaac-Martin Fredanus).

782. Il est essentiel que les manœuvres constitutives de l'escroquerie aient un caractère *frauduleux*. Si l'agent avait été de bonne foi, s'il avait cru lui-même à la réalité du pouvoir ou du crédit qu'il s'est attribué, au succès qu'il a fait espérer ou à l'accident qu'il a fait craindre, il ne pourrait évidemment être condamné; ses manœuvres, dès qu'elles sont exemptes de fraude, échappent à l'incrimination légale. C'est ce qu'enseigne aussi

MM. Chauveau et Hélie, t. 5, n° 1997.—Il a été jugé, en ce sens, sous l'empire de la loi de 1791, et il devrait être jugé encore aujourd'hui, qu'il n'y a escroquerie qu'autant que l'auteur de ce délit savait qu'il en imposait sur les promesses, les entreprises et les espérances qu'il donnait (Crim. cass. 13 fruct. an 13) (1). — D'une part, en effet, si l'inculpé a été de bonne foi dans les promesses qu'il a faites, dans les espérances qu'il a données, on ne peut pas dire qu'il ait employé des manœuvres frauduleuses; d'autre part, si le plaignant a connu la fausseté des entreprises, promesses ou espérances, il ne peut pas se plaindre d'avoir été trompé.

783. Il a été décidé également que lorsque, tout en reconnaissant qu'un individu s'est fait remettre par diverses personnes, en leur faisant voir le livre de *l'ancien Grimoire*, certaines sommes pour frais des expériences par lesquelles il disait pouvoir faire de l'or, les juges reconnaissent que cet individu a agi de bonne foi, et en conséquence l'acquittent de la prévention d'escroquerie, cette absolution est légale, la bonne foi étant exclusive de la fraude, telle qu'elle est caractérisée par l'art. 405 c. pén. (Crim. cass. 26 août 1824) (2).

784. Le porteur d'effets exigibles qui, pour se faire livrer

---

(1) *Espèce :* — (Rasse C. Lemonier et Bigot.) — Rasse était régisseur de l'octroi de Lyon, en vertu d'un bail du 25 vent. an 10 qui l'autorisait à nommer tous les employés de la régie. — Il paraît qu'en l'an 11 il a offert à Lemonier, et que celui-ci a accepté, la place vacante de caissier du transit à délai, avec des appointements de 5,000 fr. — Des conventions ont été arrêtées à ce sujet par acte du 5 mess. — En exécution de cet acte, une commission provisoire de caissier du transit à délai fut remise à Lemonier, et Rasse reçut 30,000 fr. en traites tirées par ce dernier et endossées par Bigot. — Ces traites devaient être remises au caissier général de l'octroi de Lyon, et étaient destinées à répondre de la gestion de Lemonier. — Un mois avait été accordé à celui-ci pour prendre la place, et ses appointements ne devaient courir que du jour de son installation. — Le 21 du même mois de messidor, Lemonier déclara, par écrit, à Rasse, qu'il acceptait définitivement la place. — Le 22, Rasse lui répondit que le jour de son installation serait fixé ultérieurement; mais que le traitement courait à partir du 20 du même mois. — Lemonier apprit alors que les traites étaient en circulation, et qu'il existait un arrêté du préfet du Rhône, en date du 15 flor. et 11, publié le 17 du même mois dans le journal de Lyon, portant que le caissier du transit à délai serait nommé par le préfet, sur la présentation du régisseur. — De ces faits, Lemonier tira la conséquence que Rasse n'ayant que le droit de proposer, et non celui de nommer, avait usé de dol envers lui, et à l'aide d'un espoir chimérique, lui avait fait souscrire des traites dont il avait disposé. — En conséquence, plainte en escroquerie par Lemonier et Bigot contre Rasse. Le tribunal correctionnel de Paris, et sur l'appel, la cour de justice criminelle de la Seine, ont condamné Rasse comme coupable d'avoir, à l'aide d'espérances chimériques, abusé de la crédulité de Lemonier, sans s'expliquer toutefois sur les faits qui pouvaient constituer l'abus de crédulité et conséquemment le délit d'escroquerie. — Pourvoi pour fausse application de cet art. 35 de la loi du 19 juill. 1791. — Arrêt (ap. dél. en ch. du cons.).

La cour. — Vu l'art. 35 de la loi du 19 juill. 1791; — Et attendu que la violation du dépôt volontaire, reproché par Bigot et Lemonier à Rasse, ne pouvait seule, et indépendamment de toutes autres circonstances aggravantes de cette action répréhensible, donner lieu à une plainte et à l'instruction d'une procédure en escroquerie, elle ne devenait nécessairement un accessoire dans l'espèce particulière, puisque les plaignants prétendaient que ladite violation de dépôt n'avait été amenée que par l'effet de fausses promesses, de fausses entreprises et d'espérances chimériques qui leur avaient été données par Rasse, en abusant de leur crédulité; d'où résultait que la police correctionnelle avait été compétemment saisie; Mais attendu que, pour constituer le délit d'escroquerie, d'après l'article cité de la loi du 19 juill. 1791, il faut nécessairement qu'il y ait eu abus de crédulité, ce qui ne peut arriver que quand il est acquis que le prévenu d'escroquerie savait qu'il en imposait par ses promesses, ses entreprises et les espérances qu'il donnait; et que ceux avec lesquels il traitait ignoraient réellement que leur adversaire se targuait de fausses promesses, de fausses entreprises, et qu'il les berçait d'espérances chimériques; car l'on n'abuse pas de la crédulité d'autrui lorsque l'on croit vrais les faits qu'on lui débite; et la crédulité de celui-ci n'est point abusée lorsqu'il connaissait d'avance la fausseté des faits qui lui sont racontés; — Attendu qu'après ce vœu bien prononcé de la loi, les tribunaux chargés d'appliquer la peine de l'escroquerie doivent commencer par chercher à découvrir s'il y a eu réellement abus de crédulité, et déclarer les faits sur lesquels ils fondent leur opinion à cet égard; que cependant, et quoique, dans l'espèce particulière, l'arrêt

attaqué ait fait application des peines prononcées par la loi citée contre le délit d'escroquerie, il n'a déclaré constant aucun fait dont il dût sortir la conséquence nécessaire, ni même implicite, que Rasse eût abusé de la crédulité de Bigot et Lemonier, puisqu'il ne porte ni n'induit à entendre que Rasse eût connaissance le 5 mess., à l'époque du traité, de l'arrêté du préfet du Rhône, du 13 flor. précédent, tandis que Bigot et Lemonier l'auraient ignoré; — Que la déclaration de la cour criminelle sur ce fait devenait d'autant plus importante, que rien ne semblait annoncer que Rasse eût réellement, à l'époque du 5 mess., connaissance de l'arrêté du 13 flor., si ce n'était la publication qui avait été faite le 17 du même mois dudit arrêté au journal de Lyon; et que cette publicité donnée à l'arrêté était aussi bien de nature à en faire connaître l'existence à Bigot et à Lemonier qu'au réclamant; puisque, si celui-ci était actionnaire de la régie de l'octroi de Lyon, Bigot en était la caution; et que Lemonier, attaché au commerce de Bigot, était personnellement chargé d'une recherche de fonds pour subvenir à ce cautionnement; — Qu'une autre circonstance encore rendait même plus indispensable la déclaration de la cour criminelle sur ce point de fait, au lieu de se borner, comme elle l'a fait, à déclarer, sans dire pourquoi, qu'il y avait eu abus de crédulité : car, quoique par l'art. 21 de son bail Rasse eût à sa libre disposition la nomination définitive des employés de la régie, il ne promit et ne fournit à Lemonier qu'une nomination provisoire, ce qui résulte textuellement des termes du traité, et de l'acte même de nomination, qui ne semble présenter réellement qu'un simple projet, n'étant pas daté, n'étant pas revêtu de la signature de Lemonier, et n'étant pas même signé du commissaire du gouvernement, et qui fut cependant ainsi accepté de Lemonier; d'où l'on pouvait inférer que Lemonier, ainsi que Rasse, étaient instruits des entraves résultant de l'arrêté du 15 flor., et que malgré cette connaissance, Lemonier avait bien voulu transiger; — Que, par défaut de déclaration de la part de la cour d'appel sur les faits décisifs de l'abus de la crédulité, il en est résulté, dans l'état, une fausse application de l'art. 35 de la loi du 19 juill. 1791, et qu'il convient dès lors de renvoyer l'affaire à un nouvel examen; — Cassé, etc.

Du 13 fruct. an 13.-C. C., sect. cr.-MM. Vermeil, pr.-Carnot, rap.

(2) *Espèce :* — (Min. pub. C. Barra.) — Barra montre à Hoguet un petit livre intitulé *l'ancien Grimoire*, et lui persuade qu'à l'aide de ce livre il sait faire de l'or. Il se fait successivement remettre par Hoguet 22 fr., puis 35 fr., sous prétexte de les employer aux frais de l'expérience; il y procède en présence de Hoguet; mais bientôt il s'écrie que le coup est manqué; il promet à Hoguet de lui rembourser ses avances, mais il n'en fait rien. Barra obtient ensuite, par le même moyen, 50 fr. d'une ménagère; enfin il s'adresse à deux autres individus auxquels il demande 200 fr. pour les associer à son entreprise : ceux-ci refusent. — Poursuivi pour escroquerie, Barra est condamné à un an de prison et 50 fr. d'amende par le tribunal correctionnel de Saint-Omer. — Il interjette appel. Un arrêt par défaut intervient. Opposition par le prévenu, qui avoue qu'en effet il avait essayé de faire de l'or; qu'il s'était fait remettre des sommes pour les frais des expériences, mais il affirme qu'il avait cru lui-même à l'efficacité des procédés qu'il employait; et le 1ᵉʳ juill. 1824, arrêt de la chambre correctionnelle de Douai, qui reçoit le prévenu opposant à l'arrêt, reconnaît qu'il avait de bonne foi, et le renvoie sans frais. — Pourvoi : 1° violation de l'art. 405 c. pén.; en ce que, après avoir reconnu l'existence du fait matériel, la cour avait trouvé dans la prétendue bonne foi de Barra un motif d'absolution; 2° violation de l'art. 187, § 2 c. inst. crim., en ce qu'il avait été renvoyé sans frais. — Arrêt.

des marchandises par le marchand débiteur de ces effets, lequel refusait de les acquitter, a exhibé en sa présence du numéraire et des billets de banque auxquels il a substitué adroitement les effets non acquittés, ne commet pas une escroquerie : ce fait, bien que moralement répréhensible, ne peut donner lieu qu'à une action civile : — « Attendu qu'il s'agit, dans l'espèce, d'un marché passé entre Charles-Antoine Verdun et dame Bourzin, pour des marchandises que ladite Bourzin vendait audit Verdun comme à elle appartenantes, et dont elle lui faisait facture en son nom ; qu'il n'est pas contesté par la dame Bourzin que les billets qui lui ont été donnés, en compensation du prix de ces marchandises par ledit Verdun, étaient ses propres billets signés par elle et non acquittés ; qu'il n'est pas contesté non plus que ces billets étaient devenus la propriété dudit Verdun ; que dès lors, si par une subtilité répréhensible, mais non criminelle, Verdun a retiré l'argent qu'il avait d'abord compté pour le payement des marchandises achetées, et lui a substitué les billets de la dame Bourzin, dont il était propriétaire et porteur, ce fait ne pouvait former entre les parties qu'une contestation civile, et non pas un délit qui eût les caractères déterminés par l'art. 35, tit. 2, de la loi du 22 juill. 1791 ; qu'en appliquant à ce fait cet article, la cour de justice criminelle du département de la Seine en a fait une fausse application, et par suite a violé les règles de compétence établies par la loi » (Crim. cass. 17 fév. 1809, MM. Barris, rap., Bauchau, rap., aff. Verdun c. Bourzin). — Dans cette hypothèse, on peut reprocher à l'inculpé d'avoir employé, pour se faire payer, une manœuvre déloyale, mais on ne peut pas dire qu'il ait voulu escroquer tout ou partie de la fortune d'autrui.

785. On peut se demander maintenant si, pour l'existence du délit d'escroquerie, il est nécessaire que les manœuvres aient été de nature à exercer, sur l'esprit d'une personne prudente et sensée, une influence déterminante. La cour de cassation a eu plus d'une fois à s'expliquer sur ce point, soit avant, soit depuis la promulgation de l'art. 405 c. pén. Ainsi on lit dans plusieurs arrêts : « qu'il ne peut y avoir lieu à l'application des peines de l'escroquerie qu'autant qu'il a été fait emploi de moyens de nature à compromettre la prudence et la sagacité ordinaire » (Crim. cass. 13 mars 1806, aff. Yvon-Lagravière, n° 774) ; « qu'il faut que le prévenu ait employé par dol ou fraude des manœuvres extrinsèques aux actes, capables de tromper la prudence qui dirige les opérations ordinaires du commerce » (Crim.

cass. 23 avr. 1807, aff. Courvoisier, n° 750-6°) ; « qu'il faut distinguer l'abus de crédulité simple, praticable vis-à-vis d'un homme ordinaire, et l'abus de crédulité avec circonstances aggravantes ourdies avec un art propre à tromper même de bons esprits ; que le premier genre d'abus est un dol dont, suivant les art. 1116 et 1117 c. civ., la connaissance appartient à la juridiction ordinaire, et que le deuxième genre d'abus est soumis à la juridiction correctionnelle » (Crim. cass. 24 avr. 1807, aff. Goret, n° 923-2°) ; « que l'abus de crédulité ne peut s'opérer que par des faits capables d'égarer la prudence ordinaire, de déconcerter les mesures de prévoyance et de sûreté qui, dans l'usage, accompagnent ou doivent accompagner toutes les transactions civiles ou commerciales ; qu'on ne saurait considérer les actes volontaires d'une confiance inconsidérée comme un abus de crédulité » (Crim. cass. 28 mai 1808, aff. Bapst, n° 767-2°). — Enfin, dans une espèce où une manœuvre avait été employée à l'effet de déterminer un orfèvre à acheter des bijoux pour un prix supérieur à leur valeur, la cour de cassation a refusé de reconnaître le délit d'escroquerie « parce que cette manœuvre n'était pas de nature à tromper la prévoyance ordinaire du commun des hommes, et moins encore la prudence et la réflexion qui doivent diriger les négociants dans leurs opérations de commerce » (Crim. cass. 2 août 1811) (1).

Cette interprétation nous paraît contestable. En effet, de ce qu'un homme n'est pas doué de la prudence ordinaire qui dirige le commun des hommes, et surtout de celle qui préside aux opérations d'un commerçant bien avisé, de ce qu'il a l'esprit borné, crédule, de ce qu'il est facile à tromper, s'ensuit-il qu'il n'ait pas droit à la protection de la loi ? Il semble, au contraire, que, moins il est capable de se défendre lui-même, plus il a besoin que la loi vienne à son secours. Et quant à l'agent, en est-il moins coupable parce qu'il lui a suffi du piége le plus grossier pour atteindre son but ? parce qu'il n'a pas eu besoin pour cela de déployer toutes les ressources d'un esprit exercé à tromper ? Telle est, du reste, la doctrine qui semble prévaloir aujourd'hui. « La cour de cassation, disent à cet égard MM. Chauveau et Hélie (4e édit., t. 5, n° 2000), en examinant les faits multiples qui lui étaient déférés, a pensé qu'il était dangereux de déduire du degré plus ou moins élevé de l'habileté de l'agent la règle de sa criminalité. Il lui a paru que le délit d'escroquerie avait, plus qu'un autre peut-être, des degrés et des nuances, mais que la loi doit en saisir toutes les manifestations, sauf à proportionner la

---

LA COUR ; — Attendu que la cour royale de Douai a déclaré en fait, dans l'arrêt attaqué, que le prévenu Jean-Baptiste Barra était de bonne foi, et que, d'après cette déclaration exclusive de fraude, telle qu'elle est caractérisée dans l'art. 405 c. pén., la cour royale, chambre des appels de police correctionnelle, n'a point violé ledit art. 405, en recevant ledit Barra opposant à l'arrêt par défaut du 5 juin précédent, et en le renvoyant de l'action intentée contre lui ; — Mais attendu que, par le même arrêt, la cour royale de Douai l'a renvoyé sans frais, disposition générale qui comprend ceux de l'expédition de l'arrêt par défaut, de sa signification et de l'opposition, et que, sous ce rapport, elle a violé le § 2 de l'art. 187 c. inst. crim. ainsi conçu : « Néanmoins les frais de l'expédition, de la signification du jugement par défaut, et de l'opposition, demeureront à la charge du prévenu ; » — Dispositions dudit art. 187 déclarées communes aux jugements rendus sur l'appel en matière correctionnelle, par l'art. 211 du même code ; — Statuant sur le pourvoi du procureur général près la cour royale de Douai ; — D'après les motifs ci-dessus, rejette le pourvoi au chef de l'arrêt rendu par la chambre des appels de police correctionnelle de la cour royale de Douai, du 1er juillet dernier, par lequel Jean-Baptiste Barra a été reçu opposant à l'arrêt par défaut du 5 juin précédent et renvoyé de l'action intentée contre lui ; — Casse et annule ledit arrêt au chef par lequel il est dit qu'il est renvoyé sans frais ; — Et pour être statué, conformément à la loi, sur ce chef seulement de l'arrêt annulé, et en cette partie, sur les suites de l'opposition formée par Jean-Baptiste Barra à l'arrêt par défaut rendu par la cour royale de Douai le 5 juin dernier, renvoie, etc.
Du 26 août 1824.-C. C., sect. crim.-MM. Portalis, pr. Brière, rap.-Vatimesnil, av. gén., c. conf.

(1) (Vancelle C. Gonelle et Chenaille.) — LA COUR ; — Vu l'art. 35 du tit. 2 de la loi du 22 juill. 1791 ; — Attendu que des faits déclarés par la cour d'appel de Paris, contre Madelaine Dupont, femme divorcée Vancelle, il ne résulte point que par dol et à l'aide de faux noms ou de fausses entreprises, ou d'un crédit imaginaire, ou d'es-

pérances ou de craintes chimériques, ladite Dupont ait abusé de la crédulité de Jean Chenaille et de Françoise-Marie Gonelle, pour leur escroquer tout ou partie de leur fortune ; — Que lesdits Chenaille et Gonelle, bijoutiers de profession, ont dû connaître la valeur commerciale des bijoux et parures dont la femme Dupont leur proposait l'achat ; que s'ils ont porté ces objets à un trop haut prix, c'est par l'effet d'une ignorance ou d'une inattention pour laquelle la loi ne leur doit ni protection ni garantie ; que les faits déclarés ne caractérisent aucune fraude qui ait pu les induire, sur ce prix, dans une erreur nécessaire ; — Que les demandes de Froment n'ont été, à leur égard, que la manœuvre frauduleuse pratiquée de concert avec ladite Dupont, pour les engager à l'achat des bijoux et parures dont il s'agit ; cette manœuvre n'a pu constituer un abus de crédulité, parce qu'elle n'était pas de nature à tromper la prévoyance ordinaire du commun des hommes, et moins encore la prudence et la réflexion qui doivent diriger des négociants dans leurs opérations de commerce ; que d'ailleurs, lesdits Chenaille et Gonelle ont exigé un tel abus dont Froment les assure pour l'exécution de l'achat que ce particulier annonçait vouloir faire chez eux des mêmes bijoux dont la vente leur avait été proposée par Madelaine Dupont ; — Qu'en recevant ces mêmes, ils ont fixé et accepté, d'après cette fixation, le dédommagement de la perte qu'ils pourraient éprouver dans le cas où ledit Froment ne prendrait pas au prix convenu ce qu'ils auraient acheté de Madelaine Dupont ; qu'ils n'ont donc pu, postérieurement à toutes ces circonstances et sur un marché conclu librement et en connaissance de cause, prétendre que ladite Dupont est commis à leur égard un délit d'escroquerie ; ce délit supposant toujours une préjudice occasionné par une fraude dont la prudence ordinaire n'aurait pu évider les atteintes ; qu'en déclarant Madelaine Dupont convaincue du délit d'escroquerie sur les faits reconnus dans l'arrêt, et en la condamnant à 200 fr. d'amende et trois mois d'emprisonnement, pour application de l'art. 35 du tit. 2 de la loi du 22 juill. 1791, la cour de Paris a faussement appliqué cet article ; — Casse, etc.
Du 2 août 1811.-C. C., sect. crim.-MM. Barris, pr.-Lamarque, rap.

peine à la moralité de l'agent. Il lui a paru qu'elle devait protéger aussi bien les personnes ignorantes et naïves, que les moindres manœuvres suffisent à duper, que celles qui sont trompées par les trames les mieux ourdies. Sans doute il est à désirer que chaque individu ait assez de lumières et de bon sens pour déjouer les ruses grossières qui sont mises en pratique à son égard; mais son défaut d'intelligence et son incapacité à se défendre justifient-ils la tromperie employée contre lui? Que cette tromperie soit moins périlleuse parce qu'elle est moins habilement mise en œuvre, cela est vrai; mais de ce que le délit est moins grave ou de ce qu'il révèle un agent moins dangereux, il ne suit pas qu'il n'existe pas... Telles sont les réflexions qui ont porté la cour de cassation à ne plus admettre la distinction qu'elle avait d'abord établie entre les manœuvres capables d'égarer la prudence ordinaire, et celles qui ne pouvaient avoir cet effet. » — Ainsi, toutes les fois qu'un tribunal est saisi d'une plainte en escroquerie, il doit examiner seulement, d'une part, si le prévenu a employé des manœuvres frauduleuses ayant le but que précise l'art. 405 c. pén., d'autre part si ces manœuvres ont eu une influence déterminante sur la volonté du plaignant. S'il reconnaît que c'est bien là ce qui a eu lieu, il ne peut, à notre avis, se dispenser de prononcer une condamnation.

786. Il est nécessaire, aux termes de l'art. 405 c. pén., que les manœuvres frauduleuses aient pour but de *persuader l'existence de fausses entreprises, d'un pouvoir ou d'un crédit imaginaire, ou de faire naître l'espérance ou la crainte d'un succès, d'un accident ou de tout autre événement chimérique.* — Ainsi, il a été jugé qu'il ne suffit pas, pour constituer le délit d'escroquerie, de s'être fait remettre des sommes, objets ou titres, à l'aide de manœuvres frauduleuses; il faut encore que ces manœuvres offrent les caractères déterminés par l'art. 405 : c'est-à-dire qu'elles aient été employées pour persuader l'existence de fausses entreprises, d'un pouvoir ou d'un crédit imaginaire, ou pour faire naître la crainte ou l'espoir d'un événement chimérique, et que le jugement de condamnation déclare que c'est par de tels moyens que le prévenu a escroqué ou tenté d'escroquer tout ou partie de la fortune d'autrui (Crim. cass. 4 janv. 1812; 30 janv. 1823)(1).

787. Un autre arrêt a refusé de voir le délit d'escroquerie dans les faits qui lui étaient soumis, « parce qu'on est obligé de reconnaître que toutes espèces de manœuvres frauduleuses ne constituent pas le délit d'escroquerie; qu'aux termes de l'art. 405 elles ne le constituent que lorsqu'elles sont employées pour persuader l'existence de fausses entreprises, et que des faits exposés au procès et reconnus constants il résulte évidemment que le plaignant n'a été trompé ni par l'idée de l'existence

---

(1) 1re *Espèce :* — (Terelle C. Cholet.) — La cour; — Vu l'art. 405 c. pén. de 1810 ; — Et attendu que, par le jugement du tribunal de police correctionnel, dont les motifs ont été purement et simplement adoptés par la cour royale, il est seulement déclaré « que c'est en employant des manœuvres frauduleuses, et en abusant de la crédulité de Cholet, que Terelle s'est fait remettre par ledit Cholet l'obligation du 5 fév. 1811 ; » que c'est d'après cette déclaration qu'application a été faite à Terelle de l'art. 405 c. pén., et qu'il a été condamné aux peines de l'escroquerie; que néanmoins, aux termes de cet article, l'escroquerie est le délit de « quiconque, soit en faisant usage de faux noms ou de fausses qualités, soit en employant des manœuvres frauduleuses pour persuader l'existence de fausses entreprises, d'un pouvoir ou d'un crédit imaginaire, ou pour faire naître l'espérance ou la crainte d'un succès, d'un accident ou de tout autre événement chimérique, se sera fait remettre ou délivrer des fonds....., et aura par un de ces moyens escroqué ou tenté d'escroquer la totalité ou partie de la fortune d'autrui; » que de ces expressions de la loi il résulte nécessairement qu'elle n'attache pas le caractère de l'escroquerie à toute espèce de manœuvres frauduleuses employées pour soustraire à quelqu'un la totalité ou partie de sa fortune, et qu'il faut que, pour parvenir à ce but, on ait, à l'aide de manœuvres frauduleuses, persuadé l'existence de fausses entreprises, d'un pouvoir ou d'un crédit imaginaire, ou fait naître l'espérance ou la crainte d'un succès, d'un accident ou de tout autre événement chimérique; que dès que Terelle n'est convaincu d'avoir usé d'aucun de ces moyens pour tromper Cholet et en obtenir l'obligation du 5 fév., la fraude qu'il a employée pour se procurer cette obligation n'est pas le délit d'escroquerie prévu par l'article cité du code pénal de 1810, et que sa condamnation à la prison et à l'amende est une fausse application de cet article et des peines qu'il prononce ; — Casse, etc. Du 4 janv. 1812.—C. C., sect. crim.—MM. Barris, pr.-Aumont, rap.

2e *Espèce* · — (Bourbon-Leblanc C. Dupin de Valène et cons.) — Le 22 août 1822, jugement du tribunal correctionnel de la Seine qui déclare Bourbon-Leblanc coupable du délit porté audit art. 405 c. pén., et le condamne, par application de cet article, à treize mois d'emprisonnement, 100 fr. d'amende, et à des dommages-intérêts à régler par état. — Les motifs de ce jugement sont : « De l'instruction des débats et des pièces produites au procès, résulte que les six fondateurs de la compagnie d'assurance dite de Saint-Louis s'étaient réservé, par l'acte constitutif de cet établissement, sous la raison sociale Dupin-Valène, l'un d'eux, l'administration supérieure de toutes les opérations qui en dépendraient, moyennant un prélèvement de 54 p. 100 sur les produits; — Que c'est en vertu de ce pouvoir et de cette association qu'ils ont géré et administré, et qu'ils ont établi des agences et des correspondances dans les divers départements du royaume, et qu'en particulier ils ont préposé Gabriel Leblanc comme gérant spécial avec appointements, d'abord dans le département de la Seine, ensuite, et par adjonction, dans ceux de Seine-et-Oise et de Seine-et-Marne ; — Que, par abus de cette qualité, contre son devoir et sans aucun droit, ledit Bourbon-Leblanc a convoqué, le 26 déc. 1821, une assemblée des actionnaires dans un autre local que celui désigné par les statuts, et que, dans cette assemblée, faisant usage des documents, pièces et titres que ses fonctions et la confiance de ses commettants l'avaient mis à même d'obtenir, il a tenté, à leur préjudice, de substituer une autre administration à celle dont ils étaient les fondateurs et les gérants supérieurs ; — Que, par suite du même abus de qualité et de confiance, et par des manœuvres

frauduleuses, il a dirigé l'assemblée des actionnaires tenue, le 27 janv. dernier, chez le sieur Lui-Berthé, et que, nonobstant la présence de cinquante-quatre membres, dont plusieurs ont protesté et d'autres se sont retirés, il n'en a pas moins fait prendre une délibération présentée ensuite au public, et d'une manière captieuse, comme émanée de tous les membres présents, tandis que, dans la réalité, elle était seulement consentie et signée de quinze individus, dont plusieurs sans intérêts directs et personnels, et d'autres comme particulièrement dévoués à Bourbon-Leblanc ; — Que, par cette délibération, ledit Bourbon-Leblanc s'était fait nommer directeur général et agent par intérim de l'établissement Dupin-Valène; qu'à l'aide de cette fausse qualité, il s'est substitué aux anciens administrateurs et à leurs opérations, qu'il a institué et destitué des employés de leurs agences, que par ses circulaires il a sollicité et perçu le prix des assurances nouvelles ; — Qu'au mépris de la révocation de tous pouvoirs qui lui avait été signifiée, le 10 du même mois de janvier, par suite de la délibération légale et régulière des actionnaires, il n'en a pas moins continué lesdits abus et l'usage de la fausse qualité, au moyen desquels il a aggravé et accéléré le préjudice que déjà il avait porté à ses commettants et à leur établissement. » Sur l'appel, arrêt de la cour de Paris, du 20 nov. 1822, qui confirme ce jugement en adoptant les motifs. — Pourvoi. — Arrêt (apr. délib. en ch. du cons.).

La cour; — Vu l'art. 405 c. pén. ; — Attendu que les faits qui doivent constituer le délit d'escroquerie ont été spécifiés dans l'art. 405 c. pén. ci-dessus cité ; qu'une condamnation sur ce délit ne peut donc être régulière qu'autant qu'elle porte sur des faits identiques avec ceux de cet article ; et que ces faits devant être la base de la délibération de la cour pour l'appréciation de la juste application de la loi pénale, ils doivent nécessairement être déclarés tels qu'ils ont été reconnus ; — Attendu que les faits qui ont été déclarés par le jugement du tribunal de la Seine, en date du 28 août dernier, confirmé par arrêt de la cour royale de Paris, chambre des appels de police correctionnelle, sous la date du 29 nov. suivant, ne sont pas ceux qui ont été fixés par le susdit art. 405; Que la plupart de ces faits ne sont point compris, en effet, dans les dispositions littérales de cedit article, et ne sont point rangés dans les catégories qu'il établit; qu'ils ne présentent ni les mêmes circonstances, ni les mêmes motifs, ni le même but; — Que les manœuvres frauduleuses dont il s'est rendu coupable ne sont pas celles que le susdit jugement et arrêt lui auraient été déclaré et reconnu que ces manœuvres avaient été employées pour persuader l'existence de fausses entreprises, d'un pouvoir ou d'un crédit imaginaire ; et que lesdits jugement et arrêt n'ont nullement déclaré que des manœuvres frauduleuses eussent eu lieu à ces fins, de la part du demandeur ; — Qu'il n'est pas même exprimé dans ces jugement et arrêt que Bourbon-Leblanc, par les moyens qu'il a employés, ait escroqué ou tenté d'escroquer la totalité ou partie de la fortune d'autrui; et que d'ailleurs les moyens dont il aurait fait usage pour arriver à ce but ne sont pas ceux indiqués dans l'art. 405, les seuls que la loi reconnaît comme pouvant constituer l'escroquerie prévue par cet article ; — Attendu, dès lors, que l'arrêt attaqué a fait une fausse application de l'art. 405 c. pén., en l'étendant à des faits essentiellement différents de ceux énoncés dans ce même article ; — Par ces motifs, casse, etc.
Du 30 janv. 1823.-C. C. ,sec. cr.-MM. Barris, pr.-Cardonnel, r.

de fausses entreprises, d'un pouvoir ou d'un crédit imaginaire, ni par l'espoir d'un succès ou par la crainte d'un accident » (Crim. cass. 7 mars 1817, aff. Yvonnet, n° 758. — V. aussi Crim. cass. 10 janv. 1845, aff. Bigot, n° 794).

788. Réciproquement, il ne suffit pas que les faits dénoncés comme constitutifs de l'escroquerie aient eu pour but et pour effet soit de persuader l'existence de fausses entreprises, d'un pouvoir ou d'un crédit imaginaire, soit de faire naître l'espérance ou la crainte d'un succès, d'un accident ou de tout autre événement chimérique; il est nécessaire que ces faits en eux-mêmes constituent des manœuvres frauduleuses. Autrement les faits ne rentreraient pas dans la définition de l'art. 405 c. pén. — Ainsi il a été jugé : 1° que le prévenu qui s'est attribué un pouvoir ou un crédit imaginaire sans faire usage de faux noms, de fausses qualités ou de manœuvres frauduleuses, ne peut être condamné comme coupable d'escroquerie (Crim. cass. 27 sept. 1844) (1); — 2° Que, de même, on ne peut voir un délit d'escroquerie dans le fait par un individu de négocier des traites par lui tirées sur de prétendus débiteurs auxquels il envoie les fonds nécessaires pour le payement, bien qu'il ait pu avoir pour but de persuader à ceux au profit de qui la négociation a lieu l'existence d'un crédit imaginaire, ce fait ne présentant pas le caractère de manœuvres frauduleuses exigé par l'art. 405 (Crim. cass. 4 juill. 1845, et sur renvoi, Rouen, 29 août 1845) (2);—

789. Le délit d'escroquerie ne saurait résulter de cela seul qu'un acte préjudiciable à un particulier aurait été surpris

3° Que sous le code pénal actuel, il ne suffit pas, comme sous la loi du 22 juill. 1791, pour constituer le délit d'escroquerie, qu'il y ait eu du dol mis en usage pour abuser de la crédulité d'un tiers, il faut l'emploi de manœuvres frauduleuses qui aient exercé sur la volonté de la personne escroquée une influence déterminante; qu'en conséquence, l'acceptation, par un médecin, d'une somme d'argent, spontanément offerte pour faire exempter un jeune homme du service militaire, ne constitue pas le délit d'escroquerie, lorsqu'il n'a employé aucune manœuvre pour persuader l'existence de son crédit imaginaire : « Attendu qu'à la différence de la loi du 22 juill. 1791, aux termes de laquelle le dol mis en usage pour abuser de la crédulité d'un tiers suffisait pour constituer le délit d'escroquerie, l'art. 405 c. pén. a exigé l'emploi de manœuvres frauduleuses dont il a spécifié le caractère et la portée; qu'il résulte de son texte que ces manœuvres doivent avoir exercé sur la volonté de la personne escroquée une influence déterminante; d'où il suit qu'on ne saurait attribuer cette qualification à l'acceptation, si frauduleuse qu'elle soit, d'une valeur spontanément et librement offerte, et qu'elle n'est applicable qu'à la mise en œuvre de la fraude qui a pour objet et pour résultat d'en déterminer la remise (Crim. rej. 14 juill. 1843, M. Rocher, rap., aff. Allary).

(1) (Mathieu C. min. pub.) — La cour ; — Vu l'art. 405 c. pén., les art. 408 et 413 c. inst. crim.; — Attendu que la loi du 22 juill. 1791, tit. 2, art. 35, et après elle la loi du 7 frim. an 2, punissaient ceux qui par dol, ou à l'aide de faux noms, ou de fausses entreprises, ou d'un crédit imaginaire, ou d'espérances et de craintes chimériques, auraient abusé de la crédulité de quelques personnes, et escroqué la totalité ou partie de leur fortune; le législateur, en aggravant la peine attachée au délit, a voulu que les caractères en fussent tellement déterminés, qu'il ne pût se confondre avec le dol qui peut vicier les transactions civiles; qu'il résulte en effet des dispositions de l'art. 405 c. pén. que le délit d'escroquerie n'existe pas par la seule intention de tromper; que pour le constituer, et hors le cas où le prévenu aurait fait usage de faux noms ou de fausses qualités, il ne suffit pas même qu'il se soit attribué un pouvoir ou un crédit imaginaire, qu'il faut encore qu'il ait employé des manœuvres frauduleuses pour en persuader l'existence, ou pour faire naître l'espérance ou la crainte d'un succès, d'un accident ou de tout autre événement chimérique; que la réunion de ces deux éléments du délit est nécessaire, et qu'elle doit concourir avec la remise ou la délivrance de fonds, de meubles, obligations, etc., pour imprimer au fait le caractère de criminalité qui le rend punissable;

Attendu que le tribunal de première instance de Cognac, en déclarant Jean-Baptiste Mathieu coupable du délit d'escroquerie, s'est borné à constater que sur leur demande il lui aurait promis à Perochon et Gaboriaud d'intervenir près du conseil de révision pour faire exempter leurs fils du service militaire, moyennant qu'il lui serait payé par l'un 500 fr. et 600 fr. par l'autre; ce qui a eu lieu après la réforme prononcée; — Que le tribunal a déduit pour motifs de sa décision qu'à ses yeux les manœuvres frauduleuses consistaient dans la promesse même que Mathieu aurait faite à Perochon et Gaboriaud; — Mais attendu que ce jugement ne spécifie aucun des moyens frauduleux que Mathieu aurait mis en œuvre pour abuser de leur crédulité ou tromper leur prévoyance; que, si la promesse d'intervenir près du conseil de révision, toute fallacieuse qu'elle soit, laissait croire à l'existence d'un pouvoir ou d'un crédit imaginaire, et même était de nature à faire naître l'espérance d'un succès chimérique, cette circonstance élémentaire du délit ne pouvait ni faire nécessairement supposer l'emploi de manœuvres frauduleuses, que la spontanéité de la demande de Perochon et de Gaboriaud rendait d'ailleurs peu vraisemblable, ni le fait incriminé ne réunissait donc pas tous les caractères constitutifs du délit d'escroquerie; — Qu'en confirmant cette décision, dont il a adopté les motifs, le tribunal d'appel d'Angoulême s'en est approprié les vices, et a formellement violé l'art. 405 c. pén.; — Casse.

Du 27 sept. 1844.-C. C., ch. crim.-MM. Laplagne, pr.-Bresson, rap.

(2) Espèce : — (Mérijot.) — Mérijot, fabricant de bougies à Paris, négociait aux sieurs Bourdeau et Vannault diverses traites sur des correspondants de province qui, en réalité, n'étaient pas ses débiteurs et ne payaient qu'avec les fonds que lui envoyait le tireur lui-même. Sur le refus des sieurs Bourdeau et Vannault de lui continuer leur crédit, Mérijot cessa de fournir provision aux traites qui se trouvaient en circulation.—Ces traites revinrent donc toutes protestées, et les sieurs Bourdeau et Vannault, prétendant que Mérijot avait surpris leur confiance en se supposant un crédit imaginaire, portèrent contre lui une plainte en escroquerie. — 6 juin 1844, jugement du tribunal correctionnel de la Seine qui déclare l'existence du délit d'escroquerie, et condamne le sieur

Mérijot, par application de l'art. 405 c. pén. — Sur l'appel, arrêt confirmatif de la cour royale de Paris, du 30 nov. 1844, ainsi conçu : — « Attendu qu'il résulte de l'instruction et des débats que Mérijot, en créant des valeurs de commerce fictives et évidemment frauduleuses et en employant des manœuvres frauduleuses pour faire croire à l'existence réelle de ces créances sur les tirés ou souscripteurs imaginaires, en faisant lui-même, à certaines époques, les fonds desdits desdits effets à leur échéance, pour éviter des protêts qui auraient pu faire découvrir sa fraude, s'est fait remettre des marchandises et des fonds par les sieurs Bourdeau et Vannault, pour une valeur totale d'environ 96,000 fr., et qu'il a ainsi escroqué partie de la fortune d'autrui, délit prévu par l'art. 405 c. pén.; — Attendu que Mérijot allègue vainement que Bourdeau et Vannault savaient que ces mandats n'étaient pas sérieux ; que cette allégation n'est nullement justifiée;—Condamne, etc.»

Pourvoi pour violation de l'art. 405 c. pén. — Arrêt.

La cour; — Vu l'art. 405 c. pén.; — Attendu que, si les faits posés par l'arrêt attaqué peuvent avoir eu pour but de persuader l'existence d'un crédit imaginaire, ils n'ont pas été accompagnés des manœuvres frauduleuses prévues et caractérisées par l'art. 405 c. pén., puisque le fait d'avoir fourni avant l'échéance la provision des traites par lui tirées n'a été, de la part de Mérijot, que l'accomplissement de l'obligation à lui imposée par l'art. 115 c. com., et ne saurait par conséquent avoir un caractère répréhensible, et qu'ainsi ledit arrêt a fait une fausse application, et par suite, violation dudit article; — Casse, etc., et renvoie l'affaire devant la cour royale de Rouen.

Du 4 juill. 1845.-C. C., ch. crim.-M. Mérilhou, rap.

Sur ce renvoi, arrêt de la cour de Rouen, en ces termes :

La cour; — Attendu qu'il est constant en fait que Mérijot s'est fait délivrer des fonds par Bourdeau et Vannault, en leur remettant à l'escompte des lettres de change par lui tirées sur des tiers, ses correspondants en province, lorsqu'il savait que ceux-ci n'auraient à l'échéance aucune provision pour payer; — Que, néanmoins, pour inspirer de la confiance à ses créanciers et maintenir sa position vis-à-vis d'eux, il a fait tenir des fonds successivement à ses correspondants, qui ont payé jusqu'à une certaine époque, une partie des traites tirées; —Que, si ces faits ont pu avoir pour résultat de persuader à Bourdeau et Vannault, dans l'intérêt de Mérijot, l'existence d'un crédit imaginaire et l'espérance du payement de toutes les traites qui leur avaient été escomptées, ils ne constituent pas en même temps des manœuvres frauduleuses, à l'aide desquelles Mérijot ait voulu faire croire à la réalité de ces provisions et de ces payements; — Que ces manœuvres frauduleuses ne résultent d'ailleurs, d'aucuns autres faits du procès;—Attendu que l'obligation par Mérijot d'avoir été créancier de ceux sur lesquels il tirait constituerait plutôt l'allégation d'un fait, d'un crédit qui n'aurait pas existé, que l'emploi d'une fausse qualité;—Attendu, d'ailleurs, qu'aucun document n'établit au procès que Mérijot ait pris cette fausse qualité; — Que la négociation de lettres de change ne prouve pas, par elle-même l'emploi de la fausse qualité de créancier, puisque cette qualité, de la part du tireur, n'était pas nécessaire au moment de cette négociation, deux mois avant l'échéance, l'art. 116 c. com. n'exigeant l'existence de la provision par le tireur qu'au moment de l'échéance et du payement; — Réforme.

Du 29 août 1845.-C. de Rouen, ch. corr.-MM. Legris de la Claise, pr.-Blanche, av gén., c. contr.-Sénard et Legentil, av.

à sa bonne foi. Et par exemple, il ne suffirait pas qu'il fût reconnu qu'un agent de remplacement militaire a fait souscrire à des jeunes gens un engagement pour remplacer des conscrits de 1859, lorsque ceux-ci croyaient ne s'engager qu'à remplacer des conscrits de la classe de 1836, et qu'il les a ainsi privés d'une partie de l'indemnité qui leur eût été due, pour en conclure l'existence de manœuvres frauduleuses constitutives du délit d'escroquerie, si d'ailleurs le jugement ne spécifie pas ces manœuvres (Crim. cass. 7 oct. 1842, MM. de Ricard, pr., Bresson, rap., aff. Jubert).— Mais il a été jugé que l'agent de remplacement militaire qui déclare mensongèrement au remplaçant que le remplacé n'a que deux années à passer sous les drapeaux, tandis qu'il en avait réellement cinq, et qui, dans le but d'empêcher la découverte de cette fausse déclaration, le garde constamment à vue et parvient à lui faire contracter un engagement de service pour cinq années, se rend coupable de manœuvres frauduleuses ayant pour but une remise ou délivrance d'obligations, délit prévu par l'art. 405 c. pén. (Crim. cass. 16 juill. 1852) (1). Dans ce dernier cas, en effet, les faits constatés par le jugement constituent des manœuvres frauduleuses ayant pour objet de donner au remplaçant l'espérance chimérique d'être libéré au bout de deux ans.

790. Les manœuvres frauduleuses, avons-nous dit, constituent le délit d'escroquerie lorsqu'elles ont été employées pour persuader l'existence de *fausses entreprises.*—Il a été jugé, par application de cette disposition : 1° que l'individu qui se fait remettre des fonds pour les employer à acheter des actions dans une société sans existence réelle, imaginée par lui pour se procurer de l'argent, et le détourner à son profit, se rend coupable du délit d'escroquerie (Crim. rej. 15 oct. 1851, aff. Martin D. P. 51. 5. 233) ; — 2° Que l'individu qui a fait souscrire des actions pour la constitution d'une société purement chimérique, qu'il présentait mensongèrement dans ses prospectus comme étant déjà placée sous la direction d'un comité au nom duquel il écrit, et comme ayant dès à présent de nombreuses relations liées avec des maisons de commerce dont il donnera plus tard la liste, est passible des peines du délit d'escroquerie (Crim. rej. 17 juill. 1862, aff. Duvigneau, D. P. 63. 5. 153, n° 5) ; — 3° Que l'annonce d'une société par des prospectus mensongers ne perd pas son caractère d'événement chimérique par cela seul que la société ne serait présentée que comme un projet ; cette annonce n'est dépourvue de caractère délictueux que lorsqu'elle concerne un projet proposé de bonne foi (Crim. rej. 17 juill. 1862, aff. Duvignau, D. P. 63. 5. 153, n° 4).

791. De même, le fait de la part du gérant d'une société commerciale d'avoir continué les opérations sociales et d'en avoir entrepris de nouvelles, en laissant ignorer aux tiers, de qui il obtenait ainsi des fonds, que la société était dissoute, constitue le délit d'escroquerie (Crim. rej. 27 juill. 1850, aff. Silberling, D. P. 50. 5. 210).

792. Mais ne serait-ce pas aller trop loin que de décider,

comme semble le faire Carnot (sur l'art. 405, n° 8), que par les mots *fausses entreprises* la loi a entendu parler d'entreprises qui n'auraient aucune existence réelle, de sorte que l'art. 405 serait inapplicable au cas où il s'agirait d'entreprises réelles dont on aurait considérablement exagéré l'importance? Quelle différence peut-on voir, soit quant à la moralité, soit quant au résultat, entre persuader l'existence d'une entreprise qui n'existe pas, et présenter comme une brillante opération ce qu'on sait p'être qu'une chétive et funeste entreprise? N'y a-t-il pas, dans ce cas, persuasion d'une fausse entreprise? Peut-on dire que celle qui a été annoncée soit celle qui existe réellement? Pour nous, nous sommes d'avis que les deux hypothèses doivent être assimilées. C'est ce qu'enseignent aussi MM. Chauveau et Hélie, t. 5, n° 2005.
— Il a été décidé, en ce sens : 1° que l'individu qui, pour obtenir des remises d'argent, a dénaturé les résultats d'une entreprise dont le fond est certain, en faisant figurer dans ses états des dépenses exagérées ou fictives, est à bon droit, tout aussi bien que celui qui suppose une entreprise chimérique dans son ensemble, déclaré coupable d'escroquerie (Crim. rej. 21 déc. 1860, aff. Pierquin, D. P. 61. 5. 192); — 2° Que le négociant qui, connaissant le projet d'un capitaine de perdre son bâtiment en mer, a fait charger sur ce navire des marchandises qu'il a fait assurer pour une somme bien supérieure à leur valeur réelle, et a plus tard réclamé, l'événement s'étant réalisé, lemontant de l'assurance, a pu être déclaré coupable d'escroquerie, alors qu'il est établi qu'il a surpris la bonne foi de la compagnie en lui faisant produire par un correspondant la copie d'une facture mensongère qui attribuait aux objets la valeur déclarée (Crim. rej. 2 janv. 1863, aff. Paur, D. P. 63. 1. 384) ; — 3° Que vainement on opposerait que, dans l'espèce, il n'y a pas supposition d'une fausse entreprise, une entreprise étant fausse dans le sens de la loi non-seulement quand elle est de tout point chimérique, mais encore lorsqu'ayant un fond certain elle présente dans quelques parties des circonstances entièrement fausses (même arrêt).

793. Les manœuvres frauduleuses constituent également une escroquerie lorsqu'elles ont eu pour but de persuader l'existence d'un *pouvoir* ou d'un *crédit imaginaire.* Cette catégorie de faits, disent MM. Chauveau et Hélie (t. 5, n° 2004), « renfermetous les actes qui ont eu pour but de faire croire que l'agent possède des titres, une position sociale, une fortune, des relations, une puissance quelconque qu'il ne possède pas en réalité. » Par application de cette disposition, il a été décidé : 1° que le fait de recevoir de l'argent sous prétexte de présents à faire aux juges, pour en obtenir une décision favorable, constitue la délit d'escroquerie ; qu'on dirait en vain que les juges sont incorruptibles et qu'il était invraisemblable que le prévenu (simple cabaretier) pût avoir quelque influence sur leur esprit ; ces circonstances prouvent davantage encore les manœuvres frauduleuses qui ont dû être employées par le prévenu pour persuader un crédit imaginaire et des espérances chimériques (Crim. cass. 28 mars 1812) (2); — 2° Que celui qui s'est fait remettre un billet

---

(1) (Ch. Albaret.) — LA COUR ; — Vu l'art. 405 c. pén. ; — Attendu qu'il est constaté par le jugement du tribunal de Rochefort qu'Albaret a déclaré mensongèrement a Ouvrand « qu'il y avait un individu qui cherchait un remplaçant pour deux années à faire au service militaire et ne voulait donner que 500 fr., tandis qu'il savait positivement que cet individu donnerait 800 fr., et que le remplacé avait encore cinq ans à passer sous les drapeaux avant d'être libéré; » qu'indépendamment de cette déclaration mensongère, le même jugement met à la charge d'Albaret d'avoir constamment gardé à vue Ouvrand et de l'avoir emmené avec lui sans nécessité à Saintes, afin de l'empêcher d'apprendre qu'il aurait cinq ans à faire au lieu de deux seulement ; que le jugement attaqué, sans écarter aucun des faits constatés en première instance, se borne à déclarer que ces faits, quelque répréhensibles qu'ils soient, ne sauraient constituer les manœuvres frauduleuses exigées pour caractériser l'escroquerie ; que, par cette appréciation, ce jugement a commis une violation formelle de l'art. 405 c. pén. ;
Sur le deuxième moyen, résultant de ce que le jugement attaqué aurait dénié à l'engagement consenti par Ouvrand le caractère d'une remise ou délivrance d'obligations, qui constitue l'un des éléments du délit prévu par l'art. 405 c. pén. : — Attendu qu'il résulte du jugement attaqué qu'Ouvrand s'est déterminé, par les manœuvres frauduleuses exercées vis-à-vis de lui par Albaret, à contracter un engagement de service militaire pour cinq années, tandis qu'il ne croyait contracter cet engagement que pour deux ans ; que la souscription de cette obligation,

objet des manœuvres du prévenu, et exécutée depuis par Ouvrand, admis en conséquence au service militaire, doit nécessairement être considérée comme la remise ou délivrance qui est l'un des éléments constitutifs du délit d'escroquerie, et qu'en lui déniant ce caractère, le jugement attaqué a méconnu le sens de la disposition de l'art. 405, et en a commis une violation expresse; — Par ces motifs, casse et annule le jugement du tribunal de Saintes qui renvoie Ch. d'Albaret de la poursuite dirigée contre lui pour délit d'escroquerie.
Du 16 juill. 1852.—C.-C., ch. crim.-MM. Faustin-Hélie, rap.-Rouland, av. gén., c. conf.
(2) Espèce : — (Min. pub. C. Hepp.) — Hepp, aubergiste à Mayence, est convaincu par le tribunal correctionnel de cette ville d'avoir escroqué à différents particuliers de l'argent et des effets, sous prétexte qu'il leur procurerait des décisions favorables de la part des juges au moyen de cadeaux qu'il leur ferait, et est en conséquence condamné à un mois d'emprisonnement et à 50 fr. d'amende. Appel devant le tribunal d'arrondissement de Coblentz, qui reconnaît constants les faits imputés à Hepp, mais qui les considère comme une folle entreprise d'un homme avide de gain, qui ne pouvait donner lieu qu'à une action civile, attendu qu'ils sont dépouillés du caractère exigé par la loi pour l'application d'une peine, parce que les juges sont incorruptibles, et qu'il est impossible de croire qu'un cabaretier puisse avoir quelque influence sur leur esprit. — Pourvoi en cassation de la part du ministère public. — Arrêt,

on une somme d'argent sous la promesse de faire maintenir un individu dans la garde départementale et de l'exempter du service militaire, ne peut être acquitté de la prévention d'escroquerie sous le prétexte qu'il n'y a eu de sa part qu'un simple abus de confiance aveugle, mais libre : — « Attendu que le tribunal d'Anvers, en admettant encore que le billet et l'argent reçus par Schouter avaient été le prix des promesses faites, tant par lui que par sa femme, à Bernard et à Vankersel, de maintenir ce dernier dans la garde départementale et de l'exempter du service militaire, n'a trouvé dans ces faits qu'un simple abus de confiance aveugle, mais libre ; et qu'en qualifiant ainsi des faits qui présentaient tous les caractères de l'escroquerie, déterminés par l'art. 405 c. pén., surtout lorsque l'emploi d'un crédit imaginaire et des espérances chimériques était émané de la part d'un fonctionnaire public, appelé par la loi à la recherche des contraventions et des délits, il a donné aux faits une application fausse et partiale, et a violé la loi ci-dessus rapportée » (Crim. cass. 25 fév. 1813, M. Audier-Massillon, rap., aff. Schouter); — 3º Que celui qui se fait remettre des marchandises, en produisant au détenteur une lettre supposée de l'expéditeur, autorisant cette remise, se rend coupable d'escroquerie (Crim. rej. 14 août 1847, aff. Raynaud, D. P. 47. 4. 235); — 4º Que l'individu qui, prenant la fausse qualité de commerçant, s'est fait remettre des marchandises qu'il a payées à l'aide de traites faussement causées valeurs en marchandises et dans lesquelles il a fait figurer sa femme et son fils sous des noms qui dissimulaient tout lien de parenté avec lui, est avec raison déclaré coupable d'escroquerie, alors que c'est à l'aide de l'exhibition de ces traites qu'il est parvenu à usurper la confiance des vendeurs et à leur persuader l'existence d'un crédit imaginaire (Crim. rej. 9 mars 1861, aff. Véron, D. P. 61. 5. 193); — 5º Que des publications faites dans le but d'amener des souscriptions à une entreprise, si elles sont reconnues frauduleuses et ce qu'elles tendaient à persuader en faveur de ceux qui les ont faites, l'existence d'un crédit chimérique, et en faveur des souscripteurs, l'existence d'avantages qui, pour la plus grande partie, n'étaient qu'imaginaires, ont été valablement déclarées constitutives du délit d'escroquerie, sans qu'il en résulte une atteinte à des conventions régulièrement faites ;—Et qu'il ne serait pas exact de dire que les témoignages entendus sur l'existence des manœuvres employées ont porté atteinte à l'essence des conventions : — « Attendu, à l'égard de ce dernier point, que quelles qu'aient été les déclarations des témoins aux débats, ces déclarations n'ont point porté sur l'essence des conventions souscrites, mais sur les manœuvres employées pour obtenir les souscriptions; et que, d'ailleurs, ces déclarations n'ont été qu'un des éléments de la conviction des juges » (Crim. rej. 15 sept. 1842, M. Freteau de Pény, rap., aff. Gontier); — 6º Que le prêtre qui, malgré l'interdiction dont il a été frappé, avec défense même de porter l'habit ecclésiastique, a, sans autorisation, élevé un autel dans son domicile, en y ajoutant une exposition incessante d'ornements et de vases d'église, et qui, exhibant aux gens crédules de la campagne des registres

contenant des annotations prétendues mystérieuses, s'est fait remettre de l'argent pour un grand nombre de messes par jour, qu'il promettait de dire à des intentions d'une diversité infinie (guérison d'animaux, gain à faire à la loterie, expulsion d'esprit frappeur, etc.), ayant bien la conscience de ne pouvoir remplir son engagement, a pu être déclaré coupable du délit d'escroquerie (Crim. rej. 30 mai 1857, aff. Pucheu, D. P. 57. 1. 352).

794. Mais le fait par un individu d'avoir supposé la négociation à un tiers demeurant dans une autre place, de certains effets souscrits à son ordre, et, par suite du non-payement de ces effets, d'avoir simulé des comptes de retour et d'en avoir exigé le montant des débiteurs auxquels cette simulation était d'ailleurs connue, ne peut être qualifié d'escroquerie et puni comme tel, même accessoirement à un délit d'habitude d'usure ; en vain dirait-on que par de telles manœuvres le créancier a fait croire au *pouvoir imaginaire* d'exiger ces frais, tandis qu'il n'avait pas un tel pouvoir (Crim. cass. 10 janv. 1845, aff. Bigot, D. P. 45. 4. 247).

795. Lorsque le prévenu a persuadé l'existence d'un pouvoir ou d'un crédit imaginaire en s'attribuant faussement la situation sociale ou les fonctions auxquelles ce pouvoir ou ce crédit étaient attachés, il est sans difficulté que l'art. 405 doit recevoir son application : mais en est-il de même lorsque le prévenu possédait réellement cette situation ou ces fonctions, et que le pouvoir ou le crédit qu'il prétendait y être attachés étaient seuls imaginaires? Nous n'hésitons pas à répondre affirmativement. Nous pensons qu'il n'y a aucune distinction à faire entre ces deux hypothèses. Des termes de l'art. 405 il résulte que pour l'existence du délit d'escroquerie il suffit que l'agent se soit attribué un pouvoir ou un crédit qu'il ne possédait réellement pas, et que, sur le fondement de ce pouvoir ou de ce crédit imaginaire, il ait fait des promesses qu'il lui était impossible de tenir. — Telle est aussi l'opinion de MM. Chauveau et Hélie, t. 5, nº 2004. — Il a été décidé en ce sens : 1º que le fait par un fonctionnaire public de recevoir une somme d'argent pour s'abstenir de faire un acte qu'il a faussement et sciemment supposé rentrer dans l'ordre de ses devoirs, constitue non le crime de corruption prévu par l'art. 177 c. pén., mais le délit d'escroquerie (Ch. réun. rej. 31 mars 1827, aff. Rose, V. Forfaiture, nº 119) : cette décision, rendue en audience solennelle, rétracte une jurisprudence établie par plusieurs arrêts de cassation (V. Forfaiture, nº 118); — 2º Qu'il en est de même du fait, de la part d'un gendarme, d'avoir exigé une somme d'argent pour s'abstenir de faire un acte qui ne rentrait pas dans l'ordre régulier de ses fonctions (Limoges, 4 janv. 1836, aff. Laplaud, V. *eod.*, nº 64; V. nos observations sur ces arrêts, *eod.*, nº 120); — 3º Que des gardes-messiers qui, sans qu'une personne s'exerçant, d'une manière inoffensive, au tir au pistolet dans la campagne, et exigent de cette personne une certaine somme en la menaçant d'un procès dont les conséquences peuvent être graves, se rendent coupables du délit d'escroquerie (Paris, 14 janv. 1843) (1).

La cour; — Vu l'art. 35 du tit. 2 de la loi du 22 juill. 1791, et 405 c. pén. 1810 ; — Attendu que la cour investie du droit de juger si les lois pénales ont été justement appliquées, doit examiner les faits constatés par les jugements et arrêts, et apprécier la qualification qui leur a été donnée; — Attendu qu'il a été reconnu par le tribunal de Coblentz, dans le jugement attaqué, que Jean Hepp avait exigé 4 louis de diverses personnes qui étaient logées chez lui, et qui étaient occupées à solliciter la mise en liberté de leurs enfants détenus en prison, en leur persuadant qu'au moyen de quelques cadeaux qu'il distribuerait, il pourrait obtenir leur liberté, et il leur avait laissé dans la fausse persuasion que cet argent avait été employé à cet usage; — Qu'il a été également reconnu que ledit Hepp avait demandé 100 louis à un homme détenu sur accusation de faux et d'escroquerie, sur la fausse promesse d'obtenir, par ce moyen, de la justice criminelle, un certificat ou une décision favorable, et de procurer sa liberté, et qu'il en avait retiré à compte 19 à 20 louis et deux montres à répétition; — Que, bien loin qu'on pût admettre comme légitime l'excuse que le tribunal de Coblentz a fait résulter de l'incorruptibilité des juges et de l'invraisemblance qu'il entra dans l'esprit d'un homme tel que Hepp put avoir quelque influence sur leur esprit, ces circonstances prouvaient davantage encore les manœuvres frauduleuses qui ont dû être employées pour persuader un crédit aussi imaginaire et des espérances aussi chimériques; — Qu'il est impossible

de ne voir dans ces faits que la folle entreprise d'un homme avide de gain, ignorant dans les lois et dans la marche de la justice, et de les faire rentrer, comme l'a prétendu le tribunal de Coblentz, dans la classe des conventions ordinaires, qui ne peuvent donner lieu qu'à une action civile; — Attendu qu'il résulte, au contraire, des faits constants au procès, et reconnus dans le jugement attaqué, la preuve de l'abus de crédulité, à l'aide d'un crédit imaginaire et d'espérances chimériques, et l'emploi de manœuvres frauduleuses pour escroquer partie de la fortune de plusieurs individus : ce qui caractérisait l'escroquerie, aux termes de l'art. 35, tit. 2, de la loi du 22 juill. 1791, et de l'art. 405 c. pén. de 1810, et que, dès lors, le tribunal de Coblentz ne pouvait se dispenser de faire l'application des peines portées par cet art., et qu'il les a violées en méconnaissant le caractère auquel elles ont marqué le délit d'escroquerie, et en donnant aux faits reconnus constants une fausse application; — Casse, etc.
Du 28 mars 1812.-C.C., sect. crim.-MM. Barris, pr.-Audier-Massillon, rap.

(1) (Min. pub. C. Jourdain et Sévin.) — La cour; — Considérant que des débats il résulte la preuve que, le 5 sept. dernier, les sieurs Jourdain et Sévin, gardes-messiers, armés de hallebardes, ont arrêté le colonel Jelowzki, alors que, d'une manière inoffensive, il s'exerçait au tir du pistolet le long des murs du parc de Saint-Cloud; qu'ils ont

796. De même, le fait par un employé de l'administration de l'enregistrement de se faire remettre des sommes d'argent des contrevenants aux règlements de la voirie, en leur persuadant l'existence de puissantes interventions, à l'aide desquelles il leur ferait remettre une partie des amendes auxquelles le conseil de préfecture les a condamnés par défaut, alors que sur de simples oppositions ce conseil est dans l'usage d'accorder facilement une modération d'amende, constitue une escroquerie qui rend l'auteur de ces manœuvres passible des peines prononcées par l'art. 405 c. pén. (Crim. rej. 19 juin 1846, aff. Sauvion, D. P. 46. 4. 268).

797. Enfin les manœuvres frauduleuses sont également constitutives des délits d'escroquerie lorsqu'elles ont eu pour but de faire naître l'espérance ou la crainte d'un succès, d'un accident ou de tout autre événement chimérique. Au premier abord, les manœuvres dont il s'agit semblent se confondre avec celles qui tendent à persuader l'existence d'un pouvoir ou d'un crédit imaginaire; en effet, à quoi bon persuader l'existence d'un pouvoir, d'un tel crédit, si ce n'est afin de faire naître des espérances ou des craintes chimériques ? Mais on peut faire naître ces espérances ou ces craintes autrement qu'en s'attribuant un pouvoir ou un crédit imaginaires, et c'est pourquoi, après avoir parlé de ce pouvoir ou de ce crédit, la loi a bien fait d'ajouter ce qui suit, afin d'atteindre toutes les manœuvres frauduleuses à l'aide desquelles l'escroquerie peut être consommée ou tentée. — Il a été jugé : 1° que celui qui exhibe une bourse dont l'inspection peut faire espérer à son créancier de toucher le montant de sa créance, et lui fait par ce moyen signer une quittance, après quoi il retire la bourse, commet le délit d'escroquerie (Crim. rej. 4 sept.

exigé de lui la somme de 10 fr., en le menaçant d'un procès dont les conséquences pouvaient être graves; que, sur le refus du colonel de leur remettre cette somme, ils l'ont conduit violemment d'abord à la maison d'arrêt, puis, et de là, chez le commissaire de police; que, malgré les avertissements du concierge de la maison d'arrêt et les ordres du commissaire, de ne rien demander au colonel, ils ont exigé et reçu de lui la somme de 10 fr.; — Que ces faits constituent les délits d'arrestation illégale et d'escroquerie prévus par les art. 341, 343 et 405 c. pén.; modérant la peine par l'application de l'art. 463 du même code, et vu l'art. 365 c. inst. crim.; faisant application desdits articles; — Condamne Sévin et Jourdain chacun en trois mois de prison et en 20 fr. d'amende.
Du 14 janv. 1845.—C. de Paris, 1re ch.-M. Séguier, 1er pr.
(1re Espèce.) — (Daunou.) — La cour de Caen avait, le 10 juin 1824, rendu contre Daunou l'arrêt suivant : « Considérant qu'il résulte de l'information que Daunou n'est parvenu à faire écrire par Eudes la quittance de 660 fr. dont il s'agit qu'en déposant sur la table une bourse, dont l'inspection lui inspira nécessairement l'espoir fondé d'en recevoir le montant; — Que, dans cette confiance, il remit cette quittance à Daunou, sous prétexte d'en faire sécher l'encre, et que Daunou enleva en même temps subtilement la bourse qu'il avait déposée sur la table; — Qu'il résulte de ces faits, qu'à l'aide de manœuvres frauduleuses, Daunou est parvenu à inspirer à Eudes l'espérance de recevoir le montant de la quittance qu'il écrivait, événement devenu chimérique par la mauvaise foi de Daunou, qui a retiré sa bourse en prenant la quittance, au moyen de laquelle il a tenté d'escroquer une partie de la fortune d'Eudes, ce qui constitue le délit prévu par l'art. 405; déclare Daunou coupable du délit d'escroquerie, le condamne à une année d'emprisonnement. » — Pourvoi en cassation de la part de Daunou.—
La cour, — Attendu que, par le jugement dénoncé, Daunou est déclaré coupable d'avoir, à l'aide de manœuvres frauduleuses, inspiré à Eudes l'espérance d'un succès devenu chimérique par sa mauvaise foi, et d'avoir, par ce moyen, tenté d'escroquer une partie de la fortune dudit Eudes; qu'il est donc coupable du délit d'escroquerie déterminé par l'art. 405 c. pén.; que dès lors la condamnation prononcée contre lui par ledit jugement a été une juste application de cet article; — Rejette, etc.
Du 4 sept. 1824.—C. C., sect. crim.—MM. Portalis, pr.—Aumont, rap.
(2) (Chastang et Blanc.) — La cour, — Attendu que les manœuvres sont frauduleuses lorsqu'elles sont pratiquées dans l'intention de commettre ce délit; que, sous le rapport intentionnel, les appréciations des tribunaux sont souveraines;—Attendu, quant aux manœuvres elles-mêmes, qu'il appartient à la cour de cassation de vérifier le caractère légal des faits constatés; que ces faits vagues ou arbitrairement caractérisés ne pourraient, quoique qualifiés manœuvres, servir d'élément pour constituer le délit d'escroquerie; — Mais en ce qui touche David Chastang et les frères Blanc, déclarés coupables, le premier comme auteur, les derniers comme complices d'escroqueries commises

1824) (1); — 2° Que le fait qu'un commis voyageur a envoyé à son commettant de fausses commissions, et a par ce moyen obtenu la délivrance de différentes sommes, constitue le délit d'escroquerie (Bordeaux, 1er sept. 1847, aff. Azevedo, D. P. 49. 5. 176); — 3° Que les mandataires qui se sont fait souscrire à leur profit des billets pour des sommes considérables ayant pour cause la vente de marchandises cotées à des prix excessifs, eu égard à leur mauvaise qualité, en faisant naître, dans l'esprit de leur mandant, au nom de qui ils les vendaient, tout en s'en appropriant le prix, l'espérance de bénéfices imaginaires, se rendent coupables du délit d'escroquerie prévu par l'art. 405 c. pén. (Crim. rej. 8 déc. 1853) (2); — 4° Que celui qui s'est fait remettre par un individu des blancs seings revêtus de bons pour certaines valeurs, en lui persuadant par des manœuvres frauduleuses qu'ils serviraient à lui procurer de l'argent pour sa libération vis-à-vis de ses créanciers, de telle sorte qu'il n'aurait pas à les payer, mais en réalité pour en faire usage contre lui, commet le délit d'escroquerie (Crim. rej. 7 avr. 1854, aff. Relave, D. P. 54. 5. 321); — 5° Que le marchand épicier qui, pour attirer des chalands, vend des marchandises au-dessous du cours, mais se couvre de la différence en livrant un poids inférieur au poids déclaré, commet un délit d'escroquerie : — « Attendu qu'il résulte, soit de la vente faite au-dessous du cours, soit de la fausse déclaration de la quantité des marchandises vendues, des manœuvres employées pour faire naître l'espérance d'un gain ou de tout autre événement chimérique, et qu'à l'aide de ces manœuvres frauduleuses, Bouvet a escroqué ou tenté d'escroquer tout ou partie de la fortune d'autrui, etc...» (Nîmes, 26 janv. 1843, aff. Bouvet); — 6° Que les

du mois d'avril au mois de septembre 1851 : — Attendu qu'il est expressément reconnu par le jugement attaqué que ce sont les frères Blanc qui, connaissant Chastang, ont mis Martin en rapport avec lui, et qu'ils ont, de concert avec Chastang et dans un but criminel, poussé Martin aux achats ruineux auxquels il s'est livré; — Attendu qu'il résulte également du jugement que les frères Blanc étaient les mandataires de Martin pour les opérations auxquelles ils le poussaient; que Martin était présent et adhérait personnellement aux achats, mais que les frères Blanc s'entendaient avec Chastang pour faire naître dans l'esprit de Martin l'espérance de bénéfices imaginaires, et obtenir ainsi de ce jeune homme la remise de traites ou billets pour des sommes considérables, de beaucoup supérieures à la valeur des mauvaises marchandises vendues; qu'enfin, à chaque vente, on remettait à Martin, réputé acheteur, une petite somme d'argent; — Attendu qu'il y a là, indépendamment d'autres faits accessoires, une machination dans laquelle on doit reconnaître pleinement des manœuvres que leur but criminel rendait frauduleuses; — Attendu dès lors que l'élément de criminalité contesté par les demandeurs existait; — Attendu qu'en se fondant sur les mêmes faits et sur la part que les frères Blanc y avaient prise, le jugement attaqué a reconnu et déclaré la culpabilité de ceux-ci dans les termes du § 5 de l'art. 60 c. pén.;
En ce qui touche les frères Blanc, déclarés coupables d'une escroquerie commise à Leguerche, le 24 juin 1851, et Laurent Legagné, déclaré complice de ce délit; — Attendu qu'il est constaté par le jugement attaqué qu'une vente de marchandises a été faite à Martin, ledit jour, par Laurent Legagné, pour une somme de 8,000 fr.; que les marchandises, cotées à des prix fabuleux eu égard à leur mauvaise qualité, après un simulacre de vérification, de mesurage, passaient des mains de Blanc aîné dans celles de Blanc jeune; qu'ils les ont vendues et s'en sont approprié le prix; que les frères Blanc s'efforçaient de persuader à Martin qu'il n'avait pas assez de marchandises, qu'il devait faire un achat considérable qui pût servir à un grand déballage propre à attirer et séduire les acheteurs; que Laurent Legagné avait pris avec les frères Blanc, à l'insu de Martin, un rendez-vous à Leguerche; qu'il s'y est rendu après rendez-vous pris sur Martin (qui était sous le coup d'une demande à fin de dation d'un conseil judiciaire); qu'il y conduit les marchandises, consistant dans des rebuts de la valeur la plus infime, qu'il va chercher dans ses magasins à Bourges; — Attendu que ces faits, indépendamment d'autres circonstances, ont pleinement le caractère de manœuvres, que le jugement attaqué a pu reconnaître et déclarer frauduleuses; — Attendu qu'en se fondant sur les mêmes faits et sur la part que Laurent Legagné y avait prise, le tribunal supérieur a reconnu et déclaré la complicité dudit Legagné, dans les termes du § 5 de l'art. 60 c. pén.; — Attendu que le jugement attaqué, loin d'avoir violé les art. 405, 59 et 60 c. pén., en a fait, au contraire, une juste application; — Rejette.
Du 8 déc. 1853.—C. C. ch crim.—MM. Sénéca, rap.—Bresson, av. gén., c. conf.

manœuvres frauduleuses à l'aide desquelles le vendeur d'un office (de notaire) en exagère les produits et fait naître ainsi chez le cessionnaire l'espérance chimérique de produits qui ne doivent point se réaliser, constituent le délit d'escroquerie et ne donnent pas seulement lieu à une simple réduction de prix (Crim. rej. 13 août 1842, aff. Gérard, D. P. 47. 4. 235); — 7° Que les manœuvres frauduleuses à l'aide desquelles, soit par des annonces mensongères, soit par une simulation préméditée d'achalandage, le prévenu a fait croire à une valeur très-exagérée et par conséquent chimérique, du fonds de commerce qu'il voulait vendre et qu'il a vendu en effet par suite de ces manœuvres, réunissent toutes les conditions constitutives du délit d'escroquerie (Crim. cass. 27 août 1863) (1); — 8° Que le fait, par un armateur, de passer un contrat d'assurance, sachant la perte du navire, constitue un délit qui doit être assimilé à celui d'escroquerie ou de tentative d'escroquerie, et qui tombe, dès lors, sous l'application de l'art. 405 c. pén. (Crim. cass. 10 juill. 1857, aff. Dromokaïté, D, P, 57. 1. 379); — 9° Que celui qui, en inspirant à une femme des appréhensions sur l'état de fortune de son mari, se fait remettre pendant la nuit, en l'absence de celui-ci, une partie considérable du mobilier de la communauté, sous l'espoir chimérique de le lui conserver, ainsi qu'à ses enfants, se rend coupable d'escroquerie : — « Attendu que le demandeur a été déclaré convaincu d'avoir inspiré à la femme Hubert des appréhensions sur l'état des affaires de son mari et de s'être fait remettre pendant la nuit une partie considérable du mobilier de la communauté par la femme Hubert, incapable de contracter en l'absence de son mari, à l'aide de ces craintes

chimériques, dans l'espoir, également chimérique, qu'il lui avait inspiré de conserver ce mobilier pour elle et pour ses enfants, et en abusant ainsi de la crédulité de cette femme; attendu que la cour impériale de Metz a réprimé ce délit par une juste application de l'art. 35 du tit. 2 de la loi du 19 juill. 1791 » (Crim. rej. 8 nov. 1811, MM. Barris, pr., Oudart, rap., aff. Vaillant).

798. Il a été décidé encore : 1° qu'il y a escroquerie de la part de celui qui s'approprie des sommes qui lui ont été confiées à titre de mandat, par exemple, pour faire dire des messes pour le repos des morts, s'il a obtenu que ces sommes lui fussent remises en persuadant à ses mandants que les morts se vengeraient de leur refus en leur envoyant des maladies : le prévenu dirait en vain qu'il n'est possible que d'une action civile en reddition de compte du son mandat (Crim. rej. 23 mai 1806) (2); — 2° Que le fait par un individu d'avoir : 1° prétendu qu'il avait reçu mission de Dieu pour annoncer un bouleversement du globe et de grands désastres dont on pouvait se garantir en se consacrant à une association dont il était chef (l'œuvre de la miséricorde); 2° d'avoir affirmé l'existence d'un commerce qu'il prétendait avoir avec la sainte Vierge, les saints, Jésus-Christ, et Dieu lui-même, a pu être considéré comme constituant des manœuvres frauduleuses dans le sens de l'art. 405 c. pén.; et que par suite celui qui s'est fait délivrer des sommes d'argent au moyen de ces faits supposés s'est rendu coupable d'escroquerie, sans que cette appréciation renferme une violation de l'art. 405 c. pén. (Crim. rej. 2 juin 1843) (3); — 3° Que l'individu qui, après avoir payé le montant d'un effet de commerce en l'acquit du souscripteur et du principal endosseur, poursuit son rem-

---

(1) (Faivre et Nicolin C. min. pub.) — LA COUR; — Sur le premier moyen, fondé sur une fausse application prétendue des art. 405, 59 et 60 c. pén. aux faits retenus par l'arrêt attaqué; — Attendu, en ce qui touche Faivre, que toutes les conditions constitutives du délit d'escroquerie se trouvent réunies contre lui dans les diverses circonstances de fait mises à sa charge par ledit arrêt, et spécialement dans les manœuvres frauduleuses à l'aide desquelles, soit par des annonces mensongères, soit par une simulation préméditée d'achalandage, Faivre avait fait croire à une valeur très-exagérée et conséquemment chimérique, du fond de commerce qu'il voulait vendre et qu'il a vendu, par suite de ces manœuvres, à la demoiselle Dubois, partie civile; — Attendu, en ce qui concerne Nicolin, que l'arrêt qui l'a condamné comme complice de cette escroquerie, a établi dans les motifs qu'il s'en était rendu coupable : 1° en donnant des instructions pour la commettre; 2° en aidant et assistant avec connaissance les faits qui ont préparé, facilité et consommé ledit délit; » — D'où il suit que, loin de violer les articles ci-dessus visés, l'arrêt attaqué en a fait une exacte application;

Sur le second moyen, fondé sur une violation prétendue, soit de la maxime *una via electa non datur recursus ad alteram*, soit de l'art. 1351 c. nap., sur la chose jugée : — Attendu qu'à l'appui de ce moyen les demandeurs excipent d'un jugement rendu par le tribunal de commerce de la Seine, le 25 décembre dernier, entre les époux Faivre et la demoiselle Dubois; — Qu'il appert de ce jugement que Nicolin n'a pas été partie dans ladite instance commerciale; d'où il suit qu'en ce qui le concerne, le moyen proposé manque de base; — Attendu, d'ailleurs, que l'arrêt est exactement dans sa forme;

Mais attendu, en ce qui concerne Faivre, qu'il appert également dudit jugement que la demoiselle Dubois, en demandant à la justice consulaire la nullité de la vente à elle faite par les époux Faivre, a demandé, en outre, la restitution des a-compte qu'elle avait payés et des valeurs qu'elle avait souscrites pour solde, ainsi que des dommages-intérêts pour la réparation du préjudice que lui avaient fait éprouver, en fondant leurs diverses demandes sur les manœuvres frauduleuses à l'aide desquelles sa bonne foi et son consentement avaient été surpris; — Que le jugement du 25 décembre, jugement passé en force de chose jugée, a débouté la demoiselle Dubois de toutes ces demandes, et que c'est postérieurement qu'elle a saisi la juridiction correctionnelle, en qualifiant les faits déjà appréciés d'escroquerie, d'une demande tendant aux mêmes fins, c'est-à-dire à la restitution des sommes d'argent et des valeurs fournies pour prix de vente, et à des dommages-intérêts pour réparation du préjudice souffert;

Attendu que l'arrêt attaqué a fait droit à ces conclusions et condamné les époux Faivre à la restitution requise et à 3,000 fr. de dommages-intérêts; — Attendu qu'il ressort du rapprochement des énonciations de fait contenues dans lesdits jugement et arrêt que la chose demandée dans les deux instances était la même; que la demande reposait sur les mêmes faits, était fondée sur la même cause, entre les mêmes parties, agissant dans la même qualité; d'où il suit qu'en connaissant de cette demande en

y statuant d'une manière contraire au jugement commercial antérieurement intervenu, l'arrêt attaqué a expressément violé l'autorité de la chose jugée, et, par suite, l'art. 1351 ci-dessus visé; — Attendu, toutefois, que la chose jugée n'existe que relativement à l'action civile; qu'elle n'existe en aucune manière relativement à l'action publique, dont l'indépendance et l'intégrité ne pouvaient être atteintes par les débats privés engagés entre les parties; que, dès lors, la condamnation pénale poursuivie en vertu d'une ordonnance du juge d'instruction et prononcée sur les réquisitions du ministère public par le tribunal, et ultérieurement par la cour, reste intacte; — Par ces motifs, — Rejette le pourvoi de Nicolin; — Rejette le pourvoi de Faivre, en tant qu'il est dirigé contre la condamnation pénale; — Casse et annule, au contraire, l'arrêt attaqué, dans toutes les dispositions dudit arrêt par lesquelles il statue sur l'action civile, etc. (a).

Du 27 août 1863 —C. C., ch. crim.-M. Nouguier, rap.

(2) *Espèce* : — (Rives C. min. pub.) — Rives, exécuteur des jugements criminels du département du Tarn, est poursuivi devant le tribunal correctionnel d'Alby, comme prévenu d'avoir persuadé à différents particuliers que les ombres des morts apparaissaient aux vivants; qu'elles venaient souvent sur la terre pour réclamer des prières à l'effet de se rédimer des flammes du purgatoire, et qu'en cas de refus elles s'en vengeaient par des maladies qu'elles envoyaient aux hommes et aux animaux; — De s'être fait compter par ces personnes trop crédules diverses sommes d'argent qu'il avait promis d'employer à faire dire des messes pour le repos des âmes des morts, à faire réciter des prières, à donner des pains bénits, et de se les être appropriées. Ces faits sont reconnus constants, et Rives est condamné par la cour de justice criminelle du Tarn, à une année d'emprisonnement et à 2,000 fr. d'amende. — Pourvoi. — Arrêt.

LA COUR; — Considérant que, d'après les faits reconnus par le tribunal de première instance et successivement par la cour dont l'arrêt est attaqué, la peine a été justement appliquée, en exécution de l'art. 35 de la loi du 22 juill. 1791; — Rejette, etc.

Du 23 mai 1806.-C. C., sect. crim.-MM. Barris, pr.-Vergès, rap.

(3) (Vintras C. min. pub.) — LA COUR; — Attendu que, sans violer ledit article, l'arrêt attaqué (Alby, cass. 23 nov. 1842) a pu voir, dans les faits qui y sont constatés sur ce point, des manœuvres frauduleuses, employées pour persuader un pouvoir imaginaire, l'espérance ou la crainte d'accidents ou d'événements chimériques; — Que, dès lors, il a pu, toujours sans violer ledit art. 405, décider qu'en se faisant remettre, à l'aide de ces manœuvres, une somme de 5,000 fr. dont il n'était pas même prouvé qu'elle eût reçu l'emploi allégué par Vintras, ce dernier avait commis le délit d'escroquerie; — Rejette.

Du 2 juin 1843.-C. C., ch. crim.-MM. Ricard, pr.-Romiguières, rap.

(a) Une amende unique avait été consignée pour les deux demandeurs; rejet à l'égard de l'un et condamnation à l'amende; cassation à l'égard de l'autre et pas de restitution d'amende, la seule consignée restant acquise au trésor public par suite du rejet ci-dessus (solution implicite, mais délibérée).

boursement contre un endosseur subséquent, nonobstant la libération acquise à ce dernier, aux termes de l'art. 159 c. com., et se fait remettre par lui la somme due, peut être déclaré coupable d'escroquerie, s'il savait que cet endosseur était libéré, que, d'ailleurs, il n'avait donné sa signature que par complaisance, et si les juges du fait ont déclaré que les poursuites exercées ont été accompagnées de manœuvres frauduleuses ayant pour but de persuader faussement à celui qui en était l'objet qu'il était encore débiteur, et que ses biens seraient saisis et vendus s'il ne payait pas (Crim. rej. 13 sept. 1851, aff. Perrot, D. P. 51. 5. 231); — 4º Que les menaces insérées dans une lettre anonyme, avec ordre de déposer une somme d'argent dans un lieu désigné, qui ne rentrent pas dans celles prévues par les art. 305 et 436 c. pén., constituent le délit d'escroquerie : — « Attendu que les menaces déclarées constantes par la cour d'assises de la province d'Anvers ne sont pas comprises dans celles prévues par les art. 305 et 436 c. pén.; qu'ainsi il n'y avait pas lieu à l'application des articles susdits ; mais attendu qu'il résulte de la déclaration de la cour d'assises que Jean-Baptiste Schampaert est coupable d'avoir aidé et assisté l'auteur ou les auteurs de la lettre anonyme, contenant, avec menace, l'ordre de déposer une somme d'argent dans un lieu indiqué, dans les faits qui l'ont préparée ou facilitée; que le fait ainsi déterminé est prévu par l'art. 405 c. pén., l'accusé ayant au moyen de cette lettre anonyme tenté d'escroquer une somme d'argent, en faisant naître la crainte d'accidents, et aussi employé des manœuvres frauduleuses; d'où il suit que la cour d'assises, en acquittant l'accusé sur le motif que le fait n'était pas défendu par la loi pénale, a violé la disposition de l'art. 405 susdit » (Bruxelles, 22 nov. 1820, MM. Wautelée, 1er pr., Spruyt, av. gén., c. conf., aff. Schampaert; même jour, arrêt semblable, aff. Jeanne Neuvelmans) ; — 5º Que le fait d'avoir écrit à une personne une lettre anonyme, contenant sommation de déposer dans un lieu indiqué une somme d'argent, avec menace, en cas de refus, de grands malheurs, et de s'être ainsi approprié cette somme d'argent, constitue le délit d'escroquerie (Liége, 15 fév. 1836) (1) ; — 6º Qu'il y a manœuvres frauduleuses suffisantes pour caractériser le délit ou la tentative de délit d'escroquerie, dans le fait d'un individu qui se fait remettre des valeurs ou promesses comme prix de deux lettres dont il est détenteur, après avoir exagéré l'importance de ces lettres, qu'il a montrées comme établissant la reconnaissance d'une dette considérable, allégué faussement qu'on lui en offrait un prix élevé, et enfin menacé de les remettre aux personnes qui pourraient s'en prévaloir, si les propositions étaient refusées (Crim. rej. 8 janv. 1841) (2).

799. Mais il a été décidé que le fait par les acquéreurs d'un fonds de commerce avec charge de payer les dettes de leur prédécesseur, d'avoir écrit aux créanciers de celui-ci, sous le nom emprunté d'un tiers, que l'état de faillite de leur débiteur était imminent et les mauvaises affaires en marche d'aggravation, et que, néanmoins, ils leur proposent de se rendre cessionnaires de leurs créances à 60 p. 100 de leur valeur, offre acceptée et réalisée par plusieurs d'entre eux, ne constitue pas un délit d'escroquerie, si l'accident dont la crainte est inspirée, savoir, la faillite du débiteur, ne peut être taxé d'événement chimérique (Crim. rej. 18 nov. 1843) (3).

---

(1) *Espèce* : — (Geurtz C. min. pub.) — 6 nov. 1835, jugement du tribunal correctionnel de Tongres, ainsi conçu : — « Attendu que les lettres dont s'agit contiennent des sommations de déposer de l'argent dans des lieux indiqués, avec menaces, en cas de non-dépôt, de grands malheurs ; — « Attendu que l'emploi de pareilles lettres est une manœuvre frauduleuse propre à faire naître la crainte d'accidents; que dans l'espèce cette crainte a été réelle chez les personnes menacées, puisqu'elles ont toutes obéi aux sommations qui leur étaient faites; qu'elles ont déposé, aux lieux indiqués, tout ou partie des sommes exigées, et que l'argent déposé a été enlevé ; — Qu'ainsi ces faits constituent le délit prévu par l'art. 405 c. pén. ; — Par ces motifs, déclare le prévenu C. Geurtz coupable, etc. » — Appel. — Arrêt.
La cour ; — Adoptant les motifs des premiers juges, confirme.
Du 15 fév. 1836.-Arr. cour d'app. Liége.
(2) (Goddé C. min. pub.) — La cour ; — Sur le moyen tiré de ce que les faits constatés à la charge du demandeur ne peuvent pas constituer les manœuvres frauduleuses dont ledit art. 405 exige l'emploi : — Attendu que le demandeur a déclaré coupable de 1º s'être rendu à Rochefort, à l'effet de persuader à Randoulet qu'il lui avait rendu un service signalé en retirant des mains des héritiers Randoulet deux lettres qui pouvaient, disait-il, le faire considérer comme débiteur d'une somme de 50 à 45,000 fr. ; 2º d'avoir mis à très-haut prix ces lettres, afin d'en exagérer l'importance ; 3º annoncé qu'on lui avait offert une somme considérable, offre dont la fausseté est démontrée; 4º insinué que la remise de ces deux lettres valait au moins 5,000 fr., puisqu'en payant cette somme il évitait de payer 45,000 fr. ; 5º menacé même ledit Randoulet de remettre les lettres à ses adversaires, s'il ne consentait pas à sa proposition ; — Qu'en décidant que ces faits constituent des manœuvres frauduleuses, la cour royale d'Orléans a justement interprété le susdit art. 405 ; — Rejette.
Du 8 janv. 1841.-C. C., ch. crim.-MM. Bastard, pr.-Rives, rap.
(3) *Espèce* : — (Min. pub. C. Chalanqui.) — Le sieur Grès tenait à Avignon, sous le nom de sa sœur, la demoiselle Cathié, un magasin de liqueurs. Poursuivi en payement d'une somme de 600 fr. par le sieur Chalanqui, il proposa à ce dernier de s'associer à son commerce, et, après une convention verbale d'association, il écrivit à ses créanciers au nom de la demoiselle Cathié, une lettre où cette demoiselle leur annonçait l'association projetée, avec demande d'un délai auquel était subordonnée cette association. Au bas de la circulaire, le sieur Chalanqui écrivit qu'il voulait effectivement acheter le fonds et qu'il garantissait le payement des créances à un an sans intérêt. Aucun des créanciers ne répondit à cette circulaire; d'ailleurs, le sieur Chalanqui eut s'apercevoir que le nombre des créanciers était plus considérable qu'on ne le lui disait ; il adressa aux créanciers une seconde circulaire où il déclarait rétracter son offre de garantie. Mais craignant d'être lié par cette offre que son conseil lui dit être irrévocable, il consentit enfin à former l'association avec le sieur Grès, et, à cet effet, la demoiselle Cathié vendit à l'un et à l'autre son fonds de commerce, moyennant un prix de 18,855 fr. 60 c., sur lesquels 9,406 fr. à la charge du sieur Chalan-

qui, devaient être payés par lui, jusqu'à concurrence de 8,866 fr. aux créanciers de la demoiselle Cathié. C'est alors que survinrent les créanciers du sieur Grès, qui voyaient dans le sieur Chalanqui leur obligé solidaire, et, pour prévenir les poursuites dont les associés étaient menacés, ceux-ci imaginèrent d'écrire aux créanciers une lettre signée Trouillet (jeune homme de seize ans, petit clerc de Me Teissier, avocat du sieur Chalanqui), dans laquelle le signataire leur proposait d'acheter toutes leurs créances sur la demoiselle Cathié, à 60 p. 100. Cette lettre est ainsi conçue : « Vous devez connaître les mésintelligences qui s'élèvent entre la demoiselle Cathié et le sieur Chalanqui fils, de cette ville. Sans doute, cette affaire ne peut que devenir très-mauvaise pour les créanciers. Néanmoins, comme je serais dans l'intention d'acheter toutes les créances de la demoiselle Cathié, afin de pouvoir lui acheter son fonds, je viens, à mes risques et périls, vous proposer de me charger de votre créance à 60 p. 100. Comme cette affaire pourrait devenir d'un jour à l'autre très-onéreuse, je vous prie, monsieur, si les propositions vous conviennent de me fournir de suite, à vue, pour le montant de ce qui vous est dû, etde m'envoyer par retour du courrier vos titres contre cette maison. Prenez note, monsieur, que ma proposition serait nulle et non avenue, dans le cas de la déclaration de faillite. Signé Trouillet, maison Teissier, avocat. » — Trois créanciers acceptèrent cette proposition de 60 p. 100, et les remises et cessions de créances furent effectuées par leurs correspondants à Avignon, qui, du reste, connaissaient parfaitement la situation respective de la demoiselle Cathié, du sieur Grès et du sieur Chalanqui.
Cependant de nombreuses contestations s'élevèrent encore entre les associés, à la suite desquelles la société fut dissoute et liquidée. — Le sieur Chalanqui ayant réclamé sa portion contre le sieur Grès devant le tribunal de commerce d'Avignon, celui-ci lo poursuivit en escroquerie, par l'intermédiaire de la demoiselle Cathié, qui prétendait que la lettre signée Trouillet avait vivement excité contre elle la défiance de ses créanciers, et qu'ils avaient cru à sa faillite imminente, tandis qu'elle ne pouvait tomber en faillite, puisqu'elle ne devait qu'une somme de 8,866 fr. dont le sieur Chalanqui s'était chargé sur le prix d'acquisition de son fonds. La demoiselle Cathié ajoutait, en conséquence, que cette lettre constituait, de la part du sieur Chalanqui, une manœuvre frauduleuse, tendant à obtenir la remise de 40 p. 100 qu'il avait obtenue de quelques créanciers, en leur inspirant, sous le faux nom qu'il avait employé, la crainte de l'événement de la faillite de la dame Cathié, ce qui caractérisait le délit d'escroquerie prévu et réprimé par l'art. 405 c. pén.; et elle concluait à 15,000 fr. de dommages-intérêts. Il est à remarquer que les créanciers qui avaient consenti la remise de 40 p. 100 ne se joignirent nullement à la demoiselle Cathié. Plus tard même cette demoiselle se désista de sa plainte, et de son côté, le sieur Chalanqui subit d'assez grands sacrifices, au point qu'il fut peu à peu amené à payer les créanciers du sieur Grès et de la demoiselle Cathié.
Le procureur du roi dirigea alors, d'office, une accusation d'escroquerie contre le sieur Chalanqui, qu'il fit condamner par jugement du 6 juill. 1843. — Mais sur l'appel, le tribunal correctionnel de Carpentras

800. Nous avons vu précédemment (n°s 617 et suiv.) que la loi du 18 mai 1863 avait introduit dans l'art. 400 c. pén. une disposition répressive du délit vulgairement connu sous le nom de *chantage*. Avant que cette disposition existât, on s'était demandé si celui qui, par la menace d'une dénonciation, se faisait remettre des sommes ou valeurs, ne devait pas être considéré comme coupable d'escroquerie. — La cour de cassation, appelée à prononcer sur cette question, avait adopté à cet égard la distinction suivante. Ou la menace ne repose que sur une calomnie : dans ce cas on doit y voir une manœuvre frauduleuse ayant pour but de faire naître la crainte d'un événement chimérique, et par conséquent présentant les caractères de l'escroquerie ; ou bien la menace a pour fondement un fait réel, et alors la crainte n'a rien de chimérique ; par conséquent, dans cette dernière hypothèse, l'art. 405 ne peut recevoir son application. — C'est ainsi qu'il avait été jugé : 1° que le chantage, c'est-à-dire le fait de se faire remettre des valeurs en employant la menace d'une dénonciation, constitue une escroquerie, au moins lorsque cette dénonciation ne peut avoir pour fondement qu'une calomnie (Crim. rej. 20 mai 1858, aff. Sommereau, D. P. 58. 1. 225) ; — 2° Que le chantage qui a pour objet, au moyen d'une dénonciation calomnieuse appuyée de manœuvres propres à faire croire à la réalité des délits dénoncés (tels que des faits d'adultère et d'empoisonnement), d'arracher à celui qu'on menace des sommes d'argent ou la souscription de promesses, est une variété du délit d'escroquerie (Poitiers, 14 sept. 1858, aff. Tardy, D. P. 58. 2. 196) ; — 3° Que le fait, de la part d'une partie : 1° d'avoir porté plainte contre un individu pour lacération de billets que ce dernier avait souscrits en sa faveur, mais qu'un jugement avait annulés comme ayant pour cause des dettes de jeu ; 2° d'avoir répandu dans le public que cet individu serait arrêté par suite de la plainte ; 3° d'avoir provoqué plusieurs personnes à l'engager à souscrire à son profit une obligation authentique, en forme de transaction et sur l'offre de retirer sa plainte, d'une certaine somme d'argent ; un tel fait constitue, fût-il pratiqué vis-à-vis d'un avocat, les manœuvres frauduleuses punies par l'art. 405 c. pén. (Crim. rej. 23 nov. 1838, aff. X..., V. Oblig., n° 4936-2°) ; — 4° Mais que des craintes ne sont réputées, dans le sens de l'art. 405, lorsque le fait qui y donne lieu est fondé ; et, spécialement, que le fait d'obtenir d'un individu la souscription d'un billet, en lui inspirant la crainte de poursuites criminelles à raison d'un billet faux qu'il aurait mis dans le commerce, ne saurait constituer le délit prévu par cet article, sous prétexte que les craintes reposent sur un événement chimérique, tant qu'il n'est point reconnu que le billet n'était pas faux (Crim. cass. 19 sept. 1840, aff. Baratte, rapporté avec l'arrêt qui suit). — Toutefois, dans cette même affaire, il a été décidé, par les chambres réunies, que le fait par un individu de s'être fait souscrire un billet, à l'aide de manœuvres frauduleuses, en persuadant au souscripteur la crainte chimérique qu'une plainte en faux devait être portée contre lui par un tiers resté cependant étranger à cette machination, à raison d'un billet mis en circulation par ce souscripteur, et en faisant naître dans l'esprit de celui-ci l'espérance également chimérique que, par son crédit, il empêcherait ce tiers de provoquer l'action de la justice, constitue le délit d'escroquerie, alors même que ce dernier billet serait faux (Ch. réun. rej. 4 fév. 1842) (1). — Mais, à bien considérer, cette décision n'est pas en opposition avec l'arrêt précédent de la chambre criminelle.

801. On pouvait objecter contre la distinction qui précède, qu'une dénonciation calomnieuse n'est jamais sans danger pour celui qui en est l'objet, d'abord parce qu'elle peut donner lieu à une poursuite criminelle qui lui soit très-préjudiciable, et en outre parce que, suivant un adage très-connu, il reste toujours quelque chose d'une calomnie ; qu'ainsi on ne peut pas dire, dans ce cas, que la crainte soit précisément chimérique. Quoi qu'il en soit, il résulte de la disposition qui forme aujourd'hui le § 2 de l'art. 400 c. pén. que la menace de révélations ou imputations diffamatoires, employée comme moyen d'extorsion, est dans tous les cas passible d'un emprisonnement d'un an à cinq ans et d'une amende de 50 fr. à 3,000 fr. Mais nous avons vu plus haut (n°s 617 *in fine*, 620) que cette peine n'est point applicable à celui qui, ayant été lésé par un crime ou par un délit, transige sur la réparation à laquelle il a droit et consent à ce prix à ne pas porter plainte.

802. Le fait d'avoir imité l'écriture du bénéficiaire d'un billet à ordre, dans le corps et la signature de ce billet, par celui qui l'a réellement souscrit et signé de son propre nom, constitue, non un faux qualifié, mais une des manœuvres punies par l'art. 405 c. pén., lorsqu'il n'a été commis que pour faire naître la crainte d'une poursuite en faux, et consommer, par ce moyen, une escroquerie envers le bénéficiaire ; en conséquence, l'escroquerie et la manœuvre à l'aide de laquelle elle a eu lieu, rentrent

---

réforma cette décision. Les motifs de son jugement du 11 août 1843 sont : 1° que la lettre du 22 sept. 1842, signée Trouillet, n'a pu tromper personne, et qu'elle ne constitue point une manœuvre frauduleuse ; 2° que ces manœuvres fussent-elles frauduleuses, elles ne suffiraient pas pour constituer le délit d'escroquerie, puisqu'il aurait encore fallu, aux termes de l'art. 405, faire naître la crainte d'un accident ou de tout autre événement chimérique ; et que l'annonce de la faillite probable de la demoiselle Cathié n'avait rien de chimérique ; 5° enfin « que le tribunal a eu, comme le premier juge, la conviction que Chalanqui, signalé comme un homme d'un caractère très-léger et d'une tête très-faible, a subi à son insu les conditions les plus rigoureuses dans toutes ses relations d'affaires avec Grès et la demoiselle Cathié. » — Pourvoi du ministère public pour violation de l'art. 405 c. pén. — Arrêt.

La cour ; — Vu le pourvoi du procureur du roi près le tribunal de Carpentras, le mémoire produit à l'appui dudit pourvoi et la requête en intervention de Joseph Chalanqui. — Sur le moyen proposé fondé sur la fausse interprétation et la violation de l'art. 405 c. pén. ; — Attendu qu'il a été déclaré, par le jugement attaqué, que les faits imputés aux prévenus n'avaient pas eu pour objet d'inspirer la crainte d'un accident ou de tout autre événement chimérique ; que dès lors ces faits ne présentaient pas les caractères déterminés par l'art. 405 c. pén. pour constituer le délit d'escroquerie, et qu'en le jugeant ainsi, ce jugement n'a pas violé les dispositions dudit article ; — Rejette.

Du 18 nov. 1845.-C. C., ch. crim.-MM. de Crouseilhes, f. f. de pr.-Jacquinot-Godard, rap.-Delapalme, av. gén.-Roger, av.

(1) (Baratte C. min. pub.) —La cour ; — Vu l'art. 405 c. pén. et les art. 191 et 212 c. inst. crim. ; —Attendu que, d'après l'arrêt attaqué, Dillard a été déterminé à souscrire le billet de 3,000 fr., objet de la prévention, par des manœuvres frauduleuses tendantes à lui inspirer la crainte de poursuites criminelles, au sujet d'un billet de 500 fr., qu'il avait mis dans le commerce, et qu'on prétendait faux ; — Que cette crainte n'a pu être considérée par l'arrêt comme étant celle d'un événement chimérique qu'autant qu'il aurait été reconnu que le billet de 500 fr. dont il s'agit n'était point faux, puisque, si le billet était faux, les craintes sous l'influence desquelles Dillard a consenti à souscrire le billet de 3,000 fr.

étaient sérieuses et fondées ; — Que cependant l'arrêt ne contient aucune déclaration sur ce point ; — Qu'ainsi, tous les caractères exigés par l'art. 405 c. pén. pour constituer le délit d'escroquerie ne se trouvent pas constatés par l'arrêt attaqué ; — D'où il suit que la condamnation du demandeur en vertu dudit article a été une fausse application, ainsi qu'une violation formelle des art. 191 et 212 c. inst. crim.—Casse.

Du 19 sept. 1840.-C. C., ch. crim.-MM. Bastard, pr.-Vincens, rap.

La cour d'Amiens, saisie par renvoi, a constaté que ces aveux ont été ceux du faux, et a décidé, comme la cour de Rouen, qu'il y avait escroquerie ; mais elle ne constate pas explicitement la sincérité du billet Allais.

Pourvoi pour violation de l'art. 405 c. pén. et des art. 191 et 212 c. inst. crim., fondé sur les motifs de l'arrêt de la cour de Rouen, qu'il n'a pas été constaté que le billet de 500 fr. était sincère, et que l'intention que pouvait avoir Dubos de porter ou de ne pas porter plainte contre Dillard n'était d'aucune importance pour déterminer si l'événement dont le demandeur en cassation menaçait Dillard, était ou n'était pas chimérique. — Arrêt.

La cour ; — Attendu qu'après avoir constaté les faits établis par les débats à la charge de Baratte, et les avoir qualifiés de manœuvres frauduleuses, l'arrêt attaqué déclare qu'à l'aide de ces manœuvres, il a prévenu a persuadé à Dillard la crainte chimérique qu'une plainte en faux devait être portée contre lui par le nommé Dubos, resté cependant absolument étranger à cette machination ; l'existence d'un pouvoir imaginaire sur la détermination de ce dernier faisant naître, par là, dans son esprit, l'espérance également chimérique d'échapper, par son entremise, à l'action de la justice qui pourrait être provoquée par Dubos, alors même que le billet qu'il avait mis en circulation serait faux et que, par ce moyen, il s'est fait souscrire et remettre par Dillard un billet de 3,000 fr. dont il n'a pas fourni la valeur ; — Attendu qu'en appréciant comme il l'a fait les manœuvres employées par Baratte, et leurs conséquences, dont il reconnaissait expressément l'existence, et en décidant qu'elles constituent le délit d'escroquerie prévu et puni par l'art. 405 c. pén., loin d'avoir faussement appliqué cet article et violé les art. 191 et 212 c. inst. crim., il en a fait, au contraire, une juste application ; — Rejette.

Du 4 fév. 1842 -C. C., ch. réun.-MM. Portalis, pr.-Bryon rap.

dans les attributions du tribunal correctionnel (Crim. rej. 31 août 1844, aff. Briquet, V. Faux, n° 107).

803. Nous avons examiné précédemment (n° 671) si le fait de tromper au jeu constitue une filouterie, et nous avons pensé que cette question devait être résolue négativement. Mais ce même fait présente-t-il les caractères de l'escroquerie? Nous voyons bien là les manœuvres frauduleuses et la remise volontaire de sommes ou valeurs obtenues par l'effet de ces manœuvres; mais cela ne suffit pas : il faut, aux termes de l'art. 405 c. pén., que les manœuvres aient eu pour but de faire naître l'espérance ou la crainte d'un succès, d'un accident ou de tout autre événement chimérique. Or on ne voit pas bien comment cette dernière condition se trouve réalisée dans le fait dont il s'agit. Si des manœuvres frauduleuses avaient été employées pour déterminer à jouer celui qui a été victime de la tromperie, nul doute que l'art. 405 serait applicable; mais s'il n'en a pas été ainsi, si c'est spontanément et volontairement qu'il s'est assis à la table de jeu, si même on le lui a simplement proposé, sans employer d'ailleurs aucun moyen dolosif pour le décider, il semble que l'art. 405 ne puisse être appliqué, parce que, dans cette hypothèse, les manœuvres frauduleuses avaient bien pour but de procurer à celui qui les a employées un gain illicite, mais non de faire naître dans l'esprit du perdant l'espérance ou la crainte d'un succès, d'un accident ou de tout autre événement chimérique. — En y regardant de plus près toutefois, il ne serait peut-être pas impossible de trouver dans les faits dont il s'agit les éléments du délit d'escroquerie. Supposons, par exemple, qu'une partie s'engage sur parole entre deux joueurs. L'un d'eux gagne par des moyens frauduleux, et le jour même, ou dans les jours qui suivent, le perdant s'exécute. Ne peut-on pas dire que les manœuvres employées par le gagnant ont eu pour but et pour effet de persuader faussement au perdant qu'il était débiteur, lorsqu'en réalité il ne l'était pas, et par là de faire naître en lui la crainte chimérique du déshonneur qu'il encourrait en ne payant pas? Supposons maintenant qu'au lieu de jouer sur parole les parties avaient déposé leurs enjeux sur la table : ne peut-on pas dire également que les manœuvres frauduleuses du gagnant constituent une escroquerie, parce qu'elles ont été de sa part un moyen d'obtenir du perdant, sinon la remise effective des sommes perdues, du moins son consentement tacite à l'appréhension, à la prise de possession des enjeux déposés, consentement déterminé par la crainte chimérique du déshonneur qui suit toujours l'inexécution des engagements résultant du jeu? — Cette interprétation admise, s'il arrivait que le perdant, ayant joué sur parole, se refusât ensuite au payement, ou s'il aurait reconnu l'existence de la tromperie, on ne pourrait pas dire qu'il y a eu escroquerie consommée, puisqu'il n'y aurait pas eu remise de sommes ou valeurs; mais n'y aurait-il pas au moins escroquerie tentée? Cette question se rattache à la théorie de la tentative d'escroquerie qui a donné lieu à de longues controverses que la loi du 13 mai 1863 a tranchées en modifiant le point de rédaction de l'art. 405. — V. infrà, n° 864 et suiv.

804. Quoi qu'il en soit, il a été jugé, sur cette question :

1° que celui qui, après avoir excité au jeu par l'apparence d'avantages considérables, emploie des moyens frauduleux pour s'assurer le gain des parties engagées, se rend coupable d'escroquerie (Bordeaux, 22 avr. 1858) (1); — 2° Que la tromperie au jeu commise dans une partie engagée sur parole, avec remise d'une portion des sommes perdues et refus de payer le surplus, constitue, non les délits de filouterie et de tentative de filouterie, mais ceux d'escroquerie et de tentative d'escroquerie, alors que des manœuvres frauduleuses ont été employées pour faire naître l'espérance de gagner; que, par suite, le tricheur est passible, en une telle circonstance, de l'application de l'art. 405 c. pén., et non de celle de l'art. 401 même code (Ch. réun. rej. 30 mars 1847, aff. Bacon, D. P. 47. 1. 168); — 3° Que la tromperie au jeu qui a eu pour résultat une appropriation déloyale de l'argent des autres joueurs, rentre dans les cas d'escroquerie et non de filouterie; que, dès lors, si par suite de l'application à ce cas de la qualification inexacte de filouterie, le juge du fait a prononcé la peine accessoire de la surveillance, il y a lieu à cassation, cette peine n'étant pas édictée contre l'escroquerie (Crim. cass. 9 juill. 1859, aff. Daumont, D. P. 59. 1. 333); — 4° Que la tromperie au jeu qui a pour résultat une appropriation déloyale de l'argent des joueurs, est avec raison qualifiée d'escroquerie, lorsque le juge du fait reconnaît que les manœuvres employées pour faire naître chez les joueurs l'espérance d'un gain chimérique, celui du gain des parties dans lesquelles se trouvaient en réalité supprimées toutes les chances aléatoires qui constituent le jeu légal (Crim. rej. 16 mars 1860, aff. Daumont, D. P. 60. 5. 150); — 5° Mais que le fait de tromper au jeu, dans une partie engagée sur parole, c'est-à-dire sous condition que le perdant payera ultérieurement, ne constitue ni une escroquerie, ni même une tentative d'escroquerie, alors qu'il n'y a eu ni appréhension, ni délivrance de sommes ou valeurs, lors même que ces délivrance et appréhension n'ont manqué de se réaliser que par des circonstances indépendantes de la volonté du gagnant (Crim. cass. 29 juin 1845, aff. Peyronnet, D. P. 45. 1. 275).

805. Le fait, par un individu, d'avoir, sous son prénom, et en dissimulant son nom de famille, sous lequel il avait subi une condamnation, délivré des remèdes qu'il savait être inefficaces, et des prescriptions incapables de produire les bons effets qu'il annonçait dans ses prospectus, peut être considéré comme présentant les caractères du délit d'escroquerie (Crim. rej. 5 nov. 1853, aff. Charpeaux, D. P. 53. 5. 199). — De même, l'individu qui, n'ayant fait aucune étude médicale, se présente comme possédant des ressources efficaces pour toutes les maladies, emploie tous les moyens de publicité pour faire croire qu'il est docteur d'une université étrangère dans laquelle il n'a jamais mis les pieds, qu'il possède des dons surnaturels pour la guérison de certaines maladies, qu'il a des remèdes infaillibles à lui révélés par un Indien, et par ce moyen se fait remettre de l'argent par des malades qu'il ne guérit pas, se rend coupable du délit prévu et puni par l'art. 405 c. pén. (Paris, 17 févr. 1860) (2). — Mais l'individu non médecin qui, sans prendre un faux nom ou une fausse

---

(1) (Leyris.) — LA COUR; — Attendu que de la déposition de Laville il résulte qu'en avril 1857, le prévenu Leyris l'engagea à entrer chez lui à une heure avancée de la soirée; que, seuls alors, Leyris l'engagea à boire une mesure, lui proposa de jouer à l'écarté en lui donnant deux points d'avance, et lui gagna une somme de 220 fr. pour le montant de laquelle Laville lui fournit le lendemain une lettre de change; — Que, dans le mois de mai précédent et dans des circonstances à peu près semblables, Leyris lui avait aussi gagné une somme de 100 fr. reconnue également par lettre de change; — Attendu, d'après Laville encore, que Leyris avait souvent le roi en main, et qu'il se trouvait avoir six cartes dans son jeu quand celui de ses adversaires se présentait avec une chance favorable, de manière à rendre le coup nul; — Attendu que la déposition de Laville, dont l'ancienneté ne porterait à suspecter la sincérité, n'est pas isolée, et qu'elle trouve un singulier appui dans celles de plusieurs témoins, Pierre Delmont, Peycoulan et Darnige, notamment, qui font connaître que, dans d'autres circonstances, Leyris a été surpris avec des cartes sur ses genoux, pouvant ainsi améliorer son jeu et annuler les coups à sa volonté; que l'information, prise dans son ensemble, ne permet donc pas de douter de la réalité des faits ci-dessus précités; — Attendu que ces faits constituent évidemment l'escroquerie aux termes de l'art. 405 c. pén., qu'ils révèlent, en effet, les manœuvres auxquelles Leyris avait recours pour s'assurer le gain des parties qu'il jouait; — Que, ces manœuvres présenteraient un caractère délictueux alors même qu'elles n'auraient eu d'autres conséquences que de tromper celui qui en a été victime sur la valeur des chances naturelles qu'il se promettait de trouver dans un jeu loyal, mais que Leyris est allé, par ses actes jusqu'à entraîner Laville dans une partie où les avantages qui lui étaient présentés étaient une première manœuvre pratiquée à son égard; — Attendu que les chefs de prévention relevés à l'égard d'autres personnes que Laville ne sont pas suffisamment établis, etc.; — Condamne... — Du 22 avr. 1858. — C. de Bordeaux. — M. Dégrange-Touzin, pr.

(2) (Min. pub., C. Vries, dit le Docteur Noir.) — LA COUR; — Considérant qu'il résulte de l'instruction et des débats que Vries n'a fait aucune étude médicale et qu'il ignore les notions les plus élémentaires de l'art de guérir; — Que cependant il s'est présenté comme possédant des ressources efficaces pour toutes les maladies; — Qu'admis à mettre à l'épreuve son prétendu système de traitement, soit à l'hôpital de l'Ile de la Trinité, soit à l'hôpital des Cancéreux à Londres, il a partout complétement échoué; — Que, ne reculant devant aucun moyen pour attirer l'attention du public, il a fait apposer à Londres des affiches contenant les outrages les plus violents contre la religion catholique, le pape et le

qualité, s'est fait remettre de l'argent par un malade en échange de promesses de guérison qu'il était hors d'état de tenir (et qu'il annonçait, par exemple, devoir réaliser par l'application de la méthode Raspail), ne peut être déclaré coupable d'escroquerie, si son affirmation mensongère n'a été accompagnée d'aucun fait qui puisse être considéré comme une manœuvre ayant le caractère de fraude (Crim. cass. 21 juin 1855, aff. Gibert, D. P. 55. 1. 504). — Cela est conforme à la jurisprudence qui refuse de donner au simple mensonge le caractère de manœuvre constitutive du délit d'escroquerie. — V. *suprà*, nos 751 et suiv.

806. Un arrêt a jugé qu'il y a escroquerie de la part du médecin qui, dans le but unique de faire accepter, moyennant un prix excessif, des prescriptions et des remèdes préparés à l'avance et qui se trouvent les mêmes pour toutes les maladies, est parvenu, à l'aide de manœuvres frauduleuses et en persuadant à plusieurs personnes qu'il avait le pouvoir de les guérir, à faire naître dans l'esprit de ces personnes un espoir chimérique de guérison, et à se faire remettre ainsi diverses sommes d'argent; qu'en ce cas, les manœuvres frauduleuses constitutives de l'escroquerie résultent suffisamment de ce que le médecin s'est fait précéder dans une ville où il se prétendait appelé par des annonces de journaux et des feuilles imprimées, distribuées à profusion, indiquant son domicile et le jour de son arrivée, et contenant une foule d'attestations mensongères de guérison, dont les signatures n'ont été obtenues qu'à l'aide de moyens frauduleux (Amiens, 10 fév. 1854, aff Thirat, D. P. 55. 2. 63). — Et sur le pourvoi formé contre cet arrêt, il a été décidé de même que le médecin qui annonce comme ayant le pouvoir de guérir des maladies reconnues jusque-là incurables, des remèdes qu'il sait n'avoir pas cette propriété, et appuie cette annonce de la publication de certificats mensongers de guérisons qu'il n'a fait revêtir de signatures recommandables qu'à l'aide de moyens frauduleux, tout cela dans le but de faire accepter à un prix excessif sa prescription et les remèdes dont il est lui-même le distributeur au détriment des pharmacies établis dans les lieux où il opère, peut être poursuivi pour escroquerie (Crim. rej. 31 mars 1854, aff. Thirat de Malmort, D. P. 54. 1. 199). — Ces décisions nous paraissent faire une juste application de l'art. 405. On trouve en effet réunis dans les faits qui y sont précisés tous les caractères constitutifs du délit d'escroquerie : manœuvres

frauduleuses, pouvoir imaginaire, espérances chimériques, remise de somme obtenue par ce moyen. C'est donc avec raison qu'une condamnation a été prononcée. Mais, en cette matière, il faut prendre garde de confondre deux choses qui doivent être distinguées : l'escroquerie proprement dite et le charlatanisme. Tous les jours on peut lire dans les colonnes des journaux ou sur les murs des villes et villages, des annonces de méthodes ou remèdes infaillibles, avec l'indication des cures plus ou moins merveilleuses qui ont été obtenues par leur emploi; on ne saurait voir dans ces annonces un élément du délit d'escroquerie, alors même qu'elles seraient empreintes de quelque exagération. Le charlatanisme des annonces, aujourd'hui d'un si fréquent usage, est un fait affligeant sans doute au point de vue moral et qu'il est permis de déplorer, mais que le ministère public s'abstient avec raison de poursuivre, laissant au bon sens public le soin d'en faire justice.

807. L'emploi du magnétisme, lorsqu'il a eu lieu à prix d'argent, peut-il être considéré comme une escroquerie? Plus d'une fois déjà les tribunaux ont été saisis de cette question. Le magnétisme est une force inconnue dont quelques effets seulement se sont révélés jusqu'à ce jour et sur laquelle la science est loin d'avoir dit encore son dernier mot. Mais il n'est pas nécessaire d'être édifié à cet égard pour résoudre la question légale que nous venons de poser. Quelle que soit la nature et la portée de l'influence magnétique, il y a, selon nous, une distinction à faire, selon que l'agent a été de bonne ou de mauvaise foi. S'il a été de bonne foi, s'il a cru lui-même à la réalité des effets qu'il annonçait, il ne peut être condamné, car la fraude, l'intention de tromper est un élément essentiel de l'escroquerie; si, au contraire, il a été de mauvaise foi, s'il s'est servi du magnétisme comme d'un moyen de duper les gens crédules qui avaient la simplicité de recourir à lui, l'art. 405 doit lui être appliqué, car alors il a employé des manœuvres frauduleuses dans le but de faire naître l'espérance d'un événement chimérique et a par ce moyen escroqué tout ou partie de la fortune d'autrui. — Il a été décidé en ce sens : 1° que l'annonce et l'emploi du magnétisme comme moyen curatif ne suffisent pas, en l'absence de tous autres faits ayant le caractère de manœuvres frauduleuses spécifiées par l'art. 405 c. pén., pour constituer le délit d'escroquerie (Crim. cass. 18 août 1843)(1); — 2° Mais que l'individu poursuivi

---

cardinal Wiseman; — Considérant que, fixé à Paris à la fin de 1855, tous les modes de publicité ont été mis en œuvre pour le représenter comme possédant des dons surnaturels et le pouvoir de guérir toutes les maladies; que, dans ce but, il a répandu de toutes parts, comme il l'avait déjà fait en Angleterre, des prospectus annonçant une vision dans laquelle Dieu lui serait apparu et lui aurait ordonné d'élever un temple de marbre où toutes les religions seraient confondues et dont il serait le principal personnage; — Considérant que, dans des lettres missives, dans des écrits imprimés et dans ses conversations, il déclarait qu'il avait fait des études médicales à l'université de Leyde, qu'il était docteur de la faculté de cette ville, qu'il s'est fait inscrire en cette qualité sur l'Annuaire de médecine publié à Paris; qu'il se faisait connaître sous la dénomination de Docteur Noir; — Considérant que cependant Vriès a été forcé de convenir qu'il n'a jamais mis les pieds à Leyde; qu'il n'a suivi les cours d'aucune faculté et n'a jamais obtenu le titre de docteur en médecine; — Considérant que dans les lettres, mémoires, dans des écrits imprimés et dans ses relations avec les malades, Vriès a déclaré qu'il possédait contre le cancer un remède infaillible qu'il appelait le *quinquina du cancer*; qu'un des documents imprimés par lui contient le récit des circonstances dans lesquelles, aux îles de la Sonde, ce remède lui aurait été révélé par un Indien; — Considérant, sommé d'indiquer la nature de ce médicament, qu'il s'y est d'abord refusé; qu'il a livré ensuite à l'examen trois substances qui ont été analysées par des chimistes; qu'il a été constaté que ces substances étaient de la nature la plus insignifiante et ne pouvaient produire aucun effet; que les expériences faites à l'hôpital Saint-Louis comme à celui de la Charité ont également prouvé que Vriès ne possédait aucun remède ayant l'efficacité qu'il annonçait; — Considérant que l'ensemble des faits et des documents du procès démontre que Vriès était de mauvaise foi et qu'il savait qu'il ne possédait, notamment contre le cancer, aucun remède efficace; — Considérant que c'est à l'aide de ces moyens frauduleux, en annonçant ainsi un remède n'existant pas, que Vriès est parvenu à former autour de son nom une réputation qui a amené un grand nombre de malades, trompés par ces coupables manœuvres; — Considérant, en outre, qu'en leur déclarant posséder contre le cancer un remède infaillible et garantir une guérison certaine, il exigeait la promesse de sommes

considérables. dont une partie était payée comptant; que, pour mieux gagner la confiance, il s'engageait formellement à restituer les sommes reçues si la guérison n'était pas obtenue; — Mais attendu que cette restitution, quelque défavorable qu'ait été le résultat du traitement, n'a jamais été effectuée, sauf dans un seul cas, et pour une somme minime; — Qu'il est d'ailleurs constant que dans l'état d'insolvabilité où se trouvait Vriès, il lui aurait été impossible d'opérer cette restitution; — Considérant que néanmoins, dans le temps qui a précédé son arrestation, et comme moyen d'action sur le public, il occupait un appartement d'un loyer annuel de 15,000 fr., garni d'un mobilier somptueux; — Considérant que ces faits constituent les manœuvres frauduleuses prévues et définies par l'art. 405 c. pén.; — Qu'il est donc constant que Vriès, depuis moins de trois ans, à partir des premiers actes de poursuite, en employant des manœuvres frauduleuses pour persuader l'existence d'un pouvoir imaginaire et pour faire naître l'espérance d'un événement chimérique, s'est fait remettre diverses sommes par plusieurs personnes, et notamment : par Carriguéry, 10,000 fr.; par Kappelmann, 7,867 fr.; par Mignot, 3,000 fr.; par Rougemont, 6,666 fr.; par Chardin, 1,000 fr., et leur a, par ce moyen, escroqué une partie de leur fortune; — Confirme.

Du 17 fév. 1860.–C. de Paris, ch. corr.–M. Partarrieu-Lalosse, pr.

(1) (Ricard et Plain *C.* min. publ.) — La cour (apr. délib. en ch. du cons.); — Vu l'art. 405 c. pén.; — Attendu que cet article définit le caractère et le but des manœuvres frauduleuses dont l'emploi constitue le délit d'escroquerie; qu'il appartient à la cour de rechercher si les faits énoncés dans le jugement attaqué ont été légalement qualifiés; — Attendu que ces faits se réduisent, suivant le jugement, d'une part, aux annonces d'un moyen curatif, et, d'autre part, à l'emploi de ce moyen, qui serait le magnétisme; — Attendu que le jugement attaqué ayant reconnu avec raison qu'il n'y avait point à s'expliquer sur le mérite et les effets du magnétisme animal, il en résultait l'obligation, pour constituer le délit d'escroquerie imputé aux prévenus, d'établir, à l'aide des faits et des circonstances de la cause, que les manœuvres par lesquelles ceux-ci auraient voulu persuader l'existence d'un pouvoir imaginaire, pour faire naître l'espoir d'un événement chimérique et escroquer ainsi partie de la fortune d'autrui, étaient autres que l'emploi du

pour avoir fait métier de donner, moyennant de l'argent, avec l'assistance d'un somnambule, des consultations aux personnes victimes de vol, à l'effet de leur en faire découvrir les auteurs, doit être déclaré coupable d'escroquerie, alors qu'il est constaté souverainement par les juges du fait qu'il trompait sciemment le public en donnant des indications toujours inexactes et qu'il savait devoir être telles; qu'il y a là, en effet, une manœuvre frauduleuse employée dans le but de faire croire à un pouvoir imaginaire (Crim. rej. 24 août 1855, aff. Mongruel, D. P. 55. 5. 193); — 3° Que, s'il est vrai que le magnétisme ne puisse par lui-même constituer un des éléments de la fraude prévue par l'art. 405 c. pén., il en est autrement cependant lorsqu'il a été constaté par le juge du fait que le sommeil magnétique était feint et simulé et n'était qu'une manœuvre employée pour persuader l'existence d'un pouvoir imaginaire, et que c'est à l'aide de cette manœuvre que les prévenus se sont fait remettre diverses sommes (Crim. rej. 22 août et 12 déc. 1861) (1); — 4° Qu'on ne peut objecter que les victimes de l'escroquerie se seraient volontairement présentées chez les prévenus et auraient volontai-

rement remis ces sommes, alors que ces faits ne sont que la conséquence de la manœuvre frauduleuse consistant dans la simulation du sommeil magnétique dont le prévenu fait sa profession habituelle (mêmes arrêts).

808. La cour de Lyon, qui avait rendu l'arrêt contre lequel était dirigé le pourvoi rejeté par l'arrêt du 24 août 1855 qui précède, avait décidé qu'il y avait lieu de considérer comme manœuvres frauduleuses constitutives du délit d'escroquerie de la part d'un individu qui s'est fait remettre de l'argent pour des consultations ou indications, des promesses pompeuses, appuyées sur l'emploi vrai ou simulé du magnétisme et tendant à donner une certitude qui n'existe pas, celle, par exemple, de découvrir les auteurs d'un vol ou de tout autre délit (Lyon, 10 juin 1855 (non 20 juin 1850), aff. Mongruel, D. P. 56. 2. 4).—Cette même cour a décidé, dans une autre affaire, que le fait d'exiger de l'argent pour des consultations ou indications données à l'aide du magnétisme, ne constitue pas le délit d'escroquerie, si aucune manœuvre frauduleuse n'a été employée pour faire croire, soit à l'existence d'un sommeil magnétique qui aurait été simulé, soit à

---

magnétisme; — Et attendu qu'en dehors de l'emploi de ce système, le jugement attaqué ne signale aucun fait qui serait de nature à justifier la qualification du délit d'escroquerie et l'application de la peine; — Que néanmoins il a appliqué l'art. 405 c. pén., en quoi il a été fait une fausse application de cet article; — Casse, etc.

Du 18 août 1843.-C. C., ch. crim.-MM. Crouseilhes, f. f. pr.-Jacquinot-Godard, rap.-Delapalme, av. gén., c. conf.-Mandaroux-Vertamy, av.

(1) 1re *Espèce.* — (Dupuches et autres *C.* min. pub.)—LA COUR; — Vu l'art. 405 c. pén.;—Sur le moyen fondé sur ce que le fait de magnétisme, en dehors de circonstances étrangères dont il pourrait être accompagné, ne saurait constituer le délit d'escroquerie : — Attendu que si, en effet, le magnétisme, envisagé soit au point de vue de la science, soit à celui de l'art médical, ne saurait par lui-même constituer un des éléments de la fraude prévue par l'art. 405 c. pén., néanmoins l'emploi de la simulation du sommeil magnétique peut, selon les circonstances dans lesquelles un semblable moyen a été employé, constituer la manœuvre frauduleuse dudit art. 405; — Et attendu que le jugement de première instance, confirmé par l'arrêt attaqué, constate que, dans l'espèce, le sommeil de la femme Bouchiron, femme Mirande, était feint et simulé et n'était qu'une manœuvre employée par les prévenus pour persuader l'existence d'un pouvoir imaginaire, et que c'est à l'aide de la confiance inspirée par cette manœuvre que ces prévenus se sont fait remettre diverses sommes par le sieur Dussault; — Attendu que ce sont là des appréciations souveraines du juge du fait qui échappent à la censure de la cour; — Sur le deuxième moyen, fondé sur ce que, pour que le délit d'escroquerie soit légalement constitué, il serait nécessaire que la manœuvre frauduleuse eût été employée pour attirer Dussault chez la prétendue somnambule, alors qu'il résulte des faits constatés au jugement que c'est volontairement que Dussault s'y est présenté : — Attendu que la manœuvre frauduleuse peut aussi bien résulter de la simulation du sommeil magnétique que de manœuvres employées pour amener Dussault à se rendre chez les prévenus; — Sur le troisième moyen, tiré de ce que les prévenus n'auraient pas exigé les sommes remises par Dussault, et qu'au contraire celui-ci les aurait versées volontairement comme rémunération des consultations; — Attendu qu'il suffit, pour constituer le délit d'escroquerie, que les sommes, même volontairement remises, l'aient été par suite de manœuvres frauduleuses employées pour amener ce résultat, ce que l'arrêt constate en fait ; — Par ces motifs, rejette, etc.

Du 22 août 1861.-C. C., ch. crim.-M. Victor Foucher, rap.

2e *Espèce.* — (Dovillers *C.* min. pub.) — LA COUR; — Sur le premier moyen, tiré de la prétendue violation de l'art. 405 c. pén., soit, 1° parce que l'emploi du magnétisme animal ne constituerait pas, à lui seul, les manœuvres frauduleuses prévues et caractérisées par ledit article; 2° parce que les victimes de l'escroquerie se seraient *volontairement* présentées chez la prévenue; 5° parce que c'est *spontanément* qu'elles auraient remis à la prévenue les sommes reçues par celle-ci : — Vu ledit art. 405 c. pén.; — Sur la première branche du moyen : — Attendu que si le magnétisme, envisagé soit au point de vue de la science, soit au point de vue de l'art médical, ne constitue pas par lui-même un des éléments de la fraude prévue et réprimée par l'art. 405 c. pén., il en est autrement de la simulation du sommeil magnétique, qui peut, suivant les circonstances dans lesquelles un semblable moyen a été employé, constituer la manœuvre frauduleuse dont parle ledit article; — Attendu que l'arrêt attaqué constate, en s'appuyant sur les explications fournies par la femme Dovillers elle-même, tant dans l'instruction écrite qu'à l'audience, que, notamment en ce qui concerne le fait relatif à Herbin, la combinaison, par la prévenue, d'idées puisées à des sources différentes, la réticence volontaire et calculée sur la vraie cause de l'état

morbide, ne permettent pas de croire à la bonne foi de la femme Dovillers, à l'état extatique qu'elle décrit et prétend éprouver, et autorise à penser, au contraire, que ce sommeil était simulé; et comme il est l'invariable moyen à l'aide duquel la prévenue exerce et maintient son crédit, à le regarder, dans l'espèce et sur les faits de la prévention, comme une manœuvre frauduleuse destinée à persuader l'existence d'un pouvoir imaginaire; et enfin, que c'est à l'aide des mêmes moyens que, depuis moins de trois ans, la femme Dovillers s'est fait remettre par Herbin, la femme Suin et Peyois diverses sommes et a ainsi escroqué partie de la fortune d'autrui; — Attendu qu'en se fondant sur la mauvaise foi de la prévenue et en déclarant, par cela que toutes les circonstances qui ont accompagné l'emploi du prétendu sommeil magnétique constituaient les manœuvres frauduleuses prévues et réprimées par l'art. 405 précité, l'arrêt attaqué a fait une appréciation souveraine, qui échappe au contrôle de la cour de cassation;

Sur la seconde branche du moyen : — Attendu qu'il n'est pas nécessaire, pour constituer le délit d'escroquerie, que les victimes de cette escroquerie aient été attirées chez la prétendue somnambule par des manœuvres frauduleuses spécialement employées pour atteindre ce but; — Que, d'ailleurs, la manœuvre frauduleuse résultant de la simulation du sommeil magnétique, dont la prévenue fait sa profession habituelle, suffirait pour expliquer et caractériser, dans le sens de la loi pénale, la présence des nommés Herbin, Peyois et la femme Suin au domicile de la femme Dovillers;

Sur la troisième branche du moyen : — Attendu qu'il suffit, pour constituer l'escroquerie, que les sommes, même volontairement remises, l'aient été par suite de manœuvres frauduleuses employées à cet effet, ce que l'arrêt attaqué constate en fait;

Sur le deuxième moyen, pris de la prétendue violation de la règle *non bis in idem* : — Attendu que la femme Dovillers a été renvoyée devant le tribunal de police correctionnelle sous la double prévention d'escroquerie et d'exercice illégal de la médecine; — Attendu que le délit d'escroquerie, résultant de l'emploi simulé du sommeil magnétique, et la contravention d'exercice illégal de l'art de guérir qui en a été la suite, à raison des remèdes ordonnés par la prétendue somnambule, sont deux faits distincts, qui peuvent exister en même temps et qui, n'étant pas exclusifs l'un de l'autre, peuvent donner lieu à l'application simultanée des peines afférentes à chacune de ces infractions; — Qu'il importe peu que le délit et la contravention aient été commis à la même époque, au préjudice des mêmes personnes, dans le but commun de se faire remettre des sommes d'argent, et qu'ils soient compris dans une seule poursuite; — Qu'il ne saurait résulter de cette coïncidence une confusion entre le délit d'escroquerie, qui se compose d'éléments qui lui sont propres, et de conditions spéciales qui le constituent, et le fait d'exercice illégal de la médecine, qui existe par lui-même, indépendamment des circonstances qui l'ont accompagné et des moyens à l'aide desquels il a été accompli; — Attendu, en effet, que la poursuite pour exercice illégal de la médecine n'est pas subordonnée à la prescription d'un remède plus ou moins sérieux, plus ou moins efficace; — Qu'il suffit, pour que le fait rentre sous l'application de la loi du 19 vent. an 11, que la consultation ait été donnée et que le remède ait été prescrit, contrairement aux dispositions de ladite loi; — D'où il suit que l'arrêt attaqué, en décidant que les deux faits dont il s'agit pouvaient coexister avec leurs caractères particuliers et que la peine prononcée en vertu de l'art. 35 de la loi du 19 vent. an 11, contre la femme Dovillers, ne faisait pas obstacle à l'application cumulative de l'art. 405 c. pén., loin de violer les dispositions de l'art. 360 c. inst. crim., en a fait, au contraire, une juste et saine interprétation; — Par ces motifs, et attendu, d'ailleurs, que l'arrêt est régulier en la forme, rejette, etc.

Du 12 déc. 1861.-C. C., ch. crim.-M. le Sérurier, rap.

l'infaillibilité des réponses faites par la personne consultée (Lyon, 9 mai 1855, aff. Tissot et Chevalier, D. P. 56. 2. 3). — Mais c'est aller bien loin, ce semble, que d'exiger, comme condition nécessaire d'une condamnation, l'emploi de manœuvres frauduleuses ayant pour but de faire croire, d'une part à l'existence d'un sommeil magnétique qui aurait été simulé, et d'autre part à l'infaillibilité des réponses faites par le sujet; s'il était établi seulement que le sommeil magnétique a été simulé, cela suffirait, à notre avis, pour motiver les condamnations.

809. Que faut-il décider à l'égard de ceux qui, pour de l'argent, prédisent l'avenir, soit en consultant les cartes, soit par tout autre moyen? Ici encore nous croyons qu'il y a une distinction à faire. Si le prétendu devin a été de mauvaise foi, s'il a trompé sciemment ceux qui venaient le consulter, nous croyons qu'il doit lui être fait application des peines de l'escroquerie. Mais s'il a été de bonne foi, s'il a cru à la réalité du pouvoir qu'il s'attribuait, ou si, sans y croire, il n'a pas cherché à inspirer une confiance qu'il n'avait pas lui-même, s'il a donné son procédé pour ce qu'il valait; si, par exemple, il s'est borné à disposer les cartes suivant une certaine méthode et à expliquer les combinaisons fortuites qui résultaient de c. te disposition d'après les règles de la cartomancie, nous ne pensons pas qu'il puisse être condamné, parce que, dans cette hypothèse, il n'a pas cherché à tromper ceux qui le consultaient et qui n'attendaient que du hasard les résultats qu'ils poursuivaient.

810. Il a été jugé à cet égard : 1° que l'habitude où un individu serait de pronostiquer l'avenir pour de l'argent, en consultant ou ayant l'air de consulter des cartes, ne constitue pas les manœuvres frauduleuses prévues par l'art. 405 c. pén., en ce sens qu'il ne peut être réputé commettre le délit d'escroquerie envers une personne qui se rend auprès de lui volontairement sans qu'il ait rien fait pour l'attirer, et à laquelle il a prédit l'avenir moyennant une somme d'argent (Toulouse, 1 fév. 1854, aff. Maillard, D. P. 55. 2. 45); — 2° Que le fait de pronostiquer l'avenir pour de l'argent, en consultant des cartes dont on indique la signification imaginaire à des personnes envers lesquelles on n'emploie aucunes manœuvres frauduleuses et qui se présentent spontanément pour recevoir cette divination, ne constitue pas le délit d'escroquerie, mais seulement la contravention prévue par l'art. 479, n° 7, c. pén. (Metz, 11 juill. 1855, aff. veuve Hamon, D. P. 56. 2. 214); — 3° Que l'individu qui, moyennant salaire, tire les cartes et prédit l'avenir, ne commet pas le délit d'escroquerie, mais seulement la contravention réprimée par l'art. 479, n° 7, c. pén. (Metz, 23 déc. 1857, aff. Marionneile, D. P. 59. 5. 156). — Il y a lieu de regretter, selon nous, que, dans ces arrêts, les cours de Toulouse et de Metz ne se soient pas expliquées sur la question de bonne ou de mauvaise foi; qu'elles ne se soient pas appliquées à rechercher si le prévenu avait ou n'avait pas trompé sciemment ceux qui étaient venus le consulter. De ce que ces derniers étaient venus spontanément à lui, sans qu'il eût rien fait pour les attirer, il n'en résulte pas nécessairement qu'il ne puisse être condamné. Celui qui se livre habituellement à la pratique de la divination, qui en fait en quelque sorte métier, adresse par cela même un appel au public, ou du

moins à la masse des gens simples et crédules, et par conséquent il ne peut exciper, contre les poursuites dont il est l'objet, de ce qu'il n'est point allé les trouver et n'a rien fait pour les attirer. — Quant à l'argument tiré de l'art. 479 c. pén. il ne nous paraît pas concluant. Les manœuvres de l'escroquerie peuvent résulter de tous les moyens sans exception employés avec l'intention frauduleuse de s'emparer de la confiance de certaines personnes et d'en obtenir, en les trompant, un sacrifice quelconque, pourvu que l'emploi de ces moyens ait une influence directe sur leur volonté. Or, de ce que les cartes peuvent être employées comme instrument d'une simple contravention, aux termes de l'art. 481, il ne s'ensuit nullement qu'elles ne puissent être aussi l'instrument des manœuvres qui caractérisent, d'après l'art. 405, le délit d'escroquerie.

811. La question d'escroquerie s'est fréquemment élevée à l'égard d'individus, fonctionnaires ou autres, qui, moyennant certaines sommes d'argent, s'étaient fait fort de procurer à de jeunes conscrits l'exemption ou la libération du service militaire. Mais ici une difficulté peut s'élever. Suffit-il, pour constituer le délit d'escroquerie, que le prévenu ait fait à un conscrit ou à sa famille une telle promesse, qu'il lui ait donné une espérance chimérique? Cela pouvait suffire sous l'empire de l'art. 35, tit. 2, de la loi des 19-22 juill. 1791. Cet article, en effet, considérait comme coupables d'escroquerie « ceux qui, par dol ou à l'aide de faux noms ou de fausses entreprises, ou d'un crédit imaginaire, ou d'espérances et de craintes chimériques, auraient abusé de la crédulité de quelques personnes et escroqué la totalité ou partie de leurs fortunes. » Mais nous croyons que cela ne suffirait pas sous l'empire de l'art. 405 c. pén., qui exige que des manœuvres frauduleuses aient été employées, soit pour persuader l'existence d'un pouvoir ou d'un crédit imaginaire, soit pour faire naître l'espérance d'un succès ou de tout autre événement chimérique; et nous avons déjà vu (supra, n°° 751 et 767) qu'une simple promesse ne suffisait point à elle seule et en l'absence de manœuvres frauduleuses, pour réaliser ces conditions. Il importe donc de distinguer à cet égard entre les arrêts qui ont été rendus soit avant, soit depuis la promulgation de l'art. 405.

812. Il avait été jugé, sous l'empire de la loi de 1791 · 1° que l'individu convaincu d'avoir exigé de l'argent en faisant chimériquement espérer la réforme d'un conscrit se rend coupable du délit d'escroquerie : — « Considérant que Chasson a été déclaré convaincu d'avoir exigé de Pierre Etienne la somme de 48 fr. à l'aide de l'espérance chimérique d'obtenir la réforme du fils dudit Pierre Etienne; que Chasson a été condamné pour raison de cette escroquerie » (Crim. rej. 23 juin 1808, MM. Barris, pr., Vergès, rap., aff. Chasson); — 2° Qu'on devait considérer comme coupables d'escroquerie les agents de l'administration et officiers de santé qui, convaincus d'avoir, au mépris des défenses portées par la loi du 28 niv. an 7, et par le décret du 8 fruct. an 13, reçu de l'argent des conscrits, à raison de leurs fonctions, étaient en même temps convaincus de s'être fait donner cet argent par l'espérance qu'ils avaient inspirée aux conscrits de les faire exempter du service militaire (Crim. rej. 11 sept. 1807) (1); — 3° Que devaient être considérés comme

(1) Espèce : — (Jean Deshayes et cons. C. min. pub.) — Jean Deshayes, Philippe Nicolas, Nicolas-André Blondin et Louis Vienet, sont condamnés par la cour de justice criminelle du département de la Meuse, comme auteurs ou complices d'un délit d'escroquerie, en matière de conscription, à un emprisonnement de deux ans, et chacun à une amende de 5,000 fr. L'arrêt prononce la solidarité des quatre amendes. — Ils se pourvoient en cassation et soutiennent qu'ils n'ont été condamnés que pour avoir, en leurs qualités de maire, de secrétaire de la sous-préfecture et d'officier de santé, reçu de l'argent des conscrits ou de leurs parents, et qu'on ne pouvait conséquemment leur appliquer que les peines portées par la loi du 28 niv. an 7, et non celles portées par l'art. 55 de la loi du 22 juill. 1791. L'un d'eux, Louis Vienet, prétend en utre que l'ordonnance ou le jugement qui l'a traduit devant le tribunal correctionnel ne l'ayant prévenu que du délit prévu par la loi du 28 niv. an 7 et le décret du 8 fruct. an 13, il ne devait être condamné qu'aux peines portées par leurs dispositions. Un troisième moyen de cassation était tiré de ce que, par l'effet de la condamnation à la solidarité des amendes, chacun se trouvait puni d'une amende excédant le maximum fixé, puisqu'il courait le danger de payer 20,000 fr. au lieu de 5,000 fr. — Arrêt.

La cour ; — Attendu qu'il résulte de l'ordonnance de compétence que Jean Deshayes, Philippe Nicolas et Nicolas-André Blondin étaient prévenus d'être auteurs et complices d'abus de crédulité commis au préjudice de parents de conscrits, en se faisant remettre des sommes sous prétexte de faire obtenir aux conscrits des exemptions de service ou des réformes ; que, par conséquent, la qualité du délit, fixée à l'égard de ces trois individus par l'ordonnance de compétence, s'identifie avec la qualité du délit qui a donné lieu à la condamnation; que Louis Vienet a été aussi déclaré convaincu d'avoir participé aux escroqueries dont il s'agit; que, quoique ledit Vienet ne fût prévenu, d'après l'ordonnance de compétence, que d'avoir reçu, en qualité d'officier de santé, des gratifications et des sommes d'argent de parents de conscrits, ce délit, déjà très-grave, a été encore aggravé par les charges qui ont résulté de l'instruction; que la cour dont l'arrêt est attaqué, en déclarant ledit Vienet convaincu du délit d'escroquerie, qui était aussi de la compétence de la police correctionnelle, a irrévocablement apprécié les preuves qui ont servi de base à sa condamnation; — Attendu que, d'après l'art. 42 du tit. 2 de la loi du 22 juill. 1791, les amendes de la police correctionnelle sont solidaires entre les complices; que la cour dont l'arrêt est attaqué a fait par conséquent une juste application de cette

coupables d'escroquerie des individus qui s'étaient associés à l'effet de persuader à des conscrits qu'ils pourraient à prix d'argent les faire exempter du service militaire, qui en avaient reçu des sommes pour les faire réformer, et avaient enfin abusé de leur crédulité et trafiqué d'un crédit imaginaire (Crim. rej. 18 mars 1808) (1); — 4° Que celui qui, ayant la certitude qu'un conscrit serait réformé à raison de ses infirmités, se faisait remettre une somme d'argent et souscrire une obligation pure et simple, sous la promesse verbale qu'il donnait de lui fournir, au moyen de ce, un remplaçant à bas prix, si la réforme n'avait pas lieu, commettait un délit d'escroquerie : Il n'y avait point là un simple contrat aléatoire (Crim. cass. 26 fév. 1808) (2); — 5° Que celui qui, pour se rendre l'intermédiaire entre un conseil de recrutement et un conscrit, afin d'obtenir la réforme de celui-ci, recevait une somme d'argent dont il n'aurait pas eu à rendre compte en cas de succès, et dont la restitution n'aurait été que partielle en cas de non-réussite, commettait le délit d'escroquerie : — « Considérant qu'il est établi par le jugement de première instance et par l'arrêt attaqué, lequel se réfère aux faits reconnus dans ce jugement, que François Pilari s'est rendu illicitement l'intermédiaire entre un conscrit et le conseil de recrutement, pour obtenir à prix d'argent qu'il fût réformé, et d'avoir exigé de ce conscrit une forte somme dont il n'aurait pas eu à rendre compte en cas de succès, et dont la restitution convenue, en cas de non-réussite, n'a été que partielle; que ces faits recon-

nus constituaient le délit d'escroquerie par dol, abus de crédulité, à l'aide d'espérances chimériques et d'un crédit imaginaire ; qu'ainsi, en acquittant ledit Pilari, l'arrêt attaqué a contrevenu à l'art. 35 de la loi du 22 juill. 1791 » (Crim. cass. 7 juin 1811, MM. Barris, pr., Schwendt, rap., aff. Pilari).

813. Sous l'empire du code pénal, il a été décidé : 1° que celui qui, par l'emploi de manœuvres frauduleuses, fait croire à un jeune conscrit qu'il exerce un certain crédit sur les membres du conseil de révision, et obtient de lui ou de sa famille, après sa réforme du service militaire, la remise d'une somme d'argent, soutenant que c'est à l'aide de son crédit qu'il a été réformé, se rend coupable du délit d'escroquerie (Crim. rej. 24 nov. 1849, aff. Gourrague, D. P. 52. 5. 247); — 2° Que le fait, de la part d'un individu, de s'être annoncé dans un lieu comme ayant assez de pouvoir pour faire réformer les jeunes gens tombés au sort ; d'avoir déclaré qu'un autre individu avec lequel il s'était promené était un capitaine de recrutement ; et enfin d'avoir conduit un conscrit chez un chirurgien en lui promettant de le faire réformer, moyennant 800 fr. de gratification, constitue les manœuvres frauduleuses désignées dans l'art. 405 c. pén.; qu'en conséquence, un tel individu peut être poursuivi, pour délit d'escroquerie, bien que le conscrit ait été réformé et les 800 fr. volontairement payés par lui (Crim. rej. 22 août 1834) (3); — 3° Que la condamnation rendue pour répression d'un délit d'escroquerie contre un individu convaincu

loi, en condamnant les réclamants solidairement au payement des amendes respectivement prononcées contre eux ; — Rejette.
Du 11 sept. 1807.-C. C., sect. crim.-MM. Barris, pr.-Vergès, rap.-Merlin, pr. gén., c. conf.

(1) (Lucas et Duhazé.) — La cour ; — Considérant qu'il a été reconnu, en fait, par l'arrêt attaqué, que Jean Lucas et Jean-Baptiste Duhazé, réclamants, s'étaient associés à l'effet de tromper les conscrits de leur arrondissement en persuadant à ces conscrits qu'ils pouvaient à prix d'argent les faire exempter du service militaire; — Qu'il a été reconnu en outre que les réclamants avaient reçu à cet égard grand nombre de pères et mères de conscrits et notamment de Lefèvre, de Touzé et de la femme Gourdon des sommes plus ou moins considérables pour faire réformer leur enfant ; — Qu'il a été reconnu enfin que les réclamants avaient scandaleusement trafiqué d'un crédit imaginaire et abusé de la crédulité desdits Lefèvre et Touzé et de la femme Gourdon pour leur escroquer lesdites sommes ; — Qu'en conséquence ces faits ayant été ainsi reconnus, le délit même d'escroquerie par l'art. 35 de la loi du 22 juill. 1791 était parfaitement caractérisé ; — Que la cour dont l'arrêt est attaqué a fait dans ces circonstances une juste application de ladite loi ; — Rejette.
Du 18 mars 1808.-C. C., sect. crim.-MM. Barris, pr.-Vergès, rap.
(2) (Min. pub. C. Richartz.) — La cour; — Vu les art. 456, n° 6, c. dél. et pén., et 35, tit. 2, L. 22 juill. 1791; — Considérant qu'il est établi et reconnu au procès que Jean Richartz, ex-curé de la commune de Geichlingen, avant de traiter avec Pierre Kokelmans, son parent, conscrit de la classe 13, a visité ledit Kokelmans, et s'est assuré par lui-même, lors de cette visite, des infirmités dont ce conscrit était atteint ; — Qu'il est également établi et reconnu au procès que ledit Richartz, avant de traiter avec ce conscrit, a vu le certificat qui constatait lesdites infirmités ; — Qu'il est établi au procès, par les propres aveux dudit Richartz, qu'il était moralement assuré, en traitant avec ledit Pierre Kokelmans, que ce dernier serait réformé, et que ses infirmités garantissaient sa réforme; que néanmoins malgré cette certitude résultant des infirmités du conscrit, constatées par un certificat et reconnues par ledit Richartz après une visite, il a frauduleusement abusé de la crédulité de ce conscrit, qui était son parent ; — Que ledit Richartz a promis verbalement audit conscrit de lui fournir un remplaçant pour la somme de 16 louis, si la réforme n'avait pas lieu ; — Que ledit Richartz a reçu de suite, sur cette simple promesse verbale, la moitié de cette somme, et a exigé en même temps un billet pur et simple de la somme restante, dont il a aussi reçu postérieurement le montant ; — Qu'il a été nullement question, dans ce billet pur et simple, d'une obligation de la part dudit Richartz de fournir éventuellement un remplaçant ; — Que, par conséquent, Richartz ne s'est pas même lié en apparence vis-à-vis ledit conscrit, quoique celui-ci lui ait remis une partie de la somme exigée, et se soit reconnu débiteur purement et simplement de la somme restante ; — Que néanmoins la cour dont l'arrêt est attaqué a décidé que la convention dont s'agit ne présentait qu'un contrat aléatoire ; — Considérant qu'il est de l'essence du contrat aléatoire que chacune des parties court le danger de perdre ou la chance du gain ; — Qu'il est également de l'essence de ce contrat que le gain ou la perte se réalise par l'événement, c'est-à-dire par un fait totalement ignoré des deux parties au moment du contrat; — Que la bonne foi doit essentiellement prési-

der aux contrats aléatoires ; — Considérant que, loin que ces caractères se rencontrent dans la cause, elle en offre au contraire de diamétralement opposés, soit sous le rapport de la certitude dans laquelle était Richartz que son parent serait réformé, soit sous le rapport des engagements, soit sous les rapports de la mauvaise foi, du dol et de l'abus de crédulité au moyen desquels la somme de 16 louis a été escroquée audit conscrit ; — Qu'en décidant le contraire ladite cour a commis un excès de pouvoir, violé les règles de compétence, fait une fausse application des principes relatifs aux contrats aléatoires et violé l'art. 35, tit. 2, L. 22 juill. 1791; — Casse.
Du 26 fév. 1808.-C. C., sect. crim.-MM. Barris, pr.-Vergès, rap.
(3) Espèce : — (Squirolis C. min. pub.) — Jugement en date du 18 janv. 1834, ainsi conçu : — « Attendu qu'il est résulté des débats que, depuis quelque temps, le prévenu Squirolis s'était annoncé à Balma comme ayant assez de crédit pour faire réformer les jeunes gens qui tombaient au sort ; qu'un jour, promenant audit Balma avec un autre individu, ledit Squirolis déclara que cet individu était un capitaine de recrutement ; que cette déclaration était faite sans doute pour donner plus de jactance à son prétendu crédit ; — Que, postérieurement, Lacoste père, dont le fils était tombé au sort, s'adressa à Saint-Amant pour savoir s'il ne connaissait personne qui pût l'aider à faire exempter son fils, et qu'alors Saint-Amant lui parla de Squirolis ; — Qu'un dimanche, après cette entrevue, Lacoste père ayant rencontré Saint-Amant sur la place Saint-Étienne, le pria de le conduire chez Squirolis ; qu'en effet, Saint-Amant conduisit Lacoste chez ce dernier auquel il exposa sa position et qui promit de faire réformer Lacoste fils moyennant une gratification de 800 fr., en l'engageant à lui envoyer son fils pour le lendemain, pour le faire visiter par le chirurgien. — Lacoste fils se rendit, en effet, chez Squirolis et fut conduit par lui chez le sieur Soumet, chirurgien; mais celui-ci, obligé de sortir à l'instant, dit qu'il le visiterait un autre jour. Lacoste fils revint plus tard chez Squirolis, qui envoya chercher le sieur Soumet. Ce dernier visita Lacoste fils et reconnut qu'il était atteint d'un varicocelle qui le mettait dans le cas de réforme ; après quoi il se retira ;
« Considérant que Squirolis promit de nouveau à Lacoste fils de le faire réformer, moyennant 800 fr.; que Lacoste père emprunta cette somme par acte devant Me Ollier, et la laissa entre les mains de ce dernier avec invitation de la remettre à Saint-Amant, en déclarant qu'il ne faisait cet emprunt qu'à cause de son fils qui était tombé au sort ; — Que le jour fixé pour le conseil de révision, Lacoste fils fut réformé : en sortant de la préfecture, il rencontra Saint-Amant et lui dit qu'il pouvait aller chercher les 800 fr. déposés chez M. Ollier pour les remettre à Squirolis ; ce que fit, en effet, Saint-Amant, dans l'auberge du sieur Binmon, où Squirolis lui avait dit de se trouver ; — Considérant que tous ces faits constituent de la manière la plus évidente l'escroquerie, au moyen de manœuvres frauduleuses, pour persuader l'existence d'un pouvoir ou d'un crédit imaginaire, et que toutes les allégations de Squirolis, ne peuvent détruire les dires de Saint-Amant qui, joints aux diverses circonstances des débats, doivent inspirer au tribunal beaucoup plus de confiance que les dénégations de Squirolis;
« Considérant, en ce qui concerne Saint-Amant, qu'il n'est pas résulté des débats qu'il ait eu part aux 800 fr., quoiqu'il sût que Squirolis agissait au moyen de manœuvres frauduleuses; que, dès lors, il doit être

de s'être fait remettre de l'argent par un père de famille en lui promettant d'user sur le conseil de révision, pour faire réformer son fils, d'une influence et d'un crédit dont l'allégation était mensongère, constate suffisamment qu'il y a eu emploi de manœuvres frauduleuses, lorsqu'il énonce que le prévenu a fait un voyage avec le fils pour le conduire chez un médecin et s'est rendu, un jour de séance, dans la ville où le conseil se réunissait (Crim. rej. 9 août 1861, aff. Gaudin, D. P. 61. 5. 194); — 4° Mais que le simple fait par un individu d'avoir reçu des sommes de jeunes conscrits, ou de leurs familles, pour procurer la réforme de ces conscrits, ne constitue point le délit d'escroquerie lorsque la crédulité des victimes n'a été abusée par aucune manœuvre tendant à faire croire au crédit de l'auteur de la fraude (Crim. rej. 11 nov. 1847, aff. Choisy, D. P. 47. 4. 235); — 5° De même, que le simple fait par un individu d'avoir reçu une somme d'argent pour en faire réformer ou libérer un autre du service militaire ne constitue pas à lui seul le délit d'escroquerie; qu'il faut, en outre, prouver qu'il a fait usage soit de faux noms, soit de fausses qualités, pour persuader l'existence d'un crédit imaginaire, ou pour faire naître l'espérance d'un succès chimérique (Bordeaux, 22 fév. 1838) (1).

814. Cependant quelques arrêts se sont montrés moins rigoureux dans la détermination des caractères de l'escroquerie en cette matière.—Ainsi il a été jugé : 1° que les lois relatives à la conscription ne contenant aucune disposition sur les faits d'escroquerie en cette matière, celui qui se fait remettre des valeurs ou décharges quelconques sous la promesse chimérique de soustraire un conscrit au service militaire, ne commet d'autre délit que celui d'escroquerie prévu par l'art. 405 c. pén. : « Attendu que les lois particulières relatives à la conscription ne contiennent pas de dispositions sur les faits d'escroquerie qui peuvent avoir lieu dans cette matière ; qu'ainsi l'individu qui se fait remettre ou délivrer des fonds, des meubles ou des obligations, dispositions, billets, quittances ou décharges, sous la promesse chimérique de soustraire un conscrit au service

déclaré complice avec l'application de circonstances atténuantes ; — Par ces motifs, le tribunal a déclaré et déclare Squirolis convaincu d'avoir escroqué 800 fr. à Lacoste, au moyen de manœuvres frauduleuses ; — A déclaré et déclare Saint-Amant convaincu de complicité de ladite escroquerie ; en réparation de quoi les a condamnés et condamne, savoir : Squirolis à un an de prison et 50 fr. d'amende, et Saint-Amant, à un mois de prison et solidairement aux dépens, en vertu des art. 405, 59 et 463 c. pén.

Appel. — Arrêt de la cour de Toulouse, des 28 et 29 avr. 1834, qui confirme à l'égard de Squirolis et, quant à Saint-Amand infirme, attendu qu'il n'y a eu de sa part qu'imprudence sans intention coupable ; Pourvoi fondé sur la violation de l'art. 405 c. pén., en ce que Squirolis a été condamné comme coupable d'escroquerie, quoique les faits constatés par le jugement du tribunal de première instance et par l'arrêt qui en a adopté les motifs, ne fussent en aucune façon caractéristiques du délit d'escroquerie, tel qu'il est défini par l'article cité. — En vain, a-t-on dit, le jugement dont l'arrêt attaqué a adopté les motifs, a pris soin de spécialiser les démarches attribuées à Squirolis pour en faire résulter le délit d'escroquerie. — Des faits appuyés sur des conjectures ne sauraient donner lieu à une condamnation pénale, surtout lorsqu'ils n'offrent pas la réunion des éléments nécessaires pour constituer l'escroquerie. — En effet, d'après M. Carnot et l'art. 405, il faut le concours de trois circonstances pour le constituer; dans l'espèce, aucune ne se rencontre. — 1° Il n'y a pas eu manœuvres frauduleuses ; le récit des faits mentionnés dans le jugement témoigne non seulement le contraire, mais la bonne foi de toutes les parties. — 2° Le pouvoir ou crédit annoncé n'était pas imaginaire, puisqu'il a été efficace. — 3° Le succès n'a pas été chimérique, car il s'est réalisé. — 4° Il n'y a pas eu escroquerie, puisque Squirolis s'est contenté de la parole du sieur Lacoste. — Tout ce qu'on peut donc reprocher à celui-ci, c'est d'avoir fait une convention n'ayant pas un objet licite, qui ne produit pas d'action en justice pour son payement, en un mot, une convention qui ne peut donner lieu qu'à une question de validité ou de nullité entièrement étrangère aux tribunaux criminels. — Arrêt.

La cour ; — Attendu que les trois circonstances essentiellement constitutives du délit d'escroquerie se rencontrent dans les faits déclarés constants par l'arrêt attaqué, et spécifiés dans le jugement dont cet arrêt a adopté les motifs ; — Attendu : 1° que les manœuvres frauduleuses résultent, soit des démarches attribuées au demandeur, et qui avaient pour objet la vérification des causes de réforme du sieur Lacoste, soit des moyens par lui employés pour accréditer la supposition de l'intimité de ses rapports avec les membres du conseil de révision ; — At-

militaire auquel il est appelé, ne commet pas un autre délit que le délit d'escroquerie prévu et puni par l'art. 405 c. pén. » (Crim. rej. 9 juill. 1813, MM. Barris, pr., Aumont, rap., aff. Naulet); — 2° Que l'individu qui, se vantant d'un crédit purement imaginaire auprès des membres du conseil de révision, a promis à un père de famille de faire exempter son fils du service militaire, moyennant une somme d'argent qu'il s'est fait remettre et en échange de laquelle il a souscrit au profit de ce père de famille un billet à ordre de pareille somme, payable seulement dans le cas où l'exemption n'aurait pas lieu, a pu être déclaré coupable du délit de tentative d'escroquerie (Crim. rej. 17 sept. 1857, aff. Pic, D. P. 57. 1. 451); — 3° Que l'allégation d'un crédit imaginaire, de la part d'un individu dont le caractère public ou la profession est de nature à faire croire à ce crédit, suffit pour constituer le délit d'escroquerie ;—Et spécialement, que ce délit résulte de la promesse faite par un officier de santé, moyennant la remise d'une certaine somme, de faire exempter un jeune homme du service militaire, alors que cet officier de santé, en même temps maire de sa commune, puisait dans sa double qualité les moyens d'inspirer la croyance au crédit imaginaire énoncé pour obtenir cette remise (Crim. rej. 9 mai 1851, aff. Guyenot, et 17 juill. 1851, aff. Devin, D. P. 51. 5. 232); — 4° Que le fait, par un individu (un médecin) d'avoir accepté des sommes d'argent qui devaient être le moyen et le prix de la libération de jeunes gens appelés au recrutement de l'armée, acceptation précédée d'une convention relative à la destination de ces sommes, a pu être regardé comme contenant, dans le sens de l'art. 405 c. pén., la persuasion de l'existence d'un crédit imaginaire, et accréditant l'espérance d'un succès chimérique : « Sur le premier moyen pris d'une qualification illégale des trois faits présentés par l'arrêt attaqué comme constituant le délit consommé d'escroquerie; et par suite d'une fausse application de la peine : — Attendu qu'il ressort de la déclaration de faits du jugement du tribunal d'Alais, auquel se réfère l'arrêt attaqué, que les manœuvres frauduleuses reconnues

tendu 2° que ces manœuvres et l'emploi de ces moyens tendaient à persuader l'existence d'un crédit imaginaire, et faire naître l'espérance d'un succès qu'il ne dépendait pas du demandeur de réaliser; — Attendu 3° que le demandeur a ainsi escroqué partie de la fortune d'autrui, puisqu'il s'est fait remettre la somme qui devait être le prix de sa prétendue entremise; — Rejette.

Du 22 août 1834.-C. C., ch. crim.-MM. Bastard, pr.-Rocher, rap.

(1) (Monnereau C. min. pub.) — La cour ; — Attendu, quant à l'appel de la première décision du tribunal de la Réole, que, bien que Pierre Monnereau se soit trouvé investi des fonctions de maire lors des divers faits d'escroquerie qui lui sont imputés, il n'en résulte pas pour cela qu'il ait agi en cette qualité, ni que ce soit aussi en cette qualité qu'il ait été traduit devant le tribunal correctionnel de la Réole; d'où il suit qu'il n'y avait pas lieu, pour pouvoir le poursuivre, d'obtenir une autorisation préalable du conseil d'Etat, conformément à l'art. 75 de la constitution de l'an 8, et que c'est à bon droit que l'exception préjudicielle dudit Monnereau a été rejetée par les premiers juges;

Attendu, sur l'appel du second jugement rendu par le même tribunal qu'il ne suffit pas, pour constituer le délit d'escroquerie dont est prévenu Pierre Monnereau, qu'il puisse être reconnu que cet individu s'est fait remettre diverses sommes pour faire libérer ou réformer du service militaire quelques jeunes gens qui s'y trouvaient appelés par la loi; qu'il faudrait, en outre, pouvoir le convaincre d'avoir employé ou d'avoir fait usage soit de faux noms, soit de fausses qualités, pour persuader l'existence d'un crédit qu'il n'avait pas, ou pour faire naître l'espérance d'un succès qu'il promettait; — Attendu qu'aucun acte de la procédure ou de l'instruction qui a été dirigée contre le prévenu ne tend à établir que ce fût à l'aide d'aucun de ces moyens qu'il soit parvenu à se faire remettre ou délivrer les sommes d'argent qu'il parait avoir reçues, et notamment celle de 300 fr. qui lui aurait été comptée par le nommé Chadelle; d'où il résulte que Pierre Monnereau n'a pas commis un véritable délit d'escroquerie en recevant ces sommes, et que c'est à tort que les premiers juges l'en ont déclaré coupable; — Par tous ces motifs, ordonne, quant au premier appel, que, sans s'y arrêter ni y avoir égard, le premier jugement rendu par le tribunal correctionnel de la Réole, le 7 juill. dernier, sur l'exception préjudicielle proposée devant lui par le sieur Monnereau, sortira son plein et entier effet; et à l'égard du second appel, c'est-à-dire de celui relatif au jugement par défaut rendu le même jour 7 juillet, sur le fond de l'action portée devant lui par le ministère public; — Renvoie Pierre Monnereau de la prévention du délit d'escroquerie qui avait été portée contre lui.

Du 22 fév. 1838.-C. de Bordeaux, ch. pol. corr.-M. Desgranges, pr.

constantes par cet arrêt consistaient dans l'acceptation, de la part du prévenu, des sommes qui devaient être le moyen et le prix de la libération des jeunes gens soumis à la loi du recrutement; acceptation précédée de la convention plus ou moins explicite de la destination de ces sommes et du titre auquel l'offre qui en était faite au prévenu était par lui agréée; attendu qu'en attribuant à cette circonstance ainsi caractérisée le double effet d'avoir persuadé l'existence d'un crédit imaginaire et accrédité l'espérance d'un succès chimérique, la cour royale de Nîmes a qualifié, conformément à la loi, les faits dont l'appréciation lui était déférée » (Crim. rej. 4 avr. 1859, MM. de Bastard, pr., Rocher, rap., aff. Chamayon).

815. Un agent de l'administration (capitaine de recrutement), qui a reçu de l'argent de conscrits, sans autre circonstance particulière, ne se rend pas coupable d'escroquerie prévue par l'art. 35 de la loi des 19-22 juill. 1791 : — « Attendu qu'il résulte de l'instruction et de l'arrêt attaqué, que le sieur Chameroy a reçu en sa qualité de capitaine de recrutement et à raison de ses fonctions un présent d'une somme de 480 fr. de la part des parents de conscrits; que ce fait, prévu par nos lois particulières, ne présente aucun des caractères nécessaires pour constituer le délit d'escroquerie, et qu'ainsi il n'y avait pas lieu à l'application de l'art. 35 de la loi du 22 juill. 1791 » (Crim. rej. 25 fév. 1808, MM. Barris, pr., Rataud, rap., aff. Chameroy).

816. On ne peut voir non plus le délit d'escroquerie dans le fait de celui qui a reçu de l'argent pour avoir donné des conseils à un conscrit, sur les moyens de se faire exempter ou réformer, si les conseils avaient pour objet l'emploi des moyens légaux : — « Attendu que la constatation des faits est étrangère aux pouvoirs de la cour, et que, d'après ceux établis par l'arrêt attaqué, on ne peut voir dans sa disposition de contravention à la loi » (Crim. rej. 30 juill. 1813, MM. Barris, pr., Schwendt, rap., aff. Colombet).

817. Mais on doit considérer comme coupable d'escroquerie : 1° l'individu qui a touché de l'argent d'un conscrit, en le déterminant à accepter pour remplaçant un homme réformé, et qui est convaincu d'avoir garanti l'admission de cet homme, nonobstant son congé de réforme, en déclarant faussement qu'il existait un décret qui autorisait cette admission : en vain dirait-il qu'il a donné connaissance au conscrit du congé de réforme du remplaçant (Crim. cass. 27 nov. 1812) (1); — 2° L'individu qui, en affirmant faussement à un conscrit que le remplaçant par lui proposé n'est pas admissible, mais qu'il dépend de lui de le faire admettre à raison de son influence sur un membre du conseil de révision représenté comme étant son parent, est parvenu à se faire promettre un don en argent pour celui-ci, et

qui, après admission du remplaçant, a fait attribuer ce résultat à des démarches qu'il a simulées et s'est fait souscrire un billet en exécution de la promesse précédemment obtenue : ce n'est pas là un simple mensonge (Crim. rej. 7 avr. 1859, aff. Peyrastre, D. P. 63. 5. 154).

818. L'individu qui facilite la désertion d'un conscrit, au moyen d'un billet de repos à l'hospice, sans énonciation de maladie ou empêchement de continuer sa route, et reçoit en retour de l'argent en faisant espérer au conscrit le recouvrement de sa liberté à l'aide de ce moyen, se rend coupable d'escroquerie, et doit être puni des peines portées en l'art. 35 de la loi du 22 juill. 1791 : l'art. 30 de la loi du 28 niv. an 7 et l'art. 60 du décret 8 oct. 1807) (2).

819. Se rend coupable d'escroquerie l'agent d'une compagnie d'assurances qui, par des moyens constitutifs de manœuvres frauduleuses que l'arrêt relève, fait naître dans l'esprit des individus soumis au recrutement militaire l'espérance chimérique d'une exonération qui ne doit pas se réaliser : — « Attendu que les faits retenus par l'arrêt ne constituent pas de simples mensonges, mais de véritables manœuvres frauduleuses, que révèlent les artifices des contrats d'assurance, les réticences des prospectus et des affiches, l'établissement des nombreuses agences établies par Giraud, la publicité de tout genre donnée à ces affiches et prospectus, et, spécialement, celle qu'ils ont reçue, alors que, pour tromper le public, Giraud en avait retranché la clause des statuts qui rendait vaine la promesse contenue dans une autre clause, et ensuite de laquelle les souscripteurs pour une somme de 1,100 fr. se trouvaient assurés contre les chances du tirage au sort, quand cette assurance était un leurre; attendu que l'espérance chimérique mise en relief par l'arrêt résultant manifestement, ainsi qu'il vient d'être dit, de l'erreur dans laquelle les manœuvres ci-dessus entraînaient nécessairement les souscripteurs de 1,100 fr., puisqu'elles leur faisaient croire à une exonération pleine et entière, qui ne devait pas se réaliser; attendu qu'il importe peu que l'escroquerie profite ou non à celui qui la commet, si elle porte préjudice à celui qui en est victime; qu'il est, d'ailleurs et en fait, constaté par l'arrêt que Giraud tirait profit de celles dont il s'est rendu coupable, puisqu'il percevait un droit de commission sur chacun des contrats qu'il surprenait; qu'il suit de là que, loin de violer l'art. 405 précité, l'arrêt attaqué en a fait une juste application » (Crim. rej. 20 déc. 1863, M. Nouguier, rap., aff. Giraud).

820. Il a été jugé, dans une affaire qui a eu un grand retentissement, que le banquier qui, dans des opérations d'avances d'argent à des clients contre remise de titres au porteur, a traité de manière à laisser croire à ceux-ci que leurs titres étaient

---

1) (Grasioli et Coradini.) — La cour; — Vu l'art. 405 c. pén.; — Attendu que la plainte en escroquerie, en matière de conscription, contre Grasioli et Coradini, portait sur plusieurs faits, consistant particulièrement en ce que Coradini s'était présenté et fait admettre pour remplaçant du conscrit Grossi, tandis qu'il venait d'être réformé comme remplaçant d'un autre conscrit, et qu'il avait été déclaré incapable de servir; — Que Grasioli, qui avait négocié ce remplacement, avait engagé Coradini à se présenter de nouveau pour remplaçant, et avait déterminé Beltombrone, mandataire de Grossi, à l'accepter, quoique réformé, en lui assurant qu'il serait admis; que le congé de réforme n'y portait aucun obstacle; — Qu'à l'aide de ces manœuvres et de ces espérances trompeuses, Grasioli avait obtenu de Beltombrone la promesse de 450 écus romains, et le payement d'un à-compte de 100 écus, en promettant seulement 350 écus à Coradini; — Attendu que la cour d'appel, sans s'expliquer sur les faits qui avaient fait la matière de la plainte, et qui avaient été reconnus dans le jugement de première instance, et sans justifier les prévenus de ces faits, ou en déclarant qu'ils n'avaient pas été prouvés, ou du moins en établissant que les infirmités qui avaient motivé la réforme avaient cessé d'exister à l'époque desdits faits, a jugé que la seule circonstance que Grasioli et Coradini avaient donné connaissance à Beltombrone du congé de réforme de Coradini, suffisait pour exclure toute idée d'escroquerie de leur part et pour autoriser à les acquitter;

Attendu que cette excuse, admise par la cour, ne détruisait pas les faits de la plainte, qu'au contraire elle les supposait existants, et que la circonstance sur laquelle cette excuse était fondée confirmait

la preuve de la fraude pratiquée envers le gouvernement, en tentant de substituer à un conscrit valide un remplaçant qu'on savait avoir été reconnu et déclaré incapable de servir, et qu'elle ne justifiait pas les prévenus des manœuvres par eux exercées envers Beltombrone, pour le déterminer à recevoir et à payer, comme remplaçant, un individu déjà jugé incapable; — Attendu que la cour, en refusant d'appliquer la peine portée par l'art. 405 c. pén., pour le délit d'escroquerie, à des faits qu'elle ne justifiait que par une circonstance qui n'en changeait pas le caractère, a violé la loi qui a déterminé les faits qui constituent l'escroquerie et qui a établi les peines qui doivent lui être appliquées; — Casse.

Du 27 nov. 1812.-C. C., sect. crim.-MM. Barris, pr.-Audier, rap.

(2) (Querement.) — La cour; — ... Attendu, sur le deuxième moyen, qu'il a été jugé en fait, par l'arrêt de la cour de justice criminelle de la Loire, que la désertion du conscrit Defond n'a eu lieu qu'à la faveur d'un billet de repos à l'hospice, qu'il procuré par Querement, sans énonciation d'aucune maladie ou empêchement de continuer sa route; que ce projet était connu même avant le départ du conscrit, et qu'il n'a été ainsi concerté qu'à la faveur de l'argent et du billet que Querement s'était fait remettre par ce conscrit, d'après l'espérance chimérique qui lui avait été donnée qu'il recouvrerait facilement ainsi sa liberté; — Attendu que le troisième moyen, que ce n'était point le cas de recourir à l'art. 30 de la loi du 28 niv. an 7, ni à l'art. 60, tit. 40 du décret impérial du 8 fruct. an 13 pour la peine encourue par le genre de délit, et que l'arrêt attaqué a fait une juste application à l'espèce de l'art. 35 de la loi du 21 juill. 1791, en condamnant ledit Querement à une amende de 500 fr. et à un an d'emprisonnement; — Rejette;

Du 8 oct. 1807.-C. C., sect. crim.-MM. Barris, pr.-Vermeil, rap.

l'objet d'un simple dépôt de garanties, et qui ensuite, au moyen d'une liquidation exécutée sans mise en demeure et d'après une vente fictivement opérée à une époque de baisse, a détourné à son profit une partie du prix de la vente des mêmes titres précédemment opérée à l'insu des titulaires et à des cours supérieurs, est avec raison poursuivi comme coupable d'escroquerie; et c'est à tort que pour renvoyer le prévenu de la poursuite les juges du fait se fonderaient... soit sur ce que celui-ci n'aurait pas entendu recevoir un simple dépôt et aurait avec intention, en mentionnant sur les récépissés le nombre et la nature des titres, omis d'en indiquer les numéros, si le sens qu'il attribuait à cette omission a été caché par lui aux intéressés; ... soit sur ce qu'un compte courant aurait été ouvert entre lui et les clients, ce compte n'ayant pu faire obstacle à ce que la remise des titres conservât son caractère de dépôt ou de nantissement; ... soit encore sur ce que le prévenu aurait agi conformément à l'usage et en croyant user d'un droit, cette déclaration ne pouvant prévaloir contre les manifestations d'intention frauduleuse qui ressortent nécessairement de la nature des opérations constatées, et la criminalité n'étant pas d'ailleurs effacée par la circonstance qu'on se serait cru, par ignorance, en droit de commettre le délit poursuivi (Crim. cass. (int. de la loi), 28 juin 1862, aff. Mirès, D. P. 62. 1. 305). — Chacune de ces propositions a été, dans notre recueil périodique (loc. cit.), l'objet d'observations que nous ne croyons pas devoir reproduire ici et auxquelles nous nous contentons de renvoyer.

821. Celui qui, par l'annonce d'une souscription destinée à couvrir les frais de la construction d'un fourneau économique dans un hôpital, se fait remettre, par des personnes charitables, diverses sommes qu'il dissipe et qu'il applique à son profit, se rend coupable du délit d'escroquerie : — « Attendu que d'après la souscription par écrit du mois de juin 1826, ouverte par le prévenu, ce dernier s'engage à confectionner à l'hôpital Saint-Nicolas de cette ville, un fourneau économique pour la construction duquel fourneau il lui fallait une somme de 2,100 fr. ; attendu qu'il est justifié que 405 fr. ont été le produit de la souscription, que cependant ce fourneau n'a point été établi, et que l'argent, à l'exception d'une somme d'environ 50 fr., a été dissipé entièrement par le prévenu ; attendu que la principale et l'unique vue des souscripteurs a été de contribuer à une œuvre charitable en venant au secours des pauvres orphelins de cette ville, et que leur espoir a été déçu ; attendu qu'il est constant que le prévenu arrivé de nouveau dans cette ville, s'était déjà fait remettre une somme de 25 fr., sous prétexte encore de réaliser ses projets bienveillants, tandis qu'il travaillait uniquement pour son intérêt personnel ; attendu qu'on trouve dans ces faits de la cause, tous les caractères qui constituent l'escroquerie, délit prévu et réprimé par l'art. 405 c. pén., le tribunal en déclare le prévenu convaincu » (Metz, 2 juill. 1827, ch. cor., M. Colchen, pr., aff. Banon).

822. Le correspondant de l'éditeur ou propriétaire d'un journal qui, à l'aide d'insertions mensongères ou de manœuvres frauduleuses, trompe les abonnés sur le prix de l'abonnement, et se fait remettre et s'approprie une somme supérieure à ce prix, se rend coupable du délit d'escroquerie (Crim. rej. 21 déc. 1849, aff. Four, D. P. 52. 5. 244).

823. L'art. 405 c. pén., qui punit le délit d'escroquerie, s'appliquant à la souscription d'actes publics ou privés, obte-

nue par des moyens qu'il détermine, aussi bien qu'à la remise de sommes ou valeurs, on a pu voir ce délit dans le fait, par un agent d'une compagnie d'assurance, d'avoir obtenu des souscriptions dans cette compagnie à l'aide d'allégations mensongères, destinées à faire naître chez les souscripteurs des espérances chimériques,... comme celle, par exemple, d'être, au moyen d'une prime fixe, indemnisé, en cas de sinistre, de la totalité de la perte éprouvée, alors qu'au contraire, d'après les statuts, la prime est variable en raison du montant total des sinistres de l'année, et que l'indemnité ne doit pas dépasser une certaine partie de la perte totale (Crim. rej. 27 mars 1857, aff. Trillée, D. P. 57. 1. 223). — Il a été jugé, d'un autre côté, que l'agent d'une compagnie d'assurances qui, en s'attribuant faussement la qualité d'inspecteur d'assurances ou d'agent du gouvernement, et en persuadant par de propos mensongers, l'existence d'un pouvoir ou crédit imaginaire, se fait remettre des souscriptions et le montant de ces souscriptions, commet le délit d'escroquerie, alors même que les sommes ainsi obtenues, l'ont été pour le compte de la compagnie, l'art. 405 n'exigeant pas que les valeurs escroquées aient tourné au profit de l'auteur du délit (Crim. cass. 9 avr. 1857) (1).

824. Le fait de la part de l'agent d'une compagnie d'assurance terrestre de faire signer aux assurés, dans un but frauduleux, un acte portant renouvellement de leur police d'assurance, et par suite de se faire payer par la compagnie la remise qu'elle accorde pour chaque assurance, constitue le délit d'escroquerie prévu par l'art. 405 c. pén., alors que, d'une part, les assurés n'ont donné leurs signatures que dans la conviction qu'ils signaient non un renouvellement, mais une demande en réduction de leurs cotisations annuelles, et que, d'autre part, pour éviter toute contestation, ils ont acquitté, comme contraints et forcés, les nouvelles cotisations résultant de l'acte qu'on leur a fait frauduleusement signer ; il y a seulement tentative d'escroquerie si les signataires ont refusé d'accepter les polices ou n'ont fait que promettre de les exécuter comme contraints et forcés, sans cependant avoir rien payé (Orléans, 2 juill. 1851, aff. Tessier, D. P. 52. 2. 32). — V. n° 756.

825. Un contrat de vente peut donner lieu à l'application des dispositions pénales répressives de l'escroquerie ; ainsi des manœuvres frauduleuses ayant pour but d'abuser un individu par la fausse espérance d'un droit illusoire, et pour résultat la délivrance d'un titre dans lequel est stipulé un prix au profit du prétendu vendeur, peuvent par leur nature, par l'intention qu'elles révèlent, par leurs conséquences, constituer le délit d'escroquerie : — « Attendu que les trois caractères du délit d'escroquerie se rencontrent dans les faits spécifiés par l'arrêt attaqué, à savoir : le moyen à l'aide duquel ce délit a été perpétré, le but que s'est proposé le coupable, le résultat qu'il a obtenu ; que le moyen consiste dans les manœuvres frauduleuses déclarées constantes ; que ces manœuvres avaient pour but d'abuser le plaignant par la fausse espérance d'un droit illusoire, et qu'elles ont eu pour résultat la délivrance d'un titre dans lequel était stipulé un prix qui devait être partagé par moitié entre les deux prévenus ; attendu que la vente n'est pas plus exceptée qu'aucun autre fait de l'homme des dispositions générales de la loi pénale relatives à l'escroquerie ; que le dol et la fraude dont ce contrat peut être entaché donnent lieu, suivant

(1) (Thoret.) — La cour ; — Vu l'art. 405 c. pén., les art. 408 et 413 c. inst. crim. ; — Attendu que, du jugement correctionnel de Beauvais et de l'arrêt attaqué de la cour impériale d'Amiens, qui s'est approprié ses motifs en les adoptant, il résulte que Thoret s'est attribué la fausse qualité d'inspecteur d'assurances ou d'agent du gouvernement, et qu'il a cherché, par des propos mensongers, à s'attribuer un pouvoir ou un crédit imaginaire ; — Qu'au moyen de cette fausse qualité et de la persuasion de l'existence de ce pouvoir ou crédit imaginaire, il s'est fait remettre des souscriptions de contrats d'assurances et diverses sommes d'argent formant le prix desdites assurances ; — Attendu que ces faits rentraient dans les prévisions de l'art. 405 c. pén., et constituent le délit d'escroquerie réprimé par ledit article ; — Que la circonstance que les fonds ainsi obtenus par Thoret n'ont été versés que pour le compte de la compagnie dont il était agent, n'affranchissait pas Thoret de la responsabilité pénale établie par l'art. 405 susvisé, cet article n'exigeant pas, comme condition de son application, que les valeurs escroquées aient tourné au profit de l'auteur du délit ; — Attendu, d'autre

part, que, si les contrats d'assurance sont des contrats synallagmatiques sérieux, offrant ordinairement aux assurés l'équivalent des sommes par eux versées, ils n'ont ce caractère qu'à la condition d'être l'effet de la volonté libre des parties, auxquelles seules il appartient de mesurer l'équivalent offert, et d'apprécier ce que leur intérêt peut à cet égard leur suggérer ; — Que, dans l'espèce, il résulte des constatations du jugement et de l'arrêt, que les adhésions aux contrats d'assurance obtenues par Thoret n'ont pas été librement consenties ; que les souscripteurs ont été trompés tant par la fausse qualité dont Thoret a fait usage, que par la persuasion du pouvoir ou crédit imaginaire dont il s'est prévalu, et qu'ils ont cru traiter avec le gouvernement, alors qu'en réalité ils ne traitaient qu'avec une compagnie particulière, n'offrant pas les mêmes garanties ; — Que ces faits constituent le délit d'escroquerie d'une partie de la fortune (Thoret.) — Casse l'arrêt de la cour impériale d'Amiens, en date du 15 mars 1857, etc.
Du 9 avr. 1857.-C. C., ch. crim.-MM. Laplagne-Barris, pr.-Caussin de Perceval, rap.-D'Ubexi, av. gén., c. conf.

e plus ou moins de gravité des manœuvres qui les constituent, une action civile en rescision et en dommages-intérêts ou à une poursuite correctionnelle ; que, dans l'espèce, les juges du fait ont pu voir dans ces manœuvres, telles qu'elles ont été par eux appréciées, soit dans leur nature, soit dans l'intention qu'elles révélaient, soit dans leurs conséquences, les éléments essentiels du délit prévu et puni par l'art. 405 c. pén.; attendu, enfin, que la délivrance d'un acte de vente renfermant une stipulation de prix, rentre dans la remise des valeurs de tout nature énoncée dans ledit article » (Crim. rej. 23 mars 1838, M. de Bastard, pr., Rocher, rap., aff. Blanc). — De même se rend coupable d'escroquerie, celui qui fait dresser par un notaire, au profit d'un tiers, non complice, un contrat de vente pur et simple d'un immeuble, au lieu d'un contrat pignoratif, une l'autre partie entendait consentir, acte de vente dans lequel la somme prêtée est indiquée comme étant le prix de l'immeuble, et qui persuade au prétendu vendeur de s'abstenir de demander aucune explication au notaire sur la portée du contrat soumis à sa signature, lui faisant signer en même temps un bail de cet immeuble, afin de lui faire croire qu'il ne s'agit pas de l'aliénation de son bien (Crim. rej. 23 fév. 1855) (1). — De même encore, le fait par un individu d'avoir obtenu un transport de créance et la remise d'une somme d'argent d'une femme illettrée dont il conduisait la main alors qu'elle signait, sans en prendre connaissance, cet acte de transport, en lui persuadant faussement qu'elle consentait un simple mandat à l'aide duquel lui ferait recevoir promptement le montant de sa créance, peut être qualifié de délit d'escroquerie, cette remise de valeur ayant eu lieu au moyen de l'emploi de la fausse qualité de mandataire et de manœuvres de nature à faire naître l'espérance d'un remboursement imaginaire et d'un succès chimérique : on ne saurait voir là un simple mensonge insuffisant pour caractériser le délit d'escroquerie (Crim. rej. 20 août 1852, aff. Codard, D. P. 52. 5. 243). — V. aussi n° 778.

826. Il a été jugé 1° qu'un marchand qui trompe un acheteur, en livrant d'autres marchandises que celles qui avaient été présentées et offertes en vente ; par exemple, en substituant,

pour la livraison, de la limaille de cuivre à la poudre d'or, et qui, pour consommer cette déception, emploie des manœuvres frauduleuses, doit être puni conformément à l'art. 405 c. pén. : l'art. 423 du même code n'est applicable qu'à ceux qui trompent les acheteurs sur la nature ou la qualité des objets vendus, mais sans l'emploi de manœuvres frauduleuses (Crim. rej. 20 août 1825) (2); — 2° Qu'il n'y a pas seulement tromperie sur la nature de la marchandise, qu'il y a escroquerie caractérisée, lorsque le vendeur emploie, pour le succès de sa fraude, des manœuvres frauduleuses ou une fausse qualité (Crim. rej 10 déc. 1858) (3); — 5° Que les manœuvres frauduleuses employées par un marchand pour tromper un acheteur sur la nature et la provenance des marchandises qu'il lui vend constituent le délit d'escroquerie, et non le délit de simple tromperie sur la nature de la chose vendue : — « Attendu qu'il est déclaré par le jugement attaqué que la fille Malpertuy a employé les manœuvres frauduleuses qui s'y trouvent spécifiées pour persuader faussement aux acheteurs des vins dont il s'agit que ces vins étaient des vins d'Espagne, tandis qu'ils avaient été fabriqués à Cette ; que ce fait constitue dès lors non le délit de simple tromperie sur la nature de la marchandise vendue, mais le délit d'escroquerie prévu et puni par l'art. 405 c. pén., et qu'en appliquant distinctement cette disposition à la cause, le tribunal supérieur de police correctionnelle séant à Châlon-sur-Saône n'a point violé l'art. 423 du même code » (Crim. rej. 11 fév. 1853, M. Rives, rap., aff. Duthion);—4° Que le fait par le vendeur d'objets d'art, tels que des tableaux, d'avoir sciemment attribué à ces objets tel nom d'un auteur supposé, en considération duquel l'acheteur en a donné un prix de beaucoup supérieur à leur valeur réelle, constitue le délit d'escroquerie lorsque des manœuvres frauduleuses ont été employées par le vendeur pour persuader cet acheteur de la vérité de son assertion (Douai, 5 mai 1846, aff. R..., D. P. 46. 4. 270);— 5° Que le fait d'un commerçant d'avoir, pour procurer l'écoulement d'un produit dépourvu de valeur et non sérieux qu'il a composé, envoyé chez des détaillants une personne donnant de fausses commandes de ce produit et indiquant pour la livraison un faux domicile, et d'avoir

---

1) (Moch et Liebschutz.) — La cour; — Attendu qu'il résulte de l'arrêt attaqué que Liebschutz, profitant de la position gênée des époux Ottmann et de l'intention où ils étaient d'emprunter une somme de 0 à 550 fr., leur proposa de s'adresser à Moch, son beau-frère, qui leur procurerait moyennant l'engagement d'un immeuble de plus grande valeur, dont ils étaient propriétaires; qu'à cet effet, les parties se rendirent en l'étude d'un notaire, où Liebschutz avait fait dresser un contrat de vente pure et simple de l'immeuble dont il s'agit, au profit de Moch, pour 550 fr., au lieu d'un contrat seulement pignoratif, que les époux Ottmann entendaient consentir, que Liebschutz persuada à Ottmann de s'abstenir de demander aucune explication au notaire, sur la partie du contrat soumis à sa signature, et, pour lui faire croire qu'il ne s'agissait pas de l'aliénation de son bien, lui fit signer un bail de cet meuble ; que, dans ces circonstances, l'arrêt attaqué a pu en conclure qu'il y avait de la part de Liebschutz des manœuvres frauduleuses tendant à faire naître dans l'esprit des époux Ottmann l'espérance d'un succès ou d'un événement chimérique et a ainsi escroqué partie de leur fortune; — Attendu qu'il est également spécifié des faits par lesquels Moch s'est rendu complice de l'escroquerie commise par son beau-frère Liebschutz, dont il n'a pu ignorer les manœuvres frauduleuses; ainsi donc Moch a encouru les peines des art. 59 et 60 c. pén.; comme Liebschutz a encouru celles de l'art. 405 du même code; — Attendu que la déclaration régulière de culpabilité en ce qui concerne l'escroquerie commise au préjudice des époux Ottmann, suffit pour justifier l'application de la peine; — Rejette.
Du 25 fév. 1855.-C. C., ch. crim.-MM. Isambert, rap.-Bresson, gén., c. conf.

2) (Lorano et Valero C. min. pub.) — La cour; — Sur le premier moyen de nullité commun aux demandeurs; — Attendu que l'art. 423 pén., dans ses premières dispositions, est applicable à ceux qui trompent l'acheteur sur la nature des matières d'or ou d'argent, sur la qualité d'une pierre fausse vendue pour fine, sur la nature de toutes marchandises, par l'effet de la présentation desdits objets ou marchandises, mais sans l'emploi de manœuvres frauduleuses qui concourent à tromper cet acheteur, et, au moyen desdites manœuvres, à lui escroquer ou tenter d'escroquer tout ou partie de sa fortune ; — Et attendu qu'il résulte des faits déclarés constants par l'arrêt attaqué, qu'indépendamment de ce qu'il n'y avait pas, dans le fait, objet des poursuites, tromperie seulement sur les titres des matières (poudre d'or) présentées et

offertes en vente, mais substitution de limaille de cuivre, pour la livraison, à la poudre d'or soumise à l'essai ; et que, pour consommer cette déception, il y a eu, d'après les motifs de l'arrêt, emploi de manœuvres frauduleuses, caractérisées par l'art. 405 c. pén., et qu'ainsi cet article était seul applicable au délit;
Sur le second moyen particulier à Mathieu Valero : — Attendu que la cour royale de Nancy a déclaré, d'après les faits par elle reconnus, que ledit Valero avait procuré sciemment à Lorano les moyens qui ont servi à la vente frauduleuse tentée par ce dernier, et qu'il l'a assisté avec connaissance dans les moyens qui l'ont préparée ; toutes circonstances mentionnées dans l'art. 60 c. pén. pour caractériser la complicité, et que les faits élémentaires de la conviction des magistrats ne peuvent être discutés devant la cour de cassation ; — Attendu, d'ailleurs, que l'arrêt est régulier dans la forme ; — Rejette.
Du 20 août 1825.-C. C., sect. crim.-MM. Portalis, pr.-Brière, rap.
(3) (Rosset et Coupey.) — La cour; — Vu les art. 423 et 405 c. pén.; — Attendu que, si l'art. 423 c. pén. punit ceux qui trompent l'acheteur sur la nature de toutes marchandises par l'effet seul de la présentation de ces objets à ce dernier, cette disposition cesse d'être applicable lorsque, pour déterminer l'acheteur à les accepter, le prévenu fait usage d'un faux nom ou d'une fausse qualité, ou bien emploie quelqu'une des manœuvres frauduleuses énoncées en l'art. 405 c. pén.; — Attendu que le fait, changeant alors de nature et présentant tous les caractères du délit prévu par ledit art. 405, dans ses prévisions et est nécessairement passible de la pénalité qu'il édicte ; — Et attendu qu'il résulte des constatations de l'arrêt attaqué que les nommés Rosset et Coupey, anciens employés de la maison Bédarride, mais ne lui appartenant plus à ce titre à l'époque des actes délictueux à eux reprochés, se sont, en prenant faussement cette qualité, présentés chez divers individus ; que, depuis, ils y ont produit de faux carnets, de faux imprimés paraissant émaner de l'établissement du sieur Bédarride, qu'à l'aide de ces manœuvres frauduleuses ils sont parvenus à se faire remettre des sommes d'argent pour des livraisons d'engrais défectueux livrés par eux comme fabriqués par Bédarride; que de ces faits, constatés à leur charge par l'arrêt attaqué, il résulte qu'ils se sont rendus coupables, non du délit prévu par l'art. 423 c. pén., mais bien de celui puni par l'art. 405 dudit code ; que, dès lors, loin de violer cette dernière disposition, la cour impériale en a fait une juste et saine application ; — Rejette.
Du 10 déc. 1858.-C. C. ch. crim.-M. Zangiacomi,

amené ainsi les détaillants à lui acheter une certaine quantité de ce produit, qu'ils ont dû garder pour leur compte, présente tous les caractères du délit d'escroquerie (Crim. rej. 16 juill. 1862, aff. Cariven, D. P. 63. 5. 155).

827. Sont avec raison déclarés coupables d'escroquerie : 1° l'individu qui s'est fait ouvrir des crédits chez des marchands dont il exploitait la bonne foi, en produisant une dépêche télégraphique ayant pour objet de faire croire au dépôt de sommes importantes chez un banquier, en recourant au témoignage de gens qu'il avait payés, et en prenant faussement les qualités d'ancien officier, d'homme marié et de propriétaire (Crim. rej. 8 juin 1860, aff. Busselot, D. P. 60. 5. 250); — 2° L'individu qui est parvenu à se faire remettre des marchandises en prenant auprès des marchands la fausse qualité de négociant et en employant des manœuvres frauduleuses tendant à faire croire qu'il possède, en effet, un établissement de commerce sérieux (Crim. rej. 14 mai 1859, aff. Mayer et Cahen, D. P. 59. 5. 156).

828. L'exploitation d'un bureau de placement non sérieux, faite avec des formes et apparences propres à inspirer aux personnes s'y adressant l'espoir d'arriver par l'entremise du gérant à l'obtention des places et emplois qu'elles recherchent, constitue une escroquerie, lorsqu'à l'aide de cette manœuvre le gérant s'est fait remettre par ses dupes des sommes destinées à rémunérer des services purement chimériques (Crim. rej. 13 fév. 1862, aff. Guisle, D. P. 62. 5. 140).

829. Peut être poursuivi pour délit d'escroquerie, l'individu prévenu, 1° d'avoir proposé à son agent de change qui avait fait pour lui divers achats d'effets publics et qui lui demandait une garantie pour ces achats, de prendre livraison avant le terme des rentes achetées pour son compte; 2° d'avoir fixé le jour et l'heure pour cette livraison; 3° d'avoir engagé l'associé de l'agent de change, qui le cherchait délivrance des effets achetés, à venir dans son effectuer cette délivrance et d'en toucher le pr voir reçu les effets, selon l'usage du commerce, la valeur, et d'avoir refusé ensuite d'acquitter le motif qu'il l'aurait payé en prenant livraiso s'ils sont prouvés, constituent le délit d'escroc 11 déc. 1824) (1).

830. Le fait de l'individu qui, en soldant tions dans un café, affecte de montrer au chef sa bourse paraissant contenir plusieurs pièce mande la monnaie de l'une de ces pièces, celle monnaie est déposée en sa présence sur le servir de nouvelles consommations, vient en monnaie déposée, en paye le montant de sa met le surplus dans sa bourse, et, sur la récla faite de la pièce de 5 fr. dont il a reçu la mo pas remise, soutient avec emportement l'avoir considéré comme constituant l'emploi de m leuses caractéristiques du délit d'escroqueri avr. 1857, aff. Orange, D. P. 57. 1. 229).

831. Le chef d'atelier d'une compagnie qui emploie à son usage particulier les ouvrie plus tard par la compagnie, comme s'ils avai elle, commet le délit d'escroquerie prévu par dans ce cas, les manœuvres frauduleuses con duction d'états, de registres, etc., certifiés po comme contenant payement, pour le compte de travaux présentés comme exécutés pour réalité ils l'ont été dans son intérêt pers 26 mars 1863) (2). — Dans ce cas, en effet

---

(1) *Espèce :* — (Roumage C. Banès et Chaulet.) — Roumage poursuivi en escroquerie, à raison des faits relatés dans la notice ci-dessus, décline la compétence du tribunal correctionnel. — 24 sept. 1824, jugement qui rejette le déclinatoire et au fond condamne Roumage à cinq ans d'emprisonnement et au payement du montant des effets qu'il a reçus. — Appel par Roumage. — 24 oct. 1824, arrêt de la cour de Paris, ainsi conçu : « Attendu que les faits articulés par Banès dans sa plainte par lui portée contre Roumage, précisés par l'ordonnance de renvoi du 13 août, devant le tribunal de police correctionnelle, constitueraient, s'ils étaient prouvés, un délit prévu par l'art. 405 c. pén.; d'où il suit que la juridiction correctionnelle est compétente pour connaître du fond; — Sans s'arrêter aux moyens d'incompétence, ordonne qu'il sera procédé et passé outre aux débats et jugement du fond; à l'effet de quoi, continue la cause à demain. »
Pourvoi pour violation et fausse application de l'art. 405. — M. de Vatimesnil, avocat général, a conclu au rejet du pourvoi. La question se réduit à examiner, a dit d'abord ce magistrat, si, d'après les faits déclarés constants dans l'ordonnance de la chambre du conseil, il y a prévention d'escroquerie suffisamment établie. La question d'incompétence doit être décidée, non d'après les circonstances constitutives de l'escroquerie, mais d'après les faits élémentaires énoncés dans cette ordonnance. Il faut donc examiner si ces faits élémentaires réunissent toutes les conditions déterminées par l'art. 405 c. pén., pour constituer le délit d'escroquerie. Ces conditions sont au nombre de trois. Il faut : 1° qu'il y ait eu, de la part de celui qui se plaint de l'escroquerie, une remise de valeurs ou de quittance, et que, par l'effet de cette remise, le plaignant se trouve dépouillé de tout ou partie de sa fortune; 2° que cette remise ait été déterminée par l'espérance d'un événement chimérique; 3° que ce qui a fait naître cette espérance, ce soient les manœuvres frauduleuses employées par l'individu prévenu d'escroquerie. Cela posé, et en regardant comme constants les faits énoncés dans l'ordonnance de la chambre du conseil, il est évident que la première et la seconde condition existent. La véritable question est donc de savoir si la remise de la quittance et l'espérance chimérique ont été déterminées par des manœuvres frauduleuses telles que le législateur les entend. — M. l'avocat général établit que les manœuvres frauduleuses doivent être décisives et déterminantes, qu'elles aient amené la remise de la quittance, qu'elles aient été de nature à faire impression sur l'esprit d'une personne raisonnable, à tromper la prudence ordinaire, et que toutes les manœuvres employées postérieurement à la remise doivent être écartées. Ce magistrat se demande ensuite si, dans l'espèce, les manœuvres qui ont précédé la remise de la quittance sont suffisantes pour rentrer dans la définition de l'art. 405 c. pén., et il n'hésite pas à embrasser l'affirmative. Arrêt.
La cour ; — Attendu que l'arrêt attaqué déclare que les faits articulés par Banès dans la plainte par lui portée contre Roumage, pré-

cisés par l'ordonnance de renvoi du 13 août devan lice correctionnelle constitueraient, s'ils étaient pr par l'art. 405 c. pén.; — Attendu que cet art. d'une police correctionnelle quiconque, par l'emplo duleuses pour faire naître l'espérance d'un événe sera fait remettre ou délivrer des fonds, obligatio quittances ou décharges, et, à l'aide de cette remis escroqué ou tenté d'escroquer la totalité ou parti trui; — Attendu que, dans l'espèce, les faits te par l'arrêt déclaratif de la compétence, et qui s'ils s donnance du 13 août, à laquelle l'arrêt se réfère, faits de dol simple, qui rentrent dans le domaine vile, ni des faits qui rentrent dans les définition pénale de délits distincts de ceux caractérisés pa c. pén.; mais qu'ils constituent, s'ils sont prouv manœuvres frauduleuses employées pour faire na événement chimérique, et se procurer la remise et et de quittances, au moyen desquelles Roumage s totalité ou partie de la fortune d'autrui, ce qui fo des délits d'escroquerie prévus par ledit article ; — Du 11 déc. 1824.—C. C., sect. crim.—MM. Port Vatimesnil, av. gén., c. conf.—Odilon-Barrot et
(2) (Richard C. min. pub.)—La cour;—Sur le la violation de l'art. 405 c. pén., en ce que le fait i rait pas les caractères voulus par ledit article po d'escroquerie, et en ce que l'on ne saurait consid fonds, dans le sens légal, le solde de travaux opé tiers, au profit et à la décharge de l'auteur du fait que l'arrêt attaqué pose en fait que les travaux qu mécanicien de la compagnie du chemin de fer de venu d'avoir fait exécuter par les ouvriers de cette été non dans l'intérêt de cette dernière, mais uni demandeur ; — Que, pour le décider ainsi, l'arrê sur ce que ce dernier n'a point demandé à l'adm pendant l'autorisation d'employer personnellement sur ce que, contrairement à ses allégations, il re n'a point tenu de compte séparé des sommes qu lui-même, et qu'il a fait ensuite solder par la elle en eût seule tiré profit;—Attendu que cette c laquelle la décision attaquée fait ressortir l'inten présidé aux actes imputés à Richard, est une que qu'il entrait dans le pouvoir de la cour impéria stances de la cause, et qui, comme telle, ne se contrôle de la cour de cassation ;
En ce qui touche l'existence des manœuvres fra du délit d'escroquerie : — Attendu que l'arrêt a

cet arrêt, la confection et la production de ces états a nécessairement pour résultat de tromper ladite compagnie sur l'exécution de travaux qu'elle devait supposer effectués dans son intérêt, et le prévenu, par l'emploi de ces manœuvres frauduleuses, est parvenu à persuader à ladite compagnie l'existence d'une fausse entreprise et la pensée d'un événement chimérique qui ont déterminé le payement de ces travaux.

832. Pour qu'un dol constitue le délit d'escroquerie, il faut qu'il ait été employé pour abuser de la crédulité de la personne trompée. Ainsi, la collusion par laquelle, sans ce moyen, un vendeur et un acquéreur se sont ménagé la possibilité de faire prononcer la rescision pour lésion d'une vente au préjudice d'un second acquéreur, n'offre pas le caractère du délit d'escroquerie (Crim. cass. 5 mess. au 11) (1).

833. De même, il a été jugé 1° que celui qui, ayant reçu des fonds d'un individu pour acheter un remplaçant à son fils, emploie partie de ces fonds à d'autres objets dont il était chargé par le même individu, ne commet point une escroquerie : ce fait ne peut donner lieu qu'à une action civile en reddition de compte : — « Attendu que l'arrêt attaqué ne présente le prévenu que comme ayant reçu des fonds pour procurer un remplacement au fils Barthelotte, et non sa libération ou sa réforme, et qu'il est établi en fait qu'il était chargé par Barthelotte père d'autres objets pour lesquels partie de ses fonds ont été employés; attendu qu'en jugeant que ces faits ne présentaient pas le caractère d'escroquerie prévu par l'art. 35 de la loi du 22 juill. 1791, et ne pouvaient donner lieu qu'à une action civile en reddition de compte, l'arrêt n'a violé formellement aucune loi » (Crim. rej. 26 juill. 1811, MM. Barris, pr., Schwendt, rap., aff. Patroni) ; — 2° Que le fait de la part d'une des parties, d'avoir, à la suite de ventes et d'échanges, supprimé un acte sous seing privé, suppression qui aurait eu pour résultat de constituer l'autre partie débitrice d'une somme de 100 fr. au delà de celle qu'elle devait réellement, ne suffit pas à lui seul pour constituer le délit d'escroquerie (Crim. cass. 28 déc. 1844, aff. Sée, D. P. 45. 4. 248).

834. Le fait d'un individu d'avoir facilité au failli les moyens de se défaire de marchandises dont le prix était dû, bien qu'il prive le vendeur du bénéfice de la revendication, ne constitue pas le délit d'escroquerie prévu et puni par l'art. 35, tit. 2, de la loi du 22 juill. 1791 : — « Attendu que la peine de l'amende et de la prison prononcée par cet article ne peut s'appliquer qu'à ceux qui ont abusé de la crédulité et escroqué la fortune d'autrui; que le jugement n'a pas déclaré Delelon coupable d'avoir abusé de la crédulité et escroqué la fortune de Chalup; que le jugement ne présente qu'une négociation de marchandises faite avec un négociant en faillite, ce qui est une fraude en matière de commerce réprouvée par l'ordonnance de 1673 et la déclaration du 18 nov. 1702, et non le délit d'escroquerie désigné par la loi de la police correctionnelle ; que les lois pénales ne s'étendent pas d'un cas à un autre ; qu'elles ne doivent s'appliquer qu'aux délits caractérisés par la loi et pour lesquels elle les a prononcées » (Crim. cass. 12 prair. an 2, MM. Lalonde, pr., Girandet, rap., aff. Delelon C. Chalup).

835. La vente des drogues médicinales, par un individu non muni de diplôme ou d'autorisation, ne constitue pas à elle seule le délit d'escroquerie (Orléans, ch. corr., 9 janv. 1832 aff. Barjon).

836. L'emploi de faux poids ou de fausses mesures, dans le but de tromper des ouvriers sur la quantité des marchandises à eux remises pour être travaillées, et sur la valeur de leur salaire, ne constitue pas une escroquerie, cette manœuvre ne faisant naître dans l'esprit aucune espérance chimérique et n'aboutissant à aucune remise d'objets appartenant aux individus trompés. — Ainsi, le fait par le directeur d'une filature d'avoir trompé les ouvriers sur la quantité de coton travaillée par ces derniers, et de les avoir ainsi privés d'une partie de leur salaire, en employant, pour peser les colons à eux remis, des poids surchargés, et en élargissant le diamètre du dévidoir autour duquel s'enroulent ces cotons, n'a pas les caractères du délit d'escroquerie (Crim. cass. 21 fév. 1851, aff. Biehler, D. P. 51. 1. 215).

---

e caractère : 1° aux états des journées d'ouvriers présentés par Richard à l'administration de la compagnie, et qui ne renferment aucune distinction entre la nature des travaux auxquels ils ont été employés ; 2° à l'apposition faite par lui de sa signature au pied de ces mêmes états, pour en garantir l'exactitude, et, enfin, à leur production au caissier de l'administration pour qu'il soldât, au moyen de ces pièces mensongères et des deniers de la compagnie, un salaire qui devait être à la charge unique du demandeur ; — Attendu que la confection et la production de ces états a eu nécessairement pour résultat de tromper ladite compagnie du chemin de fer sur l'exécution de travaux qu'elle avait supposer effectués dans son intérêt, et que le demandeur, au moyen de ces manœuvres frauduleuses, est parvenu à persuader à cette compagnie l'existence d'une fausse entreprise et la pensée d'un événement chimérique qui ont déterminé le payement de ces travaux ; — Attendu que, s'il est établi que le demandeur n'en a pas personnellement touché le montant, la remise qui en a été faite directement aux ouvriers dont s'agit n'en présente pas moins l'élément délictueux voulu par l'art. 405 c. pén., puisque cet article, en spécifiant la délivrance des fonds comme une des conditions essentielles de ce délit, n'exige pas que cette remise en délivrance soit opérée directement dans les mains de l'auteur du délit ou de ses complices; qu'au surplus toute remise de fonds effectuée à la décharge et pour le compte du débiteur est censée faite à lui-même ; — Attendu, dès lors, qu'en décidant, en cet état des faits, que Richard, au moyen des manœuvres frauduleuses ci-dessus terminées, avait fait remettre par son compte et à sa décharge, par ladite compagnie des Ardennes, diverses sommes d'argent à des tiers, et qu'il avait ainsi escroqué tout ou partie de la fortune d'autrui, et, par là, commis le délit d'escroquerie, l'arrêt attaqué, loin de violer l'art. 5 c. pén., en a fait, au contraire, une juste et saine application ; — rejette, etc.

Du 26 mars 1863.—C. C., ch. crim.-M. Zangiacomi, rap.

(1) Espèce : — (Vincent, etc., C. min. pub.) — En mess. an 3, contrat notarié, par lequel Vincent vend à Testulat deux maisons, moyennant 200,000 livres en assignats. — Six semaines après, Testulat vend une de ces maisons à Bailleux pour 371,000 liv. même monnaie. En l'an 6, Vincent poursuit Testulat en rescision de la première vente pour cause de lésion d'outre moitié. — Le 2 frim. an 10, jugement qui le renvoie en possession des deux maisons. — Vincent signifie ce jugement à Bailleux, et le somme de lui délaisser la maison qu'il a achetée de Testulat. — Bailleux forme une tierce opposition à ce jugement, et, déclaré non recevable, il prend la voix de l'appel. — Les

choses en cet état, Bailleux obtient de Testulat un acte sous seing privé daté du même jour que le contrat de messidor an 5, et qui porte le prix des deux maisons à 525,000 liv. au lieu des 200,000 énoncées au contrat notarié. Cependant Testulat n'avait point opposé cet acte à Vincent dans le procès en lésion. Bailleux en a conclu qu'ils avaient colludé dans ce procès pour surprendre un jugement qui devait le frapper définitivement lui-même. — En conséquence, plainte en escroquerie contre Testulat et Vincent. — Jugement qui décide que le sous-seing n'était pas sérieux, et qu'en conséquence il n'y avait pas lieu à appliquer les peines prononcées par l'art. 35, tit. 2, L. 19 juill. 1691. — Appel.—Arrêt qui juge que l'acte sous seing privé était sérieux ; qu'il n'avait été dissimulé dans le procès entre Testulat et Vincent que par collusion entre eux; et qu'en obtenant, au moyen de cette collusion, un jugement qui devait frapper définitivement contre Bailleux, ils s'étaient rendus coupables du délit prévu par l'art. 55 de la loi du 19 juill. 1791. En conséquence, le jugement de première instance fut infirmé, et Testulat, ainsi que Vincent, furent condamnés aux peines déterminées par ledit art. 35. — Pourvoi. — Arrêt.

LA COUR ; — Vu l'art. 35 du tit. 2 de la loi du 22 juill. 1791, et l'art. 456 de la sixième disposition du code des délits et des peines ; — Attendu que l'art. 55 ci-dessus cité n'est point applicable à toute espèce de dol, et ne peut être appliqué qu'au dol à l'aide duquel on abuse de la crédulité des personnes, dont, au moyen de cet abus, on parvient à escroquer leur fortune partielle ou totale ; — Attendu qu'en admettant comme vrais tous les faits articulés par Bailleux, et reconnus par le jugement attaqué, ces faits, quoique très-répréhensibles en eux-mêmes, ne constitueraient point le dol susceptible des peines correctionnelles, vu que dans les diverses relations qui ont eu lieu entre Bailleux et les demandeurs en cassation, il n'en est aucune où ces derniers eussent employé le dol dont ils étaient prévenus pour abuser de la crédulité de Bailleux ; — Attendu, d'ailleurs, que la collusion dont s'est plaint Bailleux ne pouvait être déclarée constante qu'autant qu'il serait valablement jugé que l'acte sous seing dont il s'agit aurait été sérieux ; que les tribunaux criminels, incompétents dans tous les cas pour prononcer sur une pareille question, l'étaient surtout dans l'espèce, où il existe entre Bailleux et Vincent une instance civile, dont cette question est une dépendance inséparable ; — Attendu que, sous le double rapport, le tribunal correctionnel ou le tribunal criminel, en connaissant des faits dont s'est plaint Bailleux, ont commis une usurpation de pouvoir ; — Par ces motifs, casse, etc.

Du 5 mess. an 11.-C. C. sect. crim.-MM. Viellart, pr.-Basire, rap.

837. De ce qu'un individu aurait commencé son commerce avec de faibles ressources et l'aurait continué pendant une année, sachant que son actif était bien inférieur à son passif, il peut résulter banqueroute simple mais non escroquerie; et, par suite, si, outre quinze mois de prison, il a été prononcé une amende de 50 fr. contre le prévenu, il y a aggravation de peine, et, par suite, lieu de casser l'arrêt, en ce qu'il aurait mal à propos prononcé l'amende : — « Attendu que les faits constitutifs du délit d'escroquerie sont fixés et limités dans l'art. 405 c. pén.; que les faits, déclarés tant dans le jugement de première instance que dans celui d'appel qui en a adopté les motifs, ne présentent aucune identité avec ceux de l'art. 405; qu'ils ne sont point compris dans les dispositions littérales de cet article et ne peuvent être rangés dans les catégories qu'il établit, mais qu'ils caractérisent seulement le délit de banqueroute simple, dont Guilloux a été déclaré coupable pareillement; attendu que les banqueroutiers simples peuvent être condamnés en un emprisonnement de deux années, d'après les dispositions de l'art. 402 c. pén.; que, dès lors, et sous ce rapport, le jugement attaqué, qui prononce un emprisonnement de quinze mois, ne contient aucune aggravation de peine, mais qu'il y a aggravation au chef, par lequel Guilloux est condamné en une amende de 50 fr.; d'où il suit qu'il y a violation de l'art. 402 c. pén. et fausse application de l'art. 405 du même code » (Crim. cass. 24 avr. 1829, MM. Bailly, f. f. pr., Brière, rap., aff. Guilloux).

838. Lorsqu'une plainte qui d'ailleurs n'énonce aucun fait matériel de soustraction frauduleuse de la chose d'autrui, se rattache à l'exécution d'actes signés par les parties, et qu'elle ne présente aucun fait de dol ou manœuvres au moyen desquels on aurait abusé de la crédulité du plaignant pour l'engager à donner sa signature à ses actes, le juge du fait ne viole aucune loi en déclarant que cette plainte n'est pas susceptible de la juridiction correctionnelle (Crim. rej. 31 oct. 1811) (1).

839. Il n'y a escroquerie qu'autant que ceux avec lesquels l'agent a traité ignoraient que leur adversaire se targuait de fausses promesses, de fausses entreprises, et qu'il les berçait d'espérances chimériques (Crim. cass. 13 fruct. an 13, aff. Rasse, n° 782).

840. Il suffit, pour qu'il y ait escroquerie, qu'il ait été employé des manœuvres frauduleuses qui aient persuadé l'existence d'un événement chimérique, sans qu'à cet événement se rattache une idée d'espérance ou de crainte pour la personne qu'on cherche à tromper (Crim. rej. 27 juill. 1827) (2).

ART. 2. — *Remise de valeurs.*

841. Nous venons de nous occuper de l'un des éléments constitutifs de l'escroquerie, c'est-à-dire des moyens à l'aide desquels elle peut être commise. Mais le délit n'est pas consommé par cela seul que les moyens ont été employés; il faut que le résultat ait été obtenu; or ce résultat, c'est la remise de valeurs dont l'obtention formait le but de l'agent. — Ainsi il a été jugé : 1° que, pour qu'il y ait escroquerie, il ne suffit pas qu'il y ait eu emploi de manœuvres et autres moyens frauduleux propres à consommer le délit, qu'il faut encore qu'il y a eu remise ou délivrance de valeurs (Crim. rej. 6 sept. 1839, 25 août 1853; Liége, 5 fév. 1842) (3); — 2° Qu'ainsi l'arrêt qui, après avoir constaté qu'un individu a employé des ma

(1) *Espèce* : — (Fusi C. Perret.) — Le 9 juill. 1811, arrêt de la cour de Paris ainsi conçu : « Considérant qu'il est constant que le 2 avr. dernier il y a eu vente par François Perret, joaillier à Paris, à Antoine Fusi, joaillier à Milan, d'un saphir d'Orient, du poids de 133 karats, moyennant 170,000 fr., et au même moment vente par Fusi à Perret de certaine quantité de brillants et perles; que le même jour où la vente a eu lieu, Fusi a remis à Perret un bon payable à présentation, de la somme de 71,545 fr., qui est approuvé par lui, pour tout son contexte, sous la date du 2 avr., lequel bon porte cette mention, *conformément à la facture de ce jour*; — Considérant qu'il y a quittance d'une somme de 50,000 fr. donnée le lendemain 3 avr. par Perret à Fusi, à compte sur le bon de 71,545 fr.; que trois jours après cette vente, Fusi a prétendu qu'elle n'était que conditionnelle; qu'avant la consommation il avait été arrêté, entre Perret et lui, qu'elle demeurerait sans exécution si, dans les quatre jours, il remettait le saphir à Perret et lui payait une somme de 5,000 fr. de dédit; — Considérant que, dans la plainte, sous la date du 9 avr. dernier, Fusi est convenu, de la manière la plus positive, que lorsqu'on lui présenta à signer les factures des ventes respectives du saphir, des diamants et perles, il fit à Perret l'observation qu'il n'était fait aucune mention de la condition de pouvoir rendre le saphir moyennant la perte de 5,000 fr.; que quoique ledit Fusi eût insisté pour que la mention en fût faite, il se rendit aux observations de Perret et sa femme, et signa les factures telles qu'elles lui étaient présentées, et sans mention de la condition résolutoire, en disant qu'il s'en rapportait à eux; que l'exposé en la même plainte, qui forme la base de toute l'instruction de Fusi, porte qu'il y avait eu vente à lui faite d'un saphir, et en même temps remise par lui à Perret de perles et diamants, au prix et quantité constatés, à valoir sur le prix du saphir; qu'il y avait également remise d'un bon de 71,545 fr., stipulé payable à présentation, pour solde qui restait due à Perret; ce qui résulte, en fait, de la facture remise par celui-ci à Fusi; mais que Fusi n'articulant, à l'appui de sa plainte, et n'ayant articulé depuis aucuns faits de nature à persuader que, s'il a été amené à souscrire les écrits dont il s'agit, ce soit à l'aide de manœuvres réprouvées par la loi et punies par le code pénal, le tribunal correctionnel devait, dès qu'il s'agissait, d'après l'exposé en la plainte, de l'exécution d'actes signés et reconnus, de l'allégation d'une violation de dépôt, renvoyer Fusi à se pourvoir à fins civiles; que Fusi paraît n'avoir saisi le tribunal correctionnel que pour se procurer indirectement une preuve testimoniale contre et outre le contenu en des écrits par lui souscrits et approuvés; que, si une semblable marche était autorisée, il s'ensuivrait, contre le vœu de la loi, que les conventions commerciales et tous actes pourraient être attaqués, en prenant la voie détournée de la plainte; — Par ces motifs, émendant; — Déclare Fusi non recevable dans sa plainte. » — Pourvoi. — Arrêt.

» La cour; — Attendu que la plainte n'énonçait aucun fait matériel de soustraction frauduleuse de la chose d'autrui qui ait pu être qualifié vol, larcin ou filouterie; que cette plainte se rattachait à l'exécution

d'actes signés par les parties, et qu'elle ne présentait aucun fait de dol ou manœuvres au moyen desquels on aurait abusé de la crédulité de Fusi pour l'engager à donner sa signature à ces actes; qu'on supposât vrais tous les faits portés dans cette plainte, Fusi aurait eu à s'imputer la confiance aveugle, mais libre, qu'il aurait accordée à la bonne foi de Perret; que dès lors, en déclarant que cette plainte n'était pas susceptible de la juridiction correctionnelle, la cour impériale de Paris n'a commis aucune violation, et qu'elle a, au contraire, fait une juste application des lois et des règles de compétence; — Rejette. »

Du 31 oct. 1811.-C. C., sect. crim.-MM. Muraire, pr.-Brillat, rap.

(2) *Espèce* : — (Deroches C. min. publ.) — Dumoulin avait souscrit au profit de Hubert Deroches une obligation de 12,000 fr., causée pour prêt. Ce prêt avait été effectué par Deroches, en fournissant à Dumoulin des billets à ordre et des lettres de change. Peu de jours après le contrat, et pendant l'absence de ce dernier, Deroches se présenta chez la femme de Dumoulin, et la pria de lui remettre les billets qu'il avait fournis à son mari, s'il en existait encore en sa possession, afin de pouvoir faire mention sur ses registres de la remise de ces billets, ce qu'il avait omis de faire. — La femme Dumoulin remit trois des billets en question. A son retour, le mari les réclama de Deroches; mais celui-ci nia la remise de l'un de ces billets. — Plainte en escroquerie. 16 fév. 1827, jugement du tribunal de Charleville, sur appel d'un jugement du tribunal de Rethel, qui, par application de l'art. 405 c. pén., condamna Deroches à une année d'emprisonnement, 50 fr. d'amende, etc. — Pourvoi. — Le tribunal de Charleville, a-t-on dit, a pensé qu'il y avait eu délit d'escroquerie, parce qu'il y avait eu manœuvres frauduleuses pour persuader l'existence d'un événement chimérique; mais ces deux circonstances ne sont point des éléments suffisants et légaux de l'escroquerie. Dans la seconde partie de l'art. 405, le législateur a voulu que peines ne fussent applicables que lorsque les manœuvres frauduleuses auraient eu pour but de faire naître l'espérance ou la crainte d'un événement chimérique; qu'à ces manœuvres frauduleuses se rattache, celui-ci en est l'objet, une idée de crainte et d'espérance. — Arrêt.

La cour; — Attendu que la loi n'ayant pas défini les manœuvres frauduleuses et l'événement chimérique formant, d'après l'art. 405 c. pén., les éléments de l'escroquerie, en a abandonné l'appréciation aux tribunaux correctionnels, et que de cette appréciation ne peut résulter ouverture à cassation; — Attendu qu'il est déclaré par l'arrêt justement attaqué que l'escroquerie imputée au prévenu a été opérée par manœuvres frauduleuses qui ont persuadé l'existence d'un événement chimérique; d'où il suit qu'elle présente les caractères de criminalité déterminés par l'art. 405 précité; — Attendu, d'ailleurs, la régularité de la procédure; — Rejette.

Du 27 juill. 1827.-C. C., ch. crim.-MM. Portalis, pr.-Ollivier, rap.

(3) 1re *Espèce* : — (Kahn et autres C. min. publ.) — La cour; — ce qui concerne le pourvoi d'Adolphe Girard et d'Alexandre-Louis Etienne de Vaucleroy. — Vu l'art. 405 c. pén.; — Attendu, en droit, que la remise ou délivrance de fonds ou de valeurs est une des cir

nœuvres frauduleuses pour persuader l'existence d'un crédit imaginaire, et a même tenté de se faire remettre une certaine somme d'argent, sous la promesse de faire dispenser quelqu'un du service militaire, a reconnu en même temps qu'aucune remise de fonds, obligations, etc., n'a eu lieu, a justement déclaré qu'il n'y avait pas, de sa part, délit d'escroquerie (Crim. rej. 23 janv. 1829, MM. Bailly, f. f. pr., Brière, rap., aff. Gary).

842. La remise de valeurs elle-même est-elle suffisante pour consommer le délit d'escroquerie? N'est-il pas nécessaire, en outre, qu'il y ait eu, de la part de l'agent, détournement, appropriation de ces mêmes valeurs? — C'est ce que nous examinerons ultérieurement, et à ce propos nous aurons à signaler une modification importante introduite dans le texte de l'art. 405 c. pén. par la loi des 18 avr.-13 mai 1863.

843. Pour qu'il y ait délit ou tentative de délit d'escroquerie, il n'est pas nécessaire que la délivrance ou remise des valeurs ait été opérée dans les mains mêmes de l'auteur du délit ou de la tentative, ou dans celles de ses complices; il suffit qu'il y ait eu dépôt de ces valeurs à son profit entre les mains d'un tiers; et, spécialement, il y a tentative d'escroquerie dans le fait d'avoir obtenu, à l'aide de manœuvres frauduleuses, le dépôt, dans les mains d'un tiers, de valeurs ayant pour objet la rémunération éventuelle d'un service promis sur la foi d'une fausse qualité, dépôt dont le bénéfice n'a été ravi au délinquant que par un événement indépendant de sa volonté : — « Vu l'art. 405 c. pén. ; attendu que cet article, en spécifiant, comme l'un des éléments essentiels du délit ou de la tentative du délit d'escroquerie, la délivrance ou remise de fonds, meubles, obligations, billets, promesses, quittances ou décharges, n'a pas

stances constitutives du délit d'escroquerie prévu et puni par cet article; qu'il ne contient aucune distinction à cet égard entre la tentative et le délit consommé ; et qu'il résulte de la combinaison des art. 2 et 3 c. pén. que c'est seulement dans l'absence d'une disposition spéciale de la loi, ayant pour but d'admettre l'existence et de déterminer les caractères d'une tentative de délit, qu'il y a lieu de recourir aux règles tracées pour les tentatives de crimes ; — Et attendu, en fait, que Girard et de Vaucleroy ont été déclarés coupables par le jury de s'être rendus complices d'une tentative d'escroquerie consistant en ce que l'auteur aurait, soit en faisant usage de faux noms ou de fausses qualités, soit en employant des manœuvres frauduleuses pour persuader l'existence de fausses entreprises, d'un pouvoir ou d'un crédit imaginaire, ou pour faire naître l'espérance ou la crainte d'un succès, d'un accident, ou de tout autre événement chimérique, tenté d'escroquer à Chrétien Plouber des sommes plus ou moins fortes sur le prix d'un engagement en qualité de remplaçant au service militaire, tentative manifestée par un commencement d'exécution, et qui n'aurait manqué son effet que par des circonstances indépendantes de la volonté de son auteur, sans qu'il ait été fait mention, ni dans la question posée au jury, ni dans sa réponse, de la remise ou délivrance de fonds ou valeurs ; — Attendu, dès lors, que le fait déclaré constant par le jury, et conforme soit au dispositif de l'arrêt de renvoi, soit au résumé de l'acte d'accusation, manque de l'un des éléments essentiels de la tentative d'escroquerie, et ne constitue, ainsi caractérisé, ni crime ni délit; — Par ces motifs, casse et annule en ce chef l'arrêt de la cour d'assises du Bas-Rhin du 6 juillet dernier, et dit qu'il n'y a lieu à renvoi, les réponses négatives du jury sur les autres chefs tenant;

En ce qui touche le pourvoi des autres demandeurs : — ...Sur le second moyen : — Attendu que la mention insérée au procès-verbal d'audience que, relativement aux témoins à décharge, les formalités de l'art. 317 c. inst. crim. ont été remplis, suffit pour constater la prestation de serment de ces témoins ;

Sur le troisième moyen : — Attendu que, si l'intérêt de la défense exige qu'il soit donné connaissance à l'accusé des questions posées au jury par le président de la cour d'assises; que, si la maxime inviolable de la publicité des jugements commande que cette connaissance lui soit donnée publiquement, comme l'art. 356 c. inst. crim. ne prescrit pas, à peine de nullité, la lecture de ces questions, il appartient à la cour de cassation d'apprécier, dans chaque affaire, d'après les circonstances de la cause, si l'accusé a eu connaissance des questions posées, et si cette connaissance lui a été publiquement donnée; — Attendu que, dans l'espèce, il n'a pas été posé de question résultant des débats ; que les questions soumises au jury sont uniquement celles qui résultaient de l'arrêt de renvoi et de l'acte d'accusation; que le président de la cour d'assises, après les avoir divisées en plusieurs séries, et rangé sous le même chef toutes les questions identiques, quant à la qualification du fait, sans autre distinction que les noms des parties lésées, a lu successivement à l'audience toutes les questions normales de chaque série, en déclarant l'identité de celles qui les suivaient, et dont chaque

exigé que cette délivrance ou remise fût opérée dans les mains de l'auteur du délit ou de la tentative, ou dans celles de ses complices; attendu que, dans l'espèce, le jugement attaqué constate le dépôt d'une somme et d'un billet dans les mains d'un tiers, dépôt qui aurait eu pour objet la rémunération éventuelle d'un service promis sur la foi d'une fausse qualité, et qui n'avait eu lieu que par suite de manœuvres frauduleuses tendantes à persuader l'existence d'un crédit imaginaire ; attendu que le fait de ce dépôt, rapproché des circonstances qui l'ont amené, réunit tous les caractères légaux de la tentative d'escroquerie ; que, s'il n'a pas assuré aux prévenus Villa et Rouquette le bénéfice illicite qu'ils en attendaient, c'est à raison de ce qu'un événement, auquel leur volonté est restée étrangère, n'a pas favorisé leur conception de fraude; mais que le propriétaire des valeurs déposées ne s'est pas moins dessaisi de ces valeurs, et que cette remise en main tierce devait, dans la commune intention des parties, produire les mêmes effets que si elle avait été effectuée dans les mains de ceux qui l'ont obtenue; qu'ainsi, en n'appliquant pas aux faits reconnus par lui constants la peine prononcée par l'art. 405 précité, le tribunal de Mende a violé ledit article » (Crim. cass. 9 mars 1837, MM. de Bastard, pr., Rocher, rap., aff. Villa et Rouquette). — V. n° 861.

844. Nous avons vu précédemment que, suivant un arrêt, le chef d'atelier d'une compagnie de chemin de fer qui emploie à son usage particulier les ouvriers qu'il fait payer plus tard par cette compagnie, comme s'ils avaient travaillé pour elle, commet le délit d'escroquerie prévu par l'art. 405 c. pén. (Crim. rej. 26 mars 1863, aff. Richard, n° 851). Dans ce cas, la remise de sommes d'argent résulte, selon cet arrêt, de cette circonstance que les

série était composée ; — Attendu qu'il n'a pas été allégué que les questions qui n'ont pas été lues publiquement fussent différentes de celles dont il a été donné lecture ; — Qu'en cet état, il a été satisfait au vœu de la loi ; — Rejette.

Du 6 sept. 1839.-C. C., ch. crim.-MM. Portalis, 1er pr.-Rocher, r.

2° *Espèce* : — (Isaac Weil.) — La cour ; — Sur le moyen unique pris de la violation de l'art. 658 c. inst. crim., en ce que l'arrêt attaqué n'ayant point fixé la date des manœuvres frauduleuses, n'a pas suffisamment établi que les faits d'escroquerie ne fussent pas prescrits à l'époque des poursuites intentées en avril 1855 ; — Attendu que les manœuvres frauduleuses ne sont que les actes préparatoires du délit d'escroquerie, qui n'est consommé que lorsque l'auteur de ces manœuvres s'est fait remettre ou délivrer des fonds, meubles, obligations ou dispositions, etc.; — Attendu que, par l'arrêt attaqué, Isaac Weil et Michel Borach ont été déclarés coupables d'avoir, au moyen de manœuvres frauduleuses continuées depuis 1848 jusqu'à la fin de 1852, déterminé, à cette dernière époque, Georges Northb à se dépouiller en leur faveur, par un acte de vente à vil prix, des biens qui lui provenaient de sa succession maternelle; — Attendu qu'il résulte de cette déclaration que le délit d'escroquerie avait été commis depuis moins de trois ans, et que la prescription n'était point encourue lorsque les poursuites ont été intentées, à raison de ce délit, contre les demandeurs, en avril 1855; — Attendu, d'ailleurs, que la procédure est régulière, et que la peine a été légalement appliquée aux faits constatés par l'arrêt attaqué; — Rejette.

Du 25 août 1853.-C. C., ch. crim.-MM. Quénault, rap.-Plougoulm, av. gén., c. conf.-Paul Fabre, av.

3° *Espèce* :—(Meurs C. min. pub.) — Meurs ayant été poursuivi pour escroquerie, le tribunal de Liège porta le jugement suivant : — « Attendu, en droit, que, suivant l'art. 405 c. pén., il ne suffit pas, pour constituer l'escroquerie ou la tentative de l'escroquerie, qu'il y ait, soit usage de faux noms ou de fausses qualités, soit emploi de manœuvres frauduleuses qui y sont spécifiées, pour s'approprier ou tenter de s'approprier la totalité ou partie de la fortune d'autrui ; qu'il faut en outre qu'il y ait remise ou délivrance de fonds, etc.; que telle est aujourd'hui la jurisprudence constante, attestée notamment par les arrêts de la cour de cassation de France, des 29 nov. 1828 (ch. réun., V. n° 871), 28 juin 1834 (n° 872) et 6 sept. 1839 (ci-dessus, 1re espèce); — Attendu, en fait, qu'il est constant que le prévenu a, le 11 nov. 1841, à Liège, en prenant la fausse qualité de domestique des demoiselles Smets, et en employant des manœuvres frauduleuses, tenté de s'approprier deux montres en or appartenant à F. Lacroix, horloger à Liège ; mais que, d'un autre côté, il est également constant que les montres dont il s'agit ne lui ont pas été remises ou délivrées; que, dans ces circonstances, les faits constatés à charge du prévenu, quelque immoraux qu'ils soient, ne suffisent pas pour qu'il y ait lieu à l'application de l'art. 405 c. pén.; — Par ces motifs, renvoie le prévenu des poursuites. » — Appel. — Arrêt. La cour ; — Adoptant les motifs des premiers juges, confirme.

Du 5 fév. 1842.-C. d'app. de Liège, ch. corr.

sommes payées par la compagnie venaient à la décharge de ce chef d'atelier et faisaient éprouver un préjudice à ladite compagnie.

845. Le fait de conserver frauduleusement des valeurs dont la remise n'a été obtenue par aucun des moyens que détermine l'art. 405 ne constituerait pas le délit d'escroquerie. Ainsi le facteur d'un chemin de fer qui, ayant reçu du destinataire des marchandises qu'il vient de transporter une somme supérieure au prix du transport annoncé par la lettre de voiture et qu'il sait lui avoir été remise par erreur, nie avoir reçu ce qui a été payé en trop, ne peut être considéré comme coupable d'escroquerie (Nancy, 7 avr. 1856, aff. P..., D. P. 56. 2. 157; V. n°° 73 et s.).

846. L'art. 405 dit: «Quiconque, soit en faisant usage de faux noms ou de fausses qualités, soit en employant des manœuvres frauduleuses..., se sera fait remettre ou délivrer, etc.» De ces expressions il résulte qu'il doit y avoir une étroite connexion, un rapport de cause à effet entre l'usurpation de nom ou de qualité ou les manœuvres employées et la remise qui a suivi; qu'il est absolument nécessaire que la remise ait été déterminée par l'emploi des moyens indiqués dans l'art. 405. C'est ce que nous avons déjà fait remarquer (*supra*, n°° 727 et 728), pour l'usage d'un faux nom et d'une fausse qualité (Conf. Bourguignon, Jur. c. crim., sur l'art. 405, n° 5; MM. Chauveau et Hélie, t. 5, n° 2014). — Il a été décidé, en ce sens, que celui qui se fait héberger dans un hôtel sans avoir de quoi payer, ne commet pas le délit d'escroquerie, alors même qu'il s'est fait inscrire sous un faux nom, si cette indication mensongère n'avait point pour but et n'a pas eu pour effet de tromper l'aubergiste sur sa solvabilité ou son crédit (Colmar, 25 nov. 1862, aff. Weissembach, D. P. 63. 2. 42). — Enfin on lit dans un autre arrêt qu'il est nécessaire, pour constituer l'escroquerie, que les manœuvres frauduleuses, qui sont l'élément de ce délit, aient été employées vis-à-vis du propriétaire, possesseur ou détenteur des fonds ou autres objets mobiliers, pour le déterminer, en abusant de sa crédulité, à faire la remise ou délivrance desdits objets (Crim. cass. 14 sept. 1850, M. Jacquinot-Godard, rap., aff. Morterat).

847. A cet ordre d'idées on peut rattacher encore un arrêt qui a décidé que le médecin qui a promis de faire réformer un jeune homme soumis au recrutement, et a même reçu une partie du prix convenu, n'a pas commis une escroquerie, lorsque le plaignant, averti à temps du dol, a déclaré le fait au commissaire de police, et, à l'instigation de ce magistrat, qui a fourni les fonds sur la caisse de la police, n'a remis l'argent au médecin que pour le faire surprendre en flagrant délit (Bordeaux, 11 mars 1840) (1). — Dans ce cas, en effet, on ne peut pas dire que la remise de la somme ait eu pour cause déterminante les manœuvres employées par le médecin vis-à-vis du plaignant.

848. Quels sont les objets dont la remise ou la délivrance, obtenue par les moyens que détermine l'art. 405, forme l'un des éléments de l'escroquerie? Le même art. 405 les indique en ces termes : *des fonds, des meubles ou des obligations, dispositions, billets, promesses, quittances ou décharges.* Ces expressions ne peuvent s'appliquer qu'à deux espèces de valeurs : les effets mobiliers et les titres écrits; elles sont exclusives des immeubles. Il n'en était pas de même sous l'empire de la loi des 19-22 juill. 1791. L'art. 35, tit. 2, de cette loi, punissait ceux qui, par les moyens dolosifs qu'il déterminait, auraient abusé de la crédulité de quelques personnes et escroqué *la totalité ou partie de leur fortune,* ce qui embrassait les immeubles aussi bien que les valeurs mobilières. — Aussi avait-il été jugé que l'art. 35 précité, relatif à l'escroquerie, s'appliquait sans distinction à la propriété immobilière :— « Attendu que l'art. 35 de la loi du 22 juill., en parlant d'escroquerie et appliquant la peine à ce délit, ne fait aucune distinction entre la propriété mobilière ou immobilière; qu'il parle au contraire en termes génériques d'escroquerie de la totalité ou de partie de la fortune d'un particulier, dont on aurait abusé de la crédulité par dol » (Crim. cass., 13 mess. an 6, MM. Gohier, pr., Ritter, rap., aff. Debonnaire).

849. Si aujourd'hui l'escroquerie ne peut avoir pour objet direct des immeubles, elle peut cependant se rattacher étroitement à des biens de cette nature; c'est ce qui arrive, par exemple, lorsque les manœuvres frauduleuses tendent à obtenir la remise, soit d'un acte de vente, soit de tout autre acte représentant la propriété d'un immeuble (Conf. MM. Chauveau Hélie, t. 5, n° 2015; Ach. Morin, Rép. du dr. crim., v° Escroquerie, n° 20). — C'est ainsi qu'il a été jugé que celui qui donne à signer un acte de vente sous seing privé, en persuadant au signataire que l'acte qu'il va signer n'est qu'une pétition ou un écrit qui ne lui est pas désavantageux, n'est point réputé faussaire, mais seulement escroc (Crim. cass. 11 déc. 1818, MM. Barris, pr., Audier-Massillon, rap., aff. Gillet).

850. Il a été décidé également que les expressions *obligations, promesses ou décharges,* qu'emploie l'art. 405 sont générales et absolues; qu'elles embrassent tous les actes dont résulte un lien de droit et à l'aide desquels on peut préjudicier à la fortune d'autrui, et notamment la vente ou l'échange d'un immeuble; qu'ainsi le propriétaire qui frauduleusement répand fait répandre par des tiers dans le public, dit et fait dire par des tiers à un autre propriétaire, qu'un domaine qu'il propose à celui-ci en contre-échange a une valeur supérieure à sa valeur réelle, et que les tiers sont décidés à l'acheter à ce prix ce qui n'est point vrai, et qui, à l'aide de ces manœuvres obtient une disposition contenant l'échange projeté, est passible des peines de l'escroquerie (Crim. cass. 22 juin 1854) (2).

851. Les manœuvres frauduleuses qui tendraient à obtenir la remise du prix d'un immeuble pourraient constituer le délit d'escroquerie (MM. Chauveau et Hélie, t.

---

(1) (Girard C. min. pub.) — La cour; — Attendu que les tribunaux ne peuvent, sous aucun prétexte, modifier les lois pénales, et qu'ils doivent les appliquer telles que le législateur les a décrétées; —Attendu que l'art. 405 c. pén. fait connaître les divers éléments dont la réunion constitue le délit d'escroquerie; — Que, si tous ces éléments ne se rencontrent pas dans une prévention de cette nature, les magistrats, quoique convaincus de l'indélicatesse du prévenu, ne peuvent le déclarer coupable ni d'escroquerie ni de tentative d'escroquerie;

Attendu qu'aux termes de l'art. 405, il faut, pour être passible des peines qu'il prononce, avoir, soit en faisant usage de faux noms, soit en employant des manœuvres frauduleuses, persuadé l'existence d'un pouvoir ou d'un crédit imaginaire ; s'être fait remettre ou délivrer des fonds ou des obligations, et avoir, par l'un de ces moyens, escroqué ou tenté d'escroquer la totalité ou partie de la fortune d'autrui; —Attendu que, dans la cause actuelle, le prévenu Girard, en assurant qu'il ferait réformer le sieur Robert si on lui donnait une somme de 500 fr., employait des manœuvres frauduleuses et voulait évidemment persuader l'existence d'un crédit imaginaire; — Mais attendu qu'il résulte positivement de la déclaration faite par Robert père, le 11 nov. 1839, devant M. le commissaire de police Panel, qu'ayant raconté à un citoyen honorable ce qui s'était passé entre lui et Girard, il fut averti qu'on voulait le tromper, et qu'il ne devait pas donner les 500 fr.;

Attendu qu'il résulte aussi d'un procès-verbal rédigé par le même commissaire de police et des débats de l'audience, que Robert père s'étant transporté au bureau de la police de sûreté, y reçut une somme de 150 fr. pour la présenter à Girard comme un à-compte, laquelle somme une fois livrée, deux agents de police chargés d'accompagner Robert chez Girard s'emparèrent à l'instant du prévenu et le conduisirent devant qui de droit;

Attendu qu'au moment où les 150 fr. furent remis sur les fonds de police à Robert père, il n'y avait encore, de la part de Girard, ni escroquerie ni tentative de ce délit manifestée par un commencement d'exécution ; — Attendu que Robert père, éclairé par les conseils qui lui avaient été donnés, n'était plus sous l'empire des manœuvres frauduleuses qui, dans les premiers moments, auraient pu l'égarer; Qu'ainsi la délivrance des 150 fr. n'a pas eu pour cause le moyen résultant de machinations alors découvertes par Robert qui ne croyait plus au crédit dont Girard s'était vanté; — Attendu d'ailleurs que 150 fr. n'avaient pas été prêtées à Robert; — Que cette somme ne lui appartenait pas, mais bien à la caisse de la police; — Que, par conséquent, on n'a tenté d'enlever à Robert ni la totalité ni partie de sa fortune; — Qu'encore une fois Girard a méconnu les devoirs de sa profession, mais que la tentative du délit qu'on lui reproche n'est légalement établie; — Par ces motifs, émendant, relaxe Girard de prévention de tentative d'escroquerie.

Du 11 mars 1840.—C. de Bordeaux, ch. corr.—M. Dégrauges, pr.

(2) (Eydoux.) — La cour; — Attendu que, si de simples mensonges ne suffisent pas pour constituer les manœuvres frauduleuses dans le sens de l'art. 405 c. pén., il en est pas de même lorsqu'à ces mensonges viennent se joindre des faits quelconques ayant pour objet leur donner force et crédit; lorsque, comme dans l'espèce, le prévenu eu recours à l'intervention de tiers pour confirmer ses allégations mensongères; — Attendu, d'un autre côté, que les expressions, obligations, promesses ou décharges qu'emploie ledit art. 405 sont générales

n° 2015; Morin, Rép. du dr. crim., v° Escroquerie, n° 20). — Ainsi on devrait réputer escroquerie les manœuvres frauduleuses ayant pour but d'abuser un individu par la fausse espérance d'un droit illusoire et pour résultat la délivrance d'un acte de vente renfermant une stipulation de prix, lequel devait être partagé entre l'agent et ses complices (Crim. rej. 23 mars 1838, aff. Blanc, n° 825). — V. aussi *suprà*, n°⁸ 778, 825.

852. De même, le vendeur d'un immeuble qui, par ses manœuvres frauduleuses, est parvenu à tromper l'acquéreur sur la consistance et la valeur de l'immeuble vendu, peut être déclaré coupable d'escroquerie : dans ce cas, le tribunal correctionnel peut prononcer la résolution de la vente (Crim. rej. 18 vend. an 10, aff. Méat, v° Obligat, n° 4631).—Cet arrêt, il est vrai, a été rendu sous l'empire de la loi du 22 juil. 1791; mais rien n'empêcherait qu'il ne fût décidé de même aujourd'hui.—C'est ce qui résulte, au surplus, d'un arrêt qui a jugé que sur la consistance et la valeur de l'immeuble vendu, peut être le fait, par le vendeur d'un immeuble, d'obtenir de son acquereur un prix très-supérieur à la valeur de la chose vendue en lui faisant, à l'aide d'assertions mensongères contenues sciemment dans une correspondance, croire à la réalisation (purement chimérique) d'un bail qui devait compenser l'élévation du prix d'achat, constitue le délit d'escroquerie (Crim. rej. 14 mai 1847) (1).

853. Les expressions *obligations, dispositions, promesses u décharges*, qu'emploie l'art. 405 c. pén., ne sont pas limitatives; elles embrassent tous les actes d'où peut résulter un lien

---

bsolues, qu'elles embrassent tous les actes dont résulte un lien de droit à à l'aide desquels on peut préjudicier à la fortune d'autrui; que la ente ou l'échange d'un immeuble s'y trouvent en conséquence compris; — Attendu qu'il est constaté en fait, par l'arrêt attaqué, que Eydoux , en 1855, frauduleusement répandu et fait répandre par des tiers ans le public, dit et fait dire aussi par des tiers au sieur Gueyte, proriétaire à Moydans, qu'un domaine qu'il proposait à celui-ci en contrechange de diverses propriétés, était d'une valeur de 5 à 6,000 fr., et ue ces tiers et d'autres personnes étaient décidés à acheter à ce rix, tandis qu'en réalité ce domaine était d'une valeur bien inférieure ux propriétés demandées à Gueyte en échange, et qu'il était faux que ersonne fût décidé à en donner un tel prix, et à l'aide de ces maœuvres frauduleuses tendant à faire croire à une valeur chimérique et faire naître l'espérance d'un gain imaginaire, frauduleusement obtenu e Gueyte une disposition contenant l'échange projeté, et d'avoir ainsi scroqué ou tenté d'escroquer partie de la fortune dudit Gueyte; — ttendu que ledit arrêt, en déclarant, sur cet état des faits, ledit ydoux coupable du délit d'escroquerie prévu par l'art. 405 c. pén., et a le condamnant aux peines qu'il prononce, non-seulement n'a pas violé dit article, mais en a fait une saine application; — Rejette.
Du 22 juin 1854.-C. C., ch. crim.-M. de Glos, rap.

(1) (Baltet et de Boisfontaine *C*. min. pub.) — La cour; — Sur moyen pris de la violation des art. 65 et 227 c. inst. crim.; — ttendu que de la combinaison des art. 226 et 507 c. inst. crim., il sulte que, lorsque plusieurs délits sont connexes, ils peuvent être jugés multanément par le tribunal qui est compétent pour connaître de l'un entre eux; — Que si, à l'égard du délit d'escroquerie au préjudice des eur et dame de Soubeyran, pour lequel ont été condamnés les demaneurs, la compétence du tribunal correctionnel de Châtellerault ne pouit s'appuyer sur aucune des circonstances que détermine l'art. 65 du ême code, ce tribunal s'est fondé, pour s'en attribuer la connaissance, ur la connexité de ce délit avec une autre escroquerie au préjudice de ecercles, pour laquelle la compétence n'a jamais été contestée; que, , après les circonstances relevées dans l'arrêt attaqué et dans le jugeent qui l'a confirmé, cette déclaration de connexité n'est qu'une juste plication de l'art. 227 c. inst. crim.; — Sur le moyen pris de la fausse plication des art. 59, 60 et 405 c. pén.; — Vu lesdits articles; — ttendu, en ce qui concerne Baltet, que l'arrêt attaqué déclare, en fait : — 1° Que le sieur et dame de Soubeyran ont éprouvé un préjudice en nnant de l'immeuble qu'ils ont acheté un prix fort supérieur à sa vaur; — 2° Qu'ils ne se sont décidés à l'acheter à ce prix que dans spérance chimérique d'obtenir, par le bail qu'ils en ont fait en même mps à Logagné, des avantages propres à compenser l'élévation du prix achat; — 5° Que cette confiance dans Logagné leur a été inspirée par s manœuvres frauduleuses; — Attendu que les circonstances que l'ar- t a qualifiées de manœuvres frauduleuses ont réellement ce caractère; Qu'elles consistent principalement dans les assertions mensongères e contenait la correspondance de Baltet, destinée à être mise sous les s yeux des sieur et dame de Soubeyran, et que Baltet est déclaré, par arrêt, avoir agi, en l'écrivant, en connaissance de cause ; — Qu'il n'y donc dans l'arrêt attaqué, à l'égard dudit Baltet, aucune violation ni l'art. 405, ni des art. 59 et 60 c. pén.; Et en ce qui concerne Legendre de Boisfontaine; — Attendu que les

---

de droit et à l'aide desquels on peut préjudicier à la fortune d'autrui (Conf. MM. Chauveau et Hélie, t. 5, n° 2016; Morin, Rép. du dr. crim., v° Escroquerie, n° 20). — Ainsi un jugement par défaut, obtenu par des manœuvres frauduleuses qui ont aussi empêché d'y former opposition, est au nombre des titres dont l'obtention peut constituer le délit d'escroquerie (Crim. rej. 24 mars 1855, M. Jallon, rap., aff. Pujol). — Ainsi encore le fait par une partie défendant à une action en dommages-intérêts formée contre elle pour avoir troublé le demandeur dans la propriété et jouissance d'un passage, de s'être fait remettre, par un des moyens énoncés dans l'art. 405 c. pén., une déclaration du plaignant portant que le passage, objet du procès, avait toujours été libre, et d'avoir fait signifier cette pièce à l'avoué du déclarant, constitue une tentative d'escroquerie, en ce que la tentative précitée, étant de nature à préjudicier à la fortune du demandeur, par le lien de droit qu'elle établissait et par l'influence qu'elle devait exercer tant sur le jugement de la demande en dommages-intérêts que sur la question des dépens de l'instance, rentre dans la classe des obligations, dispositions, promesses ou décharges, dont l'obtention frauduleuse caractérise le délit d'escroquerie (Crim. cass. 29 nov. 1858) (2). — On objectait, dans l'espèce, qu'une déclaration faite en justice ne pouvait être considérée que comme une *disposition*, et que le mot *disposition*, dans la langue du droit, ne peut s'appliquer qu'aux actes portant transmission d'une propriété ou d'un droit. Mais la cour de cassation ne s'est

---

circonstances relevées à sa charge par l'arrêt attaqué ne présentent aucune participation active et personnelle aux manœuvres qui ont influé sur la détermination du sieur et dame de Soubeyran; qu'il n'y a donc pas eu de sa part l'aide et l'assistance exigées par la loi pour constituer la complicité ; d'où il suit que sa condamnation, en vertu des art. 59, 60 et 405 c. pén., est une fausse application et une violation formelle desdits articles; — Rejette le moyen d'incompétence à l'égard des deux demandeurs; — Rejette également le moyen du fond à l'égard de Baltet; — Casse et annule la disposition de l'arrêt de la cour royale de Poitiers, du 5 fév. dernier, qui condamne Legendre de Boisfontaine, etc., etc.
Du 14 mai 1847.-C. C., ch. crim.-MM. Laplagne, pr.-Vincens, rap.

(2) (Min. pub. *C*. Hébert.) — La cour; — Vu l'art. 405 c. pén.; — Attendu que le tribunal correctionnel des Andelys a déclaré Hébert père et fils coupables d'avoir tenté d'escroquer partie de la fortune de Parmentier et consorts, à l'aide d'une disposition qu'ils avaient obtenu d'eux par l'intermédiaire de Baudot, qui s'était présenté à eux comme étant le clerc de leur avoué, Me Durais, et en leur annonçant que cette pièce était utile pour le gain du procès qu'ils soutenaient contre Hébert père; — Qu'en conséquence de cette déclaration, il a condamné Hébert père et fils aux peines fixées par les art. 405 et 465 c. pén.; qu'il a renvoyé Baudot de l'action du ministère public, comme ayant agi de bonne foi; — Attendu que, sur les appels respectifs, le tribunal correctionnel supérieur d'Evreux a adopté les motifs des premiers juges en ce qui concerne Baudot, et a infirmé leur jugement, relativement à Hébert père et fils, par l'unique motif que des termes de l'art. 405, combinés avec ceux de l'art. 407, il résultait que, dans le mot *disposition*, le législateur n'avait entendu comprendre que la transmission quelconque d'une propriété ou d'un droit, et non pas tout acte pouvant compromettre la fortune d'autrui; d'où il suivait que les premiers juges avaient fait une fausse application de la loi; — Qu'au motivant ainsi sa double décision, ce tribunal a tenu pour constants les faits déclarés par les premiers juges, et a fondé son jugement à l'égard des demandeurs, sur une interprétation de l'art. 405, qu'il appartient à la cour d'apprécier ;
Attendu que les expressions *obligations, dispositions, promesses ou décharges*, qu'emploie cet article, sont générales et absolues; qu'elles embrassent tous les actes dont peut résulter un lien de droit et à l'aide desquels on peut préjudicier à la fortune d'autrui ; que la déclaration faite en justice par la partie obligo celui de qui elle émane ; — Que l'acte surpris à Parmentier et consorts et signifie à la requête d'Hébert père à leur avoué, contenait de leur part déclaration que le passage dans la propriété et la jouissance duquel ils se plaignaient par leur demande en justice d'avoir été troublés avait toujours été libre, et désaveu de tout soutien contraire; que cet acte était de nature à influer d'une manière préjudiable à leurs intérêts sur le jugement de la demande en dommages-intérêts, qu'ils avaient formée, et sur la décision à intervenir relativement aux dépens ; — Attendu, dès lors, que le fait de se faire remettre cet acte à l'aide d'un des moyens énoncés en l'art. 405, constituait, de la part d'Hébert père, le délit prévu par cet article; que cependant le tribunal d'Evreux a refusé de leur en faire l'application; en quoi il a méconnu et, en les restreignant, les dispositions ci-dessus dudit article et les a formellement violées; — Casse.
Du 29 nov. 1858.-C. C., ch. crim.-MM. Choppin, pr.-Vincens, rap.

point arrêtée à cette objection, et nous croyons qu'elle a bien fait d'interpréter largement les expressions employées par l'art. 405.

854. Mais ces mêmes expressions impliquent par elles-mêmes l'existence d'un écrit. Ainsi, le fait par un individu d'avoir obtenu d'un autre, à l'aide des manœuvres spécifiées par l'art. 405 c. pén., la promesse *verbale* d'une somme d'argent, sans qu'il soit établi par les juges qu'aucune somme d'argent lui ait été effectivement remise, ne constitue pas le délit d'escroquerie : — « Attendu, en droit, que l'article précité exige, pour constituer le délit soit d'escroquerie, soit de tentative d'escroquerie, outre l'usage de faux noms ou de fausses qualités, ou l'emploi des manœuvres frauduleuses qui y sont spécifiées, qu'il y ait remise ou délivrance de fonds, de meubles ou d'obligations, dispositions, billets, promesses, quittances ou décharges ; attendu, en fait, que, par l'arrêt attaqué, lesdits Roudès et Pagès ont été déclarés coupables d'escroquerie, ou tout au moins de tentative d'escroquerie, pour avoir, dans le courant du mois de mars 1841, de concert avec le nommé Simonetti, en employant des manœuvres frauduleuses pour persuader l'existence d'un pouvoir ou d'un crédit imaginaire et pour faire naître l'espérance d'un succès chimérique, obtenu des nommés Benoit et Ollier la promesse *verbale* de sommes d'argent, sans qu'il soit établi par ledit arrêt qu'aucune somme d'argent leur ait été effectivement remise ; attendu que l'arrêt attaqué, manquant, dès lors, de l'un des éléments essentiels de l'escroquerie, ou de la tentative d'escroquerie, ne constituait pas le délit prévu par l'art. 405, et qu'en condamnant Pagès et Roudès aux peines portées par cet article, la cour royale de Montpellier (arrêt du 6 déc. 1841) a en cela faussement appliqué et, par suite, violé les dispositions dudit article du code pénal » (Crim. cass. 4 mars 1842, MM. de Bastard, pr., Meyronnet Saint-Marc, rap., aff. Roudès et Pagès).

855. De même, les manœuvres employées pour surprendre la crédulité d'un témoin, et qui ont amené ce témoin à faire, par erreur, une déposition non conforme à la vérité, ne constituent pas le délit d'escroquerie (Crim. cass. 9 sept. 1852, aff. Lacouturière, D. P. 52. 3. 525).

856. Suivant un arrêt, la remise d'obligation ou de promesse qui, aux termes de l'art. 405 c. pén., forme l'un des éléments de l'escroquerie ou de la tentative d'escroquerie, peut exister sans qu'il y ait de titre écrit. Ainsi, d'après cet arrêt, il y a tentative d'escroquerie dans le fait de vendre frauduleusement, à l'aide d'un échantillon de bon blé placé à la surface de l'un des sacs, du blé échauffé et impropre à la panification, bien que la vente ait été purement verbale, et qu'il n'y ait eu ni arrhes données ni prix payé, alors d'une part que, s'agissant d'une vente commerciale, la preuve testimoniale du contrat est admissible, et d'autre part, que le blé, livré à l'acheteur, a été par lui transporté dans son grenier (Metz, 20 mars 1834, aff. Grandidier, D. P. 54. 2. 263). — Il semble que, dans ce cas, l'un des éléments essentiels de l'escroquerie, la *remise* de fonds ou d'obligation, fasse défaut. Mais il faut remarquer qu'il s'agissait dans cette espèce, d'une opération commerciale, et que dès lors il n'était pas besoin de titre écrit pour établir l'existence de la promesse, qui pouvait être prouvée par témoins. Ainsi le prévenu avait, par ses manœuvres frauduleuses, obtenu du plaignant une promesse verbale, dont il était admissible à faire en justice la preuve par témoins, et en vertu de laquelle il avait une action contre lui : cela suffisait pour que le délit dût être réputé consommé.—V. nos observ., D. P. *loc. cit.*

857. Lorsque l'emploi de manœuvres frauduleuses n'a d'abord conduit qu'à l'obtention d'une promesse verbale, la réception d'un effet souscrit plus tard en exécution de cette promesse n'en est pas moins considérée avec raison, lorsqu'il est constaté qu'elle est la conséquence directe de la fraude, comme constitutive de la consommation du délit d'escroquerie ; dès lors l'antériorité des manœuvres frauduleuses à la date du billet souscrit ne peut être invoquée, en pareil cas, comme exception empêchant le délit d'exister (Crim. rej. 7 avr. 1859, aff. Payrastre, D. P. 63. 5. 158).

858. L'art. 405 c. pén., qui punit le délit d'escroquerie, s'appliquant à la souscription d'actes publics ou privés obtenus par des moyens qu'il détermine, aussi bien qu'à la remise de

sommes ou valeurs, on a pu voir ce délit dans l'agent d'une compagnie d'assurances, d'avoir de scriptions dans cette compagnie à l'aide d'allégations destinées à faire naître chez les souscripteurs chimériques ; — Comme celle, par exemple, moyen d'une prime fixe, indemnisé, en cas de sinistalité de la perte éprouvée, alors qu'au contraire statuts, la prime est variable en raison du montant nistres de l'année, et que l'indemnité ne doit pas taine partie de la perte totale (Crim. rej. 27 novembre Trillée, D. P. 57. 1. 223). — Mais faisons remarquer les allégations mensongères n'avaient pas été d'autres actes auxquels pût s'appliquer la qualification de manœuvres, elles ne pourraient par elles-mêmes être considérées comme un élément du délit d'escroquerie. — V.

859. Le jugement qui exprime par une évaluation le préjudice qui est résulté d'une escroquerie, constate suffisamment le fait de la remise à l'escroc escroquée (Crim. rej. 19 sept. 1844, aff. Labot, D.

860. La nullité, pour fausseté de la cause, individu est parvenu à se faire souscrire en faisant manœuvres frauduleuses, ne saurait enlever à ce billet le caractère du délit d'escroquerie (Crim. aff. Payrastre, D. P. 63. 5. 158).

861. Il n'est pas nécessaire que la personne de laquelle l'escroquerie a été commise soit la même qui la remise de valeurs a été obtenue au moyen frauduleuses. — Ainsi il a été jugé qu'il y a escroquerie que la personne dont on s'est approprié tout ou partie tune ne soit pas celle de la crédulité de laquelle on a par exemple, si c'est une personne attachée à « Considérant que l'art. 35 de la loi du 22 juillet plicable à l'espèce, où Josepha Pepa a été escroquée de sa fortune par l'abus que Jeannette Paladan a duleté de Marie Recalte » (Crim. rej. 27 prairial pil-Préfein, pr., Viellart, rap., aff. Paladan).—I coupable d'escroquerie l'individu qui, voulant vendre de fer, présente aux employés une fausse feuille attribue la qualité de militaire, et obtient d'eux billet valant décharge pour les trois quarts du de Marseille, 25 juin 1862, aff. Bataille et Maur

862. L'individu qui, soit en prenant la directeur général d'une prétendue société d'exploitation ment supposée, soit en employant des manœuvres est parvenu à décider à des pères de famille ment de lui verser une somme de 1,600 fr., ou compléter pour faire exonérer leur enfant s'il au sort, et que, s'étant réalisé, n'a pu ex raison de sa complète insolvabilité, est à bon droit du délit d'escroquerie (Crim. rej. 26 déc. 1862 D. P. 63. 1. 488). — L'espèce à laquelle se r lution est assez délicate : le prévenu ne s'était vance aucune somme ; il avait seulement fait à famille cette convention qu'après le tirage, lors enfant serait connu, il recevrait les 1,600 fr. n'était pas compris dans le contingent, que fournirait, si l'appelé tombait au sort, les 90 pour compléter la somme de 2,500 fr., prix On voit quel parti un individu de mauvaise cette situation : si la chance favorable se rés somme stipulée ; si c'est la chance défavorable il oppose le mauvais état des affaires de la d'exonération, et il en est quitte pour ne pas ganisation d'une entreprise frauduleuse de ce ment, confirmé par l'arrêt attaqué de la cour chait au prévenu. — Pouvait-on y voir les d'escroquerie ? Le pourvoi soutenait la négati sur cette circonstance qu'aucun versement de fait ne pouvait, aux termes des conventions contractants ; qu'il n'y a dans la cause, disait-on deur, qu'un fait d'inexécution d'un engagement un détournement ou une tentative de détourn partie de la fortune d'autrui. — Le présent a

n'a pas accueilli cette thèse, qui tendrait à faire déclarer, d'une manière absolue, l'art 405 c. pén. inapplicable aux fraudes commises dans la conclusion des marchés aléatoires. Dans l'espèce, le prévenu avait vendu pour un prix certain une certitude d'exonération purement chimérique; il avait obtenu par ce moyen une obligation ou promesse de somme dont il devait nécessairement recueillir le profit en cas de chance favorable; or l'obtention d'une obligation ou promesse est précisément assimilée par l'art. 405 c. pén. à l'obtention de sommes ou valeurs. L'existence d'un préjudice ne peut non plus être déniée dans les circonstances dont il s'agit : les pères de famille, qui auraient pu former avec une autre société pour le même prix un contrat sérieux d'exonération, devaient de toute manière, en traitant avec le prévenu, subir une perte : si leur enfant n'était pas compris dans le contingent, il leur fallait payer 1,600 fr. à un individu qui ne leur avait vendu aucune garantie réelle; si, au contraire, leur enfant tombait au sort, il leur fallait, en plus de ces 1,600 fr., payer les 900 fr. que le faux assureur avait pris à sa charge.

863. Le délit d'escroquerie diffère de l'abus de confiance en ce que, dans le premier cas, la remise ne s'obtient qu'à l'aide de manœuvres frauduleuses dans leur but, leur emploi et leur résultat. En conséquence, un arrêt a pu valablement, en constatant ce triple caractère, appliquer les peines de l'escroquerie, et non pas seulement celles de l'abus de confiance, au fait, de la part d'un individu, d'avoir engagé un tiers à convertir du numéraire en billets de banque, de l'avoir conduit, sous ce prétexte, chez un banquier; d'avoir fait déposer les sommes en son nom personnel; d'avoir reçu en échange des effets de commerce, et de n'avoir, au contraire, remis au tiers, avec exhortation de ne pas les montrer, que des morceaux de papier sans aucune valeur :—« La cour; sur le moyen pris de la fausse application de la peine : attendu que le délit d'escroquerie diffère de l'abus de confiance en ce que, dans ce dernier cas, la remise des valeurs confiées est entièrement spontanée, tandis que, dans le premier, cette remise ne s'obtient qu'à l'aide de manœuvres entachées de fraude, ce qui augmente à la fois et le danger et la criminalité du fait; attendu que l'arrêt attaqué constate le but, l'emploi, le résultat de cette sorte de manœuvres, triple caractère qui, aux termes de l'art. 405 c. pén., constitue le délit d'escroquerie prévu et puni par la loi; qu'ainsi, aux faits déclarés constants a été appliquée la peine voulue par cet article » (Crim. rej. 19 janv. 1857, MM. de Bastard, pr., Rocher, rap., aff. Bostmembrum).

ART. 3. — *Détournement des valeurs; — Tentative; — Restitution; — Complicité.*

864. Nous avons cru devoir réunir dans un même paragraphe ce que nous avons à dire, d'une part, du détournement des valeurs remises, et, d'autre part, de la tentative d'escroquerie, parce qu'entre ces deux parties de notre sujet il existe une étroite relation. A quel moment le délit est-il consommé ? à quel moment n'y a-t-il qu'une simple tentative, mais une tentative punissable? Est-il nécessaire, pour la consommation du délit, qu'il y ait eu, non-seulement remise des valeurs à l'agent, mais en outre détournement par l'agent de ces mêmes valeurs? D'un autre côté, suffit-il, pour constituer la tentative punissable, qu'il y ait eu emploi de moyens frauduleux? ou bien est-il nécessaire que l'emploi de ces moyens ait été suivi d'une remise effective de valeurs? Si l'on décidait que la remise effective des valeurs est un élément nécessaire de la tentative, il faudrait en conclure inévitablement que pour la consommation du délit il faut quelque chose de plus, et ce complément indispensable ne pourrait être que le détournement des valeurs. D'un autre côté, si l'on commence par admettre que le détournement est un élément né-

cessaire du délit consommé, il serait difficile de voir a tentative punissable dans le seul emploi de moyens frauduleux; car, dans un pareil système, la remise de valeurs, ce fait cependant si capital, serait sans influence sur la qualification, soit de la tentative, soit du délit consommé; elle n'ajouterait rien à l'une, et serait insuffisante pour caractériser l'autre. — Telles sont les questions qui doivent nous occuper ici. Nous allons examiner comment elles ont été résolues, soit par la loi, soit par la doctrine, soit par la jurisprudence.

865. L'art. 35 de la loi du 22 juill. 1791, qui punissait le délit d'escroquerie, ne parlait pas de la tentative de ce délit. Du reste, c'est un trait commun aux lois pénales qui furent promulguées à cette époque que les tentatives de délits et même les tentatives de crimes, autres que l'assassinat et l'empoisonnement, n'étaient passibles d'aucune peine. Ce fut la loi du 22 prair. an 4 qui, la première, disposa de manière générale que la tentative de crime serait punie comme le crime même (V. Tentative, n° 17). La loi du 25 frim. an 8 étendit cette disposition aux tentatives de certains délits et notamment aux tentatives des vols simples, larcins et filouteries; mais elle ne parla point des tentatives d'escroquerie. M. le président Barris, suivant le témoignage de Merlin (Rép., v° Escroquerie, n° 12), expliquait ainsi les motifs de cette omission : « On conçoit facilement le motif qui a pu porter la loi du 25 frim. an 8 à ne pas étendre à l'escroquerie l'application qu'elle ordonne de faire aux vols, aux larcins et aux filouteries de la loi du 22 prair. an 4, les vols, larcins, les filouteries, se réduisant toujours, comme les meurtres et les autres crimes prévus par le code pénal, à des faits simples, matériels, faciles à saisir, et dans lesquels par conséquent la tentative se manifeste aussi d'une manière très-simple et très-facile à déterminer dans la moralité comme dans l'acte. L'escroquerie, au contraire, est un délit dont le caractère est, en quelque sorte, dans le vague, qui se compose de faits souvent indéterminés et dont la moralité ne s'apprécie jamais sans difficulté. C'est un délit de ruse, de fourberie; il est subtil, il échappe à l'œil, et le plus souvent ce n'est que par la consommation qu'il peut être déterminé. Le législateur a donc bien pu n'infliger de peine qu'à cette consommation. »

866. Sous l'empire de cette législation, il avait été décidé que la tentative d'escroquerie n'était pas punie comme l'escroquerie consommée (Crim. cass. 23 déc. 1807, aff. Cardon, n° 923-3°; Crim. rej. 9 fév. 1809, MM. Barris, pr., Carnot, rap., aff. Isaac). — On comprend dès lors combien il était important de distinguer les cas où l'escroquerie était consommée des cas où il n'y avait qu'une simple tentative. — A cet égard il avait été décidé : 1° que celui qui, par les moyens énoncés en l'art. 35 de la loi du 22 juill. 1791, s'était fait faire et délivrer une obligation à son profit, ne commettait pas la simple tentative d'escroquerie, non punie par cette loi : l'escroquerie était consommée :—« Attendu, dit l'arrêt, que l'escroquerie a été consommée, puisqu'à l'aide d'un bail qu'il savait être faux, le réclamant a obtenu un billet à ordre de 300 fr. dont il a fait sa possession » (Crim. rej. 27 mess. an 8, MM. Viellart, pr., Sieyes, rap., aff. Levié C. min. publ.); — 2° que l'action par laquelle, à l'aide de fausses craintes, on avait extorqué à une femme mariée une obligation que le défaut d'autorisation de son mari aurait annulée, ne devait point être considérée comme une simple tentative d'escroquerie : le délit était consommé par le seul fait de la souscription du billet et de sa possession par le prévenu (Crim. cass. 4 nov. 1808) (1); — 3° Que la restitution de la somme escroquée, opérée avant toute poursuite criminelle, ne faisait pas dégénérer le délit en une simple tentative d'escroquerie, et ne pouvait conséquemment motiver l'acquittement du prévenu (Crim. cass. 6 sept. 1811, MM. Barris, pr., Schwendt, rap., aff. Trapigny).

867. C'est dans le code pénal de 1810 que la tentative d'es-

---

(1) (Min. pub. C. Busch, etc.) — La cour; — Vu l'art. 456 c. des dél. et des peines, du 3 brum. an 4 ;— Attendu qu'il était reconnu en fait que, par dol, et à l'aide de craintes chimériques, il avait été extorqué par les prévenus à la femme Staak, à l'occasion du remplacement de son fils conscrit, un billet de 70 écus souscrit par elle au profit du nommé Busch, et payable dans quatorze jours de sa date ; que, par ce seul fait, l'escroquerie se trouvait consommée, puisque ce billet était,

entre les mains de celui qui en était propriétaire, une valeur ou un titre qui lui donnait droit à une action pour être payé; que la possibilité éventuelle que ce titre restât sans valeur et sans effet, attendu le défaut d'autorisation du mari pour l'engagement de sa femme, ce qui aurait d'ailleurs une question du ressort des tribunaux civils, ne changeait et ne pouvait rien changer au véritable caractère du fait dont il s'agit; que cependant la cour de justice criminelle dont l'arrêt cet

croquerie a été pour la première fois incriminée. L'art. 405 de ce code disposait dans les termes suivants : « Quiconque, soit en faisant usage de faux noms ou de fausses qualités, etc., se sera fait remettre des fonds, des meubles et des obligations, etc., et aura, par un de ces moyens, escroqué ou *tenté* d'escroquer la totalité ou partie de la fortune d'autrui, sera puni, etc. » — Nous verrons bientôt comment cette rédaction a été modifiée par la loi du 13 mai 1863 ; mais nous devons examiner d'abord quelles difficultés cette rédaction avait soulevées et quelle solution elles avaient reçue de la doctrine et de la jurisprudence. — Nous retrouvons ici les deux questions connexes que nous avons précédemment indiquées : 1° aux termes de la disposition qui précède, le détournement des valeurs était-il, indépendamment du fait de la remise, un élément nécessaire de l'escroquerie consommée? 2° la remise était-elle un élément nécessaire de la tentative?

868. Les termes de l'art. 405 précité semblent impliquer la nécessité d'une remise effective de valeurs pour constituer la tentative punissable ; d'où il résulterait que pour le délit consommé il faut quelque chose de plus, c'est-à-dire le détournement de ces mêmes valeurs. — Quoi qu'il en soit, Carnot (sur l'art. 405, n° 2), sans s'expliquer formellement sur ce point, ne paraît pas considérer la remise et le détournement des valeurs comme formant deux éléments distincts du délit. Quant à la tentative, il se borne à dire (n° 17) que, pour devenir punissable, elle doit réunir tous les caractères exigés par l'art. 2 c. pén. — M. Ach. Morin (Rép. du dr. crim., v° Escroquerie, n° 20) paraît aussi considérer le délit comme consommé par l'effet de la remise des valeurs ; mais alors en quoi la tentative diffère-t-elle, suivant cet auteur, du délit consommé? Voici comment il s'exprime à cet égard (*loc. cit.*, n° 21). Après avoir dit que l'art. 405 punit la tentative d'escroquerie comme l'escroquerie consommée, il ajoute : « Mais n'exige-t-il pas (l'art. 405) une remise obtenue de fonds ou valeurs, de telle sorte que la consommation du préjudice soit possible quoiqu'elle vienne à être empêchée par un événement ultérieur? Cela peut être, sans qu'il en résulte une confusion complète entre la simple tentative et le délit consommé ; car il y a seulement tentative lorsque l'auteur de la fraude, ayant obtenu un objet mobilier par vente ou des fonds à titre de prêt, par exemple, est arrêté au moment où il enlevait le meuble ou bien est empêché par saisie-arrêt de causer le préjudice qu'aurait causé l'escroquerie. Cette condition paraît même nécessaire pour la distinction, qu'a voulu respecter le code pénal, entre le dol civil et le dol criminel, puisque la remise effective d'un objet saisissable est le seul fait certain qui permette d'ériger la fraude en délit. » — Cette explication réussissait-elle à résoudre d'une manière satisfaisante la difficulté que nous avons indiquée? Il est permis d'en douter ; mais, en présence du changement survenu dans la législation, il serait sans intérêt d'examiner la question.—Enfin, MM. Chauveau et Hélie (n°ˢ 2013, 2014 et 2020) soutiennent, d'une part, que le détournement des valeurs est un élément nécessaire du délit d'escroquerie, un élément distinct de la remise des valeurs, et, d'autre part, que la remise des valeurs est un élément nécessaire de la tentative. « La remise des valeurs, disent notamment ces auteurs (n° 2020), est donc autre chose que la consommation du délit, puisque cette remise est une condition de la tentative ; elle ne constitue donc qu'un commencement d'exécution ; elle suppose donc un acte ultérieur qui consomme le délit, et cet acte est ce que la loi nomme proprement l'escroquerie, c'est-à-dire l'acte qui la consomme, la dissipation ou l'usage des valeurs délivrées à l'aide des manœuvres frauduleuses. Il n'est pas toutefois nécessaire que les valeurs soient dissipées ou qu'il en soit fait usage pour que l'escroquerie soit réputée consommée ; il suffit que l'agent se les soit appropriées, qu'il ait manifesté l'intention d'en faire son profit, qu'elles soient devenues sa propriété, soit que cette

appropriation se révèle par le refus de les restituer, ou par l'emploi qu'il en a fait. » — Mais la thèse opposée avait été soutenue par d'autres jurisconsultes, notamment par M. Dutruc, dans le Journal du Ministère public (t. 1, p. 532 et suiv.), qui s'était exprimé sur ce sujet avec beaucoup de précision et de netteté. « L'art. 405 c. pén., disait-il, punit celui qui aura escroqué ou tenté d'escroquer tout ou partie de la fortune d'autrui par les moyens qu'il désigne. Quels sont ces moyens? Ce sont, dit-on, la remise ou la délivrance de fonds, meubles ou obligations, soit par l'usage de faux noms ou de fausses qualités, soit par l'emploi de manœuvres frauduleuses. Mais ne fait-on pas là une véritable confusion des moyens et du but? L'usage de faux noms ou de fausses qualités, l'emploi de manœuvres dolosives, pour se faire remettre ou délivrer des fonds, meubles, obligations, etc., voilà certainement des moyens. Mais la remise ou la délivrance de la chose convoitée, n'est-ce pas le but même de celui qui a recours à ces usurpations et à ces manœuvres? Si ce n'est encore là qu'un moyen, où se trouve donc le but? Par suite, décider que la tentative d'escroquerie n'existe qu'autant qu'il y a eu remise ou délivrance de fonds, meubles ou titres, c'est supposer que le législateur a entendu effacer toute différence entre le caractère de cette tentative et celui du délit lui-même, puisque, du moment où le but du coupable est atteint, le délit est consommé. Or, n'est-il pas évident qu'on ne saurait s'arrêter un seul instant à une semblable supposition? A la vérité, on objecte que le fait de la remise ou de la délivrance de fonds, meubles ou obligations, obtenue par l'emploi de manœuvres frauduleuses, ne suffit pas pour consommer l'escroquerie, et qu'il faut encore la circonstance de l'appropriation de la chose par l'agent ; d'où l'on conclut que, dans la pensée de l'art. 405 c. pén., la remise de l'objet convoité n'est constitutive du délit d'escroquerie qu'autant qu'elle a été suivie d'un acte de propriétaire de la part de celui à qui elle a été faite dans les conditions spécifiées par cet article, et que, dans le cas contraire, elle n'est caractéristique que de la simple tentative. Mais cette distinction n'est que subtile. L'art. 405 ne parle ni d'appropriation ni de détournement, et fait résulter l'escroquerie de la remise même de la chose convoitée, par la raison toute simple qu'il suppose que cette remise a été obtenue à l'aide de moyens qui ne permettent pas de douter de l'intention de l'agent de s'approprier la chose. Le fait de la remise ainsi obtenue constitue par lui-même l'escroquerie, et conséquemment ne peut avoir le caractère d'une simple tentative, encore qu'il n'ait pas été suivi de détournement. »—V. dans le même sens les articles de MM. Paringault, dans la Revue pratique de droit français, t. 6, p. 471, et Bazot, même revue, p. 540.

869. Quant à la jurisprudence, elle était loin d'être fixée. Un arrêt avait décidé qu'il n'était pas nécessaire, pour qu'il y eût délit d'escroquerie, qu'il fût déclaré que l'auteur du délit avait détourné les valeurs escroquées (Crim. rej. 27 mars 1857, aff Trillée, D. P. 57. 1. 223). — Mais c'est surtout sur les caractères de la tentative punissable que les tribunaux avaient été appelés à prononcer. Il y avait à cet égard de grandes divergences dans la jurisprudence. La cour de cassation elle-même avait beaucoup varié.

870. Ainsi il avait été jugé d'abord que pour l'application des peines de l'art. 405 il suffisait que, par l'un des moyens énoncés dans cet article, on eût tenté d'escroquer tout ou partie de la fortune d'autrui, quoiqu'il n'y eût pas d'exécution ; qu'ainsi il y avait tentative d'escroquerie et, par conséquent, délit punissable, nonobstant sa non-consommation, dans l'emploi de manœuvres frauduleuses pour persuader à des individus l'existence d'un crédit chimérique et d'un pouvoir imaginaire auprès de quelques membres du conseil de révision pour faire réformer leurs enfants, en fixant un prix à leurs soins pour cet objet, quoique le prix n'eût point été payé (Crim. cass. 24 fév. 1827 (1)

---

attaqué, a, comme les juges de première instance, pensé qu'il n'existait, dans l'espèce, qu'une simple tentative d'escroquerie, qui, n'étant déclarée délit par aucune loi, ne pouvait donner lieu à aucune poursuite criminelle ni à aucune condamnation, et en a conséquence confirmé l'acquittement des prévenus ; mais que, par cette fausse qualification du

fait, c'est avoir méconnu le vœu de la loi pénale ; — Par ces motifs casse, etc.

Du 4 nov. 1808.-C. C., sect. crim.-MM. Barris, pr.-Rataud, rap (1) Min. pub. C. Rossignol, etc.) — La cour ; — Vu l'art. 405 c. pén. ; — Attendu qu'aux termes de cet article, il n'est pas nécessair

871. Mais, la question ayant été portée devant les chambres réunies à la suite d'un nouveau pourvoi intervenu dans la même affaire, il avait été décidé, en sens contraire, que, sous l'empire de l'art. 405, il fallait, avec l'usage de faux noms ou de fausses qualités, ou avec l'emploi des manœuvres frauduleuses spécifiées dans cet article, le concours de la remise ou délivrance de fonds, meubles ou obligations, etc., pour constituer le délit d'escroquerie ou de tentative d'escroquerie; en telle sorte que l'arrêt qui, reconnaissant à la fois, l'existence de manœuvres telles qu'elles sont caractérisées par l'article précité, mais sans que les prévenus se fussent fait délivrer les fonds, meubles, etc., avait, par suite, décidé qu'il n'y avait pas délit, s'était exactement conformé à la loi (Ch. réun. rej. 19 nov. 1828) (1).

872. Et depuis, la cour suprême s'était constamment prononcée en ce sens. — Ainsi il avait été décidé que l'emploi des moyens frauduleux spécifiés dans l'art. 405 c. pén. ne suffisait pas pour constituer le délit d'escroquerie ou de tentative d'escroquerie; qu'il fallait encore qu'il y eût effectivement remise ou délivrance de valeurs (Crim. rej. 28 juin 1834 (2); 6 sept. 1839, aff. Kahn, V. n° 841-1°; V. aussi Crim. rej. 23 janv. 1829. aff. Gary, n° 841-2°; Crim. cass. 9 mars 1837, aff. Villa, 843); — Qu'ainsi la sollicitation des valeurs convoitées était suffisante pour constituer la tentative d'escroquerie; qu'il fallait la remise effectuée (Crim. cass. 20 juin 1845, aff. Peyronnt, D. P. 45. 1. 275).

873. Mais, depuis, la cour de cassation était revenue sur cette jurisprudence. Ainsi, par un premier arrêt, rendu sur les conclusions de M. le procureur général Dupin, elle avait décidé que la tromperie au jeu commise, dans une partie engagée sur parole, au moyen de cartes marquées ou bizeautées, constituait

une tentative d'escroquerie, lorsque le jeu avait été précédé d'artifices qui avaient fait naître, et d'excitations qui avaient entretenu des espérances chimériques, et que la perte avait été suivie d'un règlement avec engagement verbal de payer, alors que ce n'était que par des circonstances indépendantes de la volonté des trompeurs que le payement avait manqué (Ch. réun. rej. 20 janv. 1846, aff. Peyronnet, D. P. 46. 1. 66). — Et, par un arrêt ultérieur, persistant dans cette interprétation de l'art. 405, elle avait décidé que, pour qu'il y eût tentative punissable d'escroquerie, il n'était pas nécessaire que les manœuvres frauduleuses eussent amené effectivement la remise de sommes ou valeurs; qu'il suffisait que l'auteur de ces manœuvres eût fait pour arriver à un tel résultat tout ce qui était en son pouvoir, et qu'il n'en eût été empêché que par des circonstances indépendantes de sa volonté; spécialement, qu'il y avait tentative d'escroquerie suffisamment caractérisée dans le fait, par un individu, qui avait enjoint à un autre, sous la menace d'un danger chimérique, de déposer en un lieu déterminé une somme désignée, de s'être rendu dans ce lieu et de s'y être emparé d'un paquet sans valeur placé pour y simuler le dépôt exigé (Crim. rej. 20 mai 1852, aff. Sommereau, D. P. 52. 1. 225).

874. On pouvait croire la jurisprudence définitivement fixée en ce sens. Cependant la cour de cassation, revenant, par un arrêt plus récent, à la jurisprudence qu'elle avait abandonnée, avait décidé qu'il ne suffisait pas, pour constituer la tentative d'escroquerie punissable, que des manœuvres eussent été employées à l'effet d'obtenir la remise de valeurs appartenant à autrui : que la remise effective de ces valeurs était une condition constitutive de cette tentative (Crim. cass. 12 juill. 1861, aff. Bouillac, D. P. 61. 1. 294). — Et un autre arrêt, plus récent encore, de la même cour, avait décidé, dans le même sens, que

---

que le délit d'escroquerie ait été consommé pour attirer sur son auteur les peines prononcées par la loi; qu'il suffit qu'il y ait eu tentative par l'un des moyens énoncés dans l'art. 405 c. pén.; que cette tentative, à une disposition spéciale à ce genre de délit, est assimilée au délit même et punie de la même peine; — Attendu, dans le fait, que le tribunal correctionnel d'Alby, statuant en dernier ressort sur les faits d'escroquerie imputés à Rossignol et à Farxès, dit Roqueneau, à l'époque du recrutement de l'année 1826, a reconnu l'existence de manœuvres frauduleuses par eux pratiquées pour persuader à plusieurs individus l'existence d'un crédit chimérique ou d'un pouvoir imaginaire, près de quelques membres du conseil de révision, pour faire obtenir réforme de leurs enfants, en fixant un prix à leurs soins pour cet effet, et, au moyen de ce, engager lesdits pères à leur remettre des sommes d'argent; mais que le tribunal considérant que « ces manœuvres ont été infructueuses, puisqu'elles n'ont pas été suivies de la remise des fonds, circonstance dont la réunion aux manœuvres frauduleuses est essentiellement exigée pour compléter les caractères constitutifs du délit d'escroquerie.....; que les mêmes motifs doivent faire déclarer la non-existence de la tentative, qui, comme l'a reconnu le tribunal de Gaillac, est restée sans exécution par la non-remise de fonds ou d'obligations, » a décidé qu'il n'y a point de tentative dans le cas où les manœuvres frauduleuses n'ont pas été suivies de la remise de fonds ou obligations destinées à les représenter;

Attendu que la remise des fonds, ou obligations représentatives de valeur, est, en pareil cas, la consommation même du délit; mais l'art. 405 précité ne se contente pas de punir celui qui, par l'un des moyens énoncés, a escroqué la totalité ou partie de la fortune d'autrui; mais qu'il étend sa sévérité sur celui qui, par l'emploi de l'un des mêmes moyens, a tenté d'escroquer la totalité ou partie de la fortune d'autrui; d'où il résulte qu'il suffit que l'emploi de l'un des moyens soit constaté en fait, comme il l'est dans l'espèce par le jugement attaqué, pour qu'il y ait tentative de commettre le délit; déclarer, ainsi que l'a fait le jugement, la non-existence de la tentative restée sans exécution, c'est exiger la consommation même du délit, puisque la tentative, accompagnée d'exécution, est le délit consommé; que cette interprétation est manifestement réprouvée par l'art. qui punit le délit tenté comme le délit consommé; d'où il suit que le jugement attaqué a formellement violé les dispositions de cet article; Casse le jugement du tribunal d'Alby du 15 déc. 1826.

Du 24 fév. 1827.—C. C., ch. crim.—MM. Portalis, pr.—Gary, rap.

(1) Espèce : — (Min. pub. C. Rossignol, etc.)— Sur renvoi de la de cassation, la cour de Toulouse a rendu l'arrêt dont voici les termes : — « Attendu qu'en supposant même que Rossignol eût employé vis-à-vis des dénommés au procès et dans le cours de l'année 1826 manœuvres frauduleuses pour leur persuader l'existence d'un pouvoir ou d'un crédit imaginaire près de quelques membres du conseil de

révision du département du Tarn, ou pour faire naître en eux l'espérance d'un succès qui aurait consisté à être exemptés du service militaire par ledit conseil de révision, ce ne serait pas le cas de le déclarer coupable du délit prévu et puni par l'art. 405 c. pén., parce qu'il ne s'est fait remettre ni délivrer des fonds ou des meubles, ou des obligations, ou des dispositions, ou des billets, ou des promesses, ou des quittances, ou des décharges, et que la remise ou délivrance de l'un de ces objets aurait dû nécessairement accompagner les manœuvres dont s'agit pour caractériser le susdit délit, par où Rossignol a dû être relaxé; — Attendu qu'il en est de même en ce qui concerne Farxès, dit Roquenon, lequel d'ailleurs, vu qu'il n'existe point de délit, ne peut en être réputé complice, par où ledit Roquenon a dû être relaxé; — Par ces motifs, sans avoir égard aux réquisitions des gens du roi, les démet de leur appel. » — Pourvoi. — Arrêt.

LA COUR; — Vu l'art. 405 c. pén.; — Attendu que cet article, pour constituer le délit soit d'escroquerie, soit de tentative d'escroquerie, exige, avec l'usage de faux noms et de fausses qualités, ou avec l'emploi des manœuvres qui y sont spécifiées, le concours de la remise ou délivrance de fonds, de meubles ou obligations, dispositions, billets, promesses, quittances ou décharges; — Attendu, en fait, que l'arrêt attaqué a constaté l'existence des manœuvres employées par les prévenus, telles qu'elles sont caractérisées par l'article précité, mais qu'il a, en même temps, déclaré que ces prévenus ne s'étaient fait remettre ni délivrer des fonds, meubles, obligations, dispositions, billets, promesses, quittances, ou décharges; — D'où il suit que la cour royale de Toulouse, en jugeant qu'il n'y avait point délit, et en renvoyant les prévenus des poursuites s'est exactement conformée à la loi. — Rejette.

Du 29 nov. 1828.-C. C., ch. réun.-MM. Henrion, 1er pr.-Gary, rap. Mourre, pr. gén., c. contr.

(2) Espèce : — (Min. pub. C. Galliezard.) — LA COUR; — Attendu que l'art. 405 c. pén. exige, pour constituer le délit soit d'escroquerie, soit de tentative d'escroquerie, outre l'usage de faux noms ou de fausses qualités, ou l'emploi des manœuvres frauduleuses qui y sont spécifiées, qu'il y ait eu remise ou délivrance de fonds, de meubles ou obligations, dispositions, billets, promesses, quittances ou décharges; — Attendu que, des faits relevés et déclarés constants par le jugement attaqué, il résulte que Galliezard et Allot, prévenus du délit de tentative d'escroquerie, ont tenté de se faire remettre des sommes d'argent par les nommés Soivet et Canat, en leur persuadant qu'ils avaient les moyens de les faire réformer par le conseil de révision; mais que le jugement attaqué déclare en même temps qu'il n'est pas établi que des sommes d'argent aient été remises aux prévenus; — D'où il suit que le jugement attaqué, en déclarant qu'il n'y avait point délit, et en renvoyant les prévenus des fins de la poursuite dirigée contre eux, a fait une juste application de la loi; — Par ces motifs, rejette, etc.

Du 28 juin 1834.-C. C., ch. crim.-MM. Choppin, pr.-Debaussy, rap.

pour que l'application des peines du délit d'escroquerie fût justifiée, il suffisait que, par l'effet d'une des manœuvres prévues par la loi, des valeurs eussent été, en effet, remises à l'individu déclaré coupable de ce délit; que la circonstance qu'elles ne lui avaient pas profité ou qu'il ne les ait pas détournées, ne pouvait faire naître qu'une question de tentative (Crim. rej. 17 juill. 1862, aff. Duvignan, D. P. 63. 5. 158).

875. Les cours impériales étaient divisées sur cette question. Ainsi il avait été jugé : 1° que la tentative d'escroquerie résultait du fait de l'emploi des manœuvres qualifiées par l'art. 405 c. pén., même non accompagnées de la remise de l'objet con-

volté; spécialement, que celui qui s'était entremis pour faire croire à des pères de famille qu'un tiers désigné jouissait, auprès du général, membre du conseil de révision, d'un crédit imaginaire, et les avait amenés à consentir à ce tiers une obligation verbale de sommes, pour prix du prétendu remplacement de leur fils, était coupable de la tentative d'escroquerie prévue par l'art. 405 c. pén., bien que, par le fait, aucune somme n'e été comptée (Montpellier, 6 déc. 1841) (1); — 2° Que l'art. 405 c. pén. n'exigeait, pour la tentative d'escroquerie, aucune remise de fonds ou valeurs (Paris, 18 janv. 1859) (2); — 3° Que l'inculpation de tentative d'escroquerie était recevable, bien qu'e

(1) (Min. pub. *C.* Roudes et Payés.) — LA COUR; — Attendu qu'il est résulté de la procédure que, dans la journée du 20 mars 1841, de concert avec le nommé Simonetti, les prévenus ont amené le nommé Benoît à croire que ledit Simonetti avait, auprès du maréchal de camp commandant le département, et siégeant alors au conseil de révision du recrutement, un crédit tel qu'il pouvait en obtenir l'exemption du fils dudit Benoît, alors appelé au tirage, quel que fût le numéro qu'il portât; — Qu'ils ont ainsi obtenu dudit Benoît l'engagement verbal de payer une somme de 200 fr. audit Simonetti; — Qu'après le tirage, Benoît fils ayant eu un bon numéro, et Benoît père se refusant à payer la somme promise, ils ont insisté auprès de lui pour lui faire tenir son engagement, et l'ont menacé des poursuites de la justice et du crédit imaginaire de Simonetti, lui disant que ce crédit et le pouvoir du maréchal de camp, sur lequel il avait toute influence, étaient tels qu'il pouvait forcer à subir le service militaire tel individu qu'il voudrait, quel que fût d'ailleurs le numéro qui lui fût échu au tirage; — Que, peu de jours auparavant, des manœuvres semblables avaient été employées auprès du nommé Ollier, lequel s'était aussi engagé verbalement à compter à Simonetti 100 fr., si Ollier fils obtenait un bon numéro, et 200 fr. si son numéro l'appelait à faire partie du contingent, sous la même promesse de le faire exempter du service militaire; — Que c'est Payés et Roudes qui avaient adressé Ollier à Simonetti, en lui faisant connaître la nature et l'étendue de son pouvoir; — Que, lorsque Ollier fut chez ce dernier, il y trouva Payés et Roudes; que c'est avec leur concours que fut conclu le marché; — Attendu qu'ils ne peuvent se justifier en alléguant leur bonne foi et en prétendant qu'ils ont cru à la réalité du crédit et du pouvoir que s'attribuait Simonetti ; — Qu'ils sont fonctionnaires publics, qu'ils ont une certaine instruction et des notions suffisantes sur l'administration des affaires publiques, et le mode d'action des différentes autorités, pour être bien convaincus que ce crédit et ce pouvoir étaient imaginaires, et l'événement qui devait en résulter tout à fait chimérique;

Attendu que tout indique qu'ils devaient participer aux sommes promises par Benoît et Ollier ; mais que, quand ils n'auraient été que les agents officieux des manœuvres pratiquées au profit de Simonetti, ils devraient être considérés, sinon comme auteurs principaux, tout au moins comme complices de l'action, pour avoir, avec connaissance, aidé et assisté l'auteur dans les faits qui l'ont préparée et facilitée; — Attendu que ces faits sont qualifiés escroquerie par l'art. 405 c. pén.; — Qu'à la vérité les sieurs Benoît et Ollier n'ont pas exécuté leur promesse, et n'ont point compté les sommes qu'ils s'étaient engagés à remettre à Simonetti ; mais qu'en admettant qu'on ne doive pas considérer l'engagement verbal qui leur avait été surpris comme l'obligation ou la promesse dont il est question dans l'art. 405, le défaut d'exécution de cet engagement ne ferait pas disparaître ledit délit, et laisserait toujours aux faits les caractères d'une tentative d'escroquerie, passible de la même peine; — Qu'en effet, le délit a eu, non-seulement un commencement d'exécution de la part des prévenus, mais même toute l'exécution qu'il dépendait d'eux de lui donner, et si elle a manqué son effet, c'est par des circonstances entièrement indépendantes de leur volonté; — Qu'on ne saurait admettre qu'en matière d'escroquerie, il n'y ait de tentative punissable qu'autant que les manœuvres qualifiées par l'art. 405 ont eu pour résultat de faire réellement remettre des fonds, meubles, obligations, billets, promesses, quittances ou décharges; car, alors, la tentative ne différerait en rien de l'escroquerie consommée; — Que l'article précité, en déclarant également punissable celui qui escroque et celui qui tente d'escroquer, admet nécessairement que les caractères de l'escroquerie et ceux de la tentative d'escroquerie ne peuvent être identiques, et amène à cette conséquence qu'en cette matière, comme en toute autre, les éléments constitutifs du délit consommé et de la tentative doivent différer en un point qui n'est autre que le résultat final; — Attendu que, lorsque l'aide des manœuvres qualifiées par la loi, l'on est parvenu à obtenir la remise de l'argent ou des autres objets énumérés dans l'art. 405, le délit d'escroquerie est consommé, de même qu'en matière de vol le délit est consommé lorsque le voleur est parvenu à s'approprier la chose d'autrui, quels que soient les événements ultérieurs, et sans qu'on ait à considérer, ni si le délinquant a été contraint de restituer ce qu'il avait soustrait, ni si, par un événement quelconque, les objets dont il s'était emparé ou dont il avait obtenu la remise

n'ont pas tourné à son profit; — Qu'en exigeant, pour la constitution de la tentative d'escroquerie, le concours du double ordre des faits énumérés dans l'art. 405, on confondrait deux choses essentiellement distinctes : les moyens et le but du délit; que les moyens consistent dans les manœuvres frauduleuses, telles qu'elles sont définies et qualifiées et que la remise de fonds, de meubles, d'obligations, dispositions, billets, promesses, quittances ou décharges, n'est que le but proposé. Or, il y a tentative punissable toutes les fois que les moyens condamnés par la loi ont été employés, et le résultat, le succès ou le défaut de succès, ne peuvent changer ni la moralité ni la criminalité de l'action. Que si l'ordre et la disposition des expressions employées dans l'art. peuvent faire penser qu'il n'en serait pas ainsi en matière d'escroquerie, la raison doit faire reconnaître que telle n'a pu être l'intention du législateur, et qu'il n'a pu vouloir tomber dans cette inconséquence, de prévoir par une disposition alternative le délit et la tentative, sans mettre aucune différence dans les éléments constitutifs de l'un et de l'autre;

Attendu que l'art. 3 c. pén., portant que les tentatives de délit doivent être considérées comme délit que dans les cas déterminés par une disposition spéciale de la loi, on ne peut conclure que, pour l'appréciation des caractères de la tentative de délit, on doive faire abstraction de la définition générale donnée par l'art. 2; — Que cette disposition n'a d'autre portée que de restreindre la répression de la simple tentative de délit aux cas spécialement prévus par la loi, mais qu'il résulte pas que chaque espèce particulière de ces délits doive avoir une espèce particulière de tentative différente de la tentative ordinaire, qu'elle soit déterminée par le sens naturel des mots et la définition légale; — Qu'on doit, au contraire, décider que toutes les fois qu'une disposition spéciale de la loi déclare une tentative de délit punissable comme le délit même, il y a lieu de recourir à la règle générale de l'art. 2, pour la détermination des caractères de la tentative, à moins que la nature du délit n'y répugne; — Ainsi, en matière de vol par exemple, où la tentative est déclarée punissable par la disposition spéciale de l'art. 401, il est incontestable que l'appréciation des faits constitutifs de la tentative ne peut être faite que d'après la règle générale de l'art. 2;

Attendu que l'escroquerie n'a, par elle-même, rien d'inconciliable avec les éléments ordinaires de la tentative; — Que, bien qu'elle soit classée dans un ordre de dispositions autre que le vol proprement dit, elle participe néanmoins de sa nature, puisqu'elle n'est, au fond, que sous une autre forme, que la soustraction frauduleuse de la chose d'autrui; — Qu'on doit donc reconnaître que, relativement à ce délit comme à celui de vol, l'accomplissement de la soustraction entière n'est pas nécessaire pour l'existence de la tentative; — Attendu si, pour certains crimes ou délits où la tentative est l'objet d'une disposition spéciale, notamment dans les cas prévus par les art. 331, 414, 415 c. pén., on a décidé qu'il pourrait être fait abstraction de la définition générale de l'art. 2, c'est que pour exiger que la tentative eût un caractère plus grave et fût suivie d'autres effets que les tentatives ordinaires, ou au contraire pour admettre qu'il n'était pas nécessaire qu'elle fût accompagnée de toutes les circonstances énumérées dans l'art. 2, et que nulle part on ne voit que le législateur ait en plus vue le commencement d'exécution, ce qui serait en opposition avec la nature même de la tentative, et effacerait entièrement la distinction que la loi elle-même a faite entre le délit tenté et le délit consommé;

Par ces motifs, réformant, déclare non avenu le relaxe prononcé par le jugement dont est appel, et, procédant par nouveau jugé, déclare susnommés Roudes et Payés coupables d'escroquerie, ou tout au moins de tentative d'escroquerie, et les condamne chacun à un emprisonnement d'un an, etc.

Du 6 déc. 1841.—C. de Montpellier, ch. corr.—MM. Claparède, Thomas-Latour, av. gén., c. conf.-Laissac, av.

(2) *Espèce :* — (Min. pub. *C.* Cottin.) — Le tribunal correctionnel de la Seine avait rendu un jugement ainsi conçu :—« En droit :—Attendu que la simple tentative diffère nécessairement du fait accompli; que cela doit être vrai pour tous les délits au sujet desquels la loi met la tentative sur la même ligne que le fait accompli; qu'il est de l'essence de la tentative, par cela seul qu'elle est restée telle, d'avoir,

n'articulât pas une remise obtenue (Douai, 21 nov. 1859) (1); — 4° Que le commissaire de police qui, après l'arrestation de deux individus, faisait venir leurs femmes et demandait de l'argent pour procurer la liberté des inculpés, commettait une tentative d'escroquerie, encore que la remise des fonds eût été empêchée par des circonstances fortuites (Angers, 12 mars 1859) (2).

876. Mais il avait été jugé, en sens contraire : 1° qu'il n'y avait tentative d'escroquerie suivie d'un commencement d'exécution qu'autant qu'il y avait une remise de valeurs à l'escroc (Bordeaux, 11 mars 1840), aff. Girard, n° 847); — 2° Que la tentative d'escroquerie n'existait qu'autant qu'il y avait eu remise de la chose à celui qui la convoitait; qu'ainsi, l'individu qui, se disant le mandataire d'un tiers et à l'insu de celui-ci, faisait déposer chez ce tiers certains objets (des pains), n'était pas coupable de tentative d'escroquerie, alors surtout que par l'effet du refus du tiers désigné de recevoir les objets, il n'y avait en ni préjudice causé, ni préjudice possible (Orléans, 10

la définition générale de l'art. 2 c. pén., manqué son effet ; qu'ainsi la remise des fonds, meubles, effets, obligations ou décharges, ne peut pas constituer une condition rigoureuse de la tentative d'escroquerie ; — Qu'autrement, la disposition expresse de l'art. 405, qui déclare punissable cette tentative, demeurerait sans application;—En fait :—Attendu (le jugement établit que les prévenus ont imaginé des relations adultères entre une dame de V... et un médecin ami de son mari, qu'ils l'ont menacée par lettre de les révéler si elle ne leur faisait pas remettre telle somme) ; — Condamne. » — Appel.— Arrêt.

La cour ; — Adoptant les motifs des premiers juges ; confirme.

Du 18 janv. 1859.-C. de Paris, ch. corr.-M. Perrot de Chezelles, pr. (1) (Min. pub. C. Deroubaix.) — La cour ; — Sur la première fin de non-recevoir : — Attendu que, du moment où le juge d'instruction a été requis par le procureur impérial d'informer sur un fait délictif quelconque, il peut, sans obligation rigoureuse de communiquer chaque fois au ministère public, et sans un nouveau réquisitoire de celui-ci, continuer d'informer non-seulement sur les circonstances qui font l'objet spécial du réquisitoire, mais encore constater tout ce qui, dans le cours de l'information, est porté par cette information même à sa connaissance, surtout lorsque, comme dans l'espèce, ces faits ont un rapport direct avec le fait principal qui a motivé l'information : — Sur la deuxième fin de non-recevoir : — Attendu que l'art. 405 c. pén. n'atteint pas seulement l'escroquerie, mais aussi la tentative de ce délit et qu'en distinguant ainsi l'escroquerie de la tentative, il n'a pas évidemment confondu ni ne pouvait confondre les caractères constitutifs de l'un et de l'autre, puisque l'escroquerie est le délit même consommé, et la tentative n'est qu'un commencement d'exécution qui n'a été suspendu et n'a manqué son effet que par des circonstances indépendantes de la volonté de son auteur ; — Sur la troisième fin de non-recevoir : — Attendu que la reconnaissance du 11 mars 1857 arguée de faux, bien qu'écartée de ce chef par l'ordonnance de non-lieu du 6 sept. 1859 ayant force de chose jugée, a pu cependant servir d'élément à l'inculpation de tentative d'escroquerie et motiver ainsi de ce chef le renvoi en police correctionnelle ; — Attendu (motifs du jugement adoptés sur les autres fins de non-recevoir) que l'art. 580 c. pén., faisant exception au droit commun, est nécessairement limitatif ; — Que s'il est néanmoins dans l'esprit de la loi d'assimiler les abus de confiance et de blancs seings aux soustractions dont parle cet article, on ne peut faire l'étendre à d'autres qu'aux parents ou alliés compris légalement sous cette dénomination;—Attendu que l'affinité s'établit par le mariage entre l'un des conjoints et les parents de l'autre , que si l'homme ne se mariant fait alliance avec les parents de sa femme, il n'en contracte pas avec les alliés de celle-ci ; — Qu'ainsi Vayenburgh, beau-père de la femme Deroubaix comme second mari de sa mère n'étant pas son parent, mais seulement son allié, il n'y a point d'affinité ou alliance en ligne directe entre lui et le prévenu mari de sa belle-fille;— Que Deroubaix ne pourrait par suite, en vertu de l'art. 580 c. pén., obtenir le bénéfice de l'impunité pour les abus de confiance et de blancs seings dont il se serait rendu coupable envers Vayenburgh; — Attendu, à la vérité, que les délits d'abus de confiance et de blancs seings présupposent la remise volontaire de valeurs et de blancs seings pour un usage quelconque; — Que ce fait générateur d'une obligation contractuelle est soumis, pour sa preuve, aux art. 1541 et 1547 c. nap.;—Mais attendu que le prévenu, tout en niant sa culpabilité, a reconnu dans son interrogatoire devant M. le juge d'instruction qu'il recevait tout et payait tout ; que l'on trouve dans cette reconnaissance au moins un commencement de preuve par écrit de la remise volontaire des sommes ou valeurs que Deroubaix se serait appropriées au préjudice de Vayenburgh ; — Que le refus de signature du prévenu au procès-verbal ne peut enlever à cette reconnaissance la force légale qu'elle doit avoir ; —Attendu à l'égard des abus de blanc seing, que le contexte embarrassé et la forme étrange des billets remplis les 10 et 15 janv. 1857 par Derou-

fév. 1845, aff. Paré, D. P. 45. 4. 249); — 3° Qu'il ne suffisait pas, pour constituer la tentative d'escroquerie punissable, que des manœuvres frauduleuses eussent été employées à l'effet d'obtenir la remise de valeurs à autrui; que la remise effective de ces valeurs était une condition constitutive de cette tentative (Poitiers, 23 janv. 1861, aff. Guicheteau, D. P. 61. 2. 77); — 4° Que l'art. 405 exigeait, pour la tentative d'escroquerie comme pour le délit consommé, que les manœuvres frauduleuses eussent eu pour résultat de faire obtenir à celui qui les avait employées la remise de la chose d'autrui (Bordeaux, 4 avr. 1862) (3); — 5° Que l'art. 405 était inapplicable au fait de l'individu qui, voulant aller de tel point à tel autre en chemin de fer sans payer le prix de place correspondant, tentait d'échapper à ce payement au moyen d'une combinaison de billets pris pour ou à des gares intermédiaires, si d'ailleurs il n'obtenait d'autre remise effective que celle des billets intermédiaires dont il avait payé le prix (Bordeaux, 27 juin 1862) (4); — 6° Que la remise

baix ou par un tiers dont il s'est approprié l'écriture, sur des morceaux de papier qui n'étaient évidemment pas destinés à cet emploi, rendent extrêmement vraisemblable la remise volontaire des blancs seings alléguée par Vayenburgh, pour un tout autre usage que celui qu'en aurait fait Deroubaix ; — Que l'on y trouve donc bien le commencement de preuve par écrit dont parle l'art. 1347 c. nap. ; — Déclare recevable l'action du ministère public contre le prévenu Deroubaix sur tous les chefs de la prévention.

Du 21 nov. 1859.-C. de Douai, ch. corr.-M. Bigant, pr. (2) (Min. pub. C. Roudil.) — La cour ; — Considérant qu'il est prouvé qu'en février 1858, après l'arrestation de Gaultier et Poponnet, signalés comme ayant assisté à la réunion du 14 janv. même année, tenue chez Gaslard, Roudil, en sa qualité de commissaire de police, a fait venir dans son cabinet à Montreuil-Bellay les femmes de ces deux individus; qu'il a fait ressortir auprès d'elles tout ce que ces arrestations avaient de malheureux, puis annonçant qu'il pourrait sous douze jours, par une personne qu'il connaissait à Saumur, faire sortir leurs maris de prison, si ces deux femmes voulaient le désintéresser ; qu'il a tenté de se faire remettre par chacune d'elles une somme de 50 ou 60 fr.; — Considérant que ces déclarations émanées d'un commissaire de police, agissant en cette qualité vis-à-vis de femmes de la campagne sans expérience des affaires, ont tout le caractère de manœuvres frauduleuses et qu'elles avaient pour but de persuader l'existence d'un pouvoir imaginaire ; que si, par des sages conseils de l'adjoint de la commune, et dès lors par des circonstances indépendantes de la volonté de Roudil, les manœuvres qu'il a pratiquées n'ont pas été suivies de la remise des valeurs qu'il a tenté d'obtenir, et si l'escroquerie n'a pas été consommée, ces faits établis présentent tous les caractères d'une tentative de ce délit, laquelle est assimilée par la loi au délit lui-même ; — Qu'ainsi Roudil, en février 1858, à Montreuil-Bellay, alors qu'il était officier de police, a tenté de se faire remettre une somme d'argent par les nommés Marie Joulin, femme Gaultier, et Mathurine Thuau, femme Poponnet, en employant des manœuvres frauduleuses pour leur persuader l'existence d'un pouvoir imaginaire, et qu'il a ainsi tenté d'escroquer une partie de la fortune de ces femmes, laquelle tentative, manifestée par un commencement d'exécution, n'a été suspendue ou n'a manqué son effet que par des circonstances indépendantes de la volonté de son auteur, délit prévu par les art. 405, 462 et 2 c. pén. ; — Condamne.

Du 12 mars 1859.-C. d'Angers, ch. corr.-M. Legentil, pr. (3) (Min. pub. C. Giraud.) — La cour ; — Attendu que, d'après la teneur littérale de l'art. 405 c. pén., il faut, pour caractériser, non-seulement l'escroquerie consommée, mais la tentative d'escroquerie, que les manœuvres frauduleuses spécifiées par cet article aient eu pour résultat de faire obtenir à celui qui les a employées la remise de la chose d'autrui; que cette remise est aussi l'un des éléments constitutifs de la tentative du délit spécial dont il s'agit; que s'il est, dès lors, difficile de définir nettement la différence existant entre l'escroquerie tentée et l'escroquerie consommée, il n'en est pas moins vrai que telle est la conséquence à laquelle on doit arriver en présence des termes clairs et précis de la loi;— Attendu qu'il est constant, dans la cause, que Giraud, quelles qu'aient été d'ailleurs les manœuvres auxquelles il a recouru, n'est jamais parvenu à se faire remettre la somme de 300 fr. appartenant à Marie Bonnaud, et déposée dans les mains du notaire Nouix; qu'ainsi les premiers juges l'ont ainsi jugé, avec raison, relaxé de la prévention de tentative d'escroquerie, qui n'est pas légalement constatée à sa charge, et que leur décision à cet égard doit être confirmée; — Confirme.

Du 4 avr. 1862.-C. de Bordeaux, ch. corr.-M. Dégrange-Touzin, pr. (4) (Ch. de fer d'Orléans C. D... et L...) — La cour ; — Attendu qu'il résulte des termes précis de l'art. 405 c. pén. que le délit de tentative d'escroquerie ne peut exister qu'autant que l'on trouve dans

effective des fonds était nécessaire pour constituer la tentative d'escroquerie; mais que cette condition se trouvait réalisée lorsque l'auteur des manœuvres frauduleuses obtenait la remise de fonds aux mains d'un tiers pour qu'ils lui fussent délivrés si l'événement prévu se réalisait (Montpellier, 8 août 1859) (1).

877. Dans la discussion dont cette question avait été l'objet, on s'était demandé si les règles générales auxquelles la loi avait soumis, dans les cas ordinaires, les tentatives de crimes ou délits étaient applicables à la tentative d'escroquerie, ou si cette tentative était régie spécialement et uniquement par l'art. 405 c. pén. A cet égard, un premier arrêt avait décidé : 1° que l'art. 2 c. pén., qui détermine les circonstances constitutives de la tentative de crime, n'était pas applicable à la tentative d'escroquerie; 2° que les juges, en déclarant un prévenu coupable d'une tentative de délit, reconnaissaient nécessairement que les circonstances qui la caractérisent existaient dans la cause quoiqu'ils ne les exprimassent pas (Crim. rej. 26 sept. 1828, aff. Augustin Frottin, n° 925, 5e espèce).

878. Mais il avait été jugé par un autre arrêt que le caractère de la tentative d'escroquerie, spécifiée dans l'art. 405 c. pén., se déterminait d'après les règles du droit commun, en matière de tentative, écrites dans les art. 2 et 3 du même code (Ch. réun. rej. 20 janv. 1846, aff. Peyronnet, D. P. 46. 1. 66; V. aussi crim. rej. 20 mai 1858, aff. Sommereau, D. P. 58. 1. 225; — Conf. MM. Chauveau et Hélie, t. 5, n° 2025). — Il avait été décidé, de même, que, pour qu'il y eût tentative punissable d'escroquerie, il n'était pas nécessaire que les manœuvres frauduleuses eussent amené effectivement la remise de sommes ou valeurs; qu'il suffisait que l'auteur de ces manœuvres eût fait pour arriver à un tel résultat tout ce qui était en son pouvoir, et qu'il n'en eût été empêché que par des circonstances indépendantes de sa volonté; spécialement, que la tentative

d'escroquerie était consommée lorsque les manœuvres avaient procuré à leur auteur la souscription de promesses de sommes d'argent en l'étude d'un notaire qui en avait gardé le dépôt, encore bien que plus tard ces promesses eussent été détruites comme pièces compromettantes (Poitiers, 14 sept. 1858, aff. Tardy, D. P. 58. 2. 196).

879. Enfin un autre arrêt avait jugé que, lorsqu'au moyen de manœuvres frauduleuses, un agent de compagnie d'assurance avait fait signer un acte de renouvellement de la police d'assurance à des assurés qui croyaient seulement former une demande en réduction, il y avait simple tentative d'escroquerie, si les signataires avaient refusé d'accepter les polices ou n'avaient fait que promettre de les exécuter comme contraints et forcés, sans cependant avoir rien payé (Orléans, 2 juill. 1851, aff. Tessier, D. P. 52. 2. 32).

880. Tel était l'état de la question lorsqu'en 1863 le gouvernement présenta au corps législatif un projet de loi qui avait pour objet de modifier un certain nombre d'articles du code pénal, projet qui est devenu la loi des 18 avr.-13 mai 1863. Ce projet, dans sa rédaction primitive, proposait de modifier l'art. 405 de la manière suivante : « Quiconque, soit en faisant usage de faux noms ou de fausses qualités, etc., se sera fait remettre ou délivrer, *ou aura tenté de se faire remettre ou délivrer*, des fonds, des meubles ou des obligations, etc., et aura, par un de ces moyens, escroqué ou tenté d'escroquer la totalité ou partie de la fortune d'autrui, sera puni, etc. » — Mais cette addition avait été rejetée par le conseil d'Etat. Elle fut rétablie par la commission du Corps législatif, qui, dans son rapport, motiva son amendement en ces termes : « La cour de cassation, dans une jurisprudence à peu près constante, a induit de ce texte (l'ancien art. 405) que la remise des valeurs est une des conditions constitutives du

---

les faits de la cause les trois conditions suivantes : 1° l'emploi de manœuvres frauduleuses; 2° que ces manœuvres aient inspiré à ceux envers lesquels elles ont été employées l'espérance ou la crainte d'un succès, d'un accident ou de tout autre événement chimérique; 3° enfin, qu'à l'aide de ces manœuvres, le coupable se soit fait remettre des fonds, des meubles, des obligations, dispositions, billets, promesses, quittances ou décharges; — Attendu que le fait par D... et L... d'avoir pris, à la gare de Paris, des billets pour Etampes après s'être assuré le moyen de se procurer à Chalais deux autres billets, afin de les présenter à Bordeaux comme s'ils n'avaient parcouru que le trajet qui sépare ces deux stations, et pour frustrer ainsi l'administration du chemin de fer d'Orléans du prix de leur voyage depuis Etampes jusqu'à Chalais, a tous les caractères d'une manœuvre éminemment frauduleuse ;

Attendu qu'en délivrant à D... et à L.. les billets pour Etampes et à Chalais pour Bordeaux, l'administration a dû nécessairement croire que les deux voyageurs acquittaient la totalité du prix de leur voyage; que cette croyance était pourtant chimérique, puisque, si les prévenus avaient pu accomplir entièrement la supercherie qu'ils avaient imaginée, ils auraient frustré la compagnie de la somme qui lui revenait pour le parcours d'Etampes à Chalais; — Attendu, toutefois, que la troisième condition indispensable pour caractériser la tentative d'escroquerie ne se rencontre pas dans la cause; — Qu'en effet, on n'a pas établi contre les prévenus qu'à l'aide de manœuvre ils se soient fait remettre par la compagnie aucun des objets spécifiés en l'art. 405 c. pén.;—Que la seule chose qui leur ait été délivrée, ce sont des billets dont ils ont payé le prix; qu'ils n'ont, en outre, obtenu ni fonds, ni valeurs, ni obligations, ni quittances, ni décharges;— Attendu que, si la supercherie dont ils avaient usé se fût accomplie, ils auraient frustré compagnie de la rétribution qui lui était due pour le voyage d'E-mpes à Chalais, mais sans que celle-ci ait donné ou livré aux prévenus de quittances ou décharges, ou leur eût remis rien qui pût les mettre à l'abri d'une répétition dans le cas où elle aurait découvert leur aude condamnable ; — Qu'il ne serait pas exact de dire que la délivrance des billets à la station de Chalais avait pour objet de libérer les prévenus du prix du parcours d'Etampes à Chalais, et qu'ils étaient ainsi une quittance de ce prix ; — Que la délivrance des billets à Chalais, rapprochée de la délivrance des billets d'Etampes, constitue, ainsi qu'on vient de le dire, des manœuvres frauduleuses, et ne fait ne peut tout à la fois revêtir le double caractère de manœuvres et de remise de valeur matérielle dont parle l'art. 405; — Attendu qu'en l'absence d'une des conditions constitutives du délit d'escroquerie, le tribunal n'aurait pas dû appliquer aux prévenus les pénalités édictées par le code pénal; — Mais attendu que le fait d'occuper une place dans les voitures du chemin de fer sans être muni de billet est une con-

travention punie par la loi du 15 juill. 1845, art. 21, et par l'ord. du 15 nov. 1846, art. 10 ;— Attendu qu'il est constant que D... et L... ont voyagé depuis Etampes jusqu'à Chalais sans être nantis de billets;— Qu'il y a lieu de leur faire application des dispositions de la loi et du règlement susénoncés ; — Condamne.

Du 27 juin 1862.—C. de Bordeaux, ch. corr.—M. Dégrange-Touzin, pr.

(1) (Min. pub. *C.* Am. Rouby.) — La cour; — Considérant qu'il résulte des pièces de la procédure et des débats qui ont eu lieu devant le premier juge que, dans le courant de mai dernier, à Narbonne, Amélie Rouby, en faisant, ainsi qu'il est détaillé au jugement dont est appel, usage de fausses qualités et en employant des manœuvres frauduleuses pour persuader l'existence d'un crédit imaginaire, a amené la famille Rouch à consentir qu'en rémunération des démarches que la prévenue s'engageait à faire auprès des membres du conseil de révision du département de l'Aude pour obtenir l'exemption de Jean Rouch, jeune conscrit de la classe de 1859, une somme de 400 fr. serait déposée entre les mains d'un avoué de Narbonne, pour être remise à la prévenue dans le cas où la décision du conseil serait favorable audit Jean Rouch ; — Considérant qu'en exécution de cette convention, la somme de 400 fr. fut apportée par la femme Rouch le 18 mai chez l'avoué, et qu'elle n'en fut retirée avant que le conseil eût statué sur le sort de Jean Rouch que sur la nouvelle que M. le préfet du département venait d'ordonner l'arrestation de ce jeune homme, et dans le but de faire disparaître toute trace de délit; — Considérant que les faits ainsi constatés rentrent dans la disposition finale du § 1 de l'art. 405 c. pén., qui punit ceux qui, en se faisant remettre des fonds, tentent d'escroquer une partie de la fortune d'autrui; — Qu'en effet, cet article, en spécifiant comme un des éléments essentiels du délit ou de la tentative du délit d'escroquerie la délivrance des fonds, n'a pas exigé que cette remise fût opérée entre les mains de l'auteur du délit ou même dans celles de ses complices, et qu'il suffit que cette remise ait été faite du consentement de toutes parties à un tiers qui devait en faire compte au prévenu après l'accomplissement de la condition prévue; — Que si ce dernier n'a pu, à raison d'une circonstance indépendante de sa volonté, profiter du bénéfice illicite qu'il en espérait, le dessaisissement des valeurs n'en a pas moins eu lieu, et, dans cette hypothèse, le fait constitue seulement une tentative d'escroquerie punissable, ainsi qu'aurait dû l'être le délit lui-même s'il avait été entièrement consommé; — Considérant qu'en raison de l'atteinte qui aurait pu être portée à la considération des membres du conseil de révision de l'Aude, en raison de l'immoralité avérée de la personne qui est signalée comme se livrant habituellement à ce genre d'industrie, c'est à bon droit que le tribunal a refusé de lui faire l'application des dispositions bienveillantes de l'art. 465 c. pén.; — Condamne.

Du 8 août 1859.—C. de Montpellier.—M. Pégat, pr.

délit, mais qu'elle ne le consomme pas, que la consommation ne résulte que des détournements ou de la dissipation des fonds délivrés, et que les manœuvres, à quelque point qu'elles aient été poussées, ne constituent une tentative punissable que lorsqu'elles ont été suivies de la remise effective des valeurs. Il faut reconnaître que cette jurisprudence emprunte une grande force au texte de l'art. 405, qui ne punit la tentative d'escroquerie que lorsqu'elle a été commise par les moyens qui y sont énumérés, moyens qui comprennent à la fois les manœuvres et la remise des fonds. Aussi la doctrine l'approuve assez généralement en faisant remarquer que l'escroquerie est un délit de fourberies et de ruses, qui se compose de faits vagues et incertains, dont la moralité est difficile à apprécier, et que la tentative ne doit en être punie que lorsqu'elle prend un caractère précis et saisissable, c'est-à-dire lorsque la remise des fonds a été effectuée. Cependant, appelés à statuer législativement sur cette question, nous ne pouvons pas confondre les manœuvres, qui sont les moyens employés par l'escroquerie, avec la remise des valeurs, qui est le but même qu'elle poursuit. S'il est vrai qu'il soit difficile d'apprécier le caractère criminel des manœuvres, tant qu'elles n'ont pas abouti à la remise des fonds, toute la conséquence à en tirer serait que la tentative d'escroquerie n'est pas punissable ; mais il ne faudrait jamais dire que cette tentative n'existe que lorsque les fonds ont été remis effectivement. Il est cependant des cas dans lesquels les manœuvres ont été si directes, si précises, poussées si loin, qu'il serait impossible de se refuser à les trouver criminelles, alors même que la remise des fonds ne les aurait pas suivies. Ne peut-on pas, pour la tentative de ce délit comme pour toutes les autres, s'en rapporter à la prudence des tribunaux, qui ne devront la reconnaître que lorsqu'elle se sera manifestée par un commencement d'exécution sérieux et saisissable, et qu'elle n'aura manqué son effet que par des circonstances indépendantes de la volonté de son auteur? Nous avons été unanimes à nous ranger à cette opinion, et nous avons voulu faire cesser toutes les incertitudes en incriminant nettement, dans l'art. 405, la tentative de se faire remettre des valeurs à l'égal de la tentative d'escroquerie. » — A la suite d'une discussion dans laquelle l'amendement, combattu principalement par MM. Nogent-Saint-Laurens, Ernest Picard et Jules Favre, fut énergiquement défendu par le commissaire du gouvernement, M. Cordoën, cet amendement fut adopté. — La disposition nouvelle, ainsi que l'a dit dans la discussion un membre du Corps législatif, M. Roques-Salvaza, rend presque surabondantes les expressions anciennes de la loi : « *et aura, par un de ces moyens, escroqué ou tenté d'escroquer la totalité ou partie de la fortune d'autrui.* » M. Albert Pellerin, dans son commentaire de la loi des 18 avr.-13 mai 1863 (p. 240), fait remarquer avec raison que ce passage n'a plus d'autre utilité que d'indiquer la volonté frauduleuse, l'intention de s'approprier le bien d'autrui, qui doit toujours se rencontrer chez le coupable.

881. Ainsi, d'après la loi actuelle, l'escroquerie est consommée du moment où, par l'emploi des moyens frauduleux que détermine l'art. 405, l'agent a obtenu la remise des valeurs avec l'intention de se les approprier au détriment d'autrui, et il n'est besoin pour cela d'aucun acte ultérieur de détournement. Il n'en est pas de même en matière d'abus de confiance. Ce qui constitue ce délit, ce n'est pas la remise des valeurs, qui est en soi parfaitement licite, c'est le fait ultérieur de détourner à son profit, de s'approprier les valeurs reçues. En matière d'escroquerie, au contraire, l'intention frauduleuse apparaît dès les premières manœuvres qui préparent le délit, et le but du délit est atteint, le délit lui-même est consommé, dès que la remise a eu lieu. Exiger que le détournement vienne se joindre à la remise, distinguer les deux faits, c'est, comme le dit justement M. Albert Pellerin (p. 241), supposer que la remise n'emporte pas translation de propriété. Or, c'est là une idée inexacte. — Quant à la tentative d'escroquerie, elle existe du moment où, par l'emploi des moyens frauduleux que la loi détermine, l'agent a fait tout ce qu'il était en son pouvoir de faire pour obtenir la remise, encore que cette remise n'ait point encore eu lieu. Sans doute, s'il se repent au moment où la remise sera près de se faire, il ne sera pas punissable, parce que sa tentative aura manqué son effet par des circonstances dépendantes de sa volonté; mais s'il est arrêté au moment où la remise va s'opérer, alors que par des faits matériels il a commencé à obtenir cette remise, il sera justement puni, parce qu'il y a eu de sa part commencement d'exécution, et que la tentative n'a manqué son effet que par des circonstances indépendantes de sa volonté (Conf. M. Albert Pellerin, p. 242 et 243).

882. L'arrêt qui, en matière d'escroquerie, constate, en fait, que les prévenus ont conjointement tenté de se faire remettre une certaine somme, en présentant à l'escompte des billets à ordre souscrits par l'un d'eux, portant le même nom qu'une personne connue comme solvable, en indiquant mensongèrement le domicile de cette personne, faisant croire que cette personne, notoirement connue comme solvable, était en réalité le souscripteur de ces billets, constate les manœuvres frauduleuses prévues par l'art. 405 c. pén., de nature à faire croire à un crédit imaginaire.—Ces mêmes faits, accompagnés de la remise à des escompteurs de ces billets frauduleusement rédigés pour en faire la négociation, suffisent pour constituer la tentative d'escroquerie, dès que l'arrêt n'énonce aucun fait qui puisse faire croire que, postérieurement à cette remise, l'intention frauduleuse des prévenus se fût modifiée ; à cet égard, d'ailleurs, les juges du fond sont souverains pour reconnaître ou non les intentions des prévenus (Crim. rej. 19 nov. 1863) (1).

883. Les manœuvres frauduleuses employées pour obtenir un mandat salarié, et la remise des fonds et valeurs qui en ont été la suite, ne peuvent jamais constituer une escroquerie, puisque le mandataire contracte l'obligation de rendre compte au mandant des sommes qu'il a reçues, et que le mandat salarié est autorisé par la loi. Peu importe qu'il soit déclaré par les juges que le mandataire n'a agi que par spéculation. — Spécialement, on ne peut voir ni escroquerie ni tentative d'escroquerie dans le fait de plusieurs individus de s'être réunis, à la maison commune d'une ville où venait d'éclater un incendie, et de s'y être concertés pour obtenir des incendiés qui avaient contracté des polices d'assurances des procurations, à l'effet de réclamer en leur nom les indemnités qui pourraient leur être dues, alors même que les procurations obtenues par suite de cet accord l'auraient été à l'aide de manœuvres frauduleuses tendant à per-

---

(1) (Fléau, etc. C. min. pub.) — La cour ; — En ce qui touche l'omission faite dans l'arrêt de la date précise des faits incriminés : — Atten u qu'il n'est point allégué que ces faits aient été commis à une époque antérieure à la promulgation de la loi du 13 mai 1863 ; que, dans cet état, l'arrêt, en énonçant qu'ils ont été commis en 1863 et en leur faisant l'application de cette loi, constate implicitement, mais suffisamment, que leur perpétration est postérieure à sa promulgation ;

En ce qui touche les éléments légaux de la tentative du délit d'escroquerie : — Attendu qu'il est constaté en fait, par l'arrêt attaqué, que Nélaton, Lancelevée et Fléau ont conjointement tenté de se faire remettre une somme de 4,000 fr. par Ditschneider et Begney, en présentant à l'escompte des billets à ordre souscrits par Nélaton à Fléau, endossés en blanc par celui-ci et remis à Lancelevée pour qu'il en opérât la négociation en donnant l'indication mensongère de l'avenue d'Antin, n° 1, adresse du docteur Nélaton, comme celle du lieu de payement, et faisant ainsi croire que le docteur Nélaton était en réalité le souscripteur de ces billets ; — Que les faits ainsi constatés constituent les manœuvres frauduleuses prevues par l'art. 405 c. pén., puisque l'é- nonciation de l'adresse du docteur Nélaton au bas des billets, comme lieu de payement, était de nature à persuader aux escompteurs que ces billets émanaient de ce dernier, et, par conséquent, à créer un crédit imaginaire ; — Que les mêmes faits pouvaient en même temps être considérés comme élémentaires de la tentative légale ; qu'en effet si les tribunaux correctionnels sont tenus de constater les faits constitutifs de cette tentative, notamment en matière de tentative d'escroquerie, cette constatation résulte suffisamment des énonciations de l'arrêt, puisque cet arrêt déclare que les prévenus avaient remis les billets frauduleusement rédigés à des escompteurs pour en faire la négociation, et qu'aucun fait n'est énoncé qui puisse faire croire que, postérieurement à cette remise, l'intention frauduleuse des prévenus se fût modifiée ; — Que l'arrêt ajoute, d'ailleurs, qu'en employant les manœuvres frauduleuses ci-dessus spécifiées, les trois prévenus se sont livrés à des démarches suspectes et à des récits mensongers pour persuader l'existence d'un crédit imaginaire, et que, en faisant application aux faits incriminés des dispositions de l'art. 405, cet arrêt n'a violé aucune loi ; — Rejette, etc.

Du 19 nov. 1863.-C. C., ch. crim.-M. Faustin-Hélie, rap.

suader l'existence d'un pouvoir ou d'un crédit imaginaire, ou à faire naître dans l'esprit des incendiés la crainte d'un événement chimérique ou l'espérance d'un succès, et bien que les mêmes procurations porteraient stipulation au profit des mandataires d'une remise plus ou moins considérable sur le montant des indemnités à réclamer, et qu'enfin ils auraient postérieurement reçu de leurs commettants des fonds ou valeurs (Crim. cass. 12 oct. 1858) (1).

884. Le délit d'escroquerie est suffisamment caractérisé, lorsque le prévenu est déclaré coupable de s'être créé un crédit imaginaire à l'aide de fausses manœuvres, et d'avoir causé un préjudice de plus de 50,000 fr. :—« Attendu qu'il est formellement déclaré dans l'arrêt que Laget Duclos, auteur du délit d'escroquerie, dont Tholose Desguérinelle est déclaré complice, s'était créé un crédit imaginaire, à l'aide des manœuvres frauduleuses énoncées audit arrêt ; que, par ce moyen, il a escroqué la plus forte partie d'une certaine quantité de balles de laine, et causé un préjudice de plus de 50,000 fr. ; attendu, dès lors, que tous les caractères exigés par l'art. 405 pour constituer le délit d'escroquerie étaient reconnus et déclarés dans l'arrêt » (Crim. rej. 10 fév. 1831, MM. de Bastard, pr., de Crouseilhes, rap., aff. Laget-Duclos).

885. Il n'est pas nécessaire, pour qu'il y ait délit d'escroquerie, que les valeurs escroquées aient tourné au profit de l'auteur du délit ; il suffit qu'elle cause un préjudice à autrui (Crim. rej. 27 mars 1857, aff. Trillée, D. P. 57. 1. 223 ; 26 déc. 1863,

aff. Giraud, n° 819).—Nous avons vu de même (suprà, n° 105) que pour qu'il y ait vol il n'est pas nécessaire que la chose soustraite ait tourné au profit de l'auteur de la soustraction, ni même qu'il ait eu l'intention de se l'approprier ; qu'il suffit qu'il ait voulu en dépouiller le propriétaire.

886. Le jugement ou l'arrêt qui condamne pour délit d'escroquerie doit énoncer, à peine de nullité, que les manœuvres frauduleuses, caractérisées par l'art. 405, ont eu pour but d'frustrer de tout ou partie de sa fortune celui au préjudice duquel l'escroquerie a été consommée ou tentée (Crim. cass. 26 avr. 1811 et 1er oct. 1814) (2).

887. Il est évident, et il a été jugé, du reste, que, pour qu'il y ait escroquerie, il n'est pas besoin que ce délit résulte de chacun des faits pris isolément ; il suffit qu'il résulte de l'ensemble et de la combinaison des différents faits :—« Considérant que si chacun des différents faits déclarés constants par l'arrêt dénoncé peut isolément ne pas présenter les caractères du délit d'escroquerie, néanmoins les véritables caractères de ce délit résultent évidemment de l'ensemble et de la combinaison desdits faits ; d'où il suit que la peine portée par l'art. 35 du titre 2 de la loi du 22 juill. 1791 sur la police correctionnelle a été bien appliquée » (Crim. rej. 29 mars 1811, MM. Barris, pr., Busschop, rap., aff. Varin).

888. Supposons maintenant qu'après avoir obtenu la remise des valeurs l'agent les restitue : cette *restitution* fait-elle disparaître le délit ? Avant la loi du 13 mai 1863, MM. Chauveau

---

(1) (Berthelot, Court et Audouy *C.* min. pub.) — La cour ; — Sur le deuxième moyen tiré de la violation et de la fausse application de l'art. 405 c. pén., et de la violation des principes du code civil sur le mandat : — Attendu que les caractères légaux du délit d'escroquerie ou de tentatives de ce délit, sont fixés et limités dans l'art. 405 c. pén., et qu'on ne saurait, sans méconnaître le texte et l'esprit de la loi, les étendre à des actes qui ne présentent pas les caractères énoncés dans ledit article ; — Attendu que les faits relevés dans le jugement attaqué ne rentrent pas dans ceux qui, aux termes de l'article précité, sont constitutifs du délit d'escroquerie ou de tentative d'escroquerie : — Que le fait imputé à Berthelot et à Court de s'être réunis à la maison commune de Guillestre, peut de temps après l'incendie qui a eu lieu dans cette ville, pour former un accord tendant à obtenir des diverses personnes qui avaient contracté des polices d'assurances avec diverses compagnies et dont les maisons avaient été incendiées, les procurations à l'effet de les représenter et de réclamer en leur nom le montant des indemnités auxquelles elles pouvaient avoir droit, ne constituant par lui-même qu'un simple mandat pour l'art. 1985 c. civ. et emportant obligation de la part des mandataires de rendre compte de ce qu'ils toucheraient, à quelque titre que ce fût, à l'occasion de ce mandat ; — Que la condition attachée à l'exécution du mandat d'une remise de 10 ou de 20 p. 100 sur le montant des indemnités qui seraient liquidées au profit des incendiés, pour subvenir aux frais et dépenses de ce mandat, loin de changer la nature de ce contrat, ne faisait que rendre plus étroites et plus rigoureuses les obligations des mandataires envers ceux qui leur avaient remis les procurations ; que l'art. 1999 c. civ. autorise le mandat salarié ; que, si le jugement attaqué déclare que, dans cette circonstance, cette condition était en réalité une spéculation de la part des mandataires, il ne résulte pas de cette qualification que le mandat dont il s'agit ait été obtenu dans des vues frauduleuses, pour escroquer tout ou partie de la fortune des commettants ; — Attendu que les discours plus ou moins inconvenants attribués aux demandeurs par le jugement attaqué, en supposant qu'on pût les considérer, ainsi que l'a fait ledit jugement, comme constituant des manœuvres frauduleuses employées pour persuader l'existence d'un pouvoir ou d'un crédit imaginaire, ou pour faire naître dans l'esprit desdits incendiés la crainte d'un événement chimérique ou l'espérance d'un succès imaginaire, ne présenteraient pas les éléments constitutifs du délit de tentative d'escroquerie, puisqu'ils n'auraient pas eu pour but d'escroquer aux incendiés tout ou partie de leur fortune, mais bien de les engager à donner leur procuration à Berthelot qui devenait ainsi à leur égard un mandataire tenu des obligations et des devoirs que cette qualité lui imposait ; — Attendu que, si le jugement attaqué relève, en fait, qu'il y a une remise de valeurs ou de fonds, non-seulement par les déclarations portant promesse d'une remise plus ou moins considérable, mais encore par les billets ou promesses souscrits postérieurement aux déclarations, et qu'une somme de 100 fr. aurait été payée, ces faits n'ont par eux-mêmes aucun caractère frauduleux qui les rattache à un délit d'escroquerie, plutôt qu'à l'accomplissement du mandat donné à Berthelot, puisque ce dernier, en sa qualité de mandataire, demeurait toujours comptable, en définitive, des valeurs ou des fonds qui lui auraient été remis, ainsi que de tout ce qu'il aurait reçu à l'occasion du mandat qui lui avait été confié ; — Attendu

enfin que les faits relevés dans le jugement attaqué n'ayant pas les caractères constitutifs du délit d'escroquerie ou de tentative de ce délit, la participation d'Audouy à ces faits ne peut être considérée comme une complicité de ce délit ; d'où il suit que le jugement attaqué, en déclarant Berthelot et Court coupables du délit de tentative d'escroquerie et Audouy coupable de complicité de ce délit, a fait aux susnommés une fausse application des art. 405, 59 et 60 c. pén., et a méconnu les dispositions des art. 1995 et 1999 c. civ. sur le mandat ; — Par ces motifs, vidant le délibéré en chambre du conseil, prononcé à l'audience de ce jour, et joignant les pourvois des demandeurs, sans qu'il soit besoin de statuer sur le premier moyen par eux invoqué ; — Casse le jugement rendu par le tribunal de Gap, jugeant en appel des sieurs et autres, le 18 août 1858. Du 12 oct. 1858.—C. C., ch. crim.—MM. Bastard, pr.-Dehaussy, rap.

(2) 1re *Espèce :* — (Vaillant *C.* min. pub.) — Un arrêt de la cour criminelle des Ardennes avait prononcé contre Vaillant les peines de l'escroquerie portées dans l'art. 35 de la loi du 22 juill. 1791, pour enlèvement d'effets mobiliers appartenant à un individu poursuivi par ses créanciers : mais l'arrêt n'énonçait pas que le prévenu eût eu l'intention de se les approprier, et l'on pouvait supposer qu'il avait seulement voulu les soustraire aux poursuites des créanciers du propriétaire de ces effets. — Pourvoi. — Arrêt.

La cour ; — Vu l'art. 456 c. 3 brum. an 4 ; — Attendu que l'arrêt dénoncé a appliqué au sieur Vaillant l'art. 35 de la loi du 22 juill. 1791 ; que cet article n'est néanmoins applicable qu'aux coupables des délits d'escroquerie ; que l'arrêt dénoncé ne présente, ni dans ses considérants, ni dans son dispositif, les caractères de l'escroquerie ; vu que, s'il dit qu'il y a enlèvement d'effets mobiliers, il ne dit pas quelle a été la fin ou le but de cet enlèvement, et laisse incertain si c'est pour escroquer au profit du sieur Vaillant lesdits effets, ou pour les conserver dans l'intérêt des sieurs et dame Hubert ; d'où il résulte que la cour criminelle a appliqué au sieur Vaillant la peine de l'escroquerie, sans avoir déclaré comme constantes les circonstances déterminées par la loi pour constituer ce délit ; conséquemment qu'elle a fait une fausse application de l'article précité. — Casse, etc. Du 26 avr. 1811.—C. C., sect. crim.-M. Bauchau, rap.

2e *Espèce :* — (Fichon, etc. *C.* min. pub.). — Un arrêt de la cour de Paris, rendu dans une affaire où Fichon et Lehardeloy étaient prévenus d'escroquerie, sur la plainte de Lubert et Vaudeq, ne contenait pas la mention des manœuvres employées par les prévenus avaient eu pour but de frustrer les plaignants de tout ou de partie de leur fortune, et néanmoins cette cour avait appliqué la peine portée par l'art. 405 c. pén. — Pourvoi. — Arrêt (ap. délib. en ch. du cons.).

La cour ; — Vu l'art. 405 c. pén. de 1810 ; — Vu l'arrêt rendu le 25 septembre dernier par la cour royale de Paris, sur l'opposition de Christophe-Mathurin Lehardeloy ; — Attendu que la cour royale de Paris n'a point dit dans l'arrêt rendu le 15 juin dernier contre Alexandre-Jean Fichon et ledit Lehardeloy, que les manœuvres par eux employées avaient eu pour but de frustrer les plaignants de la totalité ou partie de leur fortune ; qu'ainsi il y a eu fausse application de la loi pénale ci-dessus citée ; faisant droit sur le pourvoi dudit Fichon, après en avoir délibéré en la chambre du conseil ; — Casse. Du 1er oct. 1814.—C. C., sect. crim.-MM. Vasse, pr.-Bauchau, rap.

et Hélie (t. 3, n° 2020) enseignaient l'affirmative. — Mais cette opinion avait été, avec raison selon nous, repoussée par la jurisprudence, soit pour le cas où la restitution avait été déterminée par la menace de poursuites, soit même pour le cas où elle avait été spontanée. — Ainsi il avait été jugé : 1° sous l'empire de la loi du 22 juill. 1791 (tit. 2, art. 35), que l'individu reconnu coupable d'escroquerie ne pouvait être acquitté sur le motif qu'il aurait, avant toute poursuite, restitué l'objet escroqué : — « Attendu que l'action publique est indépendante de l'action et des intérêts des parties civiles ; qu'ainsi elle peut être intentée et poursuivie nonobstant le désintéressement de la partie civile ; que dès lors l'arrêt, après avoir reconnu les faits établis par le jugement de première instance à l'égard de Trapigny, et en l'acquittant, par le motif qu'il avait restitué la somme indûment perçue avant toute poursuite judiciaire, a contrevenu aux lois qui règlent l'exercice de l'action publique, et à l'art. 35 de celle du 19 juill. 1791, qui réprime les délits commis par dol, abus de crédulité, à l'aide d'espérances chimériques ou de crédit imaginaire » (Crim. cass. 6 sept. 1811, MM. Barris, pr., Schwendt, rap., Thuriot, av. gén., aff. Trapigny); — 2° Sous l'empire du code pénal de 1810, que la restitution de la somme obtenue au moyen de manœuvres frauduleuses constitutives du délit d'escroquerie ne faisait pas disparaître le délit, en le réduisant à une simple tentative (Crim. rej. 17 juill. 1851, aff. Devin, D. P. 51. 5. 233); — 3° Que la restitution effectuée sous l'influence d'une menace de poursuite, n'enlevait pas leur caractère délictueux aux manœuvres constitutives de l'escroquerie à l'aide desquelles la chose restituée aurait été obtenue ; que le prévenu se prévaudrait à tort de ce qu'au moment de cette restitution il n'y aurait en encore ni plainte ni poursuite commencée (Crim. rej. 11 janv. 1855, aff. Decor, D. P. 55.5.193);—4° Que de ce qu'il y avait eu restitution, par le prévenu, de sommes qu'il avait escroquées, les peines de la tentative de l'escroquerie ne lui étaient pas moins applicables, si la restitution n'avait eu lieu que dans l'un des cas prévus par la convention illicite intervenue entre l'escroc et les escroqués : — « Sur le second moyen tiré de ce que, la restitution des sommes déposées dans les mains du demandeur ayant été volontaire, les trois tentatives d'escroquerie dont il a été déclaré coupable manqueraient de l'une des conditions essentielles pour constituer la tentative légalement punissable : attendu que cette restitution n'a été que la conséquence forcée et prévue de l'une des deux éventualités dont se composait la convention illicite; qu'elle a dépendu d'un événement étranger à la volonté du demandeur, et qu'elle ne saurait être considérée, dès lors, comme provoquée par une inspiration libre et spontanée de la conscience » (Crim. rej. 4 avr. 1839, MM. de Bastard, pr., Rocher, rap., aff. Chamayou). Il semble résulter de cet arrêt que, dans la pensée de la cour, si la restitution avait été spontanée, nulle peine n'eût dû être appliquée à l'agent.

889. Quoi qu'il soit, la question ne peut être douteuse aujourd'hui. D'abord elle ne peut pas s'élever dans le cas où il n'y a eu qu'une tentative, même punissable, puisqu'alors, ainsi que nous l'avons dit plus haut, nulle remise de valeurs n'a été ef-

fectuée. Lorsque l'escroquerie a été consommée par la remise des valeurs, le délit se trouvant par cela même complet, la restitution est un fait postérieur qui ne peut avoir pour effet de l'effacer. Ce peut être seulement, aux yeux du juge, une circonstance atténuante. C'est ainsi que nous avons vu (suprà, n° 111) que la restitution de l'objet volé n'a pas pour effet de supprimer le crime ou délit de vol.

890. La *complicité* du délit d'escroquerie n'est soumise à aucune règle particulière ; ce sont les règles générales établies par les art. 59 et 60 c. pén., qui, en cette matière comme en toute autre, forment la seule loi en vigueur. Déjà nous avons indiqué, v° Complice-complicité, n°s 122, 124 et 145, quelques-unes des applications que la jurisprudence a faites de ces règles à l'escroquerie ; il nous reste à compléter ce qui a été dit sur ce sujet en faisant connaître quelques autres décisions qui se rattachent à cet ordre d'idées.

891. Et d'abord il a été jugé, ce qui d'ailleurs est incontestable, que l'individu qui a participé à l'escroquerie est passible des peines prononcées contre l'auteur lui-même : — « Attendu que la cour a apprécié les faits d'escroquerie auxquels le réclamant a été déclaré convaincu d'avoir participé ; qu'il n'y a aucune contradiction dans l'arrêt attaqué ; qu'en effet la participation à l'escroquerie reconnue par l'arrêt rendait le réclamant coupable de ce délit et passible sous ce rapport des peines prononcées par la loi » (Crim. rej. 17 mai 1810, MM. Barris, pr., Vergès, rap., aff. Manger).— Mais il a été décidé, d'un autre côté, qu'il n'y a pas complicité légale d'escroquerie lorsque les circonstances relevées à la charge d'un prévenu ne présentent aucune participation active et personnelle aux manœuvres frauduleuses (Crim. cass. 14 mai 1847, aff. Baltet, n° 852). — Enfin un autre arrêt a décidé que, la loi n'ayant pas déterminé les caractères de la participation à l'escroquerie, l'application de la peine aux individus déclarés coupables d'une telle participation ne peut donner ouverture à cassation (Crim. rej. 16 vend. an 7, M. Barris, rap., aff. Ducas et Worms).

892. Il est nécessaire qu'il soit constaté que la participation a eu lieu avec connaissance de cause. Ainsi nulle condamnation ne peut être prononcée tant que le prévenu de complicité de manœuvres frauduleuses n'est pas déclaré convaincu d'y avoir *sciemment* participé : — « Attendu que du jugement de police correctionnelle il résulte que les juges qui l'ont rendu ont été incertains si c'est par imprudence ou sciemment qu'Eyma a participé aux manœuvres pratiquées par Diosé et Rosier, et que, pour justifier les condamnations prononcées contre Eyma, il faudrait qu'il eût été déclaré convaincu d'avoir sciemment participé à ces manœuvres ; d'où il suit qu'il y a eu dans le jugement attaqué fausse application de l'art. 35 c. pol. correct. » (Crim. cass. 23 vend. an 6, MM. Seignette, pr., Riolz, rap., aff. Eyma). — V. Complicité, n°s 133 et suiv.

893. Il a été décidé : 1° que celui qui accompagne un conscrit, et lui sert d'interprète auprès de ceux qui commettent à son égard le délit d'escroquerie, se rend complice de ce délit, et devient punissable comme celui qui en est l'auteur (Crim. cass. 14 août 1807 (1); V. d'autres arrêts dans le même sens,

---

(1) (Min. pub. et Laukard C. Koob, etc.) — La cour; — Vu l'art.7 du tit. 2 de la loi des 19-22 juill. 1791; — Et attendu qu'il est reconnu, par l'arrêt attaqué, que Jérémie Koob a accompagné un conscrit chez la femme Sturm; qu'il leur a servi d'interprète, lorsque ce conscrit a remis trente louis à cette femme, et que cette dernière a consommé l'escroquerie envers le conscrit; qu'ainsi Koob a aidé l'auteur du délit dans les faits qui en ont préparé et facilité l'exécution; que par là il s'est rendu complice de ce délit; qu'ainsi la cour de justice criminelle, en l'acquittant, a violé la loi; — Attendu, en ce qui concerne Marguerite Werner, femme Goffer, que si le sieur Duhem vivait encore, et qu'il fût convaincu d'avoir reçu de l'argent des conscrits, si les faits articulés contre lui étaient déclarés constants, ce médecin serait punissable; que son décès, qui empêche toute poursuite contre lui, n'en affranchit pas ceux qui peuvent avoir été ses complices; — Que l'arrêt attaqué déclare qu'il paraît que la femme Goffer a reçu et rendu de l'argent qui était destiné à des gratifications qu'on payait au sieur Duhem, à raison de la visite des conscrits dont il était chargé; qu'il paraît même, ajoute l'arrêt, qu'elle n'ignorait pas l'objet de ces présents, et qu'elle recevait de son côté une petite portion de ces sommes de la part de son maître ou de ceux qui imploraient ses bons offices; — Que ce-

pendant la cour de justice criminelle a cru que l'état de dépendance et de domesticité dans lequel était la femme Goffer à l'égard du sieur Duhem, a pu ôter aux actions de cette femme le caractère de délit; comme si l'obéissance qu'un domestique doit à son maître pouvait s'étendre jusqu'à ce qui blesse les lois et l'ordre public; qu'ainsi la cour de justice criminelle, d'après les faits reconnus par elle, a encore violé la loi en acquittant la femme Goffer;

Et vu encore l'art. 42 du tit. 2 de la loi des 19-22 juill. 1791; — Attendu que la cour de justice criminelle a condamné Sturm comme coupable d'escroquerie; qu'elle a considéré Laukard comme l'ayant aidé à commettre cette escroquerie, pour laquelle la femme Sturm est également condamnée; que conséquemment la solidarité de l'amende devait être prononcée entre ces trois individus; — Faisant droit au pourvoi du procureur général en la cour de justice criminelle du département du Mont-Tonnerre, casse l'arrêt de la cour de justice criminelle dans les dispositions qui acquittent Koob et la femme Goffer; casse pareillement, à l'égard de Sturm, sa femme et Laukard, ledit arrêt, seulement en ce qu'il n'a pas prononcé la solidarité de l'amende entre ces trois condamnés; — Ordonne, etc.

Du 14 août 1807.-C. C., sect. crim.-MM. Barris, pr.-Seignette, rap.

v° Complice-Complicité, n° 122) ; — 2° Que celui qui a procuré sciemment les moyens qui ont servi à une vente frauduleuse et assisté avec connaissance le marchand dans les moyens d'escroquerie qui l'ont préparée, doit être puni comme complice de l'escroquerie du marchand : — « Attendu que la cour royale de Nancy a déclaré, d'après les faits par elle reconnus, que ledit Valero avait procuré sciemment à Lorano les moyens qui ont servi à la vente frauduleuse tentée par ce dernier, et qu'il l'a assisté avec connaissance dans les moyens qui l'ont préparée ; toutes circonstances mentionnées dans l'art. 60 c. pén. pour caractériser la complicité, et que les faits élémentaires de la conviction des magistrats ne peuvent être discutés devant la cour de cassation» (Crim. rej. 20 août 1825, MM. Portalis, pr., Brière, rap., aff. Valero) ; — 3° Que la concubine qui a pris part aux manœuvres frauduleuses constitutives de l'escroquerie et aux profits qu'elles ont procurés, en se faisant faussement passer pour la femme légitime du prévenu, a pu être condamnée comme complice (Crim. rej. 8 juin 1860, aff. DusscIot, D. P. 60. 5. 250) ; — 4° Que l'individu qui, remplissant l'emploi de caissier dans une maison de banque qu'il savait n'être pas sérieuse, s'est prêté à l'exécution des manœuvres frauduleuses de son patron, en transmettant aux clients des réponses évasives sur leurs réclamations ou des pièces mensongères, et en entretenant leurs espérances, notamment par le payement de dividendes et d'intérêts après la disparition des valeurs qu'il aurait dû avoir en caisse, est justement condamné comme complice du délit d'escroquerie reconnu à la charge du patron (Crim. rej. 27. déc. 1862, aff. Parly, D. P. 63. 5. 153) ; — 5° Que celui qui sciemment, et dans un but de cu.. 'dité personnelle, donne à un tiers, sur la solvabilité d'un individu, des renseignements mensongers au moyen desquels une escroquerie est commise au préjudice de ce tiers, se rend complice de cette escroquerie (Crim. rej. 24 août 1848, aff. Delbaye, n° 757) ; — 6° Que le pharmacien qui sciemment

s'est associé à des manœuvres frauduleuses ayant pour objet de donner à des malades des espérances chimériques de guérison, en promettant de fournir les remèdes à employer, doit être considéré comme complice du délit d'escroquerie (Crim. rej. 4 juin 1859, aff. Chandron, n° 755-3°).

894. Le décès de l'auteur du délit d'escroquerie n'affranchit pas le complice de la peine qu'il a encourue (Crim. cass. 14 août 1807, aff. Laukard, précité). — La circonstance que le complice est au service du principal délinquant ne peut le soustraire aux peines de la complicité (même arrêt).

Art. 4. — *Poursuite ; — Compétence ; — Preuve ; — Jugement ; — Peines et réparations civiles ; — Pouvoir de la cour de cassation ; — Prescription.*

895. L'escroquerie, comme tout autre crime ou délit commis contre les particuliers, donne naissance à une double action : à l'action publique, dans l'intérêt de la société ; à l'action civile, dans l'intérêt de la partie lésée. La première de ces actions est parfaitement indépendante de la seconde. De là il résulte que le délit d'escroquerie peut être poursuivi par le ministère public sans le concours de la partie lésée (Crim. rej. 18 avr. 1806) (1). — V. Inst. crim., n° 37 et suiv.

896. Il a été jugé également que l'escroquerie peut être poursuivie d'office par le ministère public : — « Considérant que l'escroquerie, comme tout autre délit, peut être poursuivie d'office par le magistrat de sûreté chargé par l'art. 1er de la loi du 7 pluv. an 9 de la recherche et de la poursuite de tous les délits dont la connaissance est attribuée soit aux tribunaux de police correctionnelle, soit aux tribunaux criminels» (Crim. rej. 14 juill. 1838, MM. Barris, pr., Minier, rap., aff. Canesi). — V. Inst. crim., n° 124.

897. Une autre conséquence du même principe, que nous

---

(1) *Espèce :* — (Flachat et Charpentier C. min. pub.) — En l'an 10, M. Pitou fut envoyé en France avec la qualité de ministre plénipotentiaire du prince régnant Guillaume-Joseph, duc de Loos-Corswarem, pour obtenir : 1° la mainlevée du séquestre apposé à cause de la guerre sur les propriétés de son souverain, situées dans les départements réunis ; 2° l'indemnité à laquelle la maison ducale de Looz-Corswarem prétendait d'après le traité de Lunéville. Plusieurs particuliers, Novaro, Flachat, Charpentier et Cavillières, se targuant d'un crédit qu'ils n'avaient point, flattèrent Pitou de l'espoir de hâter et de déterminer le succès de ses réclamations ; ils allèrent jusqu'à supposer que Napoléon exigeait la cession des propriétés séquestrées en faveur d'un de ses frères. Trompé par ces allégations mensongères, le duc Guillaume vendit à Flachat les soixante-deux terres qu'il possédait dans la Belgique. La supercherie de Flachat ne tarda pas à se découvrir ; il résulta de cette découverte une foule d'opérations qui se terminèrent par un arrangement entre le duc Guillaume et Flachat, en vertu duquel le premier souscrivit au second une obligation de 1,800,000 fr. — Charpentier avait une très-grande part à cette obligation. — Décès du duc Guillaume, le 20 mars 1805. — Sur une lettre qui lui est adressée par le duc régnant de Looz, Napoléon enjoint au ministre de la justice de faire poursuivre les auteurs de l'escroquerie dont le duc se plaint ; ils sont en conséquence traduits devant le tribunal correctionnel de la Seine, où les cohéritiers du duc de Looz interviennent en leurs noms personnels. — Jugement de ce tribunal qui acquitte tous les prévenus, conformément aux conclusions du ministère public. — Le procureur général près la cour de justice criminelle de la Seine interjette appel de ce jugement. — 5 mars 1806, arrêt de cette cour qui déclare Flachat et Charpentier coupables du délit d'escroquerie prévu par l'art. 35 de la loi du 22 juill. 1791, les condamne, le premier en une année d'emprisonnement et 2,000 fr. d'amende, et le second en six mois d'emprisonnement et 1,000 fr. d'amende ; déclare nuls et frauduleux les actes résultant de ladite escroquerie, et notamment l'obligation de 1,800,000 fr. ; et quant aux sieurs Novaro et Cavillières, elle les décharge de la plainte portée contre eux.

Pourvoi : 1°…; — 2° Excès de pouvoir, en ce que la cour de justice criminelle a prononcé sur un délit privé qui ne pouvait être jugé civilement. — 3° Contravention à l'art. 200 c. 5 brum. an 4, en ce que les demandeurs ont conclu à ce que Pitou fût entendu de nouveau, ce qui leur a été refusé. — Contravention aux art. 186 et 370 du même code, en ce que, au lieu de laisser la parole aux prévenus en dernier lieu, on leur a refusé la réplique après le plaidoyer du procureur général. — 5° Enfin, excès de pouvoir, en ce que la cour, ayant annulé plusieurs actes faits par le duc Guillaume, dans sa souveraineté, dans son conseil, et au milieu de ses autorités constituées, a prononcé sur des actes

qui, par la qualité des personnes, la nature des biens et le lieu du contrat, sont placés hors de la juridiction des tribunaux français.—Arrêt.

La cour ; —…Attendu, sur le second moyen, que l'art. 35 de la loi du 22 juill. 1791 qualifie délit l'escroquerie qui est l'objet de cet article ; que, d'après l'art. 4 c. 3 brum. an 4, seule loi en vigueur pour la poursuite des délits, tout délit donne essentiellement lieu à l'action publique ; que cette action peut donc être exercée par le ministère public pour le délit d'escroquerie essentiellement, principalement et sans le concours de l'action privée ou civile ;

Sur le troisième, que la disposition de l'art. 200 c. 3 brum. sur l'audition nouvelle des témoins ouïs en première instance n'est point absolue ; qu'elle n'est que facultative ; que son application est laissée par la loi à la discrétion et à la sagesse des cours de justice criminelle, et que, dans l'espèce, la cour de justice criminelle du département de la Seine a exprimé des motifs légitimes du refus qu'elle a fait de faire ouïr devant elle Pitou, témoin entendu au tribunal correctionnel ;

Sur le quatrième, que l'art. 186 c. 3 brum. an 4 n'est relatif qu'aux tribunaux jugeant en premier ressort les matières correctionnelles ; que l'art. 370 du même code est particulier aux procédures et instructions par jurés, et absolument étranger aux matières correctionnelles ; que le seul article de la loi applicable à l'ordre de la partie, pour les deux sortes de matières, devant les cours de justice criminelle, c'est l'art. 200 c. du 3 brum. an 4, et que, d'après cet article, c'est le procureur général qui doit être entendu le dernier ;

Sur le cinquième, que, d'après l'art. 8 c. du 3 brum. an 4, l'action civile peut appartenir aux dames Delaunay et consorts et la partie vie cumulativement avec l'action publique, et devant les tribunaux qui étaient saisis· de celle-ci ; que leur intervention a donc été légalement accueillie ; que l'escroquerie qui était l'objet des deux actions ayant été effectuée en France par des Français et sur des biens situés sur le territoire français, la réparation du dommage produit par cette escroquerie a dû être prononcée par les tribunaux français ; que les actes des 4 et 5 mars 1805, qui ont été jugés être le complément de cette escroquerie, portant sur des biens situés en France, ont pu et dû être annulés dans leur rapport avec l'application des lois françaises, et dans leur force d'exécution sur le territoire français ; que c'est là le seul effet qui puisse résulter de l'arrêt attaqué, c'est le sens unique de son dispositif, qui, d'après tous les principes du droit public, ne peut évidemment avoir d'exécution que sur le territoire régi par les lois françaises, et dépendant de l'empire français ; — Qu'ainsi l'arrêt dont la cassation est demandée est en tout conforme aux lois françaises, de qui, seules, il tient autorité et peut recevoir exécution ; — Rejette, etc.

Du 18 avr. 1806.-C. C., sect. crim.-MM. Viellart, pr.-Barris, rap.-Merlin, pr. gén., c. conf.

avons déjà indiquée, c'est que, bien que l'action civile se trouve éteinte par le désintéressement de la partie lésée, l'action publique n'en peut pas moins suivre son cours et aboutir à la condamnation du prévenu (Crim. cass. 6 sept. 1811, aff. Trapigny, n° 888). — C'est là, du reste, un principe applicable à tous les crimes et à tous les délits (V. Legraverend, t. 1, ch. 1, sect. 4, § 5; Mangin, Action publ., t. 1, n° 31). — V. Instr. crim., n°s 214 et suiv.

898. A la différence du vol, qui constitue tantôt un délit et tantôt un crime, selon les circonstances dont il est accompagné, l'escroquerie n'est jamais qu'un simple délit; par conséquent, c'est toujours aux tribunaux correctionnels qu'il appartient d'en connaître; à moins, toutefois, que le délit d'escroquerie ne soit connexe à un crime, auquel cas le juge compétent pour connaître du crime l'est aussi pour connaître du délit (V. Compét. crim., n°s 148 et suiv., et notamment n° 159-4°, Inst. crim., n°s 1102 et suiv.). — Il avait été jugé, par application de ces principes, sous la loi du 23 flor. an 10, qui attribuait aux tribunaux spéciaux la connaissance du crime de faux : 1° que lorsque l'escroquerie avait été commise à l'aide d'un faux, elle n'était pas l'accessoire du faux et était de la compétence des tribunaux qui devaient connaître du faux, c'est-à-dire des cours spéciales; qu'ainsi un tribunal correctionnel et une cour de justice criminelle avaient commis un excès de pouvoir en instruisant sur un faux, sous le prétexte que l'escroquerie avait été l'effet de ce faux (Crim. rej. 13 mars 1807) (1); — 2° Qu'en cas de prévention de faux et d'escroquerie, une cour spéciale pouvait se déclarer indéfiniment compétente, en ce qui touche le crime de faux; mais qu'elle ne l'était qu'éventuellement à l'égard du délit d'escroquerie : « Attendu que le délit d'escroquerie qui, par sa nature, est de la compétence de la justice correc-

tionnelle, ne peut jamais être jugé par les cours de justice criminelle spéciale, s'il n'est connexe à un délit de la compétence de ces cours, comme le crime de faux, en telle sorte qu'ils aient existé l'un par l'autre, que l'escroquerie ait été opérée à l'aide du faux; — Que, dans le cas de concours de prévention de faux et d'escroquerie, la compétence de la cour de justice criminelle spéciale est bien irrévocablement déterminée pour le crime de faux, mais qu'elle n'est qu'éventuelle sur le délit d'escroquerie; que la compétence sur ce délit cesse du moment qu'il est reconnu qu'il n'y a point de faux, ou que les accusés n'en sont ni auteurs ni complices; qu'alors le délit d'escroquerie rentre dans l'ordre ordinaire, et la justice correctionnelle peut seule en connaître ; — Que la cour de justice criminelle spéciale du Nord a parfaitement établi cette distinction, et statué d'après ces principes » (Crim. rej. 6 fév. 1806, MM. Viellart, pr., Seignette, rap., aff. Capron et L'Harminier). — Sous l'empire du code pénal de 1810, il a été jugé, dans le même sens, que lorsque le délit d'escroquerie est connexe avec des crimes tels que faux et baraterie, il peut être légalement compris dans l'arrêt de renvoi à la cour d'assises; que cette cour en est dès lors valablement saisie, et peut, en suite de la délibération du jury, appliquer la peine (Crim. rej. 17 août 1821, aff. Dieudonné, V. Instr. crim., n° 2158-1°).

899. L'individu prévenu d'escroquerie commise à l'aide d'un faux nom n'est pas fondé à demander un sursis pour faire statuer sur la question d'état, en affirmant qu'il est bien la personne dont il l'a pris le nom; il n'y a à faire, dans ce cas, qu'une vérification d'identité, qui est dans les pouvoirs du tribunal saisi (Crim. rej. 14 oct. 1853) (2).

900. C'est une règle constante que les crimes et délits commis sur le territoire français peuvent être poursuivis devant les

---

(1) (Min. pub. C. Boutry.) — La cour, — Attendu que les crimes de faux sont exclusivement attribués, pour la poursuite et le jugement, aux cours de justice criminelle spéciale; — Que néanmoins le tribunal de police correctionnelle de Lille et la cour de justice criminelle du département du Nord se sont permis d'instruire sur un faux dont étaient argués les billets des 4 prair. et 10 therm. an 11 ; qu'ils ont jugé que l'escroquerie avait été l'effet de ce faux, et que c'est principalement sur cette base qu'ils ont appuyé les condamnations prononcées contre Boutry ; que si l'escroquerie était l'objet d'un faux, elle en était l'accessoire et devait être jugée avec lui et par les tribunaux compétents pour connaître du faux; que la cour de justice criminelle du département du Nord avait commis un excès de pouvoir et violé les règles de compétence établies par la loi; — D'après ces motifs, la cour, persistant dans le principe qui a servi de base à la cassation prononcée par son arrêt du 11 déc. dernier, maintient cette cassation ; et néanmoins, attendu que la justice a été saisie d'une prévention de faux, relativement aux billets des 4 prair. et 10 therm. an 11; que l'arrêt du 11 sept., en cassant une procédure instruite et jugée en police correctionnelle, par l'application de l'art. 35 de la loi du 22 juill. 1791, a laissé en leur entier les droits de toutes les parties, même ceux de la partie publique, s'il a eu lieu pour une plainte en faux régulièrement portée devant les tribunaux compétents; — Ordonne que les billets et les pièces de la procédure seront, à la diligence du procureur général impérial, transmises au procureur général impérial près la cour de justice criminelle du département du Pas-de-Calais, pour être par lui procédé conformément à la loi, ainsi qu'il avisera; — Rejette.
Du 15 mars 1807.—C. C., sect. crim.-M. Barris, pr.

(2) (André, dit de Gonzague.) — La cour; — Sur le premier moyen, résultant de la violation de l'art. 186 c. inst. crim. et de la fausse application des art. 8 et 9 de la loi du 9 sept. 1855 : — Attendu, en fait, que Alexandre André, se disant prince de Gonzague, était détenu quand il a été cité à comparaître devant la cour de Paris, chambre des appels de police correctionnelle, pour répondre aux faits d'escroquerie dont il était prévenu; — Attendu qu'après les conclusions du ministère public, ledit Alexandre André conclut à un sursis pour faire statuer sur la question d'état, dans le cas où la cour rejetterait ses conclusions, à ce qu'il lui fût permis de se retirer de l'audience, prétendant faire défaut sur le fond; — Attendu que sans s'arrêter aux dites conclusions, la cour, joignant l'incident au fond, ordonna qu'il serait passé outre aux débats ; — Attendu qu'après la prononciation de cet arrêt, et au moment où le président allait procéder à l'interrogatoire du prévenu, celui-ci déclara que, restant aux débats matériellement et contre son gré, il ne se considérait comme défaillant, et ne répondrait à aucune des questions qui lui seraient adressées; — Attendu que l'audience étant ainsi troublée, et le cours de la justice étant ainsi entravé par cette résistance aux sommations du président, il était au

pouvoir de la cour d'appliquer la loi du 9 sept. 1855; — Attendu, en effet, qu'il résulte des dispositions combinées des art. 8 et 9 de cette loi, rendues communes et applicables par l'art. 12 de la même loi à tous les crimes et délits, devant toutes les juridictions, que la cour de Paris jugeant correctionnellement, avait le droit d'appliquer les articles précités au demandeur détenu, et refusant de répondre à l'interrogatoire du président; — Que telle désobéissance aux injonctions de la justice doit être assimilée au refus de comparaître dont parle l'art. 8 de la loi de 1855, et pouvait autoriser la cour à ordonner qu'il serait passé outre aux débats, conformément aux dispositions de l'art. 9 de la même loi; — Attendu dès lors que dans cette position ledit Alexandre André détenu ne pouvait faire défaut, et qu'en déclarant contradictoire l'arrêt rendu en sa présence, la cour impériale de Paris, chambre des appels de police correctionnelle, n'a pas violé l'art. 186 c. inst. crim., et a fait une saine application des art. 8 et 9 combinés de la loi du 9 sept. 1855; — Sur le deuxième moyen, résultant de la violation des art. 172 c. pr. civ. et 416 c. inst. crim. : — Attendu que le demandeur n'a point pris de conclusions sur l'incompétence, qu'il s'est borné à demander un sursis; que la cour avait donc le droit de joindre cette demande au fond et de statuer sur le tout, par un seul et même arrêt; qu'il n'y a donc eu de sa part ni excès de pouvoir ni violation de l'art. 172 précité; — Sur le troisième moyen, résultant de la violation des art. 7 de la loi du 20 avr. 1810 et 526 c. nap. : — Attendu que l'arrêt attaqué, en admettant même que les manœuvres frauduleuses n'eussent pas été suffisamment expliquées, a pris soin de constater qu'il était démontré par tous les éléments de l'instruction et les documents de la cause, que le demandeur avait usurpé les noms et qualités de prince de Gonzague, de Mantoue et de Castiglione, de duc souverain de Mantoue, de grand maître de plusieurs ordres sans existence légale; et qu'à l'aide de ces faux noms, titres et qualités, et aussi à l'aide de manœuvres frauduleuses pour persuader l'existence d'un crédit imaginaire et faire naître l'espérance d'un événement chimérique, il s'était fait remettre par plusieurs individus dénommés en l'arrêt différentes sommes d'argent, et avait ainsi, par ces moyens, escroqué partie de la fortune d'autrui; qu'il résulte dès lors de ces actes constitutifs du délit d'escroquerie, prévu par l'art. 405 c. pén., que la cour a suffisamment motivé son arrêt, et satisfait aux prescriptions de la loi du 7 avr. 1810; — Sur la deuxième branche du troisième moyen, relative à la réclamation d'état : — Vu les art. 526 et 527 c. nap.; — Attendu que ces articles ne s'appliquent qu'à la filiation des enfants légitimes, à leur possession d'état et à toutes réclamations que peut faire naître leur suppression d'état; que ces questions sont sans rapport avec la question d'identité dont la cour était juge; que les faux titres et les faux noms usurpés par le demandeur étaient autant d'éléments du délit que la cour était appelée à constater et qu'elle avait le droit d'apprécier; — Rejette.
Du 14 oct. 1853.-C. C., ch. crim.-M. Jallon, rap.

tribunaux français, alors même qu'ils ont été commis, soit par un Français contre un étranger, soit par un étranger contre un Français, soit même par un étranger contre un étranger (c. nap. 3; V. Compét. crim., n° 107; Instruct. crim., n°* 166 et suiv.). — Il a été décidé, par application de cette règle, que lorsqu'un prince ou un gouvernement étranger a été victime d'une escroquerie commise en France par des Français, les tribunaux de France ont le pouvoir de prononcer sur ce délit, et d'annuler les actes qui en ont été le résultat, en tant que ces actes portent sur des biens situés dans le royaume, et dans leur force d'exécution sur le territoire français, sans que l'on puisse leur reprocher de porter la moindre atteinte à la souveraineté du prince ou du gouvernement étranger auquel ces actes ont été surpris par des manœuvres frauduleuses (Crim. rej. 18 avr. 1806, aff. Flachat, n° 895).

901. Il a été jugé encore que des obligations passées en France, à l'aide de manœuvres constituant le délit d'escroquerie, peuvent donner lieu à une plainte en escroquerie chez les tribunaux français, encore que la plupart de ces manœuvres aient eu lieu en pays étranger (Colmar, 27 janv. 1824) (1). — V. Compét. crim., n°* 138 et suiv.

902. L'art. 4, L. 3 sept. 1807, après avoir, dans son § 1, prononcé contre le délit d'habitude d'usure une amende qui ne peut excéder la moitié des capitaux prêtés à usure, ajoute, dans son § 2 : « S'il résulte de la procédure qu'il y a eu escroquerie de la part du prêteur, il sera condamné, outre l'amende ci-dessus, à un emprisonnement qui ne pourra excéder deux ans. »

(1) *Espèce :* — (Min. pub. *C.* Brunschweig.)—Brunschweig, courtier de commerce à Bâle, en Suisse, fut traduit devant le tribunal correctionnel d'Altkirch, comme prévenu du double délit d'escroquerie et d'usure habituelle envers les cultivateurs de l'arrondissement d'Altkirch. Le 19 août, jugement par défaut qui le condamne à deux années de prison et à 18,000 fr. d'amende. — Opposition à ce jugement ; — Brunschweig propose d'abord l'incompétence du tribunal, attendu que les manœuvres qui lui sont reprochées auraient eu lieu en Suisse, et qu'aux termes de l'art. 7 c. inst. crim., combiné avec l'art. 18 du traité du 4 vend. an 12, les délits commis par un Français en Suisse ne sont pas punissables par les tribunaux français. Il soutient ensuite que les délits qu'on lui impute sont prescrits, plus de trois ans s'étant écoulés depuis l'époque de la souscription des obligations souscrites à son profit. Jugement contradictoire qui prononce en ces termes :

« Attendu que le prévenu, déjà signalé à l'indignation publique comme l'agent et l'instrument de spoliations usuraires et frauduleuses, n'a point détruit par son opposition et sa comparution à l'audience de ce jour les nombreux témoignages et les charges dont l'accablement l'avait forcé, à l'audience du 18 août dernier, de déserter la présence de ses contradicteurs ; — Qu'il est acquis en fait, indépendamment du délit moral d'habitude d'usure, qu'abusant de la nécessité et de la crédulité des cultivateurs, il s'est rendu coupable d'escroquerie en ce que : 1° il les attirait à Huningue, chez le notaire Blanchard, où, se chargeant des odieuses affaires de certaines maisons de Bâle, il fit souscrire d'avance des obligations usuraires, présentant insidieusement aux yeux des cultivateurs l'espérance chimérique d'obtenir à Bâle le montant de ces obligations ; 2° il leur persuadait la fausse entreprise de réaliser les fonds à Bâle, moyennant des gratifications qui lui ont été payées ; 3° sur le refus d'argent, les emprunteurs furent forcés de recevoir des marchandises prohibées et d'une valeur très-inférieure, pour la vente desquelles le prévenu feignait de s'entremettre dans la ville de Bâle ; 4° il est constant qu'un grand nombre de ces marchandises restaient en rentraient, par ses soins et sa connivence, dans les magasins des créanciers bâlois, d'où elles n'étaient sorties que par un simulacre d'exposition en vente produisant un vil prix ;

» En ce qui concerne l'incompétence alléguée : — Attendu que c'est dans cet arrondissement, au notariat du sieur Blanchard, à Huningue, que les obligations usuraires et frauduleuses ont été passées, en présence, à la participation et par suite des manœuvres du prévenu, ayant domicile à Blotzheim ; que ces obligations forment le corps, l'instrument du délit et le délit lui-même avec toutes ses conséquences ;

» En ce qui concerne la prescription : — Attendu qu'elle n'a pu courir aussi longtemps que le fait connexe d'usure, d'escroquerie et d'exactions frauduleuses n'avait pas atteint son complément révolu par la solution des titres ; que des poursuites dirigées contre les débiteurs, au mépris des promesses verbalement faites de consentir à la réduction des créances, proportionnées aux pertes éprouvées sur les ventes, ont eu lieu dans les derniers trois ans ; — Le tribunal, sans s'arrêter aux moyens tirés de l'incompétence et de la prescription, déboute le demandeur de son opposition et le condamne aux dépens. » — Appel. — Arrêt.

Il a été jugé, par application de cette disposition, que le tribunal appelé à statuer sur un délit d'usure peut se saisir du délit d'escroquerie que les débats révèlent comme se rattachant aux faits d'usure (Crim. cass. 7 août 1847) (2). — V. Prêt à intérêts, n°* 299 et suiv.

903. La preuve des faits constitutifs de l'escroquerie peut toujours être faite par témoins : l'art. 1341 c. nap., qui n'admet la preuve testimoniale qu'autant qu'il s'agit d'une somme n'excédant pas 150 fr., n'est pas applicable dans les cas où il y a eu dol ou fraude (Crim. rej. 9 oct. 1812, M. Benvenuti, rap., aff. Fonremi; 23 déc. 1814, M. Dunoyer, rap., aff. de Villeneuve). — Ainsi il a été jugé : 1° que les manœuvres constitutives de l'escroquerie peuvent être prouvées par témoins, bien que la transaction que ces manœuvres avaient déterminée ait été passée par acte authentique (Crim. rej. 23 nov. 1838, aff. X..., V. Obligat., n° 4936-2°) ; — 2° Que la preuve testimoniale est admissible à l'effet d'établir l'existence d'une convention portant sur valeurs excédant 150 fr., alors que cette convention n'est considérée que comme un des éléments du délit d'escroquerie : « Sur le moyen tiré de la violation des art. 1341 et suiv. c. nap., en ce que l'arrêt attaqué aurait reconnu l'existence d'un acte d'atermoiement intervenu entre Relave et Chareyre, et portant sur valeurs excédant 150 fr., sans que cet acte dénié par les prévenus ait été produit : attendu qu'en énonçant qu'un contrat d'atermoiement avait été consenti au profit de Relave par Chareyre son créancier, par suite de la transmission du délit d'huissier, l'arrêt attaqué ne s'est occupé de cet acte ni pour créer ou

(2) (Portanier *C.* min. pub.) — LA COUR; — Sur le moyen pris de la violation des art. 182 et 185 c. inst. crim., en ce que le demandeur a été condamné pour escroquerie, quoiqu'il ne fût point mis en prévention de ce délit par la chambre du conseil : — Attendu que, d'après l'art. 4 de la loi du 3 sept. 1807, le prévenu d'usure habituelle, s'il résulte de la procédure qu'il y a eu escroquerie de sa part, doit être condamné, outre l'amende encourue pour l'usure, à un emprisonnement qu'il suit de cette disposition que le tribunal saisi du délit d'usure peut se saisir du délit d'escroquerie que les débats révèlent comme se rattachant aux faits d'usure ;

Sur le moyen pris de la violation dudit art. 182 et de l'art. 190 c. inst. crim., en ce que le demandeur n'a point été assigné à trois jours et n'a point été entendu dans sa défense : — Attendu que l'exploit en vertu duquel le demandeur a été appelé pour la première fois devant la cour royale contenait citation à un délai plus que suffisant; que, s'il n'est pas établi que, pour ses comparutions à d'autres audiences, le demandeur ait été légalement averti, il n'a fait aucune réclamation, prêté interrogatoire, et a été à même de se défendre ; — Que, s'il n'a point été assisté d'un avocat et n'a point répondu aux réquisitions du ministère public, il n'est ni établi ni allégué que ce soit par la faute des magistrats ; — Rejette ces divers moyens ;

Mais en ce qui touche le moyen pris de la fausse application de l'art. 405 c. pén. : — Vu ledit article ; — Attendu que l'art. 405 c. pénant abrogé l'art. 35 de la loi du 22 juill. 1791, la peine de l'escroquerie ne peut plus être appliquée, même dans le cas où l'escroquerie se rattache à l'usure, qu'aux faits qui rentrent dans la définition de l'art. 405 ; — Attendu que cet article n'exige pas seulement que, pour obtenir la remise des fonds, meubles ou obligations, on ait persuadé l'existence de fausses entreprises, d'un pouvoir ou d'un crédit imaginaire ou fait naître l'espérance ou la crainte d'un succès, d'un accident ou tout autre événement chimérique; qu'il exige encore qu'on ait employé pour cela des manœuvres frauduleuses ; — Qu'il ne punit point le simple mensonge ou la simple réticence ; — Attendu que l'arrêt attaqué établit bien que le demandeur a fait souscrire par le sieur Salin une lettre de change de 500 fr., en échange de laquelle celui-ci a consenti à recevoir en espèce que 117 fr., et à prendre, pour le surplus, une lettre de change de 383 fr., signée d'un sieur Bourrély; comme aussi qu' pour déterminer le sieur Salin à accepter cette dernière valeur, demandeur lui a assuré qu'elle serait payée au moyen de la contrainte par corps prononcée contre le souscripteur par un jugement par défa quoiqu'il sût, dès cette époque, qu'il existait une opposition à ce jug ment, fondée sur ce que la contrainte avait été mal à propos prononcée mais que cet arrêt n'énonce aucunes manœuvres employées par le d mandeur pour surprendre la confiance du sieur Salin; — Attendu q lors que la condamnation à l'emprisonnement prononcée contre lui, qu l'art. 35 de la loi du 22 juill. 1791, aujourd'hui abrogé, ne peut justifi est une fausse application de l'art. 405 c. pén.; — Casse l'arrêt de l cour de Nîmes, du 6 mai dernier.

Du 7 août 1847.-C. C., ch. crim.-MM. Laplagne, pr.-Vincens, ra

reconnaître un titre ni pour en assurer l'exécution en faveur de l'one des parties; qu'il n'en a pas fait non plus la matière d'un délit distinct et spécial, mais que cette convention a été uniquement considérée comme un des éléments constitutifs du délit d'escroquerie, qui s'appliquait à trois blancs seings souscrits postérieurement par Chareyre; que, dès lors, la preuve testimoniale était admissible sur le fait de cette convention, aux termes de l'art. 189 c. inst. crim. » (Crim. rej. 7 avr. 1834, M. Sénéca, rap., aff. Relave et Gallien); — 3° Qu'en matière d'escroquerie, la preuve testimoniale est admissible sur la sincérité des clauses d'une obligation écrite qui n'a été obtenue qu'à l'aide de manœuvres frauduleuses (Crim. rej. 17 fév. 1853) (1); — 4° Que si le juge de répression, appelé exceptionnellement à statuer sur un fait civil préexistant au délit dont il est saisi, est tenu de se conformer aux règles de la loi civile, il n'en saurait être de même quand le fait civil et le délit s'identifient et se confondent, et qu'il y a indivisibilité entre l'acte écrit contenant obligation et les moyens de fraude mis en usage pour en déterminer la confection ou la remise; qu'ainsi la juridiction correctionnelle peut, sans violer l'art. 1341 c. civ., recourir à la preuve testimoniale pour établir que la remise d'un titre a été le résultat d'une escroquerie (Crim. rej. 4 déc. 1846) (2). — V. Obligat., nos 4886 et suiv.

904. De ce qu'un jugement par défaut qui a acquis l'autorité de la chose jugée ne peut être rétracté que par voie de requête civile, il ne s'ensuit pas que le juge correctionnel, saisi d'une plainte en escroquerie motivée par les manœuvres frauduleuses au moyen desquelles le jugement aurait été obtenu, ne puisse admettre la preuve testimoniale desdites manœuvres et en conséquence prononcer une condamnation (Crim. rej. 24 mars 1855, M. Jallon, rap., aff. Pujol).

905. Nous avons vu précédemment que la violation d'un dépôt ne rentre pas dans la définition que la loi a donnée du délit d'escroquerie; c'est donc à tort, selon nous, qu'un arrêt a décidé que celui qui nie un dépôt nécessaire qu'il a reçu se rend par cela seul coupable d'escroquerie (Crim. rej. 16 août 1811) (3). — Mais, le point de départ admis, il a été jugé avec raison que le tribunal correctionnel est compétent pour connaître de l'action du déposant et ordonner la preuve testimoniale du dépôt nécessaire concurremment avec celle de la soustraction (même arrêt); d'autant plus qu'aux termes de l'art. 1950 c. nap. la preuve du dépôt nécessaire peut, même en matière civile, être faite par témoins (V. Dépôt, nos 152 et s.; Obligat., nos 4908 et s.).

906. Il a été décidé, au surplus, que le principe suivant lequel il n'est pas permis de poursuivre la violation d'un dépôt volontaire excédant 150 fr. dont l'existence n'est pas prouvée par écrit, ne s'applique qu'au cas où c'est le dépositaire inculpé qui nie le dépôt et ne peut pas être invoqué par le souscripteur d'un billet qui ne l'est fait remettre par fraude par le dépositaire (Montpellier, 29 sept. 1828, aff. Lantié, V. Abus de conf., n° 92).

907. La peine applicable à l'escroquerie était, aux termes de l'art. 35, tit. 2, de la loi du 19-22 juill. 1791, indépendamment des restitutions et des dommages-intérêts, une amende qui ne pouvait excéder 3,000 livres, et un emprisonnement qui ne pouvait excéder deux ans. Elle est aujourd'hui, aux termes de l'art. 405 c. pén., un emprisonnement d'un an au moins et de cinq ans au plus, et une amende de 50 fr. au moins et de 3,000 fr. au plus. — Mais, lorsqu'il existe des circonstances at-

---

(1) (Levy.) — LA COUR; — Sur le premier moyen, fondé sur la violation des prescriptions de l'art. 1341 c. nap.: — Vu les art. 1341 et 1348 c. nap.; — Attendu que l'art. 1348 fait exception aux dispositions prohibitives de l'art. 1341, toutes les fois que l'obligation naît d'un délit ou d'un quasi-délit; — Attendu que l'arrêt attaqué constate, en fait, que c'est par suite du concert frauduleux des prévenus que le plaignant Eppelin aurait contracté l'obligation qui forme l'objet de sa plainte et constitue le corps du délit; — D'où il suit que cet arrêt, en admettant la preuve testimoniale de la sincérité des clauses de cette obligation, n'a point violé ledit art. 1341; — Sur le deuxième moyen, tiré du defaut de motifs, en ce qui concerne le demandeur en cassation: — Vu l'art. 7 de la loi du 20 avr. 1810; — Attendu que, pour apprécier le bien fondé de ce moyen, il faut rapprocher les motifs du jugement de première instance, que l'arrêt attaqué sur le fond, de ceux qui sont spéciaux à cet arrêt; — Attendu que les motifs de ces deux décisions, il résulte non-seulement qu'Emmanuel Levy aurait rempli le blanc seing donné par Eppelin d'obligations autres que celles convenues réellement entre les parties, mais aussi que cette convention aurait été obtenue à l'aide de manœuvres frauduleuses qui devaient être attribuées à l'intrigue, l'astuce et la mauvaise foi des prévenus, et qui auraient précédé, accompagné et suivi la conclusion de la convention elle-même, et que c'est en conséquence des faits ainsi constatés qu'Emmanuel Levy est déclaré coupable d'escroquerie; — D'où il suit que cette déclaration de culpabilité se trouve légalement justifiée par les motifs qui la déterminent; — Sur le troisième moyen, tiré de ce que les faits spécialement constatés à la charge d'Emmanuel Levy n'auraient pas les caractères constitutifs de l'escroquerie; — Vu l'art. 405 c. pén.; — Attendu que l'arrêt attaqué, en déclarant que l'obligation frauduleusement remplie par Emmanuel Levy devait être attribuée à des manœuvres résultant de l'intrigue, de l'astuce et de la mauvaise foi de tous les prévenus, et que ces manœuvres frauduleuses par lui spécifiées auraient précédé, accompagné et suivi la conclusion de la convention ainsi remplie, a suffisamment motivé la coopération du demandeur en cassation dans lesdites manœuvres, et par suite, dans le délit d'escroquerie dont il le déclare coupable; — Rejette.
Du 17 fév. 1855.-C. C., ch. crim.-M. Foucher, rap.

2) (Pluchart.) — LA COUR; — Sur le premier moyen, pris de la violation des art. 156, 157, 187 c. com. et 1341 c. civ., en ce que les deux billets à ordre, l'un de 3,060 fr., l'autre de 300 fr., dont la possession dans les mains de Pluchart a donné lieu à la double prévention d'abus de confiance et d'escroquerie, ayant été endossés à son profit, et cet endossement lui en ayant légalement transféré la propriété, aucune preuve par témoins ne pouvait être admise contre et outre leur contenu; — Vu l'art. 1348 c. civ., combiné avec l'art. 1341 même code, et portant : « Les règles ci-dessus, etc., reçoivent encore exception toutes les fois qu'il n'a pas été possible au créancier de se procurer une preuve littérale de l'obligation contractée envers lui; — Cette seconde exception s'applique : 1° aux obligations qui naissent des quasi-contrats et des délits ou quasi-délits; » — Attendu qu'il importe de distinguer, quant à

l'application du principe de l'art. 1341, ainsi modifié par l'art. 1348, entre le délit d'abus de confiance et le délit d'escroquerie, déclarés l'un et l'autre à la charge du demandeur par l'arrêt attaqué; — Attendu que, si le juge de répression, appelé exceptionnellement à statuer sur un fait civil préexistant au délit dont il est saisi, est tenu de se conformer aux règles de la loi civile, il n'en saurait être de même quand le fait civil et le délit s'identifient et se confondent, et qu'il y a indivisibilité entre l'acte écrit contenant obligation et les moyens de fraude mis en usage pour en déterminer la confection ou la remise; qu'ainsi, dans l'espèce, la juridiction correctionnelle a pu, sans violer les articles précités du code de commerce et de l'art. 1341 c. civ., recourir à la preuve testimoniale pour établir l'existence de celui des deux chefs de prévention qui, se rapportant à l'escroquerie d'un titre, rentrait dans la disposition exceptionnelle de l'art. 1348 susmentionné;
Sur le second moyen, tiré de l'insuffisance des énonciations de l'arrêt attaqué pour caractériser les manœuvres frauduleuses, élément nécessaire du délit prévu et puni par l'art. 405 c. pén.. — Attendu que la cour royale de Douai a fait résulter d'un concert qu'elle a reconnu constant entre Pluchart et le principal auteur desdites manœuvres la participation coupable du premier à leur conception et à leur accomplissement; — Que ces actes, ainsi rendus communs au demandeur et à l'individu signalé comme son agent, ne consistent pas uniquement dans de simples mensonges, et présentent tous les caractères légaux des manœuvres définies par l'art. 405 précité;
Sur le troisième moyen, pris de ce que la prière de faire un usage ou un emploi déterminé de la chose volontairement remise à celui qui se l'est frauduleusement appropriée n'équivaut pas à la charge de faire cet usage ou cet emploi : — Attendu que ce moyen se rapporte au délit d'abus de confiance, et que, la constatation légale du fait d'escroquerie suffisant pour justifier l'application de la peine, il n'échet d'y statuer
Du 4 déc. 1846.-C. C., ch. crim.-MM. Laplagne, pr.-Rocher, rap.

(3) (Bréant.) — LA COUR; — Attendu 1° qu'en matière civile, dès qu'il s'agit d'un dépôt nécessaire, la preuve testimoniale est admissible, d'après l'art. 1950 c. nap., même quand il s'agit d'une valeur au-dessus de 150 fr.; — Qu'en supposant cette preuve faite, l'abus de confiance de celui qui du dépositaire est son intention de soustraire les effets et de se les approprier, au préjudice de celui qui les lui avait confiés, caractérisent, aux termes de l'art. 12 de la loi du 25 frim. an 8, un vrai délit d'escroquerie; — Qu'il peut dès lors être poursuivi devant la police correctionnelle; — Qu'il suit de là que la preuve du dépôt nécessaire et celle de la soustraction frauduleuse des effets déposés, imputée à Bréant, ont pu avoir lieu concurremment devant le tribunal correctionnel; — Et que, par une conséquence ultérieure, ce tribunal, ainsi que la chambre des appels de police correctionnelle de la cour impériale, ont compétemment prononcé et ont, d'après la conviction acquise contre ledit Bréant, justement et régulièrement appliqué la peine correctionnelle établie par la loi; — Rejette le pourvoi contre l'arrêt de la cour de Rouen, du 21 mars 1811.
Du 16 août 1811.-C. C., sect. crim.-MM. Barris, pr.-Lamarque, r.

ténuantes, l'art. 463 c. pén. permet de ne prononcer que l'une ou l'autre de ces deux peines et même de les abaisser jusqu'au taux des peines de simple police. — A l'emprisonnement et à l'amende l'art. 405 ajoute une peine accessoire : il dispose que « le coupable pourra être en outre, à compter du jour où il aura subi sa peine, interdit, pendant cinq ans au moins et dix ans au plus, des droits mentionnés en l'art. 42 du présent code. »—Des termes de cette disposition il résulte que la peine dont il s'agit est purement facultative. Elle ne doit être prononcée que dans les cas graves et ne peut l'être lorsque la peine principale est réduite au taux des peines de police (Conf. MM. Chauveau et Hélie, t. 3, nᵒ 2028).

908. Il a été jugé, sous l'empire de la loi de 1791 : 1ᵒ que la durée de l'emprisonnement et la quotité de l'amende sont laissées, jusqu'au maximum fixé par la loi, à la prudence des juges, et que leur décision à cet égard est à l'abri de critique (Crim. rej. 20 déc. 1807 et 18 mars 1808) (1) : Il faut en dire autant aujourd'hui de la fixation de l'emprisonnement et de l'amende entre les limites du maximum et du minimum déterminées par l'art. 405; — 2ᵒ Que les amendes prononcées pour cause d'escroquerie sont solidaires entre chacun des condamnés pour raison du même fait, encore que, par l'effet de la solidarité, l'amende s'élève, pour chacun, au delà du maximum déterminé par la loi (Crim. rej. 11 sept. 1807, aff. Desbayes, nᵒ 812-2ᵒ); — 3ᵒ Que l'arrêt qui ne prononce pas la solidarité de l'amende entre tous les condamnés doit être cassé à cet égard (Crim. cass. 14 août 1807, aff. Koob. nᵒ 893-1ᵒ).

909. Nous avons vu ci-dessus (nᵒ 902) que l'art. 4 de la loi du 3 sept. 1807, après avoir prononcé une amende. contre le délit d'habitude d'usure, voulait qu'en outre il fût prononcé un emprisonnement pour le cas où de la procédure il résulterait qu'il y a eu escroquerie de la part du prêteur. — Il avait été jugé, par application de cette disposition, que les peines pécuniaires peuvent être cumulées avec les peines personnelles, et notamment en matière d'usure, lorsqu'à ce délit vient se joindre l'escroquerie (Crim. rej. 20 déc. 1821, MM. Barris, pr., Ollivier, rap., aff. Lafresnaye).

910. Mais, l'art. 405 c. pén. ayant abrogé l'art. 35 de la loi

du 22 juill. 1791, la peine de l'escroquerie ne peut plus être appliquée, même dans le cas où l'escroquerie se rattache à l'usure, qu'aux faits qui rentrent dans la définition dudit art. 405 (Crim. cass. 7 août 1847, aff. Portanier, nᵒ 902). — La cour ne peut plus faire question depuis la loi des 19-27 déc. 1830 dont l'art. 4 porte que, s'il y a escroquerie de la part du prêteur, il sera passible des peines portées par l'art. 405 c. pén., sauf l'amende qui demeurera réglée par l'art. 2 de la présente loi. — V. Prêt à intérêt, nᵒˢ 300 et suiv.

911. Le jugement qui condamne un individu aux peines portées par l'art. 405 c. pén. pour avoir, soit à l'aide de fausses qualités, soit au moyen de manœuvres frauduleuses, trompé les acheteurs sur la nature de la marchandise vendue, peut prononcer en outre la confiscation des marchandises saisies (Crim. cass. 27 mai 1854) (2).

912. Les peines édictées par l'art. 405 c. pén. contre l'escroquerie peuvent être modifiées par l'application de l'art. 463 du même code sur les circonstances atténuantes. — Ainsi il a été décidé : 1ᵒ que l'amende prononcée pour délit d'escroquerie en matière de conscription a pu, par application de l'art. 463 c. pén., être réduite à 5 fr. (Crim. rej. 9 juill. 1813) (1); — 2ᵒ Que, quoique les matières de conscription soient réglées par des lois particulières, néanmoins le délit d'escroquerie en cette matière n'ayant pas été prévu par ces lois et tombant dès lors sous les dispositions de l'art. 405 c. pén., il en résulte que l'art. 463, applicable aux délits prévus et punis par le code, l'est par conséquent au délit d'escroquerie en matière de conscription comme en toute autre (même arrêt) (1).

913. Quant aux restitutions et aux dommages-intérêts, ils étaient textuellement prescrits par l'art. 35, tit. 2, l. 19-22 juill. 1791, qui portait que le tribunal de district, « après avoir prononcé les restitutions et les dommages-intérêts », était autorisé à condamner, par voie de police correctionnelle, à l'amende et à l'emprisonnement. — Il avait été jugé, par application de cette disposition : 1ᵒ que l'individu condamné à une peine comme coupable d'escroquerie, devait l'être nécessairement à la restitution des objets ou valeurs escroqués (Crim. cass. 14 germ. an 8) (4);—2ᵒ Qu'une cour de justice criminelle ne faisait que se

---

(1) 1ʳᵉ Espèce : — (Min. pub. C. Weinkauf.) — La cour ; — En ce qui touche Valentin Weinkauf, considérant que l'art. 35 de la loi du 22 juill. 1791, tit. 2, ne fixant qu'un maximum pour l'emprisonnement et pour l'amende, s'en est rapporté nécessairement à la prudence des juges, soit pour la durée de l'emprisonnement, soit pour la quotité de l'amende; d'où il suit que quelque modique que soit la fixation de l'un et de l'autre, il ne peut, dans aucun cas, en résulter un moyen de cassation ; — Rejette.

Du 20 déc. 1807.-C. C., sect. crim.-MM. Barris, pr.-Babille, rap.

2ᵉ Espèce : — (Min. pub. C. Dacheux.) — Du 18 mars 1808.-Arrêt identique.-MM. Barris, pr.-Rataud, rap.

(2) (Charlot.) — La cour ; — Attendu que la décision attaquée constate en fait que Charlot a pris, avec intention, la fausse qualité de commis de maisons de commerce qui ne lui avaient donné aucun mandat et chez lesquelles il n'était pas employé ; — Attendu que la même décision énumère les stratagèmes et les tromperies dont Charlot s'est servi pour amener les personnes avec lesquelles il traitait à lui consentir des obligations contenant des clauses autres que celles par lesquelles ces personnes croyaient s'engager, et donne avec raison à ces divers actes la qualification de manœuvres frauduleuses ; — Attendu que cette décision ajoute qu'à l'aide .de cette fausse qualité et de ces manœuvres frauduleuses, ainsi que des obligations qui en ont été la conséquence, Charlot a escroqué partie de la fortune de cinq personnes avec lesquelles il traitait ; — Attendu qu'en statuant ainsi sur les faits qu'elle constatait, la décision attaquée a fait une juste interprétation et une légale interprétation de l'art. 405 c. pén.; — Sur le moyen basé sur la violation de l'art. 423 c. pén. : — Attendu que le jugement a suffisamment énuméré les circonstances et les faits constituant la tromperie sur la nature des marchandises vendues par Charlot; — Attendu, en ce qui concerne la condamnation en 1,000 fr. d'amende, que cette condamnation n'est pas seulement prononcée en vertu de l'art. 423, mais aussi de l'art. 405, qui permet d'élever l'amende jusqu'à 3,000 fr., et ce comme peine plus grave aux termes de l'art. 365 c. inst. crim., lequel est visé par le jugement ; — En ce qui concerne la confiscation des graines saisies ; — Attendu que le jugement abandonné que ces graines n'appartenaient plus au condamné au moment où elles sont saisies par mandat de justice, et que dès lors le jugement a également fait une juste et légale application de l'art. 423 c. pén.; — Rejette.

Du 27 mai 1854.-C. C., ch. crim.-M. V. Foucher, rap.

(3) (Min. pub. C. Naulet.) — La cour ; — Attendu qu'aux termes de l'art. 463 c. pén., dans tous les cas où la peine d'emprisonnement est portée par le présent code, si le préjudice causé n'excède pas 25 fr. et si les circonstances paraissent atténuantes, les tribunaux sont autorisés à réduire l'emprisonnement même au-dessous de six jours, et l'amende même au-dessous de 16 fr....; que de la généralité de ces expressions, dans tous les cas, auxquelles il n'est apporté de restriction, ni par aucune autre disposition du code ni par aucune loi postérieure, il résulte nécessairement que le délit d'escroquerie est, en matière de conscription, comme en toute matière, susceptible de l'application dudit art. 463; que la question si le préjudice causé n'excède pas 25 fr., est une question de fait dont la solution est dans le domaine exclusif des juges de dernier ressort ; que le code, en énonçant comme condition requise pour l'application de l'article que les circonstances paraissent atténuantes, n'a pas désigné celles qui étaient de nature à atténuer la culpabilité ; qu'il a conséquemment abandonné aux lumières et à la conscience des juges l'appréciation de ces circonstances et de l'influence qu'elles devaient avoir sur la punition du coupable, et que de leur décision à cet égard ne saurait résulter la violation d'aucune loi ;

Attendu que l'art. 463 autorise textuellement les tribunaux à réduire l'amende, même au-dessous de 16 fr., et veut seulement que, dans aucun cas, elle ne puisse être au-dessous d'une amende de simple police ; que de là, il s'ensuit qu'en modérant à 5 fr. l'amende qu'il a prononcée contre le prévenu, le tribunal correctionnel d'Agen n'a fait qu'user du pouvoir qu'il tenait de la loi, et que, sous ce second rapport, comme sous le premier, le jugement de ce tribunal, et l'arrêt de la cour impériale qui l'a confirmé ne sont susceptibles d'aucune censure légitime ; — Rejette le pourvoi contre l'arrêt de la cour impériale d'Agen, du 13 mai 1813.

Du 9 juill. 1813.-C. C., sect. crim.-MM. Barris, pr.-Aumont, rap.

(4) Espèce.— (Fressanges C. min. pub.) — Fressanges, sur l'appel d'un jugement du tribunal de police correctionnelle de Clermont-Ferrand, qui le condamnait, pour fait d'escroquerie, à une restitution et à une amende, fut déchargé de cette restitution, sauf à la partie adverse à se pourvoir aux fins civiles, et fut néanmoins condamné à une amende de 400 fr. et à un emprisonnement d'un mois. — Pourvoi. — Arrêt.

La cour; — Vu l'art. 35 de la loi du 22 juill. 1791; — Et attendu

conformer à la loi en condamnant *per modum pœnæ* le prévenu à la restitution de l'objet escroqué et aux dommages-intérêts, bien que le tiers lésé ne fût ni dénonciateur ni partie plaignante : — « Considérant qu'en confirmant la disposition du jugement de première instance qui condamnait Vincent Canesi à restituer à Corti (quoiqu'il ne fût ni dénonciateur ni partie plaignante) les 800 livres et la montre qui lui avaient été escroquées, et en le condamnant en outre aux dommages-intérêts, la cour de justice criminelle de Plaisance n'a fait qu'exécuter ce qui est littéralement prescrit par l'art. 35 de la loi de 1791, qui veut que, lorsque l'escroquerie est reconnue constante, le tribunal correctionnel prononce d'abord la restitution et les dommages-intérêts, et qui l'autorise en outre à condamner l'auteur d'un pareil délit à l'amende et à l'emprisonnement; — Considérant que cette disposition est impérative; qu'elle s'étend à tous les cas sans distinction, et qu'il est enjoint aux juges de l'appliquer sans examiner si la partie lésée est plaignante ou ne l'est pas, si elle réclame ou ne réclame pas, ce qui indique assez clairement que, dans l'intention du législateur, la restitution et les dommages-intérêts doivent être prononcés *per modum pœnæ* » (Crim. rej. 14 juill. 1808, MM. Barris, pr., Minier, rap., aff. Canesi).

914. L'art. 405 garde le silence sur les restitutions et les dommages-intérêts; il n'en résulte pas, sans doute, que le tribunal correctionnel ne soit pas autorisé à les prononcer; mais il en faut conclure, d'abord, que le tribunal n'est pas *nécessairement* obligé de les prononcer dans tous les cas, et, en second lieu, qu'il ne peut les prononcer que conformément aux règles du droit commun, c'est-à-dire qu'autant qu'il existe dans la cause une partie civile qui en a fait l'objet d'une demande formelle. Et même si, avant que les poursuites correctionnelles fussent exercées, la partie lésée avait intenté devant une autre juridiction une action tendant à la réparation du préjudice qui lui a été causé, elle ne serait plus recevable à porter ses réclamations devant le tribunal correctionnel (V. Inst. crim., nos 150 et suiv.). — C'est ce qui résulte d'un arrêt qui a décidé que la partie vic-

time d'une escroquerie par le fait de laquelle elle a acheté un fonds de commerce pour un prix exagéré, ne peut demander devant le tribunal correctionnel la restitution des sommes par elle payées et des dommages-intérêts, si elle a déjà intenté une pareille action repoussée par le tribunal de commerce; que sa demande doit être repoussée, dans ce cas, par l'exception de chose jugée (Crim. cass. 27 août 1863, aff. Faivre, n° 797-7°).

915. Il n'est pas nécessaire que la condamnation à des dommages-intérêts soit explicitement motivée, lorsqu'elle a ses motifs dans un délit d'escroquerie déclaré constant, qu'elle est un accessoire de la condamnation principale, et qu'elle se réfère de droit aux mêmes bases et aux mêmes motifs (Crim. rej. 17 août 1821, aff. Dieudonné, V. Instr. crim., n° 2158).

916. Un arrêt a jugé : 1° que l'individu convaincu d'escroquerie a pu être condamné à indemniser et garantir la partie lésée dans le recouvrement des obligations escroquées (Crim. rej. 17 mai 1810) (1); — 2° Que l'individu reconnu coupable d'escroquerie a pu être, sur l'appel du ministère public, condamné à des restitutions civiles et à l'amende, quoique son coauteur, à l'égard duquel l'appel n'a pas été interjeté, n'ait subi que la première condamnation (même arrêt). — Un autre arrêt a décidé qu'un tribunal peut, comme accessoire d'une condamnation pour escroquerie, condamner l'accusé à une indemnité du quart de la somme à restituer, par exemple (Crim. rej. 28 sept. 1820) (2).

917. Celui qui a escroqué des marchandises ne peut en disposer au préjudice du légitime propriétaire; dès lors, il doit être condamné à les remettre à celui-ci, encore qu'il les ait vendues à un tiers (Crim. rej. 26 brum. an 8) (3).

918. Le tribunal correctionnel saisi d'un délit d'escroquerie ne peut, après avoir condamné le prévenu, refuser d'annuler l'acte frauduleux et de prononcer sur la demande en dommages-intérêts, et renvoyer les parties à fins civiles sur ces deux chefs (Crim. cass. 5 vent. an 7) (4).

919. Lorsque des traites sont déclarées être le résultat d'une escroquerie, qu'il y a eu condamnation pour ce délit, pro-

---

qu'il est justifié, dans l'espèce, que le jugement rendu par le tribunal correctionnel de Clermont-Ferrand ayant fait application de l'art. 35 précité, et le tribunal criminel ayant adopté l'application de cet article, celui-ci ne pouvait s'empêcher de prononcer sur chacune des parties contenues audit article, par conséquent de ne condamner ledit Fressanges fils en une peine correctionnelle et en une amende, qu'après avoir prononcé la restitution; ce que n'a point fait le tribunal criminel, qui, par son jugement du 3 brum. dernier, a cassé et annulé celui rendu par le tribunal correctionnel de l'arrondissement de Clermont-Ferrand, qui avait prononcé contre Fressanges la restitution et les dommages-intérêts, conformément à l'art. 35 de la loi du 22 juill. 1791; en quoi le tribunal criminel a excédé ses pouvoirs, — Casse.
Du 14 germ. an 8. C. C., sect. crim.-MM. Rous, pr.-Saint-Martin, r.
(1) (Mauger.) — La cour; — Considérant, sur le quatrième moyen, qu'il n'est fondé sur aucun de la loi, qu'il n'a été violé aucune en condamnant le réclamant à garantir et indemniser la femme Allegré des pertes qu'elle pourrait éprouver dans le recouvrement des obligations d'Ogier et Casin; que cette condamnation légale, quoique éventuelle, est la suite et la conséquence de la culpabilité reconnue; — Considérant, sur la deuxième branche du moyen, que si Fuchet, reconnu coupable de la même escroquerie, n'a été condamné qu'à des restitutions civiles par l'arrêt de la cour criminelle de Lyon le 12 janv. 1809, ce n'a été que parce que le ministère public n'avait pas appelé du jugement qui avait acquitté ledit Fuchet; — Qu'au contraire, le ministère public a appelé du jugement qui a acquitté postérieurement le réclamant; que par l'effet de cet appel la cour dont l'arrêt est attaqué a également appliqué au réclamant les peines prononcées par la loi ;
Considérant, sur le sixième moyen, qu'il est indifférent que le ministère public n'ait pas appelé du jugement de première instance rendu le 9 juin 1806 au profit de Fuchet; que ce défaut d'appel n'a pas été un obstacle à la plainte rendue postérieurement tant par le ministère public que par la femme Allegré contre Mauger; — Qu'il suffit que le jugement du 11 août 1809, rendu en faveur de Mauger, ait été attaqué par la voie de l'appel tant par le procureur général de la cour de justice criminelle de Lyon que par la femme Allegré, pour que sur ces appels il y ait eu lieu à appliquer respectivement, en cas de culpabilité, les peines prononcées par la loi, et les restitutions civiles ; — Rejette.
Du 17 mai 1810.-C. C., sect. crim.-MM. Barris, pr.-Vergès, rap.
(2) (Grimont.) — La cour (apr. délib. en ch. du cons.); — Attendu, sur le moyen pris du fond de l'arrêt, qu'en jugeant que c'était par erreur, par surprise et par suite des manœuvres frauduleuses de Grimond que la demoiselle Kraut avait été amenée à renoncer au rembourse-

ment de la somme de 1,667 fr., et en condamnant Grimond à la restitution de cette somme, en le condamnant encore à l'indemnité du quart de ladite somme, conformément à l'art. 51 c. pén., la cour royale de Metz n'a fait que statuer sur l'accessoire de l'action principale d'escroquerie dont elle était régulièrement saisie, et que de ces condamnations il ne peut résulter d'ouverture à cassation ; — Rejette.
Du 28 sept. 1820.-C. C., sect. crim.-MM. Barris, pr.-Chantereyne, r.
(3) (Tardivet et autres.) — Le tribunal; — Attendu, sur le quatrième moyen, que le tribunal a fait ce qu'il devait faire en ordonnant la remise des dentelles escroquées à la citoyenne Gallot, et qui auraient été vendues au citoyen Dermé et à la femme Huart par Tardivet, qui se les était appropriées par un vol, et qui dès lors n'en pouvait pas disposer au préjudice du légitime propriétaire ; — Rejette.
Du 26 brum. an 8.-C. C., sect. crim.-MM. Méaulle, pr.-Minier, r.
(4) (Ressert C. min. publ.) — La cour; — Vu 1° les art. 184 et 189 c. des dél. et des pein. ; — Et attendu qu'à l'audience du 22 fruct., lors du jugement définitif du tribunal correctionnel de Belfort, ce tribunal n'était plus composé des mêmes juges qui avaient siégé le 12 dudit mois ; qu'alors le tribunal a vu seulement l'interrogatoire du prévenu, ses conclusions, ses moyens de défense, le tout retenu au jugement du 12 fruct.; qu'alors le prévenu n'a point été interrogé; que le précédent interrogatoire, qui n'a dû être retenu que par notes, n'a pu suppléer l'interrogatoire présent et les réponses verbales du prévenu; qu'il est impossible de rendre l'action, les gestes et autres circonstances qui accompagnent l'interrogatoire, et qui servent à établir la décision des juges; qu'ainsi la loi a été violée, et que le prévenu a été jugé par un juge qui ne l'avait pas entendu au désir de la loi; qu'il s'ensuit que le jugement auquel ce juge a concouru est infecté de nullité, que le tribunal criminel s'est appropriée en ne la réformant point; — Vu 2° l'art. 55, tit. 2, de la loi du 19 juill. 1791; — Et l'art. 609 c. del. et pein. ; — Et attendu que le tribunal correctionnel de Belfort n'a point prononcé sur les restitutions, dommages-intérêts de la partie plaignante ; qu'il n'a point annulé l'acte de vente jugé frauduleux ; qu'il a même renvoyé aux juges civils pour y faire droit; que néanmoins, d'après la disposition des lois ci-dessus citées, il était obligé de statuer sur ces objets; qu'en cela, il a abandonné sa compétence, et en a attribué aux juges civils une qui ne leur refuse; que le tribunal criminel, en ne réparant point cette contravention à une loi formelle et impérative, y a participé; que cependant il pouvait et devait statuer d'office à cet égard, d'après la disposition de la loi; — D'après ces motifs seulement, faisant droit sur le pourvoi d'Antoine Ressert; — Casse.
Du 5 vent. an 7.-C. C., sect. crim.-MM. Barris pr.-Méaulle, rap.

noncée contre plusieurs individus, endosseurs ou porteurs de ces effets, la restitution de ces effets et leur annulation, au besoin, ne peuvent être prononcées qu'à l'égard des individus condamnés, et non au préjudice d'un tiers porteur de ces traites, lequel est reconnu avoir agi de bonne foi (Crim. cass. 24 mess. an 13, aff. Moura-Lacoste, V. Compét. crim., n° 456).

920. L'art. 35, tit. 2, L. 19-22 juill. 1791, portait, dans une disposition finale, que tous les jugements de condamnation, à la suite des délits mentionnés audit article, seraient imprimés et affichés. — En conséquence, il avait été décidé que, l'impression et l'affiche du jugement étant de droit en matière d'escroquerie, l'arrêt qui ne les prononçait pas directement n'était pas entaché de nullité (Crim. rej. 16 mars 1809, MM. Barris, pr., Carnot, rap., aff. Fuchs). — Il n'en est plus de même aujourd'hui. Non-seulement l'impression et l'affiche des jugements rendus en matière d'escroquerie n'est pas de droit, mais elle ne pourrait même pas être ordonnée d'office par le juge; seulement, elle pourrait l'être, sur la demande de la partie civile, à titre de réparation du préjudice moral qui lui aurait été causé par le délit (V. Peine, n°° 864 et suiv.).

921. La règle *non bis in idem* domine tout notre droit criminel, et par conséquent elle doit recevoir son application en cette matière. Mais on ne saurait voir une violation de cette règle dans les arrêts suivants qui ont jugé d'une part, que, bien qu'il soit intervenu une ordonnance de non-lieu sur l'inculpation de faux, la pièce qui était arguée de faux peut être prise comme éléments de manœuvres frauduleuses pour la tentative d'escroquerie (Douai, 21 nov. 1859, aff. Deroubaix, n° 875-3°);—D'autre part, que l'individu acquitté, par le tribunal correctionnel, d'une poursuite pour délit d'escroquerie commis au moyen d'un jeu de hasard tenu sur la voie publique, peut, sans violation de la chose jugée, être poursuivi devant le tribunal de police à raison du même fait de tenue d'un jeu de hasard sur la voie publique, considéré non plus comme instrument de fraude, mais comme constituant la contravention prévue par l'art. 475-5° c. pén. — Et il en est ainsi, encore bien que le ministère public n'aurait fait aucune réserve lors de la première poursuite (Crim. cass. 1er août 1861, aff. Mohammed ben Chaaban, D. P. 61. 1. 500). —V. Chose jugée, n°° 451, 467 et suiv.

922. Examinons maintenant quelles sont, en cette matière,

les attributions respectives des juges du fond et de la cour de cassation. Nous avons à signaler à cet égard de notables variations dans la jurisprudence. Sous l'empire de la loi du 22 juill. 1791, et même pendant assez longtemps depuis le code pénal de 1810, la cour de cassation a pu par jurisprudence de se livrer à l'appréciation des faits matériels d'escroquerie constatés par les jugements ou arrêts qui lui étaient dénoncés. Cette doctrine s'était accréditée sans doute par la crainte de laisser aux tribunaux le dangereux pouvoir d'infliger les peines de l'escroquerie à des faits qui n'en auraient pas les caractères; car, à la différence des délits ordinaires, qui se réduisent toujours à des faits matériels faciles à saisir, l'escroquerie est un délit dont le caractère présente une sorte de vague, et résulte d'un ensemble d'éléments dont l'appréciation morale n'est jamais sans difficulté. — Ainsi il avait été décidé que la cour de cassation, investie du droit de juger si les lois pénales ont été justement appliquées, devait examiner les faits et apprécier la qualification qui leur avait été donnée (Crim. cass. 3 therm. an 6 (1); 28 mars 1812, aff. Hepp., V. n° 793; V. aussi Crim. cass. 22 mai 1812, aff. Gélis, v° Jugement, n° 1085-1°); — Et que, comme « il ne peut y avoir lieu à l'application d'une loi pénale que sur un fait de délit, qualifié tel par la loi, les arrêts de condamnation devaient énoncer les faits matériels résultant de l'instruction; que l'application de la loi ne pouvait être justifiée par la seule énonciation de la qualification morale qui avait paru devoir être donnée à ces faits; » et qu'ainsi il y avait lieu de casser l'arrêt qui se bornait à déclarer que le prévenu avait abusé de l'ignorance et de la crédulité d'une personne pour lui faire céder ses droits, etc., sans constater aucun des moyens employés pour opérer cet abus de crédulité (Crim. cass. 7 fév. 1812) (2).

923. Il avait été jugé, de même : 1° que le jugement ou l'arrêt qui condamne un individu coupable d'escroquerie doit exprimer en quoi le prévenu a abusé de la crédulité des plaignants (Crim. cass. 13 fruct. an 13, aff. Russe, n° 782); — 2° Que les tribunaux criminels qui accueillent une plainte en escroquerie doivent, pour justifier leur compétence, non-seulement déclarer que le prévenu s'est rendu coupable de ce délit par la jactance d'un crédit imaginaire et par des allégations mensongères, mais encore préciser les faits d'où doit résulter une pareille induction (Crim. cass. 24 avr. 1807) (3); — 3° Et qu'un

---

(1) (Puimasson et Audry C. Varenne.) — LE TRIBUNAL; — Vu l'art. 35 du tit. 2 de la loi du 19 juill. 1791; — Attendu que le tribunal n'a pas à juger si Puimasson et Audry se sont rendus coupables du délit d'escroquerie, mais seulement si les faits à eux imputés par cette plainte constituent un délit d'escroquerie dont l'attribution est de la compétence des tribunaux de police correctionnelle; qu'il n'y a pas lieu de douter que les faits contenus en ladite plainte caractérisent le délit d'escroquerie prévu par l'art. 35 de la loi 1791 devant transcrite; — Faisant droit sur l'opposition formée par lesdits de Varenne et femme contre le jugement rendu le 21 vend. dernier, les reçoit opposants audit jugement, ayant égard à leur opposition, le rapporte. Et statuant sur le pourvoi en cassation formé tant par le commissaire du directoire exécutif que par Puimasson et Audry contre le jugement du tribunal criminel du département de la Charente du 25 mess. an 5 ; — Vu les art. 200 et 456, § 3, de la loi du 3 brum.; — Attendu que le vœu de la loi, impérieusement tracé par l'art. 200 de la loi du 3 brum., dont il a été donné lecture, est que les parties plaignantes soient entendues, comme le prévenu lui-même, devant les juges, qui non-seulement sont chargés de l'application de la loi, mais encore de prononcer sur les faits qui leur sont dénoncés; que leur comparution est d'autant plus importante que le débat qui s'établit entre les prévenus et la partie plaignante est souvent le plus sûr moyen de découvrir la vérité; — Attendu que Puimasson et Audry ont formellement requis que de Varenne et femme, parties plaignantes, fussent personnellement entendus, et qu'aux termes de la troisième disposition de l'art. 456 ci-devant cités, les tribunaux sont, à peine de nullité, obligés de remplir les formalités requises par les accusés, lors même que la loi qui les prescrit n'y attache pas cette peine; — Casse.
Du 3 therm. an 6.-C. C., sect. crim.-MM. Gohier, pr.-Dutocq, rap.
(2) (Laillet et Fernagu.) — LA COUR; — Vu l'art. 35 du tit. 2 de la loi du 22 juill. 1791, art. 405 c. pén.; — Attendu qu'il ne peut y avoir lieu à l'application d'une loi pénale que sur un fait de délit, qualifié tel par la loi; que les arrêts de condamnation doivent énoncer les faits matériels qui sont résultés de l'instruction, et que l'application de la loi ne peut être justifiée par la seule énonciation de la qualification morale qui a paru devoir être donnée à ces faits; «

Attendu que, dans l'espèce, l'arrêt de la cour d'Orléans ne constate aucun des faits particuliers d'où a été déduite, par forme de conséquence, la déclaration que Fernagu et Laillet ont abusé de l'ignorance et de la crédulité de la femme Sellier et de son mari; que cet abus de crédulité, qui est un fait moral et complexe, ne peut donc être apprécié par la cour; qu'il ne peut être jugé conséquemment s'il a été fait une juste application de la loi pénale; — Attendu qu'aux termes de l'art. 55, tit. 2 de la loi du 22 juill. 1791, l'abus de crédulité au moyen duquel on se serait approprié tout ou partie de la fortune d'autrui, ne suffit pas pour constituer le délit d'escroquerie; qu'il faut encore que cet abus de crédulité ait été opéré par un des moyens définis par la loi, à l'aide de faux noms ou de fausses entreprises, ou d'un crédit imaginaire, ou d'espérances et de craintes chimériques; — Que dès lors les circonstances exigées par la loi, comme ayant été un moyen de l'abus de crédulité, n'a été reconnue ni déclarée par la cour; — Que cette cour a, au contraire, reconnu que la circonstance des craintes chimériques de laquelle le tribunal de police correctionnelle avait fait résulter l'abus de confiance, n'était pas prouvée; — Que son arrêt n'a énoncé que la circonstance du dol; mais que ce dol n'y est pas présenté comme ayant été le moyen employé pour opérer l'abus de crédulité, mais seulement comme ayant été son effet; que, dès lors il n'y avait pas lieu à l'application dudit art. 35 du tit. 2 de la loi de 1791, sous l'empire de laquelle les faits de la plainte ont eu lieu; — Que la déclaration de la cour d'Orléans ne présente pas non plus un fait d'escroquerie tel, qu'il puisse entrer dans l'application de l'art. 405 c. pén. de 1810; — Que néanmoins il ne peut être prononcé de condamnation pénale sous des faits qui ont lieu sous l'empire des lois abrogées, que lorsque ces faits ont le caractère de délit, d'après les anciennes lois et d'après celles sous l'empire desquelles ils sont jugés; — Que sous tous ces rapports, l'arrêt attaqué a fait une fausse application des lois ci-dessus rapportées; — Casse, etc.
Du 7 fév. 1812.-C. C., sect. crim.-MM. Barris, pr.-Audier, rap.
(3) (Goret C. min. pub.) — LA COUR; — Attendu, 1° qu'en point de droit, pour déterminer la compétence de la justice correctionnelle en matière d'abus de crédulité, il faut distinguer entre l'abus de crédulité simple, praticable vis-à-vis d'un homme ordinaire, et l'abus de crédulité avec circonstances aggravantes, ourdies avec un art propre à trom-

tribunal ne peut décider qu'il y a escroquerie sans constater les faits simples qui sont les éléments du délit moral d'escroquerie (Crim. cass. 23 déc. 1807) (1).

924. Cependant un arrêt avait décidé, en sens contraire, que la question de savoir s'il y a ou non une escroquerie, est une question de fond dont ne peut connaître la cour de cassation : — « Attendu que les jugements des tribunaux criminel et correctionnel ont reconnu dans le fait qu'il n'y avait pas escroquerie; qu'ainsi le tribunal de cassation ne peut connaître de ce moyen » (Crim. rej. 29 frim. an 8, MM. Rous, pr., Jouvenne, rap., aff. Lewis).

per même de bons esprits, telles qu'elles sont désignées par l'art. 35 de la loi du 22 juill. 1791 ; que le premier genre d'abus est un dol dont, suivant les art. 1116 et 1117 c. civ., la connaissance appartient à la juridiction ordinaire, et que le second genre d'abus est soumis à la juridiction correctionnelle ; — Qu'il ne suffit pas non plus à un tribunal correctionnel et à une cour, pour justifier sa compétence, de dire que le prévenu s'est rendu coupable d'escroquerie par la jactance d'un crédit imaginaire, et par des allégations mensongères, comme l'a fait la cour criminelle dont l'arrêt est attaqué; qu'il faut encore préciser les faits d'où doit résulter une pareille induction; — 2° Qu'en fait, Goret n'a pas trahi la confiance de Langlois en lui promettant de s'intéresser pour lui auprès du sieur Sillardière, pour le faire réintégrer dans sa place, puisqu'il est établi au procès, par deux lettres, l'une de Goret et l'autre de Sillardière, que le premier a sollicité, et que le second a accordé ; — Que la remise du billet à ordre de 450 liv. à Goret n'a pas été non plus le prix de ce service ; que la femme Langlois, entendue comme témoin le 4 déc. 1806, ne l'a pas prétendu ; qu'elle ne s'est plainte que d'un simple abus de confiance, en ce que Goret avait promis qu'il lui restituerait le montant de ce billet sur une somme de 900 liv. qu'il attendait de Rennes· que ce remboursement n'ayant pas été fait, et son mari, dans une rencontre qu'il fit de Goret, lui ayant demandé le montant de ce billet, celui-ci lui dit qu'il allait lui donner satisfaction; qu'ils entrèrent chez un épicier, où Langlois accepta une reconnaissance que lui fit Goret de 450 liv., et à laquelle celui-ci ajouta 50 liv. pour les intérêts du retard ;

Attendu d'ailleurs que la femme Langlois a joint à sa déposition une lettre de Goret, du 4 prair. an 13, par laquelle il s'excuse d'être parti sans la voir, et lui promet de lui envoyer par le prochain courrier une traite pour la mettre à portée de recevoir les 450 liv. par lui dues; — Que ces promesses de Goret, demeurées sans effet, sont le langage ordinaire des emprunteurs qui n'ont pas de facultés connues, mais qu'elles ne peuvent donner lieu qu'à une action purement civile ; — Qu'il en est à plus forte raison de même de la modique somme de 36 liv., empruntée par Goret à la dame Fouchard, et dont il lui a remis son billet en date du 3 déc. 1806, et qui est également point un dossier; que, d'ailleurs, la cour de justice criminelle n'avait point à s'occuper de cet objet, puisqu'il n'était entré pour rien dans le jugement de première instance, et que ni la dame Fouchard ni la partie publique n'avaient interjeté appel de ce jugement; — Par ces motifs, casse et annule, pour incompétence et excès de pouvoir, l'arrêt de la cour de justice criminelle du département de la Loire-Inférieure du 9 fév. 1807; annule de même le premier jugement rendu le 27 déc. 1806 par le tribunal correctionnel, et tout ce qui l'a précédé, sauf, contre Goret, l'action civile à qui et ainsi qu'il appartiendra; — Ordonne, etc.

Du 24 avr. 1807.—C. C., sect. crim.—MM. Barris, pr.—Vermeil, rap.

(1) *Espèce :* — (Cardon C. Lorier-Delisle.) — 1er mars, Lorier-Delisle, pour s'acquitter des sommes au payement desquelles il a précédemment hypothéqué ses papeteries de Bruges et Langlée, a passé à Cardon, son créancier, un bail de ces manufactures. — Peu après, il forme contre Cardon une plainte en escroquerie, fondée notamment sur le fait que le bail est simulé; que la simulation en est établie par une contre-lettre du même jour, et que cette contre-lettre, déposée originairement entre les mains du sieur B..., a été détournée et supprimée par Cardon. — 1807, premier jugement qui déboute Cardon de sa demande en renvoi devant la juridiction civile, et, par jugement définitif du 23 du même mois, le déclare coupable d'escroquerie.

Cardon appelle de ces deux jugements ; et le 6 juin suivant, arrêt par lequel la cour de justice criminelle du Loiret dit avoir été bien jugé. — Pourvoi pour excès de pouvoir et fausse application de la loi du 22 juill. 1791.—Arrêt.

La cour,— Vu l'art. 35 du tit. 2 de la loi du 22 juill. 1791, et l'art. 456 c. des dél. et des peines, du 3 brum. an 4 ;—Attendu, 1° que la cour, investie du droit de juger si les lois pénales ont été bien appliquées, ne peut en apprécier l'application que d'après les faits sur lesquels elle a été prononcée ; — Que les arrêts des cours de justice criminelle doivent donc contenir la fixation précise des faits dont l'instruction a produit la conviction ; que ces faits seuls peuvent servir de règle à la délibération de la cour, qui, ne pouvant juger de l'application

TOME XLIV.

925. Cette première jurisprudence de la cour régulatrice offrait une garantie contre l'arbitraire des tribunaux. Cependant dès 1819 elle fut abandonnée, par cette raison sans doute que cette appréciation morale à laquelle la cour de cassation se livrait ne pouvait guère, dans beaucoup de cas, être complète, puisque la cour manquait d'une foule d'éléments que les débats avaient fournis aux juges du fait. — De nombreux arrêts ont jugé que, les manœuvres frauduleuses dont parle l'art. 405 n'ayant été ni définies ni précisées par la loi, leur appréciation est entièrement abandonnée à la conscience des juges du fait, et que l'erreur qu'ils pourraient commettre dans cette apprécia-

tion de la loi sur une déclaration vague de circonstances et de présomptions indéterminées, ne doit y avoir aucun égard ; — Que ce principe s'applique au délit moral d'escroquerie, comme aux délits qui se forment par des faits simples et matériels ; que la loi ayant fixé les faits moraux qui peuvent constituer l'escroquerie, les faits simples qui peuvent être les éléments de ces faits moraux, doivent être articulés dans les arrêts, et que la cour a caractère pour juger de la conséquence qui en a été déduite, puisque cette conséquence, qui n'est que la qualification des faits, est la base de l'application de la loi pénale, et le lien qui la rattache aux faits simples, dont la déclaration, plus ou moins exacte, est seulement hors des attributions de la cour ;

Attendu, en second lieu, que si la cour de justice criminelle du département du Loiret a déclaré qu'il était constant que Cardon avait, par dol, par fraude, vaines espérances, fausses entreprises et craintes chimériques, abusé de la crédulité de Lorier-Delisle, escroqué une partie de sa fortune, et tenté de lui en escroquer la totalité ; cette déclaration n'étant pas une déclaration de fait, mais une appréciation morale, une qualification des faits moraux faits que ladite cour avait reconnus constants pour en déduire l'application de l'art. 35 du tit. 2 de la loi du 22 juill. 1791. il rentre dans les attributions de la cour de juger si ces faits ont dû être ainsi qualifiés, et s'ils avaient véritablement le caractère de dol, de fraude, de vaines espérances, de fausses entreprises, de craintes chimériques, et tout à la fois l'objet et l'effet d'abuser de la crédulité, et d'escroquer tout ou partie de la fortune de Lorier-Delisle ; — Que relativement aux faits antérieurs à l'acte du bail du 1er mars 1806, ils se réduisent à des actes de prêts qui intéressaient nécessairement Cardon à la conservation de la fortune de Lorier-Delisle, son emprunteur ; que s'ils ont contenu des intérêts onéreux, la stipulation de ces intérêts ne saurait avoir aucun rapport à l'application dudit art. 55 de la loi du 22 juill. 1761 ; — Que relativement à l'acte du bail du 1er mars 1806, et aux faits qui l'ont accompagné, ce bail a été provoqué par les demandes pressantes et réitérées de secours faites par Lorier-Delisle à Cardon ; que s'il a été la condition que Cardon a exigée pour satisfaire Lorier-Delisle, il n'en a pas moins été un acte libre ; qu'il ne présente qu'un contrat civil, dont les clauses peuvent être préjudiciables à Lorier-Delisle, mais dont la lésion ne peut avoir aucun des caractères qui constituent l'escroquerie telle qu'elle est définie par la loi; que dans l'acte à Lorier-Delisle aucun moyen, aucun apparent, d'opérer sa libération ; qu'il n'a donc pu abuser sa prudence ni surprendre sa crédulité ;

Que ce bail, considéré respectivement à la contre-lettre dont il peut avoir été suivi, et aux faits qui lui ont été postérieurs, ne pourrait être réputé avoir été un moyen frauduleux d'escroquerie par abus de crédulité et par des espérances chimériques, qu'au cas qu'il eût été reconnu par la cour de justice criminelle du Loiret que la contre-lettre avait été, non pas seulement déniée, mais soustraite ou détournée, et qu'au moyen de cette soustraction ou de ce détournement Cardon se serait affranchi des obligations qu'il pouvait y avoir contractées, pour exercer des droits qui ne lui auraient été donnés que fictivement et par les clauses simulées ; mais qu'un pareil fait n'a point été déclaré par ladite cour ;— Que si cette cour a déclaré que la contre-lettre avait été, par le fait de Cardon, soustraite, détournée ou cachée, cette déclaration, présentant l'alternative des faits absolument différents, n'en décide aucun particulièrement ; et qu'en réalité il ne résulte de l'instruction qu'une simple dénégation de la contre-lettre ; — Que cette dénégation pourrait peut-être être considérée comme un moyen d'arriver à une escroquerie ; mais que cette intention n'a été prouvée d'aucune manière ; que d'ailleurs l'art. 35 du tit. 2 de la loi du 22 juill. 1791 ne s'applique qu'à l'escroquerie consommée, et non pas au projet, ni même à la tentative d'escroquerie ;—Que les différents actes qui ont existé entre les parties, et les faits reconnus par la cour de justice criminelle du département du Loiret, qui ont précédé, accompagné ou suivi ces actes, considérés aussi dans leurs rapports et leur ensemble, ne présentent pas davantage les caractères déterminés par l'art. 35 du tit. 2 de la loi du 22 juill. 1791, pour constituer l'escroquerie; que la cour de justice criminelle du Loiret a donc faussement appliqué cet article, et par suite a commis une violation ;— Casse. etc.

Du 23 déc. 1807.—C. C., sect. crim.—MM. Barris, pr.—Busschop, rap.—Daniels, subst. du pr. gén., c. conf.

tion ne peut donner ouverture à cassation; que, dès lors, les juges ne sont point obligés d'énoncer les faits desquels ils ont induit l'existence du délit; qu'il leur suffit de déclarer qu'il a été employé des manœuvres frauduleuses à l'effet, soit de faire croire à un pouvoir ou à un crédit imaginaire, soit d'inspirer des espérances ou des craintes chimériques (Crim. rej. 4 nov. 1819; 20 mai 1826; 9 sept. 1826; Crim. rej. 21 mars 1828; 26 sept. 1828 (1); conf. : Crim. rej. 17 août 1821. aff. Dieudonné, V. Inst. crim., n° 2158; 24 août 1821, MM. Barris, pr., Ollivier, rap., aff. Vénard; 13 déc. 1821,

MM. Barris, pr., Ollivier, rap , aff. Brige; 20 déc. 1821, MM. Barris, pr., Ollivier, rap., aff. Lafresnaye; 21 juin 1822, MM. Barris, pr., Cardonnel, rap., aff. Picard; 14 fév. 1823, MM. Barris, pr., Cardonnel, rap., aff. Lombard; 20 mars 1823, MM. Barris, pr., Cardonnel, rap., aff. Millon; 19 août 1824, MM. Portalis, pr., Cardonnel, rap., aff. Trottier et Lelièvre, 28 janv. 1825, MM. Portalis, pr., Cardonnel, rap., aff. Clément et Bourgnon; 3 fév. 1827, M. Cardonnel, rap., aff. Bruno et Molard; 27 juill. 1827, Desroches, V. n° 840; 18 oct. 1827, MM. Ollivier, f. f. pr., Mangin, rap., aff. Sédillon; 9 juill. 1830,

---

(1) 1re *Espèce* : — (Lefebvre de Fabremesnil.) — La cour (ap. dél. en ch. du cons.); — Vu la dernière partie du jugement du tribunal correctionnel de la Seine confirmé par l'arrêt attaqué et portant : — « Qu'enfin aucun fonds n'a été versé par les prétendus administrateurs dont il est question dans les prospectus; aucun capital fourni par Lefebvre de Fabremesnil; aucune hypothèque assurée par des propriétaires; que de l'ensemble de ces faits il resulte que Louis-François-Aubin Lefebvre de Fabremesnil a employé des manœuvres frauduleuses pour persuader l'existence d'une fausse entreprise et d'un crédit imaginaire; et encore pour faire naître l'espérance d'un succès chimérique; et par ces moyens il a escroqué partie de la fortune d'autrui; qu'ainsi il s'est rendu coupable du délit prévu et puni par l'art. 405 c. pén. ; » — ... Considérant qu'aux faits tels qu'ils sont reconnus dans le jugement confirmé par l'arrêt attaqué, ce jugement a donné la véritable qualification qui leur était propre en déclarant qu'il en résultait que le prévenu avait employé des manœuvres frauduleuses pour persuader l'existence d'une fausse entreprise et d'un crédit imaginaire et encore pour faire naître l'espérance d'un succès chimérique, et que par ces moyens le prévenu avait escroqué partie de la fortune d'autrui ; — Que ces faits ainsi qualifiés rentraient, comme l'a déclaré aussi ce jugement, dans l'espèce du délit d'escroquerie défini par l'art. 405 c. pén. ; d'où il suit qu'en appliquant la peine portée par cet article, ce jugement a fait une juste application de la loi pénale; — Rejette.

Du 4 nov. 1819.-C. C., sect. crim.-MM. Bailly, f. f. pr.--Ollivier, r.

2e *Espèce :* — (Courtaillon C. min. pub.) — Courtaillon, agent de la compagnie d'assurance de Nancy, a été condamné comme coupable d'escroquerie, par arrêt de la cour de cette ville, dont voici les termes: « Considérant qu'il résulte des débats, que Paris, expert de l'assurance mutuelle, a engagé Najean à faire un sacrifice en faveur de Courtaillon, agent principal de la même assurance, en lui disant dans la cuisine où il l'avait attiré : « Eh bien! tu fais une bonne journée? » — Que vas-tu donner à M. Courtaillon pour ses peines? — Cela vaut bien 500 fr. ; » — Que Najean, tout étourdi du malheur qu'il venait d'éprouver ainsi qu'il le dit lui-même, et croyant, d'après ce que lui disait Paris en présence de Courtaillon, que les honoraires de celui-ci étaient à sa charge, il accéda à la proposition, quoique la somme qu'on exigeait lui parût exorbitante; qu'on peut aisément penser que Najean, attiré dans un endroit solitaire, entre deux hommes adroits, comme Paris et Courtaillon, a pu facilement se laisser entraîner à la crainte tout à fait chimérique de perdre tout ou partie de l'indemnité qui lui était due, s'il ne faisait pas de sacrifice; que ce fait constitue les manœuvres frauduleuses. — Pourvoi de Courtaillon; il prétendait que les faits reprochés ne constituaient pas l'escroquerie. — Arrêt (ap. dél. en ch. du cons.).

La cour; — Attendu, en droit, que la loi n'a point déterminé ce qui constitue les manœuvres frauduleuses, le crédit imaginaire, non plus que les espérances d'un succès ou les craintes d'un événement chimérique dont parle l'art. 405 c. pén. ; — Que, par conséquent, elle a abandonné l'appréciation des faits, d'où pouvaient résulter les éléments constitutifs de l'escroquerie, aux tribunaux appelés à statuer sur la prévention de ce délit ; — Qu'ainsi de cette appréciation par eux faite dans le cercle de leurs attributions, ne saurait résulter, devant la cour, d'ouverture à cassation ; — Attendu, en fait, que l'arrêt attaqué a déclaré constant, d'après le rapprochement et l'ensemble des circonstances de la cause, que par des manœuvres frauduleuses employées pour inspirer la crainte d'un événement chimérique, le demandeur avait escroqué à Najean une somme de 500 fr., et que sur cette déclaration, réunissant les éléments constitutifs du délit d'escroquerie, cet arrêt a fait une juste application de la loi pénale; — Rejette.

Du 20 mai 1826.-C. C., ch. crim.-MM. Bailly, f. f. pr.-Ollivier, r.

3e *Espèce* : — (Lahayes C. min. pub.) — La cour; — Sur le premier moyen, pris de la violation de l'art. 405 c. pén. ; — Attendu qu'il a été reconnu, en fait, par les juges de première instance et d'appel, que la veuve Gaulthier ayant présenté à la femme Lahayes un billet de 525 fr. pour en opérer l'escompte, ladite femme Lahayes se fit remettre ledit billet sans en compter les frais; que, pour obtenir cette remise, elle employa des manœuvres frauduleuses pour persuader l'existence d'un crédit imaginaire, et que, par ces moyens, elle escroqua tout ou partie de la fortune d'autrui; — Attendu que cette déclaration, en fait, rentre évidemment dans les caractères de l'escroquerie tracés par l'art. 405 c. pén., et que les manœuvres dont parle cet article, n'ayant été ni

définies ni précisées par le législateur, leur appréciation est subordonnée à la conscience des juges, qui seuls peuvent déduire des faits résultants de l'instruction les considérations morales et les conséquences qui doivent constituer le délit; — Attendu que le défaut d'énonciation ou d'articulation des faits desquels les juges ont induit l'existence du délit, ne peut point être invoqué comme moyen de cassation; puisque la loi n'a point déterminé les éléments constitutifs des manœuvres frauduleuses qui constituent le délit d'escroquerie;

Sur le deuxième moyen de cassation, pris de la violation de l'art. 365 c. inst. crim.; — Attendu que la femme Lahayes était prévenue à la fois et du délit d'escroquerie prévu par l'art. 405, et du délit d'habitude d'usure prévu par la loi spéciale du 3 sept. 1807; et que, d'après l'art. 4 de cette dernière loi, lorsque le même individu s'est rendu coupable du délit d'habitude d'usure et d'escroquerie, il y a lieu à la double condamnation à l'amende et à l'emprisonnement, et que les deux peines peuvent être cumulées; — Attendu que, dans l'espèce particulière, la femme Lahayes avait encouru, par son délit d'habitude d'usure, l'amende prononcée par la loi; que, par son délit particulier d'escroquerie, elle avait encouru en outre la peine d'emprisonnement; que l'art. 405 punit, d'ailleurs, l'escroquerie de la double peine de l'emprisonnement et de l'amende; et que, sous aucun rapport, on ne saurait prétendre que l'application de l'art. 365, qui veut qu'en cas de conviction de plusieurs crimes ou délits, la peine la plus forte soit seule prononcée, puisse être faite à l'espèce actuelle; — Attendu que la cour royale d'Orléans, en déclarant la femme Lahayes coupable d'habitude d'usure et d'escroquerie, et en la condamnant à l'amende et à l'emprisonnement pour ce double délit, dont un seul, celui de l'escroquerie, donnait lieu aux deux peines de l'emprisonnement et de l'amende, a fait une juste application de la loi ; — Rejette.

Du 9 sept. 1826.-C. C., ch. crim.-MM. Portalis, pr.-Cardonnel, rap.

4e *Espèce* : — (Min. pub. C. Notté.) — La cour; — Attendu, sur le premier moyen, qu'il n'a pas défini en quoi consistent les manœuvres frauduleuses et le crédit imaginaire constitutifs du délit d'escroquerie; — Que c'est aux tribunaux correctionnels qu'appartient le droit d'apprécier les faits matériels et d'en déduire ces caractères de criminalité; — Que, dans l'espèce, le jugement attaqué ayant déclaré que les faits résultant de l'instruction ne constituaient pas les manœuvres frauduleuses et la persuasion d'un crédit imaginaire, cette appréciation, faite par la juridiction correctionnelle dans le cercle de ses attributions, ne saurait devenir l'objet de l'examen de la cour; — Attendu, sur le deuxième moyen, que le jugement attaqué a déclaré, en fait, que la tentative de corruption n'avait point causé de préjudice, et qu'il y avait des circonstances atténuantes; que, dès lors, il a justement appliqué la disposition de l'art. 463 c. pén.; — Rejette.

Du 21 mars 1828.-C. C., ch. crim.-MM. Bailly, pr.-Ollivier, rap.

5e *Espèce* : — (Frottin C. min. pub.) — La cour; — Attendu, sur le premier moyen, que les juges de première instance et d'appel ont fait résulter, des faits par eux établis, des manœuvres frauduleuses pour faire naître l'espoir d'un succès chimérique, et déclaré que, par ces moyens, a été tenté d'escroquer tout ou partie de la fortune d'autrui; — Attendu que cette déclaration, en fait, rentre évidemment dans les caractères de l'escroquerie tracés par l'art. 405 c. pén., et que les circonstances dont parle cet article n'ayant été ni définies, ni précisées par le législateur, leur appréciation est abandonnée à la conscience des juges, qui seuls peuvent déduire des faits résultant de l'instruction les considérations morales et les conséquences qui doivent constituer le délit;

Attendu, sur le second moyen, qu'on ne peut invoquer les règles générales du code pénal sur les circonstances constitutives de la tentative de crime, dans les cas particuliers où la tentative de délit est assimilée au délit même; que c'est un fait spécial que le législateur n'a point assujetti, dans l'art. 5 c. pén., aux règles posées dans l'art. 2 même code; — Attendu, d'ailleurs, que si les circonstances constitutives de la tentative de crime doivent être soumises au jury, juge du fait, les tribunaux de police correctionnelle étant juges du fait et du droit, en déclarant un prévenu coupable d'une tentative de délit, reconnaissent nécessairement que les circonstances qui la caractérisent existent dans la cause ; — Attendu, d'ailleurs, la régularité de la procédure, et l'application légale de la peine, — Rejette, etc.

Du 26 sept. 1828.-C. C., ch. crim.-M. Choppin, rap.

M. de Bastard, rap., aff. Mantel; 30 juill. 1831, MM. de Bastard, pr., Rives, rap., aff. Loubier).

926. Ainsi il a été décidé que la déclaration faite par une cour qu'un médecin s'est rendu coupable de manœuvres frauduleuses, en faisant naître dans l'esprit d'un conscrit la crainte d'être déclaré propre au service et l'espérance de le faire réformer pour de l'argent, ne donne point ouverture à cassation (Crim. rej. 25 nov. 1826) (1).

927. D'après cette jurisprudence, il n'était pas nécessaire, sans doute, que les faits dans lesquels les juges avaient vu le délit d'escroquerie fussent spécifiés dans le jugement; mais il fallait, du moins, qu'il fût énoncé que les faits reconnus constants remplissaient les conditions déterminées par l'art. 405 c. pén. — Ainsi il avait été décidé que le jugement qui condamne un individu comme coupable d'escroquerie, sans déclarer que pour se faire remettre la chose d'autrui le prévenu a fait usage de faux noms ou de fausses qualités, ni qu'il a employé des manœuvres frauduleuses pour persuader l'existence de fausses entreprises, d'un pouvoir ou d'un crédit imaginaire, ou pour faire naître l'espérance ou la crainte d'un succès, d'un accident ou de tout autre événement chimérique, fait une fausse application de la loi pénale (Crim. cass. 12 fév. 1824) (2).

928. Un autre arrêt avait décidé cependant qu'il n'est pas nécessaire que le jugement de condamnation ait peines de l'escroquerie qualifie nommément *frauduleuses* les manœuvres pratiquées pour commettre le délit; le rapprochement des faits et circonstances caractéristiques de fraude qui accompagné ces manœuvres pouvant équivaloir à cette qualification : « Attendu que si le jugement correctionnel du tribunal de première instance de Blois, dont les motifs ont été adoptés par l'arrêt confirmatif attaqué, n'a pas qualifié nommément *frauduleuses* les manœuvres employées par François D.... pour commettre les deux délits qui faisaient l'objet des poursuites du ministère public, il y a été suffisamment suppléé par le rapprochement des faits et circonstances caractéristiques de fraude qui ont accompagné lesdites manœuvres, et que la réunion de ces faits déclarés constants constitue pleinement le délit d'escroquerie prévu par l'art. 405 c.

pén. » (Crim. rej. 21 juill. 1826, MM. Bailly, f. f. de pr., Brière, rap., aff. François D....).

929. Mais, depuis, la cour de cassation est revenue à sa première jurisprudence ; elle s'est reconnu le droit de contrôler l'appréciation des faits et circonstances dans lesquels les juges du fond ont cru reconnaître les éléments du délit d'escroquerie. Ainsi, notamment, on lit dans un arrêt que « les manœuvres frauduleuses à l'aide desquelles on persuade l'existence de fausses entreprises, d'un pouvoir ou d'un crédit imaginaire, où l'on fait naître l'espérance ou la crainte d'un succès, d'un accident ou de tout autre événement chimérique, et l'on se fait remettre ou délivrer des billets, promesses, quittances ou décharges, en escroquant ainsi tout ou partie de la fortune d'autrui, doivent être spécifiées dans les jugements correctionnels, afin que la cour de cassation puisse s'assurer que les faits qui les constituent ont le caractère de criminalité exigé par l'art. 405 » (Crim. cass. 10 mai 1830, aff. Collet, D. P. 51. 5. 230). — V. ce qui est dit à cet égard v° Cassation, n° 1796.

930. D'autres arrêts ont jugé, dans le même sens : 1° Que la cour de cassation, bien qu'elle doive tenir pour constants les faits déclarés par les jugements et arrêts, a mission pour décider de la qualification légale qui peut leur être attribuée ; et, par exemple, qu'en matière d'escroquerie, elle a le droit d'examiner si ces faits ont les caractères exigés par l'art. 405 c. pén. (Crim. cass. 16 oct. 1840)(3); — 2° Que l'appréciation à laquelle il appartient aux cours impériales de se livrer à l'égard des faits soumis à leur examen, n'est souveraine qu'autant que les déductions tirées de cet examen ne sont pas en contradiction flagrante avec le caractère légal qui appartient à ces faits; — Qu'ainsi doit être annulé l'arrêt qui, après avoir constaté à la charge du prévenu des faits constituant les manœuvres frauduleuses et autres conditions caractéristiques du délit d'escroquerie, leur donne une autre qualification et excipe de la bonne foi du prévenu pour l'acquitter (Crim. cass. 7 mai 1857, aff. Candé, D. P. 57. 1. 317); — 3° Que le jugement qui déclare qu'un individu a fait usage d'un mouchoir tricolore comme d'un moyen pour tenter, à l'aide de fausses qualités, de se faire remettre

---

(1) (Laffauris C. min. pub.) — La cour; — Attendu qu'il a été reconnu, en fait, par la cour royale de Bordeaux, qu'il résultait des débats, et même des aveux du prévenu, que celui-ci s'était rendu l'intermédiaire entre le conseil de recrutement et le conscrit de Léglise, à l'effet de lui faire obtenir, à prix d'argent, sa réforme ou son remplacement; que, d'un autre côté, il est également reconnu, par l'arrêt attaqué, que le sieur Laffauris s'est rendu coupable de manœuvres frauduleuses envers de Léglise, en faisant naître dans son esprit la crainte d'être déclaré propre pour le service, et l'espérance toutefois de le faire réformer pour de l'argent; — Attendu qu'une pareille déclaration émanée de la cour royale de Bordeaux, qui, sur ce point, a adopté les motifs des premiers juges, est une déclaration irréfragable, et que l'appréciation par elle faite, entrant dans l'exercice exclusif de ses attributions, ne peut point être réformée ; que, lors même que cette appréciation serait erronée, l'erreur constituerait seulement un mal jugé, mais ne donnerait point ouverture à cassation ; — Attendu qu'en effet les manœuvres frauduleuses, dont il est question dans l'art. 405 c. pén., n'ayant été ni définies ni précisées par le législateur, leur appréciation a été nécessairement abandonnée à la conscience des juges, auxquels la loi n'a fixé à cet égard aucune règle, et que c'est aux juges seuls qu'il appartient, dans ce cas, de déterminer la moralité des faits qui leur sont soumis, et de décider si, de l'ensemble et de la nature desdits faits, résulte le délit qu'ils sont appelés à caractériser et à punir ; — Attendu que l'arrêt attaqué, loin de violer l'art. 405 c. pén., en a fait une juste application ; — Rejette le pourvoi de Laffauris contre l'arrêt de la cour de Bordeaux du 11 sept. 1826.

Du 25 nov. 1826.-C. C., ch. crim.-MM. Portalis, pr.-Cardonnel, rap.

(2) *Espèce :* — (Daunou C. min. pub.) — Eudes prétendait que Daunou, son débiteur, lui ayant demandé à lire une quittance qu'il avait préparée, l'avait gardée après cette communication, sans effectuer le payement qu'elle constatait. En conséquence, il le traduisit devant le tribunal correctionnel d'Argentan — Jugement qui condamne Daunou comme coupable de vol, aux peines de l'art. 401 c. pén. — Appel. — Jugement du tribunal d'Alençon qui considère le fait comme constituant une escroquerie et applique au prévenu l'art. 405 c. pén. — Pourvoi. — Arrêt.

La cour; — Vu l'art. 405 c. pén.; — Attendu que cet article a fixé, dans des termes précis, les faits qui peuvent constituer le délit d'escroquerie ; — Que, dans l'espèce, il n'a point été déclaré, dans le jugement

attaqué, que pour se faire remettre la quittance dont il s'agit, il eût été fait usage par Daunou de fausses qualités ou de faux noms, ni qu'il eût été par lui fait emploi de manœuvres frauduleuses pour persuader l'existence de fausses entreprises, d'un pouvoir ou d'un crédit imaginaire, ou pour faire naître l'espérance d'un succès, d'un accident ou de tout autre événement chimérique ; — Que, dès lors, il ne pouvait être fait application audit Daunou de l'art. 405 c. pén. ; et qu'en prononçant contre lui les peines de cet article, le tribunal d'Alençon a commis violation; — Casse, arrêt.

Du 12 fév. 1824.-C. C., sect. crim.-M. Rataud, rap.

(3) (Min. pub. C. Marie-Anne Eldin.) — La cour; — Vu l'art. 405 c. pén.; — Attendu qu'il appartient à la cour, en tenant pour constants les faits déclarés par les jugements et arrêts qui lui sont déférés, de décider de la qualification légale qui doit leur être attribuée ; — Que spécialement, en matière d'escroquerie, elle a le droit d'examiner si ces faits ont les caractères exigés par l'art. 405 c. pén. ; — Attendu, en fait, que Marie-Anne Eldin s'est fait remettre par les mariés Dupuy un billet de 1,000 fr. qu'elle leur avait souscrit en représentation du prix d'une vente d'immeubles qu'elle n'avait pas payé, quoique le contrat en portât quittance ; — Que, pour les déterminer à cette remise, Marie-Anne Eldin, qui avait contracté mariage depuis les actes de vente dont il s'agit, les a engagés à accepter la résiliation, afin de prévenir les difficultés qui pourraient résulter pour eux de son état de femme mariée tant que lesdits actes de vente subsisteraient; que, lorsque l'acte de rétrocession rédigé en exécution de ce qui avait été convenu, lui a été apporté par la femme Dupuy, elle a tracé, au bas de cet acte et des deux renvois qu'il contient, des caractères insignifiants que ladite femme Dupuy a dû prendre pour sa signature; — Que ces faits, reconnus par le jugement de première instance de l'Argentière, dont le jugement attaqué a adopté les motifs, constituaient des manœuvres frauduleuses pour faire naître l'espérance d'un événement chimérique ; — Que, d'ailleurs, la remise du billet de 1,000 fr. n'ayant été suivie d'aucune annulation réelle des actes de vente, portait, dès lors, préjudice aux mariés Dupuy; — Attendu que, d'après ce qui précède, ces faits présentaient à la charge de Marie-Anne Eldin tous les caractères du délit d'escroquerie déterminés par l'art. 405 c. pén. ; — Et qu'en refusant de lui faire application dudit article, le jugement attaqué l'a violé formellement ; — Par ces motifs ; — Casse.

Du 16 oct. 1840.-C. C., ch. crim.-MM. Bastard, pr.-Vincens, rap·

une somme par une femme et d'escroquer conséquemment une partie de sa fortune, ne caractérise pas suffisamment le délit d'escroquerie (Crim. cass. 22 avr. 1841) (1); — 4° Que le délit d'escroquerie résultant de ce que le prévenu se serait fait remettre, à l'aide de manœuvres frauduleuses, une quittance dont il n'a pas fourni le montant, n'est pas suffisamment caractérisé par la mention contenue dans le jugement de condamnation que le prévenu a remis à celui qui émane cette quittance le papier, l'encre et la plume nécessaires pour la faire (Crim. cass. 2 juill. 1852, aff. Léger, D. P. 52. 5. 246); — 5° Qu'une condamnation pour escroquerie n'est pas suffisamment motivée lorsque l'arrêt, sans déclarer adopter les motifs explicites du jugement, se borne à dire que les fraudes reprochées au prévenu sont établies par l'instruction (Crim. cass. 16 fév. 1860) (2). — V. encore Crim. cass. 6 juin 1840, aff. Goddé; et 8 janv. 1841, aff. Leuilleux, v° Jugement, n° 1104-2° et 3°.

931. Mais il a été décidé : 1° que le jugement qui prononce une condamnation pour escroquerie est suffisamment motivé lorsqu'il constate que non-seulement le prévenu aurait rempli le blanc seing donné par le plaignant d'obligations autres que celles convenues réellement entre les parties, mais aussi que cette convention aurait été obtenue à l'aide de manœuvres frauduleuses qui devaient être attribuées à l'intrigue, l'astuce et la mauvaise foi du prévenu, et qui auraient précédé, accompagné et suivi la conclusion de la convention elle-même (Crim. rej. 17 fév. 1853, aff. Lévy, n° 903-3°); — 2° Qu'une cour d'appel caractérise suffisamment les manœuvres frauduleuses constitutives de l'escroquerie, lorsqu'elle fait résulter d'un concert qu'elle a reconnu constant entre le principal auteur desdites manœuvres (lesquelles ne consistent pas uniquement dans de simples mensonges) la participation coupable du premier à leur conception et à leur accomplissement (Crim. rej. 4 déc. 1846, aff. Pluchart, n° 903-4°).

932. L'individu qui s'est fait remettre de l'argent par des pères de famille en leur promettant le succès chimérique de faire, au moyen de son crédit, rejeter leurs fils du contingent par le conseil de révision, est régulièrement condamné comme escroc, s'il est reconnu avoir employé des manœuvres frauduleuses pour faire croire à la possibilité d'un tel succès; ... — Et le juge du fait a pu, en pareil cas, en vertu de son droit d'appréciation souveraine, considérer comme constitutifs de ces manœuvres, soit des mensonges réitérés dont le prévenu aurait usé vis-à-vis des pères de famille, soit des voyages successifs qu'il aurait entrepris pour faire croire à la réalité de démarches imaginaires, soit des forfanteries de pouvoir et de crédit qu'il aurait appuyées sur des relations affectées publiquement avec un membre du conseil de révision dans le but de faire croire à une influence imaginaire sur le conseil (Crim. rej. 11 janv. 1855, aff. Decor, D. P. 55. 5. 194).

933. Le défaut de spécification, dans un jugement de condamnation, pour délit d'escroquerie et pour d'autres délits, des éléments constitutifs de l'escroquerie, n'est pas une cause de nullité, si l'existence de ces autres délits justifie la peine appliquée (Crim. rej. 7 fév. 1852, aff. Mazier, D. P. 52. 5. 244).

934. Dans un jugement du conseil de guerre, la question posée sur le délit d'escroquerie ne peut servir de base légale à l'application de l'art. 405 c. pén., si elle ne mentionne pas l'emploi de *manœuvres frauduleuses*, et n'exprime pas que l'espérance donnée fût *chimérique* (Crim. cass. 20 août 1857, aff. Fescourt, D. P. 57. 1. 411).

935. L'action publique et l'action civile résultant de délit d'escroquerie se prescrivent par le délai de trois ans, conformément à l'art. 638 c. inst. crim. — Mais à compter de quel jour cette prescription commence-t-elle à courir? Un arrêt a décidé que c'est à compter du jour de la délivrance de l'argent ou des valeurs, le délit n'étant réputé commis que de ce jour (Paris, 1er juin 1843) (3). Cependant un autre arrêt a jugé que lorsque la remise a pour objet des titres obligatoires, la prescription ne commence à courir que du jour où les titres ont été acquittés (Crim. rej. 27 janv. 1824, aff. Brunschweig, V. n° 901). Mais nous ne pouvons partager ce sentiment. Dans le cas dont il s'agit, le délit existe dès le jour où les titres ont été remis; par conséquent, c'est de ce jour que la prescription doit courir.

936. De ce que plusieurs escroqueries de même nature ont été commises par le même individu au préjudice des mêmes personnes et par les mêmes moyens, il ne s'ensuit pas qu'elles constituent un seul et unique délit; chaque escroquerie constitue un délit particulier à l'égard duquel la prescription court du jour de sa perpétration (Paris, 1er juin 1843, aff. Féline. V. suprà, n° 935).

937. L'escroquerie, lorsqu'elle se joint au délit d'habitude d'usure prévu par l'art. 4 de la loi du 3 sept. 1807, s'identifie avec le délit, et constitue, non un délit distinct, mais une circonstance aggravante de l'habitude d'usure; par suite encore, ces faits d'escroquerie ne sont pas susceptibles d'une prescription distincte et peuvent, en conséquence, être punis, lors que leur perpétration date de plus de trois ans, si les faits constitutifs de l'habitude d'usure auxquels ils se rattachent, ne sont pas eux-mêmes atteints par la prescription (Crim. rej. 22 août 1844, aff. Louriès, V. Prêt à intérêt, n° 299; Crim. rej. 27 janv. 1824, aff. Brunschweig, n° 901; 14 nov. 1862, aff. Villemot, D. P. 63. 5. 395, n° 5). — V. aussi Prêt à intérêt, n° 320.

938. L'art. 2279 c. nap., après avoir formulé en principe qu'en fait de *meubles* possession *vaut titre*, ajoute que néanmoins celui qui a perdu ou auquel il a été volé une chose peut la revendiquer pendant trois ans à compter du jour de la perte ou du vol, contre celui dans les mains duquel il la trouve; sauf à celui-ci son recours contre celui duquel il la tient. — Il a été jugé que la revendication autorisée par cet article, au cas de vol, n'est pas applicable au cas d'escroquerie.—V. les arrêts cités v° Prescript. civ., n° 287.

---

(1) (Dict C. mil.) — La cour; — Vu l'art. 405 c. pén.; — Attendu que cet article exige, pour constituer le délit d'escroquerie, non-seulement que le prévenu ait fait usage de faux noms, ou de fausses qualités, ou bien ait employé des manœuvres frauduleuses, mais encore qu'il se soit fait remettre des fonds ou valeurs, ou qu'il ait tenté de se les faire remettre; — Attendu que le jugement attaqué n'admet pas le fait relatif au mouchoir, comme un délit distinct et séparé, mais comme un moyen pour tenter, à l'aide de fausses qualités, de se faire remettre 200 fr. par la femme Thiéblin, et d'escroquer conséquemment partie de la fortune de la femme Thiéblin; — Attendu que ces expressions qui n'ont trait qu'à l'intention qu'avait pu avoir le demandeur, ne contiennent pas la constatation formelle qu'il se soit fait remettre, ou qu'il ait tenté de se faire remettre les 200 fr. dont il s'agit; — Attendu que, dès lors, le fait posé par le jugement attaqué ne réunissant pas tous les caractères de criminalités exigés par l'art. 405, il a été fait une fausse application dudit article; — Casse.

Du 22 avr. 1841.—C. C., ch. crim.—MM. Bastard, pr.-Mérilhou, rap.

(2) (Le Poitevin.) — La cour; — Vu l'art. 7 de la loi du 20 avr. 1810; — Attendu que le juge correctionnel doit, en toutes sentences de condamnation, établir la vérité du fait incriminé, le qualifier et justifier ainsi l'application de la peine; — Que, plus spécialement, dans une poursuite en escroquerie, la loi ayant défini les caractères du délit, l'énonciation des faits est indispensable pour que la qualification en puisse être contrôlée par la cour de cassation; — Attendu que l'arrêt attaqué ne signale aucun fait comme base de la condamnation; qu'il indique seulement que les fraudes reprochées à la prévenue Poitevin ont été établies par l'instruction; que cette vague énonciation ne satisfait pas aux prescriptions de la loi; que la confirmation pure et simple de la sentence, sans adoption de motifs, ne supplée pas à l'omission dont il s'agit; — Casse.

Du 16 fév. 1860.-C. C., ch. crim.-M. Plougoulm, rap.

(3) (Féline et autres C. min. pub.) — La cour; — Considérant qu'aux termes de l'art. 658 c. inst. crim., l'action publique et l'action civile résultant d'un délit sont prescrites après trois ans révolus, à compter du jour où le délit a été commis, si, dans cet intervalle, il n'a été fait aucun acte d'instruction ni de poursuite; — Considérant que le délit d'escroquerie, l'un de ceux imputés aux prévenus, n'est légalement consommé qu'au moment de la remise ou de la délivrance de l'argent ou des valeurs; que, pour vérifier si la prescription est acquise, il convient d'abord de rechercher la date de la remise; que peu importe que plusieurs escroqueries de même nature, à l'aide des mêmes moyens, aient été commises par les mêmes individus, au préjudice des mêmes personnes; que tous ces faits ne sauraient se rattacher les uns aux autres pour former ensemble un seul délit; que chacun d'eux forme une escroquerie distincte devant avoir particulièrement un caractère criminel pouvant donner lieu à une poursuite et à une condamnation séparées; qu'ainsi chacun d'eux est prescriptible à compter du jour de sa perpétration; — Infirme.

Du 1er juin 1843.-C. de Paris, ch. corr.-M. Simonneau pr.

Table sommaire des matières.

VOL DU CHAPON. — Terme du droit féodal. C'était suivant Merlin, *hoc v°*, un avantage que quelques coutumes accordaient à l'aîné dans les fiefs, et qui consistait, suivant la majeure partie de ces coutumes, *en un arpent de terre féodale, joignant le manoir, si tant y en a.*

VOLAILLE. — V. Abreuvoir, n°s 22 et s.; Commune, n°s 1332, 1335; Contravention, n°s 343, 502; Dommage-destruction, n° 292; Droit rural, n° 151; Halles, n°s 21 et s.; Louage et Cheptel, n° 6; Responsabilité, n° 731; Voie publique, n° 5-5°; Vol, n° 388-7°.

VOLONTAIRE. — Se dit de ceux qui s'engagent dans l'armée ou dans la marine, sans y être obligé, et sans recevoir d'indemnité. — V. Droit marit., n° 628; Organisation maritime et militaire.

VOLONTÉ. — INTENTION. — CONNAISSANCE. —

1. Le sujet qui fait l'objet de ce travail a été abordé dans la plupart des traités de droit civil et de droit criminel publiés dans notre Répertoire, mais pour la solution de questions spéciales et aucune vue d'ensemble. Il s'agit ici d'indiquer quelques règles générales sur le rôle de la volonté, soit dans la formation ou la dissolution des contrats, soit dans la production des crimes, délits et contraventions, et pour cela de rapprocher des solutions que les nécessités de la composition ont fait disséminer.— Il sera parlé accessoirement du rôle de la volonté dans les matières de procédure civile, d'instruction criminelle et autres.

Nous nous proposons donc d'examiner sommairement ce qui concerne : 1° les manifestations de la volonté dans la formation et la rupture des engagements; 2° la volonté considérée comme

élément des infractions et comme fondement de la responsabilité pénale.

§ 1. — Des manifestations de la volonté dans la formation et la rupture des engagements.

2. A l'origine des sociétés, l'emploi de formes solennelles accompagne presque toujours la manifestation de la volonté de contracter ; il en était ainsi, pour n'en citer qu'un exemple, dans la première période du droit romain (V. Obligations, n°s 13 et suiv.). — Mais il faut remarquer qu'à la solennité de la forme correspond la rareté des contrats. Ce fait trouve son explication dans l'esprit d'isolement et de défiance qui caractérise les mœurs chez les nations en voie de formation. Chaque famille cherche à assurer sa subsistance par ses propres forces, en recourant le moins possible au concours d'autrui. En dehors de la vente et de l'échange, actes nécessaires même dans les sociétés les moins avancées, les contrats qui ont pour objet des prestations de services n'apparaissent que comme des faits accidentels, d'autant moins fréquents que les exigences de créanciers égoïstes et craintifs sont plus élevées, et que la sanction de l'engagement du débiteur est plus implacable. — Le développement de la civilisation et l'adoucissement des mœurs, en amenant la multiplicité des relations et des engagements, font bientôt tomber en désuétude des formes de contracter incompatibles avec les besoins nouveaux. C'est ainsi que dans le dernier état du droit en France, les lois et surtout la jurisprudence sont arrivées à reconnaître et à sanctionner, en certaines matières, même les engagements implicites et tacites, pourvu que la volonté de contracter ressorte clairement des faits ou des abstentions présentés comme impliquant l'existence de ces engagements. — V. Termes sacramentels, n°s 1 et 2.

3. Faut-il blâmer cette tendance qui pousse à la simplification des modes de contracter et à l'admission plus facile des preuves des engagements ? Assurément non. Sur le terrain des conventions, les mœurs dominent les lois et les forcent à progresser. En effet, à mesure que les formalités édictées pour la sécurité des citoyens deviennent trop gênantes, elles sont laissées de côté et tournent dès lors, le plus souvent, contre ceux mêmes qu'elles ont eu pour but de protéger. Les engagements formés en dehors des lois, privés de sanction, sont impunément violés ou deviennent le sujet de nombreux procès. Il y a donc un grand intérêt à ce que les formes dont l'observation est imposée à la manifestation de la volonté de s'engager soient constamment en harmonie avec les habitudes sociales et ne sacrifient pas au besoin de sécurité la liberté dont l'activité a besoin, surtout pour les créations industrielles ou commerciales. — Cette tendance explique les modifications qu'on remarque partout aujourd'hui dans la législation des nations civilisées. Quelques-unes cependant, elle paraît avoir dépassé le but. Il est des contrats que l'intérêt public, comme l'intérêt des individus, veut aujourd'hui, tout autant qu'autrefois, voir entourés, dans leur accomplissement, de formes solennelles ou protectrices. Au premier rang, il faut placer le mariage. En Angleterre, la facilité de se marier secrètement soustrait beaucoup trop la conclusion des mariages à l'influence des familles, influence qu'on devrait, ce semble, seconder surtout dans les pays où le consentement des parents au mariage n'est pas exigé par la loi. De là résultent des ruptures fréquentes dont les effets sont d'autant plus durs pour les jeunes époux que le père peut punir, par l'exercice de son droit d'exhérédation, l'acte d'indépendance qui a poussé l'enfant ou à ne tenir aucun compte du refus de consentement, ou même à agir sans consulter sa famille. — Que si l'on examine sur ce même sujet la législation des Etats-Unis, ces inconvénients se révèlent d'une manière bien plus frappante. La facilité d'y contracter mariage, et l'indépendance plus grande encore de l'enfant, y amènent le relâchement des liens de la famille : comme conséquence et effet du divorce y est admis aussi plus facilement que dans aucun pays, et est prononcé quelquefois sur la simple preuve que l'un des époux a quitté l'autre depuis un certain temps sans lui donner de ses nouvelles. La bigamie y est aussi un cas d'autant plus fréquent qu'aucune précaution sérieuse n'a été prise pour assurer la constatation des mariages

(Carlier, du Mariage aux Etats-Unis). — Sans doute les mœurs doivent, tout autant et plus que la loi, être accusées de ces faits regrettables ; mais peut-être l'abstention du législateur explique-t-elle la mauvaise direction prise par les mœurs. Peut-être aussi faut-il reconnaître que les contrats ne sont pas tous soumis de la même manière à l'intervention de la loi ; que, s'il en est qui ne peuvent que gagner à se passer de son influence, il en est d'autres qui doivent de toute nécessité subir le contrôle qu'elle exerce dans un intérêt d'ordre public.

4. *Droit civil.* — La forme solennelle, c'est-à-dire celle qui appelle le contrôle de la publicité sur le projet de l'engagement comme sur l'acte qui le consomme, reste imposée à la manifestation de la volonté pour la conclusion de quelques contrats d'un caractère irrévocable, appelés à exercer une influence profonde sur la position de ceux qui y sont intéressés, — il en est ainsi pour la célébration du mariage (V. Mariage, n°s 368 et s.) ; telle est l'importance qui s'attache, pour la conclusion de cet acte, à une manifestation personnelle de la volonté des contractants, que la doctrine et la jurisprudence considèrent comme implicitement prohibés par le code Napoléon les mariages par procureurs, autrefois permis. — V. eod., n°s 372 et s.

5. La nécessité de la comparution personnelle ne s'étend pas à la conclusion des conventions matrimoniales, bien que celles-ci ne puissent être constatées que par acte notarié ; l'un des contractants, la future épouse, par exemple, peut se faire représenter par un fondé de pouvoir authentique, ou bien ratifier, avant le mariage les conventions stipulées en conséquence en son nom. Mais il n'en faut pas moins, à raison de l'importance et du caractère irrévocable du contrat, que la volonté de l'accepter, soit manifestée d'une manière expresse. Une ratification simplement tacite, qu'on ferait résulter, par exemple, du fait de la célébration du mariage, serait sans valeur. — Dans plusieurs départements du Midi, il était d'usage de signer les conventions matrimoniales dans l'étude du notaire sans le concours de la future ; l'adhésion au contrat était donnée par le père qui stipulait, et se portait fort pour sa fille, et qui négligeait ordinairement de faire ratifier l'acte en temps utile. Cette irrégularité a été, pour plusieurs femmes mariées de la sorte, la cause de la perte de leur fortune. Telle femme qui croyait opposer victorieusement aux créanciers de son mari le régime dotal stipulé à son profit mais sans son concours, apprenait seulement alors que son contrat était nul, et se trouvait sans moyen de soustraire sa dot à la ruine causée par les imprudentes spéculations du mari. — Il a été jugé, en effet, que le contrat de mariage dans lequel l'un des futurs époux a été représenté par ses père et mère déclarant contracter pour lui, mais n'agissant pas en vertu d'un pouvoir authentique, est entaché de nullité ; que la ratification du contrat ne résulte pas du fait de la célébration du mariage ; que cette nullité emporte, pour le mari soumission des époux au régime de la communauté légale (Rej. 29 mai 1854, aff. veuve Barjon, D. P. 54. 1. 207 ; Cass. 9 janv. 1855, aff. Alcat, D. P. 55. 1. 28 ; Rej. 6 avr. 1858, aff. Chanson, D. P. 58. 1. 224. V. les renvois en note de ces décisions et v° Contrat de mariage, n° 264). — Mais la volonté du père de soustraire au droit de disposer du mari, par la stipulation du régime dotal, la dot donnée sous cette condition à sa fille, ne doit-elle pas continuer à produire son effet ? Rejetée par la jurisprudence de la cour de cassation, la solution affirmative à laquelle nous avons adhéré, a été accueillie par les cours impériales des ressorts méridionaux (V. Nîmes, 30 août 1854, aff. Lisside, D. P. 56. 2. 107, et les arrêts cités en note). — V. Dispositions entre-vifs, n° 2221.

6. La forme solennelle est également celle en laquelle doit être manifestée la volonté d'adopter (c. nap. 353 et suiv.). Antérieurement au code Napoléon, la forme authentique suffisait, pourvu que l'intention d'adopter fût clairement exprimée. — V. Adoption, n°s 39 et suiv.

7. Il est des actes pour lesquels la manifestation de la volonté doit présenter un tel caractère de certitude que le législateur a dû imposer à cette manifestation, sinon la forme solennelle, au moins la forme authentique. Nous avons déjà cité le contrat de mariage ; après ce contrat, on peut mentionner la reconnaissance d'un enfant naturel. Le titre d'enfant donné dans des écrits privés, dans une correspondance notamment, peut s'expliquer

par un mouvement affectueux, et n'indique pas nécessairement l'aveu d'une paternité selon la nature (V. Paternité-filiation, nos 549 et suiv.). Mais ce titre donné dans un acte authentique, c'est-à-dire dans un de ces actes dont le signataire est appelé à peser les termes, doit être pris au sérieux, parce que l'aveu émane alors d'une volonté réfléchie et éclairée et ne prête plus à l'équivoque. La garantie de l'authenticité de l'acte a, d'ailleurs, paru être suffisante, et l'on admet qu'il n'est pas nécessaire que l'acte ait eu directement pour objet la reconnaissance de l'enfant (V. eod., n° 534), ni que la reconnaissance soit faite en termes sacramentels. — V. eod., nos 543 et suiv.

8. Nous devons mentionner encore la donation. Cet acte, qui dépouille celui qui le fait, exige une certaine maturité. Il a paru que la volonté de donner ne doit être tenue pour sincère et certaine que dans le cas où elle a été manifestée dans un acte passé devant notaire (c. nap. 931).—V. Disp. entre-vifs et test., n° 1400 et s.

9. Les libéralités testamentaires peuvent être faites par acte public ou par testament olographe (c. nap. 969). La nécessité de la forme authentique aurait rendu impossible dans bien des cas l'exercice du droit de tester; et, d'ailleurs, le secret convenant particulièrement aux dispositions de dernière volonté, il convenait de laisser le choix entre le testament olographe ou le testament par acte public. Mais comme le testament olographe ne présente pas les mêmes garanties d'indépendance, le législateur ne considère le testament fait en cette forme comme l'expression vraie de la volonté du testateur qu'autant que l'acte ne révèle l'existence d'aucune intervention étrangère, c'est-à-dire qu'autant qu'il a été écrit en entier, daté et signé de la main du testateur (c. nap. 970). — V. Dispos. entre-vifs et testam., nos 2589 et suiv.

10. L'emploi de la forme sous seings privés a dû être laissé à la manifestation de la volonté de s'engager, pour tous les actes ordinaires de la vie qui réclament liberté et célérité. Cette forme est donc admise même pour les actes d'une importance réelle, tels que les ventes d'immeubles (V. Vente, n° 75) et les partages de succession (V. Succession, n° 1627), pourvu qu'il s'agisse de conventions passées entre parties majeures et maîtresses de leurs droits.

11. Mais la forme sous seings privés ne donnant pas, comme la forme authentique, un caractère suffisant de certitude, il faut, pour que le titre devienne exécutoire contre la personne ou sur les biens, pour qu'il produise hypothèque spécialement, que l'existence et la validité de l'engagement soient constatés par jugement. On ne fait que rappeler ici les dispositions dont le commentaire a été donné ailleurs avec tous les développements nécessaires. — V. Obligat., nos 3157 et s., 3762 et s., 4523 et s.

12. La volonté de s'engager, pour être efficace, exige un certain degré de maturité et d'indépendance. La faculté de s'engager est donc refusée, pour certains actes et dans un certaine mesure, aux mineurs, aux interdits, aux femmes mariées (V. à cet égard Minorité-tutelle, nos 55 et s.; Interdiction, nos 196 et s.; Mariage, nos 955 et s.; Obligations, nos 330 et s.). Des motifs semblables expliquent pourquoi les conventions matrimoniales ne peuvent être changées après le mariage (V. Contr. de mar., n° 317 et s.), et pourquoi la reconnaissance d'enfants naturels ne produit pas la légitimation si elle est postérieure au mariage de ceux qui s'en déclarent le père et mère (V. Paternité-filiat., n° 466). — La volonté de s'engager, outre la capacité légale, suppose une appréciation exacte et libre de l'engagement qu'on contracte : d'où la règle qu'il n'y a pas de consentement valable si le consentement n'a été donné que par erreur, ou s'il a été extorqué par violence ou surpris par dol (c. nap. 1109 et suiv.) : ce sujet a été traité avec étendue au mot Obligations, nos 110 et suiv.). — Enfin, la volonté de s'engager suppose le pouvoir de disposer, et dès lors, ne produit pas l'effet que le contrat a en vue, si ce pouvoir n'existe pas : ainsi le cas de vente de la chose d'autrui (c. nap. 1599; V. Vente, nos 488 et s.), la donation ou de payement en fraude des droits des créanciers (V. Obligations, nos 956 et s.). — Nous croyons devoir placer ici quelques indications qui se rapportent à ces divers points.

13. L'enfant né en France d'un père étranger ne peut exercer qu'à sa majorité son droit d'option entre la nationalité de son père et celle que sa naissance lui permet de réclamer (c. nap. 9). L'intérêt que l'enfant peut avoir à déclarer, avant cette époque, son option pour la nationalité française, afin de se faire admettre dans une école du gouvernement ouverte exclusivement aux mineurs français, ou d'entrer dans l'armée française, n'a pas paru de nature à faire fléchir la règle absolue établie par la loi, alors même que le père tuteur donnerait son consentement à la détermination de son fils mineur. De même, la jurisprudence ne reconnaît pas la validité d'une option pour la nationalité de son père faite avant sa majorité par l'enfant né en France d'un étranger (Chambéry, 22 déc. 1862, aff. Rostaing et aff. Porraz, D. P. 63. 2. 97).—V. n° 22.

14. Le mariage, créant des liens indissolubles, est de tous les contrats celui dont la conclusion exige le plus de maturité. Dans l'ancienne législation, l'enfant n'était affranchi qu'à vingt-cinq ans, âge de la majorité, de l'obligation de justifier du consentement de ses parents; il a paru utile de maintenir cette disposition et de déclarer dans la loi que l'homme n'est majeur pour le mariage qu'à l'âge de vingt-cinq ans; mais il n'en est pas de même pour la femme, déclarée majeure pour le mariage à vingt et un ans (c. nap. 148 et suiv.).—L'engagement dans les ordres ne peut également avoir lieu avant l'âge de vingt-cinq ans qu'avec le consentement des parents; les mineurs ont besoin de ce même consentement pour la prononciation des vœux monastiques (V. Culte, n° 325 et 421).—L'engagement dans la marine militaire peut avoir lieu pour quatre ans à partir de l'âge de seize ans, et l'engagement dans l'armée est admis à partir de dix-sept ans (V. Organ. milit.); mais il faut considérer qu'il s'agit, dans ces deux cas, d'un simple engagement temporaire.—La loi a accordé des facilités plus grandes au mineur pour l'exercice de son industrie, il peut être habilité à faire le commerce (c. nap. 487; c. com. 2; V. Commerçant, n° 130 et suiv.). — Il peut avec ce même consentement contracter un engagement comme artiste dramatique, et la jurisprudence admet que l'exercice public de la profession théâtrale par le mineur prouve suffisamment le consentement du père à l'engagement contracté, lorsque celui-ci a connu le fait et n'est pas intervenu pour s'opposer à l'exécution du contrat (trib. com. de la Seine 8 juill. 1864, aff. Deribeaucourt, D. P. 64. 3. 90); — V. Théâtre, n° 172).

15. La femme mariée ne peut contracter d'engagement valable sans le consentement de son mari ou l'autorisation de justice, sauf en ce qui concerne les actes d'administration domestique (c. nap. 1124; V. Mariage, n° 771 et suiv.). Ce n'est pas, avons-nous fait observer, qu'elle doive être réputée faible d'esprit et incapable de se déterminer avec assez de jugement, car en dehors du mariage elle jouit d'une capacité complète; mais ses déterminations doivent être subordonnées à l'appréciation du mari, chef de la famille, auquel la loi a dû donner les moyens de maintenir l'unité de direction et de faire cesser les divergences de volontés. Cela est si vrai que, pour la disposition de ses biens par testament, acte qui ne doit produire ses effets qu'après la dissolution du mariage, la femme recouvre sa pleine liberté (c. nap. 905); de même la femme n'a pas besoin d'autorisation de justice pour révoquer une donation entre-vifs faite par elle à son mari (c. nap. 1096). — Le consentement du mari est suffisamment établi lorsque celui-ci tolère sciemment que sa femme exerce une profession commerciale ou la profession d'artiste dramatique (V. Commerçant, n° 170, et Théâtre, n° 180).—La subordination de la femme au mari, entre autres effets, rend inefficace la volonté de la femme aurait de se créer un domicile autre que celui du mari (c. nap. 108; V. Domicile, n° 117).— V., sur la capacité de la femme mariée, v° Obligat., nos 380 et s.

16. La loi intervient pour poser des limites à la volonté de s'engager ou de disposer, lorsque l'engagement doit être pris dans des conditions ne laissant pas une suffisante indépendance. Ainsi les époux ne peuvent, pendant le mariage, se faire des libéralités irrévocables, ni par conséquent des donations mutuelles et réciproques, par un seul et même acte (c. nap. 1096 et 1097; V. Dispos. entre-vifs et testam., nos 2381 et suiv.). Ainsi, la présomption de défaut de liberté fait déclarer nulles les libéralités consenties pendant la dernière maladie, au médecin et au pharmacien qui ont soigné le disposant, au ministre du culte qui l'a assisté (c. nap. 909; V. eod., nos 357 et suiv.). Des raisons

semblables ont fait subordonner à une autorisation d'accepter émanée du gouvernement, l'effet des libéralités entre-vifs ou testamentaires au profit des hospices, des pauvres d'une commune ou d'établissements d'utilité publique (c. nap. 910 ; V. encore *eod.*, n°° 415 et suiv.). — D'autres fois la loi se contente d'imposer certaines formalités dont l'exécution a pour but d'appeler l'attention de celui qui s'engage sur la portée de l'acte auquel il donne son adhésion, et de lui fournir les moyens de s'éclairer complétement. Par exemple, tout traité qui intervient pour le règlement des comptes de tutelle entre le tuteur et le mineur devenu majeur, est nul, s'il n'a été précédé de la reddition d'un compte détaillé et de la remise des pièces justificatives, le tout constaté par un recépissé de l'oyant compte, dix jours au moins avant le traité (c. nap. 472 ; V. Minorité-tutelle, n°° 642 et s.). Autre exemple : pour garantir les créanciers, au moment de la dépréciation des assignats, de la perte que pourrait leur causer un remboursement anticipé fait en papier-monnaie, une loi du 25 mess. an 3 disposa qu'aucun créancier ne pouvait être contraint de recevoir le remboursement de ce qui lui était dû avant le terme porté au titre de sa créance (art. 1), et que le remboursement en papier-monnaie, volontairement accepté par le créancier avant le terme, ne serait valable que s'il était constaté dans l'acte que celui qui l'a accepté avait connaissance de la disposition de loi lui donnant le droit de le refuser (art. 5).—V. Papier-monnaie, n°° 19 et 25.

17. Dans d'autres cas, la volonté de disposer ou de s'engager a été déclarée complétement impuissante. On ne peut renoncer à une succession non ouverte, ni faire aucune stipulation sur une pareille succession, même avec le consentement de celui de la succession quel il s'agit (c. nap. 1130 ; V. Obligations, n°° 421 et suiv.). On ne peut aliéner sa liberté dans ce qui touche à la conscience, au droit d'exercer son industrie, de changer d'habitation, de se remarier, etc. (c. nap. 1131 et suiv., 1172 ; V. Obligations, n°° 1137 et suiv.). — On ne peut provoquer sa propre interdiction (Interdiction, n°° 31 et 144), et il est même douteux qu'un individu puisse acquiescer au jugement qui lui nomme un conseil judiciaire (*eod.*, n° 267). — La volonté d'acquiescer est impuissante à produire un engagement, quand il s'agit du droit de recours contre des décisions rendues sur des matières qui touchent à l'état civil des citoyens (V. Acquiescement, n°° 178 et suiv.). — V. *infrà*, n° 74.

18. La volonté est toujours impuissante à créer un engagement civil ou un droit, lorsqu'elle est en contradiction formelle avec la loi (c. nap. 1131 et s., 1172 ; V. Oblig., n°° 533 et s.). Comme application de cette règle, on décide que le citoyen qui a accepté une fonction à vie ne peut, contrairement aux dispositions de l'art. 107 c. nap., avoir son domicile ailleurs que dans le lieu où il doit exercer ses fonctions (V. Domicile, n° 117). — Peut-on, par une convention, se soustraire aux compétences établies?—V. les renvois indiqués v° Obligations, n°° 579, et cons. d'Et. 1er déc. 1853 (aff. Levannier, D. P. 54. 3. 16).

19. Toutefois, lorsque la volonté n'a été impuissante que parce que le contractant ne jouissait pas complétement de la capacité civile, ou parce que l'acte était entaché d'irrégularité, elle engendre une obligation naturelle, sur l'exécution volontaire de laquelle on ne peut revenir (V. Obligations, n°° 1059 et suiv.).— Les tribunaux ont cru même pouvoir admettre qu'un commissionnaire était en droit de réclamer à son commettant les frais payés pour opération de courtage illicite, si, en recourant à cette opération, le commissionnaire a agi de bonne foi, et si d'ailleurs le mandant, au lieu d'en demander la nullité, en a tiré avantage. —V. Bourse de commerce, n° 300.

20. Il est un cas où la volonté de s'engager, bien que concernant un engagement contraire à la loi, produit, à raison de la bonne foi, les effets civils qui sont la conséquence des engagements réguliers : c'est celui d'un mariage putatif. Mais il faut remarquer qu'il s'agit là d'un fait accompli, cessant avec l'erreur sous l'empire de laquelle il s'est produit, et dont il reste seulement à régler les suites (V. Mariage, n°° 560 et suiv.). La situation est semblable à celle d'une société dont la dissolution est devenue nécessaire pour cause d'irrégularité, et qu'il n'en faut pas moins liquider comme société de fait (V. Société, n° 862).

21. On peut citer encore, comme exemple de cas où la vo-

lonté de s'engager produit, malgré un empêchement légal, un engagement civil, et non une simple obligation naturelle, celui où un incapable a fait un contrat dont l'exécution a tourné à son profit (c. nap. 1312 ; V. Obligations, n°° 2976, et suiv.) —Bien plus, il a été jugé que le contrat ayant pour objet des fournitures, qu'un étranger mineur d'après la loi de son pays a passé en France avec un marchand français, doit, à raison de la bonne foi de celui-ci et eu égard à ce que l'obligation de connaître la capacité de celui avec qui l'on contracte est moins rigoureuse quand cette capacité est déterminée par une loi étrangère, être déclaré à l'abri de toute action en restitution, quoique les fournitures n'aient profité qu'en partie au mineur étranger (Req. 16 janv. 1861, aff. Lizardi, D. P. 61. 1. 193).

22. Les engagements ne dérivent pas exclusivement des conventions écrites ou verbales; ils peuvent dériver aussi des faits, sans parler des obligations engendrées par les faits constitutifs de quasi-délits. — Dans bien des cas où il est nécessaire de connaître quelle détermination a été prise par telle personne, relativement à tel objet, on ne peut, à défaut de déclaration de sa part, que chercher dans les actions accomplies par elle un indice certain de sa volonté. Ainsi un individu a changé de résidence sans faire aucune déclaration relativement à son intention de changer de domicile : c'est dans les circonstances qu'on pourra trouver la preuve qu'il y a eu de sa part volonté de tranférer son domicile dans le lieu de sa résidence nouvelle (V. Domicile, n°° 31 et s., 46 et suiv.). — Supposons que cet individu quitte la France où il est né, comment décider s'il a entendu, en allant s'établir dans un pays étranger, abdiquer la nationalité française? Ici encore il faut interroger les faits et y chercher les indices de la conservation ou de la perte de l'esprit de retour (V. Droits civils, n°° 336 et suiv.). La perte de l'esprit de retour ne peut jamais s'induire du fait seul de la fondation d'un établissement de commerce à l'étranger; mais ce fait cependant peut avoir, par son concours avec d'autres circonstances, une signification de nature à faire supposer la volonté de renoncer à la nationalité française (c. nap. 17 ; V. *eod.*, n°° 359 et suiv.). L'acceptation du service militaire chez l'étranger fait perdre la qualité de Français, plutôt à titre de répression civile d'un fait qu'on ne saurait encourager, que parce qu'il faudrait y voir la manifestation de la volonté d'abdiquer la qualité de Français. Que le gouvernement se prévale du fait d'acceptation du service militaire à l'étranger pour contester à un individu la conservation de la qualité de Français, cela se comprend, parce qu'il lui appartient de veiller à l'application des dispositions édictées dans un intérêt d'ordre public et de faire poursuivre la répression des infractions de toute nature; et encore l'exercice de ce droit n'est-il pas sans difficultés (V. circ. min. intér. 1er mai 1862, D. P. 62. 3. 77). Mais dans les contestations purement civiles, la dénégation à un individu de la qualité de Français, lorsqu'elle est fondée seulement sur le fait accidentel et momentané d'une acceptation de service militaire à l'étranger, qu'une autorisation du gouvernement pouvait d'ailleurs régulariser, est avec raison déclarée non justifiée, le fait invoqué n'impliquant pas la volonté de renoncer à sa nationalité (V. Droits civils, n° 577). Lorsque ce fait a été accompli par un individu mineur, l'intention d'abdiquer la nationalité française est d'autant moins admissible que le mineur est déclaré incapable de prendre sur ce sujet une détermination valable (V. *suprà*, n° 13); il a même été décidé que le mineur, avant sa majorité, a quitté le service où il avait pris à l'étranger et a satisfait en France à la loi du recrutement, l'administration ne peut, à sa majorité, lui contester l'exercice des droits politiques en France (même circul. 1er mai 1862). — L'intention de recouvrer la qualité de Français s'induit aussi des faits—V. Droits civils, n° 516.

23. Il est des effets légaux que la volonté seule est impuissante à produire et qui exigent le concours d'un fait. Par exemple, le domicile n'est pas changé si à l'intention ne vient se joindre le fait d'une habitation réelle dans le lieu où l'on veut le transférer (c. nap. 103; V. Domicile, n°° 2, 24 et s.). — Réciproquement, le fait matériel de la possession d'un immeuble ne conduit pas à la prescription, s'il n'y a chez le détenteur volonté de posséder comme maître, ou en d'autres termes, si la détention n'a pas les caractères d'une possession *animo domini*

(c. nap. 2229 ; V. Prescript. civile, n°° 186 et suiv.); et cette volonté même sera impuissante le plus souvent si le titre donne à la possession un caractère qui exclut l'*animum domini* (c. nap. 2231; V. *eod.*, n°° 451 et suiv.).

24. Il en est d'autres qui résultent du fait seul et se produisent malgré la manifestation d'une volonté contraire; ainsi le contrat de dépôt, qui ordinairement est un contrat volontaire (V. Dépôt, n°° 29 et suiv.), peut être aussi produit par un fait non volontaire (c. nap. 1949 et suiv.; V. *eod.*, n°° 148 et suiv.). A l'égard des aubergistes, le contrat de dépôt n'est involontaire qu'en apparence, parce que l'entreprise d'une profession dont l'objet est de recevoir en logement des personnes accompagnées de bagages, suppose le consentement anticipé au dépôt des effets qu'elles apportent. D'ailleurs les aubergistes peuvent refuser le logement en vertu du principe de la liberté de l'industrie, et ont ainsi le moyen de limiter, comme bon leur semble, les engagements qu'ils contractent en qualité de dépositaires (Crim. cass. 18 juill. 1862, aff. Lechaudel, D. P. 63. 1. 485; V. nos observations en note de cet arrêt, et Industrie, n° 226). — Lorsque le dépôt fait chez un aubergiste n'est pas l'accessoire d'une location momentanée dans son établissement, il rentre dans la classe des dépôts volontaires et est soumis, dès lors, notamment en ce qui concerne la preuve, aux dispositions qui régissent ces contrats.— V. *eod* v°, n° 180.

25. Enfin il est des effets légaux qui dérivent de certains faits considérés comme emportant une présomption de renonciation à tel droit ou d'acceptation de tel engagement, et que la manifestation d'une volonté contraire ne suffit pas toujours à empêcher. On sait qu'en matière d'acquiescement, des réserves sont nécessaires dans quelques cas pour écarter toute idée de renonciation au droit d'opposition, d'appel ou de pourvoi (V. Acquiescem., n° 77).—L'héritier accepte tacitement la succession, lorsqu'il fait un acte qui suppose nécessairement son intention d'accepter et qu'il n'aurait droit de faire qu'en sa qualité d'héritier (c. nap. 778; V. Succession, n°° 461 et suiv.). — En ce qui concerne la distinction entre les biens meubles et immeubles, la présomption résultant de circonstances qui font supposer que des objets ont été placés sur un immeuble à perpétuelle demeure et ont été destinés à être des accessoires de cet immeuble, doit céder à la manifestation d'une volonté contraire (V. Biens, n° 13C).

26. Les abstentions sont, dans bien des cas, comme les faits, des indices de volonté suffisants pour produire des effets légaux, et peuvent pour ce motif être invoqués comme preuve de l'existence d'une adhésion ou d'une renonciation. Il est facile d'en citer des exemples : le défaut de protestation ou le silence après réception d'un avis destiné à provoquer une mesure ou un ordre, est interprété parfois comme consentement. Le dicton « qui ne dit mot consent » a, pour certaines situations la valeur d'une règle de droit (V. notamment Commissions., n° 94). — Lorsque celui qui prend à bail a su que le bailleur n'était pas propriétaire, et a ainsi connu l'éventualité d'une éviction, son silence est interprété comme une renonciation à garantie (c. nap. 1725 et 1726; V. Louage, n° 259 et suiv.); ce silence a la même portée dans le cas d'acceptation sans réclamation par un bailleur ou par un acquéreur d'une chose ayant des vices apparents ou rendus tels par une déclaration (c. nap. 1642, 1645 et 1721; V. Louage, n° 197; Vices rédhibitoires, n°° 55 et suiv.). — La plupart des prescriptions sont fondées sur ce que le défaut d'action dans un certain délai suppose qu'il y a eu volonté de renoncer au droit de réclamer. La loi l'explique très-clairement dans le cas suivant : « L'action en nullité ne peut plus être intentée ni par les époux, ni par les parents dont le consentement était requis, toutes les fois que le mariage a été approuvé expressément ou tacitement par ceux dont le consentement était nécessaire, ou lorsqu'il s'est écoulé une année sans réclamation de leur part, depuis qu'ils ont eu connaissance du mariage. Elle ne peut plus être intentée non plus par l'époux, lorsqu'il s'est écoulé une année sans réclamation de sa part, depuis qu'il a atteint l'âge compétent pour consentir par lui-même au mariage » (c. nap. 183; V. Mariage, n°° 473 et s.). — L'inaction pendant un certain temps depuis la découverte d'un vice caché fait perdre le droit de réclamer, parce qu'elle fait présumer renonciation à l'exercice de ce droit, et aussi parce qu'il faut protéger le vendeur contre des retards préjudiciables qui rendraient difficile la constatation de l'origine du vice (V. Vices rédhibitoires, n°° 163 et suiv.). — L'inaction depuis la découverte du dol ou de l'erreur fait présumer une renonciation semblable à mesure qu'elle se prolonge; de là la disposition de l'art. 1304 c. nap.— V. aussi v° Silence.

27. Il serait superflu de comprendre dans cet exposé tous les cas d'engagements formés ou résolus tacitement, tous ceux où des engagements sont sous-entendus et n'ont pas besoin d'être exprimés. — On peut tacitement renoncer à l'exercice du retrait successoral (V. Succession, n°° 1983 et suiv.).—On peut implicitement se trouver tenu de la garantie de tel ou tel vice d'un objet vendu (V. Vices rédhibitoires, n°° 193 et 212). — Le contrat judiciaire lui-même, peut résulter des faits et être tacite (V. Contrat judiciaire, n° 3).

28. Qu'on la déduise de faits ou d'une simple inaction, la volonté de renoncer ne saurait être présumée que dans le cas où celui auquel on attribue la prétendue renonciation a connu le droit dont on veut qu'il ait fait tacitement l'abandon. Cette règle, qui résultait déjà des indications données *suprà*, n° 26, a reçu de nombreuses applications. La loi dispose, par exemple, que la renonciation à la prescription civile peut être tacite, et que la renonciation tacite est celle résultant d'un fait qui suppose l'abandon du droit acquis (c. nap. 2221); il est même évident que si le fait a été commis dans l'ignorance de l'accomplissement de la prescription, il ne peut plus avoir la portée d'un abandon implicite de ce droit (V. Prescript. civ., n° 57).—De même la volonté de confirmer suppose nécessairement la connaissance de l'acte nul (V. Obligations, n°° 4520 et suiv., 4576); l'exécution volontaire de l'acte, par cela même qu'il prouve cette connaissance, implique, lorsqu'elle a eu lieu dans les formes et à l'époque déterminée par la loi, renonciation aux moyens et exceptions que l'on pouvait opposer contre cet acte, sans préjudice néanmoins du droit des tiers (c. nap. 1338).

29. La volonté de donner et celle d'abandonner un droit acquis se présument plus difficilement que la volonté de renoncer à des moyens ou exceptions. Ainsi la renonciation à une succession doit être expresse (c. nap. 784; V. Succession, n°° 584 et 1736).— Lorsque le cautionnement est gratuit, des énonciations vagues ne peuvent suffire pour faire considérer la caution comme ayant renoncé à la volonté de renoncer au bénéfice de discussion (V. Cautionnement, n° 175).—On ne présume pas facilement non plus que la partie qui a investi le ministère d'un commissaire-priseur, a renoncé à la responsabilité de cet officier public (V. Commissaire-priseur, n° 41).

30. En matière de vente, la volonté de contracter, lorsque la contenance a été indiquée, n'est pas réputée, de la part de l'acheteur, s'étendre aux accroissements que le prix doit recevoir en cas de découverte d'un excédant de contenance dépassant un vingtième; l'acheteur a le choix entre le payement d'un supplément de prix et le désistement du son contrat (c. nap. 1617 et suiv.; V. Vente, n°° 719 et suiv.). — Dans l'échange, l'indication de la contenance de l'immeuble échangé fait présumer, en cas de découverte d'un excédant, que le consentement n'aurait pas été donné si l'échangiste avait connu la contenance réelle (V. Echange, n° 34).

31. Si l'accord de deux volontés est nécessaire pour former un contrat (V. Obligation, n°° 45 et suiv.), il est des cas où la volonté d'un seul des contractants suffit pour rompre la convention. — Exemples : « Le maître peut résilier, par sa seule volonté, le marché à forfait, quoique l'ouvrage soit déjà commencé, en dédommageant l'entrepreneur de toutes ses dépenses, de tous ses travaux et de tout ce qu'il aurait pu gagner dans cette entreprise » (c. nap. 1794; V. Louage d'ouvrage, n°° 161 et suiv.). — Le contrat de société peut être rompu par la volonté d'un seul des contractants notifié aux autres, lorsque le contrat est d'une durée illimitée (c. nap. 1869; V. Société, n° 734 et suiv., 994, 1427, 1584; par ex. de société d'une durée limitée, V. *eod.*, n°° 657 et suiv.).—La volonté du déposant met fin au dépôt, et l'objet déposé doit être remis au déposant aussitôt qu'il le réclame, lors même que le contrat aurait fixé un délai déterminé pour la restitution (c. nap. 1944; V. Dépôt, n°° 105 et

suiv.). Le mandat prend fin également par la volonté du mandataire, qui peut révoquer sa procuration quand bon lui semble
(c. nap. 2004; V. Mandat, nᵒˢ 423 et suiv.); quant au mandataire, il ne peut par sa volonté mettre fin au mandat qu'autant
que sa renonciation n'est pas de nature à préjudicier au mandant, à moins que la continuation de l'exécution du mandat ne
soit pour lui-même la cause d'un préjudice considérable (c. nap.
2007; V. eod., nᵒˢ 480 et suiv.).

32. Mais le prêteur ne peut par sa volonté mettre fin au prêt
qu'après le terme convenu ou, à défaut de convention, qu'après
que la chose prêtée a servi à l'usage pour lequel elle a été empruntée (c. nap. 1888; V. Prêt, nᵒˢ 100 et suiv.).—Le tuteur ne
peut mettre fin par sa seule volonté à la continuation de ses
fonctions que dans le cas où il est arrivé à l'âge de soixante et
dix ans, et dans celui où il est nommé à des fonctions dispensant de l'exercice d'une tutelle, pourvu, dans ce second cas, qu'il
provoque son remplacement dans le mois de sa nomination (c.
nap. 431 et 434; V. Minorité-tutelle, nᵒˢ 327 et 329). — Le donateur ne peut, par sa volonté, révoquer la libéralité que dans
le cas d'ingratitude du donataire, et encore faut-il que la révocation soit prononcée par justice. Il ne peut pas révoquer si la
donation a été faite en faveur d'un mariage (c. nap. 953, 956,
957 et 959; V. Dispos. entre-vifs et testam., nᵒˢ 1822 et suiv.).
De la part du donataire, des actes manifestant sa volonté d'atten-
ter à la vie du donateur peuvent motiver la révocation; mais il
faut que l'existence de cette volonté soit établie (V. Dispos.
entre vifs et testam., nᵒ 1837).

33. Ce n'est pas s'engager que de le faire sous la condition
qu'on pourra se dégager par sa seule volonté. L'obligation contractée sous une condition potestative de la part de celui qui s'o-
blige est donc nulle (c. nap. 1174). — V. Obligations, nᵒˢ 1147 et
suiv.

34. Si, par sa seule volonté, on ne peut que difficilement
rompre ses engagements, on peut presque toujours au contraire
délier les autres d'engagements contractés envers soi. La remise
volontaire du titre original au débiteur peut présumer l'extinction
de la dette (c. nap. 1282 et suiv.; V. Obligations, nᵒˢ 2565 et
suiv.). Mais la remise de la chose donnée en nantissement implique seulement renonciation à la sûreté qui avait été exigée;
elle ne suffit pas, dès lors, pour faire présumer la remise de la
dette (c. nap. 1286; V. Obligations, nᵒˢ 2568 et suiv.).

35. La volonté qui crée des engagements fait également revivre des contrats devenus sans effet par suite des événements.
En voici un exemple : un mariage a été annulé, mais les parties,
après avoir satisfait aux prescriptions de la loi, ont de nouveau
fait consacrer leur union; leur volonté, clairement exprimée, suffit pour faire revivre les conventions matrimoniales arrêtées lors
de la première célébration. — V. Contrat de mariage, nᵒ 496.

36. Le juge du fait, en matière civile, résout souverainement
les questions d'intention et de volonté (V. Cassation, nᵒˢ 1674
et suiv.).—Spécialement, le juge du fait constate souverainement,
en matière de désaveu de paternité, si le père a connu la naissance de l'enfant (V. Paternité-filiation, nᵒ 129).— De même, il
décide souverainement si les ouvriers employés à la construction
d'un navire ont connu la circonstance que le constructeur était
un entrepreneur agissant pour un tiers, et s'ils ont renoncé implicitement, en acceptant de travailler dans ces conditions, à la
garantie d'un privilège sur le navire (V. Droit maritime,
nᵒ 256-4ᵒ).—De même encore, il est souverain pour constater si
des tiers qui ont traité avec un mandataire ont eu une connaissance suffisante de ses pouvoirs et, en cas de solution affirmative,
décide avec raison qu'ils ne sont pas, dès lors, fondés à considérer ce mandataire comme étant obligé personnellement à leur
égard (V. Mandat, nᵒ 308).

37. Un testateur a-t-il entendu comprendre les créances dans
le legs des meubles? C'est là une question d'interprétation des
termes du testament, autrement dit une question d'intention
que les juges du fait décident souverainement en appréciant le
testament dans son ensemble. (V. Biens, nᵒˢ 240 et suiv.;
Dispositions entre-vifs et testamentaires, nᵒˢ 3704 et suiv.). —
V. infrà, nᵒ 75, et vᵒ Office.

38. La solution des questions de volonté ou d'intention que
le juge de répression est appelé à donner pour le jugement de

poursuites criminelles et correctionnelles, est parfois de nature
à obtenir au civil l'autorité de la chose jugée. Ainsi la décision
reconnaissant qu'il y a eu absence de volonté ou de faute dans
la perpétration d'un fait poursuivi correctionnellement ou criminellement, peut, après avoir fait écarter la responsabilité pénale, être invoquée comme devant aussi faire écarter la responsabilité civile (V. Chose jugée, nᵒ 575). — Spécialement, en cas
d'acquittement prononcé au profit d'un individu poursuivi pour
homicide volontaire, la cour d'assises ne peut condamner cet
individu à des dommages-intérêts envers la famille de la victime,
comme responsable tout au moins d'un accident, qu'en spécifiant
que cet accident est imputable à une faute de sa part (Crim. cass.
10 juill. 1862, aff. Brand, D. P. 64. 1. 47).

39. Les règles sur l'interprétation de l'intention des contractants ont été exposées au mot Obligations, nᵒˢ 865 et suiv.
(V. aussi eod., sur l'intention de s'engager, nᵒˢ 43 et suiv.; sur
l'intention de ratifier, nᵒ 4505; sur l'intention de prendre un
engagement indivisible, nᵒ 1523, etc.). Il ne peut donc être
question ici que de rappeler les plus saillantes.

40. Dans les actes, ce qui doit être pris en considération,
c'est moins la forme extérieure ou apparente de la convention
que le fond même, autrement dit le but que la volonté des
contractants s'est proposé d'atteindre. C'est d'après l'intention
des parties que la convention est qualifiée, en matière d'enregistrement, pour la perception des droits (V. Enregistrement,
nᵒˢ 86 et suiv). — Entrant dans cette voie, la législation et la
jurisprudence attachent de moins en moins une importance décisive aux termes qui ont été employés par les contractants.
D'après l'art. 1002 c. nap., le legs universel doit produire son
effet, qu'il ait été fait sous cette désignation ou sous la dénomination d'institution d'héritier (V. Dispos. entre-vifs et testam.,
nᵒˢ 3422 et suiv.).—La substitution, dans le cas où elle est permise, doit être déclarée valable par cela seul que la volonté de
substituer dans l'acte, encore même que le mot ne
s'y trouverait pas, la loi n'ayant imposé aucune formule sacramentelle (V. Substitution, nᵒ 53). — L'expression mes volontés
équivaut à l'expression mon testament, quand elle est placée sur
un acte qui en a le caractère apparent (V. Dispos. entre-vifs et
testam., nᵒ 2599). — V. au surplus Termes sacramentels,
nᵒˢ 20, 28 et suiv.

41. L'interprétation des actes doit se faire le plus possible
à l'aide des actes eux-mêmes (V. Acte, nᵒ 28). Cette règle est
surtout rigoureuse en matière d'interprétation de testaments
(V. Dispos. entre-vifs et testam., nᵒˢ 3493 et suiv.). — Les contrats qui ont pour objet des actes d'obligance ou de bienfaisance, comportent ordinairement une interprétation restrictive:
on n'est pas présumé avoir voulu trop largement se dépouiller
et l'on ne peut dire des faveurs des particuliers comme de celles
de la loi : « favores ampliandi. » — C'est notamment le mode
d'interprétation admis par la jurisprudence civile en matière de
cautionnement civil, l'acte étant ordinairement gratuit (V. Cautionnement, nᵒ 91 et suiv.).—La gestion d'affaires est aussi un
acte d'obligance et de bienfaisance; on ne présumera pas facilement que celui qui a rendu ce service a entendu le faire à ses
frais et qu'il a renoncé au remboursement des dépenses que
son exécution a coûtées (V. Obligations, nᵒˢ 5399 et suiv.).

42. En l'absence d'indications précises, c'est par appréciation de l'intention des parties que le juge doit décider quelles
choses ont été comprises parmi les accessoires de l'objet principal sur lequel porte la convention (V. Accessoires, nᵒ 53; Vente,
nᵒˢ 642 et suiv.). Ainsi le fait d'une vente séparée d'un immeuble
et des objets mobiliers qui le garnissent, atteste l'intention de
changer la destination qui faisait de ces objets les accessoires
de l'immeuble; mais une séparation accidentelle ne devrait pas
faire présumer la volonté du propriétaire de changer la destination établie (V. Biens, nᵒˢ 128 et suiv.).—En matière d'assurances contre l'incendie, on présumera que les parties ont entendu étendre les effets de l'assurance aux objets compris dans
les dépendances nécessaires de l'appartement assuré, bien qu'on
ait omis de s'en expliquer (V. Assurances terrestres, nᵒ 160).

43. Il arrive souvent que la volonté de contracter se trouve,
par suite de la connaissance de faits se rapportant au contrat ou
à la capacité du contractant, contraire à la bonne foi et à l'é-

quité. Cette nature particulière de dol est ordinairement réprimée par la perte d'un recours ou par la nullité de la convention.

44. Les tiers qui ont connu le fait de la révocation du mandat et ont, malgré cette connaissance, traité avec le mandataire, ne sont pas de bonne foi et ne peuvent, dès lors, se prévaloir des actes passés avec ce dernier, qui n'aurait pas encore eu connaissance du fait de la révocation de ses pouvoirs; il en est de même de ceux qui ont traité sachant que le décès du mandant avait mis fin aux pouvoirs du mandataire. — V. Mandat, n° 471.

45. L'emprunteur qui a accepté le prêt d'une chose qu'il savait appartenir à un tiers, est tenu vis-à-vis de celui-ci à la restitution de la chose, tandis que l'emprunteur qui a ignoré cette circonstance n'est obligé que vis-à-vis du prêteur : dans ce dernier cas, la bonne foi du contractant lui donne le droit d'invoquer la maxime « *Possession vaut titre* ». — V. Prêt n°s 154 et suiv.

46. Un individu, sachant que son vendeur a déjà disposé de la chose par une vente sous seings privés, acquiert néanmoins de lui cette même chose par acte notarié; cette connaissance, si elle est établie, doit-elle faire déclarer l'acquisition nulle comme étant entachée de dol?—V. Obligations, n° 213, et Vente, n° 75.

47. Un acquéreur a acheté un immeuble que lui a vendu l'héritier présomptif du propriétaire, et il a stipulé une clause pénale pour le cas où le vendeur ne remplirait pas son engagement. L'exécution de cette clause pénale est subordonnée à la question de savoir si l'acquéreur était de bonne foi et s'il a ignoré que la chose vendue n'appartenait pas encore au vendeur. — V. Accessoire, n° 42.

48. La circonstance qu'un acquéreur a su que c'est par suite des violences d'un tiers que le propriétaire a consenti à lui vendre son immeuble, le rend passible, à raison de sa mauvaise foi, même de la restitution des fruits (c. nap. 549 et 550; V. Chose jugée, n° 206-4°).—La connaissance des vices du titre d'acquisition fait perdre, de même, le droit de retenir la chose jusqu'au payement des améliorations qui y ont été faites (V. Rétention, n° 19). — V. *infra*, n°s 60 et 63.

49. L'annulation d'un acte pour cause de simulation entraîne la nullité des actes postérieurs auxquels ont pris part des tiers étrangers à cette simulation, s'ils l'ont connue et ont ainsi été à même de prévoir la demande de nullité qui les atteint. Il en est autrement lorsque ces tiers ont contracté de bonne foi. — V. Obligations, n°s 1045 et 3206, et Office.

50. La connaissance qu'il avait de sa propre insolvabilité rend nulle la donation qu'un individu a faite ainsi au détriment de ses créanciers. — V. Faillite, n° 277; Dispositions entre-vifs et testam., n° 252.

51. En matière d'assurances, la connaissance de la perte du navire que l'on fait assurer, non-seulement rend nul le contrat, mais encore expose à des poursuites pour délit d'escroquerie. — V. Droit maritime, n°s 1801 et 1816.

52. Un échangiste, après avoir abusé de la chose qu'il a reçue de son cocontractant, demande la nullité de l'acte; il est établi qu'il en connaissait les vices avant les faits abusifs qu'il s'est permis. S'étant mis de mauvaise foi dans l'impossibilité de faire une restitution sérieuse et complète, il doit être déclaré déchu du droit de demander la rupture du contrat.—V. Échange, n° 20.

53. L'individu qui s'est empressé de contracter avec un prodigue, en apprenant la formation, contre celui-ci, d'une demande en nomination d'un conseil judiciaire, peut-il faire déclarer valable l'engagement du prodigue? — La question était controversée dans l'ancien droit, où l'on penchait pour la nullité. La jurisprudence la plus récente se prononce pour la validité, parce qu'il s'agit d'engagements contractés par un individu capable, et que le dol ne résulte pas suffisamment de la seule connaissance des poursuites. Au reste, la solution doit varier suivant les espèces. — V. Interdiction-conseil judiciaire, n° 309.

54. Il est des actes de mauvaise foi que la loi frappe d'une pénalité particulière et purement civile. Cette pénalité ne peut évidemment être encourue que dans le cas où l'intention frauduleuse est établie. Ainsi la perte du droit de renoncer à la communauté, prononcée par l'art. 1460 c. nap. contre la veuve qui a diverti

ou recélé des effets en dépendant, la perte de la faculté de renoncer à la succession prononcée contre les héritiers qui ont diverti ou recélé des effets appartenant à cette succession, ne sont encourues que dans le cas de dol véritable (V. Contrat de mariage, n°s 2193 et suiv.; Succession, n°s 625 et suiv.). Ce qui confirme cette interprétation, c'est le texte même de l'art. 801 c. nap. qui réprime un délit civil analogue : « L'héritier, y est-il dit, qui s'est rendu *coupable* de recélé, ou qui a omis, sciemment et *de mauvaise foi*, de comprendre dans l'inventaire des effets de cette succession, est déchu du bénéfice d'inventaire » (V. Succession, n° 961). — Même observation pour l'application de l'art. 1477, portant que « celui des époux qui aurait diverti ou recélé des effets de la communauté, est privé de sa portion dans lesdits effets » (V. Contr. de mariage, n°s 2429 et suiv.).—Enfin, il convient d'ajouter que l'intention dolosive est l'un des éléments constitutifs de l'infraction désignée sous le nom de *stellionat* (V. Contrainte par corps, n°s 170 et suiv.).

55. *Droit commercial.* — Nous retrouvons ici les mêmes principes qu'en matière civile; il suffira de faire connaître quelques applications des règles déjà indiquées, que fournit l'interprétation des articles du code de commerce.

56. C'est également à l'intention des parties plutôt qu'à la forme de l'acte qu'il faut s'attacher pour décider si un acte a un caractère commercial; l'intention de spéculer qui fait acheter dans le seul but de revendre, est ce qui caractérise l'acte de commerce (V. Acte de commerce, n°s 17, 30, 42, 51 et suiv. et 137; Compétence commerciale, n° 46); dans le cas où le caractère commercial d'une vente est contesté, il est nécessaire que le juge consulaire, s'il retient la connaissance de la contestation, mentionne dans sa décision l'intention dans laquelle l'acte litigieux a été passé (V. Acte de commerce, n° 23).

57. L'intention peut commercialiser une opération qui ordinairement a le caractère d'un acte civil. Ainsi, une exploitation de mines peut présenter les caractères d'une entreprise commerciale (V. Acte de commerce, n° 289; Mines, n° 270).—Pour apprécier la nature civile ou commerciale d'un billet souscrit par un commerçant, c'est encore l'intention du souscripteur au moment de la souscription qu'il faut rechercher. — V. *eod.*, n° 390.

58. En se livrant habituellement à des actes de commerce, un individu devient de fait commerçant (V. Commerçant, n° 83). Toutefois l'artisan qui n'achète pour revendre que dans le but accessoire de faire valoir sa main-d'œuvre, n'est pas réputé commerçant (V. *eod.*, n° 33). Il est aussi des achats pour revendre qui, à raison de la nature des objets acquis, tels qu'immeubles, titres au porteur, etc., ne font pas présumer l'intention de commercer et sont considérés comme des placements de capitaux (V. Trésor public, n° 1312).

59. L'intervention d'un fait volontaire sert à distinguer les avaries que doivent supporter en commun le propriétaire d'un navire et l'affréteur, de celles qui doivent être supportées exclusivement par le propriétaire de la chose endommagée par application de la règle res perit domino. L'art. 400 c. com. dit à cet égard : « Sont avaries communes (ou de nature à être supportées en commun par l'affréteur et par le propriétaire), en général, les dommages soufferts volontairement et les dépenses faites, d'après délibérations motivées, pour le bien et le salut commun du navire et des marchandises depuis leur chargement et départ jusqu'à leur retour et déchargement. » — V. Droit maritime, n° 1071.

60. En matière commerciale comme en matière civile, la connaissance de certains faits antérieurement à la conclusion d'une convention ou de l'accomplissement d'un acte, peut engendrer soit une nullité, soit une déchéance. Celui qui connaît l'état de cessation de payements de son débiteur, ne peut de bonne foi toucher de celui-ci, le payement d'une dette échue; c'est en effet enlever à d'autres créanciers une partie de ce qui leur revient dans le gage commun. L'art. 447 c. com. déclare donc que le payement de tout acte onéreux consenti dans de telles circonstances pourra être annulé (V. Faillite, n°s 508 et suiv.). —Le tiers porteur qui a reçu le payement d'un billet à ordre dans de telles circonstances n'est pas soumis à l'action en rapport, laquelle n'atteint, aux termes de l'art. 449, que le premier en-

dosseur (ou s'il s'agit d'une lettre de change, que le tireur ou donneur d'ordre), et dans le cas seulement où il est prouvé que ce dernier a connu l'état de cessation des payements. Cependant si le tiers porteur a connu la fraude de son cédant et s'y est associé, les auteurs estiment qu'il ne peut plus réclamer le bénéfice que lui accorde l'art. 449 (V. *eod.*, n° 339). — Rappelons qu'un tiers ne peut valablement se faire consentir des avantages par un débiteur dont il connaît l'insolvabilité (V. Obligations, n° 988). — La nullité d'un billet à ordre résultant de suppositions de nom, de domicile, de lieu, etc., peut ou ne peut pas être opposée au tiers porteur suivant que celui-ci a ignoré ou a connu la simulation (V. Effets de commerce, n°⁵ 141 et suiv. et 201). — V. *suprà*, n°⁵ 26 et 28.

61. Le droit de délaisser le navire court pour l'assuré du jour où il a eu connaissance du sinistre. — V. Droit maritime, n° 2162.

62. *Droit public et administratif.* — C'est en vertu d'une délégation de pouvoir émanée de la volonté nationale qu'a été rédigée et promulguée la constitution de 1852; il faut une nouvelle intervention de la volonté nationale pour que des changements puissent être apportés aux dispositions fondamentales de cette constitution (V. Souveraineté, n°⁵ 13 et suiv.). — Un acte de la volonté nationale est nécessaire pour l'affectation de biens meubles et immeubles au domaine de la couronne (V. Domaine de la couronne, n° 21).

63. La volonté des électeurs n'est prise en considération que dans le cas où ont été observées les dispositions prescrites pour assurer le secret et l'indépendance des votes (V. les solutions législatives analysées D. P. 64. 3. 70, n°⁵ 440 et suiv.). — Il y a lieu quelquefois d'interpréter un vote pour décider si le votant a entendu désigner telle personne ou une autre du même nom. (V. *loc. cit.*, p. 77, n°⁵ 388 et suiv.; Droit politique, n° 785).

64. Lorsqu'un traité a été conclu entre deux puissances, la volonté d'une seule des parties contractantes est impuissante à en changer les dispositions (V. Traité international, n° 129). — L'état de guerre rompt les traités qui existaient entre les puissances belligérantes, et le rétablissement de la paix n'implique pas la volonté de rétablir les traités que la guerre a anéantis (V. *eod.*, n° 182).

65. La connaissance de la conclusion de la paix rend nulles les prises maritimes effectuées même dans le délai stipulé pour l'application de ses effets aux hostilités maritimes. — V. Prises maritimes, n°⁵ 14 et suiv.

66. Lorsqu'une loi n'a pas encore été promulguée, la connaissance de fait de cette loi ne suffit pas pour obliger d'y obéir avant qu'elle soit exécutoire. Mais on peut, dans un acte, déclarer qu'on contracte sous l'empire de cette loi. — V. Lois, n°⁵ 172 et suiv.

67. L'abrogation d'une loi est formelle ou implicite; l'abrogation implicite, rappelée souvent dans la disposition finale des lois, est celle qui résulte de l'adoption d'une disposition contraire. Quelques cas d'abrogation par prétérition ont été admis par la jurisprudence, contrairement à cette règle que le silence du législateur, en faisant une loi sur une matière spéciale, ne fait pas supposer la volonté d'abroger les dispositions antérieures qu'il ne reproduit pas. — Ainsi il a été jugé que la disposition de l'art. 119 de la loi électorale du 18 mars 1849, suivant laquelle la poursuite des délits électoraux imputés à des agents du gouvernement n'est pas soumise à l'autorisation préalable du conseil d'État, se trouve, en ce qu'elle n'a pas été reproduite dans le décret organique du 2 fév. 1852, et en ce qu'elle est contraire à l'esprit de ce décret, frappée d'une abrogation virtuelle (Crim. rej. 9 août 1862, aff. Labroquère, D. P. 63. 1. 49.; Crim. cass. 11 avr. 1863, aff. Mireur, D. P. 63. 1. 380; V. nos observations sur le premier de ces arrêts). — Le corps législatif a également admis l'abrogation par prétérition de la disposition qui déclarait incompatible avec le mandat de député ou représentant, la fonction d'administrateur d'un chemin de fer. — V. M. Grün, Jurispr. élect. parlem., de 1852 à 1864, n° 618.

68. L'abrogation d'un règlement ne suppose pas la volonté de rétablir le règlement antérieur, volonté qui parfois excéderait les pouvoirs de l'autorité qui prononce l'abrogation. — V. Cons. d'Et. 11 août 1859, aff. com. de Saujon, D. P. 60. 3. 43.

69. *Procédure civile et administrative.* — A côté d'applications des règles déjà indiquées, nous allons rencontrer quelques règles spéciales à la procédure.

70. Contrairement au principe suivi pour l'interprétation des contrats, ce sont les termes de l'acte plutôt que l'intention présumée de la partie qu'il faut consulter lorsqu'il s'agit de déterminer l'étendue de la dévolution résultant d'un appel interjeté dans un procès civil. — V. Appel civil, n° 1184.

71. Au contraire, l'étendue des effets d'une élection de domicile ne s'apprécie pas seulement d'après les termes de l'acte, mais aussi d'après les circonstances. — V. Domicile élu, n°⁵ 68, 75 et 122.

72. La reprise d'instance effectuée par des héritiers uniquement en vue de faire déclarer l'instance périmée, n'a pas, à raison de cette intention, pour effet d'empêcher la péremption. — V. Péremption, n° 212.

73. Il est parfois nécessaire de remonter à l'intention dans laquelle a été commis le fait formant l'objet d'une action, pour apprécier si l'action à laquelle le demandeur a eu recours est bien celle qu'il y avait lieu d'intenter. Ainsi, bien que l'individu qui a formé une action possessoire ait eu à se plaindre d'une atteinte à son droit de propriété, si la voie de fait imputée au défendeur ne tendait pas à une dépossession, l'action possessoire a été à tort introduite. — V. Action possessoire, n° 83.

74. L'acquiescement est exprès ou tacite. Comme il s'agit de la renonciation à un droit, l'interprétation doit, dans les cas douteux, rejeter plutôt qu'admettre l'existence d'une intention d'acquiescer. Ainsi certains faits, tels que les actes conservatoires, ne dénotent pas cette intention (V. Acquiescement, n°⁵ 32 et 541; nous renvoyons au même mot, n°⁵ 256 et suiv., 295 et suiv., 518 et suiv., pour l'indication des faits qui ont été considérés comme impliquant la volonté d'acquiescer). — L'intention d'acquiescer ne peut exister que dans le cas où l'on a connu la décision que l'on est censé renoncer à attaquer (V. *eod.*, n°⁵ 89 et 828). — Au reste, le juge du fait décide souverainement s'il y a eu ou s'il n'y a pas eu l'intention d'acquiescer (V. *eod.*, n°⁵ 245 et suiv.); il peut, malgré la réserve du droit de recours, voir un acquiescement dans des faits tendant à l'exécution de la décision (V. *eod.*, n° 505).

75. Le désistement ne se présume pas non plus; on ne peut induire l'existence d'un désistement tacite que de faits révélant avec certitude l'intention de renoncer au recours déjà formé (V. Désistement, n°⁵ 72 et suiv.). Le juge doit rechercher dans quelle intention le désistement a été donné, et il peut déclarer, d'après une appréciation qui est souveraine, qu'il a un caractère conditionnel (V. *eod.*, n° 71).

76. En matière civile, les significations sont généralement considérées comme des formalités rigoureuses qui ne peuvent être suppléées par des équivalents (V. Termes sacramentels-équivalents, n°⁵ 59 et suiv.), et que ne saurait suppléer la connaissance que la partie intéressée aurait acquise par une autre voie (V. Signification, n° 64). Ainsi, le délai de l'appel n'a pas couru contre la partie qui n'a eu connaissance de la décision rendue contre elle que par une voie autre que celle d'une signification régulière (V. Appel civil, n° 951, et Jugement par défaut, n° 254-2°).—La connaissance d'un acte acquise par un tiers en dehors des conditions que la loi a établies pour rendre son existence apparente, ne couvre pas non plus la nullité à l'égard de ce tiers (V. Nullité, n° 55).

77. Cependant il est admis que le tiers saisi qui avoue avoir eu connaissance de la saisie-arrêt, aurait tort de ne pas se considérer comme obligé parce que la signification à lui faite serait irrégulière (V. Saisie-arrêt, n° 324). De même il a été jugé que la connaissance de fait que des héritiers ont eue d'un titre exécutoire contre leur auteur, suppléée, vis-à-vis d'eux, à la signification préalable prescrite par l'art. 877 c. nap. — V. Acquiescement, n° 835, et Jugement, n° 509.

78. La loi elle-même attache, dans un cas important, un effet légal à la simple connaissance de l'acte. Ainsi, pour l'application de l'art. 158 c. pr. civ., qui déclare recevable jusqu'à l'exécution l'opposition au jugement rendu par défaut contre une partie qui n'a pas d'avoué, l'art. 159 dispose que « le jugement est réputé exécuté..., lorsqu'il y a quelque acte duquel il résulte

nécessairement que l'exécution du jugement a été connue de la partie défaillante. » Les questions auxquelles a donné naissance l'interprétation de cette dernière partie de l'art. 159, ont été examinées au mot Jugement par défaut, n°ˢ 117, 130 et suiv., 395, 398 et suiv., 403 et 410. — Quant au point de savoir quels actes constituent l'exécution du jugement, c'est un point de droit dont la solution tombe sous le contrôle de la cour de cassation. — V. *eod.*, n° 147.

79. La connaissance que l'administration a pu avoir d'un acte fait courir à son égard la prescription des droits d'enregistrement dont cet acte est passible. — V. Enregistr., n° 5557.

80. En matière administrative, il était admis que la connaissance d'une décision équivaut à la notification, et que le délai du recours a couru à partir du jour où elle est prouvée (V. Cons. d'Et., n°ˢ 178, 216 et 230). — Mais la jurisprudence la plus récente consacre l'opinion contraire (V. Cons. d'Et. 22 janv. 1863, D. P. 63. 3. 2, et la note).

81. Le défaut de notification d'un fait enlève à la partie qui était tenue de l'accomplissement de cette formalité, le droit de critiquer les actes de procédure que des tiers ont accomplis dans l'ignorance de ce même fait. Ainsi pour obliger l'adversaire à interrompre l'instance, sauf à la reprendre contre qui de droit, il faut dénoncer le changement d'état ou le décès de la partie contre laquelle il ne peut plus agir (V. Reprise d'instance, n°ˢ 24 et suiv., 40).—Si le décès n'a pas été notifié, l'exploit signifié dans l'ignorance de ce fait au domicile de la personne décédée peut être déclaré valable (V. Exploit, n° 199).—De même la procédure continuée par un avoué, dans l'ignorance d'un désistement que la partie adverse a signifié à son client personnellement au lieu de le signifier par acte d'avoué à avoué, n'est pas frappée de nullité (V. Désistement, n° 133).

82. Mais la décision rendue par le juge dans l'ignorance d'un fait qui le dessaisit ou qui a mis fin au procès, n'a pas de fondement et doit, sur la preuve de ce fait, être rétractée ou déclarée sans valeur. — Tel est le cas où il a été statué sur un pourvoi dont la partie s'était désistée en temps utile (V. ch. crim. 10 fév. 1859, aff. Cominal, D. P. 61. 5. 61).—Tel était aussi le cas où des mesures avaient été prises par l'administration à l'égard d'un émigré, dans l'ignorance d'une amnistie dont le bénéfice lui était acquis et qui le replaçait sous l'empire du droit commun (V. Émigré, n° 214-1°).

83. La loi ayant réglé le mode d'instruction des contestations devant les diverses juridictions, le juge ne peut prendre pour base de sa décision la connaissance des circonstances de la cause, qu'il aurait acquise ou se serait procurée par des voies autres que celles établies. Sur ce principe, qui est commun à toutes les matières, V. Enquête, n° 63; Instruction criminelle, n° 897; Jugement, n° 30; Obligations, n° 4621; Preuve, n° 66. — V. toutefois Descente sur lieux, n°ˢ 19 et suiv. .

84. Il est des délais et des formalités dont la volonté des intéressés est impuissante à relever ceux qui sont tenus à leur observation. En matière d'arbitrage, lorsque le compromis n'a pas fixé le délai dans lequel les arbitres devront prononcer, et que les parties se trouvent ainsi soumises au délai légal de trois mois, les tribunaux ne peuvent accorder une prorogation de délai, sous prétexte que telle serait l'intention des parties. — V. Arbitrage, n° 690.

2. — De la *volonté considérée comme élément des crimes, délits et contraventions.*

85. Ce sujet a déjà été abordé au mot Peine, principalement dans un paragraphe intitulé : « De l'intention, de la bonne foi, de l'ignorance », n°ˢ 369 et suiv. Il ne nous reste qu'à reprendre ici quelques indications sommaires, destinées à relier entre eux les renvois à ceux de nos autres traités dans lesquels les mêmes questions ont été incidemment examinées.

86. *Notions générales:* — C'est un principe aujourd'hui hors de controverse qu'il faut la preuve d'une volonté criminelle pour que la répression, à titre de crime, d'un fait préjudiciable, puisse être justifiée (V. Peine, n° 101). Il est arrivé plusieurs fois que, dans un demi-sommeil, et croyant avoir affaire à son mari, une femme mariée a eu des relations avec un individu qui abusait de

son erreur. Son adhésion à ces relations ne constitue pas le délit d'adultère, alors qu'elle a protesté dès qu'elle s'est aperçue de la substitution; de même n'est pas coupable d'adultère la femme mariée qui, se croyant veuve, vit en concubinage (V. Adultère, n°ˢ 20 et suiv.). — La loi, d'ailleurs, a proclamé ce principe de la manière la plus expresse dans trois dispositions du code pénal : « Il n'y a ni crime ni délit, dit l'art. 65, lorsque le prévenu était en état de démence au temps de l'action, ou lorsqu'il a été contraint par une force à laquelle il n'a pu résister. » (Sur les cas de démence, de somnambulisme, de surdi-mutité, de sortilége, d'ivresse, V. Peine, n°ˢ 381 et suiv., et 402). — « Il n'y a ni crime ni délit, disent encore les art. 327 et 328, lorsque l'homicide, les blessures et les coups étaient ordonnés par la loi et commandés par l'autorité légitime, ou lorsqu'ils étaient commandés par la nécessité actuelle de la légitime défense de soi-même ou d'autrui » (V. Peine, n°ˢ 414 et suiv.). — C'est par application de cette règle que la loi incrimine la tentative de crime seulement lorsqu'elle n'a manqué son effet que par des circonstances indépendantes de la volonté; l'abandon volontaire de la tentative ne permet plus de poursuivre que les actes préparatoires ou tendant à un commencement d'exécution qui, en eux-mêmes, constitueraient des délits (V. Tentative, n° 62 et suiv., 75 et suiv.; V. encore Délit, n°ˢ 18 et 19).

87. D'un autre côté, l'intention criminelle sans un fait qui la manifeste et soit préjudiciable, ne peut, à elle seule, constituer un crime ou un délit. Aussi les criminalistes ont-ils blâmé énergiquement la doctrine du pouvoir révolutionnaire qui s'était attribué le droit de punir des suspects et de frapper des crimes purement intentionnels (V. Compét. crim., n° 673), celle qui plus tard admit les poursuites qu'on a qualifiées de *procès de tendance* (V. Presse, n° 54), ainsi que les théories qui étendent l'application de la peine à la complicité morale (V. Complicité, n° 95).—Les tribunaux ont eu quelquefois à s'expliquer sur cette question. Nous avons rapporté v° Tentative, n°ˢ 79 et suiv., plusieurs solutions concernant des facilités impossibles (V. aussi v° Faux, n°ˢ 1 et 104). Nous avons à citer ici une décision semblable, de laquelle il résulte que les manœuvres tentées pour procurer l'avortement d'une femme dont la grossesse n'était qu'apparente, ne tombent pas sous l'application de l'art 317 c. pén.; que par suite, dans la question posée au jury en matière de tentative d'avortement, il y a nécessité, alors que l'acte d'accusation s'en explique, de mentionner la circonstance de la grossesse, la tentative n'impliquant pas comme l'avortement consommé l'existence de cette circonstance (Crim. cass. 6 janv. 1859, aff. Ollivier, D. P. 59. 1. 356). — V. encore Crimes et délits contre les personnes, n° Adultère, n° 25.

88. Si la volonté *manifestée* de commettre un crime ne peut jamais équivaloir à la perpétration du crime lui-même, il faut cependant reconnaître qu'elle pourrait constituer par elle-même une infraction punissable. Une telle manifestation est toujours un scandale public, une menace ou une injure pour ceux que vise le crime conçu devait atteindre : la loi devrait peut-être appliquer une peine à un fait qui est à la fois préjudiciable ou immoral; on ne verrait plus, de la sorte, ces ovations décernées après acquittement à des individus qui, n'ayant pas commis le crime dont ils sont accusés, sont néanmoins convaincus d'avoir manifesté, le plus souvent publiquement et par des actes, l'intention de le commettre.

89. Le consentement de la victime n'enlève pas le caractère de crime à l'attentat dirigé contre sa vie. Le meurtre d'une personne dont on s'est proposé de faciliter le suicide est donc, dans le sens de la loi pénale, un homicide volontaire. En fait, le survivant des deux individus qui ont préparé ensemble un suicide qui devait être commun, est toujours traduit devant les tribunaux comme coupable du meurtre de celui auquel il a survécu (V. Délit, n° 20 ; Crimes et dél. contre les pers., n° 25). Quoique la question soit plus délicate, la même doctrine a été appliquée au meurtre commis en duel; la convention de duel n'est pas une justification de l'homicide ou des blessures volontaires. Mais il est parfois difficile de caractériser l'infraction, lorsque la convention de duel imposait la cessation du combat au premier sang, et ne révélait pas nécessairement une intention de meurtre (V. Duel, n°ˢ 2, 117, 122 et suiv.). — L'attentat à la pudeur

ne pouvant exister que dans le cas d'emploi d'une violence physique, il est admis que si la victime, sous la seule influence d'une violence morale, s'est abstenue de résister, le fait commis à son égard n'est pas criminel. Mais la violence physique n'est plus un élément essentiel du crime, lorsque l'attentat à la pudeur est commis à l'égard d'un mineur, si ce mineur a moins de treize ans ou si le coupable est un de ses ascendants (art. 331 c. pén., modifié par la loi du 13 mai 1863, D. P. 63. 4. 104). — V. Attentat aux mœurs, nᵒˢ 79 et suiv.

90. La restitution postérieure aux poursuites, alors même qu'elle aurait toujours été dans l'intention de l'auteur du vol ou de l'abus de confiance, n'efface pas, non plus, le délit, qui doit être apprécié d'après les intentions de l'agent au moment de la perpétration du fait. — V. Abus de conf., nᵒ 104; Vol, nᵒˢ 111 et suiv.

91. L'intention de nuire est un élément essentiel du crime ou du délit, non-seulement au regard de l'auteur principal, mais aussi au regard du complice; il est donc nécessaire que l'existence de cet élément soit constatée dans l'assistance incriminée; et cette assistance n'est coupable qu'autant qu'à la volonté d'aider s'est jointe la connaissance du but criminel de l'entreprise (V. Complicité, nᵒ 149).—Nous avons eu occasion d'insister sur ce point en matière d'associations illicites (V. Associations illicites, nᵒ 36), de recel de malfaiteurs ou d'ennemis de l'Etat (V. Associations de malfaiteurs, nᵒ 21; Complicité, nᵒ 193; Crimes contre la sûreté de l'Etat, nᵒ 66), en matière de recel d'objets volés (V. Complicité, nᵒˢ 47, 203 et 209), et en général en matière d'aide et assistance pour la perpétration d'un crime ou d'un délit (eod., nᵒˢ 80 et suiv.).— Cependant il a été admis qu'il n'est pas nécessaire pour qu'il y ait complicité du crime d'attentat à la pudeur, que celui qui a facilité les actes de violence ait connu le but précis que se proposait l'auteur du crime (V. Attentat aux mœurs, nᵒ 132; V. aussi *infra*, nᵒ 97).

92. Il y a des degrés divers dans l'immoralité de l'intention. La persévérance dans le projet, et la persistance à en chercher l'exécution, sont une cause d'aggravation (V. sur la préméditation, vᵒ Crimes et délits contre les personnes, nᵒˢ 43 et suiv.). La préméditation n'est pas une circonstance aggravante en matière de délits, et c'est peut-être une omission à reprocher au législateur, car la pratique a démontré que les délinquants condamnés pour escroqueries ou pour vols commis après d'habiles préparations, sont de tous les criminels les plus incorrigibles et ceux qui fournissent aux statistiques sur la récidive le plus fort contingent (V. M. Charles Lucas, Théorie de l'emprisonnement, t. 1, p. 46). — Au contraire, l'influence considérable exercée sur la volonté par une injustice, telle que la provocation, l'attentat contre l'honneur du mari, etc., devient une excuse et fait dégénérer le crime en délit (V. Peine, nᵒˢ 350 et suiv.).—Le défaut de discernement chez le criminel, mineur de seize ans, modifie également la répression (V. eod., nᵒˢ 421 et suiv.).—Enfin la déclaration qu'il existe dans la cause des circonstances atténuantes permet de modérer la peine en matière de crimes, de délits et de contraventions, à moins qu'il ne s'agisse de délits et contraventions prévus par des lois spéciales qui n'admettent pas l'application de l'art. 463 c. pén. (V. eod., nᵒˢ 508 et suiv.). — Mais le défaut de volonté délictueuse ou même de discernement n'exerce pas la même influence sur la solution de la question de responsabilité civile que sur la solution de la question de responsabilité pénale (V. Responsabilité, nᵒˢ 30 et 140; Frais, nᵒˢ 1015 et suiv.).

93. Il n'est pas permis de s'exposer à une peine ou de subir une condamnation, contrairement à la vérité des faits ou contrairement à la loi. L'aveu d'un crime ne dispense pas le juge d'en constater l'existence, et ne rend pas nécessaire l'application de la peine, si la preuve n'est pas faite (V. Preuve, nᵒ 100). — L'acquiescement à la condamnation n'enlève pas au condamné l'exercice de son droit de recours, tant qu'il se trouve dans les délais; il en est ainsi même en matière de simple police (V. Crim. rej. 16 fév. 1859, aff. Rœderer, D. P. 62. 1. 104, et la note; Crim. rej. 24 janv. 1862, D.P. 62. 1. 145).—Enfin le refus qu'un condamné ou un prévenu ferait du bénéfice d'une amnistie, ne devrait pas empêcher de lui en faire l'application (V. Amnistie, nᵒˢ 125 et suiv.).

94. Le juge du fait est souverain pour la solution des questions d'intention, même dans le jugement des délits commis par la parole ou par la presse (V. Cassation, nᵒˢ 1224 et suiv.). Toutefois, l'application de ce principe donne lieu parfois à des distinctions délicates. — Il a été jugé qu'il appartient à la cour de cassation de vérifier, en dehors de la question intentionnelle souverainement résolue par le juge du fait, si l'écrit incriminé, examiné dans ses détails et dans son ensemble, présente effectivement le caractère injurieux ou diffamatoire que ce juge lui a reconnu (V. Crim. cass. 9 juin 1864, aff. Journ. le Sémaphore, D. P. 64. 1. 49, et nos observations; Crim. cass. 31 déc. 1863, aff. Reibel, D. P. 64. 1. 103; Crim. rej. 17 mars 1864, aff. Robin, D. P. 64. 1. 104; V. Cassation, nᵒˢ 1226 et suiv., 1774). — Comme la volonté doit s'apprécier eu égard à la criminalité que le législateur a prise en considération pour la détermination de la peine, il nous a paru que dans les cas où la criminalité de l'intention était discutable, la latitude laissée à la défense devait aller jusqu'à lui permettre de faire connaître la loi aux jurés, pour qu'ils puissent mesurer si la culpabilité, dans l'affaire qui leur est soumise, atteint véritablement le degré de perversité dont le législateur s'est préoccupé en édictant la répression (V. Défense, nᵒ 134).—La question de criminalité et la question de faute sont deux questions différentes; de là les difficultés fort délicates qui s'élèvent toutes les fois que la décision négative du jury est invoquée comme ayant l'autorité de la chose jugée au civil (V. notamment Chose jugée, nᵒˢ 419 et 481).

95. *Crimes.* — Il n'est pas besoin d'insister sur ce principe, évident en soi, qu'il ne peut y avoir de crime sans intention de nuire. — Ainsi, pas de crime de bigamie si celui qui a contracté un second mariage a cru de bonne foi à la dissolution du premier (V. Bigamie, nᵒˢ 9, 23 et suiv.). — Pas de crime de faux, lorsque les irrégularités ou inexactitudes commises dans un acte, l'ont été sans intention de nuire (V. Actes de l'état civil; Faux, nᵒˢ 127 et suiv., 215, 771).—Pas de crime d'incendie, si en mettant le feu à sa propre chose, on a agi sans intention de causer un préjudice à autrui (V. Dommage-destruction, nᵒˢ 24 et suiv.). — Pas de crime de meurtre, de parricide, d'infanticide, d'empoisonnement, s'il n'y a eu intention de donner la mort (V. Crimes et délits contre les personnes, nᵒˢ 15, 43 et suiv., 61, 83 et 97; Fonctionnaire public, nᵒˢ 160 et suiv.).

96. Comme conséquence de ce principe, il suit que la question posée au jury doit toujours comprendre l'élément intentionnel; mais l'indication de cet élément n'est pas soumise à une forme sacramentelle.—V. Crimes et délits contre les personnes, nᵒˢ 18 et suiv.; Complicité, nᵒˢ 120, 133, 144; Instruct. crim., nᵒ 2741; Vol, nᵒ 113.

97. Mais, suffit-il pour qu'il y ait crime que l'agent ait commis, dans une intention de nuire quelconque, le fait que la loi réprime, ou faut-il que cette intention ait eu pour but précisément le mal qui a été produit? — En général, la question est résolue dans le premier sens. Un individu déflore une fille avec un instrument, mais uniquement par brutalité et pour lui infliger de mauvais traitements; le fait n'est pas moins considéré comme un attentat à la pudeur avec violence (V. Crim. rej. 23 déc. 1859, aff. Defort, D. P. 60. 3. 93, nᵒ 18; V. aussi Attentat aux mœurs, nᵒˢ 73 et 76). — Un individu met volontairement le feu à des matières combustibles placées de manière à communiquer l'incendie à une maison voisine; il suffit qu'il ait pu prévoir cette conséquence quand même il ne l'aurait pas eu en vue, pour que le fait tombe sous l'application de l'art. 434 c. pén. (V.Dommage-destruction, nᵒˢ 83 et suiv., 102 et suiv.).— C'est aussi parce que le duel est un acte volontaire, qu'on considère comme homicide volontaire, le meurtre qui a été la conséquence du combat, conséquence qui devait être prévue, encore que l'inhabileté des combattants ait pu concourir à la produire (V. Duel, nᵒ 113; C. C. de Sardaigne, 22 mai 1852, aff. Dessaix, D. P. 53. 3. 181). — On décide encore de même que les coups donnés à une femme enceinte, doivent, lorsque l'avortement s'est suivi, faire condamner leur auteur comme coupable du crime d'avortement provoqué, encore qu'il ne se serait pas proposé ce résultat. Mais la question est controversée, et la solution affirmative suppose du moins que l'état de grossesse de la femme était connu de celui qui a porté les coups (V. Avorte-

ment, n° 10). — La jurisprudence admet encore que celui qui frappe une victime pour une autre, n'est pas admissible à faire considérer son action comme un homicide par imprudence (V. Crimes et délits contre les personnes, n° 19 et 50); que celui qui met le feu pour faire accuser un autre du crime d'incendie, n'en commet pas moins le crime d'incendie, à moins qu'il n'ait détruit une chose lui appartenant en propre (pourtant ce point est controversé; V. Dommage-destruction, n° 94 et 95); que celui qui s'empare de la chose d'autrui pour la détruire et non pour la garder, commet un vol (V. Vol, n° 105).

98. Une intention coupable qui se réduit à une simple complaisance, n'en est pas moins suffisante pour donner à un fait un caractère criminel. Ainsi, le fonctionnaire qui délivre un passe-port ou une feuille de route contenant de fausses indications, avec connaissance de la fraude du déclarant, ne peut, en raison de ce qu'il n'avait aucun intérêt au succès de la tromperie qu'il a facilitée, échapper à la peine encourue (V. Faux, n° 378, et Passe-port, n° 22). — De même les indications fausses qu'un notaire a introduites dans un acte uniquement pour tromper l'administration de l'enregistrement, peuvent motiver des poursuites pour crime de faux (V. Faux, n° 204).—De même encore, bien qu'un commerçant n'ait eu en vue de commettre qu'une tromperie sur la quantité, s'il a falsifié dans le but des registres destinés à servir au règlement de ses comptes avec l'acheteur, il peut être condamné pour crime de faux.—V. Crim. rej. 29 nov. 1860 (aff. Dumonteil, D. P. 61. 5. 233).

99. Dans quelques cas, la substitution d'une intention délictueuse à une autre change la nature du délit; c'est ainsi que certaines simulations, à raison du but qui les a fait commettre, rentrent plutôt dans l'escroquerie que dans le faux (V. Faux, n° 107). — L'emploi d'un bâton pour menacer et non pour frapper, fait écarter la circonstance aggravante tirée de ce que le délinquant aurait été porteur d'une arme (V. Arme, n° 43). — L'emploi de pièces fausses n'est pas réprimé comme l'émission de la fausse monnaie, si, ayant reçu les pièces pour bonnes, l'auteur du fait s'est proposé uniquement de faire retomber le préjudice sur un autre (V. Faux-fausse monnaie, n° 52 et suiv.). — Enfin, les blessures volontaires qui ont causé la mort n'entraînent plus, dans le dernier état de notre législation, la condamnation pour crime d'homicide volontaire, si le résultat a dépassé l'intention de l'agent (V. Crimes et délits contre les personnes, n° 20 et 138).

100. *Délits.* — Pour les délits comme pour les crimes, la règle est que l'intention de nuire est un élément nécessaire à l'existence de l'infraction. Sans intention de nuire, on ne peut concevoir le délit de suppression de bornes (c. pén., 456; V. Dommages-destruction, n° 301 et suiv.), celui de destruction d'ouvrages et bâtiments d'autrui (c. pén. 437; V. *eod.*, n° 163 et suiv.; Eau, n° 585), celui de dévastation de récoltes et de mutilation d'arbres appartenant à autrui (c. pén. 443; V. Dommage-destruction, n° 236 et 247), celui de destruction de signes de l'autorité (V. *eod.*, n° 160); le délit de coups volontaires (V. Crimes et délits contre les personnes (n° 153, 165 et 185); celui d'attentat à la santé par l'administration de substances nuisibles (V. *eod.*, n° 196), etc. — Dans quelques cas, la persuasion où l'auteur du fait aurait été qu'il agissait en vertu d'un droit, enlève à ce fait tout caractère délictueux. Il en est ainsi, par exemple, en matière de vol; si celui qui a pris un objet appartenant à autrui, a agi dans la conviction que cet objet lui avait été enlevé à lui-même et qu'il usait de son droit en en reprenant possession, il n'y a dans ce procédé, en cas d'erreur, qu'une voie de fait pouvant donner lieu tout au plus à une contestation civile (V. Vol, n° 95). Ainsi jugé qu'il n'y a pas vol dans le fait d'un propriétaire d'avoir capturé le poisson pris dans les paniers qu'un voisin avait placés dans des eaux où lui propriétaire estimait avoir seul le droit de pêche (Lyon, 3 janv. 1864, aff Rey, D. P. 64 2. 162).

101. Il n'y a pas non plus délit de diffamation lorsque les propos, quoique de nature à nuire, ont été tenus sans intention malveillante (V. Presse, n° 875 et suiv., 883 et suiv.); ni délit d'exposition en vente de dessins séditieux, si le marchand a agi de bonne foi (V. *eod.*, n° 586 et 1483). — Le délit de destruction de titres, celui de détournement d'objets contenus dans

un dépôt public, supposent également une intention coupable (V. Dommage-destruction, n° 205 et 459; Abus de confiance, n° 145).

102. La bonne foi est exclusive du délit, même en matière d'attentat à la liberté individuelle par un agent de l'autorité, sauf le droit de la personne lésée à des dommages-intérêts (V. Liberté individuelle, n° 29 et suiv., 35 et 66). — L'erreur a paru de nature à faire également écarter la prévention de voies de fait par un garde national envers un supérieur (V. Garde nationale, n° 384-9°). — Mais la bonne foi, prise en considération en matière de corruption de fonctionnaires, pour l'acquittement ou la mise hors de cause du prétendu corrupteur, ne devrait pas empêcher de poursuivre et de condamner le fonctionnaire qui aurait reçu les dons à lui offerts pour s'abstenir d'un acte de ses fonctions (V. Forfaiture, n° 134).

103. Il est des cas où, à raison du préjudice que l'action cause ou peut causer, la loi a supposé la mauvaise foi. — Ainsi un individu a été trouvé porteur d'armes dans un attroupement. C'est à lui de prouver qu'il avait ces armes sur lui pour un motif légitime, et qu'il n'avait nulle intention de prendre part à un mouvement séditieux (V. Armes, n° 38, 56 et 91). — La soustraction des livres, en matière de banqueroute, fait présumer chez le failli l'intention de spolier ses créanciers (V. Faillite, n° 1454).

104. Dans quelques cas, il suffit que l'agent ait été coupable de légèreté. Ainsi la jurisprudence tend à se contenter de cet élément, en matière de dénonciation calomnieuse (V. Dénonciation calomnieuse, n° 31, 32 et 112; Crim. rej. 15 avr. 1859, aff. Veil, D P. 59. 5. 120, et la note; V. aussi Crim. cass. 21 mars 1861, aff. Legentil, D. P. 61. 5. 147), et en matière de révélation de secrets (V. Révélation de secrets, n° 23 et suiv. Mais du moins faut-il qu'il y ait eu volonté positive de dénoncer ou de révéler un secret.

105. Certaines négligences et imprudences, de la nature de celles que la loi a classées parmi les contraventions de police, ont été élevées au rang des délits, à raison de l'importance du préjudice causé ou possible.—Par exemple, par suite de lenteur ou d'imprudence, un fonctionnaire a fait agir la force publique contre un attroupement sans sommation préalable; malgré sa bonne foi, il devra être déclaré coupable de délit (V. Attroupement, n° 23). Les négligences et imprudences qui ont causé un homicide ou des blessures involontaires, sont réprimées comme délits (c. pén. 319 et 320; V. Crimes contre les personnes, n° 199 et suiv., 213 et suiv.).

106. *Délits-contraventions.*—La nécessité d'assurer l'exécution des obligations imposées aux citoyens dans un intérêt d'ordre ou de sûreté, a fait élever au rang des délits un grand nombre d'infractions qui présentent le caractère de contraventions, en ce que le fait matériel suffit à les constituer. Malgré l'assimilation aux délits qui dérive de la nature de la peine applicable, ces infractions conservent le caractère de contraventions, en ce que le défaut d'intention de nuire ne les fait pas excuser.

107. Ainsi la bonne foi, en principe, n'est pas un moyen de justification en matière de délits forestiers (V. Forêts, n° 313 et suiv., 317 et suiv.), en matière de délits de chasse (V. Chasse, n° 38 et 237, 352 et suiv.; et Crim. cass. 17 juill. 1857, aff. Piancard, D. P. 57. 1. 381); en matière d'infractions aux lois sur les servitudes des places de guerre (V. Place de guerre, n° 123), en matière de contravention aux lois sur la presse (V. Presse, n° 484 et suiv.; Crim. cass. 11 août 1860, aff. Chevalier, D. P. 60. 1. 420). — L'absence d'intention de nuire ne justifie pas davantage le geôlier ou agent de la force publique qui a laissé échapper le prisonnier confié à sa garde, la loi réprimant la simple négligence (V. Evasion de détenus, n° 37), ni l'individu convaincu d'avoir établi une loterie prohibée (V. Loterie, n° 18).

108. On comprend que le législateur ait également entendu réprimer, nonobstant la bonne foi de leur auteur, les infractions concernant la police des chemins de fer (V. Voirie par chemin de fer, n° 626), la télégraphie (V. Télégraphie, n° 131 et suiv., 135 et suiv.); nous ne parlons pas, bien entendu, de celles de ces infractions qui ont été classées parmi les crimes. C'est, d'ailleurs, la règle établie pour les infractions en matière de voirie (V. Voirie par terre, n° 231, 236 et 1089, 1897, etc.).

109. La bonne foi n'est pas admise non plus comme excuse d'un grand nombre d'infractions intéressant la police ou la discipline commerciale. — Il en est ainsi en ce qui concerne l'immixtion dans les fonctions de courtiers (V. Bourse, n° 266), les contrefaçons d'objets brevetés (V. Brevet d'invention, n°ˢ 313 et 368 et suiv.), la détention de faux poids sans motifs légitimes, l'emploi de mesures anciennes ou de poids non vérifiés (V. Poids et mesures, n° 109), l'exercice illégal de la médecine ou de la pharmacie, la détention de remèdes secrets (V. Médecine, n°ˢ 48, 69, 153 et 223), la vente de substances vénéneuses sans l'observation des formalités prescrites (V. Substances vénéneuses, n°ˢ 17 et 39). — La bonne foi a été cependant considérée comme faisant disparaître le délit de détention de poudre de guerre (V. Poudres, n° 27).

110. Dans quelques cas, la loi établit une présomption de fraude sur la circonstance de la connaissance de l'état irrégulier ou défectueux de l'objet dont on a été trouvé détenteur, distributeur ou vendeur. Ainsi, l'individu qui a distribué des écrits sans nom d'imprimeur, est en faute s'il a agi sciemment (V. Presse, n°ˢ 472 et suiv.). — La connaissance de l'état falsifié ou corrompu d'une denrée qu'on met en vente, suffit pour justifier la poursuite du fait comme constitutif de tromperie ou tentative de tromperie (V. Vente de subst. falsif., n°ˢ 75 et 101), et il en est ainsi dans le cas même où le prix de la marchandise serait de nature à révéler à l'acheteur l'existence d'un mélange (V. eod., n° 21). La loi incrimine également la possession, par un commerçant, d'objets d'or ou d'argent portant une marque de poinçon dont il connaît la fausseté (V. Matières d'or et d'argent, n°ˢ 134 et suiv.). — Mais le délit de vente à faux poids n'existe que dans le cas d'intention frauduleuse, intention dont le juge du fait déclare souverainement l'existence (V. Poids et mesures, n°ˢ 86 et suiv.).

111. *Contraventions fiscales.*—La bonne foi ne peut jamais être admise par les tribunaux comme excuse d'infractions qui nuisent au trésor public et empêchent la rentrée de l'impôt. Il n'appartient qu'à l'administration supérieure d'apprécier s'il convient de transiger avec les redevables et de leur remettre, sous la condition de l'acquittement des droits simples dus par eux, tout ou partie des amendes ou doubles droits au payement desquels ils ont été condamnés. — C'est ce que nous avons eu occasion d'exposer avec détail vⁱˢ Enregistrement, n°ˢ 5037, 5091 et 5094; Douanes, n°ˢ 197 et suiv., 291 et suiv., 978 et suiv., 999 et suiv., 1008 et 1016; Impôts indirects, n°ˢ 20, 70, 515 et suiv., 573 et 578; Postes, n°ˢ 74 et suiv.; Taxes, n°ˢ 90 et suiv. — Pour le recouvrement de la taxe sur les chevaux et voitures, il a été jugé, conformément à la jurisprudence, qui a prévalu en matière fiscale, qu'un contribuable ne peut, à raison de sa bonne foi, être relevé par le conseil de préfecture de la double taxe qu'il a encourue pour infraction à la loi du 2 juill. 1862 (cons. d'Ét. 2ⁱ avr. 1864, aff. Gourlain-Delattre, et aff. Schmitt, D. P. 64. 3. 38).

112. *Contraventions de simple police.*—Pour ces sortes d'infractions, l'intention de nuire, en général, n'est pas un élément essentiel. La loi a dû présumer une intention de violer ses prescriptions, et fermer la porte aux excuses; autrement ses injonctions seraient facilement éludées, et le maintien de l'ordre au milieu des populations pourrait difficilement s'obtenir. Ainsi donc, il suffit que le fait matériel soit établi pour que le juge doive condamner, sans qu'il ait à tenir compte, si ce n'est pour la fixation de la peine, de la moralité de l'acte ou de l'intention. —V. Commune, n° 712; Contravention, n° 1; Peine, 376.

113. Les cas dans lesquels ce principe a reçu son application sont tellement nombreux, que nous devons nous borner à citer quelques exemples.—Un individu jette de l'eau par la fenêtre; il y a contravention matérielle aux prescriptions de l'art. 471, n° 6, c. pén.; le juge ne pourrait s'abstenir d'appliquer la peine, en se fondant sur l'absence d'une intention de nuire (V. Commune, n° 1036; Contravent., n° 159).—Dans une commune où un arrêté défend de laisser divaguer la volaille, les poules d'un habitant ont été trouvées sur la voie publique; vainement celui-ci demanderait à établir que le fait s'est produit sans qu'il y ait eu, de sa part, intention de désobéir à l'arrêté, la contravention n'en devrait pas moins être déclarée établie (V. Commune, n° 1335). — De même la bonne foi n'excuse pas le défaut de balayage de

la voie publique (V. Contravention, n°ˢ 104 et suiv.), l'enlèvement de terres et de pierres, sans autorisation, sur un chemin public (V. Contravention, n° 514; Voirie par terre, n° 1118), l'embarras de la voie publique sans nécessité (V. Contravention, n° 143; Voirie par terre, n° 1891), la tenue irrégulière des livres sur lesquels les aubergistes doivent inscrire les noms des voyageurs (V. Contravention, n°ˢ 286 et suiv.).

114. Par exception à la règle générale, quelques-unes des infractions classées parmi les contraventions de police, supposent nécessairement une intention malveillante. Au fond, ce sont des délits, que le législateur a fait dégénérer en contraventions, parce qu'ils accusent peu de perversité et parce qu'une peine légère est à leur égard une répression suffisante. Parmi ces infractions il convient de nommer surtout l'injure simple, non publique (c. pén. 471, n° 11; V. Presse, n° 935); — le tapage injurieux (c. pén. 479, n° 8; V. Contravention, n° 467; il faut noter toutefois que la preuve qu'il y aurait eu seulement intention de plaisanterie ne saurait faire excuser la contravention, V. n° 471); — le dommage volontaire aux propriétés d'autrui (c. pén. 479, n° 1; V. Contravention, n° 417); — le fait d'enlèvement ou lacération d'affiches, que la loi ne punit que dans le cas où il a été commis méchamment (c. pén. 479, n° 9; V. Affiches, n° 141; Contravention, n° 492); — le jet de corps durs ou immondices contre les édifices ou sur les personnes (c. pén. 475, n° 8; V. Contravention, n° 351 et suiv.). —Ajoutons à ces contraventions le maraudage qui, en réalité, appartient à la classe des vols et qui, dès lors, ne peut exister que dans le cas de fraude et non dans celui où il y a eu bonne foi (V. Vol, n° 447).

115. Il faut remarquer aussi qu'en matière de contravention de simple police et de contravention aux lois spéciales, si la moralité de l'intention importe peu dans les cas où la loi ne s'en est pas expliquée, il faut du moins la preuve de l'existence d'un fait volontaire, toutes les fois que cet élément est expressément indiqué par le texte qui prévoit l'infraction. Ainsi le propriétaire que la loi déclare en faute seulement dans le cas d'introduction volontaire de ses bestiaux sur une voie ferrée, ne peut être déclaré en contravention, lorsque ceux-ci ont pénétré sur la voie à son insu. — V. Voirie par chemin de fer, n° 591.

116. Pour que la violation d'une disposition de loi ou de règlement constitue une infraction, il n'est pas nécessaire que l'auteur de cette violation ait connu la loi ou le règlement, il suffit qu'il ait dû en avoir connaissance par suite de la publication légale qui en a été faite. Il est tout au moins en faute pour ne s'être pas enquis suffisamment des obligations de police qui lui sont imposées comme habitant de tel ou tel territoire (c. nap. 3; V. Lois, n° 130). — Mais s'il n'y a pas eu publication régulière, l'inexécution du règlement ne constitue pas une contravention, même de la part de celui qui a eu personnellement connaissance de ses dispositions (V. Règlement, n° 91). Il arrive parfois que l'autorité a recours à une publication surabondante, telle qu'envoi de copies aux établissements principalement intéressés; les omissions qui peuvent exister dans ces copies ne dispensent pas toujours de l'obéissance aux prescriptions contenues dans le règlement publié suivant le mode prescrit (V. Vidanges, n° 74).

117. Le refus de service ou de secours opposé à un magistrat qui n'a pas fait connaître sa qualité et n'a exhibé aucun insigne de ses fonctions, est traité de même que le refus d'obéir à une loi qui n'a pas été régulièrement publiée (V. Crim. rej. 20 avr. 1854, aff. Laboulmène, D. P. 54. 1. 212); mais l'oubli ou la négligence n'est pas un moyen de justification, quand le droit de celui qui requiert a été connu. — V. Contravention, n° 398.

118. *Discipline.* — La mauvaise foi ou tout au moins une intention répréhensible est nécessaire, en principe, pour constituer l'infraction disciplinaire.

119. Le simple retard de statuer ne fait pas le déni de justice, délit qui ne peut résulter que d'un refus positif du juge de prononcer sur des conclusions dont il est saisi. — V. Deni de justice, n° 23.

120. De même, ce n'est que dans le cas où il a agi dans une in tion dolosive, et par exemple lorsqu'il a altéré sciemment lei éponses qu'il avait à constater, que le juge peut être pris à partie (V. Prise à partie, n°ˢ 9, 11 et 25). — En matière cri-

minelle, la simple violation des formes établies n'est pas un cas de prise à partie, s'il n'y a pas eu dol (V. *eod.*, n°ˢ 20 et suiv.).

121. Les erreurs commises par le ministère public n'engagent pas sa responsabilité à la différence des faits de prévarication. — V. Ministère public, n° 112.

122. Bien que le magistrat, l'avocat ou l'officier public ne puisse invoquer comme justification ou comme excuse l'ignorance où il aurait été de ses devoirs, cependant on ne pourrait voir une infraction disciplinaire dans un fait qui aurait été commis sans intention répréhensible et uniquement parce que son auteur se serait mépris sur son véritable caractère (V. Discipline, n° 110). Le défaut d'intention répréhensible peut résulter, dans certains cas, pour l'avocat auquel est reprochée l'allégation de faits diffamatoires, de la circonstance qu'il a agi d'après les instructions particulières de son client (V. Avocat, n° 360). — L'appréciation de l'intention est dans le domaine souverain du juge du fait; il en est de même de l'appréciation de la portée des paroles dont la prononciation est poursuivie, si leur caractère dépend des circonstances. — Ainsi, il a été jugé qu'il n'entre pas dans les attributions de la cour de cassation de rechercher si un reproche adressé par un avocat à l'organe du ministère public devant un tribunal correctionnel, à l'occasion de la défense d'un prévenu, reproche dans lequel ce tribunal a vu un manque de respect à la magistrature, a pu, avec raison, être qualifié d'infraction disciplinaire, le caractère plus ou moins grave d'un reproche étant subordonné au fait qui en était l'objet (Crim. rej. 7 avr. 1860, aff. Ollivier, D. P. 60. 1. 146).

123. Mais, si la bonne foi fait disparaître la responsabilité disciplinaire, elle est ordinairement sans effet sur la solution de la question de la responsabilité civile de l'officier public (V. notamment Responsabilité, n° 363). — L'art. 415 c. inst. crim. dispose que l'huissier pourra être condamné aux frais de la procédure criminelle à recommencer, lorsque la nullité qui a entraîné l'annulation, provient d'une faute très-grave. Il faut entendre ici par faute une omission ou négligence. Par exemple, la signification à un accusé d'une liste du jury contenant des surcharges non approuvées ou des grattages, a été considérée comme un cas de responsabilité de l'huissier (Crim. cass. 14 juill. 1859, aff. Epaillard, D. P. 59. 5. 166; 13 juin 1861, aff. Bergeron, D. P. 61. 5. 207, n° 29). — De même l'huissier a été condamné aux frais de la procédure à recommencer dans un cas où il avait écrit par distraction, dans l'exploit de notification de l'acte d'accusation, que cette notification avait été faite à l'accusé « parlant à M..., son substitut» (Crim. cass. 16 mai 1861, aff. Verney, D. P. 61. 5. 206, n° 4). — V. Huissier, n° 103.

124. Les ingénieurs des mines ont le droit de requérir le concours des autorités locales, dans les cas de péril, sans s'adresser au préfet; mais l'ignorance des règles de l'art, la légèreté d'appréciation, le défaut d'informations suffisantes, alors même qu'ils auraient agi de bonne foi, devraient les faire déclarer responsables si les réquisitions ne se trouvaient pas justifiées par un péril véritable. — V. Mines, n° 376.

125. La responsabilité édictée par le décret du 10 vend. an 4, à l'égard de la commune qui a laissé se former sur son territoire des attroupements qui sont allés commettre des délits et des dommages dans des communes voisines, présente, à certains égards, un caractère disciplinaire; la jurisprudence tend à admettre que la nature de l'intention qui a guidé les auteurs du délit ne saurait exonérer en aucun cas la commune de la responsabilité par elle encourue pour n'avoir pas maintenu l'ordre sur son territoire, et qu'il n'y a pas à se préoccuper de la question de savoir si les groupes séditieux partis de la commune ont été animés par le désir d'arriver à un changement de gouvernement, ou s'ils n'ont eu en vue que des actes de pillage ou autres dépourvus de caractère politique. — V. Commune, n° 2694.

126. *Responsabilité pénale.*—Etant admis qu'il est nécessaire, pour la justification de l'application des peines, qu'il y ait eu un fait commis dans une intention répréhensible ou tout au moins un fait volontaire, on s'est demandé si un individu peut être puni pour le fait d'un autre, auquel il ne s'est pas associé et qu'il n'a peut-être pas connu; en d'autres termes, si l'on peut être pénalement responsable du fait d'autrui.

127. Cette question, délicate à certains égards, ne peut être

résolue qu'à l'aide de distinctions. Si le fait poursuivi non-seulement est étranger à celui contre lequel l'application de la loi est réclamée, mais encore constitue la violation d'un devoir qui ne lui était pas imposé, il est évident qu'il ne peut motiver à son égard l'application d'aucune peine. Ainsi, dans le cas de décès de l'auteur d'une contravention, bien que la réparation civile du préjudice qui est résulté du fait doive être poursuivie contre l'héritier, tenu de payer les dettes du défunt, cet héritier cependant ne pourra pas être condamné en même temps à l'amende dont la contravention est passible, parce que le devoir légal qui a été méconnu, ne le concernait pas personnellement. En ce sens, il faut dire que les peines sont personnelles. C'est ce qui a été expliqué vᵉ Peine, n° 96, où a été recueillie la jurisprudence relative à l'application de cette règle. — V. aussi vⁱˢ Douanes, n° 973; Impôts ind., n° 513; Voirie par terre, n°ˢ 266, 1191.

128. Mais si le fait poursuivi, quoique commis par un autre, est la violation d'un devoir imposé par la loi ou le règlement à celui-là même qui est cité comme pénalement responsable, en faute, alors même que l'auteur du fait est compris dans la poursuite. Il ne s'agit pas, dans le cas dont on s'occupe ici, de deux individus poursuivis pour le fait de l'un seul des deux, mais de deux individus poursuivis chacun pour une faute distincte. — Lorsqu'en raison de l'importance d'une mesure de police, le législateur ou l'autorité administrative a cru devoir rendre les chefs d'établissements responsables de son exécution, il en résulte pour ceux-ci l'obligation de pourvoir, s'ils ne peuvent procurer par leur propre fait cette exécution, à ce que les préposés sur lesquels ils se déchargent de ce soin, se conforment rigoureusement au règlement. En cet état de choses, si une contravention est commise par le préposé, le maître est alors réellement en faute, car il n'a pas apporté une surveillance suffisante, ou bien il n'a pas mis son préposé par ses ordres ou recommandations au courant de ce qu'il devait faire, ou enfin il s'est confié imprudemment à un préposé incapable ou indocile. Dans tous ces cas il a fait courir par son manque de prévoyance des dangers à la sécurité publique; et c'est assurément là une faute que les lois ou des règlements de police peuvent réprimer par une peine (Conf. M. Sourdat, de la Responsabilité, n° 787). — Ainsi expliquée, la responsabilité pénale du fait d'autrui n'est qu'apparente, et se présente bien moins comme une exception à la règle que les fautes sont personnelles que comme l'application d'un principe différent; il suffit, pour faire rentrer dans le droit commun l'hypothèse ici examinée, de dégager dans chaque espèce l'omission ou négligence qui constitue la faute personnelle de l'individu poursuivi en apparence pour le fait d'autrui, et qui fait rentrer l'infraction dans la classe des omissions ou négligences que la loi punit de peines correctionnelles ou de simple police, suivant le plus ou moins de gravité du préjudice qu'elles peuvent causer. C'est ce qui ressort de plusieurs arrêts rendus, notamment, en matière d'éclairage de matériaux (Crim. rej. 1ᵉʳ mars 1862, aff. Farina, et 7 nov. 1863, aff. Leford, D. P. 64. 1. 102).

129. Il faut rappeler ici, avant tout, un cas de responsabilité pénale du fait d'autrui établi par le législateur lui-même. La loi du 30 mai 1851 sur la police du roulage dispose, art. 13 : « Tout propriétaire de voiture est responsable des amendes.... prononcées, en vertu du présent titre, contre toute personne préposée par lui à la conduite de sa voiture. Si la voiture n'a été conduite par ordre et pour le compte du propriétaire, la responsabilité est encourue par celui qui a préposé le conducteur.» — V. Voitures, n° 58 et suiv.

130. Les tribunaux ont été amenés à voir un autre cas de responsabilité pénale du fait d'autrui, créé par la loi, dans la disposition de l'art. 475, n° 8, c. pén., qui punit « les auteurs et complices des tapages injurieux ou nocturnes. » Il a paru que tolérer un tapage nocturne qu'on a le droit d'empêcher, c'est s'en rendre complice. — Il a été jugé, spécialement, que le propriétaire qui a laissé donner du cor dans son parc pendant la nuit, a à s'imputer le trouble causé par ce fait aux habitants de la localité, et doit, pour ce motif, être déclaré complice de la contravention qui en est résultée (Crin. cass. 24 déc. 1858, M. Rives, rap., ff. Rojou). — V. Contravention, n° 479.

131. En matière de presse, le gérant est pénalement responsable des infractions commises dans la rédaction des articles que contiennent les numéros de son journal (L. 18·juill. 1828, art. 8 ; V. Presse, nº 1134) ; ici encore on reconnaît que c'est le défaut de surveillance, dans une matière où la loi exige un contrôle rigoureux, qui est réprimé chez le gérant, et que la responsabilité du fait d'autrui n'est qu'apparente.— Il a été décidé que le gérant d'un journal, à la différence de l'imprimeur, n'est jamais recevable à exciper de son ignorance relativement au contenu des articles que renferme la feuille publiée sous sa signature ; et à cet égard aucun changement n'a été apporté à la responsabilité légale qui lui incombe, par le principe de la signature obligatoire des articles de discussion (Crim. rej. 29 nov. 1860 et non 1858, aff. Gounouilhou, D. P. 61. 1. 45). Toutefois l'application de cette règle semble rencontrer quelque difficulté dans le cas de publication d'un article diffamatoire.

132. C'est surtout dans les règlements de police qu'on trouve édictée la responsabilité pénale du fait d'autrui. Et en effet, les arrêtés qui réglementent l'exercice des professions industrielles peuvent mettre directement à la charge des chefs ou maîtres d'établissements l'exécution des mesures prescrites dans un intérêt de salubrité ou de sûreté publique, en sorte que les contraventions à ces mesures engagent leur responsabilité, au point de vue pénal comme au point de vue civil, même quand elles sont le fait de leurs préposés, et encore bien que ceux-ci seraient également déclarés passibles de peines comme auteurs de ces contraventions.—Spécialement, il a été jugé qu'un arrêté municipal réglementant la circulation des voitures publiques dans la commune a pu mettre à la charge de l'entrepreneur, sans distinguer entre son fait et celui de son cocher, toute contravention à la défense de s'arrêter pour prendre des voyageurs en route (Crim. cass. 26 août 1859, aff. Cauvin, D. P. 59.1.516).

133. Il a été jugé encore que, dans les professions réglementées par des arrêtés de police, les conditions ou le mode d'exploitation prescrits dans un intérêt de salubrité ou de sûreté publique obligent essentiellement le chef ou maître de l'établissement, qui est personnellement tenu de les faire exécuter, en sorte qu'il est responsable au point de vue pénal de l'inexécution provenant de la faute de ses préposés ou maîtres, sans même qu'il soit nécessaire qu'il l'ait connue et tolérée ;— Et spécialement, que l'industriel dont la profession consiste à fabriquer et poser des appareils dont le gaz répond de l'inobservation des mesures de police, provenant du fait d'un ouvrier qu'il a envoyé dans une maison pour y poser un appareil, alors même qu'il n'aurait pas assisté à l'opération, et quoique les règlements déclarent le propriétaire chez lequel se fait le travail responsable de l'infraction au règlement (Crim. rej. 28 janv. 1859, aff. Lacarrière, D. P. 61. 5. 425).

134. De même, le propriétaire d'un café ou cabaret est responsable personnellement du défaut de fermeture de son établissement à l'heure réglementaire ; il importe peu qu'au moment où la contravention se commet, il ne se trouve pas sur les lieux et que même il y soit remplacé, d'une manière plus ou moins continue, par des gens de service, préposés ou gérants (Crim. cass. 22 nov. 1860, aff. Duval, D. P. 61. 5. 425 ; 16 avr. 1863, aff. Barbazan, D. P. 63. 5. 350). — Il est également responsable du fait de la réception de mineurs dans son établissement en contravention à un règlement local, sans qu'il y ait à tenir compte de la circonstance que ces mineurs se seraient introduits dans le café, non que du cabaret, en son absence ou à son insu (Crim. cass. 19 fév. 1858, aff. Bardou, D. P. 58. 5. 52, nº 11).—En cas de faillite du cafetier, s'il conserve la gestion matérielle de l'établissement, la responsabilité pénale des contraventions ne passe pas au syndic (Crim. cass. 24 juin 1864, aff. Quatremère, D. P. 64. 1. 455).

135. Mais le maître n'est pénalement responsable des faits de négligence de son serviteur que dans les cas où cette responsabilité résulte soit de la loi ou du règlement, soit de la nature des choses. — Il a été jugé à cet égard : 1º que le maître n'est pas responsable pénalement, l'art. 475 c. pén. ne contenant pas de disposition sur ce point, du fait de son serviteur d'avoir jeté volontairement des immondices sur la propriété d'autrui (Crim. rej. 5 mars 1859, aff. Gierville, D. P. 59. 5. 424) ; — 2º Que

l'arrêté défendant aux postillons, ainsi qu'à tous entrepreneurs ou conducteurs de voitures publiques d'aller au-devant des voyageurs sur la voie publique pour leur offrir des voitures, n'est pas réputé imposer aux entrepreneurs l'obligation professionnelle de pourvoir à l'observation de cette défense ; que, par suite, dans le cas où un procès-verbal a été dressé contre un postillon pour avoir offert ses services sur la voie publique, le maître n'ayant encouru que la responsabilité civile et non la responsabilité pénale, est à tort déclaré coupable de la contravention, alors surtout que le procès-verbal, base de la poursuite, n'a été rédigé contre lui qu'en sa qualité de partie responsable..., sauf le cas où il prend fait et cause pour son préposé (Crim. cass. 22 nov. 1860, aff. Arnold, D. P. 61. 5. 426). — V. nº 132.

136. La responsabilité pénale du maître n'exclut pas nécessairement celle du préposé, auteur du fait qui constitue la contravention.—Il a été jugé à cet égard qu'on ne doit pas conclure de ce qu'un arrêté réglementant l'exercice d'une industrie a mis directement à la charge des chefs d'établissement l'exécution de certaines obligations, qu'en cas d'inobservation le contre-maître ou ouvrier par le fait duquel la contravention a eu lieu, ne puisse être poursuivi personnellement ; spécialement lorsque, contrairement à la prohibition adressée aux propriétaires de distillerie, les résidus d'un établissement de ce genre ont été écoulés dans un cours d'eau, le contre-maître qui a fait pratiquer la tranchée au moyen de laquelle le déversement s'est opéré, peut être poursuivi comme auteur de la contravention, surtout s'il a agi sans ordre,... sans préjudice de la condamnation à prononcer, suivant les cas, contre le propriétaire lui-même (Crim. cass. 27 janv. 1859, aff. Doisy, D. P. 59. 1. 425).

137. On peut donc poser en principe que le préposé ou l'ouvrier encourt la responsabilité pénale, quoique agissant sous la direction d'autrui, lorsqu'il consent à faire un service ou un travail en contravention aux dispositions des lois ou des règlements. — C'est ainsi qu'il a été jugé que l'incendie de propriétés mobilières ou immobilières occasionné par les flammèches d'une locomotive dont l'appareil de sûreté est défectueux, constitue, à la charge du mécanicien, le délit d'incendie par imprudence puni par l'art. 458 c. pén. (Caen, 14 avr. 1859, aff. Brassey et Atkinson, rapporté avec Crim. rej. 27 juin 1859, D. P. 59. 1. 329) : « Le mécanicien, dit cet arrêt, ne pouvait ignorer le danger que présentait la locomotive dans les conditions décrites ; il a donc à se reprocher d'avoir accepté la mission de la faire fonctionner, sans qu'elle fût pourvue d'un appareil propre à prévenir des sinistres d'autant plus faciles à prévoir que des bâtiments couverts en chaume, et notamment ceux qui ont été consumés par le feu, se trouvaient très-rapprochés de la voie sur laquelle il la mettait en circulation. » — Au reste, les lois et les règlements adressent parfois des injonctions directes aux ouvriers et leur défendent de fournir leur main-d'œuvre pour des travaux entrepris en contravention ; il en est ainsi notamment en matière de voirie (V. Voirie par terre, nos 2344 et suiv.). — Lorsque ce sont les règlements qui sont insuffisants, le préposé n'encourt pas la responsabilité pénale d'accidents qu'il n'a pas eu le moyen d'empêcher ou de prévenir (V. Crim. cass. 26 fév. 1863, aff. Schott, D. P. 64. 1. 193).

138. Ce principe s'applique, à plus forte raison, au cas où l'infraction, à la perpétration de laquelle le préposé a prêté son concours, constitue un crime ou un délit. Mais pour que le préposé puisse être puni à raison d'infractions commises par son patron, et dont il n'a été que l'instrument matériel, il faut qu'il ait connu le caractère délictueux des actes pour lesquels il a donné sa coopération. N'étant pas intéressé au délit, il en est cependant responsable pour avoir, par condescendance ou par faiblesse, aidé à le commettre. — Il a été décidé, d'une part, que l'individu qui, remplissant l'emploi de caissier dans une maison de banque qu'il savait n'être pas sérieuse, s'est prêté à l'exécution des manœuvres frauduleuses de son patron, en transmettant aux clients des réponses évasives sur leurs réclamations et des pièces mensongères, et en entretenant leurs espérances, notamment par le payement de dividendes et d'intérêts après disparition des valeurs qu'il aurait dû avoir en caisse, est justement condamné comme complice du délit d'escroquerie reconnu à la charge du patron (Crim. rej. 27 déc. 1862, aff. Parly, D. P. 63.

5. 152) ; et, d'autre part, que l'employé de commerce qui s'est prêté à l'exécution de mesures prises par son patron pour tromper les acheteurs sur la nature de la marchandise vendue, ne peut être poursuivi comme complice de la fraude qu'autant qu'il est établi qu'il s'est rendu compte de la criminalité des actes auxquels il a coopéré (Poitiers, 13 déc. 1856, aff. Valentin, rapporté avec Crim. rej. 21 mars 1857, D. P. 58. 1. 476).

139. Les mêmes règles s'appliquent entre le propriétaire et son locataire. Dans la plupart des villes où le balayage de la voie publique au devant des maisons est mis par les règlements à la charge des propriétaires, ceux-ci se déchargent sur leurs locataires du soin de satisfaire aux prescriptions du règlement; ils n'en demeurent pas moins pénalement responsables du défaut de balayage résultant de la négligence des locataires, le règlement ne reconnaissant pas la délégation qu'ils ont faite d'une obligation à eux imposée personnellement (V. Commune, n° 994 et suiv.; Crim. cass. 26 juin 1861, aff. Barras, D. P. 61. 5. 36, en note duquel sont indiqués plusieurs arrêts conformes). — La responsabilité pénale cesse, au contraire, lorsque le propriétaire contracte avec l'adjudicataire du service de l'enlèvement des boues un abonnement autorisé par l'autorité locale (Crim. rej. 16 avr. 1863, aff. Vegrin, D. P. 63. 5. 39).

140. L'individu qui a acheté un domaine dans lequel le vendeur avait pratiqué des excavations à une distance prohibée d'un chemin public, peut être poursuivi lui-même à raison de l'existence de ces excavations ; et, en pareil cas, il est bien certain que ce n'est pas comme responsable du fait du vendeur, mais comme responsable de la faute qu'il a commise en laissant subsister les excavations, qu'il peut être puni d'une amende. La même solution s'applique au locataire qui, ayant pris possession d'un appartement sur les fenêtres duquel le précédent locataire a laissé des fleurs placées en contravention aux prescriptions d'un règlement local, n'a pas mis un terme à la situation que le règlement prohibe. — Mais le tiers détenteur n'est pas responsable, quant à la peine, des contraventions à l'alignement, commises par le précédent propriétaire (V. Voirie, n° 2339).

VOTE. — Vœu émis; suffrage donné. — V. Commune, nº 123; Droit constit., nºˢ 25 64, 68; Droit politique, nºˢ 623 et suiv., 645 et suiv., 669 et suiv., 742 et suiv.; Instruction criminelle, nºˢ 2938 et suiv., 3006, 3008 et suiv., 3047 et suiv.; Lois, nºˢ 5 et suiv., 16.

VOUTE. — V. Servitude, nºˢ 923, 926; Usufruit, nº 511.

VOYAGE. — Le chemin qu'on fait pour aller d'un lieu à un autre qui est éloigné (dict. de l'Académie). — En ce qui concerne 1º l'augmentation des délais en cas de voyage, V. Délai, nº 71 et suiv.; — 2º L'indemnité accordée en cas de déplacement de certaines personnes, et, par exemple, des huissiers, V. Frais et dépens, nºˢ 331 et suiv., 1081 et suiv.; Huissier, nºˢ 14 et suiv.; — Des avoués, V. Descente sur les lieux, nº 37; — Des magistrats, V. Frais et dép., nºˢ 1121 et suiv.; — Des officiers du parquet, V. eod., nºˢ 1054 et suiv.; — Des juges-commissaires et des greffiers, V. Descente sur les lieux, nºˢ 36 et suiv.; Frais et dép., nºˢ 429 et suiv.;—Des témoins, V. Frais et dép., nºˢ 418 et suiv., 1096 et suiv.; Témoins, nºˢ 334, 418, 583; — Des experts, V. Frais et dépens, nº 442; — Des parties, en matière civile, V Frais et dépens, nºˢ 176 et suiv., 239 et suiv., 524; — Des notaires, V. Notaire, nºˢ 461 et suiv. — Quant au déplacement et au transport des prévenus et accusés, V. Frais et dép., nºˢ 1048, 1147 et suiv.; — 3º La réception, pendant un voyage en mer, soit des actes de naissance ou de décès, V. Acte de l'état civil, nºˢ 330 et suiv., soit de testaments, V. Disposit. entre-vifs et test., nºˢ 3319 et suiv.; — 4º Les voyages maritimes, au point de vue du droit commercial, V. Droit maritime; — 5º Les voyages de conserve, V. eod. nº 514; — 6º Les voyages de long cours, V. eod., nºˢ 74, 305 et suiv., 2044; Organ. marit.—Que faut-il entendre par voyage à petite journée? V. Voiture publique, nºˢ 415, 419 et suiv.

VOYAGEUR. — Les lois ont accordé certains droits, imposé certaines obligations aux voyageurs; mais qu'est-ce que ces lois entendent par voyageurs? — V. Comp. civ. des trib. de paix, nº 207; Impôts ind., nº 109, Octroi; Voirie par terre, nºˢ 1404 et suiv. — Les voyageurs sont soumis à l'obligation de se munir d'un passe-port (V. Liberté indiv., nº 17; Passe-port), ils sont exemptés des droits de douanes et de contributions indirectes pour les objets dont ils sont porteurs et qui servent à leur usage (V. Douanes, nºˢ 413 et suiv., 416, 420; Impôts ind., nºˢ 60, 105 et suiv.. — Les entrepreneurs de voitures publiques sont responsables des effets qui leur sont confiés par les voyageurs qu'ils transportent (V. Commissionnaire, nºˢ 409 et suiv.; Responsabilité, nºˢ 543 et suiv.; Voirie par ch. de fer, nºˢ 455 et suiv.). — Les aubergistes, hôteliers, etc., sont également responsables de la perte des effets appartenant aux voyageurs qui logent dans leurs établissements (V. Dépôt, nºˢ 148 et suiv.; Responsabilité, nºˢ 499, 538 et suiv.). — Le vol commis par les aubergistes ou hôteliers au préjudice de ceux qui viennent loger chez lui est puni plus rigoureusement que le vol simple (V. Vol, nºˢ 257 et s.). Les juges de paix sont compétents pour connaître des contestations qui s'élèvent entre les voyageurs et les voituriers, carossiers, aubergistes, logeurs, etc. (V. Compét. civ. des juges de paix, nºˢ 11, 198 et suiv., 207, 214; Voirie par chemin de fer, nºˢ 496 et suiv.). — Le voyageur qui rencontre un chemin impraticable a le droit de se faire un passage sur les terres riveraines (V. Voirie par terre, nºˢ 1398 et suiv.). — Quant aux mesures de police dont les voyageurs peuvent être l'objet, V. Commune, nºˢ 1167 et suiv.; Contravention, nºˢ 278 et suiv.

VOYER. — Agent de l'administration préposé à la surveillance et à la police des chemins. — V. Enregistrement, nº 4807; Mise en jugement, nº 104; Travaux publics, nº 875; Voirie par terre, nºˢ 1054 et suiv.

VRAC. — On appelle marchandises en vrac celles qui sont remises à découvert, sans enveloppe, sans emballage, à un entrepreneur de transport maritime ou terrestre, qui les charge en cet état sur le navire, le bateau ou la voiture qui les transportent (V. Douane, nº 131; Voirie par chemin de fer, nº 439).

VUE. — Ce mot s'emploie généralement pour exprimer les fenêtres, les ouvertures d'une maison par lesquelles on voit sur les lieux voisins. Le mot jour, qui a une signification analogue,

s'applique aux ouvertures de moindre dimension qui ont pour objet d'éclairer un lieu intérieur, plutôt que de procurer le moyen de voir à l'extérieur (V. Action possess., nºˢ 450 et suiv.; Servitudes, nºˢ 475 et suiv., 558, 650, 719 et suiv. 740 et suiv., 1042, 1108, 1111, 1171-2º, 1203, 1232). — A vue, payable à vue, terme de commerce, usité principalement dans les lettres de change, pour indiquer que l'effet est payable à présentation (V. Effets de comm., nºˢ 75, 363; V. aussi Warants et chèques, nºˢ 75 et suiv.).

WARRANTS ET CHÈQUES. — 1. On nomme warrant le bulletin de gage annexé au récépissé qui constate un dépôt de marchandises dans un magasin général, et dont l'endossement séparé du récépisse confère un droit de nantissement sur la marchandise déposée. — On désigne sous le nom de chèque le reçu ou mandat délivré par celui qui a chez un banquier un dépôt de fonds productifs d'intérêts, pour servir au retrait, à présentation, d'une somme à prendre sur ce dépôt.

2. A raison des rapports qui existent entre ces deux instruments de circulation et de crédit, il y a tout intérêt à présenter dans un travail commun les règles qui les concernent. Les chèques comme les récépissés accompagnés de leurs warrants, représentent des valeurs en dépôt, transmissibles sans formalités; ils dispensent ainsi d'effectuer un déplacement de numéraire ou celui de la marchandise, et sont pour ce motif d'un usage précieux dans le commerce dont ils facilitent les opérations. Au moyen des warrants et des chèques, il n'y a plus de dépôts improductifs : par l'escompte du warrant, le commerçant se procure, en attendant l'occasion de vendre sa marchandise à un prix suffisamment rémunérateur, l'argent nécessaire à de nouvelles opérations. Par le dépôt chez un banquier de toutes ses valeurs réalisables et grâce à la faculté de disposer de ce fonds de réserve par l'émission de chèques au fur et à mesure de ses besoins, ce commerçant fait produire des intérêts aux plus petits capitaux jusqu'au jour de leur emploi, et diminue d'autant la sorte les intérêts à servir pour le loyer du numéraire emprunté.

3. Les services que doit procurer la vulgarisation de l'emploi des warrants et des chèques, ne peuvent être mis en doute si on consulte l'expérience des pays d'où ils ont été importés. « L'idée de créer en France des magasins généraux était grande et belle, dit M. Damaschino dans son Traité des magasins généraux, nº 66; cette institution n'était pas seulement destinée à rendre des services importants dans les temps de crise, elle devait exercer l'influence la plus utile sur le commerce et l'industrie de notre pays. Mobiliser la marchandise, la rendre immédiatement réalisable, en faciliter la circulation au point de l'assimiler au papier, permettre au commerçant, à l'industriel, à l'ouvrier, d'emprunter facilement sur elle et de donner toutes garanties au prêteur; fournir à tous des magasins bien gardés, bien surveillés; diminuer considérablement les frais d'emmagasinage et de garde; dispenser, pendant la durée du dépôt, de payer les droits de douane et d'octroi; tels sont les bienfaits que pouvaient procurer les docks; tels sont ceux qu'ils procurent à l'Angleterre et à la Hollande qui leur doivent presque toute la prospérité dont elles jouissent. » — Que si on s'élève à un point de vue plus général encore, on reconnaîtra que les docks fournissent un moyen assuré de constater l'importance des approvisionnements, l'élévation ou la diminution du stock, et par suite qu'ils permettent aux importateurs et aux fabricants de n'espérer qu'avec connaissance de l'étendue des besoins du commerce; on reconnaîtra aussi que l'usage des chèques et des virements est de nature à amener entre les mains des banquiers, pour le plus grand profit des opérations commerciales et des grandes entreprises industrielles, une masse de petits capitaux auparavant isolés et inactifs, et qu'il donne en même temps le moyen de terminer un grand nombre de règlements par de simples écritures sans le secours du numéraire. « Par l'association des petits capitaux, et l'usage des chèques, dit M. Edouard Dalloz, notre bien aimé fils aîné, p. 198 de l'introduction à son Traité de la propriété des mines, la France luttera contre les crises monétaires, contre les résultats désastreux ·ous certains rapports économiques, que les lois sur les partages et successions, lois qui amènent de trop fréquentes liquidations des établissements industriels ou de trop

grandes réductions dans le capital social. Avec l'institution des warrants, les prêts sur nantissements de minerais, de matières brutes ou de matières fabriquées, le crédit s'affermira, l'armateur, le négociant en métaux, le fondeur, le lamineur seront moins exposés aux oscillations extrêmes des cours et à l'avilissement subit des marchandises ou des produits. »

4. Les warrants et les chèques complètent admirablement les moyens déjà établis pour mobiliser, au profit du commerce, les valeurs de toutes sortes. La lettre de change et le billet à ordre mobilisent une partie de la propriété commerciale (V. Effets de commerce, n° 35) ; la lettre de gage des sociétés de crédit foncier mobilise la propriété immobilière (V. Sociétés de crédit foncier et de crédit mobilier, n° 2) ; les actions et les obligations mobilisent la propriété industrielle (V. Société, n° 1103) ; le warrant sert à mobiliser les valeurs en approvisionnements de marchandises ; le chèque procure la mobilisation du fonds de réserve destiné aux besoins domestiques.

§ 1. Des docks et des warrants.

5. *Historique et législation.* — Nous empruntons à l'exposé des motifs de la loi du 28 mai 1858, dont il sera parlé ci-après, les indications suivantes : « Il existe en Angleterre deux institutions traitées avec grande faveur par la législation, entrées depuis longtemps dans les mœurs, et qui rendent de très-grands services : ce sont les *warrants* et les *ventes publiques* en gros de marchandises. — Les *warrants* anglais sont les récépissés délivrés par les magasins publics connus sous le nom de *docks*, aux négociants qui leur déposent des marchandises. Ces récépissés, titres de propriété pour le déposant, sont transmissibles par endossement au porteur, et permettent au propriétaire de la marchandise de l'engager ou de la vendre, de la faire circuler de main en main, à titre d'aliénation ou de nantissement, avec la plus grande facilité et sans aucuns frais de déplacement. Grâce à la mobilité complète donnée à la marchandise par ce procédé ingénieux, celle-ci n'est plus entre les mains du négociant qui la possède une valeur inerte, mais une valeur active presque à l'égal des espèces ; elle est au moins un moyen de crédit d'une très-grande efficacité, parce qu'il a une base tout à fait certaine.

6. Quant aux ventes publiques en gros, qui se définissent elles-mêmes et par leur nom, elles portent sur des masses de marchandises de toutes espèces si considérables, et elles se renouvellent si fréquemment, qu'elles ont fait de l'Angleterre le marché du monde. Elles permettent à ceux qui importent ou qui produisent des marchandises quelconques de les écouler à jour fixe et dans les conditions les plus favorables, puisque le grand concours d'acheteurs qu'elles attirent rend la vente certaine et porte la valeur des objets vendus au plus haut cours qu'ils puissent atteindre » (D. P. 58. 4. 69, note 6). — Deux traits principaux distinguent le système anglais du système français. En Angleterre, la création des docks n'est soumise à aucune autorisation ; de plus, ceux qui exploitent ces établissements, sont des espèces de courtiers-banquiers, faisant des avances d'argent jusqu'à concurrence des trois quarts de la valeur de la marchandise déposée. L'exposé des motifs précité, reproduit dans notre recueil périodique à la suite de la loi du 28 mai 1858, entre à cet égard dans des détails qui seront consultés avec intérêt.

7. L'institution des docks et l'usage des warrants existent aux Etats-Unis, en Hollande, dans quelques villes de l'Allemagne, notamment à Hambourg, où ils produisent les mêmes avantages qu'en Angleterre. En Belgique, un système de warrants a été mis en vigueur par une loi du 18 nov. 1862.

8. En France, l'établissement d magasins généraux autorisés à délivrer des récépissés transmissibles par voie d'endossement, est dû à un décret du gouvernement provisoire du 21 mars 1848 (D. P. 48. 4. 55) ; un arrêté du ministre des finances, du 26 mars 1848 (D. P. 48. 3. 42), contient les dispositions réglementaires qui se rapportent à cette création. Ces dispositions ont été complétées par un décret de l'Assemblée constituante, en date du 25 août 1848 (D. P. 48. 4. 161), qui règle le mode d'exercice des droits du prêteur sur récépissé, à défaut de payement à l'échéance.

9. Cette première tentative, malgré d'incontestables services,

ne permit pas à l'institution de prendre les développements dont elle était susceptible, sans parler des obstacles que toute création nouvelle rencontre nécessairement lorsqu'il lui faut lutter contre la routine et les préjugés. Le système de 1848, très-incomplet d'ailleurs, ne simplifiait pas assez les opérations et ne satisfaisait pas ce besoin de célérité qui se rencontre toujours dans les relations commerciales. Au lieu de deux titres, ce système n'en possédait qu'un, le récépissé, en sorte qu'après remise du titre au prêteur, le déposant ne pouvait que difficilement vendre la marchandise engagée, s'il voulait ne pas rembourser préalablement la somme empruntée. La création de ce titre unique devait contenir l'énonciation de la valeur de la marchandise au jour du dépôt, elle exigeait le concours d'un courtier et celui d'experts, concours que la législation postérieure a rendu seulement facultatif. Pour chaque transmission du titre, il fallait un transfert sur les registres du magasin général. Enfin, le créancier-gagiste, à défaut de payement à l'échéance, devait, pour exercer son droit, recourir à des formalités onéreuses pour toutes les parties, et peu propres, par conséquent, à favoriser les prêts sur récépissés. — V. d'ailleurs les explications détaillées que donne, sur ces défectuosités, l'Exposé des motifs de la loi de 1858 (D. P. 58. 4. 72, n° 3).

10. La législation sur les magasins généraux fut remaniée complètement dix ans plus tard. Une loi du 28 mai 1858 (D. P. 58. 4. 69), et un décret réglementaire du 12 mars 1859 (D. P. 59. 4. 20), qui abrogent toutes les dispositions antérieures sur le système de 1848. Bien que susceptible encore de quelques perfectionnements, le système nouveau a transporté en France, et en le mettant en harmonie avec notre législation commerciale, tout ce que le système des warrants anglais présente d'ingénieux comme moyen de mobiliser la marchandise entreposée. En un seul point, c'est-à-dire pour ce qui concerne le mode de perception de l'impôt du timbre sur les warrants, la loi et le décret précités ont été modifiés ou complétés par la loi du 2 juill. 1862 (D. P. 62. 4. 60), et par deux décrets rendus pour l'exécution de cette dernière loi, les 29 oct. 1862 (D. P. 62. 4. 127) et 23 janv. 1864 (D. P. 64. 4. 21).

11. *Des magasins généraux ou docks.* — Les magasins généraux, dès l'origine de leur établissement en France, ont été « placés sous la surveillance de l'Etat » (décr. 21 mars 1848, art. 4). Contrairement à ce qui existe en Angleterre, ils ne peuvent être ouverts que « les chambres de commerce ou les chambres consultatives des arts et manufactures entendues, et avec l'autorisation du gouvernement » (L. 28 mai 1858, art. 1). La personne ou la compagnie qui veut ouvrir un magasin général ou une salle de vente publique, doit justifier de ressources en rapport avec l'importance de l'établissement projeté (décr. 12 mars 1859, art. 2). La demande est adressée au ministre de l'agriculture, du commerce ou des travaux publics, par l'intermédiaire du préfet, avec l'avis de ce fonctionnaire et celui des chambres susindiquées : sur les productions à joindre aux demandes en autorisation, V. les indications qui suivent une circulaire du ministre du commerce, du 12 avr. 1859, transcrite en note du décret du 12 mars 1859 (D. P. 59. 4. 20). — Le ministre des finances est consulté lorsque l'établissement doit être placé dans des locaux soumis au régime de l'entrepôt réel, ou recevoir des marchandises en entrepôt fictif. Les autorisations sont données par décrets rendus sur l'avis des ministres des travaux publics, de l'agriculture et du commerce, du conseil d'Etat. — Comme sûreté de plus, stipulée dans l'intérêt du public et en vue d'attirer sa confiance, le décret du 12 mars 1859 dispose que « les exploitants de magasins généraux ou de salles de ventes publiques peuvent être soumis, pour la garantie de leur gestion, à un cautionnement dont le montant est fixé par l'acte d'autorisation, et proportionné, autant que possible, à la responsabilité qu'ils encourent » (art. 2). — Des décrets rendus dans les formes et après l'accomplissement des formalités qu'on vient de rappeler, ont autorisé notamment l'établissement, dans la ville du Havre, d'un magasin général et d'une salle de ventes publiques (décr. 13 nov. 1859, D. P. 59. 4. 122), l'établissement à Lyon, sous le nom de magasin général de

Vatse, d'un magasin général pour l'entrepôt de diverses sortes de marchandises (décr. 17 déc. 1864), etc. — L'indication des villes qui en 1861 se trouvaient déjà pourvues de magasins généraux, a été donnée dans le Dictionnaire universel du commerce et de la navigation, v° Warrants, et dans le Manuel des Warrants de M. Sauzeau, p. 126.

12. La qualification de *magasin général* dont la loi s'est servie implique seulement que le magasin doit être ouvert à tous les commerçants, mais non pas à toutes sortes de marchandises. « L'établissement peut être formé spécialement pour une ou plusieurs espèces de marchandises. » Cette déclaration faite dans le rapport de la commission (V. ce rapport D. P. 58. 4. 74, n° 19, *in fine*), a été reproduite dans l'art. 1 du décret du 12 mars 1859. C'est ainsi qu'une société anonyme a été autorisée à exploiter à Lyon, sous la dénomination de *magasin général des soies*, un magasin général et une salle de ventes publiques pour les soies seulement (décr. 29 oct. 1859, D. P. 59. 4. 94).

13. Les entrepôts autorisés comme magasins généraux et placés sous la surveillance du gouvernement, « peuvent seuls délivrer des récépissés transmissibles par endossement. » C'est là une disposition essentielle que la loi de 1858 a entendu maintenir, ainsi que le déclare l'exposé des motifs. — Les entrepôts non autorisés ne peuvent pratiquer une l'emmagasinage ordinaire ; l'acheteur, sous ce régime, ne devient propriétaire que par une prise de possession matérielle ; ou il retire la marchandise à l'aide du bon d'enlèvement délivré par le déposant (V. n° 38), ou il la fait transporter dans le même établissement sur l'emplacement affecté au dépôt de ses propres marchandises ; un règlement intervient qui liquide l'ancienne opération, et ouvre le compte d'une opération nouvelle. — S'exagérant la position faite aux magasins généraux, M. Sauzeau, Manuel des Warrants, p. 41, leur applique la qualification d'établissements publics et assimile les exploitants de ces magasins à des fonctionnaires publics. Cette appréciation est inexacte : les magasins généraux, ainsi que le rappelle à diverses reprises la circulaire du ministère du commerce, sont des entreprises privées. L'autorisation et même la nomination par le gouvernement, ne suffisent pas pour donner la qualité de fonctionnaire ; cela a été reconnu, notamment, à propos d'incompatibilités qu'on prétendait exister entre la position de directeur de certaines entreprises semblables aux magasins généraux et le mandat de député au corps législatif (V. la Jurispr. élect. parlem. de 1852 à 1861 par M. Grün, n° 617 et 619, p. 261 et suiv.). — Conf. M. Damaschino, n° 85.

14. « Il est à peine utile d'ajouter, dit la circulaire ministérielle déjà citée, que l'autorisation n'a pas pour but, et ne saurait avoir pour effet, de créer un monopole. C'est ce qui a été parfaitement entendu devant le corps législatif. Ainsi donc plusieurs magasins généraux destinés à l'entrepôt exclusif d'une même marchandise pourraient être autorisés dans une même localité, si l'intérêt public le réclamait. « L'administration, dit le rapport de la commission, devra se montrer large et libérale dans la concession des autorisations. »

15. La même circulaire résout en ces termes une question transitoire : « Les établissements existants, pourvu qu'ils aient été créés régulièrement, ne sont pas astreints à se pourvoir d'une nouvelle autorisation ; mais on doit les considérer comme soumis pour leur fonctionnement aux règles établies par les lois de 1858 et par le décret impérial du 12 mars 1859, qui en font des établissements privés surveillés par l'administration.» —V. pour l'indication de décisions semblables se rapportant à des situations analogues, v° Manufactures, n° 140 ; Presse, n° 229.

16. « Les propriétaires ou exploitants de magasins généraux et de salles de ventes publiques qui veulent céder leur établissement sont tenus d'en faire d'avance la déclaration au ministre de l'agriculture du commerce et des travaux publics, et de faire connaître le nom du cessionnaire » (décr. du 12 mars 1859, art. 12). Le texte que nous transcrivons, n'impose pas l'obtention d'une autorisation nouvelle ; c'est que l'autorisation n'est pas exigée ici dans un intérêt de police comme en matière d'exploitation de journal (V. Presse, n° 230), ou d'exploitation de débits de boissons (V. Industrie, n° 181). L'établissement étant créé, il n'y a plus lieu de rechercher si l'entreprise présente des

chances de succès et répond à un besoin réel. L'autorisation, d'ailleurs, est révocable.

17. « En cas de contravention ou d'abus commis par les exploitants, de nature à porter un grave préjudice à l'intérêt du commerce, l'autorisation accordée peut être révoquée par un acte rendu dans la même forme que cette autorisation, et les *parties entendues* » (décr. 12 mars 1859, art. 11). La prononciation de la révocation sans que les parties aient été mises à même d'être entendues, justifierait le recours au conseil d'Etat pour excès de pouvoir et pour atteinte au droit de défense dont l'exercice est réservé par le décret (V. comme analogie cons. d'Et. 23 janv. 1864, aff. Petit-Colas, D. P. 64. 3. 28).

18. « Il était utile de rappeler la responsabilité qui, d'après les principes généraux du droit, incombe à l'exploitant pour la garde et la conservation des marchandises ; mais il fallait en même temps stipuler à son égard les obligations et les prohibitions particulières jugées indispensables pour assurer à tous les intérêts une juste égalité de traitement et pour prévenir des abus, faciles à prévoir, dont la possibilité seule alarmait le commerce. » — Les réflexions de la circulaire ministérielle à laquelle nous avons déjà renvoyé, expliquent suffisamment les dispositions du décret du 12 mars 1859 que nous transcrivons dans les numéros qui suivent.

19. « Les propriétaires ou exploitants sont responsables de la garde et de la conservation des marchandises qui leur sont confiées, sauf les avaries et les déchets naturels provenant de la nature et du conditionnement des marchandises ou de cas de force majeure » (art. 3). — En d'autres termes, ils sont soumis aux dispositions de droit commun qui régissent le dépôt ; et, comme il s'agit ici d'un dépôt commercial et salarié, leur responsabilité s'apprécie plus rigoureusement (c. nap. 1927 et 1928 ; V. Dépôt, n° 52 et suiv.). Ils ne répondent pas de la perte par cas fortuit ou par force majeure ; il en serait autrement s'ils n'avaient pas fait droit à une mise en demeure de restituer antérieure à l'accident (c. nap. 1929, V. *eod.*, n° 58).

20. Au nombre des cas de responsabilité, M. A. Caumont, Institution du crédit sur marchandises, p. 98, n° 166, cite principalement la perte par suite d'incendie due à un fumeur, l'avarie par mauvais arrimage ou par mauvaise manipulation ; la perte par suite d'un vol ordinaire dont la perpétration suppose nécessairement un défaut de vigilance du dépositaire. Le même auteur, n° 167, admet que l'incendie dont la cause serait inconnue, devrait être considéré comme un cas de force majeure ; la preuve du cas fortuit ou de la force majeure serait plutôt, ce semble, à la charge des exploitants des magasins généraux, ainsi que le dispose l'art. 1733 à l'égard du locataire. M. Damaschino, n° 103, décide en ce dernier sens par application de l'art. 1302, § 3.

21. « Les exploitants des magasins généraux et des salles de ventes publiques sont tenus de les mettre, sans préférence ni faveur, à la disposition de toute personne qui veut opérer le magasinage ou la vente de ses marchandises, dans les termes des lois du 28 mai 1858 » (art. 6). — Cette disposition était nécessaire pour que le public n'ait pas à souffrir des conséquences d'un système qui déroge, en cette matière, au principe de la liberté de l'industrie et n'accorde la faculté d'exploiter des magasins généraux qu'à ceux qui ont obtenu une autorisation. — Il est également disposé que « la perception des taxes ayant pour objet la rétribution due pour le magasinage et les autres services, doit avoir lieu indistinctement et sans aucune faveur » (art. 8).

22. Il convient d'insister sur ce point que l'art. 6, transcrit au numéro précédent, veut que le magasin général « soit mis à la disposition de *toute personne....* etc., » et non pas des seuls *commerçants* ou *fabricants*. Le propriétaire ou fermier peut donc user du magasin général pour y entreposer ceux des produits de sa culture qui rentrent dans la classe des objets auxquels le magasin général est ouvert. Il est vrai que le même article désigne sous le nom de *marchandises* les choses à déposer. Mais on aurait tort, ce semble, d'attribuer à cette appellation une signification exclusivement commerciale ; à défaut d'un terme correspondant qui soit propre aux matières civiles, le législateur se sert souvent du mot *marchandises* pour désigner d'une manière générale les choses destinées à être vendues (V.,

notamment, en matière de tromperie sur la quantité et de vente de substances falsifiées, Toulouse, 18 nov. 1858, aff. min. pub. *C. M...*, D. P. 59. 5. 401).

23. Une seconde observation à laquelle le même article donne lieu, c'est que les docks ou magasins généraux ne reçoivent pas seulement les marchandises destinées à être vendues au moyen de l'endossement du récépissé qui en constate le dépôt, ou celles susceptibles d'être warrantées ; ils reçoivent aussi les marchandises et objets dont le propriétaire en demande que l'*emmagasinage*, se réservant de les retirer quand il en aura besoin. Beaucoup de commerçants écoulent eux-mêmes leurs marchandises au détail, et ne se servent des docks que pour y entreposer une sorte de réserve achetée à l'époque des bas cours, et qu'il leur serait trop onéreux de conserver dans les locaux loués pour ce seul usage. Pour un salaire modique, ces marchandises constituent le fonds alimentaire du commerce de détail, sont gardées, surveillées et manipulées dans les docks de manière à être mises à l'abri des détériorations : l'économie de frais qui résulte pour le commerçant de la suppression des magasins particuliers qu'il lui faudrait avoir pour la conservation de ses approvisionnements, et de leur remplacement par la location d'un emplacement dans le magasin général, est évaluée par les anglais à 18 p. 100. On comprend donc que le simple emmagasinage soit une des plus importantes opérations des exploitants de magasins généraux. — Ici se représente la remarque que nous avons déjà faite : c'est à toute personne, et pour l'emmagasinage même des objets qu'on n'a pas intention de vendre, que les docks sont ouverts : « Que de gens, dit M. Sauzeau, p. 143, ne se doutent même pas de la ressource qu'ils ont sous la main, pour mettre en dépôt une foule d'objets qu'ils tiendraient à conserver ! L'ignorance d'une part et le préjugé d'une autre part, ont principalement contribué à empêcher l'emploi des docks de passer dans les usages de la vie domestique. Mais qu'on sache bien que, moyennant un droit de garde très-modéré, il n'est pas d'objets que momentanément on ne peut pas loger et desquels on ne voudrait pourtant pas se séparer, qui ne puissent être mis en sûreté dans les docks, où il est loisible soit de les reprendre à sa convenance, soit de les laisser autant de temps qu'on veut. »

24. « Les magasins généraux et les salles de ventes publiques sont soumis aux mesures générales de police concernant les lieux publics affectés au commerce, sans préjudice des droits du service des douanes, lorsqu'ils sont établis dans des locaux placés sous le régime de l'entrepôt réel, ou lorsqu'ils contiennent des marchandises en entrepôt fictif » (décr. 12 mars 1859, art. 7). — De la combinaison de cet article avec celui qui précède, il résulte que la soumission des docks à la législation qui régit les entrepôts, fait à ceux qui exploitent ces établissements une obligation de refuser d'emmagasiner les marchandises insalubres ou avariées (V. Douanes, n°* 458, 458 et suiv.); et que les magasins généraux établis dans des locaux soumis au régime de l'entrepôt réel et fictif peuvent recevoir même les marchandises étrangères qui n'ont pas encore acquitté les droits, sauf à se conformer aux lois de douane (Conf. M. Damaschino, n° 98). —Sur l'entrepôt réel et l'entrepôt fictif, V. *eod.*, n°* 445 et suiv.

25. « Les exploitants de magasins généraux peuvent se charger des opérations et formalités de douane et d'octroi, déclarations de débarquement et d'embarquement, soumissions et déclarations d'entrée et sortie d'entrepôt, transferts et mutations ; des règlements de fret et autres entre les capitaines et les consignataires, sous la réserve des droits des courtiers et de leur intervention dans la mesure prescrite par les lois; des opérations de factage, camionnage et gabarrage extérieur. — Ils peuvent également se charger de faire assurer les marchandises dont ils sont détenteurs, au moyen, soit de polices collectives, soit de polices spéciales, suivant les ordres des intéressés. — Ils peuvent, en outre, être autorisés à se charger de toutes opérations ayant pour objet de faciliter les rapports du commerce et de la navigation avec l'établissement » (art. 4). — Ces facilités, dit le ministre du commerce dans sa circulaire, sont sans danger pour le commerce et sont des accessoires naturels de l'entreprise. Il résulte suffisamment du texte ci-dessus que les propriétaires des marchandises entreposées ne sont pas obligés d'employer, pour les

divers services désignés ci-dessus, le personnel du magasin général, et qu'ils ont toute liberté de faire effectuer par leurs employés ou tous autres individus les opérations et formalités dont il s'agit. C'est en ce sens qu'est rédigé le règlement du magasin général établi à l'entrepôt de Paris : « Ne sont admis dans les magasins, dit l'art. 31 de ce règlement, que les propriétaires de marchandises, ou les personnes autorisées par eux. Toute visite, ouverture de colis, échantillonnage ou autres opérations, ne sont faits que sur un ordre écrit du propriétaire. »

26. « Il leur est interdit, à moins d'une autorisation spéciale de l'administration, de faire directement ou indirectement avec des entrepreneurs de transports, sous quelque dénomination ou forme que ce puisse être, des arrangements qui ne seraient pas consentis en faveur de toutes les entreprises ayant le même objet » (art. 5). — Les entreprises ayant pour objet l'exploitation des chemins de fer, avec lesquelles les entreprises fondées pour l'exploitation des magasins généraux ont une grande ressemblance, sont soumises à une interdiction semblable. — V. Voirie par chemin de fer, n° 334 et suiv.

27. « Les tarifs établis par les exploitants, afin de fixer la rétribution due pour le magasinage, la manutention, la location de la salle, la vente, et généralement pour les divers services qui peuvent être rendus au public, doivent être imprimés et transmis, avant l'ouverture des établissements, aux préfets et aux corps entendus sur la demande d'autorisation. — Tous les changements apportés aux tarifs doivent être d'avance annoncés par des affiches et communiqués au préfet et aux corps ci-dessus désignés. Si ces changements ont pour objet de relever les tarifs, ils ne deviennent exécutoires que trois mois après qu'ils ont été annoncés et communiqués comme il vient d'être dit » (art. 8). — Le délai de trois mois a été stipulé « pour empêcher les combinaisons abusives ou les surprises qui auraient pu être tentées à cet égard » (circ. min du com. 12 avr. 1859).

28. « Chaque établissement doit avoir un règlement particulier qui est communiqué à l'avance, ainsi que tous les changements qui y seraient apportés, comme il est dit à l'article précédent » (art. 9). — « Les règlements particuliers doivent contenir les dispositions nécessaires pour assurer la plus complète égalité entre les diverses entreprises de transports, dans leur rapport avec chaque établissement » (art. 6, 7° alinéa). — « Ces actes (c'est-à-dire le tarif et le règlement particulier), dit le ministre du commerce dans sa circulaire, ne sont pas soumis à l'approbation de l'autorité. On a craint de donner lieu à une intervention trop directe de l'administration dans la gestion d'un nombre plus ou moins considérable d'entreprises privées, et, pour certains cas, de rencontrer de trop grandes difficultés d'appréciation. On a espéré que la possibilité de la concurrence et l'intérêt bien entendu des exploitants préviendraient des conditions trop onéreuses pour le public. »

29. « La loi du 28 mai 1858, le tarif et le règlement particulier sont et demeurent affichés à la principale porte et dans l'endroit le plus apparent de chaque établissement » (art. 10). — Voy., à raison de l'analogie, Voirie par chemin de fer, n° 298.

30. « Il est interdit aux exploitants de magasins généraux et de salles de ventes de se livrer directement ou indirectement, pour leur propre compte ou pour le compte d'autrui, à aucun commerce ou spéculation ayant pour objet les marchandises » (art. 4). — Des prohibitions semblables ont été édictées à l'égard des agents de change (V. Bourse de com., n° 291), des commissaires-priseurs (V. Vente publ. de meubles, n° 103), etc.

31. On a vu plus haut, n° 25, que les exploitants de magasins généraux « peuvent être autorisés à se charger de toutes opérations ayant pour objet de faciliter les rapports du commerce et de la navigation avec l'établissement. » On s'est demandé si de la combinaison de ces deux textes on doit induire qu'il est permis aux exploitants de magasins généraux de prêter sur warrants : « Ni dans les termes ni dans son esprit, dit la circulaire déjà citée du ministre du commerce, du 12 avr. 1859, la dernière de ces dispositions ne résout la question dont il s'agit, qui est entièrement réservée. »

Cette question est une de celles auxquelles les auteurs qui ont traité de l'exploitation des magasins généraux attachent

une importance capitale. Nous avons eu occasion de faire connaître que, dans le système anglais, qui exclut toute réglementation, la pratique a fait recourir pour les prêts sur warrants aux dépositaires de la marchandise (V. n° 6). M. Rey de Foresta, cité et approuvé par M. Aldr. Caumont, p. 9 et suiv., voudrait que le magasin général fût admis en France à fonctionner comme instrument de crédit : « Pour que le magasin général puisse intervenir utilement, dit-il, il ne suffit pas de le renfermer dans le rôle d'un simple entrepôt, n'ayant d'autre mission que de conserver la marchandise et de délivrer le double certificat qui la représente. En effet, la nature de ce certificat est complexe. D'une part, sous le nom de *récépissé*, il sert d'instrument à la vente; d'autre part, sous le nom de *lettres de gage* ou *warrant*, il sert d'instrument d'emprunt ou de crédit. Or ces deux titres ont des destinations différentes ; le premier doit circuler sur le marché des marchandises ; le second, le warrant circulera sur le marché des capitaux. Il faut cependant qu'ils se retrouvent à un moment donné, soit pour libérer la marchandise grevée, soit pour assurer le remboursement du warrant. Or il n'existe aucune concordance nécessaire entre ces deux opérations. Souvent le propriétaire du récépissé voudra prendre livraison de sa marchandise avant l'époque assignée à l'échéance du warrant, et souvent aussi cette échéance arrivera avant que la marchandise ait mis des fonds à la disposition du souscripteur. A qui appartiendra-t-il d'aplanir ces difficultés , si ce n'est au magasin général, le seul qui puisse favoriser les remboursements anticipés, les renouvellements, les prorogations, les règlements d'intérêts, la réunion et le fractionnement des coupures, etc., etc.? N'est-il pas évident, dès lors, que le magasin général ne pourra remplir cette fonction qu'à la condition de disposer par lui-même de capitaux suffisants, c'est-à-dire à la condition d'ouvrir un commerce de comptes courants garantis par un dépôt de warrants? Il rendra alors les mêmes services que le courtier-banquier de Londres ou de Liverpool. Et ces services, lui seul est en situation de les rendre, car il remplit la triple condition: d'avoir sous la main la marchandise qui sert d'aliment à la vente et au prêt; de créer le double titre qui le représente ; de servir de point de contact nécessaire aux intéressés divers qui ont des droits à exercer sur la marchandise entreposée. » — En ne prenant aucune décision sur ce point délicat avant d'avoir pu constater les tendances et les exigences de la pratique, le gouvernement s'est conformé au sentiment de la commission elle-même, qui indiquait l'esprit dans lequel elle entendait la loi nouvelle, en ces termes : « La commission a sérieusement examiné les opinions qui lui ont été soumises; elle a approfondi les systèmes divers; et, inclinant vers le régime le plus libéral, compatible avec nos mœurs et nos habitudes commerciales, elle a cru que le plus sûr moyen de le préparer, c'était de ne pas s'efforcer de tout prévoir. Nous avons pensé que la meilleure loi serait celle qui, se bornant à poser les principes généraux, laisserait aux faits leur élasticité, aux circonstances leur mobilité et que, tracer d'avance un cercle restreint à des institutions de crédit aussi nouvelles encore parmi nous, ce serait s'exposer à en arrêter l'essor et

peut-être à en paralyser les bienfaits. Nous croyons qu'il faut s'en remettre sur beaucoup de points aux faits pratiques et à l'expérience, et que la jurisprudence elle-même se créera à plusieurs égards en raison des nécessités que le temps et l'usage viendront révéler » (Voy. D. P. 58. 4. 74, n° 18).—Si la question est réservée, il convient de constater que les plus grandes facilités ont été laissées pour sa solution, qu'il n'est besoin pour cela ni d'une loi, ni d'un décret réglementaire, mais simplement d'une approbation, dans le décret d'autorisation, du règlement particulier dans lequel l'entreprise annoncerait son intention de faire des prêts sur warrants. En effet, si les magasins généraux ne sont pas autorisés d'avance et en principe à faire de telles opérations, ils peuvent l'être par décisions particulières, d'après les termes fort élastiques de l'art. 4 du décret réglementaire.—V. M. Damaschino, n° 90.

32. Outre les livres ordinaires du commerce, les exploitants de magasins généraux doivent avoir des livres à souche pour la délivrance des récépissés et warrants, et un autre livre à souche destiné à constater les consignations qui peuvent leur être faites dans le cas où, le récépissé et le warrant se trouvant entre des mains différentes, le porteur d'un de ces titres veut exercer ses droits sans attendre que l'autre soit connu ou présent (V. n°s 50 et 53). Tous ces livres sont cotés et parafés par première et dernière, conformément à l'art. 11 c. com. (décr. 12 mars 1859, art. 19).

33. Les exploitants de magasins généraux ne doivent laisser sortir la marchandise que contre remise des titres qui la représentent. Le règlement du magasin général établi à l'entrepôt de Paris contient, sur la sortie des marchandises, les indications suivantes : « Les marchandises non warrantées sont livrées ou transférées sur de simples ordres du propriétaire; il est délivré à ce dernier un bulletin de sortie indiquant le numéro d'entrée, les marques, le nombre et l'espèce des colis, la nature de la marchandise et le poids.— La marchandise warrantée n'est livrée ou transférée que contre la remise du récépissé et du warrant, ou, à défaut de ce dernier, que contre le dépôt à la caisse de l'administration du montant de la somme prêtée. »

Les exploitants de magasins généraux répondent donc, vis-à-vis des propriétaires, des sorties de marchandises qui, par leur faute ou celle de leurs employés, ont été effectuées sans un ordre régulier ou sans la remise des titres qui représentent ces marchandises. A cet égard la situation est la même pour les exploitants de magasins particuliers que pour les exploitants de magasins généraux. — Il a été jugé que l'exploitant d'un magasin particulier qui, lors du règlement, ne représente, pour justifier de la sortie des marchandises déposées, que des bons d'enlèvement dont les quantités additionnées donnent un total inférieur à celui porté au récépissé, est responsable du déficit et doit être condamné à en payer la valeur au propriétaire; que la circonstance qu'il aurait irrégulièrement délivré une certaine quantité de ces marchandises à un acquéreur sur un bon de celui-ci, ne l'autorise pas à rejeter sur lui la responsabilité du déficit, alors que ledit acquéreur a tenu compte au déposant des marchandises enlevées de la sorte (trib. de com. du Havre, 14 déc. 1861) (1).

---

(1) (Kastler et comp. C. Thiébaut et Thiébaut et comp.).— Thiébaut, gérant des *Chantiers du commerce*, avait reçu en dépôt, dans ses magasins, moyennant un loyer ou droit de magasinage, des douvelles expédiées par navires à Kastler et comp.; le récépissé délivré au déposant portait cette désignation « 18,000 *douvelles environ*, suivant déclaration. » - Kastler et comp. vendirent ces douvelles à des négociants portant le même nom que le dépositaire, les sieurs A. Thiébaut et comp. Les douvelles furent retirées du chantier, par petites quantités, sur la représentation de bons d'enlèvement signés par Kastler et comp.; quelques livraisons cependant furent faites aux sieurs A. Thiébaut et comp. par les employés du gérant des *Chantiers du commerce*, sans qu'un bon d'enlèvement ait été rapporté. Lors du règlement, Kastler et comp. constatèrent un déficit de 863 douvelles, représentant une valeur de 572 fr 45 cent. — Assignation en payement de cette somme fut donnée par eux à Thiébaut, qui de son côté appela en garantie A. Thiébaut et comp. — Le tribunal de commerce du Havre a statué en ces termes :

LE TRIBUNAL; — Attendu que Thiébaut, pénétré des obligations que la loi lui impose en sa qualité de dépositaire salarié, s'est engagé par ses prospectus à remettre, lors de l'entrée des marchandises dans ses

chantiers, un récépissé qui en indique la quantité, et à ne délivrer lesdites marchandises que sur des bons d'enlèvement ou contre la remise du récépissé acquitté par le propriétaire, et qu'il répond ainsi du nombre des colis qui lui sont confiés ;—Que vainement, en ce qui concerne les 18,000 douvelles déposées par Kastler et comp., il cherche à décliner cette responsabilité sous prétexte que le récépissé qu'il en a délivré ne constate le nombre des douvelles qu'avec les mentions *environ* et *suivant déclaration*; qu'en effet cette réserve ne pouvait le libérer que dans le cas d'un déficit peu important et justifiable par la nature même d'une marchandise difficile à compter avec une précision rigoureuse ; — Qu'au surplus, s'il entendait ne pas se laisser engager par la déclaration d'entrée, il devait le notifier clairement aux déposants, qui n'auraient pas manqué de la lui faire contrôler; et qu'enfin il n'est pas mieux fondé à se prévaloir de ce que le loyer des douvelles a été payé au mètre carré et non pas au nombre, puisque le nombre est indiqué sur le récépissé ; — Attendu, d'ailleurs, que Thiébaut reconnaît implicitement avoir reçu la quantité de 18,000 douvelles, par cela seul qu'il s'applique à prouver la sortie de pareille quantité, à une légère différence près ; mais qu'on ne saurait admettre à sa décharge notamment un bon d'enlèvement de 762 douvelles qui, émané de A. Thiébaut et comp., ne peut

34. *Récépissés et warrants.* — Le dépôt de marchandises dans un magasin général est constaté par un titre délivré par l'exploitant. La forme de ce titre joue un rôle d'une importance capitale, puisqu'il doit pouvoir se prêter avec la plus grande facilité aux opérations de transmission ou de nantissement dont la marchandise peut être l'objet en tout ou en partie. Dans le système de 1848, l'unité de titre avait été un obstacle sérieux à la vulgarisation des opérations, que l'institution des magasins généraux avait pour but de favoriser. Dans le système nouveau qu'a établi la loi de 1858, le titre a été dédoublé conformément à ce qui existe en Angleterre, et un rôle spécial a été nettement assigné à chacun des deux titres produits par ce dédoublement. Voici en quels termes s'est expliqué l'exposé des motifs de la loi : « Le récépissé unique servait indifféremment d'instrument de vente ou d'emprunt. Le projet distingue entre ces deux natures d'opérations, et la marchandise déposée donne lieu à la création de deux titres, l'un sous le nom de *récépissé*, l'autre sous le nom de *bulletin de gage :* le premier particulièrement destiné à servir d'instrument de vente, et à transférer la propriété de la marchandise; l'autre devant servir d'instrument de crédit, et, comme son nom l'indique, placer la marchandise à titre de gage entre les mains du prêteur. — Le mécanisme des opérations diverses auxquelles donneront lieu les marchandises déposées dans les magasins généraux sera donc celui-ci : le déposant veut-il emprunter sur sa marchandise, il détache le bulletin de gage et le transfère par endossement au prêteur. L'endossement du bulletin seul et séparé du récépissé vaut nantissement, et confère au prêteur sur la marchandise déposée tous les droits du créancier gagiste sur le gage; ce gage suit le bulletin et, quelques mains qu'il passe par l'effet des négociations successives dont il est l'objet. — Le déposant veut-il vendre, si sa marchandise n'est grevée d'aucun engagement, il a entre les mains les deux titres; il les transfère tous deux à l'acheteur, et par cet endossement, la propriété de la marchandise passe purement et simplement de la tête du vendeur sur celle de l'acheteur.—Si la marchandise est engagée, il transfère à l'acheteur le récépissé qu'il a conservé, et l'acheteur devient encore propriétaire de la marchandise, mais au même titre que le vendeur, c'est-à-dire à charge de payer au porteur du bulletin, le montant de la créance garantie par l'endossement du bulletin. » — Voy. D. P. 58. 4. 72, n° 6.

35. Le récépissé et le warrant devant dispenser de l'examen en vérification de la marchandise, pour ce qui concerne l'identité et la quantité, il suit que l'exploitant du magasin général est responsable vis-à-vis des porteurs des titres, des inexactitudes provenant de son fait, qui existeraient dans les indications concernant la nature ou la quantité de la marchandise. C'est une règle générale appliquée même aux exploitants de magasins particuliers.— Ainsi, il a été décidé que l'exploitant d'un chantier de commerce qui a constaté le récépissé par lui délivré, lors d'un dépôt de douvelles effectué par un commerçant, une quantité de « 18,000 douvelles environ suivant déclaration », doit justifier de la sortie d'une égale quantité, en exécution de bons d'enlèvement délivrés par le déposant, la réserve indiquée par les mentions *environ* et *suivant déclaration*, ne pouvant être prise en considération que dans le cas de déficit peu important et justifiable par la nature même d'une marchandise difficile à compter avec une précision rigoureuse (trib de com. du Havre, 14 déc. 1861, aff. Kastler, V. n° 33). Cette décision est intervenue entre le déposant et l'exploitant du magasin; elle aurait été la même, à plus forte raison, entre celui-ci et le tiers auquel la marchandise aurait été cédée.

36. La destination du récépissé et du warrant étant ainsi indiquée, les diverses prescriptions relatives à la création et à la rédaction de ces titres s'expliquent d'elles-mêmes : — « Des récépissés délivrés aux déposants énoncent leurs nom, profession et domicile, ainsi que la nature de la marchandise déposée et les indications propres à en établir l'identité et à en déterminer la valeur (L. 28 mai 1858, art. 1, 3e alinéa). — A chaque récépissé de marchandises est annexé, sous la dénomination de *warrant*, un bulletin de gage contenant les mêmes mentions que le récépissé (art. 2). — Les récépissés de marchandises et les warrants y annexés sont extraits d'un registre à souche (décr. 12 mars 1859, art. 13). — A toute réquisition du porteur du récépissé et du warrant réunis, la marchandise déposée doit être fractionnée en autant de lots qu'il lui conviendra, et le titre primitif remplacé par autant de récépissés et de warrants qu'il y aura de lots » (même décret, art. 15).

37. Nous avons déjà dit, n° 9, que la loi de 1858 a supprimé la nécessité d'une constatation par experts de la valeur de la marchandise au jour du dépôt; elle exige seulement, on vient de le voir, que le récépissé et le warrant contiennent les indications propres à établir l'identité et la valeur. — Dans la pratique ces indications suffisent : « Les grands établissements de crédit, tels que la Banque de France et le Comptoir national d'escompte, dit M. Sauzeau, Manuel des warrants, p. 151, entretiennent auprès des docks un délégué tout y tient ses bureaux, et avec lequel les propriétaires de marchandises déposées ont toute commodité pour traiter des conditions de la négociation de leurs warrants. Ces conditions sont bientôt arrêtées en face de la marchandise. Généralement, ainsi que nous l'avons dit, elle a déjà été visitée par un courtier pour en constater la qualité et en déterminer la valeur. Le délégué, habitué à voir des marchandises, et lui-même connaisseur, lui a assigné les prix du cours moyen, et, suivant sa nature, apprécie la réduction qui doit être opérée sur la somme totale, autrement dit, apprécie la somme à avancer par l'établissement de crédit. » — Toutefois, la fixation de la valeur par des experts ou par un courtier, par cela même qu'elle peut favoriser considérablement la négociation des warrants ou la vente de la marchandise, est un moyen auquel les déposants restent libres de recourir. Pour que ce mode de fixation de la valeur soit plus accessible aux déposants, le décret du 12 mars 1859 dispose que, « dans le cas où un courtier est requis pour l'estimation des marchandises, il n'a droit qu'à une vacation, dont la quotité est fixée, pour chaque place, par le ministre de l'agriculture, du commerce et des travaux publics, après avis du tribunal de commerce » (art. 14).

38. Voyons maintenant quel usage il est fait du récépissé et du warrant. — Tout d'abord, il y a lieu de remarquer que le déposant qui a recours au dock pour le simple emmagasinage de sa marchandise, se proposant de la retirer lui-même au fur et à mesure des besoins de son commerce, ne se sert ni du récépissé ni du warrant. Il se fait délivrer seulement des bulletins d'entrée qui constatent le dépôt, et des bulletins de sortie, sur la présentation desquels l'administration du dock exécute l'ordre de livrer ou de transférer les colis indiqués par le propriétaire. Par ce moyen, le propriétaire peut faire livrer sa marchandise à l'acheteur aussi facilement qu'il peut se la faire livrer à lui-même. — Le récépissé ne devient nécessaire que lorsque l'acheteur, au lieu de prendre possession de la marchandise pour la sortie de laquelle un ordre a été délivré par le déposant, veut la laisser en entrepôt. L'endossement du récépissé remplace alors la tradition matérielle, et l'entrepôt continue pour le compte comme aux risques de celui auquel la propriété du dépôt a été transférée

---

être opposé à Kastler et comp., ni même à ceux qui l'avaient émis, puisqu'il se trouve entre les mains de Thiébaut qui biffé et par conséquent sans nulle valeur; — Attendu qu'il n'est justifié que de la sortie de 16,612 douvelles sur bons d'enlèvement de Kastler et comp., 525 douvelles, dont 100 sur un bon de Thiébaut et comp., et 425 enlevées par Thiébaut et comp., sans bons; soit ensemble 17,157 douvelles qui, déduites de 18,000 entrées, laissent un déficit de 863 douvelles, dont Thiébaut, d'après ce qui précède, doit compte à Kastler et comp. ;
Sur l'action récursoire de Thiébaut : — Attendu que si A. Thiébaut et comp. ont opéré d'une manière irrégulière en disposant des 525 douvelles sans bons de Kastler et comp., il n'en est résulté de préjudice

pour personne, puisqu'ils ont tenu compte à Kastler et comp. des quantités ainsi enlevées; que ce fait ne démontre que le manque de surveillance de la part des employés de Thiébaut et ne contient aucun principe de responsabilité pour A. Thiébaut et comp., à propos des 863 douvelles manquantes; — Par ces motifs, joint les demandes incidente et récursoire à la demande principale, et statuant sur le tout par un seul et même jugement en dernier ressort; condamne Thiébaut, même par corps, à payer à Kastler et comp. la somme de 572 fr. 45 c., valeur 16 déc. 1860, avec les intérêts de droit; met A. Thiébaut et comp. hors de cause et condamne Thiébaut aux dépens.
Du 14 déc. 1861.—Trib. com. du Havre.—M. Rœderer, pr.

par cet endossement. — V. ce qui est dit *suprà*, nᵒˢ 13 et 33.

L'emploi du récépissé et du warrant devient nécessaire non pas seulement lorsqu'il s'agit de transmettre le droit de disposer d'une marchandise qui doit continuer à rester en entrepôt, mais aussi, et à plus forte raison, lorsqu'il s'agit de conférer sur elle à un prêteur un droit de nantissement. La loi du 28 mai 1858 indique le mode et les effets du transfert de ces titres de la manière suivante : « Les récépissés et les warrants peuvent être transférés par voie d'endossement, ensemble ou séparément » (art. 3). — « L'endossement du warrant séparé du récépissé vaut nantissement de la marchandise au profit du cessionnaire du warrant. — L'endossement du récépissé transmet au cessionnaire le droit de disposer de la marchandise, à la charge par lui, lorsque le warrant n'est pas transféré avec le récépissé, de payer la créance garantie par le warrant, ou d'en laisser payer le montant sur le prix de la vente de la marchandise » (art. 4). — Remarquons que le nantissement peut être réalisé par d'autres moyens que l'endossement (L. 23 mai 1863, D. P. 63. 4. 73). Ainsi, celui qui a déjà emprunté sur warrant, pourrait faire un second emprunt en engageant le récépissé. — V. M. Damaschino, nᵒ 135.

39. Ainsi, quand la marchandise n'est pas warrantée, pour employer l'expression créée par la pratique, le transport simultané du récépissé et du warrant procure au tiers auquel ces titres sont endossés, le droit de disposer librement et complétement de la marchandise. C'est à dessein que le législateur a dit que le transfert du récépissé « transmet le droit de disposer », au lieu de dire qu'il transmet la propriété de la marchandise : « Le récépissé doit pouvoir, a-t-on dit, être transféré à un autre titre que celui de vente, à titre de mandat, par exemple, pour vendre ou gérer la marchandise » (V. le rapport, D. P. 58. 4. 75, nᵒ 21). — L'endossement peut être, en effet, l'exécution de contrats divers ; il n'était pas possible de faire mentionner sur le titre les conditions fort variées que ces contrats préexistants peuvent contenir. D'ailleurs, ainsi que le fait observer l'exposé des motifs, « ces conditions n'importent qu'aux rapports entre le cédant et le cessionnaire du récépissé, et elles seront facilement établies, s'il y a contestation, de la manière usitée en matière commerciale, savoir, par les livres et la correspondance » (Voy. D. P. 58. 4. 73, nᵒ 7). L'endossement n'est donc que l'équivalent d'un ordre de livraison. — Il a été décidé, dans une espèce qui paraît concerner des récépissés délivrés par un magasin particulier et non par un magasin général autorisé, lorsqu'il est prouvé que l'endossement des récépissés n'a eu pour objet que d'assurer au cessionnaire la disposition de la marchandise à concurrence des sommes que le propriétaire de cette marchandise pouvait lui devoir, le cessionnaire ne peut réclamer sur le prix de la vente que le prélèvement de ce qui lui est dû, et à la charge, si le propriétaire se trouve en faillite, de faire vérifier et affirmer sa créance (Paris, 20 mai 1862) (1).

40. Le titulaire du récépissé étant, d'après les désignations mêmes du titre, le propriétaire apparent de la marchandise, il suit que l'endossement obtenu de ce titulaire par un tiers de bonne foi transfère valablement la propriété ; si donc le titulaire du récépissé n'était qu'un mandataire chargé de déposer les marchandises au magasin général, et s'il avait endossé le récépissé postérieurement à la faillite du mandant, le syndic ne pourrait opposer ces circonstances au tiers porteur qui aurait

traité sans en avoir eu connaissance (Paris, 31 déc. 1862, aff. Calmels, D. P. 63. 2. 18).

41. Le transfert du récépissé d'une marchandise entreposée dans un magasin général, que cette marchandise soit warrantée ou qu'elle ne le soit pas, n'a pas besoin d'être transcrit sur les registres du magasin. La suppression de cette formalité est une satisfaction donnée à l'une des plaintes élevées contre le système qui avait été établi en 1848. La vente commerciale n'acquiérant pas date certaine uniquement par l'enregistrement ou par l'un des moyens prévus par l'art. 1328 c. nap., mais aussi par tous les moyens de preuve admis en matière commerciale, tels que les livres et la correspondance, il a paru que la formalité de la transcription n'avait ici aucune utilité au point de vue des principes du droit, et qu'il n'y avait qu'avantage à épargner aux commerçants des démarches qui nuisent à la célérité de leurs relations. — V. l'exposé déjà cité, nᵒ 9.

42. L'endossement du récépissé doit être daté, la date étant nécessaire particulièrement à l'égard des tiers pour l'appréciation de la validité et des effets de l'opération (L. 28 mai 1858, art. 5). — « Quant à la sanction de cette disposition, dit l'exposé des motifs, elle est dans l'art. 147 c. pén., d'après lequel on peut considérer qu'une antidate dans un acte commercial, faite dans un but frauduleux, constitue un faux en écriture de commerce. » — Voy. D. P. 58. 4. 73, nᵒ 8.

43. La facilité avec laquelle une marchandise entreposée peut former l'objet de reventes successives, ne se rencontre au même degré que dans les ventes *par filières*, qui sont en usage surtout dans les ports de mer. Il y a cependant entre ces deux modes de transférer le droit de disposer de la marchandise, des différences qu'il peut être utile de signaler ; la vente par filière est relative à une marchandise achetée à terme, et doit amener dans le port un navire prochainement attendu. L'acheteur, soit pour réaliser les bénéfices que lui assure une hausse momentanée sur la valeur de la marchandise à livrer, soit pour échapper aux conséquences d'une baisse qui peut faire des progrès, transmet à un sous-acquéreur les droits qui résultent pour lui du marché, et lui remet en conséquence les titres, tels que la lettre d'avis, au moyen desquels il pourra se faire livrer la marchandise à son arrivée ; des transmissions successives s'effectuent de la même manière, jusqu'à ce qu'il se rencontre un acquéreur définitif, obligé de prendre livraison au jour indiqué. Mais comme un écart se rencontre nécessairement entre le prix dû par l'acquéreur primitif et celui dû par l'acquéreur définitif, l'exécution de la vente rend nécessaire une liquidation de la filière par un agent spécial ; de plus, la marchandise n'étant pas livrée contre espèces, et un certain délai de payement étant accordé au cessionnaire d'après l'usage local, l'action du livreur, en cas de défaut de payement, provoque des recours qui peuvent grandement compliquer le règlement des diverses opérations dont se compose la vente par filière (V. sur cette sorte de ventes un article de M. B. Bédarride, inséré au Monit. des tribunaux, 1863, p. 581 et suiv., 593 et suiv.). — Ces inconvénients ne se rencontrent pas dans les livraisons de marchandises, que les exploitants de magasins généraux sont appelés à faire aux porteurs des récépissés : le dernier endosseur n'est pas chargé de payer un prix encore dû, il peut seulement avoir à consigner la somme nécessaire au dégagement de la marchandise, si elle est warrantée ; chaque transmission est donc, au moment où elle s'effectue, l'objet d'un règlement distinct, qui

(1) *Espèce :* — (Calmels C. Bloch.) — Le tribunal de commerce de la Seine avait rendu, le 14 juin 1861, un jugement ainsi conçu : — « Attendu que des documents produits il résulte que la somme de 15,511 fr. 80 c., objet de la demande, est le reliquat net du produit de la vente de 158,758 kil. d'huile de colza déposée en entrepôt libre, dans les magasins du sieur Bulard, pour le compte de Lefort, contre récépissés délivrés au nom de Bloch ; — Que si, du 1ᵉʳ au 6 oct. 1860, lesdits récépissés ont été endossés par Bloch, mandataire de Lefort, à l'ordre de Calmels, ce transfert a eu lieu, non pour constituer Calmels propriétaire de la marchandise, mais pour lui en assurer la disposition, à concurrence des sommes que Lefort pourrait lui devoir ; — Attendu que Calmels a reconnu ce fait, soit en recevant de Bloch, sans protestation ni réserve, les comptes de vente dressés au nom de Lefort, dont il excipe à l'appui de sa demande, soit en s'adressant lui-même au syndic Le-

fort son compte avec Lefort, au crédit duquel il ne fait pas figurer la valeur des marchandises déposées sous son nom dans les magasins du sieur Bulard ;

Attendu qu'en l'état, Bloch ne peut être tenu de payer, entre les mains de Calmels, que la somme exacte dont Lefort, son mandant, sera reconnu débiteur ; — Mais attendu que, Lefort étant en état de faillite, le chiffre de la créance de Calmels ne peut être fixé qu'après la vérification par le syndic et l'affirmation entre les mains du juge-commissaire ; — Qu'il s'ensuit que Calmels doit être déclaré, quant à présent, mal fondé en sa demande contre Bloch ; — Par ces motifs, déclare, quant à présent, dans sa demande contre Bloch, l'en déboute, etc. — Appel par le sieur Calmels. — Arrêt.

LA COUR ; — Adoptant les motifs des premiers juges, confirme. Du 20 mai 1862.-C. de Paris, 2ᵉ ch.-M. Lamy, pr.

n'exige l'intervention d'aucun agent et dont l'exécution est indépendante de celle des transmissions postérieures.

44. L'endossement du warrant séparé du récépissé vaut, a-t-il été dit, nantissement de la marchandise entreposée. Ce nantissement confère au créancier le droit d'être « payé de sa créance sur le prix de la marchandise, directement et sans formalité de justice, par privilège et préférence à tous créanciers » (L. 28 mai 1858, art. 8). L'endossement doit, outre la date, énoncer le montant intégral, en capital et intérêts, de la créance garantie, la date de son échéance, et les noms, professions et domicile du créancier. « Le premier cessionnaire du warrant doit immédiatement faire transcrire l'endossement sur les registres du magasin, avec les énonciations dont il est accompagné. Il est fait mention de cette transcription sur le warrant » (même loi, art. 5). — Dans la pensée des auteurs du projet, la transcription de l'endossement sur les registres du magasin devait être l'équivalent de la formalité de l'enregistrement à laquelle était alors soumis le nantissement commercial; relativement à la constatation de la date de la convention, on faisait observer que « le préposé du magasin est une sorte d'officier public dont la déclaration offre toute garantie de sincérité » (Voy. D. p. 58. 4. 73, n° 9). — Cette raison de droit n'a plus de valeur aujourd'hui que « le gage constitué soit par un commerçant, soit par un non-commerçant, pour un acte de commerce, se constate à l'égard des tiers comme à l'égard des parties contractantes, conformément aux dispositions de l'art. 109 c. com. » (L. du 23 mai 1863, D. P. 63. 4. 73). — Mais la transcription dont il s'agit n'en est pas moins nécessaire pour faire connaître aux intéressés la somme pour laquelle la marchandise est engagée, et moyennant la consignation de laquelle elle peut être retirée du magasin général.

45. La nécessité de la transcription n'existe que pour le premier endossement et non pour les endossements ultérieurs. Pour ceux-ci la formalité ne présentait aucun caractère de nécessité : « tandis que le premier endossement constitue l'acte de nantissement, ceux qui suivent ne sont plus que des transferts du bénéfice de cet acte à des concessionnaires successifs, et entre leurs mains le bulletin est une sorte d'effet de commerce avec privilège sur certaines valeurs, qui circule comme tout autre effet de commerce » (V. l'exposé déjà cité, n° 9). — S'il n'y a pas nécessité, il peut, du moins, y avoir utilité à faire transcrire les endossements ultérieurs, qu'il s'agisse de warrants ou de récépissés; c'est un moyen de faciliter les rapports du propriétaire de la marchandise avec le créancier gagiste, à l'occasion du remboursement direct que le premier pourrait vouloir faire au second. Le règlement d'administration publique, du 12 mars 1859, porte donc que « tout cessionnaire du récépissé ou du warrant peut exiger la transcription, sur les registres à souches dont ils sont extraits, de l'endossement fait à son profit, avec indication de son domicile » (art. 16).

46. La circulation des warrants est assimilée à celle des effets de commerce. Le législateur, en établissant ce mode de transmissibilité, a voulu favoriser le placement des capitaux sur warrants; or, rien n'est plus propre à déterminer celui qui a des capitaux disponibles à les prêter sur warrants, que la facilité de pouvoir au besoin rentrer dans ses avances, avant l'échéance, au moyen de la négociation ou de l'escompte du warrant. Dans la pratique, l'escompte des warrants rencontre moins de difficultés que celui des effets de commerce, parce que la provision du warrant, authentiquement établie, est en même temps immobilisée. — L'importance de cette provision peut toujours être vérifiée. Pour donner toute facilité d'apprécier si les frais que l'art. 8 de la loi du 28 mai 1858 déclare privilégiés (c'est-à-dire les contributions indirectes, taxes d'octroi ou droits de douane dus par la marchandise, et les frais de magasinage et autres faits pour la conservation de la chose), réduisent le prix qu'on peut attendre de la vente, dans une proportion n'excédant pas la latitude prévue lors de la constitution du gage, l'art. 17 du règlement impérial, du 12 mars 1859, dispose que, « à toute époque, l'administration du magasin général est tenue, sur la demande du porteur du récépissé ou du warrant, de liquider les dettes et les frais énumérés à l'art. 8 de la loi du 28 mai 1858, sur les négociations de marchandises, et dont le privilège prime celui de la créance garantie sur le warrant. Le bordereau de liquidation délivré par l'administration du magasin général relate les numéros du récépissé et du warrant auxquels il se réfère. »

47. A raison des garanties particulières qu'offrent les warrants, les établissements publics de crédit ont été autorisés à les recevoir comme effets de commerce « avec dispense d'une des signatures exigées par leurs statuts. » Cette dispense, établie par la législation de 1848, a été maintenue par l'art. 11 de la loi du 28 mai 1858 ; en sorte, dit l'exposé des motifs, que « les comptoirs d'escompte continueront à les recevoir avec une seule signature, la banque avec deux signatures. » — V. Banque, n° 142.

48. L'assimilation des warrants aux billets à ordre est complétée par l'obligation imposée au porteur de faire protester le warrant à défaut de payement à l'échéance, s'il veut s'assurer un recours contre les endosseurs pour le cas où le prix de la vente du gage ne suffirait pas au remboursement de la somme prêtée (L. 28 mai 1858, art. 7 et 9). — De cette assimilation, il suit, d'après la jurisprudence, que l'endossement régulier de récépissés et de warrants qui a été fait à un commerçant avec lequel il était en compte courant par le titulaire que ce compte constituait débiteur, doit, bien que celui-ci ait été postérieurement déclaré en faillite et que l'ouverture ait été reportée à une époque antérieure à l'endossement, être considéré comme un payement en effets de commerce, compris dans l'exception prévue par le § 3 de l'art. 446 c. com., et qu'il y a lieu par suite de maintenir, alors surtout que le commerçant auquel ce payement a été fait était de bonne foi (Grenoble, 18 déc. 1862, aff. Charrin, D. P. 63. 2. 64). — Conf. M. Ald. Caumont, n° 218.

49. Après avoir vu comment le récépissé et le warrant circulent séparément, il reste à examiner comment le porteur de chacun de ces titres devra exercer ses droits. Deux situations peuvent se présenter ; le porteur du récépissé peut vouloir disposer de la marchandise avant l'échéance du warrant ; le porteur du warrant peut, à défaut de payement à l'échéance, avoir à exercer ses droits sur la marchandise non encore retirée du magasin.

50. Le porteur du récépissé qui veut retirer la marchandise warrantée n'est pas obligé de se mettre en rapport avec le porteur du warrant ; mais il y a intérêt. On a vu, *suprà*, n° 45, que le législateur n'a pas cru devoir imposer au porteur du warrant l'obligation de se faire connaître par une transcription du transport sur le registre du magasin général, et que le règlement impérial lui a seulement réservé la faculté de le faire. Si le porteur du warrant est connu, le déposant qui a gardé le récépissé ou le cessionnaire de ce titre, si le déposant s'en est dessaisi, pourra s'entendre avec le porteur du warrant pour le remboursement du prêt avant l'échéance, et empêcher ainsi les intérêts de courir; le porteur du warrant examinera s'il y a avantage pour lui à accepter ce remboursement et indiquera les conditions auxquelles il subordonne son consentement.—Dans le système de 1848, le remboursement ne pouvait être refusé et il devait être tenu compte à l'emprunteur des intérêts à courir jusqu'à l'échéance, sous une déduction d'un intérêt de dix jours alloué au prêteur comme indemnité pour le déplacement imprévu de ses capitaux (arrêté min. des fin. 26 mars 1848, art. 10). Cette disposition a été abandonnée en 1858, malgré la réclamation d'un député, M. Garnier, qui a vainement insisté sur ce qu'il y a de rigoureux à imposer à l'emprunteur qui veut se libérer par anticipation, le sacrifice des intérêts non encore courus. Il a paru que « forcer le prêteur à subir le remboursement anticipé contrairement au droit commun, ce serait rendre peut-être les prêts plus difficiles, et que l'intérêt même des emprunteurs s'oppose à ce qu'on déclare obligatoires pour les prêteurs les remboursements avant l'échéance » (V. l'analyse de la discussion), D. P. 58. 4. 70, note 7). Sur la proposition de la commission, l'art. 6 de la loi du 28 mai 1858 a été votée en ces termes : — « Le porteur du récépissé séparé du warrant peut, même avant l'échéance, payer la créance garantie par le warrant. — Si le porteur du warrant n'est pas connu ou si, étant connu, il n'est pas d'accord avec le débiteur sur les conditions auxquelles aurait lieu l'anticipation de payement, la somme due, y compris les intérêts jusqu'à l'échéance, est consignée à l'administration du magasin général, qui en demeure responsable, et cette consignation libère la marchandise. » — Nous pensons, bien que la loi ne le

dise pas, que le porteur du warrant pourrait, en renonçant aux intérêts non encore courus, se présenter à toute époque au magasin général pour se faire payer sur la somme consignée contre remise du warrant, le reliquat devant être restitué à l'emprunteur.

51. Passons au cas où le porteur du warrant, à défaut de payement à l'échéance, a à exercer ses droits sur la marchandise encore en dépôt dans le magasin général. La loi du 28 mai 1858 dit à cet égard : A défaut de payement à l'échéance, le porteur du warrant séparé du récépissé peut, huit jours après le protêt, et sans aucune formalité de justice, faire procéder à la vente publique aux enchères et en gros de la marchandise engagée, dans les formes et par les officiers publics indiqués dans la loi du 28 mai 1858 (celle relative à la vente publique en gros des marchandises) (art. 7). — Ainsi se trouve supprimée l'obligation que l'art. 11 de l'arrêté du 26 mars 1848 imposait au créancier gagiste de recourir au président du tribunal de commerce, pour en obtenir, sur la simple production de l'acte de protêt, une ordonnance prescrivant la vente de la marchandise aux enchères.

52. Quelle sera la situation de l'emprunteur, souscripteur du warrant, qui, s'étant dessaisi du récépissé, aura remboursé à l'échéance? Il ne suffit pas que la marchandise ne puisse être vendue sans ce warrant dont il est porteur; il faut encore que lui-même puisse tirer parti de ce titre à une échéance déterminée pour recouvrer ce qui lui est dû. Il a paru à la commission « que le warrant acquitté prouve suffisamment que l'emprunteur l'a remboursé et qu'il est juste de lui attribuer sur la marchandise les mêmes droits que ceux qui seraient résultés pour lui du protêt. » Sur la proposition qu'elle en a faite, l'art. 7 a été complété par l'addition de la disposition suivante : — « Dans le cas où le souscripteur primitif du warrant l'a remboursé, il peut faire procéder à la vente de la marchandise, comme il est dit au paragraphe précédent contre le porteur du récépissé, huit jours après l'échéance et sans qu'il soit besoin d'aucune mise en demeure. »

53. « Sur la présentation du warrant protesté, l'administration du magasin général est tenue de donner au courtier désigné pour la vente par le porteur du warrant toutes facilités pour y procéder » (décr. 12 mars 1859, art. 18, § 1). — La vente étant faite, le prix est employé de la manière suivante : « Le créancier est payé de sa créance sur le prix, directement et sans formalité de justice, par privilège et préférence à tous créanciers, sans autre déduction que celle : 1° des contributions indirectes, les taxes d'octroi et des droits de douane dus par la marchandise; 2° des frais de vente, de magasinage et autres faits pour la conservation de la chose. — Si le porteur du récépissé ne se présente pas lors de la vente de la marchandise, la somme excédant celle qui est due au porteur du warrant est consignée à l'administration du magasin général, comme il est dit à l'art. 6 » (L. du 28 mai 1858, art. 8). — Cette disposition, il faut le remarquer, affranchit la marchandise engagée du privilège général de la douane, en la réduisant aux droits spécialement dus par la marchandise elle-même (V. l'Exposé des motifs, n° 12). — L'administration du magasin général « ne délivre la marchandise à l'acheteur que sur le vu du procès-verbal de la vente et moyennant : 1° la justification du payement des droits et frais privilégiés, ainsi que du montant de la somme prêtée sur le warrant; 2° la consignation de l'excédant, s'il en existe, revenant au porteur du récépissé, dans le cas prévu par le dernier paragraphe de l'art. 6 de la loi » (décr. 12 mars 1859, art. 18, § 2).

54. Pour le compte de qui périrait la somme déposée en exécution de la disposition énoncée au numéro précédent, dans le cas où elle serait soustraite ou bien dans le cas où le magasin dépositaire, venant à faillir, n'aurait plus les moyens de la rembourser? — Cette question a été soulevée dans le rapport sur la loi de 1858, mais la commission a jugé prudent d'en abandonner la solution à l'appréciation des tribunaux. La solution, en effet, ne saurait être la même dans tous les cas. Lorsque c'est le refus du porteur de warrant de recevoir le payement anticipé, qui a rendu nécessaire la consignation, il semble que les risques doivent être à sa charge. Mais lorsque c'est à l'insu du porteur de warrant qu'au gage primitivement constitué a été substituée la consignation de la somme destinée à le désintéresser, nous inclinons à penser que les risques sont au compte de celui qui, dans son seul intérêt, a fait cette substitution. — Quant au cas de destruction, par incendie, de la marchandise déposée, il a été prévu dans la disposition suivante : « Les porteurs de récépissés et de warrants ont, sur les indemnités d'assurance dues en cas de sinistres, les mêmes droits et privilèges que sur la marchandise assurée » (L. 28 mai 1858, art. 10).

55. Il peut se faire que la portion disponible du prix ne suffise pas au remboursement de la somme énoncée au warrant, et que le porteur de ce titre ne soit pas complétement désintéressé. Dans ce cas, mais dans ce cas seulement, il y a lieu à un recours contre l'emprunteur et les endosseurs : — « Le porteur du warrant, dit l'art. 9 de la loi de 1858, n'a de recours contre l'emprunteur et les endosseurs qu'après avoir exercé ses droits sur la marchandise, et en cas d'insuffisance. — Les délais fixés par les art. 165 et suiv. c. com., pour l'exercice du recours contre les endosseurs, ne courent que du jour où la vente de la marchandise est réalisée. — Le porteur du warrant perd en tout cas son recours contre les endosseurs, s'il n'a pas fait procéder à la vente dans le mois qui suit la date du protêt. » — L'obligation de faire vendre dans le mois a dû être imposée au porteur du warrant pour la prompte fixation de la situation des endosseurs, à l'égard desquels le droit de recours ne saurait subsister indéfiniment. — « S'il se présentait des cas où il y eût un intérêt sérieux à ajourner la vente au delà de ce terme pour obtenir un meilleur prix, il pourrait toujours être avisé par des arrangements particuliers, que faciliterait sans doute l'intérêt commun des endosseurs et du propriétaire de la marchandise, à ne pas la faire vendre dans des conditions trop mauvaises » (Exposé des motifs, n° 14). — En ne permettant d'actionner l'emprunteur qu'après la discussion du gage, la loi a voulu soustraire celui-ci à l'obligation d'affecter deux valeurs au payement de la même dette, la marchandise et une somme qu'il lui faudrait conserver en caisse pour le cas de demande directe de remboursement. « C'est au prêteur, a dit la commission, à n'avancer sur la marchandise qu'une somme qui le laisse à l'abri de toute éventualité, et il est juste que l'emprunteur qui perd la disposition de sa marchandise, quand il la donne en nantissement, décharge proportionnellement son crédit. » Les parties, d'ailleurs, auront toujours le droit de stipuler, a ajouté la commission, que la responsabilité personnelle pourra être réclamée avant même la garantie de la marchandise.

56. « Celui qui a perdu un récépissé ou un warrant peut demander et obtenir par ordonnance du juge, en justifiant de sa propriété et en donnant caution, un duplicata s'il s'agit du récépissé, le payement de la créance garantie s'il s'agit du warrant » (L. 28 mai 1858, art. 12). — Le projet voulait que la propriété du récépissé ou du warrant fût justifiée par des livres. Cette disposition ne pouvait être maintenue : « L'un ou l'autre de ces titres, a dit la commission, peut se trouver dans les mains d'un capitaliste qui n'aura pas de livres, et tous les moyens de justification de propriété devront être admis. »

57. Des oppositions motivées sur ce que des récépissés ou warrants auraient été l'objet d'endossements irréguliers ou non sérieux, peuvent être faites entre les mains de l'exploitant du magasin général dans lequel a été déposée la marchandise que ces titres représentent. — Il a été jugé que ce n'est pas au juge du référé qu'il appartient de statuer sur la demande en mainlevée de ces oppositions (Paris, 22 déc. 1863) (1). Le contraire a été admis dans une espèce où il s'agissait d'une main-

---

(1) *Espèce :* — (Doutté-Langlet C. Crédit agricole.) — Le tribunal civil de la Seine avait statué, le 13 déc. 1865, en ces termes : — « Attendu que la société du Crédit agricole attaque non-seulement comme non sérieuse la date du 29 oct. 1865, à laquelle aurait été passé à l'ordre du demandeur les récépissés dont il s'agit, mais encore la sincérité de l'opération elle-même; — Que le juge des référés est incompétent pour connaître des contestations de cette nature; — Le tribunal dit qu'il n'y a lieu à référé; renvoie les parties à se pourvoir au principal. » — Appel. — Arrêt.

LA COUR; — Considérant que, quel que soit l'intérêt qui s'attache à la prompte réalisation des warrants et récépissés délivrés par les magasins généraux, il ne peut, en faveur de leur recouvrement, être fait ex-

levée d'oppositions faites à une compagnie de chemin de fer de livrer des marchandises au porteur d'une filière ou ordre de livrer (ord. du président du trib. de la Seine, 30 oct. 1861, Gaz. des trib. du 31). — V. Référé, n° 227.

58. *Enregistrement et timbre des warrants.* — Le décret de l'assemblée constituante, du 23 août 1848, soumettait les récépissés délivrés par les magasins généraux à un droit fixe de 1 fr. pour tout droit d'enregistrement ; on se souvient que l'endossement du récépissé, qui n'était pas alors accompagné du warrant, servait à la mise en gage, comme à la cession de la propriété de la marchandise entreposée (V. n° 9). La loi du 28 mai 1858 porte, art. 13 : « Les récépissés sont timbrés ; ils ne donnent lieu pour l'enregistrement qu'à un droit fixe de 1 fr.— Sont applicables aux warrants *endossés séparément des récépissés* les dispositions du tit. 1 de la loi du 5 juin 1850, et de l'art. 69, § 2, n° 6 de la loi du 22 frim. an 7. » En d'autres termes, le warrant ou bulletin de gage, dont l'endossement séparé vaut nantissement de la marchandise, est assujetti au droit de timbre de 50 cent. par 1,000 fr. et au droit d'enregistrement de 50 cent. par 100 fr. (V. Enregistr., n° 6280 et suiv.). — Comme mesure de précaution dans l'intérêt du trésor, l'art. 13 ajoute : « L'endossement d'un warrant séparé du récépissé non timbré et non visé pour timbre conformément à la loi ne peut être transcrit ou mentionné sur les registres du magasin, sous peine, contre l'administration du magasin, d'une amende égale au montant du droit auquel le warrant est soumis. Les dépositaires des registres des magasins généraux sont tenus de les communiquer aux préposés de l'enregistrement, selon le mode prescrit par l'art. 54 de la loi du 22 frim. an 7 et sous les peines y énoncées » (V. *eod.* v°, n° 5329 et suiv.). — Le récépissé, ainsi que cela résulte des textes qu'on vient de transcrire, ne doit le droit de timbre proportionnel que lorsqu'il engage la marchandise par l'endossement séparé du warrant ; quant au droit d'enregistrement, il n'y a lieu de l'acquitter que dans le cas où le porteur du warrant se trouve dans la nécessité d'en faire usage par acte public ou en justice. C'est ce que l'exposé des motifs reconnaît en ces termes : « Il faut ajouter que, comme le caractère des récépissés et des bulletins est celui d'actes sous seing privé, les droits d'enregistrement ne peuvent être exigés, d'après l'art. 23 de la loi du 22 frim. an 7, que lorsqu'on veut en faire usage, soit par acte public, soit en justice, ou devant toute autre autorité constituée, et que, par conséquent, ils seront rarement nécessaires » (V. D. P. 58. 4. 74, n° 17).

59. L'application des dispositions qui précèdent amenait, dans la pratique, des inconvénients sérieux. L'exposé des motifs de la loi budgétaire du 2 juill. 1862 (D. P. 62. 4. 60), s'en explique en ces termes : « Dans l'état actuel de la législation, les porteurs de warrants qui veulent les négocier sont obligés de se déplacer pour aller au bureau de l'enregistrement le plus voisin et y faire viser pour timbre le warrant avant de le transmettre par la voie de l'endossement ; il serait, en effet, difficile de se servir, pour ces effets, comme pour les effets de commerce ordinaires, d'un papier timbré à l'avance. Ce déplacement entraîne une perte de temps toujours préjudiciable au commerce, et il importe, au contraire, que toutes facilités lui soient données pour l'usage du système ingénieux des warrants et des récépissés de marchandises déposées dans les magasins généraux. » — Pour remédier à ces inconvénients, le gouvernement proposait de rendre applicables aux warrants endossés séparément des récépissés les dispositions de la loi de finances des 24 mai-11 juin 1859 (D. P. 59. 4. 34), relatives à l'apposition d'un timbre mobile sur les effets de commerce venant de l'étranger. Les risques que ce mode de perception de l'impôt du timbre pourrait présenter pour les intérêts du trésor, s'il était la règle générale, n'étaient pas à craindre en cette matière (V. à cet égard l'exposé précité, D. P. 62. 4. 68, note 6). On inséra donc sans difficulté dans la loi du 2 juill. 1862, à titre d'exception nouvelle aux principes admis par les lois sur l'impôt du timbre, les dispositions suivantes : « Art. 25 : A partir du 1er janv. 1863, le droit de timbre auquel les warrants endossés séparément des récépissés sont soumis par l'art. 13 de la loi du 28 mai 1858, sur les négociations relatives aux marchandises déposées dans les magasins généraux, pourra être acquitté par l'apposition sur ces effets de timbres mobiles que l'administration de l'enregistrement est autorisée à vendre et à faire vendre. — Art. 26. Un règlement d'administration publique déterminera la forme et les conditions d'emploi des timbres mobiles créés en exécution de la présente loi. Sont applicables à ces timbres les dispositions de l'art. 21 de la loi du 11 juin 1859. — Art. 27. Sont considérés comme non timbrés les actes ou écrits sur lesquels le timbre mobile aurait été apposé sous l'accomplissement des conditions prescrites par le règlement d'administration publique ou sur lesquels aurait été apposé un timbre ayant déjà servi. — Art. 28. Sont maintenues.... toutes les dispositions des lois sur le timbre non contraires à la présente loi. » — V. ce qui a été dit sur l'apposition des timbres mobiles sur les effets de commerce venant de l'étranger, au mot Timbre, n° 107 et suiv.

60. Pour l'exécution des art. 25 et 26 de la loi du 2 juill. 1862, transcrits au numéro précédent, est intervenu un décret du 29 oct. 1862 (D. P. 62. 4. 127), disposant, art. 3, que « provisoirement les timbres mobiles employés en vertu du décret du 18 janv. 1860, pour timbrer les effets venant soit de l'étranger, soit des colonies où le timbre n'est pas établi, pourraient être apposés sur les warrants endossés séparément des récépissés. » Un décret du 23 janv. 1864 (D. P. 64. 4. 21) a mis fin à ce provisoire et a établi de nouveaux modèles de timbres. L'art. 3 du décret du 29 oct. 1862, demeure en vigueur sur ce point, décrit le mode d'apposition des timbres mobiles de la manière suivante : « Le timbre mobile sera collé au dos du warrant par le premier endosseur, qui devra le placer au-dessus de l'endossement et l'annuler immédiatement en y inscrivant la date de l'apposition et sa signature. » Cette signature, il faut le remarquer, ne saurait servir tout à la fois pour l'oblitération du timbre et pour l'endossement (Instr. gén. de l'admin. de l'enreg., du 2 janv. 1863, n° 2242).

61. « Il est d'ailleurs entendu, a-t-il été déclaré dans l'exposé des motifs de la loi du 2 juill. 1862, que ce n'est qu'une facilité donnée aux commerçants, et que les porteurs de warrants pourront toujours requérir des receveurs de l'enregistrement le visa pour timbre, quand ils jugeront plus commode de se servir de ce moyen. » Une déclaration semblable avait été faite au sujet de la faculté d'employer des timbres mobiles pour acquitter l'impôt du timbre sur les effets venant de l'étranger. « Vous remarquerez, disait l'administration de l'enregistrement dans une de ses circulaires, que la création des timbres mobiles n'a pas exclu l'usage du visa pour timbre.... Les intéressés ont la faculté d'employer l'un ou l'autre de ces modes de timbrage » (Circ. du dir. gén. du 17 juin 1861). — Il n'a été porté aucune atteinte à cette faculté par un arrêté du ministre des finances en date du 20 juill. 1863, qui réglemente le mode d'apposition des timbres mobiles par les fonctionnaires autorisés à substituer cette apposition au visa pour timbre (Conf. M. Garnier, Répérd. de l'enreg., 1863, art. 1833). Une circulaire du directeur général, du 4 nov. 1863, le constate en ces termes : « Il n'y a rien de changé dans les instructions antérieures dont concernent relativement aux visas en débet ou au gratis, ni pour ceux qui concernent des effets de commerce. » Ce qui est dit ici des effets de commerce s'applique aux warrants, qui, pour le timbre, sont régis par des dispositions semblables.

62. Les timbres mobiles, suivant l'art. 2 du décret du janv. 1860, ne pouvaient être apposés sur les effets de plus 20,000 fr. Cette disposition avait été déclarée inapplicable warrants, qui pouvaient être revêtus de plusieurs timbres mobiles, lorsque la somme énoncée dépassait 20,000 fr. (Instr. gén. du 27 janv. 1863). Aujourd'hui cette disposition se trouve rapportée par l'art. 2 du décret du 23 janv. 1864 ; et la facul

---

ception aux règles de compétence et de juridiction ; — Qu'aux termes de l'art. 809 c. pr. civ., l'ordonnance de référé ne peut préjudicier au principal, — Que, lorsque la contestation ne porte que sur la validité d'une saisie ou opposition, la mainlevée emporterait décision du procès au fond

et dans tous les cas y préjudicierait d'une manière évidente ; — Qu'aussi le juge du référé est incompétent pour la prononcer ; — Adoptant au surplus les motifs des premiers juges, confirme.

Du 22 déc. 1865.-C. de Paris, 1re ch.-M. Devienne, 1er pr.

d'acquitter le droit de timbre par l'apposition d'un ou plusieurs timbres mobiles est accordée d'une manière expresse par ce même article pour les effets venant de l'étranger comme pour les warrants.

63. Quant aux récépissés des sommes consignées, ils sont soumis au timbre de dimension, et doivent, d'après l'administration, lorsque leur enregistrement est nécessaire, supporter le droit de libération de 50 cent. par 100 fr. comme dans le cas de dépôts faits chez les officiers publics, s'il s'agit de dépôt fait par le porteur du récépissé, et seulement le droit fixe de 2 fr., s'il s'agit du dépôt fait par le courtier qui a vendu les marchandises. — Le bordereau de liquidation des dettes et frais, également sur timbre, devrait, comme les récépissés de sommes consignées, donner lieu à la perception des droits d'enregistrement conformément au droit commun, dans les cas, d'ailleurs peu fréquents, où il y aurait lieu d'en faire usage par acte public ou en justice. — V. le Dict. du commerce, v° Warrant.

64. *Ventes publiques de marchandises en gros.*—Ces ventes ont fait l'objet d'une loi qui, présentée au corps législatif en même temps que celle relative aux magasins généraux, a été promulguée à la même date du 28 mai 1858 (D. P. 58. 4. 75). Un même décret réglementaire a été rendu pour l'exécution des deux lois, le 12 mars 1859 (D. P. 59. 4. 20). Ainsi que le fait remarquer la circulaire interprétative, reproduite en note de ce décret, les ventes publiques de marchandises en gros « sont non-seulement le complément indispensable du système de crédit constitué par les warrants, mais encore sous un autre aspect, un précieux avantage pour les propriétaires de marchandises qui peuvent ainsi les écouler dans des conditions de concurrence profitables à tous les intérêts. » — Nous ne dirons ici que quelques mots des ventes publiques, et seulement au premier des points de vue indiqués par le ministre, la matière ayant déjà été traitée, pour ce qui concerne le second, v° Vente publ. de march. neuves, n°s 7 et suiv.

65. L'ouverture des salles pour les ventes publiques de marchandises est soumise aux mêmes conditions que l'ouverture des magasins généraux. Dans les villes importantes où il est possible de procéder à des ventes publiques en quelque sorte périodiques, c'est habituellement à l'exploitant du magasin général qu'est accordée l'autorisation d'ouvrir une salle pour les ventes publiques, cette salle étant comme le complément du magasin général (V. comme exemples les décrets analysés *suprà*, n°s 11 et 12). — Pour tout ce qui touche aux opérations ayant pour objet les ventes publiques, nous devons renvoyer purement et simplement, aux art. 20 et suiv. du décret du 12 mars 1859, qui paraissent pouvoir se passer de commentaire, et au décret du 30 mai 1863 (D. P. 62. 4. 122), qui modifie le précédent dans quatre de ses dispositions.

66. Les courtiers, ainsi qu'on l'a vu, v° Vente publique de marchandises neuves, ont été autorisés à procéder à la vente publique des marchandises comprises dans le tableau annexé à la loi du 28 mai 1858. Cette attribution nouvelle n'a diminué en rien celles qu'ils tenaient des lois antérieures et qu'ils peuvent toujours exercer, dans les cas prévus par ces lois, lorsqu'il s'agit de marchandises autres que celles comprises au tableau ci-dessus désigné (Civ. cass. 18 nov. 1862, aff. Lefrançois, D. P. 62. 1. 529; V. nos observations *loc. cit.*). — Le délai pour faire enregistrer les procès-verbaux des ventes publiques de marchandises faites par les courtiers a été porté à dix jours par l'art. 17 de la loi du 28 juin 1861 (D. P. 61. 4. 84).

67. La loi du 28 mai 1858 avait laissé au gouvernement la faculté de modifier le tableau des marchandises dont la vente publique en gros est permise aux courtiers ; le gouvernement en a fait usage, pour la ville du Havre, par le décret du 8 mai 1861 (D. P. 61. 4. 61), et pour tout l'empire par un autre décret en date du même jour (D. P. *eod.*), qui ajoute aux marchandises désignées au tableau les navires, agrès et apparaux, ainsi que les sucres raffinés. Un nouveau tableau général, considérablement augmenté, a été mis en vigueur par le décret du 30 mai 1863 (D. P. 63. 4. 122). On le trouvera reproduit à la suite du décret.

68. En règle générale, les marchandises neuves ne peuvent être vendues en gros que par lots dont la valeur, fixée approximativement au cours moyen des marchandises, ne peut

être inférieure à 500 fr. L'art. 25 du décret du 12 mars 1859, rédigé à nouveau par celui du 30 mai 1863, permet d'apporter à cette règle des dérogations nécessitées par des besoins locaux ou par l'état avarié des marchandises à vendre ; puis il ajoute : « Le minimum de la valeur des lots est fixé à 100 fr. pour les ventes après protêt de warrant de marchandises de toutes espèces. » Il en est ainsi, d'ailleurs, pour les ventes publiques de marchandises, autorisées ou ordonnées par la justice consulaire (décr. 6 juin 1863, D. P. 63. 1. 123).

69. Une des garanties exigées par le décret du 12 mars 1859, concerne l'exposition préalable des marchandises dont la vente publique en gros est annoncée (art. 21).—Il a été jugé que c'est là une mesure d'ordre public dont l'omission entraîne nullité de la vente (Paris, 10 août 1861, D. P. 62. 2. 68).—Depuis, est intervenu le décret du 30 mai 1863, qui a ajouté à l'art. 21 du décret du 12 mars 1859 la disposition suivante : « Toutefois, le président du tribunal de commerce du lieu de la vente peut, sur requête motivée, accorder dispense de l'exposition préalable..., lorsqu'il s'agit de marchandises qui, à cause de leur nature ou de leur état d'avarie, ne pourraient pas y être soumises sans inconvénient. Mais, en tout cas, des mesures doivent être prises pour que le public puisse examiner les marchandises avant qu'il soit procédé à la vente. » — Le décret de 1863 accorde des facilités analogues pour ce qui concerne la formation préalable de lots distincts, laquelle n'est pas obligatoire pour les marchandises en grenier ou en chantier et peut être remplacée par l'indication du mode de livraison qui sera suivi (art. 23). — Un décret du 23 mai 1863 (D. P. 63. 4. 121) dispose, à titre de dérogation aux dispositions rappelées dans ce numéro, que « les ventes publiques en gros des cuirs verts à Paris, pourront avoir lieu mensuellement et d'avance, et sans exhibition matérielle ni exposition préalable, mais après autorisation donnée sur requête par le président du tribunal de commerce. » Il convient de noter, à ce sujet, que l'espèce de l'arrêt ci-dessus indiqué de la cour de Paris, concernait précisément une vente de cuirs verts.

§ 2. — *Des chèques.*

70. Le chèque, en lui-même, d'après une définition que nous empruntons à M. Michel Chevalier, « est un simple ordre donné par un particulier à un banquier chez lequel il a des fonds, de payer une certaine somme au porteur. »

71. L'usage des chèques n'est pas précisément un fait nouveau. Le capitaliste qui fournissait un bon sur son banquier, celui qui, ayant un compte courant à la banque de France, tirait sur cette banque un mandat à vue, créaient, sous des noms différents, de véritables chèques; mais le fait n'en avait pas moins un caractère exceptionnel. — Ce qui est d'une création récente, ce qui constitue une invention vraiment originale, c'est la combinaison imaginée par les Anglais de faire produire un intérêt aux dépôts, si modestes et si courts qu'ils soient, effectués dans les banques par les particuliers, sans restreindre la faculté reconnue à ceux-ci d'obtenir, à la première réquisition, le retrait de tout ou partie des sommes déposées. De la sorte, toutes les petites épargnes, tous les capitaux non employés, même les fonds de réserve que jusque-là chacun croyait devoir garder chez soi pour faire face aux nécessités courantes ou aux besoins imprévus, ont pris le chemin des banques de dépôt, qui se sont vues bientôt en mesure de prêter des capitaux considérables au commerce et à l'industrie ; et, par suite, l'emploi des chèques dans le règlement des transactions est devenu d'un usage à peu près général. — Pour ne citer qu'un seul exemple, une maison anglaise, la banque de Londres et de Wesminster, doit à la pratique de ce système une prospérité vraiment remarquable : ses comptes de dépôts lui ont procuré un capital dépassant 360 millions de fr. en 1863, et les profits qu'elle retire de son emploi sont tels, qu'elle a pu donner par an plus de 20 p. 100 à ses actionnaires à titre d'intérêt et de bonification. Ainsi s'est trouvée réfutée par l'expérience l'opinion qu'on avait encore en 1832, en Angleterre, qu'une maison de banque ne pourrait, sans s'exposer à la faillite, s'engager à servir des intérêts sur les dépôts en compte courant. — Pour ce qui regarde le côté économique de la question des chèques, nous devons nous borner à renvoyer à un

rapport présenté en mars 1861 à l'Académie des sciences morales et politiques par M. Michel Chevalier sur un mémoire offert à cette académie et qui traite de « la nécessité d'introduire en France les banques de dépôt, les chèques et les virements, d'après la méthode anglaise » (compte rendu des séances et travaux de l'Académie des sciences morales et politiques, par M. Ch. Vergé, 4e série, t. 6, p. 407 et s.). D'autres études ont été faites sur le même sujet par MM. Rey de Foresta, Coullet, Alex. Sauzeau, Manuel des warrants et chèques, et autres écrivains spéciaux. On lira aussi avec intérêt ce qui a été dit sur les chèques par M. l'avocat général Blanche dans le remarquable discours de rentrée qu'il a prononcé devant la cour de cassation, le 4 nov. 1861.

72. Le chèque a fait son apparition dans la pratique avant que la loi ait déterminé les règles qui lui sont applicables. Pour échapper à l'impôt du timbre, il affecta d'abord la forme d'un simple reçu, bien qu'elle donne moins de garanties. Le gouvernement, estimant que le chèque pouvait être imposé à un droit minime sans que cela fût nuisible à sa vulgarisation, proposa de le soumettre au timbre de 10 cent. Des dispositions furent insérées à cet effet dans la loi de finances du 8 juin 1864 (1). Mais une discussion très-vive qui s'engagea au corps législatif, et à laquelle prirent part MM. Darimon, le duc de Morny, Pouyer-Quertier, Louvet, Emile Ollivier, et, au nom du gouvernement, MM. de Lavenay, Rouher, ministre d'Etat, et Vuitry, démontra la nécessité d'une loi complète sur la matière et amena le rejet des articles proposés (séance du corps législatif, du 25 mai 1864, Mon. du 26, p. 760 et suiv.). Pour tenir compte du vœu qui ressortait de cette décision, le gouvernement chargea une commission nommée à cet effet de préparer les bases d'un nouveau projet de loi (2). — Nous livrons notre travail à l'impression avant que la loi attendue, dont la discussion doit avoir lieu pendant la session de 1865, ait été présentée au corps législatif. Cette situation nous oblige à ne présenter que l'indication des quelques difficultés que les tribunaux ont eu à résoudre, sans rechercher, relativement à celles que l'on peut simplement pressentir, des solutions que la loi à intervenir pourrait contredire ou rendre inutiles.

73. Nous avons exposé v° Virement comment les chèques, en facilitant les transports d'un compte à un autre, permettent de suppléer à la rareté du numéraire et de terminer une foule d'opérations par une simple passation d'écritures. Il n'est pas besoin d'y revenir ici, d'autant plus que les virements sont encore

---

(1) Nous reproduisons ici ces dispositions, et la partie de l'exposé des motifs qui en expliquait la proposition :

Art. 6 du projet. Est réduit à 10 cent. le droit de timbre des mandats appelés *chèques*, non négociables par voie d'endossement et payables à présentation, soit seulement à la personne y dénommée, soit à la personne y dénommée ou au porteur.

Art. 7. Pour jouir de la modération de droit établie par l'article ci-dessus, les mandats seront extraits d'un livre à souche préalablement timbré sur la souche et sur le talon.

Art. 8. En cas de contravention aux dispositions qui précèdent, le souscripteur du mandat, le porteur, le banquier, l'établissement ou toute personne qui aura acquitté le mandat, sont passibles, chacun et sans recours, d'une amende de 50 fr.; ils sont solidaires pour le payement des amendes et des droits de timbre.

Extrait de l'exposé des motifs. — « Messieurs, personne n'ignore aujourd'hui la nature et l'objet des billets connus sous le nom de *chèques*. — Un établissement de banque ou de crédit reçoit des fonds en compte courant ; le déposant veut faire un payement à un tiers quelconque ; il remet à ce tiers un billet sous forme de mandat ou de récépissé extrait d'un livre à souche que l'établissement lui a délivré. Au vu de ce billet, la banque paye, sous la seule condition qu'il y ait provision suffisante au compte créditeur du déposant. Le billet ainsi tiré sur l'établissement dépositaire, c'est le chèque. — L'usage des chèques présente divers avantages. Il tend à accroître, au profit des établissements de crédit, l'importance des sommes mises à leur disposition par les comptes courants ; il donne aux déposants des facilités qui leur permettent simultanément de tirer un intérêt de leurs fonds, d'avoir ces fonds toujours disponibles, et de faire des payements sans déplacement de numéraire. Lorsque les chèques se multiplient et que les établissements sur lesquels ils sont tirés se trouvent en même temps porteurs de chèques tirés sur d'autres établissements, les avantages de ce mode de payement se développent, et beaucoup d'affaires se règlent par de simples virements. — L'Angleterre a beaucoup devancé la France sous le rapport de l'usage, de la circulation et de la multiplication des chèques. Il y a sans doute de ce fait des causes nombreuses et diverses ; mais il en est une entre autres que le gouvernement a cru apercevoir et à laquelle il lui a paru possible de remédier.

» La forme du chèque la plus naturelle, la plus conforme à l'essence et à l'objet du contrat, la plus sûre pour les parties et la plus commode dans la pratique, c'est assurément celle qui a été adoptée en Angleterre, c'est-à-dire celle d'un mandat souscrit par le déposant, soit à une personne dénommée, soit à une personne dénommée ou au porteur. — Cette forme n'a pas été adoptée en France. On donne généralement au chèque la forme d'un simple reçu de la somme qui en fait l'objet. Le tiers porteur n'est ni dénommé ni mentionné. Si le chèque vient à se perdre et qu'il soit trouvé par une personne de mauvaise foi, la banque est exposée à mal payer ; des procès peuvent s'ensuivre au préjudice, soit de la banque, soit du déposant, soit du tiers qui a reçu le chèque ; il y a en tout cas un intérêt lésé. Sous la forme de mandat, au contraire, le chèque peut toujours présenter la garantie d'un titre nominatif, et, lors même qu'il est nominatif ou au porteur, le souscripteur et la banque ont pour garantie, d'abord la personne dénommée, ensuite l'obligation où se trouve le porteur de justifier de son identité et de donner sa signature. — A un autre point de vue, on peut ajouter que celui qui a reçu en payement un chèque sous forme de simple reçu peut difficilement le transmettre à un tiers qui ne connaît pas le souscripteur. Quand, au contraire, le chèque est à une personne dénommée ou porteur, la personne dénommée peut aisément le transmettre à un porteur dont elle est connue et dont elle a la confiance. S'il y a lieu à des transmissions ultérieures, elles se trouvent facilitées par un double garantie.

» D'autres supériorités de la forme de mandat sur la forme du reçu pour la délivrance des chèques pourraient encore être signalées. Pourquoi donc en France, malgré l'exemple voisin et connu de l'Angleterre, s'est-on attaché à la forme du reçu ? — Il a paru au gouvernement que la réponse à cette question se trouvait dans la différence des deux législations fiscales. — En Angleterre, le chèque, même en forme de mandat, n'est assujetti, pour le timbre, qu'au droit fixe de 1 penny (10 cent.). — En France, au contraire, le mandat, même présentant le caractère particulier du chèque, est soumis à un droit proportionnel représentant à peu près 50 cent. par 1,000 fr. La perception de ce droit est, en outre, garantie par des amendes proportionnelles et s'élevant à 6 p. 100, pour chacune des parties, du montant des sommes souscrites.

» C'est probablement pour se soustraire à ces droits, qui deviennent considérables quand le chèque s'élève à de fortes sommes, que les établissements de crédit, en France, ont répugné à la forme du mandat et adopté celle du reçu. — Ce n'est pas que les reçus soient légalement affranchis des droits de timbre, car les quittances de sommes au-dessus de 10 fr. (sauf les exceptions déterminées par la loi, parmi lesquelles les chèques ne se trouvent pas) sont assujetties au droit de timbre de dimension, c'est-à-dire à 50 cent. pour le plus petit format. Mais, en fait, et sans doute à cause de l'élévation même de ce droit, on ne le paye point, et l'on préfère s'exposer à la sanction pénale, c'est-à-dire à l'amende de 50 fr. qui frappe les quittances non timbrées lorsqu'elles arrivent par les voies légales à la connaissance de l'administration.

» La situation est donc celle-ci : pour éviter les droits proportionnels élevés et les fortes amendes proportionnelles édictées par la législation sur les mandats, on prend la forme du reçu ; puis, pour éviter le droit fixe afférent aux reçus, on s'expose aux poursuites judiciaires et à l'amende de 50 fr. — Le gouvernement a pensé qu'il y avait là une entrave à la création des chèques et un obstacle à leur multiplication. Il vous propose, en conséquence, de réduire à 10 cent. le droit sur les chèques en forme de mandat. Mais il n'entend que cette faveur ne peut s'appliquer qu'aux billets ayant bien le caractère de chèques, c'est-à-dire à ceux qui sont extraits d'un livre à souche, qui ne sont susceptibles d'endossements, et qui ne sont payables que quand il y a dépôt préalable de fonds. — Moyennant le petit droit fixe de 10 cent., les parties auront la faculté de rédiger les chèques dans la forme la plus sûre et la plus complète. Ces chèques ainsi créés pourront circuler, figurer dans les actes, être produits en justice sans aucuns frais ni amendes; et il est probable qu'en présence de ces avantages, les intéressés, au moins quand il s'agira de sommes d'une certaine importance, renonceront peu à peu à la pratique actuelle, périlleuse à tous les titres, et qui n'a été à son origine qu'un expédient. — Le caractère des dispositions que nous avons l'honneur de vous soumettre n'est donc nullement fiscal; c'est une expérience économique, une tentative au profit de la circulation fiduciaire, et nous espérons que le corps législatif y donnera son approbation.

(2) Voici la composition de cette commission : S. Exc. M. le duc de Morny, président du corps législatif ; MM. le comte de Germiny, sénateur; Vuitry, vice-président honoraire du conseil d'Etat, gouverneur de la banque de France; de Lavenay, conseiller d'Etat; Gouin, Emile Ollivier, Darimon, députés au corps législatif ; Denière, président du tribunal de commerce de la Seine. — Secrétaire : M. de Bosredon, maître des requêtes au conseil d'Etat.

très-peu pratiqués en France, l'absence d'une loi spéciale aux chèques n'ayant pas permis jusqu'à présent d'établir un comptoir de liquidation (*clearing-house*) pour l'échange entre banquiers des chèques qu'ils peuvent avoir à se payer mutuellement.

— Il reste à traiter sommairement de l'emploi le plus usuel des chèques, celui qui a pour objet d'effectuer des payements par la cession du droit de retirer, à volonté et sur la seule présentation du titre, une somme déterminée à prendre sur le dépôt fait chez un banquier.

74. Comment s'ouvre le compte de dépôt chez le banquier, et comment s'effectuent les payements à l'aide de chèques? C'est ce que M. Darimon, dans la discussion rappelée ci-dessus, expliquait très-clairement de la manière suivante : « Un particulier remet à une banque de dépôts tous les capitaux qui attendent un placement et toutes les sommes d'argent qui servent à ses besoins journaliers. La banque de dépôts lui ouvre un compte courant jusqu'à due concurrence des sommes qui lui ont été confiées, et tant qu'il les laisse en dépôt, elle lui bonifie un intérêt plus ou moins élevé. Le déposant reçoit deux carnets, l'un appelé *carnet de compte*, l'autre *carnet de chèques* ou *chéquier*. — Le carnet de compte est destiné à constater jour par jour, opération par opération, le mouvement du débit et du crédit du compte courant. — Le carnet de chèques ou chèquier se compose de feuillets divisibles en deux fractions, l'une destinée à être détachée et mise en circulation, l'autre qui doit rester attachée au carnet pour former souche. C'est la fraction détachée qu'on appelle chèque. — Le déposant a-t-il un payement à faire? il détache un feuillet du chèquier, il y inscrit la somme dont la banque aura à débiter son compte, et il remet ce feuillet ou chèque à son créancier, qui va le toucher à la banque de dépôts. Celle-ci remplit donc le rôle de caissier pour le compte des particuliers qui lui confient leurs capitaux, et le chèque, suivant une heureuse expression de l'honorable M. O'Quin, est ainsi « une valeur fiduciaire que chacun se crée à lui-même » (Mon. du 26 mai 1864, p. 760).

75. Comparé au billet à ordre ou à la lettre de change, le chèque, suivant les indications données par M. Michel Chevalier dans le rapport mentionné *suprà*, n° 71, est une traite qui n'est pas susceptible d'acceptation : « Il est toujours payable à vue; il n'exige ni endossement ni acquit; le simple fait que le chèque se trouve entre les mains du banquier est la preuve que celui-ci à dû en payer le montant; enfin il est payable purement et simplement au porteur, c'est-à-dire à la personne à laquelle il est présenté sans aucune question ni recherche. » — Il faut remarquer cependant que le chèque peut se présenter sous deux formes différentes, la forme d'un reçu ou celle d'un mandat (V. l'extrait de l'exposé des motifs de la loi du 8 juin 1864, reproduit en note du n° 72), et que les observations de M. Michel Chevalier ne s'appliquent qu'à ce qu'on a appelé le *reçu-chèque*.

76. Si le *reçu-chèque* offre tous les avantages d'un titre au porteur, il en a aussi tous les inconvénients : il peut être facilement détourné; il ne peut être envoyé par la poste que dans une lettre chargée; il ne porte aucune trace des opérations à l'exécution desquelles il a servi. On a atténué en partie ces inconvénients en créant le *chèque-barré*, qui se distingue du *reçu-chèque* ordinaire en ce qu'il ne peut être touché à la banque de dépôts que par un banquier ou un officier public; à cet effet le titre est traversé par deux barres parallèles, entre lesquelles le dernier détenteur doit inscrire le nom du banquier ou de l'officier public appelé à recouvrer comme intermédiaire le montant du chèque. — Par là se trouvent diminués les risques de détournement et se trouvent aussi facilitées les opérations de virements ou transports d'un compte à un autre, qui sont l'un des principaux avantages de l'emploi des chèques dans les transactions.— V. le rapport de M. Michel Chevalier, p. 416.

77. Pour ce qui concerne la forme, le reçu-chèque ne contient que l'indication de la somme à payer au banquier qui doit la fournir, il ne désigne aucun destinataire. Il est daté et signé; quelquefois il indique une échéance, mais alors il s'éloigne quelque peu de sa destination. — Voici quelle est, en général, la formule du chèque : « Reçu de tel établissement de crédit la somme de .... dont il débitera le compte de ... » La signature remplissant un double rôle, fournit l'indication qui complète la formule, laquelle peut se terminer aussi par ces mots « dont il débitera mon compte. » — Au haut du titre est un *bon pour* indiquant la somme en chiffres.

78. Le chèque, avons nous dit, est détaché d'une sorte de registre à souche, ou plutôt d'un cahier portatif comprenant ordinairement dix formules imprimées sur lesquelles le banquier a fait figurer les numéros d'ordre et le nom du titulaire du compte courant. Le souscripteur reproduit sur le talon qui doit rester adhérent au cahier les mentions du chèque, et de plus l'indication de la somme qui, au jour de la création du chèque, se trouve en dépôt chez le banquier ; il déduit de cette somme le montant du chèque qu'il fournit, et reporte sur le talon du chèque à créer ultérieurement le chiffre du reliquat. De la sorte, il sait toujours, au moment de fournir un chèque, de quelle somme il peut disposer.— Le cahier composé de l'ensemble des talons des chèques mis en circulation, bien que tenu pour l'utilité particulière du souscripteur, peut, dans certains cas, fournir des éléments de preuve. Mais, entre le banquier dépositaire et le déposant, les mentions qui doivent servir au règlement du compte sont celles du carnet de compte sur lequel, d'une part le caissier inscrit les versements, et d'autre part le déposant énonce le montant des chèques qu'il fournit. L'exactitude des mentions effectuées par le caissier est immédiatement contrôlée par le titulaire du compte courant, et les erreurs sont rendues impossibles par l'usage où sont les banques de dépôt de se faire remettre, avant de recevoir aucune somme, une déclaration de versement rédigée sur une formule imprimée. Quant à l'exactitude des mentions concernant les sommes retirées à l'aide de la délivrance des chèques, elle peut être contrôlée par le titulaire du compte courant, à l'aide des chèques que le banquier a entre les mains comme preuves des payements qu'il a faits pour le compte du souscripteur.

79. Le reçu-chèque, ainsi que cela résulte de l'ensemble de ce qui précède et des usages suivis jusqu'ici, est essentiellement une valeur au porteur, transmissible de la main à la main comme un billet de banque. Par conséquent, le souscripteur ne peut opposer au tiers porteur les exceptions dont il pourrait se prévaloir à l'égard de celui auquel il a remis le récépissé. Lors donc que le cessionnaire primitif n'a pas rempli les engagements en vue desquels le chèque a été délivré, l'opposition au payement n'intervient utilement que pour le cas où le chèque est présenté au banquier par ce cessionnaire lui-même. Mais il n'en est pas ainsi dans le cas où le payement du chèque est réclamé par un tiers porteur de bonne foi; le souscripteur reste obligé au remboursement du chèque à l'égard de ce tiers porteur (Paris, 3 mars 1864, aff. Lebrun, D. P. 64. 1. 161. Conf. M. Michaux-Bellaire, Rev. de droit commerc., t. 1 de 1864, p. 28). Cette solution sur le caractère du chèque emprunte sa principale autorité à cette circonstance que, s'agissant d'une question de constatation d'un usage commercial ou d'interprétation de conventions, la décision des juges du fait ne paraît pas pouvoir tomber sous le contrôle de la cour de cassation (V. à cet égard nos observations en note de l'arrêt précité). On doit souhaiter qu'elle passe en jurisprudence, car la solution contraire enlèverait au chèque une grande partie de sa valeur.

80. Une autre conséquence du même principe, c'est que le payement devant être fait au titre, le banquier n'a pas à vérifier si le porteur en est légitimement en possession ; ce porteur est réputé avoir le pouvoir de toucher le montant du chèque.— Il a été jugé que celui qui a reçu un chèque, ne peut imputer à faute au banquier sur lequel il a été fourni, la circonstance que celui-ci aurait payé à un employé n'ayant pas mandat de toucher, si le payement a été fait sur la présentation du chèque conformément à l'usage; qu'il ne pourrait non plus, à supposer qu'il y eût faute, en rendre responsable le souscripteur du chèque (Paris, 8 avr. 1861, M. Lamy, pr., aff. Gilly C. Meyer-Spielmann, D. P. 64. 5° partie, v° Responsabilité).

81. La remise d'un chèque équivaut-elle à un payement, en ce sens que le souscripteur devrait être considéré comme dessaisi de la provision et que les créanciers ne pourraient, pas plus que lui, bien que la somme n'eût pas encore été touchée chez le banquier, exercer sur elle aucun droit? — M. Michaux-Bellaire, dans l'article sur les chèques déjà cité, résout cette question négativement; le banquier, suivant lui, ne pourrait régulièrement payer le chèque s'il y avait saisie-arrêt effectuée par les

créanciers ou faillite du souscripteur, même postérieure à la date du chèque. Cette opinion est sans doute plus sûre, parce que la date d'un chèque n'offre aucune certitude et qu'il serait toujours facile d'antidater un chèque pour soustraire à l'action des créanciers le dépôt fait dans un établissement de crédit. Mais, au point de vue des principes, la question paraît susceptible de controverse et mérite d'être résolue par le législateur lui-même.

82. Le chèque n'est pas susceptible d'acceptation, dit M. Michel Chevalier (n° 75). Dans la pratique, quelques négociants ne veulent recevoir en payement que des chèques *visés*. Le visa du banquier atteste qu'il y a provision et qu'il est prêt à payer; il est, dans quelques cas, une formalité exigée pour l'utilité du service de sa caisse. Mais il ne peut être autre chose qu'une mise en demeure de tenir les fonds à la disposition du porteur, soit le lendemain, soit plusieurs jours après la présentation, lorsque le chèque est à plusieurs jours de vue.—Il a été jugé que le visa apposé sur un chèque par le banquier qui a reçu des fonds en dépôt, n'équivaut pas à acceptation, et ne fait pas, dès lors, obstacle à ce que le banquier refuse le payement du chèque, s'il n'a pas une provision suffisante lors de la présentation (trib. com. de la Seine, 22 oct. 1864, aff. Desteract, D. P. 64. 3. 202).— D'après cette décision, le banquier pourrait donc régulièrement payer un chèque d'une création postérieure à celui qu'il a visé, la provision n'étant pas, par l'effet du visa, frappée d'indisponibilité jusqu'à concurrence du montant du chèque. Pour justifier cette conséquence, on peut faire remarquer qu'il n'est pas toujours certain qu'un chèque visé sera présenté; les comptes réciproques du souscripteur du chèque et de celui qui l'a reçu, peuvent avoir été modifiés depuis le visa, et ces modifications ont pu amener la restitution du chèque ou son remplacement par un chèque fourni pour une somme différente. L'indisponibilité de la provision, si elle était la conséquence nécessaire du visa, ne serait donc pas sans inconvénient. Pourtant elle est considérée par quelques auteurs comme une garantie qu'on doit réclamer pour favoriser la circulation des chèques (V. notamment un article de M. Michaux-Bellaire sur la question des chèques, Rev. de dr. com., t. 1 de 1864, p. 293 et suiv.); et, en fait, plusieurs établissements de crédit, lorsqu'un chèque est présenté à leur visa, en débitent immédiatement le souscripteur, dont l'avoir est, à partir de ce jour, réduit d'une somme égale au montant du chèque visé.

83. Pour aider à la vulgarisation des chèques, des auteurs, notamment M. Michaux-Bellaire (p. 309), estiment que le chèque ne devrait être mis en circulation qu'après avoir reçu le visa du banquier. Cette précaution irait contre le but qui a amené l'emploi des chèques dans les transactions; il ne serait plus possible, en effet, de régler immédiatement en faisant un chèque de la somme, d'un chiffre presque toujours non déterminé à l'avance, que l'on a à payer; s'il faut aller chez le banquier pour faire viser le chèque, il est tout aussi simple d'y aller pour en retirer les espèces, surtout dans le système qui fait cesser le cours des intérêts à partir du visa. Le chèque expirerait donc au moment même de naître. — Pour répondre à l'idée de ceux qui demandent des chèques ayant une provision certaine et indisponible, quelques établissements de crédit ont émis des bons au porteur productifs d'intérêts, qui peuvent être, avec un appoint,

employés pour les payements. Ils sont aujourd'hui, non plus à échéance fixe, mais payables à quelques jours de vue. C'est, d'ailleurs, une expérience que nous devons nous borner à indiquer.

84. Les reçus préparés destinés à la confection des chèques, que le banquier reçoit pour servir au retrait des espèces ou valeurs réalisables qui lui sont déposées sont aux risques et périls du déposant; dès lors, en cas de détournement et d'usage abusif de ces reçus, le déposant n'est pas fondé à prétendre faire écarter les chèques à la confection desquels ils ont été indûment employés, sous prétexte qu'il ne les a pas signés, alors qu'aucune faute ne peut être reprochée au banquier relativement au payement de ces chèques, et que lui, au contraire, a à s'imputer d'avoir laissé imprudemment son cahier de chèques à la disposition des employés, par quelques-uns desquels il faisait souvent signer ses reçus (trib. de com. de la Seine, 7 juin 1864, aff. Tenré C. Roulez, D. P. 64. 3. 93).—A plus forte raison, en est-il ainsi des chèques signés en blanc par le titulaire du compte courant, des chèques reçus en payement et gardés en portefeuille, et des billets à intérêts (V. n° 83). Il en est du détournement de ces titres comme du détournement des billets de la banque de France: le propriétaire n'a d'action que contre celui qui a dérobé les titres, et l'opposition au payement elle-même sera inefficace si, lors de la présentation, le titre se trouve entre les mains d'un porteur de bonne foi.

85. Avec le mandat-chèque on échappe à la plupart des inconvénients qui viennent d'être signalés. Ce titre peut être souscrit au profit d'un mandataire déterminé, ou affecter la forme d'un titre à ordre, transmissible par voie d'endossement. Dans le premier cas, le souscripteur du titre conserve le droit de faire opposition au payement du mandat-chèque, tant qu'il n'a pas été encaissé, s'il a des compensations à opposer au mandataire ou si celui-ci n'a pas rempli les engagements en considération desquels le mandat-chèque a été souscrit (trib. de com. de la Seine, 31 janv. 1862) (1). Dans le second cas, il ne peut opposer au tiers porteur de bonne foi les exceptions qu'il pourrait faire valoir contre le cessionnaire primitif du titre (V. n°s 48 et 79).— Ici nous nous trouvons en face des questions dont le législateur s'est réservé la solution. Le rapporteur de la loi des finances, du 8 juin 1864, M. O'Quin, en demandant l'ajournement de l'examen des dispositions proposées sur la matière des chèques, donnait à cet égard les indications suivantes : « Le chèque sera-t-il simplement à vue, ou bien, comme nous l'avions proposé, sera-t-il à vue et à plusieurs jours de vue ? Prendra-t-on certaines précautions pour éviter qu'il ne se confonde avec la lettre de change ? Y aura-t-il ou non solidarité entre les endosseurs, en supposant que la faculté d'endossement soit admise ? Voilà quelques-unes des questions très-sérieuses sur lesquelles il nous a paru impossible d'improviser une solution. Dans ces circonstances, nous avons pensé qu'une étude nouvelle et approfondie de la part du gouvernement serait des plus utiles et pourrait la conduire à vous présenter l'année prochaine un projet d'ensemble sur la matière. Nous proposons donc, de concert avec le gouvernement, l'ajournement à la session prochaine » (séance du 26 mai 1864, Mon. du 27, p. 771). — Cet ajournement comprend la question relative au timbre des chèques.

---

(1) (Sébastien de Neufville C. Dalsau frères.) — Le Tribunal ; — Attendu que, vers la fin de novembre dernier, Dalsau frères, en relation d'affaires avec un sieur Haliday, qui s'était engagé à leur remettre sous peu de jours une certaine quantité de marchandises qu'ils avaient commissionnées, ont consenti à lui délivrer, sur la caisse du comptoir d'escompte de Paris, deux mandats, s'élevant ensemble à la somme de 16,000 fr., aux échéances des 13 et 15 décembre suivant ;

Attendu que, dans cet intervalle, Haliday devait avoir livré les marchandises, représentation de la somme ainsi délivrée ; — Que la remise qui lui était faite était donc, de la part de Dalsau frères, conditionnelle ; — Qu'en fait, il semble ressortir des explications fournies devant le tribunal qu'Haliday a méconnu ses obligations et n'a accompli aucune des livraisons auxquelles il s'était obligé, et a simplement négocié au demandeur actuel le titre auquel Dalsau frères ont formé opposition entre les mains du comptoir d'escompte ;

Attendu que ce titre, qui n'est autre qu'un simple reçu signé Dalsau

frères et délivré à un mandataire pour toucher en leur nom la somme qu'il représente, dont leur compte courant devra être débité, ne saurait être assimilé ni à un billet susceptible d'être transmis par voie d'endossement, ni à une valeur au porteur contre laquelle aucune opposition ne devrait être recevable ; — Qu'il s'ensuit que les fonds, déposés dans la caisse sur laquelle il est délivré, doivent toujours être considérés comme restant la propriété du signataire du mandat, jusqu'au moment où ils ont été payés en échange de son reçu ; — Que dès lors, en raison des faits précédemment exposés, Dalsau frères, n'ayant pas reçu la contrepartie des sommes qu'ils consentaient à payer au sieur Haliday, étaient fondés à refuser tout payement, et, comme conséquence, à mettre opposition entre les mains du comptoir d'escompte ; — Que Sébastien de Neufville ne saurait avoir plus de droit que le mandataire direct de Dalsau frères, et qu'ainsi il doit être déclaré mal fondé en sa prétention ; — Déclare le demandeur mal fondé en sa demande, l'en déboute.

Du 31 janv. 1862.-Trib. de com. de la Seine.-MM. Bapst, pr.

Table sommaire des matières.

Table des articles de la loi du 28 mai 1858 et du décret du 12 mars 1859.

Table chronologique des lois, décrets, arrêts, etc.

WATTRINGUES, POLDER, DICAGE, MOÈRES.—1. En France, dans les départements du Nord et du Pas-de-Calais, ainsi qu'en Belgique, il existe auprès des côtes de vastes plaines dont le sol, d'un niveau bien inférieur à celui de la haute mer, est environné de terres plus élevées d'où s'écoulent un grand nombre de ruisseaux et de rivières. Ces plaines n'ont-longtemps formé et ne formeraient encore qu'un grand bassin envahi par les marées et dans lequel se réuniraient les rivières des hauteurs voisines, si, depuis bien des siècles, les habitants n'avaient sans cesse lutté pour soustraire leur pays à l'empire des eaux. Ce sont ces plaines que l'on désigne sous le nom de *pays de wattringues*. Dans le département du Nord, elles occupent un espace de 40,000 hectares, de la rivière de l'Aa jusqu'à Furnes, en Belgique, et depuis les dunes jusqu'aux premiers coteaux de la terre ferme, que l'on ne rencontre qu'à 18 kilomètres du rivage. Cet espace comprend, outre un grand nombre de villages, le territoire de Gravelines, Bourbourg, Bergues et Dunkerque (M. J. S. Delille, article du *Constitutionnel* du 7 janv. 1863).— Dans le département du Pas-de-Calais, elles comprennent le territoire des communes énumérées par l'art. 2 de l'ord. du 27 janv. 1837 (V. *infra*, p. 1357). — On désigne aussi sous le nom de *wattringues* l'ensemble des travaux nécessaires pour l'écoulement des eaux et le dessèchement de ces terres, c'est-à-dire les canaux, les fossés, les digues, les ponts, les écluses, etc. — Enfin, le même nom s'applique à l'administration chargée de pourvoir aux dépenses, à l'exécution et à l'entretien de ces ouvrages. Cette administration s'appelait aussi autrefois *polder*, *dicage*.—Nous dirons plus bas, n° 12, ce que c'est que les *moères*.

Division.

§ 1. — Historique et législation (n° 2).

§ 2. — Organisation de l'administration des wattringues (n° 10).

§ 3. — Rédaction des projets, exécution des travaux. — Contributions, recettes, dépenses (n° 55).

§ 4. — Compétence (n° 49).

§ 1. — *Historique et législation.*

2. Les premières tentatives effectuées par les habitants des pays dont nous venons de parler, pour conquérir sur le domaine de la mer des terrains presque toujours submergés, remontent au douzième siècle. C'est à cette époque que l'on voit pour la première fois les souverains de ces contrées s'occuper de les rendre à l'agriculture et à l'habitation des hommes par des travaux de dessèchement. Sur les ordres de Philippe d'Alsace, comte de Flandre, on commença à isoler, à détourner les eaux venant des hauteurs, et à construire des digues contre les invasions de la mer.

3. Pendant plusieurs siècles, ces travaux furent exécutés sans vue d'ensemble par les particuliers, qui, ne s'occupant que de leurs propres terrains, rejetaient tout simplement sur les propriétés de leurs voisins les eaux dont ils avaient à se débarrasser. Un pareil système n'était propre qu'à engendrer des difficultés, des contestations : c'est ce qui arriva. Les comtes de Flandre virent alors que pour arriver promptement à un résultat utile et pour mettre un terme aux procès qui s'élevaient continuellement, il fallait établir l'unité d'action, c'est-à-dire des administrations qui dirigeassent les travaux dans chaque localité, suivant un plan déterminé. — En conséquence, ils organisèrent des associations de propriétaires ou espèces de syndicats chargés de pourvoir à l'exécution et à l'entretien des travaux de dessèchement. Ces associations n'étaient fondées, cependant, que sur le libre consentement des propriétaires, et elles fonctionnèrent jusqu'en 1792, sous les noms divers de *polder*, *dicage*, *wattringues*, en vertu d'un simple contrat entre les principaux propriétaires. Le gouvernement n'intervenait que pour donner son appui à une institution qui rendait les plus grands services au pays qu'elle enrichissait en conquérant à l'agriculture d'immenses terrains, autrement inhabitables et improductifs.

4. Les associations ou syndicats dont nous parlons confièrent l'administration proprement dite des travaux aux baillis et échevins de chaque localité, conservant pour eux-mêmes la direction et l'autorité. Ces échevins ou baillis formaient dans les

communes des Pays-Bas un collège qui représentait la commune et exerçait le pouvoir municipal. Comme pouvoir municipal, ils n'étaient investis que du droit d'exécution; comme représentants de la commune, ils étaient compris parmi les *gens de loi* qui composaient les *Trois Bancs* du pays. — On appelait gens de loi les différents corps judiciaires, c'est-à-dire les *collèges des échevins* dans les communes, les assemblées des *francs hommes*, ou *hommes de fief*, dans les seigneuries. Au-dessus de ces corps judiciaires, en ce qui concerne le bas Artois, était l'assemblée des *francs hommes du baillage de Saint-Omer*; au-dessus de toutes ces juridictions, était le *conseil d'Artois* (Maillart, *Cout. d'Artois*, p. 1028). — Les *Trois-Bancs* étaient des assemblées composées des gens de loi, c'est-à-dire, 1° des hommes de fief, représentant la grande propriété, les fiefs, les seigneurs du pays; — 2° des échevins de la *keure* (*corman*, *caurher*), représentant la keure, ou commune; — 3° des échevins particuliers du chef-lieu ou des paroisses qui avaient un échevinage particulier, des notables et principaux habitants.

5. En ce qui concerne les wattringues, l'assemblée des Trois-Bancs était chargée, lit-on dans les coutumes, « pour le bien du pays, éviter à tous dommages et intérêts que par inondation et débordement des eaux sauvages pourrait advenir, donner ordre et provisions requises et nécessaires au nétoyement et entretenement des ruisseaux et rivières communes conduisant les eaux dudit pays, signanent des marais et basses terres, jouissans du bénéfice desdites rivières communes de quelque matière et condition que soyent lesdits marais, héritages et basses terres cotisées et assises (cout. du pays de Bredenarde, 1589, art. 11; cout. d'Ardres, 1507, art. 16, cout. du pays de Langle, 1507, art. 7); — De mettre en adjudication les travaux à exécuter, et la recette de la cotisation et de s'en faire rendre compte, en présence de tous les habitants de la commune, convoqués à cet effet par des publications faites aux églises » (cout. de Bredenarde, art. 12; de Langle, art. 7). — V. aussi cout. du Franc de Bruges, art. 8; cout. de Furnes, tit. 1, art. 16, 17, cout. de Bergues, rubr. 1, art. 10, rapportés par Merlin, rép., v° *Dicage*, n° 1.

6. Comme administrateurs des wattringues, les baillis et échevins portaient le nom de *chefs-watergraves*; ils avaient sous leurs ordres des *dyk-graves* chargés spécialement de la police et de la visite journalière des ouvrages. Du reste, leur administration se bornait à l'entretien et à la surveillance des travaux existants. Pour en faire de nouveaux, ou pour établir un règlement général, il fallait l'avis et le concours des propriétaires des wattringues, composant l'association ou syndicat dont nous avons parlé, *supra* n° 3.

7. Les coutumes de chaque pays déterminaient les conditions suivant lesquelles les propriétaires devaient intervenir dans ces délibérations. Ces conditions n'étaient pas partout les mêmes. Ainsi d'après la cout. de Furnes, tit. 1, art. 17, les baillis et échevins doivent se conduire dans l'administration des dicages, par l'avis délibératif des quatre abbés de Furnes-Ambacht, représentant les quatre grands membres de la wattringue. D'après la coutume de Bergues, rubr. 1, art. 11, ils doivent appeler les grands membres de wattringues, lorsqu'il est question de statuer quelque nouveauté considérable. — Dans d'autres lieux, le droit d'intervenir dans la délibération n'appartient qu'aux grands tenanciers ou grands propriétaires possédant une certaine quantité de terres, 36 mesures, par exemple, d'après un placard du 2 mars 1576 porté pour la wattringue de Terneusen, 30 mesures, d'après l'art. 10 du règlement de mai 1632 pour le dessèchement des moères dont nous parlerons tout à l'heure.

8. Le caractère dominant de ces assemblées, lequel leur était reconnu par les coutumes locales et par le gouvernement des Pays-Bas, et qu'elles ont conservé même sous la législation de l'empereur Napoléon I*er* et sous la législation actuelle, c'est l'entière indépendance dont elles jouissaient pour l'établissement des cotisations des wattringues et pour la publication des règlements de police et de surveillance. — Le droit de taxer les terres comprises dans les wattringues n'appartenait qu'aux gens de loi, conjointement avec les propriétaires, sans qu'il fût besoin de l'octroi du prince. — L'exercice de ce droit était en outre purement facultatif, il ne pouvait être rendu obligatoire aucun pouvoir

public, ni le prince, ni l'État, ne pouvait légalement forcer les *Trois-Bancs*, ou ce qui revient au même, les wattringues à se réunir, à voter des cotisations et à les répartir entre les propriétaires intéressés. Ces principes consacrés par les coutumes, notamment par celles de Furnes, tit. 1, art. 16, du Franc de Bruges, art. 9, ont été reconnus expressément par Philippe, archiduc d'Autriche, dans des lettres patentes du 29 juill. 1500.

9. Ce prince avait fait publier une ordonnance qui défendait de lever aucun impôt sans sa permission; les *gens de loi* du Franc de Bruges lui représentèrent « qu'ils étaient en possession immémoriale de faire eux-mêmes les impositions pour les wateringues, selon qu'ils le requiert, sans prendre de ce quelque octroi, sauf seulement par l'avis et consentement des adhérités (propriétaires) et jurés desdites wateringues.... et desquelles impositions lesdits jurés et receveurs sont tenus chacun an, toutes les fois qu'il plait auxdits adhérités, rendre compte et reliquat, selon les keures et statuts desdites wateringues; qu'ainsi, le contenu de cette ordonnance ne devait s'entendre ni s'extendre sur les impositions desdites wateringues, vu que ce ne touche et ne concerne que auxdits adhérités. » —« L'archiduc, dit Merlin, v° *Dicage*, n° 5, les écouta favorablement, et donna les lettres patentes dont il s'agit; en voici le dispositif: « Pour ce est-il que nous, désirant relever nos sujets et lesdites wateringues de dépenses superflues, et eu sur ce l'avis de vous lesdits de notre conseil de Flandre, avons déclaré et déclarons par ces présentes, que notre intention n'a été ni est de comprendre en ladite ordonnance lesdites dispositions et fait de dicage; ni en vertu d'icelle vouloir contraindre lesdits adhérités et jurés desdites wateringues, de faire lesdites assiettes et impositions nécessaires: ains voulons et entendons que au cas avant dit, et sans qu'il soit besoin sur ce avoir ledit octroi, ils en puissent faire et user comme ils ont fait de tout temps. » — L'administration supérieure n'intervenait, sur la demande des échevins ou des *Trois-Bancs*, que pour contraindre les récalcitrants, mais ce n'était pas à la communauté qu'elle s'adressait, c'était aux riverains individuellement, et aux seuls propriétaires intéressés lorsqu'il s'agissait de travaux de dessèchement.

10. Quant au droit de faire des règlements obligatoires indépendamment de l'approbation du souverain, plusieurs textes l'attribuent formellement aux *gens de loi*. Ainsi la coutume de Bergues, rubr. 1, art. 11, donne aux baillis et échevins « l'autorité de faire et statuer toutes sortes d'ordonnances et règlements, tels qu'ils trouveront convenir pour la direction et la conservation des wattringues. » — Un octroi donné par Philippe, archiduc d'Autriche, le 11 oct. 1467, porte qu'il sera choisi des échevins parmi les notables, « qui feront serment de gouverner lesdits dicages, écluses, wattringues ou autres choses à ce servantes..., lesquels échevins pourront faire et ordonner keures (règlements), statuts, ordonnances, tailles et assiettes, tels qu'il appartiendra et bon leur semblera au profit dudit dicage, et selon ce contraindre et corriger tous ceux qui, pour ce, seront à contraindre et corriger, selon la manière accoutumée » (V. aussi Placard du 2 mars 1526 pour Terneusen; ord. 12 juill. 1612 pour le partage de l'Albertus-polder, cités par Merlin, v° *Dicage*, n° 2 *in fine*).

11. Il a été rendu, en conséquence, par les gens de loi de chaque localité, un assez grand nombre de règlements calqués, en général, les uns sur les autres, et qui ont encore servi de modèle aux décrets de 1806 et de 1809, par lesquels Napoléon a réorganisé les wattringues dans les départements du Nord et du Pas-de-Calais. Nous citerons notamment ceux des deux grandes wattringues du Franc de Bruges, du 26 juin 1558 et du 12 juin 1563, celui du 13 juill. 1612 pour l'Albertus-polder, ceux de mai 1632 et du 29 juill. 1767 pour le dessèchement des moères. — Il est à remarquer que le règlement de 1632, relatif aux moères, a été ratifié par la chambre des comptes de Bruxelles, le 22 mai 1632. La raison en est que le roi d'Espagne, comme propriétaire des terres qu'il s'était réservées lors de la concession des moères, était intéressé dans la délibération des autres propriétaires à laquelle il n'avait point pris part (V. Merlin, v° *Dicage*, n° 2).

12. Les *moères*, pour le dessèchement desquels ont été rendus les deux derniers règlements précités, étaient deux lacs qui existaient encore au commencement du dix-septième siècle dans la Flandre maritime, entre Dunkerque, Bergues,

Saint-Winock et Furnes. Il y avait la grande et la petite moère, couvrant ensemble une superficie de plus de 3000 hectares et formant le fond de la plaine des wattringues. Pendant les étés chauds, ces lacs exhalaient des vapeurs pestilentielles, source d'épidémies qui dépeuplaient la contrée. Le desséchement des moères pouvait seul mettre un terme à ce fléau et rendre à l'agriculture cette vaste étendue de terres. — Par des lettres d'octroi de 1619, les moères furent concédées à perpétuité, par le gouvernement espagnol, à un ingénieur belge nommé Koebergher, sous la seule condition de les dessécher dans un délai déterminé. En quelques années, Koebergher exécuta les conditions de la concession : en 1632, le terrain des moères, complétement desséché, était rendu à l'agriculture. Cent quarante maisons s'élevaient autour d'une jolie église; d'industrieux colons cultivaient avec sécurité ce pays des moères et des wattringues, conquis avec tant de peine sur les eaux et que les eaux pouvaient reprendre à chaque instant. En effet, deux fois par jour, la mer s'élève à plusieurs mètres au-dessus de la terre desséchée et ne rencontre pour tout obstacle que de faibles portes en bois interposées entre le sol et les flots qui le menacent.

13. Cependant ce n'est ni le poids immense des eaux, ni la fureur des tempêtes qui rompit ces faibles barrières ; c'est la main même de l'homme qui ouvrit volontairement les portes à l'Océan. Au moment où Koebergher commençait à jouir de son œuvre, en 1649, c'est-à-dire au début des guerres de Louis XIV, les Espagnols, pour arrêter les troupes françaises, renversèrent les digues de ceinture, et le pays disparut encore une fois sous les eaux : tactique vaine et désastreuse, qui n'arrêta pas les Français; les Espagnols furent battus et repoussés de toutes parts. En quelques jours Koebergher perdit le fruit de tant de travaux : il mourut de chagrin.

14. Tout était à recommencer. Le gouvernement français, devenu maître de ces pays, fit, sous la même condition de desséchement, plusieurs concessions successives des moères, d'abord à Colbert et à Louvois par lettres patentes de juin 1699, puis à madame de Maisons et à M. de Canillac par lettres patentes du 23 fév. 1718. Ces concessions restèrent sans résultat; aussi deux arrêts du conseil du 1ᵉʳ fév. 1746 et du 10 sept. 1758, et des lettres patentes du 10 nov. 1758 subrogèrent aux concessionnaires primitifs le marquis d'Hérouville, qui finit par opérer le desséchement des moères en 1766. — M. d'Hérouville et ses cessionnaires, n'ayant pas tiré de bénéfice de leur opération, rétrocédèrent les moères au roi, qui en fit une dernière concession à la société Vandermey et compagnie (Lett. pat. 19 déc. 1779). Cette société était parvenue à compléter le desséchement et à ramener quelque prospérité dans ce pays, lorsque éclata la Révolution française. Lors des guerres qui en furent la suite, en 1793, les commandants des armées du Nord renouvelèrent la malheureuse tactique des Espagnols en 1649 : ils rompirent de nouveau les digues des moères, ouvrirent toutes les écluses et rendirent à la mer son ancien domaine.

15. Ainsi fut encore une fois submergé tout le pays des moères et des wattringues. La stérilité, la misère revinrent régner dans ces contrées désolées; la population diminuait de jour en jour. Il n'y avait plus d'entente, plus d'administration pour entretenir les ouvrages restés debout après l'inondation et pour en construire de nouveaux. Il était reconnu pourtant que les anciens règlements sur les wattringues étaient encore en vigueur, ainsi que cela résulte d'un arrêté du Directoire exécutif du 15 niv. an 6; mais ils restaient presque partout sans exécution : un découragement général s'était emparé de la population. Seuls, les propriétaires riverains de la Selack, près de Marquise, à l'occasion desquels a été rendu l'arrêté précité, tentèrent quelques efforts pour tirer leur pays du malheureux état où il était plongé. Dans une demande adressée par eux à l'administration centrale du Pas-de-Calais et transmise par celle-ci au Directoire exécutif, ils suppliaient le gouvernement de solliciter du corps législatif une loi qui les autorisât à s'imposer eux-mêmes une somme de 150,000 livres pour fournir aux besoins du desséchement de cette vallée qui, depuis trois ans, était inondée. — Le Directoire fut d'avis « que le principe constitutionnel et sacré, d'après lequel aucune imposition ne peut être établie que par une loi

émanée du corps législatif, ne peut pas être appliqué aux cotisations proposées dans les procès-verbaux des assemblées des propriétaires dont il s'agit; qu'en effet, il est bien libre à des possesseurs de terres adjacentes de se cotiser comme bon leur semble pour l'amélioration commune de leurs propriétés; que leurs délibérations à cet égard sont de véritables contrats qui les obligent par leur propre force, et sans la sanction de l'autorité législative; qu'à la vérité, ces délibérations ne lient pas directement les absents ou refusants; mais que ceux-ci ne peuvent, ainsi que ceux qui le veulent, d'après les principes sur lesquels est fondée l'action appelée en droit *negotiorum gestorum*, profiter du bénéfice des travaux faits pour la conservation et l'amélioration de leurs biens, sans supporter la quote-part de la dépense faite à cette fin ; que ces règles ont été constamment suivies dans les wattringues des départements du Nord et du Pas-de-Calais, et que les anciennes lois qui les y ont établies, n'étant pas abrogées, doivent continuer de recevoir leur exécution, en vertu de la disposition générale du décret du 21 sept. 1792; qu'il a toujours été reconnu dans les pays qui composent aujourd'hui ces départements, ainsi qu'on le voit notamment par les lettres patentes du 29 juill. 1500 et du 19 déc. 1588, que le droit de taxer les terres comprises dans les wattringues appartient aux propriétaires; que les délibérations prises à cet effet par eux sont rendues exécutoires par l'administration locale, et qu'elles s'exécutent par provision nonobstant tout recours. » — Le Directoire décida, en conséquence, qu'il n'y avait pas lieu de délibérer sur l'invitation contenue dans l'arrêté de l'administration centrale du Pas-de-Calais, confirma les délibérations prises par les propriétaires des terres submergées, ou près de l'être, dans les communes de Marquise, Selack, Baringhem et autres, et chargea l'administration centrale du Pas-de-Calais d'en surveiller l'exécution en tout ce qui concerne l'ordre public, et d'en rendre compte au ministre de l'intérieur.

16. Du reste, l'exécution des anciens règlements était en grande partie incompatible avec la nouvelle organisation du gouvernement et de l'administration en France : aussi l'on finit par s'adresser à l'empereur et à solliciter de lui la réorganisation de l'association des wattringues, mais sur les bases indépendantes qui avaient fait sa force dans les siècles précédents. Napoléon prit la peine d'étudier lui-même ces graves questions, et rendit les décrets du 12 août 1806 pour le département du Nord, du 28 mai 1809 pour le département du Pas-de-Calais.

17. Le premier de ces décrets modifié une première fois dans une de ses dispositions par l'ordonnance du 26 mai 1833 a été remplacé par un décret du président de la République du 29 janv. 1852 (V. *infrà*, p. 1358). Quant à celui de 1809, il avait déjà été remplacé par l'ordonnance du 27 janv. 1857 qui est encore en vigueur (V. *infrà*, p. 1357). — Ces règlements, dont nous avons maintenant à analyser et expliquer les principales dispositions, ont consacré les principes anciens, c'est-à-dire l'indépendance la plus complète dans les élections des administrations, la liberté et l'unité d'action de ces administrations dans l'établissement des taxes, dans l'exécution et l'entretien des ouvrages de desséchement. A partir de ces décrets, on a recommencé à creuser avec des vues d'ensemble des canaux servant à la fois à l'irrigation, à la navigation et au desséchement; à construire des écluses qui, s'ouvrant d'elles-mêmes à la marée basse, laissent les eaux des canaux s'écouler vers la mer, et qui, se refermant à la marée haute, empêchent la mer de remonter dans les terres. Aussi les résultats les plus heureux n'ont pas tardé à se faire sentir. Dans le département du Nord, une population de plus de 100,000 âmes jouit de la plus grande prospérité sur ces terres autrefois inondées et inhabitables. Le revenu du terrain a presque décuplé. — Sans subvention de l'État, les propriétaires des wattringues et des moères ont construit des canaux dont ils ont abandonné les péages au trésor public, ont contribué à l'entretien des travaux publics par le versement de plusieurs millions, et, dans un temps, ils ont fourni la moitié des fonds pour les travaux d'amélioration du port de Dunkerque (M. Delille, article dans le Constitutionnel du 7 janv. 1863).

18. Dans le département du Pas-de-Calais, la première section des wattringues, qui comprend neuf communes du bas Artois, s'est imposé en moyenne annuellement, depuis 1809, une

somme de 25 à 30,000 fr., soit plus de 1,500,000 fr. Voici, d'après un mémoire rédigé pour cette section par MM. Lecouffre, président, et Courtois, avocat, quel a été le résultat de ces sacrifices : « Il y a cinquante ans, le bas Artois n'était qu'un marais couvert d'eau en hiver, ne produisant que des roseaux, et en proie à des fièvres endémiques, à des épizooties. Aujourd'hui cette contrée est l'une des plus fertiles de la France ; ses champs sont en excellent état de culture en pâturages ; de nouveaux canaux, soigneusement entretenus, y facilitent le prompt écoulement des eaux ; des écluses y font circuler partout, en été, les eaux vives des rivières ; il n'y a plus de fièvres endémiques, d'épizooties. Cette transformation si complète n'a pas coûté un centime à l'Etat. Au siècle dernier, la population du territoire compris dans la première section était de 3,679 habitants : elle s'élève aujourd'hui à 10,482. A la même époque, les contributions directes, dites *centièmes*, représentant la centième partie de toutes les valeurs mobilières et immobilières et que tous devaient payer, en Artois du moins, la noblesse et le clergé aussi bien que le tiers état, s'élevaient à 4,261 livres pour les neuf communes ; encore arrivait-il souvent que cet impôt ne pouvait être payé à cause des inondations.... Aujourd'hui la contribution *foncière*, dans ces mêmes neuf communes, s'élève à elle seule à la somme annuelle de 59,718 fr. 94 cent. » Des résultats aussi heureux ont été produits dans les autres sections des wattringues du Pas-de-Calais.

19. Les wattringues, avons-nous dit en commençant, s'étendent jusqu'en Belgique. Dans ce pays, comme en France, les anciennes coutumes et les anciens règlements ont été remplacés par une législation nouvelle, dont les documents les plus récents sont la loi du 18 juin 1846, l'arrêté du 9 déc. 1847, la loi du 27 avril 1848 et les arrêtés du 10 avril 1856 et du 5 août 1861.

Tableau de la législation relative aux wattringues.

15 niv. an 6 (4 janv. 1798). — Arrêté du directoire exécutif portant qu'il n'y a lieu de délibérer sur un arrêté, dans lequel l'administration centrale du Pas-de-Calais invite le directoire à solliciter du corps législatif une loi qui autorise les propriétaires riverains de la Selack à s'imposer une somme de 150,000 fr., pour fournir aux besoins du dessèchement de la vallée de Marquise. — V. *suprà*, n° 15.

12 août 1806-28 juin 1833. — Décret portant règlement sur les wattringues de l'arrondissement de Dunkerque.—Abrogé et remplacé par le décret du 29 janv. 1852, ci-après, à sa date.

28 mai 1809. — Décret sur l'organisation des wattringues dans les arrondissements de Boulogne et de Saint-Omer, dont les dispositions sont semblables à celles du décret du 12 août 1806.— Remplacé par l'ord. du 27 janv. 1837, ci-après.

20 août 1810. — Règlement général délibéré par les commissions réunies des cinq premières sections des wattringues du Pas-de-Calais, approuvé le 25 septembre suivant par le ministre de l'intérieur.

15 juill. 1818-8 mai 1819. — Ordonnance contenant règlement sur les digues et dunes dans le département du Pas-de-Calais.

Louis, etc. ; — Sur le rapport de notre ministre secrétaire d'Etat au département de l'intérieur ; — Vu les décrets des 13 août et 9 oct. 1810 pour l'organisation et la nomination des membres de la commission chargée de préparer les opérations relatives au mode de réparation et d'entretien des digues et dunes situées à l'est et à l'ouest de Calais, près le village de Sangatte, département du Pas-de-Calais ; — Vu l'avis de la commission mixte des travaux publics, du 29 oct. 1812 ; — Vu les délibérations du syndicat nommé par le préfet dans l'intérêt des propriétaires intéressés, lesdites délibérations des 4 et 11 juin 1818 ; — L'avis de la commission spéciale du 29 avr. suivant ; — Vu le plan visuel du territoire protégé par la digue ; — Notre conseil d'Etat entendu, — Nous avons ordonné et ordonnons ce qui suit :

Tit. 1. — *Classification des digues et dunes.*

Art. 1er. Les digues et dunes situées entre le cap Blancy et la limite du département du Nord se divise en deux classes : — La première classe comprend celles qui, au temps de la reconquête, protégeaient les terres alors existantes ; — La deuxième, celles créées pour la défense des concessions depuis 1558.

2. Les digues de première classe sont : — A l'ouest de Calais, celle qui s'étend de la digue Carmin à la pente de Blancy, appelée la digue de Sangatte ; — A l'est, 1° les digues et dunes entre la fortification et la première saline Taaf ; 2° les cinques et la levée formant l'ancien chemin de Calais à Gravelines ; 3° le banc des Groseilles ; 4° la digue d'Arras.

3. Les digues de deuxième classe se composent : — A l'ouest de Calais, de celles qui protègent la concession Mouron, et qui s'étendent du port à la digue Carmin ; — A l'est, de celles formées pour la défense, 1° des quatre salines Taaf ; 2° de la saline Robelin ou Blanquart ; 3° de la concession Valençay ; 5° des Hemmes ; 4° enfin de la concession de Lannay.

Tit. 2. — *Mode de pourvoir à l'entretien des digues anciennes ou de première classe.*

4. Il sera pourvu à l'entretien des digues anciennes au moyen d'une cotisation sur toutes les terres qui, sans l'existence de ces digues, seraient submergées ou éprouveraient un notable préjudice. — Sont soumises à ladite cotisation les terres de toute nature situées entre la mer, les nouvelles salines, la rivière d'Aa et la ligne à laquelle se termineut les marais des premières, quatrième et cinquième sections de wattringues ; pour la facilité d'exécution, elle sera perçue à l'hectare, ainsi qu'il sera pratiqué pour les travaux de dessèchement.

5. Elle sera assise en raison des chances d'inondation, et d'après les proportions suivantes : — Les terres de la quatrième section de wattringues protégées au premier degré étant cotisées en raison de 5 cent. l'hectare, les terres des autres sections le seront, savoir : celles de la troisième protégées au second degré, à 4 cent. ; celles des sections deux et cinq et du territoire de la première au-dessous de Muldieq et du Mulestrum, à 3 cent. ; enfin celles du territoire de la première au-dessus desdites rivières, à 2 cent. — La taxe, s'il y a lieu, sera augmentée en suivant cette proportion.

6. En considération de l'obligation imposée aux propriétaires de salines par leurs titres de concession d'entretenir leurs digues, ils seront affranchis de la cotisation ordinaire et annuelle des digues de première classe. — En cas de dégradations extraordinaires, ils contribueront aux dépenses de réparation, à moins qu'ils n'aient à l'intérieur une seconde ligne de digues en bon état d'entretien et qui les isolent de la contrée.

Tit. 3. — *Composition et attributions de la commission syndicale.*

7. Il sera formé, pour l'entretien et la conservation des digues et dunes, une commission syndicale composée de sept membres nommés par le préfet, et pris parmi les membres des commissions de wattringues, savoir : deux dans la troisième section, deux dans la quatrième, et seulement un dans chacune des trois autres sections.

8. Les membres nommés resteront en place le temps de leur exercice dans les administrations de wattringues ; ils seront rééligibles, leurs fonctions seront gratuites.

9. Les membres de la commission syndicale éliront entre eux un président, un vice-président, un secrétaire. — Le président sera chargé du dépôt des plans, registres et papiers relatifs aux digues et dunes.

10. Le président, et en cas d'empêchement le vice-président, convoque l'assemblée ; leurs fonctions et celles du secrétaire sont annuelles ; ils peuvent être réélus.

11. La commission syndicale est spécialement chargée : — 1° De répartir entre les intéressés le montant des taxes reconnues nécessaires pour l'entretien ordinaire et les réparations extraordinaires des digues et dunes ; — 2° D'examiner, adopter ou adopter les projets des travaux d'entretien ; — 3° De proposer leur mode d'exécution, soit par régie, soit par adjudication ; — 4° De passer les marchés ou adjudications ; — 5° De vérifier les comptes des perceptions ; — 6° De donner son avis sur tous les objets relatifs aux digues et dunes, lorsqu'elle sera consultée par l'administration ; — 7° De présenter au préfet une liste double, sur laquelle sera nommé un conducteur, mais cela seulement lorsqu'il y aura des travaux extraordinaires à exécuter et pour le temps que durera leur exécution.

12. La commission ne pourra délibérer qu'au nombre de cinq membres, y compris le président ou le vice-président. — Dans le cas où l'assemblée serait composée de six membres, le président, s'il y a partage, aura voix prépondérante.

13. Les délibérations de la commission seront soumises à l'approbation du préfet par l'intermédiaire du sous-préfet, qui donnera son avis.

Tit. 4. — *Des travaux d'entretien, de leur exécution et du mode de payement.*

14. La commission syndicale dressera ou fera dresser, s'il y a lieu, les projets des travaux d'entretien et de plantation ; elle proposera le mode de leur exécution par délibération qui sera soumise à l'acceptation du préfet.

15. L'exécution desdits travaux aura lieu, sous la surveillance de deux commissaires, par des cantonniers, et, au besoin, par des ouvriers à la journée. — Il y aura un cantonnier pour la digue de Sangatte ; — Un pour celle de l'est, s'il est jugé nécessaire. — Les cantonniers seront aussi préposés à la garde des digues et dunes. — Leur traitement sera déterminé par le préfet sur la proposition de la commission syndicale.

16. Les travaux d'urgence pourront être exécutés sur-le-champ par l'ordre du président ou vice-président, assisté d'un membre, à la charge d'en rendre compte immédiatement au préfet et à la commission syndicale.

17. Le préfet pourra suspendre l'exécution des travaux, s'il le juge convenable, après avoir pris l'avis de l'ingénieur en chef et entendu la commission.

18. Les travaux d'entretien et ceux d'urgence seront payés sur les mandats du président ou vice-président, délivrés sur le certificat du commissaire qui aura été désigné pour surveiller l'exécution des travaux. — Les feuilles d'attachement constatant l'état de la dépense seront jointes aux mandats.

19. La commission procédera, au moins deux fois chaque année, à la visite des digues et dunes et à la réception des travaux d'entretien ; elle vérifiera les matériaux employés.

20. Le préfet se fera rendre compte, tous les ans, de l'état des digues et dunes. — Il pourra, sur les plaintes qui lui seraient portées, ordonner les vérifications et reconnaissances nécessaires par un ingénieur des ponts et chaussées, aux frais des intéressés, et arrêter, s'il y a lieu, les dispositions convenables pour assurer l'exécution des travaux, après avoir entendu la commission syndicale.

Tit. 5. — *Des travaux extraordinaires, de leur mode d'exécution et de leur payement.*

21. Les projets des travaux qui nécessiteront une cotisation extraordinaire, seront rédigés par un conducteur spécial, excepté par le préfet, sur l'avis de l'ingénieur en chef. — Ces projets, lorsqu'il s'agira de travaux neufs et autres que ceux de conservation et réparation, seront soumis à l'approbation du directeur général des ponts et chaussées

22. L'exécution des travaux extraordinaires aura lieu sous la surveillance de deux membres de la commission qu'elle nommera à cet effet ; elle sera dirigée par un conducteur spécial, nommé conformément aux dispositions de l'art. 11. — Les travaux seront adjugés au rabais, d'après le mode adopté pour les travaux de wattringues ou de dessèchement, à moins qu'il n'en soit autrement ordonné, sur l'avis de la commission.

23. Les payements d'à-compte seront faits en vertu des mandats du président, délivrés sur les certificats du conducteur, visés par les commissaires chargés de la surveillance des travaux.

24. Les payements définitifs auront lieu sur un procès-verbal d'un ingénieur des ponts et chaussées constatant que les travaux ont été exécutés conformément aux projets approuvés, et sur le certificat délivré par le conducteur, visé par le président et par les commissaires chargés de la surveillance.

TIT. 6. — *De la comptabilité.*

25. Il sera fait un fonds annuel, qui sera ultérieurement déterminé, pour subvenir aux dépenses d'entretien des digues et dunes, qui comprennent : — 1° Les approvisionnements de piquets, verges et fascines; 2° les transports de glaise; 3° les plantations d'oyats; 4° le traitement des cantonniers-gardes; 5° les journées des ouvriers supplémentaires. — Les sommes qui n'auront pas été employées seront mises en réserve pour subvenir aux travaux d'urgence.

26. Chaque commission de wattringues comprendra dans son budget la quote-part qui lui aura été assignée, d'après la répartition arrêtée en conformité de l'art. 5, pour son contingent du fonds annuel d'entretien. — Les receveurs desdites commissions et les commissions elles-mêmes ne pourront, sous aucun prétexte, détourner les fonds affectés aux digues et dunes. — Lesdits receveurs acquitteront les mandats délivrés conformément aux art. 18, 23 et 24.

27. En cas de contribution extraordinaire, son recouvrement aura lieu soit au moyen d'un tarif qui indiquera la somme à percevoir dans chaque section par hectare, soit par des rôles particuliers, ainsi qu'il sera réglé par le préfet, sur la demande de la commission syndicale.

28. Ladite commission vérifiera les comptes des receveurs, les arrêtera provisoirement et les soumettra au préfet, pour être par lui approuvés définitivement, sur l'avis du sous-préfet. — La délibération approbative contiendra la balance générale des comptes particuliers de l'état de situation de l'actif ou passif de la commission syndicale.

TIT. 7. — *Des digues et dunes de deuxième classe, et de leur mode d'entretien par les concessionnaires.*

29. Les digues et dunes de deuxième classe sont entretenues, réparées et reconstruites par les propriétaires des salines Hemmes et concessions pour lesquelles elles ont été créées, à moins qu'ils ne justifient par titres de l'exemption.

30. Les revenus desdites salines et concessions, même la valeur du fonds, sont affectés, par privilége, à toutes les dépenses d'entretien et de reconstruction.

31. Les propriétaires des salines protégées par des digues construites dans leur intérêt, formeront une société particulière. — Chaque association aura un administrateur nommé par les intéressés. La durée de ses fonctions sera de trois ans. Il sera rééligible. — Ne seront néanmoins admis à l'élection que les propriétaires possédant au moins 10 hectares. Les fermiers représenteront leurs propriétaires, en cas d'absence. — Les administrateurs de toutes les salines se réuniront pour présenter un projet de règlement. — Ce règlement sera approuvé par le préfet, après avoir pris l'avis de la commission syndicale.

32. Chaque année, et toutes les fois qu'il sera nécessaire, il sera, par des commissaires nommés par la commission syndicale, procédé à la visite des digues et dunes des diverses salines.

33. Les commissaires, en presence de l'administrateur de chaque saline, ou lui dûment appelé, dresseront procès-verbal des travaux et réparations à faire aux digues et dunes.

34. Les travaux consentis par les administrateurs seront immédiatement exécutés à leur diligence.

35. A l'égard de ceux contestés, il en sera référé à la commission syndicale, qui pourra, ou nommer de nouveaux commissaires, ou se transporter sur les lieux, ou demander que les vérifications et reconnaissances soient faites par l'ingénieur de l'arrondissement. — Il sera statué par le préfet, sur les observations des parties intéressées, les procès-verbaux et l'avis du sous-préfet.

26. Dans les cas où l'administrateur négligerait ou refuserait d'exécuter les travaux consentis ou ordonnés, la commission syndicale fera procéder à leur adjudication au rabais. — En cas de péril imminent, elle le fera faire de la manière prescrite par l'art. 16.

TIT. 8. — *Police des digues et dunes.*

37. Les fouilles et les trous faits par des particuliers seront punis, outre les frais de réparation : — Si elle est en première ligne, de 5 fr. à 15 fr.; — Si elle est en seconde ligne ou troisième, de 2 fr. à 6 fr.

38. Le passage des voitures, chevaux et autres bestiaux, sur les digues, donnera lieu à une amende, savoir : de 5 fr. pour une voiture; de 1 fr. pour un cheval; de 30 cent. pour une bête à cornes; de 10 cent. pour une bête à laine.

39. Néanmoins, comme de ces digues il en est qui, par la force de leur construction, leur revêtement solide et la pente presque insensible de leur talus vers la mer, n'ont, d'après l'expérience d'un demi-siècle, aucunement souffert du pacage que leurs propriétaires ou leurs fermiers y ont entretenu pour leurs bêtes à cornes et moutons, et qu'interdire aujourd'hui le même pacage serait rendre nulles de très-grandes superficies de terrains, et nuire gratuitement aux besoins de l'agriculture, ledit pacage sur ces digues continuera d'avoir lieu aussi longtemps que durera l'état de sécurité qu'elles présentent actuellement; désignation d'icelles sera donnée aux fonctionnaires chargés de leur garde.

40. Aucune fouille ne pourra être faite dans les dunes de mer, et jusqu'à la distance de 100 toises de la caisse de haute mer. — Les fouilles et enlèvements de sable seront punis d'une amende de 3 fr. à 15 fr.

41. Il est défendu, sauf aux propriétaires ou leurs ayants droits, de couper ou arracher aucune herbe, plante, broussaille, sur les digues et dunes, sous peine d'amende de 5 fr. à 15 fr., outre les frais de réparation.

42. Nul ne pourra faire paître des bestiaux dans les dunes sans l'autorisation de la commission syndicale. — Il est interdit aux propriétaires d'y entretenir des lapins.

43. Les contrevenants seront punis d'une amende de 3 fr. par cheval, 2 fr. par vache, 1 fr, par génisse et veau, 50 c. par mouton; les lapins seront détruits par les gardes cantonniers.

44. Les digues intérieures seront rétablies dans les dimensions qu'elles avaient en 1789.—Il sera dressé procès-verbal des anticipations et dégradations commises par les riverains. — Les contestations relatives aux anticipations seront portées devant le conseil de préfecture.

45. A l'avenir, toute dégradation d'une digue intérieure sera punie d'une amende de 2 fr. à 3 fr., outre les frais de réparation.

46. Les délits prévus par le présent règlement seront constatés par les gardes cantonniers, les gardes champêtres, ainsi que par les officiers de police judiciaire. — Celui qui aura constaté un délit aura droit à la moitié de l'amende. — Les contraventions seront portées devant les tribunaux ordinaires.

25 oct. 1822. — Arrêté du préfet du Nord portant règlement de police pour les quatre sections des wattringues de l'arrondissement de Dunkerque, approuvé le 16 nov. suivant par le ministre de l'intérieur.

26 mai-28 juin-1833. — Ordonnance relative aux wattringues du département du Nord. — Abrogée et remplacée par le décret du 29 janv. 1852, V. ci-après, à sa date.

27 janv.-30 mars 1837. — Ordonnance relative aux wattringues du département du Pas-de-Calais (arrondissements de Boulogne et de Saint-Omer).

Louis-Philippe, etc.; — Sur le rapport de notre ministre secrétaire d'Etat au département des travaux publics, de l'agriculture et du commerce; — Vu la pétition présentée de 1832 à 1834, par divers propriétaires de l'arrondissement de Boulogne, contre l'organisation des wattringues dans le département du Pas-de-Calais; — Vu le projet de règlement d'administration publique, rédigé le 31 déc. 1833, par le préfet du Pas-de-Calais, pour remplacer le décret du 28 mai 1809, qui régit les wattringues du département; — Vu les délibérations des commissions administratives des sept premières sections des wattringues du Pas-de-Calais; lesdites délibérations, en date des 21 et 24 janvier, 13 février, 27 avril, 28 mai et 27 oct. 1834; — Vu la lettre du sous-préfet de Boulogne, du 31 janv. 1835; — Vu l'avis du conseil d'arrondissement de Boulogne, du 3 juill. 1834; — Vu l'avis du sous-préfet de Saint-Omer, du 6 déc. 1834; — Vu le second projet rédigé le 11 fév. 1835, par le préfet du Pas-de-Calais et la lettre de ce magistrat, du même jour; — Vu les rapports des ingénieurs, des 20 avr. et 4 juin 1835; — Vu le troisième projet présenté le 19 juin 1835, par le préfet, avec une lettre du 20 du même mois; — Vu les avis du conseil général des ponts et chaussées (section de la navigation), en date des 28 fév. et 4 juill. 1835; — Vu le plan des lieux; — Vu l'arrêté du ministre de l'intérieur, en date du 29 mai 1824; — Vu le décret du 28 mai 1809; — Vu les lois des 28 pluv. an 8, 14 flor. an 11 et 16 sept. 1807; — Notre conseil d'Etat entendu; — Nous avons ordonné, etc. :

TIT. 1. — *Organisation de l'administration des wattringues.*

Art. 1. Les terrains desséchés des arrondissements de Boulogne et de Saint-Omer, qui sont actuellement soumis au régime des wattringues, en vertu du décret du 28 mai 1809, continueront d'être régis, quant à la conservation et à l'entretien des travaux et à tout ce qui touche aux intérêts généraux de desséchement et d'amélioration, par des administrations spéciales, sous l'autorité des sous-préfets et du préfet.

2. Ce territoire est divisé en huit sections, dont la circonscription est établie ainsi qu'il suit : — La première section comprend tout le territoire situé entre la rivière d'Aa, celle d'Oye, le Wattergand de Drack, le canal de Calais, la rivière de Nielles et une ligne en deçà de laquelle sont les marais d'Audruick de Pollncove et de Ruminghem. — La deuxième est composée du territoire situé entre la rivière d'Aa et la mer; une ligne allant de la mer à la rivière du Houlet, le canal de Calais, le Wattergand de Drack et la rivière d'Oye. — La troisième contient le territoire entre la rivière du Houlet, la ligne allant à la mer et le canal de Calais, jusqu'au fort Rouge. — La quatrième est formée du territoire situé entre le canal de Guines, celui de Calais et la mer, et une ligne qui comprendra les marais et terres basses de Sangatte, Coquelles, Nielles, Bouches et ceux de Guines à la gauche du canal. — Le territoire entre le canal de Guines, celui de Calais, la rivière de Nielles, forme avec les marais de Nielles, Ardres, Balinghem, Andrès et Guines, la cinquième section. — La sixième comprend toutes les terres qui peuvent être inondées par la rivière de Selaque et ses affluents, et qui forment la vallée de Marquise, depuis Fiennes et Rinxen jusqu'à l'embouchure de la Selaque. — La septième comprend le territoire des communes de Longuenesse, Arques, Clairmarais, partie de Saint-Omer, Saint-Martin-au-Laert, Salperwick, Tilques, Serques, Moulle, Houlle et Eperlecques. — La huitième comprend les terrains soumis aux inondations du ruisseau des Anguilles, depuis sa source jusqu'à la mer, et formant les marais de Tardinghem, près de Wissant.

3. Il sera formé, pour chaque section, une commission administrative, composée de sept membres, qui seront élus par l'assemblée des quarante propriétaires de chaque section les plus imposés, à raison des marais qu'ils y possèdent et suivant les formes qui seront établies ci-après.

4. Les administrateurs seront choisis dans la liste générale des propriétaires.

5. Le même propriétaire pourra être administrateur dans deux sections à la fois; mais dans une même commission, il ne pourra y avoir que deux membres déjà commissaires dans d'autres sections.

6. Les administrateurs seront élus pour six ans; leurs fonctions seront gratuites; — Les commissions seront renouvelées par moitié tous les trois ans; lors de la première élection qui aura lieu après trois ans, le sort désignera les trois membres sortants, à la troisième élection, les quatre membres restant seront remplacés et ainsi de suite. — Les administrateurs sortants pourront être réélus.

7. Chaque commission désignera deux de ses membres pour remplir, pendant la durée de la gestion, les fonctions de président et de secrétaire. — Le secrétaire sera spécialement chargé du dépôt des plans, registres et autres titres et documents.

8. Les commissions administratives sont spécialement chargées : — 1° De faire dresser, d'examiner, modifier ou d'adopter les projets des travaux à exécuter chaque année, et d'en déterminer le mode d'exécution; — 2° De passer les adjudications ou marchés; — 3° D'ordonner les dépenses, de présenter et régler provisoirement les budgets et comptes annuels; — 4° De répartir chaque année le montant des contributions nécessaires pour les travaux et autres dépenses de l'association entre les communes, fractions de communes ou bassins de section dans la proportion des intérêts respectifs; — 5° De faire dresser et de vérifier les rôles de répartition entre les propriétaires intéressés de chaque commune; — 6° De vérifier les comptes et écritures des préposés comptables; — 7° De proposer à l'approbation du préfet les conducteurs, gardes, receveurs et autres agents dont l'emploi peut être nécessaire et de surveiller leur service; — 8° De donner leur avis sur tous les objets relatifs aux intérêts de la section; de fournir les renseignements et observations demandés par l'autorité administrative, et enfin d'exercer toutes les attributions que leur confère le présent règlement.

9. Les commissions ne pourront délibérer qu'au nombre de quatre membres au moins, y compris le président qui, en cas de partage, aura voix prépondérante.— Leurs délibérations seront soumises à l'approbation du préfet, par l'intermédiaire du sous-préfet de l'arrondissement, qui donnera son avis; elles ne seront exécutoires qu'après cette approbation, sauf les cas d'urgence dont il serait rendu compte aussitôt au préfet.

10. Les commissions de deux ou d'un plus grand nombre de sections ne pourront se réunir en une seule assemblée qu'en vertu d'un ordre ou avec l'autorisation du préfet.

11. En cas de vacances dans l'intervalle des élections, lorsque la commission sera réduite à cinq membres, il sera procédé au remplacement des membres manquants, si les pouvoirs de la commission doivent se prolonger encore de plus d'une année, à dater de la seconde vacance. — Les nouveaux membres ne seront élus que pour atteindre le terme des fonctions de ceux qu'ils remplacent.

12. La dissolution d'une commission administrative peut être prononcée par ordonnance royale. — Dans ce cas, le préfet fera procéder, dans les trois mois qui suivront, à une nouvelle élection et prescrira les mesures que pourraient exiger les intérêts de la section.

Tit. 2. — *Elections.*

13. La liste des quarante propriétaires électeurs sera dressée par le sous-préfet sur les états des percepteurs ou des receveurs spéciaux, dont il sera fait mention ci-après; elle sera ensuite vérifiée par la commission administrative. — Cette liste présentera les noms, prénoms et domicile des propriétaires, la quantité des terres imposées qu'ils possèdent dans la section et les communes dans lesquelles ces terrains sont situés.

14. Le sous-préfet, après avoir arrêté provisoirement la liste, en fera déposer, pendant un mois, une copie certifiée aux mairies des communes comprises dans la section. — Aussitôt après la réception de cette liste, les maires en feront annoncer le dépôt par affiches et publications, afin que les propriétaires intéressés puissent en prendre connaissance. — Le dépôt et la publication seront constatés par certificat du maire. — Tout contribuable de la section pourra, dans le mois, à dater de l'avis du maire annonçant le dépôt, signaler les erreurs qu'il croirait avoir été commises, et en demander la rectification; après ce délai, aucune réclamation ne sera admise.

15. Après avoir pris les renseignements et fait les vérifications nécessaires, le sous-préfet rectifiera, s'il y a lieu, la liste, et la transmettra au préfet, avec les certificats des maires, les réclamations et autres pièces produites. — En cas de contestation, le préfet prononcera en conseil de préfecture dans le délai de quinze jours; il arrêtera ensuite définitivement la liste.

16. Un arrêté du préfet désignera le lieu de la réunion des électeurs. Le sous-préfet convoquera et présidera l'assemblée électorale. — En cas d'empêchement, le sous-préfet pourra déléguer un conseiller d'arrondissement ou le maire du chef-lieu de canton pour présider l'assemblée. — Les électeurs seront convoqués régulièrement et au moins quinze jours d'avance.

17. Les propriétaires appelés par leurs contributions à faire partie de l'assemblée électorale, peuvent s'y faire représenter par des fondés de procuration : les procurations seront générales, elles ne seront admises qu'après que le bureau en aura reconnu la régularité. — Nul ne pourra voter comme procureur fondé, s'il n'est propriétaire dans la section. — Nul ne pourra exercer les droits de procureur fondé par plusieurs mandats dans la même assemblée.

18. Les femmes, les mineurs, les interdits, les communes et les établissements publics concourent aux élections par représentants. — Les femmes peuvent se faire représenter par procureur fondé ou par leurs fils, petit fils, gendres ou petits-gendres majeurs; leurs fils, petit-fils, gendres et petits-gendres n'ont pas besoin d'être propriétaires dans la section. — Les incapables sont de droit représentés par leurs tuteurs; les communes par le maire ou son adjoint; les hospices ou autres établissements publics par un de leurs administrateurs.

19. Nul n'est admis à voter s'il n'est inscrit ou représentant légal d'un inscrit sur la liste arrêtée par le préfet et déposée sur le bureau.

20. Les deux plus âgés des électeurs présents, sachant lire et écrire, rempliront les fonctions de scrutateurs. Le bureau désignera le secrétaire.

21. L'élection aura lieu au scrutin secret et de liste : la présence du tiers plus un des électeurs inscrits sur la liste et la majorité absolue des votes exprimés, sont nécessaires au premier tour de scrutin pour qu'il y ait élection.—Au deuxième tour de scrutin, la nomination a lieu à la pluralité des votes exprimés, quel que soit le nombre des votants. — En cas d'égalité des voix, l'élection est acquise au plus âgé. — Chaque scrutin doit rester ouvert pendant deux heures au moins. — Après le dépouillement du scrutin, le président en proclame le résultat. — Le procès-verbal des opérations de l'assemblée est rédigé et signé, séance tenante, par les membres du bureau.

22. Les électeurs ont seuls le droit de contester la validité des opérations. Toute réclamation qui n'aurait pas été consignée au procès-verbal devra être déposée à la sous-préfecture dans le délai de cinq jours. Ce délai expiré, le sous-préfet soumettra au préfet le procès-verbal et les pièces.

23. Dans le délai ci-dessus fixé, s'il n'y a pas eu de réclamations et s'il n'aperçoit aucune cause de nullité, le préfet déclarera l'élection valide. Dans le cas contraire, il déférera le jugement de la nullité au conseil de préfecture.

Tit. 3. — *Rédaction des projets, exécution des travaux.*

24. Les projets des travaux seront rédigés par un conducteur spécial qui, sur la délibération des commissions intéressées, pourra être attaché à plusieurs sections à la fois. L'ingénieur des ponts et chaussées de l'arrondissement vérifiera ces projets et proposera les modifications qui lui paraîtront nécessaires.

25. Lorsqu'il s'agira de travaux extraordinaires, la rédaction des projets pourra être confiée à l'ingénieur sur la demande des commissions administratives.

26. Les projets seront soumis à l'approbation du directeur général des ponts et chaussées, lorsqu'il s'agira de travaux autres que ceux relatifs à l'entretien et à la conservation du desséchement.

27. Les travaux seront, autant que possible, adjugés d'après le mode adopté pour ceux des ponts et chaussées, en présence du président de la commission ou d'un administrateur délégué. Ils pourront cependant être exécutés de toute autre manière, sur l'avis de la commission et de l'ingénieur en chef et d'après l'autorisation du préfet.

28. L'exécution des travaux sera dirigée par un conducteur spécial, l'ingénieur procédera aux vérifications et réceptions des ouvrages en présence d'un administrateur et du conducteur qui signera les procès-verbaux et pourra y consigner ses observations.

29. En cas de désaccord entre la commission et l'ingénieur relativement aux projets des travaux et à leur exécution, il sera statué par le préfet, sur l'avis du sous-préfet et de l'ingénieur en chef.

30. Les budgets et les devis des travaux prévus auxdits budgets, seront déposés au commencement de chaque année, pendant quinze jours à la mairie des chefs-lieux de canton, afin que les propriétaires de la section puissent en prendre connaissance et présenter leurs observations sur l'utilité des dépenses et sur le montant des taxes à imposer. — La commission devra informer de ce dépôt les maires des communes de la section, qui en donneront avis aux intéressés par voie de publication et d'affiches.

Tit. 4. — *Contributions, recettes et dépenses*

31. Le recouvrement des taxes sera fait, au choix des administrateurs de chaque section, ou par les percepteurs des communes, ou par un receveur spécial que la commission administrative aura le droit de choisir, mais dont elle sera tenue de faire préalablement approuver la nomination par le préfet. — Le receveur spécial prêtera serment entre les mains du préfet.

32. Les percepteurs ou le receveur spécial dresseront les rôles sur les documents qui leur seront fournis par la commission; ces rôles seront ensuite vérifiés par cette même commission, visés par son président et rendus exécutoires par le préfet. — La perception en sera faite de la manière et avec les priviléges établis pour les contributions directes.

33. Dans les sections où il y aura un receveur spécial, il sera chargé d'acquitter les mandats délivrés par la commission. — Ces mandats devront être accompagnés de pièces justificatives dressés par le conducteur et visées par le président ou par un administrateur délégué et en outre d'un certificat du conducteur quand il s'agira de payements d'à-compte à un entrepreneur, et d'un procès-verbal de réception de l'ingénieur, lorsqu'il sera question des payements de solde.

34. Le même receveur spécial pourra exercer ses fonctions dans plusieurs sections à la fois.

35. Lorsque le recouvrement des rôles sera confié aux percepteurs municipaux, il y aura dans la section un caissier chargé de centraliser le montant des taxes, d'effectuer lui-même les autres recouvrements divers et d'acquitter les dépenses régulièrement autorisées. — La nomination du caissier sera soumise aux mêmes formalités que celles des receveurs spéciaux.

36. Pour garantie de leur gestion, les percepteurs, receveurs et caissiers seront assujettis à un cautionnement mobilier ou immobilier dont l'importance sera réglée par la commission.

37. Il sera alloué à ces préposés comptables, une remise dont la quotité sera fixée par le préfet sur la proposition de la commission.

38. Chaque année les receveurs spéciaux et les caissiers rendront compte avant le 1er juin des recettes et dépenses de l'exercice précédent. Il ne leur sera pas tenu compte des payements irrégulièrement faits.

39. Les comptes seront présentés en double expédition, appuyés de pièces justificatives; après avoir été vérifiés et arrêtés provisoirement par la commission, ils seront soumis au conseil de préfecture qui les arrêtera après avoir entendu le sous-préfet. — Il en sera déposé un exemplaire à la sous-préfecture et aux mairies des communes de la section, où les contribuables pourront en prendre communication.

Tit. 5. — *Dispositions générales.*

40. Les contestations relatives à la confection et au recouvrement des rôles, aux réclamations des individus imposés, et à l'exécution des travaux seront portés devant le conseil de préfecture, conformément aux dispositions des lois du 28 pluv. an 8 et 14 flor. an 11, sauf recours devant nous en notre conseil d'État.

41. L'accomplissement des obligations et le payement des dépenses qui seront à la charge des propriétaires pourront être exigés des fermiers, locataires et autres détenteurs à quelque titre que ce soit, sauf leur recours contre les propriétaires et sans préjudice des conditions particulières dont la connaissance est du ressort des tribunaux.

42. Les délits et contraventions seront constatés par des procès-verbaux des conducteurs, gardes, ou autres fonctionnaires et agents de police mentionnés à l'art. 2 de la loi du 29 flor. an 10; — Les agents spécialement préposés à la police des wattringues devront à cet effet prêter le serment voulu par la loi.

43. Toutes réparations et dommages seront poursuivis et réprimés par voie administrative comme pour les objets de grande voirie. — Les délits seront poursuivis par les voies ordinaires devant les tribunaux.— Le tiers des amendes appartiendra à l'agent qui aura constaté la contravention ou le délit.

44. Les honoraires, frais de voyage et autres dépenses qui seront dues aux ingénieurs, seront payés d'après le règlement qui en sera fait conformément aux dispositions de l'art. 75 du décret du 7 fruct. an 12. — Ces indemnités pourront être consenties et réglées par forme d'abonnement.

45. Les commissions arrêteront et soumettront à l'approbation du préfet les règlements particuliers qu'elles jugeront nécessaires à la construction et à l'entretien des ouvrages dont l'administration leur est confiée, ainsi qu'à la régularité du service.— Afin d'établir autant que possible l'uniformité désirable dans toutes les parties de l'administration des wattringues, ces règlements particuliers seront discutés et préparés par une commission spéciale composée d'un délégué des diverses commissions du département et de l'arrondissement. — Les règlements actuellement en vigueur, tant qu'ils n'auront pas été modifiés, continueront d'être suivis dans celles de leurs dispositions qui ne seraient point contraires à la présente ordonnance.

29 janv. 1852. — Décret portant règlement de l'organisation des wattringues du département du Nord.

Louis-Napoléon, etc.; — Sur le rapport du ministre des travaux publics; — Vu le décret du 12 août 1806, portant règlement de l'organisation administrative des quatre sections des wattringues du département du Nord; — Vu l'arrêté du 12 juin 1824 et l'ordonnance du 26 mai 1833; — Vu les réclamations présentées par les conseils municipaux de Watten et de Gravelines, par des contribuables de la deuxième section de wattringues et par des habitants des communes de Grande-Synthe, Loon, Teteghem et Looberghe, à l'effet d'obtenir la modification du susdit règlement; — Vu les délibérations prises sur ces réclamations par les commissaires réunis des quatre sections des wattringues; — Vu le rapport de M. l'ingénieur en-

dinaire Bollant (31 juill. 1849) et l'avis de M. l'ingénieur en chef Lamarle, du 16 avr. 1849; — Vu les avis du conseil d'arrondissement de Dunkerque et les délibérations du conseil général; — Vu la dépêche de M. le ministre des travaux publics, du 13 fev. 1850; — Vu les nouveaux rapports des ingénieurs contenant un projet de règlement conforme à la dépêche ci-dessus; — Vu l'arrêté de M. le préfet, du 7 mars 1851; — Vu les avis du conseil général des ponts et chaussées (section de la navigation), des 6 fév. 1850 et 9 avr. 1851; — Vu les lois des 20 sept. 1792, 14 flor. an 11, 16 sept. 1807; — Le comité des affaires étrangères, des travaux publics, de l'agriculture et du commerce de la commission consultative, entendu; — Décrète:

Art. 1. Le territoire desséché et soumis à l'administration des wattringues, dans l'arrondissement de Dunkerque, restera divisé en quatre sections, conformément au règlement actuellement en vigueur.

2. Il y aura dans chacune des quatre sections une commission administrative composée de cinq membres, qui seront nommés dans la forme ordinaire des élections publiques par les quatre-vingts propriétaires les plus imposés de chaque section, convoqués à cet effet par le préfet.

3. Les assemblées des propriétaires se réuniront à la sous-préfecture de Dunkerque, sur la convocation du sous-préfet, qui les présidera.

4. Ceux des quatre-vingts propriétaires qui, soit par maladie, soit par tout autre motif d'absence, ne pourraient assister en personne aux assemblées, pour l'élection des commissions administratives, seront admis, comme par le passé, à s'y faire représenter par des fondés de procuration.

5. Les procurations sont générales. Nul ne pourra être procureur fondé, s'il n'est propriétaire d'au moins 5 hectares dans la section.

6. Nul ne pourra exercer les droits de procureur fondé pour plusieurs électeurs dans la même assemblée.

7. Les femmes ne pourront prendre part aux élections que par leurs procureurs fondés, à moins qu'elles ne puissent se faire représenter par leur fils ou leur gendre, âgés de vingt et un ans accomplis.

8. Les mineurs seront de droit représentés par leurs tuteurs; les femmes mariées par leurs maris et, en cas d'absence, les tuteurs et maris seront également admis à envoyer aux assemblées un fondé de procuration.

9. Les hospices seront représentés par un de leurs administrateurs et les communes par le maire ou son adjoint.

10. Les membres assemblés devront être au nombre de moitié plus un au moins, pour procéder à l'élection.

11. L'élection se fera au scrutin secret et à la majorité absolue des suffrages, et si, après le second scrutin, tous les administrateurs ou syndics ne sont pas élus, il sera procédé par scrutin de ballottage entre les candidats qui auront obtenu le plus de voix au dernier scrutin.

12. Les membres des commissions resteront en fonction pendant cinq ans; chaque année un membre en sortira et ainsi de suite, de manière qu'ils soient renouvelés par cinquième chaque année; le membre sortant pourra toujours être réélu.

13. Les commissaires sont chargés: 1° de répartir entre les communes de la section et dans la proportion de l'intérêt de chacune d'elles, le montant de la cotisation nécessaire à l'entretien des travaux; 2° d'examiner, modifier ou approuver, sous l'autorité de l'administration, les projets des travaux à exécuter chaque année; 3° de passer les marchés ou adjudications; 4° de vérifier les comptes des percepteurs; 5° de donner leur avis sur tous les objets relatifs aux intérêts de leurs sections et sur lesquels ils auraient été consultés par le préfet; 6° de proposer au préfet une liste double de sujets, sur laquelle il nommera, s'il y a lieu, les conducteurs spéciaux et percepteurs; 7° de choisir leurs président, vice président et secrétaire; 8° de nommer directement les éclusiers, pontonniers, gardes-vannes, cantonniers et autres agents secondaires, l'état nominatif de ces agents et de leur salaire devant être chaque année soumis, avec le budget, à l'approbation de l'autorité supérieure.

14. Les travaux seront dirigés par des conducteurs spéciaux.

15. L'aptitude des candidats aux fonctions de conducteur sera constatée par un examen public, qui aura lieu au chef-lieu de l'arrondissement de Dunkerque, par une commission présidée par le sous-préfet et dont feront nécessairement partie un ou plusieurs commissaires des sections intéressées et l'ingénieur du service hydraulique du département.

16. Nul conducteur ne pourra être attaché, si ce n'est à titre provisoire, à plusieurs sections des wattringues.

17. Il est expressément défendu à tout conducteur spécial d'une section d'être intéressé, à quelque titre que ce soit, à aucune entreprise de travaux publics ou particuliers dans l'arrondissement de Dunkerque.

18. Les conducteurs spéciaux sont chargés: 1° de rédiger pour chaque section les projets des travaux à exécuter; 2° de diriger les travaux adjugés; 3° de délivrer des certificats d'à-compte pour le payement des ouvriers et des entrepreneurs; 4° d'assister l'ingénieur du service hydraulique chargé de la vérification des travaux et de signer avec lui les procès-verbaux de réception; 5° de constater, par des procès-verbaux, les contraventions aux lois et règlements administratifs en matière de voirie, de dessèchement ou d'irrigation; 6° d'exécuter les travaux d'urgence qui pourront être ordonnés par le président de la section.

19. Les projets, devis et détails estimatifs dressés par les conducteurs spéciaux seront communiqués avant le 1er janvier de chaque année à l'ingénieur du service hydraulique, qui y donnera son avis; il transmettra le tout à l'ingénieur en chef de ce service.

20. Ne seront pas sujets à ces formalités les travaux d'urgence et qui requerraient célérité. Ils pourront être exécutés de suite et par économie, en vertu d'une délibération spéciale des membres des commissions et sous leur responsabilité personnelle. Copie de la délibération devra, dans un délai de trois jours, être adressée au préfet, qui pourra, s'il y a lieu, arrêter ou suspendre l'exécution des travaux.

21. Chaque année, dans les quatre premiers mois, les commissions administratives se réunissent, sur la convocation du président, à l'effet d'examiner les comptes de la gestion du percepteur, pendant l'année précédente, pour arrêter leurs propositions de travaux et leurs budgets pour l'année suivante. — Elles reçoivent, quant au vote du budget, les observations des maires accompagnées des délibérations des conseils municipaux, et délibèrent sur leur objet. — Elles adressent au préfet, par l'intermédiaire du sous-préfet, leurs comptes, budgets et projets de travaux.

22. Les comptes et les budgets sont arrêtés définitivement par le conseil de préfecture. — Les projets de travaux sont approuvés par le préfet, sur le rapport des ingénieurs du service hydraulique dans le département.

23. Chaque année, les commissions administratives se réuniront également avant le mois de novembre sur la convocation de leur président, à l'effet d'arrêter les rôles de cotisation pour l'année suivante, ainsi que les projets à mettre à l'étude, pour être exécutés pendant la campagne correspondante.

24. Les rôles des cotisations seront adressés au préfet, dans la première quinzaine de novembre, pour être approuvés, s'il y a lieu, et être rendus exécutoires. — Les rôles seront publiés avant leur mise en recouvrement; les réclamations seront jugées dans les mêmes formes qu'en matière de contributions publiques.

25. Les présidents des sections pourront, en dehors des réunions spécifiées ci-dessus, convoquer les commissions administratives, à charge toutefois d'en avertir préalablement le sous-préfet de l'arrondissement.

26. Les délibérations des commissions ne seront valables que quand elles auront été prises par quatre membres au minimum; néanmoins, lorsqu'une séance aura dû être remise, à cause de l'insuffisance du nombre des administrateurs présents, les objets à l'ordre du jour seront mentionnés dans la convocation qui sera faite pour une réunion ultérieure, qui aura lieu dans un délai de dix jours, et il sera alors valablement statué, quel que soit le nombre des membres présents. Dans tous les cas, les délibérations des commissions ne pourront être exécutées qu'après l'approbation du préfet.

27. Les archives de chaque section seront déposées dans un local particulier choisi à la convenance du président de chaque section, responsable de leur bonne conservation. — Les comptes, budgets et autres actes des administrations sont communiqués aux parties intéressées, à chaque réquisition.

28. Le président est chargé de l'exécution des délibérations de la commission administrative. — Il donne aux divers agents qu'il emploie les ordres nécessaires, dirige le service dans l'intervalle des réunions et délivre les mandats pour l'acquittement des dépenses autorisées par le préfet.

29. Les mandats délivrés par le président, pour être valables, doivent mentionner l'autorisation en vertu de laquelle les dépenses ont été faites. Ils doivent être accompagnés de mémoires ou états réguliers des sommes dues préalablement arrêtées par le président. — Lorsque les mandats ont pour objet le payement de travaux exécutés, il devra y être annexé un certificat du conducteur spécial, indiquant le montant de l'entreprise, celui des travaux faits, le chiffre des à-compte délivrés antérieurement et la somme due à l'entrepreneur. — Tout payement pour solde des travaux devra être accompagné d'un certificat de réception définitive, visé par l'ingénieur du service hydraulique.

30. Le recouvrement des sommes imposées sur les terrains soumis au dessèchement, pour le payement des travaux, sera fait par un percepteur spécial nommé par le préfet, sur une liste double de candidats présentés par la commission administrative.

31. Le comptable fournira, pour la garantie de sa gestion, un cautionnement en immeubles, égal au dixième du montant des rôles.

32. Il sera alloué au percepteur, sur le montant des rôles, une remise proportionnelle dont la quotité sera réglée par le préfet, sur la proposition de la commission de la section.

33. Au moyen de cette remise, le percepteur sera tenu: 1° de préparer les rôles de cotisation, et, après leur approbation, d'en lever le montant, dans le délai de dix mois, savoir: un tiers dans les deux mois qui suivront la mise en recouvrement, un autre tiers dans les deux mois suivants, et le dernier tiers après l'époque du deuxième payement; 2° d'acquitter les dépenses de dessèchement sur les mandats délivrés par le président, dans les formes prescrites par l'art. 29.

34. Les percepteurs tiendront les livres de comptabilité prescrits pour la gestion des receveurs municipaux; ils rendront leurs comptes arrêtés à l'époque du 31 mars, dans les formes voulues pour les comptes des receveurs de communes et d'établissements de bienfaisance, et se conformeront à toutes les instructions relatives au service de ces comptabilités. — Sur la réquisition du préfet, un inspecteur des finances pourra être commis pour visiter la comptabilité et la caisse du percepteur.

35. Les membres des différentes sections pourront se réunir en assemblée générale, chaque fois qu'il y aura lieu, pour statuer sur des objets d'intérêt commun. — Toutefois cette réunion ne pourra avoir lieu que dans les cas suivants: 1° quand le préfet jugera utile de la provoquer d'office; 2° sur la demande de de l'une des sections et après l'autorisation du préfet.

36. Lorsque les sections seront réunies, elles délibéreront sous la présidence du plus âgé des quatre présidents.

37. Toutes les contestations relatives au recouvrement des cotisations, aux réclamations des contribuables, à l'exécution des travaux, seront portées devant le conseil de préfecture, sauf recours au gouvernement, qui décidera en conseil d'Etat, conformément à l'art. 4 de la loi du 14 flor. an 11.

38. Sont abrogées les dispositions du décret du 12 août 1806, de l'arrêté du 12 juin 1824, de l'ordonnance du 26 mai 1833 et des actes qui, par leur ensemble, constituent l'organisation actuelle des quatre sections des wattringues, en ce qu'elles ont de contraire aux dispositions qui précèdent.

§ 2. — *Organisation de l'administration des wattringues.*

20. Le territoire des wattringues de l'arrondissement de Dunkerque est divisé en quatre sections; celui des arrondissements de Boulogne et de Saint-Omer en huit sections. A la tête de chaque section est une administration distincte, sous le contrôle de l'ingénieur de l'arrondissement et de l'ingénieur en chef du département, et sous l'autorité du sous-préfet et du préfet (décr. 29 janv. 1852, art. 1; ord. 27 janv. 1837, art. 1). — Ces administrations jouissent cependant d'une grande indépendance. L'autorité du sous-préfet et du préfet ne consiste en effet que dans le droit de donner ou refuser leur approbation à divers actes déterminés par le décret de 1852 et par l'ord. de 1837, et non dans le droit de diriger l'action des administra-

tions des wattringues. C'est à celles-ci exclusivement qu'appartient l'initiative des travaux à entreprendre, des impositions à établir et des règlements à rédiger.

21. Les *moères*, bien que comprises dans la quatrième section wattringues de Dunkerque, ont une administration distincte, fondée sur des lettres patentes du 19 déc. 1779 ; cette administration jouit d'une plus grande liberté d'action que les autres et se montre très-jalouse de son indépendance. Elle repousse autant que possible toute intervention de l'administration départementale dans les opérations de la société. — Mais il a été jugé que le préfet ne commet aucun excès de pouvoir lorsque, sans apporter de modification à l'organisation de la compagnie de desséchement des moères, il se borne à inviter la commission administrative de cette compagnie à délibérer au sujet d'un projet de nouveau règlement (cons. d'Et. 22 fév. 1855, M. Leviez, rap., aff. Hovelt et autres).

22. Les administrations des wattringues, fondées sur les mêmes principes que les associations syndicales pour le dessèchement des marais organisées par la loi du 16 sept. 1807 (V. v^ie Marais, n°s 20, et s. 82, et s., Trav. publics, n°s 954 et s.), ont une organisation toute particulière. Elles se composent dans chaque section d'une commission administrative, de conducteurs et de receveurs spéciaux, d'agents inférieurs chargés de la police (décr. 1852, art. 2, 13-8°, 14, 30; ord. 1837, art. 1, 24, 31, 42). — Dans les arrondissements de Boulogne et de Saint-Omer, les fonctions de receveur spécial peuvent être remplies par les percepteurs des communes. Il y a alors un caissier chargé de centraliser le montant des taxes des communes de la section (ord. 1837, art. 31, 35, V. n° 32).

23. *Organisation et attributions des commissions administratives.*— Les commissions administratives sont formées de cinq membres dans l'arrondissement de Dunkerque, de sept membres dans ceux de Boulogne et de Saint-Omer (décr. 1852, art. 2; ord. 1837, art. 3). Ces membres exercent leurs fonctions gratuitement (même ord., art. 6-1°). Ils sont choisis sur la liste générale des propriétaires des wattringues par les quarante propriétaires les plus imposés de chaque section dans le Pas-de-Calais (ord. 27 janv. 1837, art. 3, 4) et dans le département du Nord par les quatre-vingts propriétaires les plus imposés (décr. 1852, art. 2). — Le même propriétaire peut faire partie de deux commissions, mais dans une commission il ne peut y avoir plus de deux membres faisant partie d'une autre commission (ord. 1837, art. 5).

24. Les décrets de 1806 et de 1809 ne déterminent pas les formes suivant lesquelles les élections doivent avoir lieu. Ils disent simplement (art. 3) que les assemblées électorales convoquées par le préfet se tiennent à la sous-préfecture sur l'invitation et sous la présidence du sous-préfet et que les élections ont lieu dans la forme des élections publiques. L'ord. du 26 mai 1833 ajoute que l'élection a lieu au scrutin secret et à la majorité relative des électeurs présents. L'ord. du 27 janv. 1837, spéciale aux arrondissements de Boulogne et de Saint-Omer, et le décret du 29 janv. 1852 spécial à l'arrondissement de Dunkerque, ont réglé au contraire avec les plus grands détails le mode d'élection des administrateurs. Il nous suffit de renvoyer au texte même des art. 13 à 22 de l'ordonnance, 3 à 11 du décret qui n'offrent pas de difficultés (V. p. 1358, 1359).

25. Dans l'arrondissement de Dunkerque où les commissions administratives sont de cinq membres, les administrateurs restent cinq ans en place ; ils sont renouvelés chaque année par cinquième (décr. 1852, art. 12). Dans les arrondissements de Boulogne et de Saint-Omer, où les commissions sont de sept membres, les administrateurs sont nommés pour six ans et sont remplacés par moitié tous les trois ans. Lors du premier renouvellement, le sort a désigné les trois premiers membres sortants, et les quatre membres restants ont été remplacés trois ans après. Les élections ont lieu ainsi de trois ans en trois ans (ord. 1837, art. 6-2°). Les administrateurs sortants peuvent toujours être réélus (décr. 1852, art. 12; ord. 1837, art. 6-3°).

26. Si pendant l'intervalle des élections, il se produit deux vacances dans l'une des commissions de Boulogne et de Saint-Omer, c'est-à-dire si une commission est réduite à cinq membres et si ses pouvoirs doivent se prolonger encore plus d'une

année à partir de la seconde vacance, il y a lieu de remplacer les deux membres manquants. Les remplaçants ne restent en fonctions que le temps qui restait à courir pour les membres remplacés (ord. 1837, art. 11).

27. Dans chaque commission, il y a un président et un secrétaire nommés par la commission elle-même pour la durée de la gestion. Le secrétaire est spécialement chargé du dépôt des plans, registres et autres titres et documents (ord. 1837, art. 7). — Dans l'arrondissement de Dunkerque, les commissions nomment aussi elles-mêmes un président, un vice-président et un secrétaire (décr. 1852, art. 13-7°). Les archives sont déposées dans un local particulier choisi à la convenance du président qui est responsable de leur bonne conservation (même décret, art. 27). — Les commissions ne peuvent délibérer valablement que si quatre membres au moins sont présents (décr. 1852, art. 26), y compris le président dont la voix est prépondérante (ord. 1837, art. 9). Si une séance a dû être remise à cause de l'insuffisance du nombre des administrateurs présents, il est valablement statué dans la réunion ultérieure qui doit avoir lieu dans un délai de dix jours, quel que soit le nombre des membres présents (décr. 1852, art. 26). Les délibérations sont transmises au sous-préfet qui les adresse au préfet avec son avis. Elles ne sont exécutoires qu'après l'approbation du préfet, sauf les cas d'urgence dont il est rendu compte immédiatement au préfet (ord. 1837, art 9; décr. 1852, art. 20, 21, 26). Le président est chargé de l'exécution des délibérations des commissions administratives; il donne aux divers agents qu'il emploie les ordres nécessaires, dirige le service dans l'intervalle des réunions et délivre les mandats pour l'acquittement des dépenses autorisées par le préfet (décr. 1852, art. 28).

28. Les commissions de deux ou plusieurs sections ne peuvent se réunir en assemblée générale qu'en vertu d'une autorisation ou d'une injonction du préfet (ord. 1837, art. 10) et pour des objets d'intérêt commun (décr. 1852, art. 33 et suiv.).—La dissolution d'une commission administrative peut être prononcée par décret impérial, mais une nouvelle élection doit avoir lieu dans les trois mois suivants à la diligence du préfet; celui-ci est chargé dans l'intervalle de prescrire toutes les mesures réclamées par les intérêts de la section (ord. 1837, art. 12).

29. Telle est l'organisation des commissions de chaque section des wattringues; voici quelles sont leurs attributions. Aux termes du décret de 1852, art. 13, et de l'ord. de 1837, art. 8, les commissions administratives sont chargées : 1° de faire dresser, examiner, modifier ou adopter les projets de travaux à exécuter chaque année et de déterminer le mode d'exécution ; 2° de passer les adjudications ou marchés ; 3° d'ordonner les dépenses, présenter et régler provisoirement les budgets et comptes annuels ; 4° de répartir chaque année le montant des contributions nécessaires pour les travaux et autres dépenses de l'association entre les communes, fractions de communes, ou bassins de sections, dans la proportion des intérêts respectifs ; 5° de faire dresser et vérifier les rôles de répartition entre les propriétaires intéressés de chaque commune ; 6° de vérifier les comptes et écritures des préposés comptables ; 7° de proposer à l'approbation du préfet les conducteurs, gardes, receveurs et autres agents nécessaires au service ; 8° de donner leur avis sur tous les objets relatifs aux intérêts de la section, et de fournir les renseignements demandés par le préfet. — Les commissions sont aussi chargées de délivrer, par la main du président, les mandats sur le vu desquels les receveurs spéciaux sont tenus de payer les sommes dues aux entrepreneurs pour les travaux exécutés (décr. 1852, art. 28, 29; ord. 1837, art. 33). — Enfin, dans chaque section, les commissions peuvent rédiger des règlements pour l'exécution et l'entretien des ouvrages de la section. Pour assurer autant que possible l'uniformité de ces règlements, l'ord. de 1837, art. 45, prescrit qu'ils soient discutés et préparés par une commission spéciale composée d'un délégué des diverses commissions du département. Ces règlements ne sont exécutoires qu'après l'approbation du préfet. — On applique encore dans le département du Pas-de-Calais un règlement général délibéré le 20 août 1810 par les commissions réunies des cinq premières sections des wattringues et approuvé le 23 sept. suivant par le ministre de l'intérieur, et dans le départe-

ment du Nord, un arrêté du préfet portant règlement de police pour les quatre sections des wattringues, en date du 25 oct. 1822, approuvé le 16 nov. suivant par le ministre de l'intérieur. Plusieurs articles de cet arrêté ont été rendus applicables aux moères (V. n°° 12, 21).

30. *Conducteurs, receveurs spéciaux, caissiers, gardes.* — Voyons maintenant quelles sont les attributions des conducteurs et receveurs spéciaux et des autres agents préposés à la comptabilité et à la police des wattringues. — Il y a en général dans chaque section un conducteur spécial nommé par la commission administrative, sauf l'approbation préfectorale. Dans l'arrondissement de Dunkerque, l'aptitude de ce conducteur est constatée par un examen en public (décr. 1852, art. 15). Un seul conducteur peut être nommé pour plusieurs sections si le cas y échet (ord. 1837, art. 8-7°, art. 24), mais seulement à titre provisoire dans l'arrondissement de Dunkerque (décr. 1852, art. 16). Il est expressément défendu à tout conducteur spécial d'une section d'être intéressé à aucune entreprise de travaux publics ou particuliers dans cet arrondissement (même décr., art. 17). — Ces conducteurs sont chargés : 1° de rédiger pour chaque campagne les projets de travaux à exécuter et les devis estimatifs; 2° de diriger l'exécution des travaux adjugés; 3° de délivrer des certificats d'à-compte pour le payement des ouvriers et entrepreneurs; 4° d'assister l'ingénieur de l'arrondissement chargé de la vérification et de la réception des travaux et de signer avec lui les procès-verbaux de réception (décr. 1852, art. 18; ord. 1837, art. 24, 28, 33-2°); 5° de constater, concurremment avec d'autres agents (V. n° 34), les contraventions aux règlements qui ont pour but la conservation et la police des wattringues (décr. 1852, art. 18-5°; ord. 1837, art. 42); 6° d'exécuter les travaux d'urgence qui pourraient être ordonnés par le président d'une section dans l'arrondissement de Dunkerque (même décr., art. 18-6°).

31. Il y a de même dans chaque section un percepteur ou receveur spécial nommé par le préfet sur une liste double présentée par la commission (décr. 1852, art. 30). Le receveur prête serment entre les mains du préfet. Il est tenu, si la commission administrative qui est responsable de sa gestion l'exige, de fournir un cautionnement mobilier ou immobilier dont le montant est fixé par la commission (ord. 1837, art. 31, 36). Le décret de 1852, art. 31, exige un cautionnement en immeuble égal au dixième du montant des rôles. Le receveur a droit à une remise sur le montant des recettes dont la quotité proposée par la commission est fixée par le préfet (décr. 1852, art. 32; ord. 1837, art. 37). — Le même receveur peut exercer ses fonctions dans plusieurs sections à la fois (ord. 1837, art. 34).—Les receveurs spéciaux sont chargés : 1° de former les rôles de cotisations; 2° d'en opérer le recouvrement; 3° de payer les entrepreneurs sur les mandats délivrés par les commissions (décr. 1852, art. 33; ord. 1837, art. 33, 35).

32. Dans les arrondissements de Boulogne et de Saint-Omer, les commissions administratives peuvent faire dresser et recouvrer les rôles par un receveur spécial ou par les percepteurs des communes, à leur choix (ord. 1837, art. 31).—Lorsqu'elles ont opté pour les percepteurs municipaux, elles doivent nommer pour la section un caissier chargé de centraliser le montant des taxes, d'opérer les autres recouvrements et d'acquitter les mandats des commissaires (ord. 1837, art. 33, 35). Les dispositions relatives au cautionnement et à la remise dont nous avons parlé *supra*, n° 31, sont applicables aux percepteurs communaux et aux caissiers (ord. 1837, art. 36 et 37).

33. Les receveurs spéciaux et les caissiers sont tenus de rendre compte chaque année des recettes et des dépenses de l'exercice précédent (décr. 1852, art. 34; ord. 1837, art. 38). Il ne leur est pas tenu compte des payements irréguliers faits (ord. 1837, art. 38). Ces comptes sont arrêtés par le conseil de préfecture (ord. 1837, art. 39, décr. 1852, art. 22).

34. Au-dessous de ces fonctionnaires sont des agents secondaires spécialement préposés à la police des wattringues, nommés directement par les commissions administratives et dont l'état nominatif doit être chaque année soumis avec le budget à l'approbation de l'autorité supérieure (décr. 1852, art. 15-8°).

Ces agents ne peuvent exercer leurs fonctions qu'après avoir prêté serment. Ils sont chargés, concurremment avec les conducteurs, gardes et autres agents mentionnés en l'art. 2 de la loi du 29 flor. an 10 (V. Voirie par terre, p. 189 et n° 313), d'exercer une surveillance journalière sur l'état des travaux, de constater les délits et contraventions qui auraient pour effet de les endommager ou de nuire à la liberté de la circulation (ord. 1837, art. 42). — Un tiers de l'amende encourue par le contrevenant est attribué à l'agent qui a constaté le délit ou la contravention (même ord., art. 43).

§ 3. — *Rédaction des projets, exécution des travaux. — Contributions, recettes, dépenses.*

35. Les règles que nous avons à tracer dans ce paragraphe se trouvent déjà implicitement indiquées dans le paragraphe précédent; mais nous avons cru devoir les dégager ici avec quelques développements, et dans un ensemble distinct que l'esprit saisisse facilement.

36. *Rédaction des projets.* — Les projets des travaux à exécuter dans l'année et les devis estimatifs sont rédigés par le conducteur spécial, examinés, modifiés ou approuvés par la commission administrative, puis communiqués, avant le 1er janv. de chaque année, à l'ingénieur du service hydraulique qui les transmet, avec son avis, à l'ingénieur en chef de ce service (décr. 1852, art. 18, 19, 21).—Ces projets sont approuvés par le préfet sur le rapport des ingénieurs du service hydraulique dans le département (même décr., art. 22). — D'après l'ord. du 27 janv. 1837, spéciale aux arrondissements de Boulogne et de Saint-Omer, l'ingénieur de l'arrondissement vérifie les projets et propose les modifications qui lui semblent nécessaires. En cas de désaccord entre cet ingénieur et la commission, il est statué par le préfet, sur l'avis du sous-préfet et de l'ingénieur en chef (ord. 1837, art. 24 et 29). — Dans les mêmes arrondissements, ce n'est pas toujours le conducteur spécial qui rédige tous les projets. Lorsqu'il s'agit de travaux extraordinaires, la commission peut demander que la rédaction en soit confiée à l'ingénieur de l'arrondissement (ord. 1837, art. 25). — Enfin, si les projets ne sont pas relatifs à des travaux d'entretien et de conservation du desséchement, ils doivent être soumis à l'approbation du directeur général des ponts et chaussées (même ord., art. 26).

37. Les budgets et les devis des travaux sont rendus publics, au commencement de chaque année, par le dépôt aux mairies des chefs-lieux de canton. Avis de ce dépôt est donné aux maires de la section par la commission, et par les maires aux intéressés, par publication et affiche. Les propriétaires intéressés peuvent faire leurs observations sur l'utilité de la dépense et le montant des taxes à imposer (ord. 1837, art. 30). D'après le décret du 29 janv. 1852 les budgets sont arrêtés définitivement par le conseil de préfecture (art. 22).

38. *Exécution des travaux.* — Les commissions ne peuvent faire procéder à l'exécution des travaux qu'après les vérifications et approbations dont il vient d'être parlé. Il faut excepter les travaux d'urgence et requérant célérité, lesquels peuvent être exécutés de suite et par économie, en vertu d'une délibération spéciale des membres de la commission et sous leur responsabilité personnelle. Il en est rendu compte immédiatement au préfet (décr. 1852, art. 20; ord. 1837, art. 9, *in fine*).

39. L'adjudication des travaux qui ne requièrent pas célérité a lieu autant que possible d'après le mode adopté pour ceux des ponts et chaussées, en présence du président de la commission ou d'un administrateur délégué (V. v° Trav. publ., n°° 342 et s.). — Elle peut être faite cependant de toute autre manière, sur l'avis de la commission et de l'ingénieur en chef, avec l'autorisation du préfet (ord. 1837, art. 27).

40. Les travaux sont exécutés sous la direction du conducteur spécial (décr. 1852, art. 14, 18-2°; ord. 1837, art. 28). Ils sont vérifiés et reçus par l'ingénieur de l'arrondissement, en présence d'un administrateur et du conducteur. Le procès-verbal de réception est signé par l'ingénieur et le conducteur; celui-ci peut y consigner ses observations (ord. 1837, art. 28).— S'il y a désaccord entre l'ingénieur et la commission sur l'exé-

cution des travaux, il est statué par le préfet, sur l'avis du sous-préfet et de l'ingénieur en chef (ord. 1837, art. 29).

41. *Contributions, recettes, dépenses.* — Les travaux des wattringues nécessitent chaque année des dépenses considérables qui ont été de tout temps supportées par les propriétaires faisant partie de l'association, au moyen d'une cotisation volontaire. — Comment cette cotisation est-elle répartie et recouvrée sous les règlements actuels? C'est ce que nous allons indiquer en peu de mots. Mais nous devons tout d'abord signaler une difficulté qui s'est élevée sur le point de savoir si tous les propriétaires faisant partie d'une section sont tenus de contribuer à ces dépenses, et par exemple, s'il ne faut pas faire une exception en faveur des propriétaires des hauts champs, comme s'appellent ceux qui réclament cette exception, parce qu'ils n'ont pas à craindre les inondations. Dans l'ancien régime, cette question ne présentait pas de difficulté. Un octroi du 22 avr. 1619 portait que les propriétaires même en dehors des wattringues de terres voisines et aboutissantes, tant hautes que basses, devaient contribuer au prorata de leur amélioration, aux frais de construction et d'entretien des ouvrages de dessèchement (V. Merlin, v° Dicage, n° 3, p. 580).—Les décrets de 1806 et de 1809, ni l'ord. de 1837 ni le décret de 1852 ne contiennent d'exception en faveur de ces propriétaires. Cependant ces derniers se sont prétendus affranchis de la cotisation. Ils ont soutenu que les wattringues ont été institués pour l'entretien des wattergands et rivières qui procurent le dessèchement des terrains autrefois conquis sur la mer, le non pour des terrains qui, pas plus autrefois qu'aujourd'hui, n'ont jamais eu à souffrir des inondations ; que les décrets qui ont réglementé les wattringues ne s'appuient pas sur l'ancienne législation, mais sur les lois des 14 flor. an 11, art. 11, et du 16 sept. 1807, portant que la quotité de chaque imposé doit être relative au degré d'intérêt qu'il a aux travaux projetés. Les terres hautes n'ayant pas d'intérêt à ces travaux ne doivent donc pas être imposées. C'est à tort que dans certaines sections, la délimitation n'a lieu par communes, et que les terres hautes ont été comprises dans les wattringues de ces sections. C'est là une anomalie, un fait isolé qui doit être redressé, mais non un précédent à suivre, puisque dans d'autres sections, toutes les terres hautes ont été retranchées. Mais ces objections n'ont pas prévalu devant le conseil d'Etat, et il a été décidé que le décret du 28 mai 1809, art. 6 (aujourd'hui l'ord. du 27 janv. 1837), chargeant chaque commission des wattringues de répartir entre les communes de sa section et dans la proportion de l'intérêt de chacune d'elles, le montant de la cotisation nécessaire à l'entretien des travaux, on ne doit pas avoir égard au plus ou moins d'intérêt d'une propriété particulière, et la dispenser de la cotisation par le motif qu'elle n'en retire pas (cons. d'Et. 16 juill. 1824, aff. hér. d'Egmont, V. Marais, n° 93). — On pouvait-on pas d'ailleurs opposer aux propriétaires des hauts champs que s'ils ne retirent pas un profit direct du dessèchement des basses terres, ils en retirent au moins un indirect très-évident? Sans ces travaux, en effet, les hauts champs environnés de marais impraticables se trouveraient sans débouché. Il est donc certain que les travaux des wattringues intéressent même les propriétés qui n'ont pas à craindre d'inondation et en maintiennent la valeur, et qu'elles ne peuvent en conséquence être affranchies de la cotisation.

42. Il faut reconnaître cependant que si en fait les terrains dont il s'agit ne sont pas compris dans le périmètre d'une section des wattringues, la commission administrative de cette section ne peut les inscrire au rôle des contributions. Aussi dans l'espèce qui précède les héritiers d'Egmont persévérant dans leur refus de payer la cotisation, ont-ils appuyé leur refus sur ce motif que les propriétés imposées n'étaient pas comprises dans les limites des wattringues déterminées par le décret du 28 mai 1809 et l'ordonn. du 27 janv. 1837. On opposait à cette seconde demande qu'elle portait atteinte à l'autorité de la chose jugée par l'arrêt du conseil du 16 juill. 1824. Mais il a été décidé que deux demandes tendant, l'une à obtenir la décharge des cotisations de dessèchement établies sur un bois, par le motif que les propriétaires de ce bois ne profitent pas des travaux de dessèchement; l'autre à faire déclarer que ledit bois n'est pas compris dans les sections de terrains soumises au dessèchement, n'ont pas le même objet et ne sont pas fondés sur la même cause; que, dès lors, la décision rendue sur la première demande ne peut constituer une exception de chose jugée opposable à la seconde (cons. d'Et. 24 juill. 1847, M. Lepelletier d'Aulnay, rap., aff. dame de Montmorency C. commission de la première section des wattringues du Pas-de-Calais).

43. Si le plus ou moins d'intérêt que les propriétaire des terrains compris dans les wattringues ont aux travaux de dessèchement n'est pas de nature à les affranchir de la cotisation, il ne faut en conclure qu'il soit sans influence sur la quotité de la taxe qui peut leur être imposée. Cette quotité, au contraire, est plus ou moins élevée suivant le degré d'intérêt des propriétaires. En effet, l'art. 5 du règlement général du 20 août 1810 (V. n° 29, 49) porte que les contributions sont réparties à raison de l'étendue des propriétés; mais il ajoute que des circonstances particulières peuvent déterminer des modifications à cette règle.

44. Revenons à la question précédemment posée, à savoir, comment les cotisations sont réparties et recouvrées. Les commissions administratives répartissent entre les communes de leur section, et dans la proportion de l'intérêt de chacune d'elles, le montant de la cotisation (décr. 1852, art. 13-1°; ord. 1837, art. 8-4°). — Elles fournissent les documents d'après lesquels les receveurs spéciaux ou les percepteurs communaux dressent les rôles de répartition entre les propriétaires intéressés de chaque commune (ord. 1837, art. 32). — Ces rôles vérifiés et arrêtés par la commission, visés par le président, rendus exécutoires par le préfet sont publiés avant leur mise en recouvrement (même art. de l'ord. et décret 1852, art. 23 et 24).

La perception en est ensuite opérée par les receveurs spéciaux ou les percepteurs communaux de la manière et avec les privilèges établis pour les contributions directes (même art. de l'ord.). — Le décret de 1852, art. 33, porte que les receveurs spéciaux doivent lever le montant des rôles de répartition dans le délai de dix mois, savoir : un tiers dans les deux mois qui suivent la mise en recouvrement, un tiers dans les deux mois suivants, et enfin le dernier tiers après l'époque du deuxième payement.

Le payement peut en être exigé des fermiers, locataires et autres détenteurs des terres imposées, sauf le recours de ceux-ci contre les propriétaires (ord. 1837, art. 41). Cette cotisation en effet est une charge de la propriété, puisque les travaux de dessèchement ont pour objet et pour résultat de rendre les terres productives et susceptibles d'être cultivées et affermées. — Il a été jugé, en conséquence, que la contribution connue dans le nord de la France sous le nom de contribution des moëres, doit être ajoutée au prix du bail, pour la liquidation du droit de mutation par décès, lorsque le fermier est chargé de l'acquitter en sus de son prix (L. 22 frim. an 7, art. 15, n° 7; trib. de Dunkerque, 7 sept. 1861) (1).

---

(1) (Bosquillon de Jeulis C. enregistr.) — LE TRIBUNAL; — Considérant que le n° 7 de l'art. 15 de la loi du 22 frim. an 7 dispose formellement que pour fixer la valeur des immeubles transmis par décès, l'évaluation doit être faite et portée à vingt fois le produit des biens ou le prix des baux sans distinction des charges; — Qu'il suit de là que la base de la liquidation des droits à percevoir est le produit brut des immeubles qu'en tire le propriétaire sans distraction des charges que lui impose sa qualité de propriétaire; — Considérant que l'o… entend par charge de revenu les contributions foncières, les dépenses nécessaires à l'entretien des canaux de salubrité, celles requises ou convenues pour les réparations d'entretien des canaux soit d'irrigation, soit de dessèchement des fonds; — Considérant que la cotisation aux frais d'entretien des travaux de dessèchement des terres nommées moëres, rentrant dans la nomenclature ci-dessus est une charge du propriétaire, puisque ces travaux ont pour objet et pour résultat de rendre ces terres productives et susceptibles d'être cultivées ou affermées; — Que c'est pourquoi les rôles de répartition de cette cotisation sont rendus exécutoires par le préfet contre les propriétaires; — Que les propriétaires des moëres ont reconnu cette vérité que cette cotisation est à leur charge personnelle et non à celle des locataires, en imposant dans les baux à leurs fermiers l'obligation d'acquitter les contributions foncières et la cotisation des moëres; — Que, dans l'espèce, les baux consentis par le père des sieurs Bosquillon imposent expressément cette obligation aux locataires; — Considérant que cette stipulation a pour effet d'aug-

46. Les recettes opérées, il s'agit de payer les dépenses des travaux d'endiguement et de desséchement : ces dépenses sont acquittées par les receveurs spéciaux, et dans les sections où les percepteurs communaux font les recettes, par les caissiers dont nous avons parlé n° 32, sur le vu des mandats délivrés par les commissions, lesquels doivent être accompagnés des pièces justificatives dressées par le conducteur et visées par le président ou un administrateur délégué (ord. 1837, art. 33, 35 ; V. aussi conf. décr. 1852, art. 29). — Les honoraires des architectes sont payés d'après le règlement fait conformément à l'art. 75 du décret du 7 fruct. an 12 (V. Trav. publ., p. 845), ou par abonnement, s'il y a lieu (même ord., art. 44).

47. Il faut aussi comprendre parmi les dépenses à la charge des sections, et que doivent payer les commissions administratives, la contribution foncière due pour les canaux de desséchement. Il a été jugé, en effet, que ces canaux qui sont non la propriété de l'Etat, mais la propriété collective des propriétaires des terrains préservés, et, par suite, les parcelles de terrains incorporés à ces canaux pour leur élargissement ou leur redressement, sont soumis à la contribution foncière, sans qu'il y ait lieu de distinguer s'ils sont ou non productifs de revenu, et que ces canaux et parcelles doivent être inscrits au rôle sous le nom de la commission administrative du desséchement (cons. d'Etat, 10 déc. 1856) (1).

48. Il s'est élevé, à l'occasion du curage du Mardick, canal compris dans le périmètre de la première section des wattringues du Pas-de-Calais, la question de savoir si le préfet avait le droit d'inscrire d'office une part de cette section la dépense du curage de ce canal. Le préfet prétendait appliquer aux wattringues l'art. 39 de la loi du 18 juill. 1837 sur les communes, article qui lui donne le droit d'inscrire d'office au budget des communes dont le revenu est inférieur à 100,000 fr., une dépense obligatoire (V. Commune, n° 570 et p. 274). — Mais la commission administrative repoussait, avec raison ce semble, cette assimilation entre les wattringues et les communes : « Ce n'est pas se faire une idée exacte du sens et de la portée de l'art. 39 de la loi sur les communes, disait-elle dans un mémoire présenté à l'appui du recours contre l'arrêt du préfet de Pas-de-Calais ; dans cet article, il s'agit des *dépenses obligatoires*, c'est-à-dire des dépenses imposées aux communes par la loi elle-même et énumérées dans l'art. 30. En confiant au pouvoir exécutif le soin d'inscrire d'office une dépense obligatoire au budget d'une commune, quand le conseil municipal n'a pas alloué les fonds exigés ou n'a alloué qu'une somme insuffisante, l'art. 39 ne donne pas à l'administration le droit de créer arbitrairement et suivant son bon plaisir un nouvel impôt ; il ne fait que lui fournir un moyen d'exécution pour contraindre la commune à payer une dépense que la loi

elle-même lui a imposée. Or, quel point de ressemblance peut-il y avoir à cet égard entre les administrations des wattringues et les communes ? Evidemment aucun ; car il n'y a aucune loi qui prescrive aux wattringues les dépenses qu'elles devront voter, ni qui indique ces dépenses en distinguant celles qui seraient *obligatoires* d'avec celles qui seraient *facultatives*. La raison en est qu'à la différence des communes qui sont des corps administratifs constitués par une loi, ayant une existence politique et faisant partie de l'administration générale, les wattringues ne sont que des associations particulières, établies non par une loi, mais par une convention expresse ou tacite de la part de ses membres dans leur intérêt collectif, en dehors de la hiérarchie administrative, n'ayant aucun caractère officiel, ne participant en rien, comme corps et comme être moral, à la vie politique et n'occupant dans l'Etat aucune place, aucun rang. Les cotisations que les wattringues s'imposent ne peuvent donc être que purement volontaires et facultatives, et par conséquent le législateur, qui n'a jamais eu ni jamais pu avoir à s'occuper de ces associations, ne pouvait pas, comme le reconnaissait l'archiduc Philippe en 1500, et le Directoire exécutif en l'an 6, leur prescrire et leur imposer telles ou telles dépenses comme obligatoires et forcées (V. n°s 9, 13). A bien plus forte raison, l'administration, à qui il n'appartient pas de créer l'impôt, ne pouvait-elle mettre dans le décret de 1809 et dans l'ordonnance de 1837 aucune dépense obligatoire à la charge des wattringues, et autoriser le préfet à inscrire d'office ces dépenses à leur budget. » — Sur la question de savoir à la charge de qui sont les dépenses du curage des canaux navigables et des canaux non navigables, V. Eaux, n°s 109 et suiv.; Voirie par eau, n°s 146 et 176.

§ 4. — *Compétence.*

49. L'administration, l'entretien et la conservation des wattringues peuvent donner lieu à des contestations et à des contraventions de diverses natures qui doivent être jugées, suivant les cas, tantôt par les conseils de préfecture, tantôt par les tribunaux ordinaires. Et d'abord, le conseil de préfecture est compétent, sauf recours au conseil d'Etat, pour connaître des difficultés relatives à la validité des élections des membres des commissions administratives (ord. 1837, art. 23). — C'est aussi le conseil de préfecture qui connaît, conformément aux lois du 28 pluv. an 8, du 14 flor. an 11, les contestations soulevées par la confection et le recouvrement des rôles, par les réclamations des individus imposés et pour l'exécution des travaux (décr. 1852, art. 24, *in fine*, 37; ord. 1837, art. 40). — La jurisprudence a eu à faire l'application de cette disposition. Ainsi le règlement du 20 août 1810, cité *suprà*, n°s 29 et 43, porte, art. 5, que les

---

menter le revenu du propriétaire, puisqu'à son défaut, il aurait dû prendre sur le prix du bail la somme nécessaire à la cotisation, qu'il faut donc, pour satisfaire à l'esprit comme à la lettre de la loi, ajouter au prix des baux l'importance de la cotisation, puisqu'elle est une charge du revenu dont le propriétaire s'est exonéré en obligeant son fermier à l'acquitter en ses lieu et place, qu'en ne faisant pas cette addition, on ferait distraction d'une charge, contrairement aux prescriptions de la loi du 22 frim. an 7 ; — Considérant que cette addition de la cotisation au prix des baux est généralement adoptée dans toutes les déclarations faites pour l'acquit du droit de mutation des terres situées dans les moëres ; — Considérant que les moyens employés par les opposants pour s'y soustraire se reposent que sur une fausse analogie entre la loi du 3 frim. an 7 sur l'assiette de la contribution foncière et la loi du 22 du même mois qui régit le mode de perception des droits de mutation par décès en ce qu'il n'y a aucune distinction subtile et erronée, entre les charges du fonds et celle du produit ; que dès lors ils ne détruisent aucunement les principes sur lesquels se fonde l'administration de l'enregistrement ; — Par ces motifs, déclare les sieurs Bosquillon de Jenlis non recevables et mal fondés dans leur opposition à l'exécution de la contrainte décernée contre eux le 2 juillet dernier par le receveur de l'enregistrement au bureau d'Hocedschoote et les en déboute, etc.

Du 7 sept. 1861.-Trib. civ. de Dunkerque.

(1) (Min. des fin. *C.* 4e section des wattringues de l'arrond. de Dunkerque.) — NAPOLÉON, etc. ; — Vu le recours de notre ministre des finances tendant à ce qu'il nous plaise annuler un arrêté du 19 sept. 1855 par lequel le conseil de préfecture du Nord a accordé à la commission administrative de la quatrième section des wattringues de l'arrondissement de Dunkerque décharge de la contribution foncière assise pour l'année

1855 sur diverses parcelles de terrain incorporées dans les canaux de desséchement sur le territoire de la commune de Ghyvelde ; ce faisant, décider que lesdites parcelles, bien que non productives de revenu, sont imposables à la contribution foncière, par le motif qu'elles ne sont pas des propriétés de l'Etat ayant pour destination l'utilité générale ; décider également que c'est avec raison qu'elles ont été portées au rôle sous le nom de la commission administrative, bien qu'elles soient la propriété collective des intéressés au desséchement ; — Vu la loi du 3 frim. an 7, art. 104 et 105 ;

Considérant que, d'après l'art. 105 de la loi du 3 frim. an 7, les propriétés nationales non productives de revenu et dont la destination a pour objet l'utilité générale sont seules exemptées de la contribution foncière ; que, d'après l'art. 106 de ladite loi précitée, les canaux non navigables appartenant à des particuliers doivent être imposés sur le pied des terrains qui les bordent, sans distinguer s'ils sont ou non productifs de revenus ; — Considérant que les terrains à raison desquels la commission administrative de la quatrième section des wateringues a été assujettie à la contribution foncière font partie d'un canal de desséchement qui est la propriété collective des propriétaires des terrains préservés ; que, dès lors, c'est avec raison que les terrains incorporés dans ce canal ont été imposés sous le nom de la commission administrative chargée de la conservation du desséchement et de la direction des intérêts communs ;

Art. 1. L'arrêté du conseil de préfecture du Nord du 19 sept. 1855 est annulé. — Art. 2. La commission administrative de la quatrième section des wattringues de l'arrondissement de Dunkerque sera rétablie au rôle, etc. »

Du 10 déc 1856.-Décr. c. d'Et.-M. Plichon, rap.

contributions sont réparties à raison de l'étendue des propriétés, mais que des circonstances particulières peuvent déterminer des modifications à cette règle. Il a été décidé que c'est au conseil de préfecture à examiner si les terrains des réclamants sont placés dans les circonstances prévues par l'art. 5 précité (cons. d'Et. 22 fév. 1855, M. Leviez, rap., aff. ville et hosp. d'Ardre C. 5e sect. des wattringues du Pas-de-Calais). — C'est enfin aux conseils de préfecture qu'il appartient d'arrêter définitivement les budgets des travaux et les comptes des receveurs spéciaux et caissiers des sections de wattringues (ord. 1857, art. 39; décr. 1852, art. 22).

50. Comment doit-il être procédé devant les conseils de préfecture ? V. v° Organ. admin. — Il a été décidé, en cette matière spéciale, que lorsque des propriétaires imposés aux rôles dressés par la commission administrative d'une section des wattringues ont formé des réclamations à l'effet d'obtenir décharge, et que les avis et les rapports des ingénieurs des ponts et chaussées ont été contraires à ces réclamations, le conseil de préfecture ne peut statuer, sans qu'il ait été donné aux réclamants communication de ces avis et rapports (cons. d'Et. 22 mars 1860, M. de Belbeuf, rap., aff. hosp. d'Ardres C. wattringues du Pas-de-Calais, même jour, aff. Robasse et aff. Bousson ; 18 mai 1861,

M. de Belbeuf, rap., aff. Alexandre, etc., C. wattringues du Pas-de-Calais).

51. Ce sont les tribunaux civils qui ont à juger les différends entre les propriétaires et les fermiers, locataires, détenteurs, etc., pour le payement de la cotisation. — V. à cet égard Impôts directs, n° 648.

52. A l'égard des contraventions, il faut distinguer celles qui ont pour effet de porter atteinte à la solidité et à la conservation des travaux, de celles qui ont seulement pour effet de nuire à la liberté de la circulation, à la bonne police de la viabilité. Les premières qui peuvent entraîner des réparations et des dommages doivent être poursuivies par voie administrative devant les conseils de préfecture, comme en matière de grande voirie ; les secondes aux tribunaux de simple police ou de police correctionnelle à réprimer les secondes (ord. 1857, art. 45; V. Voirie par terre, n° 313 et s., Voirie par eau, n° 350 et s.). — Il a été jugé, conformément à cette distinction, que le conseil de préfecture ne peut connaître des infractions aux règlements de police pris par le préfet relativement aux digues des canaux de dessèchement, lorsque les mesures qui y sont édictées n'ont d'autre objet que de maintenir la liberté de la circulation (cons. d'Et. 12 août 1854, aff. Berlaer, D. P. 55. 3. 27).

Table sommaire des matières.

Table des articles de l'ordonnance du 27 janv. 1827 et du décret du 29 janv. 1852.

Table chronologique des lois, arrêts, etc.

WEHRGELD. — V. Peine, n° 10 ; Vol, n° 25.

WORKHOUSES. — Maisons de secours pour les indigents, en Angleterre. — V. Secours publics, n° 114.

YACHT. — Il est question des yachts de plaisance aux mots Traité international, n° 19 et p. 547, et Organisation maritime.

YANAON. — Etablissement français dans l'Inde. V. Organ. des colonies.

ZOLLVEREIN. — Union des douanes allemandes. — V. Douanes, n° 25 ; Travaux pub,. n° 143 et suiv.

ZONE. — Etendue de territoire soumise sous certains rapports à un régime exceptionnel. — On distingue : 1° la zone frontière au point de vue des douanes (V. Douanes, n° 158 et suiv., 363 et suiv., 638, 762 et suiv., 793, 872, etc.), ...et au point de vue des travaux publics (V. Voirie par terre, n° 490 et suiv.); — 2° La zone des servitudes militaires (V. Places de guerre, n° 44 et suiv., 59 et suiv., 98 et suiv.); — 3° La zone des servitudes résultant du voisinage d'un chemin de fer (V. Voirie par chemin de fer, n° 193 et suiv. 203, 224, 230, 253 et suiv.).